# 古兰经注

[阿拉伯] 伊本·凯西尔 著
孔德军 译

中国社会科学出版社

# 图书在版编目(CIP)数据

古兰经注 / [阿拉伯] 伊本·凯西尔著；孔德军译. —北京：
中国社会科学出版社，2010.8（2023.5 重印）

ISBN 978 - 7 - 5004 - 8271 - 0

I. ①古… II. ①伊…②孔… III. ①古兰经—注释 IV. ①B961

中国版本图书馆 CIP 数据核字（2009）第 186201 号

| | |
|---|---|
| 出 版 人 | 赵剑英 |
| 责任编辑 | 黄燕生 |
| 特约编辑 | 李　力 |
| 责任校对 | 李小冰 |
| 责任印制 | 戴　宽 |
| 出　　版 | 中国社会科学出版社 |
| 社　　址 | 北京鼓楼西大街甲 158 号 |
| 邮　　编 | 100720 |
| 网　　址 | http://www.csspw.cn |
| 发 行 部 | 010 - 84083685 |
| 门 市 部 | 010 - 84029450 |
| 经　　销 | 新华书店及其他书店 |
| 印刷装订 | 环球东方(北京)印务有限公司 |
| 版　　次 | 2010 年 8 月第 1 版 |
| 印　　次 | 2023 年 5 月第 10 次印刷 |
| 开　　本 | 880 × 1230　1/16 |
| 印　　张 | 99.25 |
| 字　　数 | 3500 千字 |
| 定　　价 | 298.00 元 |

凡购买中国社会科学出版社图书，如有质量问题请与本社营销中心联系调换
电话：010 - 84083683
**版权所有　侵权必究**

# 总　目

译者说明…………………………………………………（ 1 ）

伊本·凯西尔传记…………………………………………（ 3 ）

伊本·凯西尔前言…………………………………………（ 5 ）

古兰经注目录……………………………………………（ 11 ）

经注正文……………………………………………………（ 1 ）

附录………………………………………………………（1515）

译者后记…………………………………………………（1537）

# 译者说明

由于现有几部《古兰》汉译本所参考的资料与本经注不一致，诸译本对《古兰》明文的个别地方所译存在较大差异，此外，因涉及版权、阅读习惯等问题，本次翻译中采取了如下办法：

1. 依据本经注的解释，参阅先贤译文进行翻译。

2. 保持原文风格，译者不发表观点。为便于理解，在个别地方引用了中国穆斯林较熟悉的《尕最经注》及译者恩师沃海卜·祖海里先生所著《穆尼勒经注》中的一些注解。翻译中还大量参照了2003年贝鲁特色兰出版社出版的英文版《古兰经注》（Tafsir ibn Kathir）。

3. 译文尽量追求"信"、"达"、"雅"，在可能影响"信"或"达"的情况下，则不去追求"雅"，而以"信"为主，主要以实用为主。由于中阿两种语言文字在表达方式上有较大的差异，译文力求词句与原文保持对应（但个别单词仍无法对应）；对某些难以理解的短语或句子，则作了相应调整。

4. 对所引用的《古兰》经文的章节号均予以注明。

5. 对已经标明来源的圣训，在翻译中删除了繁琐冗长的传述系统。

6. 在尊重原意的前提下，沿用了学术界约定俗成的一些译法，譬如"圣门弟子"一词原文的含义是"穆圣的伙伴"，但该词在学术界和中国穆斯林中已经广泛应用，故从之；对影响译文或伊斯兰精神的一些不确切译法作了纠正，譬如没有将"吉哈德"译成"圣战"，而是将历来对这些单词或概念所作的权威解释进行了翻译和注释；此外，对学术界尚无规范译法的专门术语，一概沿用经堂语中的惯用词句，如"革止"、"举伴"等。

7. 对于书中出现的著名学者，虽然他们在阿拉伯世界家喻户晓，但绝大多数中国读者却知之不多，故作简述附录于书后。

8. 本书中所出现的人名、地名和书名与四川辞书出版社出版的《中国伊斯兰百科全书》基本一致。而对某些书名的翻译，则根据相关专业学科的要求作了调整，如《艾哈迈德圣训集》，按照圣训学规则，其译名应该是《艾哈迈德按序圣训集》；其他圣训集的译名亦同此。

9. 根据国际惯例，《古兰》经文一概用专用括号"﴿"、"﴾"标出；穆圣的赞词用专用格式"ﷺ"标出。

10. 本译本与阿拉伯原文本的格式保持一致。

奉普慈特慈的安拉尊名

# 伊本·凯西尔传记

他的全名是阿布·菲达·伊玛顿丁·伊斯玛仪·本·欧麦尔·本·凯西尔，古莱什族，原籍巴士拉，在大马士革长大并在那里接受了教育。

伊本·凯西尔于伊斯兰教历701年出生在巴士拉城辖区一个叫穆吉里德的村镇，他的父亲是村镇清真寺宣讲师。在他年仅4岁时，父亲归真，其兄谢赫·阿布杜·瓦哈卜抚养和教育他，伊斯兰教历706年（伊本·凯西尔五岁时，随兄）移居沙姆首府大马士革。

◆ **伊本·凯西尔的老师**

伊本·凯西尔曾在布尔罕丁·伊布拉欣·本·阿布杜·拉赫曼·菲扎勒（伊斯兰教历729年归真）那里学习伊斯兰法学，此人的老师伊本·菲勒卡哈则更显扬。他还在大马士革尔萨·本·姆特尔姆门下学习过。他的老师还有艾哈迈德·本·艾布·塔利卜（伊斯兰教历730年归真）、伊本·黑佳尔（伊斯兰教历730年归真）、沙姆地区的圣训传述者巴哈文丁·卡西姆·本·穆祖费勒·本·艾萨克尔（伊斯兰教历723年归真）、伊本·希拉兹、易司哈格·本·叶哈雅·阿米迪·阿菲福丁（伊斯兰教历725年归真）、穆罕默德·本·扎拉德。他还跟随哲玛伦丁·优素福·本·宰克仪（伊斯兰教历742年归真），受其教诲并娶其女为妻。他还曾求学于伊斯兰的谢赫伊本·泰米叶（伊斯兰教历728年归真）、伊玛目·哈菲兹、历史学家谢木斯丁·穆罕默德·本·艾哈迈德·本·奥斯曼·本·卡叶麻兹·宰哈比叶（伊斯兰教历748年归真）、艾布·穆萨·格拉菲、艾布·法特哈·丹布斯、阿里·本·欧麦尔·素瓦尼，以及许多埃及学者。

哈菲兹·宰哈毕叶在他的《姆尔吉姆·姆赫潭苏》（المعجم المختصر）一书中高度赞誉了伊本·凯西尔，说他是一位教律解释家、圣训学专家、教法学家、（以经解经的）经注学家，百科全书式作家。

哈菲兹·伊本·哈佳尔·艾斯格俩尼在其《隐藏的珠宝》中说："伊本·凯西尔在圣训原文和圣训传述系统方面博闻强识，他的著作在他生前就非常受欢迎，在他去世后仍然济世益人。"

著名史学家艾布·姆哈森·哲玛伦丁·优素福·本·赛福丁（伊本·泰俄里）在其著作《麦奈海里萨菲》（المنهل الصافي والمستوفي بعد الوافي）中说，伊本·凯西尔是一位谢赫、伊玛目、学识渊博的大学者、圣教栋梁，卓越的法学家、经注学家和圣训学家。他博学多才，撰著巨典，授业解惑，传述和记录圣训，在圣训、经注、法学、阿拉伯语等方面的知识浩瀚无边，他毕生裁决教法疑难，教授法学知识，并以治学严谨而著称，是历史学、圣训学和经注学方面的泰斗。

◆ **伊本·凯西尔的学生**

伊本·黑佳是伊本·凯西尔的学生，他是这样评价伊本·凯西尔的："据我们所知，他在圣训原文、圣训传述系统和辨别圣训真伪方面，无人能比，他的同学和老师都承认这些，每次见到他，我都会有所收获。"

罕百里学派的伊本·伊玛德在其著作"شذرات الذهب في أخبار من ذهب"（谢兹拉特）中说："伊本·凯西尔是著名的哈菲兹、圣教的栋梁。他过目不忘，天资聪颖，是阿拉伯语语言学方面的专家。"伊本·哈比卜说："伊本·凯西尔博学多闻，他在教法方面的解释总能让人耳目一新，其法学和圣训传述系统的著作济世益人。他的教法裁决在穆斯林各地区广为流传,他还以其严谨和著述著称。"

### ◆ 伊本·凯西尔的著作

1. 《古兰经注》(伊本·凯西尔《古兰》经注),基于确凿传述系统的圣训和圣门弟子的解释,是最优秀的经注之一,这部经注多次印行,众多学者对其作了不同形式的摘要版。

2. 以《始末录》命名的十四卷历史巨著,其中记载了众先知的故事、古代民族史、先知穆罕默德㊗生平和伊斯兰历史。他还在其中附加了"风波和关于末日的迹象"。这本著作中的"始"首先印行,后来印行"末"的单行本,这部巨著也有许多修订版。

3. 《圣训传述系统中的可靠者、弱者和未知者综览》,其中收录了他的老师哲玛伦丁的《圣训传述者姓名考证全集修订》和谢木斯丁的《评价圣训传述者的准则》两本巨著,并作了必要的补充和修订。

4. 《按序圣训集和一般圣训集中的方法》,这部著作的另一个名字《按序圣训纵览》则更有名,其中收集了伊玛目艾哈迈德·罕百里的《按序圣训集》《白扎尔按序圣训集》《艾布·叶尔俩按序圣训集》《伊本·艾布·西白按序圣训集》,还包括六大部圣训,也就是两实录——《布哈里圣训实录》《穆斯林圣训实录》和其他四部按序圣训集,他还将它们分门别类。近年来,曾有其中的部分出版。

5. 《特白格体沙斐仪》(طبقات الشافعية)(中型一册),其中介绍了沙斐仪的成就。

6. 他还对沙斐仪教法学派引用的重要圣训作了考证。

7. 他曾注释了《布哈里圣训实录》,可惜没有著完。

8. 他还著有一部教法巨著,也未能完成,这部著作写至朝觐篇。

9. 《白海根入门书精义》,其中大部分内容至今未刊印。

10. 他还缩写了伊本·阿慕尔的《圣训学》,命名为《圣训学精义》,埃及著名圣训学家谢赫·艾哈迈德·穆罕默德对该书作了注释,并印刷了它,该注释被命名为《巴尔苏》(الباعث الحثيث فى شرح مختصر علوم الحديث),曾多次印行。

11. 《穆圣传》,虽然这部书中的有些内容包括在《始末录》,但它是一部非常详细的单行本,与《始末录》中的相关内容不同。

12. 关于吉哈德方面的一本书,书名为《追求吉哈德中的演义》,曾多次印行。

### ◆ 归真

哈菲兹·伊本·哈佳尔·艾斯格俩尼说:"伊本·凯西尔晚年双目失明,于伊斯兰教历774年归真于大马士革。"

愿安拉怜悯他,使他住进宽阔的乐园。

# 伊本·凯西尔前言

赞美安拉！他以赞颂开始他的经典，他说：❃ 一切赞美全归养育众世界的安拉，普慈的主，特慈的主，执掌报应日的主。❃（1：2-4）他以赞美开始其创造，他说：❃ 一切赞颂全归安拉——他创造了诸天和大地，设置了重重黑暗和光明。那些隐昧的人在为他们的养主设立对等者（伪神）。❃（6：1）并以赞颂结束创造，例如他叙述了乐园和火狱居民的归宿后说：❃ 你将看到众天使围绕在阿莱什周围，赞颂着他们的主。他们间（的纠纷）以真理被裁判。有声音说："赞美安拉，众世界的养主。"❃（39：75）安拉还说：❃ 他是安拉，除他以外无应受拜的。在最初和最后，一切赞颂都属于他。裁决属于他，你们都将被召归于他。❃（28：70）自始至终，万赞归主，换言之，对于他所创造和将要创造的一切，他都是受赞美的，正如礼拜者所说："我们的主啊！充满诸天、大地和你所意欲的一切的赞美都归于你！"

万赞归主！他派遣众使者，并用下面的话来描述他们：❃ 他们都是报佳音、传警告的使者们，以免派遣使者之后，人们对安拉有任何托辞。❃（4：165）安拉最后派遣不识字的阿拉伯麦加先知———最明确道路的引导者，作为所有先知的终结者。他将这位使者派向所有的人类和精灵，其使命从受派之日延续到末日来临之时。又如安拉所说：❃ 你说："世人啊！我是被派遣给你们全体的安拉的使者，诸天和大地的权力都属于他。应受拜者，惟有他。他赋予生命和死亡。你们当归信安拉和他的使者——那位不识字的先知，他归信安拉和他的言辞，你们要跟随他，以便你们得到引导。"❃（7：158）❃ 以便我警告你们和一切它所到达的人。❃（6：19）所以，无论这部《古兰》被传达给阿拉伯人还是非阿拉伯人，黑种人还是白种人，人类还是精灵，它就是对他们的警示。因此，安拉说：❃ 而各宗派中不信它的人们,火狱就是给他们许诺的地方。❃（11：17）《古兰》在此明确指出，上述所有人中谁否认《古兰》，火狱就是其归宿。安拉还说：❃ 让我来对付那不信这言词的人吧！我将在他们不知不觉中逐步使他们明升暗降。❃（68：44）安拉的使者㊣说："我被派向了红种人和黑种人。"穆佳黑德说："（红种人和黑种人）指人类和精灵。"所以，穆圣㊣是派向所有人类和精灵的使者，他为他们传达安拉所启示给他的这部尊贵经典，这部经，❃ 它的前后不受谬误侵蚀，它是来自睿智的、应受赞美的主的启示。❃（41：42）

◆ 命令人们理解《古兰》

在这部经中，穆圣㊣向人类传达了一条来自安拉的讯息：安拉鼓励他们参悟《古兰》的意义，安拉说：❃ 难道他们不参悟《古兰》吗？如果它不是来自安拉，那么他们必定会在其中发现很多矛盾。❃（4：82）❃ （这是）我降给你的吉庆的经典，以便他们参悟它的节文，以便有理智的人去思索。❃（38：29）❃ 为何他们不参悟《古兰》，难道他们的心上有锁吗？❃（47：24）

因此，学者们有义务阐释《古兰》的意义，发扬它的精神，学习并教授它，正如安拉所说：❃ 当时，安拉曾与有经人定约："你们必须为世人阐明天经，你们不可隐瞒它。"但是他们却把它扔到他们的脑后，并以它换取微薄的代价，他们的买卖真恶劣！❃（3：187）❃ 那些为了微薄的代价出卖与安拉定的约和他们自己誓言的人，此等人，他们在后世没有份额。复生日，安拉不同他们说话，不观看他们，也不净化他们，他们将受到痛苦的惩罚。❃（3：77）安拉谴责我们之前的有经人即犹太教徒和基督教徒，他们漠视降给他们的经典，沉迷于今世的浮华而偏离经典所要求的事情。

所以，穆斯林们啊！我们应当防备安拉所谴责的事情，服从安拉的命令，学习、教授、理解和宣扬安拉的经典。安拉说：❰归信者们的这一时刻还未到来吗？他们的内心因为记念安拉和他所降示的真理而谦恭，他们不要像从前获得经典的那些人：时间长久之后，他们的心变硬了。他们当中的很多人是坏事的。你们要知道，安拉给死后的大地赋予生命！我确已为你们阐释了种种迹象，以便你们理解。❱（57：16-17）安拉接连提到上述这些经文，说明他怎样使已死的大地复得生机，怎样以正信和引导软化那些怙恶不悛者的坚硬之心。我们希望并祈求安拉如此善待我们，因为安拉是慷慨的、尊贵的。

### ◆ 注经原理

如果有人问："最好的注经方式是什么？"其答复是：最正确的方法是以《古兰》注释《古兰》，因为《古兰》中某一地方概述的内容，在另一地方将会详述；如果《古兰》中没有详述之，应当在圣训中寻找注释，因为圣训就是对《古兰》的注解。清高伟大的安拉说：❰我确以真理而为你降下经典，以便你以安拉昭示给你的在人们之间判决。你不要成为背弃者的辩护员。❱（4：105）❰我降给你天经，只为你能对他们解释他们所持的异见，并引导和慈悯归信的群体。❱（16：64）❰我降给你这项提示，以便你给人类阐明为他们而降的（启示），以便他们思维。❱（16：44）因此，安拉的使者❊说："须知，我被赐给《古兰》，并同时被赐予与其一样的。""与其一样的"指圣训，因为圣训和《古兰》一样，都是通过启示所获得的信息。尽管圣训不能像《古兰》一样被诵读。

简言之，你当首先从《古兰》中寻找对《古兰》的注释；如果没有找到，就去圣训中寻找。如果我们在《古兰》和圣训中都没有找到相关注释，那么应当以圣门弟子的观点为准。因为他们最理解经典的意义，他们曾亲身经历许多相关事件，而我们不曾经历，并且《古兰》中的许多情况与他们息息相关。此外，他们拥有全面的知识、正确的理解和清廉的德行，尤其他们中的学者和一些大人物，譬如正统四大哈里发和遵循正道的诸位伊玛目。阿卜杜拉·本·麦斯欧迪属于他们中的一员。伊玛目艾布·贾法尔·本·杰利尔传述，阿卜杜拉（伊本·麦斯欧迪）说："以除他之外没有主宰的安拉发誓，我知道安拉的经典中每一节经文是因谁而降示的，在哪里降示的。假若我知道有谁比我更了解安拉的经典，只要骑乘能够到达，我必前往求学。"

如大海一样博学的阿卜杜拉·本·阿拔斯也属于上述伊玛目。他是穆圣❊的堂弟，他因穆圣祈祷的福分而成为"《古兰》的解释者"。穆圣❊曾说："主啊！求你使他精通教义，求你赋予他注经的学问。"伊本·杰利尔传述，阿卜杜拉（伊本·麦斯欧迪）说："《古兰》的解释者伊本·阿拔斯太卓越了！"这句话的传述系统是正确的。据考证，伊本·麦斯欧迪归真于伊斯兰教历32年，他归真后伊本·阿拔斯生活了36年。你能想到伊本·麦斯欧迪归真后，伊本·阿拔斯获得了多少知识吗？

艾尔麦什传述，艾布·瓦伊里说："阿里曾让伊本·阿拔斯在朝觐期间代任哈里发，伊本·阿拔斯遂向人们发表演说，其中读了《黄牛章》，并讲解了经文的意义，假若罗马人、突厥人和阿塞拜疆边陲的人们听到其演讲，必定会加入伊斯兰。"

因此，大学者伊斯麻仪·本·阿卜杜·拉赫曼·赛丁伊的经注中所引用的大部分资料源自伊本·麦斯欧迪和伊本·阿拔斯这两位学者，但有时他也引用他们所传述的一些犹太人的传说，当然，这些传说在安拉的使者❊所允许的范围之内。使者❊曾说："你们当替我宣传，哪怕一节经文。你们也可以宣传以色列后裔的一些传述，只要其中没有罪孽。谁借我名义撒谎，就让谁在火狱中选择一个位置。"因此，阿卜杜拉·本·阿慕尔（愿主喜悦他们父子）在叶尔姆克战役中缴获了两本有经人的经典后，总是向人们宣讲其中的内容，因为他理解允许这样做的圣训。

### ◆ 以色列传说的断法

但要说明的是，以色列传说只能用以参考，不可作为根据。它们分为三种情况。

一，我们手中的经典证明其正确的。二，我们手中的经典证明其谬误，并与我们的经典相违背的。三，我们的经典没有对其发表任何观点的。第三种情况我们既不相信也不否定，如前所述，可以传述之。其中大部分在宗教上没有任何意义。譬如，犹太传说中所提到的山洞人的名字，以及他们的人数、狗的颜色；穆萨的手杖属于哪种树；用黄牛身上的哪个部位击打死人，使之复活；安拉通过哪种树和穆萨谈话；安拉为伊布拉欣复活的鸟儿的种类……《古兰》对这些问题都没有详述，对穆斯林来说，研究它们没有宗教或世俗方面的作用。

### ◆ 再传弟子的经注地位

（解析）如果在《古兰》、圣训以及圣门弟子的言论中没有找到对某节经文的注释，许多学者认为应该坚持再传弟子的言论，如再传弟子穆佳黑德·本·杰伯勒等。穆佳黑德堪称注经领域的奇迹。穆罕默德·本·易司哈格说，艾班·本·撒里哈告诉我们，穆佳黑德曾说："我在伊本·阿拔斯那里将整部《古兰》学习了三次，向他请教了每节经文的意义。"另据伊本·杰利尔传述，伊本·艾布·麦利克说："我曾看到穆佳黑德向伊本·阿拔斯请教《古兰》的注释，当时他还带着许多牌子（用以记录）。伊本·阿拔斯对他说：'你记录吧。'他向伊本·阿拔斯请教了整部《古兰》的注释。"因此，苏富扬·绍利说："来自穆佳黑德的注释都能令人满意。"

另外还有像赛尔德·本·朱拜尔、伊本·阿拔斯的朋友艾克莱麦、阿塔·本·艾毕·磊巴哈、哈桑·巴士里、麦斯鲁格·本·艾吉岱尔、赛尔德·本·穆散耶卜、艾布·阿林、莱毕尔·本·艾奈斯、格塔德、端哈克·本·穆扎黑穆等再传弟子和再再传弟子，以及他们以后的经注学家。他们在注释一节经文时可能使用不同的语句，而不知道的人可能认为他们之间存在分歧，甚至认为这些解释相互矛盾。而事实并非如此，因为有些经注学家在表达一件事情时指出其结论，或指出类似的经文，而有些经注学家则直接论述之，但他们所表达的内涵是相同的。所以有心人应该理解这一点。安拉是引导者。

### ◆ 意见注释

仅凭个人见解注释《古兰》是非法的。伊本·杰利尔传述，伊本·阿拔斯说，穆圣说："谁凭个人见解或他不知道的解释《古兰》，就让他选择好他在火狱中的位置。"提尔密济、奈撒伊、艾布·达乌德都传述过相同圣训。提尔密济说："这是一段可靠的圣训。"

### ◆ 对不理解的经文不加注释

大部分先贤不愿注释他们所不知道的经文。正如伊本·杰利尔传述，艾布·穆尔麦勒说，艾布·伯克尔（愿主喜悦之）说："在安拉的经典中，如果我在不了解的领域发表观点，哪块天还会遮盖我，哪块地还会承载我？"艾奈斯传述，欧麦尔曾在讲台上读了"وفاكهة وأبًا"后说："我们知道'فاكهة'是什么意思，但'أبًا'是什么意思呢？"然后他自言自语道："欧麦尔啊！这真是勉为其难啊！（即我不会勉强自己去注释不知道的知识。）"他当时可能想弄清楚"أبًا"确指什么，因为任何人都知道这个单词指一种植物。另段经文说：❮ 我在其中长出谷类、葡萄、苜蓿、橄榄及枣子。❯（80：27-28）

伊本·杰利尔传述，伊本·艾布·麦利克说：有人曾向伊本·阿拔斯请教一节经文——假若有人向你们请教它，你们一定会毫不犹豫地发表观点——但他拒绝发表个人看法。

伊本·艾布·麦利克说：有人曾向伊本·阿拔斯请教 ❮ يوم كان مقداره ألف سنة ❯（32：5）这节经文，伊本·阿拔斯反问道：❮ يوم كان مقداره خمسين ألف سنة ❯（70：4）是什

么意思呢？那人说："我在请教你啊。"伊本·阿拔斯说："它们是安拉在其经典中所提到的两个日子，安拉至知其意。"伊本·阿拔斯不愿就安拉的经典中他所不知道的领域发表观点。

莱司·本·叶哈雅·赛尔德传述，赛尔德·本·穆散耶卜只在明确的《古兰》经文方面发表观点。艾优卜、伊本·奥尼、希沙姆·本·岱斯台瓦伊传述，穆罕默德·本·西林说："我曾向欧拜德（赛里玛尼）请教一节《古兰》经文，他回答说：'知道这节经文降示原因的人都不在世了。你当敬畏安拉，坚持正路！'"舒尔宾传述，麦斯鲁格说："在注释《古兰》时你们要慎重，因为它是替安拉传述。"

上述圣门弟子和前辈学者的箴言说明，他们不会在自己不明确的领域发表观点。但对知道的领域，无论在语言方面还是在宗教方面都可以发表观点。因此，在经注方面，有一些观点传自上述学者和另外一些学者，对此不可质疑，因为他们只谈他们所知道的，对不知道的保持沉默。同时，每个人都有义务宣扬他所知道的经文，因为，正如他不应该回答不知道的知识那样，他应该回答知道的知识。因此，安拉说：❰你们必须为世人阐明天经，你们不可隐瞒它。❱（3：187）通过多渠道传自穆圣的圣训中说："谁若隐瞒别人向他请教的知识，审判日他将被戴上火笼头。"

◆ **注经的种类**

伊本·杰利尔说，穆罕默德·本·班夏尔告诉我们，穆吾麦鲁告诉我们，苏富扬传自艾布·宰纳德并告诉我们，他说："伊本·阿拔斯说，经注有四个种类，一，阿拉伯人通过其语言所认识的。二，任何人都不难知晓的。三，只有学者知晓的。四，只有安拉所知道的。"

◆ **麦加章和麦地那章**

罕麻目传述，格塔德说："麦地那时期降示的是《黄牛章》《仪姆兰的家属章》《妇女章》《宴席章》《忏悔章》《雷霆章》《蜜蜂章》《朝觐章》《光明章》《联军章》《穆罕默德章》《解放章》《寝室章》《至仁主章》《铁章》《辩诉者》《放逐者》《受考验的妇女章》《列阵章》《聚礼章》《伪信士章》《自欺章》《离婚章》《禁戒章》的前十节经文和《地震章》《援助章》，其他章都降于麦加时期。"

◆ **《古兰》的经文节数**

《古兰》至少有6000节经文，具体数目有不同说法，有人认为是6000节，也有6204节、6014节、6219节、6225节、6226节、6236节之说。艾布·阿慕尔·达尼在其著作中有详细记录。

◆ **《古兰》的单词和字母数目**

弗作里·本·夏赞传述，阿塔·本·耶撒尔说，《古兰》的单词计77439个。

阿卜杜拉·本·凯西尔传述，穆佳黑德说："据我们统计，《古兰》中的字母计321180个。"弗作里传述，阿塔·本·耶撒尔认为有323015个。赛俩目·本·艾布·穆罕默德·罕玛尼说："哈贾吉曾召集一些诵经家、《古兰》背诵家和书写员，对他们说：'请告诉我整部《古兰》有多少字母？'于是我们进行了统计，结果是340740个。"

◆ **《古兰》的另外一些划分方法**

他（哈贾吉）又问："请告诉我《古兰》的最中间在哪里？"学者们告诉他，在《山洞章》﴿وليتلطف﴾（18：19）一词"ف"的地方。前三分之一到《忏悔章》第100

节经文的开头，第二个三分之一到《众诗人章》100节或101节经文开头，后三分之一到《古兰》结束。《古兰》的前七分之一在 ﴿فمنهم من آمن به ومنهم من صد﴾（4：55）中的"د"处，第二个七分之一到《高处章》﴿فأولئك حبطت﴾（7：147）的"ت"处，第三个七分之一在《雷霆章》﴿أكلها﴾（13：35）的第二个"ألف"处，第四个在《朝觐章》﴿وما كان لمؤمن ولا مؤمنة﴾（22：34）的"ألف"处，第五个在《联军章》﴿وما كان لمؤمن ولا مؤمنة﴾（33：36）中的"ه"处[1]，第六个到《开拓章》﴿ظانين بالله ظن السوء﴾（48：6）中的"و"处，第七个直至《古兰》结束。赛俩目·艾布·穆罕默德说："我们在四个月中知道了这些。他们说：'哈贾吉曾在每一夜晚读《古兰》的四分之一，第一夜晚读到《牲畜章》结束，第二夜读到《山洞章》的 ﴿وليتلطف﴾ 处，第三夜读到《队伍章》结束，第四夜读到《古兰》结束。'"谢赫·艾布·阿慕尔·达尼在其著作《阐明》中则提出与此完全不同的观点。安拉至知。

◆ **《古兰》的分卷和分段**

众所周知，《古兰》被分为三十卷，正如在许多学校和其他地方的书架上所陈列的那样。我们前面所引用的圣训中已经提到圣门弟子将《古兰》分卷和分段的方法，另外，《伊玛目艾哈迈德按序圣训集》《艾布·达伍德圣训集》《伊本·马哲圣训集》等圣训集中都辑录了传自奥斯·本·胡宰法的圣训，他说："安拉的使者㊤在世时曾问圣门弟子：'你们怎么将《古兰》分段？'众人回答说：'三分之一，五分之一，七分之一，九分之一，十一，十三，穆番索里[2]，直至结束。'"

◆ **章（苏勒，سورة）的意义**

（解析）"章"的意义从其词源方面来看说法不同。有人说，其意指明确（分开、隔开）和高凸。纳毕鄂说："你没有看到安拉已经赐你高贵，你看到所有的君王因此远远屈居其下。"另外人们在诵读时，好像通过这个"苏勒"从一个层次转移到另一个层次。有人认为源自"高贵"，就像城墙一样。一说源自"部分"，因为它将《古兰》分成许多部分，或源自"أسآر الإناء"，意指"器皿中剩余的东西"。按照这种观点，其词根中应该带有"همزة"，因为其前面有合口符，所以被换成了"و"。还有一说源自"完美"，因为阿拉伯人习惯把完美的骆驼称为"苏勒"。（笔者认为）源于"对经文的聚集和包括"，就像城墙将其中的家园包围起来那样。"سورة"的复数是带有"و"的"سور"，以及"سورات"和"سُوَرات"。

◆ **"经文"的意义**

"经文"[3]源于"标志"，指明与前后断开。也就是说，经文彼此之间是分开的、相独立的。安拉说："إن آية ملكه"（其权力的标志）。有人说，经文被称为阿耶提，因为它是奇迹，而人类无法说出类似的语言。西拜韦说："其词源是'أيية'，就像'أكمة'和'شجرة'。'ي'带动符，其前面的字带开口符，故将其换成'ألف'，因而成为带有'همزة'的'آية'一词，'همزة'后面的字母带长音。"凯撒伊说："其词源是'آيية'，与'آمنة'词形相同，其中一个'ي'换成'ألف'后被删除，以防混淆。"范拉伊说："其词源是'أية'，其中的'ي'带叠音符，因为此柔母不宜带叠音符而将其换成'ألف'，变换成为'آية'。其复数是'آى'、'آياي'、'آيات'。"

◆ **"单词"的意义**

单词（الكلمة）有时是一个字母，有时由两个字母组成，如"ما"、"لا"，等

---

（1）按照《古兰》经诵读规则，"ة"停顿时应该读作"ه"。——译者注
（2）《古兰》最后的七分之一。——译者注
（3）الآية，阿耶提，后文经常将其译为"经文"、"迹象"、"启示"，为方便不懂阿拉伯文的读者阅读，此处暂以"经文"叙述。——译者注

等，有时则由更多字母组成，最多由十个字母组成，如"أنلزمكموها"、"ليستخلفنهم"、"فأسقيناكموه"，有时一个单词是一节经文，如"والعصر"、"والضحى"、"والفجر"，又如："الم"、"طه"、"يس"、"حم"，这些都是库法学者的观点，他们看来"حم"和"عسق"是两个单词。其他学者则认为这些不能被称为经文（آيات），而是某章节的开端。艾布·阿慕尔·达尼说："我认为只有《至仁主章》中的单词'مدهامتان'是一节经文。"

◆ 《古兰》中是否有非阿拉伯语

（解析）古勒特说："学者们一致认为《古兰》中没有任何外来语单词，但他们一致认为其中有一些非阿拉伯语名称，如伊布拉欣、奴哈、鲁特等，除此之外是否有非阿拉伯语，他们有不同看法，巴格俩尼和泰伯里认为除此之外没有任何非阿拉伯语，他们说：'如果其中某个单词和外来语一致，纯属语言上的巧合。'"

# 古兰经注目录

## 《开端章》注释　麦加章 ········· 1
　《开端章》的名称及其意义 ········· 1
　本章经文的数目 ········· 1
　本章单词和字母的数目 ········· 1
　本章被称为"经典之母"的原因 ········· 1
　《开端章》的尊贵 ········· 2
　礼拜中的《开端章》 ········· 2
　有关《开端章》的圣训 ········· 2
　在所有拜功中必须诵读《开端章》无论伊玛目或
　　是跟拜者还是单礼者 ········· 2
　求护词的注释及其断法 ········· 3
　诵读之前念求护词 ········· 3
　生气时念求护词 ········· 3
　念求护词是当然还是可嘉 ········· 4
　求护词的功效 ········· 4
　求护词的意义 ········· 4
　"恶魔"一词的意思 ········· 4
　"被驱逐"一词的意义 ········· 5
　太斯米是《开端章》中第一节经文 ········· 5
　在高念拜中高声或低声念太斯米 ········· 5
　太斯米的尊贵 ········· 6
　提倡在所有善功开始时念太斯米 ········· 6
　"奉安拉之尊名"应该联系哪些意义 ········· 6
　"安拉"一词的意义 ········· 6
　普慈的、特慈的 ········· 7
　"赞美"的意义 ········· 7
　"赞美"和"感谢"的区别 ········· 8
　先贤论"赞美" ········· 8
　"赞美"的尊贵 ········· 8
　"الحمد"前的冠词意味着包罗万象 ········· 8
　养育的主的意义 ········· 8
　众世界的意义 ········· 8
　阿莱目的称谓原因 ········· 9
　将掌权限于报应日之奥义 ········· 9
　报应之日 ········· 9
　君王、王中之王乃安拉 ········· 9
　报应的诠释 ········· 9

　在语言学和教法学中"崇拜"所表达的含义 ········· 10
　宾语前置及人称变换的奥义 ········· 10
　《开端章》教导人们赞美安拉，礼拜中必须诵读它 ········· 10
　受拜性的独一 ········· 10
　养育性的独一 ········· 10
　安拉在最尊贵的场合称穆圣ﷺ为仆人 ········· 10
　教导穆圣ﷺ在苦闷时崇拜安拉 ········· 10
　赞美和叙述安拉的属性之后才提到祈祷的奥义 ········· 11
　"引导"的意义 ········· 11
　"端庄的道路"的意义 ········· 11
　穆民得正道而求正道 ········· 11
　《开端章》所包含的意义 ········· 12
　经文将赐福归于安拉，委婉地表达了致人迷误者，
　　驳斥了格得里耶派 ········· 12
　读完《开端章》后读求准词"阿米乃" ········· 13

## 《黄牛章》注释　麦地那章 ········· 13
　有关《黄牛章》的尊贵 ········· 13
　有关《黄牛章》和《仪姆兰的家属章》的尊贵 ········· 14
　《黄牛章》是无可争议的麦地那章 ········· 14
　论出现在《古兰》某些章节开头的单独字母 ········· 15
　章节开头的单独字母表示《古兰》的奇迹 ········· 15
　《古兰》不容置疑 ········· 16
　只有敬畏者才会得到引导 ········· 16
　"敬畏者"的意义 ········· 16
　"引导"有两种 ········· 16
　"太格瓦"的意义 ········· 16
　"归信"的意义 ········· 17
　"爱卜"的真实意义 ········· 17
　坚守拜功的意义 ········· 17
　"施舍"的意义 ········· 17
　"索俩特"的意义 ········· 18
　穆民的特征 ········· 18
　引导和成功是穆民的福分 ········· 18
　"赫特目"的意义 ········· 19
　"幕幔"的语法地位及其意义 ········· 20
　伪信士 ········· 20
　"尼发格"的意义 ········· 20

| | |
|---|---|
| 伪信的开始 | 20 |
| 这节经文的诠释 | 20 |
| "病"的释义 | 21 |
| "为非作歹"的释义 | 21 |
| 伪信士的种种罪行 | 21 |
| 伪信士的阴谋诡计 | 22 |
| 精灵和人类中的魔鬼 | 22 |
| "愚弄"的意义 | 22 |
| 伪信士们自欺欺人 | 23 |
| "任由"、"顽抗"及"盲目"的意义 | 23 |
| 伪信士的样子 | 23 |
| 伪信士的另一个样子 | 24 |
| 相关的圣训 | 25 |
| 穆民、卡菲尔和穆那非格的种类 | 25 |
| 心的种类 | 25 |
| 受拜性的独一 | 26 |
| 造物主存在的明证 | 26 |
| 肯定穆圣 的使命 | 27 |
| 全面发难 战无不胜 | 27 |
| 《古兰》不战而胜的原因 | 27 |
| 《古兰》是我们的先知——穆罕默德 所获得的最大奇迹 | 28 |
| 石头的意义 | 28 |
| 火狱已经存在 | 28 |
| 清廉穆民的报酬 | 29 |
| 乐园的果实是相似的 | 29 |
| 居乐园者的妻子是纯洁的 | 29 |
| 今世的例子 | 30 |
| "亏折"的意义 | 31 |
| 安拉大能的明证 | 31 |
| 创造之始 | 31 |
| 先造地后造天 | 32 |
| 造天之后铺平大地 | 32 |
| 阿丹及其子孙居住地球且代代相传 | 32 |
| 必须拥立哈里发以及有关的一些问题 | 33 |
| 阿丹比天使尊贵 | 34 |
| 阿丹凭借拥有知识而贵过天使 | 34 |
| 通过天使的叩头体现阿丹的尊贵 | 35 |
| 伊卜厉斯（魔鬼）虽不属于天使群，但它也受命为阿丹叩头 | 35 |
| 顺从安拉 叩首阿丹 | 35 |
| 伊卜厉斯的骄傲 | 35 |
| 对阿丹的另一优遇 | 36 |
| 阿丹进入乐园之前，安拉创造了海娃 | 36 |
| 安拉考验阿丹 | 36 |
| 阿丹身材高大 | 36 |
| 阿丹在乐园中停留了白天中的一刻 | 36 |
| 疑问和答案 | 37 |
| 阿丹的忏悔和祈祷 | 37 |
| 鼓励以色列的后裔加入伊斯兰 | 37 |
| 以色列是叶尔孤白先知的别名 | 38 |
| 安拉对犹太人的恩典 | 38 |
| 提醒以色列人遵守安拉的约言 | 38 |
| 禁止混淆和隐瞒真理 | 39 |
| 谴责命人行善而自己不行善 | 40 |
| 以礼拜和坚韧求助 | 40 |
| 提醒以色列的后裔记住安拉曾使他们优越于其他民族 | 41 |
| 穆圣 的民族比以色列的后裔尊贵 | 41 |
| 不接受隐昧者的说情和赎金，他们也得不到相助 | 41 |
| 从法老的迫害中拯救以色列的后裔淹没法老的民众 | 42 |
| 阿舒拉日的斋戒 | 43 |
| 古以色列人拜犊为神 | 43 |
| 古以色列人的忏悔就是互相杀死 | 44 |
| 古以色列人中最优秀的人要求看到安拉，他们的死亡和复活 | 44 |
| 让白云为他们遮阳赐给他们"白蜜"和"赛勒瓦" | 45 |
| 圣门弟子比其他先知的追随者尊贵 | 45 |
| 解放之后，犹太人对安拉以怨报德 | 46 |
| 十二道泉水奔涌而出 | 47 |
| 他们要求以次等的食物替换"白蜜"和"赛勒瓦" | 47 |
| 为犹太人注定羞辱和苦难 | 48 |
| 骄傲的定义 | 48 |
| 信仰和善功是历代人成功的秘诀 | 48 |
| 穆民的定义 | 48 |
| "犹太"名的由来 | 48 |
| "乃萨拉"之名的由来 | 49 |
| 萨比安人 | 49 |
| 和犹太人缔约 在他们上面升起"土勒"犹太人的背信弃义 | 49 |
| 犹太人于安息日胡作非为最终变成猴子和猪 | 50 |
| 现在的猴子和猪并非变种者的后代 | 50 |
| 古以色列人中的被杀者和黄牛 | 50 |
| 犹太人的纠缠不休和作茧自缚 | 51 |
| 复活受害者 指认凶手 | 52 |
| 犹太人的内心坚硬（残酷）无比 | 52 |

无生物具有知觉……53
对穆圣ﷺ时代的犹太人不抱信教的希望……53
犹太人承认穆圣ﷺ的圣品，但他们却不信仰……54
“不识字的人”的意义……54
“幻想”的意义……54
篡改经典的犹太人真倒霉……55
犹太人的幻想——他们在火狱中只居住寥寥数日…55
小罪积少成多就会毁人……56
以色列人的盟约……56
立约又爽约……57
犹太人的骄傲，否认先知，杀害先知……58
圣灵就是吉卜勒伊里……58
犹太人一直企图谋杀众先知……58
犹太人盼望先知出世，但先知来临时他们却加以否认……59
犹太人否认真理却自称有正信……60
安拉在犹太人头顶升起土勒山犹太人在缔约之后背信弃义……61
号召犹太人前来赌咒……61
犹太人贪恋长寿……62
犹太人敌对吉卜勒伊里……62
区别看待天使如同区别看待先知……63
穆圣ﷺ身份的证据……64
犹太人生性爽约……64
犹太人抛弃经典，学习魔术……64
魔术产生于苏莱曼先知之前的时代……64
哈鲁特和马鲁特的故事 两位天使的注释……65
学习魔术是隐昧……66
有些魔术能离间夫妻……66
安拉的判决包罗万象……66
语言方面的礼貌……67
隐昧者和有经人对穆斯林刻骨铭心的仇恨……67
革止及其定义……68
革止的正确性 驳犹太人否认革止……68
严禁强问不休……69
禁止步有经人之后尘……70
鼓励行善……70
有经人的幻想……71
犹太人和基督教徒间因为否认和顽固而发生的争论…72
阻碍人们进入清真寺，并竭力破坏它的人是不义的…72
伊斯兰必胜的喜讯……73
礼拜的朝向……73
麦地那人的方向在东西之间……74
驳安拉有子女的邪说……74
万物都服从安拉……74
“初创者”的意义……74
《讨拉特》对穆圣ﷺ的叙述……75
真诚遵循的意义……76
伊布拉欣是人类的楷模……77
安拉用什么诫命考验了伊布拉欣……78
安拉的任命不包括不义的人……78
天房的尊贵……78
伊布拉欣的立足处……79
命令清洁天房……80
使麦加成为禁地……80
安拉的朋友为麦加祈求平安和给养……81
建设天房 祈求安拉接受善功……81
穆罕默德为圣前五年，古莱什人修建天房……83
安置陨石之争穆罕默德·本·阿卜杜拉ﷺ公正裁决…84
伊本·祖拜尔按照穆圣ﷺ的指示修筑天房……84
阿比西尼亚人于末日来临之前毁灭天房……85
至仁主的朋友——伊布拉欣的祈祷……85
“功课”的注释……85
至仁主的朋友祈求安拉委派至圣穆罕默德ﷺ……86
经典和智慧……86
只有愚人鄙弃伊布拉欣的宗教……86
认主独一，致死不渝……87
叶尔孤白对子孙的临终嘱托……87
穆斯林归信安拉降示的所有启示，对所有的先知一视同仁……88
改变朝向……90
穆圣ﷺ民族的尊贵……91
改变朝向的奥义……92
改变朝向的经文是《古兰》中最早出现的革止经文…92
克尔白本身是朝向，还是它的方向是朝向……93
犹太人早就知道穆斯林将会改变朝向……93
顽固不化、否认真理的犹太人……93
犹太人了解穆圣ﷺ，隐瞒真理……94
每个民族都有一个朝向……94
连续三次革止朝向的奥义……94
革止朝向的奥义……94
派遣穆圣ﷺ是一件值得记念和感谢的宏恩……95
坚韧和礼拜的优越……95
烈士的生命……96
考验、坚忍和报酬……96
遭受灾难时念回归辞的尊贵……97

"无妨在索法和莫尔卧之间奔走"的意义…………97
奔走的断法及其渊源……………………………97
对隐瞒安拉的法律的人们永恒的谴责……………98
可以诅咒隐昧者……………………………………98
安拉独一的证据……………………………………99
多神教徒在今世和后世的情况被跟随者在末日和
　　跟随者划清界限………………………………100
命令吃合法食物　禁止随从恶魔的步伐…………101
多神教徒是保守的传统主义者……………………101
多神教徒如同动物…………………………………102
命令人们食用佳美食品　受禁的食物……………102
被迫者可食用非法物………………………………102
斥责隐瞒启示的犹太人……………………………103
行善…………………………………………………104
命令实行抵偿制，阐明其中的裨益………………105
尸亲的三个特权……………………………………105
抵偿制的益处及哲理………………………………106
命令为双亲和近亲立嘱继承权经文对此段经文的
　　革止…………………………………………106
对一般不继承的亲属立嘱…………………………107
合理的遗嘱…………………………………………107
公正立嘱的优越……………………………………107
命令斋戒……………………………………………107
没有能力的人和年龄大的人可以交纳赎金………108
莱麦丹月的尊贵《古兰》在莱麦丹月降示………108
《古兰》的尊贵……………………………………108
莱麦丹月必须封斋…………………………………108
有关旅行中封斋的问题……………………………108
倡导宽容　摈弃繁难………………………………109
记念安拉使人完成功课……………………………109
安拉倾听众仆的祈求………………………………109
祈求不遭拒绝………………………………………110
三种人的祈求不被拒绝……………………………110
莱麦丹月的夜晚允许吃饮和房事…………………110
封斋饭的最后期限…………………………………111
提倡吃封斋饭及吃饭时间…………………………111
清晨起床时无大净的人可以封斋…………………112
夜晚来临时停止斋戒，立即开斋…………………112
禁止连续封斋………………………………………112
驻静的律例…………………………………………112
贿赂是非法…………………………………………113
法官的判决不能使非法合法化，也不能使合法非
　　法化…………………………………………113

询问新月……………………………………………114
真正的正义是敬畏…………………………………114
命令穆斯林抵抗侵略者在哪里发现他们，就在哪
　　里消灭他们…………………………………114
禁止过分（譬如毁容和贪污）……………………115
为安拉举伴甚于杀害………………………………115
禁止在禁地进行战争，允许在其中抵抗入侵……115
安拉命令穆斯林进行战争，直至是非平息………115
禁止在禁月作战，除非敌人首先发起战争………116
安拉命令穆斯林为主道花费财产…………………117
安拉命令穆斯林完成正朝和副朝…………………117
途中受困的受戒者宰牲，剃头，并开戒…………118
受戒期间剃头者必须纳罚赎………………………118
朝观中的享受………………………………………119
享受朝者没有牺牲品时，可以封斋十日…………119
麦加居民不能朝享受朝……………………………120
何时为正朝受戒……………………………………120
朝观的月份…………………………………………120
朝观中禁止"淫秽"…………………………………121
朝观中禁止"夫苏格"………………………………121
朝观期间禁止辩论…………………………………121
鼓励在朝观中行善、带盘缠………………………121
后世的盘缠…………………………………………121
朝观中的生意………………………………………122
驻阿拉法特…………………………………………122
从阿拉法特和穆兹代里发出发的时间……………122
禁标…………………………………………………123
命令蒙昧时代不驻阿拉法特的人在伊斯兰时期驻
　　阿拉法特，并和人们一起下去………………123
安拉命令穆斯林求饶，念一些求饶词……………123
命令完成功课后多记念安拉，向安拉请求两世的
　　幸福……………………………………………124
在太西磊格之日——吃喝的日子里记念安拉……125
指定的日子…………………………………………125
伪信士的情况………………………………………126
伪信士的特征之一是拒绝忠告……………………126
追求安拉的喜悦是穆民的特征……………………126
必须全心全意地遵循伊斯兰………………………127
鼓励人们尽快接受正信……………………………127
改变恩典和嘲讽穆民的报应………………………127
知识降临之后的分歧证明分歧者的迷误和过分…128
只有经历考验才可获得襄助进入乐园……………129
花费的对象…………………………………………130

| | |
|---|---|
| 参战是一项义务 | 130 |
| 奈赫莱分遣队 禁月中战争的断法 | 131 |
| 循序渐进地禁酒 | 132 |
| 施舍富余的财产 | 133 |
| 管理孤儿的财产 | 133 |
| 严禁和多神教男女结婚 | 134 |
| 远离行经的妇女 | 134 |
| 禁止从后窍性交 | 135 |
| "你们的妻室是你们的田地"的颁降原因 | 135 |
| 严禁发誓不行善 | 136 |
| 无心的誓言 | 136 |
| 待期发誓及其断法 | 137 |
| 被休妇女的待婚期 | 138 |
| 何谓"古鲁仪" | 138 |
| 教法接受妇女自己对自己月经情况的陈述 | 138 |
| 丈夫更应该挽留妻子 | 138 |
| 夫妻之间的义务和权利 | 138 |
| 丈夫比妻子优越 | 139 |
| 将离婚限定在三次之内可复婚和不可复婚的律例 | 139 |
| 禁止要回送给妻子的聘金 | 139 |
| 妻子退回聘金后可以休丈夫 | 139 |
| 休丈夫的女人的待婚期 | 140 |
| 超越法度是不义的 | 140 |
| 在一个地方（同时）三休是非法 | 140 |
| 三休之后不可复婚 | 140 |
| 诅咒穆罕利勒，及穆罕利勒的受益人 | 140 |
| 被三休的女人何时才可以和原夫复婚 | 141 |
| 善待被休的女人 | 141 |
| 禁止监护人阻止妇女与离婚的丈夫复婚 | 142 |
| 婚姻需要监护人 | 142 |
| 这段经文降示的原因 | 142 |
| 在哺乳期内哺乳 | 143 |
| 给大人哺乳 | 143 |
| 哺乳的报酬 | 143 |
| 不能伤害一方或互相伤害 | 143 |
| 在夫妻双方情愿的情况下断奶 | 143 |
| 孀妇的待婚期 | 144 |
| 这种待婚期的哲理 | 144 |
| 主人归真后孩子的母亲的待婚期 | 145 |
| 待婚期内必须穿素服 | 145 |
| 允许向待婚期内的妇女含蓄求婚禁止在待婚期内再婚 | 145 |
| 同房之前解除婚约 | 146 |

| | |
|---|---|
| 解除婚约的离仪 | 146 |
| 同房之前被休的（未婚）妻有权得到聘礼的一半 | 146 |
| 最中间的礼拜 | 147 |
| 拜中禁止说话 | 147 |
| 恐惧拜 | 148 |
| 在安全时全美礼拜 | 148 |
| 这段经文被革止 | 148 |
| 离婚的离仪 | 149 |
| 亡者的故事 | 149 |
| 逃避战争不能改变安拉规定的大限 | 150 |
| 美好的债务及其报酬 | 150 |
| 犹太人要求安拉为他们委派君王 战争的故事他们中只有少数人坚持正道，获得胜利 | 151 |
| 部分先知比部分优越 | 153 |
| 库勒西经文的尊贵 | 154 |
| 安拉的至尊名在库勒西经文之中 | 155 |
| 库勒西经文包括十个独立的句子 | 155 |
| 正教无强迫 | 156 |
| 认主独一是最坚固的把手 | 156 |
| 安拉的朋友伊布拉欣和奈姆鲁兹的辩论 | 158 |
| 欧宰尔的故事 | 158 |
| 安拉的朋友伊布拉欣请求安拉，让他看看安拉怎么复活没有生命的东西 | 159 |
| 应答伊布拉欣的请求 | 159 |
| 为主道奉献者的报酬 | 160 |
| 禁止施舍财产者自我标榜或伤害受惠人 | 160 |
| 善功因为罪恶而消失的例子 | 162 |
| 鼓励为主道奉献纯洁的财产 | 162 |
| 在施舍财产时恶魔的教唆 | 163 |
| "智慧"的意义 | 163 |
| 公开施舍和秘密施舍的贵重 | 164 |
| 对多神教徒的施舍 | 164 |
| 最有权获得施舍的人 | 165 |
| 表扬施舍的人 | 165 |
| 驳斥吃利息 | 166 |
| 利息中没有福分、祥瑞 | 167 |
| 安拉使施舍品（的回赐）增长，正如你们抚养自己的马驹 | 167 |
| 犯罪的忘恩负义者是受安拉恼怒的 | 167 |
| 表扬感谢者 | 167 |
| 敬畏真主，远离利息 | 168 |
| 吃利息就是向安拉及其使者宣战 | 168 |
| 善待有困难的人 | 168 |

| | |
|---|---|
| 命令书写定期交易 | 169 |
| 命令请人书写的同时请人作证 | 170 |
| 抵押品 | 171 |
| 仆人因心中的秘密而受到清算吗 | 172 |
| 有关这两段经文之尊贵的圣训，愿主通过它们让我们获得益处 | 173 |
| 这两段经文的注释 | 173 |

## 《仪姆兰的家属章》注释　麦地那章　174

| | |
|---|---|
| 义理明确的经文和义理深奥的经文 | 175 |
| 只有安拉知道义理深奥的经文的本意 | 176 |
| 财产和子孙在末日毫无用处 | 177 |
| 警告犹太人将被击败，希望他们从白德尔之战中吸取教训 | 178 |
| 今世生活的真正价值 | 178 |
| 喜爱马匹可分三种 | 179 |
| 敬畏者的报偿超过整个今世的享受 | 179 |
| 敬畏者的祈求和他们的特征 | 179 |
| 作证认主独一 | 180 |
| 只有伊斯兰是正教 | 180 |
| 伊斯兰是全人类的宗教　穆圣是全人类的使者 | 181 |
| 谴责犹太人否认正教、杀害先知和清廉之士 | 181 |
| 谴责有经人不以安拉的经典裁决事务 | 182 |
| 指导世人感谢安拉 | 182 |
| 禁止和多神教徒结盟为友 | 183 |
| 安拉知道内心隐藏的一切 | 183 |
| 仆人对安拉的爱体现在紧跟穆圣当中 | 184 |
| 大地的居民中的受选者 | 184 |
| 麦尔彦诞生的故事 | 184 |
| 麦尔彦的成长及安拉对她的优容 | 185 |
| 宰凯里雅的祈祷　叶哈雅出生的喜讯 | 185 |
| 麦尔彦贵过同时代的一切妇女 | 186 |
| 虔信安拉的麦尔彦获得尔撒降生的喜讯 | 187 |
| 尔撒在摇篮中讲话 | 187 |
| 不通过父亲而创造尔撒 | 187 |
| 尔撒的特征、奇迹、宣教 | 188 |
| 众门徒扶助尔撒 | 189 |
| 犹太人预谋杀害尔撒先知 | 189 |
| "使你辞世"的意义 | 190 |
| 尔撒的宗教遭到篡改 | 190 |
| 警告隐昧者将在今世和后世遭受惩罚 | 191 |
| 阿丹和尔撒的比较 | 191 |
| 要求极端地信仰尔撒的人们前来赌咒 | 191 |
| 安拉的独一是众所周知之事 | 193 |
| 犹太人和基督教徒因为伊布拉欣的宗教的争执 | 194 |
| 犹太人对穆斯林的嫉恨和诡计 | 194 |
| 犹太人受到信托后的情况 | 195 |
| 违背誓约的人在后世没有任何份额 | 196 |
| 犹太人巧言篡改安拉的经文 | 196 |
| 先知不会号召人们崇拜他自己，也不会号召人们舍安拉而去崇拜他物 | 197 |
| 安拉和众先知定约：他们都要归信我们的先知穆罕默德 | 198 |
| 安拉认可并接受的宗教只是伊斯兰 | 198 |
| 除了忏悔者，安拉不引导信仰之后又否认的人 | 199 |
| 隐昧者临终时的忏悔和复生日的救赎不蒙接受 | 199 |
| 花费至爱的财物才是正义之举 | 200 |
| 犹太人向穆圣询问一些问题 | 200 |
| 克尔白是为了拜主而设置的第一座房 | 202 |
| 班克的命名由来及它的其他名称 | 202 |
| 伊布拉欣的立足处 | 202 |
| 禁地是安全区 | 203 |
| 朝觐的义务 | 203 |
| "有能力"的意义 | 203 |
| 否认朝觐的人是隐昧者（出教者） | 204 |
| 严厉谴责有经人否认正教、阻碍主道 | 204 |
| 警告穆斯林不要跟随有经人 | 204 |
| 什么是真实地敬畏 | 204 |
| 命令紧握安拉的绳索，坚守集体 | 205 |
| 安拉命令人们履行宣教义务 | 206 |
| 禁止分裂 | 206 |
| 团结和分裂在复生日的结局 | 206 |
| 穆圣民族的优越性，它是最优秀的民族 | 207 |
| 证明穆圣的民族在安拉那里享有殊荣，以及这个民族是今后两世中最优秀民族的相关圣训 | 207 |
| 另一段圣训 | 207 |
| 预告穆斯林将战胜有经人 | 208 |
| 有经人中归信伊斯兰的人的尊贵 | 208 |
| 隐昧者花费的财产的譬喻 | 209 |
| 禁止将隐昧的人作为心腹 | 209 |
| 吾侯德战役 | 210 |
| 安拉在白德尔之日襄助势单力薄的穆斯林 | 211 |
| 天使的援助 | 212 |
| 坚决禁止利息 | 213 |
| 倡导行善　争取乐园 | 214 |
| 吾侯德战役失败的教训 | 216 |

吾侯德战役中提到穆圣㊣的归真，阐明如何正
　确看待穆圣㊣的归真……………………………216
禁止服从隐昧者，分析吾侯德战役中转胜为败的
　原因………………………………………………218
吾侯德战役中穆斯林的失败………………………219
迁士和辅士保护使者………………………………220
战役中的赏赐——穆民安宁，伪信士胆怯………220
安拉原谅吾侯德之日败阵的穆民…………………221
应将生死定然看成安拉的意欲……………………222
慈爱和温和是穆圣㊣的品德………………………223
遇事协商是穆圣㊣的作风…………………………223
协商之后托靠安拉…………………………………223
先知不会贪污………………………………………223
诚实的人和不诚实的人不一样……………………224
派遣穆圣㊣是巨大的恩惠…………………………224
吾侯德战役失败的原因及其哲理…………………225
烈士的尊贵…………………………………………226
海穆拉·艾赛德之役及参加这次战役者之高贵…227
安慰使者㊣…………………………………………228
谴责并警告吝啬者…………………………………229
安拉对多神教徒的警告……………………………229
每个生命都要尝试死亡的滋味……………………230
成功属于谁…………………………………………230
穆民将遭受考验，并听到许多对他有害的言辞…230
谴责有经人违背约言、隐瞒真理…………………231
谴责有经人相互欺骗、贪功邀赏…………………231
对有心者昭示安拉独一的证据 有心者的特征、
　言论和祈祷………………………………………232
安拉对能领悟者的应答……………………………233
警惕被追求今世的人所迷惑以及清廉者的报酬…234
部分有经人的情况和他们的报酬…………………235
命令克制和戒备……………………………………235

《妇女章》注释　麦地那章……………………………237
《妇女章》系麦地那章 本章的尊贵……………237
命令敬畏安拉、参悟被造物、接恤亲属…………237
保护孤儿的财产……………………………………238
禁止以低廉的聘金与孤女结婚……………………238
限娶四妻……………………………………………238
担心不公正时，只娶一妻…………………………239
送聘礼是定制………………………………………239
对无知者的限制……………………………………239
合理地赡养受限制的人……………………………240

考验孤儿、在他们成人时将财产交还他们………240
贫穷的监护人可以根据自己的工作程度享用孤儿
　的财产……………………………………………240
安拉命令人们将财产留给后代 析产过程中给在
　场的非继承人分享遗产…………………………241
公正立嘱……………………………………………241
对侵吞孤儿财产者的警告…………………………242
遗产及学习继承学…………………………………242
本段经文降示的原因………………………………242
子女按份额继承遗产 男性的一份等于女性的两倍…242
亡人只有女儿时，女儿的遗产……………………243
父母亲的遗产………………………………………243
先偿还债务，后执行遗嘱…………………………243
夫妻的遗产…………………………………………244
单身的定义…………………………………………244
同母异父兄弟的断法………………………………244
警告禁止在析产时超越安拉的法度………………245
将淫妇拘禁在房中，及这一命令的被革止………245
临终的痰声之前所作的忏悔可蒙接受……………246
什么是"强制性地继承妇女"……………………247
禁止伤害妇女………………………………………247
与妻室和睦相处……………………………………247
禁止索回聘礼………………………………………248
禁止儿子和父亲的妻子结婚，以及违背者的断法…248
永远不能通婚的女人和暂时不能通婚的女人……249
多少次或多长时间的哺乳能在乳母和乳子之间产
　生近亲关系………………………………………249
禁止和岳母或继女结婚……………………………250
继女无论是否在继父的监护之下，都不能和他结婚…250
同房的意义…………………………………………250
禁止和亲生儿子有过结婚关系的女人结婚，但可
　以和义子的前妻结婚……………………………250
疑问及其解答………………………………………250
禁止同时以姐妹为妻………………………………251
除女俘外，不能和有夫之妇结婚…………………251
可以和上述妇女之外的妇女结婚…………………251
禁止临时婚姻………………………………………251
没有能力和自由妇女结婚的人，可以和女奴结婚…252
女奴犯奸淫罪时应当遭受自由女的惩罚的一半…252
禁止非法的谋生手段………………………………253
双方同意的买卖在交易点是自由的………………253
禁止谋杀和自杀……………………………………253
远离大罪可以消除小罪……………………………254

|  |  |
|---|---|
| 七件毁人之罪 | 254 |
| 不可觊觎安拉给某些人特赐的优点 | 254 |
| 何谓正派女人 | 255 |
| 处理妻子顽横不逊的方法 | 255 |
| 禁止以任何理由虐待服从丈夫的妻子 | 256 |
| 当夫妻可能分裂时，指派两位调解人 | 256 |
| 崇拜独一的安拉孝敬父母善待近亲和其他人 | 257 |
| 邻居的权益 | 257 |
| 善待奴隶 | 257 |
| 安拉不喜骄傲之人 | 258 |
| 谴责吝啬 | 258 |
| 安拉丝毫不亏人 | 259 |
| 多神教徒的惩罚可否被减轻 | 259 |
| 什么是重大的报酬 | 259 |
| 末日，穆圣对他的民族的作证，隐昧者企望死亡 | 260 |
| 禁止在酒醉和无大净时接近礼拜 | 260 |
| 代净 | 261 |
| 代净经文的降示原因 | 262 |
| 贬犹太人选择迷误，篡改经典，违抗安拉，巧言谩骂，诽谤正教 | 262 |
| 警告有经人的同时，号召他们选择正信 | 263 |
| 凯尔卜·艾哈巴尔听到这节经文后归信伊斯兰 | 263 |
| 除非悔过自新，否则安拉绝不会恕饶以物配主者 | 264 |
| 贬斥犹太人，诅咒他们自命清白、信仰偶像和恶魔、颠倒正道和正信 | 264 |
| 隐昧者不可能比穆斯林优越 | 265 |
| 犹太人因为向多神教徒求助而遭受安拉的弃绝 | 265 |
| 犹太人的吝啬和嫉妒 | 265 |
| 对否认安拉的经典和使者的人的惩罚 | 266 |
| 清廉者的归宿是乐园及其恩典 | 266 |
| 履行信托 | 266 |
| 司法公正 | 267 |
| 在合理的事务中服从长官的必要性 | 267 |
| 发生分歧时回归《古兰》和圣训 | 267 |
| 脱离经典和圣训，诉诸其他依据裁决事务的人，绝不是穆斯林 | 268 |
| 贬斥伪信士 | 268 |
| 服从使者是穆斯林责无旁贷的义务 | 269 |
| 成为穆民的先决条件是让穆圣裁决他们的分歧，并服从他的决定 | 269 |
| 大部分人违背所受的命令 | 270 |
| 服从安拉和使者的人，在安拉那里和一切受尊重者同在 | 270 |
| 这段尊贵经文降示的原因 | 270 |
| 警惕敌人 | 271 |
| 逃避战争是伪信士的表现之一 | 271 |
| 鼓励奋斗 | 271 |
| 鼓励参加战争，拯救被欺压者 | 272 |
| 谴责某些人希望推迟战争 | 272 |
| 死亡不可逃避 | 273 |
| 伪信士认为先知给他们带来了厄运 | 273 |
| 服从使者就是服从安拉 | 273 |
| 伪信士的愚蠢 | 274 |
| 《古兰》就是真理 | 274 |
| 禁止传播未经证实的消息 | 274 |
| 安拉命令使者亲自参战 | 275 |
| 激励信士作战 | 275 |
| 善说情和恶说情 | 276 |
| 命令以更好的言辞回答赛俩目 | 276 |
| 警告圣门弟子，不要议论参加吾侯德战役之人 | 277 |
| 作战者和不作战者 | 277 |
| 误杀信士的断法 | 278 |
| 对故意杀人者的警告 | 279 |
| 安拉接受故意杀人者的忏悔吗？ | 280 |
| "赛俩目"是伊斯兰的标志之一 | 280 |
| 参战者和未参战者不一样 | 281 |
| 禁止有能力迁徙的人继续生活在多神教徒当中 | 282 |
| 短礼 | 283 |
| 恐惧拜及其种类 | 284 |
| 命令恐惧拜后多记念安拉 | 285 |
| 鼓励忍受伤痛追击敌人 | 285 |
| 命令以安拉的启示裁决事务 | 286 |
| 鼓励人们向安拉忏悔和求饶，警告那些冤枉清白者的人 | 287 |
| 善意的密谈 | 287 |
| 违背使者并追随非信士道路者的后果 | 287 |
| 以物配主罪不可赦 多神教徒真正崇拜的是恶魔 | 288 |
| 清廉信士的报酬 | 289 |
| 成功不是靠幻想得来的 成功要靠善功 | 289 |
| 伊布拉欣是安拉的朋友 | 290 |
| 孤女的断法 | 291 |
| 丈夫顽横不逊的断法 | 292 |
| "和解是最好的"意义 | 292 |
| 敬畏安拉 | 293 |
| 维护公正 为主作证 | 293 |

信仰之后的信仰······294
伪信士的特征和他们的归宿······295
伪信士等待穆斯林遭受厄运······295
伪信士欺骗安拉，在拜中撒懒，在穆民和隐昧者之间彷徨······296
禁止和隐昧者为友······297
伪信士——隐昧者的盟友若不忏悔将在火狱的最底层······297
允许被亏的人宣扬坏人的恶迹，同时鼓励原谅对方······297
信仰一部分使者而否认另一部分，是纯粹的隐昧······298
犹太人的顽固······299
犹太人的罪行······300
对麦尔彦的诽谤，妄言杀死尔撒以及有关历史真相······300
尔撒归真之前全体基督教徒都信仰他······301
有关在光阴之末尔撒降临大地，号召人们崇拜安拉的圣训······301
尔撒的特征······303
因为犹太人的不义而禁止他们享用一些佳美的东西······304
《古兰》中提到的使者共计二十五位······305
穆萨的尊贵······305
派遣列圣的目的是树立明证······305
禁止有经人的宗教极端和过分赞扬尔撒······307
基督教徒的教派分歧······308
列圣和众天使不因为做安拉的仆人而为耻······308
安拉对信士的叙述······308
孤寡的断法，这是最后颁降的经文······309
这节经文的含义······309

## 《宴席章》注释　麦地那章······310

《宴席章》的尊贵及其颁降时间······310
一些合法与非法的肉食······311
尊重禁地和禁月······311
到天房献牲······312
禁止谋害去天房的人······312
允许开戒后打猎······312
任何情况下都必须公正······312
禁止吃的动物······313
禁止求签······314
隐昧者和恶魔对穆斯林的宗教感到绝望······315
完美的宗教······315
被迫无奈时允许吃自死物······316
合法······316
训练的捕猎动物所捕获的猎物的断法······316

在放开猎犬时，诵念安拉的尊名（太斯米）······317
有经人宰的动物是合法的······317
可以和有经人中忠贞的自由女结婚······318
小净······318
小净时举意、念太斯米······319
认真洗胡须······319
小净的具体方法······319
必须洗两脚，而不能用水摸（擦）脚······319
有关洗脚，并且必须洗脚的圣训······320
认真洗指缝······320
摸靴子是可靠的圣行······320
没有水或生病时打土净（代净）······320
小净后祈祷······321
小净的尊贵······321
使者的使命和伊斯兰是对人类的宏恩······321
保持公正······322
制止隐昧者伤害穆斯林是安拉的恩典······322
有经人的盟约和他们毁约后应受的诅咒······322
欧格白之夜辅士们的领袖们······323
定约与毁约······323
基督教徒的盟约，忘约和结局······324
通过使者和《古兰》解释真理······324
基督教徒的以物配主和他们的否认······325
驳有经人说的"我们是安拉的儿子"······325
穆萨给他的民众提醒安拉的恩典，并命令他们进入圣地以及他们对穆萨的抗拒······326
优舍尔和卡利卜宣布应战······327
白德尔之日圣门弟子对穆圣的答复······327
穆萨对犹太人的诅咒······328
禁止犹太人四十年不得进入圣地······328
解放圣城固都斯······328
安拉安慰穆萨······328
哈比勒和夏毕勒的故事······329
不义和断绝骨肉的行为应该立即遭受惩罚······330
尊重他人······331
警告过分者······331
反对穆斯林之人和恶人的报应······331
敌对者在受到制裁之前如果忏悔，不再受到战争罪的惩罚······332
敬畏、近主之道和奋斗······333
在末日不接受隐昧者的赎金，他们将永居火狱······333
砍断窃贼的手······334
哪种情况下砍手······334

| | |
|---|---|
| 盗窃者的忏悔是可以被接受的 | 334 |
| 不因犹太人和伪信士的行为而忧愁 | 335 |
| 犹太人篡改经典，在一次奸淫事件中犹太人企图改变石刑的经文 | 336 |
| 谴责犹太人的不良用心，赞美他们的经典 | 337 |
| 这些经文颁降的另一原因 | 337 |
| 男人杀害女人后照常抵命 | 338 |
| 创伤的抵偿 | 338 |
| 重大的原则 | 338 |
| 原谅就是赎罪 | 339 |
| 叙述尔撒　赞扬《引支勒》 | 339 |
| 赞美《古兰》叙述《古兰》以《古兰》的法律裁决 | 339 |
| 禁止和犹太人、基督教徒以及伊斯兰的敌人结盟为友 | 341 |
| 经文降示原因 | 342 |
| 如果穆民叛教，安拉将以其他人取而代之 | 342 |
| 这些经文降示的原因 | 343 |
| 禁止和隐昧者结盟为友 | 343 |
| 隐昧者嘲弄礼拜和宣礼 | 343 |
| 有经人因为穆民归信安拉而怨恨穆民 | 344 |
| 有经人应该在末日遭受最严厉的惩罚 | 344 |
| 伪信士惯于表现信仰，隐瞒不信 | 344 |
| 对宗教学者和经师们不止人作恶的警告 | 345 |
| 犹太人说安拉的耶迪是被绑住的 | 345 |
| 安拉的耶迪是敞开的 | 346 |
| 穆斯林获得的福分增长了犹太人的不义和否认 | 346 |
| 倘若有经人遵循他们的经典，他们就会获得今后两世的幸福 | 346 |
| 命令传达　许诺保护 | 347 |
| 只有遵循《古兰》才会成功 | 347 |
| 基督教徒的隐昧，麦西哈号召认主独一 | 348 |
| 麦西哈是安拉的仆人，他的母亲是虔信的人 | 349 |
| 禁止以物配主　禁止逾越教义要求 | 349 |
| 安拉诅咒以色列的后裔中的隐昧者 | 350 |
| 有关命人行善，止人作恶的一些圣训 | 350 |
| 谴责伪信士 | 350 |
| 这些经文降示的原因 | 351 |
| 伊斯兰中没有出家制 | 352 |
| 无心的誓言 | 352 |
| 誓言的罚赎 | 352 |
| 禁止酒和赌博 | 353 |
| 安萨卜和艾兹俩目 | 353 |
| 有关禁酒的圣训 | 353 |
| 禁地和受戒期内严禁狩猎 | 355 |
| 在受戒期间或在禁地捕杀猎物者的处罚 | 356 |
| 海洋的猎物对受戒者是合法的 | 357 |
| 陆地的猎物对受戒者是非法的 | 358 |
| 谴责无谓的询问 | 359 |
| 上述动物的解释 | 360 |
| 安拉命令仆人自我完善 | 361 |
| 两个公正的人作证遗嘱 | 362 |
| 安拉关于各民族责问列圣 | 362 |
| 给尔撒提醒恩典 | 363 |
| 宴席的降临 | 364 |
| 稀奇的历史事件 | 365 |
| 麦西哈与多神崇拜毫无关系，他承认的是认主独一 | 365 |
| 末日只有诚实有益 | 366 |

## 《牲畜章》注释　麦加章　367

| | |
|---|---|
| 《牲畜章》的尊贵，及其降示时间 | 367 |
| 一切赞颂，归于大能、具有伟大权力的安拉 | 367 |
| 多神教徒的顽固和他们遭受的警告 | 367 |
| 谴责顽抗者 | 368 |
| 安拉是创造者、供养者和施恩者，一切都必须归安拉引导 | 369 |
| 安拉是有益万物的、打击邪恶的、不可抗拒的 | 370 |
| 有经人认识穆圣㊗犹如认识自己的儿女一样 | 370 |
| 多神教徒将因多神崇拜而受到审问 | 371 |
| 《古兰》对薄福者没有益处 | 371 |
| 隐昧者看到惩罚降临时的幻想与愿望对他们无益 | 371 |
| 安慰穆圣㊗ | 373 |
| 多神教徒要求显示一个迹象 | 374 |
| 各群体（稳麦）的意义 | 374 |
| 隐昧者是重重黑暗中的聋子和瞎子 | 375 |
| 多神教徒在受到惩罚时只祈求独一的安拉，这是他们自欺欺人的明证 | 375 |
| 使者不掌握安拉的宝库，也不知道未见 | 377 |
| 禁止使者㊗驱赶身边的弱者，命令使者尊重他们 | 377 |
| 使者对自己宣传的真理持有明证安拉掌握对人类的清算 | 378 |
| 只有安拉知道未见 | 379 |
| 仆人在死亡之前和死亡之后，都由安拉管理 | 379 |
| 安拉的尊贵、慷慨、惩罚和征服 | 380 |
| 宣教仅是指导，而非强迫 | 381 |
| 禁止与妄谈安拉经文的人同坐 | 382 |
| 归信安拉，干了善功后又回到迷误的人 | 383 |

| 吹号角 | 383 |
| 伊布拉欣劝诫他的父亲 | 384 |
| 简介伊布拉欣阐明认主独一的方法 | 384 |
| 辩论者的位置 | 385 |
| 以物配主是重大的不义 | 386 |
| 伊布拉欣老年得子 | 386 |
| 努哈和伊布拉欣的殊荣 | 387 |
| 以物配主抹杀善功，甚至会抹杀使者们的善功 | 387 |
| 使者来自人类 经典的降示 | 388 |
| 最不义的人，是假借安拉名义编造谎言，并妄言接受了启示的人 | 389 |
| 不义者在死亡的时候和末日的情况 | 389 |
| 通过部分迹象认识安拉 | 391 |
| 谴责多神教徒 | 392 |
| 白迪尔（البديل）的意义 | 393 |
| 安拉是你们的养主 | 393 |
| 后世见安拉 | 393 |
| "依据"的注释 | 394 |
| 命令遵循启示 | 395 |
| 禁止辱骂多神教徒的偶像，以免他们辱骂安拉 | 395 |
| 多神教徒祈求见到迹象，发誓当迹象到来时归信正教 | 395 |
| 每个先知都有敌人 | 397 |
| 大部分人在迷误之中 | 397 |
| 奉安拉的尊名而宰的肉食是合法的 | 398 |
| 禁止吃未念安拉的尊名而屠宰的 | 398 |
| 恶魔的启示 | 399 |
| 让人的话超越安拉的法律就是以物配主 | 399 |
| 隐昧者和穆民的例子 | 399 |
| 罪魁，他们的诡计，他们的归宿 | 400 |
| 异教徒承认穆圣ﷺ高贵的血统 | 400 |
| 不义者互相结为狐朋狗友 | 402 |
| 安拉差圣于人类 精灵承认众使者 | 403 |
| 警告世人，如果他们违背安拉，安拉将让他们消失 | 404 |
| 一些以物配主者的行为 | 405 |
| 恶魔诱惑多神教徒屠杀自己的子女 | 405 |
| 多神教徒将部分牲畜定为非法 | 406 |
| 安拉创造了果实、谷物和牲畜 | 407 |
| 浪费 | 407 |
| 牲畜的益处 | 408 |
| 你们吃这些牲畜，但不要跟随恶魔的步伐 | 408 |
| 一些受禁止的事物 | 409 |
| 犹太人因为过分而被禁止吃一些合法的食物 | 410 |

| 犹太人的阴谋和安拉对他们的诅咒 | 410 |
| 严厉的驳斥 | 411 |
| 十条忠告 | 411 |
| 禁止以物配主 | 412 |
| 命令善待父母 | 412 |
| 禁止杀害子女 | 412 |
| 禁止杀害无辜 | 413 |
| 禁止侵吞孤儿的财产 | 413 |
| 命令给足衡量 | 413 |
| 命令公正作证 | 414 |
| 命令遵守安拉的约言 | 414 |
| 命令遵循正道 禁止追随旁门左道 | 414 |
| 赞美《讨拉特》和《古兰》 | 415 |
| 《古兰》是安拉展示给人类的证据 | 415 |
| 警告推迟归信和忏悔的人 | 416 |
| 谴责分裂 | 417 |
| 一件善事获得十倍于它的报偿，一件恶事仅照原样受到惩罚 | 417 |
| 伊斯兰就是正道 | 418 |
| 命令虔诚拜主 | 418 |
| 伊斯兰是一切先知的宗教 | 418 |
| 命令真诚地托靠安拉 | 419 |
| 负罪者不担负别人的罪责 | 419 |
| 安拉使人们成为层次不同的代位者，以便考验人类 | 420 |

## 《高处章》注释 麦加章 ......421

| 曾被毁灭的城镇的情况 | 421 |
| 称量功过 | 422 |
| 安拉为人类创造天地与恩典 | 422 |
| 众天使给阿丹叩头，伊卜厉斯的傲慢 | 422 |
| 伊卜厉斯是第一个攀比者 | 423 |
| 恶魔诱惑阿丹和海娃吃禁果 | 425 |
| 被贬于大地 | 426 |
| 恩赐衣服和饰品 | 426 |
| 警告人类防备恶魔的蛊惑 | 426 |
| 逆徒们干了丑事却归罪于安拉 | 426 |
| 安拉不以丑事命令被造物，安拉只会命人公正和虔诚 | 427 |
| "初创"和"回归"的意义 | 427 |
| 安拉命令人们去清真寺时注重仪表 | 428 |
| 禁止在饮食中浪费 | 428 |
| 各种丑事、犯罪、迫害、以物配主、假借安拉名义造谣都是非法的 | 429 |

捏造谎言的多神教徒会得到他们的份额，但在他
　　们临终时，他们的盟友将弃他们而去⋯⋯⋯⋯430
火狱的居民相互争吵，相互诅咒⋯⋯⋯⋯⋯⋯⋯430
天门不为不信安拉迹象者开放，他们永远不能进
　　入乐园⋯⋯⋯⋯⋯⋯⋯⋯⋯⋯⋯⋯⋯⋯⋯⋯431
清廉者的归宿和他们的情况⋯⋯⋯⋯⋯⋯⋯⋯⋯431
火狱的居民悔之不及⋯⋯⋯⋯⋯⋯⋯⋯⋯⋯⋯⋯432
艾阿拉夫和它的居民⋯⋯⋯⋯⋯⋯⋯⋯⋯⋯⋯⋯433
乐园的恩典对火狱的居民是禁止的⋯⋯⋯⋯⋯⋯433
多神教徒没有找借口的余地⋯⋯⋯⋯⋯⋯⋯⋯⋯434
六天内创造宇宙⋯⋯⋯⋯⋯⋯⋯⋯⋯⋯⋯⋯⋯⋯435
"升"的意义⋯⋯⋯⋯⋯⋯⋯⋯⋯⋯⋯⋯⋯⋯⋯⋯435
夜晚和白昼是属于安拉的迹象⋯⋯⋯⋯⋯⋯⋯⋯435
鼓励人们祈求安拉⋯⋯⋯⋯⋯⋯⋯⋯⋯⋯⋯⋯⋯435
禁止在祈祷时过分⋯⋯⋯⋯⋯⋯⋯⋯⋯⋯⋯⋯⋯436
禁止在大地上为非作歹⋯⋯⋯⋯⋯⋯⋯⋯⋯⋯⋯436
降下雨水并长出果实是安拉的怜悯⋯⋯⋯⋯⋯⋯436
努哈和他的民族的故事⋯⋯⋯⋯⋯⋯⋯⋯⋯⋯⋯437
呼德的故事　阿德人的血统⋯⋯⋯⋯⋯⋯⋯⋯⋯438
阿德人的居所⋯⋯⋯⋯⋯⋯⋯⋯⋯⋯⋯⋯⋯⋯⋯439
呼德与其民众的交涉⋯⋯⋯⋯⋯⋯⋯⋯⋯⋯⋯⋯439
阿德人的结局⋯⋯⋯⋯⋯⋯⋯⋯⋯⋯⋯⋯⋯⋯⋯439
阿德人的访问者的故事⋯⋯⋯⋯⋯⋯⋯⋯⋯⋯⋯440
塞姆德人的居所和他们的谱系⋯⋯⋯⋯⋯⋯⋯⋯441
撒立哈先知和塞姆德人的故事⋯⋯⋯⋯⋯⋯⋯⋯441
塞姆德人要求一峰母骆驼从石头中蹦出，并如愿
　　以偿⋯⋯⋯⋯⋯⋯⋯⋯⋯⋯⋯⋯⋯⋯⋯⋯⋯441
杀害母驼⋯⋯⋯⋯⋯⋯⋯⋯⋯⋯⋯⋯⋯⋯⋯⋯⋯442
恶人们图谋杀害撒立哈先知惩罚降临塞姆德人⋯442
鲁特及其族人的故事⋯⋯⋯⋯⋯⋯⋯⋯⋯⋯⋯⋯443
舒尔布先知及麦德彦⋯⋯⋯⋯⋯⋯⋯⋯⋯⋯⋯⋯444
先民经历的考验⋯⋯⋯⋯⋯⋯⋯⋯⋯⋯⋯⋯⋯⋯446
福祉伴随着信仰　惩罚伴随着隐昧⋯⋯⋯⋯⋯⋯447
穆萨和法老的故事⋯⋯⋯⋯⋯⋯⋯⋯⋯⋯⋯⋯⋯448
穆萨的手杖及其白亮的手⋯⋯⋯⋯⋯⋯⋯⋯⋯⋯449
法老的民众说穆萨是一个魔术师⋯⋯⋯⋯⋯⋯⋯449
魔术师聚集一堂反对穆萨，他们各施伎俩，在穆
　　萨面前将绳索变成巨蛇⋯⋯⋯⋯⋯⋯⋯⋯⋯450
穆萨获胜　魔术师归信⋯⋯⋯⋯⋯⋯⋯⋯⋯⋯⋯450
法老威胁信服穆萨的魔术师们及魔术师们对安拉
　　的回归⋯⋯⋯⋯⋯⋯⋯⋯⋯⋯⋯⋯⋯⋯⋯⋯451
法老发誓杀害以色列的后裔以色列的后裔向穆萨
　　诉说他们的遭遇穆萨告诉他们，他们会得到安
　　拉的襄助⋯⋯⋯⋯⋯⋯⋯⋯⋯⋯⋯⋯⋯⋯⋯452
法老的族人经受连年的旱灾⋯⋯⋯⋯⋯⋯⋯⋯⋯452
法老的臣民反对真理，安拉降各种迹象惩罚他们⋯453
法老的臣民被淹没在海中以色列的后裔继承福泽
　　的大地⋯⋯⋯⋯⋯⋯⋯⋯⋯⋯⋯⋯⋯⋯⋯⋯454
以色列的后裔经过大海，遇到偶像崇拜⋯⋯⋯⋯455
给以色列的后裔提醒安拉的各种恩典⋯⋯⋯⋯⋯455
穆萨封斋，专心拜主度过四十夜⋯⋯⋯⋯⋯⋯⋯455
穆萨要求见主⋯⋯⋯⋯⋯⋯⋯⋯⋯⋯⋯⋯⋯⋯⋯455
选拔穆萨，赏赐经简⋯⋯⋯⋯⋯⋯⋯⋯⋯⋯⋯⋯456
高傲者和安拉的迹象无缘⋯⋯⋯⋯⋯⋯⋯⋯⋯⋯457
崇拜牛犊的故事⋯⋯⋯⋯⋯⋯⋯⋯⋯⋯⋯⋯⋯⋯457
穆萨怒气平息后拾起经简⋯⋯⋯⋯⋯⋯⋯⋯⋯⋯459
以色列的后裔中七十人按期向安拉赴约，以及他
　　们的灭亡⋯⋯⋯⋯⋯⋯⋯⋯⋯⋯⋯⋯⋯⋯⋯459
安拉的慈悯注定属于那些敬畏的人，归信天经和
　　使者的人⋯⋯⋯⋯⋯⋯⋯⋯⋯⋯⋯⋯⋯⋯⋯460
使者的特征⋯⋯⋯⋯⋯⋯⋯⋯⋯⋯⋯⋯⋯⋯⋯⋯461
我们的使者穆罕默德㊣的使命是针对全世界的⋯462
犹太人在安息日超越法度⋯⋯⋯⋯⋯⋯⋯⋯⋯⋯463
犯罪者变成猴子禁人作恶者得救对不闻不问者未
　　置可否⋯⋯⋯⋯⋯⋯⋯⋯⋯⋯⋯⋯⋯⋯⋯⋯464
犹太人遭受永恒的屈辱⋯⋯⋯⋯⋯⋯⋯⋯⋯⋯⋯465
以色列的后裔分布全球各地⋯⋯⋯⋯⋯⋯⋯⋯⋯465
因为犹太人顽逆而将土勒山升到他们头顶⋯⋯⋯466
阿丹的子孙所结的盟约⋯⋯⋯⋯⋯⋯⋯⋯⋯⋯⋯466
拜里阿穆·本·巴吾拉伊的故事⋯⋯⋯⋯⋯⋯⋯467
隐昧和定然⋯⋯⋯⋯⋯⋯⋯⋯⋯⋯⋯⋯⋯⋯⋯⋯469
安拉的美名⋯⋯⋯⋯⋯⋯⋯⋯⋯⋯⋯⋯⋯⋯⋯⋯470
末日和有关的征兆⋯⋯⋯⋯⋯⋯⋯⋯⋯⋯⋯⋯⋯471
使者不知道未见的一切,他甚至无权掌握自身福祸⋯473
人类都是阿丹的子孙⋯⋯⋯⋯⋯⋯⋯⋯⋯⋯⋯⋯473
多神教徒的伪神不能创造任何东西，不能帮助他
　　们，也没有任何能力⋯⋯⋯⋯⋯⋯⋯⋯⋯⋯474
命令穆圣㊣宽以待人⋯⋯⋯⋯⋯⋯⋯⋯⋯⋯⋯⋯476
敬畏者在受到恶魔教唆时的解脱方法⋯⋯⋯⋯⋯476
恶魔的兄弟们助纣为虐⋯⋯⋯⋯⋯⋯⋯⋯⋯⋯⋯477
多神教徒要求穆圣㊣显示迹象⋯⋯⋯⋯⋯⋯⋯⋯477
安拉命令人们静听《古兰》⋯⋯⋯⋯⋯⋯⋯⋯⋯477
命令朝夕记念主、崇拜主⋯⋯⋯⋯⋯⋯⋯⋯⋯⋯477

## 《战利品章》注释　麦地那章⋯⋯⋯⋯⋯⋯⋯⋯478
战利品的涵义⋯⋯⋯⋯⋯⋯⋯⋯⋯⋯⋯⋯⋯⋯⋯478

| | |
|---|---|
| 这章经文降示的原因 | 478 |
| 这章经文降示的另一原因 | 479 |
| 诚实的穆民的特征 | 479 |
| 当有人诵读《古兰》时，信仰就增加了 | 480 |
| 托靠 | 480 |
| 穆民的善功 | 480 |
| 真正的信仰 | 480 |
| 完美信仰的益处 | 480 |
| 跟随使者对信士是有益的动力 | 480 |
| 穆斯林祈求安拉援助，安拉答应降下天使 | 482 |
| 穆斯林不由自主地沉浸于睡眠之中 | 483 |
| 白德尔之夜的雨 | 483 |
| 安拉命令天使让战斗中的穆民心里镇静 | 484 |
| 禁止临阵脱逃及其报应 | 484 |
| 安拉在白德尔显示迹象，用沙土射击隐昧者 | 485 |
| 应答多神教徒的祈求 | 485 |
| 安拉命令信士们服从安拉及其使者 | 486 |
| 命令人们响应安拉和使者的召唤 | 486 |
| 安拉可以干预人的心灵 | 487 |
| 关于磨难之普遍的警示 | 487 |
| 让安居大地、获得力量和胜利的穆斯林不要忘记昔日的弱小和屈辱 | 488 |
| 这节经文的降示原因 禁止背叛 | 488 |
| 麦加人曾经预谋杀害穆圣㊗，或拘禁他，或驱逐他 | 489 |
| 古莱什人妄言他们有能力写出一些文章，与《古兰》一决高低 | 490 |
| 多神教徒祈求获胜，要求看见惩罚 | 490 |
| 穆圣㊗的存在和多神教徒的祈求，是他们免受惩罚的原因 | 490 |
| 多神教徒干了丑事之后遭受惩罚 | 491 |
| 隐昧者花费财产阻碍主道，但这一切最终使他们悔恨莫及 | 492 |
| 鼓励隐昧者向安拉忏悔，警告他们的隐昧行为 | 492 |
| 命令为了终结隐昧和以物配主而战 | 493 |
| "俄尼麦"和"法艾"的断法 | 494 |
| 白德尔之日的一些细节 | 495 |
| 安拉让两个阵营在对方眼中都显得人少势弱 | 496 |
| 战争中的礼节 | 497 |
| 命令穆斯林交战时要坚韧 | 497 |
| 多神教徒从麦加向白德尔进发 | 497 |
| 恶魔的蛊惑和欺骗 | 497 |
| 伪信士们在白德尔之日的立场 | 498 |
| 天使在拿走隐昧者的灵魂时痛打他们 | 498 |
| 命令严厉对待否认者和毁约者 | 499 |
| 敌人毁约时，命令穆斯林以其人之道还治其人之身 | 499 |
| 命令力所能及地为战争做准备，以便威慑安拉的敌人 | 500 |
| 命令当敌人寻求和平的时候促进和平 | 501 |
| 安拉使信士们万众一心之恩 | 501 |
| 鼓励作战 预报穆斯林以少胜多的喜讯 | 501 |
| 给俘虏承诺，如果他们心存善念，就会得到更好的赏赐 | 503 |
| 迁士和辅士是亲密无间的盟友 | 504 |
| 有些人虽然归信了，但他们没有迁徙，所以不能与之结盟 | 504 |
| 隐昧者互为盟友，他们不可能和穆斯林为友 | 505 |
| 真正的穆民 | 505 |
| 继承权属于亲属 | 505 |

## 《忏悔章》注释　麦地那章

| | |
|---|---|
| 为什么本章开头没有太斯米 | 506 |
| 向多神教徒宣布解除保护关系的宣言 | 506 |
| 穆斯林对有约而没有毁约的多神教徒遵守条约，直到期满 | 507 |
| 战争的经文 | 507 |
| 如果多神教徒要求安全保障，穆斯林应该满足他 | 508 |
| 强调安拉及其使者和多神教徒毫不相干的上述宣言 | 508 |
| 隐昧者的首领不守誓约 | 509 |
| 鼓励与隐昧者作战 作战的意义 | 510 |
| 考验穆斯林是战争的哲理之一 | 510 |
| 多神教徒不建造安拉的清真寺 | 511 |
| 有正信的人们建造安拉的清真寺 | 511 |
| 供朝觐者饮水与建造禁寺，不等于信仰和吉哈德 | 511 |
| 穆斯林不能和多神教徒结盟，哪怕他们是亲属 | 512 |
| 胜利只来自安拉的襄助 | 513 |
| 侯奈尼战役 | 513 |
| 拒绝多神教徒进入禁寺 | 514 |
| 鼓励穆斯林和有经人战争，直到他们纳税 | 515 |
| 人丁税是屈辱和隐昧的标志 | 515 |
| 犹太教徒和基督教徒以物配主，这是他们遭受战争的原因 | 516 |
| 有经人企图熄灭伊斯兰之光 | 517 |
| 伊斯兰必定战胜其他宗教 | 517 |
| 警告歹学者和迷误的崇拜者 | 517 |
| 对聚积金银者的惩罚 | 518 |

| | |
|---|---|
| 一年是十二个月 | 518 |
| 禁月 | 519 |
| 禁月中的战斗 | 520 |
| 谴责以个人见解改变法规 | 520 |
| 谴责并警告拒绝参战 | 521 |
| 安拉是先知的襄助者 | 521 |
| 每个人必须参战 | 522 |
| 伪信士逃避战斗的原因和他们的阴谋 | 523 |
| 责怪先知接受伪信士的托辞 | 523 |
| 揭露伪信士的真面目 | 524 |
| 伪信士的焦躁 | 526 |
| 分配施舍品时，伪信者的贪婪及其诽谤 | 527 |
| 天课的应受者 | 527 |
| 穷人 | 527 |
| 赤贫者 | 527 |
| 天课的工作人员 | 527 |
| 心被团结的人 | 528 |
| 奴隶 | 528 |
| 解放奴隶的贵重 | 528 |
| 负债者 | 528 |
| 为主道 | 528 |
| 旅客 | 528 |
| 伤害先知是伪信士的特征 | 529 |
| 伪信士的另一特征是通过发假誓取悦于人 | 529 |
| 伪信士的另一特征是担心他们的秘密被揭露 | 529 |
| 伪信士的特征之一是诡计多端，爱找借口 | 530 |
| 伪信士的其他特征 | 530 |
| 给伪信士的忠告——以前人为鉴 | 531 |
| 穆民的优秀品质 | 532 |
| 以永恒的恩典给穆民报喜 | 532 |
| 命令和隐昧者、伪信士战斗，并严厉对待他们 | 533 |
| 这节经文降示的原因 | 533 |
| 伪信士谋杀先知 | 533 |
| 伪信士的特征是追求财产，当得到财产后舍不得施舍 | 534 |
| 讥讽额外行善者、嘲笑力量微薄者是伪信士的特征 | 535 |
| 禁止为伪信士求饶 | 535 |
| 伪信士因没有参加台卜克战役而暗自高兴 | 536 |
| 不允许伪信士出征 | 536 |
| 禁止为伪信士举行殡礼 | 537 |
| 谴责拒绝参战的人 | 538 |
| 不参战的合法理由 | 538 |
| 伪信士的诡计 | 539 |

| | |
|---|---|
| 游牧的阿拉伯人在隐昧和伪信方面最为严重 | 540 |
| 迁士和辅士以及追随他们行善之人的美德 | 540 |
| 游牧的阿拉伯人和麦地那居民中的伪信士 | 541 |
| 出于懒惰而没有参战的信士们 | 541 |
| 命令征收天课 天课的益处 | 542 |
| 警告违抗安拉的人 | 542 |
| 三个被留待查看者 | 543 |
| 妨害正教的寺院和敬畏安拉的清真寺 | 543 |
| 库巴清真寺的尊贵及其中的礼拜 | 544 |
| 两座清真寺之间的区别 | 544 |
| 安拉以乐园为代价买下奋斗者的生命和财产 | 545 |
| 禁止为多神教徒祈求恕饶 | 546 |
| 只有树立明证后，才可施以惩罚 | 547 |
| 台卜克战役 | 547 |
| 三个落队者的故事 | 548 |
| 命人说实话 | 550 |
| 出征者的报偿 | 550 |
| 命令穆民坚持不懈地与周围的隐昧者战斗 | 551 |
| 信士的信仰可以增减，伪信士只能更加污秽 | 552 |
| 伪信士经受考验 | 553 |
| 派遣使者是安拉的宏恩 | 553 |

## 《优努司章》注释　　麦加章 …… 554

| | |
|---|---|
| 使者只来自人类 | 554 |
| 安拉是宇宙的创造者、养育者和决策者 | 555 |
| 万物的归宿都在安拉那里 | 555 |
| 万物都见证安拉的大能 | 555 |
| 否认末日的人的归宿是火狱 | 556 |
| 善报属于有正信且行善的人 | 556 |
| 安拉不会像接受好的祈求那样接受坏的祈求 | 557 |
| 人们往往在困难时刻记念安拉，在幸福时刻忘记他 | 557 |
| 以前人为鉴 | 557 |
| 古莱什头目的顽固 | 558 |
| 《古兰》是绝对的真理 | 558 |
| 多神教徒对他们的伪神的信仰 | 559 |
| 多神崇拜是以后才有的现象 | 559 |
| 多神教徒要求降示一个迹象 | 560 |
| 人类往往在苦尽甘来后变节 | 561 |
| 今世生活的例子 | 561 |
| 鼓励穆民追求永恒不朽的恩典 | 562 |
| 行善者的报酬 | 562 |
| 犯罪者的报应 | 562 |
| 在末日多神教徒的伪神将和他们划清界限 | 563 |

多神教徒们承认安拉独具养育性(الربوبية)及其证据…564
《古兰》是安拉的真实语言，《古兰》的伊尔扎兹
　（无可比拟性）……………………………………565
命令和多神教徒断绝关系………………………………566
后世复生时感觉到今世的短暂…………………………567
无论在今世还是在后世，犯罪者难逃惩罚……………567
否认者要求末日立即来临以及对他们的答复…………568
末日是真实的……………………………………………569
《古兰》是劝导、灵药、慈悯和引导…………………569
除安拉外任何人都没有立法权…………………………569
一切大小事物都在安拉的知识当中……………………570
认识安拉的盟友…………………………………………570
"喜讯"指真实的梦………………………………………571
一切光荣都归安拉，安拉是宇宙独一无二的运作者…571
安拉绝没有配偶和儿女…………………………………571
努哈及其民族的故事……………………………………572
伊斯兰是一切先知的宗教………………………………572
犯罪者的结局是可怕的…………………………………573
穆萨和法老的故事………………………………………573
穆萨和魔术师之间………………………………………574
法老的民族中只有一些青年归信穆萨…………………574
穆萨鼓励他的民族托靠安拉……………………………575
命令以色列人在家中礼拜………………………………575
穆萨诅咒法老及其臣民…………………………………575
以色列的后裔得救　法老的臣民被淹没………………576
安拉让以色列人安居大地并赐给他们佳美的物品……577
以前的经典能证实《古兰》……………………………578
惩罚来临时的归信对任何人都没有裨益，优努司
　民族的特殊情况…………………………………………578
安拉并不强迫人们归信…………………………………579
命人参悟天地的造化……………………………………579
命人崇拜并托靠独一无偶的安拉………………………579

## 《呼德章》注释　麦加章……………………………580

使穆圣ﷺ白了头的章节…………………………………580
《古兰》号召人崇拜独一的安拉………………………581
安拉彻知万物……………………………………………581
安拉保证供养地球上的一切生灵………………………582
安拉在六天内创造了诸天和大地………………………582
多神教徒关于后世复生的辩论以及他们要求惩罚
　立即降临于他们…………………………………………582
"稳麦"的意义……………………………………………583
人在幸福与苦难中态度的转变…………………………583

使者因为多神教徒的话而烦闷　安慰使者……………584
《古兰》的无与伦比的特性……………………………584
追求今世的人在后世没有份额…………………………584
坚信来自安拉的明证的人归信《古兰》………………585
每段圣训都在《古兰》中有相应的依据………………585
假借安拉名义编造谎言，并阻碍主道的人是最亏
　折的………………………………………………………585
信士的报偿………………………………………………586
对穆民和隐昧者的譬喻…………………………………587
努哈与他的民族的辩论…………………………………587
努哈的答复………………………………………………587
努哈的民族要求看看安拉的惩罚，努哈对他们的
　回答………………………………………………………588
穿插阐明穆圣ﷺ的诚实…………………………………589
给努哈启示其族人的下场，命令他做好准备…………589
洪水到来时，努哈从各种物种中带一对载于船中……590
乘船及船在可怕的巨浪中漂泊…………………………590
努哈的隐昧者儿子被淹没………………………………590
洪水退去的时候…………………………………………591
重述努哈之子的故事，安拉和努哈关于努哈之子
　的对话……………………………………………………591
安拉命令众生平安地、吉庆地下船……………………591
这些故事证明安拉曾给他的使者颁布启示……………592
呼德和他的族人阿德人的故事…………………………592
阿德人和呼德的对话……………………………………592
毁灭阿德人　拯救归信者………………………………593
撒立哈和塞姆德人的故事………………………………594
撒立哈和塞姆德人之间的对话…………………………594
众天使来临伊布拉欣，以易司哈格和叶尔孤白的
　出生给他报喜……………………………………………595
伊布拉欣为鲁特的民族辩护……………………………596
众天使来到鲁特家中，鲁特非常担忧，鲁特和他
　的民族的对话……………………………………………596
鲁特无法力挽狂澜，希望拥有强大的力量，天使
　告诉他实情………………………………………………597
鲁特民族的城镇天翻地覆，人死城毁…………………598
麦德彦人的故事和舒尔布的宣传………………………598
舒尔布族人的答复………………………………………599
舒尔布对其族人的驳斥…………………………………599
舒尔布族人的答复………………………………………600
舒尔布对其族人的驳斥…………………………………600
舒尔布警告其族人………………………………………600
穆萨和法老的故事………………………………………601

| | |
|---|---|
| 以被毁灭的城镇引以为鉴 | 601 |
| 诸城镇的毁灭是末日成立的征兆 | 602 |
| 不幸者的情况和他们的下场 | 602 |
| 幸福之人的情况和他们的归宿 | 603 |
| 以物配主是不容置疑的迷信 | 603 |
| 命令遵循正道 | 604 |
| 履行拜功 | 604 |
| 善功能涤除罪恶 | 604 |
| 必须要有一个止人作恶的群体 | 605 |
| 安拉并没有注定整个大地上的人都接受正信 | 605 |
| 结束语 | 606 |

## 《优素福章》注释　麦加章 ·········· 607

| | |
|---|---|
| 《古兰》的特征 | 607 |
| 这节经文颁降的原因 | 607 |
| 优素福的梦 | 607 |
| 优素福的父亲命令他不要对他人讲述梦境，以免遭受恶魔的谋害 | 607 |
| 优素福的梦的解释 | 608 |
| 优素福的故事中有许多迹象 | 608 |
| 兄弟们征得父亲同意，带走了优素福 | 609 |
| 父亲的答复 | 609 |
| 优素福被扔进井中 | 609 |
| 优素福的兄弟们对他们父亲的诡计 | 610 |
| 优素福脱离深井后被出卖 | 610 |
| 优素福在埃及 | 611 |
| 宰相的女人深深地爱上优素福，并设下诡计 | 611 |
| 优素福与宰相之妻的事情在城中被传播，城中的妇女们对优素福的阴谋 | 613 |
| 宰相之妻决定将优素福投进监狱，并立即执行 | 614 |
| 两位狱中的难友向优素福请教梦的含义 | 614 |
| 优素福要求两位狱友首先归信安拉独一，然后再为他们释梦 | 614 |
| 圆梦 | 615 |
| 优素福对倒酒的人说，请你在国王面前提起我 | 616 |
| 埃及国王的梦 | 616 |
| 给国王圆梦 | 616 |
| 澄清当年优素福、宰相夫人及埃及的贵妇们之间事情的真相 | 617 |
| 优素福在国王眼中的地位 | 618 |
| 优素福治理埃及 | 618 |
| 优素福的兄弟们为了籴粮往来于埃及并为优素福保证带他们的小弟来见他 | 619 |
| 众兄弟要求带走宾亚敏，以及优素福的回答 | 620 |
| 兄弟们回家后发现，当初带去兑换粮食的财物却在带回的行囊中 | 620 |
| 叶尔孤白吩咐儿子们分别从不同的门进入埃及 | 620 |
| 优素福见到宾亚敏后心情开朗起来 | 621 |
| 优素福设计将国王的杯子放在宾亚敏的行李中，从而将他留在埃及 | 621 |
| 优素福的兄弟们怀疑他曾偷东西 | 622 |
| 优素福的兄弟们建议让他们中的一个人代替宾亚敏受罪，以及此建议被驳回 | 623 |
| 众兄弟的私下商议和长兄的建议 | 623 |
| 先知听到儿子们带来的令人忧伤的消息后，作出的回答以及他当时的情况 | 623 |
| 叶尔孤白吩咐儿子们去寻找优素福和宾亚敏 | 624 |
| 兄弟们在优素福面前 | 624 |
| 优素福在众兄弟面前承认自己的身份，并原谅他们 | 625 |
| 优素福的衬衫　叶尔孤白感觉到优素福的气息 | 625 |
| 叶胡扎带着优素福的衬衫前来报喜 | 626 |
| 众兄弟的懊悔 | 626 |
| 优素福迎接父母亲　梦兆的实现 | 626 |
| 优素福至死不渝地祈求安拉使自己以穆斯林的身份死去 | 627 |
| 上述故事来自安拉的启示 | 627 |
| 人们往往对眼前的迹象熟视无睹 | 628 |
| 使者的道路 | 628 |
| 先知只来自人类，并且都是男性 | 629 |
| 先知只来自人类，而不来自天使 | 629 |
| 前车覆，后车诫 | 629 |
| 先知们在最困难的时刻会得到安拉的襄助 | 629 |
| 以史为鉴 | 630 |

## 《雷霆章》注释　麦地那章 ·········· 630

| | |
|---|---|
| 《古兰》是安拉的言语 | 630 |
| 安拉的大能 | 631 |
| 升（الاستواء）的意义 | 631 |
| 制服日月，日月的运行 | 631 |
| 安拉设置于大地的种种迹象 | 632 |
| 死后的复活并不奇怪 | 632 |
| 隐昧者要求立即看看惩罚 | 633 |
| 多神教徒要求安拉显示一个迹象 | 633 |
| 只有安拉知道未见 | 634 |
| 安拉周知一切明显和隐微的事物 | 634 |
| 记录诸事的天使 | 635 |

云、闪电、雷霆和霹雳，都来自大能的安拉⋯⋯⋯635
在打雷时向安拉祈祷⋯⋯⋯⋯⋯⋯⋯⋯⋯⋯635
举例说明伪神的无能⋯⋯⋯⋯⋯⋯⋯⋯⋯⋯636
万物都为安拉叩头⋯⋯⋯⋯⋯⋯⋯⋯⋯⋯⋯637
认主独一的信仰是绝对的真理⋯⋯⋯⋯⋯⋯637
真理永存和谬误灭亡的例子⋯⋯⋯⋯⋯⋯⋯637
《古兰》和圣训中，有关水和火的例子⋯⋯638
幸福者和不幸者的报应⋯⋯⋯⋯⋯⋯⋯⋯⋯638
穆民和隐昧者不一样⋯⋯⋯⋯⋯⋯⋯⋯⋯⋯639
致使幸福者进入乐园的一些情况⋯⋯⋯⋯⋯639
致使薄福者遭受诅咒并进入恶劣家园的原因⋯640
人类生活的宽裕和窘迫都归安拉决定⋯⋯⋯640
多神教徒要求使者显示奇迹 对他们的驳斥⋯641
穆民的内心因为记念安拉而安宁⋯⋯⋯⋯⋯641
"幸福"的意义⋯⋯⋯⋯⋯⋯⋯⋯⋯⋯⋯⋯⋯641
穆圣☪的使命是宣读受到的启示，并号召人们
　　归信它⋯⋯⋯⋯⋯⋯⋯⋯⋯⋯⋯⋯⋯⋯642
《古兰》的尊贵 隐昧者的否认⋯⋯⋯⋯⋯642
安拉安慰他的使者⋯⋯⋯⋯⋯⋯⋯⋯⋯⋯⋯643
安拉与多神教徒的伪神没有任何相似之处⋯643
隐昧者遭受的惩罚和善人应受的奖励⋯⋯⋯644
有经人中的一些诚实者因为穆圣☪带来的启示
　　而感到高兴⋯⋯⋯⋯⋯⋯⋯⋯⋯⋯⋯⋯645
先知们都是人，而不是天使⋯⋯⋯⋯⋯⋯⋯646
使者只有通过安拉的许可，才能带来奇迹⋯646
勾消或确立经中某些条文的意义⋯⋯⋯⋯⋯646
使者负责传达 清算由安拉决定⋯⋯⋯⋯⋯647
隐昧者的诡计和穆民的成功⋯⋯⋯⋯⋯⋯⋯647
安拉和有经典知识的人足以作证穆圣☪的使命⋯647

## 《伊布拉欣章》注释　麦加章⋯⋯⋯⋯⋯648
《古兰》的定义及其宗旨，那些与《古兰》背道
　　而驰的人真可悲⋯⋯⋯⋯⋯⋯⋯⋯⋯⋯648
每位先知必以其母语被派遣于其民族，以便正道
　　和迷误彰明显著⋯⋯⋯⋯⋯⋯⋯⋯⋯⋯648
穆萨及其民族的故事⋯⋯⋯⋯⋯⋯⋯⋯⋯⋯649
各民族都曾否认其使者 使者和他们的交涉⋯650
"但是他们将手放在他们嘴上"的意义⋯⋯⋯650
众先知和隐昧者之间的辩论⋯⋯⋯⋯⋯⋯⋯651
隐昧者因为众使者为凡人而不承认他们的使者身份⋯651
各民族对使者们的威胁，安拉对使者的喜讯⋯651
对隐昧者工作的比喻⋯⋯⋯⋯⋯⋯⋯⋯⋯⋯653
死后复活的明证⋯⋯⋯⋯⋯⋯⋯⋯⋯⋯⋯⋯653

非伊斯兰的领袖及其追随者们在火狱中的辩论⋯654
在末日，伊卜厉斯在火狱中的演说以及它对其追
　　随者们的托辞⋯⋯⋯⋯⋯⋯⋯⋯⋯⋯⋯655
伊斯兰的言辞和隐昧的言辞的例子⋯⋯⋯⋯656
安拉在今世和后世，以坚定的话使信士们坚定⋯656
忘恩负义者的归宿是火狱⋯⋯⋯⋯⋯⋯⋯⋯658
安拉命令信士们礼拜并花费他赐给他们的恩典⋯658
阐述安拉的几种恩典⋯⋯⋯⋯⋯⋯⋯⋯⋯⋯659
伊布拉欣让伊斯玛仪居住麦加时所念的祷词⋯660
安拉对隐昧者的宽容并不说明安拉对其行为是疏
　　忽的⋯⋯⋯⋯⋯⋯⋯⋯⋯⋯⋯⋯⋯⋯⋯661
惩罚的期限来临时刻不容缓⋯⋯⋯⋯⋯⋯⋯661
安拉不会爽约⋯⋯⋯⋯⋯⋯⋯⋯⋯⋯⋯⋯⋯662
犯罪者在后世的情况⋯⋯⋯⋯⋯⋯⋯⋯⋯⋯663

## 《石谷章》注释　麦加章⋯⋯⋯⋯⋯⋯⋯664
隐昧者将会希望自己成为穆斯林⋯⋯⋯⋯⋯664
每个民族都有一个明确的期限⋯⋯⋯⋯⋯⋯664
多神教徒诽谤先知是疯子，并要求先知让天使下
　　降到他们中间，以及安拉对他们的驳斥⋯665
安拉的使者们都遭受过多神教徒的嘲讽⋯⋯665
顽固的隐昧者无论看到什么迹象，都不会接受正信⋯665
安拉的大能和天地中安拉的种种迹象⋯⋯⋯666
安拉供给万物⋯⋯⋯⋯⋯⋯⋯⋯⋯⋯⋯⋯⋯666
风的益处⋯⋯⋯⋯⋯⋯⋯⋯⋯⋯⋯⋯⋯⋯⋯667
淡水是安拉降下的恩典⋯⋯⋯⋯⋯⋯⋯⋯⋯667
阐明能够初造万物的安拉，也能够复造它们⋯667
安拉造人和造精灵的原料⋯⋯⋯⋯⋯⋯⋯⋯667
安拉创造阿丹，并命令天使为阿丹叩头，伊卜厉
　　斯抗拒安拉的命令⋯⋯⋯⋯⋯⋯⋯⋯⋯668
伊卜厉斯被逐出乐园，它将被宽限至末日来临⋯668
伊卜厉斯企图误导世人，安拉警告伊卜厉斯，它
　　将进入火狱⋯⋯⋯⋯⋯⋯⋯⋯⋯⋯⋯⋯668
火狱有七个门⋯⋯⋯⋯⋯⋯⋯⋯⋯⋯⋯⋯⋯669
乐园居民和他们的情况⋯⋯⋯⋯⋯⋯⋯⋯⋯669
伊布拉欣的客人给他报喜，他将老年得子⋯670
众天使到来的原因⋯⋯⋯⋯⋯⋯⋯⋯⋯⋯⋯670
众天使来到鲁特那里⋯⋯⋯⋯⋯⋯⋯⋯⋯⋯670
天使们要求鲁特在夜晚带领家人出走⋯⋯⋯671
该城的居民认为天使们是美男子，所以前来调戏⋯671
鲁特的族人遭受毁灭⋯⋯⋯⋯⋯⋯⋯⋯⋯⋯672
塞督姆城在路口上⋯⋯⋯⋯⋯⋯⋯⋯⋯⋯⋯672
丛林的居民——舒尔布的民族的毁灭⋯⋯⋯672

石谷的居民——塞姆德人的毁灭…………672
今世是因为某种益处而被造的，末日终会实现…673
《古兰》是安拉的宏恩，安拉命令穆圣据《古
  兰》宣传真理…………………………………673
使者是坦率的警告者……………………………674
发誓者的意义……………………………………674
安拉命令先知公开宣传真理……………………675
安拉命令先知离开多神教徒，并且保证惩处嘲讽
  真理之人………………………………………675
安拉鼓励穆斯林忍辱负重，并坚持不懈地感赞安
  拉，崇拜安拉，至死不渝……………………676

## 《蜜蜂章》注释 麦加章…………………676

警告末日之临近…………………………………676
安拉派遣他所意欲之人宣传安拉独一……………677
安拉创造了天地和人类…………………………677
牲畜都是安拉的被造物牲畜带给人类的益处…678
正教之路…………………………………………678
雨及其益处，雨也是一种迹象…………………679
受制的昼夜及日月，大地上长出的植物中有种种
  迹象……………………………………………679
在海洋、山脉、河流、道路和星辰中的种种迹象…680
崇拜是人类对安拉应尽的义务…………………680
多神教徒的"神"是被造的，而不是造物者……680
安拉是独一的受拜者……………………………681
隐昧者对启示不予理睬，他们将遭受严惩……681
阐明前人的行为以及他们的遭遇………………682
隐昧者们在死亡时和死亡之后的情况…………682
敬畏者对启示的评述以及在死亡的时候和死亡之
  后他们将获得的报酬…………………………683
隐昧者迟迟不归信，并等待惩罚降临…………683
多神教徒狡辩他们的行为是安拉的定然，安拉对
  他们的驳斥……………………………………684
死后复生是真的，其中不乏某种哲理，复生对安
  拉是容易而轻松的事情………………………685
迁徙者的报偿……………………………………685
安拉只从人类中间派遣使者……………………686
犯罪者是何等的胆大包天………………………686
万物都在为安拉叩头……………………………687
只有安拉应受崇拜………………………………687
多神教徒的丑行之一：把安拉赐给他们的恩典供
  给他们的伪神…………………………………688
多神教徒反感女孩………………………………688

安拉不因人类犯有罪恶而立即惩罚他们………689
多神教徒欲将自己不喜欢的东西分配给安拉…689
通过参悟古人经受的考验获得心灵的安慰……690
安拉降示《古兰》的哲理………………………690
牲畜、枣和葡萄对人的启发以及它们的益处…690
蜜蜂和蜂蜜中对人有一种恩典，值得人类参悟…690
人生的历程也是一种迹象………………………691
人类的生活事务中有一种迹象和恩典…………691
牲畜、妻室、子孙………………………………692
驳斥崇拜安拉外的一切…………………………692
穆民、隐昧者、偶像以及安拉所举的例子……693
另一个例子………………………………………693
未见之事只归安拉，只有安拉知道复活之时…693
听觉、视觉和心智是安拉赐给人类的恩典……693
在空中制服鸟儿是一种迹象……………………693
房屋、家用品和衣服是安拉赐给人类的恩典…694
影荫、山脉、衣服和甲胄都是安拉赐给人类的恩典…694
使者只肩负传达使命的义务……………………694
多神教徒们在复生日的情况……………………695
多神教徒们最需要得到帮助的时刻，他们的"神"
  和他们脱离了关系……………………………695
所有的人都将在末日服从安拉…………………695
隐昧者当中的伤风败俗者将遭受加倍的惩罚…695
每个先知都要在末日为其民族作证……………696
《古兰》是一部阐释万事的经典…………………696
安拉命人公正、行善……………………………696
安拉命人接济骨肉、禁止丑事、恶行和过分之举…696
奥斯曼的眼睛……………………………………697
安拉命人履行誓约………………………………697
假若安拉意欲，他就会让全人类成为一个民族…698
伊斯兰禁止人们为了骗人而发誓………………698
不要因为今世而毁约……………………………699
善功及其报偿……………………………………699
安拉命令人们在诵读《古兰》时首先念求护词…699
安拉革止了部分经文后，多神教徒妄言穆圣在
  伪造经文，以及对他们的驳斥………………699
多神教徒妄言穆圣曾从外国人那里学习《古
  兰》，以及对他们的驳斥……………………700
安拉恼怒叛教者，被迫者另当别论……………701
这节经文降示的原因……………………………701
被迫叛教的人行善后，会得到安拉的赦宥……702
麦加的例子………………………………………702
安拉命令人们食用合法的食物，并感谢安拉，阐

| | |
|---|---|
| 明非法 | 703 |
| 安拉禁止犹太人吃部分佳美的东西 | 703 |
| 安拉的朋友 | 704 |
| 安息日是为犹太人而设的 | 704 |
| 安拉命令穆圣㊗以哲理和善劝宣传真理 | 705 |
| 安拉命令人们在执行抵偿制时要公正 | 705 |

## 《夜行章》注释　麦加章 ……706

| | |
|---|---|
| 《夜行章》的尊贵 | 706 |
| 夜行的经过 | 706 |
| 有关夜行登霄的圣训 | 706 |
| 艾奈斯的传述 | 707 |
| 艾布·则尔传述 | 708 |
| 贾比尔·本·阿卜杜拉传述 | 709 |
| 伊本·阿拔斯的传述 | 709 |
| 阿卜杜拉·本·麦斯欧迪的传述 | 710 |
| 欧麦尔的传述 | 710 |
| 艾布·胡莱赖的传述 | 710 |
| 信士的母亲阿伊莎（愿主喜悦之）的传述 | 710 |
| 夜行的时间　穆圣㊗是以身体去夜行的，而不是所谓的"精神游历"或梦游 | 710 |
| 优美而巨大的益处 | 711 |
| 叙述穆萨　穆萨接受《讨拉特》 | 712 |
| 《讨拉特》说犹太人将两度横行霸道，不可一世 | 712 |
| 犹太人的第一次横行霸道及其报应 | 713 |
| 第二次横行霸道 | 713 |
| 赞美《古兰》 | 713 |
| 人类的焦躁及自我诅咒 | 713 |
| 夜晚和白昼是安拉大能的迹象（征兆） | 714 |
| 每个人都有一本记载其行为的册簿 | 714 |
| 任何人都不承担别人的罪责 | 715 |
| 安拉只在派遣使者之后惩罚人类 | 715 |
| 未到了解正道年龄而夭折的小孩的问题 | 715 |
| 细究上述问题是可憎的 | 716 |
| "我命令"一词的几种读法及其意义 | 716 |
| 警告古莱什人 | 716 |
| 追求今世者和追求后世者的报应 | 717 |
| 不要以任何物举伴安拉 | 718 |
| 安拉命令人们诚信安拉独一、善待父母 | 718 |
| 子女只要向安拉忏悔，他在父母方面的失误会蒙受安拉赦宥 | 719 |
| 安拉命人接恤骨肉　禁止人铺张浪费 | 719 |
| 花费财产时要谨守中道 | 720 |
| 禁止杀害子女 | 721 |
| 安拉命令人们远离奸淫及其因素 | 721 |
| 禁止无故杀人 | 721 |
| 安拉命人合理地支配孤儿的财产，并命人称量公平 | 722 |
| 你们只能谈论自己所知道的事情 | 722 |
| 贬斥趾高气扬的走路者 | 723 |
| 上述一切都是启示和哲理 | 723 |
| 驳斥妄言天使是安拉女儿的多神教徒 | 723 |
| 万物都在赞颂安拉 | 724 |
| 多神教徒心上的帐幕 | 724 |
| 古莱什人听到《古兰》之后的密谈 | 725 |
| 驳斥不信死后复活的人们 | 726 |
| 说善言及言语方面的礼节 | 727 |
| 一部分先知比另一部分更尊贵 | 727 |
| 多神教徒的"神"不但不能给人带来福祸，而且它们自己也力求接近安拉 | 728 |
| 复活来临之前隐昧者的城镇都要遭受毁灭或惩罚 | 728 |
| 安拉不遣圣降经的原因 | 728 |
| 安拉包围人类，通过先知的梦境考验人类 | 729 |
| 阿丹和伊卜厉斯的故事 | 729 |
| 船舶是安拉慈悯的标志之一 | 731 |
| 隐昧者们只在万不得已的情况下记念安拉 | 731 |
| 安拉的惩罚可能出现在陆地上 | 731 |
| 假若安拉意欲，他会让逃离大海的人重返大海 | 731 |
| 人类的尊贵 | 732 |
| 在末日，每个人都要和他的伊玛目被一起召来 | 732 |
| 假若先知在隐昧者的要求下向他们妥协——篡改某些启示，那么安拉将会严惩他 | 733 |
| 这段经文降示的原因 | 733 |
| 安拉命令人们按时礼拜 | 733 |
| 天使在晨礼和晡礼时分会聚到一起 | 733 |
| 命令礼夜间拜 | 734 |
| 艾布·胡莱赖传述的圣训 | 735 |
| 命令迁徙 | 736 |
| 警告古莱什人中的隐昧者 | 736 |
| 《古兰》是良药和慈悯 | 736 |
| 人在顺境和逆境中的反应 | 736 |
| 灵魂 | 737 |
| 鲁哈和奈夫斯 | 738 |
| 假若安拉意欲，他就拿走《古兰》 | 738 |
| 用《古兰》发起挑战 | 738 |
| 古莱什人要求穆圣㊗为他们昭示一些明确的迹象，以及对他们的驳斥 | 738 |

| | |
|---|---|
| 为什么多神教徒的要求遭到拒绝 | 739 |
| 多神教徒因为穆圣 来自人类而不愿意归信，以及对他们的驳斥 | 740 |
| 引导人得正道或使人迷误，都是安拉的权力 | 741 |
| 迷误者的报应 | 741 |
| 吝啬是人的本性 | 742 |
| 穆萨的九个迹象 | 742 |
| 法老及其民族的毁灭 | 743 |
| 《古兰》凭真理零星降示 | 743 |
| 《古兰》是以前的有经人都认可的真理 | 744 |
| 安拉有一些至尊的名称 | 744 |
| 命令诵读时声音要持中 | 744 |
| 安拉独一（التوحيد） | 745 |

## 《山洞章》注释　麦加章 …… 745

| | |
|---|---|
| 有关本章、本章前十段经文和本章结尾的尊贵本章能保护人免遭丹扎里的蛊惑 | 745 |
| 本章降示的原因 | 745 |
| 安拉降示《古兰》作为警言和喜讯 | 746 |
| 不因多神教徒拒绝正信而感到伤心 | 747 |
| 今世是考验之地 | 747 |
| 洞中人的故事 | 747 |
| 归信安拉，脱离族人 | 748 |
| 山洞的位置 | 749 |
| 长眠洞中 | 750 |
| 洞中人睡醒后派他们中的一人去购买食品 | 750 |
| 城中的人发现洞中人，并在山洞上面建筑记念物 | 751 |
| 洞中人的数目 | 752 |
| 决定做某事时，应该说"如果安拉意欲" | 752 |
| 青年们在山洞中停留的时间 | 753 |
| 命令诵读《古兰》，并耐心地和穆民们相处 | 754 |
| 真理来自安拉，不信真理的人的报应 | 755 |
| 归信并行善的人的报酬 | 755 |
| 富多神教徒和贫穆斯林的例子 | 756 |
| 贫穷的穆民的回答 | 757 |
| 隐昧者的悲惨结局 | 757 |
| 今世生活的比喻 | 758 |
| 崇拜安拉优于依靠财产和儿女 | 758 |
| 末日最大的惊恐 | 759 |
| 阿丹和伊卜厉斯的故事 | 760 |
| 安拉创造万物时，多神教们的"神"没有参与，创造它们自己时，它们更没有参与 | 761 |
| 伙伴们没有能力回答　犯罪者们来到火狱 | 761 |
| 在《古兰》中分析一些例子 | 762 |
| 隐昧者顽抗真理 | 762 |
| 受到劝诫后不予理睬的人是最不义的 | 763 |
| 穆萨和赫迪尔的故事 | 763 |
| 穆萨遇见赫迪尔并陪同他 | 765 |
| 在船上凿洞的故事 | 765 |
| 杀死儿童的故事 | 765 |
| 扶正墙的故事 | 766 |
| 为什么要在船上凿洞 | 766 |
| 为什么要杀死小孩 | 767 |
| 为什么修墙不要报酬 | 767 |
| 赫迪尔是先知吗 | 767 |
| 用赫迪尔命名的缘由 | 767 |
| 双角王的故事 | 768 |
| 双角王是一个强大君王 | 768 |
| 双角王抵达太阳西落之地 | 768 |
| 双角王到达东方 | 769 |
| 双角王来到雅朱者和马朱者的土地，筑造屏障 | 769 |
| 屏障阻碍了外侵，末日快来临时它将被夷平 | 770 |
| 末日，火狱将呈现在隐昧者面前 | 771 |
| 行为最亏损的人和他们的报应 | 771 |
| 清廉的穆民的报酬 | 772 |
| 安拉的言辞永不枯竭 | 772 |
| 穆罕默德 既是一个常人也是一位使者安拉是独一的主宰 | 772 |

## 《麦尔彦章》注释　麦加章 …… 773

| | |
|---|---|
| 宰凯里雅祈祷安拉赐给他孩子 | 773 |
| 应答祈求 | 774 |
| 祈求被准承后喜出望外 | 774 |
| 天使的回答 | 775 |
| 怀孕的征兆 | 775 |
| 分娩　婴儿的特征 | 775 |
| 麦尔彦和麦西哈的故事 | 776 |
| 怀孕和分娩 | 777 |
| 麦尔彦在分娩之前听到的话 | 778 |
| 麦尔彦和麦西哈在群众面前，群众对麦尔彦的责难以及尔撒对他们的驳斥 | 779 |
| 尔撒是安拉的仆人，他绝不是安拉的儿子 | 780 |
| 尔撒命令人们信主独一，而他以后的人们却对此产生了分歧 | 780 |
| 以懊悔之日警告隐昧者 | 781 |
| 伊布拉欣劝他的父亲 | 782 |

伊布拉欣父亲的答复……782
安拉的朋友的答复……783
安拉给伊布拉欣赏赐易司哈格和叶尔孤白……783
穆萨和哈伦……784
伊斯玛仪……784
伊德里斯……785
这些先知都是受选拔的……785
好后代和歹后代……786
真诚忏悔者的乐园的特征……786
天使们只奉安拉的命令而降临……787
人对死后的复生感到惊奇以及对他们的这种惊奇的驳斥……788
每个人都要去火狱，此后敬畏者将会得救……788
隐昧者因为今世的美好生活而洋洋得意……789
叛逆者麻痹大意，但决不会得到麻痹大意的对待……789
遵循正道者将得到更多引导……790
驳斥妄称将在后世得到财产和儿女的隐昧者……790
多神教徒的"神"将否认曾受到崇拜……791
恶魔诱惑隐昧者……791
敬畏者和犯罪者们在复生日的情况……791
严厉警告多神教徒妄言安拉有儿女……792
安拉使万物热爱清廉者……793
《古兰》降示报喜讯、传警告……793

## 《塔哈章》注释　麦加章……794
《古兰》是来自安拉的劝诫和启示……794
穆萨接受使命……795
穆萨最初受到的启示……795
穆萨的手杖变巨蛇……796
穆萨的手变成白色的，但他没有患任何疾病……797
命令穆萨去给法老宣教……797
穆萨的祈求……797
接受祈求的喜讯　提醒以前的恩典……798
安拉选拔穆萨，并派遣他去温和地劝告法老……799
穆萨害怕法老　安拉使之镇定……799
穆萨当面劝告法老……799
穆萨和法老的对话……800
穆萨对法老的圆满答复……801
我让法老看到了许多迹象，但他并不归信……801
法老将穆萨的迹象说成魔术，法老和穆萨决定一比高低……801
两队人会聚，穆萨的祈祷以及众魔术师……802
比赛中穆萨获胜　魔术师们归信……802

魔术师的数目……803
法老和魔术师们反目成仇……803
魔术师们当面奉劝法老……804
以色列的后裔离开埃及……805
安拉提醒以色列的后裔不要忘记他赐给他们的恩典……805
穆萨前去赴约后以色列的后裔陷入崇拜牛犊的泥潭……806
哈伦禁止以色列的后裔崇拜牛犊以及他们的执迷不悟……807
穆萨回来后发生在他与哈伦之间的事情……807
撒米里怎样制作了牛犊……808
撒米里的下场和焚毁牛犊……808
《古兰》是一部包罗万有的教诲录，拒绝这部教诲录的人应受惩罚……809
吹号角和复生日……809
群山将粉碎，大地将变成空旷的荒原……810
人们将对召唤者有呼必应……810
讲情和报应……810
安拉颁降《古兰》，以便人们敬畏，接受教诲……811
安拉命令穆圣 ﷺ 静听正在降示的经文，而不要急于诵读……811
阿丹和伊卜厉斯的故事……812
阿丹下到地面上，安拉为遵循正道者许诺善果，为过分者警告恶果……813
过分者将遭受严厉的惩罚……813
古代民族的毁灭，是参悟者的借鉴……814
安拉命令穆圣 ﷺ 要有耐心，坚持五番拜功……814
坚持拜主，不要觊觎富人的财富……814
虽然《古兰》本身就是奇迹，但多神教徒们要求看到其他奇迹……815

## 《众先知章》注释　麦加章……816
《众先知章》的尊贵……816
复活之时将在人们浑浑噩噩的情况下降临……816
隐昧者对《古兰》和使者进行诽谤，他们要求见到一些迹象以及对他们的驳斥……817
使者都来自人类……817
《古兰》的尊贵……818
不义者是怎么遭受毁灭的……818
宇宙是本着公正和哲理而被创造的……819
万物都归安拉掌管，都是他的奴仆……819
驳斥假神……819
驳斥那些妄言天使是安拉之女的人，阐明天使的行为及品级……820

天地和昼夜中安拉的迹象……820
任何人都不会在今世中永生……822
多神教徒嘲弄穆圣……822
多神教徒们要求惩罚早日到来……822
以古代的嘲笑者为鉴……823
多神教徒们因为长期享受荣华富贵而忘乎所以……823
降示《讨拉特》和《古兰》……824
伊布拉欣及其民族的故事……825
伊布拉欣捣毁偶像……825
族人们承认诸神无用 伊布拉欣借机规劝……826
伊布拉欣被投入火中 安拉对火的安排……827
安拉的朋友伊布拉欣带领鲁特迁往沙姆……828
鲁特……828
努哈及其民族……828
达乌德和苏莱曼，他们获得的迹象以及羊群在夜间吃庄稼的事情……828
苏莱曼拥有无与伦比的权力……830
艾优卜……830
伊斯玛仪、伊德里斯和助勒基福勒……830
优努司……831
宰凯里雅和叶哈雅……832
尔撒和虔信者麦尔彦……832
人类是一个民族……833
被毁灭者不再返回今世……833
雅朱者和马朱者……833
多神教徒和他们的伪神是火狱的燃料……835
幸福者的情况……835
天将在末日被卷起……836
清廉的人们将继承大地……837
穆罕默德是对普世的慈悯……837
启示的真精神就是：你们崇拜安拉……838
只有安拉知道末日到来的时间……838

## 《朝觐章》注释　麦地那章……839
复活时的各种惊恐……839
谴责跟随恶魔的人……840
人类和植物的创造，是死后复活的征兆之一……840
精液和胎儿在子宫中的变化……841
人类从童年到老年的发展过程……841
植物所体现的另外一个死后复生的例子……841
异端邪说者和迷误者的首领的情况……841
"在边缘上崇拜"的意义……842
清廉者的报酬……843

无论如何，安拉总会襄助他的使者……843
安拉在复生日要在各派之间进行判决……843
万物都为安拉叩头……843
降示原因……844
隐昧者的报应……845
穆民的报酬……845
警告那些阻碍人们投奔主道和禁寺的人……846
关于租赁麦加房屋的问题……846
警告企图在禁地离经叛道的人……847
建筑天房 宣布朝觐……847
朝觐在今世和后世中有许多益处……848
远离罪恶可获报酬……849
允许食用大部分牲畜……849
命令人远离以物配主和撒谎……850
牺牲和安拉的标志……850
骆驼的益处……850
献牲是世界上所有宗教的法定礼仪……851
命令宰骆驼……851
在安拉那里，献牲的意义在于虔诚拜主，表示敬畏……852
保护穆民的喜讯……853
允许战争，第一段有关吉哈德的经文……853
穆斯林执政时的义务……855
否认者的结局……855
隐昧者要求马上见到惩罚……856
好人和坏人的报酬……856
恶魔干扰使者的愿望，因而遭受安拉的打击……857
隐昧者永远在犹豫不决中徘徊……858
为安拉而迁徙的人，将获得巨大的报酬……858
安拉是今世惟一的创造者和支配者……859
证明安拉伟大的一些迹象……860
每个民族都有一个干功之地……860
多神教徒舍安拉而崇拜他物，他们对安拉的启示极度反对……861
偶像的渺小和多神教徒的愚蠢……862
安拉从天使和人类中选拔使者……862
命令崇拜安拉并进行战斗……863

## 《信士章》注释　麦加章……864
成功属于信士们 信士应具备的属性……864
安拉的迹象——用泥土创造人，然后再用精液造人……865
安拉造天的迹象……866
雨水、植物、树木和牲畜中的迹象……867
努哈和他的族人的故事……867

阿德和塞姆德的故事 869
其他的一些民族 869
穆萨和法老的故事 870
尔撒和麦尔彦 870
命令吃合法食物、行善 871
列圣的宗教是认主独一的宗教，警告那些搞宗教分裂的人们 871
好人的特征 871
安拉的公正和多神教徒的倒行逆施 872
驳斥并谴责多神教徒 873
真理不能和私欲苟合 874
穆圣㊣不因宣扬正道而向人们索要报酬 874
隐昧者的情况 874
重述安拉的恩典和大能 875
多神教徒否认死后的复生 875
多神教徒承认安拉独具养育性他们理所当然地承认安拉独具受拜性 876
安拉没有伙伴 877
命令在灾难降临的时候祈求安拉以善止恶念求护词 877
隐昧者临死时的希望 878
今世和后世间的屏障及其惩罚 878
吹响号角及称量 878
羞辱火狱的居民 火狱的居民承认自己的薄福以及要求脱离火狱 879
安拉对隐昧者的答复和驳斥 880
安拉不是随意地创造众仆 880
以物配主是重大的不义，犯此罪者永不成功 881

## 《光明章》注释　麦地那章 881

《光明章》的重要性 881
淫行的惩罚 881
法律面前不讲情面 882
在大庭广众之下执行法度 882
诬告（冤枉）的法度 883
诬告者的忏悔 883
赌誓 883
赌誓的经文降示的原因 883
诽谤事件 885
穆民不能传播流言蜚语 887
安拉恩赐诽谤者忏悔的机会 887
另一个教训 888
乐于在穆民中宣扬丑事的人所受的教训 889
阐述安拉的恩惠，警告人们不要跟随恶魔的脚步 889

鼓励富人宽宏大量，周济穷人 889
警告人们不得诽谤贞洁的、有正信而涉世未深的妇女 890
阿伊莎是纯洁的　她嫁给了最纯洁的男人 890
进门前征得允许以及进门的礼节 891
命令管好眼睛 892
帷幕的断法 893
妇女走路的礼貌 894
命令结婚 895
命令不能结婚的人保持贞洁 895
命令让奴隶订约赎身 895
禁止强迫女奴卖淫 896
相关箴言 896
安拉之光的比喻 896
清真寺的尊贵，相关的礼节和关心清真寺的人的美德 898
两种隐昧者的例子 899
万物赞美至尚的安拉　权力全归安拉 900
安拉创造云和相关物质的能力 901
安拉创造动物的大能 901
伪信士的诡计和穆民的情况 901
安拉许诺让穆民代治大地 903
命令做礼拜，纳天课，顺从使者，以及说明隐昧者的无能和他们的归宿 904
在三个时段　奴仆和儿童进门前先要请示 905
老太太可以不戴头巾 905
在亲属家吃饭 906
处理公众事务时，须征得同意才能离去 907
和使者说话的礼节 907
禁止违背使者的命令 908
安拉知道你们的处境 908

## 《准则章》注释　麦加章 909

赞安拉多福（تبارك الله） 909
多神教徒的愚蠢 910
隐昧者对《古兰》的指责 910
隐昧者诽谤使者对隐昧者的驳斥以及他们的归宿 911
火狱好还是乐园好 912
末日多神教徒的神明将和他们脱离关系 912
以前的使者都来自人类 913
隐昧者的顽固 914
乐园居民的居所 915
末日的惊恐，不义者希望遵循使者的道路 915

| | |
|---|---|
| 使者向安拉诉说违背者 | 916 |
| 零星颁降《古兰》的哲理对隐昧者的驳斥隐昧者的归宿 | 916 |
| 警告古莱什的多神教徒 | 917 |
| 隐昧者嘲弄使者 | 918 |
| 多神教徒奉私欲为神，他们不如畜生 | 918 |
| 有关造物主的存在和大能的证据 | 918 |
| 使者使命的普遍性 使者坚持完成使命以及安拉对人类的一些恩典 | 919 |
| 多神教徒的愚顽 | 920 |
| 使者是报喜者和警告者 | 921 |
| 命令使者托靠安拉，叙述使者的一些特征 | 921 |
| 谴责多神教徒 | 921 |
| 安拉的伟大及其大能 | 922 |
| 至仁主仆人的特征 | 922 |
| 至仁主仆人的部分特点，远离举伴安拉，不杀人和不奸淫 | 923 |
| 至仁主仆人的部分特征 | 924 |
| 至仁主仆人的报酬和对麦加人的警告 | 925 |

## 《众诗人章》注释　麦加章　926

| | |
|---|---|
| 《古兰》及隐昧者对《古兰》的背弃，假若安拉意欲，他能强制性地让人归信《古兰》 | 926 |
| 穆萨和法老之间的斗争 | 927 |
| 穆萨和魔术师们 | 930 |
| 法老和魔术师们 | 930 |
| 以色列的后裔出埃及 | 931 |
| 法老追击以色列的后裔 法老及其族人被淹没 | 932 |
| 安拉的朋友伊布拉欣如何驳斥以物配主 | 932 |
| 伊布拉欣叙述安拉的慷慨和安拉对他的仁慈 | 933 |
| 伊布拉欣为自己和父亲祷告 | 934 |
| 复生日敬畏者和迷误者的情况，迷误者的狡辩和懊悔 | 934 |
| 努哈　努哈对其族人的劝导，族人的答复 | 935 |
| 努哈对族人的警告、诅咒以及族人的毁灭 | 936 |
| 呼德对其族人——阿德人的劝导 | 936 |
| 呼德族人的答复以及他们遭受的惩罚 | 937 |
| 撒立哈及塞姆德人 | 938 |
| 撒立哈为其族人提醒他们的情况和他们所受的恩典 | 938 |
| 塞姆德人的答复，他们要求先知显示一种迹象以及他们遭受惩罚 | 939 |
| 鲁特及其宣传 | 940 |
| 鲁特申斥族人的丑行，族人对他的回答和遭受的惩罚 | 940 |
| 舒尔布劝导树木的居民 | 940 |
| 命人称量公平 | 941 |
| 舒尔布族人的答复，他们对舒尔布的否认以及他们将遭受惩罚 | 941 |
| 《古兰》是安拉降示的 | 942 |
| 古代的经典中都记述过《古兰》 | 943 |
| 古莱什人的否认态度之顽固 | 943 |
| 否认者只有看见惩罚才肯相信 | 943 |
| 带来《古兰》的是吉卜勒伊里，而不是恶魔 | 944 |
| 命令警告血缘关系较近的人 | 945 |
| 驳斥多神教徒的谰言 | 946 |
| 驳斥有人妄言先知是诗人之说 | 946 |
| 伊斯兰诗人不在此例 | 946 |

## 《蚂蚁章》注释　麦加章　947

| | |
|---|---|
| 《古兰》是信士的引导和佳音，隐昧者的警言，并且它来自安拉 | 947 |
| 穆萨的故事和法老的归宿 | 948 |
| 讲述达乌德和苏莱曼，苏莱曼整装军队以及他经过蚂蚁谷的故事 | 949 |
| 戴胜鸟缺席 | 950 |
| 戴胜鸟在苏莱曼面前报告赛伯邑的消息 | 951 |
| 苏莱曼给白丽盖斯的书信 | 951 |
| 白丽盖斯和文武百官商议对策 | 952 |
| 礼物和苏莱曼的答复 | 952 |
| 瞬间搬来白丽盖斯的宝座 | 953 |
| 考验白丽盖斯 | 954 |
| 他说这只是一座由玻璃建成的光滑宫殿 | 954 |
| 撒立哈和塞姆德人 | 955 |
| 部分坏事者的诡计和塞姆德民族的归宿 | 956 |
| 鲁特及其族人 | 956 |
| 命令感赞安拉，祝福众使者 | 957 |
| 有关安拉独一的部分证据 | 957 |
| 为主道出征的战士的故事 | 958 |
| 阐明代理大地 | 958 |
| 只有安拉知道未见 | 960 |
| 对复活的怀疑以及对它的驳斥 | 960 |
| 《古兰》叙述以色列后裔的分歧，安拉在他们之间的判决 | 961 |
| 命令在传达天启信息过程中托靠安拉 | 962 |
| 地兽出世 | 962 |
| 在末日不义者将被召集 | 963 |

复生日的惊恐 在复生日的善恶报酬 ……963
命令崇拜安拉 以《古兰》号召世人 ……965

## 《故事章》注释　麦加章 ……965
穆萨和法老的消息以及安拉对他们民族的意欲 …966
安拉启示穆萨的母亲如何安排事情 ……966
穆萨在法老的宫中 ……967
穆萨的母亲极其悲伤 穆萨回到母亲跟前 ……967
穆萨如何杀死一个科普特人 ……968
杀人秘密如何暴露 ……969
穆萨在麦德彦 穆萨给两位女子的羊群饮水 ……970
穆萨在两个女子的父亲面前，穆萨牧羊，其报酬
　是和其中一位女子结婚 ……970
穆萨回到埃及，他如何在路途中接受使命并获得
　奇迹而得到尊贵 ……971
穆萨要求安拉让他的兄长哈伦支持他安拉接受穆
　萨的祈求 ……972
穆萨在法老及其族人跟前 ……973
法老的傲慢及其归宿 ……974
安拉对穆萨的恩典 ……974
先知穆罕默德㊣身份的明证 ……975
隐昧者的顽固和他们的答复 ……976
顽抗者不会归信任何奇迹 ……976
污蔑穆萨和哈伦施展魔术 ……976
对污蔑的回应 ……976
追随私欲者的迷误 ……977
有经人中的信士 ……977
安拉将引导他所意欲之人 ……978
麦加人不接受正信的借口以及对他们的驳斥 ……978
暗示一些城镇将遭受毁灭，安拉树立明证之后它
　们才会被毁灭 ……979
今世是短暂的，追求今世的人和追求后世的人不
　一样 ……979
多神教徒同他们的配主之物脱离关系 ……980
复生日他们对使者的态度 ……980
只有安拉能够造化万物、全知一切、自由选择 ……981
昼夜属于安拉的恩典以及安拉独一的证据 ……981
指责和警告多神教徒 ……982
戈伦以及他的族人对他的劝导 ……982
戈伦身着华丽的服装出门炫耀；族人对他的评价 ……983
戈伦和他的家园一起陷入大地 ……984
戈伦的族人以其陷入大地为鉴 ……984
不亢不卑的穆民在后世得到的福分 ……984

命令传达信主独一的信息 ……985

## 《蜘蛛章》注释　麦加章 ……986
考验穆民，以便分清诚实者和撒谎者 ……986
犯罪者绝不能逃出安拉的制裁 ……986
安拉要把清廉者的理想变为现实 ……986
命令善待双亲 ……987
伪信士的态度和安拉考验世人的常规 ……987
隐昧者傲慢地宣称别人若放弃信仰，就由他们承
　担罪责 ……988
努哈及其族人 ……989
伊布拉欣劝导其族人 ……990
死后复活的证据 ……990
伊布拉欣族人的答复安拉如何控制火 ……991
伊布拉欣为族人阐明偶像是无能的 ……991
鲁特的信仰以及鲁特和伊布拉欣一起迁徙 ……992
安拉为伊布拉欣赏赐易司哈格和叶尔孤白，并把
　圣职赏给伊布拉欣的子孙 ……992
鲁特的忠告，发生在鲁特族人中的事情 ……992
几位天使来到伊布拉欣跟前，然后去鲁特那里 …993
舒尔布及其族人 ……994
否认使者的各民族的毁灭 ……994
把多神教徒的"神"比作蜘蛛的房子 ……995
命令传达、诵读（《古兰》）和礼拜 ……995
和有经人辩论 ……996
《古兰》是安拉的启示和明证 ……996
多神教徒要求穆圣㊣显示一些奇迹，以及对他们
　的答复 ……997
多神教徒要求惩罚立即来临 ……998
建议迁徙，许诺给养和善报 ……999
安拉独一的证据 ……999
劝诫，讲述禁地的尊严 ……1000

## 《罗马人章》注释　麦加章 ……1001
预告罗马人的胜利 ……1001
谁是罗马人 ……1002
恺撒怎样战胜了科斯鲁 ……1003
有关安拉独一的一些证据 ……1004
命人履行五次拜功 ……1005
安拉的部分迹象 ……1005
再造是更容易的 ……1007
证明安拉独一的例子 ……1007
命人坚持认主独一的信仰 ……1008

人们如何根据环境变化，在欢乐和绝望间摇摆…1009
命人接恤骨肉，禁人使用利息…1010
创造、供养、生与死都归安拉掌管…1010
罪恶在今世的影响…1011
命人在末日来临之前追随正道…1011
风是安拉的一种迹象…1011
大地复得生机是人类复活的证据…1012
隐昧者就像死尸，又聋又瞎…1013
人类成长过程中的各阶段…1013
在今世和后世中隐昧者的愚蠢…1013
《古兰》中有许多比喻，但隐昧者从不参悟…1014
有关本章尊贵的一些传述，提倡在晨礼中诵读本章…1014

《鲁格曼章》注释　麦加章…1015
薄福者的一种情况——热衷于无稽之谈，而对安拉的经文不予理睬…1015
穆民的归宿是美好的…1015
安拉独一的证明…1016
鲁格曼…1016
鲁格曼对儿子的忠告…1017
安拉命人走路时要平缓，不能太快，也不能太慢…1018
鲁格曼的忠告…1018
记念安拉的宏恩…1019
多神教徒们承认安拉是造物主…1020
安拉的言辞数不胜数，无穷无尽…1020
安拉的能力和伟大…1020
命令敬畏安拉，害怕复活之日…1022
只有安拉知道幽玄…1022
艾布·胡莱赖传述的圣训…1022

《叩头章》注释　麦加章…1023
《叩头章》的尊贵…1023
《古兰》是安拉毫无怀疑的经典…1023
安拉是宇宙的创造者和控制者…1024
造人的阶段…1024
驳斥否认复生的谬说…1024
多神教徒在复生日悲惨的情况…1025
归信者的情况和他们的报酬…1026
穆民和胡作非为的人不相等…1027
穆萨的经典和古以色列人的领导地位…1027
以史为鉴…1028
用水复苏大地，是死后复活的一个证据…1028
隐昧者如何要求安拉显示惩罚以及对他们的答复…1028

《联军章》注释　麦地那章…1029
命令遵守安拉的启示并托靠安拉，反对隐昧者和伪信士…1029
废除义子制…1030
义子的姓名应该归属于其亲生父亲…1030
穆圣㊚对信士的权利及众圣妻是信士们的母亲…1031
和众先知的盟约…1032
联军战役…1033
联军之役中穆民所遭受的考验和伪信士的立场…1034
命令服从使者…1036
穆民对联军的立场…1036
赞美穆民的立场　推迟伪信士的事情…1036
安拉使联军灰溜溜地退兵…1037
格磊作族的战役…1038
让圣妻们自由选择…1039
圣妻们不同于普通信女…1040
命令人们学习世人的表率——信士之母的品德…1041
穆圣㊚的妻室属于他的家人…1041
命令遵循《古兰》和圣训…1042
等待经文降示的原因…1042
降示原因…1044
在栽德和栽娜卜的事件中安拉责怪使者栽娜卜离婚并度过待婚期后使者和她结婚，从而废除了养子制…1044
对安拉使命传播者的表扬…1046
使者不是任何男人的父亲…1046
穆圣㊚是万圣的封印者…1046
多多记念安拉的优越性…1047
安拉使者㊚的特征…1048
馈赠及未接触之前被休的妇女不必守待婚期…1049
先知可以和哪些妇女结婚…1050
穆圣㊚可以接受那些将自己送给他的妇女，也可以拒绝她们…1052
表彰圣妻们选择和先知共同生活…1052
进先知家的礼貌，命令设置帷幕…1053
禁止伤害使者，使者的妻子们在穆斯林中的尊严…1054
妇女可以在哪些亲属跟前不使用帷幕…1054
命令赞美先知…1055
在祈祷之前赞美先知…1055
赞美先知的尊贵…1055
赞美的场合…1056

伤害安拉及其使者的人将在今后两世遭受诅咒…1057
警告诽谤者…1057
命令穆斯林使用帷幕…1057
警醒和警告邪恶的伪信士…1058
只有安拉知道末日何时来临…1058
诅咒隐昧者,隐昧者将永居火狱,并百般懊悔…1058
犹太人对穆萨先知的诽谤…1059
命令穆民敬畏安拉、诚实守信…1059
人类承担信托…1059
承担信托的结果…1060

《赛伯邑章》注释　麦加章…1060
感赞和未见的知识只属于安拉…1060
复生日必然要来临,那时人类的一切行为都将分
　　别受到奖励和惩罚…1061
隐昧者否认死后的复活以及对他们的驳斥…1062
安拉对达乌德的恩惠…1063
安拉对苏莱曼的恩典…1063
苏莱曼归真…1064
赛伯邑的忘恩负义,及他们所遭受的惩罚…1064
麦阿磊卜的水坝及洪水…1065
赛伯邑的贸易及其贸易的终结…1066
伊卜厉斯在隐昧者身上证实自己的猜测…1067
多神教徒的神的无能…1067
安拉在任何事务中都没有伙伴…1068
穆圣是被派向全人类的使者…1069
隐昧者关于复生时间的询问以及对他们的驳斥…1069
隐昧者在今世否认真理,在后世则纷争不休…1069
奢华者否认使者,他们因为对财富和儿女的追求
　　而自欺欺人…1070
复生日天使和崇拜他们的人相互断绝关系…1072
隐昧者对众先知的诽谤以及安拉对隐昧者的驳斥…1072
多神教徒诽谤穆圣是疯子如何辨别多神教徒
　　的诽谤…1073
穆圣不因传达使命而向人们索要报酬…1073

《创造者章》注释　麦加章…1075
安拉的大能…1075
没有任何力量阻挡安拉的慈悯…1075
安拉独一的证据…1076
以古代先知都曾遭受过否认这一事实,安慰在宣
　　教中忧心如焚的穆圣强调复活…1076
隐昧者和穆民在复生之日的还报…1077

死后复活的证据…1077
谁想在今世和后世获得尊严,谁就应该崇拜尊严
　　的主…1077
善功将升到安拉那里…1078
安拉是创造者,是尽知幽玄者…1078
安拉的恩典及迹象…1079
多神教徒的伪神不掌握丝毫的权力…1079
人们都需要安拉,在末日每个人都要承担自己的
　　重担…1080
穆民和隐昧者不相等…1081
安拉的完美能力…1081
穆斯林是后世的商人…1082
《古兰》是安拉的真实经典…1082
《古兰》的继承者是三种人…1083
学者的尊贵…1083
隐昧者的报应以及他们在火狱中的情况…1084
强调伪神的无能和安拉的大能…1085
隐昧者盼望警告者到来但警告来临时他们却不
　　信仰…1085
否认众先知的人的种种悲惨结局…1086
安拉不立即惩罚仆人的原因…1086

《雅辛章》注释　麦加章…1087
使者是被派来的警告者…1087
注定要倒霉的人的情况…1087
城镇的居民和众使者的故事说明否认者必遭毁灭…1089
否认者真不幸…1093
驳斥轮回转世说…1093
世界必然有一个创造者以及死后的复活…1093
夜晚、白天、太阳和月亮,都属于安拉的大能和
　　伟大迹象…1093
在满载的船中运载人类,是安拉的一种迹象…1095
多神教徒的迷误…1095
隐昧者认为复活之日遥不可及…1096
复活的号角声…1096
乐园居民的生活…1097
复生日隐昧者立站的地方对隐昧者的警告…1097
复生日犯罪者的嘴将被封闭…1098
安拉没有给其使者教过诗文…1099
牲畜是一种迹象和恩典…1100
多神教徒的神祇不能帮助他们…1100
安慰使者…1100
隐昧者否认死后的复活以及对他们的驳斥…1100

## 《列班者章》注释　麦加章……1102
### 《列班者章》的尊贵……1102
### 天使们作证安拉的独一性……1102
### 真实的受拜者只是安拉……1103
### 安拉对天体的装饰和保护……1103
### 死后复活是确凿无疑的……1104
### 报应日的惊恐……1105
### 多神教徒在复生日相互争执……1105
### 多神教徒的报应和虔诚者的报酬……1106
### 乐园的居民欢聚一堂，乐园居民和在火狱中遭受惩罚的今世中的伙伴的谈话以及他们对安拉的恩典的感谢……1107
### 两个古以色列人的故事……1108
### 攒枯木树及其拥有者……1109
### 努哈及其民族……1110
### 伊布拉欣及其族人……1111
### 伊布拉欣迁徙，他受到了屠宰儿子的考验及安拉对他的恩典……1112
### 有关牺牲者是伊斯玛仪的一些传述断定这些传述的绝对正确性……1114
### 穆萨和哈伦……1115
### 易勒雅斯……1115
### 鲁特民族的毁灭……1116
### 优努司的故事……1116
### 驳斥妄言"安拉有子女"的多神教徒，把天使们作为安拉的女儿……1118
### 只有比多神教徒更迷误的人才相信多神教徒的话……1119
### 天使的位置以及他们列队赞美安拉……1119
### 古莱什人曾希望拥有一项古人留下来的教诲……1119
### 许诺胜利将会来临，命令离开古莱什人……1119

## 《萨德章》注释　麦加章……1121
### 多神教徒们对使者的使命感到奇怪……1122
### 这些经文颁降的原因……1122
### 先民中的毁灭者……1123
### 达乌德……1124
### 两个诉讼者的故事……1125
### 萨德章的叩头……1125
### 对统治者和君王的忠告……1125
### 创造今世的哲理……1126
### 达乌德之子苏莱曼……1127
### 试验苏莱曼并对他加以恩赐……1127
### 艾优卜……1129
### 优秀而特选的先知……1130
### 幸福者的归宿……1130
### 薄福者的情况……1131
### 火狱居民的争执……1131
### 使者 ﷺ 负起使命，是重大的消息……1132
### 阿丹和伊卜厉斯的故事……1133

## 《队伍章》注释　麦加章……1134
### 《队伍章》的尊贵……1134
### 命令人们认主独一，驳斥以物配主……1134
### 论证安拉的大能和独一……1135
### 安拉因为隐昧而恼怒，因为感恩而高兴……1136
### 在困难时记念安拉，在困难解除之后以物配主，是一种忘恩负义的表现……1136
### 顺主者和悖逆者不相等……1136
### 命令人类敬畏安拉、为主道迁徙、一心拜主……1137
### 警告人类防备安拉的惩罚……1137
### 清廉者的喜讯……1138
### 今世生活的例子……1139
### 坚持真理的人和坚持谬误的人不相等……1139
### 《古兰》的特征……1139
### 否认者的归宿……1140
### 以物配主的例子……1141
### 安拉使者 ﷺ 的归真 古莱什人的死亡人类在安拉跟前的争论……1141
### 昧真的撒谎者之报应和诚实的归信者之报酬……1142
### 安拉能使其仆人得到满足……1142
### 多神教徒承认独一的安拉创造了宇宙，因为他们的伪神是无能的……1143
### 安拉能使人死，也能使人活……1144
### 讲情权只由安拉掌握，多神教徒对于只记念独一的安拉满怀憎恶……1144
### 祈祷的方法……1145
### 复生日不接受任何形式的赎金……1145
### 经历了挫折的人们，在得到幸福时却容易变节……1145
### 号召人在惩罚来临之前忏悔……1146
### 有关不得绝望的圣训……1147
### 借安拉之名撒谎者和敬畏者的不同结局……1148
### 安拉是创造者、支配者以物配主将使一切业绩化为无效……1148
### 多神教徒们没有真正了解安拉……1149
### 吹号角，审判和还报……1150
### 隐昧者将被赶向火狱……1151

穆民将被送到乐园⋯⋯⋯⋯⋯⋯⋯⋯⋯⋯1151
乐园之门的宽敞⋯⋯⋯⋯⋯⋯⋯⋯⋯⋯1152

## 《恕饶者章》注释　麦加章⋯⋯⋯⋯1154
"哈一、米目"各章的尊贵⋯⋯⋯⋯⋯⋯1154
隐昧者喜欢对安拉的经文进行辩论以及辩论的后果⋯1154
承担阿莱什的天使赞美安拉，并为穆民求饶⋯⋯⋯1155
隐昧者进入火狱后的悔恨⋯⋯⋯⋯⋯⋯1156
命令穆民无论如何都要崇拜独一无偶的安拉⋯⋯⋯1157
以安拉的启示警告人类⋯⋯⋯⋯⋯⋯⋯1158
警告人防备复生之日　安拉在复生日的判决⋯1158
否认者的结局是严酷的⋯⋯⋯⋯⋯⋯⋯1159
穆萨和法老的故事⋯⋯⋯⋯⋯⋯⋯⋯⋯1160
法老家族的一位信士援助穆萨⋯⋯⋯⋯⋯1160
法老嘲笑穆萨的主⋯⋯⋯⋯⋯⋯⋯⋯⋯1162
法老家族的信士进一步的谈话⋯⋯⋯⋯⋯1163
最后的结论，两伙人的最终归宿⋯⋯⋯⋯1163
坟墓中遭受惩罚的明证⋯⋯⋯⋯⋯⋯⋯1164
火狱居民的争论⋯⋯⋯⋯⋯⋯⋯⋯⋯⋯1165
使者和信士们的胜利⋯⋯⋯⋯⋯⋯⋯⋯1166
暗示使者和穆民们会像穆萨和以色列的后裔一样
　　取得最终的成功⋯⋯⋯⋯⋯⋯⋯⋯1166
死后的生活⋯⋯⋯⋯⋯⋯⋯⋯⋯⋯⋯⋯1167
命人祈祷安拉⋯⋯⋯⋯⋯⋯⋯⋯⋯⋯⋯1167
安拉的大能和独一的种种迹象⋯⋯⋯⋯⋯1168
禁止人以物配主，命令人认主独一，及其证据⋯1169
反驳并否认安拉迹象者的归宿⋯⋯⋯⋯⋯1169
命令使者 ﷺ 要忍耐，并给他报以胜利的喜讯⋯1170
牲畜也是安拉的恩典和迹象⋯⋯⋯⋯⋯⋯1171
以史为鉴⋯⋯⋯⋯⋯⋯⋯⋯⋯⋯⋯⋯⋯1171

## 《奉绥莱特章》注释　麦加章⋯⋯⋯⋯1172
《古兰》的特征和悖弃者的言论⋯⋯⋯⋯1172
号召人承认安拉的独一⋯⋯⋯⋯⋯⋯⋯1172
创造宇宙的部分细节⋯⋯⋯⋯⋯⋯⋯⋯1173
以阿德人和塞姆德人的遭遇提醒否认者⋯⋯1175
复生之日，犯罪者的肢体要为他们所做的事情作证⋯1176
多神教徒的伙伴们将他们的丑行粉饰得冠冕堂皇⋯1177
隐昧者们互相鼓动不听《古兰》以及为此付出的
　　代价⋯⋯⋯⋯⋯⋯⋯⋯⋯⋯⋯⋯⋯1177
坚持正道和认主独一者的佳音⋯⋯⋯⋯⋯1178
召人归于安拉之美德⋯⋯⋯⋯⋯⋯⋯⋯1179
宣传及其他事物中的哲理⋯⋯⋯⋯⋯⋯⋯1179

安拉的部分迹象⋯⋯⋯⋯⋯⋯⋯⋯⋯⋯1180
对否认经文者的惩罚以及《古兰》的特征⋯⋯1181
否认《古兰》完全是一种顽抗和刁难的心态⋯1181
安拉让穆圣 ﷺ 以穆萨为学习榜样⋯⋯⋯1182
每个人都将面临其行为的报酬⋯⋯⋯⋯⋯1182
只有安拉掌握关于复活之时的知识⋯⋯⋯1182
经历忧患的人们在安乐时容易弃义变节⋯⋯1183
《古兰》及其真实性的证据⋯⋯⋯⋯⋯⋯1183

## 《协商章》注释　麦加章⋯⋯⋯⋯⋯⋯1184
启示及安拉的伟大⋯⋯⋯⋯⋯⋯⋯⋯⋯1184
降谕《古兰》警告世人⋯⋯⋯⋯⋯⋯⋯1185
安拉是保护者、统治者和创造者⋯⋯⋯⋯1186
所有的使者宣扬的是同一宗教⋯⋯⋯⋯⋯1187
分歧的原因⋯⋯⋯⋯⋯⋯⋯⋯⋯⋯⋯⋯1187
警告辩驳正教的人⋯⋯⋯⋯⋯⋯⋯⋯⋯1188
安拉在今世和后世对众生的给养⋯⋯⋯⋯1189
人类制定法律是一种以物配主的行为⋯⋯⋯1189
多神教徒在复生场的恐惧⋯⋯⋯⋯⋯⋯⋯1190
向归信者以乐园的恩典报喜讯⋯⋯⋯⋯⋯1190
多神教徒妄言《古兰》是臆造的，他们以此诬蔑
　　穆圣 ﷺ 以及对多神教徒的驳斥⋯⋯1190
安拉愿意接受仆人的忏悔，答应他们的祈求⋯1190
不使某些人富裕的原因⋯⋯⋯⋯⋯⋯⋯1191
创造天地是安拉的一种迹象⋯⋯⋯⋯⋯⋯1192
人类遭受灾难的原因在于他们自己所犯的罪恶⋯1192
船舶也是安拉的迹象⋯⋯⋯⋯⋯⋯⋯⋯1192
有资格在安拉那里享受恩典的人的特征⋯⋯1193
原谅或教训不义者⋯⋯⋯⋯⋯⋯⋯⋯⋯1193
复生日不义者的情况⋯⋯⋯⋯⋯⋯⋯⋯1194
鼓励在复生日来临之前服从安拉⋯⋯⋯⋯1195
启示降临的形式⋯⋯⋯⋯⋯⋯⋯⋯⋯⋯1196

## 《金饰章》注释　麦加章⋯⋯⋯⋯⋯⋯1197
安慰遭到古莱什人否认的穆圣 ﷺ⋯⋯⋯1197
多神教徒承认独一的造物主以及这方面的有关证据⋯1198
谴责多神教徒为安拉设立儿子⋯⋯⋯⋯⋯1199
多神教徒并没有任何证据⋯⋯⋯⋯⋯⋯⋯1200
安拉的朋友宣传安拉独一⋯⋯⋯⋯⋯⋯⋯1201
麦加人拒绝使者，使者对他们的答复⋯⋯⋯1201
拥有财富并不意味着安拉对拥有者的喜爱⋯⋯1201
恶魔与背叛至仁主的人为伴⋯⋯⋯⋯⋯⋯1202
在母腹中注定的不幸者不会获得引导⋯⋯⋯1202

安拉要惩罚使者的敌人……………………1202
鼓励人们遵循《古兰》…………………………1203
派遣穆萨去向法老及其臣民宣传"安拉独一"的
　信仰……………………………………………1203
法老对其族人的呼唤以及安拉对他的惩罚……1204
古莱什人轻视麦尔彦之子，麦尔彦之子在安拉那
　里的真实地位…………………………………1205
复活时将突然到来，届时隐昧者之间化友为敌…1207
复生日是敬畏者的佳音敬畏者于复生日进入乐园…1207
薄福者的恶果……………………………………1208
安拉没有儿女……………………………………1209
安拉的独一性……………………………………1209
偶像没有讲情权…………………………………1209
多神教徒承认安拉是唯一的创造者……………1209
先知 ﷺ 向安拉的倾诉……………………………1209

《烟雾章》注释　　麦加章……………………1210
《烟雾章》的尊贵………………………………1210
《古兰》降于格德尔夜…………………………1210
警告多神教徒们，将来有一日烟雾要弥漫天空…1211
何谓"最大的突袭"………………………………1212
穆萨和法老的故事以及以色列后裔的得救……1213
驳斥否认复生者…………………………………1214
今世借某种哲理而被造…………………………1215
多神教徒在复生日的情况以及他们所遭受的刑罚…1215
敬畏者在乐园中的情况以及他们在乐园中所享受
　的恩典…………………………………………1216

《屈膝章》注释　　麦加章……………………1217
安拉引导人类参悟他的种种迹象………………1217
罪恶的说谎者的特征及其报应…………………1218
海洋及其他被造物被制服中所蕴涵的一些迹象…1219
安拉命令穆民忍受多神教徒的伤害……………1219
安拉对以色列后裔的恩典和以色列后裔后来的分歧…1219
安拉警告穆圣 ﷺ 的民族不要重蹈以色列后裔的
　覆辙……………………………………………1219
穆民和隐昧者的生活与死亡都不相等…………1220
隐昧者的信仰和证据以及对他们的驳斥………1221
复生日的部分情况以及其中的惊恐……………1221

《沙丘章》注释　　麦加章……………………1223
《古兰》是安拉颁降的经典，宇宙是安拉以真理
　创造的被造物…………………………………1223
对多神教徒的驳斥………………………………1224

《古兰》是安拉真实的语言隐昧者和穆斯林对《古
　兰》的不同态度………………………………1225
安拉忠告人孝敬父母……………………………1227
劝诫不孝父母的子女　逆子的归宿……………1228
阿德人的故事……………………………………1229
精灵聆听《古兰》的故事………………………1231
死后复活的明证…………………………………1232
安拉命令穆圣 ﷺ 坚韧不拔………………………1232

《战斗章》注释　　麦地那章…………………1233
隐昧者和穆民的报酬……………………………1233
安拉命令穆民斩去敌人的首级或捆绑他们，然后
　开恩释放或索要赎金…………………………1234
烈士的尊贵………………………………………1234
你们协助安拉，安拉就襄助你们………………1235
火狱属于隐昧者，乐园属于敬畏者……………1235
拜真主的人和拜私欲的人不一样………………1236
乐园及其中河流的特征…………………………1236
伪信士的情况以及命令人坚持信仰，并向安拉求饶…1237
安拉命令穆民战斗的经文降示后诚实的穆民和心
　中有病的人的反应……………………………1238
安拉命人参悟《古兰》…………………………1239
谴责叛教…………………………………………1239
揭穿伪信士的底细………………………………1240
隐昧者的行为将徒劳无酬，命令天使追击他们…1240
表明今世的渺小，鼓励人们多施舍……………1241

《胜利章》注释　　麦地那章…………………1242
《胜利章》的尊贵………………………………1242
《胜利章》降示的原因…………………………1242
安拉在穆民心中降下安宁………………………1243
安拉使者 ﷺ 的特征………………………………1244
喜悦之约…………………………………………1244
相关的圣训………………………………………1244
签署盟约的历史背景……………………………1244
拒绝前往侯代比亚的人的托辞以及安拉对他们的
　警告……………………………………………1246
给穆斯林预告战争将继续发生，参战是信士与伪
　信士之间的分水岭……………………………1248
命令人们顺主的同时，制定允许不参战的理由…1248
对定立喜悦之约的人以安拉的喜悦和战利品报喜…1248
给穆民预报获得许多战利品的喜讯……………1248
在末日来临前，穆民所获得的一切胜利的喜讯…1249

假若麦加的隐昧者在侯代比亚与穆斯林作战,他
　　们会无力抵抗,必遭失败……………………1249
穆民不但坚持真理,赢得胜利,而且将从《侯代
　　比亚和约》中获益匪浅………………………1250
有关侯代比亚事件与和谈事件的一些圣训……1250
穆圣㉚的梦就是现实……………………………1254
穆斯林将征服全世界的喜讯……………………1255
穆民的特征………………………………………1256

## 《寝室章》注释　麦地那章

禁止在安拉及其使者跟前争先,命令敬重使者…1257
训诫从寝室的后面呼唤先知的人………………1258
命令我们慎重对待坏人带来的消息……………1258
先知的判决是最佳的……………………………1259
伊斯兰和伊麻尼之间的区别……………………1259
命令穆民调解穆民之间的隔阂,并教训过分的一派…1260
禁止嘲笑和轻视他人……………………………1260
禁止猜疑…………………………………………1261
背谈者和拨弄事非者忏悔的方法………………1262
人类都是阿丹和海娃的子孙……………………1262
人以敬畏而贵……………………………………1263
穆民和穆斯林之间的区别………………………1263

## 《戛弗章》注释　麦加章

穆番索里的开端…………………………………1265
《戛弗章》的尊贵………………………………1265
隐昧者对先知的使命和后世归宿的惊讶以及对他
　　们的驳斥………………………………………1266
安拉的权力不仅仅限于复活死者………………1266
提醒古莱什人铭记先民的毁灭…………………1267
复造比造更容易…………………………………1267
安拉周知并记录人类的一切行为………………1268
提醒人类死亡的昏迷,吹号角以及聚合………1268
天使作证　安拉下令将隐昧者扔进火狱………1269
人和恶魔在安拉跟前的辩论……………………1269
火狱和乐园以及它们的居民的情况……………1270
以将要降临的惩罚警告隐昧者,命令先知坚韧并
　　礼拜……………………………………………1271
复生日的某些情况………………………………1272
安慰穆圣㉚………………………………………1272

## 《播种者章》注释　麦加章

强调最后归宿和清算消息的真实性……………1273
多神教徒众说纷纭………………………………1273

敬畏者的报酬及他们的特征……………………1274
大地和人体中安拉的迹象………………………1275
伊布拉欣的客人…………………………………1275
天使被派去消灭鲁特的民族……………………1276
法老、阿德人、塞姆德人和努哈族人的故事给人
　　的启发…………………………………………1277
在诸天和大地的创造以及安拉将万物都造成配
　　偶之中,都蕴含着安拉独一的证据……………1278
各民族无一例外地否认过派给他们的使者……1278
安拉造化精灵和人类,只是为了崇拜他………1279

## 《山岳章》注释　麦加章

《山岳章》的尊贵………………………………1279
安拉发誓惩罚一定降临…………………………1280
惩罚之日——复生日的特征……………………1280
幸福者的归宿的特征……………………………1281
清廉信士的后代将和他们团聚在乐园…………1281
安拉对犯罪者的公正……………………………1282
乐园的酒的特征以及乐园居民所受的恩典……1282
使者和多神教徒对他的诋毁无关,对多神教徒的
　　警告和挑战……………………………………1283
有关确定安拉独一、否定多神教徒的诡计的一些
　　问题……………………………………………1283
多神教徒的顽固以及他们将遭受惩罚…………1284
安拉命令使者㉚坚韧,并赞美安拉……………1284

## 《星辰章》注释　麦加章

最先降示的含有叩头命令的章节………………1285
安拉发誓使者身份的真实性使者只凭启示说话…1286
慈悯普世的使者不凭私欲说话…………………1286
忠诚的天使给忠诚的使者带来安拉的启示……1286
"两弓之遥或更近"的意思……………………1287
穆圣㉚在登霄之夜是否见到他的养主…………1287
天使、光和各种颜色笼罩酸枣树………………1288
驳斥拜偶像者以及拉特、欧萨和默那的本质…1288
驳斥以物配主的多神教徒——他们声称天使是女性…1289
幸福不能仅凭梦想获得…………………………1290
说情必须得到安拉的许可………………………1290
驳斥多神教徒妄称天使是安拉的女儿…………1290
远离持谬论者的必要性…………………………1291
安拉知道一切大小的事情,他论功报偿每个人…1291
行善者的特征,宽恕除大罪之外的小罪………1291
鼓励忏悔,禁止自命纯洁………………………1291

| | |
|---|---|
| 谴责拒不服从的人，吝惜财产的人对这种人的驳斥……1292 | 复生日到来的证据……1317 |
| 穆萨和伊布拉欣的经典……1292 | 强调庄稼成长、降雨、造火——这些人类的最基 |
| 复生日任何人不承担别人的担子……1292 | 　本需求，都是安拉完成的……1317 |
| 安拉的一些属性，他将原模原样地复造人类以及 | 安拉发誓说明《古兰》的伟大……1318 |
| 　安拉对仆人的一些行为……1293 | 当灵魂到于喉咙的时候不能恢复原位以及清算的 |
| 警告、提醒并命令叩头和谦恭……1294 | 　证据……1320 |
| | 人们在临终时的情况以及各等人的归宿……1320 |

## 《月亮章》注释　麦加章……1295

| | |
|---|---|
| 复活时刻的临近及月亮破裂……1295 | |
| 相关的圣训……1295 | |
| 多神教徒的顽固和邪恶立场……1296 | |
| 在末日他们可怕的结局……1297 | |
| 努哈族人的故事以及这则故事中的教训……1297 | |
| 阿德人的故事……1298 | |
| 塞姆德人的故事……1298 | |
| 鲁特民族的故事……1299 | |
| 法老的族人的故事……1300 | |
| 忠告和警告古莱什人……1300 | |
| 罪人的结局……1300 | |
| 万事万物都依定然而存在……1301 | |
| 警告多神教徒，安拉的命令将在他们中实施……1302 | |
| 敬畏者的美好结局……1302 | |

## 《铁章》注释　麦地那章……1321

| | |
|---|---|
| 《铁章》的尊贵……1321 | |
| 整个宇宙都在赞美安拉以及安拉的一些属性……1322 | |
| 安拉的知识、能力和权力是无限的……1323 | |
| 命令人们归信　并鼓励人们施舍……1323 | |
| 解放麦加之前花费财产和战斗的尊贵……1324 | |
| 鼓励人们为主道花费财产……1325 | |
| 在复生日，穆民将根据自己的功行获得光明……1326 | |
| 在复生日伪信士的情况……1326 | |
| 鼓励人谦恭　禁止仿效有经人……1327 | |
| 施舍者、虔信者和烈士的报偿以及隐昧者的归宿……1327 | |
| 今世生活不过是飞逝的玩乐和消遣……1328 | |
| 人所遭受的一切都是早已注定的……1329 | |
| 命令人忍耐和感谢……1329 | |
| 谴责守财奴……1330 | |
| 列圣是以奇迹、公正和真理被派遣的……1330 | |
| 铁的益处……1330 | |
| 列圣民族中大多数人的离经叛道……1331 | |
| 有经人若归信正教，将得到双倍的报酬……1332 | |

## 《至仁主章》注释　麦地那章……1302

| | |
|---|---|
| 绪论……1302 | |
| 《古兰》是至仁主所降示并教授的……1303 | |
| 在日月和天地中安拉的迹象……1303 | |
| 人类沐浴在安拉的恩泽之中……1303 | |
| 创造阿丹和精灵……1304 | |
| 经文以"他是两个东方和两个西方的主"表述安 | |
| 　拉的宏恩……1304 | |
| 经文以"海和船舶"表述安拉的宏恩……1304 | |
| 安拉是永存和无需的……1305 | |
| 警告人类和精灵，说明他们即将遭受的恐惧……1305 | |
| 复生日的惊恐　犯罪者的情况……1306 | |
| 敬畏者在乐园中的情况和他们所享受的恩典……1307 | |

## 《辩诉者章》注释　麦地那章……1332

| | |
|---|---|
| 降示原因……1332 | |
| 将妻比母及其罚赎……1333 | |
| 正教敌人的结局……1334 | |
| 安拉的知识包罗一切被造物……1335 | |
| 犹太人的邪恶……1335 | |
| 密谈的礼节……1336 | |
| 座位上的礼节……1336 | |
| 知识和有知者的尊贵……1337 | |
| 命令人们在和使者私下交谈之前交纳施舍品……1337 | |
| 谴责伪信士……1338 | |
| 安拉和使者㊊的敌人必败　安拉及使者必胜……1339 | |
| 穆民不和隐昧者相亲相爱……1339 | |

## 《大事章》注释　麦加章……1310

| | |
|---|---|
| 《大事章》的尊贵……1310 | |
| 复生日的情况……1310 | |
| 复生日，人们将分为三等……1311 | |
| 领先者及他们的报酬……1312 | |
| 幸福者及他们的报酬……1313 | |
| 不幸者以及他们的情况和报应……1316 | |

## 《放逐章》注释　麦地那章……1340

万物赞美安拉……1341

奈最尔人的结局 ………………………………… 1341
奈最尔之役的起因 ……………………………… 1342
凭着安拉的允许砍伐犹太人的枣树 …………… 1343
敌产及其用途 …………………………………… 1344
命人服从使者㊣的一切命令和禁令 …………… 1345
可以接受敌产的人 迁士和辅士的尊贵 ……… 1345
辅士绝不嫉妒迁士 ……………………………… 1346
辅士的礼让 ……………………………………… 1346
伪信士对奈最尔人的空口承诺 ………………… 1347
在这件事情中伪信士和犹太人的例子 ………… 1348
命人敬畏安拉，并为复活之日做准备 ………… 1348
乐园的人和火狱的人不相等 …………………… 1349
《古兰》的伟大 ………………………………… 1349
以安拉的尊名和属性赞美安拉光荣 …………… 1349
最美的名字 ……………………………………… 1350
万物赞美安拉 …………………………………… 1350

## 《受考验的妇女章》注释　麦地那章 ……… 1350
《受考验的妇女章》降示的原因 ……………… 1350
命人与隐昧者为敌，不援助他们 ……………… 1351
伊布拉欣及其同道与隐昧者划清界限 ………… 1352
也许安拉会让穆民和他们的敌人互相友爱 …… 353
可以善待那些不向你们发起宗教斗争的隐昧者 … 1354
禁止穆斯林和与之交战的多神教徒为友 ……… 1354
《侯代比亚和约》之后，迁徙而来的穆斯林妇女
　不被遣返到隐昧者那里 …………………… 1354
穆斯林妇女嫁给多神教徒是非法的，多神教徒妇
　女嫁给穆斯林男子也是非法的 …………… 1355
穆斯林妇女的宣誓内容 ………………………… 1356

## 《列阵章》注释　麦地那章 ………………… 1357
《列阵章》的尊贵 ……………………………… 1357
谴责只说不做的人 ……………………………… 1358
穆萨在经受族人的伤害时，对他们的呼唤以及安
　拉扭曲以色列后裔的心灵 ………………… 1358
尔撒预报一位叫艾哈麦德的先知——穆罕默德出世 … 1359
最不义的人以及伊斯兰的光明即将全美的喜讯伊
　斯兰将战胜万教 …………………………… 1360
使人免于酷刑的交易 …………………………… 1360
在任何情况下，穆斯林都是正教的援助者 …… 1361
以色列的部分后裔归信尔撒，另一部分后裔否认
　了他 ………………………………………… 1361
安拉襄助归信的群体 …………………………… 1361

## 《聚礼章》注释　麦地那章 ………………… 1362
《聚礼章》的尊贵 ……………………………… 1362
万物赞美安拉清净无染 ………………………… 1362
安拉派遣使者，是对人类的一大恩典 ………… 1362
穆罕默德是阿拉伯人和非阿拉伯人的使者 …… 1363
谴责犹太人 通过赌誓号召他们祈求死亡 …… 1363
聚礼及聚礼日的一些事情和礼节 ……………… 1364
命令人们奔忙记念安拉 ………………………… 1365
聚礼的尊贵 ……………………………………… 1365
"召唤"指讲演（呼图白）时的宣礼 ………… 1365
禁止在聚礼的宣礼之后进行买卖鼓励聚礼后寻求
　生计 ………………………………………… 1366
禁止在伊玛目讲演时离开清真寺 ……………… 1366

## 《伪信士章》注释　麦地那章 ……………… 1366
伪信士的情况和他们的行为 …………………… 1367
伪信士不愿使者为他们向安拉求饶，也不愿为使
　者跟前的人花费财产 ……………………… 1367
鼓励人不要只忙于今世 归真前施舍 ………… 1369

## 《自欺章》注释　麦地那章 ………………… 1369
赞美只归安拉 安拉的创造和知识 …………… 1370
通过介绍古代隐昧者的灭亡警告世人 ………… 1370
死后的复活是真实的 …………………………… 1371
自欺之日 ………………………………………… 1371
人类的一切遭遇都是凭安拉的允许而发生的 … 1371
命令人们服从安拉和使者 ……………………… 1372
认主独一 ………………………………………… 1372
提防因为妻子和儿女而失足 …………………… 1372
命令人们尽己所能地敬畏安拉 ………………… 1373
鼓励人们施舍 …………………………………… 1373

## 《离婚章》注释　麦地那章 ………………… 1373
妇女在完满待婚期后才可以离婚，她不能被赶出
　她的房子，以及计算待婚期 ……………… 1373
在可能复婚的待婚期，丈夫应该承担妻子的住所
　和生活花费 ………………………………… 1374
在丈夫家中守待婚期的益处 …………………… 1374
绝对被休的妇女无权要求丈夫提供食宿 ……… 1375
命令丈夫善待待婚的妻子，无论他们是否打算复婚 … 1375
命令人们在复婚、结婚时找人作证 …………… 1375
安拉为敬畏者设置出路，并从他们意想不到的角
　度恩赐他们 ………………………………… 1375

| | |
|---|---|
| 绝经的妇女和还未行经的少女 | 1376 |
| 孕妇的待婚期 | 1376 |
| 被休的妇女可根据丈夫的能力得到住处 | 1377 |
| 禁止苛待被休的妇女 | 1377 |
| 妻子分娩之前，丈夫应该负担被休孕妇的生活费 | 1377 |
| 孩子的母亲被休后若继续给孩子喂奶，她可以收取喂奶工钱 | 1378 |
| 清廉妇女的故事 | 1378 |
| 抗拒安拉之人的报应 | 1378 |
| 使者☪的属性 | 1379 |
| 安拉的完美大能 | 1379 |

## 《禁戒章》注释　麦地那章 …………1380
| | |
|---|---|
| 安拉指责先知将他所制定的合法改为非法，这种行为的罚赎，训示圣妻们不要为难先知 | 1380 |
| 教导家属礼貌和教义 | 1382 |
| 火狱的燃料和管理火狱的天使 | 1383 |
| 复生日隐昧者的托辞不被接受 | 1383 |
| 鼓励人诚恳地忏悔 | 1383 |
| 命令使者☪讨伐隐昧者和伪信士 | 1384 |
| 安拉那里穆民不能给隐昧者带来丝毫益处，哪怕他们有亲属关系 | 1384 |
| 在安拉那里隐昧者不能伤及穆民 | 1384 |

## 《实权章》注释　麦加章 …………1385
| | |
|---|---|
| 《实权章》的尊贵 | 1385 |
| 赞颂安拉，他创造死、生、诸天及群星 | 1385 |
| 对火狱和其居民的描述 | 1386 |
| 秘密敬畏安拉的人的报酬 | 1387 |
| 安拉为众仆提供大地所蕴含的恩典 | 1387 |
| 安拉能够以他所意欲的任何方法惩罚你们，你们怎能在平安时高枕无忧 | 1388 |
| 鸟类凭安拉的大能而飞翔，证明安拉全观一切巨大的和渺小的事物 | 1388 |
| 除了安拉谁都不能襄助和供养你们 | 1388 |
| 隐昧者和穆民的比喻 | 1388 |
| 安拉造物的能力，可以证明审判日必将到来 | 1389 |
| 穆民的死亡救不了隐昧者，所以隐昧者应当考虑自己如何得救 | 1390 |
| 流水的涌出显示安拉的恩典，警告水源有可能消失 | 1390 |

## 《努奈章》注释　麦加章 …………1390
| | |
|---|---|
| 笔 | 1390 |
| 以笔发誓指出先知☪的伟大 | 1391 |

| | |
|---|---|
| "你确实具备伟大的品德"的注释 | 1391 |
| 禁止屈服于否认者的压迫，他们梦想让信和不信殊途同归 | 1392 |
| 隐昧者徒劳无功的例子 | 1393 |
| 敬畏者的报酬，他们不会遭受犯罪者那样的报应 | 1394 |
| 复生日的惊恐 | 1395 |
| 对否认《古兰》的人严厉的警告 | 1395 |
| 命令使者☪坚韧，不要像优努司先知一样急于求成 | 1396 |
| 毒眼能够伤人 | 1396 |
| 拜磊德传述的圣训 | 1396 |
| 艾布·欧麻麦传述的圣训 | 1396 |
| 艾布·赛尔德·胡德里传述的圣训 | 1396 |
| 艾布·胡莱赖传述的圣训 | 1397 |
| 乌麦斯的女儿艾斯玛仪传述的圣训 | 1397 |
| 阿伊莎（愿主喜悦之）传述的圣训 | 1397 |
| 赛海里·本·海尼法传述的圣训 | 1397 |
| 阿米尔·本·莱毕阿传述的圣训 | 1397 |
| 隐昧者的诽谤及对他们的答复 | 1397 |

## 《实现者章》注释　麦加章 …………1397
| | |
|---|---|
| 复生日的伟大 | 1398 |
| 各民族的毁灭 | 1398 |
| 船舶的恩典 | 1399 |
| 复生日的惊恐 | 1399 |
| 人类被呈现在安拉跟前 | 1399 |
| 右手接到功过簿之人的欢乐及其优美的境遇 | 1400 |
| 左手接到功过簿的人的恶劣情况 | 1400 |
| 《古兰》是安拉的言语 | 1401 |
| 假若先知假借安拉的名义撒谎，安拉一定会严惩他 | 1402 |

## 《要求章》注释　麦加章 …………1402
| | |
|---|---|
| 隐昧者要求复生日早日来临 | 1402 |
| "掌管天梯的主宰"的意义 | 1403 |
| 其长度是五万年的日子 | 1403 |
| 相关的圣训 | 1403 |
| 安拉提示先知要坚韧 | 1404 |
| 复生日的惊恐 | 1404 |
| 人类是焦虑的 | 1405 |
| 礼拜者与上述各种人不同，礼拜者的功行和礼拜 | 1405 |
| 对隐昧者的谴责和警告 | 1406 |

## 《努哈章》注释　麦加章 …………1407
| | |
|---|---|
| 努哈对其族人的号召 | 1407 |

努哈诉说因为劝告族人而遭遇伤害……………1408
努哈号召族人走向安拉时所说的话……………1409
努哈得到族人的回应后向养主的陈诉……………1409
努哈族人的偶像和崇拜偶像的缘由……………1410
努哈对族人的诅咒及对归信者的祝愿……………1410

## 《精灵章》注释　麦加章……………1411

精灵聆听并归信《古兰》……………1411
精灵承认安拉没有配偶和儿女……………1411
人类向精灵求保护,是精灵走向过分之路的原因
　之一……………1412
派遣使者之前,精灵曾偷听天上的消息,派圣之
　后他们遭受流星追击……………1412
精灵承认他们中也分不同群体——有归信者也
　有隐昧者,有迷误者也有得道者,以及他们对
　他们中每个群体的归宿的认识……………1413
精灵也承认安拉的完美大能……………1414
命人坚信安拉独一,远离以物配主……………1414
精灵簇拥在一起倾听《古兰》……………1414
使者不掌握福祸……………1415
使者的责任只是传达……………1415
使者也不知道复生日的时间……………1415

## 《裹衣人章》注释　麦加章……………1416

《裹衣人章》和《盖被的人章》降示的原因……1416
命令先知在夜间礼拜(礼赞安拉)……………1417
诵读《古兰》的方法……………1417
《古兰》的伟大……………1418
夜晚礼赞的尊贵……………1418
命令先知忍受隐昧者的伤害,忍耐所带来的
　益处……………1420
你们的使者就像法老时期的使者,你们知道法老
　的归宿……………1420
以复生日的严厉惩罚警告世人……………1420
本章是给理智健全者的教诲……………1421
取消夜间礼站的义务以及其中的缘由……………1421
命人施舍和行善……………1421

## 《盖被的人章》注释　麦加章……………1422

《血块章》降示之后最先降示的经文……………1422
提醒人注意审判日……………1423
对妄言《古兰》是魔术之人的警告……………1423
火狱监管者的数目以及隐昧者关于这方面的言论…1424
只有安拉知道其军队的数目……………1425

乐园居民和火狱居民之间的对话……………1425
谴责隐昧者的背弃和立场……………1426
《古兰》就是教诲……………1426

## 《复活章》注释　麦加章……………1426

有关复生日的归宿必将实现的起誓以及对阴谋者
　的驳斥……………1427
人的所作所为都将在复生日展现在他的面前……1427
教导先知接受启示……………1428
否认复生日的原因是喜爱今世,疏忽后世……1429
后世能看见安拉……………1429
复生日犯罪者的面容将变黑……………1429
人在临终时发生的事情……………1430
否认者的情况……………1430
人不会被放任自流……………1430
章末的祈祷……………1431

## 《人类章》注释　麦地那章……………1431

聚礼日晨礼中诵读《叩头章》和《人类章》……1431
安拉从无到有创造人类……………1431
安拉为人类指引了一条道路,因此人要么是感恩
　的,要么是忘恩负义的……………1431
隐昧者和善人的报酬……………1432
善人的功行……………1432
善人在乐园中获得报酬的一些细节乐园的恩典……1433
高床以及乐园中没有炎热和寒冷……………1434
树荫和果实垂手可得……………1434
银制的器皿和杯盏……………1434
姜汁和赛里赛毕里……………1434
童仆和服务……………1434
服饰……………1434
《古兰》的降示　安拉命令使者忍耐并且铭记
　安拉……………1435
贬斥贪恋今世之徒,告诫人认识归宿之日……1435
《古兰》是教诲,奉安拉恩赐机遇者能通过它获
　得引导……………1436

## 《被派遣者章》注释　麦加章……………1436

本章的降示以及在昏礼中诵读本章……………1436
安拉以不同的被造物发誓,说明归宿之日一定来临…1436
复活之日将发生的一些事情……………1437
号召人参悟安拉的种种大能……………1437
犯罪者们被押解到火狱中的住处火狱一瞥……1438
复生日,犯罪者们不能说话、致歉或越过审判日…1439

敬畏者的归宿……1439
警告那些否认复生日的人……1439

## 《消息章》注释　麦加章……1440
驳斥否认审判日的多神教徒……1440
安拉的大能以及安拉能复活死者的证据……1440
裁决之日以及那日的裁决……1441
敬畏者的伟大收获……1443
在获得安拉许可之前，谁都不敢在安拉面前说话……1443
复生日是临近的……1443

## 《猛烈收取灵魂者章》注释　麦加章……1444
以五种典型发誓复生日必定来临……1444
复生日的特征，人们的特征以及人们在复生日所说的话……1444
穆萨的故事，它是敬畏者的教训……1445
创造天地比重造人类更困难……1446
复生日的恩典和火刑，人类不知道复生日到来的时间……1446

## 《皱眉章》注释　麦加章……1447
责备穆圣☪在弱者——伊本·乌姆·麦克图姆面前皱眉……1448
《古兰》的特征……1448
驳斥否认死后复活的人……1448
谷物等植物的成长，是死后复活的证据……1449
复生日以及人们在那日逃避自己的亲属……1450
复生日乐园的人和火狱的人的面容……1450

## 《卷起章》注释　麦加章……1451
与本章有关的圣训……1451
发生在复生日的事情……1451
群星坠落……1451
山岳移动　母驼被遗弃　野兽被集合……1451
点燃海洋……1451
生灵的配合……1452
质问被活埋的女婴……1452
活埋女婴的罚赎……1452
功过簿被展开……1452
天被揭起，火狱点燃，乐园临近……1452
复生日，人人都将知道他为自己做了些什么……1452
行星和隐没的行星……1453
《古兰》是吉卜勒伊里所带来的经典，它不是疯癫的产物……1453

在传达启示中穆圣☪绝无保留……1453
《古兰》是对众世界的教诲，它不是恶魔的启示……1454

## 《裂开章》注释　麦加章……1454
《裂开章》的尊贵……1454
复生日发生的事情……1455
人不应该忘记安拉……1455
人类自欺的原因，提醒人类注意天使在记录他们的行为……1455
善人和恶人的报应……1456

## 《称量不公章》注释　麦加章……1456
在称量中增加或减少能导致毁灭和亏折……1456
警告称量不公者，复生日他们将立于众世界的养主跟前……1457
恶人的册簿和他们的一些情况……1457
善人的册簿（功过簿）以及他们的报酬……1458
犯罪者的恶行以及他们对穆民的嘲讽……1459

## 《破裂章》注释　麦加章……1460
《破裂章》中叩头的经文……1460
复生日天将破裂，地将展开……1460
行为的报应是真实的……1460
展现　细算……1460
安拉发誓人类将遭遇各种情况……1461
谴责隐昧者不接受正信，报以他们刑罚的消息　恩典属于穆民……1462

## 《星宫章》注释　麦加章……1462
"宫"的意义……1462
约许的日子、见证者和被见证者的注释……1462
掘坑者迫害穆斯林……1463
术士、修士、少年以及进火坑者……1463
掘坑者的报应……1464
清廉者的报酬　对否认安拉的隐昧者严厉的惩罚……1464

## 《启明星章》注释　麦加章……1465
《启明星章》的尊贵……1465
安拉发誓人类受制于他的制度……1465
造人的过程中显露着安拉能够复造人的证明……1466
复生日，人没有丝毫能力，也得不到襄助……1466
安拉发誓《古兰》是真理，反对《古兰》的人将遭受失败……1466

## 《至高章》注释　麦加章……1467

《至高章》的尊贵……1467
命人赞美安拉以及对命令的响应……1467
创造 定然 植物生长……1467
穆圣ﷺ不会忘记启示……1468
命令人劝谏他人……1468
成功的人……1469
和后世相比，今世没有任何价值……1469
伊布拉欣和穆萨的经典……1469

《笼罩者章》注释 麦加章……1469
聚礼中诵读《至高章》和《笼罩者章》……1469
复生日及火狱居民在那日的一些情况……1470
复生日乐园居民的情况……1470
鼓励人观察骆驼、天、山和地的创造……1471
最麻穆·本·赛尔莱卜的故事……1471
使者的职责只是传达……1472
对拒绝真理的人的警告……1472

《黎明章》注释 麦加章……1472
礼拜中诵读《黎明章》……1472
黎明及黎明之后的……1472
夜……1473
阿德人的毁灭……1473
法老……1474
安拉在预备着……1474
富裕和贫穷都是考验，它们不表示安拉对仆人的礼遇或鄙视……1474
仆人在财产方面的恶行……1474
复生日每个人都将根据自己的行为得到善恶的报酬……1475

《地方章》注释 麦加章……1476
以麦加的尊严和其他物发誓，说明人类被造于艰辛之中……1476
人类永远在安拉的知识之中，并沉浸在安拉的恩典里……1476
辨别正邪的能力是一种恩典……1476
鼓励人走正义的道路……1477
不幸的人及其报应……1478

《太阳章》注释 麦加章……1478
在宵礼中诵读《太阳章》……1478
安拉以他的一些被造物发誓，纯洁自我者能够成功，玷污自我者将要失败……1478
塞姆德人的否认以及他们的毁灭……1480
撒立哈的母驼……1480

《黑夜章》注释 麦加章……1480
在宵礼中诵读《黑夜章》……1480
发誓说明人的努力结果，因其努力方向不同而不同……1480
艾布·伯克尔的传述……1481
阿里的传述……1481
伊本·欧麦尔的传述……1481
贾比尔的传述……1482
引导由安拉掌握……1482
上述经文降示的原因以及艾布·伯克尔的尊贵……1482

《巳时章》注释 麦加章……1483
《巳时章》降示的原因……1483
后世优于今世……1483
后世的许多恩典等待着穆圣ﷺ……1484
安拉施予使者ﷺ的恩典一瞥……1484
如何对待这些恩典……1484

《开放章》注释 麦加章……1485
“胸襟开放”的意义……1485
安拉对使者的恩典……1485
“提高声望”的意义……1485
困难之后是容易……1485
命令人在空闲的时候记念安拉……1485

《体尼章》注释 麦加章……1486
在旅行拜中读《体尼章》……1486
“体尼”及其他……1486
虽然人曾被赋予最优美的形态，但他将沦入最卑贱的状态之中，以及其中的结果……1486

《血块章》注释 麦加章……1487
使者为圣初期《古兰》开始降示……1487
人类因为知识而尊贵……1487
警告人类不要在拥有财产后肆无忌惮……1488
谴责艾布·哲海里，并以惩罚警告之……1488
安慰穆圣ﷺ……1489

《尊贵章》注释 麦加章……1489
尊贵夜的尊贵……1489
尊贵夜天使的下降以及判定一切好事……1489
尊贵夜的具体时间以及它的征兆……1490
尊贵夜的祈祷……1491

## 《明证章》注释　麦地那章……1491
　　安拉的使者 给吾班叶·本·凯尔卜诵读本章……1491
　　有经人和多神教徒中的否认者的情况……1491
　　分裂只发生于知识降临之后……1492
　　安拉命令人虔诚奉教……1492
　　最恶劣的人和最优秀的人以及他们的报酬……1492

## 《地震章》注释　麦地那章……1493
　　《地震章》的尊贵……1493
　　复生日以及其中大地和人类的情况……1493
　　微尘重的善功也会获得报酬……1494

## 《喘息奔驰的马队章》注释　麦加章……1495
　　以战马发誓，说明人类的忘恩负义和贪婪……1495
　　警告人注意归宿……1495

## 《击打者章》注释　麦加章……1495

## 《竞富争多章》注释　麦加章……1497
　　酷爱今世导致疏忽后世……1497
　　警告人将看到火狱以及人将因为当初享受的恩典而遭受审问……1497

## 《时光章》注释　麦加章……1498
　　阿慕尔·本·阿斯通过本章认识到《古兰》的无可比拟性……1498

## 《诽谤造谣章》注释　麦加章……1498

## 《象军章》注释　麦加章……1499
　　象军事件梗概……1499

## 《古莱什章》注释　麦加章……1502

## 《家具章》注释　麦加章……1503

　　否认复生日的人们的特征……1503

## 《考赛尔章》注释　麦加章……1504
　　敌视穆圣 的人是绝后的……1505

## 《隐昧者章》注释　麦加章……1505
　　在各种副功拜中诵读本章……1505
　　与多神崇拜划清界限……1506

## 《襄助章》注释　麦地那章……1506
　　《襄助章》的尊贵……1506
　　本章指出使者 即将归真……1507

## 《火焰章》注释　麦加章……1508
　　本章的降示原因　艾布·莱海卜对使者的顽抗……1508
　　火焰之父的妻子的归宿……1508
　　火焰之父的妻子伤害穆圣 的故事……1508

## 《忠诚章》注释　麦加章……1509
　　本章的降示原因和尊贵……1509
　　表示本章尊贵的一些圣训……1509
　　圣训……1509
　　有关本章等同于整部《古兰》三分之一的圣训……1509
　　圣训……1509
　　有关诵读本章能使人进入乐园的圣训……1510
　　多次诵读本章的圣训……1510
　　有关以本章提到的安拉尊名祈祷的圣训……1510
　　有关以本章治病的圣训……1510
　　安拉绝对没有子女、父母、伴侣和对等者……1510

## 《黎明章》《人类章》注释　麦加章……1511
　　伊本·麦斯欧迪对这两章的观点……1511
　　两庇佑章的尊贵……1511
　　穆圣 受到邪术影响……1512

# 《开端章》注释 麦加章

奉普慈特慈的安拉之尊名

## 《开端章》的名称及其意义

本章被称为《开端章》，从排列次序来讲，它是《古兰》的首章。以诵读此章而开始礼拜。大部分学者称此章为"经典之母"。据提尔密济考证并传自艾布·胡莱赖的确凿圣训载录，安拉的使者☪说："'一切赞美全归养育众世界的安拉'是古兰之母，经典之母，重复的七节经文和伟大的《古兰》。"本章还被称为"哈木德"（حمد 意为赞美）、"索俩特"（صلاة 有礼拜和祝福之意）。穆圣☪传述，他的养主说："我将索俩特分为两部分：当仆人念'一切赞美全归养育众世界的安拉'时，安拉说：'我的仆人赞美了我……'"(1)(2) 所以《开端章》也被称为"索俩特"，因为它是礼拜中必需的条件之一。也有人称此章为求愈辞。

据艾布·赛尔德传述的确凿圣训记载，他曾念诵此章，为一位被蛇蝎咬伤的男子疗伤。安拉的使者☪得知后说："你是怎么知道它是求愈辞的？"(3)

伊本·阿拔斯、格塔德、艾布·阿林等人认为此章降于麦加，因为伟大的安拉说：《我已赐予你重复的七节。》（15∶87）清高伟大的安拉至知。如果安拉意欲，我们稍后还将阐述之。

## 本章经文的数目

毫无疑问，本章共七节，太斯米是独立的第一节经文，属于本章第一节经文。这是库法诵经家、圣门弟子和再传弟子以及部分后辈学者们的主张。

## 本章单词和字母的数目

学者们认为，本章单词共计25个，字母113个。

## 本章被称为"经典之母"的原因

《布哈里圣训实录·古兰经注篇》的开头指

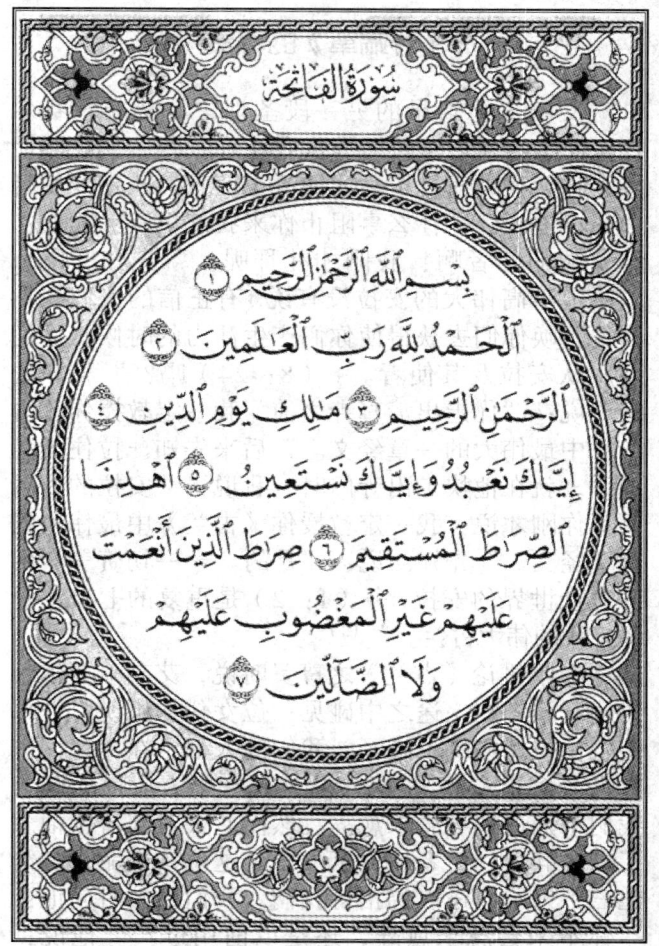

出："该章被称为'经典之母'，因为从排列顺序上，《古兰》都是从该章开始的，礼拜中须首先诵读该章。"(4) 又一说如此命名的原因是，本章涵盖了《古兰》大义。伊本·哲利尔说："阿拉伯人把包含几个部分事物的综合体称为'乌姆'。譬如，他们将大脑皮层称为乌姆·勒艾斯（头脑之母），把军队级别的各种标志或旗帜称为乌姆。"他还说："麦加被称为乌姆·古拉（众城镇之母），因为它最尊贵，是所有城镇的首领。"也有人说，因为大地从麦加开始被铺展。(5)

据伊玛目艾哈麦德辑录，艾布·胡莱赖传述，穆圣☪关于《开端章》说："它是古兰之母、重复的七节、伟大的《古兰》。"(6) 艾布·贾法尔·穆罕默德传自艾布·胡莱赖，穆圣☪说："它是古兰之母，经典的开端，重复的七节。"(7)

---

（1）此类圣训属于神圣的圣训，称为"固督斯圣训"，是穆圣☪传述的安拉之言，其品级仅次于《古兰》，高于一般圣训。——译者注
（2）《提尔密济圣训全集诠释》8∶283。
（3）《布哈里圣训实录诠释——造物主的启迪》4∶529。
（4）《布哈里圣训实录诠释——造物主的启迪》8∶6。
（5）《泰伯里经注》1∶107。
（6）《艾哈麦德按序圣训集》2∶448。
（7）《泰伯里经注》1∶107。

## 《开端章》的尊贵

艾哈麦德辑录的另一段圣训中，艾布·赛尔德（愿主喜悦）说，有次我正在礼拜，安拉的使者呼唤我，我礼毕后才回答了使者。我走到使者面前，他说："什么事阻止你来我这里？"我说："安拉的使者啊！我刚才礼拜呢。"先知说："难道清高伟大的安拉没有说《有正信的人们啊！当他召唤你们去获得使你们产生活力的时候，你们要服从安拉及其使者。》（8：24）吗？"先知接着说："你走出清真寺之前，我一定教授你《古兰》中最伟大的一章经文。"后来先知拉住了我的手，就在他快走出寺门时，我说："安拉的使者啊！你刚才说：我一定教授你《古兰》中最伟大的一章经文。"先知说："是的。《一切赞美全归养育众世界的安拉，》（1：2）是重复的七节，是降于我的伟大古兰。"[1]

布哈里论《古兰》之尊贵时说，艾布·赛尔德传述，我们在旅途之中碰见一位女仆，她说："部落领袖被（蛇蝎）咬了，我们的人都不在，你们中有人会念求愈辞[2]吗？"这时有个人应声而起，我们不知道他会念求愈辞。然而此人对部落领袖念了求愈辞后，后者痊愈了。于是这位领袖命人赏给他三十只羊，还以奶招待我们。我们回去时问他："你本来会念求愈辞，还是以前用过？"他说："我只以经典之母念求愈辞。"众人说："大伙暂不要争论，等回去询问先知。"我们来到麦地那后，对先知讲了此事，先知说："他怎么知道该章就是求愈辞？你们分了（那些羊）吧，为我也分一份。"[3]

《布哈里圣训实录》和《奈萨伊按圣训集》辑录，伊本·阿拔斯说：安拉的使者和吉卜勒伊里（天使）同坐时，忽然听到上面传来一声巨响，吉卜勒伊里抬头望着天空说："这是天上的一道门被打开（的声音），此门从未打开过。"传述者说，从天门降下一位天使，来到先知跟前说："你为获得了两道光明而高兴吧！你之前的任何先知都未曾获得过这两道光明：（它是《古兰》）《开端章》和《黄牛章》末尾的经文。你只要读其中的一个字母，就会有报酬。"[4]

## 礼拜中的《开端章》

艾布·胡莱赖说，穆圣说："礼了拜而未念古兰之母者，其拜功是残缺的，即不完整。"先知说了三次。后来有人问艾布·胡莱赖："我跟随伊玛目礼拜（时该当如何）？"艾布·胡莱赖回答道：你在心里默念，因为我听安拉的使者说：尊严伟大的安拉说："在我和仆人间，我将礼拜分成了两方面，仆人将获得他的请求，当仆人念：'**一切赞美全归养育众世界的安拉**'时，我说：'我的仆人赞美了我'；当他念了'**普慈的主，特慈的主**'时，安拉说：'我的仆人赞扬了我。'当他念了'**执掌报应日的主**'时，安拉说：'我的仆人歌颂了我。'一次他说：'仆人将一切托付给了我'。当他念：'**我们只崇拜你，只向你求助**'时，安拉说：'这是我和仆人之间的（事情），我的仆人将获得他的要求。'当他念'**求你引导我们端庄的道路！你曾施恩者的路，不是遭受恼怒者的路，也不是迷误者的路**'时，安拉说'这属于我的仆人，仆人会获得他的请求。'"另一记载是："它（《开端章》）的一方面属于我，另一方面属于我的仆人。仆人将获得他所请求的。"[5]

## 有关《开端章》的圣训

《开端章》被称为"صلاة"（索俩特），实指诵读，犹如另段经文所说：《你既不要在礼拜时大声，也不要低声，而要在两者间采取一条道路。》（17：110）伊本·阿拔斯传述的圣训也有所明示[6]。上述圣训中还谈到："我（安拉）将索俩特在我与我的仆人之间分为两方面：一方面属于我，另一方面属于我的仆人，仆人将得到他的请求。"然后安拉还解释了诵读过程中的这一分配细节，从而证明了礼拜中诵读"古兰"的重要性。诵读"古兰"是礼拜的基本要素之一，因为诵读既是一种功修，也是拜功的一部分。因此，这里礼拜的一部分是诵读"古兰"，"诵读"一词有时表示礼拜。《古兰》说：《……黎明的诵读。黎明的诵读是被见证的。》（17：78）经文中的诵读实指礼拜。又如两圣训实录[7]所描述："夜晚的天使和白天的天使们，将见证它（晨礼）。"[8]

## 在所有拜功中必须诵读《开端章》无论伊玛目或是跟拜者还是单礼者

综上所述，礼拜中必须诵读《开端章》是大部分学者的主张。上述圣训已经证明，穆圣

---
（1）《艾哈麦德按序圣训集》4：211。
（2）即求安拉庇佑的祷词。——译者注
（3）《布哈里圣训实录诠释——造物主的启迪》8：671。
（4）《穆斯林圣训实录》1：554。
（5）《穆斯林圣训实录》1：296。
（6）《布哈里圣训实录诠释——造物主的启迪》8：257。
（7）指《布哈里圣训实录》和《穆斯林圣训实录》。
（8）《布哈里圣训实录诠释——造物主的启迪》8：251；《穆斯林圣训实录》1：439。

说:"礼拜中未念'古兰之母'者,其拜功是残缺的。"[1]该圣训还注释"残缺"一词指不成立。两圣训实录辑录了传自欧拜德的圣训:穆圣说:"没有诵读经典之《开端章》者,其拜功不成立。"[2]伊本·胡宰默和伊本·罕巴尼传自艾布·胡莱赖的确凿圣训辑录:"没有诵读'古兰之母'者的拜功不成立。"[3]类似的圣训不胜枚举。所以无论单独礼拜,还是带领别人礼拜,或者跟随伊玛目礼拜,在一切拜功的每一拜中都必须诵读《开端章》。

## 求护词的注释及其断法

清高伟大的安拉(对穆圣)说:⟨你当坚持宽恕,命人行善,离开无知的人。如果一个来自恶魔的蛊惑侵扰你,你当求安拉护佑,他确实是全听的主,全知的主。⟩(7:199-200)另一处经文说:⟨你当以最好的抵制邪恶。我至知他们所叙述的。你说:"我的主啊!我求你保护我免遭众魔鬼的诱惑。我的主啊!我求你庇佑,莫让它们接近我。"⟩(23:96-98)又说:⟨善恶不相等,你要以较好的去对付恶,那么与你有仇的人就会变得犹如密友。只有坚韧者才接受它,只有享有极大福分者,才能接受它。如果来自魔鬼方面的干扰侵扰你,你就求安拉护佑,他确实是全听的、全观的。⟩(41:34-36)这是对应的三段经文。安拉在这些经文中命令人们,要善待人类中的敌人,或许他温和的天性使他成为他们的盟友或支持者;安拉同样在经文中命令我们,一定要祈求安拉庇佑我们远离恶魔中的敌人,因为它们不会与人为善,不可能真诚待人,它们的目的就是人类的毁灭,因为它们对人类的祖先阿丹一直具有邪恶的敌意和强烈的憎恨。如安拉所述:⟨阿丹的子孙啊!不要让恶魔蛊惑你们,像它使你们的始祖父母离开乐园一样。⟩(7:27)⟨魔鬼确实是你们的敌人,你们要把它当作敌人。它号召它的党羽,只为了他们成为火狱的居民。⟩(35:6)⟨当时,我对天使们说:"你们向阿丹叩头。"除了伊卜厉斯之外他们全叩头了。它一直是精灵,它违背了它的主的命令。难道你们要舍弃我而以它和它的子孙作保护者吗?而它们却是你们的仇敌,不义者的交换真邪恶!⟩(18:50)恶魔既然能假惺惺地发誓要真诚对待人祖阿丹,不会因为谎言被戳破而感到惭愧,又怎么可能真诚对待我们呢?《古兰》载录了它当时的誓言:⟨那么凭你的大能发誓,我将诱惑他们全体,除了他们当中你的真诚仆人。⟩(38:82-83)安拉说:⟨当你诵读《古兰》时,应祈求安拉从被驱逐的恶魔上庇佑(你)。它对那些归信并托靠他们主的人是无权的。它只对那些以它为友的人和以物配主的人有权。⟩(16:98-100)

## 诵读之前念求护词

⟨当你诵读《古兰》时,应祈求安拉从被驱逐的恶魔上庇佑(你)。⟩(16:98)意思是:当你准备诵读《古兰》的时候,应当要求安拉从被驱逐的恶魔上庇佑你。为此,安拉还说:⟨当你们站起礼拜时,你们当洗你们的脸,洗两手至肘,当抹头,并洗脚至两踝。⟩(5:6)意为你们打算起身礼拜时,洗你们的脸和手。传自穆圣的许多圣训也可以证明这种表达方法。伊玛目艾哈麦德说,安拉的使者夜晚起来礼拜,他念了大赞词(安拉至大)后念:"我的主啊!赞你清净,赞美你;你的尊名真多福,你的尊严好伟大;应受拜者,惟有你",先知接连念三次"应受拜者,惟有你。"然后念:"我从被驱逐的恶魔的伤害、吹嘘、邪术方面,向全听的全知的安拉求庇佑。"四大圣训学家传述了这节圣训。提尔密济说:"这是该篇中最有名的圣训。"[4]

他解释说,圣训中的"伤害"指死亡和窒息而死;"吹嘘"指傲慢自大;"邪术"指诗词。艾布·达乌德和伊本·马哲传自朱白尔的圣训说,我看到安拉的使者开始做礼拜时念了三次"安拉好伟大啊!"三次"一切赞美全归安拉!"三次"赞美安拉!"接着念道:"我的主啊!我求你从被驱逐的恶魔的伤害、吹嘘和邪术方面庇佑我。"阿慕尔对"伤害、吹嘘和邪术"的解释与前者相同。[5]伊本·马哲也说,穆圣说:"我的主啊!求你从被驱逐的恶魔的伤害、吹嘘和邪术方面庇佑我。"他对上述三个单词也做了相同的解释。[6]

## 生气时念求护词

哈菲兹·艾布·叶尔俩在其圣训集中辑录了传自吾班叶的一段圣训:两个人在穆圣跟前吵架,一个人由于过度气愤鼻子都肿了,安拉的使者说:"我知道有个辞句,他若念诵它,气愤的感觉

---

[1]《艾哈麦德按序圣训集》2:250。
[2]《布哈里圣训实录诠释——造物主的启迪》2:276;《穆斯林圣训实录》1:295。
[3]《伊本·胡宰默圣训实录》1:247;《伊本·罕巴尼圣训实录》3:139。
[4]《艾哈麦德按序圣训集》3:69;《艾布·达乌德圣训集》1:490;《提尔密济圣训全集诠释》2:47;《奈萨伊圣训集》2:132;《伊本·马哲》1:264。
[5]《艾布·达乌德圣训集》1:486;《伊本·马哲》1:265。
[6]《伊本·马哲》1:266。

就会消失。（该辞是）我从被驱逐的恶魔上求主庇佑。"奈萨伊在《昼与夜》中也辑录了该圣训。[1]

苏莱曼说，我们在先知跟前坐着，旁边两个人吵起架来，一个人骂另一个人，另一个人由于过度气愤胀红了脸。先知说："我知道一辞句，倘若他念了这个辞句，便不再生气。但愿他念：'我求安拉从被驱逐的恶魔上庇佑我。'"众人对此人说："难道你没有听到先知的话吗？"他说："我不是疯子"。穆斯林、艾布·达乌德和奈萨伊也传述了上述圣训。[2]

有关求护词的圣训不胜枚举，各大赞主集及论善功之尊贵的典籍对此有专题辑录。安拉至知。

## 念求护词是当然还是可嘉

问题：大部分学者认为（在礼拜中或诵读《古兰》时）念求护词属于可嘉，而非必须，因此不念并非犯罪。但据拉齐传述，阿塔认为无论拜内还是拜外，诵读《古兰》时必须首先念求护词。拉齐提出几方面的证据支持阿塔的主张，一、《古兰》明文：⟪应祈求安拉从被驱逐的恶魔上庇佑（你）。⟫（16：98）这节经文的表面文字指出必须要诵读求护词；二、穆圣ﷺ经常念求护词；三、因为求庇词可提防恶魔的丑行，并且完善当然事务当中所不可缺的事也是当然（瓦吉卜）；四、这样做更加谨慎。求庇者念"我求安拉从被驱逐的恶魔上庇佑我"，则万事大吉。

## 求护词的功效

其功效如下：从无稽之谈、恶言上纯洁口舌，因为口舌要念安拉的真言；向安拉求助；在这明显或隐伏的敌人面前，承认安拉的大能、仆人的弱小无能。因为只有创造它的安拉能够抵御它们、消灭它们，它们与人类彼此之间的敌人不同，它们不会有真诚，也不因善待而迁就。有三段经文证明这一事实。伟大的安拉说：⟪我的众仆，你对他们无权。你的主足为监护者。⟫（17：65）天使们（在战争中）曾降临大地，与人类中的敌人作战。被人类中的明敌杀害的人是烈士；被隐伏的敌人（恶魔）杀害的人是被驱逐者。被明敌（人类）所战胜的人，可以获得回赐；被隐伏的敌人（恶魔）所征服的人，是受蛊惑者、负罪者。因为恶魔可以从人类看不到的地方看到人类，所以人类应该向人类和恶魔都看不见的安拉求助。

（解析）"求助"指奔向伟大的安拉，从一切恶毒者的侵害上向安拉求助，"庇佑"指提防邪恶，避难则是为了追求幸福。

## 求护词的意义

⟪应祈求安拉从被驱逐的恶魔上庇佑（你）。⟫（16：98）的意义是：求安拉保护我，不要让被驱逐的恶魔在宗教或今世方面伤害我，不要阻碍我执行安拉的命令，怂恿我做安拉禁止的事情。因为只有安拉能够阻止恶魔蛊惑人类，所以安拉命令人们善待人类中的"恶魔"[3]，以便这些人温和的天性引导他们停止作恶。安拉又命令人类向他求助，以免遭受精灵中的恶魔的伤害，因为这种恶魔不接受实惠，恩德感化不了它，它的本性是邪恶的，只有创造它的安拉能够阻止它伤害你。在《古兰》中，只有三处经文有此意义。安拉在《高处章》说：⟪你当坚持宽恕，命人行善，离开无知的人。⟫（7：199）经文指明与人类中的仇敌相处的方法，然后说：⟪如果一个来自恶魔的蛊惑侵扰你，你当求安拉护佑，他确实是全听的主，全知的主。⟫（7：200）在《信士章》中说：⟪你当以最好的（方法）抵制邪恶。我至知他们所叙述的。你说："我的主啊！我求你保护我免遭众魔鬼的诱惑。我的主啊！我求你庇佑，莫让它们接近我。"⟫（23：96-98）在《哈米目章》中说：⟪善恶不相等，你要以较好的（方法）去对付恶，那么与你有仇的人就会变得犹如密友。只有坚韧者才接受它，只有享有极大福分者，才能接受它。如果来自魔鬼方面的干扰侵扰你，你就求安拉护佑，他确实是全听的、全观的。⟫（41：34-36）

## "恶魔"一词的意思

"الشيطان"（恶魔）是从"شطن"（远离）一词派生的阿拉伯语单词，因此恶魔的本性与人类的本性遥不相及；邪恶的它们与一切美好事物毫不相干。有人主张该词派生于"شاط"（火焰），因为恶魔是用火造成的，也有人根据词义主张两者都正确，但前者的解释似乎更加合理。语言学家西拜韦说，有人做了邪恶之事时，阿拉伯人说"تشيطن"（即他远离了），倘若该词派生于"شاط"（火焰），那就会说成"تشيّط"（抬仙耶特，即他点燃了火焰），所以该词的正确解释应该是远离。阿拉伯人将一切叛逆的精灵、人类、动物称为"舍塔尼"。清高伟大的安拉说：⟪因此我为每一位先知设了一些敌人，他们是人类与精灵中的魔鬼，他们以花言

---

[1]《奈萨伊大圣训集》10233。
[2]《布哈里圣训实录诠释——造物主的启迪》6：388；《穆斯林圣训实录》4：2015；《艾布·达乌德圣训集》5：140；《奈萨伊大圣训集》6：104。

[3] 这里的"恶魔"实指敌人。——译者注

巧语互相讽喻，进行欺骗。假如你的主意欲，他们就没法这样做。所以你不要管他们和他们所捏造的。》（6：112）

伊玛目艾哈麦德在其《按序圣训集》中辑录了传自艾布·则尔的一段圣训：安拉的使者说："艾布·则尔啊！你当求安拉庇佑你，免遭人类和精灵中恶魔的蛊惑。"我（艾布·则尔）问："难道人类中也有恶魔吗？"他回答说："是的。"[1]《穆斯林圣训实录》辑载，艾布·则尔说，安拉的使者曾说："女人、驴和黑狗能致使礼拜中止。"我问："安拉的使者啊！黑狗与红狗、黄狗有何不同？"先知说："黑狗是恶魔。"[2] 伊本·哲利尔传述，欧麦尔（愿主喜悦之）骑着一匹昂首而行的驮马，他不停地抽打着它，但马仍然傲慢地走着。欧麦尔从马上下来后说："你们让我骑在了恶魔上。我心里觉得奇怪就从马上下来了。"以上圣训有正确的传述系统。[3]

### "被驱逐"一词的意义

"الرجيم"有被动式名词的意义，即从一切美好事物中被驱逐出去的。正如安拉所言：《我确以灯盏装饰了最近的一层天，并使它们成为（驱逐）魔鬼的带火的箭，我还为它们准备了火狱的刑罚。》（67：5）《我确以群星装饰最近的天，从所有叛逆的魔鬼上加以防范。它们不能够窃听最高层（的谈话），它们从方方面面被射击，被驱逐。它们要受永久的刑罚。但窃听一次的，就会被闪亮的火焰所追逐。》（37：6-10）《我确在天上设置了许多宫座，我为了观看者而美化了它们。我也保护它不受任何被逐的恶魔的侵犯。除非因偷听而被明显的流星所追逐者。》（15：16-18）有人主张"勒吉米"一词有"راجم"（拉吉米）即驱使者之意，因为恶魔往往在人类心中注入怀疑和邪恶的想法。但第一种解释更加确切通用。

《1.奉普慈特慈的安拉之尊名。》

### 太斯米是《开端章》中第一节经文

圣门弟子们以"**奉普慈特慈的安拉之尊名**"为《古兰》的开端。学者们虽然公认太斯米是《蚂蚁章》中的经文，但他们关于太斯米有如下分歧：它是《古兰》各章之首的一段独立经文，还是书写了太斯米的各章的开端，抑或每一章中的一部分？

主张太斯米为《古兰》中除了《忏悔章》以外各章中一节经文的人有：圣门弟子白拉伊、伊本·欧麦尔、伊本·祖拜尔、艾布·胡莱赖和阿里，再传弟子阿塔、塔吾斯、赛尔德、麦克胡力、祖海里、阿卜杜拉·本·穆巴拉克、沙斐仪、艾哈麦德等。马立克、艾布·哈尼法及他们的弟子们主张太斯米不属于《开端章》，也不属于其他章。达乌德说，它是每章开端的一段独立经文。一说，伊玛目艾哈麦德也有这种看法。

### 在高念拜中高声或低声念太斯米

认为太斯米不属于《开端章》或者认为它不是《开端章》之首的人们不主张高念。

主张太斯米为各章之首的人们对此有分歧：伊玛目沙斐仪主张在念《开端章》和其他章时高念"太斯米"，这也是一部分圣门弟子、再传弟子和古今伊玛目们的主张。圣门弟子中艾布·胡莱赖、伊本·欧麦尔、伊本·阿拔斯和穆阿维叶持此观点。伊本·阿卜杜·宾磊和白海根传述说，欧麦尔和阿里赞同此观点。赫体卜说，四大正统哈里发也持此观点。但上述主张并没有以公认的传述系统传述。再传弟子中持此观点的有：赛尔德、艾克莱麦、伊本·格俩白等。

上述观点的根据是"太斯米是《开端章》的一部分"，所以他们和《开端章》一并高念它。另一传述中说，艾布·胡莱赖在礼拜中高念太斯米，他在礼拜结束后说："在你们中间，我的礼拜最像安拉使者的礼拜。"[4]《布哈里圣训实录》记载，有人向艾奈斯请教穆圣的诵读，他说，他（使者）的诵读是按照长音韵律。接着艾奈斯按照长音韵律念道"**奉普慈特慈的安拉之尊名**"。[5] 圣妻乌姆·赛莱迈说："安拉的使者曾以韵律诵读'**奉普慈特慈的安拉之尊名，一切赞美全归养育众世界的安拉，普慈的主，特慈的主，执掌报应日的主**'。"达尔固特尼说，上述传述系统是可靠的。[6] 据传述，穆阿维叶在麦地那礼拜时没有高念太斯米，因而遭到在场迁士们的反对，他第二次礼拜时高念了太斯米。[7]

上述圣训足以证明高念的观点。至于圣训学方

---

[1]《艾哈麦德按序圣训集》5：178。
[2]《穆斯林圣训实录》1：365。
[3]《泰伯里经注》1：111。
[4]《圣训大集》2：134；《伊本·胡宰默圣训实录》1：251；《伊本·罕巴尼圣训实录》3：143；《哈肯圣训遗补》1：232；《达尔固特尼圣训集》1：305；《白海根圣训集》2：46。
[5]《布哈里圣训实录诠释——造物主的启迪》8：709。
[6]《艾哈麦德按序圣训集》6：302；《艾布·达乌德圣训集》4：294；《伊本·胡宰默圣训实录》1：248；《达尔固特尼圣训集》1：307。
[7]《沙斐仪圣训集》1：80；《哈肯圣训遗补》1：233。

面对此提出的某些异议则另有专著论述。

另一部分人主张礼拜中低念。这一观点得到了四大正统哈里发、阿卜杜拉·本·穆呃菲力及古今一部分学者的肯定。伊玛目艾布·哈尼法、绍利以及艾哈麦德持此观点。

伊玛目马立克则主张不念太斯米，既不高念，也不低念。该派的根据是：一、《穆斯林圣训实录》记载的一段圣训：圣妻阿伊莎（愿主喜悦之）说，安拉的使者🌙开始礼拜时念大赞词，然后念：**"一切赞美全归养育众世界的安拉……"**(1) 二、两圣训实录辑录的圣训：艾奈斯说，我跟随安拉的使者🌙、艾布·伯克尔、欧麦尔、奥斯曼礼拜，他们以**"一切赞美全归养育众世界的安拉"**开始礼拜。《穆斯林圣训实录》记载，他们无论在礼拜的开始还是结尾，都不念**"奉普慈特慈的安拉之尊名"**。(2)(3) 阿卜杜拉也有类似传述。(4)

以上辑录的是各位伊玛目关于太斯米作出裁决时引用的相关资料，各家主张大同小异，因为他们一致认为无论高念还是低念，都是正确的。赞美和恩典统归安拉。

## 太斯米的尊贵

有一位曾和穆圣🌙同骑一匹马的圣门弟子说，安拉的使者🌙摔了一跤，我便说，恶魔真可恶！穆圣🌙听后说："你不要说'恶魔真可恶！'因为你这样说时，恶魔便会自以为是地说：'我以我的力量摔倒了他。'你说'奉安拉之尊名'时，恶魔便会无地自容，最终变成和一只苍蝇一样小。"(5) 奈萨伊在《昼与夜》以及伊本·麦尔督黑在其经注中引用伍洒麦所传的圣训说："我曾骑在穆圣🌙坐骑后面……"接着他提及上述话题，先知说："你不要这么说。因为它（恶魔）会变大，变得像房子一样大；你应当说'奉安拉之尊名'，这样它会变得像苍蝇一样小。"(6) 这是因"奉安拉之尊名"的福分产生的作用。

## 提倡在所有善功开始时念太斯米

提倡在一切言行之前念太斯米，比如开始演讲、如厕和洗小净。(7) 有段优美的圣训说："没有念太斯米，其小净不完美。"(8) 在吃饭时也应该念太斯米，安拉使者🌙在他的养子欧麦尔还是孩子的时候曾对他说："你吃饭时，须首先念安拉的尊名，吃饭用右手，吃靠近你的食物。"(9) 还有学者将吃饭前念太斯米定为瓦吉布。同样，提倡在行房事之前念太斯米。两圣训实录辑录，安拉的使者🌙说："你们中一个人打算和他的妻子同房时须念：'奉安拉之尊名。我的主啊！求你使我们远离恶魔，并使恶魔远离你赐予我们的（孩子）。'在此情况下如果他们有了孩子，恶魔绝不能够伤害他。"(10)

## "奉安拉之尊名"应该联系哪些意义

显而易见，语法学家们对"奉安拉之尊名"中的介词（الباء）所联系的是什么词、应该联系哪些单词，有两种解释：有人主张联系动词，也有人主张联系名词。其实它在《古兰》中既联系过名词，也联系过动词。联系名词，其意为：我的开始凭着主的尊名。《古兰》中的例子如：❁他说："上船吧！它的航行和停泊都是凭着安拉的尊名，我的主确实是至赦的、特慈的。"❁（11：41）联系动词，其意则是："你奉安拉尊名开始吧"或"我奉安拉的尊名开始"等，无论它是命令句，还是陈述句。《古兰》说：❁你当奉你的造化主的尊名宣读：❁（96：1）所以联系动词和名词都是正确的。因为动词都有词根，所以可以假定它联系动词或其词根，当然这取决于你打算要做的事情。譬如奉安拉尊名坐、站、吃、饮、诵读、洗浴、礼拜等。在开始一切工作前诵读太斯米，既可获得吉祥和幸运，也表示求安拉完美你的工作，并悦纳它。安拉至知。

## "安拉"一词的意义

"安拉"是清高多福的养主的专有名称。有人说它是至尊之名，因为它是安拉的一切完美属性的被形容词，正如《古兰》所说：❁他是安拉，除他外没有应受拜的，他知道一切可见物与幽玄，他是普慈的、特慈的。他是安拉，除他外没有应受拜的。他是君主，神圣的、全美的，赐安宁的，监护万物的，优胜的、尊大的、至上的。赞美安拉清

---

(1)《伊本·艾布·哈亭经注》1：12。
(2)《布哈里圣训实录诠释——造物主的启迪》2：265；《穆斯林圣训实录》1：299。
(3) 哈菲兹在《布鲁俄·麦拉米》中说，据艾哈麦德、奈萨伊和伊本·胡宰默传述："他们（圣门弟子们）不高念太斯米。"另据伊本·胡宰默传述："他们当初低念太斯米。"按照这种观点，穆斯林所载录的圣训可能被否定。
(4)《提尔密济圣训集》244。
(5)《艾哈麦德按序圣训集》5：59。
(6)《圣训大集》2：142。

(7)《受拜者的襄助》1：6。
(8)《艾哈麦德按序圣训集》3：41；《艾布·达乌德圣训集》1：75；《提尔密济圣训全集》1：115；《圣训大集》1：61；《伊本·马哲圣训集》1：140。
(9)《穆斯林圣训实录》3：1600。
(10)《布哈里圣训实录诠释——造物主的启迪》9：136；《穆斯林圣训实录》2：1058。

净，他超绝于他们为他所举伴的；他是安拉，创造者，造化者，是赋予形象的主。一切最美的名字都属于他。在诸天与大地中的一切都赞美他清净无染，他是优胜的、智慧的。》（59：22-24）经文以安拉的其他属性来形容安拉。另一节经文中说：《安拉有一些最美好的名称，你们当以它向他祈祷。你们要抛弃那些歪斜地对待安拉美名的人，他们将因为所作所为而受到还报。》（7：180）又说：《你们称呼安拉，或是称呼拉赫曼（至仁主，都是一样的）。你们无论喊他什么名字，一切最美的名字全是属于他的。》（17：110）两圣训实录辑录，艾布·胡莱赖传述，安拉的使者☪说："安拉有九十九个尊名，记住它们者[1]，必进乐园。"[2]

### 普慈的、特慈的

"普慈特慈的"是安拉的两个尊名，是派生于慈爱一词的张大名词。"普慈"比"特慈"的意义更加深刻。从伊本·哲利尔的话表明大多数人同意这一说法。《格尔特宾教律》说，提尔密济考证的圣训可以说明"普慈"是个派生词。他说，安拉的使者☪说："伟大的安拉说：我是至仁主，我创造了骨肉亲，并为它分出了我的名称中的一部分。谁接恤骨肉亲，我便接恤谁；谁断绝骨肉亲，我必断绝谁。"[3]伊本·哲利尔说："这节圣训充分说明，'普慈'是个派生词。古阿拉伯人因为不知安拉及其属性，所以对'普慈'一词比较陌生。"

《格尔特宾教律》说，有人认为"普慈"（الرحمن）和"特慈"（الرحيم）是两个同义词，犹如"乃德麻尼"（ندمان）和"乃迪目"（نديم，意为酒友）是同义词；一说它们是不同词型的两个单词，表达的意义程度不同。前者表示行为的程度，如满腔怒火的人被称为"俄多巴尼"（الغضبان），而后者往往具有主动或被动名词的意义。艾布·阿力说，"普慈"专指安拉对万物的仁慈，"特慈"则表示对信士们的仁慈。《古兰》说：《他对归信者是特慈的。》（33：43）伊本·阿拔斯说："这两个词表示仁爱，但前者的语义比后者细腻。"[4]

阿兹拉米说："普慈针对一切被造物，特慈只针对信士。"[5]经文通过《然后升上阿莱什的，是至仁主》（25：59）和《至仁主升上了阿莱什》（20：5）[6]这种描述，说明"普慈"的意义之广泛，而《他对归信者是特慈的。》（33：43）则以特慈对待这一特殊群体。学者们说：上述经文说明"普慈"的语义比"特慈"深刻，前者包罗宇宙万物，今后两世；后者仅包括信士们。但圣训中却有如下表述："在今后两世普慈的主，特慈的主。"

"普慈"是安拉的专有名称，不能用于其他，正如经文所言：《你们称呼安拉，或是称呼拉赫曼（至仁主，都是一样的）。你们无论喊他什么名字，一切最美的名字全是属于他的。》（17：110）又说：《你问问我在你以前所派遣的使者们，我可曾在至仁主之外设立了供人崇拜的神吗？》（43：45）伪先知穆赛利迈因为反叛伊斯兰，自称"叶麻麦[7]的普慈者"而遭到安拉的谴怒，成了遗臭万年的说谎者。

因此，经文首先提到安拉的这个专有名称，正如安拉所言：《你们称呼安拉，或是称呼拉赫曼（至仁主，都是一样的）。你们无论喊他什么名字，一切最美的名字全是属于他的。》（17：110）只有穆赛利迈及其追随者称穆赛利迈为"普慈者"。但安拉有时用"特慈的"来形容其他人，譬如：《的确有一位来自你们自己的使者降临了你们。他不忍心你们遭遇困难，他对你们充满了关爱，他是热爱并怜悯（特慈）信士们的。》（9：128）正如安拉以他的其他名称形容人类，如：《我确由混合的精液造化了人。我将试验他，所以我使他成为能听能观的。》（76：2）概言之，安拉的有些尊名，能形容除安拉外的其他事物，但有些尊名只能用来形容安拉，如："普慈的、创造的、普施的"等。所以经文首先提到"安拉"，然后以"普慈的"来形容他，因为它比"特慈的"更温和，更全面。因为提名时，首先要用最显赫的名称，所以经文首先提到最专有名称，然后依次叙述。

乌姆·赛莱迈传述，安拉的使者☪曾字字分明地诵读："**奉普慈特慈的安拉之尊名，一切赞美全归养育众世界的安拉，普慈的，特慈的，执掌报应日的主。**"部分学者也如此诵读。也有人将太斯米和"**一切赞美全归养育众世界的安拉**"连起来。

《2. 一切赞美全归养育众世界的安拉，》

### "赞美"的意义

艾布·贾法尔说："'一切赞美全归安拉'系

---

（1）指背记它们，并遵循这些尊名对人类的指导。——译者注
（2）《布哈里圣训实录诠释——造物主的启迪》11：218；《穆斯林圣训实录》4：2062。
（3）《提尔密济圣训全集诠释》6：33。
（4）《格尔特宾教律》1：105。
（5）《泰伯里经注》1：127。
（6）此段是义理深奥的经文，只有安拉知道它的意义。"伊斯提瓦"的原意是上升；"阿莱什"的原意是宝座，系安拉的最大被造物之一。伊斯兰禁止人们研究此类经文。——译者注
（7）地名。

专门对安拉的感谢，因为安拉赐予人类无法统计的恩典，并赋予人类健康的体魄，使之完成善功。他不但毫无条件地赐予人今世的广泛给养，还赐予人享受永恒后世的机遇。因此，一切赞美永远只归养育我们的安拉。"(1)

伊本·哲利尔说："'一切赞美全归安拉'系安拉对自己的赞美，兼有命令人类赞美安拉之意，好像安拉在说：'你们应当念：**一切赞美全归安拉**'。也有人认为：'**一切赞美全归安拉**'指的是以安拉的一切完美尊名和属性赞美安拉。""感谢安拉"则仅指对安拉的恩赐的赞美。(2)

## "赞美"和"感谢"的区别

通过研究发现，这两个词在广义和狭义方面都是有区别的："**赞美**"（الحمد）的语义比"感谢"（الشكر）广泛，前者既可以针对广义词概念，也可以针对狭义词概念，比如你可以说："我赞美他的骑术"，也可以说成"我赞美他的态度慷慨"。所以这个词的词意较确切，因为它所表达的概念只能通过语言让人明白。而"感谢"的使用方法更加灵活广泛，因为它不但可以用语言表达，甚至可以用行动或思想来表达，而且仅限于表达广义概念，比如不能说："我感谢他的骑术"，而只能说："我感谢他的慷慨招待。"以上是部分后辈学者的研究结论。安拉至知。

艾布·纳斯尔说："**赞美**（الحمد），其反义词是贬斥。可以说'我赞美他，他是受赞美的'，它比'台哈米德'（التحميد）一词的语义轻；'**赞美**'一词的涵盖面比'感谢'广泛。"他说："感谢是受善者对行善者的赞扬。因此可以说'我感谢他'。""夸赞"的语义比"**赞美**"广泛，因为这个词可以针对有生物，也可以针对无生物，譬如对食物或空间的夸赞。夸赞既可发生于行善之前，也可以发生于行善之后，可以针对广义概念，也可以针对狭义概念。安拉至知。

## 先贤论"赞美"

欧麦尔对阿里及身边的圣门弟子们说："阿里啊！我们已经清楚了'应受拜者，惟有安拉；赞美安拉；安拉至大'（的具体意义）。请问：'**一切赞美全归安拉**'的意义是什么？"阿里说："它是安拉为自己选择并且喜爱的一个句子。安拉喜欢人们常念它。"(3) 伊本·阿拔斯说："'**一切赞美全归安拉**'是一句感谢辞，当一个人念了它时，安拉说：'我的仆人赞美了我。'"(4)

## "赞美"的尊贵

艾斯沃德说："安拉的使者啊！请教授我一些赞辞，让我来赞美我的养主。"穆圣㊡说："须知，你的养主确实喜欢赞美。"(5) 他说："最尊贵的记主词是'应受拜者，惟有安拉'，最尊贵的祷词是'**一切赞美全归安拉**'。"(6)

安拉的使者㊡说："仆人若在获得安拉所赐的一个恩典后，念了'**一切赞美全归安拉**'，安拉必会赐予他更可贵的赏赐。"(7)

穆圣㊡说："安拉的一位仆人念了'我的养主啊！与你的伟大尊严和权力相应的赞美归于你'之后，两位天使无所适从，不知应该怎么记录它，他俩因此来到安拉跟前请示，说：'我们的养主啊！有位仆人念了一句赞词，我们不知该如何记录。'安拉（至知此情，但出于强调）问：'我的仆人念了什么？'两位天使说，他念了'我的养主啊！与你的伟大尊严和权力相应的赞美归于你'。安拉告诉他俩说：'仆人怎么念，你们就怎么记录，等他见到我时，我再奖励他。'"(8)

## "الحمد"前的冠词意味着包罗万象

"الحمد"一词前的冠词意味着一切赞美和赞颂全归安拉。正如圣训所说："我的主啊！一切赞美归于你，一切权力归于你，一切美好（事物）都归你掌握，一切事情都归于你。"(9)

## 养育的主的意义

"养育的"（الرب）指掌权者、支配者。这个词在语言学中有领袖、行善者之意。这些意义都可适用于安拉。这一单词单独使用时，只能形容安拉；与其他词做正偏组合时，才可形容其他事物，譬如"家之蓝卜"（رب البيت，家长）。也有人说它是安拉的至尊名。

## 众世界的意义

"العالمين"，即"众世界"，是世界（العالم）的

---
（1）《泰伯里经注》1：135。
（2）《泰伯里经注》1：137。
（3）《伊本·艾布·哈亭经注》1：15。
（4）《伊本·艾布·哈亭经注》1：13。
（5）《艾哈麦德按序圣训集》3：435；《圣训大集》6：416。
（6）《提尔密济圣训全集诠释》9：324；《圣训大集》2：208；《伊本·马哲圣训集》2：1249。
（7）《伊本·马哲圣训集》2：1250。
（8）《格尔特宾教律》1：139。
（9）《鼓励和警告》2：205。

复数名词，指除安拉外的宇宙万物。"阿莱目"本身是个复数名词，没有单数。"العالم"（尔瓦里目）指诸天和陆地、海洋中的一切被造物，每个世纪和每一代都称为"阿莱目"。范拉仪和艾布·欧拜德说："'阿莱目'一词一般表达安拉所创造的一切有理智的，即人类、精灵、天使和魔鬼。不能用它表达动物。"栽德说："'阿莱目'表达有灵魂的。"格塔德说："'**众世界**'指各种类型的被造物。"宰瓦杰说："'阿莱目'指安拉在今世和后世创造的一切。"《格尔特宾教律》认为后者的解释是正确的，因为它包括了一切世界。正如经文所言：《法老说："什么是众世界的主？"他（穆萨）说："是诸天与大地以及其间万物的养育者，如果你们是确信者的话。"》（26：23-24）

### 阿莱目的称谓原因

"العالم"世界，派生于"العلامة"，即标志，因为世界是创造者存在及独一的标志。[1]

### 《3. 普慈的主，特慈的主，》

前面已经介绍了这两个单词，此处不再赘述。《格尔特宾教律》说，安拉提到"养育众世界的安拉"之后提到"普慈的主，特慈的主"，以便起到警告和鼓励的双重对应作用。正如安拉所言：《你告诉我的仆人们，我确实是至恕的、特慈的。而我的刑罚也是痛苦的。》（15：49-50）[2]《你的养主是惩罚迅速的，并且，他确实是至恕的、特慈的。》（6：165）经文中"**养育**"包含警告之意。"**普慈的主，特慈的主**"包含鼓励之意。安拉的使者说："假若穆民知道安拉那里的惩罚，便不会对乐园抱有奢望；假若隐昧者知道安拉跟前的慈悯，便不会对他的慈悯感到绝望。"[3]

### 《4. 执掌报应日的主，》

### 将掌权限于报应日之奥义

将掌权限于报应日，并不是说安拉在报应日以外的时间里没有权力，而是因为前面的经文"**养育众世界的安拉**"已经包含了这种意义，这里只提到报应日是着重说明在那日任何人不再对任何事抱有什么奢望，不经安拉的允许，任何人不敢说话。

正如安拉所言：《那天，鲁哈和众天使排列成班，除了至仁主特许说话，并说真理的人之外，全都静默肃立，不敢发言。》（78：38）《那天，他们将跟随召唤者，百依百顺。一切声音都因至仁主而沉寂，你只能听到轻微的声音。》（20：108）《将没有人说话，他们当中有不幸的，也有幸福的。》（11：105）端哈克说："'**执掌报应日的主**'指那天只有安拉掌握裁决权。"

### 报应之日

伊本·阿拔斯说，报应之日指清算众生的日子，即末日。安拉将按今世中人们的行为，以善报善，以恶报恶，安拉也会原谅部分人的罪恶。[4]其他圣门弟子以及再传弟子和一些先贤也如此解释。

### 君王、王中之王乃安拉

安拉是宇宙的主宰，正如经文所言：《他是安拉，除他外没有应受拜的。他是君主、神圣的、全美的。》（59：23）两圣训实录辑录：在安拉看来，最微不足道的名称是王中之王。只有安拉是掌权者。[5]安拉的使者说："安拉将收起大地，用他的'叶米尼'卷起天，然后说：'我是君王，大地的君王何在？强暴者何在？傲慢者何在？'"[6]《古兰》说：《今天权力归谁？归于独一而强大的安拉！》（40：16）将今世中一些人称为君王，是一种借代的方法。比如《古兰》说：《安拉已经派塔鲁特为你们的君王。》（2：247）《是因为在他们后面有一个国王要霸占所有的船。》（18：79）《当时他在你们中设立先知，使你们成为有权的。并赐给你们他不曾赐给世人中任何人的。》（5：20）两圣训实录说："……恰若在位之王。"[7]

### 报应的诠释

"**报应**"（الدين）指还报、清算、惩罚。正如《古兰》所说：《那天，安拉会充分地偿还他们应得的报偿。》（24：25）《我们真的会被审问吗？》（37：53）即安拉是奖励者、清算者。圣训说："智者乃自我清算、为死亡之后（的世界）而工作

---

（1）《格尔特宾教律》1：139。
（2）《格尔特宾教律》1：139。
（3）《穆斯林圣训实录》4：2109。
（4）《伊本·艾布·哈亭经注》1：19。
（5）《布哈里圣训实录诠释——造物主的启迪》1：604；《穆斯林圣训实录》3：1288。
（6）《布哈里圣训实录诠释——造物主的启迪》13：404；《穆斯林圣训实录》4：2148。
（7）《布哈里圣训实录诠释——造物主的启迪》6：89；《穆斯林圣训实录》3：1518。

的人。"(1)圣训中的清算指自我检查。欧麦尔说："你们当在受到清算前，自我检查；当在接受称量（指后世称量工作）之前，做自我评价；做好准备，接受全知一切行为的安拉的最大检阅。"安拉说：❨那天你们将被展现。来自你们的任何隐藏之物，都不能隐藏。❩（69：18）

❨5.我们只崇拜你，只向你求助，❩

## 在语言学和教法学中"崇拜"所表达的含义

在阿拉伯语言学中，"崇拜"（العبادة，伊巴代提）代表平坦和温顺，人们说"平坦的道路"，"温顺的骆驼"。在教法学中，"崇拜"指无限热爱、恭敬、敬畏之合意。

## 宾语前置及人称变换的奥义

经文将"你"一词置于动词前面表达了绝对的服从，其实伊斯兰的大义涵盖在这两个意义之中。正如某些先贤所说："《开端章》涵盖了《古兰》之奥义；'**我们只崇拜你，只向你求助**'则涵盖了《开端章》的奥义。""**我们只崇拜你**"表示仆人没有任何以物配主行为；"**只向你求助**"则表示仆人自己没有能力和办法，而将一切交付给了安拉。其他经文中也有类似意义的，譬如：❨所以你要崇拜他，托靠他，你的主绝不忽视你们的行为。❩（11：123）❨你说："他是至仁主，我们归信他，并托靠他。所以你们将会知道谁在明显的错误当中。"❩（67：29）❨他是东西方的主，除他之外没有应受拜的。所以你要以他作为你的监护者。❩（73：9）❨我们只崇拜你，只向你求助。❩（1：5）与此相同。此处从第三人称转换到第二人称，因为在仆人赞美安拉的时候，就好像出现在安拉跟前，并开始接近安拉，所以，他要说：❨我们只崇拜你，只向你求助。❩（1：5）

## 《开端章》教导人们赞美安拉，礼拜中必须诵读它

综上所述，《开端章》开头所表述的是：安拉以完美的属性赞美自己，从而教导仆人们这样赞美他。因此，在有能力的情况下，不读《开端章》者的礼拜不完美。正如两圣训实录所述："（礼拜中）没有诵读经典之《开端章》者，其拜功不完美。"(2)《穆斯林圣训实录》记载，安拉的使者说："尊严伟大的安拉说，我在我和仆人之间将礼拜分成了两方面，仆人将获得他的请求。当仆人念'**一切赞美全归养育众世界的安拉**'时，安拉说：'我的仆人赞美了我。'当他念了'**普慈的主，特慈的主**'时，安拉说：'我的仆人赞扬了我。'当他念了'**掌管还报日的主**'时，安拉说：'我的仆人夸赞了我。'当他念：'**我们只崇拜你，只向你求助**'时，安拉说：'这是我和仆人之间的（事情），我的仆人将获得他的要求。'当他念'**求你引导我们端庄的道路，你曾施恩者的路、不是遭受恼怒者的路，也不是迷误者的路**'时，安拉说：'这属于我的仆人，仆人会获得他的请求。'"(3)

### 受拜性的独一

端哈克传自伊本·阿拔斯，说："'**我们只崇拜你**'的意思是：我们的养主啊！我们只认你独一，并只敬畏你，抱希望于你。我们的养主啊！除你之外再无应受崇拜的。"

### 养育性的独一

在顺从安拉和处理我们自身的一切事业中，"**只向你求助**"。(4)格塔德说，经文"**我们只崇拜你，只向你求助**"包含着安拉命令人们虔诚拜主，在一切事情中向安拉求助之意。(5)"**我们只崇拜你**"置于"**只向你求助**"之前的寓意是，崇拜安拉是最终目的，求助则是崇拜的媒介。一般应当将重要的事情置于前面，将次要的置于后面。安拉至知。

### 安拉在最尊贵的场合称穆圣❈为仆人

安拉在最尊贵的场合称他的使者为仆人。❨赞颂全归安拉，他已降给他的仆人这部经典。❩（18：1）❨当安拉的仆人站起来祈求他时。❩（72：19）❨赞美安拉。他在夜间把他的仆人由禁寺带到我曾赐福其四邻的远寺。❩（17：1）安拉分别在给穆圣❈降示经典时、穆圣❈起身祈祷安拉以及穆圣❈夜行时，以仆人称呼穆圣。

### 教导穆圣❈在苦闷时崇拜安拉

就在穆圣❈因反对派的否认而异常苦闷的时刻，安拉教导他起身拜主，安拉说：❨我深知你因为他们所说的话而苦恼。你要赞念你的主，并加入

---

(1)《伊本·马哲圣训集》2：1423。
(2)《布哈里圣训实录诠释——造物主的启迪》2：276；《穆斯林圣训实录》1：295。
(3)《穆斯林圣训实录》1：297。
(4)《伊本·艾布·哈亭经注》1：19。
(5)《伊本·艾布·哈亭经注》1：20。

那些叩头者的行列。你当崇拜你的主，直到那无疑的消息降临于你。》（15：97-99）

### 6.求你引导我们端庄的道路，

#### 赞美和叙述安拉的属性之后才提到祈祷的奥义

在赞美了一切请求的满足者——安拉之后，提出请求是非常恰当的。因为安拉说："它的一方面属于我，一方面属于我的仆人，我的仆人将得到他所请求的。"最成功的请求者应该首先赞美请求的满足者，然后再请求对方满足自己和自己兄弟们的需求。向安拉说："求你引导我们端庄的道路"，这是最成功，最可能得到应允的请求方法。这是安拉教导的方法，所以它是最完美的方法。有时通过表述请求者的情况和需要提出请求，如先知穆萨所言：《我的主啊！我确实需要你降给我任何美好的。》（28：24）有时，首先形容请求的满足者，然后提出请求。如优努司先知所言：《应受拜者，惟有你，赞你清净，我确实成了一个不义者。》（21：87）有时仅通过赞美来达到请求的目的。如诗人所言："你腼腆害羞，急公好义，何必由我张口相求；有人试图赞美你，而你已经解决了他的难题。"

#### "引导"的意义

经文中的"引导"指引领、赐给成功的机遇。这个词有时是直接及物动词，如"求你引导我们端庄的道路"包含"求你启示我们、给我们机遇、赏赐我们"之意。《我给他引导了两条道路。》（90：10）即安拉为他指明了正义和邪恶。有时用介词"仪俩"[1]做间接及物动词，如：《安拉选择了他，并引导他到正道。》（16：121）《并将他们引向火狱之路。》（37：23）这里则指引导。《你确实是指导人于正道的》（42：52）有时通过"俩目"[2]这个字母作间接及物动词，如《万赞归于安拉，他为此而引导了我们。》（7：43）即安拉为此而赐予我们机遇，使我们有资格享受它。

#### "端庄的道路"的意义

伊玛目艾布·贾法尔说，经注学家们一致认为，"端庄的道路"指明确的、无歧途的道路。这是语言学家公认的注释。如哲利尔·本·阿彤叶所言："就算逆徒倒行逆施，信士的长官也要坚持端庄之路。"[3]他还说这方面的例证不胜枚举，阿拉伯人习惯以"道路"借代言行，并以正确或错误、端庄或偏斜形容诚实正直的人或邪恶的人。经文中的"道路"指伊斯兰。

安拉的使者说："安拉打了一个比方：一条端庄的道路，路两边是两道墙，墙上有许多打开的门，门上挂着帘子。路口上有一个呼唤者，他在呼唤：人们啊！请全体上路，不要偏离它。同时道路沿途有个呼唤者，当人们欲打开一道门时，他便呼喊：真该死！请别打开它，打开它你就会一去不返。道路就是伊斯兰，墙是安拉的法度，打开的门是安拉禁止的事物，路口上的呼唤者是安拉的经典，道路沿线的呼唤者是安拉设在每个穆斯林心灵中的劝诫者。"[4]

#### 穆民得正道而求正道

若有人问，穆民是得正道者，为何还要无时无刻地请求安拉引导他？这不是多此一举吗？

答案是否定的。如是那样，安拉就不会教导穆民昼夜不停地祈求引导，因为仆人若想认清并坚持正道，就得每时每事祈求安拉引导，如果安拉不意欲，仆人自己无法给自己带来利益或避免伤害，所以经文教导仆人经常祈求安拉襄助，给他机遇，让他坚持正道。因为一个祈求安拉赏赐机遇的人是幸福的，安拉必定会应允他的祈求，尤其那些昼夜无时不在祈求安拉的孤立无援者。安拉说：《有正信的人们啊！你们当归信安拉及其使者，并归信他降给使者的经典以及以前颁降的经典。谁否认安拉、他的众天使、使者、经典和末日，谁确已陷入深远的迷误。》（4：136）经文命令信士们归信，并非多此一举，其中意义在于要求有正信的人们坚持信仰，并做一些有助于信仰的事情。安拉至知。安拉命令信士们，让他们说：《我们的主啊！求你在引导我们之后，不要使我们的心脱离正道。求你赐给我们来自你那里的慈爱，你确实是博施的主。》（3：8）"求你引导我们端庄的道路"的意义是，请让我们坚持正道，不走歧途。

### 7.你曾施恩者的路，不是遭受恼怒者的路，也不是迷误者的路。

上述圣训讲道，当仆人念"求你引导我们端庄的道路"时，安拉说："这属于我的仆人，我的仆人将获得他所请求的。""你曾施恩者的路"是对"端庄的道路"的解释，语法学家们认为后者是前者的同位语，也可以是并列解释语。安拉至知。安拉施予恩典的人，指《妇女章》中提到的那些

---

(1) إلى，意为：到……；向……。——译者注
(2) لـ，意为：为……。——译者注
(3)《泰伯里经注》1：170。
(4)《艾哈麦德按序圣训集》4：182。

信士们：《服从安拉和使者的人，将和安拉所施恩的列圣、虔信者、烈士、清廉之士在一起。这等人是最优秀的伙伴。那恩惠来自安拉，安拉足为全知者。》（4：69-70）

"**不是遭受恼怒者的路，也不是迷误者的路。**"是求安拉引导我们走曾受你赐福者的正确道路吧！前面的经文已经讲述了他们的属性和特征：遵循正道、顺主顺圣、服从命令、远离非法。"**恼怒者**"指那些心怀叵测，明知故犯，远离真理的人。"**迷误者**"指愚昧无知，徘徊歧途，不识真理的人。经文用否定词"ݳ"强调了犹太人和基督教徒坚持的两条叛逆的道路，让人们远离它们。因为归信者的道路应该是认清真理，并遵循真理之路。相比之下，犹太人不实践宗教，而基督教徒愚昧无知。因此，前者因明知故犯而遭受恼怒；后者往往不得正确方法，不实事求是，而陷入迷途。他们都是遭受恼怒的迷误者。但犹太人最显著的特征是遭受"**恼怒**"，正如安拉所言：《安拉曾经诅咒和恼怒之人。》（5：60）基督教徒最显著的特征是陷于迷途，正如安拉所言：《他们曾使许多人迷误，并且自己脱离了康庄的大道。》（5：77）有许多圣训和名言都可证明这一诠释。

阿丁伊说，安拉使者㊥的马队到来后，抓走了我的姑姑和一些人，她们被带到使者面前排队而立，她（我姑姑）说："安拉的使者啊！监护人远离了，孩子失散了，我年事已高，没有人服侍。请善待我，安拉会善待你的。"使者问："谁是你的监护人？"她说："阿丁伊。"使者说："是逃离了安拉和使者的那个人吗？"后来使者释放了她。使者准备回去时，旁边站着一个人（大概是阿里），使者便对她说："你向他要求坐骑吧！"他还满足了她的其他要求。阿丁伊说，后来她见到我时说："他（使者）做到了你慷慨的父亲不曾做到的事情。确实，很多人在他那里接受过无私帮助。"后来我到他（使者）那里时，他跟前有一些妇女和孩子，他们与他是那样的亲密，此后我明白了他既不像波斯国王，也不像罗马皇帝。使者说："阿丁伊啊！你因何逃跑，不念'应受拜者，惟有安拉'？难道除安拉外还有应受拜者吗？你因何逃跑，不念'安拉至大'？难道还有比安拉更伟大的吗？"阿丁伊说，我归信伊斯兰后，从他（使者）的脸上看到了笑容。他说："犹太人是被恼怒的，基督教徒是迷误者。"[1]

据传，栽德·本·阿慕尔曾和一些伙伴去沙姆寻求正教，犹太人对他说，你若加入我们，最终会遭到安拉为你注定的一份恼怒。他说："我要逃离安拉的恼怒。"基督教徒对他说，你加若入我们，必将遭受安拉为你注定的谴怒。他说："我不能招惹安拉的谴怒。"于是他坚持他的（这一纯朴）天性，远离偶像崇拜和多神教，没有加入基督教和犹太教。但他的伙伴们加入了基督教，他们是发现当时的基督教比犹太教更加接近真理。卧尔格[2]是这些人中的一位，后来安拉委任穆圣㊥为先知时，他得到穆圣㊥的指引，归信了他所见到的一切经文。愿主喜悦他。

## 《开端章》所包含的意义

共计七节经文的这个尊贵章节，包含下列意义：以安拉完美的本然所应具备的最优美名称赞美、赞颂、赞扬安拉；指明后世是人类的归宿，教导仆人祈求安拉，同时承认自己所有的权力和力量都来自安拉；要求虔诚拜主，承认安拉独具受拜性，否定安拉有伙伴、类似者或匹敌，祈求安拉引导端庄的道路（伊斯兰正教），让仆人坚守正道，以便顺利通过后世的那座实实在在的随拉特桥，直抵乐园，与列圣、诚实的人、殉教者和清廉之士毗邻而居；还鼓励穆民行善，以便在后世与行善者同在，远离悖谬者的行径，以免后世与这些人一起被复生。因为他们是"**受恼怒者**"和"**迷误者**"。

## 经文将赐福归于安拉，委婉地表达了致人迷误者，驳斥了格得里耶派[3]

"**你曾施恩者的路**"，这节经文优美地将"**施恩**"归于安拉，而在"**也不是迷误者的路**"中，略去主语，显然安拉是迷误的最终裁决者。正如安拉所言：《难道你没有看见那些人，他们交结安拉所怒恼的人？他们既不属于你们，也不属于他们，他们明知故犯地以谎言发誓。》（58：14）虽然安拉注定迷误者最终走向迷误，但经文将迷误归结于迷误者自己。正如安拉所述：《安拉所引导的人是得正道的，而被安拉置于迷误的人，你绝不能为他找到引导的朋友。》（18：17）《安拉使之迷误者，是没有引导者的。他任由他们在顽抗中盲目彷徨。》（7：186）等等。这些经文都证明使人得道或迷误是安拉的特权，而不是像格得里耶派所说的那样，认为仆人有权选择迷途或正道。他们还放弃明确的经文而持一些义理深奥的经文为自己的异端作辩护。圣训说："你们会见到遵循义理深奥的经文之人。安拉已指明这种人是谁。你们当防备他

---

[1]《艾哈麦德按序圣训集》4：378；《提尔密济圣训全集诠释》8：289。

[2]即圣妻赫蒂彻的堂兄，此人是一个遵循古教者。——译者注

[3]不相信定然的一个哲学派别。——译者注

们。"(1)（安拉指出的这些人）《那些心存邪念的人，追求其中义理深奥的，企图寻找它的解释。》（3：7）感赞安拉，坚持异端言行者在《古兰》中找不到任何可靠证据，因为《古兰》的宗旨是辨别真伪、明确正邪。《古兰》中不存在矛盾和冲突，因为它是来自明哲的、可颂的主的启示。

## 读完《开端章》后读求准词"阿米乃"

（解析）教义提倡读完《开端章》后读"آمين"（阿米乃），有人认为应该读"آمين"（阿米乃），意义是"主啊！请你应允吧！"提倡念求准词的证据是瓦伊力所传的圣训：我听到穆圣📿读了"**不是遭受恼怒者的路，也不是迷误者的路**"，紧接着扯长声音念了"阿米乃"。(2) 艾布·达乌德的传述是："他高声念了它"。(3) 艾布·胡莱赖传述，安拉的使者📿每当念"**不是遭受恼怒者的路，也不是迷误者的路**"后，就念"阿米乃"，站在最前排的人中靠近他的人能听到（念"阿米乃"的）声音。(4) 另一传述中说，（声音很大）清真寺几乎为之震动。(5) 比拉勒说："安拉的使者啊！你念阿米乃时，不要将我撇在后面。"(6)

艾布·纳斯尔说，哈桑和贾法尔以重音诵读阿米乃中的"م"（米目），像《古兰》5：2中此句"آمين البيت الحرام"（朝觐天房）。他说："我们的同伴和其他人都认为，在礼拜外念阿米乃是可嘉的，在礼拜内是（教法）强调的，无论对于单独礼拜者，还是集体礼拜者。"两圣训实录辑录，安拉的使者📿说："伊玛目念阿米乃时，你们也跟着念。因为当他的阿米乃和众天使的阿米乃相对应时，安拉会恕饶他的一切罪恶。"(7) 《穆斯林圣训实录》载录："你们中一个人在礼拜中念了阿米乃，（这时）天上的天使们也念了'阿米乃'，如果二者相对应时，此人的一切罪恶都会得到赦宥。"(8) 这是指他和天使一起念的情况下，有人说他们遇到应允祈求的时间的情况下，也有人说，指他们同样虔诚的情况下。《穆斯林圣训实录》载录："如果他（伊玛目）念了'**不是迷误者的路**'时，你们念阿

---
（1）《布哈里圣训实录诠释——造物主的启迪》8：57。
（2）《艾哈麦德按序圣训集》4：315；《艾布·达乌德圣训集》1：574；《提尔密济圣训全集诠释》2：65。
（3）《提尔密济圣训全集诠释》2：67。
（4）《艾布·达乌德圣训集》1：575。
（5）《艾布·达乌德圣训集》1：575；《伊本·马哲圣训集》1：279；《达尔固特尼圣训集》1：335。
（6）《艾布·达乌德圣训集》1：576。
（7）《布哈里圣训实录诠释——造物主的启迪》11：203；《穆斯林圣训实录》1：307。
（8）《穆斯林圣训实录》1：307。

米乃，这样安拉便会应允你们。"(9) 提尔密济说："圣训的意义是，安拉不会使我们失望。"大部分学者则说，其意义是："主啊！请应允我们吧！"

## 《黄牛章》注释 麦地那章

### 有关《黄牛章》的尊贵

安拉的使者📿说："你们不要把你们的家当成坟墓，魔鬼不进诵读《黄牛章》的家。"(10)

穆圣📿说："恶魔要逃离能听到《黄牛章》的房屋。"(11)

伊本·麦斯欧迪说："恶魔将从每个诵读《黄牛章》的房屋中放着屁逃跑。"阿卜杜拉·本·麦斯欧迪说："谁在夜晚读了《黄牛章》中的十节经文，那晚恶魔就不进他的房子。（这十节经文是）本章开头的四段，库勒西（2：255）经文及它后面的两节经文，章末的三节经文。"另一传述记载："恶魔在那天无法接近他和他的家人，他也不会遇到不喜欢的事物。对年老、衰弱、神志不清的人诵读这些经文，他就会清醒。"(12) 穆圣📿说："每件事物都有个峰（骆驼峰一样的标志），《古兰》的峰是《黄牛章》，谁某夜在家中诵读它，恶魔三夜不进他的家，谁某天在家诵读它，恶魔三日不进他的家。"(13)

艾布·胡莱赖说，安拉的使者📿派出了几个人组成的一支小分队，临行前要求每个人诵读他能（背）颂的经文，轮到他们中最年轻的一个人时，使者问道："年轻人啊！你能诵读哪些经文？"他说能诵读如此如此章节，还会诵读《黄牛章》。先知再问道："你会诵读《黄牛章》吗？"他说："是的。"先知说："去吧，你是他们的队长。"后来他们中一位尊贵的人说："以安拉发誓，我不

---
（9）《穆斯林圣训实录》303。
（10）《艾哈麦德按序圣训集》2：284；《穆斯林圣训实录》1：539；《提尔密济圣训全集诠释》8：180；《圣训大集》5：13。
（11）《圣训大集》6：240；《哈肯圣训遗补》2：260。
（12）《达勒密圣训集》2：322。
（13）《圣训大典》6：163；《伊本·罕巴尼圣训实录》2：78。

学习《黄牛章》的惟一原因是担心无法遵循其中的要求。"先知说："你们学习《古兰》并诵读它。对于一位学了《古兰》又诵读和遵循它的人来说，它就像一个装满麝香的皮囊，处处散发馨香；对于学习了《古兰》，而将它置于腹中睡觉的人来说，它就像装满麝香但扎着口的皮囊。"(1)

伊本·胡德里传述，他在夜晚诵读《黄牛章》，忽然，（他拴在附近的）马开始惊跳，他停止诵读时，马便安静了下来，他再读时马又开始惊跳。他随即停止诵读，因为他的小儿子叶哈雅离马很近，他生怕马伤害到孩子。他将孩子移开，回来后抬头望天时，看到一片云像许多明灯一样发光。（第二天）早上他对先知讲述了此事，先知说："伊本·胡德里啊，你当时应该（继续）诵读。"他说："安拉的使者啊！我生怕马踢伤叶哈雅，他离它很近。我照顾他时抬起头看到一朵云像许多明灯一样放射出光芒，我便出去了，直至看不到它。"先知说："你知道那是什么吗？"他说："不知道。"先知说："那是众天使，他们因你的声音而降临，假若你一直念到清晨，人们会清楚地看到他们。"(2)

## 有关《黄牛章》和《仪姆兰的家属章》的尊贵

阿卜杜拉的父亲说，我曾坐在先知跟前，听他说："你们要学习《黄牛章》，因为坚守它会得到福分，抛弃它会遭受悔恨，魔术师无法记住它。"沉默了一会儿先知又说："你们当学习《黄牛章》和《仪姆兰的家属章》，因为它俩是两道吉光，在末日，它俩给（今世中）诵读它俩的人遮荫。它俩就像两块云，或像两顶华盖，或像两群展翅的鸟儿。后世坟墓破开时，《古兰》就像一个诚惶诚恐的人那样迎接它的伙伴，它会问他：你认识我吗？他会说不认识。它说：'我就是你在今世的伙伴，我曾使你在炎热的中午遭受干渴，曾使你在夜晚熬夜。每个商人都会得到他经营的收益，今天你从你的经营（诵读《古兰》）中获益吧！'后来，（天使们）把权力放到他的右手，把永恒放到他的左手，在他的头上戴上尊贵的桂冠，给他的双亲穿上两套锦衣，其价值是世人所付不起的。他俩说：'我们为何被穿上锦衣？'（天使）说：'因为你俩的孩子遵循《古兰》。'接着有声音说：'你读吧！升上乐园的台阶和阁楼吧。'只要他在诵读，便会不停地上升，无论速念还是缓念。"(3)

穆圣说："你们诵读《古兰》吧！因为它在末日是它的主人的说情者；你们诵读两道吉光——《黄牛章》和《仪姆兰的家属章》，因为它俩在后世到来时，犹如两块云，或两顶华盖，或两群展翅的鸟儿，这两章要为它俩的主人辩护。"又说："请诵读《黄牛章》吧！因为遵循它是祥瑞，放弃它是悲哀，魔术师们记不住它。"(4)

"两道吉光"指带来光明的事物；"华盖"指头上的遮蔽物，"魔术师"指害人的巫师，"魔术师们记不住它"指巫师们无法背诵《古兰》，有人认为指的是他们无法伤害诵读者。安拉至知。

南瓦斯说，穆圣说："末日，《古兰》和曾经遵循它的人将被带来，《黄牛章》和《仪姆兰的家属章》将领先出现。"安拉的使者为这两章打了三个比方，我至今没有忘记，他说："它俩犹如两块云，两片黑色的夹着东风的华盖，或两群展翅的鸟儿，为它俩的主人辩护。"(5)

## 《黄牛章》是无可争议的麦地那章

（解析）《黄牛章》是最早在麦地那时期颁降的经文之一。有人说其中《你们当提防被召归安拉的那一天。》(2：281) 属于最后颁降的《古兰》经文，也属于麦地那时期经文。其中，有关利息的经文也属于最后颁降的经文。哈立德·本·麦尔丹曾将《黄牛章》称为"《古兰》的帐篷"。部分学者认为《黄牛章》中包含一千条叙述，一千条命令和一千条禁令。统计学者说，《黄牛章》的经文计287节，单词计6221个，字母计25500个。安拉至知。

伊本·阿拔斯说《黄牛章》降于麦地那，(6) 伊本·祖拜尔也说《黄牛章》降于麦地那。(7) 不止一位伊玛目、学者和经注学家认为《黄牛章》降于麦地那时期。

欧特白说，先知看到弟子们有所懈怠，便说："（读）《黄牛章》的人们啊！"当日，先知命令阿拔斯呼唤人们："树下的人们啊！"另一传述中说："《黄牛章》的伙伴们啊！"以此激励他们的斗志。人们闻声从四面八方冲向前方。在叶麻麦战役中，伪先知穆赛利迈的大军重重逼近，一些圣门弟子开始溃退，迁士和辅士们互相呼唤道："《黄牛章》的伙伴们啊！"最终大获全胜。愿安拉喜悦所有圣门弟子！(8)

---

(1)《提尔密济圣训全集诠释》8：186；《圣训大集》5：227；《伊本·马哲圣训集》1：78。
(2)《布哈里圣训实录诠释——造物主的启迪》8：680。
(3)《艾哈麦德按序圣训集》5：352；《伊本·马哲圣训集》2：1242。
(4)《艾哈麦德按序圣训集》5：249；《穆斯林圣训实录》1：553。
(5)《艾哈麦德按序圣训集》4：183；《穆斯林圣训实录》1：554；《提尔密济圣训全集诠释》8：191。
(6)《散置的明珠》1：47。
(7)《散置的明珠》1：47。
(8)《圣训补充汇集》6：18。

奉普慈特慈的安拉之尊名

《1.艾立甫，俩目，米目。》

### 论出现在《古兰》某些章节开头的单独字母

只有安拉彻知《古兰》各章节开头单独字母的具体意义，这是四大哈里发和伊本·麦斯欧迪所持的主张。有人认为它们是各章的名称；也有人认为它们是经文的开端，安拉以它们开始颁降《古兰》。赫绥夫传述，穆佳黑德认为"尕甫"、"萨德"、"哈一、米目"、"塔温、西奴、米目"、"艾立甫、俩目、拉温"是各章节的开端，其他章节开头的字母是一般字母。一些阿拉伯语专家认为，这些出现在章节开头的字母都是一般字母，诵读了它们后，无需再读28个字母中的其他字母，正如说"我儿子在写'艾立甫、巴温、塔温'"的人，他的意思是我儿子在书写28个字母。[1]

笔者的意见是，除去重复字母外，出现在章节开头的字母共计十四个，分别是：艾立甫，俩目，米目，萨德，拉温，卡甫，哈，呀，爱哝，塔温，西哝，哈温，尕甫和奴哝。可以用一句短语（نص حكيم قاطع له سر，这句话包含了这十四个字母）来综合它。它们是阿拉伯语字母的一半。其中提到的贵于未提到的，语法学上讲，这十四个字母包括各类字母的音调，有低音字、高音字、软音字、硬音字、合口字、开口字、雄壮音、清音以及动音字母。赞美安拉，他在万事万物中都赋予了美妙的哲理。

有学者提出，安拉降示这些字母都是有其意义的。有些人出于无知而说："《古兰》中有一些字母，没有明确意义，只是为了让人诵读，并将其作为一种功修"。这是极大的错误认识。显然，每个字母都是有意义的。但我们只能听从传自穆圣㊗的正确解释，如果穆圣㊗没有解释，那么我们不能随意注释。我们应该说：《我们归信其中的，一切都来自我们的主。》（3：7）学者们对此没有共识的情况下，如果某人得知哪种注释有据可查，可以遵循之，否则应该停止追究，这是正确立场。安拉至知。

### 章节开头的单独字母表示《古兰》的奇迹

《古兰》的许多章节之首出现了单独字母，且不要说其所蕴涵的意义，单说这种文字编排的哲理何在呢？

有人说这些字母表示《古兰》的奇迹，因为人类无法拟作类似于《古兰》的文章与其经文媲

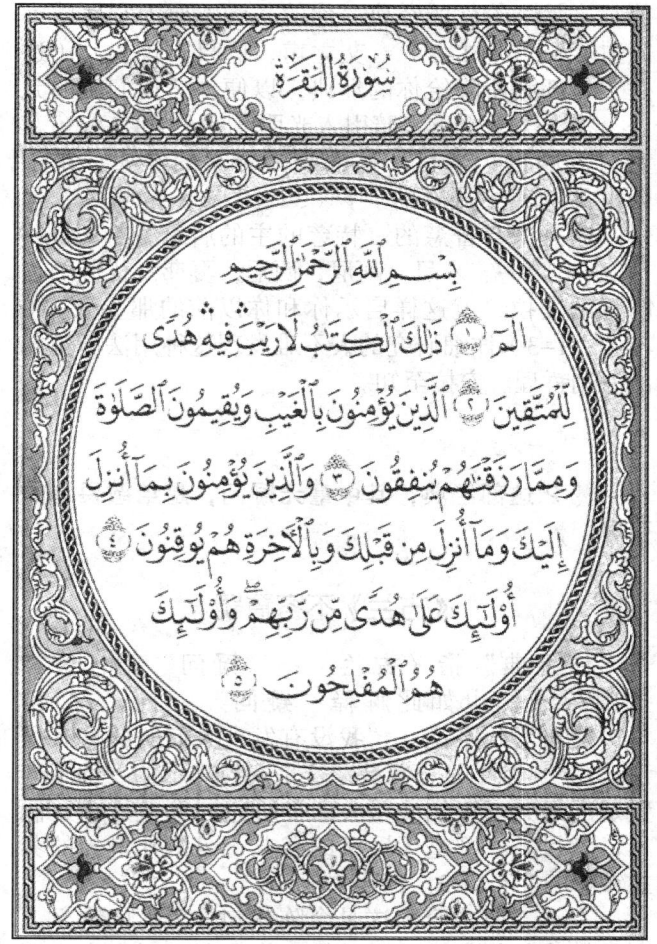

美，虽然这些字母是人类所惯用的。有好多著名学者持这种看法，宰迈赫舍里在其著作中亦支持这种观点。有人说，《古兰》的某些章节开头仅出现阿拉伯文中的几个字母，而没有提到全部，或者有时又重复提到前面所列的字母，是一种向世人提出挑战和诘问的最深刻手法。正如《古兰》有时重复叙述某些历史事件，不断地向世人发起挑战。他们说有些章节开头只有一个字母，譬如"萨德"、"奴哝"、"尕甫"，有时两个字母，譬如《哈一、米目。》（40：1）有时三个字母，譬如《艾立甫，俩目，米目。》（2：1）有时五个字母，譬如《卡弗，哈，雅，阿因，撒德。》（19：1）有时还出现更多字母。

（笔者说）因此，以单独字母为开端的每个章节，其中必然述及《古兰》的无与伦比、精妙绝伦和伟大，这是通过研究就可显而易见的。《古兰》中有二十九个章节的开头都是以同样的方式表述的。因此，安拉说："**艾立甫，俩目，米目。这部经典，其中毫无疑问……**"《艾立甫，俩目，米目。安拉！他之外没有应受拜的，他是永生的，维护万物的。他降给你包含真理的经典，以便证实它之前的。》（3：1-3）《艾立甫，俩目，米目，萨

---
[1]《泰伯里经注》1：208。

德。这是降给你的经典。你的心胸不要因它而感到窘迫。》（7：1-2）《艾立甫，俩目，拉仪。（这是）一部我所降给你的经典，以便你凭他们主的允许，将人类从重重黑暗引入光明。》（14：1）《艾立甫，俩目，米目。这部毫无疑义的经典，是由众世界的养主颁降的。》（32：1-2）《哈一、米目。这是来自普慈的、特慈的主的启示，》（41：1-2）《哈一、米目。阿尼，西尼，戛弗。优胜的、明哲的安拉，就这样启示你和你以前的那些人。》（42：1-3）详细研究的人不难发现这种用法所蕴涵的深刻哲理。安拉至知。

《2.这部经典，其中毫无疑问，是给敬畏者的引导，》

### 《古兰》不容置疑

"经典"指《古兰》；"疑问"指怀疑，圣门弟子们也如此解释"疑问"一词。(1) 伊本·艾布·哈亭说："我没有发现人们对此持有异议。"(2) 经文的意义是：这是安拉降示的一部不容置疑的经典。正如《叩头章》所述：《艾立甫，俩目，米目。这部毫无疑义的经典，是由众世界的养主颁降的。》（32：1-2）

有人主张内容上这是个陈述句，表达的含义上则是警戒句的意思。意思是：你们不可对它产生怀疑。

有些诵经家诵读至此，往往停顿于"**其中毫无疑问**"，将"**是给敬畏者的引导**"作为另一段的开头。这种读法较为确切，这样，其意义为"（这是一部）引导人于正道的经典"，语义比"**是给敬畏者的引导**"更加贴切。按照阿拉伯语的语言习惯，也可理解为"正确的经典"或"正确引导人的经典"。

### 只有敬畏者才会得到引导

经文指出，只有敬畏者才能得到引导，正如其他经文所述：《你说："它是对信士们的引导和治疗。至于那些隐昧的人，他们的耳已失聪，在他们看来，它是盲目的，这等人，是从远方被呼唤的。"》（41：44）《我颁降《古兰》，作为对归信者的治疗和慈悯。它对不义者只增加损失。》（17：82）等经文都证明，只有穆民可以从《古兰》中获益，因为它本身就是一种引导，只有善良的人们接触它。正如经文所言：《人类啊！来自你们主的劝导、心病的灵药、对归信者的引导和慈

悯已经降临于你们。》（10：57）部分圣门弟子认为，"敬畏者的引导"指的是敬畏者的光明。

### "敬畏者"的意义

伊本·阿拔斯认为，"敬畏者"（متّقين）指远离以物配主并服从安拉的人，也指那些提防安拉的惩罚，遵循正道，祈求安拉的慈悯，相信来自安拉的一切信息之人。

格塔德说，"敬畏者"指安拉在下列经文中叙述的人："他们归信目不能见的，他们坚守（立站）拜功……"

伊本·哲利尔说，"敬畏者"包括上述各种人，正如安拉的使者所说："仆人若想跻身敬畏者之列，就得放弃无关紧要的事情，以防备触及有害的事物。"(3)

### "引导"有两种

"引导"一般用来表达稳定于内心的信仰，唯安拉能在仆人心中产生引导。安拉说：《的确，你不能够引导你所喜欢的人。》（28：56）《你无法引导他们。》（2：272）《安拉使之迷误者，是没有引导者的。》（7：186）《安拉所引导的人是得正道的，而被安拉置于迷误的人，你绝不能为他找到引导的朋友。》（18：17）等等。有时这个词表示：阐明真理、引人于真理。正如经文所言：《你确实是指导人于正道的》（42：52）《你只是一位警告者，每一个民族都有一位引导者。》（13：7）《至于塞姆德人，我曾引导他们，但是他们宁愿盲目，不顾引导。》（41：17）《我给他引导了两条道路。》（90：10）比较确切的解释是，这两条道路指善和恶。安拉至知。

### "太格瓦"(4) 的意义

这个词原指防备可憎之事，因为它的词根意义是"防备……"欧麦尔（愿主喜悦之）曾请教吾班叶（愿主喜悦之）："何谓太格瓦？"后者反问："你走过荆棘之途吗？"欧麦尔回答说："走过。"吾班叶说："你是怎么走的。"欧麦尔说："小心翼翼，费尽周折。"吾班叶答："太格瓦就是这样。"

《3.他们归信目不能见的(5)》

---

(1)《泰伯里经注》1：228。
(2)《伊本·艾布·哈亭经注》1：31。
(3)《提尔密济圣训全集诠释》7：147；《伊本·马哲圣训集》2：1409。
(4) التقوى，敬畏、远离。
(5) 或译为：他们未见而归信。

## "归信"的意义

艾布·贾法尔·拉齐传述，阿卜杜拉说，"伊玛尼"（الايمان，归信）指笃信。[1] 伊本·阿拔斯说，**"他们归信"**指他们笃信。[2] 祖海里说，"归信"指善功。[3] 艾奈斯认为**"他们归信"**指他们害怕。[4]

伊本·哲利尔说，最贴切的解释是，他们的特征是：从言行和信仰方面相信未见。敬畏安拉包括在这种信仰之内。因为信仰是以行动证明言论。"伊玛尼"这个单词既有归信安拉、经典、使者之意，同时也意味着言行一致。笔者认为，伊玛尼一词在语言学中表示纯粹的信仰，《古兰》中有时也如此应用，譬如：◆他归信安拉，也信任信士们。◆（9：61）◆即使我们说真话，你也不会相信我们的。◆（12：17）有时它和"善功"连用，譬如：◆那些归信且行善的人。◆（95：6）但如果自由应用这一词时，"伊玛尼"表示教法所要求的诚信和言行。[5] 它可增加，也可减少。"这方面的例证很多。也有人将"伊玛尼"解释为畏惧（敬畏），正如安拉所言：◆那些暗中畏惧他们主的人。◆（67：12）◆在暗中敬畏至仁主，并怀着归依的心到来者。◆（50：33）敬畏是信仰和知识的结晶，如《古兰》所述：◆安拉的仆民中，只有有知识的人才畏惧他。◆（35：28）

## "爱卜"的真实意义

前辈学者关于"爱卜"（الغيب，目不能见的，未见，幽玄）一词有不同解释，但都可以表达经典原意。艾布·贾法尔解释**"他们归信目不能见的（爱卜）"**时说："其意义是他们归信安拉、天使、经典、使者、后世、乐园、火狱，并相信后世看见安拉，相信死后的复活和永生。因为这些都是（在今世）目不能见的。"[6]

阿卜杜·拉赫曼说，我们曾坐在阿卜杜拉跟前，提到圣门弟子和他们的事迹优于我们的行为，阿卜杜拉说："对于见过穆圣☪的人来说，归信他是很自然的（因为穆圣☪的事业之伟大是显而易见的），以独一的安拉发誓，未见而归信的信仰才是最高贵的信仰。"然后他念道：**"艾立甫，俩目，米目。这部经典，其中毫无疑问，是给敬畏者的引导，他们归信目不能见的（或译为：他们未见而归信），他们归信降给你的（天经）和你以前所降的，并确信后世，这些人坚守着他们养主的引导，这些人是成功的。"**[7]

伊本·穆黑莱兹对艾布·朱穆尔说，给我们讲述一段你从先知那里听来的圣训好吗？后者说，我要给你讲一段优美的圣训：当时我们和安拉的使者☪共进午餐，艾布·欧拜德也和我们在一起。艾氏说："安拉的使者啊！还有人比我们尊贵吗？我们和你一道归信，与你并肩作战。"先知说："是的。（那些人是）一些后人，他们虽然没有见过我，但他们相信我。"[8]

◆ **3.他们坚守（立站）拜功，并施舍我所供给他们的，**◆

## 坚守拜功的意义

伊本·阿拔斯说**"他们坚守拜功"**指按主命要求履行拜功。[9]

端哈克说**"他们坚守拜功"**指礼拜中认真鞠躬、叩头、恭读、敬畏，并且聚精会神。[10]

格塔德说，经文的意义是按时礼拜，同时认真完成拜中的鞠躬、叩头，拜前的小净。[11]

穆尔提里认为**"坚守拜功"**的意思是遵守礼拜时间，清洁卫生，认真完成礼拜动作，拜中诵读《古兰》，念作证词，赞圣。

## "施舍"的意义

伊本·阿拔斯说，**"施舍我所供给他们的"**指交纳天课。[12]

部分圣门弟子说，其意义是赡养家人。[13][14]

端哈克说，"施舍"原来是人们根据自己的财力为博得安拉的喜悦而干的一项功修，后来安拉颁降《讨白章》，通过七节经文规定了天课。此后，这节经文中的**"施舍"**一般被解释为天课。

笔者认为，礼拜和天课经常在同一节《古兰》经文中并列出现，礼拜是安拉的权利和人崇拜他的一种形式，它包含认主独一、赞美安拉、祈求安拉、托靠安拉；施舍则指对被造物行善，应该接受

---

(1)《泰伯里经注》1：235。
(2)《泰伯里经注》1：235。
(3)《泰伯里经注》1：235。
(4)《泰伯里经注》1：235。
(5)《伊本·艾布·哈亭经注》1：35。
(6)《泰伯里经注》1：236。
(7)《赛尔德·本·曼苏尔圣训集》2：544；《伊本·艾布·哈亭经注》1：34；《哈肯圣训遗补》2：260。
(8)《艾哈麦德按序圣训集》4：106。
(9)《泰伯里经注》1：241。
(10)《泰伯里经注》241。
(11)《伊本·艾布·哈亭经注》1：37。
(12)《泰伯里经注》1：243。
(13) 这是降示天课经文之前的认识。
(14)《泰伯里经注》1：243。

施舍的人依次是亲属、家人、奴隶，然后是其他人。"**施舍我所供给他们的**"包含了义务赡养和完纳主命天课。安拉的使者☪️说："伊斯兰建立在五大基础之上：作证应受拜者惟有安拉，穆罕默德是安拉的使者、坚守拜功、完纳天课、莱麦丹月封斋、朝觐天房。"[1]

## "索俩特"的意义

阿拉伯语中，"索俩特"（صلاة，拜功）原指祈求，教法把特定时间中完成的带有叩头和鞠躬的特定动作和仪式称为"索俩特"。

❁ **4.他们归信降给你的（天经）和你以前所降的，并确信后世，**❁

伊本·阿拔斯说，"**他们归信降给你的（天经）和你以前所降的**"，指他们归信你和以前的使者从安拉那里带来的一切。他们对众使者一视同仁，不加区别。[2] "**并确信后世**"指归信复生、后世、乐园、火狱、清算和天秤。[3] 后世如此命名是因为它在今世之后。

## 穆民的特征

这里所说的穆民特征，指经文所叙述的情况："**他们归信目不能见的，坚守拜功，并施舍我所供给他们的。**"

穆佳黑德说，《黄牛章》中论述穆民的经文共计四节，论述隐昧者的经文计两节，论述伪信士的经文共计十三节。[4] 论述穆民的这四节经文包括所有的信士，无论他们是阿拉伯人、非阿拉伯人、有经人、人类还是精灵。作为一个穆民，必须同时具备上述四个属性，缺一不可。如果一个人不归信穆圣☪️和列圣的经典，那么对他而言相信目不能见的、坚守拜功和完纳天课是不可能的。《古兰》说：❁ 有正信的人们啊！你们当归信安拉及其使者，并归信他降给使者的经典以及以前颁降的经典。❁（4：136）❁ 你不要和有经的人争论，除非是以较好的（方式）。他们中的不义者另当别论。你们说："我们归信了已经降给我们的和降给你们的。我们的主和你们的主是一个，我们都是归顺他的。" ❁（29：46）❁ 有经的人们啊！归信我为证实你们以前的经典而降的（新）经典吧……❁（4：46）❁ 你说："有经的人们啊！除非你们坚持《讨拉特》《引支勒》和由你们主的方面降下的，否则你们不算什么。" ❁（5：68）

安拉形容全体穆民说：❁ 使者归信了从他的主那里接受的启示，信士们也归信了。一切都归信安拉和他的众天使、他的经典和他的众使者。"我们在他的使者之间不加区别。" ❁（2：285）❁ 那些归信安拉及其众使者，并且没有将其中任何一个区别对待的人。❁（4：152）

有经人中的信士们另有殊荣，因为他们的信仰有两段历程，他们在以前信仰他们的经典，进入伊斯兰后又归信了《古兰》，所以他们将获得双份的报酬。其他信士则只经过了一个历程。圣训说：❁ 他们归信降给你的（天经）和你以前所降的。❁（2：4）[5] 但大部分阿拉伯人是通过穆圣☪️的宣传一次性获得信仰的，他们的信仰比有经人的信仰更完美、更纯洁。即使有经人中的穆斯林得到了双重报酬，但其他穆斯林也许可以通过无比坚定的信仰获得同样甚至更大的报酬。安拉至知。

❁ **5.这些人坚守着他们养主的引导，这些人是成功的。**❁

## 引导和成功是穆民的福分

"**这些人**"指具备上述特征的人，他们归信未见，谨守拜功，给他人分享安拉所赐的给养，归信安拉降给穆圣☪️和所有使者的经典，笃信后世——其必然结果是行善止恶。"**引导**"指光明、明证和依据。"**这些人是成功的**"指他们是两世中的成功者，他们将得到所有需求，任何邪恶不会侵扰他们，他们将获得酬报，永居乐园，免于安拉为他的敌人准备的一切惩罚。

❁ **6.至于那些隐昧的人，无论你警告他们，或是不警告他们，对于他们都是一样的，他们不会归信。**❁

"**至于那些隐昧的人**"[6] 指那些掩盖并隐瞒真理的人。安拉已经断定他们会有这种人生选择，对他们来说劝与不劝都是一样的，他们不会归信先知带给他们的一切。正如《古兰》所说：❁ 你的主的言辞已经判定的那些人，他们不会归信。即使

---

[1]《开拓》1：64；《穆斯林圣训实录》1：45。
[2]《泰伯里经注》1：244。
[3]《伊本·艾布·哈亭经注》1：39。
[4]《泰伯里经注》1：239。

[5]《艾布·达乌德圣训集》4：59。
[6] كفر，隐昧的原意是掩盖、遮蔽、忘恩负义。——译者注

任何迹象来临他们，直到他们看到痛苦的刑罚。﴾（10：96-97）安拉就反叛的有经人说：﴿即使你以一切迹象昭示曾受天经者，他们必不顺从你的朝向，你也绝不顺从他们的朝向。﴾（2：145）即安拉已经判定他们将是悲惨的，所以没有人可以使他们获得幸福；安拉使谁走向迷途，那么任何人都无法引导他。穆圣啊！你不必为他们伤神，你当传达使命，谁响应你，谁就会得到最大的福分，谁拒绝你的号召，你也不要为他难过。﴿你的责任只是传达，清算由我掌管。﴾（13：40）﴿你只是警告者，安拉是综理万物的。﴾（11：12）

伊本·阿拔斯说，安拉的使者ﷺ希望全人类都归信他，和他一起走向正道，后来安拉告诉他，只有安拉判定得道的人才能得正道，安拉判定走歧途的人必走歧途。[1]

**﴿7.安拉已封闭了他们的心和听觉，并在他们的眼上蒙上幕幔，他们将受重大的刑罚。﴾**

## “赫特目”的意义

赛丁伊说，“ختم”指封闭。[2]格塔德解释这节经文说，他们服从恶魔，被恶魔所操纵，所以安拉封闭了他们的心灵和听觉，他们将迷失正道，不能听，不领会，也不理解。[3]

穆佳黑德读了这节经文后说，罪恶将困扰他们的心灵，从方方面面向他们袭来，他们的心灵已被封闭。[4]

伊本·朱莱杰说，**“封闭”**指对心灵和听觉的封闭。[5]

穆佳黑德说，封闭比生锈更严重，封锁比封闭严重。封锁是最严重的一种状态。[6]

艾尔麦什说，穆佳黑德用他的手给我们比画说，他们（圣门弟子们）曾说，心好比张开的手掌。如果仆人犯了一件罪恶时，这个合上了——他合上食指。如果再犯一件罪恶时，这个合上了——他又合上一个指头……就这样他合上了所有手指。心灵的封闭就是这个样子。他还说，圣门弟子们还认为，心也是照这个样子生锈的。[7]

穆斯林都知道，安拉指明自己的名字，说道

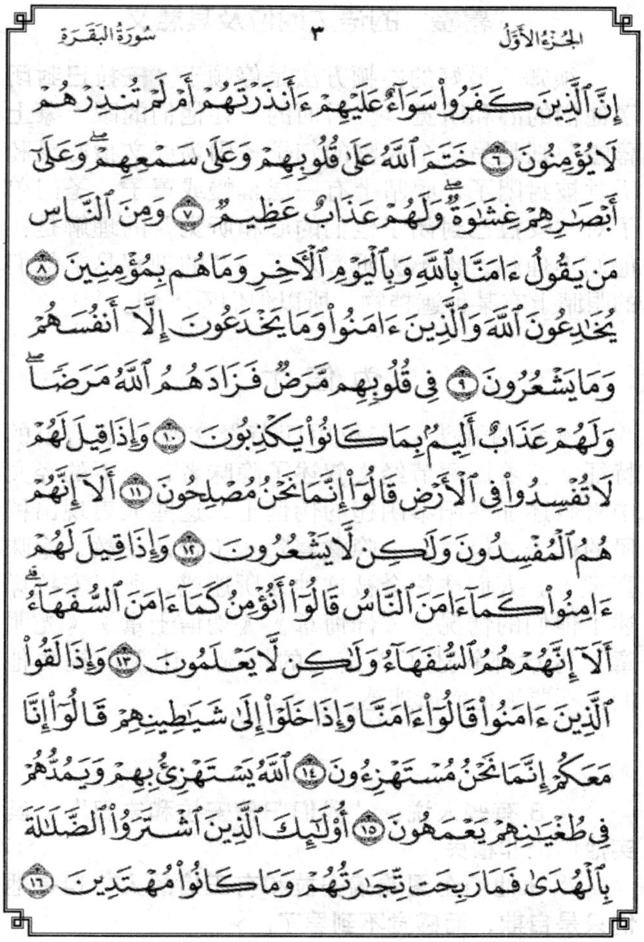
الجزء الأول　٣　سورة البقرة

إِنَّ الَّذِينَ كَفَرُوا سَوَاءٌ عَلَيْهِمْ أَأَنذَرْتَهُمْ أَمْ لَمْ تُنذِرْهُمْ
لَا يُؤْمِنُونَ ﴿٦﴾ خَتَمَ اللَّهُ عَلَىٰ قُلُوبِهِمْ وَعَلَىٰ سَمْعِهِمْ وَعَلَىٰ
أَبْصَارِهِمْ غِشَاوَةٌ وَلَهُمْ عَذَابٌ عَظِيمٌ ﴿٧﴾ وَمِنَ النَّاسِ
مَن يَقُولُ آمَنَّا بِاللَّهِ وَبِالْيَوْمِ الْآخِرِ وَمَا هُم بِمُؤْمِنِينَ ﴿٨﴾
يُخَادِعُونَ اللَّهَ وَالَّذِينَ آمَنُوا وَمَا يَخْدَعُونَ إِلَّا أَنفُسَهُمْ
وَمَا يَشْعُرُونَ ﴿٩﴾ فِي قُلُوبِهِم مَّرَضٌ فَزَادَهُمُ اللَّهُ مَرَضًا
وَلَهُمْ عَذَابٌ أَلِيمٌ بِمَا كَانُوا يَكْذِبُونَ ﴿١٠﴾ وَإِذَا قِيلَ لَهُمْ
لَا تُفْسِدُوا فِي الْأَرْضِ قَالُوا إِنَّمَا نَحْنُ مُصْلِحُونَ ﴿١١﴾ أَلَا إِنَّهُمْ
هُمُ الْمُفْسِدُونَ وَلَٰكِن لَّا يَشْعُرُونَ ﴿١٢﴾ وَإِذَا قِيلَ لَهُمْ
آمِنُوا كَمَا آمَنَ النَّاسُ قَالُوا أَنُؤْمِنُ كَمَا آمَنَ السُّفَهَاءُ
أَلَا إِنَّهُمْ هُمُ السُّفَهَاءُ وَلَٰكِن لَّا يَعْلَمُونَ ﴿١٣﴾ وَإِذَا لَقُوا
الَّذِينَ آمَنُوا قَالُوا آمَنَّا وَإِذَا خَلَوْا إِلَىٰ شَيَاطِينِهِمْ قَالُوا إِنَّا
مَعَكُمْ إِنَّمَا نَحْنُ مُسْتَهْزِئُونَ ﴿١٤﴾ اللَّهُ يَسْتَهْزِئُ بِهِمْ وَيَمُدُّهُمْ
فِي طُغْيَانِهِمْ يَعْمَهُونَ ﴿١٥﴾ أُولَٰئِكَ الَّذِينَ اشْتَرَوُا الضَّلَالَةَ
بِالْهُدَىٰ فَمَا رَبِحَت تِّجَارَتُهُمْ وَمَا كَانُوا مُهْتَدِينَ ﴿١٦﴾

“安拉封闭了他们的心”。[8]是为了惩罚他们的不归信。穆圣ﷺ说：“改变心灵的主啊！让我们的心稳定于你的宗教吧！”[9]另一段圣训中说：“是非将像席子一样条条缕缕地展现在人的心上，深受其影响的心灵上会出现黑色的斑点；憎恶是非的心上将出现白色斑点。最终心会分成两种。一种心洁白若光滑的岩石，只要天地不毁，是非不会给这颗心带来伤害；另一种心上会出现一种黑灰色的东西，它像一个倒置的水罐，它既不认识善，也不反对恶。”[10]

安拉的使者ﷺ说：“当穆民犯一件罪恶时，他的心上会出现一块黑斑，当他忏悔并彻底改过，求（安拉）赦宥时，他的心会被擦净。如果他怙恶不悛，黑斑将会增多，最终占据整个心灵。这就是安拉所说的生锈：﴿不！他们的行为，已在他们心上生锈。﴾（83：14）[11]

（1）《泰伯里经注》1：252。
（2）《伊本·艾布·哈亭经注》1：44。
（3）《伊本·艾布·哈亭经注》1：44。
（4）《伊本·艾布·哈亭经注》1：44。
（5）《泰伯里经注》1：259。
（6）《泰伯里经注》1：259。
（7）《泰伯里经注》1：259。

（8）《格尔特宾教律》1：187。
（9）《提尔密济圣训集》2140、3587；《伊本·马哲圣训集》3834。
（10）《穆斯林圣训实录》1：128。
（11）《泰伯里经注》1：260；《提尔密济圣训全集诠释》9：254；《圣训大集》6：509；《伊本·马哲圣训集》2：1418。

## "幕幔"的语法地位及其意义

须知,最好的停顿方法是停顿于"**安拉已封闭了他们的心和听觉**"。后面的"**在他们的眼上蒙上幕幔**"则是另一个完整的句子。因为经文指心灵和听觉被封闭了,眼睛上有一层幕幔或罩子。圣门弟子对"**安拉已封闭了他们的心和听觉**"的理解是:他们不理解,也不去听。对下一节的理解是,他们的眼睛上有某种遮挡物,所以他们看不到。[1]

## 伪信士

本章的开头,安拉用四节经文叙述了信士的特征,接着用两节经文叙述了隐昧者,以下的经文中将叙述那些阳奉阴违的伪信士,这些人表现出穆民的样子,但内心中隐藏着隐昧(否认正教,隐昧真理)。人们往往会被这种人所迷惑,所以安拉详述了他们的情况。《忏悔章》《伪信士章》《光明章》等章都叙述了伪信士的情况,让人们提防他们,不要被他们所迷惑。

⟪8.有些人说:"我们归信安拉和末日",其实他们绝非穆民。⟫

⟪9.他们企图欺骗安拉和有正信的人,但是他们只是自欺,而感觉不到罢了。⟫

## "尼发格"的意义

"尼法格"指口蜜腹剑。它有多种:一,信仰方面的。这种行为导致伪信士永居火狱;二,行为方面的,它是最大的罪恶之一。如果安拉意欲,下文将专题论述之。这种伪信士正如伊本·朱莱杰所说:"他们言行不一,表里矛盾,阳奉阴违,见风使舵。"

## 伪信的开始

揭露伪信士的经文颁降于麦地那时期,因为穆圣在麦加宣教时,那里还没有出现伪信现象,不但如此,当时麦加的许多穆斯林被迫表现出不归信伊斯兰的样子。安拉的使者⚐迁徙到麦地那后,奥斯和赫兹勒吉部落中的一些人出来辅佐先知。在蒙昧时代,这些人和阿拉伯的其他多神教徒一样崇拜偶像。当时麦地那还有一些犹太有经人,他们坚持着祖先的崇拜仪式。还有三个部落,他们分别是赫兹勒吉的同盟者给奈尔人、乃最勒人以及奥斯人的同盟者格磊人。使者到麦地那后有许多奥斯和赫兹勒吉人归信了他,他们被称为辅士。犹太人中除阿卜杜拉·本·赛俩目归信外,加入伊斯兰的人很少。穆斯林那时还没有威慑力,所以不存在伪信现象。穆圣⚐与麦地那周围的非穆斯林和睦相处。白德尔战役后,安拉使伊斯兰和穆斯林声威大振。

当时麦地那的首领是赫兹勒吉人阿卜杜拉·本·吾班叶,他曾是两个部落的领袖。人们决定立他为王之际,伊斯兰的喜讯来到他们之中,他们便将此事搁置,所以他对伊斯兰和穆斯林怀恨在心。白德尔战役后,他说,安拉给的机会来了[2]。从此,他和他的追随者以及一些有经人表面上归信伊斯兰,实际上坚持原来的宗教。从那以后,麦地那及其周围便出现了伪信现象。迁士中不存在这种现象,因为没有一个人是被迫迁徙的,非但如此,许多迁士为了博得安拉的喜悦,抛弃财产和亲人,只身迁徙麦地那。

## 这节经文的诠释

"**有些人说:'我们归信安拉和末日',其实他们绝非穆民。他们企图欺骗安拉和有正信的人,但是他们只是自欺,而感觉不到罢了。**"伊本·阿拔斯说,经文中的伪信士指奥斯人、赫兹勒吉人以及和他们狼狈为奸者。[3] 艾布·阿林、哈桑等支持这一观点。安拉揭露了伪信士们的特征,以免信士们被他们的外表所蒙骗,从而在毫无防范的情况下造成不可估量的损失;也让信士们清醒地认识到,伪信士们实际上是否认伊斯兰的。认奸徒为善人,则是人生之大忌。"**有些人说:'我们归信安拉和末日',其实他们绝非穆民**"其意义是:他们仅仅说说而已,实际上并非如此。正如安拉所言:⟪当伪信的人到达你那里时,他们说:"我们作证,你确实是安拉的使者。"⟫(63:1)即他们口是心非地作证。经文用强调的口气表述他们说的话,以便深刻地揭露他们似是而非的信仰,如安拉所述:⟪安拉也见证伪信士确实是说谎的。⟫(63:1) "**其实他们绝非穆民**"。

"**他们企图欺骗安拉和有正信的人**",即他们表面上信仰的同时,隐藏了心中的否认,他们无知地认为这样就可以欺骗安拉,就可以给他们带来益处,同时得到信士们对他们的优待。安拉说:⟪那天,安拉使他们全体复活,他们就像对你们发誓一样地对他发誓。他们自以为他们有所凭依。真的,他们确实是撒谎者。⟫(58:18) 安拉驳斥他们的言行,说:"**但是他们只是自欺,而感觉不到罢了**",即他们的行为只会欺骗自己,耽误自己,但

---
[1]《泰伯里经注》1:270。
[2] 当时的阿拉伯多神教徒都承认安拉。——译者注
[3]《泰伯里经注》1:269。

他们自己还感觉不到事情的严重性。安拉说：❨伪信士企图欺骗安拉，但安拉是以他们的欺骗还击他们的。❩（4：142）伊本·朱莱杰说，经文的意思是，他们口念清真言，心里却什么都没有，他们的真实目的是保护自己的生命和财产。[1] 格塔德念了上述经文后形容伪信士说，他们口蜜腹剑，口是心非，言行不一，朝秦暮楚，反复无常，见风使舵。

❨10.他们心里有病，故安拉增加他们的病。他们将因为撒谎（否认）而受到痛苦的惩罚。❩

### "病"的释义

部分圣门弟子认为经文中的"病"指怀疑。[2] 阿卜杜·拉赫曼说，"**他们心里有病**"指宗教（精神）方面的病，而不是身体上的病。"**他们**"指伪信士们，即他们对伊斯兰表示怀疑。"**故安拉增加他们的病**"指安拉使他们更加污秽。[3] 他读了下列经文：❨那些归信者，它使欣喜的他们增加信仰了。但是那些心中有病的人，它会在他们的污秽上再增加污秽，他们至死不信。❩（9：124-125）阿卜杜·拉赫曼认为经文的意思是：安拉使邪恶的他们更加邪恶，迷误的他们更加迷误。他还说，这是以其人之道还治其人之身。前辈学者的解释也是如此。类似的经文还有：❨而那些获得引导的人，他增加对他们的引导，并使他们敬畏。❩（47：17）❨他们将因为撒谎（否认）……❩（2：10）有人将此句读成"他们将因为否认"[4]。这两种读法都可以表达伪信士的特征，因为他们不但撒谎，而且还否认目不能见的事物。

（注意）有人说穆圣㊣知道每一个伪信士，并在台卜克战役中指出十四个伪信士的姓名。其实这些说法仅仅是依据胡宰法所传的下列圣训："当时这些人在一个漆黑的夜晚企图暗杀穆圣㊣，他们决定在一个山坎附近惊跑穆圣㊣的骆驼，将穆圣㊣摔下来，后来安拉通过启示告知穆圣㊣他们的阴谋。穆圣㊣又将这件事告诉了胡宰法。"

至于其他伪信士，则是经文所指出的下列人：❨你们周围游牧的阿拉伯人中有一些伪信士，麦地那人中也有（伪信士），他们顽固地坚持伪信。你不知道他们，我是知道他们的。❩（9：101）❨如果伪信士和那些心里有病的人以及那些在城中危言耸听的人不停止（谣传），我一定会叫你去对付他们，那么他们就不能在其中经常与你为邻了。（他们是）被诅咒的，不论他们在哪里被发现，他们就会被抓住，并被痛杀。❩（33：60-61）经文证明先知并没有制裁他们，也不知道他们是谁，他只知道他们的特征，并凭这些特征观察他们。如《古兰》所述：❨如果我愿意，我会把他们显示给你，你就能通过他们的征兆认出他们。你必定也能从他们的谈吐中认出他们。❩（47：30）当时，最有名的伪信士是阿卜杜拉·本·吾班叶，栽德证明了这点。欧麦尔曾埋怨穆圣㊣姑息伊本·吾班叶，穆圣㊣解释说："我不希望阿拉伯人说穆罕默德在杀害他的弟子。"[5] 虽然如此，这位伪信士死后，穆圣㊣为他举行了殡礼，并像对待其他穆斯林那样亲自安葬了他。穆圣㊣说："主让我自由选择了，我选择了（去安葬他）。"另一传述中说："假若我知道为他求饶超过七十次可以替他免罪，我必求饶七十次以上。"[6]

❨11.当有人对他们说："不要在地方上为非作歹"时，他们就说："我们只不过是改善者罢了。"❩

❨12.实际上，他们确实是为非作歹之人，不过他们感觉不到罢了。❩

### "为非作歹"的释义

部分圣门弟子说："**当有人对他们说：'不要在地方上为非作歹'时，他们就说：'我们只不过是改善者罢了。'**"所叙述的是伪信士。"**不要在地方上为非作歹**"，"**为非作歹**"指叛教、作恶。[7]

艾布·阿林认为经文的意思是：你们不要在地方上犯罪。"**为非作歹**"指违抗安拉。在大地上违抗安拉，并唆使他人违抗安拉，就是在大地上为非作歹。因为天地的秩序依凭的是顺从安拉。[8]

### 伪信士的种种罪行

伊本·哲利尔说："伪信士们违抗安拉，触犯禁令，摒弃天命，怀疑圣教（安拉不接受任何不信穆圣㊣者的功修），欺骗穆民，支持有经人，敌对穆斯林，不遗余力地否认安拉、安拉的经典和使

---

（1）《伊本·艾布·哈亭经注》1：46、47。
（2）《泰伯里经注》1：280；《伊本·艾布·哈亭经注》1：47。
（3）《泰伯里经注》1：280。
（4）"撒谎"和"否认"为同一词根，一个重读，一个轻读。——译者注

（5）《泰伯里经注》23：406。
（6）《布哈里圣训实录诠释——造物主的启迪》8：184；《穆斯林圣训实录》4：2141。
（7）《泰伯里经注》1：288。
（8）《伊本·艾布·哈亭经注》1：50、51。

者，所以他们是大地上为非作歹之人。他们认为自己在行善，实则在搞破坏。[1]

伊本·哲利尔说得很对，因为穆民将隐昧者作为盟友，也属于在大地上为非作歹之举。如《古兰》所述：❴那些否认者互为盟友。如果你们不这样做，大地上就会出现迫害和严重的风波。❵（8：73）安拉在经文中命令穆民不能和隐昧者结为盟友。又说：❴有正信的人们啊！你们不要舍众信士而以隐昧者为盟友，难道你们欲为安拉立一个不利于你们的明证吗？❵（4：144）接着说：❴伪信士必将在火狱中的最底层。你绝对不会为他们发现一个援助者。❵（4：145）伪信士们表面上看起来具备信仰，使穆民很难认清他们。从这个方面来说，他们就是为非作歹者，因为他们以花言巧语欺骗了穆民，并且勾结隐昧者对付穆民。假若他们保持本来面目，那么带来的危害是比较轻的，或者他们若虔诚为主工作，言行一致，也会取得成功，因此安拉说："当有人对他们说：'不要在地方上为非作歹'时，他们就说：'我们只不过是改善者罢了。'"他们的意思是：他们将在穆民和隐昧者之间周旋，得过且过。伊本·阿拔斯认为经文指的是：我们想在穆民和有经人之间调和。[2] 他认为"**实际上，他们确实是为非作歹之人，不过他们感觉不到罢了**"其意思是：真的，他们所依赖并称之为"改善"的行为，实际上是一种破坏行为，但他们因愚昧透顶而感觉不到。

❴13.当有人对他们说"你们要像别人一样地归信"时，他们就说："要我们像傻瓜们一样地信仰吗？"其实他们是傻瓜，可是他们不知道。❵

"你们要像别人一样地归信"意思是：你们要像他人一样归信安拉、天使、经典、使者、死后的复活、乐园和火狱以及穆民所应归信的条文；你们当服从安拉及其使者的命令，放弃安拉及其使者禁止的事情。

"他们就说：'要我们像傻瓜们一样地信仰吗？'"伪信士们所说的"傻瓜"指圣门弟子们。愿安拉诅咒伪信士们！这是一部分圣门弟子和学者的主张。[3] 另有一些人认为此节的意思是：我们为何和傻瓜们平起平坐，或同走一路呢？

经文中的"傻瓜"（السفهاء，苏弗哈伊）通常指无知、不谙世事、对善恶缺乏辨别力的人。因此下列经文中安拉将妇女和儿童称为"苏弗哈伊"：

---
(1)《泰伯里经注》1：289。
(2)《伊本·艾布·哈亭经注》1：52。
(3)《泰伯里经注》1：293、294。

❴你们不要把你们所掌管的财产转交给无知的人（苏弗哈伊）。❵（4：5）大部分经注学家认为"苏弗哈伊"指妇女和儿童。

安拉回击了他们，强调道："**其实他们是傻瓜**"，说明傻瓜非他们莫属。

"**可是他们不知道**"，指他们愚昧透顶，不知道自己已经深深地陷入迷误和无知之中，他们这种阳奉阴违的行为对他们更加有害，使他们更加远离正道，愈走愈远。

❴14.遇见信士们时，他们就说："我们归信了。"可是当他们私下去见他们的魔鬼时，他们又说："我们实际是和你们一道的，我们只是愚弄（他们）罢了。"❵

❴15.安拉将还报他们的嘲弄，并将任由他们在顽抗中盲目徘徊。❵

## 伪信士的阴谋诡计

清高伟大的安拉说，当伪信士们看见穆民时，装模作样地说"**我们归信了**"，并在他们面前表现出信仰、友情和忠诚的样子，从而误导和欺骗穆民，以便获取可能获得的利益和战利品。但他们离开穆民单独会见他们的魔鬼时，却表现出另外一副模样。"**他们的魔鬼**"指他们的头目、领导、犹太学者以及多神教和伪信士的领导。

## 精灵和人类中的魔鬼

伊本·哲利尔说，"舍塔尼"（الشيطان）指一切叛逆者。部分来自人类，部分来自精灵。安拉说：❴因此我为每一位先知设了一些敌人，他们是人类与精灵中的魔鬼，他们以花言巧语互相讽喻，进行欺骗。❵（6：112）

## "愚弄"[4]的意义

"他们又说：'我们实际是和你们一道的。'"伊本·阿拔斯认为（伪信士对恶魔说）："我们和你们是一样的。"[5]

"我们只是愚弄（他们）罢了"，指我们只是在嘲笑他们，戏弄他们。[6]

端哈克和部分学者说，"我们只是愚弄（他们）罢了"意指愚弄圣门弟子。

安拉警告他们说："**安拉将还报他们的嘲弄，**

---
(4) الإستهزاء，伊斯提黑杂伊。——译者注
(5)《泰伯里经注》1：300。
(6)《泰伯里经注》1：300。

并将任由他们在顽抗中盲目徘徊。"伊本·哲利尔认为，经文指安拉将在后世还报他们的这一丑行，因为下列经文说：۴那天，伪信的男女将会对归信者们说：'请照顾一下！让我们借一点你们的光吧！'有声音说：'你们转回去寻求你们的光吧！'于是在他们之间铸起一道有门的墙，门里是慈悯，门外则是惩罚。۴（57：13）۴隐昧的人们不要认为我对他们的姑容，是对他们更好的。我姑容他们，只为了他们罪上加罪。۴（3：178）他说，类似的经文都是安拉对伪信士和多神教徒的嘲讽和凌辱。

### 伪信士们自欺欺人

清高伟大的安拉说，他将还报伪信士们对穆民的愚弄，指出他们将为自己的行为付出代价，遭受安拉的严惩。虽然经文中使用了"**安拉将还报他们的嘲弄**"，但它与伪信士们所说的愚弄具有不同意义。如《古兰》所述：۴恶行的还报是相等的恶报。无论谁宽恕并改邪行善，他的报偿都归安拉负责。۴（42：40）۴如果任何人侵犯你们，你们也可以对他们作同样的回击（侵犯）。۴（2：194）虽然经文使用了同一个单词，但它所表示的意义截然不同，学者们认为《古兰》中类似的用法都按这种解释处理。因为阴谋诡计、愚弄嘲讽都不符合安拉的行为，但经文使用这些词，仅能说明安拉对恶人施行"以其人之道还治其人之身"的惩治方法。

### "任由"、"顽抗"及"盲目"的意义

"**并将任由他们在顽抗中盲目徘徊。**"部分圣门弟子认为："**任由**（ﻢ，孟代）**他们**"指放纵他们。[1] 穆佳黑德认为该词的意义是使他们更加……[2]《古兰》说：۴他们可曾想过，我以财产和子嗣襄助他们。（是为了）我使他们立即得到一切美好的东西吗？不，他们不了解。۴（23：55-56）[3] 伊本·哲利尔说，正确意义是，安拉使他们更加放荡，任由他们自以为是，垂死顽抗。如《古兰》所述：۴我也将翻转他们的心和眼，就像最初他们不信一样。我将任由他们在过分当中彷徨。۴（6：110）[4]

"**顽抗**"（الطغيان，突俄呀尼）原指过分、泛滥，如《古兰》所述：۴当洪水泛滥时，我把你们载在船上，۴（69：11）伊本·哲利尔说，"**盲目**"（يعمه，叶尔麦忽）指迷失正道。伊本·哲利尔认为"**并将任由他们在顽抗中盲目徘徊**"指安拉将任由他们在迷误和否认中徘徊，因为他们已经深陷罪恶不可自拔，同时安拉已经封闭了他们的心灵，蒙蔽了他们的眼睛，他们看不到真理，找不到正道。[5]

۴ **16.这些人以引导换取迷误，所以他们的交易没有获利，他们也不是遵循正道的。**۴

部分圣门弟子认为这节经文的意思是：这些人坚持迷误，放弃正道。穆佳黑德认为，他们信仰之后又否认了。格塔德认为，他们喜欢迷误，舍弃引导。后者的解释符合下列经文所述：۴至于塞姆德人，我曾引导他们，但是他们宁愿盲目，不顾引导。۴（41：17）

概言之，伪信士们抛弃正道，宁愿迷误也不愿被引导。下列经文也正是这个意思：这些人以引导换取迷误，他们选择迷途时，损失了正道；那些获得信仰后又背信弃义的人也是如此。如《古兰》所述：۴那是因为他们归信了，然后又不信。因此他们的心被封闭了。۴（63：3）或者相比之下后者更喜欢迷误。这是其中一种伪信士的情况，因为伪信士有许多种。因此安拉说："**所以他们的交易没有获利，他们也不是遵循正道的**"，即他们没有在这笔交易中获得利润，他们的这种做法不理智。格塔德读了上述经文后说："以安拉发誓，你们已经看到了，他们远离正道，投向迷误；放弃团结，走向分裂；放弃平安，选择恐惧；放弃圣行，坚持异端。"[6]

۴ **17.他们就像点火的人，但是当火光照亮他们四周时，安拉就带走了他们的光亮，把他们弃置在黑暗当中，所以他们看不见。**۴

۴ **18.（他们是）聋子、哑巴和瞎子，所以他们（迷途）难返。**۴

### 伪信士的样子

因为伪信士们拿正道去换迷误，看见真理之后又投向迷茫，所以安拉将他们比作点火之人：当火光照亮他们周围，他们从光明中获得一点益处，并感到安全时，火光忽然间熄灭了，他们又回到重重黑暗之中，伸手不见五指，辨不清方向。这时的他们即使重返光明，也无异于有耳不闻的聋子，有嘴

---

(1)《泰伯里经注》1：311。
(2)《伊本·艾布·哈亭经注》1：57。
(3) 经文中的"襄助"是用"ﻢ"一词叙述的。
(4)《泰伯里经注》1：307。

(5)《泰伯里经注》1：309。
(6)《泰伯里经注》1：316；《伊本·艾布·哈亭经注》1：60。

不说的哑巴。因此他们无法返回原来的状况。伪信士们就是这样，他们抛弃引导，换来迷误，喜欢迷途，憎恶正道。这种解释证明他们信仰后又返回了隐昧（否认正教，隐昧真理），正如其他章节经文所述。

"**安拉就带走了他们的光亮**"，即带去了有益的光明，让他们停留在有害的烈火和烟雾中。

"**把他们弃置在黑暗当中**"，即将他们弃置在无休止地怀疑、否认和伪信之中。

"**所以他们看不见**"，即他们不认识，也找不到正义的道路。不但如此，他们还是听不到正义之声的聋子，道不出对自己有益言语的哑巴，在迷途中看不见路的瞎子。如《古兰》所述：◆ 难道他们不曾在大地上旅行，用他们的心去了解和用他们的耳去听闻吗？的确，眼睛不会瞎，而胸中的心会瞎。◆（22：46）因此，他们无法返回被他们出卖的正道。

◆ 19.或者好像是遭到天降暴雨，其中有重重的黑暗、雷和电。他们把手指塞进自己的耳朵中——那是（震耳欲聋的）雷声——以便提防死亡。安拉是周知隐昧者的。◆

◆ 20.闪电几乎夺去他们的视力，每当它照亮他们时，他们就在其中前进；但在黑暗时，他们便停止步伐。倘若安拉意欲，他就会剥夺他们的听力和视力。安拉是全能于万事的。◆

## 伪信士的另一个样子

安拉为伪信士打了另外一个比喻。这些伪信士有时承认真理，有时表示怀疑。他们犹豫不决、否认真理的内心就像"算乂卜"（暴雨）的样子。伊本·麦斯欧迪等著名圣门弟子认为"算乂卜"指暴雨。[1] 端哈克认为"算乂卜"指乌云。[2] "**黑暗**"这里指怀疑、否认和伪信。

"**雷**"指使人胆战心惊的事物。因为伪信士们经常胆战心惊，惶惶不安。如《古兰》所述：◆ 他们以为每一声呐喊都是针对他们的。◆（63：4）◆ 他们以安拉起誓说他们确实属于你们，但他们并不属于你们。他们不过是一群胆小的人。如果他们能找到一个避难的地方，或是山洞，或任何一个入口，他们一定会急急忙忙地投奔那里。◆（9：56-57）

"**电**"指有时在这些伪信士心中一闪而过的信

仰之光。因此安拉说："**他们把手指塞进自己的耳朵中——那是（震耳欲聋的）雷声——以便提防死亡。安拉是周知隐昧者的**"，即他们的防备对他们毫无益处，因为安拉的大能包罗万象，一切事情都在安拉的意欲之中。如《古兰》所述：◆ 军队的消息曾来临于你吗？法老和塞姆德人的消息。不然，隐昧的人却在否认之中。安拉确从他们后面包围着。◆（85：17-20）

"**闪电几乎夺去他们的视力**"，闪电对他们的内心产生了强烈的刺激，而他们的理解力是那样的脆弱，无法坚持信仰。伊本·阿拔斯认为这节经文的意思是："智慧的《古兰》，几乎要指出伪信士的所有秘密。"[3]

"**每当它照亮他们时，他们就在其中前进**"，指当伪信士们因伊斯兰而获得荣誉时，便安稳一时；当遇有不测风云时，就返回隐昧。[4] 如《古兰》所述：◆ 世人中有人在边缘上崇拜安拉。如果好事降临到他，他就会心安理得。◆（22：11）伊本·阿拔斯说"**但在黑暗时，他们便停止步伐**"指的是他们认识真理，嘴上也说真理，所以从言语上

---

（1）《泰伯里经注》1：334；《伊本·艾布·哈亭经注》1：66。
（2）《伊本·艾布·哈亭经注》1：67。

（3）《泰伯里经注》1：349。
（4）《泰伯里经注》1：349。

来看，也坚持着正道。但他们返回隐昧时，便忐忑不安，犹豫不决。(1)

在末日，每个人按照自己的信仰获得光明时，他们的情况也是如此。有人获得的光明能照亮一段行程，有人光明更多，也有人光明极少；有的人光明忽亮忽暗，所以他在天桥上时走时停；有人完全得不到光明，他们就是下列经文所说的纯粹的伪信士：﴾那天，伪信的男女将会对归信者们说："请照顾一下！让我们借一点你们的光吧！"有声音说："你们转回去寻求你们的光吧！"﴿（57：13）安拉讲述穆民的情况说：﴾那天，你将看见归信的男女们，他们的光在他们前面奔驰，他们右手持功过簿，有声音对他们说："今天你们的喜讯是：下临诸河的乐园。"﴿（57：12）﴾有正信的人们啊！你们要向安拉诚恳地忏悔，你们的主也许会消除你们的罪恶，并使你们进入下临诸河的乐园。那天，安拉不会使先知和随他一道的归信者们受辱。他们的光明在他们前面飞梭。他们右手持（功过簿）。他们说："我们的主啊，求你为我们使我们的光亮完美，并恕饶我们！你确实是全能万事的。"﴿（66：8）

### 相关的圣训

伊本·麦斯欧迪读了"**他们的光明在他们前面飞梭**"之后说："经文指他们将根据自己所干的善功程度获得光明，并借光明经过天桥。有人的光明像山脉；有人的光明像枣树；有人的光明只在食指上，且忽亮忽暗，这是最微弱的光明。"(2)

伊本·阿拔斯说，每位认主独一的人，都会在后世获得光明，伪信士的光明那天将会熄灭，穆民看到这一情景后会感到焦虑，所以他们说：﴾有正信的人们啊！你们要向安拉诚恳地忏悔，你们的主也许会消除你们的罪恶，并使你们进入下临诸河的乐园。那天，安拉不会使先知和随他一道的归信者们受辱。他们的光明在他们前面飞梭。他们右手持（功过簿）。他们祈求说："我们的主啊，求你为我们使我们的光亮完美，并恕饶我们！你确实是全能万事的。"﴿（66：8）(3)端哈克说，今世中，表面上看起来有正信的人们，都会在后世得到光明，当伪信士们到达天桥时，光明突然熄灭了，穆民见到这一情景便会感到恐惧。

### 穆民(4)、卡菲尔(5)和穆那非格(6)的种类

如若上述解释是正确的，那么人类将会分为好多种。一种是安拉在《黄牛章》之首用四节经文所介绍的真正的穆民，一种是其后的两节经文所介绍的隐昧者，另一种是伪信士。伪信士有两种，一种是以火为例的那些人，他们阳奉阴违，忽左忽右；另一些是信仰的光明有时为他们照明，有时熄灭的人，他们是以暴雨为例的人。后者的情况比前者略轻。

然后安拉为隐昧者打了一个比喻，他们愚昧透顶，一无是处，却自以为是，安拉说：﴾那些否认者，其行为就像沙漠中的幻景，干渴的人以为它是水，等他到达它时，就发现它没有了。﴿（24：39）然后安拉为情节较轻的无知的隐昧者打了一个比方，说：﴾或就像汪洋大海中的重重黑暗，巨浪层层，乌云压顶。黑暗重重叠叠，他伸手几乎不见五指。安拉不给谁光，谁绝不会有光。﴿（24：40）此处将隐昧者分为两种：因袭传统的和纯粹的。正如《朝觐章》所述：﴾人们当中有人无知地争论安拉，并追随每一个叛逆的魔鬼。﴿（22：3）﴾但是在世人中却有人在无知识、无引导、无灿烂的天经的情况下争论安拉。﴿（22：8）

在《大事章》的首尾和《人类章》，安拉将穆民分为两种：争先者，即近主者；幸福者，即善人。

通过这些尊贵的经文可以归结出穆民有两种，一种是近主者，一种是行善者；隐昧者有两种，一种是蛊惑者（影响他人者），一种是因袭传统的；伪信士也分两种，一种是纯粹的，一种是具有伪信士的某种特征的。正如穆圣所说："具备三个属性的人是纯粹的伪信士，具备其中一种属性的人，则具备伪信士的一种特征，除非他放弃它。（这三个属性是）说话就撒谎，许约便爽约，受托就失信。"(7)这段圣训证明，一个人可能同时具备信仰和伪信双重特征，或是遵行方面的，或是信仰方面的，正如《古兰》经文所证明的那样。

### 心的种类

安拉的使者说："心有四种：坦坦荡荡犹如一盏明灯闪闪发光的，封闭在套子里的，颠倒的和（信仰与伪信仰）混杂的。坦坦荡荡的是穆民的心，灯是信仰之光；被封闭的是隐昧者的心；颠倒

---

(1)《泰伯里经注》1：346；《伊本·艾布·哈亭经注》1：75。
(2)《泰伯里经注》23：179。
(3)《哈肯圣训遗补》2：495。

(4) المؤمن，信士。
(5) الكافر，昧真者。
(6) المنافق，伪信士。
(7)《布哈里圣训实录诠释——造物主的启迪》1：111；《穆斯林圣训实录》1：78。

的是纯粹伪信士的心,他曾信仰后又否认;混杂的心指其中信仰和伪信交织在一起的心。其中信仰犹如用纯洁的水灌溉的植物,伪信犹如脓血滋润溃疡,一方面超过另一方面时,便会被较多的一方面所控制。(1)

《古兰》说:"**倘若安拉意欲,他就会剥夺他们的听力和视力。**"伊本·阿拔斯解释说这是因为他们认识真理后放弃了真理。"**安拉是全能于万事的**",是说假若安拉意欲,他能够惩罚他们,也能够宽恕他们。(2)伊本·哲利尔说,安拉在这个地方叙述自己是全能万事的,旨在让伪信士们防备他的惩罚和打击,告诉他们,安拉时刻包围着他们,随时可以封闭他们的听觉和视觉。(3)

也有许多经注学家认为这两个例子是为同一种伪信士所举的。在"**或者好像是遭到天降暴雨**"中的"**或者**"有"**和**"(并且)的意思。相同用法的经文如:⟪不要顺从他们中的罪人或隐昧者。⟫(76:24)经文的意思有可能是:对于伪信士你可以打第一个比方,也可以打第二个比方。《格尔特宾教律》说,经文的意思是:伪信士们或者像点燃火的人,或者像遭暴雨袭击的人,他们的情况总是这样的。

⟪21.世人啊!你们应当崇拜你们的主!他创造了你们和你们以前的人,以便你们敬畏。⟫

⟪22.他使大地成为地毯,使天成为你们的遮盖,并从天空降下雨水,以它生出果品作你们的粮食。因此,你们不可明知故犯地为安拉设立对等者。⟫

## 受拜性的独一

安拉在此开始阐明他受拜性的独一:他施予仆人恩典,使他们从无到有,给了他们许多可见不可见的福利,将大地造成地毯的样子,以高大的山脉使其稳定,以便人们在上面安步当车。"**使天成为你们的遮盖**","**遮盖**"指亭子。另一节经文说:⟪我已使天空成为受保护的穹窿,可是他们仍然回避它的种种迹象。⟫(21:32)"**并从天空降下雨水**"安拉在他们需要时,从云中降下及时雨,并通过雨水为他们创造各种庄稼和果品,以供养他们和他们的牲畜,正如许多经文所述。

与上述经文最相近的经文是:⟪是安拉为你们将大地设为居所,将天空设为建筑,并赋予你们

形象,使你们的形体完美,还供给你们一些佳美的东西。那就是安拉,你们的养主。所以,安拉——众世界的主真吉庆啊!⟫(40:64)其含义是:安拉是创造者,养育者,家园及其居民的拥有者和赐福者,所以只有安拉应该受到崇拜,不应为他举伴。因此,安拉说:⟪因此,你们不可明知故犯地为安拉设立对等者。⟫(2:22)伊本·麦斯欧迪问:"安拉的使者啊!在安拉看来,什么罪恶最严重?"先知☪说:"安拉创造了你,而你却为安拉设立对等者。"穆阿兹传述,(穆圣☪)说:"你可知道安拉对仆人有何权力?(安拉对仆人的权力是)他们崇拜他,不以任何物配他。"(4)另一圣训说:"你们中任何人不可说'安拉和某某人意欲',但可以说'安拉意欲,然后某某人意欲'。"(5)

## 造物主存在的明证

许多经注学家通过上述经文证明安拉的存在,这些明证是无可指责的。当人们去考虑一切低级和高级的物种、万物的不同形态、颜色、特征、益处以及它们的生态学职能时,他们会认识到造物主的大能、哲理、知识和博大的权力。正如一位游牧人对这一问题的认识,当有人问他安拉实有的证据时,他说:"啊!赞美安拉,超绝万物!骆驼粪能证明骆驼(的存在),脚印能证明行路之人(的存在),那么,十二宫的天、条条道路的大地和波澜壮阔的大海,难道不能证明有一位智慧的、彻知的(安拉)吗"?(6)

辽阔高大的天体、大大小小的行星和恒星以及从四面八方围绕大地的海洋、使大地和万物稳定的山脉——其中的不同色彩和形态,正如安拉所言:⟪在山上有红、白各色的道路以及乌黑的岩石。在人类、野兽和家畜中,也同样有形形色色的。安拉的仆民中,只有有知识的人才畏惧他。⟫(35:27-28)带着福利从一个地区流到另一地区的河流,大地上的各种动物,在同样的地方由同样的水浇灌而生出的各色不同形状、滋味、气味的植物……无不证明着造物主的存在、大能、慈悯、博爱、恩赐和宏恩。应受拜者,惟有安拉,我只托靠他,只回归他。《古兰》中类似的明证不胜枚举。

⟪23.如果你们对于我降给我的仆人的(经典)表示怀疑的话,那么,你们就可照样作出一章(经

---

(1)《艾哈麦德按序圣训集》3:17。
(2)《伊本·艾布·哈亭经注》1:76。
(3)《泰伯里经注》1:375。
(4)《布哈里圣训实录诠释——造物主的启迪》13:359;《穆斯林圣训实录》1:59。
(5)《艾哈麦德按序圣训集》5:384、394、398。
(6)《拉齐经注大全》2:91。

文），并在安拉之外寻求你们的见证吧，如果你们是诚实的。》

《24.倘若你们不能——你们必定不能——那么就提防火（狱）吧！它的燃料是人和石头，它是为隐昧的人预备的。》

## 肯定穆圣的使命

证实了"应受拜者，惟有安拉"这一问题后，安拉开始证实先知的圣职。他呼吁隐昧者们说："**如果你们对于我降给我的仆人的（经典）表示怀疑的话，那么，你们就照样作出一章（经文）吧！**""仆人"指穆圣。"照样作出一章"指按照穆圣所拿来的经典的样子写作一章。意思是：如果怀疑《古兰》不是来自安拉的经典，你们可以自己照《古兰》的样子写作一章，与《古兰》抗衡，你们最好找人帮助你们一起写作，但你们最终会自叹弗如的。伊本·阿拔斯认为经文中的"见证"指援助。[1] 赛丁伊认为指伙伴，即与他们臭味相投，共谋写作的一些人。或你们请求你们的所谓的神灵出来帮助你们。[2] 穆佳黑德认为经文是指：让聪明的文学家们来见证你们的写作。[3]

## 全面发难 战无不胜

安拉在《古兰》的许多节文中向怀疑者们发难。例如他在《故事章》说：《你说："如果你们是诚实的，你们就从安拉那里拿来比这两个更能引导人的经典来，我愿追随它！"》（28：49）《夜行章》说：《你说："如果人类和精灵群策群力去仿作和这《古兰》相似的（经文），即使他们互相帮助，他们也不能作出相似的。"》（17：88）《呼德章》说：《他们或许说："他伪造了它。"你说："如果你们是诚实的，那么你们就仿造十章和它一样的，并在安拉之外寻求任何你们所能够（找到的伪神来帮助你们）的吧。"》（11：13）《优努司章》说：《这部《古兰》不是舍安拉而伪造的，相反，它既能证实它之前的（经典），又能解释一部经典。其中毫无怀疑，它来自众世界的养主。他们难道说："他伪造了它！"你说："那么，你们就拿出跟它相似的一章吧！并且召集在安拉之外你们能够召集的所有人来帮助。"》（10：37-38）上述经文都是麦加颁降的。

安拉在麦地那也向怀疑者发难，安拉在这节经文中说：《如果你们对于我降给我的仆人的（经典）表示怀疑的话，那么，你们就可照样作出一章

---

(1)《泰伯里经注》1：376。
(2)《伊本·艾布·哈亭经注》1：84。
(3)《伊本·艾布·哈亭经注》1：85。

（经文）。》（2：23）这是穆佳黑德和格塔德的解释。最好的一种解释是：安拉向他们个人和整体发难，无论他们中的学者还是文盲，都可以以个人名义或集体名义作一章与《古兰》一比高低。虽然阿拉伯人是世界上最能言善辩的民族，但《古兰》还是在麦加和麦地那顶着他们极度的仇恨和反对，向他们频繁发起挑战，最终使他们心服口服，俯首称臣。因此安拉说："**倘若你们不能——你们必定不能**"，强调了他们过去不能够，以后更不能够。这也是《古兰》的一种（战无不胜的）奇迹。《古兰》义正辞严、坚决果断、毫无胆怯地宣布：《古兰》永远是战无不胜的。事实正是如此，从古到今任何人都不敢和《古兰》一比高低。他们怎能获胜呢？《古兰》是万物的创造者安拉的言语，人类的言语怎能和造物主的言语同日而语？

## 《古兰》不战而胜的原因

研究《古兰》的人们会发现，《古兰》中蕴涵着许多明显的和隐秘的奇迹。安拉说：《艾立甫，俩目，拉仪。这是文辞精确的，解释详尽的经典。来自明哲的、彻知的主。》（11：1）即经文辞句精确，意义详尽，并且《古兰》中的每一个文字和其意义都意味深长，而无法被超越，辞章井然有序，语义鞭辟入里。无论从哪一方面，《古兰》都是无与伦比的。它所预言的所有事情，都完全如它所述那样落实了，它无善不命，无恶不禁。《古兰》说：《你的主的言辞绝对真实和公正。》（6：115）即它所叙述的事情都是实事求是，它所作出的判决都公正无比。《古兰》中的一切都是真理、公正和引导，其中不存在谎言、杜撰和妄言，同样，《古兰》从不像诗文那样使用夸张和虚拟手法，用于助兴。如评诗者所言：文辞愈美，叙事愈虚。同时你会发现，诗文惯用的语句通常都是在形容女人、骏马或美酒，或赞美某个人、某个动物、某次战役、某种恐惧，或歌颂某些具体的事物。总之，诗人的诗词往往表达的是某些具体的人对某些形象或抽象事物的抒情，或明确地勾勒某些抽象的概念。但是你往往会发现一首长诗中只有个别段落具有实际意义，其他文字纯属无意义的描述和重复。

无论你是阿拉伯语方面的专家还是一般读者，也无论你对其语法有多少了解，但每当你诵读它时，就会知道《古兰》的字里行间凝聚着无可比拟的说服力。它的叙事无论长短，无论怎么重复，都是无比的甜美，每当一节经文重复出现时，使人感觉更加甜美，寓意更加深刻，无论怎么诵读，都耐人寻味，百读不厌。当它提出警告时，即使沉寂的

山脉也为之震撼,可见有理解力的心灵将是怎样的感觉?它报以喜讯时,令人心旷神怡,耳目一新,使人不禁向往乐园,渴望与至仁主的阿莱什毗邻而居。正如它如此鼓励世人所说:《没有人知道我为他们珍藏的赏心悦目的(福泽),以便报酬他们当初的行为。》(32:17)《其中有令人赏心悦目的一切。你们将永居其中。》(43:71)有关警告的经文如:《难道你们不担心他使大地吞没你们?》(17:68)《或是你们已经安心,天上的主宰不降给你们飞沙走石?你们将会知道我的警告是怎样的。》(67:16—17)《每个人,我都因其罪恶而加以惩罚。》(29:40)有关劝诫的经文如:《你可曾看到,如果我让他们享受若干年,然后,他们被警告的(惩罚)降临到他们,他们曾经得到的享受将会对他们有益吗?》(26:205—207)等经文,都是《古兰》无与伦比的优美修辞的证据。

陈述律例、命令和禁止的经文,包含着命人去做一切优美的善行,禁止去做一切下流的恶行。正如部分圣门弟子所说:"当你听到安拉在《古兰》中说:'有正信的人们啊!'时,应该注意倾听。因为安拉在(这种情况下)命令人去做好事,远离恶事。"因此安拉说:《那些跟随使者——不识字的先知——的人,会发现他被记载在他们眼前的《讨拉特》和《引支勒》当中,他命令他们行善,禁止他们作恶,并为他们将一切美好的定为合法,禁止他们吃各种不洁的。他将卸去他们的重担,解除曾经加在他们身上的枷锁。所以那些归信他、尊敬他、协助他,并追随与他一起降临的光明之人,这等人,他们是成功的。》(7:157)当经文开始讲述归宿和复生日的惊恐,形容乐园、火狱以及为穆民准备的恩典和为隐昧者准备的惩罚时,穆民们应该为乐园和恩典而高兴,为火狱和惩罚而警惕,并应当积极行善,远离恶事,淡泊今世,渴望后世,坚持正道,遵循教法,排除恶魔的干扰。

## 《古兰》是我们的先知——穆罕默德所获得的最大奇迹[1]

安拉的使者说:"任何一位先知都会得到相关的奇迹,人们据此而归信[2]。我获得的是安拉降给我的启示,但我希望在末日我的信众最多。"[3] 圣训的意思是,穆圣在列圣中享有的特权是持有这部《古兰》——全人类都无法与之抗衡的奇迹。这部经典与一切天启经典不同,因为许多学者认为其他经典并非奇迹。安拉至知。穆圣同时所拥有的迹象数不胜数。一切赞美和恩情都归于安拉。

## 石头的意义

清高伟大的安拉说:"**那么就提防火(狱)吧!它的燃料是人和石头,它是为隐昧的人预备的。**""燃料"指燃烧点火的物质,譬如柴。安拉所说:《至于悖谬者,他们将成为火狱的燃料。》(72:15)《你们和你们在安拉之外崇拜的,确实是火狱的柴,你们必将到达那里。如果这些是神,它们就不会到达那里!但是全都将永居其中。》(21:98—99)"石头"指又臭又硬的黑色大硫磺石,这种石头一旦燃烧起来,奇热无比。愿安拉从中拯救我们。有人说经文指的是曾经受人崇拜的石像。如《古兰》所述:《你们和你们在安拉之外崇拜的,确实是火狱的柴。》(21:98)

"**它是为隐昧的人预备的。**""它"指以人和石头为燃料的火狱,也可以指石头。从一定意义上说,两种指代是一样的,因为入火狱的人必定会遭受它的酷刑。经文的意思是火狱已经为否认安拉和使者的人们准备就绪。伊本·阿拔斯认为经文的意思是,火狱已经为你们以及和你们一样的所有伪信士准备就绪。[4]

## 火狱已经存在

许多正统派学者认为,这节经文可以证明火狱已经存在了。因为安拉说"**它是为隐昧的人预备的。**"(或译为,它已经为隐昧的人们准备好了。)相关的圣训很多,例如,"乐园和火狱在争论……火狱要求它的养主允许它发言后说:'我的养主啊!我的一部分在吞蚀其他部分。'后来安拉允许它(出)两口气,一口气在冬天,一口气在夏天。"[5][6] 伊本·麦斯欧迪说:我们听到一重物坠地的声音,便问:"这是什么响声?"安拉的使者说:"这是七十年前从火狱的顶部落下的一块石头,现在它落到了它(火狱)的底部。"[7] 类似的圣训很多。

《25.你把喜讯报给那些归信并行善的人吧。他们一定会获得下临诸河的乐园。每当他们在其中被赐果品时,他们就说:"这是我们以前被赐过

---

(1)这里的"奇迹"指证明先知身份的奇迹。——译者注
(2)指加入每位先知宗教的信众人数与该奇迹的高贵层次成正比。——译者注
(3)《布哈里圣训实录诠释——造物主的启迪》8:619;《穆斯林圣训实录》1:134。
(4)《泰伯里经注》1:383。
(5)《穆斯林圣训实录》4:2186。
(6)《布哈里圣训实录》537;《提尔密济圣训全集诠释》7:317。
(7)《穆斯林圣训实录》4:2184。

的。"其实他们曾被赐的与之名同质异。他们在其中有纯洁的伴侣,他们也永远居住其中。

### 清廉穆民的报酬

安拉谈到他为他的敌人——倒霉的隐昧者准备的惩罚和警告之后,紧接着提到他的盟友——幸福的穆民的情况。据最权威的解释认为,这就是《古兰》被称为"对比之经"的缘故。(下文将专题论述这一问题。)即《古兰》通常提到信仰后紧接着会提到隐昧,或提到隐昧后紧接着提到信仰,叙述幸福的人后紧接着叙述倒霉的人,即采用对比的手法,有时提到某事后紧接着提到与之相近的概念,即采用并列手法。如果安拉意欲,我们将阐述这一问题。安拉说:"**你把喜讯报给那些归信并行善的人吧。他们一定会获得下临诸河的乐园。**"即乐园的树和阁楼下面流淌着许多河流。圣训中说,乐园的河流并不在河道中流淌,考赛尔天池的两端是空心的珠宝。这两者之间没有冲突,因为乐园的泥土就是芬芳的麝香,它的砂石是珍珠和珠宝。祈求安拉赐福我们,安拉是至善的主,至慈的主。

安拉的使者㊗说:"乐园的河从山丘下奔涌而出,或从麝香山下奔涌而出。"(1) 阿卜杜拉说:"乐园的河从麝香山下奔涌而出。"(2)

### 乐园的果实是相似的

清高伟大的安拉说:"**每当他们在其中被赐果品时,他们就说:'这是我们以前被赐过的。'**"伊本·艾布·凯西尔说,乐园的青草似番红花,沙丘似麝香。仆童带来水果供其居民享用,此后,又带来相同的水果。故乐园的居民说,这和刚才带来的水果一模一样。仆童答道,请享用吧!他们色同味异。这就是安拉所说的"**其实他们曾被赐的与之名同质异**"。(3)

艾布·阿林解释"**其实他们曾被赐的与之名同质异**"说,乐园的果实形似味异。(4) 艾克莱麦说,乐园的果实就像今世的果实,但乐园的果实更加洁美。(5) 伊本·阿拔斯说,乐园中的东西和今世中的东西名同质异。另据传述,今世中所谓的美物只具备乐园美物的名字罢了。(6)

### 居乐园者的妻子是纯洁的

"**他们在其中有纯洁的伴侣**",伊本·阿拔斯认为经文指他们的伴侣身上没有污秽和伤害。(7) 穆佳黑德认为经文指她们没有月经、大小便、痰唾、精液和身孕。(8) 格塔德认为她们没有伤害和罪恶。(9) 另一传述认为她们没有月经和雀斑。还有许多人持此观点。(10)

"**他们也永远居住其中**",形容的是无限的幸福,因为他们在一个没有恐惧的安全地区永远享受着恩典。他们感受不到生离死别,那里的幸福没有止境,永不中断。祈求安拉使我们加入他们的行列,安拉是慷慨的,博施的,至慈的。

26.确实,安拉不会因举出任何一个例子而感到羞愧,(即使像)蚊子或更小一点的。归信的人都知道那是来自他们养主的真理。可是那些隐昧的人却说:"安拉举这个例子的用意是什么?"他

---

(1)《伊本·艾布·哈亭经注》1:87。
(2)《伊本·艾布·哈亭经注》1:88。
(3)《伊本·艾布·哈亭经注》1:90。
(4)《伊本·艾布·哈亭经注》1:90。
(5)《泰伯里经注》1:391。
(6)《泰伯里经注》1:392。
(7)《泰伯里经注》1:395。
(8)《泰伯里经注》1:396。
(9)《伊本·艾布·哈亭经注》1:91。
(10)《伊本·艾布·哈亭经注》1:92。

以它使许多人迷误,也以它使许多人获得引导。除了离经叛道者之外,他(安拉)不以它令任何人迷误。

☽27.那些人在和安拉缔约之后背信毁约,断绝安拉曾命令(他们)接恤的,并在大地上为非作歹。这些人,他们才是亏折的。☾

一些圣门弟子认为,安拉为伪信士举了两个例子(点火者和暴雨的例子)后,伪信士们说,清高伟大的安拉怎么会打这种比喻呢?所以安拉降示了**"他们才是亏折的"**。(1)格塔德认为经文指出,安拉讲述事物总是直言不讳,从不为此感到惭愧,无论该事物有多渺小还是有多伟大。安拉在《古兰》中提到苍蝇和蜘蛛后,迷信的人们说安拉举这样的例子用意何在?后来安拉降谕道:**"确实,安拉不会因举出任何一个例子而感到羞愧。"**(2)

## 今世的例子

艾奈斯说:"安拉在这节经文中将今世比作蚊子,它在饥饿时才能生存,一旦肥壮就会死亡。《古兰》叙述的这些人也是如此,当他们饱食终日时,安拉就该惩罚他们了。"然后他念道:☽当他们忘记了所受的劝诫时,我为他们打开诸事之门。☾(6:44)(3)经文的意义是:安拉告诉人们,他不会为此而傲慢。也有人说经义是安拉不害怕以任何存在物举例子,无论该物质是大是小。

**"或更小一点的"**,指比蚊子更小一点的。因为蚊子是最微不足道的渺小的动物之一。安拉的使者㕮说:"穆斯林只要被扎上一根刺,或遭受更大的(伤害),他都会因此而(被天使)记录一个品级,免去一件罪恶。"(4)他说安拉不耻于以任何物举例,无论它有多渺小或多伟大,正如当初安拉并没有认为蚊子渺小而不去创造它。安拉也用蚊子和蜘蛛打过比方,安拉说:☽世人啊!有一个比喻,你们且听听它。你们在安拉之外祈求的那些(伪神),即使他们群策群力也不能造化一只苍蝇!如果那苍蝇拿走他们的任何东西,他们也没有力量从它那儿取回它。祈求者和被祈求者都是微弱无能的!☾(22:73)☽舍安拉而另择保护者的人们的例子,就像蜘蛛造房的例子。但最脆弱的房子就是蜘蛛的房子,倘若他们知道。☾(29:41)☽你没有看见安拉如何作出比喻吗?良言有如佳木,其根稳固,其枝干凌空。每一时节,它在它的主的允许之下结果。安拉为世人举例,以便他们参悟。恶言有如坏树,它从地面上被连根拔起,毫不稳固。安拉将以坚定的话在今世与后世使那些归信的人坚定,安拉也将使不义者迷误,安拉做他所愿意做的事。☾(14:24-27)☽安拉设下了(两个人的)比喻:一个是受人管理的奴隶。☾(16:75)☽安拉又设下了(另外的)比喻:有两个人,其中一人是哑巴,对任何事物都无能为力,并且他对他的主人是个累赘,无论派他到哪里,他都(办)不好事情。这样的人能跟一个劝人公正并遵循正道的人相等吗?☾(16:76)☽他为你们举出一个来自你们自身的比喻:在你们右手所管辖的(奴仆)中,可曾有一些伙伴,与你们共享我所赐给你们的财富,以至他们和你们完全平等。☾(30:28)

穆佳黑德读了**"确实,安拉不会因举出任何一个例子而感到羞愧"**之后说,穆民们相信一切大大小小的例子,知道它们是安拉用来引导他们的。(5)

一些圣门弟子说,**"他以它使许多人迷误"**指安拉通过举例使伪信士迷误,引导穆民。伪信士明明知道来自安拉的例子完全符合实际情况,但还是否认它。所以安拉使他们更加迷误。(6)

**"也以它使许多人获得引导"**,"它"指比喻。"许多人"指许许多多的信士。安拉使获得引导者更加得道,使归信者的信仰更加坚定。因为他们诚信他们明确看到的真理——安拉的例子完全符合实际情况,并认可它。这其实是安拉对他们的引导。(7)**"除了离经叛道者之外,他(安拉)不以它令任何人迷误"**。"离经叛道(8)者"指伪信士。阿拉伯人说"果实从皮里面脱落出来"。老鼠被称为"夫赛格(9)",因为它常从窝里溜出来干坏事。安拉的使者㕮说:"无论受戒与否,都可以杀死五种害物:乌鸦、鸢、蝎子、老鼠和咬人的狗。"(10)

**"离经叛道者"**包括隐昧者和犯罪者,但隐昧者的恶行更严重、更丑恶。经文中指的是离经叛道的隐昧者。下列经文可以为证:"那些人在和安拉缔约之后背信毁约,断绝安拉曾命令(他们)接恤的,并在大地上为非作歹。这些人,他们才是亏折的。"以上是穆民和隐昧者截然不同的特征,正如《雷霆章》所述:☽一个知道你的主启示给你的是真理的人,跟瞎子一样吗?只有那些有心人才能觉悟。那些履行安拉的约言,不背毁誓言的人,和那些奉安拉的命令接恤(亲人)的人,他们敬畏他们的主,畏惧严厉的清算。☾(13:19-21)☽他们在

---

(1)《泰伯里经注》1:398。
(2)《泰伯里经注》1:399。
(3)《泰伯里经注》1:398。
(4)《穆斯林圣训实录》4:1991。
(5)《伊本·艾布·哈亭经注》1:93。
(6)《泰伯里经注》1:408。
(7)《泰伯里经注》1:408。
(8)原意是"脱落的,溜出来的"。——译者注
(9)الفسيق,小坏蛋,小害物。——译者注
(10)《布哈里圣训实录诠释——造物主的启迪》6:408;《穆斯林圣训实录》2:856。

定下盟约之后破坏安拉的盟约，断绝安拉命令他们接恤的（关系），并在大地上为非作歹，这等人，他们应受诅咒，他们将进入恶劣的家园！》（13：25）为非作歹者们废除的盟约指安拉和人类缔结的盟约——顺从安拉，远离他禁止的罪恶，同时指列圣所传达的安拉旨意。

有人说，经文所指的是有经人当中的隐昧者和伪信士，他们背弃了安拉与他们缔结的盟约：遵守《讨拉特》，穆罕默德为圣时顺从他、相信他，并且归信他从安拉那里所带来的一切信息。但他们认识并明确了他的真实身份后毁约隐瞒，加以反对，他们曾向安拉承诺要向世人阐明经典、不隐昧对穆圣㊐的认识，如今他们反其道而行，所以安拉说他们将约言弃置脑后，以之换取了微薄的现实浮利。

有人认为经文指所有的隐昧者、多神教徒和伪信士，他们不但否认了证明独一安拉所独具的一切相关属性的证据，而且还否认列圣带来的无与伦比的明证，这些明证充分说明列圣的语言千真万确。有学者认为，"毁约"指否认颠扑不破的真理，有意识地否认列圣和他们的经典。

"**断绝安拉曾命令（他们）接恤的**"，指断绝亲戚之间的联系。正如安拉所言：《如果你们拒绝，你们或许要在大地上为非作歹、断绝骨肉吗？》（47：22）[1]也有人认为其中还有更广泛的意义，即他们断绝了安拉命令他们密切联系的一切关系。

## "亏折"的意义

穆尕提里解释"**他们才是亏折的**"说，经文指后世的亏折。[2]正如安拉所言：《这等人，他们应受诅咒，他们将进入恶劣的家园！》（13：25）伊本·阿拔斯说，安拉用来形容非穆斯林的所有单词都指"不信仰"，譬如形容他们的"亏折"；安拉用来形容（指责）穆民的一切类似单词，其意义都指犯罪。[3]伊本·哲利尔认为"**他们才是亏折的**"指因违背安拉而失去原本属于自己的一切份额的人们。譬如生意人在交易中损失了自己的资本。伪信士和隐昧者也是如此，安拉原本为他们准备了他们在末日最需要的东西——慈悯，但他们却在今世损失了它。因此有人说折本、亏折。正如诗人所说："赛利特在亏折之中，因为他生于奴隶之家。"[4]

《28.你们怎么可以不信安拉呢？你们原是没有生命的，后来他赐你们生命，然后使你们死亡，然后又使你们（复）生，最后，你们终将回到他那里。》

安拉证明他的存在和大能，并阐明他是安排一切事物的造物主，说："你们怎么可以不信安拉呢？"即否认安拉的存在，崇拜除安拉之外的伪神。"**你们原是没有生命的，后来他赐你们生命**"，即你们原本不存在，后来他使你们从无到有。正如安拉所说：《他们是从无到有中被造化的，还是他们就是造化者呢？难道他们造化过诸天和大地吗？不然，他们不确信。》（52：35-36）《难道人不曾经历他曾是不值一提的东西——这样一段时期吗？》（76：1）类似的经文不胜枚举。伊本·阿拔斯说，经文的意思是："你们原本在父亲的脊背中，没有生命，什么都不是，后来安拉造化了你们，后来他使你们真正地死亡，然后在复生之时他使你们复得生命。"他说这节经文与下列经文相似：《他们说："我们的主啊！你曾使我们死过两次，你也曾两度给予我们生命！"》（40：11）[5]

《29.是他为你们在地上创造了万物，然后，他又转而（造天），并使它们成为协调的七重天。他是全知万事的。》

## 安拉大能的明证

安拉提到了创造人类和人类所看见的万物之后，又提到了另外一个证据——诸天和大地的造化。他说："是他为你们在地上创造了万物，然后，他又转而（造天），并使它们成为协调的七重天"，即安拉致力于造天，"使它们成为七重协调的天"指创造了七层天。因此，安拉说，他造了七层天，"他是全知万事的主"，即他深知他所创造的一切，正如安拉所言：《难道造化万物的主不知道吗？》（67：14）

## 创造之始

《哈米目章》分析了这些经文：《你说："你们真的不信在两天内造化了大地的主吗？你们要为他设一些对等者吗？他是众世界的主。"他在大地上安置了山岳，并降福于其中，在四天内决定它的需求。这是对询问者的答复。然后他转而造天，那时它还是蒸气。他对天地说："无论你们愿意还是

---

(1)《泰伯里经注》1：416。
(2)《伊本·艾布·哈亭经注》1：101。
(3)《泰伯里经注》1：417。
(4)《泰伯里经注》1：417。

(5)《泰伯里经注》1：419。

不愿意，你们来吧！"它俩说："我们顺服地来了。"因此，他在两天中完成了七重天，并在每一层启示了其事务。我以各种明灯（星星）装饰了最低层的天，并加以保护。这就是优胜的、全知的主的设定。﴾（41：9—12）经文证明安拉首先造地，然后造了七层天。这是一种较常用的由低到高的建筑模式。经注家们已经指出了这一点，如果安拉意欲，我们将在后面叙述这一问题。另有经文说：﴿是创造你们较困难呢，还是他所建的天更难造？他提升了它的高度，并使它协调。他使它夜晚黑暗，并显出其晨光。此后，他展开了大地。他从那里产生出水和牧草。他使山岳稳固，以便供养你们和你们的牲畜。﴾（79：27—33）

有人认为经文中的"**然后**"起并列叙述的作用，并不表示创造的先后关系。[1]

### 先造地后造天

穆佳黑德说："**是他为你们在地上创造了万物**"，指安拉在造天之前创造了大地。当开始造地时，地上冒出一股烟雾，安拉当时说：﴿然后他转而造天，那时它还是蒸气。﴾（41：11）"**并使它们成为协调的七重天**"指一层天在另一层之上，七层地指一层在另一层之下。[2]这节经文证明安拉在造天之前创造了地。正如上述《叩头章》经文所证明。这两段经文都指出先造地，后造天。

### 造天之后铺平大地

有人就这个问题请教伊本·阿拔斯，伊本·阿拔斯回答，安拉先造地后造天，创造天之后又铺平了地。[3]古今的许多经注学家也作出了类似解释。我在《急掣章》注释中载录了它。概言之，这里的"铺平"可通过下列经文得到解释：﴿此后，他展开（铺平）了大地。他从那里产生出水和牧草。他使山岳稳固，﴾（79：30—32）这节经文将"铺平"解释为：以一种力量取出蕴藏在大地中的东西。当大地上万物的形象完美之后，安拉开始造化天，并在此后铺平了大地。取出了蕴藏在地下的水，后来长出不同种类、不同特征、不同色彩和形态的植物。天体也是如此，其中的一切行星、恒星和各种星球都依某种规律运行。安拉至知。

﴿30.当时你的主对天使说："我将在地上设置代位者。"他们说："难道你要在其中安置为非作

---
[1]《泰伯里经注》1：437。
[2]《泰伯里经注》1：436。
[3]《布哈里圣训实录诠释——造物主的启迪》8：417。

---

歹的和流血的（人）吗？而我们在赞你清净，赞你圣洁。"他说："我确实知道你们不知道的。"﴾

### 阿丹及其子孙居住地球且代代相传

安拉造人之前，在最高的天使群中提到人类。安拉讲述这一恩典说："**当时，你的养主说，我将在地上设置代位者**"，即穆罕默德啊！你当把你的养主当时对众天使所说的话讲述给你的民族。安拉说他将在地上立人类为代位者，这些人将相互接替，代代相传。正如《古兰》所述：﴿他使你们成为大地上的代位者。﴾（6：165）﴿他使你们成为大地的代位者。﴾（27：62）﴿如果我愿意的话，我可以在你们当中指派天使做在大地上的代位者。﴾（43：60）﴿在他们之后，另一代人取代了他们。﴾（7：169）显然，经文中的"**代位者**"指的并非阿丹本人，假若经文指的是阿丹，安拉就不会允许天使说："**难道你在其中安置为非作歹的和流血的（人）吗？**"因为天使们知道人类中有此恶行。天使好像通过一种独特的知识，或凭他们对人类本性的了解预料到了这一点，因为安拉曾告诉天使，他将用臭干的泥创造人类。或者他们从"**代**

位者"一词中领会到,人类将判别人类之间的争端,禁止不公平以及罪恶。

天使们说上述话的目的不在于同安拉争论,也不出于他们对人类的嫉妒。那是某些经注学家的谬论。安拉确已说过,天使们从不在安拉那里争先发言,也不会在未经允许的情况下询问安拉。在此,安拉通知天使们他将创造一种被造物的时候,(格塔德说:"天使们知道人类将在大地上为非作歹。")天使们说:**"难道你要在其中安置为非作歹的和流血的(人)吗?而我们在赞你清净,赞你圣洁。"** 安拉说:**"我确实知道你们不知道的。"** 这种询问的目的是请教未知、阐明其中的奥义。他们说,我们的养主啊!他们中会出现一些为非作歹者和流血杀人者,但你却打算创造他们,不知其中有何哲理?[1](万物的)最终目的是崇拜你,我们在赞你清净,在赞你圣洁,我们为你礼拜。概言之,我们不会触犯人类可能触犯的一切错误,为何还要除我们之外另造他物?

安拉回答道:**"我确实知道你们不知道的"**,即安拉知道造人后的益处大于你们所述的那些害处,你们不知道我将在人类中委派先知和使者,人类中还会出现一些虔信者、烈士、清廉之士、修士、淡泊今世者、卧里[2]、善人、近主者、德才兼备的学者、畏主者、爱主者以及列圣的跟随者。

圣训说,天使们带着仆人的善功去见安拉,安拉(明知而)问:"你们在哪种情况下离开了我的仆人?"众天使说:"我们去时他们正在礼拜,我们来时他们也在礼拜。"[3]因为天使们在人类中轮流巡查,他们在晨礼和晡礼时会聚。此后,一部分留于人间,一部分带善功去见主。正如穆圣㊣所说:"白天之前夜晚的工作将被上报(安拉),夜晚之前白天的工作将被上报(安拉)。"[4]圣训中天使们和安拉的对话是下列经文的注解:**"我确实知道你们不知道的"**。

有人说经文的意思是:安拉确实在造人的过程中赋予了深奥的哲理,你们并不知道实际情况。也有人说,上述经文是对**"而我们在赞你清净,赞你圣洁"**的答复。即可是你们并不知道你们中存在恶魔,它的情况不符合你们对自己同类的叙述。还有人认为**"难道你要在其中安置为非作歹的和流血的(人)吗?而我们在赞你清净,赞你圣洁"**中包含着天使们要求代替人类居住大地的意义,所以安拉

回答道:**"我确实知道你们不知道的"**,即安拉知道你们更适合居住在天上。这是拉齐的观点。他还提到另一些答复。安拉至知。

## 必须拥立哈里发以及有关的一些问题

《格尔特宾教律》等通过上述经文证明,必须拥立哈里发,让他在人们之间裁决分歧、杜绝纷争、制止邪恶、伸张正义、立行法度、禁止丑事等,并履行只有拥立伊玛目[5]后才能完成的重要任务。这些事情是社会正常发展之必然,所以拥立伊玛目是必然的。部分学者认为,伊玛目可以通过书面文字就任,正如部分正统派学者对艾布·伯克尔任哈里发之观点。有人认为,可以通过口头授权就任;也可以通过上一任哈里发的指定就任,正如艾布·伯克尔指定欧麦尔为哈里发继承人;或者由一些清廉的人协商决定,正如欧麦尔的做法;或通过举足轻重的人们对某个人的集体宣誓就任;或通过某一位举足轻重之人向某个人宣誓决定。大部分学者认为,穆斯林必须服从这位哈里发。

哈里发必须是男子、自由民、成人、有理智的人、穆斯林、公正之人、宗教学者、耳聪目明的人、四肢健全的人、具有文韬武略的人,古莱什部落成员。但哈里发并不一定是来自哈希姆家族或一尘不染,没有错误的人。这一方面与那些极端的叛教徒有不同看法。伊玛目犯了错误之后是否可以被罢免,是有分歧的。正确的观点是不应被(任意)罢免,因为穆圣㊣说:"(你们不能轻易罢免哈里发)除非你们(从他身上)看到明显的隐昧,或你们有来自安拉(经典)的证据证明他的隐昧。"[6]伊玛目是否可以自行退位,也是有分歧的。阿里之子哈桑将自己的哈里发职位让给了穆阿维叶,他是为势所迫,尽管他的这种做法是可嘉的,但大地上不能同时有两位或两位以上哈里发,因为穆圣㊣说:"你们的事业是统一的,谁若想让你们分裂,你们当杀死他。"[7]这是大众的主张。伊玛目哈拉麦尼传自艾布·易司哈格,[8]认为在伊斯兰幅员辽阔的情况下,可以同时立两位或两位以上的哈里发。但哈拉麦尼对自己的传述表示怀疑。

❦ **31.他(主)教授阿丹万物的名称,然后他将它们展示在众天使面前,说道:"如果你们是诚实的,请告诉我这些东西的名称。"** ❧

❦ **32.他们说:"赞你清洁,除了你教给我们的**

---

(1)《泰伯里经注》1:464。
(2)即安拉的朋友,一译"上人"。非穆斯林译为"圣徒"。——译者注
(3)《布哈里圣训实录诠释——造物主的启迪》13:426。
(4)《穆斯林圣训实录》179;《艾布·阿瓦奈圣训集》1:145。

(5)穆斯林领导,也译为哈里发。——译者注
(6)《布哈里圣训实录》7056;《泰伯里经注》1:477。
(7)《穆斯林圣训实录》3:1470。
(8)他不是直传弟子。——译者注

之外，我们什么都不知道。你确实是全知的，明哲的。"

◆33．他说："阿丹啊！你把它们的名称告诉他们。"当阿丹告诉他们（万物的）名称时，安拉说："我不曾告诉你们吗？我知道诸天和大地的秘密，并且知道你们表白的和你们隐藏的。"◆

## 阿丹比天使尊贵

安拉在这节经文中阐明阿丹比天使们尊贵，因为安拉教会他天使不具备的知识，知道万物的名称。阐明这一点之前，天使们就为阿丹叩了头。经文首先讲述这一情节，完全符合本段精神，也说明天使们询问安拉的时候不知道造人的哲理，后来安拉告诉他们他知道他们所不知道的。所以，安拉在后面提到了有关阿丹比天使尊贵的上述经文，以便让天使们认识到阿丹的尊贵及阿丹拥有知识之后的优越性："**他（主）教授阿丹万物的名称**。"伊本·阿拔斯认为"**万物的名称**"指人们用于交流的名称。譬如人类、动物、天地、土地、陆地、海洋、马、驴和其他事物。(1)有人问伊本·阿拔斯：安拉给阿丹教授了碟子和锅的名称吗？伊本·阿拔斯回答："是的。包括有声屁和无声屁。"(2)

正确地说，安拉给阿丹教授了万物的名称，无论是具体事物，还是抽象概念。伊本·阿拔斯说，甚至教授了无声屁和有声屁。即事无巨细，一并教之。

艾奈斯说，安拉的使者㊣给我谈到了哈里发（问题）。他说："信士们将在末日集合，他们说：'我们向我们的养主求求情多好啊！'他们去找阿丹说：'你是人类之父，安拉亲自造化了你，让众天使为你叩头，并教授你万物的名称。请你到你的养主跟前为我们求求情，让我们解脱眼前的困境吧！'阿丹说：'我没有资格。'接着提到了自己的罪恶，他为此而感到惭愧。"（阿丹接着说，）'你们去找努哈吧！因为他是安拉派到大地上的第一位使者。'众人就去找他（努哈），可他说：'我没有资格。'然后他提到自己曾经无知地向安拉提出要求，为此感到惭愧。他说：'你们去找至仁主的朋友（伊布拉欣）吧！'然后他们就去找他，可他说：'我没有资格。你们去找安拉的仆人穆萨，安拉曾亲自和他谈话，并赐给他《讨拉特》。'他（穆萨）说：'我没有资格。'于是他提到自己曾不是在以命抵命的情况下杀死了一个人，他为此而在安拉跟前感到惭愧。他说：'你们去找安拉的仆人尔撒，他是安拉的使者、言辞和精神。'他们就去找尔撒，但他也说：'我没有资格，你们去找穆罕默德吧！他的前前后后的罪恶都被安拉恕饶了。'他们来找我后，我向养主求得了（说情的）许可。我看到养主后便倒地叩头，养主让我（在叩头中）停顿他所欲的时间。然后（安拉）说：'抬起你的头，你要求吧，你会得到的；你讲吧，会被听的；你求情吧，会被准请的。'我便抬起头以安拉教给我的赞词赞美安拉，并开始求情。然后（安拉）为我划定一些人，便使他们进入乐园。然后我回去，看到养主后……"（先知讲到了同样的情节，先知四次到安拉跟前求情，每次都让一些人进入乐园。）后来我想："最终只有被《古兰》所圈定并且必须永居火狱者留在了火狱。"(3)

引用上述圣训的目的在于表明安拉曾经给阿丹教导了万物的名称。"**然后他将它们展示在众天使面前**"。阿卜杜·兰扎格解释说，安拉将那些东西昭示于众天使，说道："**如果你们是诚实的，请告诉我这些东西的名称**"，(4)即天使们啊！你们说"难道你要在其中安置为非作歹的和流血的（人）吗？我们在赞你清净，赞你圣洁。"你们说如果我要在大地上安置了代位者，他和他的子孙将会违背我，并且如果我安置了你们，你们会服从我，并毕恭毕敬地执行我的命令……如果你们说得没错，请你们告诉我昭示在你们眼前的这些事物的名称吧！如果你们连眼前的事物都不知道，又怎能知道不在眼前的无穷无尽的事情呢？

"**他们说：'赞你清洁，除了你教给我们的之外，我们什么都不知道。你确实是全知的，明哲的。'**"这是众天使对安拉的赞美，他们承认如果安拉不意欲，任何人都无法对安拉的知识有所了解，他们只知道安拉教授他们的知识。因此他们说："**赞你清洁，除了你教给我们的之外，我们什么都不知道。你确实是全知的，明哲的**"，即你全知万物，你精于你的创造和事务，你将知识教给你意欲之人，或使你意欲之人不知道它们。你完全是睿智而富有哲理的，是绝对公正的。

## 阿丹凭借拥有知识而贵过天使

"他说：'阿丹啊！你把它们的名称告诉他们。' 当阿丹告诉他们（万物的）名称时，安拉说：'我不曾告诉你们吗？我知道诸天和大地的秘密，并且知道你们表白的和你们隐藏的。'"

栽德说，阿丹便告诉他们："你是吉卜勒伊

---

(1)《泰伯里经注》1：458。
(2)《泰伯里经注》1：485。
(3)《布哈里圣训实录诠释——造物主的启迪》8：10；《穆斯林圣训实录》1：181；《圣训大集》6：364；《伊本·马哲圣训集》2：1442。
(4)《阿卜杜·兰扎格经注》1：42。

里，你是米卡伊里，你是伊斯拉菲里……"直至说出了乌鸦的名称。[1]穆佳黑德说："（他指出了）鸽子、乌鸦等万物的名称。[2]阿丹通过表述安拉教授的万物的名称征服天使们后，安拉便对众天使说：❲我不曾告诉你们吗？我知道诸天和大地的秘密，并且知道你们表白的和你们隐藏的。❳（2：33）即我已经提前说过，我知道天地的秘密。正如安拉所言：❲如果你高声说话，那么，他确实知道秘密的和更隐秘的。❳（20：7）安拉给苏莱曼叙述戴胜鸟的情况时说：❲他们不为揭示诸天与大地的隐秘、知道你们所隐藏的和公开的事物的安拉叩头。安拉！除他之外无主宰，他是伟大阿莱什的养主。"❳（27：25-26）

也有人对"并且知道你们表白的和你们隐藏的"做出了其他解释。伊本·阿拔斯说，这节经文的意思是："我知道公开的，正如知道秘密的那样"，即知道伊卜厉斯的心理：桀骜不驯，自以为是。[3]艾奈斯认为他们表白的指天使们所说的话："难道你要在其中安置为非作歹和流血的（人）吗？"隐藏的指天使们之间的谈话："我们的养主绝不会造化比我们更有知识、更尊贵的被造物。"后来天使们得知，安拉使阿丹凭借知识和慷慨贵过了他们。

❲34.当时，我对众天使说："你们向阿丹叩头。"他们就叩头了，但是伊卜厉斯却没有，它傲慢地拒绝了，它是一个隐昧者。❳

### 通过天使的叩头体现阿丹的尊贵

安拉通过众天使给阿丹叩头，充分体现了阿丹的尊贵，并出于对人类的恩赐，将这一历史事实告诉他们。许多圣训可以证明这一点。上述圣训就是一个例子。有关穆萨先知的圣训也是如此，"（穆萨说）'我的养主啊！让我看看使我们和他自己从乐园中出来的那位阿丹吧！后来阿丹和穆萨见面了。'（穆萨问）'你就是安拉亲自创造的那位阿丹吧？安拉曾给你注入来自他的鲁哈，并让天使们为你叩头……'"[4]

### 伊卜厉斯（魔鬼）虽不属于天使群，但它也受命为阿丹叩头

安拉命令众天使为阿丹叩头之际，伊卜厉斯也受到同样的命令。它虽然不属于天使群，但它试图并假装模仿他们的行为，所以它也在受命者之列。后来伊卜厉斯因违背安拉的命令而受到了谴责。如果安拉意欲，我们将在解析后文❲伊卜厉斯除外，它一直是精灵，它违背了它的主的命令。❳（18：50）时，对此问题展开论述。伊本·阿拔斯认为，伊卜厉斯在犯罪之前也是一位住在地面上的天使，它的名字叫阿匝则尔，它居住在地面上时，曾是最勤奋、最有知识的天使之一，它因此感到骄傲。它属于被称为精灵的一个群体。[5]

### 顺从安拉 叩首阿丹

格塔德认为，安拉命令众天使为阿丹叩头所体现的是：顺从归安拉，叩首于阿丹。安拉通过众天使的叩头，体现了阿丹的尊贵。[6]有人说这是一个表示祝贺或尊敬的叩头，如《古兰》所述：❲他使他的父母坐在宝座上，他们为他叩头在地。他说："我的父亲啊！这是我以前的梦境的解释。我的主使它成为了现实。"❳（12：100）以前各民族的法律中，子女可以为父母亲叩头。但伊斯兰禁止了这一行为。穆阿兹说："我去沙姆时，看到那里的人们为他们的主教和学者叩头。安拉的使者啊！你更应该接受别人的叩拜。"穆圣☪说："不。假若我要命令一个人对另一个人叩头，我一定命令妇女为她的丈夫叩头，因为他对她有巨大的权力。"[7]

### 伊卜厉斯的骄傲

"他们就叩头了，但是伊卜厉斯却没有，它傲慢地拒绝了，它是一个隐昧者。"格塔德读了这节经文后说，安拉的敌人伊卜厉斯看到阿丹获得的殊荣，就对他起了嫉妒之心，说：❲我比他优越，你用火造化了我，而你却用泥造化了他。❳（7：12）一切大罪的开端都是骄傲。安拉的敌人伊卜厉斯因骄傲而不愿为阿丹叩头。[8]圣训说："心中有一粒芥子大骄傲的人，不能进入乐园。"[9]伊卜厉斯的骄傲、隐昧和顽固足以使它遭受驱逐，远离仁慈圣洁的安拉。

❲35.我说："阿丹啊！你和你的妻子同住乐园，并随意在其中舒畅地取食。不过你俩不要接近这棵树，否则，你俩将成为不义的人。"❳

---

（1）《伊本·艾布·哈亭经注》1：118。
（2）《伊本·艾布·哈亭经注》1：119。
（3）《泰伯里经注》1：498。
（4）《艾布·达乌德圣训集》5：28。
（5）《泰伯里经注》1：502。
（6）《泰伯里经注》1：512。
（7）《提尔密济圣训集》1109；《圣训补充汇集》4：310。
（8）《伊本·艾布·哈亭经注》1：123。
（9）《穆斯林圣训实录》1：93。

❦ 36.但是恶魔却使他俩失足了,并且使他俩失去原有的(幸福)。我说:"你们相互仇视地下去吧!你们在地上有稳定之处和一时的享受。" ❧

## 对阿丹的另一优遇

安拉命令天使对阿丹叩头,以此来体现阿丹的尊贵。天使们都奉命叩头,惟有伊卜厉斯违抗了安拉的命令。阿丹获准自由自在地居住乐园,舒畅地在乐园中取食。经文中的"**舒畅**"指愉快、宽裕和佳美。艾布·则尔说,我问安拉的使者㊣:"安拉的使者啊!阿丹原本是位先知吗?"使者回答:"是的,他不但是先知还是使者,安拉曾和他面对面地交谈。"

安拉讲述对阿丹的这些恩典时说:"**你和你的妻子同住乐园。**"(1)

## 阿丹进入乐园之前,安拉创造了海娃

从经文的表述可以看出,海娃是阿丹进入乐园之前被造的。穆罕默德·本·易司哈格明确地主张这一观点,他说,安拉谴责了伊卜厉斯之后给阿丹教导了万物的名称。他念道:"**阿丹啊!你告诉他们它们(万物)的名称……你是全知的、明哲的主。**"然后他说,据伊本·阿拔斯等人传自信仰《讨拉特》的有经人和其他一些学者,"此后阿丹陷入了昏睡之中,安拉便取出他的一根左肋骨,在上面配上肉。但阿丹一直昏睡不醒。安拉从那根肋骨创造了他的妻子海娃,使她成为一个温柔的、可以供阿丹相依的人。此后,安拉才解除他的瞌睡。阿丹醒来看到她在身旁,便依偎她。"据那些学者所说,阿丹见到她后说:"(你是)我的肉,我的血,是我妻子。"安拉至知。当安拉使她成为他的妻子,并让他感到安宁后,当面对他说:"**阿丹啊!你和你的妻子同住乐园,并随意在其中舒畅地取食。不过你俩不要接近这棵树,否则,你俩将成为不义的人。**"(2)

## 安拉考验阿丹

"**不过你俩不要接近这棵树**"是安拉对阿丹的考验。学者们对此树有不同解释,有人认为是葡萄树,有人认为是麦子,也有人认为是枣树,还有人认为是无花果。甚至有人认为是一种食用后可以使人坏小净的树。还有一种说法是天使们为了永生而食用其果实的树。伊玛目艾布·贾法尔说,正确地说,它是乐园中的一棵树。安拉允许阿丹夫妇可以吃乐园中任何一棵树的果子,惟独不能接近这棵树。但他俩却食用了这棵树的果子。我们不知道它具体是棵什么树。因为安拉在《古兰》中没有指明这一点,圣训对此也没有明确指示。有人说它是小麦,有人说它是葡萄,也有人说它是无花果,也可能是上述食品之一。这种知识知之无益,不知之无害。安拉至知。(3)还有许多学者有类似解释。

"**但是恶魔却使他俩(从它)失足了**","**从它**"可以指代乐园,这样可以理解为:伊卜厉斯使他俩离开了乐园;也可以指代树,即因为这棵树而使他俩失足。(4)如《古兰》所述:❦**迷误者,将迷失它。**❧(51:9)即因它而受骗。因此《古兰》说:"**并且使他俩失去原有的(幸福)。**""**原有的**"指衣服、豪宅、幸福的生活等。安拉说:"**你们相互仇视地下去吧!你们在地上有稳定之处和一时的享受**",即大地上的安居、生活资料和寿命都是有一定期限的。末日最终将会来临。

## 阿丹身材高大

安拉的使者㊣说:"安拉将阿丹造成一位身材高大、头发浓密之人,所以他就像一棵高耸的枣树。当他尝了树上的(果子)后,衣服从身上掉了下来,羞体立即暴露出来。他看到羞体后在乐园中急行,突然一棵树挂住了他的头发,他试图挣脱。这时,至仁主在呼唤他:'阿丹啊!你在逃离我吗!'阿丹听到至仁主的语言后说:'我的养主啊!不是,我感到惭愧。'"(5)

## 阿丹在乐园中停留了白天中的一刻

伊本·阿拔斯说,阿丹在乐园中只停留了晡礼至太阳西落这么一段时间。哈肯说,按照布哈里和穆斯林两位圣训学者的条件,这节圣训可以算作确凿圣训,但他们没有将它辑录进他们的圣训集。(6)伊本·阿拔斯说,阿丹降于麦加和塔伊夫(7)之间一个被称为德哈那的地方。(8)哈桑·巴士里认为降于印度。海娃降于吉达(9);伊卜厉斯降于距巴士里几里远的戴斯太米散(10);蛇降于伊斯法罕。(11)安拉的使者㊣说,太阳照起的最好日子是主麻之日,这一天阿丹被创造,这一天他进入乐园,也是这一

---

(1)《阿资麦》5:1553。
(2)《泰伯里经注》1:514。
(3)《泰伯里经注》1:520。
(4)《伊本·艾布·哈亭经注》1:128、129。
(5)《伊本·艾布·哈亭经注》1:129。
(6)《哈肯圣训遗补》2:542。
(7)今沙特地名。——译者注
(8)《伊本·艾布·哈亭经注》1:131。
(9)今沙特地名。——译者注
(10)地名。——译者注
(11)《伊本·艾布·哈亭经注》1:132。

天，他从乐园中被驱逐。(1)

## 疑问和答案

或许有人会提出疑问：如果真像大部分学者所说的那样，阿丹居住的乐园在天上，但恶魔早已因拒绝向阿丹叩头而被注定不能接近乐园——注定的事情是不能改变的——那么恶魔怎么能够进入乐园呢？对于此问题，有学者这样说，阿丹居住的乐园在地上而不在天上。正如我本人在拙著《始末录》的开头部分所论述的。

大部分学者对此问题有几种解答：伊卜厉斯并不能正大光明地进入乐园，它或者是偷偷进去的，或者是受侮地进入的。因此，部分有经人学者根据《讨拉特》说，它藏在蛇的嘴中进入了乐园；有人说，伊卜厉斯在乐园的门外教唆阿丹夫妇；(2)有人说，它在地面上教唆天上的阿丹夫妇。

❧37.阿丹接受了来自他养主的一些训词，安拉就接受了他的忏悔，他确实是至赦的，是至慈的。❧

## 阿丹的忏悔和祈祷

有人说这些经文可以由下列经文给予注释：❧他俩说："我们的主啊！我们已亏负了我们自己，如果你不宽恕我们，也不怜悯我们，我们一定是亏折的人。"❧（7：23）穆佳黑德、赛尔德·本·胡白尔、艾布·阿林、莱毕尔·本·艾奈斯、格塔德、穆罕默德·本·凯尔卜、哈立德·本·麦尔丹、阿塔·呼罗珊、阿卜杜·拉赫曼·本·栽德·本·艾斯莱曼，持此观点。(3)据伊本·阿拔斯传述，阿丹说："我的养主啊！你是否亲自创造了我？"（安拉）答："是的。""你是否曾给我注入你的精神？"答："是的。""我曾经打了喷嚏，然后你说了：'愿安拉慈悯你'，你的慈悯提前于你的恼怒吗？"答："是的。我决定这样做。"他又问："你是否注定我这样做？"答："是的。"他再问："请告诉我，如果我做了忏悔，你让我重返乐园吗？"（安拉）答："是的。"(4)

"他确实是至赦的，是至慈的"，即安拉将悦纳忏悔者、回归者。正如安拉所言：❧他们难道不知道安拉会接受他的众仆的忏悔。❧（9：104）❧作恶或自亏的人。❧（4：110）❧谁忏悔并行善。❧（25：71）等经文都能证明安拉将会赦宥一切罪恶，接受忏悔者的忏悔。这完全出于安拉对被造物的慈悯和博爱。应受拜者，惟有安拉，他是至赦的主，至慈的主。

❧38.我说："你们全体（从中）下去吧！如果发自我的引导到于你们，那么谁跟随我的正道，他们将不会恐惧，也不忧愁。❧

❧39.不信并否认我的迹象的人，是火狱的居民。他们将永居其中。"❧

当他们从乐园中出来，来到大地时，安拉警告阿丹夫妇和伊卜厉斯说，他将颁降经典，派遣先知和使者，降示明证和解释。(5)

"那么谁跟随我的正道"，即谁接受我颁降的经典，相信我派遣的先知。

"他们将不会恐惧"，即他们将来不会对后世感到恐惧。

"也不忧愁"，即他们也不会对今世中失去的东西感到忧愁。(6)正如《塔哈章》所述：❧他说："你们一起从这里下去吧！你们将是对头。倘若来自我的引导到达你们，那么，谁追随我的引导，他就不会迷误，也不会薄福。"❧（20：123）伊本·阿拔斯说，经文的意思是：他在今世中不迷误，在后世中不倒霉。❧谁离避我的教诲，谁必过窘迫的生活，复生日，我将召集盲目的他。❧（20：124）"不信并否认我的迹象的人，是火狱的居民。他们将永居其中"，即他们必将永远居住火狱。

❧40.以色列的后裔啊！你们当铭记我赐给你们的恩典。你们实践我的约言，我便会实践你们的约言。你们只应敬畏我。❧

❧41.你们当归信我为了证实你们的（原有的经典）而降示的，你们不要成为首先否认它的人，你们不要以我的迹象换取少许的代价。你们只应敬畏我。❧

## 鼓励以色列的后裔加入伊斯兰

安拉命令以色列的后裔加入伊斯兰，跟随穆罕

---

（1）《穆斯林圣训实录》2：585；《圣训大集》3：90。
（2）当代一些学者认为，每种被造物都有传递信息和获取知识的方法。伊卜厉斯传递信息的方法和认知论不同与人类，也不是人类所熟悉的，天使也是如此，比如前段经文指出，天使在人类出现之前就能知道人类的性质。——译者注
（3）《伊本·艾布·哈亭经注》1：136；《泰伯里经注》1：543、546。
（4）《泰伯里经注》1：542、543；《哈肯圣训遗补》2：545。
（5）《伊本·艾布·哈亭经注》1：139。
（6）《泰伯里经注》18：389。

默德 ﷺ，激励他们回忆他们的祖先以色列——安拉的先知叶尔孤白。即清廉顺主的仆人的后裔啊！你们当和你们的祖先一样追求真理。正如人们说："慷慨者的儿子啊！你当如此如此……""英雄的儿子啊！你当勇敢！""学者的儿子啊！你当求知！"等等。因此，安拉说：❴我曾使其和努哈同舟共济者的后代啊！他确实是一位知恩感德的仆人。❵（17：3）

## 以色列是叶尔孤白先知的别名

伊本·阿拔斯所传述的一段圣训证明，叶尔孤白先知的别名是以色列。他说，一些犹太人来见安拉的先知 ﷺ。先知问："你们可知以色列就是叶尔孤白吗？"他们说："我们的主啊！是。"先知说："我的主啊！你作证吧！"[1]

## 安拉对犹太人的恩典

**"你们当铭记我赐给你们的恩典。"** 穆佳黑德说，此处的"恩典"包括安拉指明的一些恩典和一些没有指明的恩典。譬如，他为他们使石头裂开，（从中流出饮用的水）；为他们降下白蜜和鹌鹑；从法老臣民的奴役中解放他们。[2] 艾布·阿林说，经文指安拉在他们中派遣先知和使者，为他们颁降经典。[3] 笔者认为这种观点与下列经文相同：❴当时，穆萨对他的族人说："我的族人啊！你们当铭记安拉赐给你们的恩典。当时他在你们中设立先知，使你们成为有权的。并赐给你们他不曾赐给世人中任何人的。"❵（5：20）即安拉在你们的时代赐给你们这些恩典。伊本·阿拔斯说，**"你们当铭记我赐给你们的恩典"**，这节经文的意思是：你们当铭记安拉从法老及其民族中拯救你们的祖先时，对你们和你们祖先的考验。

## 提醒以色列人遵守安拉的约言

**"你们实践我的约言，我便会实践你们的约言"**，即如果你们履行我和你们缔结的盟约——当先知来临时你们服从他，我便为你们履行我和你们缔结的盟约——你们证实先知并跟随他，我便解除你们因为犯罪而给自己带来的负担和桎梏。[4] 哈桑·巴士里认为这个约言指：❴安拉确已和以色列的子孙们立约，并且在他们当中派了十二名首领。安拉说："我确与你们同在。如果你们守拜功，纳天课，归信我的使者们，协助他们并借给安拉美好的债务，我一定会消除你们的罪恶，并使你们进入下临诸河的乐园。"❵（5：12）[5]

另一些人认为，经文中的"约言"指安拉在《讨拉特》中和犹太人缔结的盟约：他将在伊斯玛仪先知的后裔中派遣一位伟大的先知，各民族的人都将服从他。这位先知就是穆罕默德 ﷺ。谁跟随他，安拉就会恕饶他的罪恶，使他进入乐园，并给他双份的报酬。拉齐引述了众先知对他们的民族所传达的这些喜讯。[6] 艾布·阿林说 **"你们实践我的约言"** 指安拉和仆人们缔结的盟约——归信伊斯兰，追求伊斯兰。[7] 伊本·阿拔斯说，**"我便会实践你们的约言"** 指我将喜欢你们，并使你们进入乐园。[8] 持此观点的学者很多。

**"你们只应敬畏我"**，即你们当害怕我，[9] 或你们当害怕我降给你们祖先的惩罚，譬如变种[10]

---

(1)《艾布·达乌德·特亚莱斯》356；《泰伯里经注》1：553。
(2)《泰伯里经注》1：556。
(3)《泰伯里经注》1：556。
(4)《泰伯里经注》1：555、558。
(5)《泰伯里经注》1：109。
(6) 即安拉将派遣至圣穆罕默德为万众臣服的先知。——译者注
(7)《泰伯里经注》1：558。
(8)《伊本·艾布·哈亭经注》1：143。
(9)《泰伯里经注》1：560。
(10) 如人变猴子。——译者注

等。⁽¹⁾这是从鼓励转向警告的一种表述方式，安拉通过警告和鼓励兼有的方法号召他们敬畏安拉，以便他们回归真理，服从穆圣㊉，接受《古兰》的劝诫和警告，履行《古兰》的命令，相信它的信息。安拉会将他所意欲之人引向端庄的道路。

因此，清高伟大的安拉说："你们当归信我为了证实你们的（原有的经典）而降示的"，即你们当归信安拉降给文盲的阿拉伯先知穆罕默德㊉的《古兰》，这是一部报喜的、警告的、明灯般的经典，其中记载着来自安拉的真理，它可以证明安拉以前颁降给他们的经典——《讨拉特》和《引支勒》。艾布·阿林说，"你们当归信我为了证实你们的（原有的经典）而降示的"的意思是：有经的人们啊！你们当归信安拉为了证明你们拥有的经典而颁降的一切。这是因为他们能够在《讨拉特》和《引支勒》中看到关于穆罕默德先知的描述。⁽²⁾

"你们不要成为首先否认它的人。"伊本·阿拔斯说，经文指你们既然具备别人不曾具备的知识，就不该率先否认它。⁽³⁾艾布·阿林说，你们不要成为率先否认穆罕默德㊉之人，即你们既然知道安拉将派遣穆圣㊉，你们也是有经之人，为何还要否认他呢？⁽⁴⁾伊本·哲利尔认为"你们当归信我为了证实你们的（原有的经典）而降示的"指归信《古兰》。"归信"的宾语可作两种解释，即也可以理解为"你们当归信我为了证实你们原有的经典而降示的《古兰》"。这两种解释都是正确的，因为两者是相互关联的：否认穆罕默德㊉先知其实是否认《古兰》，否认《古兰》也就是否认穆罕默德㊉先知。"你们不要成为首先否认它的人"，即不要成为以色列的后裔中率先否认的人。因为，古莱什的隐昧者和其他阿拉伯人中有许多人就拒绝归信，这里经文的意思是：你们不要成为以色列的后裔中直接否认伊斯兰之人，这里经文特指一部分以色列的后裔。因为麦地那的犹太人最早受到了《古兰》的召唤，所以他们一旦否认就意味着成为同族中最先否认之人。

"你们不要以的我迹象换取少许的代价"，即你们不要以归信我的经文和相信我的使者为代价换取今世，去宣泄今世的欲望。

"你们只应敬畏我"，伊本·哈比卜说，"敬畏"指服从安拉，借助来自安拉的光明祈求安拉的慈悯，放弃对安拉的违抗，害怕安拉的惩罚。⁽⁵⁾"你们只应敬畏我"指安拉警告他们不可故意隐瞒真理，误导他人，违背众使者。

❴42.你们不要将谬误和真理相混淆，不要在知道的情况下隐瞒真理。❵

❴43.你们当立站拜功，完纳天课，并与鞠躬的人一道鞠躬。❵

## 禁止混淆和隐瞒真理

安拉禁止犹太人故意用谬误混淆真理，以假乱真，隐瞒真理，鼓吹谬论，说"你们不要将谬误和真理相混淆，不要在知道的情况下隐瞒真理。"在此，安拉同时禁止了两件事情，并命令他们弘扬真理，诠释真理。因此，伊本·阿拔斯说"**你们不要将谬误和真理相混淆**"，指你们不要以假乱真，将谎言和实话混为一谈。⁽⁶⁾格塔德说，这节经文的意思是：你们不要将犹太教、基督教和伊斯兰混为一谈。⁽⁷⁾

"**知道的情况下**"，即你们明知伊斯兰是安拉的宗教，而现行的犹太教和基督教是被篡改了的宗教，不是来自安拉的宗教。

伊本·阿拔斯说，上述经文指：你们既然根据手中的经典知道了经典中记载着我的使者，就不该假装不了解使者，并隐瞒使者带来的经典。⁽⁸⁾笔者认为，可以这样理解这节经文：你们知道你们的这种行为对人类有重大伤害，并且将导致他们在今世遵循你们为他们表现出的亦真亦假的谬论，把他们引向迷误推向火狱。介绍就是阐明，其反义是隐瞒，真假混淆。

"**你们立站拜功，完纳天课，并与鞠躬的人一道鞠躬。**"穆尕提里认为，安拉在这节经文中命令有经人跟随穆圣㊉礼拜，将天课交纳给穆圣㊉，并且和穆圣㊉的民族中鞠躬的人们一起鞠躬。他说这节经文的意思是：有经的人们啊！你们当和穆斯林在一起，成为他们中的人！⁽⁹⁾"**并与鞠躬的人一道鞠躬**"，指你们当和穆民们一起做最优美的善功，这些善功中最具有代表性、最优美的就是礼拜。许多学者通过这节经文证明集体礼拜是瓦吉卜（当然的）。

❴44.你们命人行善，但你们忘却你们自身吗？

---

（1）《伊本·艾布·哈亭经注》1：144。
（2）《伊本·艾布·哈亭经注》1：145。
（3）《伊本·艾布·哈亭经注》1：145。
（4）《伊本·艾布·哈亭经注》1：145；在阿拉伯语中，"它"和"他"是一个字。——译者注

（5）《伊本·艾布·哈亭经注》1：147。
（6）《泰伯里经注》1：569。
（7）《伊本·艾布·哈亭经注》1：147。
（8）《伊本·艾布·哈亭经注》1：148。
（9）《揭秘》1：133。

你们还在读经，难道你们不理解吗？⟩

## 谴责命人行善而自己不行善

清高伟大的安拉说，有经的人们啊！你们在读经，知道读经而不遵经的人将遭受怎样的后果；你们也在命人行善——此处的善是美好事物的集中体现——但你们忘记了你们自己，并不去做你们命令别人的事情，这合适吗？"**难道你们不理解吗？**"即你们不理解自己的所作所为吗？你们为何不从昏睡中觉醒，不走出迷茫睁眼看一看？正如格塔德所说，以色列的后裔命令人们服从安拉、敬畏安拉、多行善事，但他们自己言行不一，所以安拉凌辱了他们。(1)

"**你们命人行善**"，有经人和伪信士们曾经命令人们封斋、礼拜，但他们自己不去做命令别人做的事情。安拉因此而谴责了他们。因为命别人行善的人，首先自己应该去行善。(2)

"**但你们却忘却你们自身吗？**"即你们不亲身实践吗？

"**你们还在读经，难道你们不理解吗？**"你们禁止人们否认你们从《讨拉特》中掌握的有关圣品的证据和盟约，但你们自己却麻木不仁。即你们否认我和你们缔结的盟约——信仰先知，你们还废除盟约，否认从我的经典中掌握的知识。(3)

安拉谴责了犹太人的这种行为，提醒他们注意自身存在的错误，即他们命人行善，自己却不去。经文的目的在于谴责他们自己不干善事的情况下去命人行善。因为命人行善是好事，是每个有知者的义务，但对于一个有知者来说，他义不容辞的义务是和受命者一起去行善，毫不退缩。正如《古兰》记载舒尔布先知的言论所示：⟨我不愿做我禁止你们（去做）的事，我只希望尽我所能去改善。我的成功只来自安拉，我只托靠他，并归依他。⟩（11：88）所以，命人行善和（自己）身体力行都是必须的，按照前辈和后辈学者的最正确主张，这二者是缺一不可的。

艾布·瓦伊里说，武洒麦在他的坐骑上载着我，这时有人问他：你为何不和奥斯曼谈谈？他说，你们认为我只要和他谈话就都要你们听到吗？我要私下与他谈，我若不喜欢自己是第一个做某事的人，我就不会去做那件事的。以安拉发誓，我听了安拉的使者☪的一席话之后，我不会对任何人说你是最优秀的人，哪怕他是我的领导。他们（圣门弟子们）问：你听到先知说什么？他答道，先知说："末日一个人被带进火狱，他的肠子将会流出，他托着肠子在火狱中像驴围着磨盘转动那样转动，火狱的居民纷纷来看他，对他说：'某人啊！你怎么了？你不是曾命人行善，止人作恶吗？'他回答道：'我曾经命人行善，但我自己不行善，我曾止人作恶，但我自己为所欲为。'"(4)

伊布拉欣说，我因为三段经文而不愿随便发表个人意见（这三段经文是）安拉说："**难道你们命人行善，但你们忘却你们自身吗？**"⟨有正信的人们啊！你们为什么说你们不去做呢？你们说你们所不做的事，在安拉看来非常可恨。⟩（61：2-3）(5)以及安拉描述舒尔布先知的话：⟨我不愿做我禁止你们（去做）的事，我只希望尽我所能去改善。我的成功只来自安拉，我只托靠他，并归依他。⟩（11：88）

⟨45.你们当以礼拜和坚韧（向主）求助，它确实是重大的，但对敬畏者则不然。⟩

⟨46.他们坚信将见到他们的养主，并只回归于他。⟩

## 以礼拜和坚韧求助

安拉命令那些追求今后两世幸福的仆人，他们当通过坚韧和礼拜而向主求助。有人认为经文的意思是通过坚韧和礼拜寻求后世的幸福，经文中的"**坚韧**"指斋戒。(6)因此莱麦丹月被称为坚韧之月。(7)正如圣训所述。有人认为"**坚韧**"指自我克制，不去犯罪，因此（在经典中）"**坚韧**"经常和各种功修一并出现。功修的最高体现是礼拜。欧麦尔说，坚韧有两种：灾难来临时的坚韧是可嘉的，比之更可嘉的是，在安拉的警诫面前坚韧（克制）。(8)

"**礼拜**"是求主使我们坚持善功的一种最好的办法。正如安拉所言：⟨你要诵读你所受的天启天经，并谨守拜功。礼拜确实可以制止卑劣和邪恶（的行为）。记念安拉确实是更重大的。⟩（29：45）

"**它确实是重大的**"，穆佳黑德说，经文中的"**它**"指礼拜，也可指安拉的这一忠告。正如安拉所述：⟨但是那些被赐给知识的人说，你们真可悲！安拉的回赐对那些归信并行善的人是更好的。

---

(1)《阿卜杜·兰扎格经注》1：44。
(2)《泰伯里经注》2：8。
(3)《泰伯里经注》2：8。
(4)《艾哈麦德按序圣训集》5：205；《布哈里圣训实录诠释——造物主的启迪》6：381；《穆斯林圣训实录》4：2291。
(5)《格尔特宾教律》1：367。
(6)《伊本·艾布·哈亭经注》1：154。
(7)《格尔特宾教律》1：372。
(8)《伊本·艾布·哈亭经注》1：155。

除了坚忍的人，没有人会接受它。》（28：80）
《善恶不相等，你要以较好的（态度）去对付恶，那么与你有仇的人就会变得犹如密友。只有坚韧者才接受它，只有享有极大福分者，才能接受它。》（41：34-35）这样，这节经文可理解为，只有坚韧和幸运的人可以被赋予它，并接受它，这一忠告确实是沉重而艰难的。

"但对敬畏者则不然"，伊本·阿拔斯解释为，但对于诚信天启的人们则不然。[1]

"他们坚信将见到他们的养主，并只回归于他。"这节是上节的补充。即礼拜（或忠告）是沉重的，但对"坚信将见到他们的养主"的人们则不然。即他们知道他们将在末日被复生到安拉跟前接受检查。

"只回归于他"，即他们的一切事情终归安拉的意欲，并由安拉公正地判决。因此，当他们认清归宿和报应时，行善弃恶就成了轻而易举之事。

"他们坚信将见到他们的养主"，伊本·哲利尔说，阿拉伯人常把"认为"称为坚信，把"怀疑"（الشك）叫作确信[2]，把黑暗和光明都称为"赛德弗"（سدفة），把求救者和救人者都称为"萨磊赫"（صارخا）。类似的单词很多。正如安拉所说：《犯罪者们看见了火狱，因此确信他们必将堕落其中。》（18：53）[3]

（笔者说）确凿的圣训记载，安拉将在末日问一个仆人，"难道我不曾给你聘妻，给你荣耀，为你制服马和骆驼吗？难道我不曾让你作领导，获得战利品的四分之一吗？"[4]仆人说："怎么不是。"安拉说："你是否认为（即坚信）会见到我？"他说："没有（这样坚信过）。"安拉说："那么，今天我要忘记你，正如你曾忘记我那样。"[5]

《47.以色列的后裔啊！你们当铭记我曾赐予你们的恩典，我曾使你们贵过众世界的人。》

## 提醒以色列的后裔记住安拉曾使
## 他们优越于其他民族

安拉提醒他们认识：他曾为他们祖先所赐的各种恩典以及曾给予他们的各种优遇，他曾在他们中派遣先知、颁布天经，使他们贵过当时的各个民族。正如安拉所言：《我已经本着知识选择他们，使他们在世界上卓尔不群。》（44：32）又说：《当时，穆萨对他的族人说："我的族人啊！你们当铭记安拉赐给你们的恩典。当时他在你们中设立先知，使你们成为有权的，并赐给你们他不曾赐给世人中任何人的。"》（5：20）艾布·阿林解释"我曾使你们贵过众世界之人"说，安拉通过赐给他们王权、委派先知、颁降天经，使他们贵过了当时世界上的任何一个民族。因为每个时代可谓一个世界。[6]

## 穆圣㊚的民族比以色列的后裔尊贵

不容置疑的是，穆圣㊚的民族比以色列的后裔尊贵，因为安拉曾呼吁穆圣㊚的民族说：《你们是为世人而产生的最优秀的民族，你们命人行善，止人作恶，并归信安拉。如果有经的人归信了，那对他们是更好的。》（3：110）安拉的使者㊚说："你们（穆斯林）是安拉的第七十个民族，但在安拉那里，你们是最优秀，最尊贵的。"[7]类似的圣训不胜枚举。

《48.你们当防备（这样）一天：任何人对任何人带不来益处，在那里不接受说情，也不容顶替，他们得不到相助。》

安拉讲述了他对以色列后裔的各种恩典之后，以末日的长期严惩警告他们。"**你们当防备（这样）一天**"，"一天"指末日；"**任何人对任何人带不来益处**"，指任何人无法帮助另外一个人。正如安拉所言：《负重的人不会负担他人的担子。》（35：18）《那天，人人有事，自顾不暇。》（80：37）《人类啊！你们要敬畏你们的主，要畏惧那父亲不能对儿子有任何益处，儿子也不能对父亲有任何裨益的日子。》（31：33）这是最严峻的处境，父子之间谁都无法相互照顾。

## 不接受隐昧者的说情和赎金，
## 他们也得不到相助

"**在那里不接受说情**"，指不接受任何隐昧者的说情。如：《求情者的求情，将无益于他们。》（74：48）又如《古兰》叙述火狱居民所说的话：

---
（1）《泰伯里经注》2：16。
（2）阿拉伯语中的"坚信"和"认为"是同一个词。——译者注
（3）《泰伯里经注》2：17。
（4）蒙昧时代，阿拉伯首领拥有战利品的四分之一，伊斯兰来临后废黜了这一制度。——译者注
（5）《穆斯林圣训实录》4：2279。
（6）《泰伯里经注》2：24；《伊本·艾布·哈亭经注》1：158。
（7）《艾哈麦德按序圣训集》4：447；《提尔密济圣训全集诠释》8：352；《伊本·马哲圣训集》2：1433。

《所以，我们没有任何求情者。因此我以一个宽厚的儿子向他报喜。》（26：100-101）"**也不容顶替**"，即不接受隐昧者的赎金。正如安拉所言：《确实，那些不信并以隐昧者的身份死去的人，即使他们以充满大地的黄金赎罪，他们也绝不会被接受。》（3：91）《至于那些隐昧的人，即使他们拥有大地上的一切财物和类似的一倍，用来赎换复生日的惩罚，他们也不蒙接受。他们将受到惨痛的刑罚。》（5：36）《即使他拿出所有的物品前来补偿，也不会被接受。》（6：70）《今天，你们和那些否认者的赎金不被接受。你们的住处是火狱，只有它对你们是相宜的。》（57：15）安拉告诉他们，如果他们不归信使者，不响应使者的使命，那么他们后世见安拉时，亲戚关系和权贵的说情对他们没有丝毫益处，他们的赎金不被接纳，哪怕他们带来充满大地的黄金。正如安拉所言：《在没有买卖、没有友情和没有说情的日子来到以前……》（2：254）《并在那既无交易也无友谊的日子来到以前。》（14：31）

"**他们得不到相助**"，即任何人都不会为他们着急，帮助他们，从安拉的惩罚中拯救他们。正如前面所述，亲属和有面子的人给他们带不来益处，他们的赎金不被接受。这样说是出于循循善诱，自己人不会相助他们，别人更加不会。正如安拉所说：《他将没有任何力量，也没有援助者。》（86：10）即安拉不接受否认他的人的赎金和说情，没有任何人可以从安拉的惩罚中拯救另一人。正如安拉所言：《安拉救助（众生），但谁也救不了安拉要惩罚的人。》（23：88）《那天，任何人不会像他那样施行惩罚。没有谁能像他那样捆绑。》（89：25-26）《你们为什么不互相协助呢？》（37：25）那么，为什么他们舍安拉而设伪神，作为接近（安拉之道）的伪神们怎么没有援助他们呢？相反地，它们离他而去了。》（46：28）伊本·阿拔斯说：《你们怎么不相互帮助呢。》(37：25)是说今天你们怎么不相互帮助，以防止我的惩罚呢？今天，这对你们完全没有可能。(1)伊本·哲利尔解释"**他们得不到相助**"说，那天，没有人能相助他们，说情者不能为他们说情，他们的顶替和赎金都不被接受。那里没有偏袒和贿赂，各种说情不起作用，人们无法互相帮助，互相支持。一切权力全归强大、公正的安拉，在他那里说情者和相助者们无可奈何，他将以恶报恶，加倍奖励每件善功。正如这段经文所述：《你们让他们停步，因为他们是要被审问的。你们为什么不互相协助呢？不然，在那天他们是顺服的。》（37：24-26）(2)

---

(1)《泰伯里经注》2：36。
(2)《泰伯里经注》2：35。

《49. 当时，我从法老的民众中救出你们。他们曾残酷地虐待你们，屠杀你们中的男儿，让你们的妇女苟活。其中有来自你们主的绝大考验。》

《50. 当时，你们曾目睹我为你们分开海洋，拯救你们，并淹没法老的民众。》

## 从法老的迫害中拯救以色列的后裔 淹没法老的民众

清高伟大的安拉说，以色列的后裔啊！你们当铭记我的恩典："**当时，我从法老的民众中救出你们。他们曾残酷地虐待你们**"，即我使你们摆脱了他们，并从他们手中解救了你们，让你们去陪同穆萨。"**他们曾残酷地虐待你们**"，即他们使你们尝试、遭受痛苦的惩罚。事情的起因是法老（愿主诅咒之）有天做了一个恶梦，他梦见一团火从圣城固都斯出来侵袭埃及科卜特人的家园，但火没有殃及以色列人。梦的解释是：法老的王权将毁在一位以色列男子手中。有人说，法老的一些随从对他说，以色列人盼望他们中出现一位英雄，为他们建国，使他们得到荣耀。因此，法老命令杀死此后出生的所有以色列男孩，让他们的女孩苟活。法老同时命令在各种艰苦屈辱的劳动中役使以色列人。

此处经文将"**屠杀你们中的男儿**"作为前文"**惩罚**"的解释。《伊布拉欣章》中"**屠杀**"作为了"**惩罚**"的连接语，如果安拉意欲，我们将在《故事章》中注解这一问题。一切全凭主的帮助和支持，我们只依靠他。"**他们曾残酷地虐待你们**"，即他们使你们遭受（痛苦），有人认为它的意思是：他们使你们长期遭受⋯⋯

这里说"**屠杀你们中的男儿，让你们的妇女苟活**"以便以此来注解"**他们曾残酷地虐待你们**"，从而体现安拉赐给他们（古以色列人）的恩典，然后以此来注解上面的经文，因为安拉此处说："**你们当铭记我曾赐予你们的恩典。**"而《伊布拉欣章》的经文则说：《**你们要记住安拉对你们的恩典。**》（14：6）是为了与这节经文"**屠杀你们中的男儿，让你们的妇女苟活**"相对照，安拉在此提到惩罚后接着提到屠杀，以便证明他曾（在那种情况下）赐给古以色列人的众多恩典和援助。

法老是古埃及阿马立克人或其他民族中的非穆斯林统治者的称号，正如恺撒是罗马和沙姆的非穆斯林统治者的称号，凯斯拉是波斯国王的称号，土伯尔是也门非穆斯林统治者的称号，奈加希[1]是阿比西尼亚国王的称号。

"**其中有来自你们主的绝大考验**"，伊本·哲利尔说，从我对你们所做的事情——从法老的严刑中拯救你们的祖先——中有来自你们养主的重大考验。即此中对于你们有重大的恩典。[2] "**考验**"一词的原意是试验，即有利也有弊。如《古兰》所述：《**我以恶与善考验你们。**》（21：35）《**我以种种祸福考验了他们，以便他们回归。**》（7：168）伊本·哲利尔说，该词用于善的方面时，常以简式词型表达；用于恶的方面时，常以复式词型表达。[3]

"**当时，你们曾目睹，我为你们分开海洋，拯救你们，并淹没法老的民众**"，即安拉从法老民众的欺压中拯救了你们，你们和穆萨一起出城后，法老出城追杀，这时，安拉为你们在大海中开辟了一条道路，正如安拉所详述。如果安拉意欲，我们将在《众诗人章》中作更全面的注解。

"**拯救你们**"，意为使你们摆脱他们，并阻挡他们前来侵犯你们。你们看到了我淹没他们的全部过程，以便使你们扬眉吐气，而同时更深刻地凌辱你们的敌人。

## 阿舒拉日的斋戒

据传述，这一天就是阿舒拉之日。伊本·阿拔斯说，安拉的使者⸺来到麦地那后，看到犹太人在阿舒拉日封斋，便问道："你们封斋的这一天是什么日子？"他们说是一个美好的日子。这一天安拉从敌人手中拯救了古以色列人，后来穆萨于此日封斋。安拉的使者⸺说："我比你们更应该（亲近）穆萨。"后来安拉的使者⸺于此日封斋，并命人于此日封斋。[4]

《51.当时我跟穆萨约定了四十个夜，当他不在的时候，你们拿一只牛犊当神（来崇拜）。你们是不义的群体。》

《52.在那以后，我恕饶了你们，以便你们知感。》

《53.当时，我赐给穆萨经典和判别（真伪与是非的）标准，好让你们遵循正道。》

## 古以色列人拜犊为神

清高伟大的安拉说，你们（古以色列人）当铭记我曾宽恕你们而对你们所施的恩典。穆萨先知离开你们去履行与安拉的约会时（即四十日的约期结束之后），你们崇拜了牛犊。《高处章》叙述了这一约会：《我和穆萨相约三十夜，我又以十夜全美它。》（7：142）有人认为这个约期指整个十一月（祖勒格尔代月）和十二月（祖里罕吉）的前十日。其时，安拉已经让他们摆脱法老，并从大海中拯救了古以色列人。"**当时，我赐给穆萨经典**"指《讨拉特》和"**判别（真伪与是非的）标准**"，即判别真伪和正邪的标准。"**好让你们遵循正道**"，这也指他们从大海中出来之后的事情，正如《高处章》和下列经文所证明：《的确，我在毁灭了古老的一些世代之后，赐给穆萨经典，作为对世人的启蒙、引导和慈悯，以便他们记念。》（28：43）

《54.当时，穆萨对他的族人说："我的族人啊！你们确实由于拜牛犊而亏负了自己。你们向创造你们的主忏悔，并杀死你们自己吧！在创造你们的主看来，那对你们是更好的。他是至赦的、至慈的主。"》

---

（1）التحاشي，又译尼古斯。——译者注
（2）《泰伯里经注》2：48。
（3）《泰伯里经注》2：49。

（4）《艾哈麦德按序圣训集》291；《布哈里圣训实录诠释——造物主的启迪》4：287；《穆斯林圣训实录》2：796；《圣训大集》2：157；《伊本·马哲圣训集》1：553。

## 古以色列人的忏悔就是互相杀死

这是安拉接受那些崇拜牛犊的古以色列人的忏悔的形式。"当时，穆萨对他的族人说：'我的族人啊！你们确实由于拜牛犊而亏负了自己。'"哈桑巴士里解释这节经文说，这是他们对崇拜牛犊一事深感惭愧之时。后来安拉说：《当他们栽在自己手中，并发觉自己陷入迷误时，他们说："如果我们的主不对我们怜悯，并恕饶我们，我们一定会属于那些损失的人。"》（7：149）其时，穆萨说："我的族人啊！你们确实由于拜牛犊而亏负了自己。"[1]

艾布·阿林，赛尔德·本·朱拜尔，莱毕尔·本·艾奈斯认为"**你们向创造你们的主忏悔**"指你们向造物主忏悔。[2] 笔者认为这种表达强调了他们罪孽深重，即你们向创造你们的主忏悔吧！他创造了你们，但你们却在崇拜伪神。

伊本·阿拔斯说，后来安拉让他们中的每个人用宝剑毫无顾忌地杀死他所见到的人，无论对方是父亲，还是儿子，以此来向安拉忏悔。虽然穆萨和哈伦并不知道他们中一些人的罪恶，但当他们向安拉表白自己的罪恶，并执行安拉的命令后，安拉便接受了他们的忏悔，宽恕了每一个杀人者和被杀者。[3]

伊本·阿拔斯解释穆萨对他的民族说的话——"**我的族人啊！你们确实由于拜牛犊而亏负了自己。你们向创造你们的主忏悔，并杀死你们自己吧！在创造你们的主看来，那对你们是更好的。他是至赦的、至慈的主。**"——说："穆萨向他的民族传达了安拉的命令，让他们相互刺杀。并让他们中曾崇拜牛犊的人们坐了下去，没有崇拜过牛犊的人们拿起了短剑。顷刻间天空一片黑暗，这时他们开始互相刺杀，当黑暗消失时，发现七万人被杀，这样，每位被杀者和生还者都获得了安拉的宽恕。"[4]

《55.当时，你们说："穆萨啊！在我们亲眼看见安拉之前，我们绝不会信你。"（因此）雷电就在你们眼睁睁看着的情况下袭击了你们。》

《56.然后我使你们死亡之后复生，以便你们感谢。》

## 古以色列人中最优秀的人要求看到安拉，他们的死亡和复活

清高伟大的安拉说，你们当铭记我的恩典，你们被雷电震死之后，我复活了你们，此前你们要求亲眼看见我，这对于你们和像你们这样的人是不可能的。伊本·阿拔斯将"**亲眼看见安拉……**"解释为：明确地看见安拉。[5] "**你们眼睁睁看着的情况下**"，指他们一些人看着另一些人被震死，然后有一些人蒙安拉意欲而复活。[6]

"**雷电……袭击了你们**"意为他们死了。穆萨哭着站起来向安拉祈祷说："我的主啊！你毁灭了他们中最优秀的，我应该对以色列后裔怎么说呢？"即《如果你曾意欲的话，你以前就毁灭了他们和我。你是否会因我们当中的无知者所做的事而毁灭我们呢？》（7：155）后来安拉启示穆萨，这七十个人都是曾经拜犊为神之人。然后安拉复活了他们，他们便一个一个地站了起来，互相看着都活过来了。这就是下列经文所描述的情景："**然后我使你们死亡之后复生，以便你们感谢。**"[7] 艾奈斯认为死亡对他们是一种惩罚，后来他们被复活，以便度过他们的寿限。[8]

伊本·栽德说，穆萨从安拉那里回来时，带着一些经简，上面载着《讨拉特》。当他发现族人在崇拜牛犊时，命令他们自己处死自己。古以色列人奉命自杀。后来安拉接受了他们的忏悔。他说，这些经简中有安拉的经典，穆萨按照经典在他们中令行禁止。可是他们对穆萨说，谁会因为你说的话而相信这部经典呢？不，以安拉发誓，我们首先要亲眼看看安拉，以便安拉看到我们，安拉说："这是我的经典，接受它吧！"可是穆萨啊！安拉为什么和你谈话，而不和我们谈话呢？伊本·艾斯莱米接着念道："**在我们亲眼看见安拉之前，我们绝不会信你。**"这时，安拉的恼怒降临了他们，他们在忏悔之后又遭受了雷电袭击，全体被其震死。后来安拉又复活了他们。伊本·艾斯莱米又念道："**然后我使你们死亡之后复生，以便你们感谢。**"这时，穆萨对他们说："请遵循安拉的经典。"可他们说："不。"后来安拉派遣天使在他们上空升起了大山。[9]

经文的次序证明，他们被复活之后被责成履行宗教义务。然而马沃尔迪说，此中有两种观点：一、因为他们亲眼看到这些迹象，被迫相信，所以

---

（1）《伊本·艾布·哈亭经注》1：167。
（2）《伊本·艾布·哈亭经注》1：167、168。
（3）《圣训大集》6：404、405；《泰伯里经注》18：306；《伊本·艾布·哈亭经注》1：168。
（4）《泰伯里经注》2：73。

（5）《泰伯里经注》2：81；《伊本·艾布·哈亭经注》1：170。
（6）《伊本·艾布·哈亭经注》1：172。
（7）《伊本·艾布·哈亭经注》1：173。
（8）《伊本·艾布·哈亭经注》1：173。
（9）《泰伯里经注》2：88。

他们不一定必须履行宗教责任；二、他们被要求接受宗教责任，任何一位理智健全者都不能逃避宗教责任。《格尔特宾教律》强调了上述观点。因为亲眼看见重大事物并不意味着不再负有宗教责任，古以色列人曾目睹许多反常的重大事件，但他们仍然肩负宗教责任。这是众所周知的。安拉至知。

❦ 57.我使云为你们遮阳，赐给你们白蜜和赛勒瓦，（对你们说）"吃我供给你们的东西。"他们没有亏我，但他们在亏负他们自己。❧

## 让白云为他们遮阳赐给他们"白蜜"和"赛勒瓦"[1]

安拉讲述了他曾保护古以色列人免受迫害的历史情节之后，开始讲述他对他们的众多恩典，说："我使云为你们遮阳。""云"是一个复数词（原指"遮盖"），指层层白云。如此命名的道理是白云遮盖了炎炎骄阳。在多年的流浪途中，安拉用白云给他们遮阳，避免酷暑伤害。伊本·阿拔斯认为经文描述的是古以色列人在旷野中的情景。伊本·欧麦尔、莱毕尔·本·艾奈斯、艾布·穆吉利姆、端哈克、赛丁伊也如此主张。[2] 还有一些学者认为经文描述的是一种更凉爽、更美好的云。[3]

"赐给你们白蜜"，伊本·阿拔斯说，白蜜曾降在树上，他们从中任意取食。格塔德说，白蜜像下雪一样降下，色比奶白，味比蜜甜，在黎明至太阳升起之时下降，人们一般从中拿取一天的食物，超额拿取的食物将全部腐烂。如果碰到聚礼日，允许同时取第二天的食物。因为星期天是他们的节日，这一天任何人不出去谋求生计，也不做其他事情。这一切都发生在旷野之中。[4]

上述"白蜜"在单独食用时，是一种甜食，营养丰富；与水混合后是一种甜饮；与其他物质混合后则成了另一种食物。白蜜并非仅有一种。穆圣说："蘑菇也是一种'白蜜'，其中的水分可以治疗眼疾。"[5] "'吾吉外（一种枣）'来自乐园，可以解毒；蘑菇是'白蜜'之一种，其汁液可治眼疾。"[6]

"赛勒瓦"则是一种类似鹌鹑的鸟类。[7] 艾克莱麦说"赛勒瓦"是乐园中的一种鸟儿，略大于麻雀，或与之类似。[8] 格塔德说"赛勒瓦"指一种非常接近鸭的动物，南风将它们驱赶到人们中间，人们每天从中宰食足够当天食用的。如果碰到聚礼日，同时拿取第二天的食物。因为它是礼拜之日，这一天任何人不出去谋求生计，也不做其他事情。[9]

清高伟大的安拉说：❦吃我供给你们的佳美物品。❧（7：160）这种命令意味着可以吃，同时表示安拉施恩于他们，引导他们去吃。

"他们没有亏我，但他们在亏负他们自己"，即安拉命令他们食用赐给他们的食物，并崇拜安拉。相同经文如：❦你们食用你们养主的供养，并感谢他吧！❧（34：15）后来他们违背并否认了安拉，自己亏了自己，即使他们看见了许多明确的经文、确凿的证据和种种奇迹。

## 圣门弟子比其他先知的追随者尊贵

从这里可以看出，穆圣☪的弟子比其他先知的追随者尊贵，他们无论在旅行中还是在战役中，总是坚韧不拔，坚持正道，平易近人。譬如在台卜克战役中，他们在难以形容的酷暑和艰难当中行军，但他们并没有要求（先知显示）奇迹或特殊的事情，虽然对穆圣☪来说若安拉意欲这些事情将会轻而易举。后来他们饥渴难耐时，才仅仅要求先知祈求安拉给他们提供多一点食物。他们找来他们所拥有的一切（食物），堆积了能容下卧倒的一只羊大小的一小堆，先知为此而祈祷了安拉，并命令他们（拿取各自所需的），直至每个人都装满了他们所有的器具。另一次他们迫切需要水，先知便祈祷安拉，这时来了一块云，为他们降下了雨水，众人自己饮用后又给他们的牲畜饮用，最后还盛满了他们的器皿。后来他们看到（这块云并没有超过）军队范围。这是跟随先知、归信安拉大能的最完美的一种表现。

❦ 58.当时，我说："你们进入这个城，并在其中随意地吃吧。不过你们要叩头而进门，并说'横托！'我将宽恕你们的罪恶，并将增加行善者（的善报）。"❧

---

（1）السَّلوى。
（2）《伊本·艾布·哈亭经注》1：174。
（3）《伊本·艾布·哈亭经注》1：174；《泰伯里经注》2：91。
（4）《伊本·艾布·哈亭经注》1：176。
（5）《布哈里圣训实录诠释——造物主的启迪》8：14；《艾哈麦德按序圣训集》1：187；《穆斯林圣训实录》3：1619；《提尔密济圣训全集诠释》6：235；《圣训大集》4：370；《伊本·马哲圣训集》2：1143。
（6）《提尔密济圣训全集诠释》6：233、235。
（7）《泰伯里经注》2：96；《伊本·艾布·哈亭经注》1：178。
（8）《伊本·艾布·哈亭经注》1：176。
（9）《伊本·艾布·哈亭经注》1：179。

❋ 59.但是那些不义的人们篡改了他们所听到的话，所以我就由于他们为非作歹而从天上降下惩罚给不义的人们。❋

### 解放之后，犹太人对安拉以怨报德

犹太人从埃及出来后拒绝参战，不陪同穆萨先知进入神圣的地方，因而遭到安拉的谴责。因为他们曾受命进入神圣的地方和那里的隐昧者阿马立克人战斗，但他们由于疲惫、精疲力尽而不愿参战。所以安拉让他们陷入迷惑滩(1)，以示惩罚，正如《宴席章》所述。较正确的解释是这座城是圣城固都斯，正如赛丁伊、莱毕尔·本·艾奈斯、格塔德、艾布·穆斯林·赛福哈尼等的明确主张。(2)安拉讲述穆萨的话说：❋ 我的族人啊！你们要进入安拉为你们指定的圣地，不要退却。❋（5：21）另一些人认为神圣的地方指艾磊哈伊。(3)

这是四十年后他们追随优舍尔·本·奴奈走出迷惑滩之后的事情。安拉在周五的傍晚让他们解放了该城。那天，太阳为他们停留了片刻，以便让他们能够全面解放。此后他们受命进入城门。

"叩头"（سجدا），即感赞安拉解救并襄助他们，使他们复得家园，从迷惑滩和迷途中拯救他们，赐给他们许多恩典……

"你们要叩头而进门"，伊本·阿拔斯解释为：你们从小门鞠躬地进去。(4)伊本·艾布·哈亭说，他们蹭着屁股进了城。哈桑·巴士里说，他们受命叩着头进门。拉齐反对这一解释。

有学者认为，经文说"叩头而进门"，是因为无论鞠躬的状况下进门，还是叩着头进门，都是非常困难的。伊本·阿拔斯说，那座门的方向正好与正向相同。伊本·阿拔斯、穆佳黑德、赛丁伊、端哈克、格塔德等学者还认为它是伊俩伊（圣城固都斯）门中"横托门（宽恕门）"。部分学者认为这座门的方向是正向。

伊本·阿拔斯说，后来他们艰难地进了门。

伊本·麦斯欧迪说，他们被命令说："你们要叩头而进门"，但他们却违反命令，高昂着头进了门。(5)

"并说'横托！'"伊本·阿拔斯说，"横托"意为宽恕，即请宽恕我们吧！(6)哈桑和格塔德说，经文指：请赦宥我们的罪恶吧！(7)

---
(1) 他们进入该地后，徘徊四十年，无法解脱。——译者注
(2)《伊本·艾布·哈亭经注》1：181。
(3)《拉齐经注大全》3：82。
(4)《泰伯里经注》2：113。
(5)《伊本·艾布·哈亭经注》1：183。
(6)《伊本·艾布·哈亭经注》1：183。
(7)《伊本·艾布·哈亭经注》1：185。

"我将宽恕你们的罪恶，并将增加行善者（的善报）。"哈桑说，这节经文是前面命令式（并说"横托"）的结论。即如果你们执行我的命令，我就会宽恕你们的一切罪恶，并加倍奖励你们。概言之，在安拉解放他们时，命令他们以谦恭言行侍奉他，并承认自己的罪恶，为此而忏悔，感赞安拉的恩典，积极去做安拉喜欢的事情。正如安拉所言：❋ 当安拉的襄助和胜利降临，当你看到成群的人进入安拉的宗教，那时你要赞念你的主，并求他恕饶。他确实是多恕的。❋（110：1-3）穆圣说："（安拉）对以色列的后裔说：'你们谦恭地进门，并且说宽恕我们吧（横托）！'后来他们背对着进去了。他们还篡改了给他们说的话，而说：'小麦中的罕白(8)'。"(9)

奈萨伊传述，他们将"横托"改成了"罕白。"(10)

综上所述，他们更改了安拉的命令——以言行向安拉表示谦恭。安拉命令他们谦恭地进城，但他

---
(8) حبة，一粒小麦。——译者注
(9)《布哈里圣训实录诠释——造物主的启迪》8：14。
(10)《圣训大集》6：286；《提尔密济圣训全集诠释》8：291。

们高昂着头，蹭着屁股进了城。安拉命令他们进城时说"请宽恕我们吧！"可是他们却揶揄说"一粒小麦"。这是一种极度的抵触和反抗行为。安拉因为他们离经叛道的行为而严惩了他们。因此，安拉说："所以我就由于他们为非作歹而从天上降下惩罚给不义的人们。"伊本·阿拔斯说，安拉在《古兰》中提到的"天灾"都指惩罚。(1)安拉的使者说："瘟疫是一种天灾，是你们的前人所遭受的一种惩罚。"(2)"如果你们听到某地有瘟疫时，不要进入该地。"(3)"疼痛和疾病是你们以前的各民族曾经遭受的一种天灾。"(4)

❴60.当时穆萨为他的民族祈求水。我说："你用你的手杖击打岩石。"于是从那里涌出了十二道泉水，每一部族都知道了自己饮水的地方。你们吃饮安拉的给养，你们不要在地方上为非作歹。❵

### 十二道泉水奔涌而出

清高伟大的安拉说，你们当铭记我赐予你们的恩典，当时我应允你们的先知（穆萨）为你们求水的请求，使你们轻松地获得饮水，让十二道泉水从石头中奔涌而出，每个部族都得到了一道泉源。你们应当食用"白蜜"和"赛勒瓦"，当毫不费劲地取得我为你们所说的水，应当崇拜为你们制服这些水的安拉。"**你们不要在地方上为非作歹**"，即你们不可以怨报德，否则你们将失去所有优遇。许多注经家对此作了长篇注释。伊本·阿拔斯说，（安拉在）他们中间放了一块四方岩石，后来穆萨受命用手杖击石，从中十二道泉水涌了出来，每一方面涌出了三道泉水，后来每一部族都知道了他们饮用的泉源。无论他们到哪里，都会照样得到饮水。(5)

上述事件和《高处章》所述的事件相似，但《高处章》属于麦加章经文，因此以第三人称表述他们，因为安拉是在给他的使者叙述曾对他们的恩典。本章（《黄牛章》）则属于麦地那章经文，因此，经文反映的是他们（麦地那的犹太人）的情况。在《高处章》中安拉讲述道：❴那里便涌出了十二道泉水。❵（7：160）这是"**涌出**"之初的情况，在此（《黄牛章》），安拉讲述了事情的结局——泉水涌出。因此，这两章经文所描述的情况是前呼后应的。安拉至知。

❴61.当时，你们说："穆萨啊！我们忍受不了专吃一样食品。请你代我们求你的养主，为我们取出大地所产的东西——青菜、黄瓜、大蒜、扁豆和葱。"他说："难道你们要以最好的换取最次的吗？你们到城中吧！你们会发现你们所要的（东西）……"❵

### 他们要求以次等的食物替换 "白蜜"和"赛勒瓦"

清高伟大的安拉说，你们当铭记我的恩典，我为你们降下纯洁、有益、可口的食物白蜜和赛勒瓦，让你们轻而易举地得到它们。你们不要忘记你们曾经厌烦和抛弃我赐给你们的给养，当时你们要求穆萨为你们更换次等食品——各种蔬菜。哈桑·巴士里说，他们怀念过去的生活，对此（白蜜和"赛勒瓦"）满不在乎，最终忍无可忍，他们原是吃扁豆、葱、青菜和蒜的民族。所以他们说："**穆萨啊！我们忍受不了专吃一样食品。请你代我们求你的养主，为我们取出大地所产的东西——青菜、黄瓜、大蒜、扁豆和葱。**""一样食物"指白蜜和赛勒瓦，因为他们当时每天都吃这种食品，不加改变。青菜、黄瓜、扁豆、葱都是众所周知的，但大蒜（福米）则有不同的读法，伊本·麦斯欧迪将"福米"读成"苏米"，据传，伊本·阿拔斯也这样诵读。(6)古代语言中"福木莱那"（فوملنا）意指请为我们做面包。或许该词是阿拉伯语中的一种多音同义词。(7)安拉至知。另一些学者将"福米"解释为做面包的麦子。布哈里说，有些学者将所有可以整体（囫囵）食用的东西称为福米。

"**他说，难道你们要以最好的换取最次的吗？**"他们享受着幸福的生活，拥有佳美、有益的可口食物，却要求以次等的食物取而代之，因而遭到安拉的警告和谴责。

"**你们到城中吧！**"伊本·阿拔斯认为经文指一座普通城市。(8)伊本·哲利尔经研究后认为它是法老的埃及城。(9)事实上，它应该是一座普通城市，正如伊本·阿拔斯所述。当时，穆萨曾对他们说，你们的要求不难解决，你们进入任何一个城市都会发现它（黄瓜等蔬菜）遍布各地。这种东西质

---

(1)《泰伯里经注》2：118；《伊本·艾布·哈亭经注》1：187。
(2)《伊本·艾布·哈亭经注》1：186；《圣训大集》4：362。
(3)《布哈里圣训实录诠释——造物主的启迪》10：189；《穆斯林圣训实录》4：1739。
(4)《泰伯里经注》2：116；《布哈里圣训实录诠释——造物主的启迪》6：512；《穆斯林圣训实录》4：1737。
(5)《泰伯里经注》2：120。
(6)《伊本·艾布·哈亭经注》1：193。
(7)《泰伯里经注》2：130。
(8)《伊本·艾布·哈亭经注》1：194。
(9)《泰伯里经注》2：134。

次量多，不值得让我去祈祷安拉。因此他说："难道你们要以最好的换取最次的吗？你们到城中吧！你们会发现你们所要的（东西）"，即所要的东西。因为他们的这种要求中包含着无谓的狂妄和贪婪，所以没有得到应允。安拉至知。

⟪61.……他们被打上羞辱和贫穷（的烙印），他们以安拉的恼怒而回。这是由于他们不信安拉的迹象和无故杀害先知们；这是由于他们背叛和不断地违法。⟫

### 为犹太人注定羞辱和苦难

"**他们被打上羞辱和贫穷（的烙印）**"，安拉的法律和前定注定他们要遭受"**羞辱**"和"**贫穷**"。即他们将永远成为卑贱之人，任人凌辱和践踏，注定成为渺小的人。不但如此，他们自己也觉得自己是屈辱的贱民。哈桑说，安拉使他们遭受屈辱，所以他们无法改变。安拉让穆斯林统治他们。确实，他们遇到穆斯林的时候还给拜火教交纳税款。[1]艾布·阿林等认为"**贫穷**"即困苦。[2]有人认为指税务。[3]

"**他们以安拉的恼怒而回**"，即他们带着安拉的恼怒而回去了。[4]有人说经文中的"吧哎"（باء，回）一词，总与"美好"或"不测"连用，譬如，人们说某人戴罪（担负了罪责）……正如安拉所言：⟪我要让你负起我的罪和你自己的罪。⟫（5：29）即我愿你担负着……而回。这样，就可以解释为：他们带着安拉的恼怒返回了，他们必定遭受安拉的恼怒。[5]

"**这是由于他们背叛和不断地违法。**"安拉说，他们抗拒真理，不信安拉的经文，凌辱众先知的追随者，他们不但谩骂先知，而且变本加厉地要杀害先知，犯下滔天罪行，所以安拉以羞辱和贫穷还报他们，使他们在蒙受屈辱的同时遭受恼怒。

### 骄傲的定义

安拉的使者㕙说："骄傲是抗拒真理，蔑视众人。"[6]又说："末日，遭受最重惩罚的人是被先知所杀，或杀害先知之人，或引人于迷路的领导，或毁尸者。"[7]

---
(1)《伊本·艾布·哈亭经注》1：195、196。
(2)《伊本·艾布·哈亭经注》1：196。
(3)《伊本·艾布·哈亭经注》1：196。
(4)《泰伯里经注》2：138。
(5)《泰伯里经注》2：138。
(6)《穆斯林圣训实录》1：93。
(7)《艾哈麦德按序圣训集》1：407。

"**这是由于他们背叛和不断地违法**"，说明了他们遭受惩罚的原因。"**背叛**"指作恶。"**不断地违法**"指超越合法的、被允许的限度。安拉至知。

⟪62.那些归信的人和那些遵守犹太教的人以及基督教徒和萨比安人，只要他们归信安拉和末日，并行善，都会从他们的主那里获得回赐，他们将无惧无忧。⟫

### 信仰和善功是历代人成功的秘诀

安拉阐明了这样一些人的境遇和惩罚：他们违背他的命令，触犯禁令，胡作非为，因此遭到安拉的惩罚。然后告诉我们前辈各民族中行善并顺从安拉的人，都得到了善报。这是直至末日的规律。凡追随文盲的先知和使者的穆斯林，都将得到永恒的幸福。他们将来不会恐惧，也不会因自己的过去而感到忧愁。正如安拉所说：⟪真的，安拉的盟友们无惧无忧。⟫（10：62）又如穆民临终时的情景：⟪那些说"我们的主是安拉"，并于此后坚定不移的人，天使们降临于他们，说道："你们不要害怕，也不要忧虑，而要为你们曾被许诺的乐园而欣喜！"⟫（41：30）

### 穆民的定义

"**那些归信的人和那些遵守犹太教的人以及基督教徒和萨比安人，只要他们归信安拉和末日……**"此后，安拉又为他们降下：⟪舍伊斯兰而追求其他宗教的人，他绝不会被接受。在后世，他在亏折者之列。⟫（3：85）伊本·阿拔斯注解这段经文说：安拉派遣穆圣㕙降下经典之后，任何不符合伊斯兰的方法和工作都不蒙安拉接受。而在此之前，凡是遵循那个时代先知教义的人们，都是坚持正道和成功之途的。所以，古代的犹太人应该追随穆萨，在一切事务中应该诉诸《讨拉特》。

### "犹太"名的由来

"**犹太**"[8]一词派生于"海瓦带"（الهوادة），意为友爱；或派生于"台罕吾带"（التهوّد），意为忏悔。正如穆萨所述：⟪我们确实向你忏悔了。⟫（7：156）被如此命名的原因是倡导相互友爱，并经常向主忏悔。有人说，如此命名是因为他们与叶尔孤白先知的长子"叶忽达"之间有渊源关系。艾布·阿幕尔说，原因是他们在读《讨拉特》时不停地摆动，因为"**犹太**"一词有摇摆之意。

---
(8) اليهود，叶忽德。

## "乃萨拉"之名的由来

尔撒为圣后,信仰并追随尔撒便成了以色列后裔的义务。信仰尔撒宗教的人都被称为"乃萨拉"[1],如此命名是因为他们提倡互相协助[2]。也有人将他们称为"安萨尔"[3],正如尔撒说:《"谁在主道上做我的援助者?"众门徒说:"我们是安拉的援助者!"》(61:14)也有人说,因为他们曾住在一个叫"那隋勒"[4]的地方。[5]

后来安拉派遣了万圣的封印——穆圣㊣,使之成为全人类的使者。对那些以色列人来说,归信穆圣㊣,并服从他的一切命令和禁令成了义不容辞的义务,而归信穆圣㊣的人才是真正的穆民(信士)。穆圣㊣的民族被称为穆民[6]的主要原因是他们信仰坚定,归信所有以往的先知和将来的未见之事。

## 萨比安人

对萨比安人有不同的解释,穆佳黑德说,萨比安人是一个信奉拜火教、犹太教和基督教综合教义的民族。他们没有一个明确的宗教。[7] 有人说,他们是有经人中信奉《宰哺尔》的人;[8] 有人说是崇拜天使的一伙人;还有一说是拜星教。安拉至知。最恰当的应该是穆佳黑德的主张,即他们既不遵循犹太教、基督教和拜火教,也不是多神教徒,他们是保持原始天性的一个民族,没有稳定的宗教信仰。因此,多神教徒曾戏称穆斯林为萨比安人,因为穆斯林信仰的宗教不同于当时世界上的任何一种宗教。还有些学者认为,萨比安人指从来没有听到过任何先知的宣教的人们。安拉至知。

《 63.当时,我和你们定约,并在你们上面升起了"土勒"(山)。你们尽力遵循我所赐给你们的,并记住内容,以便你们敬畏。》

《 64.以后你们又故态复萌。如果不是安拉对你们的恩典和慈悯,你们必定损失了。》

---
(1) النصارى,基督教徒。
(2) النصارى 一词的本意是互相协助。——译者注
(3) أنصار,意为相助者。
(4) ناصرة,意为相助者。
(5)《拉齐经注大全》3:97。
(6) 有正信者、信士之意。这个词专指伊斯兰信仰,与表示其他信仰的单词不同。——译者注
(7)《泰伯里经注》2:146;《伊本·艾布·哈亭经注》1:199、200。
(8)《宰哺尔》系安拉降给达乌德先知的经典。——译者注

## 和犹太人缔约 在他们上面升起"土勒" 犹太人的背信弃义

安拉曾和犹太人缔结庄重的盟约——他们只崇拜他,而不以物配主,并顺从所有的先知。安拉讲述说,他和他们缔约时,在他们的头顶升起了《影子般的山岳,他们以为它将落在他们的头上。(我说)"你们当紧握我赐予你们的,并牢记其中的,以便你们敬畏。"》(7:171)正如《高处章》所述,"土勒"是一座山。伊本·阿拔斯、艾奈斯、穆佳黑德、阿塔、艾克莱麦、哈桑、端哈克、莱毕尔·本·艾奈斯等学者肯定了这一解释。[9] 伊本·阿拔斯说,(阿拉伯语中)"土勒"指长植物的山,不长植物的山不叫"土勒",而叫"杰伯里"(الجبل)。[10]

"你们尽力遵循我所赐给你们的",哈桑认为"赐给你们的"指《讨拉特》。[11] 穆佳黑德说,"尽力"指遵循其中的一切。[12] 艾布·阿林等说,"并记住内容",指你们诵读《讨拉特》并遵

---
(9)《伊本·艾布·哈亭经注》1:203。
(10)《伊本·艾布·哈亭经注》1:203。
(11)《伊本·艾布·哈亭经注》1:204。
(12)《伊本·艾布·哈亭经注》1:205。

循之。(1)

"**以后你们又故态复萌**",即这次庄重的盟约之后,你们却背信弃义,废除盟约。

"**如果不是安拉对你们的恩典和慈悯,你们必定损失了**",即如果不是安拉接受你们的忏悔,并为你们派去许多先知和使者,你们必定在今生后世成了亏折之人。

⟪65.你们也知道,你们当中有人在安息日放肆胡为。因此,我对他们说:"你们成为卑贱的猴子吧!"⟫

⟪66.于是,我使它成为他们的前人和后辈的教训。以便劝诫敬畏者。⟫

## 犹太人于安息日胡作非为
## 最终变成猴子和猪

清高伟大的安拉说,犹太人们啊!"**你们也知道**"违抗安拉的各城镇遭受灾难,是因为那些城镇的人们背弃了和安拉缔结的盟约——尊重安息日,履行相应的功课。因为这是法定的日子,但他们却挖空心思地在安息日之前设下鱼钩、鱼网等捕鱼工具。当鱼儿照常于安息日游来时,纷纷落入网中,未能逃出那天的厄运。安息日结束后,他们又于夜间出去抓鱼。安拉因此将他们变成猴子的模样。从外表看,它们是最像人的一种动物,而不再是真正的人。这些人的诡计也是如此,表面上好像是真理,但事实并非如此。所以说,他们得到了相应的报应。《高处章》将详细论述这一事件。安拉在该章说:⟪你关于那滨海的城镇问问他们。当时,他们在安息日超越法规。在他们守安息日那天,他们的鱼明显地游到他们面前,但是在他们不守安息日的那天,它们不会来。我就这样考验他们,因为他们过去一贯作恶。⟫(7:163)

"**我对他们说:'你们成为卑贱的猴子吧!'**"伊本·阿拔斯说,安拉使他们中的有些人变成猴子和猪。据说他们中的青年人变成了猴子,老年人变成了猪。(2) 格塔德说,后来那群人变成了一群嚎叫的猴子,长出了尾巴。(3)

## 现在的猴子和猪并非变种者的后代

伊本·阿拔斯说,安息日为非作歹的人们变成一群猴子后不久就死了,他们没有留下后裔。(4) 伊本·阿拔斯说,安拉因他们的罪恶而将他们变成猴子。又说,他们在大地上只生活了三天。变种的人活不过三天。他们不吃不饮,也不生育。安拉在天经中说,他在六日内创造了猴子、猪,乃至宇宙万物。后来安拉使这些人变成猴子的模样。安拉做他所意欲之事,更改他所欲更改之事。(5)

"**我使它成为他们的前人和后辈的教训**",即安拉因为他们在安息日为非作歹而使这些城镇或城镇的人成为前人和后辈的"**教训**"。也就是说,安拉惩罚了他们,并使这种惩罚成为对别人的一种教训。正如安拉对法老的叙述:⟪所以安拉用后世和今世的刑罚惩罚了他。⟫(79:25)"**使它成为他们的前人和后辈的教训**"即以前的城镇和以后的城镇的教训。伊本·阿拔斯说经文指我使降于他们的惩罚成为他们周围城镇的教训。正如安拉所言:⟪我确曾毁灭了你们周围的市镇,我反复分析种种迹象,以便他们回归。⟫(46:27)即安拉通过多渠道传述的信息,使受到惩罚的人成为当代的警告,后辈的劝诫。因此,他说:"**以便劝诫敬畏者**",此处的劝诫指警告。即安拉使这些诡计多端的犯罪者遭受的报应成为一种惩罚和警告。敬畏者们应该远离他们的行为,以免遭受类似的惩罚。正如圣训所述:"你们不要重蹈犹太人之覆辙,投机取巧,触犯安拉的禁令。"安拉至知。(6)

⟪67.当时,穆萨对他的族人说:"安拉命令你们宰一头牛。"他们说:"你是寻我们的开心吗?"穆萨说:"我求安拉护佑,莫使我成为一个无知的人。"⟫

## 古以色列人中的被杀者和黄牛

以色列的后裔啊!你们当回忆,安拉在黄牛事件中为你们昭示了奇迹,复活了受害者,让他亲自指认了凶手。据欧拜德等传述,古以色列人中有个无儿无女的老人,拥有许多财产,他的侄子将成为他的继承人,可是他却被侄子所杀。凶手晚上将亡人抬到一个正直的犹太人家门口,第二天早上诬陷该犹太人杀害了他的叔叔,最后事态发展到武力冲突的地步。他们中的一位智者说:"你们中有安拉的使者,还为何(不诉诸先知却)自相残杀呢?"后来他们到穆萨先知跟前陈述此事。穆萨说:"**安拉命令你们宰一头牛。他们说:'你是寻我们的开心吗?'穆萨说:'我求安拉护佑,莫使我成为一个无知的人。'**"传述者说,假若他们不再追问,

---

(1)《伊本·艾布·哈亭经注》1:205。
(2)《伊本·艾布·哈亭经注》1:210。
(3)《伊本·艾布·哈亭经注》1:209。
(4)《伊本·艾布·哈亭经注》1:209。
(5)《泰伯里经注》2:167。
(6)《伊尔瓦依厄利里》5:375。

宰任何一头牛都是可以的。但他们纠缠不休,最终落得作茧自缚。以至后来不得不去宰一头被指定的牛。这头牛的主人只有这一头牛,他乘机说:"以安拉发誓,我要用盛满这张牛皮的黄金兑换它,少一个子儿都不干。"他们只得同意对方要求。他们宰了牛后,用牛的一部分打受害者,受害者便站了起来。他们问他:"谁杀害了你?"他指着自己的侄子说:"是他。"说完倒地死去。后来他们没有让凶手继承一分钱。此后遗留下了一条"凶手无权继承财产"的规定。[1]安拉至知。

❁ 68.他们说:"你为我们求你的主,请他为我们说清楚它是一头什么样的牛。"穆萨说:"他说:'它是头既不太老,也不太幼,年龄适中的牛',现在你们奉命行事吧。"❁

❁ 69.他们说:"你为我们求你的主,他为我们说明它是什么颜色?"穆萨说:"主说:'它是一头纯黄色的、令见者喜悦的牛。'"❁

❁ 70.他们说:"请你为我们求你的主,他为我们指明这是什么牛?在我们看来牛都是相似的。如果安拉意欲,我们是得道者。"❁

❁ 71.穆萨说:"主说:'它是一头既未被训练成能耕地、也未用来汲水(灌溉农田)的牛,健壮而没有杂色。'"他们说:"你现在带来了真相。"于是他们宰了它,他们差点不(这样)做。❁

## 犹太人的纠缠不休和作茧自缚

安拉告诉我们,犹太人无休止地刁难他们的使者,向使者纠缠不休,他们的这种苛细追问反而给自己带来了诸多不便。其实他们当初若随便宰一头牛,也就万事大吉了。但当他们苛细追问时,却遭受了严峻的考验。正如他们刁难说:"你为我们求你的主,请他为我们说清楚它是一头什么样的牛",即这是一头什么牛?它有什么特征?穆萨说,"**它是头既不太老,也不太幼,年龄适中的牛**",即这头牛不太老,也不太小,并且从未接触过雄牛。[2]"**年龄适中的牛**",即不大不小。这是牛和各种动物最佳、最健壮的年龄。[3]

"**纯黄色的**",伊本·阿拔斯说,(经文指这头牛)黄得几乎泛白。[4]

赛丁伊说,"**令见者喜悦**",指见到牛的人都

会啧啧称奇。[5]沃海布说,当你看到这头牛时,会认为太阳光从它的身上反射而出。[6]

现代版《讨拉特》说它是头红牛,显然是表达上的错误。或者正如前面的说法,它是一头接近红黑的黄牛。安拉至知。

"**在我们看来牛都是相似的**",即世上的牛数不胜数,请为我们详细说明这头牛有什么特征。"**如果安拉意欲**",在你为我们讲明它后,"**我们是得道者**",即我们能以正确的方法找到它。

"**穆萨说:'主说:'它是一头既未被训练成能耕地、也未用来汲水(灌溉农田)的牛'**",即它不是驯服的耕牛,也不是拖运水车、浇灌农田的牛,而是受人宠爱的完美的牛。

格塔德等认为"**健壮**"指完美无缺。[7]穆佳黑德等认为指没有瑕疵。阿塔认为指一头肢体等形象完美的牛,身无瑕疵。[8]

"**于是他们宰了它,他们差点不(这样)做。**"伊本·阿拔斯说,他们本不做这件事,因为

---

(1)《伊本·艾布·哈亭经注》1:114;《泰伯里经注》2:183。
(2)《伊本·艾布·哈亭经注》1:216。
(3)《伊本·艾布·哈亭经注》1:217。
(4)《伊本·艾布·哈亭经注》1:221。
(5)《伊本·艾布·哈亭经注》1:222。
(6)《泰伯里经注》2:202。
(7)《泰伯里经注》2:214。
(8)《伊本·艾布·哈亭经注》1:225、226。

他们原本就没有宰牛的打算。[1] 即虽然安拉的命令非常明确，他们不断的追问，也得到了穆萨先知不厌其烦的解释，但穆萨先知仍费了很大的努力才说服他们宰了牛。经文有指责他们的意思。因为他们的目的仅仅是刁难穆萨先知，所以他们差点不奉命行事。

欧拜德、穆佳黑德、沃海布·本·穆南毕哈、艾布·阿林、阿卜杜·拉赫曼·本·栽德·本·艾斯莱姆说，他们花许多钱买了这头牛。这里有不同解释。[2]

72.当时，你们杀了一个人，然后为此事相互抵赖。安拉是揭露你们所隐讳之事的。

73.我说："你们用它的一部分打他。"安拉就这样复活一些死者，让你们看到他的种种迹象，以便你们领悟。

### 复活受害者 指认凶手

布哈里认为，"相互抵赖"指众说纷纭。[3] 穆佳黑德也持相同观点。阿塔说，经文指"纷争不休"。[4] 伊本·哲利尔说，他们互相指责，声称对方是杀人凶手。[5] 阿卜杜·拉赫曼等持相同观点。[6]

"你们用它的一部分打他"，即牛身上的任何一部分，因为经文没有指明是哪一部分。其实用任何一部分都可以带来奇迹和反常之事。假若指明牛身上的这一部分的具体名称，对我们的今世和后世有益，安拉必定为我们指明它，但是安拉没有指明它，使者也没有给予解释，所以我们不必为此白费心思，应该笼统地归信它，正如安拉笼统地告诉我们的那样。

"安拉就这样复活一些死者"，即他们打了死者后，他便复活了。安拉通过他们目睹的这件事情，让人们了解他的大能和复活死者的能力，指明了人类最终的归宿，同时以此终结了他们之间关于死者的仇恨和顽固。

安拉在本章的五个地方提到了复活无生命者，它们是：一、"你们死亡之后，我使你们复活"；二、黄牛事件；三、为防备死亡而成千上万逃离家园者的故事（以后详细叙述这些人）；四、残垣断壁者的事件，伊布拉欣和四只鸟的事；五、枯萎的大地的复苏，所有这些都在警示我们变质的骨骼能够恢复成完整的形体。下列经文为证：已死的大地是给他们的一个迹象。我使它活，并由它生产谷物，他们便从中食用。我也在其中造化了许多枣树园和葡萄园，并使泉水由其中涌出来。以便他们吃其果实，那些果实不是他们的手造化的。难道他们不感谢吗？（36:33-35）

74.此后，你们的心变硬了，变得就像岩石，甚至比岩石还硬。的确，有些岩石，一些溪流从中流出；有些岩石破裂后，有水从中流出；还有另外一些岩石由于畏惧安拉而坠落。安拉绝不忽略你们的行为。

### 犹太人的内心坚硬（残酷）无比

安拉复活无生物，让犹太人看到他的许多迹象，以此来羞辱他们，谴责他们。"**此后，你们的心变硬了**"，即经历了这一切后，他们的心反而变得就像石头一样硬。因此，安拉禁止穆民学习他们，说：归信者们的这一时刻还未到来吗？他们的内心因为记念安拉和他所降示的真理而谦恭，他们不要像从前获得经典的那些人；时间长久之后，他们的心变硬了。他们当中的很多人是坏事的。（57:16）伊本·阿拔斯说，他们用牛的部分打了死者后，死者复活坐了起来，这时，有人问他："谁杀害了你？"他说："我的侄子们杀害了我。"说完后他又死去了。他死后，他的侄子们说："以安拉发誓，我们没有杀他。"他们看到真理后否认了真理。因此，安拉说："**此后，你们的心变硬了**"，[7] 即死者的侄子们的心变硬了，"**变得就像岩石，甚至比岩石还硬**"，即以色列人目睹许多迹象和奇迹后，并没有接受真理，后来，随着时间的推移，他们的心变得更加坚硬，直到无法接受真理和劝诫。他们的心硬得就像无法使之变软的岩石，或比岩石还要坚硬。可是，有些石头破裂时，会有泉水从中喷涌流出；有些石头破裂后，会有水缓缓而流；甚至有些石头因为畏惧安拉而从山顶坠落。石头也是有感情的。

"**的确，有些岩石，一些溪流从中流出；有些岩石破裂后，有水从中流出；还有另外一些岩石由于畏惧安拉而坠落。**"伊本·阿拔斯读了上述经文后说，你们随意抛弃真理，你们的心好坚硬啊！确实，有些石头比你们的心还柔软。"**安拉绝不忽略**

---

[1]《泰伯里经注》2:219。
[2]《泰伯里经注》2:221。
[3]《布哈里圣训实录诠释——造物主的启迪》6:506。
[4]《伊本·艾布·哈亭经注》1:229。
[5]《泰伯里经注》2:225。
[6]《泰伯里经注》2:225；《伊本·艾布·哈亭经注》1:229。

[7]《泰伯里经注》2:234。

你们的行为。"⁽¹⁾

## 无生物具有知觉

有些学者声称石头并不具备知觉，《古兰》关于石头具有敬畏的描述，是一种拟人的修辞方法。正如《古兰》对墙的描述：《一堵墙正要倒塌。》（18：77）这是拉齐、格尔特宾等学者的见解。这种解释纯属多余，事实上安拉给无生物创造了知觉。正如安拉所说：《我确曾把信托昭示给诸天、大地和山岳，但它们由于害怕而不敢承担它。》（33：72）《七重天与大地以及其中的万物，都赞颂他清净。》（17：44）《草木都在崇拜，》（55：6）《难道他们没看到安拉所造化的万物——它们的影子向右边和左边倾斜？》（16：48）《它俩说："我们顺服地来了。"》（41：11）《我如果把这《古兰》降在一座山上。》（59：21）《他们将会对他们的皮肤说："你们为什么对我们作证？"它们将会回答道："让万物讲话的安拉，让我们说了话。"》（41：21）穆圣㉿说："这座山，它爱我们，我们爱它。"⁽²⁾又如枣树枝的哭泣⁽³⁾。穆圣㉿又说："我知道麦加有块岩石，在我为圣前它一直庆贺我，我现在还认识它。"⁽⁴⁾穆圣㉿形容陨石说："末日，它将为祝贺它的人以真理作证。"⁽⁵⁾

学者们对下列经文有不同解释："**变得就像岩石，甚至比岩石还硬**"，虽然他们都认为经文当中的"**甚至**"并不表示怀疑，但有人说它具有"和"的意思，即它变得硬若岩石和比岩石更硬。相同使用的经文如：《不要顺从他们中的罪人或隐昧者，》（76：24）《以便宽恕或警告。》（77：6）有人说，它具有"**甚至**"的意思，即他就像岩石，甚至比岩石更硬，如：《突然间他们当中的部分人如害怕安拉那样害怕人，甚至更加害怕。》（4：77）《但是他们不信他，所以他们一定会被传唤，》（37：127）《后来达到两弓之遥，或更近。》（53：9）另一些人说，在你们看来"**它变得就像岩石，甚至比岩石还硬。**"还有一些人说，经文的意思是：你们的心要么就像岩石，要么比岩石更硬。伊本·哲利尔说，有些人的心就像石头，有些人的心比石头还硬。⁽⁶⁾笔者说，后一种解释类似于下列经文：《他们就像点火的人。》（2：17）《或者好像是遭到天降暴雨。》（2：19）《那些否认者，其行为就像沙漠中的幻景。》（24：39）《或就像汪洋大海中的重重黑暗。》（24：40）即他们的情况不是这样就是那样。安拉至知。

**《75.难道你们希望他们相信你们吗？他们当中的一部分人确曾听到安拉的话，而在他们了解它之后却故意地篡改了它。》**

**《76.当他们遇到信士们时，他们就说："我们归信了。"但是当他们彼此私下相遇时，他们就说："你们告诉他们安拉所启示给你们的，以便他们（用它作为证据）在你们的主跟前和你们争论吗？难道你们不理解吗？"》**

**《77.难道他们不知道安拉知道他们所隐藏的和公开的吗？》**

### 对穆圣㉿时代的犹太人不抱信教的希望

清高伟大的安拉说，信士们啊！"**难道你们希望他们相信你们吗？**"即你们指望这些迷误的犹太人服从你们而履行善功吗？他们的祖先曾目睹许多明确的迹象，但后来他们的心变得坚硬无比。"**他们当中的一部分人确曾听到安拉的话，而在他们了解它之后却故意地篡改了它。**"他们不实事求是地注释它。"**了解它之后**"，即明确地认识了它，然后明知故犯。"**故意地**"，即他们明知自己的注释与事实不符。这些经文类似下列经文：《因此由于他们破坏了他们的约定，我诅咒了他们，并使得他们的心变硬。他们篡改经典中的字句。》（5：13）格塔德说，经文所说的是一些犹太人，他们听懂安拉的经典后，故意篡改它。⁽⁷⁾穆佳黑德说，篡改经典并隐瞒经典的人是他们中的学者。⁽⁸⁾伊本·沃海布说，他们篡改了安拉颁降的《讨拉特》，颠倒合法与非法，从而真假混淆，当追求真理的人给他们带来贿赂时，他们拿出安拉的经典；当企图犯罪的人们给他们带来贿赂时，他们拿出自己书写的经典，并极力地去证实他们是正确的；当有人没有带贿赂来请教无关紧要之事时，他们命令他要坚持真理。后来，安拉对他们说：《你们命人行善，但你们忘却你们自身吗？你们还在读经，难道你们不理解吗？》（2：44）⁽⁹⁾

---
（1）《伊本·艾布·哈亭经注》1：233。
（2）《布哈里圣训实录诠释——造物主的启迪》6：98。
（3）枣树枝指寺内柱子。穆圣㉿曾依靠着它讲演，后来讲台制作后，穆圣㉿站在上面讲演，不再依柱子时，它竟哭泣不止，穆圣㉿将它偎在怀中安慰后，方才安静下来。——译者注
（4）《穆斯林圣训实录》3：1782。
（5）《艾哈麦德按序圣训集》1：266。
（6）《泰伯里经注》2：236。

（7）《伊本·艾布·哈亭经注》1：236。
（8）《泰伯里经注》2：245。
（9）《泰伯里经注》2：246。

## 犹太人承认穆圣㊚的圣品，但他们却不信仰

"当他们遇到信士们时，他们就说：'我们归信了。'但是当他们彼此私下相遇时……"伊本·阿拔斯说，"当他们遇到信士们时，他们就说：'我们归信了'"，意为我们信仰你们的领袖穆罕默德是安拉的使者㊚，但他只是你们的先知。[1] 当他们彼此相遇时，他们说："你们不要对阿拉伯人说这些。你们曾经祈求安拉派他来威慑他们，而今他派遣给他们（而不是我们）。"后来安拉降示了"当他们遇到信士们时，他们就说：'我们归信了。'但是当他们彼此私下相遇时，他们就说：'你们告诉他们安拉所启示给你们的，以便他们（用它作为证据）在你们的主跟前和你们争论吗？难道你们不理解吗？'。"即有经人互相说，你们承认他是先知，也知道你们有信仰他的义务。他告诉穆斯林，他就是我们所期望并发现被记载在我们经典中的那位先知。所以你们要否认他，不要承认他。[2] 安拉说："**难道他们不知道安拉知道他们所隐藏的和公开的吗？**"哈桑·巴士里说，这些犹太人遇见信士们时说："**我们归信了。**"但他彼此私下相会时却互相说："你们不要告诉穆罕默德的弟子们安拉在你们的经典中启示的经文，否则，他们将以此在你们的养主跟前和你们辩论，然后驳斥你们。"艾布·阿林说，虽然他们发现他们的经典中记载着穆圣㊚的情况，但他们的内心中隐藏着对穆圣㊚的不信和否定。哈桑说，"**他们所隐藏的**"指当他们离开圣门弟子，彼此私下相会时，他们禁止任何一个人给圣门弟子谈论他们的经典中的启示，因为害怕圣门弟子在他们养主跟前和他们辩论。"**他们公开的**"指他们对圣门弟子说的话"**我们归信了**"。[3]

❮78.在他们当中，有一些不识字的人，他们不知道天经，除了幻想之外，只会妄自揣测。❯

❮79.那些人真倒霉！他们亲手写（伪）经，并说："这是安拉降下的。"以便他们用它换取微薄的代价，因此让他们为他们亲手所写的和他们营谋的而倒霉吧。❯

### "不识字的人"[4] 的意义

"在他们当中，有一些不识字的人。""他们当中"指有经人当中。穆佳黑德说"温命由奈"（الأميّون）是"温命仪"（الأميّ）的复数，意为一些不会写字的人。

"**他们不知道天经**"，即他们不知道天经的内容。[5] 因此，对穆圣㊚的描述之一是"温命仪"，因为穆圣㊚不会写字，正如安拉所言：❮此前，你不曾诵读任何经典，也不会用右手写字。否则，那些作假的人就会产生怀疑。❯（29：48）穆圣㊚说："我们是温命仪民族，不会写字，不会计算，月份是如此如此如此。"[6] 即我们不需要依赖书籍或计算机来决定功修的时间。伟大的安拉说：❮他在不识字的人中，派遣一位来自他们的使者。❯（62：2）

### "幻想"[7] 的意义

"**除了幻想**"，伊本·阿拔斯认为指他们用舌头说出来的仅是谎言。[8] 有人认为，经文指他们

---

(1)《泰伯里经注》2：250。
(2)《伊本·艾布·哈亭经注》1：239。
(3)《伊本·艾布·哈亭经注》1：240。
(4) الأميّ，温命仪。——译者注
(5)《伊本·艾布·哈亭经注》1：241。
(6)《布哈里圣训实录诠释——造物主的启迪》4：151。
(7) الأماني，艾麻宁由。——译者注
(8)《泰伯里经注》2：261。

所产生的幻想。穆佳黑德说，"温命伊乃"[1]指安拉所形容的那些对穆萨先知所奉的天经一窍不通的人，他们善于撒谎，编造谬论和作伪证。[2]此处"幻想"指编造谎言。穆佳黑德认为"只会妄自揣测"指他们善于撒谎。[3]格塔德等认为他们对安拉胡乱猜测。[4]

## 篡改经典的犹太人真倒霉

"那些人真倒霉！他们亲手写（伪）经，并说：'这是安拉降下的。'以便他们用它换取微薄的代价。"这是犹太人中的一个小群体，他们对安拉撒谎，并作伪证，以便导人于迷途，诈骗他人财产。"**倒霉**"指毁灭和粉碎，在阿拉伯人中众所周知。伊本·阿拔斯说，穆斯林啊！你们在读这部纯洁的经典的时候，怎么还去请教有经人呢？安拉降给他的先知的经典已经给你们带来了安拉的信息。安拉告诉你们，有经人已经篡改了安拉的经典，并自己写了伪经后说："这是安拉降下的"，以便以此换取微薄的代价。难道你们获得的知识不禁止你们去请教有经人吗？以安拉发誓，我从未发现他们中的任何一人向你们请教你们所接受的天经。[5]哈桑说，经文中的"**微薄的代价**"指的是整个今世。[6]

"**因此让他们为他们亲手所写的和他们营谋的而倒霉吧**"，即让他们因为自己编造的谎言和杜撰的伪经而去死吧！让他们因为所侵吞的不义之财（贿赂）而遭受灭顶之灾吧！伊本·阿拔斯说，"**倒霉**"指惩罚，即愿写伪经的人们遭受严惩！"**他们营谋的**"指他们从一般下层人那里剥削的。[7]

❦ 80.他们说："除了有限的几天外，火不会接触我们。"你说："你们在安拉那里缔结了盟约吗？他是不会爽约的。或者，你们给安拉说你们所不知道的吗？" ❧

## 犹太人的幻想——他们在火狱中只居住寥寥数日

犹太人妄称他们在火狱中居住寥寥数日之后将会获救，安拉驳斥他们的梦想说："你说：'你们在安拉那里缔结了盟约吗？'"即难道你们曾和安拉缔结过让你们在火狱中只居住寥寥数日的契约吗？如是这样，安拉绝不会爽约。但事实并非如此。因此经文使用"或者"一词，即不然，你们并不了解情况，难道安拉会胡说八道吗？伊本·阿拔斯说，犹太人说他们只在火狱中居住四十日，有些人补充说，即在今世崇拜牛犊的时间。[8]

艾布·胡莱赖说，海巴尔解放之后，有人给安拉的使者㋰送来一只投了毒的（烤）羊作为礼物，安拉的使者㋰说，请为我召集这里的犹太人！（他们来后）安拉的使者㋰问："你们的父亲是谁？"他们说："某某。"使者说："你们在撒谎，你们父亲是某某。"他们说："你说得完全正确。"使者接着问："我若问你们一件事情，你们愿意说实话吗？"他们答："艾布·卡西姆[9]啊！愿意。如果我们给你撒谎，你会知道我们在撒谎，就像你知道我们的父亲那样。"安拉的使者㋰问："谁是火狱的居民？"他们说："我们在其中住不久后你们将接替我们。"安拉的使者㋰说："愿你们受诅咒地进入火狱！以安拉发誓，我们绝不接替你们。"然后安拉的使者㋰说："如果我（再）问一件事情，你们愿意如实相告吗？"他们说："艾布·卡西姆啊！愿意。"先知问道："你们在羊中投了毒吗？"他们说："是的。"先知问："你们为什么要这样做？"他们说："我们想，如果你是伪先知，我们就可以这样摆脱你；如果你是真先知，毒药伤害不了你。"[10]

❦ 81.不然，那些作恶并被他们的罪恶所包围的人们，他们都是火狱的居民，他们将永居其中。❧

❦ 82.归信且行善的人，他们都是乐园的居民，他们将永居其中。❧

清高伟大的安拉说，事情并非如同你们想象和希望的那样，事情是这样的：谁做了恶事，并有意识地坚持罪恶，他在末日没有任何善功，他的一切作为都是罪恶，他将是火狱的居民。"**归信且行善的人**"指归信安拉和使者，并做了符合教法的善功的人将是乐园的居民。这一叙述类似下列经文：❦ 不是借你们的妄想和有经人的妄想（就可以获得成功）。谁作恶，将受其报，除安拉外，他不能找到任

---

(1) 上文译为不会写字的人。——译者注
(2) 《泰伯里经注》2：262。
(3) 《伊本·艾布·哈亭经注》1：242。
(4) 《伊本·艾布·哈亭经注》1：242。
(5) 《伊本·艾布·哈亭经注》1：245；《布哈里圣训实录诠释——造物主的启迪》5：244，13：345，555。
(6) 《伊本·艾布·哈亭经注》1：247。
(7) 《泰伯里经注》2：273。

(8) 《泰伯里经注》2：276。
(9) 穆圣㋰的号。——译者注
(10) 《圣位的证据》4：256；《艾哈麦德按序圣训集》2：451；《布哈里圣训实录诠释——造物主的启迪》6：314；《圣训大集》6：413。

何保护者和援助者。信男信女，谁行善，谁便进入乐园，而且不受丝毫亏枉。◊（4：123-124）

艾布·胡莱赖、艾布·瓦伊里、阿塔、哈桑认为"**被他们的罪恶所包围的人**"指陷入以物配主行为中的人们。[1] 莱毕尔·本·哈斯目认为经文指：犯罪者没有忏悔而死去。[2] 艾奈斯说，"**罪恶**"指大罪。[3] 上述解释大同小异。

## 小罪积少成多就会毁人

穆圣说："你们当远离小罪，因为小罪汇集在一个人身上时会毁灭他。"安拉的使者为他们打比方说："就像驻于沙漠中的一伙人，众人拾柴火焰高，人人都在找柴，结果堆集成一个小堆，点燃火后烧熟了投进的一切。"[4] "**归信且行善的人，他们都是乐园的居民，他们将永居其中**"，即谁归信被有经人所否认的正教，并遵循他们所放弃的伊斯兰教，谁就会永远居住乐园。安拉告诉他们，善恶的报应都是永恒的，不过行善者将永居乐园，作恶者将永居火狱。[5]

◊83.**当时，我跟以色列的子孙们定约："你们要只拜安拉。你们要善待父母、孤儿和赤贫者。你们也要对人说善言，坚守拜功，缴纳天课，但是你们转身背弃了，除非少数人。"**◊

## 以色列人的盟约

安拉提醒以色列人，他曾给他们颁布命令并缔结了盟约，但他们却故意放弃主命，背信弃义。安拉就像命令他的一切被造物一样，命令他们只崇拜安拉，不要以物配主。生活的目的就是崇拜安拉。安拉说：◊我在你以前每派遣一位使者，就对他启示道："除我之外无应受拜的，所以你们应当惟独崇拜我。"◊（21：25）◊我的确在每一个民族中派遣一位使者。（他说）"你们要崇拜安拉，远离塔吾特。"◊（16：36）经文述及最大、最高的权利，即安拉的权利——崇拜安拉，不以物配主。

此后经文述及人的权利。人与人之间的义务中，最大的义务是对父母应尽的义务，因此，安拉将他的权利和对父母的权益联系到一起：◊你要感激我和你的父母，归宿只在我这里。◊（31：14）◊你的主已经判决：你们只崇拜他，并要善待父母。◊（17：23）◊你要给亲属和赤贫者以及远行人施舍他们所应得的。◊（17：26）伊本·麦斯欧迪传述，我问穆圣："安拉的使者啊！哪件善功最贵？"他回答说："按时礼拜。"我问："然后哪件？"他回答说："孝敬双亲。"我又问："然后是什么？"他说："为主道奋斗。"[6]

"**孤儿**"，伊本·麦斯欧迪说，他们是没有父亲和供养者的小孩。

"**赤贫者**"指无力供养自己和亲人的人。我们将在《妇女章》详述这几种人。安拉在该章说：◊你们当崇拜安拉，不要以任何物配他，当孝敬父母。◊（4：36）

"**你们也要对人说善言**"，即你们应当对他们放下架子，对他们说善言。命人行善，止人作恶也属于"**善言**"。哈桑·巴士里说，"**善言**"指命人行善，止人作恶，宽以待人，讲善言，如安拉所说。"**善**"指安拉所喜悦的一切好品性。[7] 安拉的使者说："你一定不可轻视任何一点善事，如果你做不到，请你以开朗的面容面对你的兄弟。"[8]

安拉在此命令他们以行动善待他人后，又命令他们以言论善待他人。要求他们不但要行为善，而且要言语善。然后，安拉又命令他们礼拜和封斋，以此强调对他的崇拜和对人的义务。安拉告诉（他们）："**坚守拜功，缴纳天课**"，并指出他们中的绝大部分人故意放弃了这一切，将它们弃于脑后。安拉在《妇女章》中向穆斯林发出同样的命令：◊你们当崇拜安拉，不要以任何物配他，当孝敬父母，善待亲戚、孤儿、赤贫者、近邻、远邻、伴侣、旅客以及你们所管辖的。安拉不喜欢傲慢、矜夸之人。◊（4：36）所以说，伊斯兰民族履行了以前任何民族未曾履行的义务。一切赞美和恩情全归安拉。

◊84.**当时，我跟你们定约："你们不可自相残杀，也不要把你们自己的人赶出你们的家园"，你们曾经庄重地承认过，你们是见证者。**◊

◊85.**可是你们却自相残杀，并把你们当中的一部分人赶出家园。你们以罪恶和过分相互支持，迫害他们。如果他们以俘虏的身份来见你们，你们就向他们勒索赎金。但你们驱逐他们是非法的。难道你们只信天经的一部分，而不信其余的吗？你们中谁这样做，除了今世受辱和在审判日被处严刑之**

---

(1)《伊本·艾布·哈亭经注》1：252。
(2)《伊本·艾布·哈亭经注》1：252、253。
(3)《伊本·艾布·哈亭经注》1：253。
(4)《艾哈麦德按序圣训集》1：402。
(5)《伊本·艾布·哈亭经注》1：254。
(6)《布哈里圣训实录诠释——造物主的启迪》6：5；《穆斯林圣训实录》1：89。
(7)《伊本·艾布·哈亭经注》1：258。
(8)《艾哈麦德按序圣训集》5：173；《穆斯林圣训实录》4：2026；《提尔密济圣训全集诠释》5：562。

外，还会得到什么报偿呢？安拉并不忽略你们的行为。◈

◈86.这些人以后世换取今世的生活，他们的刑罚不会被减轻，他们也不会被援助。◈

## 立约又爽约

安拉谴责了使者㊥时代居住在麦地那的犹太人，他们长期处于奥斯和赫兹勒吉两个部落间的连绵战火之中。奥斯和赫兹勒吉两部落的人都属于辅士，蒙昧时代，他们崇拜偶像，战火不断。麦地那的犹太人来自三个部落：给奈尕尔人、赫兹勒吉部落的同盟者乃最勒人、奥斯部落的同盟者格磊作人。每当战争波及他们时，各犹太部落和他们的同盟者并肩作战。有时，犹太人杀死他们的敌人，有时却杀死其他部落的犹太人，但在他们的宗教中有明文规定这是受禁的。他们将对方从家中逐出，并掠夺里面的家具等财物，因此，安拉说："**难道你们只信天经的一部分，而不信其余的吗？**"又说："**当时，我跟你们定约：你们不可自相残杀，也不要把你们自己的人赶出你们的家园**"，即你们不要自己人杀害自己人，不要将自己人赶出他的家门，也不要助纣为虐。这里安拉提到"**你们自己的**"，正如前面经文所述：◈ **你们向创造你们的主忏悔，并杀死你们自己吧！在创造你们的主看来，那对你们是更好的。**◈（2：54）其中原因是：同一宗教的人必须休戚与共。穆圣㊥说："穆民相互喜欢、相互疼慈、相互接恤，就像一个整体。当身体的某一部分发烧或疼痛时，其他部分也因之深感不适。"[1]

"**你们曾经庄重地承认过，你们是见证者**"，即你们承认了这一盟约及其正确性，你们也是见证者。

"**可是你们却自相残杀，并把你们当中的一部分人赶出家园。**"伊本·阿拔斯说，安拉指出了他们的这一丑行，在《讨拉特》中禁止他们流血冲突，命令他们赎取俘虏。因为当时他们是两大阵营，一方是赫兹勒吉的同盟者给奈尕尔人，另一方是奥斯的同盟者乃最勒人和格磊作人。当奥斯人和赫兹勒吉人之间发生战争时，给奈尕尔人出兵帮助赫兹勒吉人，乃最勒人和格磊作人出兵帮助奥斯人。犹太人中的两大阵营分别出兵帮助同盟者，残杀自己的兄弟，他们也知道手中的《讨拉特》规定的对他们有害和有利的事情，而奥斯和赫兹勒吉两大部落是崇拜偶像的多神教徒，他们不知道什么是乐园、火狱、复生、立站[2]、经典、合法和非

法。当战争结束后，犹太人根据《讨拉特》相互赎取他们中被俘虏的人——给奈尕尔人，赎取落入奥斯人手中的同族犹太人，乃最勒和格勒作人赎取落入赫兹勒吉人手中的同族犹太人。他们还为被杀的人要求命价，并处死帮助同盟者杀死犹太人的人。安拉给他们提醒这一情况说："**难道你们只信天经的一部分，而不信其余的吗？**"即你们自相残杀的同时，却根据《讨拉特》的法律赎取他们。然而，《讨拉特》不但严厉禁止杀死他们或将他们逐出家门，而且还禁止你们帮助以物配主、多神崇拜的人们去对付自己的兄弟。难道你们甘愿为了追求今世的浮华而去离经叛道吗？据我所知，这一事件是因帮助奥斯和赫兹勒吉人的犹太人而颁降的。[3]

上述尊贵的经文及其道理所指示的是对知法犯法的犹太人的谴责。他们相信《讨拉特》的正确性，但却明知故犯地违背它的法律。因此，无法保证他们能遵循《讨拉特》并正确传达它，也不能保证能正确地传达他们所隐瞒的一切——穆圣㊥的特征、人格形象、为圣、诞生、迁徙等，他们通过列圣传达所了解到的穆圣㊥的情况。何况犹太人本来就在相互隐瞒这些事实，因此，安拉说："这样做

---

（1）《穆斯林圣训实录》4：1999。
（2）指后世立站在清算场上，接受安拉的清算。——译者注
（3）上述是伊本·阿拔斯的话。——译者注

的人，必定在今世受辱，末日，他们将被召于最严厉的刑罚。"以惩罚他们对安拉经典的否认："**安拉并不忽略你们的行为。这些人以后世换取今世的生活，他们的刑罚不会被减轻**"，即他们喜欢并选择了今世，从而放弃了后世："**他们的刑罚不会被减轻**"，即他们将无时无刻地遭受惩罚："**他们也不会被援助**"，即没有人可以援助他们，将他们从永恒的惩罚中解救出来。

§87.**我的确曾赐给穆萨经典，并在他之后陆续地派了许多使者。我给麦尔彦之子尔撒显示明证，并以圣灵支持他。每逢一位使者带来他们不喜欢的事物时，他们就高傲起来了吗？你们不信一部分（使者），杀害一部分。**§

## 犹太人的骄傲，否认先知，杀害先知

安拉讲述道，以色列人是一些过分、顽固、反叛和抗拒众先知之人，他们随心所欲、胡作非为。安拉同时提到，他曾赐给穆萨《讨拉特》，但犹太人却篡改它，违反其中的戒律。此后安拉又派遣许多使者和先知，让他们以《讨拉特》的法律判断世务，正如安拉所说：§我曾经颁降《讨拉特》，其中有引导和光明。归顺（安拉）的先知们曾依照它为信仰犹太教的人裁决（事情），犹太人的经师和学者们也是如此，他们奉命保护安拉的经典，他们也是它的见证。§（5：44）因此安拉说"**并在他之后陆续地派了许多使者。**"伊本·马立克解释说，"安拉又派遣了……"[1] 还有人解释为"接连派遣了……"上述解释大同小异。正如这节经文所述：§然后我陆续派遣我的众使者。§（23：44）

安拉派给以色列人的最后一位先知是麦尔彦之子尔撒，他的律法与《讨拉特》有所不同，因此安拉又赐给他许多奇迹，作为验证先知身份的迹象。伊本·阿拔斯说，先知尔撒的奇迹较多，如：复活死者，泥土变鸟，医治顽疾，预告未见[2]，圣灵（吉卜勒伊里）扶持。这些都能证明他的先知身份。后来以色列人变本加厉地否认他，嫉恨他，对抗他，因为他的律法与《讨拉特》略有不同，正如安拉对尔撒的叙述：§并将一些以前对你们禁止的变为合法，我已给你们带来你们主的迹象。§（3：50）以色列人向来都是以最卑鄙的态度面对众先知的，众先知不是遭到他们的否认就是被他们所杀害，其缘由仅仅是先知们命令他们做跟他们的私欲和主观意见不符的事，勒令他们遵循未遭篡改

(1)《伊本·艾布·哈亭经注》1：268。
(2)《伊本·艾布·哈亭经注》1：268。

的《讨拉特》。每当他们无法面对现实之时，转而否认先知，甚至不惜杀害部分先知。因此安拉说："**每逢一位使者带来他们不喜欢的事物时，他们就高傲起来了吗？你们不信一部分（使者），杀害一部分。**"

## 圣灵就是吉卜勒伊里

证明吉卜勒伊里就是圣灵的依据正如麦斯欧迪诠释这节经文时的叙述。[3] 许多学者包括伊本·阿拔斯都赞同这一观点。[4] 安拉说：§忠实的鲁哈带它降临，降到你的心中，以便你成为一个警告者，§（26：193-194）阿伊莎说，安拉的使者㊣为罕萨尼在清真寺中安置了一个讲台，因为他曾保护安拉的使者㊣。后来使者说："主啊！请以圣灵支持罕萨尼吧！正如他曾保护你的先知一样。"[5] 使者还说："圣灵给我传达启示：任何人在死亡之前都会享尽他的给养和寿限，所以你们当敬畏安拉，并美好地祈求。"[6]

## 犹太人一直企图谋杀众先知

"你们不信一部分（使者），杀害一部分。"宰迈赫舍里说，经文没有说："你们杀害了一部分"，从而说明他们将来企图用毒药或邪术杀害穆圣㊣，穆圣㊣在临终前的病痛中说："海巴尔的食物（之毒）一直都在反复发作，这是我命断之时。"[7][8]

§88.**他们说："我们的心是封套，不然，安拉因他们不信而诅咒了他们，他们很少信仰。"**§

伊本·阿拔斯说，经文中的"**封套**"指我们的心在封套之内。[9] 穆佳黑德解释说，我们的心上有帷幔。[10] 艾克莱麦解释说心上有封闭的东西。[11] 艾布·阿林解释说我们的心不能理解。[12] 也有人将

(3)《伊本·艾布·哈亭经注》1：269。
(4)《伊本·艾布·哈亭经注》1：270。
(5)《布哈里圣训实录诠释——造物主的启迪》10：562；《艾布·达乌德圣训集》5：279；《提尔密济圣训全集诠释》8：137。
(6)伊本·艾布·阿斯姆：《逊奈》14：304。
(7)犹太人曾在海巴尔地区给先知㊣投毒，企图谋杀先知。——译者注
(8)《低信度的圣训传述人大全》3：1239；《布哈里圣训实录诠释——造物主的启迪》7：737。
(9)《泰伯里经注》2：326。
(10)《泰伯里经注》2：326。
(11)《伊本·艾布·哈亭经注》1：274。
(12)《伊本·艾布·哈亭经注》1：273。

"封套"解释为器皿,即我们的心灵器皿中装满了知识,所以不需要你们的知识。(1)

"安拉因他们不信而诅咒了他们",即安拉驱逐了他们,使他们与一切美好事物无缘。

"他们很少信仰",格塔德解释为他们中只有极少数人信仰。他说:"**我们的心是封套**"类似于《他们说:"对于你所召唤我们的,我们的心在封套之中。"》(41:5)因此,安拉说:"**不然,安拉因他们不信而诅咒了他们,他们很少信仰**",即事实并不像他们所说,不然,他们的心是被诅咒、被封闭的。正如《妇女章》所述:《他们说:"我们的心为套所封"——不然,安拉因他们的隐昧而封闭了它,因此他们很少归信。》(4:155)

学者们对"**他们很少信仰**"有不同解释,有人解释为他们中信仰的人数极少;(2)有人解释为他们的信仰很少,即虽然他们信仰穆萨告诉他们的有关归宿、回赐和惩罚的经文,但这种信仰对他们无益,因为他们沉浸于对穆圣使命的否认之中。

有人解释为他们完全不信仰。经文如此表达的方式符合阿拉伯人的语言习惯,譬如他们所说的"你很少看到这种情况"所表达的意思是"你不可能看到这种情况"。

《89.当安拉的经典来临他们,证实他们所持有的时,虽然他们以前经常祈祷,希望战胜隐昧者,但是当他们认识的事物来临他们时他们却不信了,安拉的诅咒是针对那些不信之人的。》

### 犹太人盼望先知出世,但先知来临时他们却加以否认

"**当安拉的经典来临他们**",即来临犹太人;"**安拉的经典**",即安拉颁降给穆圣的《古兰》。"**证实他们所持有的**",他们所持有的指《讨拉特》。"**他们以前经常祈祷,希望战胜隐昧者**",即使者带来经典之前,他们希望使者早日来临,帮助他们击败和他们作战的多神教敌人,他们说:"光阴之末,将出现一位先知和我们并肩作战,杀死你们,犹如当年(安拉)惩罚阿德人和伊莱麦人一样。"

伊本·阿拔斯说,安拉的使者为圣之前,犹太人盼望安拉派遣先知战胜赫兹勒吉人和奥斯人,但安拉派遣了一位阿拉伯先知之后,他们不但不信先知,而且还否认了自己曾经说过的话。

穆阿兹曾对犹太人说:"犹太人们啊!你们要敬畏安拉,归信伊斯兰。我们还是多神教徒时你们曾希望通过穆圣战胜我们,你们告诉我们先知将会出世,并给我们介绍先知的特征。"(犹太人)赛俩目争辩说,他没有带来我们所了解的任何事物,他也不是我们给你们说过的那个人。安拉为此而降示了"**当安拉的经典来临他们,证实他们所持有的时**"。(3)艾布·阿林说:"犹太人曾希望借助穆圣战胜阿拉伯的多神教徒,他们说,主啊!请派遣你在经典里所叙述的那位先知吧!我们要打败多神教徒,并杀死他们。"后来他们看到安拉派遣的先知不是犹太人时,他们出于对阿拉伯人的嫉恨,开始否认这位先知。其实他们心里清楚:他就是安拉的使者。安拉因此而颁降了"**当他们认识的事物来临他们时,他们却不信了,安拉的诅咒是针对那些不信之人的**"。(4)

《90.他们出卖自身的代价是可悲的。他们由于安拉把他的恩典赐给他所意欲的仆人,心怀嫉妒而不信安拉的启示。因此,他们带着安拉的恼怒返回

---

(1)《格尔特宾教律》2:25。
(2)《伊本·艾布·哈亭经注》1:274。
(3)《泰伯里经注》2:333。
(4)《伊本·艾布·哈亭经注》1:276。

了。隐昧的人，应受羞辱的惩罚。❩

"他们出卖自身的代价是可悲的"，穆佳黑德说，犹太人用真理换来迷误，隐瞒关于穆圣㉛的真理，不为世人解明它。(1)他们的这种行为真可悲。赛丁伊解释为"他们出卖自己的行为真可悲"。(2)他说，他们出卖了自己，宁愿自己作践自己，也不愿归信穆圣㉛，支持穆圣㉛。是嫉恨和过分使他们这样做的，因为"安拉把他的恩典赐给他所意欲的仆人"。这是世间最大的嫉恨，"因此，他们带着安拉的恼怒返回了"。伊本·阿拔斯说，他们忽视手中《讨拉特》的一部分，否认了安拉派给他们的穆圣㉛，因而，遭到了安拉的谴怒。(3)

笔者认为"返回"指他们招来了多重恼怒，所以安拉恼怒他们是理所当然的。艾布·阿林说，以前，安拉因他们否认尔撒和《引支勒》而谴怒了他们；后来，安拉因他们否认穆圣㉛和《古兰》再次谴怒了他们。(4)

"隐昧的人，应受羞辱的惩罚。"因为他们不信的原因是嫉恨和过分，追根溯源是骄傲，所以他们得到了相应的报应——今后两世的羞辱和卑贱。安拉说：❨那些高傲而不拜我的人，他们必定屈辱地进入火狱。❩（40：60）即他们将低贱地、屈辱地、灰溜溜地进入火狱。穆圣㉛说："末日，傲慢的人们将复活成芥子一般，任何渺小的事物都比他们高大，最终他们将进入被称为'爆莱斯'的火狱之中，他们将被烈火包围，将饮用毒汁——火狱居民的汗汁脓液。"(5)

❨91.当有人对他们说"你们归信安拉降给你们的"时，他们说："我们相信颁降给我们的。"可是他们却不信此外的一切，其实它是为了证实他们所持有的真理。你说："如果你们是归信者，为什么你们以前要杀害安拉的众先知呢？"❩

❨92.穆萨带着明显的证据到达你们（当中），你们却于他不在时拜犊为神，你们确实是不义之人。❩

### 犹太人否认真理却自称有正信

"当有人对他们说"，即当有人对犹太人和类似的有经人说。

"你们归信安拉降给你们的"，即你们当归信安拉降给穆圣㉛的经典，并当紧随穆圣㉛。

"他们说：'我们相信颁降给我们的。'"即他们却说：我们信仰降给我们的《讨拉特》和《引支勒》就够了，我们只承认这两部经。

"可是他们却不信此外的一切"，即除此之外的一切。

"其实它是为了证实他们所持有的真理"，即他们知道安拉降给穆圣㉛的"是为了证实他们所持有的真理"。这个短语（是为了证实他们所持有的真理）在句子中处于状语地位。经文的意思是：其实穆圣㉛所持的经典是为了证实他们的《讨拉特》和《引支勒》而颁降的，真理就摆在他们的面前。《古兰》说：❨蒙我赏赐经典的人，就像认识他们的儿女一样认识他。❩（2：146）然后安拉说："你说：'如果你们是归信者，为什么你们以前要杀害安拉的众先知呢？'"即你们自称归信安拉降给你们的经典，但是如果你们没有撒谎，为什么你们以前明知故犯地杀害许多先知？何况那些先知证实了你们手中的经典，并通过它判决世务，同时对你们的经典也不作任何改动。你们由于对使者的嫉恨、反叛和抗拒而大开杀戒。你们是一些被私欲和个人狭隘之见牵着鼻子走的人。正如安拉所言："难道当一位使者给你们带来你们不感兴趣的事情时，你们就骄傲起来了吗？然后你们否认一部分，杀害一部分。"赛丁伊说，安拉在这节经文中谴责了犹太人："你说：'如果你们是归信者，为什么你们以前要杀害安拉的众先知呢？'"(6)

"穆萨带着明显的证据到达你们（当中）"，即带来了明确的迹象和确凿的证据，可以证明安拉使者㉛的身份和"应受拜者，惟有安拉"的教义。这些明证是：涝灾、蝗灾、虱灾、蛙灾、血灾、手杖、白手、分开大海、白云遮阳、白蜜、赛勒瓦、岩石等他们目睹的一些迹象。

"你们却拜犊为神"，即你们在穆萨时代曾舍弃安拉而将牛犊作为受拜者。

"当他不在时"，即穆萨离开你们去"土勒"与安拉交谈时。正如安拉所言：❨穆萨的族人趁他不在时，用他们的装饰品造了一头牛犊——发出牛声的躯壳。❩（7：148）

"你们确实是不义之人"，即你们将牛犊作为神灵的这种做法说明你们是不义之人(7)，何况你们明明知道应受拜者，惟有安拉。正如《古兰》所述：❨当他们栽在自己手中，并发觉自己陷入迷误时，他们说："如果我们的主不对我们怜悯，并恕饶我们，我们一定会属于那些损失的人。"❩（7：149）

---

(1)《泰伯里经注》2：340。
(2)《伊本·艾布·哈亭经注》1：277。
(3)《伊本·艾布·哈亭经注》1：279。
(4)《伊本·艾布·哈亭经注》1：278。
(5)《艾哈麦德按序圣训集》2：179。
(6)《伊本·艾布·哈亭经注》1：281。
(7) 在阿拉伯语中，"不义"指将事物放到不该放的地方。例如将伪神当成受拜者，将隐昧者当成亲密的盟友。——译者注

❃ 93.当时,我和你们缔约,并在你们上面升起"土勒"山,(说道)"你们尽力坚持我已经赐给你们的,并且要听从。"他们说:"我们听了,但是我们不遵从。"由于他们不信,牛犊已被浸入他们心中。你说:"如果你们是信仰者,你们的信仰命令你们所做的真可恶!"❃

## 安拉在犹太人头顶升起土勒山犹太人在缔约之后背信弃义

清高伟大的安拉详述犹太人的罪恶、爽约、骄傲和抗拒,直至在他们上空升起土勒山时,他们接受了约言,但他们最终还是走向背信弃义。因此,他们说:"我们听了,但是我们不遵从。"前面已经注释了这节经文。

"由于他们不信,牛犊已被浸入他们心中。"格塔德解释为:对牛犊的痴迷已经深深地浸入他们心中,占据了他们的整个心灵。(1)

"你说:'如果你们是信仰者,你们的信仰命令你们所做的真可恶!'"无论过去还是现在,你们故意否认安拉的种种迹象,违背他的众使者。你们明知故犯地否认穆圣㊺,是你们所犯的最大最严重的罪恶,因为你们否认的是所有使者的终结者,所有先知和使者的领袖,全人类的先知——穆罕默德㊺。你们的这种行为真是恶劣!你们自称是归信的人,那么为何犯下种种丑行,背信弃义,否认安拉的迹象,甚至崇拜牛犊?

❃ 94.你说:"如果在安拉那里,你们有特殊于其他人的后世住所,那么,你们希求早死吧,如果你们是诚实的。"❃

❃ 95.他们因为自己的所作所为,绝不会希求死亡,安拉深知不义的人。❃

❃ 96.你一定会发现他们是所有的人中最贪恋生活的——甚至比那些以物配主者更贪恋。他们每一个人都希望享寿千年,他的长寿无法使他远离火狱。安拉是全观他们的作为的。❃

## 号召犹太人前来赌咒

安拉对先知穆罕默德㊺说:"你说:'如果在安拉那里,你们有特殊于其他人的后世住所,那么,你们希求早死吧,如果你们是诚实的。'"即你们应当祈求撒谎之人死去。后来他们拒绝了使者的这一建议,"他们因为自己的所作所为,绝不会希求死亡,安拉深知不义的人"。(2)即他们掌握着有关你的知识,并对此加以否认。假若他们在安拉的使者㊺提出这一建议之日祈求死亡,大地上的犹太人都会死亡。伊本·阿拔斯认为"你们希求早死吧"的意思是你们要求死亡吧!(3)

伊本·阿拔斯说,假若犹太人希望死亡,他们都会死去的。(4)又说,假若他们希望死亡,他们中无一人不窒息而死。(5)安拉的使者㊺说:"假若犹太人希望死亡,他们都会死去,并会看到自己在火狱中的位置;假若企图和安拉的使者㊺赌咒的人们走出家门,等他们回来时再也看不到亲人和财产。"(6)

与上述经文类似的是下列《聚礼章》的经文:❃你说:"信奉犹太教的人们啊!如果你们妄言人类当中只有你们是安拉所宠爱的,如果你们是诚实的,那么你们就希望死亡吧!"但是由于他们亲手所做的,他们决不祈求死亡,安拉至

---

(1)《阿卜杜·兰扎格经注》1:52;《伊本·艾布·哈亭经注》1:283。

(2)《伊本·艾布·哈亭经注》1:284。
(3)《泰伯里经注》2:322。
(4)《伊本·艾布·哈亭经注》1:285。
(5)《伊本·艾布·哈亭经注》1:284。
(6)《泰伯里经注》2:362。

知不义者。你说:"你们所逃避的死亡,确将是与你们相逢的。此后你们将被召回到知道幽玄与可见事物的主那里,他将把你们以前的行为告诉你们。"》(62:6-8)他们应该遭受诅咒!他们因为妄言自己是安拉的子女和喜爱的,并说"除了犹太人和基督教徒之外,没有人会进入乐园",而被要求赌咒。祈求安拉惩罚撒谎的人——无论撒谎者是犹太人还是穆斯林。后来,当他们拒绝这样做时,人们都知道了犹太人是不义的,原因是如果他们坚信自己没有错,一定会抢先去诅咒离经叛道者,但他们的退缩暴露了他们的谎言。

上述事件类似于纳季兰基督教使团事件,他们和穆斯林辩论时,面对真理无言以对,却无比骄横,后来使者要求他们与自己赌咒。安拉说:《谁在知识到达之后在其中和你发生争论,你说:"你们来吧!让我们叫来我们的孩子和你们的孩子,我们的妇女和你们的妇女,我们自己和你们自己,然后让我们赌咒,求安拉诅咒撒谎的人。"》(3:61)当他们看到这一情景时,互相说:"如果你们和这位先知赌咒,将在一眨眼间变得一个不留。"后来,他们和平地、规规矩矩地交纳了人丁税,使者派艾布·欧拜德作他们的监护人。这一事件又近似于安拉让穆圣告诉多神教徒的话:《你说:"迷误中的人,愿至仁主宽限他!"》(19:75)即如果我们在迷误中,就让安拉使我们更迷误,如果你们在迷误中,就让安拉使你们更迷误;并任其无尽止地陷于迷途吧!如果安拉意欲,我们将在以后注释这节经文。有人将这节经文的意思解释为希求死亡,而不是企图诅咒。这种解释更贴切。

这里将"希求"称为赌咒,因为每位追求真理的人都希求安拉毁灭那些维护谬论的辩论者,尤其在追求真理的人的论据非常明确的时候。以死亡赌咒的原因是,在他们看来生命就是无价之宝,因为他们明白自己死后将面临恶劣的归宿。

### 犹太人贪恋长寿

"他们因为自己的所作所为,绝不会希求死亡,安拉深知不义的人。你一定会发现他们是所有的人中最贪恋生活的",即他们希望能够长寿,因为他们知道安拉已为他们准备了卑贱的归宿和亏折的结局——今世是穆民的牢笼,隐昧者的乐园——所以,他们希望采取一切措施,拖延面临后世结局的时间,虽然这种拖延最终于事无补。他们甚至比那些没有经典的多神教徒还要贪生怕死。伊本·阿拔斯说:"以物配主者"指非阿拉伯(多神教徒)。[1]"他们每一个人都希望享寿千年",穆佳黑德说,他们渴望苟延残喘一千年。[2]

"他的长寿无法使他远离火狱",即长寿并不是使他免遭惩罚的保障。多神教徒不希望死后的复生,所以只希望能够在今世中长寿,犹太人知道他们隐瞒知识后必然要在后世遭受凌辱。[3] 栽德·本·艾斯莱姆说,犹太人比这些(多神教徒)更贪生怕死。这些人仅仅希望能活一千岁,但他们最终不能远离火狱,哪怕真能长寿千年,正如长寿对昧真的伊卜厉斯毫无意义。[4]

"安拉是全观他们的作为的",即安拉能彻底看清仆人的任何工作——无论好坏,并且奖罚分明。

《97.你说:"凡是与吉卜勒伊里为敌者,其原因是吉卜勒伊里奉安拉的命令,把启示降到你的心中,证实了以前的,并给信士们作引导和报喜。》

《98.成为安拉和他的众天使及使者以及吉卜勒伊里和米卡伊里的仇敌者,那么安拉是那些隐昧者的仇敌。"》

### 犹太人敌对吉卜勒伊里

伊玛目艾布·贾法尔说,经注学家们一致认为这节经文是为了回击犹太人——以色列后裔而降的,因为他们妄称吉卜勒伊里是他们的仇敌,米卡伊里是他们的朋友。[5]

"凡是与吉卜勒伊里为敌者",艾克莱麦说,"吉卜勒"、"米卡"、"伊斯拉菲"都指仆人,"伊里"指安拉。艾奈斯传述,阿卜杜拉·本·赛俩目听说安拉的使者到来了——当时阿卜杜拉正在地里收割庄稼——他见到先知后说:"我将向你请教只有先知知道的三件事情:末日的第一征兆是什么?乐园的居民首先吃的食品是什么?什么原因促使孩子像他的父亲或母亲?"先知说:"刚才吉卜勒伊里给我告诉了这些。"他说:"吉卜勒伊里?"先知答:"是的。"他说,那是天使中犹太人的仇敌。先知听后诵读道:"凡是与吉卜勒伊里为敌者,其原因是吉卜勒伊里奉安拉的命令,把启示降到你的心中。"同时回答说:"末日的第一征兆是把人们从东方到西方集合起来的烈火;乐园的居民首先吃的食品是鱼肝油;关于孩子像父母的事是男人和女人性交时,当男人的水超过女人的水时(孩子)像父亲,女人的水超过男人的水时(孩子)像母亲。"阿卜杜拉听后说:"我作证应受拜

---
(1)《伊本·艾布·哈亭经注》1:286;《哈肯圣训遗补》2:263。
(2)《伊本·艾布·哈亭经注》1:287。
(3)《伊本·艾布·哈亭经注》1:288。
(4)《泰伯里经注》2:376。
(5)《泰伯里经注》2:388。

者，惟有安拉，你是安拉的使者。安拉的使者啊！犹太人是一个爱诽谤的民族，如果他们知道我归信了伊斯兰，必定会诽谤我。”后来犹太人到来时安拉的使者ﷺ（故意）问：“你们当中的阿卜杜拉·本·赛俩目是一个什么样的人？”他们回答说，他是我们中最优秀的人，是最优秀者的后代，是我们的领袖，是我们领袖的后代。使者问：“请告诉我，假若他归信了伊斯兰呢？”他们说：“愿安拉保护他不要信仰它（伊斯兰）。”这时阿卜杜拉走出了人群，并说道：“我作证应受拜者，惟有安拉，我又作证穆罕默德是安拉的使者。”他们听后说：“（你是）我们中最可恶的人，最可恶者的后代……”开始数落他。阿卜杜拉说：“安拉的使者啊！这就是我刚才担心的事情。”[1]

有人说“**伊里**”指仆人，前面的是安拉的名称，因为“**伊里**”一词永远不发生变化。与这些名称对应的名称有：阿卜杜拉、阿卜杜·拉赫曼、阿卜杜·麦利克、阿卜杜·恭都斯。在这些词中“阿卜杜”是不变的，它的偏次（如拉赫曼）可以发生变化。吉卜勒伊里、米卡伊里、阿兹拉伊里、伊斯拉菲里也是如此。因为在非阿拉伯语中一般偏次在前，正次在后[2]。安拉至知。

## 区别看待天使如同区别看待先知

“**凡是与吉卜勒伊里为敌者，其原因是吉卜勒伊里奉安拉的命令，把启示降到你的心中**”，即敌视吉卜勒伊里的人们应该知道，他是忠贞的鲁哈，他奉安拉的命令将精确的《古兰》降到了你的心上。他是安拉的一位来自天使的使者。同样，敌对一位使者意味着敌对所有的使者，归信一位使者的人必须归信所有的使者，否认一位使者也就意味着否认所有使者。如安拉所述：﴾那些人否认安拉及其众使者，想把安拉及其众使者分开，他们说：“我们归信部分，不信部分。”﴿（4：150）这些人归信经典中的一部分，不信其中的另一部分，所以他们成了十足的隐昧者。同样，敌对吉卜勒伊里的人们都是安拉的敌人，因为吉卜勒伊里并没有自作主张颁降天经，而是奉到了安拉的命令。如安拉所述：﴾除了奉你主的命令，我们绝不会下降。﴿（19：64）﴾这确实是众世界养主的启示。忠实的鲁哈带它降临，降到你的心中，以便你成为一个警告者，﴿（26：192-194）安拉的使者ﷺ说：“敌对我的盟友，如同向我宣战。”[3]因此，安拉恼怒那些敌对吉卜勒伊里的人们。安拉说：“**凡是与吉卜勒伊里为敌者，其原因是吉卜勒伊里奉安拉的命令，把启示降到你的心中，证实了以前的。**”“**以前的**”指以前的经典。

“**并给信士们作引导和报喜**”，即引导他们的心灵，给他们以乐园报喜。经文只针对信士们，如安拉所述：﴾你说：“它是对信士们的引导和治疗。﴿（41：44）﴾我颁降《古兰》，作为对归信者的治疗和慈悯。﴿（17：82）

“**成为安拉和他的众天使及使者以及吉卜勒伊里和米卡伊里的仇敌者，那么安拉是那些隐昧者的仇敌**”，即安拉说，谁敌对我、我的众天使和众使者……“**使者**”包括天使和人类中的所有使者。正如《古兰》说：﴾安拉从天使和人当中选择使者。﴿（22：75）在此提到“**吉卜勒伊里**”，是一种将专指连接于泛指的表达方法。这两位天使虽然属于天使群体，但经文又专门提到他们，以便强调吉卜勒伊里在天使中地位。因为吉卜勒伊里是安拉和他的众先知之间的信使。经文此后提及米卡伊里，因为犹太人妄称吉卜勒伊里是他们的仇敌，米卡伊里是他们的朋友。后来安拉告诉他们，敌对一位天使如同敌对另一位天使，也等于敌视安拉。另外，（接连提及这两位天使的原因是）米卡伊里有时也降临众先知，但吉卜勒伊里降临的次数更多，因为这是吉卜勒伊里的职责。正如伊斯拉菲里的职责是末日复生时吹响号角。因此确凿的圣训记载说，安拉的使者ﷺ夜晚起来时念道：“我的主啊！吉卜勒伊里、米卡伊里和伊斯拉菲里的养主！诸天和大地的初创者啊！全知可见的和不可见事物的安拉啊！求你在你的众仆之间判决他们的分歧，求你以你的意志引导我在重重分歧中辨别真理！你将你所意欲之人引向端庄的道路。”[4]“**那么安拉是那些隐昧者的仇敌**”，这节经文没有使用“他是那些隐昧者的仇敌”，而直接提到了安拉的尊名，以便警告敌视安拉的盟友的人，确实敌对了安拉，安拉是他的仇敌。如果安拉是他的仇敌，那么他就损失了今后两世。正如上述圣训：“敌对我（使者）的盟友，我必和他宣战。”[5]

**﴾99.我确已降给你许多明显的迹象，除了一些坏事者之外，没有人不信它。﴿**

**﴾100.他们每每定约时，他们当中一部分人抛弃了它吗？不然，他们的大多数不信仰。﴿**

（1）《布哈里圣训实录诠释——造物主的启迪》8：15、7：319；《布哈里圣训实录》3329、3911、3938；《穆斯林圣训实录》315。

（2）正次、偏次是阿拉伯语中的语法术语，是正偏组合的两个组成部分。一般正次在前，偏次在后。——译者注

（3）《布哈里圣训实录诠释——造物主的启迪》11：348。

（4）《穆斯林圣训实录》1：534。

（5）《布哈里圣训实录诠释——造物主的启迪》11：348。

❋ 101.当一位能证实他们所持（经典）的使者从安拉那里来临他们时，曾获经典的人中有一部分人将安拉的经典抛到他们身后，好像他们不知道似的。❋

❋ 102.他们追随众恶魔对苏莱曼的权力所作的妄言，苏莱曼没有隐昧（正教），而魔鬼们却隐昧了。它们教人魔术。而它（魔术）没有降给巴比伦的哈鲁特和马鲁特两位天使。但是他俩不教授任何一人，除非说，我们只是考验，你不要否认。他们从他俩处学习离间夫妻的方法。不过，除非安拉许可，否则他们不能借此伤害任何人，他们学习对他们有损无益的，他们也确实知道，购买它的人在后世没有丝毫福分。如果他们知道的话，他们出卖自己的代价实在恶劣。❋

❋ 103.如果他们归信并且敬畏，那么来自主的回赐是更好的，倘若他们明白的话。❋

## 穆圣㊣身份的证据

"我确已降给你许多明显的迹象"，伊玛目伊本·哲利尔解释为：穆罕默德啊！我确已降给你许多迹象和明证，证明你的先知身份。那些迹象是安拉的经典所蕴涵的各种知识，譬如只有犹太人秘密掌握的知识、在他们的心中隐藏的知识、古以色列人流传下来的知识以及只有他们的学者和学士从他们的经典中领会到的知识。何况他们的前人和后人篡改了《讨拉特》中的某些（能证明穆圣㊣身份的）证据。后来，安拉在降给先知穆罕默德㊣的经典中揭示了这一现象。所以说，每个公正为怀的人，都可以从中看到许多能证明穆圣㊣身份的奇迹，也不会因为嫉恨而过分地走向自我毁灭。因为每一个具有纯正天性的人，都会支持穆圣㊣带来的这种迹象，而不用向任何人请教或学习。伊本·阿拔斯解释**"我确已降给你许多明显的迹象"**说，穆圣㊣早晚对他们宣读经典，讲述它。在他们看来他是位不会读的人，可是他却原原本本地告诉他们经典的本意，因此安拉说，假若他们明白的话，此中确有一种教训和解释以及针对他们的明证。⁽¹⁾

## 犹太人生性爽约

穆圣㊣为圣后，给犹太人讲述他们和安拉的盟约以及他们对穆圣㊣的义务。可是马立克·本·隋夫却说，以安拉发誓，我们没有与安拉缔结过有关（支持）穆罕默德的任何盟约。后来安拉降示了**"他们每每定约时，他们当中一部分人抛弃了它吗？"**⁽²⁾哈桑·巴士里注释**"他们的大多数不信**

仰"说："是啊！他们在大地上每缔结一次盟约，都会违背它，抛弃它。他们往往今天缔约，明天毁约。"⁽³⁾

## 犹太人抛弃经典，学习魔术

**"当一位能证实他们所持（经典）的使者从安拉那里来临他们时"**，赛丁伊注释这节经文说，穆圣㊣到来时，有人借助《讨拉特》反对先知，并和他辩论。后来（他们发现）《讨拉特》和《古兰》没有冲突，便抛弃了《讨拉特》，而追捧阿绥夫⁽⁴⁾的伪经和哈鲁特及马鲁特的魔术，对立于《古兰》。所以经文说**"好像他们不知道似的"**。⁽⁵⁾他说，这些人睁着眼睛抛弃了自己所掌握的知识，将它隐瞒起来，加以否认。⁽⁶⁾

## 魔术产生于苏莱曼先知之前的时代

"他们追随众恶魔对苏莱曼的权力所作的妄

---

（1）《泰伯里经注》2：397。
（2）《泰伯里经注》2：400。
（3）《伊本·艾布·哈亭经注》1：295。
（4）杜撰伪经的犹太学者。——译者注
（5）《泰伯里经注》2：404。
（6）《泰伯里经注》2：404。

**言**”。赛丁伊注释说事情发生在苏莱曼时代。他说，魔鬼们曾升到天上坐到一些地方偷听天使谈论大地上的死亡、未见或其他事务，它们将这些信息通报占卜者（巫师）。占卜者便将它告诉人们，人们发现占卜者的话与事实相符。在魔鬼们取得了占卜者的信任后，它们就编谎弄假，添盐加醋，以致于在一句真话上添加七十句假话，后来人们便把它写进了经典之中，再后来，以色列人中开始流传精灵能知未见的说法。苏莱曼成为先知后，派人到社会上收来这些伪经，把它们放进箱子里，埋到他的宝座之下，魔鬼一接近它就会被烧死。苏莱曼说："我若听到谁妄言魔鬼能知未见，我就处死谁。"苏莱曼归真后，知道这一事件的学者们也纷纷去世，不肖的子孙继承了他们。这时，魔鬼便以人形出现，来到一些以色列人当中对他们说："我带领你们去找一个宝库好吗？其中有你们用之不竭的宝藏。"他们说"好。"它说："它就在宝座下面，你们挖掘吧！"它带他们找到位置后远远站到一旁。他们对它说："你过来呀！"它说："我不过来。我就在这里，在你们掌握中。如果你们找不到它，你们就杀死我。"众人一番挖掘后，找到了箱子。等他们取出箱子后，魔鬼对他们说："苏莱曼曾以这种魔法控制着人类、精灵和鸟类。"魔鬼说完这番话后就飞走了。此后，人们中间便传播开苏莱曼是魔术师的谣言，而以色列人却将那些尘封的伪经当作天经。穆圣ﷺ到来后，他们手持伪经同穆圣ﷺ辩论。这期间，安拉降示"**苏莱曼没有隐昧（正教），而魔鬼们却隐昧了**"。[1]

## 哈鲁特和马鲁特的故事　两位天使的注释

"**而它（魔术）没有降给巴比伦的哈鲁特和马鲁特两位天使。但是他俩不教授任何一人，除非说，我们只是考验，你不要否认。他们从他俩处学习离间夫妻的方法。**"学者们对这节经文有不同的解释。部分学者认为经文中的"ما"是否定词，连接"**苏莱曼没有隐昧**"，然后他们读道："**而魔鬼们却隐昧了。它们教人魔术，而它（魔术）没有降给巴比伦的哈鲁特和马鲁特两位天使。**"因为犹太人曾妄言吉卜勒伊里和米卡伊里带来了魔术，后来安拉戳穿了他们的谎言。经注家认为"**哈鲁特和马鲁特**"是（前面的）"**魔鬼们**"的同位语（即魔鬼们——哈鲁特和马鲁特却否认了）。他们说，从几方面来说这种解释都是正确的。一，复数有时能指代双数，相同用法如"他有一些兄弟"[2][3]；二，他俩有许多追随者；三，因为他俩具有叛逆特征，所以专门提及他俩。这样，就可以理解为：他们——哈鲁特和马鲁特在巴比伦给人们教授魔术。这些学者说这是对上述经文的惟一的最佳注释。

"**而它（魔术）没有降给巴比伦的哈鲁特和马鲁特两位天使。**"伊本·阿拔斯解释说，安拉没有降示魔术。伊本·哲利尔说，在这种情况下，经文的意思是：他们跟随恶魔们对苏莱曼的权力所作的妄言——魔术。[4]苏莱曼没隐昧，安拉也没给两位天使降示魔术。"**而魔鬼们却隐昧了。它们教人魔术。而它（魔术）没有降给巴比伦的哈鲁特和马鲁特两位天使。**"艾奈斯解释说，安拉没有给两位天使降示魔术。[5]"**巴比伦的哈鲁特和马鲁特两位天使**"则使用了先闻其声，后见其形的修辞手法。

他们说，如果有人问我们，先意后形的手法之妙用是什么？某些学者答复道，他们追随众恶魔对苏莱曼国权所作的妄言。"**妄言**"指魔术。"**苏莱曼没有隐昧**"，即安拉没有给两位天使降示魔术："**而魔鬼们却隐昧了。它们教人魔术**"，在巴比伦的哈鲁特和马鲁特给人们教授魔术。因为，据说犹太人的魔术师们妄言安拉通过吉卜勒伊里和米卡伊里给苏莱曼先知启示魔术。后来，安拉戳破了他们的谎言，告诉他的先知穆罕默德ﷺ他从来没有给这两位天使降示过魔术，苏莱曼也和犹太人通过魔术杜撰的事情无关，安拉还告诉人们，魔术是恶魔的行为，它们曾在巴比伦给人们教授魔术，（通过恶魔的教导）在人们中间传播魔术的是叫哈鲁特和马鲁特的两个人。按这种解释，哈鲁特和马鲁特指的是人，（如此表达）是为了驳斥犹太人。[6]上面原封不动地引述了这些学者的注释，但这种解释的牵强附会是不言而喻的。

许多前辈学者主张哈鲁特和马鲁特是两位降临的天使，他们做了《古兰》中提及的事情。如果这样解释，则存在另一问题，即有许多证据证明天使们从不违抗安拉。这当如何解释呢？答复是：安拉早就知道这两位天使会有这种行为，并专为他俩注定了这种行为。所以这是个例外情况，正如安拉早就知道处于天使群中的伊卜厉斯最终会违抗他，《古兰》说：﴾当时，我对众天使说："你们向阿丹叩头。"他们就叩头了，但是伊卜厉斯却没有，它傲慢地拒绝了。﴿（2：34）类似的经文很多。何况按照有关叙述，哈鲁特和马鲁特的罪恶比伊卜厉斯轻微。至于宰赫兰诱奸一事纯属捏造，这是不容置疑的。[7]

（1）《泰伯里经注》2：405。
（2）实指两位兄弟。——译者注
（3）《格尔特宾教律》2：50。
（4）《泰伯里经注》2：419。
（5）《泰伯里经注》2：419。
（6）《泰伯里经注》2：419。
（7）《格尔特宾教律》2：51。

天文学家们说，（古）巴比伦位于伊拉克地区。安拉至知。

## 学习魔术是隐昧

"**但是他俩不教授任何一人，除非说，我们只是考验，你不要否认。**"伊本·阿拔斯说，当有人来向他俩请教魔术时，他俩严加禁止，并对他说，我俩只是一种考验，因此你不要陷入迷误。他俩明白什么是善恶，什么是隐昧和正信，所以知道魔术是隐昧。伊本·阿拔斯说，当来的人坚持要学魔术时，他俩便支使他去某某地方，那人到达该地后就能看到伊卜厉斯，并得到伊卜厉斯的教授，等他学完后，一道光（即信仰）将离他而去，他会看到天上出现一道辉煌的光环。这时，他说："我好懊悔啊！伤哉我啊！我到底在做什么？"[1]哈桑·巴士里解释说："是的，两位天使带来了魔术，以便给我们教授安拉所欲的考验，后来安拉和他们缔约。他们在教导别人之前必须告诉对方：'**我们只是考验，你不要否认。**'"格塔德解释说，安拉和他们缔约：他俩不给任何人教授魔术，除非首先对他说："**我们只是考验，你不要否认。**"[2]

赛丁伊说，当有人来学习魔术时，他俩就劝说道，你不要背叛安拉，我们仅是一种考验。如果对方对此建议置若罔闻，他俩就对他说，你去（某处）灰堆上小便。等他到该地小便后，就会有一束光从他的身上射出，并升上天空，这（束光）就是伊玛尼。这时，一团就像烟雾的黑东西迎面而来，进入耳朵和身体的其他部位，这（团黑色的东西）就是安拉的恼怒，他告诉两位天使这一情景时，他俩就给他教授魔术，这就是安拉所说的：《**但是他俩不教授任何一人，除非说，我们只是考验，你不要否认。**》（2：102）[3]伊本·朱莱杰说，只有隐昧者胆敢学习魔术，（经文中的）"**考验**"指磨难和试验。[4]学者们根据这节经文断定学习魔术的人是隐昧者。下列圣训也可以肯定这一判断：去占卜者或魔术师那里，并相信其邪说之人，确已否认了穆罕默德所接受的启示。[5]

## 有些魔术能离间夫妻

"**他们从他俩处学习离间夫妻的方法**"，即他们从哈鲁特和马鲁特那里学习魔术，以此来做一些可恶的事情，譬如离间相濡以沫的夫妻。这是恶魔的行为。穆圣说："恶魔将它的座位放到水上，派它的各路兵马到人们中间，谁迷惑人的本领最大，谁将会是伊卜厉斯最青睐的伙计。它们中一个回来说：'我一直在某人跟前（教唆），直到最后离开时，他说出某些话。'这时伊卜厉斯说：'不，以安拉发誓，你做得不够。'它们中的一个回来说：'我一直教唆一个人，最终使他休了他的妻子。'这时伊卜厉斯叫它过去，拥在怀里，亲昵地说：'你真棒！'"[6]

离间夫妻的主要魔术手段主要是使夫妻嫌弃对方的外表、性格等，或在二人中间制造嫉妒、怨恨等导致分裂的因素。"**夫**"指男人。

## 安拉的判决包罗万象

"**除非安拉许可，否则他们不能借此伤害任何人。**"苏富扬解释说，除非凭借安拉的判决。[7]哈桑·巴士里说，是啊，安拉意欲它们征服谁，它们才能征服谁；安拉不意欲时，它们对任何人无可奈何。它们不可能伤害任何人，除非凭借安拉的允许。正如安拉所说的那样。[8]

"**他们学习对他们有损无益的**"，即学习有损于他们的宗教的，却不能带来与伤害一般大的益处。

"**他们也确实知道，购买它的人在后世没有丝毫福分**"，即选择魔术而不顺从先知的犹太人知道，和他们同流合污的人在后世中没有任何份额。伊本·阿拔斯等解释说，没有任何福分。[9]

"**如果他们知道的话，他们出卖自己的代价实在恶劣。如果他们归信并且敬畏，那么来自主的回赐是更好的，倘若他们明白的话**"，即他们用信仰和顺从先知作为代价，换来的魔术真是恶劣，假若他们能明白别人的善劝。

"**如果他们归信并且敬畏，那么来自主的回赐是更好的**"，即假若他们归信安拉和他的众使者，远离非法，那么安拉那里的回赐比他们为自己所选择的这一切更好。正如安拉所述：《**但是那些被赐给知识的人说，你们真可悲！安拉的回赐对那些归信并行善的人是更好的。除了坚忍的人，没有人会接受它。**》（28：80）

《**104. 有正信的人们啊！你们不要说"拉仪那"，而要说"温祖勒那"，你们当听从。严酷的**

---

（1）《伊本·艾布·哈亭经注》1：312。
（2）《伊本·艾布·哈亭经注》1：310；《泰伯里经注》2：443。
（3）《泰伯里经注》2：443。
（4）《泰伯里经注》2：443。
（5）《揭秘》2：443。

（6）《穆斯林圣训实录》4：2167。
（7）《伊本·艾布·哈亭经注》1：312。
（8）《伊本·艾布·哈亭经注》1：311。
（9）《伊本·艾布·哈亭经注》1：314。

刑法是专属那些不信仰者的。》

》105.有经人当中那些隐昧的人和多神教徒，不希望你们的主赐给你们任何福泽，但是安拉却把他的恩典专赐给他意欲之人，安拉是具有伟大恩惠的。》

## 语言方面的礼貌

安拉禁止穆斯林在言行方面仿效隐昧者，因为犹太人（愿安拉诅咒他们！）在讲话中往往使用双关语，断章取义。譬如他们想说"你听我们说……"时，却说"拉仪那"，乍一听，还以为在说："请多关照！"其实在说："糊涂！"正如安拉所说：》犹太教徒中有一群人篡改经文，他们说"我们听而不从"、"你似听非听吧"、"拉仪那"，这是他们巧言谩骂，诽谤正教。假若他们说"我们既听且从"，"你听吧"，"请多关照"，这对他们是更好、更恰当的。但安拉因他们不信而诅咒他们，故他们很少归信。》（4：46）许多圣训提到了他们的这种伎俩，比如他们在道安时说："安撒麦阿莱库目"[1]，"安撒麦"指死亡，因此我们穆斯林应该回答"沃阿莱库穆"[2]。我们的祈祷会蒙主应答，他们的祈祷却得不到主的应答[3]。

安拉禁止穆斯林在言行方面仿效隐昧者。安拉说："有正信的人们啊！你们不要说'拉仪那'，而要说'温祖勒那'，你们当听从。严酷刑法是专属那些不信仰者的。"安拉的使者 说："我于末日来临之前持剑为圣，以使人们崇拜独一无偶的安拉，我的生活就在我的长矛影子之下，反对我的事业的人注定要遭受屈辱和卑贱。谁仿效一伙人，他就是他们中人。"[4]这节圣训严厉禁止在言行、服装、节日、功修等方面仿效隐昧者，尤其在教法没有规定也没有认可的一些事物方面。

"有正信的人们啊！你们不要说'拉仪那'"，伊本·阿拔斯注释说，犹太人总对穆圣 说："埃拉仪那赛目尔克！"他们所说的"拉仪那"指愚蠢的。[5]伊本·阿拔斯注释说，他们常常指东划西，指桑骂槐。[6]其他传述中将犹太人的这句话注释为：你从我们这里听，我们从你处听。阿塔说，你们不要说"拉仪那"，因为那原是辅士们

---
(1) السَّامُ عليكم。——译者注
(2) وعليكم，意为：致以你们同样的祝愿！——译者注
(3) 我们不应按我们回答穆斯林的方法回答他们，也不应按他们的方法给予回答。——译者注
(4)《艾哈麦德按序圣训集》2：50；《艾布·达乌德圣训集》4：314。
(5)《泰伯里经注》2：461；《伊本·艾布·哈亭经注》1：317。
(6)《伊本·艾布·哈亭经注》1：318。

信教前说的话，后来被安拉禁止了。[7] 赛丁伊说，有个给奈孜尔部落的犹太人（此人叫勒法尔）来见先知 ，他说"艾勒尼赛穆尔克"，"外斯麦尔，爱了穆斯麦恩（واسمع غير مسمع）"穆斯林还以为众先知因这句话而荣。所以，部分人模仿说这句话。正如《妇女章》经文所述。所以，安拉禁止穆斯林说"拉仪那"。[8]

## 隐昧者和有经人对穆斯林刻骨铭心的仇恨

"有经人当中那些隐昧的人和多神教徒，不希望你们的主赐给你们任何福泽。"安拉以此让穆斯林清醒地认识到，有经人中的隐昧者和多神教徒们对他们怀有刻骨铭心的仇恨，安拉警告穆斯林不要仿效他们，同时指出穆斯林和他们之间不可能存在什么友谊。经文还提醒穆斯林，安拉赐给他们的恩典就是安拉为他们的先知穆罕默德 所制定的完美而全面的法律。安拉说：》如果他们归信并且敬畏，那么来自主的回赐是更好的，倘若他们明白的话。》（2：103）

---
(7)《伊本·艾布·哈亭经注》1：318。
(8)《泰伯里经注》2：462；《伊本·艾布·哈亭经注》3：965。

⟨106.我革止的或使人忘记的每段经文，我必带来更好的或相似的（经文），难道你不知道安拉是全能于万事的？⟩

⟨107.难道你不知道诸天和大地的权力统归安拉吗？除他之外，你们既没有监护者，也没有援助者。⟩

## 革止及其定义

伊本·阿拔斯将"**我革止的**"解释为：我变更的。[1]

穆佳黑德解释为：我删除的。[2]

伊本·艾布·奈智哈解释为：我保持其文字，但更换其断法。[3]

赛丁伊解释为：废止、取消。[4]

伊本·艾布·哈亭解释为：拿取、取消。

被革止的经文如："老人和老妇，如果他们奸淫，你们一定要以石击他们。""假若阿丹的子孙有两座山谷的黄金，他必然寻求第三座。"[5]

伊本·哲利尔将"**我革止的……**"解释为：我将把一个断法换成另一个断法。即把合法变为非法，把非法变为合法，把许可的（穆巴哈）变为受禁的，把受禁的变为许可的。这些事务一般发生在有关命令和禁止，诫止和开放，制止和许可（的经文）等方面。《古兰》中有关叙事的经文中，没有用于革止的和受革止的经文[6]。革止，原指将原有的版本改变成新的版本。同样，将一种断法改变成另一种断法，指通过改变文字来改变断法，无论这种革止体现在断法方面，还是文章格式方面。这两种情况（在《古兰》学中）都被称为"受革止的"。[7]

"**使人忘记的**"这句经文有两种读法，它们的意义分别为：使人忘记的，搁浅的。伊本·阿拔斯将"**我革止的或使人忘记的**"解释为："更换的，或被我搁置但未被废止的经文。"[8]

伊本·麦斯欧迪将"**使人忘记的**"解释为：被我搁置的，我将确定其文字，更换其断法。[9] 格塔德说："安拉使他的先知忘记他所意欲的，革止他所意欲的。"

"**我必带来更好的或相似的**"，即为了穆斯林的利益，我必带来更好的或类似的断法。

伊本·阿拔斯注释为：我必带来更有益、更适合于你们的。[10]

伊本·阿林将"**使人忘记的**"注释为：我不实践的或搁浅的（经文或断法），我将带来它，或带来类似的。[11]

赛丁伊解释说，我将带来比曾革止的更好的，或带来类似于所放弃的。[12]

格塔德说，这节经文不但体现了（伊斯兰法律的）宽松，而且还指出它蕴涵着许多命令和禁止。[13]

## 革止的正确性 驳犹太人否认革止

"**难道你不知道安拉是全能于万事的？难道你不知道诸天和大地的权力统归安拉吗？除他之外，你们既没有监护者，也没有援助者。**"安拉教导他的众仆，让他们知道他可以按照自己的意愿安排万物，只有他可以创造万物并任意支配一切。他按照自己的意愿造化他们，使有些人幸福，使有些人不幸，使有些人健康，使有些人生病，襄助一些人，抛弃一些人。同样，安拉也可以按照自己的意愿判决仆人的事务，使有些成为合法，使有些成为非法，使有些成为许可的，使有些成为受禁的。安拉是万物的判决者，无人能推翻安拉的决断，无人可过问安拉的行为，但安拉将审问万物，考验人类。安拉有时通过革止经文来考验人们对使者的忠诚。譬如，安拉命令人们去做一件获益的事情，但此后又因某种哲理而禁止人们去做该事。因为仆人对安拉绝对的服从体现在履行安拉的一切命令和禁止方面。

在此，经文深刻地解明并驳斥了犹太人的隐昧，戳穿了"经文不可被革止"的犹太谬论。他们的谬论主要体现在理性和经训方面，理性方面的是他们因无知和叛教而发出的妄语，经训方面的是他们中的另一部分人所杜撰的伪经上的谬论。

伊玛目伊本·哲利尔注释上述经文说："穆罕默德啊！难道你不知道，诸天和大地的一切权力统归于我吗？我按照自己的意愿判决天地及天地间的一切事务，命令和禁止天地及天地间的一切，革止和更换我为仆人们制定的一切断法，落实我所欲落实的一切断法吗？"伊本·哲利尔说："这是一种表述。如果这是安拉为了表述自己的伟大而向安

---
（1）《泰伯里经注》2：473。
（2）《伊本·艾布·哈亭经注》1：321。
（3）《伊本·艾布·哈亭经注》1：322。
（4）《伊本·艾布·哈亭经注》1：322。
（5）《伊本·艾布·哈亭经注》1：324。
（6）用于革止的，即新经文。受革止的，指旧经文。一般来说，它们间的关系是新经文代替旧经文。革止的意义如上所述。——译者注
（7）《泰伯里经注》2：472。
（8）《泰伯里经注》2：472。
（9）《泰伯里经注》2：473、477；《伊本·艾布·哈亭经注》1：326。
（10）《泰伯里经注》2：481。
（11）《伊本·艾布·哈亭经注》1：326。
（12）《伊本·艾布·哈亭经注》1：327。
（13）《伊本·艾布·哈亭经注》1：327。

拉的使者发出的呼吁，那么，经文还包含批判犹太人的意义，因为他们不认可《讨拉特》中有革止的经文；否认尔撒和穆罕默德先知，是因为他们带来的经典革止了《讨拉特》中的某些断法。后来，安拉告诉他们，诸天和大地的权力和统治权只归安拉，人类是安拉的国中臣民，他们应当完全服从安拉的命令和禁令。也就是说，安拉有权命令他们做一些事情，也有权禁止他们做一些事情，安拉可以革止一些经文，也可以肯定一些经文，可以按照自己的意愿令行禁止。"(1)

（笔者说）犹太人否定革止的出现只是他们不归信和抵抗的一种表现。促使犹太人去研究革止的原因在于他们的隐昧的顽固，而没有任何证据可以证明人的理智不接受天启经文的可革止性，因为安拉可以任意地判断事务，正如他在以前的经典中任意判断和革止那样。譬如，安拉曾允许阿丹的子女互相通婚，后来又禁止了它；努哈的民族从船上下来后，安拉允许他们吃各种动物，后来又革止了这一断法；以色列及其子孙们可以同时聘娶两姐妹，后来在《讨拉特》和其他经典中又禁止了这种婚姻；安拉曾命令伊布拉欣屠宰他的儿子，但这一命令在伊布拉欣实施之前被革止了；安拉曾命令以色列的后裔杀死他们中崇拜牛犊的人，后来又革止了这一法律，以免他们被杀绝。类似的事情不胜枚举。犹太人虽然嘴上承认这些革止现象，但却在实际行动中无视它。这些证据无须文字方面的答复，其精神意义足以为证。须知，最终目的是精神意义。正如他们的经典预告穆圣出世，并命令他们跟随穆圣。因为它表示所有教派的人们都必须跟随穆圣，人们的工作只有依照穆圣的律法才能被接受。无论这种情况被称为期到功满还是革止，其结果都是一样的。有人根据《然后你们完成斋戒，直到夜晚。》（2：187）而将这种情况称为完成。即伊斯兰之前的所有宗教到穆圣时期即宣告结束。有人则将它称为笼统的，即一切非伊斯兰的法律都被穆圣的法律所革止。无论如何，人们必须遵循穆圣的律法，因为他和安拉缔结了最后的盟约，带来了最后、最新的一部天启经典。

伟大的安拉在此阐明了革止的可行性，从而驳斥了犹太人（愿安拉诅咒他们），安拉说："**难道你不知道安拉是全能于万事的？难道你不知道诸天和大地的权力统归安拉吗？**"正如权力无可争议地只归安拉，任意判决的权力也归他：《一切造化和命令都属于他。》（7：54）《仪姆兰的家属章》开头，安拉在呼吁有经人的过程中提到了革止犹太人的部分法律：《除《讨拉特》颁降之前以色列自己给自己限定的之外，其他食物原来对以色列的后裔都是合法的。》（3：93）正如后文对这节经文的注释，全体穆斯林都认可安拉有权根据某些深刻的哲理革止他的部分法律，全体穆斯林都对经文的可革止性没有异议。

《108.难道你们会像从前（的人）盘问穆萨那样盘问你们的使者吗？谁以信仰更换不信，他确实迷失了正确的道路。》

## 严禁强问不休

在这节经文中，清高伟大的安拉禁止穆斯林无休止地向先知询问许多还没有发生的事情，正如安拉所言：《有正信的人们啊！你们不要询问许多事情，如果它显示出来，就会使你们难堪。如果你们在《古兰》颁降的时间询问，它就会为你们而显示出来。》（5：101）即如果你们询问一些已经发生的事情的细节，那么《古兰》将为你们阐明这些事情；但你们不要询问还没有发生的事情，也许被问的事情会因此而被定为非法的（哈拉目），因此圣训说："穆斯林所触犯的最大罪恶就是询问一件还没有被定为非法的事，后来这件事因为他的询问而被定为非法的。"有人询问安拉的使者，有个男人发现他妻子和另一男人在一起，如果他把奸情说出来，一定会出现严重的事情；如果他保持沉默，则对一件重大的事情保持沉默。安拉的使者禁止并谴责人们询问类似的问题。后来，安拉降示了互相诅咒的经文。伊本·舒尔布说，安拉的使者禁止道听途说，浪费财产和追问不休。(2)

穆圣说："如果我没有说出来，你们就不要追问，前人的毁灭只是因为强问不休和质疑先知。如果我命令你们一件事情，你们当尽力履行；如果我禁止你们一件事情，你们当尽力远离。"说此番话的原因是，安拉规定朝觐后，有人问：安拉的使者啊！每年都要朝觐吗？此人连问三次，使者没有回答，最后穆圣说："不。假若我说'是'，那么它就成了必须的（即必须每年都朝觐）。假若它成了必须的，你们势必做不到。"先知接着说："如果我没有说出来，你们就不要追问。"(3)

艾奈斯·本·马立克说："我们曾被禁止向先知询问。所以，我们希望贝都因人前来询问先知，好让我们倾听。"(4)

"**难道你们会像从前（的人）盘问穆萨那样盘问你们的使者吗？**"即不然你们想询问你们的使

---

(1)《泰伯里经注》2：488。

(2)《布哈里圣训实录诠释——造物主的启迪》3：398；《穆斯林圣训实录》3：1341。

(3)《穆斯林圣训实录》2：975。

(4)《穆斯林圣训实录》1：41。

者吗？这种疑问表示否认。经文针对穆斯林和非穆斯林，因为穆圣☪是全人类的使者。正如安拉所讲述：❨有经的人要求你从天上降一部经给他们。他们确已向穆萨提出过比这更重大的要求，他们说："你让我们亲眼看见安拉吧！"雷电因他们的不义而袭击了他们。❩（4：153）[1] 伊本·栽德解释说：穆罕默德啊！你给我们带来一部降于天空的经典吧！让我们读读它。你为我们开辟河流吧！这样我们就会跟随你，并相信你。后来安拉颁降了"难道你们会像从前（的人）盘问穆萨那样盘问你们的使者吗？谁以信仰更换不信，他确实迷失了正确的道路。"[2]

总之，安拉谴责人们通过诘问刁难先知，质问先知，正如安拉曾谴责以色列人以否认、刁难和顽固的态度质问他们的先知。"**谁以信仰更换不信**"，即谁若用信仰去换取迷误，"**他确实迷失了正确的道路**"，即他脱离正道走向了无知和迷误。那些不信仰不追随不服从列圣的人们的情况就是这样，他们走向背叛和否认之路，冒然向先知提出一些不痛不痒的问题，以显示他们的顽固和不信。正如安拉所言：❨你没有看到那些人吗？他们将安拉的恩典换成了隐昧，并使自己的民族陷入毁灭之境。他们将进入火狱，那居所真恶劣！❩（14：28-29）艾布·阿林说，他们用幸福换取了困难。[3]

❨109. 许多有经的人，真理对他们明确之后，由于发自内心的嫉恨，希望你们归信之后又变成隐昧者。你们当原谅和宽恕，直至安拉带来他的命令。安拉是全能于万事的。❩

❨110. 你们当守拜功，纳天课，你们为自己所做的一切善功，都将在安拉那里发现它（的报酬）。安拉是全观你们行为的。❩

## 禁止步有经人之后尘

安拉让众信士远离有经人中隐昧者的道路，告诉他们这些隐昧者无论在外表还是在内心，都是嫉恨他们的，虽然隐昧者们也知道穆民比他们尊贵，穆斯林的先知（穆圣☪）比他们的先知尊贵。安拉命令信士们宽以待人，原谅错误，等待安拉的命令——襄助和胜利；命令他们履行拜功，交纳天课，并鼓励他们积极服从安拉的命令。

马立克说，凯尔卜是个犹太诗人，他曾经诽谤先知，后来安拉降示了"**许多有经的人，希望你们归信之后又变成隐昧者……你们当原谅和宽恕。**"[4]

伊本·阿拔斯说，安拉的使者☪是位不会写字的人，但他给他们（犹太教和基督教徒）证实了他们的经典、使者和经文，然后和他们一样地归信它们。后来他们却出于不幸、嫉妒和怨恨而否认了它们。因此，安拉说："**真理对他们明确之后，由于发自内心的嫉恨……**"在真理明确，并且他们对真理不再陌生时，却出于嫉妒而否认了经典。后来，安拉严厉地谴责了他们。[5] 安拉要求穆圣☪及穆斯林归信安拉曾降给有经人的——有经人应该归信和承认的——一切启示，穆斯林将因此而得到安拉的特慈和襄助。

莱毕尔将"**由于发自内心的**"解释为：发自他们的内心的。[6] 艾布·阿林将"**真理对他们明确之后**"解释为：他们明确了穆圣☪是安拉派给他们的使者，并发现《讨拉特》和《引支勒》当中记载着穆圣☪的情况之后，出于嫉妒和怨恨而否认了穆圣☪，因为他不是犹太人或基督教徒。格塔德也持此说。"**你们当原谅和宽恕，直至安拉带来他的命令**"就像：❨你们一定会从曾受天经者和以物配主者那里听到许多恶言……❩（3：186）

伊本·阿拔斯说：❨不论在什么地方，当你们发现多神教徒时，你们就杀了他们。❩（9：5）和❨你们要跟那些已被赐给经典而不信安拉和末日的人战斗❩（9：29）革止了"**你们当原谅和宽恕，直至安拉带来他的命令**"。格塔德和赛丁伊说，上述表示原谅多神教徒的经文已被战争的经文所革止。[7] 安拉的语言"**直至安拉带来他的命令**"也能证明这一点。[8]

武洒麦说，安拉的使者☪和圣门弟子们曾奉安拉的命令原谅多神教徒和有经人，忍受他们的伤害，正如安拉所言："**你们当原谅和宽恕，直至安拉带来他的命令。**"当时，使者遵奉安拉的命令实践启示中的"**原谅**"精神，后来，安拉允许他们和多神教徒作战，消灭了许多古莱什首领。[9]

## 鼓励行善

"**你们当守拜功，纳天课，你们为自己所做的一切善功，都将在安拉那里发现它（的报酬）。**"安拉鼓励他们做有利于他们的事情，在末日，他们

---

(1)《达勒密圣训集》1：48；《圣训补充汇集》1：158。
(2)《泰伯里经注》2：490。
(3)《伊本·艾布·哈亭经注》1：330。
(4)《伊本·艾布·哈亭经注》1：331。
(5)《泰伯里经注》2：502。
(6)《伊本·艾布·哈亭经注》1：332。
(7)《伊本·艾布·哈亭经注》1：334。
(8)《伊本·艾布·哈亭经注》1：335。
(9)《伊本·艾布·哈亭经注》1：333；《布哈里圣训实录诠释——造物主的启迪》8：87；《穆斯林圣训实录》3：1422。

将得到他们的善功——立站拜功和完纳天课的回报。以便安拉在今世和后世使他们获得胜利。《古兰》说：❮ 那天，不义的人，他们的托辞将对他们无益，他们将受诅咒，他们只有不幸的家园。❯（40：52）"**安拉是全观你们的行为的**"，即安拉绝不疏忽任何人的工作，他们的工作无论善恶，都不会被安拉废除，安拉将按其工作还报每一个人。

❮ **111.他们说："除了犹太人和基督教徒之外，没有人会进入乐园。"这是他们的妄想。你说："如果你们是诚实的，拿出你们的证据来。"**❯

❮ **112.是啊，谁以行善者（的身份）使他的面容服从安拉，他的养主那里有他的回赐，他们将无惧无忧。**❯

❮ **113.犹太人说："基督教徒不算什么。"基督教徒也说："犹太人不算什么。"可是他们都在诵经。那些无知的人们也在这样说。末日，安拉将会判断他们之间的分歧。**❯

## 有经人的幻想

安拉在此阐明犹太人和基督教徒自欺欺人，因为他们都妄言只有信仰他们的宗教的人才可以进入乐园，正如安拉在《宴席章》所述：❮ 我们是安拉的儿子和他的朋友。❯（5：18）后来安拉戳破了他们的谎言，告诉他们他将因他们的罪恶而惩罚他们，假若事实正如他们所述，他们就不会面临这种结局。他们曾妄言他们只在火狱中居住寥寥数日，此后将进入乐园，安拉驳斥他们说："**这是他们的妄想**"，艾布·阿林注释说，这是他们毫无理由地对安拉所抱的妄想。[1] 即穆罕默德啊！"**你说：'……拿出你们的证据来'**"，艾布·阿林等注释说，请拿来你们的明证。[2] "**如果你们是诚实的**"，即如果你们说的是实话。

然后，清高伟大的安拉说："**谁以行善者（的身份）使他的面容服从安拉**"，即谁只为独一无偶的安拉虔诚工作。正如另段所说：❮ 如果他们跟你争论，你说："我已经将我的面容服从了安拉，追随我的人也一样。"❯（3：20）

艾布·阿林将"**谁以行善者（的身份）使他的面容服从安拉**"注释为：谁虔诚为安拉工作。[3]

赛尔德将"**使他的面容**"注释为，"使他的宗教。"[4]

---
[1]《伊本·艾布·哈亭经注》1：336。
[2]《伊本·艾布·哈亭经注》1：337。
[3]《伊本·艾布·哈亭经注》1：337。
[4]《伊本·艾布·哈亭经注》1：338。

"**行善者**"，即跟随穆圣者。安拉接受的工作有两个条件：一、虔诚为安拉；二、符合法律程序。虔诚的工作一旦不符合法律程序，便不蒙安拉接受。因此，安拉的使者说："谁做了我们未曾命令过的事情，其工作是不被接受的。"[5]

修士和苦行僧们假若不跟随安拉派往全人类的穆圣，即使做了许多虔诚的工作，也不蒙安拉接受。安拉就这种人说：❮ 我去处理他们所做过的工作，并使它成为浮尘。❯（25：23）❮ 那些否认者，其行为就像沙漠中的幻景，干渴的人以为它是水，等他到达它时，就发现它没有了。❯（24：39）❮ 那天，有些面孔是恐惧的、劳动的、辛苦的。它将进入烈火，饮极热的泉水。❯（88：2-5）如果人们的工作表面上符合法律程序，但没有虔诚为安拉的举意，也不蒙接受，因为这是沽名钓誉者和伪信士的行为。正如安拉所言：伪信士企图欺骗安拉，但安拉是以他们的欺骗还击他们的，他们礼站时，懒洋洋地站起来。他们沽名钓誉，并很少记念安拉。❯（4：142）❮ 让这些礼拜者遭殃吧！他们对于礼拜是疏忽的，他们沽名钓誉。他们拒借家具。❯（107：4-7）因此，安拉说：

---
[5]《穆斯林圣训实录》3：1344。

⦃我不知道，这或许是对你们的一项考验和一个时期的享受。⦄（18：111）

"谁以行善者（的身份）使他的面容服从安拉，他的养主那里有他的回赐，他们将无惧无忧"，即安拉保障他们将获得报酬，摆脱恐惧。

"他们将无惧"，即他们将来不受恐惧。"无忧"指他们不为往事而忧愁。赛尔德说，他们在后世不害怕，在今世不为死亡而感到忧愁。(1)

## 犹太人和基督教徒间因为否认和顽固而发生的争论

"犹太人说：'基督教徒不算什么。'基督教徒也说：'犹太人不算什么。'可是他们都在诵经。"安拉以此阐明了他们之间的矛盾、仇恨、敌对和顽抗，正如伊本·阿拔斯所说，纳季兰的基督教徒使团来见安拉的使者㉑时，遇见了一些犹太教学士，双方遂在使者面前展开了辩论。拉菲尔（犹太教徒）说："你们不算什么。"他遂否认了尔撒先知和《引支勒》。这时，纳季兰使团的一个基督教徒说："你们也不算什么。"他也否认穆萨先知和《讨拉特》。后来，安拉降示了"犹太人说：'基督教徒不算什么。'基督教徒也说：'犹太人不算什么。'可是他们都在诵经。"(2)他说，他们双方都在自己的经典中发现他们必须要归信被他们否认的先知。即虽然安拉曾通过穆萨和犹太人缔约，他们必须信仰尔撒先知，但他们却无视手中的《讨拉特》而否认了尔撒。《引支勒》中记载着尔撒要求他的信徒信仰穆萨的命条以及有关《讨拉特》的相关信息，但基督教徒还是否认了它。犹太人和基督教徒双方谁都不信服对方所信仰的。

"那些无知的人们也在这样说"，安拉通过犹太教徒和基督徒之间的对话，阐明了他们的无知。这是一种象征和暗示的修辞方法。学者们对"那些无知的人们"有不同的注释，莱毕尔和格塔德说，犹太人的胡言和基督教徒的乱语别无二致。(3)

伊本·朱莱杰问阿塔："'那些无知的人'指谁？"阿塔说："他们是犹太教和基督教以前的各民族，即安拉还没有降示《讨拉特》之前的各民族。"(4)赛丁伊也有类似主张，但他说，他们是阿拉伯人中曾说穆罕默德未获得正信的一些人。(5)阿卜·贾法尔认为"他们"指广大人群，适合全人类。因为没有一种确凿的证据可以证明他们到底是什么人，所以解释为全人类是更加确切

---

(1)《伊本·艾布·哈亭经注》1：338。
(2)《伊本·艾布·哈亭经注》1：339。
(3)《伊本·艾布·哈亭经注》1：341。
(4)《伊本·艾布·哈亭经注》1：340。
(5)《伊本·艾布·哈亭经注》1：340。

的。安拉至知。

"末日，安拉将会判断他们之间的分歧"，即安拉将在末日召集他们，公正地裁决他间的分歧，从中不会存在丝毫不公和亏枉现象，即使那些事情如原子一样微小。正如《朝觐章》经文所述：⦃那些归信的人、那些奉行犹太教的人、萨比安人、基督教徒、拜火教徒和多神教徒，复生日，安拉将在他们当中裁判，安拉的确是见证一切的。⦄（22：17）⦃你说："我们的主将集合我们，然后，在我们之间以真理裁决。只有他是判决者，全知者。"⦄（34：26）

⦃114.谁比阻止人们前往叩拜安拉的地方（清真寺）赞念安拉尊名，并竭力地摧毁它的人更为不义？他们只能胆战心惊地进入它。这等人，他们在今世遭屈辱，后世受严刑。⦄

## 阻碍人们进入清真寺，并竭力破坏它的人是不义的

阻碍人们进入清真寺，并竭力破坏它的人们指古莱什多神教徒，据伊本·栽德说，侯代比亚之日，这些多神教徒阻止安拉的使者㉑进入麦加，以致使者在则·突瓦（地名）宰了他的牺牲，并和多神教徒缔结和约。当时使者说："以前任何人都不得阻碍他人进入这座天房，哪怕一个人遇见他的杀兄弑父仇人，也不得阻碍。"然而，多神教徒们却说："只要我们中还有人活着，就不会允许白德尔战役中杀害我们先辈的仇敌进入我们地区。"

"并竭力地摧毁它……"即他们抢劫那些为了记念安拉而建设清真寺和参加正朝与副朝的人。(6)伊本·阿拔斯说，古莱什人曾禁止安拉的使者㉑在天房跟前礼拜，后来安拉降示了："谁比阻止人们前往叩拜安拉的地方赞念安拉尊名……的人更为不义？"(7)

清高伟大的安拉谴责了犹太人和基督教徒后，谴责了那些多神教徒，他们从麦加驱逐了安拉的使者㉑及圣门弟子们，阻碍人们到禁寺去礼拜，并在天房克尔白周围摆满了偶像，还增制了许多崇拜多神的仪式。安拉说：⦃安拉怎么不会惩罚他们呢？他们阻止他人进入禁寺，而他们不是它的保护者。它的保护者只是那些敬畏者。但是他们中的大部分人并不知道。⦄（8：34）⦃供认自己不信的多神教徒不应该建造安拉的清真寺。这等人，他们的工作是徒劳的，他们将永居火狱。只有归信安拉和

---

(6)《泰伯里经注》2：521。
(7)《伊本·艾布·哈亭经注》1：341。

末日，谨守拜功、完纳天课和惟独敬畏安拉的人，才建造安拉的清真寺，这等人，他们或许是得正道的。》（9：17-18）他们不归信并阻止你们去禁寺，还阻止被拘禁的牺牲到达它的目的地。如果不是为了你们所不认识的归信的男女（安拉早就允许你们进入麦加，战胜多神教徒），以免你们踩蹦他们，你们就要在不知不觉中因他们而招致罪责，以便他使他所愿意的人进入他的慈悯。如果他们已经分开，我一定严厉地惩罚他们当中的隐昧者。》（48：25）安拉说：只有归信安拉和末日，谨守拜功、完纳天课和惟独敬畏安拉的人，才建造安拉的清真寺。》（9：18）如果经文描述的这些穆民被逐出禁寺或受阻无法接近禁寺，那么，对清真寺的建筑而言，它确实遭受了无以复加的毁灭。修建清真寺并不意味着装饰清真寺或将它当作一种摆设，而是指在寺中记念安拉，履行安拉的法度，消除寺内的污秽和以物配主现象。

### 伊斯兰必胜的喜讯

此等人，"他们只能胆战心惊地进入它"，这是一种蕴涵要求的陈述句。即你们不可让隐昧者进入禁寺，除非你们和他们缔结了和约或他们交纳了人丁税。因此，光复麦加后的第二年（伊斯兰教历九年），安拉的使者派人到米那广场上宣布："注意！今年之后，多神教徒不能朝觐；赤身裸体者不能游转天房；有约者，到其约期结束。"(1)这一宣言证实并履行了下列经文的要求：有正信的人们啊！多神教徒只是污秽，今年以后他们不得接近禁寺。》（9：28）

有人说，该段经文是安拉给穆斯林的喜讯，预告安拉将援助他们重归禁寺并获得其他清真寺，使多神教徒屈服于他们。多神教徒如果不归信伊斯兰，就只能心惊胆战地进入禁寺，还要担心被穆斯林逮捕后遭受惩罚或被处死。后来，安拉实现了这一预告，正如前面所述那样阻止多神教徒进入禁地。安拉告诉穆圣，阿拉伯半岛不能同时存在两个宗教，犹太人和基督教徒必须离开半岛。赞美和恩惠统归安拉。上述种种，加强了禁寺的威严，纯洁了穆圣的为圣之地——安拉在此使穆圣成为全人类的警告者和报喜者。这些经文是对多神教徒们今世的凌辱，因为他们遭受了自己行为的报应。他们当初怎么阻碍穆斯林去天房，今天就遭受穆斯林以同样的方式阻碍他们去天房；他们怎么驱逐他人离开禁寺，今天面临到别人以同样的方式驱逐他们。**"他们在后世受严刑"**，因为他们破坏了天房的尊严，在里面布置了许多偶像，在天房中舍安拉

求伪神，并干了安拉和使者所憎恶的许多罪行。

尊贵的圣训要求我们祈求安拉保佑，免遭今世的凌辱和后世的惩罚。安拉的使者曾祈求安拉："我的主啊！使我们在今世的一切事务中得到良好的结局吧！求你从今世的凌辱和后世的严罚中拯救我们吧！"(2)

**115.东方和西方都属于安拉，无论你们转向哪一方，那里都是安拉的方向。安拉是博大的，全知的。**

### 礼拜的朝向

安拉至知，使礼拜的朝向改向克尔白，是对安拉的使者及其弟子们的安慰，他们曾被多神教徒从麦加驱逐，离别了他们的禁寺和礼拜场所。安拉的使者曾在麦加面对克尔白朝向远寺礼拜，使者来到麦地那后，曾朝着远寺礼拜十六个月或十七个月。此后，安拉让他改朝向为克尔白。安拉说："**东方和西方都属于安拉，无论你们转向哪一方，那里都是安拉方向。**"

伊本·阿拔斯说，《古兰》中最先革止的是礼拜的朝向。安拉的使者迁徙到麦地那时，那里居住着一些犹太人，当时，安拉命令先知朝向远寺，犹太人因此而非常高兴。使者虽然朝远寺礼拜十几个月，但他更喜欢伊布拉欣先知的朝向（克尔白），所以他时常望着天空祈求安拉，后来安拉降示了你们无论在哪里，都应当把你们的脸转向它。》（2：150）犹太人对此感到怀疑，他们说："他们为什么改变了原来的朝向呢？"后来，安拉降谕道："**东方和西方都属于安拉。**"(3)

伊本·阿拔斯说："无论你们朝向东方还是西方，那里都是安拉的方向。"(4)

穆佳黑德说，无论你们去向何方，都可以将那个方向作为正向。(5)

有人说，这节经文降示于改朝向为克尔白之前。另一些人说，安拉降给穆圣这些经文，允许人们在旅行、战争和恐惧的时候，任意地朝向东方或西方礼副功拜。据传述，伊本·欧麦尔骑在他的坐骑上礼拜，任由它转向何方。他说，穆圣曾经就是这样做的。(6)据传述，伊本·欧麦尔解答恐惧拜(7)的方式时说，当初，如果情况更加危急，圣门

---

(1)《布哈里圣训实录诠释——造物主的启迪》3：565。
(2)《艾哈麦德按序圣训集》4：181。
(3)《泰伯里经注》2：527。
(4)《伊本·艾布·哈亭经注》1：347。
(5)《伊本·艾布·哈亭经注》1：345。
(6)《泰伯里经注》2：530。
(7)恐惧时的礼拜。——译者注

弟子们或步行或站着或骑乘着礼拜,无论是否面对克尔白。有人说,这节经文是为那些在黑暗、云遮或类似情况下无法辨别方向的人而降示的。(1)

## 麦地那人的方向在东西之间

安拉的使者㊗说:"麦地那人、沙姆人、伊拉克人的朝向在东西之间。"(2)

"安拉是博大的,全知的。"伊本·哲利尔说,安拉的给养、博施和恩惠包容了万物。"全知的"指安拉知道万物的行为,任何事物都不可能逃出安拉的洞察,安拉知道一切巨大的和微小的事物。(3)

> 116.他们说:"安拉择取了儿子。"赞美安拉!不然,诸天和大地当中的一切,都属于安拉。一切都臣服于安拉。

> 117.(他是)诸天与大地的初创者,当他判定一事时,他只要对它说"有",它就有了。

## 驳安拉有子女的邪说

这节尊贵的经文和后面的经文,驳斥了那些宣称天使是安拉女儿的基督教徒、犹太教徒和阿拉伯多神教徒,揭露了他们关于"安拉有儿女"的谬论。安拉说:"**赞美安拉!**"即清高伟大的安拉永远与这些俗事清净无染。"**不然,诸天和大地当中的一切,都属于安拉**",即事实并非像他们杜撰的那样。诸天、大地及其中的一切权力,都归于安拉。安拉是他们的支配者,创造者,供养者,设计者,制服者,运行者,变换者。安拉为所欲为。一切都是安拉的仆人,万物的权力统归他。既然如此,安拉怎么会择取万物中的一物作为他的子女呢?子女是相协调的两物的产物,而多福、清高的安拉是独一无偶的。他无须配偶,又怎么会有儿女呢?正如安拉所言:《他是天地的初创者,他没有配偶,怎么会有子女呢?他造化了万物,并对万物是全知的。》(6:101)《因为你们妄称至仁主有子嗣,而至仁主却不屑有子嗣。天地间没有一物不以仆人身份到至仁主跟前。他确已记录了他们,并计算过他们。他们每一个都将在复生日单独地来到他跟前。》(19:89-95)《你说,安拉是独一的,安拉是无求的,他未生,也未被生。任何一个都不和他对等。》(112:1-4)

安拉在这些尊贵的经文中阐明了他是伟大的真主,是无匹配、无比拟的;除他之外的一切都是接受养育的被造物,安拉怎么会有儿子呢?因此,穆圣㊗说:"安拉说:'阿丹的子孙否认了我,但他无权这么做;阿丹的子孙辱骂了我,但他无权这么说。他对我的否认是妄言我不能像初次造他那样复造他。他对我的辱骂则是说我有儿女。赞我清净,我既无配偶,也无儿女。'"(4)安拉的使者㊗说:"一个人无法像安拉一样忍受听闻到的恶言,他们为安拉编造儿女,而安拉在供养他们,佑助他们。"(5)

## 万物都服从安拉

"**一切都臣服于安拉**。"伊本·阿拔斯说,经文指一切都是礼拜安拉的。(6)

艾克莱麦等解释为,一切都承认自己是安拉的奴仆。(7)

赛尔德等解释为,一切都是虔诚为主的。(8)

莱毕尔等解释为,一切都在末日为主肃立。(9)

赛丁伊等解释为,一切都在末日服从安拉。(10)

赫绥夫等说,一切都是顺从的。如果安拉说"出现一个人",一个人就应声出现了。如果安拉说"出现一头驴",一头驴便出现了。(11)

穆佳黑德说,隐昧者的顺从体现于他的影子,他的影子在不由自主地为安拉叩头。(12)伊本·哲利尔认为各家注释都是正确的,即"**臣服**"就是服从安拉。这是法定的和前定的事情,如安拉所述:《天地间的万物无论情愿或不情愿,都在叩拜安拉,它们的形影朝朝暮暮也都如此。》(13:15)

## "初创者"的意义

"**诸天与大地的初创者**",即安拉是天地的创造者,他的创造无须先例。穆佳黑德说,这是一种阿拉伯语表达习惯。阿拉伯人通常将新生事物称为"毕代尔"(البدعة)。"毕代尔"有两种,一种是教法方面的,如圣训所述:"一切新生事物都是

---

(1)《穆斯林圣训实录》1:486;《提尔密济圣训全集诠释》8:292;《圣训大集》1:244;《伊本·艾布·哈亭经注》1:344;《哈肯圣训遗补》2:266;《布哈里圣训实录诠释——造物主的启迪》8:46。
(2)《多尔法凯比尔》4:309;《提尔密济圣训全集诠释》2:317;《伊本·马哲圣训集》1:323。
(3)《泰伯里经注》2:537。
(4)《布哈里圣训实录诠释——造物主的启迪》8:18。
(5)《布哈里圣训实录诠释——造物主的启迪》13:372;《穆斯林圣训实录》4:2160。
(6)《伊本·艾布·哈亭经注》1:349。
(7)《伊本·艾布·哈亭经注》1:349。
(8)《伊本·艾布·哈亭经注》1:350。
(9)《伊本·艾布·哈亭经注》1:350。
(10)《泰伯里经注》2:538。
(11)《伊本·艾布·哈亭经注》1:349。
(12)《伊本·艾布·哈亭经注》1:348。

毕代尔，一切毕代尔都是迷误。"(1)另一种是语言方面的，正如众信士的长官欧麦尔召集人们长期不懈地集体履行间歇拜，并说："这种毕代尔太好了。"

伊本·哲利尔说，经文（2：116-117）的意义是：赞安拉清净！他没有儿女，他掌管天地万物的权力，一切都作证安拉是独一的，一切都臣服于安拉，虽然万物原本不存在，更没有存在过的先例，但安拉创造了它们，使它们从无到有。安拉宣布：尔撒先知也是一个证人；他们却将他说成是安拉的儿子。安拉还告诉他们，从无到有、无须先例地创造天地的安拉，没有通过父亲就使尔撒先知降生于世。(2)

"当他判定一事时，他只要对它说'有'，它就有了。"安拉以此阐明他完美的大能和无限的权力，如果安拉意欲创造一件事物时，只对它说一声"有"，它便按照安拉的意欲存在了。正如安拉所言：《的确，当他有意要做一件事时，他只要说"有"，它就有了。》（36：82）《当我要造化一件事物时，我只对它说"有"，它就有了。》（16：40）《我的命令只是在一瞬间。》（54：50）安拉也以此提示，安拉只说"有"，尔撒便被创造出来。安拉说：《在安拉看来，尔撒和阿丹一样。他用泥土造化了他，然后对他说"有"，他就有了。》（3：59）

《118.那些无知的人说："为什么安拉不和我们说话呢？""为什么任何迹象不降于我们？"在他们以前的人们也说过类似的话。他们的心相似了。我确已为确信的人们阐明了启示。》

拉菲尔问安拉的使者㊐：穆罕默德啊！如果正如你所说，你是安拉的使者，那么你让安拉和我们谈谈话，让我们听一听。后来安拉降示："**那些无知的人说：'为什么安拉不和我们说话呢？''为什么任何迹象不降于我们？'**"(3)艾布·阿林等注释这节经文说，这是阿拉伯的隐昧者说的话。

"**在他们以前的人们也说过类似的话。**"有人说"**以前的人**"指犹太教徒和基督教徒。(4)而下列经文可以证实艾布·阿林的注释，并能说明阿拉伯的多神教徒们也说过类似的话。《当一个迹象到达他们时，他们说："我们绝不信仰，除非我们获得安拉的使者所获得的。"安拉至知把他的使命置于

---
(1)《穆斯林圣训实录》2：592。
(2)《泰伯里经注》2：550。
(3)《伊本·艾布·哈亭经注》1：352。
(4)《伊本·艾布·哈亭经注》1：353。

何处。犯罪的人即将由于他们的诡计而遭受来自安拉的鄙视和严刑。》（6：124）《他们说："除非你能为我们使一股泉水由地底涌出来，否则，我们决不信你……你说：'赞我的主清净！我只不过是一位接受使命的人！'"》（17：90-93）《为什么不派天使降临我们，或是我们能见到我们的主吗？》（25：21）《不，他们每一个人都希望被赐给展开的册簿。》（74：52）类似的经文都证明阿拉伯多神教徒的不信、过分、反叛和无谓的盘问。他们的不信和顽抗与以前的有经人和其他民族别无二致。正如这节经文所述：《有经的人要求你从天上降一部经给他们。他们确已向穆萨提出过比这更重大的要求，他们说："你让我们亲眼看见安拉吧！"》（4：153）《当时，你们说："穆萨啊！在我们亲眼看见安拉之前，我们绝不会信你。"》（2：55）

"**他们的心相似了。**"阿拉伯多神教徒的内心在不信、顽固和过分方面和他们先辈的内心别无二致，正如这节经文所述：《同样，只要有使者到达他们以前的那些人，他们就会说："这是一个魔术师或疯子。"他们以它互相嘱咐了吗？》（51：52-53）"**我确已为确信的人们阐明了启示**"，即安拉为那些真诚确信地跟随众使者、并理解众使者带来的启示的人们降下无可辩驳的铁证，从而阐明众使者的话是千真万确的。至于被安拉封闭了心灵和耳朵，并在他们的眼睛上设置帷幔的人们，安拉这样叙述他们：《你的主的言辞已经判定的那些人，他们不会归信。即使任何迹象来临他们，直到他们看到痛苦的刑罚。》（10：96-97）

《119.我确以真理派遣了警告和报喜的你。你不因火狱的居民们而受责问。》

"**你不因火狱的居民们而受责问**"，即我不会因为否认你的人而质问你。正如安拉所言：《你的责任只是传达，清算由我掌管。》（13：40）《你当劝诫，你只是一位劝诫者，你不是他们的监护者。》（88：21-22）《我至知他们所说的，你绝不是他们上面的强迫者，所以你要以《古兰》劝诫畏惧我的警告的人。》（50：45）类似的经文很多。

### 《讨拉特》对穆圣㊐的叙述

阿塔·本·叶赛尔说，我遇见伊本·阿慕尔问他：请告诉我《讨拉特》对穆圣㊐特征的叙述。他说，是的，以安拉发誓，《讨拉特》对穆圣㊐特征的叙述如同《古兰》的部分经文对穆圣㊐的叙述，《讨拉特》中说："先知啊！我派遣你为作证者、

报喜者和警告者以及文盲⁽¹⁾的保护者,你是我的仆人,我的使者,我称你为托靠者,你不暴躁、不焦躁,也不在市场上大喊大叫。他(指使者)不以暴易暴,宽以待人、原谅错误。在他归真前,他将纠正邪教,让人们说'应受拜者,惟有安拉'。他要开启已瞎的眼睛,已聋的耳朵和封闭的心灵。"⁽²⁾⁽³⁾

◊ 120.除非你遵循他们的宗教,否则犹太教徒和基督教徒都不会对你满意。你说:"安拉的引导,是惟一的引导。"如果在知识已经到达你之后,你跟随了他们的私欲,那么除安拉之外,你不会有任何保护者和援助者。◊

◊ 121.那些蒙我颁赐经典的人,确实在真诚地遵循它,这等人归信它。否认它的人,是亏折的。◊

"除非你遵循他们的宗教,否则犹太教徒和基督教徒都不会对你满意。"伊本·哲利尔注释为:穆罕默德啊!犹太人和基督教徒们永远不会喜欢你,所以,你不必再请求安拉使他们心满意足,称心如意,你当通过号召他们走向正道而请求得到安拉对你的喜欢。

"你说:'安拉的引导,是惟一的引导。'"即穆罕默德啊!你说:"安拉派遣我去履行的正道,才是正道",它是端庄、正确、完美和全面的宗教。⁽⁴⁾格塔德解释说,"**安拉的引导**"指安拉赐给穆圣及其弟子的理论方法,他们通过它和迷信者们论战。⁽⁵⁾格塔德说,我们听安拉的使者说:"我民族中的一部分人将为真理而战,他们所向披靡,违背者对他们无能为力,直至安拉的命令到来。"⁽⁶⁾

"如果在知识已经到达你之后,你跟随了他们的私欲,那么除安拉之外,你不会有任何保护者和援助者。"这节经文严厉警告人们,在理解《古兰》和圣训后,不得学习犹太人和基督教徒的方法。求主使我们远离这种丑行!虽然经文呼吁的对象是穆圣,但它同时也是向全民族发出的命令。

### 真诚遵循的意义

"**那些蒙我颁赐经典的人,确实在真诚地遵循它。**"格塔德说,经文指犹太人和基督教徒。伊本·哲利尔选择了这种注释。格塔德认为指圣门弟子。伊本·麦斯欧迪说,以掌管我生命的安拉发誓!"**真诚地遵循**"指把经中的合法作为合法,把非法作为非法;依照安拉降示的那样去诵读它,不篡改它,不随意注释它。⁽⁷⁾伊本·阿拔斯说,经文指:将经上的合法当作合法,将它的非法当作非法,不篡改经典。⁽⁸⁾欧麦尔(愿主喜悦之)说,他们是这样一些人:当他们听到描述慈悯的经文时,他们向安拉祈求慈悯,当他们听到描述惩罚的经文时,他们要求(安拉)从中护佑他们。⁽⁹⁾欧麦尔说,穆圣曾经就是这样做的。⁽¹⁰⁾

"**这等人归信它**"是对"**那些蒙我颁赐经典的人,确实在真诚地遵循它**"的陈述。即穆罕默德啊!如果他们(一些有经人)真正能履行安拉以前降示的各部经典,那么,他们必定会归信我赋予你的使命。正如安拉所说:◊ 如果他们力行《讨拉特》《引支勒》和由他们的养主赐给他们的,他们

---

(1)指阿拉伯人。——译者注
(2)《艾哈麦德按序圣训集》2:174。
(3)《布哈里圣训实录诠释——造物主的启迪》4:402、8:449;《无与伦比的礼节》72。
(4)《泰伯里经注》2:562。
(5)《泰伯里经注》1:356。
(6)《泰伯里经注》1:355;《穆斯林圣训实录》1924。

(7)《泰伯里经注》2:567。
(8)《泰伯里经注》2:567。
(9)《格尔特宾教律》2:95。
(10)《伊本·马哲圣训集》429。

就会从头顶和脚下获得饮食。》（5：66）《你说："有经的人们啊！除非你们坚持《讨拉特》《引支勒》和由你们主的方面降下的，否则你们不算什么。"》（5：68）即如果你们真正信仰和履行了以前的经典，笃信其中有关穆圣☪的叙述，并根据经典的命令紧跟先知、支持先知、与先知同甘共苦，那么，你们必定会走向真理，获得两世幸福，正如安拉所言：《那些跟随使者——不识字的先知——的人，会发现他被记载在他们眼前的《讨拉特》和《引支勒》当中。》（7：157）安拉说：《你说，你们归信它，或不归信它（都是一样的）。那些以前被赋予知识的人们，它被读给他们时，他们就伏下去下巴着地地叩头。他们说："赞我们的主清净，我们主的诺言终究是要实现的。"》（17：107-108）即我们养主给我们许诺的关于穆罕默德的事情必定会实现。《那些在这以前蒙我赏赐经典的人们，他们相信它。当它被诵读给他们时，他们说："我们归信它，它确实是来自我们主的真理，的确，我们在这以前就是顺服者（穆斯林）了。"这等人，他们将得到双倍的回赐，因为他们坚忍不移，以善驱恶，并分舍我赐给他们的。》（28：52-54）《你对有经的人和无经的人说："你们顺从吗？"如果他们顺从，他们就走上了正道；倘若他们背弃，你只负责传达，安拉是全观众仆的。》（3：20）因此，安拉说：《"否认它的人，是亏折的。"》如《古兰》所述：《而各宗派中不信它的人们，火狱就是给他们许诺的地方。》（11：17）《布哈里圣训实录》载："以掌管我生命的安拉发誓，这个民族中任何一个人——无论是犹太人还是基督教徒，在听到我（的使命）之后都要归信我，否则，他必进火狱。"[1]

《122.以色列的后裔啊！你们要铭记我所赐给你们的恩典，我使你们贵过众世界。》

《123.你们要防备这样一天，没有谁能够有助于谁。那时，赎金将不被接受，求情也将无益，他们也不被帮助。》

在本章开头，已经出现过类似的经文，此处又重复出现，其目的是强调并促使人们紧跟这位文盲先知，他们在《讨拉特》和《引支勒》中早就了解到有关他的特征、名称、事业和他的民族。他们的经典警告他们，不可隐瞒安拉赐予他们的这些知识和恩典，并命令他们铭记安拉赐给他们的两世恩典，让他们不要因为安拉在阿拉伯人——他们的同宗兄弟中派遣封印万圣的使者而嫉妒对方，他们也

(1)《穆斯林圣训实录》1：134。

永远不要因为嫉妒而反对、甚至敌对或背叛先知。愿安拉赐福安于尊敬的穆圣☪，直到审判日！

《124.当时，他的养主用一些诫命考验了伊布拉欣，他便履行了它们。他说："我将使你成为人类的领袖。"他（伊布拉欣）说："也使我的部分子孙（成为领袖吧！）"他说："我的任命不包括不义的人。"》

### 伊布拉欣是人类的楷模

安拉在此强调他的朋友伊布拉欣的尊贵，指出伊布拉欣当年履行了安拉的命令和禁律后，被任命为全人类的领袖，并指出他是认主独一的楷模。因此，安拉说："**当时，他的养主用一些诫命考验了伊布拉欣**"，即穆罕默德啊！你当给这些多神教徒和自称信仰伊布拉欣宗教的有经人叙述安拉考验伊布拉欣的情况。这些人号称伊布拉欣的民族，但事实并非如此。穆圣啊！坚持伊布拉欣的正确信仰的，则是你和你的民族，你对他们叙述安拉如何以一些命令和戒律考验了伊布拉欣。后来，"**他便履行了它们**"，即伊布拉欣完全履行了它们。正如安拉形容他时所说：《和尽忠的伊布拉欣的经典的内容吗？》（53：37）即伊布拉欣履行了安拉为他制定的一切法令。安拉说：《伊布拉欣当初是一个稳麦。他服从安拉，纯洁无染，他不是多神教徒。他感激安拉的恩典。安拉选择了他，并引导他到正道。我给他今世的美满，在后世，他确实在清廉者的行列。后来我启示你："你要追随伊布拉欣的天然宗教，他不是多神教徒。"》（16：120-123）《你说："我的主已引导我于一条正道，（遵循）一个正确的宗教，即伊布拉欣的天然宗教。他不是多神教徒。"》（6：161）《伊布拉欣不是犹太教徒，也不是基督教徒，他是天然的顺从者（穆斯林），他也不是一个多神教徒。世人当中最亲近伊布拉欣的是追随他的人和此位使者以及信士们。安拉是亲近众信士的。》（3：67-68）

"**一些诫命**"（كلمات），即安拉的沙立亚法、命令和禁止。因为"**诫命**"有时表述前定方面的言辞，正如《古兰》对麦尔彦的叙述：《她诚信了众世界的主的言辞（诫命）和他的一切经典，她一直是一位顺服的人。》（66：12）有时"**诫命**"表述法律，正如安拉所言：《你的主的言辞（诫命）绝对真实和公正。》（6：115）即法律明文。这种"**诫命**"或者是真实的表述，或者在有关命令和禁止的事务中要求公正。"**当时，他的养主用一些诫命考验了伊布拉欣，他便履行了它们**"属于真实的

表述，即伊布拉欣履行了它们。"**我将使你成为人类的领袖**"，即我要以他的行为给予奖勉。当他执行了命令，放弃了安拉禁止的事物后，安拉使他成为全人类的领袖、模范和榜样。

## 安拉用什么诫命考验了伊布拉欣

学者们对安拉用于考验伊布拉欣的诫命有不同的解释。伊本·阿拔斯说，安拉用各种功课考验了伊布拉欣。(1) 又说，安拉以清洁考验了伊布拉欣。"清洁"指头部的五件，身体上的五件。头部的五件是：剪短髭、漱口、呛鼻、刷牙、分开头发；身体上的五件是：剪短指甲、剃阴毛、割礼、拔腋毛(2)、用水洗大小便的痕迹。(3)（笔者认为）类似的圣训还有阿伊莎的传述，安拉的使者☪说："十件事情属于天性：剪短髭、留胡须、刷牙、呛鼻、剪指甲、洗指关节、拔腋毛、剃阴毛、净下。"(4) 她说，我忘记了第十个，或许它是漱口。艾布·胡莱赖传述，穆圣☪说："（应该坚持的）天性是五件：割礼、剃阴毛、短髭、剪指甲、拔腋毛。"(5)

伊本·阿拔斯说，安拉曾考验伊布拉欣的那些诫命是：奉安拉的命令离开他的民族，不顾生命危险和奈穆鲁兹国王进行辩论，蔑视国王的淫威忍受火刑；为主道背井离乡，到异国他乡；款待客人，忍受身体和财产方面的考验；奉主的命令屠宰儿子等。伊布拉欣通过了安拉对他的一切考验，取得最终的胜利，安拉对他说：**"你服从吧（即你成为穆斯林）！"** 他说：**"我已服从了众世界的养主。"**（2：131）这一方面，他确实是无与伦比的。(6)

## 安拉的任命不包括不义的人

伊布拉欣说："'也使我的部分子孙（成为领袖吧）！'他说：'我的任命不包括不义的人。'"安拉使伊布拉欣成为领袖（伊玛目）后，他请求安拉使他的部分子孙也成为领袖，因而得到安拉的上述答复。安拉接受了他的祈求，并告诉他，他的子孙中将出现一些不义之人，安拉的任命不包括他们，他们也不能成为领袖，更不能成为别人的楷模。下列《蜘蛛章》经文能说明安拉对伊布拉欣的答复：**并在他的后裔中安排了圣职和经典。**（29：27）所以，在伊布拉欣之后，安拉只在他的子孙中委派先知，颁降经典。

"**我的任命不包括不义的人。**"安拉告诉伊布拉欣，他的子孙中将出现不义者，安拉的任命不包括他们，这些人即便是安拉的朋友——伊布拉欣的子孙，安拉也不会让他们掌管大权；伊布拉欣的子孙中也会出现一些善良的人，他们受益于伊布拉欣当初向安拉的祈祷，会得到他为他们请求的殊荣。这是个明确的陈述句，即安拉的任命（使一些人成为伊玛目）不包括不义之人，安拉通过经文告诉伊布拉欣，他的子孙中将会出现自亏之人。

伊本·胡威兹说，不义者不能成为哈里发、法官、教法解释官、证人和圣训传述者。

**125. 当时，我使天房成为众人的回归地和安宁地，你们要把伊布拉欣的立足处作为礼拜的地方……**

## 天房的尊贵

"**当时，我使天房成为众人的回归地。**"伊本·阿拔斯说，人们不能留在天房内，只能拜访它，回家后再次回去拜访。艾布·阿林说，"**安宁地**"指无人敢侵犯天房，譬如在天房点燃战火等。在蒙昧时代，天房以外的人们经常遭受劫掠，而天房周围的人们却安居乐业。(7) 穆佳黑德、阿塔欧、赛丁伊、格塔德、莱毕尔·本·艾奈斯解释为：人们认为进入天房的人都将是安全的。(8)

这节经文的意义是：安拉讲述了天房的尊贵、天房在前定和法律方面的特性——人们的回归地，即人们总是对它魂牵梦绕，牵肠挂肚，人们即便每年都去拜访它，都会觉得仍想再去，因为安拉的朋友伊布拉欣先知曾祈祷安拉使之成为人心所向之地。伊布拉欣当年说：**我们的主啊！求你接受我的祈祷吧！**（14：40）安拉说，他使天房成为了安全区，进入天房者无论以前做过什么，都会在那里得到安全。天房的尊贵得益于它的第一位建设者安拉的朋友——伊布拉欣先知。如安拉所述：**当时，我给伊布拉欣指定天房的地址。"你不要以任何物举伴我。"**（22：26）**为世人设置的第一座房，确实是在班克吉庆的、引导世人的房。其中有明显的一些迹象和伊布拉欣的立足处。凡是进入其中的人，都会获得平安。**（3：96—97）这节尊贵的经文讲述伊布拉欣立足处的同时，命令人们在那里做礼拜："你们要把伊布拉欣的立足处作为礼

---

(1)《泰伯里经注》3：13。
(2)《阿卜杜·兰扎格经注》1：57。
(3)《伊本·艾布·哈亭经注》1：359。
(4)《穆斯林圣训实录》1：223。
(5)《布哈里圣训实录诠释——造物主的启迪》10：347；《穆斯林圣训实录》1：222。
(6)《伊本·艾布·哈亭经注》1：260。

(7)《泰伯里经注》3：29。
(8)《伊本·艾布·哈亭经注》1：370。

拜的地方。"

## 伊布拉欣的立足处

"你们要把伊布拉欣的立足处作为礼拜的地方。"赛尔德说，伊布拉欣先知的立足处是一块石头，安拉使之成为一种慈悯。伊布拉欣曾站在上面，伊斯玛仪给他递石头。如果按照人们的说法——假若他（伊布拉欣）洗了头，他的两脚一定分开了。(1)赛丁伊说，"立足处"指伊斯玛仪的妻子给伊布拉欣洗头时放在他脚下的石头。(2)

贾比尔叙述穆圣☪的朝觐说，穆圣☪在游天房的时候，欧麦尔问道，这是我们祖先的立足处吗？先知☪说："是的。"欧麦尔说，我们为何不将它作为礼拜之处呢？后来安拉降示了"**你们要把伊布拉欣的立足处作为礼拜的地方。**"(3)

布哈里解释这节经文说，"**回归地**"指循环往复之地。

欧麦尔说，我和我的养主在三件事情方面是一致的，我曾说："安拉的使者啊！但愿我们将伊布拉欣的立足处作为礼拜的地方。"后来，安拉降示了："**你们要把伊布拉欣的立足处作为礼拜的地方。**"我曾说："安拉的使者啊！来见你的人中有好人，也有坏人，但愿你命令信士的母亲们（指圣妻们）戴上盖头。"后来，安拉降示了帷幕的经文；我听说先知在谴责他的部分妻子，就前去她们那里说，或者你们和先知讲和，或者安拉给他的使者更换比你们更好的（妻子）。后来一位圣妻说，欧麦尔啊！你凭什么代替安拉的使者☪奉劝他的妻子？后来，安拉降示了：❝如果他休了你们，安拉或许换给他比你们更好的妻室。❞（66：5）

贾比尔说，安拉的使者☪亲吻了（黑石）一角，他（围绕天房）纵肩急行三圈，步行四圈，当他到达伊布拉欣立足处的时候读道："**你们要把伊布拉欣的立足处作为礼拜的地方。**"然后，他在立足处和天房之间礼两拜。(4)伊本·欧麦尔说，安拉的使者☪来到（天房）游了七圈，在立足处后面礼了两拜。(5)

上述圣训都证明，"**立足处**"指伊布拉欣修建天房时踩在脚下的石头。后来墙越建越高，伊斯玛仪便带来这块石头，让伊布拉欣站在上面继续修建，伊斯玛仪则在下面给伊布拉欣递石头，伊布拉欣接过石头后放到墙上。他们建完（天房）一角后去修旁边的另一角。就这样，伊布拉欣站在这块石头上建完了天房。下文将详述伊布拉欣父子修建天房的历史情节。伊布拉欣的脚印从此印到了石头上，这是蒙昧时代的阿拉伯人家喻户晓的。因此，艾布·塔利卜在其长诗中吟道：

*伊布拉欣，赤脚印石，清晰如新。*

穆斯林对此也不陌生，艾奈斯说，我在上面看到他（伊布拉欣）的脚趾和脚心的痕迹，但因为人们长期抚摸它，整个印痕有些模糊。

（笔者说）古代，"**立足处**"紧贴着天房的墙。现在，它的位置则是众所周知的，即它处于（禁寺内）靠近门入口方向右侧的一个独立地方。(6)安拉的朋友伊布拉欣修建天房完毕后，将这块石头放到了天房的墙角，或者建天房踩毕后这块石头原地未动。安拉至知。因此，安拉命令穆斯林游毕天房后在那里礼两番拜，所以说，这块石头是伊布拉欣修完天房之后的立足处。后来，正统哈里发欧麦尔将这块石头从天房旁边移到现在的位置。安拉的使者☪命令我们要服从欧麦尔等正统哈里发，何况欧麦尔是穆圣☪特别提到要我们跟随的两位之一。使者说："你们当服从我以后的两个人——艾布·伯克尔和欧麦尔。"(7)《古兰》曾按照欧麦尔的愿望降下启示，要求人们在伊布拉欣立足处进行礼拜。因此，没有一位圣门弟子对欧麦尔的这一行为提出异议。

伊本·朱莱杰传自阿塔等学者说，欧麦尔是移动伊布拉欣立足处的第一人。穆佳黑德说，欧麦尔是将伊布拉欣的立足处挪至现在位置的第一人。阿伊莎（愿主喜悦之）说，在安拉的使者☪和艾布·伯克尔时代，它（立足处）紧靠着天房，后来，欧麦尔将它挪到了后面。

❝125.我曾跟伊布拉欣和伊斯玛仪定约：你俩当为巡游（天房）者、驻静者、鞠躬叩头者，清洁我的房。❞

❝126.当时，伊布拉欣说："我的养主啊！求你使这里成为一个平安之地，并以各种果实供给它的居民——他们当中归信安拉和末日的。"他说："我也会赐给隐昧的人暂时的享受，此后我将迫使他去（遭受）火狱的惩罚，那归宿真恶劣！"❞

❝127.当时，伊布拉欣和伊斯玛仪建起了天房的基础，他们祈祷道："我们的主啊！求你悦纳我们（的这微薄奉献）吧！你是全听的，是全知的。❞

❝128.我们的主啊！求你使我们俩成为穆斯

---

（1）《伊本·艾布·哈亭经注》1：371。
（2）《泰伯里经注》3：35；《拉齐经注大全》4：45。
（3）《伊本·艾布·哈亭经注》1：370。
（4）《泰伯里经注》3：36；《穆斯林圣训实录》2：960。
（5）《布哈里圣训实录诠释——造物主的启迪》3：586。
（6）这一位置现已被拆除，伊布拉欣的立足处现位于玻璃和丝网制成的小圆柱之内。——译者注
（7）《提尔密济圣训集》3662。

林，并在我们的子孙中产生一个服从你的民族吧！让我们看到我们的功课吧！并宽恕我们。你是至赦的，是至慈的。"

## 命令清洁天房

"**我曾跟伊布拉欣和伊斯玛仪定约。**"哈桑·巴士里说，安拉命令他俩清除天房内的有害物和污秽，不要让这些东西污染天房。[1] 伊本·朱莱杰问阿塔："**定约**"指什么？阿塔答：安拉的命令。伊本·阿拔斯认为是清除天房内的一切偶像。穆佳黑德、伊本·朱拜尔等人认为是清除天房内的偶像、污言、谎话和污秽。

"**巡游者**"，即众所周知的环游天房者。伊本·朱拜尔认为"**巡游者**"指异乡人。[2]

"**驻静者**"指居住在天房地区的人。

格塔德和莱毕尔认为"**驻静者**"指当地居民。[3]

"**鞠躬叩头者**。"伊本·阿拔斯认为鞠躬叩头者指礼拜的人。[4]

清洁清真寺的由来即是下列经文和圣训：*在一些房中，安拉准许升起它，并在其中记念他的尊名。在那里朝夕赞美他。*（24：36）有关清洁清真寺的圣训不胜枚举，安拉的使者㉅说："所有的清真寺都是因为建设它的目的而建设的。"[5] 后文将单独论述这一问题。赞美和恩情统属安拉。

## 使麦加成为禁地

"**当时，伊布拉欣说：'我的养主啊！求你使这里成为一个平安之地，并以各种果实供给它的居民——他们当中归信安拉和末日的。'**"安拉的使者㉅说："伊布拉欣使天房成为禁地和安宁区，我则使麦地那和它的两黑石地之间的地方成为禁地[6]，里面不能打猎，不能砍伐荆棘。"[7]

也有许多圣训证明安拉在创造天地之前使天房成为禁地。两圣训实录辑录，安拉的使者㉅在光复麦加之日说："这座城，安拉在创造天地之日使之成为禁地。它因安拉的尊严而成为禁地，直至末日。我之前的任何人都不得在其中进行战争。只有我获准于白天中的一刻能在其中战争。它因安拉的尊严而成为禁地，直至末日。（任何人）不得砍伐

---
(1)《伊本·艾布·哈亭经注》1：373。
(2)《伊本·艾布·哈亭经注》1：375。
(3)《伊本·艾布·哈亭经注》1：375。
(4)《伊本·艾布·哈亭经注》1：376。
(5)《穆斯林圣训实录》1：397。
(6) 麦地那城外有两处地方，其中布满黑石。——译者注
(7)《泰伯里经注》3：47；《圣训大集》2：487；《穆斯林圣训实录》2：992。

其中的荆棘，不得惊吓其中的猎物，只有将遗失物公布于众者，才可以拾取它，不得砍伐其中的植物。"伊本·阿拔斯说："安拉的使者啊！雄刈萱除外吧。它是属于那里的铁匠和一些家庭的。使者说："除非雄刈萱！"[8]

阿慕尔派军队去麦加时，艾布·舒莱海对他说："长官啊！请允许我告诉你，安拉的使者㉅在光复（麦加）第二日的讲话！安拉的使者㉅说话时，我的两耳听到了，我的心铭记了，我的两眼看见了。他赞美了安拉后说：安拉将麦加划为了禁地，而不是人类使之成为禁地的。归信安拉和后世的任何人，不得在其中流血（杀人），不得砍伐树木，如果有人借安拉的使者㉅在其中作过战为借口时，你们就对他说：'安拉为他的使者准许了（作战），而没有为你们准许。'安拉只为我准许了白天中的一刻。今天，它的尊严回归了，犹如昨天那样。让在场者给不在场者传达吧！"有人问艾布·舒莱海，阿慕尔对你说了什么？艾氏说："艾布·舒莱海啊！我比你更了解它（这节圣训），但

---
(8)《布哈里圣训实录诠释——造物主的启迪》3：253、4：56；《穆斯林圣训实录》2：986。

禁地不会保护犯罪者、杀人犯和叛国投敌者。”[1]

虽然上述的部分圣训指出安拉将天房划为禁地，部分圣训又指出伊布拉欣将它划为禁地，但其中不存在矛盾，因为伊布拉欣奉命转达了将天房划为禁地的命令。而早在伊布拉欣还没有修建时，天房就已经被安拉划为了禁地，正如穆圣ﷺ在出世之前，早就被安拉注定为万圣的封印，而当时阿丹还是泥土。即便如此，伊布拉欣先知还是说：﴿我们的养主啊！请在他们中派遣一位来自他们的使者。﴾（2：129）后来，安拉应答了早就注定的这一请求。因此，圣门弟子们问穆圣ﷺ：“安拉的使者啊！请告诉我们你的事业之初好吗？”穆圣ﷺ说：“（是）伊布拉欣ﷺ的祈求，麦尔彦之子尔撒的喜讯，我的母亲曾看到一道光明从她身上发出，沙姆的宫殿被它照明”，即请你告诉我们你出世之前的情况。如果安拉意欲，下文还将予叙述。[2]

## 安拉的朋友为麦加祈求平安和给养

清高伟大的安拉讲述他的朋友伊布拉欣当时说的话说：**“我的养主啊！求你使这里成为一个平安之地”**，即使之成为安全区，使它的居民不受恐吓。安拉从法律和前定方面成全了伊布拉欣，应许道：﴿凡是进入其中的人，都会获得平安。﴾（3：97）﴿他们没看到吗？我已设置平安的禁地，而其周围的人们却饱受劫掠﴾（29：67）等。上面提到的许多圣训，也有同样指示。穆圣ﷺ说：“任何人不得在麦加携带武器。”[3]本章经文中说：**“我的养主啊！求你使这里成为一个平安之地”**，即使这个地区成为平安的。这些《古兰》经文和圣训证明，天房建成之前，就已经被划为了禁地。安拉在《伊布拉欣章》中说：﴿当时，伊布拉欣祈求道：“我的主啊！求你使这个城（麦加）平安。”﴾（14：35）好像伊布拉欣先知建成天房，当地居民得以安居，并且比伊斯玛仪小十三岁的易司哈格出生之后，伊布拉欣再次祈祷了安拉。安拉至知。因此，伊布拉欣在那次祈祷的最后说道：﴿赞美安拉，他在我老迈之年赐予我伊斯玛仪和易司哈格。我的主确实是听见祈祷的主！﴾（14：39）

**“并以各种果实供给它的居民——他们当中归信安拉和末日的。他说：‘我也会赐给隐昧的人暂时的享受，此后我将迫使他去（遭受）火狱的惩罚，那归宿真恶劣！’”**吾班叶说：**“他说：‘我也会赐给隐昧的人暂时的享受，此后我将迫使他去（遭受）火狱的惩罚，那归宿真恶劣！’”**是安拉所说的话。（不是伊布拉欣说的话。）[4]

伊卜·阿拔斯说，伊布拉欣希望信士们独享安拉的恩赐，后来，安拉降示了“我会像恩赐信士那样恩赐非信士，我既然造化了人类，怎么能不供养他们呢？我将让隐昧者得到暂时的享受，然后强迫他们进入火狱，那真是可悲的归宿。”[5]说到这里，伊本·阿拔斯便开始读道﴿我以你主的恩赏援助所有人——这些人和那些人。你主的恩赏是不受限制的。﴾（17：20）安拉说：﴿“那些对安拉捏造谎言的人不会成功。”（那是）今世的享受。然后他们的归宿在我这里。然后，我将因他们曾经隐昧使他们尝试严峻的惩罚。﴾（10：69–70）﴿无论谁不归信，莫让他的不信使你忧伤。他们的归宿是我。那时我将把他们所做过的行为告诉他们。安拉熟知一切心事。我赐给他们片刻的享受，然后我将迫使他们去受重刑。﴾（31：23–24）﴿如果不是防止人类变成一个稳麦，我就会使那些不信至仁主的人的房屋成为银顶的，银梯的，以及他们登于其上。并为他们的房屋提供银门和银床，以便他们依靠在上面。金饰。不过这些都是今世生活的享受。在你的主看来，后世是属于敬畏者的。﴾（43：33–35）

**“此后我将迫使他去（遭受）火狱的惩罚，那归宿真恶劣！”**即他们享受今世以后，我要使他们进入火狱。那归宿真恶劣！换言之安拉首先要宽容和放纵他们，但最终会严厉地惩罚他们正如安拉所言：﴿多少城市，当它犯罪时，我宽限了它，然后我才惩罚它。归宿只在我那里。﴾（22：48）两圣训实录辑录，穆圣ﷺ说：“一个人不能够像安拉一样忍受听闻的恶言，人们妄言安拉有子女，安拉却还养育他们，赐他们康宁。”[6]又“安拉将宽容不义者，直到惩罚他时，将毫不留情。”[7]﴿当你的主惩罚不义的城市（居民）时，他的惩罚就是这样的。他的惩罚确实是痛苦的，严厉的。﴾（11：102）

## 建设天房　祈求安拉接受善功

**“当时，伊布拉欣和伊斯玛仪建起了天房的基础，他们祈祷道：‘我们的主啊！求你悦纳我们（的这微薄奉献）吧！你是全听的，是全知的。我们的主啊！求你使我们俩成为穆斯林，并在我们的子孙中产生一个服从你的民族吧！让我们看到我们的功课吧！并宽恕我们。你是至赦的，是至慈**

（1）《布哈里圣训实录诠释——造物主的启迪》4：50；《穆斯林圣训实录》2：987。

（2）《艾哈麦德按序圣训集》5：262。

（3）《穆斯林圣训实录》2：989。

（4）《泰伯里经注》3：53、54。

（5）《伊本·艾布·哈亭经注》1：377。

（6）《布哈里圣训实录诠释——造物主的启迪》13：372；《穆斯林圣训实录》4：2160。

（7）《布哈里圣训实录诠释——造物主的启迪》8：205。

的。'"经文中的"基础"是一个复数词,即柱子和基础。

清高伟大的安拉说,穆罕默德啊!你当给你的民族叙述伊布拉欣和伊斯玛仪奠定天房基础,并建设天房的事迹。他俩当时说:"我们的主啊!求你悦纳我们(的这微薄奉献)吧!你是全听的,是全知的。"据传述,吾班叶和伊本·麦斯欧迪诵读为"当时,伊布拉欣和伊斯玛仪建起了天房的基础,他们祈祷道:'我们的主啊!求你悦纳我们(的这微薄奉献)吧!你是全听的,是全知的。'"[1]

(笔者说)伊布拉欣和伊斯玛仪后面所说的话"我们的主啊!求你使我们俩成为穆斯林(顺服者),并在我们的子孙中产生一个服从你的民族吧!"两位先知在行善的同时祈求安拉接受他俩的祈祷。

据传述,吾海卜诵读了"当时,伊布拉欣和伊斯玛仪建起了天房的基础,他们祈祷道:'我们的主啊!请你悦纳我们(的这微薄奉献)吧!'"后哭了,他说道,至仁主的朋友啊!你建了天房的基础,但你仍害怕你的工作不被接受。"[2]与此类似的是安拉对那些虔诚穆民的形容:《和那些施舍的同时。》(23:60)即他们进行各种施舍,各种善功。《害怕回到他们的主那里的人。》(23:60)即他们害怕自己的善功不被接受。

伊本·阿拔斯说,妇女们穿裹腰布始于伊斯玛仪的母亲,她穿裹腰布是为了在萨拉[3]面前掩盖(怀孕的)迹象。后来,伊布拉欣带她和他们的儿子伊斯玛仪来到天房附近,当时伊斯玛仪还在哺乳。他们来到(后来的)禁寺最高处一棵大树下,即渗渗泉的上面。当时的麦加荒无人烟,也没有水,伊布拉欣在那里辞别伊斯玛仪母子,给他们留下了一袋枣和一袋水。这时,伊斯玛仪的母亲紧跟上去,说:"伊布拉欣啊!你要去哪里?你要把我们留在举目无亲、荒无人烟的地方吗?"她追问了好几次,但伊布拉欣强忍着没有回头看她,后来她说:"难道这是安拉的命令吗?"伊布拉欣回答道:"是的。"她说:"我相信安拉不会抛弃我们。"伊卜拉欣就离开了,以致到达他们再也看不到的地方。然后他面向天房,举起双手祈求安拉说:《我们的主啊!我已使我的一些后人居住在你尊严的天房附近没有庄稼的山谷中……以便他们能知感。》(14:37)

此后,伊斯玛仪的母亲给他哺乳,不久伊布拉欣留下的水用完了,母子饥渴难耐,以致她不敢看蜷伏着的孩子[4],她来到索法山,站在山上眺望是否有人,但没有看到任何人。于是,她走下索法山,在山谷高举衣衫,她像被迫无奈的人那样奔走,越过了山谷。接着,她来到莫尔卧山,站在山上眺望,还是没有看见任何人。就这样,她在(索法和莫尔卧之间)奔走了七趟,伊本·阿拔斯传述,穆圣㊣说:"因此,(朝觐时)人们要在这两个(山丘)之间奔走。"

当她再次走近莫尔卧时,听到一个声音,她自言自语道:"请安静。"她侧耳细听时,又听到了这个声音,她自言道:"你已让我听到了,请救救我吧!"这时一位天使突然出现在她眼前,在现在渗渗泉所在的地方,天使用他的脚后跟(或翅膀)探索着,突然,一股水从天使脚下涌出,她见状上前用手堵水,同时往水袋中捧水,而水不停地涌出。穆圣㊣说:"愿安拉慈悯伊斯玛仪的母亲,假若她任水自由涌流(先知或者说:"假若她没有捧水"),渗渗泉一定会成为一道明亮的涌泉。"伊斯玛仪的母亲饮了水后,给伊斯玛仪哺乳。天使(吉卜勒伊里)对她说:"你不必担心被抛弃,这孩子和他父亲将在这里建设一座天房,安拉绝不会抛弃伊斯玛仪的亲人。"当时天房是一片高地,似小沙丘,洪水到来时,从其两边流过。

伊斯玛仪母子就这样生活了下来。后来,一些朱尔胡穆人从凯达仪经过这里,驻在麦加的最低处,他们看到鸟儿在天空盘旋,便说:"这些鸟儿一定是在绕着有水的地方盘旋。但据我们了解,这个山谷以前好像没有水源。"他们派了一两个人去打探,得知有水后,众人来到渗渗泉水旁边。伊斯玛仪的母亲当时在泉水附近,他们说:"你能允许我们住在这里吗?"她回答道:"可以,但你们没有(支配)水的权力。"他们说:"好吧。"安拉的使者㊣说:"伊斯玛仪的母亲如愿以偿了,实际上她渴望有人陪伴他们。"朱尔胡穆人居住下来后,派人接来了他们的家属,后来又有一些朱尔胡穆人来此定居,和他们住到了一起。伊斯玛仪则向他们学习阿拉伯语,当他长大后,成为了他们中最高贵、最受人尊重的人,并和一位朱尔胡穆姑娘结了婚。后来,他的母亲归真了。

伊斯玛仪结婚后,他的父亲伊布拉欣来看他,发现他不在家,便问他的妻子,她说,他出门打猎去了。当问及他们的生活情况时,她说,我们不太好,日子既窘迫又艰难,并诉说了困难。伊布拉欣说,你丈夫回来后,请替我致色兰,让他更换家里的门槛。伊斯玛仪回来后好像有所觉察,便问妻子,有人来过吗?她说,是的,一位如此如此的老人来访,他还问到你和我们的生活情况,我如实相

---

(1)《格尔特宾教律》2:126。
(2)《伊本·胡宰默圣训实录》1:384。
(3)《讨拉特》中记载的伊布拉欣的第一位妻子。——译者注
(4)另一传述中说"辗转反侧的孩子"。——译者注

告。伊斯玛仪问，他有什么忠告吗？她说，有，他让我代问色兰，还说让你更换门槛。伊斯玛仪说，他是我父亲，他让我休掉你，请回你娘家去吧。伊斯玛仪休了她后，和另外一位姑娘结了婚。

过了一段时间，伊布拉欣又来访问，碰巧伊斯玛仪又不在家，便进门问他的妻子。她说，他出门打猎去了。当伊布拉欣问及他们的生活时，她赞美了安拉，并说，我们很好，生活很宽裕。伊布拉欣问，你们的食物是什么？她说，肉食。他问，饮用什么？她说，水。伊布拉欣说，主啊！求你在他们的肉食和水中赐予吉祥吧！穆圣㉿说："假若他们当初有粮食，他一定因粮食而为他们祈福。"史学家说，麦加以外的人们只享用肉食和水的话，会无法适应的。伊布拉欣对伊斯玛仪的妻子说，你丈夫回来后请向他问安，让他看好门槛。伊斯玛仪回来后，问及家中是否来过客人，她说，来过，是一位慈祥的老人。她称赞了来客后说，他问及你的情况和我们的生活景况，我告诉他，我们生活得很好。伊斯玛仪问，他有什么忠告吗？她说，是的，他给你道色兰，让你留住你的门槛。伊斯玛仪说，那是我父亲，你是我的门槛，他让我与你白头偕老。

过了一段时间，伊布拉欣又来访问，当时伊斯玛仪正在渗渗泉旁边的大树下修理箭，他看见父亲后站了起来，父子相见格外亲切。伊布拉欣说："伊斯玛仪啊！安拉命令我做件事情。"伊斯玛仪说："请执行你养主的命令吧！"伊布拉欣说："你能帮助我吗？"伊斯玛仪说："可以。"伊布拉欣指着附近的一座小山丘说："安拉命令我在这里修建一座房。"

在那里，父子建起了天房的基础，伊斯玛仪负责搬运石料，伊布拉欣负责修建，基础修起之后，伊斯玛仪带来陨石，让伊布拉欣踩在上面。伊斯玛仪递石头，伊布拉欣站在陨石上继续修建，他俩边修边念：❰我们的主啊！求你悦纳我们（的这微薄奉献）吧！你是全听的，是全知的。❱（2：127）[1]

伊本·阿拔斯传述，伊布拉欣父子边修建边围着天房转，其间，他们说："**我们的主啊！求你悦纳我们（的这微薄奉献）吧！你是全听的，是全知的。**"

### 穆罕默德为圣前五年，古莱什人修建天房

穆圣㉿在三十五岁时参与修建天房的事件早已千古流传。伊本·易司哈格在《穆圣传》中说："穆圣㉿三十五岁那年，古莱什人决定重建天房，包括为天房搭建顶棚，但因为害怕亵渎天房而作罢。天房最初是一人肩高的石墙，所以他们想加高天房，并在上面修建顶棚。此前有人盗窃了天房中心一口井中的宝藏。后来人们在一个叫督外克的人那里找到了宝藏，砍断了他的手。也有人称，别人偷了宝藏后，嫁祸于督外克。后来，有一艘罗马商船在海上失事后被海风推到吉达港，古莱什人收集了船骸木板，准备修建克尔白天房，一位在麦加的科卜特木工负责修建总监。

当时，克尔白内的井中有一条巨蛇，人们每天向井中投食物喂养它。这条巨蛇白天缠绕在天房的墙上，如果有人靠近天房，巨蛇就伸出头来，令人望而生畏。有一天，巨蛇像往日一样在天房的墙上耀武扬威，这时，安拉派遣一只巨鸟从天而降，叼走巨蛇。古莱什人说："我们曾盼望安拉使我们如愿以偿（修建天房），我们这里不但有能工巧匠，而且建材齐备。现在安拉又替我们解决了巨蛇之忧。"

古莱什人决定拆毁旧建筑，重建天房。艾布·沃海布站起来拆下天房上的一块石头，但石头却从他的手中跳出，回到原来的位置。艾布·沃海布因此而说："古莱什人啊！你们只能用纯洁的财产修建天房，淫妇的钱财、利息所得和不义之财不得用于修筑天房。"伊本·易司哈格说，一般都认为此言出自瓦利德·穆黑莱之口。[2]

古莱什人划分了工作范围：天房门附近归阿卜都·麦那夫和祖海里族修筑；陨石至也门角之间归麦赫祖米和与该部落结盟的古莱什部落修筑；天房的后面归吉麦赫和赛海目部落修筑；陨石附近，包括"海推目"（天房的残墙）归阿卜杜·达尔、艾赛德、伊本·攻萨、阿丁伊部落修筑。

但是，人们对拆毁天房一事依旧存有戒心，瓦利德·本·穆黑莱说："我将率先拆毁天房。"说完他拿起镐走向前，说道："我的主啊！求你不要让我们害怕！我的主啊！我们绝无恶意。"说完便开始拆毁天房两角间的地方。那夜，人们都静观事态，他们说："我们要等待，如果他遭遇不测，我们立即停止拆毁工作，恢复其原貌；如果他安然无恙，那说明安拉是喜欢这一工作的。"当夜瓦利德平安无事，第二天清晨，人们和他一起拆了天房，最后停止于伊布拉欣所奠定的地基。那里全是绿色的石头，就像牙齿一样盘根错节。有位圣训传述者说："一个古莱什人拿起铁撬放于两块石头之间，打算撬起一块石头，当石头松动时，整个麦加都为之震动。古莱什人就此停止了拆（天房）的工作。"[3]

---

[1]《布哈里圣训实录诠释——造物主的启迪》6：456。

[2]《穆圣传》1：204。
[3]《穆圣传》1：207。

## 安置陨石之争穆罕默德·本·阿卜杜拉公正裁决

伊本·易司哈格说，古莱什各部落聚集石材准备建筑天房，每一部落各就各位，天房建至陨石的位置时，他们产生了分歧，每个部落都想亲自安置陨石，协商无果以致各方准备为此进行争斗。阿卜杜·达尔族带来一盆鲜血和阿丁伊族歃血为盟。这些人被称为血盟者。古莱什人因此而停止了四至五天，最后又重新坐到禁寺中协商处理办法。艾布·吾麦叶是古莱什人中最年长者，他说："古莱什人啊！请让进入禁寺的第一个人裁决你们间的分歧吧！"众人听后表示赞同。后来，安拉的使者首先进入了禁寺，众人看见他后说："这是一位忠贞的人，我们都喜欢他，这是穆罕默德。"

穆圣走近时，众人对他讲明了事情的情况。穆圣听完后说："请拿来一件大衣。"随后将陨石放在衣服上，说："让各部落人拿住衣服一角，请一起抬起它。"众人奉命抬起石头，到了该放的位置时，穆圣亲手将陨石安置上去。启示降示之前，古莱什人将安拉的使者称为"忠贞的人"。

众人如愿建成天房后，祖拜尔就曾经令人胆战心惊的巨蛇而吟道：

> 巨蛇惊跳战果，秃鹰似剑俯击；
> 每当欲建天房，毒蛇出洞袭击；
> 秃鹰掠走毒蛇，修筑再无绊羁，
> 众人齐心协力，升高天房根基，
> 真主赐福鲁伊，[1]尊严根深蒂固，
> 在此聚集阿迪，[2]凯拉高于孟尔，[3]
> 主宰提升我等，报酬安拉跟前。[4]
> 令人赞叹惊奇。

## 伊本·祖拜尔按照穆圣的指示修筑天房

安拉的使者时代，天房高十八腕尺[5]，上面覆盖着埃及产亚麻，后来人们在上面盖了一层像斗篷一样的布，第一位用丝绸覆盖天房是哈贾吉·本·优素福。[6]

（笔者认为）天房在古莱什人修筑的风格上保持了六十年，伊本·祖拜尔任麦加总督初期（穆阿维叶之子叶齐德执政末期），天房遭受火灾。后来，在伊本·祖拜尔被包围之际，他拆毁了天房，按照伊布拉欣先知奠定的基础重建了它。他在建筑中加进了一些石材，修建了东西两道落地门，这都是按照他的姨母阿伊莎传自穆圣的圣训建设的。在伊本·祖拜尔任期，天房一直保持这一风格。直至伊本·祖拜尔被哈贾吉杀害后，后者按照阿卜杜·麦利克的指示恢复了天房旧貌。

阿塔说，叶齐德[7]时代，叙利亚军队进军麦加，天房被烧毁，发生了一些不该发生的事情。伊本·祖拜尔保留了这一残迹，在朝觐季节，他号召人们抗击叙利亚军队，他在人群中讲道："人们啊！请告诉我，我拆天房重建它好，还是将它修葺一番？"伊本·阿拔斯说："我建议修葺其中腐朽的部分。请保持安拉的使者时代人们加入伊斯兰时的天房和石料原貌以及安拉的使者为圣时天房的面貌。"伊本·祖拜尔说："假若有人的房屋被烧毁，他必会重建它才感到满意。现在，你们养主的天房被毁，你们作何感想？我将用三日时间向我的养主祈求灵感，然后再作决定。"三天过后，伊本·祖拜尔决定拆天房，重新修建。人们听到了纷纷躲避，害怕首先登上天房的人遭受天灾。后来有人登上天房，拆下一块石头，当人们看到此人安然无恙时，纷纷参与拆建工作，一直拆到地基。伊本·祖拜尔在原址周围设置一些柱子，上面围上帷幔，修起了天房。伊本·祖拜尔说，我听阿伊莎（愿主喜悦她）传述，安拉的使者说："倘若不是担心他们（古莱什人）刚刚摆脱隐昧，并且我手头缺乏修建天房的资金，我必使用一些石材，使之增高五腕尺，我还要设置两道门，人们从一道门进入，从另一道门出去。"伊本·祖拜尔说："我现在有（建天房的）资金，也不担心（已经加入伊斯兰多年的穆斯林对它不理解）。"后来，他用石材将天房加高了五腕尺。他根据众人意见，首先奠定基础，然后在上面修筑了天房。天房原来长为十八腕尺，扩建后人们仍然觉得太小，伊本·祖拜尔又增加了十腕尺，并修建了两道门，一道是出口，一道是入口。

伊本·祖拜尔被杀后，哈贾吉致信阿卜杜·麦利克，向他请示天房事宜，说，伊本·祖拜尔按照麦加的一些公正者提议的方案修筑了天房基础。阿卜杜·麦利克回信说，我们和伊本·祖拜尔的秽行毫无关系。你可保持他加长的部分；铲除增加的石材，封掉他打开的门，恢复天房原貌。[8]

其实，伊本·祖拜尔的做法是符合圣训的。他的做法也是安拉使者的夙愿，只是使者因为担心归信伊斯兰不久的阿拉伯人不能接受这一事实而

---

（1）鲁伊指古莱什人。——译者注
（2）阿迪，古莱什的一个部落。——译者注
（3）凯拉，古莱什的一个望族；孟尔，古莱什的一个部落。——译者注
（4）《穆圣传》1：209。
（5）古阿拉伯计量单位。从肘至中指间的长度。——译者注
（6）《穆圣传》1：211。
（7）穆阿维叶之子，后在叙利亚继承其父出任哈里发。——译者注
（8）《穆斯林圣训实录》2：970；《圣训大集》5：218。

没有重建天房。但阿卜杜·麦利克不了解这节圣训。因此，当他通过阿伊莎（愿主喜悦之）传述的圣训了解事情真相后说，但愿当初我们没有改变它及他（伊本·祖拜尔）的工作。穆斯林传述，哈里斯去拜访哈里发阿卜杜·麦利克，后者问他："艾布·胡拜布（即伊本·祖拜尔）自称曾从阿伊莎那儿听到（穆圣☪打算重修天房的）圣训，但我并不相信他。"哈里斯说："我也听阿伊莎说过这话。你听她怎么说的？"后者答："她说，穆圣☪说：'你（指阿伊莎）的民族嫌天房不太宏伟，假若不是担心他们（古莱什人）加入伊斯兰不久（因而无法接受重建天房这一事实），我必重建他们所修筑的天房。如果在我之后你的民族中有人打算重建它（那太好了），请你来吧！我让你看看他们没有修完的部分。'"(1) 后来，先知让她看了看将近七腕尺的地方。瓦利德传述，先知还说："（届时）我必为天房修建两道落地门——东门和西门。你（阿伊莎）可知道，你的民族因何将门修得很高？"阿伊莎说不知道。先知解答道："显示高人一头。他们只让他们喜欢的人进天房。每每有人想进入天房时，他们就任他往上爬，等他快进入天房时，他们就将他推下来。"阿卜杜·麦利克说完，又问哈里斯说："你真的听到她这么说吗？"哈里斯答道："是的。"阿卜杜·麦利克沉思片刻后，用手杖击打着地面说："但愿我当初没有改建（伊本·祖拜尔修筑的天房）多好啊！"(2)

### 阿比西尼亚人于末日来临之前毁灭天房

两圣训实录辑录，安拉的使者☪说："阿比西尼亚人中一个腿部瘦小的人将毁灭天房。"(3) 又说："他好像是走路时两脚心向内弯曲的黑种人，他一块一块地拆掉天房的石头。"(4)

阿慕尔·本·阿斯说，我听安拉的使者☪说："阿比西尼亚人中一个腿部细瘦的人将拆毁天房，他取下天房的装饰，掀去上面的帷幔，我好像看到了他，他是个脚部至腿部弯曲的秃子，他用镐和耙击打它（天房）。"(5) 这件事情将发生在雅朱者和马朱者出世以后。安拉的使者☪说："雅朱者和马朱者出世之后，还会有人去天房履行正朝和副朝。"(6)

---
（1）先知还带领阿伊莎看了看它的地形。——译者注
（2）《穆斯林圣训实录》2：971。
（3）《布哈里圣训实录诠释——造物主的启迪》3：538；《穆斯林圣训实录》4：2232。
（4）《布哈里圣训实录诠释——造物主的启迪》3：538。
（5）《艾哈麦德按序圣训集》2：220。
（6）《布哈里圣训实录诠释——造物主的启迪》3：531。

### 至仁主的朋友——伊布拉欣的祈祷

安拉在《古兰》中记载了伊布拉欣和伊斯玛仪的祈祷："我们的主啊！求你使我们俩成为穆斯林，并在我们的子孙中产生一个服从你的民族吧！让我们看到我们的功课吧！并宽恕我们。你是至赦的，是至慈的。"伊本·哲利尔说，他俩的意思是：主啊！求你使我俩成为服从你的命令、谦恭侍奉你的人吧，我们只顺从你，只崇拜你，绝不以物配你。(7)

艾克莱麦说，当他们祈求到"**我们的主啊！求你使我们俩成为穆斯林**"时，安拉说："我答应了。"祈求到"**在我们的子孙中产生一个顺从你的民族**"时，安拉说："我答应了。"

安拉告诉我们，那些敬畏的穆斯林的祷词跟伊布拉欣和伊斯玛仪的祷词是一样的：《他们说："我们的主啊！求你从我们的妻室和子女中赐给我们赏心悦目的，并使我们成为敬畏者的榜样吧！"》（25：74）两位先知的这种祈祷是教法所嘉许的，因为一个人希望他的子孙认主独一、拜主独一，是全心全意敬拜安拉的一种表现。因此，安拉对伊布拉欣说《我将使你成为人类的领袖。》（2：124）时，伊布拉欣说《"也使我的部分子孙（成为领袖吧！）"他（主）说："我的任命不包括不义的人。"》（2：124）上述与伊布拉欣所说的《并让我和我的子孙远离偶像崇拜》（14：35）是相吻合的。穆圣☪说："一个人归真后，他的工作除三方面之外，其余的都中断了，（这三方面是）：川流不息的施舍；使人受益的知识（流传于世）；为其祈祷的清廉子女。"(8)

### "功课"的注释

"让我们看到我们的功课吧！"穆佳黑德说，伊布拉欣说了这句话后，吉卜勒伊里来到他身边，将他带到天房之后说："你当加高天房的基础。"伊布拉欣升高天房基础，并完成建筑后，吉卜勒伊里拉着他的手，带他去索法，对他说，这是安拉的仪式之一。接着又去莫尔卧，说，这也是安拉的仪式之一。此后，他们去米那，到达山坎时，发现伊卜厉斯站在一棵树下。吉卜勒伊里说，你当念"安拉至大"，并用石头射它。于是伊布拉欣念"安拉至大"，并用石头击打了伊卜厉斯。伊卜厉斯遂退至中石柱处(9)。吉卜勒伊里和伊布拉欣经过这里时，

---
（7）《泰伯里经注》3：73。
（8）《穆斯林圣训实录》3：1255。
（9）朝觐者必须石击米那山的三个石柱，这三个石柱分别是大、中、小石柱。中国某些地方的穆斯林朝觐时称之为打鬼。——译者注

吉卜勒伊里说:"你当念'安拉至大',并以石射它。"伊布拉欣听后,念了"安拉至大",并以石打了伊卜厉斯。这时,本想在朝觐功课中施加阴谋诡计的伊卜厉斯自知计划落空,便逃之夭夭。吉卜勒伊里又带着伊布拉欣来到禁标,对他说:"这是禁标。"最后,吉卜勒伊里带他到阿拉法特平原,对他说:"你了解了我上面给你介绍的吗?"吉卜勒伊里连问了三遍,伊布拉欣回答说:"了解了。"[1]

⸢129.我们的养主啊!请在他们中派遣一位来自他们的使者,他给他们宣读你的迹象,教授他们经典和智慧,并净化他们。你确实是优胜的主,明哲的主。⸥

### 至仁主的朋友祈求安拉委派至圣穆罕默德

伊布拉欣为禁寺的居民作了全面的祈祷,祈求安拉在他们中派遣一位同族的使者,即从伊布拉欣的子孙中派遣一位使者。伊布拉欣的这一祈祷正好和安拉将委派穆圣的前定相吻合。安拉注定这位来自文盲中的使者将成为人类和精灵、阿拉伯人和非阿拉伯人的领袖。

经文的意思是,伊布拉欣是世界上最先提及并传播穆圣名字的人。穆圣的名字闻名遐迩,广为流传,甚至以色列的后裔中最后一位先知尔撒也曾在人群中站起来,明确地提出穆圣的名字,他说:⸢我是安拉派给你们的一位使者,以便证实在我以前的《讨拉特》,并以我以后降临的一位名叫艾哈麦德[2]的使者报喜讯。⸥(61:6)因此,穆圣说:"(我来自)我的祖先伊布拉欣的祈祷,麦尔彦之子尔撒的喜讯。"

穆圣说:"我的母亲(在生我之前)看到一道光环从她身上发出,沙姆的宫殿因之熠熠生辉。"[3]有人说,这是穆圣的母亲怀着他时所做的一次梦,她将它讲给了本族后,便在他们中家喻户晓。这是穆圣出世的前兆。梦中出现沙姆,预示着伊斯兰和穆圣的信息将在那里根深蒂固。因此,在光阴之末,沙姆将成为伊斯兰和穆斯林的避难所;尔撒先知会降临在大马士革白色的东方之塔。两圣训实录辑录,穆圣说:"我的民族中将有一部分人坚持正义;抛弃他们、背叛他们的人对他们无可奈何。他们一直如此,直至安拉的命令降临。"《布哈里圣训实录》载:"他们在沙姆。"[4]

### 经典和智慧

"教授他们经典和智慧","经典"指《古兰》,"智慧"指圣训。有人认为"智慧"指深刻理解伊斯兰。[5]

"并净化他们",伊本·阿拔斯认为"净化他们"指引导他们顺从安拉。[6]

"你确实是优胜的主,明哲的主","优胜的"指战无不胜,无所不能。"明哲的"指言行方面充满智慧,亦指安拉按照他的知识和智慧,不偏不倚地决策万物。

⸢130.只有自我愚弄者,才会鄙弃伊布拉欣的宗教。的确,我在今世选拔了他,在后世,他确在清廉者之列。⸥

⸢131.当时,他的养主对他说:"你服从吧(即你成为穆斯林)!"他说:"我已服从了众世界的养主。"⸥

⸢132.伊布拉欣和叶尔孤白以此嘱咐了他(们)的子孙:"我的子孙们啊!安拉确实为你们选择了这个宗教,你们只能以穆斯林的身份死去。"⸥

### 只有愚人鄙弃伊布拉欣的宗教

安拉驳斥了那些隐昧者,他们以物配主,背叛正统派的领袖——伊布拉欣的宗教。事实上,伊布拉欣从不以物配主,从没有祈祷过安拉以外的伪神,为了纯洁的一神信仰,他背叛了他的民族,离别了他的父亲。他说:⸢我的族人啊!我与你们所设的神无关。我已纯正地面向造化诸天与大地的安拉,我不是以物配主的人。⸥(6:78-79)安拉说:⸢那时伊布拉欣对他的父亲和族人说道:"我与你们所拜的无关。除非造化了我的安拉,确实,他将要引导我。"⸥(43:26-27)又说:⸢伊布拉欣为他的父亲祈求恕饶,是因为他(安拉)曾经答应过他。但是当他(伊布拉欣)明白了他(他父亲)是安拉的敌人时,他就和他断绝了关系。伊布拉欣确实是勤于祈求的,宽容的。⸥(9:114)又说:⸢伊布拉欣当初是一个稳麦。他服从安拉,纯洁无染,他不是多神教

---

[1]《赛尔德·本·曼苏尔圣训集》2:615;《伊本·艾布·哈亭经注》1:387。
[2] 艾哈麦德是穆圣的另一个名字。——译者注
[3]《艾哈麦德按序圣训集》5:262。
[4]《布哈里圣训实录诠释——造物主的启迪》6:731;《穆斯林圣训实录》2:1524。
[5]《伊本·艾布·哈亭经注》1:390。
[6]《伊本·艾布·哈亭经注》1:391。

徒。他感激安拉的恩典。安拉选择了他，并引导他到正道。我给他今世的美满，在后世，他确实在清廉者的行列。≫（16：120-122）

清高伟大的安拉说："**只有自我愚弄者，才会鄙弃伊布拉欣的宗教**"，即只有愚蠢的、糊涂的自亏者背叛他的道路和方法，放弃真理，走向迷误，从而背弃安拉在今世为他选择的光明坦途。伊布拉欣在很小的时候，就被安拉引于正道，最终选拔成朋友，在后世，他将是一位幸福的清廉者。难道摈弃伊布拉欣的天然宗教和道路，走上歪门邪道的人，不是世上最愚蠢、最不义的人吗？

《古兰》说："以物配主确实是重大的不义。"艾布·阿林等说，这节经文是为犹太人而降示的。他们违背安拉，自创新路。背叛伊布拉欣的宗教，自奉邪教。[1]下列经文可以证实这种诠释：≪伊布拉欣不是犹太教徒，也不是基督教徒，他是天然的顺从者（穆斯林），他也不是一个多神教徒。世人当中最亲近伊布拉欣的是追随他的人和此位使者以及信士们。安拉是亲近众信士的。≫（3：67-68）

"**当时，他的养主对他说：'你服从吧（即你成为穆斯林）！'他说：'我已服从了众世界的养主'。**"安拉命令伊布拉欣虔诚崇拜他，绝对服从他。伊布拉欣则以安拉的前定、依照沙立亚法答应了这一命令。

"**伊布拉欣和叶尔孤白以此嘱咐了他（们）的子孙**"，即以伊斯兰教嘱咐了他的子孙。或解释为：以一些言辞嘱咐了他们，这句言辞是："**我已服从了众世界的养主。**"以便让他们终生热爱它，坚持它，他们也同样嘱咐自己的子孙，正如安拉所言：≪他把它作为留传给后代的一句话，以便他们回归。≫（43：28）有些前辈学者以宾格读"叶尔孤白"，即伊布拉欣嘱咐了包括他的孙子——易司哈格之子叶尔孤白在内的子孙们。因为伊布拉欣立嘱时，易司哈格也在场。安拉至知。显然，叶尔孤白出生时，伊布拉欣和萨拉（易司哈格之母）都在世。因为安拉曾经以叶尔孤白给伊布拉欣报喜：≪他的妻子就站在那儿，她笑了。我就以易司哈格及他之后的叶尔孤白给她报喜。≫（11：71）也有人按照属格，读了"易司哈格"一词。即如果当时叶尔孤白还未出生，经文则没有必要提及他。另外，安拉在《蜘蛛章》中说：≪我赐给他（伊布拉欣）易司哈格和叶尔孤白，并在他的后裔中安排了圣职和经典。≫（29：27）另一段经文说：≪我赐给他易司哈格，又额外赏赐给他叶尔孤白。≫（21：72）这些经文说明，叶尔孤白出生时，伊布拉欣还健在于世。以前的天启经典

记载，叶尔孤白是远寺的修建者。两圣训实录记载了艾布·则尔传述的一段圣训：我说，安拉的使者啊！哪座清真寺是最早修建的？他说："禁寺。"我问："然后是哪座？"他说："远寺。"我问："它们两个间隔多少年？"他说："四十年。"[2]下文将述及叶尔孤白对他的子孙的嘱咐。这一切都说明，叶尔孤白也是一位嘱咐者。

### 认主独一，致死不渝

"**我的子孙们啊！安拉确实为你们选择了这个宗教，你们只能以穆斯林的身份死去**"，即你们当终生行善，忠贞不渝，以便安拉使你们光荣地归真于认主独一的信仰。因为人们通常在什么状况下死去，就会在什么状况下复生。安拉的惯例是，为善良的人开通行善之途，使举意行善者得到善报。

这和下列确凿的圣训是相吻合的："一个人一直在干乐园居民的工作，直至他和乐园相隔一庹或几腕尺时，他在前定的使然下去做火狱的工作，因此进了火狱；一个人一直在干火狱居民的工作，直至他和火狱相隔一庹或几腕尺时，在前定的使然下去做乐园居民的工作，因此进入了乐园。"[3]因为有些传述说，从表现上来看，他确实在干乐园居民的工作……从表面上来看，他确实在干火狱居民的工作……安拉说：≪至于施舍和敬畏，并且归信至善的人，我一定会因为容易的而给他提供方便。至于那吝啬而自以为无求，并且不信至善的人，我一定会因为困难的而给他提供方便。≫（92：5-10）

≪133.叶尔孤白临终时你们在场吗？当时，他对他的儿子们说："我（归真）之后，你们崇拜什么？"他们说："我们将崇拜你的主宰，你的祖先伊布拉欣、伊斯玛仪、易司哈格——的主宰，独一的主宰，我们顺从他。"≫

≪134.那是已逝去的民族，它有它的工作，你们有你们的工作，关于他们的工作，你们不受责问。≫

### 叶尔孤白对子孙的临终嘱托

这段经文中，安拉斥责了属于伊斯玛仪后裔的那些阿拉伯多神教徒和以色列的后裔（伊布拉欣之子叶尔孤白的后裔）中的一些隐昧者，指出叶尔孤白在临终时嘱咐他的子孙要崇拜独一无偶的安

---

[1]《伊本·艾布·哈亭经注》1：392。

[2]《布哈里圣训实录诠释——造物主的启迪》6：469；《穆斯林圣训实录》1：370。

[3]《布哈里圣训实录诠释——造物主的启迪》6：105。

拉。叶尔孤白当时说："'我（归真）之后，你们崇拜什么？'他们说：'我们将崇拜你的主宰，你的祖先伊布拉欣、伊斯玛仪、易司哈格——的主宰'。"将伯父称为祖先，是一种语言表达习惯，因为伊斯玛仪是叶尔孤白的伯父。努哈斯说，阿拉伯人有时将叔叔称为父亲。"[1]

有人根据这节经文，将父亲不在情况下的祖父按父亲对待，从而使兄弟们失去继承权。[2]这也是艾布·白克尔等部分圣门弟子及再传弟子的主张。马立克、沙斐仪等伊玛目主张这种情况下兄弟们有继承权。

"独一的主宰"，即我们认为只有他才是安拉（真正的受拜者），故我们不以任何物配主。

"我们顺从他"，即我们顺服安拉，为他而谦恭，正如安拉所说：❰在诸天和大地之间的一切无论愿意和不愿意都只服从他，他们都将被召回到他那里。❱（3：83）

虽然每位先知的法律和方法有所不同，但伊斯兰是所有先知的宗教，正如安拉所述：❰我在你以前每派遣一位使者，就对他启示道："除我之外无应受拜的，所以你们应当惟独崇拜我。"❱（21：25）类似的《古兰》经文和圣训不胜枚举，如安拉的使者㊥说："我们列位先知，是同宗异母的孩子们，我们的宗教是同一个。"[3]

"那是已逝去的民族"，即过去的民族；"它有它的工作，你们有你们的工作"，即你们已经逝去的祖先当中，有一些先知和清廉之士，但如果你们不做有利于自己的善事，这种渊源关系对你们毫无益处，因为他们干的工作属于他们，你们干的工作属于你们。[4] "关于他们的工作，你们不受责问。"因此，穆圣㊥说："不积极行善者，其血统不能给他带来荣耀。"[5]

❰135.他们说："你们只有成为犹太教徒或基督教徒，才会得正道。"你们说："不然，（我要遵循）伊布拉欣的天然宗教，他不是多神教徒。"❱

伊本·苏利亚对安拉的使者㊥说，正道只在我们（犹太人）一边，穆罕默德啊！你应当跟随我们，这样，你才会得正道。一些基督教徒也说了类似的话。后来，安拉降示了："他们说：'你们只有成为犹太教徒或基督教徒，才会得正道。'

你说：'不然，（我要遵循）伊布拉欣的天然宗教。'"[6]即我们不会遵循你们所号召的犹太教和基督教，而我们遵从"伊布拉欣的天然宗教"，即端庄的宗教。[7]穆佳黑德等认为"天然"指应该遵循的。[8]艾布·格俩白等则认为"天然"指归信所有使者的人。[9]

❰136.你们说："我们归信安拉和他启示给我们的，他赐给伊布拉欣、伊斯玛仪、易司哈格、叶尔孤白跟各部族的（启示），和他们的主赐给穆萨、尔撒以及先知们的（经典），我们对于他们一视同仁，我们都顺从他。"❱

## 穆斯林归信安拉降示的所有启示，对所有的先知一视同仁

安拉要求全体穆斯林详细地归信穆圣㊥所接受的启示，笼统地归信以前的各位先知所受的启

---

[1]《格尔特宾教律》2：138。
[2]《布哈里圣训实录诠释——造物主的启迪》12：19。
[3]《艾哈麦德按序圣训集》2：319。
[4] "它"指逝去的民族。——译者注
[5]《穆斯林圣训实录》4：2074。

[6]《伊本·艾布·哈亭经注》1：396。
[7]《伊本·艾布·哈亭经注》1：397。
[8]《伊本·艾布·哈亭经注》1：397。
[9]《伊本·艾布·哈亭经注》1：397。

示。安拉还指出一些先知的名字，并表扬了他们，让穆斯林相信他们全体，不能厚此薄彼。同时，安拉告诫穆斯林不要学习下列人：⟪他们想把安拉及其众使者分开，他们说："我们归信部分，不信部分。"并企图在此中择取一条道路。这些人，是十足的隐昧者。⟫（4：150-151）

《布哈里圣训实录》载，有经人曾用西伯来语诵读《讨拉特》，并用阿拉伯语翻译过来介绍给穆斯林。后来，安拉的使者㊌说："你们不要相信有经人，也不要否定他们，但你们说：'我们归信安拉，归信安拉降给我们的。'"[1]

安拉的使者㊌常常在晨礼前的两拜中诵读"**我们归信安拉和他启示给我们的**"和⟪**我们归信安拉，求你见证我们是顺从者（穆斯林）。**⟫（3：52）[2]

艾布·阿林等认为"**各部族**"指叶尔孤白的十二个儿子，他们的后代衍生成十二个民族，被称为各部族。[3]

赫利里等说，以色列的后裔中的各部族，就像伊斯玛仪的后裔中的各部落。这里指的是以色列后裔中的各支族。即我们归信安拉降给这些部族中每一位先知的启示。正如穆萨对犹太人所说：⟪你们当铭记安拉赐给你们的恩典。当时他在你们中设立先知，使你们成为有权的。⟫（5：20）安拉说：⟪我把他们分成十二个部族。⟫（7：160）

《格尔特宾教律》说，"部族"与群体、部落是同义词。[4]

格塔德说，安拉命令穆民们归信安拉，相信他的所有经典和所有使者。

苏莱曼说，安拉命令我们归信《讨拉特》和《引支勒》，遵循其中的一切。[5]

⟪137.**如果他们像你们那样归信，那么他们就走上了正道。倘若他们背叛，他们只能陷入分裂之中。安拉将替你解决他们。他是全听的、全知的。**⟫

⟪138.**安拉的洗礼，谁比安拉更善于洗礼？我们都崇拜他。**⟫

清高伟大的安拉说，如果有经人和非有经人中的隐昧者像你们一样归信安拉的所有经典和使者，没有在使者间厚此薄彼，那么，"**他们就走上了正道**"，即他们发现了真理，并归向了真理。"**倘若他们背叛**"，即倘若真理明确之后他们放弃真理，走向谬误，那么"**他们只能陷入分裂之中。安拉将替你解决他们**"，即安拉将帮助你战胜他们，"**他是全听的、全知的**"。

伊本·艾布·奴艾目说，有人给一个哈里发捎去（哈里发）奥斯曼的《古兰》，让他修补它。兹雅德说，奥斯曼遇刺时，《古兰》在他的怀中，鲜血洒在"**安拉将替你解决他们。他是全听的、全知的**"这节经文的地方。伊本·艾布·奴艾目说，我在这节经文上亲眼看到了血迹。[6]

"**安拉的洗礼**"，伊本·阿拔斯等解释为：安拉的宗教。[7]经文的意思是：你们当坚持安拉的宗教。[8]

⟪139.**你说："你们跟我们争论安拉吗？他是我们的养主，也是你们的养主。我们有我们的行为，你们有你们的行为。我们是对他虔诚的。"**⟫

⟪140.**不然你们说，伊布拉欣、伊斯玛仪、易司哈格、叶尔孤白和各部族都是犹太教徒或是基督教徒吗？你说："你们更有知识，还是安拉更有知识？谁比隐匿安拉赐给他的证据的那些人更为不义呢？安拉是绝不会疏忽你们行为的。"**⟫

⟪141.**那是已逝去的民族，他们有他们所营谋的，你们有你们所营谋的，关于他们的行为你们不受责问。**⟫

安拉指导先知反击多神教徒的诡辩："你说：'你们跟我们争论安拉吗？'"即你们跟我们争论有关认主独一、虔诚拜主、服从主命、远离禁律等事宜吗？"他是我们的养主，也是你们的养主。"安拉支配着我们，也支配着你们。人们应该诚信，他是独一无偶的安拉。"**我们有我们的行为，你们有你们的行为**"，即我们和你们以及你们所崇拜的无关，你们也与我们无关。正如下列经文所言：⟪如果他们不信你，你说："我有我的工作，你们有你们的工作。你们和我所做的无关，我也与你们所做的无关。"⟫（10：41）又说：⟪如果他们跟你争论，你说："我已经将我的面容服从了安拉。"⟫（3：20）⟪他的族人跟他争论，他说："你们还跟我争论安拉吗？"⟫（6：80）又说：⟪你不曾注意那个人吗，因为安拉赐给他王国，而跟伊布拉欣争论他的养主？⟫（2：258）

---

（1）《布哈里圣训实录诠释——造物主的启迪》8：20。
（2）《穆斯林圣训实录》1：502；《艾布·达乌德圣训集》2：46；《圣训大集》6：339。
（3）《伊本·艾布·哈亭经注》1：399。
（4）《格尔特宾教律》2：141。
（5）《伊本·艾布·哈亭经注》1：400。
（6）《伊本·艾布·哈亭经注》1：402。
（7）《伊本·艾布·哈亭经注》1：402。
（8）《伊本·艾布·哈亭经注》1：403。

"**我们有我们的行为，你们有你们的行为。我们是对他虔诚的。**"我们和你们无关，正如你们和我们无关一样。我们只虔诚地崇拜安拉，遵循安拉的引导。

此后，安拉驳斥了犹太人和基督教徒的妄言——伊布拉欣和以后的各部族都坚持他们的宗教。安拉说："你说：'**你们更有知识，还是安拉更有知识？**'"即谁都不如安拉更有知识。安拉告诉他们，伊布拉欣和各位先知不是犹太教徒，也不是基督教徒，正如安拉所言：❲伊布拉欣不是犹太教徒，也不是基督教徒，他是天然的顺从者（穆斯林），他也不是一个多神教徒。❳（3：67）

"**谁比隐匿安拉赐给他们的证据的那些人更为不义呢？**"哈桑·巴士里说，他们通过安拉赐给他们的经典了解到伊斯兰是正教，穆罕默德是安拉的使者☪，伊布拉欣、伊斯玛仪、易司哈格、叶尔孤白和各部族都与犹太教和基督教没有关系。后来，他们为此向安拉作了证，并承诺将侍奉安拉。可是，后来他们向人们隐瞒了安拉赐给他们的证据。

"**安拉是绝不会疏忽你们行为的**"，这是一种严厉的警告。[1] 即安拉完全知道他们的情况，将依此奖罚他们。

"**那是已逝去的民族**"，即过去的民族。"**他们有他们所营谋的，你们有你们所营谋的**"，即他们有他们的工作，你们有你们的工作。"**关于他们的行为你们不受责问**"，如果你们不跟随他们，你们间的血源关系对你们没有益处。你们也不要因为和他们有血缘关系而自命不凡，除非你们像他们一样遵循安拉的命令，跟随安拉派遣向人们报喜讯和传警告的众使者。因为否认一位使者，如同否认所有的使者，尤其否认列圣的领袖、众使者的终结者、派向一切负有法律责任的人类和精灵的先知穆罕默德。（愿安拉赐福于他及安拉的所有先知！）

❲142.人们中一些愚人将说："是什么使他们转变了原来的方向？"你说："东方和西方都属于安拉，他引导他意欲之人到正道。"❳

❲143.这样，我使你们成为一个中正的民族，以便你们成为人类的证人，使者成为你们的证人。我设置了你曾经向往的方向，只是为了分清谁是跟随使者的，谁是扭转脚跟的。除了那些蒙安拉引导者外，这确实是困难的。安拉绝不会使你们的信仰无效。安拉对人类是至爱的，至慈的。❳

### 改变朝向

布哈里传述，白拉伊说，安拉的使者☪曾朝远寺方向礼拜十六七个月，但他希望天房是他的朝向。使者朝天房礼的第一次拜是晡礼，有个人和先知一起礼完拜，经过（另一座）清真寺时，寺里的人们正在鞠躬。此人见状后说："我以安拉作证：我和先知朝麦加方向礼了拜。"众人听后当即转向了天房。在改变朝向之前，有许多人已归真了，我们（圣门弟子）不知该怎么评价他们。后来，安拉降谕道："**安拉绝不会使你们的信仰无效。安拉对人类是至爱的，至慈的。**"[2]

白拉伊说，安拉的使者☪朝远寺方向礼拜期间，经常仰望天空，等待安拉的命令。后来安拉降谕道："我确已见你的面容向天空反复（仰视），我必使你转向你所喜爱的朝向。你把你的脸转向禁寺方向。"有位穆斯林说："但愿我们知道朝向天房之前归真者的情况，以及我们曾朝远寺所礼的拜功的情况。"后来安拉降示："**安拉绝不会使你们的信仰无效。**"白拉伊说："一些无知的有经人说：'他们为什么改变原来的朝向呢？'后来安拉降示了：'人们中一些愚人将说……'"[3]

---

(1)《伊本·艾布·哈亭经注》1：405。
(2)《布哈里圣训实录诠释——造物主的启迪》8：20；《穆斯林圣训实录》1：375。
(3)《泰伯里经注》3：133。

安拉的使者迁徙到麦地那后，安拉命令他朝远寺方向礼拜，犹太人对此感到满意，使者朝远寺礼拜十六七个月。但使者喜爱的是伊布拉欣的朝向（禁寺方向），所以他望着天空，向安拉祈祷。安拉因此降示了："都应把你们的脸转向它的方向。"犹太人对此表示不解，他们说："他们为什么改变原来的朝向呢？"后来安拉降示了："**你说：'东方和西方都属于安拉，他引导他意欲之人到正道。'**"(1)

类似的圣训很多。概言之，安拉曾经命令穆圣朝向远寺的岩石方向，穆圣便站在天房的两角中间，面对着天房朝远寺的方向礼拜。（这种情况）与下列圣训矛盾，"穆圣在麦加时，曾在残墙内礼拜。"(2)后来，使者迁徙麦地那，遂无法同时面对天房并朝远寺方向，因此安拉命令他只朝向远寺。伊本·阿拔斯和大部分学者持此观点。

《布哈里圣训实录》载，一些辅士正朝向远寺礼拜，听到穆圣改朝向为禁寺时，他们就改朝向为禁寺。(3)

伊本·欧麦尔说："人们正在库巴清真寺做晨礼时，有人前来告诉他们，穆圣晚上接到启示，改朝向为禁寺，众人听后变为朝向禁寺了。他们本来朝着沙姆方向，后来转向了天房。"(4)

这一事件证明，遵循用于革止的经文（新的经文）的必须条件是，首先了解它，即使新的经文早已降示或传达。因为，那些在一次礼拜中朝向远寺和禁寺两个方向履行晨礼的人们，并没有接到重新礼晡礼、昏礼和宵礼的命令。安拉至知。

改变朝向事件发生后，一些伪信士和居心叵测的犹太人对此议论纷纷，表示不解，他们说："**是什么使他们改变了原来的方向？**"他们说，这些穆斯林到底是怎么了，时而朝向这里，时而朝向那里？安拉答复了他们："**你说：'东方和西方都属于安拉'**"，即裁决、决策和一切命令都归于安拉。"你们无论在哪里，都应把你们的脸转向它的方向。"❲正义不是你们将脸转向东方和西方，但正义者是归信安拉之人。❳(2：177)即万物都得服从安拉的命令，安拉让我们朝向哪里，我们就朝向哪里。善功就是服从安拉的命令。作为安拉的仆人，我们接受安拉的安排，并侍奉安拉，安拉即使在一日内命令我们朝向许多方向，我们也要服从安拉。安拉非常关心他的仆人兼使者——穆罕默德，并重视他的民族的事务，因此他将他们引向了至仁主的朋友——伊布拉欣的朝向，以独一无偶的安拉的尊名修建的世界上最尊贵的天房的方向。这房是伊布拉欣的建筑成果。因此安拉说："**你说：'东方和西方都属于安拉，他引导他意欲之人到正道。'**"

安拉的使者关于有经人说："他们嫉妒我们的事物莫过于三件：安拉引导我们（遵循）聚礼日，但他们失去了这一日；安拉引导我们认识了正向，但他们迷失了它；我们在伊玛目后边念'阿敏'。"(5)

## 穆圣民族的尊贵

"**这样，我使你们成为一个中正的民族，以便你们成为人类的证人，使者成为你们的证人。**"

清高伟大的安拉说，我使你们朝伊布拉欣的方向，为你们选择这一方向，以便使你们成为最优秀的民族，以便你们在末日成为各民族的证人。那时人们都承认你们是最尊贵、最中正的民族。此处"**中正**"指尊贵。正如人们所说："古莱什人是血统和家族最中正——尊贵的部落"，即古莱什人具备最尊贵的血统。又如"中正的礼拜"，意义是"最贵的礼拜"，确凿的圣训指出，这番礼拜指晡礼。安拉使伊斯兰民族成为中正的民族之际，还特别赋予它最全面的、最正确的方法和最明确的道路。正如安拉所言：❲他已选择了你们，他在宗教中没有为你们设置任何困难。你们的祖先伊布拉欣的宗教。他（安拉）在以前及在这（《古兰》）中称你们为穆斯林，以便使者为你们作证，而你们为人类作证。❳（22：78）

安拉的使者说："末日，努哈将被召来，（安拉）问：'你传达了使命吗？'他回答：'是的。'他的民族随即被召来，并被问道：'他对你们传达了吗？'他们说：'任何一位警告者没有来过，任何人没有来临我们。'这时，（安拉）问努哈：'谁为你作证？'他说：'穆罕默德和他的民族（作证）。'"这便是"**这样，我使你们成为一个中正的民族**"的由来。他（穆圣）又说："'中正'指公正。此后，你们被召去作证：'他确实传达了使命，最后我为你们作证。'"(6)

安拉的使者说："末日，一位先知到来时和他一起的只有两个人或（寥寥）数人；他的民族被召来后，（天使）问：'这位给你们传达了吗？'他们说：'没有。'（安拉对这位先知）说：'你

---

(1)《泰伯里经注》3：138。
(2) 请参阅《布哈里圣训实录》3856。
(3)《布哈里圣训实录》399。他们是塞莱麦族人，曾居住在双向寺附近。
(4)《布哈里圣训实录诠释——造物主的启迪》8：24；《穆斯林圣训实录》1：375。
(5)《艾哈麦德按序圣训集》6：134。
(6)《艾哈麦德按序圣训集》3：32；《布哈里圣训实录诠释——造物主的启迪》8：21；《提尔密济圣训全集诠释》8：297；《圣训大集》6：292；《伊本·马哲圣训集》2：1432。

传达了吗？'他说：'是的。'安拉问：'谁为你作证。'先知答：'穆罕默德及其民族。'穆罕默德及他的民族被召来后，安拉问：'这位给他们的民族传达了吗？'他们说：'是的'。安拉问：'你们从何得知这些？'他们说：'我们的先知☪来临后告诉我们，使者们确已传达了使命。'这就是伟大安拉所说的：'**这样，我使你们成为一个中正的民族，以便你们成为人类的证人，使者成为你们的证人。**'"⁽¹⁾

艾布·艾斯沃德说，我去麦地那时，恰巧碰上该城发生瘟疫，许多人因此而猝死。我坐在欧麦尔身边，这时有一个哲那则（灵柩）经过。欧麦尔听到人们赞美亡人，便说："必定了，必定了。"此后，又有一个哲那则经过，他听到有人在责骂亡人时，他说："必定了。"艾布·艾斯沃德问他："信士的长官啊！什么必定了？"欧麦尔答道："我只说了安拉的使者☪曾说的话，（他说，）'只要有四位穆斯林作证一个穆斯林是好人，安拉就会使他进入乐园。'我们问：'三个穆斯林（作证）呢？'他说：'三个也行。'我们问：'两个呢？'他说：'两个也行。'但我们没有问一个人（作证时是否也是如此）。"⁽²⁾

## 改变朝向的奥义

"**我设置了你曾经向往的方向，只是为了分清谁是跟随使者的，谁是扭转脚跟的。除了那些蒙安拉引导者外，这确实是困难的。**"

清高伟大的安拉说，穆罕默德啊！我起初规定你朝向远寺，以后又改变朝向为禁寺，以便明确那些追随你、服从你，无论你朝向何方，都紧紧跟随你的人的情况。

"**扭转脚跟的**"，指叛教者。

"**这确实是困难的**"，指由远寺改变朝向为禁寺的这一行为是重大的，一般人的内心无法承受它，除非得到安拉的引导、坚信使者的表述、相信使者带来的一切都是真理的这些人。安拉将按照他的意旨自由地做他意欲之事，判决他所意欲之事，安拉有权责成仆人任何事情，革止任何事情，安拉的一切判决中都充满着智慧和哲理。而居心叵测的人则不然，当发生一件新事物时，他们就表示怀疑，与此同时，信士们却加深了信仰和信念。正如安拉所述：❂**每逢一章天经下降，他们当中就有人说："你们当中有谁因它而增加了信仰？"那些归信者，它使欣喜的他们增加信仰了。但是那些心**

中有病的人，它会在他们的污秽上再增加污秽。❂（9：124-125）又❂**我颁降《古兰》，作为对归信者的治疗和慈悯。它对不义者只增加损失。**❂（17：82）因此，坚信穆圣☪的圣门弟子不假思索地跟随穆圣☪改变了朝向。有人说最早的迁士和辅士们曾朝两个朝向礼拜过。

伊本·欧麦尔说："人们正在库巴清真寺礼晨礼时来了一个人，他说，先知☪已经接受启示，奉命朝天房礼拜，众人便朝向了天房。"⁽³⁾另一传述说，当时人们正在鞠躬，（他们听到消息后）立即在鞠躬中转向了克尔白。⁽⁴⁾这一切都证明他们对安拉和先知绝对服从，对安拉的命令忠贞不渝。愿安拉喜悦他们。

"**安拉绝不会使你们的信仰无效**"，即安拉不会废除他们原来朝远寺做礼拜的回赐。白拉伊传述说，曾朝远寺礼拜的一些人归真了，人们在议论他们曾经的礼拜。后来安拉降谕道："**安拉绝不会使你们的信仰无效**"。伊本·阿拔斯解释说："安拉不会废除相信先知而朝原来的方向礼的拜功，也不会废除跟着朝第二个方向礼的拜功。安拉将赏赐那些朝两个方向做过礼拜的人。"⁽⁵⁾

圣训载，安拉的使者☪看到一个女俘不停地在人群中寻找失散的孩子，当她看见其他俘虏的孩子时就把他紧抱到胸前。她找到了自己的孩子后，将他抱起，让他贴紧自己的乳房。安拉的使者☪见到这一情景后说："你们可知，在可以自主选择的情况下，这个女人要将自己的孩子投入火狱？"圣门弟子们说："安拉的使者啊！她不会。"使者说："以安拉发誓！安拉对仆人的疼爱，超越了这个妇女对其孩子的疼爱。"⁽⁶⁾

❂144.**我确已见你的面容向天空反复（仰视），我必使你转向你所喜爱的朝向。你把你的脸转向禁寺方向。你们无论在哪里，都应把你们的脸转向它的方向。曾受天经者必定知道这是从他们的主降示的真理。安拉绝不忽视他们的行为。**❂

## 改变朝向的经文是《古兰》中最早出现的革止经文

伊本·阿拔斯说，《古兰》中最先革止的是朝向。安拉的使者☪迁徙到麦地那时，那里的大部分居

---
（1）《艾哈麦德按序圣训集》3：58。
（2）《艾哈麦德按序圣训集》1：21；《布哈里圣训实录诠释——造物主的启迪》3：271；《提尔密济圣训全集诠释》4：166；《圣训大集》4：51。
（3）《布哈里圣训实录诠释——造物主的启迪》8：22；《穆斯林圣训实录》1：375。
（4）《提尔密济圣训全集诠释》8：300；《穆斯林圣训实录》1：375。
（5）《哈提姆经注》1：99。
（6）《穆斯林圣训实录》4：2109。

民是犹太人，所以安拉命令使者朝远寺礼拜。犹太人因此感到很高兴。当时使者朝远寺礼拜十几个月，但他喜爱的是伊布拉欣的朝向，所以他仰望天空，祈求安拉。安拉因此而降谕道："**我确已见你的面容向天空反复（仰视）……你把你的脸转向禁寺。**"犹太人对此表示疑惑不解，他们说："**是什么使他们转变了原来的方向。你说：'东方和西方都属于安拉'。**"[1] 清高伟大的安拉说：❮ 无论你们转向哪一方，那里都是安拉的方向。❯（2：115）❮ 我设置了你曾经向往的方向，只是为了分清谁是跟随使者的，谁是扭转脚跟的。❯（2：143）

### 克尔白本身是朝向，还是它的方向是朝向

"你把你的脸转向禁寺方向"，阿里说，"方向"指朝向。[2]

"你们无论在哪里，都应把你们的脸转向它的方向。"安拉命令世界各地的人们无论身处何方，都应朝向天房。旅行中做副功拜者和战争中礼拜者不在此列，他们可以身体不朝天房的方向，但心朝向它礼拜。不能辨别方向的人可以根据自己的判断礼拜，即使弄错了方向，其礼拜也是成立的。因为安拉只给每个人责成力所能及的事情。[3]

### 犹太人早就知道穆斯林将会改变朝向

"曾受天经者必定知道这是从他们的主降示的真理"，即犹太人对穆斯林将放弃远寺朝向禁寺表示不解，但他们根据自己的经典知道安拉将让穆圣朝向天房。因为他们的经典记载着穆圣及其民族的属性和特征，他们知道安拉特别恩赐穆斯林，赐给他们一部伟大而全面的法典。但犹太人却因为嫉妒、不信和顽固而互相隐瞒这些知识。因此，安拉警告了他们："**安拉绝不忽视他们的行为**"。

❮ 145. 即使你以一切迹象昭示曾受天经者，他们必不顺从你的朝向，你也绝不顺从他们的朝向；他们各守自己的朝向，互不相从。在知识降临你之后，如果你顺从他们的私欲，那么，你必定在不义者之列。❯

### 顽固不化、否认真理的犹太人

安拉告诉我们，犹太人否认真理、顽固不化、违背所掌握的有关穆圣的知识。穆圣即使带给他们一切正确的证据，他们也不会放弃自己的私欲而跟随他，正如安拉所述：❮ 你的主的言辞已经判定的那些人，他们不会归信。即使任何迹象来临他们，直到他们看到痛苦的刑罚。❯（10：96-97）因此，安拉说："**即使你以一切迹象昭示曾受天经者，他们必不顺从你的朝向，你也绝不顺从他们的朝向。**"安拉告诉我们，穆圣坚定不移地服从安拉的命令，顺从安拉，追求安拉的喜悦，而多神教徒们却紧抱着自己的私欲和己见。但无论如何，穆圣绝不会跟随他们的私欲，他朝向远寺是因为服从安拉的命令，而不因为它是犹太人的朝向。此后，安拉警告有知者违背所认识的真理，去迎合私欲，因为有知者更没有理由违背真理。因此，安拉通过呼吁穆圣，提醒其民族道："**如果你顺从他们的私欲，那么，你必定在不义者之列。**"

❮ 146. 蒙我赏赐经典的人，就像认识他们的儿女一样认识他。他们中的一些人，确在知道的情况下隐瞒真理。❯

❮ 147. 真理来自你的养主，所以你绝不要怀疑。❯

---

(1)《哈提姆经注》1：103。
(2)《哈肯圣训遗补》2：269。
(3)《哈提姆经注》1：107、108、109。

## 犹太人了解穆圣㊗，隐瞒真理

清高伟大的安拉说，有经人的学者对穆圣㊗带给他们的真理的认识，正如他们对自己儿女的认识。阿拉伯人往往以这种方法来表达无可争议的事情。正如穆圣㊗对一位带小孩的人说："这是你的儿子吗？"他说："安拉的使者啊！是的。我带他来作证。"穆圣㊗说："须知，他犯罪你不承担责任，你犯罪他不承担责任。"(1) 欧麦尔问阿卜杜拉："你能像认识你的孩子那样认识穆罕默德吗？"他说："是的，甚至比认识儿子还认识得深刻。天上的忠诚者（吉卜勒伊里天使）将他的特征传达于地上的忠诚者（穆圣㊗），然后我就认识了他，虽然我不了解他的母亲。"(2)

清高伟大的安拉说，虽然他们对穆圣㊗的情况确信无疑，并且他们具备精确的知识，但"**确在隐瞒真理**"，即他们确实给人们隐瞒了他们的经典对穆圣㊗的描述。"知道的情况下"安拉告诉穆圣㊗和信士们，穆圣㊗带来的一切都是毫无怀疑的真理。因为"**真理来自你的养主，所以你绝不要怀疑**"。

❦ 148. **每个民族都有自己所朝的方向，故你们当争先行善。你们无论在哪里，安拉将要把你们集合起来，安拉对于万事确实是全能的。** ❧

## 每个民族都有一个朝向

"**每个民族都有自己所朝的方向**"，伊本·阿拔斯说，"都"指各宗教的人。经文指每个部落都有他们喜欢的朝向，穆斯林无论朝向何方，都朝向了安拉的方向。(3) 艾布·阿林说，犹太教有犹太教的朝向；基督教有基督教的朝向；伊斯兰民族啊！安拉确实给你们引导了正确的朝向。(4)

下列经文与上述经文相似：❦ 我已为你们每一个规定了一套法律和一条道路。如果安拉意欲，他就使你们成为一个民族。不过他要用他赐给你们的来考验你们。所以，你们要竞相行善。你们大家的归宿只在安拉那里。❧（5：48）"**你们无论在哪里，安拉将要把你们集合起来，安拉对于万事确实是全能的**"，即使你们的身体被肢解，分散在天南海北，安拉也可以集合你们。

❦ 149. **你们无论从哪里出去，都应把你们的**

---

(1)《艾哈麦德按序圣训集》4：163。
(2)《格尔特宾教律》2：163。
(3)《泰伯里经注》3：193。
(4)《哈提姆经注》1：121、122。

---

**脸转向禁寺。这确实是你的主降示的真理。安拉绝不忽视你们的行为。** ❧

❦ 150. **你无论从哪里出去，都应当把你的脸转向禁寺的方向。你们无论在哪里，都应当把你们的脸转向它，以免他人掌握不利你们的证据。除非他们中不义的人。你们不要害怕他们，你们当害怕我，以便我成全我所赐予你们的恩典，以便你们遵循正道。** ❧

## 连续三次革止朝向的奥义

这是安拉命令世界各地的人们朝禁寺礼拜的第三次命令。有人说，其目的是为了符合文章惯例。因为安拉第一次说：❦ 我确已见你的面容向天空反复（仰视），我必使你转向你所喜爱的朝向……曾受天经者必定知道这是从他们的主降示的真理。安拉绝不忽视他们的行为。❧（2：144）安拉提到，他应允了穆圣㊗的请求，命令他朝向他喜爱的方向。在第二次命令中说道："**你们无论从哪里出去，都应把你们的脸转向禁寺。这确实是你的主降示的真理。安拉绝不忽视你们的行为。**"在此，经文提到真理来自安拉，从而又提高了一个层次，因为这里穆圣㊗的意愿与真理相符合。安拉阐述道，这来自安拉，是安拉所喜爱的真理。在第三次命令中提到为什么驳斥犹太人的论据，这些犹太人虽然反对穆圣㊗改变朝向，但他们根据自己的经典知道，安拉将使穆圣㊗朝向伊布拉欣的朝向——天房克尔白。同时，安拉的使者㊗离开犹太人的朝向转向更尊贵的朝向——伊布拉欣的朝向时，阿拉伯的多神教徒们所持的借口也被打消。他们曾尊重克尔白，希望使者朝向它。

## 革止朝向的奥义

"**以免他人掌握不利你们的证据**"，即以免有经人掌握不利于你们的借口。因为他们知道朝向天房是伊斯兰民族的一个特征。如果穆斯林失却这一特征，他们便会借此和穆斯林辩论，还有一点是，免得他们因为穆斯林拥有和他们一样的朝向而和穆斯林发生争论。

"**除非他们中不义的人**"，即古莱什的多神教徒，他们中部分人的理由无异于不义者的证据，所以是不堪一击的。他们说，此人声称坚持伊布拉欣的朝向，如果他按照伊布拉欣的教义朝向了远寺，就不会改变朝向。答复是：安拉因为一种深刻的哲理，首先让穆圣㊗朝向远寺，穆圣㊗便服从了安拉的命令，后来，安拉命令穆圣㊗朝向伊布拉欣的朝向——禁寺时，穆圣㊗还是坚决服从主命，说明穆圣㊗永远不会违背安拉的命令，无时无刻地服从安

"你们不要害怕他们，你们当害怕我"，即你们不要害怕顽固不化的不义者的质疑，你们只应敬畏安拉。因为安拉才是真正值得敬畏的。

"**以便我成全我所赐予你们的恩典**"连接"**以免他人掌握不利你们的证据**"，即我让你们朝向天房，来全美给你们的恩典，健全给你们的法律。

"**以便你们遵循正道**"，即我引导你们走向一些民族所迷失的正道。因此，这个伊斯兰民族是最尊贵的、最优秀的民族。

❴151. 正如我为你们派遣一位来自你们的使者，他给你们宣读我的迹象，净化你们，给你们教授经典和智慧，教授你们原来不知道的。❵

❴152. 你们当铭记我，我会铭记你们，你们当感谢我，不要辜负我。❵

### 派遣穆圣㊣是一件值得记念和感谢的宏恩

安拉给归信的仆人们讲述遭圣之恩。这位先知给人们诵读安拉的明确经文，从低下的品行、龌龊的内心和蒙昧主义的丑恶中纯洁人们，将他们从重重黑暗中拯救出来引向光明。他教授他们《古兰》和哲理——圣训；给他们教授他们原来不掌握的知识。他们在蒙昧时代受一些谎言的蛊惑和愚蠢的人们一道胡作非为。后来，他们沾穆圣㊣带给他们使命的福分和吉庆成为了高尚之人，知识渊博的学者，最善良、最坦荡、最真诚的群体。安拉说：❴安拉确已施恩予信士们，因为他从他们中派遣了一位使者给他们，以便给他们诵读他的迹象，净化他们。❵（3：164）同时，安拉驳斥那些有眼不识宏恩的人说：❴你没有看到那些人吗？他们将安拉的恩典换成了隐昧，并使自己的民族陷入毁灭之境。❵（14：28）伊本·阿拔斯说，"**安拉的恩典**"指穆圣㊣。[1] 因此，安拉号召穆斯林通过记念和感谢安拉去报答这一恩典。[2]

"**你们当铭记我，我会铭记你们，你们当感谢我，不要辜负我。**"穆佳黑德解释"**正如我为你们派遣一位来自你们的使者**"时说："你们应该像我对待你们那样记念我。"[3]

哈桑·巴士里解释说："你们对我的铭记，体现在完成我给你们制定的法律方面；我对你们的铭记，则是成全给你们的报酬。"神圣的圣训[4]说：

安拉说："谁在他的心中记我，我就在我的心中记他，谁若当众记念我，我就在更好的群众那里记念他。"[5] 在艾奈斯传述的一段圣训中，清高伟大的安拉说："阿丹的子孙啊！如果你在你的心中记我，我就在我的心中记你；如果你在人群中记我，我就在天使群中记你。或说，就在更好的群体那里记你；如果你接近我一拃，我就接近你一腕尺；如果你接近我一腕尺，我就接近你一庹；如果你走向我，我便跑向你。"[6]

"**你们当感谢我，不要辜负我。**"安拉命令信士们感谢他，并承诺：如果他们感谢，他就赐予他们更多的福祉。安拉说：❴那时，你们的主宣示："如果你们感谢，我一定会给你们更多的（恩典）。倘若你们忘恩负义，那么，我的刑罚确实是严厉的。"❵（14：7）伊玛目艾哈麦德传述，仪姆兰·本·侯塞因出现在我们当中时，身着一件羊绒大衣，我们以前没有见他穿过它，以后也没有见到过。他说："安拉的使者㊣说：'如果安拉施恩于一个仆人时，他就喜欢从仆人身上看到恩典的迹象。'"[7]

❴153. 有正信的人们啊！你们当以坚韧和礼拜求助，安拉确与坚韧者同在。❵

❴154. 为主道而归真的人，你不要说他们是死的，其实他们是永生的，但你们不知觉。❵

### 坚韧和礼拜的优越

安拉解明了感谢恩典后，开始阐明"坚韧"，指导人们以坚韧和礼拜向安拉求助。因为仆人不是由于恩典而感谢安拉，就是坚韧于所遭受的磨难之中。正如圣训所述："怪哉穆民！安拉对他的判决都是美好的。如果他碰到喜事后感谢（安拉），则对于他是一件好事；如果他遭遇不幸后坚韧，仍然对他是一件好事。"[8]

安拉指出，人类在承受艰难困苦时，所使用的最佳方法就是"坚韧和礼拜"。如前所述：❴你们当以礼拜和坚韧（向主）求助，它确实是重大的。❵（2：45）

"坚韧"有两种：一、放弃非法事物和罪恶时的坚韧；二、行善时的坚韧。第二种回赐更大，因为它是最终的目的。还有第三种坚韧，那是在艰难困苦时的坚韧，这种也是必须的，譬如因各种不

---

（1）《布哈里圣训实录》3977。
（2）《泰伯里经注》3：210。
（3）《哈提姆经注》1：141。
（4）这种圣训的地位仅次于古兰，高于一般圣训。——译者注
（5）《布哈里圣训实录诠释——造物主的启迪》13：295。
（6）《艾哈麦德按序圣训集》3：138；《布哈里圣训实录诠释——造物主的启迪》13：521。
（7）《艾哈麦德按序圣训集》4：438。
（8）《穆斯林圣训实录》4：2292。

足而求饶。正如阿卜杜·拉赫曼所说:"坚韧(坚持)分为两种:一、坚持做安拉喜欢的事,哪怕身心造成负担;二、坚持不做安拉憎恶的事情,哪怕违背自己的私欲。"做到这一点的人,如果安拉意欲,就是应受安拉赐安的"坚韧者"。(1)

### 烈士的生命

"为主道而归真的人,你不要说他们是死的,其实他们是永生的。"安拉说,那些为主道捐躯的人们,生活在他们的白勒宰赫(2),享受着恩赐。圣训说:"烈士们的灵魂在绿色鸟的嗉囊中,任意游览乐园,最后停留在阿莱什下的明灯上,你的养主看了看他们说:'你们有何要求?'他们说:'我们的养主啊!我们能有什么要求呢!你赐予我们恩典,是任何人未得到的。'你的养主重复问他们,他们看到非提出要求不可时,便说:'我们希望你让我们回到今世,我们再次为你的正道而奋斗,再次为你捐躯。'——因为他们看到烈士们获得了巨大的报酬。"清高伟大的养主说:"我已经判定,他们不能返回它(今世)。"(3)

安拉的使者🕌说:"穆民的灵魂是落在乐园树上的鸟儿,在复生日,安拉将使它返回(他们)躯体。"(4)虽然经文叙述的是烈士的情况,但同时也能证明普通穆民的灵魂也是如此。特意提出烈士是为了提高他们的尊严、地位和名誉。

❰ 155.我必以一些恐惧、饥饿、财产、生命和果实的损失考验你们,你当向坚忍者报喜,❱

❰ 156.他们在遭难的时候说:"我们属于安拉,我们只归安拉。"❱

❰ 157.这等人,享受着来自他们养主的祝福和慈悯,这等人,确实是得正道的。❱

### 考验、坚忍和报酬

清高伟大的安拉说,他将考验他的众仆,即让他们经受磨难,考验他们。正如安拉所言:❰ 的确,我将试验你们,直至我知道你们当中哪些是奋斗者,哪些是坚韧者,以便我核定你们的记录。❱(47:31)即通过幸福、不幸、恐惧和饥饿考验你们。又如❰ 因此,安拉由于他们过去所做的,使它尝受饥荒和恐惧。❱(16:112)(5)因为饥饿者和

---

(1)《哈提姆经注》1:144。
(2) برزخ,从死亡到复生日到来之间的时间。——译者注
(3)《穆斯林圣训实录》3:1502。
(4)《艾哈麦德按序圣训集》3:455。
(5) 参阅《穆拉俄经注》第十四卷,150页。阿拉伯古籍出版社。——译者注

恐惧者都无法自我掩饰。因此安拉说:"饥荒和恐惧"。在此安拉提到"**一些恐惧。**"

"**财产的损失**",指失去部分财产。

"**生命的损失**",指失去亲朋好友。

"**果实的损失**",指田园和庄稼的歉收。

因此清高伟大的安拉说:"**你当向坚忍者报喜。**"此后,安拉讲述那些感谢主恩的坚忍者说:"**他们遭难的时候说:'我们属于安拉,我们只归安拉。'**"即当他们遭受灾难时,通过念这句经文解除内心的忧愁,他们知道一切权力都属于安拉,安拉有权任意安排仆人的事务,他们也知道,安拉在后世不使仆人的丝毫善功徒劳无益,从而承认自己是安拉的仆人,在后世,他们都归于安拉。

因此,安拉提到他赐予他们福祉,说:"**这等人,享受着来自他们养主的祝福和慈悯**",即安拉的表扬和怜悯;艾布·赛尔德解释为:不受惩罚。(6)

"**这等人,确实是得正道的。**"欧麦尔(愿主喜悦之)说:"两个口袋真优美啊!捎脚真优美啊!""两个口袋"指"**这等人**",他们得享他们

---

(6)《哈提姆经注》1:158。

养主的祝福和怜悯，"捎脚"指"**这等人，确实是得正道的**"。[1] "捎脚"指放于驮子的两个口袋中间增加的货物，而这些人也是如此，得到应得的回赐外，还享有增加的。

## 遭受灾难时念回归辞的尊贵

许多圣训证明，在遭受灾难时念回归辞——**我们属于安拉，我们只归安拉**——可获得重大的回赐。乌姆·赛莱迈说，有一天赛莱迈的父亲从安拉的使者那里来到我跟前说：我听安拉的使者说了一句话，令人高兴。使者说："倘若穆斯林遭受灾难念回归辞，然后念：我的主啊！因我的灾难赏赐我吧！给我换比它（失去的）更好的，那么，他必定会得到他所请求的。"乌姆·赛莱迈说，我从他那里背记了这段圣训。后来赛莱迈的父亲归真时，我念了回归辞并说："我们的主啊！因我的灾难赏赐我吧！给我更换比它（他）更好的。"对我来说还有比赛莱迈的父亲更好的吗？我的待婚期结束后，安拉的使者来见我，当时我正在熟皮子。我同意使者进门后，为他拿来了芯子是植物纤维的皮垫，先知坐在上面向我求婚。他说完后，我说："安拉的使者啊！我怎么不爱慕你呢？但我是个嫉妒心极强的女人，我怕你从我身上看到（不好的）现象，安拉因之而惩罚我。另外，我的年龄也不小了，况且我还带着家属。"先知听后说："你说你的嫉妒心强，但安拉将会从你的心中取消它的；你说你年龄不小，而我的年龄与你相仿；你说你有家属，但你的家属就是我的家属。"后来我答应了，并和使者结了婚。乌姆·赛莱迈说："安拉给我更换了比赛莱迈的父亲更好的人——安拉的使者。"[2]

**158. 索法和莫尔卧，确实是安拉的标志，大朝和小朝的人，无妨奔走此二山。额外行善者，安拉是厚报的，全知的。**

## "无妨在索法和莫尔卧之间奔走"的意义

欧勒沃传自阿伊莎（愿主喜悦之），她问："请告诉我安拉的经文'**索法和莫尔卧，确实是安拉的标志，大朝和小朝的人，无妨奔走此二山**'是什么意思？"我说："以安拉发誓，任何人放弃索法和莫尔卧之间的奔走是无罪的。"她听后说："外甥啊！你所言差矣，假若经文正如你所解释，那应该是：'大朝和小朝的人，无妨不奔走此二山。'这段经文降示时，辅士们还没有归信，那时他们在穆显莱莱（地名）为他们的伪神麦那特而受戒。为麦那特受戒的人们认为在索法和莫尔卧之间奔走是有罪的。后来辅士们请教安拉的使者：'安拉的使者啊！我们在蒙昧时代认为在索法和莫尔卧之间奔走是有罪的。'所以安拉降谕道：'**索法和莫尔卧，确实是安拉的标志，大朝和小朝的人，无妨奔走此二山。**'"阿伊莎说："安拉的使者规定了在索法和莫尔卧之间奔走。所以任何（朝觐的）人都得在此二山间奔走。"[3] 祖海里说："我给艾布·伯克尔谈了上述圣训，他说：'我听到过这个知识。我听许多学者说，（除阿伊莎所提到的人）在这两座山间奔走是蒙昧主义的行为。'"另一些辅士说："我们只奉命巡游天房，而未曾接到在索法和莫尔卧之间奔走的命令。"后来安拉降谕道："**索法和莫尔卧，确实是安拉的标志，大朝和小朝的人，无妨奔走此二山。**"艾布·伯克尔说："或许这段经文是为上述两种人而降示的。"[4]

舒尔宾说："索法山上有伊萨菲（偶像），莫尔卧山上有纳伊莱（偶像）。人们曾庆贺它俩，伊斯兰来临后，人们认为在这二者间奔走是有罪的。后来安拉降示了上述经文。"

## 奔走的断法及其渊源

贾比尔传述，安拉的使者巡游完天房后，到陨石角，庆贺了它。然后念着"**索法和莫尔卧，确实是安拉的标志**"走出了索法门，他说："我将以安拉开始的开始。"[5] 另一传述中说："你们当以安拉最先制定的而开始。"

宾特·艾布·台佳尔说："我看到了安拉的使者在索法和莫尔卧之间奔走，人们在他的前面，他在人们后面。他用力奔走，以至衣服不停摆动，我看到了他的两膝盖。"他说："你们当奔走，因为安拉为你们制定了奔走。"[6]

有人引证上述圣训，认为在索法和莫尔卧之间奔走是朝觐中的一个要素。也有人认为不是要素，而是当然（瓦吉卜）。出于故意或疏忽而没有奔走者，必须通过宰牲来弥补。也有人认为是可嘉的。正确地说它是要素或当然，因为安拉已经阐明在索法和莫尔卧之间奔走是安拉制定的仪式之一。即安拉在伊布拉欣的朝觐功课中制定了它。

---
(1)《哈肯圣训遗补》2：270。
(2)《艾哈麦德按序圣训集》4：37；《穆斯林圣训实录》2：633。
(3)《艾哈麦德按序圣训集》6：144。
(4)《布哈里圣训实录诠释——造物主的启迪》3：581；《穆斯林圣训实录》2：929。
(5)《穆斯林圣训实录》2：886；《圣训大集》5：239。
(6)《艾哈麦德按序圣训集》6：421。

伊本·阿拔斯传述的圣训证明，在索法和莫尔卧之间奔走源于伊斯玛仪的母亲哈哲尔。当年，伊布拉欣留下了一些水和干粮，将她们母子俩留在这片荒芜之地，粮断水绝后，她怕孩子受到伤害，在索法和莫尔卧之间忧心如焚地奔走，虔诚地祈求安拉给她赐水。后来安拉解除了她的忧愁和困难，消除了她的寂寞，让"食物之精华，万病之良药"——渗渗泉水为她而涌出。所以，在这两山之间奔走的人应该表现谦恭，一心一意地向安拉讲述他的需求，要求安拉使他远离各种缺陷和不足，引导他走向端庄的道路，使他坚守正道，至死不渝，使他走出他的犯罪的现状，走向完美、宽恕、正确和端庄的道路，就像当年的哈哲尔那样。

"**额外行善者**"，即超过了规定的程度（往返七趟），奔走了八、九趟……有人认为，经文指在副功的正朝或副功的副朝[1]中，在索法和莫尔卧间奔走。安拉至知。[2]

"**安拉是厚报的，全知的**"，即安拉将用大量的报酬奖励他们少量的善功，安拉全知报酬的程度，不会减少任何人的报酬。❰如果他们相信安拉和末日，并花费安拉所赐予他们的（财物），那么，他们还怕什么呢？安拉是全知他们的。❱（4：39）

❰159.当我在诸经中为人们阐明之后，给人隐瞒我颁降的明证和引导的那些人，他们将遭受安拉的谴责和诅咒者的诅咒。❱

❰160.除了那些忏悔、改过和阐明的人在外。这些人，我将赦宥他们，我是至赦的、仁慈的。❱

❰161.那些不信并且终身不信的人，他们将受到安拉和天使以及全人类的谴责。❱

❰162.他们将永居其中，他们的刑罚不被减轻，也不得照顾。❱

### 对隐瞒安拉的法律的人们永恒的谴责

以上经文严厉谴责这样一些人，安拉为他的众仆在各经中阐明真理之后，他们隐瞒众使者带来的明证和对他们心灵有益的引导。艾布·阿林说，这段经文是为那些有经人降示的，他们隐瞒穆圣㊟的特征。[3]后来，他们被告知，正如水中的鱼类、空中的鸟儿在内的万物都在赞美学者那样，他们却因自己的作为在遭受万物的谴责。他们和学者们的处境恰恰相反。安拉在谴责他们，万物在诅咒他们。穆圣㊟说："向请教者隐瞒知识的人，在后世要被戴上火笼头。"[4]艾布·胡莱赖说："若不是安拉的经典中的一段经文，我不会给任何人谈论任何（宗教知识）的。这段经文是：给人隐瞒我颁降的明证和引导的那些人。"[5]穆佳黑德说："当大地干旱时，畜牲们说，这是人类犯罪所致，愿安拉诅咒人类中的犯罪者。"[6]

艾布·阿林等认为"**诅咒者的诅咒**"指天使和信士们的诅咒。[7]圣训说："万物，包括海洋中的鱼类都在为学者而求饶。"而这节经文说，安拉、天使、全人类和诅咒者们都在诅咒隐瞒知识的人。"**诅咒者**"指包括人类和非人类中的有智者，在末日，他们或用语言诅咒，或用实际行动诅咒。安拉至知。

安拉在此排除了他们中的忏悔者，说："**除了那些忏悔、改过和阐明的人在外**"，即改过自新，并为人们阐明曾经隐瞒的知识的人除外。

"**这些人，我将赦宥他们，我是至赦的、仁慈的。**"经文证明，曾经鼓动人们走向异端和隐昧的人们，如果向安拉忏悔，安拉会接受他们的忏悔。然后，安拉阐明那些否认真理、至死不悔的人，"**他们将受到安拉和天使以及全人类的谴责。他们将永居其中**"，即他们将遭受永久的诅咒，直到末日，并在火狱中继续遭受诅咒。"**他们的刑罚不被减轻**"，他们在火狱中的情况不会得到改善。"**也不得照顾**"，他们将永远遭受惩罚，一刻也不会被改变和放松。求安拉使我们远离惩罚。

### 可以诅咒隐昧者

（解析）学者们都认同，我们可以诅咒隐昧者。欧麦尔和其他哈里发（愿主喜悦他们）都曾在拜中祈祷时，或在其他场合诅咒过隐昧者。但一部分学者认为，不能指名道姓地诅咒某个隐昧者，因为我们不知道安拉将以什么结局让他们死亡。也有人持不同观点，认为可以指名道姓地诅咒某个隐昧者。先知时代，某个酒醉者被带到先知㊟跟前时，有人说，愿安拉诅咒他！安拉的使者㊟制止道："你不要诅咒他，因为他喜爱安拉及其使者。"[8]圣训证明，可以诅咒不喜爱安拉和使者的人。安拉至知。

❰163.你们的主宰是独一的应受拜者，应受拜者，惟有他。他是至仁的，至慈的。❱

---

（1）履行了正朝的人，再次参加的朝观，被称为副功的正朝，副功的副朝亦然。——译者注
（2）《拉齐经注大全》4：146。
（3）《哈提姆经注》1：170。
（4）《艾哈麦德按序圣训集》2：395。
（5）《布哈里圣训实录诠释——造物主的启迪》1：258。
（6）《哈提姆经注》1：175。
（7）《哈提姆经注》1：174。
（8）《阿卜杜·兰扎格经注》7：381。

清高伟大的安拉说，只有他具备神圣性，他独一无偶，没有与他类似的。独一无偶的安拉，是至仁的，至慈的。在注释《开端章》时，已经注释了这两个词。安拉的使者ﷺ说：“安拉的至尊名就在这两段经文中：**‘你们的主宰是独一的应受拜者，应受拜者，惟有他。他是至仁的，至慈的’**和﴾艾立甫，俩目，米目。安拉！他之外没有应受拜的，他是永生的，维护万物的。﴿（3：1-2）”[1]接着，安拉提到他独具受拜性的证据，指出他创造了天地和天地间的一切，他所创造的万物都可以证明他的独一性。

**﴾164.天地的造化，夜昼的循环，载着人类的利益在海上航行的船舶，安拉从云中降雨，复活已死的大地，在其中散布各种动物，风向的改变，天地间受制服的云，对于有理解的民众确有种种迹象。﴿**

## 安拉独一的证据

清高伟大的安拉说，“**天地的造化**”，即高大的天空奇妙而宽广，其中的行星和恒星以及天体的运转；大地的深厚和崎岖，其中的山脉、海洋、沙漠、盆地、建筑和其中的种种益处。

“**夜昼的循环**”，即昼夜轮流交替，精确无误，正如下述经文所说：﴾太阳不能越过月亮，黑夜也不能赶上白昼。一切都在轨道上浮行。﴿（36：40）有时，昼长夜短，有时，夜长昼短，相辅相成。正如安拉所述：﴾他使黑夜进入白昼，也使白昼进入黑夜。﴿（35：13）即一方补助另一方。

“**载着人类的利益在海上航行的船舶**”，即他制服了海洋，使船舶在各地运行，交流物资，互通有无，带来生活资料和各种利益。

“**安拉从云中降雨，复活已死的大地。**”正如安拉所言：﴾已死的大地是给他们的一个迹象。我使它活，并由它生产谷物，他们便从中食用……从人们所不知道的（事物）。﴿（36：33-36）

“**在其中散布各种动物**”，即安拉在大地上创造形态各异、色彩斑斓、大小不同和各有益处的各种动物，只有安拉才完全掌握这一切动物，并供养它们。正如经文所言：﴾大地上没有一个生物不归安拉供养，他知道它的居所和贮藏之处，一切都在一部明确的天经中。﴿（11：6）

“**风向的改变**”，时而带来恩泽，时而带来灾难，时而让风在云之前通报喜讯，时而驱使风，时

（1）《艾布·达乌德圣训集》2：168。

الجزء الثاني ٢٥ سورة البقرة

إِنَّ فِي خَلْقِ السَّمَاوَاتِ وَالْأَرْضِ وَاخْتِلَافِ اللَّيْلِ وَالنَّهَارِ
وَالْفُلْكِ الَّتِي تَجْرِي فِي الْبَحْرِ بِمَا يَنْفَعُ النَّاسَ وَمَا أَنْزَلَ اللَّهُ
مِنَ السَّمَاءِ مِنْ مَاءٍ فَأَحْيَا بِهِ الْأَرْضَ بَعْدَ مَوْتِهَا وَبَثَّ فِيهَا
مِنْ كُلِّ دَابَّةٍ وَتَصْرِيفِ الرِّيَاحِ وَالسَّحَابِ الْمُسَخَّرِ بَيْنَ
السَّمَاءِ وَالْأَرْضِ لَآيَاتٍ لِقَوْمٍ يَعْقِلُونَ ١٦٤ وَمِنَ النَّاسِ
مَنْ يَتَّخِذُ مِنْ دُونِ اللَّهِ أَنْدَادًا يُحِبُّونَهُمْ كَحُبِّ اللَّهِ ۖ وَالَّذِينَ
آمَنُوا أَشَدُّ حُبًّا لِلَّهِ ۗ وَلَوْ يَرَى الَّذِينَ ظَلَمُوا إِذْ يَرَوْنَ
الْعَذَابَ أَنَّ الْقُوَّةَ لِلَّهِ جَمِيعًا وَأَنَّ اللَّهَ شَدِيدُ الْعَذَابِ ١٦٥
إِذْ تَبَرَّأَ الَّذِينَ اتُّبِعُوا مِنَ الَّذِينَ اتَّبَعُوا وَرَأَوُا الْعَذَابَ
وَتَقَطَّعَتْ بِهِمُ الْأَسْبَابُ ١٦٦ وَقَالَ الَّذِينَ اتَّبَعُوا لَوْ أَنَّ
لَنَا كَرَّةً فَنَتَبَرَّأَ مِنْهُمْ كَمَا تَبَرَّءُوا مِنَّا ۗ كَذَٰلِكَ يُرِيهِمُ اللَّهُ
أَعْمَالَهُمْ حَسَرَاتٍ عَلَيْهِمْ ۖ وَمَا هُمْ بِخَارِجِينَ مِنَ النَّارِ ١٦٧
يَا أَيُّهَا النَّاسُ كُلُوا مِمَّا فِي الْأَرْضِ حَلَالًا طَيِّبًا وَلَا تَتَّبِعُوا
خُطُوَاتِ الشَّيْطَانِ ۚ إِنَّهُ لَكُمْ عَدُوٌّ مُبِينٌ ١٦٨ إِنَّمَا يَأْمُرُكُمْ
بِالسُّوءِ وَالْفَحْشَاءِ وَأَنْ تَقُولُوا عَلَى اللَّهِ مَا لَا تَعْلَمُونَ ١٦٩

而让云汇集，时而让它分散，时而改变它的方向，时而刮来北风，时而刮来西风，时而刮来南风，时而刮来东风。有关风雨，人们撰写了许多著作，此处不再赘述。安拉至知。“**天地间受制服的云**”，即天地间运行的云，安拉改变风向的同时，将云驱策到他所意欲的各个地区。

“**对于有理解的民众确有种种迹象**”，上述种种，都明确地证明安拉是独一的，正如安拉所述：﴾诸天与大地的造化、昼夜的循环，对于能领悟的人，确有很多迹象。他们站着、坐着、躺着记念安拉，并参悟诸天与大地的创造：“我们的主啊！你没有徒然地造化这一切。赞你超绝，求你保护我们，免受火狱的刑罚。”﴿（3：190-191）

**﴾165.人们当中，有人除安拉以外设置许多与安拉对等的，他们喜爱它们，就像他们爱安拉一样。归信的人们，安拉是他们的至爱，不义者看到刑罚的时候，假如他们会看到一切力量统归安拉，安拉是严惩者……﴿**

**﴾166.当时，被跟随的人看见惩罚，而与跟随的人绝交，他们间的关系都断绝了。﴿**

﴿167.随从的人将说:"但愿我们返回尘世,那么,我们将与他们绝交,犹如他们和我们绝交一样。"安拉就这样让他们将自己的工作看成悔恨,但他们绝不能逃出火狱。﴾

## 多神教徒在今世和后世的情况被跟随者在末日和跟随者划清界限

安拉在此讲述多神教徒在今世的情况和在后世的归宿。这些多神教徒曾设置一些伪神,将其与安拉同等看待,他们在崇拜安拉的同时,崇拜这些伪神,像喜爱安拉一样喜爱它们。然而安拉是独一无偶的,任何物都无法匹配安拉或与安拉势均力敌、分庭抗礼。两圣训实录辑录,伊本·麦斯欧迪说,我问:"安拉的使者啊!哪件罪恶最重大?"他说:"安拉创造了你,你却为安拉配设匹敌。"[1]

"**归信的人们,安拉是他们的至爱。**"因为他们喜爱安拉,认识安拉,服从安拉,并承认安拉的独一性,所以他们只崇拜他,托靠他,将一切事务交付他,而从不以任何物举伴他。然后安拉警告那些自亏的多神教徒,说:"**不义者看到刑罚的时候,假如他们会看到一切力量统归安拉。**"安拉说,假如他们知道因为自己的否认和以物配主将会在后世目睹什么情景,面临多么重大和可怕的事情,他们必定能立即反省,走出迷误。

然后安拉提到,这些犯罪者将在后世否认他们的偶像,被追随者将和追随者绝交。"**当时,被跟随的人看见惩罚,而与跟随的人绝交**",他们在今世妄言崇拜一些天使,但那些天使在那日与他们划清界限,天使们说:﴿我们向你报告与他们无干,他们当初并不崇拜我们。﴾(28:63)又﴿他们说:"赞你清净!你是我们的保护者,而他们不是。不然,他们曾崇拜精灵,他们大都信仰他们。"﴾(34:41)精灵们也和他们划清界限,表示自己和多神教徒的崇拜没有关系,正如安拉所述:﴿谁比舍安拉而祈求那些直到复生日也不能回答他们,并且对他们的祈求毫无知觉的(伪神)的人们更迷误呢?当人类被集中起来时,它们(伪神)将变成他们的敌人,并否认他们的崇拜。﴾(46:5-6)﴿他们在安拉之外设了一些"神",以为它们是他们的襄助者。不会的,它们不久将否认他们的崇拜,并变成他们的对头。﴾(19:81-82)伊布拉欣先知对他的民族说:﴿你们在安拉之外择取偶像,只是为了你们之间在今世的相爱。然后在复生日,你们将会互相否认,互相咒骂。你们的居所将是烈火,你们将没有任何援助者。﴾(29:

25)安拉说:﴿隐昧的人说:"我们不信这《古兰》,也不信在它以前的(经典)。"如果你能看见不义者被带到他们主的面前,他们互相指责,那些弱者对高傲的人们说:"如果不是你们,我们一定已经成为信士!"如果你能看到那一时刻……高傲的人对那些被欺压的人说:"在引导到达你们之后,我们曾阻止你们去接受它了吗?不,你们就是犯罪者。"那些被欺压的人对高傲的人说:"不然,那是夜晚和白天的阴谋,那时你们命令我们否认安拉,并为他设立一些对等者!"当他们目睹刑罚时,他们就后悔了。我把枷锁戴在隐昧者的颈上,他们只受到自己行为的还报。﴾(34:31-33)﴿当大事被判决时,恶魔说:"安拉确曾给你们许下真实的诺言,我也曾给你们许诺,不过我对你们失信了,我对你们无权力。不过在我呼喊你们时,你们响应了我,所以你们不要责备我,你们责备你们自己。我不能救助你们,你们也不能救助我。我否认你们以前以我举伴安拉(的行为)。不义的人们确实要遭受痛苦的刑罚。"﴾(14:22)[2]

"**当时,被跟随的人看见惩罚,而与跟随的人绝交,他们间的关系都断绝了**",即他们亲眼看到安拉的惩罚时,感到束手无策,逃离火狱的一切办法都无济于事,他们发现自己只能进入火狱。[3]阿塔传述,伊本·阿拔斯解释说,"关系"指友情。据伊本·艾布·奈吉哈传述,穆佳黑德也持此观点。

"**随从的人将说:'但愿我们返回尘世,那么,我们将与他们绝交,犹如他们和我们绝交一样。'**"即但愿我们返回尘世,以便和这些人划清界限,并与他们断绝崇拜关系,从此,我们不再理会他们,我们将崇拜独一的安拉。但他们还是在撒谎,即使他们真能返回今世,也要重蹈覆辙,因此,安拉说:"**安拉就这样让他们将自己的工作看成悔恨**",即他们的工作将会灰飞烟灭,荡然无存。正如安拉所述:﴿我去处理他们所做过的工作,并使它成为浮尘。﴾(25:23)﴿那些否认他们主的人的比喻是:他们的工作和灰尘一样,在飓风之日被风猛烈吹散。﴾(14:18)﴿那些否认者,其行为就像沙漠中的幻景,干渴的人以为它是水。﴾(24:39)因此安拉说:"**但他们绝不能逃出火狱**"。

---
(1)《布哈里圣训实录诠释——造物主的启迪》8:3;《穆斯林圣训实录》1:90。

(2)《泰伯里经注》3:290。

(3)根据这种解释:经文应该译为"当时,被跟随的人看见惩罚,而与跟随的人绝交,他们(逃离火狱)的一切办法都用尽了。"——译者注

❲ 168.众人啊！你们在大地上取食合法佳美的（食物），不要跟随恶魔的步伐，它确实是你们的明敌。❳

❲ 169.它只以罪恶和丑事命令你们，并教你们冒犯安拉而说出你们所不知道的事。❳

### 命令吃合法食物 禁止随从恶魔的步伐

安拉讲述了他是唯一应受崇拜者，他创造万物之后，进而供给万物。安拉在阐述他的恩典时指出，他允许人类取食大地上一切来自他的合法佳美食品，也就是说，人类可以取食清洁的、对人的体智没有伤害的食物。安拉还禁止人们跟随恶魔的步伐，即恶魔的道路和方法。恶魔使其追随者走入迷信，致使他们禁止人们食用许愿驼(1)、许愿驼的母亲(2)、连生的母羊(3)等在蒙昧时代恶魔为他们策划的工作。安拉的使者㊗说："清高伟大的安拉说：'我赐给仆人的财产对他们都是合法的，我将我的仆人都创造成为天然向主的，后来恶魔来到他们中间，在他们的宗教方面蛊惑他们，把我为他们制定的合法改为非法。'"(4)

"它确实是你们的明敌"，人类应该远离它，防备它。正如安拉所言：❲魔鬼确实是你们的敌人，你们要把它当作敌人。它号召它的党羽，只为了他们成为火狱的居民。❳（35：6）❲而它们却是你们的仇敌，不义者的倒行逆施真邪恶！❳（18：50）

格塔德和赛丁伊认为，"恶魔的步伐"指一切违背安拉的罪恶。伊本·阿拔斯还认为，生气时的许诺和誓言都属于"恶魔的步伐"，其罚赎如同誓愿的罚赎。(5)

"它只以罪恶和丑事命令你们，并教你们冒犯安拉而说出你们所不知道的事"，即你们的仇敌伊卜厉斯只会命令你们干丑事。奸淫属于最严重的一种丑事，比它更严重的是无知地形容安拉。隐昧者和异端派的行为也属此列。

❲ 170.当有人劝他们，说："你们当遵循安拉所降示的启示"时，他们就说："不然，我们发现祖先遵循什么，我们就遵循什么"，即使祖先什

---

(1) 蒙昧时代的阿拉伯人用于许愿的骆驼。——译者注
(2) 生了十胎母驼的母骆驼。——译者注
(3) 蒙昧时代，如果一只母山羊连生七对双胞胎母山羊，并在第八次生下一只公山羊时，他们为他们的神献祭这只小羊；如果第八次生下一只公山羊和一只母山羊时，他们就将这两只小羊一起作为献祭。——译者注
(4) 《穆斯林圣训实录》4：2197。
(5) 《哈提姆经注》1：221。

---

么都不理解，不遵循正道（他们仍要仿效祖先）吗？❳

❲ 171.隐昧者的例子，正如那只能听见喊叫的（畜牲）。（他们是）聋的、哑的、瞎的，所以他们不理解。❳

### 多神教徒是保守的传统主义者

清高伟大的安拉说，如果有人劝告信仰多神的昧真者，对他们说，你们当遵守安拉降给使者的启示，放弃你们的迷信和无知时，他们却回答说："不然，我们发现祖先遵循什么，我们就遵循什么"，即他们将坚持多神崇拜和偶像崇拜。安拉反驳他们说："即使祖先"——他们所学习和仿效的那些前人"什么都不理解，不遵循正道"，意为即使他们没有头脑，不得引导，后人也要跟随他们吗？伊本·阿拔斯说："这段经文是因一些犹太人而降示的，使者号召他们走向伊斯兰，他们却说：'不，我们要遵循祖先的遗训。'后来安拉降示了这节经文。"(6)

---

(6) 《泰伯里经注》3：305。

## 多神教徒如同动物

安拉打了一个比方，正如安拉所述："不信后世的人有恶劣的比喻。"（16：60）"隐昧者的例子"，即陷入迷误、迷信和无知的那些昧真者们，犹如不懂人话的动物，放牧者高声吆喝它们，打算将它们赶到正路，而它们只听其声，不懂其意。[1]

"（他们是）聋的、哑的、瞎的。""聋的"指他们不听真理；"哑的"，指他们不领会话语；"瞎的"，指他们不看光明正道。

"所以他们不理解"，即他们从不思维，也不理解。

"172. 有正信的人们啊！你们取食我赐予你们的佳美的（食物），你们当感谢安拉，如果你们只崇拜他。"

"173. 他只禁止你们吃自死物、血液、猪肉以及诵非安拉之名而宰的；凡为势所迫，非出自愿，且不过分的人，（虽吃禁物）毫无罪过。因为安拉是至赦的，至慈的。"

## 命令人们食用佳美食品 受禁的食物

安拉命令穆民，如果他们是他的仆人，就应该食用他所赏赐的佳美食物，并感谢他。因为食用合法是祈祷和功修被接受的先决条件；吞食非法后的祈祷和功修不被接受。安拉的使者说："人们啊！安拉是美好的，所以他只接受美好的。安拉命令信士们曾给使者们所命令的事务。"使者遂念道："使者们啊！你们吃各种佳美的东西，并行善吧，我确知你们所做的。"（23：51）'有正信的人们啊！你们取食我赐予你们的佳美的（食物）'。"接着使者提到一个人，此人长途跋涉，满身尘埃，披头散发，举起双手高呼："我的主啊！我的主啊！……然而他的食物是非法的，饮品是非法的，衣物是非法的，并以非法的作为营养，他怎么会被应许呢？"[2]

安拉讲述对仆人的恩赐，指导仆人食用合法食物，同时指出他将自死物定为非法。"自死物"指没有通过屠宰而窒息死亡的动物，无论是摔死的、撞死的、跌死的、骑死的还是猛兽咬死的。经文特别提到海洋的死物，安拉说："海中的猎物和食物对于你们是合法的。"（5：96）[3]穆圣形容大海说："它，水是纯洁的，其中的死物是合法的。"[4]又说："我们可以吃两种死物：鱼类和蝗虫；两种血液：肝脏和脾脏。"[5]如果安拉意欲，我们将在《宴席章》注释这一问题。

（问题）伊玛目沙斐仪认为，自死物身上的奶和蛋是污秽，因为它们是自死物身上的一部分。伊玛目马立克认为，他们原本是纯洁的，但因为连带关系而成了污秽。学者们对自死物的凝奶酪也有不同断法，马立克学派的教法学家认为它是秽物。他们对圣门弟子们曾食用过拜火教徒的奶酪一事加以注解，格尔特宾说："饮品中若混合了少量不洁物，它仍然是清洁的。"[6]有人向先知请教动物脂肪、奶酪和野驴，先知说："合法是安拉在经典中制定的合法，非法是安拉在经典中制定的非法，经典中没有提及的，在蒙主原谅之例。"[7]

安拉还禁止吃猪肉，无论是屠宰的，还是窒息而死的。将猪的脂肪断为猪肉之例，一是按照惯例，二则脂肪原本属于肉，三则通过类比判断。

不以安拉的尊名所宰的一切动物都是非法的，即以偶像、石像名义，或经过抽签等蒙昧主义者的方法所宰的动物。有人请教阿伊莎，如何处理非穆斯林为他们的节日而宰牲，然后送给穆斯林的肉食品，阿伊莎说："你们不要吃因那一天而宰的，但可以吃他们的蔬菜。"[8]

## 被迫者可食用非法物

清高伟大的安拉说，穆斯林因势所迫，或没有其他食物时，可以食用非法的东西。"**凡为势所迫，非出自愿，且不过分的人**"，即被迫而在不违法、不过分的情况下，食用非法"**毫无罪过，因为安拉是至赦的，至慈的**"。穆佳黑德说："被迫者在不违法、不过分、不拦路抢劫、不背离伊玛目和不违背安拉的情况下，有此特许。如果在违法、过分和违背安拉而受困的情况下去食用非法，哪怕出于被迫，都是不允许的。"赛尔德等人认为，"**非出自愿**"指不把非法看成合法。[9]伊本·阿拔斯认为，经文指，在吃自死物时不出于自愿也不过分。格塔德认为如果能够避免，则不去自愿或过分地去吃自死物（只有在被迫情况下可食之）。[10]

---

（1）《哈提姆经注》1：225、226、227、228。
（2）《艾哈麦德按序圣训集》3：328；《穆斯林圣训实录》2：703；《提尔密济圣训全集诠释》8：333。
（3）《布哈里圣训实录诠释——造物主的启迪》6：152。
（4）《艾哈麦德按序圣训集》5：365；《穆宛塔》1：22；《艾布·达乌德圣训集》1：64；《提尔密济圣训全集诠释》《圣训大集》1：50；《伊本·马哲圣训集》1：136。
（5）《圣训集的阶层》2：173；《艾哈麦德按序圣训集》2：97；《伊本·马哲圣训集》2：1073；《达尔固特尼圣训集》4：272。
（6）《格尔特宾》2：221。
（7）《伊本·马哲圣训集》2：1117。
（8）《格尔特宾教律》2：224。
（9）《哈提姆经注》1：236。
（10）《泰伯里经注》3：324。

（问题）如果被迫者遇到这种情况：要么食自死物肉，要么在不伤害不掠夺的情况下食用别人的食物，那么他不能选择食用自死物，而应当吃别人的食物。伊本·马哲据欧巴德传述，欧巴德说：有一年，我们遭受饥荒，我便去了麦地那，我在那儿的一个园子里拿了些麦穗搓（去皮）吃，并在衣服中兜了一些。园子的主人发现后打了我，并扒去了我的衣服。我见到先知后，对先知说了这件事。先知对那人说："他饥饿时你没有给他吃，他无知时你没有教育他。"后来先知命园子的主人交还我的衣服，并命令给我施舍一担（或半担）粮食。(1) 有人向先知询问是否可食树上的果实，先知☪说："迫切需要者可以吃，但不能用衣服兜。"(2)

穆尕提里解释上述经文说："如果他被迫食用了非法，那么安拉会原谅的。"(3) 伊本·朱拜尔解释说："在被迫的情况下吃非法食品者，安拉是至恕的、至慈的，在人类无可奈何时，安拉将非法改成了合法。"(4) 穆斯鲁格说："被迫情况下没有吃喝（非法食物）而死去的人，要进入火狱。"(5)

说明：被迫者"必须吃"自死物，而不是"可以吃"。

❀ 174.隐瞒安拉的经典，而以廉价出卖它的人，只是把火吞进肚子里去，复生日，安拉既不和他们说话，也不净化他们，他们将遭受惨痛的刑罚。❀

❀ 175.这等人，以正道换取迷误，以赦宥换取刑罚，他们真能忍受火刑啊！❀

❀ 176.这是因为安拉本着真理降下经典，违背了经典的人们，确在遥远的分裂当中。❀

### 斥责隐瞒启示的犹太人

清高伟大的安拉说："隐瞒安拉的经典……的人"，即那些写伪经的犹太人，他们在伪经中隐瞒了原来记载在真经中有关穆圣☪的特征。这些特征证明，穆圣☪是肩负使命的先知。他们隐瞒这些经文的原因是，担心失去领导地位，往日毕恭毕敬的阿拉伯人不再给他们馈赠礼物。他们的首领担心一旦自己的伪面具被揭穿，人们不再跟随他们。所以，他们为了个人利益而隐瞒经典，以微不足道的代价出卖自己，在今后两世成了折本之人。

安拉在今世降示经文，树立明证，使人们了解到安拉的使者☪所讲的都是真理。然而，犹太人担心的事情还是发生了，人们纷纷跟随和支援先知，与先知并肩作战。所以，他们遭受了恼怒。安拉在经典中多次谴责他们，上述经文就属于此类经文。

"隐瞒安拉的经典，而以廉价出卖它的人"，"廉价"指今世的物品。"只是把火吞进肚子里去"。他们因今世隐瞒真理，将在后世吞食烈火。安拉说：❀ 那些不义地吞没孤儿财产的人，只是把火吞进自己肚腹中。❀（4：10）安拉的使者☪说："在金银器皿中吃饮，是将火狱的烈火'咕噜'到腹中。"(6)

"复生日，安拉既不和他们说话，也不净化他们，他们将遭受惨痛的刑罚。"他们因明知故犯地隐瞒真理而遭到安拉的恼怒，安拉因此不照顾他们，也不净化他们，即安拉不表扬他们，也不称赞他们，而要严惩他们。安拉接着表述他们说："这等人，以正道换取迷误"，即他们用正道换取了他物。"正道"指阐释经典，解明其中所记载的穆圣☪特征、圣品以及先知出世的预言，并紧紧跟随穆圣☪，相信穆圣☪。然而，他们却以正道作为代价，换取了迷误。"迷误"指否认穆圣☪、不跟随穆圣☪、隐瞒他们的经典中有关穆圣☪的记载。

"以赦宥换取刑罚"，即他们犯下种种罪行，用垂手可得的赦宥换取了惩罚。

"他们真能忍受火刑啊！"即安拉说，他们将承受威慑和严重的惩罚。看到他们的人感到奇怪，他们为何要自行去承受这些痛苦？求安拉保护我们免遭火刑。

"这是因为安拉本着真理降下经典"，他们应该遭受严惩，因为安拉曾给穆圣☪和以前的先知们降示经典，以便证实真理，戳破谬误，但这些人却将安拉的经文当成儿戏。他们的经典命令他们弘扬知识并宣传它，而他们却违背命令，隐瞒真理。安拉的使者☪号召他们走向安拉，命人行善，止人作恶，但他们否认使者、违背使者，并隐瞒他们的经典中对穆圣☪的叙述。他们将安拉降给众位使者的经文视为儿戏，因此他们应该遭受惩罚和警告。因此，安拉说："这是因为安拉本着真理降下经典，违背了经典的人们，确在遥远的分裂当中。"

❀ 177.你们把你们的脸转向东方和西方，都不是行善。行善是信安拉，信末日，信天使，信天经，信先知，并在喜爱它的情况下，将财产施舍给亲属、孤儿、赤贫者、旅行者、乞丐和赎取奴隶，并谨守拜功，完纳天课，履行约言，忍受穷困、患难和战斗。这等人，确实是诚实的；这等人，确实是敬畏的。❀

---

(1)《伊本·马哲圣训集》2：770。
(2)《提尔密济圣训全集诠释》4：510。
(3)《哈提姆经注》1：240。
(4)《哈提姆经注》1：240。
(5)《大圣训集》9：357。
(6)《布哈里圣训实录》5634；《穆斯林圣训实录》2065。

## 行 善

这段经文包括一些重要细节、宏观基础和正确信仰。

安拉命令穆斯林首先朝向远寺，又命令他们朝向禁寺，导致一些有经人和部分穆斯林难以理解，后来安拉降示经文，阐明其中的哲理。即绝对顺从安拉，服从他的命令，无论安拉命令他们朝向何方，他们都会遵从命令，恭顺不违。这就是行善、敬畏和完整的信仰。不因为服从主命而朝向东方或西方，并不代表行善和顺从。因此安拉说："**你们把你们的脸转向东方和西方，都不是行善。行善是信安拉，信末日……**"正如《古兰》论述献牲和牺牲：◈它的肉和它的血都不到达安拉，只有你们的敬畏才能到达他。◈（22：37）艾布·阿林说："犹太人的朝向曾经是西方，基督教的朝向曾经是东方，所以安拉说：'**你们把你们的脸转向东方或西方，都不是行善**'。"他说，这段经文不但论述信仰，而且论述善功。[1]

绍利说："经文所述的都是行善，诚实的人将获得安拉的怜悯，信仰这段经文的人则坚持了伊斯兰的一切明证，获得了一切幸福。它就是归信安拉，归信应受拜者，惟有安拉，并归信天使是安拉和他的众使者间的使节。"[2]

"**信天经**"，"**天经**"是一个同类名词，这里指安拉颁降给列圣的一切经典。监督这些天启经典的《古兰》是一切经典的终结，它涵盖了一切行善，包括了今后两世的幸福，革止了以前所有的经典，它号召人们归信从阿丹先知至万圣的封印——穆罕默德㕶的一切先知。愿安拉赐福安于他们全部。

"**并在喜爱它的情况下，将财产施舍给亲属**"，[3] 即在喜爱财产、渴望财产的情况下，将它施舍给他人。两圣训实录辑录，穆圣㕶说："最贵的施舍是在你健康、舍不得、希望富裕和害怕贫穷的情况下施舍财产。"[4] 安拉说：◈他们在爱他的情况下，把食物供给赤贫者、孤儿和俘虏。我们供你们饮食，只是为了安拉喜悦。我们不要你们还报或感谢。◈（76：8-9）又◈除非你们献出你们所喜爱的，否则你们绝不会达到正义。◈（3：92）◈并且，对迁士所获得的，在他们的心中没有怨恨，他们即便自己有特需，也要舍己让人。◈（59：9）比此境界高一筹的是在自己万般无奈的情况下舍己为人，这些人将自己喜爱的东西让给别人。

"**亲属**"即亲戚。他们最有权接受施舍。安拉的使者㕶说："给赤贫者施舍，是一个善行；给亲属施舍是两个（善行）——施舍和接恤亲情。他们是最应该得到你们善待和施舍的人。"[5] 安拉在经典中多处命令人们善待亲戚。

"**孤儿**"，即没有供养者、还没有达到谋生年龄的儿童。他们的父亲已经去世。穆圣㕶说："成年之后，不再算孤儿。"[6]

"**赤贫者**"，即没有足够的生活资料的人，他们应该得到帮助，以解决需求。安拉的使者㕶说："赤贫者不是为了一两个枣、一两口食物而四处讨要的人；赤贫者是有了困难后没有被别人知晓，也没有得到帮助的人。"[7]

"**旅行者**"，指断绝盘缠、处于困境的旅客，他们应该获得足够的资助，使其回到家乡；为

---
（1）《哈提姆经注》1：251。
（2）《哈提姆经注》1：253。
（3）其他正文中的"他"多指安拉，但有时应理解为"它"，如本节经文此处及76：8-9等处。"它"指财产。阿语中没有专门的指物名词，"他"与"它"是同一个单词。——译者注
（4）《布哈里圣训实录诠释——造物主的启迪》3：334；《穆斯林圣训实录》2：712。
（5）《艾哈麦德按序圣训集》4：214。
（6）《阿卜杜·兰扎格经注》6：416。
（7）《布哈里圣训实录诠释——造物主的启迪》3：399；《穆斯林圣训实录》2：719。

正义事业出门的穆斯林也应该获得足以往返的资助；客人亦然。伊本·阿拔斯、穆佳黑德、赛尔德·本·朱拜尔、艾布·贾法尔、哈桑、格塔德、端哈克、载海勒、莱毕尔·本·艾奈斯、穆尕提里·本·罕雅尼说："旅客是穆斯林的访客。"(1)

"乞丐"，即向别人讨要的人，他们可以获得天课和施舍。

"赎取奴隶"，这里的奴隶指与主人立约，待交付定额钱财后获得自由的人。这里指赎取那些在履约中没有能力交付定额钱财的人。如果安拉意欲，我们将在《忏悔章》详述应该接受资助的各种人。

"并谨守拜功"，即他们以法定的可佳形式，谦恭、稳重地按时履行礼拜，并认真完成其中的鞠躬和叩头。

"完纳天课"，即交纳财产课税。(2)

"履行约言"，即《那些履行安拉的约言，不背弃誓言的人，》（13：20）其反义是阳奉阴违（伪信），圣训："伪信士的标志有三个：说话就撒谎，立约就爽约，受托就失信。"(3) 另一段圣训说："说话时撒谎；立约时失信；争论时作恶。"(4)

"穷困、患难"，即在贫困和生病的时刻。

"战斗"，指战时的状况。(5)

"忍受"一词处于宾格，以表示褒扬和鼓励坚忍，因为上述困境是人类难以逾越的。安拉至知。祈求安拉襄助我们，我们只托靠他。

"这等人，确实是诚实的"，指具备上述特征的人，在信仰方面是诚实的。因为他们以自己的言行证实了内心的信仰，所以说他们是诚实的。

"这等人，确实是敬畏的"，因为他们远离了一切非法，干了许多善功。

《 178.有正信的人们啊！杀人抵罪已经成为你们的定制，自由民抵偿自由民，奴隶抵偿奴隶，妇女抵偿妇女。如果（受害者的亲属）对他的兄弟有所宽赦，那么，（一方）应该合理地要求，（另一方）善意地交付。这是你们主的减轻和怜悯。此后，过分的人将受痛苦的刑法。》

《 179.有理智的人们啊！你们在抵偿制中可获生机，以便你们敬畏。》

## 命令实行抵偿制，阐明其中的裨益

清高伟大的安拉说，信士们啊！我已为你们制定了抵偿制，自由民抵偿自由民，奴隶抵偿奴隶，妇女抵偿妇女，你们不可仿效前人更改法律，超越法度。其中的原因是，在蒙昧时代，奈最勒人征服了格磊作人（两个犹太部落），前者中的一人杀死后者中的一人时，不予抵命，仅以一百担枣作为抵偿；后者中的一人杀死前者中的一人时要偿命，交赎金时须交二百担枣，是对方的两倍。后来安拉命令人们公正履行抵偿制，不可效法腐败的前人，那些前人出于不信和嫉妒，违背并篡改安拉的法律。安拉说："杀人抵罪已经成为你们的定制，自由民抵偿自由民，奴隶抵偿奴隶，妇女抵偿妇女。"其中"自由民抵偿自由民，奴隶抵偿奴隶，妇女抵偿妇女"被"以命抵命"所革止（取代）。大部分学者认为穆斯林不为隐昧者抵命，因为穆圣说："穆斯林不因隐昧者抵命。"(6) 与此相悖的一切圣训或解释都不正确。艾布·哈尼法认为，穆斯林可以为隐昧者抵命，因为遵循《宴席章》的经文的宏观意义。

（问题）四大伊玛目和学者们都认为，群体杀害一人后，须群体抵命。欧麦尔曾处死杀害一位青年的七名凶手，并说，倘若萨那城的人共同谋害他，他将处死他们全部。当时的圣门弟子没有一人对此提出异议。所以，处死谋害个人的群体，属于公决。伊玛目艾哈麦德有一个传述："一群凶手不为一个受害者而抵命，只能一命抵一命。"

"如果（受害者的亲属）对他的兄弟有所宽赦，那么，（一方）应该合理地要求，（另一方）善意地交付"，即宽赦故意杀人犯赔偿的命价。(7)

伊本·阿拔斯认为"宽赦"指接受命价，让本应去抵命的杀人者活命。(8)

"合理地要求"，指在索要命价时善意的要求。

"（另一方）善意地交付"，指杀人者不能伤害索要者，不能与之发生摩擦，即相互公平。

## 尸亲的三个特权

"这是你们主的减轻和怜悯。"安拉说，为了减轻你们的负担并怜悯你们，我规定故意杀人者可交纳命价。而以前的民族则必须抵命或必须原谅，没有选择的余地。伊本·阿拔斯说："以色列的后裔杀人后必须偿命，他们之间不存在原谅。"安拉

---

(1)《哈提姆经注》1：259、260。
(2)《哈提姆经注》1：264。
(3)《穆斯林圣训实录》1：78。
(4)《穆斯林圣训实录》1：78。
(5)《哈提姆经注》1：270、271；《泰伯里经注》3：355。
(6)《布哈里圣训实录》111。
(7)《哈提姆经注》1：278、279；《泰伯里经注》3：368。
(8)《哈提姆经注》1：280。

对穆斯林民族说:"杀人抵罪已经成为你们的定制,自由民抵偿自由民,奴隶抵偿奴隶,妇女抵偿妇女。如果对他的兄弟有所宽赦……""宽赦",指接受故意杀人者所交纳的命价。(1)

"这是你们主的减轻",格塔德读了这段经文后说:"安拉怜悯了这个民族,允许他们享用命价,而它对以前的任何民族都是不允许的。履行《讨拉特》的人必须偿命或原谅,不能缴纳赎金;履行《引支勒》的人奉命必须原谅。而穆圣的民族可以偿命,可以原谅,也可以缴纳赎金。"(2)

"此后,过分的人将受痛苦的刑法。"安拉说,拿了或接受了命价之后再杀人者,将遭受来自安拉的严惩。格塔德等认为,拿了命价之后,再杀人者,必受严惩。(3)

## 抵偿制的益处及哲理

清高伟大的安拉说,制定抵偿制,即以命抵命中确有深奥的哲理。换言之,可确保生命安全。因为凶手一旦知道自己将面临的结局,必然会放下屠刀,从而可以确保他人的生命。以前的各经典说,杀死凶手是保护他人生命的最佳方法。但《古兰》规定这一法律的经文更加深刻和简明:"**你们在抵偿制中可获生机**"。艾布·阿林说:"安拉为了保护生命而制定了抵偿制,人们在产生行凶杀人的恶念时,会因为害怕偿命而停止行凶。"(4)

"有理智的人们啊!你们在抵偿制中可获生机,以便你们敬畏。"学者们说,经文的意思是有智慧、理解力和才华的人们啊!希望你们远离安拉规定的非法事物,放下屠刀。"**敬畏**"是一个表示行善止恶的广义词。

⟪ 180.你们当中若有人临终时留有遗产,那么,应当为双亲和至亲而秉公遗嘱,这已成为你们的定制,是敬畏者的义务。⟫

⟪ 181.听到遗嘱后,谁篡改遗嘱,谁负篡改的罪责。安拉确实是全听的,确实是全知的。⟫

⟪ 182.若担心立嘱者偏袒或枉法,而为其亲属调节,是毫无罪过的。安拉确实是至赦的,至慈的。⟫

---
(1)《赛尔德·本·曼苏尔圣训集》2:652;《伊本·罕巴尼圣训实录》7:601。
(2)《哈提姆经注》1:284、285。
(3)《哈提姆经注》1:287、288、289。
(4)《哈提姆经注》1:290、291、292。

## 命令为双亲和近亲立嘱继承权经文 对此段经文的革止

这段经文包含对双亲和近亲遗嘱的命令,在遗嘱的经文降示之前,临终者的遗嘱是当然。安拉降示遗产的经文后,这一断法被革止。安拉规定,法定继承人在没有亡者立嘱的情况下,理所当然地继承遗产。阿慕尔·本·哈磊杰说:"我听安拉的使者㊥在演讲:'安拉将授权益于每个应受权益之人,继承人无须遗嘱(就可继承其直系亲属)。'"(5)

伊本·阿拔斯曾坐着诵读《黄牛章》,读到"**你们当中若有人临终时留有遗产,那么,应当为双亲和至亲而秉公遗嘱**"时,他说:"这段经文被革止了。"(6)

伊本·阿拔斯说:这段经文被⟪无论财产多寡,在父母和近亲的遗产当中,一部分是给男子的,一部分是给妇女的。(这是)法定的份额。⟫(4:7)革止了。伊本·欧麦尔等著名的圣门弟

---
(5)《提尔密济圣训全集诠释》2:313;《圣训大集》2:247;《伊本·马哲圣训集》2:905。
(6)《赛尔德·本·曼苏尔圣训集》2:663;《哈肯圣训遗补》2:273。

子们也说："这段经文已经被遗产的经文所革止。"(1)

## 对一般不继承的亲属立嘱

有关遗嘱的概括性经文，鼓励人们以三分之一的财产为那些没有继承权的亲属立嘱，安拉的使者☪说："任何一位穆斯林，若拥有值得立嘱的财产，而他还要生活两夜，就得写好遗嘱。"伊本·欧麦尔说："我听安拉的使者☪讲了这番话后，每夜都留遗嘱过夜。"命人善待亲属的《古兰》经文和圣训不胜枚举。(2)

## 合理的遗嘱

合理指不偏不倚地立嘱，不给继承人带来困难。赛尔德说："安拉的使者啊！我有一些财产，只有一个女儿继承我，我可以将三分之二财产写入遗嘱（施舍出去）吗？"使者说："不行。"赛尔德又问："一半行吗？"使者说："一半也不行。"他又问："三分之一行吗？"使者说："三分之一，但三分之一也太多了。对你来说，留下富裕的继承人比留下贫穷的、向人伸手的继承人更好。"(3) 伊本·阿拔斯说："但愿人们不将三分之一写入遗嘱，仅仅将四分之一写入遗嘱该多好。因为安拉的使者☪说：'三分之一，三分之一也太多了。'"(4)

"听到遗嘱后，谁篡改遗嘱，谁负篡改的罪责。安拉确实是全听的，确实是全知的。"安拉说，更改遗嘱或更改有关遗嘱的断法，并在其中增减的人，是负罪的。隐瞒遗嘱的人，更应该负有罪责。

"谁篡改遗嘱，谁负篡改的罪责。"伊本·阿拔斯说："那么，亡者将会得到安拉的报酬，更改遗嘱的人负有罪责。"(5)

"安拉确实是全听的，确实是全知的。"安拉彻知亡人的遗嘱，也知道其他人对遗嘱的更改。

"若担心立嘱者偏袒或枉法。"伊本·阿拔斯、穆佳黑德、端哈克、赛丁伊等人认为**偏袒**指各种错误，比如通过某种媒介或方式，超额给继承人立嘱；又譬如立嘱人处于偏袒，吩咐继承人出售遗产中的某一部分；或给外孙立嘱，以便让女儿

得到更多遗产等措施，也指无意间发生的错误，比如由于立嘱人的性格、溺爱造成的，或是故意的错误。在这情况下，执行遗嘱的人应该进行调节，按照教法规定，公正地执行遗嘱，调节者要考虑立嘱者的目的，并且要履行教法。但这种调节和调停不属于更改，因此，经文接连提到偏袒和犯罪，从而说明它们是受禁的。以便让人们知道，原则问题上毫无变通的余地。安拉至知。(6)

## 公正立嘱的优越

安拉的使者☪说："有人确实干了七十年善功，后来他在立嘱中不公正，从而以恶人的身份结束了生命，坠入火狱；有人确实干了七十年恶人的工作，后来因公正立嘱，从而以善人的身份结束了生命，进入乐园。"艾布·胡莱赖说："如果你们愿意，请念'那是安拉的法度，故你们不要超越它'这段经文。"(7)

❨183.有正信的人们啊！斋戒已成为你们的定制，犹如它曾成为前人的定制一样，以便你们敬畏。❩

❨184.可数的一些日子，你们当中的病人或旅行者，当依所缺的日数补斋。不能封斋者，当纳赎金，即给一个贫民供食。额外行善者，必获得更多的报酬，斋戒对你们是更好的，如果你们知道。❩

## 命令斋戒

安拉命令信士们坚持斋戒。"**斋戒**"指为了安拉虔诚举意，不吃饮、不进行房事。因为斋戒可以明心养性，培养美德，提高素质。安拉说，他对穆斯林制定了斋戒，正如为他们之前的其他民族制定那样。而穆斯林在其中应该起到表率作用。所以，穆斯林应该比前人更优秀地完成这一功课。正如安拉所述：❨我已为你们每一个规定了一套法律和一条道路。如果安拉意欲，他就使你们成为一个民族。不过他要用他赐给你们的来考验你们。所以，你们要竞相行善。你们大家的归宿只在安拉那里，他将告诉给你们你们所争论的。❩（5：48）因此，经文在此说："**有正信的人们啊！斋戒已成为你们的定制，犹如它曾成为前人的定制一样，以便你们敬畏。**"因为斋戒可以净化身心，使恶魔失去教唆的机会。穆圣☪说："广大青年们啊！你们有能力结婚的人应当结婚，没有能力的人应当封斋，因为

---

(1)《哈提姆经注》1：301、302、303；《泰伯里经注》3：391、389。
(2)《布哈里圣训实录诠释——造物主的启迪》5：419；《穆斯林圣训实录》3：1249、1250。
(3)《布哈里圣训实录诠释——造物主的启迪》5：724；《穆斯林圣训实录》3：1250。
(4)《布哈里圣训实录》2743。
(5)《泰伯里经注》3：397。

(6)《哈提姆经注》1：310、311。
(7)《阿卜杜·兰扎格经注》9：88。

斋戒对他而言，就是抑制。"(1)然后，经文阐明了斋戒的期限，即"**可数的一些日子**"，以免给人们造成困难，而无法承受和履行。

阿伊莎说："人们曾在阿舒拉之日封斋，莱麦丹月的斋戒成为主命后，人们想封阿舒拉时就封，不想封时不封。"(2)

"**不能封斋者，当纳赎金，即给一个贫民供食。**"穆阿兹说："经文命令人们封斋之初，想封的人封，不想封的人不封，但要每天给一位穷人提供食物。"

布哈里传述："'**不能封斋者，当纳赎金，即给一个贫民供食**'降示后，想开斋的人出赎金。后来的经文降示后，便革止了它。"伊本·欧麦尔说："这段经文是被革止的。"(3)

"**不能封斋者**"，指有困难的人。阿卜杜拉说："想封的人封，想开斋的人开斋，但要给一位穷人提供食物。"(4)

阿卜杜拉认为，"**额外行善者**"指给另一位穷人提供食物，施舍对于他是更好的。

"**斋戒对你们是更好的**"，圣门弟子们一直遵循这段经文，后来安拉降示"**你们中凡遇见此月的人，都应封斋**"，革止了它。

### 没有能力的人和年龄大的人可以交纳赎金

"**不能封斋者，当纳赎金，即给一个贫民供食。**"伊本·阿拔斯说："这段经文并没有被革止，它是为没有能力的年迈男女而降示的。这两种人应该每天给一位穷人提供食物。"(5)概言之，这段经文被"**你们中凡遇见此月的人，都应封斋**"所革止，因为身体健康的居家者必须封斋。没有能力封斋的老年人，可以开斋，也不必还补，因为他不可能重新有还补斋戒的能力，但是他必须出赎金。基于伊本·阿拔斯等先贤对"**不能封斋者**"的解释，没有能力者可以纳赎金。(6)布哈里辑录："年迈者没有能力时，可纳赎金。因为艾奈斯在其晚年每天为穷人提供食物，坚持了一至两年。所提供的食物包括饼子和肉，此间他们封斋。"(7)

另一传述中说："艾奈斯没有封斋能力时，做了一盘羊肉泡馍，请三十位穷人享用。"(8)孕妇、给孩子哺乳的妇女，担心封斋给自己或孩子身体造成伤害时，只需出赎金，无须还补。

《 **185.莱麦丹月，《古兰》颁降，引导人类，昭示明证，辨别真伪。你们中凡遇见此月的人，都应封斋。病人和旅行的人，应当择日还补。安拉意欲你们容易，不欲你们繁难。以便你们完美期限，并且因为安拉对你们的引导而赞美他，以便你们感谢。** 》

### 莱麦丹月的尊贵 《古兰》在莱麦丹月降示

安拉使莱麦丹月比其他月份优越，选择于此月降示伟大的《古兰》。圣训说，安拉在莱麦丹月给列圣颁降了经典。安拉的使者㕙说："伊布拉欣的册簿颁降于莱麦丹月第一夜，《讨拉特》颁降于莱麦丹月第六夜，《引支勒》颁降于莱麦丹月第十三夜，《古兰》颁降于莱麦丹月第二十四夜。"(9)

### 《古兰》的尊贵

"**引导人类，昭示明证，辨别真伪。**"这是对《古兰》的赞美。安拉颁降它，以便引导那些归信他、相信他、遵循他的道路的人。

"**昭示明证**"，即《古兰》是对理解它、参悟它的人们的明证，并证明它所带来的一切都是真理，它所指出的正道与迷误互不相容，真理与谬论不能共存，同时辨别了真理与谬误、合法与非法。

### 莱麦丹月必须封斋

"**你们中凡遇见此月的人，都应封斋。**"这段经文明确规定，见证莱麦丹月新月的人，必须封斋。即莱麦丹月来临时，身体健康的居家者必须封斋。这段经文革止了上述允许身体健康者和居家者不封斋而每天给一位穷人提供食物的经文。经文规定了斋戒后，重新提到病人和旅客在择日还补的条件下可以不封斋的特权，说："**病人和旅行的人，应当择日还补**"，即因生病而有困难的人，或担心身体不适的人，以及旅行的人都可以不封斋，但必须择日还补旅行中所缺的斋。因此，安拉说："**安拉意欲你们容易，不欲你们繁难。**"身体健康的居家者必须封斋；伊斯兰许可生病和旅行的人不封斋，以方便和慈悯人类。

### 有关旅行中封斋的问题

安拉的使者㕙在莱麦丹月出征，去解放麦加，

---

(1)《布哈里圣训实录诠释——造物主的启迪》9：8；《穆斯林圣训实录》2：1018。
(2)《布哈里圣训实录诠释——造物主的启迪》8：26；《穆斯林圣训实录》2：792。
(3)《布哈里圣训实录诠释——造物主的启迪》8：29。
(4)《布哈里圣训实录诠释——造物主的启迪》8：28。
(5)《布哈里圣训实录诠释——造物主的启迪》8：218。
(6)《泰伯里经注》3：431。
(7)《布哈里圣训实录诠释——造物主的启迪》8：179。
(8)《艾布·叶尔俩圣训集》7：204。

(9)《艾哈麦德按序圣训集》4：107。

行到凯迪德时开了斋,并命令众人开斋。(1) 此中的命令意味着让人们自由选择,而不是绝对的命令。因为圣门弟子们在莱麦丹月和安拉的使者☆出征时,正如传述者所说:"我们中有封斋的人,有开斋的人。"使者既没有褒扬封斋者,也没有贬低开斋者。倘若开斋是必须的,使者一定会对封斋者提出异议。然而事实证明使者有时在类似情况下封斋。两圣训实录辑录,艾布·德尔达伊说:"我们曾在炎热的莱麦丹月和安拉的使者☆出征,有的人因为炎热而将他的手置于头部,那时只有安拉的使者☆和阿卜杜拉·本·勒瓦赫封斋。"(2)

鉴于伊斯兰的特许,旅行中最好不封斋。有人向安拉的使者☆请教旅行中的封斋,使者说:"开斋者很好,封斋者无妨。"(3)又说:"你们当享受安拉赐给你们的特权。"(4)有人说开斋和封斋是一样的。因为阿伊莎传述,海穆宰·本·阿慕尔说:"安拉的使者啊!我经常封斋,我可以在旅行中封斋吗?"使者☆说:"如果你愿意,你就封斋,如果你愿意,你就开斋。"(5)有人说,如果封斋有困难,那么开斋更贵重,因为安拉的使者☆看到有人给一个人遮荫,便问:"这是怎么回事?"圣门弟子们说:"他是封斋者。"使者说:"旅行中封斋并非善举。"(6)

如果有人忽略了圣行,并认为自己的内心憎恶开斋,则必须开斋,封斋对他是非法的。他无须连续还补,可以择日还补,也可以连日还补。有证据证明,莱麦丹月中必须连续封斋,是由于时间所限。莱麦丹月结束之后,则只需还补所缺斋戒,无须连续。因此,经文说:"应当择日还补。"

### 倡导宽容 摈弃繁难

经文接着说:"**安拉意欲你们容易,不欲你们繁难。**"安拉的使者☆说:"你们当使人容易,不要使人繁难,使人镇静,不要把人吓跑。"(7)使者派穆阿兹和艾布·穆萨去也门前对他俩说:"你俩要给人报喜,不要把人吓跑,要使人容易,不要令人繁难,你俩要相互听从,不要相互悖逆。"(8)

"**安拉意欲你们容易,不欲你们繁难。以便你们完美期限**",即在你们生病、旅行和类似情况下,安拉允许你们开斋,从而给你们提供方便,安拉又命令你们还补,以便你们全美月份的期限。

### 记念安拉使人完成功课

"**并且因为安拉对你们的引导而赞美他**",即在完成功课时,你们应当感谢安拉。正如安拉所言:《当你们完成功课时,要像记念你们的祖先那样记念安拉,或更深刻的记念。》(2:200)《当礼拜完毕时,你们就散布到大地上,去寻求安拉的恩惠,你们要多多记念安拉,以便你们成功。》(62:10)《并且要在日出和日落之前赞念你的主,在夜间的一部分时间赞念他,在叩拜之后赞念他。》(50:39-40)等经文。圣训提倡在礼完主命拜后念"赞美安拉"、"感赞安拉"和"赞主伟大"。伊本·阿拔斯说,据我们所知,穆圣☆在拜后只念"赞主伟大"。(9)因此,许多学者鉴于"**因为安拉对你们的引导而赞美他**"和"**以便你们感谢**"的教诲而规定,开斋节必须念赞主词。即如果你们遵循安拉的命令,履行了天命,远离了非法,遵守了法度,你们就可能因此而成为感谢者。

《186.当我的仆人向你询问我的时候,你当告诉他们,我是临近的。当他祈求我时,我应答祈求者的恳求。所以,让他们响应我,归信我,以便他们得正道。》

### 安拉倾听众仆的祈求

艾布·穆萨传述,我们曾随安拉的使者☆出征,当我们登上一个高地或下到一块谷地时,便高声赞美安拉,安拉的使者☆走近我们说:"人们啊!你们当降低声音,因为你们并非祈求聋子和不在场的,你们只祈祷全听全观的安拉。你们所祈求的安拉比你们坐骑的脖子更接近你们。阿卜杜拉·本·凯思啊!我教授你来自乐园宝库中的一个警句好吗?(它是)没有办法,也没有力量,惟凭安拉。"(10)先知☆又说:"伟大的安拉说:'我与仆人的猜测同在;他祈求我时,我与

---

(1)《布哈里圣训实录诠释——造物主的启迪》3:213;《穆斯林圣训实录》2:784。
(2)《布哈里圣训实录诠释——造物主的启迪》4:215;《穆斯林圣训实录》2:790。
(3)《穆斯林圣训实录》2:290。
(4)《穆斯林圣训实录》2:786。
(5)《布哈里圣训实录诠释——造物主的启迪》4:211;《穆斯林圣训实录》2:789。
(6)《布哈里圣训实录诠释——造物主的启迪》4:216;《穆斯林圣训实录》2:786。
(7)《艾哈麦德按序圣训集》3:131、209;《布哈里圣训实录诠释——造物主的启迪》10:145;《穆斯林圣训实录》3:1359。
(8)《布哈里圣训实录诠释——造物主的启迪》7:660;《穆斯林圣训实录》3:1587。
(9)《布哈里圣训实录》842。
(10)《艾哈麦德按序圣训集》4:402;《布哈里圣训实录诠释——造物主的启迪》2:509;《穆斯林圣训实录》4:2076。

## 祈求不遭拒绝

穆圣㊚说:"只要一位穆斯林不以犯罪或断绝亲情的祷词祈求安拉,安拉必赐他三个特许之一:迅速应允他、等到后世应允他、消除面临的灾害。"圣门弟子们说:"如果我们多祈祷呢?"先知说:"安拉的应允是更多的。"(2)

穆圣㊚说:"只要大地上有一位穆斯林祈求安拉,安拉必恩赐他,或消除面临的灾害,只要他不以犯罪或断绝亲情为目的而祈求。"(3)

安拉的使者㊚说:"只要你们中的任何人不着急,安拉会应允他的。即他不要说:'我祈求了但未获应允。'"(4)

穆圣㊚又说:"只要仆人不以犯罪和断绝亲情祈求,并且他不着急,安拉必会应允此仆人的。"有人问:"安拉的使者啊!何谓着急?"使者说:"他说:'我祈求了,我祈求了,但未见应允。'他因此而懊丧,不再祈求。"(5)

## 三种人的祈求不被拒绝

安拉的使者㊚说:"三种人的祈求不被拒绝:公正的伊玛目,开斋前的封斋者,受亏者。末日,安拉让它(他们的祈求)穿云过雾,日月经天,天门为之打开,他(安拉)说:'以我的尊严发誓,我必襄助他,哪怕时过境迁。'"(6)

◈ 187.斋戒(期)的夜晚,准许你们接近你们的妻室。她们是你们的衣服,你们是她们的衣服。安拉知道你们常在暗中自欺,但他准许了你们的忏悔,原谅了你们。现在,你们可以和她们交接,寻求安拉所规定给你们的,并且吃和喝吧,直到你们可以辨别黎明时的白线和黑线。然后你们完成斋戒,直到夜晚,你们在清真寺驻静时不要接近她们。那是安拉的法度,所以你们不要触犯它。安拉就这样为人类解明他的种种迹象,以便他们敬畏。◈

---

(1)《艾哈麦德按序圣训集》3:210。
(2)《艾哈麦德按序圣训集》3:18。
(3)《艾哈麦德按序圣训集》5:329;《提尔密济圣训全集诠释》10:24。
(4)《艾哈麦德按序圣训集》2:396;《布哈里圣训实录诠释——造物主的启迪》11:145;《穆斯林圣训实录》4:2095。
(5)《穆斯林圣训实录》4:2096。
(6)《艾哈麦德按序圣训集》3:544;《提尔密济圣训全集诠释》7:229;《伊本·马哲圣训集》1:557。

## 莱麦丹月的夜晚允许吃饮和房事

这是安拉对穆斯林的特许,它消除了伊斯兰初期的困难。当初,他们只可以在开斋至宵礼期间吃饮和房事,或此(宵礼)前睡觉,当他睡了觉或礼了宵礼后,不能吃饮和房事,直至次日。这给圣门弟子们带来了困难。"接近"指房事。

伊本·阿拔斯等认为,"她们是你们的衣服,你们是她们的衣服"指她们是你们的慰借,你们是她们的慰借。(7)莱毕尔解释为:她们是你们的被子,你们是她们的被子。概而言之,夫妻相濡以沫,相亲相爱,同床共枕,所以,应该允许他们在莱麦丹月交接,以免造成困难。

白拉伊说,当初,圣门弟子们若在开斋前睡着了,便不再吃饮,直至次日。盖斯曾封着斋,白天在地里劳动,他在开斋时问妻子,你这里有食物吗?她说,没有,不过我可以去给你找一些。后来盖斯疲倦地睡着了,他的妻子回来看到他已经睡着了,便说,你真不幸,你睡着了吗?到了中午,盖斯晕倒了。有人对安拉的使者㊚提到此事,此后,"斋戒(期)的夜晚,准许你们接近你们的妻

---

(7)《哈提姆经注》1:367、368、369、370、371。

**室……并且吃和喝吧，直到你们可以辨别黎明时的白线和黑线**”颁降了。众人因此而欢呼雀跃。[1]

布哈里传述：莱麦丹月的斋戒成为定制后，他们整月不临近妻室，但有些人却昧着自己（的良心），后来安拉降示了：“**安拉知道你们常在暗中自欺，但他准许了你们的忏悔，原谅了你们。现在，你们可以和她们交接。**”[2]

伊本·阿拔斯说：“当初在莱麦丹月穆斯林礼完宵礼后不能接近妻室和饮食。直至次日（开斋时间）。但有些人却接近了妻室和食物。欧麦尔是这些人之一。后来他们向安拉的使者ﷺ诉说了这一情况，安拉因此而降谕道：“**安拉知道你们常在暗中自欺，但他准许了你们的忏悔，原谅了你们。现在，你们可以和她们交接。**”[3]

“**寻求安拉所规定给你们的。**”艾布·胡莱赖等认为经文指你们向安拉要求儿女。[4]格塔德解释为：你们当追求安拉的特许。他还认为经文指安拉给你们制定的合法事物。

## 封斋饭的最后期限

“**并且吃和喝吧，直到你们可以辨别黎明时的白线和黑线。**”安拉允许封斋的人可以在夜晚时刻吃饮、进行房事，直至黎明的曙光在黑暗的天际出现。安拉将这一（天文）现象比作黑线和白线，并以“**黎明**”阐述了它。赛海里传述：“‘**并且吃和喝吧，直到你们可以辨别白线和黑线**’颁降后，‘**黎明**’还没有颁降，一些举意封斋的人们就在两脚上绑上白线和黑线，然后吃饮，直到能辨别黑白两线。后来安拉颁降‘**黎明**’后，人们才知道白线和黑线指的是白天和夜晚（分界限）。”[5]

布哈里传述，阿丁伊拿了一根白绳和一根黑绳，到半夜里看，没看出结果来（它们如何分明），早晨他来见先知说：“安拉的使者啊！我将它放到了枕头下面……”使者听后说：“你的枕头好宽啊！竟容得下黑白两线。”[6][7]

另一传述中说：“你的脑袋好宽啊！”[8]有人解释为你的智力真差，但这种解释并不可靠。黑线和白线实指天际的黎明，你的枕头（或你的头）哪有那么宽呢？安拉至知。阿丁伊传述，我问：“安拉的使者啊！白线和黑线各指什么？它们指两根线吗？”使者说：“如果你能看到这两条线，你的脑袋就太宽了。”使者接着说：“它们指夜的黑和昼的白。”[9]

## 提倡吃封斋饭及吃饭时间

安拉允许封斋者在黎明前吃饮。说明伊斯兰提倡吃封斋饭（赛海勒），因为吃封斋饭是一种特权，而享受特权是伊斯兰所倡导的。安拉的使者ﷺ说：“你们当吃封斋饭，因为封斋饭中有白勒克提（吉祥、福分）。”[10]安拉的使者ﷺ说：“我们的斋戒与有经人的斋戒间的区别是吃封斋饭。”[11]又说：“吃封斋饭是一种白勒克提，故你们不要放弃它，哪怕喝一口水。因为安拉和他的众天使在赞美吃封斋饭的人。”[12]提倡吃封斋饭的圣训很多，有些圣训提倡即使喝一口水，以便加入吃斋饭者的行列。

伊斯兰提倡将封斋饭的时间推至黎明破晓之前，正如栽德传述的圣训：“我们曾同穆圣ﷺ一起吃封斋饭，饭后一起礼拜。”艾奈斯说，我问栽德：“宣礼和封斋饭之间相隔多长时间？”栽德答道：“（念）五十段经文的时间。”[13]

有许多先贤传述，他们曾将封斋饭延迟到黎明之前。

安拉的使者ﷺ说：“你们不要因比拉勒的宣礼而停止封斋饭，因为他的宣礼在夜间，你们当吃喝，直至听到伊本·乌姆·麦克图姆的宣礼。因为他的宣礼几近黎明破晓之时。”[14]

安拉的使者ﷺ说：“黎明并非天边（出现）亮光，而是红光的出现。”[15]

艾布·达乌德和提尔密济传述：“你们当吃喝，不要因为天边的亮光而惊慌，你们可以吃喝至红光出现。”[16]

安拉的使者ﷺ说：“你们不要因比拉勒的宣礼和这个白线（黎明）而困惑，直至晨曦普照。”[17]

---

（1）《泰伯里经注》3：490。
（2）《布哈里圣训实录诠释——造物主的启迪》8：30。
（3）《泰伯里经注》3：496、498。
（4）《哈提姆经注》1：377、378；《泰伯里经注》3：506、507。
（5）《布哈里圣训实录诠释——造物主的启迪》8：31。
（6）先知ﷺ所说的黑白两线，指黎明的曙光和黑暗的天际。——译者注
（7）《布哈里圣训实录诠释——造物主的启迪》8：31。
（8）《布哈里圣训实录诠释——造物主的启迪》8：31。
（9）《布哈里圣训实录诠释——造物主的启迪》8：31。
（10）《布哈里圣训实录诠释——造物主的启迪》4：165；《穆斯林圣训实录》2：770。
（11）《穆斯林圣训实录》2：771。
（12）《艾哈麦德按序圣训集》3：44。
（13）《布哈里圣训实录诠释——造物主的启迪》4：164；《穆斯林圣训实录》2：771。
（14）《布哈里圣训实录诠释——造物主的启迪》4：162；《穆斯林圣训实录》2：768。
（15）《艾哈麦德按序圣训集》4：23。
（16）《提尔密济圣训全集诠释》3：389。
（17）《泰伯里经注》3：517；《穆斯林圣训实录》2：769。

## 清晨起床时无大净的人可以封斋

安拉将黎明时分定为封斋者停止房事和吃饮的最后时限，从而证明起床时无大净的人无妨洗大净并完成斋戒。这是四大教法学派以及前辈和后辈众学者的主张。圣妻阿伊莎和乌姆·赛莱迈传述，安拉的使者☪早上因为房事（不是因梦遗）而没有带大净，他（起床后）洗大净并封斋。乌姆·赛莱迈传述，（在此情况下）他（先知）不开斋，也不还补。(1)

阿伊莎传述，有人问："安拉的使者啊！礼拜时间到来时我无大净，我能封斋吗？"使者☪说："礼拜时间到来时我也会无大净，但我要封斋。"此人说："安拉的使者啊，我们与你不同，安拉已为你宽恕了你的前前后后的一切罪恶。"使者说："以安拉发誓，我确实希望我是你们中最敬畏安拉之人，最清楚自己所防备的结局之人。"(2)

## 夜晚来临时停止斋戒，立即开斋

清高伟大的安拉说："**然后你们完成斋戒，直到夜晚。**"教法规定日落时必须开斋，正如穆圣☪所述："当夜从这边迎来，昼从那边去时，封斋者就可开斋。"(3)

安拉的使者☪说："只要人们急忙开斋，他们就是幸福的。"(4)

穆圣☪说："尊严伟大的安拉说：'我最喜爱的仆人是（开斋时间已到）最急于开斋的人。'"(5)

## 禁止连续封斋

圣训禁止连续封斋，即一日接一日地封斋，其间不吃食物。艾布·胡莱赖传述，安拉的使者☪说："你们不要连续封斋。"圣门弟子们说："安拉的使者啊！但是你在连续封斋啊！"使者☪说："我不同于你们，我过夜时，我的养主给我吃给我喝。"圣训传述者说，圣门弟子们并未因此而停止连续封斋。他们和使者一起封了两天两夜后看到了新月，使者说："倘若新月不出现，我必让你们继续封斋。"言语中好像包含着谴责之意。(6)

虽然经考证可以证明安拉的使者☪曾连续封斋，但有多方面证据证明伊斯兰禁止使者之外的人连续封斋。因为使者从中能得到某种支持和佑助，显然，使者的意思是安拉给他提供了精神养分，不是物质养分，否则，享用物质养分的情况下何谈连续封斋呢。

打算在日落至吃封斋饭期间不吃不喝的人，可以随心所愿。正如安拉的使者☪所说："你们不要连续封斋，如果你们中有人打算连续封斋，就让他持续到吃封斋饭的时间。"圣门弟子们说，安拉的使者啊，你在连续封斋呢。使者☪说："我不同于你们，我过夜时有供食者（安拉）给我吃，供饮者（安拉）给我饮。"(7)

## 驻静的律例

"**你们在清真寺驻静时不要接近她们。**"伊本·阿拔斯说，经文所指在莱麦丹月或其他月份在清真寺驻静的人，在驻静期的夜间或白天不可与妻室发生房事。(8)端哈克说，有人驻静期间走出清真寺和妻室随意发生房事，后来安拉降谕道："**你们在清真寺驻静时不要接近她们**"，即只要你们在清真寺或其他地方驻静，就不得与妻室发生房事。(9)穆佳黑德和格塔德说，他们曾在驻静期发生房事，后来安拉降示了这段经文。(10)伊本·麦斯欧迪、穆罕默德·本·凯尔白、穆佳黑德、阿塔、哈桑、格塔德、端哈克、赛丁伊、莱毕尔·本·艾奈斯、穆尕提里注释为：你们驻静时，不要接近妻室。(11)

学者们一致断定清真寺中的驻静者和妻室发生关系是非法的。如果他因迫切的需求而出去，只可逗留待解决该需求的时间，比如大小便的时间，他不能与妻子接吻或拥抱，不能处理与驻静无关的事情，也不能探望病人，但他可以在路途中询问病人的情况。《驻静篇》载录着相关的详细断法，我们在斋戒篇末引用了相应部分。一切感赞统归安拉。教法学家们在著书立说时，学习《古兰》的方法，将驻静篇安排到斋戒篇之后，因为《古兰》是在叙述斋戒后叙述了驻静。

安拉讲述斋戒后叙述了驻静，从而给人们教导驻静应当在封斋期间或在莱麦丹月的后十日。圣训说：安拉的使者☪归真前于莱麦丹月的后十日驻

---

（1）《布哈里圣训实录诠释——造物主的启迪》4：182；《穆斯林圣训实录》2：781。
（2）《穆斯林圣训实录》2：781。
（3）《布哈里圣训实录诠释——造物主的启迪》4：231；《穆斯林圣训实录》2：772。
（4）《布哈里圣训实录诠释——造物主的启迪》4：234；《穆斯林圣训实录》2：771。
（5）《艾哈麦德按序圣训集》2：237；《提尔密济圣训全集诠释》3：386。
（6）《艾哈麦德按序圣训集》2：281；《布哈里圣训实录诠释——造物主的启迪》4：238；《穆斯林圣训实录》2：774。
（7）《布哈里圣训实录诠释——造物主的启迪》4：338。
（8）《泰伯里经注》3：540。
（9）《泰伯里经注》3：541。
（10）《泰伯里经注》3：541。
（11）《哈提姆经注》1：385、386、387。

静，他归真后，他的妻子们继续驻静。(1)

两圣训实录辑录，索菲娅（圣妻）去探访在清真寺驻静的使者，并和使者谈了一会儿话。晚上她起身回家时，使者起身相送，并一同走到她家门口，她家在城郊武洒麦的院内。使者在途中遇见两位辅士，他们见到使者后加快了脚步（一说他俩躲了起来，因为他们见到使者和家属在一起，觉得不好意思）。使者见状后喊道："请站住，这是胡燕义的女儿索菲娅"。即你俩不要急忙走开，须知，她是我的妻子索菲娅。这二人说："安拉的使者啊！赞美安拉。"使者说："的确，恶魔能在人的血管中窜行，我担心它在你俩的心中投入邪念。"(2) 伊玛目沙斐仪说："使者㊟想以此教导他的稳麦，不要使自身处于可疑的地方，以免他们犯罪。这两位清廉的圣门弟子绝未对使者产生任何怀疑。"安拉至知。

"**接近**"，指房事和有关的因素，如接吻和拥抱，但驻静者可以做其他事情。阿伊莎（愿主喜悦她）说："我来月经的时候，安拉的使者㊟将他的头伸到我跟前，我给他梳头，他只因常人的需求而回家。"她还说："我只在路途中打听家中病人的消息。"(3)

"**那是安拉的法度**"，即这是我所阐明、规定并确立的斋戒及其断法，其中所允许的和禁止的，以及所阐明的斋戒目的、特许、权利和义务，"**是安拉的法度**"，即安拉所制定并亲自所阐明的法律。"**不要触犯它**"，指你们不要超越法度。阿卜杜·拉赫曼说："这些法度包括四方面"，他接着念道："**斋戒（期）的夜晚，准许你们接近你们的妻室……然后你们完成斋戒，直至夜晚。**"他说："我的父亲和我们的一些师长就曾这样说，并给我念这些经文。"

"**安拉就这样为人类解明他的种种迹象。**"安拉通过他的使者穆罕默德㊟阐述了斋戒、斋戒的断法、法规和细节，同样也阐述了其他法律。"**为人类解明他的种种迹象，以便他们敬畏**"，即让人们认识怎样走向正道，怎样服从安拉。正如安拉所述：❁他给他的仆人降下许多明确的迹象，以便他将他们从重重黑暗引向光明，安拉对你们是至爱的、至慈的。❁（57：9）

❁**188.你们不要在你们间以诈术吞食别人的财产，也不要以它贿赂统治者们，以便你们明知故犯地非法吞食他人财产。**❁

## 贿赂是非法

阿里·本·艾布·特里哈传述，伊本·阿拔斯说，经文指这样一个人：他拿了别人的财产，并且他没有可以拥有这份财产的任何证据，所以打算私吞它，并且知法犯法，明知自己无理的情况起诉到法官那里。(4) 穆佳黑德、赛尔德·本·朱拜尔、哈桑、格塔德、赛丁伊、莱毕尔·本·艾奈斯、穆尕提里·本·罕雅尼、阿卜杜·拉赫曼、伊本·栽德·本·艾斯莱姆持相同的看法，他们说，你在明知自己不义时，不要与人相争。(5)

## 法官的判决不能使非法合法化，也不能使合法非法化

两圣训实录辑录，安拉的使者㊟说："须知，我只是一个人，我接到诉状后，发现有些人拿出的证据超过另一些人的，我便依证据裁决。倘若我将一位穆斯林的权益判给了另一人，那就意味着我给他判了一把火。所以，让（他自己考虑）接受它，抑或放弃它。"(6) 这段尊贵的经文和圣训证明，法官的裁决不能改变事物的本质。本质上是合法的永远是合法，本质上是非法的永远是非法。法官与事实不符的裁决，只代表一种表面现象。如是这样，清廉的法官仍可以得到他的报酬，但骗子最终会遭受惩罚。因此，安拉说："**你们不要在你们间以诈术吞食别人的财产，也不要以它贿赂统治者们，以便你们明知故犯地非法吞食他人财产**"，即你们知道你们的话和诉状与事实不符。格塔德说："阿丹的子孙啊！须知，法官的判决不能将非法改为合法，或将谬误改为真理，法官只能依他所见到的和证人的证词判决，法官也是人，有时正确有时错误。须知，若法官作出不当的判决时，事情并非至此终结，到了末日，安拉将召集原告和被告，作出判决，今世在法官的误判下受亏的人，将得到更好的结果。"(7)

❁**189.关于新月他们问你，你说，它是人类和**

---

（1）《布哈里圣训实录诠释——造物主的启迪》4：318；《穆斯林圣训实录》2：831。
（2）《布哈里圣训实录诠释——造物主的启迪》4：326；《穆斯林圣训实录》4：1712。
（3）《布哈里圣训实录诠释——造物主的启迪》4：320；《穆斯林圣训实录》1：244。

（4）《泰伯里经注》3：550。
（5）《哈提姆经注》1：393、394；《泰伯里经注》3：550、551。
（6）《布哈里圣训实录诠释——造物主的启迪》13：190；《穆斯林圣训实录》3：1373。
（7）《泰伯里经注》3：550。

朝觐的时令。正义不是从房子的后面进屋,正义的人是敬畏安拉之人。你们应当从房门进入房子,并当敬畏安拉,以便你们成功。》

## 询问新月

伊本·阿拔斯说,人们向安拉的使者询问新月,后来安拉降喻道:"关于新月他们问你,你说,它是人类和朝觐的时令。"人们通过新月知道借贷期、妇女的待婚期和朝觐的时间。(1)安拉的使者说:"安拉使新月成为人们的时令,你们当见月封斋,见月开斋,云遮(看不到新月)时你们全美三十日。"(2)

## 真正的正义是敬畏

"正义不是从房子的后面进屋,正义的人是敬畏安拉之人。你们应当从房门进入房子",布哈里传述,圣门弟子们在蒙昧时代受戒时,从房子后面进入房子。后来安拉降谕道:"正义不是从房子的后面进屋,正义的人是敬畏安拉之人。你们应当从房门进入房子。"(3)艾布·达乌德据白拉伊传述,白拉伊说,辅士们在蒙昧时代出门回来时不从房门进入房间。后来安拉降示了这段经文。(4)

哈桑·巴士里说:"蒙昧时代的人们,一旦出门后又取缔了旅行的计划,就不再从门中进入房间,而是从房后翻墙进房。安拉因此而说:'正义不是从房子的后面进屋。'"(5)

"并当敬畏安拉,以便你们成功",即你们当敬畏安拉,履行安拉的命令,放弃安拉禁止的事情,以便你们明天站在安拉跟前时,获得成功,得到全美的报酬。

《190.你们当为主道和那些与你们作战的人作战,但不要过分,安拉确不喜欢过分之人。》

《191.无论你们在哪里发现他们,就杀死他们。他们从什么地方把你们驱逐出去,你们也在那里把他们赶走。是非甚于格杀。你们不要在禁寺附近跟他们战斗,除非他们在其中和你们战斗,倘若他们攻击你们,你们就杀死他们。隐昧者的报应就是这样。》

《192.倘若他们停止,那么,安拉是至赦的,

---
(1)《泰伯里经注》3:554。
(2)《阿卜杜·兰扎格经注》4:156;《哈肯圣训遗补》1:423。
(3)《开拓》8:31。
(4)《特亚莱斯圣训集》98。
(5)《哈提姆经注》1:401。

---

至慈的。》

《193.你们跟他们战斗,直到是非消除,宗教归于安拉。倘若他们停止,那么,除了对付不义者,不应存在敌意。》

## 命令穆斯林抵抗侵略者在哪里发现他们,就在哪里消灭他们

"你们当为主道和那些与你们作战的人作战。"艾布·阿林说:"这是在麦地那颁降的第一段有关战争的经文。这段经文降示后,使者向那些杀害穆斯林的多神教徒发起了战斗,与休战者休战。直至安拉降示了《忏悔章》。"(6)阿卜本·拉赫曼的主张与此相同,他说这节经文被《不论在什么地方,当你们发现多神教徒时,你们就杀了他们。》(9:5)所革止。这个观点值得商榷,因为"与你们作战的人"的寓意仅是鼓励穆斯林向那些企图与伊斯兰和穆斯林进行战争的人发动战争,即他们怎么发动战争,你们就怎么应对战争。正如安拉所述:《你们当全体讨伐多神教徒,就像他们

---
(6)《泰伯里经注》3:561。

结伙和你们作战一样。》（9：36）[1]因此，安拉说："无论你们在哪里发现他们，就杀死他们。他们从什么地方把你们驱逐出去，你们也在那里把他们赶走"，即你们当全力以赴地和他们战争，正如他们倾巢出动地和你们战争，他们当初将你们逐出家园，现在你们将他们从中驱逐出去。以其人之道还治其人之身。

### 禁止过分（譬如毁容和贪污）

"但不要过分，安拉确不喜欢过分之人"，即你们当为主道而战斗，但不要过分。违禁属于过分。哈桑·巴士里说，（过分指）毁容和欺骗，杀害无能力策划和参与战争的妇女、儿童、老人以及杀死修士、修炼者，焚烧树木，随意屠杀动物。伊本·阿拔斯等学者都有类似传述。安拉的使者说："你们当为主道出征，与否认安拉的人战斗，你们当出征，但不可贪污，不可欺诈，不可毁容，不能杀死儿童和在茅屋中的人们[2]。"[3]伊本·欧麦尔说："有次战争中一位妇女被杀死，安拉的使者反对杀害妇女和儿童。"类似的圣训不胜枚举。[4]

### 为安拉举伴甚于杀害

因为战争中难免杀害生命，所以，安拉指出他们对安拉的否认、举伴，对主道的妨碍，比屠杀更加严重或可怕。因此安拉说："是非甚于格杀。"艾布·马立克解释为：你们坚持的罪恶比屠杀更加严重。[5]艾布·阿林、穆佳黑德、赛尔德·本·朱拜尔、阿克莱目、哈桑、格塔德、端哈克、莱毕尔·本·艾奈斯解释说，以物配主比屠杀更加严重。

### 禁止在禁地进行战争，允许在其中抵抗入侵

"你们不要在禁寺附近跟他们战斗。"两圣训实录辑录："这座城，安拉在创造诸天和大地之日使它成为禁地。所以，直至末日，它一直是因安拉的尊严而受禁的，我只获准在白天的一刻能在其中战斗。它在此刻因安拉的尊严而成为禁地，直至末日。人们不能在里面砍伐树木和荆棘。如果有人因安拉的使者曾在其中进行过战斗而寻找借口，那么你们告诉他们：安拉特许了他的使者，但不允许你们。"[6]使者所说的"白天的一刻"指光复麦加战役。当时，使者以武力解放了麦加，在罕德麦（地名）杀死了一些多神教徒，同时保障了其他人的安全，使者下令说："关上家门的人都平安无事，进入清真寺的人都平安无事，进入艾布·苏富扬家的人都平安无事。"[7]

"除非他们在其中和你们战斗，倘若他们攻击你们，你们就杀死他们。隐昧者的报应就是这样。"安拉说，你们不要在禁寺附近和他们进行战争，除非他们首先向你们发起进攻。那时你们可以进行保卫战，正如穆圣在侯代比亚战役之日在树下和圣门弟子们所缔结的军事盟约。当时，古莱什各部落和他们的同盟者赛格夫人、艾哈比什人[8]结成联盟。后来，安拉制止了他们的进犯，安拉说：《在麦加的山谷中制止他们的手伤害你们，他也制止你们的手去伤害他们，安拉全观你们所做的一切。》（48：24）《如果不是为了你们所不认识的归信的男女（安拉早就允许你们进入麦加，战胜多神教徒），以免你们蹂躏他们，你们就要在不知不觉中因为他们而招致罪责，以便他使他所愿意的人进入他的慈悯。如果他们已经分开，我一定严厉地惩罚他们当中的隐昧者。》（48：25）即如果他们在安拉的禁地放弃战争，归依伊斯兰并做忏悔，那么，安拉会宽恕他们的罪恶，即使此前他们曾和穆斯林在禁地发生过战斗。因为安拉不因一个人的罪恶严重而不接受他忏悔。

### 安拉命令穆斯林进行战争，直至是非平息

安拉命令穆斯林和隐昧者进行战争，"**直到是非消除**"。伊本·阿拔斯、穆佳黑德、艾布·阿林、哈桑、格塔德、赛丁伊、莱毕尔、穆尕提里·本·罕雅尼、伊本·栽德·本·艾斯莱姆认为"是非"（或译为迫害）指多神崇拜。[9]

"宗教归于安拉"，即安拉的宗教高于一切。两圣训实录辑录，有人请教安拉的使者：有人为了显示勇敢而作战，有人借英雄主义情结作战，有人沽名钓誉地作战，请问谁在主道上？使者说："为了使安拉的语言成为最高的（语言）而战的人在主道上。"[10]两圣训实录辑录："我（穆圣）奉命和人们战斗，直至他们作证应受拜者，惟有安拉，如果他们这样念了，他们的生命和财产在我这

---

(1)《泰伯里经注》3：562。
(2)即隐遁的修士。——译者注
(3)《穆斯林圣训实录》3：1357。
(4)《布哈里圣训实录诠释——造物主的启迪》2：172；《穆斯林圣训实录》3：1364。
(5)《哈提姆经注》1：412。
(6)《布哈里圣训实录诠释——造物主的启迪》1：327；《穆斯林圣训实录》2：986、987。
(7)《艾哈麦德按序圣训集》2：292。
(8)居住在麦加城南附近的人。——译者注
(9)《哈提姆经注》1：415、416。
(10)《布哈里圣训实录诠释——造物主的启迪》13：450；《穆斯林圣训实录》3：1513。

里得到了保障，但必须的义务不在其内。(1)安拉要清算他们。"(2)

"**倘若他们停止，那么，除了对付不义者，不应存在敌意。**"伟大的安拉说，倘若他们停止多神崇拜，不再侵犯穆斯林，那么，你们当停止和他们作战，因为在此情况下的作战者是不义之人。我们只能敌视不义之人。这是穆佳黑德所说的"只和发动战争者进行战争"的意义。(3)或其意义是：如果他们停止战争，消除了不义（即多神崇拜），那么，就不能再敌视他们。经文中的"**敌意**"指惩罚和战争。正如安拉所言："**如果任何人侵犯你们，你们也可以对他们作同样的回击。**"（2：194）"**恶行的还报是相等的恶报。**"（42：40）"**如果你们要实行报复，你们就按照你们所受过的伤害进行报复。**"（16：126）因此，艾克莱麦和格塔德说，"**不义者**"是拒绝念"应受拜者，惟有安拉"之人。(4)

布哈里传述，伊本·祖拜尔事件中，有两个人来找伊本·欧麦尔，对他说："人们迷误了，你是穆圣之友——欧麦尔之子，你为何不出去（作战）呢？"伊本·欧麦尔说："我不出去的原因是安拉禁止我们自相残杀。"他们说："难道安拉没有说：'你们要跟他们战斗，直到是非消除'吗？"伊本·欧麦尔说："我们曾进行战争，消除了是非，以使宗教归于安拉，但你们战争的目的是激起迫害，宗教归于他人。"

奥斯曼·萨里赫传述，有人去见伊本·欧麦尔，对他说："阿卜杜·拉赫曼之父啊！你一年朝觐，另一年副朝，但为什么不为主道作战呢？你不是不知道安拉鼓励人们去做什么？"(5)伊本·欧麦尔说："侄儿啊！(6)伊斯兰的基础是五个：归信安拉和使者，五番拜功，莱麦丹月封斋，完纳天课，朝觐天房。"人们说："阿卜杜·拉赫曼之父啊！难道你未曾听到安拉说：'**如果信士中的两派互相争斗，你们要在他们之间调解。倘若其中的一方对另一方过分，那么你们就攻击过分的一方，直到它归顺安拉的命令**'（49：9）和'**你们要跟他们战斗，直到是非消除。**'吗？"伊本·欧麦尔听后说："我们曾和安拉的使者一道作战，当时，伊斯兰非常微弱，穆斯林因宗教而受到迫害，他们不是被屠杀，就是遭折磨，伊斯兰强大后，迫害自然

---
（1）即杀人偿命，劫财还财。——译者注
（2）《布哈里圣训实录诠释——造物主的启迪》1：592；《穆斯林圣训实录》1：53。
（3）《泰伯里经注》3：584。
（4）《泰伯里经注》3：573。
（5）这一时期，穆斯林受内奸离间，许多无辜者被卷入战争。——译者注
（6）对晚辈关心的称呼。——译者注

消失了。"来人问他："你对阿里和奥斯曼有何看法？"他说："奥斯曼已经获得安拉的原谅，但你们不情愿安拉对他的原谅。阿里则是安拉使者的堂弟和女婿。"他用手指着远方说："阿里的家就在你们看到的那里。"(7)

**194.禁月抵偿禁月，一切禁戒都需抵偿。如果任何人侵犯你们，你们也可以对他们作同样的回击。你们要敬畏安拉，要明白，安拉与敬畏者同在。**

## 禁止在禁月作战，除非敌人首先发起战争

伊本·阿拔斯、格塔德、赛丁伊、莱毕尔·本·艾奈斯、阿塔等人说："迁徙第六年，安拉的使者去副朝途中被多神教徒所拦截，他们于十一月（这是一个禁月）阻止先知和圣门弟子们进入天房。他们和穆斯林缔约，允许穆斯林来年进入（天房）。"后来，安拉让穆圣和穆斯林于来年进入了天房，惩罚了多神教徒，安拉因此降谕道：'**禁月抵偿禁月，一切禁戒都需抵偿。**'"(8)艾哈麦德传述："安拉的使者原来不在禁月作战，但如果多神教徒首先发起战斗，使者就进行反攻。否则，禁月到来时，使者一直休战，直到禁月结束。"(9)

当年穆圣驻扎侯代比亚期间，听到奥斯曼被杀害的消息后（穆圣派他去给多神教徒送信），在树下接受1400名弟子的宣誓，要和多神教徒进行战斗，后来得知奥斯曼没有被杀，穆圣便停止了战争，选择了和平与和约，取得了一系列的成果。

同样，在结束侯乃尼战役之后，多神教徒们躲进塔伊夫的城堡之中，使者便率军包围了城堡，十一月到来时，多神教徒仍然被支起射石架的穆斯林所包围，历时四十天。（从侯乃尼战役之日起，穆圣从朱尔兰返回麦地那，整整花费了四十天。）穆圣发现强攻无果，而圣门弟子伤亡惨重，就离开城堡，没有攻克它。后来穆圣返回麦加，从朱尔兰出发进行了副朝，在那里分配了侯乃尼战役中缴获的战利品。他的这次副朝也在（伊斯兰教历）第八年十一月。愿主赐福安宁于我们的穆圣。"(10)

"**如果任何人侵犯你们，你们也可以对他们作同样的回击。**"安拉命令穆斯林要公正为怀，哪怕

---
（7）《布哈里圣训实录诠释——造物主的启迪》8：32。
（8）《泰伯里经注》3：575、576、577、579。
（9）《艾哈麦德按序圣训集》3：345。
（10）《布哈里圣训实录诠释——造物主的启迪》3：701；《穆斯林圣训实录》2：916。

对方是多神教徒。正如他所说："如果你们要实行报复，你们就按照你们所受过的伤害进行报复。"（16：126）

"你们要敬畏安拉，要明白，安拉与敬畏者同在。"安拉命令穆斯林顺从他，敬畏他，告诉他们，他永远和那些敬畏者在一起，会在今生后世襄助他们，援助他们。

195.你们要为主道花费，不要自投于灭亡，你们行善，安拉确实喜爱行善的人。

### 安拉命令穆斯林为主道花费财产

"你们要为主道花费，不要自投于灭亡。"(1)布哈里说，这段经文是因施舍而降示的。(2)伊本·阿拔斯、格塔德、穆佳黑德、艾克莱麦、哈桑、格塔德、赛丁伊、端哈克、阿塔等人都有类似传述。

莱司说，有位迁士在君士坦丁战役中冲进了敌营。当时，艾布·艾优卜和我们在一起。人们说，此人将自己"投于毁灭"。艾布·艾优卜说，我们更了解这段经文，它为我们而降示。我们曾同安拉的使者参加许多大的和小的战役，并百战百胜。后来伊斯兰发扬光大了，我们和辅士们会聚一堂说，安拉让我们陪同先知并获得胜利，使我们尊贵，致使伊斯兰发扬光大，使穆斯林遍布天下，我们当初为伊斯兰而放弃了家庭、子女和财产，现在，战争结束了，我们也可以回家和子女相处了，安拉为我们而降谕道："你们要为主道花费，不要自投于灭亡。"所以"不要自投于灭亡"指安居乐业，停止战争。(3)

艾布·达乌德说，君士坦丁战役中，欧格白领导埃及人，某人（他指福达莱）领导叙利亚人。一支强大的罗马军队从城中出来。我们严阵以待，有位穆斯林冲进敌军大营后又杀出重围，一些穆斯林说，赞美安拉，此人将自己"投于毁灭"。艾布·艾优卜说，人们啊！你们对这段经文的诠释并不正确。它是为我们辅士而降示的。当初安拉襄助了他的宗教，人们纷纷起来援助伊斯兰，我们互相说，我们该去理财，发展家产了。后来安拉降示了这段经文。(4)

---
（1）"الهلكة"的原义是伤害和危险。有时也可指使……陷入险境。——译者注
（2）《布哈里圣训实录诠释——造物主的启迪》8：33。
（3）《提尔密济圣训全集诠释》8：311；《圣训大集》6：299；《哈提姆经注》1：424；《泰伯里经注》3：590；《伊本·罕巴尼实录》7：105；《哈肯圣训遗补》2：775。
（4）《艾布·达乌德圣训集》3：27。

---

有人问伊本·阿兹卜，"如果我孤身作战，杀身成仁，能称为'自投于灭亡'？"伊本·阿兹卜答道：你应当为主道战斗，你受责成的只是你力所能及的。（4：84）

白拉伊说："'不要自投于灭亡'指不要坚持作恶，不思悔改。"

阿塔传述，伊本·阿拔斯说："'你们要为主道花费，不要自投于灭亡'，不是因战争降示的，而是为花费而降示的。即缩手缩脚，不为主道花费。所以，你不要自投于毁灭。"（即不要缩手缩脚）

这段经文命令穆斯林为主道和一切正义、美好的事业而花费，特指将财产花费到战争当中，以此使穆斯林强大起来，战胜敌人。经文还告诉我们，不愿意做上述善事，就会遭受毁灭。经文接着命令"行善"，"行善"是善功的最高品级。安拉说："……你们行善，安拉确实喜爱行善的人。"

196.你们应当为安拉完成正朝和副朝。倘若你们受困，你们应当献上一只容易的牺牲。在牺牲到于其位置之前，你们不要剃头，倘若有人生病，或头上有病的话,他应当以封斋，或施舍或献牲作为罚赎。你们安宁的时候，如果有人同副朝一起享朝了正朝，他须奉献一只容易的牺牲。倘若他不拥有（牺牲），他必须在正朝中封斋三天，回去后封斋七天，一共是十天。这是为了住家不在禁寺周围的人。你们要敬畏安拉，要明白安拉是惩罚严厉的。

### 安拉命令穆斯林完成正朝和副朝

安拉提到斋戒的断法和战争后，开始讲述朝觐，命令人们完成正朝和副朝。经文的脉络表明，开始这一工作者应该完美它们。因此，经文在后面说"倘若你们受困"，即你们因受阻无法抵达天房去完成正副朝。学者们都主张，进入正副朝，意味着承担了一项不可半途而废的义务。麦哈库穆说，完美正副朝指从戒关开始这两项功课。(5) 欧麦尔认为，完美正副朝指单独进行它们，在非正朝月副朝，因为安拉说"正朝在明确的各月份之中"。(6)

赛丁伊将"你们应当为安拉完成正朝和副朝"解释为：你们当为安拉举行正朝和副朝。(7) 伊本·阿拔斯说，正朝是（驻）阿拉法特，副朝是巡游天房。(8) 阿莱格麦和绍利解释说："你们应当到

---
（5）《哈提姆经注》1：437。
（6）《哈提姆经注》1：437。
（7）《泰伯里经注》4：12。
（8）《哈提姆经注》1：439。

## 途中受困的受戒者宰牲，剃头，并开戒

"倘若你们受困，你们应当献上一只容易的牺牲。"学者们说，这段经文降于伊斯兰教历六年，即侯代比亚战役之年，当时多神教徒们阻碍安拉的使者朝觐天房，安拉为此而降示了《胜利章》全章，允许他们屠宰他们驱赶的牺牲，即七十峰骆驼（或牛），并让他们剃头开戒。但圣门弟子们希望安拉革止这一命令，所以没有立即执行它。后来先知剃头开戒后，众人才执行了命令，有人剃了头，有人剪短了头发。因此，先知说："愿安拉慈悯剃头者！"有圣门弟子说："安拉的使者啊！还有剪短者！"（即请为剪短者祈求吧！）他们请求了三次后，先知才说："也（慈悯）剪短者吧！"[2] 后来，他们共同宰了牲，每七人宰了一峰骆驼。他们是1400人，驻扎在禁地之外的侯代比亚。有人说，他们驻扎在禁城之郊。安拉至知。

"受困"包括害怕敌人、生病或迷路（的原因而无法完成朝觐）。阿慕尔说，我听安拉的使者说："凡身体受伤、脚部受伤的人可以开戒，但需重新朝觐。"伊本·阿拔斯和艾布·胡莱赖同意这种解释。[3] 伊卜·达乌德和伊本·马哲传述："凡脚部受伤、身体受伤和有病之人（都应该开戒，并来年重朝）。"[4] 伊本·麦斯欧迪、伊本·祖拜尔、穆佳黑德、赛尔德·本·穆散耶卜、欧勒沃·本·祖拜尔、阿塔、穆尕提里·本·罕雅尼等人说，"受困"包括受敌人围困、生病或受伤。[5] 绍利说，凡导致无法正常朝觐的因素都可称为"受困"。[6]

阿伊莎传述，安拉的使者到祖芭尔处，她说："安拉的使者啊！我想去朝觐，但我有病在身。"使者说："你去吧！但你可以提前设一条件：我的位置在你（安拉）让我停止的地方。"[7] 因此，朝觐中可以设条件。[8]

"献上一只容易的牺牲。"伊玛目马立克传述说，"牺牲"指羊。[9] 伊本·阿拔斯说，"牺牲"指八种牲畜，即（雄雌的）骆驼、牛、山羊和绵羊。[10]

伊本·阿拔斯说，（经文指）容易获得的牺牲。[11] 一说，宽裕的人宰一峰骆驼，否则宰一头牛，否则宰一只羊。[12] 希沙姆说，价格适中的。[13]

受困中可以宰羊的证据是，安拉规定受困者呈送一只容易的牺牲，即所能得到的牲畜都可称为牺牲。

在此用于献牲的应该是四蹄牲畜，如骆驼和牛羊，正如《古兰》解释家——穆圣知识如海的堂弟（伊本·阿拔斯）所述。

两圣训实录考证了传自阿伊莎（愿主喜悦她）的确凿圣训，安拉的使者曾以一只羊为牺牲。[14]

"在牺牲到于其位置之前，你们不要剃头"是连接"你们当为安拉完成正朝和副朝"，而不能连接"倘若你们受困，你们应当献上一只容易的牺牲。"正如伊本·哲利尔所述，侯代比亚那年，古莱什的多神教徒阻碍穆圣和圣门弟子们进入禁地，后来他们在禁地之外剃头开戒了。平安进入禁地的人不能（在开戒前）剃头。

"在牺牲到于其位置之前"，即连朝者在完成正副朝的功课之前，或单朝和享受朝者分别完成副朝和正朝的功课之前。正如两圣训实录传述，哈福素说："安拉的使者啊！人们从副朝开了戒，但你为何没有开戒？使者说，我束紧了我的头[15]，给牺牲挂了标志[16]，所以我不在宰牲前开戒。"[17]

## 受戒期间剃头者必须纳罚赎

"倘若有人生病，或头上有病的话，他应当以封斋，或施舍或献牲作为罚赎。"伊本·麦尔格里说，我在这座清真寺（库巴清真寺）坐在凯尔卜跟前，向他请教了斋戒的罚赎。他说，我曾被抬到穆圣跟前，虱子从我的脸上往下掉。穆圣说："没有想到你受到这等折磨，你有羊吗？"我说："没有"。穆圣说："你封斋三日，或给六位穷人提供食物，给每个穷人一萨尔（重量单位）食品，这样你就可以剃头。"这段经文专门为我而降示，但它适用于你们大家。[18]

---

（1）《泰伯里经注》4：7。
（2）《穆斯林圣训实录》2：946。
（3）《艾哈麦德按序圣训集》3：450；《提尔密济圣训全集诠释》4：8；《圣训大集》8：198。
（4）《艾布·达乌德圣训集》2：434；《伊本·马哲圣训集》2：1028。
（5）《哈提姆经注》1：444、445。
（6）《哈提姆经注》1：445。
（7）《布哈里圣训实录诠释——造物主的启迪》9：34。
（8）《穆斯林圣训实录》2：868。
（9）《穆宛塔》1：385。
（10）《哈提姆经注》1：450。
（11）《哈提姆经注》1：451。
（12）《泰伯里经注》4：30。
（13）《哈提姆经注》1：452。
（14）《布哈里圣训实录诠释——造物主的启迪》3：639；《穆斯林圣训实录》2：958。
（15）朝觐者用一种树胶固定头发。——译者注
（16）朝觐者绑在用于牺牲的牲畜脖子上的标志。——译者注
（17）《布哈里圣训实录诠释——造物主的启迪》3：493；《穆斯林圣训实录》2：902。
（18）《布哈里圣训实录诠释——造物主的启迪》8：34。

凯尔卜传述，先知来我处时，我正在大锅下生火，虱子从我的脸上和眼皮上纷纷往下掉，先知☪说："你头上的这些虫子伤害你吗？"我说："是的。"他说："你可以剃头，但你要封斋三日，或给六个穷人提供食物，或提供一头牺牲。"（圣训传述者）艾优卜说，我不知道他首先说了哪一条。[1]《古兰》提到这一事件时，给人以最大限度的方便，说："**他应当以封斋，或施舍或献牲作为罚赎。**"穆圣☪给凯尔卜吩咐这件事时，让他尽力去做更贵的事情，说："你宰一只羊，或给六个穷人提供食物，或封斋三天。"这三件事情的优越性依次而定。感赞安拉。

## 朝觐中的享受

"**你们安宁的时候，如果有人同副朝一起享朝了正朝，他须奉献一只容易的牺牲**"，即如果你们能够完成朝觐功课，并且在履行了副朝后又履行正朝——包括为正朝和副朝受戒；或他首先为副朝受戒，完成副朝后又为正朝受戒——则应该提供牺牲。这是狭义的享受朝，是教法学家所惯用的法学术语。广义的享受朝两个方面都包括，正如确凿的圣训所证明。有些传述者说安拉的使者☪朝了享受朝，还有一些传述者说，使者朝了连朝，但对献牲事宜，学者没有分歧。

"**你们安宁的时候，如果有人同副朝一起享朝了正朝，他须奉献一只容易的牺牲**"，即让他在有能力的情况下屠宰牲畜。最低程度为宰一只羊，也可以宰牛。因为安拉的使者☪曾替他的妻子们宰了一头牛。艾布·胡莱赖传述："圣妻们副朝时，他（先知）替她们宰了一头牛。"[2]

上述经训证明了享受朝的合法性，正如两圣训实录辑录的传自仪姆兰的圣训，他说："安拉的经典中包括享受朝的经文，我们也和安拉的使者☪一起朝了（享受朝），《古兰》未曾禁止过它。使者归真后有人从中发表了个人观点。"布哈里传述说，这里的"**有人**"指欧麦尔。[3]

布哈里明确指出欧麦尔曾阻止人们朝享受朝，他说，如果我们遵循安拉的经典，我们应该知道安拉命令我们完成（正副朝）。《古兰》说："**你们应当为安拉完成正朝和副朝。**"欧麦尔并没有将享受朝断为非法，他阻止享受朝的目的是鼓励人们专程去履行正朝和副朝，正如欧麦尔明确指出的那样。

---

（1）《艾哈麦德按序圣训集》4：241。
（2）《艾布·达乌德圣训集》2：362。
（3）《布哈里圣训实录诠释——造物主的启迪》8：43；《穆斯林圣训实录》2：900。

## 享受朝者没有牺牲品时，可以封斋十日

"**倘若他不拥有（牺牲），他必须在正朝中封斋三天，回去后封斋七天，一共是十天。**"安拉说，没有牺牲的人可以在朝觐期封斋三日，即在履行朝觐功课的期间封斋。

伊本·阿拔斯传述，没有牺牲的人，应该在驻阿拉法特日之前的朝觐期封斋三日。在驻阿拉法特的三日内[4]完成这三天斋戒，回家后封斋七日。[5]伊本·欧麦尔说，他在伊斯兰教历十二月八日和八日之前封斋两天，阿拉法特日（九日）封斋一天。[6]贾法尔有类似的传述。[7]

倘若在节日（十日）之前没有封这三天斋或部分斋，可以在太西磊格日（十一日、十二日、十三日）封斋。因为布哈里传述，只有没有牺牲的人才可以在太西磊格之日封斋。阿里传述，朝觐期间没有封斋的人，应该在太西磊格之日封斋。[8]学者们没有严格确定封这三日斋的时间，因为"**他必须在正朝中封斋三天**"是一段泛指经文。

穆斯林传述，安拉的使者☪说："太西磊格之日是吃喝并且记念安拉的日子。"这是泛指的圣训，布哈里所传的则是确指圣训。[9]

"**在回去后封斋七天**"这段经文有两种解释：一、回到居所的时候。二、回家乡后。伊本·欧麦尔说，他回家后。[10]赛尔德·本·朱拜尔、艾布·阿林、穆佳黑德、阿塔、哈桑、格塔德、莱毕尔·本·艾奈斯、载海勒、艾克莱麦们都有相同传述。[11]

伊本·欧麦尔说，安拉的使者☪在辞朝中朝了享受朝，献了牲，并从祖里胡莱法驱赶了牺牲。使者首先为副朝受戒，然后为正朝受戒。人们和他一起朝了享受朝。他们中有人献牲驱赶了牺牲，有人没有带献牲。使者到麦加后对人们说："献牲的人在完成朝觐之前不得干（受戒期间）受禁的一切事物。没有献牲的人须巡游天房，奔走索法和莫尔卧，剪短头发，并开戒；然后为正朝受戒。没有牺牲的人在朝觐期封斋三日，回家后封斋七日。"[12]

"**一共是十天**"，有人说这是对前面的强调。就像阿拉伯人的说法："我的两眼看了，我的两

---

（4）即驻米那期间，因为伊斯兰教历十二月八日驻米那，九日驻阿拉法特，此后继续驻米那。——译者注
（5）《泰伯里经注》4：97。
（6）《泰伯里经注》4：95。
（7）《泰伯里经注》4：94。
（8）《泰伯里经注》4：98，99。
（9）《穆斯林圣训实录》2：800。
（10）《阿卜杜·兰扎格经注》1：76。
（11）《哈提姆经注》2：498。
（12）《布哈里圣训实录诠释——造物主的启迪》3：630；《穆斯林圣训实录》2：901。

耳听了，我的手写了。"正如安拉所言：《用翅膀飞行的鸟类。》（6：38）《也不会用右手写字。》（29：48）《我和穆萨相约三十夜，我又以十夜全美它。》（7：142）有人说经文指：你们要封整整十天的斋。

### 麦加居民不能朝享受朝

"这是为了住家不在禁寺周围的人"，即对禁地居民而言，不存在享受朝。阿卜杜·兰扎格传述："除了麦加人之外，住在禁地之外的人们都可以朝享受朝。安拉的经文——这是为了住家不在禁寺周围的人——就是这样说的。"他说："我听伊本·阿拔斯传述过类似的圣训。"[1]

"你们要敬畏安拉"，即你们在执行安拉的命令和禁令时，当敬畏安拉。

"要明白安拉是惩罚严厉的"，即安拉的惩罚对于那些违背安拉的命令，触犯禁令的人们而言，是极其严厉的。

《197.正朝是在著名的几个月份中，其中决意朝觐者，就不能在朝觐期间有淫秽、犯罪和争辩。无论你们做什么善事，安拉知道它。你们要预备盘缠，最好的盘缠就是敬畏。有心灵的人们啊，你们要敬畏我。》

### 何时为正朝受戒

"正朝是在著名的几个月份中"，即只能在朝觐的各月份中为正朝受戒。[2] 伊本·阿拔斯、贾比尔、穆佳黑德等人都有类似的传述。规定朝觐月的经文证明，朝觐月前的受戒不正确，正如未到时间的礼拜不正确那样。

伊玛目沙斐仪传自伊本·阿拔斯，他说："任何人都必须在朝觐月受戒[3]，因为安拉说：'**正朝是在著名的几个月份中。**'"[4]

伊本·阿拔斯说："只能在朝觐月为朝觐受戒，因为在朝觐月受戒是朝觐的常规。"伊本·阿拔斯的传述更具权威性，因为他是"《古兰》的解释家"。

穆圣说："任何人都必须在朝觐月为朝觐而受戒。"[5] 沙斐仪、白海根传自伊本·见利机和伊本·祖拜尔，有人问贾比尔："可以在朝觐月之前为正朝受戒吗？"他回答说："不可以。"[6] 综上所述，伊本·阿拔斯所传述的受戒方法是正确的，即只能在朝觐月为正朝受戒。安拉至知。

### 朝觐的月份

"正朝是在著名的几个月份中。"布哈里辑录，伊本·欧麦尔传述说，它们是十月、十一月和十二月中的十日。[7] 这是布哈里确信无疑的辑录。[8]

伊本·哲利尔选择这一主张，他说，笼统地提出两个月，而仅提到第三个月份的一部分（十天），是一种通俗的表达方式，就如阿拉伯人说，今年我拜访了他，今天我看见了他。其实指在一年或一日中的某一时间发生的事情。又如安拉说：《倘若有人要在两天当中急忙离开，他是无罪的。》（2：203）实指在一天半内急忙（回去）的人。[9]

"其中决意朝觐者"，即他通过受戒使朝觐成为必定。经文证明朝觐者必须受戒并完成受戒。伊

---

（1）《泰伯里经注》4：111。
（2）《泰伯里经注》4：115。
（3）《伊本·胡宰默圣训实录》4：162。
（4）《乌姆》2：132。
（5）《伊本·艾布·西白补遗篇》361。
（6）《乌姆》2：132；《大圣训集》4：343。
（7）《布哈里圣训实录诠释——造物主的启迪》3：490。
（8）《泰伯里经注》4：116；《哈肯圣训遗补》2：276。
（9）《哈提姆经注》2：486、488。

本·哲利尔说，学者们一致的判断是，"**决意**"指决定和必须完成。(1)

伊本·阿拔斯解释说，其中为正朝和副朝受了戒的人。(2)

阿塔说："'**决意**'指受戒"。伊布拉欣和端哈克等有类似主张。(3)

### 朝觐中禁止"淫秽"(4)

清高伟大的安拉说："**不能在朝觐期间有淫秽**"，即为正朝和副朝而受戒的人，应当远离房事，也不允许有关的行为和举动，譬如拥抱和接吻，在妇女面前谈论性问题。伊本·欧麦尔说，"**淫秽**"指房事，对男女谈说房事。(5) 阿塔说，"**淫秽**"指房事或谈论性问题。(6) 阿塔说："他们（圣门弟子）憎恶旁敲侧击地谈论性问题，因为它是受禁的。"(7) 塔吾斯说，它指你对妻子说，我开戒后要和你交接。(8) 伊本·阿拔斯说，"**淫秽**"指和妻室发生性关系、接吻、调情以及对她说丑话。(9) 伊本·阿拔斯和伊本·欧麦尔还说"**淫秽**"指与妇女发生性关系。(10) 赛尔德、伊布拉欣、艾克莱麦、哈桑、格塔德、赛丁伊、阿塔、穆尕提里·本·罕雅尼、端哈克等人有相同传述。

### 朝觐中禁止"夫苏格"(11)

"夫苏格"，伊本·阿拔斯、穆佳黑德、阿塔、艾克莱麦、赛尔德·本·朱拜尔、穆罕默德·本·凯尔卜、哈桑、格塔德、伊布拉欣·奈赫伊、穆尕提里·本·罕雅尼等人说"夫苏格"指罪恶。(12)

伊本·欧麦尔说"夫苏格"指在禁地违抗安拉。(13)

另一些学者说，经文中的"夫苏格"指辱骂。他们的证据是下列圣训："辱骂穆斯林是夫苏格，与之战争是隐昧（放弃正信）。"(14)

阿卜杜·拉赫曼解释说为偶像宰牲。安拉说：❨ 或念诵安拉尊名以外的出于坏事而屠宰的。❩ (6：145) 端哈克解释为起绰号。

将"夫苏格"解释为一切罪恶是正确的，比如安拉禁止人们在全年中的任何一天发生不义行为，此后又专门在禁月中禁止它，原因是禁月的不义行为是更严重的。因此，安拉说：❨ 其中有四个禁月。这就是正教。你们不要在禁月中亏负自己。❩ （9：36）安拉关于禁地说：❨ 谁不义地企图在那里离经叛道，我将使谁尝试痛苦的刑罚。❩ (22：25) 安拉的使者说："谁朝了这座房，并且没有淫秽，也没有犯罪，那么，他洗清了罪恶，犹如初生的婴儿。"(15)

### 朝觐期间禁止辩论

"不能在朝觐期间有……争辩"，"争辩"(16) 经文指朝觐期间不能争论。伊本·哲利尔解释说："基达里"指你通过辩论激怒他人。艾布·阿林、阿塔、贾比尔·本·栽德、赛丁伊、伊本·阿拔斯、穆佳黑德、艾克莱麦、赛尔德·本·朱拜尔、哈桑、格塔德、伊布拉欣·奈赫伊、穆尕提里·本·罕雅尼等人的传述与此相同。(17)

### 鼓励在朝觐中行善、带盘缠

"无论你们做什么善事，安拉知道它。"安拉禁止穆斯林触犯言行方面的丑事，同时鼓励他们行善，告诉他们安拉彻知一切，并将在后世给他们最充分的报酬。"**你们要预备盘缠，最好的盘缠就是敬畏。**"(18) 伊本·阿拔斯说，也门人去朝觐时不带盘缠，他们说，我们托靠了安拉。后来安拉降示了这段经文。

伊本·欧麦尔说，他们在受戒时扔掉随身带的盘缠，又重新拿上盘缠。后来安拉降谕道："**你们要预备盘缠，最好的盘缠就是敬畏。**"禁止不带盘缠的行为，并命令他们携带面粉、炒面和糕点。(19)

### 后世的盘缠

"最好的盘缠就是敬畏。"安拉不仅命令他们携带今世的盘缠，同时还命令他们携带后世的盘缠，即敬畏地前去朝觐。犹如安拉所言：❨ 但敬畏的衣服却是最好的。❩ （7：26）安拉提到物质服饰

---

（1）《泰伯里经注》4：120、121。
（2）《泰伯里经注》4：123。
（3）《泰伯里经注》4：123。
（4）الرفث，正文译为淫秽。——译者注
（5）《泰伯里经注》4：126。
（6）《泰伯里经注》4：127。
（7）《泰伯里经注》4：128。
（8）《泰伯里经注》4：128。
（9）《泰伯里经注》4：129。
（10）《泰伯里经注》4：129。
（11）الفسوق，正文译为犯罪。——译者注
（12）《哈提姆经注》2：497、498、499、500。
（13）《哈提姆经注》2：497。
（14）《布哈里圣训实录诠释——造物主的启迪》1：135。
（15）《布哈里圣训实录诠释——造物主的启迪》4：25；《穆斯林圣训实录》2：983。
（16）الجدال，基达里。正文译为争辩。——译者注
（17）《泰伯里经注》4：141；《哈提姆经注》2：503、505。
（18）《布哈里圣训实录诠释——造物主的启迪》3：449；《艾布·达乌德圣训集》2：349。
（19）《泰伯里经注》4：156。

的同时，提到了精神服饰，即谦恭、顺从和敬畏，指出此服饰比彼服饰更好、更有益。

"**有心灵的人们啊，你们要敬畏我。**"安拉说，有心灵能思考的人们啊！如果你们违背了我，不服从我的命令，你们当害怕我的惩罚和警告。

✥ **198.你们无妨向你们的主请求恩惠。当你们从阿拉法特下来时，要在禁标附近记念安拉。你们当因为他对你们的引导而记念他，此前你们确实是一些迷误者。**✥

### 朝觐中的生意

伊本·阿拔斯说，欧卡兹、麦津奈和祖勒麦佳兹是蒙昧时代的市场。他们（圣门弟子）曾认为朝觐季节在那里做生意是一种犯罪。后来安拉降谕道："**你们无妨向你们的主请求恩惠**"，即在朝觐期间请求恩惠。(1)伊本·阿拔斯说，他们不在朝觐季节和朝觐期间进行交易，认为它们仅是记念安拉的日子。后来安拉降谕道："**你们无妨向你们的主请求恩惠。**"穆佳黑德、赛尔德·本·朱拜尔、伊布拉欣·奈赫伊、曼苏尔·本·穆尔泰麦尔、格塔德、莱毕尔·本·艾奈斯、艾克莱麦等作了相同解释。(2)

伊本·哲利尔传述，有人向伊本·欧麦尔询问朝觐中做生意的人，伊本·欧麦尔听后读道："**你们无妨向你们的主请求恩惠。**"(3)

艾布·欧麻麦传述，我问伊本·欧麦尔，我们出租(4)期间，可以朝觐吗？后者答道："难道你们不是巡游了天房、驻了阿拉法特、射石并剃了头吗？"他说："是的。"伊本·欧麦尔说："有人到先知跟前问了同样的问题，先知没有立即回答他，后来吉卜勒伊里给穆圣带来这段经文：'**你们无妨向你们的主请求恩惠**'。后来先知叫来他说：'你们是朝觐者。'"(5)

艾布·撒立哈传述，我问欧麦尔："信士的长官啊！你们曾在朝觐期间做生意吗？"他说："难道他们只朝觐就能解决生活问题吗？"(6)

### 驻阿拉法特

"**当你们从阿拉法特下来时，要在禁标附近记念安拉。**"阿拉法特虽然是个阴性专有名词，但经文以全变词来对待它，因为它原本就是复数。"**阿拉法特**"专指一个明确的地方，经文在其中保留了根母后，以变尾词对待它。(7)

朝觐中驻阿拉法特是一项基本功课。安拉的使者☆说："朝觐就是驻阿拉法特——使者连说三次，谁黎明前到达了阿拉法特，他就赶上了（朝觐）。驻米那（的期限）是三日，在两日内急忙离去，不算犯罪，拖延也不算犯罪。"(8)

驻阿拉法的时间从阿拉法之日的太阳偏斜开始，直至宰牲节后第二日的黎明。因为，安拉的使者☆在辞朝中从晌礼驻到太阳西落之时，并说："你们向我学习你们的功课。"(9)另外这段圣训也提到："谁黎明前到达了阿拉法特，他就赶上了（朝觐）。"

哈里斯传述，我去穆兹代里法找安拉的使者，当时他正打算去礼拜。我说："安拉的使者☆啊！我来自团伊(10)山区，现已是人困马乏，以安拉发誓，我每经过一座山就驻于该山，我的朝觐行吗？"安拉的使者☆说："谁参加了我们的这次礼拜，并和我们一起驻扎了，直至我们出发，此前在阿拉法特驻了一日或一夜，谁就完成了朝觐，完成了功课。"(11)

有人说，阿拉法特的名字来源于阿卜杜·兰扎格传的圣训：安拉派遣吉卜勒伊里去带领伊布拉欣朝觐，来到阿拉法特后，伊布拉欣说："**阿拉法特**"（意为：我清楚了）。此前伊布拉欣来过此地，所以该地被称为"**阿拉法特**"。(12)阿塔说，阿拉法特的命名由来是，吉卜勒伊里给伊布拉欣介绍了朝觐的功课后，伊布拉欣说："我知道了，我知道了（阿拉法特）。"因此而得名。(13)安拉至知。

"**阿拉法特**"也称"麦西阿里哈莱穆"（المشعر الحرام，禁标）、"麦西阿里艾克萨"（المشعر الأقصى，远标）或"伊俩里"（الإل，功课），阿拉法特中部的山称为慈悯山。

### 从阿拉法特和穆兹代里发出发的时间

伊本·阿拔斯说："蒙昧时代，人们也驻阿

---

(1)《布哈里圣训实录诠释——造物主的启迪》8：34。
(2)《艾布·达乌德圣训集》2：350。
(3)《泰伯里经注》4：165。
(4)即出租房屋或做生意。
(5)《艾哈麦德按序圣训集》2：155。
(6)《泰伯里经注》4：168。
(7)《泰伯里经注》4：171。
(8)《艾哈麦德按序圣训集》4：310；《艾布·达乌德圣训集》2：485；《提尔密济圣训全集诠释》3：633；《圣训大集》5：256；《伊本·马哲圣训集》2：1003。
(9)《穆斯林圣训实录》2：943。
(10)部落名。——译者注
(11)《艾哈麦德按序圣训集》4：261；《艾布·达乌德圣训集》2：486；《提尔密济圣训全集诠释》3：635；《圣训大集》5：264；《伊本·马哲圣训集》2：1004。
(12)《阿卜杜·兰扎格经注》5：96。
(13)《泰伯里经注》4：173、174；《伊本·艾布·亭经注考证》2：519。

拉法特，太阳到于山头，像男人们头上的头巾那样时，人们就开始出发。后来安拉的使者㊣将（从阿拉法特）出发时间推迟到太阳西落。"⁽¹⁾伊本·麦尔戴威还说，然后使者进驻穆兹代里发，在黑暗中礼了晨礼。当万物都明显时（这是最后的时间）他出发了。《穆斯林圣训实录》记载："太阳落之前，使者一直驻于阿拉法特，等到（天边的）黄色在慢慢隐退，最后太阳完全不见时，使者将武洒麦捎在骆驼后面开始出发。使者紧握着格素瓦（使者骑的骆驼）的缰绳，以致它的头快要挨上鞍子。使者用右手指示道：'人们啊！肃静，肃静！'当他经过一座山⁽²⁾时稍稍放松缰绳，好让骆驼登上去，最后来到穆兹代里发。在那里，他以一次邦克（宣礼）和两次成拜辞礼了昏礼和宵礼，中间没有做副功拜。然后使者侧身而卧，直到黎明。在黎明时分，他以一次邦克和一次成拜辞礼了晨礼。然后骑着格素瓦来到禁标，面向天房向安拉祈祷，并念大赞词、清真言和作证言，一直驻到天亮。他在太阳升起之前出发了。"⁽³⁾

两圣训实录辑录，有人问武洒麦："安拉的使者㊣出发时，是怎么走的？"他回答："他安步当车，从容速行。"⁽⁴⁾

## 禁　标

伊本·欧麦尔说，"禁标"指整个穆兹代里发地区。⁽⁵⁾

他曾解释"在禁标附近记念安拉"说，它指这座山和山周围的地区。⁽⁶⁾伊本·阿拔斯、阿塔、赛丁伊、穆佳黑德、艾克莱麦、赛尔德·本·朱拜尔、哈桑、格塔德、莱毕尔·本·艾奈斯等人解释说，它指两座山之间的地区。⁽⁷⁾

穆圣㊣说："整个阿拉法特都是驻处，你们不要接近欧莱那⁽⁸⁾；整个穆兹代里发都是驻处，你们不要接近穆罕赛拉⁽⁹⁾；麦加的每条道路都是宰牲处，太西磊格的每一天都是宰牲日。"⁽¹⁰⁾

"你们当因为他对你们的引导而记念他"，以此强调安拉对他们的恩典——引导他们，为他们阐明先圣伊布拉欣的朝觐仪式。安拉说："此前你们

确实是一些迷误者。"有人解释说，在这次引导、这部《古兰》和这位使者之前，你们确实是迷误的。

❄199.然后你们要在人们下去的地方下去，并且向安拉求饶，安拉确实是至赦的，至慈的。❄

## 命令蒙昧时代不驻阿拉法特的人在伊斯兰时期驻阿拉法特，并和人们一起下去

从经文的这种表达顺序可以看出，安拉命令驻阿拉法特的人前往穆兹代里发，在禁标附近记念安拉，同时命令他们和其他人一样驻阿拉法特。因为此前除古莱什人外其他人都驻阿拉法特，古莱什人从不走出禁地，仅驻于禁地与非禁地接壤的地方，他们说，我们是安拉土地上的臣民，天房的居民。

阿伊莎传述，古莱什人和他们同宗教的人们原来（在朝觐中）驻于穆兹代里发，他们被称为"酷爱者"⁽¹¹⁾，其他阿拉伯人驻于阿拉法特。伊斯兰来临时，安拉命令穆圣㊣进驻阿拉法特，然后从它下去。这就是"然后你们要在人们下去的地方下去"这段经文所叙述的。⁽¹²⁾

朱拜尔传述，我的骆驼在阿拉法特丢失了，我出去找它时发现先知正在驻静，我想：此人是属于"酷爱者"，他在这里干什么呢？⁽¹³⁾

布哈里传自伊本·阿拔斯的圣训说明，经文中的"下去"意味着从穆兹代里发下到米那（地区）射石。安拉至知。⁽¹⁴⁾

## 安拉命令穆斯林求饶，念一些求饶词

"并且向安拉求饶，安拉确实是至赦的，至慈的。"安拉多次命令仆人要在履行功课时记念他。因此，穆圣㊣每每完成礼拜后向安拉求饶三次。⁽¹⁵⁾两圣训实录辑录，穆圣㊣提倡人们念"赞美安拉"，"感赞安拉"和"赞主伟大"，各念三十三次。我在《阿拉法特的尊贵》中辑录了这段圣训。⁽¹⁶⁾

安拉的使者㊣说："求恕词之首是仆人念：

---

（1）《哈提姆经注》2：517。
（2）山实指小沙丘。——原文编辑者著
（3）《穆斯林圣训实录》2：886。
（4）《布哈里圣训实录诠释——造物主的启迪》3：605；《穆斯林圣训实录》2：936。
（5）《哈提姆经注》2：521。
（6）《泰伯里经注》4：176。
（7）《哈提姆经注》2：521、522。
（8）阿拉法特对面的山谷。——译者注
（9）位于米那。——译者注
（10）《艾哈麦德按序圣训集》4：82。

（11）即他们酷爱他们的宗教。——译者注
（12）《布哈里圣训实录诠释——造物主的启迪》8：35；《泰伯里经注》4：186、187。
（13）《艾哈麦德圣训按序圣训集》4：80；《布哈里圣训实录诠释——造物主的启迪》3：602；《穆斯林圣训实录》2：894。
（14）《布哈里圣训实录诠释——造物主的启迪》8：35。
（15）《穆斯林圣训实录》1：414。
（16）《布哈里圣训实录诠释——造物主的启迪》2：378；《穆斯林圣训实录》1：417。

'我的主啊！你是我的养主，应受拜者，惟有你；你创造了我，我是你的仆人；我要尽己所能地坚持和你所结的盟约和许愿。求你从我所犯的罪恶上保护我，我承认你对我的恩情，承认我的罪恶。求你宽恕我吧！只有你能宽恕我。'若他在念它的当夜归真了，他必进乐园；若他在念它的当天归真了，也必进乐园。"[1]

艾布·伯克尔说："安拉的使者啊！请教授我一句祷词，我在礼拜中念它。"使者说："你念：我的主啊！我确实自亏太多，只有你可以宽恕我，求你宽恕我吧！慈悯我吧！你确实是至赦的，确实是至慈的。"[2]有关求恕饶的圣训很多。

◆200.当你们完成功课时，要像记念你们的祖先那样记念安拉，或更深刻的记念，有人说："我们的养主啊，你在今世恩赐我们吧！"那么，他在后世没有任何份额。◆

◆201.也有人说："我们的主啊，求你在今世中赐我们美好，在后世中也赐我们美好，并且保佑我们远离火狱。"◆

◆202.他们将得到他们行为的报酬，安拉是清算迅速的。◆

## 命令完成功课后多记念安拉，向安拉请求两世的幸福

安拉命令朝觐者完成功课后多多记念他，说："**要像记念你们的祖先那样记念安拉。**"[3]伊本·阿拔斯说："蒙昧时代，人们站在朝觐区宣扬：'我的父亲仗义疏财，忍辱负重，替人还血金。'他们很喜欢鼓吹祖先的业绩。后来安拉给穆圣降谕道：'要像记念你们的祖先那样记念安拉，或更深刻的记念。'"意思是你们当多多记念安拉，即你们要像记念你们的先辈那样记念安拉，或应该更多地记念安拉。经文中的"或"表示一个相似的概念或事物，如：◆突然间他们当中的部分人如害怕安拉那样害怕人，甚至更加害怕。◆（4：77）◆我派遣他到十万人或有更多人的地方去。◆（37：147）◆后来达到两弓之遥，或更近。◆（53：9）所以它在此绝不表示怀疑，而表示对所述事物的进一步肯定。

安拉命令人类多记念他，此后又命令他们向他求祈，因为这是一个应答求祈的时刻。同时，安拉谴责了那些不考虑后世，只要求今世幸福的人们，说："有人说：'我们的养主啊，你在今世恩赐我们吧！'那么，他在后世没有任何份额。"经文要求穆斯林远离这种做法。

伊本·阿拔斯说："一些游牧人来到（阿拉法特）驻地，说：'我们的主啊！求你使我们今年风调雨顺，硕果累累，人丁兴旺。'但他们对后世只字不提。后来安拉降谕道："有人说：'我们的养主啊，你在今世恩赐我们吧！'那么，他在后世没有任何份额。'也有人说：'我们的主啊，求你在今世中赐我们美好，在后世中也赐我们美好，并且保佑我们远离火狱。'"后来安拉降谕道：'他们将得到他们行为的报酬，安拉是清算迅速的。'因此，安拉表扬了那些要求两世幸福的人，说，"也有人说：'我们的主啊，求你在今世里赐我们美好，在后世里面也赐我们美好，并且保佑我们远离火狱'。"

这一求祈包括今世中一切美好的，排除了一切灾祸。今世的美好包括一切需求，譬如：健康、豪宅、美妻、宽裕的生活、有益的知识、舒适的坐骑、美好的名誉以及经注学家们所列举的一切美好事物。对此没有任何歧议，因为上述一切都包括在"今世的美好"之中。

后世的美好，包括进乐园，免遭清算场的惊恐，轻而易举地通过清算……等有关后世的一些事情。

远离火狱的前提是在今世中做一些有益的工作。如远离非法和犯罪，不做令人怀疑的事情。

卡西姆说："谁拥有感恩的心灵、记主的舌肉和坚忍的身体，谁确实获得了今后两世的美好，并远离了火狱。"[4]

因此，圣训鼓励人们念这一祷词。布哈里传述，安拉的使者经常念："**我们的主啊，求你在今世中赐我们美好，在后世中也赐我们美好，并且保佑我们远离火狱。**"[5]

艾哈麦德说，安拉的使者去探望一位病得像小鸡一般羸弱的穆斯林，对他说："你祈求安拉吗？"他说："是的。我曾祈求道：'我的主啊！如果你要在后世惩罚我，倒不如让我在今世遭受惩罚！'"安拉的使者说："赞美安拉！你无法接受它，也不要强撑着去接受它。你为何不念'**我们的主啊，求你在今世中赐我们美好，在后世中也赐我们美好，并且保佑我们远离火狱**'呢？"此人接受先知的奉劝，祈求安拉后身体痊愈了。[6]

---

（1）《布哈里圣训实录诠释——造物主的启迪》11：100。
（2）《布哈里圣训实录诠释——造物主的启迪》13：484；《穆斯林圣训实录》4：2078。
（3）《哈提姆经注》2：530。
（4）《哈提姆经注》2：542。
（5）《布哈里圣训实录诠释——造物主的启迪》8：35。
（6）《艾哈麦德按序圣训集》3：107；《穆斯林圣训实录》4：2068。

有人去见伊本·阿拔斯，对他说："我为一些人做工，我要求他们供我坐骑，让我去朝觐，以此作为工作的代价，这样做可以吗？"他说"你属于安拉所述的那些人：'**他们将得到他们行为的报酬，安拉是清算迅速的。**'"[1]

❖ 203.你们要在指定的日子中记念安拉，倘若有人要在两天当中急忙离开，他是无罪的；倘若有人延迟也是无罪的。那是对于敬畏者。你们敬畏安拉，要明白，你们一定会集中到他那里。❖

### 在太西磊格之日——吃喝的日子里记念安拉

伊本·阿拔斯说"指定的日子"指太西磊格之日。明确的日子指十日。[2] 尔克莱麦认为"你们要在指定的日子中记念安拉"指在太西磊格之日的主命拜之后念大赞词——"安拉至大，安拉至大"。[3]

安拉的使者说："阿拉法特之日，宰牲之日和太西磊格的日子是我们伊斯兰人的节日，是吃喝的日子。"[4] 使者又说："太西磊格之日是吃喝和记念安拉的日子。"[5] 使者又说："整个阿拉法特都是驻地，太西磊格之日都是宰牲日。"[6] 又说："（驻）米那的日子是三日，两日内急忙离去者无罪，拖延时间者也无罪。"[7]

艾布·胡莱赖传述，安拉的使者说："太西磊格是吃（喝）和记念安拉的日子。"[8]

安拉的使者曾派阿卜杜拉巡游米那（给众人通知）："你们不要在这些日子封斋，因为它是吃喝与记念安拉的日子。"[9]

### 指定的日子

伊本·阿拔斯说："'指定的日子'是太西磊格之日，共四日，即宰牲日及其后的三日。"[10] 伊本·欧麦尔等著名圣门弟子都有相同的传述。[11] 下列尊贵的经文也可证明它是包括宰牲日在内的四日，"倘若有人要在两天当中急忙离开，他是无罪的；倘若有人延迟也是无罪的。"

"你们要在指定的日子中记念安拉"，不但指出要在宰牲时、礼拜后面和其他情况下记念安拉，同时还指出要在太西磊格的每一日念大赞词和射石时记念安拉。圣训说："巡游天房，在索法和莫尔卧之间奔走以及射石，都是为了记念安拉而被制定的。"[12]

安拉提及人们因朝觐仪式和戒关而会聚一堂，然后分散到世界各地，此后又说："**你们敬畏安拉，要明白，你们一定会集中到他那里。**"类似经文有：❖ 是他使你们分布于大地，你们只被集中到他那里。❖（23：79）

❖ 204.有人对今世生活的言论可能使你赞赏，他还请求安拉见证他心中所有的。但他却是最悖逆（邪恶）的敌人。❖

❖ 205.当他离开时，就奔向大地作歹，并摧残庄稼和牲畜，安拉不喜欢为非作歹。❖

❖ 206.当有人对他说"你要敬畏安拉"时，他

---

(1)《哈肯圣训遗补》2：277。
(2)《格尔特宾教律》3：3。
(3)《哈提姆经注》2：545。
(4)《艾哈麦德按序圣训集》4：152。
(5)《艾哈麦德按序圣训集》5：75；《穆斯林圣训实录》2：800。
(6)《艾哈麦德按序圣训集》4：82。
(7)《艾布·达乌德圣训集》2：485。
(8)《泰伯里经注》4：211。
(9)《泰伯里经注》4：211。
(10)《泰伯里经注》4：213。
(11)《哈提姆经注》2：547、548、549。

(12)《艾布·达乌德圣训集》2：447。

因罪恶而妄自尊大，火狱是够他受的，那归宿真恶劣啊！》

《207.有人奉献他的生命，来获取安拉的喜悦，安拉对众仆是至慈的。》

## 伪信士的情况

赛丁伊说："上述经文因艾赫奈斯而降示，他来到安拉的使者☪跟前，表示归信伊斯兰，其实他的内心并非如此。"(1)

伊本·阿拔斯传述说："它降示于一些伪信士，他们对胡拜卜等被多神教徒侮辱而亡的信士们说三道四，指手画脚。(2)后来，安拉降示这段经文谴责多神教徒，赞扬胡拜卜及其战友们：'**有人奉献他的生命，来获取安拉的喜悦**'"。格塔德、穆佳黑德、莱毕尔·本·艾奈斯等学者主张，这段经文是为所有的伪信士和穆民而降示的。(3)

恼法（他读过一些天启经典）说："我发现安拉降示的经典在描述这个民族中的一些人：他们用宗教骗取今世，口蜜腹剑，是披着羊皮的狼。清高伟大的安拉说：'他们冒犯我，因我（的宽容）而忘乎所以。我以我自己发誓，我将降给他们是非，这些聪明人将在其中不知所措。'"盖勒最说，我通过参悟《古兰》发现他们是一些伪信士，即下列经文所述之人，"**有人对今世生活的言论可能使你赞赏，他还请求安拉见证他心中所有的**。"(4)

"**他还请求安拉见证他心中所有的**"，即他们在人们面前表现出归信伊斯兰的样子，但在安拉面前暴露他们心中的不信和阳奉阴违。正如安拉所述：《他们躲避世人，但不躲避安拉。》（4：108）(5)

有人说它的意义是：他发誓让人们相信他是穆斯林，并让安拉作证他是表里如一的。这种解释也符合经典的意义。阿布都·拉赫曼·本·栽德·本·艾斯莱姆、伊本·哲利尔选择了以上的观点，伊本·阿拔斯也认同此观点，并由穆佳黑德传述。(6)安拉至知。

"**但他却是最悖逆（邪恶）的敌人。**"在阿拉伯语中，"艾兰德"（الألد）指邪恶的(7)、悖逆的。譬如《并警告悖逆的群体。》（19：97）抱有敌对情绪的伪信士的情况就是如此，他们谎话连篇，弄虚作假，违背真理，无中生有，作恶多端，正如圣

---
（1）《泰伯里经注》4：229。
（2）胡拜卜被多神教徒凌迟处死。——译者注
（3）《泰伯里经注》4：230。
（4）《泰伯里经注》4：232。
（5）《泰伯里经注》4：230。
（6）《泰伯里经注》4：233。
（7）此外指悖逆的。——译者注

训所述："伪信士的标志有三个：谈话时撒谎，缔约后爽约，争执时作恶。"(8)阿伊莎传述："安拉最恼怒的人是最悖逆的敌对者。"(9)

"**当他离开时，就奔向大地作歹，并摧残庄稼和牲畜，安拉不喜欢为非作歹**"，即言论歪斜，行为败坏。这些伪信士谎话连篇，信仰败坏，行为丑恶，经文中的"**奔向**"指就去。正如《古兰》对法老的叙述：《然后他匆忙地转身离开，然后集合了（民众），并宣布："我是你们最高主宰。"所以安拉用后世和今世的刑罚惩罚了他。对于畏惧的人，其中确有一种教训。》（79：22–26）又如：《有正信的人们啊！当聚礼日你们被召唤去礼拜时，你们应当奔忙去记主。》（62：9）即你们举意聚礼拜而趋向（清真寺），圣训禁止跑到清真寺，说："你们不要跑向礼拜，你们应当稳重、安静地去礼拜（场所）。"(10)

伪信士惟一的目的就是在大地上祸国殃民，破坏人类赖以生存的庄稼和牲畜。穆佳黑德说："当他（伪信士）在大地上奔走作恶时，安拉停止降雨，致使庄稼和牲畜遭受毁灭。"

"**安拉不喜欢为非作歹**"，即安拉不喜欢这种行为，也不喜欢有这种行为的人。

## 伪信士的特征之一是拒绝忠告

"**当有人对他说'你要敬畏安拉'时，他因罪恶而妄自尊大**"，即当有人奉劝这个坏人停止作恶，并对他说"你要敬畏安拉，回归真理"时，他拒绝了，并因罪恶深重而恼羞成怒，无法把握自己。相似的经文有：《当有人向他们诵读我的明白启示时，你会在隐昧者的脸上看到反感！他们几乎要攻击那些对他们诵读我的启示的人。你说："我可以告诉你们一些比这更坏的事吗？那就是火狱！安拉已对隐昧的人许下了它！那归宿真不幸！"》（22：72）因此，安拉在本章中说："**火狱是够他受的，那归宿真恶劣啊！**"即对他而言，这种惩罚足够他承受了。

## 追求安拉的喜悦是穆民的特征

"**有人奉献他的生命，来获取安拉的喜悦，安拉对众仆是至慈的。**"安拉揭露了伪信士的丑恶特征后，提到穆民的优良品质，"**有人奉献他的生命，来获取安拉的喜悦。**"伊本·阿拔斯、艾奈斯、赛尔德·本·穆散耶卜、艾克莱麦、艾布·奥斯曼等人说，这段经文是为苏海卜而降的。他在麦

---
（8）《布哈里圣训实录诠释——造物主的启迪》1：111。
（9）《布哈里圣训实录诠释——造物主的启迪》8：36。
（10）《穆斯林圣训实录》1：420。

加归信了伊斯兰，当他打算迁徙时，多神教徒们出来阻止，说如果他放弃所有财产后只身迁徙，他们答应不加阻拦。后来，苏海卜将自己的财产交给了多神教徒，摆脱了他们的干扰。安拉为此而降示了这段经文。欧麦尔和一些圣门弟子去麦地那郊外迎接他，对他说："你的买卖获利了。"他说："你们何出此言？安拉也没有使你们的买卖遭受损失呀！"后来欧麦尔告诉他，安拉为他而降示了这段《古兰》。据传述，安拉的使者ﷺ对苏海卜说："苏海卜的生意获利了"。[1]

这段经文的意义泛指一切为主道奋斗的人们，正如安拉所言：﴿安拉已买下了众信士的生命和财产，给他们的是乐园。他们在主道上奋斗、杀敌和被杀。这是在《讨拉特》《引支勒》和《古兰》中的许诺。谁比安拉更能履行他的许约呢？为你们所缔结的盟约而高兴吧，那的确是重大的成功。﴾（9：111）希沙姆在战斗中冲锋陷阵时，有些人对他提出指责[2]，而欧麦尔、艾布·胡莱赖等人却驳斥了这一看法，并宣读了这段经文："**有人奉献他的生命，来获取安拉的喜悦，安拉对众仆是至慈的。**"

**﴿208.有正信的人们啊，你们要完全归向和平，不要追随魔鬼的步伐，它确是你们的明敌。﴾**

**﴿209.如果你们在证据来临之后失足了，那么，你们应知道安拉是优胜的、明哲的。﴾**

## 必须全心全意地遵循伊斯兰

安拉命令归信他和他的使者的信士们，要力所能及地遵循伊斯兰的一切制度、法律和命令。伊本·阿拔斯、穆佳黑德、赛丁伊、端哈克、格塔德、伊本·栽德等人认为"**和平**"指伊斯兰，[3]"**完全**"指全体。[4]（即你们当全体进入伊斯兰）穆佳黑德说："你们——特别是那些归信伊斯兰的有经人当履行所有的宗教功课，全方面地做好事。"

伊本·哈亭传述："有经人中的一些信仰者归信伊斯兰，同时还遵循着安拉以前降示的经典（《讨拉特》和《引支勒》中的有些事物和法律），后来安拉降谕道："**你们要完全归向和平**"，即你们当完全遵循穆圣ﷺ的教律，不得有丝毫松懈，不要再遵循《讨拉特》。"[5]

"**不要追随魔鬼的步伐。**"你们当干各种善功，远离恶魔的命令，因为﴿它只以罪恶和丑事命令你们，并教你们冒犯安拉而说出你们所不知道的事。﴾（2：169）﴿它号召它的党羽，只为了他们成为火狱的居民。﴾（35：6）因此安拉说："**它确是你们的明敌**"，"**如果你们在证据来临之后失足了**"，即你们若在明证成立之后偏离正道，那么"**你们应知道安拉是优胜的**"，即安拉的惩罚是强大的，任何人都无法逃脱，也无法战胜他。"**明哲的**"，即安拉在立法方面是精确的。因此，艾布·阿林、格塔德、莱毕尔·本·艾奈斯说："安拉的惩罚是强大的，他的事情是精确的。"[6]

**﴿210.他们要等到安拉和天使们在云中来临于他们吗？那时事情已经判决了，万事惟归安拉。﴾**

## 鼓励人们尽快接受正信

安拉通过派遣穆圣ﷺ警告他们说："**他们要等到安拉和天使们在云中来临于他们吗？**"即等到末日安拉审判普世之人，善报行善者，恶报作恶者之时吗？安拉说："**那时事情已经判决了，万事惟归安拉。**"正如安拉所述：﴿不！当大地被剧烈震动，被震碎，你的主来临，众天使排班降临。那天，火狱被带来，那天，人将会回忆过去，但是那回忆怎会对他有益呢？﴾（89：21-23）﴿他们只等待天使们，或是你的主降临。或是你主的一些迹象降临。﴾（6：158）

艾布·贾法尔解释说："天使们在云中到来，安拉以他所意欲的形式到来。"类似的经文有：﴿那天，天和云一起粉碎，众天使被遣降。﴾（25：25）[7]

**﴿211.你问问以色列的后裔，我曾降给他们多少清楚的迹象？倘若有人在安拉的恩典到达之后改变它，安拉的惩罚是严厉的。﴾**

**﴿212.对于那些不义的人，今世的生活已经被粉饰。他们嘲笑归信的人们，但是敬畏的人们在后世是高于他们的，安拉无数地恩赐他所意欲之人。﴾**

## 改变恩典和嘲讽穆民的报应

安拉告诉以色列的后裔：他们在穆萨先知时代见到许多明证和确凿的证据，可以证明穆萨带来的

（1）《泰伯里经注》4：248。
（2）认为这是一种冒险。——译者注
（3）《泰伯里经注》4：252；《哈提姆经注》2：584、585。
（4）《哈提姆经注》2：585、586、587、588。
（5）《哈提姆经注》2：582。
（6）《哈提姆经注》2：591。
（7）《泰伯里经注》4：264。

信息。譬如，穆萨的手和手杖，分开大海，击打石头，炎热中白云遮荫，赏赐白蜜和赛勒瓦等一系列奇迹。然而犹太人见到这么多的迹象后不但没有信服，反而忘恩负义，恩将仇报，将信仰改为不信和背叛。"**倘若有人在安拉的恩典到达之后改变它，安拉的惩罚是严厉的。**"正如安拉对古莱什多神教徒的叙述：◆你没有看到那些人吗？他们将安拉的恩典换成了隐昧，并使自己的民族陷入毁灭之境。他们将进入火狱，那居所真恶劣！◆（14：28–29）

安拉指出，他为那些迷恋生活、乐不思归的隐昧者将今世粉饰得五彩缤纷。他们聚敛财产，在应该花费的地方不花费，不去追求安拉的喜悦。他们嘲讽那些为了安拉的喜悦而花费财产的穆民。然而，穆民将在后世得到最幸福的品级和最充分的报酬，他们的复生处和归宿比这些隐昧者优越，并且永远享有最高的品级，而隐昧者将永远处于最低贱的报应。

因此，安拉说："**安拉无数地恩赐他所意欲之人**"，即安拉在今生和后世中，给他所意欲之人的赏赐没有数目，无法统计。正如圣训所述："阿丹的子孙啊！你花费吧！我会为你而花费的。"[1] 又 "比拉勒啊！你花费吧！不要担心阿莱什之主会薄待你。"[2] 安拉说：◆你说："的确，我的主能使他所意欲的仆人给养宽裕，也能使之窘迫，不论你们花费什么，他都会补还。他是最好的供应者。"◆（34：39）

穆圣㊟说："每天清晨有两位天使降临，其中一位呼求：'我的主啊！请给花费者补偿所花费的吧！'另一位呼吁：'我的主啊！请降给吝啬者损失吧！'"[3]

穆圣㊟又说："阿丹的子孙说'我的财产啊！我的财产！'其实你的财产中属于你的只是你吃后消化的，穿后破旧的，施舍后存在（于安拉跟前）的，其他的或将消失，或归别人。"[4]

使者㊟说："今世是无家可归者的家园，没有财产者的财产，只有无智者聚敛它。"[5]

◆213. 人类原来是一个民族，后来安拉派遣列圣报喜讯传警告，并随同他们本着真理降下经典，以便他在人们中判决他们的分歧。但是有经的人们，在明证到达他们之后，由于互相仇恨而对它意见分歧，于是安拉以他的意愿引导归信的人，让他们明白他们所分歧的真理。安拉将他所意欲的人引向正道。◆

### 知识降临之后的分歧证明分歧者的迷误和过分

伊本·阿拔斯传述："阿丹和努哈之间相隔十个世代（一个世代约100至300年）。其间，人们坚持正确的教律。后来，产生了分歧，安拉便派遣列圣报喜讯传警告。"他说："阿卜杜拉曾这样读：'人们原是一个民族，后来他们产生了分歧。'"[6]

格塔德说，人们原本都坚持正道，"后来（有了分歧，于是）安拉派遣列圣"，努哈是第一位受委派的使者。[7]

"于是安拉以他的意愿引导归信的人，让他们明白他们所分歧的真理。"艾布·胡莱赖就这段经文传述，穆圣㊟说："我们后来居上，复生日，我们首先进入乐园，虽然他们（有经人）在我们之前得到经典，我们在他们之后获得经典。后来，安拉以他的允许引导我们（远离了他们的丑行）——没有对真理产生分歧。他们关于这一日（星期五）

---

（1）《哈米德圣训集》2：459。
（2）《圣训大典》10：192。
（3）《布哈里圣训实录诠释——造物主的启迪》3：357。
（4）《穆斯林圣训实录》4：2273。
（5）《艾哈麦德按序圣训集》6：71。

（6）《泰伯里经注》4：275；《哈肯圣训遗补》2：546。
（7）《泰伯里经注》4：78；《阿卜杜·兰扎格经注》1：82。

而产生分歧，安拉因而引导了我们，人们将在其中跟随我们。明天属于犹太人，后天属于基督教徒。"(1)(2)

伊本·沃海布传述："他们（有经人）关于聚礼日产生了分歧，犹太人选择了星期六（安息日），基督教徒选择了星期天，后来安拉引导穆圣㊛的民族选择了星期五；他们对朝向产生了分歧，基督教徒朝向了东方，犹太教徒朝向了远寺，安拉引导穆圣㊛的民族选择了正向；他们对礼拜产生分歧，有人鞠躬不叩头，有人叩头不鞠躬，有人边说话边礼拜，有人边走路边礼拜，后来安拉引导穆圣㊛的民族选择了正确的方法；他们对斋戒产生了分歧，有人在半日内不吃喝，有人仅不吃部分食物，后来安拉引导穆圣㊛的民族认清了真理；他们因伊布拉欣而争论，犹太人说他是犹太教徒，基督教徒说他是基督教徒，而事实上他是位正统的穆斯林，后来安拉引导穆圣㊛的民族认清了真相；他们因尔撒产生争论，犹太人否认他，并严重诽谤他的母亲，基督教徒将他看成神灵和安拉的儿子，事实上他是发自安拉的精神和言辞，后来，安拉引导穆圣㊛的民族认清了真相。"(3)

"**以他的意愿**"，即以他对他们的知识和他对他们的引导。(4)

"**安拉将他所意欲的人**"，即他所欲的仆人"**引向正道**"，即裁决权和明证只归安拉。两圣训实录辑录，安拉的使者㊛夜间起来礼拜时念道："我的养主啊！吉卜勒伊里、米卡伊里和伊斯拉菲里的养主啊！创造天地的主啊！全知可见与未见的主啊！你裁决仆人的分歧，求你以你的意愿引导我们在众说纷纭中认清真理，你将所意欲之人引向端庄的道路吧！"(5)

一段广为流传的祷词说："我的养主啊！让我们将真的看成真的，并让我们跟随之；让我们将假的看成假的，并让我们远离之。不要让谬误迷惑了我们，否则，我们将陷入迷误。求你使我们成为敬畏者的楷模！"(6)

﴿214.类似前人的（考验）尚未来临你们，你们就想着进入乐园吗？他们遭受了战伤和患难，他们被震撼了，甚至使者和那些跟他一道的信士们说："安拉的襄助在何时？"须知，安拉的襄助是临近的。﴾

### 只有经历考验才可获得襄助进入乐园

清高伟大的安拉说，你们还没有像以前的各民族那样经受考验，"你们就想着进入乐园吗？"因此，说："**类似前人的（考验）尚未来临你们，你们就想着进入乐园吗？他们遭受了战伤（白艾洒）和患难（断拉伊）**"，即伊本·麦斯欧迪、伊本·阿拔斯、格塔德、艾布·阿林、穆佳黑德、赛丁伊、端哈克、赛尔德·本·朱拜尔、穆尕提里等人解释说"**战伤**"（بأس）指贫穷；"**患难**"（ضراء）指疾病。(7)

"**他们被震撼了**"，即他们在敌人强大的威胁下被强烈震撼了，他们经受了重大的考验。正如圣训所述，伊本·艾勒特传述，我们问安拉的使者㊛："安拉的使者啊！你为何不替我们向安拉求助？你为何不祈求安拉？"使者说："以前，有的人惨遭锯刑，从头到脚被锯成两半，但这并没有改变他们的信仰；有的人遭受铁梳之刑，他的肉和骨头被梳开，但他依然坚持正教。"穆圣㊛接着说："以安拉发誓，安拉一定会成全这一事业的，直至骑乘者从萨那一直走到哈达拉毛，其间他所害怕的只是安拉，或侵扰他的只是混入羊群的狼。但你们是急于求成的群体。"(8)

清高伟大的安拉说，﴿艾立甫、俩目、米目。人们以为只要说"我们归信了"，便会就此罢休，不受考验了吗？我确曾考验过他们以前的那些人，安拉必定要知道哪些是真诚的人，哪些是说谎的人。﴾（29：1-3）联军战役中，圣门弟子经历了许多类似的灾难，正如安拉所述：﴿当时，他们由你们的上面和下面侵犯你们，当时，（你们）眼睛昏花，心到喉部，你们对安拉作着种种猜测。在那里，归信者接受了考验，并被震撼。当时，伪信士和心中有病的人说："安拉和他的使者许给我们的只不过是欺骗。"﴾（33：10-12）希拉克略问艾布·苏富扬："你们和他（穆圣㊛）间的战争情况如何？"他说："拉锯战。有时我们战胜他，有时他战胜我们。"希拉克略说："使者们通常要经受各种考验，但他们最终会大获全胜。"(9)

"**类似前人的**"，即前人的惯例。正如安拉所言：﴿所以我毁灭了比他们更强大的人。﴾（43：8）

"**他们被震撼了，甚至使者和那些跟他一道的信士们说：'安拉的襄助在何时？'**"即他们祈求战胜敌人，获得解放，摆脱困境。安拉说："**须**

---
（1）即犹太教基督教放弃了星期五，犹太人选择星期六为节日，基督教徒选择星期天为节日。——译者注
（2）《阿卜杜·兰扎格经注》1：82。
（3）《泰伯里经注》4：284。
（4）《泰伯里经注》4：286。
（5）《穆斯林圣训实录》1：534。
（6）《圣学复苏》3：1418。

（7）《哈提姆经注》2：616。
（8）《布哈里圣训实录诠释——造物主的启迪》6：716。
（9）《布哈里圣训实录诠释——造物主的启迪》9：25。

知，安拉的襄助是临近的。"相同的经文有：《诚然，艰难伴随着容易，然后，诚然，艰难伴随着容易。》（94：5-6）困难有多大，胜利就会有多大。因此，安拉说："须知，安拉的襄助是临近的。"

《215.他们问你，他们应该怎样花费？你说："你们对双亲、近亲、孤儿、赤贫者和旅客花费，无论你们做什么好事，安拉是明察的。"》

## 花费的对象

穆尕提里说："这段经文指副功方面的花费（额外行善）。"[1] 经文"他们问你，应该怎样花费？"安拉解释道："你说：'你们对双亲、近亲、孤儿、赤贫者和旅客花费……'"正如圣训所述："（你赡养的对象是）你的母亲，父亲，姐妹，兄弟，依此类推。"[2] 麦穆奈读了这段经文后说，经文指的是花费对象。他指出不能将财产花费到下列方面：鼓，笛子，（装饰房屋的）镶板和墙上的（用于装饰的）帷幔。[3]

清高伟大的安拉说："**无论你们做什么好事，安拉是明察的。**"无论你们做什么好事，安拉都知道它，安拉将给予你们最充分的报酬，因为他不会亏人丝毫。

《216.对你们而言，战争已经成为定制，而你们却讨厌它，也许你们憎恨一件事，但它对于你们是更好的；也许你们喜欢一件事，它却对你们是有害的。安拉知道，你们不知道。》

## 参战是一项义务

安拉指出，为制止邪恶、捍卫伊斯兰而进行战斗是每个穆斯林的义务。祖海里说："战争是每个出征者和未出征者的义务。在战争时期，未出征者听到求援后应当援助，听到求救后，应当出面救助，被要求出征时应当出征。如不需要，可以不出征。"因此，圣训明确指出："没有出征或没有给自己谈到战争（即对战争没有心理准备）的人，必将蒙昧地死去。"[4] 穆圣☪在解放麦加之日说："这次解放之后再无迁徙，但（你们预备）战争和举意。当你们被要求出征时应当出征。"[5]

---
（1）《哈提姆经注》2：219。
（2）《哈肯圣训遗补》3：611。
（3）《哈提姆经注》2：620。
（4）《穆斯林圣训实录》3：1517。
（5）《布哈里圣训实录诠释——造物主的启迪》4：56。

"**而你们却讨厌它**"，即它对于你们是困难的。因为人们在战争中或死或伤，何况还要遭受征途和战斗之苦。安拉接着说："**也许你们憎恨一件事，但它对于你们是更好的。**"因为战争的结果是战胜敌人，攻占他们的城池、获得他们的财产和子孙。"**也许你们喜欢一件事，它却对你们是有害的**"这句经文泛指一切事物。人有时喜爱一件事物，而其中对他毫无益处。不参加战争也是如此，其结果是丧失家园和权力。安拉接着说："**安拉知道，你们不知道**"，即安拉比你们更清楚一切事情的结局，更清楚在今生后世中什么对你们更加有益。所以，你们当响应他，服从他，以便获得正道。

《217.有关禁月——其中战争方面他们问你，你说："其中战争是大罪；阻碍主道，不信安拉，阻止人们接近禁寺，驱逐其居民，这些行为在安拉看来是更严重的罪恶；是非比格杀更严重。"如果他们有能够的话，在他们使你们叛教之前，他们是不会停止战斗的。你们中谁背叛宗教而死于不信，那么这些人的功修在今生后世中失效了。这些人是

火狱的居民，他们将永居其中。》

《218.那些归信的人和那些背井离乡在安拉的道路上奋斗的人，他们都希望得到安拉的慈悯，安拉是至赦的，至慈的。》

### 奈赫莱分遣队 禁月中战争的断法

安拉的使者㊤派艾布·欧拜德率领一支队伍出征，艾布·欧拜德在行军前因舍不得离开安拉的使者㊤而哭了，使者便让他留了下来，派阿卜杜拉接替，并给阿卜杜拉写了一封密信，命令他到某地之后才能打开。先知对阿卜杜拉说："行军中千万不要强迫你的任何一位战友。"阿卜杜拉（到达该地）读信时，念起了回归辞[1]，说道："我们坚决服从安拉和他的使者。"然后给战友们念了信中的内容。后来两位战士返回了，留下的人与伊本·哈达拉米交手，并将他杀死。但他们不知道这一天属于莱哲卜月（伊斯兰教历七月）或竹麻德月（伊斯兰教历六月）。后来多神教徒说穆斯林在禁月中进行战争。安拉因此而降谕道："**有关禁月——其中战争方面他们问你，你说：'其中战争是大罪。'**"[2]

伊本·希沙目在其《先知传》中说，第一次白德尔战役后，安拉的使者㊤派阿卜杜拉率八名战士组成一支分队于莱哲卜月出征，他们中没有一位辅士。先知给他们写了一封信，吩咐行军两日后才能拆读。他们打开信后发现，先知命令他们继续执行命令，不愿行军者可留下来，但（长官）不能强迫任何一位战士继续行军。

阿卜杜拉同这支由圣门弟子组成的队伍行军两日后打开了信，发现信中写道："当你看到这封信后继续前进，到麦加和塔伊夫之间的奈赫莱，在那里监视古莱什商队的动向，并给我通报军情。"阿卜杜拉看完信后说："我们坚决服从安拉及其使者，安拉的使者㊤命令我们大家进军奈赫莱，在那里监视古莱什人，并给他通报军情。他还禁止我强迫你们中的任何一人。所以，你们中谁渴望殉教，就让他前进，不愿意的，他可以回去。我本人将执行安拉使者㊤的命令。"他的战友们听到这番话后，纷纷表示前进，没有一人愿意撤退。

他们到达希贾兹一个叫布哈兰的地区时，赛尔德·本·艾布·宛葛思和欧特白丢失了两人轮流骑乘的骆驼，因寻找而掉队了。阿卜杜拉和其战友继续行军，驻扎于奈赫莱。适逢一支古莱什商队载着干葡萄干、调味品和古莱什人的商品途经这里，伊本·哈达拉米就在商队当中。商队看到一路人马甚是害怕。古莱什人遂驻扎于离穆斯林不远的地方。欧卡什走近了商队——他当时剃了头[3]，古莱什人看到他后说："是一些前往副朝的人们，看来他们没有敌意。"

穆斯林开始商议，因为这是莱哲卜月中的最后一日，一些人说："以安拉发誓，如果今晚放走他们，他们必进入禁地，你们便会错失战斗良机。而如果今天你们和他们进行战争，就意味着在禁月发生战争。"众人一时犹豫不决，没敢攻击敌对方。但是最后众人一致决定，全力杀敌，缴获物品。伊本·哈达拉米被瓦格德一箭射死，奥斯曼·本·阿卜杜拉和哈克穆被穆斯林俘虏。恼费尔逃脱了穆斯林的追击。穆斯林大获全胜后，阿卜杜拉和他的战友们押着商队和两个俘虏，到麦地那会见安拉的使者㊤。

阿卜杜拉对他的战友们说："安拉的使者㊤应享有五分之一的战利品。"此前安拉尚未降示五一税经文。[4]于是，他将五分之一留给使者，将其余的分给了战友们。他们见到使者后，使者说："我没有命令你们在禁月中进行战争。"同时拒绝接受他们缴获的商品和两个俘虏。

安拉的使者㊤说了这番话后，众人便陷入忧愁，不知所措，认为自己完了。有些穆斯林兄弟甚至还谴责了他们的这种行为。古莱什人则大放厥词："穆罕默德和他的弟子们在禁月中开戒杀人，掠夺财物，俘虏他人。"还在麦加的穆斯林反驳说："此事是发生在舍尔巴乃（八月）的呀。"犹太人则幸灾乐祸地说："阿米尔·本·哈达拉米被瓦格德所杀，阿米尔设下战局，哈达拉米参战了，瓦格德点燃了战火。[5]愿安拉让他们倒霉吧！"

正在众人漫无头绪之际，安拉给他的使者降谕道："**有关禁月——其中战争方面他们问你，你说：'其中战争是大罪；阻碍主道，不信安拉，阻止人们接近禁寺，驱逐其居民，这些行为在安拉看来是更严重的罪恶；是非比格杀更严重'**"，即你无妨在禁月中和他们战争，何况昧真的他们于禁月在主道上阻止你们，妨碍你们去禁寺，并从中驱逐了你们这些原来与天房毗邻而居的居民。"**如果他们有能够的话，在他们使你们叛教之前，他们是不会停止战斗的**"，即多神教徒们所干的事情是更丑恶，更严重的，但他们从不停止，从不忏悔。

伊本·易司哈格说，《古兰》颁降这一命令，解除了穆斯林的忧愁后，安拉的使者㊤接受了战利品和两个俘虏。古莱什人派人来赎取被穆斯林俘获

---
[1] 即"我们都属于安拉，都要归于安拉"。
[2] 《哈提姆经注》2：628。
[3] 一般他们在禁月中因受戒而剃头。——译者注
[4] 战利品的五分之一归于安拉及其使者。——译者注
[5] 在阿拉伯文中，这三人的名字分别有设立、参加和点燃的意义。

的这两个人，使者❋则说："我们的两位战友——赛尔德和欧特白回来之后，你们才可以赎回他们（奥斯曼·本·阿卜杜拉和哈克穆），因为我们对他俩不放心。如果你们杀死他俩，我们必杀死你们的这二人。"赛尔德和欧特白回来后，使者让古莱什人赎走了这两个俘虏。哈克穆后来归信了伊斯兰，并表现良好，他留在穆圣❋身边，在毕艾热·麦吾乃战役殉教。奥斯曼·本·阿卜杜拉则回到麦加，终身没有归信伊斯兰。

安拉降示《古兰》，澄清阿卜杜拉及其战友们之际，他们指望获得安拉的报酬说："安拉的使者啊！我们能否指望这算一场战斗（吉哈德），我们从中得到战士的回赐？"安拉因此而降示："**那些归信的人和那些背井离乡在安拉的道路上奋斗的人，他们都希望得到安拉的慈悯，安拉是至赦的，至慈的。**"安拉给他们带来最大的希望。(1)

❋ 219.**他们关于酒和赌博问你，你说："对于人们来说，它们中有极大的罪恶和一些益处，它们的罪比益更大。"他们问你应该施舍什么，你说："富余的。"安拉就这样为你们阐明他对你们的种种迹象，以便你们参悟** ❋

❋ 220.**——在今生后世。关于孤儿他们问你，你说："管理对他们是更好的。"如果你们和他们合伙，他们就是你们的兄弟，安拉知道谁是作恶的，谁是行善的。如果安拉意欲，他会使你们难堪，安拉是优胜的、明哲的。** ❋

## 循序渐进地禁酒

禁酒的经文降示后，欧麦尔（愿主喜悦之）说："我的主啊！求你为我们清楚地阐明酒的问题吧！"后来，安拉降示了《黄牛章》中的下列经文："**他们关于酒和赌博问你，你说：'对于人们来说，它们中有极大的罪恶和一些益处，它们的罪比益更大。'**"欧麦尔听到以后又说："我的主啊！求你为我们清楚地阐明酒的问题。"于是安拉降示了《妇女章》中的下列经文：❋ **有正信的人们啊！你们在酒醉时不要接近礼拜。** ❋（4：43）那时，使者的宣礼员于礼拜前念成拜辞时喊道："酒醉者不能接近礼拜。"欧麦尔被叫去听有关酒的经文，他听后说："我的主啊！求你再为我们阐明酒的问题。"此后，安拉降示了《宴席章》中禁酒的经文，当欧麦尔听到❋ **你们愿意禁绝吗？** ❋（5：91）

时说："我们禁绝了，我们禁绝了。"(2)

"**他们关于酒和赌博问你。**"正如信士的长官欧麦尔所说："酒指一切麻醉人的理智的东西。"《宴席章》将详述酒和赌博问题。(3)

在宗教方面饮酒和赌博是一种罪行，在今世方面，它们有一些益处方面。饮酒对身体的益处，如帮助消化、清除体内垃圾、开动脑筋、令人兴奋，买卖酒也会带来利润；赌博有时也会给自己和家人带来益处，但上述的各种益处，远远无法抵消它们所带来的害处，因为它们会对人的理智和宗教产生恶劣影响，因此安拉说："**它们的罪比益更大。**"虽然这段含蓄的经文没有明确地将酒断为非法，但它为禁酒埋下了伏笔，也正因如此，欧麦尔（愿主喜悦之）听到它后说："我的主啊！求你为我们阐明酒的问题！"最终，安拉在《宴席章》中明确颁布了禁酒令：❋ **有正信的人们啊！酒、赌博、偶像、抽签只是污秽——恶魔的作为。你们当远离它，以便你们成功。恶魔企图以酒和赌博在你们之**

---

（1）《穆圣传》2：252、253、254、255。

（2）《艾哈麦德按序圣训集》1：531；《艾布·达乌德圣训集》4：79；《提尔密济圣训全集诠释》8：415；《圣训大集》8：287。

（3）《艾哈麦德按序圣训集》2：351。

间投入仇和恨，并阻碍你们去记念安拉和礼拜，你们愿意禁绝吗？》（5：90-91）如果安拉意欲，我们将在《宴席章》注释这段经文。我们只依靠安拉。(1)

伊本·欧麦尔、穆佳黑德、格塔德、莱毕尔·本·艾奈斯、栽德·本·艾斯莱姆等人说，最初的禁酒经文是："他们关于酒和赌博问你，你说：'对于人们来说，它们中有极大的罪恶和一些益处，它们的罪比益更大。'"其次是《妇女章》中的相关经文，最后在《宴席章》中安拉明确地将酒断为非法。(2)

### 施舍富余的财产

"他们问你应该施舍什么，你说：'富余的。'"伊本·阿拔斯说："经文指你当施舍从家庭花费中富余的财产。"(3)伊本·欧麦尔、穆佳黑德、阿塔、艾克莱麦、赛尔德·本·朱拜尔、穆罕默德·本·凯尔卜、哈桑、格塔德、莱毕尔·本·艾奈斯等人都有相同的注释。(4)

有人说："安拉的使者啊！我有一个迪纳尔。"使者说："请为你自己花费。"他说："我还有一个。"使者说："请为你的家人花费。"他说："我还有一个。"使者说："请为你孩子花费。"他说："我还有一个。"使者说："你最清楚怎么花费。"(5)

安拉的使者㊀对某人说："请首先给你自己施舍，如有富余的，请给你的家人施舍，再有富余的时，请给近亲施舍……依此类推。"(6)

圣训中说："阿丹的子孙啊！对你而言，施舍富余的是最好的，吝啬是最坏的。生活刚能够糊口的你，不施济时不受埋怨。"(7)

"**安拉就这样为你们阐明他对你们的种种迹象，以便你们参悟——在今生后世。**"正如安拉为你们阐明这些法律法规一样，也为你们阐明其他经文中的法律法规、许约和警告，以便你们在今生和后世参悟。伊本·阿拔斯解释说："以便你们参悟今世的消失和灭亡，后世的来临和永生。"(8)

### 管理孤儿的财产

"关于孤儿他们问你，你说：'管理对他们是更好的'，如果你们和他们合伙，他们就是你们的兄弟，安拉知道谁是作恶的，谁是行善的。如果安拉意欲，他会使你们难堪。"伊本·阿拔斯说："《你们不要接近孤儿的财产，除非以最好的（方法）。》（6：152）和《那些不义地吞没孤儿财产的人，只是把火吞进自己肚腹中，他们将进入烈火。》（4：10）降示后，抚养孤儿的人们将自己的食物和孤儿的食物分开，孤儿的东西有剩余时也不动，而是留给孤儿，等待他们食用，造成许多食物浪费，同时也对他们自己带来诸多不便。他们对安拉的使者㊀提及了这一情况后，安拉因此降谕道："关于孤儿他们问你，你说：'管理对他们是更好的'，如果你们和他们合伙，他们就是你们的兄弟。"此后，他们将自己的食物和孤儿和食物混合起来（共同享用）。"(9)阿伊莎（愿主喜悦之）说："我像憎恶疥疮一样憎恶孤儿的财产(10)，除非我和他们将食物混合起来共同食用。"(11)

"你说'管理对他们是更好的'"，即无可质疑的。

"如果你们和他们合伙，他们就是你们的兄弟。"你们可以和他们将食物合伙食用，因为他们是你们的教胞。

"安拉知道谁是作恶的，谁是行善的"，即他知道他们的意图和目的是否良好。

"如果安拉意欲，他会使你们难堪，安拉是优胜的、明哲的。"假若安拉意欲，他就给你们带来困难，但他宽容地对待你们，使你们感到轻松，允许你们以最优美的方式和他们合伙。正如安拉所言："你们不要接近孤儿的财产，除非以最好的（方法）。"（6：152）安拉还允许孤儿的贫穷监护人合理地使用孤儿的财产，可以在富有后偿还，也可以无偿享用。如果安拉意欲，我们将在《妇女章》注释相关细节。我们只托靠安拉。

《221.你们不要和多神教徒妇女结婚，除非她们归信。一个有正信的女奴比一个信奉多神的妇女更好，即使她使你们爱慕。也不要给多神教徒聘妻，除非他们信仰。一个有正信的男奴比一个信奉多神的男子更好，即使他使你们喜欢。这些人叫人走向火狱，而安拉以他的允许号召人走向乐园和赦宥，并为人们阐明他的种种迹象，以便他们参悟。》

---

(1)《哈提姆经注》2：636。
(2)《泰伯里经注》4：331、336。
(3)《哈提姆经注》2：656。
(4)《哈提姆经注》2：656、657。
(5)《泰伯里经注》4：340。
(6)《穆斯林圣训实录》2：692。
(7)《穆斯林圣训实录》1036。
(8)《泰伯里经注》4：348。

(9)《艾布·达乌德圣训集》3：291；《圣训大集》6：256；《哈肯圣训遗补》2：103；《泰伯里经注》4：350、351、352、353。
(10)即我憎恶它被非法剥夺。——译者注
(11)《泰伯里经注》4：355。

## 严禁和多神教男女结婚

安拉禁止穆民和多神教徒——偶像的崇拜者们结婚。这是一段泛指经文，多神教徒包括有经人和拜物教徒。从中特许穆斯林和有经文的妇女结婚，说：⟨穆民中的自由女和在你们之前曾获经典的人中的自由女，如果你们将聘金交给了她们（那么，她们对你们是合法的）。⟩（5：5）

"**你们不要和多神教徒妇女结婚，除非她们归信。**" 伊本·阿拔斯、穆佳黑德等说，安拉将有经人的妇女排除在多神教徒妇女之外。(1) 有人说经文的意思是你们不可和拜物的以物配主者结婚，而经文在此根本没有提到有经人。这与上述解释相近。安拉至知。

伊本·哲利尔说，学者们一致认为，穆斯林男子可以和有经人女子结婚，但欧麦尔（愿主喜悦之）因担心穆斯林妇女遭受冷落等原因而憎恶这种婚姻。(2)

谢给格说："胡宰法和一位犹太教妇女结了婚，后来欧麦尔给他写信道：'请休了她。'"胡宰法回信询问："你让我休了她，难道我和她的婚姻是非法的吗？"欧麦尔回信道："我不说这是非法的，但我担心你们和她们中的妓女媾和。"(3)

欧麦尔（愿主喜悦之）说："穆斯林男子可以娶女基督教徒，男基督教徒则不可以娶穆斯林女子。"(4)

伊本·欧麦尔也憎恶穆斯林和有经人结婚。布哈里传述了伊本·欧麦尔对"**你们不要和多神教徒妇女结婚，除非她们归信**"的解释。(5) 后者说："在我看来，最大的以物配主莫过于你的妻子说：'尔撒是我的主'。"(6)

穆圣☪说："可因四个原因聘娶妻子：财产、门第、美貌和教门。去追求有教门的，愿你得到幸福的。"(7)

安拉的使者☪说："今世是一种享受，今世中最好的享受是一位清廉的妻子。"

"**也不要给多神教徒聘妻，除非他们信仰。**"你们不要将穆斯林女子嫁给多神教徒。正如安拉所述：⟨她们对他们不合法。他们对于她们也不合法。⟩（60：10）安拉接着说："**一个有正信的男奴比一个信奉多神的男子更好，即使他使你们喜欢**"，即穆斯林男子哪怕是一个黑奴，也比多神教

徒更好，哪怕这个多神教徒是一位领袖。

"**这些人叫人走向火狱**"，即和他们共同生活或长期来往会导致人贪恋和依赖今世，放弃后世。其结果非常恶劣。

"**而安拉以他的允许号召人走向乐园和赦宥。**" "允许"指他的法律法规、命令禁止。"**并为人们阐明他的种种迹象，以便他们参悟**"。

⟨222. 他们关于月经问你，你说："那是不洁的。"因此，你们当在经期远离妇女，不要接触她们，直至她们清洁。当她们清洁时，你们从安拉命令你们的地方和他们交接。安拉喜欢那些忏悔的人，也喜欢那些清洁的人。⟩

⟨223. 你们的妻室是你们的田地，你们可以任意到你们的田地。你们当预先为自己行善。你们要敬畏安拉，须知，你们将见到他。给信士们报喜吧。⟩

## 远离行经的妇女

据艾奈斯传述，犹太人的妇女来月经时，他们不和她一起吃饭和同居一室。圣门弟子就这个问题请教了安拉的使者☪，后来安拉降谕道："**他们关于月经问你，你说：'那是不洁的'。因此，你们当在经期远离妇女，不要接触她们，直至她们清洁……**"安拉的使者☪说："你们可以和她们做除房事之外的任何事情。"犹太人听到这一消息后说，此人处处和我们作对。后来，吾赛德和欧拜德去见安拉的使者☪说，安拉的使者啊！犹太人说了如此如此的话。我们何不与来月经的妻室交接？这时使者的面色改变了，我们以为使者生他俩气了。他俩出去时，正碰上有人给使者送来奶，使者便派人叫来他俩让他俩喝了奶，他们因此得知使者没有生气。(8)

"**你们当在经期远离妇女**"，即远离妻室的阴道。因为穆圣☪说："你们可以和她们做除房事之外的任何事情。"(9) 因此，大部分学者认为，在不接近阴道的前提下，可以和妻室拥抱。穆圣☪的一位妻子传述："先知想与来月经的妻子发生什么时(10)，在她的羞体上盖上单子。"(11)

麦斯鲁格曾长途骑马去见阿伊莎，说："向穆圣☪及其家属致安。"阿伊莎说："艾布·阿伊莎啊！欢迎！欢迎！"他得到允许后进入家门说："我想请教你一件事情，但我感到不好意思。"阿

---

（1）《泰伯里经注》4：362；《哈提姆经注》2：669。
（2）《泰伯里经注》4：366。
（3）《泰伯里经注》4：366。
（4）《泰伯里经注》4：366。
（5）《哈提姆经注》2：671。
（6）《布哈里圣训实录诠释——造物主的启迪》9：326。
（7）《布哈里圣训实录诠释——造物主的启迪》9：35；《穆斯林圣训实录》2：1087、1090。
（8）《艾哈麦德按序圣训集》3：132。
（9）《穆斯林圣训实录》1：246。
（10）指交接之外的事情。——译者注
（11）《艾布·达乌德圣训集》1：286。

伊莎说："我是你的母亲，你是我的儿子。"[(1)]他说："妻子来月经时，男人可以和她做些什么？"她说："除了房事之外的任何事情。"[(2)]

（笔者认为）毋庸置疑，伊斯兰允许和来月经的妻子同吃同住。阿伊莎说："我来月经时，安拉的使者ﷺ让我给他洗头；我来月经时，他靠在我怀里诵读《古兰》。"[(3)]她又说："有次，我在经期啃骨头，我将它交给穆圣ﷺ后，他在我啃过的地方啃着吃，我喝水后，把它（杯子）交给他，他在我喝过的地方喝。"[(4)]

麦穆奈传述："使者想和一位来月经的妻子拥抱时，让她穿上裤子。"[(5)]

阿卜杜拉·本·赛尔德问安拉的使者ﷺ："我的妻子来月经时，我可以做什么？"使者说："（可以接触）裤子上面的。"[(6)]

**"不要接触她们，直至她们清洁"**是对"**你们当在经期远离妇女**"的注释。即在有月经的情况下，不能和她们发生房事。月经过去后，房事是合法的。

**"当她们清洁时，你们从安拉命令你们的地方和他们交接。"**经文指导并提倡穆斯林等妻室洗过大净后才能和她们交接。学者们一致认为，月经停止后，不能立即进行房事，须等到她们洗大净之后，如果有困难，可以在达到土净的条件下打土净。伊本·阿拔斯说："'**直至她们清洁**'指从经血上清洁。'**当她们清洁时**'指她们用水清洗之后。"[(7)]

## 禁止从后窍性交

**"从安拉命令你们的地方和他们交接"**，伊本·阿拔斯、穆佳黑德等人认为，经文指阴道，[(8)]从而证明肛交是非法的。如果安拉意欲，下文将给予解释。艾克莱麦、艾布·朱载尼、端哈克等学者认为，这段经文的意思是：你们要和洁净的、停经后的妻室交接。[(9)]安拉说：**"安拉喜欢那些忏悔的人"**，即犯了罪后忏悔的人，哪怕（他在上述情况下）多次和妻室发生过关系。

**"也喜欢那些清洁的人"**，指远离污秽和有害物的清洁之人。即禁止和来月经的妻室发生关系，或在不该发生关系的部位发生关系。

## "你们的妻室是你们的田地"的颁降原因

伊本·阿拔斯说："田地比喻生孩子的地方。"[(10)]

**"你们可以任意到你们的田地。"**你们可以从前面和后面与她们性交，但许多圣训都证实不能肛交。

贾比尔说，犹太人说从后面和妻子性交会生下斜眼小孩，后来安拉降谕道：**"你们的妻室是你们的田地，你们可以任意到你们的田地。"**犹太人曾对穆斯林说，从后面性交后生的小孩会是斜眼的。后来安拉降示了这段经文。[(11)]

安拉的使者ﷺ说："前面后面都可以，只要是在阴道（性交）。"[(12)]

伊本·阿拔斯说："这段经文是为一些辅士降示的，他们就这个问题请教先知，先知说：'只要在阴道，可以以任何方式性交。'"[(13)]

阿卜杜·拉赫曼说，我到艾布·伯克尔的孙女——哈芙赛跟前，对她说："我想请教一个问题，但难以启齿。"她说："侄儿啊！你不必难为情。"他说："关于从后面和妻子交接（的问题）。"她说道，我听乌姆·赛莱迈说："辅士们从后面不和妻室们交接，而犹太人说从后面交接会生下歪眼人。迁士们来到麦地那后和一些辅士的女人结婚，要求从后面和她们发生关系。[(14)]有位妻子拒绝了丈夫的这种要求，她说你不能这样，我要先请教安拉的使者ﷺ。后来她去乌姆·赛莱迈处，对她讲了这一问题。乌姆·赛莱迈说，你先坐着等安拉的使者ﷺ到来，使者到来后，这位辅士妇女不好意思向使者开口，便躲到门外。乌姆·赛莱迈给使者讲了情况，使者说，请叫来那位辅士妇女。她被叫来后，使者对她诵读了下列经文：'**你们的妻室是你们的田地，你们可以任意到你们的田地。**'并暗示道，只要在阴道中，就没有关系。"[(15)]

艾布·奈德尔对伊本·欧麦尔的仆人纳菲尔说："人们对你有不少谣传，其中一样是，你说伊本·欧麦尔认为可以和妻室进行肛交。"纳菲尔

---

（1）穆斯林称呼圣妻为"信士之母"。——译者注
（2）《泰伯里经注》4：378。
（3）《布哈里圣训实录诠释——造物主的启迪》1：479。
（4）《穆斯林圣训实录》1：245。
（5）《布哈里圣训实录诠释——造物主的启迪》1：480、483；《穆斯林圣训实录》1：242、243。
（6）《艾哈麦德按序圣训集》4：342；《艾布·达乌德圣训集》1：145；《提尔密济圣训全集诠释》1：415。
（7）《哈提姆经注》2：682、683。
（8）《哈提姆经注》2：684。
（9）《哈提姆经注》2：684、685。
（10）《泰伯里经注》4：397。
（11）《穆斯林圣训实录》2：1058；《艾布·达乌德圣训集》2：618。
（12）《哈提姆经注》2：693。
（13）《艾哈麦德按序圣训集》1：268。
（14）据传述，迁徙麦地那之初，有些辅士休了自己的妻子，让她们和迁士结婚，照顾他们的生活。——译者注
（15）《艾哈麦德按序圣训集》6：305；《提尔密济圣训全集诠释》8：322。

说："这是对我的污蔑。但我可以告诉你事情的原委。有一天伊本·欧麦尔诵经时我在他的跟前，当他读到'你们的妻室是你们的田地，你们可以任意到你们的田地'时说：'纳菲尔啊！你知道这段经文吗？'我说：'不知道'。他说：'我们古莱什人曾从后面和妻室交接，我们到麦地那后和辅士的女人结了婚，当我们像以前那样向她们提出要求时，遭到她们的拒绝，她们认为这样做非同小可。这是她们从犹太人那里听说的。她们习惯从前面交接。后来安拉降谕道，你们的妻室是你们的田地，你们可以任意到你们的田地。"(1)

安拉的使者㕘说了三次："安拉不为真理而感到难为情。你们不要在妻室的肛门和她们交接。"(2)

安拉的使者㕘说："安拉不理睬鸡奸的人以及和妻室肛交的人。（指安拉恼怒这种人）"

伊玛目艾哈麦德传述说："安拉的使者㕘禁止和妇女们肛交。安拉不会为真理而羞于作答。"(3)

赛尔德问伊本·欧麦尔："你对和女奴发生肛交者有何看法？"后者问："什么是肛交？"他说："在女人的后窍性交。"伊本·欧麦尔听后说："难道穆斯林会做这种事吗？"(4)伊斯玛仪·本·鲁哈问马立克："你怎么看待和女人发生肛交？"马立克回答道："你们是阿拉伯人吗？你们的园地只是栽种的地方。你们不可超越阴道。"伊斯玛仪说："阿卜杜拉的父亲啊！我听说你是这样主张的。"马立克说："这是对我的污蔑。"前辈学者严厉禁止肛交，他们中有些人甚至将有肛交行为的人断为隐昧者。这也是学者们的主张。

"**你们当预先为自己行善**"，即行善功远禁令。"**你们要敬畏安拉，须知，你们将见到他。**"他将清算你们的一切工作。"**给信士们报喜吧**"，这里的信士指远离安拉规定的非法，追求合法的人。伊本·阿拔斯说："你当念安拉的尊名，在房事前念太斯米。"(5)安拉的使者㕘说："你们打算和妻室交接时应该念：'奉安拉的尊名。我的主啊！求你使我们远离恶魔，使恶魔远离你赐给我们的。'这样，当他们有了孩子时，恶魔永远无法伤害他（她）。"(6)

☙224.你们不要将安拉当作你们誓愿的挡箭牌，以致你们不行善、不敬畏、不调停。安拉是全听的、全知的。☙

☙225.安拉不会计较你们无心的誓言，但是他会计较你们心中的故意。安拉是至赦的，宽容的。☙

## 严禁发誓不行善

清高伟大的安拉说，你们不要因为以安拉发誓不行善、不接恤骨肉，而将这种誓愿看作行善事的障碍。正如安拉所言：☙你们当中那些有恩惠和财富的人不可发誓（说），不援助他们的亲人、贫穷的人和那些在主道上移居外地的人。让他们宽宏大量，难道你们不希望安拉宽恕你们吗？☙（24：22）在这种情况下，宁肯毁坏誓愿后出纳罚金，也不应该坚持誓愿而招致更大罪责。正如穆圣㕘所说："在末日，我们是最后出世但最早进入乐园的民族。"(7)又说："以安拉发誓，在安拉看来，你们坚持对妻室的这种因为以安拉誓愿的罪责是严重的，（与其坚持这种誓愿，倒不如）缴纳安拉为你们制定的罚金。"(8)

"**你们不要将安拉当作你们誓愿的挡箭牌。**"伊本·阿拔斯说，你不要将不行善的誓言作为（惯用的）挡箭牌。你应当毁誓并交罚金，然后去行善。(9)麦斯鲁格、穆佳黑德、伊布拉欣·奈赫伊、穆尕提里·本·罕雅尼、哈桑、格塔德、艾克莱麦、赛尔德·本·朱拜尔等人都有相同的主张。(10)

载于两圣训实录的一段确凿圣训可以证明学者们的这种主张，安拉的使者㕘说："以安拉发誓，如果安拉意欲，当我发誓要做某事，然后看到另外一件事情（比我发誓要做的事情）更有意义时，我必去做更有意义的事，解除我的誓言。"(11)

使者又说："谁发誓做一件事情后若看到另一件事情更有意义，他应该缴纳毁誓罚金，去做更有意义的事情。"(12)

## 无心的誓言

"**安拉不会计较你们无心的誓言**"，即安拉不因出自你们无心的誓言而惩罚你们。比如人们说习以为常的一些口头语，其中没有固执性的意念。安

---

（1）《圣训大集》5：315。
（2）《艾哈麦德按序圣训集》5：215；《圣训大集》5：316；《伊本·马哲圣训集》1：619。
（3）《提尔密济圣训全集诠释》4：329；《圣训大集》5：320；《伊本·罕巴尼实录》6：202；《传述系统录》4：384；《提尔密济圣训全集诠释》4：274。
（4）《达勒密圣训集》1：277。
（5）《泰伯里经注》4：417。
（6）《布哈里圣训实录诠释——造物主的启迪》9：136。
（7）《布哈里圣训实录诠释——造物主的启迪》12：441。
（8）《穆斯林圣训实录》3：1276；《艾哈麦德按序圣训集》2：317。
（9）《泰伯里经注》4：422。
（10）《哈提姆经注》2：700、701、702。
（11）《布哈里圣训实录诠释——造物主的启迪》11：525；《穆斯林圣训实录》3：1268。
（12）《穆斯林圣训实录》3：1272。

拉的使者㊚说:"谁若发誓时(无意中说了)'以俩特和欧匝发誓',他就应该再说:'应受拜者,惟有安拉。'"(1)这是先知对刚刚归信伊斯兰的人所说的话,他们有时在无意当中说出蒙昧时代已经习惯的话,后来先知命令他们要遵循伊斯兰的方式,说话时要严肃,纠正他们以前无意间说出蒙昧主义的话,并且以此抵彼。因为,安拉说:❴但是他却计较你们存心立过的誓言。❵(5:89)

艾布·达乌德在《无心的誓愿篇》中载录,安拉的使者㊚说:"无心的誓愿指一个人在家中说:'不,以安拉发誓','是,以安拉发誓'。"(2)

伊本·阿拔斯传述:"无心的誓愿指你在生气时的誓言。"(3)

又传自伊本·阿拔斯:"无心的誓愿是你自己阻止自己去做安拉允许你做的事情,其中不必缴纳罚金。"(4)

艾布·达乌德在《生气时的誓愿篇》中说:"辅士中的两兄弟共同继承了一些财产,甲向乙要求分割遗产,乙说:'你若再向我提出类似问题,我将用我的所有财产去修建天房的大门。'欧麦尔听到后说:'天房不需要你的财产,请为你的誓愿而缴纳罚金,并和你的兄弟说话。我听见安拉的使者㊚说,在违抗安拉、断绝亲情或在自己无能为力的情况下,不存在什么誓言和许愿。'"(5)

"**但是他会计较你们心中的故意**",伊本·阿拔斯、穆佳黑德等学者说,"**心中的故意**"指明知自己在撒谎却发誓为自己辩护。穆佳黑德等人说,这段经文类似于:"但他会因你们通过誓言决定的事情而责成你们"。

"**安拉是至赦的,宽容的**",即安拉会赦宥他的众仆,宽恕他们。

❴226.那些待期发誓不和妻室交接的人们须等待四个月。如果他们回心转意,安拉是至赦的,至慈的。❵

❴227.倘若他们决心离异,安拉是全听的、全知的。❵

### 待期发誓及其断法

"**待期发誓**"属于一种誓愿,指丈夫发誓在一段时间内不接近妻子。这一期限分为不到四个月和四个月两种。如果是不到四个月,丈夫可以等待期限结束,然后和妻子交接,她也应该忍耐,这期间不应要求丈夫中断期限。正如阿伊莎传述的圣训所证明:安拉的使者㊚曾发誓一个月不接近妻室,第二十九天到来时,他来到她们身边说:"这月是二十九天。"(6)两圣训实录辑录了欧麦尔传述的一段相同圣训。(7)

如果是超过了四个月,妻子有权在四个月结束后向丈夫提出下列要求:一、回心转意,即进行房事。二、离婚。法官强制地作出裁决,以免妻子受到伤害。因此,安拉说的"**那些待期发誓不和妻室交接的人们**",是指他们发誓不和妻子进行房事。经文证明待期发誓针对妻子,不针对女奴,正如大众派所主张。

"**须等待四个月**",即从丈夫发誓的时间开始等待四个月。四个月结束后,可提出和好如初或各奔东西。因此,经文说"**如果他们回心转意**",即和好如初。伊本·阿拔斯、麦斯鲁格、舒尔宾、赛

---

(1)《布哈里圣训实录诠释——造物主的启迪》11:545;《穆斯林圣训实录》2:1268。
(2)《艾布·达乌德圣训集》3:572。
(3)《哈提姆经注》2:716。
(4)《哈提姆经注》2:715。
(5)《艾布·达乌德圣训集》3:581。

(6)《布哈里圣训实录诠释——造物主的启迪》8:380;《穆斯林圣训实录》2:1113。
(7)《布哈里圣训实录诠释——造物主的启迪》4:143;《穆斯林圣训实录》2:1110。

尔德·本·朱拜尔等学者说，经文暗示性生活。[1]

"**安拉是至赦的，至慈的。**"如果他们在发誓期间怠慢了对妻子应尽的义务，安拉将既往不咎。

"**倘若他们决心离异**"，证明四个月限期的结束并不意味着离婚。正如伊本·欧麦尔所传述："丈夫待期发誓后，哪怕四个月过去了，婚姻关系依然存在。直到让丈夫提出离婚或和好。"[2]艾布·撒立哈说："我向十二位圣门弟子请教了丈夫对妻子待期发誓问题，他们全部说这种婚姻依然存在，直至四个月结束后，让丈夫回心转意，或提出离婚。"[3]

（笔者说）上述断法是欧麦尔等圣门弟子及著名学者传述的（观点）。

228.**被休的妇女要等待三次"古鲁仪"。如果她们归信安拉和末日，她们不能隐瞒安拉在她们子宫中所造化的。如果他们愿意调解，她们的丈夫最有权（应该）挽留她们。她们和他们有相同的权利，虽然他们比她们高一个等级。安拉是优胜的、明哲的。**

## 被休妇女的待婚期

清高伟大的安拉命令过门后被休的妇女等待三次"**古鲁仪**"，即她们和丈夫离婚后，须经过三次"**古鲁仪**"后，才可以重新结婚。

## 何谓"古鲁仪"

阿莱格麦传述，我们曾在欧麦尔跟前，这时来了一位妇女，她说："我的丈夫一次或两次休了我，[4]我放好水关门脱衣时，他却来到我跟前。"欧麦尔问伊本·麦斯欧迪："你看如何？"后者说："我认为只要她还不能做礼拜，她还是他的妻子。"[5]欧麦尔说："我和你们所见相同。"[6]四大哈里发及著名圣门弟子们都有类似主张。

前辈学者们认为"**古鲁仪**"指月经。下列圣训可以证明：安拉的使者㊥对艾布·胡白什的女儿法图麦说："在古鲁仪期间，你当停止礼拜。"[7]

---

(1)《泰伯里经注》4：466、467。
(2)《穆宛塔》2：556；《布哈里圣训实录诠释——造物主的启迪》9：335。
(3)《泰伯里经注》4：493；《达尔固特尼圣训集》4：61。
(4) 指首次离婚后，她已经度过了一次或两次月经期。——译者注
(5) 即只要第三次停经后她还没有洗大净，说明第三次经期还没有结束。——译者注
(6)《泰伯里经注》4：502。
(7)《艾布·达乌德圣训集》1：191；《圣训大集》6：211。

假若上述圣训正确无误，则说明"**古鲁仪**"就是月经，但孟则尔（传述系统中的一位传述者）不是一位著名的圣训传述者，虽然伊本·罕巴尼认为他是一位可靠的人。

## 教法接受妇女自己对自己月经情况的陈述

"**她们不能隐瞒安拉在她们子宫中所造化的**"，伊本·阿拔斯、伊本·欧麦尔、穆佳黑德、端哈克、舒尔宾等人说，她们不应隐瞒身孕或月经。[8]

"**如果她们归信安拉和末日。**"经文严厉警告她们不得隐瞒事实，同时证明教法接受她们对这些问题的陈述，因为只有她们自己清楚这些情况，并且通常在这方面没有其他证据可依。所以，经文将这些权力交给她们的同时，提出了严厉的警告，以免她们为了急于结束待婚期或延长待婚期，或为了其他世俗原因而说假话。所以，她必须实事求是，如实相告。

## 丈夫更应该挽留妻子

"**如果他们愿意调解，她们的丈夫最有权挽留她们**"，即如果她还在待婚期内，而他想善待她并与她重归于好，他就应该挽留她。这是指在（三休之前的）复婚期限之内。

还有一种情况就是一次性休妻[9]，这段经文降示时还不存在这种问题，这种情况出现后，经文指出合法的休妻方法为三休。当时，一个人即使休妻一百次，也有权挽留妻子。

## 夫妻之间的义务和权利

"**她们和他们有相同的权利**"，即男女双方在权利和义务方面是平等的。正如穆圣㊥在辞朝演说中所说："你们当在妇女方面敬畏安拉，你们通过安拉的信托与她们结合，通过安拉的言辞和她们进行合法的性生活，她们有义务不让你们憎恶的男子踏上你们的床铺，如果她们这样做，你们可以轻轻地打她们，你们负责她们正常的食物和服饰。"[10]有人问："安拉的使者啊！丈夫对妻子的义务是什么？"使者回答说："你和她同吃同穿，你不能打脸，不能侮辱人格，只可以在家中分床睡觉。"[11]

伊本·阿拔斯说，我喜欢为妻子打扮，正如妻子喜欢为我而打扮的那样。因为安拉说过"她们和

---

(8)《哈提姆经注》2：744、745。
(9) 即一次性完成三休，通常称为"巴因的三休"。——译者注
(10)《穆斯林圣训实录》2：886。
(11)《艾布·达乌德圣训集》2：606。

他们有相同的权利"。(1)

## 丈夫比妻子优越

"虽然他们比她们高一个等级",即在体质、操行、地位、顺从命令、花费财产、行善、做好事等方面,在今后两世中男人比女人略胜一筹。正如经文说:《男子是维护妇女的。因为安拉使他们的部分比部分优越,又因为他们花费他们的财产。》(4:34)

"安拉是优胜的、明哲的",即安拉能够惩罚违背他的每个人,他的事情、法律和规定是精确无误的。

《229.休妻只允许两次,此后就合理的挽留,或善意地分手。你们拿回曾交给她们的聘礼是非法的,除非他俩害怕他俩不遵守安拉的法度。如果你们担心他俩不能遵守安拉的法度,那么女方赎取自己,对他俩都是无罪的。这是安拉的法度,你们不要逾越它。谁超越安拉的法度,他就是不义的人。》

《230.如果他休了她,直到她与另一男子结婚之前,她对他是非法的。如果后面的丈夫又休了她,倘若他俩觉得能够遵守安拉的法度,重新结合是无罪的。这就是安拉的法度,他为那些明白的人阐明它。》

## 将离婚限定在三次之内可复婚和不可复婚的律例

这段尊贵的经文消除了伊斯兰之初的婚姻情况——男人即使休妻一百次,只要妻子还在待婚期内,他就有权挽留她。这种做法显然对妻子不利,所以安拉只允许三休。在其中的第一次和第二次,丈夫可以挽留妻子,第三次则预示着婚姻关系完全解体。安拉说:"**休妻只允许两次,此后就合理的挽留(复婚),或善意地分手。**"

艾布·达乌德在其《圣训大集》中论三休之后不能复婚篇中说,伊本·阿拔斯传述:"被休的妇女要等待三次'古鲁仪'。如果她们归信安拉和末日,她们不能隐瞒安拉在她们子宫中所造化的。"这段经文降示的原因是:当初丈夫三休妻子后,有权挽留她。后来安拉降示二次休妻的经文,革止了三次休妻。安拉说:"**休妻只允许两次。**"(2)

欧勒沃传述,某人对妻子说:"我永远不休你,也永远不和你同居。"妻子说:"这是怎么回事?"他说:"我首先休你,等你的期限快到时,我就和你复婚。"后来这位妻子来到安拉的使者跟前讲述了这一情况,安拉因此而降谕道:"**休妻只允许两次。**"(3)

"合理的挽留,或善意地分手",即如果你休了她一次或两次,那么只要她还没有度过待婚期,你有自由选择权:或以重归于好并且善待她的目的挽留她,或让她度过待婚期彻底和你脱离关系,而你应该善意地让她离开,不能剥夺她的任何权益,也不能伤害她。伊本·阿拔斯说:"倘若一个男子一次或二次休了妻子,请他在此中敬畏安拉",即在第三次敬畏安拉。意思是要么合理地挽留并善待她,要么以行善的目的让她离开,不要剥夺她的任何权利。(4)

## 禁止要回送给妻子的聘金

"你们拿回曾经交给她们的聘礼是非法的",即你们不能给她们施加压力,增加困难,以便让她们用你们曾交给她们的聘金换取自由。正如安拉所言:《你们不得强制性地继承妇女,你们也不得刁难她们,以便你们收回一部分你们已经给了她们的财产。》(4:19)如果女人心甘情愿地将聘金送给了男人,《古兰》说:《倘若她们自愿退还任何部分(的聘金),那么,你们可以舒心、畅快地享用。》(4:4)

## 妻子退回聘金后可以休丈夫

如果夫妻关系产生裂痕,妻子没有履行对丈夫的义务,激怒了丈夫,无法共同生活时,她可以用丈夫曾送给她的聘金换取自由,女方可以将聘金送给男方,男方也可以从女方接受它。因此,安拉说:"**你们拿回曾交给她们的聘礼是非法的,除非他俩害怕他俩不遵守安拉的法度。如果你们担心他俩不能遵守的安拉的法度,那么女方赎取自己,对他俩都是无罪的。**"

但妻子不能无故地提出离婚,安拉的使者说:"乐园的馨香对无故地提出离婚的女人是非法的。"(5)

伊本·哲利尔说,这段经文是因为萨比特和他的妻子哈比拜而降示的。安拉的使者在天亮之前出门,发现哈比拜在他的门前,就问:"这是谁?"她说:"安拉的使者啊!我是赛海里的女儿哈比拜。"使者问:"你有事吗?"她说:"我和

---

(1)《泰伯里经注》4:532;《哈提姆经注》2:750。
(2)《艾布·达乌德圣训集》2:644;《圣训大集》6:212。
(3)《哈提姆经注》2:754;《泰伯里经注》4:539。
(4)《泰伯里经注》4:543。
(5)《泰伯里经注》4:569;《提尔密济圣训全集诠释》4:367。

萨比特之间（无法正常生活下去）。"她的丈夫萨比特到来后，安拉的使者说："这是赛海里的女儿萨比特，她对我讲了安拉意欲她讲的话。"这时哈比拜说，安拉的使者啊！他可以从我这里拿走曾给我的全部聘金。使者对萨比特说："请你收回它。"萨比特收回了它后，哈比拜回到了娘家。(1)

布哈里传述，萨比特的妻子找安拉的使者，说："安拉的使者啊！我对他的道德和宗教无可指责，但我不愿意在归信伊斯兰后又叛教。"安拉的使者说："你把他交给你的园林还给他了吗？"她说，是的。使者对萨比特说："请接受它，一次性地和她离婚。"(2)

### 休丈夫的女人的待婚期

提尔密济传述，莱比艾在安拉的使者时代休了她的丈夫，后来先知命令她（或她奉命）以一次经期为待婚期。(3)

### 超越法度是不义的

"这是安拉的法度，你们不要逾越它。谁超越安拉的法度，他就是不义的人。"安拉规定的法律是永恒的法度，你们不可逾越它。正如圣训所述："安拉设定了一些限度，你们不可逾越它；规定了一些天职，你们不可废弃它；制定了一些非法，你们不可触犯它。至于他出于对你们的慈悯（而不是因为遗忘）而没有提及的一些事情，你们不要过问。"(4)

### 在一个地方（同时）三休是非法

这段经文证明，用一句话表示三休是非法的。奈萨伊在其《圣训大集》中说，有人对使者说，有人一次性三休了妻子。使者听后恼怒地站起来说："我还在你们当中，有人（敢）戏弄安拉的经典吗？"这时有人站起来说："安拉的使者啊！我可以杀了他吗？"(5)

### 三休之后不可复婚

"如果他休了她，直到她与另一男子结婚（并再度离婚）之前，她对他是非法的。"如果丈夫第三次休了妻子，他与她就成了非法关系。"**直到她与另一男子结婚（并再度离婚）之前。**"直至她和另外一个男子举行合法婚礼。如果她和另外一个男子没有经过合法婚姻且进行房事，那么，即使是主婢之间，她还是不能和原夫复婚，因为该男子不是她的丈夫。同样，假若她和另外一个男子结婚后没有进行房事，她还是不能和原夫复婚。穆斯林传述，有人向安拉的使者请教一位妇女的情况，她和丈夫离婚后和另一男子结婚，但第二个男子没有和她同房就休了她，她是否可以和原夫复婚？使者说："不能。直至第二个男子尝她的小蜜(6)。"(7)

阿伊莎传述，我和艾布·伯克尔在先知跟前时，勒法尔的女人进来了。她说，勒法尔休了我，我和阿卜杜·拉赫曼结婚了。但他就像这块衣角——她举着大衣角说。(8)哈立德·本·赛尔德当时在门外，没有得到进门的许可，他说，艾布·伯克尔啊！难道你不制止这个女人在使者面前大喊大叫吗？使者只是微微笑了笑，对这位妇女说："你好像想和勒法尔复婚？那不行。除非你尝他（阿卜杜拉）的小蜜，他尝你的小蜜。"(9)(10)布哈里(11)、穆斯林(12)、奈萨伊等著名圣训学家传述。《穆斯林圣训实录》中说："后来，勒法尔又一次三休了她"(13)

"小蜜"指性事。安拉的使者说："须知，小蜜指房事。"(14)

### 诅咒穆罕利勒，及穆罕利勒的受益人

"另一个男子"，指第二任合法的丈夫，他们结合的原因必须是他喜欢她，并打算和她长期生活。如果第二个男子和她结婚的目的是为了通过一次性生活让她重新嫁给原夫，那么，这是一种"穆罕利勒"的婚姻。圣训严厉地谴责了这种行为，并诅咒有这种行为的人。(15)如果她和第二个男子结

---

(1)《泰伯里经注》4：556；《穆宛塔》2：564；《艾哈麦德按序圣训集》6：433；《艾布·达乌德圣训集》2：667；《圣训大集》6：169。
(2)《布哈里圣训实录诠释——造物主的启迪》9：306；《圣训大集》6：169。
(3)《提尔密济圣训全集诠释》4：363。
(4)《达尔固特尼圣训集》4：298。
(5)《圣训大集》6：142。
(6)正如后面的圣训将阐明的那样，尝小蜜指达成事实婚姻，而不是逢场作戏。——译者注
(7)《穆斯林圣训实录》2：1057；《布哈里圣训实录诠释——造物主的启迪》9：284。
(8)暗示第二个男子没有正常的性功能，或性功能较差。——译者注
(9)意思是，除非你与后者有正常的合法婚姻行为，然后和他合法离婚后，才可以和前夫复婚。——译者注
(10)《艾哈麦德按序圣训集》6：34。
(11)《布哈里圣训实录诠释——造物主的启迪》10：518。
(12)《穆斯林圣训实录》2：1057。
(13)《圣训大集》6：146。
(14)《艾哈麦德按序圣训集》6：62。
(15)"穆罕利勒"的意思是"将非法合法化"，但安拉制定的非法永远是非法，不会人为地变为合法，一些东方学家及对阿拉伯语一知半解的人们，将这一单词译为"被合法了的"。穆斯林学者应该注意这个问题。——译者注

婚时，提前说明了结婚的真实目的（以便她和前夫复婚），那么大部分学者主张，这种婚姻是不成立的。

伊玛目艾哈麦德传述，安拉的使者诅咒了纹身的人和为它出谋划策的人；带假发的女人和为它想方设法的人；实施穆罕利勒的人和为此而服务的人；吃利息的人和委托利息的人。[1]他说："这是欧麦尔、奥斯曼、伊本·欧麦尔等著名的圣门弟子和一些再传弟子的主张。"

某人到伊本·欧麦尔跟前询问，说有这样一个男子，他三休了妻子，然后该女子没有经过协议（和前夫复婚的问题）就和这个男子的兄弟结了婚，以便和前夫复婚，这样做合法吗？

伊本·欧麦尔说："不合法。除非他和第二个男子因爱而结合。在安拉的使者时代我们认为这是一种淫荡行为。"[2]

欧麦尔说："倘若带来穆罕利勒和它的受益人，我必乱石击死他们。"[3]

### 被三休的女人何时才可以和原夫复婚

"如果他休了她"，即第二个男子在和他已经履行过正常的婚姻关系后休了她。

"如果后面的丈夫又休了她，倘若他俩觉得能够遵守安拉的法度"，即他们能够美满地生活。穆佳黑德说，如果他俩认为他俩的再次结合不带有欺骗性质。"重新结合是无罪的"，即她和前夫复婚。[4]

"这就是安拉的法度"，即法律和断法。"他为那些明白的人阐明它"，即安拉为能理解的人阐释它。

§ 231.当你们休妻，而她们也完成了她们的待婚期时，你们当善意地挽留她们，或善意地给她们自由。但不要为了伤害而挽留她们，以致你们越轨。谁这样做，谁就亏负了自己，你们不要把安拉的迹象当作笑柄。你们当铭记安拉赐予你们的恩典和他为了劝诫你们而降给你们的经典及智慧。你们要敬畏安拉，要知道安拉是全知万物的。

### 善待被休的女人

安拉命令男人，当他们休妻后，若妇女仍在

---

(1)《艾哈麦德按序圣训集》1：448；《提尔密济圣训全集诠释》4：264；《圣训大集》6：149。
(2)《哈肯圣训遗补》2：199。
(3)《伊本·艾布·西白》4：294。
(4)《泰伯里经注》4：598。

待婚期之内，等待丈夫和她重归于好，那么，丈夫可以挽留她，合理地保护婚姻的完美；他也可以等她度过待婚期后，以最优美的方式让她离开他的家，其间不能争吵，不能制造麻烦和相互侮辱。安拉说："但不要为了伤害而挽留她们。"伊本·阿拔斯、穆佳黑德、格塔德、哈桑、麦斯鲁格、端哈克、莱毕尔、穆尕提里·本·罕雅尼等学者说，曾有个男子休了妻子，当妻子快要度过待婚期时，他就挽留她，以便伤害她，让她无法嫁给其他男人。此后他又休她，等待婚期过去后，他才和她离婚，以便拖延她的待婚期。后来安拉禁止并警告了这种行为，说："谁这样做，谁就亏负了自己"，即他因违反安拉的命令而亏了自己。[5]

"你们不要把安拉的迹象当作笑柄。"艾布·穆萨传述，安拉的使者曾因一些艾什尔里人恼怒。后来艾布·穆萨去见使者，问："安拉的使者啊！你因艾什尔里人而恼怒吗？"使者说："他们中有个人时而休妻，时而复婚。这不是穆斯林的离婚方法，待婚期结束后你们就得休妻。"[6]麦斯鲁格说："先知指那些不按正常程序离婚的人，

---

(5)《哈提姆经注》2：772、773、774。
(6)《泰伯里经注》5：14。

他们时而离婚时而复婚的目的,仅仅是为了伤害妻子,拖延她的待婚期。"(1)哈桑、阿塔、格塔德、莱毕尔、穆尕提里·本·哈亚尼认为,先知指拿婚姻作儿戏的人,他们在休妻、结婚和释奴之后说,我只是玩玩而已。安拉因此而降下经文"你们不要把安拉的迹象当作笑柄"从而使这一问题严肃化。(2)

"你们当铭记安拉赐予你们的恩典",即铭记安拉派遣先知,昭示明证,引导你们的恩情。

"和他为了劝诫你们而降给你们的经典及智慧。""智慧"指圣训。"劝诫"指命令、禁止和警告。

"你们要敬畏安拉",在你们的取与舍中敬畏安拉。

"要知道安拉是全知万物的",你们的事情,无论公开的还是秘密的,都对安拉不隐藏,他将报酬于你们。

❅ 232.当你们休妻,而她们也完成了待婚期时,如果他们在公平的条件下相互同意,你们不要阻碍她们嫁给她们的丈夫。这是对你们中归信安拉和末日的人的忠告,这对你们是更清纯的,安拉知道,你们不知道。❅

### 禁止监护人阻止妇女与离婚的丈夫复婚

伊本·阿拔斯说,这段经文是为这样一个男人降示的:他一休或两休了妻子,当她的待婚期结束,他和她面临复婚问题时,她的监护人出面阻止她复婚,后来安拉禁止了监护人的这种行为。经注学家们的注释指出了经典明文意义。(3)

### 婚姻需要监护人

经文证明,妇女不能自己出嫁自己,她的婚事必须由监护人出面。正如提尔密济和伊本·哲利尔对这段经文的注释。穆圣说:"女人不能出嫁(其他)女人,女人也不能自己出嫁自己。因为淫妇自己出嫁自己。"(4)另一传述中说:"婚姻只能通过可担当指导的监护人和两个公正的见证人。"

### 这段经文降示的原因

据布哈里传述,这段经文是因为麦尔格里及其妹妹而降示的。麦尔格里的妹妹被丈夫休了,等她度过待婚期时,她的丈夫又来提亲时(5),被麦尔格里拒绝,安拉因此而降谕道:"你们不要阻碍她们嫁给她们的丈夫。"(6)艾布·达乌德等著名圣训学家传述(7),在使者时代,麦尔格里将他的妹妹嫁给一位穆斯林。后来,她的婚姻发生了裂痕。她的丈夫一休她后没有和她复婚,直至她度过了待婚期。但她的丈夫依然爱着她。后来,他和其他人同时来提亲,麦尔格里对他说:"小人啊!我曾尊重你,把她嫁给你,而你却休了她,以安拉发誓,无论如何她永远不会回到你的跟前了。"但安拉知道她的丈夫需要她,她也需要自己的丈夫。因而降谕道:"你们不要阻碍她们嫁给她们的丈夫……你们不知道。"当麦尔格里听到这段经文后说,我绝对服从我的养主的安排。他叫来她的丈夫说,我再次尊重你,把她嫁给你。(8)另外一个传述系统中还有这么一句:我愿为自己的誓言出罚金。(9)

"这是对你们中归信安拉和末日的人的忠告",即安拉禁止监护人阻止离婚的夫妇合情合理、双方情愿地重归于好,以便归信安拉和末日的人们遵循它,引以为鉴,并从中受到启发。

"归信安拉和末日的",即归信安拉的法律,害怕他的警告和火狱中的惩罚。

"这对你们是更清纯的",即你们遵循安拉的法律,控制个人情绪让受监护人和她们的丈夫言归于好,对你们是更清洁的,更能纯洁你们的心灵。

"安拉知道",安拉知道你们遵循他的命令和禁止后将获得的利益。

"你们不知道。"美好的结局在你们遵循主命的时候,而不在放弃主命的时候。

❅ 233.如果父亲愿意母亲完成喂乳,母亲们应该喂她们的孩子两整年的乳。父亲应该合理地供应她们衣食。不过每个人只负责力所能及的责任。母亲不能因为孩子而伤害(丈夫),父亲也是如此,继承人负有同样的(责任)。如果双方经过磋商,互相同意,决定断奶的话,双方都是无罪的。如果你们决定为你们的孩子雇用乳母,只要合理地付出了你们应给的工资,你们也是无罪的。你们要敬畏安拉,须知,安拉明察你们的作为。❅

---

(1)《泰伯里经注》5:8。
(2)《哈提姆经注》2:775、776。
(3)《泰伯里经注》5:22、23。
(4)《伊本·马哲圣训集》1:606。
(5)其实是要求复婚。——译者注
(6)《布哈里圣训实录诠释——造物主的启迪》8:40。
(7)《艾布·达乌德圣训集》2:569;《提尔密济圣训全集诠释》8:325;《哈提姆经注》2:778;《泰伯里经注》5:17、18、19;《大圣训集》7:104。
(8)《提尔密济圣训全集诠释》8:324。
(9)《圣训大典》7:104。

## 在哺乳期内哺乳

安拉指导母亲们在完整的两年内给她们的子女哺乳。两年之后则不算哺乳。因此,安拉说:**"如果父亲愿意母亲完成喂乳……"** 哺乳不到两岁的婴儿,可致使婴儿和乳母产生一种近亲关系。哺养两岁以上的人,不会产生近亲关系。提尔密济在《哺乳只会使不到两岁的婴儿与供乳者产生近亲关系》中说,安拉的使者㊟说:"只有乳期中开启肠管的哺乳[1]及断奶之前的哺乳,才能产生近亲关系。"[2]圣门弟子及许多学者,都认为哺乳只能使不到两岁的婴儿和他的乳母之间产生近亲关系,两岁之后的乳汁不会产生这种关系[3]。

圣训中的"乳期中"指两岁之前吃乳的时期。正如其他圣训所述,穆圣㊟的儿子伊布拉欣归真后,穆圣㊟说:"我的孩子在哺乳当中归真了,在乐园中将有乳母给他喂乳。"[4]

安拉的使者㊟说:"哺乳只使不到两岁的婴儿(与乳母)产生近亲关系。"[5]伊本·阿拔斯的传述中增加了"两岁后哺乳不会产生任何(亲属)关系。"[6]

## 给大人哺乳

《穆斯林圣训实录》说,阿伊莎认为让大人吃某一妇女的乳汁,能在他们之间产生近亲关系。[7]这也是阿塔和莱司的观点。阿伊莎曾让一位妇女选择男子,让他吃那位妇女的乳汁,以便他可以(像自己的孩子一样)到她跟前。阿伊莎的证据是有关撒林的圣训。先知曾命令艾布·胡宰法的妻子给已经长大的撒林吃她的乳汁,以便他像自己的孩子一样随意去见她。[8]

穆圣㊟的其他妻子反对这样做,她们认为这是穆圣㊟对撒林特殊情况的特殊对待。[9]这也是大部分学者的观点。

## 哺乳的报酬

**"父亲应该合理地供应她们衣食"**,即孩子的父亲应该合理地给孩子的母亲提供衣食,要以当地的生活标准和自己的能力为准,不能过分,也不能吝啬。正如安拉所述:《让有能力的人照他们的能力去花费。而生活窘迫的人,就让他从安拉赐给他的当中去花费。安拉给任何人只责成他所赏赐的。在困难之后,安拉就会赐给容易。》(65:7)端哈克说:"如果男人休了女人后,女人给孩子哺乳,男人必须给女人提供合理的衣食。"[10]

## 不能伤害一方或互相伤害

**"母亲不能因为孩子而伤害(丈夫)"**,即母亲不想抚养自己的孩子,从而让丈夫遭受教育之苦。

母亲生了孩子后,应该给婴儿喂养初乳(因为在一般情况下未吮初乳的孩子无法生活下去)。此后,她可以把孩子交给丈夫。如果丈夫会因此受到伤害,妻子就不能这样做。同样,丈夫不能为了伤害妻子而从她的手中夺走孩子。因此,安拉说**"父亲也是如此"**,即丈夫不能为了伤害妻子而从妻子手中夺走孩子。[11]

**"继承人负有同样的(责任)"**,有人解释为他的近亲也不应受到伤害,也有人解释为孩子的近亲负有和孩子的父亲相同的责任,应该给孩子的母亲花费财产,履行义务,不能伤害她。这是大部分学者的主张。伊本·哲利尔在其经注中研究了这一问题。他提到给两岁以上的孩子哺乳通常会对孩子的身心造成伤害。艾里格麦看到有个妇女给两岁后的孩子哺乳,便对她说:"请不要给他哺乳"。[12]

## 在夫妻双方情愿的情况下断奶

**"如果双方经过磋商,互相同意,决定断奶的话,双方都是无罪的。"** 如果夫妻双方协商后决定给两岁以上的孩子断奶,并且他们认为这对孩子有益,他们可以这样做。从中可以看出,在断奶问题上夫妻不能做出单方面决定。以上是绍利等学者的主张。这是为了关心孩子,安拉出于对孩子的关心,将孩子的教育问题制定为父母双方的义务,指导他们认识到自己和孩子的利益。正如安拉所述:《如果她们助你们(为你们的孩子)哺乳,你们就要给她们报酬,并要公平地互相磋商。如果你们彼此为难,那就让其他的妇人替他(孩子的父亲)喂乳。》(65:6)

"如果你们决定为你们的孩子雇用乳母,只要合理地付出了你们应给的工资,你们也是无罪

---

(1)指初乳。——译者注
(2)《提尔密济圣训全集诠释》4:313。
(3)部分学者根据这段圣训主张,倘若丈夫吸入妻子的乳汁,他们之间不产生近亲关系。安拉至知。——译者注
(4)《经注之柱》1:126。
(5)《达尔固特尼圣训集》4:174。
(6)《穆宛塔》2:602。
(7)《穆斯林圣训实录》2:1077。
(8)这件事情发生于禁止收养义子之后,此前,艾布·胡宰法夫妇收养撒林为义子,像对待自己的孩子一样对待他。请看《穆斯林圣训实录·哺乳篇》。——译者注
(9)《艾布·达乌德圣训集》2:549、550。
(10)《泰伯里经注》5:39。
(11)《泰伯里经注》5:49、50。
(12)《泰伯里经注》5:36。

的。"如果夫妻中的某一方因为某种原因打算把孩子交给对方，那么，对双方都是无罪的。但丈夫必须以最好的方式，给妻子提供她以前抚养孩子的工资，然后合理地为孩子雇用乳母。"**你们要敬畏安拉，须知，安拉明察你们的作为**"，即你们当在所有事务中敬畏安拉，你们的一切言行隐瞒不了他。

《234.如果你们当中有人归真，而留下遗孀，她们应当等待四个月零十天。她们度过待婚期后，你们不因她们合理的个人行为而负有罪责。安拉是深知你们作为的。》

### 孀妇的待婚期

安拉命令其丈夫已经归真的妇女们，度过四个月零十天的待婚期。学者们一致认为，这一断法包括和丈夫有过房事和未有过房事的妇女。

未有过房事的妇女包括其中的根据是具有泛指意义的上述经文和下列圣训：有人向伊本·麦斯欧迪请教这样一位男人：他和一位妇女结婚后，没有入房也没有送聘礼就归真了。他们（圣门弟子们）就这一问题展开多次讨论。伊本·麦斯欧迪说："我将在其中发表个人意见，倘若说对了，说明是安拉的引导；倘若说错了，则是我的过错和恶魔的干扰所致。安拉及其使者和我的错话没有关系。她应该得到全部聘礼。[1] 她应该遵守待婚期，并有继承权。"这时，艾西佳部落的麦尔格里站起来说："我听安拉的使者㊧就这样为瓦西格的女儿毕勒外尔判决过。"伊本·麦斯欧迪因此而非常激动。另一传述说，这时，一些来自艾西佳部落的男子站起来说，我们作证，安拉的使者㊧就是这样为瓦西格的女儿毕勒外尔判决的。[2]

只有那些丈夫归真时怀孕的妇女，可以不守上述待婚期，因为她们的待婚期随着分娩而结束，哪怕丈夫归真几刻钟之后她就分娩了。下列泛指的经文指出了这一问题：《那些有孕的妇女，她们的期限是等到她们分娩。》（65：4）有关苏伯尔的圣训也是有效的证明。两圣训实录辑录："她的丈夫赛尔德归真时，她怀有身孕，他归真之后不久，她就分娩了。[3] 当她度过产期后[4]，她就因为提亲者

---

[1] 另一传述说："她应该得到和其他人同等的聘礼，不增不减。"——译者注
[2]《艾哈麦德按序圣训集》3：480；《艾布·达乌德圣训集》2：588；《提尔密济圣训全集诠释》4：299；《圣训大集》6：198；《伊本·马哲圣训集》1：609。
[3] 另一传述说，他归真几天后，她就分娩了。——译者注
[4] النفاس 尼法斯也译产血。哈尼法教法学派认为最多四十天，没有最少时限。有些妇女生完孩子之后，产期就结束了。——译者注

打扮起来。这时，艾布·赛纳毕尔来到她跟前说：'我怎么看到你打扮了起来，你想结婚吗？以安拉发誓，度过四个月零十天之前，你不能结婚。'苏伯尔说：'当我听到这番话后，晚上睡觉时裹紧衣服去向先知请教这一问题，而先知说我从分娩那时起，就已经度过了待婚期。先知还说我可以再婚。'"[5]

### 这种待婚期的哲理

赛尔德和艾布·阿林等学者认为，将孀妇的待婚期定为四个月零十天，是考虑到妇女可能怀有身孕，度过这一期限后，事实就明确了。正如一段著名的圣训所述："你们的造化是这样的：四十天时是母腹中的一滴精，又四十天好比一块血，再四十天好比一块肉，这时一位天使被委派来到它那里，给它注入灵魂。"[6] 圣训中的这三个四十天，等于四个月，后来为谨慎起见另加了十天，因为有些月份是小月。胎儿在注入灵魂之后才开始活动。安

---

[5]《布哈里圣训实录诠释——造物主的启迪》9：379；《穆斯林圣训实录》2：1122。
[6]《布哈里圣训实录诠释——造物主的启迪》13：449；《穆斯林圣训实录》4：2036。

## 主人归真后孩子的母亲的待婚期[1]

有人主张，乌姆·沃莱德的待婚期如同自由妇女的待婚期，传自阿慕尔的一段圣训支持这一观点，他说："你们不要在我们跟前混淆我们先知的圣训，主人归真后，孩子母亲的待婚期应该是四个月零十天。"[2]

## 待婚期内必须穿素服

"她们度过待婚期后，你们不因她们合理的个人行为而负有罪责。"从中可以看出，孀妇必须在待婚期内穿素服，因为安拉的使者说："归信安拉和末日的妇女除了丈夫外，不能为其他任何人穿三天以上的素衣。（为丈夫穿素服的时间是）四个月零十天。"[3]

有位妇女问穆圣："安拉的使者啊！我女儿的丈夫归真了，她的一只眼睛有些病，我们可以给她用眼药吗？"先知重复回答了二三次"不可以。"然后说："她只需度过四个月零十天呀。蒙昧时代，你们中的一些孀妇要等待一年呢。"[4] 栽娜卜说："当初，妇女守寡后得住进小房间，穿上最破旧的衣服，不洒香水也不着妆，这样度过一年。然后人们拿来粪团让她扔，此后给她带来一头驴、一只羊或一只鸟，给这个动物放血，直至死掉。"

穿素服指不洒香水，不着化妆，不带饰品，不穿艳服，表示待婚期内不结婚。学者们根据上述泛指经文一致推断：无论自由女还是女奴，在丈夫归真后不分年龄大小、信教与否，都必须穿素服。

"**她们度过待婚期后**"，即当她们的待婚期结束。

"**你们不因她们合理的个人行为而负有罪责**。"端哈克和莱毕尔说，"**你们**"指妇女的监护人。[5]

"**她们合理的个人行为**。""**她们**"指度过婚期的妇女。[6]

伊本·阿拔斯说："被休或守寡的妇女，度过待婚期后化妆打扮，为再婚作准备是合理的。"[7]

"你们不因她们合理的个人行为而负有罪责。"穆佳黑德认为这段经文是指：合法而美好的婚姻。[8]

◈ 235.如果你们含蓄地向妇女们求婚，或隐藏在心中，你们是无罪的。安拉知道你们将向她们提亲。但是除了合理的言语外，你们不要和她们私结婚约。定期结束之前，你们不要和她们缔结婚约。须知，安拉知道你们的心事，你们当留意！须知，安拉是至赦的，宽容的。◈

## 允许向待婚期内的妇女含蓄求婚
## 禁止在待婚期内再婚

如果你们向丈夫归真后的妇女们不直白地求婚，则"你们是无罪的"。

"**如果你们含蓄地向妇女们求婚，或隐藏在心中，你们是无罪的**。"伊本·阿拔斯说："'**含蓄**'指求婚者说，我打算结婚、我爱某种妇女。或者他用某种恰当的言行暗示求婚。"[9] 伊本·阿拔斯在另一传述中说："'**含蓄**'指求婚者说希望安拉赐给我一位妻子等类似的话，而他不直接求婚。"[10]

布哈里传述，伊本·阿拔斯说："'**含蓄**'指求婚者说：'我打算结婚，我需要女人，但愿我能顺利地得到一位清廉的配偶。'"[11]

许多前辈学者和后辈学者主张：可以含蓄地向孀妇求婚。[12]

同样，也可以含蓄地向已经被休的妇女求婚。盖斯的女儿被她的丈夫三休后，穆圣让她在伊本·温母·麦克图姆家度过待婚期，并对她说："待婚期过后请通知我。"她度过待婚期后，武洒麦前来求婚，穆圣便将她嫁给了武洒麦。[13]

但学者们一致认为，除了她的丈夫之外，任何人不得向未被三休的妇女以任何形式求婚。安拉至知。

"**或隐藏在心中**"，即你们将求婚的打算隐藏在心中。相同用法的如：◈你的主知道他们心中所隐藏的和他们所表露出来的。◈（28：69）◈我却熟知你们所隐藏的和公开的一切。◈（60：1）

---

(1) 即乌姆·沃莱德，旧时怀了主人孩子的女奴，其地位和生活条件会因孩子而得到提高。——译者注
(2)《艾哈麦德按序圣训集》4：302；《艾布·达乌德圣训集》3：270；《伊本·马哲圣训集》1：673。
(3)《布哈里圣训实录诠释——造物主的启迪》9：394；《穆斯林圣训实录》2：1123。
(4)《穆斯林圣训实录》2：1124。
(5)《哈提姆经注》2：812。
(6)《哈提姆经注》1：813。
(7)《哈提姆经注》2：812、813。
(8)《泰伯里经注》5：93；《哈提姆经注》2：814。
(9)《泰伯里经注》5：95。
(10)《泰伯里经注》5：96。
(11)《布哈里圣训实录诠释——造物主的启迪》9：84。
(12)《哈提姆经注》2：817、818。
(13)《穆斯林圣训实录》2：1114。

因此,安拉说:"**安拉知道你们将向她们提亲**",即安拉不以你们心中的事情而责问你们。经文接着说:"**你们不要和她们私结婚约。**"譬如你对她们说"我喜欢你、请你向我保证你不嫁给其他人"等。赛尔德·本·朱拜尔、艾克莱麦、穆佳黑德、绍利、载海勒、艾布·端哈克、端哈克等传述说:"'私结婚约'指求婚者和她缔约:她只嫁给他。"⁽¹⁾

伊本·阿拔斯、穆佳黑德、赛丁伊、赛尔德·本·朱拜尔、绍利、伊本·栽德等人认为"**除了合理的言语**"指上面所解释的含蓄求婚,譬如"我爱慕你"等。⁽²⁾

伊本·西林对欧拜德说"**除了合理的言语**"是指求婚者对她的监护人说"你不能在通知我之前让她和其他人结婚"。伊本·艾布·哈亭传述。⁽³⁾

"**定期结束之前,你们不要和她们缔结婚约**",即妇女的待婚期结束之前,不能和她们缔结婚约。这是伊本·阿拔斯等著名学者的主张。

"**定期**"指待婚期。⁽⁴⁾学者们一致主张,待婚期内缔结婚约是不正确的。

"**须知,安拉知道你们的心事,你们当留意!**"即安拉因你们对女人的想望而警告了你们,并指导你们隐讳对她们的好印象,而不能心存邪念。但安拉没有让他们对他的慈悯和回赐感到绝望。所以说:"**须知,安拉是至赦的,宽容的。**"

✦ **236.你们在接触她们,或议定聘金之前解除婚约,对你们是无罪的,但富裕的人和贫穷的人,都要力付合理的离仪馈赠她们,以便实践行善者的义务。**✦

### 同房之前解除婚约

安拉允许人们和尚未同房的妻子(未婚妻)解除婚约。伊本·阿拔斯、塔吾斯、伊布拉欣、哈桑·巴士里认为"**接触**"指进行房事。⁽⁵⁾在赠送聘礼(如果已经议定聘礼)和同房之前,可以和未婚妻解除婚约,哪怕这会使她伤心。

### 解除婚约的离仪

因此,安拉命令给她们赠送离仪,作为他们损失的补偿。男方可以根据自己能力给女方赠送离仪。布哈里传述:"安拉的使者和艾米麦结了婚,当她进房后,使者向她伸出了手⁽⁶⁾,她好像对此略有不满。后来先知命令艾布·吾赛德为她准备嫁妆,给她穿了两件亚麻衣服。"⁽⁷⁾

✦ **237.倘若你们接触她们之前和议定聘金之后,解除跟她们的婚约,那么请将你们曾议定的聘金的一半交给她们,除非她们原谅或掌握婚约的人原谅。原谅是最近于敬畏的。你们不要忘记你们之间的恩惠,安拉是全观你们行为的。**✦

### 同房之前被休的(未婚)妻有权得到聘礼的一半

这段尊贵的经文再次证明上段经文关于被休妇女的特权——获得礼品。这段经文规定,如果在夫妻同房之前丈夫打算休妻,他必须为她提供曾议定的聘礼的一半。倘若他们间还有其他义务,经文一定会阐明的。尤其这段经文连接的是叙述享受礼品的特权的经文。安拉至知。

学者们一致认为,在此情况下被休的妇女应得曾议定聘礼的一半。此中没有歧议。即如果男方为女方拟订了聘礼,此后,在同房之前与她分手,那么他必须付给她这宗聘礼的一半。

"**除非她们原谅**",即女方谢绝男方应该提供的一半聘礼,这样他就不对她负有义务。

伊本·阿拔斯说:"除非结过婚的妇女原谅男方,放弃她的权力。"⁽⁸⁾

"**或掌握婚约的人原谅**",先知说:"'掌握婚约的人'是她的丈夫。"⁽⁹⁾伊本·哲利尔持此观点。原因是真正掌握婚姻权的人是丈夫,他可以缔结婚约,也可以毁坏婚约。监护人不得将受监护人的财产送给其他人。聘礼也是如此。

"**原谅是最近于敬畏的**",部分前辈学者说,此段经文针对的是一切男女。⁽¹⁰⁾伊本·阿拔斯解释说:"他俩中更接近敬畏的人是宽容的人。"⁽¹¹⁾穆佳黑德、奈赫伊、端哈克、穆尔提里·本·哈亚尼、莱毕尔·本·艾奈斯、绍利说:"经文中提到的'恩惠',指女方免去应得的一半聘礼,或男方(给被休的未婚妻)赠送全部聘礼。"⁽¹²⁾因此说:"**你们不要忘记你们之间的恩惠。**""**恩惠**"指行善。⁽¹³⁾

---

(1)《泰伯里经注》5:107、109;《哈提姆经注》2:821。
(2)《哈提姆经注》2:824;《泰伯里经注》5:114。
(3)《哈提姆经注》2:826。
(4)《哈提姆经注》2:828、829。
(5)《哈提姆经注》2:831。
(6)先知当时没有给她赠送礼品。——译者注
(7)《布哈里圣训实录诠释——造物主的启迪》9:269。
(8)《哈提姆经注》2:839、840、841、842。
(9)《哈提姆经注》2:842。
(10)《泰伯里经注》5:162。
(11)《泰伯里经注》5:162。
(12)《泰伯里经注》5:165、166。
(13)《泰伯里经注》5:166。

"安拉是全观你们行为的。"你们的事务和情况隐瞒不了安拉,他将给每个工作者予以其工作的报酬。

✤ 238. 你们当坚持礼拜,特别是最中间的礼拜,你们当为安拉谦恭地站立。✤

✤ 239. 你们在害怕的时候,可以站着或骑着(礼拜)。当你们安宁时,就要用安拉教导你们、而你们曾不知道的方式去记念安拉。✤

安拉命令人们按时礼拜,遵守礼拜规则,正如伊本·麦斯欧迪传述,我问安拉的使者㊊:"哪件善功最尊贵?"使者说:"按时礼拜。"我问:"然后是哪件?"使者回答:"为主道作战。"我再问:"然后是哪件?"使者回答:"孝敬双亲。"伊本·麦斯欧迪说:"倘若我接着问,使者一定会接着回答。"(1)

## 最中间的礼拜

清高伟大的安拉特别提到了"最中间的礼拜"——晡礼。学者们说,绝大部分圣门弟子、前辈学者和后辈学者主张,"最中间的礼拜"就是晡礼。

(此中证据是)安拉的使者㊊在联军战役中说:"他们(敌人)致使我们错过了'最中间的礼拜'——晡礼。愿安拉用烈火填满他们的内心和房屋。"后来先知在两个夜间拜——昏礼和宵礼之间礼了(失去的)晡礼。(2)两圣训实录等著名圣训集中,都辑录了发生在联军战役中的这件事情。这些圣训传述都认为"最中间的礼拜"指晡礼。(3)

赛穆勒传述,安拉的使者㊊说:"'最中间的礼拜'是晡礼。"(4)另一传述说,安拉的使者㊊说:"你们当坚持拜功,特别是最中间的拜功。"(5)然后使者为圣门弟子们解释说'最中间的礼拜'指晡礼。(6)

阿卜杜拉传述,安拉的使者㊊说:"'最中间的礼拜'是晡礼。"(7)

《穆斯林圣训实录》记载:"安拉的使者㊊说:'他们使我们没有顾及晡礼。'"(8)

如果以上明文都说明了问题,下列圣训进一步证明这一观点是正确的:安拉的使者㊊说:"谁失去了晡礼,他便失去了家人和财产。"(9)

穆圣㊊说:"你们当在云遮之日(阴天)早做礼拜。谁放弃了晡礼,他的善功就坏了。"(10)

## 拜中禁止说话

"你们当为安拉谦恭地站立",即命令人们(礼拜中)敬畏地、谦虚地站在安拉跟前,不要在礼拜中说话。因为虔敬与说话是矛盾的。因此,有一次先知在礼拜时没有给伊本·麦斯欧迪回答色兰。拜后,先知为他说明了原因:"拜功应该是聚精会神的。"(11)

---

(1)《布哈里圣训实录诠释——造物主的启迪》2:12;《穆斯林圣训实录》1:90。
(2)《艾哈麦德按序圣训集》1:113、117;《穆斯林圣训实录》1:436、437;《圣训大集》6:303;《布哈里圣训实录诠释——造物主的启迪》6:124、7:467、8:43、11:197;《艾布·达乌德圣训集》1:287;《提尔密济圣训全集诠释》8:328;《圣训大集》1:236。
(3)《穆斯林圣训实录》1:437、438。
(4)《艾哈麦德按序圣训集》5:22。
(5)《艾哈麦德按序圣训集》5:8。
(6)《艾哈麦德按序圣训集》5:7;《提尔密济圣训全集诠释》8:328。
(7)《伊本·罕巴尼圣训实录》3:121;《提尔密济圣训全集诠释》8:329。
(8)《穆斯林圣训实录》1:437。
(9)《穆斯林圣训实录》1:436。
(10)《伊本·马哲圣训集》1:224。
(11)《穆斯林圣训实录》1:382。

穆圣㊣对礼拜中说话的穆阿维叶本·哈克目说："礼拜中间不适合讲人们通常所讲的任何话，而只能赞美、大赞和记主。"（1）

栽德传述，穆圣㊣时代的人往往在拜中和他的朋友谈论琐事，后来安拉降谕道："**你们当为安拉谦恭地站立。**"命令人们不要在拜中说话。（2）

## 恐 惧 拜

"**你们在害怕的时候，可以站着或骑着（礼拜）。当你们安宁时，就要用安拉教导你们、而你们曾不知道的方式去记念安拉。**"安拉命令众仆坚持拜功，遵守礼拜的规则，并再次强调了这一命令后，提到影响人无法以最完美的方式礼拜的一种因素——战争，说："**你们在害怕的时候，可以站着或骑着（礼拜）**"，即你们应当在任何情况下礼拜，可以站着或骑着、朝向克尔白或不朝向克尔白礼拜。正如纳菲尔传述，伊本·欧麦尔回答关于恐惧拜的问题时说："当他们感到非常害怕时，便站着或骑着、朝向正向或不朝向正向而礼拜。"纳菲尔说："据我所知，伊本·欧麦尔所讲的是先知讲过的话。"（3）

伊本·阿拔斯说："安拉通过你们的先知规定，居家时礼四拜，旅行时礼两拜，恐惧时礼一拜。"（4）

布哈里在《捍卫城堡抗击敌军篇》中说："奥扎伊说：'若战斗打响，众人无暇（照常）礼拜，便象征性地礼拜（5）。每个人单独指点礼拜。如果他们无暇指点，便推后礼拜时间，直至战斗结束或感到安全的时候，他们便礼两拜。如果无暇礼（两）拜，便礼一拜，其中叩两次头。若无暇（礼一拜，叩两次头），不能以大赞词代替礼拜，而应该推后礼拜时间，直到安宁的时候。'"麦哈库里持此观点。艾奈斯说："黎明时分，我参加了解放图斯土勒城堡战役，鏖战正酣，众人无暇礼拜。于是我们只能在太阳升起后礼拜。我们和艾布·穆萨一起礼完拜后，攻克了该城。"艾奈斯说："即使获得今世和其中的一切，也抵不上那次礼拜带来的喜悦。"（6）

## 在安全时全美礼拜

"**当你们安宁时，就要用安拉教导你们、而你们曾不知道的方式去记念安拉**"，即你们当按照安拉命令的方式礼拜，当全美礼拜中的鞠躬、叩头、站、坐，并当谦恭、勤奋。"**就要用安拉教导你们、而你们曾不知道的。**"他施恩于你们、引导你们、教授你们今后两世中有益的知识，所以你们应当以感谢和记念报答他。正如安拉在叙述了恐惧拜后说：《**当你们安宁的时候，你们要履行拜功。礼拜对信士已成为定时的定制。**》（4：103）我们在《妇女章》中注释《**当你在他们之间，并带领他们礼拜时。**》（4：102）时，将根据有关圣训，说明恐惧拜及其特点。

《240.你们中归真后有遗孀的人，应当为他们的妻子留下遗嘱，让她们享受一年，而不将她们赶出去。倘若她们自己离去，你们不因她们合理的个人行为而负有罪责。安拉是优胜的，是明哲的。》

《241.被休的妇女们，享有合理的离仪，以落实敬畏者的义务。》

《242.安拉就这样为你们阐明他的迹象，以便你们理解。》

## 这段经文被革止

大部分学者认为这段经文被前面的经文"她们应当等待四个月零十天"所革止。

伊本·祖拜尔传述，我对奥斯曼诵读了"**你们中归真后有遗孀的人**"后说："另一段经文革止了这段经文，你为何将它载入（《古兰》中）？"他说："侄儿啊！我不会对经典的原文有丝毫改动。"（7）

伊本·祖拜尔对奥斯曼提出疑问的意思是：如果这段经文的断法被上面的经文（等待四个月零十天）所革止，那么保存其文字还有什么意义，何况这可能使人误认为其断法依然适用？而信士的长官奥斯曼则回答："这属于搁置的事情。我发现原文就是这样，所以原封不动地保留了它。"

伊本·阿拔斯说："妇女守寡后，应该在家中吃住一年。后来这一问题被有关遗产的经文所革止。（其规定是）她们可获得丈夫留下的四分之一或八分之一遗产。"（8）

---

（1）《穆斯林圣训实录》1：381。
（2）《艾哈麦德按序圣训集》4：368；《布哈里圣训实录诠释——造物主的启迪》3：88；《穆斯林圣训实录》1：383；《艾布·达乌德圣训集》1：583；《提尔密济圣训全集诠释》8：330；《圣训大集》3：18。
（3）《布哈里圣训实录诠释——造物主的启迪》8：46；《穆斯林圣训实录》1：574；《穆宛塔》1：184。
（4）《穆斯林圣训实录》1：478、479；《艾布·达乌德圣训集》2：40；《圣训大集》3：169；《伊本·马哲圣训集》1：339；《泰伯里经注》5：240、241、247。
（5）即用手或头部指点礼拜。——译者注
（6）《布哈里圣训实录诠释——造物主的启迪》2：503。
（7）《布哈里圣训实录诠释——造物主的启迪》8：48。
（8）《哈提姆经注》2：871。

伊本·阿拔斯说："当初丈夫归真留下妻子后，妻子在他的家中守一年待婚期，其中可以花费他的财产。后来安拉降谕道：'如果你们当中有人归真，而留下遗孀，她们应当等待四个月零十天。'规定了孀妇的待婚期。孕妇除外，因为她的待婚期随着分娩（或自然流产）而结束。安拉说：如果你们没有孩子，她们享有你们遗留的四分之一；如果你们有孩子，他们享有你们遗留的八分之一。阐明了妇女应得的遗产，改进了遗嘱和（接受）赡养的规定。"[1]

穆佳黑德、哈桑、阿塔、艾克莱麦、格塔德、端哈克、莱毕尔、穆尕提里·本·罕雅尼等学者说"四个月零十天"革止了这段经文。[2]

布哈里读了"你们中归真后有遗孀的人"后说："孀妇必须在丈夫家度过待婚期。后来安拉降谕道：'你们中归真后有遗孀的人，应当为他们的**妻子留下遗嘱，让她们享受一年，而不将她们赶出去。倘若她们自己离去，你们不因她们合理的个人行为而负有罪责。**'"他接着说："安拉将孀妇的待婚期由最初的一年改为七个月二十天，她可以在此期间居住丈夫家中，享用自己所得的遗产，也可以到其他地方待婚。"这就是安拉所说的："**而不将她们赶出去。倘若她们自己离去，你们不因她们合理的个人行为而负有罪责。**"所以，待婚期依然是必须的。

伊本·阿拔斯说："这段经文革止了妇女在婆家的待婚权，因为她可以在任何地方待婚。"因为安拉说："**而不将她们赶出去。**"阿塔说："她可以在婆家待婚，享受自己获得的遗产，也可以出去（在其他地方待婚）。"因为安拉说："**你们不因她们合理的个人行为而负有罪责。**"阿塔说："后来降示的有关遗产的经文，革止了（待婚期内必须在婆家的）居住权。因为她可以在任何地方待婚，男方不负责其居住之事。"[3]

阿塔及他的弟子们认为，这段经文被遗产的经文所革止。学者们对超过了四个月零十天的居住（期限）问题没有争议。他们的主要分歧在于四个月零十天的居住费是否应该从丈夫的遗产中支付。他们通过马立克所传述的圣训证明孀妇必须在待婚期内居住亡夫家中。艾布·赛尔德的妹妹来到安拉的使者㊎跟前，要求使者准许她回到娘家——胡德里族人那里，因为她的丈夫在追赶逃奴途中被杀害。她说："我要求使者准许我回到我的娘家——胡德里族人那里。因为我的丈夫没有将我留在他所掌管的家中，也没有为我留下生活费。"安拉的使者㊎听到她的叙述后说："可以。"当她回去快要到达房屋里时，安拉的使者㊎命令人召回她，对她说："你刚才是怎么说的？"她对使者重复了前面说过的话后，使者说："你应当在家中等候，直至定期结束。"于是她在家中待婚四个月零十天。她说："后来奥斯曼派人来向我询问这一问题，我告诉他后，他便依此判决（待婚案）。"[4]

### 离婚的离仪

"被休的妇女们，享有合理的离仪，以落实敬畏者的义务。"阿卜杜·拉赫曼说，"**以便实践行善者的义务**"降示后，有人说：我想行善时就行善，不想行善时就不行善。安拉因此降谕道："**被休的妇女们，享有合理的离仪，以落实敬畏者的义务。**"[5] 部分学者根据这段经文证明必须给被休的妇女赠送聘仪，无论她已经得到聘礼或聘礼已被议定，也无论她在被接触之前被休或已经与男方同过房。赛尔德·本·朱白尔等前辈学者持此观点。[6]

"**你们在接触她们，或议定聘金之前解除婚约，对你们是无罪的，但富裕的人和贫穷的人，都要力付合理的离仪，馈赠她们，以便实践行善者的义务。**"这段经文叙述的是宏观问题中的特殊现象。

"**安拉就这样为你们阐明他的迹象**"，即安拉为你们阐明了合法、非法、天命、法度、命令和禁戒，而没有含糊地搁置它们，以便你们在需要的时候查询。

"**以便你们理解**"，即以便你们参悟和思考。

﴾ 243.难道你不曾看到那些成千上万因为怕死而走出家园的人吗？安拉对他们说："你们死吧！"然后又复活他们。安拉对人类是有宏恩的，但是大部分人不感谢。﴿

﴾ 244.你们应当为安拉的道路作战，须知，安拉是全听的、全知的。﴿

﴾ 245.谁愿意贷给安拉一笔美好的债务，安拉就使它成倍增长。安拉使人窘迫，也使人宽裕，你们终将回归于他。﴿

### 亡者的故事

伊本·阿拔斯说："他们是一座被称为达吾兰

---

(1)《泰伯里经注》5：255。
(2)《哈提姆经注》2：875、876。
(3)《布哈里圣训实录》4531、5344。
(4)《穆宛塔》2：591；《艾布·达乌德圣训集》2：773；《提尔密济圣训全集诠释》4：319、390；《圣训大集》6：200；《伊本·马哲圣训集》1：654。
(5)《泰伯里经注》5：264。
(6)《泰伯里经注》5：263。

达城的居民。"

伊本·阿斯穆说："他们是距瓦西特[1]一法尔撒赫之遥的达吾兰达城的居民。"

伊本·阿拔斯说："他们计四千人，出城躲避瘟疫。他们说要去一个长生不死的地方，当他们来到某地时，安拉对他们说：'你们死吧！'他们就死亡了。后来一位先知经过这里时，祈求安拉复活了他们。这就是安拉所说的：'**难道你不曾看到那些成千上万因为怕死而走出家园的人吗？**'"

不止一位前辈学者说，他们是某个时代某个地区的以色列后裔，他们遭受瘟疫后不愿继续居住该地，去往一个沙漠逃生。后来他们驻扎在一个宽大的山谷中，住满了山谷两岸。安拉为他们派了两位天使，一位天使在山顶，另一位在山脚。两位天使对他们大喊一声后，他们全部死了。后人将他们的尸骨圈在一些围栏中，在上面修筑了一些坟墓和围墙。过了很久，一位叫胡兹给里的以色列先知途经这里，祈求安拉通过他复活他们。安拉应答了他的祈求，命令道："朽骨啊！安拉命令你聚集。"每个人身上的骨头就聚集到了一起。然后命令他呼唤："骨架啊！安拉命令你配上肉、神经和皮肤。"接着这位先知便目睹了发生的一切。然后安拉命令他呼唤："灵魂们啊！安拉命令每个人的灵魂回到它曾经居住的身体。"这时人们纷纷站了起来，大家你看着我，我看着你，口中念着："赞美安拉，应受拜者，惟有安拉。"安拉让他们长眠地下后，又让他们复活了。

这些人的死后复活，确实是一种教训，它同时绝对地证明人们能在后世获得感性归宿。因此，经文说："**安拉对人类是有宏恩的。**"意为他使人看到明显的迹象和明确的证据。"**但是大部分人不感谢。**"[2]即他们不感谢安拉赐给他们的宗教和生活中的恩典。

这段令人深思的经文说明，逃避前定是徒劳无益之举，因为最终的避难处只在安拉那里。譬如这些逃避瘟疫的人们追求长生不死，最终却事与愿违，死于非命。

与这一事件相近的是下列圣训：欧麦尔（愿主喜悦之）去沙姆，[3]当经过赛勒俄时，艾布·欧拜德等军事将领前来迎接，禀报沙姆正在闹瘟疫，同时汇报了灾情。适逢阿卜杜拉·本·拉赫曼办完事回来，他说："我知道现在应该怎么办。我听安拉的使者☪说：'你们在疫区时，不得逃离该地；倘若你们听到某地闹瘟疫，你们不可去往该地。'"欧麦尔听到这段圣训后感赞安拉，回到了麦地那。[4]

## 逃避战争不能改变安拉规定的大限

"**你们应当为安拉的道路作战，须知，安拉是全听的、全知的**"，即正如前定不可逃避一样，逃避战争也不会缩短或延长人的大限。安拉断定的大限和规定的给养，必将毫厘不爽地如期兑现。正如安拉所言：《他们坐而观望，却对自己的兄弟们说："如果他顺从我们，他们就不会被杀。"你说："如果你们是诚实的，你们防止自己面临死亡吧！"》（3：168）《他们说："我们的主啊！为什么你注定我们作战呢？为什么你不让我们拖延到临近的期限？"你说："今世的享受是微少的。后世对敬畏者是更好的。"你们不会受丝毫亏枉。无论你们在哪里，死亡也会追及你们，即使你们在坚固的堡垒里。》（4：77-78）

穆斯林军队的统帅和先锋、伊斯兰的捍卫者、安拉的宝剑哈立德在临终时说，我曾经身经百战，身上的每一部位都遭受了箭刺、矛戳或剑砍，此时此刻我就要死于床榻，像骆驼一样脆弱无助，否则，懦夫就不会安然入睡！——意思是真正让他痛苦和遗憾的是他没有战死沙场，而是死于床榻。[5]

## 美好的债务及其报酬

"**谁愿意贷给安拉一笔美好的债务，安拉就使它成倍增长。**"安拉鼓励众仆为主道花费财产，并在《古兰》的许多地方强调了这一命令。安拉在降给穆圣☪的圣训（固督斯圣训）中说："谁愿给并非贫穷，也并非不仁不义的安拉借贷？安拉就使它成倍增长。"[6]正如安拉所言：《为主道奉献财产的人，（其所奉献的）就像一粒种子，它长出七个穗子，每个穗子中有一百个谷粒。安拉加倍地报酬他所欲之人，安拉是宽大的、全知的。》（2：261）后文将注释这段经文。

"**安拉使人窘迫，也使人宽裕**"，即你们毫不计较地花费吧，安拉是普施者，他使所欲之人生活宽裕，使另一些人生活窘迫。因为此中确有一些深刻的哲理。

"**你们终将回归于他**"，指末日。

---

(1) 今伊拉克的一个县城。——译者注
(2) 《泰伯里经注》5：266。
(3) 指前去会见解放圣城固都斯固都斯的穆斯林军队和该地非伊斯兰宗教上层。这是一段震撼人心的历史事件。参阅《四大哈里发传》中的解放圣城固都斯固都斯篇。——译者注

(4) 《艾哈麦德按序圣训集》1：194；《布哈里圣训实录诠释——造物主的启迪》10：189、190，12：361；《穆斯林圣训实录》4：1740。
(5) 《التهذيب》3：124。
(6) 《穆斯林圣训实录》758。

❖ 246.难道你未曾见到穆萨之后以色列人中的一部分人吗？当时他们对他们的一位先知说："你为我们派一位君王，我们就为主道作战。"他说："如果战争已成为你们的定制，你们还会不参战吗？"他们说："我们为什么不为主道战斗呢？我们和我们的子女已经被赶出了我们的家园。"但是当战争成为他们的定制时，除了一小部分之外，他们都背弃了。安拉是深知不义者的。❖

## 犹太人要求安拉为他们委派君王 战争的故事 他们中只有少数人坚持正道，获得胜利

穆佳黑德说："当时的先知是赦穆威里（愿主赐安之）。"[1] 沃海布说，以色列的后裔在穆萨之后的一段时间内坚持着正道，后来发生了一些变故，一部分人开始崇拜偶像。安拉不断派先知命令他们行善，禁止他们作恶，号召他们坚持《讨拉特》，他们却犯下许多罪恶，因而被敌人征服，敌人在他们中大肆烧杀抢掠，攻城掠地，杀死反抗者。当时的犹太人继承了古代穆萨先知的约柜，后因他们执迷不悟，而被一位外国君王在战争中掠去，同时还夺走了《讨拉特》，而他们中极少有人能背诵它。再后来，圣裔中只有一位妇女有合法身孕，她的丈夫却在她怀孕期间被杀害。先知的遗脉在他们之间中断了，犹太人将这位妇女困守在家中，将她保护起来，等待安拉赐给她孩子，祈盼这个孩子成为先知。这位妇女也向安拉祈求赐给她孩子，安拉接受了她的祈求，赐给她一个男孩，她给他起名赦穆威里。也有人说这个孩子名叫谢穆欧尼，（在希伯莱语中）这两个名字是同义词。

在安拉的特慈下，这个孩子在他们中间健康成长，当他到了可以为圣的年龄时，安拉给他降示了启示，命令他在以色列人中宣传"安拉独一"信仰。以色列人要求这位先知为他们立一位君王，领导他们抗击敌军；其实这位君王就在他们中间。赦穆威里先知对他们说："只怕安拉派遣君王后，你们无法履行与他并肩抗敌的盟约。"但他们说，我们为什么不为主道战斗呢？我们和我们的子女已经被赶出了家园，我们已经被沦为亡国奴。然而正如安拉所说："**但是当战争成为他们的定制时，除了一小部分之外，他们都背弃了。安拉是深知不义者的**"，即他们不但没有履行所定的盟约，而且他们中的大部分人逃避了战争。安拉深知他们。

❖ 247.他们的先知对他们说："安拉已经派**塔鲁特为你们的君王。**"他们说："他怎能在我们中享有君权呢？我们比他更应享有君权，他甚至没有宽裕的财富。"他说："安拉已在你们中选拔了他，并已赐给他更丰富的知识和更雄健的体魄。"安拉把权力赐给他所意欲之人，安拉是宽大的，全知的。❖

犹太人要求先知为他们指定君王，先知便指定塔鲁特为王。塔鲁特当时是一位战士，出身不是王族，因为他们的君王都是耶胡匝[2]的后裔，因此他们说："**他怎能在我们中享有君权呢？**"即他怎能在我们的头上称王呢？我们比他更应享有君权，他甚至没有宽裕的财富，不但如此，他还是个身无分文的人，无法胜任王位。有人说塔鲁特原是位水夫，也有人说他是皮匠。他们因此对他们的先知百般刁难。

其实他们理应义不容辞地服从这位先知，说赞成的话，说好话。

赦穆威里先知回答他们说："**安拉已在你们中选拔了他**"，即安拉在你们中选拔了塔鲁特，安拉比你们更了解这位君王。先知说："这位君王不是我凭我的想像指定的，而是安拉在你们的请求下选

---

(1)《泰伯里经注》5：293。

(2) 以色列的后裔中一位足智多谋之人。——译者注

派的。"

"**并已赐给他更丰富的知识和更雄健的体魄**",即不但如此,塔鲁特是你们中最有知识、最高贵、最健壮的人,他的力量超过了你们,他在战斗中比你们更有毅力、更有经验。由此可见,君王必须具备丰富的知识和强健的体魄,良好的身体和心理素质。然后说:"**安拉把权力赐给他所意欲之人**",即安拉是主宰,他做他所意欲之事,无人过问他的行为。但人类的行为将受到审问。因为安拉是全知的、明哲的、慈悯众生的。所以经文说:"**安拉是宽大的,全知的**",即安拉的恩典是宽宏的,他将他的恩惠赐给他所欲之人,他知道谁适合为王,谁不适合为王。

◈ **248.他们的先知对他们说:"他为王的迹象是,一只箱子降临你们,其中有来自你们养主的安宁,以及穆萨的族人和哈伦的族人留下的遗物,众天使带着它。倘若你们是信士,此中对你们确有一种迹象。"** ◈

他们的先知对他们说,安拉将会把他们失去的箱子交还他们,作为塔鲁特为王的祥瑞之兆。

"**其中有来自你们养主的安宁。**"有人解释说:"其中有庄严和辉煌。"

麦尔麦勒说:"其中有庄严。"[1]

莱毕尔说:"其中有慈悯。"伊本·阿拔斯持此观点。

"**以及穆萨的族人和哈伦的族人留下的遗物。**"伊本·阿拔斯说,其中有穆萨的手杖和一些零散的经简。[2]格塔德等持此观点,他们说其中还有《讨拉特》。[3]

绍利说:"其中有一升白蜜和一些零散的经牌。"也有人说:"其中有手杖和一双鞋。"[4]

"**众天使带着它**",伊本·阿拔斯说:"人们亲眼看着铺天盖地的天使带来这只箱子,将它放到塔鲁特的面前。"[5]

赛丁伊说:"这只箱子早上到了塔鲁特家中,众人这才相信了赦穆威里是他们的先知,并服从了塔鲁特。"[6]

"**此中对你们确有一种迹象**",即你们相信安拉在你们中恩赐圣品,并命令你们服从塔鲁特,此中确有一种迹象。

"**倘若你们是信士。**"倘若你们归信安拉和后世。

◈ **249.塔鲁特率军出发之际说:"安拉将用一条河考验你们,谁从中饮用,谁就不属于我;谁没有尝它,他就属于我。除了用手捧了一捧的人。"但除极少数人外,其他人都从中饮用了。塔鲁特率领和他一道信仰的人们渡河的时候,他们说:"今天我们对伽鲁特及其军队无力抵抗。"坚信将来要见到安拉的人们说:"许多小股军队往往凭安拉的意欲战胜庞大的军队。"安拉与坚忍者同在。** ◈

安拉在此讲述了率军出征的塔鲁特和服从安拉的部分以色列后裔,据赛丁伊说当时这支军队共计八万人。[7]安拉至知。

塔鲁特说,"**安拉将用一条河考验你们**",即试验你们。

伊本·阿拔斯等人说,它是约旦和巴勒斯坦之间的一条河,即著名的沙里亚河。[8]

"**谁从中饮用,谁就不属于我**",即他不能在今天陪同我。

"**谁没有尝它,他就属于我。除了用手捧了一捧的人**",即可以用手捧一捧。

清高伟大的安拉说:"**但除极少人外,其他人都从中饮用了。**"伊本·阿拔斯说:"从中捧了一捧的人饮饱了,放开喝了的人没有饮饱。"

伊本·阿兹卜说:"我们曾在谈论参加白德尔战役的三百一十几名圣门弟子,他们的数目如同渡河时的塔鲁特及其军队的数目。只有穆民和塔鲁特一起过了河。"[9]

"**塔鲁特率领和他一道信仰的人们渡河的时候,他们说:'今天我们对伽鲁特及其军队无力抵抗'。**"他们碰到庞大的敌军时认为自己人数太少,后来他们中的一些学者鼓励了他们。这些学者知道,安拉的诺言是真实的,胜利只来自安拉那里,胜利不取决于装备和人数。因此,他们说:"**坚信将来要见到安拉的人们说:'许多小股军队往往凭安拉的意欲战胜庞大的军队。'安拉与坚忍者同在。**"

◈ **250.当他们出去与伽鲁特交战的时候,他们**

---

(1)《阿卜杜·兰扎格经注》1:98。
(2)《泰伯里经注》5:331。
(3)《泰伯里经注》5:331、332。
(4)《泰伯里经注》5:333。
(5)《泰伯里经注》5:335。
(6)《泰伯里经注》5:335。

(7)《泰伯里经注》5:339。
(8)《泰伯里经注》5:340。
(9)《泰伯里经注》345、346、347;《布哈里圣训实录诠释——造物主的启迪》7:339。

说："我们的养主啊！求你为我们注入毅力，求你坚定我们的步伐并援助我们战胜不信的群体。"

◆ 251.后来他们以安拉的意欲战胜了他们，达乌德杀死了伽鲁特，安拉把权力和智慧赐给他，并把他所意欲的知识教给他。若不是安拉让人们相互制约，大地必定毁了，但安拉对众世界是有宏恩的。◆

◆ 252.那些是安拉的迹象，我本真理给你宣读它，你确实是在使者之列。◆

当信仰的团队——塔鲁特的少数部队碰到他们的敌人——伽鲁特的大部队时，他们说："求你为我们注入毅力吧！"即求安拉把坚忍降给我们。

"求你坚定我们的步伐"，即在遇到敌人时让我们坚定，不要让我们胆怯懦弱，败北而逃。"并援助我们战胜不信的群体。"

清高伟大的安拉说："后来他们以安拉的意欲战胜了他们"，即塔鲁特的军队在安拉的襄助下战胜了伽鲁特的军队。

"达乌德杀死了伽鲁特。"以色列的传说中讲，达乌德用投石器击死了伽鲁特。塔鲁特曾许诺达乌德，如果他杀死伽鲁特，他就把女儿嫁给他，并与他共享荣华富贵，共同治理国家。塔鲁特履行了自己的诺言。后来安拉不但晋升达乌德为先知，而且使他成为国王。因此，安拉说："安拉把权力和智慧赐给他。""权力"指塔鲁特的君权。"恩惠"指使之成为继赦穆威里之后的一位先知。

"并把他所意欲的知识教给他。"安拉按其意欲，给达乌德传授了一些特殊的知识。

"若不是安拉让人们相互制约，大地必定毁了。"若不是安拉通过一部分人保护另一部分人，犹如，如果不是让善战的塔鲁特和勇敢的达乌德保护古以色列人，他们势必遭受灭顶之灾。正如安拉所述：◆若非安拉使世人相互牵制，那么，那些静修地、教堂、礼拜之地和清真寺——其中常常记念安拉尊名的（建筑物）——都已被摧毁了。◆（22：40）

"但安拉对众世界是有宏恩的"，即安拉出于他的恩典和慈悯，让人类相互制约。安拉对仆人的一切言行之中都蕴涵着丰富的哲理和明证。

然后经文说："那些是安拉的迹象，我本真理给你宣读它，你确实是在使者之列。"我真实地叙述那些人的故事，对你而言，此中确有许多迹象。犹太学者们知道《古兰》对这一事件的叙述与有经人所掌握的事情完全吻合。穆圣啊！"你确实是在使者之列"，安拉通过发誓，来强调这一事实。

◆ 253.那些使者，我使他们的部分优越于部分，安拉和他们中的一部分说了话，给他们中的一部分提高了若干品级。我曾赐给麦尔彦之子尔撒一些明证，并且以圣灵援助他。如若安拉意欲，在明证到达他们之后，他们之后的人就不会自相残杀了。但是他们间产生了分歧，一部分信仰，而另一部分不信。如果安拉意欲，他们绝不会自相残杀，但是安拉要做他所意欲之事。◆

### 部分先知比部分优越

安拉说，他使部分先知优越另一部分部分，正如他说过：◆我确曾使一些先知优越于另一些先知，我曾赐给达乌德《宰哺尔》。◆（17：55）安拉在此说："那些使者，我使他们的部分优越于部分，安拉和他们中的一部分说了话……"和安拉说话的先知指穆萨先知和穆罕默德先知。据艾布·则尔传述，阿丹也曾和安拉说过话。

"给他们中的一部分提高了若干品级"，正如确凿的圣训所述，穆圣㊚在登霄之夜看到了在安拉那里享有不同品级的各位先知。

（如果有人问）联系这节《古兰》经文如何

理解下列圣训？艾布·胡莱赖传述，有位穆斯林和一位犹太人争执时，犹太人发誓说："不，以使穆萨超越世人的安拉发誓。"穆斯林听完起身扇了犹太人一记耳光，说："无耻！穆萨比穆罕默德尊贵吗？"这个犹太人便到穆圣跟前告发那位穆斯林，使者听后说："你们不要说我比其他先知优越。在末日，人们都会昏晕过去，我是最先苏醒的人，然而我发现穆萨紧抱着阿莱什的柱子。我不知他在我之前苏醒了，还是因土勒山上曾昏晕过[1]而免于昏晕。所以，你们不要说我比其他先知优越。"[2] 另一传述中说："你们不要在列圣中竞优赛贵。"[3]

（答复是）经文禁止人们争执哪位先知更加尊贵，因为人们对此没有权利，这种权力只归安拉。人们只能信服和信仰。

"我曾赐给麦尔彦之子尔撒一些明证"，即赐给他一些确凿的证据，以证明他带给以色列后裔的一切都是真理，同时证明他是安拉的仆人和以色列人的使者。

"并且以圣灵援助他"，即安拉以吉卜勒伊里援助他。然后安拉说："如若安拉意欲，在明证到达他们之后，他们之后的人就不会自相残杀了。但是他们间产生了分歧，一部分信仰，而另一部分不信。如果安拉意欲，他们绝不会自相残杀"，即一切都以安拉的意愿和定然而发生。因此，经文说："但是安拉要做他所意欲之事。"

◆ 254. 有正信的人们啊！在没有买卖、没有友情和没有说情的日子来到以前，你们当花费我赐给你们的财富。隐昧的人是不义的。◆

安拉命令仆人走他的道路——正义的道路，花费他赐给他们的财富，以便将来在他们的养主那里得到回赐，以便他们在今世——"**没有友情和没有说情的日子来到以前**"，争先行善。即末日来临之前行善。那天，任何人无法替代任何人，即便一个人带来充满大地的黄金去赎身，也不被接受，友情和亲情无益于人。正如安拉所言：◆ 当号角被吹响时，他们彼此间将不再有各种关系，也不互相询问了。◆（23：101）

"**没有说情**"，意为任何人的说情都不被接受。

"**隐昧的人是不义的**"，即在那天，最不义之人是以隐昧者身份去见安拉的人。伊本·迪纳尔说："一切赞美统归安拉，他说：'隐昧的人是不义的'，而没有说'不义的人是不信的。'"[4]

◆ 255. 安拉，除他外再无应受拜者。他是永生的、维护（万物）的，微睡和瞌睡奈何不了他。诸天与大地中的一切，只属于他。除非他许可，谁能在他跟前说情？他知道他们前面的和后面的。除非他许可，他们不能掌握他的知识，他的库勒西包罗天地，他不因保护天地而乏困。他是至高的，是至尊的。◆

## 库勒西经文的尊贵

这段库勒西经文意义非常重大。圣训证明它是《古兰》中最尊贵的经文。穆圣问吾班叶·本·凯尔卜："安拉的经典中哪段经文最伟大？"他说："安拉和使者至知。"穆圣连问多次后吾班叶·本·凯尔卜说："库勒西经文。"使

---

[1] 当日穆萨要求见主而被震晕。——译者注
[2] 《布哈里圣训实录诠释——造物主的启迪》6：508；《穆斯林圣训实录》4：1844。
[3] 《布哈里圣训实录诠释——造物主的启迪》6：519；《穆斯林圣训实录》4：1844。

[4] 《哈提姆经注》3：966。

者听后说："艾布·孟则尔（吾班叶·本·凯尔卜的号）啊！你已经具备丰富的知识。以掌管我生命的安拉发誓，它（库勒西经文）有一个舌头和两片嘴唇，它在阿莱什的柱子前赞美安拉。"(1)

伊玛目艾哈麦德传述，艾布·艾优卜的壁柜中有一些枣，夜间有一鬼魅前来偷盗，艾布·艾优卜遂在先知那里告发了它。先知说："你见到它时说：'奉安拉之尊名，请你响应安拉的使者吧！'"后来，鬼魅来偷盗时被艾布·艾优卜捉拿，（艾布·艾优卜由于念了先知的话而能抓住它）它说："我绝不重犯。"艾布·艾优卜便放了它。（次日）先知问艾布·艾优卜："你的俘虏怎么了？"他如实相告，先知却说："它还会来的。"它被艾布·艾优卜连捉两次或三次，先知每次都说："它还会来的。"后来，它被捉后对艾布·艾优卜说："请你放开我，我教你一段经文——库勒西经文，你念它后不会遭受不测。"艾氏到先知跟前禀报了这一事件。先知说："它虽然一贯撒谎，但这次说得没错。"(2)

阿拉伯语中的鬼魅指夜里出现的精灵。布哈里也传述了类似的圣训，并在《古兰的尊贵篇》和《委托篇》以及《伊卜厉斯的性质篇》中载录了它。艾布·胡莱赖说："安拉的使者委托我去看管莱麦丹月的天课，其间有人来偷粮食时被我捉住，我说：'我一定将你告发到安拉的使者跟前。'他说：'请放了我吧！我是个贫穷的人，拖家带口，生活窘迫'。后来我放了他。次日先知问我：'艾布·胡莱赖啊！你的俘虏昨夜做了些什么？'我说：'安拉的使者啊！他说他生活窘迫，拖家带口。因此我产生恻隐之心，放了他。'先知说：'他在撒谎，他还会来的。'我听后知道他一定会再次到来，遂埋伏等待。他果然再次出现了。他被我捉住后说了同样的话，又被我放走了。第二天先知对我说了同样的话。这样发生了两次。我第三次捉到他后对他说：'这是最后一次，你说你不重犯，但还是屡教不改。'他说：'请放了我，我教你一些经文，安拉会因此而赐给你益处的。'我问：'它是什么？'他说：'当你躺到床上时念库勒西经文——**安拉，除他外再无应受拜者。他是永生的、维护（万物）的**……直到念完这段经文。这样，就会有一位来自安拉的保护者保护你，魔鬼无法接近你，直至黎明到来。'后来我放开了他。因为圣门弟子们最渴望一切美好的事情。翌日，先知问我：'昨夜你的俘虏做了些什么？'我如实禀报，先知说：'他虽然一贯说谎，但这次说得没错。艾布·胡莱赖啊！你知道这三个夜晚你在和谁说话吗？'我说：'不知道。'先知说：'魔鬼。'"(3)

## 安拉的至尊名在库勒西经文之中

安拉的使者就"**安拉，除他外再无应受拜者。他是永生的、维护（万物）的。**"《艾立甫，俩目，米目。安拉！他之外没有应受拜的，他是永生的，维护万物的。》（3：1-2）这两段经文说："它俩中有安拉的至尊名。"(4)

艾布·欧麻麦传述，安拉的有求必应的至尊名在三章经文中：《黄牛章》《仪姆兰的家属章》和《塔哈章》。(5) 大马士革的演说家伊本·安马尔说：《黄牛章》中的至尊名是"**安拉，除他外再无应受拜者。他是永生的，维护（万物）的。**"《仪姆兰的家属章》中是：《艾立甫，俩目，米目。安拉！他之外没有应受拜的，他是永生的，维护万物的。》（3：1-2）《塔哈章》中是：《所有的面容都恭顺于永生的、自足的安拉。》（20：111）

## 库勒西经文包括十个独立的句子

一、"**安拉，除他外再无应受拜者**"，指出他是万物惟一的受拜者。

二、"**永生的，维护（万物）的**"，指他从根本上是永生不灭的，维护万物的。万物都需求于他，而他无求于万物；没有他的命令，万物无法存在。正如安拉所言：《他的迹象之一，就是天地以他的命令而稳定。》（30：25）

三、"**微睡和瞌睡奈何不了他**"，他不具备残缺的属性，也不会对他的被造物产生疏忽。他维护万物，使万物运行；见证万物，任何物都不会在他的见证之外，任何微生物都不对他隐藏。微睡和瞌睡不会侵扰他。艾布·穆萨传述："穆圣在我们中坚持四句话：'安拉不睡眠，睡眠也不宜于他；他可以降低准则也可以升高它；（人们）完成夜晚的工作之前，白天的工作就被禀报到他跟前，完成白天的工作之前，夜晚的工作就被禀报到他跟前；他的帷幔是光和火，一旦他揭起它，他容颜的光辉会烧毁他的目光所及的被造物。'"(6)

四、"**诸天与大地中的一切，只属于他**"，即万物都是他的奴仆，都由他统治。安拉说：《天地

---

(1)《艾哈麦德按序圣训集》5：14；《穆斯林圣训实录》1：556。
(2)《艾哈麦德按序圣训集》5：422；《提尔密济圣训全集诠释》8：183。
(3)《布哈里圣训实录诠释——造物主的启迪》8：672、4：568、6：386；《达勒密圣训集》532。
(4)《艾哈麦德按序圣训集》6：461；《艾布·达乌德圣训集》2：168；《提尔密济圣训全集诠释》9：447；《伊本·马哲圣训集》2：1267。
(5)《圣训大典》8：282。
(6)《穆斯林圣训实录》1：161。

间没有一物不以仆人身份到至仁主跟前。他确已记录了他们，并计算过他们。他们每一个都将在复生日单独地来到他跟前。》（19：93-95）

五、"除非他许可，谁能在他跟前说情？"正如经文所言：《诸天中的许多天使，他们的求情无益于他们丝毫，除非安拉为他所意欲、所喜欢的人允许之后。》（53：26）《他们只能替他所喜悦的人求情。》（21：28）说明了安拉的伟大。除非获得他的许可，否则任何人都无法在他那里为别人说情。正如穆圣所述："我来到阿莱什之下倒地叩头，安拉使我停顿他所意欲的时间，然后对我说：'你抬起头说吧，会被听的；你说情吧，会被应允的。'后来安拉给我作了限定。我便让他们（火狱中的部分居民）进入乐园。"[1]

六、"他知道他们前面的和后面的"，证明安拉彻知万物，过去、现在和将来。正如天使所述：《除了奉你主的命令，我们绝不会下降，在我们以前、以后和在前后之间的都属于他，你的主不会忘记的。》（19：64）

七、"除非他许可，他们不能掌握他的知识"，除非安拉允许，否则任何人都不可能窥见安拉的知识。也可以理解为：人类对安拉的本然和属性一无所知，除非安拉让他们发现的。正如他说的《他们却无法对它全面了解。》（20：110）

八、"他的库勒西包罗天地"，伊本·阿拔斯传述："库勒西是两脚站立处，阿莱什是任何人无法估量的。"[2]

伊本·阿拔斯传述说："倘若七层天地被铺平后相互连在一起，比之库勒西的宽广，它们也仅仅像沙漠中的一个小圈圈。"[3]

九、"他不因保护天地而乏困"，他看护着天地和其中的一切，但不会因此而感觉到困难，对他而言，这一切是那样的轻而易举，他维护并监护着万物及万物的行为，任何物都离不开他监护，在他的面前没有任何秘密。在他的跟前，万物都是渺小的，都有求于他，而他是无求的。他可以做他所欲之事，他的行为不受责问，但他要审问万物。他是全能万事的，清算万物的，是伟大的监护者。应受拜者，惟有他。

十、"他是至高的、至尊的"，相同于：《他是伟大的、至高的。》（13：9）清廉的先贤们坚信这些经文及类似的圣训，但他们从不将安拉形象化，也不以任何物比拟安拉。

《256. 正教中没有强迫，正道和迷误已经明确。谁不信塔吾特，而归信安拉，他就握住了最坚固的把手，那个把手永不断裂，安拉是全听的，是全知的。》

## 正教无强迫

清高伟大的安拉说，"正教中没有强迫"，即你们不要强迫任何人加入伊斯兰，因为伊斯兰是明确的，其证据和依据是清楚的，伊斯兰不需要被迫者加入它。如果安拉引导一个人，使之心胸开阔，慧眼识珠，他必会明明白白地加入伊斯兰；如果安拉使一个人的心变瞎，封闭他的耳目，那么，他即便被迫加入了伊斯兰，也是没有意义的。

部分学者认为，这段经文是为一些辅士而降的，虽然其断法适合每一个人。伊本·哲利尔传述，伊本·阿拔斯说："（在伊斯兰之前）当女人生的孩子总是夭折时，她会许愿说如果她有孩子能够活下来，她必让他信仰犹太教。奈最尔人（一个犹太部落）被驱逐时，有些辅士的孩子和奈最尔人的孩子在一起。辅士们说：'我们不能不管我们的孩子。'后来安拉降示了：'正教中没有强迫，正道和迷误已经明确。'"[4]

安拉的使者对一个人说："你当归信伊斯兰。"那人说："我感到自己的内心不愿意信仰。"使者说："哪怕你不愿意也罢！"[5] 使者的这番话和上述经文并不矛盾。因为使者只是号召他信仰，并没有强迫他信仰。但那人说他的内心不接受伊斯兰。此中没有强迫的意思。使者对他说："哪怕你的内心不接受，你也应当信仰，安拉将赐给你良好的举意和虔诚的内心。"

## 认主独一是最坚固的把手

"谁不信塔吾特，而归信安拉，他就握住了最坚固的把手，那个把手永不断裂，安拉是全听的，是全知的。"谁若放弃多神和偶像，远离恶魔的号召，不去崇拜除安拉外的一切，并一心一意崇拜安拉，作证应受拜者，惟有安拉，那么，"他就握住了最坚固的把手"，即他已坚定于他的事业，走上了最优美、最正确的道路。欧麦尔说："巫术就是魔术，塔吾特是恶魔，勇敢和怯弱是人的天性，勇敢的人为不认识的人而战，怯弱者逃离母亲（哪怕母亲有难也不敢去营救）。男儿的慷慨就是他的宗教，门第就是他的品格，哪怕他是个波斯人，或奈

---

(1)《穆斯林圣训实录》1：180。
(2)《圣训大典》12：39。
(3)《哈肯圣训遗补》2：282；《哈提姆经注》3：981。

(4)《泰伯里经注》5：407；《艾布·达乌德圣训集》3：132；《圣训大集》6：304。
(5)《艾哈麦德按序圣训集》3：181。

伯特人。"(1) 欧麦尔认为"塔吾特"指魔鬼，这种看法非常高明，因为它极尽蒙昧主义者之能事——崇拜偶像、让偶像裁决他们的事务、向偶像求助等。

"他就握住了最坚固的把手，那个把手永不断裂"，即他在宗教中把握了最有力的因素，经文将正信比作永不破裂的坚固把手，因为它本身是牢不可破，坚不可摧的，它对真理的联系，是坚强有力的。因此，安拉说："他就握住了最坚固的把手，那个把手永不断裂"，穆佳黑德说："'最坚固的把手'指信仰。"(2) 赛丁伊说："它指伊斯兰。"(3)

盖斯说："我在清真寺中，进来一个人，脸上可见虔诚的痕迹。他简短地礼了两拜礼拜。众人说：'这是一位乐园的居民'。此人走出（清真寺）时，我跟在他后面和他一起走进了他的家门，告诉他找他的原因。当他与我熟悉后，我说你向清真寺走来时，人们说了如此如此的话。他听后说：'赞美安拉，任何人都不应该说他不知道的话。我将告诉你这是为什么。我在安拉的使者㊎在世时作了一个梦，我对使者讲了我的梦境。我梦见自己在一个绿色的花园中……他（圣训传述者）叙述了那座美丽而宽大的花园。在花园的中间有一个柱子直达天际，柱子顶上有个把手。有人对我说，请爬上去。我说我不行。然后有一个人，从后面拎着我的衣服说，爬吧！我便上去了，并握住了把手。他说，请握紧把手……我醒来时，发现手握着把手。我到使者跟前，对他讲了这一事情。使者说，花园象征伊斯兰，柱子象征伊斯兰的支柱，把手是最坚固的把手，你将终生坚持伊斯兰，直至死亡。'"(4)

◈ 257.安拉是那些归信的人的保护者，他将引导他们由重重黑暗进入光明。那些隐昧者的保护者是魔鬼，它将他们从光明引入黑暗，他们是火狱的居民，将永居其中。◈

清高伟大的安拉说，他将给那些追求他喜悦的人们指引条条平安大道，他引导信士们走出怀疑和犹豫的重重黑暗，走向明确的真理之光，这道光一目了然，金光灿烂。隐昧者们的盟友是恶魔，它

---

（1）《泰伯里经注》5：417。
（2）《泰伯里经注》5：421。
（3）《泰伯里经注》5：421。
（4）《艾哈麦德按序圣训集》5：452；《布哈里圣训实录诠释——造物主的启迪》2：418、7：161；《穆斯林圣训实录》4：1930。

们为他们粉饰了今世，给蒙昧和迷误镀上一层金色的外衣，使他们远离真理，走向隐昧和谬误。"**他们是火狱的居民，将永居其中。**"经文用单数表达"**光明**"，以复数表达"**黑暗**"。因为真理只有一条，而隐昧名目繁多，充满谬误，正如安拉所言：◈的确，这就是我的正道。你们要遵循它，不要遵循（其他）许多道，以免你们从他的道上被分开。他这样忠告你们，以便你们敬畏。◈（6：153）安拉说：◈他设置了重重黑暗和光明。◈（6：1）又说：◈向右边和左边倾斜。◈（16：48）等经文的表述方法都说明真理是独一的，谬误五花八门，名目繁多。

◈ 258.你不曾注意那个人吗，因为安拉赐给他王国，而跟伊布拉欣争论他的养主？伊布拉欣说："我的主是赋予生命和死亡的。"那人说："我也赋予生命和死亡。"伊布拉欣说："安拉从东方升起太阳，请你从西方升起它。"隐昧的人就这样被弄得哑口无言。安拉不引导不义的人。◈

## 安拉的朋友伊布拉欣和奈姆鲁兹的辩论

穆佳黑德等学者认为和伊布拉欣就他的养主进行辩论的人是巴比伦国王奈姆鲁兹·本·佳南。一说是奈姆鲁兹·本·法利赫。穆佳黑德说："曾统治世界的君王有四个，两个是穆斯林，另两个是隐昧者。穆斯林君王是苏莱曼和双角王，隐昧者君王是奈姆鲁兹和白赫坦萨。"(1)安拉至知。

"你不曾注意那个人吗？"即穆罕默德啊！难道你未曾想过？"跟伊布拉欣争论他的养主"，即有关安拉的存在展开了辩论。这个暴君认为，除他之外再无受拜者。正如后来的法老对他的臣民所说：❋我不知除我以外，你们还有神。❋（28：38）促使这个暴君否认安拉，惨无人道，冥顽不化的原因仅仅是因为长期的统治使其妄自尊大。因此，经文说："因为安拉赐给他王国。"伊布拉欣号召他走向安拉时，他却要求伊布拉欣拿出安拉存在的证据。伊布拉欣说："**我的主是赋予生命和死亡的**"，即我的主存在的证据是，原本不存在的这些东西现在实实在在的存在以及它们的消失。这些都是无与伦比的创造者——安拉存在的确凿证据。因为万物不是自行产生的，它的产生不免有使它产生的生产者。这位生产者就是我号召人们崇拜的独一无偶的养主。

这时，好辩者奈姆鲁兹说："**我也赋予生命和死亡**。"格塔德、穆罕默德·本·易司哈格、赛丁伊等学者说，奈姆鲁兹的意思是：如果带来两个应该被处死的人，我可以命令杀死一人，留下另一人。这样不就是赋予生命和死亡吗？"(2)

笔者认为——安拉至知——这并不是奈姆鲁兹所要表达的意思，因为他并不能回答伊布拉欣当时提出的问题，这一行为也不足以否认造物主的存在。奈氏此举，是为了炫耀自己不可一世的地位，以便让人们误认为他就是实际的创造者，他可以让人死，也可以让人活。正如他所说：❋诸位！我不知除我以外，你们还有神。❋（28：38）因此，伊布拉欣反驳道："**安拉从东方升起太阳，请你从西方升起它**"，即如果真的如你所说你可以使死者活，活者死，那么给无生物赋予生命、使有生物丧失生命的安拉创造了万物，支配着宇宙，他让所有的星体按各自的轨道运行……他让太阳每天从东方升起——请你让太阳从西方升起吧！在铁的事实面前，奈姆鲁兹认识了自己的无能，知道自己无权拥有这种地位，因此无言以对。安拉说，"**安拉不引导不义的人**"，即安拉不会给不义者启示明证，在他们养主那里，他们的证据不堪一击。他们将遭受安拉的恼怒和严厉的惩罚。

这种注释比其他运用逻辑推理之人的注释更加贴切。伊布拉欣舍弃第一论题后，转向另一个论题是为了提出一个明证之后，提出更加明确的证据，通过两次辩论彻底揭穿了奈姆鲁兹的谎言。一切赞美和恩情都归安拉。赛丁伊说："伊布拉欣和奈姆鲁兹间的这次辩论，是伊布拉欣逃脱火刑之后发生的事情。伊布拉欣和这位暴君就是那一天相遇的，相见后他们之间就展开了辩论。"

❋259.或者拿一个人经过一个变成废墟的城镇来作比喻，他说："安拉哪能在它死去之后使它复活过来呢？"因此安拉使他死了一百年然后使他复活。他（主）说："你逗留了多久？"他说："我逗留了一日，或不到一日。"他（主）说："不然，你已逗留了一百年。"你看你的饮食，没有腐败。你看你的驴，我要以你为世人的迹象。你看骨头，我怎么配合它，怎么给它套上肉。当他明白后，他说："我知道安拉是全能于万事的。"❋

## 欧宰尔的故事

前面注释了："你不曾注意那个人吗，因为安拉赐给他权力，而跟伊布拉欣争论他的养主？"经文有力地指出，你曾见过关于安拉的存在和伊布拉欣展开辩论的人吗？所以这里又提到："**或者拿一个人经过一个变成废墟的城镇来作比喻**。"阿里、伊本·阿拔斯、哈桑、格塔德、伊本·艾布·哈亭等人认为，这个人指欧宰尔。(3)穆佳黑德说："他是一位古以色列人。"城镇则是众所周知的圣城固都斯。他经过了被白赫坦萨毁灭的这座城时，看到城中的居民都被这个暴君所杀。

"**变成废墟的**"，即城中空无一人，颓垣断壁，满目疮痍。当他看到这座辉煌一世的城市落得如此境地，不禁驻足参悟，说："**安拉哪能在它死去之后使它复活过来呢？**"因为他曾目睹这座城市的繁华，现在见到眼前的凄凉，认为恢复往日的面貌是不可思议的。安拉说："**因此安拉使他死了一百年然后使他复活。**"在欧宰尔去世七十年之后，这座城得以重建，其居民又多了起来，以色列人又回到该城。这时，安拉又复活了他。首先复活他的两眼，以便让它看看安拉怎么复活他的身体。当他恢复成一个完整的人时，安拉通过天使问他说："'你逗留了多久？'他说：'我逗留了一日，或不到一日。'"学者们说，其中原因是他死

---

（1）《泰伯里经注》5：433。
（2）《泰伯里经注》5、433、436、437。

（3）《哈提姆经注》3：1009、1010；《泰伯里经注》5：439、440。

于上午，复活时正值下午。当他看到太阳时，还以为这是当日（他死去那日）的太阳，所以说："我逗留了一日，或不到一日。他（主）说：'不然，你已逗留了一百年。'你看你的饮食，没有腐败。"因为当初他带有一些葡萄、无花果和果汁，他发现它们没有腐烂，也没有变质。

"你看你的驴"，即你看看安拉怎样复活它。

"我要以你为世人的迹象。"使你成为复生必然发生的证据。

"你看骨头，我怎么配合它"，即我使骨头凸出来，让它相互配合。哈肯传述说，安拉的使者㉖就是这样读的。"[1]有人将"配合"（نشرها）一词读成"复活"（نشرها）。[2]

"怎么给它套上肉"，赛丁伊等学者说，当时驴的骨头散落在地上，欧宰尔只看到一堆白骨。这时安拉让一阵风刮来，将散落在地上的骨头聚集到一起，将每块骨头恢复到它原来的位置，一头完整的驴骨架就立在了欧宰尔的面前。后来安拉给这个骨架配合了肌肉、神经、血脉和皮肤，然后派来一位天使，给它吹入灵魂，这头驴便放声嘶鸣。这一切都发生在欧宰尔眼前。他顿时恍然大悟，[3]说：

"他说：'我知道安拉是全能于万事的。'"即我知道了这一切的复生，因为我亲眼看到了它，在这个时代，我最清楚它。还有一些学者以命令式来读这节经文，即"须知，安拉是全能于万事的。"

⚜ 260.当时，伊布拉欣说："我的养主啊！请让我看看你怎么给一些无生物赋予生命？"安拉说："你没有归信吗？"他说："不，以便让我放心。"安拉说："你拿四只鸟，让它们趋向你。在每座山上放它们中的一部分，然后，你呼唤它们，它们就会匆匆来到你的跟前。"须知，安拉是优胜的，是明哲的。⚜

### 安拉的朋友伊布拉欣请求安拉，让他看看安拉怎么复活没有生命的东西

学者们提到了伊布拉欣向安拉提出这一请求的许多原因。原因之一是他曾对奈姆鲁兹说："我的主是赋予生命和死亡的。"所以他想让坚定不移的信念，转变成明明白白的事实，同时让他目睹这一切。所以他说："我的养主啊！请让我看看你怎么给一些无生物赋予生命？安拉说：'你没有归信吗？'他说：'不，以便让我放心。'"根据艾

---

(1)《哈肯圣训遗补》2：234。
(2)《泰伯里经注》5：476。
(3)《泰伯里经注》5：468。

布·胡莱赖所传述的圣训，其真实意义应该是：我们更应该争取坚定的信念。这段圣训是：安拉的使者㉖说："我们比伊布拉欣更可能产生怀疑，当时，伊布拉欣说：'我的养主啊！请让我看看你是怎么给无生物赐给生命的。'安拉说：'难道你没有归信吗？'伊布拉欣说：'我虽归信了，但我想让我的心稳定下来。'"[4]其意思是我们更应该去追求坚定的信念。

### 应答伊布拉欣的请求

"安拉说：'你拿四只鸟，让它们趋向你。'"经注学家们对这四只鸟有不同的解释，其实这种争论毫无意义，假若它是个有意义的问题，《古兰》一定会指明它。

"让它们趋向你"，伊本·阿拔斯、艾克莱麦、赛尔德·本·朱拜尔、哈桑、艾布·马立克等人解释说，请你捣碎它们。[5]他们说，伊布拉欣宰了四只鸟，拔去羽毛，捣碎了它们，然后又将它们混合到一起，最后再分成几部分，将每一部分放

---

(4)《布哈里圣训实录诠释——造物主的启迪》8：49。
(5)《哈提姆经注》3：1039、1040。

到一座山上，有人说放到了四座山上。也有人说放到了七座山上。伊本·阿拔斯说："然后，安拉命令伊布拉欣将这些鸟的头拿在手中，高呼被肢解的鸟儿。当他按安拉的要求呼唤时，看到羽毛飞向羽毛，血液飞向血液，肉飞向肉，每只鸟身上的肢体都飞到一起连接起来，变成了完整的一只鸟，它们匆匆向伊布拉欣走来，以便让他清楚地看到他的请求所得到的答案。鸟儿们走近伊布拉欣索取自己的头，当伊布拉欣把一只鸟儿的头递给另一只鸟时，它拒绝接受，当得到自己的头时，它们就凭安拉的能力配合起来。"(1)因此，他说："**须知，安拉是优胜的，是明哲的**"，即他是强大无比的，任何事物都不可能阻止他，他所意欲的事情终究会发生，万物都受制于他，他的语言、行为、法律和决定都是精确无误的。

"**以便让我放心。**"伊本·阿拔斯说，在我看来，《古兰》中没有比这句经文更给人带来希望的经文。(2)伊本·阿拔斯问伊本·阿慕尔："《古兰》中哪段经文最能给你带来希望？"后者回答说：《你说："我的对自己过分的众仆啊！你们不要对安拉的慈悯绝望。》（39：53）伊本·阿拔斯说，但我认为是："当时，伊布拉欣说：'我的养主啊！请让我看看你怎么给一些无生物赋予生命？'安拉说：'你没有归信吗？'他说：'不'。"安拉情愿听伊布拉欣说："'不'。"伊本·阿拔斯说："这是经恶魔教唆后的一种心理反映。"(3)

《261.为主道奉献财产的人，（其所奉献的）就像一粒种子，它长出七个穗子，每个穗子中有一百个谷粒。安拉加倍地报酬他所欲之人，安拉是宽大的，全知的。》

### 为主道奉献者的报酬

安拉举例说明，他将加倍报酬那些追求他的喜悦，为他的道路花费财产的人。他们所干的一件善事，将获得十倍到七百倍的报酬。"**为主道奉献财产的人**"，赛尔德解释为：为了顺从安拉而花费财产的人。(4)麦克胡力说，经文指为奋战而花费财产，比如准备马匹和武器等。(5)这种举例方法，在人的心目中产生的影响，比用数字表达的概念更加深刻。其中指出，安拉将使清廉者的善功成倍增长，正如农民撒在良田中的种子成倍增长那样。也有圣训提到，安拉将使一件善功增长七百倍。有人将一峰带着鼻圈的骆驼奉献给主道，安拉的使者因此说："它将在末日带来七百峰骆驼。"(6)穆斯林传述，有人带来一峰带着鼻圈的骆驼后说："安拉的使者啊！这是（我）为主道奉献的。"使者说："末日，你将因此而得到七百峰骆驼。"(7)

使者又说："人类的每件工作都会得到加倍的报酬，一件善功将得到十倍、七百倍以及安拉所意欲的（无穷尽的）报酬。安拉说：'除非斋戒，它属于我，我将报酬斋戒者，他为我停止了吃喝，克制了欲望。封斋的人有两次欢乐：一次在开斋时，另一次在见到他的养主时。在安拉看来，斋戒者口中的异味比麝香的气味更美。斋戒是盾牌，斋戒是盾牌。'"(8)

"**安拉加倍地报酬他所欲之人**"，即安拉将根据行善者的虔诚程度奖励他。

"**安拉是宽大的，全知的**"，即安拉的恩泽是浩荡的，涵盖了一切被造物。安拉也知道谁应该得到奖励，谁不应该得到奖励。赞美安拉，一切赞美全归安拉。

《262.为主道奉献财产，在花费财产之后不标榜，不伤害（受惠者）的人，他们在养主那里，享有他们的报酬，他们无惧无愁。》

《263.优美的言辞和宽恕，比施舍之后加以伤害更好。安拉是无求的，宽容的。》

《264.有正信的人们啊！你们不要由于标榜和伤害使你们的善功徒劳无益。像为了沽名钓誉而花费财产，既不信安拉，也不信末日的人那样。他就像一块顽石，在它上面有一些尘土，暴雨落在它上面，使它变得又光又滑。他们将徒劳无益。安拉不引导不信的民众。》

### 禁止施舍财产者自我标榜或伤害受惠人

安拉表扬那些在主道上花费财产的人，他们从不为自己的善举在受惠人面前标榜自己，也不在任何人面前通过语言或行为自我炫耀。

"**不伤害**"，即他们不做令受惠人感到反感的事情，否则，他们以往的善行将会徒劳无益。安拉给这种人预许了巨大的报酬。

"**他们在养主那里，享有他们的报酬**"，即负责报酬他们的，是独一的安拉，而不是任何人。

---

(1)《格尔特宾教律》3：300。
(2)《泰伯里经注》5：489。
(3)《哈提姆经注》3：1032；《哈肯圣训遗补》4：260。
(4)《哈提姆经注》3：1047。
(5)《哈提姆经注》3：1047。
(6)《艾哈麦德按序圣训集》4：121。
(7)《穆斯林圣训实录》3：1505；《圣训大集》6：49。
(8)《艾哈麦德按序圣训集》2：443；《穆斯林圣训实录》2：807。

"他们无惧。"将来的惩罚不会令他们感到害怕。

"无愁。"他们不会担心身后子孙的命运，也不为失去往日的生活和享受感到伤神或遗憾。因为他们迎来了更美好的结局。

"优美的言辞"，即有礼貌的言辞和对穆斯林良好的祝愿。

"宽恕"，即恕饶或原谅他人所带来的言行方面的伤害。

上述行为"比施舍之后加以伤害更好。"

"安拉是无求的"，即安拉无求于他的被造物。

"宽容的"，即安拉将宽待他们，恕饶他们。

禁止施舍的人自我炫耀或伤害受惠人的圣训很多，正如安拉的使者㊊说："安拉在末日不和三种人说话，不理睬他们，也不净化他们，他们将受重大的惩罚，（他们是）施舍后自我标榜的人，裤子长过踝骨的人，通过发假誓推销商品的人。"(1)

因此，清高伟大的安拉说："有正信的人们啊！你们不要由于标榜和伤害使你们的善功徒劳无益。"指出标榜和伤害会使善功失去意义，从而使人得不到应有的报酬。

然后说："像为了沽名钓誉而花费财产……的人。"即你们不要因为示惠和伤害而使你们的施舍失去意义。正如沽名钓誉的人的施舍徒有虚名，表面上看，他在追求安拉的报酬，其实他的目的是得到人们的表扬、感谢或现世的其他物质收益，而不考虑安拉怎么对待他，也不追求安拉的喜悦和优厚的报酬。因此，经文说他们"既不信安拉，也不信末日"。

安拉为沽名钓誉地花费财产者打了一个比方，端哈克说，安拉为施舍财产后自我标榜的和伤害受惠者的人打了比方。说"他就像一块顽石"。经文中的"顽石"一词是复数，也有人认为它是单数，即光滑的石头。(2)

"在它上面有一些尘土，暴雨落在它上面。""暴雨"指倾盆大雨，"使它变得又光又滑"，暴雨将石头冲刷得干干净净。沽名钓誉者的工作就是这样，它们将在安拉跟前烟飞云散，丝毫不留。哪怕在人们眼中它多如黄土。

因此，清高伟大的安拉说："他们将徒劳无益。安拉不引导不信的民众。"

 ❦ 265. 那些为了寻求安拉的喜悦和出于自身信念而花费他们财产的人，就像一个高地上的园林，大雨降临于它，因而产生了双倍的果实。它若得不到大雨，就会得到小雨。安拉观看着你们的行为。❧

这是花费财产追求安拉喜悦的人们的例子。

"出于自身信念"，他们坚信安拉将赐给他们最充分的报酬。下列圣训的意义和这段经文非常接近："谁出于信仰和追求报酬，而封了莱麦丹月的斋……"即归信安拉规定的斋戒，并通过封斋向安拉要求报酬。(3)

"就像一个高地上的园林"，即他就像处于高地的一个园林。学者们认为，"高地"指高出一般地面的平地。伊本·阿拔斯和端哈克说："这块平地上流淌着一些河流。"(4)

"大雨降临于它"，如前所述，倾盆大雨降于这座园林。

"因而产生了双倍的果实"，产生的果实比其他园林的果实多两倍。"它若得不到大雨，就会得到小雨"。端哈克说，"小雨"指毛毛细雨。高地上的这座园林从来不遭受旱灾，无论降雨量如何，

---

(1)《穆斯林圣训实录》1：102。
(2)《泰伯里经注》5：527。
(3)《布哈里圣训实录诠释——造物主的启迪》4：300。
(4)《泰伯里经注》5：539。

它都会结出足够的果实。穆民的工作，蒙安拉接受后就是这样，永不毁坏，将成倍增长。每个行善者都会如愿以偿。因此，安拉说："**安拉观看着你们的行为。**"他对仆人的工作是全观的。

❧ 266.**你们当中有人希望得到枣树园和葡萄园，它之下有一些河流淌过，他在其中享有各种果实。在他年迈时，他的子女还是幼弱的，这时，一阵带火的飓风袭击了园林，烧毁了它吗？安拉就这样为你们阐明他的迹象，以便你们参悟。**❧

### 善功因为罪恶而消失的例子

欧麦尔有一天问一些圣门弟子："'**你们当中有人希望得到枣树园和葡萄园**'这段经文是为谁而降示的？"众人说："安拉至知。"欧麦尔听后生气了，说："你们若知道就说知道，不知道就说不知道。"伊本·阿拔斯说："信士的长官啊！我对它略有所知。"欧麦尔说："侄儿啊，请讲吧，不要轻视自己。"伊本·阿拔斯说："它是为了给一种工作举例子。"欧麦尔说："什么工作？"伊本·阿拔斯说："曾有个富翁，他一直为安拉行善，后来安拉派来一个魔鬼（考验他），他便开始犯罪，直到他的罪恶和他的善功全部失去。"[1]

上述圣训已经充分阐明了经文的意义，讲述了一个经不住考验的人的例子，他从行善走向作恶，以致倒行逆施，使所做的一切善功化为灰烬。他在最困难、最窘迫、最需要以前的善功给他带来一些益处的时刻，却发现那些善功已经化为烟云。求安拉使我们远离这种丑恶的结局。因此，安拉说："**在他年迈时，他的子女还是幼弱的，这时，一阵带火的飓风袭击了园林，烧毁了它吗？**"即园林的果实被烧毁，果树被连根拔起。有比这更凄惨的境况吗？

伊本·阿拔斯说："安拉举了一个美好的例子，安拉的例子都是优美的。安拉说：'**你们当中有人希望得到枣树园和葡萄园，它之下有一些河流淌过，他在其中享有各种果实。**'在那人年迈时，安拉毁灭了他的园林。'**在他年迈时**'，他到晚年时，他的儿女都很幼弱，这时一阵带火的飓风刮过，烧毁了园林。他已经失去重建家园的力量，他的子女们陷入了困境。在末日，隐昧者见到安拉时的情况就是如此，那时发现自己没有为自己做一件善功，因而受到了谴责，正如那个老人没有能力再建家园。他发现自己没有为自己储备有益的东西，正如那个老人，子孙对他爱莫能助。在他最需要的时刻发现自己的工作徒劳无益，正如那位老人在最困难的时刻失去了家园。"[2]

安拉的使者㊣祈祷说："我的主啊！求你在我年迈寿终之时，赐给我最宽裕的给养。"[3]因此，经文说："**安拉就这样为你们阐明他的迹象，以便你们参悟**"，即你们参考并理解这些例子及其精神，并按其含义理解这些例子。正如安拉所言：❧**那是一些例子，我为世人举出它们，但只有有知者才能领悟它们。**❧（29∶43）

❧ 267.**有正信的人们啊！你们当施舍我赐给你们的美品和我为你们从地下取出的。你们不要择取那除非闭着眼睛，连你们自己也不愿拿的劣质东西。你们应当知道安拉是无求的，可颂的。**❧

❧ 268.**恶魔以贫穷恐吓你们，以丑事命令你们；安拉给你们许诺来自他的赦宥和恩惠。安拉是宽大的，全知的。**❧

❧ 269.**他将智慧给予他所欲之人，谁获得智慧，谁确已得到许多福利。只有理智的人，才会觉悟。**❧

### 鼓励为主道奉献纯洁的财产

安拉命令穆民们施舍财产。伊本·阿拔斯说："你们当花费你们劳动得来的佳美财产以及他为你们从大地中长出的果实和庄稼。"他又说："安拉命令你们花费最佳美、最昂贵和最好的物品。他禁止你们花费劣质和非诚实所得的。安拉是美好的，他只接受美好的。"因此，安拉说："**你们不要择取劣质东西**"，即不要企图施舍不好的东西。

"**连你们自己也不愿拿的**"，即倘若别人送给你们同样的物品时，你们不愿接受它，除非闭着眼睛，勉勉强强。安拉不需要你们为他做任何事，所以你们不要将自己憎恶的东西交给安拉。有人说经文的意义是："你们不要放弃合法财产，而去追求非法财产，然后花费它。"

"**有正信的人们啊！你们当施舍我赐给你们的美品和我为你们从地下取出的。你们不要择取那除非闭着眼睛，连你们自己也不愿拿的劣质东西。**"伊本·哲利尔说，这段经文是为一些辅士降示的，他们从枣园中摘下一串串碎小的椰枣，将它挂在圣寺的两根柱子之间的绳子上，让迁士中的一些穷人食用。有些人还将劣质椰枣混到好枣当中，不以为然。后来安拉为他们降示了"你们不要择取

---
[1]《布哈里圣训实录诠释——造物主的启迪》8∶49。
[2]《哈提姆经注》3∶1074。
[3]《哈肯圣训遗补》1∶542。

劣质东西。"[1]

"除非闭着眼睛，连你们自己也不愿拿的劣质东西。"伊本·阿拔斯说："倘若某人欠他们的东西，而此人带来次一些的东西时，他们往往挑三拣四，不会心甘情愿地接受它。"因此经文说："**除非闭着眼睛，连你们自己也不愿拿的劣质东西。**"我赐给你们最宝贵、最昂贵的东西，但你们怎么情愿让我得到你们自己不愿得到的东西呢？伊本·哲利尔接着念道：《除非你们献出你们所喜爱的，你们绝不会达到正义。》（3：92）[2]

"你们应当知道安拉是无求的，可颂的。"虽然安拉命令你们施舍佳美的财产，但他是无求的，他这样命令，是为了消除贫富差距。正如他说的：《它的肉和它的血都不到达安拉，只有你们的敬畏才能到达他。》（22：37）安拉无求于一切被造物，但万物都需要他，他的恩惠是宽宏的，他那里的财富永不枯竭。谁若施舍了自己劳动挣来的佳美物品，谁就应该知道安拉是无求的、慷慨的，安拉的恩惠是宽大的，安拉将加倍奖励他的仆人，安拉的财富是无限的，他是不会亏人的。是"**可颂的**"即无论在言行方面，还是在法律的制定方面，安拉都是可颂的。应受拜者，惟有安拉，只有他是养育者。

### 在施舍财产时恶魔的教唆

"恶魔以贫穷恐吓你们，以丑事命令你们；安拉给你们许诺来自他的赦宥和恩惠。安拉是宽大的，全知的。"安拉的使者㊨说："恶魔在教唆人类，天使在鼓励人类。恶魔用贫穷恐吓人，让人否认真理；天使给人许诺美好，让人相信真理。谁碰到这种情况，谁就应该知道，后者来自安拉，所以让他赞美安拉。前者来自（恶魔），让他求安拉保护他免遭恶魔的伤害。"然后先知读了下列经文："恶魔以贫穷恐吓你们，以丑事命令你们；安拉给你们许诺来自他的赦宥和恩惠。"[3]

"恶魔以贫穷恐吓你们"，即恶魔以贫穷威胁你们，以便你们留守手中的财产，不为追求安拉的喜悦而花费它。

"以丑事命令你们"，即恶魔禁止你们花费财产，让你们害怕贫穷，命令你们干各种罪恶和非法事务及离经叛道。

"安拉给你们许诺来自他的赦宥"，即恶魔命令你们干丑事，安拉命令你们反抗恶魔的干扰。

"恩惠"，安拉以恶魔所恫吓的贫穷的反面来对待你们。"安拉是宽大的，全知的"。

### "智慧"的意义

"他将智慧给予他所欲之人。"伊本·阿拔斯说，"智慧"指理解《古兰》及革止的经文，被革止的经文，义理分明的经文，义理深奥的经文，提前的经文，退后的经文，经中制定的合法和非法以及其中的比喻等。[4]

穆圣㊨说："只有两种人值得羡慕，一种人安拉赐他财产，并致使他为真理而消费它；一种人安拉赐他智慧，他借智慧判决事务，并给别人教授它。"[5]

"只有理智的人，才会觉悟。"即只有那些有心智、有才华的人，才会引以为鉴，并觉悟，从而理解安拉的呼吁和言语。

《270. 凡你们施舍的花费，凡你们发的誓愿，

---

（1）《泰伯里经注》5：559。
（2）《哈提姆经注》3：1088；《泰伯里经注》5：565。
（3）《哈提姆经注》3：1090；《提尔密济圣训全集诠释》8：332；《圣训大集》6：305。
（4）《泰伯里经注》5：576。
（5）《艾哈麦德按序圣训集》1：432；《布哈里圣训实录诠释——造物主的启迪》1：199；《穆斯林圣训实录》1：559；《圣训大集》3：426；《伊本·马哲圣训集》2：1407。

安拉都知道它。不义的人，没有任何援助者。❩

❨271.如果你们公开施舍，那太好了。如果你们隐密它，将它给予贫穷的人，则对你们更好。这将抵消你们的一些罪过。安拉是彻知你们的作为的。❩

清高伟大的安拉说，他知道人们所干的一切善功，无论它是施舍，还是誓愿。经文从另一角度暗示：谁为追求安拉的喜悦和许诺而工作，谁就会得到最充分的回报。谁若不但拒绝善功，而且违反安拉的命令，否认安拉的信息，舍安拉而拜伪神，谁就面临着来自安拉的警告。所以经文说："不义的人，没有任何援助者"，即在末日没有人从安拉的惩罚上拯救他们。

## 公开施舍和秘密施舍的贵重

"如果你们公开施舍，那太好了。"在公开场合施舍，是非常优美的举止。

"如果你们隐密它，将它给予贫穷的人，则对你们更好。"这段经文证明，秘密施舍比公开施舍更优越，因为它更能使人避免沽名钓誉。但公开施舍往往能带来一系列的益处，譬如引导他人效仿。从这种角度讲，公开施舍是更好的。安拉的使者㊣说："公开（高声）诵读《古兰》的人如同公开施舍的人，秘密（低声）诵读《古兰》的人如同秘密施舍的人。"[1]从根本上讲，秘密的善功是更好的。安拉的使者㊣说："七种人，在只有安拉拥有荫凉的日子，安拉给他们遮荫，（他们是）公正的领袖；崇拜安拉中长大的青年；为安拉而相互喜悦的两个人，他们为安拉而聚合，为安拉而分手；离开清真寺后在回寺之前一直牵挂清真寺的人；独自记念安拉，流下眼泪的人；一位有地位的美女勾引他，而他说'我害怕安拉——众世界的养主'的人；秘密施舍财产，左手不知右手所施舍财物的人。"[2]

"这将抵消你们的一些罪过"，即安拉将因为你们的施舍而消除你们的一些罪过。尤其秘密的施舍，将会升高你们的品级，抵消你们的罪恶。

"安拉是彻知你们的作为的。"任何善功都在安拉洞察之中，安拉将因此而报酬你们。

❨272.你无法引导他们，但安拉引导他所欲之人。无论你们施舍什么美好的，都有益于你们自己。你们只应为追求安拉的喜悦而花费。你们无论花费什么美好的，都将被全部回赐你们，你们不会被亏待。❩

❨273.（施舍）属于那些在主道上被困的穷人，他们不能在大地上旅行。不知道的人因为他们的安分，而以为他们是富裕的。你可以通过他们的举止认识他们。他们不会不依不休地向人乞求。无论你们花费什么美好的，安拉都知道它。❩

❨274.白天和夜晚秘密或公开施舍财产的人，在他们的养主那里，他们有他们的报酬，他们将无惧无忧。❩

## 对多神教徒的施舍

伊本·阿拔斯传述，圣门弟子们曾不愿对他们的多神教徒亲属施舍财产，他们请教这一问题后，经文许可他们对多神教徒施舍。下列经文就是因此而降示的："你无法引导他们，但安拉引导他所欲之人。无论你们施舍什么美好的，都有益于你们自己。你们只应为追求安拉的喜悦而花费。你们无论花费什么美好的，都将被全部回赐你们，你们不会被亏待。"[3]

"无论你们施舍什么美好的，都有益于你们自己。"类似于"谁做善功，就有益于谁。"《古兰》中类似的经文很多。

"你们只应为追求安拉的喜悦而花费。"哈桑·巴士里说："穆民的花费有利于他自己。穆民花费时，只应为安拉而花费。"[4]

阿塔说："经义是你只要为安拉的喜悦而花费，就不必在乎结果。"[5]

概言之，当一个人为追求安拉的喜悦而花费时，他肯定会在安拉那里得到他的报酬，而不必要考虑受益者是好人还是坏人，是应受对象还是非应受对象。他终究会因自己的意图而得到回赐。其中的根据是下列经文："你们无论花费什么美好的，都将被全部回赐你们，你们不会被亏待。"还有下列圣训，安拉的使者㊣说："某人说：'今晚我要施舍。'后来他取出施舍品放在淫妇手中。人们早上议论：淫妇得到了施舍品。那人叹说：'我的主啊！一切赞美归于你，竟然给淫妇了。我今晚再施舍一次。'他又取出施舍品放到富翁手中。早上人们议论：'富翁获得了施舍。'那人再次叹道：'我的主啊！一切赞美归于你，又给富翁了。我今晚还要施舍一次。'他便取出施舍品，却放到小偷手中。早上人们议论：小偷获得了施舍。那人自怨

---

(1)《艾布·达乌德圣训集》2：83。
(2)《布哈里圣训实录诠释——造物主的启迪》3：344；《穆斯林圣训实录》2：715。
(3)《圣训大集》6：305。
(4)《哈提姆经注》3：1115。
(5)《哈提姆经注》3：1115。

自艾道：'我的主啊！一切赞美归于你，我竟然为淫妇、富翁和小偷进行了施舍。'后来，有（天使）在梦中对他说：'你的施舍被接受了。淫妇或许因此而不再淫乱；富翁或许因此而觉悟，然后花费安拉赐给他的财产；小偷或许因此而不再偷盗。'"[1]

### 最有权获得施舍的人

"**属于那些在主道上被困的穷人**"，即那些投奔安拉和使者、迁徙麦地那的迁士们，他们没有谋生的手段供养自己和家人。

"**他们不能在大地上旅行**"，即出门谋生。安拉说：《你们在大地上旅行时，若担心隐昧者迫害你们，则无妨缩短礼拜。》（4：101）《他知道你们当中将会有病人，和其他在大地上寻求安拉的恩典而奔波的人，还有另一些在主道上战斗的人。》（73：20）

"**不知道的人因为他们的安分，而以为他们是富裕的。**"这些迁士虽然非常贫穷，但对他们的情况不了解的人们，从他们安分的着装和言谈中，看不出他们的真实情况。下列圣训与这段经文意义相近：安拉的使者☪说："赤贫者不是为了一两只椰枣、一两口吃的或一两顿食物而来来往往的人。赤贫者是没法养活自己，而又不被人知道，得不到施舍，也不向人讨要的人。"[2]

"**你可以通过他们的举止认识他们**"，即有心的人们可以通过一些微妙的现象，了解他们的情况。正如安拉所提示的：《在他们的脸上，因为叩头的影响，而留有特征。》（48：29）《你必定也能从他们的谈吐中认出他们。》（47：30）

"**他们不会不依不休地向人乞求。**"在向人提出要求时，他们不会不依不罢地要求需要之外的东西。在不必要的情况下向人讨要的人，是"**不依不休**"的乞讨者。艾布·赛尔德说："我的母亲派我到先知跟前讨要，我到先知跟前后坐了下来。没等我说话，先知就说道：'谁希望无求于人，安拉就会让谁富裕；谁希望安分，安拉就会使谁安分；谁在手头有几个欧基亚的情况下向人乞求，他确实不依不休了。'我听后说：'我的宝驼比几个欧基亚更好。'我没有讨要就回去了。"[3]

"**无论你们花费什么美好的，安拉都知道它。**"艾布·达乌德等说："任何事务都不对安拉

隐藏，安拉将在末日人类最困难的时刻，给予他们最充分的报酬。"

### 表扬施舍的人

"**白天和夜晚秘密或公开施舍财产的人，在他们的养主那里，他们有他们的报酬，他们将无惧无忧。**"这是安拉对那些在他的道路上为了追求他的喜悦，在白天和夜晚中的任何时刻，在公开和秘密的任何情况下施舍财产的人们的表扬。对家人花费财产的人也在此列。解放麦加之年（一说辞朝之年），安拉的使者☪探望生病的赛尔德·本·宛葛思时说："只要你为追求安拉的喜悦而花费一笔财产，你就会因此而被提高一个品级和地位。"[4]

穆圣☪说："穆斯林为了追求安拉的喜悦，而对家人的花费，是他的施舍。"[5]

"**在他们的养主那里，他们有他们的报酬**"，即末日他们将按照自己所花费的财产获得报酬。

---

（1）《布哈里圣训实录诠释——造物主的启迪》3：340；《穆斯林圣训实录》2：709。
（2）《布哈里圣训实录诠释——造物主的启迪》3：399；《艾哈麦德按序圣训集》1：384。
（3）《艾哈麦德按序圣训集》3：9；《艾布·达乌德圣训集》2：279；《奈萨伊圣训集》5：95。

（4）《布哈里圣训实录诠释——造物主的启迪》3：196；《穆斯林圣训实录》4：1250。
（5）《布哈里圣训实录诠释——造物主的启迪》1：55；《穆斯林圣训实录》2：695；《艾哈麦德按序圣训集》4：122。

"他们将无惧无忧。"前面已经解释了类似经文。

❦ 275.吃利息的人,就像中了魔一样,疯疯癫癫地站起来。这是因为他们说:"贸易就像利息。"安拉将贸易定为合法,将利息定为非法。蒙主劝诫后停止的人,将既往不咎。他的事归安拉。重犯的人,是火狱的同伴,他们将永居其中。❧

## 驳斥吃利息

安拉首先讲述了那些善良的人们,他们花费财产、缴纳天课、在各种情况下善待需求者和亲属。然后讲述吃利息或以各种手段侵吞他人财产的人,他们从坟墓中被复生起来时将发生的各种情景,说:"**吃利息的人,就像中了魔一样,疯疯癫癫地站起来**",即在末日他们只能跌跌撞撞地,像中了魔一样从坟墓中站起来。换言之,他们的样子非常令人憎恶。伊本·阿拔斯说:"吃利息的人在末日将以窒息的疯子一样被复活。"[1] 布哈里在一段有关长梦的圣训中说:"我们(穆圣☪和天使)来到一条河边——我估计穆圣☪说了这话:那条河像鲜血一样红,忽然发现河中有人在游泳,河的另一端还有一个人,他在身边聚积了许多石头,游泳者游到聚积石头的人旁边就张开嘴巴,那人便把一块石头喂到他的嘴里。"最后释梦时,先知说,此人就是吃利息的人。[2]

"**这是因为他们说:'贸易就像利息'**",即他们借此吃利息,从而抗拒安拉的法律,而不是因为他们把利息比作了贸易,因为多神教徒不承认安拉在《古兰》中制定的贸易原则。假若他们犯罪的原因正如上面的分析,他们一定会说:"利息就像贸易。"而他们说的是"**贸易就像利息**",即贸易类似于利息,为什么利息被定为非法,而贸易被定为合法?他们会这样轻蔑地问。

这是他们对教法的抗拒,即他们认为合法与非法是一样的,但安拉将一个定为非法,将另一个定为了合法。

"**安拉将贸易定为合法,将利息定为非法。**"或许这是对他们最有力的反驳。即虽然他们知道安拉划清了合法与非法的界限,但他们还是进行了狡辩。他们也知道安拉是全知的,明哲的,任何人无法指责安拉的判决,任何人无权过问安拉的行为,而人类的行为将受到审问。……安拉知道一切事务的本质和利益,允许对人类有益的,禁止对他们有害的,安拉对人类的爱护超过了母亲对子女的爱护。

"**蒙主劝诫后停止的人,将既往不咎。他的事归安拉。**"谁若在听到安拉禁止利息的命令后立即停止利息行为,谁以前的行为不再受到责问。因为安拉说:❦ **安拉不咎既往。**❧(5:95)正如安拉的使者☪在解放麦加之日说:"蒙昧时代的一切利息都被废弃在我这两只脚下。我最先废弃的是阿拔斯的利息。"[3] 经文没有命令交回蒙昧时代通过利息交易得来的利润,而说了既往不咎。正如安拉所言:"**将既往不咎。他的事归安拉。**"赛尔德等说:"他可以使用禁止利息之前(通过利息)所得的利润。"[4]

"**重犯的人**",即再次吃利息的人。铁证如山,利息被明确禁止之后顶风作案的人,应该受到惩罚。因此安拉说:"**是火狱的同伴,他们将永居其中。**"

艾布·达乌德传述:"'**吃利息的人,就像中了魔一样,疯疯癫癫地站起来**'降示后,安拉的使者☪说:'谁没有放弃穆哈白勒[5],就让谁留意安拉及其使者的宣战。'"[6]

圣训还禁止"穆杂白奈",它是用地上的熟枣换树上的生枣。

禁止"穆哈格奈",即用地上的麦子换取麦穗中的麦子。

类似的交易都被视为利息而加以禁止,因为人们无法知道双方的交易(湿的和干的,生的和熟的)是否平等。

对许多学者来说,利息是最复杂的问题之一。信士的长官欧麦尔曾说了三次:"我希望安拉的使者☪给我们订立一个明确的章程,让我们坚定不移地遵循它。(希望他对我们阐明)祖父和孤寡(的继承问题)以及有关利息的一些学问。"[7] 即希望使者阐明一些带有利息性质的问题。教法认为,使人达到非法目的的一切手段,也是非法的。因为导致非法的事务就是非法,犹如完成主命时所必须的途径也属于主命一样。

安拉的使者☪说:"合法是明确的,非法也是明确的,二者间有一些模棱两可的事务,谁远离了它们,他就为他的宗教和名誉的清白付出了努力。谁进入到了这些事务当中,他就落入了禁地。他就像在禁地周围的牧羊者,不知不觉中就会进入禁区

---

(1)《泰伯里经注》6:9;《哈提姆经注》3:1130、1131。
(2)《布哈里圣训实录诠释——造物主的启迪》3:295。
(3)《艾布·达乌德圣训集》3:628。
(4)《哈提姆经注》3:1135。
(5)收取实物地租,出租耕地。——译者注
(6)《艾布·达乌德圣训集》3:695;《哈肯圣训遗补》2:285。
(7)《布哈里圣训实录诠释——造物主的启迪》10:48;《穆斯林圣训实录》4:2322。

放牧。"(1)

穆圣🕋说:"请放弃令你怀疑的,去做你确信的。"(2)

欧麦尔说:"利息的经文是最后降示的经文之一,安拉的使者🕋为我们解释它之前就归真了,请你们放弃利息和疑似利息的事情。"(3)

安拉的使者🕋说:"利息有七十件罪孽,其中最轻的也等同于一个人和他的母亲乱伦。"(4)

因此,导致非法的事务也被定为非法。阿伊莎传述说:"有关利息的经文在《黄牛章》末降示时,安拉的使者🕋到清真寺宣读了它,后来他禁止了有关酒的交易。"(5)

安拉的使者🕋说:"愿安拉诅咒犹太人,脂肪对他们是非法的,但他们却溶化它后去卖,并享用它的价值。"(6)

另一段圣训说:"愿安拉诅咒吃利息的人,委托它的人,它的两个见证人和书写它(的契约)的人。"(7) 学者们说,犯罪分子们只有以合法交易的形式包装利息的时候,才会为它寻找证人,书写契约。事实上这是一种冠冕堂皇的丑恶交易。我们应该看事物的本质,不应只看它的现象,因为一切工作都取决于举意。

◈ 276.安拉消除利息,而使施舍增长。安拉不喜悦一切负恩者和犯罪者。◈

◈ 277.那些归信、行善、礼拜和纳天课的人,他们将在养主那里,获得他们的回赐。他们将无惧无忧。◈

### 利息中没有福分、祥瑞

清高伟大的安拉说,他将消除利息,或让利息持有者的财产完全损失,或取消他的财产的吉庆,使这种财产在他的手中失去意义,甚至给他在今世中带来麻烦,在后世招来惩罚。正如安拉说的:

---
(1)《布哈里圣训实录诠释——造物主的启迪》1:153;《穆斯林圣训实录》3:1219。
(2)《提尔密济圣训全集诠释》7:221;《圣训大集》8:328。
(3)《艾哈麦德按序圣训集》1:36;《伊本·马哲圣训集》2276。
(4)《伊本·马哲圣训集》2:764。
(5)《艾哈麦德按序圣训集》6:46;《布哈里圣训实录诠释——造物主的启迪》8:51;《穆斯林圣训实录》3:1206;《艾布·达乌德圣训集》3:759;《圣训大集》6:306;《伊本·马哲圣训集》2:1122。
(6)《布哈里圣训实录诠释——造物主的启迪》6:572;《穆斯林圣训实录》3:1207。
(7)《穆斯林圣训实录》3:121。

◈ 即使污秽多得令你惊奇,但好坏是不相等的。◈(5:100)◈ 以便安拉区分龌龊的和美好的。他将把龌龊的层层堆积起来。然后把它扔进火狱当中。◈(8:37)◈ 你们为了在别人的财产中增加而放出的债务,在安拉那里并不增加。◈(30:39)

伊本·哲利尔说:"'安拉消除利息'与下列圣训类似:'利息(的利润)即便非常多,但它最终的结局是微小。'"(8)

### 安拉使施舍品(的回赐)增长,正如你们抚养自己的马驹

"而使施舍增长",即使它成长。有人说:"安拉养育它。"

安拉的使者🕋说:"谁施舍了佳美的劳动所得中相当于一颗枣大的东西——安拉只接受佳美的——安拉将用他的右手接受它,然后替施舍者抚养它,正如你们中的一个人抚养他的马驹。直到这件施舍品长成山那么高大。"(9)

### 犯罪的忘恩负义者是受安拉恼怒的

"安拉不喜悦一切负恩者和犯罪者",即安拉不喜欢有忘恩负义的心灵和犯罪的言行的人。

上述经文以描述这一情况而结束的原因是:吃利息的人不喜欢安拉为他提供的合法收入,不满足于安拉规定的合法谋生手段。所以他四处奔波,不择手段地侵吞他人财产,否认了安拉对他的恩典,通过诈术、不义而大肆犯罪,侵吞他人财产。

### 表扬感谢者

安拉表扬那些归信他、服从他、感谢他、善待他人、礼拜他、并交纳天课的信士们,说他为他们准备了优厚的报酬,在末日,他不会让他们因各种责任而感到恐惧。安拉说:"那些归信、行善、礼拜和纳天课的人,他们将在养主那里,获得他们的回赐。他们将无惧无忧。"

◈ 278.有正信的人们啊!你们当敬畏安拉,放弃剩余的利息,如果你们是信士的话。◈

◈ 279.如果你们做不到,你们当留心安拉和他的使者的战争。如果你们忏悔,你们可以收回资本。你们不要亏待人,也不被亏待。◈

◈ 280.如果出现有困难的人,当宽限他到宽裕

---
(8)《泰伯里经注》6:15;《艾哈麦德按序圣训集》1:395。
(9)《布哈里圣训实录诠释——造物主的启迪》3:326、13:426;《穆斯林圣训实录》2:702。

的时候。你们施舍（它）是对你们最好的，如果你们知道。❞

❝281.你们当提防被召归安拉的那一天，每个人都会获得他应得的全部（份额），他们不会被亏待。❞

## 敬畏真主，远离利息

安拉命令众仆敬畏他，远离他的恼怒、追求他的喜悦，说："**有正信的人们啊！你们当敬畏安拉**"，即你们当在自己的行为中害怕安拉。

"**放弃剩余的利息**"，即在听到警告之后，你们应当放弃从别人手中收回利息的打算。

"**如果你们是信士的话。**"如果你们相信是安拉为你们将贸易定为合法，将利息等事物定为非法。

伊本·艾斯莱姆、穆尕提里·本·罕雅尼、赛丁伊等人说："这段经文是为赛格夫部落的阿慕尔族人和麦赫祖米部落的穆黑莱族人降示的。蒙昧时代，他们之间存在利息交易。伊斯兰来临后他们都加入了伊斯兰。后来赛格夫人提出收取利息后，他们就此进行磋商。穆黑莱人说：'我们不会在伊斯兰中缴纳利息。'麦加的代理官员尔塔卜就此问题致信请教安拉的使者㊎。安拉降下这段经文后，使者致信转达尔塔卜：'**有正信的人们啊！你们当敬畏安拉，放弃剩余的利息，如果你们是信士的话。如果你们做不到，你们当留心安拉和他的使者的战争**'。众人听到经文后说：'我们要向安拉忏悔，要放弃利息。'后来他们全部放弃了利息。"[1] 这是警告利息之后，向使用利息的人发出的最严厉的警告。

## 吃利息就是向安拉及其使者宣战

伊本·阿拔斯说："'**你们当留心安拉和他的使者的战争**'指你们要坚信即将来自安拉及其使者的战争。"[2]

另据伊本·阿拔斯传述："在末日，（天使）对吃利息的人说：'拿出你的武器战斗吧！'然后他读道：'**如果你们做不到，你们当留心安拉和他的使者的战争。**'"[3] 他说："伊玛目应该命令长期吃利息的人悔改，倘若他坚持不改，就应当处死。"[4]

"**如果你们忏悔，你们可以收回资本。你们不要亏待人，也不被亏待**"，即你们不要收取利息，你们可以原封不动地收回当初付出的本钱。"**也不被亏待**"即你们的资本不被损失。

安拉的使者㊎在辞朝演说中说："须知，蒙昧时代的利息都被废弃，你们可以收回资本，不增不减。最先被废弃的利息是阿拔斯·本·阿卜杜勒·穆塔里布的利息。"[5]

## 善待有困难的人

"**如果出现有困难的人，当宽限他到宽裕的时候。你们施舍（它）是对你们最好的，如果你们知道。**"安拉命令宽大对待无法偿还债务的困难人，说："**如果出现有困难的人，当宽限他到宽裕的时候。**"而不像蒙昧时代的人们，当借贷期满后，他们对负债人说："你或者还债，或者让它继续增长。"在这里安拉要求债权人加以减免，并将对方的照顾看作善举和正义。所以经文说："**你们施舍（它）是对你们最好的，如果你们知道**"，即你们放弃收回资本，将它送给负债人。

伊本·拜磊德的父亲传述："我听穆圣㊎说：'谁照顾了一位有困难的人（施舍给他一件东西），谁就等于每天施舍了类似的东西'。后来我听穆圣㊎说：'谁照顾了一位困难的人（施舍给他一件东西），谁就等于每天施舍了他（照顾困难人时）所施舍的两倍'。我便问他：'安拉的使者啊！我听你说，谁照顾了一位有困难的人（施舍给他一件东西），谁就等于每天施舍了类似的东西。后来我又听你说，谁照顾了一位困难的人（施舍给他一件东西），谁就等于每天施舍了他（照顾困难人时）所施舍的两倍。'使者听后说，在限期到来之前，他（债权人）每天有类似（他所原谅的债务）的一件报酬，倘若在限期到来后债权人照顾了负债人，债权人每天将得到类似（他所原谅的债务）的两件报酬。"[6]

艾布·格塔德去向一个人讨债，但那人经常避而不见。某日他来讨债时，看到一个小孩从那人家中跑出，就问小孩，小孩说那人正在喝油面汤，艾氏便高声喊他，说某人啊，你出来吧，有人告诉我你就在家中。那人便出来了。艾氏问他："你因何不见我？"那人说："我有困难，身无分文。"艾氏说："你能凭安拉发誓，你真的有困难吗？"那人说："是的。"艾氏听后便哭了，说："我听安拉的使者㊎说：'谁减轻了负债人的困难，或解除了债务，在末日他将处于阿莱什的荫凉之下。'"[7]

安拉的使者㊎说："末日，一个仆人将被带

---

[1]《哈提姆经注》3：1140、1141。
[2]《泰伯里经注》6：26。
[3]《泰伯里经注》6：25。
[4]《泰伯里经注》6：25。
[5]《哈提姆经注》3：1147。
[6]《艾哈麦德按序圣训集》5：360。
[7]《艾哈麦德按序圣训集》5：308；《穆斯林圣训实录》4：2084。

到安拉跟前，安拉问：'你在今世做了什么？'他说：'我的养主啊！我在今世中没有做一粒灰尘大的善功，用于指望你（的宏恩）。'（这样问答了三次后）仆人在最后一次说：'我的养主啊！你曾赐给我宽裕的财产，我是一个生意人，但生性宽容，曾给富裕的人提供方便，照顾有困难的人。'后来安拉说：'我更应提供方便，你进入乐园吧！'"[1]

然后安拉劝诫众仆，今世将消逝，其中的一切都要毁于一旦，后世将来临，人们被召回安拉跟前，因自己的行为受到审问，为他们的善功和罪恶而获得奖励或遭受惩罚。安拉还让他们提防他的惩罚说："你们当提防被召归安拉的那一天，每个人都会获得他应得的全部（份额），他们不会被亏待。"有人说，这是《古兰》中最后降示的经文。伊本·阿拔斯说："《古兰》中最后降示的是：'你们当提防被召归安拉的那一天，每个人都会获得他应得的全部（份额），他们不会被亏待'。"[2]

◊ 282.有正信的人们啊！当你们处理相互间的定期债务时，你们要将它书写下来，并要让一位会写的人公正地书写。写的人不应该拒绝，应按照安拉所教导他的去写。所以请他写吧！让负债人口述，让他敬畏安拉，不要减少任何一物。如果负债人是愚笨的，或衰弱的，或他不能口述，那么，就让他的监护人公正地口述。你们当在你们喜欢的证人中找两位男证人。如果没有两个男人，就请一个男人和两个女人来当证人，以便她俩中一个错误时另一个提醒。证人被邀请时，不得拒绝。无论数量多少，不要厌烦，都要写下来，直至明确的期限。这在安拉那里，是更公平，更易于作证，更能使你们不怀疑的。但你们彼此间当面的交易，如果不写，对于你们是无罪的。你们进行交易时，应当让人作证。写的人和证人不得受到伤害。如果你们这样做，这就是你们的犯罪。你们应当敬畏安拉，安拉教诲你们，安拉是全知万事的。◊

## 命令书写定期交易

这是尊贵的《古兰》中最长的一段经文。伊本·穆散耶卜说："我们听说在阿莱什上最新的《古兰》经文是关于借贷的经文。"[3]

"有正信的人们啊！当你们处理相互间的定期债务时，你们要将它书写下来。"安拉指导信士们，当他们处理定期的交易时，应当将它写下来，以便明确地记录契约的内容和时间，利于证人有把握地作证。在这段经文的最后，安拉指出了这一点，说："这在安拉那里，是更公平，更易于作证，更能使你们不怀疑的。"伊本·阿拔斯说，安拉的使者㕸来到麦地那时，看到人们预付两年或三年的果实钱，便说："谁要进行预付款交易，就请以明确的升和明确的秤交易。"[4]

"要将它书写下来"，安拉命令书写契约，以便更可靠和备忘。伊本·朱莱杰说："借的人应该写契约，买的人应该请人作证。"[5]艾布·赛尔德、莱毕尔·本·艾奈斯、舒尔白、伊本·栽德、伊本·朱莱杰等人认为写契约是必须的（瓦吉卜）。[6]

"并要让一位会写的人公正地书写"，即公正地、真实地书写。他在书写中不亏待任何人，只写大家达成共识的，不增不减。

---

(1)《布哈里圣训实录诠释——造物主的启迪》6：570；《穆斯林圣训实录》3：1195；《伊本·马哲圣训集》2：808。
(2)《圣训大集》6：307；《泰伯里经注》6：40。
(3)《泰伯里经注》6：41。
(4)《布哈里圣训实录诠释——造物主的启迪》4：105；《穆斯林圣训实录》3：1226。
(5)《泰伯里经注》6：47。
(6)《泰伯里经注》6：47、49、50。

"写的人不应该拒绝，应按照安拉所教导他的去写。所以请他写吧！"即当人们邀请会写字的人写契约时，他不应该拒绝。此中对他没有伤害。正如安拉教授他曾经不知道的事情那样，他应该诚实地为不会写的人书写。圣训说："帮助工作的人或帮助不会工作的人，是一种施舍。"(1) 另一段圣训说："谁隐瞒了知识，谁在后世将被戴上火笼头。"(2) 穆佳黑德和阿塔说："会写的人有义务书写。"

"让负债人口述，让他敬畏安拉"，即让负债人给书写的人口述他所负的债务，负债人应在此中敬畏安拉。

"不要减少任何一物"，即他不能有丝毫隐瞒。

"如果负债人是愚笨的"，即他因浪费或类似的原因而不能理财。

"或衰弱的"，即年幼的，或理智不成熟的。

"或他不能口述"，即因为生病无能或无知，无法辨别正确和错误。"就让他的监护人公正地口述"。

## 命令请人书写的同时请人作证

"你们当在你们喜欢的证人中找两位男证人"，安拉命令请人作证和书写契约，从而加强它的可靠性。

"如果没有两个男人，就请一个男人和两个女人来当证人"，指在有关财务问题方面。两位女证人等于一位男证人的原因是，女人的理智不如男人。穆圣说："妇女大众啊！你们应当施舍，并应当多求饶，因为我看到火狱的大部分居民是你们妇女。"有位精明的妇女问："安拉的使者啊！为什么火狱的大部分居民是我们妇女？"使者说："你们经常诅咒，你们辜负丈夫，我没有见过比你们这些宗教和理智都差的女人更能对付有才智的丈夫之人。"她问："安拉的使者啊！理智和宗教的差指的是什么？"使者说："理智的差指两位妇女的证词等于一位男子的证词，这就是理智的差，她不礼拜，莱麦丹月中也不封斋，这是宗教方面的差。"(3)

"你们喜欢的证人"，证明作证的条件是公正。

"以便她俩中一个错误时"，即两位女证人中，一位错误或疏忽时"另一个提醒"，即一个证人可以给另一证人提醒当初的证词。

"证人被邀请时，不得拒绝"，有人说经文的意思是：证人被要求履行作证的职责时，应该接受请求。(4) 这也是格塔德和莱毕尔的主张。正如安拉所言："写的人不应该拒绝，应按照安拉所教导他的去写。"从这一个角度讲，作证是社区主命。有人说——这是大众的观点——经文指的是履行作证的职责。因为经文中的"证人"，所表达的是客观事实，所以说应邀作证是证人的职责。否则，它就成了社区主命。安拉至知。穆佳黑德和艾布·穆吉利姆等学者说："如果你首次被邀请作证时，你可以自由选择；如果你已经作过证，然后再次受邀证实你的见证时，你应该接受邀请。"(5) 但伊本·阿拔斯和哈桑·巴士里认为，经文既指承担作证的义务，也指履行作证的职责。

"无论数量多少，不要厌烦，都要写下来，直至明确的期限。"这是安拉对人类全面的指导。经文命令人书写交易品，无论其数额大小。换言之，在任何情况下，你们都不要因为厌烦而不写清你们之间的交易，同时，要在契约中写明限期。

"这在安拉那里，是更公平，更易于作证，更能使你们不怀疑的"，即我命令你们书写定期的交易，安拉看来最公正。对证人而言，它也是更可靠的方法。因为事实证明，证人也有可能遗忘，但当他看到书写的契约时，便会记起作证时的情况。

"更能使你们不怀疑的"，即它能最大程度地消除怀疑。在你们产生分歧时，是你们查询的依据。你们可以根据它，在分歧者之间进行公断。

"但你们彼此间当面的交易，如果不写，对于你们是无罪的"，即你们可以不写面对面、手对手的交易，因为此中一般不存在什么隐患。

安拉讲述贸易中的作证，说："你们进行交易时，应当让人作证。"但这段经文被下列经文所革止，"如果你们的部分信托另一部分，那么，受信托的人当交出受托物。"或者经文指导并提倡人们让人作证他们间的交易，而不是说交易时必须让人作证。辅士安马勒·本·赫兹米的叔叔（他也是一位圣门弟子）对他讲，安拉的使者曾从一个游牧人跟前买了一匹马，使者去给那人交付马钱，那人在接到钱之前遇到一些人，他们不知道使者已经买下了这匹马，所以和游牧人讨价还价，有人出的价超过了使者出的价。那游牧人见状便高声喊先知："你如果想要买这匹马就买吧，否则我就卖出它！"使者听到他的话后站起来说："我不是已经从你那里买下了它吗？"游牧人说："以安拉发誓，我没有卖给你。"使者说："不，我已经买下来了。"众人围在先知和游牧人之间，听他们争

---

(1)《布哈里圣训实录诠释——造物主的启迪》5：176。
(2)《圣训大典》5：11。
(3)《穆斯林圣训实录》1：87。
(4)《泰伯里经注》6：68。
(5)《哈提姆经注》3：1181；《泰伯里经注》6：71。

执。游牧人说:"请你叫来一个证人,让他作证我已经将马卖给了你。"见到这一情况的穆斯林对游牧人说:"你真是的,先知从不说假话。"这时赫兹米到来了,他听了先知的话和游牧人的话后,对游牧人说:"我作证你将马卖给了他。"先知却走到赫兹米跟前说:"你是凭什么作证的?"赫慈米说:"安拉的使者啊!我凭安拉对你的信任。"在这场纠纷中,使者认为赫兹米一人的证词等于两人的证词。(1)艾布·达乌德等圣训学家传述了这件史事。(2)

"写的人和证人不得受到伤害",即任何人不得伤害写契约的人和证人。否则他们就无法据实书写或作证。这是哈桑和格塔德的主张。(3)

"如果你们这样做,这就是你们的犯罪",即如果你们违背命令,触犯禁令,你们就干了永远无法洗刷和解脱的罪恶。

"你们应当敬畏安拉",即你们当害怕安拉,敬畏他,服从他命令你们的事情,远离他禁止你们的事情。

"安拉教诲你们",相同的经文有:《有正信的人们啊!如果你们敬畏安拉,他就会赐给你们准则。》(8:29)及《有正信的人们啊!你们敬畏安拉,归信他的使者,他就会赐给你们双份的慈悯和你们靠之行走的光明,并将宽恕你们。》(57:28)

"安拉是全知万事的",即安拉知道一切事物的本质、其益处和结局。对他而言,任何事物都不是秘密,他的知识包罗万有。

《283.如果你们在旅途中,没有代写人,那么就交出被拿走的抵押品。如果你们的部分信托另一部分,那么,受信托的人当交出受托物,他当敬畏安拉,他的养主。你们不要隐瞒证据,谁隐瞒证据,谁的心是犯罪的。安拉是全知你们行为的。》

## 抵押品

"如果你们在旅途中",即你们出门在外期间,进行定期的交易。

"没有代写人",即能为你们书写的代写人。伊本·阿拔斯说:"或者有书写人,但没有纸张、墨盒、笔等书写工具。"

"被拿走的抵押品",指以交到债权人手中的抵押品代替契约。经文同时证明抵押品必须要交到债权人的手中。两圣训实录辑录,安拉的使者归

---
(1)《艾哈麦德按序圣训集》5:215。
(2)《艾布·达乌德圣训集》4:31;《圣训大集》7:301。
(3)《泰伯里经注》6:85、86。

真时,他的铠甲以三十担(4)大麦的代价被抵押在一个犹太人跟前。穆圣为了家人的生活费而抵押了它。(5)

"如果你们的部分信托另一部分,那么,受信托的人当交出受托物。"艾布·赛尔德·胡德里说:"这段经文革止了前面的相关经文。"(6)舒尔宾说:"你们互相信托时,可以不写契约,不请证人。"(7)

"他当敬畏安拉,他的养主。""他",指债务人。安拉的使者说:"手负责它所拿到的东西,一直到交付它为止。"(8)

"你们不要隐瞒证据",即你们必须公开证据。伊本·阿拔斯等人说:"伪证和隐瞒证据是最大的罪恶之一。"(9)因此说:"**谁隐瞒证据,谁**

---
(4)应该是三十沙阿大麦。——译者注
(5)《布哈里圣训实录诠释——造物主的启迪》4:354;《穆斯林圣训实录》3:1226。
(6)《哈提姆经注》3:1202。
(7)《哈提姆经注》3:1203。
(8)《艾哈麦德按序圣训集》5:13;《艾布·达乌德圣训集》3:822;《提尔密济圣训全集诠释》4:482;《圣训大集》3:411;《伊本·马哲圣训集》2:802。
(9)《泰伯里经注》6:100。

的心是犯罪的。"赛丁伊说，经文指他的心是邪恶的。[1]如安拉所述：《我们不隐瞒安拉的证据。否则，我们是有罪的。"》（5：106）又《有正信的人们啊！你们应当维护公道，并为安拉作证，即使不利于你们自己、双亲和近亲。无论他（被证者）是富足的还是贫穷的，安拉是最接近他俩的。你们不要顺从私欲，而致不公。如果你们歪曲并背叛，安拉是彻知你们行为的。》（4：135）本章经文则说："你们不要隐瞒证据，谁隐瞒证据，谁的心是犯罪的。安拉是全知你们行为的。"

《284.天地中的一切，都属于安拉。无论你们表白心中的，还是隐瞒它，安拉都将因此而清算你们。他赦宥所欲之人，惩罚所欲之人。安拉是全能于万事的。》

### 仆人因心中的秘密而受到清算吗

清高伟大的安拉说，天地万物的权力都属于他，他知道其中的一切，对他而言，此中没有任何秘密。安拉说，他将清算仆人的行为和心理活动，正如安拉所言：《你说："无论你们隐藏心中的秘密，或是表明它，安拉都能知道它。他知道诸天与大地间的一切。安拉是全能于万事的。"》（3：29）又《他确实知道秘密的和更隐秘的。》（20：7）相关的经文很多。安拉在此说，他不但知道秘密，而且还要因仆人的行为而加以奖罚。因此，这段经文降示后，圣门弟子们感到难以承受，他们为此而忧心忡忡。信仰坚定的他们，害怕因为大大小小一切罪恶和心中的想法而受到清算。

艾布·胡莱赖传述，经文"天地中的一切，都属于安拉。无论你们表白心中的，还是隐瞒它，安拉都将因此而清算你们。他赦宥所欲之人，惩罚所欲之人。安拉是全能于万事的。"降于安拉的使者后，圣门弟子们觉得难以承受，他们来到使者跟前，双膝跪下后说："安拉的使者啊！我们曾被责以力所能及的工作——礼拜、斋戒、战争和施舍，但你接受的这段启示，对我们提出我们力所不及的要求。"使者说："难道你们要像以前接受两部经典的人那样说话吗？（他们说，）'我们虽然听，但我们却不服从。'你们应该说：'我们既听且从。我们养主啊！请恕饶我们吧！归宿只在你那里。'"众人听了先知的这些话后，心悦诚服。后来，安拉又降谕道："使者归信了从他的主那里接受的启示，信士们也归信了。一切都归信安拉和他的众天使，他的经典和他的使者们。'我们在他

的使者之间不加区别。'他们也说：'我们既听且从。我们的主啊！恕饶我们吧！归宿只在你那里。'"安拉因为仆人服从使者的命令，而革止了上述经文（2：284）。后又降谕道，"安拉只责成人力所能及的。他享有他所干的，也承受他所干的。我们的主啊！如果我们忘记了或错了的时候，求你不要责问我们……"[2]

穆斯林传述了类似圣训，他说："当他们遵循（使者的命令）后，安拉革止了那段经文，并降下：'安拉只责成人力所能及的。他享有他所干的，也承受他所干的。我们的主啊！如果我们忘记了或错了的时候，请不要责问我们。'他（安拉）说：'好吧'。'我们的主啊！求你不要让我们负担像你让我们以前的人负担的那种重担。'他说：'好吧。''求你不要让我们负担我们无力负担的。'他说：'好吧。''求你原谅我们，恕饶我们，并慈悯我们。你是我们的保佑者，求你襄助我们对付那隐昧的群体。'他说：'好吧。'"[3]

穆佳黑德传述，我到伊本·阿拔斯跟前，对他说："伊本·阿拔斯啊！我曾在伊本·欧麦尔跟前，见他读了这段经文后哭了。"他问："哪段经文？"我说："**无论你们表白心中的，还是隐瞒它**。"伊本·阿拔斯说："这段经文降示后，圣门弟子们忧心忡忡，他们说：'安拉的使者啊！我们完了，如果我们将因我们所说的话和所做的事情而受到审问也就够了，但我们无法掌握我们的心理活动。'使者对他们说：'你们应该说，我们既听且从。'众人说：'我们既听且从。'"他说："后来下列经文'使者归信了从他的主那里接受的启示，信士们也归信了。一切都信仰……安拉只责成人力所能及的。他享有他所干的，也承受他所干的'革止了这段经文。"经文告诉他们，安拉不审问内心的想法，但要因人们的实际行为而惩罚他们。"[4]

六大部圣训集记载，安拉的使者说："只要我的稳麦还没有说出口或付诸行动，安拉就会恕饶他们的心中所想的事情。"[5]

安拉的使者说："安拉（对天使）说：'当我的仆人想到一件歹事时，你们不要记载它；如果它被付诸行动，你们就将它写成一件歹事。如果他想到一件善事，你们就将它写成一件善事；如果他

---

（1）《泰伯里经注》6：100。

（2）《艾哈麦德按序圣训集》2：412。
（3）《穆斯林圣训实录》1：115。
（4）《艾哈麦德按序圣训集》1：332。
（5）《布哈里圣训实录诠释——造物主的启迪》9：300；《穆斯林圣训实录》1：117；《提尔密济圣训全集诠释》4：361；《艾布·达乌德圣训集》2：657；《圣训大集》6：156；《伊本·马哲圣训集》1：658。

付诸行动，你们就将它写成十件善事。’”[1]

**﴾ 285.使者归信了从他的主那里接受的启示，信士们也归信了。一切都归信安拉和他的众天使，他的经典和他的使者们。“我们在他的使者之间不加区别。”他们也说：“我们既听且从。我们的主啊！恕饶我们吧！归宿只在你那里。”﴿**

**﴾ 286.安拉只责成人力所能及的。他享有他所干的，也承受他所干的。“我们的主啊！如果我们忘记了或错了的时候，求你不要责问我们。我们的主啊！求你不要让我们负担像你让我们以前的人负担的那种重担。我们的主啊！求你不要让我们负担我们无力负担的。求你原谅我们，恕饶我们，并慈悯我们。你是我们的保佑者，求你襄助我们对付那隐昧的群体。”﴿**

## 有关这两段经文之尊贵的圣训，愿主通过它们让我们获得益处

安拉的使者ﷺ说：“谁在夜晚诵读了《黄牛章》的最后两段经文，那他就足够了。”[2]

阿卜杜拉说：“安拉的使者ﷺ在登霄之夜到了‘极境的酸枣树旁’，它在第六层天上，地上的一切升至此处后被接受，其上面的一切降至此处后被接受。”他念道：﴾ 当遮盖的东西遮盖酸枣树时，﴿（53：16）他说：“那是一种金制的床铺……安拉的使者ﷺ在那里接受了五番拜功，得到了《黄牛章》的最后经文，他的民族中不以任何物举伴安拉的人的大罪可得赦免。”[3]

我们已在前面引述伊本·阿拔斯的圣训，介绍了《开端章》的尊贵，他说：“安拉的使者ﷺ和吉卜勒伊里（天使）同坐时，忽然听到上面传来一声巨响，吉卜勒伊里抬头望着天空说：‘这是天上的一道门被打开（的声音），此门从未打开过。’”传述者说：“后来从天门降下一位天使，来到先知跟前说：‘你因为你获得的两道光明而高兴吧！你之前的任何先知都未曾获得这两道光明（它是《古兰》之《开端章》和《黄牛章》末尾的经文）。你每读其中的一个字母，都会获益。’”[4]

（1）《布哈里圣训实录诠释——造物主的启迪》13：473；《穆斯林圣训实录》1：117。

（2）《布哈里圣训实录诠释——造物主的启迪》7：3698：672、712；《穆斯林圣训实录》1：554、555；《提尔密济圣训全集诠释》8：188；《艾布·达乌德圣训集》2：118；《圣训大集》5：14；《伊本·马哲圣训集》1：435；《艾哈麦德按序圣训集》4：118。

（3）《穆斯林圣训实录》1：157。

（4）《穆斯林圣训实录》1：554；《圣训大集》5：12。

## 这两段经文的注释

然后经文叙述了万物的状况：**“一切都归信安拉和他的众天使，他的经典和他的使者们。‘我们在他的使者之间不加区别。’”**穆民归信安拉是独一无偶的，单独而无求的，是惟一应受拜的，除他之外决无受拜者。他们还相信一切使者和先知，归信安拉降示的一切经典，他们在众先知间不加区别而信仰部分先知，否认部分先知。穆民都坚信所有的先知是忠诚守信的、引人于正道和幸福的，并且走正道的。虽然在安拉的意欲下一部分先知的法律被另一部分先知的法律所革止，最后穆圣ﷺ的法律永久性的革止了一切先知的法律，在末日成立之前，穆圣ﷺ的民族中的一部分人将一直坚持他的法律。

**“他们也说：‘我们既听且从……’”**即我们的养主啊！我们听到你的话后明白了它的意思，我们将遵守它，按你的意欲去工作。

**“我们的主啊！恕饶我们吧！”**请赦宥我们，慈悯我们，并爱护我们。

**“安拉只责成人力所能及的”**，即安拉不会责以任何人能力之外的事情。这出于安拉对被造物的慈悯和爱护。这段经文同时革止了令圣门弟子忧心忡忡的上段经文“无论你们表白心中的，还是隐瞒它，安拉都将因此而清算你们”，即使安拉清算和审问仆人的言行，安拉也不会因人类内心无法抗拒的事情惩罚人类。安拉只对人可以抗拒的事情清算人。至于内心的教唆及一些想法，则不在人的能力之内，所以安拉不给人类责成这些事务。这里要强调的是：憎恨罪恶的想法属于信仰的一部分。

**“他享有他所干的。”“所干的”**指善功；**“也承受他所干的”**指罪恶。经文指人类能力范围之内的一切行为。

然后安拉指导仆人向他祈求，并保证答应他们的要求，譬如他教导他们说：**“我们的主啊！如果我们忘记了或错了的时候，求你不要责问我们”**，即如果我们在遗忘的情况下放弃了主命，做了非法的事情时，或由于我们的无知而没有按照教法的要求去做时，请不要责问我们。《穆斯林圣训实录》记载：“安拉（回答仆人的这一请求）说：‘好吧。’”[5]伊本·阿拔斯传述的圣训中说：“安拉说：‘我同意了你的请求。’”[6]

**“我们的主啊！求你不要让我们负担像你让我们以前的人负担的那种重担”**，即求你不要责以我们只有付出太多努力才能完成的艰巨的工作。你确曾给先民制定过一些重担甚至桎梏。后来你

（5）《穆斯林圣训实录》1：115。

（6）《穆斯林圣训实录》1：116。

派穆圣ﷺ——仁慈的使者带来了宽容、轻松而天然的宗教，并除去了那一些重担和桎梏。安拉的使者ﷺ说："安拉（回答仆人的这一请求）说：'好吧。'"(1) 伊本·阿拔斯传述的圣训中说："安拉说：'我同意了你的请求。'"(2) 穆圣ﷺ说："我奉命带来宽容而天然的宗教。"(3)

"**我们的主啊！求你不要让我们负担我们无力负担的**"，即求你不要让我们承受我们无法承受的任务、考验或打击。(4) 麦哈库里解释说："求你不要让我们承受无法承受的寂寞和情欲。"安拉回答他们的请求说："好吧。"另据传述："安拉说：'我同意了你的请求。'"

"**求你原谅我们**"，即求你原谅我们对你的怠慢和我们的失误。

"**恕饶我们**"，即恕饶我们对你和你的仆人的冒犯，求你不要为他们揭露我们的罪恶和丑行。

"**并慈悯我们**"，即求你在未来中慈悯我们，请你赐我们机遇不要让我们陷入另一错误之中。因此，有人说："犯罪者需要三种情况：安拉恕饶他对安拉的冒犯；安拉不在众人之间揭露他，不让他当众出丑；安拉保护他，不让他触犯类似罪恶。"前文已述，当仆人这样要求时安拉会同意他的要求。

"**你是我们的保佑者**"，即安拉是我们的佑助者，我们只托靠你，只向你求助，（我们）没有办法，也没有力量，惟凭你的佑助。

"**求你襄助我们对付那隐昧的群体**"，即求安拉让我们战胜那些否认者，他们否认你的宗教、不承认你的独一和你的使者的使命，他们还崇拜他物，以你的奴仆举伴你。求你襄助我们征服他们吧！求你赐我们今世和后世的成功，让他们倒霉吧！前文已述，当仆人这样要求时，安拉说："好吧。"另据传述："安拉说：'我同意了你的请求。'"

伊本·易司哈格说："（圣门弟子）穆阿兹每读完'求你襄助我们对付那隐昧的群体'时，就说：'阿敏！'"(5)

---

(1)《穆斯林圣训实录》1：115。
(2)《穆斯林圣训实录》1：116。
(3)《艾哈麦德按序圣训集》5：266、6：116、233。
(4)《哈提姆经注》3：1235。
(5)《泰伯里经注》6：146。

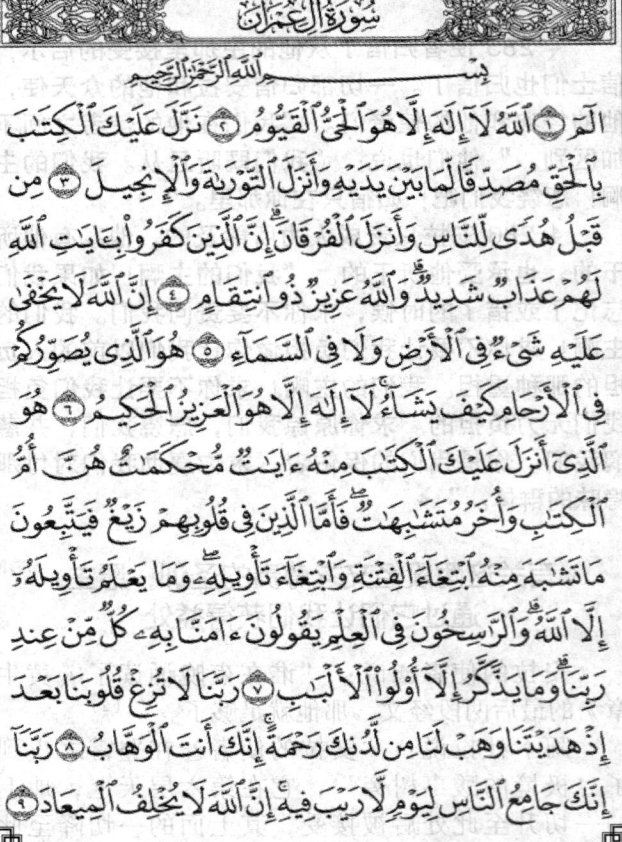

## 《仪姆兰的家属章》注释  麦地那章

本章经文的开端至第八十三段经文，是因伊斯兰历九年到访的纳季兰使团而降的。如果安拉意欲，我们将在注释"互相诅咒"时介绍这一点。我们已经在《黄牛章》开头，引经据典叙述了本章和《黄牛》章的尊贵。

奉至仁至慈的安拉之尊名

❴1. 艾立甫，俩目，米目。❵

❴2. 安拉！他之外没有应受拜的，他是永生的，维护万物的。❵

❴3. 他降给你包含真理的经典，以便证实它之前的。在这之前，他曾颁降了《讨拉特》和《引支勒》，❵

❴4. 作为人类的指导。他还颁降了分辨真伪的标准。那些不信安拉的迹象的人，将会遭到严厉的惩罚。安拉是优胜的，惩恶的。❵

我们在前面注释库勒西经文时，已经引述有关圣训，指出安拉的至尊名就在《安拉，除他外再无应受拜者。他是永生的、维护（万物）的。》（2：255）和"艾立甫，俩目，米目。安拉！他之外没有应受拜的，他是永生的，维护万物的"这两段经文中。

"艾立甫，俩目，米目。"前文已述，此处不再赘述。

"安拉！他之外没有应受拜的，他是永生的，维护万物的。"在注释库勒西经文时已述。

"他降给你包含真理的经典。"穆罕默德啊！安拉依真理为你颁降了经典，所以其中毫无怀疑之处。因为它来自安拉，安拉以其知识降示了它，虽然安拉足为作证者，但众天使还是在为此作证。

"以便证实它之前的"，即证实以前降临众先知的天启。这些经典都作证，他们关于《古兰》的叙述都是真实的。它们在很久以前就预报了这部《古兰》降临的喜讯。《古兰》也为它们作证，因为它符合它们对它的叙述和喜讯——安拉将派遣穆罕默德，并降示这部伟大的《古兰》。

"在这之前"，指降示《古兰》之前。

"他曾颁降了《讨拉特》"，指降给穆萨的经典。

"《引支勒》"指降给麦尔彦之子尔撒的经典。

"作为人类的指导"，即作为在这两部经典的适用期内的人们的指导。

"他还颁降了分辨真伪的标准"，即它能辨别正道与迷误、真理与谬误、正确与错误，因为安拉赋予其许多明证，并且安拉为人类阐明它、解释它、肯定它，指导人类遵循它，坚持它。

"那些不信安拉的迹象的人"，即他们不归信安拉的经文，并以谬误攻击它。他们在后世，"将会遭到严厉的惩罚。"

"安拉是优胜的"，即安拉是强大而具有绝对权力的。

"惩恶的"，即安拉将惩罚否认他的经文以及违背他的众使者和先知的人。

《 5.在大地与诸天中的一切，没有能够瞒过安拉的。》

《 6.是他随意在子宫中赋予你们形象，除他外没有应受拜者。他是优胜的、明哲的。》

清高伟大的安拉说，他知道诸天和大地的秘密，任何物都不能隐瞒他。

"是他随意在子宫中赋予你们形象"，即根据他意欲，在你们还在子宫时就创造你们，决定你们的性别、相貌以及境遇和生活。

"除他外没有应受拜者。他是优胜的、明哲的。"他是造物主，是受拜性独一无偶的应受者，绝对尊严和智慧的拥有者，立法权只归他。这段经文暗示甚至明确指出尔撒是安拉的被造物和仆人，在这一方面，尔撒和安拉创造的其他人没有区别。因为他在子宫时安拉就赋予他形象，并按照他的意欲创造了他。那么基督教徒（愿安拉诅咒他们）凭什么说他是神呢？他也是在母腹中一个阶段一个阶段地被造的。正如安拉所言：《他在你们母亲的子宫中造化你们，在三重的黑暗中，逐步造化你们。》（39：6）

《 7.是他降给你经典，其中有义理明确的节文，它们是经典之母；其他的是义理深奥的。那些心存邪念的人，追求其中义理深奥的，企图寻找它的解释，以便挑起事端。但是除了安拉之外，没有人能明了它的解释。那些学识精深的人说："我们归信其中的，一切都来自我们的主。"只有有心的人才能觉悟。》

《 8.（他们说）"我们的主啊！求你在引导我们之后，不要使我们的心脱离正道。求你赐给我们来自你那里的慈爱，你确实是博施的主。》

《 9.我们的主啊！你是在那确实无疑的日子召集人类的。安拉从不爽约。"》

## 义理明确的经文和义理深奥的经文

清高伟大的安拉说，《古兰》中有一些义理明确的经文，它们是经典的基础，即它们所表达的意义是非常明确的，任何人都不会觉得晦涩。还有一些义理深奥的经文，许多人或部分人无法理解它的意义。得正道的人将根据相关的义理明确的经文，去理解义理深奥的经文的意义，他们在碰到难解的经文时，总会对照易解的经文去理解经文。迷误的人却反其道而行。

"它们是经典之母"，即义理明确的经文是人们碰到难解的经文时所查询的基本资料。

"其他的是义理深奥的"，即它们的意义可能和义理明确的经文相同；或它们在词句方面与众不同，但其本意与义理明确的经文相同。所以说，义理明确的经文可以是经典中革止（其他经文）的经文，它们往往表达的是合法、非法、法律、法规、天命和人们必须遵循的一些事项。但义理深奥的经文可能是经典中被革止的经文、被提前或被推后的经文、例子或譬喻，或一些必须归信但不要求实践

（遵循）的经文。

伊本·易司哈格说："'其中有义理明确的节文'中有养主的明证，仆人的保护，对敌人和谬误的驳斥。这些经文丝毫不能被改动。"他说："义理深奥的经文是必须信仰的经文，但它们可以被替换，可以被注释，安拉通过它们考验仆人，正如他用合法与非法考验仆人一样。但它们决不能被认为是无稽之谈，也不能被妄加篡改。"

"**那些心存邪念的人**"，指抛弃真理、选择谬论和迷途的人们。

"**追求其中义理深奥的**"，即他们只遵循其中义理深奥的，他们往往按照自己邪恶的目的和想法注释这些经文。因为他们可以从这些经文的表面文字中找到他们妄语的所谓根据。但他们在义理明确的经文中无计可施，因为这些经文会粉碎他们的谬论，并且这些经文是他们行为的反证。

因此，经文说："**以便挑起事端**"，即为了误导追随这种学说的人，使他们误认为他们的异端行为在《古兰》中是有据可循的。其实这些经文恰恰是他们罪行的证明，它不会授予犯罪者任何凭证。正如基督教徒坚持说《古兰》提到尔撒是安拉的精神和安拉投向麦尔彦的"言辞"，但他们却对下列经文置若罔闻：◆他只不过是一个仆人。◆（43：59）及◆在安拉看来，尔撒和阿丹一样。他用泥土造化了他，然后对他说"有"，他就有了。◆（3：59）等经文都明确指出尔撒是安拉的被造物，是安拉的许多使者中的一位使者。

"**企图寻找它的解释**"，即他们企图曲解经典。阿伊莎（愿主喜悦之）传述，安拉的使者读了"**是他降给你经典，其中有义理明确的节文，它们是经典之母；其他的是义理深奥的……只有有心的人才能觉悟**"，然后说："当你们看到为此而辩论的人时，（你们当留意）他们就是安拉所提到的人，你们当防备他们。"[1] 布哈里、穆斯林和艾布·达乌德都从阿伊莎（愿主喜悦之）传述了类似的圣训，她说："安拉的使者读了'**是他降给你经典，其中有义理明确的节文，它们是经典之母；其他的是义理深奥的……只有有心的人才能觉悟**'，然后说：'当你们见到那些追求义理深奥的经文的人时，你们当防备他们，他们是安拉所指出（心有邪念）的人。'"[2]

## 只有安拉知道义理深奥的经文的本意

"但是除了安拉之外，没有人能明了它的注释"。经注学家们对这段经文的停顿有不同看法。有人说应该停于："**但是除了安拉之外，没有人能明了它的解释。**"正如伊本·阿拔斯所说："解释分四种：任何人都可以理解的解释；阿拉伯人可以通过词句能理解的解释；学识渊博的人所能理解的解释；只有安拉理解的解释。"[3]

也有学者认为应该停于"**学识精深的人**"。（即但是除了安拉和学识精深的人之外，没有人能明了它的解释。）坚持这一观点的经注学家和宗教原理学家很多。他们说："安拉不可能用人类无法理解的经文呼唤人类。"穆佳黑德传述，伊本·阿拔斯曾说："我属于知道这段经文的解释的那些学识精深的学者之一。"[4] 圣训说，安拉的使者为伊本·阿拔斯而祈求安拉，说："主啊！求你让他理解圣教，求你教导他（对经典的）解释吧！"[5] 在《古兰》中"**解释**"（التأويل）一词表达两重意义：一、事务的真相和本意。如经文说：◆我的父亲啊！这是我以前的梦境的解释。◆（12：100）又◆他们只在等待它的预报，在它的预报降临的那天……◆（7：53）上述经文中的"解释"指他们被告知的复生之真实情况。如果按这种观点去解释，经文应该停顿于："**但是除了安拉之外，没有人能明了它的解释。**"因为只有安拉明确地知道一切事物的真相和究竟。后面的经文应该是："**那些学识精深的人说：'我们归信其中的，一切都来自我们的主。'**"[6]

二、注释、解释和表达。正如安拉所言："请你告诉我们它的解释"，即它的注释。如果按这种观点解释，经文应该停顿于"**那些学识精深的人**"，即但是除了安拉和学识精深的人之外，没有人能明了它的解释。因为他们能理解这种形式的呼唤。虽然他们对事务的本质还不甚了解。按照这种观点："我们归信其中的，一切都来自我们的主。"是句子中的状语。正如安拉所言：◆（敌产）属于那些寻求安拉的恩典和欢喜、相助安拉及其使者，而被逐出家园，离开孩子的贫困迁士……（他们说）"我们的主啊！求你恕饶我们和在我们以前归信的弟兄们。"◆（59：8—10）◆你的主来临，众天使排班降临。◆（89：22）

安拉讲述他们的情况说："**我们归信其中的。**""**其中的**"，指义理深奥的。"**一切都来自我们的主**"，即无论义理明确的，还是义理深奥的，都是确凿的真理，它们都相互印证，相互肯定。因为它们都来自安拉，来自安拉的一切都是和

---
（1）《艾哈麦德按序圣训集》6：48。
（2）《布哈里圣训实录诠释——造物主的启迪》8：57；《穆斯林圣训实录》4：2053；《艾布·达乌德圣训集》5：6。
（3）《泰伯里经注》1：57。
（4）《泰伯里经注》6：203。
（5）《布哈里圣训实录诠释——造物主的启迪》1：205。
（6）如同正文所译。——译者注

谐而统一的。如：《难道他们不参悟《古兰》吗？如果它不是来自安拉，那么他们必定会在其中发现很多矛盾。》（4：82）因此，安拉说："**只有有心的人才能觉悟**"，即只有那些有健全的智商和正确理解力的人们，才能正确地去思考它，并理解它的意义。纳菲尔·本·叶齐德解释这段经文说："'学识精深的人'指谦恭敬主的人，他们为了追求安拉的喜悦而诚惶诚恐，但他们在人群中不亢不卑。"

安拉讲述他们的祈求，他们说："**我们的主啊！求你在引导我们之后，不要使我们的心脱离正道**"，即你让我们踏上正道后，不要让我们对正道感到厌烦。你不要使我们成为就像那些心存邪念的人，他们只会在义理深奥的经文中钻牛角尖。但是，主啊！让我们坚持正道和正教吧！

"**求你赐给我们来自你那里的慈爱**"，以便让我们的内心稳定，让我们团结一心，坚定我们的信仰和信念，"**你确实是博施的主**"。

乌姆·赛莱迈传述："穆圣☪说：'改变心灵的主啊！求你让我的内心坚定于你的宗教吧！'然后他读道：'**我们的主啊！求你在引导我们之后，不要使我们的心脱离正道。求你赐给我们来自你那里的慈爱，你确实是博施的主。**'"[1]

"**我们的主啊！你是在那确实无疑的日子召集人类的。**"他们祈祷道，我们的养主啊！你将在人类的归宿之日召集你的被造物，然后在他们中进行判决，理清他们孰是孰非，并将根据人们在今世的功过给予奖罚。

《10.隐昧者的财产和子嗣，在安拉那里对他们没有丝毫益处。他们是火狱的燃料。》

《11.就像法老的民众和他们以前的人的情况，他们不信我的迹象，所以安拉由于他们的罪恶而惩罚了他们，安拉是惩罚严厉的。》

## 财产和子孙在末日毫无用处

清高伟大的安拉说，隐昧者是火狱的燃料。《那天，不义的人，他们的托辞将对他们无益，他们将受诅咒，他们只有不幸的家园。》（40：52）他们在今世所获得的一切财产和儿女，在安拉那里对他们没有益处，既不能拯救他们脱离刑罚，更无法使他们摆脱痛苦。正如安拉所言：《不要让他们的财富和他们的子孙使你惊奇。安拉欲以此在今世惩罚他们，使他们的性命在不信的情况下消逝。》（9：55）又《不要让隐昧者在大地上的往来迷惑了你。都是微不足道的享受，他们的归宿是火狱，那卧褥真恶劣啊！》（3：196-197）经文在此说"隐昧者"，即他们不相信安拉的经文，否认他的使者，违背他的经典，没有从列圣带来的启示中获益。"**隐昧者的财产和子嗣，在安拉那里对他们没有丝毫益处。他们是火狱的燃料**"，即用于燃烧的燃料。正如安拉所言：《你们和你们在安拉之外崇拜的，确实是火狱的柴。》（21：98）

"**就像法老的民众和他们以前的人的情况**"，伊本·阿拔斯解释说："就像法老的民众的行为。"[2] 有人解释为："就像法老的民众的常道。""就像法老的民众的做法。""就像法老的民众的样子。"[3] 各种解释大同小异。因为"带艾卜"[4] 一词原指行动、行为、传统和习惯等。譬如人们说："这是我的带艾卜，那是你的带艾卜。"经文的意思是：隐昧者的财产和子孙对他们毫无用处，他们会像法老的民众及那些否认众使者带来的启示的前人一样，势必遭受毁灭和惩罚。

---

（1）伊本·艾布·哈亭经注》2：84；《泰伯里经注》6：213。

（2）《泰伯里经注》6：224。

（3）《伊本·艾布·哈亭经注》2：92。

（4）دأب，正文译为"情况"。——译者注

"安拉是惩罚严厉的"，即安拉的惩治是严厉的、痛苦的，任何人都无法抗拒它或逃避它。他将做他意欲之事，他是优胜的安拉，万物都屈服于他。除他外，没有应受拜者。

❮12.你对那些隐昧的人说："你们将被击败，并将被召集到火狱。那归宿真恶劣！"❯

❮13.在交战的两军中，对于你们确有一种迹象，一方为主道作战，另一方是隐昧者。他们亲眼看见（他们）有他们的两倍之多，安拉以其襄助支持他意欲支持的人。对于有眼光的人，此中确有一种教训。❯

## 警告犹太人将被击败，希望他们从白德尔之战中吸取教训

清高伟大的安拉说，穆罕默德啊！你告诉那些隐昧者："你们将被击败"，即在今世势必遭受失败。

"并将被召集到火狱。那归宿真恶劣！"指后世。伊本·易司哈格说："白德尔战役胜利后安拉的使者㊊回到了麦地那，将犹太人召集到给奈尕尔人的市场上。"

"在交战的两军中"，即在两支会战的军队中，"对于你们确有一种迹象"，即信口说话的犹太人们啊！对于你们有一种明证：安拉将弘扬他的宗教，支持他的使者，宣扬他的言辞，使他的宗教，至高无上。

"一方为主道作战"，他们是穆斯林。"另一方是隐昧者"，他们是参加白德尔战役的古莱什多神教徒。

"他们亲眼看见（他们）有他们的两倍之多。"白德尔之役中，多神教徒清楚地看到穆斯林的人数有他们的两倍之多。换言之，安拉将(他们)设为支援伊斯兰、消灭隐昧者的一种迹象。

也有人解释说，"他们亲眼看见有他们的两倍之多"，指虽然穆斯林看来敌军的人数是他们的两倍，但安拉还是襄助他们战胜了隐昧者。伊本·麦斯欧迪说："最初看来多神教徒的人数远远超过了我们，但后来发现他们的人数和我们不相上下。"这就是安拉所说的：❮当你们相遇时，在你们的眼中，他使你们将他们看成少数人。❯（8：44）[1]伊本·麦斯欧迪说："在我们看来，他们人数很少，所以我问旁边的人：'你看他们有七十人吗？'他说：'我看有一百人。'……后来我们问一俘虏时

他说：'我们有一千人。'"[2]

当两军相互看见对方时，穆斯林看到多神教徒的人数比他们众多，所以他们托靠安拉，全力以赴，并祈求安拉襄助他们。同样，在多神教徒的眼中穆斯林的人数比他们更多，所以他们惊恐万状，焦虑不安。当两军排班列队即将投入战斗时，安拉使他们都认为对方人数不多，以便他们投入战斗：❮以便安拉完成一件注定实现的事情。❯（8：44）即以便辨别真伪，让信仰的言辞战胜隐昧和不义，让穆民获得尊贵，使隐昧者遭受屈辱。如：❮白德尔战役中，安拉援助了微弱的你们。❯（3：123）

"安拉以其襄助支持他意欲支持的人。对于有眼光的人，此中确有一种教训"，即他们能通过这个例子理解安拉的哲理和行为，知道安拉的襄助在今世和后世中经常和信士们在一起。

❮14.人们所迷恋的是女人、子嗣、无数的财宝和有烙印的马以及牲畜和良田。这些都是今世生活的享受。而最佳的归宿在安拉那里。❯

❮15.你说："我告诉你们比这些更好的，好吗？敬畏者在他们的主那里有下临诸河的乐园，他们将永居其中，并获得纯洁的妻子以及来自安拉的喜悦。安拉是全观众仆的。"❯

## 今世生活的真正价值

安拉在此讲述了人们在今世生活中所迷恋的各种享受——女人、子孙……经文首先提到女人，因为女人的考验是更具诱惑的。穆圣㊊说："我之后男人所面临的考验莫过于女人"。[3]但为了安分守己、增加子孙而追求女人是可嘉的，受提倡的。因为有许多圣训提倡人们结婚和多妻。譬如穆圣㊊说："这个民族中最优秀的人是妻子最多的人。"[4]又"今世是一种享受，其中最好的享受是清廉的妻子，当他（丈夫）看到她时，她会令他高兴，他当吩咐她一件事情时她会服从要求，当他不在时她会保护好她的身体和他的财产。"[5]又"我爱慕女人和香料，礼拜是我（心灵）的慰藉。"[6]阿伊莎（愿主喜悦之）说："除了骏马之外使者最心爱的莫过于女人。"[7]另据传述："除了女人之外使者最心爱的莫过于骏马。"

人们有时因为炫耀和吹嘘而养育孩子，这种行

---

(1)《泰伯里经注》6：234。
(2)《泰伯里经注》6：126。
(3)《布哈里圣训实录诠释——造物主的启迪》9：41。
(4)《布哈里圣训实录诠释——造物主的启迪》9：15。
(5)《穆斯林圣训实录》2：1090。
(6)《圣训大集》5：280。
(7)《圣训大集》6：217、7：61。

为是受憎恶的。但为了繁衍后代、增加穆圣㉔的民族——崇拜独一安拉的人的数量而养育孩子是可嘉的。穆圣㉔说："你们应当和有生育能力的有爱心的人结婚,因为在末日我将以你们(的人数和其他先知)竞争。"(1)

人们有时为了满足虚荣而追求财产,他们往往在穷人面前和弱者面前飞扬跋扈,不可一世。这种行为是受贬斥的。但为了接恤亲属和骨肉,为了赞助正义事业而追求财产是可嘉的,是教法所提倡的。

经注学家们对"无数的财宝"的数额有不同解释。端哈克等学者说,概而言之,经文指许多财富。(2)

### 喜爱马匹可分三种

一、为安拉而养马,以备需要的时候为主道出征。这些养马人会得到安拉的报偿;

二、为了炫耀或敌对穆斯林而养马,这是一种犯罪行为;

三、为了养家糊口,养育后代,但他没有忘记为安拉尽义务。这是养马人的一种挡火牌。如果安拉意欲,我们将在下列经文:❬你们要尽己所能地准备武力和战马,以便你们能借此威慑安拉的敌人和你们的敌人,以及你们所不知道的其他人,但安拉知道他们。无论你们为主道花费什么,它都将被全数偿还,你们不会被亏待。❭(8:60)的解释中引述相关圣训。

"穆散外麦提"(3)指有烙印的、骏美的马。(4)穆佳黑德、艾克莱麦、赛尔德·本·朱拜尔、阿卜杜·拉赫曼·本·阿卜杜拉·本·艾卜兹、莱毕尔·本·艾奈斯、赛丁伊、艾布·色拿尼等学者有类似传述。(5)麦哈库里说:"'穆散外麦提'指额头和四蹄有白点的马。"(6)还有其他一些解释。安拉的使者㉔说:"每匹阿拉伯马每天清晨受(安拉)允准做两次祈祷,它说:'我的主啊!既然你将我赐给人类,就使我成为他最喜爱的财产和家庭成员吧!'"或"就使我成为他最喜爱的家庭成员和财产吧!"(7)

"**牲畜**",指骆驼和牛羊。

"**良田**",指适合植树和种庄稼的肥美土地。

然后经文说:"**这些都是今世生活的享受**",即它们仅是今世的浮华,短暂的快乐。

"**而最佳的归宿在安拉那里**",即安拉那里有美好的归宿和报偿。

### 敬畏者的报偿超过整个今世的享受

"**你说:'我告诉你们比这些更好的,好吗?'**"即穆罕默德啊!你对人们说,你们迷恋着这些必将消失的今世浮华和享受,但是我要告诉你们比这一切更好的,"**敬畏者在他们的主那里有下临诸河的乐园**",即各种河流将在这些乐园的角落潺潺流淌。河中分别流淌着蜂蜜、乳液、香醇、水等,任何人的眼睛没有见过,任何人的耳朵没有听过,任何人的心中从来想不到的恩典。

"**他们将永居其中**",即他们将永居乐园,不想从中离去。

"**并获得纯洁的妻子**",即这些妻子都是纯洁无染的,她们不会像今世的妇女那样有月经、产血等不洁之物。

"**来自安拉的喜悦**",即安拉对他们的喜悦,是他们赢得的最大恩典。

"**安拉是全观众仆的**",即他给予每个人应得的报偿。

❬16.那些人说:"我们的主啊!我们确已归信了,求你恕饶我们的罪恶,并保护我们免遭火狱的惩罚。"❭
❬17.一些坚忍的、真诚的、顺从的、施舍的和黎明前的时刻求饶的。❭

### 敬畏者的祈求和他们的特征

安拉讲述那些蒙他许约将得到优厚赏赐的敬畏者,"**那些人说:'我们的主啊!我们确已归信了。'**"即我们归信了你,并相信你的经典和使者。

"**求你恕饶我们的罪恶**",即我们归信你和你制定的法律,求你博施仁慈,恕饶我们的罪恶和缺欠吧!"**保护我们免遭火狱的惩罚**"。

然后说:"**一些坚忍的**",即他们做服从的事,撇弃禁止的事。

"**真诚的**",即他们通过完成一些艰苦的工作,证明他们的虔诚和诚信。

"**顺从的**",即他们是谦恭的。

"**施舍的**",即他们奉命在一切正义的事情中花费自己的财产,无论接恤骨肉亲属,还是帮助他人,从不吝啬。

"**黎明前的时刻求饶的**",说明在黎明前的

---
(1)《伊本·罕巴尼圣训实录》6:134。
(2)《泰伯里经注》6:250。
(3) المسوّمة,正文译为有烙印的马。——译者注
(4)《泰伯里经注》6:252。
(5)《伊本·艾布·哈亭经注》2:123、124、125。
(6)《伊本·艾布·哈亭经注》2:127。
(7)《艾哈麦德按序圣训集》5:170。

时刻求恕饶的尊贵。据传叶尔孤白先知对他的儿子们说：《我会为你们求我的主恕饶。》（12：98）时，将求恕饶的时间推迟到黎明前的时间。

包括两圣训实录的许多部圣训集记载，安拉的使者🕌说："每天夜晚剩余三分之一时，清高伟大的安拉降于最近的天，然后说：'有要求者吗？我会赏赐他的。有祈祷吗？我会应答他的。有求饶者吗？我会赦宥他的。'"[1] 两圣训实录辑录，阿伊莎（愿主喜悦之）说："安拉的使者🕌在整个夜晚开始、中间或末尾都做过奇数拜，他的奇数拜有时到了黎明时才结束。"[2] 伊本·欧麦尔在晚上礼拜，他问（他的仆人纳菲尔）道："纳菲尔，黎明前的时刻到了吗？"如果纳菲尔说"是"，他就开始向安拉祈祷、求饶，直到黎明。[3]

《18.安拉见证除他之外没有主宰。他的众天使和有知识的人们，也在秉公作证，在他之外没有受拜者。他是优胜的、明哲的。》

《19.安拉那里的宗教只是伊斯兰。那些被赐予经典的人，在知识到达他们之后，由于他们互相嫉妒而产生了分歧。谁不信安拉的迹象，那么安拉的清算是迅速的。》

《20.如果他们跟你争论，你说："我已经将我的面容服从了安拉，追随我的人也一样。"你对有经的人和无经的人说："你们顺从吗？"如果他们顺从，他们就走上了正道；倘若他们背弃，你只负责传达，安拉是全观众仆的。》

## 作证认主独一

安拉作证——安拉足为作证者，他是最真诚最公证的作证者，他的语言是最真实的："**除他之外没有主宰**"，即只有独一的安拉是宇宙万物的受拜者。万物都是他的奴仆和被造物，都有求于他，而他无求于万物。正如安拉所言：《安拉见证他降给你的（启示）。》（4：166）

经文并列叙述了安拉、天使及学者的证词。说："**安拉见证除他之外没有主宰。他的众天使和有知识的人们，也在秉公作证**。"经文在此提到学者的殊荣。"秉公作证"，指在任何情况下保持公

---

（1）《布哈里圣训实录诠释——造物主的启迪》11：133；《穆斯林圣训实录》1：521；《艾布·达乌德圣训集》2：77；《提尔密济圣训全集诠释》9：471；《圣训大集》6：123；《伊本·马哲圣训集》1：435；《艾哈麦德按序圣训集》2：487。
（2）《布哈里圣训实录诠释——造物主的启迪》2：564；《穆斯林圣训实录》1：512。
（3）《伊本·艾布·哈亭经注》2：145。

正；"**在他之外没有受拜者**"，这是对前文的强调；"**优胜的、明哲的**"，即安拉强大无比，他的言行、法律和决策都富有哲理。

## 只有伊斯兰是正教

"**安拉那里的宗教只是伊斯兰**"，安拉说他所接受的宗教只是伊斯兰。即遵从安拉派遣的历代先知直到穆圣🕌，以后除了穆圣🕌这一条路以外所有通往安拉的路都已被关闭。安拉派遣穆圣🕌后谁若继续遵循其他宗教，他的功课就不蒙安拉接受。正如安拉所言：《舍伊斯兰而追求其他宗教的人，他绝不会被接受。》（3：85）本章经文则指出，蒙主接受的宗教只是伊斯兰，"**安拉那里的宗教只是伊斯兰**"。

清高伟大的安拉说，以前获得经典的人们，在安拉遣圣降经，树立明证之后陷入了分歧之中。经文说："**那些被赐予经典的人，在知识到达他们之后，由于他们互相嫉妒而产生了分歧**"，即他们相互不服气，因为互相嫉恨和反感而对真理产生分歧。他们互相恼怒，所以在言行方面有意识地与对方表现出不同之处，即使对方坚持的是真理。

"谁不信安拉的迹象"，即谁否认了安拉的经文，"那么安拉是清算迅速的"，即安拉将根据上述情况报偿每个人，他将清算否认他的人，惩罚违背他的经典的人。

"如果他们跟你争论"，即如果他们在"安拉独一"这一问题中对你狡辩，"你说：'我已经将我的面容服从了安拉，追随我的人也一样。'"即我专心崇拜安拉，他独一无偶，没有匹敌，也没有后代和同伴。

"追随我的人也一样"，即他们也坚持我的宗教和我作同样的证词。安拉说："你说：'这是我的路，我与我的追随者，凭依着一种根据。赞美安拉！我不是一个多神教徒。'"（12:108）

### 伊斯兰是全人类的宗教
### 穆圣☪是全人类的使者

安拉命令他的仆人和使者穆罕默德，向两种有经人和以物配主的文盲们发出如下号召：坚持他的道路和宗教，服从他的法律。安拉说："你对有经的人和无经的人说：'你们顺从吗？'如果他们顺从，他们就走上了正道；倘若他们背弃，你只负责传达"，即安拉负责清算他们，他们的归宿都在安拉那里；安拉引导他意欲引导的人，任由他意欲迷误的人走向歧途。安拉是富有哲理和铁证的。因此说，"安拉是全观众仆的"，即他知道谁应该走向迷误，谁应该走向正道。"他的行为不受询问，但是他们却要被质询。"（21:23）那是因为他绝对的智慧和仁慈。

类似的经文都明确指出穆圣☪是全人类的使者，这一点也是教义中众所周知的。类似的《古兰》经文和圣训不胜枚举。譬如"你说："世人啊！我是被派遣给你们全体的安拉的使者。"（7:158）又"赞安拉多福！他降给他的仆人准则，以便他做众世界的警告者。"（25:1）两圣训实录等著名圣训集记载，穆圣☪曾致信当时世界各地的统治者、阿拉伯人、非阿拉伯人、有经人和无经人，要求他们接受他的号召。[1] 穆圣☪说："以掌握我生命的安拉发誓，这个世上无论是犹太人还是基督教徒，如果他听到我之后没有归信我带来的信息就死去了，那么，他势必成为火狱的居民。"[2] 又"我被派往红种人和黑种人。"又"使者一般只被派到他的族人中（传达信息），但我是安拉派给全人类的使者。"[3]

---
(1)《布哈里圣训实录诠释——造物主的启迪》1:42；《穆斯林圣训实录》4:1993。
(2)《穆斯林圣训实录》1:134。
(3)《穆斯林圣训实录》1:370；《布哈里圣训实录》335。

"21.那些人不信安拉的迹象，无理地杀害各位先知，并屠杀那些劝人公正的人们，你以痛苦的刑罚给他们'报喜'吧！"

"22.这等人，他们的善功在今世和后世都失效了，他们也没有任何援助者。"

### 谴责犹太人否认正教、杀害先知和清廉之士

安拉谴责古代和当代犹太人触犯安拉的禁令，为非作歹，否认安拉的经文。每当安拉的使者向他们传达安拉的经文时，他们蔑视使者，反对使者，拒绝接受真理，对真理的召唤不屑一顾，不但如此，他们还无故地妄杀许多先知，原因竟然是使者们号召他们走向真理。"并屠杀那些劝人公正的人们。"暴露了他们无以复加的傲慢。穆圣☪说："傲慢是拒绝真理，轻视他人。"[4]

因此，当隐昧者们抗拒真理、欺凌他人时，安拉让他们遭受今世的屈辱和后世的严惩。"你以痛苦的刑罚给他们'报喜'吧！这等人，他们的善功在今世和后世都失效了，他们也没有任何援助者。"

---
(4)《穆斯林圣训实录》1:93。

⟪23.你没有注意到那些人吗？他们被赐予部分经典，被要求以安拉的经典裁决他们之间的争论，但他们当中的一部分人却转身离开了。⟫

⟪24.这是因为他们说："除了少数的日子之外，火绝不会接触我们。"他们在他们的宗教上所捏造的欺骗了他们。⟫

⟪25.那时他们将会如何呢？——我在一个无疑的日子把他们聚集在一起，每个人都将被准确地报以他们所应得的，而不受亏待。⟫

### 谴责有经人不以安拉的经典裁决事务

安拉谴责那些犹太人和基督教徒，他们妄称对手中的经典——《讨拉特》和《引支勒》忠心不二，但是当别人要求他们服从安拉，遵守这两部经典的要求跟随穆圣㊤时，他们却背转而去。经文通过叙述他们的反叛行径，对他们进行了最严厉的谴责。

**"这是因为他们说：'除了少数的日子之外，火绝不会接触我们。'"** 即促使他们抗拒真理的原因是，他们假借安拉名义妄称按今世中的每一千年他们只受刑一天[1]，这样他们在火狱中只遭受七天的惩罚。我们已经在《黄牛章》注叙述了相关问题。

**"他们在他们的宗教上所捏造的欺骗了他们。"** 致使他们坚持错误宗教的原因是，他们为自己编造的谎言——他们只受若干日的惩罚。其实那些都是他们自行臆造的谬论，安拉没有授予它任何证据。安拉警告他们，说：**"那时他们将会如何呢？——我在一个无疑的日子把他们聚集在一起"**，即他们的情况会是怎样的呢？他们假借安拉名义编造谎言，否认安拉的使者㊤，杀害多位先知和来自同族的命人行善、止人作恶的学者们。安拉将审问他们的所有行为，并清算他们、惩治他们。因此说，**"那时他们将会如何呢？——我在一个无疑的日子把他们聚集在一起"**，即末日到来是一件毫无疑问的事情。**"每个人都将被准确地报以他们所应得的，而不受亏待。"**

⟪26.你说："主啊！掌权的主啊！你将权力赐给你所意欲的人，也从你所意欲的人身上剥夺权利。你赐予你所喜欢的人尊荣，你也贬低你意欲之人。福泽只由你掌握。你确实是全能万事的。⟫

⟪27.你使夜进入昼中，也使昼隐没在夜里。你从死物取出活物，也从活物取出死物。你无限量地赐予你所意欲的人。"⟫

---

(1) 而他们妄言整个今世总共是七千年。——译者注

### 指导世人感谢安拉

清高伟大的安拉说，"你说"，即穆罕默德啊！你当托靠安拉，以尊敬和感谢的态度说："主啊！掌权的主啊！"即一切权力都属于你，**"你将权力赐给你所意欲的人，也从你所意欲的人身上剥夺权利。你赐予你所喜欢的人尊荣，你也贬低你意欲之人"**，即你是赏赐者，带走者，你意欲的一切必然会发生，你不意欲的一切不会发生。经文强调并指导人感谢安拉赐予穆圣㊤和其他人的恩典。因为安拉将圣职从以色列的后裔转移到阿拉伯的、麦加的、古莱什的不会写字的先知——穆罕默德身上，他是万圣绝对的封印，是安拉派向人类和精灵的使者。安拉赋予他前人的一切美德，并赋予他无与伦比的品性，他对安拉和安拉宗教的认识超越了任何一位先知，他通古博今，掌握后世的情况，他的民族分布世界各地，他的宗教和法律是一切宗教和法律望尘莫及的。愿安拉永远赐他幸福和平安。因此说："你说：'主啊！掌权的主啊！'"即你决策你的被造物的事务，执行你的意志。安拉同时还驳斥了对安拉的判决指手画脚的人——⟪他们又说："为什么《古兰》不降给这两座城中的一位要人呢？"⟫（43：31）安拉驳斥他们说：⟪他们是在分配你的主的慈悯吗？⟫（43：32）即我自由地决策我的被造物的事情，任何人都无权阻拦或抗拒我。此中确有深刻哲理。我就这样将圣品赐给我所意欲之人。如这节经文：⟪安拉至知把他的使命置于何处。⟫（6：124）

清高伟大的安拉说：⟪你看我如何使他们中的一些人优越于另一些人。⟫（17：21）

**"你使夜进入昼中，也使昼隐没在夜里"**，即你缩短夜的时间，延长昼的时间，或缩短昼的时间，延长夜的时间，从而使它们的时间相等或不等。你也以同样的方法处理一年四季，春夏秋冬。

**"你从死物取出活物，也从活物取出死物"**，即你让植物长成种子，让种子长成植物；你从果核长出枣儿，让枣儿长出果核；你让隐昧者出现在穆民中，让穆民出现在隐昧者中；你使鸡生出蛋，从蛋中生出鸡等等。

**"你无限量地赐予你所意欲的人"**，即你给你所意欲的人赐予令他不胜枚举的财富。你也让另一些人处于窘迫之中。此中确有你的某种哲理，一切都取决于你的意志、允许和公正。

⟪28.信士们不要舍信士而以隐昧者为友。谁这样做，他就和安拉毫无关系。除非你们对他们小心防范。安拉叫你们留意他自己。归宿只在安拉那里。⟫

## 禁止和多神教徒结盟为友

安拉禁止穆民和隐昧者交朋友，向他们献殷勤，而对其他穆斯林置之不理。安拉警告这种行为说："**谁这样做，他就和安拉毫无关系**"，即谁触犯安拉的这条禁令，谁就和安拉断绝了一切关系。正如安拉所言：❮ 有正信的人们啊！你们不要把我的敌人和你们的敌人当作朋友，而对他们表示友爱……你们当中谁这样做，他确已迷失了正道。❯（60：1）又❮ 有正信的人们啊！你们不要舍众信士而以隐昧者为盟友，难道你们欲为安拉立一个不利于你们的明证吗？❯（4：144）又❮ 有正信的人们啊！你们不要将犹太人和基督教徒作为盟友。他们彼此是盟友。你们当中找他们作盟友的人就是他们的人。❯（5：51）安拉指出迁士、辅士和游牧人等有正信者应该互为盟友后说：❮ 那些否认者互为盟友。如果你们不这样做，大地上就会出现迫害和严重的风波。❯（8：73）

"**除非你们对他们小心防范**"，如果你们在某地或某时，担心遭受他们的迫害，你们可以表面上向他们表示友好，但不能真心实意地与他们为友。布哈里传述，艾宾·德尔达伊说："虽然我们的内心在诅咒一些人，但我们还是在那些人的面前强颜作笑。"[1] 布哈里传述，哈桑说："直到末日，防范意识不可无。"

"**安拉叫你们留意他自己**"，即安拉让你们提防他的惩罚，换言之，友爱安拉的敌人，敌视安拉的盟友的人们，应该提防倒行逆施的悲惨结局。

"**归宿只在安拉那里**。"你们的回归地只在安拉那里，他将给每个人论功行赏。

❮ 29.你说："无论你们隐藏心中的秘密，或是表明它，安拉都能知道它。他知道诸天与大地间的一切。安拉是全能于万事的。" ❯

❮ 30.那天，每一个人都会发现他曾做的一切善行都在面前。至于他曾经犯过的罪恶，他则希望他与它遥不可及。安拉叫你们留心他自己。安拉是疼爱众仆的。❯

## 安拉知道内心隐藏的一切

安拉告诉他的众仆，他知道一切秘密、明显的和不明显的事情，任何隐微的事务，都无法隐瞒他，他的知识包罗任何时空，他将召集天地中的一切，他掌握比微尘更小的事物，无论它处于大地、海洋或群山的哪个角落。

"**安拉是全能于万事的**。"安拉的能力贯穿了上述的一切。经文提醒穆民敬畏安拉，不要触犯安拉的禁令，招来安拉的恼怒，因为安拉全能万事，如果他愿意，他会立即惩罚人类，虽然如此，他还是在宽容一部分人。但他的惩罚一旦临近，那将是"优胜的、大能的安拉的惩罚"。

所以后文"**那天，每一个人都会发现他曾做的一切善行都在面前**"，即在末日，仆人的一切善功和罪恶都将出现在他的眼前，如安拉所述：❮ 那天，人将被告知他前后所做的一切。❯（75：13）当他看到自己的善功时，激动不已，当看到自己所干的丑事时，感到无地自容，希望自己和它毫不相干，遥不可及。那时，他对今世中怂恿他作恶的伙伴——恶魔说：❮ 直到他来到我这里时，他说："但愿你我之间相距两个东方之遥。这伙伴太邪恶了。" ❯（43：38）

安拉强调他的警告说："**安拉叫你们留心他自己**"，即安拉以他的惩罚警告你们。安拉为了不让人们对他的慈悯感到绝望，激励穆民道："**安拉是疼爱众仆的**。"哈桑·巴士里说："由于安拉疼爱众仆，才让他们提防他。"[2] 其他学者们认为：

---

[1]《布哈里圣训实录诠释——造物主的启迪》10：544。

[2]《泰伯里经注》6：202。

安拉对众仆是慈爱的，他喜欢他们走正道，坚持正教，紧跟他们尊贵的先知。

❰31.你说："如果你们爱安拉，那就跟随我，安拉就会喜爱你们，并宽恕你们的罪恶。安拉是至恕的、至慈的。"❱

❰32.你说："你们当顺从安拉及其使者。"倘若他们背离，安拉确不喜爱隐昧者。❱

### 仆人对安拉的爱体现在紧跟穆圣㊥当中

这段尊贵的经文判定：不坚持穆圣㊥的道路而自称爱安拉的人们，都是撒谎者。真正爱安拉的人们，会在每时每刻、一言一行中紧跟穆圣㊥的道路，遵循他的宗教。安拉的使者㊥说："谁做了我们未曾命令过的工作，就不蒙接受。"（1）因此说："**你说：'如果你们爱安拉，那就跟随我，安拉就会喜爱你们。'**"即你们会赢得更大的收获——安拉对你们的喜爱，这是更伟大的。哈桑·巴士里等先贤说："有些人自称喜爱安拉，所以安拉用这段经文来考验他们。"（2）安拉说："你说：'如果你们爱安拉，那就跟随我，安拉就会喜爱你们。'"然后说："**并宽恕你们的罪恶。安拉是至恕的、至慈的。**"如果你们紧跟穆圣㊥，你们就会凭借他的福分赢得这一切优遇。

安拉命令每一个人，说："**你说：'你们当顺从安拉及其使者。'，倘若他们背离**"，即如果他们违背使者的命令，"**安拉确不喜爱隐昧者。**"经文证明违背使者的道路（方法）是隐昧，安拉不喜爱有这种特征的人。哪怕他妄称自己是多么喜爱安拉，自己是在接近安拉。因此，喜爱安拉的人们必须紧跟不会写字的这位穆圣㊥——人类和精灵的使者，万圣的封印。所以一切先知乃至使者、还有安拉的钦差大圣们，倘若他们能见到穆圣㊥，也必须追随他。如果安拉意欲，我们在注释❰当时安拉跟众先知立约。❱（3：81）时将叙述这一问题。

❰33.安拉在众世界中优选了阿丹、努哈、伊布拉欣的家族和仪姆兰的家族。❱

❰34.那些后裔，部分来自部分。安拉是全听的、全知的。❱

### 大地的居民中的受选者

清高伟大的安拉说，他在大地上选择了一些家族。例如，安拉最初选拔了阿丹，亲自创造他，给他注入精神，让众天使为他叩头，教给他万物的名称，让他住在乐园中。后来，安拉因某种哲理而让他下降到地面上。

后来安拉选拔了努哈，使之成为派向大地居民的第一位使者。当时的人们崇拜偶像，举伴安拉。努哈夜以继日地号召他们崇拜安拉，但他们却变本加厉地背叛真理。努哈恳求安拉抵抗他们，所以除了紧跟努哈并坚信安拉宗教的人之外，其他人都被淹死于洪水之中。

安拉还选拔了伊布拉欣家族，在他们中派遣了人类的领袖、万圣绝对的终结者——穆罕默德㊥。安拉还选拔了仪姆兰的家属，此处的仪姆兰指麦尔彦的父亲，麦尔彦是尔撒先知的母亲。尔撒先知也属于伊布拉欣的子孙。如果安拉意欲，我们将在注释《牲畜章》时介绍这一问题。安拉是可托靠的。

❰35.当时，仪姆兰的女人说："我的主啊！我为你许愿，要让腹中的孩子专门侍奉你，求你接受我吧。你确实是全听的、全知的。"❱

❰36.当她分娩之后，她说："我的主啊！我生了一个女孩。"安拉深知她所生育的，男孩不像女孩。"我为她取名麦尔彦，我求你从被驱逐的恶魔上保护她和她的后代。"❱

### 麦尔彦诞生的故事

仪姆兰的妻子，即麦尔彦的母亲的名字叫罕奈，其父名叫法古兹。伊本·易司哈格说："她（一直）没有怀过孕，有一天她看到一只雌鸟用嘴喂养雏鸟，所以她祈求安拉让她也能生个孩子，安拉应答了她的要求。后来她和丈夫同房并怀孕后，她许愿要让她的孩子专门侍奉安拉，让他一心一意崇拜安拉，服务远寺。"她说："**我的主啊！我为你许愿，要让腹中的孩子专门侍奉你，求你接受我吧。你确实是全听的、全知的**"，即你能听到我的祈求，知道我的心情。那时她不知道腹中所怀是男是女。

"**当她分娩之后，她说：'我的主啊！我生了一个女孩。'安拉深知她所生育的，男孩不像女孩。**"男女在宗教功修、服务远寺的毅力和能力方面有所不同。

"**我为她取名麦尔彦。**"经文证明可以在分娩的当日给婴儿取名。这是古代民族的教规，伊斯兰也认可了这一点。传自安拉的使者㊥的圣训也能证明这一点，他说："今夜我得到一子，我给

---
(1)《布哈里圣训实录诠释——造物主的启迪》5：355。
(2)《伊本·艾布·哈亭经注》2：205。

他取了我的祖先伊布拉欣的名字。"[1]据传艾奈斯·本·马立克的母亲为他生了一个弟弟，他抱着他去安拉的使者跟前，使者给孩子喂了枣儿，为他取名阿卜杜拉。[2]给刚出生的婴儿起名的例子很多。

安拉的使者说："每个婴儿出生的第七天，替他宰牲、取名并剃头后，他才成为自由人。"[3]

经文表述麦尔彦的母亲所说的话，说："**我求你从被驱逐的恶魔上保护她和她的后代**"，即我祈求安拉使她和她的子孙（尔撒先知）免遭恶魔的伤害。安拉答应了她的请求。艾布·胡莱赖传述，安拉的使者说："恶魔会接触每个出生时的婴儿，因此婴儿才高声哭闹。但麦尔彦和她的孩子不在此例。"艾氏还说："如果你们愿意，你们可以读：'我求你从被驱逐的恶魔上保护她和她的后代。'"[4]

◊ 37.她的主美好地接受了她，并使她美好地成长，宰凯里雅抚养了她。每当宰凯里雅进入内殿去看她时，总会发现她面前有食物，他说："麦尔彦啊！你怎么会有这个呢？"她说："它是来自安拉的。安拉无量地供养他所意欲的人。"◊

## 麦尔彦的成长及安拉对她的优容

我们的养主说，他接受了麦尔彦的母亲的许愿，"**并使她美好地成长**"，即安拉使麦尔彦成为一个招人喜爱的窈窕淑女，为她准备了各种接受善功的因素，使她生活在安拉的清廉忠仆之中，以便从他们那里学习正确宗教功修和有益的知识。

"**宰凯里雅抚养了她**"，即安拉让宰凯里雅成为她的监护人，以便她学习他的渊博有益的知识。据伊本·易司哈格和伊本·哲利尔等学者说，宰凯里雅是麦尔彦的姨父。也有人说宰凯里雅是她的姐夫。正如有段明确的圣训说："叶哈雅和尔撒是表兄弟。"[5]伊本·易司哈格主张，从广义的角度，尔撒和叶哈雅被称为姨表兄弟，实际上他们是姨表侄的关系。按照这种观点来说，麦尔彦实际上在她的姨妈的监护之下。两圣训实录辑录，安拉的使者曾判决：贾法尔的妻子应该监护她的外甥女宾特·海穆宰。使者说："姨如同母亲。"[6]

然后经文叙述了麦尔彦静拜安拉的地方发生的一些事情，证明她的高尚和美德："**每当宰凯里雅进入内殿去看她时，总会发现她面前有食物**。"穆佳黑德、艾克莱麦、艾布·沙尔沙、赛尔德·本·朱拜尔、阿塔、伊布拉欣·奈赫伊、格塔德、端哈克、赛丁伊、莱毕尔·本·艾奈斯说，经文指宰凯里雅冬天在她那里发现夏天的水果，夏天在她那里发现冬天的水果。"[7]宰凯里雅见此情景后说道："麦尔彦啊！你怎么会有这个呢？"即这到底是从哪来的？"她说：'它是来自安拉的。安拉的确无量地供养他所意欲的人。'"

◊ 38.在那里，宰凯里雅祈祷他的养主，他说："我的主啊！求你从你那里赐予我美好的后代。你确实是全听祈祷的。"◊

◊ 39.当他站在内殿礼拜时，天使们召唤了他："安拉以叶哈雅向你报喜，他将证实来自安拉的一句话。他将是领袖、克己者和一位清廉的先知。"◊

◊ 40.他说："我的主啊！我怎么会有孩子呢？我已经很老了，我的妻子已经不生育。"他（天使）说："安拉就这样做他所欲之事。"◊

◊ 41.他说："我的主啊！求你给我一个迹象吧！"他说："你的迹象是你三日不说话，除非手势。你当多多记念你的主，并在晨昏时分赞颂他。"◊

## 宰凯里雅的祈祷 叶哈雅出生的喜讯

宰凯里雅看到安拉在夏天赐给麦尔彦冬天的水果，在冬天赐给她夏天的水果，便希望安拉赐他一个儿子，虽然他已是一个白发苍苍的耄耋老人，他的妻子已经年迈不能生育，他还是祈求安拉，并暗暗向主恳求："**我的主啊！求你从你那里赐予我美好的后代**"，即求你从你跟前赐给我清廉的子孙吧！"**你确实是全听祈祷的**"。

清高伟大的安拉说："**当他站在内殿礼拜时，天使们召唤了他**"，即他在拜功地点和天使交谈时，天使们以他能听到的声音，当面呼唤他。安拉讲述天使传来的喜讯，说："**安拉以叶哈雅向你报喜**"，即你将喜得贵子，他的名字叫叶哈雅。格塔德等学者说："称其为叶哈雅，是因为安拉将通过

---

[1]《布哈里圣训实录诠释——造物主的启迪》3：306；《穆斯林圣训实录》4：1807。
[2]《布哈里圣训实录诠释——造物主的启迪》9：501。
[3]《艾哈麦德按序圣训集》5：7；《艾布·达乌德圣训集》3：259；《提尔密济圣训全集诠释》5：115；《圣训大集》7：166；《伊本·马哲圣训集》2：1057。
[4]《阿卜杜·兰扎格经注》1：119；《布哈里圣训实录诠释——造物主的启迪》8：60、《穆斯林圣训实录》4：1838。
[5]《布哈里圣训实录诠释——造物主的启迪》6：539。

[6]《布哈里圣训实录诠释——造物主的启迪》7：571。
[7]《伊本·艾布·哈亭经注》2：227、228、229。

他复兴正信。"(1)

"他将证实来自安拉的一句话。"伊本·阿拔斯、哈桑、艾布·沙尔沙、艾克莱麦、穆佳黑德、格塔德、赛丁伊、端哈克、莱毕尔·本·艾奈斯等学者解释说，他将证实麦尔彦之子尔撒。"(2)

"领袖"，（赛尔德）艾布·阿林、莱毕尔·本·艾奈斯、格塔德、赛尔德·本·朱拜尔等学者认为经文指"智慧的"。(3) 伊本·阿拔斯、绍利、端哈克等人认为指"智慧的、敬畏安拉的领头人"；伊本·穆散耶卜认为指"精通教义的学者"。(4) 阿彤叶认为指"道德操守和宗教行为方面的领袖人物"；艾克莱麦认为指"能克制自己怒气的人"。伊本·栽德认为指"尊贵的"；穆佳黑德等认为指"为安拉所喜爱的"。

"克己者"，此处的意思不是指他抑制和女性的关系，而是指他克制和女性的非法关系，这意味着他有合法而美满的婚姻，我们从宰凯里雅的上述祷词中可以看出，叶哈雅是有子孙的。他说："**我的主啊！求你从你那里赐予我美好的后代。**""美好的后代"，指有子孙后代的儿子。安拉至知。

"一位清廉的先知"，这是叶哈雅出生的喜讯后，所传来的第二个喜讯。这一喜讯胜于前者。正如安拉对穆萨的母亲说：◆ 因为我会把他归还给你，我将使他成为一位使者。"◆（28：7）宰凯里雅听到了这一喜讯后，对年迈的自己将喜得贵子越想越怪，"**他说：'我的主啊！我怎么会有孩子呢？我已经很老了，我的妻子已经不生育。'**"他说，即天使说："**安拉就这样做他所欲之事**"，即安拉的命令就是如此伟大，他无所不能。

"**他说：'我的主啊！求你给我一个迹象吧！'**"即请你赐我一种迹象，以提醒我有孩子即将出世。

"**他说：'你的迹象是你三日不说话，除非手势。'**"即虽然你身体健康，没有任何疾病，但你在三日内却无法说话。如：◆ 完整的三夜。◆（19：10）然后安拉命令他在这种情况下多记主、赞主并感谢主。安拉说："**你当多多记念你的主，并在晨昏时分赞颂他。**"如果安拉意欲，我们将在《麦尔彦章》的开始从另一角度详述这一问题。

◆ 42.当时，天使们说："麦尔彦啊！安拉已经选中了你，净化了你，并在全世界的妇女中选中了你。◆

---

(1)《伊本·艾布·哈亭经注》2：235。
(2)《伊本·艾布·哈亭经注》2：235、236、237。
(3)《伊本·艾布·哈亭经注》2：238。
(4)《泰伯里经注》2：375、376。

◆ 43.麦尔彦啊！你要服从你的主，你要叩头，要和鞠躬的人们一起鞠躬。"◆

◆ 44.那属于未见的消息，我将它启示给你。当他们抛出笔取决谁将监护麦尔彦时，你不在场；他们互相争执时，你也不在场。◆

## 麦尔彦贵过同时代的一切妇女

清高伟大的安拉说，天使奉安拉之命告诉麦尔彦，安拉已经选拔了她，因为她勤于功修，淡泊今世，品德高尚，冰清玉洁。安拉也因为她高尚的品格贵过同时代的妇女而选拔她。安拉的使者说："麦尔彦是她生活的那个时代最优秀的女性，赫蒂彻是她生活的时代最优秀的女性。"(5) 又说："男人中的完人很多，妇女中的完人只有仪姆兰之女麦尔彦和法老之妻阿西叶。"(6) 又"男人中的完人很

---

(5)《提尔密济圣训全集诠释》10：388；《布哈里圣训实录诠释——造物主的启迪》6：542；《穆斯林圣训实录》4：1886。
(6)《泰伯里经注》6：397；《布哈里圣训实录诠释——造物主的启迪》6：543；《穆斯林圣训实录》4：1886；《提尔密济圣训全集诠释》5：563；《圣训大集》5：93；《伊本·马哲圣训集》2：1091。

多，妇女中的完人只有法老之妻阿西叶和仪姆兰的女儿麦尔彦。的确，阿伊莎贵过其他妇女，就像肉汤泡馍贵过其他食品。"⁽¹⁾我在拙著《始末录》中详细引述了相关的许多圣训。一切赞美和恩情统属伟大的安拉。

清高伟大的安拉说，天使们吩咐麦尔彦要勤于功修，谦恭拜主，坚持不懈。因为安拉注定要考验她，好让她成就一番伟大的事业。安拉将显示他的大能，让她赢得两世的尊贵品级——安拉让没有和任何男人接触过的她生下一个孩子。天使们说："麦尔彦啊！你要服从你的主，你要叩头，要和鞠躬的人们一起鞠躬。""服从"，指谦恭地顺从安拉。正如安拉所言：❦不然，诸天和大地当中的一切，都属于安拉。一切都臣服于安拉。❧（2：116）安拉给穆圣㊗清楚地介绍了这段历史后，对他说："那属于未见的消息，我将它启示给你。""启示"，指叙述。

"当他们抛出笔取决谁将监护麦尔彦时，你不在场；他们互相争执时，你也不在场"，即穆罕默德啊！当时你不在场，你怎么能给他们说明那些历史真相呢？但安拉给你叙述了它，好像你亲临现场，看到他们将用抓阄的方式决定谁来抚养麦尔彦，以期获得安拉的报偿。

艾克莱麦说："然后麦尔彦的母亲抱着她，去穆萨先知的兄长哈伦的后裔（卡西里人）那里。"他说："当时，他们主持着远寺事务，就像天房的侍者操持天房一样。"她说："请接受这个被许愿的孩子吧，她是我的女儿，我奉献出她，专心拜主，来月经的女人不能进入教堂，但我也不想把她带到家中。"他们说："这是我们的领袖的女儿——仪姆兰曾经是他们的领拜师——是主持我们的祭祀之人的女儿。"仪姆兰曾经是他们的领拜师。宰凯里雅说："请把她交给我吧！她姨母是我的妻子。"众人说："那不行，她是我们领袖的女儿。"最后众人用他们书写《讨拉特》的笔抓阄，以便决定谁抚养麦尔彦。宰凯里雅获得了抚养权。⁽²⁾艾克莱麦、赛丁伊、格塔德、莱毕尔·本·艾奈斯等学者说："众人经过一番讨论后，决定前往约旦河，把他们的笔抛进河中，谁的笔浮在水面上不被河水冲走，就由谁抚养麦尔彦。众人抛出笔后，其他的都被河水冲走了，惟独宰凯里雅的笔停在水面，没有被冲走。一说他的笔竟逆水而上。同时，宰凯里雅是他们的师长、领导和学者，也是他们中的先知。"愿主赐他和其他先知以福安。

❦45.当时，天使们说："麦尔彦啊！安拉以来自他的一句话向你报喜，他的名字是麦西哈——尔撒·本·麦尔彦，在今世和后世享有尊荣的人，一位近主之人。❧

❦46.他将在摇篮中和壮年时期同人们说话，是一位清廉之士。"❧

❦47.她说："我的主啊！任何人没有接近过我，我怎么能有孩子呢？"他说："安拉就这样造化他所意欲的。当他决定一件事的时候，他只说'有'，它即刻就有了。"❧

### 虔信安拉的麦尔彦获得尔撒降生的喜讯

众天使给麦尔彦报喜，他将生下一个孩子，这孩子将会成就一番伟大的事业。"**当时，天使们说：'麦尔彦啊！安拉以来自他的一句话向你报喜**"，即你会因为来自安拉的一句言辞而生下一个孩子（一句话指安拉说："有"，他即刻间就有了）。大部分学者说，这是对前面的经文"他将证实来自安拉的一句话"的注释。

"**他的名字是麦西哈——尔撒·本·麦尔彦**"，即他将以这个名字闻名于世，受信士们格外关注。他被称为麦西哈。因为只要他抚摸一下有病之人，病人就会凭安拉的允许得到痊愈；"**尔撒·本·麦尔彦**"（麦尔彦的儿子尔撒）以母系名称称呼他的原因是他没有父亲。

"**在今世和后世享有尊荣的人。**"安拉给他启示法律，降示经典，并赐予他许多赏赐，所以他在今世中享有地位。后世中安拉允许他像其他尊贵的使者一样为别人求情。愿主赐福安于他们全体。

### 尔撒在摇篮中讲话

"**他将在摇篮中和壮年时期同人们说话**"，即他幼时就号召人们崇拜独一无偶的安拉。这是来自安拉的一个迹象和奇迹。他也在壮年接受安拉的启示后，号召人们信教。安拉的使者㊗说："只有尔撒和朱莱吉时代的一个婴儿在婴儿时期同人讲话。"⁽³⁾另据传述，使者说："在摇篮时期能和人讲话的人只有三个，尔撒、朱莱吉时代的一个婴儿和另一婴儿。"⁽⁴⁾

"**是一位清廉之士**"，即在言行上，他将拥有纯洁的知识和正义的工作。

### 不通过父亲而创造尔撒

麦尔彦听到天使从安拉那里带来的喜讯后，默

---

（1）《布哈里圣训实录诠释——造物主的启迪》7：133。
（2）《伊本·杰莱勒经注》6：351；《伊本·艾布·哈亭经注》2：266、267、268。
（3）《伊本·艾布·哈亭经注》2：272、273。
（4）《伊本·艾布·哈亭经注》2：272；《布哈里圣训实录》3436；《穆斯林圣训实录》2550。

默地说："我的主啊！任何人没有接近过我，我怎么能有孩子呢？"即我既没有丈夫——我不打算结婚——也不是一个淫乱的妇女，又怎么会生下一个小孩呢？天使替安拉回答道："**安拉就这样造化他所意欲的**"，即安拉的事情就是这么伟大，他无所不能。经文明确地说："**安拉就这样造化他所意欲的**"，但没有说"安拉将会做……"指出安拉将创造尔撒，从而杜绝了居心叵测的人可以提出的任何疑问。并强调道："**当他决定一件事的时候，他只说'有'，它即刻就有了**"，即安拉所命令的事情会在顷刻间实现，如安拉所言：⟨我的命令只是在一瞬间。⟩（54：50）即安拉只要发出一道命令，他所意欲的事情就会在一眨眼的时刻内发生。

⟨48.他将教给他书写、智慧；《讨拉特》和《引支勒》。⟩

⟨49.使他成为派向以色列后裔的使者。他说："我带着你们主的迹象来到你们当中。我将为你们用泥土做一个鸟的样子，我在其中吹气后它就会以安拉的意旨成为飞鸟。我要在安拉的准许下医好天然盲和麻风病，并使死者复活。我也告诉你们所吃的和你们在家中所储备的。如果你们是归信者，此中对你们确有一种迹象。⟩

⟨50.（我奉命来）证实在我之前的《讨拉特》，并将一些以前对你们禁止的变为合法，我已给你们带来你们主的迹象，因此你们要畏惧安拉，并顺从我。⟩

⟨51.安拉是我的主，也是你们的主，故你们当崇拜他。这就是端庄的道路。"⟩

### 尔撒的特征、奇迹、宣教

清高伟大的安拉说，他会带给麦尔彦更好的喜讯，至于尔撒，安拉将"**教给他书写、智慧**"不言而喻，此处的"**书写**"指写字。我们在注释《黄牛章》时已经解释了"**智慧**"。

"**《讨拉特》和《引支勒》**"，"**《讨拉特》**"是安拉降给仪姆兰的儿子穆萨的经典，"**《引支勒》**"是降给麦尔彦之子尔撒的经典。尔撒则精通这两部经典。

"**派向以色列后裔的使者**"，即安拉使他成为以色列人的使者。

他说："**我带着你们主的迹象来到你们当中。我将为你们用泥土做一个鸟的样子，我在其中吹气后它就会以安拉的意旨成为飞鸟。**"关于尔撒的奇迹很多，譬如他用泥做一只鸟，吹一口气后，那鸟儿凭着安拉的允许，在众人面前展翅而飞。这是安拉用来证明尔撒使者身份的奇迹。

"**我要在安拉的准许下医好天然盲和麻风病。**""天然盲"俗称"胎里瞎"。从这个角度来说，这是安拉赐给尔撒的更大的、更具挑战性的奇迹；"麻风病"是众所周知的疾病。"**并使死者复活**"。

许多学者说，安拉根据时代特征降下奇迹派遣列圣。穆萨时代流行魔术，人们尊重魔术师，所以安拉以光辉的奇迹派遣了穆萨，征服了所有魔术师，当他们坚信它是来自安拉的迹象时，他们便义无反顾地归信了正教。尔撒时代医学盛行，人们推崇自然科学，尔撒带来战无不胜的种种奇迹，证明它们是法律的制定者——安拉用来支援他的奇迹。否则，一个医生怎么可能给无生物赋予生命，医好天然盲和麻风病，或让坟墓中的人复活呢？这是永远不可能的。同样的道理，穆圣㊊出现在一个文学和诗歌发达的时代，所以穆圣㊊给人类带来一部经典，即便普天下的人类和精灵聚集到一起，群策群力，绞尽脑汁，也无法带来类似《古兰》的一部经典，或类似其中十个章节甚至一段经文的经典。因为这是来自安拉的语言，他们只能望尘莫及。安拉的语言永远不像人类的语言。

"我也告诉你们所吃的和你们在家中所储备的",即我会告诉你们,你们刚才吃了什么,也知道你们为明天所准备的。

"此中对你们确有一种迹象。"上述的一切,都能证明我对你们所说的都是实话。

"如果你们是归信者。""证实在我之前的《讨拉特》",即我是来落实它的。

"并将一些以前对你们禁止的变为合法。"经文证明尔撒革止了《讨拉特》的部分法规,理清了人们有关《讨拉特》的模糊认识,从而消除分歧,正如另节经文说的:《要对你们澄清一些分歧。》(43:63)安拉至知。

"我已给你们带来你们主的迹象",即带来证明我说的是真理的证据。

"因此你们要畏惧安拉,并顺从我。安拉是我的主,也是你们的主,故你们当崇拜他",即我和你们是平等的,我们都得崇拜他,敬畏他,服从他,"这就是端庄的道路"。

《 52.当尔撒在他们当中发现有不信时,他说:"谁会在安拉的道路上做我的援助者?"众门徒说:"我们愿当相助安拉之人,我们归信安拉,求你见证我们是顺从者(穆斯林)。"》

《 53.我们的主啊!我们归信你所颁降的,我们追随了使者,求你将我们和众作证者记载在一起。"》

《 54.他们用诡计,安拉用妙计。安拉是最好的施计者。》

## 众门徒扶助尔撒

清高伟大的安拉说:"当尔撒在他们当中发现有不信时",即尔撒觉察到他们执迷不悟,坚持隐昧时,他说:"谁会在安拉的道路上做我的援助者?"穆佳黑德解释说:"谁跟随尔撒,号召人们走向安拉?"[1]显而易见,经文指:谁愿协助,做主道的宣教者?穆圣☆在迁徙之前的一次朝觐集会中讲道:"谁愿给我提供居所,以便让我宣传我养主的语言?古莱什人确实阻止我替主宣教。"[2]后来辅士们表示愿意为他提供居所,并支持他,所以他迁到他们那里,与他同甘共苦,抵抗外敌。愿安拉喜爱他们,并使他们满意。尔撒先知也是如此,部分以色列的后裔弃暗投明,起来援助他,信仰他,追随他。因此,安拉讲述他们说:"众门徒说:'我们愿当相助安拉之人,我们归信安拉,求你见证我们是顺从者(穆斯林)。我们的主啊!我们归信你所颁降的,我们追随了使者,求你将我们和众作证者记载在一起。'""众门徒"有人认为指漂布工人,其真实意义是相助者。两圣训实录辑录,安拉的使者☆在联军战役中,号召人们应战,祖拜尔听到后立即响应,使者再次发出号召后,祖拜尔又抢先响应,使者说:"每个先知都有援助者,祖拜尔是这个民族的援助者。"

伊本·阿拔斯解释"求你将我们和众作证者记载在一起"时说:"求你将我们与穆罕默德先知的民族记载在一些。"[3]

## 犹太人预谋杀害尔撒先知

安拉在此讲述犹太人的情况,他们私下阴谋怎么迫害尔撒先知,想方设法地要将他送上绞刑架。他们到当时的国王——一个隐昧者那里状告尔撒先知,说他误导百姓,阻碍人们去服从国王,在社会上滋事生非。他们甚至说尔撒先知是个骗子、私生子。国王被他们激怒后派人去缉拿尔撒,要惩罚尔撒,对他施行绞刑。他们(国王的爪牙和犹太

---
(1)《伊本·艾布·哈亭经注》3:290。
(2)《艾哈麦德按序圣训集》3:322。

(3)《伊本·艾布·哈亭经注》2:294。

人中的走狗们）包围了尔撒的居所，认为尔撒无路可逃，但安拉从那个房子里救走了他，让他升上天空。安拉让和尔撒在一起的另一个人装扮成尔撒的样子。他们夜间闯进尔撒的房中后，逮捕了此人，对他百般凌辱，把他绑在十字架上，在他头上放上荆棘。其实他们已经陷入安拉的谋略之中，安拉的先知早就离开了他们，而他们却蒙在鼓中，自以为是。安拉使他们的内心残酷无比，所以他们将永远叛逆真理，遭受屈辱。因此，安拉说："**他们用诡计，安拉用妙计。安拉是最好的施计者。**"

✧ 55.当时，安拉说："尔撒啊！我将使你辞世，把你升到我的跟前，从那些隐昧者中纯洁你。我将使追随你的人处于隐昧者之上，直到复生日。然后，你们的归宿都在我这里，我将对你们一贯的分歧加以判决。" ✧

✧ 56.至于隐昧者，我将在今世和后世对他们处以严厉的刑罚。他们没有任何援助者。✧

✧ 57.至于归信并且行善的人，安拉将充分报偿他们。安拉不喜欢不义之人。✧

✧ 58.这就是对你宣读的启示和明智的提示。✧

## "使你辞世"的意义

这里的"**辞世**"指睡眠中。正如本段经文所述：✧ 他在夜间使你们死亡。✧（6：60）又✧ 在人死亡时安拉取走他们的灵魂，也在人们尚未死亡而在睡眠中时取走其灵魂。✧（39：42）安拉的使者㊗每每在早晨醒来时说："一切赞美统归安拉，他让我们死后复活，我们将被召集到他那里。"[1] 又✧ 因为他们隐昧，并严重地诽谤麦尔彦。因为他们说："我们杀死了麦西哈——尔撒·本·麦尔彦——安拉的先知。"其实他们并没能杀死他，也没能将他钉上十字架，而是有人为他们装扮成了他（因为这些我降重罚于他们）。为他而分歧的人，确在迷惑之中。他们除了以讹传讹外，对于此事无任何知识。他们没有确信无疑地杀死他。其实，安拉将他升至他那里。安拉是优胜的、明哲的。有经的人们，在他归真之前都相信他，复生日，他将是他们的证人。✧（4：156-159）"在他归真之前"中的他指尔撒先知。即末日到来之前，尔撒将降临大地，彼时有经人们都会归信他。后文将介绍这些情况。届时，尔撒将免除人丁税，只接受伊斯兰。哈桑解释"**我将使你辞世**"时说："这里的'辞世'指睡眠。即安拉把睡眠中的尔撒升到他那里。"[2]

---

(1)《布哈里圣训实录诠释——造物主的启迪》11：134。
(2)《伊本·艾布·哈亭经注》2：296。

## 尔撒的宗教遭到篡改

"**从那些隐昧者中纯洁你**"，我要将你擢升到天上。

"**我将使追随你的人处于隐昧者之上，直到复生日。**"事情就这样发生了。安拉将麦西哈擢升到天上后，尔撒的追随者们分成许多派别：有人如实地归信他是安拉的仆人和使者，是安拉女仆的儿子；有人过分地认为他是安拉的儿子；有人认为他就是安拉；有人认为他是三位一体中的第三个。安拉在《古兰》中驳斥了他们的谬论。此后他们坚持迷误将近三百年。后来有个名叫君士坦丁的国王[3]加入基督教，有人说他出于政治策略而信教，以便破坏这个宗教，因为他是哲学家。有人说他误入基督教，不过他对麦西哈的宗教内容进行大量的修改、增加和删节。他专为这个宗教制定法规，颁布《米兰赦令》，实际上这是最卑鄙的离经叛道的阴谋。他在当时将猪肉定为合法，率领人们朝向东方礼拜，人们把他的塑像悬挂在教堂中，他们把斋戒期延长十天，妄称这样就可以消除君士坦丁所犯下的罪恶……麦西哈的宗教已经变成了君士坦丁的宗教。他为基督教徒修建了许多教堂、福音堂、寺庙等，其数目不下12000座，并兴建了以他的名字而命名的城市——君士坦丁堡。在那个时期基督教在上层，并且统治着犹太人。安拉襄助他们征服了犹太教徒，对其进行了无情的打击。原因是比之犹太教徒，当时他们是比较接近真理的，虽然他们都是隐昧者。愿安拉诅咒他们。

后来安拉派遣了穆罕默德先知㊗，信仰这位先知的人们，都正确地归信安拉、安拉的所有天使、经典和所有先知。这些信士跟随安拉派遣到大地上的所有先知，因为他们坚信众使者的封印和人类的领袖——不认字的使者穆罕默德㊗，他号召他们信仰一切真理，所以穆民对各位先知的热爱远远超过了那些先知们的民族对他们的热爱，虽然那些离经叛道的民族们自称对他们的先知的宗教和道路忠贞不渝。安拉派遣先知带来一部全新的法典，革止了所有先知带来的法律。这一正教将与世共存，永远不被篡改和变动，它将常盛不衰，战胜所有宗教。因此，安拉让这一宗教的归信者们征服了世界，攻占了所有的帝国，让各国对他们俯首称臣，他们消灭了所有的国王和皇帝，没收了他们的宝藏，将其花费在主道上。各宗教的先知都替安拉向人们预报过这个信息：✧ 安拉为你们当中归信并行善的人许诺：他一定会像对你们以前的人一样，使他们继

---

(3)君士坦丁，即君士坦丁一世，公元280-337年，313年与李锡尼共颁《米兰赦令》，承认经他修改的基督教，以之统治罗马。——译者注

承大地；他必定为他们巩固他所悦纳的宗教；他必定为畏惧之后的他们换来安宁。他们崇拜我，而不以任何物举伴我。》（24：55）所以，穆圣㊤的民族也是麦西哈先知的真正信仰者，所以，他们从基督教徒手中解放了沙姆，将他们驱逐到罗马，逼他们回到他们的城市——君士坦丁堡。从此，伊斯兰和伊斯兰人将永远立于不败之地。诚实的穆圣㊤告诉他的民族，他们最终将解放君士坦丁堡，缴获其中的财富，将给罗马人以空前绝后的打击。关于这一方面，我写有专辑。

### 警告隐昧者将在今世和后世遭受惩罚

因此，清高伟大的安拉说："'我将使追随你的人处于隐昧者之上，直到复生日。然后，你们的归宿都在我这里，我将对你们一贯的分歧加以判决。'至于隐昧者，我将在今世和后世对他们处以严厉的刑罚。他们没有任何援助者。"安拉就这样处置了那些否认麦西哈的犹太人和在信仰麦西哈时走向极端的基督教徒，使他们在今世中被俘虏或遭杀戮，并使他们损失财产，丧失国家。安拉为他们在后世准备了更加严厉的惩罚。《他们没有任何保护者（帮助他们）对抗安拉。》（13：34）

"至于归信并且行善的人，安拉将充分报偿他们"，即安拉将在今世和后世报偿他们，让他们在今世获得胜利和成功，在后世进入乐园享有高贵品级。"安拉不喜欢不义之人"。

"这就是对你宣读的启示和明智的提示"，即穆罕默德啊！我告诉给你尔撒的情况——他的出生和事业。安拉将来自被保护的天经中的这些消息启示给穆圣㊤。所以它们是千真万确，毫无疑义的。正如安拉所言：《那是麦尔彦之子尔撒，是真实的言辞，但他们为此而争论。安拉不会有儿女。赞他清净！当他决定一事时，他只需说"有"，它就有了。》（19：34-35）

《59.在安拉看来，尔撒和阿丹一样。他用泥土造化了他，然后对他说"有"，他就有了。》

《60.真理来自你的养主，故你不要成为怀疑的人。》

《61.谁在知识到达之后在其中和你发生争论，你说："你们来吧！让我们叫来我们的孩子和你们的孩子，我们的妇女和你们的妇女，我们自己和你们自己，然后让我们赌咒，求安拉诅咒撒谎的人。"》

《62.这确实是真实的故事。安拉之外绝无主宰，安拉确实是优胜的、明哲的。》

《63.如果他们背离，安拉是知道坏事者的。》

### 阿丹和尔撒的比较

清高伟大的安拉说："**在安拉看来，尔撒和阿丹一样**"，即在大能的安拉看来，他俩是一样的，他使尔撒无父而生，阿丹根本没有父母。二人都是安拉的被造物。

"**他用泥土造化了他，然后对他说'有'，他就有了。**"安拉能够创造没有父母的阿丹，更能够创造尔撒。如果没有父亲的被造物——尔撒可以自称是安拉的儿子，那么阿丹就更应该自称是安拉之子。但是众所周知，这是绝对的谬误。所以将尔撒看成安拉之子，是毋庸置疑的谬论。伟大的安拉在造物中显示了他的大能，他没有从一男一女创造阿丹，只从男性创造了海娃，只从女性创造了尔撒，正如他从阴性和阳性创造其他被造物那样。因此，他在《麦尔彦》章说：《我将使他成为对人类的迹象。》（19：21）经文在此说："**真理来自你的养主，故你不要成为怀疑的人**"，即关于尔撒的叙述，是千真万确的真理。真理之外都是谬说。真相已经大白，安拉命令穆圣㊤召集那些继续违抗安拉、极端地信仰尔撒的人们和他们发誓赌咒。

### 要求极端地信仰尔撒的人们前来赌咒

"**谁在知识到达之后在其中和你发生争论，你说：'你们来吧！让我们叫来我们的孩子和你们的孩子，我们的妇女和你们的妇女，我们自己和你们自己。**"我们让他们共同赌咒："**然后让我们赌咒，求安拉诅咒撒谎的人。**"无论撒谎者来自我们，还是来自你们。

这段要求诅咒的经文和本章前面的经文，都是因为纳季兰的使团而降的。这个基督教使团到来后和人们辩论有关尔撒的问题，妄称尔撒是安拉的儿子和神灵。所以安拉降示本章经文的开端，驳斥了他们。伊本·易司哈格在其名著《先知传》中说，纳季兰的使团一行六十人来访安拉的使者㊤，其中十四人来自他们中的贵族，主持他们的事务。他们是阿格卜（阿卜杜·麦西哈）、赛尔德（艾罕穆）、艾布·哈里斯、艾威斯、栽德、盖斯、叶齐德、奈毕哈、胡瓦利德、阿慕尔、哈立德、阿卜杜拉、约罕奈斯，其中的三个人是这些人的领导，他们是阿格卜，他原本就是一个首领，此人足智多谋，决定他们的主要事务。第二个是赛尔德，他是他们的学者，主持旅行事务，并负责召集会议。第三个艾布·哈里斯，他是他们的主教、经师和领拜师，主管他们的一些学校的事务，他是阿拉伯伯克尔族人，他信仰基督教后受到罗马群众的拥戴和各国国王的器重，他们将他擢升为贵族，为他修建许多教堂，他们还赐给他大量的财产和成群的奴婢，因为他们知道他对他们的宗教忠心不渝。其实他早就从古籍中了解到了有关穆圣的一些情况，但他还是愚蠢地固守基督教，以便保留在基督教中的地位和荣耀。(1)

伊本·易司哈格说，他们（纳季兰的使团）来到麦地那后去清真寺见安拉的使者，当时使者刚礼完晡礼。他们穿着长袍——大衣和披风，打扮得和哈里斯族的男子一样威风。见过他们的圣门弟子说，此后再也没有见过像他们一样的访问团。在他们的礼拜时间到来后，他们站起来打算在使者的清真寺礼拜，使者对弟子们说："请让他们自便吧！"他们便朝东方礼了拜。接着艾布·哈里斯、阿格卜和赛尔德三人和使者进行了谈话，他们虽然都是信奉帝制宗教，但各自的观点大相径庭。他们中有人说尔撒就是安拉，有人说他是安拉之子，有人说他是三位一体的第三位。赞主清高，他超绝于他们的一切谬说。

这就是基督教的主张，他们声称尔撒是上帝，因为他能使死者复活，可以医好天然盲、麻风病等痼疾，他能告知人未见之事，他可以造一只泥鸟，在其中吹一口气后让它展翅而飞。其实这一切都是凭安拉的命令发生的，以便安拉将它们设为世人的迹象。他们声称尔撒是安拉之子，因为他没有父亲；他在摇篮中和人们谈话，创造了前所未有的先例；他们狡辩说尔撒是三位一体，因为安拉说："我们做了……我们判决了……"假若安拉是独一的，他就会说："我做了……我判决了……"所以说"我们"，指安拉、麦尔彦和尔撒。赞主超绝于不义者和否认者的一切谬说。——安拉因为他们的这些歪理邪说而降示了本章经文。

伊本·易司哈格继续说，安拉的使者受到安拉的启示，得到正确的判决，如果他们仍拒绝真理，奉命要求这些基督教徒前来赌咒。他们听到使者的要求后说："穆罕默德啊！请让我们回去商量一下，再作决定好吗？"他们回去后和他们的头目阿格卜进行秘密协商，对他说："阿卜杜·麦西哈啊！你看如何是好？"阿格卜说："诸位基督教友，你们肯定都知道穆罕默德是安拉派来的先知，他已经正确无误地叙述了你们的先知（尔撒）的消息。你们是知道的，只要一个民族和一位先知赌咒，他们就肯定会青黄不接，断子绝孙。如果你们和他赌咒，你们必定遭受灭顶之灾。如果你们想坚持自己（关于尔撒）的信仰，保持自己宗教的现状，只能拒绝赌咒。所以，应该告别此人（穆罕默德），立即回国。"他们回到穆圣跟前说："艾

(1)《穆圣传》2：222。

布·卡西姆啊！我们决定不和你赌咒，请你坚持你的宗教吧，我们也将坚持我们的宗教，请你为我们选派你的一位弟子，让他在我们中裁决我们的财产纠纷吧！因为我们信任你们。"(2)

布哈里传述说："纳季兰使团的领袖阿格卜与赛尔德来和安拉的使者赌咒，其间其中一人说：'我看就算了吧！以安拉发誓，如果他真是先知，而我们去和他进行赌咒，那么我们和我们的子孙就永远无法成功。'后来他们对穆圣说：'我们同意你的要求，请为我们派一位可靠的人吧！所派的人一定要可靠。'穆圣说：'我肯定会为你们派遣一位可靠之人，而且是一个绝对可靠之人。'圣门弟子们都希望获此殊荣。后来使者说：'艾布·欧拜德·本·杰莱哈，你站起来吧！'艾氏站起身后，使者说：'这是本民族的可靠之人。'"(3) 布哈里传述，安拉的使者说："每个民族都有其可靠之人，这个（伊斯兰）民族的可靠之人是艾布·欧拜德·本·杰莱哈。"(4)

伊本·阿拔斯传述，艾布·哲海里（愿安拉诅

(2)《穆圣传》2：233。
(3)《布哈里圣训实录诠释——造物主的启迪》7：695。
(4)《布哈里圣训实录诠释——造物主的启迪》7：696。

咒之）说："如果我看到穆罕默德在天房礼拜，我必定要踩踏他的脖子。"先知说："假若他真的那样做了，天使必定会当场惩罚他。假若犹太人们希望死亡，他们必定会死亡，并能看见自己在火狱中的位置。假若那些前来打算和使者赌咒的人们真的赌咒了，当他们回家的时候，他们将失去财产和家庭。"[1]

"**这确实是真实的故事**"，即穆罕默德啊！我告诉你关于尔撒的事情，都是千真万确，不容置疑的事实。

"**安拉之外绝无主宰，安拉确实是优胜的、明哲的。如果他们背离**"，即谁背离上述真理，坚持其他学说，"**安拉是知道坏事者的**"。谁放弃真理，投向谬误，他就是坏事之人，安拉是知道他的行为的，他将遭受严厉的报应。清高伟大的安拉无所不能。祈求安拉不要降下惩罚。

❧ 64.你说："有经的人们啊！请来在我们和你们之间公正的一句言辞上（达成一致）：我们只崇拜安拉，不以任何物举伴他，我们中的部分人不要舍安拉而将另一部分人当成主宰。"如果他们转身离去，你们就说："你们当作证我们是穆斯林。"❧

## 安拉的独一是众所周知之事

经文呼吁基督教徒、犹太教徒和跟随他们的人："**你说：'有经的人们啊！请来在我们和你们之间公正的一句言辞上（达成一致）。**'""**言辞**"，指完整的话；"**我们和你们之间公正的**"，是"**言辞**"的定语。即我们和你们之间平等、公正的言辞。经文接着注释这句言辞："**我们只崇拜安拉，不以任何物举伴他**"，即我们不拜偶像、十字架、塔吾特、火等，我们只崇拜独一无偶的安拉。这是所有先知的号召。安拉说：❧ 我在你以前每派遣一位使者，就对他启示道："除我之外无应受拜的，所以你们应当惟独崇拜我。"❧（21：25）又❧ 我的确在每一个民族中派遣一位使者。（他说）"你们要崇拜安拉，远离塔吾特。"❧（16：36）然后经文说："**我们中的部分人不要舍安拉而将另一部分人当成主宰。**"伊本·朱莱杰解释为："我们不会服从违抗安拉的人。"

"**如果他们转身离去，你们就说：'你们当作证我们是穆斯林。'**"即如果他们不接受这一公正

---

(1)《艾哈麦德按序圣训集》1：248；《布哈里圣训实录诠释——造物主的启迪》8：595；《提尔密济圣训全集诠释》9：77；《圣训大集》6：518。

的要求，那么，你们就让他们作证你们在坚持安拉所制定的伊斯兰。

安拉的使者致（罗马国王）希拉克略的书信中说：奉至仁至慈的安拉之尊名，安拉的使者穆罕默德致罗马国王希拉克略，向追求真理的人致安。你当归信伊斯兰，这样你会获得平安；你当归信伊斯兰，这样，安拉会赐你双倍报偿。如果你拒绝归信，你就承担百姓的罪责吧。"'**有经的人们啊！请来在我们和你们之间公正的一句言辞上（达成一致）：我们只崇拜安拉，不以任何物举伴他，我们中的部分人不要舍安拉而将另一部分人当成主宰。**'**如果他们转身离去，你们就说：'你们当作证我们是穆斯林。'**"

伊本·易司哈格等学者说："从《仪姆兰的家属章》的章节开头，至其中的八十几段经文，是因纳季兰的使团而降示的。"祖海里说："这一使团是最先交纳人丁税的人。"但众所周知，人丁税的经文是解放麦加之后降示的，而根据伊本·易司哈格和祖海里的说法，使者致希拉克略的信却是解放麦加之前的事，那么我们应该如何去理解这一问题？其答复是：纳季兰的使团是侯代比亚协议之前来访的，当时他们通过赌咒事件，以友好相处为基础和穆圣缔结了和平协约，而不是以交纳人丁税的形式进行谈判。以后安拉降示的有关人丁税的经文，与此次协约中的内容恰恰相同。这样的例子很多，譬如白德尔战役之前，阿卜杜拉·本·吉哈希姆就将战利品的五分之一交付给使者，后来安拉降示经文，确定了这种分配方法。有可能使者给希拉克略写信时这段经文还没有降示，后来安拉降示的经文与信中的内容完全相符。正如欧麦尔建议穆圣让妇女戴面纱、严惩俘虏、不给伪信士举行殡礼、将伊布拉欣的立足处定为礼拜处，他还关于休妻方面向穆圣提出一些看法，后来安拉降示的经文完全符合欧麦尔的想法，安拉说：❧ 你们要把伊布拉欣的立足处作为礼拜的地方。❧（2：125）又❧ 如果他休了你们，安拉或许换给他比你们更好的妻室。❧（66：5）

❧ 65.有经的人们啊！你们为什么因为伊布拉欣而纷争呢？《讨拉特》和《引支勒》只在他之后降示了，你们还不明白吗？❧

❧ 66.你们这些人啊，你们关于你们已知的事情而争论，可是为什么你们也要争论那些你们所不知道的事呢？安拉知道，而你们不知道。❧

❧ 67.伊布拉欣不是犹太教徒，也不是基督教徒，他是天然的顺从者（穆斯林），他也不是一个多神教徒。❧

◈ 68.世人当中最亲近伊布拉欣的是追随他的人和此位使者以及信士们。安拉是亲近众信士的。◈

## 犹太人和基督教徒因为伊布拉欣的宗教的争执

犹太教徒和基督教徒都妄称伊布拉欣是他们宗教的人，他们因此和穆斯林展开了争执，他们的行为遭到安拉的谴责。伊本·阿拔斯说，纳季兰使团的基督教徒和一些犹太教学者在安拉的使者☪跟前展开了辩论，犹太学者说："伊布拉欣只是犹太教徒。"基督教徒说："伊布拉欣只是基督教徒。"安拉因此降谕道："**有经的人们啊！你们为什么因为伊布拉欣而纷争呢？**"事实上伊布拉欣的年代远远早于《讨拉特》的时代。所以不知他们从何主张这一观点？何况基督教产生的年代比《讨拉特》降示的年代更晚。[1]因此，安拉说："**你们还不明白吗？**"

"**你们这些人啊，你们关于你们已知的事情而争论，可是为什么你们也要争论那些你们所不知道的事呢？**"经文批评他们为什么对不知道的问题进行辩论。正如这些犹太教徒和基督教徒，对于伊布拉欣展开了无知的辩论。事实上，他们更应该辩论的是他们已知的事情——在穆圣☪被派为先知之前，他们的教法、教律等等。所以当他们谈论所不知道的事情时，安拉驳斥了他们，安拉命令他们将不知道的一切事务交付安拉，因为只有安拉知道一切可见与不可见的事情，知道一切事务的真相。因此说："**安拉知道，而你们不知道。**"

然后说："**伊布拉欣不是犹太教徒，也不是基督教徒，他是天然的顺从者（穆斯林）**"，即他是一个远离多神教徒崇拜，追求正确信仰的人。

"**他也不是一个多神教徒。**"这段经文如同《黄牛章》中的下列经文：◈ 你们只有成为犹太教徒或基督教徒，才会得正道。◈（2：135）

"**世人当中最亲近伊布拉欣的是追随他的人和此位使者以及信士们。安拉是亲近众信士的。**"安拉说，世人中最有权成为伊布拉欣追随者的人，是那些跟随他的宗教和这位穆罕默德先知☪、迁士和辅士的圣门弟子以及紧跟他们领导的人。伊本·麦斯欧迪传述，安拉的使者☪说："每位先知在其他先知中间都有一些亲近之人，他们中我所亲近的人是我的祖先伊布拉欣，他也是我的伟大养主的朋友。"伊氏说："穆圣☪接着读道：'世人当中最亲近伊布拉欣的是追随他的人'。"[2]

"**安拉是亲近于众信士的。**"安拉是归信所有先知的信士的保护者。

◈ 69.部分有经人希望使你们迷误。其实他们只能使自己迷误，但他们感觉不到。◈

◈ 70.有经的人们啊！你们为什么否认安拉的迹象呢？而你们却是见证者。◈

◈ 71.有经的人们啊！你们为什么要以谬论来混淆真理，并明知故犯地隐瞒真理呢？◈

◈ 72.有经人当中的一伙人说："你们在早上信仰降于信仰者的启示，并在黄昏否认它，以致他们背叛。◈

◈ 73.除了你们的教友以外，你们不要相信。"——你说："引导确实是安拉的引导。——任何人能得到像你们所获得的，否则他们将在你们的主那里和你们辩论？"你说："一切恩赏都在安拉的掌握中，他把它赐予他所意欲之人。他是宽大的，全知的。"◈

◈ 74.他将特别怜悯他所意欲之人。安拉是有宏恩的。◈

## 犹太人对穆斯林的嫉恨和诡计

安拉在此讲述犹太人对穆民的嫉恨，他们预谋误导穆民，但他们却是聪明反被聪明误。安拉驳斥他们说："**有经的人们啊！你们为什么否认安拉的迹象呢？而你们却是见证者**"，即你们明确地知道它是确凿无疑的真理。

"**有经的人们啊！你们为什么要以谬论来混淆真理，并明知故犯地隐瞒真理呢？**"即你们从手中的经典中明确地掌握了穆圣☪的情况，又为何隐瞒它呢？

"**有经人当中的一伙人说：'你们在早上信仰降于信仰者的启示，并在黄昏否认它'。**"他们想用此诡计欺骗那些信仰薄弱的人。他们密谋早上假装成穆斯林的样子和穆斯林一起参加晨礼，黄昏时分背叛伊斯兰，以致一些无知的人说，他们背叛穆斯林的宗教是因为在这个宗教中发现了一些缺点。因此，他们说："**以致他们背叛。**"穆佳黑德解释这段经文说："这段经文叙述的是犹太人的情况，他们早上和穆圣☪一起参加晨礼，晚上否认伊斯兰，以致让人们误认为他们在归信伊斯兰后，在其中看到不足之处。"[3]

"**除了你们的教友以外，你们不要相信**"，即你们只能将你们的秘密和事务告诉信仰你们宗教的人，而不能将它告诉穆斯林，否则，穆斯林就会归信它，然后据此和你们辩论。

---
(1)《泰伯里经注》6：490。
(2)《赛尔德·本·曼苏尔圣训集》3：1047。
(3)《泰伯里经注》6：508。

"你说：'引导确实是安拉的引导'。"犹太人们啊！就算你们隐瞒了你们通过各位先知所了解的关于穆圣㉛的情况，安拉也会引导穆民的内心，去正确地信仰降给使者穆罕默德的经文和明证。

"任何人获得像你们所获得的，否则他们将在你们的主那里和你们辩论"，即他们对他们的教友说，你们不要告诉穆斯林你们的知识，否则信仰坚定的他们会在掌握它后超越你们。或者他们会将这些知识作为不利于你们的证据，在安拉那里和你们辩论，这样，这些知识将成为你们在今世和后世的一切行为的不利证据。

"你说：'一切恩赏都在安拉的掌握中，他把它赐予他所意欲之人。'"即一切事情都由他决策，他是恩赐者和拒绝者。他给他所欲之人恩赐信仰、知识和正确的人生观，他也任由他所意欲的人走上迷路，让他们失去视觉和灵感，封闭他们的心灵和听觉，蒙上他们的双眼。完美的真理和深刻的哲理只归于他。

"他是宽大的，全知的。他将特别怜悯他所意欲之人。安拉是有宏恩的"，即信士们啊！他将赐给你们无与伦比的无限恩惠，你们的先知穆罕默德就凭此恩惠超越了一切先知，并以此恩惠引导你们获得了最完美的法律。

⟪75.在有经人当中，有些人如果你托付他无数的财宝，他将归还你。另一些人，如果你托付他一个金币，除非你因此而长期地站到他跟前，他是不会归还你的。因为他们说："我们不因那些文盲而负有任何罪责。"他们明知故犯地给安拉编造谎言。⟫

⟪76.是的，谁实践盟约并且敬畏，安拉确实是喜爱敬畏者的。⟫

### 犹太人受到信托后的情况

清高伟大的安拉说，犹太人中有善于背信弃义的人，同时警告穆民不要被他们所欺骗。因为他们中有些人，"如果你托付他无数的财宝"即财产，"他将归还你"。如果托付其他财产，他更有可能归还于你。"另一些人，如果你托付他一个金币，除非你因此而长期地站到他跟前，他是不会归还你的"，即除非你坚持向他追讨你的财产。有这种行为的人，你若托付他其他财产，他就更不可能归还你。本章的开头我们已经解释了"无数的财宝"，金币则是众所周知的。

"因为他们说：'我们不因那些文盲而负有任何罪责。'"即他们否认非法侵占别人权益时，

说："我们的宗教规定，侵占没有接受过天经的人（譬如阿拉伯人）的财产是无罪的。安拉允许我们这样做。"

清高伟大的安拉说："他们明知故犯地给安拉编造谎言"，即这完全是他们自己编造的谎言，是他们的谬论。其实安拉禁止他们非法地侵吞他人财产，除非他们拥有所有权。他们是善于撒谎的群体。

伊本·栽德传述，有人对伊本·阿拔斯说："我们在战役中缴获了有约人（有约人，一译被保护民。指在伊斯兰国家和平生活的异教徒）的鸡和羊。"伊本·阿拔斯说："你是什么意思？"那人说："我们认为我们可以占有它们。"伊本·阿拔斯说："此话与犹太教徒的话有何不同，他们说：'我们不因那些文盲而负有任何罪责'？有约人如果缴纳了人丁税，你们就无权占有他们的财产。除非他们心甘情愿地送给你们。"[1]

"是的，谁实践盟约并且敬畏"，有经的人们啊！你们中谁若实践他的誓约，即遵守安拉和你们缔结的契约——安拉曾和所有的先知及其民族缔约，在万圣的封印穆罕默德先知出世的时候归信

---

[1]《阿卜杜·兰扎格经注》1：123。

他，并远离安拉所禁止的非法，遵守穆圣㊣所带来的宗教和法律，"**安拉确实是喜爱敬畏者的**"。

❃ **77.那些为了微薄的代价出卖与安拉定的约言和他们自己的誓言的人，此等人，他们在后世没有份额。复生日，安拉不同他们说话，不理睬他们，也不净化他们，他们将受到痛苦的惩罚。**❃

### 违背誓约的人在后世没有任何份额

清高伟大的安拉说，他们和安拉缔结誓约将跟随穆圣㊣，并向人们介绍穆圣㊣的情况，他们还对此信誓旦旦，但他们后来却以这些誓约和誓言换取了微不足道的代价——短暂而渺小的今世浮华。

"**此等人，他们在后世没有份额**"，即他们在后世将得不到回报。

"**复生日，安拉不同他们说话，不理睬他们**"，即安拉不怜悯他们，不仁慈地和他们谈话，也不慈爱地观看他们。

"**也不净化他们**"，即安拉不但不涤清他们（因犯罪而导致）的污泥浊水，反而命令天使将他们拖入火狱之中。

"**他们将受到痛苦的刑罚。**"与这段经文相关的圣训很多，让我们来学习下列几段：

圣训一：艾布·则尔传述，安拉的使者㊣说："末日，安拉不和三种人说话，不理睬他们，也不净化他们，他们将遭受惨痛的惩罚。"艾氏说："使者重复地说了好几次，我就问：安拉的使者啊！这些人是谁？他们真折本，好失望啊！"使者说："拖拉裤子的人，通过假誓推销商品的人和（给人小惠后）自我标榜的人。"[1]

圣训二：阿丁伊·肯德传述，有位叫伊穆鲁·盖斯的肯德人和一位哈达拉毛人，因为土地争端而诉诸到安拉的使者㊣跟前，使者让哈达拉毛人拿出证据，但他无法拿出证据。使者让伊穆鲁·盖斯发誓证明该地属于他。那位哈达拉毛人说："安拉的使者啊！指养育天房的安拉发誓，如果你让他发誓，那我的土地就完蛋了。"穆圣㊣说："谁通过假誓侵占别人的土地，（在末日）安拉将非常恼怒地召见他。"圣训传述者之一勒佳伊说，使者㊣接着念道："**那些为了微薄的代价出卖与安拉定的约言和他们自己的誓言的人**……"伊穆鲁·盖斯说："安拉的使者㊣啊！放弃这次争议的人将得到什么？"使者㊣说："乐园。"他说："请你作证，我把它全部留给了他。"[2]

圣训三：安拉的使者㊣说："谁违法地通过誓言侵占了某位穆斯林的财产，安拉将恼怒地召见他。"艾西尔斯说："以安拉的名义发誓这段经文是因我而降的。有个犹太人打算将我的一块土地据为己有，所以我带他去使者跟前，使者问我：'你有证据吗？'我说：'没有'。使者对犹太人说：'你发誓（这些财产属于你）吧！'我说：'安拉的使者啊！如果要他发誓，他会侵占我的财产。'后来安拉降下：'**那些为了微薄的代价出卖与安拉定的约言和他们自己的誓言的人**……'。"[3]

圣训四：安拉的使者㊣说："末日，安拉不和三种人说话，不理睬他们，也不净化他们，他们要遭受惨痛的惩罚。（他们是）有多余的水，但不让路人饮用的人；晡礼之后通过发（假）誓推销商品的人；向伊玛目宣誓效忠，此后，若伊玛目封赏他，他就实践誓言，如果没有得到封赏，他就不实践誓言的人。"[4]

❃ **78.他们中确有一部分人，他们卷起舌头诵读经典，以便让你们误认为它属于天经，其实它不是天经。他们说："它来自安拉。"其实它并不是来自安拉的。他们明知故犯地对安拉说谎。** ❃

### 犹太人巧言篡改安拉的经文

清高伟大的安拉在这里介绍犹太人（愿安拉永远诅咒他们）的情况，他们中有一部分人，根据自己的利益篡改安拉的经文，使其脱离原意，以致使无知的人们以为他们所说的就是安拉的经文。这些犹太人睁着眼睛说瞎话，将自己的谎言归于安拉。因此，安拉说："**他们明知故犯地对安拉说谎。**"

穆佳黑德、格塔德、哈桑、舒尔宾、莱毕尔·本·艾奈斯说，"**他们卷起舌头诵读经典**"，指他们篡改经典。[5]布哈里也从伊本·阿拔斯方面有类似传述，即他们篡改经典，并在其中添枝加叶。虽然任何人都无法消除安拉的任何一部经典当中的经文，但他们可以篡改它、曲解它。沃海布说："《讨拉特》和《引支勒》都一直保持着安拉降示时的原貌，其中的任何一个字母都没有被改动，但是他们（犹太教徒和基督教徒）通过歪曲的

---

(1)《艾哈麦德按序圣训集》5：148；《穆斯林圣训实录》1：102；《艾布·达乌德圣训集》4：346；《提尔密济圣训全集诠释》4：401；《圣训大集》7：245；《伊本·马哲圣训集》2：744。
(2)《艾哈麦德按序圣训集》4：191；《圣训大集》3：486。
(3)《艾哈麦德按序圣训集》1：379；《布哈里圣训实录诠释——造物主的启迪》5：336；《穆斯林圣训实录》1：122。
(4)《艾哈麦德按序圣训集》2：480；《艾布·达乌德圣训集》3：749；《提尔密济圣训全集诠释》5：218。
(5)《伊本·艾布·哈亭经注》2：361。

注释和自己所写的经典改变其原意。"**他们说：'它来自安拉'。其实它并不是来自安拉的。**"而安拉的经典则都是受保护的，不容有任何篡改。如果沃海布所说是现在的犹太人和基督教徒所持有的经典，那么，毋庸置疑，那些"**经典**"，都被篡改过，其中不乏增删之处；例如用阿拉伯语翻译的《新约》和《旧约》中，则出现了更为严重的错误，其中有的增删部分随处可见，还有一些纯属谬论，可以说其意义与安拉降示的原经已经大相径庭；如果沃海布所指的是安拉降示的原经，那么，毋庸置疑，它们都是一尘不染的。

❧ 79.任何被赐给经典、智慧及圣品的人不可能对人们说："你们舍安拉而做我的仆人。"但（他会说）"你们成为崇拜造物主的人，因为你们教授经典，并研究它。"❧

❧ 80.他不会命令你们以天使和先知作为主宰。难道他会在你们成为穆斯林之后命令你们不信吗？❧

## 先知不会号召人们崇拜他自己，也不会号召人们舍安拉而去崇拜他物

任何获得天经和智慧，而成为使者的人，都不会说，人们啊！你们要舍安拉而崇拜我（或你们要在崇拜安拉的同时崇拜我）。任何先知或使者都无权这样做，那么其他人更无权这样做。经文羞辱并批判那些犹太学者、修士、走上迷途的导师。而众位使者及他们的跟随者——德才兼备的学者们，则正确无误地命令人们执行安拉的命令，禁止人们违犯安拉所禁止的。所有的使者都是安拉的信使，他们负责传达使命，履行信托，他们都出色地完成了自己的任务，忠实地为世人传达了真理。

"**但（他会说）'你们成为崇拜造物主的人，因为你们教授经典，并研究它。'**"

使者们对人们说，你们当成为兰巴宁伊奈[1]。伊本·阿拔斯等人说，"兰巴宁伊奈"（ربانيون）指"智慧而宽容的学者"。[2]端哈克解释这段经文说："学习了《古兰》的人应该成为宗教学者，并应该背诵《古兰》经文。"

"**他不会命令你们以天使和先知作为主宰**"，即他不会命令你们崇拜任何人，无论对方是安拉派来的先知，还是接近安拉的天使。

"**难道他会在你们成为穆斯林之后命令你们**

---

(1) 正文译为"崇拜造物主的人"。——译者注
(2) 《伊本·艾布·哈亭经注》2：365。

**不信吗？**"即他不会这样做的。因为号召人崇拜安拉之外的，无异于号召人走向隐昧。列圣只命人接受正信，崇拜独一无偶的安拉。如安拉所说：❧ 我在你以前每派遣一位使者，就对他启示道："除我之外无应受拜的，所以你们应当惟独崇拜我。"❧（21：25）又❧ 我的确在每一个民族中派遣一位使者。（他说）"你们要崇拜安拉，远离塔吾特。"❧（16：36）又❧ 你问问我在你以前所派遣的使者们，我可曾在至仁主之外设立了供人崇拜的神吗？❧（43：45）安拉关于天使说：❧ 假若他们当中谁说"我是他之外的一个神"。我必定以火狱报应他。我就这样报偿那些不义者。❧（21：29）

❧ 81.当时安拉跟众先知立约："我已赐予你们经典、智慧，以后会有一位使者到达你们当中，证实你们所有的（经典）。你们必须归信他，并当协助他。"他说："你们承认并接受我的托付吗？"他们说："我们承认。"他说："你们作证吧，我跟你们一起作证。"❧

❧ 82.此后，如果谁背弃，谁就是坏事之人。❧

### 安拉和众先知定约：他们都要归信我们的先知穆罕默德

清高伟大的安拉说，从阿丹到尔撒先知，每一位使者无论得到什么经典或智慧，或达到哪一品级，都得跟随并支持后来所派的任何一位使者。因此说，"**当时安拉跟众先知立约：'我已赐予你们经典、智慧'**"，即在我赐你们经典之后，"**会有一位使者到达你们当中，证实你们所有的（经典）。你们必须归信他，并当协助他。他说：'你们承认并接受我的托付吗？'**"伊本·阿拔斯、穆佳黑德、格塔德、赛丁伊、莱毕尔说，"**托付**"指盟约的责任。(1)伊本·易司哈格解释说，"**托付**"指你们所承担的重约。换言之我的庄重的誓约。(2)

"**他们说：'我们承认。'他说：'你们作证吧，我跟你们一起作证。'此后，如果谁背弃**"，即谁背信弃义，撕毁誓约，"**谁就是坏事之人**"。阿里及其堂兄弟伊本·阿拔斯说："安拉每派一位先知都会和他定约：如果穆罕默德出世时他在世，他就必须归信穆罕默德，并支持他。"(3)安拉还命令这位先知和他的民族定约：当穆罕默德出世时，只要他们还在世，就必须归信他，并支持他。塔吾斯、哈桑·巴士里、格塔德说："安拉和众先知定约：他们必须互相信任。"这一观点与阿里、伊本·阿拔斯的观点不矛盾。

万圣的封印穆罕默德㊎永远是最伟大的人间领袖，无论他出现在哪个时代，人们都应该首先归信他。因此，从远寺登霄之夜，众先知会集远寺之际，穆圣㊎就是众先知的伊玛目。同样，安拉在后世的清算场亲自审判众生时，他将出面为穆民说情，这是无与伦比的品级。即便是一切先知和使者中有决议的大圣，也不具备这一品级。那天，自始至终，惟独他有此殊荣。愿主赐他福安！

◈ 83.他们要寻求安拉的宗教之外的吗？在诸天和大地之间的一切无论愿意和不愿意都只服从他，他们都将被召回到他那里。◈

◈ 84.你说："我们归信安拉和他所降示给我们的以及降示给伊布拉欣、伊斯玛仪、易司哈格、叶尔孤白和各支派的启示，与穆萨、尔撒和众先知从他们的养主方面所受赐的经典，我们不区别对待他们中的任何一人，我们都是服从他的（穆斯林）。"◈

◈ 85.舍伊斯兰而追求其他宗教的人，他绝不会被接受。在后世，他在亏折者之列。◈

### 安拉认可并接受的宗教只是伊斯兰

安拉遣圣降经，为世人制定了伊斯兰，命令他们只崇拜独一无偶的他，但有人却企图寻求其他宗教，取代伊斯兰，安拉斥责了这种行为，说："**在诸天和大地之间的一切无论愿意和不愿意都只服从他。**"这段经文如下列经文：◈ 天地间的万物无论情愿或不情愿，都在叩拜安拉。◈（13：15）又 ◈ 难道他们没看到安拉所造化的万物——它们的影子向右边和左边倾斜，而为安拉谦卑地叩头吗？诸天与大地的一切，不论他们是动物还是天使，都向安拉叩头，他们都不骄傲。他们全都畏惧他们之上的养主，并奉命行事。◈（16：48-50）穆民以其身心服从安拉，隐昧者则被动地服从安拉，因为他在伟大不可抗拒的安拉制约之下。穆佳黑德解释"**在诸天和大地之间的一切无论愿意和不愿意都只服从他**"说，这段经文如同：◈ 如果你问他们，是谁造化了诸天和大地，他们一定会说："安拉。"◈（39：38）(4)伊本·阿拔斯解释本章的这段经文时说："他们在缔约时都如此回答。"(5)

在末日，"**他们都将被召回到他那里**"，然后他会论功奖罚。

"**你说：'我们归信安拉和他所降示给我们的'**"，即《古兰》。

"**以及降示给伊布拉欣、伊斯玛仪、易司哈格、叶尔孤白和各支派的启示**"，指各部天经和启示。"**各支派**"，指叶尔孤白先知的后裔。他们是十二支族。

"**穆萨、尔撒**"所受赐的经典，指《讨拉特》和《引支勒》。

"**众先知**"，指所有的先知。

"**我们不区别对待他们中的任何一人**"，即我们归信所有的先知。

"**我们都是服从他的（穆斯林）**"，即穆圣㊎民族中的信士们，归信安拉派遣的每一位使者，安拉所降的所有经典，不否认其中的任何经文。

"**舍伊斯兰而追求其他宗教的人，他决不会被接受。**"谁若走安拉没有制定的道路，谁的工作就不被安拉接受。

"**在后世，他在亏折者之列。**"正如穆圣㊎说："谁若做了一件与我们无关的事情，其工作是受拒绝的。"(6)

---

(1)《伊本·艾布·哈亭经注》2：373、374。
(2)《伊本·艾布·哈亭经注》2：273。
(3)《泰伯里经注》6：555。
(4)《泰伯里经注》6：565。
(5)《泰伯里经注》6：565。
(6)《布哈里圣训实录诠释——造物主的启迪》5：355。

艾布·胡莱赖（愿主喜悦之）传述，我们在麦地那时安拉的使者㕸说："在末日，人们的一切工作都将到来。礼拜到来后说：'我的养主啊！我是礼拜的。'安拉说：'你很好。'施舍到来后说：'我的养主啊！我是施舍的。'安拉说：'你很好。'斋戒到来后说：'我的主啊！我是斋戒的。'安拉说：'你很好。'然后各工作都将到来，安拉对它们都说你很好。此后伊斯兰到来后说：'我的养主啊！你是平安，我是伊斯兰。'安拉说：'你很好，今天我根据你进行奖罚。'安拉在其经典中说：'舍伊斯兰而追求其他宗教的人，他绝不会被接受。在后世，他在亏折者之列。'"(1)

❦ 86.安拉怎么引导那些归信之后又否认的人呢？他们曾经见证使者们是真实的，并且明显的证据已经到达了他们。安拉不引导不义的群体。❧

❦ 87.此等人，他们的回报是安拉及众天使和全人类对他们共同的诅咒。❧

❦ 88.他们将永远处于其中。他们的惩罚不会被减轻，他们也得不到照顾。❧

❦ 89.除非以后忏悔和改正的人。安拉是至恕的、至慈的。❧

### 除了忏悔者，安拉不引导信仰之后又否认的人

伊本·阿拔斯说，辅士中的一个人信仰后又背叛其信仰，干起了多神教徒的勾当，后来他后悔了，便托他的族人来问安拉的使者㕸，安拉是否能接受他的忏悔。后来安拉降谕了："**安拉怎么引导那些归信之后又否认的人呢？……安拉是至恕的、至慈的。**"使者派人转告了经文后，那人又回到了伊斯兰。(2)

"**安拉怎么引导那些归信之后又否认的人呢？他们曾经见证使者们是真实的，并且明显的证据已经到达了他们。**"许多证据已经证明，使者带给他们的都是真理，他们已经认清了事实，但此后他们却弃明投暗，背叛伊斯兰，这些黑白颠倒的人有什么资格获得引导呢？因此说："**安拉不引导不义的群体。**"

"**此等人，他们的回报是安拉及众天使和全人类对他们共同的诅咒。**"安拉及万物都在诅咒着他们。

"**他们将永远处于其中**"，即处于被诅咒之

---

(1)《艾哈麦德按序圣训集》2：362。
(2)《泰伯里经注》6：572；《圣训大集》6：311；《哈肯圣训遗补》4：366；《伊本·罕巴尼圣训实录》6：323。

---

中。

"**他们的惩罚不会被减轻，他们也得不到照顾**"，即他们将遭受无尽头的惩罚。

"**除非以后忏悔和改正的人。安拉是至恕的、至慈的**"，即仁慈、博爱的安拉将接受忏悔者的忏悔。

❦ 90.那些在他们的信仰之后又不信，然后更加隐昧的人们，他们的忏悔绝不会被接受，他们是迷误的。❧

❦ 91.确实，那些不信并以隐昧者的身份死去的人，即使他们以充满大地的黄金赎罪，他们也绝不会被接受，他们将遭受痛苦的刑罚，他们没有任何援助者。❧

### 隐昧者临终时的忏悔和复生日的救赎不蒙接受

安拉警告那些出尔反尔之人，他们在信仰之后又抛弃了信仰，然后变本加厉地否认安拉，至死都不接受信仰。安拉说他不会接受他们临死时的忏

悔。正如另节经文说：❮对那些继续作恶，一直等到死亡降临他们中的一个人时，他才说'现在我忏悔了'的人，以及对那些以隐昧者身份死去的人来说，忏悔对他们是没用的。❯（4：18）因此，此处的经文说："**他们的忏悔绝不会被接受，他们是迷误的**"，即他们是离经叛道之人。伊本·阿拔斯说："某些人信仰后又叛教，此后信仰后又叛教，后来他们托他们的族人去问他们的情况，使者听到消息后，安拉给他降谕下列经文：'**那些在他们的信仰之后又不信，然后更加隐昧的人们，他们的忏悔绝不会被接受**'。"[1]

"**确实，那些不信并以隐昧者的身份死去的人，即使他们以充满大地的黄金赎罪，他们也绝不会被接受**"，即死于隐昧的人，无论做了什么善功，都不蒙安拉接受。哪怕他花费充满大地的黄金用于自认为的善功。有人向安拉的使者㊣请教阿卜杜·杰德安的情况，他曾款待客人，释放俘虏，赈济贫民（但他没有归信），他的善功对他有益吗？使者说："没有益处，因为他从来没有说过：'我的主啊！在报应之日恕饶我的罪恶吧！'"[2] 他即便带来了充满大地的黄金用于赎身，也不会被接受的。正如安拉所言：❮那时，赎金将不被接受，求情也将无益。❯（2：123）又说"在没有交易和友谊的日子……"❮至于那些隐昧的人，即使他们拥有大地上的一切财物和类似的一倍，用来赎换复生日的惩罚，他们也不蒙接受。他们将受到惨痛的刑罚。❯（5：36）

因此，经文在此处说："**确实，那些不信并以隐昧者的身份死去的人，即使他们以充满大地的黄金赎罪，他们也绝不会被接受，他们将遭受痛苦的刑罚**"，即他即使带来再多的赎金，安拉也不会接受他。

安拉的使者㊣说："有个乐园的居民被带来后，安拉问他：'阿丹的子孙啊！你发现你的居所怎样？'他说：'我的养主啊！这是最优美的居所'。安拉说：'你可以任意地再提出要求'。他说：'我的要求和希望只是你让我回到今世，让我为你的道路牺牲十次。'因为他看到殉教者的尊贵。火狱的一个居民被带来后，安拉问他：'你发现你的居所怎样？'他回答说：'我的养主啊！这是最可恶的居所。'安拉问：'你愿用充满大地的黄金赎身吗？'他回答说：'我的主啊！我愿意。'安拉说：'不，你在撒谎。我曾向你提出更轻松、更容易的要求，但你没有做。'此人便被带回火狱。"[3] 因此，安拉说："**他们将遭受痛苦的**

---

(1)《散置的珠宝》2：258。
(2)《穆斯林圣训实录》1：196。
(3)《艾哈麦德按序圣训集》3：207。

**刑罚，他们没有任何援助者**"，即任何人都无法拯救他们脱离安拉的惩罚。

❮92.除非你们献出你们所喜爱的，你们绝不会达到正义。无论你们献出什么，安拉都是知道它的。❯

### 花费至爱的财物才是正义之举

阿慕尔·本·麦穆奈解释说，"正义"指"乐园。"[4] 艾奈斯·本·马立克传述："艾布·特里哈是麦地那最富有的辅士，他最喜爱的财产是清真寺对面的白磊哈园圃（果树园），穆圣㊣经常进入园中饮用其中的水。"艾奈斯说："**除非你们献出你们所喜爱的，你们绝不会达到正义**"降示后，艾布·特里哈说："安拉的使者啊！安拉说：'**除非你们献出你们所喜爱的，你们决不会达到正义**'，我最喜爱的财产是白磊哈，我愿将它施舍于主道，希望在安拉那里得到正义（的回赐）和补偿。安拉的使者啊！安拉愿意你将它置于何处，你就将它置于何处。"穆圣㊣说："太好了，太好了，那是获利的财产，那是获利的财产。我已经听到你的话，我建议你将它送给你的亲属。"艾布·特里哈说："安拉的使者啊！我将遵从你的建议。"后来艾布·特里哈将白磊哈园圃赠给了他的近亲和堂兄弟们。"[5]

两圣训实录辑录，欧麦尔（愿主喜悦之）说："安拉的使者啊！我从没有获得过比海巴尔的那一份财产更昂贵的财产，你对我有何建议？"使者说："保留土地，施舍收成。"

❮93.除《讨拉特》颁降之前以色列自己给自己限定的之外，其他食物原来对以色列的后裔都是合法的。你说："如果你们是诚实的，拿出《讨拉特》诵读一下吧。"❯
❮94.此后，谁借安拉的名义捏造谎言，他们就是不义的。❯
❮95.你说："安拉说对了，所以你们当跟随伊布拉欣的正教，他不属于多神教徒。"❯

### 犹太人向穆圣㊣询问一些问题

伊玛目艾哈麦德传述，伊本·阿拔斯说，一伙

---

(4)《泰伯里经注》6：587。
(5)《艾哈麦德按序圣训集》3：141；《布哈里圣训实录诠释——造物主的启迪》2：663；《穆斯林圣训实录》3：1256；《圣训大集》6：232。

犹太人来见安拉的使者㊙️，说："我们要向你询问一些问题。因为只有先知知道它们。"穆圣㊙️说："你们想问什么就问吧，但你们要以安拉的名义和我定约，正如叶尔孤白曾和他的儿子们定约一样，如果我告诉你们并得到你们认可，你们就要加入伊斯兰。"他们说："那是当然的。"他们说："请告诉我们四个问题。一、以色列为自己禁止了哪些食品。二、妇女的卵子和男人的精子是怎么回事，它们怎么能够决定生男生女。三、这位文盲先知是怎么睡觉的。四、他和哪位天使是朋友[1]。"接着双方缔约，如果穆圣㊙️告诉他们事实真相，他们必定跟随穆圣㊙️。

穆圣㊙️说："我凭降给穆萨《讨拉特》的安拉要求你们回答我，你们可知道，以色列曾大病一场，久治不愈，后来他为安拉许愿，如果安拉使他痊愈，他从此不再享用最喜欢的饮食。他最喜欢的食物是骆驼肉，最喜欢的饮品是骆驼奶？"犹太人听后说："主啊！说的没错。"穆圣㊙️说："主啊！求你为他们作证（他们认可了）。"穆圣㊙️接着说："我以惟一应受崇拜的、给穆萨降示《讨拉特》的安拉要求你们回答我。你们可知道，男人的精液是又浓又白的，女人的卵子是又黄又淡的。一方强过另一方时，孩子就像属于强过的一方，并会像他（她）。如果安拉意欲。如果当男子的精子强过了妇女的卵子，那么凭主意欲，会生男孩；如果当妇女的卵子超过了男人的精子，那么凭主意欲，会生女孩。"犹太人听后说："主啊！说得对。"穆圣㊙️说："主啊！求你为他们作证（他们认可了）。"穆圣㊙️接着说："我以给穆萨降示《讨拉特》的安拉要求你们如实回答。你们可知道，这位文盲先知的双眼在睡觉，但心灵不睡觉？"他们听后说："主啊！说的没错。"穆圣㊙️说："主啊！求你为他们作证（他们认可了）。"他们说："现在请为我们谈谈你和哪位天使是朋友？回答了这个问题后，我们就可以决定是与你团结一致，还是分道扬镳。"穆圣㊙️说："我的朋友是吉卜勒伊里。安拉每派一位先知，吉卜勒伊里就是那位先知的朋友。"犹太人听后说："因此，我们要和你各奔东西。假若你的朋友不是吉卜勒伊里，我们就跟随你。"安拉因此而降示谕道：❲你说："凡是与吉卜勒伊里为敌者，其原因是吉卜勒伊里奉安拉的命令，把启示降到你的心中，证实了以前的，并给信士们作引导和报喜。"❳（2：97）[2]

"除《讨拉特》颁降之前以色列自己给自己限定的之外，其他食物原来对以色列的后裔都是合法的。你说：'如果你们是诚实的，拿出《讨拉特》诵读一下吧。'"即在《讨拉特》降示之前，以色列自己为自己所禁止的食品。这段经文和前面经文有两方面联系。一、以色列禁止自己享用最喜欢的东西，他是为了安拉而放弃它，这在当时的法律中是可以的。它和前面的经文❲除非你们献出你们所喜爱的，你们绝不会达到正义。❳（3：92）是关联的。这节经文叙述的情况在我们的法律中是允许的。换言之，我们可以为了服从安拉而花费我们所喜欢的东西。正如安拉所言：❲并在喜爱它的情况下，将财产施舍给……❳（2：177）❲他们在爱他的情况下，把食物供给赤贫者、孤儿和俘虏。❳（76：8）二、前面的经文驳斥了基督教及他们对麦西哈（尔撒）的荒诞信仰，阐明了他们所陷入的误区，交待了尔撒及其母亲的历史事实，告诉人类安拉如何以其大能和意志创造了尔撒，并派他去向以色列的后裔宣传真主独一……在这里，经文驳斥了犹太人（愿安拉凌辱他们），阐明犹太人所否定的革止（经文、法律）现象。安拉在给他们的经典《讨拉特》中说，努哈先知下船后，安拉允许他吃大地上的一切动物；后来以色列为自己禁止了骆驼肉和骆驼奶，他的子孙们继承了他的这一做法。安拉颁布《讨拉特》后，才真正禁止了这两种食物，

---

[1] 即哪位天使给他带来经典。——译者注
[2]《艾哈麦德按序圣训集》1：278。

而且还添加了一些别的禁令。安拉曾允许阿丹将他的女儿聘给儿子,后来又将兄妹结婚定为非法。在伊布拉欣的法律中,纳妾是合法的,伊布拉欣在拥有妻子萨拉的情况下,又纳哈哲尔为妾,后来在《讨拉特》中将纳妾定为非法。同样,同时和两姐妹结婚在当时也是合法的,叶尔孤白曾娶两姐妹为妻。后来《讨拉特》禁止了这种婚姻。《讨拉特》明确地记载着这一切革止的历史实例。安拉为麦西哈制定的法律也是如此,其中为他们允许了一些曾被《讨拉特》禁止的事物,然而他们因何不跟随麦西哈,而要反对他,仇视他呢?穆圣☆带来的是人类唯一正确的天启宗教和康庄大道,是圣祖伊布拉欣的宗教,他们为何不信仰他呢?

因此,清高伟大的安拉说:"**除《讨拉特》颁降之前以色列自己给自己限定的之外,其他食物原来对以色列的后裔都是合法的**",即在《讨拉特》降示之前,除了以色列自己给自己禁止的食品外,其他食品对他们都是合法的。然后说:"**如果你们是诚实的,拿出《讨拉特》诵读一下吧**",即《讨拉特》将告诉你们我所言不假。"**此后,谁借安拉的名义捏造谎言,他们就是不义的**",即在安拉已阐释过的革止现象及相关问题明确之后,谁再假借安拉名义撒谎、妄称安拉规定安息日为他们永远的休息日、《讨拉特》为他们永恒的经典、安拉不再派遣其他先知以明证号召人类,那么,"**他们就是不义的**"。

然后,清高伟大的安拉说:"**你说:'安拉说对了'**"。即穆罕默德啊!安拉所表述的和在《古兰》中制定的都是真实的。"**所以你们当跟随伊布拉欣的正教,他不属于多神教徒**",即你们应当遵循安拉通过穆圣☆在《古兰》中制定的宗教,它是毫无怀疑的真理,是一条完美、全面、明确的道路,在所有先知的道路中卓尔不群。正如安拉所言:◆你说:"我的主已引导我于一条正道,(遵循)一个正确的宗教,即伊布拉欣的纯正宗教。他不是多神教徒。"◆(6:161)◆后来我启示你:"你要追随伊布拉欣的天然宗教,他不是多神教徒。"◆(16:123)

◆96.为世人设置的第一座房,确实是在班克吉庆的、引导世人的房。◆

◆97.其中有明显的一些迹象和伊布拉欣的立足处。凡是进入其中的人,都会获得平安。路途方面有能力的人,应该为安拉朝觐天房。否认者,安拉是无求于众世界的。◆

## 克尔白是为了拜主而设置的第一座房

"**为世人设置的第一座房**",即为所有的人、为他们的功修和朝觐而设置的天房。他们巡游它、朝向它礼拜、在它那里静修。

"**班克**",即安拉的挚友伊布拉欣建筑的天房。虽然犹太人和基督教徒都声称天房是按照他们的宗教仪式修筑的,但他们并不去朝觐天房——伊布拉欣按照安拉的命令修筑、并命令人们前来朝觐的房。因此,安拉说:"**吉庆的**",即吉庆地被设置的房。

"**引导世人的**",艾布·则尔说:"我曾问:'安拉的使者啊!大地上哪座清真寺最早?'"使者回答说:"禁寺。"我又问:"然后是哪座?"他回答说:"远寺。"我问:"这两座寺的年代相隔多久?"他回答说:"四十年。"我问:"然后是哪座?"他说:"然后无论你在哪里碰上礼拜时间,就在该地礼拜。礼拜的地方都是清真寺。"(1)

## 班克的命名由来及它的其他名称

"**班克**",根据一般的看法,是麦加的名称之一。有人说它被称为"**班克**"(意为粉碎、打垮、聚积)的原因是,它会挫损不义者和强暴者的锐气。换言之,不义者和强暴者在那里毕恭毕敬,诚惶诚恐。也有人说,"**班克**"的命名原因是人们经常云集天房。史学家提到了麦加的许多名称,譬如:"**班克**"、古老的房、禁房、安宁的、安全的、慈悯之源、乌姆·古拉(众城的中心)、索俩海、阿莱什、尕迪斯(净化的、因为它能涤除各种罪孽)、神圣地、纳赛、巴赛、哈退麦、南撒赛、莱艾斯、库撒、拜莱代、拜宁耶、克尔白等等。

## 伊布拉欣的立足处

"**其中有明显的一些迹象**",即其中的迹象可以证明天房是伊布拉欣所修筑的,同时证明安拉使它成为了一个伟大而尊严的地方。

然后说,"**和伊布拉欣的立足处**",即伊布拉欣在筑天房的基础和高墙时,所踩的石头。这块石头原来紧贴天房,后来欧麦尔(愿主喜悦之)任哈里发期间将它朝东挪了一些,以便于人们巡游天房,以防巡游者影响礼拜者,因为安拉命令人们在它跟前礼拜,安拉说:◆你们要把伊布拉欣的立足处作为礼拜的地方。◆(2:125)我们已经在前面注释了相关问题,此处不再赘述。一切感赞统归独一的安拉。

伊本·阿拔斯说:"'**其中有明显的一些迹象**'指其中有伊布拉欣的立足处和标识。"(2)

---

(1)《艾哈麦德按序圣训集》5:150;《布哈里圣训实录诠释——造物主的启迪》6:469;《穆斯林圣训实录》1:370。
(2)《泰伯里经注》7:26。

穆佳黑德说："其中，伊布拉欣的两只脚印是一种明确的迹象。"(1)伊本·阿卜杜·阿齐兹、哈桑等人都有类似的传述。(2)

艾布·塔利卜在其著名的长诗中写道：

伊布拉欣，两脚赤裸；留印岩石，清晰可见。

## 禁地是安全区

"**凡是进入其中的人，都会获得平安**"，即无论是谁，只要进入麦加禁地，都可以得到安全。蒙昧时代也是如此。哈桑·巴士里等人说："当初一些杀人犯杀了人后，在脖子上挂上呢绒进入禁地，仇家的儿子碰到他后，不会袭击他。一直等到他从禁地出来，才找他报仇。"安拉说："他们没看到吗？我已设置平安的禁地，而其周围的人们却饱受劫掠。"（29：67）"他曾给饥饿的他们供食，并曾使他们从恐惧中获得安宁。"（106：3-4）

不但天房被定为禁地，在麦加打猎、驱赶巢里的鸟儿、砍伐树木、拔草都是受禁止的。许多圣训都提到了这些禁令。譬如安拉的使者在解放麦加之日说："不再有迁徙，但（你们当参加）吉哈德和举意。如果你们被要求出征，就当出征。"使者在当日又说："这座城，安拉在创造天地之日使之成为禁地。它因安拉的尊严而具有尊严，直至末日。我之前的任何人都未获允许在其中进行战争。只有我获准于那一天中的一刻能在其中战斗。它因安拉的尊严而成为禁地，直至末日。（任何人）不得砍伐其中的荆棘，不得惊吓其中的猎物。只有将遗失物公布于众者，才可以拾取遗失物，不得砍伐其中的植物。"伊本·阿拔斯说："安拉的使者啊！除非雄刈萱（可以砍伐）。人们在建房子和修坟墓的时候要用到它。"使者说："除非雄刈萱。"(3)

阿慕尔·本·赛尔德派军队去麦加时，艾布·舒莱海对他说："长官啊！请允许我告诉你，安拉的使者在光复（麦加）的第二日所进行的一场讲演，好吗？安拉的使者说话时，我的两耳听到了，我的心铭记了，我的两眼看见了。他赞美了安拉后说：'安拉将麦加划为了禁地，而不是人类使之成为禁地的。任何归信安拉和后世的人，不得在其中流血（杀人），不得砍伐树木，如果有人因为安拉的使者曾在其中作战而寻找借口，你们就对他说，安拉为他的使者准许了（作战），而没有为你们准许。安拉只为我准许了那一天中的一刻。今天，它的尊严回归了，犹如昨天那样。让在场者给不在场者传达吧！'"有人问艾布·舒莱海："阿慕尔对你说了什么？"舒莱海回答道："他说：'艾布·舒莱海啊！我比你更了解它（这段圣训），但禁地不会保护犯罪者、杀人犯和小偷。'"(4)

贾比尔传述，我听安拉的使者说："任何人不得在麦加携带武器。"(5)

使者曾站在麦加的一个市场上说："以安拉发誓，你是安拉的大地上最美好的地方，你是安拉最喜爱的土地，我若不是被人撵出，绝不会离开你。"(6)

## 朝觐的义务

"**路途方面有能力的人，应该为安拉朝觐天房**。"这段经文指出了朝觐的必要性。许多圣训证明，朝觐是伊斯兰的一大基础和根本。全体穆斯林对这一问题的看法是一致的。伊斯兰的经典明文和公决指出，成人必须在一生中朝觐一次。

艾布·胡莱赖传述，安拉的使者在演讲中说："人们啊！朝觐已成为你们的天职，去朝觐吧！"有人问："使者啊！每年都要朝觐吗？"使者没有立即回答，此人连问三次后，使者才回答："倘若我说'是'，它必成为定制（即你们每年都必须朝觐），而你们又做不到。"使者接着说："你们不要向我追问我没有提及的问题。前人的毁灭只是因为他们的问题（要求）太多和他们对他们先知的质疑。如果我命令你们做一件事情，你们应当尽力而行；如果我禁止你们做一件事情，你们就戒绝之。"(7)

## "有能力"的意义

这里的"**能力**"分为多种，一种是人自己具备能力，另一种是通过别人获得能力，正如教法典籍所述。伊本·欧麦尔传述：有个人站在使者面前问："安拉的使者啊！哈志（朝觐者）是什么人？"使者回答说："头发和衣服都不整洁的。"另一人站起来问："安拉的使者啊！哪一种朝觐最贵重？"使者回答说："高声念应召辞的，宰牲流血的。"第三个人站起来问："安拉的使者啊！什么是路途方面的能力？"使者回答："旅费和坐

---

(1)《泰伯里经注》7：27。
(2)《伊本·艾布·哈亭经注》2：412、413。
(3)《布哈里圣训实录诠释——造物主的启迪》4：56；《穆斯林圣训实录》2：986。
(4)《穆斯林圣训实录》2：987。
(5)《穆斯林圣训实录》2：989。
(6)《艾哈麦德按序圣训集》4：305；《提尔密济圣训全集诠释》10：426；《圣训大集》2：479；《伊本·马哲圣训集》2：1038。
(7)《艾哈麦德按序圣训集》2：508；《穆斯林圣训实录》2：975。

骑。"(1)伊本·阿拔斯传述,使者说,"打算朝觐的人应该抓紧时间。"(2)

### 否认朝觐的人是隐昧者(出教者)

"否认者,安拉是无求于众世界的。"伊本·阿拔斯、穆佳黑德等人说:"谁否认朝觐是一项主命,谁就否认了(伊斯兰),安拉不需要他。"

欧麦尔(愿主喜悦之)说:"对于那些有能力朝觐而未去朝觐的人而言,死于犹太教还是死于基督教,都是一样的。"(3)

❧ 98.你说:"有经的人们啊!你们为何要否认安拉的种种迹象?安拉是见证你们行为的。" ❧
❧ 99.你说:"有经的人们啊!你们为何心存邪念而在主道上阻碍归信的人?你们可是证人啊。安拉绝不疏忽你们的行为。" ❧

### 严厉谴责有经人否认正教、阻碍主道

安拉严厉警告那些犹太人。他们根据从列圣那里掌握的知识清楚地知道,穆圣ﷺ传述的是安拉的真理;他们也通过列圣的喜讯和警告认识到了这位出生阿拉伯哈希姆家族的文盲先知——人类的领袖、万圣的封印、天地的养主派来的使者,但他们仍然抗拒真理,否认天经,不遗余力地阻碍人们走向主道。安拉谴责了他们的上述行为,告诉他们说,安拉全知他们的倒行逆施,并且他绝不疏忽他们的行为,将来,❧ 财富和子嗣都无裨益。❧ (26:88)他要因此而惩罚他们。

❧ 100.有正信的人们啊!如果你们服从一部分曾获经典的人,他们会在你们已归信之后,将你们变成隐昧者。 ❧
❧ 101.有人对你们诵读着安拉的迹象,安拉的使者就在你们中,你们怎么能不信呢?谁信托安拉,谁就被引向了正道。 ❧

### 警告穆斯林不要跟随有经人

伟大的安拉警告信士们不要跟随一部分有经人,这些人嫉妒信士们得到安拉的恩赐,嫉妒安拉为信士派遣先知。正如安拉所言:❧ 许多有经的人,真理对他们明确之后,由于发自内心的嫉恨,希望你们归信之后又变成隐昧者。❧ (2:109)安拉在这里说:"有正信的人们啊!如果你们服从一部分曾获经典的人,他们会在你们已归信之后,将你们变成隐昧者。"然后又说:"有人对你们诵读着安拉的迹象,安拉的使者就在你们中,你们怎么能不信呢?"即你们应该远离隐昧,因为安拉的经文在白天和夜晚不停地降于使者,使者也对你们宣读和传达这些经文。相同经文有:❧ 你们怎能不归信安拉呢?使者在召唤你们归信你们的主,而他也曾和你们缔约,如果你们是归信的人的话。❧ (57:8)又如圣训所述,有一天,安拉的使者ﷺ对众弟子说:"你们最敬佩谁的信仰?"众人答:"天使。"使者说:"他们就在养主跟前,岂能不信(安拉)呢?"众人答:"列圣。"使者说:"他们接受着启示,怎会不信?"众人答:"那便是我们了。"使者说:"我在你们当中,你们岂能不信?"众人说:"那么是谁呢?"使者说:"是你们以后的一些人,他们见到经典后,归信其中的一切。"(4)

清高伟大的安拉说:"谁信托安拉,谁就被引向了正道",即信托安拉是获得引导的条件,远离迷误的武器,走向正道的媒介,通往真理和理想的坦途。

❧ 102.有正信的人们啊!你们当真实地敬畏安拉,你们只能以穆斯林的身份而死。 ❧
❧ 103.你们当全体紧握安拉的绳索,不要分裂。并且要铭记安拉对你们的恩典,你们原是仇敌,后来他团结了你们的心灵,由于他的恩典,你们变成了兄弟。你们原在火的边缘,是他从中拯救了你们。安拉就这样为你们阐明他的迹象,以便你们走正道。 ❧

### 什么是真实地敬畏

"你们当真实地敬畏安拉。"伊本·麦斯欧迪说:"经文指服从主,不违抗主;铭记主,不遗忘主;感谢主,不辜负主。"(5)

艾奈斯传述说:"仆人若想达到真实地敬畏,就得慎言。"(6)

"你们只能以穆斯林的身份而死",即你们无论健康还是疾病,都要坚持伊斯兰,以便至死坚持伊斯兰。因为慷慨的安拉的惯例是:人活着时坚持什么,死时也坚持什么;死时坚持什么,安拉就以

---

(1)《提尔密济圣训全集诠释》8:348;《伊本·马哲圣训集》2:96;《哈肯圣训遗补》1:442。
(2)《艾哈麦德按序圣训集》1:225;《艾布·达乌德圣训集》2:350。
(3)《哈里叶》9:252。

(4)《圣训大典》4:22、23。
(5)《伊本·艾布·哈亭经注》2:446;《哈肯圣训遗补》2:294。
(6)《伊本·艾布·哈亭经注》2:448。

他所坚持的来复活他。求主使我们永远坚守正道。

穆佳黑德说，人们在巡游天房时，伊本·阿拔斯坐着，他手里拿着拐杖说："安拉的使者念了：'有正信的人们啊！你们当真实地敬畏安拉，你们只能以穆斯林的身份而死。'然后说：'倘若攒枯木树上掉下一滴水，就会使人们的今世生活变得苦不堪言，除了攒枯木再无食物的人会是怎么样的呢？'"(1)

安拉的使者在归真前三天的晚上说："你们临终时一定要对安拉抱以美好的希望（美好的猜测）。"(2) 艾布·胡莱赖传述，使者说："安拉说：'我在我的仆人所希望（猜测）的那里。'"(3)

### 命令紧握安拉的绳索，坚守集体

"你们当全体紧握安拉的绳索。"有人说"安拉的绳索"指安拉的契约。正如后面的经文所述：《除非在安拉及人们的契约之下，他们无论在哪里被发现，都会被烙上卑贱。》（3：112）

"不要分裂。"安拉命令信士们团结集体，禁止拉帮结派。禁止分裂、命令团结的圣训很多，正如安拉的使者说："安拉喜欢你们做三件事，恼怒你们做三件事。安拉喜欢你们只崇拜他，不以物配主；全体紧握安拉的绳索，不搞分裂；给安拉为你们委任的长官提建议。他恼怒你们三件事：人云亦云；强问不休；浪费财产。"(4)

"并且要铭记安拉对你们的恩典，你们原是仇敌，后来他团结了你们的心灵，由于他的恩典，你们变成了兄弟。"这段经文原本描述的是奥斯和赫兹勒吉两部落，他们之间在蒙昧时代战火连绵，宿怨难了，仇杀不断。伊斯兰来临后，他们加入伊斯兰，成了同甘共苦、亲密无间的兄弟，在伸张正义和敬畏安拉的事业上互相帮助。安拉说：《他以他的援助和信士们来支持你。他已使他们万众一心。你即使付出大地上的一切，也不能使他们的心团结起来。》（8：62-63）

他们曾由于否认真理而处于火狱的边缘，后来安拉从中拯救了他们，将他们引向信仰。使者凭安拉的意欲分配侯奈尼之役的战利品时，没有给他们分配(5)，当日使者讲述了这一恩情，并谴责了个别人。使者在演讲中说："诸位辅士们！难道你们原来不是在迷误之中，后来安拉通过我引导了你们？原来不是在分裂中，后来安拉通过我团结了你们吗？原来不是在贫穷中，安拉通过我使你们富裕了吗？"使者每问一句，他们就回答说："安拉及其使者的恩情最大。"(6)

《104.你们当中应有一部分人，教人行好，命人行善，止人作恶，他们是成功的人。》

《105.你们不要像那些在获得明证后，相互分裂，并陷于争论的人，他们将受到重大的刑罚。》

《106.在那天，有些脸将会变白，而有些脸将会变黑。那些脸变黑的人，天使问他们："你们在信仰之后又不信了吗？你们因不信而尝试刑罚吧！"》

《107.那些脸变白的人，则在安拉的慈悯中，永沐恩泽。》

---

（1）《艾哈麦德按序圣训集》1：300；《提尔密济圣训全集诠释》7：307；《圣训大集》6：313；《伊本·马哲圣训集》2：1446；《伊本·罕巴尼圣训实录》9：278；《哈肯圣训遗补》2：294。
（2）《艾哈麦德按序圣训集》3：315；《穆斯林圣训实录》4：2205。
（3）《布哈里圣训实录诠释——造物主的启迪》13：395；《穆斯林圣训实录》4：2061。
（4）《穆斯林圣训实录》3：1340。

（5）据传述，使者因安拉所欲的原因，在当日没有给身为辅士的这两个部落分配战利品。——译者注
（6）《圣训大集》5：91。

⟨ 108.那些是安拉的迹象,我凭真理诵读给你,安拉不会亏待众世界。⟩

⟨ 109.在诸天与大地的一切,都属于安拉。万事只归安拉。⟩

## 安拉命令人们履行宣教义务

"**你们当中应有一部分人**",即应当有一部分人专门劝善戒恶。

"**他们是成功的人。**"端哈克说:"他们是一些优秀的圣门弟子和传述圣训的学者",即奋斗者和学者们。

这段经文的意义是:虽然劝善戒恶是每个人力所能及的义务,而不是集体天命,但稳麦中应该有一部分人专门从事它。正如穆圣㊗所说:"谁在你们中看到了恶事,谁就应该用手改变它;如果他做不到,他应该用嘴去改变它;如果他还是做不到,他应该用心去(憎恶它),这是最弱的信仰。"另一传述中说:"此外(如果他不憎恶丑恶),那说明他心中没有一粒芥子大的信仰。"(1)

穆圣㊗说:"以掌管我生命的安拉发誓,你们或者命人行善,止人作恶,或者安拉给你们降下惩罚,降罚后你们若求祈他,他不再答应你们。"(2)

类似的《古兰》经文和圣训很多,本经注将在适当的地方注释它们。

## 禁止分裂

"**你们不要像那些在获得明证后,相互分裂,并陷于争论的人。**"安拉禁止这个民族像以前的各民族一样走向分歧和分裂,告诫他们不要废弃"**命人行善、止人作恶**"的义务,从而违背真理。

伊本·莱哈叶说,我们同穆阿维叶一同去朝觐,到麦加后他礼毕晌礼站起来说:"安拉的使者㊗说:'持两部经的人(犹太人和基督教人),在他们的宗教中分成了七十二派,这一民族将分成七十三派(他指私欲派),除一派外,其他各派都在火狱中。这一派是大众派。我的民族中将出现一些人,他们将与那些私欲并肩而行,正如恐水病与其患者那样,它侵入患者身上的每根血管和每个关节中。以安拉发誓,阿拉伯人啊!如果你们不履行你们先知带给你们的,其他人是更不会履行的。'"(3)

---

(1)《穆斯林圣训实录》1:69、70。
(2)《艾哈麦德按序圣训集》5:38、《提尔密济圣训全集诠释》6:390。
(3)《艾布·达乌德圣训集》5:5;《艾哈麦德按序圣训集》4:102。

## 团结和分裂在复生日的结局

"**在那天,有些脸将会变白,而有些脸将会变黑**",即在末日,遵循圣行、团结大众的正统派的脸变白时,异端派和分裂者的脸将会变黑。这是伊本·阿拔斯所持的观点。(4)

"**那些脸变黑的人,天使问他们:"你们在信仰之后又不信了吗?"**"哈桑·巴士里说,经文指的是伪信士。(5)

"**你们因不信而尝试刑罚吧!**"经文形容的是所有隐昧者。

"**那些脸变白的人,则在安拉的慈悯中,永沐恩泽。**""恩泽"指乐园,即他们将永远居住在乐园里,不希望改变其中优越的处境。艾布·阿里卜传述,艾布·欧麦麦看到大马士革的城楼台阶上摆放着一些头颅,便说道:"他们是火狱的狗,是天底下最该死的人,被他们所杀的人是天底下最优秀的人。他接着读道:'**在那天,有些脸将会变白,而有些脸将会变黑……**'"我(传述者)问艾布·欧麦麦:"这是你从安拉的使者㊗那里听到的吗?"他说:"倘若我只听到了一次、二次……七次,我是必定不会告诉你们的。"(6)

"**那些是安拉的迹象,我凭真理诵读给你**",即这是安拉的迹象和明证,穆罕默德啊!我将它们诵读给你。

"**凭真理**",即我实事求是地阐述今世和后世的事情。

"**安拉不会亏待众世界**",即安拉不会亏待他们。安拉是公正的统治者,是全能万事、知道万事的。既是如此,他怎么会亏待一个人呢?因此,安拉说:"**在诸天与大地的一切,都属于安拉**",即一切都在安拉的掌握中,都是安拉的奴仆。

"**万事只归安拉**",即安拉是今后两世的决策者和治理者。

⟨ 110.你们是为世人而产生的最优秀民族,你们命人行善,止人作恶,并归信安拉。如果有经的人归信了,那对他们是更好的。他们中有一些信士,但他们大部分是犯罪的人。⟩

⟨ 111.除恶言外他们不能妨害你。如果他们和你们作战,他们将因你们转身而逃。他们得不到襄助。⟩

⟨ 112.除非在安拉及人们的契约之下,他们无论在哪里被发现,都会被烙上卑贱。他们因安拉的

---

(4)《伊本·艾布·哈亭经注》2:464。
(5)《伊本·艾布·哈亭经注》2:465。
(6)《提尔密济圣训全集诠释》8:351;《伊本·马哲圣训集》1:62;《艾哈麦德按序圣训集》5:256。

恼怒而返回了,他们被烙上贫穷。那是因为他们否认安拉的迹象和不义地杀害众先知。那是因为他们违抗和过分。》

## 穆圣㊤民族的优越性,它是最优秀的民族

清高伟大的安拉说,穆圣㊤的民族是诸民族中最优秀的民族。"**你们是为世人而产生的最优秀民族。**"艾布·胡莱赖传述说:"为世人而产生的最优秀的人,指对人们最好的人。你们(穆斯林)用链子锁住人们(战争中抓获他们),直至他们加入伊斯兰。"(1)

伊本·阿拔斯、穆佳黑德等人说,经文所指是最优秀的人,即他们是最优秀的民族、对其他人最有益的群体。因此安拉说:"**你们命人行善,止人作恶,并归信安拉。**"

安拉的使者㊤说:"你们将达到七十个民族,你们是其中最优秀的。在安拉那里,你们是最尊贵的。"(2)

伊斯兰民族通过它的先知穆罕默德㊤取得了无与伦比的辉煌成就,因为穆圣㊤是安拉所造的万物中最高贵的人,万圣中最优秀的先知,安拉以一部伟大而全面的法典派遣了他。这殊荣是以前的任何一位先知和使者未曾得到的。穆圣㊤的民族遵照他的方法走他的道路,事半功倍,卓尔不群。伊本·艾布·塔利卜传述说,安拉的使者㊤说:"我获得了任何先知未曾获得的殊荣。"我们问:"安拉的使者啊!这个殊荣是什么?"使者说:"我通过恐惧获得襄助,我获得了大地的钥匙,我被命名为艾哈麦德,大地因我而成为清洁的,我的民族被列为最优秀的民族。"(3)相关的圣训很多。

艾布·胡莱赖传述,我听安拉的使者㊤说:"我的民族中七万之众进入乐园时,他们的脸上发出明月般的光彩。"艾布·胡莱赖说:"这时欧卡什举着他的花纹大衣说:'安拉的使者啊!请你祈求安拉,使我成为他们中的一员吧。'安拉的使者㊤说:"我的主啊!使他成为他们中的一员吧!"这时又有一人站起来说:"安的使者㊤啊!请你祈求安拉,使我成为他们中的一员吧。"安拉的使者㊤说:"欧卡什已经领先于你。"(4)

## 证明穆圣㊤的民族在安拉那里享有殊荣,以及这个民族是今后两世中最优秀民族的相关圣训

贾比尔传述,穆圣㊤说:"在末日,我希望我的民族中跟随我的人是乐园居民的四分之一。"贾比尔说:"我们听后高呼安拉至大。"使者又说:"我希望在末日我的民族中跟随我的人是乐园居民的三分之一。"贾比尔说:"我们又高呼安拉至大。"使者又说:"我希望在末日我的民族中跟随我的人是乐园居民的一半。"(5)

伊本·麦斯欧迪说:"安拉的使者㊤对我们说:'你们喜欢不喜欢成为乐园居民的四分之一?'我们听后高呼安拉至大。然后又问:'你们喜欢不喜欢成为乐园居民的三分之一?'我们又赞主至大。使者又说:'我确实喜欢你们成为乐园居民的二分之一。'"(6)

## 另一段圣训

穆圣㊤说:"乐园居民(的队伍)是一百二十

---

(1)《布哈里圣训实录诠释——造物主的启迪》8:72;《伊本·艾布·哈亭经注》2:472、473。
(2)《艾哈麦德按序圣训集》5:3;《提尔密济圣训全集诠释》8:352;《伊本·马哲圣训集》2:1433。
(3)《艾哈麦德按序圣训集》1:98。
(4)《布哈里圣训实录诠释——造物主的启迪》11:413;《穆斯林圣训实录》1:197。

(5)《艾哈麦德按序圣训集》3:346、383。
(6)《布哈里圣训实录诠释——造物主的启迪》11:385;《穆斯林圣训实录》1:200。

列，这个民族占了八十列。"⁽¹⁾

穆圣🕌说："我们是最后出世，而在末日最领先的民族，我们最先进乐园，虽然他们在我们之前获得了经典，我们在他们之后接受了经典。他们对真理产生了分歧，但我们获得了安拉的引导。这（主麻日）就是他们因之产生分歧的日子，人们将在其中跟随我们，明天（星期六）属于犹太人，后天（星期天）属于基督教徒。"⁽²⁾

安拉的使者🕌说："我们是出世在后，末日领先的。我们是最先进乐园的人。"⁽³⁾

上述圣训都与下列经文意义相近，"**你们是为世人而产生的最优秀民族，你们命人行善，止人作恶，并归信安拉。**"具备这种品质的穆民，都享有这种殊荣，并将得到同等的赞誉。正如格塔德所说："我们听说欧麦尔（愿主喜悦之）在一次朝觐中看到人们匆匆忙忙的样子，便诵读了这段经文：'**你们是为世人而产生的最优秀民族。**'然后说：'谁希望自己成为这个民族之人，就让他履行安拉为（加入）这一宗教而制定的条件。'"⁽⁴⁾反言之，不具备上述（最优秀民族）特征的人，更像安拉所谴责的那些有经人，安拉说："*他们也不相互制止他们所犯的罪。*"（5：79）因此，安拉表扬了穆民的这些特征之后，开始批评和谴责有经人，说："**如果有经的人归信了**"，即归信穆圣🕌所接受的启示，"**那对他们是更好的。他们中有一些信士。但他们大部分是犯罪的人**"，即他们中有一小部分人归信安拉和安拉降给你们的启示，大部分人处于迷误、不信、作恶和违抗之中。

## 预告穆斯林将战胜有经人

安拉给信士们报喜，说他们将会战胜那些离经叛教的有经人。安拉说："**除恶言外他们不能妨害你。如果他们和你们作战，他们将因你们转身而逃。他们得不到襄助。**"果然，事实就这样发生了。海巴尔之日，安拉凌辱了犹太人，使他们威风扫地。此前在麦地那的犹太部落——给奈尔人、奈最尔人、格磊作人都遭到了安拉的凌辱。沙姆的基督教徒也多次被圣门弟子所挫败，永远丧失了那里的统治权。一部分伊斯兰精英将代代相传地生活在沙姆，直至尔撒先知在那里降临；尔后通过穆圣🕌的法律，带来和平盛世，消除十字架，杀死猪，豁免人丁税，独奉伊斯兰。

---
（1）《艾哈麦德按序圣训集》5：347、355；《提尔密济圣训全集诠释》7：256；《伊本·马哲圣训集》2：134。
（2）《布哈里圣训实录》896、3486、3487；《穆斯林圣训实录》855。
（3）《穆斯林圣训实录》855。
（4）《泰伯里经注》7：102。

然后清高伟大的安拉说："**除非在安拉及人们的契约之下，他们无论在哪里被发现，都会被烙上卑贱**"，即安拉使他们永远带有卑贱和渺小的属性。他们无论处在哪里，都不会感到安全，"**除非在安拉及人们的契约之下**"。安拉的"**契约**"指来自安拉的和平契约，其中为他们规定人丁税，勒令他们遵循教法。"**人们的契约**"指人们给他们提供的安全承诺。比如按照学者们的主张，任何一位穆斯林（哪怕是一位穆斯林妇女或奴隶）都有权给一位和平相处者、缔结和约者或俘虏提供安全保障。

伊本·阿拔斯、穆佳黑德等人说："'**除非在安拉及人们的契约之下**'指的是安拉的契约和人们的契约。"⁽⁵⁾

"**他们因安拉的恼怒而返回了**"，即他们注定要遭受安拉的恼怒，这完全是咎由自取。

"**他们被烙上贫穷**"，即无论从前定方面还是从教法方面，他们注定遭受贫穷。

"**那是因为他们否认安拉的迹象和不义地杀害众先知。**"他们这样做的原因是由于骄傲、过分和嫉妒，他们因此而将遭受卑贱、轻视和贫穷，直到后世。然后安拉说："**那是因为他们违抗和过分。**"从而促使他们否认安拉的迹象、杀害安拉的使者🕌——他们注定要这样做——的原因就在于他们一贯违抗安拉的命令，触犯安拉的法律。求主使我们远离这种丑行。伟大的安拉是襄助者。

❮ 113.他们不一样。在有经人当中，有一部分人是端正的。他们在夜晚时刻，叩着头诵读安拉的启示。❯

❮ 114.他们归信安拉和末日，他们命人行善，止人作恶，争先行善。这等人，属于清廉者。❯

❮ 115.无论他们做什么善行，都不会遭到否认。安拉深知敬畏的人。❯

❮ 116.那些隐昧的人，他们的财产和他们的子孙，在安拉那里不能帮助他们丝毫。这等人，是火狱的居民，他们将永居其中。❯

❮ 117.他们在今世所花费的就好像是一股寒风，它袭击了那些自亏者的庄稼，将它毁于一旦。安拉没有亏他们，但他们在自亏。❯

## 有经人中归信伊斯兰的人的尊贵

伊本·阿拔斯说："这些经文是为阿卜杜拉·本·赛俩目、艾赛德·本·欧拜德、吾赛德等有经人中的学者降示的。"他们不同于上面谴责的

---
（5）《泰伯里经注》7：112；《伊本·艾布·哈亭经注》2：480、481。

那些有经人，因为这些学者在信士之列。因此，安拉说："**他们不一样。**"⁽¹⁾ 即有经人不全在一个阵营里，他们中有穆民，也有犯罪者。安拉说："**在有经人当中，有一部分人是端正的。**"端正的人指服从主命、履行教法、跟随穆圣㉑的人。"**他们在夜晚时刻，叩着头诵读安拉的启示**"，即他们经常在夜间立站拜功，在拜中诵读《古兰》。"**他们归信安拉和末日，他们命人行善，止人作恶，争先行善。这等人，属于清廉者。**"本章末尾的经文叙述这些信士说：﴾ 有经人当中，的确有人归信安拉、你们所受的启示和他们所受的启示，并对安拉谦卑虔敬。﴿（3：199）安拉在这里则说："**无论他们做什么善行，都不会遭到否认**"，即安拉不但不废弃他们的善功，而且将给予他们最充分的报酬。

"**安拉深知敬畏的人。**"安拉清楚每个人的善功，不会废除任何一位行善者的善功。安拉接着讲述那些崇拜多神的隐昧者说："**那些隐昧的人，他们的财产和他们的子孙**"，即倘若安拉要惩罚他们，他们的财产和子孙不能保护他们，"**这等人，是火狱的居民，他们将永居其中**"。

### 隐昧者花费的财产的譬喻

安拉为隐昧者在今世所花费的财产举了一个例子，说："**他们在今世所花费的就好像是一股寒风。**"伊本·阿拔斯、艾克莱麦、赛尔德·本·朱拜尔、哈桑、格塔德、端哈克等人认为经文指寒冷的风。⁽²⁾阿塔说："是夹杂着冰的寒风。"⁽³⁾ 伊本·阿拔斯和穆佳黑德等人还说："'صِرّ'指火。"⁽⁴⁾ 其真正含义应该是寒冷的风，因为寒冷的风，尤其是夹杂着冰的寒风毁灭庄稼，正如烈火烧毁其他东西一样。

"**它袭击了那些自亏者的庄稼，将它毁于一旦**"，即在寒风的袭击下，即将收获的庄稼和果实完全毁灭了，一切都在人最需要的时刻不复存在。隐昧者就是这样，安拉将消除他在今世的一切工作的报酬，正如庄稼的主人犯了错后庄稼遭受毁灭一样。这些人就这样将自己的大厦建立于空虚的基础之上，"**安拉没有亏他们，但他们在自亏**"。

﴾ **118.有正信的人们啊！你们不要将除你们之外的人作为心腹。他们不遗余力地迫害你们，希望你们遭难。仇恨已由他们的口中表现出来了，而他们心中隐藏着更为严重的。我确已为你们阐明了许多迹象，如果你们能理解。**﴿

---
（1）《穆罕勒》1：492。
（2）《伊本·艾布·哈亭经注》2：493、294、495。
（3）《伊本·艾布·哈亭经注》2：496。
（4）《伊本·艾布·哈亭经注》2：495。

﴾ **119.你们这些人啊！你们喜爱他们，而他们并不喜爱你们。你们确信天经的全部，当他们遇见你们时，他们就说："我们归信了。"他们私下相聚会的时候，因怨恨你们而咬住指尖。你说："你们怨恨地死去吧！安拉确实是全知心事的。"**﴿

﴾ **120.如果你们碰见一点好事，他们就难以忍受，倘若你们碰到不测，他们就幸灾乐祸。如果你们坚韧，并且敬畏，他们的阴谋丝毫不能伤害你们。安拉周知他们的行为。**﴿

### 禁止将隐昧的人作为心腹

安拉禁止信士将伪信士作为心腹，换言之，信士不应让伪信士了解自己的内心世界，不能让他们知道心中对敌人所隐藏的事情。因为伪信士们图谋使用一切阴谋诡计，不择手段地迫害信士们，为难信士们，不遗余力地给信士们制造麻烦。

"**你们不要将除你们之外的人作为心腹。**"你们不要将异教徒作为你们的心腹。"**心腹**"指了解自己内心世界的人。安拉的使者㉑说："安拉派遣的每位先知和每位哈里发周围，都有两个心腹，一个鼓励他行善，另一个怂恿他作恶。受保护者是蒙

安拉保护之人。"(1)

有人对欧麦尔（愿主喜悦之）说："有个西莱（地名）的孩子，能写善记，你将他作为书童多好！"欧麦尔说："若是这样，我就舍信士而将其他人做为心腹了。"(2)

上述经文、圣训和箴言，说明不能让受保护的子民(3)（非穆和伪信士）了解穆斯林的机密文件，以防向敌人泄密。因此，安拉说："**他们不遗余力地迫害你们，希望你们遭难。**"

经文接着说："**仇恨已由他们的口中表现出来了，而他们心中隐藏着更为严重的。**"虽然他们对伊斯兰和穆斯林隐藏着心中的仇恨，但有心的人可以从他们的面部表情和语调中，洞悉他们的内心世界。因此，安拉说："**我确已为你们阐明了许多迹象，如果你们能理解。你们这些人啊！你们喜爱他们，而他们并不喜爱你们。**"信士们啊！你们因为伪信士表面的信仰而喜欢他们，但他们无论从内心还是外表都不喜欢你们。

"**你们确信天经的全部。**"你们对经典毫不怀疑，但他们却充满怀疑。

伊本·阿拔斯传述说："你们归信你们的经典和他们的经典，以及以前的一切经典，他们却否认你们的经典。所以，你们对他们的恨应该超过他们对你们的恨。"(4)

"**他们私下相聚会的时候，因怨恨你们而咬住指尖。**"格塔德说，"指尖"指手指尖。(5)这是对伪信士的真实写照，他们在信士面前表现出信仰和友情，而内心中却隐藏不信和仇恨，正如安拉所言："**他们私下相聚会的时候，因怨恨你们而咬住指尖。**"这是愤恨至极的表现。安拉说："**你说：'你们怨恨地死去吧！安拉确实是全知心事的。'**"即无论你们对穆民多么生气、多么愤恨，安拉终将完成他对穆民的恩典，完美他的宗教，弘扬他的言辞，显现他的宗教。所以你们就气死吧！"**安拉确实是全知心事的**"，即他知道你们心中对穆民隐藏的怨恨、恼怒和嫉妒。今世中，安拉将使你们计划落空，事与愿违；在后世，将使你们永远遭受严惩，不得解脱。

"**如果你们碰见一点好事，他们就难以忍受，倘若你们碰到不测，他们就幸灾乐祸。**"这种情况说明了他们对穆民极度的怨恨。当穆民获得幸福、胜利和帮助时，伪信士们就难以忍受，当穆民遭受

---

(1)《布哈里圣训实录诠释——造物主的启迪》13：201、《圣训大集》7：158。
(2)《伊本·艾布·哈亭经注》2：500。
(3) 在伊斯兰国家生活的非穆斯林。——译者注
(4)《泰伯里经注》7：149。
(5)《泰伯里经注》7：153。

旱灾或被敌人战胜时——因为安拉所欲的某种哲理，正如吾侯德战役——伪信士们就感到高兴。安拉呼吁穆民说："**如果你们坚韧，并且敬畏，他们的阴谋丝毫不能伤害你们。**"安拉指导他们说，坚韧克制、敬畏安拉并托靠安拉是远离邪恶和阴谋的良方。因为安拉是周知他们的。（我们）没有办法，也没有力量，唯凭安拉。安拉意欲的事情必定会发生，安拉不意欲的事情绝不会出现。世界上的一切事物，都是依安拉的判定和意志而产生的。谁托靠安拉，安拉就会解决他的难题。

然后安拉开始讲述吾侯德事件，告诉穆民那次战役是安拉对他们的考验，以便甄别信士和伪信士，并叙述了穆民在战役中的忍耐。清高伟大的安拉说：

﴾121.当时，你在早晨从家里出去，把信士们布置在作战岗位上。安拉是全听的、全知的。﴿

﴾122.当时，你们当中两伙人企图示弱。安拉是他俩（这俩伙人）的保护者。让信士们只托靠安拉吧！﴿

﴾123.白德尔战役中，安拉援助了微弱的你们。所以你们要敬畏安拉，以便你们感谢。﴿

## 吾侯德战役

大多数学者认为，这件事情指吾侯德战役，战斗发生于迁徙第三年（伊斯兰教历）十月星期六。(6) 尔克莱麦说："那是十月中旬的一个星期六。"安拉至知。

引发这次战争的原因是，穆斯林在白德尔战役中杀死了一些多神教徒贵族，由艾布·苏富扬率领的古莱什商队逃脱穆斯林的包围，平安地回到了麦加。被穆斯林杀死的那些人的后代和一些首领捐出了一些财产，对艾布·苏富扬说："请将这些财产作为和穆罕默德战争的经费。"后来，他们组织各路人马，并召集艾哈比什人(7)，组成一支约三千人的部队进军麦地那，驻扎在麦地那对面，靠近吾侯德的一个地方。

安拉的使者礼完聚礼后，为来自南佳尔部落的马立克·本·阿米尔举行了殡礼。然后向人们征求战斗方案：是出城迎击，还是等敌人进城后再打？阿卜杜拉·本·吾班叶建议穆斯林驻守城内。如果敌人长期驻扎城外，必定陷入困境，如果敌军攻进城中，男人们和他们正面战斗，妇女和儿童从

---

(6)《伊本·艾布·哈亭经注》2：510。
(7) 麦加南部的古莱什人。——译者注

上面用石头射击，敌人必然无功而返。一些没有参加白德尔战役的圣门弟子则建议出城迎击。最后使者走进房中，穿上盔甲出来。这时，部分人后悔了，他们说："或许我们强迫了先知。"他们说道："安拉的使者啊！如果你愿意，我们可以守在城中。"使者说："先知若穿上盔甲，就不能返回，直至安拉为他判决。"

穆圣率领一千圣门弟子走出城门，到达消特（地名）时，阿卜杜拉·本·吾班叶因为穆圣没有听取他的意见而生气地带领三分之一人马返回了。他们对其他人说："倘若我们知道今天会发生战斗，我们必定跟随你们。但我们不认为今天会发生战斗。"安拉的使者则带领其他人继续前进，驻扎到吾侯德地区一个山谷的谷岸上。使者说："在我发出作战命令之前，任何人不得进行战斗。"使者和他的七百名圣门弟子作好了战斗准备。他命令阿卜杜拉·本·朱拜尔领导弓箭手，当日共有五十名弓箭手。使者对他们说："请拦截骑兵，不要让他们从你们这面攻向我们。无论我们胜利与否，你们不可擅离岗位，即便你们看到我们遭受飞鸟袭击，也不能离开阵地。"安拉的使者穿好两件铠甲，将旗帜交给了穆苏尔卜。当日使者还允许一些少年参战，拒绝了另一些少年的作战请求，两年后才让后者参加了壕沟战役。

古莱什人和他们的三千人马也作好了战斗准备，他们共有二百匹马，他们让马停在旁边，哈立德·本·瓦利德率领右翼骑兵，艾克莱麦率领左翼骑兵，阿卜杜·达尔家族掌旗。如果安拉意欲，经文将在相应地方介绍两军的详情。

因此，清高伟大的安拉说："**当时，你在早晨从家里出去，把信士们布置在作战岗位上**"，即你让他们分别处于自己的岗位，划分了右翼和左翼，并按你的命令布置阵地。

"**安拉是全听的、全知的。**"安拉听着你们说的话，掌握你们的内心世界。

"**当时，你们当中两伙人企图示弱。**"贾比尔说："'**当时，你们当中两伙人企图示弱**'是因我们而降示的。"他说："我们这两伙人是哈里斯家族和赛莱迈家族，我们不希望它不降示。（苏富扬有次说："我并不希望它不降示。因为安拉说'**安拉是他俩（这俩伙人）的保护者**'）。"(1)

### 安拉在白德尔之日襄助势单力薄的穆斯林

清高伟大的安拉说："**白德尔战役中，安拉援助了微弱的你们。**"白德尔之日指迁徙第二年莱麦丹月十七日星期五。这是一个分辨真假的日子。这一天，安拉通过少数穆斯林，使伊斯兰和穆斯林大获全胜，粉碎了多神教徒的挑战，铲除了其基地。当日的穆斯林共计313人，马两匹，骆驼70峰，其他人都是步兵，装备非常简陋。敌军约900至1000人，装备精良。但安拉使他的使者获得胜利，昭彰了他的启示，振奋了使者和他的部下的精神，凌辱了恶魔及其子孙。安拉讲述给穆民——敬畏者阵营的这一恩典说："**白德尔战役中，安拉援助了微弱的你们。**"即援助了少数的你们，以便你们知道胜利只来自安拉，而不仅靠人数和装备。安拉在其他经文中说："安拉已在许多战场上和在侯奈尼之日襄助了你们。当时，你们庞大的人数使你们趾高气昂，但是它却对你们毫无益处。"（9：25）"安拉是至恕的、至慈的。"（9：27）

白德尔位于麦加和麦地那之间，以当地的一口井而著称，得名于挖井人，有人说挖井人叫白德尔·本·纳林。

"**所以你们要敬畏安拉，以便你们感谢**"，即以便你们行善。

---

(1)《布哈里圣训实录诠释——造物主的启迪》8：63；《穆斯林圣训实录》4：1948。

❧124.当时,你对信士们说:"你们的主降下三千名天使援助你们,这对你们难道还不够吗?"❧

❧125.不然,如果你们坚韧并且敬畏,当敌人突然攻击你们,你们的主将会派遣五千名带有标识的天使来援助你们。❧

❧126.安拉以此作为给你们的喜讯,以便你们的心情能够安宁。援助只来自优胜的、明哲的安拉。❧

❧127.以便安拉铲除一部分隐昧的人,或凌辱他们,以使他们扫兴而归。❧

❧128.无论他恕饶他们或是惩罚他们,都与你无关,因为他们是不义的。❧

❧129.诸天和大地的一切都属于安拉。他恕饶他意欲之人,惩罚他所意欲之人。安拉是至赦的,至慈的。❧

## 天使的援助

经注学家们对经文提及的喜讯有不同看法,有人认为指白德尔战役,有人则认为指吾侯德战役。一种看法是"当时,你对信士们说"这段经文衔接❧白德尔战役中,安拉援助了微弱的你们。❧(3:123)[1] 哈桑·巴士里、舒尔宾、莱毕尔·本·艾奈斯等学者持此观点。哈桑认为上述经文"当时,你对信士们说:'你们的主降下三千名天使援助你们,这对你们难道还不够吗?'"指白德尔战役中的事情。[2]

阿米尔传述,白德尔之日,穆斯林听到凯勒兹·本·贾比尔援助多神教徒后忧心如焚。后来安拉降示了:"你们的主降下三千名天使援助你们,这对你们难道还不够吗?……你们的主将会派遣五千名带有标识的天使来援助你们。"凯勒兹听到古莱什遭受失败的消息后没有去援助多神教徒,安拉也就没有派五千天使援助穆斯林。[3]

莱毕尔说:"安拉首先用一千名天使援助穆斯林,后来增加到三千名,再后来又增加到了五千名。"[4]

有人提出了一个问题,上段经文和下列经文——❧当时你们祈求你们主的援助,他答应了你们,(说)"我将由一千名接踵而来的天使援助你们。"❧(8:9)——之间怎样调和?答复是:《战利品章》中所说的一千名天使,与本章经文所说的三千或更多天使在数字上并不矛盾。《战利品章》中的"陆续"表示安拉将会派"许多一千名"

天使。这种表达方法与《仪姆兰的家属章》的表达方法相同,从中可以清楚地看出,本章经文所指的是白德尔之日,因为众所周知,天使们是在白德尔之日参战的。安拉至知。

"**不然,如果你们坚韧并且敬畏**",即如果你们坚持和敌人作战,敬畏我并服从我的命令。

"**当敌人突然攻击你们。**"哈桑、格塔德、莱毕尔、赛丁伊认为,经文意思是当他们从正面向你们发起进攻。[5]

伊本·阿拔斯等认为:当他们在这次旅行中向你们发起进攻。

也有人解释为:当他们这般恼怒地向你们进攻。[6]

持第二种主张的人认为,这段经文应该连接"当时,你在早晨从家里出去,把信士们布置在作战岗位上。"那一天是吾侯德之日。但穆斯林在该日没有得到天使援助。因为安拉说:"不然,如果你们坚韧并且敬畏。"但部分穆斯林在该日不但没有忍耐,而且还背转而逃。所以在吾侯德没有得到天使援助。

"**你们的主将会派遣五千名带有标识的天使来援助你们。**""带有标识"指带着某种标记。阿里(愿主喜悦之)说:"白德尔之日,天使的标识是白色的绒。[7]战马的额头上也有他们的标识。"

麦哈库穆说:"'带标识'指带着缠头巾。在白德尔之日天使的标识是黑色的头巾,在侯奈尼之日是红色的头巾。"但伊本·阿拔斯却说:"天使们只在白德尔之日参过战。"[8]伊本·哈亭传述,祖拜尔(愿主喜悦之)在白德尔之日缠黄色头巾。后来天使们也缠着黄头巾降临了。[9]

"**安拉以此作为给你们的喜讯,以便你们的心情能够安宁。**"安拉命令天使降临,给你们通知消息,只是为了给你们报喜,让你们心情愉快和踏实。因为胜利只来自安拉,如果安拉意欲,你们可以不通过天使的援助也不用你们动手就能获胜。正如安拉通过战争使穆民获胜之后所说:❧事情就是这样的。倘若安拉愿意,他必定惩罚了他们。但是(他让你去战斗)以便他以部分人来试验你们中的另一部分。那些主道上被杀害的人,他绝不使他们徒劳无酬。他将引导他们,并改善他们的情况,并使他们进入他已向他们介绍过的乐园。❧(47:4-6)因此,安拉说:"**安拉以此作为对你们的喜讯,以便你们的心情能够安宁。援助只来自优胜的、明哲的安拉**",

---

(1)《伊本·艾布·哈亭经注》519、520、521。
(2)《泰伯里经注》7:174。
(3)《伊本·艾布·哈亭经注》2:520。
(4)《泰伯里经注》7:178。
(5)《伊本·艾布·哈亭经注》2:523、524。
(6)《泰伯里经注》7:182。
(7)《伊本·艾布·哈亭经注》2:525。
(8)《伊本·艾布·哈亭经注》14:354。
(9)《伊本·艾布·哈亭经注》2:527。

即安拉具有无与伦比的尊严，他的决策和计划是非常精确的。然后说：“**以便安拉铲除一部分隐昧的人**”，即安拉命令你们顽强作战，因为安拉的决策中蕴涵着许多哲理。因此安拉提到和穆斯林作战的隐昧者可能分成的各个部分。他说“**以便安拉铲除**”，即以便他消灭敌人。“**一部分隐昧的人，或凌辱他们，以使他们扫兴而归**”，即他使他们蒙受耻辱，让他们气愤地、万念俱灰地回去。所以说：“**或凌辱他们，以使他们扫兴而归。**”“**扫兴而归**”，即事与愿违地回去。

然后插入下列经文，说明今后两世的统治权只归独一无偶的安拉：“**都与你无关**”，即一切事情都归我管理。正如安拉所言：﴾你的责任只是传达，清算由我掌管。﴿（13：40）﴾你无法引导他们，但安拉引导他所欲之人。﴿（2：272）﴾的确，你不能够引导你所喜欢的人，但是安拉能引导他所意欲的人。﴿（28：56）伊本·易司哈格说：“经文（3：128）的意思是：你只能奉我的命令统治我的仆人。”[1]

然后经文关于与穆斯林作战的其他人说：“**无论他恕饶他们**”，意为将他们从不信和迷误引向正道。“**或是惩罚他们**”，意为在今世和后世中，因为他们的罪恶和不信而惩罚他们。所以说，“**因为他们是不义的**”，即他们是罪有应得。

布哈里传述，安拉的使者ﷺ在晨礼第二拜（鞠躬）中抬起头，念完“安拉听到了赞美者的赞美，我们的养主啊！一切赞美都归于你。”之后说道：“我的主啊！请诅咒某某人。”后来安拉降示了“**都与你无关**”。[2]

艾哈麦迪传述，安拉的使者ﷺ说：“主啊！求你诅咒某人，求你诅咒哈里斯·本·希沙姆，求你诅咒苏海里·本·阿慕尔，求你诅咒索福万·本·吾麦叶。”此后安拉降谕道：“**无论他恕饶他们或是惩罚他们，都与你无关，因为他们是不义的。**”后来这些人都得到了安拉的赦免。[3]

艾布·胡莱赖传述，如果安拉的使者ﷺ打算为一个人祈福或祈祸时，就在鞠躬之后念祷词，有时他首先念“安拉听到了赞美者的赞美，我们的养主啊！一切赞美都归于你。”然后高声念“主啊！求你拯救瓦利德·本·瓦利德，赛莱迈·本·希沙姆、安亚西·本·艾布·莱毕尔以及一些受欺压的穆斯林，主啊！求你严惩穆惰勒（部落），求你让他们像优素福先知时代一样遭受旱灾。”使者有时在晨礼中念“主啊！求你诅咒某某和某某。”为一些阿拉伯部落祈祸。后来安拉降示了：“**……都与你无关。**”[4]

布哈里传述，吾侯德之日，穆圣ﷺ的额头被打破后，穆圣ﷺ说：“打破他们先知的头的人怎么会成功呢？”后来安拉降示了“**都与你无关**”。[5]

艾奈斯传述，吾侯德之日穆圣ﷺ的眼齿[6]被打碎了，额头也被打破了，以致鲜血流到他的脸上。他说：“他们的先知号召他们走向他们的养主，但他们却这样对待先知，这样的群体怎么会成功呢？”后来安拉降谕道：“**无论他恕饶他们或是惩罚他们，都与你无关，因为他们是不义的。**”[7]

“**诸天和大地的一切都属于安拉**”，即一切都归安拉所管，天地间的一切都是以奴仆的身份站在安拉跟前的。

“**他恕饶他意欲之人，惩罚他所意欲之人**”，即安拉是决策者，没有人能评价他的判决，也没有人审问他的行为，但他将审问万物，“**安拉是至赦的，至慈的**”。

**﴾130.有正信的人们啊！你们不要重复加倍地吃利息，你们要敬畏安拉，以便你们成功。﴿**

**﴾131.你们当防备火狱，那是为隐昧的人预备的。﴿**

**﴾132.你们当服从安拉和使者，以便你们获得慈悯。﴿**

**﴾133.你们当竞相争取你们主的恕饶和那与天地同宽的、已为敬畏者预备的乐园。﴿**

**﴾134.那些在顺境和逆境中施舍，并能咽下怒气，又能恕人的人，安拉是喜爱行善者的。﴿**

**﴾135.那些人，当他们做了丑事和亏负了自己时，他们记念安拉，并为他们的罪恶而祈求恕饶。除安拉之外，谁能恕饶罪恶呢？他们从不明知故犯地怙恶不悛。﴿**

**﴾136.这等人的报酬是来自他们主那里的恕饶和下临诸河的乐园，他们将永居其中。行善者们的报酬真优美啊！﴿**

## 坚决禁止利息

安拉禁止仆人使用和吃利息，蒙昧时代，当债务到期后债权人会对债务人说，或者你还贷款，或者让利息继续增长。如果对方没有还债，债权人延期贷款，债务人则加倍付息。年年如此。以至少量的债务越滚越多。安拉命令他的众仆敬主守法，

（1）《泰伯里经注》7：195。
（2）《布哈里圣训实录诠释——造物主的启迪》8：73；《圣训大集》6：314。
（3）《艾哈麦德按序圣训集》2：93。
（4）《布哈里圣训实录》4：560。
（5）《布哈里圣训实录诠释——造物主的启迪》7：365。
（6）位于门牙和犬齿间。——译者注
（7）《艾哈麦德按序圣训集》399；《穆斯林圣训实录》1791。

以便取得今后两世的成功。然后安拉以火狱警告他们，让他们防备它，安拉说："**你们当防备火狱，那是为隐昧的人预备的。你们当服从安拉和使者，以便你们获得慈悯。**"

### 倡导行善 争取乐园

安拉倡导仆人积极行善，力争尽快接近安拉，说："**你们当竞相争取你们主的恕饶和那与天地同宽的、已为敬畏者预备的乐园**"，即正如为隐昧者们准备了火狱那样。有人说"与天地同宽"是乐园的长度。正如《古兰》对乐园中的褥子的形容：《其里子是锦绣。》（55：54）如果内芯是丝绸，那么它的表面又是什么呢？有人说乐园的长与宽相等，因为乐园是阿莱什下的圆形体，圆形的长与宽是相等的。下列圣训也可以证明这一点："你们向安拉祈求乐园时，应当祈求费尔道斯乐园，它是最高和最好的乐园，其中有许多河流在流淌，其顶部是至仁主的阿莱什。"[1]

又如《铁章》所述：《你们当竞相争取你们主的恕饶和为归信安拉及其使者的人们准备的乐园。》（57：21）

有人来到安拉的使者㊣跟前，读了"**那与天地同宽的乐园**"后说："请告诉我，火狱在哪里？"使者说："当夜幕降临的时候，白天在哪里？"那人说："在安拉意欲的地方。"使者㊣说："火狱也是同样，在安拉意欲的地方。"[2] 这种解释具有两层意思：一、白天来到时我们看不见夜晚，并不意味着夜晚不存在。火狱也是同样，在安拉意欲的地方。二、白天从地球的一端出现时，夜晚出现在另一端。最高层的乐园在诸天之上、阿莱什之下，正如安拉所言：《它的宽跟天地一样。》（57：21）最低层的火狱也与天地同宽，但这并不意味着它不存在。安拉至知。

安拉形容乐园居民的情况时说："**那些在顺境和逆境中施舍**"，即在幸福和不幸、高兴和苦闷、健康和疾病等各种情况下进行施舍。正如安拉所言：《白天和夜晚秘密或公开施舍财产的人。》（2：274）意思是任何事情也不能阻止他们顺从安拉，为博得安拉的喜悦而施舍，为亲属和其他人行善。

"**并能咽下怒气，又能恕人的人**"，即当他们受到刺激时，抑制了怒火，没有将它发泄出来。不但如此，他们还原谅了冒犯自己的人。穆圣㊣说："英雄不是摔跤高手，英雄是生气时能够自我克制的人。"[3]

安拉的使者㊣说："谁照顾一个有困难的人或原谅他，安拉便保护谁免遭火狱的火焰。须知，乐园的工作如在高坡上攀岩（先知说了三次），火狱的工作似在平原上散步。幸福的人是能免于种种诱惑的人。安拉看来最好的一口气莫过于仆人咽下的怒气。只要仆人为安拉而咽下怒气，安拉就让他的内心充满信仰。"[4]

安拉的使者㊣说："谁在能够发火的情况下咽下了怒火，（在后世）安拉将在众生面前叫来他，让他任意选择仙女。"[5]

安拉的使者㊣说："仆人为了求得安拉的喜悦而咽下的一口气，是报酬最贵的一口气。"[6]

"**并能咽下怒气**"，即他们不但不对人们发火，而且克制自己不去伤害他人，以此来向安拉要求报酬。然后说"**又能恕人**"，即他们不但不伤害别人，而且还原谅亏待自己的人，对任何人不生气。因为经文说："**安拉是喜爱行善者的**"。这就

---
（1）《布哈里圣训实录诠释——造物主的启迪》6：14。
（2）《揭秘》3：43。
（3）《艾哈麦德按序圣训集》2：236；《布哈里圣训实录诠释——造物主的启迪》10：535；《穆斯林圣训实录》4：2014。
（4）《艾哈麦德按序圣训集》1：327。
（5）《艾哈麦德按序圣训集》3：438、440；《艾布·达乌德圣训集》5：137；《提尔密济圣训全集诠释》6：139；《伊本·马哲圣训集》2：1400。
（6）《艾哈麦德按序圣训集》2：128；《伊本·马哲圣训集》2：1401。

是最高层次的行善。穆圣㉑说："我为三种情况发誓（证明下列情况是真实的）：财产不会因施舍而减少；仆人原谅他人后，安拉只会使他更尊贵；谁为安拉而谦恭，安拉必使谁高贵。"(1)

"那些人，当他们做了丑事和亏负了自己时，他们记念安拉，并为他们的罪恶而祈求恕饶"，即当他们犯罪后，立即向安拉忏悔和求饶。穆圣㉑说："有人犯了罪后说：'我的养主啊！我犯了罪，请恕饶我吧！'安拉说：'我的仆人犯了罪后知道他的养主能恕饶罪恶，能惩罚他。我确实恕饶了我的仆人。'此后他又犯了一件罪恶，并说：'我的养主啊！我犯了罪，求你恕饶我吧！'安拉说：'我的仆人犯了罪后知道他的养主能恕饶罪恶，能惩罚他。我确已恕饶了我的仆人。'此后他再次犯了一件罪恶，并说：'我的养主啊！我犯了罪，求你恕饶我吧！'安拉说：'我的仆人犯了罪后知道他的养主能恕饶罪恶，能惩罚他。我确已恕饶了我的仆人。'此后他再次犯了罪，并说：'我的养主啊！我犯了罪，求你恕饶我吧！'安拉说：'我的仆人犯了罪后知道他的养主能恕饶罪恶，能惩罚他。你们作证吧，我确已恕饶了我的仆人，让他做他想做的事情吧！'"(2)

艾奈斯·本·马立克说："我们听说伊卜厉斯在听到下列经文后哭了：'那些人，当他们做了丑事和亏负了自己时，他们记念安拉，并为他们的罪恶而祈求恕饶。'"(3)

"除安拉之外，谁能恕饶罪恶呢？"即只有安拉能恕饶罪恶，"他们从不明知故犯地怙恶不悛"，即他们因犯罪而立即向安拉忏悔，而不坚持罪恶或与罪恶藕断丝连。他们即便又犯了罪，也会立即忏悔。"明知故犯地"，穆佳黑德等说："经文的意思是：他们知道谁向安拉忏悔，安拉就会接受谁的忏悔。正如安拉所言：⟪他们难道不知道安拉会接受他的众仆的忏悔，并接纳周济品吗？安拉是至赦的，至慈的。⟫（9：104）⟪作恶或自亏，然后向安拉求饶的人，将发现安拉是至恕的、至慈的。⟫（4：110）类似的经文很多。"穆圣㉑站在讲台上说："你们爱别人，就会得到别人的爱，你们求饶，就会得到宽恕。伤哉！那些话漏斗(4)；伤哉！那些明知故犯地坚持罪恶的人。"(5)

安拉形容了上述情况后说："这等人的报酬是来自他们主那里的恕饶。"具备上述特性的人的报酬是这样的："这等人的报酬是来自他们的主那里的恕饶和下临诸河的乐园"，"下临诸河"指乐园中的种种饮料河，"他们将永居其中"，即他们要永远居住乐园，"行善者们的报酬真优美啊！"安拉赞美乐园。

⟪ 137.你们之前，许多常道逝去了，所以你们当在大地上旅行，去看看那些隐昧者的结局是怎样的。⟫

⟪ 138.这是对世人的表白，也是对敬畏者的引导和忠告。⟫

⟪ 139.你们不要灰心，不要忧愁，如果你们是信士，你们必居优势。⟫

⟪ 140.如果你们遭受创伤，那么，一些人已经遭受了同样的创伤。那些（风光的）日子，我使它周转于世人之间，以便安拉显示那些归信的人，并从你们中选一些烈士，安拉不喜爱行亏之人。⟫

⟪ 141.以便安拉提炼那些归信的人，并摧毁隐昧者。⟫

⟪ 142.安拉还没有辨明你们当中谁是奋斗者和谁是忍耐者之前，你们就想着进入乐园吗？⟫

---

（1）《艾哈麦德按序圣训集》4：231。
（2）《艾哈麦德按序圣训集》2：296；《布哈里圣训实录诠释——造物主的启迪》13：474。
（3）《阿卜杜·兰扎格经注》1：133。
（4）指只听不遵的人。——译者注
（5）《艾哈麦德按序圣训集》2：165。

❦ 143.在你们遭遇死亡之前，你们曾希望死亡。现在你们已经亲眼看见它了。❧

## 吾侯德战役失败的教训

吾侯德战役中七十位信士罹难，安拉呼吁这次战役中失败的信士们说："**你们之前，许多常道逝去了**"，即你们之前追随其先知的各民族都曾遭受过类似的创伤，但最终他们还是取得了胜利，战胜了敌人。因此，"**你们当在大地上旅行，去看看那些隐昧者的结局是怎样的。**"接着说："**这是对世人的表白**"，即《古兰》可以解释许多事情的真相，能告诉古代各民族与他们的敌人的情况。

"**引导和忠告**"，即《古兰》可以告诉你们前人的事情。"**引导**"，指对心灵的引导。"**忠告**"，即《古兰》能遏制人触犯非法和罪恶。

安拉安慰信士们说："**你们不要灰心**"，即不要因为已发生的事情而示弱。

"**不要忧愁，如果你们是信士，你们必居优势**"，即信士们啊！最终的胜利和成功属于你们。

"**如果你们遭受创伤，那么，一些人已经遭受了同样的创伤。**"如果你们认为自己遭受了伤亡，那么你们应该知道敌人也遭受了相同的伤亡。

"**那些（风光的）日子，我使它周转于世人之间**"，即虽然你们最终会取得成功，但有时我会让敌人暂时战胜你们。我在此中赋予了某种哲理。

所以说，"**以便安拉显示那些归信的人**"。伊本·阿拔斯解释类似的经文说："以便安拉看看谁在和敌人作战时更有耐力。"

"**并从你们中选择一些烈士**"，即让他们为主道作战，献出自己的生命。

"**安拉不喜爱行亏之人。以便安拉提炼那些归信的人**"，即如果你们犯了罪，安拉就恕饶你们的罪恶，如果你们没有犯罪，安拉就根据你们遭受的创伤提高你们的品级。

"**并摧毁隐昧者**"，因为隐昧者一经获胜，将会不可一世，专横跋扈。这将是他们走向毁灭的原因。

"**安拉还没有辨明你们当中谁是奋斗者和谁是忍耐者之前，你们就想着进入乐园吗？**"即你们认为自己不经历战争和患难的考验，就可以进入乐园吗？安拉在《黄牛章》中说：❦ 类似前人的（考验）尚未来临你们，你们就想着进入乐园吗？他们遭受了战伤和患难，他们被震撼了。❧（2：214）❦ 艾立甫、俩目、米目。人们以为只要说"我们归信了"，便会就此罢休，不受考验了吗？❧（29：1-2）因此，安拉在本章中说："**安拉还没有辨明你们当中谁是奋斗者和谁是忍耐者之前，你们就想着进入乐园吗？**"即只有那些历经考验为主道奋斗者、艰苦作战者和忍耐者，才可以进入乐园。

"**在你们遭遇死亡之前，你们曾希望死亡。现在你们已经亲眼看见它了**"，即信士们啊！今日之前你们盼望死亡，希望与敌作战。今天你们的希望实现了，所以你们当艰苦作战，安拉的使者㊗说："你们不要希望碰到敌人，你们应当向安拉祈求安康。但你们一旦碰到敌人，就要坚韧，须知，乐园在刀光剑影之下。"(1)因此说，"**现在你们已经亲眼看见它了**"，即你们在刀光剑影的战场上看到了死亡。语言学家们将这种情况（不经历考验就想着进入乐园）说成幻想，即希望看到感观不能感觉的事物，正如绵羊幻想得到羯羊的友情，并与狼对抗一样。

❦ 144.穆罕默德只是一位使者，在他之前有许多使者确已逝去，如果他去世或被杀，难道你们就退缩了吗？退缩者，丝毫不能损伤安拉。安拉将奖励感谢的人。❧

❦ 145.没有人能够未经安拉许可就死亡。期限已定。谁希望今世的回赐，我将从中赐给谁。谁希望后世的回赐，我也将从中赐给谁。我将赏赐感谢的人。❧

❦ 146.许多先知，曾经有许多冷并由尼(2)和他们一同作战，他们不因在安拉的道路上遭遇的艰难而灰心，他们不示弱，也不屈服。安拉喜爱坚韧者。❧

❦ 147.他们没有别的话，只说："我们的主啊！求你原谅我们的罪恶和我们的过分，求你坚定我们的步伐，求你援助我们战胜不信仰的民众。"❧

❦ 148.安拉赐给他们今世的回赐和更为美好的后世回赐。安拉喜爱行善者。❧

## 吾侯德战役中提到穆圣㊗的归真，阐明如何正确看待穆圣㊗的归真

穆斯林在吾侯德战役中失利，有一些人被多神教徒所杀，恶魔开始造谣："啊！穆罕默德已被杀死了！"有位叫伊本·盖米埃的人回到以物配主者的阵营里声称他杀死了穆圣㊗。这句话在许多人心中产生了影响，他们认为穆圣㊗已经被杀。因为他们通过列圣的事迹知道，先知是可以归真的。所以穆斯林军队出现了松懈和涣散，并开始后退。安拉

---
(1)《布哈里圣训实录诠释——造物主的启迪》6：181。
(2)明哲之士、许多坚韧的学者、清廉之士和敬畏者。——译者注

因此启示穆圣☪："**穆罕默德只是一位使者，在他之前有许多使者确已逝去**"，即穆圣☪和列圣的使命是一脉相承的，他们肩负同样的使命，并且都会归真。艾布·奈吉哈传自他的父亲：有位迁士经过一位在血泊中挣扎的辅士，便对他说："某人啊！你认为穆圣☪被杀了吗？"那位辅士说："倘若穆罕默德被杀，那他就功德完美了。请为你们的圣教而战吧！"后来安拉降示了："**穆罕默德只是一位使者，在他之前有许多使者确已逝去。**"(1)

安拉谴责这种涣散的情绪，说："**如果他去世或被杀，难道你们就退缩了吗？**"即你们就倒退了吗？"**退缩者，丝毫不能损伤安拉。安拉将奖励感谢的人**"，即顺从安拉，为教而战，无论使者归真了还是活着，都紧跟使者的那些人。许多圣训集记载，安拉的使者☪归真后，艾布·伯克尔诵读了这段经文。布哈里传述："艾布·伯克尔从位于松哈(2)的家中，骑着他的马来了，他下马走进清真寺后没有和任何人说话，径直走向阿伊莎那里，奔向安拉的使者☪。使者身上盖着一件黑卜莱(3)大衣。艾布·伯克尔揭开盖在使者脸上的大衣，扑向使者，亲吻了使者，哭了起来，说道：'你的恩情超过了父母！以安拉发誓，安拉不会让你亡故两次。你已经经历了安拉为你规定的那次亡故。'"

伊本·阿拔斯传述，艾布·伯克尔出来时，欧麦尔正和人们谈话，艾布·伯克尔说："欧麦尔啊！请你坐下。"但欧麦尔没有坐下。这时众人离开欧麦尔，聚到艾布·伯克尔周围。艾布·伯克尔说："须知，谁崇拜穆罕默德，那么穆罕默德已经归真了，谁崇拜独一无偶的安拉，安拉是永生不灭的。安拉说：'**穆罕默德只是一位使者，在他之前有许多使者确已逝去**'一直读到：'**安拉将奖励感谢的人**'。"伊本·阿拔斯说："艾布·伯克尔诵读这段经文之前，人们似乎没有听过它，后来人们都接受了艾布·伯克尔的观点，听到这段经文的人们纷纷在朗读它。"欧麦尔（愿主喜悦之）说："以安拉发誓，从艾布·伯克尔那里听到这段经文后，我两脚一软，瘫倒在地。"(4)

"**没有人能够未经安拉许可就死亡。期限已定**"，即每个人的死亡，都必须由安拉决定。安拉预定的期限到来之前，谁都不会死亡。因此说："**期限已定。**"正如安拉所言：❮ 任何长寿者的长寿或（短寿者的）短寿，都在一部天经中。❯（35：11）❮ 是他用泥土造化了你们，然后规定了一个期限和他那里一个被预定的期限。❯（6：2）

这段经文鼓励人们投入战斗，因为冲锋陷阵并不能增加或减少人的寿命。正如有位穆斯林所说："你们为何不过江（指底格里斯河）杀敌？'**没有人能够未经安拉许可就死亡。期限已定**'说完便策马冲向底格里斯河，众人紧随其后，也冲了过去。敌人见状大喊：'天神来了！'纷纷抱头鼠窜。"(5)

"**谁希望今世的回赐，我将从中赐给谁。谁希望后世的回赐，我也将从中赐给谁。**"谁只为今世工作，谁会从中得到安拉规定的份额，但他在后世没有丝毫份额。谁为后世而工作，安拉在赐给他后世的同时，将赐给他今世的份额。正如安拉所言：❮ 谁希望后世的收获，我使谁的收获增多；谁希望今世的收获，我也从中给予他，那么，他在后世没有任何份额。❯（42：20）❮ 谁想获得现世，我就在其中给我所意欲的人赐给我所意欲的东西，然后我就为他安排火狱，他将受责备地、遭弃绝地进入其中。谁希望后世，并且为它尽力奋斗，只要他是有正信之人，这等人的努力将受到奖励。❯（17：18—19）经文在此说："**我将赏赐感谢的人**"，即我将根据他们的感谢和工作，豪爽地给他们恩赐今后两世。

安拉抚慰参加吾侯德战役的穆斯林说："**许多先知，曾经有许多冷并由尼和他们一同作战**"，即许多先知曾被杀害，他们的弟子们也遭残杀。这是伊本·哲利尔的解释。有人认为："有许多先知的弟子们，被残杀在先知们面前。"伊本·易司哈格说："有许多先知被残杀在他的众多弟子面前，但先知归真后他们并没有示弱，也没有因为遭受的艰难而屈服于敌人，放弃为主道和圣教而战。这便是坚韧，'安拉喜爱坚韧者'。"他将"**曾经有许多冷并由尼和他们一同作战**"作为了状语（即"许多先知，曾与众多人一道作战时被杀。"）苏海里支持伊本·易司哈格的这种解释。他们的这种解释是有一定道理的，因为后面的经文说："**他们不因在安拉的道路上遭遇艰难而灰心。**"吾麦伟业也持此观点。

伊本·麦斯欧迪认为"**许多冷并由尼**"指成千上万的人。伊本·阿拔斯等著名学者都持此观点。(6)

哈桑说："'**许多冷并由尼**'指众多有知者。"哈桑还认为这个词的意义是："许多坚韧的学者、清廉之士和敬畏者。"

"**他们不因在安拉的道路上遭遇的艰难而灰心，他们不示弱，也不屈服。**"格塔德和莱毕尔

---

(1)《圣位的证据》3：248。
(2) 位于麦地那郊外。——译者注
(3) 用亚麻和棉制成的大衣。——译者注
(4)《布哈里圣训实录诠释——造物主的启迪》7：751。

(5)《伊本·艾布·哈亭经注》2：584。
(6)《泰伯里经注》7：266；《伊本·艾布·哈亭经注》2：587、588。

说，"不示弱"指不因先知被杀而感到灰心。[1]

"不屈服"，即他们没有背叛明证和圣教，故继续和杀害先知的敌人作战，直到见到安拉。伊本·阿拔斯认为"不屈服"指不卑贱。赛丁伊等解释为不屈服于敌人。

"安拉喜爱坚韧者。他们没有别的话，只说：'我们的主啊！求你原谅我们的罪恶和我们的过分，求你坚定我们的步伐，求你援助我们战胜不信仰的民众。'"即这是他们连梦里也说的话。

"安拉赐给他们今世的回赐和更美好的后世回赐。""今世的回赐"，指胜利和成功；"和更美好的后世回赐"，安拉让他们得到了今后两世的幸福，"安拉喜爱行善者"。

◆ 149. 有正信的人们啊！如果你们顺从隐昧的人，他们将使你们背叛，以致你们变成亏损的人。◆

◆ 150. 不然，安拉是你们的保佑者，他是最好的援助者。◆

◆ 151. 我要把恐怖投进隐昧者的心中，因为他们把安拉未授给权力的（伪神）归附为安拉的伙伴。他们的归宿是火狱。不义者的归宿真恶劣。◆

◆ 152. 你们在安拉的准许下歼灭他们（敌军）之初，安拉确已实践了他的约言；在他（主）使你们看到令你们喜欢的之后，你们竟胆怯了，对命令发生争执，还违抗了。你们中有贪恋今世之人，有希望后世之人。于是他使你们败于敌人，以便他考验你们。他确已恕饶了你们。安拉对信士是有宏恩的。◆

◆ 153. 当时，你们向上跑去，不回顾任何人，而使者在你们后面召唤你们。安拉便以忧患之上的忧患还报了你们，以免你们为自己的损失和遭遇而忧愁。安拉是彻知你们行为的。◆

## 禁止服从隐昧者，分析吾侯德战役中转胜为败的原因

安拉警告信士们不要服从隐昧者和伪信士，因为服从他们的后果是今后两世的毁灭。所以，安拉说："如果你们顺从隐昧的人，他们将使你们背叛，以致你们变成亏损的人。"安拉接着命令信士们服从安拉、与安拉结盟、向他求助并托靠他，说："不然，安拉是你们的保佑者，他是最好的援助者。"然后预告他将在敌人的心中投入恐惧和屈辱，并且让他们在后世遭受严重的惩罚。那是因为

---

(1)《伊本·艾布·哈亭经注》2：591。

他们否认了安拉并以物配主，说："我要把恐怖投进隐昧者的心中，因为他们把安拉未授给权力的（伪神）归附为安拉的伙伴。他们的归宿是火狱。不义者的归宿真恶劣。"安拉的使者说："我荣获五项优遇，这是我之前任何一位先知未曾得到过的。我获得一月行程的威力[2]；整个大地为我而成为礼拜场所和清洁地[3]；战利品为我而成为合法；我获得（后世的）说情权；先知们只派往其本民族，而我被派往全人类。"[4]

"安拉确已实践了他的约言"，指在清晨时分。

"你们在安拉的准许下歼灭他们（敌军）之初"，即安拉使你们征服他们，让你们杀死他们。

"你们竟胆怯了"，伊本·阿拔斯等人认为"胆怯"（فشل）指害怕。[5]

"在他（主）使你们看到令你们喜欢的之后"，"你们喜欢的"指获得胜利。

---

(2) 即穆圣的威慑力可穿越千山万水。——译者注
(3) 我的民族将征服整个大地，并在任何地方礼拜，在没有水的地方，他们可以打土净。——译者注
(4)《布哈里圣训实录诠释——造物主的启迪》1：519；《穆斯林圣训实录》1：370。
(5)《泰伯里经注》7：291。

"**对命令发生争执，还违抗了**"，指弓箭手们犯了错误。

"**你们中有贪恋今世之人**"，他们是看到敌军失败之后，希望获得战利品的人。

"**有希望后世之人。于是他使你们败于敌人，以便他考验你们**"，即安拉让敌人战胜你们，以便考验你们。

"**他确已恕饶了你们**"，即他赦宥了你们的行为。因为敌众我寡，敌强我弱。安拉至知。

白拉伊传述，那日我们和敌军相遇，先知☪布置了弓箭手，委任阿卜杜拉·本·朱拜尔领导他们。穆圣☪说："请坚守阵地，哪怕看到我们胜利了，也不要擅离职守。即便你们看到敌军战胜我们，也不要（离开自己的岗位）前来救助。"我们与敌军相遇后，敌军开始逃跑。我们看到一些妇女在山里奔跑，她们的小腿都裸露了出来，脚镯清晰可见。他们（弓箭手）开始喊叫："战利品！战利品！"阿卜杜拉·本·朱拜尔说："先知已经和我缔约，大家不得擅离职守。"但众人没有理会他。他们拒绝服从命令之际，七十个人被敌军所杀。艾布·苏富扬走过来后喊叫："这儿有穆罕默德吗？"穆圣☪对我们说："不要回答他。"他又喊："这儿有伊本·艾布·古哈法[1]吗？"穆圣☪说："不要回答他。"他又喊："这儿有伊本·汗塔卜[2]吗？"然后艾布·苏富扬自言自语道："这些人都被杀死了，如果有人活着，必定会回声的。"这时欧麦尔无法克制自己的情绪，高喊道："你撒谎！安拉的敌人啊！安拉会让你长期忧愁的！"艾布·苏富扬说："请赞美伟大的胡拜里[3]吧！"这时穆圣☪说："回答他！"圣门弟子们问："怎么回答？"先知说："你说安拉是最清高伟大的。"艾布·苏富扬说："我们拥有欧匝[4]，而你们不拥有。"先知说："请回答他。"圣门弟子们问："怎么回答？"先知说："你说安拉是我们的保佑者，而你们没有保佑者。"艾布·苏富扬说："今日是白德尔之日的还报，战果轮流得[5]，你会（在你们的阵亡者中间）发现毁容，我没有命人这样做，也不反对这样做。"[6]

伊本·安瓦姆说："以安拉发誓，记得信德（苏富扬的妻子）的奴隶和她的女伴们扔掉所有的东西仓皇逃窜。我们击退敌人之际，弓箭手们奔向战场试图夺取战利品，而将我们的后部留给敌军骑兵，敌人便从后面冲了过来。有人在呼喊：'穆罕默德被杀了！'本来我们已经击败了敌军掌旗手们，谁都无法靠近我们，敌人也无力走近他们的旗帜。但现在只得后退，敌人发起了反攻。"伊本·易司哈格说："敌人的旗帜一直倒在地上，后来欧麦尔拿起它，把它交给古莱什人，他们这才聚集到旗帜周围。"

"**于是他使你们败于敌人，以便他考验你们。**"伊本·易司哈格说："艾奈斯·本·奈朵尔（艾奈斯·本·马立克的叔叔）同一群迁士和辅士来到欧麦尔和特里哈跟前，他们都感到非常伤心。艾奈斯说：'你们是怎么想的？'他们说：'安拉的使者☪被杀了。'艾奈斯说：'如果使者归真了，生活还有什么意义？请站起来为了使者为之牺牲的事业牺牲吧！'言毕冲向了敌人，投入战争，战死沙场。愿安拉喜欢他们！"[7]

艾奈斯说，他的叔叔伊本·奈朵尔没能参加白德尔战役，他因此说："我失去了参加先知领导的第一场战役的机会，以安拉发誓，如果安拉让我和使者一道参加战斗，安拉必定显示我的行为。"在吾侯德战役，正当人们纷纷败退时，他说："我的主啊！对于这些人（指后退的穆斯林）的行为，我向你表示歉意！我向你表示，我和多神教徒的行为是无关的。"说完便持剑向前冲去。他碰见赛尔德[8]后说道："赛尔德啊！你去哪里？我确实在吾侯德附近闻到了乐园的馨香。"他继续向前冲去。后来（他牺牲后），除了他姐姐外任何人都无法认出他，她通过他的手指（一说痣）认出了他。他的身上有八十几处矛伤、刀伤和箭伤。[9]

## 吾侯德战役中穆斯林的失败

"**当时，你们向上跑去，不回顾任何人**"，即当时我使你们败于敌人，你们向山上跑去。"**向上跑去**"指向山上跑去。[10]

"**不回顾任何人**"，你们因为惊恐而不回头看顾任何人。

"**而使者在你们后面召唤你们**"，你们将使者留在身后，使者呼唤你们发起反攻，不要逃跑。

赛丁伊说："吾侯德战役中，多神教徒向穆斯林发起了猛烈的进攻，战胜了穆斯林。部分人逃进了麦地那，部分人跑到山上，站在岩石上。安拉的

---

(1) 即艾布·伯克尔。——译者注
(2) 即欧麦尔。——译者注
(3) 蒙昧时代的人认为它是乐园中的一座偶像。——译者注
(4) 多神教徒的伪神。——译者注
(5) 即有时你们胜利，有时我们胜利。艾布·苏富扬在罗马皇帝希拉克略跟前也是如此回答的。他说："我们之间的战争是拉锯战。"——译者注
(6) 《布哈里圣训实录诠释——造物主的启迪》7：405。

(7) 《穆圣传》3：88。
(8) 另一传述中说，赛尔德看到他一人冲向前方，害怕他受到伤害，便去挡他，但没有挡住。——译者注
(9) 《布哈里圣训实录诠释——造物主的启迪》7：411；《穆斯林圣训实录》3：1512。
(10) 《伊本·艾布·哈亭经注》2：609。

使者则在呼吁众人：'安拉的仆人们啊！请到这里来！安拉的仆人们啊！请到这里来！'"安拉讲述他们逃向山顶以及使者对他们的呼唤后说："**当时，你们向上跑去，不回顾任何人，而使者在你们后面召唤你们。**"(1)

### 迁士和辅士保护使者

伊本·艾布·哈兹姆说："我看到特里哈的手（在吾侯德战役中）因保护先知而瘫痪了。"(2)

两圣训实录辑录："在使者浴血奋战的那天，只有特里哈和赛尔德在使者身边。"(3)

伊本·艾布·宛葛思说："安拉的使者在吾侯德之日为我取出他的箭囊，说：'射吧！我宁愿以父母赎取你！'"(4)

伊本·艾布·宛葛思说："吾侯德之日，我看到使者的左右有两位白衣人，一直在保护使者。那日之前和那日之后，我没有见过那两个人。"——言下之意是两位天使在保护先知。(5)

吾班叶·本·赫力福在麦加发誓要杀死安拉的使者，使者听到他的誓言后说："不，如果安拉意欲，我将杀死他。"吾侯德战役打响后，吾班叶手持利器头戴面罩冲向战场，喊道："我和穆罕默德势不两立。"说着便冲向前，企图杀害先知。穆苏尔卜见状冲过去保护先知，被吾班叶所杀。先知在全副武装的吾班叶脖子间看到了一点空隙，便一枪刺去，吾班叶当时从马上摔了下来。但他的伤口上没有流血。他被敌军抬走时，像公牛一样嚎叫着。他们对他说："你仅被划破了一点皮，为何这般焦躁？"吾班叶告诉他们，先知曾说过："我将杀死他。"他接着说："以掌管我生命的神发誓，倘若则里麦佳兹地区的人遭到了我这样的创伤，他们全部都会死光的。"说完他就死了。他必定进火狱。《愿火狱的居民们远离（安拉的慈悯）吧！》（67：11）

两圣训实录辑录，有人向伊本·赛尔德问先知遭受的创伤，他回答说："安拉使者的面部受了伤，眼齿被打坏了，先知头上戴的头盔也被打碎了。安拉使者的女儿法图麦在洗他脸上的鲜血，阿里用盔甲给她倒水。法图麦看到用水越洗伤口上的血越多，便拿来一块草席，将其烧成灰后，敷在伤口上，血才停止了。"

"**安拉便以忧患之上的忧患还报了你们**"，即他以忧愁之上的忧愁还报你们（穆斯林）。正如阿拉伯人所说："我住于某某家族。""我住在某某家族中。"伊本·哲利尔说："我一定将你们挂在枣树枝中"，即我一定将他们挂在枣树枝上。(6)

伊本·阿拔斯说："第一次忧愁是因为遭受了失败，当时有人说穆圣已经遇难。第二次忧愁是因为多神教徒在山上战胜了穆斯林战士。"穆圣说："主啊！他们不可以战胜我们。"

阿卜杜·拉赫曼说："第一次忧愁是因为失败，第二次忧愁是因为当时有人说穆圣被杀害了。第二次的忧愁比第一次更严重。"

穆佳黑德和格塔德说："第一次忧愁是因为他们听到穆圣已经遇难，第二次忧愁是因为他们遭受了伤亡。"

赛丁伊说："第一次忧愁的原因是失去了获胜和获得战利品的机会。第二次是因为敌人战胜了他们。"

"**以免你们为自己的损失和遭遇而忧愁**"，"损失"指失败和失去获得战利品的机会。"遭遇"指伤亡。(7)

"**安拉是彻知你们行为的**"，赞美安拉，万赞归于安拉；应受拜者，惟有他，伟大的主。

《154. 然后，在忧伤之后，他又降安宁——睡意，让它笼罩你们中的一部分人，而另一伙人却为他们自身焦虑。他们对安拉产生了错误的、蒙昧的想法。他们说："我们有一点胜利的希望吗？"你说："万事只归安拉。"他们在心中隐藏着不为你表白的（秘密），他们说："如果我们有一点胜利的希望，我们就不会在这里被杀。"你说："即使你们留在家里，那些注定死去的人，也必然要前往他们的长眠之地。"以便安拉考验你们胸中的（想法）和提炼你们心中的（想法），安拉是深知心事的。》

《155. 在两军相遇的日子，你们中掉头逃跑的人，只因他们所犯过一些错误，恶魔使他们失足。安拉已恕饶了他们。安拉是至赦的，宽容的。》

### 战役中的赏赐——穆民安宁，伪信士胆怯

安拉给穆民恩赐了安宁和安静，就在他们忧恼不安的时候，佩戴武器的他们安静地进入了梦乡。此时的睡眠意味着安宁。正如《战利品章》所述：《当时他让你们睡眠，以便你们享受来自他的安宁。》（8：11）艾布·特里哈说："我也在吾侯德之日被睡意所笼罩，以至宝剑好几次从手上掉了下

---
(1)《泰伯里经注》7：301、303。
(2)《布哈里圣训实录诠释——造物主的启迪》7：416。
(3)《布哈里圣训实录》4060；《穆斯林圣训实录》2414。
(4)《布哈里圣训实录》4055。
(5)《布哈里圣训实录》4054；《穆斯林圣训实录》2306。
(6)《泰伯里经注》7：304。
(7)《伊本·艾布·哈亭经注》2：613。

来，每次宝剑掉下来，我就捡起它。"(1)

艾布·特里哈又说："吾侯德之日我抬起头观看，他们（圣门弟子）都因为瞌睡而在盾牌下晃动。"(2)

另一伙人是伪信士，他们所拥有的只是他们自己。他们是最懦弱、最忧悒、最抗拒真理的人。**"他们对安拉产生了错误的、蒙昧的想法"**，即他们是撒谎的人，他们对伟大的安拉抱有疑心。

**"然后，在忧伤之后，他又降安宁——睡意，让它笼罩你们中的一部分人"**，这一部分人指有正信和信念、真实托靠安拉、毅力坚定的人，他们坚信安拉会襄助他的使者，实现使者的理想。因此说："而另一伙人却为他们自身焦虑。"他们因为焦躁、疑惧而无法入睡。**"他们对安拉产生了错误的、蒙昧的想法。"** 正如安拉所言：❝不然，你们以为使者和归信者永远不能回到他们的亲人当中。❞（48:12）这些人的状况就是如此，他们认为多神教徒获胜的日子就是胜负分明的日子，伊斯兰即将灭亡。这是怀疑的人的想法。当他们碰到不测时，就会产生这种丑恶的想法。安拉讲述他们在这种状况下所说的话："'我们有一点胜利的希望吗？'你说：'万事只归安拉。'他们在心中隐藏着不为你表白的（秘密）"。安拉揭示了他们内心的想法，**"他们说：'如果我们有一点胜利的希望，我们就不会在这里被杀。'"** 即真诚的归信者们不对使者说这些话。

伊本·祖拜尔说："记得当时我和安拉的使者☪在一起。当我们感到恐惧的时候，安拉为我们降下了瞌睡。我们中每个人的下巴都挨到了胸部。"他说："以安拉发誓，在睡意朦胧中，我听到穆特阿卜·本·古谢勒在说：'假若我们对这件事有份，我们就不会在这里遭到残杀。'我记住了这句话。"安拉因此而降谕道："他们说：'如果我们有一点胜利的希望，我们就不会在这里被杀。'"(3)

**"你说：'即使你们留在家里，那些注定死去的人，也必然要前往他们的长眠之地。'"** 这是来自安拉的定然，是绝对不可避免的判决。

**"以便安拉考验你们胸中的（想法）和提炼你们心中的（想法）"**，即安拉根据发生在你们身上的事情考验你们，从而辨别美好和丑恶，让人们从言行方面了解信士和伪信士。

**"安拉是深知心事的"**，即安拉知道你们心中的秘密。

### 安拉原谅吾侯德之日败阵的穆民

**"在两军相遇的日子，你们中掉头逃跑的人，只因他们所犯过一些错误，恶魔使他们失足"**，即由于他们以前的罪恶。正如有位先贤所说："善报是善上加善，恶报是恶上加恶。"经文说：**"安拉已恕饶了他们"**，即恕饶了他们的逃跑。**"安拉是至赦的，宽容的"**，即安拉将恕饶罪恶，宽恕人类，原谅他们。瓦利德问阿卜杜·拉赫曼·本·奥夫："我怎么看到你疏远信士的长官奥斯曼？"阿卜杜·拉赫曼说："请告诉他，我没有在艾奈尼（战役）之日逃跑。"阿斯穆说："阿卜杜·拉赫曼说的是：那是吾侯德战役，在白德尔之役中我没有落伍，我也没有放弃欧麦尔的一贯作风。'"(4) 后来瓦利德将此事转告了奥斯曼，奥斯曼说，他（阿卜杜·拉赫曼）说没有在艾奈尼之日逃跑，他又为何以安拉已经原谅的罪恶而羞辱我呢？安拉说：**"在两军相遇的日子，你们中掉头逃跑的人，**

---

(1)《布哈里圣训实录诠释——造物主的启迪》7:22、8:72;《提尔密济圣训全集诠释》8:358。
(2)《提尔密济圣训全集诠释》8:358;《圣训大集》6:349;《哈肯圣训遗补》2:297。
(3)《伊本·艾布·哈亭经注》2:620。
(4) 当时欧麦尔已经归真，奥斯曼继任哈里发。阿卜杜·拉赫曼言下之意是，奥斯曼却这么做了。——译者注只因他们所犯过一些错误，恶魔使他们失足。"他说他参加了白德尔之役，但我当时正在护理安拉使者㊗的女儿茹耿晔，直至她归真了。安拉的使者㊗还为我分了一份战利品，使者分配了战利品的人等于参加了战役。他说我放弃了欧麦尔的一贯作风，其实欧麦尔的作风我无法做到，他（阿卜杜·拉赫曼）也无法做到。请转告他吧！[1]

◆156.有正信的人们啊！你们不要像那些否认的人一样，对在陆地上旅行或是战斗中的兄弟们说："如果他们和我们在一起，他们就不会死亡或被杀。"致使安拉以此使他们懊悔。安拉能够赋予生命，也能够降下死亡。安拉是全观你们行为的。◆

◆157.如果你们在主道上阵亡或死亡，来自安拉的宽恕和慈悯远比他们所积蓄的更好。◆

◆158.如果你们死亡或被杀，你们终将要集合到安拉那里。◆

### 应将生死定然看成安拉的意欲

安拉禁止穆民学习隐昧者。这些隐昧者关于那些旅行中归真和阵亡的人们说："假若他们在我们这里，就不会遭受那样的遭遇。"这充分证明了他们败坏的信仰。安拉说："**有正信的人们啊！你们不要像那些否认的人一样，对在陆地上旅行或是战斗中的兄弟们说**"，即他们对去做生意或去做其他事情，或去参加战斗的兄弟说："**如果他们和我们在一起**"，即他们也在城中，"**他们就不会死亡或被杀**"，即他们就不会死在旅途中或战死沙场。

"**致使安拉以此使他们懊悔。**"安拉赋予隐昧者这种想法，以便他们因他们兄弟的死亡和被杀而倍感痛苦。安拉驳斥他们说："**安拉能够赋予生命，也能够降下死亡。**"创造权归安拉掌握，万事只归安拉，每个人的生死都取决于安拉的意欲和定然，每个人长寿与否，都要看安拉的判决和定然。

"**安拉是全观你们行为的。**"安拉的知识和观察力可以透视万物，任何事都隐瞒不了安拉。"**如果你们在主道上阵亡或死亡，来自安拉的宽恕和慈悯远比他们所积蓄的更好。**"为主道捐躯沙场或因病死亡，都是获得安拉的慈悯、原谅和喜悦的原因，这种死远比为了今世及其浮华而活着更加美好。安拉接着说每个正常死亡的人和阵亡的人，其最终的归宿只在安拉那里，安拉将按照他们不同的工作给予奖罚。安拉说："**如果你们死亡或是被杀，你们终将要集合到安拉那里。**"

[1]《艾哈麦德按序圣训集》1：68。

◆159.由于来自安拉的怜悯，你温和地对待他们。如果你言粗心暴，他们势必从你身边离去。所以你要原谅，为他们求饶，并跟他们商量要事。如果你已经作了决定，那么你就托靠安拉。安拉喜爱托靠他的人。◆

◆160.如果安拉援助你们，没有人能够战胜你们。如果他舍弃你们，此后有谁能够帮助你们呢？让信士们托靠安拉吧！◆

◆161.任何先知都不会贪污。谁贪污，复生日，谁要把他所贪污的拿出来。那时每个人都会获得他应得的全部报酬，他们不受亏枉。◆

◆162.难道那些寻求安拉喜悦的人，像那些引起安拉恼怒的人吗？他的归宿只是火狱。那归宿真恶劣啊！◆

◆163.在安拉看来，他们分许多等级。安拉全观他们所做的。◆

◆164.安拉确已施恩予信士们，因为他从他们中派遣了一位使者给他们，以便给他们诵读他的迹象，净化他们，并且教导他们经典和智慧。在那以前，他们的确在明显的迷误当中。◆

## 慈爱和温和是穆圣㊗的品德

安拉提到他的使者，并将使者温和的态度及优美的语言作为对使者本人和那些服从使者命令的信士的恩惠。安拉说："**由于来自安拉的怜悯，你温和地对待他们。**"假若不是安拉对你和信士们的恩惠，他不会为他们而使你成为一位和蔼的人。

哈桑说："这就是安拉派遣的这位先知的品格。"这段经文类似下列经文：⟪的确有一位来自你们自己的使者降临了你们。他不忍心你们遭遇困难，他对你们充满了关爱，他是热爱并怜悯信士们的。⟫（9：128）然后说："**如果你言粗心暴，他们势必从你身边离去。**""言粗"指语言粗俗，因为后面说"心暴"，即假若你的言语恶劣，内心残酷，他们势必一哄而散，离你远去，但安拉让他们聚集在你的周围，使你平易近人，团结他们的内心。正如阿卜杜拉说，他在古籍中看到了穆圣㊗的属性，穆圣㊗不是粗俗暴戾的，也不在市场上大喊大叫，不以暴易暴，而是宽以待人，和蔼可亲。(1)

## 遇事协商是穆圣㊗的作风

"**所以你要原谅，为他们求饶，并跟他们商量要事。**"因此，使者㊗每每谈话时，就和圣门弟子们协商，以便安抚他们的心，从而激励他们积极工作。在白德尔之日，他和众弟子协商拦截商队事宜时，他们说："安拉的使者啊！即便你建议我们穿越大海，我们也会与你一道去乘风破浪。就算你带我们去往白勒克·俄麻德（阿比西尼亚地名），我们也不会退却。我们不会像穆萨的民众对穆萨所说的那样说：'你和你的养主去作战吧！我们在此坐等着。'而我们要说：'你去吧！我们和你在一起，在你的前后左右，与你并肩作战。'"穆圣㊗还和圣门弟子们商议他在哪里安营扎寨，以至孟则尔为了殉教，建议驻扎到众人前面。在吾侯德之战时，先知问众弟子应该坚守麦地那还是应该出城迎敌，他们大多数人主张出城迎敌，于是他就照做了。挖战壕之日，他和众弟子商议是否可通过缴出当年麦地那城三分之一的收成，与联军达成和约事宜，但遭到两位赛尔德——赛尔德·本·穆阿兹和赛尔德·本·欧拜德的否决，先知采纳了他们的建议。侯代比亚之日，他和战友们商议是否可以进攻多神教徒，艾布·伯克尔站起来说："我们是来副朝的，而不是来作战的。"他同意了艾布·伯克尔的建议。他在诬陷事件中(2)说："穆斯林大众们啊！请给我建议，怎么处理那些诬陷和冤枉我的家属的人，以安拉发誓，我不知道我的家属有什么不良行为，他们（中伤者）用谁来诬陷我的家属呢？以安拉发誓，我知道她只是好人。"他曾和阿里与武洒麦商议是否和阿伊莎分手。在重大战役中使者通常会和圣门弟子协商。艾布·胡莱赖传述，安拉的使者㊗说，征求谁的意见就要相信谁。(3)

## 协商之后托靠安拉

清高伟大的安拉说："**如果你已经作了决定，那么你就托靠安拉。**"如果你和他们通过协商作出了决定，就应当托靠安拉。"**安拉喜爱托靠他的人**"。

"**如果安拉援助你们，没有人能够战胜你们。如果他舍弃你们，此后有谁能够帮助你们呢？让信士们托靠安拉吧！**"这段经文如同前面的经文：⟪援助只来自优胜的、明哲的安拉。⟫（3：126）然后安拉命令"让信士们托靠安拉吧！"

## 先知不会贪污

"**任何先知都不会贪污**"，伊本·阿拔斯、穆佳黑德、哈桑等人解释说："任何先知都不会背信弃义。"(4)

伊本·哲利尔说："这段经文是因为在白德尔之日丢失的一件红绒大衣而降示的。当日有些人说或许使者㊗拿走了它，后来某些人开始在此中添油加醋。安拉因此而降谕道：'**任何先知都不会贪污。谁贪污，复生日，谁要把他所贪污的拿出来。**'"(5)这段经文说明，先知㊗是诚实守信的，无论在分配战利品当中还是其他事务中，先知都不会有所欺瞒。

"**谁贪污，复生日，谁要把他所贪污的拿出来。那时每个人都会获得他应得的全部报酬，他们不受亏枉。**"这是最严厉的警告。严禁贪污的圣训很多。穆圣㊗说："安拉看来最大的贪污是（侵占）一腕尺土地。两个人拥有互相毗邻的土地（或家园），其中一人侵占属于另一人的一腕尺土地。谁侵占了这一腕尺土地，七层地将被套在他的脖子上，直到末日。"(6)安拉的使者㊗委派伊本·莱特宾去征收天课，他回来后说："这是你们的，那是别人给我送的。"后来使者站在讲台上说："我派出的那位官员是怎么回事？他回来后说：'这是你们的，那是别人给我送的。为什么他不坐在他父亲

---

(1)《布哈里圣训实录诠释——造物主的启迪》8：449。
(2) 指伪信士诬陷阿伊莎事件。——译者注
(3)《伊本·马哲圣训集》2：1233；《艾布·达乌德圣训集》5：345；《提尔密济圣训全集诠释》8：109。
(4)《伊本·艾布·哈亭经注》2：37。
(5)《泰伯里经注》7：348；《艾布·达乌德圣训集》4：280；《提尔密济圣训全集诠释》8：359。
(6)《艾哈麦德按序圣训集》4：140。

或他母亲的家中，等着看是否有人给他馈赠礼物？以掌管我生命的安拉发誓，你们中的一个人若侵占类似的一点财产，末日他将在他的脖子上带来它，如果它是一峰驼，他将带来发出驼声的一峰驼，如果它是一头牛，他将带来发出牛声的一头牛，如果它是一只羊，他将带来发出羊声的一只羊。’”然后使者伸起了两手，以致我们看到他白皙的腋下。他说：“主啊！我确实已经传达了。”使者连说三次。艾布·哈米德说：“（使者说话时）我的两眼看到了，我的两耳听到了，你们去问栽德·本·萨比特吧！”(1)

穆阿兹传述，安拉的使者ﷺ派我去也门，我出发了，使者却派人来追赶我，我便回去了。使者对我说：“你知道我为什么派人召回你吗？不经我许可，你千万不要动用任何公共财产，因为那是贪污，‘**谁贪污，复生日，谁要把他所贪污的拿出来。那时每个人都会获得他应得的全部报酬，他们不受亏枉。**’这就是我召回你的原因。现在去执行你的任务吧！”(2)

艾布·胡莱赖传述，安拉的使者ﷺ有天站在我们中间，讲到了贪污，并严厉地对待了这一问题，后来他说：“在复生日，一定不要让我发现你们中一个人在脖子上拖来一峰发出驼声的骆驼，然后说：‘安拉的使者啊！救救我！’我对他说：‘我在安拉那里对你没有权力，我确已给你传达过。’不要让我发现你们中一个人在脖子上带来一匹嘶鸣的马，他说：‘安拉的使者啊！救救我！’我说：‘我在安拉那里对你没有权力，我确已给你传达过。’(3)一定不要让我发现你们中一个人在脖子上带来金子和银子，然后说：‘安拉的使者啊！救救我！’我对他说：‘我在安拉那里对你没有权力。我确已给你传达过。’”(4)

欧麦尔传述，海巴尔之日来了一伙圣门弟子，他们说：“某人是烈士，某人是烈士。”他们来到一个人跟前说：“这人也是烈士。”安拉的使者ﷺ说：“不然，我看到他因为贪污一件大衣（或斗篷）而进了火狱。”安拉的使者ﷺ说：“伊本·罕塔卜（欧麦尔）啊！你去人们中呼吁：‘只有贞洁的人才能进入乐园！’于是我出去呼吁：‘只有贞洁的人才能进入乐园。’”(5)

（1）《艾哈麦德按序圣训集》5：423；《布哈里圣训实录》2597、7174；《穆斯林圣训实录》1832。

（2）《提尔密济圣训全集诠释》4：564。

（3）我不要发现你们中一个人在脖子上带来一些跳动的布条，他说：“安拉的使者啊！救救我！”我说：“我在安拉那里对你没有权力，我确已给你传达过。”。

（4）《艾哈麦德按序圣训集》2：426；《布哈里圣训实录诠释——造物主的启迪》6：214；《穆斯林圣训实录》3：1416。

（5）《艾哈麦德按序圣训集》1：30；《穆斯林圣训实录》114；《提尔密济圣训集》1574。

## 诚实的人和不诚实的人不一样

**“难道那些寻求安拉喜悦的人，像那些引起安拉恼怒的人吗？他的归宿只是火狱。那归宿真恶劣啊！”**即谁按照安拉规定的法律程序追求安拉的喜悦，谁就会得到安拉的喜悦和重大的回赐，并免于严重的惩罚。谁遭受了安拉的恼怒，谁就无法解脱，在末日，他的归宿是火狱。那归宿真是恶劣！《古兰》中类似的经文很多，正如安拉所言：﴾一个知道你的主启示给你的是真理的人，跟瞎子一样吗？﴿（13：19）﴾获得我的美好诺言，并将见它（实现）的人和蒙我赏赐今世生活的享受，然后将在复生日出庭（受审）的人一样吗？﴿（28：61）

**“在安拉看来，他们分许多等级”**，哈桑·巴士里和伊本·易司哈格说：“好人和坏人分有不同层次。”(6)艾布·阿比岱等人说：“他们在乐园中享有不同的品级和层次，在火狱中也有不同层次。”正如安拉所言：﴾每个人都按照他们的行为而各有等级。﴿（6：132）接下来，安拉说：**“安拉全观他们所做的”**，即安拉将以各种品级报酬他们，善报不受亏，恶报不加增，每个人都会论功获赏。

## 派遣穆圣ﷺ是巨大的恩惠

**“安拉确已施恩予信士们，因为他从他们中派遣了一位使者给他们”**，即派遣了一位和他们同类的使者，以便他们和他说话、交流、同坐，从他身上获益。正如安拉所言：﴾他的迹象之一，是由你们当中为你们造化了你们的配偶，以便你们与她们相依。﴿（30：21）即人类当中。﴾你说：“我只是和你们一样的人。我已获得启示，你们的主是惟一的主。”﴿（18：110）﴾我在你以前派遣的使者们，都是吃食物并在市集上行走的。﴿（25：20）﴾我在你以前，只从诸城的人民当中派遣一些男子，颁降启示。﴿（12：109）﴾精灵和人类的群体啊！难道来自你们的使者没有到达你们，给你们叙述我的迹象，并预先警告你们今天的相会吗？﴿（6：130）从而深刻地指出派遣与他们同类的、可以互相交流的使者，是安拉的宏恩。因此说：**“给他们诵读他的迹象。”“迹象”**指《古兰》。**“净化他们”**，即使者命令他们行善，禁止他们作恶，以便净化他们的内心，洗涤他们在蒙昧时代多神崇拜时的秽行恶迹。**“教导他们经典和智慧”**，即《古兰》和《圣训》。

**“在那以前”**，即在这位使者以前，**“他们的确在明显的迷误当中”**，即在明显的迷误、迷信和

（6）《伊本·艾布·哈亭经注》2：646；《泰伯里经注》7：367。

无知之中。

✾ 165. 灾难打击了你们的同时，你们也以双倍的灾难打击了他们。而你们还说："这是从哪里来的呢？"你说："这来自你们自身。"安拉对万物是全能的。✾

✾ 166. 两军相遇那天，你们所遭的灾难是凭着安拉的允许，以便他认识确信的人，✾

✾ 167. 并认识伪信的人。有人对他们说："来吧，来为主道作战，或来自卫！"他们说："如果我们懂得作战，我们一定追随你们。"在那天，比较正信和隐昧，他们是更近于隐昧的。他们口是心非。安拉最清楚他们所隐讳的。✾

✾ 168. 他们坐而观望，却对自己的兄弟们说："如果他们顺从我们，他们就不会被杀。"你说："如果你们是诚实的，你们防止自己面临死亡吧！"✾

### 吾侯德战役失败的原因及其哲理

清高伟大的安拉说："灾难打击了你们的同时"，指吾侯德战役中七十位穆斯林阵亡。

"你们也以双倍的灾难打击了他们"，指在白德尔战役中，穆斯林歼灭七十个多神教徒，俘虏七十个多神教徒。

"而你们还说：'这是从哪里来的呢？'"我们的身上怎么发生了这样的事情？

"你说：'这来自你们自身。'"欧麦尔说，吾侯德战役时，即白德尔战役一年后，他们（穆斯林）因为在白德尔之役中收取赎金而遭受了惩罚。那次战役中，七十个人阵亡，圣门弟子们脱离了先知，先知的眼齿被打坏了，头上的头盔被打碎了，鲜血从他的脸上流了下来。后来安拉降谕道："灾难打击了你们的同时，你们也以双倍的灾难打击了他们。而你们还说：'这是从哪里来的呢？'你说：'这来自你们自身。'"即这是你们收取赎金的后果。

"你说：'这来自你们自身。'"伊本·易司哈格等人解释为：由于你们抗拒了使者。当时使者命令你们坚守阵地，但你们却违抗军令。"你们"指弓箭手。"安拉对万物是全能的。"安拉可以做他所欲之事，判决他欲判决之事，没有人可以更新安拉的判决。

然后说："**两军相遇那天，你们所遭的灾难是凭着安拉的允许**"，即你们在敌人面前逃跑了，他们杀死了你们中的一部分人，伤害了一部分人。这一切都是安拉的判断和决定，此中确有某种哲理。

"**以便他认识确信的人**"，即坚守阵地，没有退却的人。

"**并认识伪信的人。有人对他们说：'来吧，来为主道作战，或来自卫！'他们说：'如果我们懂得作战，我们一定追随你们。'**"指阿卜杜拉·本·吾班叶的同事们。他们在行军途中退却了，后来一些穆民到他们那里，鼓励他们返回战场，帮助作战。

因此说："**或来自卫。**"伊本·阿拔斯等人解释为："请来壮大穆斯林的队伍吧！"哈桑解释为："请通过祈求，防范敌军吧！"还有人解释说："请来备战吧！"但他们借故说："**如果我们懂得作战，我们一定追随你们。**"穆佳黑德说："他们的意思是：如果我们知道你们会碰到战斗，我们一定会赶来的，但你们不会碰到战争。"安拉说："**在那天，比较正信和隐昧，他们是更近于隐昧的。**"这段经文可以证明，人的情况是不断发生变化的，有时接近不信，有时接近信仰。

然后说："**他们口是心非。**"他们嘴上说着话，但心里却不相信这是真的。比如他们说："**如果我们懂得作战，我们一定追随你们。**"其实他们确信远道而来的多神教徒为报白德尔之役遭受重创之仇而迫切希望和穆斯林作战，另外，穆斯林相对处于弱势之中，因此战斗在所难免。所以安拉说："安拉最清楚他们所隐讳的。"

"他们坐而观望，却对自己的兄弟们说：'如果他们顺从我们，他们就不会被杀'"，即假若他们在协商时听了我们的建议，坐地等待，不出城迎敌，他们就不会在这里被杀死。

"你说：'如果你们是诚实的，你们防止自己面临死亡吧！'"如果坐地观望可以使人免于阵亡或病故，你们就不应该死去。但死亡终究会到来的，哪怕你们在坚固的城堡之中。如果你们说的是实话，就请你们预防自己的死亡吧！穆佳黑德说："这段经文是针对阿卜杜拉·本·吾班叶降示的。"[1]

⟪169. 为主道牺牲的那些人，你们不要认为他们是死了的。其实，他们活着，他们在他们的主那里享受着给养。⟫

⟪170. 他们因安拉所给的恩惠而高兴，也为那些留在后面还没有加入他们行列的人而欣喜。他们将无惧无忧。⟫

⟪171. 他们因安拉的恩典和赏赐而欢乐。安拉绝不会废除对信士的回赐。⟫

⟪172. 他们在遭受战伤之后，还响应安拉和使者。他们中行善并且敬畏的人，将会获得重大的回赐。⟫

⟪173. 有人对他们说："那些人为进攻你们而集结了（军队），所以你们应当畏惧他们。"但这只加强了他们的信仰。他们说："对于我们，安拉足够了，这监护者真是优美！"⟫

⟪174. 他们带着安拉的恩惠和赏赐回来，没有受到伤害，他们追求了安拉的喜悦。安拉是有宏恩的。⟫

⟪175. 那是恶魔，它叫你们畏惧它的盟友。如果你们有正信，你们就不要怕它，而要怕我。⟫

## 烈士的尊贵

清高伟大的安拉说，烈士们即便在今世被杀害，但他们的灵魂是活着的，并在安拉那里享受着给养。麦斯鲁格传述，我们向阿卜杜拉请教这段经文："为主道牺牲的那些人，你们不要认为他们是死了的。其实，他们活着，他们在他们的主那里享受着给养。"他回答说："我们向安拉的使者请教过这个问题。他说：'他们的灵魂在绿色鸟的腹中，落在挂于阿莱什之下的灯笼上。他们在乐园中

———
[1]《泰伯里经注》7:383。

任意游览，然后住到那个灯笼上。至仁主关顾了他们，对他们说，你们有什么要求吗？他们说，我们在乐园中任意游览，还能有什么要求呢？'这样问答了三次。当他们感到非得提出要求时，说：'养主啊！请将我们的灵魂回归到我们的身体，让我们再次为你而捐躯！'至仁主看到他们确实无所需求，便任由他们继续游览。"[2]

安拉的使者说："在安拉那里获得幸福的归真者中，只有烈士希望重返今世，再次为主道捐躯，因为他们见到了烈士的优遇。"[3]

安拉的使者说："你们的兄弟们在吾侯德遇难后，安拉将他们的灵魂置于绿色鸟的腹中，它来往乐园河，享受乐园的果实，住在阿莱什阴凉之下的黄金灯笼上。他们每每发现食物的馨香和美好的居所时，就说道：'但愿我们的兄弟们知道安拉怎么优遇我们，以便他们恋战而不要厌战。'清高伟大的安拉说：'我替你们给你们的兄弟们转告。'安拉因此而降谕道：'为主道牺牲的那些人，你们不要认为他们是死了的。其实，他们活着，他们

———
[2]《穆斯林圣训实录》3:1502。
[3]《艾哈麦德按序圣训集》3:126；《穆斯林圣训实录》1877。

在他们的主那里享受着给养。'"(1)格塔德等人说:"这段经文是为吾侯德战役中牺牲的人而降示的。"(2)

贾比尔传述:安拉的使者㊊有天见到我后说:"贾比尔啊!我怎么看到你非常忧愁?"我说:"安拉的使者啊!我的父亲留下家属和一些债务而殉教了。"使者说:"我告诉你,安拉只在帷幔之后和人说话,但他和你的父亲面谈过了。"——阿里说这是一次面对面的谈话——"安拉对他(你父亲)说:'你要求吧!我会给予你的。'他说:'我要求你让我回到今世,让我再次为你牺牲。'养主说:'我的判词已定:他们不返今世。'他说:'我的养主啊!请通告我的后人吧!'安拉因而降谕道:**'为主道牺牲的那些人,你们不要认为他们是死了的。'**"(3)

安拉的使者㊊说:"烈士们在乐园门附近一条河的光彩上,在绿色的圆形建筑物中。他们的给养早晚从乐园中来到他们身边。"(4)烈士似乎分为几种,有些人在乐园中任意游览,有些人在乐园门口的这条河上。或者,他们游览的终点在河畔,他们会聚在此处,早晚享受给养。伊玛目艾哈麦德的圣训集辑录着一段圣训,讲到每个穆民的灵魂将在乐园中自由游览,享用乐园的果实,享受乐园的欢乐,亲临安拉为他们准备的优遇。这是一段正确、珍贵而伟大的圣训。正统派的三大伊玛目都公认了这段圣训。安拉的使者㊊说:"穆民的灵魂是一只鸟儿,它在乐园的树上享用美食,在末日,安拉要将它回归到穆民的身体。"(5)

这一圣训说:"穆民的灵魂以鸟儿的样子,处于乐园中。"而烈士的灵魂如前所述,在绿色鸟的嗉囊中,比之普通穆民的灵魂,它们就像星星一般高。它们自由地飞翔,祈求慷慨博施的安拉使我们坚定在正信上。

"**他们因安拉所给的恩惠而高兴。**"为主道捐躯的烈士们,在安拉那里是活着的。他们处于欢乐和欣喜之中,为他们之后捐躯的那些兄弟而感到高兴,因为他们将和自己会聚于此。这些烈士们不为前途而害怕,不为后事而忧虑。祈主赐给我们乐园。两圣训实录辑录了在同一早晨为主道捐躯的七十位辅士——麦吾奈井前的捐躯者们。安拉的使者㊊对杀害他们的凶手祈祸且诅咒。艾奈斯说:"针对他们还降示了经文,该经文革止前我们一直诵读着。它是:'替我们告诉我们的群体,我们遇见了我们的养主,他悦纳了我们,并使我们满意了。'"(6)(7)

"**他们因安拉的恩典和赏赐而欢乐。安拉绝不会废除对信士的回赐。**"伊本·易司哈格说:"他们欣喜,他们高兴,因为他们亲眼看到给他们的许诺兑现了,且获得巨大的回报了。"阿卜杜·拉赫曼·栽德说:"这节经文将所有穆民都包含进去了,不论是否烈士。因为安拉述及给予先知们的恩典时很少不接着述及给予信士的恩赐。"

## 海穆拉·艾赛德之役及参加这次战役者之高贵

"**他们在遭受战伤之后,还响应安拉和使者。**"这是海穆拉·艾赛德(地名)之日。当日,多神教徒重创穆斯林后返回家园,他们在归途中后悔了,说:"我们为何不一鼓作气袭击麦地那人,从而一劳永逸?"安拉的使者㊊听到消息后号召穆斯林追击敌人,惊吓他们,让他们看到穆斯林强大的力量,他只允许参加过吾侯德战役的人前行追敌——除了贾比尔,后文将提到原因。穆斯林虽然身负重伤,还是纷纷响应安拉及其使者前去追击。

艾克莱麦传述,多神教徒们从吾侯德返回后说:"你们没有杀死穆罕默德,也没有获得凯瓦尔伯(8),你们做得太差了!请回去再战吧!"主的使者㊊听到消息后号召穆斯林追击敌人,众人纷纷响应,当他们到达海穆拉·艾赛德(或是吾叶奈井的地方。传述者对地名产生了怀疑。)的时候,多神教徒们说:"我们来年再战。"使者便率领圣门弟子们返回了。这被视为一次战役。后来安拉降示了下列经文:"**他们在遭受战伤之后,还响应安拉和使者。他们中行善并且敬畏的人,将会获得重大的回赐。**"(9)

阿伊莎(愿主喜悦之)对欧勒沃说:"侄子啊!祖拜尔和艾布·伯克尔属于上述经文所述之人。吾侯德战役中穆圣㊊受了伤。多神教徒退走之后,穆圣㊊担心他们反扑过来,便问:'谁愿追击敌人?'七十个人应声而起,他们中有艾布·伯克尔和祖拜尔。愿主喜悦他们。"(10)

"**有人对他们说:'那些人为进攻你们而集结了(军队),所以你们应当畏惧他们。'但这只加强了他们的信仰**",即有人以大批部队恐吓你们,但你们没有将它放到心上,而是一心托靠安拉。

---

(1)《艾哈麦德按序圣训集》1:265。
(2)《泰伯里经注》7:389、390。
(3)《圣位的证据》3:299。
(4)《艾哈麦德按序圣训集》1:266;《泰伯里经注》7:387。
(5)《艾哈麦德按序圣训集》3:455。
(6)这是被彻底革止的一段经文。——译者注
(7)《布哈里圣训实录诠释——造物主的启迪》7:445;《穆斯林圣训实录》1:468。
(8)意为美女。——译者注
(9)《圣训大集》11083。
(10)《布哈里圣训实录》4077。

"他们说：'对于我们，安拉足够了。这监护者真是优美！'"布哈里传述：伊布拉欣被投进烈火中时，念了这段经文。穆圣也在"有人对他们说：'那些人为进攻你们而集结了（军队），所以你们应当畏惧他们。'但这只加强了他们的信仰"时念了这段经文。这段经文是："对于我们，安拉足够了，这监护者真是优美！"[1]

艾奈斯传述，吾侯德之日，有人对穆圣说："那些人为进攻你们而集结了（军队），所以你们应当畏惧他们。"安拉因此降示了这段经文。

清高伟大的安拉说："他们带着安拉的恩惠和赏赐回来，没有受到伤害。"他们托靠安拉之际，安拉为他们解决了困难，替他们抵挡了居心叵测者的伤害，他们便"带着安拉的恩惠和赏赐回来，没有受到伤害"，即没有受到敌人预谋的伤害。

"他们追求了安拉的喜悦。安拉是有宏恩的。"伊本·阿拔斯说，经文中所说的"安拉是有宏恩的"指平安返回，"赏赐"指商队平安经过了。那是在朝觐季节，安拉的使者买下商品后，将从中获得的许多利润分给了他的弟子们。[2]

"那是恶魔，它叫你们畏惧它的盟友"，即它以它的盟友恐吓你们，使你们误认为它（他）们具有强大威力。

"如果你们有正信，你们就不要怕它"，即它蛊惑你们，使你们产生幻想时，你们就该托靠我，奔向我，因为我能解决你们的问题，能襄助你们战胜它们。正如安拉所言：✿难道安拉不能使其仆人满足吗？他们以他以外的来恐吓你……你说："对于我安拉是足够了！托靠者们只能托靠他。"✿（39：36-38）✿请和恶魔的盟友们作战吧！恶魔的诡计确实是脆弱的。✿（4：76）✿这等人是魔鬼的党羽。须知，魔鬼的党羽只是亏折的。✿（58：19）✿安拉已经规定："我跟我的使者必定胜利。"安拉确实是至强的、优胜的。✿（58：21）✿安拉一定会襄助援助他的人。✿（22：40）✿有正信的人们啊！如果你们协助安拉，他就襄助你们。✿（47：7）✿的确，我势必在今世的生活和证人们作证的那天，帮助我的众使者和信士们。那天，不义的人，他们的托辞将对他们无益，他们将受诅咒，他们只有不幸的家园。✿（40：51-52）

✿176.纷纷投入隐昧的那些人，不要使你忧虑，他们不能伤害安拉丝毫，安拉意欲他们在后世没有福分，他们将受重大的刑罚。✿

✿177.那些以正信买来隐昧的人，不能伤害安拉丝毫，他们将受到惨痛的刑罚。✿

✿178.隐昧的人们不要认为我对他们的姑容，是对他们更好的。我姑容他们，只为了他们罪上加罪。他们将受凌辱的惩罚。✿

✿179.安拉不会让你们——信士们常处于你们所处的现状之中，直到他把善恶分开。安拉不会让你们发现未见，但是安拉从众使者中选拔他所意欲之人，所以你们要归信安拉及其众使者。如果你们归信而且敬畏，你们将获重大的回赐。✿

✿180.对安拉所赐的恩惠吝啬不舍的人，绝不要认为他们的行为对他们是有益的，其实，它是对他们最有害的。复生日，他们所吝惜的（财产），将会套住他们。诸天与大地的遗产都属于安拉，安拉是彻知你们行为的。✿

### 安慰使者

伟大的安拉对穆圣说："纷纷投入隐昧的那些人，不要使你忧虑。"因为使者对人类充满了仁爱，隐昧者的倒行逆施、冥顽不化和极端对抗使他伤透了心。所以安拉说，你不要因此而伤心，因为"他们不能伤害安拉丝毫，安拉意欲他们在后世没有福分"。睿智的安拉以其意志和大能判决：隐昧者在后世没有份额，"他们将受重大的刑罚"。然后安拉严正声明："那些以正信买来隐昧的人"，即以信仰换取隐昧的人，"不能伤害安拉丝毫"，他们只在伤害他们自己，"他们将受到惨痛的刑罚"。

"隐昧的人们不要认为我对他们的姑容，是对他们更好的。我姑容他们，只为了他们罪上加罪。他们将受凌辱的惩罚。"这段经文类似于下列经文：✿他们可曾想过，我以财产和子嗣襄助他们。（是为了）我使他们立即得到一切美好的东西吗？不，他们不了解。✿（23：55-56）✿我将在他们不知不觉中逐步使他们明升暗降。✿（68：44）✿他们的财富和子孙不要使你惊奇，安拉意欲以此在今世中惩罚他们。他们的生命将在不信中消逝。✿（9：85）

"安拉不会让你们——信士们常处于你们所处的现状之中，直到他把善恶分开。"安拉必将为考验你们而制造某种因素，从而拔高他的盟友，凌辱他的敌人，分清坚韧的信士和罪恶的伪信士，是以有了吾侯德之日。安拉在其中考验了穆民，显示了他们坚定的信仰、顽强的意志、稳健的立场和对安拉及其使者无比的忠诚，安拉在这日揭穿了伪信士的面具，揭露了他们的倒行逆施、逃避战斗、违背安拉及其使者。因此说："安拉不会让你们——信士们常处于你们所处的现状之中，直到他把善恶分开。"穆佳黑德说，吾侯德之日，安拉使他们善恶

---
（1）《布哈里圣训实录诠释——造物主的启迪》8：77。
（2）《圣位的证据》3：318。

分明。(1) 格塔德说，安拉通过吉哈德和迁徙辨别了他们。(2)

"安拉不会让你们发现未见。"你们不会知道安拉创造万物的秘密。你们无法辨别信士和伪信士，如若不是安拉为你们创造了一些揭秘的方法和途径。

"但是安拉从众使者中选拔他所意欲之人。"类似经文有：《他是全知幽玄的。他不对任何人透露他的秘密，除非是他所喜悦的使者。因为他让警卫在他的前后行走。》（72：26-27）

"所以你们要归信安拉及其众使者"，即你们要服从安拉及其使者，遵守他为你们制定的法律，"如果你们归信而且敬畏，你们将获重大的回赐。"

### 谴责并警告吝啬者

"对安拉所赐的恩惠吝啬不舍的人，绝不要认为他们的行为对他们是有益的，其实，它是对他们最有害的。"吝啬的人不要认为聚敛财产对他有益，其实敛财对他的宗教甚至今世是有害的，安拉指出了这种财产在末日的归宿："复生日，他们所吝惜的（财产），将会套住他们。"阿卜杜拉传述，安拉的使者㊌说："获得安拉所赐财产而未缴纳天课的人，其财产将变成一条秃顶巨蟒对付他，这条蟒有两股毒液，末日它将缠绕他，用它的口角套住他，说：'我就是你的财产，我就是你的宝藏。'"阿卜杜拉还读了证实这段圣训的《古兰》经文："复生日，他们所吝惜的（财产），将会套住他们"。(3)

"诸天与大地的遗产都属于安拉"，即《花费他让你们代管的财产。》（57：7）因为一切财产终归安拉，所以在末日来临之前，请为你们自己预先行善吧。

"安拉是彻知你们行为的"，即安拉知道你们的举意和心情。

《181.安拉确已听到那些人的话，他们说："安拉是贫穷的，我们是富有的。"我一定记录下他们的话和他们无视正义、杀害先知的行为。我将说："你们尝试那焦灼的火（刑）吧！"》

---

(1)《泰伯里经注》7：424。
(2)《泰伯里经注》7：424。
(3)《布哈里圣训实录诠释——造物主的启迪》8：78；《伊本·罕巴尼圣训实录》5：107；《艾哈麦德按序圣训集》1：377；《提尔密济圣训全集诠释》8：393；《伊本·马哲圣训集》2：568；《圣训大集》6：317。

《182.这是因为你们自己的所作所为，安拉绝不会亏待众仆。》

《183.他们说："安拉曾和我们缔约：只有烈火前来焚烧我们所献的牺牲，我们才可归信一位使者。"你说："我之前的使者确已带来了明显的迹象和你们所请求的。如果你们是诚实的，为什么你们要杀害他们呢？"》

《184.倘若他们不信你，那么，在你之前的使者们也遭到了不信。他们带来了明显的迹象、经册和辉煌卓越的经典。》

### 安拉对多神教徒的警告

伊本·阿拔斯说：《谁愿意贷给安拉一笔美好的债务，安拉就使它成倍增长。》（2：245）降示之后，犹太人说："穆罕默德啊！你的养主贫穷了，他向他的仆人要求借贷呢！"安拉因此而降谕道："安拉确已听到那些人的话，他们说：'安拉是贫穷的，我们是富有的。'"

"我一定记录下他们的话。"这是严厉的警告。因此经文紧接着说："和他们无视正义、杀害先知的行为"，即他们对安拉肆意妄言，而且过分对待列位先知。安拉将以最严厉的惩罚还报他们,说:"我将说:'你们尝试那焦灼的火(刑)吧!'这是因为你们自己的所作所为,安拉绝不会亏待众仆。"这是对他们的警告、凌辱、丑化和鄙视。

"他们说:'安拉曾和我们缔约:只有烈火前来焚烧我们所献的牺牲,我们才可归信一位使者。'"即他们妄言安拉曾和他们缔结契约:他们不归信任何一位使者,除非这位使者显示一种奇迹,即烈火从天而降,吞食归信使者的人的施济品——以示行善者的善被接受。伊本·阿拔斯、哈桑等人都持此一说。安拉驳斥妄言者说:"你说:'我之前的使者确已带来了明显的迹象。'"即带来了许多明确的证据,"和你们所请求的",带来火,让火吞食被接受的供品。

"为什么你们要杀害他们呢?"为什么你们以否认、违背和顽固的态度对待他们?

"如果你们是诚实的。"如果你们真的遵循真理,服从使者。

安拉安慰穆圣㊟说:"倘若他们不信你,那么,在你之前的使者们也遭到了不信。他们带来了明显的迹象、经册和辉煌卓越的经典。"你(穆圣)不要因为这些人的否认而烦恼,以前的众位使者就是你的榜样,他们虽然也带来了确凿的证据,但还是遭到了否定。"经册"指降于列圣的天启经典。"辉煌卓越的经典"指明确的经典。

⟪185.每个生命都要尝试死亡。复生日你们将得到你们应得的报酬。谁被远离火狱,而被邀入乐园,谁确已成功。今世的生活只不过是虚幻的享受。⟫

⟪186.你们一定会在你们的财产和身体方面受到考验,你们一定会从曾受天经者和以物配主者那里听到许多恶言。倘若你们坚韧,并且敬畏,那就是一件决议之事。⟫

## 每个生命都要尝试死亡的滋味

清高伟大的安拉说,一切被造物都要尝试死亡的滋味。正如安拉所言:⟪其中的一切都将消毁,只有你的主的伟大的尊容永存。⟫(55:26-27)因为只有独一的安拉是永生不灭的,精灵、人类、天使、甚至担负阿莱什的天使都将死亡,只有独一的、强大的安拉具有永存的特征。安拉正如原有无始那样,是永存无终的。

这段经文也是对全人类的安慰,地球上的人都将死亡,当安拉将阿丹的精子中注定的命脉中

断、大限来临、人类的寿限结束时,安拉就要让末日到来。万物的工作无论大小或轻重,无论明显或隐微,都要受到报酬,任何人不受丝毫亏枉。因此说:"复生日你们将得到你们应得的报酬。"

## 成功属于谁

"谁被远离火狱,而被邀入乐园,谁确已成功",即谁远离并脱离了火狱,而进入乐园,谁就取得了最终的成功。安拉的使者㊟说:"乐园中一鞭子的位置,比今世和其中的一切都好。你们可以诵读:'谁被远离火狱,而被邀入乐园,谁确已成功。'"[1]

"今世的生活只不过是虚幻的享受。"这是对今世的鄙视,因为它终究是低贱的、毁灭的、消逝的、微弱的。正如安拉所言:⟪不然,你们却选择今生,然而后世是更好更持久的。⟫(87:16-17)⟪无论你们被赐给什么东西,都只是今世的享受及其装饰。而安拉那里的确是更好的和更持久的。⟫(28:60)穆圣㊟说:"以安拉发誓,今世与后世相比,恰如你们中的一个人将手指浸入水,请他看看,他从中带出了什么?"[2]

格塔德解释上述经文说:"今世无非是一点被抛弃的享受,以惟一应受崇拜的安拉发誓,今世不久将在追求它的人面前烟消云散。请尽力从这点享受中择取对安拉的顺从吧!力量只来自安拉。"

## 穆民将遭受考验,并听到许多对他有害的言辞

"你们一定会在你们的财产和身体方面受到考验。"类似经文有:⟪我必以一些恐惧、饥饿、财产、生命和果实的损失考验你们。⟫(2:155)即穆民肯定会受到财产、性命、儿女和家庭方面的考验,并且他所受的考验与他的能力相对应。他的宗教(信仰)越坚定,他受到的考验就越严重。"你们一定会从曾受天经者和以物配主者那里听到许多恶言。"穆斯林迁徙麦地那之初、白德尔战役之前,遭受了有经人和多神教徒的许多伤害,安拉因此而安慰他们,并命令他们克制忍耐、原谅对方,等待安拉的解放。安拉说:"倘若你们坚韧,并且敬畏,那就是一件决议之事。"白德尔战役之前,安拉的使者㊟曾骑着一头驴,捎着武洒麦去哈里斯家族探望赛尔德,使者身着一件法达克(地名)产的粗衣。他们在途中见到一伙人,其中有阿卜杜拉·本·吾班叶。当时阿卜杜拉·本·吾班叶还没

---

(1)《布哈里圣实录诠释——造物主的启迪》6:100;《伊本·罕巴尼圣训实录》9:252;《哈肯圣训遗补》2:299。
(2)《提尔密济圣训集》2324;《穆斯林圣训实录》2858。

有归信。人群中还有一些穆斯林和多神崇拜者——拜物教徒和犹太教徒，阿卜杜拉·本·勒瓦赫也在其中。当驴子的灰尘飞扬到人群跟前时，阿卜杜拉·本·吾班叶用大衣捂住了鼻子，说道："不要把灰尘扬到我们这里。"主的使者则道了色兰，跳下驴向他们宣传伊斯兰，并诵读了《古兰》。阿卜杜拉·本·吾班叶说："这个人啊！如果这是真的，没有比它更美好的了。但你不要在我们这里用这些话伤害我们，请回你家去，谁愿意听，你就对他宣讲吧！"阿卜杜拉·本·勒瓦赫（愿主喜悦之）说："安拉的使者啊！请你来我们当中宣讲吧，我们喜欢听。"这时穆斯林、犹太教徒和多神教徒们争吵起来，各方几乎要动手。安拉的使者一直劝解他们，让大家平静下来。此后使者骑上驴到了赛尔德家，对他说："赛尔德啊！你没有听到艾布·胡巴伯（阿卜杜拉·本·吾班叶）说的话吗？"先知对他讲了阿卜杜拉·本·吾班叶说的话。赛尔德听后说："安拉的使者啊！请原谅他吧！以降给你经典的安拉发誓，安拉通过给你的启示带来了真理。以安拉发誓，本地区居民曾盟誓立他（阿卜杜拉·本·吾班叶）为王，为他加冕，后来安拉通过赐给你的真理否决了这一决定。他怀怨在心，所以你看到他有此举动。"后来，安拉的使者原谅了阿卜杜拉·本·吾班叶。安拉的使者曾和圣门弟子们顺从安拉的命令原谅多神教徒和有经人，忍受他们的伤害。安拉说："**你们一定会从曾受天经者和以物配主者那里听到许多恶言。**"正如安拉所言：❨真理对他们明确之后，由于发自内心的嫉恨，希望你们归信之后又变成隐昧者。你们当原谅和宽恕，直至安拉带来他的命令。❩（2:109）即直到安拉允许你们作战。安拉的使者在白德尔战役中击毙了一些古莱什隐昧者头目，期间阿卜杜拉·本·吾班叶和跟随他的多神教徒们说："这是大势所趋。"后来他们和使者缔结了盟约，加入了伊斯兰。(1)

所以坚持真理，命人行善，止人作恶的人们，都会遭到伤害。解脱伤害的惟一方法和良药就是为安拉而忍耐，向安拉求助，并回归安拉。安拉至大！

❨187.当时，安拉曾与有经人定约："你们必须为世人阐明天经，你们不可隐瞒它。"但是他们却把它扔到他们的背后，并以它换取微薄的代价，他们的买卖真恶劣！❩

❨188.有些人对于自己做过的事洋洋自得；对于自己没有做过的事爱受赞颂。你不要以为他们能

---

(1)《布哈里圣训实录》4566；《穆斯林圣训实录》1798。

逃避刑罚，他们应受惨痛的惩罚。❩

❨189.诸天和大地的权力统归安拉，安拉对于万物是大能的。❩

### 谴责有经人违背约言、隐瞒真理

这是安拉对有经人的谴责。安拉曾通过列圣与有经人缔约：有经人必须要诚心归信穆圣、宣传穆圣，以便人们对穆圣的事情有所准备，从而在安拉派遣穆圣时跟随他。可是他们却隐瞒了这一约言，以微不足道的代价换取了安拉为他们许诺的两世幸福。他们的这笔交易真恶劣！他们的这种买卖真歹毒！经文同时提示学者们，不要重蹈有经人之覆辙，否则，他们会遭到相同的灾难，落得相同的下场。学者们应该力所能及地传播他们所掌握的有益知识，指导人们积极行善，不该隐瞒任何知识，穆圣说："遇到他人请教知识时隐瞒不答的人，在后世要被戴上火笼头。"(2)

### 谴责有经人相互欺骗、贪功邀赏

"有些人对于自己做过的事洋洋自得；对于

---

(2)《圣训大典》8：401。

自己没有做过的事爱受赞颂。你不要以为他们能逃避刑罚"。经文指的是一些沽名钓誉的人,他们不行善,却希望得到许多善报。穆圣说:"谁为了聚敛钱财而做假官司,安拉就会使谁蒙受损失。"(1)穆圣又说:"没有得到赏赐而到处宣扬的人,就像穿着两件虚伪外衣的人。"(2)伊玛目艾哈麦德传述,麦尔旺对其门卫说:"拉菲尔啊!你去伊本·阿拔斯那里,告诉他:'倘若我们每个人受到惩罚的原因是我们以自己所干的工作而高兴,或者我们喜欢别人因某件善事而赞扬自己,而事实上自己没有做过该善事,如是那样,我们全部都要遭受惩罚。'"伊本·阿拔斯说:"你们与此有什么关系呢?那段经文所针对的是有经人。"接着伊本·阿拔斯念道:"当时,安拉曾与有经人定约:'你们必须为世人阐明天经,你们不可隐瞒它。'但是他们却把它扔到他们的背后,并以它换取微薄的代价,他们的买卖真恶劣!有些人对于自己做过的事洋洋自得;对于自己没有做过的事爱受赞颂。"伊本·阿拔斯说:"他们有次对先知隐瞒了一个问题,没有如实回答,先知相信了他们的话后,他们离开了先知。他们甚至希望就此而得到先知的表扬,并且因为对先知隐瞒事实而感到高兴。"(3)艾布·赛尔德传述,在使者时代,一些伪信士不参加使者的战役,他们因为坐在后方等待而洋洋自得,使者从战场上回来时,他们对使者讲借口,喜欢因自己没有做的事情而受到赞扬,安拉因此而降谕道:"有些人对于自己做过的事洋洋自得;对于自己没有做过的事爱受赞颂。你不要以为他们能逃避刑罚。"(4)

"你不要以为他们能逃避刑罚。"这段经文既可读成第二人称,也可读成第三人称。即"你不要以为他们能逃避刑罚"或他们不要自以为能逃避惩罚。不然,他们都要遭受严惩。所以说:"他们应受惨痛的惩罚。"经文接着说:"诸天和大地的权力统归安拉,安拉对于万物是大能的",即安拉是掌管万物、全能万事的,对他而言没有难题。所以你们当敬畏他,不要违背他。当防备他的恼怒和惩罚,他是至大的主,至能的主。

❦ 190.诸天与大地的造化、昼夜的循环,对于能领悟的人,确有很多迹象。❧

❦ 191.他们站着、坐着、躺着记念安拉,并参悟诸天与大地的创造:"我们的主啊!你没有徒然地造化这一切。赞你超绝,求你保护我们,免受火狱的刑罚。❧

❦ 192.我们的主啊!你使谁进入火狱,你的确使他蒙羞了,不义的人绝没有援助者。❧

❦ 193.我们的主啊!我们确曾听到一个召唤的人,召人于正信:'你们要归信你们的主!'我们就归信了。我们的主啊!求你恕饶我们的罪恶,求你消除我们的过失,求你使我们与清廉的人一道归真。❧

❦ 194.我们的主啊!求你赐给我们你通过你的众使者应允给我们的,并求你莫在复生日使我们蒙羞,你是从不爽约的。"❧

## 对有心者昭示安拉独一的证据 有心者的特征、言论和祈祷

"诸天与大地的造化",即天体的高大和旷达、大地的宽厚和平坦,以及其中的许多重大迹象——行星、恒星、海洋、山脉、沙漠、树木、植物、庄稼、果实、动物、矿物以及许多色彩和特征各异、气味和滋味不同的有益事物。

"昼夜的循环",即昼夜的交替及它们间长短的互补——有时白天长,有时夜晚长,它们相互补充,相辅相成。这一切都是全能的、明哲的安拉的规定。

所以说,"对于能领悟的人",即对于那些智力完美、天资聪颖、能够清醒地认识事物的人。这些人不是不能理解的聋子或哑巴,安拉形容他们说:❦诸天与大地间有许多迹象,但他们却毫不留意地经过它。他们大半不信安拉,除非同时以物配主。❧(12:105-106)

安拉形容那些能领悟的人说:"他们站着、坐着、躺着记念安拉。"安拉的使者说:"你当站着礼拜;如果做不到,当坐着礼拜;如做不到,当躺着礼拜",即他们时时刻刻用他们的内心和舌唇记念安拉。(5)

"并参悟诸天与大地的创造",即他们理解天地中的许多哲理,它们证明着造物主的伟大、全能、知识、智慧、意志、自由和慈悯。安拉同时贬斥了另一些人,他们不参悟证明安拉的本然、属性、法律、决策和迹象的宇宙万物。❦诸天与大地间有许多迹象,但他们却毫不留意地经过它。他们大半不信安拉,除非同时以物配主。❧(12:105-106)安拉表扬了那些信士:"他们站着、坐

---

(1)《布哈里圣训实录》6105、6652;《穆斯林圣训实录》1:104。
(2)《穆斯林圣训实录》2129。
(3)《艾哈麦德按序圣训集》1:298;《布哈里圣训实录诠释——造物主的启迪》8:81;《穆斯林圣训实录》4:2143;《提尔密济圣训全集诠释》8:66;《圣训大集》6:318。
(4)《布哈里圣训实录》4567 《穆斯林圣训实录》2777。

(5)《布哈里圣训实录诠释——造物主的启迪》2:684。

着、躺着记念安拉,并参悟诸天与大地的创造。"他们说:"我们的主啊!你没有徒然地造化这一切",即你没有随便地创造万物,而是依真理创造的,以便你善报行善者,恶报作恶者。接着这些智者肯定了安拉不会随便或徒然地创造万物,说:"赞你超绝",即你不会徒然地创造任何事物。

"求你保护我们,免受火狱的刑罚。"本着真理和正义创造万物的主啊!完美无缺、诸事认真、从不随便的主啊!求你以你的方法和力量保护我们免遭火狱的惩罚,求你注定我们去做你所喜欢的事,求你赐我们机遇,让我们行善,从而进入幸福的乐园,求你拯救我们脱离你的惨痛的惩罚吧!

"我们的主啊!你使谁进入火狱,你的确使他蒙羞了",即你让他在大庭广众之下遭受了侮辱。

"不义的人绝没有援助者",即复生日没有谁从你那里拯救他们,也没有谁能让他们脱离你欲施的罪罚。

"我们的主啊!我们确曾听到一个召唤的人,召人于正信",即我们听到宣传者——穆圣㊗在宣传。

"你们要归信你们的主",即他说你们归信你们的养主,我们就归信了,亦即我们响应了他,并跟随了他。

"我们的主啊!求你恕饶我们的罪恶",即求你遮蔽我们的罪恶。

"求你消除我们的过失",即求你消除我们对你的过失。

"求你使我们与清廉的人一道归真",即求你让我们加入到清廉者的行列。

"我们的主啊!求你赐给我们你通过你的众使者应允给我们的。"有人解释为:"求你赐给我们归信你的使者的报酬。"另一些人解释为:"求你赐给我们你通过使者给我们预许的。"第二种解释更加明确。

"并求你莫在复生日使我们蒙羞",即不要在众生面前让我们遭受凌辱。

"你是从不爽约的。"你的众使者所预告的归宿终将来临,这一天末日成立,众生将站在你的跟前。

安拉的使者㊗在礼夜间拜时,经常诵读《仪姆兰的家属章》中的这十段经文。伊本·阿拔斯传述:"我曾在我的姨妈(圣妻)梅蒙娜处过夜,安拉的使者㊗和家属谈了一会话后睡了。夜晚的后三分之一时分,使者坐起来看看天空后读道:'**诸天与大地的造化、昼夜的循环,对于能领悟的人,确有很多迹象。**'然后他起身洗小净,刷牙,礼了十一拜,比拉勒念了宣礼后他又礼了两拜,然后出去带领众人礼晨礼。"[1]

阿塔传述:我、伊本·欧麦尔和欧拜德·本·欧麦尔一同去见阿伊莎(愿主喜悦之),我们进屋——我们之间隔着幔帐——后她说:"欧拜德[2]啊!你怎么没有来探望我?"欧拜德说:"诗人说,时而的探望,更能将感觉加强。"伊本·欧麦尔则说:"好了,请告诉我们你从使者那里见到的最不寻常的事情。"阿伊莎(愿主喜悦之)听后哭了,说:"使者的事情都是不寻常的。他在我的夜晚[3]来到我的房间,就在我们的身体相互接触的时候,他说:'对不起,我要崇拜我伟大的养主。'而我对他说:'以安拉发誓,我想与你相依,也想让你崇拜你的养主。'使者站起来走到水袋跟前,匆匆做了小净开始礼拜,他在拜中开始哭泣,以至泪水打湿了他的胡须,他在叩头时哭泣,以至地面都被泪水浸湿,然后他侧身而睡,并长泣不止。比拉勒开始宣召晨礼时问使者:'安拉的使者啊!安拉已经恕饶了你前前后后的罪恶,你又为何哭泣呢?'使者说:'比拉勒啊!你真是的,我怎能不哭泣呢?昨夜降示了下列经文:'**诸天与大地的造化、昼夜的循环,对于能领悟的人,确有很多迹象。**'使者说:'伤哉!那些读此经文而不思考的人。'"[4]

❦ 195.他们的主应答了他们:"我绝不湮没你们当中任何人——无论男女的善功,你们的部分来自部分。那些背井离乡者、从家园中被驱逐者、为我的道路而受害者、参加战斗者和被敌杀伤者,我必消除他们的种种罪恶,并使他们进入下临诸河的乐园。"作为来自安拉的回赐。安拉那里有优美的赏赐。❦

### 安拉对能领悟者的应答

"他们的主应答了他们",即他应允了他们。乌姆·赛莱迈说:"安拉的使者啊!我们怎么没有听到安拉在迁徙事务中对妇女有所指示呢?"后来安拉降谕道:"他们的主应答了他们:'我绝不湮没你们当中任何人——无论男女的善功……'"辅士们说,她是第一位乘坐驼轿来到我们这里的妇女。[5]

"我绝不湮没你们当中任何人——无论男女的

---

(1)《布哈里圣训实录诠释——造物主的启迪》8:83;《穆斯林圣训实录》1:530。
(2)欧氏系阿伊莎的近亲。——译者注
(3)穆圣㊗定期与各位太太相聚。——译者注
(4)《麦瓦里德》139。
(5)《散置的珠宝》3:1136;《哈肯圣训遗补》2:300。

善功"，这是对"应答"的注释。即安拉回答他们说他不会废除任何人的善功，做善功者无论男女，都会从安拉那里得到公正的报酬。

"你们的部分来自部分"，即在我这里你们都能得到平等的报酬。

"那些背井离乡者"，指那些离别亲朋好友，并放弃多神崇拜的家园，来到信仰家园的人们。

"从家园中被驱逐者"，指受到多神教徒的迫害，被迫远走他乡的人。

"为我的道路而受害者"，在有的人看来，他们的罪恶仅仅是归信了安拉。正如安拉所言：❰他们驱逐使者和你们，只因你们归信安拉——你们的主。❱（60：1）❰他们（隐昧者）愤恨他们，只是因为他们归信了优胜的、可赞的安拉。❱（85：8）

"参加战斗者和被敌杀伤者"，经文在此描述了最高品级的人们：他们为主道作战，战马被敌人杀死，脸上沾满了鲜血和尘土。圣训载，有人说："安拉的使者啊！请告诉我，倘若我在主道上被杀时，是一位坚忍者、追求报酬者、前进者，而不是后退者，如是这样，安拉能消除我的所有罪恶吗？"使者回答道："是的。"过了一会后先知反问他："你刚才是怎么说的？"那人重复了前面说的话，使者说："是的。除非债务，吉卜勒伊里刚才对我提到了它。"[1] 所以说："**我必消除他们的种种罪恶，并使他们进入下临诸河的乐园。**"在其中流淌着许多河：奶河、蜜河、酒河和永不腐蚀的水河，供人饮用。还有许多恩典是任何人的眼睛未见过、任何人的耳朵未听过、任何人的心灵未想过的。

"作为来自安拉的回赐。"经文将"回赐"归于安拉，指出回赐的重大，因为伟大而慷慨的安拉只会赐给人巨大的恩典。

"安拉那里有优美的赏赐"，即安拉那里对行善者有巨大的奖励。

❰ **196. 不要让隐昧者在大地上的往来迷惑了你。** ❱

❰ **197. 都是微不足道的享受，他们的归宿是火狱，那卧褥真恶劣啊！** ❱

❰ **198. 敬畏他们养主的人，将享受下临诸河的乐园，而永居其中。这是来自安拉的款待。在安拉那里的（恩典）对于清廉的人是更好的。** ❱

**警惕被追求今世的人所迷惑以及清廉者的报酬**

清高伟大的安拉说，你们不要看那些沉湎于欢乐与幸福中的隐昧者，他们眼前的一切都将灰飞烟灭，化为乌有，他们将因自己的罪恶而陷入困境。安拉对他们的宽容，仅仅是一种明升暗降，他们在今世的一切"**都是微不足道的享受，他们的归宿是火狱，那卧褥真恶劣啊！**"正如安拉所言：❰除了隐昧的人，没有人争论安拉的启示，莫让他们在城市中的来来往往诱惑了你！❱（40：4）❰你说："那些对安拉捏造谎言的人不会成功。"（那是）今世的享受。然后他们的归宿在我这里。然后，我将因他们曾经隐昧使他们尝试严峻的惩罚。❱（10：69-70）❰我赐给他们片刻的享受，然后我将追使他们去受重刑。❱（31：24）❰因此，你当宽限隐昧者，并对他们略加延缓。❱（86：17）❰获得我的美好诺言，并将见它（实现）的人和蒙我赏赐今世生活的享受，然后将在复生日出庭（受审）的人一样吗？❱（28：61）安拉提到了隐昧者在今世的状况和后世的归宿后，说："**敬畏他们养主的人，将享受下临诸河的乐园，而永居其中。这是来自安拉的款待**"，即招待。

"**在安拉那里的（恩典）对于清廉的人是更好的。**"伊本·哲利尔传述：死亡对每个信士是更好的，死亡对每个隐昧者也是更好的。不信就看安拉

---
[1]《穆斯林圣训实录》3：1501。

的下列经文："**在安拉那里的（恩典）对于清廉的人是更好的**"，以及：《隐昧的人们不要认为我对他们的姑容，是对他们更好的。我姑容他们，只为了他们罪上加罪。他们将受凌辱的惩罚。》（3：178）[1]

《199.有经人当中，的确有人归信安拉、你们所受的启示和他们所受的启示，并对安拉谦卑虔敬。他们不为卑微的利益而出卖安拉的迹象，这等人在他们养主那里会获得他们的回赐。安拉是计算迅速的。》

《200.有正信的人们啊！你们当坚韧、克制、并当戒备，你们要敬畏安拉，以便你们成功。》

### 部分有经人的情况和他们的报酬

安拉讲述部分有经人：他们不但归信以前的经典，而且还真诚地归信安拉，归信穆圣所接受的启示。他们对安拉是谦恭而敬畏的。"**他们不为卑微的利益而出卖安拉的迹象**"，即他们不隐瞒自己所掌握的有关穆圣出世的喜讯，穆圣的特征、属性和为圣，以及穆圣民族的特征。这些是有经人中最优秀的人和他们中的精英，无论他们来自犹太教还是基督教，安拉在《故事章》中说：《那些在这以前蒙我赏赐经典的人们，他们相信它。当它被诵读给他们时，他们说："我们归信它，它确实是来自我们主的真理，的确，我们在这以前就是顺服者（穆斯林）了"。这等人，他们将得到双倍的回赐，因为他们坚忍不移，以善驱恶，并分舍我赐给他们的。》（28：52-54）又说《那些蒙我颁赐经典的人，确实在真诚地遵循它，这等人归信它。》（2：121）《在穆萨的族人中，有一部分人本着真理引导人，并以它主持公道。》（7：159）《他们不一样。在有经人当中，有一部分人是端正的。他们在夜晚时刻，叩着头诵读安拉的启示。》（3：113）《你说，你们归信它，或不归信它（都是一样的）。那些以前被赋予知识的人们，它被读给他们时，他们就伏下去下巴着地地叩头。他们说："赞我们的主清净，我们主的诺言终究是要实现的。"他们痛哭着倒地，下巴着地地叩头，它使他们更加敬畏。》（17：107-109）

具备这些属性的犹太人凤毛麟角，阿卜杜拉·本·赛俩目是其中之一。他们不超过十人。基督教中遵循正道、坚持真理的人却数不胜数。正如安拉所述：《你将发现犹太人和多神教徒是最仇视信士的。你也将发现他们当中更接近信士，更喜爱信士的人是说"我们是基督教徒"的人。》（5：82）《安拉由于他们所说的话，赐给他们下临诸河的乐园。》（5：85）经文在此处则说："**这等人在他们养主那里会获得他们的回赐。**"

圣训记载，贾法尔·本·艾布·塔利卜在阿比西尼亚国王奈加希面前诵读《卡弗，哈，雅，阿因，撒德。》（19：1）时，有一些主教和牧师在座，奈加希听后哭了，众人跟着哭起来，直至泪水浸湿了他们的胡须。[2]两圣训实录辑录，奈加希归真后，穆圣向圣门弟子们通报了噩耗，说道："你们阿比西尼亚的兄弟归真了，请为他举行殡礼吧！"后来先知去到荒郊，让众人排班为奈加希举行殡礼。[3]

"有经人当中。"穆佳黑德说："他们指有经人中的穆斯林。"[4]哈桑·巴士里就这段经文回答曼苏尔说："他们是穆圣为圣前的一些有经人，穆圣为圣后，他们跟随了穆圣，认识了伊斯兰，所以安拉赐给他们双份报酬：他们在穆圣为圣前本来具备的信仰而获得一份报酬，因为跟随穆圣而获得另一份报酬。"

安拉的使者说："三种人将获得双份报酬。"[5]使者叙述这三种人说："……一种人是归信他们的先知，并且归信了我的有经人。"

"**他们不为卑微的利益而出卖安拉的迹象。**"他们不像一般下流的有经人那样隐瞒所掌握的知识，而是无偿地奉献知识。所以说："**这等人在他们养主那里会获得他们的回赐。安拉是计算迅速的。**"穆佳黑德说："'**计算迅速**'指清算迅速。"

### 命令克制和戒备

"有正信的人们啊！你们当坚韧、克制、并当戒备。"哈桑·巴士里说，他们奉命遵循安拉所喜爱的宗教——伊斯兰，无论面临多大的艰辛，顺境还是逆境，都誓死坚持伊斯兰；同时奉命顽强地抵抗隐昧其宗教的敌人。[6]这是多位前辈学者的注释。

"戒备"，则指坚守拜主的地方。有人认为指一次礼拜后等待另一次礼拜。后者是伊本·阿拔斯、赛海里等人的主张。安拉的使者说："我告诉你们安拉用于消除罪恶，提升品级的方法，好

---

(1)《泰伯里经注》7：496。

(2)《穆圣传》1：357。
(3)《布哈里圣训实录诠释——造物主的启迪》7：230；《穆斯林圣训实录》2：657。
(4)《泰伯里经注》7：499。
(5)《布哈里圣训实录诠释——造物主的启迪》6：169；《穆斯林圣训实录》1：134。
(6)《泰伯里经注》7：502。

吗？（它是）克服一切困难，完美地洗小净；走向清真寺的许多脚步；礼拜之后等待礼拜。这就是戒备，这就是戒备，这就是戒备。"(1)

也有人认为此处的"**戒备**"指驻守阵地，保卫伊斯兰边疆，捍卫伊斯兰家园。鼓励这一义举并提及其重大报酬的圣训非常多。布哈里传述，安拉的使者说："为主道驻守一日，强于今世及今世中的一切。"(2)

穆斯林传述，安拉的使者说："为主道驻守一天一夜，强于一月的斋戒和礼站，如果他在驻军期间死亡，他原来的工作将源源不断地流向他，并将因此而获得给养，免于蛊惑者的伤害。"(3)伊玛目艾哈麦德传述："每个人的功行都将伴随其生命的结束而结束。主道的备战者则不然，其功行将不断滋长，直至末日。他还会免于坟墓之刑。"(4)

伊本·阿拔斯说，我听安拉的使者说："火狱不接触两种眼睛。敬畏安拉而哭泣的眼睛，在主道上整夜戒备的眼睛。"(5)

安拉的使者说："金币的奴隶、银币的奴隶和服装的奴隶真倒霉！他（们）得到（它们）时欣喜若狂，没有得到时怒火中烧，他真该倒霉，真该灭亡！让他们被刺扎后找不到帮他们拔刺的人。向主道上紧握马缰的仆人（指穆斯林）祝贺！他头发蓬松，两脚尘土，让他站岗守卫时，他就坚守岗位，让他驻守后方时，他就在后方。虽然他的请求从不被批准，他的求情从不被理会。"(6)

艾布·欧拜德致信欧麦尔，汇报所遇的大批罗马军队以及他的担忧。欧麦尔回信说："赞美安拉和穆圣。穆民忠仆无论处于什么困境，安拉总会为他带来解放。一个困难绝不会战胜两个容易。清高伟大的安拉在其经典中说：'**有正信的人们啊！你们当坚韧、克制、并当戒备，你们要敬畏安拉，以便你们成功。**'"(7)

哈菲兹·本·阿撒克尔说："我在土勒突斯告别阿卜杜拉·本·穆巴拉克时，他对我宣读了下列诗文：

两圣地的忠仆啊！
假若你看看我，
你会知道你在玩耍中干着功修，

有人以泪洗面，而我们满腔热血。
抑或，有人为谬误四处奔走，
而我们则在清晨——战地的清晨沐浴寒风。
馨香属于你们，我们的馨香是：
马蹄扬起纯洁的尘埃。
我们听到先知至实的训示：
主道上战马扬起的尘埃与火狱的浓烟，
在仆人身上互不相容。
安拉的经典告诉我们，战士虽死犹生，
绝非虚言。

他托我将这首诗赠给伊本·伊雅兹。时值伊斯兰教历一百七十年，一说一百七十七年。

哈菲兹说，后来我在禁寺遇见伊本·伊雅兹，将诗文转交给他。他读后流下了眼泪，说："艾布·阿卜杜·拉赫曼(8)说得对，他确实忠告了我。"他问我道："你是不是收集圣训的人？"我说："是的。"他说："那你记下这段圣训吧，我以此来报答你给我捎来艾布·阿卜杜·拉赫曼的诗文。艾布·胡莱赖传述，有人对安拉的使者说：'安拉的使者啊！请教给我一种善功，以便让我像主道上的战士一样获得重大回赐。'使者问：'你一丝不苟地崇拜安拉吗？你能永远封斋从不开斋吗？'此人说：'安拉的使者啊，我做不到。'穆圣说：'就算你做得到，你也无法达到主道上战斗者的品级。难道你不曾知道，战士的战马即便被縻绳拴着，但它来回的奔跑还是被记载成一件件善功。'"(9)

"**你们要敬畏安拉**"，即你们要在一切事务和各种情况下敬畏安拉。穆圣派穆阿兹去也门时说："无论你在何处，你都要敬畏安拉；作了坏事后，你要立即做好事，坏事可被消除；你当以优美的道德与人交往。"(10)

"**以便你们成功**"，即以便你们取得今世和后世的成功。

伊本·哲利尔传述，穆圣说："你们当在我和你们之间（的事务中）敬畏安拉，以便你们明天遇到我时取得成功。"(11)

《仪姆兰的家属章》注释完。一切感赞统归安拉。祈求安拉让我们坚持经典和圣训，至死不渝。阿敏！

---

（1）《穆斯林圣训实录》1：219；《圣训大集》1：89。
（2）《布哈里圣训实录》2892。
（3）《穆斯林圣训实录》1913。
（4）《艾哈麦德按序圣训集》6：20；《艾布·达乌德圣训集》3：20；《提尔密济圣训全集诠释》5：249；《伊本·罕巴尼圣训实录》7：69。
（5）《提尔密济圣训集》1639。
（6）《布哈里圣训实录》2886。
（7）《泰伯里经注》7：503。
（8）指驻守边疆的阿卜杜拉·本·穆巴拉克。——译者注
（9）《艾哈麦德按序圣训集》5：236。
（10）《提尔密济圣训全集诠释》6：123。
（11）《泰伯里经注》7：510。

# 《妇女章》注释  麦地那章

## 《妇女章》系麦地那章 本章的尊贵

伊本·阿拔斯传述，《妇女章》是麦地那降示的。

伊本·麦斯欧迪传述，《妇女章》中有五段经文，即便用今世及其中的一切来换取它们，我也不会乐意。（它们是）﴿安拉不亏枉人一粒芥子的重量。﴾（4:40）﴿如果你们远离你们所受禁的大罪。﴾（4:31）﴿确实，安拉不恕饶以物配主的罪恶，但他为他所意欲的人宽恕较轻的罪过。﴾（4:48）﴿他们自欺的时候，假若他们到你那里。﴾（4:64）另一传述中有这节经文：﴿作恶或自亏，然后向安拉求饶的人，将发现安拉是至恕的、至慈的。﴾（4:110）[1]

伊本·阿拔斯说："你们向我请教《妇女章》吧！我从小就会读《古兰》。"[2]

**奉普慈特慈的安拉之尊名**

﴿1.世人啊！你们要敬畏你们的主，他由一个人造化了你们，并由他造化了他的配偶。再由他俩繁衍了许多男女。你们要敬畏安拉——你们凭他和亲情而相互要求（权利）。安拉是监视你们的。﴾

## 命令敬畏安拉、参悟被造物、接恤亲属

安拉命令人类敬畏他——崇拜独一无偶的安拉。同时提醒人们，安拉以他的大能从一个人——阿丹——创造了人类。"**并由他造化了他的配偶**"，指海娃（愿主赐福于阿丹夫妇）。安拉在阿丹睡觉时，从其背部的左肋骨创造了海娃，阿丹醒来看见她后，对她产生了爱慕之情，他们便依偎在一起。圣训说："女人是由肋骨创造的，最高的肋骨是最弯曲的。倘若你想修整它，必将折断它，如果你想享用它，你就享用弯曲的它吧！"[3]

"**再由他俩繁衍了许多男女**"，即安拉由阿丹和海娃创造了许多男女，让他们分布世界各地，尽管他们种族和特征不同，肤色和语言各异，但最终的归宿都在安拉那里。

"**你们要敬畏安拉——你们凭他和亲情而相互要求（权利）**。"伊布拉欣等人说，你们当通过顺从安拉来敬畏安拉。

"**你们凭他和亲情而相互要求（权利）**。"譬如你们经常说："我以安拉和亲属的名义向你要求……"[4]端哈克说："你们当敬畏你们以他的名义缔结盟约和契约的安拉。你们当敬重血亲，不可断绝血亲，而要善待它、接恤它。"[5]伊本·阿拔斯、穆佳黑德、哈桑、端哈克、莱毕尔等人持此观点。[6]

有人以属格诵读"**亲情**"，意为："你们要敬畏安拉——你们凭他和亲情而相互要求（权利）的主"；也有人以宾格读"**亲情**"，意为，"你们当敬畏安拉，尊重亲情。"[7]

"**安拉是监视你们的**"，即安拉监视着你们的一切工作和事情。正如安拉所言：﴿安拉是见证万事的。﴾（58:6）圣训说："你就像看见安拉一样

---

(1)《哈肯圣训遗补》2:305。
(2)《哈肯圣训遗补》2:301。
(3)《布哈里圣训实录诠释——造物主的启迪》6:418。
(4)《泰伯里经注》7:519。
(5)《泰伯里经注》7:518。
(6)《泰伯里经注》7:521、522。
(7)《泰伯里经注》7:519。

地拜他，如果你看不到安拉，安拉却在看着你。"(1)经训在此指导并命令人们留意监视者——安拉。因此安拉指出人类的起源是一父一母，以便他们相亲相爱，相濡以沫。《穆斯林圣训实录》记载，有一些穆左勒人披着花纹衣服——可以看出他们极度贫穷——来到使者那里，使者在晌礼后站起来给众人讲演，其中念道："世人啊！你们要敬畏你们的主，他由一个人造化了你们……"又念道：◆有正信的人们啊！你们要敬畏安拉，人应该看一看，他为明天做了些什么？◆（59：18）使者鼓励人们施舍，传述人说，人们纷纷施舍，有人施舍一个金币、一个银币；有人施舍一升麦子、一升枣……

伊本·麦斯欧迪传述，使者在那次演讲中诵读了三段经文，其中一段是："世人啊！你们要敬畏你们的主。"(2)

◆2.你们应当把孤儿的财产归还他们，不要以龌龊的换取佳美的。也不要把他们的财产跟你们自己的财产一起吞没，这确实是大罪。◆

◆3.如果你们恐怕不能公平对待孤儿们，那么，你们可以择娶你们爱悦的妇女，（娶）两个、三个或四个。倘若你们害怕不能公平对待，那么，你们可以娶一妻，或右手所管辖的（女奴）。那更能防止你们做不公平的事。◆

◆4.你们要给妇女聘金，作为礼物。倘若她们自愿退还任何部分（的聘金），那么，你们可以舒心、畅快地享用。◆

### 保护孤儿的财产

安拉命令监护人将孤儿的财产交还他们，而不能侵吞它或将它并入自己的财产。所以说："**不要以龌龊的换取佳美的。**"赛尔德和祖海里说："不要给瘦的，拿肥的。"(3) 伊布拉欣等说："不要给劣质的，拿优质的。"(4) 赛丁伊说："蒙昧主义者曾侵占孤儿的肥羊，还给孤儿瘦羊，说这是'以羊抵羊'。他们拿走孤儿的优质银币，还给他假币，说这是'以币顶币'。"(5)

"**也不要把他们的财产跟你们自己的财产一起吞没。**"穆佳黑德、赛尔德等人说："不要将自己的财产和孤儿的财产混在一起，一并吞没。"(6)

"**这确实是大罪。**"伊本·阿拔斯说："这确实是重大的罪恶。"(7) 穆佳黑德、艾克莱麦、赛尔德·本·朱拜尔、哈桑、格塔德、端哈克、伊本·西林、穆尕提里·本·罕雅尼、栽德·本·艾斯莱姆等人的主张与此相同。伊本·阿拔斯还说："将自己的财产和别人的财产混合在一起后吞食，实属罪大恶极，你们当远离之。"(8)

### 禁止以低廉的聘金与孤女结婚

"**如果你们恐怕不能公平对待孤儿们，那么，你们可以择娶你们爱悦的妇女，（娶）两个……**" 即如果有人家中抚养着一位女孤儿，而他无法保障给她合理的聘金，他应该和其他妇女结婚，因为妇女很多，安拉不会让人陷入困境。

阿伊莎（愿主喜悦之）说："有人和寄养在家中的一位女孤儿结了婚，这位妇女有葡萄园，他是为了葡萄园才要她的，他对她本人并没有兴趣。安拉因此而降谕道：'如果你们恐怕不能公平对待孤儿们……'我（圣训传述者）认为他（上一级传述者）是说：'她和他共同拥有那个葡萄园和他的财产。'"(9)

伊本·祖拜尔就这段经文请教过阿伊莎（愿主喜悦之），她说："外甥啊！那说的是女孤儿，她曾生活在监护人家中，和他共同拥有他的财产。监护人因她的美貌和财产而对她产生爱慕之情，打算和她结婚，但不想送给她合理的聘礼，不能和其他人一样以适当的聘礼迎娶她。伊斯兰禁止他们这样做，并指出如果他们想和她们结婚，就得依照习俗，送给她们最高的聘礼。否则，他们可以和其他妇女结婚，惟独不能娶这些孤女。"

阿伊莎说："这段经文降示后，人们来询问安拉的使者，所以安拉降谕道：'关于妇女他们问你……'"阿伊莎（愿主喜悦之）说："安拉的语言◆他们关于妇女的律例询问你……◆（4：127）指你们不愿和财产少、相貌差的女孤儿结婚，所以当你们打算和美貌而富有的女孤儿结婚时，安拉要求你们必须给她们赠送合理的聘礼。"(10)

### 限娶四妻

"**两个，三个或四个**"，即你们可以在其他妇女中聘娶二妻、三妻或四妻。正如安拉所言：◆赞

---

(1)《布哈里圣训实录诠释——造物主的启迪》1：140。
(2)《穆斯林圣训实录》2：705；《艾哈麦德按序圣训集》4：358；《圣训大集》5：75；《伊本·马哲圣训集》1：74。
(3)《泰伯里经注》7：525。
(4)《泰伯里经注》7：525。
(5)《泰伯里经注》7：526。
(6)《泰伯里经注》7：528。
(7)《泰伯里经注》7：530。
(8)《泰伯里经注》7：530。
(9)《布哈里圣训实录诠释——造物主的启迪》8：87。
(10)《布哈里圣训实录诠释——造物主的启迪》8：87。

安拉多福！他降给他的仆人准则，以便他做众世界的警告者。》（25：1）即有些天使有两只翅膀，有些天使有三只翅膀，另一些天使则有四只翅膀，但经文并不排除有些天使有更多的翅膀，因为相关的证据可以表明这一点。这种表达方法与男人只可娶四妻不同。正如伊本·阿拔斯等学者所说，本章的这段经文是安拉表示对仆人的恩典和允许四妻时提到的，假若可以娶四个以上的妻子，经文必定明确地提出来。

艾哈麦德传述，黑兰·本·赛莱迈·赛格夫信教时有十个妻子，穆圣☪对他说："请在她们中选择四位。"[1] 欧麦尔执政期，赛莱迈休了他的（四位）妻子，将财产分给了子女，欧麦尔听到消息后说："或许恶魔听到你将死亡的消息后，通知了你。或许你将不久于人世。以安拉发誓，或者你和你的妻子们复婚，收回你的财产，或者我让她们（强行）继承你的财产，并命人鞭笞你的坟墓，正如鞭笞艾布·勒阿伦的坟墓那样。"[2]

以上证据表明，假若可以同时拥有四个以上的妻子，安拉的使者☪一定会允许黑兰·本·赛莱迈继续和十个妻子保持关系，因为她们当时也归信了伊斯兰。使者命令留下四位妻子，同时和其他六位女人离婚，充分表明任何情况下都不能同时拥有四个以上妻子。如果必须要和四个以上的妻子离婚，那么，不曾拥有四妻的人，更不能超越这一法规。清高伟大的安拉至知正路！

## 担心不公正时，只娶一妻

"倘若你们害怕不能公平对待，那么，你们可以娶一妻……"即如果你们担心自己无法公正地对待多位妻子，正如安拉所言：《即使你们希望，你们也绝不可能公平对待众妻。》（4：129）在此情况下，你们应当只娶一妻，或只和女奴结婚，因为女奴不享有自由女的分配权。但经典提倡给予她们分配权，给予就是善事。

"那更能防止你们做不公平的事"，即更能防止你们做不义之事。有人说在法律上"不公平"指薄此厚彼。阿伊莎（愿主喜悦之）传述，穆圣☪说："'那更能防止你们做不公平的事'指以免你们不公平。"[3] 一些学者认为，经文指"以免你们偏袒"。[4]

---
(1) 和其他六位离婚。——译者注
(2)《布哈里圣训实录》2：14；《乌姆》5：49；《提尔密济圣训集》1128；《伊本·马哲圣训集》1953；《达尔固特尼圣训集》3：271；《白海根大圣训集》7：182。
(3)《伊本·罕巴尼圣训实录》6：134。
(4)《泰伯里经注》7：549、550、551。

## 送聘礼是定制[5]

"你们要给妇女聘金，作为礼物"，伊本·阿拔斯说，"这里的'礼物'指聘礼。"[6] 阿伊莎（愿主喜悦之）说："'聘金'（نحلة，尼黑莱）指主命的聘金。"穆尕提里说："'尼黑莱'即主命的聘礼。"[7] 伊本·朱莱杰说："'尼黑莱'指讲定的聘金。"

伊本·栽德说："阿拉伯语中的'尼黑莱'指当然的。你只有对她履行了义务，才能和她结婚。除穆圣☪之外的任何人，都必须给未婚妻履行送聘礼的义务。[8] 不能无理地将聘礼弄虚作假（即没有实际内容的表面形式）。"换言之，男方必须给女方赠送聘礼，并且要心甘情愿。正如男子可以不给女方赠送礼品，但必须心甘情愿地履行义务那样，他必须心甘情愿地给她赠送聘礼。如果他为女方讲定了她的聘礼后，她自愿让他享用一部分或全部，他可以享用这种合法财产。所以说："倘若她们自愿退还任何部分（的聘金），那么，你们可以舒心、畅快地享用。"

《5. 你们不要把你们所掌管的财产转交给无知的人，那是安拉供你们维持生活的。不过你们却要用它来供给他们衣食，并对他们讲温和的话。》

《6. 你们当考验孤儿，直到他们达到适婚的年龄。如果那时你们发觉他们判断正确，就要把他们的财产交还给他们，但不要在他们成长以前浪费或急速地吞没它。富有的监护人，应当安分守己；贫穷的监护人，可以合理地食用。你们把他们的财产交还给他们的时候，应当请人作证。安拉足为清算者。》

## 对无知者的限制

安拉使财产成为人们生活的保障，即人们可以通过财产进行买卖交易等生活事务，他禁止人们让无知者掌管这笔财产。因此，必须对无知者采取一定的限制。"无知者"（السفهاء，苏费哈）分若干种：一、年幼。因为年幼者的语言表达不健全。二、疯病。三、因为智力不健全或宗教素养差而无法理财。四、破产。如果一个人被账债所缠绕，而他的资金又不足以还账，债权人向法官提出申请后，法官有权冻结他的财产。

伊本·阿拔斯说："'无知者'指你们的子

---
(5) 当然的、义务。——译者注
(6)《泰伯里经注》7：553。
(7)《泰伯里经注》7：553。
(8)《泰伯里经注》7：553。

女和妻室。"伊本·麦斯欧迪、哈桑、端哈克等人说:"'无知者'指妇女和儿童。"(1)赛尔德说:"'他们'指孤儿。"(2)穆佳黑德、艾克莱麦、格塔德等人说:"'他们'指妇女。"(3)

## 合理地赡养受限制的人

"不过你们却要用它来供给他们衣食,并对他们讲温和的话",伊本·阿拔斯说:"你不要将自己的财产和安拉赐给你的基本生活资料交给女人和小孩,看他们怎么处理,你应当亲自管理财产,并供给他们生活所需。"(4)

"对他们讲温和的话",穆佳黑德说:"你们应当善待他们,接恤他们。"

这段尊贵的经文要求善待家属和所供养的人,同时要求有节制地供养他们,对他们说善言,以优良的品行对待他们。

## 考验孤儿、在他们成人时将财产交还他们

"你们当考验孤儿",伊本·阿拔斯、穆佳黑德、哈桑、赛丁伊、穆尕提里·本·罕雅尼等人说:"你们当考验他们的智慧(5),'直到他们达到适婚的年龄。'"穆佳黑德说:"**适婚的年龄**'指出幼。"(6)大部分学者说,成年(出幼)体现在几方面:一、梦遗。即在梦后看到精液。安拉的使者㊗说:"梦遗之后不再是孤儿,不可以一天到晚地保持沉默。"(7)另一段圣训说:"三种人的行为不被记载(所以不受清算):出幼前的儿童,睡醒前的睡觉者和清醒前的疯病者。"(8)二、达到十五岁。学者们以伊本·欧麦尔的圣训为证。他说:"吾侯德之日十四岁的我请求穆圣㊗允许我(参战),先知没有允许。壕沟战役时我已经十五岁了,我便向使者请战,使者允许我参战。"欧麦尔·本·阿卜杜·阿齐兹听到这段圣训后说:"这是大人和小孩间的分界限。"(9)部分学者还以羞体周围出现阴毛为大人和小孩的分界,阿彤叶传述:"格磊作之役后,我们(被俘后)被带到穆圣㊗跟前,长羞毛的人被处死,没有长羞毛的人被释放。

我属于没有长羞毛的人,所以被释放了。"(10)

"如果那时你们发觉他们判断正确,就要把他们的财产交还给他们",伊本·朱白尔说,"**判断正确**"指宗教清廉、能够理财。伊本·阿拔斯、哈桑·巴士里等人的主张与此相同。(11)教法学家们说,孩子达到能够正常履行宗教和处理财务的年龄时,监护人应当解除对他们的限制,并以恰当方法将财产交还他们。

## 贫穷的监护人可以根据自己的工作程度享用孤儿的财产

"但不要在他们成长以前浪费或急速地吞没它。"安拉禁止在没有特殊需求的情况下吞食孤儿的财产。

"急速地",即在他们长大之前急忙吞食他们的财产。

"富有的监护人,应当安分守己",不需要孤儿财产的人,应当安分守己,不要动用它。

"贫穷的监护人,可以合理地食用",阿伊莎(愿主喜悦之)说:"下列经文是专为监护人降示的:'富有的监护人,应当安分守己;贫穷的监护人,可以合理地食用。'监护人可以根据自己的工作量食用孤儿财产。"(12)有人问安拉的使者㊗:"我没有财产,但管理着一位孤儿……"使者㊗说:"你可以不浪费、不过分、不侵占地食用孤儿的财产,但你不要用他的财产保护你的财产。(或你不要用他的财产赎你的财产。——传述者无法确定先知说了"保护"还是"赎"。)"(13)

"就要把他们的财产交还给他们",即他们出幼或智力健全时,应当把他们的财产交给他们。当你们把财产交给他们的时候,"**应当请人作证**"。安拉这样命令监护人,以免发生赖账或否认现象。

"**安拉足为清算者**",即无论监护人是公正地将财产原封不动交给了孤儿,还是弄虚作假了,安拉都是此中最佳的清算者、见证者和监督者。安拉的使者㊗说:"艾布·则尔啊!我认为你是个弱者,我怎么爱自己,就怎么爱护你,你断不可管理两个人,断不可管理孤儿的财产。"(14)

❀ **7.无论财产多寡,在父母和近亲的遗产当**

---

(1)《泰伯里经注》7:562。
(2)《泰伯里经注》7:563。
(3)《泰伯里经注》7:564。
(4)《泰伯里经注》7:570。
(5)《泰伯里经注》7:574。
(6)《泰伯里经注》7:575。
(7)《艾布·达乌德圣训集》3:293。
(8)《艾布·达乌德圣训集》4:558、559、560。
(9)《布哈里圣训实录》2664;《穆斯林圣训实录》1868。
(10)《艾哈麦德按序圣训集》4:310;《艾布·达乌德圣训集》4:561;《提尔密济圣训全集诠释》5:207《圣训大集》5:185;《伊本·马哲圣训集》2:849。
(11)《泰伯里经注》7:576。
(12)《泰伯里经注》7:593;《布哈里圣训实录诠释——造物主的启迪》8:89。
(13)《艾哈麦德按序圣训集》3:186。
(14)《穆斯林圣训实录》3:1458。

中，一部分是给男子的，一部分是给妇女的。（这是）法定的份额。

8.倘若在析产时有其他的亲属，或孤儿，或是穷人在场，你们要在遗产中提出一些给他们，并对他们说温和的言语。

9.倘若他们留下了弱小的后代时不放心的话，这等人，应当（也为别人的孤儿而）忧虑，应当敬畏安拉，并秉公说话。

10.那些不义地吞没孤儿财产的人，只是把火吞进自己肚腹中，他们将进入烈火。

## 安拉命令人们将财产留给后代 析产过程中给在场的非继承人分享遗产

赛尔德说，多神教徒们只让成年男子继承遗产，而不让妇女和儿童继承。后来安拉降谕道："**在父母和近亲的遗产当中，一部分是给男子的……**"即在安拉的法律中，人都是平等的，每个人都享有继承遗产的基本权利。虽然根据安拉的判定，他们与亡者的关系有亲疏之别。有些继承人与亡者是血亲关系，有些是夫妻关系，有些则是监护关系。伊斯兰认为和血统关系一样，监护关系也是一种亲属关系。贾比尔传述，乌姆·孔洁来到安拉的使者跟前说："安拉的使者啊！我有两个女儿，她俩的父亲已经归真了。她俩身无分文。"后来安拉降谕道："**在父母和近亲的遗产当中，一部分是给男子的……**"下面注释有关遗产的经文时，将解释这段圣训。安拉至知。

"**析产**"，有人说经文指当非继承人出现在分配遗产的场合时……

"**亲属，或孤儿**"即应该让他们分享一些遗产。[1]

布哈里传述："'倘若在析产时有其他的亲属，或孤儿，或是穷人在场。'这是定制，没有被革止。"[2] 伊本·阿拔斯说："这是必须遵循的定制。"[3] 穆佳黑德说，继承人应该心甘情愿地为亲属和孤儿履行义务。[4] 绍利由伊本·艾布·奈叶哈传述，穆佳黑德说："这是一种义务。"[5] 有人说这种馈赠取决于亡者的遗嘱。也有人说这是一段被革止的经文。伊本·阿拔斯等人说"**析产**"指分配遗产。按这种观点，经文大意是：当贫穷的非继承人、孤儿和赤贫者出现在分配巨额遗产的场合，看到继承人纷纷获取遗产时，难免产生羡慕之心，所

---
(1)《艾布·达乌德圣训集》3：314。
(2)《布哈里圣训实录诠释——造物主的启迪》8：90。
(3)《泰伯里经注》8：8。
(4)《泰伯里经注》8：8。
(5)《泰伯里经注》8：8。

以至仁至慈的安拉命令给他们赏赐一些价值适中的财产，作为一种善举和施舍，安慰他们。

## 公正立嘱

"**倘若他们留下了弱小的后代时不放心的话，这等人，应当（也为别人的孤儿而）忧虑。**"伊本·阿拔斯说："经文所说的是一位临终者，他将立下对继承人有害的遗嘱。安拉命令听到此事的人敬畏安拉，并引导他采取正确方法。安拉命人为继承人考虑。人们应该像对待自己的继承人那样，去对待别人的继承人，设身处地为他们考虑。"[6] 两圣训实录辑录，安拉的使者去探望赛尔德时，后者说："安拉的使者啊！我拥有一些财产，但我只有一个女儿，我可以将我的三分之二财产施舍出去吗？"使者说："不行。"他说："可以施舍一半吗？"使者又说："不行。"他说："可以施舍三分之一吗？"使者说："可以施舍三分之一，但三分之一也太多了。"使者接着说："对你而言，你留下富裕的继承人，比留下贫穷的、向别人伸手的

---
(6)《泰伯里经注》8：19、21。

继承人更好。”[1]

## 对侵吞孤儿财产者的警告

**“但不要在他们成长以前浪费或急速地吞没它。”**有人说这段经文的意思是：你们在处理孤儿的财产时，应当敬畏安拉。伊本·阿拔斯和哈桑都持此观点。[2]这种解释非常恰当，后文警告侵吞孤儿财产的经文将证明之。即监护别人孤儿的人，希望别人怎么对待自己的后人，就应该怎么对待别人的孤儿。须知，侵吞孤儿财产的人，只是将烈火吞进自己腹中。所以说：**“那些不义地吞没孤儿财产的人，只是把火吞进自己肚腹中，他们将进入烈火”**，即在今世中无故地侵吞孤儿财产的人，在末日必将把熊熊烈火吞进自己腹中。安拉的使者ﷺ说：“你们当远离七件毁人之物。”有人问：“安拉的使者啊！何谓七件毁人之物？”使者说：“它们是以物配主、魔术、无故杀人、吃利息、侵吞孤儿财产、临阵脱逃、诽谤不谙世事的贞洁信女。”[3]

**﴾11.安拉关于你们的子女而忠告你们，男性的一份等于女性的两份。如果他有两个以上的女儿，她们享有遗产的三分之二。如果只有一个女儿，她享有一半。如果他有一个儿子，他的父母每人应得六分之一。如果没有儿子，而父母继承了他，母亲享有三分之一。如果他有一些兄弟，在执行遗赠或偿还债务之后，母亲享有六分之一。你们不知道究竟是你们父亲还是你们的子女，谁对你们更加有益。这是来自安拉的定制。安拉是全知的，是明哲的。﴿**

## 遗产及学习继承学

这段尊贵的经文和它后面的经文以及本章结尾的经文，是继承学经文。继承学就是从这三部分经文以及相关的圣训中衍生的。让我们简单地了解一下有关这些经文的注释吧！鼓励学习继承学的经文很多。这些专门的经文，是继承学中最重要的部分。伊本·欧叶奈说：“继承学被称为‘知识的一半’，因为每个人都会因继承问题而经受考验。”

## 本段经文降示的原因

布哈里传述，贾比尔说：“安拉的使者ﷺ和艾布·伯克尔步行到赛莱迈族，来探望我，使者发现我昏迷不醒，便要水做了小净，然后将水洒在我身上，我醒来后说：‘安拉的使者啊！请指导我，我应该怎样支配我的财产？’后来安拉降谕道：**‘安拉关于你们的子女而忠告你们，男性的一份等于女性的两份……’**”[4]

（贾比尔所传述的另一段圣训）他说，赛尔德的女人来到安拉的使者ﷺ跟前，说“安拉的使者啊！这是赛尔德的两个女儿。她们的父亲随你参加吾侯德战役时以身殉教，她们的叔叔拿走了她们的全部财产，她们没有财产就无法结婚。”使者说：“安拉将对此作出判决。”安拉降示了有关遗产的经文后，安拉的使者ﷺ便派人到她们的叔叔跟前，对他说：“请给赛尔德的两个女儿分配（赛尔德的遗产的）三分之二，给她俩的母亲分配八分之一，其他的遗产属于你。”[5]显然，赛尔德的第一段圣训是本章的最后一段经文降示的原因，后文将论述之。因为贾比尔当时有几个姊妹，而没有女儿，他是以单身的身份被继承的。我们在此根据布哈里的传述，传述了他所讲的圣训。贾比尔所传的第二段圣训，更像本段经文的降示原因。安拉至知。

## 子女按份额继承遗产 男性的一份等于女性的两倍

**“安拉关于你们的子女而忠告你们，男性的一份等于女性的两份”**，即安拉命令你们公平对待继承者。蒙昧时代的人们，让男性继承亡人的一切遗产，而不让女性继承。所以，在此制定继承学的原理时，安拉命令公平对待他（她）们。安拉在两性间作了区别，规定男性的份额是女性的两倍，因为男人肩负着赡养家庭的职责，他们往往需要通过经商、劳动等方法去谋生。所以，他们的份额是女性份额的两倍。部分智者通过上述经文演绎出，安拉比父亲疼爱他的子女，更疼爱人类，譬如，安拉要求父母为子女立嘱。通过这一点可以看出，安拉比人类的父母更慈爱人类。圣训说，有位妇女在俘虏中间寻找她的孩子，她发现孩子后将他抱在胸前，给他喂奶。安拉的使者ﷺ看到这一幕后说：“你们认为她会把孩子投入火狱之中吗？”众圣门

（1）《布哈里圣训实录诠释——造物主的启迪》5：427。
（2）《泰伯里经注》8：23。
（3）《布哈里圣训实录诠释——造物主的启迪》5：462；《穆斯林圣训实录》1：92。
（4）《布哈里圣训实录诠释——造物主的启迪》1：118、8：91；《穆斯林圣训实录》3：1234、1235；《圣训大集》6：320；《艾布·达乌德圣训集》3：308；《提尔密济圣训全集诠释》8：268；《圣训大集》1：77；《伊本·马哲圣训集》2：911。
（5）《艾哈麦德按序圣训集》3：352；《艾布·达乌德圣训集》3：314；《提尔密济圣训全集诠释》6：267；《伊本·马哲圣训集》2：908。

弟子说:"安拉的使者啊!我们认为她不会那么做。"使者说:"安拉对被造物的疼爱,超过了这个女人对她的孩子的疼爱。"[1] 伊本·阿拔斯说:"孩子应得财产,父亲应该立嘱。后来安拉从中革止他意欲革止的部分。男性的一份等于女性的两份,父母各自(从遗产中)享有六分之一或三分之一,妻子享有八分之一或四分之一,丈夫享有一半或四分之一。"[2]

## 亡人只有女儿时,女儿的遗产

"如果他有两个以上的女儿,她们享有遗产的三分之二。"有人说经文中的"以上"是附加词,经文的意义是:如果继承人是两个女儿。正如安拉所言:❁ 然后你们在他们的颈项(以)上击打。❁(8:12)事实上这两处经文中的"以上"都不能被解释成没有意义的附加词,因为《古兰》中不存在没有意义的单词。所以这种解释不成立。

"**她们享有遗产的三分之二。**"倘若"以上"是附加词,经文肯定会说:"她俩享有遗产的三分之二。"两个女儿享有三分之二的断法,只是通过后文有关姊妹的遗产分配律例得知的,安拉在其中断定,两姊妹享有遗产的三分之二。如果两姊妹享有三分之二,那么两个女儿更应该享有三分之二了。上述贾比尔的圣训中提到,穆圣曾将赛尔德遗产的三分之二断给了他的两个女儿。所以,这一断法是由上述经文和圣训得来的。

"**如果只有一个女儿,她享有一半。**"倘若两个女儿享有遗产的一半,经文也必定会明确指出来。经文对一个女儿单独的判断证明,两个女儿包括在三个女儿的断法中。安拉至知。

## 父母亲的遗产

"**他的父母每人应得六分之一……**"有关父母继承亡人遗产的情况如下:一、父母和亡人的子女共同继承。父母各得六分之一,如果亡人只有一个女儿,女儿得一半,父母各得六分之一。父母因父系惯例(太尔隋卜)另外享有六分之一。在此情况下,父亲得到主命份额的同时,享有惯例上的份额;二、只有父母继承亡者。在此情况下,母亲享有三分之一,父亲则按照纯粹的"太尔隋卜"享有其余的全部遗产。此时,父亲的份额——三分之二——为母亲份额的两倍。如果除了父母外还有妻子或丈夫,则丈夫享有一半,妻子享有四分之一。妻子或丈夫的遗产得到分配后,母亲应获得其余的三分之一——从两方面来讲。因为对他俩(父母)

来说,其余的份额等于所有的遗产。安拉规定母亲享有父亲应享有的遗产的一半。在此情况下,母亲享有其余的三分之一,父亲享有三分之二。三、父母和兄弟共同继承。无论这些兄弟来自同一父母,还是来自父亲或母亲。来自(亡人)母亲的兄弟,不能和(亡人的)父亲同时享有遗产,但母亲的份额却因为他们的原因,由原来的三分之一转变成六分之一,即有异父同母的兄弟时,亡人的母亲应该享有遗产的六分之一。

如果除父母外没有其他继承人,父亲应获得其余的遗产。大部分学者根据上述律例指出,两兄弟如同众兄弟。

"**如果他有一些兄弟,在执行遗赠或偿还债务之后,母亲享有六分之一。**"格塔德说,他们(亡人的兄弟们)会对母亲的遗产份额造成影响,虽然他们不享有遗产。一个兄弟并不能限制(亡人的)母亲享有三分之一,但可以限制更多的份额。学者们认为"**一些兄弟**"限制他们的母亲享有三分之一的原因是,他们的婚姻和生活的负责人是他们的父亲,而不是母亲。这种观点非常恰当。

## 先偿还债务,后执行遗嘱

"**在执行遗赠或偿还债务之后。**"古今学者们一致认为,债务先于遗嘱。通过研究这段尊贵的经文,可以从其精神中领会这一点。

"**你们不知道究竟是你们的父亲还是你们的子女,谁对你们更加有益**",即我为父母和儿子规定了遗产份额,使他们公平地享有基本权益,避免了蒙昧主义的惯例和伊斯兰初期的律法——财产属于儿子,父母必须立嘱,正如伊本·阿拔斯所述,从而推陈出新,根据具体情况给每个人规定了明确的份额。因为人们不免得到今世或后世的福利,对他而言,或许父母带来的益处比子女带来的益处更大,或子女带来的益处更大,所以说:"**你们不知道究竟是你们父亲还是你们的子女,谁对你们更加有益**",即益处可能来自父母方面,也可能来自子女方面,人们通常盼望从这两方面得到益处。所以在遗产的基本律法中规定,他们双方享有平等的份额。安拉至知。

"**这是来自安拉的定制**",即上述详尽的析产律法,是安拉所判定的定制。

"**安拉是全知的,是明哲的**",即安拉恰如其分地安排万物,让每个人得到应得的份额。

❁ 12.如果你们的妻子没有儿子,你们享有她们遗留的一半。如果她们有一个儿子,在执行遗赠或

---
(1)《穆斯林圣训实录》4:2109。
(2)《布哈里圣训实录诠释——造物主的启迪》8:93。

偿还债务之后，你们享有她们遗留的四分之一。如果你们没有儿子，她们享有你们遗留的四分之一。如果你们有儿子，在执行遗赠或偿还债务之后，她们享有你们遗留的八分之一。如果被继承的男子是个单身，或是位女性，而只有一位兄弟或姐妹，他俩各得遗产的六分之一。如果他（她）们超过两人，在执行遗赠或偿还债务之后，他们共同享有三分之一，但不得有伤害行为。这是安拉的嘱咐。安拉是全知的，仁厚的。

### 夫妻的遗产

清高伟大的安拉说，男人们啊！如果你们的妻子没有留下孩子就归真了，你们则享有她们留下的一半遗产。如果她们留有孩子，你们在执行她们的遗嘱和偿还她们的债务后，享有她们留下的四分之一遗产。上文已述，应该首先还债，然后分配遗产。这是众学者所共识的。孙子、重孙子等直系后辈的断法如同儿子的断法。

"她们享有你们遗留的四分之一。"如果亡人有一至四妻，她们共享这四分之一。

"在执行遗赠或偿还债务之后。"前文已述。

### 单身的定义

"凯俩莱"（الكلالة）一词派生于"伊克利里"（الإكليل），原指王冠。这里指没有直系继承人，只有旁系继承人的人。有人向艾布·伯克尔请教凯俩莱，他说："我对此有自己的看法，如果判断对了，它来自安拉，如果我判断错了，它来自我和恶魔，安拉及其使者与此无关。'凯俩莱'指没有孩子和父亲的人。"欧麦尔执政期说，违背艾布·伯克尔的观点是我的耻辱。[1]

伊本·阿拔斯说，欧麦尔执政期，我是最年少的一位（政要或学者），我听他说："我的主张就是你的主张。"我反问道："我的主张是什么？"他说："凯俩莱是没有孩子和父母的人。"[2] 阿里、伊本·麦斯欧迪、伊本·阿拔斯等圣门弟子，舒尔宾、哈桑·巴士里、格塔德等再传弟子，麦地那学者、库法学者、巴士里学者、七大教法学家、四位著名伊玛目以及古今学者都持此观点。

### 同母异父兄弟的断法

"而只有一位兄弟或姐妹"，即来自同一个母亲的兄弟或姐妹——按照伊本·艾布·宛葛思等先贤的读法。艾布·伯克尔的认识与此相同。那么

"他俩各得遗产的六分之一。如果他（她）们超过两人，在执行遗赠或偿还债务之后，他们共同享有三分之一。"

同母异父的兄弟们，从几个方面和其他继承人不同：一、他们和他们有关的人——母亲一起继承遗产。二、他们中的男性和女性享有相同的遗产份额。三、他们的亡人必须是"单身的被继承者"，他们才有继承权。他们和（亡者的）父亲、爷爷、儿子或孙子不能共同继承。四、他们所得的遗产不得超过三分之一，即使他们是很多的男性和女性。

"在执行遗赠或偿还债务之后，他们共同享有三分之一，但不得有伤害行为。"必须秉公立嘱，不得有伤害、亏枉和偏袒行为。此中，薄此厚彼或超越安拉的法规都是非法的，为此处心积虑或四处奔走，无异于违抗安拉的判决或分配，穆圣说："安拉给每个有权益者给了他的权益，继承人无权享有（亡人给别人的）遗赠。"[3]

---

（1）《泰伯里经注》8：53。
（2）《泰伯里经注》8：55、56、57、59。

（3）《艾布·达乌德圣训集》2870；《圣训大集》3673；《伊本·马哲圣训集》2712、2713；《提尔密济圣训集》2121、2122。

◆ 13.那是安拉的法度。谁服从安拉和他的使者，安拉将使谁进入下临诸河的乐园，永居其中。这确实是伟大的成功。◆

◆ 14.谁违抗安拉及其使者，并逾越他的法度，安拉将使谁进入火狱，永居其中，他将遭受凌辱的惩罚。◆

### 警告禁止在析产时超越安拉的法度

安拉根据继承人与亡人的亲疏、需求和损失，为继承所制定的这些析产方法，"**是安拉的法度**"，你们不可超越它。所以说："**谁服从安拉和他的使者**"，即谁在遗产事务中服从安拉和他的使者，没有采取某种伎俩或办法薄此厚彼，而以安拉的判断、法律和分配为他们析产，那么，"**安拉将使谁进入下临诸河的乐园，永居其中。这确实是伟大的成功。谁违抗安拉及其使者，并逾越他的法度，安拉将使谁进入火狱，永居其中，他将遭受凌辱的惩罚。**"因为他违背了安拉的法规和裁决。这种行为出于对安拉的分配和裁决的不满，因此，将会遭受惨痛的凌辱之刑。

艾布·胡莱赖传述，安拉的使者㊗说："有人作善功七十年，但由于后来立下不公的遗嘱，他的工作将以罪恶为结局，因而进入火狱；有人作恶七十年，后来立下公正的遗嘱，他的工作将以善功为结局，因而进入乐园。"艾布·胡莱赖说："如果你们愿意，可以去读安拉的经文：'那是安拉的法度……他将遭受凌辱的惩罚。'"[1]

艾布·达乌德在其圣训集论述不公立嘱时说，艾布·胡莱赖传述，安拉的使者㊗说："一个男人或女人做下六十年的善功，但他们临终前却立下有害的遗嘱，所以他们必须进入火狱。"艾布·胡莱赖因此而读道："在执行遗赠或偿还债务之后，他们共同享有三分之一，但不得有伤害行为……**这确实是伟大的成功。**"[2]

◆ 15.倘若你们的妇女中有人犯了丑事，你们要让你们当中四个证人作证。假如他们作证了，你们就要把她们关在屋子里，直至死亡来临她们，或安拉为她们设一条出路。◆

◆ 16.倘若你们当中有两个男人犯了此事，你们就要处罚他俩。如果他俩忏悔自新，你们就原谅他俩。安拉是至赦的，是至慈的。◆

### 将淫妇拘禁在房中，及这一命令的被革止

伊斯兰初期，妇女的淫乱行为一经被证实，她要被拘禁到房中，至死都不允许出门。因此说："**倘若你们的妇女中有人犯了丑事，你们要让你们当中四个证人作证。假如他们作证了，你们就要把她们关在屋子里，直至死亡来临她们，或安拉为她们设一条出路。**"安拉所设的这条"出路"，革止了拘禁淫妇的断法。伊本·阿拔斯说："《光明章》降示之前，拘禁的断法一直执行着，后来安拉以鞭笞或石刑革止了它。"学者们一致认为，拘禁是被革止的。

艾哈麦德传述，安拉的使者㊗每每接到启示时，受到剧烈的影响，以致面色阴沉。一日使者接到启示，当影响消失后（或启示结束后），使者说："你们当向我学习。安拉为她们（淫妇）设了出路，已婚者和已婚者，未婚者和未婚者（的淫乱行为的断法是）已婚者鞭笞一百，并处以石刑（处死）；未婚者鞭笞一百，并驱逐一年。"[3]穆斯林等圣训学家，通过多方渠道传述，安拉的使者㊗说："你们当接受我的命令。安拉为她们（淫妇）

---

(1)《艾哈麦德按序圣训集》2：278。
(2)《艾布·达乌德圣训集》3：288；《提尔密济圣训全集诠释》6：304；《伊本·马哲圣训集》2：902。

(3)《艾哈麦德按序圣训集》5：317。

设了出路，未婚者和未婚者（的淫乱处罚是）鞭笞一百，驱逐一年。已婚者和已婚者须鞭笞一百，并处以石刑。"(1)

"倘若你们当中有两个男人犯了此事，你们就要处罚他俩"，即男人间发生淫乱时，你们当让他们尝试痛苦。伊本·阿拔斯、赛尔德·本·朱拜尔等人说："你们当通过谩骂、凌辱、鞋击让他们感到痛苦。(2)这一断法一直沿用着，后来安拉通过鞭笞和石刑革止了它。"穆佳黑德说："这段经文是为了两个做某事的男人降示的。"(3)他指鸡奸者。安拉至知。安拉的使者说："当你们看到有人做鲁特民族的事情(4)时，杀死行为者和受行为者。"(5)

"如果他俩忏悔自新"，即如果他们彻底悔过自新，"你们就原谅他俩"，即此后你们不要以丑话斥责他俩。因为悔过自新者，是无罪的。

"安拉是至赦的，是至慈的。"两圣训实录辑录："当你们的一个女奴发生淫乱时，你们应该根据法度鞭笞她，不得凌辱她"，即在对她执行处罚之后，不得因为她以前的淫乱行为侮辱她。(6)

❰17.安拉接受那些由于无知而作恶，并且在短期内悔改的人的忏悔。这等人，安拉将恕饶他们。安拉是全知的，明哲的。❱

❰18.对那些继续作恶，一直等到死亡降临他们中的一个人时，他才说"现在我忏悔了"的人，以及对那些以隐昧者身份死去的人来说，忏悔对他们是没用的。这等人，我已为他们准备了痛苦的刑罚。❱

## 临终的痰声之前所作的忏悔可蒙接受

清高伟大的安拉说，如果一个人无知地犯罪后立即忏悔，哪怕他在忏悔前几乎见到取命的天使（指临终前），安拉也会接受他的忏悔。穆佳黑德等人说："在悔过自新之前，错误或故意地违抗安拉的人，都是无知者。"(7)伊本·阿林传述，圣门弟子们说，仆人所犯的每一件罪恶，都是出于无知。(8)

格塔德传述，圣门弟子们一致认为，一切违主行为都是无知之举，无论这一行为出于故意，还是出于其他原因。(9)穆佳黑德说："每个违抗安拉的人，在作恶时都是无知的。"(10)伊本·阿拔斯说："作恶属于无知。"(11)

"并且在短期内悔改"，伊本·阿拔斯说："'短期'指看到取命的天使之前。"(12)端哈克说："'短期'指看到（取命）天使之前的时期。"(13)哈桑·巴士里说："'短期'指临终的痰声之前。"(14)艾克莱麦说："整个今世都是临近的。"(15)穆圣说："只要仆人的灵魂还没有到喉咙，安拉就会接受他的忏悔。"(16)

"这等人，安拉将恕饶他们。安拉是全知的，明哲的。"当作恶者看到取命的天使，对生活失去希望，灵魂在他的喉咙中发出咯咯声，气息到于会咽的时候，安拉不再接受他的忏悔，他已经是罪不可赦。

因此说："对那些继续作恶，一直等到死亡降临他们中的一个人时，他才说'现在我忏悔了'的人……"正如安拉所言：❰当他们看到我的惩罚时，他们说："我们归信独一的安拉。"❱（40：84）安拉还断定：当太阳从西方升起时，安拉不接受大地上的人们的忏悔。正如安拉所言：❰在你的主的一些迹象降临的那天，那以前没有归信或是虽归信而没有行善的人，他信仰也不会对他有益。❱（6：158）

"以及对那些以隐昧者身份死去的人来说，忏悔对他们是没用的。""隐昧者"在不信或多神崇拜的情况下死去时，他的后悔和忏悔对他没有作用，他即便拿来充满大地的赎金，也不会被安拉接受。伊本·阿拔斯、伊本·阿林、莱毕尔·本·艾奈斯说，这段经文是针对多神教徒而降示的。安拉的使者说："只要帷幔还没有降临，安拉就会接受仆人的忏悔，或会宽恕他。"有人问："何谓帷幔？"使者说："在以物配主的情况下死去。"(17)因此，安拉说："这等人，我已为他们准备了痛苦

---

（1）《穆斯林圣训实录》3：1316；《艾布·达乌德圣训集》4：570；《提尔密济圣训全集诠释》4：705；《圣训大集》4：270；《伊本·马哲圣训集》2：852。
（2）《泰伯里经注》8：85。
（3）《泰伯里经注》8：82。
（4）指同性间发生性行为。——译者注
（5）《艾布·达乌德圣训集》4：607；《提尔密济圣训全集诠释》5：21；《圣训大集》4：322；《伊本·马哲圣训集》2：856。
（6）《布哈里圣训实录诠释——造物主的启迪》4：491；《穆斯林圣训实录》3：1338。
（7）《泰伯里经注》8：89。
（8）《泰伯里经注》8：89。
（9）《阿卜杜·兰扎格经注》1：151。
（10）《泰伯里经注》8：90。
（11）《泰伯里经注》8：90。
（12）《泰伯里经注》8：94。
（13）《泰伯里经注》8：94。
（14）《泰伯里经注》8：96。
（15）《泰伯里经注》8：94。
（16）《艾哈麦德按序圣训集》2：132；《提尔密济圣训全集诠释》9：521；《伊本·马哲圣训集》2：1420。
（17）《艾哈麦德按序圣训集》5：174。

的刑罚",即惨痛的、重大的、永恒的惩罚。

◈ 19.有正信的人们啊!你们不得强制性地继承妇女,你们也不得刁难她们,以便你们收回一部分你们已经给了她们的财产。除非她们带来明显的丑事。你们当和睦地跟她们生活。如果你们厌恶她们,也许你们不喜欢某一事物,而安拉却在其中设置了许多好处。◈

◈ 20.倘若你们决定娶一位妻子来代替另一位,即使你们已经把无数的黄金给了她们当中的一位(作为聘金),你们也不能拿回一丁点。难道你们要以污蔑和明确的亏枉取回它吗?◈

◈ 21.你们怎么取回它呢,你们曾经互相交接,还和她们订立了庄严的誓约?◈

◈ 22.你们不要和你们父亲娶过的妇女结婚,除非以前的。这是丑恶和可恨的,这种方法真恶劣!◈

### 什么是"强制性地继承妇女"

布哈里由伊本·阿拔斯传述:"有正信的人们啊!你们不得强制性地继承妇女……"他说:"当时一个人亡故后,他的监护人最有权处理亡者之妻的事情。他们可以和她结婚,可以将她嫁人,也可以不让她结婚,他们甚至比她的家人对她更有权利。"后来安拉降谕道:"有正信的人们啊!你们不得强制性地继承妇女。"(1)

### 禁止伤害妇女

"你们也不得刁难她们,以便你们收回一部分你们已经给了她们的财产",即你们不要在生活中伤害她们,以便她们为你们留下你们送给她们的全部或一部分聘礼,或放弃她们在你们那里应该享有的权益,或被迫无奈地放弃某一些利益。

"除非她们带来明显的丑事。"伊本·麦斯欧迪、伊本·阿拔斯、赛尔德·本·穆散耶卜、端哈克、哈桑、格塔德、穆罕默德·本·西林、艾克莱麦、赛尔德·本·朱拜尔、赛丁伊、哈桑·巴士里、穆佳黑德、栽德·本·艾斯莱姆等人认为,"丑事"指奸淫。即当她们身上出现这种行为时,你可以索回曾送给她们的聘礼,也可以迫使她们将它留给你,然后和她们分手。(2)正如《黄牛章》所述:◈你们拿回曾交给她们的聘礼是非法的,除非他俩害怕他俩不遵守安拉的法度。◈(2:229)伊本·阿拔斯、艾克莱麦等人说,"明显的丑事"指凶悍和

违抗。(3)伊本·朱莱杰认为它包括奸淫、违抗、凶悍、语言下流等方面。即这一切原因,都可以致使男人迫使女人放弃她的全部或部分权益,并和她分手。这种观点非常好。安拉至知。

### 与妻室和睦相处

"你们当和睦地跟她们生活",即你们当尽力在她们面前说优美的话,做优美的事,表现出优美的样子。你们喜欢她们怎么对待你们,就应该以同样的方法对待她们。正如安拉所言:◈她们和他们有相同的权利。◈(2:228)安拉的使者☮说:"你们中最好的人是对家属最好的人,我是你们中对家属最好的人。"(4)穆圣☮品格优美,平易近人,常带微笑。他在家中与妻室嬉戏,和蔼可亲,慷慨大方,谈笑风生。甚至和阿伊莎(愿主喜悦之)比赛跑步,以此表示对她的亲爱,阿伊莎说:"我发胖之前和安拉的使者☮赛跑时,超过了使者,发胖后使者又超过了我。先知说:'这算扯平了。'"(5)每天夜晚,圣妻们聚集在先知过夜的房

---

(1)《布哈里圣训实录诠释——造物主的启迪》8:93。
(2)《泰伯里经注》8:115、116、117。
(3)《泰伯里经注》8:117。
(4)《提尔密济圣训全集诠释》10:394。
(5)《艾布·达乌德圣训集》3:66。

中，有时他还和她们一起吃晚饭，然后每个妻子都回到各自的房间，他和与之过夜的妻子同被而睡，他将大衣脱掉，穿着裤子睡觉。他礼完宵礼就回到家中，在睡觉前和妻室们谈一会话，以此相互慰借。清高伟大的安拉说：❧安拉的先知就是你们优异的榜样。❧（33：21）

"如果你们厌恶她们，也许你们不喜欢某一事物，而安拉却在其中设置了许多好处。"如果你们能克制对她们的不满之情而挽留她们，你们也许会因此而在今世和后世获得许多福利。正如伊本·阿拔斯对这段经文的理解，他认为丈夫若关爱妻子，安拉或许通过她给他赐一个孩子，这个孩子将给他们带来幸福，圣训说："信士不可憎恶信女，如果他不喜欢她的一方面，必然会喜欢另一方面。"[1]

## 禁止索回聘礼

"倘若你们决定娶一位妻子来代替另一位，即使你们已经把无数的黄金给了她们当中的一位（作为聘金），你们也不能拿回一丁点。难道你们要以污蔑和明确的亏枉取回它吗？"即倘若你们中有人打算与妻子离婚，然后另娶一妻，他断不可收回送给前妻的任何财产，即便曾送给她无数的财宝。我们已在《仪姆兰的家属章》中解释了"无数的黄金"，此处不再赘述。这段经文证明，可以将巨额财产当作聘礼送给妻子。欧麦尔曾禁止赠送巨额聘金，但后来又改正了观点。艾布·乌志法传述，我听欧麦尔（愿主喜悦之）说："须知，你们不要赠送巨额聘金，如果这在今世中算一种高贵行为，或能表现对安拉的敬畏，那么穆圣一定更应该这样做。但使者没有给他的任何一位妻子送过十二个欧基叶[2]以上的聘礼，别人也没有给使者的女儿送过比此更多的聘礼。人往往因妻室的聘金而受到考验，甚至因此怨恨妻室。他甚至可能会说：'我被你整得够呛[3]。'"[4]

麦斯鲁格传述，欧麦尔（愿主喜悦之）登上安拉使者的讲台讲道："人们啊！你们怎么给妻室赠送巨额聘金呢？安拉的使者及其弟子们所送的聘金约为四百迪尔汗，或更少一些。倘若超越这一限度是敬畏安拉或获得尊严的表现，那么你们是不会超越他们的。我绝不认可超过四百迪尔汗的聘礼。"欧麦尔从讲台上下来后，有位古莱什妇女提出异议，说道："信士的长官啊！你禁止人们给妻室赠送超过四百迪尔汗的聘金吗？"欧麦尔说："是的。"她说："难道你未曾听过安拉的经文'即使你们已经把无数的黄金给了她们当中的一位'吗？"欧麦尔听后说："主啊！请宽恕我吧！人人都比欧麦尔更有知识。"他返回讲台讲道："我刚才禁止你们给妇女赠送超过四百迪尔汗的聘金，但从现在开始谁愿意送多少就送多少吧！"艾布·叶尔俩说："我好像听到他说：'只要他心甘情愿，愿意怎么做就怎么做吧！'"[5]

"你们怎么取回它呢，你们曾经互相交接"，即你们怎能从妇女那里收回聘礼呢，的确你们曾和她们交接，她们曾和你们交接。伊本·阿拔斯、穆佳黑德、赛丁伊等学者认为"**交接**"指房事。[6] 两圣训实录辑录，安拉的使者曾对相互发誓的两夫妻说："安拉知道你们中的一人是撒谎的。你俩中谁愿意忏悔？"使者说了三次后，男人说："安拉的使者啊！我的财产怎么处理？"[7] 即如何处理我曾经送给她的聘礼？使者说："那些财产已经不属于你。如果你的指控属实，则它就是你合法与她过性生活的前提，如果你故意制造冤案，那问题就更不用说了。"所以说："你们怎么取回它呢，你们曾经互相交接。"

"还和她们订立了庄严的誓约？"伊本·阿拔斯、穆佳黑德、赛尔德·本·朱拜尔等人说，"**庄严的誓约**"指婚约。[8] 安拉的使者在辞朝演说中说："你们当善待妇女，你们通过安拉的信托拥有了她们，通过安拉的言辞合法地享用他们的羞体。"[9]

## 禁止儿子和父亲的妻子结婚，以及违背者的断法

"你们不要和你们父亲娶过的妇女结婚。"安拉将父亲的妻子列入儿子的（不能通婚的）近亲，以便尊重父亲，以免后人践踏父辈的尊严。甚至学者们公认：父亲一旦和某位妇女缔结婚约，儿子就不能和她结婚。

伊本·阿拔斯说："一般来说，蒙昧时代的人们（在婚姻方面）禁止安拉所禁止的，他们惟独不认为和父亲的妻子结婚或同时拥有两姐妹是非法的。安拉因此降谕道：'（安拉禁止你们）同时拥有两姐妹'。"[10]

---

(1)《穆斯林圣训实录》1：1091。
(2) 一个欧基叶等于四十个银币。——译者注
(3) 意为承担的负担太重、太复杂。——译者注
(4)《艾哈麦德按序圣训集》1：40。
(5)《艾布·达乌德圣训集》2：582；《提尔密济圣训全集诠释》4：255；《圣训大集》6：117；《伊本·马哲圣训集》1：601。
(6)《泰伯里经注》8：126。
(7)《布哈里圣训实录诠释——造物主的启迪》9：366；《穆斯林圣训实录》2：1131。
(8)《泰伯里经注》8：129。
(9)《穆斯林圣训实录》2：889。
(10)《泰伯里经注》8：132、133、134。

伊斯兰民族认为，这是最可耻的行为。所以后文说："**这是丑恶和可恨的，这种方法真恶劣！**"安拉说："你们不要接近罪行，无论它是公开的或是秘密的。"（6：151）并说："你们也不要接近奸淫，它的确是可耻的。这种行径真恶劣啊！"（17：32）本章的这段经文（4：22）中又增加了"可恨"一词，即内心极大的愤慨，导致和父亲的妻子结婚后儿子愤恨他的父亲。因为男人们通常不会喜欢妻子的前夫。因此，（婚姻方面）信士们的母亲对伊斯兰民族是非法的，因为她们是先知的妻子，而先知如同民族的父亲，甚至学者们一致认为，穆圣☆对民族的恩情超过了父亲的恩情，这个民族对穆圣☆的爱应该超越对任何人的爱。

阿塔认为"**可恨**"指安拉的恼怒。"**这种方法真恶劣**"指走这条路的人的行为真卑鄙！谁在此中迷不知返，谁就背叛了伊斯兰，应该被处以死刑，财产应该被充公。伊本·阿兹或伊本·欧麦尔传述，安拉的使者☆派他去处死一个人，并没收其财产，因为他和他的父亲的女人结了婚。[1]

**23.禁止你们（结婚）的是：你们的母亲、女儿、姊妹、姑妈、姨母、侄女、外甥女、乳母、同乳姐妹、岳母，以及在你们监护下的、跟你们已经同房的妻子所生的女儿（继女），如果你们没有和她们同房，（娶她们的女儿）对你们是无罪的，和你们亲生儿子的妻室们，以及同时和两姐妹结婚，除非以前的。安拉是至恕的、至慈的。**

**24.同时（禁止娶的是）有夫之妇，那些你们所管辖的（女俘）不算在内。这是安拉对你们的规定。其他妇女，你们可以用你们的财物，纯洁地、不私通地去追求她们。你们所享有的妇女，你们要付给她们应得的聘金。聘金议定之后，你们双方同意做的事，对你们是无罪的。安拉是全知的，明哲的。**

### 永远不能通婚的女人和暂时不能通婚的女人

这段尊贵的经文禁止和有血亲、乳亲和姻亲的妇女通婚。伊本·阿拔斯说："七种血亲妇女和七种姻亲妇女，不能和你们通婚。"他读道："**禁止你们（结婚）的是：你们的母亲、女儿、姊妹……**"[2]泰伯里也传述，伊本·阿拔斯说："有七种血亲关系的妇女，七种姻亲关系的妇女是非法的。"他还读道："**禁止你们（结婚）的是：你们**

的母亲、女儿、姊妹、姑妈、姨母、侄女、外甥女。"[3]这些属于血亲。

"**乳母、同乳姐妹**"，即禁止你们和亲生母亲通婚的同时，还禁止你们和乳母通婚。两圣训实录辑录，安拉的使者☆说："哺乳产生的禁戒如同生养产生的禁戒。"《穆斯林圣训实录》还说："哺乳产生的禁戒，如同血亲产生的禁戒。"[4]

### 多少次或多长时间的哺乳能在乳母和乳子之间产生近亲关系

少于五次的哺乳不在他（她）们间产生近亲关系。阿伊莎（愿主喜悦之）说："《古兰》中曾降示：明确的十次哺乳能（在乳母和乳子间）产生近亲关系。后来五次哺乳的法规革止了那段经文。安拉的使者☆归真时，我们坚持第二种法规。"[5]赛海里传述的圣训说，安拉的使者☆曾命她给撒林喂乳五次。[6]

---

（1）《艾哈麦德按序圣训集》4：290；《艾布·达乌德圣训集》4：609；《提尔密济圣训全集诠释》4：598；《圣训大集》4：296；《伊本·马哲圣训集》2：869。
（2）《泰伯里经注》8：142。

（3）《泰伯里经注》8：141。
（4）《布哈里圣训实录诠释——造物主的启迪》9：43；《穆斯林圣训实录》2：1068。
（5）《穆斯林圣训实录》2：1075。
（6）《艾布·达乌德圣训集》2：550。

应该知道，哺乳指两岁之内，两岁以上不属于（教法认可的）哺乳。我们已在注释《黄牛章》（2：233）经文"如果父亲愿意母亲完成喂乳，母亲们应该喂她们的孩子整两年的乳"时，介绍了这一问题。

## 禁止和岳母或继女结婚

"岳母，以及在你们监护下的、跟你们已经同房的妻子所生的女儿（继女），如果你们没有和她们同房，（娶她们的女儿）对你们是无罪的。"男子一经和某位妇女缔结婚约，就不能和她的母亲通婚，无论他是否和她同过房。但他和已经缔结婚约的未婚妻同房之前，他的继女（即未婚妻的女儿）和他不属于近亲关系，在这种情况下，如果他休了她的母亲，就可以和她结婚。所以说："在你们监护下的跟你们已经同房的妻子所生的女儿（继女），如果你们没有和她们同房，对你们是无罪的"，即你们和她们结婚是无罪的。经文专指继女。

## 继女无论是否在继父的监护之下，都不能和他结婚

"在你们监护下的跟你们已经同房的妻子所生的女儿（继女）"，大部分学者认为继女无论是否在继父的监护之下，都不能和他结婚。他们说，这种呼吁（在你们的监护下）表达的是一般现象，所以它本身没有意义。如：❨当你们的女奴们决意守贞时，你们不要为了获得今世的财物，而强迫她们淫乱。❩（24：33）[1]两圣训实录辑录，（圣妻）乌姆·哈比拜说："安拉的使者啊！请你和艾布·苏富扬的女儿欧宰结婚吧！"使者问："你乐意吗？"她说："我乐意，既然我无法成为你惟一的女人，那我最喜欢和我一起享受幸福的就是我妹妹了。"使者说："但这对我是非法的。"她说："我们听人说你想和艾布·赛莱迈的女儿结婚。"使者说："是乌姆·赛莱迈[2]的女儿吗？"她说："是的。"使者说："她就算不是在我监护之下的继女，也不能和我结婚，她是我同乳兄弟的女儿，苏沃白曾给我和艾布·赛莱迈一起哺乳。你们千万不要给我介绍你们的女儿和姐妹。"[3]另一传述，使者说："即使我没有和乌姆·赛莱迈结婚，她的女儿对我也不合法。"[4]圣训认为，先知和乌姆·赛莱迈的婚姻，在他和她的女儿之间产生了亲近关系，所以他们不能结婚。

## 同房的意义

"你们已经同房的妻子"，即你们和她们结了婚。[5]伊本·阿拔斯等学者认为，"同房"指女方被送到男方家，他在她面前脱衣后和她发生性关系。有人问："请问，如果他在女方家和她发生了性关系，是否属于同房？"阿塔回答说："那是一样的，在此情况下，他和她的女儿之间已经有了近亲关系。"[6]

## 禁止和亲生儿子有过结婚关系的女人结婚，但可以和义子的前妻结婚

"和你们亲生儿子的妻室们"，即经文禁止你们和亲生儿子的前妻通婚。那些在蒙昧时代你们曾收养的义子，若休了他们的妻子，你们可以与他们所休的女人结婚。正如安拉所言：❨当栽德从她那里实现愿望时，我使她与你结合，以便归信者的义子们和妻子解除婚约之后，归信者与她们之间不再有障碍。❩（33：37）阿塔（安拉至知）说："我们听说穆圣㊀和栽德的前妻结婚后，麦加的多神教徒们对此议论纷纷，后来安拉降谕道：'和你们亲生儿子的妻室们。'❨他也不曾使你们的义子成为你们的儿子。❩（33：4）❨穆罕默德不是你们任何男人的父亲。❩（33：40）"[7]伊本·穆罕默德说："这些经文都是泛指经文：'你们亲生儿子的妻室们'、'你们的岳母。'"泛指的意义是包括同过房的和没有同过房的女人，男人一旦和她们缔结了婚约，就和她们的女儿产生了近亲关系。这是学者们所共识的。

## 疑问及其解答

或许有人会问：乳兄弟的女儿不是亲生女儿，大部分学者为何认为她属于近亲，甚至有人说这一断法是民族的公决？

答案是穆圣㊀的圣训："哺乳产生的禁戒，如同血亲产生的禁戒。"[8]

---

（1）经文的意思是："无论如何，你们都不得强迫妇女去卖淫。"——译者注
（2）乌姆·赛莱迈是圣妻，她的前夫叫艾布·赛莱迈。——译者注
（3）《布哈里圣训实录诠释——造物主的启迪》9：64；《穆斯林圣训实录》2：1073。
（4）《布哈里圣训实录诠释——造物主的启迪》9：62。
（5）《泰伯里经注》8：148。
（6）《泰伯里经注》8：148。
（7）《泰伯里经注》8：149。
（8）《穆斯林圣训实录》2：1072。

## 禁止同时以姐妹为妻

**“以及同时和两姐妹结婚，除非以前的”**，即你们不能同时和两姐妹保持婚姻关系。管辖之下的女人(1)也是如此。但我原谅了你们在蒙昧时代的这种行为。经文指既往不咎，下不为例。圣门弟子、再传弟子和古今伊玛目们一致认为，同时和两姐妹保持婚姻关系是非法的。倘若一个人加入伊斯兰后他的两个妻子是两姐妹，那么他必须留下其中一位，与另一位解除婚姻关系。端哈克·本·费鲁兹传述，他的父亲说：“我归信伊斯兰时，我的两位妻子是两姐妹，穆圣ﷺ命我休掉其中一人。”(2)

## 除女俘外，不能和有夫之妇结婚

**“同时（禁止娶的是）有夫之妇，那些你们所管辖的（女俘）不算在内”**，即你们不能和有夫之妇结婚。**“那些你们所管辖的（女俘）不算在内”**，即你们可以和清过宫以后的女俘通婚。(3)因为这节经文就是为阐明女俘的问题而降示的。艾布·赛尔德传述：“我们在奥踏斯俘获了一些有夫之妇，我们因此（她们有丈夫）而不愿意和她们结婚。我们向使者请教了这一问题后，安拉降谕道：**‘同时（禁止娶的是）有夫之妇，那些你们所管辖的（女俘）不算在内。’**后来我们便和她们结了婚。”(4)

**“这是安拉对你们的规定”**，即这一禁令是安拉的定制，所以你们当遵守它，不可违背。

## 可以和上述妇女之外的妇女结婚

**“其他妇女，你们可以用你们的财物，纯洁地、不私通地去追求她们”**，即除上述妇女外，你们可以和任何妇女结婚。这是阿塔等人的观点。

**“你们可以用你们的财物，纯洁地、不私通地去追求她们”**，即你们可以用你们的财产追求一至四妻，或以合法渠道追求你们喜欢的女奴。因此说：**“纯洁地、不私通地。”**

**“你们所享有的妇女，你们要付给她们应得的聘金”**，即你们享有她们的时候，应当给她们赠送聘金作为补偿。正如安拉所言：《你们怎么取回它呢，你们曾经互相交接。》（4：21）《你们要给妇女聘金，作为礼物。倘若她们自愿退还任何部分（的聘金），那么，你们可以舒心、畅快地享用。》（4：4）《你们拿回曾交给她们的聘礼是非法的。》（2：229）

## 禁止临时婚姻

伊本·阿拔斯、吾班叶·本·凯尔卜、赛尔德·本·朱拜尔、赛丁伊读道：“你们享受至明确期限的女人，当给她们赠送规定的聘金。”(5)穆佳黑德说：“这是有关临时婚姻的一段启示。”(6)禁止临时婚姻的证据是两圣训实录辑录的圣训：信士的长官阿里所传述：“安拉的使者ﷺ在海巴尔之日禁止了临时婚姻和家驴的肉。”(7)

麦尔拜德传自他的父亲——他曾和安拉的使者ﷺ一起参加了解放麦加之役，期间——使者说：“人们啊！我曾允许你们享受妇女（临时婚姻），安拉现已将它定为永恒的非法，直到末日。谁还有这样的妻子，谁就应该立即解除婚姻，但不可收回送给她们的任何东西。”(8)

**“聘金议定之后，你们双方同意做的事，对你们是无罪的”**经文意思和下列经文相同：《你们要给妇女聘金。》（4：4）即如果你决定了赠送的聘礼之后，她若免掉其中的一部分或全部，那么你可以使用它，这对你们双方都没有罪责。哈达拉米认为意思是：“有些人议定聘礼后遇到了困难，经文针对这种情况说：‘人们啊！聘礼一经议定，如果你们双方情愿，全免或半免，都是无罪的。’”即女方可以不向男方索要应送的聘礼。(9)

经文阐明上述禁令后，恰如其分地提到安拉的两大属性：**“安拉是全知的，明哲的。”**

**《25.如果你们中有人无力娶纯洁的有正信的妇女，就让他们娶你们所管辖的有正信的女子，安拉至知你们的信仰，你们的部分来自另一部分。你们要在得到她们的监护人的许可后和她们结婚，并且要合理地送给她们聘礼。她们必须是贞洁的，不是淫荡的，也不是有情人的。当她们成婚之后，如果她们带来丑行，她们所受的惩罚是自由妇女的一半。这是为了你们当中恐怕犯罪的人而定的。忍耐对于你们是更好的。安拉是至恕的、至慈的。》**

（1）指女奴和女俘。——译者注
（2）《艾哈麦德按序圣训集》4：232。
（3）《泰伯里经注》8：172。
（4）《艾哈麦德按序圣训集》3：72；《提尔密济圣训全集诠释》4：282；《圣训大集》3：308；《泰伯里经注》8：153；《穆斯林圣训实录》2：1080。
（5）《泰伯里经注》8：176、177、178。
（6）《泰伯里经注》8：176。
（7）《布哈里圣训实录诠释——造物主的启迪》9：590；《穆斯林圣训实录》2：1027。
（8）《穆斯林圣训实录》2：1025。
（9）《泰伯里经注》8：180。

## 没有能力和自由妇女结婚的人，可以和女奴结婚

"如果你们中有人无力娶纯洁的有正信的妇女，就让他们娶你们所管辖的有正信的女子。"安拉说如果你们中有人没有能力和自由的纯洁穆斯林妇女结婚，他可以和穆斯林管辖之下的穆斯林女奴结婚。

"安拉至知你们的信仰，你们的部分来自另一部分。"安拉知道一切事情的本质和奥秘，人们仅仅知道事情的表面现象。

"你们要在得到她们的监护人的许可后和她们结婚"，指出主人是女奴的监护人。奴隶无论男女，他（她）们的婚姻必须得到监护人同意。圣训说："不经主人的许可而结婚的任何奴隶，都是私通者。"(1) 如果女奴的主人是位妇女，则由这位妇女的监护人在其授权之下出嫁女奴。圣训说："女人不能出嫁女人，所谓淫妇是出嫁自己的女人。"(2)

"并且要合理地送给她们聘礼"，即你们应当合理地、心甘情愿地送给她们聘金，不要因为她们是受人管辖的奴隶而轻视她们，而对她们的权益有所减免。

"贞洁的"，即不是淫乱的。

"不是淫荡的"，指她们不允许别人放荡地对待她们。

"也不是有情人的。"伊本·阿拔斯说，"淫荡的"指娼妇，她们不拒绝别人的性侵犯；"情人"指暗中勾结的奸夫。(3) 艾布·胡莱赖、穆佳黑德等人都有类似主张。(4)

## 女奴犯奸淫罪时应当遭受自由女的惩罚的一半

"当她们成婚之后，如果她们带来丑行，她们所受的惩罚是自由妇女的一半。"这里的"成婚"指结婚。经文的脉络可以证明这一点，上文说："如果你们中有人无力娶纯洁的有正信的妇女……"安拉至知。伊本·阿拔斯等学者都是这样解释这节经文的。(5)

"她们所受的惩罚是自由妇女的一半。"经文暗示的是鞭刑，而非石刑。因为鞭刑可分为五十鞭，而石刑则不然。安拉至知。

"这是为了你们当中恐怕犯罪的人而定的。"如果一个人担心自己无法克制性欲而触犯教法，伊斯兰允许他以上述条件和女奴结婚。但如果他能克制性欲，不致于犯淫时，最好不要和女奴结婚，因为女奴所生的孩子是她的主人的奴隶，所以说："忍耐对于你们是更好的。安拉是至恕的、至慈的。"

⟪ 26.安拉意欲为你们阐明，并引导你们认识先民的常道，同时恕饶你们，安拉是全知的，明哲的。⟫

⟪ 27.安拉欲恕饶你们，但是那些追随私欲的人，却希望你们走向严重的歧途。⟫

⟪ 28.安拉欲给你们减负。人被造成了懦弱的。⟫

信士们啊！安拉欲为你们阐明《古兰》中的合法与非法"并引导你们认识先民的常道"，即认识他们的可嘉的方法，遵循安拉为他们制定的安拉所喜爱的法律，"同时恕饶你们"，即你们的罪恶。

"安拉是全知的，明哲的"，即安拉的法律、判定和言行都是精确无误的。

"但是那些追随私欲的人，却希望你们走向严重的歧途。"企图跟随恶魔步伐的犹太教徒、基督

---

(1)《艾布·达乌德圣训集》2：563。
(2)《伊本·马哲圣训集》1：606。
(3)《泰伯里经注》8：193。
(4)《泰伯里经注》8：194。
(5)《泰伯里经注》8：202。

教徒和作奸犯科者们，希望你们（信士们）远离真理，走向谬误。

"安拉欲给你们减负"，即安拉欲在法律法规、命令禁止中减轻你们的负担。因此，他有条件地允许你们和女奴结婚。正如穆佳黑德等学者所说。(1)

"人被造成了懦弱的。"所以，心理和意志脆弱的人类，得到减轻是理所当然的。塔吾斯认为经文的意思是"人在妇女方面是懦弱的"。沃凯尔说："男人们容易在女人面前失去理智。"(2)

❀ 29.有正信的人们啊！你们不要在你们中虚伪地吃别人的财产，除非是互相同意的贸易，也不要自相残杀。安拉确实是怜恤你们的。❀

❀ 30.谁过分、不义地这样做，我就让谁进入火狱。这对安拉是容易的。❀

❀ 31.如果你们远离你们所受禁的大罪，我就恕饶你们的一些罪过，并且准许你们进入优美的处所。❀

### 禁止非法的谋生手段

清高伟大的安拉禁止信士互相用利息、赌博等非法手段谋取财产，也不允许以看似合法的非法手段和投机取巧的伎俩侵占他人财物，伊本·阿拔斯传述："甲从乙手中买了一件衣服后说：'如果我喜欢，我就拿走它，否则，我就退回衣服，补一块钱(3)。'这也包括在安拉所说的'非法地侵吞别人的财产'之中。"

伊本·阿拔斯说："**有正信的人们啊！你们不要在你们中虚伪地吃别人的财产**"降示后，穆斯林说："安拉禁止我们非法地吃我们之间的财产，食品是我们最尊贵的财产，所以任何人都不能吃别人的财产，即我们应该怎么处理类似问题？"(4)后来安拉降谕道：❀ 瞎子是无可责备的。❀（48：17）

"除非是互相同意的贸易"。"贸易"一词在阿语中可以主格或宾格诵读，属于完全除外句，意思是：你们不能以非法的手段赚钱谋生，但你们可以经营双方所情愿的生意，因为它是合法的谋生方法。类似用法的经文如：❀ 除非依据权力，你们不可杀害安拉禁止侵犯的生命。❀（6：151）❀ 除了第一次死亡之外，他们在那里不再死亡。❀（44：56）

---

(1)《泰伯里经注》8：215。
(2)《泰伯里经注》8：216。
(3) 指退货者付一些钱，以便退货。——译者注
(4)《泰伯里经注》8：217。

穆佳黑德说，"除非是互相同意的贸易"指自愿的买卖或馈赠。(5)

### 双方同意的买卖在交易点是自由的

贸易上的双方同意，主要表现于落实在交易点的买卖完全是自由的（可以退换），两圣训实录辑录，安拉的使者☪说："在没有分手之前，买卖双方是自由的。"(6)布哈里辑录："只要两个人完成交易后还没有分手，他们都是自由的。"(7)

### 禁止谋杀和自杀

"也不要自相残杀"，即你们不要触犯法律，违抗安拉，侵吞他人财物，从而自相残杀。

"安拉确实是怜恤你们的"，即在安拉的令行禁止中，充满了安拉对你们的慈爱。

阿慕尔·本·阿斯传述，安拉的使者☪在锁链之年（即锁链之役那年）派我出去执行任务，后来我在一个天寒地冻的夜晚梦遗了，我担心洗大净会伤及身体，便作了代净，并带领战友们礼了晨礼，我见到使者后讲了这一情况，使者☪说："阿慕尔啊！你无大净的情况下带领战友们礼拜吗？"我说："安拉的使者啊！当时我在一个严寒的夜晚梦遗了，我怕洗大净对我带来伤害，我想起安拉说过：'**不要自相残杀，安拉确实是怜恤你们的。**'所以我作代净礼了拜。"使者听后笑而不答。(8)

伊本·麦尔德威里在注释这节经文时援引了艾布·胡莱赖所传述的一段圣训：安拉的使者☪说："谁用铁器自杀，在末日，他在火狱中手握铁器，不停地戳自己的腹部，永远如此；谁饮毒自尽，在末日，他在火狱中手握毒品，不停地饮毒，永远如此；谁跳崖自杀，在末日，他在火狱中不停地跳崖，永远如此。"(9)

安拉的使者☪说："谁用什么东西自杀，在末日（安拉）就用什么东西惩罚他。"(10)

所以说，"**谁过分、不义地这样做**"，即谁明知故犯，知法犯法，肆意妄为，"**我就让谁进入火狱**"，这是最严厉的警告。所以有智有心者，应当高度重视，严加防范。

---

(5)《泰伯里经注》8：221。
(6)《布哈里圣训实录诠释——造物主的启迪》4：385；《穆斯林圣训实录》3：1163。
(7)《布哈里圣训实录诠释——造物主的启迪》4：390。
(8)《艾哈麦德按序圣训集》4：203、204；《艾布·达乌德圣训集》334。
(9)《布哈里圣训实录》5778；《穆斯林圣训实录》109。
(10)《艾哈麦德按序圣训集》4：33。

## 远离大罪可以消除小罪

"如果你们远离你们所受禁的大罪，我就恕饶你们的一些罪过"，即你们远离了你们受禁不能触犯的大罪，我必消除你们的小罪，并使你们进入乐园，"并且准许你们进入优美的处所"。与这段尊贵的经文有关的圣训很多，譬如，赛勒曼·法里西传述，穆圣㊟问我："你可知道什么是聚礼日？"我说："它是安拉创造你们祖先的日子。"穆圣㊟说："但据我所知，只要有人在这日认真洗大净后去参加聚礼，一直等伊玛目礼完拜（他才回来），他的这种行为必然消除这一聚礼至下一聚礼间的一切罪恶——只要他远离了杀人。"(1)

## 七件毁人之罪

两圣训实录辑录，安拉的使者㊟说："你们当远离七件毁人之罪。"有人问："安拉的使者啊！何谓七件毁人之罪？"使者说："它们是以物配主、魔术、无故杀人、吃利息、侵吞孤儿财产、临阵脱逃、诽谤无辜的贞洁信女。"(2)

（有关作伪证的一段圣训）艾奈斯传述，安拉的使者㊟讲到了大罪（或有人向使者请教有关大罪的问题），使者说："以物配主、杀人、忤逆父母。"使者㊟接着说："我告诉你们最大的罪恶，好吗？它是谎话。"（使者或许说了伪证。传述者记不清楚了。）舒尔宾说："我认为使者说的是伪证。"(3)

（另一圣训）穆圣㊟说："我告诉你们最大的罪恶好吗？"众弟子说："安拉的使者啊，好的。"使者说："以物配主，忤逆父母。"使者当时靠坐着，说到这里坐端正说："须知，还有伪证；须知，还有谎言……"使者不停地重复着这句话，我们简直希望使者不要再说了。(4)

（有关杀害子女的一段圣训）伊本·麦斯欧迪传述，我问："安拉的使者啊！最大的罪恶是什么？"使者说："安拉创造了你，你却以物配主。"我问："然后是什么？"使者说："你担心自己的孩子分享你的食物而杀害他们。"我问："其次是什么？"使者说："你和邻居的妻子通奸。"使者接着读道：❮他们只祈求安拉，不祈求其他的神灵……除非悔悟者❯（25：68-70）(5)

（另一段圣训）穆圣㊟说："最大的罪恶是以物配主、不孝双亲、杀人和伪誓。"(6)

（圣训：禁止做引起父母亲被人辱骂的事情）安拉的使者㊟说："辱骂自己的父母是最大的罪恶之一。"圣门弟子们问："人怎么会辱骂自己的父母亲呢？"使者说："他辱骂别人的父亲，导致别人辱骂他的父亲；或者他辱骂别人的母亲，导致别人辱骂他的母亲。"(7)

❮32.你们不要觊觎安拉使你们当中一些人比其他人更为优越的那些特赐。男人应得到他们所干工作的份额，女人也应得到她们所干工作的份额。你们应当向安拉祈求他的恩惠。安拉确实是全知万事的。❯

## 不可觊觎安拉给某些人特赐的优点

乌姆·赛莱迈传述，她说："安拉的使者啊！为什么让男人们战斗，而不让我们战斗，并且我们只能得到（男人所得的）一半遗产？"后来安拉降谕道："你们不要觊觎安拉使你们当中一些人比其他人更为优越的那些特赐。"(8)

"男人应得到他们所干工作的份额，女人也应得到她们所干工作的份额"，每个人都根据自己的工作得到报酬，善有善报，恶有恶报。这是伊本·哲利尔的主张。也有人说这节经文所讲的是遗产问题。伊本·阿拔斯等学者说："每个人都会得到应得的遗产。"然后安拉给仆人指示有利于他们的一切，说："你们应当向安拉祈求他的恩惠"，即你们不要妄想得到别人所特有的。人必然各有其所长。妄想不会带来任何益处，然而你们当向我祈求，我会赏赐你们的，我是慷慨的，普施的。

然后清高伟大的安拉说："**安拉确实是全知万事的。**"意思是，安拉知道谁应该得到今世浮华，所以赐给他今世浮华；知道谁应该遭受贫穷，所以让他遭受贫穷；安拉也知道谁应该得到后世报酬，所以注定他为后世工作；并且知道谁应该遭受抛弃，所以不赐给他行善的机会，而让他与行善无缘。因此安拉说："**安拉确实是全知万事的。**"

---

(1)《艾哈麦德按序圣训集》5：439。
(2)《布哈里圣训实录诠释——造物主的启迪》5：462；《穆斯林圣训实录》1：92。
(3)《艾哈麦德按序圣训集》3：131；《布哈里圣训实录诠释——造物主的启迪》10：419；《穆斯林圣训实录》1：91。
(4)《布哈里圣训实录诠释——造物主的启迪》5：309；《穆斯林圣训实录》1：91。
(5)《布哈里圣训实录诠释——造物主的启迪》8：350。

(6)《布哈里圣训实录》6675；《圣训大集》8：63；《提尔密济圣训全集诠释》3021。
(7)《布哈里圣训实录》5973；《穆斯林圣训实录》64、90。
(8)《艾哈麦德按序圣训集》6：322；《提尔密济圣训全集诠释》8：375、377。

❰ 33.我为每个人——父母及近亲的遗产规定了继承人。至于那些你们亲手与其缔约的人，你们要给他们应得的份额，安拉确实是见证万物的。❱

穆佳黑德、赛尔德·本·朱拜尔、格塔德、赛丁伊、端哈克、穆尕提里·本·罕雅尼、栽德·本·艾斯莱姆等人说，"麦瓦里"（موالي）指遗产继承人。[1]据另一传述说，伊本·阿拔斯认为"麦瓦里"指直系亲属。伊本·哲利尔说："阿拉伯人将堂兄弟称为麦瓦里。"

"父母及近亲的遗产"，即父母和近亲留下的遗产。因此经文的意思变为：人们啊！我设定了财产继承人，让他们继承父母及近亲的遗产。

"至于那些你们亲手与其缔约的人，你们要给他们应得的份额"，即如果你们和他人缔结了郑重的盟约，那么你们应当根据当初的誓愿分给他们一份遗产。安拉见证你们之间的这些盟约和承诺。经文指伊斯兰初期的事情，后来这一命令被革止。但穆斯林必须继续履行他们当初的诺言。在这节经文降示之后不再缔结这种盟约。伊本·阿拔斯说："迁士们来到麦地那后，穆圣㕥让他们和辅士结为兄弟，他们根据这种关系相互继承遗产。后来安拉降示'我为每个人——父母及近亲的遗产规定了继承人'，革止了这一断法。"伊本·阿拔斯说："'至于那些你们亲手与其缔约的人，你们要给他们应得的份额'指你们当帮助、救济他们，并为他们尽忠。虽然他们不能直接继承遗产，但亡人可为他们立嘱赠送遗产份额。"[2]

❰ 34.男子是维护妇女的。因为安拉使他们的部分比部分优越，又因为他们花费他们的财产，所以正派的妇女是服从的和因为安拉的保护而保守贞操的。至于那些你们担心其顽横不逊的妇女，你们应当告诫她们，和她们同床异被，打她们。如果她们服从你们，你们不要试图寻找虐待她们的方法。安拉是至尊的，至大的。❱

"男子是维护妇女的"，即男人要对女人负责，他是她的维护人、监护人，是她犯错时教导她的领导人。

"因为安拉使他们的部分比部分优越"，即因为一群男人优于一群女人，且在某些事上男人比女人更好。因此，先知无一例外都是男性，重要的领导人也都是男人。穆圣㕥说："让女人作为领导民族绝不会获得成功。"[3]法官和其他的领导职务也是如此。

"又因为他们花费他们的财产"，即因为安拉和先知所制定的法律，男人须给女人赠送聘金，赡养她们，承担相关责任。所以男人从根本上贵于女人，男人对女人有恩有德，所以他是她的监护人，正如安拉所言："男人们比她们高一品级。"

## 何谓正派女人

"正派的妇女是服从的"，伊本·阿拔斯等人说，"服从的"指服从丈夫的。[4]

"保守贞操的"，赛丁伊等人解释为：丈夫不在时维护自己的尊严和丈夫的财产的。

"因为安拉的保护"，即受保护的人是安拉所保护的人。[5]安拉的使者㕥说："最优秀的妇女是这样的：当你看她时，她令你爱慕；你吩咐她时，她立即执行；你不在时，她维护自己的尊严和你的财产。"使者接着道："**男子是维护妇女的……**"[6]

安拉的使者㕥说："如果女人坚持五番拜功、莱麦丹月封斋、保守贞操、服从丈夫，（在末日天使）对她说：'你想进入乐园的哪座门就请进吧！'"[7]

## 处理妻子顽横不逊的方法

"至于那些你们担心其顽横不逊的妇女"，即你们担心她们对丈夫顽横不逊的妇女。"**顽横不逊**"原指"高于……"这里指无视丈夫，违抗他、背叛他、使他生气的妻子。当出现这些现象时，丈夫应该规劝她，以安拉的惩罚警告她。因为丈夫对妻子是有恩德的，安拉的使者㕥说："倘若我要命令一个人给另一个人叩头，我必命令妻子为丈夫叩头，以报答丈夫重大的恩德。"[8]

布哈里辑录，安拉的使者㕥说："丈夫叫妻到床上，但妻子拒绝时，天使们在诅咒她，直至黎明。"[9]

穆斯林辑录，安拉的使者㕥说："妻子离开丈夫的床睡觉时，天使们就诅咒她，直至黎明。"[10]因此说："至于那些你们担心其顽横不逊的妇女，你们应当告诫她们……"

"和她们同床异被"，伊本·阿拔斯说："同

---

(1)《泰伯里经注》8：170、271。
(2)《布哈里圣训实录诠释——造物主的启迪》8：96。
(3)《布哈里圣训实录诠释——造物主的启迪》7：732。
(4)《泰伯里经注》8：294。
(5)《泰伯里经注》8：295。
(6)《泰伯里经注》8：295。
(7)《艾哈麦德按序圣训集》1：191。
(8)《提尔密济圣训全集诠释》4：323。
(9)《布哈里圣训实录诠释——造物主的启迪》9：205。
(10)《穆斯林圣训实录》2：1059。

**床异被**"指不行房事，虽然在她的床上睡觉，但用背对着她。(1) 另一些人则认为除上述解释外，还不和她谈话。(2) 穆阿维叶曾说："安拉的使者啊！我们对妻子的义务是什么？"使者说："你吃饭时给她吃，买衣时给她买，不要打她的脸，也不要侮辱她，（如果她顽横不逊）只能在房中回避她。"(3)

"**打她们**"，即如果劝解和分居并不奏效，你们可以轻轻地打她们。穆圣在辞朝演说中说："你们当在妇女问题上敬畏安拉，她们是你们的助手，你们有权要求她们，不要让你们憎恶的人接近你们的床铺，如果她们触犯了，你们可以轻微地惩罚她们。你们有义务合理地供她们衣食。"(4) 伊本·阿拔斯等学者都主张"轻微的打"。(5) 哈桑·巴士里认为"轻微地打"指不留伤痕的打。(6)

### 禁止以任何理由虐待服从丈夫的妻子

"**如果她们服从你们，你们不要试图寻找虐待她们的方法**"，如果妻子在安拉允许的范围内完全服从了丈夫，那么丈夫就没有任何理由打她或离开她。"**安拉是至尊的，至大的。**"经文提醒男人，如果他们亏待妻子，那么至尊至大的安拉是她们的保护者，他将惩罚那些亏待她们、压迫她们的人。

**35.如果你们害怕他们双方破裂，就指派两名仲裁者，一名来自男方，一名来自女方。如果他俩希望和解，安拉会赐给他俩机遇。安拉确实是全知的，彻知的。**

### 当夫妻可能分裂时，指派两位调解人

经文提到第一种情况——妻子的顽横不逊，然后提到第二种情况——夫妻双方的矛盾。安拉说："**如果你们害怕他们双方破裂，就指派两名仲裁者，一名来自男方，一名来自女方。**"教法学家们说，当夫妻间产生裂痕时，法官应该让他俩寻找一位可靠的人，研究他们的事情，制止他们中的行亏者。如果他们间的矛盾恶化，分歧加剧，法官应该从女方和男方各派一位可靠的人，让两位仲裁者协商决定，让他们决定离婚与和解哪个更好。安拉更爱和解，因为后文说："**如果他俩希望和解，安**

---

（1）《泰伯里经注》8：302。
（2）《泰伯里经注》8：302、303、304。
（3）《艾布·达乌德圣训集》2：606；《圣训大集》5：375；《伊本·马哲圣训集》1：593；《艾哈麦德按序圣训集》5：3。
（4）《穆斯林圣训实录》8：886。
（5）《泰伯里经注》8：314。
（6）《泰伯里经注》8：316。

**拉会赐给他俩机遇。**"伊本·阿拔斯说："安拉命令他们从男女双方各派一位清廉的男人，看看到底夫妻双方谁有错误，如果丈夫有错，他们应该让妻子远离丈夫，并让他承担她的生活费；如果妻子有错，应该让她离开丈夫，令丈夫停止她的生活费。两位仲裁者可以判决离婚，也可以判决弥合。如果两位仲裁人要求和解，但夫妻中一方同意和解，另一方拒绝和解，然后若一方归真了，那么同意和解的人可以继承不同意和解者的遗产，不同意和解者不能继承同意和解者的遗产。"(7)

阿卜杜·宾勒说："学者们一致认为，如果两位仲裁人有了分歧，离婚的建议不被采纳。并一致认为，即使两仲裁人没有受夫妻双方委托，但他们若作出弥合婚事的裁决时，应予以执行。但若两仲裁人作出离婚裁决时，学者们对此有不同看法。大部分学者认为，仲裁人即便没有受到委托，他们的裁决也是应予执行的。"

**36.你们当崇拜安拉，不要以任何物配他，当孝敬父母，善待亲戚、孤儿、赤贫者、近邻、远**

---

（7）《泰伯里经注》8：325。

邻、伴侣、旅客以及你们所管辖的。安拉不喜欢傲慢、矜夸之人。》

## 崇拜独一的安拉孝敬父母 善待近亲和其他人

安拉命令人们崇拜独一无偶的他。因为他是人类的创造者,每时每刻的供养者和施恩者。所以他应该受到来自他的仆人的专一的崇拜。穆圣确曾对穆阿兹说:"你可知人类对安拉的义务是什么?"穆阿兹说:"安拉及其使者至知。"使者说:"你们不以任何物举伴他。"然后说:"你可知仆人这样做时,安拉会如何对待他们吗?安拉不惩罚他们!"(1)经文紧接着命令人们孝敬双亲,因为子女通过双亲从无至有,安拉命令人们崇拜他时,经常一并命令孝敬双亲,正如安拉所言:《你要感激我和你的父母。》(31:14)《你的主已经判决:你们只崇拜他,并要善待父母。》(17:23)安拉命令人孝敬双亲后,又提到了善待男女亲属,如圣训说:"对赤贫者的施舍,是一件施舍;对亲属的施舍,既是施舍又是接恤。"(2)安拉然后说到"孤儿",因为无人关爱和供养他们,所以安拉命人爱护他们;安拉紧接着又说到"赤贫者",他们是陷入需求,但不能解决它们的人,所以安拉命令人们帮助他们,满足他们的需求,使他们脱离困境。我们将在《忏悔章》分析穷人和赤贫者。

### 邻居的权益

"近邻、远邻",伊本·阿拔斯说,"近邻"指与你有亲属关系的人;(3)"远邻"指没有亲属关系的人。(4)艾克莱麦、穆佳黑德、格塔德、麦穆奈·本·麦海拉尼、栽德·本·艾斯莱姆、端哈克、穆尕提里·本·哈亚尼有类似主张。(5)穆佳黑德说:"远邻"指旅伴。(6)穆圣忠告人们善待邻居的遗嘱很多,下面将引述部分。安拉是襄助者。

(圣训一)安拉的使者说:"吉卜勒伊里一直嘱咐我善待邻居,直至我简直认为他将把邻居作为(其邻居的)继承人。"(7)

(圣训二)"吉卜勒伊里不停地嘱咐我善待邻居,以致我想他或许要让邻居作为其邻居的继承人。"(8)

(圣训三)"安拉看来,最好的同伴是对其伙伴最好的人;安拉看来最好的邻居是善待自己的邻居之人。"(9)

(圣训四)安拉的使者问他的弟子们:"你们如何看待奸淫?"众人回答:"它是安拉及其使者所禁止的事情,所以直到末日,它一直是被禁止的。"使者说:"以安拉发誓,一个人和邻居妻子通奸,比和其他十个女人通奸的罪恶更严重。"使者问:"你们怎么看待盗窃?"众人回答:"它是安拉及其使者所禁止的事情,所以直到末日,它一直是被禁止的。"使者说:"一个人盗窃邻居(一家)的罪恶,比盗窃十家的罪恶更严重。"(10)伊本·麦斯欧迪传述,我问:"安拉的使者啊!哪件罪恶最大?"使者说:"独一的安拉创造了你,但你却以物配他。"我问:"其次是什么?"使者说:"你害怕孩子分享你的食物而杀害他。"我问:"其次是什么?"使者说:"和邻居的妻子通奸。"(11)

(圣训五)阿伊莎(愿主喜悦之)传述:"我问安拉的使者:'我有两个邻居,我应该给哪一个赠送礼物?'使者说:'他的家门离你(的家门)更近的。'"(12)托靠安拉,我们将在《忏悔章》注文中论述这些问题。

### 善待奴隶

"以及你们所管辖的。"这是善待奴隶的命令。因为他们是弱者,沦为他人的俘虏。穆圣在临终前的病中说道:"你们当坚持拜功!你们当坚持拜功!当善待你们所管辖的奴隶……"使者不停地重复着这些话,直到口不能言。(13)

安拉的使者说:"你给自己吃的,是你的施舍;你给孩子吃的,是你的施舍;你给妻子吃的,是你的施舍;你给仆人吃的,也是你的施舍。"(14)

伊本·阿慕尔问他的管家:"你给奴隶分发了食物吗?"他说:"没有。"伊本·阿慕尔说:"去给他们发放食物吧!安拉的使者说:'不

---

(1)《布哈里圣训实录诠释——造物主的启迪》13:359。
(2)《提尔密济圣训全集诠释》3:324。
(3)《泰伯里经注》8:335。
(4)《泰伯里经注》8:338。
(5)《泰伯里经注》8:335、336。
(6)《泰伯里经注》8:3341。
(7)《艾哈麦德按序圣训集》2:85;《布哈里圣训实录诠释——造物主的启迪》10:455;《穆斯林圣训实录》4:2025。
(8)《艾哈麦德按序圣训集》2:160;《艾布·达乌德圣训集》5:357;《提尔密济圣训全集诠释》6:72、73。
(9)《艾哈麦德按序圣训集》2:167;《提尔密济圣训全集诠释》6:75。
(10)《艾哈麦德按序圣训集》6:8。
(11)《布哈里圣训实录诠释——造物主的启迪》8:350;《穆斯林圣训实录》1:90。
(12)《艾哈麦德按序圣训集》6:175;《布哈里圣训实录》6020。
(13)《圣训大集》4:258。
(14)《艾哈麦德按序圣训集》4:131。

给所管辖之人提供食物的人罪大恶极！'"[1]艾布·胡莱赖传述，穆圣说："奴隶有权享有食物和服装，无权承担能力之外的事情。"[2]穆圣说："如果你们没有让带来食物的侍者和你们同席同吃，你们应该送给他一两口食物。因为他们经受了炎热，准备了食物。"[3]

### 安拉不喜骄傲之人

"**安拉不喜欢傲慢、矜夸之人**"，即自以为是、骄傲自大的人。他们自认为比别人优秀和伟大，其实他们在安拉那里非常渺小，而被人们所恼怒。

穆佳黑德认为"**傲慢**"指骄傲，"**矜夸之人**"指计算所获得的财富，但不感谢安拉之人。换言之，由于安拉赐给他许多恩典而自命不凡、很少感赞安拉之人。[4]伊本·哲利尔传述，瓦格德·本·艾布·磊佳说："你会发现每个无能者都是傲慢而矜夸的。"然后他念道"**以及你们所管辖的**"；并说："你会发现每个逆子都是傲慢而薄福的。"他念道：《他使我成为孝敬母亲的，而没有使我成为霸道的、薄福的。》（19：32）有人说："安拉的使者啊！请忠告我！"使者说："你不要拖长裤腿，因为拖长裤腿是傲慢的表现，安拉不喜欢傲慢之举。"[5]

《37.他们悭吝不舍，命人吝啬，并隐瞒安拉已赐给他们的恩惠。我已为那些隐昧的人准备了凌辱的惩罚。》

《38.他们为了向人炫耀而花费财产，而且不信安拉及末日。魔鬼是谁的伙伴，那么，谁的伙伴真恶劣啊！》

《39.如果他们相信安拉和末日，并花费安拉所赐予他们的（财物），那么，他们还怕什么呢？安拉是全知他们的。》

### 谴责吝啬

安拉谴责那些悭吝不舍、并抗拒安拉的命令的人，他们不孝敬双亲，不善待亲人、孤儿、赤贫者、近邻、远邻和奴隶，不承担安拉赋予他们的义务，他们甚至还要求别人也像他们那样悭吝不舍。安拉的使者说："难道有比吝啬更为严重的疾病吗？"[6]又说"你们当远离吝啬，因为吝啬毁了你们以前的人，它导致他们断绝亲情，作恶多端。"[7]

"**并隐瞒安拉已赐给他们的恩惠。**"所以吝啬的人就是否认安拉的恩惠之人，他们在衣食住行中不把安拉的恩惠表现出来，正如安拉所言：《人对他的主，确实是忘恩负义的。而他对此就是见证。》（100：6—7）即对自己情况的见证。《他酷爱财富。》（100：8）经文在此说："**并隐瞒安拉已赐给他们的恩惠。**"

因而遭到安拉的警告："**我已为那些隐昧的人准备了凌辱的惩罚。**"不信（隐昧）的原意是遮盖。吝啬的人往往掩盖、隐瞒并否认安拉的恩典，所以将隐瞒安拉的恩典称为"**隐昧**"（否认），圣训说："安拉喜欢仆人显示所获得的恩典。"[8]也有些前辈学者认为，这节经文指的是犹太人对知识的隐瞒，因为他们虽然掌握有关穆圣的知识，但不愿将它公布于众。无疑，这节经文包含这层意

---

（1）《穆斯林圣训实录》2：692。
（2）《穆斯林圣训实录》3：1284。
（3）《布哈里圣训实录诠释——造物主的启迪》5：214；《穆斯林圣训实录》3：1284。
（4）《泰伯里经注》8：350。
（5）《艾哈麦德按序圣训集》5：64。

（6）《无与伦比的礼节》83。
（7）《艾布·达乌德圣训集》2：324。
（8）《泰伯里大辞海》18：135。

思。但我们通过经文的脉络可以看出，这里着重叙述的是对财产的吝啬。即使对知识的吝啬更应包括其中。另外，本段经文所说的是对亲人和弱者的周济。后面的经文依然如此："**他们为了向人炫耀而花费财产**"，经文提到无耻的悭吝不舍之人后，提到一些沽名钓誉的施舍者，他们的目的是获得别人的赞美，而不是安拉的喜悦。他们属于圣训所说的三种进火狱的人。另两种人是（伪）学者和（伪）战士。圣训说："（在末日）花费财产的人说：'我为你（安拉）而花费了你所希望花费的一切。'安拉说：'你撒谎了，你的目的仅仅是让别人说你是一位慷慨之人，你已如愿以偿。'即你已经在今世得到了你的报酬，那就是你们行为的目的。"(1)

"**而且不信安拉及末日**"，即他们受恶魔的怂恿和蛊惑，作了这些丑事，而没有按要求去行善。因为在恶魔的粉饰和诱惑下，一切丑行在他们眼中都是美好的。所以说"**魔鬼是谁的伙伴，那么谁的伙伴真恶劣啊！**"

"**如果他们相信安拉和末日，并花费安拉所赐予他们的（财物），那么，他们还怕什么呢？**"即假若他们归信安拉并走正道，放弃沽名钓誉，选择虔诚侍主，追求安拉为行善者在后世准备的报酬，并以安拉喜欢的方式花费财产，那么，还有什么事情能伤害他们呢？

"**安拉是全知他们的**"，安拉知道他们的意图是坏是好。安拉知道他们中谁应该成功，便赐谁机遇，给谁正道，并注定他去做安拉喜欢的善功；也知道他们中谁应该失败，不应得到伟大安拉的关怀，让这种人在今后两世遭受失败。求主使我们免于失败。

❮ 40.安拉不亏枉人一粒芥子的重量。如果人有任何善功，他要使它成倍增长，并赐给他来自他（安拉）的重大报酬。❯

❮ 41.当我从每一个民族中召来一名证人，并召你为这些人的证人时，将怎样呢？❯

❮ 42.在那天，那些不信和不服从使者的人，将希望自己被永远埋没在地下，他们不能向安拉隐瞒任何言辞。❯

## 安拉丝毫不亏人

清高伟大的安拉说，他在末日不亏任何人一粒芥子的重量(2)，人即便干了一粒芥子大的善功（或罪恶），安拉都会恰如其分地报酬他。正如安拉所言：❮ 我将在复生日设置一些公平的天秤。❯（21：47）安拉引述鲁格曼的话说：❮ 我的小儿啊！即使它（善恶的行为）是一粒芥子的重量，在岩石中间，或在天地间，安拉都会把它带来。❯（31：16）又说：❮ 那天，人类将分批出现，以便展示他们的行为。谁曾经做过微尘重的善事，他会看见它。谁曾经做过微尘重的坏事，他也会看见它。❯（99：6-8）安拉的使者在一段有关说情的长圣训中说："伟大的安拉（对天使）说：'你们回去吧！你们发现谁的心中有一粒芥子重的信仰，就从火狱中提出他。'"另一传述："谁有最小最小最小的一粒芥子重的信仰，你们也要从火狱中提出他，天使们会（从火狱中）提出许多人。"艾布·赛尔德说："你们可以读：'**安拉确不亏枉人一粒芥子的重量。**'"(3)

## 多神教徒的惩罚可否被减轻

"**如果人有任何善功，他要使它成倍增长**"，伊本·朱拜尔说："在末日，多神教徒的惩罚可以被减轻，但他们永远不能离开火狱。"他的证据是下列圣训：伊本·阿拔斯说："安拉的使者啊！你的叔叔艾布·塔利卜曾经保护你，帮助你，你给他带来了一些益处吗？"使者说："是的。他在火狱中的一个浅坑里，假若不是我的原因，他必然在火狱的最深处。"(4)然而这是对艾布·塔利卜的特权。艾布·达乌德传述，安拉的使者曾说："安拉不亏穆民，穆民做的任何一件善事，都将得到今世的回赐和后世的奖励。隐昧者将因自己的善事而在今世得到给养，末日到来时，他已经没有一件善事了。"(5)

## 什么是重大的报酬

"**并赐给他来自他（安拉）的重大报酬**"，艾布·胡莱赖、艾克莱麦等人说："**重大的报酬**"指乐园。祈求安拉喜悦我们，并赐给我们乐园。艾布·哈亭传述，他说，谁都没有比我和艾布·胡莱赖同坐（指相处）的时间长。有一年他提前于我去朝觐，这时我听到巴士拉的人们在说，艾布·胡莱

---

(1)《圣训大集》6：24。

(2) 阿拉伯语中的"芥子"(الذرّة) 一词，包括在现代阿语中所指的"分子"、"原子"。多指物质变化中最小微粒（质量非常轻的基本粒子）有学者将其译为蚂蚁。——译者注
(3)《布哈里圣训实录诠释——造物主的启迪》13：413；《穆斯林圣训实录》1：167。
(4)《布哈里圣训实录》3883、6208；《穆斯林圣训实录》209。
(5)《特亚莱斯圣训集》47；《穆斯林圣训实录》2808。

赖曾说："我听安拉的使者㊗说：'安拉要使一件善功增长一百万倍。'"我想："去吧！任何人都没有比我和艾布·胡莱赖同坐的时间长，但我没有听他讲过这段圣训。"寻找他时，才知道他已经去朝觐了。所以我随后去朝觐，向他证实这段圣训。我见到他后说，艾布·胡莱赖啊！我听巴士拉的兄弟们说，你说：我听安拉的使者㊗说："安拉要以一百万倍的回赐奖励一件善功。"艾布·胡莱赖说：以安拉发誓，我听穆圣㊗说："安拉将以二百万倍的回赐奖励一件善功。"然后他读道：❴ 今世生活的享受比较后世只是微薄的。❵（9：38）

## 末日，穆圣㊗对他的民族的作证，隐昧者企望死亡

"当我从每一个民族中召来一名证人，并召你为这些人的证人时，将怎样呢？"安拉描述了末日的恐惧和严厉，说他将从每个民族中指派一位先知为该民族作证，那日的情况和事情将是怎么的？正如安拉所言：❴ 大地因它的主的光辉而亮了，文卷陈列了，众先知和证人们都被带到。❵（39：69）❴ 我将在那一天从各民族中派遣一位作证者，对他们作证。❵（16：89）

伊本·麦斯欧迪传述："安拉的使者㊗对我说：'请给我诵读《古兰》。'我说：'安拉的使者啊！《古兰》是你亲自接受的，还需我给你诵读吗？'使者：'是的，我喜欢听别人读它。'我便给他读了《妇女章》，当读到'当我从每一个民族中召来一名证人，并召你为这些人的证人时，将怎样呢'时，使者说'好了。'我猛然间发现他的两眼噙满了泪水。"[1]

"**在那天，那些不信和不服从使者的人，将希望自己被永远埋没在地下，他们不能向安拉隐瞒任何言辞**"，即当大地崩裂，人们在极度的恐慌中被吞没，遭受凌辱和羞辱的时候。正如安拉所言：❴ 那天，人将看见他亲手所做的。❵（78：40）"**他们不能向安拉隐瞒任何言辞**"，指他们将承认自己所做的一切，对任何行为不加隐瞒。伊本·朱雷尔传述，有人来到伊本·阿拔斯跟前说："我对《古兰》中的许多问题迷惑不解。"伊本·阿拔斯说："是哪些问题？《古兰》中还有令人疑惑的吗？"那人说："我对《古兰》没有丝毫怀疑，但我就是弄不明白。"伊本·阿拔斯说："请讲一讲你的困惑。"那人说，我听到安拉说：❴ 那时，他们的托词仅仅是："指安拉——我们的主发誓！我们不是崇拜多神的人。"❵（6：23）和'**他们不能向安拉隐瞒任何言辞**'，这不是说他们实际上隐瞒了吗？"伊本·阿拔斯说：至于你说❴ 那时，他们的托词仅仅是："指安拉——我们的主发誓！我们不是崇拜多神的人。"❵（6：23）指在末日他们看到惩罚的时候，那时，安拉只恕饶伊斯兰人，宽恕他们的一切罪恶，无论人们触犯多大的罪恶，安拉都会宽恕他们，但安拉不恕饶多神教徒的以物配主行为，那时，有些人将说："指安拉——我们的主发誓！我们不是崇拜多神的人"，他们希望安拉宽恕他们，但安拉封闭了他们的嘴，他们的脚和手将作证自己的罪恶。在这时，"**那些不信和不服从使者的人，将希望自己被永远埋没在地下，他们不能向安拉隐瞒任何言辞。**"[2]

❴ 43. 有正信的人们啊！你们在酒醉时不要接近礼拜，直至你们知道自己所说的是什么话。不要在无大净时接近（礼拜殿），除非路途经过，直至你们沐浴。假如你们生病，或在旅行，或从厕所出来，或接触妻室后没有找到水，那么你们趋向清洁的高地，抹你们的脸和手。安拉确实是至恕的、至赦的。❵

## 禁止在酒醉和无大净时接近礼拜

清高伟大的安拉禁止仆人在酒醉时做礼拜，因为在此情况下，人往往不知道自己到底在念（说）什么；并禁止身无大净者接近拜主的地方——清真寺，除非经过清真寺的大门，不加停留。经文指的是禁酒之前的事情。正如我们在注释《黄牛章》经文❴ 他们关于酒和赌博问你。❵（2：219）时所引证的圣训所述，安拉的使者㊗曾给欧麦尔宣读了这节经文后，欧麦尔说："主啊！请为我们彻底阐明酒的问题吧！"当时他们只是在礼拜时间不饮酒。后来安拉降谕道：❴ 有正信的人们啊！酒、赌博、偶像、抽签只是污秽——恶魔的作为。你们当远离它，以便你们成功。……你们愿意禁绝吗？❵（5：90-91）欧麦尔说："我们禁绝了，禁绝了！"[3]另据传述，《妇女章》经文❴ 有正信的人们啊！你们在酒醉时不要接近礼拜，直至你们知道自己所说的是什么话❵降示后，每次礼拜时，使者的宣礼员就呼唤："酒醉的人不要接近礼拜。"有人说这节经文降示的原因如下列圣训所述，赛尔德说："有四节经文是因我而降的……有位辅士做饭宴请一些辅士和迁士，我们在吃喝中酩酊大醉，不觉轻狂起来，有人拿起骆驼的下巴骨打伤了赛尔德的鼻子，留下了伤疤。那是禁酒以前的事情。后来安拉降谕

---

（1）《布哈里圣训实录诠释——造物主的启迪》8：712。
（2）《阿卜杜·兰扎格经注》1：160。
（3）《艾哈麦德按序圣训集》1：53。

道：'有正信的人们啊！你们在酒醉时不要接近礼拜'"，穆斯林辑录的这段圣训很长。(1)

（另一原因）伊本·艾布·塔利卜传述，阿卜杜·拉哈曼设宴请我们，席间众人酩酊大醉，到了礼拜时间，他们让某人带领大家礼拜，那人念道："隐昧者们啊！我不崇拜你们崇拜的，我们崇拜你们崇拜的。"安拉因此降谕道："有正信的人们啊！你们在酒醉时不要接近礼拜，直至你们知道自己所说的是什么话。"

"**直至你们知道自己所说的是什么话。**"不知自己在说什么，是对酒醉所作的最好定义。因为被麻醉的人在读经文时可能胡言乱语，礼拜时也不会怀有谦逊之心。安拉的使者⸺说："如果你们在礼拜时感到疲困，就应回去睡觉，直至知道自己在念什么。"(2) 另一圣训说："（疲困时）或许他想求饶，其实他在骂自己。"(3)

"**不要在无大净时接近（礼拜殿），除非路途经过，直至你们沐浴。**"伊本·阿拔斯解释说："除非路过，否则你们不能在无大净的状况下进入清真寺。"他还说："你可以经过寺内，但不能坐在其中。"(4) 伊本·麦斯欧迪等人有类似的主张。

伊本·朱莱杰说："有些辅士的家门曾在清真寺内，他们无大净后，必须经过清真寺去找水。后来安拉降谕道：'**不要在无大净时接近（礼拜殿），除非路途经过。**'"(5)

下列圣训可以证明上述观点：布哈里辑录，安拉的使者⸺说："除了艾布·伯克尔的小门外，清真寺中的每道小门都要被堵住。"这是穆圣⸺在晚年所说的话，因为他知道艾布·伯克尔将继承他的事业，需要经常从这道小门进入清真寺，处理穆斯林大众的重大事务。所以使者命人堵住通往清真寺的其他小门时，保留了艾布·伯克尔的小门。有些圣训集说："请保留阿里的小门。"这是误传，正确的是艾布·伯克尔的小门，正如布哈里所传。(6)

《穆斯林圣训实录》记载，阿伊莎（愿主喜悦之）说，安拉的使者⸺对我说："请把我留在清真寺内的拜垫取给我。"我说："我来了月经。"穆圣⸺说："你的月经并不在你的手中。"(7) 圣训证明，来月经的妇女可以经过清真寺，来产血的妇女如同来月经的妇女。安拉至知。

## 代　净 (8)

"**假如你们生病，或在旅行，或从厕所出来，或接触妻室后没有找到水，那么你们趋向清洁的高地。**"在下列情况下病人可以作代净：使用水后可能某一肢体产生伤残、变形，或拖延痊愈。也有学者认为，人无论患了什么疾病，都可以作代净，因为经文中的疾病是个泛指词。旅行中作代净是众所周知的，短途旅行和长途旅行中都是一样的。

"**或从厕所（阿仪特）出来**"，"الغائط（阿仪特）"原指平稳的地方，这里指大便。大便是坏小净的事项 (9)。

"**或接触妻室**"，有人以简式或复式两种词型诵读"接触"（抚摸，لمس）一词，这里暗示房事。因为安拉说：۞ 倘若你们接触她们之前和议定聘金之后，解除跟她们的婚约，那么请将你们曾议定的聘金的一半交给她们。۞（2：237）۞ 有正信的人们啊！如果你们和有正信的妇女们结了婚，然后在你们接触她们之前与她们离异，那么，她们无须为你们而遵守待婚期。۞（33：49）

伊本·阿拔斯也认为，"**接触妻室**"指房事。(10) 阿里、穆佳黑德、哈桑、塔吾斯、赛尔德·本·朱拜尔、格塔德、穆尕提里·本·罕雅尼等人有相同的见解。

"**或接触妻室后没有找到水，那么你们趋向清洁的高地。**"两圣训实录辑录，安拉的使者⸺看到有人独处，不和大家一起礼拜，便问："某人啊！你缘何不与大家一起礼拜，你不是穆斯林吗？"那人说："安拉的使者啊！我是穆斯林，但我坏大净后没有找到水。"使者说："你趋向高地（作代净），这样不就行了吗？"(11) 在阿拉伯语中，"台彦穆穆"（代净，تيمم）的原意是"企图"。阿拉伯人常说："台彦穆穆堪拉，毕黑福祖（愿安拉保佑你）。" "**高地**"只指土。因为安拉说：۞ 使它变成一片寸草不生的平地。۞（18：40）即成为光滑而清洁的土地。安拉的使者⸺说："我们在三方面优越于其他人，我们礼拜的班子跟天使礼拜的班子一样；整个大地都是我们的礼拜处；没有水时大地上的土是我们的洁身物。"(12) 穆圣⸺在提到安拉对

---

(1)《艾布·达乌德圣训集》4：80、177；《特亚莱斯圣训集》28；《穆斯林圣训实录》4：1878；《提尔密济圣训全集诠释》8：466；《圣训大集》6：348。
(2)《泰伯里经注》8：378；《提尔密济圣训全集诠释》8：380；《艾哈麦德按序圣训集》3：142；《布哈里圣训实录诠释——造物主的启迪》1：377；《圣训大集》1：215。
(3)《布哈里圣训实录诠释——造物主的启迪》1：375。
(4)《泰伯里经注》8：382。
(5)《泰伯里经注》8：381、382、383、384。
(6)《布哈里圣训实录诠释——造物主的启迪》1：665。
(7)《穆斯林圣训实录》1：245。
(8) 也译土净。——译者注
(9) 按这种解释，这节经文应该译为"大便之后"。——译者注
(10)《泰伯里经注》8：392、393。
(11)《布哈里圣训实录诠释——造物主的启迪》1：545；《穆斯林圣训实录》1：474。
(12)《穆斯林圣训实录》1：371。

穆斯林的优待时，特别提到土是一种洁身之物。假若其他东西也可以替代水，那么穆圣必定会提出来。(1) 有人说经文中的"**清洁**"指合法，有人认为指不肮脏的。安拉的使者说："即便十年没有找到水，穆斯林也可以到清洁的高地洁身，找到水后就应当用水洗皮肤，因为那是更好的。"(2)

"**抹你们的脸和手。**"代净可以代替水净清洁身体，但不能像水那样清洁身体的每一部位，学者们一致认为，代净中只有抹脸和两手。(3) 用手抹土一次后，抹脸和两手，是正确的代净方法。(4) 伊玛目艾哈麦德传述，有人来到欧麦尔跟前，说："我失去大净后没有找到水（该当如何）。"欧麦尔说："你不能礼拜。"安马尔说："信士的长官啊！你是否记得，某次我和你随军出征，我们都失去了大净，都没有找到水，后来你没有礼拜，我则在土地上打个滚儿后礼了拜。我们见到先知后，我对先知讲了这一事情，先知说：'你这样做就行了。'先知用手打了一下地面，然后吹了吹手，用它摸了他的脸和两手。"(5) 代净是安拉专为穆斯林所制定的，其他民族不享有这一优待。两圣训实录辑录，安拉的使者说："我获得任何前人未曾获得的五件殊荣：我获得一月行程的威慑力(6)；整个大地为我而成为礼拜场所和清洁地(7)；战利品对我是合法的；我获得（后世的）说情权；先知们通常只被派往他的民族，而我被派往全人类。"(8) 另一段圣训中说："我的民族无论在何时碰上礼拜时间，都可以在该地作代净，做礼拜。"《穆斯林圣训实录》记载："我们在三方面比其他人优越，我们的礼拜班子就像天使的礼拜班子；大地是我们的礼拜处；在没有水的时候大地上的土是我们的洁身物。"(9)

"**抹你们的脸和手。安拉确实是至恕的、至赦的**"，即制定代净是出于安拉对你们的谅解和宽恕，在没有水时作代净礼拜则是对你们的怜恤和特许。因为这节经文要求礼拜时要尽善尽美，所以酒醉者必须在清醒、并理解自己所说的话后才能礼拜。无大净者必须在礼拜前洗大净。同样，无小净者必须在拜前洗小净。至于病人和找不到水的人，安拉则出于怜恤和宽大，特许他们作代净礼拜。一切感赞统归安拉。

## 代净经文的降示原因

阿伊莎（愿主喜悦之）说："某次我们和安拉的使者一起出门，到于白达伊（或另外一个地方）后，我的项链断了（丢了），安拉的使者和一些人为寻找它而留宿。当时没有水源，使者和众人也没有带水。有些人去（阿伊莎的父亲）艾布·伯克尔处，说：'请看看阿伊莎都做了些什么？没有水源，大家都没有带水，可她让众人停留于此。'艾布·伯克尔来到我跟前时，安拉的使者将头枕在我的大腿上睡着了。艾布·伯克尔说'你拖累了安拉的使者和其他人。没有水源，大家也都没有带水。'"阿伊莎（愿主喜悦之）说："艾布·伯克尔谴责了我，说了安拉意欲他说的话，并不停地用手戳我的胁部。因为使者在我的大腿上睡着了，所以我无法动身。翌晨，安拉的使者睡起时没有水。因此安拉降示了允许代净的经文，众人便作了代净。艾布·吾赛德说：'艾布·伯克尔家族的人们啊！这绝不是你们的第一次祥瑞。'"阿伊莎（愿主喜悦之）说："我们赶起我的骆驼后，发现项链就在骆驼身下。"(10)

❃ 44.你没有看见吗？那些被赐予一部分经典的人以正道换取迷误，并且希望你们也迷失正道。❃

❃ 45.安拉最清楚你们的敌人，安拉足为保护者，足为援助者。❃

❃ 46.犹太教徒中有一群人篡改经文，他们说"我们听而不从"、"你似听非听吧"、"拉仪那"，这是他们巧言谩骂，诽谤正教。假若他们说"我们既听且从"，"你听吧"，"请多关照"，这对他们是更好、更恰当的。但安拉因他们不信而诅咒他们，故他们很少归信。❃

## 贬犹太人选择迷误，篡改经典，违抗安拉，巧言谩骂，诽谤正教

清高伟大的安拉说，那些犹太人（愿安拉永远诅咒他们）用正道换取了迷误，背叛安拉给使者的启示，放弃他们通过列圣了解到的有关穆圣的

---

(1) 也有些教法学家认为，沙石也属于"高地"，可以用之作代净。——译者注
(2)《艾哈麦德按序圣训集》5:180；《艾布·达乌德圣训集》1:235；《提尔密济圣训全集诠释》1:388；《圣训大集》1:171。
(3) 教法中所说的手包括肘，本文全部译成手。——译者注
(4) 有些教学教派认为，必须摸土两次。——译者注
(5)《艾哈麦德按序圣训集》4:265。
(6) 即穆圣的威慑力可穿越千山万水。——译者注
(7) 我的民族将征服整个大地，并在任何地方礼拜，在没有水的地方，他们可以作代净。——译者注
(8)《布哈里圣训实录诠释——造物主的启迪》1:519；《穆斯林圣训实录》1:370。
(9)《穆斯林圣训实录》1:371。

(10)《布哈里圣训实录诠释——造物主的启迪》1:514, 7:24, 12:180；《穆斯林圣训实录》1:279。

知识，用它换取了现世微薄的代价："**并且希望你们也迷失正道**"，即信士们啊！他们希望你们否认安拉降给你们的启示，放弃手中的正道和有益的知识。"**安拉最清楚你们的敌人**"，即安拉知道你们的敌人，并让你们防备敌人。"**安拉足为保护者，足为援助者**"，即安拉足为那些投奔他的人的保佑者，足为向他求助者的襄助者。

"**犹太教徒中有一群人**"，这里的"中"代表同类。正如安拉所言，"你们当远离拜物教中的污秽"。

"**篡改经文**"，即他们不按安拉的意旨行事，因此肆意注释、曲解经典。

"**他们说：'我们听而不从'**"，即他们说，穆罕默德啊，我们听你讲话，但不会服从你的命令。(1) 穆佳黑德和伊本·栽德都是这样注释的。经典的这种表达，指出了犹太教徒极度的否认和顽固，并且他们在理解经典，明知自己的罪责和惩罚之后，背叛了经典。

"**你似听非听吧**"，即你听听我们说的吧，但你听不到。这是端哈克传自伊本·阿拔斯的观点。(2) 他们对穆圣㊗冷嘲热讽，在他的面前肆无忌惮。（愿安拉诅咒他们）

"**'拉仪那'，这是他们巧言谩骂，诽谤正教**"，他们辱骂先知，正如前面在注释"有正信的人们啊！你们不要说：'拉仪那'，但你们说：'温祖勒那'"时所述。安拉形容这些口是心非的犹太人，说："这是他们巧言谩骂，诽谤正教"，即辱骂穆圣㊗。

"**假若他们说'我们既听且从'，'你听吧'，'请多关照'**，这对他们是更好、更恰当的。但安拉因他们不信而诅咒他们，故他们很少归信"，即他们的内心和一切善事无缘，所以他们不会获得有益的信仰。上文已经注释了"**故他们很少归信**"，即他们没有有益的信仰。

❧ **47.有经的人们啊！在我摧毁一些面容，使它转向后方，或像我诅咒不守安息日的人一样地诅咒他们（有经人）之前，归信我为证实你们以前的经典而降的（新）经典吧。安拉的判决是要被执行的。**❧

❧ **48.确实，安拉不恕饶以物配主的罪恶，但他为他所意欲的人宽恕较轻的罪过。谁举伴安拉，谁就犯了一项非常大的罪。**❧

### 警告有经人的同时，号召他们选择正信

安拉命令有经人归信降于他的仆人和使者穆罕默德㊗的启示——一部伟大的证实以前一切喜讯的经典，同时警告他们："**在我摧毁一些面容，使它转向后方**"。伊本·阿拔斯说，"毁灭"指使……变瞎，"**使它转向后方**"指将他们的脸扯到他们的脑袋后面，让眼睛长在后脑勺上，所以他们倒行逆施。(3) 这是对他们最严厉的惩罚。说明他们真假混淆，弃明投暗，倒行逆施。正如安拉所言：❧ 我已在他们的颈上安置了一个直到他们下巴的枷锁，因此他们是昂首闭目的。我在他们前面放置了一重屏障。❧（36：8-9）这是安拉给陷入迷途、抗拒正道者所打的比方。

### 凯尔卜·艾哈巴尔听到这节经文后归信伊斯兰

据传述，凯尔卜·艾哈巴尔听到这节经文后归信了伊斯兰。伊本·穆黑莱说，我们在谈论凯尔卜何时归信了伊斯兰。凯尔卜是在欧麦尔时代归信的，当时他去圣城固都斯途经麦地那，欧麦尔出城见他时说："凯尔卜啊！你应该归信伊斯兰。"凯

---

(1)《泰伯里经注》8：433。
(2)《泰伯里经注》8：434。
(3)《泰伯里经注》8：440、441。

尔卜说："你们不是在读你们的这节经文：❮那些曾被托付承担《讨拉特》……驮经之驴。❯（62：5）我是担负《讨拉特》之人。"欧麦尔听完后离他而去，二人就此分道扬镳。凯尔卜来到霍姆斯后听到一位当地人忧心忡忡地诵读着："有经的人们啊！在我摧毁一些面容，使它转向后方，或像我诅咒不守安息日的人一样地诅咒他们（有经人）之前，归信我为证实你们以前的经典而降的（新）经典吧。"凯尔卜听到后说："我的养主啊！我归信了，我因担心遭到这段经文所述的惩罚而归信了。"后来他回到也门，带着全家人归信了伊斯兰。(1)

"我诅咒不守安息日的人一样地诅咒他们（有些人）。"不守安息日指在安息日阴谋打鱼，超越法度。那些人已经变成了猴子或猪，《高处章》将详述有关细节。

"安拉的判决是要被执行的"，即安拉一经发出命令，就不会遇到任何抵抗或违背。

## 除非悔过自新，否则安拉绝不会恕饶以物配主者

"确实，安拉不恕饶以物配主的罪恶"，即安拉不会恕饶以多神教徒的身份来见他的任何人。

"但他为他所意欲的人宽恕较轻的罪过"，即他会宽恕他所意欲的仆人的其他罪恶。使者说："安拉说：'我的仆人啊，你只要崇拜我，只要向我祈求，无论你犯了什么错误，我都能宽恕你。我将根据你的情况恕饶你。我的仆人啊，只要你没有以物配我，你即便带着充满大地的罪恶来见我，我也会以充满大地的恕饶接见你。'"(2)

艾布·则尔传述，我去见安拉的使者，使者说："只要一个仆人在归真前念了'应受拜者，惟有安拉'，他必然进乐园。"我说："哪怕他以前奸淫和盗窃（也要进乐园）吗？"使者说："哪怕他以前奸淫和盗窃。"我说："哪怕他以前奸淫和盗窃（也要进乐园）吗？"使者说："哪怕他以前奸淫和盗窃。"（艾氏问了三次，穆圣回答了三次。）穆圣在第四次说："哪怕艾布·则尔不愿意。"艾布·则尔拽着裤子出去的时候，穆圣还在说："哪怕艾布·则尔不愿意。"后来艾布·则尔将这段圣训告诉别人的时候，总是自豪地说："哪怕艾布·则尔不愿意。"

伊本·欧麦尔说："我们以前不替犯大罪的人求饶，后来我们听到我们的先知在诵读：'确实，安拉不恕饶以物配主的罪恶，但他为他所意欲

的人宽恕较轻的罪过。'穆圣还说：'我将我的说情权保留到末日，以便为我的民族中犯大罪的人说情。'"

"谁举伴安拉，谁就犯了一项非常大的罪。"类似的经文如：❮以物配主确实是严重的不义。❯（31：13）两圣训实录辑录，伊本·麦斯欧迪说：我问："安拉的使者啊！哪件罪恶最大？"使者说："安拉创造了你，你却为安拉设伙伴。"

❮49.你难道不曾注意那些自命清白的人吗？不然，只有安拉净化他所意欲的人，他们一点也不会被亏待。❯

❮50.你看：他们怎样假借安拉名义而造谣。这足为一件明白的罪恶。❯

❮51.你没有看见吗？那些被赐予部分经典的人信仰偶像和恶魔，他们还指不信仰的人说："这等人的道路，比信仰者的道路还要正当些。"❯

❮52.这等人，安拉将诅咒他们。安拉诅咒之人，你绝不会发现他有任何援助者。❯

## 贬斥犹太人，诅咒他们自命清白、信仰偶像和恶魔、颠倒正道和正信

哈桑和格塔德说："'你难道不曾注意那些自命清白的人吗'是为犹太人和基督教徒降示的，因为他们说：'我们是安拉的儿子和他的朋友。'"(3)伊本·栽德说："这节经文是对下列经文的解释：❮犹太人和基督教徒说：'我们是安拉的儿子和他的朋友。'❯（5：18）(4)❮除了犹太人和基督教徒之外，没有人会进入乐园。❯（2：111）(5)因此，安拉说：❮不然，只有安拉净化他所意欲的人。❯（4：49）此中的权力归于安拉，因为只有他知道一切事物的本质及其特征。

"他们一点也不会被亏待"，即便他干了一丝一毫的工作，也会得到相应的报酬。伊本·阿拔斯、穆佳黑德、艾克莱麦、阿塔、哈桑、格塔德等认为：他的善功即便只有一个枣核上的小孔大小，也会得到报酬。

"你看：他们怎样假借安拉名义而造谣"，即他们自称是安拉的儿子和朋友，以此自命清高、不凡。他们说：❮除了犹太人和基督教徒之外，没有人会进入乐园。❯（2：111）还说：❮除了有限的几天外，火不会接触我们。❯（2：80）并且他们

---
(1)《泰伯里经注》8：446。
(2)《艾哈麦德按序圣训集》5：152。
(3)《泰伯里经注》8：452。
(4)《泰伯里经注》8：453。
(5)《泰伯里经注》8：453。

倚仗祖先的善功而自命不凡。安拉已断定，祖先的善功对子孙没有丝毫益处。安拉说："那是已逝去的民族，他们有他们所营谋的，你们有你们所营谋的。"（2∶141）

"这足为一件明白的罪恶。"他们的谎言和捏造是无以复加的。

"你没有看见吗？那些被赐予部分经典的人信仰偶像和恶魔。"[1]欧麦尔说，"偶像"指魔术，"恶魔"指恶魔。《规范词典》中说："吉卜特一词包括偶像、占卜者、魔术师等意义。"[2]贾比尔说："塔吾特是与恶魔保持联系的占卜者。"穆佳黑德说："塔吾特是人形魔鬼，一些多神教徒向它们投诉，让它们管理他们的事务。"[3]伊玛目马立克说，塔吾特是人们除安拉之外所崇拜的一切。

### 隐昧者不可能比穆斯林优越

"他们还指不信仰的人说：'这等人的道路，比信仰者的道路还要正当些'"，即无知而信仰浅薄的他们，认为隐昧者比穆斯林尊贵，从而违背了安拉的经典。叶哈雅和克尔卜来到麦加，当地人对他们说："你们是有经人，也是有学问的人。你们说说，我们是怎样的，穆罕默德又是怎样的？"他俩说："你们是怎么做的，穆罕默德又是怎么做的。"他们说："我们接济亲人，宰献肥驼，供人以奶和水，释放奴隶，给朝觐者供水；而穆罕默德则是一个孤家寡人，他断绝了我们的亲属，追随他的人是一些贫穷的人，他们盗窃哈志（朝觐者）的东西，请问我们优秀，还是他们优秀？"这两个有经人听后说："你们比他们优秀，你们比他们正派。"后来安拉降谕道："你没有看见吗？那些被赐予部分经典的人……"

### 犹太人因为向多神教徒求助而遭受安拉的弃绝

这是安拉对犹太人的诅咒，因为他们向多神教徒求救，安拉说没有人在今世和后世相助他们。犹太人为了笼络多神教徒而说了这些话。多神教徒们响应了他们，所以在以后的联军战役中，他们狼狈为奸，共同对付穆斯林，以至穆圣㊕和他的弟子们在麦地那周围挖了战壕，最终安拉瓦解了犹太人的阴谋，拯救了穆斯林，安拉说："安拉使隐昧者忿忿而回，他们没有得到好处。安拉为归信者解决了战事。安拉是至强的、优胜的。"（33∶25）

---

[1]《泰伯里经注》8∶462。
[2]《伊本·艾布·哈亭经注》3∶994。
[3]《泰伯里经注》8∶462。

"53.难道他们有一部分权力吗？假如有，他们不给别人一丝毫。"

"54.他们由于安拉赐给别人恩惠而嫉妒别人吗？我已经赐给伊布拉欣的族人经典和智慧，并且赐给了他们博大的权力。"

"55.他们当中有些人信仰他，也有些人妨碍他，火狱是足以燃烧他们的。"

### 犹太人的吝啬和嫉妒

清高伟大的安拉说："难道他们有一份权力吗？"这是一个反问句。即他们没有什么权力。经文接着指出了他们的吝啬，如果是那样，"**他们不给别人一丝毫**"，即他们不会让别人分享丝毫权利，更不会让穆圣㊕分享。"**一丝毫**"（奈给勒，"نقير"）一词正如伊本·阿拔斯等学者所述，指枣核上的小孔。正如下面经文说："你说："如果你们掌握了我的主的慈悯宝库，你们必定因为害怕花费而克扣它。"（17∶100）即担心手中的一切用完。事实上，人所掌握的一切都不可能永不消失。这不过是为了显示你们的吝啬。所以说："人总是吝啬的。"（17∶100）然后安拉说："他们由于安拉赐给别人恩惠而嫉妒别人吗？"他们嫉妒这位先知得到了伟大的圣品，是因为他来自阿拉伯而不是来自古以色列。因此嫉妒心态促使他们拒绝穆圣。伊本·阿拔斯说："'嫉妒别人'指嫉妒我们穆斯林，而非其他人。"

"**我已经赐给伊布拉欣的族人经典和智慧，并且赐给了他们博大的权力**"，即我在伊布拉欣的后裔、古以色列的支系中派遣了许多先知，降示了经典，以宇宙常道——哲理统治他们，并使他们中的某些人成为国王。然而，"**他们当中有些人信仰他**"，即信服这种赏赐和恩典，"**也有些人妨碍他**"，即否认它、背叛它，并千方百计地阻碍别人归信它。那些先知虽然来自古以色列，与以色列人同属一个民族，但也遭到了他们的非议。对于不属于以色列后裔的穆圣，他们会怎么对待呢？"**他们当中有些人信仰他**"，即归信穆圣。"**也有些人妨碍他**"，即他们中的隐昧者则拒绝了你，远离你带来的引导和真理。(1)因此，安拉警告他们说："**火狱是足以燃烧他们的**"，即火狱足以惩罚否认、藐视和背叛安拉的经典和使者的他们。

❖ 56.那些不信我的迹象的人，我会把他们掷入火中。每当他们的皮肤烧焦时，我就另换皮肤给他们，以便他们尝受刑罚。安拉是优胜的、明哲的。❖

❖ 57.但是那些归信而又行善的人，我将准许他们进入下临诸河的乐园，让他们永居其中。他们在其中将会有纯洁的伴侣，我将使他们进入永恒的荫凉之下。❖

## 对否认安拉的经典和使者的人的惩罚

安拉描述那些否认安拉的经文、阻碍列圣的道路的人，说："**那些不信我的迹象的人**"，我要使他们进入火狱中，使他们遭受无以复加的永恒惩罚。(2)

"**每当他们的皮肤烧焦时，我就另换皮肤给他们，以便他们尝受刑罚。**"伊本·欧麦尔说："当他们的皮肤被烧毁后，被换上如同白纸的其他皮肤。"

"**每当他们的皮肤烧焦时**"，哈桑说："他们每天被烧毁七万次。"伊本·希沙姆说："当他们的皮肤被烧毁，肉体被烈火吞噬后，有声音对他们说：'你们变回原形吧！'他们便又恢复

---

(1)《泰伯里经注》8：482。
(2)《泰伯里经注》8：484。

了原形。"(3)

## 清廉者的归宿是乐园及其恩典

"**但是那些归信而又行善的人，我将准许他们进入下临诸河的乐园，让他们永居其中。**"经文指出了幸福的人们的归宿是阿得宁乐园（长住的乐园）。这些乐园中，在他们意欲的地方流淌着许多河流，他们将永居其中。这些恩典永不改变，他们也不求改变。

"**他们在其中将会有纯洁的伴侣**"，即乐园的妻子没有月经、产血、肮脏、恶德和各种残缺现象。伊本·阿拔斯说："她们没有污秽和伤害。"(4)穆佳黑德说："他们没有大小便、月经、鼻涕、痰、精液和身孕。"

"**我将使他们进入永恒的荫凉之下**"，即他们将处于浓密而优美的庇荫之下。穆圣说："乐园中有一种树，骑乘者在其荫凉之下行进一百年，也不会走完它。它是永恒之树。"(5)

❖ 58.安拉命令你们把信托物交归给它们的主人，如果你们在众人当中判决，你们应当秉公判断。安拉对你们的劝诫是多么的优美！安拉确实是全听的，全观的。❖

## 履行信托

清高伟大的安拉说，你们当把信托物交给应该交付的人。安拉的使者说："请将信托物交给委托人，不要背弃背离你的人。"(6)信托的涵盖面非常广，它包括人对安拉应尽的义务和人与人之间的义务。人对安拉的义务如：礼拜、天课、斋戒、罚赎、许愿等可见与不可见的信托。人对人的信托，不胜枚举，如人们相互寄托的没有明显证据的物品等。安拉嘱托人将这些可见与不可见的受托物交给应该交的人。谁在今世中不履行信托，将在后世给予弥补。安拉的使者说："每个人都会得到其权益，甚至有角的羊也因（在今世中抵撞）无角的羊而受到惩罚。"(7)伊本·朱莱杰说："这节经文是因奥斯曼·本·特里哈而降示的。安拉的使者曾从他手中拿过天房的钥匙，于解放麦加之日进入了天房。使者出来时念着下列经文：'**安拉命令你们**

---

(3)《泰伯里经注》8：485。
(4)《泰伯里经注》1：395。
(5)《泰伯里经注》8：489。
(6)《艾哈麦德按序圣训集》3：414；《艾布·达乌德圣训集》3：805。
(7)《穆斯林圣训实录》4：1997。

把信托物交归给它们的主人',然后命人叫来奥斯曼,把钥匙还给了他。"欧麦尔说:"使者念着这节经文从天房中走了出来。使者的恩情超越了父母,我以前没有听到使者念过它。"(1)许多著名的圣训都证实,本段经文就是因上述原因而降示的。不管降示背景如何,经文包含了一切有关信托的人或事。因此,伊本·阿拔斯和伊本·哈乃斐说:"这节经文针对善人和恶人",即它是一项普遍的命令。

## 司法公正

"**如果你们在众人当中判决,你们应当秉公判断。**"安拉命令人们公正地裁决人们间的事务,因此,伊本·凯尔卜等人说这节经文是为一些长官(法官)降示的。(2)圣训说:"安拉和公正的法官同在,当法官不公时,安拉让他自己处理自己的事情。"(3)贤哲遗训说:"一日的公正,如同四十年的功修。"

"**安拉对你们的劝诫是多么的优美!**"安拉命令你们履行信托,公正裁决,并以许多伟大、完美、全面的法律责成你们。

"**安拉确实是全听的,全观的**",即安拉能听到你们的一切语言,能看到你们的一切行为。

✿ 59.**有正信的人们啊!你们应当服从安拉,服从使者和你们中的执事者。如果你们对任何事发生分歧,你们就把它交付安拉和使者,如果你们确信安拉和末日。这对于你们是更好的,结果更合适的。**✿

### 在合理的事务中服从长官的必要性

"**你们应当服从安拉,服从使者和你们中的执事者。**"布哈里传述,伊本·阿拔斯说:"这节经文是为阿卜杜拉·本·胡则法降示的,当时安拉的使者✿任命他领导一支小分队去执行任务……"(4)伊玛目艾哈麦德说:"安拉的使者✿派出了一支小分队,任命一位辅士领导他们,这位辅士在行军中生气了,对部下说:'难道使者没有命令你们服从我吗?'众人说:'命令了。'他说:'那么请你们聚集一些柴。'众人带来柴后,他命人点燃了火,然后说,我命令你们跳进去。众人正准备跳

---
(1)《泰伯里经注》8:492。
(2)《泰伯里经注》8:490。
(3)《伊本·马哲圣训集》2:775。
(4)《布哈里圣训实录诠释——造物主的启迪》8:101;《穆斯林圣训实录》3:1465《艾布·达乌德圣训集》3:92。

时,有位青年说:'你们原本逃脱烈火,投奔了先知,所以,等我们见到安拉的使者✿再说,倘若使者命令你们跳进去,你们再跳不迟。'后来他们回到安拉的使者✿那里,给使者汇报了情况,使者说:'假若你们当初跳了进去,永远不会出来。你们只应服从(长官)合理的要求。'"(5)安拉的使者✿说:"只要穆斯林长官没有命令作恶,你们无论情愿与否,都得服从。如果他命人作恶,则不必听从。"(6)欧巴岱说:"我们和安拉的使者✿缔约:无论情愿与否,困难还是容易,即便舍己为人,我们必须听从长官;我们不和合格的执事者争权夺势。使者✿说:'除非你们看到对安拉赤裸裸的否认,并有据可查。'"(7)安拉的使者✿说:"哪怕你们的长官是一位阿比西尼亚的黑奴,他的头像干葡萄一样,你们也当听从他的命令。"(8)乌姆·侯赛尼说:"我听安拉的使者✿在辞朝的一次演讲中说:'即使你们的长官是一位奴隶,但如果他本着安拉的经典引导你们,你们就得听从。'"(9)《穆斯林圣训实录》记载:"哪怕长官是位残疾的黑奴……"艾布·胡莱赖传述,安拉的使者✿说:"服从我就是服从安拉,违抗我就是违抗安拉,服从我的官员就是服从我,违抗我的官员就是违抗我。"(10)因此说,"**你们应当服从安拉**",即遵循安拉的经典。"**服从使者**",即遵循圣训。"**和你们中的执事者**",即如果执事者命令你们服从安拉和使者,你们当服从他,否则,不必服从。因为在违抗造物主的情况下,不能服从被造物。正如上述圣训所述:"只应服从(长官)合理的要求……"(11)

### 发生分歧时回归《古兰》和圣训

"**如果你们对任何事发生分歧,你们就把它交付安拉和使者。**"穆佳黑德等前辈学者解释为:回归安拉的经典和使者的圣训。(12)人们对某件宗教原理和细节产生了歧义时,安拉命令他们将它交付安拉的经典和使者的圣训。正如安拉所言:✿ **无论你们对什么事情发生分歧,它的裁决属于安拉。**✿(42:10)所以《古兰》和圣训所断定,并证明正

---
(5)《艾哈麦德按序圣训集》1:82。
(6)《艾布·达乌德圣训集》2626;《穆斯林圣训实录》1839;《布哈里圣训实录》7144。
(7)《布哈里圣训实录诠释——造物主的启迪》13:204;《穆斯林圣训实录》3:470。
(8)《布哈里圣训实录诠释——造物主的启迪》13:130
(9)《穆斯林圣训实录》1838。
(10)《布哈里圣训实录诠释——造物主的启迪》13:119;《穆斯林圣训实录》3:1466。
(11)《布哈里圣训实录诠释——造物主的启迪》13:130。
(12)《泰伯里经注》8:504。

确的一切，都是真理；舍弃真理之后，除了迷误别无他物。

"如果你们确信安拉和末日"，你们就应该将分歧和未知交付安拉的经典和使者的圣训，应该将分歧诉诸经典和圣训裁决。这节经文证明，产生分歧时不诉诸《古兰》、不回归《古兰》和圣训的人，就是隐昧者。

"这对于你们是更好的"，即在分歧时诉诸并回归《古兰》和圣训，对于你们是更好的。

"结果更合适的"，即这样的结局和后果是更美好的。穆佳黑德说：它的报酬是更好的。[1]这两种解释基本相同。

❮60.难道你没有看见？那些妄称已归信降示给你的（经典）和在你之前降示的（经典）的人，他们打算诉诸塔吾特裁决，虽然他们曾奉命否认它。恶魔欲使他们陷入遥远的迷途。❯

❮61.当有人说"你们来归信安拉降示的（经典）及使者"时，你会看到伪信士阻碍你。❯

❮62.他们因自己亲手所为而遭到灾难，然后他们到你那里以安拉发誓说"我们只想行善与和谐"时，你将怎么办呢？❯

❮63.这等人，安拉知道他们的心事，所以你宽容他们、劝诫他们，并对他们说深刻的话。❯

### 脱离经典和圣训，诉诸其他依据裁决事务的人，绝不是穆斯林

安拉警告这样一些人：他们妄称归信安拉降给列圣的一切经典，但在分歧时，却诉诸经训外的其他进行判断。正如这段经文降示的原因：有位辅士和一位犹太人发生了冲突，犹太人说："穆罕默德将裁决我们的争端。"而另一人则说："凯尔卜·本·艾西勒夫将裁决我们的争端。"也有人认为这节经文是针对一些伪信士而降示的，他们打算诉诸蒙昧主义法官。关于这节经文的降示背景，有多种传述。但经文包含上述一切原因。经典申斥那些脱离《古兰》和圣训，诉诸于其他的一切谬误——"塔吾特"的人。因此说，"**他们打算诉诸塔吾特裁决……你会看到伪信士阻碍你**"，即抗拒你、违背你。正如经文对多神教徒的叙述：❮如果有人告诉他们"你们要追随安拉已经降下的"之时，他们说："不，我们要遵循我们祖先所遵循的。"❯（31：21）穆民则与他们恰恰相反：❮当信士们被叫到安拉及其使者那里，以便他在他们之

---

(1)《泰伯里经注》8：506。

间判断时，他们所说的话只是："我们听，我们从。"❯（24：51）

### 贬斥伪信士

安拉谴责伪信士说："**他们因自己亲手所为而遭到灾难，然后他们到你那里以安拉发誓说'我们只想行善与和谐'时，你将怎么办呢？**"当他们因自己所犯的罪恶而遭受各种不测，被命运推到你跟前，让你裁决他们的分歧时，他们会怎么样呢？"**然后他们到你那里以安拉发誓：'我们只想行善与和谐'**"，即他们向你道歉，并发誓：我们并不愿意诉诸别处裁决我们的事务，我们当初那样做，只是为了息事宁人，即只是为了周旋和应付，我们不相信那些裁决是合法的，正如安拉所述："**然后他们到你那里以安拉发誓说'我们只想行善与和谐'时，你将怎么办呢？**"

伊本·阿拔斯说："艾布·伯尔宰是位牧师（或占卜者），他曾裁决犹太人之间的分歧，当初有个别穆斯林也在分歧时诉诸他裁决。安拉因此降示道：'难道你没有看见？那些妄称已归信降示给你的（经典）和在你之前降示的（经典）的人……

我们只想行善与和谐'。"

"**这等人，安拉知道他们的心事**"，"他们"指一部分伪信士。安拉知道他们心中的秘密，将还报他们。任何人无法隐瞒安拉，所以穆圣啊！你不必理睬他们，因为安拉知道他们的外表和内心。

"**所以你宽容他们**"，即你不要因他们内心所想的事情而惩罚他们。

"**劝诫他们**"，你忠告他们停止内心的伪信和阴谋，"**并对他们说深刻的话**"，即你当以严厉深刻的语言忠告他们真诚地对待你。

❧ 64.**我派遣使者，只为他以安拉的意旨受到服从。他们自欺的时候，假若他们到你那里，求安拉恕饶，并且使者为他们求饶，那么他们会发现安拉是至赦的，至慈的。**❧

❧ 65.**以你的养主发誓，除非他们请你判决他们之间的分歧，并对你的判决不存芥蒂，同时真心信服，否则他们并不具备正信。**❧

### 服从使者是穆斯林责无旁贷的义务

"**我派遣使者，只为他以安拉的意旨受到服从**"，即安拉规定，如果安拉将一位使者派到一个群体，这一群体就必须服从使者。"**以安拉的意旨**"，穆佳黑德说，除非安拉的允许，否则任何人都不会服从。即只有我所佑助的人才会服从使者。[1]正如安拉所述：❧ **你们在安拉的准许下歼灭他们（敌军）之初，安拉确已实践了他的约言。**❧（3：152）即你们以安拉的命令、定然、意愿征服他们。

"**他们自欺的时候**"，如果违抗安拉的人，犯了错误或触犯法律时去找使者，在那里向安拉求饶，并要求使者替他们向安拉求饶，那么，安拉就会接受他们的忏悔，慈悯他们，宽恕他们。所以说："**那么他们会发现安拉是至赦的，至慈的。**"

### 成为穆民的先决条件是让穆圣㊟裁决他们的分歧，并服从他的决定

"**以你的养主发誓，除非他们请你判决他们之间的分歧，并对你的判决不存芥蒂，同时真心信服，否则他们并不具备正信。**"安拉以他圣洁而尊贵的本然发誓，人们若想成为穆民，就必须让使者裁决他们的一切事务，使者一经裁决，该事就成定案，人们无论在表面上还是在内心中，都必须去执行它。因此说，"**对你的判决不存芥蒂，同时真心**

**信服**"，即他们一经让你裁决，就不会有所犹豫，无论在表面还是内心都会服从。他们对使者的决定完全服从，没有半点抵抗、拒绝和分歧。布哈里辑录，祖拜尔和一个人因一道水渠发生了争端，先知说："祖拜尔啊，请你给庄稼灌溉，然后让水流到邻居处（让对方也灌溉庄稼）。"这位辅士生气地说："安拉的使者啊！（你让祖拜尔先灌溉）因为他是你的表弟吗？"使者听后（因为气愤）脸色都改变了，说"祖拜尔啊，请你给庄稼灌溉后挡住水，让它回到墙跟前，然后让水流到邻居处。"在这起案件中，当这位辅士企图侵犯祖拜尔时，使者保障了祖拜尔应有的权益。此前，使者还给他俩提出了一条对双方都有益的建议。祖拜尔说："我想下列经文就是因此而降示的：'**以你的养主发誓，除非他们请你判决他们之间的分歧，并对你的判决不存芥蒂，同时真心信服，否则他们并不具备正信。**'"[2]

上述经文降示的另一原因：两个人诉诸安拉的使者㊟，判断他们间的分歧，使者作了公正判决，让合理的人胜诉，违理的人败诉了。败诉方说："我不接受。"胜诉方说："你想怎样？"他说："我们去找艾布·伯克尔，让他为我们判决。"他们到艾布·伯克尔那里后，对他讲了事情的经过，艾布·伯克尔说："你们当执行使者的判决。"但败诉方仍不同意，最后他们去欧麦尔那里，要求欧麦尔判决，胜诉方对欧麦尔说："我们向先知投诉，先知作出了判决，但对方不同意。"欧麦尔问了败诉方后，对方证实了胜诉方的话。欧麦尔听完二人的话后进了屋，等他出来时，手握出鞘的宝剑，刺死了拒绝接受使者判决的人。后来安拉降谕道："**以你的养主发誓，除非他们请你判决他们之间的分歧，并对你的判决不存芥蒂，同时真心信服，否则他们并不具备正信。**"

❧ 66.**假如我为他们制定"你们自杀或离开你们的家园！"时，只有很少的人去实施它。倘若他们做了他们已受劝诫的事，这对他们是更好的，使他们的信仰更加坚定的。**❧

❧ 67.**如果这样，我就会把我这里重大的报酬赐予他们，**❧

❧ 68.**并将他们引向端庄的道路。**❧

❧ 69.**服从安拉和使者的人，将和安拉所施恩的列圣、虔信者、烈士、清廉之士在一起。这等人是最优秀的伙伴。**❧

---

（1）《泰伯里经注》8：516。

（2）《布哈里圣训实录诠释——造物主的启迪》8：103。

《70.那恩惠来自安拉，安拉足为全知者。》

## 大部分人违背所受的命令

清高伟大的安拉说，大部分人往往抗拒命令，违犯安拉的禁令，他们邪恶的本质唆使他们倒行逆施。因为安拉彻知一切存在的事物和不存在的事物。所以说，安拉使之怎样就怎样，因而说："**假如我为他们制定'你们自杀……'。**"

"**倘若他们做了他们已受劝诫的事**"，即倘若他们执行命令，不做非法的事情，"**这对他们是更好的**"，即比违反禁令、触犯法律更好。

"**使他们的信仰更加坚定的。**"赛丁伊说："使他们的信念更加坚定。"

"**如果这样，我就会把我这里**"，即把来自我的"**重大的报酬赐予他们**"，即赐给他们乐园。"**并将他们引向端庄的道路**"，即在今世和后世中引导他们。

## 服从安拉和使者的人，在安拉那里和一切受尊重者同在

"**服从安拉和使者的人，将和安拉所施恩的列圣、虔信者、烈士、清廉之士在一起。这等人是最优秀的伙伴**"，即谁执行了安拉和使者的命令，远离了安拉和使者要求远离的事情，安拉将让他居住高贵的居所，让他陪同列圣，或陪同比列圣低一等的人——虔信者、烈士和广大清廉的、正大光明的穆斯林。安拉表扬他们说："**这等人是最优秀的伙伴。**"阿伊莎（愿主喜悦之）传述："我听安拉的使者㊗说：'每位先知在生病时，都被要求在今世和后世之间作出选择。'穆圣㊗在临终前的病中，时常声音粗哑，我听他在念：'**将和安拉所施恩的列圣、虔信者、烈士、清廉之士在一起。**'这时我知道，他被要求作出选择。"(1)另一段圣训载，穆圣㊗临终前说了三次这句话："主啊！让我到最高的群体。"然后归真了。(2)愿主致穆圣㊗以最美好的祝福！

## 这段尊贵经文降示的原因

伊本·朱拜尔说，有位辅士面带愁容，来到安拉的使者㊗跟前，使者问他："某人啊！我怎么看到你忧心忡忡。"他说："安拉的先知啊！我为我所考虑的一件事情而忧愁。"穆圣㊗说："你在考虑什么？"他说："我们早晚陪同你，看见你的尊容，并和你同坐，明日你升到列圣的行列时，我们无法接近你。"先知听后什么也没有说。后来吉卜勒伊里给他带来了这节经文："**服从安拉和使者的人，将和安拉所施恩的列圣……在一起。**"使者接到启示后，立即派人去给那人报喜。(3)阿伊莎（愿主喜悦之）传述，有人来到使者㊗跟前，说："安拉的使者啊！我对你的喜爱超越了对自己、家人和孩子的爱，我每次在家中想起你，便禁不住寂寞，等不及前来看望你，我每每想起你和我的归真，便知道你进入乐园后要和列位先知在一起，我害怕在乐园中看不到你。"使者没有立即回答他，后来安拉降谕道：'**服从安拉和使者的人，将和安拉所施恩的列圣、虔信者、烈士、清廉之士在一起。**'"(4)伊本·凯尔卜传述："我曾在穆圣㊗家中守夜，给他带去小净用水和其他所需，他对我说：'你提个要求吧！'我说：'安拉的使者啊！我要求在乐园中陪同你。'他说：'还有其他要求吗？'我说：'别无他求。'他说：'请叩头（礼拜），帮助我为你实现愿望。'"(5)

---

(1)《布哈里圣训实录诠释——造物主的启迪》8：103；《穆斯林圣训实录》4：1893。
(2)《穆斯林圣训实录》4：1893。
(3)《泰伯里经注》8：534。
(4)《圣训大典》3308。
(5)《穆斯林圣训实录》489。

伊本·孟尔传述，有人来到安拉的使者跟前，说："安拉的使者啊！我作证应受拜者，惟有安拉，你是安拉的使者。我礼五番拜功，交纳天课，在莱麦丹月封斋。"安拉的使者说："谁坚持这些事情而归真，在末日，谁就和列圣、虔信者、及烈士们同在。他们就像这两个。"使者用两个手指比画了一下，继续说："只要他没有忤逆父母。"许多圣门弟子传述：有人向安拉的使者请教这样一个人，他喜欢一些人，但他还没有见到他们。使者回答说："人们和所喜爱的人在一起。"艾奈斯说："穆斯林听到这段圣训后格外高兴。"另据传述，艾奈斯说："我喜欢安拉的使者和艾布·伯克尔，希望安拉将我和他们复生到一起，虽然我没有做过他们的工作。"(1)

"那恩惠来自安拉"，即这是来自安拉的慈悯，而不是他们的劳动所得。"安拉足为全知者"，即安拉知道谁应该得到引导和成功。

§71.有正信的人们啊！你们要提高警惕。所以你们分组出动，或全体出动。§

§72.确实，你们中有怠慢之人，如果你们遭受不测，他就说："安拉确已施恩于我，因为我没有同他们在一起。"§

§73.倘若来自安拉的恩惠降临你们，他一定会说："但愿我曾同他们在一起，并获得伟大的成功。"好像你们与他之间没有一点友爱。§

§74.和那些以后世换取今世的人们为了主道而战斗吧！谁为主道作战而阵亡或胜利，我将赐给谁重大的报酬。§

### 警惕敌人

安拉命令穆民警惕敌人，时刻准备武器和装备，为主道扩充人马。

"分组出动"，即一伙人一伙人地，一部分一部分地，一队一队地出动人马。伊本·阿拔斯认为你们当分成若干个小组，分头出击。

"全体出动"，即集体进军。(2)穆佳黑德等人有相同传述。(3)

### 逃避战争是伪信士的表现之一

"你们中有怠慢之人"，穆佳黑德等人说："这节经文是因伪信士而降示的。"(4)"怠慢"，指逃避战争。也有可能指在战争中拖拖拉拉，并要求别人像他那样。正如阿卜杜拉·本·吾班叶（愿主使他遭受凌辱）那样，他不但自己不参战，而且阻碍他人出征。安拉针对那些不去奋战的伪信士而说："如果你们（穆斯林）遭受不测"，即你们因安拉所意欲的某种原因而遭受杀害、失败、殉教或战败时，他说："**安拉确已施恩于我，因为我没有同他们在一起。**"言下之意是，感谢安拉，我没有参战。他将逃避战争看成来自安拉的一种恩典，殊不知，他已经失去了为主道阵亡者、殉教者或坚忍而战者应得的奖励之良机。

"**倘若来自安拉的恩惠降临你们**"，即你们获得胜利和战利品时，"**他一定会说：'但愿我曾同他们在一起，并获得伟大的成功。'好像你们与他之间没有一点友爱**"，即好像他不和你们同属一个宗教。"但愿我曾同他们在一起，并获得伟大的成功"，即但愿给我也分配一份，让我拥有它。这是这种人的主要目标和最终目的。

### 鼓励奋斗

清高伟大的安拉说，"战斗吧"，即出征的信士们啊！战斗吧！

"和那些以后世换取今世的人们为了主道而战斗吧！"即让有正信的战斗者和那些用微薄的今世代价出卖自己宗教的人们战斗吧！这等人的交易，充分说明了他们的否认和不信。

"谁为主道作战而阵亡或胜利，我将赐给谁重大的报酬。"为主道战斗的每一个人——无论阵亡者、被战胜者，还是被掠夺者——都在安拉那里享有重大的回赐和报酬。正如两圣训实录辑录，如果主道的奋斗者归真，安拉就保证让他进入乐园，或让他获得报酬和战利品。(5)

§75.你们怎么不在主道上为那些被欺压的人——男人、女人和儿童战斗呢？他们（被欺压者们）常说："我们的主啊！求你使我们摆脱这个居民不义的城镇吧！并为我们从你那里委派一位保护者和一位援助者。"§

§76.归信者为主道战斗，否认者为特吾特的道而杀戮。请和恶魔的盟友们作战吧！恶魔的诡计确实是脆弱的。§

---

(1)《布哈里圣训实录诠释——造物主的启迪》7：51。
(2)《泰伯里经注》8：537。
(3)《泰伯里经注》8：537、538。
(4)《泰伯里经注》8：538。
(5)《布哈里圣训实录诠释——造物主的启迪》6：253；《穆斯林圣训实录》3：1496。

### 鼓励参加战争，拯救被欺压者

安拉鼓励信士们在他的道上战争，积极去拯救麦加的被欺压者——已不愿意在那里居住的成年男女和儿童，所以安拉说："他们常说：'我们的主啊！求你使我们摆脱这个居民不义的城镇吧！'"即麦加。类似的经文如：❴多少城镇，（其居民）比你被从中驱逐的城镇（的居民）更为强大。❵（47：13）经文接着描述了这个城镇："求你使我们摆脱这个居民不义的城镇吧！并为我们从你那里委派一位保护者和一位援助者。"伊本·阿拔斯说："我和我的母亲曾是受欺压者。"[1]

"归信者为主道战斗，否认者为特吾特的道而杀戮"，即穆民为服从安拉，求得安拉的喜悦而战；隐昧者为服从恶魔而战。经文鼓励穆民和安拉的敌人作战："请和恶魔的盟友们作战吧！恶魔的诡计确实是脆弱的。"

❴77. 难道你没有看到那些人？有人对他们说："你们应当制止你们的手，而履行拜功并交纳天课。"当他们奉命作战时，突然间他们当中的部分人如害怕安拉那样害怕人，甚至更加害怕。他们说："我们的主啊！为什么你注定我们作战呢？为什么你不让我们拖延到临近的期限？"你说："今世的享受是微少的。后世对敬畏者是更好的。"你们不会受丝毫亏枉。❵

❴78. 无论你们在哪里，死亡也会追及你们，即使你们在坚固的堡垒里。如果他们获得福利，他们说："这来自安拉。"如果他们遭受不测，他们说："这是因你而来的。"你说："这一切都来自安拉。"这些民众怎么了，他们不理解一句话？❵

❴79. 你所获得的任何福利都来自安拉；你所遭受的任何不测却都是因为你自己。我派你为人类的使者，安拉足为见证者。❵

### 谴责某些人希望推迟战争

伊斯兰初期，麦加的穆民们奉命礼拜和纳天课——虽然当时天课还没有成为基本功课，但他们奉命和穷人同甘共苦；他们还奉命原谅、宽恕多神教徒，暂时忍受他们的伤害。穆斯林盼望接到命令和这些敌人决一死战。但当时因多方面原因不适合战争。譬如：一、敌众我寡。二、身处禁地——地球上最尊贵的地方。所以不适合在那里首先发起一场战争。以后穆斯林在麦地那建立家园、形成势力，并拥有相当一部分支持者后，才奉命作战。虽然这是他们以前所希望的，但正当他们奉命作战时，一部分人开始焦躁不安。他们说："我们的主啊！为什么你注定我们作战呢？为什么你不让我们拖延到临近的期限？"即但愿你把战争拖延到其他时候，因为战争会导致流血杀戮，妻离子散。正如安拉所言：❴那些归信的人说："为什么不降下一章经呢？"但是当一章明确的经文降下，其中提到战争时……❵（47：20）

伊本·阿拔斯说："阿卜杜·拉赫曼和他的伙伴们在麦加来见先知，说：'安拉的先知啊！我们崇拜多神时，是强大的，我们归信后备受屈辱。'穆圣说：'我奉命原谅，所以你们不要和这些人战争。'"安拉让穆斯林转移到麦地那后，命令他们战争，但人们却缩手缩脚，安拉因而降示道："难道你没有看到那些人？有人对他们说：'你们应当制止你们的手。'"[2]

"你说：'今世的享受是微少的。后世对敬畏者是更好的。'"即敬畏者的后世比他的今世更好。

"你们不会受丝毫亏枉"，即你们的工作丝毫都不被减损，你们都会得到最充分的报酬。这是对

---

[1]《布哈里圣训实录诠释——造物主的启迪》8：103。

[2]《泰伯里经注》8：549；《哈肯圣训遗补》2：307。

损失今世的穆民的承诺，同时鼓励他们进行战斗，争取后世的报酬。

## 死亡不可逃避

"无论你们在哪里，死亡也会追及你们，即使你们在坚固的堡垒里"，即他们终究都会死亡，任何人都无法逃避死亡。正如安拉所言：❮其中的一切都将消毁。❯（55：26）❮每个生命都要尝试死亡。❯（3：185）❮我未曾赐你以前的任何人永生。❯（21：34）即每个人都会死亡。任何事都无法挽救人免于死亡，无论参战者还是未参战者，都会碰到注定的大限和一定的生存期。正如安拉的宝剑哈立德在临终时说："我曾身经百战，身上战伤累累，然而我要在这里死在床上，我多么不甘心啊！"[1]

"即使你们在坚固的堡垒里"，即高大而坚固的堡垒（大厦）不能防止死亡的降临。

## 伪信士认为先知给他们带来了厄运

"如果他们获得福利。"伊本·阿拔斯等人认为，"福利"指庄稼丰收、生活幸福、人丁兴旺等。"他们说：'这来自安拉。'"

"如果他们遭受不测"，艾布·阿林等人说，"不测"包括旱灾、饥荒、减产、儿女的夭折等。

"他们说：'这是因你而来的。'"即这来自你的方面，是由于我们追随你，归信了你的宗教。正如经文针对法老的民众所说：❮但当幸福降临时，他们就说："这是我们应得的。"当他们遭受不幸时，他们认为这是穆萨和跟他一起的人们带来的凶兆。❯（7：131）❮有人在边缘上崇拜安拉。❯（22：11）那些口蜜腹剑地加入伊斯兰的人就是这样说的。因此，当他们遇到不测的时候，他们将原因归于跟随先知，所以安拉降谕道："你说：'这一切都来自安拉。'"即一切都凭着安拉的判决和定然，这对于每个好人和坏人、穆民和隐昧者都是一样的。安拉通过呼吁穆圣呼吁人类——以便完成交流——说："你所获得的任何福利都来自安拉"，即来自安拉的恩惠和慈悯。

"你所遭受的任何不测却都是因为你自己"，即来自你自己和你的行为。类似的经文如：❮你们所遭受的任何打击，都是由于你们自己的行为所致，而他却宽恕许多（罪行）。❯（42：30）

"因为你自己。"赛丁伊解释为：（不测都是）你的罪恶招来的。格塔德解释为："阿丹的子孙啊！这是对你的罪恶的报应。"

"我派你为人类的使者"，以便你给人们传达安拉的法律，阐述安拉喜欢和憎恶的事情。

"安拉足为见证者"，安拉见证他派遣了你，他也是你和人们之间的见证者，他知道你对他们传达知识，而他们却以不信和叛逆的态度对待你所带来的真理。

❮80. 谁服从使者，谁就服从了安拉。谁违背，那么，我并没有派你做他们的监护者。❯

❮81. 他们说："服从。"当他们从你那里离去的时候，他们中的一部分人就夜谈你未曾说的事，安拉将记录他们的夜谈。所以你当宽容他们，并托靠安拉，安拉足为托靠者。❯

## 服从使者就是服从安拉

安拉针对他的仆人和使者穆罕默德说，服从使者就是服从安拉，违抗使者就是违抗安拉。因为使者不凭私欲说话，使者的话来自安拉的启示。艾布·胡莱赖传述，安拉的使者说："服从我就是

---

[1] "安拉的宝剑"是哈立德的称号。他的话的意思是，真正让他痛苦和遗憾的是他没有战死沙场，而是死于床铺。——译者注

服从安拉，违抗我就是违抗安拉，服从我的官员就是服从我，违抗我的官员就是违抗我。"[1]

"谁违背，那么，我并没有派你做他们的监护者"，即你不对他负责，你只负责传达。谁追随你，谁就获得了幸福和成功，你也会像他那样获得报酬。谁背叛你，谁就遭受了损失，他们的行为和你无关，正如圣训所述："谁服从安拉和使者，谁就获得了正道；谁违抗安拉和使者，谁只能自受其害。"[2]

## 伪信士的愚蠢

"他们说：'服从'。"安拉形容伪信士说，他们假装服从与忠诚。

"当他们从你那里离去的时候"，即他们离开你，去别处的时候。

"他们中的一部分人就夜谈你未曾说的事"，即他们白天在你面前表现一套，晚上则秘密谈论他们所了解的那一套。

"安拉将记录他们的夜谈"，即安拉知道并让天使们记录他们的言谈。安拉责成这些天使记载仆人的功行，所以天使们知道人们在干什么。经文的意思是安拉警告这些人，他知道他们在暗中所搞的阴谋，知道他们密谋违反先知——虽然他们白天表现出服从的样子。安拉将因他们的这种行为惩罚他们，正如安拉所言：❴他们说："我们归信了安拉及其使者，我们服从了。"❵（24：47）

"所以你当宽容他们"，即你原谅他们，宽大为怀，不要惩罚他们，不要揭发他们，也不要害怕他们。

"并托靠安拉，安拉足为托靠者。"对于托靠并回归安拉的人来说，安拉是最好的保佑者、襄助者和支持者。

❴82.难道他们不参悟《古兰》吗？如果它不是来自安拉，那么他们必定会在其中发现很多矛盾。❵

❴83.每当一些有关安宁和恐惧的消息到达他们时，他们就四处传播，如果他们把它交付使者或他们中的执事者，他们中能推理的人必定知道它。若不是安拉赐予你们恩惠和慈悯，除少数人外，你们一定跟随恶魔了。❵

## 《古兰》就是真理

安拉命人参悟《古兰》，禁止他们忽视它、不参悟它的精确意义和优美辞句，安拉告诉他们，《古兰》中没有冲突和矛盾，因为它是来自明哲的、可夸的安拉的启示和真理。因此安拉说：❴为何他们不参悟《古兰》，难道他们的心上有锁吗？❵（47：24）

"如果它不是来自安拉"，假若它是臆造或杜撰的——正如一些多神教徒和伪信士心里所想——"那么他们必定会在其中发现很多矛盾"，即冲突和紊乱。"很多"指《古兰》中不存在丝毫矛盾，因为它来自安拉。正如安拉对学问渊博的学者的描述，❴他们说："我们归信了，全部来自我们的养主。"❵（3：7），即义理明确的和义理深奥的都是真理，所以谁从义理明确的部分理解了义理深奥的部分，谁就获得了引导。而内心虚伪的人，则从义理深奥的部分，去理解义理明确的，所以他们陷入了迷途。因此，安拉表扬了知识渊博的学者，谴责了居心叵测的人。伊本·舒尔布传自他的爷爷："我和我兄弟曾参加过一个场合，即便是用红骆驼换那次机遇，我也不会乐意的：我们俩去安拉的使者㊛那里时，发现使者的门附近坐着一些年长的圣门弟子，我们不愿分开他们（从中间走进去），便坐在石头上，他们正在探讨一段经文，大家众说纷纭，声音越来越高。这时，安拉的使者㊛恼怒地红着脸走了出来，他用沙子投掷他们，说：'众人啊！且慢。你们以前的各民族就是因此而遭受毁灭的，他们对先知提出异议，对经典提出疑问。《古兰》降示于世，不是为了让人们拿它的一部分去否定另一部分，而是为了让他们用它的一部分去印证另一部分，所以你们当遵循知道的，向有知者请教不知道的。'"[3]

伊本·阿慕尔传述："有一天我去安拉的使者㊛那里，当我们坐下时，有两个人因为一段经文而发生了争执，他俩的声音越来越高，安拉的使者㊛说：'前人的毁灭是因为他们对经典产生了分歧。'"[4]

## 禁止传播未经证实的消息

"每当一些有关安宁和恐惧的消息到达他们时，他们就四处传播。"经文警告那些积极传播未经证实的消息的人。艾布·胡莱赖传述，穆圣㊛

---

(1)《艾哈麦德按序圣训集》1：252；《布哈里圣训实录诠释——造物主的启迪》6：135；《穆斯林圣训实录》1466。
(2)《穆斯林圣训实录》2：594。
(3)《艾哈麦德按序圣训集》2：181。
(4)《艾哈麦德按序圣训集》2：192；《穆斯林圣训实录》4：2053；《圣训大典》5：33。

说："传播听到的一切，罪大莫及。"(1)穆黑莱传述："安拉的使者禁止传播流言蜚语。"(2)即使者不允许人们不加考虑和分析，四处传播没有根据的消息。圣训说："自认为所谈之事是谎言之人，也属于撒谎者。"(3)让我们讲述一段有关欧麦尔（愿主喜悦之）的圣训吧。有一次他听说安拉的使者休了圣妻们，便从家中出来直接去了清真寺。他在寺中发现人们议论这件事，于是耐不住性子要求会见穆圣，向他打听事情的原委。他问先知："你休了各位妻子吗？"穆圣说："没有。"欧麦尔说："安拉至大……"传述者提到了这段较长的圣训。另据欧麦尔传述："我问先知：'你休了她们吗？'先知说：'没有。'然后我站到寺门口，以我的最高声音呼唤：'安拉的使者没有休他的妻子！'这时，安拉降谕道：'**每当一些有关安宁和恐惧的消息到达他们时，他们就四处传播，如果他们把它交付使者或他们中的执事者，他们中能推理的人必定知道它。**'我就通过推理了解到了这件事。"(4)这段圣训谈到从适当的资料中剖取和调查。"推理"的意思指演绎、挖掘，阿拉伯人形容某人掏挖或开发一眼泉时说："某人开采了一眼泉。"

"除少数人外，你们一定跟随恶魔了"，伊本·阿拔斯说，"少数人"指穆民。(5)

◆84.**你应当为主道战斗，你受责成的只是你力所能及的，你当激励信士们。也许安拉会阻止隐昧者的进攻。安拉的进攻是至强的，惩罚是至严的。**◆

◆85.**谁为一件善事说情，谁得一份善报；谁为一件恶事说情，谁得一份恶报。安拉是万物的监护者。**◆

◆86.**有人以问候辞问候你们时，你们当答以更好的或同样的（问候辞）。安拉是监察万物的。**◆

◆87.**安拉——应受拜者，惟有他。的确，他将在毫无疑问的复生日聚集你们。在言辞方面，有谁比安拉更真诚呢？**◆

———————————
（1）《穆斯林圣训实录》1：10；《艾布·达乌德圣训集》5：226。
（2）《穆斯林圣训实录》1：5；《艾布·达乌德圣训集》4：992。
（3）《穆斯林圣训实录》1：9。
（4）《布哈里圣训实录诠释——造物主的启迪》9：187；《穆斯林圣训实录》2：1105。
（5）《泰伯里经注》8：575。

## 安拉命令使者亲自参战

安拉命令他的仆人和使者穆罕默德亲自投入战争。拒绝战争的人和使者没有关系。所以说："**你受责成的只是你力所能及的。**"艾布·易司哈格传述："我向白拉伊请教这样一个人：他独自一人遇到一百名敌人并和他们作战，他是否属于下列经文所说的那些人：'你们不要将自己投入伤害'？他说，安拉对先知说：'**你应当为主道战斗，你受责成的只是你力所能及的，你当激励信士们。**'"

艾布·易司哈格传述："我问白拉伊：有人独自扑向人多势众的多神教徒，他是否属于◆不要自投于灭亡。◆（2：195）他说，不是的，因为安拉派遣他的使者后，对使者说：'**你应当为主道战斗，你受责成的只是你力所能及的，你当激励信士们。**'而你说的那段经文则是关于花费（财产的）。"(6)

## 激励信士作战

"**你当激励信士们**"，即你当鼓励信士们同多神教徒作战。正如在白德尔之日穆圣在整理队伍时所说："请站到与诸天和大地同宽的乐园上。"(7)鼓励作战的圣训很多，艾布·胡莱赖传述，安拉的使者说："谁归信安拉及其使者，履行拜功，完纳天课，莱麦丹月封斋，安拉就让他进入乐园，无论他为主道迁徙了，或留在他的出生地。"众人说："安拉的使者啊！我们给人们传达这一喜讯吗？"使者说："乐园中有一百个品级，安拉为主道的奋斗者准备了它。每两个品级之间如同天地之遥。当你们向安拉祈求时，请祈求费尔道斯，它是乐园的中央，最高的乐园，它上面是至仁主的阿莱什，乐园的河从中流出。"(8)安拉的使者说："艾布·赛尔德啊！谁喜欢安拉为他们的养主，伊斯兰为他的宗教，穆罕默德为他的使者和先知，谁必进乐园。"艾布·赛尔德听到后感到非常振奋，说道："安拉的使者啊！请再说一遍。"使者重复了上面说的话后，说："还有一件事，安拉会因此而让仆人在乐园中升高一百个品级，每两个品级与天地同宽。"艾氏问："安拉的使者啊！它是什么事？"使者说："为主道作战。"(9)

"**也许安拉会阻止隐昧者的进攻**"，即信士们

———————————
（6）《艾哈麦德按序圣训集》4：281。
（7）《穆斯林圣训实录》3：1510。
（8）《布哈里圣训实录诠释——造物主的启迪》6：14；《伊本·马哲圣训集》2：1448。
（9）《穆斯林圣训实录》3：1501。

将因为你的鼓励而奋勇作战，捍卫伊斯兰，保护穆斯林，英勇抗敌。

"安拉的进攻是至强的，惩罚是至严的"，即安拉能在今世和后世中处理世人的事务。正如安拉所言：❃ 事情就是这样的。倘若安拉愿意，他必定惩罚了他们。但是（他让你去战斗）以便他以部分人来试验你们中的另一部分。❃ （47：4）

### 善说情和恶说情

"谁为一件善事说情，谁得一份善报；谁为一件恶事说情，谁得一份恶报。"谁为一件事奔波而有了善果，他将得到其中的一个份额。**"谁为一件恶事说情，谁得一份恶报"**，即他将因自己的奔波和意图而承担罪恶。穆圣说："你们说情吧！你们会得到报酬的，安拉将通过他的先知的话语判决他所意欲的事情。"[1] 穆佳黑德说："这节经文是为鼓励人们之间相互说情而降示的。"[2]

"安拉是万物的监护者。"伊本·阿拔斯等人说，"监护者"（مقيتا）指保护者。[3] 穆佳黑德认为指见证者。另一传述认为该词指清算者。[4]

### 命令以更好的言辞回答赛俩目[5]

"有人以问候辞问候你们时，你们当答以更好的或同样的"，即如果穆斯林向你们道赛俩目时，你们应当以更优美的言辞回答他们，或按对方的言辞回答他们。用完美的言辞回答是可嘉的，用相同的言辞回答则是主命。伊本·侯赛因传述，有人来到安拉的使者跟前说："安拉的平安在你上。"使者回答后那人坐了下来，使者说："十"；此后又来了一人，说："安拉的使者啊！安拉的平安和慈悯在你上。"使者回答后那人坐了下来，使者说："二十"；不久又来了一人，说："安拉的使者啊！安拉的平安、慈悯和吉祥在你上。"使者回答后那人坐了下来，使者说："三十"。[6][7]

如果一位穆斯林以教法规定的最全面的问候辞[8]问候另一穆斯林，后者应该作出相同的回答。

---

（1）《布哈里圣训实录诠释——造物主的启迪》3：351。
（2）《泰伯里经注》8：581。
（3）《泰伯里经注》8：583。
（4）《泰伯里经注》8：583。
（5）译音，一译色兰。穆斯林常用的祝安词。——译者注
（6）意为他们分别获得了十倍、二十倍和三十倍的回赐。安拉至知。——译者注
（7）《艾哈麦德按序圣训集》4：439；《艾布·达乌德圣训集》5：379；《揭密》2：418。
（8）即上面第三个人的问候辞。——译者注

---

穆斯林不能首先向教外人道安，更不能以更全面的话回答他们，但可以按照两圣训实录辑录的正确方法回答对方。安拉的使者说："如果犹太人向你们道安，他们就说：安撒穆阿莱开[9]。这时你们说：愿你如此。"安拉的使者说："你们不要首先给犹太人和基督教徒问安，你们在路上遇见他们时，让他们处于最难堪的境地。"安拉的使者说："以掌握我生命的安拉发誓，你们若想进入乐园，就得归信；你们若想归信，就得相互喜爱。我告诉你们一件事，你们若做了它，就会相互喜爱，好吗？（它是）你们当互相道赛俩目。"[10]

**"安拉——应受拜者，惟有他"**，指出安拉的独一以及在宇宙万物中安拉独具受拜性。这句经文含有发誓的意义，因为安拉说："**的确，他将在毫无疑问的复生日聚集你们。**"这是一种近乎发誓的强调手法，句中的"俩目"（ل），有发誓的意义。所以说"**安拉——应受拜者，惟有他**"是誓言的述语。誓言是：我将在一个平地集合前前后后的

---

（9）"السام عليك"，听起来和穆斯林的色俩目非常相似，但其意思是：毒死你吧！——译者注
（10）《艾布·达乌德圣训集》5：378。

人，根据每个人的行为奖励或惩罚他。

"在言辞方面，有谁比安拉更真诚呢？"任何言语都不会在陈述、警告和许约方面比安拉的言语更加真实。所以应受拜者，惟有他，除他外别无养育者。

⟪ 88.你们为什么因伪信士而分为两派？安拉已由于他们所干的而使他们倒退，难道你们还想引导安拉使之迷误的人吗？安拉使之迷误者，你绝不会发现他有一条道路。⟫

⟪ 89.他们希望你们像他们那样不信，而成为（和他们）一样的。所以你们不要以他们为盟友，直至他们为安拉而迁徙。但如果他们反悔的话，你们抓住他们，并在发现他们的地方处死他们。你们不要以他们为保护者和援助者。⟫

⟪ 90.除非他们托庇于和你们同盟的那些人，或是虽然他们来到你们那里，但他们心中既不愿和你们作战，也不愿跟他们的宗族作战，如果安拉愿意的话，他必定使他们征服你们，那么他们必定和你们战斗。所以若他们离开你们，不跟你们作战，并向你们致以色莱麦（和平"السلم"），那么安拉绝没有让你们拥有压制他们的任何借口。⟫

⟪ 91.你们将发现另一些人，他们想从你们处获得平安，并从他们的宗族处获得平安。当他们面临考验时，便退入其中。如果他们没有离开你们，没有向你们致以色莱麦（和平），也没有约束他们的手，那么你们抓获他们，并在发现他们的地方处死他们，这等人，对于制裁他们，我已经授予你们一个明显的权力。⟫

## 警告圣门弟子，不要议论参加吾侯德战役之人

安拉对穆民提出了批评，他们对伪信士抱有两种观点。栽德传述，安拉的使者㊗出兵吾侯德途中，部分人半路撤回了，圣门弟子们对他们产生了两种看法。部分人说："我们应该处死他们。"另一部分则说："不能这样做。"后来安拉降谕道："你们为什么因伪信士而分为两派？"使者㊗说："它（麦地那）是纯洁的，它将剔除杂质，正如炼炉剔除铁中的残渣那样。"(1)

伊本·阿拔斯说："这节经文是因为一些麦加人降示的。他们嘴中承认伊斯兰，但在实际行动中帮助多神教徒。他们有次出城去处理一些事务时说：'我们就算碰到穆罕默德的弟子们也没有关系。'穆民们得知他们出城的消息后产生了两种观点。部分穆民说：'请派兵去处死这些懦夫！他们在帮助敌人对付我们。'另一部分穆民则说：'赞美安拉！难道你们想杀害发表了你们的言论（清真言、作证言）的人吗？难道因为他们没有放弃家园迁徙异地，就可以处死他们吗？'众人就这样一分为二。后来安拉降谕道：'你们为什么因伪信士而分为两派？'"(2)

"安拉已由于他们所干的而使他们倒退"，即让他们返回到错误当中。伊本·阿拔斯说，"倒退"指陷入；(3)"他们所干的"指违抗安拉及其使者，并跟随谬误。

"难道你们还想引导安拉使之迷误的人吗？安拉使之迷误者，你绝不会发现他有一条道路"，即他们没有通向正道，也没有走向真理。

"他们希望你们像他们那样不信，而成为（和他们）一样的"，即他们希望你们也陷入迷误，和他们沆瀣一气。充分说明隐昧者对穆斯林刻骨铭心的仇恨和敌视，所以说："所以你们不要以他们为盟友，直至他们为安拉而迁徙。但如果他们反悔的话……"伊本·阿拔斯说，"反悔"指拒绝迁徙。(4)赛丁伊说，"反悔"指露出了不信的真面目。

## 作战者和不作战者

安拉从这些没有参战的人中排除了另一部分人："除非他们托庇于和你们同盟的那些人"，即除非他们投奔并加入的群体，是和你们缔结和约或保护契约的人。这种情况下，你们可以将他们同等看待。

《布哈里圣训实录》记载了侯代比亚和约，其中说道："谁愿意加入古莱什人的契约，他是自由的；谁愿意加入穆罕默德㊗及其弟子的契约，他也是自由的。"(5)伊本·阿拔斯说：⟪当禁月已经过去之后，不论在什么地方，当你们发现多神教徒时，你们就杀了他们。⟫（9：5）(6)

"或是虽然他们来到你们那里，但他们心中既不愿……"穆斯林还不和这些人作战：他们虽然不愿和你们交战，也不愿和自己的宗族交战，但他们万般无奈地随军出征，所以他们对你们无利无害。

"如果安拉愿意的话，他必定使他们征服你

---

(1)《艾哈麦德按序圣训集》5：184《布哈里圣训实录诠释——造物主的启迪》4：115；《穆斯林圣训实录》2：1007。

(2)《泰伯里经注》9：10。
(3)《泰伯里经注》9：15。
(4)《泰伯里经注》9：17。
(5)《艾哈麦德按序圣训集》5：184；《布哈里圣训实录诠释——造物主的启迪》5：388。
(6)《泰伯里经注》9：18。

们，那么他们必定和你们战斗"，即仁慈的安拉制止了他们对你们的进犯。

"所以若他们离开你们，不跟你们作战，并向你们致以色莱麦"，即他们向你们提出缔结和平契约，"那么安拉绝没有让你们拥有压制他们的任何借口"，即在此情况下，你们绝对不能杀害他们。这些人如同白德尔之日和多神教徒一起出征的一些哈希姆家族成员，他们被迫参加了战争，如阿拔斯等人。因此，当日先知命令穆斯林俘虏阿拔斯，而没有将他处死。

"你们将发现另一些人，他们想从你们处获得平安，并从他们的宗族处获得平安。"表面上看起来这些人如同上面讲述的那些人，但此一些人的想法（举意）不同彼一些人。此一些人是伪信士。他们在穆圣㊎及圣门弟子面前表现出信仰的样子，以便从穆斯林那里得到生命和财产的平安，暗地里却和隐昧者同流合污，保持着他们的崇拜，以便从隐昧者那里得到平安。事实上，他们属于隐昧者。正如安拉所言：⟪可是当他们私下去见他们的魔鬼时，他们又说："我们实际是和你们一道的，我们只是愚弄（他们）罢了。"⟫（2：14）

经文在此说："当他们面临考验时，便退入其中"，即他们沉湎于其中。赛丁伊说，这里的"考验"指以物配主。(1) 穆佳黑德说："这节经文是因一些麦加人而降示的，他们来到先知跟前假惺惺地道赛俩目问候，当回到古莱什人那里时，与他们同流合污，陷入偶像崇拜的泥潭。他们想以此方法在穆斯林和多神教徒那里都得到平安。经文命令穆斯林，如果这些两面派不就此悬崖勒马，重新做人，就向他们发起战争。"(2) 因此，安拉说："如果他们没有离开你们，没有向你们致以色莱麦"，"色莱麦"指和平契约。

"也没有约束他们的手"，即没有制止他们作战。

"那么你们抓获他们"，即俘虏他们。

"并在发现他们的地方处死他们"，即无论你们在哪里碰到他们就处死他们。

"这等人，对于制裁他们，我已经授予你们一个明显的权力"，即明确、普遍的权力。

⟪92.信士绝不应杀死信士，除非误杀。谁误杀了一名信士，他必须释放一名归信的奴隶，并且赔偿给尸亲命价，除非他们施舍。如果他（被杀者）来自与你们敌对的群体，而他是信士，那么应释放一名归信的奴隶。如果他来自你们的盟友，那么

———————
(1)《泰伯里经注》9：28。
(2)《泰伯里经注》9：27。

就应当付给他的家人命价，并释放一名归信的奴隶。谁不能做到，当连续不断地斋戒两个月。这是安拉准许的悔过。安拉是全知的，明哲的。⟫

⟪93.谁故意杀害一位信士，谁的报应是火狱，他将永居其中。安拉恼怒他，诅咒他，为他准备了重大的惩罚。⟫

## 误杀信士的断法

清高伟大的安拉说，穆民不能以任何理由杀害他们的穆民兄弟。两圣训实录辑录，安拉的使者㊎说："杀害那些作证'应受拜者，惟有安拉，我是安拉的使者'的穆斯林是非法的。除非三个原因之一：以命抵命、犯淫罪的结过婚的人、分离集体放弃宗教的人"，即使发生上述事情，任何一位普通百姓都无权杀死犯罪者，此中的权力只归伊玛目或伊玛目代理者。(3)

"除非误杀"，学者们说，句中的"除非"是绝对除外语。(4) 学者们对这节经文的降示原因有不同看法。穆佳黑德等人说："它是为安亚西降示

———————
(3)《布哈里圣训实录诠释——造物主的启迪》12：209；《穆斯林圣训实录》3：1302。
(4) 即误杀者另当别论。——译者注

的。他和他的兄弟曾因归信伊斯兰而遭到某人的压迫，所以他对那人怀恨在心，后来那人也归信并迁徙了，但安亚西不知道这一切。解放麦加之年，安亚西碰上那人后，以为对方还坚持原来的宗教，便扑过去杀死了他。安拉因而降示了上述经文。"(1)

阿卜杜·拉赫曼说："这节经文是因艾宾·德尔达伊降示的。他曾举剑杀死一位念了清真言的人。先知质问他时，他回答说：'那人念清真言，只是为了保命。'先知说：'你剖开了他的心吗？'"除艾宾·德尔达伊之外的人，也碰到过类似遭遇。

"**谁误杀了一名信士，他必须释放一名归信的奴隶，并且赔偿给尸亲命价。**"这是杀人后必须要做的两件事。第一件事：对杀人之大罪进行罚赎，纵然他没有故意杀人。方法是释放一位有正信的奴隶，但不能以释放非穆斯林进行罚赎。伊玛目艾哈麦德传述，有位辅士带来一位黑人女奴，说："安拉的使者啊！我应该释放一位有正信的女奴，你看如果她是穆民，我便释放她。"安拉的使者问那女奴："你作证应受拜者，惟有安拉吗？"她回答说："是的。"使者又问："你作证我是安拉的使者吗？"她说："是的。"使者又问："你归信死后的复生吗？"她回答说："是的。"使者对辅士说："你可以释放她。"(2)

"**并且赔偿给尸亲命价**"，这是为了对失去亲人的人进行补偿，受害与被告双方必须要做的第二件事情。这种命价必须要以五种方式之一交付。正如伊本·麦斯欧迪所传述："安拉的使者对误杀的命价作了如下判决：二十峰满两岁的雌骆驼、二十峰满两岁的雄骆驼、二十峰满三岁的雌骆驼、二十峰满五岁的雌骆驼以及二十峰四岁的雌骆驼。凶手的亲属应该承担这些命价，而不必从凶手本人的财产中拿出这些财产。"(3)

艾布·胡莱赖传述："两位来自胡宰里部落的妇女打架，其中一人用石头击死了另一人及其腹中的胎儿。穆圣接到诉状后作出判决：受害者的胎儿的命价是释放一位男奴或女奴。受害者的命价由对方的亲人承担。"(4)这种判决的结果是，故意的误杀在交付命价方面就像纯粹的误杀。但这种误杀因为与故意杀人有相同性，而必须要以三种方式交付命价（如同故意杀人的方式）。《布哈里圣训实录》载，安拉的使者派哈立德去号召朱宰麦

人归信伊斯兰，那里的人不会说"我们归信了"，而说"我们出教了，我们出教了"。因而被哈立德处死。安拉的使者听到消息后举起双手说："主啊！我向你表示，我和哈立德的行为没有关系。"(5)后来使者派遣阿里，给受害者赔偿了命价（抚恤金），并赔偿了财产方面的损失，甚至对他们的狗盆子都给予了赔偿。通过这段圣训可知，伊玛目及其代理的过失，应由国库来赔偿。

"**除非他们施舍**"，即交付命价是必须的。但如果尸亲将命价作为了施舍（即施舍给凶手一方），则可以免于交付。

"**如果他（被杀者）来自与你们敌对的群体，而他是信士，那么应当释放一名归信的奴隶**"，即如果受害人是位信士，但他的亲人是与穆斯林交战的隐昧者，则不必交付命价，凶手只须释放一位归信的奴隶。

"**如果他来自你们的盟友**"，即如果受害者的亲人是有约人(6)或是来自与穆斯林有和约的民族，对方有权索回命价。如果受害者是穆民，则应交付完整的命价，同时，凶手必须释放一位归信的奴隶。

"**谁不能做到，当连续不断地斋戒两个月。**"他必须连续封斋，此间不能开斋。如果他无故(7)地开斋了，则必须重新封斋。

"**这是安拉准许的悔过。安拉是全知的，明哲的**"，即如果凶手没有能力释放一个奴隶，则他应该连续封两个月斋。

"**安拉是全知的，明哲的**"，前文已述。

### 对故意杀人者的警告

安拉阐明了误杀的断法后，开始阐释故意杀人。

"**谁故意杀害一位信士**"，安拉在许多经文中将杀人罪和以物配主等量齐观，安拉在此对这类犯罪者提出了最严厉的警告。安拉在《准则章》说：❝他们只祈求安拉，不祈求其他的神灵。除非凭借权益，他们不杀死安拉已经禁止（杀害）的生命。❞（25∶68）❝你说："你们来吧！我诵读你们养主对你们禁止的事情：你们不要以物配他。"❞（6∶151）禁止杀人的经文和圣训不胜枚举。安拉的使者说："末日，人类最先接受的审判是关于血债方面的。"(8)欧巴岱传述，安拉的使者说："只要穆民没有非法地杀人，他一直是轻

---

(1)《泰伯里经注》9∶32。
(2)《泰伯里经注》9∶34。
(3)《提尔密济圣训全集诠释》1386；《伊本·马哲圣训集》2631；《艾哈麦德按序圣训集》1∶384；《艾布·达乌德圣训集》4545；《奈萨伊圣训集》；4799。
(4)《布哈里圣训实录诠释——造物主的启迪》12∶263；《穆斯林圣训实录》3∶1309。
(5)《布哈里圣训实录诠释——造物主的启迪》7∶653。
(6)和平生活在伊斯兰国家的非穆斯林。——译者注
(7)故，指疾病、月经、产血等。——译者注
(8)《布哈里圣训实录诠释——造物主的启迪》11∶402；《穆斯林圣训实录》3∶1304。

松的，清廉的。当他非法地杀了人后，他就陷入了毁灭。"另一段圣训载："在安拉看来，杀害一位穆斯林比今世的毁灭更为严重。"(1)

## 安拉接受故意杀人者的忏悔吗？

伊本·阿拔斯认为安拉不接受故意杀害穆民的人的忏悔。伊本·朱拜尔传述："库法人对这一问题产生了分歧，后来我去伊本·阿拔斯那里，向他请教这一问题。他说下列经文是这方面最后降示的经文，没有任何经文革止过它：'**谁故意杀害一位信士，谁的报应是火狱。**'"(2)

前辈和后辈学者的大众则认为，安拉会接受故意杀人者的忏悔。如果他悔过自新，敬畏安拉，积极行善，安拉可能将他的罪恶改为善功，同时给受害者以抚恤和满足。

清高伟大的安拉说：《他们只祈求安拉，不祈求其他的神灵……除非悔悟、归信并行善的人。》（25：68-70）这是不可能被革止的结述语，经文所讲述的也不是多神教徒。所以不能只看经文的表面，将本章的上述经文"**谁故意杀害一位信士，谁的报应是火狱**"解释为对穆民的叙述。只有引证别的经文后，才能遵循经文表面。安拉至知。

清高伟大的安拉说：《我的对自己过分的众仆啊！你们不要对安拉的慈悯绝望。》（39：53）这节经文中的"过分"包括各种罪恶，譬如：隐昧、以物配主、怀疑、阳奉阴违、杀人、为非作歹等。谁触犯这些罪恶后向安拉忏悔，安拉会接他的忏悔。安拉说：《确实，安拉不恕饶以物配主的罪恶，但他为他所意欲的人宽恕较轻的罪过。》（4：48）这节经文包括除以物配主之外的一切罪恶。本章的这节经文前后，都提到了这些问题，以便加强人们对安拉的希望。安拉至知。两圣训实录辑录，有位古以色列人杀害了九十九人，他问一位学者："我可以忏悔吗？"学者说："谁能阻碍你去忏悔呢？"这位学者便建议他去某地崇拜安拉，后来安拉让这人死于途中，慈悯的天使们取走了他的灵魂(3)(4)。我们曾多次提到这段圣训。尽管这是发生在古以色列人中的事情，但我们伊斯兰民族的忏悔更应该被安拉接受，因为安拉为我们减免了犹太人曾经所承担的重负和约束，并以宽容而纯正的律法派遣了我们的先知。

"**谁故意杀害一位信士，谁的报应是火狱。**"

---
（1）《提尔密济圣训全集诠释》4：652。
（2）《布哈里圣训实录诠释——造物主的启迪》8：106；《穆斯林圣训实录》4：2318；《圣训大典》6：326。
（3）即他进了乐园。——译者注
（4）《布哈里圣训实录诠释——造物主的启迪》6：591；《穆斯林圣训实录》4：2118。

艾布·胡莱赖和一些前辈学者说："这就是他所面临的惩罚"，即如果他要遭受报应，这就是他的报应。人类所犯的一切罪恶，都受到了这种警告。但一些中和而谨慎的学者认为，清廉的工作可以使人免受这种惩罚。经文在此使用的仅是一种最佳的警告方法。安拉至知正确涵义。我们可以这样理解：这个犯罪者即使要进入火狱，因为安拉不接受他的忏悔，正如伊本·阿拔斯及其追随者所说；或者他因为没有做可使自己脱离火狱的善功，将在火狱中居住相当长的时间，但他不会永居火狱。正如大部分学者所说。何况还有通过多渠道从安拉的使者㊎那里传来的下列圣训："心中有最小的一颗芥子重的正信的人，都会脱离火狱。"(5)

《94.有正信的人们啊！当你们在主道上旅行的时候，你们要探查清楚，你们不要对向你们致色俩目的人说："你不是信士。"你们追求今世生活的浮利，而安拉那里却有丰富的福利。你们曾经就是这样，后来安拉施恩予你们，所以你们要探查清楚。的确，安拉是彻知你们行为的。》

## "赛俩目"是伊斯兰的标志之一

伊本·阿拔斯说，有位塞里麦族的人在牧羊时遇到一些圣门弟子，对他们说了赛俩目，众人说："他说赛俩目的目的仅是为免于伤害。"说完众人过去杀死他，带着他的羊群去见穆圣㊎，后来安拉降谕道："**有正信的人们啊！当你们在主道上旅行的时候，你们要探查清楚……**"(6)

"**你们不要对向你们致色俩目的人说：'你不是信士。'**"伊本·阿拔斯传述："这节经文是因这样一个人而降的：一个人，他照看他的羊群，后来一些穆斯林抓了他。他对他们说：安赛俩目，阿莱库穆（安拉的平安在你们上）。但众人却杀死了他，并带走了他的羊群。安拉因此而降谕道：'你们不要对向你们致色俩目的人说：你不是信士。'"

伊本·阿拔斯说，"今世生活的浮利"指那些羊。

伊本·艾布·哈德磊德传述："使者㊎派我们去伊多穆（地方），我和一些穆斯林共同去执行任务。我们中有艾布·格塔德和麦哈莱穆。我们到达伊多穆谷地的时候，碰到了阿米尔，他骑着骆驼经过，他见到我们后说了赛俩目，我们没有侵犯

---
（5）《布哈里圣训实录》44、7509；《提尔密济圣训全集诠释》8：386。
（6）《艾哈麦德按序圣训集》1：272；《哈肯圣训遗补》2：235；《提尔密济圣训全集诠释》8：386。

他。但麦哈莱穆因为个人私怨而扑过去杀死了他，拿走了他的骆驼、行囊和奶。我们到麦地那后给先知汇报了这一情况，后来安拉降示了下列经文：'有正信的人们啊！当你们在主道上旅行的时候，你们要探查清楚……的确，安拉是彻知你们行为的。'"（1）

伊本·阿拔斯传述，安拉的使者㊊对米格达德说："有位信士和不信的民众居住在一起，秘密信仰，后来他表现出信仰时，你却杀了他！你以前在麦加时，不也是秘密信仰吗？"（2）伊本·阿拔斯传述，安拉的使者㊊派出一支小分队，米格达德是这支分队成员。他们到达一伙人那里时，发现除了一个掌握巨额财产的人外，其他人已经疏散了。那人说："我作证应受拜者，惟有安拉。"但米格达德却冲上去，杀死了对方。有位战友对他说："你杀害了一位作证应受拜者，惟有安拉的人吗？以安拉发誓，我一定要将此事汇报给先知。"他们见到先知后，那位战友说："安拉的使者啊！有个人作证应受拜者，惟有安拉，但米格达德却杀害了他。"使者说："请把米格达德叫来。"先知见到米格达德后说："米格达德啊！你杀害了一位作证应受拜者，惟有安拉的人吗？明天你怎么向'绝无应受拜者，惟有安拉'交待？"伊本·阿拔斯说："后来安拉降谕道：'有正信的人们啊！当你们在主道上旅行的时候，你们要探查清楚，你们不要对向你们致色俩目的人说：你不是信士。你们追求今世生活的浮利，而安拉那里却有丰富的福利。你们曾经就是这样，后来安拉施恩予你们，所以你们要探查清楚。'安拉的使者㊊对米格达德说：'有位信士和不信的民众居住在一起，秘密信仰，后来他表现出信仰时，你却杀了他！你以前在麦加时，不也是秘密信仰吗？'"

"而安拉那里却有丰富的福利"，即安拉那里的福利是更好的，但你们却被尘世的浮华冲昏了头脑，为它杀害向你们说赛俩目、并表白了其穆斯林身份的人。来自安拉那里的合法给养，总比这个人的财产好吧。

"你们曾经就是这样，后来安拉施恩予你们"，即此前你们也和那位被你们杀害的人一样，隐瞒自己的信仰和真实身份，正如上述圣训所示。又如安拉所述：❰你们当铭记，当时你们是大地上受欺压的少数人。❱（8：26）（3）

伊本·朱拜尔说："你们以前也像那位牧羊人那样隐瞒自己的信仰。'你们要探查清楚'是对上面的经文的强调。"

伊本·朱拜尔说："'的确，安拉是彻知你们行为的'是发自安拉的警告。"

❰95.没有残疾而坐在家中的信士与以他们的财产和生命而为主道奋斗的信士彼此不相同。以他们的财产和生命奋斗的人，安拉已使他们比坐在家中的人优越一个品级。安拉为每一伙人都预许了善报。但安拉确以重大的报偿使奋斗者优越于坐家者。❱

❰96.（这是）来自安拉的许多品级、恕饶和怜悯。安拉是至赦的，是至慈的。❱

### 参战者和未参战者不一样

布哈里辑录：安拉降示了"坐在家中的信士与以他们的财产和生命而为主道奋斗的信士彼此不相同"后，安拉的使者㊊叫来栽德，命他记载这节经文。后来伊本·乌姆·麦克图姆来到使者那里诉说他双目失明，安拉因此而降谕道："没有残疾而……"（4）

伊本·赛尔德传述，他在清真寺中看见了麦尔旺，便走过去坐到他的身旁，麦尔旺说栽德告诉他，"坐在家中的信士与以他们的财产和生命而为主道奋斗的信士彼此不相同"降示后，使者㊊就开始对我口授它，正在这时，伊本·乌姆·麦克图姆走了进来，说："安拉的使者㊊啊！倘若我有能力作战，我一定会参战的。"他是一位盲人。安拉当即降下"没有残疾"时，使者㊊的大腿正压着我的大腿，他的大腿越来越重，几乎要将我的大腿压碎。启示结束后，这一情况消失了。（5）

伊本·阿拔斯说："这节经文是因白德尔战役及参加这次战役的人们而降的。穆圣㊊接到出征白德尔的启示后，艾布·艾哈麦德和伊本·乌姆·麦克图姆说：'安拉的使者啊！我们是盲人，能否不参战？'后来安拉降谕道：'没有残疾而坐在家中的信士与以他们的财产和生命而为主道奋斗的信士彼此不相同。'"安拉使参战者贵过没有残疾的未参战者一个品级。（6）

"坐在家中的信士与以他们的财产和生命而为主道奋斗的信士彼此不相同"是一段泛指经文，安拉降示它后，立即又降谕道："没有残疾"，从而排除了一些有故（譬如瞎、瘸等疾病）的人，即他们和那些以财产和生命为主道作战的人是一样的。安拉的使者㊊说："麦地那有一些人，你们每行一

---

（1）《艾哈麦德按序圣训集》6：11。
（2）《布哈里圣训实录诠释——造物主的启迪》6866。
（3）《阿卜杜·兰扎格经注》1：170。
（4）《布哈里圣训实录诠释——造物主的启迪》8：108。
（5）《布哈里圣训实录诠释——造物主的启迪》8：108。
（6）《提尔密济圣训全集诠释》8：388。

段路程，每过一块谷地，他们都和你们在一起（享受安拉的报酬）。"圣门弟子问："安拉的使者啊！他们不是在麦地那吗？"使者说："是的，他们因故不能出征。"(1)

"安拉为每一伙人都预许了善报"，"善报"指乐园和巨大的奖励。这节经文证明，参战是项社区主命，而非个人主命。

"但安拉确以重大的报偿使奋斗者优越于坐家者"，安拉接着指出了他为参战者准备的许多品级，他们在崇高乐园中的宫殿中，一切罪恶和过失都被赦宥，享受着慈悯和福泽，以及来自安拉的优遇。所以说："来自安拉的许多品级、恕饶和怜悯。安拉是至赦的，是至慈的。"

两圣训实录辑录，安拉的使者说："安拉为主道的参战者们在乐园中准备了一百个品级，每两个品级之间如同天地一般宽广。"(2)

◊ 97.在自亏的情况下，众天使使其死亡者，他们（众天使）问道："你们曾生活在怎样的处境中？"他们回答："我们曾是大地上的被欺压者。"他们（众天使）说："难道安拉的大地不是宽阔的，不容你们迁徙吗？"这等人的归宿是火狱，那归宿真恶劣！◊

◊ 98.除非那些被欺压者——男人、女人、儿童，他们没有办法，不识道路，◊

◊ 99.这等人，安拉也许将恕饶他们，安拉是至恕的，至赦的。◊

◊ 100.谁为主道而迁徙，谁将发现许多出路和丰富的福泽。为了迁徙于安拉及其使者，从家中出走，但在中途归真的人，他的报酬在安拉那里。安拉是至恕的、至慈的。◊

**禁止有能力迁徙的人继续生活在多神教徒当中**

穆罕默德·本·阿卜杜·拉赫曼传述，有支军队将被派去征讨麦地那，我的名字也被登记到（多神教匪徒）其中(3)，后来我碰到了伊本·阿拔斯的仆人艾克莱麦，对他讲了这件事情(4)，他听后严厉地禁止我说："伊本·阿拔斯告诉我：安拉的使者时代，一些穆斯林和多神教徒们生活在一起，给多神教徒助威，参加在反对使者的队伍当中。后来他们中箭或被人砍杀的事情时有发生。'安拉因

---

(1)《布哈里圣训实录诠释——造物主的启迪》7：732。
(2)《穆斯林圣训实录》3：1501。
(3)正统哈里发之后，麦地那遭受过一次洗劫。——译者注
(4)即我和入侵者一起出征，但我不会伤害穆斯林。——译者注

此而降示了'在自亏的情况下，众天使使其死亡者'。"(5)端哈克说："这节经文是因一些滞留在麦加的伪信士而降示的。白德尔之日，他们和多神教徒并肩出征，所以和其他人一样遭到了穆斯林的打击。这些人完全有能力迁徙，但他们和多神教徒生活在一起，从而无法履行宗教，因此说他们是自亏者。"(6)学者们通过公决和这节经文，一致认为他们是犯罪之人。经文包括那些在此情况下和多神教徒居住在一起的所有归信者。

清高伟大的安拉说："**在自亏的情况下，众天使使其死亡者。**""自亏"指不迁徙。

"**他们（众天使）问道：'你们曾生活在怎样的处境中？'**"即众天使问他们："你们为何住在那里，而不迁徙？"

"**他们回答：'我们曾是大地上的被欺压者。'**"即我们没有能力离开我们的家乡，去往异乡他地。

"**他们说：'难道安拉的大地不是宽阔的……'**"安拉的使者说："谁和多神教徒共同

---

(5)《布哈里圣训实录诠释——造物主的启迪》8：111。
(6)《泰伯里经注》9：108。

生活，谁就等同于多神教徒。"(1)

"那些被欺压者——男人、女人、儿童……"即这是安拉对一些没有迁徙的人的特许。因为他们无法摆脱多神教徒之手，他们即便摆脱了多神教徒，也不认识迁徙的道路。所以说："**他们没有办法，不识道路**"，正如穆佳黑德、赛丁伊等人所说："**他们不识路。**"(2)

"**这等人，安拉也许将恕饶他们**"，即安拉会原谅他们不迁徙。"**也许**"归于安拉时，表示"必定"。

"**安拉是至恕的，至赦的。**"艾布·胡莱赖传述："安拉的使者㊟在宵礼当中念道：'安拉听到了赞美者对他的赞美。'然后他在叩头前念道：'主啊，求你拯救安亚西·本·艾布·莱毕尔；主啊，求你拯救赛莱迈·本·希沙姆；主啊，求你拯救瓦利德·本·瓦利德；主啊，求你拯救信士中受到欺压的人；主啊，请严厉惩罚穆多勒（部落），主啊，请给他们像优素福时代那样遭受旱灾。'"(3)

"**除非那些被欺压者……**"伊本·阿拔斯说："我和我的母亲属于伟大安拉准许不迁徙的人。"(4)

"**谁为主道而迁徙，谁将发现许多出路和丰富的福泽（مراغم）……**"经文鼓励人们迁徙，并和多神教徒分道扬镳，因为穆民无论去哪里，都会发现容身之地和避难之处。"**许多出路**"指迁徙之地，阿拉伯人以"麦拉俄目"（مراغم）来表达"告别原籍"。伊本·阿拔斯说，该词指转移地方。(5)端哈克、扫尔等人的解释与伊本·阿拔斯的解释相同。

穆佳黑德说："'**许多出路**'指远离有可憎事物的地方。'**丰富的福泽**'指给养"。格塔德等人说："以安拉发誓：'**谁为主道而迁徙，谁将发现许多出路和丰富的福泽**'的意义是从迷误到正道，从贫穷到富裕。"(6)

"**为了迁徙于安拉及其使者，从家中出走，但在中途归真的人，他的报酬在安拉那里**"，即如果有人举意迁徙而从家中出来，然后在途中归真了，那么，他在安拉那里会得到迁徙者的报酬，正如许多确凿圣训所述。安拉的使者㊟说："一切工作取决于举意，每个人都会得到他所举意的。谁为安拉及其使者而迁徙，谁就获得迁到了安拉及其使者那里之报酬。谁为获得今世而迁徙，或为聘得女人而迁徙，那么他就仅仅迁向了他要迁徙的地方。"(7)这段圣训不但指迁徙，而且还指其他工作。另据可靠传述，有人杀死了九十九个人，最后又杀死一位修士，以此完成对一百个人的杀戮，他去问学者，他是否可以忏悔，学者对他说："谁能够阻止你向主忏悔呢？"然后学者建议他到某地去崇拜安拉，那人在途中归真了。这时慈悯的天使和惩罚的天使开始争夺他，慈悯的天使们说："他忏悔而来。"惩罚的天使们则说："他还没有抵达目的地。"后来天使们奉命测量两地（此人欲去拜主的目的地和杀人的出发地）间的距离，他离哪地近一些，就属于哪一方面的人。安拉则命令一边的地方说："你向这边靠拢！"命令另一边的地方说："你向那边远离！"天使们发现他距目的地的距离比距出发地的距离近一拃。慈悯的天使们就接走了他。另据传述："他在死亡前，将他的胸脯靠向了目的地。"(8)

❈ 101.你们在大地上旅行时，若担心隐昧者迫害你们，则无妨缩短礼拜。隐昧者确实是你们的明敌。❈

### 短 礼

"**你们在大地上旅行时**"，即你们出门旅行时。正如安拉所言：❈ 他知道你们当中将会有病人，和其他在大地上寻求安拉的恩典而奔波的人。❈（73：20）

"**则无妨缩短礼拜**"，即你们可以减少礼拜的数量，将四拜减为两拜。

"**若担心隐昧者迫害你们**"，经文谈及当时普遍的情况，因为迁徙后的伊斯兰初期，穆斯林的大部分旅行仍然面临危险。当时的旅行不是加入集体或小型战役，就是为了一场重大战争。在那个时期，多数地方都是伊斯兰及其人民同敌人战斗的地方，一种情况过去时，另一种情况又开始盛行。相同用法的经文如：❈ 当你们的女奴们决意守贞时，你们不要……强迫她们淫乱。❈（24：33）❈ 在你们监护下的女儿（继女）……❈（4：23）(9)

伊本·吾麦叶传述：我向欧麦尔请教了"若

---

(1)《艾布·达乌德圣训集》3：224。
(2)《泰伯里经注》9：111。
(3)《布哈里圣训实录诠释——造物主的启迪》8：113。
(4)《布哈里圣训实录诠释——造物主的启迪》8：113。
(5)《泰伯里经注》8：119、120。
(6)《泰伯里经注》9：121。

(7)《艾哈麦德按序圣训集》1：25；《布哈里圣训实录诠释——造物主的启迪》1：164；《穆斯林圣训实录》3：1515；《提尔密济圣训全集诠释》5：283；《奈萨伊圣训集》7：713《伊本·马哲圣训集》2：1413。
(8)《布哈里圣训实录诠释——造物主的启迪》6：591；《穆斯林圣训实录》4：2118。
(9) 不在监护下的养女不可以娶。——译者注担心隐昧者迫害你们,则无妨缩短礼拜",安拉现已使人们获得平安,我们该如何理解这节经文?他说:我也曾像你一样,对此问题困惑不解,后来请教了安拉的使者☪,使者说:"(短礼)是安拉对你们的施舍,请接受安拉的施舍吧!"(1)

艾布·罕作里传述:"我向伊本·欧麦尔请教了短礼。"他说:"它是两拜。"我问:"你如何解释'若担心隐昧者迫害你们',我们现在是平安的呀?"他说:"(短礼)是穆圣☪的圣行。"(2)

艾奈斯传述:"我们和安拉的使者☪一起从麦地那去麦加,使者在此期间一直按两拜礼拜。"我问:"你们在麦加住了多久?"他说:"住了十天。"(3)

伊本·沃海布说:"在米那山上,人员(穆斯林)众多,最安全的情况下,我同安拉的使者☪礼了晌礼和晡礼各两拜。"(4)布哈里辑录说:"在最安全的情况下,我和安拉的使者☪在米那按两拜礼拜。"(5)

◈ 102.当你在他们之间,并带领他们礼拜时,让他们中的一部分同你站立,并让他们携带武器。当他们叩头之后,让他们退站到你们后面,让没有礼拜的另一伙人同你礼拜,并让他们谨慎戒备,携带武器。隐昧者希望你们忽略你们的武器和行囊,以便他们对你们进行一次袭击。如果你们由于来自雨水的伤害和疾病而感到烦难,那么,放下武器对你们是无罪的。不过你们要加以警戒。的确,安拉已为隐昧者预备了凌辱的刑罚。◈

### 恐惧拜及其种类

恐惧拜的种类很多。因为敌人有时在对面,有时不在对面。礼拜有时是四拜,有时是三拜,譬如昏礼,有时是两拜,譬如晨礼和旅行拜。有时是集体拜,有时则在肉搏战中无暇集体礼拜,而是在朝向正向或不朝向正向的情况下,单独地步行或骑乘着礼拜。在此情况下,他们可以任意礼拜。有学者说,这种情况下,可以礼一拜。因为伊本·阿拔斯

说:"安拉通过你们的先知规定,居家者礼四拜,旅行者礼两拜。恐惧时礼一拜。"(6)伊玛目艾哈麦德持此主张。孟则尔说阿塔、贾比尔、哈桑等人都和伊本·阿拔斯持相同主张。穆罕默德·本·纳斯尔和伊本·哈兹姆认为,恐惧时的晨礼应该是一拜。易司哈格·本·拉胡威说:"在激战当中可以指点礼一拜。如果做不到,则可以叩一个头。因为这也是记念安拉。"

让我们在介绍恐惧拜之前,叙述一下这段尊贵经文的降示原因。艾布·安亚西说:我们曾和安拉的使者☪在欧斯番和一些多神教徒相遇,他们的首领是哈立德(7),他们停在了我们前面,堵住了克尔白的方向。后来安拉的使者☪带我们礼了晌礼。敌人说:"他们正忙着处理一些事情,我们可乘机进攻他们。"后来敌人说:"现在他们要礼拜,他们比喜爱儿女和自身还要喜爱这次礼拜。"传述者说:后来在晌礼和晡礼之间,吉卜勒伊里带来了这节经文:"当你在他们之间,并带领他们礼拜

---

(1)《艾哈麦德按序圣训集》1:25;《穆斯林圣训实录》1:478;《艾布·达乌德圣训集》2:7;《圣训大典》6:327;《提尔密济圣训全集诠释》8:392;《伊本·马哲圣训集》1:339。
(2)《伊本·艾布·西白》2:447。
(3)《布哈里圣训实录诠释——造物主的启迪》2:653。
(4)《艾哈麦德按序圣训集》4:306《布哈里圣训实录诠释——造物主的启迪》2:655;《穆斯林圣训实录》1:484;《艾布·达乌德圣训集》2:493;《奈萨伊圣训集》3:119。
(5)《布哈里圣训实录诠释——造物主的启迪》2:655。
(6)《穆斯林圣训实录》687;《艾布·达乌德圣训集》1247;《奈萨伊圣训集》3:169;《伊本·马哲圣训集》1068。
(7)当时他还没有信教。——译者注

时……"下次礼拜时间到来后，安拉的使者命令穆斯林携带武器，在他的身后站成两队。使者鞠躬时，我们一起鞠躬，使者起身时，我们一起起身。然后使者带领接近他的那一队人叩头，其他人则站着保护他们，他们叩完头站起来后，另一些人跪下去叩头，并跪在原位上；然后他们互换了位置，并和使者一起鞠躬、起身。然后使者和接近他的队伍（第二部分人）一起叩头，另一部分（第一部分）则站着保护他们，这些人跪下后，其他人都跪了下来，并叩头，然后使者道赛俩目结束礼拜。传述者说："使者曾这样礼过两次，一次在欧斯番，另一次在塞里麦家族的地区。"(1)

伊本·阿拔斯传述："一次，安拉的使者领恐惧拜，人们都站在他的后面。使者念了大赞词后，众人也念了大赞词，他鞠躬的时候，众人随他一起鞠躬，叩头时众人随他叩头；然后他起身礼第二拜，那些叩了头并保护他们兄弟的人们站了起来。与此同时，另一些人前来和使者一起鞠躬叩头。人们都在礼拜中，但他们在互相保护。"

贾比尔传述，安拉的使者带领他们作了恐惧拜，一部分人站在使者的前面，一部分站在他的后面，使者带领后面的人礼了一拜，叩了两个头，然后另一些人到来，站在他们的战友们刚刚站的地方，礼过拜的人则站在他们（没有礼拜）的岗位上，使者便带领没有礼的人礼了一拜，然后使者出了拜。所以说，先知礼了两拜，他们分别跟先知礼了一拜。"(2)

"当你在他们之间，并带领他们礼拜时。"撒林传自他的父亲，他说这种礼拜指恐惧拜。使者带领两部分中的一部分礼了一拜，另一部分人则与敌人对峙。然后与敌军对峙的人们到来，使者带他们礼了另一拜。然后使者出了拜。然后前两部分人站起来，分别再礼一拜。

部分学者通过明文认为，恐惧拜中必须携带武器。他们的证据是下列经文："如果你们由于来自雨水的伤害和疾病而感到烦难，那么，放下武器对你们是无罪的"，即以便你们时刻做好准备。当你们需要时，无妨携带武器。"的确，安拉已为隐昧者预备了凌辱的刑罚"。

❦ 103.当你们完成礼拜的时候，你们应站着、坐着或躺着记念安拉。当你们安宁的时候，你们要履行拜功。礼拜对信士已成为定时的定制。❧

❦ 104.你们对于追敌不可松懈。如果你们感到痛苦，他们确像你们一样感到痛苦。你们对安拉的希冀是他们不曾拥有的。安拉是全知的，明哲的。❧

## 命令恐惧拜后多记念安拉

虽然平常礼拜后记念安拉是法定的、受鼓励的事情，但清高伟大的安拉命令人们在礼完恐惧拜后多多记念安拉，则更加说明了恐惧拜后的记主所具有的意义。因为恐惧拜降低了对礼拜的主要要素的要求，具有其他拜中所没有的一些特许，譬如允许人们在拜中来回走动等。正如安拉对禁月的叙述：❦你们不要在禁月中亏负自己。❧（9：36）虽然其他月份也禁止人们自亏，但这种表达更加强调了禁月中不能自亏这一命令，从而突出禁月所具有的庄重尊严。

"当你们安宁的时候，你们要履行拜功"，即当恐惧消除，你们感到安全时，你们要按照命令完整地履行拜功，要注意拜中的每一要求，谦恭地完成每一礼拜动作。

"礼拜对信士已成为定时的定制。"伊本·阿拔斯说："'定制'指天命。"(3)他还说："和朝觐一样，礼拜是有具体时间的。"(4)穆佳黑德等人有相同传述。(5)

## 鼓励忍受伤痛追击敌人

"你们对于追敌不可松懈"，即在搜寻敌人时，你们不要表现出松懈的样子，你们应当积极应战，提防他们。

"如果你们感到痛苦，他们确像你们一样感到痛苦"，即你们遭受创伤和死亡的同时，他们也面临着同样的患难。正如下面的经文说：❦如果你们遭受创伤，那么，一些人已经遭受了同样的创伤。❧（3：140）

"你们对安拉的希冀是他们不曾拥有的"，即你们和他们一样，必将面临创伤和痛苦，但你们同时根据经典和圣训中的预许，希望获得安拉的奖励、襄助和支援。安拉的许诺是真实的。而他们确在这方面不抱什么希望。所以你们比他们更应该参战，应该以更大的精力，去树立和弘扬安拉的言辞。

"安拉是全知的，明哲的"，即安拉是至知的，他能无比精确地决策和判决宇宙事务和宗教事务，并执行他的判断。无论如何，安拉是应受赞美的。

---

(1)《艾哈麦德按序圣训集》4：59、60。
(2)《艾哈麦德按序圣训集》3：298；《穆斯林圣训实录》840；《奈萨伊圣训集》3：174。

(3)《泰伯里经注》9：169。
(4)《泰伯里经注》9：169。
(5)《泰伯里经注》9：167、168。

❊ 105.我确实本着真理而为你降下经典，以便你以安拉昭示给你的在人们之间判决。你不要成为背弃者的辩护员。❊

❊ 106.你当向安拉求饶，安拉是至赦的，至慈的。❊

❊ 107.你不要为欺瞒自己的人辩护，的确，安拉不喜欢罪恶的欺瞒者。❊

❊ 108.他们躲避世人，但不躲避安拉，其实当他们策划安拉不喜爱的计策的时候，安拉和他们同在。安拉是周知他们行为的。❊

❊ 109.你们这些人啊！在今世的生活中，你们为他们辩护，复生日，谁为他们而向安拉辩护呢？谁是他们的监护人？❊

### 命令以安拉的启示裁决事务

清高伟大的安拉呼吁他的使者穆罕默德，说："**我确实本着真理而为你降下经典。**" 即它是来自安拉的真理，其中的叙述和要求都包含着真理。

"**以便你以安拉昭示给你的在人们之间判决**"，乌姆·赛莱迈传述："安拉的使者㊣听到他的房门外一阵喧闹声，便走出门去说：'须知，我仅是一个人，一般情况下我仅凭所见所闻判断事务，或许你们中的部分人拿出了更加明确的证据，所以我断他胜诉。假若我将一位穆斯林的权益误断给了这位胜诉者，则无异于将一块火断给了他。所以让他自便，要么承受这块火，要么扔掉它。'"（1）

乌姆·赛莱迈传述："两位辅士向穆圣㊣起诉一宗遗产案，他们都没有明确的证据。穆圣㊣说：'你们向我起诉，我仅仅是一个凡人，或许你们中一人的证据比另一人的证据更加明确，而我仅以所见所闻在你们中判决。如果我将一位兄弟的权益误判给了另一人，请他不要拿它，因为我判给他的是一块火。末日，这块火要烧灼他的脖子。'两人听后哭了，其中一人说：'安拉的使者啊！我愿意将我的那一份送给我的兄弟。'安拉的使者㊣说：'既然你们这么说，你们就去分配它吧！你们应当尽力实事求是，然后你们可以抓阄，最后双方须互要口唤（2）。'"（3）

"**他们躲避世人，但不躲避安拉**"，这是对多神教徒的警告。因为今世中他们在人们面前隐瞒自己的丑行，以免受到人们的谴责，但在安拉跟前肆

---
（1）《布哈里圣训实录诠释——造物主的启迪》5：128；《穆斯林圣训实录》3：1337。
（2）要口唤，穆斯林常用语，指要求对方完全原谅自己。——译者注
（3）《艾哈麦德按序圣训集》6：320。

无忌惮，坏事干绝。其实安拉监视着他们的一切举止，知道他们的内心世界。所以说："**其实当他们策划安拉不喜爱的计策的时候，安拉和他们同在。安拉是周知他们行为的。**"这也是对他们的警告。然后说："**你们这些人啊！在今世的生活中，你们为他们辩护。**"譬如这些人在今世中，凭借他们所提示或别人所提示的所谓证据，在根据表面现象进行判决的法官那里获得胜诉——凭表面现象进行裁决是法官们的情况——但在末日，在全知幽玄的安拉跟前，他们又能做些什么？那天，谁能保证他们的陈述被执行。那天，他们绝无监护人，所以说："**谁是他们的监护人？**"

❊ 110.作恶或自亏，然后向安拉求饶的人，将发现安拉是至恕的、至慈的。❊

❊ 111.犯罪者，只是在做有损自己的事情。安拉是全知的，明哲的。❊

❊ 112.那些自己犯错或犯罪，而把它栽给一个无罪者的人，的确承担了诽谤和明显的罪恶。❊

❊ 113.若不是由于安拉对你的恩惠和怜悯，他

们当中的一伙人必定阴谋使你迷误,但他们只能使自己迷误,不能伤害你丝毫。安拉为你启示经典和智慧,并教授你不曾知道的,安拉对你的恩惠是巨大的。

## 鼓励人们向安拉忏悔和求饶,警告那些冤枉清白者的人

安拉讲述他的慷慨和普施,说每个忏悔者都将得到赦宥,"作恶或自亏,然后向安拉求饶的人,将发现安拉是至恕的、至慈的。"伊本·阿拔斯说:"安拉通过本章告诉人们他的赦宥、慷慨、宽容和慈悯,仆人无论触犯了大罪还是小罪,'**然后向安拉求饶的人,将发现安拉是至恕的、至慈的。**'即他们的罪恶即便比天地和高山更大……"[1]

阿里(愿主喜悦之)说:"我每从安拉的使者那里听到一些事,安拉就以其意欲使我从中获益。艾布·伯克尔告诉我,安拉的使者说:'只要一个穆斯林犯罪后洗了小净,然后礼两拜,拜中向安拉求饶,安拉必定恕饶他。'然后他读了下面两段经文:'作恶或自亏……'又 那些人,当他们做了丑事和亏负了自己时。(3:135)"[2]

"**犯罪者,只是在做有损自己的事情**",正如安拉所言: 负担者不担负别人的担子。(6:164)即(在后世)任何人对另一人不担罪责,每个人只负责自己的所作所为,与别人无关。

所以说:"**安拉是全知的,明哲的**",即一切都在安拉的知识、哲理、公正和慈悯之下发生。

"**并教授你不曾知道的**",即教授你在颁布启示之前你所不知道的事情。正如安拉所言: 我就这样把来自我的命令的精神降给你,你原来不知道什么是天经。(42:52) 你不曾期望天经会降给你,但这却是来自你的主的慈悯。(28:86)所以说:"**安拉对你的恩惠是巨大的。**"

 114.他们的秘密谈话,大半没有善意。命人施舍、行善、在人们之间调解的人则不然。为追求安拉喜悦而做此事者,我将赐予他重大的报偿。

 115.谁在正道明确之后反对使者,并跟随非信士的道路,我将把他弃置于他所选择的道上,并把他掷于火狱之中。那是一个多么恶劣的归宿啊!

## 善意的密谈

清高伟大的安拉说:"他们的秘密谈话,大半没有善意。""他们"指人们。"命人施舍、行善、在人们之间调解的人则不然",即除非这样的谈话。

乌姆·库勒苏穆传述,安拉的使者说:"为调解人们的隔阂而夸张好话或说好话的人,不属于撒谎者。"她说:"据我所知,他(穆圣)只在三方面给人们以宽大[3]:战争中、调解分歧时、夫妻之间的谈话。"乌姆·库勒苏穆是一位曾和安拉的使者缔约的女迁士。[4]

艾宾·德尔达伊传述:"安拉的使者说:'我告诉你们比斋戒、礼拜和施舍更贵的品级,好吗?'圣门弟子们说:'好。'使者说:'调解隔阂。'并说:'隔阂的危害是毁灭性的。'"[5]

"**为追求安拉喜悦而做此事者**",即谁虔诚地向安拉祈求奖励而做此事。

"**我将赐予他重大的报偿**",即巨大无限的奖励。

## 违背使者并追随非信士道路者的后果

"**谁在正道明确之后反对使者**",即谁在看清真理之后,故意与使者带来的教法殊途逆行。

"**跟随非信士的道路。**"这是上述因素所导致的直接后果,但这节经文主要指违背教法明文,也指违背穆圣的民族所共识的事务。因为穆圣的民族所共识的事务,往往是免于错误的,这是安拉对这一民族的特慈和对其先知的优遇。这方面的圣训很多。安拉警告说:"**我将把他弃置于他所选择的道上,并把他掷于火狱之中。那是一个多么恶劣的归宿啊!**"即谁若选择了这样一条道路,我必因此而报应他,在他的心目中美化这条路,使他在不知不觉中陷入泥潭。正如安拉所言: 让我来对付那不信这言辞的人吧!我将在他们不知不觉中逐步使他们明升暗降。(68:44) 后来,当他们偏离时,安拉就使他们的心偏离了。(61:5) 我将任由他们在过分当中彷徨。(6:110)安拉使火狱成为这种人在后世的归宿,因为谁脱离了正道,在后世,他除了归向火狱外并无道路。正如安拉所言: 你们把犯罪的人跟他们的伙伴们以及他们所崇拜的一起带来。(37:22) 犯罪者们看见了火狱,因此确信他们必将堕落其中。(18:53)

---
(1)《泰伯里经注》9:195。
(2)《艾哈麦德按序圣训集》1:8。
(3)即人们可以在三种情况下不说实话。——译者注
(4)《艾哈麦德按序圣训集》6:403。
(5)《布哈里圣训实录诠释——造物主的启迪》5:353;《穆斯林圣训实录》4:2011《艾布·达乌德圣训集》5:218;《圣训大典》5:193。

◆ 116.安拉必不恕饶以物配主的罪恶,但他为他所意欲的人恕饶除此之外的(一切罪恶)。谁以物配主,谁确已走向了深远的迷误。◆

◆ 117.他们除安拉外只乞求女神,只乞求顽固的恶魔——◆

◆ 118.愿安拉诅咒它!——它说:"我一定占有你的仆人中受规定的一部分,◆

◆ 119.我必定使他们迷误、使他们妄想,命令他们割牲畜的耳朵,并命令他们腐化安拉的造化。"谁舍弃安拉而以恶魔为保护者,谁确已遭受了明显的亏折。◆

◆ 120.恶魔应许他们,并使他们幻想——恶魔只为诱惑应许他们。◆

◆ 121.这等人的归宿是火狱,他们将找不到逃避的途径。◆

◆ 122.那些归信并且行善的人,我将使他们进入下临诸河的乐园,并永居其中。这是安拉的一项真实的约言,在言辞方面,有谁比安拉更真诚呢?◆

## 以物配主罪不可赦 多神教徒 真正崇拜的是恶魔

"安拉必不恕饶以物配主的罪恶,但他为他所意欲的人恕饶除此之外的(一切罪恶)。"前面已经解释过这节经文,我们也在本章开头提到了相关的一些圣训。

"谁以物配主,谁确已走向了深远的迷误",即谁没有选择正确的道路,并迷失了正道,谁就在今后两世损失并毁灭了自己,失去了幸福。

"他们除安拉外只乞求女神",端哈克说:"多神教徒们说,天使是安拉的女儿,他们崇拜它们,只是为了更加接近安拉。"(1)他说:"事实上多神教徒们已将天使作为了神灵,将它们设想为女性,肆意臆造。他们说:'这些天使和我们的受拜者——安拉的女儿有相似之处。'"这种解释与下列经文相似:◆ 你们可曾见到拉特和欧萨?◆(53:19)◆ 他们把崇拜至仁主的天使们当成女性。◆(43:19)◆ 他们也捏造他与精灵之间的亲属关系。◆(37:158)

"只乞求顽固的恶魔",即恶魔命令他们干丑事,并在他们的心中美化它,事实上他们在崇拜伊卜厉斯。正如安拉所言:◆ 阿丹的子孙们啊!我不曾与你们立约吗?你们不要崇拜恶魔。◆(36:60)安拉说,那些多神教徒自称崇拜天使,但那些天使在末日说:◆ 不然,他们曾崇拜精灵,他们大都信仰他们。◆(34:41)

"愿安拉诅咒他!"即愿安拉使这种人远离他的慈悯,无法接近他。

"我一定占有你的仆人中受规定的一部分",即指定的、明确的一部分。穆尕提里说:"它们(恶魔)将每一千人中的九百九十九个人引入火狱,只有一人是进入乐园的。"

"我必定使他们迷误",使他们迷失真理。

"使他们妄想",使他们认为不忏悔是一件好事,让他们沉湎于幻想之中,无限期地拖延和怠慢,被自己的行为所欺骗。

"命令他们割牲畜的耳朵",豁开牲畜的耳朵,使之成为豁耳骆、放生驼和连生驼的标志。

"并命令他们腐化安拉的造化",哈桑说:"经文的意思是刺黥。"《穆斯林圣训实录》禁止在脸上刺黥。另一段圣训中说:"愿安拉诅咒刺黥者。"(2)伊本·麦斯欧迪传述,穆圣说:"愿安拉诅咒刺黥的女人和要求刺黥的女人;刮脸的女人

---

(1)《泰伯里经注》9:209。

(2)《布哈里圣训实录诠释——造物主的启迪》10:392;《穆斯林圣训实录》3:1618。

和要求刮脸的女人[1]；为了美容而分牙[2]，从而改变了安拉的原造的女人。"他说："我为什么不诅咒使者㊣诅咒的人呢？何况《古兰》说：❮使者给予你们的，你们当接受；使者所禁止的，你们当戒绝。❯"（59：7）[3]

"谁舍弃安拉而以恶魔为保护者，谁确已遭受了明显的亏折"，即他损失了今世和后世，这种损失无法弥补，无法挽救。

"恶魔应许他们，并使他们幻想——恶魔只为诱惑应许他们"，这是对事实的解释。的确恶魔给他的朋友许诺，并让他们误认为他们在今后两世是成功的，事实上恶魔在欺骗他们，因此安拉说："恶魔只为诱惑应许他们。"正如安拉对末日恶魔情况的描述：❮当大事被判决时，恶魔说："安拉确曾给你们许下真实的诺言，我也曾给你们许诺，不过我对你们失信了，我对你们无权力。……不义的人们确实要遭受痛苦的刑罚。"❯（14：22）

"这等人"，即对恶魔的许诺和幻想满怀憧憬的人，其"归宿是火狱"。在末日，他们的归宿是火狱。

"他们将找不到逃避的途径"，他们除了火狱之外，没有容身之地和归回之地。

### 清廉信士的报酬

安拉提到那些畏主守法的幸福者的情况和他们的归宿——完美的优待。"那些归信并且行善的人"，即他们用心诚信了，并身体力行所奉的命令——行善，同时服从禁令不作恶事。

"我将使他们进入下临诸河的乐园"，即我将让他们任意地在乐园中游览。

"并永居其中"，即这种景况永不改变。

"真实的约言"，即这是来自安拉的许诺。安拉的许诺是明确的，真实的，肯定会兑现的，因此，后文以词根——"真实的"，强调了这一约言。然后说："在言辞方面，有谁比安拉更真诚呢？"即任何人的言语和陈述都不会比安拉的言语和陈述更真实。应受拜者，惟有安拉。使者㊣在一次演说中说："最真实的语言是安拉的话，最优美的道路是穆圣㊣的道路，最恶劣的事务是新生事务[4]，一切新生事务都是异端，一切异端都是迷误，一切迷误都在火狱之中。"

---

(1) 蒙昧时代的妇女认为刮脸或刮眉毛可以起到美容作用。——译者注
(2) 指用锉或其他东西，将牙齿一个个分开。——译者注
(3) 《布哈里圣训实录诠释——造物主的启迪》8：498。
(4) 指改变教义，做教法不允许的事情。——译者注

---

❮ 123. 不是借你们的妄想和有经人的妄想（就可以获得成功）。谁作恶，将受其报，除安拉外，他不能找到任何保护者和援助者。❯

❮ 124. 信男信女，谁行善，谁便进入乐园，而且不受丝毫亏枉。❯

❮ 125. 宗教方面，谁比以行善者的身份，使自己的面容归顺安拉，同时遵循纯正的伊布拉欣的宗教之人更优美呢？安拉选择伊布拉欣为友。❯

❮ 126. 诸天与大地的一切都属于安拉，安拉是周知万物的。❯

### 成功不是靠幻想得来的  成功要靠善功

格塔德说，据传述，有人对我们说，某次，一些穆斯林和有经人相互争荣，有经人说："我们的先知比你们的先知早，我们的经典比你们的经典早，所以我们比你们更接近安拉。"穆斯林则说："我们比你们更接近安拉，我们的先知是万圣的封印，我们的经典总结了以前的一切经典。"后来安拉降谕道："不是借你们的妄想和有经人的妄想。谁作恶，将受其报。"

"宗教方面，谁比以行善者的身份，使自己的

**面容归顺安拉……"** 最后，安拉使穆斯林驳倒了与他们争荣的有经人。(1)

伊本·阿拔斯就这节经文说："有经人们发生了争执，信奉《讨拉特》的人说：'我们的经典是最优秀的经典，我们的先知是最优秀的先知。'信奉《引支勒》的人也说了类似的话。穆斯林则说：'只有伊斯兰称得上宗教，我们的经典革止了一切经典，我们的先知是万圣的封印，你们和我们都奉命归信你们的经典和我们的经典。'后来安拉判决了他们的分歧，降谕道：**'不是借你们的妄想和有经人的妄想。谁作恶，将受其报。'"**

经文的意义是力行宗教不能靠良好的自我感觉和幻想，而要靠心中的诚信并辅以一定的善功。一个没有实际行动而只喊口号的人，必将一无所获。人们不会因为一个人说"我是追求真理的人"而相信他，而要看安拉从中赐给他的明证。所以说："**不是借你们的妄想和有经人的妄想。谁作恶，将受其报**"，即无论是你们，还是他们，都不会仅凭幻想得到成功，你们的成功取决于你们对安拉的服从，取决于你们对尊贵的列圣带来的法律的执行。所以后文说："**谁作恶，将受其报。**"正如安拉所言：⁂ 谁曾经做过微尘重的善事，他会看见它。谁曾经做过微尘重的坏事，他也会看见它。⁂（99：7-8）据传述，这节经文降示后，许多圣门弟子感到了沉重的压力。

阿伊莎（愿主喜悦之）说："安拉的使者啊！我知道《古兰》中最严厉的一段经文。"使者问："阿伊莎，它是什么？"阿伊莎说："**谁作恶，将受其报。**"使者说："它是指每个有正信的仆人所遭受的灾难，甚至伤心事。"(2)(3)

艾布·胡莱赖说："'**谁作恶，将受其报**'降示后，许多穆斯林觉得无法承受，后来使者对他们说：'你们应当走正路，应当持中，穆民所遭遇的每个遭遇中都有罚赎，甚至扎在他身上的刺。他所遭受的打击，都是对他的罚赎。'"(4)

"**除安拉外，他不能找到任何保护者和援助者**"，伊本·阿拔斯说："除非他忏悔，并且安拉接受他的忏悔。"(5)

"**信男信女，谁行善**"，安拉首先提到了对罪恶的报应，每个人都会在今世——这样更好——或后世——求主庇佑我们，莫使我们遭受后世之刑——得到他们应得的报酬——祈求安拉赐给我们两世的幸福并宽恕我们。然后开始阐明他的恩惠和慈悯，他将根据人们的信仰，慷慨地接受每个男仆和女仆的一切善功，并让他们进入乐园，他不会对仆人有丝毫的亏枉。经文中的"**丝毫**"原指枣核上薄薄的表皮。

"**宗教方面，谁比以行善者的身份，使自己的面容归顺安拉……**"即谁为了体现自己的信仰和追求安拉的回赐，虔诚地为主工作。

"**以行善者的身份**"，即他们根据安拉的法律、使者的引导和履行正教进行工作——任何人的工作，没有这两个条件，便不被接受。即它一定是虔诚的，正确的；要忠于安拉，遵循教法。也就是说，从外在方面他要遵循教法，从内心方面他要虔诚侍主。失去这两个条件之一的任何工作，都不蒙安拉接受。没有虔诚的人是伪信士，不遵循教法的人是愚蠢的迷误者。只有完整地具备上述两个条件的人，才是真正的穆民，安拉将接受他们的善功，原谅他们的罪恶。

"**同时遵循纯正的伊布拉欣的宗教之人……**"指穆圣和一切跟随穆圣直到末日的人。正如安拉所言：⁂ 世人当中最亲近伊布拉欣的是追随他的人和此位使者以及信士们。⁂（3：68）⁂ 后来我启示你："你要追随伊布拉欣的天然宗教，他不是多神教徒。"⁂（16：123）

"**纯正**(6)"指有意识地远离以物配主。换言之，持某种明证而放弃以物配主的行为，然后全身心地、义无反顾地投向真理。

## 伊布拉欣是安拉的朋友

"**安拉选择伊布拉欣为友**"，这是鼓励跟随先知的一种方法。因为伊布拉欣是接近安拉的仆人们最高的模范，他获得了与安拉为友的品级——喜爱安拉的最高品级，因为他是绝对服从安拉的人。正如安拉所言：⁂ 尽忠的伊布拉欣。⁂（53：37）⁂ 当时，他的养主用一些诫命考验了伊布拉欣，他便履行了它们。⁂（2：124）⁂ 伊布拉欣当初是一个稳麦。他服从安拉，纯洁无染，他不是多神教徒。⁂（16：120）

布哈里辑录："穆阿兹到也门后，带领人们礼了晨礼，其中念了：'**安拉选择伊布拉欣为友**'，有位群众说：'伊布拉欣的母亲获得了慰借。'"(7)

伊布拉欣被称为安拉的朋友的原因是，他被安拉悦爱，因为他履行了安拉喜欢的善功。两圣训实录辑录："安拉的使者在其最后一次演讲中

---

(1)《泰伯里经注》9：229、230、231。
(2) 信士所遇的灾难和不顺心，都能罚赎其罪。——译者注
(3)《泰伯里经注》9：244、246。
(4)《艾哈麦德按序圣训集》2：248；《穆斯林圣训实录》4：1993；《提尔密济圣训全集诠释》8：400。
(5)《泰伯里经注》9：239。

(6) 有些地方根据注释，译为"天然"。——译者注
(7)《布哈里圣训实录诠释——造物主的启迪》7：622。

讲道：'人们啊！假若我要在大地上选择一位朋友，我必选艾布·伯克尔为我的朋友。你们的伙伴——我——是安拉的朋友。'"[1]

阿慕尔和伊本·麦斯欧迪传述，穆圣说："安拉择我为友，正如当初择伊布拉欣为友那样。"[2]

"诸天与大地的一切都属于安拉"，即一切都归安拉管理，一切都是他的仆人和被造物，无人能推翻或指责他的决策，他因具备无比的伟大、大能、公正、哲理和慈悯而做他所欲做之事，不受任何人的责问。

"安拉是周知万物的"，即他的知识贯穿万物，仆人的任何行为都无法隐瞒他，天地中比微尘大或比微尘小的事物，都在他的所知之中，哪怕人们对这微薄小事物一无所知。

127.他们关于妇女的律例询问你，你说："安拉将告诉给你们她们的律例。在对你们诵读的天经中，也有关于孤女们的规定。有关于你们没有按规定给她们应得的（份额），也不希望和她们结婚的；还有关于被人欺压的儿童的，并教你们公平对待孤儿的（律例）。无论你们所做的是什么好事，安拉是全知的。"

## 孤女的断法

"他们关于妇女的律例询问你……也不希望和她们结婚的。"布哈里传述："阿伊莎（愿主喜悦之）就这节经文说，经文指这样一个男子：他那里有一位孤女，他是她的监护人和继承人，他的财产中有她的一份（甚至一串葡萄，也是共同拥有的）。他不想和她结婚，也不愿她嫁给其他人，从而让别人享有她的财产，他让她进退两难。安拉因此而降示了上述经文。"[3]

阿伊莎（愿主喜悦之）又传述：这节经文降示后，人们向安拉的使者询问妇女的律例，安拉因此而降谕道："他们关于妇女的律例询问你，你说：'安拉将告诉给你们她们的律例。'"她说："安拉所指的对他们诵读的天经是下列经文：如果你们恐怕不能公平对待孤儿们，那么，你们可以择娶你们爱悦的妇女。（4：3）"[4]

---

（1）《布哈里圣训实录诠释——造物主的启迪》7：15；《穆斯林圣训实录》4：1854。
（2）《穆斯林圣训实录》1：377、4：1855《伊本·马哲圣训集》1：50。
（3）《布哈里圣训实录诠释——造物主的启迪》8：114；《穆斯林圣训实录》3018。
（4）《泰伯里经注》9：258。

阿伊莎（愿主喜悦之）说："'也不希望和她们结婚'，指你们中有人不愿意和在他监护下财产少、相貌差的孤女结婚，所以他们受到禁令。不能因为贪图孤女的财产和美貌而和她们结婚，除非公正地送给她们聘礼。意思是男子可以和他监护的孤女结婚。如果他愿意和她结婚，就必须遵照安拉的命令，像对待其他妇女那样给她赠送聘礼；如果他不愿意和她结婚，他可以和其他妇女结婚。因为安拉给人的道路是宽大的。"[5]

本章开头的经文还包含下列意义：如果监护人因为嫌弃孤女的相貌或类似的原因，而不愿意和她结婚，安拉则禁止监护人因担心别人干涉他和这位孤女共同拥有财产而妨碍她的婚姻，正如伊本·阿拔斯解释下列经文"关于孤女们"时所说："蒙昧时代的男子，一旦将自己的衣服投到他所监护的孤女身上，再也不能有人和这位孤女结婚，如果她相貌较好，并引起他的兴趣，他就和她结婚，并占有她的财产，如果她相貌较差，他就使她至死不得嫁人，她死后，他就继承她的财产。后来伊斯兰禁止

---

（5）《布哈里圣训实录诠释——造物主的启迪》9：6；《穆斯林圣训实录》4：2313。

了这种丑行。"(1)

"还有关于被人欺压的儿童的"，蒙昧时代，人们剥夺了儿童和妇女的继承权。正如安拉所言："你们不要将她们应得的份额交给她们……"后来安拉禁止了这一丑事，并阐明了每个人应得的份额，说：❨男性的一份等于女性的两份。❩（4：11）——无论他是大人还是小孩。(2)

"并教你们公平对待孤儿的（律例）"，如果他因她的美貌和财产愿意拥有她，那么，他也应该和财少、貌差的她结婚，拥有她。(3)

"无论你们所做的是什么好事，安拉是全知的。"经文鼓励人行善，服从命令，因为安拉全知一切，安拉将赐给人最充分的报偿。

❨128.如果妻子怕她的丈夫顽横不逊或遗弃，那么他们俩的和解是无罪的。和解是最好的。贪婪常常支配着人性。倘若你们行善，并且敬畏，安拉确实是全知你们行为的。❩

❨129.即使你们希望，你们也绝不可能公平对待众妻，但你们不要完全偏向任何一个，而疏远另一个，如悬空中。倘若你们行善并且敬畏，安拉是至赦的，至慈的。❩

❨130.倘若他们俩离婚，那么安拉就会因其宏恩而使每个人无求于他人。安拉是宽大的，明哲的。❩

## 丈夫顽横不逊的断法

安拉讲述夫妻的情况，指出有时丈夫对妻子顽横不逊，有时他们和睦相处，有时夫妻反目。在第一种情况下，即如果妻子害怕丈夫对她顽横不逊或遗弃，她可以让出丈夫对自己应尽的部分义务或全部义务——生活费、衣服或房屋，丈夫也可以接受它，妻子也无妨付出它。因此，经文说："**那么他们俩的和解是无罪的。**"然后说，"**和解是最好的**"，即比分手更好。

"**贪婪常常支配着人性**"，即害怕失去一些权利时候和解比分手更好。

伊本·阿拔斯传述："萨乌黛担心使者㊣休了她，便说：'安拉的使者㊣啊！请不要休我，请将我的（与使者同住的）日子送给阿伊莎（愿主喜悦之）吧！'(4) 后来穆圣㊣接受了萨乌黛的提议。于是安拉降谕了下列经文：'如果妻子怕她的丈夫顽横不逊或遗弃，那么他们俩的和解是无罪的。'"(5) 伊本·阿拔斯说："在此框架内，夫妻间达成的任何协议都是可行的。"

两圣训实录辑录：阿伊莎（愿主喜悦之）说，萨乌黛年老后，将她（陪同先知）的日子送给了阿伊莎。后来先知在萨乌黛的日子里，来到阿伊莎跟前。(6)

"如果妻子怕她的丈夫顽横不逊或遗弃，那么他们俩的和解是无罪的。"布哈里就这节经文传自阿伊莎（愿主喜悦之）说："有个男人的一位妻子年纪老了，他觉得她没多大用处了，想休掉她，所以她对他说：你想怎么对待我，我都没有怨言。(7) 后来安拉降示了上述经文。"(8)

## "和解是最好的"意义

"和解是最好的"，伊本·阿拔斯说："丈夫让她作出抉择，或继续和他生活在一起，或和他分手。这样做比他和别的妻子亲热，而对她不闻不问好得多。"

这节经文表示，夫妇间的"和解"指妻子将自己的部分权利送给丈夫，而丈夫接受妻子的馈赠是比离婚更好的。正如安拉的使者㊣留下了萨乌黛，萨乌黛则把她陪同先知的时间让给了阿伊莎。先知没有和萨乌黛离婚，而将她和其他妻子一视同仁。先知的这一行为，证明了它的合法性，以便他的民族在这一方面学习他。对穆圣㊣而言，这是最好不过的。因为安拉更加喜爱夫妻和睦，所以说："**和解是最好的**"，而离婚是安拉不喜欢的。

"**倘若你们行善，并且敬畏，安拉确实是全知你们行为的**"，即如果你们克制对她们的不满，像对待其他妻子一样公平对待她们，那么安拉是知道你们行为的，安拉将因此给你们最充分的报偿。

"**即使你们希望，你们也绝不可能公平对待众妻**"，即人们啊！你们无法面面俱到地公平对待各位妻子，即便表面上你们公平地分配了同房的时间，但你们对她们的爱心、恋情和温存，肯定有所不同。正如伊本·阿拔斯、欧拜德、穆佳黑德、哈桑·巴士里、端哈克所说。(9)

阿伊莎（愿主喜悦之）传述："使者㊣公平地在他的妻子间分配（同房的时间），然后说：'主啊！这是我对自己所掌握的事务的分配，请不要因

---

(1)《泰伯里经注》9：264。
(2)《泰伯里经注》9：255。
(3)《泰伯里经注》9：255。
(4) 穆圣㊣公平地对待妻子，在每个妻子跟前居住相同的时间。——译者注
(5)《特雅里斯》349。
(6)《布哈里圣训实录诠释——造物主的启迪》5：257，9：223；《穆斯林圣训实录》2：1085。
(7) 暗示可以在本该和她同房的日子里与其他妻子同房。——译者注
(8)《布哈里圣训实录》4601。
(9)《泰伯里经注》9：285、286、287。

你掌握而我不掌握的事情埋怨我！'"使者指内心。(1)

"但你们不要完全偏向任何一个"，即当你们更喜欢其中一位时，不要只偏向她，只为她而考虑。

"而疏远另一个，如悬空中"，即让另一个空悬着。伊本·阿拔斯等人说："经文指有夫妻之名，而无夫妻之实。"安拉的使者☺说："丈夫若有两个妻子，而他完全偏向其中一人，那么末日到来时，他的（身体）一侧是歪斜的。"(2)

"倘若你们行善并且敬畏，安拉是至赦的，至慈的"，即如果你们合理地处理你们的事务，公正地分配你们所掌握的事务，在方方面面敬畏安拉，安拉必为你们恕饶你们的偏心。

"倘若他们俩离婚，那么安拉就会因其宏恩而使每个人无求于他人。安拉是宽大的，明哲的。"这是第三种情况，即离婚。安拉说如果夫妻执意离婚，安拉会让她无求于他，让他无求于她，会给他们更换更好的妻子或丈夫。

"安拉是宽大的，明哲的"，即安拉的恩典是宽裕的，恩惠是巨大的，他的一切行为、判断和决策都是精确的，富有哲理的。

۞ 131.诸天与大地间的一切都属于安拉，我确已嘱咐你们之前曾受天经的人和你们要敬畏安拉。如果你们忘恩负义，那么诸天与大地之间的一切都属于安拉，安拉是无求的，可赞的。۞

۞ 132.诸天与大地之间的一切都属于安拉，安拉足为监护者。۞

۞ 133.世人啊！如果安拉意欲，他就毁灭你们，而让其他人来代替你们。安拉对此是全能的。۞

۞ 134.谁希望今世的报酬，那么安拉那里有今世和后世的报酬。安拉是全听的，全观的。۞

### 敬畏安拉

清高伟大的安拉说，他是天地的掌管者和统治者，因此，"我确已嘱咐你们之前曾受天经的人和你们"，即我对你们和他们的嘱咐一样——你们都要敬畏安拉，崇拜独一的安拉。

"如果你们忘恩负义，那么诸天与大地之间的一切都属于安拉"，正如安拉形容穆萨对他的民众所言：۞ 如果你们和大地上的人都忘恩负义，那么，安拉确实是无求的，可赞的。۞（14：8）۞ 因

---
(1)《艾布·达乌德圣训集》2124；《提尔密济圣训全集诠释》1140；《伊本·马哲圣训集》1971；《奈萨伊圣训集》7：63。
(2)《泰伯里经注》9：290、292。

此他们不信而避开。其实安拉原本无求，安拉是富裕的、受赞美的。۞（64：6）即无求于众仆的，在他所制定的一切事务中受夸的。

"诸天与大地之间的一切都属于安拉，安拉足为监护者"，即安拉看管着每个人，知道他们应得的一切，并监察、见证着万物。

"世人啊！如果安拉意欲，他就毁灭你们，而让其他人来代替你们。安拉对此是全能的"，即如果你们违抗安拉，安拉就会让你们消失，让其他一些人代替你们。正如安拉所述：۞ 如果你们拒绝，他就会让你们之外的一个群体来代替你们，然后，他们不会像你们这样！۞（47：38）

"谁希望今世的报酬，那么安拉那里有今世和后世的报酬"，即只贪图今世的人啊！安拉那里有今世和后世的报偿，如果你向安拉祈求今世的同时祈求后世，安拉会使你富裕，并赏赐你，使你满足。正如安拉所言：۞ 有人说："我们的养主啊，你在今世恩赐我们吧！"那么，他在后世没有任何份额。也有人说："我们的主啊，求你在今世中赐我们美好，在后世中也赐我们美好，并且保佑我们远离火狱。"۞（2：200-201）۞ 谁希望后世的收获，我使谁的收获增多。۞（42：20）۞ 谁想获得现世，我就在其中给我所意欲的人赐给我所意欲的东西……你看我如何使他们中的一些人优越于另一些人。۞（17：18-21）所以说："安拉是全听的，全观的。"

۞ 135.有正信的人们啊！你们应当维护公道，并为安拉作证，即使不利于你们自己、双亲和近亲。无论他（被证者）是富足的还是贫穷的，安拉是最接近他俩的。你们不要顺从私欲，而致不公。如果你们歪曲并背叛，安拉是彻知你们行为的。۞

### 维护公正 为主作证

安拉命令信士们维护公正，不偏不倚，应当为安拉的宗教而任劳任怨，义无反顾，互相协作，相互支持。

"为安拉作证"，如同۞ 你们当为安拉而力行见证。۞（65：2）即让他为了安拉而作证，因为只有这样，他才可以不去篡改和更换，才能实事求是。因此说，"即使不利于你们自己"，即你应当实事求是地作证，哪怕这样做对你有害。因为安拉会为顺从他的人设置出路，使之摆脱困境。

"双亲和近亲"，即便证词不利于你的双亲和近亲，你也不能容情。

"无论他（被证者）是富足的还是贫穷的，安

拉是最接近他俩的"，即你不要因为被证者富裕而照顾他，也不要因为他贫穷而怜悯他，因为安拉管理他们的事务，安拉比你更有权体恤他们，比你更清楚什么对他们有益。

"你们不要顺从私欲，而致不公"，即你们不要因为私欲、犯罪或仇恨而不公正地对待他们，正如安拉所言：《 有正信的人们啊！你们要为安拉公平作证，你们不要由于仇恨一些人而脱离公道。你们当公正，公正是最接近敬畏的。你们也要敬畏安拉，因为安拉深知你们的行为。》（5：8）譬如，穆圣㊟曾派阿卜杜拉·本·勒瓦哈征收海巴尔居民（犹太人）的果实和庄稼的税务，当地人想通过贿赂让阿卜杜拉照顾他们，阿卜杜拉却说："以安拉发誓，我来自我最喜爱的人。在我看来，你们比和你们相同数量的猴子与猪更令人讨厌。我虽然爱使者，恨你们，但这并不影响我公正地处理此事。"当地人说："天地就是借此而立的。"如果安拉意欲，我们将在《宴席章》叙述相关的问题。

"如果你们歪曲并背叛"，穆佳黑德等人说经典的意义是：如果你们篡改证据。[1] "歪曲"原指篡改，故意撒谎。安拉说：《 他们中确有一部分人，他们卷起舌头诵读经典。》（3：78） "背叛"指隐瞒并抛弃证据。安拉说：《 谁隐瞒证据，谁的心是犯罪的。》（2：283）穆圣㊟说："最好的证人是别人询问他之前讲出证据的人。"[2] 因此安拉警告了他们，说："安拉是彻知你们行为的"，即安拉将报偿他们。

《 136.有正信的人们啊！你们当归信安拉及其使者，并归信他降给使者的经典以及以前颁降的经典。谁否认安拉、他的众天使、使者、经典和末日，谁确已陷入深远的迷误。》

### 信仰之后的信仰

安拉命令信士们加入信仰的一切道路、分支、基础和要素之中。这一命令并非多此一举，而是锦上添花、加强落实，正如穆民在礼拜中念：《 求你引导我们端庄的道路，》（1：6）即你让我们看到正道，并进一步引导我们，让我们坚定于正道吧！然后经文命令穆民们归信安拉及其使者，正如安拉所言：《 有正信的人们啊！你们敬畏安拉，归信他的使者。》（57：28）

"降给使者的经典"，即《古兰》，"以及以前颁降的经典"，这里的经典是同类名词，指归

---
(1)《泰伯里经注》9：308。
(2)《穆斯林圣训实录》3：1344。

---

以前颁降的一切经典。

"降给"（نَزَّلَ），因为《古兰》是根据人们今世和宗教的需求，按照所发生的事情零星地降给使者的。而以前的经典则是一次性颁降的。所以《古兰》以"安宰莱，أَنْزَلَ"和"南宰莱，نَزَّلَ"两个词分别表达了两种意思。

"谁否认安拉、他的众天使、使者、经典和末日，谁确已陷入深远的迷误"，即他已经脱离了穆圣㊟所引导的道路，与正确目标背道而驰。

《 137.那些归信，又隐昧，再归信，再隐昧，并且更加隐昧的人，安拉不会赦宥他们，也不引导他们趋向正道。》

《 138.你给伪信士"报喜"吧！他们将要遭受痛苦的刑罚。》

《 139.那些舍众信士而以隐昧者为盟友的人，难道他们要在隐昧者那里追求尊严吗？其实，一切尊严只归安拉。》

《 140.他确已在经典中启示你们："当你们听到安拉的经文被人否认和嘲弄时，你们不要和他们同坐，直到他们讨论别的话，否则，你们与他们是

## 伪信士的特征和他们的归宿

安拉讲述那些终生彷徨于正信和隐昧之间的人们，他们的隐昧将与日俱增，他们死后安拉不接受他们的忏悔，也不赦宥他们。安拉不会使深陷迷误的他们找到出路，走出迷团，看到曙光，因此说："**安拉不会赦宥他们，也不引导他们趋向正道。**"

"更加隐昧。"伊本·阿拔斯解释说："他们完全陷入不信之中，直至死亡。"[1]

"**你给伪信士'报喜'吧！他们将要遭受痛苦的刑罚**"，即伪信士就是如此。因为他们在归信后又不信了，所以安拉封闭了他们的心灵。然后安拉指出伪信士的特征：他们舍穆民而将隐昧者作为朋友。事实上他们和隐昧者是一丘之貉。他们和隐昧者结为朋友，向他们私献殷勤，互相私会时说："我们和你们是一个立场。我们表面上服从信士，实际上是在捉弄他们。"安拉警告他们的这一丑行说："难道他们要在隐昧者那里追求尊严吗？其实，一切尊严只归安拉。"安拉告诉人们，尊严惟独属于他和那些蒙他赋予尊严之人，安拉说：**无论谁追求尊严，（须知）一切尊严只属于安拉。**（35：10）又说：**而尊严只属于安拉和他的使者以及归信者们，但是伪信士却不知道。**（63：8）经文激励人们崇拜安拉，跻身于今世和后世蒙主襄助的信士行列，以便获得来自安拉的尊严。

"**他确已在经典中启示你们：'当你们听到安拉的经文被人否认和嘲弄时，你们不要和他们同坐，直到他们讨论别的话，否则，你们与他们是一样的'**"，即如果你们碰到这种情景后继续触犯禁令，和那些坏人坐在一起，任由他们否认并嘲弄安拉的经典，对此麻木不仁，那么，你们和他们是同罪的。因此说，"你们与他们是一样的"，即在犯罪方面是一样的。后来这段禁令被《牲畜章》的下列经文所革止：**当你看见人们妄谈我的迹象时，你就要离开他们。**（6：68）因为**敬畏者不对他们的清算负有任何责任。但需劝诫，或许他们敬畏。**（6：69）

"**安拉将会把伪信士和隐昧者全部聚集在火狱中**"，正如在今世中他们狼狈为奸地否认安拉那样，在后世，安拉要让他们共同永居火狱，让他们共同遭受枷锁、桎梏、沸水和脓汁，永不解脱。

**141.有些人在等待你们（遭受厄运）。如**果你们获得来自安拉的胜利，他们便会说："难道我们不是曾跟你们在一起吗？"倘若隐昧者获胜，他们就会说："难道我们不曾战胜你们，并替你们防御信仰者吗？"复生日，安拉将会在你们之间判决。安拉绝不会让隐昧者对归信的人有任何途径。

## 伪信士等待穆斯林遭受厄运

清高伟大的安拉说，伪信士们时刻等待穆民遭受厄运，梦想着你们沦为亡国之奴，昧真的势力战胜你们，从而使你们的宗教走向灭亡。"**如果你们获得来自安拉的胜利**"，即你们获得襄助、支援、胜利和战利品的时候，"**他们便会说：'难道我们不是曾跟你们在一起吗？'**"他们通过言语向穆民献殷勤。

"**倘若隐昧者获胜**"，即正如吾侯德之日那样，如果隐昧者侥幸获胜……使者们往往会遭受类似的考验，以便迎来最终的胜利。

"**他们就会说：'难道我们不曾战胜你们，并替你们防御信仰者吗？'**"即我们在暗中帮助你们，我们不遗余力地抛弃他们，欺骗他们，最终使你们战胜了他们。赛丁伊说，"难道我们不曾战胜你们"指我们不是战胜了你们吗？[2]相同的经文说：**魔鬼已经控制了他们。**（58：19）这也是伪信士向隐昧者所献的殷勤。他们两面奔走讨好，只是为了得到穆民的赏赐或免于隐昧者的诡计，这一切充分说明他们脆弱的信仰和信念。

清高伟大的安拉说："**复生日，安拉将会在你们之间判决**"，即伪信士们啊！安拉知道你们肮脏的内心，他将根据它召集你们，所以你们不要因为今世中教法表面上行得通就忘乎所以。在今世中，教法根据人的表面行为而判决，这自有它的道理。复生日，你们表面的行为对你们没有益处，那时一切秘密都被揭晓，每个人的内心世界暴露无遗。

"**安拉绝不会让隐昧者对归信的人有任何途径**"，阿卜杜·兰扎格传述，有人来到阿里跟前请教这节经文：阿里听后说："请靠近我！靠近我！"那人靠近后，阿里念道："复生日，安拉将会在你们之间判决。安拉绝不会让隐昧者对归信的人有任何途径。"[3]伊本·阿拔斯和赛丁伊说："这节经文指后世的情况。"[4]赛丁伊说，"**途径**"指明证。[5]

经文的意思可能是：安拉在今世中让穆斯林彻底消灭非穆斯林，虽然有时候也给非穆斯林胜利的

---

(1)《泰伯里经注》9：315。
(2)《泰伯里经注》9：325。
(3)《阿卜杜·兰扎格经注》1：175。
(4)《泰伯里经注》9：328。
(5)《泰伯里经注》9：328。

机会，但今生后世中，最终的成功只归于敬畏者。正如安拉所言：❁ 的确，我势必在今世的生活和证人们作证的那天，帮助我的众使者和信士们。❁（40：51）按照这种观点，经文是对伪信士的驳斥，他们盼望信士丧失家园；同时也驳斥了伪信士和隐昧者的狼狈为奸。这些伪信士担心隐昧者战胜穆民后殃及他们。正如安拉所言：❁ 你将会看见那些心中有病的人在他们中奔走，他们说："我们害怕厄运降临我们。"安拉也许会带来胜利或降自他的一项命令。他们就会因为心中所隐藏的而成为悔恨之人。❁（5：52）

❁ 142. 伪信士企图欺骗安拉，但安拉是以他们的欺骗还击他们的，他们礼站时，懒洋洋地站起来。他们沽名钓誉，并很少记念安拉。❁

❁ 143. 他们在这与那之间犹豫不决，不归于这等人，也不归于那等人。安拉使之迷误者，你绝不会替他发现一条出路。❁

### 伪信士欺骗安拉，在拜中撒懒，在穆民和隐昧者之间彷徨

《黄牛章》开头说：❁ 他们企图欺骗安拉和有正信的人。❁（2：9）在这里说："**伪信士企图欺骗安拉，但安拉是以他们的欺骗还击他们的**。"无疑，安拉不会被欺骗，因为安拉知道一切秘密和人们的内心世界。但伪信士们因无知和无智，认为既然世人和法律能够认可他们的行为，在末日，安拉也会认可他们的工作，他们也会像在今世中那样风光。安拉讲述他们在后世的情景说，他们将对安拉发誓，他们在今世是走正路的，他们认为安拉会被他们的誓言所蒙骗，正如安拉所言：❁ 那天，安拉使他们全体复活，他们就像对你们发誓一样地对他发誓 ❁（58：18）

"**但安拉是以他们的欺骗还击他们的**"，即安拉将让他们在过分和迷误中徘徊，使他们在今世中跟正道无缘。在后世，他们的情况依然如此。正如安拉所言：❁ 那天，伪信的男女将会对归信者们说："请照顾一下！让我们借一点你们的光吧……那归宿真恶劣啊！❁（57：13-15）圣训说："追求名声者，安拉必使之臭名昭著；沽名钓誉者，安拉必使之恶行暴露。"[1]

"**他们礼站时，懒洋洋地站起来**"，这是伪信士对最尊贵、最美好的善功——礼拜的态度：当他们站起礼拜时，懒洋洋地站起来，因为他们对礼拜没有兴趣，不信仰它，也没有敬畏之情，当然，

他们更不理解礼拜的意义。这是他们外在的特征。经文接着提到他们邪恶的内在特征："**他们沽名钓誉**"，即他们缺乏虔诚，对安拉没有敬爱，故沽名钓誉，讨好人们，以防不测。因此，他们常常不参加人们不易看到的某些礼拜，比如黑暗中的宵礼和黎明时分的晨礼，正如两圣训实录辑录，安拉的使者㊟说："对伪信士来说，最繁重的是宵礼和晨礼，假若他们知道其中的益处，哪怕匍匐着行走，也会来参加这两次礼拜。我确实想命令一个人宣礼后带领大家礼拜，然后我带领一些人拿着柴捆子，去烧毁不参加礼拜的人的家。"[2] 另据传述："以掌握我生命的安拉发誓，假若他们知道他们将得到一根肥骨头，或两块好蹄子，他们一定会来参加礼拜的。倘若家中没有妇女和儿童，我一定烧毁他们的房屋。"[3]

"**并很少记念安拉**"，即他们在礼拜中没有谦恭，不知自己在念什么，得过且过，对礼拜所能带来的益处不予理睬。安拉的使者㊟说："那是

---

(1)《布哈里圣训实录诠释——造物主的启迪》11：343。

(2)《布哈里圣训实录诠释——造物主的启迪》2：53；《穆斯林圣训实录》1：451。

(3)《布哈里圣训实录诠释——造物主的启迪》2：248；《穆斯林圣训实录》1：325。

伪信士的礼拜，那是伪信士的礼拜，那是伪信士的礼拜，他坐等太阳到恶魔的两只角的时候（太阳落山），才站起来啄四拜（即像鸡啄食那样礼拜），其中很少记念安拉。"[1]

"他们在这与那之间犹豫不决，不归于这等人，也不归于那等人"，即伪信士们在信仰与不信之间彷徨，无论从内心方面，还是从外表方面，他们既不和穆民在一起，也不和隐昧者在一起。其实他们的外表和穆民在一起，内心和隐昧者在一起。他们中有人犹豫不决，有时倒向穆民，有时倒向隐昧者，❦每当它照亮他们时，他们就在其中前进；但在黑暗时，他们便停止步伐。❧（2：20）

穆佳黑德说："'这等人'指圣门弟子；'那等人'指犹太人。"穆圣说："伪信士就像彷徨于两群羊之间的一只羊，时而跑向这一群，时而跑向那一群，不知道自己该跟随哪一群。"

"安拉使之迷误者，你绝不会替他发现一条出路。"安拉使伪信士们脱离正道，迷失了成功的道路，所以没有人能引导或拯救他们。因为安拉的判决是颠扑不破的，安拉将审问万物，而万物不可能审问安拉。

❦144.有正信的人们啊！你们不要舍众信士而以隐昧者为盟友，难道你们欲为安拉立一个不利于你们的明证吗？❧

❦145.伪信士必将在火狱中的最底层。你绝对不会为他们发现一个援助者。❧

❦146.除非悔过自新，力行善功，信托安拉，并为安拉而虔诚奉教的人，这等人将与众信士在一起，安拉将赐给信士们重大的报偿。❧

❦147.如果你们感谢，并且归信，那么安拉何必惩罚你们呢？安拉是奖励的、全知的。❧

## 禁止和隐昧者为友

安拉禁止信士们舍其他信士择隐昧者为友，即信士不能和隐昧者友好相处，真诚相待，表现友情，也不能将穆民的内部消息告诉他们，正如安拉所言：❦信士们不要舍信士而以隐昧者为友。谁这样做，他就和安拉毫无关系。除非你们对他们小心防范。安拉叫你们留意他自己。❧（3：28）即安拉让你们防备他的惩罚，希望你们不要触犯禁令。因此安拉说："难道你们欲为安拉立一个不利于你们的明证吗？"即安拉用于惩罚你们的证据。

---

[1]《穆宛塔》1：220；《穆斯林圣训实录》1：434；《提尔密济圣训全集诠释》1：497；《奈萨伊圣训集》1：254。

伊本·阿拔斯、穆佳黑德等人说："《古兰》中的'明证'都指证据。"

## 伪信士——隐昧者的盟友若不忏悔将在火狱的最底层

"伪信士必将在火狱中的最底层"，即在末日，伪信士们将因自己极大的隐昧而遭受严厉的刑罚。

伊本·阿拔斯说，"火狱中的最底层"指火狱的最深处。其他学者说："火狱有若干层，正如乐园有若干个品级。"伊本·麦斯欧迪说："伪信士们被关在一些火箱子中。"

伊本·哈亭传述，有人向伊本·麦斯欧迪请教伪信士的归宿，后者回答说："他们将在火狱的最底层，被关在一些火箱子当中。"

"你绝对不会为他们发现一个援助者"，即没有人拯救他们摆脱惨痛的刑罚。安拉说他们中谁若在今世真诚忏悔，改善行为，信托安拉，安拉将接受他的忏悔。"除非悔过自新，力行善功，信托安拉，并为安拉而虔诚奉教的人"，即他若将沽名钓誉转为虔诚奉主，哪怕干了很少的善功，其善功也是有益的。

"这等人将与众信士在一起"，即在末日，他们将在信士的队伍中。

"安拉将赐给信士们重大的报偿"，安拉指出他无求于万物，他只因仆人的罪恶而惩罚他们，"如果你们感谢，并且归信，那么安拉何必惩罚你们呢？"如果你们改善自己的行为，归信安拉及其使者，那么，"安拉是奖励的，全知的"。谁感谢安拉，安拉就奖励谁；谁诚信安拉，安拉将因此而赐给他最完善的报偿。

❦148.安拉不喜欢任何人宣扬伤人的话，除非他是被亏的人。安拉是全听的、全知的。❧

❦149.你们公开行善，还是暗暗行善，或原谅冤仇（都会得到厚赐），安拉是至恕的，全能的。❧

## 允许被亏的人宣扬坏人的恶迹，同时鼓励原谅对方

"安拉不喜欢任何人宣扬伤人的话"，伊本·阿拔斯解释为："安拉不喜欢任何人诅咒别人（作歹都哇宜，祈祸），除非他被人亏枉。因为安拉允许受亏的人诅咒亏待他的人。安拉说：'除非他是被亏的人。'如果他能克制而不诅咒对方，那

对他是更好的。"[1] 哈桑·巴士里说："你不要诅咒任何人，但你可以说：'主啊！襄助我免遭他的伤害，让他将我的权益交还给我吧！'"[2] 另据传述，他说："安拉允许人诅咒亏待他的人，但不允许人过分。"

阿卜杜拉·本·克里穆就这段经文说："有人骂你时，你可以骂他，但如果他捏造时，你不要捏造。因为安拉说：《在被亏负之后自卫的人，确实是无可指责的。》（42：41）安拉的使者㊗说：'两个吵架的人无论说什么，只要被亏的人没有过分，那么罪过全在挑起事端的人身上。'"[3]

"你们公开行善，还是暗暗行善，或原谅冤仇（都会得到厚赐），安拉是至恕的，全能的"，即人们啊！无论你们公开行善还是秘密行善，或者你们原谅亏待你们的人，你们的这些善行必会使你们接近安拉，并得到丰厚的奖赏。因为在能够惩罚的情况给予原谅，是安拉的属性。所以说："安拉是至恕的，全能的。"据传述，承担阿莱什的天使们在赞美安拉时，有的说："赞美你，你知而宽容！"有的说："赞美你，你全能万事，赦宥罪过！"有段明确的圣训载："财产不因施舍而减少；安拉使那些宽容大度的仆人更加高贵；谁为安拉而谦虚，安拉就拔高谁。"[4]

《150.那些人否认安拉及其众使者，想把安拉及其众使者分开，他们说："我们归信部分，不信部分。"并企图在此中择取一条道路。》

《151.这些人，是十足的隐昧者，我为隐昧者准备了耻辱的刑罚。》

《152.那些归信安拉及其众使者，并且没有将其中任何一个区别对待的人，这等人，我将报偿他们，安拉是至赦的，至慈的。》

### 信仰一部分使者而否认另一部分，是纯粹的隐昧

安拉谴责了那些否认其众使者的隐昧者——犹太人和基督教徒，他们对安拉的信仰千差万别。对使者们的信仰更是天悬地隔。他们仅仅因为个人的爱好、风俗习惯和因袭祖宗，而归信部分先知，否认另一部分先知。事实上，他们的做法除了源自宗派主义情感和个人私欲外，毫无根据可循。犹太人（愿安拉永远诅咒他们）虽然归信其他先知，

---

（1）《泰伯里经注》9：344。
（2）《泰伯里经注》9：344。
（3）《艾布·达乌德圣训集》4894。
（4）《穆斯林圣训实录》4：2001。

但惟独不归信尔撒先知和穆罕默德㊗先知。基督教徒虽然归信其他万圣，却不归信万圣的封印和最贵的先知穆罕默德㊗。萨米勒人除了穆萨先知的代理人优舍尔外，否认其他一切先知。有人说拜火教徒曾归信一位名叫兹拉德西特的先知，但后来又否认了他的法律，这位先知遂在他们中消失了。安拉至知。概言之，否认所有先知中的任何一位，无异于否认全体。因此每个有正信的人都必须归信安拉派到大地上的一切先知。如果一个人因嫉妒、宗派主义情感或个人爱好而拒绝承认某一位先知，即使他归信其他所有先知，教法仍然认为他不具备信仰，他的这种行为只表明他个人的某种目的、私欲或宗派观念。因此安拉说："那些人否认安拉及其众使者。"这里经文已将他们形容成否认安拉及其使者的隐昧者。"想把安拉及其众使者分开"，即区分信仰（信一部分，否认一部分）。"他们说：'我们归信部分，不信部分。'并企图在此中择取一条道路。"安拉对他们定案说："这些人，是十足的隐昧者"，即他们自称信仰某位先知，但事实上是完全否认他的。因为他们并没有按照教法的要求去信仰。假若他们信仰的那位使者来自安拉，那么他们必定会归信与其相同的这位使者（穆圣㊗），或

者会认真地研究这位使者的身份，更何况这位使者带来了更为明确而有力的证据。"**我为隐昧者准备了耻辱的刑罚。**"正如他们凌辱先知那样。因为他们要么不思考先知从安拉那里带来的经典，从而背弃他，去争取那些无关紧要的今世份额，要么明知故犯地不信仰使者。使者时代的犹太学者们就是这样，他们因安拉赐给穆圣㊤伟大的圣品而嫉妒他，违背他，否认他，甚至敌视他，并企图杀害他。因此，安拉让他们永远遭受凌辱——从今世直到后世。安拉说：❧他们被打上羞辱和贫穷（的烙印），他们以安拉的恼怒而回。❧（2∶61）（即他们在今世和后世应受安拉的恼怒。）

"**那些归信安拉及其众使者，并且没有将其中任何一个区别对待的人**"，指穆圣㊤的民族。因为他们归信来自安拉的一切经典和安拉派遣的所有先知。正如安拉所言：❧使者归信了从他的主那里接受的启示，信士们也归信了。❧（2∶285）安拉说，他为他们准备了重大的报偿和优美的赏赐，"**这等人，我将报偿他们**"，即按照他们对安拉及其使者的信仰报偿他们。"**安拉是至赦的，至慈的**"，即他们中如果有人有罪，安拉将赦宥他们的罪过。

❧153.有经的人要求你从天上降一部经给他们。他们确已向穆萨提出过比这更重大的要求，他们说："你让我们亲眼看见安拉吧！"雷电因他们的不义而袭击了他们。在许多明证来临他们之后，他们仍奉犊为神，但我恕饶了这些。我曾赏赐穆萨明确的权力。❧

❧154.我为了让他们接受盟约而在他们上面升起了土勒，我对他们说："你们当谦恭地进门。"我又对他们说："安息日（星期六）你们不要过分。"我和他们缔结了庄重的盟约。❧

## 犹太人的顽固

伊本·凯尔卜、赛丁伊等人说，犹太人要求安拉的使者㊤从天上给他们颁降一部经典，正如穆萨曾接受一部写好的经典那样。[1]

伊本·朱莱杰说，犹太人要求安拉给某些人降示一些写好的书信，以证实先知㊤的使命。[2]他们这样说的目的完全是出于他们的刁蛮、顽固、不信和叛逆。古莱什的隐昧者也提出了相同的要求，正如《古兰》夜行章所述：❧他们说："除非你能为我们使一股泉水由地底涌出来，否则，我们决不

---

(1)《泰伯里经注》9∶356, 357。
(2)《泰伯里经注》9∶357。

信你；❧（17∶90）因此安拉说："**他们确已向穆萨提出过比这更重大的要求，他们说：'你让我们亲眼看见安拉吧！'雷电因他们的不义而袭击了他们**"，即因他们的过分、违抗和顽固。《黄牛章》的以下经文解释了这一问题：❧当时，你们说："穆萨啊！在我们亲眼看见安拉之前，我们绝不会信你。"（因此）雷电就在你们眼睁睁看着的情况下打击了你们。然后我使你们死亡之后复生，以便你们感谢。❧（2∶55-56）

"**在许多明证来临他们之后，他们仍奉犊为神**"，即在埃及，他们在穆萨先知手上看到了许多明确的迹象和确凿的证据，他们也曾目睹他们的敌人法老及其军队淹死在大海。但事隔不久，他们遇见一群崇拜偶像的人时，便对穆萨说：❧穆萨啊！请你替我们造一个像他们拥有的神一样的神。❧（7∶138）经文将在《高处章》和《塔哈章》详述犹太人奉犊为神的故事。当时穆萨离开他们去和养主密谈，等他回来时，一切都发生了。安拉将那些创制伪神者的忏悔制定为：没有拜牛的人杀死拜牛的人，此后安拉又复活了他们。

"**但我恕饶了这些。我曾赏赐穆萨明确的权力，我为了让他们接受盟约而在他们上面升起了土勒**"，即他们拒绝遵循《讨拉特》的时候。当时，他们中出现拒绝服从穆萨使命的端倪，于是安拉在他们头顶升起了土勒山，并勒令他们遵循有关诫命。他们屈从并仰头认罪，但因害怕山掉下来而向头顶看个不停。如以下经文所述：❧当时，在他们上面，我升起了影子般的山岳，他们以为它将落在他们的头上。（我说）"你们当紧握我赐予你们的，并牢记其中的，以便你们敬畏。"❧（7∶171）"**我对他们说：'你们当谦恭地进门。'**"后来他们在言行方面违背了安拉的命令，安拉就命令他们叩着头进远寺的门，并谦恭地说："我们的主啊！请恕饶我们！"即对于我们放弃或回避战争之事恕饶我们吧。我们已经在迷惑滩徘徊了四十年！然而他们却蹲着屁股进了城门，口中说着我们要小麦。[3]

"**我又对他们说：'安息日（星期六）你们不要过分'**"，即我忠告他们在尊贵的星期六，力所能及地履行安拉的诫命。

"**我和他们缔结了庄重的盟约**"，即严肃的盟约，但他们却违背安拉，撕毁了约言，并想方设法地触犯安拉的禁令，正如《高处章》在注释第162节经文时所述。

❧155.因为他们破坏盟约，否认安拉的迹象，

---

(3)小麦和赎罪有点像谐音。——译者注

枉杀众先知，以及他们说："我们的心为套所封"——不然，安拉因他们的隐昧而封闭了它，因此他们很少归信；》

《156. 因为他们隐昧，并严重地诽谤麦尔彦。》

《157. 因为他们说："我们杀死了麦西哈——尔撒·本·麦尔彦——安拉的先知"——其实他们并没能杀死他，也没能将他钉上十字架，而是有人为他们装扮成了他（因为这些我降重罚于他们）。为他而分歧的人，确在迷惑之中。他们除了以讹传讹外，对于此事无任何知识。他们没有确信无疑地杀死他。》

《158. 其实，安拉将他升至他那里。安拉是优胜的、明哲的。》

《159. 有经的人们，在他归真之前都相信他，复生日，他将是他们的证人。》

## 犹太人的罪行

犹太人犯下的这些罪行，足以使他们遭受安拉的诅咒和弃绝，并使他们远离正道。他们破坏缔结好的盟约，否认安拉的迹象——那些确凿的证据和明证，以及在列圣身上看到的许多奇迹。

"枉杀众先知"，即因为他们对安拉的众位先知犯下了滔天罪行，还杀害了许多先知。

"以及他们说：'我们的心为套所封'"，伊本·阿拔斯、穆佳黑德、赛尔德·本·朱拜尔、艾克莱麦、赛丁伊、格塔德等解释说："我们的心在蒙蔽之中。"(1) 多神教徒也如是说。《古兰》说：《我们的心在封套之中。》（41：5）安拉说："不然，安拉因他们的隐昧而封闭了它。"好像多神教徒们欲辩解：我们的心不理解他的话，因为它在套子中，被封闭了。而安拉则说："不然，安拉因他们的隐昧而封闭了它。"我们在《黄牛章》已经对类似经文作了注释。

"因此他们很少归信"，即他们的内心已经习惯了隐昧、过分和寡信。

## 对麦尔彦的诽谤，妄言杀死尔撒以及有关历史真相

"因为他们隐昧，并严重地诽谤麦尔彦"，伊本·阿拔斯等学者说，他们曾诽谤说麦尔彦有过淫乱行为。(2) 赛丁伊、朱拜尔、穆罕默德·本·易司哈格等学者也持此说。(3) 通过明文可以看出，他们诽谤麦尔彦及尔撒母子触犯了许多大罪，并将麦尔彦说成淫妇，将尔撒说成私生子。更有甚者说，麦

———
（1）《泰伯里经注》9：364。
（2）《泰伯里经注》9：367。
（3）《泰伯里经注》9：367。

尔彦当时还带着月经呢。愿他们永远遭受安拉的弃绝。

"他们说：'我们杀死了麦西哈——尔撒·本·麦尔彦——安拉的先知'"，即我们杀死了这个自称使者的人。这是他们对尔撒的揶揄和嘲讽。正如多神教徒曾说：《被赐给教诲的人啊！你确实是个疯子！》（15：6）据传述，安拉以明证和正道派遣尔撒的时候，犹太人（愿安拉永远诅咒他们、恼怒他们、惩罚他们）嫉恨交加。当时，尔撒以安拉的意旨医治白癜风和胎里瞎，并使死人复活，用泥造鸟——他在用泥造成的鸟身上吹一口气后，一个活灵活现的鸟儿就在众目睽睽之下展翅而飞。安拉用于提高尔撒地位的奇迹不胜枚举。虽然如此，犹太人还是否认他，反对他，不遗余力地采取各种手段伤害他。他们甚至不允许尔撒和他们同居一座城市，因此尔撒和他的母亲经常四处漂泊，但犹太人并未就此作罢，他们又跑到大马士革的国王——一个拜星的多神教徒那里（他的民族被称为约拿教人）起诉他，说圣城固都斯有个人为非作歹，蛊惑民心，侵害国王的臣民。国王听后勃然大怒，致信圣城固都斯总督，让他防范此人，并将他钉到十字架上，在他的头上放荆棘，以制止他伤害

人们。圣城固都斯总督奉命带领一些犹太人，去尔撒居住的地方缉拿他。当时在尔撒房中有十二个或十三个人（一说十七个人），那日恰好是星期五晡礼过后的安息夜，他们遂包围了尔撒的居所。尔撒发觉他已被敌所困，而且面临着两种情况，要么自己出去，要么敌人冲进门，便对他的众门徒说："谁愿扮成我？他将成为我在乐园中的伙伴。"只有一位青年勇敢地响应，但尔撒觉得他太小，又把刚才的话重复了两次或三次，响应他的仍然是那位青年。尔撒便对青年说："好吧。"那青年刹那间变得和尔撒一模一样。安拉让青年变成尔撒模样的同时，房顶上突然开了一扇天窗，尔撒则被一阵困意所侵扰，在进入梦乡之中的状况下升上了天。犹如安拉所述：《当时，安拉说："尔撒啊！我将使你辞世，把你升到我的跟前。"》（3：55）尔撒升上天后，敌人冲了进来，将青年当成尔撒，在朦朦夜色中将他捉去钉到了十字架上，并在他的头上放了荆棘。犹太人自以为目的得逞，因而沾沾自喜。也有一些信仰薄弱、理智短浅的基督教徒服从了他们。除了当时和尔撒一起在房中、而且目睹尔撒升天的人外，其他基督教徒对此事的认识和犹太人别无二致，都认为尔撒被钉在了十字架上。甚至有基督教徒说麦尔彦曾坐在被钉死的人的十字架下哭泣，那人还和麦尔彦说了话。安拉至知。这一切都是安拉对仆人的考验，因为此中确有某种深刻的哲理。

安拉确已在降给穆圣的伟大《古兰》中将事情的真相公之于众，并以许多奇迹和明证支持穆圣。安拉——至实的言语者，普世的养主，他知道天地间的一切秘密和一切心事，知道一切已经发生的和还没有发生的事情者——说："**其实他们并没能杀死他，也没能将他钉上十字架，而是有人为他们装扮成了他**"，即他们只看见了一位装扮成尔撒的人，以为他就是尔撒。因此说，"**为他而分歧的人，确在迷惑之中。他们除了以讹传讹外，对于此事无任何知识**"，即妄言杀死尔撒的犹太人和认贼作父的基督教徒，都是对此事怀疑的，都陷入迷误和疯痴之中。所以说："**他们没有确信无疑地杀死他**。"他们杀死那位无辜的青年时，并没有确定此人是不是尔撒，而仅仅怀疑他是尔撒。

"**其实，安拉将他升至他那里。安拉是优胜的**"，即安拉是强大的关爱者。求庇于安拉跟前的人，不会遭受亏枉。"**明哲的**"，即安拉精确地创造、计算和判决了万物。安拉具有深刻的哲理、绝对的明证、伟大的权力和固有的命令。伊本·阿拔斯说，安拉欲将尔撒升到天上时，尔撒接见十二位忠心耿耿的门徒。当时他的头上滴着水珠，即他是在房中的井里沐浴后接见他们的。他对他们说：

"你们中有人归信我后将背叛我十二次。"然后说："你们中谁愿意装扮成我的样子，替我受刑就义，他将在乐园中和我享受同等品级。"群众中一位最年轻的人站了起来，尔撒对他说："你暂且坐下！"尔撒重复了刚才的话后，那位青年又站了起来。尔撒见没有其他人响应，便对那青年说："好吧！"于是青年装扮成尔撒，尔撒则从天窗升上了天。

伊本·阿拔斯说，追杀尔撒的犹太人到来后，缉拿了那位扮成尔撒的青年，将他杀死后钉在十字架上。后来，部分基督教徒归信尔撒后果然背叛他十二次之多。他们就此分成了三大派：一派说："主（尔撒）在我们中间呆了若干年，后来他升上了天。"这些人是后来的雅格派。一派说："天主让他的儿子在我们当中呆了若干年，后来让他升上了天。"他们是后来的聂斯托利派。第三派则说："他是安拉的仆人和使者，安拉让他在我们当中生活了若干年。后来将他擢升到他那里。"这些人是归顺者。后来前两派隐昧者狼狈为奸，对后一派（归顺者）斩尽杀绝。所以，（先知尔撒之后到）安拉派遣穆圣㕚之前，伊斯兰是隐遁的。[1]这一传述系统是正确的。[2]（另传述为：尔撒说，你们谁愿意变成我的形象替我牺牲，他将在乐园作我的同伴。）

## 尔撒归真之前全体基督教徒都信仰他

"**有经的人们，在他归真之前都相信他，复生日，他将是他们的证人。**"伊本·阿拔斯说："经文指麦尔彦的儿子尔撒归真之前……"[3]奥夫从伊本·阿拔斯方面有相同传述。[4]

艾布·马立克说："从尔撒再次降临大地到他真正归真的这段时间里，所有的有经人都会归信他。"[5]

## 有关在光阴之末尔撒降临大地，号召人们崇拜安拉的圣训

布哈里辑录，安拉的使者㕚说："以掌握我生命的安拉发誓，麦尔彦之子快要降临于你们当中，做公正的裁决者。他将捣毁十字架，灭绝猪，废除人丁税；财富将充足，以至任何人都不愿接受财富。最终，在人们看来，礼拜比今世上的一切都好。"艾布·胡莱赖说："如果你们愿意，可以读

---

（1）《伊本·艾布·哈提姆经注》4：1110。
（2）《圣训大集》6：489。
（3）《泰伯里经注》9：380。
（4）《泰伯里经注》9：380。
（5）《泰伯里经注》9：380。

下列经文：'有经的人们，在他归真之前都相信他，复生日，他将是他们的证人。'"(1)穆斯林也辑录了相同圣训。(2)"他的归真"指尔撒的归真。

由另一传述系统传自艾布·胡莱赖，安拉的使者说："尔撒一定会在劳哈伊（地名）的路上以正朝或副朝受戒，或者他一并朝正副朝。"(3)穆斯林也有相同传述。(4)

还有一种传述，安拉的使者说："麦尔彦之子尔撒将降临，他要灭绝猪，消除十字架，并举行众礼，他要赐赏财富，但不会有人接受它，他将废除土地税，驻于劳哈伊，从那里进行正朝或副朝，或同时履行正朝和副朝。"艾布·胡莱赖念道："有经的人们，在他归真之前都要相信他。"罕作莱说："艾布·胡莱赖说：'他——尔撒归真前，人们都会归信他。'我不知道这是先知的原话，还是艾布·胡莱赖加进去的。"(5)布哈里辑录，安拉的使者说："你们在有自己的伊玛目的情况下，若麦西哈——麦尔彦之子降临，该怎么办？"(6)

另一传述，艾布·胡莱赖传述，安拉的使者说："先知们都是同宗异母的兄弟，虽然他们来自不同母亲，但他们的宗教是一个，我是人类中与尔撒最亲密的人，因为我和他之间没有先知。他将降临，届时你们会认识他，他身材中等，肤色白里透红，身着两件淡黄色衣服，即使没有用水，头上也似乎流出水珠，他将消灭十字架，灭绝猪，消除人丁税，号召人们走向伊斯兰，安拉将在他的时代消灭麦西哈·丹扎里，然后安宁降临大地，狮子和骆驼、老虎和牛、狼和羊共牧；儿童将和毒蛇嬉戏，而不受侵害。尔撒在大地上生活四十年后归真，众穆斯林为他举行殡礼。"(7)

《穆斯林圣训实录》记载，艾布·胡莱赖传述，安拉的使者说："末日成立之前，罗马人将兵临艾尔麻格或达比格（地名），当时大地上最优秀的一支军队将从麦地那出征，他们整好队时罗马人说：'请让开道路，让我们和俘虏我们的人作战！'穆斯林说：'以安拉发誓，我们不允许你们欺压我们的兄弟！'于是他们双方展开战斗，三分之一人马败下阵来，安拉永远不接受他们的忏悔；三分之一人杀身成仁，他们是安拉那里最优秀的烈士；另三分之一获得胜利，他们永远不会遭受迫害，他们解放君士坦丁堡，把宝剑挂在橄榄树上，分配战利品的时候，忽听恶魔呼唤他们：'麦西哈占领了你们的家园。'他们便闻声赶去，其实这是一场骗局。他们到沙姆时发现丹扎里已出世。他们整理队伍准备与其作战时，忽然宣礼声响起，这时麦尔彦之子尔撒降临，带领众人礼了拜。安拉的敌人见到他后就溶化了，就像盐溶化在水中一样。尔撒即便不理这个敌人，敌人也会溶化而毁灭，但安拉将借尔撒之手杀死他，让穆斯林看到敌人的鲜血在其标枪上。"(8)

穆斯林辑录，安拉的使者说："你们必定将和犹太人战争，你们必定会把他们赶尽杀绝，甚至石头将说：'穆斯林啊！这是犹太人，请过来杀死他！'"

艾布·胡莱赖传述，安拉的使者说："末日成立之前穆斯林将和犹太人展开战争，穆斯林会杀死他们。甚至有犹太人躲避到石头和树后面时，石头和树会说：'穆斯林啊！安拉的仆人啊！我身后有个犹太人，请过来杀死他！'除非俄尔格德树，因为它是犹太人的树。"(9)

《穆斯林圣训实录》记载，安拉的使者有天早上提到丹扎里（骗子），他时而把声音降得很低，时而把声音提得很高，以至使我们以为丹扎里好像就在枣树林中。我们晚上去先知那里时，他从我们的脸上看到对那件事迷惑不解，便对我们说："你们有事吗？"我们说，安拉的使者啊！你早上提到了丹扎里，你声音一阵子轻，又一阵子重的，以致使我们以为丹扎里好像就在枣树林中。使者说："我并不担心它会危害你们，因为如果丹扎里出世时我在你们当中，那么我将替你们抵抗它。如果它出世时我不在你们中间，那么每个人要自己保护自己，但安拉将会替我保护所有穆斯林。丹扎里是个卷发凸眼的青年，我看他就像阿卜杜·欧匝。你们中谁碰见他，就念《山洞章》的前几节经文抵御他。他将在沙姆和伊拉克之间的途中出世，然后横行霸道。安拉的仆民们啊！你们要坚定。"我们问，安拉的使者啊！他将在大地上停留多久啊？使者说："四十天，第一天如一年，第二天如一月，第三天如一周，其余的日子如同你们的日子。"我们说，安拉的使者啊！一天长如一年之时，我们怎么礼拜呢？我们只做一天的礼拜能行吗？使者说："不行，你们估量着去做。"我们说，安拉的使者啊！他在大地上发展进度怎么样？使者说："他像疾风暴雨，他所号召的一个民族归信他，响应他；他就命令天空降雨；命令大地长出植物；牲畜晚归时，驼峰隆起，乳房饱满，两肋鼓胀。另一个民族会拒绝他、不信他，他就一夜间使他们成为穷困潦

---

（1）《布哈里圣训实录诠释——造物主的启迪》5：44，4：483，6：566。
（2）《穆斯林圣训实录》1：135。
（3）《艾哈麦德按序圣训集》2：513。
（4）《穆斯林圣训实录》1：135。
（5）《艾哈麦德按序圣训集》2：290。
（6）《布哈里圣训实录诠释——造物主的启迪》6：566。
（7）《艾布·达乌德圣训集》4324。

（8）《穆斯林圣训实录》4：2221。
（9）《穆斯林圣训实录》4：2239。

倒、一无所有的人。他来到一处废墟，呼唤道："献出你的宝藏吧！"只见宝藏纷纷出现，紧随其后，就像蜂群紧随蜂王。后来，他唤来一位风华正茂的青年，将他一剑砍为两半。然后呼唤他，他就微笑着走过来，容光焕发。正在这时，安拉派遣麦西哈·麦尔彦的儿子出世，他身穿藏红大袍，两手扶着天使的翅膀，降落在大马士革的东方白塔跟前。他垂首时，头上流下水珠；抬头时，珍珠般的汗珠，不断滚落。隐昧者不能闻他的气息，一闻即死。他的目光到达的地方他的气息也能到达，他的芬芳也能传到那里。尔撒将丹扎里赶至隆德门，处死他。然后接见蒙主护佑的人们，抚摩他们的脸颊，预告他们在乐园中的品级。这时安拉启示尔撒："我已经派出英勇无敌的仆人出世，你带领我的仆民们躲避到突勒山"。雅朱者和马朱者从各地蜂拥而出，前部人马经过沱卜勒湖，饮干了湖水，后部人马经过时说，这里以前确实有过水呀。尔撒和他的追随者被困，直至一个牛头比你们今天的一百个金币贵重。安拉的先知尔撒和追随者们祈祷安拉，于是安拉派来毒虫叮咬敌人，敌人顷刻间毁灭了。然后安拉的先知尔撒率领众信士来到大地上，他们发现没有一拃土地不受污染，烂尸铺地，臭气熏天。安拉的先知尔撒和众信士再次哀求襄助。安拉派来像长颈驼那样的巨鸟，运走了满地的尸体，将它们扔到安拉意欲的地方。然后安拉普降浸透土房和毡房的大雨，清洗大地，使大地光滑如镜。然后命令大地："生出果实，恢复昔日的吉庆吧！"彼时，一棵石榴可供一大队人食用，它的叶子可供他们乘凉；奶汁被赋予福泽，一峰驼的奶汁可供一大队人马饮用，一头牛的奶可供一个部落饮用，一只羊的奶可供一个小家族饮用。此时安拉遣来香风，从他们腋下侵入，收回每个穆民和穆斯林的灵魂。只有恶人留了下来，他们就像驴子一样公然交配，末日便因他们而成立。我们将在注释第21章96节时，继续叙述相关问题。(1)

吾麦叶大寺的白塔被基督教徒（愿安拉永远弃绝他们）焚毁后，于741年得到复建。原来的白塔的建筑基金大部分来自基督教徒。预计这就是麦西哈·麦尔彦之子尔撒降临的地方，正如本段圣训所述。

《穆斯林圣训实录》记载，有人来到伊本·欧麦尔跟前，向他询问他曾谈到的一段圣训，说："你曾说末日到某时就会成立，是吗？"伊本·欧麦尔说："赞美安拉（或说了应受拜者，惟有安拉。或类似的表示惊奇的话）！我真想永远不给任何人讲述圣训，我只说了你们不久将看到一件重大的事情，天房将被焚毁……"

——————
(1)《艾哈麦德按序圣训集》4：181。

伊本·欧麦尔继续说，安拉的使者㊟说："丹扎里将在我的民族中出现，并存在四十（我不知道是四十天，或是四十个月，还是四十年），然后安拉派遣麦尔彦之子尔撒追寻丹扎里，并处死他。之后世人将平安地生活七年，人与人之间没有仇视。此后，安拉从沙姆遭来冷风，只要一个人的心中有芥子大的信仰（或正义），他就不会滞留于大地，因为他将在风中消逝。就算有人躲进深山，风也会随之而去，带走他的性命……彼时，世间只有恶人，他们像鸟一样轻快活泼，像野兽一样惨无人道，他们不知道正义，也不反对邪恶。恶魔乔装出现在他们面前，说：'你们响应我吧！'他们说：'你让我们做什么呢？'它便命令他们崇拜偶像。此期间他们五谷丰登，风调雨顺。后来号角被吹响了，听见之人都会前仰后合（站立不稳），第一个听见的人是用灰泥为他的骆驼涂抹池塘之人，他当即被震死，人们随之全部晕死过去了……然后安拉降下蒙蒙细雨（有人传述安拉投下影子），世人的躯体便开始成长。号角再次被吹响时，人们纷纷从坟墓中站起来，互相张望。这时（有声音）呼唤：'人们啊！快到你们养主那里！'《你们让他们站住，因为他们是要被审问的。》（37：24）声音复又响起说：'去把该入火狱的人分出来！'有声音问：'多少？'答：'从每一千人中九百九十九个。那是《使儿童白头的日子》（73：17），《那天小腿将显露。》（68：42）"(2)

### 尔撒的特征

前面我们已引证了艾布·胡莱赖传述的圣训："……届时你们会认识他，他身材中等，肤色白里透红，身着两件淡黄色衣服，即使没有用水，头上也会滴出水珠。"(3)

努瓦斯传述："他身穿藏红大袍，两手扶着天使的翅膀，降落在大马士革的东方白塔跟前。他垂首时，头上滴着水珠；抬头时，珍珠般的汗珠，不断滚落。隐昧者不能闻他的气息，一闻即死。他的目光到达哪里，哪里就有他的气息。"(4)

布哈里和穆斯林圣训辑录，安拉的使者㊟说："夜行之时，我见到了穆萨。"使者㊟形容他说："他身材伟岸，头发卷曲，像谢奴尔人。"使者说："我还见到了尔撒，他是位中等身材的红种人，好像刚从浴屋出来。"使者说："我见到了伊布拉欣，他的子孙中，我和他长得最像。"

布哈里圣训辑录，安拉的使者㊟说："我看到

——————
(2)《穆斯林圣训实录》4：2258。
(3)《艾布·达乌德圣训集》4：489。
(4)《穆斯林圣训实录》4：2253。

穆萨、尔撒和伊布拉欣，尔撒是位头发卷曲、胸脯宽大的红种人；穆萨身材魁梧，是位留着长发的褐色人，好像是个茨冈人。”[1]

伊本·欧麦尔传述，穆圣ﷺ有天在人群中叙述了麦西哈·丹扎里，他说：“安拉不是单只眼，麦西哈·丹扎里是个右眼瞎，他的眼睛就像干葡萄。”

穆斯林辑录，安拉的使者ﷺ说：“有天晚上我在天房附近梦见一人，他是棕种人中最英俊的人，波浪式的头发披至肩膀，他头上滴水，扶着两个人的肩膀巡游天房，我问：此人是谁？众人答：麦尔彦之子尔撒。我在他后面看见一人，短发卷曲，右眼瞎，好像格托奈之子，他将手扶在两个人的肩膀上巡游天房。我问：此人又是谁？众人答：麦西哈·丹扎里。”[2]

布哈里辑录，伊本·欧麦尔说，誓以安拉，穆圣ﷺ没说尔撒是位红种人，而他说：“我梦见巡游天房，忽然看到一位留着长发的褐色人，他的头上流着汗珠，蹒跚而行。我问：‘这是谁？’众人说：‘麦尔彦之子。’我转身看时，只见一位身材魁梧、头发卷曲、右眼瞎的红种人，他的右眼就像干葡萄。我问：‘这又是谁？’众人答：‘丹扎里。他最像格托奈之子。’”[3]

**“复生日，他将是他们的证人。”**格塔德说：“使者将在他们面前作证，他已经传达了安拉交给他的使命，并承认他是安拉的仆人。”正如《宴席章》末尾的经文所述：﴿当时安拉说：“麦尔彦之子尔撒啊！难道你曾对人们说……全能的，明哲的。”﴾（5：116–118）

**﴾160.由于犹太人的不义，因为他们常常在安拉的道路上妨碍他人，我已禁止他们享用曾对他们合法的佳美食物，﴿**

**﴾161.又因为他们吃利息——虽然他们被禁止吃它，并且他们以谬误侵吞他人的财产。我已为他们当中的隐昧者准备了痛苦的刑罚。﴿**

**﴾162.但是他们当中知识渊博的人和信士们，都确信下降给你的和你之前下降的经典并谨守拜功、交纳天课、归信安拉及后世。这等人，我将赏赐他们重大的报偿。﴿**

## 因为犹太人的不义而禁止他们享用一些佳美的东西

清高伟大的安拉说，犹太人触犯大罪，多行不义，因而被禁止享用曾经合法的一些佳美食品，虽然这早是安拉的前定。即安拉早已注定他们篡改经典，迂腐地、牵强附会地将合法事物变为非法事物。

上述禁令也可能是从教法角度制定的，因为安拉在《讨拉特》中将以前对他们合法的事物定为了非法。正如安拉所言：**“除非《讨拉特》颁降之前以色列（叶尔孤白先知）自己给自己限定的之外，其他食物原来对以色列的后裔都是合法的。”**此段经文的注释前文已述。即除了以色列自己禁止自己吃一些食物（如驼肉和驼奶）之外，《讨拉特》降示之前一切食物原本对以色列的后裔都是合法的。后来，安拉在《讨拉特》中将某些食物定成了非法。正如《牲畜章》所述：﴿我禁止犹太人吃一切有爪的。我也禁止他们使用牛羊的脂肪，除非附在它们脊背上或是肠上或与骨头混在一起的。那是因他们的过分而对他们的还报，我确实是真诚的。﴾（6：146）即我禁止他们食用这些食品，因为他们过分、不义、违抗使者和反对使者，所以他们应该遭受这种惩处。

**“由于犹太人的不义，因为他们常常在安拉的道路上妨碍他人，我已禁止他们享用曾对他们合法的佳美食物”**，即他们不但自己不去追求真理，而且妨碍其他人追求真理。这是他们古往今来的一贯做法。他们因此而成为了众使者的仇敌，他们杀害了许多先知，否定了尔撒和穆罕默德（愿主赐予福安于他们）。

**“又因为他们吃利息——虽然他们被禁止吃它”**，安拉禁止他们吃利息，但他们却千方百计，想方设法地使用利息，侵吞他人的财产。

**“我已为他们当中的隐昧者准备了痛苦的刑罚。”**然后安拉说：**“但是他们当中知识渊博的人”**，即信仰坚定的人，因为他们具有有益的知识，所以成为可靠的模范。正如《仪姆兰的家属章》所述。

**“信士们”**，这一单词连接**“知识渊博的人”**，他们的述语是**“都确信下降给你的和你之前下降的”**。伊本·阿拔斯说，这段经文是因阿卜杜·色俩目等加入伊斯兰归信穆圣ﷺ使命的人（他们曾是犹太教学者）降示的。

**“交纳天课”**，经文可能指交纳财产的天课，也可能指净化自己的天课（吉哈德），也可能是二者兼有。安拉至知。

**“归信安拉及后世”**，他们相信应受拜者，惟有安拉，并归信死后的复生、善恶的报应。

**“这等人”**，这是前面经文的述语，**“我将赏赐他们重大的报偿”**，即乐园。

（1）《布哈里圣训实录诠释——造物主的启迪》6：549。
（2）《穆斯林圣训实录》1：154。
（3）《布哈里圣训实录诠释——造物主的启迪》6：550。

163. 我确已启示你，正如我启示努哈和他之后的众先知，启示伊布拉欣、伊斯玛仪、易司哈格、叶尔孤白和各支派以及尔撒、艾优卜、优努司、哈伦、苏莱曼一样，并且我赏赐了达乌德《宰哺尔》。

164. 有些使者，我以前给你叙述了他们，还有一些使者，我没有给你叙述。安拉曾和穆萨谈话。

165. 他们都是报佳音、传警告的使者们，以免派遣使者之后，人们对安拉有任何托辞。安拉是优胜的、明哲的。

伊本·阿拔斯传述，赛克尼和阿丁伊说："穆罕默德啊！我们不知道安拉曾对穆萨之后的任何人有过启示。"后来安拉针对他俩的微词而降示了："我确已启示你，正如我启示努哈和他之后的众先知……"安拉说他正如启示以前的所有先知那样，启示了他的仆人和使者穆罕默德。

"并且我赏赐了达乌德《宰哺尔》。"《宰哺尔》是安拉启示给达乌德先知的经典的名字。

## 《古兰》中提到的使者共计二十五位

"有些使者，我以前给你叙述了他们，还有一些使者，我没有给你叙述"，即在降示这段经文之前，无论在麦加章还是在其他经文中，我都没有给你叙述过。安拉在《古兰》明文中提到的先知是：阿丹、伊德里斯、努哈、呼德、撒立哈、伊布拉欣、鲁特、伊斯玛仪、易司哈格、叶尔孤白、优素福、艾优卜、舒尔卜、穆萨、哈伦、达乌德、苏莱曼、易勒雅斯、艾勒叶赛尔、优努司、宰凯里雅、叶哈雅、尔撒以及万圣的领袖穆罕默德——愿安拉赐福于他们。许多经注家认为，助勒基福勒也是其中之一。

"还有一些使者，我没有给你叙述"，即还有许多先知，但我没有在《古兰》中提到他们的名字。

## 穆萨的尊贵

"安拉曾和穆萨谈话。"这是穆萨的荣誉。安拉通过谈话这一属性，提高了穆萨的地位，因此有人将穆萨称为"交言者"。

有人来到伊本·安亚西处说："我听到有人读：'穆萨曾和安拉谈话'。"伊本·安亚西说，只有隐昧者这样读。我听艾尔麦什说，穆圣所坚持的读法是：《安拉曾和穆萨谈话。》（艾尔麦什听自叶哈雅·本·萨比特，叶哈雅听自艾布·阿卜杜·拉赫曼，艾布·阿卜杜·拉赫曼听自阿里，阿里则亲自听安拉的使者这样读。）伊本·安亚西因为那人改变了经文的字母顺序及意义而生气了。因为那人是一个穆尔太齐赖派人，他们否认安拉和穆萨或和任何人的谈话。正如我们引述过，有个穆尔太齐赖派人在一位学者跟前读了："穆萨曾和安拉谈话。"这位学者听后说："贱人的儿子啊！你对下列经文作何解释：《当穆萨如期到来时，他的主和他谈了话。》（7：143）"即这段经文是不容篡改和变通的。

## 派遣列圣的目的是树立明证

"报佳音、传警告的使者们"，即他们给顺从安拉、追求安拉喜悦的人以各种美好的事物报喜。给违背安拉的命令，否认众使者的人以惩罚加以警告。

"以免派遣使者之后，人们对安拉有任何托辞，安拉是优胜的、明哲的。"安拉降示许多经典，派遣许多使者传警告、报喜讯，阐明什么是安拉喜欢的，什么是安拉恼怒的，以免罪人们有某种借口。正如安拉所言：《如果我曾在他之前惩罚了他们，他们必定会说："我们的主啊！为什么你不曾派遣一位使者给我们，好让我们在遭受卑贱与出乖露丑之前追随你的迹象？》（20：134）又如：《在他们因自己的作为而遭受灾难时。》（28：47）两圣训实录辑录，安拉的使者☪说："没有人比安拉更容不得（丑事），所以他将一切丑事——无论明显的还是隐秘的——定为非法；没有人比安拉更喜欢受到赞美，所以他赞美他自己；没有人比安拉更喜欢接受道歉，所以他派遣了众位报喜讯、传警告的使者。"另据传述："因此，安拉遣圣降经。"[1]

《166.安拉见证他降给你的（启示）。他以知识而降下它。天使们也都见证。安拉足为见证者。》

《167.那些隐昧，并且阻碍主道的人，确已走向了深远的迷误。》

《168.那些隐昧，并且亏人的人，安拉绝不会赦宥他们，也不会给他们引导任何道路。》

《169.除非火狱的路，他们将永居其中。这对安拉是容易的。》

《170.人们啊！使者确已给你们带来了来自你们养主的真理，所以你们当归信他，这对你们是更好的。假若你们隐昧，那么诸天与大地的一切都属于安拉。安拉是全知的，明哲的。》

安拉的言语"**我确已启示你……**"确定了穆圣☪的先知地位，驳斥了否认这一地位的多神教徒和有经人，是以经文说："**安拉见证他降给你的（启示）**"，即使有人否认你，违背你……但安拉为你作证：你是他启示伟大《古兰》的使者。这部《古兰》它的前后不受谬误侵扰，它是来自睿智的、应受赞美的主的启示。》（41：42）因此说，"**他以知识而降下它**"，即根据他所意欲的知识——让仆人们了解其中的明证、引导、真伪的准则；安拉所喜欢的、恼怒的；其中还叙述了在过去和未来的未知事务；叙述了安拉的神圣属性。若非安拉的启示，每位身负使命的使者和接近安拉的天使，都不会知道这些属性。正如安拉所言：《除非他许可，他们不能掌握他的知识。》（2：255）《而他们却无法对它全面了解。》（20：110）

"**天使们也都见证**"你带来的启示和使命是真实的，何况安拉也在作证，"**安拉足为见证者**"。

"**那些隐昧，并且阻碍主道的人，确已走向了深远的迷误**"，即那些人心中否认了，因而不去追求真理，他们还费尽心机阻碍他人遵循正道、服从真理，他们已经脱离了正道，与真理越走越远。安拉说他绝不恕饶这些人，因为他们否认他的迹象，经典和使者，妨碍主道，为非作歹，触犯禁令。

"**也不会给他们引导任何道路**"，即引导他们走向幸福的道路。"**除非火狱的路**"，这是绝对除外语。"**他们将永居其中**"。然后说："**人们啊！使者确已给你们带来了来自你们养主的真理，所以你们当归信他，这对你们是更好的**"，即安拉的使者☪已经从安拉那里给你们带来引导、正教和明确的宣言，所以你们当归信和追随他，这对你们是更好的。

"**假若你们隐昧，那么诸天与大地的一切都属于安拉**"，即安拉是无求于你们和你们的信仰的，你们的忘恩负义丝毫不能伤害安拉。正如安拉所言：《穆萨说："如果你们和大地上的人都忘恩负义，那么，安拉确实是无求的，可赞的。"》（14：8）经文在此说："**安拉是全知的**"，即安拉知道谁应该获得正道，他便引导谁；谁应该陷入迷误，他便使谁陷入迷途。"**明哲的**"，即安拉的言行、立法和决策，都是精确而富有哲理的。

《171.有经的人们啊！你们在你们的宗教中不

---

（1）《布哈里圣训实录诠释——造物主的启迪》146。

要过分，你们只能替安拉传达真理，麦西哈——尔撒·本·麦尔彦只是安拉的使者，是他授予麦尔彦的一句话和来自他的鲁哈。你们当归信安拉及其使者，不要说三位。你们当停止（谬说），这对你们是更好的。安拉是独一的主宰，赞他超绝万物，他绝无子嗣，诸天与大地中的一切只属于他，安拉足为监护者。》

## 禁止有经人的宗教极端和过分赞扬尔撒

安拉禁止有经人搞宗教极端、吹捧先知。这是许多基督教徒的通病。因为他们对尔撒的态度超过了安拉规定的限度，以至将身为先知的尔撒看成了除安拉之外加以崇拜的另一神明。他们甚至对那些自称是尔撒门徒及追随者的人有过激的评价，妄言这些人是冰清玉洁、一尘不染的，因而对他们惟命是从，从不考虑他们说得是否正确，是否合理。因此安拉说：《他们在安拉之外以他们的学者、修士及麦尔彦之子麦西哈作为主宰。》（9：31）安拉的使者说："你们不要像基督教徒过分赞扬麦尔彦之子尔撒那样过分赞扬我，我只是一个仆人，你们当说：'他是安拉的仆人及其使者'。"布哈里有类似传述。[1]

伊玛目艾哈麦德传述，有人说：穆罕默德啊！我们的领袖啊！我们的领袖的儿子啊！我们的最优秀的人啊！我们的最优秀的人的儿子啊！穆圣遂说："众人啊！你们说话要谨慎，千万不要让恶魔诱使你们走向歧途，我是阿卜杜拉之子穆罕默德，安拉的仆人及其使者，以安拉发誓，我不喜欢别人将我抬高到安拉不曾为我规定的品级之上。"[2]

**"你们只能替安拉传达真理"**，即你们不要假借安拉名义编造谎言，不要为安拉假设配偶和儿女。赞美安拉，他绝不可能有配偶或儿女。安拉是独一而伟大的主宰者，应受拜者，惟有安拉。因此说，**"麦西哈——尔撒·本·麦尔彦只是安拉的使者，是他授予麦尔彦的一句话和来自他的鲁哈"**，即他仅是安拉的一位仆人和被造物，安拉对他说，"有！"他便有了。他也是安拉的众多使者中的一位使者以及安拉授予麦尔彦的一句话，即安拉通过吉卜勒伊里传达给麦尔彦的一句话创造了他。吉卜勒伊里奉安拉的命令，将他的鲁哈[3]吹入她的身体，因此，尔撒凭安拉的意欲出世了。那是吹入她的衬衣领口的精神，它一直下到她的阴部，进入阴道，就像父母交接一般。一切都是安拉的被造物。因此尔撒被称作安拉的言辞和精神。因为尔撒没有父亲，他是通过安拉的一句话——"有"——和安拉派天使吹入麦尔彦体内的精神出世的。安拉说：《麦尔彦之子麦西哈只是一位使者，他之前已有许多使者逝去了。他的母亲是一位虔信的人。他们母子俩都吃食物。》（5：75）《在安拉看来，尔撒和阿丹一样。他用泥土造化了他，然后对他说"有"，他就有了。》（3：59）又《那贞洁的女子，我对她吹入我的鲁哈，我并使她和她的儿子成为世人的一个迹象。》（21：91）又《以及仪姆兰的女儿麦尔彦，她保持贞洁。》（66：12）安拉形容麦西哈说：《他只不过是一个仆人，我赐恩惠给他。》（43：59）

格塔德说**"是他授予麦尔彦的一句话和来自他的鲁哈"**如同"有"，后来他就有了。伊本·叶哈雅说："这句话没有成为尔撒，而是尔撒通过这句话而存在了。"

穆圣说："谁作证应受拜者，惟有独一无偶的安拉，穆罕默德是安拉的仆人和使者，尔撒是安拉的仆人和使者，是安拉授予麦尔彦的一句话和来自他的鲁哈，并作证乐园是真的，火狱是真的，安拉就按他的工作让他进入乐园。"另据传述："安拉让他任意选择乐园的八道门之一，从中进入乐园。"

**"来自他的鲁哈"**如同《他为你们制服了诸天和大地中的一切，一切都来自他。》（45：13）即一切都是他的被造物，一切都来自他那里。经文中的"من"（来自或自他）不像一些基督教徒（愿安拉永远弃绝他们）所说，具有"部分"的意义，它的真实意义应该是："一切都来自他固有的决策。"其他经文也是如此。

经文将精神归于安拉（安拉的精神）以示尔撒的尊贵，正如下列经文将母驼和房子归于安拉：《这是安拉的母驼。》（7：73）《你当为那些巡游者洁净我的房。》（22：26）又如圣训所述："我到我养主的房去觐见"。[4] 上述方法是一致的。

**"你们当归信安拉及其使者"**，即你们当确信：安拉是独一的，他既无子女，也无配偶。你们当知道并坚信：尔撒是安拉的仆人及使者。因此说，**"不要说三位"**，即你们不要将尔撒及其母亲当成安拉的两个伙伴。清高的安拉与此无染。这段经文类似《宴席章》的经文：《说"安拉是三位神中的一位"的人们隐昧了。除独一的主宰外，再无任何主宰。》（5：73）《当时安拉说："麦尔彦之子尔撒啊！难道你曾对人们说，你们当舍弃安拉而以我和我的母亲为主宰吗？"》（5：116）该章开头说：《的确，那些说"安拉是麦尔彦之子麦西哈"的人隐昧了。》（5：17）基督教徒（愿安拉永

---
(1)《布哈里圣训实录诠释——造物主的启迪》6：551。
(2)《艾哈麦德按序圣训集》3：153。
(3) الروح，精神、灵魂，以下译为精神。——译者注
(4)《布哈里圣训实录》7440。

远诅咒他们）们愚蠢得无以复加，陷入否认的泥潭不可自救，他们的言语和谬论已经蔓延，他们中的一部分人认为尔撒就是神明，一部分人认为尔撒是安拉的伙伴，另一部分人认为尔撒是安拉的儿子。他们就此问题而众说纷纭，派别林立，荒诞不经。有位神学哲学家说，倘若十个基督教徒聚到一起，他们最后至少要坚持十一种观点。

### 基督教徒的教派分歧

伊斯兰教历400年，著名的基督教学者赛尔德·本·白特勒格说，基督教徒们曾在一次重大会议中，作出了一项重要决议——其实这是一次卑鄙的背信弃义聚会。时值历史名城君士坦丁堡的建设者君士坦丁大帝（君士坦丁是一个卓越的哲学家）当政。与会者对尔撒的看法陷入无边无际的分歧之中。当时有二千多位基督教主教，来自不同的派别，其中五十人坚持一种观点，二十人坚持另一种观点，一百人坚持其他观点，还有或多或少的人各持己见。君士坦丁看到坚持某一观点的人数超过了318人，这些人基本上能保持同一观点时，便接受了它，并开始支持它，同时废除其他学说。这318人组成最高内务组织，兴建教堂，设制法典，炮制决议，并将之传及子孙，这些人就是帝制派。后来他们又举行一次会议，其中产生了雅格派，第三次会议中产生了聂斯托利教。各派都主张尔撒是三位一体，与此同时，他们对三位一体的形式还是见解分歧，有人说他只有神性，有人说他只有人性，也有人说他身上兼有神性和人性，甚至有人说他同时具备以上三种属性，各派互不相容，都将对方断为叛教者。我们穆斯林看来，他们都是一丘之貉。因此说："你们当停止（谬说），这对你们是更好的。安拉是独一的主宰，赞他超绝万物，他决无子嗣。"清高伟大的安拉绝不可能具有这些属性。❨诸天与大地之间的一切都属于安拉，安拉足为监护者。❩（4：132）即一切都归安拉所管，都是他的被造物，其中的一切都是安拉的奴仆，都受安拉的制约和驱策，而安拉是这一切的监护者。既是如此，安拉怎么会有配偶和儿女呢？正如安拉所述：❨他是天地的初创者，他没有配偶，怎么会有子女呢？❩（6：101）❨他们说："至仁主有儿子！"你们的确触犯了一件最严重罪行……单独地……❩（19：88-95）

❨172.麦西哈和那些近主的天使，绝不因是安拉的仆人而为耻。拒绝崇拜安拉，并妄自尊大的人，他将会把他们全体聚集在他那里。❩

❨173.至于那些归信，并且力行善功的人，他将充分地报偿他们，并给他们增加他的恩典；至于那些自以为是，并傲慢自大的人，他将使他们遭受痛苦的刑罚。除安拉外，他们绝不会找到任何保佑者和援助者。❩

### 列圣和众天使不因为做安拉的仆人而为耻

伊本·阿拔斯说："'绝不傲慢'指不自满。"

格塔德说："麦西哈和那些近主的天使，不会因为是安拉的仆人而感到害羞。"

"**拒绝崇拜安拉，并枉自尊大的人，他将会把他们全体聚集在他那里**"，即末日，安拉要把他们召集到他那里，然后将公正地在他们中判决。

"**至于那些归信，并且力行善功的人，他将充分地报偿他们，并给他们增加他的恩典**"，即安拉将根据他们善功的多少报偿他们，同时加倍地赏赐他们。

"**至于那些自以为是，并傲慢自大的人**"，即拒绝服从安拉，不愿做安拉的仆人，并自以为是的人，"**他将使他们遭受痛苦的刑罚。除安拉外，他们绝不会找到任何保佑者和援助者。**"正如安拉所言：❨那些高傲而不拜我的人，他们必定屈辱地进入火狱。❩（40：60）即卑微而屈辱地进火狱，以报应他们在今世中的傲慢和自大。

❨174.世人啊！发自你们养主的明证确已来临你们，我已给你们降下清楚的光明。❩

❨175.至于那些归信安拉，并且信托他的人，他将使他们进入他的怜悯和恩泽之中，并引导他们走向安拉的正道。❩

### 安拉对信士的叙述

安拉呼唤并告诉人类，一件伟大的明证已降临他们，这一明证消除了人们的一切借口和疑虑，所以说："**我已给你们降下清楚的光明**"，即昭示真理的光明。伊本·朱莱杰说："这里的光明指《古兰》。"[1]

"**至于那些归信安拉，并且信托他的人**"，即他们具备了崇拜安拉和在一切事务中托靠安拉的两个品级。伊本·朱莱杰说："他们归信安拉，归信《古兰》。"[2]

"**他将使他们进入他的怜悯和恩泽之中**"，即他将慈悯他们，使他们进入乐园，增加对他们的报

---
[1]《泰伯里经注》9：428。
[2]《泰伯里经注》9：429。

偿并提高品级。

**"并引导他们走向安拉的正道"**，即目标明确、不偏不倚的道路。这是穆民在今世和后世的特征。因为他们在今世中，从信仰和行为的方方面面坚持正确而平安的道路；在后世中坚持端庄的、直达乐园花园的道路。

**﴾176.他们要求你解释律例，你说："安拉为你们解释关于孤寡的人的律例。如果一个男人死了，他没有儿女，只有一个姐妹，那么她将得到遗产的一半；如果她没有儿女，那么他就继承她。如果她俩是两个女性，她俩享有遗产的三分之二。如果继承者是几个兄弟姐妹，那么男性所获得的是女性的两倍。安拉为你们阐明，以免你们迷误。安拉是全知万物的。"﴿**

## 孤寡的断法，这是最后颁降的经文

《布哈里圣训实录》载，最后颁降的经文是《忏悔章》，最后颁降的经文是：**"他们要求你解释律例……"**[1]

贾比尔传述，我在病中昏迷不醒之际，安拉的使者ﷺ前来探视。使者作完小净后将水泼在我身上（或对人说："你们在他身上泼水"），我醒来后说："只有一位孤寡继承我，我怎么处理遗产？"[2]传述者说，后来安拉降示了遗产的经文：**"他们要求你解释律例，你说：'安拉为你们解释关于孤寡的人的律例……'"**经文的意思好像是：他们要求你解释孤寡的律例……"你说：'安拉为你们解释关于孤寡的人的律例。'"[3]安拉至知。后文证明了前文中没有提及的"问题"。有关"**孤寡**"的问题前文已述。孤寡[4]派生于"الإكليل，伊克利里"。大部分学者认为它指的是没有儿女和父亲的亡人。也有人说该词指没有儿女的人。正如安拉所言：**"如果一个男人死了，他没有儿女……"**信士的长官欧麦尔（愿主喜悦之）曾对孤寡的律例不甚了解，两圣训实录辑录，欧麦尔曾说："我希望安拉的使者ﷺ就三个问题向我们作出一次性的决议：爷爷的例律、孤寡的律例和利息。"[5]欧麦尔（愿主喜悦之）说："我向使者请教最多的问题莫过于孤寡的律例，甚至有次使者用他的手指捣着我的胸部说：'《妇女章》最后的经文足以为你解释

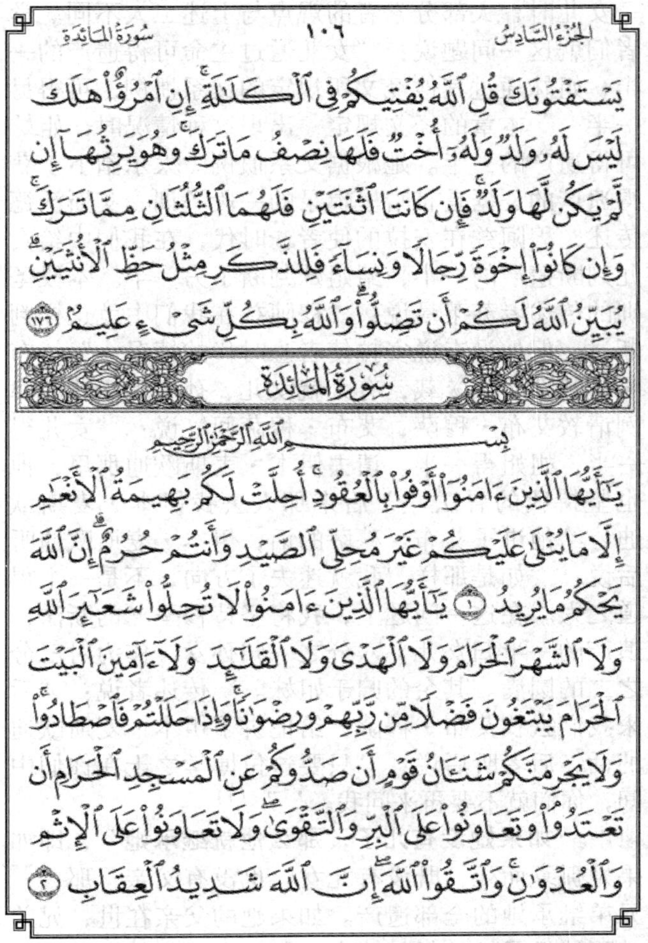
الجزء السادس ١٠٦ سورة المائدة
يستفتونك قل الله يفتيكم في الكلالة إن امرؤا هلك
ليس له ولد وله أخت فلها نصف ما ترك وهو يرثها إن
لم يكن لها ولد فإن كانتا اثنتين فلهما الثلثان مما ترك
وإن كانوا إخوة رجالا ونساء فللذكر مثل حظ الأنثيين
يبين الله لكم أن تضلوا والله بكل شيء عليم ١٧٦
سورة المائدة
بسم الله الرحمن الرحيم
يا أيها الذين آمنوا أوفوا بالعقود أحلت لكم بهيمة الأنعام
إلا ما يتلى عليكم غير محلي الصيد وأنتم حرم إن الله
يحكم ما يريد ١ يا أيها الذين آمنوا لا تحلوا شعائر الله
ولا الشهر الحرام ولا الهدي ولا القلائد ولا آمين البيت
الحرام يبتغون فضلا من ربهم ورضوانا وإذا حللتم فاصطادوا
ولا يجرمنكم شنآن قوم أن صدوكم عن المسجد الحرام أن
تعتدوا وتعاونوا على البر والتقوى ولا تعاونوا على الإثم
والعدوان واتقوا الله إن الله شديد العقاب ٢

这些问题。'"[6]

## 这节经文的含义

**"如果一个男人死了"**，即他归真了。安拉说：﴾除了他的尊容之外的一切都将消灭。﴿（28：88）即除安拉外，万物都会毁灭。相同经文有：﴾其中的一切都将消毁，只有你的主的伟大的尊容永存。﴿（55：26-27）

**"他没有儿女"**，指既没有父亲，也没有儿女的人。下文可以证明这一点，**"只有一个姐妹，那么她将得到遗产的一半。"**假若亡人的父亲在世，姐妹就不再继承。大部分学者一致认为，父亲将废除姐妹的继承权。如果详细研究《古兰》明文，不难看出孤寡是指没有儿女和父亲的人。因为父亲在世的情况下，姐妹不再享有遗产的一半，甚至完全不享有遗产。

伊本·阿拔斯和伊本·祖拜尔说，如果亡人留下了女儿和姐妹，那么姐妹不得继承遗产。因为经文说：**"如果一个男人死了，他没有儿女，只有一个姐妹，那么她将得到遗产的一半。"**如果他留下

（1）《布哈里圣训实录诠释——造物主的启迪》8：117。
（2）《艾哈麦德按序圣训集》3：298。
（3）《布哈里圣训实录诠释——造物主的启迪》12：5。
（4）الكلالة，凯俩莱。——译者注
（5）《布哈里圣训实录诠释——造物主的启迪》1：48。
（6）《艾哈麦德按序圣训集》1：26。

一女儿时，大部分学者的观点与上述二人不同。学者们就这一问题说："女儿通过主命可得遗产的一半，姐妹通过其他经文所规定的父系惯例，可得另一半。"本章的经文规定，出现这种情况时，姐妹可得遗产的一半。她根据父系惯例（太尔隋卜）获得遗产的证据是布哈里辑录的一段圣训，艾斯沃德传述，穆阿兹在安拉的使者㊗时代，在我们中给女儿判断遗产的一半，给姐妹判断了另一半。本段圣训的传述者苏莱曼说："穆阿兹在我们中就这样判断过，但他没有说安拉使者㊗时代的情况。"《布哈里圣训实录》载，有人就女儿、孙女和姐妹的律例请教艾布·穆萨，艾布·穆萨回答说："女儿得一半，姐姐得一半。请去伊本·麦斯欧迪那里，他也坚持我的看法。"后来那人去找伊本·麦斯欧迪，给他讲了艾布·穆萨的话，伊本·麦斯欧迪听后说："如是那样，我就迷失了方向，不是一个得道之人。在这一问题上，我将坚持穆圣㊗的断法，遗产的一半归女儿，六分之一归孙女，作为对三分之二的圆满。其余的归于姐妹。"传述者说："后来我们去找艾布·穆萨，给他讲了伊本·麦斯欧迪的话，后者听后说：'只要这位博学之士在你们中间，你们就不要再来问我。'"（1）

"**如果她没有儿子，那么他就继承她**"，即如果她孤寡而死，既没有儿女，也没有父亲，那么，兄弟继承她的全部遗产。如果她的父亲在世，兄弟就不能继承她的任何遗产。假设有兄弟的同时，还有其他法定继承人，就应该让该继承人得到应有的份额，剩余的部分归兄弟。两圣训实录辑录，安拉的使者㊗说："你们将法定遗产交给应该交付的人，将剩余的交给最亲的男性亲属。"（2）

"**如果她俩是两个女性，她俩享有遗产的三分之二**"，即如果孤寡而死的人有两个姐妹，那么她俩应得三分之二，超过两姐妹的（三姐妹、四姐妹……）也是如此（即她们共得三分之二）。有些学者根据这一断法，演绎出女儿的断法，正如通过下列经文中通过女儿的断法演绎出姐妹的断法那样："如果她们是比两个更多的妇女，她们享有遗产的三分之二。"

"**如果继承者是几个兄弟姐妹，那么男性所获得的是女性的两倍。**"如果继承者中既有男性，也有女性，那么要根据父系惯例给儿子、孙子和兄弟分配遗产。男性的份额是女性的两倍。

"**安拉为你们阐明**"，即安拉规定遗产，制定法度，解释法律。

"**以免你们迷误。**"以免在你们明确之后迷失

真理。

"**安拉是全知万物的。**"安拉知道一切事务的结局和效应、对仆人的益处以及根据每个人与亡人的亲疏关系应得的份额。

塔磊格传述，欧麦尔（愿主喜悦之）有次把两臂交叉在胸前，召集了一些圣门弟子，说："我一定要为孤寡的遗产问题作出判决，要让它家喻户晓，甚至要让闺房中的妇女们也谈论此事。"正在这时，一条蛇从房中跑出，众人一哄而散。欧麦尔说："假若安拉意欲让这件事完美的话，他一定会使它完美的。"（3）

哈肯传述，欧麦尔（愿主喜悦之）说："对我来说向使者请教三个问题比红驼更好，（这三个问题是）一，谁是使者的继承人？二，有些人说：'我们承认天课，但我们不将它交给你。'这些人是否可以被处死？（4）三，孤寡的遗产律例。"（5）

伊本·哲利尔传述，欧麦尔（愿主喜悦之）说："我不好意思违背艾布·伯克尔，他曾说孤寡是没有儿女和父亲的人。"

圣门弟子、再传弟子和古今大部分学者，都坚持艾布·伯克尔的这一观点。这一观点也得到《古兰》的证实。安拉提示说，他在下列经文中已经阐明了这一点："安拉为你们阐明，以免你们迷误。安拉是全知万物的。"安拉至知。

## 《宴席章》注释  麦地那章

### 《宴席章》的尊贵及其颁降时间

《提尔密济圣训全集诠释》辑录："《宴席章》和《解放章》是最后颁降的经文。"（6）

伊本·阿拔斯传述："最后颁降的经文是：'当安拉的襄助和解放到来时。'"（指110章）（7）

朱拜尔说，有一年朝觐期间，我去探访阿伊

---

（1）《布哈里圣训实录》6736。
（2）《布哈里圣训实录诠释——造物主的启迪》12：17。
（3）《泰伯里经注》9：439。
（4）前文已述，有些人在使者㊗归真后拒交天课。他们妄言，天课只能交给使者。——译者注
（5）《哈肯圣训遗补》2：304。
（6）《提尔密济圣训全集诠释》8：436。
（7）《提尔密济圣训全集诠释》8：437。

莎（愿主喜悦之），她问我："朱拜尔啊！你读过《宴席章》吗？"我说："是的。"她说："它是最后颁降的经文，请将其中的合法当成合法，将其中的非法当成非法。"[1]

穆阿维叶传述，我问阿伊莎（愿主喜悦之）："穆圣的道德是什么？"她说："《古兰》。"[2]

奉普慈特慈的安拉之尊名

《1.有正信的人们啊！你们要履行约言，除给你们宣读的之外，准许你们吃各种牲畜。但你们受戒时，打猎是非法的。安拉判决他所意欲的。》

《2.有正信的人们啊！你们不要亵渎安拉的标志、禁月、牺牲和标牌，也不要伤害为了追求安拉的恩惠和喜悦而朝觐禁寺的人。当你们开戒的时候，可以打猎。曾阻止你们进入禁寺的那些人，你们绝不要因怨恨他们而产生过分之举。你们当为正义和敬畏而互助，不要为罪恶和过分而相帮。你们当敬畏安拉，安拉是惩罚严厉的。》

伊本·艾布·哈亭传述，有人去伊本·麦斯欧迪那里，说："请忠告我！"伊本·麦斯欧迪说："当你听到'有正信的人们啊'时，请注意听，因为后面的经文不是命人行善，就是止人作恶。"

海赛迈传述，《古兰》中的每句"有正信的人们啊"相当于《讨拉特》里的"赤贫者们啊！"

"你们要履行约言。"伊本·阿拔斯和穆佳黑德等人说，"约言"指盟约。伊本·哲利尔说，"约言"是人们相互间结成的誓言和其他契约。[3]

伊本·阿拔斯认为这里的"约言"指安拉规定的合法与非法，以及在《古兰》中所制定的一切法令。即你们不要触犯这些法令。然后经文进一步说：《他们在定下盟约之后破坏安拉的盟约，断绝安拉命令他们接恤的（关系）……进入恶劣的家园！》（13：25）端哈克说："约言"指安拉和那些确信穆圣、确信经典的人缔结的盟约——履行安拉对他们制定的主命，分清合法与非法。[4]

## 一些合法与非法的肉食

"准许你们吃各种牲畜。"哈桑、格塔德等人说，这些牲畜指骆驼和牛羊。[5]伊本·哲利尔说，阿拉伯人就是这样认为的。

伊本·欧麦尔、伊本·阿拔斯等引证这段经文，说如果这些牲畜被宰后在其腹中发现胎儿，可以食用胎儿。艾布·赛尔德传述，我们问："安拉的使者啊！我们宰骆驼、牛或羊后在其腹中发现胎儿，我们扔掉它还是吃它？"使者说："你们可以吃它，因为宰它的母亲，就等于宰它。"贾比尔传述，安拉的使者说："宰胎儿的母亲，就等于宰它。"[6]

"除给你们宣读的之外。"伊本·阿拔斯说，"宣读的"指自死物、血和猪肉。格塔德认为是自死物和没有诵安拉的尊名而屠宰的牲畜。安拉至知。显然，经文指的是：《对你们定为非法的是：死物、血液、猪肉和不以安拉的尊名屠宰的、勒死的、打死的、跌死的、牴死的、野兽吃剩的东西。》（5：3）这些动物即便也属于"牲畜"，它们因其他原因而成为了非法。因此经文说："除非你们屠宰的，也禁止你们吃在神石上屠宰的"，即除非这几种牲畜。因为它们是不可变通的非法食物。因此说，"除非（在它们死之前）你们屠宰的；禁止你们吃在神石上屠宰的"，即除非后文将叙述的在某种情况下被禁止的某些牲畜。

"但你们受戒时，打猎是非法的。"部分学者说，牲畜包括家畜，如骆驼、牛、羊，也包括野畜，如羚羊、野牛和野驴。家畜中不能吃的上文已述。野畜中禁止吃的是受戒时的猎物。有人说，经文指除了受戒而不能食用猎物外，在各种情况下允许你们食用各种牲畜。因为安拉说：《凡为势所迫，非出自愿，且不过分的人，（虽吃禁物）毫无罪过。因为安拉是至赦的，至慈的。》（2：173）即我允许被迫的人食用死物，但条件是他不是出于叛教，也不过分。此处也是如此，我允许你们在各种情况下食用各种牲畜，但你们不能在受戒期间打猎，因为对此早有定论。安拉的一切命令和禁止是富有哲理的。因此说："安拉判断他所意欲的。"

## 尊重禁地和禁月

"有正信的人们啊！你们不要亵渎安拉的标志。"伊本·阿拔斯认为，这里的标志指朝觐的功课。[7]穆佳黑德认为指索法和莫尔卧，牺牲和牲畜属于安拉的标志。一说"安拉的标志"指安拉指定的非法事物。即你们不要触犯安拉定为非法的事物。[8]

"禁月"，即应当尊重禁月，并承认其尊严，在禁月里遵守安拉的禁令，不首先发起战争，更

---
(1)《哈肯圣训遗补》2：311。
(2)《艾哈麦德按序圣训集》6：188。
(3)《泰伯里经注》9：450。
(4)《泰伯里经注》9：452。
(5)《泰伯里经注》9：455。

(6)《泰伯里经注》9：456。
(7)《泰伯里经注》9：458。
(8)《泰伯里经注》9：463。

加远离非法事务。正如安拉说的：⦅有关禁月——其中战争方面他们问你，你说："其中战争是大罪。"⦆（2：217）又⦅在安拉那里，一年是十二个月。⦆（9：36）安拉的使者㊀在辞朝演说中说："光阴如同安拉初创天地的那样在继续流转，一年是十二个月，其中四个月是禁月，三个是连续的，它们是伊斯兰教历十一月、十二月、一月，以及六月与八月之间的七月。"说明它们永远是禁月。(1)

## 到天房献牲

"**牺牲和标牌**"，即你们应当到天房附近献牲，因为这是对安拉的标志的尊重。你们也应当在牲畜的脖子上挂标牌，以便和其他牲畜区别开，从而让人们知道它是到天房的牺牲。居心叵测的人们应该对它打消邪恶的念头，看到它的人们应该积极学习这一善举。因为引导他人走正道的人，将会得到被引导者的报偿，但不会对后者的善报有所影响。安拉的使者㊀曾夜宿祖里胡莱法山谷，期间轮流去了他的九个太太那里，翌晨，他洗了大净，抹了香水，礼了两拜，给他的牺牲挂了彩(2)，带了标牌，然后为正朝和副朝受了戒。穆圣㊀的牺牲是六十多个形象优美、颜色漂亮的骆驼。正如这节经文所言：⦅（事情就）是这样，谁尊敬安拉的标志，那的确是由衷的敬畏。⦆（22：32）

穆尕提里说，你们不要亵渎标牌。蒙昧时代的人们在非禁月出门时，把山羊毛和驼毛挂在自己身上，禁地的多神教徒们也将树皮挂在身上，寻求安全。

伊本·阿拔斯说，本章中提及的标牌经文和下列经文⦅如果他们来你那里，那么你就在他们之间裁决，或是拒绝。⦆（5：42）都被革止了。(3)

## 禁止谋害去天房的人

"**也不要伤害为了追求安拉的恩惠和喜悦而朝觐禁寺的人**"，即你们不要侵犯那些去天房的人，进入天房的人都应获得安全。追求安拉的恩惠和喜悦的人，也不应该阻碍或侵扰人们去天房。穆佳黑德、阿塔、艾布·阿林、麦图莱夫·本·阿卜杜拉、阿卜杜拉·本·欧拜德·本·欧麦尔、莱哈尔·本·艾奈斯、穆尕提利·本·罕雅尼、格塔德等学者认为"安拉的恩惠"指贸易。(4)正如前文中的⦅你们无妨向你们的主请求恩惠。⦆（2：198）伊本·阿拔斯说，"**喜悦**"指你们通过朝觐追求安拉的喜悦吧！艾克莱麦、赛丁伊、伊本·哲利尔说："这段经文是因伊本·杏德而降示的，他曾袭击了麦地那的牲畜，第二年他打算参加副朝时，部分圣门弟子想在去往天房的途中拦截他，安拉因此降示道：'也不要伤害为了追求安拉的恩惠和喜悦而朝觐禁寺的人。'"

## 允许开戒后打猎

"**当你们开戒的时候，可以打猎**"，即你们度过受戒期并开戒后，我允许你们做在受戒时不能做的事情——打猎。这是禁止之后的命令。正确的说法是恢复受禁之前原有的断法：如果原来它是瓦吉卜（当然的），就将它恢复成瓦吉卜，如果它原来是可嘉的，就将它恢复成可嘉的，如果原来是允许的，就将它恢复成允许的。有人说，这是禁止之后的勒令（指必须遵从的命令）。但许多经文证明，这种说法是站不住脚的。又有人说这是禁令之后的许可，这种说法也被许多经文驳倒。正确的应该是我们所阐明的断法，全面又合理。安拉至知。

## 任何情况下都必须公正

"**曾阻止你们进入禁寺的那些人，你们绝不要因怨恨他们而产生过分之举。**"经文的意思非常明确，即有些人曾在侯代比亚之年阻止你们去天房，但你们不要因为怨恨他们而超越安拉的法度，从而招来不义和过分的报应。你们应当执行安拉的法度，公正地对待每一个人。

"**曾阻止你们进入禁寺的那些人，你们绝不要因怨恨他们而产生过分之举**"，即你们不要因为愤恨他们而放弃公正为怀的原则，因为每个人应该在任何情况下公正地对待他人。栽德传述，侯代比亚之年，多神教徒们阻止安拉的使者㊀和圣门弟子们去朝觐天房，圣门弟子们觉得难以咽下这口气，后来一些来自东部的多神教徒们经过圣门弟子的住处前去麦加副朝，有些弟子问安拉的使者㊀，我们是否可以阻止他们，以报他们阻止我们的人去天房之仇，安拉因此而降下了上述经文。伊本·阿拔斯等人认为，"**怨恨**"指仇恨。(5)

"**你们当为正义和敬畏而互助，不要为罪恶和过分而相帮。**"安拉命令信士们群策群力，积极行善，倡导正义，放弃邪恶，畏主守法；禁止他们狼狈为奸，为非作歹。伊本·哲利尔说，"**罪恶**"指不干安拉命令的事情，"**过分**"指在宗教方面超越安拉规定的限度，在自己和别人方面有过激行为。(6)

---

(1)《布哈里圣训实录诠释——造物主的启迪》10：10。
(2) 即刺破它，让它流出血，表示它是牺牲。——译者注
(3)《泰伯里经注》10：332。
(4)《泰伯里经注》9：480、481。
(5)《泰伯里经注》9：478。
(6)《泰伯里经注》9：490。

安拉的使者说:"你帮助你的兄弟,无论他是亏人者,还是被人亏者。"有人问:"安拉的使者啊!如果他是被人亏的,我们就帮助他,但如果他是亏人的,我们怎么帮助他呢?"使者说:"制止他作恶,就是帮助他。"[1]穆圣说:"在回赐方面,与人来往忍受他人伤害的穆民,比不与人来往不忍受他人伤害的穆民更大。"[2]

有段明确的圣训说:"引导人于正道的人,将得到遵循正道者的回赐,但丝毫不会对后者的回赐有所减少,直至末日,一直如此;引导人于迷误的人,将遭受迷误者的惩罚,但这丝毫不能减轻后者的惩罚,直到末日,一直如此。"[3]

❀ 3.对你们定为非法的是:死物、血液、猪肉和不以安拉的尊名屠宰的、勒死的、打死的、跌死的、牴死的、野兽吃剩的东西——除非(在它们死之前)你们屠宰的;禁止你们吃在神石上屠宰的;禁止你们求签,那是大罪。今天,那些隐昧的人对你们的宗教无可奈何了,所以你们不要害怕他们,你们当害怕我。今天我已为你们完美了你们的宗教,完成了我对你们的恩典,并喜欢伊斯兰做你们的宗教。倘若有人迫于饥饿,并非自愿犯罪,安拉确实是至赦的,至慈的。❀

### 禁止吃的动物

安拉告诫他的仆民,不要使用这些诸如死物的非法动物,死物指没有通过屠宰或猎杀而死去的动物。伊斯兰禁止它的原因是这种充血的死物对人体或宗教有伤害。但也有个别死物是可食的,譬如鱼类。鱼类无论是否通过屠宰而死,都是可食的。《穆万塔圣训集》《艾布·达乌德圣训集》《提尔密济圣训集》《圣训大集》《伊本·马哲圣训集》《布哈里圣训实录》以及《穆斯林圣训实录》等著名圣训实录都记载了下列圣训——有人向安拉的使者请教海水的断法,使者说:"其水是清洁的,其死物是合法的。"有关圣训证明,蝗虫也是如此。[4]

"**血液**"指流动的血液。伊本·阿拔斯传述,有人向使者请教脾脏是否可吃,使者说:"可以吃。"圣门弟子们说:"安拉的使者啊!它可是血液。"使者说:"你们只受禁吃流动的血液。"安拉的使者说:"两种死物和两种血液对你们是合法的,两种死物指鱼类和蝗虫,两种血液指肝和脾

脏。"[5]

"**猪肉**"包括家猪和野猪。"**肉**"包括猪身上脂肪在内的各个部分。此中不能听信那些自矜博学的文字派学者,他们妄下断语,认为下列经文中的"**它**"仅指猪肉,猪身上的其他部位不是非法。**除非死物、流动的血液、猪肉,它确实是污秽。**"事实从阿拉伯语言的角度来讲,这种解释是说不通的,正确地说,其中的代词应该归于肉,因为无论从阿拉伯语言角度来讲,还是从传统习俗来讲,其中的"肉"包括猪身上的各个部位。《穆斯林圣训实录》记载,安拉的使者说:"玩双陆棋(骰子)好比在猪肉和猪血中浸手。"[6]如果仅仅触摸一下,就有如此严重的警告,食用猪肉的严重性就可想而知了。从而说明,"猪肉"是指包括脂肪在内的猪身上所有部位。

安拉的使者说:"安拉禁止你们买卖酒、死物、猪和偶像。"有人问:"安拉的使者啊!能否用死物脂肪漆船,给皮子上油,或点灯?"使者说:"它是非法的。"[7]《布哈里圣训实录》载:

---

(1)《艾哈麦德按序圣训集》3:99。
(2)《艾哈麦德按序圣训集》5:365。
(3)《穆斯林圣训实录》4:2060。
(4)《艾布·达乌德圣训集》1:64。

(5)《沙斐仪按序圣训集》2:173。
(6)《穆斯林圣训实录》4:1770。
(7)《布哈里圣训实录诠释——造物主的启迪》4:495。

艾布·苏富扬对罗马皇帝希拉克略说："他（安拉的使者㊗）禁止我们食用死物和血液。"

"**不以安拉的尊名屠宰的**"，即宰的时候没有诵安拉尊名的一切动物，都是非法的。学者们一致认为，不以安拉的尊名，而以偶像、恶魔或其他被造物的名字屠宰动物都是非法的。

"**勒死的**"，即有意识勒死的或偶然间被缰绳勒死的，都是非法的。

"**打死的**"，即用无刃的钝器打死的。伊本·阿拔斯等人认为是用木棒打死的。格塔德说："蒙昧时代的人们吃用棍子打死的牲畜。"⁽¹⁾阿丁伊传述，我问："安拉的使者啊！我用无羽箭（一说无刃箭）射中猎物后，怎么办？"使者说："如射中后箭插入了猎物体内，你可以吃，但如果箭柄打中了猎物，你不要吃，因为它属于打死的。"⁽²⁾使者阐明了用箭、标枪等利器的刃击中猎物，将它们断为合法；将其柄击中的定成打死的，断为非法。这也是教法学家们的公决。

"**跌死的**"，指从山崖等高处摔下来后死亡的，都是非法的。伊本·阿拔斯认为经文指从山上摔下来的。格塔德认为它是坠入井中的。赛丁伊认为它是从山上摔下来或坠入井中的。⁽³⁾

"**牴死的**"，指被其他动物牴死，然后流出了血。即便另一动物的角牴到该牲畜的宜宰的位置（脖子），然后流出了血。"**牴死的**"的原意应该是被牴死的。

"**野兽吃剩的东西**"，即被狮子、老虎、豹子、狼、狗等动物猎杀而死的是非法的。即便这些猛兽咬住了它的脖子，然后血从中流了出来。学者们一致认为，这种肉是非法的。蒙昧时代的人们吃猛兽吃剩的羊、骆驼、牛等牲畜。后来安拉禁止穆民食用它。

"**除非（在它们死之前）你们屠宰的**"，即该牲畜有了（上面提到的）致命的原因，但临死前赶上宰的除外。下列经文所说的情况中赶上刀子的也是例外，是可以吃的，"**勒死的、打死的、跌死的、牴死的、野兽吃剩的东西**"。伊本·阿拔斯说，倘若上述牲畜还在呼吸时你们宰了它，就可以食用它，因为它属于被宰的。⁽⁴⁾

阿里说："被打的、被跌的和被牴的牲畜，如果在宰的时候它的前蹄或后蹄还在动，则可以吃它。"端哈克等人说："有生命迹象的牲畜，被宰之后是合法的。"⁽⁵⁾

两圣训实录辑录，拉菲尔说，我问："安拉的使者啊！明天我们将遇到敌人，我们没有带刀子，是否可以用有刃的木棒屠宰？"使者说："只要诵念安拉的尊名且宰后流了血，你们就可以吃。但不能用牙齿或指甲屠宰，我将要告诉你们为什么：牙齿属于骨头，指甲是阿比西尼亚人的刀子。"⁽⁶⁾

"**在神石上屠宰的。**"穆佳黑德等人说，"**神石**"指曾放在克尔白周围的石头。⁽⁷⁾伊本·朱莱杰说："它指三百六十个石像。蒙昧时代的阿拉伯人曾在那里屠宰牺牲，将动物的血泼洒到向着天房的石像上，他们还将动物肉切成碎片，放到石像上。后来安拉禁止穆民这样做，同时禁止吃在这些石像上宰的动物，哪怕在宰的时候诵念了安拉的尊名。这是安拉及其使者认定的以物配主行为。穆斯林不应该在这种场合屠宰动物。何况伊斯兰早已禁止为安拉之外的一切宰牲。"⁽⁸⁾

## 禁止求签

"**禁止你们求签**"，即信士们啊！求签对你们是非法的。蒙昧时代的阿拉伯人曾求签算卦。"**签**"指三个签条，一个上写着"可行。"一个上写着"不可行。"另一个是空白的。有人说这三个签上分别写着"我的主命令我"、"我的主禁止我"，第三个是空白的。当摇出命令的签时，他们就去做决心做的事情，当摇出禁止的签时也遵签行事，摇出空白的签时，重新再摇。"**求签**"指借助这些签解决事情。

伊本·阿拔斯说："他们曾通过求签安排自己的事情。"

伊本·易司哈格说："古莱什人的最大偶像是立在克尔白里面的井上的海卜里神，上面摆放着许多牺牲品和克尔白的财产。旁边有七支签，其中写着对他们的疑难官司的裁决方案，他们一丝不苟地履行这些方案，不偏不倚。"一段明确的圣训记载，安拉的使者㊗进入克尔白后，在其中发现了伊布拉欣和伊斯玛仪的塑像，这两尊偶像各手持一些签柄。使者见此情景后说："愿安拉诅咒他们，他们知道这两位先知绝对没有求过签。"⁽⁹⁾

穆佳黑德说，"**签**"指阿拉伯人的签和波斯人、罗马人的骰子，他们用它进行赌博。⁽¹⁰⁾穆佳黑德认为经文中的"签"指用于赌博的签。这种观点值得商榷。主啊！除非他们有时用之赌博，有时用之求灵感。安拉至知。因为安拉在一段经文中相继

---

（1）《泰伯里经注》9：496。
（2）《布哈里圣训实录诠释——造物主的启迪》9：518。
（3）《泰伯里经注》9：498。
（4）《泰伯里经注》9：502。
（5）《泰伯里经注》9：504。
（6）《布哈里圣训实录诠释——造物主的启迪》9：554。
（7）《泰伯里经注》9：508。
（8）《泰伯里经注》9：508。
（9）《布哈里圣训实录诠释——造物主的启迪》6：446。
（10）《泰伯里经注》9：512。

提到了求签和赌博，在本章末说：《有正信的人们啊！酒、赌博、偶像、抽签只是污秽——恶魔的作为。你们当远离它，以便你们成功。恶魔企图以酒和赌博在你们之间投入仇和恨，并阻碍你们去记念安拉和礼拜，你们愿意禁绝吗？》（5：90-91）经文在这里说："禁止你们求签，那是坏事"，即这种行为是坏事、迷误、无知和以物配主。

当信士们对一件事情感到犹豫不决时，安拉命令他们向他求灵感，即首先他们崇拜安拉，然后请求安拉对他们所追求的事情替他们做最好的选择。

贾比尔传述，安拉的使者曾教育我们在一切事务中求灵感，正如他给他教授一些《古兰》章节，他说："如果你们想做一件事，就应该在礼完主命拜后再礼两拜，然后说：'主啊！我以你的知识向你求灵感，以你的全能向你求能力，求你赐给我你的宏恩，因为你无所不能，我一无所能，你彻知万物，我一无所知，你是全知未见的主。主啊！如果这件事情（当讲明所要求的事情）对我的宗教、今世、生活和未来更好，请为我决定它，并使我容易地完成它，并在其中给我吉庆。主啊！如果这件事情（当讲明所要求的事情）对我的宗教、今世、生活和未来不好，请让我离开它，请替我转移它，并为我注定好事——无论如何，然后让我情愿它吧！'"(1) 原文：

اللهم إني استخيرك بعلمك وأستقدرك بقدرتك وأسألك من فضلك العظيم فإنك تقدر ولا أقدر وتعلم ولا أعلم وأنت علّام الغيوب اللهم إن كنت تعلم أن هذا الأمر— يسمّيه باسمه—خير لي في ديني ودنياي ومعاشي وعاقبة أمري —أو قال: عاجل أمري وآجله —فاقدره لي ويسّره لي ثم بارك لي فيه اللهم وإن كنت تعلم أنه شرّ لي في ديني ودنياي ومعاشي وعاقبة أمري فاصرفني عنه واصرفه عنّي واقدرلي الخير حيث كان ثم رضني به

### 隐昧者和恶魔对穆斯林的宗教感到绝望

"今天，那些隐昧的人对你们的宗教无可奈何了。"伊本·阿拔斯认为经文的意思是：隐昧者感到你们绝不会背叛自己的宗教。(2) 安拉的使者说："恶魔已经绝望了，它知道阿拉伯半岛上的礼拜者们不会再崇拜它，但它将继续其教唆之能事。"经文的意思也可能是：他们已经对自己失去了信心，知道再也不能欺骗穆民了，因为穆民的属性和以物配主者的属性迥然不同。因此，安拉命令信士们坚定立场，从各方面与隐昧者背道而驰，除了安拉外，不害怕任何人。安拉说："**所以你们不要害怕他们，你们当害怕我。**"你们不要害怕与隐昧者的决裂，你们应敬畏我，我会襄助你们，消灭隐昧者，或让你们战胜他们，从而慰借你们的心灵，在今世和后世中让你们身居他们之上。

### 完美的宗教

"**今天我已为你们完美了你们的宗教，完成了我对你们的恩典，并喜欢伊斯兰做你们的宗教。**"这是安拉对伊斯兰民族的最大恩典，因为安拉为他们完美了他们的宗教，使他们不需要其他宗教，不需要穆圣以外的其他先知，使他们的先知成为万圣的封印，将他派向人类和精灵。穆圣制定的合法就是合法，穆圣制定的非法就是非法，穆圣制定的宗教就是正教，穆圣所说的一切都是真理，穆圣绝无谎话，绝不爽约。正如安拉所言：《你的主的言辞绝对真实和公正。》（6：115）也就是说穆圣所说的都是真实的，穆圣的命令和禁止都是公正的。当安拉为穆斯林完美了他们的宗教后，也就完成了对他们的恩赐。所以说："**今天我已为你们完美了你们的宗教，完成了我对你们的恩典，并喜欢伊斯兰做你们的宗教。**"你们当为自己而喜欢这个宗教，因为这是安拉喜欢的宗教，他为此而派遣了最尊贵的使者，降示了最优秀的经典。

伊本·哲利尔传述："'今天我已为你们完美了你们的宗教'降示之后，欧麦尔哭了，穆圣问他：'你为何哭泣？'欧麦尔说：'我们的宗教日趋完善，我因之而哭。因为世上的事情每逢完美，便会走向残缺。'穆圣说：'你说得对。'"有段圣训可以证明这一点，穆圣说："伊斯兰异乡人般地降临，并将异乡人般地离去，祝贺那些异乡人。"(3)

有个犹太人来到欧麦尔那里说："信士的长官啊！你们在你们的经中读一段经文，倘若那段经文降给了我们犹太人，我们一定会将那日作为节日。"欧麦尔问："是哪段经文？"那人说，是"**今天我已为你们完美了你们的宗教，完成了我对你们的恩典。**"欧麦尔说："以安拉发誓，我一定知道那段经文降给安拉使者的那个日子和时间，当时是星期五的黄昏，在阿拉法特。"(4)

《布哈里圣训实录》载："犹太人们对欧麦尔说：'你们诵读一段经文，假若那段经文为我们而降示，我们必将那日作为节日。'欧麦尔说：'我知道它降示的时间、地点以及当时使者在哪里。它是在驻阿拉法特之日降示的，当时我就在那儿。'"苏富扬说，这一天是不是主麻日我有些怀疑。如果苏富扬的怀疑源于传述过程，则情有可原，如果因为别的原因，则其原因是不可接受的。

---

(1)《艾哈麦德按序圣训集》3：344。
(2)《泰伯里经注》9：516。
(3)《穆斯林圣训实录》1：130。
(4)《艾哈麦德按序圣训集》1：38。

辞朝中的阿拉法特日是主麻日，是没有异议的事实。安拉至知。毋庸置疑，欧麦尔传述的这段圣训，是通过多渠道传述而来的。

### 被迫无奈时允许吃自死物

"**倘若有人迫于饥饿，并非自愿犯罪，安拉确实是至赦的，至慈的**"，即在被迫无奈的情况下，安拉允许使用上述受禁的物品。因为安拉是至赦的，至慈的。安拉知道被迫的仆人的需求，所以他会原谅他们，恕饶他们。安拉的使者说："安拉喜欢人类向他要求宽大，憎恶人类违抗他。"没有食物的人不需要等待三日后再吃自死物，这是一些普通群众的猜测。何时被迫无奈，何时就可以食用死物。(1)

艾布·瓦格德传述，他们（圣门弟子们）说："安拉的使者啊！我们在某地饥渴难耐，到什么时候就可以食用死物？"使者说："你们在没有吃早饭和晚饭，也没有找到蔬菜充饥的情况下，可以食用死物。"(2)

"**并非自愿犯罪**"，即不犯罪地……因为安拉允许他在特殊情况下使用曾受禁的食品。正如另一节经文所言：《他只禁止你们吃自死物、血液、猪肉以及诵非安拉之名而宰的；凡为势所迫，非出自愿，且不过分的人，（虽吃禁物）毫无罪过。因为安拉是至赦的，至慈的。》（2：173）有人通过这段经文证明，犯罪者出门后，不能享受其他出门者所能享受的特许条件。因为特许是通过犯罪不能得到的。安拉至知。

《4.他们问你，什么对他们是合法的，你说："（安拉）准许你们一切佳美的，以及你们遵照安拉的教导，用训练的捕猎动物为你们捕获的猎物。你们可以吃它们为你们捕获的，不过你们要对它念诵安拉的尊名，并敬畏安拉。安拉是清算迅速的。"》

### 合 法

安拉在前面的经文中提到一些非法的东西。这些东西或对身体有害，或对宗教有害，或既有害于宗教，又有害于身体。但安拉又提到，人在被迫无奈的情况下，可以使用这些禁止的物品。正如安拉所言：《他已经为你们讲明了。迫不得已时另当别论。》（6：119）此后又说："**他们问你，什么对他们是合法的，你说：'（安拉）准许你们一切佳美的'**。"正如《高处章》对穆圣特征的叙述："他为他们将佳美的定为合法，将龌龊的定为非法。"穆尔提里说："佳美的是安拉允许你们使用的，它也是合法的给养。"有人向祖海里请教饮尿治病的事，祖海里回答说："它不属于佳美的。"

### 训练的捕猎动物所捕获的猎物的断法

"**训练的捕猎动物为你们捕获的猎物**"，即安拉允许你们食用诵安拉的尊名所宰的动物和一些佳美的动物，同时允许你们食用捕猎动物所捕获的猎物。"**捕猎动物**"，指猎狗、猎豹、猎隼等，正如圣门弟子、再传弟子和著名学者所主张。伊本·阿拔斯说，"**训练的捕猎动物**"，指训练的狗、鹰，以及可以驯服后捕猎的各种飞禽。"**捕猎的动物**"（الجوارح）指猎狗、猎豹和猎隼等。伊本·欧麦尔说："猎隼等禽类捕获猎物后，（在它们开始吃前）你所赶上的属于你，否则你不要吃。"众学者说："猎禽捕获的和猎狗捕获的一样，因为它们都用爪攫取猎物，所以二者之间没有区别。"阿丁伊传述，我向安拉的使者请教了猎隼捕获的猎物，他说："如果它（自己没有吃）而为你留下来了，你就可以吃。"

"**捕猎的动物**"（الجوارح）的原义是"谋取……的。"这样被命名的原因如同阿拉伯人所说："某人是为家人谋生的。"安拉说：《他也知道你们在白天所做的一切。》（6：60）即你们在白天做的善和恶。

"**捕猎的**"（مكلبين）可以给前面的"你们"当状语，即"为捕猎的你们……"也可以给"……动物"当状语，即在动物捕猎时，你们训练它们。这些动物往往用爪或牙齿捕猎，因此可以看出没有被它们用爪和牙齿捕获（如被它们撞死的）的猎物，是不合法的。

因此说，"**你们遵照安拉的教导，用训练的……**"即当你们放开它时，它会出发，召回它时，它会回来，当它捕获猎物时，不会自己撕食，而等待主人到来。

"**你们可以吃它们为你们捕获的，不过你们要对它念诵安拉的尊名**"，即如果打猎动物是受过训练的，它会为主人留下猎物，并且主人在放开它时诵念了安拉的尊名，那么它所捕获的猎物就是合法的，哪怕它杀死了猎物。这是学者们的公决。这是相关的一段圣训。两圣训实录辑录：阿丁伊传述，我问安拉的使者："安拉的使者啊！我诵念安拉的尊名放开了猎犬，该怎么处置猎物？"安拉的使者说："如果你诵念安拉的尊名放开了猎犬，那么你就可以吃它捕获的猎物。"我问："如果猎

---
(1)《伊本·军巴尼圣训实录》4：182。
(2)《艾哈麦德按序圣训集》5：218。

犬杀死了猎物呢？"使者说："如果别人的犬没有参与捕杀该猎物，你就可以吃，哪怕猎物被杀死了。因为你只为你的猎犬而诵读了安拉的尊名，你没有为别人的犬而诵安拉的尊名。"我问："我用无羽箭（一说无刃箭）射中猎物，怎么办？"使者说："如射中后箭插入了猎物体内，你可以吃；但如果箭柄打中了猎物，你不要吃，因为它属于打死的。"(1)另据传述："你放开猎犬时应该诵安拉的尊名，如果你赶上它捕获猎物时，猎物还活着，那么你就宰它；如果你赶上时，猎物已经被杀死，猎犬没有吃它，你就可以吃，因为猎犬的捕猎就是屠宰。"另据传述："如果猎犬吃过猎物，你就不要吃，我担心它将猎物留给了自己。"(2)

### 在放开猎犬时，诵念安拉的尊名（太斯米）

"**你们可以吃它们为你们捕获的，不过你们要对它念诵安拉的尊名**"，即放开猎犬时，要诵念安拉的尊名。穆圣㊣对阿丁伊说："你放开猎犬时，要诵念安拉的尊名，只要它为你留下猎物，你就可以吃。"两圣训实录辑录："你放开猎犬时，应当诵念安拉的尊名，你射击时，当诵念安拉的尊名。"(3)

伊本·阿拔斯说："你放开你的打猎的动物时，当念安拉的尊名。忘了诵念也是可以的。"(4)

有人说这段经文的意思是在吃的时候诵念安拉的尊名。正如两圣训实录辑录，安拉的使者㊣对他的养子伊本·艾布·赛莱迈说："你当念太斯米，用右手吃，并吃靠近你的食品。"《布哈里圣训实录》载：圣门弟子们说："安拉的使者啊！一些刚刚加入伊斯兰的人给我们带来一些肉，我们不知他们（在屠宰时）是否诵过安拉的尊名。"使者说："你们可以诵安拉的尊名，然后吃。"

❁ 5.今天，一切佳美的都因你们而被定为了合法；有经人的食物对你们是合法的；你们的食物对他们也是合法的。穆民中的自由女和在你们之前曾获经典的人中的自由女，如果你们将聘金交给了她们（那么，她们对你们是合法的），但你们应当是贞洁的、不是淫荡的、也不是有情人的。谁否认正信，谁的善功确已无效了，后世中，他在亏折者之列。❁

---

(1)《布哈里圣训实录诠释——造物主的启迪》9：527。
(2)《布哈里圣训实录诠释——造物主的启迪》9：527。
(3)《布哈里圣训实录诠释——造物主的启迪》9：524。
(4)《泰伯里经注》9：571。

### 有经人宰的动物是合法的

安拉禁止仆民使用非法的，允许他们使用佳美的，然后说："**今天，一切佳美的都因你们而被定为了合法**。"接着又提到有经人——基督教徒和犹太教徒所宰的动物的断法："有经人的食物对你们是合法的。"伊本·阿拔斯、艾布·欧麻麦、穆佳黑德等著名学者都认为这里的食物指他们宰的肉食。(5)学者们一致认为，他们所宰的动物对穆斯林是合法的，因为他们也主张为安拉之外的（伪神或其他）屠宰是非法的；他们在屠宰时只诵念安拉的尊名，虽然他们的信仰中存在与清高、神圣安拉的属性不相符的一些东西。

伊本·麦俄菲里说："海巴尔之日有人扔下一皮袋油，我跑过去将它抱在怀中说：'今天我不会把皮袋中的东西送给任何人。'我回过头时，忽然看到穆圣㊣正在微笑。"(6)教法学家们根据这段圣训主张可以在分配之前占有食物等战利品。

哈尼法、沙斐仪、罕百里教法学派的学者，对马立克派认为不能食用犹太人不能食用的脂肪等肉食的观点提出质疑。马立克派的这一观点也与大部分学派的观点不符，据明确的圣训记载，海巴尔的居民（犹太人）曾为安拉的使者㊣送了一只烤羊，并在羊肩胛中投了毒，因为使者最喜欢吃羊肩胛。使者拿起羊肩胛便吃了起来，但这只羊肩胛告诉使者，它上面有毒，使者便吐了它。这件事严重危害了使者的身体(7)。当时和使者一块吃烤羊的还有毕西尔·本·白拉伊，他被毒死了。后来穆斯林处死了投毒的叫栽娜卜的女人。概言之，使者和圣门弟子们决定吃那只烤羊时，并没有问是否取掉了犹太人不能吃的脂肪。(8)

"**你们的食物对他们也是合法的**"，即你们可以让他们吃有经人宰的肉食。但经文并不是在告诉有经人，他们可以吃穆斯林宰的动物。主啊！除非经文的意思告诉他们应做什么，比如应该吃什么食物、在宰牲时诵念安拉的尊名，无论他属于哪一宗教。第一种解释更加明确，即穆斯林可以让他们吃自己宰的肉食，正如穆斯林可以吃他们（有经人）的食物那样。就像"平等往来"或"互相报答"。好比安拉的使者㊣在埋葬阿卜杜拉·本·伊本·吾班叶(9)时将自己的衣服穿给他，因为阿拔斯刚到麦地那时，阿卜杜拉曾把自己的衣服给阿拔斯穿，使者因之而报答了他。下列圣训则是对穆斯林的倡导

---

(5)《泰伯里经注》9：73。
(6)《布哈里圣训实录诠释——造物主的启迪》9：552。
(7)使者归真前说，海巴尔毒羊的毒性在他体内发作了。——译者注
(8)《布哈里圣训实录诠释——造物主的启迪》7：569。
(9)伪信士头目。——译者注

和鼓励："你只与穆民为伍，只让清廉的人吃你的食物。"安拉至知。(1)

## 可以和有经人中忠贞的自由女结婚

"穆民中的自由女"指安拉允许你们和有正信的贞洁的穆斯林妇女结婚。正如安拉所言："**贞洁的、不是淫荡的，也不是有情人的。**"伊本·欧麦尔则反对和基督教妇女结婚，他说："在我看来，最大的以物配主莫过于一个人说：'我的主是尔撒。'安拉说：'你们不要和崇拜多神的妇女结婚，直至她们归信。'"

伊本·阿拔斯说，"你们不要和崇拜多神的妇女结婚，直至她们归信"降示后，穆斯林不再和有经人结婚，后来"在你们之前曾获经典的人中的自由女"降示后，穆斯林开始和有经人通婚。

有许多圣门弟子曾和基督教妇女结婚，他们并不认为这有什么不妥，他们依据的是下列经文："在你们之前曾获经典的人中的自由女"。圣门弟子们认为，这段经文限制了下列经文的意思范围：❮你们不要和多神教徒妇女结婚，除非她们归信。❯（2：221）因为有经人的妇女也属于多神教徒。否则，这两节经文并不矛盾。确实，在许多《古兰》明文中，安拉分别提到了多神教徒和有经人，如：❮有经的人和多神教徒中的隐昧者……❯（98：1）❮你对有经的人和无经的人说："你们顺从吗？"如果他们顺从，他们就走上了正道。❯（3：20）

"**如果你们将聘金交给了她们**"，即你们应该按她们是贞洁的自由女身份相应地、心甘情愿地给她们赠送聘金。贾比尔、阿米尔、伊布拉欣和哈桑·巴士里认为："如果男人和未婚妻同房前，未婚妻有了奸淫行为，他们应该离婚。"并且女方得退还男方送给她的聘金。(2)

"**但你们应当是贞洁的、不是淫荡的、也不是有情人的。**"教法要求女方贞洁的同时，也要求男方贞洁，即男方也应该是安分的自由人。因此说，"**不是淫荡的**"，即不是作奸犯科、淫乱放荡的。"**也不是有情人的**"，即找情人的。正如《妇女章》所述。

❮ **6. 有正信的人们啊！当你们站起礼拜时，你们当洗你们的脸，洗两手至两肘，当抹头，并洗脚至两踝；如果你们无大净，你们当彻底清洁；假如你们生病，或在旅行，或解了手，或接触妻室后**

---
（1）《艾哈麦德按序圣训集》5：167。
（2）《泰伯里经注》9：585。

没有找到水，那么你们趋向清洁的高地，抹你们的脸和手。安拉不会给你们设置任何困难，但安拉意欲你们清洁，并完成他对你们的恩典，以便你们感谢。❯

## 小　净

"**当你们站起礼拜时。**"经文命令人们打算站起礼拜时洗小净，对于无小净的人来说，这是必须的。但对于带小净的人来说，它则是提倡的。有人说，在伊斯兰初期，人们必须在每次礼拜的时候洗小净。后来，这一断法被革止了。伊玛目艾哈麦德传述，穆圣最初每次礼拜前做小净，麦加解放后，他在做小净时摸靴子，并一次小净礼多次拜。欧麦尔对他说："安拉的使者啊！你做了以前没有做过的事情。"使者说："欧麦尔啊！我是有意这样做的。"(3)

伊本·姆班西尔说，我看到贾比尔以一个小净礼多次礼拜，他小便或坏小净后洗小净，并用剩余的水摸靴子。我说："贾比尔啊！你是按自己的想法做的吗？"他说："不是，我看到安拉的使者

---
（3）《艾哈麦德按序圣训集》5：225。

就是这样做的。使者怎么做，我就怎么做。"(1)

艾哈麦德传自欧拜杜拉·本·阿卜杜拉·本·欧麦尔，他说："阿卜杜拉·本·欧麦尔无论是否带小净，每次礼拜都要洗小净，他这是从哪里学来的？"艾哈麦德传述：栽德之女艾斯玛仪告诉他：阿卜杜拉·本·罕作里曾告诉他："安拉的使者☪曾经奉命在每次礼拜前做小净，后来这给他带来困难时，他奉命每次礼拜前刷牙，并只被要求不带小净时做小净。阿卜杜拉认为自己有能力在每次礼拜前洗小净，所以他一生都是这样做的。"伊本·欧麦尔这种认真洗小净并持之以恒的做法表明，在每次拜前洗小净是可嘉的。大部分学者的主张也是如此。(2)

艾布·达乌德传述：伊本·阿拔斯说，安拉的使者☪有次从厕所出来后，有人给他送来食物，问："我们给你带来做小净的水吗？"使者说："我只奉命在站起礼拜时做小净。"(3)

伊本·阿拔斯说，我们曾在穆圣☪那里，他上厕所后，有人送来食品说："安拉的使者啊！你不做小净吗？"使者说："为什么？难道我礼拜之后洗小净吗？"(4)

## 小净时举意、念太斯米

"你们当洗你们的脸。"经文证明，小净时必须举意。经文的寓意如同阿拉伯人所说："当你见到长官时，你就（为他）站起来。"两圣训实录辑录："一切工作都取决于举意。每个人都将得到他所举意的。"(5) 提倡洗脸之前诵念安拉的尊名，有段明确的圣训说："没有诵念安拉尊名的人，等于没有做小净。"提倡将两手放进器皿之前(6)洗两手，尤其起床之后洗手。安拉的使者☪说："你们睡觉起来在洗手三次之前，不要将手放进器皿中，因为你们不知道你们的手在哪过夜了。"(7) 教法学家们认为，从长的方面，脸是从发际至下巴（秃子等另当别论。胡子包括在脸的范围之内。），宽的方面，指两耳朵间的部位。

## 认真洗胡须

艾布·瓦伊里说："我看到奥斯曼在洗小净……他在洗脸时，认真洗了胡须三次，然后说：

'我看到安拉的使者☪就是这样做的。'"(8)

## 小净的具体方法

伊本·阿拔斯在洗小净时洗了脸。他用一捧水漱口、洗鼻，然后用另一捧水这样做：将水倒在另一只手上，用之洗脸，然后倒一捧水，用之洗右手，然后再倒一捧水用之洗左手，然后摸头，然后倒一捧水，将水洒在右脚上，用之洗脚。最后以同样的方法洗左脚。他说："我看到安拉的使者☪就是这样做的。"(9)

"**洗两手至两肘**"，即包括两肘。正如安拉所言：❴ 也不要把他们的财产跟你们自己的财产一起吞没，这确实是大罪。❵（4：2）

提倡做小净的人在洗肘时，一起洗前臂。安拉的使者☪说："在末日，我的民族被召来时，身上做小净的地方闪闪发光，谁希望他的光明更充足，谁就应该洗仔细。"(10) 艾布·胡莱赖说，我听我的挚友（穆圣☪）说："小净的水所到之处，就是穆民的装饰。"(11)

有人对圣门弟子阿卜杜拉说："你可以给我演示使者☪是怎么做小净的吗？"阿卜杜拉说："可以。"他要来水，倒在手上，洗手两次，然后漱口洗鼻三次，洗脸三次，洗两手到两肘两次，用两手摸了头。从头的前面摸到后脑勺，又从后脑勺摸到开始的地方。然后洗了两脚。(12) 类似的圣训很多，说明必须摸全头。(13)

伊本·艾巴尼说，我见过奥斯曼做小净，他在两手上倒水三次，用之洗两手，然后漱口、呛鼻，然后洗脸三次，然后洗右手至肘部三次，然后以相同的方法洗了左手。然后摸了头，然后洗右脚三次，然后洗左脚三次。然后说："我看见安拉的使者☪就是这样洗小净的，先知还说：'谁像我这样洗小净后聚精会神地礼两拜礼拜，安拉就会为谁恕饶以前的罪恶。'"(14)《艾布·达乌德圣训集》辑录，奥斯曼曾摸头一次。

## 必须洗两脚，而不能用水摸（擦）脚

"**并洗脚至两踝**。"学者们认为不能用水摸脚。经文的文字指出，必须洗脚。有些诵经家根据阿拉伯语言习惯，将"**脚，أرجل**"读为属格，根据

---

（1）《泰伯里经注》10：11；《伊本·马哲圣训集》1：170。
（2）《艾哈麦德按序圣训集》1：14。
（3）《艾哈麦德按序圣训集》4：36。
（4）《穆斯林圣训实录》1：283。
（5）《布哈里圣训实录诠释——造物主的启迪》1：15。
（6）阿拉伯人以前用盆子洗小净。——译者注
（7）《布哈里圣训实录诠释——造物主的启迪》1：316。
（8）《提尔密济圣训全集诠释》1：133。
（9）《艾哈麦德按序圣训集》1：268。
（10）《布哈里圣训实录诠释——造物主的启迪》1：283。
（11）《穆斯林圣训实录》1：219。
（12）《布哈里圣训实录诠释——造物主的启迪》1：347。
（13）也有学者说，摸头四分之一，或几根发也可以。——译者注
（14）《布哈里圣训实录诠释——造物主的启迪》1：311。

这种语法关系（读法取决于语法关系），"脚"应该连接摸头。按这样理解，小净中要摸脚。实际上这样连接是因为便于诵读，意义上并不连接。阿拉伯谚语中这种情况很多，《古兰》中也不少见。(1)

## 有关洗脚，并且必须洗脚的圣训

圣训学家们根据不同的传述系统，从信士的两位长官奥斯曼和阿里以及伊本·阿拔斯、穆阿维叶等人那里传述，安拉的使者洗脚一次、二次或三次。

两圣训实录辑录，伊本·阿慕尔传述，在一次旅行中我们走在了使者的前面，使者赶上来时我们正急着准备晡礼，当时我们在做小净，并在（用湿手）摸脚，使者高声喊道："请全美小净吧，脚后跟要遭火烧了！"阿伊莎（愿主喜悦之）传述，穆圣说："你们当全美小净，不幸的火狱归于脚后跟！"安拉的使者又说："你们当全美小净，不幸的火狱归于脚后跟和脚心！"(2)

欧麦尔传述，有人洗小净时没有洗脚上一块指甲大的地方，先知指示他说："你回去重新做小净。"(3)

艾奈斯传述，有人来见安拉的使者，此人洗小净时疏忽了一块指甲大的地方，安拉的使者对他说："你回去重新洗吧！"(4)

穆圣的一位妻子传述，安拉的使者看到有人在做礼拜，那人的脚面上一块银币大小的地方因没有到水而现白块儿，使者遂让他重新洗小净。《艾布·达乌德圣训集》传述，使者还让他重新礼拜。(5)

## 认真洗指缝

奥斯曼在介绍安拉的使者的小净方法时，认真洗了（用手指穿插洗）指缝。伊本·萨伯尔传述，我问："安拉的使者啊！请告诉我有关小净的事项。"使者说："请全美小净，详洗指缝，除了封斋期间，用力呛鼻。"(6)

## 摸靴子是可靠的圣行

艾哈麦德传自奥斯，他说："我看到安拉的使者做小净时摸了靴子，然后站起来礼拜。"(7)

---

(1)《泰伯里经注》10：55。
(2)《布哈里圣训实录诠释——造物主的启迪》1：319。
(3)《穆斯林圣训实录》1：215。
(4)《白海根大圣训集》1：70。
(5)《艾哈麦德按序圣训集》3：424。
(6)《艾布·达乌德圣训集》1：99。
(7)《艾哈麦德按序圣训集》4：8。

艾布·达乌德传自奥斯："我看到安拉的使者去某人的垃圾堆小便，后来作了小净，摸了两靴、两脚。"

伊本·阿卜杜拉说："我是《宴席章》降示之后信教的，我信教之后的日子中，看到了安拉的使者摸靴子。"(8)

两圣训实录辑录，哲利尔在小便后作了小净，并摸了靴子，有人说："你这样做行吗？"哲利尔说："是的，我看到安拉的使者小便后作了小净，当时他摸了靴子。"艾尔麦什说，某些学者对这段圣训感到惊奇，因为哲利尔是《宴席章》降示之后才信教的。(9) 多渠道传自穆圣的言行方面的圣训证明，摸靴子是合法的。

## 没有水或生病时打土净（代净）

"如果你们无大净，你们当彻底清洁；假如你们生病，或在旅行，或解了手，或接触妻室后没有找到水，那么你们趋向清洁的高地，抹你们的脸和手。"《妇女章》已经论述了相关的问题，此处不再赘述。我们还在该章提到土净经文降示的原因。布哈里又辑录了一段与本章的这段经文有关的圣训：阿伊莎（愿主喜悦之）传述："我们进麦地那途中，我的项链在白达伊（地名）遗失了，安拉的使者让骆驼卧下，从骆驼上下来派人去找项链。后来使者在我的怀中睡着了，艾布·伯克尔到来后狠狠地打了我一下，说：'你因一条项链连累大家无法动身。'当时他打得我很痛，因为使者躺在我怀中，所以我不能躲避。当时我恨不得死去。不久先知醒来了，晨礼的时间到了，他没有找到水。后来安拉降示了'如果你们无大净，你们当彻底清洁；假如你们生病，或在旅行，或解了手……'吾赛德说：'艾布·伯克尔的族人啊！愿安拉因为众人在你们中降下吉庆吧！你们是人们的祥瑞。'"(10)

"**安拉不会给你们设置任何困难**"，即他带给你们容易，不使你们困难，允许你们在生病和找不到水时打土净，从而给你们带来宽大和慈悯。如前所述，对达到作土净条件的人而言，除了几个方面外，土净可以代替水。

清高伟大的安拉说："但安拉意欲你们清洁。**并完成他对你们的恩典，以便你们感谢**"，即以便你们感谢他为你们制定了宽大、慈悯的法规之恩。

---

(8)《艾哈麦德按序圣训集》4：363。
(9)《布哈里圣训实录诠释——造物主的启迪》1：589。
(10)《布哈里圣训实录诠释——造物主的启迪》8：121。

## 小净后祈祷

伊本·阿米尔说，我们曾轮流牧羊，有天傍晚我让羊群归圈后正赶上使者给众人讲演，他说："只要一位穆斯林认真做小净，然后站起来聚精会神地礼两拜礼拜，他就必进乐园。"我说："太好了！"就在这时，我听到前面有人说："前面讲的更好！"我抬头看时，只见欧麦尔说："我看到你刚才进来，使者（在你进来之前）说：'你们中只要有人认真做小净，然后念我作证：应受拜者，惟有安拉；我又作证穆罕默德是安拉的仆人和使者，乐园的八座门就为他而打开了，他想进哪一座，就可以进哪一座。'"(1)

## 小净的尊贵

安拉的使者☪说："只要一位穆斯林（或穆民）仆人做小净洗了脸，他所观看的一切罪恶都随脸上掉下的最后一滴水而消失了。他洗两手时，两手所拿的一切罪恶都随手上掉下的最后一滴水而消失了。他洗两脚时，两脚所走的一切罪恶都随脚上落下的最后一滴水而消失了。最后他将成为一个纯洁无罪之人。"(2)

安拉的使者☪说："清洁是信仰的一半；'万赞归于安拉'能盛满（后世的）天秤；'赞美安拉'和'安拉至大'可以充满天地；斋戒是（火狱的）盾牌；忍耐是光明；施舍是明证；《古兰》是有利于或不利于你的证据。人们都要早上出去，但有人出卖了自己，有人释放了自己，有人毁了自己。"(3)

《穆斯林圣训实录》记载，安拉的使者☪说："安拉不接受用不义之财所作的施舍；不接受没有清洁时的礼拜。"(4)

۞ 7.你们当记念安拉对你们的恩典和他与你们所缔结的盟约。当时你们说："我们听，并且服从。"你们当敬畏安拉。安拉是深知心事的。۞

۞ 8.有正信的人们啊！你们要为安拉公平作证，你们不要由于仇恨一些人而脱离公道。你们当公正，公正是最接近敬畏的。你们也要敬畏安拉，因为安拉深知你们的行为。۞

۞ 9.对于有正信并行善的那些人，安拉已许给他们恕饶和巨大的回赐；۞

۞ 10.那些拒绝归信并且不信我的迹象的人，这

---
(1)《艾哈麦德按序圣训集》1：92。
(2)《穆斯林圣训实录》1：215。
(3)《穆斯林圣训实录》1：203。
(4)《穆斯林圣训实录》1：203。

---

等人是火狱的居民。۞

۞ 11.有正信的人们啊！你们要记念安拉给你们的恩惠，当某些人企图对你们伸出他们的手时，安拉为你们制止了他们的手。你们要敬畏安拉。让穆民们都托靠安拉吧！۞

## 使者的使命和伊斯兰是对人类的宏恩

安拉给信士们提醒他的恩典，他为他们制定了这一伟大的宗教，给他们派遣了优秀的使者，并与他们缔结盟约，好让他们跟随这位使者，支持他，帮助他，履行他的宗教，替圣传教。"你们当记念安拉对你们的恩典和他与你们所缔结的盟约。当时你们说：'我们听，并且服从。'"这也是他们归信伊斯兰时使者和他们缔结的盟约，正如他们所说，安拉的使者☪与我们缔结如下盟约：无论我们低沉还是兴奋，哪怕作出对自己不利的选择，我们都得听从使者。我们不与合格的人争夺他们的特权。安拉说：۞ 你们怎能不归信安拉呢？使者在召唤你们归信你们的主，而他也曾和你们缔约，如果你们是归信的人的话。۞（57：8）有人说，这段经文旨在给犹太人提醒安拉和他们缔结的盟约——跟

随先知,服从先知的法律。

"你们当敬畏安拉",强调并鼓励在任何情况下都要敬畏。然后告诉人类,安拉知道他们的一切心理活动,"安拉是深知心事的"。

## 保持公正

"有正信的人们啊!你们要为安拉公平作证",即你们要为安拉弘扬真理,而不要为人类或名利。你们当公正无私地作证。两圣训实录辑录,努尔曼说:"我父亲送给我一笔家产,但我母亲说:'你得让安拉的使者㕛作证,这样我才会放心。'我父亲便去安拉的使者㕛那里,让使者见证他对我的分配。使者说:'你给每个孩子都给了相同的东西吗?'我父亲说:'没有。'使者说:'你要敬畏安拉,公正地对待子女。'使者又说:'我不为不公正的事情作证。'父亲回来后收回了那些东西。"

"你们不要由于仇恨一些人而脱离公道",即你们不要因为愤恨一些人而失去公正待人的原则。无论朋友还是敌人,你们都得公正对待。

"你们当公正,公正是最接近敬畏的",即公正比不公正更接近敬畏。(这里名词句和动词句有异曲同工之妙,这种手法在《古兰》的其他文章节中比比皆是。)正如安拉所言:⟪如果有人对你们说"请回去",那么就走开。那对你们是更纯洁的,安拉知道你们所做的一切。⟫(24:28)

"公正是最接近敬畏的",表示一种无与伦比的道德修养。正如安拉所言:⟪那天,乐园的居民将会有更好的居所和更美好的休息之地。⟫(25:24)又如某位女圣门弟子对欧麦尔说:"与使者㕛相比,你的脾气暴躁至极。"

"你们也要敬畏安拉,因为安拉深知你们的行为",即安拉将根据你们的行为报偿你们,善有善报,恶有恶报。所以后面说:"**对于有正信并行善的那些人,安拉已许给他们恕饶。**"安拉要赦宥他们的罪恶。"**和巨大的回赐**",即仁慈的安拉将让他们进入乐园。人类不会凭自己的善功进入乐园,而要凭安拉的慈悯和恩惠,虽然善功是得到恩惠与慈悯的原因。安拉使善功成为获得他的慈悯、恩惠、原谅和喜悦的原因和途径。所以,一切来自安拉,归于安拉。万赞归于安拉,恩情归于安拉。

"**那些拒绝归信并且不信我的迹象的人,这等人是火狱的居民。**"这是来自安拉的公正、哲理和公正无私的判决。安拉是公正、明哲、万能的裁决者。

## 制止隐昧者伤害穆斯林是安拉的恩典

"**有正信的人们啊!你们要记念安拉给你们的恩惠,当某些人企图对你们伸出他们的手时,安拉为你们制止了他们的手。**"贾比尔传述,安拉的使者㕛驻于某地,众人分散到大树下乘凉,使者将宝剑挂在树上。这时来了一位游牧人,他抽出使者的宝剑,走到使者跟前说:"谁能制止我杀你?"使者说:"尊严伟大的安拉。"游牧人问了两次或三次,使者作了同样的回答,游牧人听后将宝剑归入鞘中。后来使者召来圣门弟子,给他们讲了这个游牧人的事情,当时那人正坐在使者身旁。(使者未降罚于他。)格塔德说:"这是一些阿拉伯人派来暗杀先知的刺客。"这段故事被记载在确凿的圣训中。[1]

伊本·易司哈格等人说:"这段经文是因为奈最尔人降示的,他们预谋将一只石磨扔到穆圣㕛的头上,当时使者希望他们协助讨回阿米尔人的命价[2],而他们却派伊本·杰哈氏加害先知。先知坐到墙角,他们围坐其周围后,伊本·杰哈氏企图将石磨扔到先知头上。后来安拉让先知看破了他们的阴谋,先知遂起身离去,圣门弟子们也相继回到了麦地那。安拉因此而降示了这段经文。"

"**让穆民们都托靠安拉吧!**"即谁托靠安拉,安拉就为谁解决忧愁,并保护他免遭伤害。后来使者奉命包围奈最尔人,驱逐了他们。

⟪12.安拉确已和以色列的子孙们立约,并且在他们当中派了十二名首领。安拉说:"我确与你们同在。如果你们守拜功,纳天课,归信我的使者们,协助他们并借给安拉美好的债务,我一定会消除你们的罪恶,并使你们进入下临诸河的乐园。倘若此后你们当中有人隐昧,那么,他确实迷失了正道。"⟫

⟪13.因此由于他们破坏了他们的约定,我诅咒了他们,并使得他们的心变硬。他们篡改经典中的字句,并抛弃了一部分对他们的诫命。除少数人外,你将不断地发现他们的欺诈。不过,你原谅他们,并宽恕他们。安拉喜爱行善的人。⟫

⟪14.我也跟那些自称基督教徒的人立约,但是他们也忘了一部分对他们的诫命,所以我在他们之间注入敌视和仇恨,直到复生日。安拉将告知他们他们过去的行为。⟫

## 有经人的盟约和他们毁约后应受的诅咒

安拉命令穆民履行他们通过他的仆人和使者

---

(1)《布哈里圣训实录》4135。
(2)犹太人和使者有约,所以穆斯林要求他们协助。——译者注

穆罕默德和他缔结的盟约,命令他们树立正义,公正作证。安拉还提及他所赐予他们的恩典,并引导他们走向真理和正道,从而赐给他们可见的与不可见的恩典。然后经文介绍安拉以前和有经人——犹太教徒、基督教徒缔结的盟约。但后来他们撕毁了这一盟约,因而招致安拉的诅咒和疏远,使他们的内心看不到真理和正教,得不到有益的知识,从而无法干清廉的功课。安拉说:"**安拉确已和以色列的子孙们立约,并且在他们当中派了十二名首领**",即通过宣誓在他们的各部落中派遣了领袖,让他们听从安拉及其使者的命令。伊本·易司哈格、伊本·阿拔斯等人说:"经文叙述的是穆萨讨伐暴君的史事,当时他奉命在每一部族指派一位领袖。"(1)

### 欧格白之夜辅士们的领袖们

就这样,在欧格白之夜安拉的使者㊥和辅士们宣誓缔约。当时他们中有十二位领袖:三位来自奥斯部落,他们是吾赛德、赛尔德和勒法尔,也有人说第三位是艾布·海赛穆(愿安拉喜悦他们)。九位来自赫兹勒吉。他们分别是:艾布·欧麦麦、赛尔德·本·莱毕尔、阿卜杜拉·本·勒瓦哈、拉菲尔·本·马立克、白拉伊·本·麦尔鲁勒、欧拜德·本·萨米特、赛尔德·本·欧拜德、阿卜杜拉·本·麦尔麦勒、孟则尔·本·欧麦尔(愿安拉喜悦他们)。克尔白·本·马立克在其诗文中提到了这些人的名字。伊本·易司哈格也提到过他们。概言之,当夜这些部落领袖服从了安拉使者㊥的命令,替他们的族人和使者宣誓,他们一定听从使者。

"**安拉说:'我确与你们同在'**",即我的保护、援助和襄助与你们同在。"**如果你们守拜功,纳天课,归信我的使者们**",即你们相信众使者带来的启示。

"**协助他们**",即你们帮助他们,群策群力,捍卫真理。

"**并借给安拉美好的债务**",即为主道花费,追求安拉的喜悦。

"**我一定会消除你们的罪恶**",即安拉勾抹或掩盖它,不责问你们。

"**并使你们进入下临诸河的乐园**",即安拉替你们消除恐惧,让你们如愿以偿。

### 定约与毁约

"**倘若此后你们当中有人隐昧,那么,他确实**

迷失了正道",即谁在定约之后违反约定,或否认盟约,或对其置若罔闻,那他就已经脱离了光明大道,投向了迷误,然后安拉讲述违反盟约的惩罚:"**因此由于他们破坏了他们的约定,我诅咒了他们**",即由于他们破坏他们和我缔结的盟约,我使他们远离了真理,将他们弃绝在正道之外。

"**并使得他们的心变硬**",即内心残酷而坚硬的他们,不会引以为鉴,有所觉悟。

"**他们篡改经典中的字句**",即他们曲解经典,并蓄意篡改或曲解安拉的经文,从而脱离了原有的意义,并假借安拉名义杜撰谎言。

"**并抛弃了一部分对他们的诫命**",即离经叛道。

"**你将不断地发现他们的欺诈**",即他们对你和圣门弟子们的阴谋诡计。穆佳黑德等人认为经文指的是他们预谋暗杀先知。(2)

"**不过,你原谅他们,并宽恕他们。**"这是安拉的襄助和胜利。正如有位前辈说:"对待背主而害你者的良策,莫过于为讨主悦而原谅他",即通过宽容来争取人心,或许安拉会引导他们。

"**安拉喜爱行善的人**",即安拉喜欢以德报

---

(1)《泰伯里经注》10:113。

(2)《泰伯里经注》10:131。

怨。格塔德说这段经文（不过，你原谅他们，并宽恕他们）已被下列经文所革止：﴿你们要跟那些已被赐给经典而不信安拉和末日的人战斗。﴾（9：29）[1]

### 基督教徒的盟约，忘约和结局

"我也跟那些自称基督教徒的人立约"，即我曾和那些自称跟随尔撒先知但口是心非的人们定约。我和他们所定的盟约是：跟随使者，辅佐使者，步使者后尘，归信安拉派遣的一切先知。但后来他们的行为与背信弃义的犹太教徒如出一辙。所以安拉说："但是他们也忘了一部分对他们的诫命，所以我在他们之间注入敌视和仇恨，直到复生日"，即我在他们间投下仇恨和敌对情绪，直至末日，他们将一直如此。基督教内部的各派别就是如此，党同伐异，分庭抗礼，经常将对方断为异教徒，互相诅咒，不允许对方进入自己的教堂。帝制派认为雅格派是异教徒。聂斯托利派和阿里乌斯教派都是如此，他们在今世和后世都不承认对方是基督教徒。

"安拉将告知他们他们过去的行为。"这是对基督教徒最严厉的警告，因为他们否认安拉及其使者，假借清净无染的安拉名义杜撰谎言，为安拉设立配偶和儿女。独一无求的安拉是多么清高伟大啊！他没有生，也没有被生，任何物不与他匹配。

﴿15. 有经的人们啊！我的使者已经来临你们，对你们阐明许多你们曾经在经典中隐瞒的，也赦宥了许多。光明和一部清楚的经典已由安拉降临你们。﴾

﴿16. 安拉用它来引导寻求他的喜悦的人，达到条条平安之道，并以他的意旨引导他们离开重重黑暗，进入光明；引导他们到一条端庄的道路。﴾

### 通过使者和《古兰》解释真理

安拉讲述他自己说："他以正道和正教派遣他的使者穆罕默德召唤世人，无论阿拉伯人，还是非阿拉伯人，文盲还是有经人。"安拉同时赐给这位使者许多明证，辨别真伪，安拉说："有经的人们啊！我的使者已经来临你们，对你们阐明许多你们曾经在经典中隐瞒的，也赦宥了许多"，即使者阐明被有经人篡改或假借安拉名义所杜撰的经典，与此同时，对他们所篡改的许多无关紧要的问题保持沉默。伊本·阿拔斯说："否认石刑的人已经在不知不觉中否认了《古兰》……有经人的伪经中隐瞒了石刑。"[2]

然后安拉讲述了他降给穆圣㊗的伟大《古兰》"光明和一部清楚的经典已由安拉降临你们。安拉用它来引导寻求他的喜悦的人，达到条条平安之道"，即安拉借古兰挽救他们脱离毁灭的深渊，为他们阐明最明确的道路，消除伤害，让他们如愿以偿，并驱除迷误，将他们引向最正确的状况。

﴿17. 的确，那些说"安拉是麦尔彦之子麦西哈"的人隐昧了。你说："如果安拉欲消灭麦尔彦之子麦西哈、他的母亲及大地上的一切的时候，谁有丝毫的力量抵抗安拉？诸天与大地以及其间一切的权力都归安拉。他造化他所意欲的。安拉对于万事是全能的。"﴾

﴿18. 犹太人和基督教徒说："我们是安拉的儿子和他的朋友。"你说："那么他为什么由于你们的罪恶而惩罚你们呢？"不是的，你们只是他所造化的凡人而已。他赦宥他所意欲之人，惩罚他所意

---

[1]《泰伯里经注》10：134。

[2]《哈肯圣训遗补》4：359。

欲之人。诸天与大地以及其间一切的权力只归他。归宿只在他那里。🍃

### 基督教徒的以物配主和他们的否认

安拉讲述其裁决：基督教徒因对尔撒的不正确信仰，投向了隐昧。其实尔撒是安拉的一位仆人和一个平凡的被造物。赞美安拉，基督教徒对安拉的认识与清高的安拉毫不相干。然后安拉讲述了他的大能和他对万物的统治与制约："**你说：'如果安拉欲消灭麦尔彦之子麦西哈、他的母亲及大地上的一切的时候，谁有丝毫的力量抵抗安拉？'**"即假若安拉欲这样做，谁能阻止安拉？或谁能改变安拉的决策？

"**诸天与大地以及其间一切的权力都归安拉。他造化他所意欲的**"，即宇宙万物都归安拉管理，都是安拉的被造物，安拉全能万事，任何人无权过问安拉以其大能、权力、公正和伟大所做的一切。这是对基督教徒的驳斥，愿安拉永远弃绝他们！

### 驳有经人说的"我们是安拉的儿子"

安拉驳斥犹太教徒和基督教徒的谎言臆语，说："**犹太人和基督教徒说：'我们是安拉的子孙和他的朋友'**"，即我们的血统渊源于列圣，而他们是安拉的子孙，安拉格外关照他们，所以会理所当然地得到安拉的喜悦。他们杜撰的伪经记载，安拉对他的仆人以色列说："你是我的长子。"他们还对这段文字肆意注释和篡改，后来他们中一些归信伊斯兰的有智之士驳斥了他们，说："古代经典的这种表达，仅仅意味着该先知的品级之高，正如基督教的经典中记载，尔撒说：'我要去见我的父和你们的父。'实指我的养主和你们的养主。"众所周知，有经人并没有妄称自己像尔撒那样具有圣品，但他们这样信口开河，是为了表现他们在安拉那里的殊荣和特赐。因此，他们说："**我们是安拉的儿子和他的朋友。**"安拉驳斥他们说："**你说：'那么他为什么由于你们的罪恶而惩罚你们呢？'**"假若你们正如自己所说是安拉的儿子或朋友，安拉为什么因你们的否认、谎言和杜撰而给你们准备了火狱？

"**不是的，你们只是他所造化的凡人而已。**"你们和阿丹的其他子孙一样，都在清高伟大的安拉统治之下。

"**他赦宥他所意欲之人，惩罚他所意欲之人。**"安拉为所欲为，他的判决绝不可更改，他的清算迅速无比。

"**诸天与大地以及其间一切的权力只归他。**"全部都在他的权力和统治之下。

"**归宿只在他那里**"，即一切都要回归到他那里，然后他以自己的意旨判决众仆，他是公正无私的主。

🍃 **19.有经的人们啊！在众使者中断之后，我的使者已经来临你们，他为你们阐明（使命），免得你们说："任何报喜者和警告者没有来到我们当中。"但是，现在一位报喜者和警告者已经来临你们，安拉对于万事是全能的。**🍃

安拉呼唤有经人——基督教徒和犹太教徒，他确实已经给他们派遣了万圣的封印穆罕默德㊗，在他之后没有先知和使者，他是万圣的封印。"**在众使者中断之后**"，即尔撒先知和穆罕默德先知之间相隔一段漫长的时间。学者们对这段时期有不同传述。布哈里辑录，艾布·奥斯曼、格塔德等人认为是六百年。另据格塔德传述是五百六十年。有些圣门弟子认为是五百四十年。(1)也有人认为是六百二十年。其实此中没有冲突。因为第一种传述所指的是阳历六百年。另一种传述则指的是阴历。每一百阳历年与阴历年约相差三年。因此，安拉在叙述山洞的居民的故事时说：🍃他们在他们的洞中居住了三百年，他们又加了九年。🍃（18：25）即增加了九年阴历年，以补充有经人所沿用的三百年阳历。古以色列人的先知的终结者尔撒和人类封印的先知穆圣㊗之间，绝对不存在任何一位先知。正如穆圣㊗所说："我是人类中与麦尔彦之子尔撒最亲近的人，我和他之间没有先知。"(2)从而驳斥了他们之间存在其他先知的说法。有人妄言尔撒之后的先知是哈立德·本·西南。概言之，安拉派遣穆圣㊗之前，是一段启示、使命的中断期，其间，正道隐没，诸教泛滥，拜物拜火盛行。伊斯兰复兴初期的恩典是最全面的恩典，对正道的需求也是最为普遍与迫切。因为腐败已经泛滥全球，除了极少部分坚持古代先知的遗教的犹太学者和基督教修士以及一些萨比安人外，暴虐与蒙昧已经在人们中普遍存在。

穆圣㊗在一次演讲中说："我的养主命令我根据他今天对我的教导向你们宣布：我赐给我的众仆的一切都是合法的。我将一切仆人造成了天然无邪的。后来恶魔诱惑他们脱离了他们的宗教，将我对他们制定的合法改为非法，命令他们以我没有降示任何证据的事物配我。后来安拉视察了大地上的

---

（1）《阿卜杜·兰扎格经注》1：186；《布哈里圣训实录诠释——造物主的启迪》1：324；《白俄威经注》2：23。
（2）《布哈里圣训实录诠释——造物主的启迪》6：550。

人类——阿拉伯人和非阿拉伯人，除少数以色列的后裔外，人们都遭迁怒。他（对我）说：'我差派你，旨在考验你，并借你考验世人；我降给你一部水洗不掉的经典。你睡着醒着都可以读它。'接着安拉命令我烧毁古莱什，我说：'主啊！他们会打碎我头，侮辱我。'安拉说：'你把他们赶出去，正如他们驱逐你那样；你跟他们战斗，我会帮助你；你当因为和他们战争而花费，我将会赐给你经费；你当派军征讨敌人，我会派遣五倍的军队援助你；你当率领服从你的人讨伐违抗你的人。乐园的居民有三种：公正无私、赈济贫民的君王；对亲属和穆斯林仁慈的人；洁身自好、乐于济贫的穷人。火狱的居民有五种：没有头脑的弱者；你们的一些侍从，他们不想成家立业；贪得无厌、伺机行骗的保管员；每天早上或晚上关于你的家人和财产方面欺骗你的人。'"先知还讲到了吝啬或谎言（以及恶劣的品性）。[1]

提到上述圣训"后来安拉关顾了大地上的人类——阿拉伯人和非阿拉伯人，除少数以色列的后裔（一说有经人）外，恼怒了他们……"的用意是，正教隐没后，安拉派遣了穆圣，安拉通过他引导世人，使人类走出重重黑暗，走向光明和灿烂的大道。

"免得你们说：'任何报喜者和警告者没有来到我们当中'"，即篡改了经典的人们啊！以免你们说任何报喜者和警告者没有来教诲我们。"报喜者和警告者"指穆圣指穆圣。

"安拉对于万事是全能的"，伊本·哲利尔解释说："我能够惩罚违抗我的人，回赐服从我的人。"[2]

◊ 20.当时，穆萨对他的族人说："我的族人啊！你们当铭记安拉赐给你们的恩典。当时他在你们中设立先知，使你们成为有权的。并赐给你们他不曾赐给世人中任何人的。" ◊

◊ 21.我的族人啊！你们要进入安拉为你们指定的圣地，不要退却，否则，你们将成为亏折之人。" ◊

◊ 22.他们说："穆萨啊！其中有个强大的民族，我们绝不进去，除非他们自己出去。如果他们出去了，我们就进去。" ◊

◊ 23.在那些敬畏安拉的人中，两个曾蒙安拉恩赐的人说："你们从这座门进攻他们吧！你们进去时，你们就是获胜的。如果你们是穆民，你们就托靠安拉吧！" ◊

---
[1]《艾哈麦德按序圣训集》4：162。
[2]《泰伯里经注》10：158。

◊ 24.他们说："穆萨啊！只要他们还在其中，我们就不会进去。你跟你的主去作战吧！我们要坐在这里。" ◊

◊ 25.他（穆萨）说："我的养主啊！我只能管我自己和我的兄弟。求你在我们和恶人之间分开吧。" ◊

◊ 26.他（安拉）说："它（圣地）将为他们禁止四十年。他们将在大地上徘徊，你不要为作恶的民众忧伤。" ◊

## 穆萨给他的民众提醒安拉的恩典，并命令他们进入圣地以及他们对穆萨的抗拒

安拉讲述他的仆人、使者以及与他交谈的人——仪姆兰的儿子穆萨，当时穆萨给他的族人们提醒安拉赐给他们恩典，并告诉他们，如果他们坚持正道，将获得两世的幸福。"当时，穆萨对他的族人说：'我的族人啊！你们当铭记安拉赐给你们的恩典。当时他在你们中设立先知。'"当一位先知归真后，安拉从你们的祖先伊布拉欣的后裔中另派一位先知。就这样，他们中的先知一直号召他们走向安拉，让他们防备安拉的惩罚，直至安拉派遣

了麦尔彦之子尔撒，然后安拉给一切先知和使者的终结者穆罕默德颁降了启示。穆圣☪也是伊布拉欣的子孙，是一切先知中最尊贵的先知。

"**使你们成为有权的。**"伊本·阿拔斯说，使你们拥有侍从、妻室和家园。另据传述，使你们成为女人和侍从的主人。(1)

"**并赐给你们他不曾赐给世人中任何人的**"，即使你们得到与你们相邻的各民族未曾得到的恩典。格塔德说："最早拥有侍从的人是古以色列人。"(2)

圣训说："你们中谁清晨起来时身体健康，家庭幸福，有一天的食物，谁就无异于拥有整个今世。"(3)

"**并赐给你们他不曾赐给世人中任何人的**"指他们当时比希腊人、科卜特人和其他人更加尊贵，正如这段经文所说：❁我确曾赐给以色列的后裔经典、智慧和圣职，我给他们佳美的东西，并使他们优越于其他民族，❀（45：16）他们说：❁"穆萨啊！请你替我们造一个像他们拥有的神一样的神。"他说："你们是无知的人。"这些人，他们投身于其中的（偶像）必将毁灭，他们所做的是徒劳的。他说："难道我要为你们而舍弃安拉，另找一位神吗？而他使你们优于全世界。"❀（7：138-140）概言之，他们是当时最尊贵的民族。但在安拉那里，伊斯兰民族更加尊贵，法律更加完善，道路更加正确，先知更优秀，权力更大，物产更丰富，财产和人丁更兴旺，国土更辽阔，尊严更长久。安拉说：❁这样，我使你们成为一个中正的民族，以便你们成为人类的证人，使者成为你们的证人。❀（2：143）我们在《仪姆兰的家属章》中引用了有关圣训，充分说明伊斯兰民族的优越性。

然后安拉讲述了穆萨的情况，他鼓励古以色列人通过战争，夺回他们的先祖叶尔孤白时代归他们管辖的圣城固都斯。虽然在优素福先知时代，叶尔孤白举家迁往埃及，但该城一直归以色列的后裔所管辖，后来穆萨率领他们离开该城，等他们回来时，发现强大的阿马立克人占领并统治着这里，所以安拉的使者穆萨命令以色列的后裔进城与敌人作战，告诉他们以色列的后裔将赢得最终的胜利。但他们违背了穆萨的命令，不愿参战，因而招来惩罚，在迷惑滩徘徊长达四十年之久。安拉讲述穆萨的语言，说："**我的族人啊！你们要进入安拉为你们指定的圣地**"，即纯洁的地方。

"**安拉为你们指定的圣地**"，即安拉通过你们的先知以色列向你们许诺，你们中归信的人将继承它。

"**不要退却**"，即不要逃避战斗。

"'**否则，你们将成为亏折之人。**'他说：'**穆萨啊！其中有个强大的民族，我们绝不进去，除非他们自己出去。如果他们出去了，我们就进去。**'"即他们借故说，你命令我们进城与敌人战斗，但城中有个强大的民族，他们身强力壮，我们无法与他们对抗，所以只要他们在城中，我们就不会进城的，如果他们自己出城，我们才会进去。

## 优舍尔和卡利卜宣布应战

"**在那些敬畏安拉的人中，两个曾蒙安拉恩赐的人说**"，以色列的后裔拒绝服从安拉和使者之际，两位受安拉特慈，敬畏安拉的人站了起来。有人按被动式读"**敬畏**"，即"两个有地位、有威信的人说……"伊本·阿拔斯等前辈和后辈学者说，这二人是优舍尔·本·奴尼和卡利卜·本·约凡。(4)

他俩说："**你们从这座门进攻他们吧！你们进去时，你们就是获胜的。如果你们是穆民，你们就托靠安拉吧！**"即如果你们托靠安拉，服从使者的命令，紧跟先知，安拉一定会援助你们战胜敌人，你们必定会进入安拉为你们指定的城市。但他们对此话充耳不闻。

"**他们说：'穆萨啊！只要他们还在其中，我们就不会进去。你跟你的主去作战吧！我们要坐在这里。'**"这就是他们逃避战斗、违背先知、退缩不前的真实写照。

## 白德尔之日圣门弟子对穆圣☪的答复

白德尔之日圣门弟子对安拉的使者☪的答复太好了！当时在艾布·苏富扬率领下的古莱什商队逃脱穆斯林的追击，古莱什人派来保护商队的一支人马与穆斯林不期而遇。使者便和圣门弟子们协商与这支人马进行战争事宜。当时古莱什军中有头盔、战甲等装备的人约有九百至一千。艾布·伯克尔当时给了使者一个美满的答复。然后迁士们纷纷发言。安拉的使者☪说："诸位穆斯林，请对我讲出你们的看法。"使者这样说，只是为了看看辅士将说什么，因为当时他们占穆斯林的大多数。赛尔德·本·穆阿兹说："安拉的使者啊！你好像要求我们摆明观点。指以真理派遣你的安拉发誓，即便你建议我们穿越大海，我们也会与你一道策马过海。任何人都不会退却。我们绝不担心你明天带领我们与敌交锋。我们一定能坚持作战，脚踏实地地面对敌人。希望安拉让你从我们身上看到令你愉快

---

(1)《阿卜杜·兰扎格经注》1：187。
(2)《泰伯里经注》10：163。
(3)《提尔密济圣训全集》2346。

(4)《泰伯里经注》10：176。

的表现。请借安拉的祥瑞带我们前进吧！"使者听到赛尔德的话后非常高兴，深受鼓舞。[1]

艾奈斯传述，安拉的使者☪打算进军白德尔之前和各位穆斯林进行协商，欧麦尔给使者阐述了观点后，使者向众人征求意见，辅士们说："各位辅士啊！安拉的使者☪征求你们的意见呢。"他们就说："我们不会像穆萨的民众对穆萨所说的那样说：**'你和你的养主去作战吧！我们在此处坐着。'** 指以真理派遣你的安拉发誓，就算你带我们去往白勒克·俄麻德，我们也会追随你的。"[2]

布哈里辑录，米格达德在白德尔之日说："安拉的使者啊！我们不会像穆萨的民众对穆萨所说的那样说：**'你和你的养主去作战吧！我们在此处坐着。'** 但我们要对你说：'请带领我们一起前进吧！'"穆圣☪听了此言如释重负。[3]

## 穆萨对犹太人的诅咒

"**他（穆萨）说：'我的养主啊！我只能管我自己和我的兄弟。求你在我们和恶人之间分开吧。'**"即以色列的后裔拒绝参战时，穆萨生气了，他诅咒他们道："**我的养主啊！我只能管我自己和我的兄弟**"，即他们中没有一个人服从我，按安拉的命令响应我的号召，只有我和我的兄长哈伦两个人。所以"**求你在我们和恶人之间分开吧**"。伊本·阿拔斯解释为："求你在我们之间进行裁决。"端哈克说："求你在我们间判决，并让我们分开！"其他学者说："求你让我们和他们分道扬镳。"

## 禁止犹太人四十年不得进入圣地

"**它（圣地）将为他们禁止四十年，他们将在大地上徘徊。**"他们拒绝战争之后，穆萨诅咒了他们，所以安拉禁止他们四十年不得进入圣地。此间，他们长久徘徊在迷惑滩中，找不到出路。这一期间发生了许多奇妙反常的事情：白云遮阳，降下白蜜和赛勒瓦，泉水从岩石中涌出等奇迹，安拉以此援助了穆萨先知。在那里还颁降了《讨拉特》，并为他们制定了法律，修筑了定约的圆形建筑物，被称为时间亭。

## 解放圣城固都斯[4]

"**四十年，他们将在大地上徘徊。**"四十年

期满后，优舍尔带领以色列的第二代后裔走出迷惑滩，奔向圣城固都斯，将它包围起来，并于星期五的晡礼之后解放了该地。当时太阳即将西落，优舍尔担心安息日（星期六）到来之前不能进城，便对太阳说："你是奉命者，我也是奉命者，主啊！请为我而让太阳暂停吧！"后来安拉使太阳停止了，直到他们解放了该城。安拉启示优舍尔命令以色列的后裔叩着头进门，同时高呼："免罪吧！"即赦免我们的罪责吧！但他们更改了安拉的命令，用屁股蹭着进了城，同时高呼："麦子！"正如《黄牛章》所述。

伊本·阿拔斯说："古以色列人在迷惑滩徘徊期间，穆萨和哈伦以及当时年龄超过四十岁的人都归真了，四十年之后，优舍尔继承穆萨的遗志率领他们攻克了圣城固都斯。"[5]当日，有人对优舍尔说："今天是星期五。"就在他们解放城市的当中，太阳开始西落，优舍尔害怕安息日（星期六）来临后触犯有关它的禁令，便呼唤太阳："我是奉命行事，你也是奉命行事。"于是太阳停止了，直到他们解放该城为止。优舍尔在城中发现了从未见到的大量财宝，将它们作为供品，等待天火前来吞食，但天火没有出现[6]。优舍尔说："你们中存在贪污。"当即召集了十二个部族的首领，让他们宣誓，后来他们中一个人的手粘住了优舍尔的手，优舍尔说："脏物在你那儿，请交出它！"那位首领交出了赃物，它是一只金制牛头，眼睛是两只红宝石，牙齿是珍珠。优舍尔把牛头放到其他供品中后，天火前来吞食了它。

## 安拉安慰穆萨

"**你不要为作恶的民众忧伤。**"这是对穆萨的安慰。即你不要因为我对以色列的后裔作出的判决感到伤心和遗憾，他们是罪有应得。这一段故事痛斥犹太人，揭露他们的丑态以及他们抗拒安拉和使者的命令逃避作战。虽然安拉与之交谈的人穆萨先知——当时最优秀的人就在他们当中，告诉他们必将获得胜利，他们也目睹了安拉惩戒他们的敌人的过程，惩罚并淹没法老及其军队，抚慰他们的心灵。但他们还是不敢向敌军挑战，何况敌人从装备和人数方面不到埃及人马的百分之一。他们的丑态一时赤裸裸地暴露出来，妇孺皆知了。不仅如此，他们还在无知中徘徊，在迷茫中犹豫，他们成了安拉恼怒的人和安拉的敌人。但他们却厚颜无耻地说："我们是安拉的儿子和朋友。"愿安拉丑化他

---

[1]《始末录》3：262。
[2]《艾哈麦德按序圣训集》3：105。
[3]《布哈里圣训实录》9：460。
[4] 习惯上穆斯林一般不将此城称为"耶路撒冷"。——译者注

[5]《泰伯里经注》10：193。
[6] 以前的民族不能自己使用战利品，他们将它作为献给安拉的供品，如果安拉接受该供品，天火将会吞食它。——译者注

⟨27.你据实把阿丹的两个儿子的故事叙述给他们,当时他俩各奉献一项供品给安拉,他们当中一人(的牺牲)被接受,但是另一个人的未被接受。他(后者)便说:"我一定要杀死你!"他(前者)说:"的确,安拉只接受敬畏者的牺牲!⟩

⟨28.即使你伸出你的手来杀我,我也不会伸手杀你的。因为我害怕安拉——众世界的养主。⟩

⟨29.我要让你负起我的罪和你自己的罪,因而使你成为火狱的居民,这就是给不义者的还报。"⟩

⟨30.他的恶念促使他去谋杀他的兄弟,后来他杀了他,从而变成了一个亏损的人。⟩

⟨31.后来安拉派来一只乌鸦去扒地,让他看看如何埋葬他的兄弟的尸体。他说:"我真伤心啊!难道我不如一只乌鸦,埋葬我兄弟的尸体吗?"他成了一个悔恨的人。⟩

### 哈比勒和戛毕勒的故事

安拉通过阿丹的两个亲生儿子哈比勒和戛毕勒的故事,阐明嫉恨和不义的可耻下场。安拉赐给哈比勒恩典,接受了他虔诚为安拉奉献的牺牲后,戛毕勒因为嫉恨他而不义地将他杀死。受害者得到安拉的赦宥进入乐园,取得了成功;凶手以一笔两世亏损的买卖成为永远的罪人。**"你据实把阿丹的两个儿子的故事叙述给他们"**,即你给这些过分的嫉恨者、猴子和猪的同类——犹太人及他们的同伙叙述阿丹的两个儿子的故事。据多位前辈和后辈学者传述,他俩叫哈比勒和戛毕勒。

**"据实"**,即明白无误、不增不减。正如安拉所言:⟨这确实是真实的故事。⟩(3:62)⟨我据实对你叙述他们的故事。⟩(18:13)⟨那是麦尔彦之子尔撒,是真实的言辞。⟩(19:34)据许多学者传述,安拉要求阿丹在当时特殊的情况下,将他的女儿聘给他的儿子。学者们说阿丹的妇人每胎生一男一女。这一胎的女儿聘另一胎的儿子。哈比勒的同胎妹妹相貌一般,戛毕勒的同胎妹妹相貌出众,因此后者想把自己的同胎妹妹据为己有,被阿丹所拒绝。阿丹让他们俩各献一牺牲,安拉接受谁的牺牲,戛毕勒的同胎妹妹就和谁结婚。后来安拉接受了哈比勒的牺牲,拒绝了戛毕勒的牺牲,所以安拉在《古兰》中叙述的事情就发生了。

伊本·阿拔斯说:"当时安拉禁止同胎兄妹结婚,命令一胎的兄妹和另一胎的兄妹结婚,阿丹的妻子每胎生一男一女。后来在一胎生下一个漂亮的女孩,在另一胎生下一个丑陋的女孩。丑陋的女孩的同胎兄弟对另一人说:'你把你妹妹嫁给我,我把我妹妹嫁给你。'另一人说:'不,我应该和我妹妹结婚。'后来安拉接受了牧羊人的牺牲,拒绝了种田的人的牺牲。一人便杀了另一人。"(1)(2)

**"安拉只接受敬畏者的牺牲"**,即在行为上敬畏安拉的人的牺牲才可能为安拉所接纳。伊宾·德尔达伊说:"我确信,安拉接受我的一次礼拜比今世和今世中的一切都好。因为安拉说:'安拉只接受敬畏者的牺牲。'"

**"即使你伸出你的手来杀我,我也不会伸手杀你的。因为我害怕安拉——众世界的养主。"** 当他的兄弟无故地威胁他的时候,那位清廉的、安拉接受其善功的人说:**"即使你伸出你的手来杀我,我也不会伸手杀你的"**,即我不会以暴易暴,否则我将成为和你一样的罪人:**"因为我害怕安拉——众世界的养主"**,即我不会像你那样去做,我要忍耐,并追求安拉的回赐。伊本·阿慕尔说:"以安拉发誓,其实两个人中他(清廉的人)更加厉害,但他因为敬畏安拉而不愿犯罪。"穆圣㊟说:"当两位穆斯林持宝剑相向时,杀人者与被杀者都将进入火狱。"圣门弟子们说:"安拉的使者啊!这是杀人者(的报应),且问被杀者又是怎么回事?"使者说:"他也曾企图杀死对方。"(3)

赛尔德在奥斯曼风波(4)中说,我作证安拉的使者㊟说过:"是非将会出现,届时,坐的人比站的人优秀,站的人比走的人优秀,走的人比跑的人优秀。"他(赛尔德)问主的使者:"请告诉我,如果有人冲进我的房中想杀害我,我应该怎么办?"使者说:"你应该学习阿丹的儿子(指不动手杀人的儿子)。"(5)

**"我要让你负起我的罪和你自己的罪,因而使你成为火狱的居民,这就是给不义者的还报。"** 伊本·阿拔斯等人说:"我要让你承担你杀害我的罪恶和你以前的罪恶。"(6)

**"他的恶念促使他去谋杀他的兄弟,后来他杀了他,从而变成了一个亏损的人"**,即在他的兄弟对他进行了警告后,他的私心为他美化了这件事情,并怂恿他杀死了对方。

伊本·哲利尔说:"当他在杀他的兄弟时,不

---

(1)据传述,哈比勒是个牧羊人,戛毕勒是种田人。——译者注
(2)《泰伯里经注》10:223。
(3)《布哈里圣训实录诠释——造物主的启迪》13:35。
(4)指暴徒杀害奥斯曼事件。——译者注
(5)《艾哈麦德按序圣训集》1:185。
(6)《泰伯里经注》10:215。

断地扭兄弟的脖子，这时恶魔拉来一只动物，它将动物的头放到一块石头上，然后搬起另一块石头，打它的头，将它砸死了。阿丹的儿子看到这一情景后，学着恶魔的样子，杀害了自己的兄弟。"[1]

伊本·艾布·哈亭传述，当夏毕勒打算杀死哈比里时，揪住他的头发，让他躺在地上，不停地击打他的头和骨骼。但夏毕勒不懂怎样才能杀死哈比里。这时伊卜厉斯出现了，它对夏毕勒说："你想杀死他吗？"夏毕勒回答道："是的。"它说："你搬起石头砸他的头。"夏毕勒听后搬起石头，砸碎了哈比里的头。伊卜厉斯则迅速来到海娃跟前，说："哎！海娃，夏毕勒杀死了哈比勒。"海娃对伊卜厉斯说："你滚开吧！什么叫杀死？"它说："杀死就是从此以后不吃不喝，不动。"海娃说："那不就是死亡吗？"伊卜厉斯说："就是死亡。"海娃听后开始大哭，阿丹进来连问了两三次为什么事哭，她还是只哭不答，阿丹就说："你和你的女儿们就哭吧，我和我的儿子们不哭。"

"从而变成了一个亏损的人"，即今世和后世中亏损的人，还有比夏比勒更亏损的人吗？安拉的使者说："只要一个人被人枉杀，阿丹的最早的儿子就要背负一份血债，因为他是开创杀人恶习的第一人。"[2]

伊本·阿慕尔说："阿丹的杀死他的兄弟的那个儿子，是人类中最薄福的人。自从他杀害他的兄弟的那天直到末日，只要大地上出现命案，他都要因此而受到牵连，因为他开创了杀人的先例。"[3]

"后来安拉派来一只乌鸦去扒地，让他看看如何埋葬他的兄弟的尸体。他说：'我真伤心啊！难道我不如一只乌鸦，埋葬我兄弟的尸体吗？'他成了一个悔恨的人。"一些圣门弟子说："那个被杀的孩子被抛在荒郊野外，杀手不知道怎么掩埋他，后来安拉派来两只同胞乌鸦相互残杀，一只被另一只杀死。然后活乌鸦扒土掩埋了死乌鸦。杀手见此情景后说：'我真伤心啊！难道我不如一只乌鸦，埋葬我兄弟的尸体吗？'"[4] 伊本·阿拔斯说："一只乌鸦来到死乌鸦跟前，扒土掩埋了它。杀害兄弟的凶手见此情景后说：'我真伤心啊！难道我不如一只乌鸦，埋葬我兄弟的尸体吗？'"[5]

"他成了一个悔恨的人。"哈桑·巴士里说："在他亏损之后，安拉使他悔恨交加。"

### 不义和断绝骨肉的行为应该立即遭受惩罚

穆圣说："不义和断绝骨肉是今世中最应该立即招致安拉的惩罚的罪恶，虽然安拉还要在后世惩罚这种人。"而夏毕勒却同时犯了这两件罪恶。我们属于安拉，我们终将回归安拉。[6]

⟪ 32.因此，我为以色列的子孙规定：除以命抵命，或因（对方）在地上为非作歹而杀死人之外，谁杀死一个人，就如同杀死了所有的人一样；谁救活一人，也好像救活了所有的人一样。我的使者们带着明白的证据到达他们当中，后来，他们当中仍然有许多人在地上放肆妄为。⟫

⟪ 33.对那些和安拉与他的使者作战的人以及竭力在地上为非作歹的人的惩罚或是死刑，或是钉死在十字架上，或是斩去相对的手和脚，或是驱逐出境。这是他们在今世的羞辱。他们在后世将受重大的刑罚。⟫

⟪ 34.被你们制裁以前已经忏悔的那些人则不然。你们要知道安拉是至恕的、至慈的。⟫

---

（1）《泰伯里经注》4：536。
（2）《艾哈麦德按序圣训集》1：383。
（3）《泰伯里经注》10：208。
（4）《泰伯里经注》10：225。
（5）《泰伯里经注》10：226。

（6）《艾布·达乌德圣训集》5：208。

## 尊重他人

因为阿丹的儿子杀害了他的兄弟，所以清高伟大的安拉说："我为以色列的子孙规定"，即我为他们制定，并宣布："**除以命抵命，或因（对方）在地上为非作歹而杀死人之外，谁杀死一个人，就如同杀死了所有的人一样；谁救活一人，也好像救活了所有的人一样**"，即不是因为实行抵偿制，或着制止地方上的犯罪行为，而无故地杀人者，好像杀死了全人类。对他而言，一条性命与另一条性命之间没有区别。

"**谁救活一人**"，即谁认为杀人是非法的，并这样诚信，世人都会因他的这种认识而得到平安，所以说："**好像救活了所有的人一样**"。艾布·胡莱赖说："达尔之日[1]，我去奥斯曼那里，对他说：'信士的长官啊！我前来帮助你，一场残杀即将开始。'奥斯曼说：'艾布·胡莱赖啊！难道你想杀死包括我在内的全人类吗？'我说：'不。'他说：'如果你杀死一个人，就等于杀死了全人类。你可以回去，你会得到（安拉的）报偿，你没有罪恶。'艾布·胡莱赖说："后来我回去了，没有参加战斗。"伊本·阿拔斯说："这是因为：'谁杀死一个人，就如同杀死了所有的人一样；谁救活一人，也好像救活了所有的人一样。'"不杀死安拉禁止杀死的人，等于救活了全人类。除非依法处死凶手。这样，人们都能平平安安地生活。穆佳黑德说："救活一人"指不杀一个人。[2]

"**谁杀死一个人，就如同杀死了所有的人一样**。"伊本·阿拔斯说："谁枉杀了安拉禁止杀害的一个人，犹如枉杀了全人类。"赛尔德·本·朱拜尔说："剥夺一个穆斯林的性命的人，犹如剥夺了全体穆斯林的性命。"穆佳黑德说："谁故意杀死一个穆斯林，安拉必定让谁进入火狱，并会恼怒他，诅咒他，为他准备惨痛的惩罚。"他说："杀死全人类后所受的惩罚，也莫过于此。"穆佳黑德说："不杀害任何人的人，人们会从他那里得到生命保障。"[3]

## 警告过分者

"**我的使者们带着明白的证据到达他们当中**"，即带着确凿的证据，"**后来，他们当中仍然有许多人在地上放肆妄为。**"这是对明知故犯地触犯禁律的人的警告和羞辱。正如格磊作人、奈最尔人和给奈尕尔人，这些麦地那周围的犹太部落在战争期间分别协助与其同盟的奥斯和赫兹勒吉人作战，当战争结束后，他们又去赎回被俘的犹太人，为被杀的犹太人偿还命价。安拉在《黄牛章》中谴责了他们的行为：◁ 当时，我跟你们定约："你们不可自相残杀，也不要把你们自己的人赶出你们的家园"，你们曾经庄重地承认过，你们是见证者。可是你们却自相残杀，并把你们当中的一部分人赶出家园。你们以罪恶和过分相互支持，迫害他们。如果他们以俘虏的身份来见你们，你们就向他们勒索赎金。但你们驱逐他们是非法的。难道你们只信天经的一部分，而不信其余的吗？你们中谁这样做，除了今世受辱和在审判日被处严刑之外，还会得到什么报偿呢？安拉并不忽略你们的行为。▷（2：84-85）

## 反对穆斯林之人和恶人的报应

"**对那些和安拉与他的使者作战的人以及竭力在地上为非作歹的人的惩罚或是死刑，或是钉死在十字架上，或是斩去相对的手和脚，或是驱逐出境。**""**作战**"指敌对、对峙，这里指隐昧、拦路抢劫、恐怖威胁。"**在地方上为非作歹**"统指一切邪恶的事情。

这段经文是针对一些多神教徒而降的。你们（穆斯林）让他们伏法之前，他们中悔罪的人，是无可指责的。但经文并没有为下列人提供安全保障：他原来是穆斯林，后来杀人触犯了法律，或在大地上为非作歹，或向安拉及其使者挑战，然后在受到法律制裁之前逃到隐昧者的队伍。这种人应该受到法律的制裁。[4]

伊本·阿拔斯说，上述经文是因一些犯罪的多神教徒而降示的，虽然在受到法律制裁之前他们就悔罪了，但他们还是要受到法律公正的处置。[5]

正确的观点是，这段经文既针对广大的多神教徒，也针对犯了类似经文所述的大罪的其他人。正如布哈里和穆斯林所述，一批来自安卡里（阿磊奈地区）的人到麦地那向安拉的使者☪宣誓效忠，后来他们因不适应麦地那的水土而生病了，安拉的使者☪听到他们的诉说后说："你们为何不同我们的牧驼人一起出去，饮用一些驼尿和驼奶（治病）？"他们说："好吧。"后来他们出城饮了驼尿和驼奶，疾病痊愈后，他们杀死了牧驼人，赶走了骆驼。安拉的使者☪听到消息后命人追击，这些人被带来后，使者命人砍去他们的手和脚，掏挖他们的眼珠，将他们抛在阳光下暴晒至死。另据传述，他们被抛到炎热的地方后，要求饮水，但没有

---

（1）指暴徒杀害奥斯曼之日。——译者注
（2）《泰伯里经注》10：236。
（3）《泰伯里经注》10：235。
（4）《泰伯里经注》10：244。
（5）《艾布·达乌德圣训集》4：536。

人给他们供水。[1]

"或是死刑，或是钉死在十字架上，或是斩去相对的手和脚，或是驱逐出境。"伊本·阿拔斯就这段经文说："在穆斯林的群体中抽出武器，威胁路人的坏人，一经被征服或制服，穆斯林伊玛目可以选择下列的任何一种方法惩罚他：处死，钉十字架，砍断手脚。"[2] 经文中的"أو"（或者）表示可以选择。正如经文论述违禁捕猎的人：《你们当中谁故意猎杀，就要以类似的牲畜作为牺牲带到克尔白——你们当中两位公正的人应当依此裁决——或其罚赎是给穷人供食，或以斋戒代替。》（5：95）又如《古兰》叙述赎金：《倘若有人生病，或头上有病的话，他应当以封斋，或施舍或献牲作为罚赎。》（2：196）又如毁誓约的罚赎：《毁誓的罚赎是按照你们家庭的中等饮食款待十位穷人，或是赠他们衣物，或是释放一个奴隶。》（5：89）和本章经文一样，上述经文提到的这几种惩罚，都是可以自由选择的。

"或是驱逐出境"，有学者解释为："追击犯罪者，使之伏法，或者犯罪者逃出伊斯兰家园。"伊本·哲利尔引述著名圣门弟子的观点支持上述观点。另一些学者说："经文指从他的家乡驱逐他，或由执政者或执政者的全权代理人驱逐他。"[3] 赛尔德·本·穆散耶卜、穆佳黑德、阿塔、哈桑·巴士里、伊布拉欣·奈赫伊、端哈克说："经文指驱逐他到异乡他地，但不必逐出伊斯兰家园。"还有人认为驱逐指监禁。

"这是他们在今世的羞辱。他们在后世将受重大的刑罚"，即上述惩罚使他们在世人面前蒙羞，在末日，安拉为他们准备了重大的惩罚。这种解释支持认为上述经文是因多神教徒而降示的学者的观点。而对穆斯林的惩罚，则如同下列圣训所述，欧拜德说，安拉的使者 ﷺ 和我们缔约，同时和妇女们缔约：我们不举伴安拉，不偷盗，不奸淫，不杀我们的子女，不相互诽谤。"你们中谁履行盟约，谁将获得安拉的报偿。谁因触犯其中一条而受到惩罚，那就是他的罚赎（他的罪恶因此被抵消）。谁（的罪行）获安拉掩盖，他的事情就归安拉所管，安拉或许原谅他，或许惩罚他。"阿里传述，安拉的使者 ﷺ 说："谁在今世中因犯罪而遭受了惩罚，那么，安拉是公正的，安拉不会两次惩罚他的仆人；谁在今世中犯了罪后被安拉掩盖，而获安拉的赦宥，那么，安拉是至慷慨的，他不会追究已经原谅的罪恶。"

伊本·哲利尔说："'这是他们在今世的羞辱'，指在遭受后世的惩罚之前，今世中的恶报和耻辱。'他们在后世将受重大的刑罚'，即如果他们在今世中没有悔罪就死了，他们将在后世进入火狱之中，遭受重大刑罚。"[4]

## 敌对者在受到制裁之前如果忏悔，不再受到战争罪的惩罚

"被你们制裁以前已经忏悔的那些人则不然。你们要知道安拉是至恕的、至慈的。"上述经文如果针对多神教徒，其意义就不言而喻。在针对受到制裁前与伊斯兰作战的穆斯林时，其意义是：这些忏悔者不再因以前的行为而被处死，钉十字架，或砍断手脚。经文的表面文字显示，他们不受上述任何一种处罚，圣门弟子对类似问题的处理，也能印证这一点。伊本·艾布·哈亭传述，巴士里人哈里斯曾在地方上为非作歹，并与穆斯林作战，后来他向阿里之子哈桑、伊本·阿拔斯、伊本·贾法尔等古莱什人求情原谅过去的罪恶，这些人到阿里处为他请情，未被阿里批准。后来哈里斯去赛尔德·本·盖斯那里，赛尔德让哈里斯先呆在家中，自己去找阿里，他对阿里说："信士的长官啊！请告诉我怎么处理这样一个人：他曾和安拉及其使者作战，并在地方上为非作歹？"阿里听后念道："……**被你们制裁以前已经忏悔的那些人则不然**！"阿里写好安全保障后，赛尔德说："那人就是哈里斯。"[5]

伊本·哲利尔传述，奥斯曼任哈里发时期，穆拉得地区的一个人来见库法总督艾布·穆萨，当时艾布·穆萨刚礼完天命拜。那人说："艾布·穆萨啊！我是来向你投靠的。我是来自穆拉得的某某人，我曾和安拉及其使者作战，并在地方上为非作歹，我在受到你们制裁以前就已经忏悔了。"艾布·穆萨听后站了起来，说："这是某某人，他曾和安拉及其使者作战，并在地方上为非作歹，但在受到我们制裁之前他已经忏悔了。所以无论谁遇见他，都要友好对待。如果他是诚实的，那就无可指责；如果他在撒谎，那么，多行不义必自毙。"此人后来还是因为犯罪而遭到了应有的下场。伊本·哲利尔传述："阿里·艾赛德曾敌对伊斯兰，威胁路人，杀人劫货，因而一些伊玛目和群众都在追捕他，但一直没有将他缉拿归案，后来他前来表示忏悔，因为他听到有人在读下列经文：《你说："我的对自己过分的众仆啊！你们不要对安拉的慈悯绝望，的确安拉将恕饶一切罪过。他是至赦的、至慈的。》（39：53）阿里·艾赛德听到这里

---
[1]《布哈里圣训实录诠释——造物主的启迪》12：114。
[2]《泰伯里经注》10：263。
[3]《泰伯里经注》10：268。
[4]《泰伯里经注》10：276。
[5]《泰伯里经注》10：280。

后，站到那人跟前说：'安拉的仆人啊！请再读一遍！'那人重新读了这段经文后，他将宝剑插入鞘中，五更时前去麦地那忏悔，他在麦地那洗完大净后前往圣寺礼晨礼，然后坐到艾布·胡莱赖跟前，当时艾氏的旁边坐着他的许多朋友。天色微亮时，众人认出了他，便站起来打算缉拿他，阿里·艾赛德见况后说：'你们无权侵犯我，我在受到你们的制裁之前前来忏悔。'艾布·胡莱赖说：'他说得对。'然后拉着他的手去见麦尔旺，麦尔旺是穆阿维叶任哈里发期间的麦地那总督。艾布·胡莱赖说：'这位是阿里，他前来忏悔，你们无权指责他，更无权杀害他。'阿里·艾赛德没有受到任何制裁。后来他为主道从海路出征罗马，在一次战役中驱船追击罗马军队，冲上罗马人的船，激战中与罗马人同归于尽。"[1]

《35.有正信的人们啊！你们要敬畏安拉，寻求近主之道，并在主道上奋斗，以便你们成功。》
《36.至于那些隐昧的人，即使他们拥有大地上的一切财物和类似的一倍，用来赎换复生日的惩罚，他们也不蒙接受。他们将受到惨痛的刑罚。》
《37.他们希望脱离火狱，但是他们绝不会从那里脱离。他们的刑罚是持久的。》

### 敬畏、近主之道和奋斗

安拉命令信士们敬畏他，因为有了敬畏后的善功，意味着远离非法，弃绝受禁的事物，经文接着说"**寻求近主之道**"。伊本·阿拔斯解释为："接近安拉。"[2] 穆佳黑德、艾布·瓦伊里、哈桑、格塔德、阿卜杜拉·本·凯西尔、赛丁伊、伊本·栽德等学者说："你们当以善功和安拉喜欢的工作接近安拉。"伊本·栽德读道：《他们所祈求的那些，它们自己在寻求近主之道》（17：57）[3]

"وسيلة"（外西莱）原指为了达到目的而采取的手段，也指乐园中的最高品级，即穆圣☺在乐园中的品级和居所，是乐园中最临近阿莱什的地方。两圣训实录辑录，安拉的使者☺说："谁在听到宣礼后念了下列祷词，我必定在末日为他说情：'我的主啊！养育这完美的宣召和成立的拜功的主啊！求你赐给穆罕默德外西莱（وسيلة）和美德，请在受到称赞的、你预许的地方复生他吧！'"[4]

《穆斯林圣训实录》记载，穆圣☺说："你们听到宣礼员宣礼时，当跟着他念（宣礼辞），并

---
[1]《泰伯里经注》10：284。
[2]《泰伯里经注》10：291。
[3]《泰伯里经注》10：291。
[4]《布哈里圣训实录诠释——造物主的启迪》8：251。

为我祝福，因为谁为我祝福我一次，安拉就赞他十次。你们当为我祈求外西莱，它是乐园中的一个品级，安拉的仆民中只有一位仆民有资格享有它，我希望我就是那个人。谁为我祈求外西莱，我必为谁说情。"[5]

"**并在主道上奋斗，以便你们成功。**"安拉命令仆人弃非法，行善之后，又命令他们杀敌立功，即和那些脱离正道、放弃正教的隐昧者、多神教徒作战，同时鼓励他们去追求安拉为主道的奋斗者准备的伟大成功和永恒的幸福，住进高大而安宁、美丽而整洁的居所，永沐恩泽，锦衣美食，永葆青春。

### 在末日不接受隐昧者的赎金，他们将永居火狱

然后安拉提到他在末日为他的敌人——隐昧者准备的严刑，"**至于那些隐昧的人，即使他们拥有大地上的一切财物和类似的一倍，用来赎换复生日的惩罚，他们也不蒙接受。他们将受到惨痛的刑罚**"，即就算他们中有人在后世带来装满大地的黄金，再另加一倍用来赎身，以免遭受他们必然要遭受的严刑，这些赎金也不会被接受，他们也无法改

---
[5]《穆斯林圣训实录》1：288。

变进火狱的定局。所以说:"**他们将受到惨痛的刑罚**",即使人痛苦的刑罚。

"**他们希望脱离火狱,但是他们绝不会从那里脱离。他们的刑罚是持久的。**"相同的经文有:﴾每当他们希望从这痛苦里逃出时,他们又被赶回其中。﴿(22:22)罪人们一直想逃出火狱,免受痛苦的刑罚,但一切努力都是徒劳无益,当火焰将他们托到火狱的上面时,管理火狱的宰巴尼天使用铁锤将他们打回火狱的底层。

"**他们的刑罚是持久的**",即永恒的、永远都无法解脱的刑罚。

安拉的使者☪说:"有个火狱的居民被带来后,(安拉)问他:'阿丹的子孙啊!你觉得你的住所怎样?'他说:'最可怕的住处。'问:'你愿意用充满大地的黄金赎取自由吗?'他说:'我的养主啊!我愿意。'安拉说:'你在撒谎,我曾向你提出过很小的要求,你都拒绝了。'然后命令(天使)将他再次带回火狱。"(1)

﴾38.**至于男窃贼或女窃贼,斩掉他们的手,这是他们自身行为的还报和来自安拉的警诫。安拉是全能的,明哲的。**﴿

﴾39.**谁在不义之后忏悔,并改过自新,安拉就会恕饶谁。安拉是至赦的,至慈的。**﴿

﴾40.**难道你不知道诸天和大地的权力只归安拉吗?他处罚他所愿意之人,恕饶他愿意之人,安拉是全能于万事的。**﴿

### 砍断窃贼的手

安拉判断并命令(法官)砍断窃贼的手。蒙昧时代就存在砍手之刑,后来伊斯兰在其基础上附加了一些条件,并保留了这一制度,如果安拉意欲,我们将在后文给予论述。"**格萨麦**"(2)、命价、抵偿等法规在蒙昧时代就已经存在,后来伊斯兰在其基础上增加了一些新的有益条件后,继续沿用。

### 哪种情况下砍手

两圣训实录辑录,安拉的使者☪说:"愿安拉诅咒盗窃者,他因盗窃一只鸡蛋而被砍手,或因盗窃一条绳索而被砍手。"(3)

两圣训实录辑录,安拉的使者☪说:"(盗窃)四分之一金币,或超过四分之一金币的情况

---

(1)《穆斯林圣训实录》4:2162。
(2) القسامة,法官根据集体的发誓,将一件物品断给他们,或遭到命案起诉的人通过发誓为自己辩白。——译者注
(3)《布哈里圣训实录诠释——造物主的启迪》12:1312。

下,窃贼的手要被砍断。"(4)

《穆斯林圣训实录》记载,安拉的使者☪说:"窃得的财物达到四分之一金币或超过四分之一金币的情况下,才可以砍断窃贼的手。"这段圣训是类似案例中断案的依据。导致砍手的赃物应达到盾牌的价格或三个银币的圣训,与上述的圣训并不矛盾,因为在当时一个金币等于十二个银币,与四分之一金币的价值相等,用这种方法计算,三个银币或四分之一金币价值的赃物,都会导致砍去窃贼的手。这是欧麦尔、奥斯曼和阿里的主张。欧麦尔·本·阿卜杜拉·本·阿齐兹、莱司·奥扎伊、沙斐仪及其弟子、易司哈格等人(愿安拉喜悦他们,慈悯他们)都持这一观点。

伊玛目罕百里和易司哈格(愿安拉慈悯他们)认为无论偷盗了四分之一金币,还是三个银币,都已经触犯了法律,偷盗了这二者之一,或等值物品的人,都要被砍去手。

伊玛目艾布·哈尼法及其弟子艾布·优素福、穆罕默德以及苏富扬·绍利等学者(愿安拉慈悯他们)主张,导致砍手的金额是十个真银币(不包括伪币)。可靠断法则是上述圣训所说的四分之一金币或三个银币。所以盗窃法中应该按这种方法规定刑罚,从而让有此预谋的人们悬崖勒马,在智者们看来,其中蕴涵着丰富的哲理。因此说,"**这是他们自身行为的还报和来自安拉的警诫。安拉是全能的,明哲的**",即这是他们的手侵犯他人的财产后应该遭受的报应,因为在此犯罪行为中,他借助了自己的两手。这也是对其他人的警告。"**安拉是全能的**",即惩罚方面;"**明哲的**"指安拉在命令、禁止、立法和决策方面。

### 盗窃者的忏悔是可以被接受的

"**谁在不义之后忏悔,并改过自新,安拉就会恕饶谁。安拉是至赦的,至慈的**",即谁在偷盗之后向安拉忏悔,安拉将会接受他的忏悔,恕饶他对安拉的违抗。

伊本·阿慕尔传述,安拉的使者☪时代有个女人犯了盗窃罪,被盗者带她来见使者,说:"安拉的使者啊!这个女人偷了我们的东西。"女人的族人说:"安拉的使者啊!我们愿赎回她。"安拉的使者☪则说:"你们砍掉她的手。"她的族人说:"我们愿用五百个金币赎回她。"使者还是说:"砍去她的手。"后来她的右手被砍去了。这位女人说:"安拉的使者啊!安拉接受我的忏悔吗?"使者说:"接受,今天,你就像你的母亲刚刚生了

---

(4)《布哈里圣训实录诠释——造物主的启迪》12:99。

你的那天一样。"后来安拉在《宴席章》降谕道："谁在亏人之后忏悔，并改过自新，安拉就会恕饶谁。安拉是至赦的，至慈的。"[1] 两圣训实录记载了这位麦赫祖米妇女的故事。阿伊莎（愿主喜悦之）说："穆圣㊥时代，一个在解放麦加战役中犯了盗窃罪的妇女令人们一筹莫展，他们问：'谁能到安拉的使者㊥跟前为她说情？'有人说：'除了使者的朋友武洒麦外谁胆敢到使者跟前说情？'女盗窃者被带到使者跟前后，武洒麦前去说情，使者听后脸色都改变了，说：'难道你来说情，以便改变安拉的固定法律吗？'武洒麦说：'安拉的使者啊！求你请求安拉恕饶我吧！'傍晚时分，安拉的使者㊥站起来赞美安拉之后说：'你们的前人毁灭，是因为他们中的贵族偷窃时人们便放任之，弱者偷窃时他们便执行法度。以掌握我生命的安拉发誓，就算穆罕默德的女儿法图麦犯了偷窃罪，我也一定砍断她的手。'然后使者命人砍去那位偷东西的妇女的手。"阿伊莎（愿主喜悦之）说："此后，她深刻地向安拉忏悔，并结了婚，她经常来我这里，我就把她的需要说给先知。"另据阿伊莎（愿主喜悦之）传述，有位麦赫祖米妇女借了别人的东西后不承认，后来使者命人砍去她的手。[2]

"难道你不知道诸天和大地的权力只归安拉吗？"即安拉是宇宙万物的统治者，拥有者。安拉的判决不可更改，安拉的行为畅通无阻。◊他赦宥所欲之人，惩罚所欲之人。安拉是全能于万事的。◊（2：284）

◊ 41.使者啊！不要让那些竞相隐昧的人使你忧愁。他们用嘴说："我们归信。"但是他们的心没有归信。在犹太人中有为了撒谎而听的人、为了没有来到你跟前的人而听的人。他们篡改经文，他们说："如果你们是被赐给这个，你们就接受它，倘若没有赐给，你们就得警惕！"如果安拉欲惩罚谁，你没有丝毫力量帮他对抗安拉。这些人，安拉不愿净化他们的心，他们将受今世的羞辱和后世的严刑。◊

◊ 42.（他们是）为了撒谎而听的，侵吞不义之财的。如果他们来你那里，那么你就在他们之间裁决，或是拒绝。如果你拒绝了他们，他们丝毫不能伤害你。如果你去裁判，你就要在他们之间公平判决。安拉喜爱公平的人。◊

◊ 43.他们有《讨拉特》，其中有安拉的法律，他们怎会找你判决呢？然后他们将要背弃。这些人

---
[1]《艾哈麦德按序圣训集》2：177。
[2]《穆斯林圣训实录》3：1316。

绝不是信士。◊

◊ 44.我曾经颁降《讨拉特》，其中有引导和光明。归顺（安拉）的先知们曾依照它为信仰犹太教的人裁决（事情），犹太人的经师和学者们也是如此，他们奉命保护安拉的经典，他们也是它的见证。所以你们不用害怕人，而要畏惧我，也不要为了微不足道的代价出卖我的迹象。不依安拉的启示去判断的人，他们就是隐昧者。◊

### 不因犹太人和伪信士的行为而忧愁

尊贵的这段经文，是为这种人降示的：他们自甘堕入隐昧当中，违背安拉及其使者，把自己的观点凌驾于安拉的法律之上。"**他们用嘴说：'我们归信'，但是他们的心没有归信**"，即他们用嘴表示信仰，但他们的心已经成了坍塌的废墟，他们是伪信士。"**犹太人**"，即伊斯兰和穆斯林的敌人，这些人都是"**为了撒谎而听的**"，即响应谎言，臆造谎言的人。"**为了没有来到你跟前的人而听的人**"，即穆圣啊！他们响应的是没有来参加你的讲席的那些人。有人说，经文指：他们听到消息后，将它传述给不在你这里的一些敌人。

## 犹太人篡改经典，在一次奸淫事件中犹太人企图改变石刑的经文

**"他们篡改经文"**，即他们不按原意注释经文，或明知故犯地篡改经典。

**"他们说：'如果你们是被赐给这个，你们就接受它，倘若没有赐给，你们就得警惕！'"** 有人说，这段经文是因一些犹太人而降示的，他们杀死了一个人后说："让我们起诉到穆罕默德那里吧！如果他判决凶手交命价，你们就接受他的判决，如果他要按抵偿制来判决，你们就不要听。"正确地说，这段经文是因两个犯了奸淫罪的犹太人而降示的，他们手中有安拉的经典，其中明确记载着结过婚的人一旦犯奸淫罪就得乱石击死，但他们篡改了有关石刑的这段经文，自创了鞭笞一百、抹黑脸和倒骑驴。穆圣迁徙麦地那之后发生了一起奸淫事件，一些犹太人说："让我们起诉到穆罕默德那里，如果他判决为鞭笞和抹黑脸，我们就接受判决，将它作为见到安拉时的证据，说'安拉的一位先知曾在我们中这样判决过'，如果他判决为石刑，我们就拒不接受。"

有关这一事件的圣训很多，伊本·欧麦尔传述，"一些犹太人来到安拉的使者跟前，说他们中的一男一女犯了奸淫罪。安拉的使者对他们说：'你们的经典中没有提到石刑吗？'他们说：'我们（根据经典）凌辱并鞭笞奸淫者。'阿卜杜拉·本·赛俩目说：'你们在撒谎，你们的经典中有石刑。'后来他们拿来《讨拉特》打开了它，他们中的一个人将手放到关于石刑的经文上，念了前面的经文和后面的经文。阿卜杜·赛俩目说：'你抬起手吧！'那人抬起手后，众人发现下面是石刑的经文。他们便说：'穆罕默德啊！他说得对。《讨拉特》中有石刑的经文。'先知遂命人将两个奸淫者施以石刑。我看到奸夫弯腰在保护淫妇。"

另一传述："穆圣问犹太人：'你们是怎么处置奸淫者的？'犹太人说：'我们将他们的脸抹黑，羞辱他们。'穆圣说：'如果你们是诚实的，请拿来《讨拉特》诵读吧！'他们拿来《讨拉特》后指定他们信任的一个独眼人说：'你读吧！'那独眼人读到石刑的经文时，用他的手压住经文。穆圣对他说：'请抬起手。'那人抬起手后，石刑的经文显在众人面前。独眼人说：'穆罕默德啊！其中（《讨拉特》中）确有石刑的经文。但我们在相互隐瞒它。'先知遂命人将两个奸淫者施以石刑。"

穆斯林辑录，有人带一男一女两个犯了奸淫罪的犹太人来见安拉的使者，犹太人们都到来后使者说："《讨拉特》是怎么处置犯奸淫者的？"他们说："我们给他们抹黑脸，然后带他们背对背地游街示众。"使者说："如果你们是诚实的，请你们拿来《讨拉特》宣读吧！"他们拿来《讨拉特》后让一个青年宣读，那青年读到石刑的经文时将手放到经文上，仅仅读了前面和后面的经文。和安拉的使者在一起的阿卜杜·赛俩目对使者说："你让他抬起手。"青年抬起手后，众人在下面发现了石刑的经文。使者遂命人用石头击死两个奸淫犯。伊本·欧麦尔说："我是当时施刑的人之一，我看到那奸夫在用自己的身体保护淫妇。"[1]

伊本·欧麦尔传述，有一些犹太人到来，要求先知去一个井边的亭子，使者便在（该地的）学校会见了他们，他们说："艾布·卡西姆（穆圣的称呼号）啊！我们中的一男一女犯了奸淫罪，请你判决吧！"当时他们给先知带来一只坐垫，让先知坐在上面。先知说："你们带来《讨拉特》吧！"他们带来《讨拉特》后，先知从身下抽出坐垫，将《讨拉特》放在坐垫上，说："我归信你，并归信降示你的安拉。"然后先知说："请叫来你们中最有学问的人。"他们叫来一位青年……传述者讲了这一石刑的故事，故事梗概如同上文引用的马立克所传的圣训。[2]

上面引用的圣训都证明，安拉的使者根据《讨拉特》判决了这起案件。但使者的判断并不意味着尊重犹太人自认为正确的经典的观点。事实上每个犹太人都必须遵循穆圣带来的法律。穆圣的这次行为，是以安拉专门降给他的启示而做出的。穆圣向犹太人询问他们的经典，以便让他们落实长期以来被他们蓄意隐瞒、否认和废弃的这部经典。后来他们承认了经典，虽然悖逆、顽固的他们明知故犯地曲解了。他们要求穆圣判决这起案件，不是出于对穆圣的信仰，而是为了满足个人欲望，希望穆圣能接受他们的观点。因此说，**"如果你们是被赐给这个"**，即如果穆圣判为鞭笞或抹黑脸，**"你们就接受它"**，即接受穆圣的判决。**"倘若没有赐给，你们就得警惕！"** 即不要接受他的判决，更不要跟随他。

**"如果安拉欲惩罚谁，你没有丝毫力量帮他对抗安拉。这些人，安拉不愿净化他们的心，他们将受今世的羞辱和后世的严刑。（他们是）为了撒谎而听的。" "谎言"** 指谬误。**"侵吞不义之财的"**，不义之财指非法财产，即贿赂。正如伊本·麦斯欧迪等学者所说。[3] 有这种行为的人，安拉怎会清洁他的内心，怎么会应答他的请求呢？安拉对穆圣说：**"如果他们来你那里"**，即他们上

---

(1)《穆斯林圣训实录》3：1326。
(2)《艾布·达乌德圣训集》4：597。
(3)《泰伯里经注》10：319。

诉到你跟前，"**那么你就在他们之间裁决，或是拒绝。如果你拒绝了他们，他们丝毫不能伤害你**"，即你可以不给他们判决，因为他们起诉到你那里，目的不是阐明事实，而是满足私欲。伊本·阿拔斯、穆佳黑德、艾克莱麦、哈桑、格塔德、赛丁伊、栽德·本·艾斯莱姆、阿塔等学者说这段经文已经被《你当依照安拉的启示在他们之间判决。》（5∶49）所革止。"**如果你去裁判，你就要在他们之间公平判决**"，即虽然他们是脱离正道的不义之徒，但你要凭着真理实事求是地判决。"**安拉喜爱公平的人。**"[1]

## 谴责犹太人的不良用心，赞美他们的经典

安拉揭露了犹太人的险恶用心和破坏经典的主张。他们虽然口说自己的经典是正确的，但他们并不遵循它。他们自称奉命永远坚持那部经，但他们却背弃了经典的法律，转而去寻找他们都认为不真实也无遵照必要的法律。安拉说："**他们有《讨拉特》，其中有安拉的法律，他们怎会找你判决呢？然后他们将要背弃。这些人绝不是信士。**"然后安拉赞美了颁降给他的仆人和使者穆萨的《讨拉特》："**我曾经颁降《讨拉特》，其中有引导和光明。归顺（安拉）的先知们曾依照它为信仰犹太教的人裁决（事情）**"，即为那些严格履行《讨拉特》的法律、不篡改它的人们裁决。

"**犹太人的经师和学者们也是如此**"，即他们中修行的学者和其他学者们。"**他们奉命保护安拉的经典**"。安拉曾将经典委托于他们，让他们宣传并履行它。

"**他们也是它的见证。所以你们不用害怕人，而要畏惧我**"，即你们不要害怕他们，你们当害怕我。

"**也不要为了微不足道的代价出卖我的迹象。不依安拉的启示去判断的人，他们就是隐昧者。**"这里存在两个问题，后文将予论述。

## 这些经文颁降的另一原因

伊本·阿拔斯说："安拉颁降了：'**不依安拉的启示去判断的人，他们就是隐昧者。**'《他们是不义者》，《他们是坏事者》。安拉因两伙犹太人而降示了这些经文。在蒙昧时代，一伙犹太人征服了另一伙犹太人，他们从此达成一条协议，征服者杀死被征服者后，每人的命价是五十担果实[2]。被征服者杀死征服者后，每人的命价是一百担果实。穆圣㊐到来后，他们双方不再飞扬跋扈，虽然当时与他们和睦相处的情况下，穆圣㊐没有公开对此问题的看法，但他并不同意他们的做法。后来被征服者中的一个人杀死了征服者中的一个人，征服者便派人去索要一百担果实。被征服者说：'有这样的两个部落吗，他们的宗教是一个，血统是一个，地区是一个，而他们中部分人的命价却是部分人的一半？我们曾受到你们的压迫和歧视，被迫交纳这种命价，现在穆罕默德已经来临，我们再也不会那样做了。'双方剑拔弩张，战争一触即发。最后他们都乐意请穆圣㊐出面裁决。被征服者听到消息后说：'以安拉发誓，穆罕默德绝不会使你们如愿以偿，获得双份的命价。他们说得对，他们原来是出于我们的压制被迫那样做的。'后来，征服者派遣密探到穆圣㊐那里，打听穆圣㊐的看法，如果使者能让他们如愿以偿，他们就让使者判决，否则他们不让使者判决。他们派去的伪信士到使者那里后，安拉告诉给使者这一消息。安拉降谕道：'**使者啊！不要让那些竞相隐昧的人使你忧愁……一些坏事者。**'"安拉因他们而颁降这上述经文。[3]

伊本·阿拔斯说："《宴席章》经文'那么你就在他们之间裁决，或是拒绝……安拉喜爱公平的人'是因为奈最尔人和格磊作的命案而颁降的。奈最尔因其身份高贵而要求杀死他们的人的凶手交付全部命价，而格磊作人被杀后只交付一半命价。后来他们起诉到穆圣㊐跟前，安拉因此而颁降了经文，穆圣㊐迫使他们服从真理，平等交付命价。安拉至知其中情节。"[4]

奥夫等人传自伊本·阿拔斯：这段经文是为两个奸淫的犹太人颁降的……如上所述。[5]

上述事情都可能是这段经文颁降的历史背景。安拉至知。所以后文说："**我已在其中为他们规定'以命还命，以眼还眼……'**"这说明经文是因抵偿制而降示的。安拉至知。

"**不依安拉的启示去判断的人，他们就是隐昧者。**"伊本·阿拔斯、白拉伊·本·阿兹卜、哈载夫·本·米亚尼、艾布·穆几里目、艾布·莱佳·阿塔里德、艾克莱麦、欧拜德·本·阿卜杜拉、哈桑·巴士里等学者说，这段经文是针对有经人颁降的。哈桑·巴士里还说："我们穆斯林必须依安拉的启示判决事务。"伊布拉欣说："这段经文是为针对色列的后裔颁降的。安拉喜欢伊斯兰民族依经判决。"伊本·阿拔斯说："否认安拉的启示就是否认伊斯兰。承认安拉的启示而不依此判决事务的人是坏事的不义者。"有人向伊本·阿拔斯

---

[1]《泰伯里经注》10∶330。
[2] 一担约六十升枣或其他果实。——译者注
[3]《艾哈麦德按序圣训集》1∶246。
[4]《泰伯里经注》10∶326。
[5]《泰伯里经注》10∶34。

请教这段经文，伊本·阿拔斯说："不依经判决就是否认。"伊本·塔吾斯说："这里的否认不同于否认安拉、天使、经典和使者。"绍利说："它是比隐昧略低一点的否认，比不义略低一点的不义，比坏事略低一点的坏事。"沃凯尔说："他不属于叛教的那种否认。"[1]

§45.我已在其中为他们规定：以命还命，以眼还眼，以鼻还鼻，以耳还耳，以牙还牙，创伤都要抵偿。倘若任何人施舍它（放弃抵偿），它就是他的赎罪。谁不依安拉的启示判决，他们就是不义的人。§

这段经文也是对犹太人的羞辱和警告。他们手中的《讨拉特》明文规定以命抵命，但他们故意顽抗经典的律例，奈最尔人让格磊作人抵命，而格磊作人却不给奈最尔人抵命，只是付命价了事。正如他们公然违背《讨拉特》的明文，不对结过婚后犯奸淫罪的人施行石刑。而且他们自己臆造了鞭笞、抹黑脸和游街示众。因此，经文说："**不依安拉的启示去判断的人，他们就是隐昧者。**"因为他们故意顽抗安拉的法律。经文在此又说："**谁不依安拉的启示判决，他们就是不义的人。**"因为他们没有依照安拉的法律公正地对待不义者和受亏者。因此，他们之间冲突不息，互相亏枉，互相压迫。

### 男人杀害女人后照常抵命

伊玛目艾布·纳斯尔在其著作《峡米里》中记载了学者们的一项公决，学者们根据这段泛指经文，一致认为男人杀害女人后，必须以命抵命。《奈萨伊圣训集》载，安拉的使者说："男人须为女人抵命。"[2]另一段圣训说："所有穆斯林的生命是平等的。"这也是大部分学者的主张。

下列圣训可以证明艾布·纳斯尔的主张，艾奈斯传述，艾奈斯的姑姑打坏了一个丫鬟的门牙，他们去要求原谅时遭到对方的拒绝，后来起诉到使者那里时，使者说："以抵偿制论处。"她的兄弟（艾奈斯的叔叔）说："安拉的使者啊！你要打下她的门牙吗？"使者说："艾奈斯[3]啊！安拉的经典规定的就是抵偿制。"艾奈斯说："不，以安拉发誓，她的牙齿不会被打的。"后来丫鬟的监护人情愿原谅对方，放弃了抵偿。安拉的使者说：

"安拉的仆人中有这样的人，他以安拉的名义发誓时，安拉让他如愿以偿。"[4]

### 创伤的抵偿

"创伤都要抵偿。"伊本·阿拔斯说："杀人偿命，掏眼还眼，割鼻还鼻，毁牙还牙，各种创伤都要抵偿。其中自由的穆斯林男女，无论是否伤及生命只要出于有意识都要抵偿。男女奴隶无论是否伤及生命，如果是有意识的也都是平等的。"[5]

### 重大的原则

受害人的创伤痊愈后，才能为其创伤施行抵偿。如果在痊愈前施行了抵偿，然后伤势加重，则对方无责任。此中证据是艾哈麦德所传述的一段圣训，有人用宝剑刺伤了另一人的膝盖，受害者来到使者跟前说："请你让他偿还我吧！"使者说："等你痊愈了再判决不迟。"后来那人再次要求使者施行抵偿制，使者便对犯罪人施行了抵偿。此后受害人前来

---

（1）《泰伯里经注》4：597。
（2）《圣训大集》8：58。
（3）他们叔侄同名。——译者注
（4）《艾哈麦德按序圣训集》3：167。
（5）《泰伯里经注》10：360。

说：" 安拉的使者啊！我的腿瘸了。" 使者说："我曾阻止（你急着要求偿还），但你违抗了我，因此遭到安拉的弃绝，你因瘸而提出的诉讼无效。" 后来使者禁止在当事人痊愈前施行抵偿制。(1)

（问题）假若害人者在施行抵偿中死去了，则受害人对其不负有责任。这是圣门弟子、再传弟子大众以及其他学者的主张。

### 原谅就是赎罪

"倘若任何人施舍它（放弃抵偿），它就是他的赎罪。" 伊本·阿拔斯说："原谅对方，将此举作为自己的施舍，则是对被告的赎罪。原告可以因此得到（安拉的）报偿。"(2) 伊本·阿拔斯又说："施舍抵偿权对伤害者是赎罪，而受伤害者可以从安拉那里得到报偿。"(3)

贾比尔说，经文中的"**为他赎罪**"指为受伤害者赎罪。哈桑·巴士里、伊布拉欣·奈赫伊、艾布·易司哈格等学者持相同观点。

欧拜德说，我听安拉的使者㉕说："只要一个人受到伤害后原谅了对方，安拉就为他免除与之相当的罪恶。"(4)

"**谁不依安拉的启示判决，他们就是不义的人。**" 此注释如前所述。塔吾斯和阿塔说："它是比隐昧略低一点的否认，比不义略低一点的不义，比坏事略低一点的坏事。"

❴46.我继他们之后，差遣了麦尔彦之子尔撒，证实在他之前的《讨拉特》。我赐给他《引支勒》，其中有引导和光明，证实在他以前的《讨拉特》。对于敬畏安拉的人们，那是一项引导和忠告。❵

❴47.让有《引支勒》的人们依照安拉在其中启示的判决。谁不依照安拉所启示的去判决，这些人就是坏事的人。❵

### 叙述尔撒 赞扬《引支勒》

"**我继他们之后，差遣了**"，即我陆续派遣了许多以色列的先知，后又派遣了"**麦尔彦之子尔撒，证实在他之前的《讨拉特》**"，即尔撒不但归信《讨拉特》，而且还据其中的律例判断事务。

"**我赐给他《引支勒》，其中有引导和光明**"，即《引支勒》是引向真理的向导，释疑解惑的

---

(1)《艾哈麦德按序圣训集》2：217。
(2)《泰伯里经注》10：367。
(3)《泰伯里经注》10：326。
(4)《艾哈麦德按序圣训集》5：316。

光明。"**证实在他以前的《讨拉特》**"。尔撒指出了以色列的后裔关于《讨拉特》的个别分歧（不遵循之），除此之外，他严谨遵循《讨拉特》。安拉讲述尔撒告诉以色列后裔的话，说："我为你们允许曾对你们禁止的某些东西。" 因此，著名的一种观点是《引支勒》革止了《讨拉特》的某些律法。

"**对于敬畏安拉的人们，那是一项引导和忠告**"，即对于那些敬畏安拉，害怕安拉的警告和惩罚的人，《引支勒》是向导，对于那些为非作歹的人，它则是警告。

"**让有《引支勒》的人们依照安拉在其中启示的判决。**" 这段经文有两种读法，其意义分别是，一、我赐给尔撒《引支勒》，以便信仰《引支勒》的人们在他们的时代，根据它判决他们的事务。二、让他们归信其中的一切，执行其中的命令，相信其中预告穆圣㉕出世的福音，并在听到穆圣㉕的消息后相信穆圣㉕，跟随穆圣㉕。正如别的经文所言：❴你说："有经的人们啊！除非你们坚持《讨拉特》《引支勒》和由你们主的方面降下的，否则你们不算什么。"❵（5：68）❴那些跟随使者——不识字的先知——的人，会发现他被记载在他们眼前的《讨拉特》和《引支勒》当中……他们是成功的。❵（7：157）因此，经文在此说："**谁不依照安拉所启示的去判决，这些人就是坏事的人**"，即他们不是顺主的人，而是投入迷误，放弃真理的人。前文已经论述了这段经文。

❴48.我确实降给你包含真理的经典，证实在它以前的经典并监护它。所以，你要照安拉所降下的在他们之间判决，不要放弃来临你的真理而去追随他们的私欲。我已为你们每一个规定了一套法律和一条道路。如果安拉意欲，他就使你们成为一个民族。不过他要用他赐给你们的来考验你们。所以，你们要竞相行善。你们大家的归宿只在安拉那里，他将告诉给你们你们所争论的。❵

❴49.你当依照安拉的启示在他们之间判决。不要追随他们的私欲，而要防备他们，以免他们迷惑你，使你违背安拉的一部分启示。倘若他们拒绝，那么，你当知道安拉要以他们的部分罪恶惩罚他们。很多人确实是坏事的人。❵

❴50.难道他们在寻求蒙昧的法律吗？对于笃信的民众，谁在裁决方面比安拉更美好呢？❵

### 赞美《古兰》 叙述《古兰》
### 以《古兰》的法律裁决

安拉首先讲述并赞美了降给和他谈话的人——

穆萨先知的《讨拉特》，并要求人们在《讨拉特》的适应期遵循它。还叙述和赞美了《引支勒》，同时要求当时的人们遵循之，然后叙述降给他的仆人和使者穆罕默德的《古兰》，说："**我确实降给你包含真理的经典**"，即毫无怀疑它是来自安拉的经典。"**证实在它以前的经典并监护它**"，即证实其中有提及及赞美穆圣的经文的那些古代经典，那些经典都曾预告，安拉将给他的仆人和使者颁降经典。所以穆圣的降临，是对古代经典的印证。从而让那些遵循古代经典，服从安拉命令的人们，加强了对他们的经典的信仰程度。正如安拉所言：《你说，你们归信它，与不归信它（都是一样的）。那些以前被赋予知识的人们，它被读给他们时，他们就伏下去下巴着地地叩头。他们说："赞我们的主清净，我们主的诺言终究是要实现的。"》（17：107-108）即安拉曾通过列圣预告了穆圣的出世，无论如何这一消息是要被落实的。

"**监护它**"，伊本·阿拔斯说，"**监护它**"指担保它。他又说，"**监护它**"还指忠实于它。伊本·哲利尔说："《古兰》是忠实于以前的一切天启经典的。所以，符合《古兰》的就是真理，与其矛盾的就是谬误。"瓦毕里说："《古兰》为以前的一切天启经典作证。"奥夫说："'监护……'指《古兰》是对以前的经典的裁判。"上述解释都比较贴切。因为（مهيمن，穆海麦尼）一词包括这一切意义。即《古兰》忠于一切天启经典，并为它们作证和裁决。安拉使最后颁降的这部经典成为最全面、最伟大、最完整的一部经典，综合了以前的经典的一切优点，方方面面都无与伦比，卓尔不群。因此它是一部可靠的、作证的、裁决以前经典的经典。安拉亲自承担保护这部经的责任，安拉说：《我确已降下教诲，我确实是它的保护者。》（15：9）

"**所以，你要照安拉所降下的在他们之间判决**"，即穆罕默德啊！你当根据安拉在这部伟大的经典中降给你的法律以及在先圣的法律中经安拉所肯定的、没有革止的律例，在全人类——阿拉伯人、非阿拉伯人、有经人和无经人中裁决。这也是伊本·哲利尔的解释。[1] 伊本·阿拔斯说，此前，穆圣在这方面完全是自由的，他可以替有经人判断，也可以拒绝，而让他们自己履行自己的法律。安拉降示这段经文后，使者奉命根据我们伊斯兰的经典判断世间的一切事务。

"**不要放弃来临你的真理而去追随他们的私欲。**"**他们的私欲**"指他们臆造的个人观点，他们因此而放弃了安拉降给使者的天经。因此说，你不要离开安拉命令你遵循的真理，而去追求这些薄福的无知者的私欲。[2]

"**我已为你们每一个规定了一套法律和一条道路。**"伊本·阿拔斯解释为"……一条道路和常规。"[3]

"**如果安拉意欲，他就使你们成为一个民族。**"这是对全人类的呼唤，经文表述安拉的大能。假若安拉意欲，他可以使全人类遵循同一个宗教和同一法规，而其中不存在革止。然而，安拉为每位使者单独制定了一套法规，然后用于后的使者的使命革止以前使者的部分法规，或将其全部革止。最终安拉派遣了他的仆人和使者穆罕默德，并以其使命革止了万圣带来的一切法律，使穆罕默德成为全人类的使者和万圣的封印。

"**不过他要用他赐给你们的来考验你们**"，即安拉规定了不同的法律，以便考验人类怎么对待它。从而报偿那些决心遵守它或已经遵守它的人，惩罚违背它的人。阿卜杜拉·本·凯西尔认为"他赐给你们的"指经典。

然后安拉鼓励人们积极行善，说："**所以，你们要竞相行善**"，即服从安拉，并遵循革止一切先前法律的穆圣的法律，相信最后的一部天经——《古兰》。

"**你们大家的归宿只在安拉那里**"，即人类啊！在末日，你们的回归地只在安拉跟前。

"**他将告诉给你们你们所争论的**"，即他将阐明你们曾纷争不息的真理，报偿相信真理的人，惩罚毫无根据地抗拒真理的人。然而，他们都是抗拒确凿的证据的人。端哈克说："'你们要竞相行善'此话针对穆圣的民族。"第一种解释更加明确。

"**你当依照安拉的启示在他们之间判决。不要追随他们的私欲**"，是对前面的命令和禁止的强调。

"**而要防备他们，以免他们迷惑你，使你违背一部分安拉的启示**"，即你要防备你的敌人——犹太人，他们通过传播假消息来蒙骗你。因为他们是骗子、隐昧者和阴谋家。

"**倘若他们拒绝**"，即拒绝你本着真理在他们中作出的判断，或违背安拉的法律，"**那么，你当知道安拉要以他们的部分罪恶惩罚他们**"，即你当知道，这件事的发生是安拉的定然，安拉因为某种哲理而使他们脱离正道，是他们以前的罪恶导致他们走向迷误、本末倒置、面临惩罚。他们必定使你迷失安拉的道路。《大多数人不是信士，虽然你渴望（他们信仰）。》（12：103）《如果你服从大地上多数的人，他们就会使你迷

---

(1)《泰伯里经注》10：377。

(2)《泰伯里经注》10：332。

(3)《泰伯里经注》10：387。

失安拉的道路。》（6：116）

伊本·阿拔斯说，犹太人相互密谋说："我们去穆罕默德那里，诱惑他脱离他的宗教。"他们来到穆圣⸿跟前后说："穆罕默德啊！你知道我们是犹太人的经师、贵族和头目，如果我们追随你，其他犹太人就不得不追随你。我们和一些人之间有些矛盾，如果告到你这里，请你作出偏向我们的裁决。届时，我们就归信你，并作证你的使者身份。"穆圣⸿听后断然拒绝了这一要求，安拉因此而降谕道："你当依照安拉的启示在他们之间判决。不要追随他们的私欲……对于笃信的民众，谁在裁决方面比安拉更美好呢？"[1]

"难道他们在寻求蒙昧的法律吗？对于笃信的民众……"安拉谴责那些违抗他的法律之人。安拉的法律严谨而全面，它包含一切优美的事，禁止一切邪恶的事。人们放弃安拉的法律后，只能投向个人主见、主观臆断和毫无依据的人为法律。

"难道他们在寻求蒙昧的法律吗？"即他们要舍弃安拉的经典，追求并企图施行非伊斯兰的法律吗？"对于笃信的民众，谁在裁决方面比安拉更美好呢？"对于那些理解安拉的法律、归信安拉、确信安拉是最公正的裁决者、比母亲还仁慈的仁慈者的人们来说，有谁比安拉的判决更公正呢？安拉彻知万物，全能万事，公正对待万物。

安拉的使者⸿说："安拉最恼怒的人，是舍弃伊斯兰追求蒙昧主义法规的人，以及无理地追杀清白者的人。"布哈里有相同传述。[2]

《51.有正信的人们啊！你们不要将犹太人和基督教徒作为盟友。他们彼此是盟友。你们当中找他们作盟友的人就是他们的人。的确，安拉绝不引导不义的人。》

《52.你将会看见那些心中有病的人在他们中奔走，他们说："我们害怕厄运降临我们。"安拉也许会带来胜利或降自他的一项命令。他们就会因为心中所隐藏的而成为悔恨之人。》

《53.归信的人将会说："他们是那些以安拉立下了他们的誓言，说他们是跟你们在一起的人吗？"他们所做的都化为乌有了，故他们成了亏损之人。》

## 禁止和犹太人、基督教徒以及伊斯兰的敌人结盟为友

安拉禁止穆民和犹太人、基督教徒结盟，他们永远是伊斯兰和穆斯林的敌人。愿安拉诅咒他们！安拉还说，犹太人与基督教徒是狼狈为奸的盟友。安拉禁止有此企图的人，"你们当中找他们作盟友的人就是他们的人"。伊本·哈亭传述，欧麦尔命令艾布·穆萨向他汇报某块地皮的出产和支出。后者让他的基督教秘书给欧麦尔作汇报。欧麦尔听后对此人颇加赞赏，说："这人记忆力真好。你能让他在清真寺中给我们读来自沙姆的信件吗？"艾布·穆萨说："不行。"欧麦尔问："他无大净吗？"艾布·穆萨说："不，他是基督教徒。"（艾布·穆萨说，）欧麦尔听后谴责了我，并打了我的大腿，命令众人将那秘书赶了出去。然后读了下列经文："有正信的人们啊！你们不要将犹太人和基督教徒作为盟友。"[3]

伊本·欧特白传述："你们应当防备，不要在不知不觉中成为犹太教徒或基督教徒。"传述者说，我们想他是针对上述经文说这番话的。

"你将会看见那些心中有病的人"，即那些怀疑伊斯兰的人和伪信士们，在他们中积极奔走，向他们谄媚，与他们公开、秘密地结盟。

"他们说：'我们害怕厄运降临我们'"，即

---

(1)《泰伯里经注》10：393。
(2)《布哈里圣训实录诠释——造物主的启迪》12：219。
(3)《散置的明珠》3：100。

他们为自己的媚外与结盟寻找借口，说一旦隐昧者战胜穆斯林，他们因为有恩于犹太人和基督教徒，而得到这两伙人的保护。安拉就此问题而说："**安拉也许会带来胜利。**"赛丁伊说："胜利"指解放麦加；[1] "**命令**"指迫使犹太人和基督教徒交纳人丁税。

"**他们就会因为心中所隐藏的而成为悔恨之人**"，即那些与犹太教徒和基督教徒结盟的伪信士，将追悔莫及，因为那些"盟友"不会让他们得到丝毫实惠，也不会替他们防备他们所担心的事情。这种结盟本身是一种祸源。他们为之而受到了凌辱，安拉在今世为穆民揭露了这些人的假面具。他们的后果不堪设想。当他们应该出丑的时候，他们的事情就会真相大白，信士们将会感到奇怪，他们不曾是以穆民的样子出现的吗？他们不曾自圆其说、信誓旦旦吗？他们的奸诈和伪装不是暴露无遗了吗？因此说："**归信的人将会说：'他们是那些以安拉立下了他们的誓言，说他们是跟你们在一起的人吗？'他们所做的都化为乌有了，故他们成了亏损之人。**"

## 经文降示原因

伊本·易司哈格说，第一个和安拉的使者撕毁盟约的部落是给奈尕尔族的犹太人。后来使者包围了该部族，迫使他们接受使者的裁决，就在使者打算处罚他们时，阿卜杜拉·本·吾班叶站起来说："穆罕默德啊！请善待我的同盟者！"他们是赫兹勒吉人的同盟者。阿卜杜拉见使者没有马上对他们的请求做出反应，便再次说："穆罕默德啊！请善待我的同盟者！"这次使者拒绝了他的请求。阿卜杜拉见使者不同意自己的要求，用手揪住了使者的领口。使者面露愠色，说道："请放开我！"对方没松手，使者再次生气地说："你真差劲！放开我！"阿卜杜拉说："不，以安拉发誓，除非你善待我的盟友——四百名无盔甲也无缠头巾的人和三百名披甲的人。他们曾在一切敌人面前保护过我。难道你要在一个清晨间毁灭他们吗？我害怕遭到厄运。"安拉的使者说："那好吧，他们就交给你吧！"艾布·易司哈格："给奈尕尔人和安拉的使者作战的时候，阿卜杜拉·本·吾班叶因他们的事情而纠缠不休，站起来保护他们。"来自奥夫族的欧拜德虽然和阿卜杜拉一样，与给奈尕尔人互有盟约，但他去使者跟前表示忠于安拉和使者，并与给奈尕尔人（因为他们撕毁了和使者的盟约）解除了盟约，他说道："安拉的使者啊！我向安拉及其使者表示，我已经和他们解除了盟约。我愿与安拉及其使者以及信士们结盟友。我和隐昧者之间已经划清界限，不再与他们结盟为友！"下列经文就是因为他和阿卜杜拉·本·吾班叶而降示的："**有正信的人们啊！你们不要将犹太人和基督教徒作为盟友……谁与安拉、他的使者和归信的人结为盟友，那么，只有安拉的党派是胜利的。**"（5：51-56）[2]

**54.有正信的人们啊！如果你们中有人背叛其宗教，不久安拉就会带来一些他爱他们和他们爱他的人，（他们是）归信者面前谦恭的，隐昧者面前严厉的。他们在安拉的道路上奋斗，不怕任何人责怪。这是安拉的恩惠，他将它赐给他所意欲的人。安拉是宽大的，全知的。**

**55.你们的朋友只有安拉、他的使者和信士们，他们立站拜功，完纳天课，他们是鞠躬的人。**

**56.谁与安拉、他的使者和归信的人结为盟友，那么，只有安拉的党派是胜利的。**

## 如果穆民叛教，安拉将以其他人取而代之

安拉在叙述他的大能：谁不愿襄助安拉的宗教，力行安拉的法律，安拉将会让另外一些人取代他们，后者将比他们更优秀，更热爱伊斯兰，更坚持正道。正如安拉所言："**如果你们拒绝，他就会让你们之外的一个群体来代替你们，然后，他们不会像你们这样！**"（47：38）"**你不曾看到安拉以真理造化了诸天与大地吗？如果他愿意，他会带去你们，并带来新的造化。这对安拉并非难事。**"（14：19-20）即不是不可能的，或难以完成的。经文在此说："**有正信的人们啊！如果你们中有人背叛其宗教……**"即谁舍弃真理选择谬误。这是对全人类共同的呼吁，直到末日。

"**（他们是）归信者面前谦恭的，隐昧者面前严厉的。**"这是完美的穆民的特征，他们在自己的兄弟和盟友面前极为谦虚，在敌对者面前大义凛然。正如安拉所说："**穆罕默德是安拉的使者，跟他一道的人们，对隐昧者是严厉的，但在他们相互间是仁爱的。**"（48：29）穆圣也是如此，他一贯对盟友面带微笑，面对敌人毫不手软。

"**他们在安拉的道路上奋斗，不怕任何人责怪。**"他们顺从安拉，力行法度，痛杀仇敌，命人行善，止人作恶，从不怕任何艰难险阻，也不怕别人埋怨和指责。艾布·则尔说："我的挚友安拉的使者给我嘱咐了七件事，他嘱咐我喜爱穷人，接近穷人；看顾不及我的人，而不去看（羡慕）超过

---

(1)《伊本·艾布·哈提姆经注》4：1156。

(2)《穆圣传》3：52。

我的人；接恤骨肉，哪怕对方不理我；不向任何人有所要求；只讲真理，哪怕真理是苦涩的；为了安拉不怕任何人的埋怨；多念'（我们）没有办法，也没有力量，惟凭清高伟大的安拉。'因为它是阿莱什之下的一座宝库。"(1)

有段明确的圣训说："穆民不应该自命不凡。"圣门弟子们说："安拉的使者啊！何谓自命不凡？"使者☬说："承担力所不及之事。"(2)

"**这是安拉的恩惠，他将它赐给他所意欲的人**"，即谁具备这些特征，说明安拉赐给了谁恩惠和机遇。

"**安拉是宽大的，全知的**"，即安拉的恩惠是宽大的，安拉知道谁应该得到他的恩惠，谁不应该得到他的恩惠。

"**你们的朋友只有安拉、他的使者和信士们。**"犹太人绝不会和你们成为真正的盟友。你们应该和安拉、他的使者和信士们结盟。

"**他们立站拜功，完纳天课**"，即穆民应该具备以下特征：他们立站拜功，拜功是伊斯兰的最大基础，崇拜独一无偶的安拉。同时交纳天课，天课是对其他人应尽的义务，是对需要者和贫困者的扶助。

"**他们是鞠躬的人。**"有些人认为这个句子是前面的句子"完纳天课"的状语，即他们在鞠躬的状况下完纳天课。假若真是如此，那么鞠躬的状况下的施舍要比其他状况下的施舍要好，但据我们所知，没有一个教法学权威持此主张。这段经文的意思是：他们集体完成天命礼拜，为穆斯林的公益事业而花费自己的财产。

## 这些经文降示的原因

如前所述，这些经文是因为欧拜德而降示的。当时他中止了同犹太人的盟约，一心一意地与安拉、使者及信士们结盟。因此，安拉在经文的后面说："**谁与安拉、他的使者和归信的人结为盟友，那么，只有安拉的党派是胜利的。**"相同的经文有：☪ 安拉已经规定："我跟我的使者必定胜利。"安拉确实是至强的、优胜的。你不会看到归信安拉和末日的人，会喜爱那些反对安拉和他的使者的人，即使他们是他们的父亲或儿子，或是他们的兄弟和亲属。这等人，安拉已把正信写在他们的心中，并以来自他的鲁哈增援了他们，他还将使他们进入下临诸河的乐园，他们将永居其中。安拉喜悦了他们，他们也喜悦了他。这等人是安拉的追随者。真的，安拉的追随者确实是成功的。☪（58：21-22）每个希望和安拉及其使者以及和信士们结盟的人，都是在今后两世中成功的，获得佑助的，因此，安拉在这段经文中说："谁与安拉、他的使者和归信的人结为盟友，那么，只有安拉的党派是胜利的。"

☪ **57.有正信的人们啊！你们不要跟那些嘲笑或玩弄你们宗教的人作为朋友，不论他们是在你们以前获得经典的人，或是一些隐昧者。你们要敬畏安拉，如果你们是穆民。** ☪

☪ **58.当你们宣礼时，他们拿它来嘲笑或玩弄。那是因为他们是一群不理解的人。** ☪

## 禁止和隐昧者结盟为友

安拉严禁和伊斯兰与穆斯林的敌人——犹太人、基督教徒以及多神教徒结盟为友。他们对穆斯林的最尊贵的善功、伊斯兰的纯洁而牢固的仪式、包容今后两世幸福的宣礼冷嘲热讽，他们通过自己邪恶的眼光和僵化的主见，将它视为玩物。

"**不论他们是在你们以前获得经典的人，或是一些隐昧者**"，即你们不能将任何一个有经人和隐昧者作为朋友。经文中的隐昧者指多神教徒。伊本·麦斯欧迪的读法是："不论他们是在你们以前获得经典的人，还是那些以物配主的人。"(3)

"**你们要敬畏安拉，如果你们是穆民**"，即你们的敌人和你们的教敌将安拉的法律视为玩物。有正信的人们啊！如果你们真的归信安拉的法律，就不要和他们结盟为友。正如安拉所言：☪ 信士们不要舍信士而以隐昧者为友。谁这样做，他就和安拉毫无关系。除非你们对他们小心防范。安拉叫你们留意他自己。归宿只在安拉那里。☪（3：28）

## 隐昧者嘲弄礼拜和宣礼

"**当你们宣礼时，他们拿它来嘲笑或玩弄**"，即当你们号召人们来完成智者和学者看来最尊贵的善功——礼拜时，"**他们拿它来嘲笑或玩弄，那是因为他们是一群不理解的人**"，即他们不理解崇拜安拉的意义和仪式。这是恶魔的追随者的特征，圣训说："当恶魔听到宣礼后，心惊胆战地跑到听不到宣礼的地方，宣礼完毕后又跑回来。再次宣礼时，它又跑了，宣礼完毕后照常跑来。然后前来蛊惑人心。它说：'你想某事，你想某事。'它让人想起他原来想不到的事情，以至让人不知道自己礼了几拜。你们中有人发现这种情况时，请在出拜前叩两个头。"祖海里说："安拉在其经典中提到了

---

(1)《艾哈麦德按序圣训集》5：159。
(2)《艾哈麦德按序圣训集》5：405。
(3)《泰伯里经注》10：430。

59. 你说：" 有经的人们啊！你们怨恨我们，是因为我们归信安拉，归信他降给我们的以及以前下降的经典吗？你们大多数是坏事的人。"

60. 你说：" 我告诉你们在安拉那里还报方面比这更恶劣的吗？安拉曾经诅咒和恼怒，并使其变成猴子和猪以及崇拜塔吾特的人，这些人是地位最恶劣和最迷失正道的。"

61. 当他们来到你们那里时，他们说：" 我们归信了。" 实际上他们带着不信进来，也带着它出去。安拉至知他们所隐瞒的。

62. 你看见他们当中有许多人匆匆投入罪恶和过分中，吞没不义之财。他们所做的事确实真恶劣啊！

63. 为什么宗教学者和经师们不禁止他们罪恶的言谈和他们侵吞非法呢？他们的作为真恶劣！

### 有经人因为穆民归信安拉而怨恨穆民

清高伟大的安拉说，穆罕默德啊！你对这些将你们的宗教视为玩物和游戏的有经人说："你们怨恨我们，是因为我们归信安拉，归信他降给我们的以及以前下降的经典吗？" 你们对我们的不满和指责只是这个原因吗？这不是缺点，也不是应该加以非难的。相同的经文有：《他们（隐昧者）愤恨他们，只是因为他们归信了优胜的、可赞的安拉。》（85：8）又《他们愤恨，只因为安拉及其使者以他（安拉）的恩赏使他们富有。》（9：74）有段明确的圣训说："伊本·杰米拉怨恨的原因仅仅是，他原是个穷人，后来安拉使他富裕。"[2]

"你们大多数是坏事的人" 连接 "是因为我们归信安拉，归信他降给我们的以及以前下降的经典"，即我们相信你们中的大多数是离经叛道的。

### 有经人应该在末日遭受最严厉的惩罚

"你说'我告诉你们在安拉那里还报方面比这更恶劣的吗？'" 即你们认为我们将遭受严惩，但让我告诉你们，你们将在末日遭受的惩罚是你们始所未料的。下列经文指出了你们的特征："**安拉诅咒**"，即安拉将你们排除在他的慈悯之外。"**恼怒**"，即安拉永远不会改变对你们的恼怒。"**并使其变成猴子和猪**"。正如《黄牛章》和《高处章》所述。伊本·麦斯欧迪传述，有人向安拉的使者请教猪和猴子的问题，它们是由罪人变成的吗？使者说："安拉毁灭一伙人或使他们变种后，不会让他们留下子孙后代。猪和猴子在此之前（罪人变成猪和猴子之前）就存在了。"[3]

"**以及崇拜塔吾特**"，即他使你们中的一部分人侍奉塔吾特，成为他们（它们）的奴隶和仆人。指责我们的认主独一，拜主独一的宗教的有经人啊！你们身上到处是罪恶的征兆，你们又何出此言？因此说，"**这些人是地位最恶劣**"，即比你们想像的还要坏；"**最迷失正道的**"，这里的 "最" 表示无以复加。跟这节经文有相同用法的正如安拉所言：《那天，乐园的居民将会有更好的居所和更美好的休息之地。》（25：24）

### 伪信士惯于表现信仰，隐瞒不信

"**当他们来到你们那里时，他们说：'我们归信了。'实际上他们带着不信进来，也带着它出去。**" 这是伪信士的特征，他们心怀不信，但在穆民面前装模作样，故作信仰之态。因此说，"**他们带着不信进来**"，即穆罕默德啊！他们来到你那

---
(1)《伊本·艾布·哈提姆经注》4：1164。
(2)《布哈里圣训实录诠释——造物主的启迪》3：388。
(3)《穆斯林圣训实录》4：205。

里，满脑子都是不信。他们离去时，还是顽石原样。他们对你的话充耳不闻，对你的警告和劝诫无动于衷。因此说："（他们）也带着它出去。"安拉指出这是他们的特征。

"安拉至知他们所隐瞒的。"安拉至知他们心中所想的秘密，虽然他们在人们面前惺惺作态，精心伪装，但全知可见物与不可见物的安拉，至知他们，并将公正地还报他们。

"你看见他们当中有许多人匆匆投入罪恶和过分中，吞没不义之财"，即他们极力地为非作歹，侵犯他人，骗取财产。

"他们所做的事确实真恶劣啊！"即他们的这种行为和对他人的侵犯真恶劣。

### 对宗教学者和经师们不止人作恶的警告

"为什么宗教学者和经师们不禁止他们罪恶的言谈和他们侵吞非法呢？他们的作为真恶劣！""宗教学者"指有职位的宗教学者，他们一般掌握司法大权。"经师"仅指学者。"他们的作为真恶劣！"伊本·阿拔斯说："不止人作恶的宗教学者真恶劣啊！"[1]

伊本·阿拔斯说："《古兰》中讽刺意义最重的经文莫过于这段经文：'为什么宗教学者和经师们不禁止他们罪恶的言谈和他们侵吞非法呢？'"[2]

伊本·哈亭传述，阿里（愿主喜悦之）有天在演讲中赞美了安拉，然后说道："人们啊！古人毁灭的原因是不止人作恶。宗教学者和经师们并不制止他们。所以他们怙恶不悛，而遭受惩罚。你们要在遭受他们所遭受的惩罚之前命人行善，止人作恶。须知，命人行善，止人作恶不会断绝给养，也不减少寿命。"[3] 艾哈麦德传述，安拉的使者㕣说："若一个群体中间有人作恶，而有能力的人不去制止时，安拉便会让他们全部遭受惩罚。"[4] 艾布·达乌德传述，安拉的使者㕣说："只要有人在一个群体中为非作歹，他们中有能力改变的人没有去改变，安拉就会让他们全体在死之前遭受惩罚。"[5]

❨ 64.犹太人说："安拉的手是被绑住的。"其实他们的手是被绑住了，他们因自己所说的话而

---
(1)《泰伯里经注》10：450。
(2)《泰伯里经注》10：449。
(3)《干功者的宝藏》3：683。
(4)《艾哈麦德按序圣训集》4：363。
(5)《伊本·马哲圣训集》2：1329。

遭受了诅咒。不然，他的耶迪是敞开的，他任意地颁降福泽。安拉降给你的（恩典）一定会增长他们当中许多人的过分和不信。我已在他们当中投下仇和恨，直至复生日。每当他们煽起战火，安拉就熄灭它。他们在大地上为非作歹。安拉不喜欢坏事的人。❩

❨ 65.如果有经的人归信并且敬畏，我一定会消除他们的罪过，并使他们进入幸福的乐园。❩

❨ 66.如果他们力行《讨拉特》《引支勒》和由他们的养主赐给他们的，他们就会从头顶和脚下获得饮食。他们当中应有一些中正的人。但他们当中很多人的行为非常恶劣。❩

### 犹太人说安拉的耶迪是被绑住的

安拉指出犹太人曾把安拉描述成吝啬的，就如他们曾说安拉是贫穷的，而他们是富有的——愿安拉永远诅咒他们！安拉与他们对安拉杜撰的一切毫无关系。他们以说"安拉的手是被绑住的"来指责主的吝啬。"犹太人说：'安拉的手是被绑住的。'"伊本·阿拔斯说："他们的意思并不是说安拉的手是绳捆索绑的，他们的真实意图是：安拉是吝

啬的。安拉与他们所叙述的毫无关系。"[1]穆佳黑德等有相同解释。伊本·阿拔斯还读道：《不要把你的手绑在你的脖子上，也不要把它伸展到它的极点，以免你成为被指责的、力不从心的。》（17：29）他认为这段经文告诉人不要吝啬，也不要浪费，即不要将钱财花费于不当之处。他表达吝啬说：《不要把你的手绑在你的脖子上。》（17：29）这是犹太人的真实意图。

艾克莱麦说："这段经文是因犹太人凡哈苏（愿安拉诅咒他）降示的。[2]上文已述，他曾说：《安拉是贫穷的，我们却是富有的。》（3：181）后来艾布·伯克尔教训了他。安拉让他们为自己所杜撰和臆造的谎言付出了应有的代价。"

"其实他们的手是被绑住了，他们因自己所说的话而遭受了诅咒。"事实就是这样，犹太人的吝啬、嫉妒、胆怯、卑贱是举世无匹的。正如安拉所言：《难道他们有一部分权力吗？假如有，他们不给别人一丝毫。他们由于安拉赐给别人恩惠而嫉妒别人吗？我已经赐给伊布拉欣的族人经典和智慧，并且赐给了他们博大的权力。》（4：53-54）安拉说："他们被烙上卑贱（的烙印）。"

### 安拉的耶迪是敞开的

"他任意地颁降福泽"，即安拉的恩惠是宽宏的，安拉的恩赐是广大的，安拉那里有万物的宝藏。万物的给养都来自独一无偶的安拉。无论在家还是出门，无论白天还是夜晚，在任何情况下，安拉都供给我们所需的一切。正如安拉所言：《他把你们向他要求的一切赐给你们。倘若你们要统计安拉的恩典，你们一定无法统计。人确实是不义的、忘恩的。》（14：34）类似的经文很多。

艾布·胡莱赖传述，安拉的使者☪说："安拉的右手是充满的。无论夜晚和白天怎么花费，都不能从中减少丝毫。你们告诉我，自从创造天地以来，安拉花费了多少？但这不会对安拉的财富造成减损。他的阿莱什在水上，他的另一耶迪掌握（人的给养的）高低。"安拉说："你施舍吧！我会给你施舍的。"传自两圣训实录。[3]

### 穆斯林获得的福分增长了犹太人的不义和否认

"安拉降给你的（恩典）一定会增长他们当中许多人的过分和不信。"穆罕默德啊！在犹太人及其同党的心目中，安拉赐给你们的恩典已经转换成他们对你的怨恨。就在安拉赐你的这些恩典增加了信士们的信仰、善功和知识的时刻，嫉妒你的隐昧者们则更加"过分"，即超越限度，更加"不信"。正如安拉所言：《你说："它是对信士们的引导和治疗。至于那些隐昧的人，他们的耳已失聪，在他们看来，它是盲目的，这等人，是从远方被呼唤的。"》（41：44）《我颁降《古兰》，作为对归信者的治疗和慈悯。它对不义者只增加损失。》（17：82）

"我已在他们当中投下仇和恨，直至复生日。"他们不会团结，他们各派之间的分歧永远不会消除。因为他们不向真理靠拢，不服从你，不相信你。

"每当他们煽起战火，安拉就熄灭它"，即每当他们预谋欺骗你，策划与你战争时，安拉就戳破他们的诡计，使他们阴谋暴露而自受其害。

"他们在大地上为非作歹。安拉不喜欢坏事的人。"在大地上为非作歹是他们骨子里的特征。安拉不喜欢这种人。

### 倘若有经人遵循他们的经典，他们就会获得今后两世的幸福

"如果有经的人归信并且敬畏"，即假若有经人归信安拉及其使者，远离为非作歹，"我一定会消除他们的罪过，并使他们进入幸福的乐园"，即我必定解除他们的后顾之忧，并使他们万事如意。

"如果他们力行《讨拉特》《引支勒》和由他们的养主赐给他们的。""赐给他们的"指《古兰》。[4]即如是这样，他们就会从头顶和脚下获得饮食。换言之，假若他们遵循手中的经典，承认经中对众先知的叙述，不动手脚加以篡改，他们必能走上正道，必能接受安拉派穆圣☪传达的教法。因为他们的经典已经证明了穆圣☪的诚实可靠，并命令他们跟随他。这些都不容置疑。

"他们就会从头顶和脚下获得饮食"，即将有无数给养从天上和地下降临他们。正如安拉所言：《如果各城镇的人归信并敬畏，我一定会为他们从天上和地下开放福祉。》（7：96）

"他们当中应有一些中正的人。但他们当中很多人的行为非常恶劣。"如同《在穆萨的族人中，有一部分人本着真理引导人，并以它主持公道。》（7：159）又如《古兰》对尔撒的民众的叙述：《所以我把报偿赐给他们当中的信仰者们。》（57：27）经文指出，有经人的最高品级是中正，但它是伊斯兰民族的中等品级，比此更高一级的是萨比给奈（السابقين，争先行善者）的品级。正如安拉所言：《然后，我使我所选择的众仆继承了经典。此后，

---
（1）《伊本·马哲圣训集》10：452。
（2）《泰伯里经注》10：453。
（3）《艾哈麦德按序圣训集》2：313。

（4）《泰伯里经注》10：463。

他们当中有自亏的，有中和的，也有奉安拉的命令而争先行善的，那是伟大的恩典。永居的乐园，他们将进入其中，佩戴黄金和珍珠手镯，他们在其中的衣服是绫罗。》（35：32-33）

《67.使者啊！你当传达从你的主降临的。如果你不去做，你就没有传达他的信息。安拉将从世人那里保护你不受人们侵害，安拉不引导隐昧的群体。》

## 命令传达 许诺保护

安拉以使者的身份呼唤穆罕默德，命令他毫无保留地传达他的使命。使者服从了安拉的命令，成功地完成了使命。布哈里引用传自阿伊莎（愿主喜悦之）的一段圣训解释这段经文，她说："谁要告诉你穆罕默德有所隐瞒，他确已撒谎了，安拉说：'**使者啊！你当传达从你的主降临的。**'"[1]两圣训实录辑录，阿伊莎（愿主喜悦之）说：假若穆罕默德隐瞒了《古兰》中的一段经文，他必隐瞒这段经文：《你把安拉所公开的隐藏在心中。你在畏惧人们，但你最应当畏惧安拉。》（33：37）[2]

布哈里引用祖海里的话说："使命来自安拉，使者应该传达，我们应该笃信。"[3]穆圣的民族为他作证：他已经传达了使命，完成了信托。穆圣在辞朝演说中，一次最大的集会中要求他的民族为他作证，当时在场的圣门弟子约四万人。《穆斯林圣训实录》记载，安拉的使者说："人们啊！（在末日）当你们被问及我时，你们说什么？"圣门弟子们说："我们作证：你传达了使命，履行了职责，忠告了民族。"使者则不停地将手伸向天，又指向他们，说："主啊！我确已传达了，主啊！我确已传达了。"[4]

"**如果你不去做，你就没有传达他的信息**"，即如果你没有向世人传达你的使命。如是那样，必然会发生相应的后果。伊本·阿拔斯解释为："如果你隐瞒了来自你的养主的一段经文，你就没有传达自己的使命。"[5]

"**安拉将从世人那里保护你不受人们侵害**"，即你传达你的使命吧！我在保护你，襄助你，并将支持你战胜你的敌人。所以，你不要恐惧，也不要忧愁，任何人都不会伤到你。这段经文降示之前，

穆圣曾有卫士保护。阿伊莎（愿主喜悦之）说，安拉的使者有天夜晚无法入睡，当时阿伊莎（愿主喜悦之）就在使者身边。她说，安拉的使者啊！你怎么了。使者说："但愿我的一位清廉的弟子在夜间保护我。"正在这期间，忽然听到外面一阵兵器声，使者问："谁？"外面有人回答："我是赛尔德·本·马立克。"使者问："你因何而来？"来人回答："安拉的使者啊！我来保护你。"阿伊莎（愿主喜悦之）说，此后我听到了使者的鼾声。两圣训实录辑录。另据传述，迁徙第二年，使者和阿伊莎（愿主喜悦之）结婚后，有一夜无法入睡。[6][7]

阿伊莎（愿主喜悦之）传述："先知曾受人保护，'安拉将从世人那里保护你不遭人们侵害'降示后，他将头伸出圆顶帐篷外说：'你们回去吧！伟大的安拉在保护着我。'"[8]

"**安拉不引导隐昧的群体**"，即你传达吧！安拉欲引导谁就引导谁，欲使谁迷误就使谁迷误。正如安拉所言：《你无法引导他们，但安拉引导他所欲之人。》（2：272）《你的责任只是传达，清算由我掌管。》（13：40）

《68.你说："有经的人们啊！除非你们坚持《讨拉特》《引支勒》和由你们主的方面降下的，否则你们不算什么。"由你的主降给你的，会增长他们当中大部分人的过分和不信。不过你不要为隐昧的人悲伤。》

《69.那些已经归信的人和那些归信犹太教的人，萨比安人和基督教徒们，他们谁归信安拉和末日并且行善，谁就不会恐惧，也不会忧愁。》

## 只有遵循《古兰》才会成功

清高伟大的安拉说，穆罕默德啊！你说："**有经的人们啊……否则你们不算什么**"，即你们并没有遵循什么宗教，除非你们履行《讨拉特》《引支勒》。换言之，你们只有归信并遵循手中的一切天启经典，才不至于成为隐昧者。经文同时命令他们跟随穆圣，归信穆圣的使命，遵循他的法律。

"**由你的主降给你的，会增长他们当中大部分人的过分和不信**"。上文已述。

"**不过你不要为隐昧的人悲伤**"，即你不要因为他们而伤心、为难。

然后清高伟大的安拉说："那些已经归信的

---

(1)《布哈里圣训实录诠释——造物主的启迪》13：124。
(2)《布哈里圣训实录诠释——造物主的启迪》13：415。
(3)《布哈里圣训实录诠释——造物主的启迪》13：512。
(4)《穆斯林圣训实录》2：886。
(5)《泰伯里经注》10：468。
(6)正确地说，使者于迁徙第一年和阿伊莎结婚。——译者注
(7)《布哈里圣训实录诠释——造物主的启迪》6：95。
(8)《提尔密济圣训全集诠释》8：410。

人","即穆斯林;"那些归信犹太教的人",即手持《讨拉特》的人;"萨比安人",穆佳黑德说,他们是一些来自基督教和拜火教的人,没有宗教。

基督教徒是众所周知的群体,他们持有《引支勒》。经文的意思是:派遣穆圣㊤之后,归信安拉和后世的人们,其善功只有符合人类和精灵的领袖——穆圣㊤的法律要求,才可能得到善报。如是这样,他们将来不会恐惧,也不会因后事而忧虑。《黄牛章》已经注释了类似经文,此处不赘述。

❉ 70.我的确跟以色列的后裔立了约,并派遣了许多使者给他们。每当一位使者带来他们不喜欢的(戒律)时,他们就不信一部分,并杀害一部分。❉

❉ 71.他们以为不会出现祸患,所以他们瞎了,聋了。后来安拉接受了他们的忏悔。后来他们中的许多人又瞎了,聋了。安拉是全观他们的行为的。❉

清高伟大的安拉说,他曾和以色列的后裔缔结了盟约,他们必定听从安拉及其使者的命令,后来他们为满足自己的私欲和个人主见,废除了这些盟约。当先知的戒律符合他们的私欲时,他们就接受它,否则他就拒绝它。因此说:"每当一位使者带来他们不喜欢的(戒律)时,他们就不信一部分,并杀害一部分。他们以为不会出现祸患,所以他们瞎了,聋了。"他们认为不会遭到自己恶行的报应,然而事实并非如此。因为变成瞎子和聋子的他们,既看不到真理,也听不到真理。然后安拉恕饶了他们的行为,但"后来他们中的许多人又瞎了,聋了"。

"安拉是全观他们的行为的",即安拉彻知他们的行为,知道谁应该受到引导,谁应该陷入迷途。

❉ 72.说"安拉是麦西哈——麦尔彦之子"的那些人已经隐昧了。麦西哈说:"以色列的后裔啊!你们要崇拜安拉——我的养主和你们的养主。谁举伴安拉,安拉确已禁止谁进乐园,他的归宿就是火狱。不义者绝没有援助者。"❉

❉ 73.说"安拉是三位神中的一位"的人们隐昧了。除独一的主宰外,再无任何主宰。如果他们不停止他们的谬说,那么他们当中隐昧的人将会受到痛苦的惩罚。❉

❉ 74.难道他们不向安拉忏悔,并向他求饶吗?安拉是至恕的、至慈的。❉

❉ 75.麦尔彦之子麦西哈只是一位使者,他之前

已有许多使者逝去了。他的母亲是一位虔信的人。他们母子俩都吃食物。你看我怎样为他们阐明一些迹象。然后你看,他们究竟转变到哪里?❉

**基督教徒的隐昧,麦西哈号召认主独一**

安拉对基督教徒各派作出了判决:他们是隐昧者,无论他们来自帝制派,还是聂斯托利派,抑或来自雅格派。因为他们说麦西哈就是安拉。而安拉与他们的谬说毫无关系。尽管此前麦西哈早已向他们申明,他是安拉的仆人和使者。麦西哈在幼童时,于摇篮中所说的第一句话就是:"我是安拉的仆人。"他没有说过:"我是安拉。"或"我是安拉的儿子"。但他说的是:❉ 我确实是安拉的仆人,他确已赐给我经典,并使我成为一位先知……安拉的确是我的主和你们的主,所以你们要崇拜他,这就是正道。❉(19:30-36)他在青年和壮年时期,都是这样说的,就在他成为先知之后,他依然命令人们崇拜他们共同的主宰——独一无偶的养主。"麦西哈说:'以色列的后裔啊!你们要崇拜安拉——我的养主和你们的养主。谁举伴安拉",即谁崇拜安拉以外的,"安拉确已禁止谁进乐园,

他的归宿就是火狱",即他必定要进火狱,不会进入乐园。类似的经文有:❝ 确实,安拉不恕饶以物配主的罪恶,但他为他所意欲的人宽恕较轻的罪过。❞(4:48)❝ 火狱的居民呼吁乐园的居民:"求你们给我们倒下来一点水或安拉赐给你们的给养。"他们回答说:"安拉对隐昧者禁止了这两样东西。"❞(7:50)有段明确的圣训记载,穆圣派宣传员在人们中宣传:"只有穆斯林才能进入乐园。"(或说了只有穆民才能进入乐园)[1]安拉讲述麦西哈对以色列后裔的表白,说道:"**谁举伴安拉,安拉确已禁止谁进乐园,他的归宿就是火狱。不义者绝没有援助者**",即在安拉那里,没有人能帮助他、支持他或拯救他。

"**说'安拉是三位神中的一位'的人们隐昧了。**"穆佳黑德等学者说,这段经文是专门为基督教徒而降示的。赛丁伊等学者说,这段经文是基督教徒将麦西哈和他的母亲看作两个神明,将安拉看作他们的第三个神的时候降示的。[2]

赛丁伊说,这段经文如同章末的下列经文:❝ 当时安拉说:"麦尔彦之子尔撒啊!难道你曾对人们说,你们当舍弃安拉而以我和我的母亲为主宰吗?"他说:"赞你超绝万物……"❞(5:116)

"**除独一的主宰外,再无任何主宰**",即神明不是多位,而是独一无偶的一位。他是万物、万有的主宰。安拉警告他们说:"**如果他们不停止他们的谬说**",即如果他们不停止谎言和杜撰,"**那么他们当中隐昧的人将会受到痛苦的惩罚**",即他们将在后世遭受绳捆索绑的严刑。

"**难道他们不向安拉忏悔,并向他求饶吗?安拉是至恕的、至慈的。**"这是安拉的慷慨、博施和慈悯。尽管他们犯了如此大罪——编造、杜撰和撒谎,但安拉还是号召他们忏悔和求饶。只要向安拉忏悔,安拉就会接受他的忏悔。

## 麦西哈是安拉的仆人,他的母亲是虔信的人

"**麦尔彦之子麦西哈只是一位使者,他之前已有许多使者逝去了**",即和以往的许许多多的使者一样,麦西哈是众位仆人中的一个仆人,众位使者中的一位使者。这段经文所言:❝ 他只不过是一个仆人,我赐恩惠给他,并使他成为以色列后裔的楷模。❞(43:59)

"**他的母亲是一位虔信的人**",即她是一位笃信安拉的人。这是麦尔彦的最高品级。经文证明她不是女先知。

"**他们母子俩都吃食物**",即他俩需要地球上的营养,也需要排泄废物。他俩和其他人一样,都是安拉的仆民,绝不像愚蠢的基督教各派所说的那样,是除安拉之外的神。愿安拉永远诅咒这些基督教徒。

"**你看我怎样为他们阐明一些迹象**",即阐释并昭示它。

"**然后你看,他们究竟转变到哪里?**"在此明确的阐释之后,他们走向了何方?他们坚持的是什么?他们将选择怎样的迷途?

❝ 76.你说:"难道你们舍安拉而崇拜不为你们掌管祸福的(伪神)吗?"安拉是全听的、全知的。❞

❝ 77.你说:"有经的人们啊!你们不要无理地逾越你们的宗教,也不要追随那些以前陷入迷途之中的人的欲望。他们曾使许多人迷误,并且自己脱离了康庄的大道。"❞

### 禁止以物配主 禁止逾越教义要求

安拉警告了那些舍弃他而崇拜伪神和偶像的人,并为世人阐明,它们绝不可能是神灵。"**你说**",即穆罕默德啊!你对这些舍弃安拉,盲目崇拜的人以及加入基督教的人和其他人说:"**难道你们舍安拉而崇拜不为你们掌管祸福的(伪神)吗?**"即他们不能对你们造成伤害,也无法给你们带来益处。"**安拉是全听的、全知的。**"安拉能听到仆人的一切言语,知道他们的一切行为。你们因何舍弃安拉,而去崇拜那些不能听、不能看并且一无所知的无生物呢?它们不要说给别人带来福祸,就是对于它们自己,也不可能产生任何影响。

"**你说:'有经的人们啊!你们不要无理地逾越你们的宗教。'**"你们在跟随真理时不要过分,不要过分赞美安拉命令你们去尊重的人,而将他们从先知的地位抬高到安拉的地位。譬如,麦西哈原本是一位先知,但你们却将他看作除安拉外的一位神灵。你们的这种谬论,传承于你们的前辈。而那些前辈,早已陷入了迷途之中。"**他们曾使许多人迷误,并且自己脱离了康庄的大道**",即他们早已脱离正道,踏上了邪道和迷途。

❝ 78.以色列的后裔中那些隐昧的人已被达乌德和尔撒·本·麦尔彦亲口诅咒了,因为他们违抗和过分。❞

❝ 79.他们也不相互制止他们所犯的罪。他们所做过的行为真恶劣啊!❞

---

[1]《布哈里圣训实录诠释——造物主的启迪》6:207。
[2]《泰伯里经注》10:483。

◈ 80.你看他们当中许多人跟隐昧的人做朋友,他们对自身所做的实在是恶劣的。安拉对他们恼怒了,他们将永远遭受刑罚。◈

◈ 81.如果他们确实归信安拉和先知以及降给先知的(启示),他们就绝不会以隐昧的人作为盟友。他们当中的很多人是坏事的。◈

### 安拉诅咒以色列的后裔中的隐昧者

清高伟大的安拉说,从他降经派遣达乌德先知到派遣尔撒先知,在这一段漫长的时期内,他诅咒了以色列的后裔中的隐昧者。这是因为他们违抗安拉,侵犯他人。伊本·阿拔斯说:"在《讨拉特》《引支勒》《宰逋尔》和《真伪的辨别》(《古兰》)中,隐昧者都是遭受诅咒的。"然后经文解明了尔撒时期,这些隐昧者的嚣张行为:"**他们也不相互制止他们所犯的罪**",即一个人不禁止另一个人为非作歹。然后经文谴责了他们,并警告他人不要重蹈覆辙,说:"**他们所做过的行为真恶劣啊!**"

### 有关命人行善,止人作恶的一些圣训

命人行善、止人作恶的圣训不胜枚举,让我们在此学习一些与这些经文相关的圣训。艾哈麦德传述,穆圣说:"以掌握我生命的安拉发誓,你们一定命人行善,止人作恶,否则安拉立即给你们降下发自他的惩罚,然后你们祈求他时,他不准承你们。"(1)

艾布·赛尔德辑录,安拉的使者说:"你们中看到作恶事的人,应该用手去制止它;如果他做不到,就用嘴去制止;如果再做不到,就用心去制止(憎恶),这是最弱的信仰。"(2)

艾布·达乌德辑录,穆圣说:"看到别人作恶后憎恶它(穆圣还有一次说:"反对它")的人,就像没有看到它的人。没有看到作恶,但同意他人作恶的人,就像共同作恶的人。"(3)

艾布·达乌德辑录:"使者说,人们为自己的恶行找托词的时候也就是大难临头的时候。"(4)

伊本·马哲辑录,安拉的使者有天在演讲中说:"须知,不要因为害怕人而不敢说真理。"(5)

艾布·赛尔德传述,安拉的使者说:"最高贵的战斗,是在暴君面前说一句真话。"(6)

---
(1)《艾哈麦德按序圣训集》5:388。
(2)《穆斯林圣训实录》1:69。
(3)《艾布·达乌德圣训集》4345。
(4)《艾布·达乌德圣训集》4347。
(5)《伊本·马哲圣训集》4007。
(6)《艾布·达乌德圣训集》4:514。

艾哈麦德辑录,穆圣说:"穆斯林不应该自命不凡。"有人问:"何谓自命不凡?"使者说:"承受力所不及的考验。"(7)

### 谴责伪信士

"**你看他们当中许多人跟隐昧的人做朋友。**"穆佳黑德说,这段经文描述的是伪信士。

"**他们对自身所作的实在是恶劣的**",指他们舍弃穆民而与隐昧者结盟为友。其后果是阳奉阴违,并永远遭受安拉的恼怒。

所以说:"**安拉对他们恼怒了。**"说明了安拉谴责他们的原因。然后说,"**他们将永远遭受刑罚**",指末日。

"**如果他们确实归信安拉和先知以及降给先知的(启示),他们就绝不会以隐昧的人作为盟友**",即假若他们真的归信了安拉、使者和《古兰》,他们就不会和隐昧者勾搭成奸,敌对归信安拉、使者和启示的人们。

"**他们当中的很多人是坏事的**",即许多人是不服从安拉及其使者的,违背天启的经文的。

---
(7)《艾哈麦德按序圣训集》5:1405。

◈ 82.你将发现犹太人和多神教徒是最仇视信士的。你也将发现他们当中更接近信士，更喜爱信士的人是说"我们是基督教徒"的人，因为他们当中有教士和修士，他们并不自大。◈

◈ 83.当他们听到降给使者的启示时，你会看到他们的眼中蕴含着泪水，因为他们认识了真理。他们说："我们的养主啊！我们归信了，求你将我们载入那些作证者当中。"◈

◈ 84."我们怎么不归信安拉和来临我们的真理呢？我们希望我们的主使我们跻身于清廉者之列。"◈

◈ 85.安拉由于他们所说的话，赐给他们下临诸河的乐园，他们将永居其中。那是行善者的报偿。◈

◈ 86.但那些隐昧，并否定我的迹象的人，他们将是火狱的伙伴。◈

### 这些经文降示的原因

赛尔德、赛丁伊等学者说，这节经文是因奈加希派去访问穆圣的访问团而降示的。访问团的使命是听穆圣的言论，看穆圣的作风。当听到穆圣为他们诵读的《古兰》后，他们接受了信仰，并谦恭地流下了眼泪。他们回到奈加希那里后，如实汇报了所见所闻。[1]

阿塔说："他们是一批阿比西尼亚人，穆斯林当初迁徙到那里后，他们接受了信仰。"

格塔德说："他们是一些遵循尔撒的宗教的人，当他们见到穆斯林，听到《古兰》后，就毫不迟疑地加入了伊斯兰。"[2]

伊本·哲利尔认为这节经文是因为类似于奈加希访问团的各访问团降示的。

**"你将发现犹太人和多神教徒是最仇视信士的。"** 由于犹太人的否认出于顽抗和诽谤，他们抗拒真理，轻视他人，对学者们百般刁难。因此，他们大肆屠杀先知，并多次图谋杀害穆圣，为了达到这一邪恶目的，他们曾投毒、施邪术、怂恿多神教徒，可以说坏事做绝了。愿安拉永远诅咒他们，直到末日。

**"你也将发现他们当中更接近信士，更喜爱信士的人是说'我们是基督教徒'的人"**，即相比之下，比较亲近穆斯林的是这样一些人：他们自称追随尔撒先知，坚持《引支勒》的教诲和引导，整体上来说，他们是喜欢伊斯兰和穆斯林的。因为麦西哈的教义要求人们博爱和仁慈。正如安拉所言：◈ 我在那些追随他的人心中置入了仁慈与怜悯。他

们却自己创出了修道制度。◈（57：27）他们的经典说："谁打你右脸，你应为他伸出左脸（让他打）。"他们的教义不允许进行战争。因此说：**"因为他们当中有教士和修士，他们并不自大。"** 教士指宗教学者和宣教师；修士指修行出家者。[3]

赛莱曼说："修士指在茅舍和陋室中修炼的人。你们就任他们修炼吧。"

赛莱曼说，我在穆圣跟前念了"因为他们当中有教士。"先知教我念："因为他们中有一些虔诚的人和修士。"上述经文说明，基督教士中有一些人德才兼备，谦虚诚实。然后又指出他们具备服从真理、刚正不阿的特征："当他们听到降给使者的启示时，你会看到他们的眼中蕴含着泪水"，这是因为他们了解穆圣出世的喜讯。

**"他们说：'我们的养主啊！我们归信了，求你将我们载入那些作证者当中。'"** 即他们作证穆圣使命的正确性，并成为归信的人。

下列经文也叙述了这些基督教徒：◈ 有经人当中，的确有人归信安拉、你们所受的启示和他们所受的启示。◈（3：199）这些人是：◈ 那些在这以前蒙我赏赐经典的人们，他们相信它。当它被诵

---

（1）《泰伯里经注》10：499、500。
（2）《泰伯里经注》10：501。

（3）《圣训大典》6：266。

读给他们时，他们说："我们归信它，它确实是来自我们主的真理，的确，我们在这以前就是顺服者（穆斯林）了……我们不求无知之人。"》（28：52-55）所以，经文在此说："**安拉由于他们所说的话**"，即安拉因为他们的信仰、诚实以及对真理的态度"**赐给他们下临诸河的乐园，他们将永居其中**"，他们将永沐恩泽，永不改变。

"**那是行善者的报偿**"，因为无论真理出现在何方，无论谁带来真理，他们都会接受它。然后经文指出不幸者的状况："**但那些隐昧，并否定我的迹象的人，他们将是火狱的伙伴**"，即否认经文，并反对它的人，将进入火狱，居住其中。

❀87.**有正信的人们啊！你们不要将安拉为你们定为合法的佳美物品改为非法，不要过分。安拉不喜欢过分的人。**❀

❀88.**你们当吃安拉赐给你们的佳美合法（食品）。你们要敬畏你们所归信的安拉。**❀

### 伊斯兰中没有出家制

伊本·阿拔斯说，这节经文是因为一些圣门弟子而降示的。他们说："我们要阉割自己，放弃世俗的一切爱好，要像修士一样云游大地。"安拉的使者㊎听到这个消息后派人叫来他们，问他们是否说过这种话。当证实他们曾有这种说法后，使者㊎说道："我封斋，并且我也开斋，我礼拜，并且我也睡觉；我和女人结婚。谁坚持我的行为，他就属于我，谁不坚持我的行为，他就和我无关。"(1)

两圣训实录辑录，有些圣门弟子向圣妻们打听了先知的秘密功课后，有人说："我从此不再吃肉。"另一人说："我永远不结婚。"另一人说："我从此不在床上睡觉。"穆圣㊎听到消息后说："那些人是怎么回事？他们怎么这样说话呢？我封斋，但我也开斋，我睡觉，我还起床，我吃肉，我也和女人结婚。谁放弃我的圣行，谁就与我无关。"(2)

"**不要过分。**"你们不要对自己太苛刻，从而将合法当成非法。在使用合法时也不要过分，要适可而止，按需择取。正如安拉所言：❀你们吃，你们喝，但你们不要浪费。❀（7：31）❀当他们花费时，他们既不浪费，也不吝啬，而在此中是适中的。"❀（25：67）安拉的法律对人的要求是不偏不倚、不左不右的。

因此说："**你们不要将安拉为你们定为合法的佳美物品改为非法，不要过分。安拉不喜欢过分的人。**"然后说："**你们当吃安拉赐给你们的佳美合法（食品）**"，即在合法的、佳美的状况下饮食。"**你们要敬畏你们所归信的安拉**"，即在一切事务中敬畏安拉，顺从安拉，并追求安拉的喜悦，而不要违抗"**你们所归信的安拉**"。

❀89.**安拉不会计较你们无心的誓言，但是他却计较你们存心立过的誓言。毁誓的罚赎是按照你们家庭的中等饮食款待十位穷人，或是赠他们衣物，或是释放一个奴隶。至于无力负担的人，那就封斋三日。这是你们发誓（然后违誓）后的罚赎，不过你们应当遵守你们的誓言。安拉就这样为你们阐明他的迹象，以便你们知感。**❀

### 无心的誓言

《黄牛章》已经论述了相关问题，此处不再赘述。一切感赞统归安拉。无心的誓言指无意识的说话，譬如无意识地说，以安拉发誓。

### 誓言的罚赎

"**穷人**"即有需求而没有生活资料的穷人。

"**毁誓的罚赎是按照你们家庭的中等饮食款待**。"伊本·阿拔斯和赛尔德·本·朱拜尔、艾克莱麦说："你们家庭适中的饮食。"(3)阿塔说："你们的家常便饭。"(4)

"**或是赠他们衣物**"，即给穷人施舍能够做礼拜的衣服；根据男女赠给不同的服装。安拉至知。

伊本·阿拔斯说："给每个穷人赠给一件外套或一个斗篷。"(5)

穆佳黑德说："最低要赠给一件衣服，最高可按你的心意。"(6)哈桑、艾布·贾法尔、阿塔、塔吾斯、伊布拉欣·奈赫伊、黑麻德·本·艾布·素来曼、艾布·马立克等学者都主张赠一件衣服。(7)

"**或是释放一个奴隶**"，必须是穆斯林奴隶。正如穆阿维叶所传述的圣训所证实。据《穆宛塔》、沙斐仪所编的《圣训大集》和《穆斯林圣训实录》记载，穆阿维叶说他应该释放一个奴隶，后来他带来了一位女黑奴，安拉的使者㊎问她："安

---

(1)《泰伯里经注》10：518。
(2)《布哈里圣训实录诠释——造物主的启迪》9：5；《穆斯林圣训实录》2：1020。
(3)《泰伯里经注》10：541。
(4)《泰伯里经注》10：531。
(5)《泰伯里经注》10：547。
(6)《泰伯里经注》10：545。
(7)《泰伯里经注》10：545、546。

拉在哪里？"她说："在天上。"使者又问："我是谁？"她说："安拉的使者🕌。"使者听后说道："解放她吧！她是穆民。"(1)这是有关毁誓的罚赎的三个选择。公决认为，毁誓后只可以选择其中任何一条。经文首先提到了最容易的，即提供食品。然后提到较容易的，即提供衣服。而提供衣服又是比解放奴隶更容易的。制定了一套由低到高的处罚方式。如果负有教法职责的人没有做到上面的三点，还可以通过封斋三天来补偿。正如安拉所言："谁没有做到，他可以斋戒三天。"伊本·麦斯欧迪、吾班叶·本·凯尔卜等学者读作"连续封斋三天"。(2)虽然没有多渠道传述证明这是一句《古兰》经文，但最起码这是圣门弟子传述的一段圣训或对《古兰》的诠释，它可以追溯到和穆圣🕌的圣训具有相同地位。(3)"**安拉就这样为你们阐明他的迹象**"即诠释和解明，"**以便你们知感**"。

❮ 90.有正信的人们啊！酒、赌博、偶像、抽签只是污秽——恶魔的作为。你们当远离它，以便你们成功。❯

❮ 91.恶魔企图以酒和赌博在你们之间投入仇和恨，并阻碍你们去记念安拉和礼拜，你们愿意禁绝吗？❯

❮ 92.你们要服从安拉，并服从使者，还要提防恶魔。如果你们背弃的话，你们应当知道我的使者只负责明白的传达。❯

❮ 93.那些归信并且行善的人，他们所吃的是没有罪过的，只要他们敬畏、归信，并且行善；然后敬畏而且归信；然后敬畏而且行善。安拉喜爱行善的人。❯

### 禁止酒和赌博

安拉禁止仆人饮酒和赌博。伊本·艾布·哈亭传述，信士的长官阿里（愿主喜悦之）说："象棋是一种赌博。"阿塔、穆佳黑德、塔吾斯说："各种赌博都属于'枚塞尔'（الميسر），甚至小孩玩桃核也属于赌博。"(4)伊本·欧麦尔说："枚塞尔就是赌博。"(5)伊本·阿拔斯说："枚塞尔是蒙昧时代人们所习惯的赌博，伊斯兰来临后，安拉禁止了这些丑恶行为。"

---

(1)《穆宛塔》2：776；《使命》75；《穆斯林圣训实录》1：38。
(2)《泰伯里经注》5：31。
(3)《泰伯里经注》10：560、562。
(4)《泰伯里经注》4：322、323。
(5)《泰伯里经注》4：325。

### 安萨卜(6)和艾兹俩目(7)

伊本·阿拔斯、穆佳黑德、阿塔、赛尔德·本·朱拜尔、哈桑等学者说，安萨卜是一种石头，人们在它上面屠宰供品。艾兹俩目是算卦用的签。

"只是污秽——恶魔的作为。"伊本·阿拔斯解释为，"恼怒——恶魔的作为。"(8)赛尔德说，"الرجس"指罪恶。(9)栽德认为"الرجس"指邪恶。(10)

"你们当远离它"，"它"指"الرجس"。"以便你们成功"，这是对穆斯林的鼓励。

"恶魔企图以酒和赌博在你们之间投入仇和恨，并阻碍你们去记念安拉和礼拜，你们愿意禁绝吗？"这是警告。

### 有关禁酒的圣训

艾布·胡莱赖说："酒被禁止了三次。安拉的使者🕌来麦地那时，人们还在饮酒、赌博。后来人们向使者请教了这两个问题，安拉因此降谕道：❮ 他们关于酒和赌博问你，你说："对于人们来说，它们中有极大的罪恶和一些益处。"❯（2：219）人们说酒并没有被定为非法，因为经上说其中有大罪，也对人们有一些益处，所以他们照常饮酒。直到有一天一位迁士酒醉后带领众人礼拜时念错了经文，安拉就降下更严厉的经文：❮ 有正信的人们啊！你们在酒醉时不要接近礼拜，直至你们知道自己所说的是什么话。❯（4：43）此后人们仍然饮酒，但在酒醒时才去礼拜。后来安拉降下最严厉的经文："有正信的人们啊！酒、赌博、偶像、抽签只是污秽——恶魔的作为。你们当远离它，以便你们成功。"人们说：'我们禁绝了，我们禁绝了。'有人来找先知说：'安拉的使者啊！我们中有人阵亡主道，有人寿终正寝，但他们原来饮过酒，并沉溺于赌博，而安拉将它们定为污秽——恶魔的作为。请问他们的情况如何解释？'后来安拉降谕道：'**那些归信并且行善的人，他们所吃的是没有罪过的……**'穆圣🕌说：'假若当初（安拉）禁止他们饮酒，他们也会和你们一样不再饮酒。'"

艾哈麦德传述，禁酒的经文降示后，欧麦尔（愿主喜悦之）说："主啊！请为我们彻底阐明酒的问题。"安拉因此降示了《黄牛章》中的下列经文：

---

(6)الأنصاب，偶像。——译者注
(7)الأزلام，签。——译者注
(8)《泰伯里经注》10：565。
(9)《泰伯里经注》4：330。
(10)《泰伯里经注》10：565。

"他们关于酒和赌博问你,你说,其中有大罪,也对人们有一些益处。"有人对欧麦尔读了这节经文后,他还是说:"主啊!请为我们彻底阐明酒的问题。"后来安拉降示了《妇女章》中的下列经文:**有正信的人们啊!你们在酒醉时不要接近礼拜,直至你们知道自己所说的是什么话。**(4:43)此后,每逢礼拜时间,使者的宣礼员在喊"快来礼拜"时呼唤:"酒醉者不要来礼拜!"有人对欧麦尔读了这节经文后,欧麦尔又说:"主啊!请为我们彻底阐明酒的问题!"后来当欧麦尔听到《宴席章》的经文:"**……你们愿意禁绝吗**"时,说道:"我们禁绝了,我们禁绝了。"(1)

两圣训实录辑录,欧麦尔(愿主喜悦之)在讲台上说:"人们啊!禁酒的经文降示了。酒来自五种物质:葡萄、枣、蜂蜜、小麦和大麦。酒就是麻醉理智的物质。"(2)

布哈里传述,伊本·欧麦尔说:"禁酒的经文颁降时,在麦地那有五种饮料。但那里没有葡萄制成的饮料。"(3)

艾奈斯传述,我曾在艾布·特里哈家里给艾布·欧拜德、吾班叶·本·凯尔卜等人和一部分圣门弟子掌酒,酒酣耳热之际,有位穆斯林进来说:"你们不知道酒已经被定为非法了吗?"有人说:"让我们打听打听再说。"但众人说:"艾奈斯!请倒掉壶里的酒。"以安拉发誓,他们再也没有喝酒,当时仅有一些枣子和生椰枣汁,那就是他们的酒。(4)

另据传述,艾奈斯说:"禁酒的那天我在艾布·特里哈家中给一些人掌酒,当时他们的饮料仅仅是生枣和枣子汁。众人正坐着,忽然听到外面有人呼喊,艾布·特里哈对我说:'你出去看看,发生了什么。'我出去时,听到有人在呼唤:'酒已经被定为了非法。'麦地那的路上到处都是酒。艾布·特里哈对我说:'你出去倒了它吧!'我便出去倒掉了那些酒。有人说,某某人归真时,腹中带着酒。安拉因此而降谕道:'**那些归信并且行善的人,他们所吃的是没有罪过的……**'"(5)

伊本·哲利尔传述,艾奈斯说,我正在给艾布·特里哈和艾布·欧拜德等人斟酒,他们饮用了生枣和熟枣制成的酒精饮料后脑袋开始东倒西歪。这时我听到有人在呼唤:"注意,酒被禁止了!"艾奈斯说,没有任何人出去,也没有任何人进来,直到我们倒掉了酒,并摔碎了酒壶。有人作了小净,有人洗了大净,然后带了香料(或吃了一些东西)去清真寺。当时,安拉的使者正在宣读:"**有正信的人们啊!酒、赌博、偶像、抽签只是污秽——恶魔的作为。你们当远离它……你们愿意禁绝吗?**"有人说:"安拉的使者啊!有人归真前饮过酒,他们的情况作何解释?"后来安拉降谕道:"那些归信并且行善的人,他们所吃的是没有罪过的……"有人问格塔德:"你是从艾奈斯那里听到的吗?"他说:"是的。"另一人问艾奈斯:"你亲自听安拉的使者在说(此问题)吗?"艾奈斯说:"是的,从未撒过谎的人告诉了我。我们(在他那里)不知道什么叫做谎言。"(6)

(另一段圣训)伊本·欧麦尔说,安拉的使者说:"酒是从十个方面应该遭到诅咒的:酒本身,饮酒的人,斟酒的人,卖酒的人,买酒的人,酿酒的人,要求酿酒的人,运酒的人,让人运酒的人,吃酒的利润的人。"(7)

---

(1)《艾哈麦德按序圣训集》1:53、2:351;《艾布·达乌德圣训集》4:79;《提尔密济圣训全集诠释》8:417;《圣训大集》8:286。
(2)《布哈里圣训实录诠释——造物主的启迪》8:126;《穆斯林圣训实录》4:2322。
(3)《布哈里圣训实录诠释——造物主的启迪》8:126。
(4)《艾哈麦德按序圣训集》3:181。
(5)《布哈里圣训实录诠释——造物主的启迪》5:133;《穆斯林圣训实录》3:1570。
(6)《泰伯里经注》10:578。
(7)《艾哈麦德按序圣训集》2:25。

伊本·欧麦尔说:"我随安拉的使者🕊去市场,我走在使者的右边,这时艾布·伯克尔来了,我便退后一步,让他走在使者的右边,我走在使者的左边。后来欧麦尔来了,我又退后一步,让他走在使者的左边。使者来到后,发现了一些装酒的皮囊。使者让我带来穆得耶(匕首)——我在那天才知道,匕首叫穆得耶——使者命人割开皮囊后说:'愿他们遭受诅咒:酒、饮酒的人、斟酒的人、卖酒的人、买酒的人、酿酒的人、要求酿酒的人、运酒的人、让人运酒的人和吃酒的利润的人!'"(1)

(另一段圣训)赛尔德说,有关酒降示了四节经文。他说:"有位辅士宴请一些辅士和迁士,席间我们酩酊大醉,不觉轻狂起来,有人拿起骆驼的下巴骨打豁了赛尔德的鼻子。后来安拉颁降了'有正信的人们啊!酒、赌博、偶像、抽签只是污秽——恶魔的作为。你们当远离它……你们愿意禁绝吗?'"(2)

(另一段圣训)阿卜杜拉·本·阿慕尔念了下述经文(有正信的人们啊!酒、赌博、偶像、抽签只是污秽——恶魔的作为。你们当远离它……你们愿意禁绝吗?)后说:"《讨拉特》是这样说:'安拉降示了真理,以便消除谬误,并以此一次性地消除游戏、笛子、舞蹈、竖琴、羯鼓、四弦琴、诗文和酒。安拉以他的叶米尼和尊严发誓:谁在我禁止它之后饮用它,末日,我必定让他干渴难耐。谁在我禁止它之后不再触犯,我必让他在乐园中饮用它。"(3)

(另一段圣训)伊本·欧麦尔传述,安拉的使者🕊说:"谁在今世饮酒后没有向安拉忏悔,酒在后世对他是非法的。"(4)

穆斯林传述,安拉的使者🕊说:"一切酒都是醉人之物,一切醉人之物都是非法的,谁在今世沉湎于饮酒,没有忏悔就死了,他在后世无权饮酒。"(5)

奥斯曼说:"你们当远离酒,因为它是万恶之源。曾有一位修士与世隔绝,行功办道,有个淫妇对他念念不忘,便派她的丫鬟去叫他,说:'我们请你来作证。'(他们来到淫妇家后)每走过一道门那丫鬟都将门关起来,最后来到一美妇跟前,她旁边有个儿童和一杯酒。女人说:'以安拉发誓,我请你不是为了作证,我的目的是要么你与我发生关系,要么杀了这个小孩,要么喝了这杯酒。'说完女人便斟了一杯酒敬上。修士(醉后)说:'请再来一杯。'最后奸淫了女人,杀死了儿童。请远离酒吧!酒和信仰是两个无法调和的矛盾,它们不会共存。"(6)

伊本·阿拔斯说,酒被禁止后有些人说:"安拉的使者啊!我们的一些战友在归真前没有禁酒。"(他们的情况作何解释?)后来安拉降谕道:"那些归信并且行善的人,他们所吃的是没有罪过的……"礼拜的朝向改变后,一些圣门弟子说:"安拉的使者啊!我们的一些同事们在改变朝向之前是朝远寺方向礼拜的,(他们的情况会是怎样?)"后来安拉降示了《安拉绝不会使你们的信仰无效。》(2:143)(7)

伊本·麦斯欧迪传述,安拉的使者🕊说:"'那些归信并且行善的人,他们所吃的是没有罪过的,只要他们敬畏、归信……'降示后,有声音对我说:'你是他们中的一位。'"(8)

**《94.有正信的人们啊!安拉的确要在你们以手和矛获得的一些猎物方面考验你们,以便安拉显示谁在暗中敬畏他。此后,谁违犯,谁就会受到痛苦的刑罚。》**

**《95.有正信的人们啊!你们在受戒的状况下不要杀死猎物。你们当中谁故意猎杀,就要以类似的牲畜作为牺牲带到克尔白——你们当中两位公正的人应当依此裁决——或其罚赎是给穷人供食,或以斋戒代替,以便他能尝试他的行为的后果。安拉不咎既往。重犯的人,安拉要惩罚他。安拉是全能的,惩恶的。》**

## 禁地和受戒期内严禁狩猎

"**有正信的人们啊!安拉的确要在你们以手和矛获得的一些猎物方面考验你们**",伊本·阿拔斯说,经文指的是一些较弱小的猎物。安拉以此来考验受戒的仆人。假若他们想用手捉拿这些猎物,也是能做到的,但安拉禁止他们接近它们。(9)

穆佳黑德说,"**以手获得的猎物**"指一些小猎物或雏鸟;"**以矛获得的猎物**"指大猎物。(10)

穆尔提里说:"这些经文是在侯代比亚副朝期间颁降的,当时一些野生猎物跑到穆斯林的队伍

---

(1)《艾哈麦德按序圣训集》2:71。
(2)《白海根大圣训集》8:285;《穆斯林圣训实录》1748。
(3)《伊本·艾布·哈亭经注》4:1196。
(4)《沙斐仪圣训集》1763;《布哈里圣训实录》5575;《穆斯林圣训实录》2003。
(5)《穆斯林圣训实录》2003。
(6)《大圣训集》8:187、188。
(7)《艾哈麦德按序圣训集》1:295。
(8)《穆斯林圣训实录》4:1910;《提尔密济圣训全集诠释》8:419;《圣训大集》6:337。
(9)《泰伯里经注》10:584。
(10)《泰伯里经注》10:583。

中，穆斯林此前从未见过这种情景。但安拉禁止受戒中的他们猎杀它们。”

**“以便安拉显示谁在暗中敬畏他”**[(1)]，安拉以唾手可得的猎物来考验他们，以便显示谁在公开、秘密地顺从安拉。正如安拉所言：“秘密地敬畏安拉的那些人们，他们将得到恕饶和重大的报酬。”

**“此后，谁违犯”**，赛丁伊等学者说，**“此后”**指在此告白、警告和说明之后。**“谁就会受到痛苦的刑罚”**，因为他违反了安拉的命令。

**“有正信的人们啊！你们在受戒的状况下不要杀死猎物。”**安拉禁止受戒时猎杀或使用猎物，除非下列圣训指出的个别几种。两圣训实录辑录，安拉的使者ﷺ说：“五种祸害无论是否在受戒中，都是可杀的：乌鸦、鸢、蝎子、老鼠、咬人的狗。”[(2)]艾优卜说：“我问纳菲尔：‘蛇呢？’他说：‘蛇是毋庸置疑该杀的。’”[(3)]咬人的狗、猛兽、狼、老虎、狮子同属一类，因为它们对人的伤害更大。或者说，（阿拉伯语言中）这些动物与狗往往是同义词。安拉至知。

艾布·赛尔德传述，有人问穆圣ﷺ，受戒的人可以杀什么？穆圣ﷺ说：“蛇、蝎子、老鼠（可以射乌鸦，但不能杀它）、咬人的狗、鸢，侵犯人类的猛兽。”[(4)]

## 在受戒期间或在禁地捕杀猎物者的处罚

**“你们当中谁故意猎杀，就要以类似的牲畜……”**穆佳黑德说，**“故意”**指忘记自己在受戒当中[(5)]，并且有意识地捕杀猎物。如果他知道自己是受戒者，而又去故意捕杀猎物，那么他就触犯了大罪，不是能通过某种罚赎就可解决。同时，他也坏戒了。这种观点比较稀奇。大部分学者的主张是，故意捕猎者和遗忘后捕猎者的处罚是同样的。祖海里说：“《古兰》指出了故意捕猎者的处罚，圣训指出了遗忘后捕猎者的处罚[(6)]”，即《古兰》的下列经文指出，故意捕猎者因为犯了罪而必须受到罚赎：**“以便他能尝受他的行为的后果。安拉不咎既往。重犯的人，安拉要惩罚他。”**许多圣训和圣门弟子的做法都能证明，错误地捕杀猎物所受的处罚和《古兰》为故意捕杀猎物所规定的处罚是一样的。因为捕杀猎物是一种损害，无论故意捕杀，还是无意的捕杀，都会造成损害。但故意捕杀者是犯罪之人，失误地捕杀者是无可指责的。

**“以类似的牲畜”**，即违禁者猎杀的动物必须以类似的家畜作为补偿，圣门弟子就是这样判断的，他们认为捕杀一只鸵鸟，要以一峰骆驼补偿；杀死一头野牛，要以一头家牛作为补偿；杀死一只羚羊，要以一只公山羊补偿。伊本·阿拔斯说：“如果没有类似的动物，就必须交出被杀动物的价格，将它带到麦加。”

**“你们当中两位公正的人应当依此裁决”**，即要由两位公正的穆斯林作出判决，要么以类似的动物补偿，要么交出被杀动物的价格。艾布·哲利尔说：“我在受戒期间杀死了一只羚羊。欧麦尔听了我的诉说后说：‘请你找你的两位兄弟，让他俩为你判决吧。’后来我去阿卜杜·拉赫曼和赛尔德处，他俩对我的判决是一只古铜色公山羊。”[(7)]

塔力格伊传述，艾尔白德在受戒期间踩死了一只羚羊，他来到欧麦尔跟前，要求作出判决，欧麦尔对我说：“让我和你一起判决吧！”后来我俩判为艾尔白德交出一只既能吃树叶也能喝水的小山羊。然后欧麦尔念道“你们当中两位公正的人应当依此裁决。”[(8)]

**“作为牺牲带到克尔白”**，即送到麦加禁地，在那里屠宰这只动物后，将它的肉分给当地穷人。这是学者们一致认可的断法。

**“或其罚赎是给穷人供食，或以斋戒代替”**，即违禁者捕杀猎物后要作出判决，如果他杀死一只羚羊或类似羚羊的动物，须在麦加宰一只羊作为补偿，如果他没有能力（或没有找到羊），则给六个穷人提供食物，要么封三天斋；如果他杀死了一只赤鹿或类似的动物，须以一头牛补偿，如果没有能力，可以给二十个穷人提供食物，要么封斋二十天；如果杀死了一只鸵鸟或野驴，或类似的动物，须宰一峰骆驼，如果没有能力，就给三十个穷人提供食物，要么就封斋三十天。伊本·哲利尔等传述。伊本·哲利尔说，食物的度量单位是一莫德，一莫德相当于足够十个人饱餐一顿的容量。[(9)]

**“以便他能尝受他的行为的后果。”**安拉为他制定罚赎，以便他尝试违反禁令的后果。

**“安拉不咎既往。”**归信伊斯兰后循规蹈矩的人们，安拉会恕饶他们在蒙昧时代所犯的罪恶。

**“重犯的人，安拉要惩罚他。”**伊斯兰严禁违禁捕猎，所以听到这一法律后知法犯法的人，**“安拉要惩罚他。安拉是全能的，惩恶的。”**

（1）《散置的珠宝》3：185。
（2）《穆宛塔》1：356；《布哈里圣训实录》3314 《穆斯林圣训实录》1198、2：858；《布哈里圣训实录诠释——造物主的启迪》4：42；《圣训大集》5：190。
（3）《布哈里圣训实录诠释——造物主的启迪》6：44。
（4）《艾布·达乌德圣训集》2：424；《提尔密济圣训全集诠释》3：576；《伊本·马哲圣训集》2：1033。
（5）《泰伯里经注》11：8。
（6）《泰伯里经注》11：11。
（7）《泰伯里经注》11：27。
（8）《泰伯里经注》11：26。
（9）《泰伯里经注》11：31。

伊本·朱莱杰传述：我问阿塔："安拉不咎既往"是什么意思？他说："安拉不追究在归信之前所犯的罪恶。"我问："重犯的人，安拉要惩罚他"是什么意思？他说："归信伊斯兰后重犯的人，安拉将惩罚他，不但如此，他还应接受罚赎。"我问："你知道重犯者该当何罪？"他说："不知道。"我问："你认为伊玛目有权惩罚他吗？"他说："不知道。那是他对安拉所犯的罪恶。但他应当交赎金。"[1] 有人说经文的意思是安拉要通过罚赎来惩处违禁者。赛尔德、阿塔、前辈大部分学者和后辈学者，都主张违禁者触犯禁令时，必须受到处罚。[2] 一次犯罪和多次犯罪所受的处罚是一样的，无论错误违禁者还是故意违禁者。

"安拉是全能的，惩恶的。"伊本·哲利尔说："安拉的权力是坚固的，任何征服者都无法反抗他，任何人都无法阻止他对恶人的惩罚，因为被造物都属于他，命令权只归于他，尊严和力量只归于他。"

"惩恶的"，指谁违抗安拉，安拉就可以惩罚他。[3]

❦ 96.海中的猎物和食物对于你们是合法的，那是给你们和散雅莱的享受。只要你们仍在受戒当中，陆地的猎物对你们是非法的。你们敬畏安拉，你们将被集中到他那里。❧

❦ 97.安拉已规定克尔白、禁月、牺牲和标牌给人类做准则，这是为了你们知道安拉深知天地间的一切，安拉是全知万物的。❧

❦ 98.你们要知道安拉的刑法是严厉的，但安拉也是至恕的、至慈的。❧

❦ 99.使者只负责传达，安拉知道你们公开的和你们隐瞒的。❧

### 海洋的猎物对受戒者是合法的

"海中的猎物。"赛尔德·本·穆散耶卜、赛尔德·本·朱拜尔等学者解释说："海中的猎物"指从海中捕猎上来的新鲜猎物；"海中的食物"指精美的脱水海洋食品。伊本·阿拔斯说，"猎物"指活着捕捞上来的水生物；[4] "海中的食物"指海面上漂浮的死物。艾布·伯克尔等人的观点与后者相同。

"那是给你们和散雅莱的享受"，读经的人们啊！这是对你们的营养品和粮食。

"散雅莱，السيّارة"，艾克莱麦说，"散雅莱"指滨海的居民和旅行者。[5] 也有人说，新鲜的属于海边渔民。"海中的食物"指海中的死物和捕捞的猎物，人们将其腌制或晒干后，作为旅行者和离海较远地区人们的食品。伊本·阿拔斯、艾布·伯克尔、栽德·本·萨比特、阿卜杜拉·本·阿幕尔（愿主喜悦之）和艾克莱麦、艾布·赛莱目·本·阿卜杜·拉哈曼、伊卜拉欣·奈赫伊、哈桑·巴士里等学者持这一观点。[6]

贾比尔传述："安拉的使者㊊派一支军队前往沿海地区，任命艾布·欧拜德为军队的长官。军中共有三百人，我（贾比尔）是其中之一。行军途中粮食所剩无几，艾布·欧拜德遂命人将士兵所带的粮食都集中起来，最后收集了两袋子粮食。每天他都给我们少量的食物。这点为数不多的粮食用完后，我们每天只能得到一两只枣。我想一只枣能起什么作用呢？后来连枣也用完后，我们才觉得它的力量不可小瞧。我们来到海边时，眼前出现了一条像小山那样大的鲸鱼，然后全军吃这只鲸鱼，共吃了十八天。艾布·欧拜德命人立起鲸鱼的两条肋

---
（1）《泰伯里经注》11：48。
（2）《泰伯里经注》11：50。
（3）《泰伯里经注》11：57。
（4）《泰伯里经注》11：59。

（5）《泰伯里经注》11：71。
（6）《泰伯里经注》11：72、73。

骨，让一峰备了鞍子的骆驼从下面走过，骆驼过去后，居然没有碰上鲸鱼的骨架。"(1)

艾布·胡莱赖传述，有人问安拉的使者：："安拉的使者啊！我们在海上只带了少量的水，如果用之做小净，我们就会口渴，只能饮用它。我们可以用海水做小净吗？"使者说："它（大海）的水是纯洁的，其中的死物是合法的。"(2)

## 陆地的猎物对受戒者是非法的

"只要你们仍在受戒当中，陆地的猎物对你们是非法的"，即严禁你们在受戒中捕猎，说明这种情况下捕猎是非法的。受戒者故意捕猎，属于犯罪，他要为此进行补偿。受戒者错误地捕猎后，不但要进行补偿，而且他不能食用这些猎物，对他而言它们无异于死物，对其他的受戒者和当地人都是如此。

如果没有受戒的人举意为受戒者捕杀猎物，将其猎杀后送给受戒者，受戒者还是不能食用，索尔伯传述，有人在艾卜瓦（或万达尼地区）给安拉的使者送来一只野驴，使者拒绝了它，当使者看到对方脸上的疑惑后说："我们拒绝它，只因为我们在受戒。"(3)即穆圣认为这只野驴是为他而猎杀的，所以拒绝接受它。如果捕猎者的目的不是为了受戒者，则受戒者可以与他同享。艾布·格塔德传述，有位没有受戒的人打了一只野驴，他的同伴都在受戒，所以不愿和他同享野驴。后来他们问了使者，使者告诉他们："你们中有人为他指过野驴的方向或在他捕杀中帮助过他吗？"众人说："没有。"使者说："那么你们就可以吃。"使者自己也吃了这只野驴肉。以上两段圣训在两圣训实录中都有明确记载。(4)(5)

"你们敬畏安拉，你们将被集中到他那里"，即人们啊！你们当害怕安拉，应当履行安拉的命令，防备安拉通过先知对你们提出的惩戒。你们当禁绝饮酒、赌博、抽签，不要在受戒期间捕杀猎物，你们的归宿只在安拉那里，他将因你们的罪恶惩罚你们，因你们的善功报偿你们。

"安拉已规定克尔白、禁月、牺牲和标牌给人类做准则。"(6)即安拉使天房克尔白成为没有专权者的典范，使弱者免遭强权的欺压，好人免遭恶人的欺压，弱小者免遭不义者的欺压。

"禁月、牺牲和标牌给人类做准则"，即也使它们成为人们的法则。从而让人们都受到约束，因为除此之外，当时的阿拉伯人没有共同遵守的法度。安拉使禁月、牺牲和标牌成为他们的宗教和善功的准则，以便阿拉伯人尊重它们，就像尊重一位令出法随的长官一样。天房到处都是禁区，所以安拉将它称为"禁地"，人们不能在那里捕猎、拔草或伐树。禁月、牺牲、标牌，在蒙昧时代的阿拉伯地区的福利事业中，确实起着举足轻重的作用。在伊斯兰中，天房则成了穆斯林举行朝觐功课仪式的地方以及他们礼拜中的朝向。

"这是为了你们知道安拉深知天地间的一切，安拉是全知万物的"，人们啊！安拉已经为你们设制纲纪，以便你们知道为了你们的今世，给你们制定纲纪的安拉，深知对你们有益的和有害的，他知道天地中的一切，知道对你们的现在和将来有益的事物。以便你们知道他是全知万物的安拉；任何事物都不能隐瞒他。他统计着你们的行为，他要善报善人，恶报恶人。

"你们要知道安拉的刑法是严厉的，但安拉也是至恕的、至慈的"，安拉说，须知，你们的养主知道天地中的一切，你们的秘密行为和公开行为都对他不能隐瞒，他对于顽抗者的惩罚是严厉的，他也会恕饶那些服从他、归依他的人的罪恶。只要人们向安拉忏悔，仁慈的安拉就会既往不咎。

"使者只负责传达，安拉知道你们公开的和你们隐瞒的"，这是安拉对仆人的警告。安拉说，我派给你们的使者的使命，仅仅是传达。我将负责奖赏服从的人，惩罚违抗的人，我非常清楚你们中谁顺从了安拉，谁接受了使命，谁违抗并拒绝了使命。因为我知道每个人所干的一切，知道他们用肢体显现出来的和用口舌表达出来的；我也知道你们心中隐瞒的信仰或不信，真信或伪信。所以，人们应该敬畏安拉，服从安拉，绝不能违抗安拉。

✦ 100. 你说："即使污秽多得令你惊奇，但好坏是不相等的。"明理的人们啊！你们要敬畏安

---

（1）《穆宛塔》2：930；《布哈里圣训实录诠释——造物主的启迪》5：152；《穆斯林圣训实录》3：1535。
（2）《穆宛塔》1：22；《沙斐仪圣训集》25；《艾哈麦德按序圣训集》2：237；《艾布·达乌德圣训集》38；《提尔密济圣训集》69；《圣训大集》1：50；《伊本·马哲圣训集》386；《伊本·胡宰默圣训实录》111；《伊本·罕巴尼圣训实录》119。
（3）《布哈里圣训实录》1825、2073；《穆斯林圣训实录》2：850。
（4）《布哈里圣训实录诠释——造物主的启迪》9：528；《穆斯林圣训实录》2：852。
（5）伊本·凯西尔在此提到了96、97、98、99四节经文，但他只对其中的第一节经文作了注释，对另外三节只字未提。据考证，各种版本的《伊本·凯西尔经注》中都是如此，显然，这是他的疏忽，而不是编者的疏漏。愿安拉慈悯他。所以我根据《泰伯里经注》对这一疏漏部分做了补注。虽然文字上略有改动，但还是尽可能的追求伊本·杰利尔·泰伯里原本的优美文辞。求主襄助。——编者

（6）"القيام"原指准则、纲纪、保护、领袖等。——译者注

拉，以便你们成功。❥

❦ 101.有正信的人们啊！你们不要询问许多事情，如果它显示出来，就会使你们难堪。如果你们在《古兰》颁降的时间询问，它就会为你们而显示出来。安拉已经恕饶了它。安拉是至恕的，宽容的。❥

❦ 102.你们以前的那些人，确曾问过它，最终变成了否认它的人。❥

安拉对穆圣㊗说，穆罕默德啊！"你说：'**即使污秽多得令你惊奇，但好坏是不相等的。**"人们啊！有益的少量合法要比有害的大量非法好。正如圣训所述："足够的少量财产，比多得无暇顾及的财产更好。"(1)

"**明理的人们啊！你们要敬畏安拉。**"有健全理智的人们啊！你们当远离非法，并以合法为满足。

"**以便你们成功**"，即你们取得今世和后世的成功。

### 谴责无谓的询问

"**有正信的人们啊！你们不要询问许多事情，如果它显示出来，就会使你们难堪。**"安拉在此给仆人教导一种处世的礼貌，禁止他们无谓的询问或调查。因为许多事情的结果一经暴露，就会使听的人陷入窘境或难以接受。《布哈里圣训实录》载，艾奈斯传述：安拉的使者㊗有一天作了一次演讲，我从未听过这种（措辞严厉的）演讲，使者在其中说："假若你们知道我所知道的，你们必定少笑多哭！"在场的圣门弟子都在掩面而泣。有人问："我爸爸是谁？"使者㊗说："某人。"后来安拉降下了下列经文："你们不要询问许多事情……"(2)

"**有正信的人们啊！你们不要询问许多事情，如果这些事情显示出来，就会使你们难堪**"，伊本·哲利尔说，有人无休无止地向安拉的使者㊗提出问题，有一天使者㊗出现在众人面前，登上讲台说："今天，我为你们说明之前，任何人不得向我提问题。"圣门弟子都害怕发生重大的事件，我看了看左右，只见人们都将头埋进衣服中哭泣，有人首先提出了问题——此人每每和人争吵，别人就对他进行人身攻击——他说："安拉的先知啊！我的父亲是谁？"使者㊗说："你父亲是胡扎法。"后来欧麦尔开始讲话，他说："我们喜欢安拉是我们的养主，伊斯兰是我们的宗教，穆罕默德是我们的

先知。求安拉庇佑我们免遭一切迫害。"安拉的使者㊗说："我没有见过像今天这样一个既美好、又可怕的日子。乐园和火狱在我面前展现出来，我在墙面上看到了它们。"(3)

伊本·阿拔斯说，一些人曾戏问穆圣㊗，有人问，我父亲是谁？另一人说，我的骆驼遗失了，请问它在哪里？安拉因这些人而降谕道："有正信的人们啊！你们不要询问许多事情，如果它显示出来，就会使你们难堪……"(4)

"**路途方面有能力的人应当为安拉朝觐天房**"降示之后，人们问："安拉的使者啊！每年都要朝觐吗？"使者㊗没有立即对此作出回答，众人又问："安拉的使者啊！每年都要朝觐吗？"使者说："不。假若我说是，那么你们每年都必须朝觐，而你们又做不到。"此后安拉降谕道："**有正信的人们啊！你们不要询问许多事情，如果它显示出来，就会使你们难堪……**"(5) 显而易见，经文禁止人们询问许多有害无益的问题。

"**如果你们在《古兰》颁降的时间询问，它就会为你们而显示出来**"，即如果在启示降示的时间，你们向使者询问我禁止你们询问的问题，我必在启示中为你们阐明它。"那对安拉是容易的。"

"**安拉已经恕饶了它**"，安拉恕饶了你们以前的这种行为。

"**安拉是至恕的，宽容的**"，即你们应当打消向使者提出无谓问题的念头。恐怕就在你们提问的当中，安拉给你们降下严厉的警告和难题。圣训说："穆斯林所触犯的最大罪恶就是询问一件还没有被定为非法的事物，后来这件事因为他的询问而被定为非法的。"(6) 安拉的使者㊗在一节明确的圣训中说："你们不要对我提到我没有向你们提及的事情，先民遭受毁灭的原因就是问题太多，或反对先知。"(7) 又说："你们不要废弃安拉规定的天命，不要超越安拉规定的法度，不要侵犯安拉禁止的非法；有些事情安拉出于慈悯（而非忘记）没有提及它，所以你们不要问它。"(8)

"**你们以前的那些人，确曾问过它，最终变成了否认它的人。**"有些先民问过类似的问题，他们也得到了答案，但他们并没有归信，他们甚至因此

---

(1)《艾哈麦德按序圣训集》5：197。
(2)《布哈里圣训实录诠释——造物主的启迪》8：130，11：326；《穆斯林圣训实录》4：1832。
(3)《泰伯里经注》11：100；《布哈里圣训实录诠释——造物主的启迪》13：47；《穆斯林圣训实录》4：1834《提尔密济圣训全集诠释》8：461；《提尔密济圣训全集诠释》1：413。
(4)《布哈里圣训实录诠释——造物主的启迪》8：130。
(5)《艾哈麦德按序圣训集》1：113；《提尔密济圣训集》3055；《伊本·马哲圣训集》2884。
(6)《布哈里圣训实录》7289；《穆斯林圣训实录》2358。
(7)《穆斯林圣训实录》4：1831。
(8)《白海根大圣训集》10：12。

变成了隐昧者。即安拉曾为他们阐明了他们的问题的答案，但那在他们中并没有产生什么效果。因为他们询问的目的不是求知，而是戏谑和刁难。

§ 103.安拉不曾规定豁耳驼、撒伊白、沃绥莱或种驼。但是那些隐昧的人假借安拉名义在杜撰。他们中的大部分人并不理解。§

§ 104.当有人对他们说"请来到安拉的启示和使者这里"时，他们说："我们发觉我们先辈的道路对我们已经够了"，即使他们的先人没有任何知识，也没有得到引导（他们也要追随其先辈吗）？§

### 上述动物的解释

布哈里传述，赛尔德说，"**豁耳驼，**بحيرة"指一种骆驼，蒙昧时代的人们不挤它的奶，而将它留给塔吾特[1]。

"**撒伊白，**سائبة"，指蒙昧时代的人们为伪神放生的骆驼，不让它驮任何物品。

艾布·胡莱赖传述，安拉的使者说："我看到阿慕尔·本·阿米尔·胡扎尔在火狱中托着他的肠子，他是第一个搞撒伊白的人。"

"**沃绥莱，**وصيلة"指母驼，第一胎生一峰母驼，然后第二胎又生一峰母驼。如果这两胎之间没有生下雄驼，他们就为塔吾特将它放生。

"**种驼，**حام"指雄驼，用于交配，当它的交配期过后，他们将它供给塔吾特，不让它驮东西，并称之为"哈米"。[2] 穆斯林等传述。[3]

伊本·麦斯欧迪传述，穆圣说："第一个搞撒伊白，并崇拜偶像的人是胡扎尔人的祖先阿慕尔·本·阿米尔。我看到他在火狱中托着他的肠子。"[4] 这个阿慕尔指胡扎尔部落的首领伊本·莱哈叶，他们曾在朱尔胡穆人之后管理天房，并率先改变伊布拉欣的宗教，将偶像搬进了希贾兹地区，号召一些下流的人崇拜它们，接近它们。他还为他们制定了一系列蒙昧制度，上述放生制度就是一例。正如《牲畜章》所述：§他们从安拉所创造的粮食和牲畜中拨出一份献给他。§（6：136）

伊本·阿拔斯说，"**豁耳驼**"指生了五胎的骆驼，如果第五胎生雄驼，他们就宰了它，并让男人们吃它，不让女人参与。如果第五胎生了雌驼，他

们就豁开它的耳朵，称其为"白黑莱。"[5]

穆佳黑德说，"**撒伊白**"是一种羊，它的情况和上述的豁耳驼差不多。不同点是它生产了和它相似的六只小羊，当产了第七只（无论是雄羊、雌羊，还是双胞胎），他们就宰它，只让男人吃，不让女人吃。[6]

伊本·易司哈格说，"**撒伊白**"指连生十胎雌驼的骆驼。中间没有生雄驼。蒙昧时代的人们将它放生，不骑它，不剪它的绒，除了待客外，不挤它的奶。

艾布·劳格说，"**撒伊白**"指一个人外出后，如果有人解决了他的困难，他因此为那人的神所放生的骆驼或其他牲畜。它所生的幼驼亦然。

赛丁伊说，蒙昧时代的人们每逢灾消难解、疾病痊愈，或财产兴旺时，都要为他们的偶像供奉部分财产。任何人都不得侵犯它，否则将在今世中受到严惩。

伊本·阿拔斯说，"**沃绥莱**"指一种羊，当它生下七胎，如果小羊是死的（无论雄雌），他们就男女共同享用它。如果生下一只小雌羊，他们就让

---

（1）如前所述，塔吾特指除安拉之外被人们崇拜的一切。——译者注
（2）《布哈里圣训实录诠释——造物主的启迪》8：133。
（3）《穆斯林圣训实录》4：2192；《圣训大集》6：338。
（4）《艾哈麦德按序圣训集》1：446。
（5）《泰伯里经注》11：129、130。
（6）《泰伯里经注》11：128。

它活下来。如果一胎生了一只雄羊和一只雌羊时，他们也让它俩活下来，说："它们兄弟相连续，因而我们禁止享用它。"(1)

赛尔德说，"沃绥莱"指驼。它在第一胎和第二胎都生下了雌驼，因而被称为"连生驼"。他们说连生了两只雌驼，其中没有雄驼。他们为他们的塔吾特豁它的耳朵。(2)

伊本·易司哈格说，"沃绥莱"指五胎产下五对小羊的母羊。他们将它称为连生羊，因此将它放生。男人们可以吃此后生下的雄羊和雌羊，如果生下死羊，男女共同食用。

"种驼"，伊本·阿拔斯说，种驼指交配了十次的雄骆驼，他们将它称为哈米，然后保护起来。(3)其他学者也持相同看法。伊本·阿拔斯又说："如果一峰种驼成功交配的时候，蒙昧的人们说它保护了自己的身体。所以他们不让它驮物品，不剪它的绒，让它自由牧放，到任何一个水池去饮水，哪怕该水池不属于它的主人。"马立克说，"哈米"指雄骆驼，当它的交配期结束后，他们在它身上放上孔雀羽毛，将它放生。也有人持不同解释。(4)

马立克·本·乃朵莱传述，我去见穆圣㉔时身上穿着两件旧衣服，穆圣㉔问我："你有点财产吗？"我说："有啊！"穆圣㉔问："你有些什么财产？"我说："我有各种财产，有骆驼、羊、马、奴隶……"穆圣㉔说："安拉赐你财产的时候，别人应该从你的身上看到它。"穆圣㉔接着说："你的骆驼生下来时耳朵是健全的吗？"我说："骆驼生下来时都是一样的。"穆圣㉔说："恐怕你拿刀子豁了一部分驼的耳朵，说：'这是豁耳驼'，豁了另一部分驼的耳朵后说'这是非法驼'。"我说："是的。"穆圣㉔说："你不要这样做。安拉赐给你的一切都是合法的。"然后念了下列经文："**安拉不曾规定豁耳驼、撒伊白，沃绥莱或种驼**"，豁耳驼是蒙昧时代的人们豁其耳朵后不让妇女、儿童和其他人使用其毛、绒和奶的骆驼。它死之后，男女共同享用它。(5)

"撒伊白"是他们为伪神放生的驼，他们将它带至那些伪神跟前。

"沃绥莱"是生六胎的羊，当它生第七胎时，他们豁它的耳朵，砍断它的角，说它连生了。因而不打它，不宰它，放任它去任何一个水池。不同圣训学家所传的圣训，对此问题的解释大同小异。(6)安拉至知。

"**但是那些隐昧的人假借安拉名义在杜撰，他们中的大部分人并不理解**"，即他们不知道安拉并没有制定这些律例，也没有将其作为某种功修。这些都是多神教徒自行编造的，他们将此作为一种法律和功课，其实这对他们有害无益。

"**当有人对他们说'请来到安拉的启示和使者这里'时，他们说：'我们发觉我们先辈的道路对我们已经够了。'**"即当有人号召他们归信安拉的宗教和法律，履行相关的义务，放弃安拉禁止的事情时，他们说我们发现我们的父亲、爷爷们坚守着一些方法和道路，对我们来说，那些方法和道路就足够了。安拉说："**即使他们的先人没有任何知识**"，即他们不理解真理，不认识真理，也不遵循正道，在此情况下，怎么能跟随他们的道路呢？——只有比他们的祖先更愚蠢、更迷信的人，才会跟随那些祖先的道路。

☙ 105.有正信的人们啊！你们要维护你们自己，如果你们走正道，迷误的人就不能伤害你们。你们全体的回归处都在安拉那里，他将把你们所做的事情告诉你们。☙

## 安拉命令仆人自我完善

安拉命令仆人不断地自我完善，尽力地、刻苦地行善，安拉告诉他们，谁能完善自我，邪恶的人就无法伤及他，无论邪恶者是亲是疏。

盖斯传述，有一天，艾布·伯克尔站起来赞美了安拉后说："人们啊！你们在诵读这节经文：'有正信的人们啊！你们要维护你们自己，如果你们走正道，迷误的人就不能伤害你们。'但你们并没有正确地理解它。我听安拉的使者㉔说：'人们若见到恶事后不去改变，伟大的安拉就会彻底惩罚他们。'"盖斯又说，我听艾布·伯克尔还说："人们啊！你们当远离谎言，因为谎言和信仰不相容。"(7)

☙ 106.有正信的人们啊！当死亡接近你们当中的一人，须做遗嘱时，你们要在你们自己人中请两名公正的人作证，或是两名外人。当你们在外旅行面临死亡时，如果你们怀疑（他俩的诚实），那就在礼拜之后留住他俩，叫他俩凭安拉起誓："我们

---

(1)《伊本·艾布·哈亭经注》4：1222。
(2)《阿卜杜·兰扎格经注》1：196。
(3)《泰伯里经注》11：129。
(4)《伊本·艾布·哈亭经注》4：1225。
(5)《伊本·艾布·哈亭经注》4：1220。
(6)《艾哈麦德按序圣训集》4：136。
(7)《艾哈麦德按序圣训集》1：5。

不以它换取任何代价，即使对方是我们的亲人，我们不隐瞒安拉的证据。否则，我们是有罪的。"

۞ 107.倘若发现他俩确实犯罪，那么就从亲近的人中另找两名来代替，并让他俩凭安拉起誓说，我们的证词比他俩的真实。我们不会过分，否则，我们必是不义之人。۞

۞ 108.这样才更能使他们据实作证，或使他们害怕在他们的誓言之后誓词不再被接受。你们要敬畏安拉，并听从。安拉不引导背叛的民众。۞

## 两个公正的人作证遗嘱

这节尊贵的经文所阐明的是万能的安拉的一项法律："有正信的人们啊！当死亡接近你们当中的一人，须做遗嘱时，你们要在你们自己人中请两名公正的人作证……"即由两个人作证。"公正的"是"两名"的定语，即这二人须是公正的。"你们自己人中"指从穆斯林当中。

"或是两名外人。"伊本·阿拔斯说，经文指非穆斯林，即有经人。(1)

"当你们在外旅行面临死亡时。""旅行"是"遗嘱"可以在没有穆斯林的情况下，让非穆斯林作证的条件。正如舒莱海法官所明确表示的那样，他说："犹太人和基督教徒只能在旅行中为遗嘱而当证人。"(2)

"礼拜之后留住他俩"，伊本·阿拔斯说是在晡礼之后。(3)赛尔德、伊布拉欣·奈赫伊、格塔德、艾克莱麦、穆罕默德·本·赛利尼都持相同意见。祖海里认为经文指穆斯林的任何一次礼拜之后。(4)概言之，在聚众礼拜之后，让两个证人当众站起来。

"叫他俩凭安拉起誓"，即以安拉的名义发誓。

"如果你们怀疑"，即如果你们怀疑他俩有所隐瞒或贪污遗产，并在此情况下以安拉的名义发誓……

"我们不以它换取……"穆尕提里解释为：我们不以我们的誓言换取"任何代价"，我们不以微薄的今世浮利为代价，出卖自己的誓言。

"即使对方是我们的亲人"，即使我们作证的对方是我们的近亲，我们也不会偏袒他们。

"我们不隐瞒安拉的证据"，经文将"证据"归于安拉，表示事情的严重性。

"否则，我们是有罪的"，即如果我们篡改或隐瞒证据，我们就是有罪之人。

"倘若发现他俩确实犯罪"，即如果情况显示

---
(1)《伊本·艾布·哈亭经注》12：1229。
(2)《泰伯里经注》11：163、164。
(3)《泰伯里经注》11：172。
(4)《泰伯里经注》11：174。

这两个作证遗嘱的人有所隐瞒，或贪污了遗产应受者的遗产。

"那么就从亲近的人中另找两名来代替"，如果通过正确的消息证实他们确实有所隐瞒，那么，应该由两位遗产应受者站出来作证。这两个人必须与遗产继承者有最亲近的关系。

"并让他俩凭安拉起誓说，我们的证词比他俩的真实"，因为他俩有所隐瞒，所以我们的证词比他们前面的证词更加真实可靠。

"我们不会过分"，我们并没有过分地说他们有所隐瞒。

"否则，我们必是不义之人"，如果我们在冤枉他们，我们必是不义之人。这是对继承者所说的誓言，以便他们在此情况下接受我们的证言。正如当凶手的恶迹暴露时，受害者的监护人通过发誓控告凶手，而凶手则完全承担应该承担的职责。《发誓篇》论述了相关问题。

"这样才更能使他们据实作证"，在情愿的状况下，制定让两个非穆斯林发誓的法律——虽然这二人本身是可疑的——更能够让他俩圆满地进行作证。

"或使他们害怕在他们的誓言之后誓词不再被接受"，让他们据实作证，是为了敬畏安拉，尊重以安拉的名义发过的誓言，并担心继承者的誓言遭到拒绝后，丑事在人们中间宣扬。所以让他们通过发誓得到所要求的份额。因此说："他们害怕在他们的誓言之后誓词不再被接受。"

"你们要敬畏安拉"，即你们要在一切事务中敬畏安拉。

"并听从"，即服从。

"安拉不引导背叛的民众"安拉不引导不服从他、不遵循他的法律的人。

۞ 109.那天，安拉集合众使者，说："你们得到的回答是什么？"他们说："我们不知道，你确实是全知幽玄的主。"۞

## 安拉关于各民族责问列圣

清高伟大的安拉将在末日责问众使者，他们带去信息的那些民族对他们的回应是什么。正如安拉所言：۞ 当我的惩罚降临他们时，他们所有的哭诉只是："我们曾是不义的人。"۞（7：5）۞ 他们将被问道：'你们曾经崇拜的一切都在哪里？你们舍安拉（而崇拜他们），它们能帮助你们，或是它们能自助吗？'۞（26：92-93）众使者说"我们不知道"，穆佳黑德、哈桑·巴士里、赛丁伊说，他们

因为极度惊恐，而不知说什么。[1]

伊本·阿拔斯说，他们对安拉说："我们没有知识，你比我们更清楚我们所掌握的那点知识。"[2]

伊本·哲利尔说，这样回答的目的在于对安拉的尊重。是说和安拉的博大无边的知识相比，我们没有知识。即便有人在今世响应了我们，并声称跟随着我们，但是我们只知这些跟随者的外表，对其内心一无所知。你是全知一切的安拉，我们在你跟前怎么谈论"知"呢？何况"你确实是全知幽玄的主"。

❳ 110. 当时，安拉说："麦尔彦之子尔撒啊！你当铭记我对你及你的母亲的恩典。当时，我以圣洁的鲁哈扶助你，你在摇篮及在成年时和他们说话；当时我授予你经典、哲理；《讨拉特》和《引支勒》；当时你以我的意旨从泥中造似鸟的东西，然后吹气在里面，它就奉我的意志变成飞鸟，并且你以我的意旨医治胎里瞎和麻风病；当时你以我的意旨复活死者；当时我阻止以色列人伤害你；当时，你给他们带来种种迹象，但他们中否认的人却说，这只是明显的魔术。" ❳

❳ 111. 当时我启示（尔撒的）门徒："你们当归信我和我的使者。"他们说："我们归信了，求你见证我们确实是顺从的。" ❳

### 给尔撒提醒恩典

安拉讲述他曾赐给他的仆人尔撒的恩典，安拉曾通过尔撒之手创造了许多奇迹。"**你当铭记我对你以及你母亲的恩典**"，即安拉没有通过父亲而仅从你的母亲创造了你，使你成为全能万事的安拉绝对证据。"**对你母亲的恩典**"，指当一些不义者和愚蠢的人诽谤你母亲时，使你成为她清白的证据。

"**当时，我以圣洁的鲁哈扶助你**"，"**圣洁的鲁哈**"指吉卜勒伊里。使尔撒成为先知，小时候和长大后，都在号召人们走向安拉，他在摇篮中就开始说话，作证他的母亲是纯洁的，他也承认自己是安拉的仆人，并宣告了号召人们崇拜安拉的使命。因此说，"**你在摇篮及在成年时和他们说话**"，"**说话**"指宣教，因为在成年后的说话不足为奇。

"**当时我授予你经典、哲理**"，即方式和思维。"**《讨拉特》**"指降给穆萨的经典。

"**当时你以我的意旨从泥中造似鸟的东西**"，即尔撒以安拉的意旨制造鸟的模型，然后又以安拉的意旨在模型中吹一口气，于是它便凭着安拉的意欲成为一只活生生的鸟儿。

"**并且你以我的意旨医治胎里瞎和麻风病**"，《仪姆兰的家属章》已经注释了类似经文，此处不再赘述。

"**当时你以我的意旨复活死者**"，即尔撒以安拉的意旨、大能和允许召唤他们，他们就从坟墓中站起来。

"**当时我阻止以色列人伤害你；当时，你给他们带来种种迹象，但他们中否认的人却说，这只是明显的魔术。**"安拉对尔撒说，你当铭记我赐给你的恩典，当时你带证据去见他们，告诉他们你是肩负安拉使命的使者，但他们企图伤害你，我则从中保护了你。他们不但否认你，而且诬陷你是魔术师，他们图谋杀害你，要将你钉在十字架上，但我从中拯救了你，将你升到我的跟前，从他们的污秽中纯洁了你，替你防备了他们的险恶用心……这一切都表明，末日我将赐你宏恩，经文以过去式的语气叙述这一问题，从而证明它必将发生。这也是安拉为他的使者穆罕默德㊣所预告的秘密。

"**当时我启示（尔撒的）门徒：'你们当归信

---
（1）《泰伯里经注》11：210；《阿卜杜·兰扎格经注》1：201。
（2）《泰伯里经注》11：211。

我和我的使者。'"这也是安拉给尔撒先知的恩典之一，安拉为他设了一些追随者和门徒。有人说这里的"启示"是一个启发（إلهام）式的启示[1]。正如安拉所言：❋ 我也启示穆萨的母亲道："你给他喂奶。"❋（28：7）毋庸置疑，经文指启发式的启示。又如：❋ 你的主启示蜜蜂："你在山上、树上以及从他们所建筑的中建蜂房吧。然后你就吃各种果实吧！并谦恭地遵循你主的道路。"❋（16：68-69）哈桑·巴士里说："安拉启发了它们。"赛丁伊说："安拉在他们心中投入知识。"他们说："我们归信了，求你见证我们确实是顺从的。"

❋ 112.当时，众门徒说："麦尔彦之子尔撒啊！你的养主能够为我们从天上降下宴席吗？"他说："如果你们归信的话，那么你们就当敬畏安拉。"❋

❋ 113.他们说："我们希望能够吃到它，让我们心里感到踏实，让我们知道你告诉了我们真理，并且我们做它的见证者。"❋

❋ 114.麦尔彦之子尔撒说："我们的养主啊！你为我们从天上降下宴席吧！以便它（降示宴席之日）成为我们的前辈和后代的节日和来自你的迹象。求你供给我们，你是最好的供养者。"❋

❋ 115.安拉说："我必为你们降下它。但之后你们中谁否认（宴席是来自安拉的迹象），我将以一种——我不曾用它惩罚众世界当中任何一个人的——惩罚去惩罚他。"❋

### 宴席的降临

本章因叙述宴席的故事而得名。经中叙述的宴席是安拉赐给他的仆人尔撒的一项恩典，是安拉应尔撒先知的祈求而降下的。后来安拉降下确凿的证据，说："当时，众门徒说"——即尔撒的追随者说——"麦尔彦之子尔撒啊！你的养主能够为我们从天上降下宴席吗？"宴席是摆放着佳肴的餐桌。有人说他们因为贫穷和需求而提到了这一要求，希望每天降临宴席，获得生活营养，加强力量，进行善功。

"他说：'如果你们归信的话，那么你们就当敬畏安拉。'"尔撒回答道：你们敬畏安拉，不要提出这种要求，或许它将成为对你们的考验，如果你们是信士，你们就得托靠安拉，寻求给养。

"他们说：'我们希望能够吃到它，让我们心里感到踏实'"，即他们需要吃，当他们见到从天

而降的给养后，他们的心就会感到踏实。

"让我们知道你告诉了我们真理"，我们更进一步归信你，更加了解你的使命。

"并且我们做它的见证者"，即我们见证它是来自安拉的迹象，是证明你的先知身份和你所倡导的事业的铁证。

"麦尔彦之子尔撒说：'我们的养主啊！你为我们从天上降下宴席吧！以便它（降示宴席之日）成为我们的前辈和后代的节日。'"赛丁伊说："我们将宴席降临的那一天作为我们和我们的子孙吃喝的节日。"[2] 苏富扬解释为："我们将它作为礼拜的日子。"[3]

"来自你的迹象"，即安拉将它作为全能万事和应答使者祈求的证据，然后让他们相信尔撒所传达的信息。

"求你供给我们，你是最好的供养者"，即安拉使我们不费吹灰之力，就能获得美味佳肴。

"安拉说：'我必为你们降下它。但之后你们中谁否认'……"尔撒啊！如果你的民族中有人否认它，并进行顽抗，"我将以一种——我不曾用

---

（1）伊斯兰认为只有先知有权得到安拉的"الوحي"启示。——译者注

（2）《泰伯里经注》11：225。
（3）《泰伯里经注》11：225。

它惩罚众世界当中任何一个人的——惩罚去惩罚他",即"众世界当中任何一个人"指当代的任何一人。正如安拉所言：❊复活的时刻确定之日，（有声音说）"你们让法老的随从进入最深重的惩罚之中！"❊（40:46）伪信士必将在火狱中的最底层。❊（4:145）伊本·哲利尔说："末日，受到最严厉惩罚的人是三种：伪信士、宴席事件中的否认者和法老的族人。"(1)

伊本·阿拔斯传述，众门徒曾对尔撒说："请你祈求安拉从天上为我们降下一桌宴席。"后来天使带着宴席从天上降临，席中有七条鲸鱼、七个饼子，将它放到他们的面前。他们全部参加了餐饮，一个人都没有缺席。(2) 伊本·哲利尔说："安拉给尔撒降下了一桌宴席，上面有七个饼子、七条鲸鱼。他们从中随心所欲地享用。后来有人偷了一点，说：'也许明天不再降临宴席。'宴席因此而没再降临。"(3)

这些传述及类似的传述，都证明尔撒先知时代，安拉曾应答尔撒先知的要求，给以色列的后裔降下宴席。正如经文明确所述："安拉说：'我必为你们降下它。'"

## 稀奇的历史事件

可信史料记载，吾麦叶王朝的总督穆萨·本·纳绥尔在解放马格里布途中发现了一张餐桌，上面镶着珍珠和各种宝石，他随即派人将它送交当时信士的长官（哈里发）——大马士革清真寺的建筑者瓦利德·本·阿卜杜·麦利克，但送宝的人在途中时，瓦利德就归真了。宝物遂被送到后一任哈里发苏莱曼处。人们见到这镶着宝石珍珠的餐桌后无不啧啧称奇。有人说这是苏莱曼先知的餐桌。

❊116.当时安拉说："麦尔彦之子尔撒啊！难道你曾对人们说，你们当舍弃安拉而以我和我的母亲为主宰吗？"他说："赞你超绝万物！我绝不会说我无权说的话。如果我说过这样的话，你一定已经知道它了。你知道我心中的一切，而我却不知道你心中的，你是知道幽玄的主。❊

❊117.我只对他们说了你命令我的：你们当崇拜安拉——我的养主和你们的养主。只要我在他们之间，我是见证他们的。当你使我辞世的时候，你是监护他们的。你是见证万物的。❊

❊118.如果你要惩罚他们，那么，他们是你的

仆人；如果你恕饶他们，只有你确实是全能的，明哲的。"❊

## 麦西哈与多神崇拜毫无关系，他承认的是认主独一

这也是安拉对他的仆人和使者尔撒的呼唤。在末日，安拉将在那些把尔撒母子当成神的人面前说："当时安拉说：'麦尔彦之子尔撒啊！难道你曾对人们说，你们当舍弃安拉而以我和我的母亲为主宰吗？'"这是安拉在众生面前对基督教徒的警告、谴责和羞辱。格塔德等人通过下面的经文证明了这一点：❊安拉说："这就是诚实有益于诚实者的日子，他们得享受下临诸河的乐园，并永居其中。"安拉喜悦他们，他们喜悦他。那的确是重大的成功。❊（5:119）

"他说：'赞你超绝万物！我绝不会说我无权说的话'。"这是完美的、礼貌的答复。正如艾布·胡莱赖说：尔撒被授予的证据，是安拉以下列经文授予的证据："当时安拉说：'麦尔彦之子尔撒啊！难道你曾对人们说，你们当舍弃安拉而以我和我的母亲为主宰吗？'"艾布·胡莱赖传述，穆圣㊊说，安拉授予"赞你超绝万物！我绝不会说我无权说的话……"（这段经文）。(4)

"如果我说过这样的话，你一定已经知道它了。"这是尔撒对安拉说，如果我发表过这样的言论，你一定会知道它，因为任何事物都不可能隐瞒你。我不但没有说过这样的话，也没有这样想过。因此他说："你知道我心中的一切，而我却不知道你心中的，你是知道幽玄的主。我只对他们说了你命令我的"，即我只说了你命令我说的话。"你们当崇拜安拉——我的养主和你们的养主"，即我只传达了我的使命。这就是尔撒所说的话。

"只要我在他们之间，我是见证他们的。"尔撒又说，我在他们当中时，我见证着他们的行为。"当你使我辞世的时候，你是监护他们的。你是见证万物的。""辞世"（توفي）一词原指完全拿去某物，这个词也表示死亡，但此处表示"升天"。正如《仪姆兰的家属章》所说：❊当时，安拉说："尔撒啊！我将使你辞世，把你升到我的跟前。"❊（3:55）(5) 伊本·阿拔斯说，有一天穆圣㊊在我们中站起来说："人们啊！你们将被赤身、赤脚、未割包皮地复生起来，就像我初次创造一样。❊（21:104）末日第一个穿衣服的人是伊布拉欣，我的一些教民被带来，他们被带到左边，

---

(1)《泰伯里经注》11:233。
(2)《泰伯里经注》5:132；《伊本·艾布·哈亭经注》4:1246。
(3)《泰伯里经注》5:134。
(4)《伊本·艾布·哈亭经注》4:1253。
(5) 见贝鲁特学者文库出版社《拜达维古兰经注》第一卷290页。——译者注

我说这是我的民族啊！有声音说：'你不知道在你之后他们创新了些什么？'我正如清廉的仆人尔撒说的那样：❦ 只要我在他们之间，我是见证他们的。当你使我辞世的时候，你是监护他们的。你是见证万物的。如果你要惩罚他们，那么，他们是你的仆人；如果你恕饶他们，只有你确实是全能的，明哲的。"（5：117—118）有声音说：'你离开他们之后，这些人一直都在背叛。'" [1]

"如果你要惩罚他们，那么，他们是你的仆人；如果你恕饶他们，你确实是全能的，明哲的"，经文暗示须将一切意志交付安拉。因为安拉做他所欲之事，他的行为不受责问，但他能责问万物的行为。经文也表示和基督教徒划清界限，他们否认安拉和使者，为安拉假设伴侣和儿女。安拉和他们的谬论毫无关系。这节经文意义重大，表述独特，圣训说，穆圣曾在某夜站起来诵读本章，直至清晨。

❦ 119.安拉说："这就是诚实有益于诚实者的日子，他们得享受下临诸河的乐园，并永居其中。"安拉喜悦他们，他们喜悦他。那的确是重大的成功。❦

❦ 120.诸天与大地的权力以及其中的一切统属安拉，安拉是全能于万事的。❦

## 末日只有诚实有益

当时尔撒表示和那些基督教逆徒划清界限，他们不但背叛安拉，而且假借安拉和使者的名义散布谎言。尔撒还表示一切事务都要取决于安拉的意欲。安拉在此回应了他的仆人和使者尔撒，安拉说："这就是诚实有益于诚实者的日子。"伊本·阿拔斯解释为："认主独一有益于认主独一者的日子。"

"他们得享受下临诸河的乐园"，即他们将永居其中，永远不改变。

"安拉喜悦他们，他们喜悦他。"正如安拉所言：❦ 更大的是来自安拉的喜悦。❦（9：72）后文将引述相关的圣训。

"那的确是重大的成功"，即这是无与伦比的成功。正如安拉所言：❦ 而你们应当崇拜我。这才是正道。❦（36：61）❦ 它的封口是麝香，在此中，让竞争者们去争取吧！❦（83：26）"诸天与大地的权力以及其中的一切统属安拉，安拉是全能于万事的"，即安拉是万物的创造者，掌管者，计

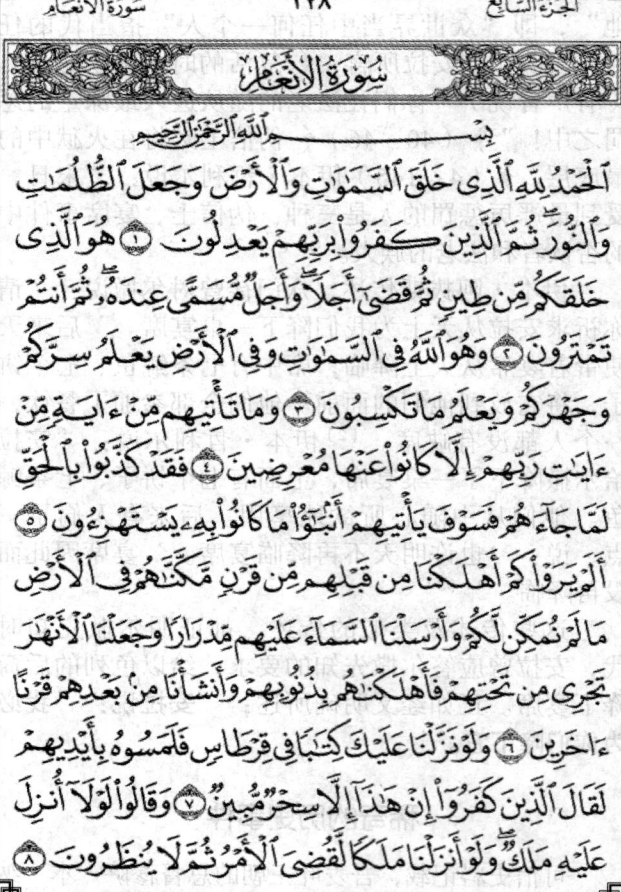

划者和决策者。一切都在他的权力之下，都在他的征服、大能和意志之中。没有任何物可以与安拉相匹配，或与安拉相对等，安拉无父，无子，无妻，除他之外再无应受拜的，除他之外再无养主。伊本·沃海布说："《宴席章》是最后降示的经文。" [2]

---

（1）《特亚莱斯圣训集》343；《伊本·艾布·哈亭经注》8：135。

（2）《提尔密济圣训集》3063。

## 《牲畜章》注释 麦加章

### 《牲畜章》的尊贵，及其降示时间

伊本·阿拔斯说："《牲畜章》是麦加降示的。"[1] 另据传述，伊本·阿拔斯说："《牲畜章》是某一夜晚一次性降示于麦加的，是由七万位天使高颂赞主词护送而来的。"[2] 阿卜杜拉说："《牲畜章》是由七万位天使欢送而降的。"[3]

#### 奉普慈特慈的安拉之尊名

❲ 1.一切赞颂全归安拉——他创造了诸天和大地，设置了重重黑暗和光明。那些隐昧的人在为他们的养主设立对等者（伪神）。❳

❲ 2.是他用泥土造化了你们，然后规定了一个期限和他那里一个被预定的期限。然而你们却在怀疑。❳

❲ 3.他是诸天和大地的安拉，他知道你们的秘密和你们所公开的，他也知道你们所做的。❳

### 一切赞颂，归于大能、具有伟大权力的安拉

赞美伟大的安拉，他为了仆人安居而创造了诸天和大地，他为了让仆人在白天和黑夜中获益，设置了重重黑暗和光明。经文以复数形式表达"黑暗"，以单数形式表达"光明"，因为光明比黑暗珍贵。正如安拉所言：❲ 向右边和左边。❳（16：48）本章末说：❲ 的确，这就是我的正道。你们要遵循它，不要遵循（其他）许多道，以免你们从他的道上被分开。❳（6：153）

"那些隐昧的人在为他们的养主设立对等者（伪神）"，即还有许多人否认安拉，为安拉假设匹敌、伙伴、子女、配偶等。安拉与他们的谬论毫无关系。

"是他用泥土造化了你们"，即安拉创造了人类的始祖，由这一始祖而来的子孙遍布世界各地。

"然后规定了一个期限和他那里一个被预定的期限"，伊本·阿拔斯说，"然后规定了一个期限"指死亡。"他那里一个被预定的期限"指后世。[4]

伊本·阿拔斯和穆佳黑德还认为"然后规定了一个期限"指今世的期限。[5] "他那里一个被预定的期限"指人一生的寿限。这节经文好像派生于下列经文：❲ 他在夜间使你们死亡，他也知道你们在白天所做的一切。❳（6：60）"他那里"指只有他知道这个期限。正如安拉所言：❲ 它的知识只属于我的主，只有他才知晓它什么时候实现。❳（7：187）❲ 他们关于复活之时问你："它在何时实现？"提及它与你何干？它的究竟只属于你的主。❳（79：42-44）

"然而你们却在怀疑"，赛丁伊等人解释为："然而你们却对末日的事情表示怀疑。"[6]

"他是诸天和大地的安拉，他知道你们的秘密和你们所公开的，他也知道你们所做的"，即安拉是被祈求的。天地的安拉，天地中的一切都崇拜他，都承认他的独一和受拜性；除了人与精灵中的否认者外，他们都称他为安拉，既敬畏又渴望地呼唤他。正如安拉所言：❲ 他是天上惟一应受拜者和地上惟一应受拜者，他是明哲的、全知的。❳（43：84）即他是天地万物的主宰，他是安拉，他知道他秘密的和公开的。知道你们的一切行为，无论善恶。

❲ 4.每当一个迹象由他们的养主那里降临，他们就避开它。❳

❲ 5.当真理到达他们时，他们不信它。但是他们曾嘲笑的消息不久就会降临他们。❳

❲ 6.难道他们不知道我曾毁灭了在他们以前的多少世代吗？我曾将大地上未给你们所赐的地位赐给他们。我由天空给他们降下丰富的雨水，并使河流在他们的下面流过。后来我因为他们的罪恶毁灭了他们，并在他们之后又兴起了另一个世代。❳

### 多神教徒的顽固和他们遭受的警告

安拉在形容那些顽固而不信的多神教徒，每当一个证明安拉独一和使者诚实的迹象——信号、奇迹——来临他们，他们总是对它不屑一顾。安拉说："当真理到达他们时，他们不信它。但是他们曾嘲笑的消息不久就会降临他们。"这是对他们否认真理的严厉警告。他们曾不相信的消息必然变成现实，然后他们必将尝到它的后果和报应。安拉劝

---

(1)《散置的珠宝》3：243。
(2)《圣训大典》12：215。
(3)《散置的珠宝》3：243。
(4)《泰伯里经注》11：256、257、258。
(5)《泰伯里经注》11：256。
(6)《泰伯里经注》11：260。

诫并警告他们，以免他们遭受前人所遭受的惩罚。那些前人，比他们更有力量，人数比他们更多，财产和子孙比他们更多，在大地上的收获和建筑比他们更丰富和雄伟。

"难道他们不知道我曾毁灭了在他们以前的多少世代吗？我曾在大地上赐给他们未给你们所赐的地位"，即安拉曾赐给他们财产、子孙、寿命、地位、能力和军队。

"我由天空给他们降下丰富的雨水"，"丰富的"指陆续不断的。

"并使河流在他们的下面流过"，即安拉从天上和地下赐给他们许多雨水，逐步考验他们，宽容他们。

"后来我因为他们的罪恶毁灭了他们"，即安拉因他们所犯的罪恶毁灭了他们。

"并在他们之后又兴起了另一个世代"，即前人一去不返，任凭后人评说。安拉又兴起另一民族，以便考验他们，但他们重蹈覆辙，结果遭受同样的下场。人们啊！要注意，不要走他们的老路，在安拉那里你并不比他们尊贵，但你们否认的这位使者ﷺ却比历史上的那些使者更加尊贵，所以，如果不是安拉的慈爱和恩惠，你们比他们更有可能立即遭受惩罚。

❧ 7.如果我降给你一部书写在纸上的经典，然后他们用手触摸它，隐昧者一定要说："这不过是魔术罢了。"❧

❧ 8.他们说："为什么安拉未降下一位天使给他？"假若我派下一位天使的话，事情就要立刻被裁决了，他们得不到照顾。❧

❧ 9.如果我派一位天使的话，我一定会使他成为一个人（的样子），并使得他们在自己制造的迷惑之中徘徊。❧

❧ 10.你以前的许多使者都遭受过嘲弄，但是嘲笑者已被所嘲笑的围困。❧

❧ 11.你说："你们到大地上去旅行吧，看看那些隐昧者的结局是怎样的。"❧

## 谴责顽抗者

安拉叙述那些多神教徒冥顽不灵，抗拒并蔑视真理，为真理而纷争不息。"如果我降给你一部书写在纸上的经典，然后他们用手触摸它"，即使他们目睹了它的降临，"隐昧者一定要说：'这不过是魔术罢了。'"这种情形无异于安拉对他们否认客观事实的态度的写照：❧ 假若我为他们从天上开一道门，他们就在其中不断上升。他们势必说："我们眼花缭乱了，不然，我们是中魔的群体。"❧（15：14-15）正如安拉所言：❧ 他们如果看到一块天掉下来，他们会说："这只是一堆浓云。"❧（52：44）

"他们说：'为什么安拉未降下一位天使给他？'"好让这位天使和他一起警告世人。

"假若我派下一位天使的话，事情就要立刻被裁决了，他们得不到照顾"，即如果天使在他们为非作歹的这种情况下降临，必定给他们带来惩罚。正如安拉所言：❧ 我只凭真理派天使下降，那时他们就不被姑容了。❧（15：8）❧ 当他们看到众天使的那一天，对犯罪者们没有好消息。❧（25：22）

"如果我派一位天使的话，我一定会使他成为一个人（的样子），并使得他们在自己制造的迷惑之中徘徊"，即假若我在派遣人类使者的同时又派出了一位天使。或者说，假若我派一位天使作为号召人类的使者，这位天使必定以人的面目出现，以便他们和他进行交流，若是这样，他们依然会陷入迷惑之中。因为他们对这位来自天使的使者的认识，不会超过对那位来自人类的使者的认识。正如安拉所言：❧ 你说："如果大地上有许多天使安然行走，那么我必然从天上派遣一位天使去做他们的使者。"❧（17：95）安拉出于对他们的慈悯，给万物派遣同类的使者，让他们相互勉励，互帮互助，相互交流。正如安拉所言：❧ 安拉确已施恩予信士们，因为他从他们中派遣了一位使者给他们，以便给他们诵读他的迹象，净化他们。❧（3：164）伊本·阿拔斯就这节经文说："即便安拉派来一位天使，也只能让他以人的面目出现，因为人类无法看见用光明造成的天使。"[1]

"并使得他们在自己制造的迷惑之中徘徊"，即我必让他们陷入自己设下的迷宫之中。瓦里毕说："我必让他们陷入迷惑之中。"

"你以前的许多使者都遭受过嘲弄，但是嘲笑者已被所嘲笑的围困"，这是穆圣ﷺ遭到同族的否认后安拉对他的安慰。也是安拉对他们的许诺：安拉将在今世和后世援助穆圣ﷺ和信士们，并让他们获得成功。

"你说：'你们到大地上去旅行吧，看看那些隐昧者的结局是怎样的。'"即你们考虑一下你们自己，再看看那些前人顽抗使者的结局：他们不但在今世遭受了严重的惩罚，在后世，他们仍然要遭受严刑。你们也可以看看，安拉是怎样拯救他的众使者和信士们的。

❧ 12.你说："诸天和大地中的一切都属于

---

[1]《泰伯里经注》11：268。

**谁？”你说：“属于安拉。”他已规定怜悯为己任，他必定在那无疑的日子把你们集合在一起。那些自亏的人是不会归信的。》**

**《13.白天和夜晚的一切都属于他，他是全听的、全知的。》**

**《14.你说：“我会以诸天和大地的造化主安拉以外的（伪神）作为我的保护者吗？他供人吃，而不受人供养。”你说：“我奉命成为第一个服从的人。”你绝不要成为多神教徒。》**

**《15.你说：“如果我违抗我的养主，我确实害怕重大之日的惩罚。”》**

**《16.在那天，如果谁能避免这刑罚，安拉确实怜悯了他。那是明确的成功。》**

## 安拉是创造者、供养者和施恩者，一切都必须归安拉引导

清高伟大的安拉是天地和其间一切的管理者，他为自己神圣的本然规定了慈悯万物的特性，正如两圣训实录辑录，穆圣ﷺ说：“安拉创造了人类之后，在他那里的阿莱什之上记载道：‘我的慈悯将超越我的恼怒。’”（1）

**“他必定在那无疑的日子把你们集合在一起”**，句首的“ل”（必定）是表示发誓的强调词。安拉以其神圣的本然发誓，他将在**“一个明确的时期内”**集合他的众仆。**“无疑的日子”**指末日。即对那些有正信的仆人们来说，那是毋庸置疑的日子。而那些否认安拉的人们，则对末日疑虑重重。**“那些自亏的人是不会归信的”**，即他们不相信归宿，所以也不惧怕末日的严酷。

**“白天和夜晚的一切都属于他”**，即天地中的一切动物，都是安拉的仆人和被造物，都在他的治理、安排和决策之下。应受拜者，惟有他，**“他是全听的、全知的”**。安拉能听到仆人的一切言语，知道他们的外在行动和内在思想。

然后安拉对他的仆人和使者穆罕默德——安拉以伟大的认主独一和端正的信仰派遣了穆圣ﷺ，并命令他将全人类引向正路——说：**“你说：‘我会以诸天和大地的造化主安拉以外的（伪神）作为我的保护者吗？”**正如安拉所言：《你说：“无知的人们啊！你们命我拜安拉以外的吗？”》（39：64）经文的意思是：我只把独一无偶的安拉作为我的保护者，因为他是天地的创造者，他没有根据任何先例就创造了它们。

**“他供人吃，而不受人供养”**，即安拉虽然对万物没有需求，但他依然是万物的供养者。正如安

الجزء السابع　١٢٩　سورة الأنعام

ولو جعلنه ملكا لجعلنه رجلا وللبسنا عليهم ما
يلبسون ٩ ولقد استهزئ برسل من قبلك فحاق بالذين
سخروا منهم ما كانوا به يستهزءون ١٠ قل سيروا
في الأرض ثم انظروا كيف كان عقبة المكذبين
١١ قل لمن ما في السموت والأرض قل لله كتب على
نفسه الرحمة ليجمعنكم إلى يوم القيمة لا ريب
فيه الذين خسروا أنفسهم فهم لا يؤمنون ١٢ ۞ وله
ما سكن في اليل والنهار وهو السميع العليم ١٣ قل
أغير الله أتخذ وليا فاطر السموت والأرض وهو
يطعم ولا يطعم قل إني أمرت أن أكون أول من أسلم
ولا تكونن من المشركين ١٤ قل إني أخاف إن عصيت
ربي عذاب يوم عظيم ١٥ من يصرف عنه يومئذ فقد رحمه
وذلك الفوز المبين ١٦ وإن يمسسك الله بضر فلا كاشف
له إلا هو وإن يمسسك بخير فهو على كل شيء قدير
١٧ وهو القاهر فوق عباده وهو الحكيم الخبير ١٨

拉所言：《这是以前的警告者中的一位警告者。》（52：56）也有人解释为：“安拉不吃。”艾布·胡莱赖传述：有位来自库巴的辅士请穆圣ﷺ去吃饭，我们与先知同行。饭毕洗手后先知说：“一切赞美统归安拉，他不吃，也不让别人给他吃，不需报酬。他施恩于我们，引导了我们，并供我们吃，供我们喝，供我们穿，他赏赐我们各种美好的事物。一切赞美统归安拉，安拉无所不在，无法被否定，万物都需要他。一切赞美统归安拉，他供我们吃，供我们饮，供我们穿，他从迷误引导我们，让我们从迷茫中看清事实，他使我们贵过许多被造物。一切赞美归于安拉，众世界的养主。”（2）

**“你说：‘我奉命成为第一个服从的人。’”**即成为这个民族中的第一个穆斯林。

**“你绝不要成为多神教徒。你说：‘如果我违抗我的养主，我确实害怕重大之日的惩罚。’”**“重大的日子”指末日。“在那天，如果谁能避免这刑罚，安拉确实怜悯了他”。

**“那是明确的成功。”**正如安拉所言：《谁被远离火狱，而被邀入乐园，谁确已成功。》（3：185）**“成功”**指获利，免于损失。

（1）《布哈里圣训实录诠释——造物主的启迪》13：395；《穆斯林圣训实录》4：2107。

（2）《圣训大集》6：82。

❖ 17.如果安拉让你遭受伤害,除了他之外,没有人能消除它。如果他让你获得幸福,那么他是全能万事的。❖

❖ 18.他是众仆之上的不可抗拒者。他是明哲的主,彻知的主。❖

❖ 19.你说:"最重大的见证是什么?"你说:"安拉是我与你们之间的见证。这部《古兰》被启示给我,以便我警告你们和一切它所到达的人。你们非得作证还有神与安拉同在吗?"你说:"我不作证。"你说:"他是独一的主宰。确实,我与你们举伴的无关。"❖

❖ 20.我曾赏赐经典的人认识它,正如他们认识自己的儿子。那些自亏的人不会归信。❖

❖ 21.谁还比假借安拉名义捏造谎话或是不信他的启示的人更不义呢?事实是,犯罪的人永远不成功。❖

### 安拉是有益万物的、打击邪恶的、不可抗拒的

安拉掌管祸福,任意决策众仆的事情,他的断法坚不可摧,他的判决无可指责。"**如果安拉让你遭受伤害,除了他之外,没有人能消除它。如果他让你获得幸福,那么他是全能万事的**",正如安拉所言:❖ 安拉为人类所开启的一切仁慈,没有谁能够阻挡。他所不意欲赐给的,此后,也没有谁能够给予同样的。❖(35:2)安拉的使者㊗在一段明确的圣训中说:"主啊!没有人能阻止你的赏赐,也没有人能给予你所制止的。在你那里,强求者的强求没有意义。"[1]

"**他是众仆之上的不可抗拒者**",即万众都诚服安拉,强暴者在安拉跟前必定遭受凌辱。安拉征服了万物,万物都因他的伟大、尊贵和大能而诚惶诚恐,都在他的权力和法律面前显得微不足道。

"**他是明哲的主,彻知的主**",即安拉的一切行为都是明智而精确无比的,安拉彻知事物的本质,所以他赏赐应受者,拒绝无权应受者。

"**你说:'最重大的见证是什么?'**",即谁是最大的见证者。

"**你说:'安拉是我与你们之间的见证'**",即安拉知道我带给你们的使命,也知道你们对我的回答。

"**这部《古兰》被启示给我,以便我警告你们和一切它所到达的人**",即《古兰》是一切听到它的信息的人的警告。正如安拉所言:❖ 而各宗派中不信它的人们,火狱就是给他们许诺的地方。❖(11:17)艾奈斯说:"每位跟随安拉使者㊗的人,都有义务像使者那样进行宣传和警告。"

多神教徒们啊!"**你们非得作证还有神与安拉同在吗?**"反问之后,安拉令穆圣表明:"**你说:'我不作证。'**"正如安拉所言:❖ 所以你们当敬畏安拉并服从我。❖(16:150)

"**你说:'他是独一的主宰。确实,我与你们举伴的无关。'**"

### 有经人认识穆圣㊗犹如认识自己的儿女一样

安拉讲述有经人的情况:他们根据传自列圣的消息,承认穆圣㊗带给他们的信息,正如承认自己的儿女一样。因为列圣都曾预告过穆圣㊗的出世,并对他的特征、形象、地区、迁徙以及他的民族的情况作过介绍。后文说:"**那些自亏的人不会归信**",即完全亏了自己的人不相信这确凿无疑的事实,虽然古代的列圣和现代的先知都曾预告这位使者来临的喜讯和这位先知的特征。

"**谁还比假借安拉名义捏造谎话或是不信他的启示的人更不义呢?**"如果有人假借安拉名义捏造谎言,自称是安拉委派的先知,那么没有人比他更加不义。也没有人比否认安拉的迹象、经文和明证

---

[1]《布哈里圣训实录诠释——造物主的启迪》2:379。

的人更加不义。

"事实是，犯罪的人永远不成功"，即这些捏造谎言和造谣生事的不义者都不会成功。

⟪22.那天，我将把他们全体集中在一起。我将对那些以物配我的人说："你们妄称的那些伙伴在哪里？"⟫

⟪23.那时，他们的托词仅仅是："指安拉——我们的主发誓！我们不是崇拜多神的人。"⟫

⟪24.你看他们如何对他们自己说谎！当初他们所捏造的（东西）消失了。⟫

⟪25.他们当中有人听你（诵读），但是我已在他们的心上罩上了重重帷幕，以免他们理解它，他们的耳中有重听，即使他们看见一切迹象，他们也不会相信它。直至他们到你那里跟你辩论时，隐昧的人说："这不过是先民的神话罢了。"⟫

⟪26.他们禁止（别人归信）它，并避开它。他们只在不知不觉地毁灭自己。⟫

### 多神教徒将因多神崇拜而受到审问

安拉讲述那些多神教徒："那天，我将把他们全体集中在一起"，"那天"即末日。然后安拉将向他们询问他们舍安拉而崇拜的那些偶像和伪神，对他们说："你们妄称的那些伙伴在哪里？"正如《故事章》所述：⟪那一天他将召唤他们，说："你们所妄称的我的伙伴在哪里？"⟫（28：62）

"那时，他们的托词仅仅是……"阿塔说，他们经受磨难时的话仅仅是，"指安拉——我们的主发誓！我们不是崇拜多神的人。"[1]

"你看他们如何对他们自己说谎！当初他们所捏造的（东西）消失了。"正如安拉所言：⟪那时他们会被问道："你们当初为安拉所举的伙伴在哪里？——舍安拉（而崇拜的在哪里？）"他们说道："他们已从我们当中消失了。不，我们过去从没祈求任何事物。"安拉就这样任隐昧者迷误。⟫（40：73-74）

### 《古兰》对薄福者没有益处

"他们当中有人听你（诵读），但是我已在他们的心上罩上了重重帷幕，以免他们理解它，他们的耳中有重听，即使他们看见一切迹象，他们也不会相信它"，即他们来听你诵经，但经典没有给他们带来益处，因为安拉在"他们的心上罩上了重重帷幕"。"帷幕"也指罩子，以免他们理解《古兰》。"他们的耳中有重听"，即他们的耳朵已聋，听不到有益的事物。正如安拉所言：⟪正如那只能听见喊叫的（畜牲）。（他们是）聋的、哑的、瞎的。⟫（2：171）

"即使他们看见一切迹象，他们也不会相信它"，即无论他们看到多少证据和明证，他们都不会归信，因为他们没有头脑，无法公正地看待事物。正如安拉所言：⟪假若安拉知道他们有任何善（念），他就会使他们听。⟫（8：23）

"直至他们到你那里跟你辩论时，隐昧的人说：'这不过是先民的神话罢了'"，即他们来先知那里，否认真理诡辩谬误，并且说，你所讲的一切只是源于古人的传说而已。

"他们禁止（别人归信）它，并避开它"，即他们阻止人们遵循真理、相信穆圣☪、遵守《古兰》。他们自己也远离它。他们因而同时犯下了两件恶事：自己不从《古兰》中获益，也不让他人从《古兰》中获益。伊本·阿拔斯认为这节经文的意思是：他们阻止人们信仰穆圣☪。[2] 穆罕默德·本·哈乃斐、格塔德、穆佳黑德、端哈克等学者解释说，古莱什多神教徒们自己不来到穆圣☪那里听讲，还制止他人前来听讲。[3]

"他们只在不知不觉地毁灭自己"，他们的行为只会害了自己，最终咎由自取。但他们自己却感觉不到。

⟪27.如果你能够看到他们站在火上的时候，他们会说："但愿我们能被放回去，我们绝不再否认我们主的迹象，我们一定成为信士。"⟫

⟪28.不然，他们从前所隐瞒的对他们显现出来了。倘若他们被放回（今世），他们一定重犯那些对他们禁止的事。他们确实是说谎者。⟫

⟪29.他们说："它只是我们今世的生活，我们绝不会被复生。"⟫

⟪30.假若你能够看到，他们奉命站在他们主的跟前时，他将会说："难道这不是真的吗？"他们就会说："是真的，指我们的养主发誓。"他说："由于你们曾经不信，而尝受刑罚吧！"⟫

### 隐昧者看到惩罚降临时的幻想与愿望对他们无益

安拉讲述那些隐昧者的状况。在末日，他们站在火狱的上面，目睹其中的锁链和桎梏，看着那些可怕而恐怖的刑罚，他们说："但愿我们能被放

---

[1]《泰伯里经注》11：299。

[2]《泰伯里经注》11：311。
[3]《泰伯里经注》11：311、312。

回去，我们绝不再否认我们主的迹象，我们一定成为信士。"他们梦想着返回今世，去作一些善功，归信安拉的经文，成为穆民。安拉说："不然，他们从前所隐瞒的对他们显现出来了"，即他们原来隐藏在心中的否认和顽固，都在此时暴露无遗，虽然他们企图在今世或后世隐瞒自己真实的心态。正如前面的经文所说："那时，他们的托词仅仅是：'指安拉——我们的主发誓！我们不是崇拜多神的人。'你看他们如何对他们自己说谎！当初他们所捏造的（东西）消失了。"他们对众使者的使命所想的事情为他们显现出来了（比如他们在今世中对众使者的看法），虽然他们在跟随者面前口是心非。正如安拉对穆萨的叙述，他对法老说：◊他说："你的确知道，只有天地的主宰能降下这些作为明证。"◊（17：102）安拉讲述法老和他的民众说：◊他们不义和傲慢地否认了它们，虽然他们的心已经确信它们。◊（27：14）

"不然，他们从前所隐瞒的对他们显现出来了"的意义是，他们因为目睹惩罚的恐惧，要求返回今世——这惩罚是对他们否认安拉的报应，所以他们要求返回今世——以便摆脱火狱。因此说，"倘若他们被放回，他们一定重犯那些对他们禁止的事。他们确实是说谎者"，即他们说他们因为对信仰的渴望和热爱而希望返回今世，其实他们在撒谎。

"倘若他们被放回"，即被放回今世，"他们一定重犯那些对他们禁止的事"，即他们将继续否认真理，违背真理。

"他们确实是说谎者。"他们的谎言是："他们会说：'但愿我们能被放回去，我们绝不再否认我们主的迹象，我们一定成为信士。'"

安拉引述他们的话："他们说：'它只是我们今世的生活，我们绝不会被复生'"，即他们必定会重犯被禁止的事情。"他们说：'它只是我们今世的生活'"，即人生仅是今世，没有后世，因此说，"我们绝不会被复生"。

"假若你能够看到，他们奉命站在他们主的跟前时"，即他们站在安拉的跟前。安拉说："难道这不是真的吗？"即难道这归宿不是真的吗？它绝不是幻影，不是你们猜测的那样。

"他们就会说：'是真的，指我们的养主发誓。'他说：'由于你们曾经不信，而尝受刑罚吧！'"即今天你们尝试一下它的后果吧！◊这是魔术呢？还是你们看不见？◊（52：15）

◊31.那些不信会见主的人确实损失了，等到末日突然降临他们时，他们说："我们多么伤心啊！我们在世时忽略了它！"他们背负着自己的负担。须知，他们的负担真恶劣啊！◊

◊32.今世的生活只不过是消遣和游乐而已。其实，后世的家园对于敬畏者是更好的。难道你们不理解吗？◊

安拉讲述那些否认者的情况：他们不相信后世能看见安拉，当末日突然到来时，他们将陷入亏折之中，为在今世中没有做善功并且犯下丑行而追悔莫及。因此说，"等到末日突然降临他们时，他们说：'我们多么伤心啊！我们在世时忽略了它！'""它"可以指今世生活，也可以指善功或后世。

"他们背负着自己的负担。须知，他们的负担真恶劣啊！"赛丁伊说，每个不义者进入坟墓时，都会有一个面目狰狞的人陪着他，来人肤色漆黑，奇臭无比，衣衫褴褛。当不义者见到此人后，说："你的面目真丑陋啊！"对方说："你的工作就这么丑陋。"不义者说："你的气味真臭啊！"对方说："你的工作就这么臭。"不义者说："你的衣服真破旧啊！"对方说："你的工作就是这么破旧。"不义者问："你是谁？"对方说："（我是）你的工作。"此人一直将在坟墓中陪同不义者，复生日来临后，他说："我在今世中让你背负了快乐和欲望，今天轮到你背负我了。"然后，他让不义者背起自己，将他驱赶到火狱。因为安拉说过："他们背负着自己的负担。须知，他们的负担真恶劣啊！"[1]

"今世的生活只不过是消遣和游乐而已"，即今世的生活大半如此。"其实，后世的家园对于敬畏者是更好的。难道你们不理解吗？"

◈ 33.我深知他们的话使你伤心。他们并不否认你，但不义的人们否认安拉的启示。◈

◈ 34.在你之前的使者们被否认过，他们忍受了对他们的不信，也曾遭受迫害，直到我的援助降临他们。没有人可以改变安拉的裁决。众使者的消息确已来临于你。◈

◈ 35.如果他们的拒绝使你难堪，如果你能找到一条入地的隧道，或是一架通天的梯子，给他们显示一点迹象（对他们也没有用），如果安拉意欲，他可以把他们全体纳入正道。所以你一定不要成为无知的人。◈

◈ 36.只有听从的人才会响应。至于死者，安拉使他们复活，然后他们只被召归到他那里。◈

### 安慰穆圣

就在穆圣遭到他的民族的否认和违抗时，安拉安慰他，说："我深知他们的话使你伤心"，即安拉彻知他们的不信以及使者的忧愁和遗憾。正如安拉所言：◈ 所以你的内心不必为他们忧伤。◈（35：8）◈ 你或许由于他们不信而忧伤欲绝。◈（26：3）◈ 如果他们不信这项宣示，你也许会在他们后面为他们忧伤而毁了自己。◈（18：6）

"他们并不否认你，但不义的人们否认安拉的启示"，即他们在顽抗真理，排斥真理。祖海里曾讲述艾布·哲海里的故事：他曾在某个夜晚去偷听穆圣诵读《古兰》，当晚前去偷听的还有艾布·苏富扬和艾赫奈斯，但他们谁也都没有觉察到还有人在偷听。黎明时分，他们在回去的路上碰见了对方，双方问及来此的意图后，因为担心古莱什青年们知道他们偷听之事[2]，说好下次不再来偷听。第二天夜里，这三人又分别前来偷听，他们都认为对方有言在先，不会再来听的。但早上又在路上碰到了一起，所以双方相互指责。第三天依然如此。天亮后，艾赫奈斯去艾布·苏富扬家里，对他说："艾布·罕作里（即艾布·苏富扬）啊！你听了穆罕默德的诵读后有何感想？"后者说："艾布·赛尔莱卜（即艾赫奈斯）啊！以安拉发誓，有些我明白，也有些我不明白。"艾赫奈斯说："我也指你刚才以之发誓的安拉发誓，我和你一样。"然后他去找艾布·哲海里，他进入艾布·哲海里的家里后说："艾布·哈凯穆（即艾布·哲海里）啊！你听到穆罕默德的诵读后有何感想？"艾布·哲海里问道："听什么？"随后说："我们和阿卜杜·麦那夫（穆圣的祖先）的子孙相互争荣：他们给人们供应食品，我们也一样给人供应食品，他们扶困济危，我们也是一样，他们进行施舍时，我们也没有落后。后来我们都在同一起跑线上，不分上下的时候，他们却说：'我们中出了先知，他从天上接受启示。'我们何时能达到这一点？以安拉发誓，我们永远不相信穆罕默德，也不会认可他。'"艾赫奈斯听完后离去了。[3]

"在你之前的使者们被否认过，他们忍受了对他们的不信，也曾遭受迫害，直到我的援助降临他们"，这是对穆圣的安慰和解脱。当他的民族

---

(1)《泰伯里经注》11：328。
(2) 多神教徒禁止人们听穆圣诵读《古兰》，因为听到《古兰》的人大多会加入伊斯兰教。——译者注
(3)《穆圣传》1：337。

否认他的时候，安拉命令他要像坚定的列圣那样坚忍，并给他许诺他一定会像各位使者一样获得襄助和胜利。虽然那些使者遭受了否认和严重的伤害，但他们最终还是赢得了胜利。他们不但今世得到胜利，后世依然如此。所以说："没有人可以改变安拉的裁决"，即没有人可以改变安拉为穆民规定的今世和后世的胜利。正如安拉所言：❦我对我所派遣的众仆已经有言在先，那就是他们将被援助。而我的军队势必是胜利者。❧（37：171-173）❦安拉已经规定："我跟我的使者必定胜利。"安拉确实是至强的、优胜的。❧（58：21）

"众使者的消息确已来临于你"，即他们怎么获得襄助，战胜了否认者。他们是你的好榜样。

"如果他们的拒绝使你难堪"，即他们不理睬你，使你感到难以接受。

"如果你能找到一条入地的隧道，或是一架通天的梯子，给他们显示一点迹象（对他们也没有用）。"伊本·阿拔斯说："نفقا"指地道。即如果对他们而言，你进入地道或带来一架梯子，你登上天，给他们拿来一项迹象，比我赐给他们的正教更好，那么，你就做吧！[1] 格塔德、赛丁伊等人都持此观点。[2]

"如果安拉意欲，他可以把他们全体纳入正道。所以你一定不要成为无知的人。"正如安拉所言：❦如果安拉意欲，大地上所有的人都已归信了！❧（10：99）[3]

伊本·阿拔斯说，安拉的使者希望全人类都归信伊斯兰，遵循正道，后来安拉告诉他，只有安拉在先天注定的人们才会归信。"只有听从的人才会响应"，穆罕默德啊！只有用心听话的人才会响应你的召唤。正如安拉所言：❦以便它警告活着的人，以便对隐昧者的判辞得以落实。❧（36：70）

"至于死者，安拉使他们复活，然后他们只被召归到他那里"，"死者"指隐昧者，因为他们的心已经死了，所以安拉将他们和死亡的人们等量齐观。这是一种揶揄和嘲讽的叙述方法。

❦37.他们说："为何一个迹象不由他的养主降临他呢？"你说："安拉确能降下迹象。"但是，他们的大部分不知道。❧

❦38.地上的兽类和用翅膀飞行的鸟类，都是像你们一样的群体。在这部经典中我不曾遗漏任何事物。他们全体都将被集中到他们的养主那里。❧

❦39.那些不信我的迹象的人，是在重重黑暗中的聋子和瞎子。安拉意欲谁（迷误），就使谁迷误；他意欲谁（在正道上），就把他置于端庄的道路上。❧

## 多神教徒要求显示一个迹象

他们说，为何穆罕默德的养主没有任何迹象降示于他，从而打破他们的生活常规。正如安拉表述那些多神教徒说：❦除非你能为我们使一股泉水由地底涌出来。❧（17：90）

"你说：'安拉确能降下迹象。'但是，他们的大部分不知道"，即降下迹象对安拉是轻而易举的。但智慧的安拉意欲暂缓降示迹象，因为迹象一旦按照他们的意图而降示，而他们又不归信它时，他们必然立即遭受惩罚。先民的情况就是如此。正如安拉所言：❦我没有颁降迹象，因为一些前人否认了它。我曾赐给塞姆德人母驼作为明证，但他们亏待了它。我降下迹象，只为了警告。❧（17：59）❦如果我愿意的话，我可以从天上降给他们一个迹象，他们会对它谦卑俯首。❧（26：4）

## 各群体（稳麦）的意义

"地上的兽类和用翅膀飞行的鸟类，都是像你们一样的群体。"穆佳黑德解释为：全部是各有其名的种类。[4]

格塔德说，鸟儿是一个稳麦（群体），人类是一个稳麦，精灵也是一个稳麦。[5]

赛丁伊说，"像你们一样的群体"指像你们一样的生灵。[6]

"在这部经典中我不曾遗漏任何事物"，即万物的知识都在安拉那里。他不会忘记任何被造物以及对它们的供养和安排，无论他生活在海洋中，还是陆地上。正如安拉所言：❦大地上没有一个生物不归安拉供养，他知道它的居所和贮藏之处，一切都在一部明确的天经中。❧（11：64）即安拉详知万物的名称、数目和足迹，安拉也详知它们的一举一动。安拉说：❦任何动物都不能负担它们自己的生计，是安拉供养它们和你们。他是全听的、全知的。❧（29：60）

"他们全体都将被集中到他们的养主那里。""集中"指死亡。[7] 有人说"集中"指末日的集中。因为经文说❦当野兽被集合时。❧（81：5）

艾布·胡莱赖说：安拉将在末日召集万物，

---

（1）《泰伯里经注》11：338。
（2）《泰伯里经注》11：338。
（3）《泰伯里经注》11：340。
（4）《泰伯里经注》11：345。
（5）《泰伯里经注》11：345。
（6）《泰伯里经注》11：345。
（7）《伊本·艾布·哈亭经注》4：1286。

无论兽类还是禽类，安拉将在那日公正判决，甚至有角的羊和无角的羊因为在今世打架而遭受公正报应。然后不信的人说：❝呜呼！但愿我是尘土。❞（78：40）[1]

### 隐昧者是重重黑暗中的聋子和瞎子

"那些不信我的迹象的人，是在重重黑暗中的聋子和瞎子"，即无知、愚昧的他们，就像不能听不会说的聋哑人一般。不但如此，他们还处于重重黑暗之中。这种人怎能走出迷误，走向光明呢？正如安拉所言：❝他们就像点火的人，但是当火光照亮他们四周时，安拉就带走了他们的光亮，把他们弃置在黑暗当中，所以他们看不见。（他们是）聋子、哑巴和瞎子，所以他们（迷途）难返。❞（2：17-18）又如❝或就像汪洋大海中的重重黑暗，巨浪层层，乌云压顶。黑暗重重叠叠，他伸手几乎不见五指。安拉不给谁光，谁绝不会有光。❞（24：40）

"安拉意欲谁（迷误），就使谁迷误，他意欲谁（在正道上），就把他置于端庄的道路上。"安拉将按照他的意欲决策万物。

❝40. 你说："你告诉我吧！如果安拉的惩罚或是末日降临你们，难道你们还要祈求安拉之外的吗？如果你们是诚实的。❞

❝41. 不然，你们只能祈求他。如果他意欲，他会解除你们所祈求解除的（灾难），并且你们将忘记你们用来举伴他的（伪神）。❞

❝42. 我在你之前给许多民族派遣了使者；我也曾以极度贫困和疾苦惩治了他们，以便他们恳求。❞

❝43. 为什么当灾难由我这里降临到他们时，他们没有恳求呢？他们的心变硬了，恶魔为他们粉饰了他们的行为。❞

❝44. 当他们忘记了所受的劝诫时，我为他们打开诸事之门，当他们因为他们的收获欣喜若狂时，我突然间惩罚了他们。他们一时间成为绝望的。❞

❝45. 那些不义的民族已被根绝，一切赞美统归安拉——众世界的养主。❞

### 多神教徒在受到惩罚时只祈求独一的安拉，这是他们自欺欺人的明证

清高伟大的安拉可以做他想做的任何事情，可以任意安排万物的事情，只有独一无偶的安拉，才能改变他自己的决策。谁祈求安拉，安拉就响应谁。"你说：'你告诉我吧！如果安拉的惩罚或是末日降临你们，难道你们还要祈求安拉之外的吗？'"即如果惩罚或者末日来临你们，你们只能祈求他，因为你们知道，除安拉外任何人都不能解除它。因此说，"如果你们是诚实的"，即如果你们在择取多神的时候没有撒谎……

"不然，你们只能祈求他。如果他意欲，他会解除你们所祈求解除的（灾难），并且你们将忘记你们用来举伴他的（伪神）"，即你们在困难的时刻，只能祈求独一的安拉，届时你们的伪神不会出现。正如安拉所言：❝当你们在海上遭遇危难时，除了他之外，你们所祈求的那些都不见了。❞（17：67）

"我在你之前给许多民族派遣了使者。我也曾以极度贫困和疾苦惩治了他们。""极度贫困"指生活上的贫穷和窘迫；"疾苦"指疾病和苦难。"以便他们恳求"，即他们谦恭地祈求安拉。

"为什么当灾难由我这里降临到他们时，他们没有恳求呢？"即当他们面临我的考验时，为什么不向我谦恭地恳求？"他们的心变硬了"，即他们的心灵失去了仁慈和谦恭。

"恶魔为他们粉饰了他们的行为"，即恶魔在他们的心目中美化了以物配主、顽冥不灵和为非作歹。

"当他们忘记了所受的劝诫时，我为他们打开诸事之门"，即他们忘记它，对它满不在乎，弃之于脑后时，安拉为他们打开他们所期望的一切给养之门。这在表面上是一种恩赐，实际上是严重的考验和放纵（欲擒故纵）。祈求安拉使我们远离他的妙计。

因此说："当他们因为他们的收获欣喜若狂时，我突然间惩罚了他们。""收获"指儿女和财富；"突然间"指候乎的时候。

"他们一时间成为绝望的"，伊本·阿拔斯说，"مبلسين"指绝望的。

哈桑·巴士里说："处于宽裕环境的人们，看不到安拉对他的妙计（他想取得幸福，安拉就让他得到幸福，他想遭受失败，安拉就让他遭受失败），因而他们失去了主见；处于窘迫环境中的人们，看不到安拉对他的照顾，因而失去了主见。"他接着念道："当他们忘记了所受的劝诫时，我为他们打开诸事之门，当他们因为他们的收获欣喜若狂时，我突然间惩罚了他们。他们一时间成为绝望的。"他说："以克尔白的养主发誓，安拉对人们的妙计指：他们获得所需的东西后，遭受严厉的惩罚。"[2]

---

[1]《泰伯里经注》11：347。

[2]《伊本·艾布·哈亭经注》4：1291。

◆ 46.你说："你们告诉我，如果安拉取消了你们的听觉和视觉，并封闭了你们的心，除安拉之外有什么神能够为你们恢复它呢？"你看我如何对他们分析种种迹象，然而他们却在回避。◆

◆ 47.你说："你们告诉我，如果安拉的惩罚突然或公开地降临你们，除那些犯罪者之外，还会有谁被毁灭呢？"◆

◆ 48.我派遣使者们只是报佳音和传警告。谁归信并行善，他们就不会有畏惧，也不会有忧虑。◆

◆ 49.但是那些不信我的迹象的人，因为曾经坏事而将遭受惩罚。◆

安拉让使者对这些顽抗的隐昧者说："你们告诉我，如果安拉取消了你们的听觉和视觉"，即安拉说：◆ 是他创造了你们，并授予你们听觉、视觉和心灵。◆（67：23）正如他赐你们听觉和视觉那样，他也会剥夺你们的听觉和视觉。经文的意思可能是他们有耳不闻，有眼无珠，从而失去了存在的价值。

"并封闭了你们的心。"正如安拉所言：◆ 是谁掌管着听觉与视觉？ ◆（10：31）◆ 须知，安拉会隔开一个人和他的心灵。◆（8：24）

"除安拉之外有什么神能够为你们恢复它呢？"即如果安拉取消了人的听觉和视觉，没有人能够恢复它们。

因此说，"你看我如何对他们分析种种迹象"，即阐释它，从而证明应受拜者，惟有安拉，除安拉之外的一切都是谬误。

"然而他们却在回避"，虽然安拉对他们作了明确的阐释，但他们还是拒绝真理，并阻碍他人追求真理。

"你说：'你们告诉我，如果安拉的惩罚突然或公开地降临你们'。""突然间降临"指在你们感觉不到的时候。"公开地"指显而易见的。

"除那些犯罪者之外，还会有谁被毁灭呢？"举伴安拉的不义者们将会毁灭，崇拜独一安拉的人们将会成功，并将无惧无忧。正如安拉所言：◆ 那些归信了，并且不把他们的信仰跟不义相混淆的人，他们是安全的……◆（6：82）

"我派遣使者们只是报佳音和传警告"，即以来自安拉的各种美好事务给穆民报喜，以惩罚警告否认者。

"谁归信并行善，他们就不会有畏惧，也不会有忧虑"，即诚信众使者带来的一切，并通过跟随先知改善自己行为的人，不必为未来担心，也不会因为在今世中的失去和行为而忧虑。安拉将处理并关照他的后事。

"但是那些不信我的迹象的人，因为曾经坏事而将遭受惩罚"，即他们由于否认众使者带来的信息，拒绝和违抗安拉的命令，为非作歹，侵犯法律的尊严，而遭受严惩。

◆ 50.你说："我不对你们说我拥有安拉的宝藏和我可以知道目不能见的东西，我也不对你们说我是天使。我只遵从所受的启示。"你说："瞎子和看见的人相等吗？"难道你们不参悟吗？◆

◆ 51.你以它警告那些害怕被召集到他们的主跟前的人，除他之外，他们没有保护者也没有求情者。以便他们敬畏。◆

◆ 52.你不要赶走那朝夕求主，追求他喜悦的人。你无权清算他们，他们也无权清算你。你何必赶走他们而成为不义的人。◆

◆ 53.就这样，我使他们相互考验，以便他们说："难道这些人就是在我们当中蒙主特赐的人吗？"难道安拉不是至知感恩者吗？◆

◆ 54.当那些归信我的启示的人到你那里时，你说："祝你们平安，你们的主已规定以慈悯为己任。你们当中谁无知地做了恶事，而在事后忏悔和改正，他是至恕的、至慈的。"

### 使者不掌握安拉的宝库，也不知道未见

安拉教使者说："你说：'我不对你们说，我拥有安拉的宝藏和我可以知道目不能见的东西'"，即我不但不掌管它，也不支配它。知识只来自安拉，使者只知道安拉让他知道的一部分。

"我也不对你们说我是天使"，即使者并不妄称自己是天使，他只是一位凡人，只不过接受了安拉的启示。安拉以此使他尊贵，赐他荣誉。

"我只遵从所受的启示"，即使者一丝不苟地执行启示，丝毫不敢偏离。

"你说：'瞎子和看见的人相等吗？'"得到引导后走上正道的人和没有得到引导而陷入歧途的人一样吗？

"难道你们不参悟吗？"正如安拉所言：《一个知道你的主启示给你的是真理的人，跟瞎子一样吗？只有那些有心人才能觉悟。》（13：19）

"你以它警告那些害怕被召集到他们的主跟前的人，除他之外，他们没有保护者也没有求情者"，即穆罕默德啊！你持这部《古兰》去警告《那些由于畏惧他们的主而心惊胆战的人。》（23：57）和《那些……敬畏他们的主，畏惧严厉的清算（的人）。》（13：21）

"被召集到他们的主跟前"，指末日。那日，"除他之外，他们没有保护者也没有求情者"，即那日没有一位亲人或求情者能够解救他脱离火狱的惩罚。

"以便他们敬畏"，即你以统治权只归安拉的日子警告他们吧！好让他们在今世干一些善功，后世安拉让他们借此善功脱离惨痛的惩罚，得到巨大的回赏。

### 禁止使者驱赶身边的弱者，命令使者尊重他们

"你不要赶走那朝夕求主，追求他喜悦的人"，即你不要疏远具备上述特征的人，你应当和他们同坐，将他们作为朋友。正如安拉所言：《你要耐心地同那些朝夕祈求安拉、寻求主的喜悦的人在一起，你不要为了追求今世的浮华，让你的两眼由他们身上挪开。你也不要服从我已经使其内心疏忽于记念我，并且追随个人私欲，以及其行事是过分的人。》（18：28）

"求主"，指崇拜安拉，向安拉祈祷。

"朝夕"，赛尔德、穆佳黑德、哈桑、格塔德等认为"朝夕求主"指礼主命拜。正如安拉所言：《你们的主说："你们要祈求我，我就应答你们。"》（40：60）即安拉接受你们的拜功。

"追求他喜悦的人"，即他们通过虔诚的善功，追求安拉的喜悦。

"你无权清算他们，他们也无权清算你"，正如努哈的民众对他所说的话：《"在最下贱的人们追随你的情况下，我们能归信你吗？"他说："我怎么知道他们曾做过些什么？只有安拉负责清算他们，如果你们知道的话。》（26：111-113）即安拉负责清算他们，我在此中没有权力，他们也无权清算我。

"你何必赶走他们而成为不义的人"，即如果在此情况下你这样做，必定成为不义之人。

"就这样，我使他们相互考验。以便他们说：'难道这些人就是在我们当中蒙主特赐的人吗？'"穆圣宣教初期的追随者大多是一些弱者和一些男女奴隶，追随他的贵族很少。正如努哈的民族对他说：《除了我们当中最下贱的人不假思索地归信你之外，我们没有看见其他人追随你。》（11：27）希拉克略当年问艾布·苏富扬："追随他（穆圣）的是贵族还是平民？"艾布·苏富扬说："是平民。"希拉克略说："众使者的追随者都是这样。"古莱什多神教徒们嘲笑归信穆圣的

弱者，不遗余力地惩罚那些归信者。他们揶揄道："难道这些人就是在我们当中蒙主特赐的人吗？"即假若安拉引导这些人于至善的话，他就不会不理我们。正如安拉所言：❮如果它是美好的，他们不会领先于我们而获得它。❯（46：11）❮当我的明白的启示诵读给他时，隐昧的人对归信者说："两伙当中的哪一伙地位较高和场所更优？"❯（19：73）安拉答复他们说：❮我已经在他们之前毁灭了多少代人，他们的财富和外观都是更好的。❯（19：74）

"他们说：'难道这些人就是在我们当中蒙主特赐的人吗？难道安拉不是至知感恩者吗？'"即难道安拉不是最清楚他的仆人的吗？他知道他们的一切言行和心理活动，并将以他的意旨引导他们走向平安的道路，将他们从重重黑暗之中解救出来，走向光明，踏上正道。正如安拉所言：❮为我而奋斗的人们，我一定为他们引导我的条条道路，安拉确实和行善者同在。❯（29：69）圣训说："安拉不看你们的形象和你们的肤色，但安拉看的是你们的内心和你们的行为。"[1]

"当那些归信我的启示的人到你那里时，你说：'祝你们平安！'"即你通过回答色兰尊重他们，并以安拉博大的恩惠给他们报喜。

"你们的主已规定以慈悯为己任"，仁慈的、普施的安拉为自己规定了这一义务。

"你们当中谁无知地做了恶事，而在事后忏悔和改正"，一切违抗安拉的人，都是无知的；弃恶从善，戒绝丑行就能并在以后自我改善。

"他是至恕的、至慈的"，艾布·胡莱赖传述，安拉的使者㕘说："安拉创造万物之后，写了一部经典——那经就在阿莱什上面他的跟前——上面写着：我的仁慈超越了我的恼怒。"[2][3]

❮55.我如此解释各种迹象，以便犯罪者的行为变得明白。❯

❮56.你说："我确已受到禁止，不能崇拜除过安拉以外你们所崇拜的。"你说："我不追随你们的私欲。否则，我就迷误了，不属于得正道的人。"❯

❮57.你说："我依赖来自我的养主的明证，但你们却否认它。我这里没有你们所急于实现的事。裁决权只归安拉，他宣布真理，他是最好的裁决者。"❯

❮58.你说："如果你们所急于实现的事在我的能力范围之内，你我之间的事情就会立刻解决。安拉最清楚不义的人。"❯

❮59.安拉那里有未见（事务）的钥匙，除他之外无人知道它。他也知道陆地和海洋中的一切。只要一片叶子落下，他就知道它。大地深处的每一粒谷子，一切新鲜的或是干枯的，都（被记载）在明白的天经中。❯

### 使者对自己宣传的真理持有明证
### 安拉掌握对人类的清算

正如前面已经阐释的那样，清高伟大的安拉昭示了明证，从而引导人们走向真理，谴责不义者的强词夺理和冥顽不灵。安拉说："**我如此解释各种迹象**"，即人们需要明确的迹象。

"**以便犯罪者的行为变得明白**"，即以便违背使者的犯罪者们的犯罪方法明确。

"**你说：'我依赖来自我的养主的明证'**"，即使者持有来自安拉的法律依据。

"**但你们却否认它**"，即不信来自安拉的真理。

"**我这里没有你们所急于实现的事**"，即使者无法响应你们的请求——让你们立即遭受惩罚。

"**裁决权只归安拉**"，即此中事务统归安拉管理，如果他意欲，他可以应答你们的祈求，立即惩罚你们，他也可以因为某种深刻的哲理推迟惩罚你们的期限。

因此说，"**他宣布真理，他是最好的裁决者**"，即他是仆民的一切事务的最佳裁决者。

"**你说：'如果你们所急于实现的事在我的能力范围之内，你我之间的事情就会立刻解决'**"，即假若使者在此中有某种权力，必定立即实现你们的要求，让你们受到应有的惩罚。

"**安拉最清楚不义的人。**"有人说，《古兰》在此说惩罚仆人的一切权力统归安拉，但传自两圣训实录的下列圣训表示什么意思呢？阿伊莎（愿主喜悦之）传述，她说："安拉的使者啊！你碰到过比吾侯德之日更严峻的日子吗？"使者㕘说："我确实从你的民族那里碰到过更加严峻的一日。那是在欧格白之日[4]。我向伊本·阿卜杜·亚利里作了自我介绍后，遭到了他的拒绝，我因此无比忧愁，无法解脱。当到了格尔奈·赛阿里卜（地名）后，才从忧愁中清醒过来。我抬起头时，只见一片云给我遮阳，再放眼看时，只见吉卜勒伊里就在云上。他向我呼唤：'安拉已经听到你的民族对你说的话和他们对你的拒绝。他给你派遣了山脉的天使，以

---

[1]《穆斯林圣训实录》4：1987。
[2]《艾哈麦德按序圣训集》2：313。
[3]《布哈里圣训实录诠释——造物主的启迪》13：395；《穆斯林圣训实录》4：2107。

[4] 此日使者与早期麦地那信士缔结了盟约。——译者注

便你向他发布你想发布的命令。'这时山脉的天使向我道了色兰,并呼唤道:'穆罕默德啊!安拉听到你的民族对你说的话,你的养主派遣我到你这里,让你按照你的意愿给我发布命令。如果你愿意,我可以让两座山合起来,埋没他们。'我说:'不,我希望安拉在他们的子孙中产生崇拜安拉、不以物配主的穆民!'"[1] 穆斯林圣训传的这节圣训中说,天使建议穆圣㊺惩罚或灭绝否认他的古莱什人,但穆圣㊺不希望立即惩罚他们,希望推后对他们的惩罚,或许安拉要在他们的子孙中产生信主独一的穆民。问题是这节圣训是否和下列经文意义冲突呢?——该经文是:"你说:'如果你们所**急于实现的事在我的能力范围之内,你我之间的事情就会立刻解决。安拉最清楚不义的人。**'"答复是——安拉至知——这节《古兰》经文证明,假若穆圣㊺有权力在多神教徒要求惩罚他们的时候给他们降下惩罚,穆圣㊺必定使他们如愿以偿。但圣训中所说的是,多神教徒们并没有要求穆圣㊺惩罚他们,而是天使向穆圣㊺建议,如果先知愿意,他可以让两座山合起来。两座山指从南部和北部包围麦加的两座山。因此,穆圣㊺要求宽大对待他们。

## 只有安拉知道未见

"安拉那里有未见(事务)的钥匙",布哈里传述,阿卜杜拉的父亲传述,安拉的使者㊺对他说:⟪末日的知识只在安拉那里,他下降及时雨;他知道在子宫中的是什么;没有人会知道明天他将做些什么,也没有人知道自己将死于何处。安拉确实是全知的、彻知的。⟫(31:34)[2]

"他也知道陆地和海洋中的一切",即安拉的知识包罗万物,无论是海洋,还是陆地,任何物都对他不是什么秘密。他知道天地中一个微尘大小的东西。

"只要一片叶子落下,他就知道它",即安拉既然知道无生物,又怎能不知道有生物呢?至于他赋予教法职责的人类和精灵,就更不用说了。正如安拉所言:⟪他知道眼(神)的诡诈和胸中所隐藏的。⟫(40:19)

⟪60.他在夜间使你们死亡,他也知道你们在白天所做的一切。然后,他再使你们在其中复苏,以便到被预定的期限。然后你们的归宿只在他那里,那时他就会对你们宣布你们以往的行为。⟫

⟪61.他是众仆之上的统治者。他为你们派遣保护的天使,直到你们中的一人临终时,我的使者们就会使他死亡。他们从不失职。⟫

⟪62.然后他们被集合到安拉——他们的真主那里。须知,权力只属于他。他是清算最迅速的。⟫

## 仆人在死亡之前和死亡之后,都由安拉管理

清高伟大的安拉说,当你们在夜晚入睡时,他就使你们死亡。睡眠是"小死亡"。正如安拉所言:⟪尔撒啊!我将使你辞世,把你升到我的跟前。⟫(3:55)⟪在人死亡时安拉取走他们的灵魂,也在人们尚未死亡而在睡眠中时取走其灵魂。他留下那些他已判决死亡的人,而遣回其余的人,直到被言明的时期。⟫(39:42)安拉在这节经文中提到了大死亡和小死亡,然后分别提到了小死亡和大死亡的断法。然后说:"他在夜间使你们死亡,他也知道你们在白天所做的一切",即安拉知道你们在白天所做的一切。[3] 这一插句说明,安拉彻知人类在白天和夜晚、动态与静态中的一切情况。正如安拉所言:⟪无论谁在暗中说话或是大声

---

(1)《布哈里圣训实录诠释——造物主的启迪》6:360;《穆斯林圣训实录》3:1420。
(2)《布哈里圣训实录诠释——造物主的启迪》8:141。
(3)《泰伯里经注》5:212。

说话，无论谁在夜间隐伏或是白天出外，（在他看来）都是一样的。》（13：10）《是他为你们规定夜，以便你们在其中安息。》（10：67）《我使夜成为帷幕，我以昼供你们谋生。》（78：10-11）因此，经文在此说："他在夜间使你们死亡，他也知道你们在白天所做的一切"，即在夜晚中安居，在白天工作。

"然后，他再使你们在其中复苏"，格塔德、穆佳黑德等人说，"其中"指白天。

"以便到被预定的期限"，即每个人到于他的大限。

"然后你们的归宿只在他那里"，即末日。

"那时他就会对你们宣布你们以往的行为"，"宣布"指告诉。即他将按照你们的行为奖赏或惩罚你们。

"他是众仆之上的统治者"，即安拉统治着一切，万物都服从他。

"他为你们派遣保护的天使"，有些天使保护着人的身体。正如安拉所言：《他（人类）的前后都有接踵而来的天使，他们奉安拉的命令监护他。》（13：11）即记录并统计他的言行。又如《在你们的上面有一群监护者。》（82：10）《坐在右边和左边的两个记录的天使，记录的时候，他每说一句话，他身边就有一位预备就绪的监察者。》（50：17-18）

"直到你们中的一人临终时"，即他的大限到来的时候。

"我的使者们就会使他死亡"，"使者们"指负责取命的天使。[1]伊本·阿拔斯等学者说，取命的天使有许多天使助手，他们从临终者体内取出灵魂，当灵魂到于喉咙时，取命的天使就取走它。

"他们从不失职"，他们将保护临终者的灵魂，将它放到安拉所意欲的地方。如果亡者是好人，他们就将他放到高层次的群体当中；如果是恶人，他们就将他放到火狱中。求主保护我们免遭火狱的惩罚。

"然后他们被集合到安拉——他们的真主那里"，艾布·胡莱赖传述，安拉的使者㊗说："当一个人临终时，众天使来到他跟前。如果他是好人，他们对它（他的灵魂）说：'纯洁的性命啊，你出来吧，——它曾在纯洁的身体内——你光荣地出来吧！因为慈悯和佳音而高兴吧！养主不会恼怒你。'众天使不停地对它呼唤，直至它从体内出来，被带到安拉的天空；如果临终者是个恶人，众天使说：'丑恶的性命啊！你出来吧！——它曾在丑恶的身体内——你可耻地出来吧，因为沸水和臭汁以及类似的惩罚而高兴吧！'众天使不停地呼唤

它，直至它出来。然后带它去天空，他们要求打开天门时，有声音说：'这是谁？'另一声音回答：'某人。'有声音说：'不欢迎丑恶身体内的丑恶灵魂！你耻辱地回去吧！天门不会为你而开。'然后它被送回坟墓。"[2]正如前面的圣训所述，他们在坟墓中将坐起来和自己的工作进行对话。

"然后他们被集合到安拉——他们的真主那里。"经文的意思也可能指：在末日，万物将被召归安拉那里，接受安拉公正的判决。正如安拉所言：《你说：'真的，那些前人和后人，全都会被集中在一个明确之日的时间。》（56：49-50）又如《我集合了他们。我不会遗漏他们当中的任何一个……你的主绝不会亏待任何人。》（18：47-49）因此说："须知，权力只属于他。他是清算最迅速的。"

《63.你说："谁把你们从陆地和海洋的重重黑暗中拯救出来呢？"你们谦恭地、暗暗地祈求安拉："如果他从中拯救我们，我们必定成为感谢者。"》

《64.你说："安拉拯救你们脱离它和一切忧患。但你们却在以物配主。"》

《65.你说："他能够从你们头上和脚下降给你们惩罚，或是以宗派的形式使你们陷于混乱，或使你们尝试彼此的伤害。"你看，我如何对他们分析我的迹象，以便他们理解。》

### 安拉的尊贵、慷慨、惩罚和征服

博施的安拉说，他将无奈中的众仆从陆地和海洋的重重黑暗中解救出来——使他们远离陆地的迷津，大海的汪洋，飓风的怒吼。此时的人类，只在恳求独一无偶的安拉。正如安拉所言：《他使你们在陆地上或海洋中旅行，直到你们在船中乘美妙的风而航行。他们因此而兴高采烈的时候，一阵暴风袭击了他们，大浪从各个方面涌来，他们以为自己已被包围其中，他们忠顺不违，哀求安拉道："如果你把我们从这里拯救出，我们一定会成为感恩的人。"》（10：22）又如《谁从陆地和海洋的黑暗中引导你们？谁差遣风作为他的慈悯之前的喜讯？难道在安拉之外另有神吗？安拉远比他们所举伴的崇高。》（27：63）本章经文则说："你说：'谁把你们从陆地和海洋的重重黑暗中拯救出来呢？'你们谦恭地、暗暗地祈求安拉"，即公开地、隐秘地祈求。

"如果他从中拯救我们"，"从中"指从困境

---

[1]《泰伯里经注》11：410。

[2]《艾哈麦德按序圣训集》2：364。

中；"我们必定成为感谢者"，即此后我们必定感谢他。

清高伟大的安拉说："你说：'安拉拯救你们脱离它和一切忧患。但你们却在以物配主。'"即在平安幸福的时候，你们却在崇拜一些伪神。

"你说：'他能够从你们头上和脚下降给你们惩罚'"，即他拯救你们后，还可以惩罚你们。正如安拉所言：《你们的主为你们使船在海上航行，以便你们能够寻求他的恩典。他的确是对你们至慈的。当你们在海上遭遇危难时，除了他之外，你们所祈求的那些都不见了。可是当他把你们拯救到陆地时，你们就背弃了。人总是忘恩负义的！难道你们不担心他使大地吞没你们，或降给你们石雨，然后你们找不到保护者吗？不然，你们不担心他使你们再度回到那里（海中），并因你们忘恩负义而降下风暴，将你们淹死。那时你们在其中找不到任何援助来报复我吗？》（17：66—69）

布哈里解释"你说：'他能够从你们头上和脚下降给你们惩罚，或是以宗派的形式使你们陷于混乱，或使你们尝试彼此的伤害。'你看，我如何对他们分析我的迹象，以便他们理解"说："以宗派的形式使你们陷于混乱"指使你们混乱不堪。贾比尔说，这节经文降示后安拉的使者㊎说："以你的尊严求庇佑：不要让我们遭受下列经文所述的可怕情况：'或是以宗派的形式使你们陷于混乱，或使你们尝试彼此的伤害。'"使者㊎说："这更轻松，更容易一些。"[1]

（圣训）赛尔德传述，我们和安拉的使者㊎一起经过了穆阿维叶族人的清真寺，我们随使者进去后礼了两番礼拜，期间，使者长时间地向他的养主祈求，过后他说："我向我的主提出了三个要求：我祈求他不要让我的民族毁于涝灾，他同意了我；我祈求他不要让我的民族毁于旱灾，他也同意了我；我祈求他不要让我的民族自相残杀，但他拒绝了我。"[2]

（圣训）胡拜卜传述（他曾和安拉的使者㊎一起参加了白德尔战役），有一夜我到穆圣㊎那里时，他整夜都在礼拜，黎明时分使者才结束礼拜，我说："安拉的使者啊！我从未看到过你像昨晚那样礼拜。"安拉的使者㊎说："是啊！那是充满恳求和恐惧的礼拜。我在其中向我的养主提出三个要求，他同意了两个，拒绝了一个。我祈求我的养主不要让我的民族毁于先民的惩罚，他同意了我；我祈求我的养主不要让敌人战胜我的民族，他也同意了我；我祈求他不要让我的民族陷入宗教的混乱之中，但他拒绝了我。"[3]

"或是以宗派的形式使你们陷于混乱"，即你们派别林立，纷争不息。伊本·阿拔斯、穆佳黑德等学者说，经文指你们陷入各自的私欲之中不可自拔。[4]有段多渠道传述的圣训说："这一民族将分成七十三派。除了一派外，其余的都在火狱之中。"[5]

"或使你们尝试彼此的伤害"，伊本·阿拔斯等学者说，经文指让你们互相征服，互相折磨或杀戮。[6]

"你看，我如何对他们分析我的迹象。以便他们理解"，即他们参悟安拉的经文、阐释迹象和明证。

《66.你的族人虽然否认它，但它确实是真理。你说："我不是派来监督你们的。"》

《67.每一个消息都有一个期限，你们不久就会知道。》

《68.当你看见人们妄谈我的迹象时，你就要离开他们，直到他们换了话题。如果魔鬼使你忘记，那么记起之后，你就不要跟不义的民众在一起。》

《69.敬畏者不对他们的清算负有任何责任。但需劝诫，或许他们敬畏。》

## 宣教仅是指导，而非强迫

"否认它"，指否认《古兰》以及使者的引导和作出的解释。

"你的族人"指古莱什人。

"它确实是真理"指它是绝无仅有的真理。

"你说：'我不是派来监督你们的。'"即使者不是你们的记录者或看管员。正如安拉所言：《你说："真理来自你们的主。谁愿意，就让谁归信，谁不愿意，就让他不信。"》（18：29）即使者的责任是传达，你们的责任是听从，跟随的人将得到今世和后世的幸福，违背安拉的人在今世和后世都注定是薄福的。

"每一个消息都有一个期限"，伊本·阿拔斯等学者说，每则预言都会得到兑现，每个消息终究都要实现，哪怕时过境迁。正如安拉所言：《在

---

（1）《布哈里圣训实录诠释——造物主的启迪》8：141、13：400；《圣训大集》6：340。
（2）《艾哈麦德按序圣训集》1：175；《穆斯林圣训实录》2890。
（3）《艾哈麦德按序圣训集》5：108；《圣训大集》3：217；《伊本·罕巴尼圣训实录》9：179；《提尔密济圣训全集诠释》6：397。
（4）《泰伯里经注》11：419、420。
（5）《艾布·达乌德圣训集》5：5；《提尔密济圣训全集诠释》7：399；《伊本·马哲圣训集》2：1322。
（6）《泰伯里经注》11：421。

一段时期之后，你们必将知道关于它的消息。"（38：88）"每一个限期都有其记录。"（13：38）这是一种警告，因此说："你们不久就会知道。"

## 禁止与妄谈安拉经文的人同坐

"当你看见人们妄谈我的迹象时"，指当人们在否认或嘲讽安拉的经文时，"**你就要离开他们，直到他们换了话题。**"直到他们谈论不否认真理的话题。

"**如果魔鬼使你忘记**"，即穆斯林民族中的每一个人，都不能和篡改安拉的经文，或对经文妄加解释的人同坐。如果有人忘记了，"**那么记起之后，你就不要跟不义的民众在一起**"。圣训说："我的民族在错误、遗忘或被迫的情况下（所做的事情）不受惩罚。"[1] 下列经文表示的就是这层意义："他确已在经典中启示你们："当你们听到安拉的经文被人否认和嘲弄时，你们不要和他们同坐，直到他们讨论别的话，否则，你们与他们是一样的。""（4：140）即如果你们和他们坐在一起，承认他们所说的话，那么你们和他们是一样的。

"**敬畏者不对他们的清算负有任何责任。但需劝诫，或许他们敬畏**"，即如果回避妄谈者，不和他们同坐，就与他们的罪责无关。但是安拉命令你们避开他们，是为了提醒他们，以便他们敬畏安拉，停止作恶。

"70.**你不要理会那些把他们的宗教当作消遣和游戏的人，今世生活欺骗了他们，因此你要据此警示，以免任何人由于自己的行为而毁灭。他在安拉之外没有保护者和说情者。即使他拿出所有的物品前来补偿，它也不会被接受。这些人就是那些被他们自己的行为所毁灭的人。他们因为不信，而将遭受滚烫的饮料和痛苦的刑罚。**"

"你不要理会那些把他们的宗教当作消遣和游戏的人，今世生活欺骗了他们"，即安拉教使者不要管他们，暂时宽纵他们，他们将遭受严重的惩罚。

"因此你要据此警示"，即你当以《古兰》劝诫世人，以末日严重的惩罚警告他们。

"以免任何人由于自己的行为而毁灭"，伊本·阿拔斯、穆佳黑德艾克莱麦、哈桑、赛丁伊说，这节经文的意思是以便每个人从自己的行为中

得到解脱。[2] 瓦里毕解释说："以免任何人由于自己的行为而遭受凌辱。"[3] 格塔德解释说："以免任何人因自己的行为而被拘禁。"[4] 孟勒、伊本·栽德说："以免任何人因自己的行为遭受惩罚。"[5] 凯里卜说："以免任何人因为自己的行为遭到报应。"[6] 上述解释大同小异。概言之，以便让人们免于毁灭，获得幸福，不要被拘押在低级的火狱中，正如安拉所言："每一个人都因他的行为而被抵押。幸福的人则不然。"（74：38—39）

"他在安拉之外没有保护者和说情者。即使他拿出所有的物品前来补偿，它也不会被接受"，指即使他付出了他能付出的一切，也不会被接受。正如安拉所言："确实，那些不信并以隐昧者的身份死去的人，即使他们以充满大地的黄金赎罪。"（3：91）同样，经文在此说："这些人就是那些被他们自己的行为所毁灭的人。他们因为不信，而将遭受滚烫的饮料和痛苦的刑罚。"

---

(1)《伊本·马哲圣训集》1：659。
(2)《泰伯里经注》11：443。
(3)《泰伯里经注》11：444。
(4)《泰伯里经注》11：443。
(5)《泰伯里经注》11：443。
(6)《泰伯里经注》11：444。

71.你说："难道我们舍弃安拉，而去崇拜那些既不对我们有益，也不对我们有害的东西，并且在安拉引导我们之后再度背叛，就像那糊里糊涂地被魔鬼在大地上迷惑的人吗？"他的伙伴们号召他走向正道（说）："到我们这边来。"你说："安拉的引导才是引导，我们已经奉命服从众世界的养主。"

72.（又奉命说）你们要谨守拜功，敬畏他。你们将来会被集中到他那里。

73.他本着真理造化了诸天与大地。那天，他说：'有！'它就有了。他的话就是真理，在号角被吹起的那天，权力只归于他。他知道目不能见的和可以看见的（事物）。他是明哲的、彻知的。"

### 归信安拉，干了善功后又回到迷误的人

赛丁伊说，多神教徒们对穆斯林说，请跟随我们的道路，放弃穆罕默德的宗教吧。安拉针对此事降谕道："你说：'难道我们舍弃安拉，而去崇拜那些既不对我们有益，也不对我们有害的东西，并且在安拉引导我们之后再度背叛，就像那糊里糊涂地被魔鬼在大地上迷惑的人吗？'"赛丁伊说："如果你们在信教之后叛教，就无异于这种人：他同人们外出途中被恶魔所诱惑，迷失了方向，他的伙伴们站在路上喊他：'请到这里来吧！我们就在路上。'但他拒绝跟伙伴们一起走。认识穆圣㊗之后脱离他的路线的人也是如此。穆圣㊗就是站在路上召唤的人，道路就是伊斯兰。"伊本·哲利尔传述。(1)

"就像那糊里糊涂地被魔鬼在大地上迷惑的人吗？""魔鬼"指魑魅魍魉，它们以他的名字，他的父亲或爷爷的名字呼唤他，然后他自以为是地跟随它们，等到清醒过来时，已经坠入了毁灭的深渊，或被它们吞噬，或在迷途中渴死。这就是认识独一的安拉之后，又去崇拜许多伪神的人的例子。伊本·哲利尔传述。(2)

因此说："你说：'安拉的引导才是引导'。"正如安拉所言：❁ 安拉所引导者，没有人能误导他。❁（39：97）即使你希望他们获得正确的引导，安拉也不引导那些误导他人的人，他们也没有相助者。❁（16：37）

"我们已经奉命服从众世界的养主"，即我们将虔诚地崇拜独一无偶的安拉。

"（又奉命说）你们要谨守拜功，敬畏他"，我们同时奉命在任何情况下都要立站拜功，敬畏安拉。

"你们将来会被集中到他那里"，指末日的事情。

"他本着真理造化了诸天与大地"，即安拉公正地创造了天地。他是天地的创造者，掌管者，天地及其中的一切的决策者。

"那天，他说：'有！'它就有了"，指末日，安拉发布命令时说一声"有！"他所意欲的一切都会在一眨眼间或更短的时间内出现。经文中的"那天"根据不同语法地位，有不同的解释，譬如："你们当防备那天……"或"他本着真理创造诸天和大地的那天"，通过叙述初造，来描述末日的复造；或"你们当铭记那天……"

### 吹 号 角

"他的话就是真理，在号角被吹起的那天，权力只归于他"，这两个句子可以给前面的"众世界的养主"当定语。

"在号角被吹起的那天"，在语法地位方面，这节经文可以给前面的经文"那天，他说：'有！'它就有了。"做同位语，也可以在下列经文当中处于时间宾语地位："在号角被吹起的那天，权力只归于他。"正如安拉所言：❁ 今天权力归谁？归于独一而强大的安拉！❁（40：16）又如：❁ 那天，真实的权力属于至仁主，那对隐昧者是一个艰难的日子。❁（25：26）这几段经文非常相似。"号角"指伊斯拉菲里天使㊗所吹的号角。安拉的使者㊗说："伊斯拉菲里已经将号角含在嘴中，皱起眉头，等待着吹号角的命令。"(3)

阿卜杜拉·本·阿慕尔传述，有位游牧人问："安拉的使者啊！号角是什么？"使者说："吹的号角。"(4)

74.当时，伊布拉欣对他的父亲阿则尔说："你把偶像当作神灵吗？我看你和你的族人都在明显的迷误之中。"

75.就这样，我让伊布拉欣看到诸天和大地的权力。以便他成为确信的人。

76.当夜色笼罩时，他看见一颗星，他说："这是我养主。"但是当它落下时，他说："我不爱陨落的东西。"

77.当他看见月亮上升时，他说："这是我的主。"但是当月亮落下时，他说："如果不是我的主引导我，我一定成为一个迷误的人。"

---

(1)《泰伯里经注》11：452。
(2)《泰伯里经注》11：452。
(3)《泰伯里经注》5：238。
(4)《提尔密济圣训全集诠释》7：117；《艾哈麦德按序圣训集》2：162。

❖ 78.当他看见太阳升起时,他说:"这是我的主。这是最伟大的。"但是当日落时,他说:"我的族人啊!我与你们所设的神无关。"❖

❖ 79.我已纯正地面向造化诸天与大地的安拉,我不是以物配主的人。"❖

## 伊布拉欣劝诫他的父亲

概言之,伊布拉欣曾劝诫并禁止他的父亲崇拜偶像。正如安拉所言:"当时,伊布拉欣对他的父亲阿则尔说:'你把偶像当作神灵吗?'"即难道你要舍弃安拉,神化你所崇拜的这些偶像吗?

"我看你和你的族人都在明显的迷误之中。""你的族人",指与你沉瀣一气的人。"明显的迷误",指在每个有智者看来,你们确实在无知和迷信中漫无目标地徘徊。

清高伟大的安拉说:❖你也要在经典中提到伊布拉欣。他是一位真诚的人,一位先知。当时他对他的父亲说:"我的父亲啊!你为什么崇拜那些不能听、不能看和不能对你有益的东西呢?我的父亲啊!那未曾到达你的知识已经到达我了。因此,你跟随我,我就引导你到达正道。我的父亲啊!你不要崇拜恶魔!因为恶魔是违抗至仁主的。我的父亲啊!我怕来自至仁主的惩罚打击你,致使你变成恶魔的朋友。"他说:"伊布拉欣啊!你要背弃我的神吗?如果你不停止,我一定会用石头砸死你,你长期离开我吧!"他说:"祝你平安!我将为你而向我的主求饶,他对我一直是最仁慈的。我将离开你们,以及你们在安拉之外所祈求的。我求我的主,我肯定不会由于对我的主的祈祷,而沦为不幸者。"❖(19:41—48)伊布拉欣一生都在为他的父亲求饶,当他的父亲以多神教徒身份死去后,伊布拉欣知道一切已成定局,此后不再为他求饶,并和他划清了界限。正如安拉所言:❖伊布拉欣为他的父亲祈求恕饶,是因为他(安拉)曾经答应过他。但是当他(伊布拉欣)明白了他(他父亲)是安拉的敌人时,他就和他断绝了关系。伊布拉欣确实是勤于祈求的,宽容的。❖(9:114)有段明确的圣训说,伊布拉欣将在末日看见他的父亲阿则尔,阿则尔对他说:"我亲爱的儿子啊!今天我不违背你。"伊布拉欣祈祷安拉说:"我的养主啊!你曾应许过我,人类被复生的日子你不让我出丑,是这样吗?虽然我的父亲与我最疏远,但对我而言,难道有比他受辱更大的耻辱吗?"这时有声音说,伊布拉欣啊!你看你后面是什么?(伊布拉欣回头看时)只见一只肮脏的鬣狗被(天使)从爪子提起来扔进火狱。[1]

## 简介伊布拉欣阐明认主独一的方法

"就这样,我让伊布拉欣看到诸天和大地的权力",即安拉向他介绍通过参悟天地阐明安拉独一的方法——安拉无论在创造方面还是在权力方面都是独一无偶的。正如安拉所言:❖难道他们没有从天上和地上看看他们之前的和他们之后的吗?如果我愿意,我将使大地吞没他们,或使天一块块地落到他们身上。对于每个回归的仆人,其中确有一个迹象。❖(34:9)

"当夜色笼罩时",即夜幕落下时,"他看见一颗星,他说:'这是我养主。'但是当它落下时","他说:'我不爱陨落的东西'"。格塔德说,他知道他的养主是永远不会改变的。[2]

"当他看见月亮上升时","上升"指挂在天空。

"他说:'这是我的主。'但是当月亮落下时,他说:'如果不是我的主引导我,我一定成为一个迷误的人。'当他看见太阳升起时,他说:'这是我的主。这是最伟大的'",即这个灿烂的星体,它的体积更大一些,其光亮比月亮更加璀璨

---

(1)《布哈里圣训实录诠释——造物主的启迪》6:445。

(2)《泰伯里经注》11:480。

耀眼。

"但是当日落时，他说：'我的族人啊！我与你们所设的神无关。我已纯正地面向……'"因此，伊布拉欣忠心奉教，只崇拜造化诸天与大地的安拉，安拉在没有先例的情况下创造了天地。

"**纯正地**"，指放弃以物配主，独奉"安拉独一"信仰。因此他说："**我不是以物配主的人。**"

## 辩论者的位置

事实上伊布拉欣是在和他的民族辩论，他为他们阐明崇拜天体和偶像是多么的谬误。伊布拉欣站在前面的位置，为他父亲阐明了崇拜大地上凡是以天使形象出现的偶像，都是愚昧之举，这些偶像并不能按他们的愿望在伟大的造物主那里给他们说情。多神教徒知道，天使无权接受崇拜。但多神教崇拜者妄言他们崇拜天使，是想在安拉那里获得给养、胜利等好处。伊布拉欣在这一位置阐明，他们崇拜一些行星，同样是愚蠢的做法。经文所指的这七个行星是月亮、水星、金星、太阳、火星、木星和土星。在他们看来，光线最强的、最尊贵的是太阳，然后是月亮，然后是金星。伊布拉欣首先阐明太阳不可能是主宰，因为它的运行是受到严格制约的，它不能有丝毫的偏差，也无法自由运行，它仅仅是安拉创造的一个发光体而已。其中有安拉赋予的某种哲理。它从东方升起，向西方运行，最后离开人们的视线。第二天它依然沿着这个轨道运行。显然，这种东西不可能是主宰。然后他将目光转向月亮，从这个角度来看，月亮的情况和太阳相差无几；金星也是如此。当他阐明人类所能看到的这三个发光体不可能是主宰后，斩钉截铁地说："**我的族人啊！我与你们所设的神无关**"，即我与你们的崇拜无关。如果它们是主宰，你们就让它们一起来陷害我吧，你们不用照顾我。

"**我已纯正地转向造化诸天与大地的安拉，我不是以物配主的人**"，即我所崇拜的是这些物体的创造者、制服者和操纵者，一切都在他的掌握之中，他是万物的养育者和主宰。正如另段经文所述：👉 你们的主是安拉，他在六天当中造化了诸天和大地，并升上阿莱什。他使昼夜交替遮盖，迅速循环追踪。他使太阳、月亮和星星都成为服从于他的命令的。一切造化和命令都属于他。安拉——众世界的主宰真多福啊！👈（7：54）安拉对伊布拉欣说：👉 我在以前确把鲁西德赐给伊布拉欣，我是深知他的。当时，他对他的父亲和族人说："你们供奉的那些偶像是什么？"👈（21：51-52）上述经文都能证明，伊布拉欣所处位置，是在和他的民族辩论，而不是他自己迷惑不解。

👉 80.他的族人跟他争论，他说："你们还跟我争论安拉吗？他已经引导了我。我不怕你们在安拉之外设立的（伪神），除非我的主有什么意愿。我的主的知识包罗万象，你们还不思考吗？👈

👉 81.你们将那些未经接受任何权利的东西举伴给安拉，而不害怕，我怎会怕你们给安拉举伴的呢？如果你们知道的话，（请告诉我）两派中哪一派更有权得到安全。"👈

👉 82.那些归信了，并且不把他们的信仰跟不义相混淆的人，他们是安全的，是得道的。👈

👉 83.这就是我赐给伊布拉欣对付他族人的论证。我提升我所意欲的人的品级。你的主是明哲的、全知的。👈

安拉讲述他的朋友伊布拉欣的故事，当时他的民族因他坚持"安拉独一"信仰而和他狡辩，他回答说："**你们还跟我争论安拉吗？他已经引导了我**"，即你们和我辩论关于安拉的问题吗？事实上，应受拜者，惟有安拉，他让我看到了真理，并将我引向了正道。我既然持有来自安拉的明证，又怎会理睬你们的谬论？

"**我不怕你们在安拉之外设立的（伪神），除非我的主有什么意愿**"，揭露你们的谬论的证据之一是，你们所崇拜的这些伪神不能产生任何影响，我不在乎它们，更不害怕它们。如果它们能施展诡计，就让他们来吧！你们不但不必管我，甚至可以让它们立即来对付我。

"**除非我的主有什么意愿**"，这是一个绝对除外语。即只有伟大的安拉掌握福与祸。

"**我的主的知识包罗万象**"，即安拉无所不知，任何事物都不能隐瞒他。

"**你们还不思考吗？**"即难道你们不考虑一下我为你们作出的解释吗？然后应当立即悬崖勒马，不再崇拜偶像。这一证据如同呼德先知给他的民族带来的证据，经文叙述那段历史说：👉 他们说："呼德啊！你并不曾给我们带来明证，我们不会由于你的话而放弃我们的神！我们绝不会归信你。我们只能说，我们的部分神使你发疯了。"他说："我求安拉作证，你们也当作证，我是和你们所举伴的无关的。你们全体来算计我吧！不必宽限我。我已经托靠了安拉——我的主和你们的主。没有一种动物的命脉不归他掌管。我的养主确在正道上。"👈（11：53-56）

"**我怎会怕你们给安拉举伴的呢？**"即我怎么会害怕你们舍安拉而崇拜的这些伪神呢？"**你们将那些未经接受任何权利的东西举伴给安拉，而不害怕**"。伊本·阿拔斯等学者说，"权利"指证据。[1]正如

---
[1]《泰伯里经注》11：491。

安拉所言：《他们有许多伙伴，为他们制定了安拉未曾允许的宗教吗？》（42：21）又如《它们只是你们和你们的祖先所叫出的名字，安拉不曾赋予它们任何权力。》（53：23）

"两派中哪一派更有权得到安全"，即两派中的哪一派更正确，是那些崇拜掌管祸福的安拉的人们，还是崇拜对人无害无益且无明证的偶像的人们？两派中的哪一派在末日更应享有安全的权利？

"那些归信了，并且不把他们的归信跟不义相混淆的人，他们是安全的，是得道的"，即虔诚崇拜独一无偶的安拉，不以任何物配主的人，在末日是安全的，在今世和后世是得正道的。

## 以物配主是重大的不义

布哈里传述："'那些归信了，并且不把他们的归信跟不义相混淆的人……'降示后，圣门弟子们说，我们中谁没有亏过自己啊。后来安拉降示了'以物配主确实是重大的不义。'"[1]

阿卜杜拉传述："'那些归信了，并且不把他们的归信跟不义相混淆的人……'降示后，人们都觉得难以接受，说：'安拉的使者啊！我们中谁没有自己亏过自己呢？'使者说，经文的意思并非你们理解的那样。难道你们没有听清廉的仆人（鲁格曼）是怎么说的吗？他说：《我的小儿啊！你不要以物配主。以物配主确实是严重的不义。》（31：13）[2]

"这就是我赐给伊布拉欣对付他族人的论证"，即这是安拉使他驳倒他的民族的证据。穆佳黑德等学者说，"论证"指："你们将那些未经接受任何权利的东西举伴给安拉，而不害怕，我怎会怕你们给安拉举伴的呢？如果你们知道的话，（请告诉我）两派中那一派更有权得到安全。'"[3]安拉证实了这一预言，不仅赐他安全，而且还赐他正道。因此说："我提升我所意欲的人的品级。"

"你的主是明哲的、全知的"，即安拉的一切言行都是精确而富有哲理的。他知道他所引导的人和他使之迷误的人。哪怕那个迷误者是多么能言善辩。正如安拉所言：《你的主的言辞已经判定的那些人，他们不会归信。即使任何迹象来临他们，直到他们看到痛苦的刑罚。》（10：96—97）

《84.我赐给他易司哈格、叶尔孤白，我引导了他们每一个人，在他们之前，我引导过努哈和他

---
[1]《布哈里圣训实录诠释——造物主的启迪》8：144。
[2]《艾哈麦德按序圣训集》1：444。
[3]《泰伯里经注》11：505。

的子孙中的达乌德、苏莱曼、艾优卜、优素福、穆萨、哈伦。我确这样回赐行善者。》

《85.宰凯里雅、叶哈雅、尔撒、易勒雅斯，每一位都是清廉的。》

《86.以及伊斯玛仪、艾勒叶赛尔、优努司、鲁特，我使他们每个人高于世人。》

《87.我也从他们的一些先人中，他们的后代以及他们的弟兄中选拔了他们，并引导他们正道。》

《88.那是安拉的引导，他引导他的仆人中他所意欲之人。假若他们以物配主，他们所做的一切都作废了。》

《89.这等人，我给他们赏赐了经典、哲理和圣品。如果这些人隐昧它，那么，我就要将它（他们的责任）托付给一个不会隐昧它的群体。》

《90.那些人是受安拉引导的群体，所以你要遵循他们的道路。你说："我不因它而向你们要任何报酬，它只是对众世界的劝诫。"》

## 伊布拉欣老年得子

清高伟大的安拉给伊布拉欣赐予易司哈格时，他已年迈，他的太太已经对生孩子不抱有任何希

望。当一群前往鲁特民族的天使路过他们那里，报告易司哈格即将降生的喜讯时，他的太太因此而惊诧不已：⁂她说："哎呀！我一个老妇还会生子吗？这是我年迈的丈夫。那真是一件奇事了。"他们说："你对安拉的命令感到惊奇吗？家中的人啊！愿安拉赐给你们他的慈悯和吉庆。他确实是可赞的主，光荣的主。"⁂（11：72-73）然后众天使又向他们传达一个喜讯：易司哈格不但将来要成为先知，而且还会子孙满堂。正如安拉所言：⁂我以易司哈格向他报喜，他也是一位清廉的先知。⁂（37：112）这是最全面和最重大的恩典及喜讯。安拉说：⁂我就以易司哈格及他之后的叶尔孤白给她报喜。⁂（11：71）即在他们夫妇在世时，他们还会得到一个孙子，成为他们的慰借，使他们得到如同得到儿子一样的欢喜。从传宗接代角度来讲，孙子会带给人更多的欢乐。也许人们会担心年迈的夫妇所生的孩子由于羸弱能否留有后代，所以，安拉不但以孙子给他们报喜，而且带来这一家庭人丁兴旺的喜讯，同时指出他们的后代叶尔孤白的名字（这个名字包含着多子多孙之意。）这是对伊布拉欣的奖赏，是啊，他曾为了崇拜安拉离别亲人，背井离乡，安拉通过让他的子孙们成为坚持正教的清廉者，而慰借他的心灵。正如安拉所言：⁂当他离开他们和他们舍安拉而崇拜的那些时，我赐给他易司哈格和叶尔孤白，并使他们都成为先知。⁂（19：49）经文的意思是：安拉赐给他易司哈格、叶尔孤白，并引导了他们每一个人。"**在他们之前，我引导过努哈**"，即正如安拉引导了伊布拉欣，也那样引导了努哈，并赐给他子孙。

## 努哈和伊布拉欣的殊荣

这两位先知都享有殊荣。安拉当年以洪水淹没大地时，只留下了信仰并和努哈一道乘船的人，使努哈的子孙成为清廉的，所以世界上的人都是努哈的后裔；安拉在伊布拉欣以后派遣的先知都是伊布拉欣的子孙，正如安拉所言：⁂并在他的后裔中安排了圣职和经典。⁂（29：27）⁂我确曾派遣努哈和伊布拉欣，并在他俩的后裔中设置圣职和经典。⁂（57：26）⁂这些是安拉确曾赐予恩典的众先知，是阿丹的子孙，是那些被我（在船中）同努哈一起救上来的人，是伊布拉欣和以色列的后裔，是我引导并选择的那些人。当至仁主的启示宣读给他们时，他们就会叩着头痛哭着倒身下拜。⁂（19：58）"**他的子孙中的达乌德、苏莱曼**"。经文中的"**他**"指努哈。伊本·哲利尔说，从文字上看，"**他**"无可争议地指代努哈。[1]也可以指代伊布拉欣，因为经文在此着重讲的是伊布拉欣的优越性。但经文中间又穿插了鲁特，他不是伊布拉欣的儿子，而是他的侄子（马兰·本·阿则尔的儿子）。主啊！除非鲁特按照惯例被例为伊布拉欣的子孙。正如安拉所言：⁂叶尔孤白临终时你们在场吗？当时，他对他的儿子们说："我（归真）之后，你们崇拜什么？"他们说："我们将崇拜你的主宰，你的祖先伊布拉欣、伊斯玛仪、易司哈格——的主宰，独一的主宰，我们顺从他。"⁂（2：133）在这节经文中，叶尔孤白的后裔们按照惯例，将他的伯父伊斯玛仪当作祖先一般看待。又如⁂天使们都叩头了。可是伊卜厉斯却不然，它不愿成为和他们一起的叩头者。⁂（15：30-31）在这节经文中，伊卜厉斯奉命和众天使一起叩头（后因违背主命而遭到谴责），因为它和天使有相似之处，所以按照惯例将它列入天使的群体。虽然它原本属于用火造成的精灵，而天使们是用光造成的。按照后一种说法，在伊布拉欣或努哈的子孙中叙述尔撒，能证明一个人的外孙也属于他的子孙。因为尔撒与伊布拉欣的血缘关系仅仅来自他的母亲（他没有父亲）。哈贾吉曾派人去叶哈雅·本·叶尔麦勒跟前，对他说："我听说你通过安拉的经典了解到哈桑和侯赛因是穆圣的子孙。但我通读《古兰》后并没有发现这一点。"后者答着："你是否读过《牲畜章》经文'我引导过努哈和他的子孙中的达乌德、苏莱曼……叶哈雅、尔撒……'？叶哈雅说：'尔撒虽然没有父亲，难道他仍然不是属于伊布拉欣的子孙吗？'前者听后说：'你说得对。'"[2]因此，当一个人为他的子孙留遗嘱，或进行施舍时，可以将外孙列入其中。如果他要给自己的儿子留遗产或进行专门的赏赐，那么，他可以只让儿子和家孙继承。

"**我也从他们的一些先人中，他们的后代以及他们的弟兄中选拔了他们，并引导他们正道。**"经文提到了他们的直系和旁系亲属以及各层亲属，安拉不但引导了他们，而且还选拔了他们。

## 以物配主抹杀善功，甚至会抹杀使者们的善功

"**那是安拉的引导，他引导他的仆人中他所意欲之人**"，即他们仅仅凭着安拉所赐的机遇和引导获得了成功。

"**假若他们以物配主，他们所做的一切都作废了**"，这是对以物配主行为发出的严厉警告，正如安拉所言：⁂你和你以前的人确已奉到启示："假若你举伴安拉，你的工作势必作废。"⁂（39：65）"假若"是假设、如果的意思，这里指永远不会发

---

[1]《泰伯里经注》11：507。

[2]《散置的珠宝》3：311。

生。又如《你说："假若至仁主有儿子，那么我首先就是拜他（儿子）的。"》（43：81）《假若我希望找点消遣，我一定会在我跟前找到它，假如我去这样做。》（21：17）《假使安拉希望得到一个儿子，他必定从他所造化的当中选出他所喜欢的。赞主超绝，他是独一的、强大的。》（39：4）

"这等人，我给他们赏赐了经典、哲理和圣品"，即安拉以此施恩于他们，以便慈悯众仆，博爱万物。

"如果这些人隐昧它"，"它"指圣位。也可以指上述三件事：经典、哲理和为圣。伊本·阿拔斯、赛尔德·本·穆散耶卜、端哈克、格塔德、赛丁伊等学者认为"这些人"指麦加人。[1]

"那么，我就要将它（他们的责任）托付给一个不会隐昧它的群体"，即如果否认真理的古莱什人和其他人——阿拉伯人、非阿拉伯人、有经人、无经人——否认这些恩典，我将委派另一些人——迁士和辅士以及追随他们的人——去归信它，直至末日。

"不会隐昧它的群体"，指他们对它毫不怀疑，不拒绝其中的任何一个字，相信其中的一切——义理明确的和义理深奥的。愿博施的安拉让我们跻身于他们的行列。

然后安拉呼唤他的仆人和使者穆罕默德："那些人是受安拉引导的群体"，即上述的先知和他们的亲属是得正道之人，"所以你要遵循他们的道路"，即你当紧跟他们的步伐。如果这是安拉对穆圣的命令，他的民族则是紧跟穆圣的，他们听从他的任何命令和禁止。

布哈里传述，穆佳黑德问伊本·阿拔斯："在《萨德章》中有叩头吗？"[2]他说："是的。"他接着读道："我赐给他易司哈格、叶尔孤白……所以你要遵循他们的道路。"并说："他属于他们。"另据传述，伊本·阿拔斯说："你们的先知是奉命跟随他们的人之一。"[3]

"你说：'我不因它而向你们要任何报酬'"，即穆圣不因为传达《古兰》而索要工资，也不要求任何回报。

"它只是对众世界劝诫"，即以便你们通过它去参悟，从而摆脱邪道、迷误和隐昧，走向正道、光明和正信。

《91.他们没有恰如其分地认识安拉，当时他们说："安拉没有给人类降下什么"，你说："是谁降下穆萨所带来的、可作为人类的光明和引导的经典呢？你们把它记录在纸张上展示，但是，你们却隐瞒很多。你们已被教导你们和你们的先人所不知道的。"你说："是安拉。"然后，你且任由他们在妄言中嬉戏。》

《92.这是一部我启示的吉祥的天经，证实在它以前的，以便你警告众城之母（乌姆·古拉）和它周围的。那些归信后世的人都归信它。他们谨守拜功。》

### 使者来自人类 经典的降示

清高伟大的安拉指出，他们并没有相应地认识安拉的伟大，因为他们否认了安拉的众使者。伊本·阿拔斯、穆佳黑德、阿卜杜拉·本·凯西尔说："这节经文是为古莱什人而降示的。"[4]有人说是因为一些犹太人而降示的。

"安拉没有给人类降下什么"，正如安拉所言：《难道这对人类是一件奇怪的事：我把它启示给他们当中的一个人，说："你警告人类……"》（10：2）《在引导到达人们之后，阻止他们归信

---
[1]《泰伯里经注》11：515、516。
[2] 教法规定读到后必须叩头的经文。——译者注
[3]《布哈里圣训实录诠释——造物主的启迪》8：144。

[4]《泰伯里经注》11：524。

的只是他们这句话："难道安拉派遣了一个人做使者吗？"你说："如果大地上有许多天使安然行走，那么我必然从天上派遣一位天使去做他们的使者。"❃（17：94-95）

本章的经文说："他们没有恰如其分地认识安拉，当时他们说'安拉没有给人类降下什么'。"安拉说，你说："是谁降下穆萨所带来的、可作为人类的光明和引导的经典呢？"即穆罕默德啊！你通过一个有针对性的事件，回答这些否认遣圣降经的人提出的消极问题。"是谁降下穆萨所带来的、可作为人类的光明和引导的经典呢？"因为任何人都知道安拉以前给穆萨降示了《讨拉特》，作为世人的光明和引导，人们借它消除疑虑，拨云见日。

"你们把它记录在纸张上展示，但是，你们却隐瞒很多"，即你们将一部分经典原文写到纸张上，然后隐瞒另一部分，或按自己的意愿注释一部分，说这是安拉降示的。因此说："你们把它记录在纸张上展示，但是，你们却隐瞒很多。"

"你们已被教导你们和你们的先人所不知道的"，即谁降示《古兰》，给你们教导你们和你们的先民以前所不知道的消息和事务？

"你说：'是安拉。'"伊本·阿拔斯等学者解释说："安拉降示了《古兰》。"

"然后，你且任由他们在妄言中嬉戏。"你先不要管他们，让他们在无知和迷误中嬉戏，直到安拉让他们死亡。然后他们会知道最后的成功是属于他们，还是属于敬畏者们。

"这是一部我启示的吉祥的天经"，"天经"指《古兰》。"证实在它以前的，以便你警告众城之母（乌姆·古拉）"。"众城之母"（أم القرى）指麦加。

"它周围的"包括阿拉伯人和所有阿丹的子孙。正如安拉所言：❃你说："世人啊！我是被派遣给你们全体的安拉的使者。"❃（7：158）❃这部《古兰》被启示给我，以便我警告你们和一切它所到达的人。❃（6：19）❃而各宗派中不信它的人们，火狱就是给他们许诺的地方。❃（11：17）❃赞安拉多福！他降给他的仆人准则，以便他做众世界的警告者。❃（25：1）❃你对有经的人和无经的人说："你们顺从吗？"如果他们顺从，他们就走上了正道；倘若他们背弃，你只负责传达，安拉是全观众仆的。❃（3：20）

两圣训实录辑录，安拉的使者㊟说："我曾获得五件特赐，我之前的任何一位先知都未曾获得它们……一般先知只被派到他的民族，而我被派往全人类。"[1]因此说，"那些归信后世的人都归信它"，即穆罕默德啊！每一个归信安拉和后世的人，都会归信安拉降给你的这部吉庆的《古兰》。

"他们谨守拜功"，即他们按时履行安拉规定的拜功。

❃93.谁比假借安拉名义捏造谎言，说自己受到了启示——而他未被启示——的人，或是自称可以像安拉一样颁降启示的人更不义呢？如果你能看到不义的人处于临死时的昏迷，天使伸出手（道）："交出你们的灵魂！由于你们曾为安拉捏造谎话，并藐视他的迹象，今天，你们要遭受羞辱的刑罚。"❃

❃94.你们像我第一次造化你们时一样，孤孤单单地来到我这里。你们将我以前赐给你们的一切抛到了身后，我见不到你们的求情者跟你们在一起，你们妄言他们是你们事务的合作者。现在你们之间的一切关系都被断绝了，你们当初所妄想的破灭了。❃

## 最不义的人，是假借安拉名义编造谎言，并妄言接受了启示的人

"谁比假借安拉名义捏造谎言……的人更不义呢？"，即没有人比这种人更加不义：他借安拉的名义编造谎言，声称安拉有伙伴或儿女，或妄称安拉派遣他作为世人的使者——其实他并不是安拉的使者。因此说："说自己受到了启示——而他未被启示——的人……"艾克莱麦和格塔德说："这节经文是因为骗子手穆赛利迈而降的。

"或是自称可以像安拉一样颁降启示"，即他妄言可以撰写（编造）一些文章，用来抵制安拉的启示。[2]正如安拉所言：❃当有人向他们诵读我的启示时，他们说："我们已经听过了，如果我们愿意，我们也能说出和它相似的……"❃（8：31）

## 不义者在死亡的时候和末日的情况

"如果你能看到不义的人处于临死时的昏迷"，即死亡前的沉昏和痛苦。

"天使们伸出手"，即伸手痛打他们。正如安拉所言：❃即使你伸出你的手来杀我……❃（5：28）❃并将邪恶地把他们的手和舌头伸向你们……❃（60：2）

端哈克和艾布·撒立哈说，"伸手"指惩罚。[3]正如安拉所言：❃这是由于你们亲自所犯的，安拉绝不会亏待众仆。"❃（8：51）他说，

---

(1)《布哈里圣训实录诠释——造物主的启迪》8：519；《穆斯林圣训实录》1：370。

(2)《泰伯里经注》11：533、534、535。

(3)《泰伯里经注》11：539。

本章经文的意思是：天使们伸手痛打他们，以便他们的灵魂从身体出来。催促说："**交出你们的灵魂！**"是因为隐昧者在临终时，天使将给他形容火狱的各种惩罚和至仁主的恼怒，他被吓得魂飞魄散，躲藏不及，最后在天使的痛打之下，灵魂才从体内出来。天使边打边说："**交出你们的灵魂！由于你们曾为安拉捏造谎话，并藐视他的迹象，今天，你们要遭受羞辱的刑罚**"，即今天你们将遭受无以复加的凌辱，因为你们曾经借安拉的名义撒谎，抗拒他的经文，不服从他的众使者。

许多以多渠道形式传述的圣训形容了穆民和隐昧者临终时的情况。下列经文也是这方面最好的例证：◆ **安拉将以坚定的话在今世与后世使那些归信的人坚定。**◆（14：27）"**你们像我第一次造化你们时一样，孤孤单单地来到我这里。**"这是末日安拉对他们所说的话。又如：◆ **他们将被排列着展示在你的主跟前，（我说）"你们正如我最初造化你们时一样，确已来到我跟前。"**◆（18：48）即正如安拉初造你们那样现复造你们，而你们曾否认复生，认为它遥不可及。这就是复生的日子。

"**你们将我以前赐给你们的一切抛到了身后**"，即你们将曾经拥有的幸福和财富抛在了今世，置于身后。安拉的使者㊣说："人说：'我的财产啊！我的财产啊！'须知，属于你的财产仅仅是你吃后消化的，你穿后破旧的，或你施舍后留下的（留在后世的），除此之外的一切不是一去不返，就是属于别人。"[1]哈桑·巴士里说，末日，阿丹的子孙被带来时，显得就像一只小绵羊，伟大的安拉问他："你曾聚积的财产去哪儿了？"他回答说："我的养主啊！就在我将它聚积到最多的时候，我离它而去。"安拉问："你为自己预先做的善功在哪里？"此时他看到他没有为自己的后事做任何准备，安拉则宣读了下列经文："**你们像我第一次造化你们时一样，孤孤单单地来到我这里。你们将我以前赐给你们的一切抛到了身后。**"伊本·吾班叶传述。

"**我见不到你们的求情者跟你们在一起，你们妄言他们是你们事务的合作者。**"这是对他们严厉的警告和羞辱，因为他们在今世时愚蠢地设立许多假神和偶像，认为它们对自己的今世和后世——如果有后世的话——有益。然而，当末日到来时，他们与这些伪神之间的一切关系都断绝了，迷误烟消云散了，他们所杜撰的一切化为泡影。伟大的安拉在万物面前呼唤：◆ **那一天他将召唤他们，说："你们所妄称的我的伙伴在哪里？"**◆（28：62）有声音对他们说：◆ "**你们曾经崇拜的一切都在哪里？你们舍安拉（而崇拜他们），它们能帮助你**

---

（1）《穆斯林圣训实录》4：2273。

**们，或是它们能自助吗？"**◆（26：92-93）因此说，"**我看不见你们的求情者跟你们在一起，你们妄言他们是你们事务的合作者**"，即你们曾妄称他们和你们一起崇拜伪神、共同负责设立伪神的责任。

"**现在你们之间的一切关系都被断绝了**"，句中的"بين"一词可以读成合口符，即"现在你们分崩离析了。"也可以读开口符，即"现在你们之间的一切关系、联系和纽带都断绝了。"

"**你们当初所妄想的破灭了。**""破灭了"指离开了你们。"你们当初所妄想的"指你们对伪神所抱的一切幻想。正如安拉所言：◆ 当时，被跟随的人看见惩罚，而与跟随的人绝交，他们间的关系都断绝了。随从的人将说："但愿我们返回尘世，那么，我们将与他们绝交，犹如他们和我们绝交一样。"安拉就这样让他们将自己的工作看成悔恨，但他们绝不能逃出火狱。◆（2：166-167）◆ 当号角被吹响时，他们彼此间将不再有各种关系，也不互相询问了。◆（23：101）你们在安拉之外择取偶像，只是为了你们之间在今世的相爱。然后在复生日，你们将会互相否认，互相咒骂。你们的居所将是烈火，你们将没有任何援助者。◆（29：

25）⟪他们被告知："祈求你们（为安拉编造出）的伙伴吧！"他们因而向它们呼求，但是它们却没有响应他们。⟫（28：64）⟪那天，我将把他们全体集中在一起……当初他们所捏造的（东西）消失了。⟫（6：22-24）类似的经文较多。

⟪95.是安拉使种子与果核裂开。他是从死物当中产生生物，又从生物当中产生死物的主。这就是安拉，你们转变到哪里？⟫

⟪96.他使天破晓，他以夜供人休息，以计时设置日月。这就是优胜的、全知的主的定律。⟫

⟪97.他为你们设置群星，为你们在陆地与海洋的黑暗中导向。我为知道的人详述各种迹象。⟫

## 通过部分迹象认识安拉

种类、颜色、味道不同的庄稼和果实，绽开果核（种子），破土而出。安拉用"**使种子与果核裂开**"形象地说明"**他是从死物当中产生生物，又从生物当中产生死物的主**"，即他从看似无生命的果核和种子，创造出活生生的植物。正如安拉所言：⟪已死的大地是给他们的一个迹象。我使它活，并由它生产谷物，他们便从中食用……从他们自身中以及从人们所不知道的（事物）中……⟫（36：33-36）

"**他从死物当中产生生物**"连接"**是安拉使种子与果核裂开。**"作为引申，然后以"**他也是从生物当中产生死物的主**"连接贯通。对上述句子的解释很多，有人说经文的意思是从蛋创造鸡，或从鸡创造蛋；有人说让邪恶的人生下清廉的孩子，或让清廉的人生下邪恶的孩子。等等。

"**这就是安拉**"，即这一切的运行者，都是独一无偶的安拉。

"**你们转变到哪里？**"即你们怎能离开真理，投入谬误，舍弃安拉，崇拜伪神？

"**他使天破晓，他以夜供人休息**"，即安拉创造了光明和黑暗。正如本章开头所述："**设置了重重黑暗和光明**"，即安拉让黎明的光线划破黑暗，照明天际，照耀万物。过后，他又带来夜幕，让天际笼罩在暮色之中。如此周而复始。正如安拉所言：⟪他使昼夜交替遮盖，迅速循环追踪。⟫（7：54）安拉在这里介绍他的大能，他以创造相对的事物，证明他的伟大和权力。以"**他使天破晓，他以夜供人休息**"形容他的创造大能及其功用。正如安拉所言：⟪以已时发誓，以宁静时的夜晚发誓。⟫（93：1-2）⟪以笼罩时的夜发誓，以显著时的昼发誓。⟫（92：1-2）⟪以显示它时的白昼盟誓。以笼罩它时的黑夜盟誓。⟫（91：3-4）

"**以计时设置日月**"，即日月按照规定的时间精确地运行，从不紊乱，从不改变，各自都按定数和轨道运行，从而全球形成长短不同的冬夏和昼夜。正如安拉所言：⟪他使日成为发光的，使月为光亮，并且规划了它的轨道……⟫（10：5）⟪太阳不能越过月亮，黑夜也不能赶上白昼。一切都在轨道上浮行。⟫（36：40）⟪他使太阳、月亮和星星都成为服从于他的命令的。⟫（7：54）⟪那是优胜的主、全知的主的安排。⟫（36：38）即一切都在按优胜的安拉的预定运行，从不冲突，从不紊乱。安拉全知万物，天地中任何一个原子，都在他的知识之中。安拉每每提及白天、黑夜、太阳和月亮，就以"**优胜**"和"**全知**"来结束该段经文。比如前面的经文。又如：⟪太阳将行至其定所，那是优胜的主、全知的主的安排。⟫（36：37）因此，在《哈伊·米目章》的开头提到诸天和大地以及其中的一切后，紧接着提到：⟪我以各种明灯（星星）装饰了最低层的天，并加以保护。⟫（41：12）

"**他为你们设置群星，为你们在陆地与海洋的黑暗中导向。**"正确的信仰是：安拉使群星成为天空的装饰，驱逐恶魔的火箭，成为陆地和海洋、黑夜中的航标。部分先贤说，不如此信仰这节经文的人，确实进入了误区，并对安拉撒了谎。

"**我为知道的人详述各种迹象**"，"**详述**"指阐明、解释。"**知道的人**"指那些应用理智思考事物，并能认识真理，远离谬误的人。

⟪98.是他经由一个人产生了你们。（并赐给你们）一个停留地和寄放地。我为领悟的人详述种种迹象。⟫

⟪99.是他从天上降雨，我以它产生万物的幼芽，然后我由它产生绿色，再由它产生成堆的谷物，由枣树的花中长出临近的成串的枣。各种相似但不同的葡萄、橄榄和石榴的园圃。当它们结果和成熟时，看看它的果实吧。对于归信的群体，其中确有种种迹象。⟫

清高伟大的安拉从一个人——阿丹创造了人类。正如安拉所言：⟪世人啊！你们要敬畏你们的主，他由一个人造化了你们，并由他造化了他的配偶。再由他俩繁衍了许多男女。⟫（4：1）

"**一个停留地和寄放地。**"伊本·阿拔斯、伊本·麦斯欧迪、艾布·阿卜杜·拉赫曼、给斯·本·艾布·哈兹目穆佳黑德、阿塔、伊布拉欣·奈赫伊、端哈克、格塔德、赛丁伊、阿塔·海勒萨尼等学者都说"**一个停留地**"指子宫；"**寄放**

地"指父亲的后背。[1][2]伊本·麦斯欧迪等人，"停留地"指今世；"寄放地"指死亡的地方。

"我为领悟的人详述种种迹象"，指理解安拉的经典的人。

"是他从天上降雨"，即仁慈的安拉以定量降下喜庆的雨水，供养人类，复苏万物。

"我以它产生万物的幼芽"，正如安拉所言：❁ 隐昧的人难道没有看到，诸天与大地原是一体，然后我把它们分开了，我用水造化每一种生物。难道他们不信吗？❁（21：30）

"然后我由它产生绿色"，"绿色"指绿色的庄稼和果树。然后，"再由它产生成堆的谷物"，即层层累累的谷物，譬如麦穗和果实。

"由枣树的花中长出临近的成串的枣"，"临近的"指成熟后垂手可得的。伊本·阿拔斯说，"临近的成串的枣"指"累累的果实垂到了地面"。[3]

"各种相似但不同的葡萄、橄榄和石榴的园圃。"

"葡萄园圃。"这是希贾兹地区居民最珍贵的果实；也许它也是今世中最宝贵的果实，因为安拉经常通过它来表示对仆人的恩典。正如安拉所言：❁ 你们也从枣树和葡萄树的果实酿制醇酒和美好的营养。❁（16：67）这是禁酒之前降示的经文。❁ 我也在其中造化了许多枣树园和葡萄园。❁（36：34）

"各种相似但不同的……橄榄和石榴"，格塔德等学者说，这些植物虽然叶子相似、形态接近，但它们的果实却在形状、味道和气味方面有所不同。[4]

"当它们结果和成熟时，看看它的果实吧。"伊本·阿拔斯、白拉伊·本·阿兹卜、端哈克、阿塔·海勒萨尼、赛丁伊、格塔德等学者说："你们参悟安拉的大能吧！他从无造有，从干柴般的躯干创造颜色、形状、气味和味道不同的葡萄、枣子等。"[5]正如安拉所言：❁ 大地上有许多比邻的广袤土地、葡萄园、禾田，由同一种水所灌溉的连生的或独生的枣树。我使它们的一部分比另一部分更加可口。❁（13：4）因此，安拉在此说："对于归信的群体，其中确有种种迹象"，即人们啊！对于你们那些坚信经文，紧跟列圣的人们来说，其中的许多迹象，处处证明着造物主的大能。

❁ 100.他们以精灵作安拉的伙伴，而安拉造化了他们。他们无知地为他捏造子女。赞颂安拉，超绝万物，他是超乎他们的叙述的。❁

### 谴责多神教徒

这是对多神教徒的驳斥。他们崇拜安拉的同时，崇拜诸多伪神，同时崇拜精灵。清高伟大的安拉与他们举伴和隐昧的无关！如果有人问，他们在崇拜许多偶像，又怎么会崇拜精灵呢？答复是：他们是因听信罪恶的精灵——伊卜厉斯而去崇拜偶像的。正如安拉所言：❁ 他们除安拉外只乞求女神，只乞求顽固的恶魔——愿安拉诅咒它！——它说："我一定占有你的仆人中受规定的一部分，我必定使他们迷误、使他们妄想，命令他们割牲畜的耳朵，并命令他们腐化安拉的造化。"谁舍弃安拉而以恶魔为保护者，谁确已遭受了明显的亏折。恶魔应许他们，并使他们幻想——恶魔只为诱惑应许他们。❁（4：117-120）又❁ 难道你们要舍弃我而以它和它的子孙作保护者吗？❁（18：50）

伊布拉欣对他的父亲说：❁ 我的父亲啊！你不要崇拜恶魔！因为恶魔是违抗至仁主的。❁（19：44）又❁ 阿丹的子孙们啊！我不曾与你们立约吗？你们不要崇拜恶魔，它的确是你们明显的敌人，而你们应当崇拜我。这才是正道。❁（36：60-61）

在末日，众天使说：❁ 赞你清净！你是我们的保护者，而他们不是。不然，他们曾崇拜精灵，他们大都信仰他们。❁（34：41）因此说，"他们以精灵作安拉的伙伴，而安拉造化了他们"，即独一的安拉是他们的创造者，人类怎能让人并入受拜者的行列呢。正如安拉所言：❁ 他说："你们崇拜你们自己所雕塑的吗？而安拉造化了你们和你们所制作的那些。"❁（37：95-96）经文的意思是，只有独一的安拉是创造者，因此只能崇拜独一无偶的安拉。

"他们无知地为他捏造子女。"安拉讲述迷误者关于安拉有儿女的谬说。正如先贤所说，他们的这种言论与犹太人说欧宰尔是安拉的儿子、基督教徒说尔撒是安拉的儿子、多神教徒说天使是安拉的女儿如出一辙。安拉与他们的谬说毫无关系。"**捏造**"指臆造、编造、杜撰、胡说。

"**赞颂安拉，超绝万物，他是超乎他们的叙述的**"，即神圣、清净、伟大的安拉与这些愚蠢的迷误者对安拉的描述毫无关系，安拉没有儿女，而且没有什么可以与安拉合作、抗衡或相对。

❁ 101.他是天地的初创者，他没有配偶，怎么会有子女呢？他造化了万物，并对万物是全知的。❁

---

[1] 指人体内存储精子的地方。——译者注
[2] 《泰伯里经注》11：565、570。
[3] 《泰伯里经注》11：576。
[4] 《泰伯里经注》11：578。
[5] 《泰伯里经注》11：582。

## 白迪尔（البديع）的意义

"他是天地的初创者"，即安拉是天地的造化者，首创者，他的创造没有先例。正如穆佳黑德和赛丁伊说："毕带尔提，البدعة 被称为新生异端，原因是它指没有先例的事物。"(1)

"怎么会有子女呢？"即安拉怎么会有子女呢？

"他没有配偶"，孩子是一对配偶的结晶，而任何物都无法与安拉相匹配或相结合——因为安拉是万物的创造者，所以他没有配偶儿女。正如安拉所言：❊他们说："至仁主有儿子！"你们的确触犯了一件最严重罪行……他们每一个都将在复生日单独地来到他跟前。❊（19：88-95）

"他造化了万物，并对万物是全知的"，安拉作为万物的创造者，他对万物是非常清楚的，所以他何必需要相依偎的配偶；任何物都与安拉不相似，他又何必需要儿女呢？赞美主超绝、清高、伟大。

❊ 102. 那是安拉，你们的养主，除他之外再无应受拜的。他是万物的造化者，所以你们应当崇拜他。他是万物的监护者。❊

❊ 103. 众眼睛看不到他，而他却能看见一切眼睛。他是微妙的、彻知的。❊

## 安拉是你们的养主

"那是安拉，你们的养主"，清高伟大的安拉是万物的创造者、养育者，他没有儿女和配偶。

"除他之外再无应受拜的。他是万物的造化者，所以你们应当崇拜他。"你们当崇拜独一无偶的安拉，承认他的独一性；应受拜者，惟有他；他无子女，没有妻室，没有对手，不可替代。

"他是万物的监护者"，即保护者和监督者。安拉安排除他之外的一切，并日夜供养他们，监督他们。

## 后世见安拉

"众眼睛看不到他"，即虽然人们可以在后世见到安拉，但在今世任何人无法看到他。从多渠道传自安拉使者㊗的许多圣训，都证明了这一点。阿伊莎（愿主喜悦之）说："谁声称穆罕默德见到了他的养主，谁就撒谎了。因为安拉说：'众眼睛看不到他，而他却能看见一切眼睛'。"(2) 艾布·穆萨传述，安拉的使者㊗说："安拉不睡觉，他也不宜睡觉，他可以降低准则，也可以提高准则。夜晚之前，白天的工作被汇报到他那里，白天之前，夜晚的工作被汇报到他那里。他的帷幕是光（或火），假若他揭起它，他的尊颜的光彩必定烧毁目光到达的被造物。"(3) 古籍中说，当年穆萨要求看见安拉时，安拉说："穆萨啊！有生物一看我，便会死去，无生物一见我，就会毁灭。"清高伟大的安拉说：❊当他的养主为那山显现时，他使它化作了灰尘，穆萨便晕倒在地。当他复苏的时候，他说："赞你清净。我向你忏悔，我是首先归信的人。"❊（7：143）上述传述说明，任何人都没有看见安拉的特权，但它同时又指出，穆民可以在后世以安拉意欲的方式看见安拉。而伟大的安拉永远是伟大的、神圣的、清高的。任何眼睛都看不到他。

传自信士之母阿伊莎（愿主喜悦之）的圣训说

---

(1)《泰伯里经注》2：540。

(2)《布哈里圣训实录诠释——造物主的启迪》8：472；《穆斯林圣训实录》1：159，6：49；《提尔密济圣训全集诠释》8：441；《圣训大集》6：335。

(3)《穆斯林圣训实录》1：162。

明，虽然人们无法在今世看见安拉，但他们可以在后世见到他。"众眼睛看不到他，而他却能看见一切眼睛。"经文也指出，任何人都无法相应地看到伟大的安拉的，这一点，无论是人类，还是天使，抑或其他，都无法做到。

"而他却能看见一切眼睛"，即安拉彻知一切眼睛包含真实的内容。因为眼睛是他的被造物。正如安拉所言：❮难道造化万物的主不知道吗？他是玄妙的、彻知的。❯（67：14）

或许"一切眼睛"指"一切可见之物"，正如赛丁伊在解释这节经文时所说，任何物都看不见他，但他能看见任何物。

"他是微妙的、彻知的。"艾布·阿林说，"微妙"指奥秘之玄妙。"彻知"指揭示事物本质的知识。正如鲁格曼劝子时所说：❮"我的小儿啊！即使它（善恶的行为）是一粒芥子的重量，在岩石中间，或在天地间，安拉都会把它带来。因为安拉是明察的、彻知的。❯（31：16）

❮104.来自你们养主的依据已经到达你们，谁重视它那就对谁有益。谁对它置若罔闻，谁就自蒙其害。我不是你们的监护者。❯

❮105.我这样阐述种种迹象，以便他们说："你已经学习过。"以便我为那些有知识的人阐明它。❯

## "依据"的注释

"依据"（البصائر）指《古兰》及穆圣☪的使命所蕴涵的证据和明证。"谁重视它那就对谁有益。"正如安拉所言：❮谁获得引导，他只为自己而得道；谁迷误，那也只不利自身而迷误。❯（10：108）因此，经文提到依据后，紧接着说："谁对它置若罔闻，谁就自蒙其害"，即他自受其害。正如安拉所言：❮的确，眼睛不会瞎，而胸中的心会瞎。❯（22：46）

"我不是你们的监护者"，意为使者不是记载者和监督者，而只是传达者。安拉引导他所欲之人，也使他所欲之人迷误。

"我这样阐述种种迹象"，即我在本章经文中阐述了安拉的独一，阐明应受拜者，惟有安拉。同样，安拉也在任何地方为无知的人们阐明各种迹象，并分析它。以免多神教徒和撒谎的隐昧者们说，穆罕默德啊！你以前在有经人那里学习过，讨教过，借鉴过。以上是伊本·阿拔斯、赛尔德·本·朱拜尔、端哈克等学者的解释。(1)

另据传述，伊本·阿拔斯说，"你已经学习过"指"你读过，辩论过，探讨过"。(2)正如安拉对他们的否认和顽固所作的叙述：❮但是那些隐昧的人说："这只是他伪造的谎言，并且有其他人在帮他。"因此，他们已做了不义之事和（说了）谎言。他们说："（这是）他写下来的古代神话，它是早晚被口授给他的。"❯（25：4-5）安拉讲述否认安拉的说谎者说：❮他确已思考和谋划。愿他被杀，他是怎么谋划的！愿他被杀，他是怎么谋划的！然后，他观看，然后，他蹙额，皱眉，然后，他傲慢地掉头而去。并说："这只不过是流传的魔法，这只是一个凡人的话！"❯（74：18-25）

"以便我为那些有知识的人阐明它"，即安拉为认识真理并跟随真理，认识迷误而远离迷误的人阐明它。安拉使一些人投向迷误，给另一些人阐明真理，是含有深刻哲理的。正如安拉所言：❮他以它使许多人迷误，也以它使许多人获得引导。❯（2：26）又❮以便他以恶魔的干扰考验那些心中有病的和心硬的人。的确，不义者们的确在深远的分裂中。以便那些被赐予知识的人知道，它是来自你的主的真理，因而他们能够归信它，他们的心能够恭服它。安拉确实是那些归信的人走向正道的引导者。❯（22：53-54）又❮我只以天使作火狱的监管者。我只为了考验隐昧者才规定他们的数目，以便有经的人明白，归信者加强信仰，那些被授予经典的人和归信者不怀疑，以致那些心中有病的人和隐昧者说："安拉以此作比喻意欲什么？"就这样，安拉任他所意欲者迷误，并引导他所意欲者。除他之外，没有谁能知道他的军队。这只是对人类的教诲。❯（74：31）又❮我颁降《古兰》，作为归信者的治疗和慈悯。它对不义者只增加损失。❯（17：82）又❮你说："它是对信士们的引导和治疗。至于那些隐昧的人，他们的耳已失聪，在他们看来，它是盲目的，这等人，是从远方被呼唤的。"❯（41：44）等等，这些经文都证明安拉颁降《古兰》，是为了引导敬畏者，引导所欲之人于正道；使所欲之人迷误于邪道。

❮106.你要遵循你从你的养主那里受到的启示——应受拜者，惟有他，并避开多神教徒。❯

❮107.如果安拉意欲，他们就不会以物配主。我没有使你成为他们的监护者，你也不是他们的监管者。❯

---

(1)《泰伯里经注》12：27。

(2)《圣训大典》11：137。

## 命令遵循启示

安拉命令使者☪和遵循使者道路的人说："**你要遵循你从你的养主那里受到的启示**"，即你遵循它，紧跟它。确实你的养主启示给你的是真理，其中毫无疑义。应受拜者，惟有安拉。"**并避开多神教徒**"，即你要原谅他们，宽恕他们，并忍受他们对你的伤害，直至安拉让你获得胜利。须知，安拉因为某种深刻的哲理而使他们迷误，假若安拉意欲，他定会引导全人类，让他们踏上正道。

"**如果安拉意欲，他们就不会以物配主**"，即在安拉的选择和意志中，带有他的意欲和哲理。但安拉的行为不受责问，而人类的行为将受到责问。

"**我没有使你成为他们的监护者**"，即他们言行的监督者。

"**你也不是他们的监管者**"，即你并无责任管理他们的给养和私事，你只负责传达。正如安拉所言：☸**你当劝诫，你只是一位劝诫者，你不是他们的监护者。**☸（88：21-22）"你负责传达，我负责清算"。

☸108.**你们不要辱骂他们舍安拉而祈求的，以免他们出于敌对而无知地辱骂安拉。就这样，我为每个民族掩饰了他们的行为，然后他们的归宿只在他们的养主那里。他将把他们曾经所做过的一切告诉他们。**☸

### 禁止辱骂多神教徒的偶像，以免他们辱骂安拉

安拉禁止使者和信士们辱骂多神教徒的伪神。虽然侮辱它们不乏一些益处，但其结果可能是更大的害处，即致使多神教徒辱骂安拉。应受拜者，惟有安拉。正如伊本·阿拔斯所传述，多神教徒们说："穆罕默德啊！如果你继续侮辱我们的神，我们将诋毁你的养主。"后来安拉禁止穆斯林骂多神教徒的偶像，以免"**他们出于敌对而无知地辱骂安拉**"。[1]格塔德说，穆斯林曾辱骂隐昧者的偶像，隐昧者们则出于敌对无知地辱骂安拉。后来安拉降示道："你们不要辱骂他们舍安拉而祈求的"。[2]下列圣训表达的也是这个意义——为了防止更大的害处，放弃一件有益的事情。安拉的使者☪说："骂自己父母的人真该遭受诅咒！"人们说："安拉的使者啊！有谁会辱骂自己的父母呢？"使者说："他辱骂别人的父母，致使别人辱骂他的父亲和母亲。"[3]

"**我为每个民族掩饰了他们的行为**"，即正如让这些人陶醉于他们的偶像那样，我让迷误的先民陶醉于自己的工作之中。安拉的意欲和选择中，确实有许多确凿的证据和深刻的哲理。

"**然后他们的归宿只在他们的养主那里**"，即他们全部都要回归到安拉那里。

"**他将把他们曾经所做过的一切告诉他们**"，即安拉要论功行赏，善以善报，恶以恶报。

☸109.**他们凭安拉立下隆重的誓言：如果一个迹象来临他们，他们必定会相信它。你说："迹象都在安拉那里，你们知道吗？"当它降临时，他们仍不归信。**☸

☸110.**我也将翻转他们的心和眼，就像最初他们不信一样。我将任由他们在过分当中彷徨。**☸

### 多神教徒祈求见到迹象，发誓当迹象到来时归信正教

安拉讲述那些多神教徒，他们以安拉庄重地发誓："如果一个迹象来临他们。""迹象"指奇迹或反常事物。"他们必定会相信"，即不再怀疑。"你说，迹象都在安拉那里"，即穆罕默德啊！这些人完全出于刁难和顽抗而向你提问，而不是因为求教或请示，你告诉他们，迹象的来源在安拉那里。如果他意欲，他会给你们带来它；如果他不意欲，就不会理睬你们。

"**你们知道吗？当它降临时，他们仍不归信。**"穆佳黑德等人说，"你们知道吗？"指多神教徒，即"怎能知道你们的发誓是真心的呢？"按这种读法来说，如果"أنّ"（或 أنْ）读齐齿符，那么它是一个另起句，表示所以迹象到来时他们也不信仰[4]。

有人说"你们知道吗？"中的"你们"指信士，即"信士们啊！你们怎会知道？"按照这种读法，"当它降临时，他们仍不会归信。"既可以是个另起句，也可以是"你们知道吗？"的被行为句，即句中的"لا"是关系词。正如安拉所言：☸**当我命令你叩头时，什么阻止了你叩头呢？**☸（7：12）又☸**但是对于我已毁灭的人群却有一项禁令，即他们不再归返。**☸（21：95）即信士们啊！你们希望他们这样做，渴望他们获得信仰，但迹象到来时，他们仍是不会归信的。

"**我也将翻转他们的心和眼，就像最初他们不信一样。**"伊本·阿拔斯说："当多神教徒们否认了安拉的启示后，他们对一切都充满怀疑，惶惶不

---
(1)《泰伯里经注》12：34。
(2)《阿卜杜·兰扎格经注》2：215。
(3)《布哈里圣训实录诠释——造物主的启迪》10：417。

(4) 即使迹象降临，他们也不会相信。——译者注

可终日。"(1) 穆佳黑德对这节经文的解释是："我将使他们和信仰失之交臂，所以他们不信仰眼前的一切迹象，正如他们最初和信仰失之交臂那样。"伊本·阿拔斯又说："安拉给仆人告诉他们打算要说的话和他们即将要做的事。"

⟪ 没有谁能像彻知者那样告诉你。⟫（35：14）又⟪ 以免任何人说："我好懊悔啊！因为我当初忽略了对安拉的义务，的确我曾是一个嘲弄者……假若我能有另一次机会，我就会成为一个行善者。"⟫（39：56-58）

然后清高伟大的安拉说，他们即便被送回今世，也不会回到正道：⟪ 倘若他们被放回（今世），他们一定重犯那些对他们禁止的事。⟫（6：28）"我也将翻转他们的心和眼，就像最初他们不信一样"，即他们即便回到今世，仍然会和正确的引导失之交臂，正如他们当初在今世时，初次与正确的引导失之交臂那样。(2)

"我将任由"，"任由"指放纵，"他们在过分"，伊本·阿拔斯和赛丁伊说，"过分"指否认。艾布·阿林、莱毕尔·本·艾奈斯、格塔德认为指"迷误"。

"过分当中彷徨"，艾尔麦什说"彷徨"指游戏，伊本·阿拔斯、穆佳黑德、艾布·阿林、莱毕尔、艾布·马立克等学者说，经文的意思是：他们在否认中徘徊。

⟪ 111.即使我确已派遣天使到他们那里，并且让死去的人们和他们说话，即使我把一切事物源源不断地集中在他们面前，除非安拉意欲，他们也不会归信。他们大多数一直是无知的。⟫

清高伟大的安拉说，假若我同意这些庄重发誓者的意思，按照他们的意愿，派天使给他们传达我的信息，从而证实我的众使者，发誓者们也会说：⟪ 或者你让安拉和天使们面对面地来到我们面前。⟫（17：92）又⟪ 我们绝不信仰，除非我们获得安拉的使者所获得的。⟫（6：124）⟪ 那些不希望会见我的人说："为什么不派天使降临我们，或是我们能见到我们的主吗？"他们的确妄自尊大，而且傲慢无理。⟫（25：21）

"并且让死去的人们和他们说话"，即死去的人见证了后世后，告诉他们，众使者带来的都是真理。

"即使我把一切事物源源不断地集中在他们面前。""源源不断"（القبل，古卜里）指亲眼看着……有人读为（القبل，给白里）。它们的意义

是面对面、亲眼看着……伊本·阿拔斯持第一种读法（古卜里）的观点。(3)

穆佳黑德说，"القبل"（古卜里）指成群结队、一个民族一个民族的。即各个民族陆续到来，告诉他们，众使者带来的都是真理。(4)

"除非安拉意欲，他们也不会归信。"引导权在于安拉，不由任何人掌握。安拉使他意欲者得道，使他意欲者失道。安拉做他所意欲的一切事情。⟪ 他的行为不受询问，但是他们却要被质询。⟫（21：23）因为他具备无限的知识、哲理、权力，强大而优胜。正如下列经文⟪ 你的主的言辞已经判定的那些人，他们不会归信。即使任何迹象来临他们，直到他们看到痛苦的刑罚。⟫（10：97-98）

⟪ 112.因此我为每一位先知设了一些敌人，他们是人类与精灵中的魔鬼，他们以花言巧语互相讽喻，进行欺骗。假如你的主意欲，他们就没法这样做。所以你不要管他们和他们所捏造的。⟫

---

（1）《泰伯里经注》12：44。
（2）《泰伯里经注》12：45。
（3）《泰伯里经注》12：49。
（4）《泰伯里经注》12：49、50。

❧ 113.以便那些不信后世的人的心倾向它,并且喜欢它,以便他们为所欲为。❧

## 每个先知都有敌人

清高伟大的安拉说,正如我为你以前的每位先知设了敌对者那样,我也为你设了一些敌对者,所以你不要忧愁。正如安拉所言:❧ 我就这样为每一位先知从犯罪者中设一些敌人。❧（25:31）❧ 在你之前的使者们被否认过,他们忍受了对他们的不信,也曾遭受迫害。❧（6:34）又❧ 对你所说的话,也对你以前的使者们说过。你的主确实是掌握宽恕的,掌握酷刑的。❧（41:43）（在穆圣初次受到启示时）卧勒格·脑法里对穆圣说:"只要有人带来这种使命,就会遭受敌对。"

"他们是人类与精灵中的魔鬼。"这段经文是前面经文"敌人"的同位语。即安拉为每位先知设了一些来自人类和精灵的魔鬼仇敌。"魔鬼"（الشیطان）指一切害人的东西。反对众使者的,仅仅是来自人类和精灵中的魔鬼。愿安拉凌辱他们,诅咒他们。阿卜杜·兰扎格说:"人类与精灵中的魔鬼"指人类中一些魔鬼,精灵中也有一些魔鬼,他们在相互鼓动教唆。

"他们以花言巧语互相讽喻,进行欺骗",即他们相互传送华而不实的话,妖言惑众。

"假如你的主意欲,他们就没法这样做",即这一切都出于安拉的定然、判决、意欲和允许。每个先知有一些敌对者。

"所以你不要管他们和他们所捏造的",即你当托靠安拉,不要理睬他们的谎言,因为安拉能使你满足,安拉是你的襄助者。

"以便那些不信后世的人的心倾向它。"伊本·阿拔斯说,"倾向它"指偏向它。[1] "不信后世人的心",指他们的心灵、理智和听觉。赛丁伊说,经文指隐昧者的心。

"并且喜欢它",即他们喜爱它,追求它。[2] 只有不信后世的人,才会响应这个邪恶的号召,正如安拉所言:❧ 的确,你们和你们所拜的,不能使人们去反对安拉,除了要进入烈火的人!❧（37:161-163）❧ 你们众说纷纭。迷误者,将迷失它。❧（51:8-9）

"以便他们为所欲为。"伊本·阿拔斯解释为:"以便他们营谋他们将营谋的吧。"[3] 赛丁伊和栽德解释为:"以便他们干他们要干的。"[4]

---
(1)《泰伯里经注》12:58。
(2)《泰伯里经注》12:59。
(3)《泰伯里经注》12:59。
(4)《泰伯里经注》12:60。

❧ 114."他已降给你们详明的经典,难道我要舍安拉而寻求其他判决者吗?"那些蒙我赐予经典的人,他们知道它确实是由你的主本着真理降下的,所以你切莫成为怀疑的人。❧

❧ 115.你的主的言辞绝对真实和公正。没有谁可以改变他的言辞,他是全听的、全知的。❧

安拉教他的先知对这些以物配主、崇拜伪神的人说:"难道我要舍安拉而寻求其他判决者吗?"即寻求我和你们间的裁决者吗?"他已降给你们详明的经典",即安拉曾降给他们明确的经典。

"那些蒙我赐予经典的人",即犹太人和基督教徒。

"他们知道它确实是由你的主本着真理降下的",即他们通过列圣传达的消息,对你有深刻的了解。

"所以你切莫成为怀疑的人。"正如安拉所言:❧ 如果你怀疑我所降示给你的,那么你去问问那些以前读过经典的人。的确,真理已由你的主降给你,所以你切莫成为怀疑的人。❧（10:94）这种条件句不需要有结论句。

"你的主的言辞绝对真实和公正。"格塔德说:"安拉的话真实至极,安拉的判决公正至极。"[5] 他认为诚实指表述方面,公正指要求方面。安拉所表述的一切,都是无与伦比的真理;安拉所命令的一切,都是绝对的公正;安拉所禁止的一切,都是谬误不经的。安拉所禁止的一切都是有害无益的。正如安拉所述:❧ 他命令他们行善,禁止他们作恶。❧（7:157）即在今世和后世中,安拉的判决是不能被推翻的。

"他是全听的,全知的"即安拉能详听你们的一切言谈,知道你们的一切行为动静,并将按照每个人的行为施行奖罚。

❧ 116.如果你服从大地上多数的人,他们就会使你迷失安拉的道路。他们只追随猜想,他们只在臆测。❧

❧ 117.你的主至知谁迷失了他的道路。他也是至知得道者的。❧

## 大部分人在迷误之中

大部分世人处于迷误之中。正如清高伟大的安拉所言:❧ 我对我所派遣的众仆已经有言在先,❧（37:71）又❧ 大多数人不是信士,虽然你渴望（他们信仰）。❧（12:103）处于迷误中的他们,

---
(5)《泰伯里经注》12:63。

对自己的事务犹豫不决，他们只是妄加猜测。

"他们只追随猜想，他们只在臆测。""臆测"原指估计枣的产量。他们的行为都来自安拉的定然和意欲。

"你的主至知谁迷失了他的道路"，即谁愿意迷误，安拉就姑息他，"他也是至知得道者的"，即谁愿意得道，安拉就给谁容易。安拉会成全每个人的人生取向。

❖ 118.如果你们归信他的迹象，那么你们就吃念过安拉尊名而宰的吧。❖

❖ 119.你们为何不吃那念过安拉尊名而宰的？他已经为你们讲明了。迫不得已时另当别论。不过有许多人因自己的私欲而无知地引人迷误。你的主确实是至知那些过分者的。❖

### 奉安拉的尊名而宰的肉食是合法的

安拉允许穆民吃念他的尊名而宰的肉食。即你们不能吃没有念安拉的尊名而宰的。古莱什的蒙昧者们则认为可以吃各种死物、宰于神石或类似场合的牲畜。经文还倡导吃念过安拉尊名的食品。安拉说："你们为何不吃那念过安拉尊名而宰的？他已经为你们讲明了。迫不得已时另当别论"，即安拉已经为你们阐明了合法与非法的原则。"迫不得已时另当别论"，即在被迫情况下，你们可以食用能获得的任何食品。接着经文揭露那些愚蠢的多神教徒的邪恶观念以及他们允许吃自死物和不以安拉的名义而宰的肉食。安拉说："不过有许多人因自己的私欲而无知地引人迷误。你的主确实是至知那些过分者的"，即安拉最知道他们的过分、谎言和杜撰。

❖ 120.你们应当摒弃一切外在的和内在的罪恶。那些犯罪的人将因他们所犯的而遭受报应。❖

"你们应当摒弃一切外在的和内在的罪恶。"穆佳黑德认为，经文指公开地和秘密地犯下的罪恶。[1] 格塔德认为指公开的和秘密的，少的和多的罪恶。[2] 正如安拉所述：❖你说："我的主只禁止那些表露在外和隐藏在内的丑行和罪恶……"❖（7：33）

"那些犯罪的人将因他们所犯的而遭受报应"，即无论罪恶是明显的还是秘密的，安拉都会

还报他。努瓦斯·本·赛穆安说：我关于"الإثم"请教了安拉的使者，他说："罪恶就是在心中策划的不愿让人发现的阴谋。"[3]

❖ 121.你们不要吃未念安拉的尊名所屠宰的，那确实是坏事。魔鬼们授意他们的朋友跟你们争论。倘若你们依从了他们，你们就是多神教徒。❖

### 禁止吃未念安拉的尊名而屠宰的

这段尊贵的经文和捕猎的经文证明，未念安拉的尊名而屠宰的，都是非法的，即使屠宰者是穆斯林。经文强调这一问题说："那确实是坏事。""那"可以指吃，也可以指不以安拉的尊名屠宰的。有关捕猎的经文说：❖你们可以吃它们为你们捕获的，不过你们要对它念诵安拉的尊名。❖（5：4）

有关宰牲和捕猎时念太斯米的圣训，也能支持上述观点。譬如，阿丁伊传述，安拉的使者说："如果你念着安拉的尊名，放开你训练有素的猎

---

(1)《泰伯里经注》12：73。
(2)《泰伯里经注》12：72。

(3)《穆斯林圣训实录》4：1980。

犬，你就可以吃它抓捕给你的。"(1) 拉菲尔传述，使者㊗说："只要让它血流出时，你念了安拉的尊名，就可以吃。"(2) 伊本·麦斯欧迪传述，使者说："你们可以唸念过安拉尊名的骨头。"(3) 君岱卜传述，安拉的使者㊗说："谁在礼拜（会礼）前宰了牲，就当另宰一只牲畜代替前一只。谁在我们礼拜之后宰牲，就让他以安拉的尊名屠宰吧！"(4)

### 恶魔的启示

"**魔鬼们授意他们的朋友跟你们争论。**"艾布·易司哈格说，有人对伊本·欧麦尔说："穆赫塔尔声称他接到了'启示'（你如何看待他的话）。"伊本·欧麦尔说："他没有说谎。"他接着读了下列经文："**魔鬼们授意他们的朋友跟你们争论。**"(5)

艾布·祖麦里说，我曾坐在伊本·阿拔斯跟前，他正在劝服穆赫塔尔·本·艾布·欧拜德。这时有人进来说："伊本·阿拔斯啊！艾布·易司哈格妄言他在晚上受到了'启示'。"伊本·阿拔斯说："他说得对。"我（艾布·祖麦里）听到非常惊奇，说："伊本·阿拔斯，（你）怎么说他说得对？"伊本·阿拔斯说："启示有两种，一种是安拉的启示，一种是恶魔的'启示'（授意）。安拉启示穆罕默德㊗，恶魔授意它的盟友们。"(6) 艾克莱麦对这段经文也发表过类似的论述。

"**跟你们争论。**"伊本·阿拔斯说："恶魔授意他的朋友们：你们吃你们屠宰的，而为什么不吃安拉屠宰的呢？"另据传述，伊本·阿拔斯说："（恶魔说）你们所宰的上面有安拉的尊名，自己死去的上面没有安拉的尊名。"(7)

赛丁伊说，多神教徒们对穆斯林说："你们不吃安拉宰的，而吃自己宰的，还在妄称追求安拉的喜悦吗？"后来安拉降谕道："**倘若你们依从了他们**"，即如果你们吃了自死物；"**你们就是多神教徒**"(8) 这是穆佳黑德、端哈克等多位先贤的主张。(9)

### 让人的话超越安拉的法律就是以物配主

"**倘若你们依从了他们，你们就是多神教徒**"，即放弃安拉的命令和法律，而去遵循其他言论，就是以物配主之举。如《古兰》所述：❦ 他们在安拉之外以他们的学者、修士及麦尔彦之子麦西哈作为主宰。❧（9：31）

提尔密济引述传自阿丁伊的一段圣训，解释这段经文，阿丁伊说："安拉的使者啊！他们并没有崇拜他们（怎么成为多神教徒呢）？"使者说："但是他们将安拉规定的合法当成了非法，将安拉规定的非法当成了合法，后人又跟随了他们，从这个角度说，后人就是在崇拜他们。"(10)

❦ 122.他原是死的，我赋予他生命，并给他光明，他凭借光明在人们当中行走。这种人和那些在黑暗深处无法出来的人一样吗？隐昧者的行为就这样被粉饰了。❧

### 隐昧者和穆民的例子

这是安拉为穆民所举的例子：他曾经是死的，换言之，他曾在迷途中徘徊，濒临毁灭，后来安拉通过正信给他的心灵赋予生机，并引导他服从安拉的众位使者，"**并给他光明，他凭借光明在人们当中行走**"，即无论他走向何方，或如何去走，他都会走在正道上。伊本·阿拔斯所说，"**光明**"指《古兰》。(11) 赛丁伊认为，"**光明**"指伊斯兰。(12)

"**黑暗深处**"，指种种迷误、私欲和各种歧途。

"**无法出来的人**"，指他在黑暗中找不到出路，无法解脱。安拉的使者㊗说："安拉在黑暗中创造了他的被造物，然后将他的光明撒向他们，得到光明的人走向了正道，失去光明的人陷入了歧途。"(13) 正如安拉所言：❦ 安拉是那些归信的人的保护者，他将引导他们由重重黑暗进入光明。那些隐昧者的保护者是魔鬼，它将他们从光明引入黑暗，他们是火狱的居民，将永居其中。❧（2：257）又❦ 一个面部伏在地上而行的人更得正道呢，还是一个在正道上端正走路的人更得正道？❧（67：22）又❦ 这两种人，一种人好比瞎子和聋子，另一种人好比能视能听的人。他们二者能相提并论吗？难道你不留意吗？❧（11：24）又❦ 瞎子和看得见的人

---

（1）《布哈里圣训实录诠释——造物主的启迪》9：137、524；《穆斯林圣训实录》3：1529、1532。
（2）《布哈里圣训实录诠释——造物主的启迪》9：546；《穆斯林圣训实录》3：1558。
（3）《穆斯林圣训实录》1：332。
（4）《布哈里圣训实录诠释——造物主的启迪》9：546；《穆斯林圣训实录》3：1551。
（5）《伊本·艾布·哈亭经注》4：1379。
（6）《泰伯里经注》12：86。
（7）《泰伯里经注》12：81。
（8）《泰伯里经注》12：81。
（9）《泰伯里经注》12：80。
（10）《提尔密济圣训全集诠释》8：492。
（11）《泰伯里经注》12：91。
（12）《泰伯里经注》12：91。
（13）《艾哈麦德按序圣训集》2：176。

不相等，黑暗和光明也不一样，荫凉和炎热也不相当，活的和死的也不相同，安拉能使任何他所意欲的听到，但是你却不能使那些在坟墓中的听到。》（35：19-23）类似的经文很多。此处以光明和黑暗打比方，如同是为了和章节开头的经文《 设置了重重黑暗和光明。》（6：1）相呼应。

"隐昧者的行为就这样被粉饰了"，即安拉使陷入迷津的他们，对愚昧和迷误产生了错觉。此中有来自安拉的定然和深刻哲理。应受拜者，惟有独一无偶的安拉。

《 123. 就这样，我在每一个城市设了一些罪魁，以便他们能在那里用诡计。不过他们的诡计只能害他们自己，而他们不能察觉。》

《 124. 当一个迹象到达他们时，他们说："我们绝不信仰，除非我们获得安拉的使者所获得的。"安拉至知把他的使命置于何处。犯罪的人即将由于他们的诡计而遭受来自安拉的鄙视和严刑。》

## 罪魁，他们的诡计，他们的归宿

清高伟大的安拉说，穆罕默德啊！我在你的城镇中安插了一些罪魁祸首，你以前的使者们也经受过你所经受的考验，但最终的胜利是属于列圣的。正如安拉所言：《 我就这样为每一位先知从犯罪者中设一些敌人。》（25：31）又《 当我要毁灭一个城市时，我命令它的享乐者们（行善）……》（17：16）

有人说，经文的意思是：安拉命令他们服从，但他们拒绝了，所以安拉毁灭了他们；有人认为：安拉让他们遭受先天的定然。正如安拉所言："**以便他们能在那里用诡计。**"

"**我在每一个城市设了一些罪魁，以便他们能在那里用诡计。**"伊本•阿拔斯解释为：我因此派一些恶人去统治他们，后来他们在那里为非作歹，最终安拉毁灭他们，以示惩罚。

穆佳黑德说，"**罪魁**"指坏头目。类似的经文如：《 每当我派遣一位警告者到一座城镇，他们中的奢华者必定要说："我不信你们被赋予的使命。"他们说："我们的财富和子嗣是最多的，我们不可能是受到惩罚的。"》（34：34-35）又《 就这样，在你以前，每当我派遣一位警告者到一个城镇时，他们当中的奢华者就说："我们发现我们的祖先遵从一种宗教，我们是步他们后尘的。"》（43：23）此处的"诡计"指通过花言巧语或某种行为，迷惑人们陷入歧途。正如安拉对努哈民族的叙述：《 他们曾设计了重大阴谋。》（71：22）

又《 每当我派遣一位警告者到一座城镇，他们中的奢华者必定要说："我不信你们被赋予的使命。"他们说："我们的财富和子嗣是最多的，我们不可能是受到惩罚的。"》（34：34-35）苏富扬说："《古兰》中所说的一切'诡计'（阴谋）都代表某种行为。"

"**不过他们的诡计只能害他们自己，而他们不能察觉。**"他们只是在自欺欺人，他们对别人的误导，最终会害了他们自己。正如安拉所言：《 他们一定要负担他们自己的重担和其他重担。》（29：13）又《 以便他们在审判日承担他们的全部负担和那些被他们无知地误导的人们的负担。他们所负担的是多么恶劣啊！》（16：25）

"**当一个迹象到达他们时**"，即当一段经文或明证来临他们时，他们说："**我们绝不信仰，除非我们获得安拉的使者所获得的**"，即除非就像天使给众使者带来安拉的启示那样，也给我们带来启示。正如这节经文所述：《 那些不希望会见我的人说："为什么不派天使降临我们，或是我们能见到我们的主吗？"》（25：21）

"**安拉至知把他的使命置于何处**"，即安拉最清楚应该将使命置于什么地方，交给什么人，谁适合承担使命。正如安拉所言：《 他们又说："为什么《古兰》不降给这两座城中的一位要人呢？"他们是在分配你的主的慈悯吗？》（43：31-32）即为什么安拉没有将这部《古兰》降给一位显赫的，令人肃然起敬的人？"两个城市"指麦加和塔伊夫。他们曾因为出于嫉妒和顽抗而轻视穆圣，正如安拉所言：《 当他们看见你时，他们对你不外是嘲笑："他就是安拉派来作使者的那个人吗？"》（25：41）又《 当隐昧的人看见你时，他们就对你加以嘲弄。（他们说）"是这个人在议论你们的神吗？"而他们却否认对至仁主的记念。》（21：36）又《 在你以前的使者们都曾被嘲笑过。但是那些嘲笑者都被他们所嘲笑的包围了。》（21：41）

## 异教徒承认穆圣高贵的血统

虽然如此，他们还是承认穆圣具有高贵的血统和门第。（愿安拉、天使和所有的信士们赞美穆圣）穆圣在接受启示之前，他们送给穆圣"忠诚者"的美名。下面是古莱什首领艾布•苏富扬和罗马皇帝希拉克略之间的对话。希拉克略："他（穆圣）在你们中的血统如何？"艾氏："他在我们中享有高贵的血统。"希拉克略问："他在宣传其主张之前，你们怀疑他说过谎吗？"艾氏回答："没有"……最后这位罗马皇帝证实说，那些高贵的品质完全可以证明穆圣是诚实的，他带来的一切都是真理。

艾哈麦德传述，安拉的使者㊗说："安拉从伊布拉欣的子孙中选拔了伊斯玛仪，从伊斯玛仪的子孙中选拔了克纳乃族，从克纳乃族选拔了古莱什族，从古莱什族选拔了哈希姆家族，从哈希姆家族选拔了我。"(1)《布哈里圣训实录》载，安拉的使者㊗说："我是在阿丹后代的最好时期受命为圣，也是在我一生中最好的时期奉命为圣。"(2)

"犯罪的人即将由于他们的诡计而遭受来自安拉的鄙视和严刑。"这是对抗拒使者，不服从使者的人们最严厉的警告，是安拉确凿的誓言。他们因为在今世中飞扬跋扈而在后世备受凌辱，正如安拉所言：❦那些高傲而不拜我的人，他们必定屈辱地进入火狱。❧（40：60）即他们将卑贱耻辱地进入火狱。

诡计通常是在暗中设计的，所以他们将在后世遭受安拉的严刑，受到应得的报应。❦你的主绝不会亏待任何人。❧（18：49）又如：❦那天，一切秘密都被揭露，❧（86：9）即一切被掩盖的、深藏不露的阴谋诡计都将暴露无遗。两圣训实录辑录，安拉的使者㊗说："在末日，每个失信者的肛门旁将立起一杆旗，有声音对他说：'这是背信弃义者某某。'"此中的寓意是，阴谋诡计一般是鲜为人知的，而在末日它就变成一杆旗，宣示诡诈者在今世的劣迹。

❦125.安拉意欲引导谁，他就让谁的心胸因伊斯兰而豁然开朗；他意欲谁迷误，就使谁的心狭隘封闭，犹如登天。安拉就是这样把污秽设于那些隐昧者身上。❧

"安拉意欲引导谁，他就让谁的心胸因伊斯兰而豁然开朗"，即清高伟大的安拉说，让他感到伊斯兰是光明的，并给他力量，使他容易接受伊斯兰。正如另一段经文所述：❦安拉使其心胸因伊斯兰而展开，因而追随其主的光明之人（和不是这种情况的人相等吗）？❧（39：22）又❦但是安拉已使你们热爱正信，并在你们的心中美化它，他也使你们憎恶不信、邪恶和违抗。那等人，是走正道的。❧（49：7）伊本·阿拔斯解释本章的这段经文说，安拉使其胸襟因认主独一和正信而博大起来。(3)

---
(1)《艾哈麦德按序圣训集》4：107；《穆斯林圣训实录》4：1682。
(2)《布哈里圣训实录诠释——造物主的启迪》6327；《穆斯林圣训实录》3：1361。
(3)《散置的珠宝》3：356。

"他意欲谁迷误，就使谁的心狭隘封闭。"有人说，"حرج"（正文译成封闭）指犯罪。也有人认为它指"不开化"，即他的心不是开化的，不接受任何引导和有益的事务。

欧麦尔就"حرج"一词请教了一位游牧人，那人说，它指的是一种树，畜群、野兽和任何物都无法接近它。欧麦尔听后说："伪信士的心就是这样，得不到任何有益的东西。"(4)

"犹如登天"，因为对他而言，做有益的事情太难了。赛尔德·本·朱拜尔解释**"就使谁的心狭隘封闭"**说：所以在他看来，归信伊斯兰与登天一样难。(5)

伊本·阿拔斯认为经文指，如果不是安拉的特慈，接受认主独一和正信如同登天一样难。(6)

伊玛目艾布·贾法尔说，这是安拉为隐昧者所举的例子，在隐昧者看来，接受信仰是一件非常困难的事情。艾布·贾法尔说，隐昧者拒绝正信，认为归信是一件非常困难的事情，好比一个不敢登天，且登天无力的人那样。因为这不是他能力范围

---
(4)《泰伯里经注》12：104。
(5)《泰伯里经注》12：105。
(6)《散置的珠宝》3：356。

之内的事情。(1)

"安拉就是这样把污秽设于那些隐昧者身上。"隐昧者因为选择迷误,所以安拉让他的内心变成狭隘的、封闭的。同样,安拉让恶魔支配他和类似于他的人,作为对他拒绝正信、选择迷误和阻碍主道的报应。(2)

伊本·阿拔斯认为:"الرجس"(正文译成污秽)指恶魔。(3) 穆佳黑德认为它指一切没有意义的事物。(4) 阿卜杜·拉赫曼认为它指刑罚。

❦126.这就是你的主的正道,我确为能觉悟的人阐明了种种迹象。❧
❦127.他们将在他们的养主那里有一个平安的家园——由于他们所曾做过的——他是他们的保护者。❧

安拉数落了那些自己迷失正道,并阻碍他人走向正道的人后,肯定了他的使者所带来的引导和正教的尊贵,说:"这就是你的主的正道",即穆罕默德啊,安拉通过启示给你的《古兰》为你制定的这个宗教,确实是正确的道路。

"我确为能觉悟的人阐明了种种迹象。""阐明"指解释、说明。"能觉悟的人",指那些有深刻理解力,能够理解安拉使者带来的信息的人。

"他们将在他们的养主那里有一个平安的家园。""平安的家园"指乐园。"他们的养主那里"指末日。安拉在此以"平安"形容乐园,说明他们在今世坦然地追随列圣,走上了正确的道路,也没有陷入歪斜的灾难之中,因此在后世就会得到平安的乐园。

"他是他们的保护者",即安拉是他们的保护者、襄助者和支援者。

"由于他们所曾做过的。"因为他们在今世做了许多善功,所以安拉喜悦他们,慷慨对待,让他们进入并且拥有乐园。

❦128.那天,他将他们全体集中在一起,(说)"精灵的群体啊!你们曾诱惑许多人。"它们在人类当中的伙伴会说:"我们的主啊!我们曾经互相利用,我们已经到达了你给我们预定的期限。"他说:"火狱是你们的归宿,(你们将)永居其中。除非安拉意欲。"你的养主确实是明哲的、全知的。❧

穆罕默德啊!你在给他们讲述历史,并警告他们时,对他们说:"那天,他将他们全体集中在一起。""他们"指精灵和它们的人类当中的盟友,这些人在今世时崇拜这些精灵,服从它们,求它们庇佑他们,同时又用花言巧语相互怂恿,进行欺骗。

"精灵的群体啊!你们曾诱惑许多人",即安拉说:"精灵的群体啊!你们确实误导许多人走向了歧途。"正如安拉所言:❦阿丹的子孙们啊!我不曾与你们立约吗?你们不要崇拜恶魔,它的确是你们明显的敌人,而你们应当崇拜我。这才是正道。的确,它已误导了你们中许多世代,你们还不明白吗?❧(36:60-62)

"它们在人类当中的伙伴会说:'我们的主啊!我们曾经互相利用'",即精灵来自人类的盟友回答了这一问题。哈桑说,"互相利用"指精灵在发布命令,人在执行命令。(5)

伊本·朱莱杰说,蒙昧时代有的人来到某地后说:"我以这一地区的掌管者(精灵)求庇佑。"这就是他们的相互利用,后来他们在末日以此找借口。(6)

据说,精灵对人类的利用,指人类尊重它们向它们求助。所以这些精灵们炫耀说,我们领导着人类。

"我们已经到达了你给我们预定的期限。"赛丁伊说,"期限"指死亡。

"他说:'火狱是你们的归宿,(你们将)永居其中'",即火狱是你们和你们盟友的家园居所,你们将永远居住,除非安拉意欲。

❦129.就这样,我由于他们所做过的,让不义者们互相结盟。❧

### 不义者互相结为狐朋狗友

麦尔麦勒注释这段经文说:"安拉让不义者在火狱中互相结为朋友,相互跟随。"(7) 阿卜杜·拉赫曼说,经文指精灵中的不义者和人类中的不义者。(8) 他读道:❦谁无视记念至仁主,我就指派一个魔鬼作为他的伙伴。❧(43:36)他说经文的意思是安拉让不义的精灵压制不义的人,正如有位诗人所说:"任何恩情,都在安拉的恩情之下,任何

(1)《泰伯里经注》12:109。
(2)《泰伯里经注》12:110。
(3)《泰伯里经注》12:111。
(4)《泰伯里经注》12:111。
(5)《散置的珠宝》3:357。
(6)《泰伯里经注》12:116。
(7)《阿卜杜·兰扎格经注》2:218。
(8)《泰伯里经注》12:119。

不义者，都将遭到不义者的压迫。"

这段尊贵的经文的意思是，正如安拉让这些折本的人被那些精灵所误导那样，安拉要以恶制恶，让他们自相残杀，相互仇恨，以报应他们的不义和罪行。

✦ 130.精灵和人类的群体啊！难道来自你们的使者没有到达你们，给你们叙述我的迹象，并预先警告你们今天的相会吗？他们说："我们见证了自己。"今世的生活欺骗了他们！他们见证自己原是隐昧的人。✦

### 安拉差圣于人类 精灵承认众使者

这也是在末日安拉对精灵和人类中隐昧者的斥责，当时安拉质问他们——虽然安拉至知他的众使者已经传达了使命："**精灵和人类的群体啊！难道来自你们的使者没有到达你们。**""使者"说来自"你们的使者"，是因为精灵中没有使者。正如穆佳黑德、伊本·朱莱杰等前辈和后辈的学者所说。(1) 下列经文也能证明，使者只来自人类：✦ 我确已启示你，正如我启示努哈和他之后的众先知……报佳音、传警告的使者们，以免派遣使者之后，人们对安拉有任何托辞。安拉是优胜的、明哲的。✦（4：163-165）

安拉讲述伊布拉欣的情况说：✦ 并在他的后裔中安排了圣职和经典。✦（29：27）伊布拉欣之后，安拉只在他的子孙中遣圣降经而不在其他人中遣圣降经。任何人都没有说过伊布拉欣之前有来自精灵的先知，在派遣伊布拉欣之后也没有精灵先知。安拉说：✦ 我在你以前派遣的使者们，都是吃食物并在市集上行走的。✦（25：20）又✦ 我在你以前，只从诸城的人民当中派遣一些男子，颁降启示。✦（12：109）众所周知，在这一方面，精灵是跟随人类的。因此，安拉描述他们说：✦ 当时，我遣一群精灵去你跟前聆听《古兰》。当他们出现在他跟前时，他们说："你们肃静吧！"（诵读）完毕时，他们以警告者身份回到他们的族人当中。他们说："我们的族人啊！我们听到一本在穆萨之后降世的经典，证实它以前的，并导向真理和正道。我们的族人啊！你们当响应安拉的召唤者，并归信他！他会宽恕你们的一些罪过，并拯救你们脱离痛刑。谁不响应安拉的召唤者，他绝不能在地上逍遥法外，在安拉之外他也不能有任何保护者，这等人，是在明显的迷误之中。✦（46：29-32）提尔密济传述的圣训说，安拉的使者㊗诵读

了《至仁主章》，其中有下列经文：✦ 两大群体啊！我将专门处置你们，你们要否认你们主的哪一项恩典呢？✦（55：31-32）(2)

安拉在本章经文中说："**精灵和人类的群体啊！难道来自你们的使者没有到达你们，给你们叙述我的迹象，并预先警告你们今天的相会吗？他们说：'我们见证了自己。'**"即我们承认众使者已经给我们传达了使命，警告我们将会遇见安拉，指出这一天必定来临。

"**今世的生活欺骗了他们**"，即他们因为否认众使者，在今世中过分了；也因为被今世的美好诱惑和欺骗，违背安拉的奇迹，从而害了自己。

"**他们见证自己原是隐昧的人**"，即在末日，他们见证自己在今世中否认了众使者所带来的信息。

✦ 131.这是因为你的养主不会在这些城镇的人民尚不明白他们的不义时，就毁灭这些城镇。✦

✦ 132.每个人都按照他们的行为而各有等级。你的主不忽视他们所做的。✦

---

(1)《泰伯里经注》12：122。　　(2)《提尔密济圣训全集诠释》9：177。

"**这是因为你的养主不会在这些城镇的人民尚不明白他们的不义时，就毁灭这些城镇**"，即清高伟大的安拉预先通过遣圣降经警告人类和精灵，以免没有听到宣教信息的人遭受不公的惩罚。事实上，安拉警告了各民族，并且只在遣圣降经后惩罚人。正如安拉所言：☾ 的确我以真理派遣你作为报喜者和警告者。任何民族，都有警告者在其中逝去。☽（35：24）又☾ 我的确在每一个民族中派遣一位使者。（他说）"你们要崇拜安拉，远离塔吾特。"☽（16：36）又☾ 我不是惩罚者，直到我派遣一位使者。☽（17：15）又☾ 每当一群人被投入其中时，它的管理者们就会问："警告者不曾降临过你们吗？"他们回答说："来过，有一位警告者的确曾到达我们，但是我们不相信他。"☽（67：8-9）相关的经文很多。

"**每个人都按照他们的行为而各有等级**"，即每个顺主的人或抗主的人，都会根据自己的行为，享有不同品位和等级，安拉会根据这些品位和等级回赐他们，善有善报，恶有恶报。

（笔者认为）这段经文指人类和精灵中的隐昧者，根据自己的行为，处于火狱的不同层次。正如安拉所言：☾ 你们全都有加倍的。☽（7：38）又☾ 那些不信安拉并在安拉的道路上阻碍（他人）的人，因为他们曾经为非作歹，我将对他们罚上加罚。☽（16：88）

"**你的主不忽视他们所做的。**"伊本·哲利尔注释说，穆罕默德啊！他们的一切行为都是凭着你的主的知识，他将统计它们，将它们保存在他那里，以便将来他们见到他、回归他时还报他们。[1]

☾ **133.你的主是无求的、至慈的。如果他意欲，他就消灭你们，并在你们之后让他所意欲的来继承你们，就像他从其他群体的后裔中产生你们一样。**☽

☾ **134.真的，给你们许诺的都会到来，你们绝不是奈何不得的。**☽

☾ **135.你说："我的族人啊！你们按你们的方式去做吧，我也在做。你们不久就会知道后世的结果属于谁，犯罪者不会成功。"**☽

### 警告世人，如果他们违背安拉，安拉将让他们消失

"**你的主是无求的，至慈的**"，即穆罕默德啊！你的主是从方方面面无求于一切被造物的，而被造物在方方面面是需要他的。不但如此，他还是慈爱他们的，正如安拉所言：☾ 安拉对人类是至爱的，至慈的。☽（2：143）

但是如果你们违背他的命令，"**如果他意欲，他就消灭你们，并在你们之后让他所意欲的来继承你们**"，即安拉会创造服从他的另一群体。

"**就像他从其他群体的后裔中产生你们一样**"，即他曾使许多古代的群体消失，让后人继承他们。让一些人消失，带来另一些人，这对安拉而言，是轻而易举的。正如安拉所言：☾ 世人啊！如果安拉意欲，他就毁灭你们，而让其他人来代替你们。安拉对此是全能的。☽（4：133）又☾ 人们啊！你们是需求安拉的，而安拉却是无求的，是应受赞美的。如果他愿意的话，他可以除去你们，带来新的被造物。那对安拉绝非难事。☽（35：15-17）

清高伟大的安拉说：☾ 安拉是无求的，而你们才是有需求的。如果你们拒绝，他就会让你们之外的一个群体来代替你们，然后，他们不会像你们这样！☽（47：38）

叶尔孤白·本·欧特白说："我听到艾巴尼·奥斯曼在诵读'**就像他从其他群体的后裔中产生你们一样**'，他说：'ذرأ'[2]不但指后裔，而且还指祖先。"[3]

"**给你们许诺的都会到来，你们绝不是奈何不得的**"，即穆罕默德啊！你告诉他们：安拉为你们所警告的复生日必定会发生。你们绝不要认为安拉拿你们没有办法。安拉必定要复生你们，即便你们的尸体已经化为泥土。

"**我的族人啊！你们按你们的方式去做吧，我也在做。你们不久就会知道。**"这是对他们严厉的警告，也是明确的誓言。如果你们认为自己的道路是正确的，你们就一如既往地坚持自己的路线吧！我也会坚持我自己的道路。正如安拉所言：☾ 你对那些隐昧的人说："依你们的能力与方法去工作吧，我们也是工作的。你们等着！我们也是等待的。"☽（11：121-122）

"**你们不久就会知道后世的结果属于谁，犯罪者不会成功**"，即试看后世的成功属于我，还是属于你们。安拉确实实践了他的诺言，让他的使者在今世中享有崇高地位，战胜了敌对势力，解放了麦加，使者在世时统治了包括也门、巴林在内的阿拉伯地区，他之后的正统哈里发们开拓了广袤的疆域。正如安拉所言：☾ 安拉已经规定："我跟我的使者必定胜利。"安拉确实是至强的、优胜的。☽（58：21）又☾ 的确，我势必在今世的生活和证人

---

[1]《泰伯里经注》12：125。
[2]正文译为后裔。——译者注
[3]《散置的珠宝》3：361。

们作证的那天，帮助我的众使者和信士们。那天，不义的人，他们的托辞将对他们无益，他们将受诅咒，他们只有不幸的家园。》（40：51-52）又《我在教诲之后，曾在宰哺尔中写道："我的清廉众仆将继承大地。"》（21：105）

《136.他们从安拉所创造的粮食和牲畜中拨出一份献给他。他们妄说："这份是给安拉的，这份是给我们的众神的。"他们（所谓）众神的那份达不到安拉，而安拉的那份却到达他们（所谓）的众神。他们的判断真恶劣啊！》

### 一些以物配主者的行为

安拉谴责并羞辱了那些创立异端、制造隐昧和多神崇拜观念的多神教徒，他们将安拉的一部分被造物"献"给安拉。而安拉是万物的创造者，一切赞颂全归他。"他们从安拉所创造的粮食和牲畜中拨出一份献给他。""粮食"指庄稼和果品。"一份"指报答安拉的一份（礼物或心意）。

"'我们的众神的。'他们（所谓）众神的那份达不到安拉，而安拉的那份却到达他们（所谓）的众神。"伊本·阿拔斯解释这段经文说："安拉的敌人们栽种了庄稼或收获了果实时，将一份划归安拉，一份划归伪神。他们将属于伪神的东西囤积起来，加以保护。而如果其中为安拉指定的一份受到损失后，他们将它划归伪神名下。如果属于伪神的水灌溉了属于安拉的那份庄稼或果实时，他们便将其划归伪神；如果属于安拉和伪神的庄稼或果实一同遭到损失，无法辨别时，他们说这（伪神）是贫困的，所以仅仅对伪神的损失进行补偿；如果属于安拉的水灌溉了属于伪神的庄稼，他们对此不予理睬。他们还制定了豁耳驼、逍遥驼、孪生驼或种驼，认为这些牲畜都应该属于偶像，是不能食用的。他们妄称将这些牲畜定为非法的目的是接近安拉："他们从安拉所创造的粮食和牲畜中拨出一份献给他。"(1) 穆佳黑德、格塔德、赛丁伊等学者都持上述观点。(2) 阿卜杜·拉赫曼就这段经文说："他们从不吃拨给安拉的任何被宰的食物，除非同时诵念多神的名称。他们在吃拨给多神的食物时，从不诵念安拉的尊名。"他还读了上述经文，直至"他们的判断真恶劣啊！"(3) 即他们的划分真卑鄙！他们开始划分时就犯了错误，因为安拉是万物的养育者、掌管者和创造者，一切权力都属于他，一切都在安拉的安排、决策和意志之中。应受拜者，惟有安拉。其次，多神教徒的划分是邪恶的，他们不但没有遵循他们自己制定的规则，而且进行了不公正的划分。正如安拉所言：《他们把女儿分配给安拉！赞美安拉，而他们把自己喜欢的分配给自己。》（16：57）又《可是他们却把他的部分奴仆当作他的一部分。人类确实是明显忘恩负义的。》（43：15）又《难道男性都归你们，而女性只归他吗？》（53：21）又《这确实是不公的分配！》（53：22）

《137.就这样，他们的伙伴们诱惑许多多神教徒屠杀自己的子女，以便毁灭他们，混淆他们的信仰。假如安拉意欲，他们就不会这样做了。所以你不要理他们和他们所捏造的。》

### 恶魔诱惑多神教徒屠杀自己的子女

清高伟大的安拉说，正如恶魔诱惑多神教徒将安拉创造的一部分牲畜拨归安拉那样，它还诱惑他们杀害自己的孩子以防止贫穷，活埋女婴以避免耻辱。

伊本·阿拔斯说："正如多神教徒的伪神蛊惑他们杀害自己的儿子那样，它们还蛊惑这些人杀害自己的女儿。穆佳黑德说，多神教徒的恶魔伙伴命令他们用活埋子女来防止贫穷。"(4)

赛丁伊说，恶魔命令他们杀害自己的女儿，其目的或是为了"**毁灭他们**"或是为了"**混淆他们的信仰**"，将他们的宗教搞乱。(5)

清高伟大的安拉说："**假如安拉意欲，他们就不会这样做了。**"一切都是按照安拉的意欲、命令和选择而发生的，此中确有一种深刻的哲理。因为安拉的行为不容怀疑，而所有人类的行为是要被过问的。

"**所以你不要理他们和他们所捏造的**"，即你不要管他们，你当远离他们和他们的行为，安拉将在你和他们之间进行判决。

《138.他们妄称："这是一些被禁止的牲畜和谷类，只有我们愿意的人才可以吃。这些牲畜是禁止骑的。"他们对这些牲畜不念诵安拉的尊名。这全是对安拉造谣说谎，他即将因为他们的捏造而还报他们。》

---

（1）《泰伯里经注》12：131、132。
（2）《泰伯里经注》12：133。
（3）《泰伯里经注》12：134。
（4）《泰伯里经注》12：136。
（5）《泰伯里经注》12：137。

## 多神教徒将部分牲畜定为非法

伊本·阿拔斯说，"被禁止的"指他们私自制定非法，如孪生驼等。(1) 格塔德说："**他们妄称：'这是一些被禁止的牲畜和谷类'**"，指恶魔为他们制定的非法和限制，并不是安拉规定的非法。

伊本·栽德说，"**被禁止的**"指他们专门献给伪神的。(2)

赛丁伊说，"只有我们愿意的人才可以吃"就是随他们所说，想让谁吃，谁就可以吃。(3) 这段尊贵的经文正如安拉所言：✦你说："你们告诉我，安拉为你们降下了给养，可是你们把其中的一部分定为非法，把另一部分定为合法。"你说："安拉可曾允许了你们，或是你们在假借安拉名义捏造谎言？"✦（10：59）又✦ 安拉不曾规定豁耳驼、撒伊白、沃绥莱或种驼。但是那些隐昧的人假借安拉名义在杜撰。他们中的大部分人并不理解。✦（5：103）赛丁伊说："他们禁止不能骑的牲畜指豁耳驼、逍遥驼、孪生驼和种驼。" "**他们对这些牲畜不念诵安拉的尊名**"，指他们在这些牲畜出生或屠宰时，不让念安拉的尊名。

艾布·伯克尔·本·伊雅西说，艾布·瓦伊里问我，"'**这些牲畜是禁止骑的。**'**他们对这些牲畜不念诵安拉的尊名**"是什么意思？我回答说："不知道。"他说："它们指豁耳驼，他们（蒙昧时代的人们）朝觐时不骑它。"(4) 穆佳黑德说："他们骑乘、挤奶、配种或干其他一些工作时，在有些骆驼跟前不念安拉的尊名。"(5)

"**这全是对安拉造谣说谎**"，即他们谎称这是安拉规定的，但这与安拉的宗教和法律毫无关系，安拉未同意他们这样做，也不乐意他们这样做。

"**他即将因为他们的捏造而还报他们。**"他们将因假借安拉名义撒谎而遭受严惩。

✦ 139.他们说："那些家畜子宫内的胎儿是专属我们男人的，对我们的妻子是受禁止的。"倘若是死胎，那么他们就会共享。他将由于他们的叙述还报他们。他是明哲的、全知的。✦

伊本·阿拔斯说："**他们说：'那些家畜子宫内的胎儿是专属我们男人的。'**" "**胎儿**"指的是奶液。另据传述，伊本·阿拔斯说："他们曾禁止妇女饮用这些牲畜的乳汁，只供男子饮用。当一只

---

(1)《泰伯里经注》12：143。
(2)《泰伯里经注》12：143。
(3)《泰伯里经注》12：134。
(4)《泰伯里经注》12：144。
(5)《泰伯里经注》12：146。

---

羊生了雄羊后，他们就宰这只小羊，让男子享用，不让妇女享用。一只羊生了雌羊后，他们就留下小羊不宰。如果生下死胎，他们就共同享用。但这种做法是安拉禁止的。"(6)

舒尔布说："他们只让男子饮用豁耳驼的奶，如果豁耳驼死亡，他们就让男女一起食用。"

穆佳黑德说："他们说：'那些家畜子宫内的胎儿是专属我们男人的，对我们的妻子是受禁止的。'"指逍遥驼和豁耳驼。(7)

"**他将由于他们的叙述还报他们。**"艾布·阿林、穆佳黑德、格塔德等学者说："**他们的叙述**"指他们的谎言。(8) 正如安拉所言：✦你们对自己的口舌所叙述的事，不要妄言："这是合法的，那是非法的。"以致假借安拉的名义而捏造谎话。假借安拉名义说谎的人是不会成功的。那只是一点享受……✦（16：116-117）

"**他是明哲的**"，指他的言行、法律和命令。
"**全知的**"，即安拉全知众仆的行为，无论善

---

(6)《泰伯里经注》12：146、147。
(7)《泰伯里经注》12：148。
(8)《泰伯里经注》12：152。

恶，他都会完全给予还报。

§ 140.那些愚蠢而无知地杀死自己的子女的人和那些假借安拉名义，肆意地将安拉为他们提供的给养断为非法的人，都受到损失了，他们坠入了迷途，他们不是走正道的人。§

清高伟大的安拉说，有上述行为的人，在今世和后世都遭受了损失。他们在今世中杀害了自己的儿女，浪费了自己的财产，肆意将一些事物断为非法，在后世中因为假借安拉名义撒谎，而坠入最低层的火狱。正如安拉所言：§"那些对安拉捏造谎言的人不会成功。"（那是）今世的享受。然后他们的归宿在我这里。然后，我将因他们曾经隐昧使他们尝试严峻的惩罚。§（10：69-70）伊本·阿拔斯就这段经文说："谁想了解一下阿拉伯人的愚昧，就请他读读《古兰》6：130以上（140以下）的经文吧！'那些愚蠢而无知地杀死自己的子女的人，那些假借安拉名义，肆意地将安拉的给养断为非法的人，都受到损失了，他们坠入了迷途，他们不是走正道的人。'"布哈里传自《古莱什人的美德》。

§ 141.是他造化了有棚架和无棚架的一些园圃、枣树和滋味不相同的谷物以及相似而不相同的橄榄和石榴。在它结果实时，你们吃它的果实。收获的日子，你们要履行其义务。你们不要浪费，安拉不喜爱浪费的人。§

§ 142.牲畜中有些是载运的，有些是食用的。你们吃安拉赐给你们的，不要跟随魔鬼的步伐，它是你们公开的敌人。§

### 安拉创造了果实、谷物和牲畜

安拉在此阐明，他是万物的创造者——无论庄稼、果实还是牲畜。虽然多神教徒们从中肆意划分归类，将部分断为合法，将另一部分断为非法。安拉说："是他造化了有棚架和无棚架的一些园圃。"伊本·阿拔斯说，"معروشات"指有棚架的葡萄。另据传述，"有棚架"指人们在上面搭了棚子的。"غير معروشات"指在陆地、山脉上生长的果实。(1)

"有棚架的"指攀附棚架生长的藤本植物，如葡萄等；"无棚架的"则泛指木本、草本植物。安

---
(1)《布哈里圣训实录诠释——造物主的启迪》6：636。

拉至知。

"相似而不相同的。"伊本·朱莱杰说，"相似"指外观相似的。"不相同的"指滋味不相同的。

"在它结果实时，你们吃它的果实。"伊本·凯尔卜解释说："请吃它的鲜枣和葡萄。"(2)

"收获的日子，你们要履行其义务。"穆佳黑德说，当穷人到来时，应该赏给他们一部分。(3)

穆佳黑德说："应该送给穷人一把庄稼，一把枣，并应该让他们自由地捡取主人收获之后剩余的庄稼或果实。"(4)绍利也说，应该送给穷人一把粮食。(5)赛尔德·本·朱拜尔说："经文所说的是制定天课制度之前的事。当时，穷人可以从别人的财产中拿一把，他们也可以为自己的牲畜拿一把草料。"

安拉谴责了那些只顾自己收获，不给穷人施舍的人。正如《笔章》所述：§当时他们发誓要在清晨采集它，而未念"如果安拉意欲"。因此，当他们还在沉睡时，来自你的主的灾难降临了那个庄园。因此，在清晨时，它变得像焦土一般。§（68：17-20）即成为了漆黑的、被烧焦的。§他们清晨相互呼唤："如果你们想采集，清晨你们就去庄园。"此后他们走了，并窃窃私语道："不要让一个穷人在今天进入其中。"他们认定有能力在清晨前往，但是当他们看到它时，他们说："我们确实是迷路了！不，我们已被剥夺。"他们当中最持中的人说道："我不曾对你们说过'你们为什么不赞美安拉呢？'"他们说："赞美我们的主清净无染。我们的确是不义的！"然后他们当中的一些人走近另一些人，互相指责，他们说："我们真伤悲啊！我们确实是过分的。我们的主也许会给我们换一个比它更好的！我们渴望我们的主。"惩罚就是这样的，但后世的惩罚更大，如果他们知道的话。§（68：21-33）

### 浪 费

"你们不要浪费，安拉不喜爱浪费的人。"有人说，经文的意思是你们施舍时不要浪费，也不要进行不合理的施舍。伊本·朱莱杰说："这段经文是因为萨比特·本·盖斯而降示的。他收获了枣后说，今天无论谁到我这里，我都会给他施舍。到晚上时，他自己没有剩下一颗枣。安拉因此而降示了这段经文：'你们不要浪费，安拉不喜爱浪费的人。'"

---
(2)《泰伯里经注》12：157。
(3)《泰伯里经注》12：163。
(4)《阿卜杜·兰扎格经注》2：219。
(5)《泰伯里经注》12：165。

但——安拉至知——通过上文可以看出，经文主要说的是吃，即你们在吃的时候不要浪费，因为过度的吃会对人的身体和理智造成伤害。正如安拉所言：◈阿丹的子孙啊！在每个清真寺跟前，你们要注重你们的仪表。你们吃，你们喝，但你们不要浪费。的确，安拉不喜欢浪费的人。◈（7：31）

《布哈里圣训实录》载："你们吃，你们喝，你们也可以穿，但你们不要浪费，不要傲慢。"(1)

### 牲畜的益处

"牲畜中有些是载运的，有些是食用的"，有人说，"载运的"指用于运输的骆驼。"الفرش"(2)则指小骆驼。绍利也持此说。(3)阿卜杜·拉赫曼说，"载运的"指骑乘的。"الفرش"指可食的和可以挤奶的，也指用于吃肉，但不能骑乘的羊，人们用它的毛制做被子和毯子。(4)正如安拉所言：◈难道他们不知道我从我亲手所造之中为他们造化了牲畜，然后使他们成为它们的所有者吗？我使它们服从于他们，它们当中有供他们乘载的，也有供他们食用的。◈（36：71-72）又◈在牲畜当中也有一项给你们的教训，我给你们饮用出自它（们）腹中的——出自血液和粪便之间的纯净而可口的乳汁。你们也从枣树和葡萄树的果实酿制醇酒和美好的营养……他也以它们的毛、绒、鬃供你们做家居用品和一时的享受。◈（16：66-80）

### 你们吃这些牲畜，但不要跟随恶魔的步伐

"你们吃安拉赐给你们的"，即吃果实、庄稼和牲畜，它们都是安拉的被造物，是安拉供给你们的食物。

"不要跟随魔鬼的步伐"，即不要依照它们的方法和命令。因为多神教徒们将安拉所赐的一些食物定为了非法。他们假借安拉名义胡诌说有些果实和庄稼是受禁的。

"它是你们公开的敌人"，即人们啊！恶魔是你们的明敌。它对你们的敌意非常明确，正如安拉所言：◈魔鬼确实是你们的敌人，你们要把它当作敌人。它号召它的党羽，只为了他们成为火狱的居民。◈（35：6）又◈阿丹的子孙啊！不要让恶魔蛊惑你们，像它使你们的始祖父母离开乐园一样，它扯下他俩的衣服，使他俩的羞体暴露出来。它和它的部属，从你们看不见的地方窥测着你们。◈

---

(1)《服饰篇》1：你们穿衣服后施舍。
(2) 正文译为食用的。——译者注
(3)《哈肯圣训遗补》2：317。
(4)《泰伯里经注》12：181。

---

（7：27）又◈难道你们要舍弃我而以它和它的子孙作保护者吗？而它们却是你们的仇敌，不义者的倒行逆施真邪恶！◈（18：50）相关的经文较多。

◈143.八只成对的家畜。两只绵羊，两只山羊……你说："他可曾禁止两头公的，或是两头母的，或是那两头母的子宫中所孕育的呢？如果你们是诚实的，你们以知识告诉我。"◈

◈144.两峰骆驼和两头牛，你说："他曾经禁止两头公的还是两头母的？还是那两头母的子宫中所孕育的呢？还是你们当时曾在现场见证安拉给你们的吩咐呢？"谁比为安拉捏造谎言，以便无知地把人们引入歧途的人更加不义呢？安拉不引导不义的群体。◈

经文在这里介绍的是伊斯兰之前阿拉伯地区的蒙昧现象，他们将部分牲畜定为非法的，将一部分定为豁耳驼、逍遥驼、孪生驼或种驼。除此之外，他们还自创了一些支配财产的蒙昧法度。安拉说，他创造了有棚架的和无棚架的园圃，创造了可供运输的或食用的牲畜，然后阐明包括绵羊、山羊、公

驼、母驼、雄牛、雌牛在内的各种牲畜。安拉说他没有将上述任何一种牲畜定为非法，也没有将它们的幼畜定为非法。正如安拉所言：❲他为你们降下八个家畜。❳（39：6）安拉造化这一切牲畜，都是供人食用、骑乘、运输、挤奶……

"或是那两头母的子宫中所孕育的呢？"用质问的语气驳斥了他们的下列妄言：❲那些家畜子宫内的胎儿是专属我们男人的，对我们的妻子是受禁止的。❳（6：139）

"如果你们是诚实的，你们以知识告诉我"，即你们令人信服地告诉我，安拉是如何将豁耳驼、逍遥驼、孪生驼、种驼断为非法的。

伊本·阿拔斯说："八只成对的家畜。两只绵羊，两只山羊……"这是四对。

"八只成对的家畜。两只绵羊，两只山羊"，即安拉没有将这些牲畜断为非法的。

"或是那两头母的子宫中所孕育的"，子宫中可以是公崽或母崽，你们凭什么将部分断为合法，将部分断为非法呢？

"如果你们是诚实的，你们以知识告诉我"，换言之，如果你们说不出道理，那么上述一切都是合法的。(1)

"还是你们当时曾在现场见证安拉给你们的吩咐呢？"这是对他们自创法律，假借安拉名义而撒谎的行为的嘲讽。

"谁比为安拉捏造谎言，以便无知地把人们引入歧途的人更加不义呢？"即没有比他们更不义的人。

"安拉不引导不义的群体"，首先受到这段经文谴责的，应该是本章开头所提到的阿慕尔·本·鲁汗伊，因为他是第一个篡改列圣宗教，并首创豁耳驼、逍遥驼、孪生驼、种驼等牲畜支配制度的人。圣训对此有明确记载。(2)

❲145.你说："在降给我的启示中，我没有发现对食用者禁止的食物，除非自死的肉，或流出的血，或猪肉，因为那是不洁的；或念诵安拉尊名以外的出于坏事而屠宰的。谁若迫不得已，并非叛教，也不过分，那么，你的主是至恕的、至慈的。"❳

### 一些受禁止的事物

安拉命令他的仆人和使者穆罕默德☪，说："你说"，即穆罕默德啊！你对假借安拉名义将安拉恩赐给人类的合法事物断为非法的人们说："在降给我的启示中，我没有发现对食用者禁止的食物"，即除了一些明确的事物外，使者没有发现什么牲畜被定为非法。这里我们应提到，在这之后（降示的）《宴席章》和圣训中有关禁止吃一些食物的规定，依此可以抵消这段经文的意义。

"或是流出的血。"格塔德说，当中流动的血都是非法的。但是残留有一些血液的肉是可食的。(3)

阿慕尔·本·迪纳尔说，我问贾比尔："有人妄言安拉的使者☪在海巴尔期间禁止吃家驴的肉，是否真有此事？"他说："哈凯穆·本·阿慕尔传述，安拉的使者☪这样说过，但这位博学之士（指伊本·阿拔斯）不愿接受这一传述。他念道：'你说：在降给我的启示中，我没有发现对食用者禁止的食物。'"(4)

伊本·阿拔斯说："蒙昧时代人们的饮食陋习，他们往往将自己不喜欢的食物断为非法，安拉遣圣降经后，规定了合法的可食，非法的不可食。安拉所说的合法，就是合法，安拉所说的非法就是非法，他没有提到的事物则是无关紧要的。"他还读了下列经文，"你说：'在降给我的启示中，我没有发现对食用者禁止的食物'。"(5)

伊本·阿拔斯说，萨乌黛的一只羊死了，她说："安拉的使者啊！这只羊死了。"使者问："你为什么不使用它的皮子呢？"萨乌黛说："我们能用死羊的皮子吗？"安拉的使者☪说，安拉只说了："你说：'在降给我的启示中，我没有发现对食用者禁止的食物，除非自死的肉，或流出的血，或猪肉'。你们虽然不能吃它，但可以熟了它的皮子后使用它。"萨乌黛便派人剥了那只羊的皮子，熟了它后做成皮囊。后来她一直使用那只皮囊，直至用破。(6)

"谁若迫不得已，并非叛教，也不过分"，即谁被迫吃了这段经文禁止的食物，而不出于过分或叛教："那么，你的主是至恕的、至慈的"，即安拉会恕饶他，并慈悯他。我们注释《黄牛章》经文时，已经对类似经文作了详细注释，此处不再赘述。本段尊贵的经文的主旨是驳斥那些多神教徒。他们根据主观臆断，禁止自己吃一些原本合法的食物，制定了豁耳驼、逍遥驼、孪生驼、种驼等牲畜

---

(1)《泰伯里经注》12：187。
(2)《布哈里圣训实录诠释——造物主的启迪》8：132。
(3)《泰伯里经注》12：193。
(4)《哈米德圣训集》2：379；《布哈里圣训实录诠释——造物主的启迪》9：570；《艾布·达乌德圣训集》4：162。
(5)《艾布·达乌德圣训集》3800；《哈肯圣训遗补》4：115。
(6)《艾哈麦德按序圣训集》1：327；《布哈里圣训实录诠释——造物主的启迪》11：577；《圣训大集》7：173。

支配制度。后来安拉命令使者告诉他们，使者在安拉的启示中没有发现这些事物是被禁止的。安拉在这段经文中提到的受禁事物仅仅是自死物、流出的血液、猪肉以及没有念诵安拉的尊名而屠宰的牲畜。除此之外未被安拉定为非法的，都在安拉的赦免之内，安拉对它们保持沉默，而你们怎能妄称它们是非法的？安拉没有将它们定为非法的情况下，你们的立法根据何在？

❨146. 我禁止犹太人吃一切有爪的。我也禁止他们使用牛羊的脂肪，除非附在它们脊背上或是肠上或与骨头混在一起的。那是因他们的过分而对他们的还报，我确实是真诚的。❩

### 犹太人因为过分而被禁止吃一些合法的食物

清高伟大的安拉禁止犹太人吃一切有爪的牲畜和禽类，如骆驼、鸵鸟、鹅、鸭等等。(1)

"**我也禁止他们使用牛羊的脂肪。**"赛丁伊说："经文指肠胃上的脂肪和两个肾上的脂肪。犹太人曾说：'以色列禁止了它，所以我们也禁止它。'"

"**除非附在它们脊背上的**"，指挂在脊背上的脂肪。(2)

"**肠上的**"指缠绕在肠上的。也有人认为经文指"牛羊卧在地下时，与地面接触部位的脂肪。"

"**与骨头混在一起的**"，即安拉允许他们吃与骨头混在一起的脂肪。伊本·朱莱杰说："臀部的脂肪是与尾骨混在一起的，对他们是非法的；在蹄子、胁部、头部、眼部与骨头混在一起的脂肪，都是合法的。"(3)

"**那是因他们的过分而对他们的还报**"，即安拉给他们带来这些限制，是为了还报他们的过分和违令。正如安拉所言：❨由于犹太人的不义，因为他们常常在安拉的道路上妨碍他人，我已禁止他们享用曾对他们合法的佳美食物，❩（4：160）

"**我确实是真诚的**"，即安拉对他们的还报是公正的。伊本·哲利尔解释为："穆罕默德啊！我已经真实地告诉了你对他们禁止的事物。而不是像他们所说的那样，是以色列自己禁止了自己。"(4)

### 犹太人的阴谋和安拉对他们的诅咒

伊本·阿拔斯说，欧麦尔听说赛穆勒在卖酒，便说："愿安拉诅咒赛穆勒，难道他不知道安拉的使者曾说过：'愿安拉诅咒犹太人，安拉对他们将脂肪定为非法，而他们却熔化了它后出售。'"(5) 贾比尔传述，我听安拉的使者在解放麦加之年说："确实，安拉及其使者禁止买卖酒、自死物、猪肉和偶像。"有人问："安拉的使者啊！可以用自死物的脂肪给皮子打油、漆船或点灯吗？"使者说："不可以。它是非法的。"使者接着说："愿安拉诅咒犹太人，安拉禁止他们使用动物的脂肪，而他们却熔化了后卖它，并用卖得的钱。"(6)

❨147. 如果他们不信你，你说："你们的主是普慈的，不过对犯罪的群体而言，他的惩罚是不可抗拒的。"❩

---

（1）参照《古兰》3：39。——译者注
（2）《泰伯里经注》12：202, 203, 204。
（3）《泰伯里经注》12：205。
（4）《泰伯里经注》12：206。
（5）《布哈里圣训实录诠释——造物主的启迪》4：483；《穆斯林圣训实录》3：1207。
（6）《布哈里圣训实录诠释——造物主的启迪》4：495；《穆斯林圣训实录》3：1207；《艾布·达乌德圣训集》3：356；《提尔密济圣训全集诠释》4：521；《圣训大集》7：309；《伊本·马哲圣训集》2：732。

清高伟大的安拉说，穆罕默德啊！如果犹太教徒、多神教徒和类似于他们的人们否认你；你说："**你们的主是普慈的。**"以此鼓励他们追求安拉的恩惠，服从安拉的使者㊤。"**不过对犯罪的群体而言，他的惩罚是不可抗拒的。**"这是对他们违背万圣的封印穆圣㊤的警告。《古兰》常提到鼓励的时候，紧接着提到警告，正如本章之末经文：❰ 你的养主是惩罚迅速的，并且，他确实是至恕的、至慈的。❱（6：165）又❰ 人们尽管不义，你的主确实是恕饶的。你主的刑罚也是严峻的。❱（13：6）又❰ 你告诉我的仆人们，我确实是至恕的、至慈的。而我的刑罚也是痛苦的。❱（15：49-50）又❰ 恕饶罪恶，接受忏悔，惩罚严厉……❱（40：3）又❰ 你的主的惩罚是严峻的。是他初造，然后复造。他是至恕的、博爱的。❱（85：12-14）相关的经文很多。

❰ 148.那些以物配主的人将说："如果安拉意欲，我们和我们的先民们绝不会以物配主，我们也不会禁止任何事物。"他们以前的人确曾否认了，直到他们尝试了我的惩罚。你说："你们有任何可以为我们拿出来的知识吗？你们追随的只是幻想，你们只是在猜测。"❱

❰ 149.你说："完美的证据属于安拉。如果他意欲，他就会引导你们全体。"❱

❰ 150.你说："提出你们的证人来，让他们证明安拉的确禁止了这一切。"如果他们作证，你不要跟他们一同作证。你也不要追随那些不信我的启示、不信后世、并且以物配主的人的私欲。❱

## 严厉的驳斥

安拉在此提到那些将合法定为非法的多神教徒执迷不悟的诡辩。安拉彻知他们的罪恶勾当，也能够改变他们，让他们得到正信，远离隐昧。但安拉并没有这样做。从而说明其中的一切是以安拉的意欲、允许和意愿而发生的。因此说："**如果安拉意欲，我们和我们的先民们绝不会以物配主，我们也不会禁止任何事物。**"正如安拉所言：❰ 他们说："如果至仁主愿意的话，我们当初没有拜它们！"❱（43：20）《蜜蜂章》的这段经文与本章的这段经文表达的意义非常相似。

"**他们以前的人确曾否认了**"，即这些多神教徒的先辈们，也持此不堪一击的证据陷入这一迷团之中。假若他们的证据是可靠的，安拉就不会伤害他们、毁灭他们，也不会让众使者战胜他们，给他们痛苦的惩罚。

"你说：'你们有任何可以为我们拿出来的知识吗？'"即你们有证据说明安拉喜欢你们的行为吗？如果有，请你们拿出来，为我们展示一下。

"**你们追随的只是幻想。**""幻想"即谬论和臆想，这里指错误的信仰。

"**你们只是在猜测**"，即你们只是在假借安拉名义撒谎。

"**你说：'完美的证据属于安拉。如果他意欲，他就会引导你们全体。'**"安拉对先知说，穆罕默德啊！你告诉他们，无限的真理和深刻的哲理只属于安拉。他引导他所欲之人，也使他所欲的另一部分人迷误。一切都凭着他的大能、意欲和选择。虽然如此，安拉喜爱穆民，憎恶隐昧者。正如安拉所言：❰ 如果安拉意欲，他可以把他们全体纳入正道。❱（6：35）又❰ 如果安拉意欲，大地上所有的人都已归信了！❱（10：99）又❰ 如果你的主愿意的话，他会使人类成为一个民族。但是他们永远是有分歧的，除了你的主所慈悯的那些人。他为此而造化他们。你的主的言辞已经应验了："我的确将以精灵和人一起填满火狱。"❱（11：118-119）端哈克说："违背安拉的人都没有（可以违背的）证据，但安拉对众仆是有（惩治他们的）完美证据的。"

"你说：'**提出你们的证人来**'"，即你们召来你们的证人吧！

"**让他们证明安拉的确禁止了这一切**"，即这一切都是你们自己禁止的，你们只是假借安拉名义在撒谎，在杜撰。

"**如果他们作证，你不要跟他们一同作证。**"因为他们在此情况下只作伪证。

"**你也不要追随那些不信我的启示、不信后世、并且以物配主的人的私欲**"，即他们在以物配主，为安拉设立对等者。

❰ 151.你说："**你们来吧！我诵读你们养主对你们禁止的事情：你们不要以物配他；你们要孝敬父母；你们不要因为贫穷而杀害子女，我供给你们生计，也供给他们；你们不要接近罪行，无论它是公开的或是秘密的；除非依据权力，你们不可杀害安拉禁止侵犯的生命。他这样命令你们，以便你们理解。**"❱

## 十条忠告

伊本·麦斯欧迪说，谁想了解安拉使者㊤总结性的忠告，他就应该读下列经文："**你们来吧！我诵读你们养主对你们禁止的事情：你们不要为以物**

配他……以便你们理解。"(1)

伊本·阿拔斯说:"《牲畜章》中有一些义理明确的节文,它们是经典的基础。"他还读道:"**你说:'你们来吧!我诵读你们养主对你们禁止的事情……'**"(2)

欧拜德·萨米特传述:安拉的使者说:"你们中谁愿和我约法三章?"使者接着读道:"**你说:'你们来吧!我诵读你们养主对你们禁止的事情……'**"使者接着说:"谁实践了它们,安拉就报偿谁;谁触犯了其中一条后,在今世遭受了安拉的惩罚,那就是他应受的惩处;(谁毁约后没有立即遭受惩罚)安拉让他到了后世,那么,他的事情就由安拉决定,如果安拉意欲惩罚就惩罚,意欲原谅就原谅。"

安拉对他的使者穆罕默德先知说,穆罕默德啊!这些人崇拜安拉以外的,将安拉赐给他们的合法改为非法,杀害自己的子女,他们的这些行为都是按自己的狭隘主见和恶魔的蛊惑而做的,你对他们说:"**你们来吧!我诵读你们养主对你们禁止的事情……**"即穆圣说,让我真切地告诉你们安拉禁止你们的事物吧!我的叙述中没有猜测和推理,我只是按照启示据实传达安拉的命令。

## 禁止以物配主

"**你们不要以物配他**",即安拉忠告你们:不要以物配他。因此,本章末的经文说:"**他这样忠告你们,以便你们敬畏。**"两圣训实录辑录,安拉的使者说:"吉卜勒伊里来给我报喜:'你的民族中不以任何物配主的人,必定进入乐园。'我问:'即便他曾奸淫和盗窃吗?'他说:'即便他曾奸淫和盗窃。'我问:'即便他曾奸淫和盗窃吗?'他说:'即便他曾奸淫和盗窃。'我问:'即便他曾奸淫和盗窃吗?'他说:'即便他曾奸淫、盗窃、饮酒。'"(3)

艾布·则尔传述,安拉的使者说:"伟大的安拉说:'阿丹的子孙啊!你只要祈求我,只要向我希求,我将赦宥你的一切罪恶,不予计较。如果你带来充满大地的罪恶,我就带来充满大地的赦宥,只要你没有以物配我。如果你的罪恶达到天上的云(罪恶滔天),然后你向我求恕饶,我一定会恕饶你的。'"(4)下列经文可以证明这些圣训:《安拉必不恕饶以物配主的罪恶,但他为他所意欲的人恕饶除此之外的(一切罪恶)。谁以物配主,谁确已走向了深远的迷误。》(4:116)《穆斯林圣训实录》记载,伊本·麦斯欧迪传述:"谁不以任何物配主而归真,谁就必定进入乐园。"(5)相关的经文和圣训很多。

## 命令善待父母

"**你们要孝敬父母**",正如安拉所言:《你的主已经判决:你们只崇拜他,并要善待父母。》(17:23)安拉在《古兰》中经常将服从他和孝敬父母并提。正如安拉所言:《你要感激我和你的父母,归宿只在我这里。倘若他俩强迫你把你所不知道的(东西)给我举伴,你不要服从他俩。不过在今世仍要善意地侍奉他俩,并追随回归我的人的道路。你们的归宿只在我这里,我将会告诉你们所做过的一切。》(31:14-15)即便父母亲是多神教徒,安拉还是命令人们孝敬父母。安拉说:《当时,我跟以色列的子孙们定约:"你们要只拜安拉。你们要善待父母……"》(2:83)相关的经文很多。

两圣训实录辑录,伊本·麦斯欧迪传述,我问安拉的使者:"哪项善功最尊贵?"使者说:"按时礼拜。"我问:"其次是什么?"使者答:"孝敬父母。"我问:"其次是什么?"使者答:"为主道奋斗。"伊本·麦斯欧迪说:"如果我继续问,使者一定会继续回答的。"(6)

## 禁止杀害子女

"**你们不要因为贫穷而杀害子女,我供给你们生计,也供给他们。**"安拉忠告人类孝敬父母以及祖父母之后,紧接着提到了善待儿孙,说:"**你们不要因为贫穷而杀害子女。**"因为蒙昧时代的人们受恶魔的蛊惑,残杀自己的子女,因为担心受辱而活埋女婴,他们甚至因为担心贫穷而杀死男婴。两圣训实录辑录,伊本·麦斯欧迪问安拉的使者:"哪件罪恶最严重?"使者说:"安拉创造了你,你却为安拉设匹敌。"他问:"然后是什么?"使者答:"担心孩子分享你的食物而杀害他。"他问:"然后是什么?"使者答:"和邻居的妻子通奸。"使者接着读道:《他们只祈求安拉,不祈求其他的神灵。除非凭借权益,他们不杀死安拉已经禁止(杀害)的生命,也不犯奸淫。》(25:68)(7)

---

(1)《提尔密济圣训全集诠释》8:446;《哈肯圣训遗补》2:317。
(2)《哈肯圣训遗补》2:318。
(3)《布哈里圣训实录》1237;《穆斯林圣训实录》94。
(4)《提尔密济圣训全集诠释》9:524。
(5)《穆斯林圣训实录》1:94。
(6)《布哈里圣训实录诠释——造物主的启迪》2:12;《穆斯林圣训实录》1:89。
(7)《布哈里圣训实录诠释——造物主的启迪》8:350;《穆斯林圣训实录》1:91。

"**因为贫穷**"，伊本·阿拔斯、格塔德、赛丁伊等学者说："经文指穷苦。"(1) 即你们不要因为眼前的贫穷而屠杀自己的孩子。《夜行章》的经文说：《你们不要因为怕贫穷而杀害你们的子女。》（17：31）即不要因为将来的贫穷而残杀子女。因此该经文说："**我供给你们生计，也供给他们。**"经文特意提到了"**他们**"，是因为对子女问题的重视。即你们不要因为担心给养的问题而害怕贫穷，给养问题归安拉掌管。本段经文在叙述已经发生的贫穷时说道："**我供给你们生计，也供给他们。**"因为在这句话里"你们"的因素是非常重要的。安拉至知。

"**你们不要接近罪行，无论它是公开的或是秘密的。**"正如安拉所言：《我的主只禁止那些表露在外和隐藏在内的丑行和罪恶、无理的迫害，以及你们未经授权而以物配主，假借安拉名义说一些你们并不知道的事。》（7：33）上文注释"你们放弃明显的和隐微的罪恶"时，已经对这段经文作了注释。

两圣训实录辑录，安拉的使者㊥说："任何人都没有安拉那样在意（人们触犯）明显的和隐微的丑事。"(2) 赛尔德·本·欧拜德说："倘若我发现有个男子和我的妻子在一起，我必用剑身(3) 刹死他。"安拉的使者㊥听到此话后说："你们对赛尔德的吃醋感到吃惊吗？以安拉发誓，如果有人触犯了明显的或隐微的丑事时，我比赛尔德更在意，安拉比我更在意。"(4)

## 禁止杀害无辜

"**除非依据权力，你们不可杀害安拉禁止侵犯的生命。**"这是安拉（单独）明确指出的一件丑行，否则，会包括在上述禁令（禁止明显和隐微的丑事）之中。两圣训实录辑录，安拉的使者㊥说："只要有个穆斯林见证'应受拜者，惟有安拉，穆罕默德是安拉的使者'，任何人都不能处死他，除非达到三个条件之一：结过婚的奸淫者；以命抵命；放弃宗教、分离群众的人。"(5)

许多圣训严厉禁止人们杀害缔约人，即与穆斯林缔结和约的交战方（国）的居民。布哈里传述，穆圣㊥说："谁杀害缔约人，谁就闻不到乐园的馨香，虽然乐园的馨香在四十年的行程外就能闻到。"(6)

艾布·胡莱赖传述，穆圣㊥说："谁杀害了一个与安拉及其使者有约的人，谁就毁了安拉的契约，他从此闻不到乐园的馨香，虽然乐园的馨香在七十年的行程外就能闻到。"(7)

"**他这样命令你们，以便你们理解**"，即这是安拉对你们的忠告，以便你们理解安拉的命令和禁令。

《152. 你们不要接近孤儿的财产，除非以最好的（方法），直到他成年；你们要公平地给足秤量，我不使任何人负担他能力以外的；你们说话时要公正，即使涉及近亲；你们要遵守安拉的约言。他这样忠告你们，以便你们觉悟。》

## 禁止侵吞孤儿的财产

伊本·阿拔斯说，"你们不要接近孤儿的财产，除非以最好的（方法）"和《那些不义地吞没孤儿财产的人。》（4：10）降示后，抚养孤儿的人将自己的食物和孤儿的食物分开，选择一些食物为孤儿贮备，以致食物经常霉变。这给他们带来了困难，他们向使者提到这一问题后，安拉降示了下列经文：《——在今生后世。关于孤儿他们问你，你说："管理对他们是更好的。"如果你们和他们合伙，他们就是你们的兄弟……》（2：220）他说，后来他们将自己的食物和孤儿的食物放到了一起。(8)

"**直到他成年**"，舒尔宾、马立克等前辈学者说，经文指"出幼"。(9)

## 命令给足衡量

"**你们要公平地给足秤量**"，安拉命令人们在取舍时要公正，同时警告道：《毁灭吧！那些称量不公的人们。当他们由旁人量取东西时，贪多求足，但是当他们要量称东西给人时，就开始亏欠。难道这些人想不到他们要被复活在重大的日子吗？那天，人类将为众世界的主而肃立。》（83：1-6）安拉确曾毁灭了一些短斤少两的先民。

"**我不使任何人负担他能力以外的**"，即人应该尽力而为地去履行义务，如果他尽力正确地做

---

(1)《泰伯里经注》12：217。
(2)《布哈里圣训实录诠释——造物主的启迪》8：146；《穆斯林圣训实录》4：2114。
(3) 即不用剑刃，表示愤慨。——译者注
(4)《布哈里圣训实录诠释——造物主的启迪》13：411；《穆斯林圣训实录》2：1132。
(5)《布哈里圣训实录诠释——造物主的启迪》12：209；《穆斯林圣训实录》3：1302。
(6)《布哈里圣训实录诠释——造物主的启迪》12：370。
(7)《提尔密济圣训全集诠释》4：658；《伊本·马哲圣训集》2：896。
(8)《艾布·达乌德圣训集》3：291。
(9)《泰伯里经注》12：223。

事，但还是出现错误，那么他是情有可原的。

### 命令公正作证

"你们说话时要公正，即使涉及近亲"，正如安拉所言：❮有正信的人们啊！你们要为安拉公平作证。❯（5：8）《妇女章》也有类似的经文，安拉命令人们，在言行方面要保持公正，无论对方是亲是疏。安拉同时也命令人们，在每时每刻都要保持公正。

### 命令遵守安拉的约言

"你们要遵守安拉的约言"，伊本·哲利尔说："你们当接受安拉的忠告。"所谓"遵守安拉的约言"就是听从安拉的命令和禁止，遵循安拉的经典和先知的圣行。"他这样忠告你们，以便你们觉悟。"安拉说，这是我对你们的忠告和命令。然后又强调道："以便你们觉悟"，即以便你们引以为戒，杜绝不良的行为。(1)

❮153. 的确，这就是我的正道。你们要遵循它，不要遵循（其他）许多道，以免你们从他的道上被分开。他这样忠告你们，以便你们敬畏。❯

### 命令遵循正道 禁止追随旁门左道

伊本·阿拔斯就"不要遵循（其他）许多道，以免你们从他的道上被分开"，❮你们要维护宗教，不要在其中搞分裂。❯（42：13）等类似的经文说："安拉命令穆民团结，禁止他们分歧和分裂，并告诉穆民，先民的毁灭缘于好辩和对安拉教义的分歧。"(2) 穆佳黑德等学者都持此观点。(3)

伊本·麦斯欧迪传述，安拉的使者㊣用手划了一条线，说："这（比如）是安拉的正道。"又在它的左右各划几条线，说："这些道中的每条道上，都有恶魔在召唤。"使者接着读道："**的确，这就是我的正道。你们要遵循它，不要遵循（其他）许多道，以免你们从他的道上被分开。**"(4)

贾比尔传述："我们曾坐在穆圣㊣跟前，他用手在前面这样划了一条线，说：'这是安拉的道路。'又在它的左右各划了两条线，说：'这些是恶魔的道路。'然后他将手放到最中间的线上读道：'**的确，这就是我的正道。你们要遵循它，不**

---
(1)《泰伯里经注》12：225。
(2)《泰伯里经注》12：229。
(3)《泰伯里经注》12：229。
(4)《艾哈麦德按序圣训集》1：465；《哈肯圣训遗补》2：318。

要遵循（其他）许多道，以免你们从他的道上被分开。他这样忠告你们，以便你们敬畏。'"(5)

伊本·哲利尔传述，有人问伊本·麦斯欧迪："什么是正道？"后者回答："穆圣㊣在最接近乐园的边缘留下了我们。这个边缘的左侧和右侧有许多道路，有些人在呼吁经过这里的人。谁踏上这些道路，谁就会进入火狱；谁踏上绝无仅有的那一条道路，他就会进入乐园。"伊本·麦斯欧迪接着读道："**的确，这就是我的正道。你们要遵循它，不要遵循（其他）许多道，以免你们从他的道上被分开。**"(6)

艾哈麦德传述，安拉的使者㊣说："安拉为正道打了一个比方：这条道路两端有两道墙，其中开着许多门，门上设有一些垂下来的帘子，路边的门口有位呼唤者在呼唤：'人们啊！请过来一起进入正道吧！不要分裂！'路的上面有一个呼唤者，当人们企图打开那些门时，他在呼唤：'真可悲！请不要打开它，如果你打开了它，你就会进入它。'正道指伊斯兰，两道墙指安拉的法度，敞开的门指

---
(5)《艾哈麦德按序圣训集》3：397；《阿卜都·本·哈米德》345；《伊本·马哲圣训集》11。
(6)《泰伯里经注》12：230。

安拉的禁令，路上的呼唤者指安拉在每个穆斯林心中的劝诫者，即安拉的经典。"⁽¹⁾

"你们要遵循它，不要遵循（其他）许多道"，经文以单数词型表示正道，以复数词型表示歧途。因为正道只有一条，歧途数不胜数。正如安拉所言：❧ 安拉是那些归信的人的保护者，他将引导他们由重重黑暗进入光明。那些隐昧者的保护者是魔鬼，它将他们从光明引入黑暗，他们是火狱的居民，将永居其中。❧（2：257）

❧ 154.然后，我赐给穆萨经典，完成我对行善者的恩典，阐释一切事物，作为引导和怜悯；以便他们相信将与他们的主会见。❧

❧ 155.这就是我颁降的一部吉祥的经典，你们要遵循它，并当敬畏，以便你们能获得怜悯。❧

## 赞美《讨拉特》和《古兰》

安拉首先描述了《古兰》，"的确，这就是我的正道。你们要遵循它。"然后赞美《讨拉特》及接受它的使者，说："**然后，我赐给穆萨经典。**"安拉经常接连提到《古兰》和《讨拉特》，正如安拉所言：❧ 在这以前，有作为向导和慈悯的穆萨的经典。这是一部验证性的阿拉伯文经典。❧（46：12）又❧ 是谁降下穆萨所带来的、可作为人类的光明和引导的经典呢？你们把它记录在纸张上展示，但是，你们却隐瞒很多。❧（6：91）后文又说："**这就是我颁降的一部吉祥的经典。**"

清高伟大的安拉形容多神教徒说：❧ 但是来自我的真理来临他们时，他们说："为什么没有给他授予像授予穆萨的呢？"❧（28：48）安拉说：❧ 难道他们以前没有否认降给穆萨的吗？他们说："这是两个互相印证的魔术！"他们还说："我们一个也不信！"❧（28：48）

安拉讲述精灵说：❧ 他们说："我们的族人啊！我们听到一本在穆萨之后降世的经典，证实它以前的，并导向真理和正道。❧（46：30）

"**完成我对行善者的恩典，阐释一切事物**"，即安拉赐给他一部包罗万象的经典，其中包含立法所需的一切条文。正如安拉所言：❧ 我曾为他在经简上记载万物。❧（7：145）

"**对行善者的恩典**"，即善报履行安拉的命令、服从安拉的人，❧ 善行的报酬，除了善报之外。❧（55：60）正如安拉所言：❧ 当时，他的养主用一些诫命考验了伊布拉欣，他便履行了它们。

他（主）说："我将使你成为人类的领袖。"❧（2：124）又❧ 只要他们坚忍，并确信我的启示，我就从他们当中委派一些人作领袖，奉我的命令引导他们。❧（32：24）

"**阐释一切事物，作为引导和怜悯。**"从而赞美了安拉所降下的经典，"**以便他们相信将与他们的主会见。这就是我颁降的一部吉祥的经典，你们要遵循它，并当敬畏，以便你们能获得怜悯**"。经文号召人们热爱《古兰》、参悟《古兰》，并遵循它。经文还提到，在今世和后世中，《古兰》是遵循者的吉庆（祥瑞）。因为它是安拉的坚固的绳索。

❧ 156.以免你们说："天经只降给了我们以前的两群人，我们对他们所研究的是疏忽的。"❧

❧ 157.或者你们说："如果天经降给我们，我们一定比他们更得道。"因为一项明证、引导和怜悯已由你们的主降临你们。谁比否认安拉的启示并背弃它的人更为不义呢？我将因为他们的背弃而严厉惩罚背弃我的启示的人。❧

## 《古兰》是安拉展示给人类的证据

伊本·哲利尔说，经文的意义是：这是安拉降示的经典，以免人们说："天经只降给了我们以前的两群人……"以此打消他们的借口。正如安拉所言：❧ 若不是他们将因自己的作为而遭受灾难，并且说："我们的主啊！为什么你未曾给我们派遣一位使者，好让我们追随你的迹象。"❧（28：47）

"**我们以前的两群人。**"伊本·阿拔斯、穆佳黑德、赛丁伊、格塔德等学者说，经文指犹太人和基督教徒。⁽²⁾

"**我们对他们所研究的是疏忽的**"，即我们不理解他们所说的话，因为那不是通过我们的嘴说出来的，我们在疏忽之中，无暇顾及他们的事情。

"**或者你们说：'如果天经降给我们，我们一定比他们更得道'**"，即安拉也打消了他们的下列借口：假若我们得到了他们所得到的，我们会比他们更正确地坚持他们所受的训示。正如安拉所言：❧ 他们凭安拉（的名义）立下庄重的誓言："如果有一位警告者来临他们，他们会成为诸民族中最坚持正道的。"❧（35：42）

同样，经文在此说："**因为一项明证、引导和怜悯已由你们的主降临你们**"，即这部伟大的《古兰》，已经通过穆罕默德㉑——阿拉伯先知之口来临了你们，作为对合法与非法的解释，对心灵的引

---
（1）《艾哈麦德按序圣训集》4：182；《圣训大集》6：361；《提尔密济圣训全集诠释》8：152。

（2）《泰伯里经注》12：239、240、241。

导，对这位先知的跟随者的慈悯。

"谁比否认安拉的启示并背弃它的人更为不义呢？"即他没有从穆圣带来的信息中获益，从而遵循穆圣的教导，也没有放弃非伊斯兰的东西，不但如此，他还阻碍他人遵循安拉的启示。伊本·阿拔斯认为，这里的"**背弃**"指"**拒绝**"。

◆ 158.他们只等待天使们，或是你的主降临。或是你主的一些迹象降临，在你主的一些迹象降临的那天，那以前没有归信或是虽归信而没有行善的人，他信仰也不会对他有益。你说："你们等吧！我们是等待的。"◆

### 警告推迟归信和忏悔的人

安拉在此警告那些隐昧者，他们违背使者，否认天经，阻碍主道："**他们只等待天使们，或是你的主降临**"。然而这些事情只会在后世发生。

"**或是你主的一些迹象降临，在你主的一些迹象降临的那天，那以前没有归信或是虽归信而没有行善的人，他的信仰也不会对他有益**"，指后世到来之前，世界末日的征兆和显迹，当时人们会看到类似的反常现象。正如布哈里圣训实录辑录，安拉的使者说："末日来临之前，太阳将从西面升起，人们见到这一情景后，全部归信了。"然而，"**在你主的一些迹象降临的那天，那以前没有归信或是虽归信而没有行善的人，他的信仰也不会对他有益。**"(1)

艾布·胡莱赖传述，安拉的使者说："三种情况出现时，以前没有归信或虽然归信了但没有行善的人的信仰没有作用：太阳从它的西面升起，丹扎里出世、地兽出现。"(2)艾哈麦德的传述中还增加了"烟雾"。(3)

艾哈麦德传述，在麦地那，三个穆斯林坐到麦尔旺跟前听他谈论（末日）征兆，他说，第一个征兆是丹扎里。后来这些人到阿卜杜拉·本·阿慕尔那里，对他讲了听到的这些话。后者听后说："麦尔旺没有提及我从安拉的使者那里听到的一些情况。安拉的使者说：'（末日的）第一征兆是太阳从西面升起，地兽在凌晨出现。这两个征兆一个在前，一个在后。'"阿卜杜拉——当时他在读经——说："我想第一个应该是太阳从西面升起。情况是这样的，当太阳西落之后，来到阿莱什下面，向主叩头，并要求复出。但它没有得到允许。

它再次请求时，还是遭到了拒绝，直至安拉让夜晚度过了他所欲的时间。这时太阳知道，如果它此时复出，就无法赶到东方。它就说：'我的养主啊！东方真遥远啊！我不在时，那里的人怎么办呢？'当地平线呈弧形的时候，它要求复出，但有声音对它说：'从你的地位升起吧！'太阳便从西面升起了。"阿卜杜拉还读了下列经文："**那以前没有归信或是虽归信而没有行善的人，他的信仰也不会对他有益。**"(4)

"**那以前没有归信或是虽归信而没有行善的人，他的信仰也不会对他有益**"，即如果隐昧者在这时开始信仰，他们的信仰对他们无益。而此前具备了信仰，并且真诚行善的人，则获得了极大的幸福。没有行善的人，此时的忏悔是不蒙接受的。下列经文也可以证明这一点："**或是虽归信而没有行善**"，即如果此前他没有行善，他此时干的善功不蒙接受。

"**你说：'你们等吧！我们是等待的。'**"这是对隐昧者严厉的警告。他们拖延到一个毫无意义的

---

(1)《布哈里圣训实录诠释——造物主的启迪》8：147。
(2)《泰伯里经注》12：265。
(3)《艾哈麦德按序圣训集》2：445。

(4)《艾哈麦德按序圣训集》2：201；《穆斯林圣训实录》4：2260；《艾布·达乌德圣训集》4：490；《伊本·马哲圣训集》2：1353。

时间，才开始信仰或忏悔。这一时间，就是太阳从西面升起，末日即将来临，末日的征兆纷纷出现的时候。正如安拉所言："他们只是在等待那突然降临他们的复活时。它的一些征兆已经来到了。当它降临于他们时，他们还能够获得劝告吗？"（47：18）又"当他们看到我的惩罚时，他们说：'我们归信独一的安拉，并否认一切我们曾经为他所举伴的。'但是当他们已经看到我的惩罚时，他们的信仰对他们就没有用了。"（40：84-85）

"159.至于那些分裂他们的宗教，而且分成许多宗派的人，你跟他们毫无关系。他们的事由安拉负责。他将把他们所做的一切告诉他们。"

## 谴责分裂

穆佳黑德、格塔德、端哈克、赛丁伊等学者说，这段经文是因犹太人和基督教徒而降示的。(1)

伊本·阿拔斯说，穆圣为圣之前，犹太人和基督教徒四分五裂，派别林立，安拉因而降谕道："至于那些分裂他们的宗教，而且分成许多宗派的人，你跟他们毫无关系。"(2)毋庸置疑，这段经文是针对那些在安拉的宗教中搞分裂的人和伊斯兰的反对者降示的。因此，安拉以正确的方向和正教派遣了穆圣，以便让它改革一切宗教，消除分歧和分裂。此后在伊斯兰中搞分裂，"**而分成许多宗派的人**"，即在伊斯兰中分门立户的人，无异于坚持各种歪门邪道，或陷入私欲和迷途之中的人。安拉和他的使者与他们毫无关系。正如安拉所言："他为你们规定的宗教，就是他交付给努哈的、我启示给你的……"（42：13）

圣训说："我们先知的群体，是同宗异母的孩子。我们的宗教是同一个。"(3)列圣从安拉那里带来的这条正道，要求人们崇拜独一无偶的安拉，坚持最后的先知——穆圣的法律。除此之外的一切，都是迷误、愚昧、偏见和私欲。众使者与之无关，正如安拉所言："**你跟他们毫无关系。**"

"**他们的事由安拉负责。他将把他们所做的一切告诉他们。**"正如安拉所言："那些归信的人、那些奉行犹太教的人、萨比安人、基督教徒、拜火教徒和多神教徒，复生日，安拉将在他们当中裁判，安拉的确是见证一切的。"（22：17）然后经文介绍了安拉在末日的判决的仁慈和公正，说：

"160.谁做一件善事，他就获得十倍于它的报偿，谁做一件恶事，他只照它还报，他们绝不会亏待。"

## 一件善事获得十倍于它的报偿，一件恶事仅照原样受到惩罚

这段尊贵的经文，分析了下列概括性的经文："谁带来善行，他将得到比它更好的。"（28：89）下列穆圣传自安拉的（固督斯）圣训也与此意义相符，安拉的使者说："你们伟大的养主是慈爱的。谁打算干一件善事而没有干成，他将为谁记载一件善功；谁若干了这件善事，他将为谁将它记载成十倍至七百倍，直至许多倍；谁打算干一件恶事，而没有干成，他将为谁记载一件善功。谁若干了这件恶事，他将为谁记载它，或者他将消除它。安拉那里，只有（完全应该遭受）毁灭的人才遭受毁灭。"(4)

艾布·则尔传述，安拉的使者说："清高伟大的安拉说，谁干了一件善事，谁将获得十倍于它的回报，我还要增加报偿；谁干了一件恶事，其报应是类似于它的，我还要赦宥他；谁干了充满大地的错误，但不以任何物举伴我而来见我，我将为他设置类似的赦宥；谁接近我一拃，我就接近谁一肘；谁接近我一肘，我就接近谁一尺。谁步行来见我，我便跑去见他。"(5)

须知，放弃恶事的人分为三种。第一种是因为安拉而放弃恶事，这种人将得到一件善功，他的放弃本身就是一种善功和举意。因此，许多圣训——安拉说，他为我放弃了恶事——指出，他将得到干一件善功的回报；第二种是因为遗忘或疏忽而放弃了恶事，这对他无益无害，因为他们没有举意行善，也没有实施恶事；第三种是在做好一切努力或几乎达到目时，因为无奈或懒散而放弃了恶事，这种人与作恶者同罪。正如下列明确的圣训所述："当两个穆斯林持剑相遇时，杀人者与被杀者都要进入火狱。"有人说："安拉的使者啊！这是凶手的下场，被害者又是怎么回事呢？"使者说："他也曾企图杀死对方。"(6)

艾布·马立克传述，安拉的使者说："主麻（拜）是此主麻到下一个主麻，另加三天的罚赎。那是因为安拉说：'**谁做一件善事，他就获得十倍**

---

（1）《泰伯里经注》12：269、270。
（2）《泰伯里经注》12：269。
（3）《布哈里圣训实录诠释——造物主的启迪》6：550。
（4）《艾哈麦德按序圣训集》1：279；《布哈里圣训诠释——造物主的启迪》11：331；《穆斯林圣训实录》1：118；《圣训大集》4：396。
（5）《艾哈麦德按序圣训集》5：153；《穆斯林圣训实录》4：2068。
（6）《布哈里圣训实录》31、6875、7083。

于它的报偿。'"(1)

艾布·则尔传述，安拉的使者说："谁每月封斋三日，如同终生封斋。"提尔密济的传述增加了："安拉在他的经典中证实了这一点：'**谁做一件善事，他就获得十倍于它的报偿。**'一日如同十日。"(2) 相关的圣训及哲言很多，如果安拉意欲，上述足以说明问题。安拉是可靠的。

⟪ 161. 你说："我的主已引导我于一条正道，（遵循）一个正确的宗教，即伊布拉欣的天然宗教。他不是多神教徒。" ⟫

⟪ 162. 你说："我的礼拜，我的宰牲，我的生，我的死，的确完全是为了安拉，众世界的养主。" ⟫

⟪ 163. 他没有伙伴。我就是这样被命令的，我是首先顺服的人。" ⟫

## 伊斯兰就是正道

清高伟大的安拉为人类引导了一条不偏不倚的正道，故他命令他的先知向人类表述这一宏恩。

"**一个正确的宗教**"，指稳定的、可行的宗教。

"**伊布拉欣的天然宗教。他不是多神教徒**"，正如安拉所言：⟪ 只有自我愚弄者，才会鄙弃伊布拉欣的宗教。⟫（2：130）又⟪ 你们要为安拉真实地奋斗。他已选择了你们，他在宗教中没有为你们设置任何困难。（你们应当追随）你们的祖先伊布拉欣的宗教。⟫（22：78）又⟪ 伊布拉欣当初是一个稳麦。他服从安拉，纯洁无染，他不是多神教徒。他感激安拉的恩典。安拉选择了他，并引导他到正道。我给他今世的美满，在后世，他确实在清廉者的行列。后来我启示你："你要追随伊布拉欣的天然宗教，他不是多神教徒。"⟫（16：120-123）虽然穆圣受命亲近伊布拉欣先知的宗教，但这并不说明伊布拉欣的宗教比穆圣的宗教完美。事实上穆圣所履行的宗教是最伟大、最完善的宗教，是史无前例的。因此，他成为了封印万圣的先知，和阿丹的子孙中无与伦比的领袖，他的身份是万众所瞩目的，甚至伊布拉欣也在羡慕他。

伊本·阿拔斯传述，有人问："安拉的使者啊！安拉最喜欢哪个宗教？"穆圣说："纯正的，宽容的（伊斯兰）。"(3)

## 命令虔诚拜主

"**你说：'我的礼拜，我的宰牲，我的生，我的死，的确完全是为了安拉，众世界的养主。'**"安拉命令穆圣告诉那些崇拜多神、不以安拉的名义宰牲的多神教徒，他与他们水火不容，他的拜功和牺牲都是以独一无偶的安拉的名义进行的。正如安拉所言：⟪ 所以你要对你的主礼拜，并宰牺牲。⟫（108：2）即你当虔诚地为主礼拜，为主宰牲。安拉命令穆圣不要附和这些多神教徒，而要抛弃他们的行为，专心致志地虔诚拜主。

穆佳黑德说，"**宰牲**"指在正副朝中的宰牲。

贾比尔传述，安拉的使者在宰牲节宰了两只羯羊，他在宰的时候念道："我弃邪持正地使我的面容服从了初创天地的安拉，我的礼拜，我的宰牲，我的生和我的死，都是因为安拉——众世界的无偶的养主。我是如此奉命的。我是首先服从的人。"(4)

## 伊斯兰是一切先知的宗教

"**我是首先顺服的人**"，格塔德解释为：我是这个民族中的第一位穆斯林。(5) 正如格氏所述，穆圣之前的先知们，都号召人们归信伊斯兰，伊斯兰的根本就是崇拜独一无偶的安拉。正如安拉所言：⟪ 我在你以前每派遣一位使者，就对他启示道："除我之外无应受拜的，所以你们应当惟独崇拜我。" ⟫（21：25）安拉给他们叙述努哈对其民族所说的话：⟪ 如果你们不愿意，我不曾向你们要求过报偿。我的报偿只由安拉负责，我受命成为第一个顺服者。" ⟫（10：72）又⟪ 只有自我愚弄者，才会鄙弃伊布拉欣的宗教。的确，我在今世选拔了他，在后世，他确在清廉者之列。当时，他的养主对他说："你服从吧（即你成为穆斯林）！"他说："我已服从了众世界的养主。"伊布拉欣和叶尔孤白以此嘱咐了他（们）的子孙："我的子孙们啊！安拉确实为你们选择了这个宗教，你们只能以穆斯林的身份死去。" ⟫（2：130-132）优素福先知说：⟪ 我的主啊！你确已赐给我权力，并教我解释一些事情。诸天与大地的创造者啊！你是我今世与后世的保护者。求你使我以穆斯林的身份去世，并将我列入清廉者。⟫（12：101）穆萨先知说：⟪ "我的族人啊！如果你们归信安拉，你们就应当只托靠他，如果你们是穆斯林。"他们说："我们只托靠安拉。我们的养主啊！请不要让不义的群体迫害我们，请以你的仁慈拯救我们脱离隐昧的群体。" ⟫（10：84-86）又⟪ 我曾经颁降《讨

---

(1)《圣训大典》3：298。
(2)《艾哈麦德按序圣训集》5：146；《提尔密济圣训全集诠释》3：470；《圣训大集》4：218；《伊本·马哲圣训集》1：545。
(3)《艾哈麦德按序圣训集》1：236。

(4)《哈肯圣训遗补》2：467。
(5)《泰伯里经注》12：285。

拉特》，其中有引导和光明。归顺（安拉）的先知们曾依照它为信仰犹太教的人裁决（事情），犹太人的经师和学者们也是如此。》（5：44）又 当时我启示（尔撒的）门徒："你们当归信我和我的使者。"他们说："我们归信了，求你见证我们确实是顺从的。"》（5：111）安拉说，他以伊斯兰派遣了一切使者，虽然使者们带来的法律不尽相同，而且相互革止。最后，穆圣☪的法律永远革止了其他使者的法律，并将永远获得安拉的襄助和人们的坚持，它的旗帜将永远飘扬，直到末日。因此，穆圣☪说："我们众先知，是同宗异母的孩子，我们的宗教是同一个。"(1) 即虽然法律像不同的母亲一样有所差异，但认主独一原理像父亲一样，永远是一个。又如同父同母的同胞兄弟亦然，而同母异父的兄弟恰恰与此相反。安拉至知。

阿里（愿主喜悦之）传述，安拉的使者☪每次礼拜时首先念大赞词，然后念："我弃邪持正地使我的面容顺从了初创天地的安拉，我不是一个多神教徒。我的礼拜，我的宰牲，我的生和我的死，都是因为安拉——众世界的无偶的养主。"……我的主啊！你是掌权者，应受拜者，惟有你，你是我的养主，我是你的奴仆。我亏了我自己，但我承认我的罪恶。请为我恕饶我的一切罪恶吧！只有你才能恕饶一切罪恶。请引导我获得最优美的道德，因为只有你才有此引导权。请让我摒弃恶行吧！因为只有你才能让我摒弃它。你真多福，你真清高。我向你求恕饶，向你忏悔。"(2) 阿里（愿主喜悦之）还谈到了穆圣☪在鞠躬、叩头以及大坐和中坐时的祷词。(3)

❦ 164.你说："难道我舍弃安拉，寻求其他主吗？而他却是万物的主。每一个人都是自作自受，负担者不担负别人的担子。然后，你们的归宿在安拉那里。他将告诉你们有关你们争论的事物。"❧

### 命令真诚地托靠安拉

清高伟大的安拉说，穆罕默德啊！你劝那些以物配主的人虔诚拜主，托靠安拉，**"你说：'难道我舍弃安拉，寻求其他主吗？'"** 即难道我会追求其他主宰吗？

**"而他却是万物的主"**，他养育我，保护我，掌管我的事情。换言之，我只托靠他，并归依他，他是万物的化育者，管理者。这段经文要求人们虔诚地托靠安拉，正如前面的经文要求人们虔诚拜主。《古兰》中具有这些意义的句子经常接连而来，作为对人类的指导，正如安拉所言：❦ 我们只崇拜你，只向你求助。❧（1：5）又 ❦ 所以你要崇拜他，托靠他。❧（12：123）又 ❦ 他们说："赞美我们的主清净无染。我们的确是不义的！"❧（68：29）又 ❦ 他是东西方的主，除他之外没有应受拜的。所以你要以他作为你的监护者。❧（73：9）等等。

### 负罪者不担负别人的罪责

"每一个人都是自作自受，负担者不担负别人的担子"，经文在此叙述后世的情况，那天，安拉将公正地宣判众仆。每个人都会按照自己的行为受到报应。善有善报，恶有恶报，任何人不替别人承担罪责。正如安拉所言：❦ 负重的人不会负担他人的担子，如果一个肩负重担者要求旁人来承担他的重担，旁人也不能承担丝毫。❧（35：18）又 ❦ 将不用害怕不公平或被克扣。❧（20：112）经注学家们说："任何人都不因承担别人的罪责而受到亏待，他的善功也不会被减少丝毫。"安拉说：❦ 每一个人都因他的行为而被抵押。幸福的人则不然，❧（74：38-39）即除了幸福的人之外，每个人都将因为自己的恶行而被罚赎。但有时清廉者的福分也会泽及他们的子孙和近亲，正如《山岳章》所述：❦ 那些归信，子孙也随同他们归信的人们，我将使他们的子孙与他们相聚，我不会从他们的行为中减少一丝毫。❧（52：21）即安拉将使他们的子孙因为信仰的原因和他们一起在乐园中享受崇高的品级，虽然后人没有像他们那样干许多善功。安拉也不会减少这些幸福的人的善功，以致让他们和不如他们的人处于同样的品级。慷慨博施的安拉将会使这些子孙因为他们先辈的福分（白勒克提），跻身先辈的品级。然后经文说：❦ 每个人，都是因其行为而受到抵押的。❧（52：21）

"然后，你们的归宿在安拉那里。他将告诉你们有关你们争论的事物"，即你们坚持你们的工作吧！我们也将坚持我们的工作，你们和我们的行为将被展示，然后安拉将告诉我们，你们在今世的工作和矛盾。正如安拉所言：❦ 你说："关于我们的过错，你们不会被询问；关于你们所做的，我们也不被询问。"你说："我们的主将集合我们，然后，在我们之间以真理裁决。只有他是判决者，全知者。"❧（34：25-26）

❦ 165.他使你们成为大地上的代位者，他提升

---

(1)《布哈里圣训实录诠释——造物主的启迪》6：550。
(2)《艾哈麦德按序圣训集》1：102。
(3)《穆斯林圣训实录》1：534。

你们中一些人的等级高于另一些人,以便他在赐给你们的待遇中考验你们。你的养主是惩罚迅速的,并且,他确实是至恕的、至慈的。

### 安拉使人们成为层次不同的代位者,以便考验人类

"他使你们成为大地上的代位者。"伊本·栽德解释为:安拉让你们世世代代、祖祖辈辈地出现在大地上。正如安拉所言﴾如果我愿意的话,我可以在你们当中指派天使做在大地上的代位者。﴿(43:60)又﴾使你们成为大地的代位者。﴿(27:62)又﴾我将在地上设置代位者。﴿(2:30)又﴾你们的主将毁灭你们的敌人,并让你们代治大地,以便他看你们怎么做。﴿(7:129)

"他提升你们中一些人的等级高于另一些人",即他让你们在生活给养、道德修养、行为准则、外表和相貌方面各不相同,其中有一定的哲理。正如安拉所言:﴾是我在他们之间分配今世的生计,我使他们当中的一部分比另一部分高若干品级,以便一部分人让其他人为他们服务。﴿(43:32)又﴾你看我如何使他们中的一些人优越于另一些人,后世的确是品级更高和更为优越的。﴿(17:21)

"以便他在赐给你们的待遇中考验你们",即以便他考验富人是否感谢,穷人是否忍耐。《穆斯林圣训实录》记载,安拉的使者☪说:"今世是甜美的,翠绿的,安拉让你们代治大地,然后看你们将会做些什么。你们当谨防今世,谨防女人,以色列人的子孙中最初出现的风波就与女人有关。"(1)

"你的养主是惩罚迅速的,并且,他确实是至恕的、至慈的",经文警告道:谁违背安拉和众使者,那么安拉的惩罚是迅速的;谁若与安拉为友,并追随他的众使者,那么安拉是至恕的,是至慈的。《古兰》常接连提到这两个方面,正如安拉所言:﴾人们尽管不义,你的主确实是恕饶的。你主的刑罚也是严峻的。﴿(13:6)又﴾你告诉我的仆人们,我确实是至恕的、至慈的。而我的刑罚也是痛苦的。﴿(15:49-50)等经文都包括鼓励和警告。有时通过描述乐园的美景号召人们,有时通过描述火狱的严刑和惊恐警告人们。有时根据情况警告和鼓励并举,以期达到预定的目标。愿安拉使我们成为服从主命的人。安拉确实是临近的、应答和洞听祈求的、慷慨博施的。

艾布·胡莱赖传述,安拉的使者☪说:"假若穆民知道安拉那里的惩罚,任何人不会对进乐园抱有希望;假若隐昧者知道安拉那里的慈悯,任何人不会对进乐园感到绝望。安拉创造了一百件慈悯,将其中一件置于(今世的)人类当中,他们因之而相互关爱。将九十九件慈悯留在安拉那里。"(2)

安拉的使者☪又说:"安拉创造了万物后写了一句话,它置于安拉那里,阿莱什之上:我的慈悯超越了我的恼怒。"(3)

《牲畜章》经注至此结束。一切感赞统归安拉。

---

(1)《穆斯林圣训实录》4:2098。
(2)《艾哈麦德按序圣训集》2:334;《提尔密济圣训全集诠释》9:527;《穆斯林圣训实录》4:2109。
(3)《穆斯林圣训实录》4:2107。

## 《高处章》注释 麦加章

**奉普慈特慈的安拉之尊名**

⟪ 1. 艾立甫，俩目，米目，萨德。⟫
⟪ 2. 这是降给你的经典。你的心胸不要因它而感到窘迫。以便你用它来警告，并作信士的教训。⟫
⟪ 3. 你们要遵从自你们主降给你们的，不要在他之外顺从任何保护者。你们很少参悟。"⟫

我们已经在《黄牛章》的开头研究了《古兰》某些章节开头出现的单独字母，"**这是降给你的经典。**"这是从你的主那里降示给你的经典。

"**你的心胸不要因它而感到窘迫**"，穆佳黑德、格塔德、赛丁伊说："الحرج"（**窘迫**）指"怀疑"。[1] 有人说经文的意义是：你不要因为思虑着怎样传达它，或怎么用它去警告世人而感到为难。⟪ 所以你要坚忍，像意志坚定的使者们一样面对他们。⟫（46：35）

因此说，"**以便你用它来警告**"，即我降给你经典，以便用它去警告隐昧者。

"**并作信士的教训**"，然后安拉呼吁世人说："**你们要遵从自你们主降给你们的**"，即这位不识字的使者已经从万物的养育者那里给你们带来一部经典，你们当紧跟使者的步伐。

"**不要在他之外顺从任何保护者**"，即你们不要放弃使者带来的经典，而去寻找他物，否则就等于脱离安拉的法律，去寻找其他法律。

"**你们很少参悟。**"正如安拉所言：⟪ 大多数人不是信士，虽然你渴望（他们信仰）。⟫（12：103）又⟪ 如果你服从大地上多数的人，他们就会使你迷失安拉的道路。⟫（6：116）又⟪ 他们大半不信安拉，除非同时以物配主。⟫（12：106）

⟪ 4. 我曾经毁灭了许多城镇，我的惩罚在夜晚，或是当他们午睡时降临他们。⟫
⟪ 5. 当我的惩罚降临他们时，他们所有的哭诉只是："我们曾是不义的人。"⟫
⟪ 6. 那时，我一定会询问给他们派遣了使者的人们，我也会询问众使者。⟫
⟪ 7. 我一定会以知识叙述他们的情况，因为我不是不在的。⟫

### 曾被毁灭的城镇的情况

"**我曾经毁灭了许多城镇**"，因为他们否认并反对安拉的众使者，所以遭到惩罚，清高伟大的安拉让他们遭受今世凌辱的同时，让他们继续遭受后世的凌辱。正如安拉所言：⟪ 在你以前的使者们都曾被嘲笑过。但是那些嘲笑者都被他们所嘲笑的包围了。⟫（21：41）又⟪ 许多城镇，在其不义时被我毁灭，坍塌于它的顶棚、许多废井和建成的大厦之上。⟫（22：45）又⟪ 多少城市已被我毁灭，它们的居民生活骄奢。那是他们的故居，他们之后，除了很少的之外无人居住。我永远是继承者。⟫（28：58）

"**我的惩罚在夜晚，或是当他们午睡时降临他们**"，即有人在夜晚遭到了安拉的惩罚，有人在午睡时遭受了惩罚，这两个时间都是人们容易疏忽的时间。正如安拉所言：⟪ 那么，这些城镇中的民众，他们不怕在夜晚熟睡时，我的打击降临他们吗？或是他们在白天玩耍之际，不怕我的惩罚降临吗？⟫（7：97-98）又⟪ 那些实施罪恶行为的人，难道已经对此感到放心：安拉让大地吞没他们，或是怒恼从他们不知不觉的地方降临他们？或是他在他们的（旅途）往返中突袭他们，而他们却不能逍遥自由。或是他在他们恐惧的情况下突袭他们。你们的主确实是至爱的，至慈的。⟫（16：45-47）

"**当我的惩罚降临他们时，他们所有的哭诉只是：'我们曾是不义的人。'**"即在惩罚到来的时候，他们承认了自己的罪恶，并承认自己罪有应得。正如安拉所言：⟪ 有许多城镇在其不义时被我消灭。⟫（21：11）

"**我一定会询问给他们派遣了使者的人们，我也会询问众使者**"，正如安拉所言：⟪ 那天他传唤他们，说道："你们怎么回答了众使者？"⟫（28：65）又⟪ 那天，安拉集合众使者，说："你们得到的回答是什么？"他们说："我们不知道，你确实是全知幽玄的主。"⟫（5：109）末日安拉将审问各民族，他们是怎么回答众使者的。也将审问众使者，他们是怎么传达使命的。因此，伊本·阿拔斯在注释上面的经文时说："安拉将向众使者询问关于传达的情况。"[2]

"**我一定会以知识叙述他们的情况，因为我不是不在的**"，末日，功过簿将放在人们面前，它会告诉人们的行为。[3] 安拉将在末日告诉他的众仆，他们曾经说过和做过的大大小小的、明显与不明显

---

[1]《泰伯里经注》12：296。
[2]《泰伯里经注》12：306。
[3]《泰伯里经注》12：308。

的一切，因为安拉是见证万物的，任何物都躲不过安拉的见证，安拉也不会疏忽任何事物。安拉知道眼睛和内心的秘密。»他也知道陆地和海洋中的一切。只要一片叶子落下，他就知道它。大地深处的每一粒谷子，一切新鲜的或是干枯的，都（被记载）在明白的天经中。»（6：59）

«8.那天，称量是真实的，谁的分量重，他们就是成功的人。»

«9.谁的分量轻，是因为他们不信我的启示，而亏折了他们自己。»

## 称量功过

"称量"，即在审判日对人类的一切行为的称量"是真实的"，安拉不会亏待任何一人。正如安拉所言：«我将在复生日设置一些公平的天秤，任何人不被亏待丝毫。即使是一粒芥子的重量，我也要拿出它来。我是最佳的计算者。»（21：47）又«安拉不亏枉人一粒芥子的重量。如果人有任何善功，他要使它成倍增长，并赐给他来自他（安拉）的重大报酬。»（4：40）又«至于天秤重的人，将在愉快的生活中。至于天秤轻的人，他的根在深渊。你怎能知晓，何谓深渊？是灼热的烈火！»（101：6-11）又«当号角被吹响时，他们彼此间将不再有各种关系，也不互相询问了。那时，那些（天秤）分量重的人，他们就是成功的人。但是那些（天秤）分量轻的人，他们都是亏损的人，他们永远住在火狱里面。»（23：101-103）

（解析）末日的天秤中称量的事物到底是什么呢？有人说，称的是人们的行为。那天，安拉将会使无形的行为，变成有形的物质。据传述，伊本·阿拔斯持此主张。[1]正如有段明确的圣训所述："后世来临时，《黄牛章》和《仪姆兰的家属章》像两块云，或两片华盖，或两群展翅的鸟儿，为它们的主人辩护。"[2]又如：在末日，《古兰》将以一个憔悴的青年的形象来到今世拥有它的人跟前，那人问："你是谁？"他回答："我就是《古兰》，我让你夜晚苦熬，白天干渴。"[3]白拉伊传述了一段有关坟中审问亡人的圣训："一个相貌英俊、气味芬芳的青年来到信士跟前。信士问：'你是谁？'他说：'我就是你的善功。'"[4]伪信士和隐昧者的情况与此截然不同。

有人说，末日天秤中称的是记载行为的功过簿，正如下列圣训所述。末日，天使给一个人带来九十九个功过簿，将它们放到一个秤盘当中，每个功过簿有目光所及的大小。又带来一个牌子，其中写着"应受拜者，惟有安拉。"他（仆人）说："我的主啊！这些功过簿怎么和这个小牌子放到了一起呢？"安拉说："你不受亏待。"然后天使将这个小牌子放到另一个盘子里。安拉的使者㘷说："这些功过簿轻了，那个小牌子重了。"[5]有人说，天秤中将要称人的行为。正如圣训所述："末日，一个肥胖的人将被带来，在安拉那里他没有一只蚊子的翅膀重。"传述者接着读道：«我在复生日也不给他们设立天秤。»（18：105）[6]穆圣㘷表扬阿卜杜拉·本·麦斯欧迪说："你们因为他的两只细小的干腿而感到奇怪吗？以掌管我生命的安拉发誓，在安拉那里，它们比吾侯德山还重。"[7]

上述传述中的情况可能都是正确的，即有时称人的行为，有时称记载行为的册子，有时称行为者。安拉至知。

«10.我的确在大地上安置了你们，并在其中为你们置下了生活所需。而你们却很少感谢。»

## 安拉为人类创造天地与恩典

安拉讲述他对人类的恩典，说他让大地成为稳定的，在其中设置了许多山脉和河流，让人类在其中建筑许多家园和房屋，允许他们享受大地上一切有益的东西；并为人们制服了云，（带来雨水），以便生出大地上的给养；安拉还在大地上为人类设置了许多生活资料，以便他们通过经商、劳动等手段去获得。虽然如此，人类还是很少感谢。正如安拉所言：«你们一定无法统计。人确实是不义的、忘恩的。»（14：34）"**生活所需，معاش**"是一个极限复数，指生活资料、生活方法等。[8]

«11.我造化了你们，然后给你们形体，然后我对众天使说："你们向阿丹叩头。"除了伊卜厉斯外，全都叩头了。它拒绝成为一个叩头者。»

## 众天使给阿丹叩头，伊卜厉斯的傲慢

安拉在此重申了阿丹的高贵品级，并阐明伊卜厉斯对人类的仇视，它的内心对人类和人祖阿丹

---

[1]《白俄威经注》2：149。
[2]《穆斯林圣训实录》1：553。
[3]《伊本·马哲圣训集》2：1242。
[4]《艾哈麦德按序圣训集》4：287。
[5]《提尔密济圣训全集诠释》7：395。
[6]《布哈里圣训实录诠释——造物主的启迪》8：279。
[7]《艾哈麦德按序圣训集》1：420。
[8]关于它的词型变化此处未译。——译者注

充满了嫉恨，人类应该防备它，不要追随它的任何一条道路。安拉说："我造化了你们，然后给你们形体，然后我对众天使说：'你们向阿丹叩头。'除了伊卜厉斯外，全都叩头了。"正如安拉所言：《当时，你的主对天使们说："我要用来自臭泥的陶土造人。当我把他造就，并在其中吹入我的鲁哈后，你们当为他俯地叩头。"》（15：28-29）即安拉亲自用黏泥创造了阿丹，赋予他完美的体魄，给他注入灵魂之后，命令天使们为阿丹叩头，以体现他们对安拉的尊敬。除了伊卜厉斯之外，天使们都叩头了。它们原本就是为安拉叩头的。《黄牛章》已经研究了这一问题。

经文"我造化了你们，然后给你们形体"中的"你们"指代的是阿丹。有人说，以复数形式表达他，是因为阿丹乃人类的始祖。正如安拉对穆圣时代的以色列的后裔说：《我使云为你们遮阳，赐给你们白蜜和赛勒瓦。》（2：57）其实经文所指的是穆萨先知时代的以色列人。经文虽然叙述的是对他们始祖的恩典，但这一恩典的受益者是这些后裔。但下列经文与上述例子不属一类：《我确用泥土的精华造化人类。》（23：12）这段经文中所指的是阿丹，他的子孙则是由他的精液创造而来的。因为经文指的是人类，而不指确切的某个人。

《12.主说："当我命令你叩头时，什么阻止了你叩头呢？"伊卜厉斯说："我比他优越，你用火造化了我，而你却用泥造化了他。"》

"什么阻止了你叩头呢"，伊本·哲利尔和哈桑说，安拉问它，我命令你叩头时，是什么让你感到为难，或是什么迫使你不叩头呢？安拉至知。

"我比他优越"，这是它犯罪的借口。这一借口的罪恶大于他已经触犯的罪恶。在它（愿安拉诅咒它）看来，它作为一个优越的被造物怎么奉命去为一个不如它的被造物叩头呢？然后它指出它比阿丹优越的理由，即它来自火，而阿丹来自泥。这个受诅咒的卑贱者，所看的是物质的成分，而没有去看精神的价值——安拉亲自创造了阿丹，给他注入了来自安拉的精神。所以它进行了无理的攀比。《你们当为他俯地叩头。》（15：29）它放弃叩头后，在天使的群体中显得不伦不类，此后又绝望于安拉的慈悯。这又是一件罪恶。它的借口居然是火比泥尊贵。泥土的特征是稳重、宽容、审慎、可靠等；泥土也是植物成长、繁殖和成熟的地方。而火的特征是燃烧、饥渴和燥烈。因此说，伊卜厉斯违背了自己的本源；而服从主命的阿丹符合了自己的本源，归顺并谦恭，同时承认自己的错误，要求忏悔和宽恕。

《穆斯林圣训实录》记载，安拉的使者说："天使是由光明创造的，伊卜厉斯是由火焰创造的，阿丹是由为你们所介绍的事物创造的。"[1]

### 伊卜厉斯是第一个攀比者

"你用火造化了我，而你却用泥造化了他"，伊本·哲利尔说："伊卜厉斯的攀比是无理的，它是第一个攀比者。"[2]

伊本·西林说："第一个攀比者是伊卜厉斯，人们崇拜太阳和月亮的起因就是比较（攀比）。"[3]

《13.主说："你从它（乐园）中下去吧！你不应在这里自高自大，你出去吧，你是卑贱的。"》

《14.它说："求你宽容我到他们复活的那

---

[1]《穆斯林圣训实录》4：2294。
[2]《泰伯里经注》12：328。
[3]《泰伯里经注》12：328。

⁂ 15.主说："你是属于被宽容的。"⁂

安拉对伊卜厉斯的呼吁是一项世界性的定然，"**你从它中下去吧！**"即你因为违背我的命令，不服从我而下去吧！你没有资格在这里妄自尊大。经注学家们说，经文中的"**它**"指的是乐园（即从乐园中下去吧）；也可能指最高的天使群（上界）。

"**你出去吧，你是卑贱的**"，即伊卜厉斯是渺小而卑鄙的。安拉以其人之道还治其人之身。换言之，伊卜厉斯希望高大自傲，但安拉将它贬为卑贱者。此时，受诅咒的伊卜厉斯极力要求放任它到人类被复生的日子，说："**求你宽容我到他们复活的那天。**"安拉说："**你是属于被宽容的。**"安拉应答了它的乞求。此中具有安拉的不可抗拒的哲理和意志。安拉的判决无可指责，安拉的惩罚是迅速的。

⁂ 16.它说："由于你使我迷误，我一定会坐在你的正道上等待他们。⁂
⁂ 17.我将由他们的前、后、右、左到达他们，你将会发现他们的大多数不是感谢的。"⁂

当清高伟大的安拉宽限伊卜厉斯"**到他们复活的那天**"，伊卜厉斯对此确信无疑后，又陷入一如既往的顽抗之中，它说："**由于你使我迷误，我一定会坐在你的正道上等待他们。**"伊本·阿拔斯解释为："由于你使我陷入迷途……"[1]其他解释为：由于你毁了我，我将伺机把此人的子孙引向迷途，你曾因为他的原因而弃绝了我。我要让他们远离真理和成功的道路，诱惑他们不崇拜你，不认你为独一的主宰。

赛卜莱传述，我听安拉的使者㊣说："恶魔坐在所有道路上等待人类。它坐到伊斯兰的道路上，对打算信教的人说：'你要选择伊斯兰，放弃你祖先的遗教吗？'但那人没有理会它，加入了伊斯兰。……它坐到迁徙的道路上，对打算迁徙的人说：'你要放弃你的天地，而背井离乡吗？迁徙者就像拴在缰绳上的一匹马。'而那人并没有听信于它，踏上迁徙之路。它坐到奋斗（这是财产和生命的奋斗）的路上，对打算参战的人说：'你若参战，就会被杀死，妻子要改嫁，财产被瓜分。'但那人没有听信于它，踏上了征途。"安拉的使者㊣说："谁这样做了，当他死亡后，安拉应该让他进乐园；他若阵亡，安拉有义务让他进乐园；他若被淹死，安拉也有义务让他进乐园；他若被骑乘摔死，安拉也有义务让他进乐园。"[2]

"**我将由他们的前、后、右、左到达他们**"，伊本·阿拔斯解释为伊卜厉斯让他们对后世产生怀疑，让他们迷恋今世。"**右**"指伊卜厉斯让他们对他们的宗教感到怀疑。"**左**"指伊卜厉斯让他们沉湎于罪恶。[3]此处泛指一切正义与邪恶的道路，恶魔阻止人类行善，诱惑他们作恶。伊本·阿拔斯说："经文没有提到'上面'，因为慈悯是由上面降临的。"[4]

"**你将会发现他们的大多数不是感谢的**"，伊本·阿拔斯解释为："不是认主独一的。"[5]伊卜厉斯的这番话，不过是痴心妄想罢了，但它有时也会梦想成真。正如安拉所言：⁂伊卜厉斯在他们身上证实了它的猜测，因为除了一部分穆民外，他们全都追随了它。倘若它对他们有何权力，那仅仅是以便我明确谁是归信后世的，谁对它是怀疑的。你的主是监护万物的。⁂（34：20-21）因此，圣训要求人们祈求安拉使他们从方方面面免遭恶魔的袭击。伊本·欧麦尔传述，安拉的使者㊣每天清晨和夜晚都念下列祷词："主啊！求你赐我今世和后世的幸福；主啊！在我的宗教、我的今世、我的家人和财产当中赐予我幸福和平安；主啊！请遮蔽我的缺陷，请消除我的恐惧；主啊！从我的前面、后面、右面、左面和上面保护我，我祈求伟大的安拉不要让我沦陷地下。"[6]

⁂ 18.主说："你从这里被贬责、被弃绝地出去。如果他们当中有人追随你，我必定用你们全体填满火狱。"⁂

安拉在此重申了对恶魔的诅咒、弃绝和贬低，"**主说：'你从这里被贬责、被弃绝地出去。'**"伊本·哲利尔说，"**被贬责**"指耻辱。"**被弃绝地**"指被疏远、被驱逐。[7]阿卜杜·拉赫曼说："据我们所知，被贬责和被谴责是同一个词。"[8]

伊本·阿拔斯解释为：渺小地、可耻地……出去；[9]格塔德解释为：被诅咒地、可耻地……出去。[10]

---

（1）《泰伯里经注》12：332。
（2）《艾哈麦德按序圣训集》3：483。
（3）《泰伯里经注》12：338。
（4）《泰伯里经注》12：341。
（5）《泰伯里经注》12：342。
（6）《艾哈麦德按序圣训集》2：25；《艾布·达乌德圣训集》5：315；《圣训大集》8：282；《伊本·马哲圣训集》2：1273；《伊本·罕巴尼圣训实录》2：155。
（7）《泰伯里经注》12：342。
（8）《泰伯里经注》12：344。
（9）《泰伯里经注》12：343、344。
（10）《泰伯里经注》12：343、344。

"如果他们当中有人追随你，我必定用你们全体填满火狱。"正如安拉所言：◆安拉说："你去吧，今后他们当中若有人追随你，火狱一定是你们的充分回报。你用你的声音去煽动他们中你可能煽动的人，带领你的骑兵和步兵向他们进发，跟他们共享财富和子女，并对他们许下诺言吧。恶魔只为了欺骗而给他们许诺。我的众仆，你对他们无权。你的主足为监护者。"◆（17：63-65）

◆19."阿丹啊！你和你的妻子同住在乐园，并随意去吃。但是不要接近这棵树，否则，你俩就会成为不义的人。"◆
◆20.后来恶魔教唆了他俩，以便它能使他俩隐蔽的羞体显露出来；它说："你俩的主关于这棵树禁止你俩，只是不愿你俩变成天使或永生的。"◆
◆21.它为他俩发誓："我确实是你俩的忠告者。"◆

### 恶魔诱惑阿丹和海娃吃禁果

清高伟大的安拉允许阿丹和海娃吃乐园中的各种果实，但不能接近一棵树[1]。此时恶魔嫉妒他俩，立即制定了阴谋诡计，以便他俩失去乐园的幸福和华丽的服饰。它欺骗他们说："**你俩的主关于这棵树禁止你俩，只是不愿你俩变成天使或永生的**"，即假若你俩吃了这棵树的果实，就会成为天使，永居乐园。

"**它为他俩发誓：'我确实是你俩的忠告者'**"，即恶魔以安拉的名义为他俩发誓：我对你俩确实是忠诚的。经文中的"忠告者"是一个互动词，即我真诚地奉劝你俩，你俩也应该毫无怀疑地相信我。恶魔以安拉的名义向他俩起誓，因而阴谋得逞。格塔德说："当时，恶魔以安拉的名义发誓：安拉在造化你俩之前造化了我，所以我比你俩更有知识。你俩应当遵从我的指导。"所以说当敌人虚伪地打出安拉的旗帜时，穆民往往也会受骗。正如安拉所言：◆但是恶魔对他教唆道："阿丹啊！我可以指引你到那永生的树和那不朽的权吗？"◆（20：120）又◆安拉为你们阐明，以免你们迷误。◆（4：176）◆他在大地上安置一些山岳，以免它随你们摇动。◆（16：15）

◆22.因此，他用欺骗使他俩失足，当他俩尝了那树的果实时，他俩的羞体显露了出来。他俩不停地用乐园中的叶子遮掩身体。他俩的主呼吁他俩："难道我不曾禁止你俩尝试这棵树，并告诉你俩，恶魔是你俩明显的敌人吗？"◆
◆23.他俩说："我们的主啊！我们已亏负了我们自己，如果你不宽恕我们，也不怜悯我们，我们一定是亏折的人。"◆

吾班叶·本·凯尔卜传述，阿丹身材魁伟，就像一棵高耸的椰枣树，他的头发非常浓密。他犯了错误后羞体露了出来，而他并无察觉。阿丹在乐园中奔走，这时一棵树挂住了他的头，阿丹对树说："请放开我。"树却说："我不会放开你。"正在这当中他的养主呼吁阿丹："阿丹啊！你要躲避我吗？"他回答说："我的养主啊！我有愧于你。"[2]

"**他俩不停地用乐园中的叶子遮掩身体**"，伊本·阿拔斯说，经中的"**叶子**"指无花果树的叶子。[3]

穆佳黑德说，阿丹夫妇一个劲地用乐园里像衣服一样的叶子遮掩。[4]

沃海布在谈到阿丹夫妇的衣服被剥落时说，阿丹和海娃的衣服是遮盖在羞体上的一道光，他们彼

---
（1）《黄牛章》对此已作注释。

（2）《泰伯里经注》12：352、354。
（3）《泰伯里经注》12：354。
（4）《泰伯里经注》12：353。

此看不到对方的羞体，他俩吃了禁树的果子后羞体暴露了出来。（1）

格塔德谈到阿丹当时所说的话："我的养主啊！请告诉我，如果我忏悔，并向你求恕饶（我的情况会怎样）？"养主说："那么我会让你重进乐园。"而伊卜厉斯并没有要求忏悔，它仅要求安拉放纵它。安拉将会使他俩都如愿以偿。（2）

端哈克在谈到这段经文时说，这就是阿丹从他的养主那里接受的言辞："**我们的主啊！我们已亏负了我们自己，如果你不宽恕我们，也不怜悯我们，我们一定是亏折的人。**"（3）

❧ 24.主说："你们从这里下去吧，你们互为仇敌。在大地上有你们的居所和一段时间的享受。" ❧

❧ 25.他说："你们在其中生，你们在其中死，并将从那里被取出（复活）。" ❧

## 被贬于大地

有人说："你们从这里下去吧"中的"你们"指阿丹、海娃、伊卜厉斯和蛇。有的学者没有提到蛇。安拉至知。两个主要的敌对者是阿丹和伊卜厉斯。因此安拉在《塔哈章》中说：❧ 你们一起从这里下去吧！ ❧（20：123）海娃属于阿丹一方，如果传述正确的话，蛇属于伊卜厉斯一方。有些经注家还提到了他们分别下降的地区，但这些传述基本上来自以色列式的故事。是否正确，安拉至知。假若指出这些地区对承担教法义务的人们的今世和后世有意义，安拉或他的使者一定会指出它们的。

"在大地上有你们的居所和一段时间的享受"，即你们将暂时定居大地，并生活有限的时期。前定之笔已经在第一部天经中记录并统计了它们。

"他说：'你们在其中生，你们在其中死，并将从那里被取出（复活）'"，如同 ❧ 我由大地造化了你们，我也将使你们返回大地，我将再使你们由大地出现。 ❧（20：55）安拉说，他使大地成为人类在今世生活期间的居所，他们的生死都在其中，其中也有他们的坟墓，末日，他们还将从中被重生。安拉将在那天集合世世代代的全体人类，按照各自的行为报偿他们。

❧ 26.阿丹的子孙啊！我已赐予你们衣服遮盖你们的羞体，并赐你们饰品。但敬畏的衣服却是最好的。这是安拉的种种迹象，以便他们能够参悟。 ❧

### 恩赐衣服和饰品

安拉在此提到他对人类的恩典。他赐给人类以衣服和装饰，经文中的"**衣服**"指遮盖羞体的衣服；"**饰品**"指在外面的装饰品。第一种是必需品，第二种则是为了美化个人形象和点缀。

伊本·哲利尔说，在阿拉伯语中"الريش"（4）指家用品和外面的服饰。（5）

阿卜杜·拉赫曼说，"敬畏的衣服"指为了敬畏安拉而遮盖羞体的衣服。（6）

❧ 27.阿丹的子孙啊！不要让恶魔蛊惑你们，像它使你们的始祖父母离开乐园一样，它扯下他俩的衣服，使他俩的羞体暴露出来。它和它的部属，从你们看不见它们的地方窥测着你们。我已使恶魔成为那些隐昧者的盟友。 ❧

### 警告人类防备恶魔的蛊惑

安拉提醒人类防备恶魔及其伙伴的蛊惑，告诉他们，恶魔对他们始祖阿丹的仇恨是根深蒂固的。它曾不遗余力地将他从享恩的乐园诱出，来到劳累和苦难的今世，还让他们露出原本遮蔽的羞体。这一切都来自它无以复加的仇恨。正如安拉所言：❧ 难道你们要舍弃我而以它和它的子孙作保护者吗？而它们却是你们的仇敌，不义者的倒行逆施真邪恶！ ❧（18：50）

❧ 28.当他们做了一件丑事时，他们就说："我们发现我们的祖先曾这样做。安拉也曾这样命令过我们。"你说："的确，安拉不命令做丑事。难道你们要借安拉的名义胡说八道吗？" ❧

❧ 29.你说："我的主以公正发布命令。你们在任何叩头的地方都要端正你们的面容，当以精诚奉教者的身份祈求安拉。正如他初创你们那样，要让你们回归。" ❧

❧ 30.他引导了一部分人。另一部分人，他已判决他们执迷不悟。他们舍安拉而选择魔鬼为保护者。并且自以为是遵循正道的。 ❧

### 逆徒们干了丑事却归罪于安拉

穆佳黑德说，古莱什人曾经赤身裸体地巡游

---

（1）《泰伯里经注》12：355。
（2）《阿卜杜·兰扎格经注》2：226。
（3）《泰伯里经注》12：357。

（4）正文译为饰品。——译者注
（5）《泰伯里经注》12：364。
（6）《泰伯里经注》12：368。

天房，他们说：我们就像初生的婴儿一样巡游。女人们则在阴户部位放上一条皮带或其他东西，她们说：今天，部分暴露或全裸；暴露部位本不合法。后来安拉降谕道："**当他们做了一件丑事时，他们就说：'我们发现我们的祖先曾这样做。安拉也曾这样命令过我们。'**"笔者说，在蒙昧时代，除了古莱什人之外的阿拉伯人，都不穿原来穿的衣服巡游天房，他们解释说，不应该穿犯罪时穿的衣服巡游天房。勇敢的古莱什人则穿着衣服巡游天房。如果有古莱什人借给其他阿拉伯人一件衣服，他们便穿衣巡游；有新衣服的非古莱什人也穿衣巡游，游毕之后就扔掉那些衣物，而不让任何人获得它。自己没有新衣，也没有古莱什人借给他衣服的人，则赤身裸体地巡游。也有女人赤身巡游的，但她们往往在阴户部位放上些东西，半遮半掩。她说："今天，部分暴露或全裸；暴露部位本不合法。"(1)

赤裸的女人们一般在夜间巡游，这条规则是她们自创的，或因袭了父辈的传统。他们认为父辈的行为在安拉那里是有据可查的，是依安拉的法律而定的。安拉驳斥他们说："**当他们做了一件丑事时，他们就说：'我们发现我们的祖先曾这样做。安拉也曾这样命令过我们。'**"

## 安拉不以丑事命令被造物，安拉只会命人公正和虔诚

安拉驳斥他们说，穆罕默德啊！你对有此妄言的人说："**的确，安拉不命令做丑事**"，即你们的这些行为是可耻的、丑恶的，安拉不会命令被造物去做这种事情。

"**难道你们要借安拉的名义胡说八道吗？**"难道你们要一古脑地将自己的胡言乱语强加于安拉吗？

"**我的主以公正发布命令**"，即安拉要求被造物公正地、诚实地处理事务。

"**你们在任何叩头的地方都要端正你们的面容，当以精诚奉教者的身份祈求安拉。**"他命令你们正确地坚持对他的崇拜，并紧跟那些得到奇迹支持的众位先知，听从他们从安拉那里带来的信息，履行他们制定的法律，并虔诚拜主。因为安拉接受善功的条件就是这两点：一，符合教法规定；二，一心一意为安拉，不带任何以物配主色彩。

## "初创"和"回归"的意义

"**正如他初创你们那样，要让你们回归**"，学者们对这段经文有不同的解释，穆佳黑德说："他要让你们死后复活。"(2)哈桑·巴士里说："正如他让你们在大地上开始生活那样，在末日，他要让你们复活。"(3)格塔德说："他最初创造他们时，他们什么也不是，此后，他要让他们去而复返。"(4)阿卜杜·拉赫曼说："正如他一开始创造你们那样，要让你们最后恢复原样。"(5)艾布·贾法尔和伊本·阿拔斯支持后一观点。后者传述说，有一天安拉的使者❀站在我们当中说："人们啊！你们将被赤脚地、赤身地、带包皮地复生到安拉那里。他初次创造了万物，他还要让他们恢复原样，以便实践安拉的约言。我确实是实践者。"(6)

"**正如他初创你们那样，要让你们回归。他引导了一部分人。另一部分人，他已判决他们执迷不悟。**"伊本·阿拔斯说，安拉一开始就将阿丹的子孙造成穆民和隐昧者。(7)正如安拉所言：❁是他曾造化你们，然后你们当中就有隐昧者和归信者。❁（64∶2）笔者认为，《布哈里圣训实录》载录的伊本·麦斯欧迪所传的圣训，可以支持伊本·阿拔斯的观点："以应受拜者，惟有安拉——真主发誓，你们中有人在干乐园居民的工作，直至他与乐园有一庹（或一腕尺）之遥时，前定出现，他去干了火狱居民的工作，因而进入火狱；你们中有人在干火狱居民的工作，直至他与火狱有一庹（或一腕尺）之遥时，前定出现，他去干了乐园居民的工作，因而进入乐园。"(8)笔者认为，如果上述观点代表了这段经文的意义，它必须与下列经文相吻合：❁你要自然地倾向正教，那是安拉赋予人类的天性。❁（30∶30）两圣训实录辑录，安拉的使者❀说："每个婴儿生来都是天然的，但他的父母亲使他成为犹太教徒，或使他成为基督教徒，或使他成为拜火教徒。"(9)

《穆斯林圣训实录》记载，安拉的使者❀说："清高伟大的安拉说：'我将我的众仆造化成纯正的，后来恶魔来到他们当中，诱惑他们抛弃了正教。'"(10)

综上所述，安拉初造人类时，他们都是天然的，而他们后来分为归信者和隐昧者。虽然人类生来都认识安拉、信主独一、知道应受拜者惟有安

---

（1）《泰伯里经注》12∶377。
（2）《泰伯里经注》12∶385。
（3）《泰伯里经注》12∶385。
（4）《泰伯里经注》12∶385。
（5）《泰伯里经注》12∶385。
（6）《泰伯里经注》12∶386；《布哈里圣训实录诠释——造物主的启迪》6∶445；《穆斯林圣训实录》4∶2194。
（7）《泰伯里经注》12∶382。
（8）《布哈里圣训实录诠释——造物主的启迪》11∶486。
（9）《布哈里圣训实录诠释——造物主的启迪》3∶290；《穆斯林圣训实录》4∶2047。
（10）《穆斯林圣训实录》4∶2197。

拉。安拉也曾和他们缔约，并使这一认知成为人类的天性和本质。虽然如此，安拉仍然决定有人信仰，有人不信。❰ 是他曾造化你们，然后你们当中就有隐昧者和归信者。❱（64:2）圣训说："人们早上出去都出卖自己，但有人释放了自己（摆脱奴役），有人毁了自己。"[1]安拉的定然，贯穿一切被造物。因为，❰ 他预定并加以引导。❱（87:3）❰ 他说："我们的主就是赋予万物形态，并给予引导的主。"❱（20:50）两圣训实录辑录："你们中谁若是幸福的人，安拉就会为他提供方便，让他去做幸福的人应该做的事情；你们中谁是不幸的人，安拉也为他提供方便，让他去做不幸的人应该做的事情。"[2]因此，安拉说："他引导了一部分人。另一部分人，他已判决他们执迷不悟。"然后安拉解释了这段经文："他们舍安拉而选择魔鬼为保护者。"伊本·哲利尔说："这种注释一针见血地戳破了下列妄言的谬误：安拉不因任何人所犯的罪恶，或他所坚持的迷信而惩罚他，直到正确的知识降临给他。"假若事实就是这样，自认为得道的迷误者和真正得道的人之间就不存在区别。然而，君不见安拉在这段经文中已经区别了他们的名称和情况吗？[3]

❰ 31.阿丹的子孙啊！在每个清真寺跟前，你们要注重你们的仪表。你们吃，你们喝，但你们不要浪费。的确，安拉不喜欢浪费的人。❱

## 安拉命令人们去清真寺时注重仪表

这段经文驳斥了多神教徒坚持裸游天房的谬说。《穆斯林圣训实录》记载，蒙昧时代的男女都裸游天房，男人白天裸游，女人夜晚裸游。有位妇女边巡游，边吟道："今天，暴露部分或全裸；暴露部位本不合法。"[4]

"在每个清真寺跟前，你们要注重你们的仪表。"伊本·阿拔斯说："蒙昧时代的人们曾裸游天房，因此安拉命令他们注重仪表。经文中的'仪表'指干净得体、遮盖羞体的衣服以及佩戴的饰品。以后无论人们去哪儿礼拜，都应当注重仪表。"[5]穆佳黑德、阿塔、格塔德、赛丁伊、伊布拉欣·奈赫伊、赛尔德·本·朱拜尔和载海勒等学者都持此观点。前辈学者一致认为，这段经文是因多神教徒裸游天房而降示的，经文和相关圣训都提倡人们在礼拜时特别在会礼和聚礼时穿戴整洁、佩带美香、清洁口腔。

最佳的衣服是白色的。伊本·阿拔斯传述，安拉的使者☪说："你们应当穿白色的衣服，因为它是你们的最佳服饰。你们应当给你们的亡人穿白色的克凡[6]，你们最好的眼药石是伊斯麦德[7]，因为他能明目增发。"[8]

## 禁止在饮食中浪费

"你们吃，你们喝。"伊本·阿拔斯说："只要不浪费和骄奢，你想吃什么就吃，想穿什么就穿。"[9]伊本·阿拔斯又说："只要不存在浪费和骄奢，安拉就允许你们自由吃饮。"[10]米格达穆传

---

(1)《穆斯林圣训实录》1:203。
(2)《布哈里圣训实录诠释——造物主的启迪》3:367；《穆斯林圣训实录》4:2039。
(3)《泰伯里经注》12:388。
(4)《泰伯里经注》12:390。
(5)《泰伯里经注》12:391，392，393，394。
(6) 穆斯林亡人穿的衣服。——译者注
(7) 阿拉伯人装饰眼角的饰品。——译者注
(8)《艾哈麦德按序圣训集》1:347；《艾布·达乌德圣训集》4:332；《提尔密济圣训全集诠释》7:72；《伊本·马哲圣训集》1:473。
(9)《布哈里圣训实录诠释——造物主的启迪》10:264。
(10)《泰伯里经注》12:394。

述，我听安拉的使者说："人们没有一个比塞满的肚腹更糟糕的器皿，几口吃的就能直起腰来。如果非吃不可，就应该是胃的三分之一吃饭，三分之一喝水，三分之一留给气息。"(1)

伊本·阿拔斯解释"**你们吃，你们喝，但你们不要浪费。的确，安拉不喜欢浪费的人**"时说，这段经文针对的是饮食问题。(2)

伊本·哲利尔解释"**的确，安拉不喜欢浪费的人**"时说："安拉不喜欢人们超越限度，无论在合法方面还是在非法方面。任何人都不能将合法当成非法，或将非法当成合法。安拉喜欢人们认合法为合法，认非法为非法。这就是安拉所倡导的公正。"(3)

❧ 32.你说："谁将安拉供给他仆人的装饰和美品定为了非法？"你说："它在今世的生活中属于信仰者，在审判日专属信仰者。"我就这样对那些知道的人分析我的启示。❧

安拉谴责某些人自行将安拉供给他们的食物和服饰断为非法，说，穆罕默德啊！你对这些凭着主观意见将某些合法事物断为非法的多神教徒说："**谁将安拉供给他仆人的装饰和美品定为了非法？**"这些东西是安拉为在今世信仰他、崇拜他的人们创造的，虽然一些追求今世的隐昧者、归信者一起享用它们，但在后世它们是专属信士的，届时，任何隐昧者不会和穆民同沐恩泽，因为不信教者被禁止进入乐园。

❧ 33.你说："我的主只禁止那些表露在外和隐藏在内的丑行和罪恶、无理的迫害，以及你们未经授权而以物配主，假借安拉名义说一些你们并不知道的事。"❧

**各种丑事、犯罪、迫害、以物配主、
假借安拉名义造谣都是非法的**

安拉的使者说："谁都不会像安拉那样在意仆人的行为。因此，他将一切明显和不明显的丑事定为了非法；任何人都没有像安拉那样喜欢别人赞美他。"(4)我们已经在《牲畜章》研究了一切明显

的和不明显的丑事，这里不再赘述

"**罪恶、无理的迫害。**"赛丁伊说，"**罪恶**"（الإثم）指违抗安拉。"**无理的迫害**"指无故地压迫他人。(5)穆佳黑德说"**罪恶**"指一切违抗安拉的行为。"**迫害**"指过激行为。(6)概言之，"**罪恶**"指有关个人行为的犯罪。"**迫害**"（البغي）指对别人的侵害。安拉将这两种行为都定为非法。

"**你们未经授权而以物配主**"，即禁止你们举伴安拉，设立一些伪神，像侍奉安拉那样侍奉它们。

"**假借安拉名义说一些你们并不知道的事**"，即妄言安拉有子女等。其实你们对此一无所知。正如安拉所言：❧（事情就是）这样，谁尊重安拉的戒律，在他的主那里对于他是更好的。除了那些已经向你们宣布过的之外，牲畜对你们都是合法的。所以你们要远离污秽的偶像和避开谎言。❧（22：30）

❧ 34.每一个民族都有其定期，当他们的期限到来时，他们不能设法延缓片刻，也不能设法提前。❧

❧ 35.阿丹的子孙啊！当你们自己的使者来到你们中间，对你们宣读我的迹象时，谁敬畏并改正，他们将会无惧无忧。❧

❧ 36.但是那些不信我的迹象，并蔑视它的人，此等人是火狱的居民，他们将永居其中。❧

"**每一个民族**"，即每代人和民族。"**都有其定期**"，即为他们设定好的时期。

"**当他们的期限到来时，他们不能设法延缓片刻，也不能设法提前。**"安拉警告人类说，他将派一些使者，对他们宣读他的启示，报喜讯，传警告。说，"**谁敬畏并改正**"，即放弃非法，从事善功，"**他们将会无惧无忧。但是那些不信我的迹象，并蔑视它的人**"，即内心不归信安拉的迹象，并且不愿行善的人，"**此等人是火狱的居民，他们将永居其中**"，他们将永远留在火狱之中。

❧ 37.谁还比假借安拉名义捏造谎言或不信他的迹象的人更不义呢？为他们所规定的份额一定会到达他们，直到我的使者们（取命天使和他的助手们）降临他们，来取走他们的性命时，问道："你们在安拉之外祈求并崇拜的神在哪里？"他们将会回答："它们已经弃我们而去了。"他们将对自己

---

(1)《艾哈麦德按序圣训集》4：132；《提尔密济圣训集》2380；《圣训大集》4：178。
(2)《泰伯里经注》12：394。
(3)《泰伯里经注》12：395。
(4)《艾哈麦德按序圣训集》1：381。

(5)《泰伯里经注》12：403。
(6)《泰伯里经注》12：403。

作证：他们曾是隐昧的人。

## 捏造谎言的多神教徒会得到他们的份额，但在他们临终时，他们的盟友将弃他们而去

"谁还比假借安拉名义捏造谎言或不信他的迹象的人更不义呢？"即没有人比这种人更加不义：他们假借安拉名义编造谎言，或不归信安拉显示的迹象。

"为他们所规定的份额一定会到达他们。"穆罕默德·凯尔卜说，"份额"指他的工作、生活给养和寿命。[1]正如安拉所言："那些对安拉捏造谎言的人不会成功。"（那是）今世的享受。然后他们的归宿在我这里。然后，我将因他们曾经隐昧使他们尝试严峻的惩罚。（10：69-70）又 安拉熟知一切心事。我赐给他们片刻的享受……（31：23-24）

"直到我的使者们（取命天使和他的助手们）降临他们，来取走他们的性命时。"安拉说天使们来取走多神教徒的灵魂时用火狱恐吓他们，对他们说，你们在今世时不是舍弃安拉而崇拜许多偶像吗？请你们叫来它们，让它们解救你们摆脱眼前的困境吧！但他们说："它们已经弃我们而去了。"它们已经抛弃了我们而去，所以我们不指望它们对我们有什么益处。

"他们将对他们自己作证"，即他们老实地承认"他们曾是隐昧的人"。

38. 他说："你们跟那些在你们之前死去的人和精灵们一起进入火狱吧！"每逢一个民族进入火狱时，它就谩骂它的姊妹民族（前面进去的民族），直到他们接踵进入火中，最后的一群人指最先的一群人说道："我们的主啊！是这些人误导了我们，所以求你施给他们双重的刑罚吧。"他（主）说："你们全都有加倍的。不过，你们不知道。"

39. 然后，最先的一群人将会对最后的一群人说："你们并不比我们好，你们为你们所做的尝受惩罚吧。"

## 火狱的居民相互争吵，相互诅咒

在这里，清高伟大的安拉给我们叙述以物配主、假借安拉名义造谣的人的情况："你们跟那些在你们之前死去的人和精灵们一起进入火狱吧！"即你们和那些类似于你们、与你们有相同特征的不信教的先民和精灵共同进入火狱吧。

"每逢一个民族进入火狱时，它就谩骂它的姊妹民族"，正如安拉的朋友伊布拉欣所说："然后在后世里，你们将相互否定。"又 当时，被跟随的人看见惩罚，而与跟随的人绝交，他们间的关系都断绝了。随从的人将说："但愿我们返回尘世，那么，我们将与他们绝交，犹如他们和我们绝交一样。"安拉就这样让他们将自己的工作看成悔恨，但他们绝不能逃出火狱。（2：166-167）

"直到他们接踵进入火中"，即他们一个跟着一个全体进入火狱。

"最后的一群人指最先的一群人说道"，最后进入火狱的人是一些迷误先民的跟随者，先民是一些被跟随者。在罪恶方面先民比他们的随从更严重，所以他们首先进入了火狱。追随者在末日向安拉哭诉说："**我们的主啊！是这些人误导了我们，所以求你施给他们双重的刑罚吧**"，即求你让他们遭受加倍的惩罚。正如安拉所言： 那天他们的脸将在火中翻转，他们说："但愿我们早已服从了安拉，服从了使者！"他们说："我们的主啊！我们确已服从了我们的首领和大人物，是他们使我们迷失道路。我们的主啊！求你降给他们双重的惩罚，

---
[1]《泰伯里经注》12：413、414。

并严重地诅咒他们！"❁（33：66-68）

"你们全都有加倍的"，即安拉将视其情况对待并还报每一个人。正如安拉所言：❁那些不信安拉并在安拉的道路上阻碍（他人）的人，因为他们曾经为非作歹，我将对他们罚上加罚。❁（16：88）

清高伟大的安拉说：❁他们一定要负担他们自己的重担和其他重担。❁（29：13）又❁和那些被他们无知地误导的人们的负担。❁（16：25）

最先的一群人将会对最后的一群人说，即被跟随者们对跟随者说："你们并不比我们好。"赛丁伊解释说："你们和我们一样，都被带入了迷途。"(1)

"你们为你们所做的尝受惩罚吧"，这种情况无异于下列情况：❁高傲的人对那些被欺压的人说："在引导到达你们之后，我们曾阻止你们去接受它了吗？不，你们就是犯罪者。"那些被欺压的人对高傲的人说："不然，那是夜晚和白天的阴谋，那时你们命令我们否认安拉，并为他设立一些对等者！"当他们目睹刑罚时，他们就后悔了。我把枷锁戴在隐昧者的颈上，他们只受到自己行为的还报。❁（34：32-33）

❁40.那些不信我的启示并藐视它的人，天门不会对他们开放，他们也不能进入乐园，除非到骆驼能够穿过针眼时。我是这样回报作恶者的。❁

❁41.他们将得到火褥子，在他们上面有重重的被盖，我就这样处罚不义者。❁

## 天门不为不信安拉迹象者开放，他们永远不能进入乐园

"天门不会对他们开放"，伊本·阿拔斯、穆佳黑德、赛尔德·本·朱拜尔等学者说，他们的善功或祈祷不会升上天。(2) 还有一些圣门弟子说，天门不会因他们的灵魂而被打开。(3) 下列圣训可以证明这一观点，安拉的使者㊥提到天使提走恶人灵魂的情况，说天使带灵魂升天时，其他天使不为它打开天门，天使每带它到一层天时，该层天的天使们就问："这丑恶的灵魂是谁的？"带着灵魂的天使们以亡者在今世中最丑恶的名字回答提问的天使。当天使们带它到达天门时，天门不为它开放。安拉的使者㊥接着读道："天门不会对他们开放。"(4)

伊本·哲利尔解释这段经文说："天门不为他们的灵魂和行为而开放。"(5) 他的话兼容上述两家观点。安拉至知。

"他们也不能进入乐园，除非到骆驼能够穿过针眼之时"，大部分经注学家注释为：除非骆驼能从针眼中穿过。据传述，伊本·麦斯欧迪解释为：母骆驼的儿子（或雄骆驼）从针眼中穿过。(6)

据穆佳黑德和艾克莱麦传述，伊本·阿拔斯读为："直至粗绳从针眼中穿过。"(7)(8)

"他们将得到火褥子"，穆罕默德·本·凯尔卜说："经文指火床。"

"在他们上面有重重的被盖"，端哈克和赛丁伊认为，"被盖"就是盖的被子。(9) "我就这样处罚不义者"。

❁42.至于那些归信并行善的人，我不使任何人负担他能力范围以外的，他们将是乐园的居民，他们将永居其中。❁

❁43.我将除去他们心中的怨恨，在他们下面有诸河流动。他们将说："万赞归于安拉，他为此而引导了我们。如果安拉不引导我们，我们绝不能得正道。我们主的使者们确实带来了真理。"他们被呼吁道："那是乐园，你们已因为你们的行为而继承了它。"❁

## 清廉者的归宿和他们的情况

安拉介绍了不幸者的情况后，在此提到幸福者的情况："至于那些归信并行善的人"，即他们的内心归信了，他们的身体干了各种善功。他们与那些否认安拉经文的隐昧者截然不同。安拉在此还提到信仰和善功都是轻松的："至于那些归信并行善的人，我不使任何人负担他能力范围以外的，他们将是乐园的居民，他们将永居其中。我将除去他们心中的怨恨。" "怨恨" 指嫉妒和仇恨。正如《布哈里圣训实录》所载，安拉的使者㊥说："信士们脱离火狱后被挡在乐园和火狱之间的一座桥上，对他们在今世所做的一些不义之事进行弥补。他们成为纯洁之体后，才被允许进入乐园。以掌握我生命的安拉发誓，你们对乐园中自己位置的认识程度甚于对今世家园的认识程度。"(10)

赛丁伊说，"我将除去他们心中的怨恨，在他

---

(1)《泰伯里经注》12：420。
(2)《泰伯里经注》12：422、423。
(3)《泰伯里经注》12：422、424。
(4)《泰伯里经注》12：424；《艾布·达乌德圣训集》5：411；《圣训大集》4：78；《伊本·马哲圣训集》1：494。

(5)《泰伯里经注》12：423。
(6)《泰伯里经注》12：428。
(7) 粗绳和骆驼在阿拉伯语中发音非常接近。——译者注
(8)《泰伯里经注》12：431。
(9)《泰伯里经注》12：436。
(10)《布哈里圣训实录诠释——造物主的启迪》5：115。

们下面有诸河流动"指乐园的居民来到乐园时,将在乐园门口附近发现一棵树,树下有两道泉源。他们饮过一道泉的水后,心中的怨恨全都消除了。这真是纯洁的饮料。当他们饮了另一道泉水后,幸福涌向了他们的心头。从此之后他们永不蓬头垢面,永远不变成肮脏的。(1)

奈萨伊传述,安拉的使者☪说:"每个进入乐园的人都将看到火狱中原属于他的位置,他说:'**如果安拉不引导我们……**'这句话表达了他对安拉的感谢。每个进火狱的人都将看到乐园中原属于他的位置,他说:'如果安拉引导我……'这句话表达了他的懊悔。"(2)因此,当他们从乐园中继承了原属于火狱的人的位置时,有声音呼吁他们:那是因为你们行善的原因而继承的乐园。即你们因为自己的工作而得到慈悯,进了乐园,你们根据自己的工作情况,占据了乐园中相应的位置。两圣训实录辑录的下列圣训说明,必须这样解释上述问题:穆圣☪说:"你们工作吧!但你们中任何人都不会凭借自己的工作进入乐园。"圣门弟子们问:"安拉的使者啊!你也是这样吗?"使者说:"我也是如此,不过我的主让我沉浸于他的慈悯和恩惠之中。"

◈ **44.乐园的居民将呼吁火狱的居民:"我们的确发现我们主对我们的诺言是真实的。你们是否也发现你们主的诺言是真实的?"他们说:"是的。"将有一个宣布者在他们当中宣布:"安拉的诅咒在不义者身上。"** ◈

◈ **45.他们从安拉的道路上阻碍人,并企图歪曲它。他们是不信末日的人。** ◈

### 火狱的居民悔之不及

清高伟大的安拉将呼吁那些定居火狱的居民,并谴责他们、凌辱他们。

"**我们的确发现我们主对我们的诺言是真实的**",这个句子在此是解释句,即乐园的居民对他们说:"我们的确发现我们主对我们的诺言是真实的。你们是否也发现你们主的诺言是真实的?'他们说:'是的。'"正如《列班者章》叙述在火狱中有一个伙伴的那位乐园居民:◈ **他向下看,看见他在火狱的中间。他说:"凭安拉发誓,的确你曾几乎使我毁灭。如果不是由于我的主的仁慈,我一定在被传唤者之列,我们不是死亡的吗?除非我们的第一次死亡,我们不再受惩罚了。** ◈(37:55-59)即乐园的居民驳斥进火狱的人曾在今世中对他说的话,并因对方所遭受的惩罚而凌辱他。天使们也将这样谴责犯罪者,说道:◈ **这就是你们一贯否认的火!这是魔术呢?还是你们看不见?你们进入它吧!无论你们忍耐与否,对你们都是一样的。你们只被报以你们当初所做过的。** ◈ (52:14-16)安拉的使者☪也在白德尔之日羞辱了那些被穆斯林杀死的多神教徒,他站在埋葬他们的深井旁呼唤道:"艾布·哲海里·本·希沙姆啊!舒白·本·莱毕尔啊!"使者呼唤反对者头目的名称——"你们发现你们的养主给你们许诺的是真实的吗?我确发现我的主许诺给我的是真实的。"欧麦尔说:"安拉的使者啊!你怎么呼唤那些尸骨呢?"使者说:"以掌管我生命的安拉发誓,他们对我的话听得比你们清楚,不过他们不能回答罢了。"(3)

"**将有一个宣布者在他们当中宣布:'安拉的诅咒在不义者身上。'**"即安拉的诅咒对他们落实了。然后经文形容了他们:"**他们从安拉的道路上阻碍人,并企图歪曲它**",即他们阻碍别人遵循安拉的道路、履行安拉的法律,相信列圣带来的信息。他们还企图歪曲安拉的道路,以便任何人都不去遵从它。

---
(1)《泰伯里经注》12:439。
(2)《圣训大集》6:447。
(3)《穆斯林圣训实录》4:2203。

"他们是不信末日的人"，他们否认后世能看见安拉。因此，他们满不在乎地胡作非为，信口开河，因为他们不害怕清算和惩罚。在言行方面，他们是最可恶的人。

❦ 46.在它俩之间有一重帷幔，而在高处有一些能够凭借记号识别他们的人。他们呼唤乐园的居民："祝你们平安。"他们没有进入它，虽然他们是那么的渴望。❦

❦ 47.当他们的眼睛转到火狱居民的方向时，他们说："我们的主啊！求你不要使我们跟不义的人在一起。"❦

## 艾阿拉夫和它的居民

安拉介绍了乐园居民对火狱居民的呼唤后，在此提到乐园和火狱之间有一道帷幔，它将防止火狱居民进入乐园。伊本·哲利尔说，乐园和火狱之间有一道墙。安拉就此说道：❦ 于是在他们之间铸起一道有门的墙，门里是慈悯，门外则是惩罚。❦（57：13）这就是艾阿拉夫，安拉对它的叙述是，"而在高处有一些能够凭借记号识别他们的人"。(1)

赛丁伊说，"在它俩之间有一重帷幔"指乐园和火狱之间有一道墙。(2)

穆佳黑德说，其实乐园和火狱之间的帷幔是设有门的墙。(3)

伊本·哲利尔说，阿拉伯人对所有的高处都称为"艾阿拉夫"。鸡冠被称为艾阿拉夫，因为它处于鸡身上最高的部位。

赛丁伊则说："艾阿拉夫的命名原因是那里的人们将会认清人的真面目。"(4)(5) 胡宰法、伊本·阿拔斯、伊本·麦斯欧迪等人说，高处的人是一些善恶相等的人。有人关于艾阿拉夫人问胡宰法，后者回答说："他们是一些罪恶和善功相等的人，他们的罪恶使他们无法进入乐园，他们的善功使他们无法入火狱。所以他们站在那墙上（高处），等待安拉的判决。"(6)

"他们没有进入它，虽然他们是那么的渴望。"哈桑读了这段经文后说："以安拉发誓，安拉在他们的心中设置了这种希望，只是为了让他们

---
（1）《泰伯里经注》12：449。
（2）《泰伯里经注》12：449。
（3）《泰伯里经注》12：451。
（4）艾阿拉夫的词根是"认识"。——译者注
（5）《泰伯里经注》12：449。
（6）《泰伯里经注》12：453。

获得款待。"(7) 格塔德说："安拉告诉给你们他们的期望值。"(8)

"当他们的眼睛转到火狱居民的方向时，他们说：'我们的主啊！求你不要使我们跟不义的人在一起。'"伊本·阿拔斯说："当高处的人们看见了火狱的居民，并认出他们是谁后，说：'我们的主啊！求你不要使我们跟不义的人在一起。'"(9)

❦ 48.高处的人对他们能够由记号识别的那些人说："你们所囤积的和你们引以自豪的对你们有什么用呢？"❦

❦ 49.这些人就是你们发誓说得不到安拉的慈悯的人吗？"你们进入乐园吧！你们将无惧无忧。"❦

安拉在此讲述艾阿拉夫人，他们通过对方的仪表认出了那些处于火狱的多神教头目，谴责他们说："你们所囤积的和你们引以自豪的对你们有什么用呢？"即你们虽然曾经财大气粗，但它不但没有使你们远离安拉的惩罚，而且适得其反。

"这些人就是你们发誓说得不到安拉的慈悯的人吗？"伊本·阿拔斯等学者认为，"这些人"指艾阿拉夫人。这些人弥补过失后，安拉说："你们进入乐园吧！你们将无惧无忧。"(10) 以此羞辱多神教头目。

❦ 50.火狱的居民呼吁乐园的居民："求你们给我们倒下来一点水或安拉赐给你们的给养。"他们回答说："安拉对隐昧者禁止了这两样东西。"❦

❦ 51.曾将他们的宗教当成娱乐和游戏，并被今世生活所欺骗的人，我今天将忘记他们，正如他们曾经忘记有今日的相见，他们还否认我的各种迹象。❦

## 乐园的恩典对火狱的居民是禁止的

安拉在此提到，火狱的居民卑躬屈膝地乞求乐园的居民送给他们一点来自乐园的饮食，但他们有求无应。

"火狱的居民呼吁乐园的居民：'求你们给我们倒下来一点水或安拉赐给你们的给养。'"赛丁伊说，经文中的"给养"指食品。(11) 绍利等学者就这段经文说，火狱的居民呼唤他在乐园中的父亲或

---
（7）《阿卜杜·兰扎格经注》2：230。
（8）《泰伯里经注》12：465。
（9）《泰伯里经注》12：463。
（10）《泰伯里经注》12：469。
（11）《泰伯里经注》12：473。

兄弟，对他说："我已经被烧焦了，请倒给我一点水吧！"但他们得到的答复是："**安拉对隐昧者禁止了这两样东西。**"[1]

阿卜杜·拉赫曼也认为这段经文指食物和饮料。[2]

然后安拉形容了一些隐昧者，他们在今世中为所欲为，游戏宗教，被今世的浮华所欺骗，从而疏忽了安拉的命令，而没有为自己的后世做点准备。

"**我今天将忘记他们，正如他们曾经忘记有今日的相见**"，伊本·阿拔斯说，安拉将在好（施恩）的一方面忘记他们，而在坏（惩罚）的一方面并不会忘记他们。

伊本·阿拔斯又解释说，我将不理睬他们，正如他们曾对今日的相见不理不睬。

穆佳黑德解释说："我将要把他们扔进火狱。"赛丁伊解释说："我将让他们与慈悯无缘，因为他们没有为今天的相见做过准备。"有段明确的圣训记载，安拉在末日对仆人说："难道我未曾让你婚配？没有让你获得尊严？没有让你制服骆驼和马？没有让你做头领提取战利品的四分之一？"仆人说："不然。"安拉说："你是否想过将见到我？"他说："没有。"安拉说："今天我将忘记你，正如你曾忘记我一样。"[3]

⟪52.我曾降给他们一本我以知识详细解释的经典，以便引导和怜悯有正信的群体。⟫

⟪53.他们只在等待它的预报，在它的预报降临的那天，那些在以前忘记它的人将说："我们主的使者们确曾带来了真理。现在我们可有求情者替我们求情吗？或是我们能被遣回，以便我们做我们过去不曾做的事情。"他们亏负了自己，而他们所捏造的离开了他们。⟫

### 多神教徒没有找借口的余地

清高伟大的安拉说，他通过遣圣降经根除了多神教徒为他们的犯罪行为找借口的余地。这是一部明确的经典，安拉说：⟪这是文辞精确的，解释详尽的经典。⟫（11：1）

"**我以知识详细解释的经典**"，即安拉根据发自他的知识，以他的分析方法所解明的经典……正如安拉所言：⟪他以知识而降下它。⟫（4：166）即安拉讲述了多神教徒在后世的亏折后，指出他已经在今世通过遣圣降经根除了多神教徒将在后世寻找的借口。正如安拉所言：⟪我不是惩罚者，直到我派遣一位使者。⟫（17：15）因此安拉说："**他们只在等待它的预报。**"穆佳黑德等学者说，他们只等待曾经给他们许诺的：惩罚、警告、乐园或火狱。[4]

"**在它的预报降临的那天**"，伊本·阿拔斯说，"**那天**"指末日。[5]

"**那些在以前忘记它的人将说**"，即那些以前没有遵循它，并在今世中忘记它的人将说："**我们主的使者们确曾带来了真理。现在我们可有求情者替我们求情吗？**"以便让我们摆脱我们所处的困境。

"**或是我们能被遣回**"，即被送回今世；"**以便我们做我们过去不曾做的事情**"。正如安拉所言：⟪如果你能够看到他们站在火上的时候，他们会说："但愿我们能被放回去，我们绝不再否认我们主的迹象，我们一定成为信士。"不然，他们从前所隐瞒的对他们显现出来了。倘若他们被放回（今世），他们一定重犯那些对他们禁止的事。他们确实是说谎者。⟫（6：27-28）这段经文如同下

---

（1）《泰伯里经注》12：474。
（2）《泰伯里经注》12：474。
（3）《穆斯林圣训实录》4：2279。

（4）《泰伯里经注》12：479。
（5）《泰伯里经注》12：479。

列经文："他们亏负了自己。而他们所捏造的离开了他们"，即他们因为进入火狱并永居其中而亏了自己。

"而他们所捏造的离开了他们"，即他们曾经舍安拉而崇拜的偶像离开了他们，既不能替他们求情，也不能帮助他们脱离困境。

⟪54.你们的主是安拉，他在六天当中造化了诸天和大地，并升上阿莱什。他使昼夜交替遮盖，迅速循环追踪。他使太阳、月亮和星星都成为服从于他的命令的。一切造化和命令都属于他。安拉——众世界的主宰真多福啊！⟫

### 六天内创造宇宙

《古兰》的许多经文指出，安拉在六天内创造了宇宙以及包括天地的一切被造物。"六天"指星期天、星期一、星期二、星期三、星期四和星期五。安拉在星期五创造了万物，这一天所有的被造物被集合起来，阿丹也被造于这一天。学者们对这六日的长短有不同的解释：有人说它们就是我们现在所熟悉的时间。以穆佳黑德为代表的某些学者认为其中的一天相当于现在的一千年。[1]

安拉在星期六没有创造，因为它是第七天。因此，人们称之为安息日，即停止工作的日子。艾布·胡莱赖传述，安拉的使者拉着我的手说："安拉在星期六创造了泥土，星期天用泥土创造了山脉，星期一用它创造了树，星期二创造了可憎的事务，星期三创造了光明，星期四在其中布置了动物，星期五的晡礼之后创造了阿丹——聚礼日的最后时刻（晡礼至昏礼的区间）创造了最后的被造物。"[2]

### "升"的意义

"并升上阿莱什[3]"，学者们对此问题众说纷纭，本章也不愿对此问题展开讨论。我们应该遵循艾布·哈尼法、马立克、奥扎伊、绍利、莱司·本·赛尔德、沙斐仪、艾哈麦德、易司哈格·本·拉胡威等前辈和后辈学者们所坚持的路线。他们都坚持不能对安拉比拟化、形象化，也不能以那些将安拉形象化的直观认识去认识安拉。任何被造物都与安拉是不相似的。⟪任何物都不似像

---
(1)《泰伯里经注》12：482。
(2)《艾哈麦德按序圣训集》2：327、《穆斯林圣训实录》2149。
(3) 著名学者马立克·本·艾奈斯说："'升，الإستوى'是明确的，其形式是未知的，研究它是异端之举。"请参看伊玛目艾布·哈尼法著《菲格海艾克拜勒》。——译者注

他。他是全听的、全观的。⟫（42：11）我们应该相信奈尔穆·本·罕马德·胡匝尔对此问题的解释：将安拉比作被造物是隐昧，否认安拉形容他自己的经文也是隐昧，安拉的使者形容安拉的经文当中不存在比拟化的经文。谁若以符合伟大安拉的方式，信仰描述安拉的明确经文和确凿圣训，而不将任何残缺属性归于安拉，那么他就坚持了正道。

### 夜晚和白昼是属于安拉的迹象

"他使昼夜交替遮盖，迅速循环追踪"，即安拉让夜晚的黑暗驱走白天的光明，让白天的光明驱走夜晚的黑暗，两者相互迅速交替，从不退后，后者到来时，前者就消失了。正如安拉所言：⟪夜晚是给他们的一个迹象，我从其中把白昼移走，刹那间他们就在黑暗当中。太阳将行至其定所，那是优胜的主、全知的主的安排。月亮，我也规定了它的各处所，直到它变得像干枯的枣枝。太阳不能越过月亮，黑夜也不能赶上白昼。一切都在轨道上浮行。⟫（36：37-40）"黑夜也不能赶过白昼"指一者去后另一者迅速来临，毫不拖延或提前。同时，它们之间没有任何中介关系。

"他使太阳、月亮和星星都成为服从于他的命令的"，即一切都在安拉的管制和意志之中。因此，安拉强调说："一切造化和命令都属于他"，即所有权和决策权都属于他。

"安拉——众世界的主宰真多福啊！"正如安拉所言：⟪赞安拉多福！他在天空设置一些宫。⟫（25：61）传自艾宾·达尔的祷词中说："主啊！一切权力都归于你，一切赞美都归于你，一切命令都归于你，求你赐给我一切美好的事物，求你从一切不好的事务上庇佑我。"

⟪55.你们要谦恭地、秘密地祈求你们的养主，他不喜欢过分的人。⟫
⟪56.你们不要在改善之后的大地上为非作歹。你们要在敬畏和希望中祈求他。安拉的怜悯是临近行善者的。⟫

### 鼓励人们祈求安拉

安拉鼓励众仆向他祈祷，从而获得今后两世的幸福，说："你们要谦恭地、秘密地祈求你们的养主"，即谦虚恭顺地、低声地祈求。正如安拉所言：⟪并且小声地在你的心中记念你的主。⟫（7：205）两圣训实录辑录，安拉的使者听到有些人在高声祈祷，便说："请你们随和一点吧！你们并不祈求聋子或不在场的，你们所祈求的安拉是全听

伊本·哲利尔说，"تضرعا"（正文译为谦恭地）指"服服贴贴地"。"خفية"（正文译为秘密地）指以敬畏的态度，笃信安拉的独一和安拉对万物的养育，而不沽名钓誉地高声喧哗。[2]

## 禁止在祈祷时过分

伊本·阿拔斯说，"他不喜欢过分的人"仅指在祈祷当中过分的人。[3]艾布·穆吉里兹说，经文指要求圣品的人。[4]

伊本·穆俄非里听到他的儿子在说："主啊！当你使我进入乐园之后，我祈求你在乐园的右侧赐给我一座白色的宫殿。"他说："我可爱的孩子，你应当向安拉祈求乐园，并祈求安拉庇佑你远离火狱。我听安拉的使者☪说：'将来会出现一些人，他们在祈祷和清洁方面将会过分。'"[5]

## 禁止在大地上为非作歹

大地上的秩序确立之后，"你们不要在改善之后的大地上为非作歹"。清高伟大的安拉禁止人们在改善之后的大地上为非作歹，制造混乱。因为打乱安居乐业的正常生活，会给人们带来巨大危害。所以安拉禁止人们为非作歹，命令他们崇拜他、祈求他、服从他。安拉说："你们要在敬畏和希望中祈求他"，即你们应当害怕可怕的后果，并希望得到重大的报偿。

"安拉的怜悯是临近行善者的"，即安拉为那些服从他所命令的、远离他所禁止的事物的人们预备了他的慈爱。正如安拉所言：❦求你在今世和后世为我们注定幸福吧，我们确实已归依了你……❧（7：156）经文用阳性词"临近"说明其中包含着安拉的奖励，或者经文将"怜悯"作为"安拉"一词的正次（即正偏组合的中的正次），因此说是"临近行善者的"。麦特勒·卧勒格说："你们当通过善功获得安拉的许约，因为安拉已经判定：他的慈悯是接近行善者的。"[6]

❦57.是他遣风在他的怜悯之前传报佳音，直到它携带了重重的乌云时，我驱使它到一块没有生机的地方，使水下降在那里，并以它产生各种各样的果实。"就这样我取出亡者，以便你们能够觉悟。"❧

❦58.洁美土地上的植物奉它养主的意旨而生长，而龌龊的土地只长出霉斑。我如此为感谢的人们阐释种种迹象。❧

## 降下雨水并长出果实是安拉的怜悯

清高伟大的安拉指出他是天地的创造者、决策者、统治者、安排者和制服者，他还指导他的仆人们祈求他，因为安拉对于他所意欲的事物是万能的。安拉还提到他是养育者，在末日他将复活亡者。安拉在他的慈悯之前，派遣展开的风，带着雨水的乌云密布于天空。另一种读法是："是他遣风在他的怜悯之前传报佳音"。[7]正如安拉所言：❦他的迹象之一，就是派来报喜讯的风。❧（30：46）

"在他的慈悯之前"，即在降雨之前。正如安拉所言：❦是他在他们绝望之后降下及时雨，并普施他的慈悯，只有他是保护者，应受赞美者。❧（42：28）又❦所以，你要看看安拉的慈悯的迹象！他使已死的大地复得生机。的确，他能使死者生。他是全能于万事的。❧（30：50）

"直到它携带了重重的乌云时"，即风带来夹杂着饱含雨水的乌云，因此乌云又黑又密，几乎连接地面。

"我驱使它到一块没有生机的地方"，即我将云带到一片僵死的、没有任何植物的土地。

"并以它产生各种各样的果实。'就这样我取出亡者'"，即正如今日我复活这僵死的大地一样，在末日我要复活那些已经变成朽骨的身体。届时安拉在大地上连降四十天大雨，坟墓中的尸体就像地里的种子一样破土而出。《古兰》中表达类似意义的经文很多。正如安拉所言：❦已死的大地是给他们的一个迹象。我使它活，❧（36：33）安拉以此类比末日死人的复活，"以便你们能够觉悟"。

"洁美土地上的植物奉它养主的意旨而生长"，即肥沃土地的庄稼会茁壮成长。正如安拉所言：❦并使她美好地成长。❧（3：37）

"而龌龊的土地只长出霉斑"，穆佳黑德等学者说，"霉斑"指盐碱地等。[8]

布哈里传述，安拉的使者☪说："安拉通过知识和正道派遣我，就像大片的雨水到于一块地面

---

（1）《布哈里圣训实录诠释——造物主的启迪》11：191；《穆斯林圣训实录》4：2076。
（2）《泰伯里经注》12：485。
（3）《泰伯里经注》12：486。
（4）《泰伯里经注》12：486。
（5）《艾哈麦德按序圣训集》5：55；《伊本·马哲圣训集》2：2171；《艾布·达乌德圣训集》1：73。
（6）《伊本·艾布·哈亭经注》5：1501。
（7）阿文原文在字母排列顺序上与本经正文有所不同，但意思完全是一样的。——译者注
（8）《泰伯里经注》12：497。

的例子。其中有一块纯洁的肥沃土地，它接受了雨水，长出了庄稼和许多牧草；有一块干旱贫瘠之地，它留住了水，也给人们带来了益处，他们不但自己饮用，还给牲畜饮用，给庄稼灌溉；而另一块光滑之地，它留不住水，也长不出庄稼。前面是掌握了安拉的宗教，并从我的使命中获益，从而得到知识并教育他人的人的例子；最后一个例子是对我的使命不理不睬，也不接受我所带来的引导的人。"[1]

❀ 59.我派遣努哈到他的族人当中，他说："我的宗族啊！你们要崇拜安拉，除他之外，你们没有其他主宰。我替你们害怕那个重大日子的刑罚。"❀

❀ 60.他的族人中的一些人说："我们看到你确实在明显的迷误当中。"❀

❀ 61.他说："我的族人啊！我绝没有迷信，我是一位来自众世界养主的使者。❀

❀ 62.我给你们传达我的主的信息，我忠告你们，我从安拉那里知道你们不知道的。"❀

## 努哈和他的民族的故事

安拉在本章的开头叙述了阿丹的故事与一些相关的问题后，在此逐个介绍各位先知的情况。他首先介绍努哈，因为他是安拉在阿丹之后派遣到大地上的第一位使者。努哈的谱系是：赫奴赫－麦突谢莱哈－俩米克－努哈。据说赫奴赫就是伊德里斯先知——第一个用笔写字的人。他的谱系是：阿丹－士斯－亚尼西－格尼乃－穆合里勒－布尔德－伊德里斯。以上是谱系学家伊本·易司哈格等人的主张。

伊本·阿拔斯等经注学家说，最初崇拜偶像的情况是这样发生的：有一些清廉的人死后，他们的族人为他们修建寺庙，将他们的相貌绘在里面，以缅怀他们的事迹和他们的宗教功修，并以他们为学习的榜样。时过境迁，较长一段时间后，后人干脆将这些画像雕成了石像，由此开始崇拜这些偶像，并以那些清廉前辈的名字给它们命名：万达、苏瓦尔、叶吾斯、叶吾格、乃斯拉。情况愈演愈烈，伟大的安拉派遣努哈去命令人们只崇拜独一无偶的安拉。努哈说："我的宗族啊！你们要崇拜安拉，除他之外，你们没有其他主宰。我替你们害怕那个重大日子的刑罚"，即我害怕你们若以多神教徒的身份死去，就会面临痛苦的刑罚。

"他的族人中的一些人说：'我们看到你确实在明显的迷误当中'"，即他们尤其是他们中的一些头目纷纷站起来说：我们的祖先就是这样崇拜的，而你却要求我们放弃这些偶像，我们发现显然你陷入了误区。恶人就是这样，在他们看来好人都在迷误之中。正如安拉所言：❀ 每当他们看到他们（归信者）时，他们就说："这些人就是迷误者。"❀（83：32）又 ❀ 隐昧的人针对归信者说："如果它是美好的，他们不会领先于我们而获得它！"由于他们没有遵循它的引导，所以他们说："这是一个古老的谎言！"❀（46：11）

"他说：'我的族人啊！我绝没有迷信，我是一位来自众世界养主的使者'"，即我没有陷入误区，但我是来自安拉——万物的创造者和养育者的一位使者。

"我给你们传达我的主的信息，我忠告你们，我从安拉那里知道你们不知道的"，这就是使者的情况。他传达使命、能言善辩、忠心耿耿、认识安拉。在这些方面，使者们是无与伦比的。正如《穆斯林圣训实录》所载，安拉的使者 于阿拉法特之日，在穆斯林聚集最多的场合说："人们啊！你们将因我而被询问，届时你们怎么说？"众人说：

---

[1]《布哈里圣训实录诠释——造物主的启迪》1：211。

"我们作证：你传达了使命，履行了职责，忠告了世人。" 使者将手指伸向天空，向他们挥动着说："主啊！请你作证吧！主啊！请你作证吧！"[1]

◆ 63. 难道你们对于这件事还感到奇怪，一项来自你们主的提示，通过你们当中一个人降临你们，以便他警告你们，以便你们敬畏，以便你们蒙主怜悯。◆

◆ 64. 但是他们否认了，所以我在船中救出了他和那些跟他在一起的。我淹没了那些不信我的迹象的人。他们的确是盲目的群体。◆

安拉给我们叙述努哈对他的民族所说的话："难道你们对于这件事还感到奇怪"，即这有什么奇怪的？安拉为了慈悯你们，善待你们，给你们中的一个人启示他的经文，以便这个人警告你们，好让你们远离安拉的惩罚，而不以物配主，以便你们蒙主怜悯。

"但是他们否认了"，即他们仍然否认这位使者，并反对他。只有极少部分人归信了他，正如安拉言："所以我在船中救出了他和那些跟他在一起的。我淹没了那些不信我的迹象的人"，正如安拉所言：◆ 我拯救了他和乘船者。◆（29：15）又说：◆ 由于他们的罪恶，他们被淹没，然后，他们被打入火狱。除了安拉，他们不能发现自己有救助者。◆（71：25）

"他们的确是盲目的群体"，即他们有眼无珠，不识真理，也不见真理，故不履行正道。安拉通过这一事件说明，他替他的盟友惩罚了他们的敌人，拯救了使者和信士们，毁灭了他们的敌人——隐昧者。安拉说：◆ 我势必帮助我的众使者。◆（40：51）

这就是在今世和后世中安拉赋予人类的常道，最终的胜利和成功都属于那些敬畏的人。正如用洪水淹没努哈的民族，拯救了他和陪同他的信士们。伊本·沃海布说，我听伊本·阿拔斯说："和努哈同船的共有八十个得救的人。其中一人叫朱尔胡穆[2]，他说阿拉伯语。"

◆ 65.（我派遣）他们的兄弟呼德去阿德人那里。他说："我的族人啊！你们要崇拜安拉，除他之外，你们没有任何主宰。你们还不敬畏吗？"◆

◆ 66. 他的族人中的一些否认者说："我们看你处于愚昧之中。我们认为你是一个说谎的人。"◆

◆ 67. 他说："我的族人啊！我没有愚昧之处。不过我是来自众世界养育者的使者。◆

◆ 68. 我要对你们传达我的主的信息，我是你们忠实的劝告者。◆

◆ 69. 难道你们对于这件事还感到奇怪，一项来自你们主的提示，通过你们当中的一个人降临你们，以便他警告你们。你们应当记得，他在努哈的族人之后，使你们成为代理者（一代接一代），并赐给你们魁梧的身材。你们要铭念安拉的恩典，以便你们成功。"◆

### 呼德的故事 阿德人的血统

清高伟大的安拉说，正如我派努哈去劝化他的民族那样，我派他们的兄弟呼德去劝化阿德人。伊本·易司哈格说，阿德人的谱系是：努哈—萨米—奥苏—伊莱姆—阿德。笔者认为这些人是安拉所提到的第一种阿德人，居住高柱的伊莱姆人的后裔。即◆ 难道你没有看到，你的主如何对待阿德人，拥有高柱的伊莱姆人，地方上，还没有创造过类似的。◆（89：6-8）因为他们力量超群，能力强大。

---

（1）《穆斯林圣训实录》2：890。
（2）住在天房附近的阿拉伯人的祖先。——译者注

正如安拉所言：《至于阿德人，他们在大地上无理傲慢，并且说道："谁比我们更强大？"他们难道不曾看到造化他们的安拉比他们更强大吗？他们不信我的启示！》（41：15）

## 阿德人的居所

阿德人的居所在也门的沙丘地带，那是一片丘陵。伊本·易司哈格说：阿里（愿主喜悦之）问一位来自哈达拉毛的人："你在哈达拉毛的某某地区见过混有红色胶泥的沙丘吗？那里长着一些牙刷树和许多酸枣树？"那个人听后说："信士的长官啊！我见过它。以安拉发誓，听了你的话，使人感觉到你好像亲眼见过它。"阿里说："我并没有见过它，但我知道有关它的情况。"哈达拉毛人说："信士的长官啊！有什么问题吗？"阿里说："那里有呼德先知的坟墓。"(1) 这段传述证明阿德人的居所在也门，因为呼德先知埋葬在那里。他是阿德人中血统最高贵的人，因为每个民族的使者都来自该民族的最优秀部落和门庭。但呼德的民族的内心和他们的外表一样，是非常残酷的，他们是最不讲道理的民族之一。因此，呼德号召他们敬畏并崇拜独一无偶的安拉，顺从安拉。

## 呼德与其民众的交涉

"他的族人中的一些否认者说"，即顽固的群众特别是他们的头目说："我们看你处于愚昧之中。我们认为你是一个说谎的人"，即你号召我们唯拜安拉，放弃多神，但我们看来这是一种迷信。穆圣㊗时代的有些古莱什人也是如此，他们说：《他要把众神变成一神吗？这真是一件奇事！》（38：5）

"他说：'我的族人啊！我没有愚昧之处。不过我是来自众世界养育者的使者。'"你们对我的说法是错误的，我从万物的创造者、养育者和掌握者那里给你们带来了真理。

"我要对你们传达我的主的信息，我是你们忠实可信的劝告者"，传达、真诚和守信是各位使者所具备的属性。

"难道你们对于这件事还感到奇怪，一项来自你们主的提示，通过你们当中的一个人降临你们，以便他警告你们"，即安拉要在一个民族的内部派遣一位使者，让他们提防和安拉相见的日子，你们不要对此感到惊奇。你们应当因此而赞美安拉。

"你们应当记得，他在努哈的族人之后，使你们成为代理者"，即你们当记着安拉对你们的恩典，他使你们成为努哈的民族中一些获救者的后裔，而与努哈同时代的世人，则因违背安拉的命令、反对信仰安拉而遭受努哈的诅咒，被安拉所毁灭。

"并赐给你们魁梧的身材"，即安拉使你们的身体比其他人的身体高大强壮。正如经文叙述塔鲁特所说：《并已赐给他更丰富的知识和更雄健的体魄。》（2：247）"你们要铭念安拉的恩典，以便你们成功。"

《70. 他们说："你到我们这里来，难道是教我们只崇拜安拉，而放弃我们祖先所崇拜的吗？如果你是诚实的，拿出你用于警告我们的吧！"》

《71. 他说："惩罚和恼怒已由你们的养主那里降临了你们，你们还要跟我争辩你们和你们祖先未经安拉授权所取的一些名字吗？那么，你们等着吧！我也跟你们一同等着。》

《72. 我以发自我的怜悯拯救了他和那些跟他在一起的人。我也灭绝了那些否认我迹象的人，他们不是信仰者。"》

安拉讲述阿德人怙恶不悛，顽固不化地敌对呼德的行为。"他们说：'你到我们这里来，难道是教我们只崇拜安拉'"。穆圣㊗时代的古莱什人也这样说：《当时他们说："我们的主啊！如果这是来自你的真理，那么就给我们从天上降下石雨，或给我们带来惨痛的惩罚吧！"》（8：32）伊本·易司哈格和穆佳黑德说，他们崇拜的偶像很多，一个称为苏达艾，一个称为索穆德，一个称海巴。因此呼德先知说："惩罚和恼怒已由你们的养主那里降临了你们。"伊本·阿拔斯等学者说："رجس"(2) 指"恼怒"。(3)

"你们还要跟我争辩你们和你们祖先未经安拉授权所取的一些名字吗？"即你们要和我争论这些由你们和你们的祖先自己叫出来的偶像吗？这些偶像既不能有利于人，也不会有害于人。安拉没有降下任何证据说明可以崇拜它们。

因此说："那么，你们等着吧！我也跟你们一同等着。"这是使者对他的民族严厉的警告。因此后文紧接着提到了他们的结局。

## 阿德人的结局

"我以发自我的怜悯拯救了他和那些跟他在一起的人。我也灭绝了那些否认我迹象的人，他们不

---

(1)《泰伯里经注》12：507。

(2) 正文译为惩罚。——译者注
(3)《泰伯里经注》12：522。

是信仰者。"清高伟大的安拉在《古兰》的许多经文中提到了阿德人遭受毁灭的故事：安拉派遣了狂风，将他们的建筑扫荡得一干二净，使他们变成了朽骨。正如安拉所言：﴿阿德人，则毁于猛烈的寒风。他制服它，使它持续地向他们吹了七夜八天。所以你看到这群人倒于其中，他们就像是空朽的枣树干。你能看到他们还有任何痕迹吗？﴾（69：6-8）阿德人因为怙恶不悛而最终招致安拉的迁怒，被飓风所毁。他们中的男子被风吹到天空，然后倒栽下去，头部被撞破，甚至身首异处，所以说，他们好像是空虚的树干。伊本·易司哈格说，他们居住在也门的安曼和哈达拉毛之间。他们在大地上为非作歹，仗着安拉赐给他们的强大武力欺凌弱小，舍安拉而崇拜许多偶像。后来安拉派遣呼德先知去劝导他们。呼德是他们中血统最高贵、地位最优秀的一个人。他命令他们信主独一，放弃多神，制止不义，但遭到他们的拒绝和否认。他们说，谁比我们更有力量呢？也有极少部分人跟随了呼德，但他们势单力薄，只能秘密信仰。阿德人抗拒安拉，否认先知，为非作歹，横行霸道，他们在一些高地修筑纪念物，以供游戏。呼德对他们说：﴿你们在每一个高处建筑一个标志，进行戏乐吗？你们建造堡垒，以便你们永存吗？当你们捕捉时，就像暴君一样捕捉。所以你们要敬畏安拉并服从我。﴾（26：128-131）他们说："呼德啊！你并不曾给我们带来明证，我们不会由于你的话而放弃我们的神！我们绝不会归信你。﴾（11：53）又﴿他们说："呼德啊！你并不曾给我们带来明证，我们不会由于你的话而放弃我们的神！我们绝不会归信你。我们只能说，我们的部分神使你发疯了。"他说："我求安拉作证，你们也当作证，我是和你们所举伴的无关的。你们全体来算计我吧！不必宽限我。我已经托靠了安拉——我的主和你们的主。没有一种动物的命脉不归他掌管。我的养主确在正道上。"﴾（11：53-56）[1]

### 阿德人的访问者的故事

哈里斯·白克尔说，我去穆圣那里起诉哈达拉米之子阿俩伊，当我途经莱卜则时碰见一位泰米目部落的老太太受困于途中，孤立无助。她对我说，安拉的仆人啊！我在使者那里有些事情，你能带我去见他吗？我便带她来到麦地那，当时清真寺里挤满了人，我看到一面黑色的旗帜正在迎风飘扬，比拉勒佩戴宝剑站在安拉的使者跟前，我问人们在干什么。有人说，使者打算派遣阿慕尔·本·阿斯到前方去。我便坐了下来。后来使者进了他的家，我便跟上去求会见，我得到许可，进去后，道了色兰，他问：你们和泰米目部落之间有隔阂吗？我说，是的，我们曾战胜过他们，我在途中还遇见了一位受困的老太太，她就是泰米目部落的，她要求我带她来见你，她就在门外。那位老太太得到使者许可后，进入了使者家中。我接着说，使者啊！如果你想在我们（部落）和泰米目部落之间设一片和平区域，请将迪黑那设为和平区吧！那位老太太听到这里甚是不满，如坐针毡，她说，安拉的使者啊！你何必自讨苦吃呢？我听了她的话后（感到很委屈）说，我正应了前人的一句话：常入大漠者，被大漠所淹没。我带来了这位老太太，没想到被她反咬一口。我以安拉及其使者的名义求助，不要让我成为阿德人的访问者。使者问我：阿德人的访问者是怎么一回事？（其实使者完全掌握这段历史，他要求这位圣门弟子提到它，只是为了和他一起回味历史。）我说，阿德人曾在一次旱灾中派遣一个名叫盖莱的访问者，前去求助于穆阿维叶·本·伯克尔。盖莱在穆阿维叶处住了一个月，后者整日以美酒招待，并让两个歌女为他诵诗唱歌。此后，盖莱去麦海莱山，说道，主啊！你知道我不是来医治病人的，也不是来赎取俘虏的。主啊！请让阿德人饮用你原来让他们饮用的甜水吧。这时有一片乌云经过这里，从中有声音说，请你选择吧！他抬头看时，听到其中的一块黑云发出声音说："你惩罚它，让它变成灰烬吧！你不要让任何一个阿德人存活于世！"据我所知，就像能穿过我的这只戒指一样的风袭击了他们，毁灭了他们。

艾布·瓦伊里说："他所说不假。每当一男一女派遣访问者时便说：'你不要成为就像阿德人的访问者。'"[2]

﴿73.我给塞姆德人派遣了他们的兄弟撒立哈。他说："我的宗族啊！你们当崇拜安拉，他之外，你们绝无主宰。一个明白的证据已由你们的主来到你们，这是安拉的母驼，是对你们的一个迹象。所以你们要任它在安拉的大地上吃草，而不要伤害它，否则你们将受到严厉的惩罚。﴾

﴿74.你们也应当记得，他如何在阿德人之后使你们成为代位者，他让你们居住在大地上。你们在平原上建大厦，在山中凿居所。你们要记念安拉的恩典，不要在大地上为非作歹。"﴾

﴿75.他的族人中的一些高傲者，对那些受欺压的人——他们当中的那些归信者——说："你们确实知道撒立哈是他的主差遣来的吗？"他们说："我们归信已经降给他的（启示）。"﴾

---

[1]《泰伯里经注》12：507。

[2]《艾哈麦德按序圣训集》3：482；《提尔密济圣训全集诠释》9：161；《圣训大集》5：181。

◆ 76.那群高傲的人说："我们不信你们所信仰的。"◆

◆ 77.于是他们屠杀了那母驼，并反抗他们主的命令。他们说："撒立哈啊！如果你确实是一位使者，拿出你用于恫吓我们的来。"◆

◆ 78.于是地震袭击了他们，他们在清晨时僵卧在他们的家中。◆

## 塞姆德人的居所和他们的谱系

经注学家和谱系学家们说，塞姆德人的谱系是：努哈——萨米——伊莱穆——阿斯尔——塞姆德。塞姆德是阿斯尔的另一儿子吉迪斯的胞弟。他们和太斯姆部落一样，都是纯阿拉伯人，在伊布拉欣先知来到阿拉伯地区之前，他们就属于阿拉伯人。阿德人之后的塞姆德人，其居所在黑札兹和沙姆地区之间的一些山村的山谷周围，一度闻名遐迩。安拉的使者㸔曾于伊斯兰教历九年的台卜克战役中途经此处。伊本·欧麦尔传述，安拉的使者㸔率军进攻台卜克期间，曾驻军于塞姆德遗址的一片石头地附近，众人从塞姆德人的井中打出水，埋锅做饭。后来先知命令他们倒掉锅里的东西，将和好的面当作饲料喂给骆驼，带领众人离开该地，来到当年母驼饮水的地方，同时禁止他们进入曾受惩罚的古人的居所。先知说："我担心你们像他们一样遭受惩罚，所以你们不要去他们的地方。"(1) 伊本·欧麦尔还说："安拉的使者㸔在那片石头地跟前说：'你们只能哭着进入这些受惩罚的民众的地区，否则，不要进入，以免他们曾遭受的打击降临你们。'"(2)

## 撒立哈先知和塞姆德人的故事

"我给塞姆德人派遣了他们的兄弟撒立哈"，即安拉将他们的兄弟撒立哈派遣到了塞姆德部落那里。"他说：'我的宗族啊！你们当崇拜安拉，他之外，你们绝无主宰。'"每一位使者都首先号召人们崇拜独一无偶的安拉。正如安拉所言：◆我在你以前每派遣一位使者，就对他启示道："除我之外无应受拜的，所以你们应当惟独崇拜我。"◆（21：25）又◆我的确在每一个民族中派遣一位使者。（他说）"你们要崇拜安拉，远离塔吾特。"◆（16：36）

## 塞姆德人要求一峰母骆驼从石头中蹦出，并如愿以偿

"一个明白的证据已由你们的主来到你们，

---
(1)《艾哈麦德按序圣训集》2：117。
(2)《艾哈麦德按序圣训集》2：74；《布哈里圣训实录诠释——造物主的启迪》6：436；《穆斯林圣训实录》4：2286。

---

这是安拉的母驼，是对你们的一个迹象"，即来自安拉的明证，证明了我带给你们的信息。当时，他们要求撒立哈先知给他们带来一个奇迹，他们指定一块顽石，要求撒立哈让一峰怀胎母骆驼从顽石中蹦出。这块单独立于树林边的石头称为"卡提白"。他们同时提出，这只母骆驼必须生下一峰小骆驼。撒立哈先知因此和他们缔结了盟约。如果安拉应答他们的请求，使他们如愿以偿，他们就归信安拉，拥护先知。缔约完毕后，撒立哈站起来做了礼拜，并祈求安拉。只见那巨石开始蠕动，一峰怀胎的健康母骆驼从中蹦了出来，不久又生下了一峰小骆驼。一切都符合他们的要求。这时，在他们的首领君代尔·本·阿慕尔的带动下，一部分人归信了撒立哈。塞姆德人中的其他贵族也打算信仰，但祖阿卜·本·阿慕尔和胡拜卜等侍奉偶像的人出来阻拦。君代尔有个侄子，名叫西哈卜，他出身塞姆德的贵族家庭，品德良好。他打算信仰时，也被这些背信弃义者阻拦，塞姆德人中一位名叫麦胡西的信士（愿主慈悯之）诵诗道："阿慕尔家族的一些人，打算信仰先知的宗教，他们召唤西哈卜——塞姆德人中尊贵的人！他们全都在喊他，所以他打算回应，假若他回应了，他就是我们中清廉的人，优

秀的人；他们没有服从他们的头目祖阿卜，但胡吉勒家族的一些迷误者放弃真理，投靠了祖阿卜。"

此后的一段时间内，母驼和它的幼崽生活在塞姆德人之中，并和他们分享井水，母驼饮用一天，塞姆德人饮用一天。母驼饮用泉水的日子里，人们饮用母驼的乳汁，他们还在各种器皿中盛满驼乳。正如安拉所言：❮并告诉他们，水是他们之间要分配的。每一份饮品都是现成的。❯（54：28）又❮他说："这是一峰母驼，它有权饮水，你们也有权在指定的日子饮水。❯（26：155）这只母驼在那些山谷中吃草，经常从一条路上走去，从另一条路上走回，以便吃饱肚子，因为它还饮用了大量的水。据说，这只骆驼体态庞大，形象奇特，其他动物见到它，无不惊慌而逃。随着时间的推移，塞姆德人对撒立哈先知的反对情绪与日俱增，遂预谋杀死母驼，独占水源，好让他们每天都能饮用泉水。于是有人唆使大家共谋计策，打算杀死母驼。格塔德说："据我所知，杀害母驼的凶手首先在整个部落中游说，最后得到了一致同意，就连闺房中的妇女和儿童也不例外。"[1] 笔者说，这种观点无可质疑，因为《古兰》说：❮然而他们不信他，并且杀戮了它，于是他们的养主由于他们的罪恶而毁灭了他们，并使他们普遍受难。❯（91：14）又❮我曾赐给塞姆德人母驼作为明证，但他们亏待了它。❯（17：59）又"**他们屠宰了母驼。**"这些经文可以证明，他们共同谋杀了母驼。

## 杀害母驼

经注学家们说，杀害母驼的起因是这样的：塞姆德人中有个名叫阿尼宰的妇女，人们称她为乌姆·俄乃姆，她是个年迈的隐昧者，是最愤恨撒立哈的人，她有几个颇具姿色的女儿，还有大量的财富，她的丈夫是塞姆德人的一个头目，名叫祖阿卜·本·阿慕尔。当时还有一个妇女，名叫索杜夫，她也是个颇具姿色的妇人，她的丈夫是个穆斯林，已经和她离婚。这两个妇女不停地教唆周围的人们去杀害母驼。索杜夫请来一个叫胡拜卜的男子，提出以自己的身体作为代价，让胡拜卜去杀死母驼，胡拜卜严厉拒绝了这一可耻的交易。后来她与她的堂兄米苏达尔勾搭成奸，后者同意为她效力。另一方面阿尼宰与格达尔·本·撒里夫达成协议，格达尔身材短小，是一个肤色蓝红相间的人，据说他是个私生子。因为他的亲生父亲不是撒里夫，而是索海严，但他出生于撒里夫家中。阿尼宰对他说："如果你杀了母驼，你想要我的哪个姑娘，我就把她送给你。"格达尔和米苏达尔见有利可图，便怂恿塞姆德人中的一些无赖帮助他们，总共得到了七个人的响应，这样，他们九人共谋，决心杀害母驼。安拉说：❮在这城市中有九个人，他们在大地上为非作歹，而不行善。❯（27：48）他们都是群众中的头目，他们鼓动整个部落的人起来支持他们的罪恶行为。

塞姆德人来到水源旁边，格达尔和米苏达尔分别埋伏在两个大石头后面，等待母驼出现。当母驼经过米苏达尔时，后者对着它的大腿射了一箭。阿尼宰见状，命令她的女儿——这是一个美貌出众的女子——揭起面纱诱惑格达尔，向他大声叫唤。格达尔便举剑砍断了母驼的腿筋，母驼当即倒在地上，并发出一声长啸，警告幼驼赶紧逃离。格达尔接着刺穿母驼的喉咙，宰了它。幼驼跑向山顶，发出一声声哀叫。[2] 哈桑·巴士里说："那只幼驼在呼唤：我的妈妈在哪里？"有人说："幼驼连喊三声后，进入巨石，隐于其中。"也有人说他们将幼驼和母驼一起杀死了。[3] 安拉至知。撒立哈听到噩耗后，来到他们中间，当时他们正在开会，当他见到母驼后哭了，说：❮你们在家中享受三天吧！❯（11：65）

## 恶人们图谋杀害撒立哈先知
## 惩罚降临塞姆德人

杀害母驼的那天是星期三，这九个人在晚上决定谋杀撒立哈先知。他们说，如果他是诚实的人，我们只是让他先我们一步死去；如果他是撒谎的人，我们则让他遭受母驼的下场。❮他们说，你们当凭安拉互相立誓：我们一定会在夜间袭击他和他的家人，然后我们会对他的朋友说："我们未到过他家人的罹难现场，我们是诚实的。"他们阴谋计划，我也在制定计划，但是他们却觉察不到。你看看他们的阴谋的结果如何吧！❯（27：49-51）他们商量好对策后，夜晚前来谋杀安拉的先知，尊严而伟大的安拉在他们的阴谋得逞之前，派遣石头雨去袭击他们。塞姆德人的脸色在星期四（这是先知宽限他们的第一天）变成了黄色的，撒立哈先知的预言落实了。第二天（即星期五）他们的脸色变成了红色的。第三天（即享受日中的第三日，星期六），他们的脸色变成黑暗的。星期天，他们呆若僵尸般地坐等安拉的惩罚。求主使我们远离这种惩罚。他们不知道将面临怎样的厄运，也不知道惩罚从何处降临。当太阳升起时，一声霹雳从天而降，地下同时发出剧烈的震撼声，他们顿时魂飞魄散。

---

(1)《泰伯里经注》12：537。

(2)《泰伯里经注》12：531。

(3)《阿卜杜·兰扎格经注》2：231。

❮ 清晨他们僵卧在他们的家中。❯（7：91）即他们横七竖八地倒在地上，成为僵尸，男女老幼，无一幸免。也有学者说，当时有一名叫凯立拜的青年女子正坐在地上，人们称她为祖莱格，她没有受到打击，她非常仇视撒立哈先知，是一个隐昧者。当她见到惩罚后，撒腿就跑，跑到一个部落后，讲述了目睹的一切，并要求他们给她喝一口水，她喝完水后一命呜呼了。(1)

有些经注学家说，塞姆德人的后裔中，除了撒立哈先知及其追随者外，当时仅有一人幸免于难。此人名叫艾布·勒阿里，他的族人遭受惩罚的时候，他正在禁地，所以没有遭受打击。后来他在非禁地地区，忽然一块巨石从天而降，将他活活砸死了。伊斯麻仪·本·吾麦叶说，穆圣经过艾布·勒阿里的坟地时说："你们可知这是谁吗？"众人说："安拉及其使者至知。"穆圣说："这是塞姆德人艾布·勒阿里的坟墓，他曾在安拉的禁地，因安拉的尊严而免于惩罚，他离开禁地后，落得与族人同等下场，被葬于此。还有一些金条与他埋葬在一起。众人用宝剑挖开坟墓后，发现了金条。"(2) 祖海里说，艾布·勒阿里应该是艾布·赛格夫。(3)

❮ 79.于是他（撒立哈）离开了他们，并说道："我的族人啊！我确已对你们传达了我的主的信息，也曾给你们忠告，但是你们却不喜欢忠告者。"❯

撒立哈的族人不但反对他，而且抗拒安拉的命令，执迷不悟，因此招来安拉的惩罚。撒立哈因而严厉地谴责并羞辱了他们。他们虽然已经死了，但还是能听到这番话，正如两圣训实录辑录，白德尔大捷之后，安拉的使者在当地驻军三日，第三日的夜晚即将结束的时候，他骑着骆驼来到格里卜井——白德尔战场上的枯井旁，不停地说："艾布·哲海里·本·希沙姆啊！欧特白·本·莱毕尔啊！舒白·本莱毕尔啊！某人之子某人啊！你们是否发现你们养主的诺言是真实的？我确已发现我的养主对我的许诺是真实的。"欧麦尔（愿主喜悦之）说："安拉的使者啊！你怎么和一些僵尸谈话呢？"使者说："以掌握我生命的主发誓，你们对我的话听得并没有他们清楚，只不过他们无法回答

罢了。"(4) 撒立哈先知对其死去的民族说话，与此如出一辙。他说："我确已对你们传达了我的主的信息，也曾给你们忠告，但是你们却不喜欢忠告者"，即你们为什么对我的忠告不闻不问？你们并不喜爱真理。

❮ 80.鲁特，当时，他对他的族人说："你们难道要触犯前人从来未犯过的秽行吗？❯
❮ 81.由于你们贪恋男色放弃女性，你们确实是一群过分的人。"❯

## 鲁特及其族人的故事

清高伟大的安拉确已派遣了"鲁特，当时，他对他的族人说……"

鲁特是阿则尔的儿子哈兰之子，也是伊布拉欣先知的侄子，很早就信仰伊布拉欣，并和他一起迁徙到了沙姆。后来安拉派遣他去教化塞杜姆人及其周围的城镇，号召他们崇拜安拉，命令他们行

---

(1)《泰伯里经注》12：534。
(2)《阿卜杜·兰扎格经注》2：232。
(3)《阿卜杜·兰扎格经注》2：232。

(4)《布哈里圣训实录诠释——造物主的启迪》7：351；《穆斯林圣训实录》4：2203。

善，禁止他们作恶，因为他们触犯了前所未闻的丑行，即放弃女性而贪恋男色。这是人类史上空前的大罪，任何一个前人，想都没有想过这种罪恶，然而，塞杜姆人（愿安拉诅咒他们）却首创了这种罪行。阿慕尔·本·迪纳尔解释"前人从来未犯过的秽行"说："凡是与男子性交的男子，都属于鲁特的民族。"[1]因此鲁特对他们说："'你们难道要触犯前人从来未犯过的秽行吗？由于你们贪恋男色放弃女性'"，即难道你们要放弃女人，摈弃安拉为男人而创造的对女人的天然兴趣，而去追求男人吗？这确实是放荡不羁和愚蠢无知之举，因为这是"将一件事物放到不应该放的地方"。所以另一段经文中说：《 他说："这些是我的女儿们，如果你们一定要做些什么的话。"》（15：71）鲁特指导他们去追求妇女，但他们的托辞是他们对女人没有欲望，《 他们说："你明知我们对你的女儿们没有丝毫权利，你深知我们想要的是什么！"》（11：79）即我们对妇女没有性欲和兴趣，你非常清楚我们想对你的客人做什么。

《 82.他的族人的回答只是："把他们赶出你们的城市，他们确实是爱洁净的人。"》

即他们对鲁特无言以对，于是预谋驱逐鲁特及其追随者。后来安拉让鲁特平安地离开了他们，而在他们的这块土地上，毁灭了那些卑贱的人，让他们饱受屈辱。[2]

"他们确实是爱洁净的人"，格塔德说，鲁特的民族以莫须有的罪名，谴责了爱清洁的信仰者。穆佳黑德解释说，罪人们说："他们（指鲁特及其追随者）认为男人和女人的肛门是肮脏的。"[3]伊本·阿拔斯也有类似传述。[4]

《 83.于是我拯救了他和他的家人，除了他的妻子，她属于那些落在后头的人。》

《 84.我给他们降了一场（石头的）大雨，你看犯罪者们的后果是怎样的？》

清高伟大的安拉拯救了鲁特及其家人，因为鲁特的民族中，只有他的家人信仰他。正如安拉所言：《 我已撤出其中的归信者。我在城中只发现一家归顺者。》（51：35-36）他的妻子不在被拯救

者之列，因为她没有归信鲁特。她保持着族人的信仰，与他们同流合污，只要有人来拜访鲁特，她就向族人告密。因此，安拉命令鲁特带领家人出城夜行的时候，命令他不要让他的女人知道情况，也不要让她和他一起出城。有经注学家说，鲁特的女人曾和鲁特一起出了城，后来惩罚降临她的民族时，她回头去看，因而也遭到了同等的惩罚。但更明确的解释是她没有和鲁特一起出城，而是和她的族人呆在了一起，鲁特也没有通知她出走的消息。因此，经文在此说："除了他的妻子，她属于那些落在后头的人"，即留下来的人。也有人解释为："她是属于那些被毁灭的人。"从意义上说，这种解释更明确。

"我给他们降了一场（石头的）大雨"，如同：《 并向他们降下连续的如雨水般的陶石雨，带着来自你主的烙印。它离不义者并不是遥远的。》（11：82-83）因此说："你看犯罪者们的后果是怎样的？"即穆罕默德啊！你看看那些抗拒安拉，违背使者的人们，他们的下场将会是什么。伊本·阿拔斯说，安拉的使者☪说："当你们发现有人有鲁特民族的行为时，你们当处死行为人和受行为人。"[5]

《 85.我派遣他们的兄弟舒尔布去麦德彦。他说："我的族人啊！你们当崇拜安拉，他之外，你们绝无主宰，一个明白的证据已由你们的主降临你们。你们要给人公平的称量，不要克扣他们的东西，也不要在改善之后的大地上为非作歹。如果你们是信士的话，那对你们是最好的。》

### 舒尔布先知及麦德彦

伊本·易司哈格说，麦德彦人的谱系是：伊本拉欣-麦德雅-麦德彦及其子孙。舒尔布的谱系是叶西杰尔-米凯里-舒尔布。他的名字在古叙利亚语中称为叶斯伦。[6]（笔者认为麦德彦既是部落名，也是城市名，位于途经黑札兹的麦阿尼城附近。）安拉说：《 当他到达麦德彦的水源时，发现一群人在饮羊群。》（28：23）他们是丛林的居民，如果安拉意欲，后文将予论述。万事只靠安拉。

"我的族人啊！你们当崇拜安拉，他之外，你们绝无主宰"，这是所有使者的号召。

"一个明白的证据已由你们的主降临你们"，即安拉已经证明我带给你们的都是真理。接着舒尔

---

(1)《泰伯里经注》12：548。
(2)《泰伯里经注》12：550。
(3)《泰伯里经注》12：550。
(4)《泰伯里经注》12：550。

(5)《艾哈麦德按序圣训集》1：300；《提尔密济圣训集》1456；《艾布·达乌德圣训集》4462；《伊本·马哲圣训集》2561。
(6)《泰伯里经注》12：554。

布先知劝他们公平对待他人，不能短斤少两，不能以非法手段骗取他人财物，正如安拉所言："毁灭吧！那些称量不公的人们……人类将为众世界的主而肃立。"（83：1-5）这是对他们最严厉的警告。祈求安拉使我们在那日获得平安。然后安拉开始讲述被称为众先知中演讲家的舒尔布先知：

"86.你们不要坐在各条道路上恐吓他人，也不要在安拉的道路上阻碍信仰的人，并企图使它歪曲。你们当记得你们当初微少，后来他使你们众多；再看看那些为非作歹者的后果是怎样的！"

"87.如果你们当中的一部分人归信我的使命，一部分人没有归信，那么，你们耐心等待吧，直到安拉在我们之间作出决断。因为他是最好的决断者。"

舒尔布先知谴责他们具有精神和物质上的路匪行径，说："你们不要坐在各条道路上恐吓他人"，即你们胁迫他人将财产交给你们，否则将杀死他们。赛丁伊等学者说，这些人是横征暴敛者。[1]

伊本·阿拔斯、穆佳黑德等学者说："'你们不要坐在各条道路上恐吓他人'，指你们不要威胁前来投奔舒尔布的信士们。"[2] 前面的解释更加明确，因为经文说："各条道路上……"伊本·阿拔斯所作的解释则应是下文提到的："也不要在安拉的道路上阻碍信仰的人，并企图使它歪曲"，即他们希望安拉的道路是歪曲的。

"你们当记得你们当初微少，后来他使你们众多"，即你们曾经人少势单，后来才变得人多势众，你们当记住安拉在此中赐给你们的恩典。

"再看看那些为非作歹者的后果是怎样的！"即你们当参悟一下前人中犯罪者的结局，他们因为抗拒安拉的命令和否认众位使者，最终遭到了严厉的惩罚。

"如果你们当中的一部分人归信我的使命，一部分人没有归信"，即你们对我有了分歧。"那么，你们耐心等待吧。直到安拉在我们之间作出决断。因为他是最好的决断者"，即安拉将善报敬畏者，惩罚隐昧真理者。

"88.他的族人中那些高傲的人说："舒尔布啊！我们一定要把你和那些与你一起信仰的人赶出我们的城镇。或者你们返回我们的宗教。"他说："即使我们是憎恶的，（你们也要这样做吗？）"

"89.如果安拉从其中解救我们之后，我们重新回到你们的宗教，我们就确实对安拉捏造谎言了。除非安拉意欲如此，我们绝不可能返回其中。我们主的知识包罗万象。我们只托靠安拉。我们的主啊！求你在我们与我们的族人之间以真理判决吧，你是最好的决断者。"

安拉在此讲述了隐昧者对待他的先知舒尔布和一些信士的情况。他们向舒尔布及其追随者发出警告，扬言要从城镇驱逐他们。如果舒尔布及其信士们改奉他们的宗教，与他们同流合污，便可免于被驱逐。他们对舒尔布先知说这番话的目的，是警告先知的追随者。

"即使我们是憎恶的"，意思是即使我们不愿意接受你们的要求，你们也要这样做吗？如果我们加入了你们的宗教，与他们同流合污，为安拉设立配偶，那么我们确实对安拉犯下了滔天的污蔑之罪。这是先知代表他的信众，给多神教徒的答复。

"除非安拉意欲如此，我们绝不可能返回其

---
（1）《泰伯里经注》12：557。
（2）《泰伯里经注》12：557。

中"，即一切事情都是安拉的意欲，安拉周知万物。

"我们只托靠安拉"，即我们的一切事务都是托靠安拉的，我们有所为，有所不为。

"我们的主啊！求你在我们与我们的族人之间以真理判决吧。"请你在我们和我们的民族之间判决吧！并襄助我们战胜他们吧！

"你是最好的决断者"，即你是最好的判决者，你绝不使任何人蒙冤。

❧90.他的族人当中的一些隐昧者说："如果你们追随舒尔布，那么你们确实是亏折的。"❧

❧91.于是，地震袭击了他们。清晨他们僵卧在他们的家中。❧

❧92.不信舒尔布的人变得好像从不曾在其中住过似的，那些不信舒尔布的人才是亏折的。❧

安拉在此讲述舒尔布的民众执迷不悟、放荡不羁和违背真理。他们发誓说："**如果你们追随舒尔布，那么，你们确实是亏折的。**"因此后文紧接着说："**于是，地震袭击了他们。清晨他们僵卧在他们家中。**"安拉在此说，他们遭受了地震，原因是他们经常攻击舒尔布及其信众，扬言要驱逐他们。正如《呼德章》所述：❧当我的命令到达时，我凭着我的慈悯拯救了舒尔布和那些跟他在一起的归信者。霹雳声震慑了不义的人们，于是他们就僵卧在自己家中。❧（11：94）这两处经文间的关系是——安拉至知——他们曾揶揄先知说：❧是否你的祈祷命令你……❧（11：87）因此遭受了震撼声的袭击，使他们顷刻间哑然失声。安拉在《众诗人章》中说：❧但是他们否认了他，因此那阴影日的惩罚袭击了他们。的确，那是重大之日的惩罚。❧（26：189）其中的原因是他们当时说："你就使一块天落到我们的头上吧！"❧（26：187）安拉说，他们遭受了阴影之日的惩罚。事实上他们遭受了上述几种惩罚。❧**因此那阴影日的惩罚袭击了他们。**❧（26：189）指他们遭遇了一片酷热无比的乌云，此后又遭受了发自天上的震撼声和地下的地震之灾，因此魂飞魄散，死于非命，变成僵尸。"**清晨他们僵卧在他们的家中。**"

"**不信舒尔布的人变得好像从不曾在其中住过似的。**"惩罚来临他们的时候，他们好像从来没有居住过他们曾和舒尔布一起居住的家园，他们当初多么希望从中驱逐舒尔布啊。然后经文针对他们的言论说："**那些不信舒尔布的人才是亏折的。**"

❧93.于是舒尔布离开了他们，说道："我的族人啊！我已对你们传达了我的主的使命，并忠告了你们。我怎么能为隐昧的人而感到伤心呢？"❧

经文的意思是，在他们遭受惩罚和打击之后，舒尔布谴责并警告他们说："**我的族人啊！我已对你们传达了我的主的使命，并忠告了你们。**"我已经完成了我的使命，我不必为你们而伤感，因为你们否认了我带给你们的信息。因此说："**我怎么能为隐昧的人而感到伤心呢？**"

❧94.每逢我派遣先知到任何城镇，我总要使它的人民蒙受贫穷和苦难，以便他们祈祷。❧

❧95.然后我将恶改为善，直到他们富裕。他们说："我们的祖先确实遭受过苦难和贫穷。"然后，我在他们不知不觉中惩罚了他们。❧

### 先民经历的考验

安拉在这里介绍以前的各民族遭受的考验，众位使者来临他们时，他们疾病缠身，饥寒交迫。

"**以便他们祈祷**"，即以便他们谦恭地祈求安拉解除他们的苦难。换言之，我曾以苦难考验他们，以便他们谦恭地祈求我，但他们并没有按照要求去做。后来我又化苦难为幸福，在顺境中考验他们。因此说，"**然后我将恶改为善**"，即我改变了他们的境况，变苦难为幸福，改疾病为健康，以便他们感恩戴德，但他们还是无动于衷。

"**直到他们富裕**"，即以至他们人丁兴旺，财产丰厚的时候。

"**他们说：'我们的祖先确实遭受过苦难和贫穷。'然后，我在他们不知不觉中惩罚了他们。**"安拉说，我以顺境和逆境考验了他们，以便他们祈求我，回归我，但他们对这一切都无动于衷。不但如此，他们还说："我们的祖先不就是从苦难和疾病中过来的吗？光阴就是如此，永远是苦难和疾病，幸福和不幸。"他们不但在两种情况中没有领会安拉的智慧，甚至没有认识到这其实是来自安拉的考验。而穆民则不然，他们在顺境中感谢主的恩典，在逆境中忍受主的考验。正如两圣训实录辑录，安拉的使者䅲说："怪哉穆民！安拉对他的判决都对他有利，当他碰到不幸时忍耐，这对他是好事；当他遇见幸福时感谢，这对他也是一件好事。"[1]而穆民知道顺境和逆境都是安拉对人类的考验，因此经文在后面提到："**然后，我在他们不**

---

[1]《穆斯林圣训实录》4：2295。

知不觉中惩罚了他们"，即我突然间惩罚了他们，而他们没有预先觉察。圣训说："突然的死亡是对穆民的恩典，是令隐昧者遗憾的惩罚。"[1]

◆ 96.如果各城镇的人归信并敬畏，我一定会为他们从天上和地下开放福祉。但是他们不信，所以我就因为他们所做过的而惩罚他们。◆

◆ 97.那么，这些城镇中的民众，他们不怕在夜晚熟睡时，我的打击降临他们吗？◆

◆ 98.或是他们在白天玩耍之际，不怕我的惩罚降临吗？◆

◆ 99.他们不怕安拉的谋略么？除了亏折者外，没有人不怕安拉的谋略。◆

### 福祉伴随着信仰 惩罚伴随着隐昧

安拉讲述那些被派去使者的各城镇居民信仰之薄弱：◆ 为什么没有一个城市的居民就像优努司的族人一样归信，并从归信中受益呢？当他们归信时，我就解除他们今世生活中凌辱的惩罚，并使他们享受一段时期。◆（10：98）即除了优努司的民族外，没有一个全体信仰的民族。优努司的民族是在目睹惩罚之后信仰的。安拉说：◆ 我派遣他到十万人或有更多人的地方去。后来他们归信了，所以我使他们享受一时。◆（37：147-148）又◆ 每当我派遣一位警告者到一座城镇……◆（34：34）

"如果各城镇的人归信并敬畏"，即假若他们全心全意地归信众使者带来的信息，并紧跟先知的步伐，弃恶从善，那么，"我一定会为他们从天上和地下开放福祉"，即我会为他们降下充沛的雨水，长出茂盛的庄稼。

"但是他们不信，所以我就因为他们所做过的而惩罚他们。"但他们否认了众使者，所以我让他们遭受了他们恶劣行为的报应。

安拉警告那些为非作歹、以身试法的人说："那么，这些城镇中的民众"，即否认安拉的民众，"他们不怕在夜晚熟睡时，我的打击降临他们吗？"

"或是他们在白天玩耍之际，不怕我的惩罚降临吗？"即在他们疏忽和不在意的时候。

"他们不怕安拉的谋略么？"这里的"谋略"指安拉对满不在乎的人，进行惩罚、打击的决策。

"除了亏折者外，没有人不怕安拉的谋略。"因此，哈桑·巴士里说："穆民在诚惶诚恐地行善，歹徒则明目张胆地作恶。"

◆ 100.在该地的居民之后那些继承大地的人，难道不明白吗？如果我意欲的话，我会因他们的罪恶而惩罚他们，并封闭他们的心，此后他们不能听。◆

伊本·阿拔斯、穆佳黑德等学者解释说，难道安拉没有为他们说明，如果安拉意欲，他会因为他们的罪恶而惩罚他们。[2] 伊本·佳哲利尔说，安拉说，前人毁灭之后，继承大地的后人们依然像前人那样我行我素，为非作歹，难道我没有为他们阐明："如果我意欲的话，我会因他们的罪恶而惩罚他们"，即假若我意欲，我会像对待前人那样对待他们。"并封闭他们的心"，即安拉将在他们的心上加封。"此后他们不能听"，即听不见劝诫和警告。[3] 笔者注，安拉还说：◆ 这难道不是对他们的引导吗？我在他们以前曾毁灭了许多世代，而他们却在那些人的居所中行走。此中对有理智的人确有许多迹象。◆（20：128）又◆ 他们还不明白我在他们之前毁灭了多少世代吗？他们经常去到那

---

[1]《艾哈麦德按序圣训集》6：136。

[2]《泰伯里经注》12：580。

[3]《泰伯里经注》12：679。

些人的故居，此中确有许多迹象。难道他们还不听吗？》（32：26）又《难道你们在这以前不曾发誓（说），你们将永垂不朽吗？你们住在亏负了自己的那些人的地方。》（14：44-45）《在他们以前我已毁灭了多少代人？你能发现他们当中的一个人，或是能听到他们的微声？》（19：98）即你能见到他们的人，还是能听到他们的名？近似的经文很多，都能证明安拉的敌人最终要遭受毁灭，安拉的盟友会得到幸福。因此，最诚实的言语者、众世界的养主——安拉在后文中说：

《 101.那些城镇，我将它们的一些情况叙述给你。使者们确曾为他们带去了许多明证，但是他们仍不信以前所拒绝接受的事物。安拉就这样封闭隐昧者的心。》

《 102.我未曾发现他们大多数人是忠于誓约的。但是我却发现他们大多数是坏事之人。》

安拉给他的使者穆罕默德叙述了努哈、呼德、撒立哈、鲁特和舒尔布的民族，以及这些民族中隐昧者的毁灭和穆民的成功，然后安拉指出，他确在你之前为他们派遣使者，阐明正道。

"**那些城镇，我将它们的一些情况叙述给你**"，即穆罕默德啊！我将那些城镇的故事告诉你："**使者们确曾为他们带去了许多明证**"，即使者带来的证据足以说明他们没有撒谎。正如安拉所言：《我不是惩罚者，直到我派遣一位使者。》（17：15）又《这是一些城镇的消息。我对你叙述它。它们当中有些仍然存在，另一些已经荡然无存。我没有亏待他们，是他们亏待了他们自己。》（11：100-101）

"**但是他们仍不信以前所拒绝接受的事物。**"伊本·阿彤叶说："他们因为最初否认真理，而不会归信众使者带来的信息。"这种解释合理并且优美。正如安拉所言：《你们知道吗？当它降临时，他们仍不归信。我也将翻转他们的心和眼，就像最初他们不信一样。》（6：109-110）因此，经文在此说："**安拉就这样封闭隐昧者的心。我未曾发现他们大多数人是忠于誓约的，但是我却发现他们大多数是坏事之人**"，即大部分前人为非作歹，不服从安拉。经文中的誓约指安拉赋予人类的天然本性，即承认"安拉是他们的养主，应受拜者，惟有安拉"是人类的天性。但他们违反了自己的天性，毫无理由地崇拜多神，没有理性证据，也没有法律依据。从而与天然的本性背道而驰。历代的先知都严禁人们违反天性，《穆斯林圣训实录》记载，清

高伟大的安拉说："我将众仆造成天然的，后来恶魔蛊惑他们离开天然宗教，并把我为他们制定的合法改为非法。"[1] 两圣训实录辑录："每个婴儿都是天然的，但他的父母亲可能使他成为犹太教徒，或使他成为基督教徒，或使他成为拜火教徒。"[2]

《 103.后来，我在他们之后，派遣穆萨带着我的迹象到法老和他们的臣民当中去，但是他们否认了它。请看犯罪者的结果是怎样的。》

### 穆萨和法老的故事

"**后来，我在他们之后，派遣穆萨带着我的迹象到法老和他们的臣民当中去**"，即在上述的那些使者（努哈、呼德、撒立哈、鲁特、舒尔布）之后，安拉派遣穆萨先知持一些明证去当时的埃及国王法老那里。"**臣民**"指法老的民族。"**但是他们否认了它。请看犯罪者的结果是怎样的**"，即他们玩世不恭，否认使者带去的明证。正如安拉所

---

（1）《穆斯林圣训实录》4：2197。
（2）《布哈里圣训实录诠释——造物主的启迪》3：290；《穆斯林圣训实录》4：2047。

言:❮他们不义和傲慢地否认了它们，虽然他们的心已经确信它们，看那些坏事者的结果如何吧!❯（27：14）"犯罪者"指阻碍主道，否认众使者的人。请你看看安拉是怎么对待他们的，安拉让穆萨及其民众目睹了逆徒淹没的过程，这是对法老及其民众最严厉的惩罚，也是对安拉的盟友穆萨及其信众最大的心灵慰借。

❮104.穆萨说："法老啊！我是来自众世界养主的使者。❯

❮105.我只说属于安拉的真理。我给你们带来了你们主的明证。所以请释放以色列的后裔，让他们和我一起离开。"❯

❮106.他说："如果你的确带来了迹象，请把它显现出来吧，如果你是诚实的人。"❯

安拉在这里介绍穆萨和法老之间的辩论，穆萨在法老和他的臣民——埃及的科卜特人面前带来了绝对的铁证和明显的迹象之后，法老哑口无言。"穆萨说：'法老啊！我是来自众世界养主的使者'"，即万物的创造者、掌管者和养育者派遣了我。

"我只说属于安拉的真理"，即穆萨说，我有义务，也应该实事求是地叙述有关我的养主的事情。因为我知道我的养主是多么的伟大，他的事业是多么的神圣。

"我给你们带来了你们主的明证"，即我带来了我的养主授予我的无可辩驳的迹象，它能证明我带给你们的是真理。

"所以请释放以色列的后裔，让他们和我一起离开"，即要求法老解除对以色列后裔的奴役和统治，让他们去崇拜大家共同的养主，因为他们是尊贵的先知以色列的后裔。以色列就是叶尔孤白，是伊布拉欣的孙子，易司哈格的儿子。

"他说：'如果你的确带来了迹象，请把它显现出来吧，如果你是诚实的人'"，即法老说，我不会相信你的话，也不会答应你的要求，如果你带来了迹象，那就让它显示出来，让我们瞧一瞧，如果你所言不假。

❮107.后来穆萨扔出了他的手杖，突然，它变成一条明显的巨蛇。❯

❮108.他又伸出他的手，突然，那手在所有的观者众看来是洁白光亮的。❯

## 穆萨的手杖及其白亮的手

"穆萨扔出了他的手杖"，伊本·阿拔斯等人说，"明显的巨蛇"指一条雄蛇。(1)

伊本·阿拔斯还说，穆萨抛出手杖后，手杖立刻变成了一条巨大的蛇，那蛇张着血盆大口直向法老扑去。法老见巨蛇向他袭来，便惊慌失措地逃离王位，向穆萨呼救，穆萨这才让巨蛇停住。(2)

赛丁伊解释"突然，它变成一条明显的巨蛇"一句时说："这是一条雄性的巨蛇，张着血盆大嘴，其下颚托在地上，上颚直抵王宫的上方，它向法老扑去。法老见状惊跳起来，一时大便失禁，法老以前从没有碰到过类似窘境。他大声喊道：'穆萨啊！请逮住它，我相信了你，我让以色列的后裔和你一起离开。'穆萨听后去拿巨蛇，它又变成了手杖。"(3)

"他又伸出他的手，突然，那手在所有的观者众看来是洁白光亮的"，即穆萨伸出了放在口袋中的手，突然间那只手又白又亮，闪闪发光，这不是因为他的手有什么疾病。正如安拉所言：❮把你的手插入你的口袋中，抽出来时它就会洁白光亮，而无伤害。❯（27：12）穆萨将手放回袖中之后，它又恢复了原样。穆佳黑德等学者也作了同样解释。(4)

❮109.法老族人中的一些人说："他确实是一个老练的魔术师。❯

❮110.他企图把你们从你们的土地上赶走，那么你们有什么吩咐呢？"❯

## 法老的民众说穆萨是一个魔术师

法老从惊慌中回过神来，坐回王位后，他的族人说穆萨是个魔术师。之后法老也对周围的人说："他确实是一个老练的魔术师"，即他们都同意法老的说法，并预谋怎么对付穆萨，从而熄灭穆萨所带来的光明，阻止他的言论，揭露他的谎言——这是他们的想法——他们担心穆萨会通过魔术笼络人心，战胜他们，驱逐他们。但他们担心的事情还是发生了。《古兰》说:❮并让法老、哈曼和他俩的军队从他们那里看到他们所提防的。❯（28：6）法老和其左右经过一番商量后，决定了对付穆萨的方法。安拉讲述了这段历史。

---

(1)《泰伯里经注》13：16。
(2)《泰伯里经注》13：16。
(3)《泰伯里经注》13：15。
(4)《泰伯里经注》13：17。

❦ 111.他们说:"把他和他的兄弟搁置一时,并派招募官前往各城,❧

❦ 112.把所有高明的魔术师都带到你跟前。"❧

伊本·阿拔斯说,"搁置一时"指"让他们先等待"。(1)"各城"指各地区和法老所统辖的各个城市。"招募官"指从各地为法老招募魔术师的特派员。当时魔术盛行,所以有人对穆萨带来的明证将信将疑,因此,他们打算召集各地的魔术师,也拿出一切本领,与穆萨一决胜负。正如另一段经文:❦那么,我们一定也能带来和它相似的魔术,你当在你我之间订个互相遵守的日期,在一个平坦的地方(比试)。"他说:"你们的约期将是打扮的日子,清早,人们集合的时候。"于是法老离开了,并召集他的谋士,然后他来了。❧(20:58-60)

❦ 113.魔术师们来到法老跟前,他们说:"如果我们胜利了,我们一定要有赏封。"❧

❦ 114.他说:"当然,你们一定会成为受宠信的人。"❧

## 魔术师聚集一堂反对穆萨,他们各施伎俩,在穆萨面前将绳索变成巨蛇

安拉在此讲述法老和他请来对付穆萨的魔术师们讨价还价,法老许诺道,如果他们战胜穆萨,就为他们封官加爵,满足他们的一切要求,同时还要让他们成为宠臣。这样商定之后,魔术师们便与穆萨开始斗法。

❦ 115.他们说:"穆萨啊!你扔呢,还是我们先扔呢?"❧

❦ 116.穆萨说:"你们先扔。"当他们扔出时,他们迷惑了所有人的眼,让人们感到了恐惧。他们带来了一项重大的魔术。❧

这是穆萨和魔术师之间的较量,他们说:"穆萨啊!你扔呢,还是我们先扔呢?"另一段经文中说:❦他们说:"穆萨啊!你先掷呢,还是我们先掷?"❧(20:65)

穆萨说你们先扔吧。有人说此中有一种哲理——安拉至知——以便让人们看看他们的行为,从而对比参考。当魔术师施尽花样和手法之后,明确的真理就会及时显现,从而给人带来更加深刻的

影响。事实就是如此。因此说:"当他们扔出时,他们迷惑了所有人的眼,让人们感到了恐惧。"人们看到他们的魔术后,一时间认为这都是真的。其实是魔术师们所作的手脚和障眼法。正如安拉所言:❦因此,穆萨心中感到恐惧。我说:"不要怕!你一定占上风。把你右手中的东西掷出,它会吞下他们所假造的。他们只不过是玩了一点魔术师的伎俩,魔术师无论做什么都是不会成功的。"❧(20:67-69)

伊本·阿拔斯说:"他们抛出了粗粗的绳子和长长的手杖,使人们误认为它们在蠕动。"

❦ 117.我启示穆萨:"你扔你的手杖吧!"突然,它吞没了他们所幻化的东西。❧

❦ 118.因此,真理已经落实,他们所做的一切都化为乌有。❧

❦ 119.因此他们被击败了,他们转为谦卑的,❧
❦ 120.那些魔术师倒身下拜。❧
❦ 121.他们喊道:"我们归信众世界的养主,❧
❦ 122.穆萨和哈伦的养主。"❧

### 穆萨获胜 魔术师归信

在那个辨别真伪的地方,清高伟大的安拉吩咐他的仆人穆萨抛出右手的手杖,"**突然,它吞没了他们所幻化的东西**",即穆萨的手杖变成蛇后,将魔术师们变幻的一切吞进腹中。"**他们所幻化的东西**"指魔术师们所抛出的手杖和绳子,这些东西看起来已经变成了蛇,其实这是他们的障眼法。伊本·阿拔斯说:"穆萨的巨蛇将魔术师们的绳子和手杖全部吞进了腹中,魔术师们看出这不是魔术,这是来自天上的奇迹,于是纷纷倒头便拜,并且说:'我们归信众世界的养主,穆萨和哈伦的养主。'"

伊本·易司哈格说:"这只巨蛇将魔术师们抛出的绳索和手杖全部吞进了腹中,穆萨捡起它时,它又变成了手杖,魔术师们见状纷纷倒地而拜,他们说:'我们归信了众世界的养主,穆萨和哈伦的养主。假若这是魔术,他不可能战胜我们。'"(2)卡西姆·本·艾布·班兹说:"安拉启示穆萨说,你抛出你的手杖吧!穆萨抛出手杖后,手杖变成了一条巨蛇,清楚地展现在人们的眼前,它张开血盆大口,吞下了魔术师们抛出的手杖和绳索。魔术师们便倒地而拜,他们在抬起头之前就已经看到了乐园和火狱以及其中的享受和惩罚。"

---
(1)《泰伯里经注》13:18。

(2)《泰伯里经注》13:30。

❰ 123. 法老说:"在我准许你们之前,你们就信仰他了吗?这一定是你们预先计划好的一项阴谋,以便驱逐城中的人民。你们不久就会知道。❱

❰ 124. 我一定要相对地斩掉你们的手和脚,并将把你们全都钉死在十字架上。"❱

❰ 125. 他们说:"我们确实是要返回我们主的。❱

❰ 126. 你报复我们,只是因为当我们主的迹象到达我们时,我们归信了它吗?我们的主啊!求你为我们降下坚忍吧!并使我们以穆斯林的身份死去吧!"❱

## 法老威胁信服穆萨的魔术师们及魔术师们对安拉的回归

清高伟大的安拉说,当魔术师们归信了穆萨时,穆萨为人们揭露了法老的阴谋诡计,法老因此向魔术师们发出了威胁。"**法老说:'这一定是你们预先计划好的一项阴谋,以便驱逐城中的人民'**",即今天穆萨战胜你们,是你们预先设好的圈套,❰ 他一定是你们的首领,并曾经教过你们魔术! ❱(20:71)任何一个有理智的人都知道,说这番话的是一个最阴险的人。众所周知,穆萨赤手空拳地从麦德彦到来后,就直接去号召法老信仰他,并为他昭示了明证和奇迹,证明了自己的使命。而法老则是在此后派亲信到各地招募魔术师对付穆萨,并许诺将给魔术师们封官加爵,而魔术师们也是立功心切,希望在法老面前一展身手,出人头地。而穆萨(除了哈伦之外)则是举目无亲,从来没有见过这些魔术师,谈不上和他们达成什么协议。法老对这一切都是非常清楚的,但为了自我掩饰和欺世盗名,居然大言不惭。正如安拉所言:❰ 他愚弄了他的族人,而他们也听从了他。❱(43:54)因为有些人相信法老是他们的最高主宰,法老曾:❰ 我是你们最高主宰。❱(79:24)法老的臣民是最愚昧无知的人。

赛丁伊引用伊本·阿拔斯等著名圣门弟子的话,解释"**这一定是你们预先计划好的一项阴谋,以便驱逐城中的人民**"时说:"穆萨见到魔术师的头目后,对他说:'如果我战胜你,你会相信我,并为我作证吗?'那位魔术师说:'明天我将带来一件魔术,它将举世无匹。以安拉发誓,如果你真的战胜了,我就信仰你,并为你作证。'他俩谈话时,法老一直看着他俩。有经注学家说,因此,法老才有此一说。"[1] 法老说,你们提前约定好戏弄我,以便驱逐权贵,篡夺国权。

"**你们不久就会知道**",即你们将知道我会怎么对付你们。其下文是:"**我一定要相对地斩掉你们的手和脚**",即我砍断你们的右手左脚或左手右脚。"**并将把你们全都钉死在十字架上**"。另一段经文说:❰ 并把你们钉在枣树干上。❱(20:71)

伊本·阿拔斯说,法老是第一个将人钉在十字架上,并相对地斩去人们手和脚的人。[2]

魔术师们说:"**我们确实是要返回我们主的。**"我确信我们必将到我们的安拉那里,他的惩罚比你今天打算施予我们的惩罚严厉。对我们而言,你迫使我们施展魔术,其罪恶比你即将施加在我们身上的惩罚更为可怕。我们今天一定要忍受你们的惩罚,以便脱离安拉的惩罚。因此,他们说:"**我们的主啊!求你为我们降下坚忍吧!**"求你赐我们毅力,让我们坚持你的宗教。"**并使我们以穆斯林的身份死去吧!**"让我们追随你的先知穆萨而死吧!他们对法老说:❰ 你愿意怎么判决就怎么判决吧,你只能在今世的生活中进行判断!我们归信了我们的主,以便他恕饶我们的过失和你强迫我们施行的魔术。安拉是最好的和最持久的。❱谁以罪人的身份来见他的主,他所得的一定是火狱,他在其中不生不死。谁以归信并行善者的身份来见他,

---

(1)《泰伯里经注》13:33。

(2)《泰伯里经注》13:34。

这等人，他们将得到崇高的品位。》（20：72-75）
就在白天还是魔术师的他们，在夜晚成为了可敬的烈士。伊本·阿拔斯、欧拜德·本·欧麦尔、格塔德、伊本·哲利尔说："他们在早上是魔术师，晚上是烈士。"[1]

《127.法老的臣民中的一伙人说："你要放任穆萨和他的族人在大地上为非作歹，让他废弃你和你的神吗？"他说："我将要杀死他们的男孩，让他们的妇女苟活。我们是他们绝对的统治者。"》

《128.穆萨对他的族人说："你们当求助于安拉，并且坚忍。大地属于安拉，他会让他意欲的仆人继承它。优美的结局属于敬畏的人。"》

《129.他们说："在你来到我们这里以前和之后，我们遭受了折磨。"他说："你们的主将毁灭你们的敌人，并让你们代治大地，以便他看你们怎么做。"》

### 法老发誓杀害以色列的后裔 以色列的后裔向穆萨诉说他们的遭遇 穆萨告诉他们，他们会得到安拉的襄助

安拉在此讲述了法老一伙人对穆萨及其族人的伤害和仇恨。"**法老的臣民中的一伙人说**"，对法老说："**你要放任穆萨和他的族人在大地上为非作歹**"，即你要让他们迫害你的百姓，放弃你而崇拜他们的神吗？安拉啊！真是奇怪，他们这些货真价实的恶人，担心别人作恶，而对自己的情况却视而不见。他们说："**让他废弃你和你的神吗？**"伊本·阿拔斯称，法老所崇拜的是牛，当他们看到一头俊美的牛时，法老便命令他们崇拜它。因此，撒米里为他们造了一具牛的躯壳，它能发出牛的声音。[2]

法老回答他们的鼓噪说："**我将要杀死他们的男孩，让他们的妇女苟活。**"这是他发出的第二次类似的命令。穆萨出生前，他曾发布过类似命令，以防备穆萨这样的反对者，但最终事与愿违，穆萨奇迹般地出现了。法老企图凌辱以色列的后裔，并征服他们时，也是计谋落空，安拉不但使以色列的后裔得到尊严，而且使法老遭受了羞辱，使他和他的民族一起被大海淹没。

法老决定迫害以色列的后裔时，穆萨对他的族人说："**你们当求助于安拉，并且坚忍。**"穆萨还给他们许诺，他们会赢得最终的胜利，获得美好的家园："'**大地属于安拉，他会让他意欲的仆人继承它。优美的结局属于敬畏的人。**'他们说：'**在你来到我们这里以前和之后，我们遭受了折磨。**'"穆萨啊！在你到来以前，他们使我们饱受屈辱，你也看到了，现在我们仍然在水深火热之中。穆萨则为他们分析了他们的现状和将来，说："**你们的主将毁灭你们的敌人……**"从而鼓励他们在迎来幸福告别苦难之际，矢志不移地感谢安拉。

《130.我以多年的干旱和歉收惩罚了法老的民众，以便他们觉悟。》

《131.但当幸福降临时，他们就说："这是我们应得的。"当他们遭受不幸时，他们认为这是穆萨和跟他一起的人们带来的凶兆。其实他们的凶兆只在安拉那里。不过他们大多数不知道。》

### 法老的族人经受连年的旱灾

清高伟大的安拉说："**我以多年的干旱和歉收惩罚了法老的民众**"，即安拉让他们经受多年的饥荒，庄稼收获极少，以此来考验他们。穆佳黑德

---
（1）《泰伯里经注》13：36。
（2）《泰伯里经注》13：38。

说，"歉收"指比旱灾绝收较轻的惩罚。(1)勒佳伊说："其间，一棵树往往只结一个果实。"(2)

"以便他们觉悟。但当幸福降临时"中的"幸福"指丰收。"他们就说：'这是我们应得的。'"他们认为这是理所当然的。"当他们遭受不幸时"，"不幸"指旱灾和歉收。

"他们认为这是穆萨和跟他一起的人们带来的凶兆"，即这是信仰者们所导致的。

"其实他们的凶兆只在安拉那里。"伊本·阿拔斯解释说，他们经受的打击来自安拉，"不过他们大多数不知道。"(3)

❅ 132.他们说："无论你带什么迹象来迷惑我们，我们都不会信你。"❅

❅ 133.因此我对他们降下了洪水、蝗虫、蛙虫、蛙和血，一系列明白的迹象。但是他们仍然高傲，而成为犯罪的人。❅

❅ 134.每当惩罚降临他们时，他们说："穆萨啊！请你凭你的主对你的约言为我们祈求他，如果你能替我们解除惩罚，我们就一定相信你，并释放以色列的后裔，让他们与你一起离开。"❅

❅ 135.但是，每当我为他们解除了他们所经历的一段惩罚时，他们突然间就会撕毁盟约。❅

## 法老的臣民反对真理，安拉降各种迹象惩罚他们

法老的族人坚持谬误，反对真理，他们说："无论你带什么迹象来迷惑我们，我们都不会信你"，即无论你带给我们什么迹象，什么明证，我们都会抗拒它，我们决不会相信你，不会接受你的劝说。安拉说："**因此我对他们降下了洪水**"，伊本·阿拔斯说，"洪水"指淹没或毁灭庄稼的大雨。另据传述，伊本·阿拔斯认为指严重的死亡。穆佳黑德说，"**洪水**"指各种情况下发生的涝灾和瘟疫。(4)

"**蝗虫**"是众所周知的昆虫，其肉可食。两圣训实录辑录，艾布·叶尔福勒说，我关于蝗虫请教了阿卜杜拉·本·吾班叶，他说："我们曾七次和安拉的使者㊗一起出征，并经常吃蝗虫。"(5)伊本·欧麦尔传述，安拉的使者㊗说："两种死物和两种血液对我们是合法的：鱼类和蝗虫，肝和脾。"(6)

穆佳黑德解释上述经文说："它们蛀蚀了门上的钉子，留下了木板。"(7)

至于"**蛀虫**"(8)，伊本·阿拔斯说，"恭麦莱"指小麦中的蛀虫。另据传述，指蝗蛹，即一种没有翅膀的小蝗虫。(9)穆佳黑德、艾克莱麦、格塔德、哈桑、赛尔德·本·朱拜尔等都持此一说。伊本·朱拜尔说，"恭麦莱"指一种黑色的小蝗虫。艾布·贾法尔说：穆萨来到法老跟前，对他说："请你放以色列的后裔跟我一起走吧！"法老拒绝了穆萨的要求之后，安拉为他们降下洪水——大雨，他们害怕遭受毁灭，便对穆萨说："请你祈求你的养主停止下雨吧！我们会相信你，并让以色列的后裔跟你一起走。"穆萨祈求安拉停止了大雨，但他们不但不信仰，而且拒绝解放以色列的后裔。那一年，庄稼、果实及牧草空前丰厚。他们说："这是我们曾希望的。"后来安拉降下蝗虫，袭击了牧草。他们看到牧草深受蝗灾，知道庄稼也难免其害。便说："穆萨啊！请为我们祈求你的养主，让他为我们解除蝗灾，我们不但要信仰你，而且还会释放以色列的后裔。"穆萨祈求安拉，让他们如愿以偿之后，他们又违背了自己的诺言。然后，他们隐居家中，屯粮备荒，说："我们已经备足了粮食。"后来安拉差派了"恭麦莱"，它是一种生于粮食的蛀虫。此后，每当一个人取出十袋粮食去磨面时，仅仅能磨出三格费兹(10)面粉。他们说："穆萨啊！请你祈求你的养主，解除我们的苦难吧！我们一定会相信你，并让以色列的后裔和你一起离开。"穆萨祈求安拉解除他们的苦难后，他们还是食言了。此后，穆萨坐在法老旁边时，听到了青蛙的聒噪声，他问法老："你和你的民族如何应对它？"法老说："这对我们有何伤害？"法老的臣民在过夜时，发现到处都是青蛙，青蛙甚至跳到他们的下巴上，只要他们一开始讲话，青蛙就会跳进嘴里。他们对穆萨说："穆萨啊！请你祈求你的养主，解除我们的苦难吧！我们一定会相信你，并让以色列的后裔和你一起离开。"穆萨祈求安拉解除他们的苦难后，他们再次食言。安拉又为他们降下了血灾。每当他们去河中、井中或拿起器皿饮水时，就会发现它已经变成了鲜血。他们向法老抱怨

---

(1)《泰伯里经注》13：46。
(2)《泰伯里经注》13：46。
(3)《泰伯里经注》13：48。
(4)《泰伯里经注》13：50。
(5)《布哈里圣训实录诠释——造物主的启迪》9：535；《穆斯林圣训实录》3：1546。
(6)《泰伯里经注》13：54；《沙斐仪按序圣训集》2：173；《艾哈麦德按序圣训集》2：97；《伊本·马哲圣训集》2：1073。
(7)《泰伯里经注》13：68。
(8) القمل，恭麦莱。——译者注
(9)《泰伯里经注》13：54。
(10) 容量单位，一格费兹相当于8加仑的容量。——译者注

说：“我们经受着血灾，而没有其他饮料。”法老说："这是那人的魔术。"他们说："这怎么可能呢？我们只发现自己的器皿里有鲜血。"后来他们去见穆萨，说："穆萨啊！请你祈求你的养主，解除我们的苦难吧！我们一定会相信你，并让以色列的后裔和你一起离开。"穆萨祈求安拉解除他们的苦难后，他们还是拒绝履行诺言。伊本·阿拔斯、赛丁伊、格塔德等学者都有类似的传述。

伊本·易司哈格传述，安拉的敌人法老看到魔术师们归信了穆萨，便恼羞成怒，愤然离去，他决定坚持否认穆萨的使命，继续作恶。因此，安拉一次次为他降下明确的迹象。此间，他们陆续遭遇了饥荒、涝灾、蝗灾、虫灾、蛙灾和血灾。涝灾是大地上到处积水，导致他们无法耕种和收获，因此饱受饥寒交迫，难以忍受，他们说："穆萨啊！请你凭你的主对你的约言为我们祈求他，如果你能替我们解除惩罚，我们就一定信你，并释放以色列的后裔，让他们与你一起离开。"穆萨祈求安拉解除他们的灾难后，他们没有遵守诺言。后来安拉降下了蝗灾，据我所知，蝗虫不但吞吃了树木，而且开始吞噬他们门上的铁钉，导致房屋倒塌。他们再次向穆萨求救，并许诺信仰他，释放他的民族。他们如愿以偿后，再次食言。安拉又为他们降下恭麦莱。据说，穆萨奉命来到一个巨大的沙丘跟前，用手杖击打它。只见虫子铺天盖地地扑向人们的家园和食物，使他们辗转反侧，无法睡眠。他们不堪忍受，去向穆萨求救，并再次向他许下上次的诺言。穆萨解决了他们的难题后，他们又一次食言了。后来安拉降下蛙灾，一时间他们的房屋、食物和器皿中都是青蛙。他们不堪忍受，去向穆萨求救，并再次向他许下类似诺言。穆萨解决了他们的难题后，他们还是食言。后来安拉降下了血灾，当他们去饮井中、江河或器皿中的水时，发现都变成了鲜血。[1]

❧ 136.所以我严厉地还报了他们，把他们淹死在海中。因为他们不信我的启示，并疏忽它。❧

❧ 137.我教一些曾受欺压的人继承了大地的东方和西方，并在其中赐福。安拉最美好的约言，因以色列后裔的忍耐，而对他们实现了。我毁灭了法老和他的臣民所做的一切和所兴建的一切。❧

## 法老的臣民被淹没在海中以色列的后裔继承福泽的大地

清高伟大的安拉说，虽然他曾降下明确的迹象，一次次地去考验法老的臣民，但他们还是我行我素，怙恶不悛，因此，他们被淹没于大海。那天，安拉为穆萨在海中开辟了一条道路，法老带领他的军队追来时，穆萨和以色列的后裔已经经过这条道路，追兵进入后，全部被淹死，无一幸免。那是因为他们否认安拉的迹象，对它满不在乎。安拉还让那些弱者——以色列的后裔继承了他在其中降下福泽的大地。哈桑·巴士里和格塔德说，"**福泽的大地**"指沙姆地区。

"安拉最美好的约言，因以色列后裔的忍耐，而对他们实现了"，穆佳黑德和伊本·哲利尔说，这节经文如同下列经文：❧ 我意欲赐恩典给那些在地上遭受迫害的人，使他们成为领袖，并使他们成为继承者。我为他们在大地上赐给地位，并让法老、哈曼和他俩的军队从他们那里看到他们所提防的。❧（28：5-6）

"我毁灭了法老和他的臣民所做的一切"，指他们的建筑和田园。

"所兴建的一切"，指他们的建筑。[2]

---
（1）《泰伯里经注》13：63。

（2）《泰伯里经注》13：78、79。

◊ 138.我使以色列的后裔渡过了海,他们遇到一群崇奉偶像的人。他们(以色列的后裔)说:"穆萨啊!请你替我们造一个像他们拥有的神一样的神。"他说:"你们是无知的人。" ◊

◊ 139.这些人,他们投身于其中的(偶像)必将毁灭,他们所做的是徒劳的。 ◊

### 以色列的后裔经过大海,遇到偶像崇拜

以色列的后裔经过大海,目睹了安拉的伟大迹象和权力之后,"他们遇到一群崇奉偶像的人"。"遇到"指经过。他们中的一些无知者便对穆萨所说:"**穆萨啊!请你替我们造一个像他们拥有的神一样的神。**'他说:'你们是无知的人。'"(1)即你们无知安拉的伟大,不知道安拉不可能有伙伴和配偶。"

有些经注家认为他们经过的是迦南人,有些学者认为他们经过了莱赫米人。伊本·哲利尔说:"这些人所崇拜的是一些牛形的偶像。"这对以色列的后裔以后崇拜牛犊投下了阴影。

"**他们投身于其中的(偶像)必将毁灭。他们所做的是徒劳的**",伊玛目艾布·贾法尔在解释这节经文时引用艾布·瓦格德的话,说,我们曾和安拉的使者☪一道从麦加去侯奈尼,使者☪说:"隐昧者们住在滨枣树周围,在上面挂他们的武器,称之为匝特艾奈瓦特。后来,我们经过一棵巨大的滨枣树时便说:"安拉的使者啊,请为我们设立匝特艾奈瓦特吧,正如他们拥有它一样。"使者说:"以掌握我生命的安拉发誓,难道你们要像穆萨的民众一样说话吗,他们曾说:'请你替我们造一个像他们拥有的神一样的神。'他说:'你们是无知的人。'这些人,他们投身于其中的(偶像)必将毁灭,他们所做的是徒劳的。'"(2)

◊ 140.他说:"难道我要为你们而舍弃安拉,另找一位神吗?而他使你们优于全世界。 ◊

◊ 141.当时,我把你们从法老的民众中拯救出来,他们使你们蒙受严重的痛苦,他们杀死你们的男孩,让你们的女人苟活。此中有来自你们主的重大考验。" ◊

### 给以色列的后裔提醒安拉的各种恩典

穆萨给以色列的后裔提及安拉对他们的种种恩典:拯救他们脱离法老的奴役和压迫,免于屈辱和卑贱,又使他们看到敌人遭受屈辱、淹没和毁灭,

---

(1)《泰伯里经注》13:80。
(2)《泰伯里经注》13:82。

从而得到心灵上的慰借。正如《黄牛章》注释所述。

◊ 142.我和穆萨相约三十夜,我又以十夜全美它。他完成了他的主所指定的四十夜的期限。穆萨对他的兄长哈伦说:"在我的族人中你代替我,你当行善,不要跟随坏事者的道路。" ◊

### 穆萨封斋,专心拜主度过四十夜

安拉在此讲述他曾赐给以色列后裔的引导:他通过与他的使者穆萨的谈话和赐给穆萨的一部全面的法典——《讨拉特》引导了他们。安拉还提到他曾和他的使者穆萨约定三十个夜晚。经注学家们说,穆萨在此期间一直封斋,期满后,他用树皮刷了牙。随后,安拉又命令他再度过十夜,共四十天。期满后,穆萨决定去土勒山。正如安拉所言:◊ 以色列的后裔啊!我确曾把你们从敌人手中救出,并与你们在山的右边订了约。 ◊(20:80)当时,穆萨让他的兄长哈伦代他治理以色列的后裔,忠告他扬善弃恶。这是穆萨对哈伦的提醒。因为哈伦是一位尊贵的先知,他和列圣一样,在安拉那里具有显要的地位。

◊ 143.当穆萨如期到来时,他的主和他谈了话。他说:"我的主啊!让我看见你吧!"他说:"你不能看见我,不过你看那座山,如果它仍矗立在原来的地方,那么你就能看见我。"当他的养主为那山显现时,他使它化作了灰尘,穆萨便晕倒在地。当他复苏的时候,他说:"赞你清净。我向你忏悔,我是首先归信的人。" ◊

### 穆萨要求见主

安拉提到穆萨的情况,当他如期前来履约时,安拉和他谈了话,他要求看见安拉,说:"我的主啊!让我看见你吧!"他说:"你不能看见我。"这里的"不能"指今世的情况,因为许多圣训证明,穆民将在后世看见安拉。我们在解释下列经文时将论述这个问题。◊ 那天,一些面孔娇艳鲜亮,看着他们的主。 ◊(75:22-23)

古籍中提到,安拉对穆萨说:"穆萨啊!只要一个活人看到我,他就会死亡,只要一物见到我,它必然毁灭。"(3)因此说:"**当他的养主为那山而显现时,他使它化作了灰尘,穆萨便晕倒在**

---

(3)《始末录》3:112。

地。"艾奈斯传述，穆圣在解释这节经文时，伸出小拇指比画说："（显现了）就这样一点点（光辉）。"[1] 伊本·阿拔斯解释说："只显示了小拇指大小。"

"他使它化作了灰尘"，"灰尘"指土。

"穆萨便晕倒在地"，伊本·哲利尔说，"当他复苏的时候"，证明穆萨当时晕倒了。

"他说：'赞你清净'"，即安拉清净而伟大，今世中只要有人看见安拉，他就会死亡。

"我向你忏悔"，穆佳黑德解释为："我因为曾经冒失地要求看见你，而向你求饶。"

"我是首先归信的人"，伊本·阿拔斯、穆佳黑德等学者解释道，"穆萨是以色列的后裔中第一位信士。"伊本·哲利尔认同此观点，另据传述，伊本·阿拔斯解释说："穆萨是最早相信任何人都无法在今世看见安拉的人。"

"穆萨便晕倒在地"，《布哈里圣训实录》载，艾布·胡莱赖说，有一个犹太人被人扇了一记耳光后来到穆圣跟前，说："穆罕默德啊！你的一位来自迁士的弟子扇了我一记耳光。"穆圣说："请叫来那人！"那人被带来后，穆圣问他："你为什么打他的脸。"那人说："安拉的使者啊！我经过这个犹太人时，听见他在说：'安拉在人类中选择了穆萨。'我问：'穆萨比穆圣优越吗？'我一时忍无可忍，扇了他一记耳光。"穆圣说："你们不要将我排在列圣之上，因为人们在末日会晕倒，我将首先苏醒过来，当我醒来时，发现穆萨正拽着阿莱什的一根柱子。不知他是在我前面苏醒的，还是因他（当年）在山上昏厥过而避免了这次昏厥。"[2] 布哈里等著名圣训学家传述了这段圣训。[3]

§ 144. 他说："穆萨啊！我已以我的使命和告谕在世人中选拔了你，所以你当坚守我赐予你的，并成为一个感谢者。" §

§ 145. 我曾为他在经简上记载万物，作为教诲和对万物的解释。"你要牢牢坚持它，并命令你的族人遵循其中最好的，我将让你们看到反叛者的居所。" §

### 选拔穆萨，赏赐经简

清高伟大的安拉通过授予穆萨使命和告谕，在当时的世人中选拔了他。毋庸置疑，穆圣是人类史上最优秀的人，因此，安拉使穆圣成为万圣的封印，穆圣的法律将与世共存，他的追随者将超越所有先知的追随者。在尊贵方面仅仅次于穆圣的是安拉的朋友伊布拉欣，然后是穆萨。因此安拉说："所以你当坚守我赐予你的"，即遵守告谕中的要求。

"并成为一个感谢者"，即你当以告谕而知足，不要要求力所不及的事情。然后安拉说他在经简中注明了万物，用于劝谏世人。有人说，这些经简是用珠宝制成的。安拉在里面记载了劝谏和明确的法规，指明了合法与非法。这些经简还包括《讨拉特》中的一切律法。安拉说：§ 的确，我在毁灭了古老的一些世代之后，赐给穆萨经典，作为对世人的启蒙。§（28：43）有学者说，穆萨首先被授予这些经简，然后被授予《讨拉特》。安拉至知。

"你要牢牢坚持它"，即你当坚定不移地顺从安拉。

"并命令你的族人遵循其中最好的"，伊本·阿拔斯说："无论穆萨给他的族人命令什么，他本人都奉命遵守其中最严厉的条款。"[4]

---

（1）《艾哈麦德按序圣训集》3：125。
（2）《布哈里圣训实录诠释——造物主的启迪》8：152。
（3）《布哈里圣训实录》2412、3398、4638、6917、7427、6518；《穆斯林圣训实录》2374；《艾布·达乌德圣训集》4668。

（4）《泰伯里经注》13：110。

"我将让你们看到反叛者的居所"，你们将会看到那些违抗安拉的命令，拒不服从的人是怎么灭亡的，他们的下场将是如何。

❦ 146.我将使那些在地方上妄自尊大的人避开我的迹象，即使他们看见了每一个迹象，他们也不会相信它。如果他们看见正道，他们不会将它当作（自己的）道路；如果他们看见迷途，他们将它当作道路。那是因为他们不信我的启示，他们对它曾是轻视的。❧

❦ 147.那些不信我的迹象和后世相会的人，他们的作为是徒劳的。除了他们过去的所作所为，会有任何回报吗？❧

## 高傲者和安拉的迹象无缘

"我将使那些在地方上妄自尊大的人避开我的迹象"，即有些人拒不服从安拉，无理地在人群中自命不凡，我将封闭他们的心灵，使他们无法理解安拉的伟大法律和命令的种种迹象与明证。换言之，他们无理地目空一切，安拉使他们无知地备受屈辱。正如安拉所言：❦我也将翻转他们的心和眼，就像最初他们不信一样。❧（6：110）又❦后来当他们偏离时，安拉就使他们的心偏离了。❧（61：5）

苏富扬·欧叶奈解释为：安拉取消了他们对《古兰》的理解能力，使他们与安拉的迹象无缘。[1]

伊本·哲利尔认为，这说明经文所指的是穆圣的民族。[2]（笔者认为）这种解释并不全面，因为据伊本·欧叶奈传述，上述经文统指所有民族，此中，没有彼此之别。安拉至知。

"即使他们看见了每一个迹象，他们也不会相信它"，正如安拉所言：❦你的主的言辞已经判定的那些人，他们不会归信。即使任何迹象来临他们，直到他们看到痛苦的刑罚。❧（10：96-97）

"如果他们看见正道，他们不会将它当作（自己的）道路"，即当他们看到光明坦途后，他们不会涉足它。当他们看到灭亡和迷路时，他们选择它。经文说，他们选择这种结局的原因是："那是因为他们不信我的启示"，即他们的内心否认了安拉的启示。

"他们对它曾是轻视的"，他们从安拉的启示中一无所获。

"那些不信我的迹象和后世相会的人，他们的作为是徒劳的"，即他们中坚持这样做，至死不改的人，其善功将对他失去意义。

"除了他们过去的所作所为，会有任何回报吗？"即我只根据他们的行为酬报他们，善有善报，恶有恶报。每个人的一切报应都取决于自己当初的行为。

❦ 148.穆萨的族人趁他不在时，用他们的装饰品造了一头牛犊——发出牛声的躯壳。他们难道看不出它既不跟他们讲话，也不给他们引导道路？他们以它为神，他们是不义的人。❧

❦ 149.当他们栽在自己手中，并发觉自己陷入迷误时，他们说："如果我们的主不对我们怜悯，并恕饶我们，我们一定会属于那些损失的人。"❧

## 崇拜牛犊的故事

安拉在此讲述以色列的后裔中一些迷误者的迷信。他们曾从科卜特人那里借来一些首饰，撒米勒用首饰做了一头牛犊，然后从吉卜勒伊里的马蹄踏过的地方拿一把土，投入这头牛犊形状的躯壳，它就发出了牛的声音，此后他们开始崇拜它。事情发生的时候，穆萨正在赴约当中，不和他们在一起。到土勒山后，安拉告诉了他这一情况。当时安拉讲述他那尊贵的本然，说：❦主说："我于你不在时考验了你的族人，撒米理已经误导了他们。"❧（20：85）

这头牛犊是变成有血有肉的真牛后发出了声音，还是它仍然是金制的，或者因为气流原因而发出了牛的声音，则不得而知，学者们对此有不同解释。安拉至知。有人说，当它发出声音后，众人开始鬼迷心窍，深受蛊惑，在它周围手舞足蹈。他们说："这是你们的神，也是穆萨的神，不过他忘记了它。"清高伟大的安拉说：❦难道他们还看不出它不能回答他们一句话，它也无能伤害他们，或有益于他们吗？❧（20：89）安拉在本章经文中说："他们难道看不出它既不跟他们讲话，也不给他们引导道路？"安拉谴责他们崇拜牛犊陷入迷信，疏忽了天地万物的创造者和养育者——安拉，而去崇拜一个仅能发出牛的声音，既不能和他们谈话，也无法指导他们获得幸福的躯壳。他们有眼无珠，陷入迷途和愚昧之中。

"当他们栽在自己手中"，即当他们因自己的行为而感到后悔时。

"并发觉自己陷入迷误时，他们说：'如果我们的主不对我们怜悯，并恕饶我们……'"有经注学家根据语法地位的不同，读道："我们的主啊！

---
（1）《泰伯里经注》13：112。
（2）《泰伯里经注》13：113。

如果你不怜悯我们，并恕饶我们……"

"我们一定会属于那些损失的人"，即我们势必成为毁灭之人。他们承认了自己的罪恶，投向了伟大的安拉。

◆ 150.当穆萨愤怒而忧伤地回到他的族人中时，他说："你们在我离开后给我代理的真是恶劣！你们不能等待你们主的命令吗？"他扔下经简，并抓住兄长的头，把他拖到自己的跟前。他说："我的母亲的儿子啊！那些人欺负我，并且几乎杀害我。你不要使敌人因我而称快，你也不要使我陷于不义的人群。"◆

◆ 151.他说："我的主啊！求你恕饶我和我的兄长，并使我们进入你的慈悯当中。你是慈爱者中最慈爱的。"◆

穆萨和他的养主谈话后，无比气愤地回到他的族人那里。艾宾·德尔达伊说："忧伤地"（أسف）指极度愤怒。

"他说：'你们在我离开后给我代理的真是恶劣！'"即我离开你们之后，你们崇拜牛犊，作了一些极其恶劣的事情。

"你们不能等待你们主的命令吗？"即你们等不及我回来吗？安拉已经命令我回来给你们颁布他的命令的呀！

"他扔下经简，并抓住兄长的头，把他拖到自己跟前"，经文证明了圣训所说的"百闻不如一见。"[1] 经文明确指出，穆萨恼怒地将经简抛向他的族人。这是前辈和后辈大多数学者一致的主张。

穆萨因担心他的兄长没有尽职尽责而揪住他的头，将他拖到跟前，正如另一段经文所述：◆ 他说："哈伦啊！当你看到他们正在犯错时，是什么妨碍你——妨碍你来追随我？你也抗拒了我的命令吗？"他说："我母亲的儿子啊！你不要抓住我的胡子和我的头发！我确实怕你会说：'你在以色列的子孙中制造了分裂，你没有理睬我的指示！'"◆（20：92-94）

经文在此说："我的母亲的儿子啊！那些人欺负了我，并且几乎杀害我。你不要使敌人因我而称快，你也不要使我陷于不义的人群"，即你不要将我和他们一般看待，不加区别。他说"我的母亲的儿子"，以便更能唤起他的爱心，对他更有益。否则，同父同母的同胞兄弟间无需这样呼唤。正如安拉所言：◆ 哈伦在这以前确已对他们说过："我的族人啊！你们只是被这所诱惑。你们的主确实是最仁慈的，你们要跟随我，并服从我的命令。"◆

（20：90）当穆萨得知哈伦与他们的崇拜无关时，说："我的主啊！求你恕饶我和我的兄长，并使我们进入你的慈悯当中。你是慈爱者中最慈爱的。"伊本·阿拔斯传述，安拉的使者㊚说："愿安拉慈悯穆萨，百闻不如一见，他的伟大养主告诉他，他的民族没有经得住考验时，他没有扔掉经简，当他目睹时，他扔掉了经简。"[2]

◆ 152.那些认牛犊为神的人，将遭受来自他们主的恼怒和今世的屈辱。我就这样还报那些捏造谎言的人。◆

◆ 153.那些做了错事之后忏悔，并且归信的人，之后，你的养主是至恕的、至慈的。◆

以色列的后裔因为认牛犊为神，而遭受了谴怒，安拉接受他们忏悔的条件是未崇拜牛犊的人杀死崇拜牛犊的人。正如《黄牛章》经文所述：◆ 你们向创造你们的主忏悔，并杀死你们自己吧！在创造你们的主看来，那对你们是更好的。他是至赦的、至慈的主。"◆（2：54）

---

（1）《艾哈麦德按序圣训集》1：271。

（2）《伊本·马哲圣训集》2：380。

"屈辱",指他在今世中的行为所导致的卑贱。

"我就这样还报那些捏造谎言的人",每个臆造异端的人都会遭受报应。臆造异端和违背使者而招致的屈辱,将深深地浸润在臆造者和违背者的灵与肉之中。哈桑·巴士里说:"他们因为臆造异端,而将永远遭受屈辱,即便马拉驴扯,永不改变。"艾优卜·赛赫提亚尼传述,艾布·格俩白读了这节经文后说:"以安拉发誓,它指的是每一个臆造谬误的人,直至末日。"(1) 苏富扬·欧叶奈说:"每个有异端行为的人都是卑贱的。"(2) 然后安拉谕示众仆,他将接受仆人的忏悔,无论他犯了隐昧罪、以物配主罪、伪信罪还是分裂罪。因此后文说:"那些做了错事之后忏悔,并且归信的人",即穆罕默德啊!忏悔的先知啊!仁慈的先知啊!犯了上述罪恶之后向主求忏悔的人啊,"你的养主是至恕的、至慈的。"伊本·艾布·哈亭传述,有人向伊本·麦斯欧迪请教,说有这样一个人:他和一个女人通奸,然后和她结婚。伊本·麦斯欧迪听后读了这节经文。传述者说,他当时将这节经文读了十遍,但他没有命令其他人这样做,也没有禁止他们这样做。(3)

◈ 154.穆萨怒气平息后,把经简拾了起来。对那些敬畏他们养主的人,经简的篇章中有引导和慈悯。◈

## 穆萨怒气平息后拾起经简

清高伟大的安拉说,"穆萨怒气平息后",即穆萨对他的族人的怒火平息后,"把经简拾了起来"。他曾因为他的族人崇拜牛犊,而为安拉感到不平和恼火,所以扔了经简。

"对那些敬畏他们养主的人,经简的篇章中有引导和慈悯",许多经注学家说,经简被扔掉时散碎了,此后穆萨整理了它。因此,部分经注家说,他在其中发现了正道和慈悯。详情不可考证,据说这些经简的残篇世世代代保存在以色列后裔中一些国王的宝库中,一直到了伊斯兰国成立之时。安拉至知其正确性。至于经简被摔碎,以及它是来自乐园的珠宝之说,是有绝对证据的。安拉说穆萨在拾起它时发现:"对那些敬畏他们养主的人,经简的篇章中有引导和慈悯。""敬畏"(الرهبة)有谦恭之意。(4) 因此,它是用"俩目"(لـ)一词及物的。

◈ 155.穆萨选择了七十名他的族人到我约见的地方。当他们被剧烈的地震所侵袭时,他说道:"我的主啊!如果你曾意欲的话,你以前就毁灭了他们和我。你是否会因我们当中的无知者所做的事而毁灭我们呢?这只是你的考验,你以此使你所意欲的人迷误,并引导你所意欲的人。你是我们的保护者,求你宽恕我们,怜悯我们吧,你是恕宥者中的至恕者。◈

◈ 156.求你在今世和后世为我们注定幸福吧,我们确实已归依了你……◈

## 以色列的后裔中七十人按期向安拉赴约,以及他们的灭亡

伊本·阿拔斯在解释这节经文时说,安拉命令穆萨从他的族人中选拔七十个优秀的人,然后穆萨带领他们出去,向安拉祈祷。他们祈求道:"求你赐给我们恩典,使之前无古人,后无来者。"因而招致安拉的憎恶,所以他们遭受了地震。穆萨说:"我的主啊!如果你曾意欲的话,你以前就毁灭了他们和我。"(5)

赛丁伊说,安拉命令穆萨带领三十名以色列人,就拜牛之事求主原谅。穆萨便亲自选拔七十人按期赴约。到达目的地时,这些人却说,我们绝不信你,除非你让我们目睹安拉,并让我们看到你和他交谈的样子。于是,他们遭受了震撼声的袭击。他们被震死后,穆萨站起来向安拉哭诉:主啊!你毁了以色列人中最好的人。我回去后怎么向他们交待呢?我的主啊!如果你曾意欲的话,你以前就毁了他们和我。(6)

伊本·易司哈格说,穆萨从以色列的后裔中选拔了七十个比较优秀的人,说:"请归向安拉,因你们的行为而忏悔吧!并要求安拉赦宥你们的同族吧!你们要封斋、清洁身体和衣服。"此后,穆萨带领他们,按照安拉指定的时间前去土勒·西奈山赴约。他们只能在安拉的允许和知情之下,前去赴约。据我所知,这七十人遵照命令去会见安拉时对穆萨说:"请替我们祈求安拉,让我们听到我们养主的声音。"穆萨说:"我会尽力而为。"当穆萨靠近山时,厚厚的云雾罩住了整个山峦,穆萨进

---

(1)《泰伯里经注》13:135。
(2)《泰伯里经注》13:136。
(3)《散置的明珠》3:566。
(4)即"对于那些为他们的养主而谦恭的人",正文译为"敬畏"。——译者注
(5)《泰伯里经注》13:141。
(6)《泰伯里经注》13:140。

入山中，对族人说："请走过来吧！"安拉和穆萨谈话时，穆萨的额头上显出一道光环，但任何一个以色列人都无法看到穆萨。这时，他的四周出现了一道帷帐，他让族人走到他附近，他们进入云雾之后，纷纷倒地叩拜，他们听到安拉在和穆萨谈话，听到安拉命令他应该做什么，不应该做什么。交谈完毕后，云雾从穆萨身边消失了，穆萨走向了他们，他们却说：❧ 在我们亲眼看见安拉之前，我们绝不会信你。❧（2：55）❧ 雷电就在你们眼睁睁看着的情况下打击了你们。❧（2：55）随着一声霹雳，他们魂飞魄散，全部死去。穆萨站起来向安拉祈求道："如果你曾意欲的话，你以前就毁灭了他们和我。"这是他们的无知之举，难道你要毁灭我身后的以色列后裔吗？[1]

伊本·阿拔斯、格塔德、穆佳黑德、伊本·哲利尔说，他们遭受地震的原因是，其他以色列人崇拜牛犊时，他们没有离开，也没有制止。[2] 穆萨的下列话，可以证明这一点："**你是否会因我们当中的无知者所做的事而毁灭我们呢？**"

"**这只是你的考验**"，伊本·阿拔斯、艾布·阿林等前辈及其后辈学者说，经文指：安拉的考验和磨难。[3] 穆萨说："命令权归于你，裁决权归于你，你意欲的事情必然会存在。你使你意欲的人走正道，使你所意欲的人走迷路；你使之走正道者，无人能误导他；你使之走迷路者，无人能引导他。无人能阻止你的赏赐，也无人可以赏赐你所阻止的。一切权力都归于你，一切裁决权都归于你，造化和命令的权力只归于你。"

"**你是我们的保护者，求你宽恕我们，怜悯我们吧，你是恕宥者中的至恕者**"，"宽恕"（غفر）指遮蔽和既往不咎，当它连接"怜悯"的时候，其意义是："不要让我们重蹈覆辙。"

"**你是恕宥者中的至恕者**"，即只有安拉才能宽恕人的一切罪恶。

"**求你在今世和后世为我们注定幸福吧**"，即请安拉在今世和后世中，让我们获得幸福。我们已在《黄牛章》注释了类似的经文，此处不赘述。

"**我们确实已归依了你**"，伊本·阿拔斯、赛尔德·本·朱拜尔、穆佳黑德、艾布·阿林、端哈克、伊布拉欣·提麻、赛丁伊、格塔德等学者说，意思是：我们已经向你忏悔，并回归了你。从语言学角度讲，这节经文也是这个意思。

❧ **156. 主说："我以惩罚打击我所意欲的人，**

---
（1）《泰伯里经注》13：140。
（2）《泰伯里经注》13：143、144。
（3）《泰伯里经注》13：151。

**但我的怜悯包罗万物。我将为那些敬畏的、纳天课的和归信我的迹象的人注定它。**"❧

## 安拉的慈悯注定属于那些敬畏的人，归信天经和使者的人

安拉回答"这只是你的考验"说："**我以惩罚打击我所意欲的人，但我的怜悯包罗万物**"，即安拉将做意欲的事，根据自己的意思判断事务，拥有对万物的判决权。赞美安拉，超绝万物。

"**我的怜悯包罗万物。**"这是一节全面而伟大的经文。正如安拉提及担负阿莱什的天使和他们周围的天使的恳求：❧ 我们的主啊！在慈悯和知识方面你包容了万物。❧（40：7）

君岱卜传述，有个游牧人到来后，让他的骆驼卧在地上，拴住了它。他在安拉的使者后面作了礼拜后，来到他的骆驼跟前，解开了缰绳。当他骑到骆驼背上时，大声说道："我的主啊！请慈悯我和穆罕默德！请不要让任何人和我们分享你赐给我们的恩典。"安拉的使者说："你们说，此人更迷误，还是他的骆驼更迷误呢？你们听到了他刚才说的话吗？"众人说："我们听到了。"使者说：

"安拉的慈悯是博大的,而他希望它是有限的。安拉创造了一百件慈悯,人类、精灵、动物因为其中的一件而相互慈爱。安拉将其余的九十九件(慈悯)留到了后世。"⁽¹⁾

"**我将为那些敬畏的、纳天课的和归信我的迹象的人注定它**",即将出于安拉的恩惠和慈悯降给他们。正如安拉所言:《他已规定怜悯为己任。》(6:12)即我将为具备上述特征的人规定它。他们是穆圣❀的民族。"**敬畏的**"指远离以物配主和大罪的人。"**纳天课**"(الزكاة)指自我净化的人,有人认为指交纳天课的人。这句经文可能包含这两重意义,因为它是麦加章经文。"**归信我的迹象**",指笃信我的经文。

《157.**那些跟随使者——不识字的先知——的人,会发现他被记载在他们眼前的《讨拉特》和《引支勒》当中,他命令他们行善,禁止他们作恶,并为他们将一切美好的定为合法,禁止他们吃各种不洁的。他将卸去他们的重担,解除曾经加在他们身上的枷锁。所以那些归信他、尊敬他、协助他,并追随与他一起降临的光明之人,这等人,他们是成功的。**》

## 使者的特征

"**那些跟随使者——不识字的先知——的人,会发现他被记载在他们眼前的《讨拉特》和《引支勒》当中。**"这是列圣的经典对穆圣❀的记载,这些先知给他们的民族预报了穆圣❀降临的喜讯,并命令他们(如果他们遇见他时)跟随这位使者。有经人的学者和教士们都知道,他们的经典中记载着穆圣❀的特征。

艾布·沙哈拉传述,有一位游牧人对我说,我曾在使者时代赶着奶驼去麦地那,我卖了奶驼后想:"我一定去会会这个人(穆圣❀),并听听他的言论。"我见到他时,他正在和艾布·伯克尔、欧麦尔一起走路,我便跟在他们后面。后来我们去一位犹太教徒那里,他正在诵读一本打开的《讨拉特》,以此慰借他临死的儿子。他的儿子是位非常英俊的青年。安拉的使者❀对犹太人说:"我以降示了《讨拉特》的安拉名义恳求你,你没有在这部经中发现过我的特征和出世的消息吗?"那位犹太人摇了摇头,表示没有发现。但他的儿子却说:"是的,以降示《讨拉特》的安拉发誓,我的确发现我们的经中记载着你的特征和出世。我作证应受拜者,惟有安拉,我还作证你是安拉的使者。"使者说:"请替你们的兄弟赶走这个犹太人(临终者的父亲)吧!"使者为那个犹太青年提供了"克凡"(亡人的衣服),并为他举行了葬礼。⁽²⁾这是一段非常确凿的圣训。

阿塔问伊本·欧麦尔:"请告诉我《讨拉特》对穆圣❀的叙述!"他说:"好吧,以安拉发誓,《古兰》记载了穆圣❀的情况,说:《先知啊!我确实已派遣你作见证者、报喜者和警告者,》(33:45)《讨拉特》也是这样叙述的:'为了保护众文盲⁽³⁾,你是我的仆人和使者,我称你为托靠者,你不是粗俗暴戾者,也不在市场上大喊大叫。他不以暴易暴,但他宽大为怀,安拉带走他之前,将要让他端正业已歪曲的宗教,人们将说:应受拜者,惟有安拉。他将以它开启封闭的心灵、失聪的耳朵和失明的眼睛。'"阿塔说,后来我碰到凯尔卜时,就此问题请教了他,他的回答和伊本·欧麦尔的回答一字不差,但他用犹太语说,我还听到:"封锁的心灵、失聪的耳朵和失明的眼睛。"⁽⁴⁾《布哈里圣训实录》记载的更为全面:"他决不是粗俗暴戾的,也不在市场上大喊大叫,他不以暴易暴,但他宽大为怀……"⁽⁵⁾许多先贤将有经人的经典都称为"讨拉特"。有些圣训也叙述了相似的问题。安拉至知。

"**他命令他们行善,禁止他们作恶**",这是许多古籍对穆圣❀特征的记载。事实上,穆圣❀就是这样的,他只命人行善,止人作恶。伊本·麦斯欧迪说:"当你听到安拉说:'有正信的人们啊!'时,你当仔细听,因为安拉将会命令你做最好的事情,或制止你做最坏的事情。其中最重要的是穆圣及列圣的使命——崇拜独一无偶的安拉,不崇拜除安拉外的一切。伟大的安拉说:《我的确在每一个民族中派遣一位使者。(他说)"你们要崇拜安拉,远离塔吾特。"》(16:36)

"**并为他们将一切美好的定为合法,禁止他们吃各种不洁的**",即你们曾自作主张,将某些事物定为非法,如豁耳驼、撒伊白、沃绥莱或种驼,但安拉允许你们使用它们。你们在其中只是自讨苦吃。他还禁止你们使用一切龌龊的东西。伊本·阿拔斯说,比如安拉禁止的猪肉、利息等非法事物。⁽⁶⁾

"**他将卸去他们的重担,解除曾经加在他们身上的枷锁**",即他将带来宽容大度和简而易行的法律。穆圣❀曾对他的两位官员穆阿兹和艾布·穆萨

---

(1)《艾哈麦德按序圣训集》4:312。

(2)《艾哈麦德按序圣训集》5:411。
(3) 指阿拉伯人。——译者注
(4)《泰伯里经注》13:164。
(5)《布哈里圣训实录诠释——造物主的启迪》4:402。
(6)《泰伯里经注》13:166。

说：“你俩当向人报喜，不要恫吓人，你俩当给人容易，不要使人犯难，要相互协商，不要相互冲突。”[1]圣门弟子艾布·伯尔则说：“我陪同过安拉的使者☪，目睹了他的宽容。以前各民族的法律都对人们有束缚，安拉将这个民族的法律定为全面而轻松的，因此安拉的使者☪说：'如果我的民族想入非非，但只要他还没有说，或没有做，安拉就会原谅他。'"[2]穆圣☪又说：“我的民族不会因为无意的错误、遗忘或被迫无奈的情况下做的事情而受到惩罚。”[3]因此，安拉指导这个民族说：《我们的主啊！如果我们忘记了或错了的时候，求你不要责问我们。我们的主啊！求你不要让我们负担像你让我们以前的人负担的那种重担。我们的主啊！求你不要让我们负担我们无力负担的。求你原谅我们，恕饶我们，并慈悯我们。你是我们的保佑者，求你襄助我们对付那隐昧的群体。》（2：286）《穆斯林圣训实录》记载，当穆斯林向安拉提出上述每一要求时，安拉都在说：“我同意了，我同意了。”

"所以那些归信他、尊敬他、协助他，并追随与他一起降临的光明之人"，"光明"指《古兰》和穆圣☪传达给世人的启示。

"这等人，他们是成功的"，即他们是今世和后世的成功者。

《158.你说：“世人啊！我是被派遣给你们全体的安拉的使者，诸天和大地的权力都属于他，应受拜者，惟有他。他赋予生命和死亡。你们当归信安拉和他的使者——那位不识字的先知，他归信安拉和他的言辞，你们要追随他，以便你们得到引导。"》

**我们的使者穆罕默德☪的使命是针对全世界的**

安拉对使者穆罕默德☪说，穆罕默德啊！"你说：'世人啊！'"——这一呼唤针对的是全球各地各种肤色的人——"我是被派遣给你们全体的安拉的使者"，即我是派往你们每个人的使者。因此，尊贵的穆圣☪是一切使者的终结，是全人类的使者。正如安拉所言：《你说："安拉是我与你们之间的见证。这部《古兰》被启示给我，以便我警告你们和一切它所到达的人。"》（6：19）又《而各宗派中不信它的人们，火狱就是给他们许诺的地方。》（11：17）又《你对有经的人和无经的人

说："你们顺从吗？"如果他们顺从，他们就走上了正道；倘若他们背弃，你只负责传达。》（3：20）类似的经文很多，圣训也是不胜枚举。伊斯兰的必要信条之一是，安拉的使者穆罕默德☪是全人类的使者。布哈里引用艾宾·德尔达伊传述的圣训解释这节经文说，艾布·伯克尔曾和欧麦尔（愿安拉喜悦他俩）之间曾发生了一点分歧，欧麦尔被对方激怒后愤然离去。艾布·伯克尔则跟在他后面请求原谅，可是不但没有得到对方谅解，而且被拒之门外。艾布·伯克尔便来到安拉的使者☪跟前。（圣训传述者）艾宾·德尔达伊说，当时我们（圣门弟子们）正在使者身边。安拉的使者☪说："看来你们的这位伙伴惹别人生气了。"艾宾·德尔达伊说，这时，欧麦尔后悔了，他也来到使者身边，道了色兰后坐下来，向使者说明了事情的原委。使者听后生气了。艾布·伯克尔则不停地说："安拉的使者啊！以安拉发誓，刚才是我不对。"安拉的使者☪说："难道你们不理我的伙伴吗？我曾说：'世人啊！我是安拉派向你们全体的使者。'但你们却说：'你在撒谎。'只有艾布·伯克尔说：'你说得对。'"[4]

穆圣☪说："我获得任何前人未曾获得的五件殊荣，我不因自豪而炫耀它：我是被派向全人类——无论红种人还是黑种人的使者；我获得一月行程的威慑力[5]；战利品对我是合法的，而对我之前的任何人都不合法；整个大地为我而成为礼拜场所和洁净之地[6]；我获得（后世的）说情权。我为我的民族而将这一说情权保存到后世使用，它属于不以任何物举伴安拉的人们。"[7]

"诸天和大地的权力都属于他，应受拜者，惟有他。他赋予生命和死亡。"这是表述派遣使者的安拉独具的特性。即派遣我的安拉是万物的创造者、养育者和掌管者，一切权力都属于他，赋予生命或取消生命，都是他的权力。统治权也只归于他。

"你们当归信安拉和他的使者——那位不识字的先知。"穆圣☪告诉人们，他是全人类的使者，然后命令人们跟随他，信服他。以前的经典都大量记载着穆圣☪是位不识字的先知，给人们预告了这一信息。

"他归信安拉和他的言辞"，即他的行为将证明他的言论，他本人归信他的主降给他的一切启示。

---

(1)《布哈里圣训实录诠释——造物主的启迪》5：188。
(2)《布哈里圣训实录诠释——造物主的启迪》9：300。
(3)《伊本·马哲圣训集》1：659。
(4)《布哈里圣训实录诠释——造物主的启迪》153。
(5) 即穆圣的威慑力可穿越千山万水。——译者注
(6) 我的民族将征服整个大地，并在任何地方礼拜，在没有水的地方，他们可以做土净。——译者注
(7)《艾哈麦德按序圣训集》1：301。

"你们要追随他",即你们当坚持他的道路,紧跟他的步伐。

"以便你们得到引导",即以便你们走向正道。

⟪159.在穆萨的族人中,有一部分人本着真理引导人,并以它主持公道。⟫

安拉讲述以色列后裔的情况,他们中有一些人追求真理,并本着真理主持公道,正如安拉所言:⟪在有经人当中,有一部分人是端正的。他们在夜晚时刻,叩着头诵读安拉的启示。⟫(3:113)又⟪有经人当中,的确有人归信安拉、你们所受的启示和他们所受的启示,并对安拉谦卑虔敬。他们不为卑微的利益而出卖安拉的迹象,这等人在他们养主那里会获得他们的回赐。安拉是计算迅速的。⟫(3:199)又⟪那些在这以前蒙我赏赐经典的人们,他们相信它。当它被诵读给他们时,他们说:"我们归信它,它确实是来自我们主的真理,的确,我们在这以前就是顺服者(穆斯林)了。"这等人,他们将得到双倍的回赐,因为他们坚忍不移,以善驱恶,并分舍我赐给他们的。⟫(28:52-54)又⟪那些以前被赋予知识的人们,它被读给他们时,他们就伏下去下巴着地地叩头。他们说:"赞我们的主清净,我们主的诺言终究是要实现的。"他们痛哭着倒地,下巴着地地叩头,它使他们更加敬畏。⟫(17:107-109)

⟪160.我把他们分成十二个部族,当他的族人向他求水时,我启示穆萨:"你用你的手杖击那岩石。"那里便涌出了十二道泉水。每一部落都知道自己的饮水处。我使白云给他们遮阳,并降给他们白蜜和塞里瓦,(并说)"吃我供给你们的佳美物品。"他们没有亏负我,但是他们却自亏了。⟫

⟪161.当时他们被告知:"你们住在这个城镇里,并随心所欲地在其中吃吧!你们当说'横拖',并叩着头进入门,我就会恕饶你们的各种罪过,我也将增加那些行善者(的报偿)。"⟫

⟪162.但是他们当中的犯罪者改变了告知他们的话。所以,由于他们不义,我从天上降给他们灾难。⟫

我们已经在《黄牛章》注释了类似的经文,虽然该章属于麦地那章,本章属于麦加章。我们也已经介绍了麦加章与麦地那章之间的不同,此处不再赘述。一切赞美和宏恩都属于安拉。

⟪163.你关于那滨海的城镇问问他们。当时,他们在安息日超越法规。他们守安息日那天,他们的鱼明显地游到他们面前,但是在他们不守安息日的那天,它们不会来。我就这样考验他们,因为他们过去一贯作恶。⟫

### 犹太人在安息日超越法度

我们在注释⟪你们也知道,你们当中有人在安息日放肆胡为。⟫(2:65)时解释了这节经文。安拉对先知穆罕默德㊌说:"你关于那滨海的城镇问问他们",即你当向你身边的犹太人问问他们先辈的情况,他们曾违背安拉的命令,超越法规、巧立名目,为非作歹,从而招致惩罚。你也应当警告他们,不要隐瞒他们经典中有关你的记载,不要重蹈先辈的覆辙。这座滨临红海的城镇名叫艾莱。

伊本·易司哈格引用伊本·阿拔斯的话说,这座城叫艾莱,位于麦德彦和土勒之间。[1] 艾克莱麦、穆佳黑德、格塔德、赛丁伊都持此主张。[2]

"当时,他们在安息日超越法规",即他们在

---

(1)《泰伯里经注》13:180。
(2)《泰伯里经注》13:180、181。

星期六为所欲为，违背安拉的命令，触犯该日应该遵守的特别忠告。

"他们守安息日那天，他们的鱼明显地游到他们面前。"伊本·阿拔斯说："鱼显而易见地游来。"[1] 伊本·哲利尔解释"但是在他们不守安息日的那天，它们不会来"时说，安拉让鱼儿在他们受禁捕鱼的那天出现在水面上，而在允许他们捕鱼的那天隐藏起来，以此考验他们。"我就这样考验他们，因为他们过去一贯作恶"，即因为他们不服从安拉，所以要经受考验。[2] 他们巧立名目，采取冠冕堂皇的手段，触犯安拉的禁令。安拉的使者说："你们不要步犹太人的后尘，巧立名目，将安拉规定的非法改为合法。"[3]

❦ 164.当时，他们当中的一些人说："你们为什么要劝告这些人，安拉或将毁灭他们，或将以严厉的刑罚惩罚他们？"他们说："是为了免于受到你们主的谴责，或许他们能够敬畏。" ❦

❦ 165.当他们忘记那已降给他们的警告时，我救出那些禁人作恶的人，并以严刑处罚那些不义的人，因为他们曾经犯罪。 ❦

❦ 166.当他们高傲地违背了他们曾被禁止的事时，我对他们说道："你们变成卑贱的猴子吧！" ❦

## 犯罪者变成猴子 禁人作恶者得救
## 对不闻不问者未置可否

安拉讲述这座城镇的居民的情况，说他们分成了三部分：一部分触犯了禁令，投机取巧地在安息日捕鱼，正如《黄牛章》所述；一部分人禁止这些犯罪者，并与他们分清界限；还有一部分人，自己不作恶，也不禁止他人作恶，但他们对禁人作恶者说："你们为什么要劝告这些人，安拉或将毁灭他们，或将以严厉的刑罚惩罚他们？"即你们明明知道他们必定面临毁灭，遭受安拉的严刑，又何必白费口舌，忠告他们呢？禁止他们，对我们一点好处也没有。禁人作恶者则说："是为了免于受到你们主的谴责。"因为我们曾和安拉缔约要命人行善，止人作恶。

"或许他们能够敬畏"，禁人作恶者们说，犯罪者们或许会因为我们的忠告，对自己的行为有所收敛，最终放弃作恶，回归安拉。如果他们向安拉忏悔，安拉会悦纳他们的。

清高伟大的安拉说："当他们忘记那已降给他们的警告时"，即作恶者拒绝接受忠告的时候，"我救出那些禁人作恶的人，并以严刑处罚那些不义的人。""不义"指为非作歹。经文指出，禁人作恶者获得了成功，不义者遭受了毁灭，经文没有述及那些面对罪恶默不作声的人。因为，"有什么样的行为，就有什么样的回报"，所以他们无权得到赞美，他们也没有犯罪，所以无须遭受谴责。艾克莱麦传述："我不知道对禁人作恶者说'你们为什么要劝告这些人，安拉或将毁灭他们，或将以严厉的刑罚惩罚他们？'的那些人是否得救。我多次请教伊本·阿拔斯，最终认识到他们得救了。后来他还送给我一套衣服。"[4]

"并以严刑处罚那些不义的人们"，从这节经文当中可以看出，其余的人都得救了。穆佳黑德说"严刑"（بَئِيس）指严厉的刑罚。[5] 另一说指"痛苦的刑罚"或"使人痛苦的刑罚"。[6] 这些解释都比较接近。安拉至知。"卑贱的"指屈辱而渺小的。

---

（1）《泰伯里经注》13：183。
（2）《泰伯里经注》13：183。
（3）《婚宴的礼节》192。
（4）《泰伯里经注》13：187。
（5）《泰伯里经注》13：202。
（6）《泰伯里经注》13：202。

❮ 167.当时你的养主宣布,他必将派遣一些人来以酷刑折磨他们,直到复生日。你的主确实是惩罚迅速的。他也是至恕的、至慈的。❯

## 犹太人遭受永恒的屈辱

穆佳黑德说"宣布"指通告,也有人说这个词指"命令"。从这个极其严厉的措辞中可以看出,句中有发誓的意思。因此,后文"**他必将派遣一些人来以酷刑折磨他们**"中使用了"俩目"(لم)一词。"他们"指犹太人。即我将因为他们为非作歹、抗拒命令、触犯法规、投机取巧而惩罚他们。据说穆萨曾规定他们缴纳七年的土地税,一说十三年的土地税。穆萨是第一位制定土地税的人。此后犹太人又受到希腊人、凯西达人和迦勒底人的压制,还受过基督教徒的征服和奴役,除了缴纳土地税外,基督教徒还责以他们人丁税。穆圣㊗复兴伊斯兰后,犹太人也是被征服和被管理者,此间他们还得上缴土地税和人丁税。伊本·阿拔斯解释这节经文说,"**以酷刑折磨他们**"指让他们遭受屈辱并缴纳人丁税。(1)伊本·穆散耶卜说:"最好派奈伯特人去征收人丁税。"(2)笔者说,光阴之末,犹太人最终会站起来支援骗子手丹扎里,穆斯林将和尔撒并肩作战,讨伐他们。

"**你的主确实是惩罚迅速的。**"经文针对那些违主抗法的人而言;对于向安拉忏悔,并回归安拉的人来说,"**他也是至恕的、至慈的。**"经文同时提到惩罚和仁慈,以免人们对安拉产生绝望。《古兰》中警告和鼓励并举的经文不胜枚举,以便人们为将来担心的同时,永远不要绝望。

❮ 168.我曾使他们(犹太人)分布在大地上,成为许多民族。他们当中有一些清廉者,也有一些其他的。我以种种祸福考验了他们,以便他们回归。❯

❮ 169.在他们之后,另一代人取代了他们,这代人继承了天经,攫取今世的浮华,并且说:"我们将被恕饶。"如果有类似的浮华来临他们,他们一定还会攫取它。难道他们未曾受到经典之约——替安拉只说真理吗?他们已研究过经典的内容。对于敬畏的人,后世的家园是更好的,难道你们不理解吗?❯

❮ 170.那些坚持经典并谨守拜功的人,我绝不废除行善者的报酬。❯

---
(1)《泰伯里经注》13:205。
(2)《阿卜杜·兰扎格经注》2:240。

## 以色列的后裔分布全球各地

清高伟大的安拉说,他让以色列的后裔分布在世界各地,成为诸多派别和阵营。正如安拉所言:❮ 在他之后,我对以色列的后裔说:"你们就居住在这块土地上吧,然后当后世的许约来到时,我会使你们全体出现。"❯(17:104)

"**他们当中有一些清廉者,也有一些其他的**",即他们中有一些人是清廉的,另一些人则不然。就像精灵所说:❮ 在我们当中有清廉的,也有不及此的,我们有不同的宗派。❯(72:11)

"**我以种种祸福考验了他们……**"即安拉以顺境和逆境,忧患和希望,幸福和苦难考验了他们。"**以便他们回归**"。

然后经文说:"**在他们之后,另一代人取代了他们,这代人继承了天经,攫取今世的浮华。**"在这代清廉者和不清廉者之后,一些不肖的子孙继承了他们。他们继续研习《讨拉特》。穆佳黑德说:"他们设法获取今世的浮利,不分合法与非法。与此同时,还梦想着得到安拉的赦宥。"(3)格塔德说:"是啊,以安拉发誓,这些可恶的子孙在众先

---
(3)《泰伯里经注》13:212。

知和使者之后继承了经典。他们同时还和安拉缔结了盟约。"正如另一段经文所述：❴ 但在他们之后，一些废弃礼拜和追求欲望的后代继承了他们。所以，他们不久将遭到毁灭。❵（19：59）

"并且说：'我们将被恕饶。'"他们梦想着安拉会优待他们，但最终自欺欺人。

"如果有类似的浮华来临他们，他们一定还会攫取它。"他们追求今世的浮华时，不择手段，乐此不疲，黑白不分。(1)

赛丁伊解释"在他们之后，另一代人取代了他们，这代人继承了天经……"时说，以色列的后裔每遇到司法问题时，他们的法官就会索要贿赂，后来他们中一些优秀的人开会缔约，以后决不行贿受贿。此后他们依然故我，不知悔改。有人问一个人为什么要受贿时，他说："我会被恕饶的。"因而遭到其他以色列人的指责。此人死后或被罢免法官之职后，其他人（包括那些曾经指责此人的正人君子）上任后和他的前任别无二致。(2) 赛丁伊说，他们总是在今世中投机取巧。安拉说："**难道他们未曾受到经典之约——替安拉只说真理吗？**"即虽然他们和安拉缔约，将为世人阐明真理，不隐瞒真相，但他们的实际行为却是安拉所反感的。正如安拉所言：❴ 当时，安拉曾与有经人定约："你们必须为世人阐明天经，你们不可隐瞒它。"但是他们却把它扔到他们的背后，并以它换取微薄的代价，他们的买卖真恶劣！❵（3：187）

伊本·阿拔斯解释上述经文说，他们不思悔过，却希望得到安拉的宽恕。(3)

"对于敬畏的人，后世的家园是更好的，难道你们不理解吗？"即他们以我的报酬作为换取今世浮华的代价，他们没有理智吗？为何自欺欺人，放荡不羁？接着安拉表扬了那些遵循经典，跟随穆圣☪的人。安拉说："**那些坚持经典并谨守拜功的人**"，即遵守经典，服从其中的命令，"**我绝不废除行善者的报酬**"。

❴ 171.当时，在他们上面，我升起了影子般的山岳，他们以为它将落在他们的头上。（我说）"你们当紧握我赐予你们的，并牢记其中的，以便你们敬畏。" ❵

## 因为犹太人顽逆而将土勒山升到他们头顶

"当时，在他们上面，我升起了影子般的山岳。"伊本·阿拔斯认为经文指升起了山岳，如：

---
(1)《泰伯里经注》13：213。
(2)《泰伯里经注》13：213。
(3)《泰伯里经注》13：215。

❴ 我为了让他们接受盟约而在他们上面升起了土勒。❵（4：154）(4) 伊本·阿拔斯说："众天使将山升起在他们头顶。"《古兰》说：❴ 我在他们上面升起了土勒❵（4：154）伊本·阿拔斯还说："穆萨带他们去一个神圣的地方，当他的怒气平息后，他拿起了经简，向他们传达了安拉的命令，但他们觉得无法承受，所以拒绝履行它。以至安拉在他们的头顶升起了土勒山。"

❴ 172.当时你的主从阿丹子孙的背部产生出他们的后代，并使他们为自己作证。（我说：）"难道我不是你们的主吗？"他们说："怎么不是呢？我们已作证了。"免得你们在复生日说："我们不清楚这个。" ❵

❴ 173.或你们说："只有我们的祖先以前曾举伴安拉，而我们不过是他们的后代。难道你会因为作假者的行为而毁灭我们吗？" ❵

❴ 174.我就这样详细阐述我的启示，以便他们回归。❵

## 阿丹的子孙所结的盟约

清高伟大的安拉说，他从阿丹子孙的背部创造他们的后代，并让他们为自己作证：安拉是他们的养主和掌管者；应受拜者，惟有安拉。这是安拉赋予他们的天性和本质。安拉说：❴ 你要自然地倾向正教，那是安拉赋予人类的天性。安拉的造化不容改变。❵（30：30）两圣训实录辑录，使者☪说："每个婴儿都是天然的，但他的父母亲可能使他成为犹太教徒，或成为基督教徒，或使他成为拜火教徒。同样，牲畜生下的幼崽都是完整的，你们从它们身上看到过残缺吗？"(5)

《穆斯林圣训实录》记载："安拉说：'我将我的众仆造成了天然的，后来恶魔来到他们中间，蛊惑他们离开正教，把我为他们制定的合法改成了非法。'"(6) 许多圣训都指出，安拉从阿丹的背部创造了他的子孙，并使他们分为幸福者和不幸者。艾奈斯传述，穆圣☪说："在末日，有声音对居住火狱的人说：'请告诉我，假若你拥有整个大地，你愿意用它为你赎身吗？'那人说：'愿意。'但那声音说：'我曾向你提出了比此轻松的要求，就在你还处于阿丹的背部时，我和你缔约，你不要以任何物举伴我。但你最终还是在举伴我。'"(7)

---
(4)《泰伯里经注》13：218。
(5)《布哈里圣训实录诠释——造物主的启迪》3：290；《穆斯林圣训实录》4：2047。
(6)《穆斯林圣训实录》4：2197。
(7)《艾哈麦德按序圣训集》3：127。

安拉的使者说:"安拉创造阿丹之际,在他的背部抚摸了一下,然后从中掉下了他的一切子孙,安拉将创造他们,直到末日之前。安拉在每个人的双眼之间设了一道亮光,然后让他们出现在阿丹的面前。阿丹说:'我的主啊!他们是谁?'安拉说:'他们是你的子孙。'阿丹看到他们中有个双目间发光的人令他格外喜爱,便问:'我的主啊!他是谁?'安拉说:'他是你较晚后代中的一个子孙,名叫达乌德。'阿丹问:'你给了他多少寿命?'主说'六十岁。'阿丹说:'我的主啊!我愿将我寿命中的四十年送给他。'阿丹寿终正寝,天使来取他的命时,他说:'我不是还有四十年没有度过吗?'天使说:'你不是将它送给了达乌德吗?'"穆圣说:"阿丹听后,矢口否认,所以他的子孙也开始了否认;阿丹忘了,所以他的子孙也遗忘;阿丹错了,所以他的子孙也犯错。"(1)

上述圣训都可以证明,安拉从阿丹的背部创造了阿丹的子孙,并将他们造成乐园的居民和火狱的居民,然后说:"**并使他们为自己作证。'难道我不是你们的主吗?'他们说:怎么不是呢**",即人类生来都是天启信仰的作证者,无论他们的证词是自己的语言,还是实际情况。有时他们用语言作证,如:⟪他们说:"我们见证了自己。"⟫(6:130)有时则用实际情况作证,如:⟪供认自己不信的多神教徒不应该建造安拉的清真寺。⟫(9:17)即他们的实际情况作证,他们是隐昧者,而不是说他们在用语言说:"我们是隐昧者。"又如:⟪而他对此就是见证。⟫(100:7)要求也是同样,有时用语言表达,有时用实际情况表达,如:⟪他把你们向他要求的一切赐给你们。⟫(14:34)有学者说,其中的道理是:安拉让他们的这次证词成为他们信仰多神的证据(证明信仰多神是完全错误的)。如果事实就是如此,那么每个听到这一消息的人,都要为自己的行为作证。如果有人问:"安拉的使者的表述足以证明它的存在"时。答复是:否认真理的多神教徒会否认众使者带来的一切,而不分它们来自此使者或彼使者。这是证明他们的不信的一项单独证据。它也证明,承认安拉的独一是安拉赋予人的天性。

"**免得你们在复生日说:'我们不清楚这个。'或你们说:'只有我们的祖先以前曾举伴安拉。'**"其中"**这个**"指安拉的独一。

⟪175你对他们宣读我降给了迹象的那个人的消息,由于他摒弃了它,恶魔就左右了他,他属于一个迷误者。⟫

---
(1)《提尔密济圣训全集诠释》8:457。

⟪176.如果我曾意欲,我必定以它提高他,但是他却倾向于大地,并跟随自己的私欲。他就像是条狗。假如你追它,它就会伸出舌头;若是你不理睬它,它也会伸出舌头。这就是对那些不信我的迹象之人的比喻。你当叙述这些故事,以便他们参悟。⟫

⟪177.不信我的启示的人,对他的比喻真恶劣啊!他们只在亏负自己。⟫

### 拜里阿穆·本·巴吾拉伊的故事

"你对他们宣读我降给了迹象的那个人的消息,由于他摒弃了它"。伊本·麦斯欧迪解释说,经文指的是一个名叫拜里阿穆·本·巴吾拉伊的古以色列人。(2)舒尔白等学者都持此说。(3)赛尔德和格塔德传述,伊本·阿拔斯说他叫索菲·本·拉黑卜。格塔德和凯尔卜说:"他是一个白里尕人,他知道安拉的至尊名,曾和一些暴虐的人居住在圣城固都斯。"奥夫传述说,伊本·阿拔斯认为他是一个也门人,名叫拜里阿穆,安拉曾赐给他知识,但他摒弃了知识。(4)马立克·本·迪纳尔说:"他是古以色列人中的一个学者,安拉应答他的一切祈求,人们每逢困难,必会让他出面解决。安拉的先知穆萨曾派他去劝化麦德彦之王,但他到麦德彦后受到后者的封赏,因而背叛正教,跟随了对方的宗教。"仪姆兰·本·欧叶奈传述,伊本·阿拔斯说,他名叫拜里阿穆·本·巴伊勒。(5)穆佳黑德、艾克莱麦也持此一说。

众所周知,此节经文所讲的是一个古以色列人,正如伊本·麦斯欧迪等前辈学者所说。(6)伊本·阿拔斯说:"他来自暴虐者居住的一座城市,名叫拜里阿穆,他知道安拉的至尊名。"(7)伊本·阿拔斯还说,穆萨带领以色列的后裔兵临暴虐者们期间,拜里阿穆的堂兄弟们和家族的人来找他,对他说:"穆萨是个势力强大的人,他率领着一支大军,如果他战胜了,势必消灭我们,请你祈求安拉让我们击退穆萨及其军队吧!"他说:"如果祈求安拉敌对穆萨及其随同,我将失去今世和后世。"但这些人在他跟前纠缠不放,最后他答应了他们,祈求安拉给穆萨及其跟随者降灾。所以安拉解除了给他的特权,这就是经文所说的:"**由于他摒弃了它,恶魔就左右了他。**"(8)

---
(2)《阿卜杜·兰扎格经注》2:443。
(3)《泰伯里经注》13:253。
(4)《泰伯里经注》13:261。
(5)《泰伯里经注》13:253。
(6)《泰伯里经注》13:253。
(7)《泰伯里经注》13:258。
(8)《泰伯里经注》13:260。

"如果我曾意欲，我必定以它提高他，但是他却倾向于大地，并跟随自己的私欲……"安拉说，如果我意欲，我就会以我赐给他的迹象使他不受今世污秽的污染。但是他却迷恋于今世的浮华和享受，沉溺于今世的诱惑和淫乐，被今世所迷惑。伊本·易司哈格说，据说穆萨到了沙姆，抵达迦南人居住的土地，这时，拜里阿穆的族人去找拜里阿穆，对他说："穆萨来到我们的地区，企图驱逐我们，杀害我们，让以色列人侵占我们的家园。我们是你的子民，我们再无别的居所。你的祈求向来都是受安拉准承的，请你出面祈求安拉，对付他们。"拜氏说："你们真该死！他是安拉的先知，他和天使及信士们同在，既然我从安拉那里知道这些，我又怎么能去诅咒他们呢？"众人说："我们将无家可归……"他们软硬兼施，最终打动了他，同意诅咒穆萨。他随即骑了一头驴，来到可以俯瞰穆萨军队的胡斯斑山。没走多远，他的驴就卧倒在地上，他从驴身下来后打它，直到那头驴站了起来。他骑到驴上没有多久，驴又卧倒在地上，他又打驴，直到驴站了起来。这时那头驴获准和他说话，驴当时说的话，成了他的行为的证词。它说："拜里阿穆啊！你要去哪里？难道你没有看到天使在我的前面阻止我前进吗？你要去诅咒安拉的先知和众信士吗？"拜里阿穆并没有就此作罢，继续殴打驴。这时，安拉允许那驴前进，驮着他来到可以俯瞰穆萨军队的山顶。在那里，他不停地诅咒穆萨和信士们。只要有人诅咒这些人，安拉就会改变诅咒者的话，使之诅咒自己的民族，而祝福敌对者。所以，拜里阿穆对穆萨及其族人的每一句咒语都变成了祝福的语言，而他自己的民族却受到了诅咒。他的族人对他说："拜里阿穆啊！你怎么在诅咒我们，祝福敌人？"拜氏说："我不由自主。这是安拉所决定的事情。"这时，拜氏的舌头从嘴中拖到了胸前，他对族人说："现在我已经失去了今世和后世，我将施出浑身解数对付他们。请听我吩咐吧，你们当召集一些女人，让她们带着商品去穆萨的军中出售，任何女人都不得拒绝那里男人提出的性要求。如果他们中有人犯了奸淫罪，你们就可以轻而易举地对付他们了。"众人听后前去照办。有个进入军中的女人经过祖麦里（叶尔孤白的儿子、谢穆欧尼支族的首领）时，引起了对方的爱慕，他站起来拉着她的手来到穆萨跟前，说："我想你会说：'这对你是非法的，你不要接近她！'"穆萨说："是的。她对你是非法的。"祖麦里说："以安拉发誓，我不会在这件事上服从你。"然后他带她进入帐篷中，和她发生了关系。此后安拉派瘟疫去惩罚以色列的后裔。当时穆萨的代理者是伊匝勒的儿子凡哈兹，祖麦里为非作歹时他恰恰不在。他回来发现瘟疫正在蔓延，故派人调查，当得到确切消息后，他带着他的矛（这是完全用铁制成的一件武器）去祖麦里的帐篷。当时祖麦里正和那女子拥做一团，凡哈兹举起矛将二人挑起来，带到众人面前。（当时凡哈兹用前臂带着长矛，用肘顶在对方腰部，用长矛对着他的颈部。）他是伊匝勒的长子。他不停地说："主啊！我们将这样对待违抗你的人。"此后瘟疫便消除了。以色列的后裔在此次瘟疫中死亡七万人。据保守估计，曾在白天的某一时刻死亡两万人。因此，以色列的后裔将他们所宰牲畜的脖子、蹄子、颈部和他们的珍贵而未曾动过的各种物品送给凡哈兹的儿子，因为凡氏是其父伊匝勒的长子。安拉因为拜里阿穆·本·巴吾拉伊而降下了下列经文："你对他们宣读我降给了迹象的那个人的消息，由于他摒弃了它……以便他们参悟。"

"他就像是条狗。假如你追它，它就会伸出舌头；若是你不理睬它，它也会伸出舌头。"经注学家们对这节经文有不同解释，伊本·易司哈格解释为："拜里阿穆的舌头从他的嘴中伸到他的胸部。"[1] 他在两种情况下都和狗一样，如果别人去呵斥它，他会伸舌头，别人不理它，他也会伸舌头；有人说，拜里阿穆执迷不悟，不听劝阻，对信仰的召唤充耳不闻，其样子无异于一条狗，如果你去追它，它会伸舌头，如果你不理睬它，它还是狗性难改。《古兰》说：❃无论你警告他们，或是不警告他们，对于他们都是一样的，他们不会归信。❃（2：6）❃你可以为他们求恕饶，也可以不为他们求恕饶，即使你为他们求恕饶七十次，安拉也不会恕饶他们。❃（9：80）有人说，经文的意思是，隐昧者、伪信士和迷误者的内心是空虚而懦弱的，故不得引导，所以它在剧烈地悸动。请以此为戒吧！哈桑·巴士里等学者都有类似传述。

"你当叙述这些故事，以便他们参悟"，即以便了解这一历史事实的以色列人引以为鉴。像拜里阿穆这样一个曾经非常优秀的人，因为敌视安拉的拥护者、归信的人民和安拉使者的追随者，而遭到安拉的弃绝。因此后文说"以便他们参悟"，即以免他们重蹈覆辙，因为安拉也赐给他们知识，使他们在游牧人中享有优势，他们能像认识自己的子女一样认识穆圣。所以，他们比其他人更应该跟随穆圣，并协助他。历代的先知都曾预告了这一情况，并要求他们的民族支持穆圣。因此，违背穆圣经典的有经人和隐瞒经典的人们，将会遭受今世和后世的凌辱。

"不信我的启示的人，对他的比喻真恶劣啊！"即他们真是恶劣！他们就像狗一样，除了吃和发泄欲望，别无理想。放弃了知识和正确的引导，沉湎于自己欲望的人，就无异于狗，他的样子真是恶心。安拉的使者说："我们不应该有恶

---

[1]《泰伯里经注》13：265。

心的例子，追回赠品的人如同呕吐后又吃进去的狗。"(1)

"他们只在亏负自己"，即安拉没有亏待他们，但他们在亏待自己，因为他们不但拒绝接受引导，拒绝顺从安拉，反而满足于短暂的今世，追求今世的浮名虚利。

◆ 178.安拉引导的人，他确实是得正道的；他使之迷误者，这等人，他们确实是亏折的。◆

清高伟大的安拉说，他若引导谁，就没有人可以使之走向迷误；他若使谁走向迷误，那人势必遭受亏折、失败、迷误。安拉意欲的事情一定会发生，安拉不曾意欲的事情，也不可能发生。正如伊本·麦斯欧迪传述的圣训所述："一切赞美统归安拉，我们赞美他，向他求助，求他引导，求他赦宥，求安拉使我们免遭我们内心和行为罪恶的报应。安拉引导谁，就没有人可以使谁迷误；安拉使谁迷误，也没有人能引导他。我作证：应受拜者，惟有安拉；我又作证：穆罕默德是安拉的仆人和使者。"(2)

◆ 179.我已为火狱创造了很多精灵和人类。他们有心不参悟，有眼不观看，有耳不听闻，这等人，他们和畜牲一样，不然，他们比畜牲更迷误；这等人，他们是昏聩的。◆

### 隐昧和定然

"我已为火狱创造了很多精灵和人类"，即安拉创造并且已经预定好，很多精灵和人将进入火狱，因此，任由他们去做他们将做的事情。换言之，有什么行为，就有什么报应。安拉在创造万物的时候，就知道它（他）们将来要做什么，所以在创造天地前的五万年，他就将一切记载入他那里的一部天经中。安拉的使者☪说："安拉在创造天地前的五万年，就规定了万物的一切。其时他的阿莱什在水上。"(3)

关于定然的圣训很多，但定然是个非常严肃的问题，此处不宜研究。

"他们有心不参悟，有眼不观看，有耳不听闻"，安拉创造了这些感官，以便人类通过它去追

---
(1)《布哈里圣训实录诠释——造物主的启迪》5：288。
(2)《艾哈麦德按序圣训集》1：392；《艾布·达乌德圣训集》2：591；《提尔密济圣训全集诠释》4：237；《圣训大集》3：105；《伊本·马哲圣训集》1：609。
(3)《穆斯林圣训实录》4：2044。

求正道，但隐昧者却没有恰如其分地应用它们。正如安拉所言：◆ 我确曾赐给他们我所不曾赐给你们的地位。我赐给他们耳朵、眼睛和心灵，但是他们的耳朵、眼睛和心灵对他们无益。因为他们不信安拉的启示。◆（46：26）又◆（他们是）聋子、哑巴和瞎子，所以他们（迷途）难返。◆（2：18）其实他们并不一定真的是聋子、哑巴或瞎子，但他们面临引导时确实如此。又如：◆ 假若安拉知道他们有任何善（念），他就会使他们听。但即使安拉使他们听见，他们也会转身离去。◆（8：23）◆ 眼睛不会瞎，而胸中的心会瞎。◆（22：46）◆ 谁无视记念至仁主，我就指派一个魔鬼作为他的伙伴。它们一定会在正道上阻碍他们，而他们却以为自己遵循着正道。◆（43：36-37）

"他们和畜牲一样"，即这些不听真理、也意识不到真理、不睁开眼睛去看待引导的人，就像吃草的牲畜，他们的感官除了维持他们的生存以外别无用途。正如安拉所言：◆ 隐昧者的例子，正如那只能听见喊叫的（畜牲）。◆（2：171）即号召他们去信仰，无异于呼唤那些牲畜，它们只能听到牧羊人的声音，却不懂得声音的意义。

"不然，他们比畜牲更迷误。"因为，有些牲

畜还能听从主人命令，履行它们的生存使命，虽然它们无法完全理解他的意思。但这些人却做不到。隐昧者甚至和这些牲畜无法同日而语。人的生存使命是崇拜安拉，承认安拉的独一，但有些人却不信安拉并以物配主。因此，服从安拉的人，最终比服从安拉的天使尊贵，否认安拉的人，则牲畜不如。因此说："**这等人，他们和畜牲一样，不然，他们比畜牲迷误；这等人，他们是昏聩的。**"

❰180.安拉有一些最美好的名称，你们当以它向他祈祷。你们要抛弃那些歪斜地对待安拉美名的人，他们将因为所作所为而受到还报。❱

### 安拉的美名

安拉的使者㊐说："安拉有九十九个尊名，谁背记它们，谁必进乐园。安拉是独一的，他喜欢单数。"（1）

人们应该知道，安拉的尊名并不仅仅是九十九个，因为安拉的使者㊐说："只要有人碰到忧愁后，读下列祷词，安拉就会解除他的忧愁，并以欢乐替代忧愁：我的主啊！我是你的仆人，是你的女仆的儿子，我的生命归你所管，你的判断对我是通行无阻的，你对我的判决是公正的。我以你自己称呼自己的、在经中降示的、你教给你的任何一个被造物的和你在未见的知识中为自己保留的一切尊名向你祈求，求你让《古兰》成为我心灵的春天、我胸中的光明，并以它解除我的忧愁。"有人问："安拉的使者啊！我们可以学习它吗？"使者说："是的，每个听到它的人都应该学习它。"（2）

"**你们要抛弃那些歪斜地对待安拉美名的人。**"伊本·阿拔斯解释说，"**歪斜地对待安拉美名**"指呼唤安拉美名的同时，呼唤拉特（偶像）的名字。（3）穆佳黑德解释这节经文说："蒙昧主义者从'安拉'这一单词派生了'拉特'一词，从'欧宰尔'的名字中派生了'欧匝'。"（4）格塔德说，"**歪斜地对待安拉美名**"指以物配主。（5）在语源学上"**歪斜**"（الحد）指偏离正确的目的、不公正等。坟墓中的偏洞被称为"莱哈得"，因为它是坟坑下部侧面的壁龛。

---
（1）《布哈里圣训实录诠释——造物主的启迪》5：417、11：218；《穆斯林圣训实录》4：2062。
（2）《艾哈麦德按序圣训集》1：391。
（3）《泰伯里经注》13：282。
（4）《泰伯里经注》13：283。
（5）《泰伯里经注》13：283。

❰181.我所造化的那些人当中，有一个本着真理引导人，并本着真理主持公道的民族。❱

经文的意思是，安拉所创造的一些人通过言论和行为主持正义，自己讲真话，并引导他人说实话。

"**并本着真理主持公道**"，指他们遵循真理，并以真理判决事务。圣训指出，这个民族就是穆圣的民族："我的民族中有一些人将主持公道，直至末日，抛弃他们的人和反对者对他们都无能为力。"另据传述："他们就在这种情况下迎来安拉的命令。"另一传述中说："他们将居住在沙姆。"（6）

❰182.那些不信我的启示的人，我将在他们不知不觉中逐步对付他们。❱
❰183.我将宽纵他们，确实，我的谋略是无懈可击的。❱

"**那些不信我的启示的人，我将在他们不知不觉中逐步对付他们**"，即今世生活的一切福利之门和谋生手段将为他们开放，他们会被这些表象迷惑，认为自己在正道上。正如安拉所言：❰当他们忘记了所受的劝诫时，我为他们打开诸事之门，当他们因为他们的收获欣喜若狂时，我突然间惩罚了他们。他们一时间成为绝望的。那些不义的民族已被根绝，一切赞美统归安拉——众世界的养主。❱（6：44-45）因此，安拉说："**我将宽纵他们**"，即安拉将宽容他们，任由他们放任自流，继续为非作歹。

"**我的谋略是无懈可击的**"，即坚强有力的。

❰184.难道他们没有思考吗？他们的同伴没有疯病。他确实是一位明白的警告者。❱

即难道这些否认安拉迹象的人没有考虑过吗？穆罕默德绝没有疯病，他是安拉真正的使者，他号召人们走向真理。

"**他确实是一位明白的警告者**"，对于有心可以理解和感悟的人来说，这是不争的事实。正如安拉所言：❰你们的同伴不是疯子。❱（81：22）又❰你说："我只忠告你们一件事，就是你们应当为了安拉，双双地或是单独地站起来深思。你们的同伴没有疯，他只是在严厉刑罚降临前的警告者。"❱

---
（6）《布哈里圣训实录诠释——造物主的启迪》13：451；《穆斯林圣训实录》3：1524。

（34：46）安拉说，我要求你们虔诚地为安拉站起来思考，不要有丝毫偏见或顽抗心理。❁ 双双地或是单独地站起来……❂（34：46）指集体地或分散地站起来，然后你们当思考，给你们带来信息的这位使者是不是疯子？如果你们这样做，那么事实就会不言而喻：他确实是安拉的使者❈。格塔德说，据说，安拉的使者❈在索发山上曾号召古莱什各家族，他不停地警告他们，说，某人的后裔啊！某人的后裔啊！使者还警告他们，要防备安拉的惩罚。这时有个古莱什人说："你们的这个伙伴是个疯子，他夜以继日地召唤人。"安拉因此降谕道："难道他们没有思考吗？他们的同伴没有疯病。他确实是一位明白的警告者。"[1]

❁ 185.他们没有看看诸天和大地的主权及安拉所造化的万物吗？也许他们的寿限已经临近了吧？除了他之外，他们还会归信哪些言辞呢？❂

清高伟大的安拉说，难道这些否认我的迹象的人没有参悟过安拉在天地万物及他们自身中的迹象吗？他们应该思考并有所参悟，他们也应该知道一切都属于独一无偶的安拉，一切由应受崇拜和掌管正教的安拉所创造，他们应当抛弃一切偶像和配主的假神，应当防备他们的死期来临时，以否认者的身份而死去，招致安拉的惩罚。

"除了他之外，他们还会归信哪些言辞呢？"即除了使者从伟大的安拉那里带来的经文之外，他们还会相信什么警告和劝谏呢？

❁ 186.安拉使之迷误者，是没有引导者的。他任由他们在顽抗中盲目彷徨。❂

清高伟大的安拉说，他若判定一个人走上迷误，就没有谁能引导那人。那人作再大的努力，也无济于事。❁ 如果安拉欲惩罚谁，你没有丝毫力量帮他对抗安拉。❂（5：41）❁ 你说："你们去观察诸天与大地中的一切。"但是种种迹象和警告者都对不信的群体没有裨益。❂（10：101）

❁ 187.他们问你，末日何时实现。你说："它的知识只属于我的主，只有他才知晓它什么时候实现。它在天地之间是重大的，它将突然来临。"他们问你，你好像对此深有研究，你说："它的知识只在安拉那里。但人们的大多数却不知道。"❂

## 末日和有关的征兆

"他们问你，末日何时实现"，如同❁ 人们关于末日的时间来问你。❂（33：63）据说这节经文是因为古莱什人或犹太人而降示的。因为经文是在麦加降示的，所以更像是因为古莱什人而降示的。他们询问的目的是出于否认。正如安拉所言：❁ 他们说："如果你是诚实的，那么这约言将在何时？"❂（10：48）又❁ 那些不信它（复活时刻）的人希望它加速实现。归信的人却是怕它的，并知道它就是真理。真的，怀疑复活时刻的人确实在深深的迷误之中。❂（42：18）

"末日何时实现"，即今世的最后时刻和后世的最初时刻何时来临？伊本·阿拔斯解释为："它的起点是何时？"[2]

"你说：'它的知识只属于我的主，只有他才知晓它什么时候实现。'"安拉命令使者❈将这个问题的答案交付安拉，因为只有安拉知道它发生的具体时间。因此说，"它在天地之间是重大的"，即天地中的一切都不知道它何时来临。[3] 哈桑解释为："当它来临的时刻，天地中的一切都无法承受。"[4] 伊本·阿拔斯说："万物都会因为末日的到来而遭受打击。"伊本·朱莱杰说："这一天来临时，天体破裂，众星飘坠，太阳黯淡，山峦崩溃，安拉所预告的一切都发生了。这确实是重大的。"赛丁伊则解释说："这是天地的秘密，即便接近安拉的天使和肩负使命的先知，都不知道末日何时来临。"[5]

"它将突然来临"，即末日会在人们不知不觉的时刻突然间降临。格塔德说："安拉已经判定'它将突然来临'。"据说，穆圣❈曾说："末日将排山倒海般来到人间，那时，有人在修理他的池塘，有人在给他的牲畜饮水，有人在市场上短斤少两地出售商品。"[6] 安拉的使者❈说："末日来临前太阳将从西面升起，人们看到太阳升起后，纷纷会接受正信。但那时任何人的信仰都不被接受，除非他在此前就已经归信了，并在信仰之后又干了善功。末日必定要降临，那时，两个人张开他们的布匹，但他们既不能交易，也不能收起布匹；末日必定要降临，那时，有人虽然已经挤完了奶，但他不再有机会去喝；末日必定要降临，那时，有人还在为牲畜修理他的池塘，但他再也没机会使用它了；末日必定要降临，那时，有人正将一口食物放到嘴

[1]《泰伯里经注》13：289。
[2]《泰伯里经注》13：294。
[3]《阿卜杜·兰扎格经注》2：244。
[4]《阿卜杜·兰扎格经注》2：245。
[5]《泰伯里经注》13：295。
[6]《泰伯里经注》13：297。

边，但他永远不会将它吞下去。"(1)

"他们问你，你好像对此深有研究。"伊本·阿拔斯解释说："人们打破沙锅问到底，好像你清楚末日的具体时间。"

"你说：'它的知识只在安拉那里。但人们的大多数却不知道。'"因此，吉卜勒伊里曾以一个游牧人的形象来到圣门弟子中间，以便给人们教授他们的宗教，他当时坐在安拉的使者跟前，向他请教了伊斯兰、伊玛尼（信仰）和行善问题。最后问："末日何时来临？"安拉的使者回答说："就此问题，被问者决不比询问者知道得多"，即包括你我，任何人都不知道它。然后穆圣读道：《末日的知识只在安拉那里。》（31：34）

另据传述，穆圣回答了吉卜勒伊里关于末日征兆的问题（以便让其他人明白），穆圣最后说："五个事情，只有安拉知道它们。"并诵读了上述经文。期间，穆圣每回答一个问题，吉卜勒伊里就说："你说得对。"圣门弟子对此深感惊奇，他问先知，他怎么说"你说得对"呢？难道他是明知故问吗？此人离开时，安拉的使者对众人说："刚才那人就是吉卜勒伊里，他是来给你们教授宗教的。"(2)另据传述，穆圣说："每当吉卜勒伊里以一种形象出现时，我就能一眼认出他，除非这一次。"阿伊莎（愿主喜悦之）说："有一次，一些游牧人来到穆圣跟前时，询问末日何时降临。穆圣看着他们中最年轻的一位说：'如果此人能活到老迈，在他昏聩时，你们的末日就会来临。'"(3)使者只对他们的死期作出了判断。另据艾奈斯传述，安拉的使者说："如果这个少年能活到老迈，那么，当他昏聩时，末日就要降临。"(4)

贾比尔说，我听安拉的使者在其归真的前一月说："你们关于末日问我，其实只有安拉知道它降临的时间。以安拉发誓，今天生活在大地上的人，都不能再生活一百年。"两圣训实录引用伊本·欧麦尔的话说："安拉的使者所指的是这一代人生命的结束。"穆圣说："登霄之夜，我遇见了伊布拉欣、穆萨和尔撒，他们正在探讨末日问题。他们让伊布拉欣说，后者说：'我对此一无所知。'然后他们问穆萨，穆萨说：'我也不知道。'最后他们问尔撒，尔撒说：'除了安拉外，任何人不知道它的具体时间，但安拉和我缔约，末日之前丹扎里将会出世……我有两个棍子，当他看到我的时候，他就会熔化，就像铅熔化一样。'尔撒接着说：'当我看到他时，安拉就会毁灭他，就连树枝和石头也会喊叫：穆斯林啊！我身后有个隐昧者，请过来杀了他吧！……然后安拉将毁灭他们，人们又安全回到他们的土地和家园……此后，雅朱者和马朱者将会出世，他们在每个高地奔走，他们将践踏大地，所到之处，片瓦不全，他们每经过一处水源，就将它饮尽……人们便来找我，向我诉说他们的遭遇。然后我祈求安拉毁灭雅朱者和马朱者，安拉就会让他们灭亡，大地会因而臭气熏天……后来安拉降下大雨，冲走他们的尸体，将他们带到海洋。'叶齐德·本·哈伦说道："此后山峦粉碎，大地像皮子一样被扯长。"穆圣说，我的养主和我缔约：当出现这种情况时，末日就像临产的孕妇，不知婴儿将在白天还是晚上突然降临。"(5)伊本·马哲有类似的传述。(6)这些最优秀的先知们都不知道末日降临的具体时间，最终让尔撒先知解释它，而尔撒也只谈到了末日的一些征兆。因为他将在穆斯林民族的光阴之末降临，执行穆圣的法律，杀死麦西哈·丹扎里，安拉会由于尔撒的祈求毁灭雅朱者和马朱者。所以，他提到了

---

(1)《布哈里圣训实录诠释——造物主的启迪》11：360。
(2)《布哈里圣训实录诠释——造物主的启迪》1：140。
(3)《穆斯林圣训实录》4：2269。
(4)《穆斯林圣训实录》4：2270。
(5)《艾哈麦德按序圣训集》1：375。
(6)《伊本·马哲圣训集》2：1365。

安拉让他知道的某些情况。

胡宰法传述，有人关于末日问安拉的使者，使者说："它的知识只在我的养主那里，只有他知道它的具体时间，但我将告诉你们有关末日来临的一些征兆和迹象。末日前将会出现风波和骚乱。"圣门弟子问："安拉的使者啊！我们知道风波意味着什么，但'骚乱'指的是什么？"使者说："在阿比西尼亚的语言中，它指'杀'。"使者说："届时，人们中普遍存在隔阂和孤寂，任何人都似乎不认识其他人。"[1]

伊本·西哈卜传述说："安拉的使者一直在谈论末日的情况，后来安拉降谕道：'他们问你，末日何时实现……'"[2] 虽然，穆圣是一切使者的领袖和列圣的终结者，仁慈的先知，忏悔的先知，善战的先知，最大的继承者和督导者，全人类都被他召集于脚下，虽然他也曾用两根手指比画着说："我和末日就像这两个一样被派遣。"[3] 但是，安拉还是命令他，当有人向他询问末日的情况时，他必须将此知识交付安拉。所以穆圣说："它的知识只在安拉那里。但人们的大多数却不知道。"

❧ 188.你说："除非安拉意欲，我无权掌握自身福祸。如果我知道未见的知识，那么，我早已聚积了大量的财富，也不会遭遇不测。但我只是对有正信的群体的警告者和报喜者。"❧

### 使者不知道未见的一切，他甚至无权掌握自身福祸

安拉命令使者将一切事情托付安拉，并让他宣布：我无法预测未来，我只知道我的养主让我知道的。正如安拉所言：❧ 他是全知幽玄的。他不对任何人透露他的秘密，❧（72：26）

"**如果我知道未见的知识，那么，我早已聚积了大量的财富。**"端哈克传述，伊本·阿拔斯说："**财富**"（المال）指财产。另据传述：那么，我一定能掌握什么生意能赢利，什么会亏损。

"**也不会遭遇不测**"，即我永远不会贫穷。另一些学者解释说："如果我知道未见，我一定在丰收的时刻为旱灾做好准备，在廉价的时候为涨价做好准备。"阿卜杜·拉赫曼解释说："那么，我一定能预防即将到来的灾祸。"[4] 然后先知告诉他们，他仅仅是一位警告者和报喜者，他只能预

告隐昧者将要受到严惩，穆民将进入乐园。正如安拉所言：❧ 我已用你的语言，使它（古兰）成为容易的，以便你以它向敬畏者报喜，并警告悖逆的群体。❧（19：97）

❧ 189.是他由一个人把你们造化出来，并由他造化了他的配偶，以便他能够与她相依。当他与她结合后，她负起了一项轻微的负担，并一如既往。当她感觉沉重时，他俩祈求他俩的主："如果你赏赐我们一个健全的（子女），那么我们一定会成为感谢者。"❧

❧ 190.当他赐予他俩健全的（孩子）时，他俩就因他赏赐他俩的（恩典）而为安拉举伴。安拉超乎于他们所举伴的。❧

### 人类都是阿丹的子孙

清高伟大的安拉说，他从阿丹创造了全人类，也从他创造了他的妻子海娃，并通过阿丹夫妇让人类分布到世界各地。正如安拉所言：❧ 人们啊！我确由一男一女造化了你们，并使你们成为许多民族和部落，以便你们能彼此认识。的确，在安拉那里，你们当中最尊贵的就是你们当中最敬畏的。❧（49：13）又❧ 世人啊！你们要敬畏你们的主，他由一个人造化了你们，并由他造化了他的配偶。❧（4：1）安拉在本章经文中说："**并由他造化了他的配偶，以便他能够与她相依**"，即以便他们相濡以沫，相互依偎。正如安拉所言：❧ 他的迹象之一，是由你们当中为你们造化了你们的配偶，以便你们与她们相依，他在你们之间设定了爱和怜。❧（30：21）任何人之间都无法像夫妻那样，达到精神上的默契。因此，安拉说魔术师有可能利用阴谋诡计在夫妻间制造分裂。

"**当他与她结合后……**"即当他们交接之后。

"**她负起了一项轻微的负担**。"因为妇女在怀孕初期不感觉疼痛，胎儿最初是一些精液，然后是一块血，然后才成为一块肉。

"**并一如既往**"，穆佳黑德解释为：她怀孕后照常生活。[5] 哈桑、伊布拉欣·奈赫伊、赛丁伊等学者都持此说。[6] 麦穆奈说，他的父亲认为经文指："她感觉到很轻松。"艾优卜说，我关于这节经文请教了哈桑，他说："如果你是阿拉伯人，你就更能理解'一如既往'。"[7] 格塔德认为这节经文的意思是："她怀孕的情况明显了。"[8]

---

(1)《艾哈麦德按序圣训集》5：389。
(2)《泰伯里经注》13：292。
(3)《布哈里圣训实录诠释——造物主的启迪》11：355。
(4)《泰伯里经注》13：302。
(5)《泰伯里经注》13：305。
(6)《泰伯里经注》13：304、305。
(7)《泰伯里经注》13：304。
(8)《泰伯里经注》13：305。

伊本·朱莱杰说，经文指"她怀着精水，立站自如。"(1) 奥夫传述，伊本·阿拔斯认为经文指："她一如既往地生活着，后来她自忖道：'我是否怀孕了呢？'"

"当她感觉沉重时"，即她因为怀孕而感觉身体愈来愈沉重。(2) 赛丁伊说："当胎儿在她腹中慢慢长大时。"(3)

"他俩祈求他俩的主：'如果你赏赐我们一个健全的（子女）'"，即他们祈求安拉赐给他们一个健康的孩子。伊本·阿拔斯说："他俩当时担心生下一个畜牲。"(4) 艾布·马立克、艾布·拜海塔勒解释说："他俩担心胎儿不是人类。"(5)

哈桑·巴士里解释说，如果你赐给我们一个健全的孩子："'那么我们一定会成为感谢者。'当他赐予他俩健全的（孩子）时，他俩就因他赏赐他俩的（恩典）而为安拉举伴。"(6)

哈桑说，经文所述的这个人，是个信仰某宗教的人，但不是阿丹。(7) 他还说："经文指的是阿丹的子孙和他们中的一些以物配主者。"(8)

格塔德传述，哈桑说："他们是一些犹太人和基督教徒，安拉赐给他们儿女，但他们却诱导儿女成为了犹太教徒或基督教徒。"(9) 这应该是这方面经文的最精确解释。

通过经文的脉络也可以看出，经文中所指的夫妻不是阿丹夫妇，而是他们子孙中的一些多神教徒。这种描述情景就像习惯上将"人"描述成"人类"一样。譬如：《我确以灯盏装饰了最近的一层天。》（67：5）众所周知，"灯盏"指点缀天空的星星，而不是挂起来的灯，但习惯上这一单词常用来比喻星星。《古兰》中类似的例子不胜枚举。安拉至知。

《 191.难道他们以那些被造而不能造化的举伴安拉吗？》

《 192.它们不能帮助他们，也不能帮助自己。》

《 193.如果你们号召它们走正道，它们不会追随你们。无论你们号召它们，还是你们缄默，那都是一样的。》

《 194.你们在安拉之外祈求的那些，实际上

---

(1)《泰伯里经注》13：304。
(2)《泰伯里经注》13：305。
(3)《泰伯里经注》13：305。
(4)《泰伯里经注》13：306。
(5)《泰伯里经注》13：306。
(6)《泰伯里经注》13：306。
(7)《泰伯里经注》13：314。
(8)《泰伯里经注》13：314。
(9)《泰伯里经注》13：315。

是和你们一样的仆人。你们祈求它们，让它们应答吧！如果你们是诚实的。》

《 195.它们有脚能走吗？还是有手能拿？还是有目能观？或是有耳能闻？你说："你们叫来你们的伙伴吧，然后算计我，不必照顾我。"》

《 196.我的保护者是颁降《古兰》的安拉，他和清廉者结盟。"》

《 197.但是你们除他之外所祈求的，是没有力量帮助你们和他们自己的。》

《 198.如果你们号召它们走正道，它们听不见。你会看到它在看着你，其实它们什么也看不见。》

## 多神教徒的伪神不能创造任何东西，不能帮助他们，也没有任何能力

那些多神教徒舍安拉而崇拜偶像和伪神，其实这些东西（包括物和人）也是安拉的创造物，是受安拉养育的，它们不能给自己带来幸福或灾祸，也无法帮助它们的崇拜者，它们不过是僵化的无生物罢了。事实上无生物的崇拜者是比无生物更完美的，因为他们有视听能力和拿东西的能力。因此安

拉警告说："**难道他们以那些被造而不能造化的举伴安拉吗？**"即你们要将那些没有任何创造能力的、不应该受到崇拜的东西拿来与安拉平起平坐吗？正如安拉所言：❮世人啊！有一个比喻，你们且听听它。你们在安拉之外祈求的那些（伪神），即使他们群策群力也不能造化一只苍蝇！如果那苍蝇拿走他们的任何东西，他们也没有力量从它那儿取回它。祈求者和被祈求者都是微弱无能的！他们没有正确地认识安拉的伟大，安拉确实是强大的、优胜的。❯（22：73-74）安拉说，多神教徒的伪神们即便群策群力，也无法创造一只苍蝇，但若一只苍蝇污染了他们的食物后飞走，他们只能望之兴叹。这种东西值得人们去崇拜吗？它们能给人带来生活资料或相助吗？因此，安拉说，它们是"**那些被造而不能造化的**"，即它们自己就是被造物，正如伊布拉欣先知所说：❮他说："你们崇拜你们自己所雕塑的吗？"❯（37：95）

"**它们不能帮助他们**"，即偶像没有能力保护它们的崇拜者。

"**也不能帮助自己**"，也不能帮助自己免受侵犯者的伤害。如《古兰》叙述伊布拉欣捣毁族人的偶像，并极度地侮辱它们的情景：❮然后他用右手打它们。❯（37：93）❮此后，除了其中最大的一个之外，他击碎了它们，以便他们回到它那里（问它）。❯（21：58）穆阿兹·本·阿慕尔和穆阿兹·本·杰伯里是安拉的使者迁徙到麦地那后归信伊斯兰的两个优秀青年（愿主喜悦他们），他们经常在夜晚去捣毁多神教徒的偶像，把它送给一些孤寡当柴烧，以便唤醒人们的理智。部落领袖阿慕尔·本·杰穆哈曾有一个偶像，他崇拜它，经常给它涂上香料。有一天晚上，这两个青年来到偶像跟前，将它倒立起来，并在上面染上一些污物。阿慕尔·本·杰穆哈早上看到这一情景后，洗净偶像，又给它涂上了香料，然后将宝剑放到它跟前说："请你保护自己吧！"晚上这两个青年又来了，并像上一次一样在偶像上放了污物。第二天阿慕尔·本·杰穆哈又清洗了偶像。后来他俩带走偶像，将它和一条死狗拴在一起，并用绳子把它放进了井里。翌日，阿慕尔·本·杰穆哈发现这一情况，明白了自己的宗教是谬误的，便诵吟道："以安拉发誓，如果你（偶像）是应受崇拜的神灵，你不会和狗呆在一起。"从此，阿慕尔·本·杰穆哈归信了伊斯兰，并表现优秀，后来他在白德尔战役中以身殉教。愿安拉喜悦他，赐给他菲勒道斯的乐园吧！

"**如果你们号召它们走正道，它们不会追随你们**"，即无论这些偶像在它们的求救者面前，还是在捣毁者面前，它们都无法回答人们的呼唤。正如伊布拉欣先知所说：❮我的父亲啊！你为什么崇拜那些不能听、不能看和不能对你有益的东西呢？❯（19：42）安拉说，它们和它们的崇拜者一样，都是安拉的被造物，事实上，人类永远比它们尊贵，因为人有视觉、听觉和触觉，但这些偶像一无所能。

"**你说：'你们叫来你们的伙伴吧'**"，即你们叫来你们所谓的神明来对付我吧，一会儿都不必照顾我，你们全力以赴吧！

"**我的保护者是颁降《古兰》的安拉，他和清廉者结盟**"，即安拉能让我得到满足，解决我的一切需求，他是我的归宿，我托靠他，只投奔他，他在今世和后世，都是我的保护者，他也是其他一切清廉者的保护者。正如呼德先知和他的民族间的对话，他的民族说："我们只能说，你已经中了我们一位神的魔。"他回答说：❮我求安拉作证，你们也当作证，我是和你们所举伴的无关的。你们全体来算计我吧！不必宽限我。我已经托靠了安拉——我的主和你们的主。没有一种动物的命脉不归他掌管。我的养主确在正道上。❯（11：54-56）又如伊布拉欣所说：❮你们和你们最古老的先人曾经崇拜什么？它们是我的敌人，但是众世界的主却不是。他造化了我，他也引导我。❯（26：76-78）伊布拉欣对他的父亲和族人说：❮"除非造化了我的安拉，确实，他将要引导我。"他把它作为留传给后代的一句话，以便他们回归。❯（43：26-28）

"**但是你们除他之外所祈求的……**"是对前面经文的强调。虽然（在另一读法中）前面用了第三人称，此处是第二人称。因此说："**是没有力量帮助你们和他们自己的。**"

"**如果你们号召它们走正道，它们听不见。你会看到它们在看着你，其实它们什么也看不见。**"正如安拉所言：❮如果你们祈求它们，它们听不到你们的祈求。❯（35：14）"**你会看到它们在看着你，其实它们什么也看不见。**"经文说："**它们看着你**"，即它们用被雕塑的僵化的眼睛对着你，因此，你姑且将它们当成有智力的有生物，因为它们也有眼睛，虽然那是雕刻成的，当你看到它们时，你引以为鉴，参悟一下那些无知者的内心。

❮199.你当坚持宽恕，命人行善，离开无知的人。❯

❮200.如果一个来自恶魔的蛊惑侵扰你，你当求安拉护佑，他确实是全听的主，全知的主。❯

### 命令穆圣ﷺ宽以待人

"**你当坚持宽恕**",阿卜杜·拉赫曼解释说,在麦加的十年中,安拉命令穆圣ﷺ原谅多神教徒,宽待他们,此后,安拉命令穆圣ﷺ严厉对待多神教徒。(1)

穆佳黑德等学者解释为:"你当正大光明地从人们的道德和行为中学习宽恕。"(2) 希沙姆的父亲说:"安拉命令使者宽恕那些没有从事阴谋活动人的不良行为和做法。"(3) 另据传述,他解释说:"在安拉允许的那些行为方面你宽恕他们。"

《布哈里圣训实录》载,阿卜杜拉·本·祖拜尔说:"安拉降下了'你当坚持宽恕',仅指关于人性的弱点。"(4) 另据传述,阿伊莎(愿主喜悦之)也有过类似主张。(5) 安拉至知。

伊本·哲利尔和伊本·艾布·哈亭传述,伊本·欧叶奈说:"伟大的安拉给他的使者降谕道:'你当坚持宽恕,命人行善,离开无知的人'后,使者问吉卜勒伊里:'吉卜勒伊里啊!这是什么意思?'吉卜勒伊里说:'安拉命令你原谅亏待你的人,给拒绝赏赐你的人赏赐,接恤与你断交的人。'"(6)

布哈里解释"**你当坚持宽恕,命人行善,离开无知的人**"时说,"**善**"指有益的事情。伊本·阿拔斯说,欧叶奈·本·胡苏尼曾下榻于他的侄子宏勒家中,宏勒经常接近哈里发欧麦尔,属于欧麦尔常召集的《古兰》诵读者之一,无论他们年龄大小,哈里发都会听他们的观点。欧叶奈对他的侄子说:"侄儿啊!你在这位长官跟前有地位,请你引荐我认识他。"后者说:"好的。"后来欧麦尔经宏勒推荐,接见了欧叶奈。可是,当欧叶奈看到欧麦尔后说:"罕塔布之子(欧麦尔)啊!以安拉发誓,你没有给我们赏赐优厚的东西,也不在我们之间公正判决事务。"欧麦尔听后生气了,甚至想做出什么举动来。这时,宏勒对他说:"信士的长官啊!清高伟大的安拉对先知说:'**你当坚持宽恕,命人行善,离开无知的人**。'他不过是个无知之人。"伊本·阿拔斯说:"以安拉发誓,欧麦尔听到这里后,没有做出任何举动。欧麦尔对安拉的经典是恪守不渝的。"(7)

有一位哲人以两句诗文的形式,表述了这层意义:你当奉命原谅,命人行善;你当离开无知之人,温和地对待每个人,有地位者欣赏的总是温和。

有一位学者说:"人有两种:一种是善人,你当接受他的善举,不要向他要求他能力之外的,也不要为难他。一种是恶人,你当命他行善,如果他执迷不悟,你当离开他,这能瓦解他的诡计。正如安拉所言:❴你当以最好的抵制邪恶。我至知他们所叙述的。你说:'我的主啊!我求你保护我免遭众魔鬼的诱惑。我的主啊!我求你庇佑,莫让它们接近我。'❵(23:96-98)又❴善恶不相等,你要以较好的去对付恶,那么与你有仇的人就会变得犹如密友。只有坚韧者才接受它,只有享有极大福分者,才能接受它。❵(41:34-36)即被赐予下列忠告:❴如果来自魔鬼方面的干扰侵扰你,你就求安拉护佑,他确实是全听的、全观的。❵(41:36)安拉在本章经文中说:"**如果一个来自恶魔的蛊惑侵扰你,你当求安拉护佑,他确实是全听的主,全知的主。**"这三节经文分别出现在《高处章》《奉绥莱特》和《众信士章》,没有出现过第四次,安拉在其中指导穆民以更好的方式善待犯罪者,这样,或许在安拉的允许下对方会一改往日骄奢淫逸的做法。因此说:❴善恶不相等,你要以较好的去对付恶,那么与你有仇的人就会变得犹如密友。❵(41:34)然后安拉指导穆圣ﷺ,求安拉保护他免于精灵中的恶魔之害,因为善行是无法打动恶魔的。人类永远的仇敌——恶魔一心想让人类遭受毁灭。伊本·哲利尔解释"**如果一个来自恶魔的蛊惑侵扰你**"说:"如果恶魔使你恼怒,使你不能宽恕无知者,并放弃对其实施惩罚时:'**你当求安拉护佑**',即你要求安拉使你免遭恶魔的诱惑。'**他确实是全听的主,全知的主。**'即安拉能听到愚弄者诱惑你的无知之举,也能知道你向安拉的求助和一切语言。任何事物都不能隐瞒他,他知道什么方式可以使你免遭恶魔的蛊惑,也知道宇宙间的一切。"(8)

我们在本书的开头已经介绍了求护词,此处不再重述。

❴201.那些敬畏安拉的人,当恶魔教唆他们时,他们记念安拉,然后恍然大悟。❵

❴202.他们的兄弟帮助他们坚持迷误,从不停止。❵

### 敬畏者在受到恶魔教唆时的解脱方法

安拉讲述了那些敬畏者的情况,"**当恶魔教唆他们时**"。有学者读"الطائف",有人读"طيف",

---

(1)《泰伯里经注》13:328。
(2)《泰伯里经注》13:327。
(3)《泰伯里经注》13:327。
(4)《布哈里圣训实录诠释——造物主的启迪》8:155。
(5)《布哈里圣训实录诠释——造物主的启迪》8:156。
(6)《泰伯里经注》6:154;《伊本·艾布·哈提姆经注》5:1638。
(7)《布哈里圣训实录诠释——造物主的启迪》8:155。
(8)《泰伯里经注》13:332。

这两种读法都比较有名。有人说它们是同义词；有人说二者之间略有不同。学者们还将这一单词解释为"恼怒"、"中魔"或"犯罪欲"等。

"他们记念安拉"，即他们记起安拉的惩罚、报偿、许约和警告后，立即回归安拉、求安拉庇佑。

"然后恍然大悟"，即他们坚持正道，并认清了自己的处境。

### 恶魔的兄弟们助纣为虐

"他们的兄弟帮助他们坚持迷误"，即恶魔的来自人类的兄弟，正如安拉所言：《 浪费的人的确是魔鬼的弟兄。》（17：27）即他们是恶魔的追随者和侍从，他们对恶魔言听计从。

"帮助他们坚持迷误"，有人说，恶魔只会在坏事方面帮助人类，为他将罪恶美化得美丽眩目，从而使他轻易地上当受骗。伊本·凯西尔说："帮助"（ ）指"更加"，即恶魔让他们更加无知和愚蠢。

"从不停止"，有人说，经文的意义是恶魔让他们继续我行我素，不可自拔。伊本·阿拔斯解释"他们的兄弟帮助他们坚持迷误，从不停止"时说："人们怙恶不悛，恶魔则一味地煽风点火。"[1]

"从不停止"，原指不间断、一丝不苟。正如安拉所言：《 难道你不知道我已把魔鬼派给隐昧的人。》（19：83）伊本·阿拔斯等人认为经文指"去诱惑他们犯罪。"[2]

《 203.如果你不带给他们一个迹象，他们说："你为什么不带来一个呢？"你说："我只遵奉我从我的主那里接受的启示。这是来自你们的主对归信者的明证、引导和怜悯。"》

### 多神教徒要求穆圣㊗显示迹象

"你为什么不带来一个呢？"伊本·阿拔斯解释为："为什么你没有接受到呢？"他另一次解释为："你为什么自己不制造它呢？"[3]伊本·哲利尔解释说："你为什么没有要求降示它？"多神教徒们对穆圣㊗说："请为我们拿出出自你本人的一个迹象吧！"[4]赛丁伊、阿卜杜·拉赫曼·本·栽德·本·艾斯莱姆、伊本·哲利尔等学者都持此说。[5]

"如果你不带给他们一个迹象"，"迹象"指奇迹、反常现象。正如安拉所言：《 如果我愿意的话，我可以从天上降给他们一个迹象，他们会对它谦卑俯首。》（26：4）多神教徒对安拉的使者㊗说，你为什么不尽力去向安拉要求降示一个迹象，以便让我们看看它，然后信仰它。安拉因此说："你说：'我只遵奉我从我的主那里接受的启示'。"我不会对此超越一步，我只遵循我奉到的命令，只接受我奉到的启示。每当安拉降示一个迹象，我就接受它，如果安拉没有降示迹象，我也不会去要求降示它，除非我的养主允许我。因为他是明哲的主，全知的主。经文最后告诉人们，《古兰》是安拉的最大迹象之一，也是最明确的证据和证明。安拉说："这是来自你们的主对归信者的明证、引导和怜悯。"

《 204.当有人诵读《古兰》时，你们当聆听它，并当肃静，以便你们获得怜悯。》

### 安拉命令人们静听《古兰》

安拉指出《古兰》是信士们的明证、引导和怜悯，然后说当有人诵读《古兰》时，人们应该肃静，以示尊重。而不要像古莱什的隐昧者和多神教徒那样，他们说：《 隐昧的人们说："你们不要听这《古兰》，而要在其中加以干扰。"》（41：26）伊本·麦斯欧迪说："我们曾在礼拜中互相道色兰问候，后来安拉降示了下列经文：'当有人诵读《古兰》时，你们当聆听它，并当肃静，以便你们获得怜悯。'"

《 205.你要在清晨与黄昏时分谦恭、敬畏，并且小声地在你的心中记念你的主。你不要成为昏聩的。》

《 206.那些与你的主同在的（天使），他们不会高傲地不拜他。他们赞美他，并对他礼拜。》

### 命令朝夕记念主、崇拜主

安拉命令穆圣㊗在清晨和黄昏多多记念他，正如他命令人们在这两个时间内行善，《 并且要在日出和日落之前赞念你的主。》（50：39）这是登霄之夜制定五番拜功之前的事情。这是麦加章经文。经文在此说"**清晨**"，即白天的开端。

---

（1）《泰伯里经注》13：338。
（2）《泰伯里经注》13：252。
（3）《泰伯里经注》13：341。
（4）《泰伯里经注》13：341。

（5）《泰伯里经注》13：341、342。

"谦恭、敬畏，并且小声地在你的心中记念你的主"，指你当默默地带着渴望和敬畏的心情，低声记念你的养主。所以教法提倡低声念赞主词，而不能呼唤。

两圣训实录辑录，艾布·穆萨说，有一次，人们在旅行中高声念祷词，穆圣说："人们啊！你们要对自己温和一些，因为你们并不祈求聋子和不存在的，你们所祈求的主是全听的，临近的。他比一人临近他的骑乘的脖子还要临近你们。"[1]换言之，这节经文鼓励人们在早晨和夜晚多记念安拉，以免成为昏聩的人。因此，安拉表扬那些长期不懈地赞美安拉的天使们："**那些与你的主同在的（天使），他们不会高傲地不拜他。他们赞美他，并对他礼拜。**"经文如此表达，以便人们学习天使，顺从安拉，勤于善功，时常记主。因此，安拉提到天使的叩头后，规定我们也要为他叩头。正如圣训所述："注意，你们就像天使在你们的养主那里排班列队一样排班列队，你们当一排一排站紧队伍，并当站齐。"[2]学者们一致认为，这是《古兰》中第一处叩头的经文，诵读者、听闻者都须叩头。

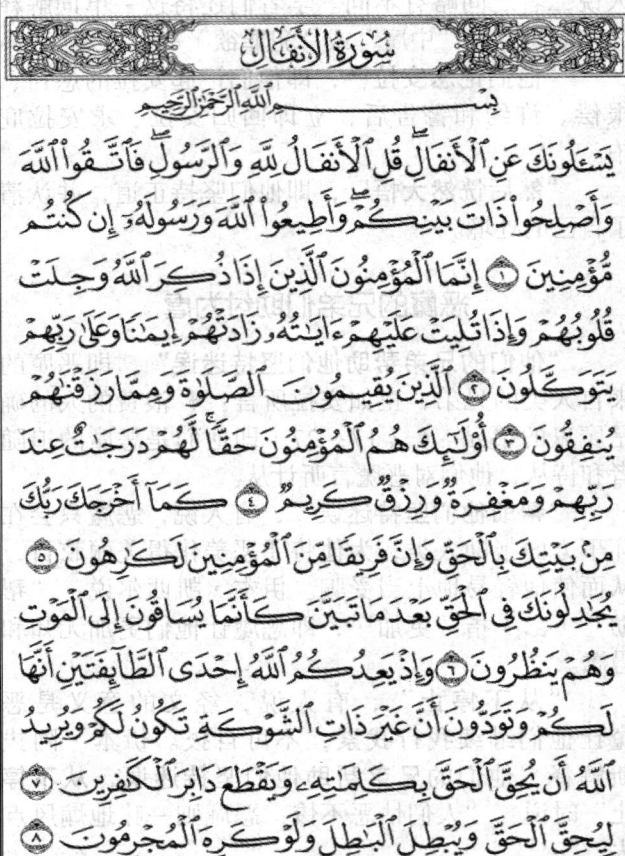

## 《战利品章》注释　麦地那章

**奉普慈特慈的安拉之尊名**

**1.他们关于战利品问你，你说："战利品是归于安拉和他的使者的。你们当敬畏安拉，并且要调解你们之间的隔阂，如果你们是穆民的话，你们就要顺服安拉和他的使者。"**

### 战利品的涵义

布哈里借用伊本·阿拔斯的话说："الأنفال"指战利品。赛尔德·本·朱拜尔说，我曾关于《战利品章》问伊本·阿拔斯，他说："它是在白德尔战役中降示的。"[3]阿里·本·艾布·特里哈也传述，伊本·阿拔斯说："'**战利品**（الأنفال）'曾经专属于安拉的使者，其他任何人无权支配它。"[4]穆佳黑德、艾克莱麦、阿塔、端哈克、格塔德、阿塔·海勒萨尼、穆尕提里·本·罕雅尼、阿卜杜·拉赫曼·本·栽德·本·艾斯莱姆等学者都认为"الأنفال"指战利品；[5]也有人说，它指的是主要的战利品分配之后，伊玛目给部分人的特殊封赏；有人说它指除去五分之四的五一税；也有人说，它指"法艾（敌产，الفيء）"，即没有通过战争而从隐昧者那里得来的，或从隐昧者那里跑到穆斯林手中的牲畜、奴隶、货物等。阿里·本·萨里赫说："我听说本章指的是'各分遣队'，即伊玛目在分配完战利品后，给分遣队的部分战士的封赏。"

### 这章经文降示的原因

赛尔德·本·马立克说，当时我说："安拉的使者啊！今天（指白德尔大捷之日）多神教徒惨败，安拉令我大快人心。请将这把宝剑送给我

---

（1）《布哈里圣训实录诠释——造物主的启迪》6：157；《穆斯林圣训实录》4：2077。
（2）《穆斯林圣训实录》1：322。
（3）《布哈里圣训实录诠释——造物主的启迪》8：156。
（4）《泰伯里经注》13：378。
（5）《泰伯里经注》13：361、362。

吧！"使者说："这把宝剑既不属于你，也不属于我，请放下它。"他说："于是我放下了那把宝剑回去了。"我当时想："他或许会将它送给一位没有像我一样经受考验的人。"正在这时，我忽然听到后面有人叫我，我回到先知跟前后问："安拉因我而降示了经文吗？"先知说："你刚才向我要这把宝剑，但当时它不属于我，现在它已经属于我，那么，它就是你的了。"赛尔德说："当时安拉降谕道：**他们关于战利品问你，你说：'战利品是归于安拉和他的使者的。'**"[1]

## 这章经文降示的另一原因

艾布·欧麻麦传述，我关于战利品请教了欧拜德，他说："它是为我们白德尔战役的战士们而降的，当时我们对战利品的分配产生了分歧，安拉因此取消了我们对它的支配权，将它交给使者，使者则公正地给穆斯林分配战利品。"[2] 欧拜德说："我们和安拉的使者☆一起出征，参加了白德尔战役，两军相遇后，安拉挫败了敌人，一部分穆斯林乘胜追击，另一部分则收集战利品，保护大本营，还有一部分守卫使者☆周围，以防敌人突然袭击。夜晚时分，穆斯林大获全胜，那些收集战利品的人说：'这是我们收集的，其他人无权分享。'那些去追击敌军的人说：'我们更有权得到它。我们击败敌人，使他们丢弃了它。'保护先知的人们说：'我们在保护先知，所以你们并不比我们更有权得到它。我们当时担心敌人突袭先知，所以守卫在先知身旁。'后来安拉降谕道：**他们关于战利品问你，你说：'战利品是归于安拉和他的使者的。你们当敬畏安拉，并且要调解你们之间的隔阂'**，所以安拉的使者☆为穆斯林分配了战利品。安拉的使者☆在袭击敌营后，给战士们分配战利品的四分之一。当他和人们一起（凯旋）回来时，他给众人分配三分之一。使者并不喜欢战利品。"[3] 使者还说："让强壮的穆斯林将部分战利品让给体弱的穆斯林吧！"[4]

"**你们当敬畏安拉，并且要调解你们之间的隔阂**"，即你们要在你们的一切事务中敬畏安拉，调解你们间的纷争，你们不要相互亏待，不要争吵，不要意见分歧。安拉给你们的引导和知识，比导致你们产生纷争的一切，是更好的赐予。

"**你们就要顺服安拉和他的使者**"，你们要服从使者根据安拉的意旨给你们的分配，使者只按安拉的命令，公正地分配战利品。伊本·阿拔斯说："安拉和使者鼓励信士们，要敬畏安拉，调解他们间的隔阂。"[5]

"**你们当敬畏安拉，并且要调解你们之间的隔阂**"，即你们不要互相谩骂。[6]

**❦ 2.穆民只是这样一些人：当有人提到安拉时，他们的心战栗了，当有人为他们诵念他的迹象时，它加强了他们的信仰。他们只托靠他们的养主。❦**

**❦ 3.他们谨守拜功，并且分舍我赐给他们的。❦**

**❦ 4.这等人确实是真正的信士。他们在他们的主那里有崇高的品级、恕饶和丰厚的给养。❦**

## 诚实的穆民的特征

"**穆民只是这样一些人：当有人提到安拉时，他们的心战栗了。**"伊本·阿拔斯解释说："伪信士在礼拜时，根本不会记念安拉，他们不信仰任何经文，也不托靠安拉；当别人看不见他们时，他们不礼拜，也不交纳天课，所以安拉说他们决不是穆民，安拉形容穆民说：'**穆民只是这样一些人：当有人提到安拉时，他们的心战栗了**'，穆民们履行安拉规定的各项天命：'**当有人为他们诵念他的迹象时，它加强了他们的信仰。**'也就是加强对安拉的诚信。'**他们只托靠他们的养主。**'即他们不会舍安拉而对伪神抱有任何希望。"[7]

穆佳黑德说："'**他们的心战栗了**'指他们感到害怕和惊恐。"[8] 这就是真正的穆民的特征。[9] 真正的穆民，不但履行安拉命令的事情，而且会戒绝安拉禁止的事情。正如安拉所言：**❦ 那些人，当他们做了丑事和亏负了自己时，他们记念安拉，并为他们的罪恶而祈求恕饶。除安拉之外，谁能恕饶罪恶呢？他们从不明知故犯地怙恶不悛。❦**（3：135）又 **❦ 那些畏惧站在他们的主跟前，并从私欲方面克制自己的人，乐园就是他们的家。❦**（79：40-41）

赛丁伊在解释"**穆民只是这样一些人：当有人提到安拉时，他们的心战栗了**"时说："经文指的是这样一些人：就在他企图亏待别人或犯罪时，有人对他说：'你当敬畏安拉！'所以他的心战栗了。"

---

（1）《艾哈麦德按序圣训集》1：178。
（2）《艾哈麦德按序圣训集》5：322。
（3）《艾哈麦德按序圣训集》5：323。
（4）《提尔密济圣训全集诠释》8：468；《伊本·马哲圣训集》2：951。
（5）《泰伯里经注》13：384。
（6）《泰伯里经注》13：384。
（7）《泰伯里经注》13：384。
（8）《泰伯里经注》13：386。
（9）《泰伯里经注》13：386。

### 当有人诵读《古兰》时，信仰就增加了

"当有人为他们诵念他的迹象时，它加强了他们的信仰。"正如安拉所言：❴ 每逢一章天经下降，他们当中就有人说："你们当中有谁因它而增加了信仰？"那些归信者，它使欣喜的他们增加信仰了。❵（9：124）布哈里和其他伊玛目通过类似的经文主张，人们心中的信仰及其优越性可能增加。沙斐仪、艾哈麦德等伊玛目都持此观点。我们已在《布哈里注释》第一卷详尽地解释了这一问题。一切赞美和恩情全归安拉。

### 托靠

"他们只托靠他们的养主"，即他们不对安拉之外的一切抱有希望，只向安拉祈求，只向安拉求助，只向安拉要求解决他们的需求，他们知道，安拉所意欲的一切必然会发生，安拉不意欲时，什么也不会发生；安拉是权力的独一支配者，他的判决无人能改变，他的清算迅速无比。因此，赛尔德·本·朱拜尔说："托靠安拉是信仰的全部。"

### 穆民的善功

"他们谨守拜功，并且分舍我赐给他们的。"安拉讲述了穆民的信仰之后，开始讲述他们的行为。这些行为包括各种善举。首先是礼拜，礼拜是归于安拉的权力。格塔德说："'谨守拜功'指遵守礼拜的时间、拜前的小净、拜中的鞠躬和叩头。"(1) 穆尕提里说："'谨守拜功'指遵守拜时，认真做小净，全美拜中的鞠躬和叩头，拜中读《古兰》，念作证词和赞圣。"(2)

"分舍"包括必须交纳的施舍，如天课；以及教法所提倡的一般施舍。人类都是依靠安拉的，安拉最喜爱的人，是对他的被造物最有益的人。

### 真正的信仰

"这等人确实是真正的信士"，即具备上述特征的人，是拥有正信的。

### 完美信仰的益处

"他们在他们的主那里有崇高的品级"，即有不同的层次、级别和地位。正如安拉所言：❴ 在安拉看来，他们分许多等级。安拉全观他们所做的。❵（3：163）

"恕饶"，即宽恕他们的罪恶，奖励他们的善功。两圣训实录辑录，安拉的使者说："低级别的人们会看见那些高级别的人们，就像你们仰视天际的流星一样。"圣门弟子们说："安拉的使者啊！那是列圣的品级，人们只能望尘莫及吧？"使者说："以掌握我生命的安拉发誓，不是这样的，那些归信安拉，诚信列圣的人们，会跻身于他们之列。"(3) 安拉的使者又说："乐园的居民会看到品级更高的人，就像人们仰视处于天际一方的流星一样。艾布·伯克尔和欧麦尔在他们之列。他俩太卓越了！"(4)

❴ 5.正如你的主以真理使你从家中走出，而一部分信士却是不满的。❵

❴ 6.他们在真相大白之后跟你争论真理，好像他们眼睁睁地被驱往死亡似的。❵

❴ 7.当时，安拉曾许诺两群中的一群是属于你们的，你们则希望那群没有势力的属于你们。安拉意欲根据他的言辞证实真理，并根绝隐昧的人。❵

❴ 8.以便他证实真理，戳破谬误，即使犯罪的人们不满。"❵

### 跟随使者对信士是有益的动力

"正如你的主以真理使你从家中走出……"有些学者说，安拉以此比喻指出，信士们对安拉的敬畏、对他们之间隔阂的调解以及对安拉和使者的服从，都是对他们更加有益的。换言之，你们对战利品纷争不息，相持不下，所以安拉取消了你们对它的支配权。安拉和使者在你们中公正地分配，其实这对你们是更有利的。同样，你们曾不愿出去迎战一支装备精良的军队——这支军队企图援助他们的宗教，保护商队，所以你们不愿作战。但安拉决定了这场战役，你们和敌军不期而遇。以便安拉引导你们，襄助你们赢得战争。正如安拉所言：❴ 对你们而言，战争已经成为定制，而你们却讨厌它，也许你们憎恨一件事，但它对于你们是更好的；也许你们喜欢一件事，它却对你们是有害的。安拉知道，你们不知道。❵（2：216）

"而一部分信士却是不满的"，赛丁伊解释说："因为遇到多神教徒而'不满'。"

"他们在真相大白之后跟你争论真理。"有学者说："他们关于战利品诘问你，正如他们在白德尔之日和你争论那样。他们说：'你带我们前来夺

---

(1)《伊本·艾布·哈提姆经注》1：37。
(2)《伊本·艾布·哈提姆经注》1：37。
(3)《布哈里圣训实录诠释——造物主的启迪》6：368；《穆斯林圣训实录》4：2177。
(4)《艾哈麦德按序圣训集》3：27；《艾布·达乌德圣训集》4：287；《提尔密济圣训全集诠释》8：142；《伊本·马哲圣训集》1：37。

取商队，但（现在却遇见了敌军）为什么不提前通知我们作战的消息，好让我们有所准备？'"

"安拉意欲根据他的言辞证实真理"，即安拉意欲通过你们和这支武装部队的不期而遇，襄助你们赢得战争，襄助圣教，弘扬伊斯兰，使之在各教中地位卓越。安拉知道一切事务的结局，虽然人们往往根据表面现象喜欢某一方面，而事实上安拉对他们的决策是最好的。正如安拉所言：《对你们而言，战争已经成为定制，而你们却讨厌它，也许你们憎恨一件事，但它对于你们是更好的；也许你们喜欢一件事，它却对你们是有害的。安拉知道，你们不知道。》（2：216）

伊本·阿拔斯说，安拉的使者ﷺ听说艾布·苏富扬从沙姆路经此地，便号召穆斯林前去拦截他的商队，说："这是古莱什的商队，其中有你们的财产，请你们出去拦截它吧！安拉或许会让你们获得它。"人们纷纷响应使者的号召，有人轻装出发，有人重装出征，因为他们没有想到将会面临一场战斗。艾布·苏富扬接近希贾兹时，一面派人探查穆斯林的动静，一面谨慎地向遇到的商贩打听最新消息。有一商队告诉他，穆罕默德已经动员他的弟子们，准备袭击你和你的商队。艾氏得此消息，便慌乱了，派朵穆朵穆前去麦加汇报情况，特别叮咛他要去动员古莱什族前来保护他们的财产。朵穆朵穆奉命日夜兼程去麦加。这时，安拉的使者ﷺ则带着众位弟子，来到一个叫则福兰的山谷。后来使者带领弟子们走出山谷，驻扎于途中。此时，使者也听到了麦加的古莱什人前来解救商队的消息，便向众人征求意见，并介绍了古莱什的情况。艾布·伯克尔站起来说："你看着办！"欧麦尔站起来说："你看着办！"米格达德·本·阿慕尔也站起来说："安拉的使者啊！请执行安拉给你下达的命令吧！以安拉发誓，我们和你在一起。我们不会像以色列的后裔对穆萨说的那样对你说：'你和你的养主去作战吧！我们在此坐等着。'而是：你和你的养主前去作战，我们也会和你一起去的。指本着真理派遣你的养主发誓，你即便带领我们去白勒克·俄麻迪（阿比西尼亚城），我们也会和你并肩作战，陪伴到底。"安拉的使者ﷺ表扬了他，并求安拉赐他幸福。然后说："人们啊！请出谋划策吧！"使者在此主要想征求辅士的意见，因为他们人数众多，另外他们和先知缔结过欧格白协约。他们曾说："安拉的使者啊！如果你不在我们的家园，我们就无法保障你的安全。你若到我们那里时，我们会保护你的，我们会像保护自己的儿女和妻子那样保护你。"安拉的使者ﷺ担心的是，辅士们或许会认为他们只有义务帮助穆圣ﷺ抵抗入侵麦地那的敌人，而没有必要跟随穆圣ﷺ离开故土，迎

战敌军。使者说完这番话后，赛尔德·本·麦阿兹说："安拉的使者啊！你好像在征求我们的意见。"使者说："是的。"赛尔德说："我们信任你，归信你，我们作证你带来的一切都是真理，我们曾和你缔约，要听从你。安拉的使者啊！请你执行你所奉的命令吧！指以真理派遣你的安拉发誓，如果你潜入大海，然后也要我们潜入时，我们一定会随你一起潜入的，我们中任何人都不会落后。我们并不在乎明天遇到敌军，我们将英勇作战，奋勇杀敌。或许安拉会让你从我们身上看到令你满意的表现。托安拉的福，请你带领我们前进吧！"赛尔德的一番话打消了使者的顾虑，使者深受鼓舞，于是喊道："托安拉的福前进吧！去迎接胜利的消息吧！安拉已经给我许诺：或让我们获得商队的财产，或让我们战胜古莱什军队，以安拉发誓，我好像已经看到敌军横卧疆场。"[1]

《 9.当时你们祈求你们主的援助，他答应了你们，（说）"我将由一千名接踵而来的天使援助你们。"》

---

[1]《泰伯里经注》13：399。

❴ 10.安拉只使它作为一项喜讯，以便你们的心能够借此安定。胜利只来自安拉。安拉是优胜的、明哲的。❵

### 穆斯林祈求安拉援助，安拉答应降下天使

布哈里在解释"当时你们祈求你们主的援助，他答应了你们……安拉是惩罚严峻的"时，引用了伊本·麦斯欧迪的传述，他说，我陪同米格达德·本·艾斯沃德参加了一次战役，我最大的心愿就是成为他的战友。他诅咒着多神教徒，来到安拉的使者跟前，说："我们不会像以色列的后裔对穆萨说的那样对你说：'你和你的养主去作战吧！'而我们将在你的前后左右参战！"我看到使者因为这番话而容光焕发，喜笑颜开。(1)

伊本·阿拔斯传述，安拉的使者在白德尔之日说："主啊！我恳求你实践你的许约，主啊！如果你意欲，就没有人崇拜你。"艾布·伯克尔拉住使者的手说："这足够了。"使者边走边说："敌军将会失败，他们将败北而逃。"(2)

"**一千名接踵而来的天使**"，即天使们将陆陆续续而来。伊本·阿拔斯说："天使们接踵而来。"(3)伊本·阿拔斯说："安拉以一千名天使援助了他的使者和众信士，吉卜勒伊里带领五百名在（军队）一翼，米卡伊里带领五百名在另一翼。"(4)欧麦尔传述，有位穆斯林正在追击一个多神教徒，忽然听到天上发出一声鞭子的响声和一位骑士的声音，只听那骑士在喊："海兹穆(5)，快冲！"只见前面的多神教徒已经摔倒在地，详细看时，他的鼻子已经豁裂，脸被打破了，好像被鞭子抽打过，并且那人整个身体一下子变成了绿色的。这位辅士来到安拉的使者跟前，讲述了这一事情的经过，使者说："你说得对，那是第三重天上的援兵。"那天，穆斯林歼敌七十人，俘虏七十人。(6)布哈里专题论述过天使参加白德尔战役的事件。磊法尔·本·拉非尔（他参加过白德尔战役）传述，吉卜勒伊里来到穆圣跟前问："你们怎么看待参加过白德尔战役的战士？"使者说："（他们是）最优秀的穆斯林。"吉卜勒伊里说："参加过白德尔战役的天使也是如此。"(7)两圣训实录辑录，安拉的使者和欧麦尔商议处罚哈特卜的事情（当时欧麦尔建议处死他）时说："他参加过白德尔，你怎能知道，安拉曾俯瞰过白德尔的战士，然后说：'你们做什么都行！我已经宽恕了你们。'"(8)

"**安拉只使它作为一项喜讯**"，即安拉派遣天使，但没有提前给穆圣通知这一消息，以便将它作为一项喜讯。

"**以便你们的心能够借此安定**"，虽然安拉可以在不派天使的情况下使穆民获胜，但他派遣天使，是为了让穆民感到安宁。因此说："**胜利只来自安拉**。"正如安拉所言：❴ 所以当你们遇到隐昧的人时，就砍他们的颈项，你们一旦战胜他们，就立即捆绑他们。此后要么开恩（释放），要么索取赎金，直到战争卸下它的负担。事情就是这样的。倘若安拉愿意，他必定惩罚了他们。但是（他让你去战斗）以便他以部分人来试验你们中的另一部分。那些主道上被杀害的人，他绝不使他们徒劳无酬。他将引导他们，并改善他们的情况，并使他们进入他已向他们介绍过的乐园。❵（47：4-6）又❴ 那些（风光的）日子，我使它周转于世人之间，以便安拉显示那些归信的人，并从你们中选择一些烈士，安拉不喜爱行亏之人。以便安拉提炼那些归信的人，并摧毁隐昧者。❵（3：140-141）安拉因这些原因而要求穆民和隐昧者正面交锋。安拉曾以各种灾祸普遍地惩罚否认众先知的先民，他曾以洪水淹没了努哈的民族，以西风惩罚了早期的阿德人，以震撼声惩罚了塞姆德人，用地震、天翻地覆和陨石雨将鲁特族人的家园夷为平地，用遮天蔽日的惩罚消灭了舒尔布先知的族人。安拉派遣穆萨之后，让他的敌人法老及其民众淹死于大海，然后给穆萨降下《讨拉特》，命令他和隐昧者战争。这一战争，一直延续着。正如安拉所言：❴ 的确，我在毁灭了古老的一些世代之后，赐给穆萨经典，作为对世人的启蒙。❵（.28：43）穆民直接和隐昧者进行战斗，比凌辱他们更让他们难堪，更能让穆民解恨。正如安拉对这一民族说：❴ 跟他们战斗吧！安拉将用你们的手惩罚他们，凌辱他们，并使你们战胜他们，也将抚慰有正信群体的心灵。❵（9：14）因此，对古莱什的贵族们而言，他们被自己一贯瞧不起的对手所手刃，确实是一件令人蒙羞的事，而对穆民们则是大快人心之事。对艾布·哲海里而言，战死于沙场比因某种灾祸而死于床榻更让他难以接受。所以他被杀死了；艾布·莱海卜死于一种疙瘩病(9)，他的任何亲属都不肯接近，他们因为嫌弃他而站在远处用水喷洒他的尸体，甚至在埋葬的时候也是站在远处，掷石子掩埋。因此，安拉说：

---

(1)《布哈里圣训实录诠释——造物主的启迪》7：335。
(2)《布哈里圣训实录诠释——造物主的启迪》7：335；《圣训大集》6：477。
(3)《泰伯里经注》13：412。
(4)《泰伯里经注》13：423。
(5)仙马的名称。——译者注
(6)《穆斯林圣训实录》3：1384。
(7)《布哈里圣训实录诠释——造物主的启迪》7：362。
(8)《布哈里圣训实录诠释——造物主的启迪》7：355；《穆斯林圣训实录》4：1941。
(9)一种好似面疱的疾病。——译者注

"**安拉是优胜的**"，即今生后世的一切尊严属于安拉及其使者，属于归信安拉及其使者的信士们。正如安拉所言：❰ 的确，我势必在今世的生活和证人们作证的那天，帮助我的众使者和信士们。❱（40：51）

"**明哲的**"，虽然万能的安拉不用穆民兴师动众，就可以轻而易举地毁灭隐昧者，但他还是规定要和隐昧者作战，其中充满了安拉的睿智和哲理。

❰ 11.当时他让你们睡眠，以便你们享受来自他的安宁，他为你们从天上降下雨水，用来清洁你们，从你们身上消除恶魔的污秽，他稳定你们的心灵，并坚定你们的步伐。❱

❰ 12.当时，你的主启示众天使："我确与你们同在。所以你们要使归信者坚定，我将把恐惧投入隐昧者的心中。然后你们在他们的颈项上击打，并斩断他们的每一根指头。"❱

❰ 13.这是因为他们反对安拉和他的使者。无论谁反对安拉和他的使者，那么，安拉的惩罚是严峻的。❱

❰ 14.这种（惩罚），你们就尝尝它吧。隐昧者将受火狱的刑罚。❱

### 穆斯林不由自主地沉浸于睡眠之中

安拉在此讲述他施予穆斯林的恩典，当日，他使他们进入睡眠之中，享受来自他的安宁，忘却敌众我寡造成的恐惧感。吾侯德之日，穆斯林也享受到了这种恩典。安拉说：❰ 然后，在忧伤之后，他又降安宁——睡意，让它笼罩你们中的一部分人，而另一伙人却为他们自身焦虑。❱（3：154）艾布·泰勒哈说，我在吾侯德之日陷入了睡眠之中，宝剑多次从我的手上掉了下来，我一次次地捡起它。我看到众人都睡得东倒西歪，他们都披着皮制盔甲。阿里（愿主喜悦之）说："白德尔之日除了米格达德之外我们中没有骑士，记得那天我们都沉浸于睡眠之中。安拉的使者㊣则在一棵树下，边礼拜边哭泣，一直到了黎明时分。"（1）伊本·麦斯欧迪说："战争中的睡眠是来自安拉的安抚，礼拜中的睡眠是来自恶魔的引诱。"（2）格塔德说："'努阿斯（3）'指头脑的休息；睡觉则是心灵的休息。"（4）笔者说，穆斯林在吾侯德之日享受睡眠是众所周知之事，根据文章的脉络可以看出，本文所讲的是白德尔战役，说明在这次战役中穆斯林也

享受了"安宁的睡眠"。穆斯林每逢艰难时刻，就会享受来自安拉的安宁，对安拉的襄助充满信心。这确实是来自安拉的一件恩典，是安拉对信士的慈悯。安拉说：❰ 诚然，艰难伴随着容易，然后，诚然，艰难伴随着容易。❱（94：5-6）据一段明确的圣训传述，白德尔之日安拉的使者㊣和艾布·伯克尔在凉棚里祈祷安拉，期间，使者进入了梦乡，使者醒来时面带微笑，说："艾布·伯克尔，有好消息啊！这位是吉卜勒伊里，他的门牙上带有（战争带来的）灰尘。"然后使者走出凉棚，同时念道：❰ 不久这个团体就会战败，他们必定要转身逃脱。❱（54：45）（5）

### 白德尔之夜的雨

"**他为你们从天上降下雨水**"，伊本·阿拔斯说："就在安拉的使者㊣进军白德尔之际，多神教徒驻扎在一块有水的地方，把疲惫不堪的穆斯林的水源挡死了。恶魔在穆斯林的心中投入怨言，教唆他们，说：'你们自称是安拉的盟友，与安拉的使者㊣同在，可你们做礼拜的水源却被多神教徒从手中夺去。'后来安拉给穆斯林降下了一场大雨，众人饮用水，并进行了沐浴。安拉消除了恶魔投入穆斯林心中的邪念。雨淋湿沙地后，沙土不再飞扬，人和马匹轻松地在上面行军。安拉以一千名天使援助了他的先知和信士们——吉卜勒伊里率领五百名在（军队）一翼，米卡伊里率领五百名在另一翼。"（6）对这一事情最好的解析是欧尔沃·本·祖拜尔所传述的圣训，他说："安拉在一个有沙子的谷地降下大雨，使者及其弟子们在雨后的沙路上继续前进，但古莱什人却在泥泞中寸步难行。"（7）穆佳黑德说，安拉赐给穆斯林睡眠之前，给他们降下雨水，消除了灰尘，凝固了路面，众人感到心情舒畅，脚下的步子也更加坚定有力。（8）

"**用来清洁你们**"，即让失去大小净的穆斯林进行沐浴——这是外部的清洁。

"**从你们身上消除恶魔的污秽**"，即从恶魔的教唆和邪念中清洁你们——这是内部的清洁。正如安拉对乐园居民的形容：❰ 他们身着绿色丝衣和金缕，戴着银手镯。❱（76：21）这是外部的装饰。❰ 他们的主供给他们纯净的饮品。❱（76：21）这是对他们心中原有的仇恨和嫉妒的清洁，即对内在的清洁和装饰。

"**他稳定你们的心灵**"，即安拉赐你们毅力，以便奋勇杀敌。这是内在的鼓舞。

---

（1）《艾布·耶阿俩按序圣训集》1：242。
（2）《泰伯里经注》13：419。
（3）النعاس，前面译为"睡眠"。——译者注
（4）《伊本·艾布·哈提姆经注》5：1664。
（5）《圣品的证据》3：54。
（6）《泰伯里经注》13：423。
（7）"الواقدي فى المغزي" 1：54。
（8）《泰伯里经注》13：425。

"并坚定你们的步伐"，这是外在的鼓舞。安拉至知。

### 安拉命令天使让战斗中的穆民心里镇静

"当时，你的主启示众天使：'我确与你们同在。所以你们要使归信者坚定'。"安拉在此解明内在的恩典，以便穆民感谢他。清高伟大的安拉启示那些前去援助他的先知、信士和宗教的天使们，让他们使穆民坚定起来。安拉说："我将把恐惧投入隐昧者的心中"，即你们让穆民奉安拉的命令支援信士，加强他们的战斗力吧！同时你们当奉安拉的命令奋勇杀敌，安拉将使违背安拉及其使者的人们蒙受屈辱、感到恐惧。

"然后你们在他们的颈项上击打，并斩断他们的每一根指头"，即你们当劈开他们的头颅，斩断他们的脖子，切断他们的四肢及手脚。

"颈项上"，指在脖子上面。下列经文能证明这种解释：❴所以当你们遇到隐昧的人时，就砍他们的颈项，你们一旦战胜他们，就立即捆绑他们。❵（47：4）

莱毕尔·本·艾奈斯说："在白德尔战役之后，被天使杀死的多神教徒的脖子和指头上有灼伤般的伤痕。穆斯林通过这一点，就能区别哪些是天使杀死的，哪些是他们杀死的。"

"并斩断他们的每一根指头"，伊本·朱莱杰解释说，信士们啊！你们当痛打敌人的每个手指和脚趾。[1]

伊本·阿拔斯叙述白德尔战役的情况时说，当时，艾布·哲海里喊道："不要杀死他们！留下活口，让他们看看他们怎样诽谤了你们的宗教，他们背叛了拉特和欧匝（偶像）。"后来安拉启示众天使说："我确与你们同在。所以你们要使归信者坚定，我将把恐惧投入隐昧者的心中。然后你们在他们的颈项上击打，并斩断他们的每一根指头。"那日和艾布·哲海里一起被歼者共六十九人，欧格白·本·艾布·穆尔特首先被俘，然后被处死，这样，多神教徒共有七十人被歼灭。

"这是因为他们反对安拉和他的使者"，即他们违背了安拉及其使者，他们拒绝遵守法律，拒绝归信安拉，所以站到一个阵营，而使者的追随者们站到了另一阵营。"反对"（الشقاق）一词原意是"将柴劈成两半"，即他们和安拉及其使者分道扬镳。

"无论谁反对安拉和他的使者，那么，安拉的惩罚是严峻的。这种（惩罚），你们就尝尝它吧！隐昧者将受火狱的刑罚。"这是对隐昧者的呼吁，

即你们（隐昧者）在今世尝尝这种惩罚吧！须知，我在后世为隐昧者准备了火狱的惩罚。

❴15.有正信的人们啊！当你们在战斗中遇到隐昧者时，不要将背部转给他们。❵

❴16.在那天，除了为战策措施，或是加入友军者之外，谁将背部转给他们，谁确实带回了安拉的恼怒。他的居所是火狱，那归宿真恶劣啊！❵

### 禁止临阵脱逃及其报应

安拉以火狱警告那些临阵脱逃者，说："有正信的人们啊！当你们在战斗中遇到隐昧者时"，即当你们接近他们时。

"不要将背部转给他们"，即不要扔下战友，转身逃跑。

"在那天，除了为战策措施……"即除非诈败，以便回头反击者。[2] 端哈克说，经文指独自一人冲锋陷阵，等敌人上当后，出其不意地歼灭之。

"或是加入友军者之外"，即可以从一个阵

---

（1）《泰伯里经注》13：431。

（2）《泰伯里经注》13：346、347。

地跑到另一个阵地，以支援友军；一支小分队的战士，可以跑回到大本营，也可以回到哈里发跟前。[1]艾布·阿比岱在桥上之役中被波斯拜火教徒围攻，最终战死沙场。欧麦尔（愿主喜悦之）说："如果他加入我的方面，我一定作他的友军。"艾布·奥斯曼等人也传述，欧麦尔（愿主喜悦之）在艾布·阿比岱战死后说："人们啊！我是你们的友军。"穆佳黑德也传述，欧麦尔（愿主喜悦之）说："我是每个穆斯林的友军。"纳菲尔说，我曾问伊本·欧麦尔："我们有时与敌人交战无法坚守阵脚，我们不知道友军是哈里发还是大部队。"伊本·欧麦尔说："'**友军**'就是安拉的使者ﷺ。"我说："安拉说'**当你们在战斗中遇到隐昧者时……**'"他说："这节经文只是为白德尔战役而降示的。"

端哈克解释"**或是加入友军者**"时说："'为了加入……者'指跑到先知和圣门弟子跟前的人。"[2]除上述几种许可的原因之外，逃离阵地是非法的，是大罪之一。安拉的使者ﷺ说："你们当远离七件毁人之事。"有人问："安拉的使者啊！它们是什么？"使者说："举伴安拉，魔术，杀害无辜，吃利息，侵吞孤儿的财产，临阵脱逃，冤枉不谙世事的贞洁信女。"[3]因此说，"**谁确实带回了安拉的恼怒**"，即他带着安拉的恼怒而回去了。"**他的居所是火狱，那归宿真恶劣啊！**"即在末日，他的最终回归地是火狱。

**﴾17.你们没有杀死他们，而是安拉杀死了他们。当你射击时，你也没有射击，而是安拉射击了，以便他以来自他的嘉赏奖励信士们。安拉是全听的，全观的。﴿**

**﴾18.事实就是这样，并且安拉确实会摧毁隐昧者的诡计。﴿**

## 安拉在白德尔显示迹象，用沙土射击隐昧者

清高伟大的安拉说，他是仆人一切行为的创造者，安拉应该以出自他仆人的一切善行而受到赞美，因为是安拉赐给了他们行善的机遇，并帮助他们完成了这些行为。经文说："**你们没有杀死他们，而是安拉杀死了他们**"，即在敌众我寡的情况下，你们并没有通过你们的能力和方法杀死多神教徒，而是安拉使你们战胜了他们。如：﴾白德尔战役中，安拉援助了微弱的你们。﴿（3：123）又﴾安拉已在许多战场上和在侯奈尼之日襄助了你们。当时，你们庞大的人数使你们趾高气昂，但是它却对你们毫无益处。大地虽然是辽阔的，但对你们却变得狭窄了。后来你们掉头而逃。﴿（9：25）这说明，胜利并不取决于庞大的人数和精良的装备，胜利只来自安拉那里，正如安拉所言：﴾许多小股军队往往凭安拉的意欲战胜庞大的军队。安拉与坚忍者同在。﴿（2：249）白德尔战役中，穆圣ﷺ多次祈祷安拉之后走出凉棚，然后拿一把土投射了隐昧者，并说："愿这些脸面变成丑恶的！"同时命令弟子们奋勇杀敌。众弟子奉命拼杀之际，安拉使沙石进入多神教徒的眼睛，顿时，多神教徒手忙脚乱，自顾不暇。因此，安拉说："**当你射击时，你也没有射击，而是安拉射击了。**"[4]即真正打击多神教徒的是安拉，而不是你。

"**以便他以来自他的嘉赏奖励信士们。**"伊本·易司哈格解释为：以便让信士们认识安拉的恩典。因为安拉使他们以少胜多，以弱制强。以便他们认识安拉的权力，感谢安拉的恩典。[5]圣训说："各种考验对我们都是一种恩惠。"

"**安拉是全听的，全观的。**"安拉听着人们的一切祈求，知道谁应该得到应答。

"**事实就是这样，并且安拉确实会摧毁隐昧者的诡计**"，即这是赢得胜利之后的另一次喜讯。安拉以事实说明，他将瓦解多神教徒的诡计，注定他们遭受毁灭。赞美和恩典统属安拉。

**﴾19.如果你们要求胜利，胜利确已来临你们。如果你们停止，那对你们是更好的。倘若你们重来，我也将重来。无论你们的部队人数如何众多，它终将对你们无益。安拉确与归信者同在。﴿**

## 应答多神教徒的祈求

安拉对隐昧者说："**如果你们要求胜利……**"即如果你们祈求安拉使你们获胜，祈求安拉按你们的意愿在你们和你们的敌人——穆民之间进行裁决，那么，你们所祈求的就会实现。穆罕默德·本·易司哈格、伊本·西林等学者说："艾布·哲海里在白德尔之日说：'我们的主啊！我们双方无论谁断绝了亲情，给我们带来生疏的事情，你就在今天毁灭他们吧！'他当时正在祈求安拉使他获胜。"[6]赛丁伊说："多神教徒的军队从麦加开赴白德尔之前，抓住天房的帷幔，要求赐他们

（1）《泰伯里经注》13：436。
（2）《泰伯里经注》13：437。
（3）《布哈里圣训实录诠释——造物主的启迪》5：462；《穆斯林圣训实录》1：92。
（4）《泰伯里经注》13：444。
（5）《泰伯里经注》13：448。
（6）《艾哈麦德按序圣训集》5：431。

胜利。他们说：'我们的主啊！请襄助两军中更高尚的一军，两阵营中更尊贵的阵营，两支人马中更优秀的一支吧！'所以安拉说：'**如果你们要求胜利，胜利确已来临你们。**'安拉说：'你们所描述的那个应该受到襄助的人，正是穆罕默德。'"阿卜杜·拉赫曼说："经文指的是安拉对多神教徒的叙述：❁ 当时他们说："我们的主啊！如果这是来自你的真理……" ❁（8：32）"[1]

"**如果你们停止，那对你们是更好的**"，即如果你们停止对安拉及其使者的否认，则是在今世和后世最佳的选择。

"**倘若你们重来，我也将重来……**"一如安拉所言：❁ 如果你们恢复，我也将恢复。❁（17：8）即如果你们重归隐昧和迷误，我也将以相应的惩罚来对待你们。

"**无论你们的部队人数如何众多，它终将对你们无益。**"就算你们能组织一支非常强大的军队，但与安拉同在者是无往而不胜的。"**安拉确与归信者同在**"。"归信者"指先知的支持者。

❁ 20.**有正信的人们啊！你们当服从安拉及其使者，不要在听见的情况下离开他。**❁

❁ 21.**你们不要仿效说"我们听了"，其实他们并没有听的那些人。**❁

❁ 22.**在安拉看来，最恶劣的动物是聋子和哑巴，他们不能理解。**❁

❁ 23.**假若安拉知道他们有任何善（念），他就会使他们听。但即使安拉使他们听见，他们也会转身离去。**❁

### 安拉命令信士们服从安拉及其使者

安拉命令他的仆人中的信士们服从他和他的使者，警告不要违背他，也不要学习那些否认他、反对他的人。

"**不要在听见的情况下离开他**"，即你们不要在明白了他对你们的召唤之后，拒绝服从他而沉溺于他所禁止的事情。

"**你们不要仿效说'我们听了'，其实他们并没有听的那些人。**"伊本·易司哈格说："这些人是伪信士，从表面上看，他们似乎听见并响应了使者的号召，其实并非如此。"[2]

然后安拉介绍阿丹的子孙中最可恶的一种人，"**在安拉看来，最恶劣的动物是聋子**"，即他们听不见真理。"哑巴"指他们不理解真理。因此说：

"**他们不能理解。**"他们是最恶劣的动物，因为除他们之外的动物都服从安拉，履行着它们的生命职责。人的生命职责是崇拜安拉，但隐昧者却否认了安拉。因此安拉将他们比作了动物：❁ 隐昧者的例子，正如那只能听见喊叫的（畜牲）。❁（2：171）❁ 这等人，他们和畜牲一样，不然，他们比畜牲更迷误。这等人，他们是昏聩的。❁（7：179）伊本·阿拔斯、穆佳黑德等学者说，上述是古莱什部落中阿卜杜·达尔家族的个别成员。伊本·哲利尔认同此观点。[3] 伊本·易司哈格说："经文指的是伪信士。"笔者说，此中不存在分歧。概言之，经文所指的是一些没有正确理解能力和正确工作目标的人。然后经文说，这些人即便拥有理解能力，也不会去正确地思考问题，并付诸实践。"**假若安拉知道他们有任何善（念）**"，即假若他们有任何好的动机，安拉也会让他们明白事理，但他们没有任何善意。

"**但即使安拉使他们听见**"，即就算安拉赋予他们理解力，他们也会在明白真相之后故意顽抗。

"**他们也会转身离去**"，指抛弃真理。

❁ 24.**有正信的人们啊！当他召唤你们去获得使你们产生活力的时候，你们要服从安拉及其使者。须知，安拉会隔开一个人和他的心灵。的确，你们终将被集合到他那里。**❁

### 命令人们响应安拉和使者的召唤

布哈里说："'你们要服从'指你们要响应。'使你们产生活力的'指有利于你们的事物。"艾布·赛尔德说，有次我正在礼拜，穆圣遇到了我，他叫我时我没有立即去他那里。拜后我去他跟前，他说："你刚才怎么没有来？难道你没有听安拉说：'**有正信的人们啊！当他召唤你们去获得使你们产生活力的时候，你们要服从安拉及其使者**'？"使者接着说："在出此门之前，我要教授你《古兰》中最伟大的一个章节。"后来，使者快要走出寺门时，我对他提醒了这个许诺（给我教授《古兰》中最伟大的一章，使者就对我教授了《开端章》）。哈福素·本·阿斯穆听圣门弟子赛尔德谈过这件事情。他说，《开端章》是重复的七节经文。[4] 伊本·易司哈格说，"**使你们产生活力的**"指战争。因为安拉在那些战争中使他们从卑贱走向荣耀，从弱小走向强大，从被征服走向了胜利。[5]

---

(1)《泰伯里经注》13：453。
(2)《泰伯里经注》13：458。
(3)《泰伯里经注》13：460。
(4)《布哈里圣训实录诠释——造物主的启迪》8：158。
(5)《穆圣传》2：324。

## 安拉可以干预人的心灵

"须知，安拉会隔开一个人和他的心灵。"伊本·阿拔斯说："安拉会使穆民和隐昧者分开，使隐昧和正信分开。"(1) 穆佳黑德说："经文指安拉会让一些人对一些事不理解而作罢。"赛丁伊解释说："人们信仰与否，完全取决于安拉的意欲。"与这节经文意义相符的圣训很多。艾奈斯·本·马立克说："穆圣☪经常念：'改变心灵的主啊！求你使我的心稳定于你的宗教。'我们说：'安拉的使者啊！我们归信你和你带来的一切，你还对我们感到担心吗？'使者说：'是的。人们的心灵在至仁主的两指之间，他可以任意改变它们。'"(2) 穆圣☪说："人们的心灵都在至仁主——众世界养主的两指之间，他可以使之端正，也可以使之歪斜。"他还经常说："改变一切心灵的主啊！求你使我的心坚定于你的宗教。"又说："天秤由至仁主掌握，他可以使之高，也可以使之低。"(3)

**☪ 25.你们要提防，考验不会只降于你们当中的不义者，你们要知道安拉的惩罚是严厉的。☪**

## 关于磨难之普遍的警示

安拉让他的仆人中的信士们防备考验和磨难，它们不会专门降于犯罪者和作恶者，它们将不可抗拒地降临于每个人头上。穆团磊夫说，我们对祖拜尔说："阿卜杜拉的父亲啊！你们怎么来了？你们当时没有照顾好哈里发，以致他被杀害了，而今你们却来为他报仇？"祖拜尔（愿主喜悦之）说："我们在使者、艾布·伯克尔、欧麦尔和奥斯曼时代，都读着这节经文：**'你们要提防，考验不会只降于你们当中的不义者'**，但我们从来没有想到我们会面临经文所述的考验，它确实发生了。"(4)(5) 伊本·阿拔斯解释这节经文时说，经中的"你们"指圣门弟子。另据传述，伊本·阿拔斯就这节经文说："安拉命令信士们不要让恶事在他们中根深蒂固，否则安拉将毁灭他们全部。"(6) 这是对这节经文最好的解释。因此，穆佳黑德说："经文也针对你们（指圣门弟子以后的世人）。"(7) 伊本·麦斯欧迪说："你们中的每个人都将遭受安拉的考验，因为安拉说：'你们要提防，考验不会只降于你们当中的不义者。'当你们中有人求庇佑时，应当求安拉从各种迷途的考验中拯救他。"(8) 虽然这节经文呼吁的是圣门弟子，但事实上它不但针对圣门弟子，而且针对其他人。相关的许多圣训都可以证明这一观点。类似的著作很多，许多学者都曾专题论述这一问题。最具代表性的圣训是安拉的使者☪的下列圣训："以掌握我生命的安拉发誓，你们应该命人行善，止人作恶，否则安拉会为你们降下发自他的惩罚，此后你们若再去祈求他，就不会应承你们了。"(9) 艾布·磊尕德传述，我与我的主人出门后，我被派到胡宰法跟前，他说："在安拉的使者☪时代，有人由于说了某句话而变成伪信士。但现在我听到有些人居然在同一位置将这句话说了四次。你们要命人行善，止人作恶，并当鼓励人们行善，否则，安拉将毁灭你们全部，或让一个恶人来统治你们，届时，你们中好人的祈求也不获准。"(10)

（另一段圣训）努尔曼·本·毕西尔在讲演中用手指了指两耳，说："执行安拉法度的人、触犯法度的人和对触犯法度者听之任之者，就像共同乘船的一伙人。部分人在最下面，在最险恶的地方，部分人则在最上面。最下面的人要喝水时必须经过上面的人，这对他们造成了麻烦。所以他们说：'如果我们在这里凿一个洞，我们不但可以饮水，也可以对上面的人不造成危害。'如果上面的人对这种提议不予理睬，他们就会全部灭亡。如果他们互相制止，就会全部获救。"(11)

（另一段圣训）圣妻乌姆·赛莱迈说："我听到安拉的使者☪说：'如果犯罪在我们的民族中公开化，安拉就给他们全体降下发自他的惩罚。'我问：'安拉的使者啊！即便他们中还有一些好人吗？'使者说：'是的。'我问：'那么，那些好人将会怎样？'使者说：'他们要和其他人一样受到打击，然后会得到安拉的宽恕和喜悦。'"(12)

（另一段圣训）安拉的使者☪说："如果一个群体中有人犯罪，而一些有能力的人不去阻止，安拉就会给他们降下普遍的惩罚。"(13)

**☪ 26.你们当铭记，当时你们是大地上受欺压的少数人，你们怕世人掠夺你们，但安拉使你们安**

---

（1）《泰伯里经注》13：468。
（2）《艾哈麦德按序圣训集》3：112。
（3）《艾哈麦德按序圣训集》4：182。
（4）当时哈里发遇害，麦地那陷入混乱。——译者注
（5）《艾哈麦德按序圣训集》1：165。
（6）《泰伯里经注》13：474。
（7）《泰伯里经注》13：475。
（8）《泰伯里经注》13：475。
（9）《艾哈麦德按序圣训集》5：388。
（10）《艾哈麦德按序圣训集》5：390。
（11）《艾哈麦德按序圣训集》4：269。
（12）《艾哈麦德按序圣训集》6：304。
（13）《艾哈麦德按序圣训集》4：364。

居，并以其援助支持你们，还赐给你们一些佳美之物，以便你们感谢。♦

## 让安居大地、获得力量和胜利的穆斯林不要忘记昔日的弱小和屈辱

安拉给信士们提醒他对他们的恩典和恩惠：他们曾人少势弱，后来安拉使他们人多势众，他们曾软弱好欺，后来安拉让他们壮大强胜，他们曾穷困潦倒，后来安拉赐他们佳美的物品，使他们富有。安拉要求他们感谢这些恩典，所以他们应该顺从安拉，服从安拉的一切命令。这就是那些曾在麦加受剥削的穆斯林——一个人少势弱、只能秘密履行宗教功课的地下群体，他们担心其他地区的多神教徒、拜火教徒和罗马人侵犯他们；他们因为身单力薄，在弱肉强食的那个社会受尽世人的压迫。对他们而言，被压迫已经成了习惯。后来安拉让他们迁徙麦地那，得到当地人的热情招待和支持，特别是白德尔之日的支持。他们和当地人同甘共苦，为了服从安拉和使者费尽了心血。

格塔德解释"**你们当铭记，当时你们是大地上受欺压的少数人**"时说："这个阿拉伯部落，处于当时社会的底层，他们曾经饥寒交迫，愚蠢至极。他们中活着的人，悲惨地活着，死去的人将坠入火狱，他们是弱肉强食的牺牲品。以安拉发誓，据我所知，当时世界上没有比他们的处境更加悲惨的人。安拉带来伊斯兰后，他们安居乐业，生活幸福，征服了世界。安拉通过伊斯兰所赋予的一切，都是有目共睹的，请感谢安拉的恩典吧！你们的养主是施恩者，他喜欢仆人的感谢，感恩者会更加幸福。"(1)

♦ 27.有正信的人们啊！你们不要背叛安拉及其使者，也不要故意背叛你们受的信托。♦

♦ 28.须知，你们的财富和子嗣只是一项考验，安拉那里有重大的回赐。♦

### 这节经文的降示原因 禁止背叛

两圣训实录记载了哈特卜的故事，他曾在解放麦加之年向古莱什人通风报信，泄露使者的行动。后来安拉让使者得知他的情况，使者便派人追回了那封信，并招来哈特卜，哈特卜对自己的行为供认不讳。欧麦尔站起来说："安拉的使者啊！我可以斩下他的首级吗？他已经背叛了安拉及其使者和信士们。"使者说："请放了他吧！他参加过白

───
(1)《泰伯里经注》13：478。

德尔，你怎能知道，安拉曾俯瞰过白德尔的战士，然后说：'你们想做什么就做吧！我已经宽恕了你们。'"笔者认为，虽然这节经文是因特殊原因降示的，但它具有普遍意义。学者们主张，我们应该遵循经典的普遍意义，而不必拘泥于其特殊的降示背景。"**背叛**"指直接或间接的一切大小罪恶。伊本·阿拔斯解释说，这节经文中的"**信托**"指安拉信托仆人去做的各种天职。"**不要背叛**"指不要破坏。(2)

阿卜杜·拉赫曼传述："他禁止你们像伪信士一样背叛安拉和使者。"(3)

"**须知，你们的财富和子嗣只是一项考验**"，即安拉赐给你们财富和儿女，以便考验你们，看看你们是感谢他、顺从他，还是迷恋享乐，而忘记他、背弃他。正如安拉所言：♦ 你们的财富和你们的子女只是考验。安拉那里有巨大的报偿。♦（64：15）又♦ 我以恶与善考验你们。♦（21：35）♦ 有正信的人们啊！不要让你们的财富和子嗣使你们贻误了对安拉的记念。谁那样做，他们确实是亏折的。♦（63：10）又♦ 有正信的人们啊！的确，在

───
(2)《泰伯里经注》13：585。
(3)《泰伯里经注》13：483。

你们的妻室和儿女中有你们的敌人，你们要防备他们！》（64：14）

"安拉那里有重大的回赐"，即对于你们来说，安拉的报偿和乐园是比财富和儿女更好的。因为儿女中可能出现逆子，往往儿女并不能为父辈带来益处，而清高伟大的安拉是今后两世的决策者和掌权者，在末日，他那里的报偿是非常优厚的。安拉的使者㊥说："具备三点的人会发现信仰的甜美。（它们是）安拉和使者是他的至爱；爱一个人，只为安拉而爱他；安拉从隐昧中拯救了他之后，他憎恶过去，就像憎恶被扔进火狱一样。"(1)穆民对安拉使者㊥的爱，应该超越对儿女、财产和自己的爱。(2)圣训明确指出："以掌握我生命的安拉发誓，你们中任何人不能算作信士，除非他对我的爱，要超越对他自己、他的家人、他的财产和全人类的爱。"(3)

《29.有正信的人们啊！如果你们敬畏安拉，他就会赐给你们准则，并替你们消除你们的罪过，还会宽恕你们。安拉是具有重大恩赏的。》

伊本·阿拔斯、穆佳黑德、艾克莱麦、端哈克、格塔德、赛丁伊、穆尕提里·本·罕雅尼等学者说，"准则"（الفرقان）指出路。穆佳黑德补充说："今世和后世中的出路。"(4)另据传述，伊本·阿拔斯说认为指获救、援助。伊本·易司哈格说，该词指真伪间的辨别力。伊本·易司哈格的这种注释比前面的注释得到了更普遍的认可。因为它包括了前面几种注释的精神意义。换言之，谁遵循安拉的命令，去做安拉许可的事情，不做受禁止的事情，说明他具备了辨别真伪的能力，这种辨别力使他在今世获得胜利、平安和出路，在后世得到幸福和赦宥。其结果是他将获得安拉的优厚报偿。正如安拉所言：《有正信的人们啊！你们敬畏安拉，归信他的使者，他就会赐给你们双份的慈悯和你们靠之行走的光明，并将宽恕你们。安拉是至赦的、至慈的。》（57：28）

《30.当时，那些隐昧者对你施展诡计，企图拘禁你，或杀害你，或驱逐你，他们在用诡计，安拉在用妙计。安拉是最好的计谋者。》

---
(1)《穆斯林圣训实录》1：66。
(2)《穆斯林圣训实录》1：67。
(3)《布哈里圣训实录诠释——造物主的启迪》1：75。
(4)《泰伯里经注》13：489、490。

## 麦加人曾经预谋杀害穆圣㊥，或拘禁他，或驱逐他

伊本·阿拔斯、穆佳黑德和格塔德说，"拘禁你"指约束你。(5)赛丁伊说，该词指拘禁、束缚。(6)

伊本·阿拔斯说，古莱什各部落的贵族们聚集到一起，打算在议事厅开会，这时伊卜厉斯以一个长者的面目出现在他们当中。他们问道："你是谁？"它说："我来自内志，听说要开会，我的建议和忠告会对你们有所帮助。"众人说："那就请进吧！"它同人们进入议事厅后说："你们当留意这个人（穆圣㊥），以安拉发誓，他即将对你们产生重大的影响。"有个古莱什人说："请将他（穆圣㊥）拘禁起来，等待厄运降临，那时，他就会像以前的诗人祖海里和纳毕俄一样死去。他不过是像他们一样的一个诗人。"安拉的敌人"内志老者"喊道："以安拉发誓，这不是什么好主意。以安拉发誓，若是这样，他的养主会把他救到他的伙伴那里；或者他的伙伴们可能来抢走他，并将他保护起来。那时，他可能从你们的家园驱逐你们。"众人说："老者说得对。看有没有其他办法。"有人说："只有驱逐他，才会解除后顾之忧，如果他离开了你们，他的行为就不会对你们产生伤害，那时，无论他做什么，都与你们无关了。"老者说："以安拉发誓，这不行。难道你们忘了他的甜言蜜语，巧言善辩？谁听了他的话，谁就会被他迷惑，以安拉发誓，如果你们这样做，他会召集更多的阿拉伯支持者来攻击你们。那时，你们将会丧失故土，你们中的贵族将引来杀身之祸。"众人对老者的分析表示赞同，说："以安拉发誓，再想想其他办法吧！"艾布·哲海里（愿主诅咒他）说："我建议从每个部落中选拔一个门第尊贵的青年，让他们每个人手持一把利剑，每人向他刺一剑，这样，各部落就都承担了他的血债。我看哈希姆家族这些人没有能力对付整个古莱什部落，这种局面会让他们一筹莫展，他们只好接受抚恤金，我们则可安枕无忧。"老者听后说："以安拉发誓，这真是个绝妙之计。话还是要青年人说。我不赞成其他建议。"众人商定诡计后，分头去实施这一阴谋。这期间，吉卜勒伊里来到穆圣㊥处，告诉给他多神教徒的诡计，所以穆圣㊥当夜没有在自己房中过夜。此间，安拉允许他迁徙，他到了麦地那后，安拉降示《战利品章》，在其中谈到了这一事件，叙述了这一恩典。"**当时，那些隐昧者对你施展诡计，企图拘禁你，或杀害**

---
(5)《泰伯里经注》13：491。
(6)《泰伯里经注》13：491。

你，或驱逐你，他们在用诡计，安拉在用妙计。安拉是最好的计谋者。"他们曾说："你们把他拘禁起来，等待厄运降临，那时，他就像以前的诗人一样死去。"安拉因此而降示经文，说：⟨ 或许他们说："他是一个诗人！我们等待他遭受厄运。" ⟩（52：30）那日被称为聚集日，因为他们会聚一堂，各抒已见，预谋迫害穆圣。[1]

"他们在用诡计，安拉在用妙计。安拉是最好的计谋者。"欧尔沃·本·祖拜尔解释说："安拉以万全之策对付他们，从而解救了穆圣。"[2]

⟨ 31.当有人向他们诵读我的启示时，他们说："我们已经听过了，如果我们愿意，我们也能说出和它相似的，这只不过是前人的寓言罢了。" ⟩

⟨ 32.当时他们说："我们的主啊！如果这是来自你的真理，那么就给我们从天上降下石雨，或给我们带来惨痛的惩罚吧！" ⟩

⟨ 33.你在他们当中时，安拉不会惩罚他们；他们祈求宽恕时，安拉也不会惩罚他们。 ⟩

## 古莱什人妄言他们有能力写出一些文章，与《古兰》一决高低

安拉讲述了古莱什人的否认、叛逆和顽固，他们甚至在听到《古兰》的时候大言不惭，说："**我们已经听过了，如果我们愿意，我们也能说出和它相似的。**"这不过是他们的空口说白话。事实上《古兰》曾多次向他们发出通告，让他们带来类似《古兰》的一章经文，但他们一直束手无策，他们只是在自欺欺人，并蒙骗那些盲目的追随者。赛尔德·本·朱拜尔等人说，这个大言不惭的人是奈朵尔·本·哈里斯（愿安拉诅咒他）。他曾去过波斯，在那里听说了一些波斯君王鲁斯坦[3]和艾斯凡迪雅勒等人的奇闻逸事。他回到阿拉伯地区时，穆圣已经开始宣教，并经常给人们诵读《古兰》，每当穆圣诵经宣教后起身离去，奈朵尔就会坐到穆圣坐过的地方，给人们宣讲那些君王的故事，讲完后问人们："以主起誓，我和穆罕默德之间，谁的故事更有趣？"因此，安拉在白德尔之日让他得到了应有的下场，他被穆斯林俘虏之后，穆圣命人处死了他。赞美和恩情，都归于安拉。

"**前人的寓言**"，指从一些古籍中摘录的片段。奈朵尔对人说，穆圣从古籍中剽窃的这些片段，其实是十足的谎言。安拉在另一段经文中介绍他们的情况说：⟨ 他们说："（这是）他写下来的古代神话，它是早晚被口授给他的。"你说："知道诸天与大地中的奥秘的安拉降下了它。他确实是至赦的、至慈的。" ⟩（25：5-6）即安拉会接受忏悔者的忏悔，会宽恕他们。

## 多神教徒祈求获胜，要求看见惩罚

"**当时他们说：'我们的主啊！如果这是来自你的真理，那么就给我们从天上降下石雨，或给我们带来惨痛的惩罚吧！'**"这表明他们愚昧透顶以及对真理无以复加的顽抗和否认。他们因此受到了谴责。其实他们更应该说："我们的主啊！如果这是来自你的真理，就请你引导我们认识它，给我们机遇坚持它。"但他们却要求自己被征服，迫不及待地要求惩罚到来。正如安拉所言：⟨ 他们要求你立即带来惩罚。如果不是有一个定期，惩罚已经降于他们了，它必将在他们不知不觉的时候突然降到他们。 ⟩（29：53）又⟨ 他们说："我们的主啊！求你在结算日以前快点把我们应得的判给我们吧！" ⟩（38：16）又⟨ 当要求者要求必定降临的惩罚。那是降给隐昧者的，无人能够抗拒它，来自安拉——掌管天梯的主宰。 ⟩（70：1-3）前人中的一些愚人也曾这样说，比如舒尔布的民族说：⟨ 如果你是诚实的，你就使一块天落到我们的头上吧！ ⟩（26：187）古莱什人中的愚人则说："**我们的主啊！如果这是来自你的真理，那么就给我们从天上降下石雨，或给我们带来惨痛的惩罚吧！**"艾奈斯·本·马立克说，艾布·哲海里曾说这样的话（祈求安拉惩罚他），后来安拉降下："**你在他们当中时，安拉不会惩罚他们；他们祈求宽恕时，安拉也不会惩罚他们。**"[4]

## 穆圣的存在和多神教徒的祈求，是他们免受惩罚的原因

**你在他们当中时，安拉不会惩罚他们；他们祈求宽恕时，安拉也不会惩罚他们。**

伊本·阿拔斯说，多神教徒们在巡游天房时高念："主啊！响应你！响应你！你没有配偶。"穆圣听到这里后说："这就够了。"但他们却继续高喊："主啊！响应你，你没有伙伴，除非你所掌管而他无所掌管的伙伴。"他们还说："宽恕我们吧！宽恕我们吧！"后来安拉降谕道："**你在他们当中时，安拉不会惩罚他们。**"伊本·阿拔斯说："他们没有遭受惩罚的原因有二：一是穆圣，二是求饶。穆圣离去后只剩下了求饶。"[5]艾

---

[1]《穆圣传》1：480、481、482。
[2]《穆圣传》2：325。
[3] 以后被欧麦尔所消灭。——译者注
[4]《布哈里圣训实录诠释——造物主的启迪》8：160。
[5]《泰伯里经注》13：511。

布·穆萨·艾什尔里传述，安拉的使者㉛说："安拉因我而赐给我的民族两个安宁。**'你在他们当中时，安拉不会惩罚他们；他们祈求宽恕时，安拉也不会惩罚他们。'**我归真后在他们中留下了求饶，直至末日⁽¹⁾。"⁽²⁾

下列圣训可以证明这一点：安拉的使者㉛说："恶魔说：'主啊！以你的尊严发誓，只要他们的灵魂还在他们体内，我就会诱惑他们。'安拉说：'以我的尊严和伟大发誓，只要他们向我求饶，我就会宽恕他们。'"⁽³⁾

❈ 34.安拉怎么不会惩罚他们呢？他们阻止他人进入禁寺，而他们不是它的保护者，它的保护者只是那些敬畏者，但是他们中的大部分人并不知道。❈

❈ 35.他们在天房中的礼拜只是口哨和鼓掌，所以因你们的否认而尝受刑罚吧！❈

### 多神教徒干了丑事之后遭受惩罚

清高伟大的安拉说，多神教徒罪有应得，但他们借穆圣㉛的吉庆而暂时没有遭受惩罚。因此，当穆圣㉛离开他们去麦地那期间，安拉在白德尔惩罚了他们，他们中的许多首领被杀或被俘。其余的人虽然还是在举伴安拉，触犯大罪，但安拉指导他们为自己求饶，若不是因为他们中生活着一些向主求饶的被压迫、被虐待的穆斯林，他们早就遭受了不可抗拒的惩罚。正如安拉在侯代比亚之日所说：❈ 他们不归信并阻止你们去禁寺，还阻止被拘禁的牺牲到达它的目的地。如果不是为了你们所不认识的归信的男女（安拉早就允许你们进入麦加，战胜多神教徒），以免你们蹂躏他们，你们就要在不知不觉中因为他们而招致罪责，以便他使他所愿意的人进入他的慈悯。如果他们已经分开，我一定严厉地惩罚他们当中的隐昧者。❈（48：25）

"**安拉怎么不会惩罚他们呢？他们阻止他人进入禁寺，而他们不是它的保护者，它的保护者只是那些敬畏者，但是他们中的大部分人并不知道**"，隐昧者阻止那些完全有资格进入禁寺的穆民们在里面礼拜和巡游天房，因此说"**他们不是它的保护者，它的保护者只是那些敬畏者**"，即他们没有资格作天房居民，有资格成为天房居民的人，是穆圣㉛和他的弟子们。正如安拉所言：❈ 供认自己不信的多神教徒不应该建造安拉的清真寺。这等人，

他们的工作是徒劳的，他们将永居火狱。只有归信安拉和末日，谨守拜功、完纳天课和惟独敬畏安拉的人，才建造安拉的清真寺，这等人，他们或许是得正道的。❈（9：17-18）又 ❈ 阻碍主道，不信安拉，阻止人们接近禁寺，驱逐其居民，这些行为在安拉看来是更严重的罪恶。❈（2：217）勒法尔传述，安拉的使者㉛召集了古莱什人，说："你们中有其他人吗？"他们说："我们中有我们的外甥，我们的同盟者和我们的奴隶。"穆圣㉛说："我们的同盟者属于我们，我们的外甥属于我们，我们的奴隶属于我们。确实，我的朋友是你们中的一些敬畏者。"⁽⁴⁾

"**它的保护者只是那些敬畏者**"，欧勒沃、赛丁伊、伊本·易司哈格说："经文指穆圣㉛及其弟子们。"穆佳黑德说："他们是任何地方和任何时代的奋斗者。"然后经文叙述了多神教徒们在天房内的放荡行为，说："**他们在天房中的礼拜只是口哨和鼓掌。**"伊本·欧麦尔和伊本·阿拔斯等人说："经文指口哨。"⁽⁵⁾ 穆佳黑德补充说："他们

---

（1）即我归真后只要他们向安拉求饶，就不会遭受惩罚，直至末日。——译者注
（2）《提尔密济圣训全集诠释》8：472。
（3）《艾哈麦德按序圣训集》3：29。
（4）《哈肯圣训遗补》2：328。
（5）《泰伯里经注》13：522、526。

把手指放进嘴里……"⁽¹⁾

伊本·阿拔斯解释"**他们在天房中的礼拜只是口哨和鼓掌**"说："古莱什人在巡游天房当中打口哨，拍手掌。"伊本·欧麦尔说，"مكاء"指打口哨；"تصدية"指鼓掌。赛尔德本·本·朱拜尔说，"تصدية"指阻碍主道。⁽²⁾

"**所以因你们的否认而尝受刑罚吧！**"伊本·易司哈格说："经文指多神教徒在白德尔之日遭受杀戮和被俘。"⁽³⁾

❧ 36.那些隐昧的人花费钱财，以便妨碍主道。他们花费它，然后，它将变成他们的苦恼，然后他们将被征服。那些隐昧的人都将被集中到火狱中。❧

❧ 37.以便安拉区分龌龊的和美好的。他将把龌龊的层层堆积起来。然后把它扔进火狱当中。这等人，他们确实是亏折的。❧

## 隐昧者花费财产阻碍主道，但这一切最终使他们悔恨莫及

伊本·易司哈格说，有些学者说，白德尔之日，古莱什人遭受打击后回到了麦加，阿卜杜拉·本·艾布·莱毕尔、艾克莱麦·本·艾布·哲海里、索夫万等人带领在白德尔失去亲人的一些人，前去见安全经商回来的艾布·苏富扬，他们对艾布·苏富扬和其他占有商队股份的古莱什人说："各位古莱什人啊！穆罕默德欺人太甚，杀死了你们中一些优秀的人。请拿出你们的财产，支持我们与他们战斗，为我们死去的人们报仇雪恨！"艾布·苏富扬等人同意了他们的请求。据伊本·阿拔斯说，安拉为这些人降谕道："**那些隐昧的人花费钱财……他们确实是亏折的。**"⁽⁴⁾穆佳黑德等人也说，这节经文是因艾布·苏富扬而降示的，他曾花费财产，在吾侯德战役中和安拉的使者作战。⁽⁵⁾

端哈克说："这段经文是为参加白德尔战役的人们降示的。"⁽⁶⁾无论怎样去认识，这节经文都具有普遍意义，虽然它是因为特殊的历史原因而降示的。安拉所以判定，为了阻碍主道而花费财产的人们，他不但损失财产而一无所获，而且他们的行为必定会化为烦恼困扰他们，只因为他们的目的

---
（1）《泰伯里经注》13：522。
（2）《泰伯里经注》13：527。
（3）《泰伯里经注》13：528。
（4）《泰伯里经注》13：532。
（5）《泰伯里经注》13：530、531。
（6）《泰伯里经注》13：533。

是要熄灭安拉的光明，将自己的言论凌驾于真理之上。但安拉终究要全美他的光明，即使隐昧者不愿意看到这个结局。安拉襄助他的宗教，宣扬他的言论，让他的宗教战胜所有其他宗教。这是隐昧者们在今世受到的凌辱。在后世，他们还要遭受火狱的惩罚。他们中活着的人，将目睹、亲身经历这一伤心的结局，他们中死去的人，将遭受永远的耻辱和永恒的惩罚。因此说："**他们花费它，然后，它将变成他们的苦恼，然后他们将被征服。那些隐昧的人都将被集中到火狱中。**"

"**以便安拉区分龌龊的和美好的。**"伊本·阿拔斯解释为："以便将幸福的人和不幸的人区别开。"⁽⁷⁾即分清谁服从安拉的命令，讨伐安拉的敌人；谁抗拒安拉的命令，逃避战争。正如安拉所言：❧ **安拉不会让你们——信士们常处于你们所处的现状之中，直到他把善恶分开。安拉不会让你们发现未见。**❧（3：179）又❧ **在你们遭遇死亡之前，你们曾希望死亡。现在你们已经亲眼看见它了。**❧（3：143）按照这种解释，经文的意义是：我以和你们作战的隐昧者考验你们，给他们花费财产的能力，"**以便安拉区分龌龊的和美好的。他将把龌龊的层层堆积起来。然后把它扔进火狱当中。这等人，他们确实是亏折的**"，即他们是今世和后世的亏折者。

❧ 38.你告诉那些隐昧的人，如果他们停止，那么就既往不咎。倘若他们故态复萌，那么前人的例子已经发生过了。❧

❧ 39.你们当和他们战斗，直到没有迫害，宗教全归安拉。倘若他们停止，安拉确实是明察他们的行为的。❧

❧ 40.如果他们拒绝，那么，你们当知道安拉是你们的保护者，保护者真优美啊！襄助者真优美啊！❧

## 鼓励隐昧者向安拉忏悔，警告他们的隐昧行为

伟大的安拉对先知穆罕默德说："**你告诉那些隐昧的人，如果他们停止**"，即如果他们停止隐昧、敌对和顽抗，并接受伊斯兰，进行忏悔，顺从安拉，"**那么就既往不咎**"，即他们以前的隐昧、罪恶和错误，都会得到赦宥。穆圣说："加入伊斯兰后弃恶从善的人，不因为归信之前的行为而遭受惩罚；加入伊斯兰后继续作恶的人，将遭受前前后后一切罪行的报应。"⁽⁸⁾又说："伊斯兰能涤除

---
（7）《泰伯里经注》13：534。
（8）《布哈里圣训实录诠释——造物主的启迪》12：277。

以前的罪恶，忏悔也能涤除以前的罪恶。"(1)

"倘若他们故态复萌，那么前人的例子已经发生过了。"如果他们故伎重演，继续作恶，那么，安拉对待前人的例子已经有过了。换言之，如果他们否认安拉，顽抗到底，就会立即遭受惩罚。

### 命令为了终结隐昧和以物配主而战

"你们当和他们战斗，直到没有迫害，宗教全归安拉。"布哈里传述，有人来到伊本·欧麦尔跟前，对他说："❀如果信士中的两派互相争斗……❀（49：9）你为什么不根据经典的要求进行战斗？"伊本·欧麦尔说："❀谁故意杀害一位信士，谁的报应是火狱，他将永居其中。安拉恼怒他，诅咒他，为他准备了重大的惩罚。❀（4：93）那人说，安拉说："你们当和他们战斗，直到没有迫害。"伊本·欧麦尔说："我们曾在使者㊣时代身经百战，当时伊斯兰比较弱小，人们因为宗教而备受考验，有人被惨杀，有人被禁锢。伊斯兰强大之后已不存在什么迫害了。"那人知道无法说服伊本·欧麦尔，便问道："你对阿里和奥斯曼有何看法？"伊本·欧麦尔说："我对他们的看法是这样的，虽然你们不愿意安拉原谅奥斯曼，但事实上安拉已经原谅了他。阿里则是安拉的使者㊣的堂弟，也是他的女婿。"他用手比画了一下说："无论你们如何看待，这是他的女儿。"(2)

赛尔德·本·朱拜尔说，有一天，伊本·欧麦尔（愿主喜悦之）出现在我们之间，有人问道："你怎么看待迫害时期的战斗？"他回答道："你知道'迫害'指的是什么吗？穆罕默德㊣曾和多神教徒进行战争，是因为遭受了他们的迫害。消除迫害之战决不像你们的权力之争。"(3)

端哈克说，伊本·阿拔斯认为"你们当和他们战斗，直到没有迫害"中的"迫害"指"以物配主"。(4)艾布·阿林、穆佳黑德、哈桑、格塔德赛丁伊、莱毕尔·本·艾奈斯、栽德·本·艾斯莱姆都持此观点。伊本·易司哈格说："我听祖海里等学者说：'直到没有迫害'，指直到任何人都不因信教而遭受迫害。"(5)

"宗教全归安拉"，伊本·阿拔斯说，经文指"人们只归信安拉是独一的"。(6)哈桑和格塔德解释为："直到人们说：'应受拜者，惟有安拉。'"(7)伊本·易司哈格解释为："直到人们只归信安拉是独一的，并消除以物配主，铲除一切偶像。"(8)阿卜杜·拉赫曼解释为："直到你们的信仰中不存在隐昧。"(9)下列圣训可以证明上述观点：两圣训实录辑录，安拉的使者㊣说："我奉命和人们作战，直到他们说'应受拜者，惟有安拉'，如果他们这样说了，他们就从我这里得到了生命和财产的安全保障，除非由于合法的原因(10)。安拉负责清算他们。"(11)有人关于三种斗士问安拉的使者㊣，一个人勇敢地战斗，一个人为了打抱不平而战斗，另一个人为沽名钓誉而战斗，哪一个人在主道上？使者说："为了安拉的言语是至高的言语而战者，在伟大安拉的道路上。"(12)

"倘若他们停止"，即他们因为你们的争战而停止隐昧，即使他们并非出于心悦诚服，"**安拉确实是明察他们的行为的。**"正如安拉所言：❀倘

---

（1）《穆斯林圣训实录》121；《艾哈麦德按序圣训集》4：205。
（2）《布哈里圣训实录诠释——造物主的启迪》8：160。
（3）《布哈里圣训实录诠释——造物主的启迪》8：160。
（4）《泰伯里经注》13：538。
（5）《伊本·艾布·哈提姆经注》5：1701。
（6）《伊本·艾布·哈提姆经注》5：1701。
（7）《泰伯里经注》13：538、539。
（8）《穆圣传》2：327。
（9）《泰伯里经注》13：539。
（10）譬如偿还债务。——译者注
（11）《布哈里圣训实录诠释——造物主的启迪》1：95；《穆斯林圣训实录》1：53。
（12）《布哈里圣训实录》123、2810、3126、7458。

若他们忏悔，并守拜功，纳天课，那么就开放他们的道路。》（9：5）又《 他们就是你们宗教中的兄弟。》（9：11）《 你们跟他们战斗，直到是非消除，宗教归于安拉。倘若他们停止，那么，除了对付不义者，不应存在敌意。》（2：193）武洒麦在一次战斗中正在和对手交战，忽然那人说了一句："应受拜者，惟有安拉。"但武洒麦还是将那人杀死了。安拉的使者🕊听到消息后说："在他念了'应受拜者，惟有安拉'之后，你杀死了他吗？在末日，你怎么对待'应受拜者，惟有安拉'？"武洒麦说："安拉的使者啊！那人是为了活命而那样说的。"使者说："你打开了他的心吗？"使者不停地重复说："在末日，谁替你向'应受拜者，惟有安拉'解释？"武洒麦说："甚至我想，那日之前我还不是一个穆斯林多好啊。"[1]

"**如果他们拒绝，那么，你们当知道安拉是你们的保护者，保护者真优美啊！襄助者真优美啊！**"即如果他们继续反对你们，并和你们交战，那么，你们要知道安拉是你们的保护者，是你们的主，他将援助你们消灭敌人。保护者太优美了！襄助者太优美了！

《 41.**你们要知道，你们所取得的任何战利品，其五分之一属于安拉、使者、近亲、孤儿、穷人和旅客。如果你们归信安拉和在辨别之日——两军相遇之日——我启示给我的仆人的。安拉对于万事是全能的。**》

## "俄尼麦"[2]和"法艾"[3]的断法

伟大的安拉在此阐明他专为这一民族制定的法律，即使之在各民族之中享有使用俄尼麦的特权。俄尼麦指在战争中通过战斗从隐昧者阵营获得的财产，即战利品。法艾指通过非战争手段从隐昧者那里获得的财产，比如隐昧者的贡品、没有继承人的隐昧者留下的财产、人丁税和土地税等。

"**你们要知道，你们所取得的任何战利品，其五分之一属于安拉。**"经文强调，即使一针一线的战利品，也要分成五份，并将五分之一交给穆斯林的首领。安拉说：《 如果安拉援助你们，没有人能够战胜你们。如果他舍弃你们，此后有谁能够帮助你们呢？让信士们托靠安拉吧！》（3：160）

"**其五分之一属于安拉、使者……**"伊本·阿拔斯说："每当使者派出的一支人马凯旋，使者总是将战利品分成五份，五分之一就是从这五份中抽出的。"他接着读道："**你们要知道，你们所取得的任何战利品，其五分之一属于安拉、使者……**"伊本·阿拔斯说："'**其五分之一属于安拉**'是《 天地中的一切，都属于安拉。》（2：284）这段经文的钥匙。"[4]他认为安拉和使者共同拥有一份。伊布拉欣·奈赫伊、哈桑·巴士里、穆罕默德·本·哈乃斐、舒尔宾、阿塔·本·艾布·勒巴海、阿卜杜拉·本·拜磊德、格塔德、穆黑莱等学者都持此一说。[5]下列圣训可以证明这一观点：据阿卜杜拉·本·谢给格传述，有个人告诉他说："我到某乡镇的山谷去见安拉的使者🕊，当时他正在观看一匹马。我问：'安拉的使者啊！应该怎样分配战利品？'使者说：'五分之一属于安拉，五分之四属于军队。'我问：'此中有人享有特权吗？'使者说：'没有。即使你拔掉了肋部的箭，这样，你也不比你的穆斯林兄弟特殊。'"[6]

米格达德·本·麦尔迪科鲁拜说，他曾和欧拜德·本·萨米特、艾宾·德尔达伊以及哈里斯坐在一起探讨一节圣训。艾宾·德尔达伊对欧拜德说，欧拜德啊！安拉的使者🕊在某某战役中是怎样陈述战利品中的五分之一的？欧拜德说："在一次战役中，安拉的使者🕊带领弟子们朝一峰缴获的骆驼的方向做礼拜，拜后使者站了起来，在两个手指间夹着一根绒毛说：'这属于你们的战利品，它不属于我，属于我的只是五分之一。这五分之一也将交归你们，请交出每一根针和每一根线吧！即便比它更小的东西，你们也不能贪污。确实，贪污是今世和后世中贪污者的火刑和耻辱。你们应当为了安拉和远近的敌人战斗。为了安拉，你们不必理会别人的斥责。无论在家还是出外，你们都要遵守安拉的法度。你们要为安拉的道路而奋斗。因为奋斗是通往乐园的一道大门，安拉通过它从忧愁和烦恼中拯救仆人。'"[7]

阿慕尔·本·安白赛传述，安拉的使者🕊可以为自己选择一件他所喜爱的战利品，比如奴隶、女奴、马、宝剑或其他。穆罕默德·本·西林、阿米尔和大部分学者都持此观点。[8]

伊本·阿拔斯说："安拉的使者🕊在白德尔之日将祖里·费尔勒宝剑赏给了一名战士，它是安拉的使者🕊在关于吾侯德之战的梦中所见到的那把剑。"阿伊莎（愿主喜悦之）说："那件赏赐是一

---

[1]《穆斯林圣训实录》1：96。
[2] الغنيمة，战利品。——译者注
[3] الفيء，敌产。——译者注
[4]《泰伯里经注》13：549。
[5]《泰伯里经注》13：540、550。
[6]《白海根大圣训集》6：324。
[7]《艾哈麦德按序圣训集》5：316，2：184；《艾布·达乌德圣训集》2694、2755。
[8]《艾哈麦德按序圣训集》1：271；《提尔密济圣训集》1561。

件还没有分配的战利品。"(1)

哈希姆家族和穆塔里布家族可以得到"近亲的份额",因为穆塔里布家族在蒙昧时代和伊斯兰初期支持了哈希姆家族,出于保护先知和打抱不平而与他们一起进入了舒尔布(2),其中,穆斯林因服从安拉和使者而进入舒尔布,隐昧者则因为部落保护意识、宗族感情和服从使者的伯父艾布·塔利卜而进入了舒尔布。

"**孤儿**",指穆斯林群众的孤儿;"**穷人**",指没有生活着落的贫困者;"**旅客**",指无论是旅行者,或打算旅行到可以缩短礼拜的地区的人。如果安拉意欲,我们将在《忏悔章》有关施舍问题的经文中分析这一问题。我们信赖安拉,并托靠他。

"**如果你们归信安拉和在辨别之日——两军相遇之日——我启示给我的仆人的**",即如果你们归信安拉和后世,归信安拉降示给使者的经典,你们就应该遵守安拉为你们制定的法令,譬如战利品制度——交纳五一税。两圣训实录辑录,安拉的使者☪说:"我命令你们做四件事,禁止你们做四件事。我命令你们归信安拉。你们可知何谓归信安拉?它是作证应受拜者,惟有安拉,穆罕默德,是安拉的使者。谨守拜功,交纳天课,交纳战利品的五一税……"(3)使者认为,交纳五一税是信仰的表现,布哈里专门论述过这一问题,其论题是《交纳五一税是信仰的一部分》。

"**……辨别之日——两军相遇之日——启示给我的仆人的。安拉对于万事是全能的。**"

安拉在此讲述他对人类的恩德和慈悯。他通过白德尔之役,使人们分清了真理和谬论,故该日被称为"辨别之日"。安拉在这一天弘扬了信仰的言语,消灭了谬论的呼声,显示了他的宗教,襄助了他的先知及其拥护者。伊本·阿拔斯说:"白德尔之日就是辨别之日。安拉在其中辨别了真理和谬误。"(4)穆佳黑德、穆卡西姆、端哈克、欧拜德拉·本·阿卜杜拉、穆尕提里·本·罕雅尼等学者都持此一说。(5)

**42.那时你们在较近的谷岸,他们在较远的谷岸,而商队却在你们下面,即使你们曾经约定,你们也会爽约。但是,安拉要完成一件必将实现的事情,以便死者在明白的证据下死,生者在明白的证据下生。安拉确实是全听的、全知的。**

## 白德尔之日的一些细节

伟大的安拉在此讲述辨别真伪之日的情况:"**那时你们在较近的谷岸**",即你们驻扎于靠近麦地那较低的谷岸。"**他们**"多神教徒在离麦地那较远、离麦加较近的谷岸。商队,指艾布·苏富扬所率领的商队。"**而商队却在你们下面**"指商队已经到了海边。

"**即使你们曾经约定,你们也会爽约。**"意为即使你们和多神教徒约定在某地相见。伊本·易司哈格说,如果你们得知多神教徒人多势众,你们人少势弱,你们必定不去应约赴战。

"**但是,安拉要完成一件必将实现的事情**",即大能的安拉在此中有他的某种安排,你们不知道将要发生的一切,他要提高伊斯兰和穆斯林的地位,凌辱以物配主和多神教徒。所以,他的这项绝妙的计划顺利完成了。(6)凯尔卜·本·马立克说:"安拉的使者☪和穆斯林去拦截多神教徒的商队,但安拉让他们和他们的敌军不期而遇。"(7)欧勒沃·本·祖拜尔说,安拉的使者☪接近白德尔时派阿里、赛尔德·艾布·宛葛思、祖拜尔等人率领一支人马去侦察敌情。他们抓住给古莱什人运水的两名奴隶来见使者。当时,使者正在做礼拜。圣门弟子们开始审问那二人是谁的仆人?他们说是给敌军运水的。审问的人不相信,怀疑他们是艾布·苏富扬的奴隶。两个俘虏受不住拷打,只好承认是艾布·苏富扬的仆人。使者做完礼拜走过来说:"他们讲了实话,你们打他们;他们讲了假话,你们才住手。他们一开始讲的是实话。以安拉发誓,他们肯定属于古莱什人。你俩给我讲一下古莱什人的情况!"那二人说他们驻扎在能看到的那个沙包后面。使者问,他们有多少人?二人说,很多。又问,多少?他们说,不知具体人数。使者问,每天宰食几峰骆驼,他们说有时宰九峰,有时宰十峰。使者断定古莱什人有九百到一千人。接着又问:"都来了哪些古莱什首领?"他们讲出了他们的名字。听了古莱什首领的名字后,使者对众人说:"麦加城已经抛出了它的心肝宝贝。"(8)(9)

"**以便死者在明白的证据下死,生者在明白的证据下生**",即以便否认者从这种迹象和教训中看到明证之后否认,归信者也是明明白白地归信。(10)这种解释比较正确。其详细情况是这样的:安拉使

---
(1)《艾布·达乌德圣训集》2994。
(2)舒尔布,麦加城哈希姆家族住地的名称。他们曾陪同穆斯林在此被古莱什部落联盟封锁三年之久。——译者注
(3)《布哈里圣训实录诠释——造物主的启迪》1:157;《穆斯林圣训实录》1:46。
(4)《泰伯里经注》13:561。
(5)《泰伯里经注》13:561、563。
(6)《穆圣传》2:328。
(7)《泰伯里经注》13:566。
(8)即他们要和你们决一死战。——译者注
(9)《穆圣传》2:268。
(10)《泰伯里经注》13:568。

穆斯林和他们的敌人不期而遇，以便让他们战胜敌人，弘扬真理，从而真相大白，证据确凿，真理显著，这样，任何人不再有疑问和借口，坚持隐昧的人在明白的证据下死去；信仰者也在明明白白的证据下信仰。信仰是心灵的生命。安拉说：◆他原是死的，我赋予他生命，并给他光明，他凭借光明在人们当中行走。这种人和那些在黑暗深处无法出来的人一样吗？◆（6：122）

阿伊莎（愿主喜悦之）回忆对她的冤枉说："毁灭者因我而毁灭了"，即诽谤者因为自己的丑行而遭受了毁灭。[1]

"安拉确实是全听的、全知的"，安拉能听到你们的祈求、哀告和求救，他也是深知你们的。即安拉知道你们应该能战胜否认他的顽敌。

◆43.当时，安拉让你梦见他们人很少，倘若他让你梦见他们人很多，你们就会胆怯，并会产生分歧。但是安拉带来了平安。他是全知心事的。◆

◆44.当你们相遇时，在你们的眼中，他使你们将他们看成少数人，也使他们视你们为少数人，以便安拉完成一件注定实现的事情。一切裁决只归安拉。◆

### 安拉让两个阵营在对方眼中都显得人少势弱

穆佳黑德说："安拉让穆圣㊗在梦中看到敌方人数不多，所以先知给弟子们宣布了这一消息，从而稳定了军心。"[2]

"倘若他让你梦见他们人很多，你们就会胆怯"，即你们势必害怕遭遇敌军，并会产生分歧。

"但是安拉带来了平安"，即安拉通过你的梦，避免了这一切的发生。

"他是全知心事的"，他能洞彻人的内心世界。◆他知道眼（神）的诡诈和胸中所隐藏的。◆（40：19）

"当你们相遇时，在你们的眼中，他使你们将他们看成少数人"，这也体现了安拉对他们的慈爱（绝妙安排），以便鼓励他们与敌军一决高低。伊本·麦斯欧迪说："白德尔之日我们看到敌军人数不多，我当时甚至问我身边的一位战友：'你看敌军有七十人吗？'他说：'不，是一百人。'后来我们俘获了一个敌人后，他告诉我们说：'我们有一千人。'"[3]

"也使他们视你们为少数人。"艾克莱麦说：

"以便鼓励他们双方进行交锋。"[4]

"以便安拉完成一件注定实现的事情"，即安拉让这次战役在他们间爆发，以便惩罚他意欲惩罚的人，施恩于他意欲施恩的人。[5]换言之，在交战前，安拉引导两支阵营发生战斗，使他们都误认为敌人很少。交战中，安拉以一千名接踵而来的天使援助穆斯林，隐昧者看到穆斯林的人数增加了一倍。正如安拉所言：◆在交战的两军中，对于你们确有一种迹象，一方为主道作战，另一方是隐昧者。他们亲眼看见（他们）有他们的两倍之多，安拉以其襄助支持他意欲支持的人。对于有眼光的人，此中确有一种教训。◆（3：13）这两段经文讲述了一件真实的史实。一切赞美和恩惠，都归于安拉。

◆45.有正信的人们啊！你们遭遇敌人时要镇定，并多多记念安拉，以便你们成功。◆

◆46.你们当服从安拉及其使者，不要互相争

---

（1）《艾哈麦德按序圣训集》6：195。
（2）《泰伯里经注》13：570。
（3）《泰伯里经注》13：572。
（4）《伊本·艾布·哈亭经注》5：1710。
（5）《穆圣传》2：328；《伊本·艾布·哈亭经注》5：1710。

论，以免你们气馁和士气消失；你们要坚韧，安拉与一切坚韧者同在。"

## 战争中的礼节

安拉在此给信士们教导两军相遇时作战的一些礼节和鼓励士气的方法，说："有正信的人们啊！你们遭遇敌人时要镇定。"两圣训实录辑录，在某次战斗前，安拉的使者㊚等太阳偏斜之后站起来说："人们啊！你们不要盼望与敌军相遇，你们要向安拉要求平安。但如果你们遇见敌军时，你们当忍耐，须知，乐园在刀光剑影之下。"此后，使者又站起来说："颁降经典的主啊！拨开云雾的主啊！挫败联军的主啊！求你挫败他们，襄助我们获胜吧！"(1) 凯尔卜·艾哈巴尔说："安拉最喜欢的事情莫过于读《古兰》和记念他，否则，他不会以礼拜和战争命令人们，你们不曾注意到吗？他命令人们在交战时记念他：'有正信的人们啊！你们遭遇敌人时要镇定，并多多记念安拉，以便你们成功。'"

## 命令穆斯林交战时要坚韧

安拉命令穆斯林，在杀敌作战中，要保持坚韧和耐心，不能逃跑、退缩或示弱；他同时命令他们在这种时刻不要忘记他，而要记念他、向他求助、托靠他、祈求让穆斯林战胜隐昧者；他还命令他们服从他和他的使者。所以，他们当服从他所命令的，远离他所禁止的。不要发生争执，否则就会产生分歧，分歧会导致穆斯林相互抛弃，意志消沉，"士气消失"，你们的力量、锐气和积极进取精神将会消失。

"你们要坚韧，安拉与一切坚韧者同在。"在这一方面，圣门弟子可谓前无古人，后无来者。他们英勇无畏，服从安拉和先知的命令，听从使者的指示。所以，他们通过使者的福分和顺从使者，以少胜多，在很短的期限内征服了东方和西方的大片土地和人心，他们不但征服了强大的波斯和罗马，而且还征服了突厥人、斯拉夫人、柏柏尔人、阿比西尼亚人、黑种人、科卜特人等许多民族和地区，将伊斯兰的疆域扩展到世界各地。他们几乎在不到三十年的时间内使伊斯兰遍布全球各地，使安拉的言辞家喻户晓，使安拉的宗教成为最尊贵的宗教。愿安拉喜悦他们全体，愿安拉在复生日让我们和他们在同一队伍。安拉是慷慨的、博施的。

47.你们不要仿效那些自高自大地从家中出来，沽名钓誉，并阻碍主道的人。安拉彻知他们所做的一切。

48.当时，恶魔为他们粉饰了他们的行为，并说："今天没有人能战胜你们，因为我是你们的拯救者。"但是当两军相遇的时候，它溜走了。它说："我与你们无干，我能看到你们所看不见的，我畏惧安拉，安拉是惩罚严峻的。"

49.当时，伪信士和心中有病的人说："他们的宗教已欺骗了那些人。"谁托靠安拉，安拉是优胜的、明哲的。

## 多神教徒从麦加向白德尔进发

安拉首先命令信士们在主道上忠诚的战斗，多记念安拉。然后禁止他们学习那些隐昧者从家中出来的样子，"**自高自大**"，即蔑视真理，"**沽名钓誉**"，相互争荣，在他人面前显示自己。正如艾布·哲海里的样子，那天，有人对他说："商队已经得救，请回去吧！"他说："不，以安拉发誓，我们要到白德尔的水源那里，宰驼摆宴，饮酒行乐，让所有的阿拉伯人都时常谈论我们今天的声势，否则，决不收兵。"但最终落得事与愿违。他们到达白德尔的水源时，丢掉了性命，屈辱地葬身白德尔枯井，成了永远遭受惩罚的不幸者。因此，安拉说："**安拉彻知他们所做的一切**"，即安拉深知他们的行为目的，因此，他"以其人之道，还治其人之身"。(2) 伊本·阿拔斯、穆佳黑德、格塔德、端哈克、赛丁伊等学者解释"**你们不要仿效那些自高自大地从家中出来，沽名钓誉，并阻碍主道的人**"说："经文指的是在白德尔之日前来和安拉的使者㊚交战的多神教徒。"伊本·凯尔卜说："古莱什人从麦加出征白德尔时，带着歌女和羯鼓，所以安拉降示了上述经文。"

## 恶魔的蛊惑和欺骗

"当时，恶魔为他们粉饰了他们的行为，并说：'今天没有人能战胜你们，因为我是你们的拯救者。'"即恶魔（愿主诅咒之）将他们的出行目的粉饰得冠冕堂皇，并蛊惑他们说今天你们将会所向无敌。(3) 恶魔还从他们的心上消除了他们自己的死敌——麦加的白克尔家族对他们的家园构成威胁的担心。恶魔以地区首领穆德里吉部落酋长苏拉格·本·马立克的面目出现在他们面前，说："**我是你们的拯救者**。"正如安拉所言："恶魔应许他们，并使他们幻想——恶魔只为诱惑应许他们。"

---

(1)《布哈里圣训实录诠释——造物主的启迪》6：140；《穆斯林圣训实录》3：1362。

(2)《穆圣传》2：329。
(3)《泰伯里经注》14：11。

（4：120）伊本·阿拔斯解释这节经文说："白德尔之日，伊卜厉斯及其手下打着它们的旗子和多神教徒并肩作战，使多神教徒们误认为他们将在这天所向披靡，同时会得到它的救助。但是当两军开始交战，恶魔看到来自天使的支援后，**'它溜走了'**，即它转身而逃，说：**'我能看到你们所看不见的。'**"(1)

伊本·阿拔斯说，伊卜厉斯在白德尔之日参加到多神教徒的阵营中，它们有自己的旗帜。当时它以苏拉格·本·马立克的面目，以一位穆德里吉部落成员的身份出现。它们对多神教徒说："今天任何人都无法战胜你们，我是你们的援助者。"可是就在穆斯林整理好队伍，安拉的使者ﷺ拿起一把沙子向多神教徒迎面抛去时，他们就便掉头而逃。吉卜勒伊里赶来时，伊卜厉斯的手正被一个多神教徒拉着，伊卜厉斯见此情景，便挣脱自己的手，带着手下望风而逃。那个多神教徒喊道："你不是说要救助我们吗？"它说：**"我能看到你们所看不见的，我畏惧安拉。安拉的惩罚是严峻的。"**因为它看到了天使。(2)

## 伪信士们在白德尔之日的立场

**"当时，伪信士和心中有病的人说：'他们的宗教已欺骗了那些人。'"**伊本·阿拔斯解释这节经文说："两军相互逼近时，在多神教徒眼里穆斯林人数很少，穆斯林看多神教徒也是如此，所以多神教徒说：**'他们的宗教已欺骗了那些人。'**因为他们认为，人少势弱的穆斯林今天必败无疑。然而，安拉说：**'谁托靠安拉，安拉是优胜的、明哲的。'**"(3)

格塔德说："多神教徒们看到穆民对安拉的命令忠贞不渝，所以说了上述话。据传述，安拉的敌人艾布·哲海里接近了穆圣ﷺ和圣门弟子后，无情而傲慢地说：'以安拉发誓，从今以后他们再也不会崇拜安拉了。'"(4)

阿米尔·本·舒尔宾说："此前有些麦加人口头上承认过伊斯兰，但在白德尔看到穆斯林身单力薄时便说：**'他们的宗教已欺骗了那些人。'**"(5)

**"谁托靠安拉，安拉是优胜的"**，即投奔于安拉的人永远不受压迫，因为安拉是优胜的，其力量是坚强的，权力是伟大的。**"明哲的"**，即安拉的一切行为都是精确无误的。他襄助那些应该得到襄助的人，抛弃那些应该被抛弃的人。

**﴿50.天使使隐昧者死去的时刻，假如你见到的话……打他们的脸和他们的背（说）："你们尝尝烈火的刑罚吧！"﴾**

**﴿51.这是由于你们亲自所犯的，安拉绝不会亏待众仆。"﴾**

## 天使在拿走隐昧者的灵魂时痛打他们

清高伟大的安拉说，穆罕默德啊！如果你目睹天使带走隐昧者灵魂的那一刻，你必定会看到令人胆战心惊的一幕：他们**"打他们的脸和他们的背"**。并对他们说：**"你们尝尝烈火的刑罚吧！"**穆佳黑德说，"أدبار"指臀部。伊本·阿拔斯说："多神教徒去迎战穆斯林时，遭受宝剑的迎面痛击，掉背而逃时，天使痛打他们的背部。"(6)这一史事虽然讲的是白德尔战役，但其针对的是所有隐昧者。因此，安拉没有专门这样形容白德尔的隐昧者。安拉说：**"天使使隐昧者死去的时刻，假如你见到的话……打他们的脸和他们的背。"**前面的《牲畜章》中说：﴿如果你能看到不义的人处于临死时的昏迷，天使们伸出手（道）："交出你们的灵魂！由于你们曾为安拉捏造谎话，并藐视他的迹象，今天，你们要遭受羞辱的刑罚。"﴾（6：93）即天使们奉他们养主的命令，伸手痛打那些隐昧者。隐昧们听到来自安拉的严刑和恼怒后，他们的灵魂拒绝从体内出来，因而天使们采取强制措施。正如白拉伊传述的圣训所述："隐昧者临死时，取命的天使以一副狰狞的面孔出现在他的面前，对他说：'龌龊的灵魂啊！出来遭受毒风、沸水和黑烟下的阴影吧！'这时他魂飞魄散，而天使们强行从他的体内将它取出，正如从湿羊毛中取出烤肉棍一样，同时它与血管和经络仍然连在一起。"(7)因此，安拉说天使们对隐昧者要说：**"你们尝尝烈火的刑罚吧！"**

**"这是由于你们亲自所犯的"**，即这是你们在今世中所犯罪恶的报应，安拉以此来还报你们。

**"安拉决不是亏待众仆的。"**安拉不会亏待任何被造物。安拉是公正无私的判决者，他无比的清高纯洁，他是富有的主，应受赞美的主。安拉的使者ﷺ说："伟大的安拉说：'我的众仆啊！我禁止自己亏待（众生），我还禁止你们互相亏待，所以，你们不得相互亏待。我的众仆啊！它是你们的行为，我将为你们而记录它：谁发现一件好事，他就应该赞美安拉；谁发现其他事情，就让他只埋怨自己吧！'"(8)因此，清高伟大的安拉说：

（1）《泰伯里经注》14：9。
（2）《泰伯里经注》14：7。
（3）《散置的珠宝》4：78。
（4）《泰伯里经注》14：14。
（5）《泰伯里经注》14：13。
（6）《泰伯里经注》14：16。
（7）《艾哈麦德按序圣训集》4：287、288。
（8）《穆斯林圣训实录》4：1994。

❧ 52.就像法老的民众及他们之前的人的惯例。他们否认安拉的迹象，所以安拉按照他们的罪行惩罚了他们。安拉确实是强大的，刑罚严厉的。❧

清高伟大的安拉说，穆罕默德啊！这些否认你使命的隐昧者，其行为与以前的隐昧者如出一辙，当年的法老及其否认天经的民众，就是这样对待我的众使者的。"所以安拉按照他们的罪行惩罚了他们"，即由于他们的罪行，遭受了万能强大的安拉的惩罚。

"安拉确实是强大的，刑罚严厉的"，即再强大者，也不比安拉强大；再狡诈者，也逃不脱安拉的惩罚。

❧ 53.那是因为安拉从不改变他赐给一个民族的恩典，直到他们自己改变自己的情况。安拉确实是全听的、全知的。❧

❧ 54.就像法老的民众及他们之前的人的惯例一样。他们否认他们主的种种迹象，所以我因为他们的罪恶而毁灭了他们，我淹没了法老的民众。他们全是不义之人。❧

安拉讲述他完美的公正，说他只会在一个民族犯下罪恶时才改变曾经施予他们的恩典，如：❧安拉会改变一个群体的境况，除非他们自己改变自己的境况。但是安拉欲对一个群体降下灾难时，它就无法被抗拒，除安拉外，他们没有任何保护者。❧（13：11）就像他对待法老的民众和类似的否认者那样。安拉因为他们的罪恶惩罚了他们，取消了曾施予他们的恩典——花园、泉源、庄稼、宝藏和高贵的地位，以及他们所享受的各种乐趣；安拉没有亏待他们，此中他们是自亏的。

❧ 55.在安拉看来，最坏的动物就是隐昧者，因为他们不信仰。❧

❧ 56.这些人，你跟他们订约，但他们每次都毁约，他们也不敬畏。❧

❧ 57.如果你们在战争中战胜了他们，就要痛击他们后面的人，以便他们觉悟。❧

### 命令严厉对待否认者和毁约者

清高伟大的安拉说，大地上最可恶的动物是那些不归信的否认者，他们每每和人缔约，总会毁约，"他们也不敬畏"，即他们为所欲为，不害怕安拉。"如果你们在战争中战胜了他们"，即当你战胜他们时，"就要痛击他们后面的人"，即要狠狠地教训他们。换言之，你应当严厉地惩罚他们，痛杀他们，以便其他阿拉伯和非阿拉伯敌人引以为鉴，有所顾忌。"以便他们觉悟"。从而提醒他们不要轻易毁约，而遭受类似打击。[1]

❧ 58.如果你怕某个群体背信弃义，那么就公平地把契约掷还给他们。安拉不喜爱背信弃义者。❧

### 敌人毁约时，命令穆斯林以其人之道还治其人之身

安拉对穆圣说："如果你怕某个群体背信弃义"，即如果你担心和你缔约的某一些人撕毁和约，你就平等地将他们的和约掷还给他们，并且通知他们，你也废除了与他们的和约，你们双方已经成了敌对者。此中，你们将平等地面临没有和约的现实。"安拉不喜爱背信弃义者"，意为即便曾与隐昧者缔约，也不毁约。赛里穆·本·阿米尔说，穆阿维叶和罗马人缔结了和平契约期间，向罗马土

---

（1）《泰伯里经注》14：23、24。

地进军，他想尽快接近他们，以便在契约期满后向他们发起进攻。在这时，忽然听到有位老人在其坐骑上高呼："安拉至大！安拉至大！请信守诺言，莫背信弃义。安拉的使者㊣说：'谁与一些人缔结了盟约，他就不能撕毁它，也不需附加（额外的条件），直至契约期满，或公平地毁约。'"穆阿维叶听了老者的话后收兵班师。此老者正是圣门弟子阿慕尔·本·安白赛（愿主喜悦之）。(1)

❧ 59.莫让隐昧的人以为他们是超脱的。他们绝不能使人无可奈何。❧

❧ 60.你们要尽己所能地准备武力和战马，以便你们能借此威慑安拉的敌人和你们的敌人，以及你们所不知道的其他人，但安拉知道他们。无论你们为主道花费什么，它都将被全数偿还，你们不会被亏待。❧

## 命令力所能及地为战争做准备，以便威慑安拉的敌人

安拉对先知说，穆罕默德啊！你不要让"隐昧的人以为他们是超脱的"，即不要让他们认为他们能逃脱安拉的惩罚，而安拉对他们无可奈何。不是的，他们无一不在安拉的控制之内，意志之中。正如安拉所言：❧ 犯罪的人以为他们能逃得过我吗？他们的判断真恶劣！❧（29:4）"判断"指猜测。又❧ 你绝不要以为隐昧的人总能逍遥法外，他们的居处是烈火，那归宿真恶劣！❧（24:57）又❧ 不要让隐昧者在大地上的往来迷惑了你。都是微不足道的享受，他们的归宿是火狱，那卧褥真恶劣啊！❧（3:196-197）然后安拉命令穆斯林尽最大的努力准备武器，说："你们要尽己所能地准备武力和战马。"欧格白·本·阿米尔说，我听安拉的使者㊣说："'你们要尽己所能地准备武力'，须知，武力就是射击，武力就是射击。"(2) 艾布·胡莱赖传述，安拉的使者㊣说："马属于三种人，对一种人来说是报酬的来源，对一种人来说是避难的方法，对另一种人来说则是犯罪之源。有人为主道而养马，将它绑在草地或园子中，此间，马所吃的一切，都是（养马人的）善功。如果缰绳断了，它跑了一趟或两趟，其中它的一切痕迹、它的粪便都是他的善功。如果它经过一条河并饮用河水，即便

没有在主人允许下饮水，也是他的善功。此人会从中得到善报；有人为了自足和安分守己而养马，他不忘记在它的脖子和背部为安拉应尽的职责，它是他的一种呵护；有人出于骄傲、虚荣和对抗（穆斯林）而养马，他会因此而背负罪责。"有人关于驴而请教安拉的使者㊣。他说："安拉关于它只降示了绝无仅有的这一节综合性的经文：❧ 谁曾经做过微尘重的善事，他会看见它。谁曾经做过微尘重的坏事，他也会看见它。❧（99:7-8）"(3)

穆圣㊣说："马有三种：一种马属于至仁主，一种马属于恶魔，另一种马属于人。至仁主的马，是为了主道而养的马，它的草料、粪便都（都会使它的主人得到奖赏）；恶魔的马是人们用它赌博、投注的马。人的马是为了寻找食物而养的马，它能防止他的贫穷。"(4)

安拉的使者㊣说："直到末日，马的额头一直系着幸福——战功和战利品。"(5)

"威慑安拉的敌人和你们的敌人"，即让隐昧

---

(1)《艾哈麦德按序圣训集》4:111；《艾布·达乌德·特亚莱斯》157；《艾布·达乌德圣训集》3:190；《提尔密济圣训全集诠释》5:203；《圣训大集》5:223；《伊本·罕巴尼圣训实录》7:182。
(2)《艾哈麦德按序圣训集》4:156；《穆斯林圣训实录》3:1522。
(3)《穆宛塔》2:414《布哈里圣训实录》2860；《穆斯林圣训实录》987。
(4)《艾哈麦德按序圣训集》1:395。
(5)《布哈里圣训实录诠释——造物主的启迪》6:66。

者感到心惊胆战。

"以及你们所不知道的其他人"，穆佳黑德说，经文指格磊作人。[1] 赛丁伊认为指波斯人。[2] 安拉至知。阿卜杜·拉赫曼认为指伪信士。[3] 下列经文为证：❆ 你们周围游牧的阿拉伯人中有一些伪信士，麦地那人中也有（伪信士），他们顽固地坚持伪信。你不知道他们，我是知道他们的。❇（9：101）

"无论你们为主道花费什么，它都将被全数偿还，你们不会被亏待"，即你们在战争中所花费的一切，都会得到完美的回报。正如安拉所言：❆ 为主道奉献财产的人，（其所奉献的）就像一粒种子，它长出七个穗子，每个穗子中有一百个谷粒。安拉加倍地报酬他所欲之人，安拉是宽大的、全知的。❇（2：261）

❆ 61.如果他们倾向和平，你也要倾向它，并托靠安拉。他是全听的、全知的。❇

❆ 62.如果他们想欺骗你，那么，安拉就对你足够了，他以他的援助和信士们来支持你。❇

❆ 63.他已使他们万众一心。你即使付出大地上的一切，也不能使他们的心团结起来。但是安拉使他们相互团结了。他是优胜的、明哲的。❇

## 命令当敌人寻求和平的时候促进和平

清高伟大的安拉说，如果你害怕一些人背信弃义，你就可以解除和他们缔结的盟约，如果他们继续与你敌对，你应当给予打击。

"如果他们倾向和平，你也要倾向它"，如果他们决定和解，或缔结和平契约，你们当接受他们的要求，与他们缔结和约。因此，在侯代比亚之年，多神教徒们提出缔结和约、休战九年的要求时，尽管附加了一些不平等条件，使者还是积极响应。安拉的使者㊣说："我之后将发生分歧和某件事，如果你有和平解决的方法，你就做吧！"[4]

"并托靠安拉"，即你应当在托靠安拉的前提下和他们缔约，这样，他们若想欺骗你，安拉就会襄助你，并替你对付他们；他们也会有所顾忌，不敢轻举妄动。

"安拉就对你足够了"，即独一的安拉能解决你的一切困难。

---
(1)《泰伯里经注》14：36。
(2)《泰伯里经注》14：36。
(3)《泰伯里经注》14：36。
(4)《艾哈麦德按序圣训集》1：90。

## 安拉使信士们万众一心之恩

安拉提到他通过团结迁士和辅士的心灵带给穆圣㊣的恩典，说："他以他的援助和信士们来支持你。他已使他们万众一心"，即他使他们团结在信仰之中，共同顺服你，支持你，帮助你。

"你即使付出大地上的一切，也不能使他们的心团结起来。"因为他们之间原本存在着根深蒂固的仇恨，在蒙昧时期，奥斯和赫兹勒吉两部落之间战争频繁，恶性循环，仇恨不休。后来，安拉以信仰之光根除了这些仇恨。正如安拉所言：❆ 并且要铭记安拉对你们的恩典，你们原是仇敌，后来他团结了你们的心灵，由于他的恩典，你们变成了兄弟。你们原在火的边缘，是他从中拯救了你们。安拉就这样为你们阐明他的迹象，以便你们走正道。❇（3：103）两圣训实录辑录，某次，安拉的使者㊣关于侯奈尼战役的战利品向辅士们发表了演讲，使者㊣说："众位辅士！我当初看到你们在迷误中，不是安拉通过我引导了你们吗？你们曾是贫穷的，不是安拉通过我使你们富裕吗？你们曾是分裂的，不是安拉通过我将你们团结起来了吗？"使者每说一句，他们就说："是的，安拉和使者恩德无限。"[5]

因此，清高伟大的安拉说："但是安拉使他们相互团结了。他是优胜的、明哲的"，即安拉的保护是强胜的，托靠安拉的人永远不会失望，安拉的一切行为和判决中都充满了智慧和哲理。

❆ 64.使者啊！安拉是令你和追随你的信士们满意的。❇

❆ 65.使者啊！你要鼓励信士们去战斗，如果你们当中有二十名坚韧者，就可以战胜两百人；如果你们有一百人，就可以战胜一千名隐昧者，因为隐昧者是不理解的群体。❇

❆ 66.现在，安拉已经给你们减轻了，因为他知道你们中有点虚弱。如果你们有一百名坚韧的人，他们就会击败两百人，如果你们有一千人，他们将会凭安拉的允许击败两千人。安拉与坚韧者同在。❇

## 鼓励作战 预报穆斯林以少胜多的喜讯

安拉鼓励先知和信士们冲锋陷阵，奋勇杀敌。同时告诉他们，是他使他们满意的。换言之，他会襄助人少势弱的他们，让他们战胜声势浩大、人数众多的敌军。安拉说："使者啊！你要鼓励信士们

---
(5)《布哈里圣训实录诠释——造物主的启迪》7：644；《穆斯林圣训实录》2：738。

去战斗",即你应当激励并命令信士参加战斗。因此,每每穆斯林军队整装待发或大敌当前时,使者总是鼓励他们奋勇杀敌。在白德尔之日,当装备精良的多神教徒向穆斯林扑来之际,使者对弟子们说:"请站起来,去追求与天地同样广阔的乐园吧!"欧麦尔·本·罕马姆问:"那乐园与天地同样广阔吗?"安拉的使者㊣说:"是的!"他说:"好极了!好极了!"使者问:"何出此言呢?"他说:"但愿我能成为它的居民!"使者说:"你是它的居民。"此人走向前,拔出自己的剑,废弃了剑鞘,拿出一些枣儿不停地吃,然后他扔掉手中剩余的枣儿,说:"等我活着吃完它们,那实在太漫长了。"说罢他扑向敌军,阵亡于沙场。愿主喜悦之。(1)

安拉给信士们报喜,并命令道:"**如果你们当中有二十名坚韧者,就可以战胜两百人;如果你们有一百人,就可以战胜一千名隐昧者**",即你们能够以一抵十。随后安拉革止了这一命令,(而又保留这节经文)使它成为了穆斯林的一条喜讯。布哈里传述,伊本·阿拔斯说:"'**如果你们当中有二十名坚韧者,就可以战胜两百人**'降示之际,安拉规定一个穆斯林即使面对十个敌人也不能逃命。穆斯林感到压力很重,后来安拉减轻了他们的负担,说'**现在,安拉已经给你们减轻了……他们就会击败两百人**'。安拉通过这一减负规定,减轻心理负担,增强了毅力。"(2)

伊本·易司哈格传述,伊本·阿拔斯说:"这节经文降示后,穆斯林感到力不从心,他们觉得二十人与两百人,一百人和一千人之间悬殊太大。所以安拉减轻了他们的负担,用另一节经文革止了这节经文。安拉说:'**现在,安拉已经给你们减轻了,因为他知道你们中有点虚弱。**'此后,穆斯林人数是敌人一半的情况下,安拉不允许他们逃跑,如果人数少于敌人一半,就可以退出战斗而转移阵地。"(3)

❀ 67.任何先知都不宜有战俘,除非他在大地上严厉杀敌。你们希求今世的浮利,而安拉愿意你们获得后世的恩泽,安拉是优胜的、明哲的。❀

❀ 68.如果不是因为安拉以前的规定,一项重大的刑罚就会因为你们所获取的而降临你们。❀

❀ 69.你们现在可以享用你们获得的佳美合法的战利品,并当敬畏安拉!安拉是至恕的、至慈的。❀

---
(1)《穆斯林圣训实录》3∶1511。
(2)《艾布·达乌德圣训集》3∶105;《布哈里圣训实录诠释——造物主的启迪》8∶163。
(3)《布哈里圣训实录》4652、4653。

艾奈斯传述,穆圣㊣在白德尔之日关于俘虏问题征询大家的看法,他说:"安拉确实赐给你们对付敌人的权力。"欧麦尔站起来说:"安拉的使者啊!请砍下他们的颈项!"使者没有回答欧麦尔的要求,继续说:"人们啊!安拉确已赐给你们对付他们的权力,但在昨天,他们还是你们的兄弟。"欧麦尔又说:"安拉的使者啊!请砍下他们的颈项!"但先知还是没有回答他,又对人们重复了刚才所说的话。这时,艾布·伯克尔站起来说:"安拉的使者啊!我建议宽恕他们,让他们用赎金换取自由。"使者听到艾布·伯克尔的话后,脸上的愁云渐渐散开了,他宽恕了这些战俘,但要求他们缴纳赎金。后来安拉降谕道:"**如果不是因为安拉以前的规定,一项重大的刑罚就会因为你们所获取的而降临你们。**"(4)

伊本·阿拔斯说,"安拉以前的规定"指安拉在最早的经典之母中规定,战利品和俘虏对于穆斯林是合法的。(5)

艾布·胡莱赖、伊本·麦斯欧迪等人说:"战利品对这一民族是合法的。"

---
(4)《艾哈麦德按序圣训集》3∶243。
(5)《泰伯里经注》14∶65、66、67、68、69。

传自两圣训实录的下列圣训可以证明这一观点，安拉的使者㊗说："我获得五项优遇，我之前的任何一位先知未曾得到过它们。我获得一月行程范围的威力[1]；整个大地为我而成为礼拜场所和清洁地[2]；战利品为我而成为合法，在我之前对任何人都是非法的；我获得（后世的）说情权；先知们通常只被派往他自己的民族，而我被派往全人类。"[3] 艾布·胡莱赖传述，安拉的使者㊗说："除了我们之外，战利品对任何人都不合法。"[4] 所以，使者接受了俘虏缴纳的赎金。伊本·阿拔斯说："安拉的使者㊗规定，白德尔的隐昧者战俘须交四百元。"[5] 多数学者对俘虏的问题都有明确规定，他们认为伊玛目可以自己决定如何处置奴隶，他可以像对付格磊作人那样处死他们；也可以像对待白德尔的战俘那样收取赎金；或以被敌方俘虏的穆斯林进行交换，安拉的使者㊗曾用穆斯林俘获的两个女奴换取了被多神教徒俘虏的两位穆斯林；伊玛目还可以役使俘虏。

✿ 70.使者啊！对你手中的俘虏们说："如果安拉知道你们心中有任何善念，他一定赐给你们比从你们那儿拿去的更好的，并且恕饶你们。安拉是至恕的、至慈的。" ✿

✿ 71.如果他们想欺骗你，他们以前就欺骗了安拉，他使你对他们有能力。安拉是全知的，明哲的。 ✿

### 给俘虏承诺，如果他们心存善念，就会得到更好的赏赐

伊本·阿拔斯说，安拉的使者㊗在白德尔之日站起来说："我知道来自哈希姆家族和其他家族的一些人，是被迫而与我们交战的，他们原本没有和我们为敌的想法。谁若看到他们中的人，就不要杀死他。谁若见到艾布·拜海塔勒，请不要杀他，若见到阿拔斯·本·阿卜杜勒·穆塔里布，也不要杀他，他们是被迫出征的。"艾布·胡宰法说："我们连自己的父老、兄弟、儿女及族人都要杀死（如果他们敌视安拉），而我们不杀阿拔斯吗？以安拉发誓，我若看见他，必定一剑刺穿他的喉咙。"安拉的使者㊗听到这句话后，对欧麦尔说："哈芙赛的父亲啊！（欧麦尔说，这是使者第一次以这个名字称呼他）难道有人用宝剑去刺安拉的使者㊗叔叔的面容吗？"欧麦尔说："请允许我砍了他（艾布·胡宰法）的首级，以安拉发誓，他成了两面派。"此后艾布·胡宰法说："以安拉发誓，我一直因为自己说过那句话而惶惶不可终日，希望安拉通过牺牲我的生命让我作出补偿。"后来，艾布·胡宰法在叶麻麦战役中以身殉教。愿安拉喜悦他！[6] 伊本·阿拔斯说："白德尔之日，俘虏们被捆绑着监禁起来，当时，安拉的使者㊗难以入眠，他的弟子们问他：'安拉的使者啊！你因何不睡眠？'阿拔斯被一位辅士所俘虏。安拉的使者说：'我听到了我叔叔阿拔斯被捆绑时发出的呻吟。请放开他吧！'阿拔斯获得安全之后，使者才进入了梦乡。"[7]《布哈里圣训实录》载，伊本·西哈卜说，艾奈斯告诉我说："有一些辅士请求安拉的使者㊗说：'使者啊！请允许我们免去我们的外甥阿拔斯的赎金吧！'[8] 使者说：'不，以安拉发誓，你们不要从他那里少要一个迪尔汗。'"[9] 伊本·易司哈格、尤努斯·本·伯克尔、哲玛尔提·斯玛海目等学者说：古莱什人派人来到安拉的使者㊗跟前，商谈赎回被穆斯林俘获的同族，每个部落都支付了所要求的赎金。阿拔斯则说："安拉的使者啊！我原本就是穆斯林。"使者说："安拉至知你的信仰，如果事实如你所说，安拉会补偿你的。但你的表面情况却是反对我们的。请你赎回你自己、你的两个侄儿脑法里、阿格里和你的同盟者欧特白吧！"他说："使者啊！我没有那么多财产。"使者说："你放到乌姆·法朵里跟前的财产哪里去了？你对她说'如果我这次战斗碰到意外，我交给你的这些钱就属于白尼法朵里、阿卜杜拉和谷赛姆。'"阿拔斯吃惊地说："以安拉发誓，安拉的使者啊！我知道你确实是安拉所派遣的使者，那些话只有我和乌姆·法朵里知道。请将你们从我身上缴获的那二十个欧基亚算作我交给你们的赎金吧！"使者说："不行，那些钱是安拉从你身上赐给我们作为战利品的。"[10] 后来阿拔斯赎回了他自己、他的两个侄儿和他的同盟者。安拉因此而降谕道："使者啊！对你手中的俘虏们说：'如果安拉知道你们心中有任何善念，他一定赐给你们比从你们那儿拿去的更好的，并且恕饶你们。安拉是至恕的、至慈的。'"阿拔斯说："我成为穆斯林后，安拉因那二十个欧基亚的原因，赐给我

---

（1）即穆圣的威慑力可穿越千山万水。——译者注
（2）我的民族将征服整个大地，并在任何地方礼拜，在没有水的地方，他们可以打土净。——译者注
（3）《布哈里圣训实录诠释——造物主的启迪》1：519；《穆斯林圣训实录》1：370。
（4）《圣训大集》6：352。
（5）《艾布·达乌德圣训集》3：139。
（6）《伊本·赛尔德》4：10。
（7）《伊本·赛尔德》4：13。
（8）穆圣㊗的舅舅居住在麦地那，辅士们出于对使者的亲近，才如此称呼圣叔阿拔斯。——译者注
（9）《布哈里圣训实录诠释——造物主的启迪》7：373。
（10）你得另拿赎金。——译者注

二十个奴隶。我希望得到安拉的恕饶。"(1)

艾奈斯·本·马立克传述："巴林的财产（指战利品）被带来后，安拉的使者☪说：'请将它们陈列到清真寺中。'艾奈斯说：'这是使者收到最多的一批财产。'使者离开这些财产去礼拜了，甚至没有看它们一眼。使者礼完拜回来后，坐到这些财产跟前开始分配，他每见到一人，就会给他封赏。这时阿拔斯到来了，对他说：'安拉的使者啊！请赐给我一些财产吧！我要为自己和阿格里交纳赎金。'使者说：'请拿吧！'阿拔斯听后在衣服中塞了好多东西，打算将它们带走，但他怎么也抬不动。他对穆圣☪说：'请你命令你的一位弟子帮我抬起来好吗？'使者说：'不行。'阿拔斯说：'那就请你帮我抬起来。'使者还是说：'不行。'阿拔斯只得将其中的一部分放回到地上，把自己拿得动的扛到肩膀上走了。安拉的使者☪则一直注视着他，直到他从眼前消失。使者因为他的贪婪而感到惊奇。使者站起来之前，分完了所有的物品，一个迪尔汗都没有留下。"(2)

"**如果他们想欺骗你，他们以前就欺骗了安拉**"，即如果他们想用表面的话欺骗你："**他们以前就欺骗了安拉**"，即在白德尔战役之前，他们因为不归信安拉而自欺欺人。

"**他使你对他们有能力**"，即通过白德尔之战俘虏他们。

"**安拉是全知的，明哲的**"，即安拉知道自己所做的和其中的哲理。

❧ 72.**那些归信、迁徙并且以他们的财产和生命在主道上奋斗的人，和那些接待并协助他人的人，此等人，他们互为盟友。而那些已经归信，但未迁徙的人，在他们迁徙之前，你们绝对不能和他们结盟。如果他们为宗教事业求你们协助，那么，你们有责任协助，除非对付一伙与你有契约的人。安拉是看得见你们的作为的。**❧

### 迁士和辅士是亲密无间的盟友

伟大的安拉在此提到了各种信士，将他们分成下列几种：一、迁士。他们放弃了家园和财产，走出家门，支援安拉及其使者，巩固安拉的宗教，并为之献出自己的财产和生命。二、辅士。他们是麦地那的穆斯林，当时他们在自己家中接待他们的兄弟——迁士，与他们同甘共苦，并肩作战，相助安

拉及其使者。所以，"**此等人，他们互为盟友**"，即他们都是亲密无间的教胞，因此安拉的使者☪让每个迁士和辅士结为兄弟。起初他们有优先于亲属的继承权，后来安拉降谕有关继承的经文，革止了这一做法。(3)《布哈里圣训实录》载，使者☪说："迁士和辅士互为监护人，来自古莱什的被解放者和来自赛格夫的自由人，他们互为监护者，直至末日。"(4)

安拉及其使者多次赞美迁士和辅士，安拉说：❧ 迁士和辅士中的先驱，以及那些追随他们行善的人，安拉喜悦了他们，他们也喜爱安拉。他为他们准备了下临诸河的乐园，他们将永沐恩泽。❧（9：100）又❧ 安拉确实恕饶了先知和迁士以及辅士们。❧（9：117）又❧ 那些在他们以前已建立家园并已坚定信仰的人们，他们爱护那些移居到他们那儿的人们，并且，对迁士所获得的，在他们的心中没有怨恨，他们即便自己有特需，也要舍己让人。❧（59：9）这节经文多么优美啊！"并且，对迁士所获得的，在他们的心中没有怨恨"，即他们不因迁士所获得的报偿而嫉妒他们。因为经文的表面文字中，迁士是优先于辅士的，这是伊斯兰学者的共识。

### 有些人虽然归信了，但他们没有迁徙，所以不能与之结盟

"**而那些已经归信，但未迁徙的人，在他们迁徙之前，你们绝对不能和他们结盟。**"这是穆民中的第三种人。他们虽然归信伊斯兰，但仍然居住家乡，没有迁徙，这些人无权得到战利品，也不从五一税中受益，除非他们亲自参战。

白勒德传述，安拉的使者☪每每派出一支特遣队或一支军队时，总是叮咛长官要敬畏安拉，善待他所领导的穆斯林，使者曾说："你们以安拉的名义在主道上出征吧！你们当与否认安拉的人战斗。当遇见敌人多神教徒时，当号召他接受三个条件，只要他接受其中一条，就接纳他们，并和他们休战；当号召他们接受伊斯兰，如果他们愿意信仰，就接纳他们，并和他们休战。其次，通知他们迁徙到迁士投奔的地方，告诉他们，如果他们照办，他们享有迁士的权益，负有迁士的义务；如果他们拒绝忠告，不愿离开自己的家乡，当告诉他们，他们和其他的游牧穆斯林一样，他们当履行安拉对其他穆斯林制定的法律，但他们得不到战利品和敌产，除非亲自为主道出征。如果他们拒不从命，你应当要求他们缴纳人丁税，如果他们接受，当和他

---

(1)《格尔特宾教律》8：52。
(2)《白海根大圣训集》6：356；《布哈里圣训实录》421、3049、3165。
(3)《布哈里圣训实录诠释——造物主的启迪》12：30。
(4)《艾哈麦德按序圣训集》4：363。

们休战，如果他们拒绝，当求助于安拉，同时和他们开战。"(1)

"**如果他们为宗教事业求你们协助，那么，你们有责任协助。**"安拉说，如果这些没有迁徙的游牧人在宗教战役中向你求助，要求对付他们的敌人，你们应该给予帮助。他们是你们的教胞，帮助他们是你们的义务。但如果他们要求你们去对付与你们有约的隐昧者，你们不能同意他们的请求。

"**与你有契约的人**"，即还没有和你们解除和约的人，你们不能和这种人毁约。(2)

❖ **73.那些否认者互为盟友。如果你们不这样做，大地上就会出现迫害和严重的风波。**❖

### 隐昧者互为盟友，他们不可能和穆斯林为友

安拉提到穆民互为盟友之际，指出穆民和隐昧者结盟是非法的。穆圣㊚说："两个宗教的信仰者不能相互继承，穆斯林不继承隐昧者，隐昧者也不继承穆斯林。"然后穆圣㊚读道："**那些否认者互为盟友。如果你们不这样做，大地上就会出现迫害和严重的风波。**"(3)安拉的使者㊚还说："穆斯林不继承隐昧者，隐昧者也不继承穆斯林。"(4)

"**如果你们不这样做，大地上就会出现迫害和严重的风波**"，指如果你们不远离隐昧者，不和穆民结盟为友，人们中就会出现风波，届时，是非不明，信士与非信士难以区别，大地上因此会出现长期而深远的混乱。

❖ **74.那些归信而且迁徙，在主道上奋斗的人，和那些接待他人并协助他人的人，此等人，他们是真正的穆民。他们将获得恕饶和丰富的给养。**❖

❖ **75.那些后来归信并迁徙，而且和你们一同奋斗的人，这等人属于你们。在安拉的法典中，血亲是彼此更相宜的。安拉是全知万物的。**❖

### 真正的穆民

安拉提到穆民在今世的情况后，紧接着提到他们在后世的情况，通过叙述他们，指出了信仰的真谛。正如本章开头所述，安拉还将通过赦宥罪恶和原

---
（1）《艾哈麦德按序圣训集》5：352；《穆斯林圣训实录》3：1357。
（2）《泰伯里经注》14：83。
（3）《哈肯圣训遗补》2：240。
（4）《布哈里圣训实录诠释——造物主的启迪》12：51；《穆斯林圣训实录》3：1233。

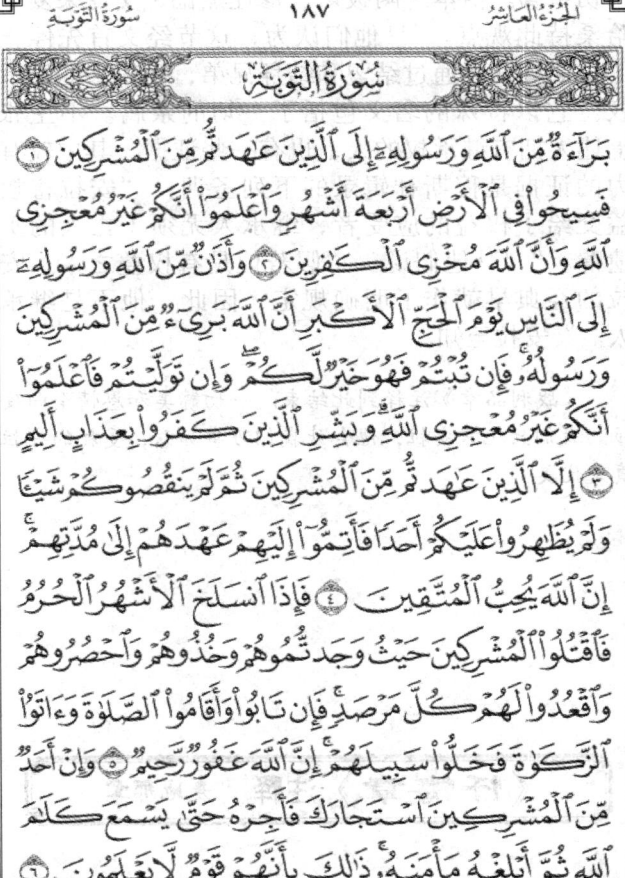

谅错误，奖励他们，赐给他们丰富的给养，换言之，他将会让他们获得五彩缤纷、美妙绝伦的享受，并且永远不会间断或消失，从不令人厌烦。然后经文指出，今世中步他们的后尘，坚持正信和善功的人们，在后世中和他们同沐恩泽。正如安拉所言：❖ 迁士和辅士中的先驱……❖（9：100）又❖ 那些在他们之后到来的人……❖（59：10）安拉的使者㊚说："人和他所爱的人在一起。"(5)又说："谁喜爱一些人，他就会和那些人在一起。"另据传述说："……他将和那些人一起被复生。"(6)

### 继承权属于亲属

"**在安拉的法典中，血亲是彼此更相宜的。**""**法典**"指法律。"**血亲**"并不专指遗产学家所说的没有法定遗产继承权或没有父系惯例遗产权的亲属，而是指可以称为继承者的人们，如：姨妈、舅舅、姑姑、外孙、外甥等。有些遗产学家甚至将这节经文作为他们观点的证据，认为经文就是这样明确规定的。事实上，这节经文中的亲属包括

---
（5）《布哈里圣训实录诠释——造物主的启迪》10：573。
（6）《圣训大典》3：19。

一切亲属。伊本·阿拔斯、穆佳黑德、艾克莱麦、哈桑持此观点。(1)他们认为，这节经文首先停止了早期穆斯林通过结盟和结拜兄弟，而得来的继承权。它以特殊的名义包括了一切的亲属。不主张上述人拥有继承权的人，也有一些证据。其中较有力的证据是穆斯林辑录的下列圣训："安拉将权益交给了权益的应受者，继承人无须（亡人的）遗嘱。"(2) 他们说："假若他是有权益之人，安拉的经典早就作了明确规定，因此，他不是继承人。"安拉至知。

《战利品章》注释到此结束。一切赞美和恩情全归安拉。我们只托靠安拉，他会让我们万事如意，受托的安拉真是优美！

## 《忏悔章》注释 麦地那章

❀ 1.（这是）安拉及其使者致你们的结盟者——多神教徒的宣言。❀
❀ 2.你们在大地上逍遥四个月吧，须知，你们不能使安拉无可奈何，而安拉却会使隐昧者受辱。❀

### 为什么本章开头没有太斯米

据布哈里传述，本章是安拉的使者最后接受的启示。白拉伊说，使者最后接受的经文是：❀他们要求你解释律例，你说："安拉为你们解释关于孤寡的人的律例。"❀（4：176）使者所接受的最后章节是《宣言章》（即忏悔章）。圣门弟子们在书写第一部《古兰》时，没有在本章开头书写太斯米，此中，他们是学习了奥斯曼（愿主喜悦之）的做法。本章开头的经文降示于安拉的使者时，使者已从台卜克战役班师回到麦地那，时值朝觐期间。多神教徒们将在这一年按照他们的惯例参加朝觐盛会，裸游天房。使者因不愿和他们混到一起，所以委任艾布·伯克尔为代表，领导这一年的朝觐事宜，并让他通知多神教徒，这一年之后多神教徒不得再次朝觐天房。艾布·伯克尔还要对人们宣读本章中的宣言。艾布·伯克尔启程后，使者又派阿里去代他传谕，因为阿里是使者的宗亲。后文将分析这一事件。

### 向多神教徒宣布解除保护关系的宣言

"（这是）安拉及其使者致你们的结盟者——多神教徒的宣言"，即这是来自安拉及其使者的一道宣言，他们和"你们的结盟者——多神教徒"从此脱离关系。

"你们在大地上逍遥四个月吧"，经文针对的是和穆斯林签订了无期和约的多神教徒，或那些签约不到四个月的多神教徒。可以等待他们四个月，（视其归信还是抗拒，再施以宽恕或严惩。）

至于签订了有期和约的人，无论时间长短，都得严格履行约言。因为安拉说："你们当完成和他们的盟约，直至其期限。"穆圣说："谁和安拉的使者有盟约，期满之前，其盟约一直有效。"(3)

穆罕默德·本·凯尔卜等人说，伊斯兰教历九年，安拉的使者委任艾布·伯克尔为朝觐季节的最高长官，派阿里携带《忏悔章》中的三十节（或四十节）经文去给人们传谕，规定允许多神教徒在大地上逍遥四个月。后来，阿里在驻阿拉法特之日给人们宣读了宣言，给他们另外规定的是伊斯兰教历十二月、一月、二月和三月中的二十天，四月中的十天。阿里在他们的驻地宣读了这些经文后说："今年之后，任何多神教徒不得参加朝觐，任何赤身裸体者不得巡游天房。"(4)因此，安拉说：

❀ 3.安拉和他的使者在至大的朝觐日向人类宣布：安拉及其使者跟多神教徒无关。如果你们忏悔，那对你们是最好的；如果你们拒绝，要知道你们是不能使安拉无可奈何的。你应当以痛苦的刑罚向那些否认者报喜。❀

"安拉和他的使者在至大的朝觐日向人类宣布"，就是说，这是发自安拉及其使者的宣言和警告。"至大的朝觐日"，即宰牲之日，这一天朝觐者举行最重要、最具代表性和最集中的朝觐功课。

"安拉及其使者跟多神教徒无关。"然后经文要求他们忏悔，说："如果你们忏悔"，即如果你们因为自己的以物配主、迷误等罪恶向安拉忏悔，

---

(1)《泰伯里经注》14：90。
(2)《艾布·达乌德圣训集》3：2918。
(3)《泰伯里经注》14：100、101、102。
(4)《泰伯里经注》6：304。

"那对你们是最好的；如果你们拒绝"，执迷不悟，"要知道你们是不能使安拉无可奈何的"。即安拉完全可以惩罚你们，你们都在他的掌握、统治和意志之下。

"你应当以痛苦的刑罚向那些否认者报喜"，即他们将在今世中遭受凌辱和惩罚，在后世遭受铁锤和桎梏。艾布·胡莱赖说："那年朝觐期间的宰牲日，艾布·伯克尔派遣了一些宣传员，我是其中一员。各宣传员在米那宣布：今年之后多神教徒不得朝觐，赤裸者不得巡游天房。"(1)哈米德说："穆圣☪接着(2)派遣了阿里，命令他宣读宣言。"艾布·胡莱赖说："后来，阿里和我们一起向驻米那的人们宣读了这一宣言：'今年之后多神教徒不得朝觐，赤裸者不得巡游天房。''**至大的朝觐日**'指宰牲日。如此命名的原因是与人们通常所说的'小的朝觐'作一区别。艾布·伯克尔在这一年向人们发表了演说，宣布了规定，所以使者举行辞朝的那年之后，多神教徒再也没有参加过朝觐。"(3)

伊本·易司哈格传述，《宣言章》降于安拉的使者☪之时，使者已经派遣艾布·伯克尔率领人们前去举行朝觐，有人说：安拉的使者啊！但愿你派人给艾布·伯克尔（通知这节经文的消息）。使者说："只有我的家人才可替我传达旨喻。"然后使者叫来阿里，对他说："请你去传述《宣言章》开头的内容。宰牲日人们聚集在米那时，你应当对他们宣布：隐昧者不能进入乐园，今年之后多神教徒不能朝觐，赤裸者不得巡游天房。谁和安拉的使者☪有盟约，其盟约是有效的，一直到期满。"阿里奉命骑着使者的俄朵巴伊骆驼出发了。中途赶上了艾布·伯克尔，艾氏问他："你是来做长官的，还是奉命行事的？"阿里说："奉命行事。"然后二人继续前进。后来艾布·伯克尔带领人们进行了朝觐，那一年的阿拉伯人还是按照蒙昧时代的方法朝觐的。宰牲日，阿里站起来向人们宣读了使者的宣言，说："人们啊！隐昧者进不了乐园，今年之后多神教徒不能朝觐，赤裸者不得巡游天房。谁和安拉的使者☪有盟约，其盟约是有效的，一直到期满。"所以那一年之后多神教徒再也没有举行过朝觐，赤裸者没有巡游过天房。艾布·伯克尔和阿里完成任务后回到了使者跟前。这就是向多神教徒——无论和穆斯林缔结了普通盟约的多神教徒，还是签订了有期和约的多神教徒公布的宣言。(4)

❧ 4.除了那些多神教徒——他们跟你们有条约，然后不曾爽约，也未曾支持过任何人反对你们。你们要履行对他们的条约，直到期满。的确，安拉喜爱敬畏的人。☙

## 穆斯林对有约而没有毁约的多神教徒遵守条约，直到期满

这里排除了第三种人，他们和穆斯林签订了一般的条约，而没有规定期限。经典规定，他们的限期是四个月，期间，他们可以在大地上观望，可以去任何地方逃生。同时指出，对于那些和穆斯林签订有期约约的人，应该遵守约期。许多圣训明确指出："谁和安拉的使者☪有盟约，其盟约是有效的，一直到期满。"但条件是缔结者不得毁约，也不帮助任何人对付穆斯林，否则，其条约被视为无效。因此，安拉鼓励穆斯林遵守盟约，说："**的确，安拉喜爱敬畏的人。**"这里的"**敬畏**"指实践盟约。

❧ 5.当禁月已经过去之后，不论在什么地方，当你们发现多神教徒时，你们就杀他们，捉住他们和围攻他们，并在每一个埋伏的地方侦候他们。倘若他们忏悔，并守拜功，纳天课，那么就开放他们的道路，安拉是至恕的、至慈的。☙

## 战争的经文

穆佳黑德、阿慕尔·本·舒白、穆罕默德·本·易司哈格、格塔德、赛丁伊、阿卜杜·拉赫曼·本·栽德·本·艾斯莱姆说，经文中所说的四个月指前面的经文——"你们在大地上逍遥四个月吧！"——中提到的放逐的四个月。(5)然后说："**当禁月已经过去之后**"，即安拉禁止你们和他们战争、并为他们限定的这些月份过去之后，"**不论在什么地方，当你们发现多神教徒时，你们就杀了他们**"，即不论在大地的哪里发现他们……这是一节泛指经文。但是禁寺中不能和他们战争的规定，是这节泛指经文中的特殊情况，众所周知，安拉说：❧ 你们不要在禁寺附近跟他们战斗，除非他们在其中和你们战斗，倘若他们攻击你们，你们就杀死他们。☙（2：191）

"**捉住他们**"，指俘虏他们。你们可以杀死他们中的一些人，也可以囚禁他们中的另一些人。

"**围攻他们，并在每一个埋伏的地方侦候他们**"，即你们不要以他们感觉到你们的存在为满

---

(1)《布哈里圣训实录诠释——造物主的启迪》8：168。
(2)指派遣艾布·伯克尔之后。——译者注
(3)《布哈里圣训实录诠释——造物主的启迪》8：168。
(4)《泰伯里经注》14：107。

(5)《泰伯里经注》14：136、137。

足，而要在各个要塞和堡垒中包围他们，在他们的必经之途伏击他们，让他们感到没有立足之地。要让他们作出两种选择之一：死亡或信教。因此说："**倘若他们忏悔，并守拜功，纳天课，那么就开放他们的道路，安拉是至恕的、至慈的。**"艾布·伯克尔（愿主喜悦之）根据这节经文和类似经文，向拒绝交纳天课的人发起了战争，因为经文禁止杀死有上述善行的人，换言之，不能杀死加入伊斯兰、并履行伊斯兰的基本义务的人。安拉通过伊斯兰的高级义务强调了其低级义务：即除了宣读两个作证词，伊斯兰中最重要的基础是礼拜，受到礼拜是安拉独特的权利；仅次于礼拜的就是天课，天课的受益者是穷人和急需者，天课是与被造物有关的最可贵行为，因此，在《古兰》中安拉经常在提及礼拜的时候，就提到天课。安拉的使者㊑说："我奉命和人们战争，直到他们作证应受拜者，惟有安拉，穆罕默德是安拉的使者，并且他们谨守拜功，交纳天课。"(1)

这节尊贵的经文，是叙述战争的经文。端哈克说："它革止了安拉的使者㊑和多神教徒之间的一切盟约和盟约的条款。"伊本·阿拔斯解释这节经文时说："《宣言章》颁降之后，多神教徒不再有和平条约的保障。《宣言章》颁降之前与穆斯林缔约之人，其约期宽限四个月：从宣读'宣言'之日起，直至四月初十。"(2)

**◆ 6.如果一个多神教徒向你求救，你应当救护他，直至他听到安拉的言辞，然后送他到安全的地方。这是因为他们是无知的群体。◆**

## 如果多神教徒要求安全保障，穆斯林应该满足他

安拉对先知说："**如果一个多神教徒向你求救。**"当安拉曾经命令你与之战斗，允许你杀死或没收财产的那个多神教徒向你求救，"**你应当救护他**"，即当给他平安。"**直到他听到安拉的言辞**"，即你应当给他宣读安拉的经典，为他讲解宗教事务，向他昭示安拉的明证。

"**然后送他到安全的地方**"，即他一直是安全的，直到他返回自己的家乡或到达安全区域。

"**这是因为他们是无知的群体**"，即安拉规定让这些人得到平安，以便他们了解安拉的宗教，并使伊斯兰的宣传普及到安拉的所有仆人。

穆佳黑德解释这节经文说："有些人来到你那里，想听听你在说什么，接受了什么启示。这种人应该安全地来到你的跟前，聆听安拉的言辞，直至他到达安全区域——无论他来自何方。"(3)因此，安拉的使者㊑为每个求教者和使节保障了人身安全，譬如侯代比亚之日古莱什的一群使节陆续来到他那里，为使者和多神教徒之间的事务而频繁交涉，他们中有（穆斯林的死敌）欧勒沃·本·麦斯欧迪、伊本·哈芙赛等。当这些人看到圣门弟子对穆圣㊑毕恭毕敬，无比敬爱的情景时，为之震惊，他们即便在任何一个皇帝或国王的跟前，也没有看到过如此上亲下爱的情景。他们回到族人那里后，给人们讲了这些情况；还有其他许多原因，促使他们最终选择了伊斯兰。因此，说谎者穆赛利迈的使者伊本·奈瓦哈来见安拉的使者㊑时，使者问他："你作证穆赛利迈是安拉的使者吗？"来者说："是的。"安拉的使者㊑说："若不是不杀来使，我要砍下你的颈项。"(4)安拉注定由库法总督伊本·麦斯欧迪砍下此人的颈项。伊本·麦斯欧迪任库法总督期间，听说伊本·奈瓦哈给人们作证穆赛利迈是安拉的使者，便派人将他召来，对他说："你现在不是使节。"并处死了他。（愿安拉诅咒他！）概言之，从敌对区来到伊斯兰家园的使节、商人、和谈者、纳税者等各种没有敌意的人，只要向伊玛目或伊玛目的代理人提出了给予安全保障的要求，他们就有权在伊斯兰家园得到安全保障，直至他们到达安全区域或他们的祖国。

**◆ 7.除了那些跟你在禁寺签订条约的人之外，安拉及其使者怎么会跟多神教徒有盟约呢？只要他们为你们履约，你们就对他们履约。安拉喜爱敬畏者。◆**

## 强调安拉及其使者和多神教徒毫不相干的上述宣言

清高伟大的安拉首先制定了这一宣言，要求穆斯林给多神教徒四个月的期限，四个月后，无论在哪里发现他们，就向他们发起战争。经文在此主要阐明其中的哲理，说："**安拉及其使者怎么会跟多神教徒有盟约呢？**"即安拉和使者怎能放纵举伴安拉、否认正教的多神教徒为所欲为呢？"**除了那些跟你在禁寺签订条约的人之外**"，经文指侯代比亚协议。正如安拉所言：◆他们不归信并阻止你们去禁寺，还阻止被拘禁的牺牲到达它的目的地。◆（48：25）

---

(1)《布哈里圣训实录诠释——造物主的启迪》1：95；《穆斯林圣训实录》1：53。
(2)《泰伯里经注》14：133。

(3)《泰伯里经注》14：139。
(4)《穆圣传》4：247。

"只要他们为你们履约",即只要他们履行协议,在十年内不向你们发起战争,"你们就对他们履约。安拉喜爱敬畏者。"安拉的使者㉒和穆斯林都遵守了这次协议,自从伊斯兰教历六年十一月起,穆斯林信守和麦加人缔结的盟约,但后来古莱什人出兵帮助他们的同盟者伯克尔族人,对付使者的同盟者胡扎尔人,双方在禁月发生了战争,从而违背了盟约。所以使者在伊斯兰教历八年莱麦丹月讨伐古莱什人,解放了圣地,征服了多神教徒。一切赞美和恩情都属于安拉。解放麦加后,使者释放了所有信教的人,将他们称为自由人(被释放的),这些人有两千之众。索夫万、艾克莱麦·本·艾布·哲海里等人坚持隐昧,逃遁到其他地区,后来使者派人通知他们,他们可以在大地上逍遥四个月,去任何地方。此后安拉引导他们心悦诚服地接受了伊斯兰,成了优秀的信士。赞美安拉对万事万物的决定和法令。

❊ 8.怎么会呢?当他们战胜你们时,他们在你们中不顾亲情和盟约。他们用口取悦于你们,但他们的心不愿意如此,他们中的大多数是坏事者。❊

安拉鼓励穆民抗击多神教徒,并和他们解除一切关系,同时阐明:从本质上说,多神教徒无权享有什么盟约,因为他们举伴安拉,否认安拉的使者㉒,另外,当他们战胜穆斯林的时候从不顾及亲情和条约。伊本·阿拔斯说,"إلّا"指亲属关系,"ذمة"指盟约。[1]

❊ 9.他们曾经为了微薄的代价出卖安拉的迹象,并在主道上阻碍他人,他们的行为太恶劣!❊
❊ 10.他们在信仰者中不顾亲情和盟约。此等人,他们是过分的。❊
❊ 11.但是如果他们忏悔,谨守拜功和完纳天课,那么,他们就是你们宗教中的兄弟。我对有知识的群体阐释种种迹象。❊

安拉在谴责多神教徒的同时鼓励信士讨伐他们,"他们曾经为了微薄的代价出卖安拉的迹象",即他们宁肯选择今世中的一些低级趣味,也不愿遵循安拉的经典。

"并在主道上阻碍他人",即他们阻碍信士们追求真理。"他们的行为太恶劣!他们在信仰者中不顾亲情和盟约。"

"但是如果他们忏悔,谨守拜功",前文已注释。

❊ 12.倘若他们在缔约以后背弃了他们的誓约,并诽谤你们的宗教,你们应和隐昧者的头领战斗,因为他们无约可谈。以便他们停止。❊

### 隐昧者的首领不守誓约

清高伟大的安拉说,如果和你们签订有期条约的多神教徒违背"他们的誓约",撕毁盟约或相关契约,"并诽谤你们的宗教",即诋毁伊斯兰,诽谤、辱骂穆圣㉒,诋毁伊斯兰的人,应该被处死。因此经文说:"你们应和隐昧者的头领战斗,因为他们无约可谈。以便他们停止",直到他们停止隐昧、顽抗和迷信。格塔德等学者说,"隐昧者的头领"指类似于艾布·哲海里、欧特白、西白、吾麦叶·本·赫里夫这样的人。

胡宰法却说:"(穆斯林)还没有向这节经文所说的人发起战争。"阿里也持此观点。[2]

正确地说,这节经文虽然是专门因古莱什中的多神教徒而颁降的,但它的精神意义是广泛的,它不但指的是古莱什人中的多神教徒,也指所有多神教徒。安拉至知。

---
(1)《泰伯里经注》14:146、147。

(2)《泰伯里经注》14:156。

阿卜杜·拉赫曼说："艾布·伯克尔时代，一些人被派往沙姆的时候，艾布·伯克尔对他们说：'你们将遇见一些剃了头的人，届时，你们要用宝剑诛戮恶魔的同党。以安拉发誓，对我来说，杀死他们中的一个人，比杀死其他人中的七十个人更能令人感到痛快。因为安拉说，你们应和隐昧者的头领战斗'。"(1)

❧ 13.难道你们不愿和破坏誓约，企图驱逐使者的人战斗吗？而他们首先侵犯你们。难道你们怕他们吗？如果你们是穆民，你们就更应该畏惧安拉。❧

❧ 14.跟他们战斗吧！安拉将用你们的手惩罚他们，凌辱他们，并使你们战胜他们，也将抚慰有正信群体的心灵。❧

❧ 15.他将消除他们心中的愤怒，他将接受所意欲的人的悔过。安拉是全知的，明哲的。❧

### 鼓励与隐昧者作战　作战的意义

安拉继续鼓励、引导信士们和那些撕毁盟约、预谋从麦加驱逐穆圣ﷺ的多神教徒战斗，正如安拉所言：❧ 当时，那些隐昧者对你施展诡计，企图拘禁你，或杀害你，或驱逐你，他们在用诡计，安拉在用妙计。安拉是最好的计谋者。❧（8：30）又❧ 他们驱逐使者和你们，只因你们归信安拉——你们的主。❧（60：1）又❧ 他们使你几乎不能在那地方安居，以便他们驱逐你。❧（17：76）

"而他们首先侵犯你们"，有人说经文指白德尔之日，多神教徒出来援助商队时，明知商队已经平安逃离，但他们还是继续傲慢地向穆斯林进攻，企图和穆斯林一决胜负。正如前文所述也有学者说，经文指他们撕毁盟约，支持他们的同盟者伯克尔族人打击使者的同盟者胡扎尔人，最终迫使先知在那一年讨伐他们，解放麦加。赞美和恩情统归安拉。

"难道你们怕他们吗？如果你们是穆民，你们就更应该畏惧安拉"，即你们不要惧怕他们，你们应当惧怕安拉，安拉的惩罚和大能是仆人应该惧怕的。一切事务都由安拉掌握，安拉所意欲的事情终究会发生，安拉不意欲的事情，绝不可能发生。安拉再次鼓励信士坚决抗战，并告诉他们，安拉虽然可以不经过任何人就能毁灭，但他还是命令信士们亲自作战，此中确有某种哲理。

"跟他们战斗吧！安拉将用你们的手惩罚他们，凌辱他们，并使你们战胜他们，也将抚慰有正信群体的心灵。"这是对全体信士的呼吁。穆佳黑德、艾克莱麦和赛丁伊说，经文中"有正信群体"指胡扎尔部落。(2)

"他将消除他们心中的愤怒"，"他们"指"有正信群体"。

"他将接受所意欲的人的悔过。安拉是全知的"，安拉知道什么对人类最有益。

"明哲的"，无论在宇宙事物还是法律制定中，安拉都是富有智慧和哲理的。他做所欲之事，判断所意欲之事。他是绝对公正无私的判决者，他不会忽略任何人的丝毫善言恶行，他将对被造物的一切行为在今世和后世给予公正的报应。

❧ 16.难道在安拉还未显示你们当中谁是奋斗者，谁没有舍安拉和使者及归信者而择取心腹之前，你们就以为自己可以为所欲为了吗？安拉是彻知你们的作为的。❧

### 考验穆斯林是战争的哲理之一

"你们就以为自己……"即信士们哪！你们认

---

（1）《伊本·艾布·哈亭经注》6：1761。

（2）《泰伯里经注》14：161。

为我会马马虎虎地放任你们为所欲为，而不以一些重大的事情考验你们，辨别你们中的诚实者和撒谎者吗？因此说："**难道在安拉还未显示你们当中谁是奋斗者，谁没有舍安拉和使者及归信者而择取心腹之前……**""**心腹**"指知己或亲近的人，他们表里如一地忠于安拉和使者。

安拉在其他章节中说："**艾立甫、俩目、米目。人们以为只要说"我们归信了"，便会就此罢休，不受考验了吗？我确曾考验过他们以前的那些人，安拉必定要知道哪些是真诚的人，哪些是说谎的人。**"（29：1-3）又 "**安拉还没有辨明你们当中谁是奋斗者和谁是忍耐者之前，你们就想着进入乐园吗？**"（3：142）"**安拉不会让你们——信士们常处于你们所处的现状之中，直到他把善恶分开。**"（3：179）概言之，安拉为仆人制定战争的时候，为他们阐明战争中不乏一些哲理，即考验谁是顺主者，谁是逆主者。安拉知道一切存在的事物和将要存在的事物，以及一切事物产生之前的状况和产生的过程。应受拜者，惟有安拉，除他外，别无应受拜者，谁也无法改变他的裁决。

**17.供认自己不信的多神教徒不应该建造安拉的清真寺。这等人，他们的工作是徒劳的，他们将永居火狱。**

**18.只有归信安拉和末日，谨守拜功、完纳天课和惟独敬畏安拉的人，才建造安拉的清真寺，这等人，他们或许是得正道的。**

## 多神教徒不建造安拉的清真寺

清高伟大的安拉说，举伴安拉的人，不宜建造以独一无偶的安拉的名义建起的清真寺。有学者读为"مسجد الله"，意为世界上最尊贵的清真寺——禁寺。此寺自建造的第一天开始，就是为崇拜独一的安拉而建的，它的奠基者是安拉的朋友伊布拉欣先知。换言之，它的建造者不能是供认自己的言行是不信仰的隐昧者。赛丁伊说："假若你问犹太教徒信仰什么宗教，他必回答'犹太教'，假若你问基督教徒信仰什么宗教，他必回答：'基督教'，多神教徒也会如此回答你。"(1)(2)

"**这等人，他们的工作是徒劳的**"，因为他们以物配主。安拉说："**安拉怎么不会惩罚他们呢？**

他们阻止他人进入禁寺，而他们不是它的保护者。它的保护者只是那些敬畏者。但是他们中的大部分人并不知道。"（8：34）

## 有正信的人们建造安拉的清真寺

"**只有归信安拉和末日，谨守拜功、完纳天课和惟独敬畏安拉的人，才建造安拉的清真寺**"，安拉为建造清真寺的人作证他们的信仰。(3)

阿慕尔·本·麦穆奈传述，我见到圣门弟子们时，他们说："清真寺是安拉在大地上的房子。安拉允诺款待在里面拜他的人。"

"**谨守拜功**"，拜功是身体的最大功课。

"**完纳天课**"，天课是人对人的最大善行。

"**惟独敬畏安拉**"，只敬重而又害怕安拉，不害怕安拉以外的一切。

伊本·阿拔斯认为"**只有归信安拉和末日**"指"认主独一，归信后世"；"**拜功**"指五番拜功；"**惟独敬畏安拉**"指惟崇拜安拉；"**这等人，他们或许是得正道的**"指"他们是成功的。"正如安拉对先知说："**你的主也许会因此把你复生到被赞美的地位。**"（17：79）即你的主将派遣你到说情的地方。《古兰》中的每个"عسى"（或许）都指"必定"。(4)

**19.你们以为供朝觐者饮水与建造禁寺，等于归信安拉、末日以及在主道上的奋斗吗？安拉那里它们不相等，安拉不引导不义的群体。**

**20.那些归信而且迁居，并以他们的财产与生命在主道上奋斗的人，在安拉看来他们有更大的品级。这些人确实是成功的。**

**21.他们的主以来自他的怜悯、喜悦和乐园给他们报喜，他们有长远的恩泽。**

**22.他们将永居其中，的确，安拉那里有重大的报偿。**

## 供朝觐者饮水与建造禁寺，不等于信仰和吉哈德

伊本·阿拔斯解释这节经文说，多神教徒们说："建造安拉的房子、为朝觐者提供饮水的人，比那些归信安拉并为之战斗的人更优秀。"他们曾因天房而自豪，自恃是天房的居民和天房的建造者而沾沾自喜。安拉讲述了他们的傲慢和悖逆，对天房附近的多神教徒说："**我的启示曾经被宣读给你**

---

（1）《泰伯里经注》14：165。
（2）这节经文不能理解为"只有虔诚的穆斯林才配修建安拉的清真寺"，根据古兰明文意义和大部分学者的解释，经文的意思是，"归信安拉和末日，谨守拜功，完纳天课和惟独敬畏安拉"——这些行为就是修建清真寺。——译者注

（3）《提尔密济圣训全集诠释》7：365；《哈肯圣训遗补》1：212；《泰伯里经注》14：167。
（4）《泰伯里经注》14：170。

们，但是你们却掉头后退，在那里高傲地夜谈，信口开河。》（23：66-67）即他们因建造禁地而自豪，他们常在天房旁边夜间闲谈，但却不信仰《古兰》和穆圣。所以安拉指出，信仰和奋斗，比建造禁寺和为朝觐者提供饮水更可贵；如果他们是以物配主者，对他们而言，建造禁寺和服务禁寺完全是徒劳无益。安拉说："**安拉那里它们不相等，安拉不引导不义的群体。**"虽然他们自认为是天房的建造者，但他们因为以物配主而被安拉称为"**不义的群体**"，他们的建造对他们徒劳无益。(1)

伊本·阿拔斯说，这节经文是因阿拔斯·本·穆塔里布颁降的，他被俘后说："如果你们因为伊斯兰、迁徙和战斗而贵过了我们，须知，我们曾经建造禁寺，给朝觐者供水，并释放俘虏。"安拉因而降谕道："**你们以为供朝觐者饮水……安拉不引导不义的群体。**"虽然多神教徒干了这些工作，但安拉不接受人们在以物配主时所干的一切。(2)

端哈克解说，白德尔之日，穆斯林因以物配主而谴责阿拔斯及其他俘虏。但阿拔斯说，以安拉发誓，我们曾建造禁寺，释放俘虏，给天房做帷幔，为朝觐者提供水。后来安拉降谕道："**你们以为供朝觐者饮水……**"(3)

有关这节经文的圣训很多，此处不再赘述。努尔曼·本·毕西尔传述，有人说："归信伊斯兰后，除了给朝觐者饮水外，我不在乎做什么善功。"另一人说："归信伊斯兰后除了建造天房外，我不在乎干什么事情。"另一人则说："为主道参战的功德比你们所说的更大。"当时正是聚礼日，欧麦尔听到他们的话后呵斥道："不要在安拉使者的讲台前大声喧哗。聚礼结束后我们去问先知。"后来，安拉降谕道："**你们以为供朝觐者饮水……安拉那里它们不相等。**"(4)

《 23.有正信的人们啊！如果你们的父母和兄弟舍弃信仰而甘于不信，就不要以他们作为盟友。你们中谁和他们结盟，谁就是不义的。》

《 24.你说："如果你们以为父亲、儿女、兄弟、妻室、族人和你们所获得的财富，你们骇怕其萧条的商业以及你们所欢喜的住所，比安拉及其使者和为主道而奋斗更可爱，那么你们就等着吧，直至安拉的命令降临，安拉不引导坏事的群体。"》

---
(1)《泰伯里经注》14：170。
(2)《泰伯里经注》14：170。
(3)《泰伯里经注》14：172。
(4)《穆斯林圣训实录》1879；《阿卜杜·兰扎格经注》2：268。

### 穆斯林不能和多神教徒结盟，哪怕他们是亲属

安拉命令信士和隐昧者划清界限，哪怕他们是父母或子女。如果他们选择隐昧放弃信仰，安拉警告我们不得和他们结盟为友。《古兰》说：《 你不会看到归信安拉和末日的人，会喜爱那些反对安拉和他的使者的人，即使他们是他们的父亲或儿子，或是他们的兄弟和亲属。这等人，安拉已把正信写在他们的心中，并以来自他的鲁哈增援了他们，他还将使他们进入下临诸河的乐园……》（58：22）伊本·舒兹卜说："白德尔之日，艾布·欧拜德的父亲不停地向他赞美自己敬奉的神灵，艾布·欧拜德则对那些偶像不屑一顾。两人越说越激动，艾布·欧拜德便上前刺死了父亲。安拉因此降示了这节经文：《 你不会看到归信安拉和末日的人，会喜爱那些反对安拉和他的使者的人，即使他们是他们的父亲或儿子，或是他们的兄弟和亲属。这等人，安拉已把正信写在他们的心中，并以来自他的鲁哈增援了他们，他还将使他们进入下临诸河的乐园，他们将永居其中。》（58：22）(5) 后来安拉命令使者警告那些选择家人、亲属、家族，而舍弃安拉、使者和奋战的人。说："你

---
(5)《白海根大圣训集》9：27。

说：'如果你们以为父亲、儿女、兄弟、妻室、族人和你们所获得的财富，你们骇怕其萧条的商业以及你们所欢喜的住所'"，即如果你们对他们的喜爱，超越了对安拉、使者和奋战的喜爱，**"那么你们就等着吧"**，即你们等着瞧吧，你们会遭受什么惩罚。因此说：**"直至安拉的命令降临，安拉不引导坏事的群体。"**

伊本·麦尔白德传自他的祖父：我们曾和安拉的使者㉚在一起，使者拉着欧麦尔的手，欧麦尔说："以安拉发誓，安拉的使者啊！除了我自己外，我对你的喜爱超越了一切。"使者说："只有我是你们的至爱，你们才能算作信士。"欧麦尔说："安拉的使者啊！现在对我来说，我对你的爱超越了对自己的爱。"使者说："欧麦尔啊！现在对了。"(1) 伊本·欧麦尔传述，我听使者㉚说："如果你们缠绵于一些小生意，抓住了牛尾巴，甘愿田间劳动，放弃奋斗，安拉就会让你们蒙受屈辱，你们只有回归正教，才可脱离屈辱。"(2)

❦ 25.安拉已在许多战场上和在侯奈尼之日襄助了你们。当时，你们庞大的人数使你们趾高气昂，但是它却对你们毫无益处。大地虽然是辽阔的，但对你们却变得狭窄了。后来你们掉头而逃。❧

❦ 26.当时安拉对他的使者和信士们降下了安宁，并降下了你们看不见的军队，他惩罚了那些否认者。这就是给隐昧者的报应。❧

❦ 27.此后，安拉就会接受他所意欲者的忏悔，安拉是至恕的、至慈的。❧

### 胜利只来自安拉的襄助

穆佳黑德说，这是《宣言章》中给信士们降示的第一节叙述安拉恩惠的经文，它给信士们提醒安拉在历次战斗中对他们的襄助，让他们知道，他们所获得的一切胜利，都来自安拉的襄助，而不是因为他们的人数和装备。胜利只来自安拉，无论大胜还是小胜。譬如侯奈尼战役中穆斯林声势浩大，数目众多，但这对他们并无裨益，除了极少数人和安拉的使者㉚一起坚守阵地以外，其他人几乎全部败北而逃，后来安拉襄助了使者和他周围英勇奋战的将士们，使穆斯林转败为胜——我们将在后文详述这段历史——以便让穆斯林知道，胜利来自安拉，即便人少势弱。弱势的少数人凭安拉的襄助战胜强势的大军，在历史上屡见不鲜。安拉和坚韧者同在。

---
(1)《艾哈麦德按序圣训集》4：336；《布哈里圣训实录诠释——造物主的启迪》11：532。
(2)《艾哈麦德按序圣训集》2：42；《艾布·达乌德圣训集》3462。

### 侯奈尼战役

伊斯兰教历八年十月，发生了侯奈尼战役。当时安拉的使者㉚已经解放麦加，大部分麦加人归信了伊斯兰，并得到先知的赦免。使者刚处理完了有关事宜，就听到海瓦精人在马立克·本·奥夫的率领之下纠集一支大军，联合了全体赛格夫族、吉西穆族、赛尔德族、少数奥扎伊族和一部分阿慕尔族人，以及奥夫族人，准备向穆斯林发起战争。他们随军携带着妇女儿童、羊群和骆驼倾巢来犯。安拉的使者㉚便率领同他一起解放麦加的军队前去应战。这支部队主要由迁士、辅士和阿拉伯的一些部落组成，共计一万人。除此之外，还有一些新近加入伊斯兰的麦加人，他们被称为"自由人"，约两千人。使者率领穆斯林来到麦加和塔伊夫之间的侯奈尼山谷。在这里，侯奈尼战役于黎明时分打响了。当时，海瓦精人埋伏于谷中，穆斯林未能觉察，当闯入谷底时，遭到敌军的伏击，敌军首领一声令下，敌人一拥而上，向穆斯林发起猛攻，飞箭像雨点般射来，继而乱杀乱砍。一时间，有些穆斯林招架不住，匆忙撤退。安拉在《古兰》中讲述了这一事件。而这时，安拉的使者㉚稳骑战骡，泰然自若，沉着应战，独自迎敌。圣叔阿拔斯紧握战骡右侧的镫子，穆圣㉚的堂兄弟艾布·苏富扬则紧握战骡左侧的镫子，防止它受惊而带着穆圣㉚狂奔。先知则高声呼唤着自己的名字，召唤穆斯林返回战场："安拉的仆人们！回来吧！快来这里！我是安拉的使者！我是先知，不是撒谎者，我是阿卜杜勒·穆塔里布的子孙！"就在这危难的时刻，跟在先知周围坚守阵地的约有一百人(3)，其中有艾布·伯克尔、欧麦尔、阿拔斯、阿里、法朵里·本·阿拔斯、艾布·苏富扬·本·哈里斯等。先知吩咐他的叔叔阿拔斯在人群中高声呼唤："在树下缔约的人们(4)啊！"声音洪亮的阿拔斯也大声喊道："橡胶树下的人们啊！坚持《黄牛章》的人们啊！"众人听到喊声，回应道："我们来了！我们来了！"从四面八方冲杀回来，重新聚集在先知周围。

有人因为坐骑不听使唤，索性丢弃坐骑，穿上盔甲，只身赶到使者身边。一部分人靠拢到先知周围后，先知命令他们视死如归地进攻敌人。先知祈求安拉襄助穆斯林，拿起一把土向敌人抛去，说道："主啊！请实践你给我的承诺吧！"顿时敌人的眼前一片黑暗，眼睛和嘴中都是沙土，敌军无暇应战，纷纷败退下来。穆斯林趁胜追击，杀死并俘

---
(3) 有学者说八十人。——译者注
(4) 即和先知在大树下缔结"情愿之约"的迁士和辅士，他们承诺不在危难时刻背离先知。——译者注

获大量敌人。其他穆斯林回到穆圣㊣周围时，使者的身边已经聚集了一大批俘虏。两圣训实录辑录，有人问伊本·阿兹卜："艾布·安马尔啊！侯奈尼之日你们舍弃先知逃跑了吗？"伊本·阿兹卜说："安拉的使者㊣没有逃跑。海瓦精人擅长射箭，但我们向他们发起进攻后，他们败下阵去，就在人们开始收集战利品时，他们又转过身来向我们射击，穆斯林便由胜而败。这时，我看到艾布·苏富扬拉着先知㊣的白色战骡的镫子，先知则在高喊：'我是先知，不是撒谎者，我是阿卜杜勒·穆塔里布的子孙！'"（1）

（笔者说）那日战场上使者勇不可挡，虽然他的军队弃他而逃，但他从容不迫，沉着应战，骑着战骡冲向敌军。同时高喊自己的名字，让不认识他的人知道他。愿安拉永远赐他福安！这一切都出于他对安拉的信赖和托靠，他坚信安拉会襄助他，成全伊斯兰事业，使其高贵于万教。

"当时安拉对他的使者和信士们降下了安宁"，即安拉让他们镇静和沉着。

"并降下了你们看不见的军队"，即安拉派来了天使。有位曾和多神教徒一起参加侯奈尼战役的人说："我们和圣门弟子们遭遇后，他们抵挡一阵子（给羊挤奶的时间）就败下阵来，我们在后面追杀。途中我们看到一个骑白骡的人奋勇拼杀，那人便是安拉的使者㊣。他周围有一些英俊的白人向我们发起了反击，他们对我们说：'愿这些面孔出丑吧！滚吧！'顷刻间我们溃不成军，他们从我们的肩上踏了过去。事情就是这样。"（2）

"此后，安拉就会接受他所意欲者的忏悔，安拉是至恕的、至慈的。"安拉接受了一些海瓦精人的忏悔，后来他们归信了伊斯兰，他们在麦加附近的朱尔拉兰地区，以穆斯林的身份加入到穆斯林队伍。此事发生在侯奈尼战役之后的二十天左右。当时使者让他们选择，要么还俘虏给他们，要么还钱财给他们，他们选择了要俘虏。先知就将被俘者交还了他们，释放了包括妇女儿童在内的六千多名俘虏，而将他们的财产分配给了穆斯林战士，特别赏赐了一些自由人（3），以便联合他们拥护伊斯兰。使者一百一百地给他们分配骆驼，马立克·本·奥夫也获得了一百峰骆驼，使者让他继续担任族落领导。马立克写了一首诗，赞美先知的慷慨和非凡气魄，其中说道："穆罕默德，预报未来，普天之下，举世无匹，忠诚守信，慷慨无比，刀林剑雨，长剑相迎，横扫千军，宛若雄狮。"

―――――
（1）《布哈里圣训实录诠释——造物主的启迪》6∶81；《穆斯林圣训实录》3∶1401。
（2）《泰伯里经注》14∶186。
（3）即解放麦加后信仰的穆斯林。——译者注

٭ 28.有正信的人们啊！多神教徒只是污秽，今年以后他们不得接近禁寺。如果你们怕穷，如果安拉愿意，他就会以他的恩赏使你们富足。安拉是全知的、明哲的。٭

٭ 29.你们要跟那些已被赐给经典而不信安拉和末日的人战斗——他们不把安拉及其使者定为非法的事物作为戒律，他们不信真理的宗教——直到他们卑贱地亲手交纳人丁税。٭

### 拒绝多神教徒进入禁寺

安拉命令那些信仰纯洁、身体清洁的穆民，从禁寺周围驱逐那些在宗教方面他们就是污秽的多神教徒。这节经文降示之后，多神教徒不能接近禁寺。这节经文降示于伊斯兰教历九年。为此，安拉的使者㊣在那一年命令阿里陪同艾布·伯克尔去朝觐，在朝觐期间向人们宣布，这一年之后多神教徒不得朝觐，赤裸者不能巡游天房。安拉将这一既成的事实的事情定为一项法令。

贾比尔解释"**多神教徒只是污秽，今年以后他们不得接近禁寺**"，说："奴隶和被保护民除外。"（4）

―――――
（4）《阿卜杜·兰扎格经注》2∶271。

欧麦尔·本·阿卜杜·阿齐兹曾规定:"你们当拒绝犹太教徒和基督教徒进入穆斯林的清真寺。"安拉强调这一禁令说:"多神教徒只是污秽。"

阿塔说:"禁地都属于清真寺,因为安拉说:'今年以后他们不得接近禁寺'。"这节尊贵的经文证明多神教徒污秽的同时,证明穆民是纯洁的。圣训说:"穆民无污秽。"(1)

"**如果你们怕穷,如果安拉愿意,他就会以他的恩赏使你们富足。**"伊本·易司哈格说:"当时人们说市场关闭了,生意毁了,我们原本得到的利益将一去不返。"后来安拉降下了这节经文,说明安拉的恩赏会从各个渠道降临人们。

"**如果安拉愿意……卑贱地……**"即安拉对你们担心失去的那些东西给予补偿,安拉断绝了你们和以物配主者的联系后,以有经人的贡税来补偿你们。(2)

"**安拉是全知的**",即安拉知道什么对你们有益。

"**明哲的**",安拉的命令和禁止中都充满智慧和哲理,安拉的言行是绝对完美的,他的造化和决**策都是公正的。因此**,他以收取有约人的人丁税,来替换你们所失去的谋生手段。

### 鼓励穆斯林和有经人战争,直到他们纳税

"**你们要跟那些已被赐给经典而不信安拉和末日的人战斗——他们不把安拉及其使者定为非法的事物作为戒律,他们不信真理的宗教——直到他们卑贱地亲手交纳人丁税。**"

不但如此,他们对穆罕默德☪的否认,说明了他们对所有使者及其使命的否认。他们自称归信正教,其实不过是迎合自己的私欲、先辈的生活方式和主观意见罢了,并不是因为遵从安拉规定的法律和宗教。他们如果真的信仰手中的经典,必然会归信穆罕默德☪,因为所有先知都曾预报过安拉的使者☪将出现的喜讯,都曾命令他们的追随者要坚定不移地支持他。所以从他们否认这位最尊贵的先知的态度中可以看出,他们遵从列圣的宗教不是因为那是安拉的法律,而是符合了他们的喜好和私欲。在他们否认最尊贵的先知、万圣的封印和最完美的使者之际,他们对其他先知的信仰是毫无意义的。因此说:"**你们要跟那些已被赐给经典而不信安拉和末日的人战斗——他们不把安拉及其使者定为非法的事物作为戒律,他们不信真理的宗教——直到他们卑贱地亲手交纳人丁税。**"当人们成群结队地加入伊斯兰,多神教徒的事情在穆斯林的眼中渐显

端倪之际,安拉降谕这节尊贵的经文,命令穆斯林和他们进行战斗。事情发生在伊斯兰教历九年。先知平定阿拉伯半岛后,安拉命令他和有经人——犹太教徒和基督教徒进行战争。因此,使者奉命组织军队,准备讨伐罗马。使者向人们宣布了这一消息,并号召他们积极参战,同时致信麦地那周围的各阿拉伯部落,鼓励他们一起出征。穆斯林纷纷响应使者的号召,组成一支约三万人的军队。只有少部分麦地那人和周围的一些伪信士没有参加这次战役。这是一个天气异常炎热的干旱季节,使者出兵沙姆,讨伐罗马,到达台卜克时,在一个临近水源的地方驻扎了将近二十天。后来,在安拉的意旨下,使者收兵回到麦地那。因为当时的形势恶劣,穆斯林人困马乏,不宜久战。如果安拉意欲,我们将在后面介绍这一战役。

### 人丁税是屈辱和隐昧的标志

"**他们卑微地服服帖帖纳税**",指如果他们拒绝归信,就要规规矩矩地交纳人丁税。"**服服帖帖**"指被征服地、屈服地。"**卑微地**"指渺小地、屈辱地、卑贱地。**因此,不能尊敬有约人,不能将**他们的地位置于穆斯林的地位之上,他们永远是薄福而渺小的。《穆斯林圣训实录》记载,安拉的使者☪说:"你们不要首先问候犹太教徒和基督教徒,你们在路上碰见他们中的一人时,将他逼迫到最窘迫的境地。"(3)

因此,信士的长官欧麦尔和有经人缔结的盟约中,明确包含着鄙视他们的条文。阿卜杜·拉赫曼说,我曾替欧麦尔(愿主喜悦之)书写了他和沙姆的基督教徒签订的条约,文如下:"奉普慈特慈的安拉之尊名,这是安拉的仆人欧麦尔·本·罕塔卜(愿主喜悦之)和某某城市的基督教徒签订的条约。你们(穆斯林)到来时,我们(基督教徒)要求你们为我们自身、子孙、财产和宗教人士提供安全保障,我们向你们保证不在我们的城市和城市周围兴建教堂、福音堂、修道室、修行房,也不得翻修它们,不得再次利用被穆斯林已规划过的地方;不拒绝任何穆斯林在夜晚或白天下榻我们的福音堂,我们为行人和旅客敞开它们的大门,途经这里的穆斯林有权在福音堂中居住三天,我们为他们提供食宿;我们不得在福音堂和家中安置间谍,也不能欺骗穆斯林,我们不给自己的小孩教授《古兰》,不显示以物配主(的行为和思想),也不号召任何人接受多神思想,我们不阻止任何亲属自觉加入伊斯兰,我们应该尊重穆斯林,当他们想坐到我们位置上时,我们应该给他们让座,我们不模仿

---

(1)《布哈里圣训实录诠释——造物主的启迪》3:150。
(2)《泰伯里经注》14:193、194、195、196、197。

(3)《穆斯林圣训实录》4:1707。

他们的服装、帽子、头巾、鞋子、分头，我们不以穆斯林的（宗教）语言谈话，不以他们的（专用）名号起名；我们（骑马时）不设马鞍，不得佩带战剑，不搜集或携带武器；我们不用阿拉伯文雕刻（印章）；不卖酒；我们得剪掉额头的头发，我们无论到哪里都坚持自己的装饰，并在腰部系祖那尔[1]；我们不在福音堂的上面明显地设置十字架，不在穆斯林的道路、街巷的任何地方显示我们的十字架和经典，我们只能在教堂里面轻轻地敲钟，不能在穆斯林在场时在我们的教堂中高声诵经，我们不履行棕树主日[2]和复活节的星期一仪式，不在穆斯林的道路和街道的任何地方当着穆斯林的面点圣火；我们在举行殡礼时不高声喧哗，不把我们的死者埋葬在穆斯林的坟墓旁边；不购买有穆斯林标志的奴隶；我们应该给穆斯林当向导，不从他们的房舍外面窥视他们。"阿卜杜·拉赫曼说："我写完条约后去见欧麦尔，他在里面又增加了：'我们（基督教徒）不殴打任何一个穆斯林。我们以我们自己和我们的教士向你们保证上述条文，并以此作为得到安全保障的代价。违反其中任何一条，都被视作毁约，你们可以像对待任何一个敌对者那样对待我们。'"[3]

✦ 30.犹太教徒说欧宰尔是安拉的儿子，基督教徒说麦西哈是安拉的儿子，那是他们用嘴说的话，他们模仿以往那些隐昧者的说法。愿安拉惩处他们！他们究竟转变到哪里！✦

✦ 31.他们在安拉之外以他们的学者、修士及麦尔彦之子麦西哈作为主宰，而他们奉命只崇拜独一的主。除他之外，再无应受拜的。赞颂他超绝于他们所举伴的。✦

### 犹太教徒和基督教徒以物配主，这是他们遭受战争的原因

因为犹太教徒和基督教徒以安拉之名捏造谎言，说了这些丑恶的言辞，所以安拉鼓励信士们讨伐这些以物配主的隐昧者。犹太人说："欧宰尔是安拉之子。"安拉与这些谬说毫无关系；基督教徒关于尔撒的迷信众所周知。因此，安拉将犹太教徒和基督教徒断为隐昧者。安拉说："**那是他们用嘴说的话**"，即这纯属谬说，毫无根据。

"**他们模仿以往那些隐昧者的说法**"，即他们模仿迷失正道的先民的言论。他们将走向同等的迷信结局。

"**愿安拉惩处他们！**"伊本·阿拔斯解释为"愿安拉诅咒他们！"

"**他们究竟转变到哪里！**"他们怎么偏离明确的正道，投向迷误呢！

"**他们在安拉之外以他们的学者、修士及麦尔彦之子麦西哈作为主宰。**"据阿丁伊[4]·本·哈亭（愿主喜悦之）说，当他听到穆圣宣教的消息后逃到了沙姆，因为他在蒙昧时代信仰了基督教。后来他的姐姐和一些族人被（穆斯林）俘虏，使者开恩放了他姐姐，并赏赐了她。她回到家中后，鼓励阿丁伊归信伊斯兰，并敦促他去谒见先知。阿丁伊遂来到麦地那。他来到安拉的使者跟前时，胸前还佩戴着十字架，使者对他读了下列经文："**他们在安拉之外以他们的学者、修士及麦尔彦之子麦西哈作为主宰……**"阿丁伊说："他们并没有崇拜他们（学者、修士及麦西哈）。"使者说："不，他们（犹太学者及基督教修士）私自将合法改为非法，将非法改为合法，其追随者们依然跟随他们，这就是对他们的崇拜。"使者接着说："阿丁伊啊！你有何话可说？难道因为你别人说'安拉至大'，而要逃跑吗？你知道有什么比安拉更伟大吗？难道你因为别人说'应受拜者，惟有安拉'，而要回避吗？除安拉外你还知道什么值得崇拜吗？"阿丁伊接受了使者的宣传，念了作证言，加入了伊斯兰。阿丁伊说："我看到使者露出了笑容。"使者说："犹太人是受恼怒的，基督教徒是迷误的。"[5]胡宰法和伊本·阿拔斯也认为这里的"崇拜"，指跟随那些学者和修士，将合法改为非法，将非法改为合法。[6]

"**而他们奉命只崇拜独一的主**"，即他们应该崇拜的是安拉，安拉规定的合法就是合法，安拉规定的非法就是非法。安拉的法律和判决是必须执行的。

"**除他之外，再无应受拜的。赞颂他超绝于他们所举伴的**"，即安拉是无比神圣、清高而伟大的，他没有伙伴、助手、匹敌和子女，应受拜者，惟有他——独一无二的养育者。

✦ 32.他们企图以他们的嘴吹熄安拉的光，但是安拉只愿完美他的光，即使隐昧者不愿意。✦

✦ 33.是他派遣他的使者带来引导和真理的宗

---

[1] 基督教徒在伊斯兰社区必须佩戴的标志性腰带。——译者注
[2] 复活节前的礼拜日。——译者注
[3] 《穆罕俩》7：346。
[4] 他是团伊部落的首领，其父以慷慨仗义闻名遐迩。——译者注
[5] 《艾哈麦德按序圣训集》4：378；《提尔密济圣训全集诠释》8：492；《泰伯里经注》14：210。
[6] 《泰伯里经注》14：212。

教，以便他能使它胜过一切宗教，即使多神教徒不愿意。》

### 有经人企图熄灭伊斯兰之光

清高伟大的安拉说，多神教徒和有经人中的这些隐昧者，"企图以他们的嘴吹熄安拉的光"，即他们企图通过狡辩和谎言，熄灭安拉派遣使者带来的引导和正教。这纯属痴人做梦，无异于想吹一口气熄灭太阳或月亮的光芒。安拉派遣使者带来的信息，必定日臻完美，并最终出现在世人面前，多神教徒的目的永远不会得逞。经文反击他们说："但是安拉只愿完美他的光，即使隐昧者不愿意。""隐昧者"原指"遮盖或掩埋某物的人"，例如夜被称为"隐昧者"，因为它用黑暗掩盖了事物，农民（耕种者）被称为"隐昧者"，因为他将种子埋在土壤中间。正如安拉所言：《它的植物使耕种者愉快。》（57：20）

### 伊斯兰必定战胜其他宗教

"是他派遣他的使者带来引导和真理的宗教"，"引导"，指使者传达的真实信息、正确的信仰和有益的知识。"真理的宗教"，指在今世和后世对人有益的正确善功。

"以便他能使它胜过一切宗教。"以便它优越于一切宗教。安拉的使者㊗说："安拉为我聚集了大地——整个东方和西方，我的民族的权力将达到这一范围。"(1) 泰米目说，我听安拉的使者㊗说："这一（伊斯兰）事业将达到夜和昼能达到的地方，安拉会让这个宗教进入每一个土房和毛房（用动物毛制成的房子），他会让尊贵者尊贵，卑贱者卑贱，安拉让尊贵者因伊斯兰而尊贵，卑贱者因隐昧而卑贱。"泰米目（他之前是个基督教徒）说："我在自己的家人中明白了这条圣训的意思，他们中成为穆斯林的人因此尊贵，得到了幸福和尊重，隐昧的人不但遭受屈辱，而且还交纳人丁税。"(2)

《34.有正信的人们啊！许多学者和修士用诈术吞食别人的财产，并且在主道上阻碍他人。那些聚敛金银，不在主道上花费它的人，你以痛苦的惩罚向他们报喜吧。》

《35.在那天，这些东西将在火狱的火中被烧热，然后用来烙他们的前额、肋和脊背。（有声音说）"这就是你们为自身所聚敛的（财富）。现在尝尝你们所曾聚敛的吧。"》

### 警告歹学者和迷误的崇拜者

赛丁伊说，"学者"（أحبار）来自犹太教，"修士"（الرهبان）来自基督教徒。(3) 他认为学者是犹太教学者，正如安拉所言：《为什么宗教学者和经师们不禁止他们罪恶的言谈和他们侵吞非法呢？他们的作为真恶劣！》（5：63）"修士"是基督教徒中的修行者，教士是基督教的宗教学者，正如安拉所言：《因为他们当中有教士和修士。》（5：82）概而言之，经典要人们提防那些罪恶的学者和迷误的崇拜者。苏富扬·本·欧叶奈说："我们的学者中的腐败分子和犹太教徒中的腐败分子有相同之处，我们的修士中的腐败分子和基督教徒中的腐败分子有相同之处。"有段明确的圣训说："你们势必步前人的常道，分毫不差。"圣门弟子们问："前人指犹太教徒和基督教徒吗？"使者说："还有谁呢？"另一传述中圣门弟子们问："前人指波斯人和罗马人吗？"使者说："除了他们还有谁呢？"(4) 总而言之，经文严禁我们模仿他们的言行，因此安拉谴责："许多学者和修士用诈术吞食别人的财产，并且在主道上阻碍他人"，即

---

（1）《穆斯林圣训实录》4：2215。
（2）《艾哈麦德按序圣训集》4：10。
（3）《泰伯里经注》14：216。
（4）《沙里亚》18。

他们以宗教为代价，利用自己在人们中的地位非法侵吞他人财产。犹太学者还利用人们的愚昧无知，征收税务，以各种名目索取礼物。安拉派遣穆圣后，他们为了保持昔日的地位和生活状态，坚持迷误和不信，坚决抵制穆圣。后来安拉以先知带来的光明熄灭了他们的幻想，使他们地位丧失，永远遭受凌辱、卑贱和来自安拉的迁怒。

"并且在主道上阻碍他人"，他们不但侵吞非法所得，而且阻碍人们追求真理，他们混淆视听，表里不一。他们是火狱的号召者，在末日得不到襄助。

### 对聚积金银者的惩罚

"那些聚敛金银，不在主道上花费它的人，你以痛苦的惩罚向他们报喜吧。"这些是第三种在人们中"出人头地"的人。人们必须依赖学者、修士和富人，所以这些人腐败时，其他人的情况就会不堪设想。伊本·穆巴拉克说："破坏宗教的，往往是国王、歹学者和歹修士。"

伊本·欧麦尔说："'**聚敛金银**'指没有交纳天课的财产。"哈立德·本·艾斯莱姆传述，阿卜杜拉·本·欧麦尔说，那是天课的经文降示以前的事情，后来安拉规定天课，用于纯洁其他财产。'"(1) 欧麦尔·本·阿卜杜·阿齐兹和尔拉克也持此观点，他们认为这节经文后来被下列经文革止了："你从他们的财产中抽取周济品。"（9：103）

训诫人们聚敛金银的圣训很多，这里我们引用数条。阿里（愿主喜悦之）在解释"**那些聚敛金银……**"时说："穆圣说：'伤哉金子！伤哉银子！'使者说了三次。使者的话使圣门弟子们深感为难，他们说：'安拉的使者啊！那么我们应该追求什么样的财产呢？'欧麦尔说："我将让你们认识它。安拉的使者啊！圣门弟子们没有理解你的话。"使者说：'记主的舌头，谢主的心灵，在宗教事务中帮助你的妻子。'"(2)

"在那天，这些东西将在火狱的火中被烧热，然后用来烙他们的前额、肋和脊背。（有声音说）'**这就是你们为自身所聚敛的（财富）。现在尝尝你们所曾聚敛的吧。**'"他们将听到这些训诫、批评和嘲笑，并说："**再在他头上浇下沸水。尝尝吧！你的确是优秀的，尊贵的。**"（44：48-49）即这就是敛财者的报应。这就是你们曾经为自己所窖藏的。因此有人说，谁若对某一事物的喜欢超越了他对安拉服从的喜悦，他就会因这一事物而受到惩罚。这些聚敛财产的人，喜欢敛财超越了喜欢安

---

（1）《布哈里圣训实录诠释——造物主的启迪》8：175。
（2）《阿卜杜·兰扎格经注》2：263。

拉，因此，他们因为财产而受到了惩罚。艾布·莱海卜（愿安拉诅咒他）极力反对穆圣，他的妻子助纣为虐，所以在末日，她将"帮"他承受更严重的惩罚，她的颈上系着一条坚实的绳子，她即将在火狱中聚积柴禾，把它投到艾布·莱海卜身上，安拉通过他今生所关心的人加重他的苦难。如果一个人在今世中将财富作为他最爱之物，那么在后世中财富将成为对他最有害的东西，那财富将变成烙铁烙他的额头、肋和脊背，那灼热是无法形容的。

安拉的使者说"谁死后留下了没有交纳天课的财产，在末日，财产将变成一条有毒的秃顶巨蟒，那蟒有两个黑斑遮住眼睛，跟在聚财者身后紧追不舍。他（敛财者）会说：'真该死！你是谁？'它说：'我是你遗留的宝藏。'那人被迫无奈，只得将手喂给巨蟒，但身体的其他部分也难逃蟒口。"(3)

《穆斯林圣训实录》记载，安拉的使者说："拒交天课的人，末日将面临一些烙铁，将在每一天等于五万年的时间内烙他的肋骨、额头和背部。直到安拉审判万物的日子，他的路才显现出来，要么乐园之路，要么火狱之途……"(4) 伊本·沃海布说，我在勒卜则（地名）遇见了艾布·则尔，我问他："你因何住在此地？"他说："我们曾在沙姆，我念到'**那些聚敛金银，不在主道上花费它的人，你以痛苦的惩罚向他们报喜吧**'的时候，穆阿维叶说：'我们（穆斯林）中不存在这个问题，这个问题只存在于有经人中。'而我说：'这个问题不但我们中存在，他们中也存在。'"(5)

**◆ 36. 在安拉那里，一年是十二个月，造化天地之日，就已规定在安拉的天经中。其中有四个禁月。这就是正教。你们不要在禁月中亏负自己。你们当全体讨伐多神教徒，就像他们结伙和你们作战一样。须知，安拉与敬畏者同在。◆**

### 一年是十二个月

艾布·伯克尔传述，穆圣在朝觐演讲中说："光阴如同安拉初创天地时那样周而复始，一年是十二个月，其中四个月是禁月，三个是连续的，它们是伊斯兰教历十一月、十二月、一月，以及六月和八月之间穆朵落的七月。"然后使者问："今天是什么日子？"我们说："安拉及其使者至

---

（3）《泰伯里经注》6：363；《伊本·胡宰默圣训实录》2255；《伊本·罕巴尼圣训实录》803；《布哈里圣训实录》4659。
（4）《穆斯林圣训实录》2：682。
（5）《布哈里圣训实录诠释——造物主的启迪》8：173。

知。"使者沉默了一会儿，我们想大概他要给此日重新命名。然后他说："这不是宰牲日吗？"我们说："是的。"然后使者问："这是什么月？"我们说："安拉及其使者至知。"使者沉默了一会，我们想大概他要给此月重新命名。然后使者说："这不是朝觐之月（十二月）吗？"我们说："是的。"使者问："这是什么城市？"我们说："安拉及其使者至知。"使者沉默了一会，我们以为他要重新给它命名。他问道："这不就是禁城吗？"我们说："是的。"使者接着说："你们的生命、你们的财产（我好像还听他说"你们的名誉"）就像你们的此城此月此日一样，是有尊严的。你们将见到你们的养主，他要向你们审问你们的工作。注意，在我之后你们不要成为互相惨杀的迷误者。我传达了吗？注意，在场者有责任给不在场者传达！或许被传达者比亲自听到的更能记住它。"(1)

（附说）谢赫·阿莱孟丁·赛哈威在其著作《日月名录》中说："一月被称为'穆哈兰（原意为受禁的）'，因为它是个禁月(2)；二月被称为'索非勒（原意是"空虚的、零"）'因为他们常在此月出门或战斗，家中空无一人；三月被称为'莱毕尔·安外里（莱毕尔原指公馆）'因为他们在该月修筑公馆，保护财产；四月同上。五月被称为'朱麻地（原意是结冰）'，因为水在该月冻成冰。在他们的计算中月份原本是固定的。（这一说法值得商榷，因为古阿拉伯历以新月为准，所以月份必然是循环的。或许他们最初命名时正值寒冬。）正如诗人所说：'五月夜露，寒冰闪闪，一声犬吠，万籁俱静，紧缩一团。'六月被称为朱麻地·阿赫尔；七月被称为'勒杰卜'，原指'尊重'；八月被称为'什尔巴尼（原指分支、分歧）'因为他们常在此月相互偷袭，分门别派；九月被称为'莱麦丹月'，莱麦丹原指炎热，人们常说'幼崽一干渴，就会发热。'有人说，莱麦丹是安拉的一个尊名，这种观点没有依据（笔者认为，虽然有圣训提到莱麦丹是安拉的一个尊名，但这节圣训的可靠性不是很强。斋戒篇的开头已作解释。）；十月被称为'扇瓦里'，取之于"骆驼翘尾巴"；十一月被称为祖里·尕尔代（意指"坐、休息"），因为人们在该月休战，不出门；十二月被称为'祖里·罕吉'，因为人们在此月朝觐天房。"

日期的名称如下，星期天是"艾哈德"，星期一是"伊斯乃尼"，星期二是"苏俩撒伊"，星期三是"艾勒比阿义"，星期四是"赫米斯"。星期五是"朱穆尔"，星期六是"赛卜特"，赛卜特意为结束，指日子的名称到此结束。古代阿拉伯人将一周各天分别称为：安外鲁、艾海外奴、朱巴尔、都巴尔、穆尼斯、阿鲁卜、西亚尔。

## 禁 月

"**其中有四个禁月。**"蒙昧时代的阿拉伯人，也尊奉这些禁月。这是大部分学者的观点。但拜斯莱派格外重视禁月，他们认为一年中的八个月是禁月。圣训说，禁月是"伊斯兰教历十一月、十二月、一月，以及朱麻地月（六月）和什尔巴尼（八月）之间的穆朵落的勒杰卜（七月）。"提到穆朵落的七月，是为了证实他们所说的"勒杰卜（七月）处于朱麻地月和什尔巴尼月之间。"而莱毕尔部落认为，属于禁月的勒杰卜月是处于什尔巴尼和扇瓦里月之间的月份，即今天我们所说的莱麦丹月。所以圣训明确指出，禁月是穆朵落的勒杰卜月，而不是莱毕尔的勒杰卜月。四个禁月中三个连接，一个单独的原因是，为了履行正朝和副朝：朝觐月（十二月）前的月——祖里·尕尔代月（十一月）被定为禁月，因为阿拉伯人在此月不参加战斗；朝觐月被定为禁月是因为他们要在禁月中举行朝觐；朝觐月之后的月——穆哈兰月被定为禁月，原因是朝觐者要在此月平安返回家园，一年中间的勒杰卜月（七月）被定为禁月，原因是从半岛远处来的阿拉伯人要谒见天房，举行小朝，然后在此月中平安返回。

"**这就是正教**"，即正教就是服从安拉的命令，尊奉禁月，遵照安拉的第一部天经对禁月的有关规定。

"**你们不要在禁月中亏负自己**"，因为在禁月犯罪的罪责是更严重的。正如在禁地中犯罪一样，是罪上加罪。安拉说：❝共同设定的禁寺之人，谁不义地企图在那里离经叛道，我将使谁尝试痛苦的刑罚。❞（22：25）禁月中的犯罪也是同样。

伊本·阿拔斯解释上述经文说，安拉从十二个月中特别将四个月定为禁月，并提高了它们的神圣性，规定在其中犯罪是罪上加罪，在其中行善能获得加倍的善报。(3)

格塔德解释"**你们不要在禁月中亏负自己**"说："在禁月中犯罪，比其他月份中犯罪的罪行更加严重。虽然任何情况下的犯罪都是严禁的，但安拉将严格地处理他所意欲的问题。"他说："安拉从被造物中选拔了一些精英，从天使和人类中各选拔了一些使者，从语言中选择了记主词，从大地上

---

(1)《艾哈麦德按序圣训集》5：37；《布哈里圣训实录诠释——造物主的启迪》8：175，6：338，10：10；《穆斯林圣训实录》3：1305。

(2) 但据笔者所知，它是对禁月的强调。因为阿拉伯人曾改变禁月的时间，他们有一年将此月奉为禁月，另一年则不将它奉为禁月。——译者注

(3)《泰伯里经注》14：238。

选择了清真寺，从月份中选择了莱麦丹月和禁月，从日期中选择了主麻日，从夜晚中选择了格德尔夜。你们当尊重安拉重视的事物，只有智者才会尊重安拉重视的事物。"

## 禁月中的战斗

"你们当全体讨伐多神教徒"，即你们当整体出动，奋勇参战。

"就像他们结伙和你们作战一样。"正如他们倾巢出动和你们战斗。

"须知，安拉与敬畏者同在"，你们要知道，在禁月中首先发起战争是非法的。安拉说：❰ 有正信的人们啊！你们不要亵渎安拉的标志、禁月。❱（5：2）又❰ 禁月抵偿禁月，一切禁戒都需抵偿。如果任何人侵犯你们，你们也可以对他们作同样的回击。❱（2：194）❰ 当禁月已经过去之后，不论在什么地方，当你们发现多神教徒时，你们就杀了他们。❱（9：5）

"你们当全体讨伐多神教徒，就像他们结伙和你们作战一样。"如果敌人在禁月中首先向穆斯林发起了战斗，穆斯林可以给予还击。正如安拉所言：❰ 禁月抵偿禁月，一切禁戒都需抵偿。❱（2：194）又❰ 你们不要在禁寺附近跟他们战斗，除非他们在其中和你们战斗，倘若他们攻击你们，你们就杀死他们。❱（2：191）安拉的使者㊊包围塔伊夫人直至禁月，是因为这是和海瓦精战役[1]的延续，因为他们和他们的同盟者赛格夫人磨刀霍霍，首先向穆斯林发起了战争。所以使者出兵应战，并在塔伊夫包围了他们，要求他们放弃城堡，而他们不但不接受忠告，还杀了许多穆斯林，故使者下令以弩炮等利器围攻他们近四十天。此次战役在非禁月中开始，进入禁月后，战斗持续了数日，然后使者才收兵。不言而喻，比较持续某件不良的事件而言，开始这件事情则是更不可原谅的。类似的例子不胜枚举。安拉至知。

❰ 37.延缓禁月，只是增长不信，那些隐昧的人因此而被导入迷误。他们有一年遵循它，另一年违犯它，以便凑足安拉所禁的月数，而将安拉禁止的改为合法的。他们的罪行已为他们而被粉饰。安拉不引导隐昧的群体。❱

## 谴责以个人见解改变法规

安拉谴责多神教徒违反安拉的法律而迎合他们邪恶的想法，他们以自己的欲望篡改法律，将安拉规定的合法改为非法，将安拉规定的非法改为合法。他们认为连续三个月没有战争的禁月对于怒气冲冲的他们而言实在太长了。在伊斯兰之前，他们自创了将禁月期限推后的惯例，遂将索非勒月改为禁月，而将原来的禁月改为非禁月，将非禁月改为禁月，以便凑足安拉所制定的四个禁月的数字。

伊本·阿拔斯解释"延缓禁月，只是增长不信"说，"延缓"指朱纳德·本·奥夫（他的外号是艾布·苏麻麦）曾在每年的集会上呼：须知，艾布·苏麻麦（的话）既不被拒绝也不被驳斥！"他曾让人们一年将二月定为禁月，另一年将一月定为禁月。因此，安拉说："延缓禁月，只是增长不信。"他们在一年遵奉一月为禁月，另一年则不遵奉。[2]

穆佳黑德说："有个克纳乃族的人每年骑驴到集会上呼吁：'人们啊！我的话不会受到拒绝、否认和驳斥，我们将下一个一月定为了禁月，并取消了二月的禁令。'第二年他到来后还是宣传相同的话，但他说：'我们将下一个二月定为了禁月，取消了一月的禁令。'这就是安拉所说的：'以便凑足安拉所禁的月数'。即凑足四个禁月的数

---

[1] 即侯奈尼战役。——译者注

[2]《泰伯里经注》14：245、246。

字，通过延缓禁月的时间，将真正的禁月改为非禁月。"[1]他们曾在一年中将一月奉为禁月，在另一年将二月奉为禁月。并根据情况将三月或其他月份改为禁月。"**他们有一年遵循它，另一年违犯它，以便凑足安拉所禁的月数，而将安拉禁止的改为合法的。**"他们仍旧每年有四个月的禁月，但他们有时提前将三个连续的禁月中的第三个月穆哈兰月——定为禁月；有时将它推迟到索非勒月。

伊玛目伊本·易司哈格在其《先知传》中对此有精辟的论述，他说："阿拉伯人中第一个将禁月改为非禁月，将非禁月改为禁月的人是穆滥米斯，其谱系是：阿德南—麦安迪—乃匝尔—穆朵勒—易勒雅斯—穆德磊凯—胡宰默—克那奈—马立克—哈里斯—赛尔莱卜—阿米尔—阿丁伊—福盖穆。穆滥米斯也称胡宰法。穆滥米斯之后，他的儿子安巴代继承父业，安巴代又传给了其子盖里尔，盖里尔传给了其子吾麦叶，吾麦叶又传给他的子孙奥夫、艾布·苏麻麦。艾布·苏麻麦是他的子孙中最后一个继承人。在他的时代，伊斯兰到来了，那年阿拉伯人完成朝觐后，集中到一起听他演讲，他将勒杰卜、祖里尕尔代和祖里罕吉定为了禁月，将穆哈兰月定为非禁月，以索非勒月代替之。他将索非勒月定为禁月，以便凑足安拉规定的禁月和非禁月的数字。换言之，他将安拉的合法定为了非法。安拉至知。"[2]

❦ **38.有正信的人们啊！你们是怎么了？当你们被要求在安拉的道路上出动时，你们却趋向于大地。你们喜爱今世甚于后世吗？今世生活的享受比较后世只是微薄的。**❦

❦ **39.如果你们不出动，他就会以严刑来惩罚你们，并让其他的群体来代替你们。你们绝不能伤害他。安拉是全能于万事的。**❦

### 谴责并警告拒绝参战

经文谴责那些不跟使者☬一起去参加台卜克战役的人们。穆斯林出兵时，正值秋收季节，水果成熟，浓荫遮阳，而征途中肯定酷暑难耐。安拉说："**有正信的人们啊！你们是怎么了？当你们被要求在安拉的道路上出动时**"，即当有人号召你们为主道出征时。

"**你们却趋向于大地**"，即你们依恋于舒适安逸的生活，鲜美的果实。

"**你们喜爱今世甚于后世吗**"，你们怎么会这样做呢？难道你们热爱今世要超过后世吗？

安拉鼓励人们淡泊今世，追求后世，说："**今世生活的享受比较后世只是微薄的。**"安拉的使者☬说："今世比较后世，正如你们中一人将手指放进了海里，然后再取出来，看他能带出些什么？""手指"指食指。[3]

艾尔麦什解释这节经文说："今世生活和后世相比较只是像商旅的路费一般。"

艾布·哈兹姆传自其父，阿卜杜·阿齐兹·本·麦尔旺临终前说："请拿出我的克凡[4]，让我看看。"他看了看眼前的克凡后说："今世留给我的，仅此而已吗？"然后转过身去痛哭不止，感叹道："可悲啊今世！你丰富的物资微不足道，你微不足道的物资似过眼烟云，我们被你深深地迷惑！"

安拉警告那些不参加吉哈德的人说："**如果你们不出动，他就会以严刑来惩罚你们。**"伊本·阿拔斯说："安拉的使者☬要求一个阿拉伯部落参战，但遭到他们的拒绝，安拉因而不给他们降雨。这就是对他们的惩罚。"[5]

"**并让其他的群体来代替你们**"，以便襄助安拉的使者☬，扶持他的宗教。正如安拉所言：❦ 如果你们拒绝，他就会让你们之外的一个群体来代替你们，然后，他们不会像你们这样！❦（47：38）

"**你们绝不能伤害他**"，如果你们拒绝参战，畏缩不前，这丝毫无损于安拉。

"**安拉是全能于万事的**"，即安拉可以不通过你们就能战胜他的敌人。

❦ **40.如果你们不协助他，那么安拉已经襄助了他。当时，隐昧者驱逐两个人中属于第二位的他。当时他们俩在山洞中，当时他对他的同伴说："不要忧虑，安拉是跟我们在一起的。"于是安拉把安宁降给他，并以你们目不能见的大军援助了他。他将隐昧者的话贬低成最卑微的。安拉的言辞是至高的。安拉是优胜的、明哲的。**❦

### 安拉是先知的襄助者

"**如果你们不协助他**"，即如果你们不支持安拉的使者☬，那么，安拉会立即支持他、襄助他、保护他，并使他万事如意，正如安拉曾经援助他那样。

"**当时，隐昧者驱逐两个人中属于第二位的**

---

(1)《泰伯里经注》14：246。
(2)《穆圣传》1：45。
(3)《艾哈麦德按序圣训集》4：228；《穆斯林圣训实录》4：2193。
(4)给穆斯林亡人穿的三件白布。——译者注
(5)《泰伯里经注》14：255。

他"，即迁徙之年，多神教徒达成协议，预谋杀害、拘禁或驱逐先知。先知在他的朋友艾布·伯克尔的陪同下离开他们，在绍利山洞躲避了三天，追兵走后，他们才启程前往麦地那。当时艾布·伯克尔忧心如焚，害怕被追兵发现，伤及使者。使者却不停地安慰他，让他不用担心，说："艾布·伯克尔啊！你是怎么看待这样两个人的：安拉是他们两个的第三个？"艾奈斯说，艾布·伯克尔告诉他："我们在山洞时我对穆圣☪说：'假若某个追兵看看自己的脚下，他一定会看见我们的。'先知说：'艾布·伯克尔啊！你是怎么看待这样两个人的：安拉是他们两个的第三个？'"(1)

这就是安拉所说"于是安拉把安宁降给他"的原因。即安拉襄助了他的先知。有人说经文中的"他"指艾布·伯克尔。

"**并以你们目不能见的大军援助了他。**""大军"指天使。

"**他将隐昧者的话贬低成最卑微的。安拉的言辞是至高的。**"伊本·阿拔斯说："'隐昧者'指以物配主；'安拉的言辞'指'应受拜者，惟有安拉。'"(2)

两圣训实录辑录，有人向安拉的使者☪问三种人："有人勇敢地作战，有人因民族热忱而作战，有人沽名钓誉地作战。他们谁在主道上？"使者说："谁为了安拉的言辞成为至高的（言辞）而作战，谁就在主道上。"(3)

"**安拉是优胜的**"，即安拉的惩罚和襄助都是不可抗拒的；求庇于安拉，坚持安拉的经典的人不会受到压迫。

"**明哲的**"，安拉的言行都是充满智慧和哲理的。

❄**41.你们当轻装或重装出击，并以你们的财富和生命在主道上奋斗。如果你们知道，这对你们是更好的。**❄

## 每个人必须参战

苏富扬·绍利说"你们当轻装或重装出击"是《宣言章》中最先颁降的经文。(4)哈达莱米说："一些人常常借口生病或年老而可以不出征，因为安拉说：'你们当轻装或重装出击'。"(5)后来安拉

---

(1)《布哈里圣训实录诠释——造物主的启迪》7：11。
(2)《泰伯里经注》14：261。
(3)《布哈里圣训实录诠释——造物主的启迪》1：268；《穆斯林圣训实录》3：1512。
(4)《泰伯里经注》14：270。
(5)《泰伯里经注》14：266。

---

命令穆圣☪在台卜克战役中发起总动员，让所有的穆民克服一切困难，在使者的带领下，去讨伐安拉的敌人——不信安拉的罗马有经人。安拉说：'你们当轻装或重装出击'。"

阿里·本·栽德传自艾奈斯，艾布·特里哈说"无论青年人，还是壮年人，安拉都不接受他们的托辞。"后来艾布·特里哈出征沙姆，战死沙场。

另据传述，艾布·特里哈读了《宣言章》，当他读到"你们当轻装或重装出击，并以你们的财富和生命在主道上奋斗"时说："我的养主要求我们全体出征，无论是青年人还是老年人。孩子们啊！请为我准备行装吧！"他的孩子们说："愿安拉慈悯你！你曾和安拉的使者☪一起出征，使者归真后，你同艾布·伯克尔出征，他也归真了；你又同欧麦尔一起出征，他也归真了。请允许我们替你出征吧！"但他拒绝了儿子们的要求，出征远洋，在那里他归真后，众人过了九天才找到一块岛屿安葬了他。而当时他的遗体并没有腐烂和变形。(6)

赛丁伊解释"你们当轻装或重装出击"说："每个穷人、富人、强壮的人和赢弱的人，都必须出征。"有个又胖又大的人来到安拉的使者☪跟

---

(6)《伊本·艾布·哈亭经注》6：1802。

前，诉说自己的情况，要求使者允许他不参战，但使者拒绝了。在那天安拉降谕道："**你们当轻装或重装出击**"。这节经文降示后人们觉得难以接受，所以安拉革止了它，又降谕道：◆ 羸弱者、有病者和没有能力花费的人，只要他们忠于安拉及其使者，他们是没有罪过的。◆（9：91）

罕巴尼说："我们曾随霍姆斯总督索夫万·本·阿慕尔的军队出征艾富苏斯(1)，讨伐流亡到叙利亚和朱尔朱穆的基督教徒。我（在军中）看到一位来自大马士革的耄耋老者，骑着战马走在特遣队的行列中，由于年老，他的眉毛耷拉在眼睛上。我走上前对他说：'老伯！安拉会原谅你（可以不参战）。'他扬起眉毛说：'侄儿啊！安拉要求我们无论轻装还是重装都要出征，不论我们是青年人，还是老年人。须知，安拉喜爱谁，就会考验谁，然后会让他凯旋，或永垂不朽；感谢安拉，记念安拉，具有耐心，并只崇拜安拉的人，才能经得住安拉的考验。'"(2)

然后安拉鼓励人们为主道花费钱财，并且为了他和他的使者的喜悦而牺牲生命，说："**并以你们的财富和生命在主道上奋斗。如果你们知道，这对你们是更好的**"，即这在今后两世中对你们是更好的。因为你们只花费了很少的，但安拉不但在后世中为你们储备了优厚的给养，而且在今世中赐给你们大量的战利品。穆圣㊗说："安拉为他的道路中的战斗者保证：如果战士阵亡，安拉就让他进入乐园；或让他凯旋，带回报酬和战利品。"(3)因此，安拉说：◆ 对你们而言，战争已经成为定制，而你们却讨厌它，也许你们憎恨一件事，但它对于你们是更好的；也许你们喜欢一件事，它却对你们是有害的。安拉知道，你们不知道。◆（2：216）安拉的使者㊗对一个人说："你归信吧！"那人说："我不情愿。"使者说："你归信吧！即便你不情愿。"(4)

◆ 42.**如果这是临近的利益和短途的旅程，他们就必定追随你了，但是这距离对他们太远了。他们以安拉起誓道："如果我们能够出发，我们一定跟你们一同出发。"他们自取灭亡。安拉知道他们确实是说谎的人。** ◆

### 伪信士逃避战斗的原因和他们的阴谋

在台卜克战役中，有些人没有和安拉的使者㊗一起出征，他们假装有特殊原因，到使者那里来请假。安拉谴责了这些人，说"**如果这是临近的利益**"，伊本·阿拔斯解释为"垂手可得的战利品。"

"**短途的旅程**"，即临近的旅程。

"**他们就必定追随你了**"，他们必定同你一起出征。

"**但是这距离对他们太远了**"，即在他们的眼中，去沙姆的路程是遥远的。

当你们从战场上归来时，"**他们以安拉起誓道：'如果我们能够出发，我们一定跟你们一同出发。'**"言下之意是：假若当初不是事出有因，我们必定和你们一同参战。安拉说："**他们自取灭亡。安拉知道他们确实是说谎的人。**"

◆ 43.**安拉恕饶了你，你为什么不等辨清说实者和说谎者，就准许他们不出征呢？** ◆

◆ 44.**归信安拉和末日的人，不会求你准许他们免于以他们的财产和生命奋斗的。安拉深知敬畏者。** ◆

◆ 45.**只有那些不信安拉和末日的人向你要求免于参战。他们内心犹豫了，所以他们在他们的怀疑中踌躇不决。** ◆

### 责怪先知接受伪信士的托辞

奥尼说："你们听过比此更美好的谴责吗？在未谴责时就已发出了原谅的呼唤：'**安拉恕饶了你，你为什么不等辨清说实者和说谎者，就准许他们不出征呢？**'"(5)格塔德说："你们已经完全听到了安拉对使者的责怪。"后来安拉降谕《光明章》，允许使者在他愿意的情况下接受他们不参战的理由，安拉说：◆ 他为意欲记念的人和意欲感激的人，使昼夜循环。◆（25：62）(6)

穆佳黑德说，这些经文是因为好几个人而降示的，他们说："请去安拉的使者㊗那里，要求他同意你们不参战！无论他是否接受你们的要求，你们都不要参战。"(7)因此，安拉说："**你为什么不等辨清说实者和说谎者。**""说实者"指真的有理由可以不参战的人。即你为什么在他们来说理由的时候不拒绝他们？如果你当时不同意他们的要求，你就会立即辨别谁在说谎，谁真是事出有因。撒谎者即便不被你准假，也是拒不出征的。

---

(1)位于今土耳其。——译者注
(2)《泰伯里经注》14：264。
(3)《穆斯林圣训实录》4：1496。
(4)《艾哈麦德按序圣训集》3：109。

(5)《泰伯里经注》14：274；《伊本·艾布·哈亭经注》6：1805。
(6)《泰伯里经注》14：273。
(7)《泰伯里经注》14：273。

因此，清高伟大的安拉说，任何归信安拉和使者的人，都不会要求你允许他们不参战。

"归信安拉和末日的人，不会求你准许他们免于以他们的财产和生命奋斗的。"因为他们知道，战斗是一种高级功修。所以他们一听出征命令，就会义无反顾地响应命令。

"安拉深知敬畏者。只有那些不信安拉和末日的人向你要求免于参战。"他们不希望在后世中得到什么善报。

"他们内心犹豫了"，即他们怀疑你的使命。

"所以他们在他们的怀疑中踌躇不决"，即他们犹豫不决，对任何事物都失去了信心，因为他们是遭毁灭的没有立场的人，他们不属于任何一方。安拉使谁迷误，你会发现他必定陷入绝境。

⟪46.倘若他们有意出征，他们就会早有准备。但是安拉不愿意他们应征，所以阻止他们，说："你们跟那些坐着的人一起坐着吧。"⟫

⟪47.假如他们跟你们一同出征，他们只会散布消极，并尽力在你们当中制造隔阂，给你们制造麻烦。但你们当中有他们的一些听众。安拉深知不义的群体。⟫

### 揭露伪信士的真面目

清高伟大的安拉说："倘若他们有意出征"，即愿意和你一起出征。

"他们就会早有准备"，他们势必要对战争有所准备。

"但是安拉不愿意他们应征"，安拉已经注定他们不能和你一起出征。

"所以阻止他们"，没有让他们参战。

"说：'你们跟那些坐着的人一起坐着吧。'"这是安拉的前定，然后安拉指出他不愿让他们和使者一道出征的原因："假如他们跟你们一同出征，他们只会散布消极"。因为他们是懦弱而遭弃绝的。[1]

"并尽力在你们当中制造隔阂，给你们制造麻烦"，即他们将不遗余力地拨弄事非，挑拨离间，制造矛盾。

"但你们当中有他们的一些听众"，你们中有些人还会欣赏他们的话，对他们俯首帖耳。从而，可能不自觉地在穆民的阵营中制造事端，引起麻烦。

伊本·易司哈格说，据我所知，向穆圣☪请

---

[1]《泰伯里经注》14：277。

假，要求不参战的人中包括一些贵族，比如阿卜杜拉·本·吾班叶，尖督·盖斯，他们是部落首领。安拉让他们停留后方，因为安拉知道，如果他们和穆民一起出征，势必在军中制造事端。

穆斯林军中有一部分人，对这些拒绝参战的贵族俯首帖耳，所以经文说："但你们当中有他们的一些听众。"然后安拉指出他完美的知识："安拉深知不义的群体"，即安拉知道已经存在的和即将存在的事情，也知道不存在的事情是怎么存在的。因此说："假如他们跟你们一同出征，他们只会散布消极。"虽然他们没有出征，但安拉指出了他们一旦出征之后的一些情况。正如安拉所言：⟪倘若他们被放回（今世），他们一定重犯那些对他们禁止的事。他们确实是说谎者。⟫（6：28）⟪假若安拉知道他们有任何善（念），他就会使他们听。但即使安拉使他们听见，他们也会转身离去。⟫（8：23）又⟪假如我为他们制定："你们自杀或离开你们的家园！"时，只有很少的人去实施它。倘若他们做了他们已受劝诫的事，这对他们是更好的，使他们的信仰更加坚定的。如果这样，我就会把我这里重大的报酬赐予他们，并将他们引向端庄的道路。⟫（4：66-68）相关的经文很多。

❀ 48.他们从前也曾寻衅滋事，为你制造困难，直到真理降临，安拉的命令变得明显。虽然他们并不情愿。❀

安拉鼓励先知去对付那些伪信士，说："他们从前也曾寻衅滋事，为你制造困难"，即他们为了对付你和你的同伴们，为了抛弃你的宗教并最终消灭它，施尽了阴谋诡计，制定了长期计划。穆圣㊣到达麦地那初期，阿拉伯人沆瀣一气对付穆圣，麦地那的犹太人和伪信士们也是狼狈为奸，向先知频频发难。安拉在白德尔之日襄助了穆斯林，弘扬了正道之后，阿卜杜拉·本·吾班叶及其伙伴们说："看来现在（伊斯兰）已经人心所向，大势所趋。"所以他们表面上加入了伊斯兰，但每当伊斯兰及穆斯林传来捷报时，他们又嫉又恨，难以忍受。因此，安拉说："直到真理降临，安拉的命令变得明显。虽然他们并不情愿。"

❀ 49.他们当中有人说："请你准我告假，并且不要诱惑我。"须知，他们确实因此陷入了迷惑当中。火狱是包围隐昧者的。❀

清高伟大的安拉说，有些伪信士将会说，穆罕默德啊！"请你准我告假"，让我坐在家中，"并且不要诱惑我"，我一旦和你一起出去，必然被罗马美女所迷惑。

"须知，他们确实因此陷入了迷惑当中"，即他们因为自己的话而陷入了考验之中。伊本·易司哈格传自祖海里等人，他们说，安拉的使者㊣有次在准备行军前问尖督·盖斯："尖督啊！你今年可以出征讨伐黄种人（指罗马人）吗？"他却说："安拉的使者啊！请给我准假吧！你不要让我受到诱惑。以安拉发誓，我的族人都知道，没有人比我更加好色，我担心一见到黄种人的女人就无法自我克制。"使者转身离开说："我允许你不参战。"上述经文就是因为尖督而降的。如果他真的担心禁不住女人的考验，他是不会陷入这种考验的，但他为了满足自己的私欲而不愿和使者参战，其后果是更加严重的。(1) 伊本·阿拔斯等人也认为，这节经文是针对尖督而降的。这个尖督是个贵族。(2)

有段明确的圣训中说，安拉的使者㊣："赛莱迈族人啊！谁是你们的首领？"他们说："我们公认的吝啬人——尖督·本·盖斯。"使者说："还有比吝啬更严重的疾病吗？你们的首领是卷发白肤色青年毕西尔·本·白拉伊·本·麦尔穆勒。"(3)

"火狱是包围隐昧者的"，即他们势必进入火狱，欲逃无路。

❀ 50.如果你遇见好事，它就使他们难堪，如果你遭遇灾难，他们就说："我们事先已处理好了自己的事情。"他们洋洋得意地转回去了。❀

❀ 51.你说："我们只会遭遇安拉为我们规定的，他是我们的保护者。让信士们只托靠安拉吧！"❀

安拉通知给了穆圣㊣这些伪信士对他的敌视，只要使者和信士们碰到任何喜事——胜利或解放某地，这就会使他们伤心。"如果你遭遇灾难，他们就说：'我们事先已处理好了自己的事情。'"即我们以前跟随穆圣时，就已经对此遭遇有所设防。然后"洋洋得意地转回去"。安拉指导穆圣㊣对这些极度的仇视者给予完满的回答，"你说"，你对他说："我们只会遭遇安拉为我们规定的"，即我们都在他的意志和统管之中。"他是我们的保护者"，即安拉是我们的主和归宿。"让信士们只托靠安拉吧！"即我们只托靠安拉，他会使我们万事如意。受托的安拉真优美啊！

❀ 52.你说："除了这两件好事当中的一件之外，你们期待我们什么呢？但是我们却期待安拉降给你们来自他的惩罚，或是以我们之手惩罚你们。所以你们等着吧，我们也和你们一同等着。"❀

❀ 53.你说："你们自愿或被迫地花费吧，你们不蒙接受。你们确实是一群坏事之人。"❀

❀ 54.他们的捐献不被接受，只因他们不信安拉及其使者，他们只懒散地礼拜，只厌烦地捐献。❀

清高伟大的安拉说，穆罕默德啊！你对他们说："除了这两件好事当中的一件之外，你们期待我们什么呢？"伊本·阿拔斯、穆佳黑德、格塔德等学者解释说，你们除了等待我们或以身殉教，或战胜你们之外，再没有什么可等待的。(4)

"但是我们却期待安拉降给你们来自他的惩罚，或是以我们之手惩罚你们。"我们也等待你们遭受两种结局：或安拉亲自惩罚你们，或安拉通过我们之手俘虏、杀死你们。

"所以你们等着吧，我们也和你们一同等着。"

---

(1)《泰伯里经注》14：287。
(2)《泰伯里经注》14：287。
(3)《哈肯圣训遗补》3：219。
(4)《泰伯里经注》14：292。

"**你说：'你们自愿或被迫地花费吧'**"，即你们恭顺地捐献，还是被迫地捐献。

"**你们不蒙接受。你们确实是一群坏事之人。**"安拉指出他们的捐献不蒙接受的原因："**只因他们不信安拉及其使者**"。因为一切善功的接受与否都取决于信仰。

"**他们只懒散地礼拜**"，他们即便进行善功，也没有正确的态度和目的。

"**只厌烦地捐献**"，穆圣 说，安拉不会厌烦，除非你们厌烦，安拉是美好的，他只接受洁美的。因此，安拉不接受他们的捐献，也不接受他们的善功。安拉只接受敬畏者的工作。

❧ **55.不要让他们的财富和他们的子孙使你惊奇。安拉欲以此在今世惩罚他们，使他们的性命在不信的情况下消逝。**❧

安拉对使者说："**不要让他们的财富和他们的子孙使你惊奇。**"正如安拉所言：❧ 你不要觊觎我赐给各种人的今世荣华。我用它来试验他们。你的主的供应是更好的和更持久的。❧（20：131）又❧ 他们可曾想过，我以财产和子嗣襄助他们。（是为了）我使他们立即得到一切美好的东西吗？不，他们不了解。❧（23：55—56）

"**安拉欲以此在今世惩罚他们**"，哈桑·巴士里说，"以此"指以天课和为主道的捐献。[1]

"**使他们的性命在不信的情况下消逝**"，即让他们在死亡时成为隐昧者，这是对他们最严重的惩罚和教训。祈求安拉使我们远离这种结局！这种情况说明了对他们的"明升暗降"。

❧ **56.他们以安拉起誓说，他们确实属于你们，但他们并不属于你们。他们不过是一群胆小的人。**❧

❧ **57.如果他们能找到一个避难的地方，或是山洞，或任何一个入口，他们一定会急急忙忙地投奔那里。**❧

### 伪信士的焦躁

安拉给先知讲了伪信士的焦躁不安和胆怯，说："**他们以安拉起誓说，他们确实属于你们。**"他们发了重誓，但事实并非如此："**但他们并不属于你们。**"

"**他们不过是一群胆小的人**"，他们发誓的原因只是焦虑和胆怯。

"**如果他们能找到一个避难的地方**"，即堡垒或要塞。"**或是山洞**"，指山上。"**或任何一个入口**"，指地道。以上三个地方都是伊本·阿拔斯、穆佳黑德和格塔德的解释。

"**他们一定会急急忙忙地投奔那里**"，即他们将迅速离开你们，匆匆投向那里，因为他们不愿也不喜欢和你们呆在一起，若非形势所迫，他们早就离开了你们。因此，每当伊斯兰及穆斯林获得尊严、胜利时，他们就陷入无比的痛苦和忧愁之中；每当穆斯林高兴的时候，他们就会伤心。因为他们不喜欢和穆民生活在一起。所以说："**他们一定会急急忙忙地投奔那里。**"

❧ **58.他们当中有人在施舍品方面诽谤你。如果他们得到一部分，他们就高兴；假如没有得到，他们一下子就愤怒了。**❧

❧ **59.如果他们满足于安拉及其使者赐给他们的，并说："安拉使我们满足了！安拉和他的使者不久就要赐给我们他的恩典，我们是渴望安拉的。"（那对他们是更好的。）**❧

---
（1）《泰伯里经注》14：296。

### 分配施舍品时，伪信者的贪婪及其诽谤

清高伟大的安拉说："**他们当中有人在施舍品方面诽谤你**"，即伪信士中有人就关于分配施舍的问题指责你。他们怀疑你的公正。事实上他们本身是有嫌疑的，他们不为宗教事务所动，而为自己的事情斤斤计较。因此，"**如果他们得到一部分，他们就高兴；假如没有得到，他们一下子就愤怒了**"，即他们为个人利益而怒火填膺。

格塔德解释说，有人因施舍品的问题而诽谤你，据说，有个贝都因人来到穆圣跟前。此人刚刚归信伊斯兰。当时穆圣正在分配金子和银子，那人说："穆罕默德啊！以安拉发誓，如果安拉命你公正，那么你没有公正。"穆圣说："伤哉你啊！除了我之外谁能公正对待你？"后来先知说："你们当防备这种人和类似他们的人，我的民族中有一些这样的人，他们在诵读《古兰》时，不超过他们的锁子骨[1]。他们出现时你们应当杀死他们，他们再出现时你们应当再杀死他们，他们又出现时你们应当又杀死他们。"据传述，安拉的先知说："以掌握我生命的安拉起誓，我无权给予你们，或拒绝你们，我只是个管理员。"[2]

格塔德提到的这节圣训和两圣训实录记载的下列圣训相似：穆圣分配侯奈尼的战利品时，胡勒古苏指责先知说："你要公正，因为你没有公正。"穆圣说："如果我没有公正，我成了失败者和损失者。"使者接着说："此人的后辈中将出现一些人，你们看到他们的拜功时，会自惭形秽。看了他们的斋戒后，会自叹不如。但他们就像箭射向靶子一样迅速地脱离宗教。无论你们在哪里见到他们，都应处死他们，他们是天底下最可恶最该死的人……"[3]

然后安拉指出对他们更好的事情："**如果他们满足于安拉及其使者赐给他们的，并说：'安拉使我们满足了！安拉和他的使者不久就要赐给我们他的恩典，我们是渴望安拉的'**。"这节尊贵的经文，包含着一项伟大的礼节和宝贵的秘密。它指出穆民应该对安拉及使者的赏赐感到满足，托靠独一的安拉（说，安拉使我们满足了），渴望安拉赐予机遇，使他在一切命令和禁止中顺从使者，相信使者传来的信息并紧跟先知的步伐。

**60.施舍品只属于穷人、赤贫者、它的工作人员、心被团结者、为释奴、负债者、为了主道工作者和旅客。（这是）安拉的定制。安拉是全知的，明哲的。**

### 天课的应受者

安拉提到愚蠢的伪信士在分配战利品方面对穆圣的反对和指责。安拉指出，只有他是施舍品的真正分配者、其律例的规定者，他没有将施舍品的分配权交给任何一个人。安拉首先提到穷人，众所周知，他们是最需要施舍品的人。伊本·阿拔斯、穆佳黑德、哈桑·巴士里、伊本·栽德等学者说，"**穷人**"指不向别人乞讨的安分之人。"**赤贫者**"指跟在别人身后挨家挨户讨要的人。伊本·哲里勒认同了此观点。[4]下面说明一下这段圣训中的八种人。

格塔德说，"**穷人**"指有痼疾之人。"**赤贫者**"指身体健康的人。让我们学习相关的一些圣训吧！[5]

### 穷 人

伊本·欧麦尔传述，安拉的使者说："施舍品对富人、身体健康的有能力之人不合法。"[6]

### 赤 贫 者

艾布·胡莱赖传述，安拉的使者说："赤贫者不是在人们当中转来转去，一口食物或两口食物，一个枣或两个枣能打发的人。"圣门弟子们问："安拉的使者啊！那么谁是赤贫呢？"使者说："他是这样的人：他的现状堪忧，但不为人知。因而别人不给他施舍，他也不向人讨要。"[7]

### 天课的工作人员

征收税务（天课）的人和为此而奔波的人，有权得到一份来自天课的财产。但他们不应该是安拉的使者的亲属，因为天课对他们是非法的。《穆斯林圣训》载，伊本·莱毕尔和阿拔斯之子法朵里去要求安拉的使者让他们担任征税官，使者说："施舍品对穆罕默德和穆罕默德的家人不合法，它只是人们丢弃的污秽。"[8]

---

（1）意思是他们在口头上读经，而在实际行动中看不到经典的影子。——译者注
（2）《泰伯里经注》14：302。
（3）《布哈里圣训实录诠释——造物主的启迪》12：302；《穆斯林圣训实录》2：744。
（4）《泰伯里经注》14：305、306。
（5）《泰伯里经注》14：306。
（6）《艾哈麦德按序圣训集》4：164；《艾布·达乌德圣训集》2：285；《提尔密济圣训全集诠释》3：317。
（7）《布哈里圣训实录诠释——造物主的启迪》3：399；《穆斯林圣训实录》2：719。
（8）《穆斯林圣训实录》2：752。

### 心被团结的人

心被团结的人分好几种。一、为了让其归信伊斯兰而给其施舍的非穆斯林。穆圣曾给索夫万分配了侯奈尼战役的战利品,虽然他在参战时还是个多神教徒。索夫万说:"他(穆圣)原来是我最恨之人,但他经常周济我,以致他成了我最热爱的人。"(1) 索夫万传述:"侯奈尼之日,安拉的使者赏赐了我,当时他还是我最恨的人,但他一直周济我,以至他成了我最热爱的人。"(2) 二、为了完善其信仰、坚定其信念的穆斯林。侯奈尼之日,安拉的使者给一些自由人(3)中的精英和他们中尊贵的人各赏赐了一百峰骆驼。使者说:"我会赏赐一个人,虽然我更喜欢的是另一个人。因为我怕安拉让他(第一个人)爬倒在火狱之中。"(4) 两圣训实录辑录,阿里派人从也门给穆圣带来一块黄金,穆圣将它分给了四个人,他们是艾格莱尔·本·哈毕斯、欧叶奈·本·白德尔、艾莱格麦·本·阿俩赛、栽德·海勒。穆圣说:"我要团结他们。"(5) 三、以便和他一样的人也加入伊斯兰。四、为了让他从他周围的人那里征收天课。五、为了保卫穆斯林的领土,让他们免受来自某一方面的伤害等等。安拉至知。

### 奴 隶

哈桑·巴士里、穆尕提里、欧麦尔·本·阿卜杜·阿齐兹、赛尔德·本·朱拜尔、奈赫伊、载海勒、伊本·栽德等学者传述,"奴隶"(الرقاب)指定约赎身者。(6)(7)

伊本·阿拔斯和哈桑认为,可以以释放奴隶来替代天课。换言之,"释奴"包括给立约赎身者钱而使他们自由,或买来奴隶后释放。有圣训说,谁释放了一个奴隶,谁身体的每一部位就会因他所释放的奴隶身体的部位而从火狱中得到解放。甚至他的羞体也会因被释放者的羞体而从火狱中得到释放。此中所遵循的是"同态报酬"律例。《你们将只按你们所做过的被还报。》(37:39)

### 解放奴隶的贵重

伊本·阿兹卜说,有人前来说,安拉的使者啊!请教给我一项能让我接近乐园、远离火狱的功修。使者说:"你释放生灵,解放奴隶。"那人说:"安拉的使者啊!这不是一回事吗?"使者说:"不是的,释放生灵指你独自释放他,解放奴隶指你出资帮助(别人)释放他。"(8)

### 负 债 者

负债者分好几种。包括为解决人们之间的争端而花费财产的人,给别人作担保而导致自身财务出现问题的人,和那些资金不足以偿还债务的人;也包括那些犯了罪而忏悔、且因犯罪而负有债务的人。上述几种人都有资格得到天课。其中的依据是格毕苏所传的圣训,他说:"我负有重担,所以去先知那里向先知求助。"先知说:"你先回去吧!施舍品到来后,我命人给你分配一些。"使者接着说:"格毕苏啊!除了三种人外,任何人都不得讨要。有负担的人,直到他得到周济为止;财产受到损失的灾民,直到能保障基本生活;穷人,他的亲属中有三个智者承认他真的有困难,直到他能保障基本生活。除此之外的讨要都是不义之财,讨要者只是在吃非法所得。"(9)

艾布·赛尔德传述,在安拉的使者时代,有人买的一些果实遭受了损失,后来他的债务愈来愈多,穆圣说:"你们给他施舍吧!"人们听后纷纷给他施舍,但他还是无力偿还债务。先知对他的债权人说:"你们拿去现有的吧!只有这些了。"(10)

### 为 主 道

为主道,指主道上奋斗而没有薪饷的战士。

### 旅 客

旅客,指出门在外断了路费的外地人。他可以得到足够到达目的地或返回家乡的路费;打算出门旅行、但没有路费的本地人也是同样,他有权得到足够来回的路费。此中的证据是《古兰》经文和下列圣训,安拉的使者说:"只有在五种情况下,富人才能得到施舍品:天课的工作人员;用自己的钱兑换了施舍品的人;负债者;主道的战士;穷人将他得到的施舍品作为礼物送给富人。"(11)

---

(1)《穆斯林圣训实录》4:1806。
(2)《艾哈麦德按序圣训集》6:465;《穆斯林圣训实录》4:1806;《提尔密济圣训全集诠释》3:334。
(3)即穆圣解放麦加后加入伊斯兰的人。当日使者对他们说:"去吧!你们自由了。"因此而得名。——译者注
(4)《布哈里圣训实录诠释——造物主的启迪》3:399。
(5)《布哈里圣训实录诠释——造物主的启迪》6:433;《穆斯林圣训实录》2:741。
(6)奴隶的一种。和主人立约为其工作或挣钱,约期满交够钱后获得自由。——译者注
(7)《泰伯里经注》14:316、317。
(8)《艾哈麦德按序圣训集》4:299。
(9)《穆斯林圣训实录》2:722。
(10)《穆斯林圣训实录》3:1161。
(11)《艾布·达乌德圣训集》2:288;《伊本·马哲圣训集》1:590。

"安拉的定制"，这是安拉所制定的法律。

"安拉是全知的，明哲的"，即安拉知道一切事物的内在和外表，知道仆人的一切利益。安拉的言行和安拉规定的法律，安拉的裁决，都是富有哲理的、精确的。应受拜者，惟有安拉，他是惟一的养育者。

❖ 61.他们当中有些人伤害使者。他们说："他不过是一个耳朵。"你说："他是你们的好耳朵，他归信安拉，也信任信士们。他是你们当中归信者的慈悯。"那些伤害安拉的使者的人将会遭受惨痛的惩罚。❖

### 伤害先知是伪信士的特征

清高伟大的安拉说，伪信士中有一些人恶语中伤先知，说先知是"一个耳朵"。伊本·阿拔斯、穆佳黑德和格塔德解释为：我们中谁向他说什么，他就会相信。谁和他谈话，他也不会拒绝。我们去他那里发誓时，他也会相信我们。(1)

清高伟大的安拉说："你说：'他是你们的好耳朵'"，即他是一个好耳朵，他知道谁是诚实的，谁是撒谎的。

"他归信安拉，也信任信士们"，即他相信穆民。

"他是你们当中归信者的慈悯"，即反之，他也是隐昧者罪行的证人。

因此说："那些伤害安拉的使者㊗的人将会遭受惨痛的惩罚。"

❖ 62.他们以安拉向你起誓，以便取得你们的欢喜。如果他们是穆民，那么他们更应该取悦于安拉及其使者。❖

❖ 63.难道他们不知道，谁反对安拉及其使者，他就会进入火狱，永居其中吗？那是莫大的耻辱。❖

### 伪信士的另一特征是通过发假誓取悦于人

"他们以安拉向你起誓，以便取得你们的欢喜。"格塔德说，据说有个伪信士说："以安拉发誓，这些人确实是我们中最优秀、最尊贵的人，如果穆罕默德说的是真理，那么这些人必定比驴更可恶。"有位穆斯林听到这句话后说："以安拉发誓，穆罕默德㊗说的确是真理，你确实比驴更可恶。"遂将这事报告了先知，先知派人叫来那个伪信士后，问："你怎么可以这样说话呢？"但那伪信士不停止地诅咒自己，并以安拉的名义发誓，说他没有说过那句话。这位穆斯林只好说："主啊！求你证实诚实者吧！求你揭露撒谎者吧！"后来安拉降谕道："难道他们不知道，谁反对安拉及其使者……"(2)即他们不相信吗，谁敌视安拉和使者，谁就是安拉和使者的仇敌。

"他就会进入火狱，永居其中吗？"即他将屈辱地进入火狱。

"那是莫大的耻辱"，即这是重大的羞耻和巨大的不幸。

❖ 64.伪信士担心会降示一章关于他们的天经，揭发他们心中的事情。你说："你们嘲笑吧！安拉必揭露你们所提防的。"❖

### 伪信士的另一特征是担心他们的秘密被揭露

穆佳黑德说，伪信士们私下里交谈说："恐怕安拉会揭露我们的秘密。"(3)这节经文如同下列经文：❖ 当他们到你那里时，他们用安拉未向你祝

---

(1)《泰伯里经注》14：226。
(2)《泰伯里经注》14：329。
(3)《泰伯里经注》14：331。

贺过的致词向你祝贺。他们自言自语："为什么安拉不因为我们说的话处罚我们呢？"火狱对他们是足够了，他们将进入其中，那真是不幸的归宿。》（58：8）经文在此说："**你说：'你们嘲笑吧！安拉必揭露你们所提防的。'**"即安拉将启示使者，揭露你们的真面目。正如安拉所言：《心里有病的人以为安拉不会暴露他们的嫉恨吗？……你必定也能从他们的谈吐中认出他们！》（47：29-30）因此，格塔德说，本章也被称为《现丑章》，它一针见血地揭露了伪信士的丑态。[1]

《 65.如果你问他们，他们就会说："我们这不过是说着玩的。"你说："难道你们在嘲笑安拉、他的启示和他的使者吗？"》

《 66.你们不要找借口，你们已经在信仰之后不信了。如果我恕饶你们当中的一部分，我就会惩罚另一部分，因为他们一直是犯罪者。》

### 伪信士的特征之一是诡计多端，爱找借口

伊本·欧麦尔说，在台卜克战役中，有人在众人聚坐的地方说："我没有见过比我们的诵读者（学者）更贪食、更善于撒谎的、在战场上更胆怯的人。"清真寺中的一个人说："你在撒谎，你是伪信士，我一定要上报先知。"先知听到消息后，接到了启示。伊本·欧麦尔说："我记得后来那人拉着先知骆驼的肚带，在躲避石头，他说：'安拉的使者啊！我当初只是说着玩的。'使者说：'难道你们在嘲笑安拉、他的启示和他的使者吗？'"[2]

伊本·易司哈格说，包括卧迪尔·本·萨比特和穆罕奈西在内的一些伪信士混在使者的队伍中，一同前往台卜克，他们互相问："你们认为和黄种人作战就像和阿拉伯人作战吗？以安拉发誓，明天你我将被绳捆索绑，连在一起。"他们以此在穆民的队伍中扰乱军心，妖言惑众。穆罕奈西接着说："以安拉发誓，我愿作出如下判决：我们中的每人应该遭受一百鞭酷刑，我们必败无疑。你们的这番话必然招致《古兰》降示，处罚我们。"据我（伊本·易司哈格）所知，安拉的使者听到消息后对安马尔·本·亚西尔说："你去追赶这些人，他们必然遭受火刑。你问问他们所说的话，如果他们矢口否认，你就说：'不！'并将他们说的话告诉他们。"安马尔见过他们后，他们来到安拉的使者跟前赔罪。当时使者正骑着他的坐骑，卧迪尔拉着使者坐骑的肚带说："安拉的使者啊！我们当初只是说着玩的。"穆罕奈西说："安拉的使者啊！从此我要改换我的名字和我父亲的名字。"本章经文所指的被恕饶的人，指穆罕奈西，后来他改名为阿卜杜·拉赫曼。他恳求安拉让他为教捐躯，并让任何人都不要知道他战死何处。后来他战死于叶麻麦战役，但他归真后尸首去向不明，没有留下任何痕迹。

"**你们不要找借口，你们已经在信仰之后不信了**"，即你们不要为自己的戏言寻找托辞。

"**如果我恕饶你们当中的一部分，我就会惩罚另一部分**"，即我不会恕饶你们全部，我必须惩罚部分人。

"**因为他们一直是犯罪者**"，他们因说了罪恶的错话，而成为犯罪者。

《 67.伪信的男女，他们彼此是同类，他们教人作恶，禁人为善，并攥紧他们的手，他们忘记了安拉，所以，他也忘了他们。的确，伪信士是坏事之人。》

《 68.安拉许给伪信的男女和隐昧的人以火狱，让他们永居其中。它会使他们足够。安拉诅咒了他们。他们将受永恒的惩罚。》

### 伪信士的其他特征

安拉指出伪信士的特征和穆民的特征是截然不同的，就在穆斯林命人行善、止人作恶的同时，伪信士却"**教人作恶，禁人为善，并攥紧他们的手**"，即他们不在主道上花费财产。

"**他们忘记了安拉**"，即他们忘记记念安拉，"**所以，他也忘了他们**"，即安拉也"同态报酬"他们。正如安拉所言：《有声音说："我要忘记你们，就像你们当初忘记了今天的相会一样。"》（45：34）

"**的确，伪信士是坏事之人**"，即他们是弃明投暗之人。

"**安拉许给伪信的男女和隐昧的人以火狱**"，即这是他们上述行为的报应。

"**让他们永居其中**"，即他们和隐昧者将永远居住火狱。

"**它会使他们足够**"，即火狱的刑罚是极限之刑。

"**安拉诅咒了他们**"，即他们遭受了安拉的弃绝，被安拉所疏远，不被慈悯，"**他们将受永恒的惩罚**"。

---

(1)《泰伯里经注》14：332。
(2)《泰伯里经注》14：333。

❦ 69.就像你们以前的那些人一样，他们的力量比你们强大，财富和子嗣比你们更多。他们享受了他们的份额，后来你们也像你们以前的人一样享受了你们的份额。你们像他们一样沉浸于闲言碎语。此等人，他们的善功在今世和后世都无效了，此等人，他们只是折本之人。❧

清高伟大的安拉说，这些人像他们的前人一样，必将遭受今世和后世的惩罚。

哈桑·巴士里说，他们的"赫俩格(1)"指他们的宗教。(2)

"你们像他们一样沉浸于闲言碎语"，"闲言碎语"指谎话和谬论。

"此等人，他们的善功在今世和后世都无效了"，即他们将徒劳无益，因为他们的工作的本质是坏的。

"此等人，他们只是折本之人。"因为他们的工作不得报偿。伊本·阿拔斯说："今夜好像昨夜啊！'就像你们以前的那些人一样，'这些人是以色列的后裔，主说，我们和他们是相似的。使者说过：'以掌握我生命的安拉发誓，你们必定要仿效前人，即便他们中的一人进入了鳄蜥的洞，你们也会尾随而入。'"(3)艾布·胡莱赖传述，安拉的使者㘬说："以掌握我生命的安拉发誓，你们必定会一拃对一拃，一尺子对一尺，一庹对一庹地仿效前人的常道，他们即便进入鳄蜥窝，你们也会尾随而入。"圣门弟子们问："安拉的使者啊！这些前人是谁？是有经人吗？"使者说："舍其有谁？"(4)

❦ 70.难道他们以前的那些人——努哈的族人、阿德、塞姆德、伊布拉欣的族人、麦德彦的居民以及被颠覆的城市居民的消息不曾到达他们吗？他们的使者给他们带来了各种明证。安拉不会亏待他们，但他们在亏待他们自己。❧

### 给伪信士的忠告——以前人为鉴

安拉劝诫这些否认众使者的伪信士，说："难道他们以前的那些人……的消息不曾到达他们吗？"即难道你们未被告知以前的那些否认众使者的人吗？努哈的族人中，除了归信安拉的仆人兼使者努哈的信士之外，其他人连同大地上的一切都被洪水所淹没；阿德人否认呼德的时候，受到飓风毁灭性的打击；塞姆德人因为否认撒立哈先知、屠宰母驼而被震撼声所袭击；伊布拉欣得到来自安拉的各种明证的支持和襄助，他的时代的国王奈穆鲁兹遭受了毁灭；麦德彦人——舒尔布的族人遭到了地震和阴影之日的惩罚（鲁特的族人曾居住麦德彦）。安拉在另一节经文中说：❦ 他也使穆尔太克夫坍塌。❧（53：53）即被颠覆的民族，有人说他们的众城之首赛都斯城被颠覆，他们否认先知鲁特，并犯下了任何前人未曾犯过的罪行（同性性行为），因而遭到灭顶之灾。

"他们的使者给他们带来了各种明证"，"明证"指确凿的证据和论证。

"安拉不会亏待他们"，即安拉虽然毁灭了他们，但没有亏待他们。因为他在惩罚前已经派遣使者，给他们带去了许多明证。

"但他们在亏待他们自己"，即他们因为否认众使者、违背真理而在自亏，所以招致惩罚和毁灭。

❦ 71.归信的男女，互为盟友。他们命人行善，止人作恶，谨守拜功、交纳天课，服从安拉及其使

---

(1) خلاق，正文译为份额。——译者注
(2)《泰伯里经注》14：343。
(3)《泰伯里经注》14：342。
(4)《泰伯里经注》14：342。

者。这些人，安拉将慈悯他们，安拉是优胜的、明哲的。❩

## 穆民的优秀品质

安拉提到伪信士的可憎特征后，提到了穆民的优秀品质，说："**归信的男女，互为盟友**"，即他们互帮互助，正如圣训所述："穆民对于穆民，就像一个建造物，各个部分相互支持。"使者边说边将手指交叉在一起。(1) 另据传述："穆民相亲相爱，如同一个身体，当体内某一部位病痛时，其他部分开始发热、熬夜、呻吟不止。"(2)

"**他们命人行善，止人作恶**"，如❨你们当中应有一部分人，教人行好，命人行善，止人作恶，他们是成功的人。❩（3：104）

"**谨守拜功、交纳天课**"，即他们敬主爱人。

"**服从安拉及其使者**"，即履行安拉的命令和禁令。

"**这些人，安拉将慈悯他们**"，即安拉会仁爱具备上述特征之人。

"**安拉是优胜的**"，安拉使顺从他的人尊贵，因为尊严与权力属于安拉，他将这些给予使者和信士们。

"**明哲的**"，安拉分别赋予穆民和伪信士不同的特征，是有丰富哲理的。安拉的一切行为都充满着智慧和哲理。赞扬和尊贵都属于安拉。

❨72.安拉已经许给归信的男女进入下临诸河的乐园，并永居其中。他们在永居的乐园中，有洁美的居所。更大的是来自安拉的喜悦。那是伟大的成功。❩

## 以永恒的恩典给穆民报喜

安拉讲述他为信士男女准备的无限恩泽和永恒恩典："**安拉已经许给归信的男女进入下临诸河的乐园，并永居其中**"，即他们将永沐恩泽。

"**洁美的居所**"，指好的环境中美丽的建筑。两圣训实录辑录，安拉的使者说："两座乐园，其中的器皿和一切都是金质的，还有两座乐园，其中的器皿和一切都是银质的。致使人们无法在永居的乐园中谒见安拉尊容的原因，仅仅是骄傲的大衣。"(3) 使者又说："穆民在乐园中享有用一颗空心珍珠制成的帐篷，其长为七十里，高耸于天空。穆民在其中有一些家人，他将去访问他们，他们互相看不到。"(4) 艾布·胡莱赖传述，使者说："谁归信安拉及其使者，谨守拜功，莱麦丹月封斋，那么安拉允诺让他进入乐园。无论他为主道迁徙，还是留住出生地。"圣门弟子们说："安拉的使者啊！我们将此告诉其他人吗？"使者说："乐园中有一百个品级，安拉为主道的奋斗者准备了它，每两个品级之间与天地同宽。当你们向安拉要求时，应该要求非勒道斯乐园，它是最高级的、最优美的乐园，乐园的河流从中流出，它之上是至仁主的阿莱什。"(5)

安拉的使者说："你们为我祝福时，应当求安拉赐给我外西莱。"有人问："安拉的使者啊！何谓外西莱？"使者说："乐园中最高的品级，只有一个人能得到它，我希望那人就是我。"(6)

艾布·胡莱赖传述，我们说："安拉的使者啊！请给我们谈谈乐园及其建造，它们是用什么建成的？"使者说："其砖块是金银，泥土是麝香，砂石是珍珠和红宝石，土是番红花，进入其中之人，将永沐恩泽，永不悲伤，长生不老，服装鲜亮，青春永驻。"(7)

"**更大的是来自安拉的喜悦**"，即安拉对他们的喜悦，是比他们沉浸于其中的享受更伟大的。安拉的使者说："清高伟大的安拉对乐园的居民说：'乐园的居民啊！'他们说：'我们的主啊！随时恭候你的命令！一切幸福归你掌握。'安拉说：'你们满意了吗？'他们说：'我们的主啊！我们还有什么不满意的呢？你赐给了我们你未曾赏赐其他被造物的恩典。'安拉说：'我赐给你们比此更好的，好吗？'他们说：'我们的主啊！还有比此恩典更好的吗？'安拉说：'我将让我的喜悦降临你们，永不恼怒你们。'"(8)

❨73.先知啊！你要和隐昧者、伪信士战斗，要严厉对待他们。他们的住处是火狱，归宿真恶劣啊！❩

❨74.他们以安拉起誓，说他们什么也没说，可是他们说过不信的话，他们在信仰伊斯兰之后又不信。他们也曾企望（得到）他们未曾得到的，他们愤恨，只因为安拉及其使者以他（安拉）的恩赏使他们富有。如果他们悔罪，那对他们是更好的。如

---

(1)《布哈里圣训实录诠释——造物主的启迪》10：464。
(2)《布哈里圣训实录诠释——造物主的启迪》10：452。
(3)《布哈里圣训实录诠释——造物主的启迪》8：491；《穆斯林圣训实录》1：163。
(4)《布哈里圣训实录诠释——造物主的启迪》8：491；《穆斯林圣训实录》4：2182。
(5)《布哈里圣训实录诠释——造物主的启迪》6：14。
(6)《艾哈麦德按序圣训集》2：65。
(7)《艾哈麦德按序圣训集》2：304。
(8)《布哈里圣训实录诠释——造物主的启迪》11：423；《穆斯林圣训实录》4：2176。

果他们拒绝，安拉将在今世和后世施予他们痛苦的刑罚。他们在大地上没有任何保护者和襄助者。"

## 命令和隐昧者、伪信士战斗，并严厉对待他们

安拉命令使者㊣谦虚地对待追随他的穆民，同时命令使者讨伐隐昧者和伪信士，严厉对待他们。安拉告诉使者，这些人在后世中的归宿将是火狱。

伊本·麦斯欧迪解释"**你要和隐昧者、伪信士战斗，要严厉对待他们**"时说，你要用手和他们战斗，如果做不到，你应当横眉冷对。(1)

伊本·阿拔斯说，安拉命令使者用宝剑和隐昧者战斗，用语言和伪信士战斗，并严厉对待他们。(2)

端哈克说："你应当用宝剑和隐昧者战斗，并用语言严厉对待伪信士，这就是和他们的战斗。"(3) 哈桑说："执行法度就是和他们战斗。"(4) 由以上说法可知，可根据环境和条件用各种方法来惩罚隐昧者和伪信士。安拉至知。

## 这节经文降示的原因

伊本·马立克的父亲传自其父，他说，朱俩斯曾在穆圣㊣身边时逃避了战斗，《古兰》专门因他这种人而降示了经文。《古兰》提到了伪信士的一些情况后，朱俩斯说："以安拉发誓，如果此人（穆圣㊣）所说不假，那么我们连驴都不如。"欧麦尔(5)听后说："朱俩斯啊！你原本是我最喜爱的人，是最经得住考验的人，我不愿你遭受任何不测。我若说了你所说的话，必然会出丑，我若不揭发你，这将毁了我。对我来说，二者都轻如鸿毛。"后来欧麦尔到先知那里汇报了这一情况。朱俩斯听到消息后来到先知跟前发誓否认，声称欧麦尔在诬告他。后来安拉降谕道："**他们以安拉起誓，说他们什么也没说，可是他们说过不信的话，他们在信仰伊斯兰之后又不信……**"使者便让他认识到了自己的错误。据说，后来朱俩斯真诚忏悔，并洗心革面，重新做人。

伊本·阿拔斯说："安拉的使者㊣有天在树荫下乘凉时说：'有人将来到你们中间，以恶魔的眼光观看你们，他到来的时候你们不要和他说话。'有一个看起来很忧郁的人来了，安拉的使者㊣召来那人说：'你和你的伙伴们为什么骂我？'于是那人叫来他的伙伴们，他们发誓说他们什么也没有说。最后使者原谅了他们。安拉因此降谕道：'**他们以安拉起誓，说他们什么也没说……**'"

## 伪信士谋杀先知

"**他们也曾企望（得到）他们未曾得到的**"，有人说，这节经文是因朱俩斯而降的，他听到他的养子欧麦尔要将他的话告诉先知后，企图杀死对方。有人说这节经文是因为阿卜杜拉·本·吾班叶而降的，他曾预谋杀害先知。(6)

赛丁伊说："这节经文是因好几个人而降示的，他们打算即使使者不愿意，也要拥立阿卜杜拉·本·吾班叶为王，并为他加冕。"

还有人说上述经文是因一伙伪信士而降的，在去往台卜克作战途中的某一夜晚，他们预谋杀害先知。端哈克说，毋庸置疑，这节经文是为他们而降的。因为胡宰法传述："我曾拉着先知骆驼的缰绳，安马尔赶着骆驼（或者安马尔拉着先知骆驼的缰绳，我赶着骆驼），我们走到山坎的时候，我看到有十二个人在前面挡道。"他说："我呵斥他们后将消息告诉了先知，使者大喊一声后，那些人一哄而散。使者问我们：'你们可知他们是谁吗？'我们说：'安拉的使者啊！他们都乔装打扮起来了，所以我们不知道。但我们能认出他们的骑乘。'使者说：'直到末日，他们都是伪信士。你们知道他们有何意图吗？'我们说：'不知道。'使者说：'他们想把安拉的使者㊣挤到山坎边缘，然后推下山谷。'我们说：'使者啊！你为何不让他们的部族拿来他们的人头？'使者说：'不，我不愿意阿拉伯人说安拉让穆罕默德借助一些人取得胜利后，穆罕默德回过头来去杀那些援助过他的人。'使者接着说：'主啊！求你以督拜勒射击他们吧！'我们说：'安拉的使者啊！什么是督拜勒？'使者说：'一颗火弹，它将落到他们的心弦上，然后毁灭他们。'"(7)

艾布·图法勒说，有个参加山坎之盟(8)的人和胡宰法之间有一点不愉快。胡宰法问他："我以安拉的名义问你，山坎之盟的人共有几个？"这时群众对那人说："你当立即回答他的提问。"胡宰法说："有人告诉我们，他们共有十四人，如果你是他们之一，总共应该是十五人。我以安拉的名义作证，他们中的十二人在今世和末日证据成立之时，一直都是安拉及其使者的敌人，他们中的三人得到了原谅。他们说：'我们没有听到安拉使者的

---

(1)《泰伯里经注》14：358。
(2)《泰伯里经注》14：359。
(3)《泰伯里经注》14：359；《伊本·艾布·哈亭经注》6：1842。
(4)《泰伯里经注》14：359。
(5)朱俩斯是欧麦尔的继父。——译者注
(6)《泰伯里经注》14：363。
(7)《圣位的证据》5：260。
(8)此山坎位于去台卜克的路上，伪信士们曾在这里盟誓企图谋害先知。史称山坎之盟。——译者注

宣传员的宣传，我们也没有明白群众的意图。'他（使者）当时在一块黑石地上行走，说：'水很少，任何人都不要在我之前去水的旁边。'但当他到达水源时，发现已经有一些人抢先到达了。就在那天，他诅咒了他们。"(1) 安马尔说，胡宰法由安拉的使者☪那里传述，说："我的战士中有十二个伪信士，他们不进乐园，除非骆驼能从针眼中穿过。他们中的八个人将被督拜勒所解决。督拜勒是一颗火弹，出现在他们的肩膀间，将照亮他们的胸部。"(2) 因此，胡宰法被称为"守密者"，他知道其他人不知道的秘密——谁是伪信士，因为使者将此知识仅传给他一人。安拉至知。

"他们愤恨，只因为安拉及其使者以他的恩赏使他们富有。"在他们看来，使者之"罪"则是安拉通过使者的福分和祥瑞使他们富有起来了。如果他们从使者的祥瑞中完全获益，安拉就会引导他们，正如使者☪曾对迁士说："难道你们不曾是迷误的，后来安拉通过我引导了你们？你们不曾是分裂的，安拉通过我团结了你们？你们不曾是贫穷的，安拉通过我使你们富有？"使者每说一句，他们就说："安拉及其使者恩德无限！"(3) 阿拉伯人用这种语句表达莫须有的罪名。比如《他们（隐昧者）愤恨他们，只是因为他们归信了安拉。》（85：8）

然后安拉号召他们忏悔，说："如果他们悔罪，那对他们是更好的。如果他们拒绝，安拉将在今世和后世施予他们痛苦的刑罚"，即如果他们恶习不改，安拉在今世中将通过杀戮、忧愁和烦恼来惩罚他们，在后世中将以凌辱、卑贱和刑罚来惩罚他们。

"他们在大地上没有任何保护者和襄助者。"没有任何人能给他们带来幸福和援助，没有谁能替他们带来福分、消除患难。

《75.他们当中有人曾与安拉缔约："如果他赐给我们他的恩赏，我们一定会施舍，并成为清廉的人。"》

《76.可是当他赐给他们他的恩赏时，他们就变得吝啬了。并且转身背离了。》

《77.所以他让伪信存于他们的心中，直到他们见到他的那天，因为他们对安拉爽约，并且常常撒谎。》

《78.难道他们不知道安拉知道他们的隐秘和密谈吗？安拉是深知一切幽玄的主。》

---

（1）《穆斯林圣训实录》4：2144。
（2）《穆斯林圣训实录》4：2143。
（3）《布哈里圣训实录诠释——造物主的启迪》7：644。

## 伪信士的特征是追求财产，当得到财产后舍不得施舍

清高伟大的安拉说，有些伪信士和安拉缔结了庄重的誓约："如果他赐给我们他的恩赏，我们一定会施舍，并成为清廉的人。"可是当他如愿以偿的时候，却将自己的誓约和诺言抛到了脑后。他们的这种行为，使他们具备了一种伪信心态，直到后世见到安拉之时，都不会改变。求主不要使我们成为背信弃义者。

"因为他们对安拉爽约"，即由于他们爽约和撒谎，安拉使他们的内心处于一种伪信的状态。正如安拉的使者☪说："伪信士的标志有三个：说话便撒谎，许约后爽约，受托后背信弃义。"(4)

"难道他们不知道安拉知道他们的隐秘和密谈吗？"安拉说，他知道一切秘密和最隐微的事物，他也知道人的一切内心活动：即便他们表面上显示出一旦拥有财产便会周济贫民，感谢主恩。安拉比他们更了解他们自己。因为安拉是深知一切幽玄事物的真主，换言之，他知道人类可见的与不可见

---

（4）《布哈里圣训实录诠释——造物主的启迪》1：111；
《穆斯林圣训实录》1：78。

的，以及一切秘密和悄悄话，他也知道明显的和隐藏的。

◆ 79.那些人讥讽归信者中的额外行善者和只能贡献劳力者，并且嘲笑他们。愿安拉嘲笑他们。他们将遭受痛苦的惩罚。◆

## 讥讽额外行善者、嘲笑力量微薄者是伪信士的特征

这也是伪信士的特征，任何人在任何情况下都无法幸免他们的讥讽和嘲弄。当一个行善者带来许多财富时，他们就说："此人在沽名钓誉。"如果他带来微薄的财富时，他们说："安拉并不需要此人的施舍。"《布哈里圣训实录》载，伊本·麦斯欧迪传述："施舍的经文降示时，我们正在出租劳力[1]，有个人来后施舍了许多财富，有人说：'他是个沽名钓誉之徒。'另一人来后施舍了一沙阿[2]有人却说：'安拉并不需要此人的施舍。'后来安拉降谕道：'那些人讥讽归信者中的额外行善者……'。"[3]

伊本·阿拔斯说，安拉的使者㊣有天到人群中呼吁："你们当聚集你们的施舍品。"人们听后纷纷捐献，最后有人带来一沙阿枣，他说："安拉的使者啊！这是一沙阿枣。昨晚我没有睡觉，我一直用哲利尔[4]打水，用它换了两沙阿枣，我自己留下了一沙阿，带来了另一沙阿。"安拉的使者㊣命他将枣倒进捐献品当中。但有些人却在嘲笑那人，说："安拉及其使者并不缺少这一点点东西，他们用你的这一沙阿枣能干什么？"然后阿卜杜·拉赫曼·奥夫说："安拉的使者啊！还有其他捐献者吗？"使者说："除了你再没别人了。"阿卜杜·拉赫曼说："我愿捐献一百欧基亚[5]黄金。"欧麦尔（愿主喜悦之）对他说："你疯了吗？"他说："我没疯。"欧麦尔说："你处理完了应该处理的一切事情吗？"阿卜杜·拉赫曼说："是的，我的财产共是八千，我愿将四千借给我的养主[6]，将另四千留给自己。"安拉的使者㊣对他说："愿安拉在你留下来的和你贡献出的当中赐你福分。"而一些伪信士却讥讽阿卜杜·拉赫曼，他们说："阿卜杜·拉赫曼拿出他的财产，不过是沽名钓誉

---

(1) 即给别人干苦力活，然后施舍劳动所得。——译者注
(2) 麦地那人的一种衡量谷物的容器。——译者注
(3) 《布哈里圣训实录诠释——造物主的启迪》3：332，《穆斯林圣训实录》2：702。
(4) 一种水罐。——译者注
(5) 一个欧基亚约40克。——译者注
(6) 即花费到主道上。——译者注

罢了。"以安拉发誓，他们在撒谎，阿卜杜·拉赫曼是在额外行善。安拉因为阿卜杜·拉赫曼而降谕道："那些人讥讽归信者中的额外行善者和只能贡献劳力者……"[7]穆佳黑德有类似传述。伊本·易司哈格说："穆民中有一些额外捐献财产的人，阿卜杜·拉赫曼站起来捐献了四千迪尔汗。阿斯穆·本·阿丁伊也捐献了一部分。当时使者鼓励人们慷慨解囊，阿卜杜·拉赫曼站起来捐献了四千迪尔汗，阿斯穆站起后捐献了一百外斯格[8]枣。但有些人开始嘲弄他们，说他们是伪善者。艾布·阿格里只出劳力，并施舍劳动所得，他拿来一沙阿枣后倒进了施舍品当中，引起一些人的嘲笑，他们说安拉不需要艾布·阿格里的一沙阿东西。"

"并且嘲笑他们。愿安拉嘲笑他们。"这属于他们嘲笑穆民引来的"同态报酬"，因为人只能受到与其行为同类的报酬，所以安拉嘲讽那些嘲讽穆民的人，以便抚慰穆民。安拉在后世中为伪信士准备了惨痛的惩罚，因为"人只能受到与其行为同类的报酬。"

◆ 80.你可以为他们求恕饶，也可以不为他们求恕饶，即使你为他们求恕饶七十次，安拉也不会恕饶他们。那是因为他们不信安拉和他的使者。安拉不引导坏事的群体。◆

## 禁止为伪信士求饶

清高伟大的安拉告诉穆圣㊣，这些伪信士没有资格获得别人的求饶，别人即便为他们求饶七十次，安拉也不会赦宥他们。有人说经文中的"七十"表示数目众多，并不表示具体数字，因为阿拉伯人常用"七十"来表示庞大的数目。也有人说它具有具体意义，正如舒尔宾所述，阿卜杜拉·本·吾班叶病危时，他的儿子去穆圣㊣跟前，说："我的父亲就要去世了，希望你去看看他，并为他举行殡礼。"穆圣㊣问他："你叫什么名字？"他说："胡拜卜·本·阿卜杜拉。"穆圣㊣说："不，你应该叫阿卜杜拉·本·阿卜杜拉。胡拜卜是恶魔的名字。"先知和他一起来到阿卜杜拉跟前时，他正在咽气，先知遂将自己的大衣盖在他身上。后来还为他举行了殡礼。有人对先知说："（他是伪信士）你要为他举行殡礼吗？"先知说："安拉说：'即使你为他们求恕饶七十次……'我一定为他们求饶七十次，七十次，七十次。"[9]

---

(7) 《泰伯里经注》14：383。
(8) 外斯格，重量单位。一外斯格等于约一担子重。——译者注
(9) 《泰伯里经注》14：396、397。

❖ 81.那些落后的人因坐在安拉的使者的背后而欢乐,他们憎恨以自己的财产和生命在主道上奋斗,他们说:"不要在炎热中出兵。"你说:"火狱的火更炎热。"如果他们理解。❖

❖ 82.让他们少笑,让他们多哭吧,以还报他们的行为。❖

### 伪信士因没有参加台卜克战役而暗自高兴

伪信士们在台卜克战役中不同圣门弟子一起出征,在使者出征之后暗自高兴。他们遭到了安拉的谴责。安拉说:"**他们憎恨以自己的财产和生命在主道上奋斗**",即他们不愿和使者并肩作战。"**他们说**",即他们互相说:"**不要在炎热中出兵。**"因为台卜克战役发生时,天气酷热,正值果实成熟,树荫舒适的季节。因此,他们说:"**不要在炎热中出兵。**"安拉对穆圣☪说:"**你说。**"即你对他们说:"**火狱的火更炎热**",即因为你们违背安拉而将进入的这个火狱,是比你们所逃离的炎热更可怕的,与其不可同日而语的。安拉的使者☪说:"你们(阿丹的子孙)所点燃的火(的热量)是火狱的(热量的)七十分之一。"(1) 圣门弟子们问:"安拉的使者啊!它(今世的火)就已经够厉害了。"使者说:"它上面还得加上六十九份。"两圣训实录辑录,安拉的使者☪说:"在末日,火狱的居民中受刑最轻的人是这样一个人:他在火狱中有一双火鞋和鞋带,他的脑汁因之而沸腾,犹如沸腾的锅炉一般。他认为自己是受刑最重之人,其实他是受刑最轻之人。"(2) 相关的圣训和箴言很多。安拉说:❖ 决不然!它确实是熊熊烈火,可剥去皮肤。❖(70:15-16) 又 ❖ 滚水将从他们的头上泼下。他们体内的一切和皮肤,都将因此而熔化。此外,他们还要遭受铁鞭(鞭笞)。每当他们希望从这痛苦里逃出时,他们又被赶回其中:"你们尝受燃烧的刑罚吧!"❖(22:19-22) 又 ❖ 那些不信我的迹象的人,我会把他们掷入火中。每当他们的皮肤烧焦时,我就另换皮肤给他们,以便他们尝受刑罚。安拉是优胜的、明哲的。❖(4:56) 本章的经文说:"**你说:'火狱的火更炎热。'如果他们理解**",即假若他们能明白,他们势必顶着炎热和安拉的使者☪共同出征,以便防备比此炎热多倍的烈火。

安拉警告伪信士的这种行为,说:"**让他们少笑。**"伊本·阿拔斯说:"今世是微薄的,只要愿

---

(1)《穆宛塔》2:994;《布哈里圣训实录诠释——造物主的启迪》6:380;《穆斯林圣训实录》4:2184。
(2)《哈肯圣训遗补》4:580;《布哈里圣训实录诠释——造物主的启迪》11:425;《穆斯林圣训实录》1:196。

意,让他们在其中笑吧!当今世告终,他们将回归清高伟大的安拉时,他们转笑为哭,永不停止。"

❖ 83.如果安拉让你回到他们的一部分人中,此后他们要求你允许他们出征,你说:"你们绝不会再跟我一道出去,也绝不能跟我并肩杀敌,你们在第一次就喜欢坐留不动,那么你们就同落后的人一同坐着吧。"❖

### 不允许伪信士出征

安拉命令使者☪说道:"**如果安拉让你回到他们的一部分人中**",即这次台卜克之役后,如果安拉让你回去,并见到他们中的一部分人。格塔德说:"据说他们(伪信士)共十二人。"

"**此后他们要求你允许他们出征**",即如果他们要求在另一次战役中和你一道出征。"**你说:'你们绝不会再跟我一道出去,也绝不能跟我并肩杀敌'**",即这是对他们的警告和惩罚。(3) 并进一步解释道:"**你们在第一次就喜欢坐留不动。**"

---

(3)《泰伯里经注》14:404。

安拉说：《我也将翻转他们的心和眼，就像最初他们不信一样。》（6：110）因为恶有恶报，善有善报，正如安拉阐述发生在代比亚之年副朝中的事件说：《你们前去收取战利品时，那些落在后面的人说……》（48：15）

"那么你们就同落后的人一同坐着吧"，伊本·阿拔斯解释说："你们同没有参战的人们一起坐着吧！"[1]

《 84.你不要为他们中任何亡人举行殡礼，也不要站在他的坟前。确实，他们不信安拉和他的使者，他们还以坏事者的身份而死去。》

### 禁止为伪信士举行殡礼

安拉命令穆圣和伪信士划清界限，不要为他们举行殡礼，也不要再站在他们的坟前为他们祝福或求饶，因为他们否认了安拉和使者，并以隐昧者的身份死去。虽然这节经文是专门为伪信士的头目阿卜杜拉·本·吾班叶而降的，但这一断法适合每个有伪信行为的人，如果人们能从他的身上看到这种行为。

《布哈里圣训实录》载，伊本·欧麦尔说，阿卜杜拉·本·吾班叶归真后，他的儿子阿卜杜拉·本·阿卜杜拉来到安拉的使者跟前，要求使者把他的大衣送给他，给其父作克凡。使者便把自己的大衣送给了他。然后他要求使者为其父举行殡礼，使者站起身准备去举行殡礼时，欧麦尔（愿主喜悦之）起身拉住使者的大衣，说："安拉的使者啊！你的养主禁止你为他（阿卜杜拉·本·吾班叶）举行殡礼，你还要去举行吗？"使者说："安拉让我自由选择，说：'无论你为他们求恕饶，或是不为他们求恕饶，即使你为他们求恕饶七十次，安拉也不会恕饶他们。'我将要超过七十次。"伊本·欧麦尔说他（阿卜杜拉·本·吾班叶）是伪信士。安拉的使者为其举行了殡礼后，安拉降谕道："你不要为他们中任何亡人举行殡礼，也不要站在他的坟前……"[2]

欧麦尔自己也传述了类似的圣训。[3] 他传述的圣训中说："……使者为[4]举行了殡礼后，到了坟上，直至殡礼完全结束。"他还说："我为自己那天在使者面前表现出的胆大而感到惊讶。"安拉及其使者至知。他说："以安拉发誓，时过不久，安拉就降谕道：'你不要为他们中任何亡人举行殡礼。'从此以后使者没有为任何一个伪信士举行过殡礼，也没有在他们的坟前站过，直至归真。"[5]

《 85.他们的财富和子孙不要使你惊奇，安拉意欲以此在今世中惩罚他们。他们的生命将在不信中消逝。》

前面已经注释了类似经文。一切赞美和恩情都属于安拉。

《 86.当一章经文降谕："你们当归信安拉，并和他的使者并肩作战"时，他们当中富有的人来向你请假，并说："让我们跟那些坐着的人留在一起吧。"》

《 87.他们情愿同留家者（妇女）一同留在家中。他们的心被封闭了，所以他们不理解。》

---

（1）《泰伯里经注》14：404。
（2）《布哈里圣训实录诠释——造物主的启迪》8：184。
（3）《布哈里圣训实录诠释——造物主的启迪》8：185。
（4）阿卜杜拉·本·吾班叶。——译者注
（5）《艾哈麦德按序圣训集》1：16；《提尔密济圣训全集诠释》8：495；《布哈里圣训实录诠释——造物主的启迪》8：184。

## 谴责拒绝参战的人

有些人有能力参战，但他们却逃避战争，要求使者允许他们留在家中。安拉警告并谴责了他们。

"让我们跟那些坐着的人留在一起吧"，他们宁愿自己遭受屈辱，像妇女一样呆在家中。他们就像这种女人：当丈夫奔赴前线时，她们坐在家中，战争时刻她们胆小如鼠，平安时期她们废话连篇。正如另一节经文所述：❴倘若恐惧降临，你将会看到他们眼看着你，他们就像笼罩在死亡中的人一样转动着眼睛。但是当恐惧逝去时，他们就用尖刻的话来对待你，他们在好事方面是吝啬的。（33:19）即他们在战争时刻胆小无比，而在和平年代话语刻薄。

安拉在另一节经文中说：❴那些归信的人说："为什么不降下一章经呢？"但是当一章明确的经文降下，其中提到战争时，你将会看到那些心中有病的人以临死时昏晕者的眼光看着你。对他们更适合的是——服从和好话。事务已被决定时，如果他们忠于安拉，那对他们是更好的。❵（47:20-21）

"他们的心被封闭了"，即由于他们逃避战争，不愿意和使者一起为主道出征。

"所以他们不理解"，即他们不理解什么对自己有益，什么对自己有害，从而做有益的，放弃有害的。

❴88.但是使者和跟他一起归信的人们，以他们的生命与财产而奋斗。这些人，他们会获得许多福利。这些人，他们是成功者。❵

❴89.安拉为他们准备了下临诸河的乐园，他们将永居其中。那的确是重大的成功。❵

安拉讲述了伪信士的罪恶，说明了他对信士的赞扬和他们在后世的情况后，在此说：**"但是使者和跟他一起归信的人们，以他们的生命与财产而奋斗……"** 阐明了他们的状况和归宿。

**"这些人，他们会获得许多福利"**，即他们将在后世中进入非勒道斯乐园，赢得最高品级，沐浴于许多美好的享受之中。

❴90.游牧人中的有原因者前来请假。对安拉及其使者说谎的人坐而不出，痛苦的惩罚将会降临于他们当中的隐昧者。❵

然后安拉阐明那些有故不参战者的情况，他们来到使者跟前，向使者致歉，并说明他们的情况——体弱或没有能力。他们是麦地那周边的一些阿拉伯人。伊本·阿拔斯轻读"有原因者"，并说："他们是情有可原者。因此后面的经文说：'对安拉及其使者说谎的人坐而不出'"，即他们没有请求同意，因此经文以惨痛的惩罚警告他们：**"痛苦的惩罚将会降临于他们当中的隐昧者。"**

❴91.羸弱者、有病者和没有能力花费的人，只要他们忠于安拉及其使者，他们是没有罪过的。行善者也没有遭受谴责的理由。安拉是至恕的、至慈的。❵

❴92.这些人也是无可指责的：他们到你面前，以便你为他们提供骑乘，你告诉他们："我没有骑乘提供你们。"此时，他们满眼泪水，转身而去，因为没有花费的而伤心。❵

❴93.只有那些富有而向你请假的人，才有被谴责的理由。他们愿意跟留家者留在一起。安拉封闭了他们的心，所以他们不知道。❵

## 不参战的合法理由

然后清高伟大的安拉说，有特殊情况的人可以不参战。安拉说，有些情况是人类不可抗拒的，或是与生俱来的，譬如体质羸弱、失明、腿瘸等无法参战的痼疾。因此安拉首先提到这些情况。然后又提到一些后天造成的情况，譬如突发的使人无法参战的疾病，因贫穷而无力自我武装等。这些人只要忠于安拉，不蛊惑人心，不阻碍他人，并在自己的位置上积极行善，就可以不参战。因此说：**"行善者也没有遭受谴责的理由。"**

奥扎伊说，人们出门祈雨时，比拉勒·本·赛尔德站起身，赞美安拉并祝福先知后说："诸位！你们承认自己的罪恶吗？"众人说："主啊！我们承认。"比拉勒说："主啊！我们听你说：'行善者也没有遭受谴责的理由。'主啊！我们承认了自己的罪恶，求你恕饶我们，慈悯我们，给我们降水吧！"[1] 他举起了手，众人也举起了手。后来他们如愿以偿。

伊本·阿拔斯解释这节经文说：安拉的使者命令人们和他一道出征，阿卜本拉·本·麦尔格里等人到来后说："安拉的使者啊！请为我们提供骑乘吧！"使者回答说："以安拉发誓，我没有骑乘供给你们。"他们听后挥泪而去。他们不忍心坐在后方而远离战场，也没有能力为自己提供骑乘和旅费。安拉看到他们对他和他的使者的敬爱后，降

---

[1]《伊本·艾布·哈亭经注》6:1862。

示经文，允许他们不参战，安拉说：**“羸弱者……所以他们不知道。”**[1]

穆佳黑德说：“**‘他们到你面前，以便你为他们提供骑乘’**，是为来自麦兹尼的穆干莱奈家族而降示的。”[2]

哈桑说，安拉的使者ﷺ说：“你们在麦地那留下了一些人，只要你们花费一件东西，或经过一个山谷，或战胜敌人，他们就会和你们得到相同的报酬。”然后使者读道：**“这些人也是无可指责的：他们到你面前，以便你为他们提供骑乘，你告诉他们：‘我没有骑乘提供你们。’”**[3]两圣训实录辑录，安拉的使者ﷺ说：“在麦地那有一些人，你们每跨过一个山谷，每走过一段行程，他们都和你们在一起。”圣门弟子们问：“他们不是在麦地那吗？”使者ﷺ说：“是的，他们因故而无法脱身。”[4]然后安拉谴责了那些富有却请假的人，经文谴责他们情愿和女人一起呆在家中。安拉说：**“安拉封闭了他们的心，所以他们不知道。”**

**﴾94.当你们回到他们那里时，他们会向你们找借口。你说：“你们不要找借口，我们绝不相信你们。安拉确实已经向我们谈了你们的一些情况。安拉和使者将会看见你们的行为。然后你们将被召回到知道未见与可见事物的安拉那里，他会把你们当初的行为告诉你们。”﴿**

**﴾95.当你们回到他们那里时，他们会以安拉向你们起誓，以便你们不要干涉他们。你们不要干涉他们！他们是肮脏的，他们的住处是火狱，那是报应他们当初的作为。﴿**

**﴾96.他们会向你们起誓，以便取悦于你们。如果你们喜欢他们（那也无济于事），因为安拉不喜欢坏事的群体。﴿**

## 伪信士的诡计

清高伟大的安拉说，信士们回到麦地那后伪信士们会向他们找借口，解释自己的行为：**“你说：‘你们不要找借口，我们绝不相信你们’”**，即我们不会相信你们的话了。

**“安拉确实已经向我们谈了你们的一些情况”**，即安拉让我们了解了你们的一些情况。

**“安拉和使者将会看见你们的行为”**，即安拉将把你的所作所为展示给世人。

الجزء الحادي عشر ٢٠٢ سورة التوبة

يَعْتَذِرُونَ إِلَيْكُمْ إِذَا رَجَعْتُمْ إِلَيْهِمْ قُل لَّا تَعْتَذِرُوا
لَن نُّؤْمِنَ لَكُمْ قَدْ نَبَّأَنَا اللَّهُ مِنْ أَخْبَارِكُمْ وَسَيَرَى
اللَّهُ عَمَلَكُمْ وَرَسُولُهُ ثُمَّ تُرَدُّونَ إِلَىٰ عَالِمِ الْغَيْبِ وَالشَّهَادَةِ
فَيُنَبِّئُكُم بِمَا كُنتُمْ تَعْمَلُونَ ﴿٩٤﴾ سَيَحْلِفُونَ بِاللَّهِ
لَكُمْ إِذَا انقَلَبْتُمْ إِلَيْهِمْ لِتُعْرِضُوا عَنْهُمْ فَأَعْرِضُوا
عَنْهُمْ إِنَّهُمْ رِجْسٌ وَمَأْوَاهُمْ جَهَنَّمُ جَزَاءً بِمَا كَانُوا
يَكْسِبُونَ ﴿٩٥﴾ يَحْلِفُونَ لَكُمْ لِتَرْضَوْا عَنْهُمْ فَإِن
تَرْضَوْا عَنْهُمْ فَإِنَّ اللَّهَ لَا يَرْضَىٰ عَنِ الْقَوْمِ الْفَاسِقِينَ
﴿٩٦﴾ الْأَعْرَابُ أَشَدُّ كُفْرًا وَنِفَاقًا وَأَجْدَرُ أَلَّا يَعْلَمُوا حُدُودَ
مَا أَنزَلَ اللَّهُ عَلَىٰ رَسُولِهِ وَاللَّهُ عَلِيمٌ حَكِيمٌ ﴿٩٧﴾ وَمِنَ
الْأَعْرَابِ مَن يَتَّخِذُ مَا يُنفِقُ مَغْرَمًا وَيَتَرَبَّصُ بِكُمُ
الدَّوَائِرَ عَلَيْهِمْ دَائِرَةُ السَّوْءِ وَاللَّهُ سَمِيعٌ عَلِيمٌ ﴿٩٨﴾ وَمِنَ
الْأَعْرَابِ مَن يُؤْمِنُ بِاللَّهِ وَالْيَوْمِ الْآخِرِ وَيَتَّخِذُ مَا يُنفِقُ
قُرُبَاتٍ عِندَ اللَّهِ وَصَلَوَاتِ الرَّسُولِ أَلَا إِنَّهَا قُرْبَةٌ لَّهُمْ
سَيُدْخِلُهُمُ اللَّهُ فِي رَحْمَتِهِ إِنَّ اللَّهَ غَفُورٌ رَّحِيمٌ ﴿٩٩﴾

**“然后你们将被召回到知道未见与可见事物的安拉那里，他会把你们当初的行为告诉你们”**，即安拉要把一切善行和恶行告诉你们，并给予奖罚。经文又说，伪信士们将会通过发誓，来证明他们的托辞，以便你们不要管他们的事情，也不要谴责他们，所以你们不要理睬他们，以此表示对他们的轻视，因为他们是肮脏的，他们的内心和信仰都是龌龊的，他们在后世中的归宿是火狱。

**“那是报应他们当初的作为”**，**“作为”**指罪恶和恶行。经文指出，假使穆民们被伪信士的誓言所迷惑而原谅他们，**“因为安拉不喜欢坏事的群体”**。**“坏事”**（فسق）指背离安拉及其使者，“فسق”的原意是“从某物中分出去”。老鼠被称为“小坏蛋（فسيق）”，因为它们出洞后就会干坏事。当枣儿脱萼而出时，有人说“枣儿出了。”

**﴾97.在隐昧和阳奉阴违方面，游牧的阿拉伯人是最严重的，他们更应该不知道安拉给他的使者降示的法度。安拉是全知的，明哲的。﴿**

**﴾98.游牧的阿拉伯人中，有人认为他所花费的**

（1）《泰伯里经注》14：420。
（2）《泰伯里经注》14：421。
（3）《伊本·艾布·哈亭经注》6：1864。
（4）《布哈里圣训实录诠释——造物主的启迪》7：732；《穆斯林圣训实录》1911。

（财产）是一种损失，并等待你们遭受厄运。厄运终将降临他们。安拉是全听的、全知的。》

❀ 99.游牧的阿拉伯人中，有人归信安拉和末日，认为他所花费的（财产）是近主的功课和使者的祝福。注意，它确实是他们近主的功课。安拉将使他们进入他的慈悯之中，安拉是至赦的，是至慈的。》

## 游牧的阿拉伯人在隐昧和伪信方面最为严重

清高伟大的安拉说，游牧的阿拉伯人中有隐昧者、伪信士和信士，他们身上的隐昧和伪信现象比其他伪信士更为严重，更有可能。换句话说，他们很可能不知道安拉降给使者的法度。正如艾尔麦什所说，有个游牧的阿拉伯人坐到栽德·本·扫哈尼跟前，听栽德谈论他的战友们。栽德的手在尼哈万德战役中被砍。游牧的阿拉伯人说："以安拉发誓，我喜欢你讲的话，但你的手令我怀疑。"栽德说："我的手有什么令人怀疑的？我只有左手。"游牧的阿拉伯人说："以安拉发誓，我不知道对付小偷一般是砍右手还是砍左手。"栽德听后说："安拉说得对：'在隐昧和阳奉阴违方面，游牧的阿拉伯人是最严重的，他们更应该不知道安拉给他的使者降示的法度。'"[1]安拉的使者㊚说："居旷野者会变得粗犷，狩猎者往往麻痹大意，常见君王者必受考验。"[2]因此，有个游牧的阿拉伯人给安拉的使者㊚送了一件礼物后，使者加倍给其回赠，对方才心满意足，使者㊚说："我真想只接受古莱什人、赛格夫人、辅士或道斯人的礼物。"因为上述人都居住在麦加、塔伊夫、麦地那、也门等城市，他们的性格比游牧的阿拉伯人温和，而游牧的阿拉伯人生性粗犷。[3]

"**安拉是全知的，明哲的**"，即安拉知道谁应该获得信仰和真知，安拉的分配是富有哲理和智慧的，他把知识、愚昧、信仰、不信以及虚伪合理地赋予每个人。富有知识和哲理的安拉，其一切行为都不受任何人责问。

清高伟大的安拉说："**游牧的阿拉伯人中，有人认为他所花费的（财产）是一种损失**"，即他们认为他们在主道上所花费的一切到头来都是竹篮打水一场空。"**并等待你们遭受厄运**"，即他们等待你们遭遇不测和灾难。

"**厄运终将降临他们**"，即他们最终事与愿违，碰到厄运。

"**安拉是全听的、全知的**"，即安拉能听见众仆的祈祷，知道谁应该获得襄助，谁应该遭受抛弃。

下列经文所说的是一部分优秀的游牧阿拉伯人："**游牧的阿拉伯人中，有人归信安拉和末日，认为他所花费的（财产）是近主的功课和使者的祝福。**"这些人将花费在主道的一切看作接近安拉的功课和赢得使者祝福的方法。

"**注意，它确实是他们近主的功课**"，即他们终会如愿以偿。

"**安拉将使他们进入他的慈悯之中，安拉是至赦的，是至慈的。**"

❀ 100.迁士和辅士中的先驱，以及那些追随他们行善的人，安拉喜悦了他们，他们也喜爱安拉。他为他们准备了下临诸河的乐园，他们将永沐恩泽。那才是伟大的成功。》

## 迁士和辅士以及追随他们行善之人的美德

清高伟大的安拉讲述了他对迁士和辅士中的先驱以及对追随他们行善的后人的喜爱，同时表述了这些人对他的喜爱，他还为他们准备了下临诸河的乐园，永恒的恩典。舒尔宾说："'**迁士和辅士中的先驱**'，指侯代比亚之年签署了'喜悦之约'的人们。"[4]艾布·穆萨、赛尔德·本·穆散耶卜等人则认为，他们是跟随使者、朝两个朝向（远寺和禁寺）礼过拜的人。[5]清高伟大的安拉说，他已经喜悦了这些人。所以恼怒他们，或辱骂他们的人是可耻的！尤其是那些辱骂最优秀的圣门弟子艾布·伯克尔的人。因为有一些可耻的叛教者曾敌视上述优秀的穆斯林，并恼恨他们，辱骂他们。祈求安拉庇护我们远离这种丑行！而叛逆者的丑行证明他们自己的头脑是非不明，内心黑白颠倒。所以他们怎会归信伟大的《古兰》呢？他们怎能不辱骂安拉所喜爱的人呢？而那些遵循正道的人们喜爱安拉所喜爱的人，谴责安拉及其使者所谴责的人；谁与安拉为友，他们就和谁为友，谁与安拉为敌，他们就与谁为敌；他们追随正道，而不自创异端；他们步前人正路，而不我行我素。他们是遵从于安拉的成功者，是安拉的坚持正信的仆人。

❀ 101.你们周围游牧的阿拉伯人中有一些伪信士，麦地那人中也有（伪信士），他们顽固地坚持

---

(1)《泰伯里经注》14：429。
(2)《艾哈麦德按序圣训集》1：357；《艾布·达乌德圣训集》3：278；《提尔密济圣训全集诠释》6：532；《圣训大集》7：195。
(3)《圣训大集》6：280。
(4)《泰伯里经注》14：435。
(5)《泰伯里经注》14：436、437、439。

伪信。你不知道他们，我是知道他们的。我将惩罚他们两次，然后他们将被召至重大的惩罚之中。♦

## 游牧的阿拉伯人和麦地那居民中的伪信士

安拉告诉他的使者㊟，麦地那周围的阿拉伯各部落中有一些伪信士，在麦地那也有一些伪信士。

"**他们顽固地坚持伪信**"，即他们冥顽不化。因此，恶魔被形容成"顽固的"、"刁顽的"。说"某人顽抗安拉"，即指他违抗安拉、傲慢自大。

"**你不知道他们，我是知道他们的。**"这段经文与下列经文不矛盾：♦ 如果我愿意，我会把他们显示给你，你就能通过他们的征兆认出他们。你必定也能从他们的谈吐中认出他们！♦（47：30）因为后者所说的是使者通过伪信士的一些特征可以察知他们，而不是说他确切知道每个伪信士和所有可疑之人。使者知道，和他来往的一些麦地那人有阳奉阴违现象，虽然他们可能和使者朝夕相见。

前面注释♦ 他们也曾企望（得到）他们未曾得到的。♦（9：74）时，我们已经提到，使者㊟曾给胡宰法指出十四个或十五个伪信士的名字。这属于特殊情况，它并不意味着使者确切地知道他们（伪信士）中的每个人及其姓名。安拉至知。

格塔德解释这段经文时说："那些自认为掌握了世人的一切内情的人是怎么回事？他们怎么知道谁在乐园中，谁在火狱中？如果你问他们关于他们自己时，他却说'不知道（我的归宿是乐园还是火狱）。'以我的宗教发誓，你对人们的了解，远远少于对自己的了解，但你却对以前任何先知不敢问津的事情发表意见。譬如安拉的先知努哈说：♦ 我怎么知道他们曾做过些什么？♦（26：112）舒尔布先知说：♦ 安拉那里的存留物对你们是最好的，如果你们是穆民的话。我不是你们的监护者。♦（11：86）安拉对穆圣㊟说："你不知道他们，我是知道他们的。"[1]

"**我将惩罚他们两次**"，穆佳黑德认为两次惩罚指杀戮和俘虏。一说指饥饿和坟墓中的惩罚。

"**然后他们将被召至重大的惩罚之中**"，阿卜杜·拉赫曼说："今世的惩罚在财产和儿女方面。"[2] 他引证道：♦ 不要让他们的财富和他们的子孙使你惊奇。安拉欲以此在今世惩罚他们。♦（9：55）这对他们是惩罚，对穆民则是获得报偿的缘由。后世的惩罚在火狱中。"**然后他们将被召至重大的惩罚之中**"，指被带到火狱中。[3]

---

(1)《阿卜杜·兰扎格经注》2：285。
(2)《泰伯里经注》14：442。
(3)《泰伯里经注》14：444。

♦ 102.还有一些其他人，他们承认他们的罪恶，他们的行为好坏掺杂。安拉也许会接受他们的忏悔。安拉是至赦的，至慈的。♦

## 出于懒惰而没有参战的信士们

安拉提到那些出于背叛、否认和怀疑而逃避了战争的伪信士的情况后，开始讲述一些犯罪者的情况，他们虽然归信正教，但他们出于懒惰或贪图享受而没有参战。"**还有一些人，他们承认他们的罪恶**"，即他们承认自己的罪恶和对安拉的法度的不敬，他们虽然犯了罪，但他们以前也做了一些善事，。他们会得到安拉的原谅和宽恕。这节经文虽然有特殊的降示原因，但它针对的是一切有错误的、将好事和坏事掺杂起来的犯罪者。伊本·阿拔斯说："这段经文是因艾布·鲁巴拜和他的同伴们降示的，台卜克战役中，他们没有和安拉的使者㊟一起参战。一说他们总共是六人，一说八人，一说十人。安拉的使者㊟从台卜克战役中凯旋后，这些人把自己绑在清真寺的柱子上，发誓只有使者才能解放他们。安拉降了这段经文后，使者解开绳索，原谅了他们。[1]安拉的使者ﷺ说："有天夜里，两个来者（指天使）来到我跟前，他俩让我起床后，把我带到一座用金砖和银砖建筑的城市。有一些人出来迎接我们，他们的身体一半非常英俊，另一半却丑陋不堪。他俩对他们说：'你们跳进那条河吧！'他们听后，跳进了河中，此后，这些人又回到我身边，他们身上丑陋的现象都消失了，一个个都英俊非凡……他俩对我说：'这是永居的乐园，是你的住处……'又说：'那些身体的一半非常英俊，另一半非常丑陋的人，是一些既干过善功，也犯过罪的人，安拉原谅了他们。'"[2]

**﴾103.你从他们的财产中抽取周济品，用它净化他们，纯洁他们。你为他们祈祷吧！你的祈祷是对他们的安抚。安拉是全听的、全知的。﴿**

**﴾104.他们难道不知道安拉会接受他的众仆的忏悔，并接纳周济品吗？安拉是至赦的，至慈的。﴿**

## 命令征收天课 天课的益处

安拉命令使者ﷺ从人们的财产中抽出周济品，用来净化他们，清洁他们的财产。这段经文是泛指的，有人认为"**他们的财产**"中的"**他们**"指那些承认自己的罪恶，既行善又犯罪的人，但是一些拒交天课的阿拉伯部落认为，（先知归真后）不必要将天课交给伊玛目——哈里发，只有使者拥有征集天课的特权，他们还以这段经文[3]为证，与哈里发抗衡。后来哈里发艾布·伯克尔和其他圣门弟子们驳斥了这些人的错误理解和解释，通过战争让他们遵照使者时代的先例，继续交纳天课。虔信者——艾布·伯克尔甚至说："以安拉发誓，他们即便拒绝为我上缴使者时代上缴的一只小山羊羔，我也要因此和他们进行战斗。"[4]

"**你为他们祈祷吧！**"即你为他们祝福和求饶。阿卜杜拉·本·艾布·奥法说，每当有一族人给穆圣ﷺ带来周济品时，使者就为他们祝福。我父亲给使者带来他的周济品时，使者说："主啊！请赐福于艾布·奥法的家属！"[5]

"**你的祈祷是对他们的安抚**"，有人以复数词型诵读"**祈祷**"一词，也有人以单数词型诵读。伊本·阿拔斯说，"**安抚**"指慈悯。[6]

"**安拉是全听的、全知的**"，即安拉能听到你的祈祷，知道谁应该或有资格得到你的祝福。

"**他们不知道安拉会接受他的众仆的忏悔，并接纳周济品吗？**"经文鼓励人们向安拉忏悔，并施舍财产。这两种行为都能消除人们的罪恶。安拉说谁向他忏悔，他就接受谁的忏悔，谁施舍合法的劳动所得，安拉就会以他的右手接受它，并为它的主人培养它，让一颗枣变成一座山那么大。安拉的使者ﷺ说："安拉要用他的右手接受施舍品，并为你们培养它，就像你们培养小马驹一样。直到一口食物变得就像吾侯德山一样。"下列经文可以证明这段圣训："**他们难道不知道安拉会接受他的众仆的忏悔，并接纳周济品吗？**"﴾安拉消除利息，而使施舍增长。﴿（2：276）[7]伊本·麦斯欧迪说："施舍品在送到讨要者的手之前，会送到安拉的手。"他还诵读了上述经文。[8]

**﴾105.你说："你们工作吧！安拉及其使者以及信士们将看到你们的工作，你们将被带到知道可见物与不可见物的安拉那里，然后他会把你们当初的所作所为告诉你们。"﴿**

## 警告违抗安拉的人

穆佳黑德说，这是警告的经文。[9]即在这段经文中，安拉警告那些抗拒他的命令的人：在末日，他们的工作必将被展现在安拉、使者和信士们前面。如下列经文所言：﴾那天你们将被展现。来自你们的任何隐藏之物，都不能隐藏。﴿（69：18）又﴾那天，一切秘密都被揭露，﴿（86：9）又﴾当胸中的秘密被揭晓时，﴿（100：10）安拉或许会在今世揭露这一切。

阿伊莎（愿主喜悦之）说："当一位穆斯林的善行令你赞叹时，你应当念：**'你们工作吧！安拉及其使者以及信士们将看到你们的工作……'**"[10]圣训中也有类似的要求。安拉的使者ﷺ说："你们在看到某人的工作结果之前，不要因其工作而赞叹。因为有人会在一生中的某一时期行善，假若他在此期间归真，必定会进入乐园；后来他或许会转而作恶；有人在某一时期作恶，假若他在这期间死亡，必定坠入火狱，但后来他转而行善。如果安拉意欲某人幸福，就会在其死亡前任用他。"圣门弟

（1）《泰伯里经注》14：437。
（2）《布哈里圣训实录诠释——造物主的启迪》8：193。
（3）他们妄称，经文中安拉命令"你"——使者抽取周济品。——译者注
（4）《布哈里圣训实录诠释——造物主的启迪》13：264。
（5）《穆斯林圣训实录》2：756。
（6）《泰伯里经注》14：457。
（7）《泰伯里经注》14：461。
（8）《泰伯里经注》14：460。
（9）《泰伯里经注》14：463。
（10）《布哈里圣训实录诠释——造物主的启迪》13：512。

子们问：“安拉的使者啊！安拉怎么任用此人？”使者说：“安拉给他行善的机遇，并在此期间让他死亡。”(1)

❁ 106.还有一些人在等待安拉的命令，他或许惩罚他们，或许恕饶他们。安拉是全知的，明哲的。❁

### 三个被留待查看者

伊本·阿拔斯、穆佳黑德、艾克莱麦、端哈克等说，经文所指的是没有立即向安拉忏悔的三个人的情况。他们是穆拉勒·本·莱毕尔，凯尔卜·本·马立克和希俩里·本·吾麦叶。他们因为懒惰、贪图安乐、经不起果品和绿荫的诱惑，而与其他一些人没有参加台卜克战役，但他们对自己的信仰没有丝毫怀疑，也没有阳奉阴违的情况。没有参加这次远征的人中，一些像艾布·鲁巴拜及其同伴，将自己绑在清真寺里的柱子上。但他们三人属于那些没有将自己绑起来的人。后来安拉颁布经文接受了前者的忏悔，他们三人的事情被搁下来，直到后来安拉降谕下列经文：❁ 安拉确实恕饶了先知和迁士以及辅士们。❁ （9：117）和 ❁ 他也恕饶了被留后的三个人，那时大地虽然依旧广阔，他们却感到无地自容。❁ （9：118）(2)

"他或许惩罚他们，或许恕饶他们"，即一切都取决于安拉的意欲，他可以惩罚他们，也可以原谅他们。但安拉的原谅总是先于他的恼怒。

"安拉是全知的，明哲的"，即安拉知道谁应该遭受惩罚，谁应该获得宽恕，安拉的一切言行中都充满了智慧和哲理。应受拜者，惟有安拉，安拉是独一的养育者。

❁ 107.有一些人建立寺院，以便妨害、不信和分化归信者，并作为那些过去跟安拉和他的使者作过战的人的前哨。他们一定会发誓说："我们只图善报。"但安拉见证他们确实是说谎的。❁

❁ 108.你绝不要在其中礼拜。只有从第一天起就建立在虔诚上的礼拜寺，最值得你站在其中礼拜，其中的人喜爱洁净。安拉喜爱洁净的人。❁

### 妨害正教的寺院和敬畏安拉的清真寺

这些尊贵的经文降示的历史背景如下：安拉的使者㊚来到麦地那之前，城中有个名叫艾布·阿米

───────
(1)《艾哈麦德按序圣训集》3：120。
(2)《泰伯里经注》14：465、466。

尔·拉黑卜的赫兹勒吉人，他在伊斯兰之前就信仰基督教，读过《圣经》，他当时功修虔诚，在赫兹勒吉人中享有颇高的荣誉和地位。使者迁徙到麦地那后，穆斯林纷纷聚集到使者周围，伊斯兰的声望日渐高昂，特别在白德尔大捷后声威显赫，可耻的艾布·阿米尔却对此耿耿于怀，公然挑衅伊斯兰，并与其为敌。后来他逃到麦加和古莱什多神教徒结盟敌视安拉的使者㊚，他们与一些臭味相投的阿拉伯人结成联盟，在吾侯德战役向穆斯林发起总攻，使使者和穆斯林受到严峻的考验，遭到了重创。但最终的胜利永远属于敬畏者。这个恶棍在阵地上掏挖了一些陷阱，使者不幸掉进一个陷阱中，面部受了伤害，右下门牙被损坏，头部被碰破。战斗刚开始，艾布·阿米尔跑到他的同族的一些辅士跟前，游说他们支援他，接受他的指挥。众人明白他的意图后说："坏蛋啊！安拉的敌人啊！安拉不会让你阴谋得逞的。"他被众人痛骂一顿后，灰溜溜地回去了。他说："以安拉发誓，我的民族在我离开后遭受了厄运，因而大变样了！"早在艾氏逃跑之前，安拉的使者㊚就号召他归信安拉，并给他诵读《古兰》经文，但他拒绝信教。所以使者祈求安拉，让其遭受驱逐，客死他乡。他因使者的诅咒而

遭受了应有的报应。吾侯德战役后,他看到使者的事业蒸蒸日上,他便去投奔罗马国王希拉克略,要求对方帮助他对付穆圣。罗马国王许诺满足他的愿望,于是他就住在这位国王跟前。此后他给他的同族辅士中的伪信者写信,蛊惑他们,声称不久之后他将率领一支大军前来进犯穆圣,企图消灭穆圣的事业。他要求军队修筑一个基地,接应他的信使,等他到来后作为他们对抗伊斯兰的根据地。伪信士和怀疑者们接到命令后,在库巴清真寺旁边修建了一座寺院,使者出征台卜克之前,这座建筑已经竣工了。他们来到使者跟前,邀请使者去寺院中礼拜,借此机会使他们的寺院名正言顺。他们对使者说建筑此寺的目的是照顾弱者和病人。安拉保护了他的使者,使者没有去该寺礼拜,使者说:"我们出门在即,如果安拉意欲,等我们回来再说吧。"使者从台卜克战役中回来,距麦地那只有一天或半天行程的距离时,安拉就派吉卜勒伊里降示经文,告诉使者,建筑这座寺的目的是为了伤天害理、否认安拉,瓦解始终团结在库巴清真寺中的穆斯林阵营,让人们远离敬畏。所以在回到麦地那之前,使者就派人毁灭了该寺。伊本·阿拔斯说,这些建寺者是一些辅士,艾布·阿米尔曾对他们说:"你们建筑一座寺院,准备一切所能准备的力量和武器,我将前去向罗马国王借兵,驱逐穆罕默德及其弟子。"该寺建筑完毕后,他们到穆圣跟前说:"我们的清真寺竣工了,希望你去其中做礼拜,并为我们祝福。"因此,安拉降谕道:"你绝不要在其中礼拜……"(1)

"他们一定会发誓说","他们"指建寺者。

"我们只图善报",即我们建此寺的目的是好的,我们只想给人们提供方便。

清高伟大的安拉说:"**但安拉见证他们确实是说谎的**",即安拉作证他们的目的并非如此。他们建寺的目的是妨害库巴清真寺,否认安拉,分化穆斯林集体,并将其作为一贯敌视安拉及其使者人的人——艾布·阿米尔的根据地。愿安拉诅咒他。

"你绝不要在其中礼拜。"安拉禁止穆圣在其中礼拜——穆圣的民族则是跟随穆圣的。

## 库巴清真寺的尊贵及其中的礼拜

安拉鼓励穆民在那座从第一天起就建立在敬畏基础上的库巴清真寺礼拜,这座清真寺是为顺从安拉及其使者而建的,它统一了穆民的言行,是伊斯兰及穆斯林的摇篮和根据地。因此,安拉说:"**只有从第一天起就建立在虔诚上的礼拜寺,最值得你站在其中礼拜。**"这段经文所介绍的是库巴清

(1)《泰伯里经注》14:470。

真寺。安拉的使者说:"在库巴清真寺中的礼拜如同副朝。"(2) 据信史载,安拉的使者曾步行或骑着(马或骆驼)去探望库巴清真寺。(3) 另据圣训记载,使者刚来到该地,下榻于阿慕尔族人中的时候,就奠定了这座清真寺的基础,并亲自建筑了它。吉卜勒伊里为穆圣指定了该寺的礼拜朝向。(4) 安拉至知。

伊玛目艾哈麦德传述,安拉的使者来到库巴清真寺,对圣门弟子们说:"安拉在叙述清真寺时,表扬你们热爱清洁,请问你们是怎么清洁的?"他们说:"安拉的使者啊!我们本来一无所知,但我们有一些犹太邻居,他们在大便后洗后窍,我们就和他们一样洗后窍。"(5)

"**只有从第一天起就建立在虔诚上的礼拜寺,最值得你站在其中礼拜,其中的人喜爱洁净。安拉喜爱洁净的人。**"这段经文证明,在建筑的第一天就建筑于崇拜独一无偶的安拉的古老的清真寺中礼拜是可嘉的,同时还证明是清廉的、谨守功修的、认真做小净、远离污秽的群体一同做礼拜,也是可嘉的。

有位圣门弟子说,安拉的使者带领他们礼了晨礼,使者在拜中读《罗马章》时一丝疑云从心头掠过,拜后,使者说:"我刚才读经文时产生了疏忽,因为你们中有人在和我们一起礼拜,但他们没有认真做小净。谁和我们一起礼拜,他就应该认真做小净。"(6) 圣训证明完美小净可以帮助人立站拜功,并帮助人正确地完成这项功修。

❂ **109.把基础建立在对安拉的敬畏和喜欢上的人更好呢,还是把基础建立在濒临坍塌的边缘上,即将与它一道坠入火中的人更好呢?安拉不引导不义的群体。** ❂

❂ **110.除非他们的内心断裂,否则他们所建的建筑物将一直成为他们内心的疑虑。安拉是全知的,明哲的。** ❂

## 两座清真寺之间的区别

清高伟大的安拉说,有人将清真寺建筑在对安

(2)《伊本·马哲圣训集》1:452;《提尔密济圣训集》324。
(3)《布哈里圣训实录诠释——造物主的启迪》3:82;《穆斯林圣训实录》1399。
(4)《艾布·达乌德圣训集》44,《提尔密济圣训集》3100;《伊本·马哲圣训集》357。
(5)《艾哈麦德按序圣训集》3:422;《伊本·胡宰默圣训实录》1:45。
(6)《艾哈麦德按序圣训集》3:471、472。

拉的敬畏和喜悦的基础之上，而有人却将清真寺建筑在妨害、否认、分裂穆民的基础之上，并打算将这座寺院作为进攻穆斯林的桥头堡，以等待一贯敌视安拉及其使者的人。这两种人是截然不同的，因为后者的建筑基于濒临坍塌悬崖的边缘上，无疑处于烈火之中。"**安拉不引导不义的群体**"，即坏事者的工作永远不会成功。

贾比尔说："安拉的使者㊊时代，我曾看到那座为妨害而建的寺院中冒出烟雾。"(1)

"**除非他们的内心断裂，否则他们所建的建筑物将一直成为他们内心的疑虑。**"伊本·阿拔斯、穆佳黑德、格塔德、栽德·本·艾斯莱姆、赛丁伊、哈比卜·本·艾布·萨比特、端哈克等先贤说，除非他们的心断裂，即死亡。否则他们的这一丑行将在他们的心灵中遗留下伪信，正如当年拜牛的人们如醉如痴地爱牛犊一般。(2)

"**安拉是全知的**"，即安拉知道他的被造物的一切行为。"**明哲的**"，他对好坏的报应是富有哲理而精确的。

◆ 111. 安拉已买下了众信士的生命和财产，给他们的是乐园。他们在主道上奋斗、杀敌和被杀。这是在《讨拉特》《引支勒》和《古兰》中的许诺。谁比安拉更能履行他的许约呢？为你们所缔结的盟约而高兴吧，那的确是重大的成功。◆

### 安拉以乐园为代价买下奋斗者的生命和财产

清高伟大的安拉说，他用乐园换取了信士们的生命和财产——只要他们为了安拉而付出了自己的生命和财产。这是来自安拉的恩惠、慷慨和善待，因为他是万物的实际掌握者，他促成这一交易，以便恩赐顺从他的众仆。因此，哈桑·巴士里、格塔德说："安拉和他们缔约，付给他们高昂的价钱。"(3) 谢穆尔说："每个穆斯林都和安拉有约，无论他履行了此约，还是没有履行就死去了……"他还读了上述经文。(4) 因此，有人说："为主道战斗的人，都和安拉缔结了盟约"，即他接受并履行了安拉的约法。

"**他们在主道上奋斗、杀敌和被杀**"，即无论他们杀死敌人，还是被敌人所杀，或他们杀敌人后被其他敌人所杀，他们都会进入乐园。因此，两圣训实录辑录："谁为主道而出征——他出征的目的只是为我（安拉）的道路作战，归信我的众使者——那么，如果他战死沙场，安拉保证让他进入乐园，或者安拉让他回到家中，并得到报酬和战利品。"(5)

"**这是在《讨拉特》《引支勒》和《古兰》中的许诺。**"经文强调了这一许诺，指出安拉以此为任。他还将这一诺言通过他的众使者启示在他的伟大诸经中，即降示给穆萨的《讨拉特》，降示给尔撒的《引支勒》以及降示给穆罕默德先知㊊的《古兰》。愿主赐给他们福安。

"**谁比安拉更能履行他的许约呢？**"因为安拉从不爽约。如以下经文所述：◆在言辞方面，有谁比安拉更真诚呢？◆（4：87）又◆在言辞方面，有谁比安拉更真诚呢？◆（4：122）

因此清高伟大的安拉说："**为你们所缔结的盟约而高兴吧，那的确是重大的成功**"，即让那些完成这一交易的要求，并履行了约言的人们高兴吧，他们将获得伟大的成功和永恒的恩典。

◆ 112.（信士们是）忏悔的，崇拜的，赞美

---
(1)《泰伯里经注》14：493。
(2)《泰伯里经注》14：495、496、497。
(3)《泰伯里经注》14：499。
(4)《泰伯里经注》14：499。

(5)《布哈里圣训实录诠释——造物主的启迪》6：254；《穆斯林圣训实录》3：1496。

的，斋戒的，鞠躬叩头的，命人行善的，禁止作恶的和谨守安拉法制的。你向信士们报喜吧。❳

以上是穆民的特征，他们因具备了这些优秀的特征和品质，所以安拉用他的乐园换取了他们的生命和财产。

"忏悔的"，即从一切罪恶上忏悔，并放弃各种丑事的人。

"崇拜的"，即在言行方面坚持崇拜安拉的人，语言的崇拜中最重要的是赞美，所以经文接着说："赞美的。"行为的善功中最尊贵的是斋戒。即放弃享乐，节制饮食和夫妻同床，经文中的"سياحة"所指的正是这个意义。因此后文说："斋戒的"，另一段经文形容圣妻时说，她们是"撒伊哈提"[1]。鞠躬和叩头也是同样，它们指礼拜。因此说，"鞠躬叩头的"，不但如此，他们还为他人谋福利，他们通过命人行善和止人作恶，引导人们顺从安拉。他们也知道应该做什么，不应该做什么。换言之，他们遵守安拉的法度，注重一言一行，明辨合法与非法。所以说，他们真诚拜主，服务人群。经文说："你向信士们报喜吧！"因为正信包括这一切，幸福归于具备上述品行的人们。

❲113.先知和信士们在清楚了多神教徒是火狱的居民后，就不应为他们祈求恕饶了，即使他们是近亲。❳

❲114.伊布拉欣为他的父亲祈求恕饶，是因为他（安拉）曾经答应过他。但是当他（伊布拉欣）明白了他（他父亲）是安拉的敌人时，他就和他断绝了关系。伊布拉欣确实是勤于祈求的，宽容的。❳

## 禁止为多神教徒祈求恕饶

艾哈麦德传述，艾布·塔利卜临终时，穆圣ﷺ前来探望，当时艾布·哲海里和阿卜杜拉·本·艾布·吾麦叶在场。穆圣ﷺ说："叔叔啊！你念'应受拜者，惟有安拉'我将凭这句话在安拉那里为你求情。"艾布·哲海里和阿卜杜拉·本·艾布·吾麦叶却说："艾布·塔利卜啊！难道你要背叛（你的父亲）阿卜杜勒·穆塔里布的宗教吗？"后来艾布·塔利卜说："我坚持阿卜杜勒·穆塔里布的宗教。"穆圣ﷺ说："只要我没有接到禁令，我就会为你求饶。"后来安拉颁降了："先知和信士们在清楚了多神教徒是火狱的居民后，就不应为他们祈求恕饶了，即使他们是近亲。"圣训传述者说，此间安拉还降谕道：❲的

确，你不能够引导你所喜欢的人，但是安拉能引导他所意欲的人。❳（28：56）[2]

伊本·哲利尔传述，安拉的使者ﷺ到麦加后去坟地，他坐下来呼求，最后哭着站了起来，我们（圣门弟子）问："安拉的使者啊！我们看见了你的行为，（你为什么这么伤悲？）"使者说："我祈求我的养主允许我探望我母亲的坟墓，他允许了我。我又祈求他允许我为她求饶，但他没有同意。"穆圣ﷺ从没有像这天一样伤心地哭过。[3]

伊本·阿拔斯解释说，安拉禁止穆圣ﷺ为他的母亲求饶后，说："安拉的朋友伊布拉欣曾为他的父亲求饶。"后来安拉降谕道："**伊布拉欣为他的父亲祈求恕饶，是因为他（安拉）曾经答应过他。**"[4]

伊本·阿拔斯说："这段经文降示之前，人们常为多神崇拜者求饶。后来他们只为活着的多神崇拜者求饶，不再为死后的多神教徒求饶。后来安拉降谕道：'伊布拉欣为他的父亲祈求恕饶……'"[5]

"**但是当他（伊布拉欣）明白了他（他父亲）是安拉的敌人时，他就和他断绝了关系。**"伊本·阿拔斯说，伊布拉欣的父亲死亡前，伊布拉欣一直为他求饶，直到他明白他是安拉的敌人后，就和他断绝了关系。[6]一说，当伊布拉欣的父亲死后，伊布拉欣明白了，他是安拉的敌人。欧拜德·本·欧麦尔和赛尔德·本·朱拜尔说："在末日，伊布拉欣将和他的父亲断绝关系，当伊布拉欣见到他时，他的脸色昏暗阴沉。他说：'伊布拉欣啊！我曾经违抗你，今天我不再违抗你。'伊布拉欣说：'我的养主啊！难道你没有给我许诺不让我在人类被复生的日子受辱吗？我这不争气的父亲，令我今天蒙受了极大的羞辱！'这时有声音说：'你向后看吧！'伊布拉欣向后看时，看见了一只肮脏的鬣狗，它的四蹄被（天使）攥着扔进了火狱。"[7]即他变成了一只鬣狗。

"**伊布拉欣确实是勤于祈求的，宽容的。**"伊本·麦斯欧迪说："祈求"（اواه）指长期祈求安拉之人。[8]有人解释为恳求的；有人解释为仁慈的；也有人解释为虔诚的信士、赞美者等。

❲115.安拉绝不会在引导了一群人之后，又

---

(1) سائحات，坚持斋戒的。——译者注

(2)《艾哈麦德按序集圣训集》5：433；《布哈里圣训实录诠释——造物主的启迪》8：192；《穆斯林圣训实录》1：54。
(3)《泰伯里经注》6：489。
(4)《泰伯里经注》14：512。
(5)《泰伯里经注》14：513。
(6)《泰伯里经注》14：518、519。
(7)《泰伯里经注》14：521。
(8)《泰伯里经注》14：523、524。

使他们走向迷途，直到为他们阐明他们应当防备什么。安拉是深知万物的。◊

◊ 116.的确，诸天和大地的权力都属于安拉，他赋予生命，带来死亡。除安拉外，你们绝没有任何保护者和援助者。◊

### 只有树立明证后，才可施以惩罚

安拉在此表述他自己和他公正的判决。他在遣圣降经，为世人树立明证后，有些人却走向迷误。正如安拉所言：◊至于塞姆德人，我曾引导他们，但是他们宁愿盲目……◊（41：17）

穆佳黑德解释"安拉绝不会在引导了一群人之后，又使他们走向迷途"时说："安拉专门指出不能为多神教徒求饶，又从广义的角度指出了顺从和违抗，所以你们自己看，你们应该怎么做？"[1] 伊本·哲利尔说："安拉既然已经引导你们，赐给你们正信，就不会因为你们为死去的偶像崇拜者求饶而使你们迷误，除非他明令禁止你们后，你们对他的命令置若罔闻。如果你们做了还没有明令禁止的事情，他不会因此而注定你们走向迷途。因为顺从和违抗只体现于安拉的同意或禁止之中。如果一个人做了一件未经安拉命令或禁止的事情，那么，他既没有行善，也没有违抗安拉。"[2]

◊难道你不知道诸天和大地的权力统归安拉吗？除他之外，你们既没有监护者，也没有援助者。◊（2：107）伊本·哲利尔说："安拉在此鼓励信士们与多神教徒及隐昧的君王们进行战斗，并相信安拉的襄助，安拉是诸天和大地的掌权者。安拉还让信士们不要害怕他的敌人，因为安拉不会保佑他们，或帮助他们。"[3]

◊ 117.安拉确实恕饶了先知和迁士以及辅士们，他们在患难时刻跟随他。当他们中的一部分人几乎偏离之后，安拉准许了他们的忏悔，他是仁爱的、至慈的。◊

### 台卜克战役

穆佳黑德等人说，这段经文是因台卜克战役而降示的。圣门弟子们在非常艰苦的情况下出征台卜克，那年适逢旱灾，天气酷热，缺粮断水。[4]

格塔德说："台卜克战役，圣门弟子们出征沙姆，那年炎热无比，只有安拉知道当时的困难。我们甚至听人这样说，一枚枣被分给两个人吃，甚至好几个人吃一枚枣——一人吮一口枣再喝一口水，第二个人也一样，就这样第三人、第四人……轮流下去，直到吃完为止。……后来安拉接受了他们的忏悔，让他们凯旋。"[5] 伊本·阿拔斯说，有人向欧麦尔询问患难之战，欧麦尔说："我们曾同安拉的使者一起出征台卜克，当时炎热无比，我们驻在某地后，饥渴难耐。我们当中去找水的人简直觉得将要死到那里回不来了，有人甚至宰了骆驼后用手拧骆驼胃中的草料，以便饮用其中的水分，用剩存于其中的那点水分滋润肝脏。艾布·伯克尔对安拉的使者说：'安拉的使者啊！安拉经常圆满地应允你的请求，请为我们而祈求安拉吧！'使者问：'你喜欢我这样做吗？'艾氏说：'是啊。'于是使者升起他的两手，祈求安拉，在他放下手之前，天上下起了大雨，众人盛满了随身携带的所有容器。雨停后我们出去观看，发现这场雨所下的范围没有超越我们的军营。"[6]

伊本·哲利尔解释："安拉确实恕饶了先知和迁士以及辅士们，他们在患难时刻跟随他。当他们

---

（1）《泰伯里经注》14：537。
（2）《泰伯里经注》14：536。
（3）《泰伯里经注》14：538。
（4）《泰伯里经注》14：540。

（5）《泰伯里经注》14：541。
（6）《泰伯里经注》14：539。

中的一部分人几乎偏离之后"说,"患难时刻"指缺乏财产、牲畜、路费和水的时刻。

"几乎偏离",指几乎放弃真理,怀疑穆圣☪传播的宗教,因为在行军和战役中遭受困难而使意志动摇。

**"安拉准许了他们的忏悔"**,即他们凭安拉的恩惠而向安拉忏悔,并重新坚持正道。**"他是仁爱的、至慈的"**。[1]

❮ 118.他也恕饶了被留后的三个人,那时大地虽然依旧广阔,他们却感到无地自容,他们的内心也感到窘迫,他们已认识到,除了回归安拉之外别无庇佑之处。后来他准许他们忏悔,以便他们向他悔过,安拉是至恕的、至慈的。❯

❮ 119.信士们啊!你们应当敬畏安拉,应当和诚实的人在一起。❯

### 三个落队者的故事

阿卜杜拉·本·凯尔卜传述,阿卜杜拉的父亲失明的时候,他曾作其父凯尔卜的向导。他说,我听我的父亲凯尔卜·本·马立克谈到关于台卜克战役,那次他没有跟安拉的使者☪一起参战。我的父亲说,我随同安拉的使者☪参加了他亲自参加的所有战役,惟独在台卜克战役中落伍了。此前我没有参加白德尔战役,但那次战役的任何一个落伍者都没有受到谴责,因为当时安拉的使者☪和穆斯林出去的目的是拦截古莱什商队。山坎之约的夜晚,我曾和安拉的使者☪签署了加入伊斯兰的盟约。我对那次聚会的重视超过了对白德尔战役的重视,虽然白德尔战役在人们中的影响和地位远远超过山坎之约。

凯尔卜说,台卜克战役中,我没有和安拉的使者☪一起参战,而当时各方面的条件比以往任何时候都好。以安拉发誓,此前我从来没有同时拥有过两匹坐骑,而在这次战役中我拥有两匹坐骑。

安拉的使者☪惯用声东击西的战术,但是台卜克战役却是例外。使者在炎热的盛夏发动了这次战役,而且他将面临遥远的沙漠旅程和庞大的敌军。为了让穆斯林做好充分的准备,使者为他们讲明了事情的重要性,并告诉他们进军方向。当时响应使者的穆斯林非常多,也没有名册统计他们。凯尔卜说,个别想开小差的人认为,如果安拉不降谕启示,即使掉队也无人知道。安拉的使者☪宣布出征时,正值果实成熟,绿树成荫的时节,我更是对此难以割舍。使者和众穆斯林都为战斗作准备。我每天起床时,都打算为出征作准备。但虽然早出晚归,最终还是没有准备就绪。我自言自语道,如果我要做的话,我是能够做好准备的。就在我这样拖延当中,使者和穆斯林启程了,但我仍没有做好准备。我想,迟一两天,我完全可以赶上他们。哎!当时我若跟使者一起走该多好啊!可是安拉没有这样注定。令我伤心的是,安拉的使者☪出发之后,我每次出去见到的人要么是一些纯粹的伪信士,要么是一些安拉特许可以不参战的老弱妇孺。

安拉的使者☪在路上一直没有提到我,到达台卜克后,他跟大家交谈中问:"凯尔卜·本·马立克干什么去了?"塞里麦族的一个人说:"安拉的使者啊!他在家中沉醉于他的服装呢!"穆阿兹·本·杰伯里说:"此言差矣!安拉的使者啊!以安拉发誓,我们从他身上只看到了良好的品性。"安拉的使者☪沉默不语。

凯尔卜说,后来当我听到使者即将从台卜克凯旋时,终日惶惶不安,想着怎么对使者撒谎,我想:明天我怎样才能免于使者的迁怒呢?为此我还曾找家族中有主见的人帮助出主意。然而当有人说安拉的使者☪已经到来时,我打消了说谎的念头,我清楚地认识到:我绝不能以任何谎言开脱罪责,我要说实话。安拉的使者☪终于来了。使者外出归来时,总是先到清真寺礼两拜,然后坐下来接见众人。那天也是如此,一些没有出征的人都来找借口,他们不停地发誓以求得原谅。这类人共有八十几个。使者一一接受了他们的表白,并替他们求饶,将他们内心的秘密交给安拉裁决。我也来到使者面前,我向他道了色兰,使者虽然对着我微笑,但看得出他正在生气。他说:"过来吧!"我走过去坐在使者面前。他问我:"你为什么没有出征?你不是已经买下了坐骑吗?"我说:"安拉的使者啊!以安拉发誓!假设我今天坐在除你以外的任何一个人跟前,我认为我有能力找借口摆脱他的迁怒,我一贯是个善辩之人。但是以安拉发誓,我的确知道,如果我今天撒谎讨得你喜欢,那么不久安拉会让你恼怒我;如果我今天向你说实话,你一定会生气,但我却指望安拉的恕饶。以安拉发誓,我没有任何借口,我没有跟你出征的时刻,是我一生中最富有、最有能力的时期。"使者说:"此人说了实话,你去吧,等待安拉的判决!"

凯尔卜说,赛莱迈族中的一些人追上来对我说,以安拉发誓,我们知道在此之前你从来没有犯过错。你真笨,你也应该像其他人一样向安拉的使者☪找借口求得原谅。如果使者为你求饶,你的一切罪过自然就消除了。凯尔卜说,以安拉发誓,他们一直抱怨我,甚至我想回到使者跟前推翻对他

---

[1]《泰伯里经注》14:539。

说过的话，说出违心的话。我问他们：还有和我一样的人吗？他们说，有两个人和你的情况一样，他俩所讲的话与你讲的话相同，使者对他俩的回答也跟对你的回答一样。我问：他俩是谁？他们说，穆拉勒·本·拉比尔和希俩里·本·吾麦叶，这两个都是清廉的人，他们都参加过白德尔战役。他俩以前是我学习的榜样。凯尔卜说，当他们告诉我这两个人跟我一样以后，我再没有作其他打算。安拉的使者禁止人们和我们这三个掉队者说话。人们一下子开始疏远我们，对我们的态度发生了巨大的变化，我甚至感觉到故土也在改变，它不再是我们熟悉的那块土地了。就这样过去了五十天。我的那两个同伴已经无法承受，他俩坐在家里哭泣。而我这个年轻力壮的人照常出门跟穆斯林一起礼拜，并到街上去，但没有人跟我说话。我来到安拉的使者跟前，并向他道色兰，恰好他礼完拜后坐在清真寺内。我在想：他回答我的问安时嘴唇是否动了一下？之后我又在他的附近礼拜，我偷看他一眼，然后专心礼拜，我感到他在看我，我看过去时，他却避开了视线。

就这样，我在众穆斯林的疏远下度日如年。有一天，我出门翻墙进入艾布·格塔德的果园。他是我的堂兄，是我最喜欢的人。我向他道了色兰。以安拉发誓，他没有回答我的问安。我对他说，艾布·格塔德啊！我以安拉的名义恳求你回答我，你知道我是热爱安拉和他的使者的。但他还是一言不发。我再次求他回答，他仍然默不作声。我又求他回答，他只说："安拉及其使者至知。"

凯尔卜说，此时，我的眼泪夺眶而出，只得又翻墙离去。我在麦地那的街道上行走时，忽然碰到沙姆地方的一个农民，他在麦地那的街上卖运来的食品。他当时向人打听：凯尔卜·本·马立克在哪里？路人指引他来到我的身边，他将安萨尼国王的一封信递给我。我是一个识字人，来信写道：听说你的朋友（指穆圣）疏远你，但安拉并没有让你处于凌辱的窘境。请到我们这里，我们将和你同享荣华。读完信后，我想，这又是一次考验。于是我奔向火炉，烧了来信。

五十天当中的四十天后的一日，安拉的使者派人通知我说，安拉的使者命你与妻室分开。我问，使者是否让我休掉妻子？来使说，不，你与她分开居住，不要同床。使者给我的两个伙伴也下达了同样的命令。于是我对妻子说，你先回娘家，跟他们住一段时间，等待安拉的裁决吧。

希俩里·本·吾麦叶的妻子来到安拉的使者跟前，说，安拉的使者啊！希俩里年老体弱，他又没有下人，我能服侍他吗？使者说，可以，但他不能与你同床。希俩里的妻子说，以安拉发誓，他已经没有任何能力。以安拉发誓，自从发生那件事到现在，他一直在哭。

我的一些亲戚也来对我说，你也应该请求安拉的使者允许你的妻子侍奉你，因为使者已经允许希俩里·本·吾麦叶的妻子侍奉他了。我说，我不会为此而请求安拉的使者，我不知道当我提出这个请求时，使者会怎么说，况且我还是个年轻力壮的人。这样等待了十天，禁止人们跟我们谈话已经整整五十天了。第五十天早上，我在自己的房顶上礼完晨礼后就地坐着，正如安拉讲述的那样，我心情压抑，大地虽宽，但无地自容。

这时，忽然从撒拉尔山上传来响亮的呼声：凯尔卜·本·马立克啊！恭喜！我当即叩头跪下，意识到安拉解放了我，接受了我的忏悔。原来在礼完晨礼后，安拉的使者宣布，安拉已经接受了我们的忏悔。

人们纷纷前来祝贺，争先为我们报喜。报喜者们涌向我的两个伙伴。有个人骑上马奔向我，给我报喜，而一个艾斯莱姆家族的成员，却迅速登上小山，向我喊叫，喊声的速度比马的速度还快。等呼喊者来到我的身边时，我脱下了自己的两件衣服给他穿，感激他带来的喜讯。以安拉发誓，当时我仅有这两件衣服。我自己借来两件衣服穿上，奔向安拉的使者。人们成群结队地迎接我，祝贺安拉接受了我的忏悔。他们对我说，恭喜你啊！安拉接受了你的忏悔。我走进清真寺，人们围着使者坐在寺内，特里哈·本·欧拜杜拉立即站起来，前来跟我握手，向我祝贺。以安拉发誓，迁士中除他外没有人站起来。凯尔卜说，特里哈的此恩此情终生难忘。我向安拉的使者道了色兰，使者的脸上泛出喜悦的光彩，他说，恭喜你啊！这是你有生以来最吉庆的一天。我说，安拉的使者啊！这吉庆来自你，还是来自安拉呢？他说，它来自伟大的安拉。人们知道，安拉的使者每当高兴时，脸上便洋溢出喜悦的光彩，犹如一轮明月。我坐到使者的面前，说，安拉的使者啊！出于我的真心忏悔，我要拿出我全部的财产，为了安拉及其使者而施舍。安拉的使者，你留下些钱对你来说是更好的。我说，我留下我在海巴尔的份额就行了。我又说，安拉的使者啊！安拉以我的诚实而拯救了我，为了表示我的忏悔，从今以后，我只说真话，永不说谎。以安拉发誓，自从我向安拉的使者谈了这话之后，我不知道还有哪个穆斯林因说实话而接受考验，因而获得的恩惠能超过安拉对我的恩惠。以安拉发誓，自从我向安拉的使者保证说实话开始直到今天，我没有说过谎话。我也祈求安拉在我的有生之年保佑我永远如此。凯尔卜说，当时安拉降谕道："他也恕饶了被留后的三个人，那时大地虽然依旧广阔，他们却感到无地自容，他们的内心也感到窘迫，他们已认识到，除了回归安拉之外别无庇佑之处。后来他准许他们忏悔，以便他们向他悔过，安拉是至恕的、至慈的。信士们啊！你们应当敬畏安拉，应当和诚实的人在一起。"凯尔卜说，以安拉发誓，我常想，在安拉指引我伊斯兰的真理之后，再没有一样恩典能与我对使者所说的实话相比较。我当初没有说谎话，否则我会像那些说谎而受惩罚的人一样受到严厉的惩罚。安拉降示经文，严厉谴责那些说谎者：*当你们回到他们那里时，他们会以安拉向你们起誓，以便你们不要干涉他们。你们不要干涉他们！他们是肮脏的，他们的住处是火狱，那是报应他们当初的作为。他们会向你们起誓，以便取悦于你们。如果你们喜欢他们（那也无济于事），因为安拉不喜欢坏事的群体。*（9:95-96）凯尔卜说，当时一些没有参战的人到使者跟前发誓，要求原谅，使者接受了他们的誓言，并和他们宣誓结盟，祈求安拉恕饶他们。但使者没有对我们三人的事情作出决定，最终安拉给予我们判决。这就是安拉所说的"**他也恕饶了留后的三个人**"的内容。经文中所说的"**被留后**"，并不是说我们在战斗中留在后方，而是指使者对我们的事情留后处理。(1)

《布哈里圣训实录》和《穆斯林圣训》也辑录了上述明确的圣训，该圣训全面注释了上述《古兰》经文，部分先贤对这段经文也作了相同的注释。(2)例如，艾尔麦什说："**他也恕饶了被留后的三个人**"，"**三个人**"指凯尔卜、希俩里和穆拉勒。他们都是辅士。(3)

### 命人说实话

这三位穆斯林被其他穆斯林疏远了将近五十个日日夜夜，在广阔的大地上无地自容时，安拉使他们摆脱困境和忧愁，解救了他们。当时，他们寸步难行，无所适从。所以他们苦苦等待着安拉的命令，服从安拉的安排。最终，安拉因为他们对使者说实话而宽恕了他们，他们在使者面前承认自己没有任何理由逃避战争。他们经受了此间的考验后，安拉准许了他们的忏悔。他们的诚实给他们带来更美好的结局，同时，安拉因此而接受了他们的忏悔。因此，经文说："**信士们啊！你们应当敬畏安拉，应当和诚实的人在一起**"，即如果你们坚持说实话，你们就会成为诚实者，会免于各种致人毁灭的打击，你们的难题也会得到完满的解决，最终拨云见日。安拉的使者㊤说："你们应当坚持说实话，因为诚实能把人引向正义，正义能把人引向乐园。一个人经常说实话，并努力说实话，最终在安拉那里会被记载成诚实者；你们当远离谎言，因为谎言能把人引向犯罪，犯罪能把人引向火狱。一个人经常撒谎，并尽力撒谎，最终在安拉那里会被记载成谎言者。"(4)

*120.麦地那的居民和他们周围游牧的阿拉伯人不应当留在安拉的使者后方（而不随同出征），也不应当贪恋他们自己的生命而不管使者的生命。这是因为，只要他们在主道上，那么凡遭受的饥渴与辛劳，凡踏上隐昧者的土地而使对方愤懑，那么，他们每让敌人有所遭遇，它便被记录下来当作他们的善功。安拉不会废除行善者的报偿。*

### 出征者的报偿

台卜克战役中，有一些麦地那人及他们四周的一些部落成员，没有和使者一起参战，而留在后方。他们为一己之私，而不愿和使者共患于难，从而坐失立功的良机。"**这是因为，只要他们在主道上，那么凡遭受的饥渴与辛劳……**"

"**凡踏上隐昧者的土地而使对方愤懑**"，即他们不愿前进到某地，威慑敌军。

"**他们每让敌人有所遭遇**"，即每当他们战胜敌人。"**它便被记录下来当作他们的善功**"，其实这些胜利并不是因他们的能力而成就的，它只产生于他们的善功，及其回赐。

"**安拉不会废除行善者的报偿**"，如*我不会作废行善者的回赐。*（18:30）

*121.他们只要花费任何多的或少的花费，只要穿过一个峡谷，都不能不为他们记录下来，以便安拉按他们过去所做的最好善功报偿他们。*

清高伟大的安拉说："**他们只要花费任何多的或少的花费**"，即这些主道的战士，每花费一些财产，"**只要穿过一个峡谷**"，即每经过一个山谷前去杀敌，"**都不能不为他们记录下来**"。经文没有说"因此都不能不为他们记录下来"，因为这些都是出自他们的善功。所以说："**以便安拉按他们过去所做的最好善功报偿他们。**"奥斯曼（愿主喜悦之）在这段经文中可谓获得极大的丰收，因为他捐献巨额财产，资助了这次战役。阿卜杜拉传述，

---

（1）《艾哈麦德按序圣训集》3:456。
（2）《布哈里圣训实录诠释——造物主的启迪》8:193；《穆斯林圣训实录》4:2121。
（3）《泰伯里经注》14:544。
（4）《艾哈麦德按序圣训集》1:384；《布哈里圣训实录诠释——造物主的启迪》1:523；《穆斯林圣训实录》4:2012。

奥斯曼用衣服兜来一千个迪纳尔，帮助使者在困难时刻调动军队。他说，奥斯曼将这些财产倒进使者的怀里，我看到使者不停地用手翻动它，连声说："今日之后安法尼之子（奥斯曼）的任何行为都不会伤害到他。"[1] 格塔德解释这段经文说："主道的战士们离亲人愈远，就离安拉愈近。"[2]

《 122.信士们不宜全体出动，为什么每一群人中一部分人不出动，以便他们精通宗教，以便他们回去后警告他们的族人，好让他们警惕？》

安拉在此阐明在台卜克战役中他的意志：让各部落同他的使者一起出征。部分先贤认为，当使者出征时，每个穆斯林都必须出征。因此，另一段经文说：《你们当轻装或重装出击。》（9：41）安拉又说：《麦地那的居民和他们周围游牧的阿拉伯人不应当留在安拉的使者的后方（而不随同出征）……》（9：120）他们说，这段经文已被"麦地那的居民和他们周围游牧的阿拉伯人"所革止（废除），因此，有人说这段经文说明安拉要求各部落全体出征，或者每一部落派一部分人出征。以便和使者一起出征的人们学习安拉降给使者的启示，当他们回去后给族人报告敌人的情况，这些出征者在出征的同时学习宗教知识，一举两得。但使者归真之后各部族中的出征者，只能进行两件事情之一：战斗或学习。因此，这种出征是社区天命。

伊本·阿拔斯解释"信士们不宜全体出动"说，信士们不应该舍先知不顾而全体出动。

"**为什么每一群人中一部分人不出动**"，伊本·阿拔斯说："'**每一群**'指每支队伍"。他们只能凭安拉的允许而出征。当出征者出征后有经文降示，那些和使者一起留守后方的人们向使者学习《古兰》，然后留守者对归来的出征者说："你们出征后，安拉降示经文，我们学习它。"这样，出征归来的人们留下来学习他们不在时安拉降示的经文。于是使者另派一支人马出征。这就是"**以便他们精通宗教**"的意思。即以便他们学习安拉降给先知的经文，并在出征者们归来后教授给他们，"**好让他们警惕**"。[3]

穆佳黑德说，这段经文是因一些到乡郊的圣门弟子而降示的。他们受到当地人的礼遇，取得了丰厚的收获，他们见人就号召其走向正道。有人对他们说："你们怎么放弃自己的同事而来我们这里呢？"他们听到这些话后非常伤心，纷纷离开乡郊，回到安拉的使者跟前，所以安拉说："**为什么每一群人中一部分人不出动**"去追求正义，"**以便他们精通宗教**"，即以便他们听听人们的言论和安拉的启示，并引以为鉴。"**以便他们回去后警告他们的族人**"，即警告世人，"**好让他们警惕**"。[4]

格塔德解释这段经文说，使者每派出一支军队，安拉都命令一些人留在使者周围学习教义。让使者周围的人学习教义，另一些人则去向他们的族人宣教，用安拉对前人的惩罚警告他们。[5]

"**信士们不宜全体出动**"，并不仅指战争。安拉的使者曾祈求安拉惩罚穆左勒部落，他们遭受旱灾后不堪忍受困境而纷纷来到麦地那，谎称自己归信伊斯兰，从而对麦地那产生了巨大压力，使圣门弟子们不堪重负。后来安拉降示经文，告诉使者他们不是穆民，此后使者将他们遣返到自己的族人跟前，让他们警告他们的族人不要效仿他们。因此说："**以便他们回去后警告他们的族人**。"

《 123.有正信的人们啊！你们要跟那些临近你们的隐昧者作战，让他们知道你们的厉害。须知，安拉和敬畏者同在。》

### 命令穆民坚持不懈地与周围的隐昧者战斗

安拉命令信士们捍卫伊斯兰，逐步向周围的隐昧者发起战斗，因此，使者首先讨伐阿拉伯半岛的多神教徒，后来，使者在安拉襄助下征服了他们，解放了麦加、麦地那、塔伊夫、也门、叶麻麦、海吉尔、海巴哈达拉毛等半岛地区，半岛内的人们纷纷加入伊斯兰之后，使者开始征服有经人。使者发动了对罗马人的战争，因为他们毗邻半岛，又是有经人，所以是最应该接受引导的人群。使者兵至台卜克后，迫于当时的艰苦环境班师麦地那，时值伊斯兰教历第九年。伊斯兰教历第十年，使者进行了辞朝，辞朝后的第八十一天使者就与世长辞了。此后，使者忠心的朋友和助手艾布·伯克尔继承了他的事业。当时伊斯兰的基业发生了动摇，但安拉通过艾布·伯克尔稳定了伊斯兰，并巩固了它的基础，打击了叛教者，挽回离经叛道的局面，使那些善变的下流人规规矩矩地交纳了天课，为无知者阐明了真相，替穆圣传达了正教。此后，艾布·伯克尔发动伊斯兰大军，首先进攻崇拜十字架的罗马和拜火的波斯。安拉凭艾布·伯克尔的英明领导的福分，解放了这些地区，沉重地打击了罗马皇帝和

---
[1]《艾哈麦德按序圣训集》5：63。
[2]《泰伯里经注》14：565。
[3]《泰伯里经注》14：565。
[4]《泰伯里经注》14：566。
[5]《泰伯里经注》14：568。

波斯国王，以及服从他们的臣民，将他们的财产花费到安拉的事业当中。这一切都是按安拉的使者㊤早先的预告而发生的。穆圣㊤的第二任继承者欧麦尔则使他的事业更加完善。这位后来牺牲于清真寺内殿⁽¹⁾的烈士，善恶分明、深谋远虑的哈里发，在安拉的襄助下打击了形形色色的昧真逆徒，消灭了许多暴君和伪信士，几乎征服了整个世界。他合法地利用各地缴纳的财产，将它们用到可喜的道路中。欧麦尔壮烈牺牲后，包括迁士和辅士在内的所有圣门弟子，一致推选后来归真于家中的烈士——奥斯曼为哈里发。此后伊斯兰一直影响着世界的局势，安拉的真理传达到许多地区，大地的东西方飘起了伊斯兰的旗帜，安拉的敌人们面对这一天启的宗教而兴叹。每当穆斯林征服一个民族后，穆斯林紧接着就去征服与他们毗邻的民族，不停止地去消灭暴君和恶棍。他们真正遵循了安拉的下列经文：

"你们要跟那些临近你们的隐昧者作战，让他们知道你们的厉害"，即你们通过严厉的战争，使隐昧者知道你们对他们的痛恨。因为每个真正的穆民对待隐昧者的态度是严厉的，而对待教胞的态度是温和的。正如安拉所言：❦如果你们中有人背叛其宗教，不久安拉就会带来一些他爱他们和他们爱他的人，（他们是）归信者面前谦恭的，隐昧者面前严厉的。❧（5：54）又❦穆罕默德是安拉的使者，跟他一道的人们，对隐昧者是严厉的，但在他们相互间是仁爱的。❧（48：29）又❦先知啊！你要和隐昧者、伪信士战斗，要严厉对待他们。❧（9：73）

"须知，安拉和敬畏者同在"，即你们托靠安拉，讨伐隐昧者，你们应当知道，如果你们敬畏安拉，并服从他，他就和你们在一起。前三代穆斯林⁽²⁾们一直坚持正道，服从安拉，故能所向无敌，无往而不胜，他们开拓了大片的疆域，使远近的敌人臣服于他们。

后来发生了各种风波，人们被私欲所左右，各地君王互相倾轧，敌人伺机进行复辟。陷于内讧中自顾不暇的穆斯林君王们，最终没有平息叛逆的浪潮，敌人侵入伊斯兰的领土，许多边远地区纷纷沦陷。但敌人并没有就此作罢，以致最终侵占了穆斯林的大片疆域。一切事情的前前后后，都来自安拉的命令。每当一位伊斯兰领导站起来，服从安拉的命令，托靠安拉的时候，安拉就让他获胜，并根据他的努力和他对安拉的热爱程度，让他击退敌人。我们希望并祈求清高伟大的安拉，让穆斯林战胜他的敌人——隐昧者，让安拉的言辞遍布世界各地。安拉是慷慨而博施的。

---

（1）伊玛目领拜的地方。——译者注
（2）指圣门弟子、再传弟子和再再传弟子。——译者注

❦124.每逢一章天经下降，他们当中就有人说："你们当中有谁因它而增加了信仰？"那些归信者，它使欣喜的他们增加信仰了。❧

❦125.但是那些心中有病的人，它会在他们的污秽上再增加污秽，他们至死不信。❧

### 信士的信仰可以增减，伪信士只能更加污秽

"每逢一章天经下降，他们当中就有人说：'你们当中有谁因它而增加了信仰？'""他们当中"指伪信士当中。即伪信士相互问，这章经文给谁增加了信仰？

"那些归信者，它使欣喜的他们增加信仰了。"这段经文充分说明，信仰可增可减。这也是伊斯兰前辈及其后辈学者中大部分人的主张。不只一人说，这一观点是学者们所公认的。布哈里（愿主喜悦之）在其《注释》的开端详述了这一问题。

"但是那些心中有病的人，它会在他们的污秽上再增加污秽"，即这一章经文使他们更加怀疑，更加犹豫。正如安拉所言：❦我颁降《古兰》，作为归信者的治疗和慈悯。❧（17：82）又❦你说："它是对信士们的引导和治疗。至于那些隐昧

的人，他们的耳已失聪，在他们看来，它是盲目的，这等人，是从远方被呼唤的。"》（41：44）这些伪信士倒霉致极，原本引导心灵的经文，却使他们走向了迷途和毁灭。就像不喜欢某种食物的人，吃得越多就会越难受。

《 126.他们难道看不出他们每年都要经受一两次考验吗？但是他们既不悔过，也不觉悟。》

《 127.每当一章天经下降时，他们就彼此互看："有任何人看见你们吗？"然后他们就离开了。安拉使他们的心离开了，因为他们是不理解的群体。》

### 伪信士经受考验

清高伟大的安拉说，难道这些伪信士不看看："他们每年都要经受一两次考验吗？"

"但是他们既不悔过，也不觉悟"，即他们既不为过去的罪恶悔过，也不为将来的前途着想。穆佳黑德说，他们经受的考验是干旱和饥饿。[1]

"每当一章天经下降时，他们就彼此互看：'有任何人看见你们吗？'然后他们就离开了。安拉使他们的心离开了，因为他们是不理解的群体。"这也是针对伪信士说的。每当安拉给使者降示一段经文时，"他们就彼此互看"，即交头接耳。

"'有任何人看见你们吗？'然后他们就离开了"，即他离开并背叛了真理。这是他们在今世的情况：他们不坚定于真理，既不理解它，也不接受它。正如安拉所言：《 他们怎么了，总是避开教诲？好像一群受惊的驴子，逃离了狮子。》（74：49-51）又《 隐昧者是怎么回事？匆忙地奔向你的方向，在右边和左边三五成群？》（70：36-37）即这些人是怎么了，他们一哄而散，逃避真理，投向谬误？

"然后他们就离开了。安拉使他们的心离开了。"正如安拉所言：《 后来当他们偏离时，安拉就使他们的心偏离了。》（61：5）

"因为他们是不理解的群体"，即他们不但不理解安拉的呼唤，不试图去理解它，反而在疏忽它，逃避它。因此，他们才有此下场。

《 128.的确有一位来自你们自己的使者降临了你们。他不忍心你们遭遇困难，他对你们充满了关爱，他是热爱并怜悯信士们的。》

《 129倘若他们背弃，你说："安拉使我满足了。除他之外绝无应受崇拜的。我只托靠他，他是养育伟大的阿莱什的主。"》

### 派遣使者是安拉的宏恩

安拉对信士表述他的恩典：他给他们派遣了一位相同种族和相同语言的使者，正如伊布拉欣先知说：《 我们的养主啊！请在他们中派遣一位来自他们的使者。》（2：129）伟大的安拉说：《 安拉确已施恩予信士们，因为他从他们中派遣了一位使者给他们。》（3：164）

"的确有一位来自你们自己的使者降临了你们"，即这位使者就来自你们中间，并和你们讲同一种语言。正如贾法尔对奈加希国王所说，以及穆俄来对凯斯拉（波斯国王）的使者所说："安拉在我们中派遣了一位来自我们当中的使者，他的血统和品质、为人和处事，以及诚实和信誉……都是我们了若指掌的。"[2]

"他不忍心你们遭遇困难"，每当他的民族遭受困难时，他就难以忍受。圣训说："这个宗教是简而易行的，其一切法律都是简单、宽容而完美的，安拉使谁吉庆，谁就会觉得它简而易行。"[3]

"他对你们充满了关爱"，即他希望你们得正道，并获得今世和后世的幸福。安拉的使者㘣说："安拉知道，他每禁止一件事物，你们中就会有人窥视它。啊！我拉住你们的腰带，以防你们像飞蛾或苍蝇一样扑进火中。"[4]

"他是热爱并怜悯信士们的"，类似经文如《 你也要对于追随你的那些归信者谦和。倘若他们违抗你，你就说："我与你们的行为无关。"你当托靠优胜的、至慈的主。》（26：215-217）安拉在本章经文中也发出相同的命令，即"倘若他们背弃"，即如果他们拒绝接受你带来的伟大、纯洁、完美的法律，"你说：'安拉使我满足了。除他之外绝无应受崇拜的'"，即有安拉就足够了，除他外，绝无应受拜的。我只托靠他。正如安拉所言：《 他是东西方的主，除他之外没有应受拜的。所以你要以他作为你的监护者。》（73：9）"他是养育伟大的阿莱什的主"，即他是万物的掌管者和创造者，因为他掌管并管理着阿莱什。这阿莱什，是万物之顶，普天与大地，都在其下。它们都被安拉的大能所制服。安拉周知万物，全能万事，监护万物。伊本·阿拔斯传自吾班叶·本·凯尔卜，他说："《古兰》中最后降示的经文是：'的确有

---

（1）《泰伯里经注》14：580。
（2）《艾哈麦德按序圣训集》1：202、5：291。
（3）《布哈里圣训实录诠释——造物主的启迪》1：116。
（4）《艾哈麦德按序圣训集》1：390。

一位来自你们自己的使者降临了你们'至本章末尾。"(1)

据圣训明确记载，栽德(2)说："我在胡宰穆·本·萨比特或胡宰穆的父亲那里发现了《宣言章》（即《忏悔章》）末尾的节文。我们以前说过一些圣门弟子回忆起了使者初次宣读这些经文时的情形，就跟胡宰穆诵读的一样。安拉至知。"(3)

《忏悔章》注释完。一切赞美和恩情统属安拉。

## 《优努司章》注释　麦加章

### 奉普慈特慈的安拉之尊名

❈ 1.艾列夫，俩目，拉仪。这是智慧的经典的经文。❈

❈ 2.难道这对人类是一件奇怪的事：我把它启示给他们当中的一个人，说："你警告人类，并给信仰者报喜，他们将在他们的主那里有实在的地位。"隐昧者说："这是一个明显的魔术师。"❈

我们在前面注释《黄牛章》时，已经注释了出现在各章开头的单独字母。"**这是智慧的经典的经文**"，即这是充满智慧的、明确的《古兰》节文。

### 使者只来自人类

"**难道这对人类是一件奇怪的事……**"安拉驳斥了那些隐昧者，他们对安拉从人类中派遣使者而感到惊奇。以前的隐昧者的情况也是如此，他们说：❈ 难道凡人能引导我们吗？❈（64：6）呼德和撒立哈先知对他们的民族说：❈ 难道你们对于这件事还感到奇怪，一项来自你们主的提示，通过你们当中一个人降临你们，以便他警告你们。❈（7：63）安拉讲述那些古莱什的隐昧者，他们说：❈ 他要把众神变成一神吗？这真是一件奇事！"❈（38：5）伊本·阿拔斯说："安拉派遣穆圣ﷺ后，一些阿拉伯人反对穆圣ﷺ，他们说：'伟大的安拉怎会派遣穆罕默德这样一个凡人做使者？'后来安拉降谕道：'难道这对人类是一件奇怪的事'。"(4)

"**他们将在他们的主那里有实在的地位**"，学者们对这段经文有不同的解释。阿里·本·吾班叶传自伊本·阿拔斯，他说经文指：早在天经原本里，他们就被注定享受幸福。(5)奥夫传自伊本·阿拔斯，说，他们将因以前的善行而享受优美的报酬。穆佳黑德说："此处指他们的一些善功，如礼拜、封斋、施舍和赞主。"他说："穆圣ﷺ还将为他们说情。"(6)

"**隐昧者说：'这是一个明显的魔术师。'**"即虽然安拉从他们同类中派遣了传佳音和报警告的人，但"隐昧者仍然说，这是一个明显的魔术师"。显然，他们在撒谎。

❈ 3.你们的养育者是安拉，他在六天当中造化

---

（1）《艾哈麦德按序圣训集》5：117。
（2）整理《古兰》的圣门弟子。——译者注
（3）《布哈里圣训实录诠释——造物主的启迪》8：195。
（4）《泰伯里经注》15：13。
（5）《泰伯里经注》15：15。
（6）《泰伯里经注》15：14。

了诸天和大地，然后升上阿莱什，他处理万事。非得他允许，没有说情者。这是安拉，你们的养主，故你们当崇拜他，难道你们不觉悟吗？♦

## 安拉是宇宙的创造者、养育者和决策者

清高伟大的安拉说，他是宇宙万物的养育者，他在六天内创造了诸天和大地。有人说，这六天如同我们现在的六天；也有人说，这六天中的每一天等于现在的一千年。下文将予论述。

"然后升上阿莱什"，阿莱什是最大的被造物，是万物之顶。

"处理万事"，即处理一切事务。♦ 在诸天和大地上一粒芥子的重量也不能瞒过他。♦（34：3）即他不会顾此失彼，不因万物的祈求而产生错乱，他不厌烦哀求者不停的哀求，他还事无巨细地处理山岳、海洋、城市和荒野中的事物。♦ 大地上没有一个生物不归安拉供养。♦（11：6）又♦ 只要一片叶子落下，他就知道它。大地深处的每一粒谷子，一切新鲜的或是干枯的，都（被记载）在明白的天经中。♦（6：59）伊本·易司哈格说："你们的养育者是安拉，他在六天当中造化了诸天和大地"降示后，他们碰到一群人，众人看来他们就像阿拉伯人。所以问对方，你们是谁。对方说："我们是精灵，来自麦地那，是这段经文让我们出来的。"

"非得他允许，没有说情者。"类似经文如：♦ 除非他许可，谁能在他跟前说情？♦（2：255）又♦ 诸天中的许多天使，他们的求情无益于他们丝毫，除非安拉为他所意欲、所喜欢的人允许之后。♦（53：26）又♦ 除了他所特许者外，（其余的人）在他那里求情是没有用途的。♦（34：23）又♦ 这是安拉，你们的养主，故你们当崇拜他，难道你们不觉悟吗？♦（10：3）即你们应当只崇拜独一无偶的安拉。多神教徒们啊！你们怎么不考虑自己的事情，怎能崇拜安拉的同时还崇拜伪神呢？你们明知道，是安拉独自创造了万物。类似经文如♦ 如果你问他们是谁造化了他们，他们势必会说："安拉。"♦（43：87）又♦ 你说："谁是七层天的主和伟大阿莱什的主？"他们会说："安拉。"你说："你们难道还不敬畏吗？"♦（23：86-87）前后的经文相同。

♦ 4.你们的归宿只在他那里，安拉的约言是真实的。他初始造化，又复造它，以便他公平地回赐那些归信和行善的人。至于那些隐昧的人，由于他们的隐昧，他们将遭受滚烫的饮料和惨痛的刑罚。♦

## 万物的归宿都在安拉那里

清高伟大的安拉说，在末日万物的归宿都在他那里，他会像初次创造他们一样，再次创造他们。安拉讲述这一情况，说：♦ 是他创始造化，然后复造之。复造对于他是更容易的。♦（30：27）

"以便他公平地回赐那些归信和行善的人"，即安拉将公正而充分地报偿他们。

"至于那些隐昧的人，由于他们的隐昧，他们将遭受滚烫的饮料和惨痛的刑罚"，即他们将会因为否认安拉而在末日遭受各种惩罚：毒风和沸水，黑烟下的阴影。♦ 就是如此。叫他们尝试它吧，那是灼水和冰汁，和类似的一系列（刑罚），♦（38：57-58）又♦ 这就是犯罪者们所否认的火狱。他们将往来于它和极热的液体当中。♦（55：43-44）

♦ 5.他使日成为发光的，使月为光亮，并且规划了它的轨道，以便你们能够知道年数和计算。安拉只本着真理造化这一切，并对有知识的群体阐明它。♦

♦ 6.的确，昼夜的变换和安拉在诸天与大地中造化的万物中，对敬畏的群体确有许多迹象。♦

## 万物都见证安拉的大能

清高伟大的安拉说，他所创造的万物都在作证他的完美大能和伟大权力。他使太阳发光，使月亮反射过来的光成为光明。这两种光各不相同，互不混淆。他使太阳在白天发光，让月亮在夜晚发光，并为月亮设定了盈亏的阶段，月亮最初又弯又细地出现在人们眼前，此后，它的光逐渐变强，其形体愈来愈大，直至成为圆的皓月。此后，又开始由盈而亏，说明一个月的开始和结束。类似经文如：♦ 月亮，我也规定了它的各处所，直到它变得像干枯的枣枝。太阳不能越过月亮，黑夜也不能赶上白昼。一切都在轨道上浮行。♦（36：39-40）又♦ 以计时设置日月。♦（6：96）"并且规划了它的轨道"。"它"指月亮。

"以便你们能够知道年数和计算"，即通过太阳知道日子，通过月亮的运行知道月份和年。

"安拉只本着真理造化这一切"，即这一切都不是安拉出于游戏而创造的，其中富有深刻的哲理和明证。相同经文如：♦ 我没有荒谬地造化天地与其间的一切！那是否认者的猜想。所以，倒霉吧！隐昧的人们！♦（38：27）又♦ 你们以为我只是随意地造化了你们，而你们不会被带回到我这里来吗？赞美安拉——真实的君主清高！除他之外再无应受

拜者，他是尊贵阿莱什的主！》（23：115-116）

"并对有知识的群体阐明它。""阐明"指分析、解释。

"昼夜的变换"，指日夜准确的交替。换言之，日来夜去，夜来日隐，它们都不会有丝毫怠慢。正如安拉所言：《他使昼夜交替遮盖，迅速循环追踪。》（7：54）又《太阳不能越过月亮，黑夜也不能赶上白昼。一切都在轨道上浮行。》（36：40）《他使天破晓，他以夜供人休息，以计时设置日月。这就是优胜的、全知的主的定律。》（6：96）

"安拉在诸天与大地中造化的万物"，即是安拉的大能的迹象。正如安拉所言：《诸天与大地间有许多迹象。》（12：105）又《你说："你们去观察诸天与大地中的一切。"但是种种迹象和警告者都对不信的群体没有裨益。》（10：101）又《难道他们没有看他们之前的和他们之后的一切天地吗？》（34：9）《诸天与大地的造化、昼夜的循环，对于能领悟的人，确有很多迹象。》（3：190）经文在此则说："对敬畏的群体确有许多迹象"。"敬畏的群体"指害怕安拉的惩罚和恼怒的人。

《7.不期望会见我，只满足于今世的生活，而且安然享受的人和那些疏忽我的启示的人，》

《8.由于他们曾经的行为，他们的归宿是火狱。》

## 否认末日的人的归宿是火狱

那些隐昧者不相信后世里将和安拉相会，对与安拉的相会不抱任何希望，他们贪恋今世生活，甘之如饴。哈桑说：以安拉发誓，只要他们一受到今世浮华和地位的迷惑，就会神魂颠倒，而对安拉的宇宙迹象视而不见，所以不参悟它们；他们对安拉的法律满不在乎，故不履行它们。所以，火狱作为他们的最终归宿，作为他们在今世所犯的各种罪恶，以及否认安拉其及使者、不信末日的充分报应，是恰如其分的。

《9.那些归信并行善的人，他们的主将由于他们的信仰而引导他们，他们的下面，诸河流淌，他们在幸福的乐园中。》

《10.他们在其中的祈祷是"主啊，赞你清净。"他们在其中的贺词是"平安"。他们最终的祈祷是"一切赞颂全归养育众世界的安拉"。》

## 善报属于有正信且行善的人

经文在此表述那些幸福者的情况：他们归信安拉，相信众使者，服从安拉的命令，干各种善功。安拉说，他将因他们的信仰而引导这些人。经文中的"باء"（巴温）[1]，可以表示原因，即安拉由于他们在今世中的正信，而在后世中引导他们走向正道，通过天桥进入乐园；也可表示"借助"，正如穆佳黑德解释这段经文时所说："信仰成为一道光明，他们借其前进。"[2]

"他们在其中的祈祷是'主啊，赞你清净。'他们在其中的贺词是'平安'。他们最终的祈祷是'一切赞颂全归养育众世界的安拉'。"这里指乐园居民的情况。正如安拉所言：《他们见他之日，他们的贺词是"平安！"》（33：44）又《他们在其中将听不到浮言，也没有罪恶。只是说：'平安，平安。'》（56：25-26）又《"平安"是至仁主所致的辞！》（36：58）又《天使们将从每一道门进到他们面前，说道："祝你们平安！"》（13：23-24）

"他们最终的祈祷是'一切赞颂全归养育众

---

[1] 正文译为"由于。"——译者注
[2]《泰伯里经注》15：28。

**世界的安拉'。"**这段经文证明安拉永远是受赞美的，永远是受拜的。因此，从初造万物开始，安拉一直在赞美自己。在经典的开端、启示之初，都是如此。正如安拉所言：﴾赞颂全归安拉，他已降给他的仆人这部经典。﴿（18：1）又﴾一切赞颂全归安拉——他创造了诸天和大地。﴿（6：1）类似的情况在《古兰》中很多。安拉在今世、后世，在一切情况下都是受赞的。因此，圣训中说："乐园居民将很自然地赞美和颂扬安拉，正如他们自然的呼吸一样。"(1)这是因为，他们将看到安拉的宏恩源源不断地向他们涌来，永不停止。应受拜者，惟有安拉，除他外别无养主。

**﴾11.如果安拉让人们立即遭受灾祸，就像他们急于求福那样，那么，他们的期限马上就会被判决。我将让那些不希望会见我的人在他们的邪恶中徘徊。﴿**

## 安拉不会像接受好的祈求那样接受坏的祈求

安拉讲述他对仆人的宽容和仁慈。人们往往在生气或焦躁的时候，祈求安拉给自己、财产或子女降下灾祸，但安拉不应答这种祈求。安拉知道，人们的这种祈求是违心的，所以他不应答它。这是安拉的宽容和仁慈。反之，当人们祈求安拉使自己、财产和子女获得幸福时，他会应答他们。因此说，**"如果安拉让人们立即遭受灾祸，就像他们急于求福那样，那么，他们的期限马上就会被判决"**，即假若在他们每次诅咒自己时，安拉应答他们，他必定要毁掉他们。所以，人们不应该经常作坏的祈求。安拉的使者ﷺ说："你们不要诅咒自己，不要诅咒自己的孩子，也不要诅咒自己的财产。如果你们的诅咒恰巧碰到安拉应答祈求的时刻，这个祈求就会被安拉准承。"(2)正如安拉所言：﴾人祈求祸患，就好像祈求幸福一样。人总是急躁的。﴿（17：11）穆佳黑德解释这段经文时说，经文指的是人们生气时对孩子或财产所说的话："主啊！你不要让他幸福，请你诅咒他！"(3)假若安拉像应答人们对好事的祈求那样应答这一坏的祈求，他必定毁了他们。

**﴾12.当一个人遭遇到伤害时，他就会辗转反侧，坐立不安地呼求我。但是当我解除他的困难之后，他就走开了，好像从未因为遭遇到困难而祈求过我一样。就这样，过分者的行为被粉饰起来。﴿**

## 人们往往在困难时刻记念安拉，在幸福时刻忘记他

清高伟大的安拉说，人类在遭受伤害时，非常焦躁不安，如﴾但是当他遭遇不幸时，他就不断地祈祷！﴿（41：51）以上经文和本章的上述经文意义相同。即当人类遭到打击时，忐忑不安，万分焦躁，不停地祈祷，辗转反侧、坐立不安地祈求安拉解除他的困难，当安拉解除了他的困难，使他又回到平静的生活中时，他又表现出什么也没有发生的样子。**"但是当我解除他的困难之后，他就走开了，好像从未因为遭遇到困难而祈求过我一样。"**安拉谴责了这种人和这种做法。

**"就这样，过分者的行为被粉饰起来。"**而蒙主特慈，获得正道、真理和机遇的人们，则不会如此。正如安拉所言：﴾但那些坚韧并行善的人……﴿（11：11）又如安拉的使者ﷺ说："穆民的事情真奇特：安拉对他的每个判决，对他都是好事。他在遭受困难时忍耐，这对他是一件好事；他在遇到幸福时感谢，这对他仍是一件好事。只有穆民享受此优遇。"(4)

**﴾13.我确实曾经毁灭了你们以前的许多世代。那时，他们犯了罪，他们的先知带给他们许多明证，但是他们不信。我就是这样报偿犯罪的群体。﴿**

**﴾14.然后我使你们在他们之后成为大地的代位者，以便我看看你们怎么做。﴿**

## 以前人为鉴

安拉在此表述那些前人，他们否认了众使者所带来的明证，后来，安拉让他们逝去，后人代替他们，并给代替者们派去使者，以便看看这些后人是否服从安拉，跟随使者。安拉的使者ﷺ说："今世是甜美而翠绿的，安拉让你们代治，然后看你们将做些什么，你们当防备今世，防备女人，因为以色列后裔受难的起因是女人。"(5)

据传述，奥夫·本·马立克对艾布·伯克尔说："我梦见好像一根绳子从天而降，安拉的使者ﷺ被缠回去了。然后它又回来缠住了艾布·伯克尔。人们围在讲台周围衡量，欧麦尔在讲台周围超出了三腕尺……"欧麦尔听到这里说："算了吧，

（1）《穆斯林圣训实录》4：2181。
（2）《艾布·达乌德圣训集》2：185。
（3）《泰伯里经注》15：34。
（4）《穆斯林圣训实录》4：2295。
（5）《穆斯林圣训实录》4：2098。

我们不需要你给我们讲梦。"欧麦尔继任哈里发后，对奥夫说："奥夫，请讲讲你的梦。"奥夫说："你需要我给你讲梦吗？你当初不是斥责了我吗？"欧麦尔说："去你的，我不愿看到你当着安拉使者㊥的哈里发的面，向他预报他归真的噩耗[1]。"奥夫遂向欧麦尔讲那个梦，当讲到人们在讲台周围衡量及三腕尺时，他说，第一腕尺表示欧麦尔将成为哈里发，第二腕尺表示欧麦尔为了安拉而不害怕任何人说三道四，第三腕尺表示欧麦尔将以身殉教。然后他念道："**然后我使你们在他们之后成为大地的代位者，以便我看看你们怎么做。**"奥夫接着说："欧麦尔的母亲的孩子（欧麦尔）啊！请看你将怎么做。至于他所说'我为了安拉不怕任何人说三道四'，就看安拉默助吧；至于欧麦尔将壮烈牺牲的预言，在广大圣门弟子包围之下他怎能会牺牲呢？"[2]

◈ 15.当有人对他们宣读我的明确启示时，那些不期望会见我的人们说："请给我们另外的《古兰》，或请修改它。"你说："这不是我可以擅自改变的，我只遵从主给我的启示。如果我违抗我的主，我怕那重大之日的惩罚。"◈

◈ 16.你说："如果安拉意欲，我就不会对你们宣读它，他也不会使你们知晓它。在这以前，我在你们中度过了半生，难道你们还不明白吗？"◈

### 古莱什头目的顽固

安拉在此表述古莱什多神教徒中的隐昧者的顽固：当使者对他们宣读安拉的经典和明证时，他们对使者说你应该拿来另外一部《古兰》，即你带走这部经典，重新拿来一部与此风格不同的经典；或者说你将它改头换面。安拉对先知说："**你说：'这不是我可以擅自改变的'**。"即这不在我的权限之内，我只是奉命行事的仆人，是替主扬法的使者。"**我只遵从主给我的启示。如果我违抗我的主，我怕那重大之日的惩罚**"。然后使者为他们论证了他带给他们的经典的正确性。

### 《古兰》是绝对的真理

"**你说：'如果安拉意欲，我就不会对你们宣读它，他也不会使你们知晓它'**"，即我只通过安拉的允许和意欲给你们带来它，我无法自己杜撰它或编造它，因为你们也无法与之抗衡。自从我在你们中出生，直到安拉派我为圣的漫长时期中，你们都知道我是一个诚实守信的人，你们对我是无可指责的。因此说："**在这以前，我在你们中度过了半生，难道你们还不明白吗？**"因此，当罗马国王希拉克略向艾布·素福扬及其同行者问及穆圣㊥的情况时，当时还是多神教徒和隐昧者头目的艾布·素福扬，如实回答了对方的询问。他不但承认了穆圣㊥的诚实，而且还和穆圣㊥的许多反对者一样，承认了穆圣㊥的优越性。当时，希拉克略对他说："我真的不知道，一个从不对人们撒谎的人，会对安拉撒谎。"[3]贾法尔对阿比西尼亚国王奈加希说："安拉在我们中派遣了一位使者，我们认识这位使者的诚实、血统和守信。他为圣前在我们中生活了四十年。"[4]

◈ 17.谁比借安拉的名义而捏造谎言或不信他的启示的人更不义呢？犯罪者们不会成功。◈

清高伟大的安拉说，没有任何人比这种人更不义，罪恶更重大：他"**借安拉的名义而捏造谎**

---

[1]当年讲时，正值艾布·伯克尔任哈里发。——译者注
[2]《泰伯里经注》15：39。
[3]《布哈里圣训实录诠释——造物主的启迪》8：82。
[4]《艾哈麦德按序圣训集》1：202。

言”，安言安拉派遣他成为先知，而事实并非如此。这种事情就连愚人也一目了然，正常的人们怎能将他和先知区分不开呢？因为一个人若自称为先知——暂且不论他所说是否属实——安拉都会树立彰明显著的明证，证明他的正义或不义。亲眼见过穆罕默德先知ﷺ和伪先知穆赛利迈的人们看来，这二人有天壤之别，日夜之异。二者的品格、作风和言论，都明确地证明穆罕默德ﷺ的诚实，说谎者穆赛利迈、赛佳合、艾斯沃德·安斯[1]的虚伪。

阿卜杜拉·本·赛俩目说，安拉的使者ﷺ初到麦地那时，人们因为害怕而躲得远远的，我也一样。但当我看到他的面容的那一刻，我就认出这绝不是撒谎者的面容。我听到他说的第一句话就是：“人们啊！你们当大声道色兰，给人提供食物，接恤骨肉，并在人们沉睡时礼拜，若是这样你们会平安地进入你们养主的乐园。”[2]

祖麻目·本·赛尔莱卜带他的同族赛尔德人来访问安拉的使者ﷺ，在谈话中他问先知：“谁升起了天？”使者ﷺ说：“安拉。”他问：“谁立起了山？”使者说：“安拉。”他问：“谁铺平了地？”使者说：“安拉。”他说：“以升起天，立起山和铺平地的安拉发誓，是安拉派遣你来劝化世人的吗？”使者回答道：“以安拉发誓，是的。”然后祖麻目向使者请教了礼拜、天课、朝觐和斋戒，每提出一个问题，他就这样发誓。使者也通过发誓回答他。最后他对使者说：“你说的全对，指以真理派遣你为先知的安拉发誓，我将对此不增不减[3]。”此人觉得仅此几条要求就足够了。当他亲眼看到穆圣ﷺ所拥有的那些品质后，便对穆圣ﷺ深信不疑。[4]

据传述，阿慕尔·本·阿斯曾去探望他在归依伊斯兰之前的朋友穆赛利迈。阿慕尔当时还没有接受伊斯兰。他对阿慕尔说：“阿慕尔，真该死，这段时间你们的朋友（穆罕默德）受到了什么启示？”阿慕尔说：“我听到他的弟子们在读一个伟大而简明的章节。”他问：“是什么章节？”阿慕尔读道：﴾以时光发誓。人确在亏折之中。﴿（103：1–2）穆赛利迈思考片刻后说：“我也受到了类似的启示。”阿慕尔说：“请讲。”他读道：“兔子啊！兔子！两只耳朵，一片胸，其他都是大小洞[5]”。读完后说：‘阿慕尔，你看如何？’”阿慕尔说：“以安拉发誓，你确实知道我能识破你的谎言。”[6]

如果连多神教徒都对先知与穆赛利迈之间谁是诚实者一目了然，对那些能正确思考问题的智者们来说，这个问题更是不言而喻。因此，安拉说：﴾谁比假借安拉名义捏造谎言，说自己受到了启示——而他未被启示——的人，或是自称可以像安拉一样颁降启示的人更不义呢？﴿（6：93）安拉在本章经文中说：“**谁比借安拉的名义而捏造谎言或不信他的启示的人更不义呢？犯罪者们不会成功。**”同样，众使者带来铁证如山的真理后，否认真理的人都是最不义的人。

**﴾18.他们舍安拉而崇拜无害他们、也无益于他们的东西。他们说：“这些是替我们向安拉求情的。”你说：“你们要告诉安拉一些天地间他不知道的事物吗？”赞颂安拉，超绝他们所举伴的。﴿**

**﴾19.人类原是一个民族，后来他们产生了分歧。如果不是由于你的主以前发出的一句话，他们之间的分歧早就被判决了。﴿**

## 多神教徒对他们的伪神的信仰

安拉谴责了那些多神教徒，他们虽然崇拜安拉，但同时崇拜伪神，他们认为伪神会替他们在安拉那里说情。但安拉说，他们既不能带来益处，也不能带来害处，他们实际上一无所有。多神教徒们只是在自我幻想和自我折腾而已。因此安拉说：“**你说：‘你们要告诉安拉一些天地间他不知道的事物吗？’**”伊本·哲利尔解释说：“难道你们要告诉安拉天地中本不存在的事物吗？”[7]然后安拉指出，他与他们的多神崇拜和隐昧毫无关系，“**赞颂安拉，超绝他们所举伴的。**”

## 多神崇拜是以后才有的现象

清高伟大的安拉说，世上本没有多神崇拜，而后来人们却自创了它。全人类原本都信奉伊斯兰。伊本·阿拔斯说，阿丹先知和努哈先知之间相隔十个世纪，此间的人们都归信伊斯兰。[8]后来人们发生了分歧，一些人开始崇拜偶像，安拉便派众使者带各种明证去劝化他们，以便﴾安拉要完成一件必将实现的事情，以便死者在明白的证据下死，生者在明白的证据下生。﴿（8：42）

“**如果不是由于你的主以前发出的一句话**”，即若不是安拉早就说过，他在明证成立以及人类的

（1）这些都是伪先知。——译者注
（2）《艾哈麦德按序圣训集》5：451。
（3）即我将不折不扣地遵照你刚才所说的。——译者注
（4）《匝德·麦阿德》3：647；《布哈里故事集》63　《穆斯林圣训实录》12。
（5）原文：يا وبر! يا وبر , إنما أنت أذنان و صدر , وسائرك حفر نقر。
（6）《始末录》6：326。
（7）《泰伯里经注》15：46。
（8）《始末录》1：101。

寿限结束之前不惩罚任何一个人，他早就判决了他们的分歧，让穆民幸福，使隐昧者遭难。

❧ 20.他们说："为什么一个迹象从他的主不降示他呢？"你说："未见只归于安拉。你们等着吧，我是和你们一起等待的。" ❧

### 多神教徒要求降示一个迹象

这些顽固的隐昧者说，为什么穆罕默德的养主不给他降示一个迹象，正如安拉以母驼为塞姆德人的迹象？安拉为什么不为他们把索法山变成金山，把麦加的山区变成花园和河流？其实这些事情对安拉而言轻而易举。但安拉的一切言行都是富有哲理的。正如安拉所言：❧ 赞安拉多福！如果他愿意的话，他会给你比这更好的，即有诸河流淌的一些花园，他还给你一些宫殿。不然，他们否认了复活时，而我已为那些否认复活时的人准备了烈火。❧（25：10-11）又❧ 我没有颁降迹象，因为一些前人否认了它。❧（17：59）安拉说，我的常道是这样的：如果我满足人们的要求后他们接受了正信，那就对他们更好，否则，我就立即惩罚他们。因此，当穆圣☪️面临如下选择：满足人们的要求，并让他们接受正信，如果他们不信就惩罚他们，或者宽容他们（不立即满足他们要求）时，穆圣☪️选择了后者。同样，穆圣☪️也一再宽容地对待他们。所以安拉指导穆圣☪️回答他们："你说：'未见只归于安拉'"，即万事都归于安拉，他知道一切事物的结局。

"你们等着吧，我是和你们一起等待的"，如果你们只愿目睹你们所要求的事物得到落实后才肯归信，那么你们就等待安拉对我和你们的判决吧！其实他们早已经看到了比他们所要求的迹象更大的迹象：穆圣☪️在他们面前手指月亮，月亮便分成了两半，出现在山的两面。这是比他们所要求的和未要求的一切迹象更大的人间迹象。假若他们要求迹象的目的是追求引导和坚定信念，安拉必定会应答他们，但他们的目的是刁难和顽抗，所以安拉不会让他们如愿以偿。安拉也知道，他们中任何人都不会接受正信。如安拉所述❧ 你的主的言辞已经判定的那些人，他们不会归信。即使任何迹象来临他们。❧（10：96-97）又❧ 即使我确已派遣天使到他们那里，并且让死去的人们和他们说话，即使我把一切事物源源不断地集中在他们面前，除非安拉意欲，他们也不会归信。❧（6：111）因为顽抗真理是他们的习惯。❧ 假若我为他们从天上开一道门。❧（15：14）又❧ 他们如果看到一块天掉下来。❧（52：44）❧ 如果我降给你一部书写在纸上的经典，然后他们用手触摸它，隐昧者一定要说："这不过是魔术罢了。"❧（6：7）

其实这些人的要求不值得理睬，因为回答他们是没有意义的，他们除了刁顽还是刁顽。他们作恶多端，无恶不至其极。因此，安拉说："你们等着吧，我是和你们一起等待的。"

❧ 21.我使遭受困难之后的人类尝试仁慈时，他们就阴谋反对我的启示。你说："安拉的计策是最迅速的！"我的使者们确在记录你们的阴谋。❧

❧ 22.他使你们在陆地上或海洋中旅行，直到你们在船中乘美妙的风而航行。他们因此而兴高采烈的时候，一阵暴风袭击了他们，大浪从各个方面涌来，他们以为自己已被包围其中，他们忠顺不违，哀求安拉道："如果你把我们从这里拯救出来，我们一定会成为感恩的人。" ❧

❧ 23.但是当他拯救了他们之后，他们又在大地上无理地妄为。人类啊！你们的妄为只会害了你们自己。这不过是今世生活的享受，然后你们的归宿在我这里，我将会告诉你们，你们曾经有过的行为。❧

## 人类往往在苦尽甘来后变节

清高伟大的安拉说,当人类历经苦难,迎来幸福,经历干旱,迎来甘霖,经历风雨,见到彩虹时,**"他们就阴谋反对我的启示"**。穆佳黑德解释说,**"阴谋"**指否认和嘲讽。(1)安拉说:❮当一个人遭遇到伤害时,他就会辗转反侧,坐立不安地呼求我。❯(10:12)圣训说,安拉的使者㉘在一个雨后的黎明带领众人礼拜,礼拜完毕后使者说:"你们知道你们的养主晚上说了什么吗?"众人说:"安拉及其使者至知。"使者㉘说:"(主说)清晨时分,我的仆人将分为信士和否认者,谁若说:'我们因安拉的恩惠和慈悯而被降雨。'谁就归信了我,否认了星星。谁若说:'我们因某星星的原因而被降雨。'谁就否认了我,信仰了星星。"(2)

**"你说:'安拉的计策是最迅速的!'"**即安拉最善于使用明升暗降和欲擒故纵的办法,以至他们以为他们不会遭受惩罚——其实安拉正在姑容他们——此后,安拉将出其不意地惩罚他们。记录的天使们将记录他们的一切言行,然后将它呈现给全知一切可见事物与不可见事物的安拉,他将会根据每件行为给予他们恰如其分的报偿。

**"他使你们在陆地上或海洋中旅行"**,安拉保护着你们。

**"直到你们在船中乘美妙的风而航行。他们因此而兴高采烈的时候。"**他们在船中飘飘然,顺风疾驰的时候,忽然**"一阵暴风袭击了他们"**,即飓风袭击了他们乘坐的船。

**"大浪从各个方面涌来"**,即海浪向他们扑过去。

**"他们以为自己已被包围其中"**,即他们认为自己必死无疑。

**"他们忠顺不违,哀求安拉道……"**此时,他们不再祈求偶像和伪神,他们只祈求安拉。安拉说❮当你们在海上遭遇危难时,除了他之外,你们所祈求的那些都不见了。可是当他把你们拯救到陆地时,你们就背弃了。人总是忘恩负义的!❯(17:67)经文在此说:**"他们忠顺不违,哀求安拉道:'如果你把我们从这里拯救出'"**,**"这里"**指**"这种困境"**。**"我们一定会成为感恩的人"**,即我们永远不再举伴你,今后我们只崇拜你,就像今日我们只祈求你一样。

清高伟大的安拉说:**"但是当他拯救了他们之后,他们又在大地上无理地妄为"**,即当安拉从困境中拯救了他们之后,他们又故态复萌,表现得若无其事,❮好像从未因为遭遇到困难而祈求过我一样。❯(10:12)

**"人类啊!你们的妄为只会害了你们自己"**,你们只会品尝自己栽种的苦果,而无害于别人。圣训说:"仆人所犯的罪恶中,应在今世立即遭受惩罚,并应在后世遭受惩罚的,莫过于妄为和断绝骨肉。"(3)

**"这不过是今世生活的享受"**,即你们将在卑微的今世中有所享受,**"然后你们的归宿在我这里"**。

**"我将会告诉你们,你们曾经有过的行为"**,即我将把你们的一切行为告诉你们,并恰如其分地报偿你们。所以,人们遇到幸福时,应该赞美安拉;遇到不测时,则只应埋怨自己。

❮24.今世的生活就像我从天上降下的雨水,大地的植物——人畜食用的植物被其滋润。直到大地穿上了它的华衣,受到点缀,它的拥有者认为他们能够收获它时,我的命令在黑夜或白天降临他们,于是我使它成为被收割的,就好像昨天它不曾存在。我就这样为有思想的群体解释种种迹象。❯

❮25.安拉召唤你们到平安的家园,并引导他所意欲的人走上正道。❯

## 今世生活的例子

安拉举例说,今世的繁荣和浮华,以及它的短暂和腐朽,就像安拉降下雨水后谷物和牧草蓬勃成长,各种植物五颜六色,种类繁多,人类和牲畜从中享用。**"直到大地穿上了它的华衣"**,即受到华丽的装饰,**"受到点缀"**,即花儿姹紫嫣红、千姿百态之中,大地显得格外妩媚。

**"它的拥有者"**,即播种者和栽种者。**"认为他们能够收获它时"**,即他们确信丰收在望时,突然一阵飓风或寒风袭来,枝叶凋零,果实毁灭。

**"我的命令在黑夜和白天降临他们,于是我使它成为被收割的"**,即使翠绿而娇嫩的植物变成枯黄的。**"就好像昨天它不曾存在"**。格塔德解释为:那些景色好像原来就不曾出现。

圣训说:(复生日)在今世拥有最大享受的人将被带来,然后被扔进火中淹一次,有声音问他:"你经历过幸福吗?你享受过吗?"他说:"没有。"今世的人们中受难最重的人将被带来,然后被放进恩泽园中享受一会儿,有声音说:"你可曾见过苦难吗?"他说:"没有。"(4)

---

(1)《泰伯里经注》15:49。
(2)《布哈里圣训实录诠释——造物主的启迪》2:207。
(3)《艾布·达乌德圣训集》5:208。
(4)《穆斯林圣训实录》4:2162。

安拉讲述那些被毁灭者，说："可怕的喊声袭击了不义的人们，于是他们就僵卧在自己家中。好像他们从来不曾在那里居住过一样。"（11：67-68）

"我就这样为有思想的群体解释种种迹象"，"迹象"，指明证。今世如同过眼烟云，虽然人们对它百般信任，但它还是铁面无情。因为逃避其追求者，追求其逃避者，是今世的本性。安拉多次在《古兰》中将今世比作大地上的植物，《山洞章》的经文说："你给他们打一个比喻：今世的生活，就像我由天空降下的雨水，大地的植物吸收它（而变得繁茂）。然后变成干枯的，而被风吹散。安拉对于万事是全能的。"（18：45）《队伍章》和《铁章》中有同样的叙述。

### 鼓励穆民追求永恒不朽的恩典

"安拉召唤你们到平安的家园"，安拉讲述了今世及其过眼烟云般的短暂特征后，号召并鼓励人们追求乐园。安拉将乐园称为平安的家园，因为其中没有灾难和缺憾，也没有辛苦。安拉说："**安拉召唤你们到平安的家园，并引导他所意欲的人走上正道。**"贾比尔传述，安拉的使者有天出现在我们当中，说："我梦见吉卜勒伊里在我的头跟前，米卡伊里在我的脚跟前，他们中的一个对另一个说：'关于他请举个例子。'另一个对我说：'你听着，用心听着，你理解吧，要心领神会！你和你的民族的情形就像一个国王，他有一个园子，在其中修筑了一座宫殿，然后在其中设了一桌席。他让使者去请人们来赴宴。有人应答了使者，有人没有应答。安拉就是这个君王，园子是伊斯兰，宫殿就是乐园，穆罕默德啊！你就是使者。谁应答你，谁就进了伊斯兰，谁进入伊斯兰，谁就进了乐园，谁进入乐园，就会享受其中的宴席。'"[1]艾宾·德尔达伊传述，安拉的使者说："每每太阳升起，就有两位天使在太阳的两侧呼唤，除了人和精灵外，万物都能听到他俩的呼声：'世人啊！请奔向你们的养主！今世中少量而足够的财产，比多得无暇顾及的财产更好。'"艾氏说，《古兰》经文"**安拉召唤你们到平安的家园**"与此段圣训表达了同一意义。[2]

26.行善者将得善报，还有增加的。黑暗和羞辱将不会遮盖他们的脸。这些人是乐园的居民，他们将永居其中。

### 行善者的报酬

清高伟大的安拉说，今世中有正信而且行善的人们，在后世中将得善报，正如安拉所言："善行的报酬，除了善报之外，还有什么？"（55：60）

"还有增加的"，即每件善功都会得到十至七百倍甚至无数倍的报酬。包括安拉在乐园中为穆民们准备的宫殿、仙女和安拉对他们的喜悦，以及安拉所隐藏起来的许多精神享受，其中最大最贵的享受莫过于观看安拉的尊容，这种特殊的恩典，大于其他各种赏赐。并且这是人类凭其功行得不到的。艾布·伯克尔、胡宰法、伊本·阿拔斯、赛尔德·本·穆散耶卜、阿卜杜·拉赫曼·本·艾布·莱莱、阿卜杜·拉赫曼·本·萨比特、穆佳黑德、艾克莱麦、阿米尔·本·赛尔德、阿塔、端哈克、哈桑、格塔德、赛丁伊、穆罕默德·本·易司哈格以及先贤及其后辈学者中的许多人，都持此观点。[3]这一方面的圣训不胜枚举，比如苏海卜传述，安拉的使者读了"**行善者将得善报，还有增加的**"后说："当乐园的居民进入乐园，火狱的居民进火狱后，有呼吁者呼吁：'乐园的人们啊！你们和安拉有一约言，他要为你们履行它。'他们说：'那是什么约言呢？难道我们的天秤不是很重吗？难道他没有使我们的面容变白，从火狱中拯救我们，并使我们进入乐园吗？'"穆圣接着说："这时帷幔将为他们而被揭起，他们将看到他（安拉）。以安拉发誓，安拉赐给他们的恩典中，最令他们喜欢和舒畅的莫过于观看他。"[4]

"**黑暗和羞辱将不会遮盖他们的脸**"，即在清算场上，当那些罪恶的隐昧者面色晦暗而阴沉时，行善者们的脸上没有黑暗，他们的外表和内心不会遭受屈辱，他们正如下列经文所说："因此安拉使他们避免了那天的灾难，并使他们光彩和愉快。"（76：11）即他们处于赏心悦目之中。愿安拉施恩于我们，使我们加入这个群体。求主准承。

27.而那些作恶的人会得到与其恶行相等的恶报，羞辱将遮盖他们，没有保护者保护他们免于安拉（的惩罚）。他们的脸好像被黑夜深处的黑暗所遮盖，这些人是火狱的居民，他们将永居其中。

### 犯罪者的报应

安拉讲述了那些将得到加倍善报的幸福者之

---

（1）《泰伯里经注》15：61。
（2）《泰伯里经注》15：60；《艾哈麦德按序圣训集》5：197。
（3）《泰伯里经注》15：63、64、65、66、67、68。
（4）《艾哈麦德按序圣训集》4：333；《穆斯林圣训实录》1：163；《提尔密济圣训全集诠释》8：522；《圣训大集》6：361；《伊本·马哲圣训集》1：67。

后，开始讲述那些不幸者，指出他将公正地对待他们。他们犯了多大的罪恶，就会得到多大的惩罚，绝不会"超罪受罚"。

"羞辱将遮盖他们"，即他们因为自己的罪恶和对惩罚的恐惧，而将遭受凌辱。正如安拉所言：❨你将看到他们被昭示在它跟前，卑贱地战战兢兢❩（42：45）又❨你一定不要以为安拉是忽视不义者的行为的。他只宽限他们到瞪眼的那一天。他们仰着头向前跑。❩（14：42-43）又"没有保护者保护他们免于安拉（的惩罚）"，即没有谁能保护或阻止他们遭受刑罚。又❨那天，人将说："逃避之处在哪里？"绝不然！没有避难之地！那天，定所只在你的养主那里。❩（75：10-12）

"他们的脸好像被黑夜深处的黑暗所遮盖"，形容在后世中他们的脸是黑暗的。正如安拉所言：❨在那天，有些脸将会变白，而有些脸将会变黑。那些脸变黑的人，天使问他们："你们在信仰之后又不信了吗？你们因不信而尝试刑罚吧！"那些脸变白的人，则在安拉的慈悯中，永沐恩泽。❩（3：106-107）又❨那天，有些面容是光彩的，欢笑的和愉悦的。那天，有些面容，则是有尘垢的。❩（80：38-40）

❨28.在那天，我将把他们集中在一起，我将会对那些举伴我的人说："你们和你们的同伙（伪神）们各就各位。"我就把他们彼此分开。他们的伙伴们将会说："你们所拜的不是我们。❩

❨29.安拉足以在我们和你们之间作证，我们确实是疏忽你们的崇拜的。"❩

❨30.在那里，每一个人以前的行为都将被检验，他们将被带到安拉——他们的真主那里。他们所捏造的离他们而去了。❩

## 在末日多神教徒的伪神将和他们划清界限

清高伟大的安拉说："在那天，我将把他们集中在一起"，即安拉将把大地上的一切生灵——包括善恶的人和精灵集中起来。如另一章节所说：❨我集合了他们。我不会遗漏他们当中的任何一个。❩（18：47）

"我将会对那些举伴我的人说：'你们和你们的同伙（伪神）们各就各位。'"即你们都站在被指定的位置，并离开穆民的位置。正如安拉所言：❨犯罪者们啊！你们在这天分开吧！❩（36：59）又❨复活日实现之时，他们将被彼此分开。❩（30：14）又❨在那天，他们将要分开。❩（30：43）即他们将分成两部分。此情此景是在安拉做出最后审判的时候，所以才说"各就各位"。

那时，穆民则请求安拉来审判他们，以便让他们脱离当时的困境。圣训说："在末日，我们在人们之上无忧无虑。"安拉在这段尊贵的经文中叙述了他在末日对多神教徒及其伪神的命令："你们和你们的同伙（伪神）们各就各位。"[1]

"我就把他们彼此分开"，因为这些伪神否认了多神教徒对他们的崇拜，并和多神教徒脱离了关系。正如安拉所言：❨不会的，它们不久将否认他们的崇拜。❩（19：82）又❨当时，被跟随的人看见惩罚，而与跟随的人绝交，他们间的关系都断绝了。❩（2：166）又❨谁比舍安拉而祈求那些直到复生日也不能回答他们，并且对他们的祈求毫无知觉的（伪神）的人们更迷误呢？当人类被集中起来时，它们（伪神）将变成他们的敌人，并否认他们的崇拜。❩（46：5-6）那些伪神和它（他）们的崇拜者之间将发生辩论，安拉记叙了它（他）们将要说的话："安拉足以在我们和你们之间作证"，即伪神们将说，我们不知道也没有发觉你们的崇拜，你们只是在我们不知情的情况下崇拜我们，安拉作证，我们没有要求你们崇拜我们，也不愿意你们这样做。

---

[1]《艾哈麦德圣训集》3：346。

"在那里，每一个人以前的行为都将被检验"，即在末日的清算场上，每个人将因以前的善恶行为而受到考验。类似的经文说：❲那天，一切秘密都被揭露。❳（86：9）❲那天，人将被告知他前后所做的一切。❳（75：13）又❲我把每个人的行为附在他的颈上，我将在复生日为他拿出一本展开的册簿。你读你的册簿吧！今天你足以作自己的审计人。❳（17：13-14）

"他们将会被带到安拉——他们的真主那里"，即一切事情都终将归公正的安拉判决，他会让乐园的居民进入乐园，火狱的居民进入火狱。

"他们所捏造的离他们而去了"，即多神教徒们舍安拉而错误地崇拜的一切，都离开了他们。

❲31.你说："是谁从天上和地下供养你们？是谁掌管着听觉与视觉？是谁由无生物中产生有生物，并从有生物中产生无生物的？是谁安排一切事务？"他们会说："安拉！"你说："难道你们还不敬畏吗？"❳

❲32.这就是安拉，你们真正的养主。在真理之外，除了谬误，还有什么？你们怎能如此叛逆呢？❳

❲33.就这样你的主对于那些坏事者的话被证实了，他们不会归信。❳

## 多神教徒们承认安拉独具养育性（الربوبية）及其证据

安拉谴责多神教徒只承认安拉的独一性和受拜性，而不承认他是独一的应受拜者。说："你说：'是谁从天上和地下供养你们？'"即是谁从天上降下雨水，浇灌大地，并以其意志和能力使大地长出❲谷类，葡萄，苜蓿，橄榄及枣子，茂密的园林，以及水果和饲料。❳（80：27-31）难道有神灵和安拉同在吗？❲他们会说："安拉！"❳（29：63）

"如果他停止供给他们，谁能供养他们呢？是谁掌管着听觉与视觉？"即是谁赋予你们听力和视力？假若安拉意欲，他就会取消你们的这些感官。正如安拉所言：❲你说："是他创造了你们，并授予你们听觉、视觉和心灵。"❳（67：23）又❲你说："你们告诉我，如果安拉取消了你们的听觉和视觉，并封闭了你们的心。❳（6：46）

"是谁由无生物中产生有生物，并从有生物中产生无生物的？"即谁能具备这种博大的能力。

"是谁安排一切事务？"即谁掌握着万物的权力，能救人于难，而人不能救助安拉所降难之人？是谁无可抗拒地统治并决策万物？审问万物而不可能被审问？❲诸天与地上的一切都向他祈求，每天，他都在处理事务。❳（55：29）整个宇宙及天地间的天使、人类和精灵，都需求安拉，谦恭地崇拜安拉。

"他们会说：'安拉！'"他们对此认识得非常清楚，并承认之。

"你说：'难道你们还不敬畏吗？'"即如果你们凭着自己的私欲无知地舍安拉而崇拜他物，你们就不害怕安拉的惩罚吗？

"这就是安拉，你们真正的养主"，你们所承认的、处理一切事务的行为者，就是你们的养主，是应该受到你们崇拜的独一真主。

"在真理之外，除了谬误，还有什么？"除安拉之外的一切受崇拜者，都是谬误。应受拜者，惟有独一无偶的安拉。

"你们怎能如此叛逆呢？"即你们明知安拉是万物的调养者和决策者，又怎能舍弃他而崇拜他物呢？

"就这样你的主对于那些坏事者的话被证实了。"因为这些多神教徒否认安拉，坚持多神崇拜。此间，他们并不是不知道安拉是创造者、供养者以及一切权力的支配者。他们也知道，安拉曾派遣列圣向人们宣传认主独一的信仰。因此，安拉已经判定他们是薄福的火狱居民。《古兰》说：❲他们答道："不然，（他们的确到达了）但惩罚的判词已对隐昧者落实了。"❳（39：71）

❲34.你说："你们的伙伴（伪神）中有谁能初创万物，并复造它。"你说："安拉创造万物，并复造它。你们究竟转变到哪里？"❳

❲35.你说："你们的伙伴中有谁能把人引向真理呢？"你说："安拉能把人引向真理。"应该被追随的是他呢，还是那些需要引导否则无从得道的（伪神）呢？那么你们怎么了？你们是怎么判断的？❳

❲36.他们大部分只遵从猜测。猜测对真理毫无裨益。安拉是全知他们的行为的。❳

这段经文还是对那些举伴安拉、崇拜偶像和伪神的叛逆者的驳斥，"你说：'你们的伙伴（伪神）中有谁能初创万物，并复造它。'"即谁首先创造了天地，及其中的万物，然后又毁灭它们，此后又重新创造万物？"你说：'安拉……'"即只有安拉才是惟一能独立做到这一切的。

"你们究竟转变到哪里？"你们怎么能弃明投暗呢？

"你说：'你们的伙伴中有谁能把人引向真理呢？'你说：'安拉能把人引向真理。'"你们知道，你们的伪神无法引导迷误者。只有独一的安拉能引导人脱离迷误，能使人祛除心灵的迷茫走向真理。

"应该被追随的是他呢，还是那些需要引导否则无从得道的（伪神）呢？"这位仆人（穆罕默德 ﷺ）引人于真理，能让在黑暗中的人看到光明，而那些又聋又哑的人（或伪神），不但无法引导别人，还需要别人来引导他，二者中谁更值得人们去跟随呢？安拉讲述伊布拉欣说：﴾ 我的父亲啊！你为什么崇拜那些不能听、不能看和不能对你有益的东西呢？﴿（19：42）伊布拉欣对他的民族说：﴾ 他说："你们崇拜你们自己所雕塑的吗？而安拉造化了你们和你们所制作的那些。"﴿（37：95-96）

"你们是怎么判断的？""你们"指迷误者，你们怎能如此不明事理？怎么将安拉和他的被造等量齐观？怎么是非不分，一概崇拜？安拉是独一的掌权者，统治者和引导者，你们为何不只崇拜他？不只向他祈求和回归？安拉指出，他们的宗教是没有任何依据和理由的，全是臆测和幻想，对他们毫无裨益。

"安拉是全知他们的行为的"，这是对他们严厉的警告，因为安拉已声明要根据他们的行为，给他们恰如其分的报应。

﴾ 37.这部《古兰》不是舍安拉而伪造的，相反，它既能证实它之前的（经典），又能解释一部经典。其中毫无怀疑，它来自众世界的养主。﴿

﴾ 38.他们难道说："他伪造了它！"你说："那么，你们就拿出跟它相似的一章吧！并且召集在安拉之外你们能够召集的所有人来帮助，如果你们是诚实的。"﴿

﴾ 39.不然，他们否认了他们没有掌握的，其实，它的解释还不曾到达他们。他们以前的人就这样不信了。你看看不义者的结局是怎样的。﴿

﴾ 40.他们当中有人信它，也有人不信它。你的主至知为非作歹的人。﴿

## 《古兰》是安拉的真实语言，《古兰》的伊尔扎兹（无可比拟性）

经文在此指出《古兰》是一部显示奇迹的经典，任何人都不可能写出类似的一部经典，或十章，甚至一章。《古兰》的修辞和文风典雅优美，内容包罗万象，益济今后两世，这一切都说明它只能来自安拉，而安拉的本然、特性和言行不同于任何物，他的所有语言不同于万物的语言。因此说，

"这部《古兰》不是舍安拉而伪造的"，即像这样一部《古兰》，只能来自安拉。它与人类的表述不同。

"相反，它既能证实它之前的（经典）"，即它能证明并监护安拉以前降示的经典，也能指出人们对它们的篡改和增删。

"又能解释一部经典。其中毫无怀疑，它来自众世界的养主。"它透彻地、一针见血地阐释许多法规，合法与非法。它来自安拉是无可怀疑的事实。

"他们难道说：'他伪造了它！'你说：'那么，你们就拿出跟它相似的一章吧！并且召集在安拉之外你们能够召集的所有人来帮助，如果你们是诚实的。'"即如果你们撒谎并怀疑它来自安拉，说它是穆罕默德杜撰的，那么穆罕默德也是像你们一样的凡人，如果他像你们所说的那样拿来了一部经典，请你们也拿来类似这部《古兰》的一章经文，并叫来所能叫来的一切协助者——无论是人还是精灵——来帮助你们。

这是对否认者发出的第三次挑战，因为安拉最先要求并向他们发起挑战：如果他们认为《古兰》是穆罕默德杜撰的，就让他们借助一切力量，

群策群力拿来类似《古兰》的一部经典。安拉断言他们做不到，也无法做到时说：﴿你说：“如果人类和精灵群策群力去仿作和这《古兰》相似的（经文），即使他们互相帮助，他们也不能作出相似的。”﴾（17：88）后来，安拉降低了标准，让他们带来十个章节，他在《呼德章》一开始说：﴿“他伪造了它。”你说：“如果你们是诚实的，那么你们就仿造十章和它一样的，并在安拉之外寻求任何你们所能够（找到的伪神来帮助你们）的吧。”﴾（11：13）安拉在麦地那降示的《黄牛章》也是如此，在该章中，安拉以一章经文向他们提出挑战，并告诉他们，他们永远做不到。﴿倘若你们不能——你们必定不能——那么就提防火（狱）吧！它的燃料是人和石头，它是为隐昧的人预备的。﴾（2：24）虽然阿拉伯人生来能言善辩，长于吟诗作辞，但他们中任何人都对安拉的经文望尘莫及。因此，那些归信《古兰》的人们，在接受信仰的同时认识到《古兰》的语言精妙绝伦，甜润而富有哲理，内容广泛而意义深远；因为他们对《古兰》的认识和理解最深刻，所以对其中的要求履行得也最为坚决。正如魔术家们通过他们的知识知道，穆萨先知的行为只能出自安拉的一位使者，并得到了安拉的援助，不得安拉的允许，任何人都不可能做到它。尔撒先知也是如此，他被派到一个医学发达、医务人才济济的时代，后来他凭安拉的允许医好了天然盲和麻风病，并使死人复活，而这些都是不治之症，所以人们中的有识之士都清楚地认识到，他是安拉的仆人和使者。安拉的使者ﷺ说：“每位先知获得的迹象都会令相应的人群得到正信，我所获得的迹象是安拉给我的启示，我希望在列圣中我的跟随者最多。”(1)

**“不然，他们否认了他们没有掌握的，其实，它的解释还不曾到达他们。”**安拉说，不然，这些人否认了《古兰》，他们没有认识它，也没有理解它。

**“其实，它的解释还不曾到达到他们”**，他们一直没有领悟其中所阐述的引导和正教的真精神，以致愚蠢地否认了它。

**“他们以前的人就这样不信了”**，指以前的民族。

**“你看看不义者的结局是怎样的”**，他们出于不义、顽抗、否认、无知和骄傲而否认了《古兰》，所以我毁灭了他们，你当看看他们的结局。否认者们啊！你们应当小心，否则，你们也会遭受类似的惩罚。

**“他们当中有人信它”**，穆罕默德啊！我派你去劝化的这些人中，有人归信《古兰》，遵循其要求，从你带去的信息中获益匪浅。

الجزء الحادي عشر ٢١٤ سورة يونس

وَمِنْهُم مَّن يَنظُرُ إِلَيْكَ أَفَأَنتَ تَهْدِي الْعُمْيَ وَلَوْ كَانُوا لَا يُبْصِرُونَ
﴿٤٣﴾ إِنَّ اللَّهَ لَا يَظْلِمُ النَّاسَ شَيْئًا وَلَٰكِنَّ النَّاسَ أَنفُسَهُمْ
يَظْلِمُونَ ﴿٤٤﴾ وَيَوْمَ يَحْشُرُهُمْ كَأَن لَّمْ يَلْبَثُوا إِلَّا سَاعَةً مِّنَ النَّهَارِ
يَتَعَارَفُونَ بَيْنَهُمْ قَدْ خَسِرَ الَّذِينَ كَذَّبُوا بِلِقَاءِ اللَّهِ وَمَا كَانُوا
مُهْتَدِينَ ﴿٤٥﴾ وَإِمَّا نُرِيَنَّكَ بَعْضَ الَّذِي نَعِدُهُمْ أَوْ نَتَوَفَّيَنَّكَ
فَإِلَيْنَا مَرْجِعُهُمْ ثُمَّ اللَّهُ شَهِيدٌ عَلَىٰ مَا يَفْعَلُونَ ﴿٤٦﴾ وَلِكُلِّ
أُمَّةٍ رَّسُولٌ فَإِذَا جَاءَ رَسُولُهُمْ قُضِيَ بَيْنَهُم بِالْقِسْطِ وَهُمْ
لَا يُظْلَمُونَ ﴿٤٧﴾ وَيَقُولُونَ مَتَىٰ هَٰذَا الْوَعْدُ إِن كُنتُمْ صَادِقِينَ
﴿٤٨﴾ قُل لَّا أَمْلِكُ لِنَفْسِي ضَرًّا وَلَا نَفْعًا إِلَّا مَا شَاءَ اللَّهُ لِكُلِّ أُمَّةٍ
أَجَلٌ إِذَا جَاءَ أَجَلُهُمْ فَلَا يَسْتَأْخِرُونَ سَاعَةً وَلَا يَسْتَقْدِمُونَ ﴿٤٩﴾
قُلْ أَرَأَيْتُمْ إِنْ أَتَاكُمْ عَذَابُهُ بَيَاتًا أَوْ نَهَارًا مَّاذَا يَسْتَعْجِلُ مِنْهُ
الْمُجْرِمُونَ ﴿٥٠﴾ أَثُمَّ إِذَا مَا وَقَعَ آمَنتُم بِهِ آلْآنَ وَقَدْ كُنتُم بِهِ
تَسْتَعْجِلُونَ ﴿٥١﴾ ثُمَّ قِيلَ لِلَّذِينَ ظَلَمُوا ذُوقُوا عَذَابَ الْخُلْدِ
هَلْ تُجْزَوْنَ إِلَّا بِمَا كُنتُمْ تَكْسِبُونَ ﴿٥٢﴾ ۞ وَيَسْتَنۢبِئُونَكَ
أَحَقٌّ هُوَ قُلْ إِي وَرَبِّي إِنَّهُ لَحَقٌّ وَمَا أَنتُم بِمُعْجِزِينَ ﴿٥٣﴾

**“也有人不信它”**，即有人至死不信，并以不信者的身份被复生。

**“你的主至知为非作歹的人。”**安拉至知谁应该得到引导，所以引导他；至知谁应该遭受迷误，所以任其迷误。安拉是公正无私的，他给予每个人应该得到的一切。他多么清净，多么圣洁啊！应受拜者，惟有他。

**﴿41.如果他们不信你，你说：“我有我的工作，你们有你们的工作。你们和我所做的无关，我也与你们所做的无关。”﴾**

**﴿42.他们当中有些人倾听你，可是你能使聋子听到吗？即使能够，他们也不能理解。﴾**

**﴿43.他们中有人看见你，但你能引导瞎子吗？即使引导，他们也看不见。﴾**

**﴿44.安拉的确不会亏待人一丝毫，但是人们却在自亏。﴾**

## 命令和多神教徒断绝关系

安拉对穆圣ﷺ说，如果这些多神教徒否认你，

（1）《布哈里圣训实录诠释——造物主的启迪》8：619。

你就与他们和类似他们的人断绝关系，"你说：'我有我的工作，你们有你们的工作'"。安拉说："你说，隐昧者们啊！我不拜你们所拜的"，（109：1-2）伊布拉欣先知和他的跟随者们，对他们民族中的多神教徒说："我们跟你们和你们在安拉之外所拜的无关。"（60：4）

"他们当中有些人倾听你"，即他们听到伟大的《古兰》和确凿的圣训，以及许多对身心有益的言辞——其中的任何言辞都是极其伟大，足以引导人的——但这一切不以你或他们的意志为转移，因为你无法让聋子听见，你也无法引导这些人，除非安拉意欲。

"他们中有人看见你"，即他们看着你和安拉赐你的稳重、俊美的仪表和伟大的品格，以及在那些智者们看到的有关先知身份的确凿证据——他们虽然像别人观看你一样看着你，但他们不会像别人一样从你身上得到引导。穆民们以尊敬的目光看着你，这些隐昧者却鄙视着你。"当他们看见你时，他们对你不外是嘲笑。"（25：41）

然后清高伟大的安拉说，他丝毫不会亏待任何人，虽然安拉引导了他所引导的人，使之在黑暗中看到了光明，他还开启了那些已瞎的眼睛，已聋的耳朵和封闭的心灵，与此同时，他还使另一些人迷失了正信。因为安拉可以自由地运作和决策其权力。他因所具备的无穷知识、哲理和公正而不受任何审问，但他可以任意审问他人。因此说："**安拉的确不会亏待人一丝毫，但是人们却在自亏。**"穆圣☪传自他的养主的一段话中说："我的众仆啊！我禁止我自己行亏，我也把行亏在你们中定为了非法，所以你们不要互相亏枉……我的众仆啊！这只是你们的工作，我将为你们统计它，并为你们充分还报它。你们中谁发现了好事，就让谁赞美安拉，谁发现了其他的，就让谁只埋怨自己。"[1]

**45.那天，他集合他们时，他们就好像只逗留了一日中的一刻，他们会彼此认识，那些不相信会见安拉的人确实损失了，他们不是获得引导的。**

### 后世复生时感觉到今世的短暂

安拉在此讲述末日成立，人们被召集到清算场时的情景："**那天，他集合他们时……**"正如安拉所言："他们看到他们所被许给的惩罚之日，他们好像只停留了一日中的片刻。"（46：35）又"当他们看到它的那天，好像（在今世中）只是逗留了一个下午或是一个清晨。"（79：46）又"那天号角将被吹响。那天，我将集中眼睛发蓝的犯罪者。他们将低声地互相谈话："你们逗留不过十天。"我至知他们所说的。当时他们当中思想最好的人说："你们只不过停留了一天罢了！""（20：102-104）又"复活日实现之时，犯罪者们将会发誓（说）他们只停留了片刻。"（30：55）这一切都证明，与永恒的后世比较，今世生活的的确确太短暂。又如："他说："你们在大地上居留了多少年？"他们说："我们逗留了一天或不及一天，请你去问那些计算者吧。"他说："你们只不过停留了很短的时期。如果你们知道的话。""（23：112-114）

"**他们会彼此认识**"，即父亲认识儿子，儿子也认识父亲，亲属们都互相认识，就像在今世中一样，但是每个人都自顾不暇。"当号角被吹响时，他们彼此间将不再有各种关系。"（23：101）又"亲友不问亲友。"（70：10）

"**那些不相信会见安拉的人确实损失了，他们不是获得引导的。**"正如安拉所言："那天，否认者们真倒霉啊！"（77：15）因为他们在末日损失了自己和亲人，真的，那确实是明白的损失。在那后悔之日，有什么损失比亲友的离散更为严重呢？

**46.如果我把一部分许给他们的显示给你，或者我使你死亡，那么，他们的归宿在我那里。安拉是见证他们的行为的。**

**47.每一个民族都有一位先知。当他们的先知到来时，他们之间的事情就会被公正地判决，他们不被亏待。**

### 无论在今世还是在后世，犯罪者难逃惩罚

安拉呼呼他的使者说："**如果我把一部分许给他们的显示给你**"，即在你活着的时候就惩罚他们，以便慰借你的心灵。

"**或者我使你死亡，那么，他们的归宿在我那里。**"他们终将回归安拉，在你之后，安拉将作证他们的行为。

"**每一个民族都有一位先知。当他们的先知到来时**"，穆佳黑德说，经文指审判日（的情况）。[2] "**他们之间的事情就会被公正地判决**"，正如安拉所言："大地因它的主的光辉而亮了。"（39：69）每个民族都会在该民族的使者在场的情景下被召到安拉跟前，他们的善恶功过簿将摆在他们面前，为他们作证，记录世人行为的天使们也是

---

[1]《穆斯林圣训实录》4：1994。

[2]《泰伯里经注》15：99。

作证者。各民族都会陆续面临这样的境遇。穆圣的民族虽然是出世最晚的民族，但他们在末日会被首先判决。安拉的使者说："我们出世在后，在末日将先于众生而接受判决。"[1] 这个民族因其使者的尊贵，而一直独领风骚，直至末日。

◆ 48.他们说："如果你是诚实的，那么这约言将在何时？"◆

◆ 49.你说："除非安拉意欲，我不掌握自己的任何利与害。每一个民族都有一个限期，当他们的限期结束时，他们不能迟缓片刻，也不能提前片刻。"◆

◆ 50.你说："你们告诉我，如果他的惩罚要在黑夜或白天降临于你们，犯罪者要求迅速实现什么呢？◆

◆ 51.难道等它降临了，你们才会相信吗？你们曾希望从速，现在（实现了）吧！"◆

◆ 52.然后，那些不义的人会被告诉："你们尝试这持久的惩罚吧！你们只会因你们曾经所干的而遭受报应。"◆

## 否认者要求末日立即来临以及对他们的答复

清高伟大的安拉说，多神教徒们毫无意义地要求惩罚立即来临，而不要让它等到已经被指定的时期。正如安拉所言：◆那些不信它（复活时刻）的人希望它加速实现。归信的人却是怕它的，并知道它就是真理。◆（42：18）即虽然他们不知道它发生的确切时间，但它最终会来临的。因此，安拉指导穆圣回答他们说："你说：'除非安拉意欲，我不掌握自己的任何利与害'"，即我只说安拉教给我的话，我所有的特殊知识都是安拉赐予我的。我只是安拉的仆人和使者，安拉告诉我末日必定来临，所以我对你们如实相告，但安拉没有告诉我它发生的具体时间。"每一个民族都有一个限期"，每个时代的期限早就定好了，当它的期限结束时，"他们不能迟缓片刻，也不能提前片刻"。如下面经文所说：◆但是当其大限到来时，安拉绝不延长任何生命。◆（63：11）

经文接着说，安拉的惩罚将会突然来临，"你说：'你们告诉我，如果他的惩罚要在黑夜或白天降临于你们，犯罪者要求迅速实现什么呢？难道等它降临了，你们才会相信吗？你们曾希望从速，现在（实现了）吧！'"即当惩罚来临时，他们说：◆我们的主啊！我们已看见了，也听到了。◆（32：12）◆当他们看到我的惩罚时，他们说："我们归信独一的安拉，并否认一切我们曾经为他所举伴的。"但是当他们已经看到我的惩罚时，他们的信仰对他们就没有用了。这就是安拉对待他的众仆的一贯方法，在那里，隐昧者们亏折了。◆（40：84-85）

"然后，那些不义的人会被告诉：'你们尝试这持久的惩罚吧！'"即在末日，他们将受到谴责和质问。正如安拉所言：◆那天，他们将被推进火狱的火中，这就是你们一贯否认的火！这是魔术呢，还是你们看不见？你们进入它吧！无论你们忍耐与否，对你们都是一样的。你们只被报以你们当初所做过的。◆（52：13-16）

◆ 53.他们向你询问："那是真的吗？"你说："是的，以我的主发誓，那的确是真实的。你们绝不能逍遥法外。"◆

◆ 54.假如每一个犯罪的人都拥有大地上的一切，他也一定会用来赎罪。当他们看见刑罚时，他们一定会感到懊悔。他们要被公平裁判，不遭亏待。◆

---

(1)《布哈里圣训实录诠释——造物主的启迪》6：595；《穆斯林圣训实录》2：585。

## 末日是真实的

清高伟大的安拉说，他们问你："那是真的吗？"即末日的归宿以及已经化为泥土的身体从坟墓中站起来，是真实的吗？

"你说：'是的，以我的主发誓，那的确是真实的。你们绝不能逍遥法外。'"虽然你们将化为泥土，但这并不妨碍安拉像初次创造你们一样复活你们。❴的确，当他有意要做一件事时，他只要说"有"，它就有了。❵（36：82）《古兰》中安拉命令使者㊟通过发誓来回答否认末日的人的类似经文只有两处。一是《赛伯邑章》，其中说：❴隐昧的人们说："复活之时绝不会降临于我们。"你说："不！凭我的主——全知未见事物的主发誓，它一定会降临于你们。❵（34：3）二是《自欺章》，其中说：❴否认者妄称他们绝不被复活。你说："不然，凭我的主发誓，你们一定会被复活。然后你们一定会被告诉你们所做过的，这对于安拉是容易的。"❵（64：7）然后安拉说，当末日成立后，隐昧者们梦想着用充满大地的黄金来换取平安，免遭惩罚。"假如每一个犯罪的人都拥有大地上的一切，他也一定会用来赎罪。当他们看见刑罚时，他们一定会感到懊悔。他们要被公平裁判，不遭亏待。"

❴55.真的，诸天与大地间的一切都属于安拉。安拉的诺言确实是真实的。可是他们大多数并不知道。❵

❴56.他赋予生命，也给予死亡。你们都将回归于他。❵

清高伟大的安拉说，他是天地万物的掌权者，他的诺言一定会实现，他赋予万物生命，也能使万物死亡，最终的归宿都在他那里。并指出他是无所不能的，人们的肢体即便散落大地、海洋或沙漠的各个角落，他都可以把它们收集起来。

❴57.人类啊！来自你们主的劝导、心病的灵药、对归信者的引导和慈悯已经降临于你们。❵

❴58.你说："凭着安拉的恩惠和仁慈，让他们因此而欢乐吧，这比他们所聚敛的要好。"❵

## 《古兰》是劝导、灵药、慈悯和引导

清高伟大的安拉说，他施恩于人类，给他的使者降示了伟大的《古兰》"人类啊！来自你们主的劝导、心病的灵药、对归信者的引导和慈悯已经降临于你们。""劝导"指警告。

"心病的灵药"，指这部《古兰》可以消除人们心中的疑惑及污秽。

"引导和慈悯"，指确信《古兰》的信士们可以获得安拉的引导和慈悯。正如安拉所言：❴我颁降《古兰》，作为对归信者的治疗和慈悯。它对不义者只增加损失。❵（17：82）又❴你说："它是对信士们的引导和治疗。"❵（41：44）

"你说：'凭着安拉的恩惠和仁慈，让他们因此而欢乐吧'"，即让他们因为来自安拉的引导和正教而欢乐吧！这确实是最值得欢乐的事情。

"这比他们所聚敛的要好"，即这比今世的浮华和过眼烟云般的繁荣更加美好。

❴59.你说："你们告诉我，安拉为你们降下了给养，可是你们把其中的一部分定为非法，把另一部分定为合法。"你说："安拉可曾允许了你们，或是你们在假借安拉名义捏造谎言？"❵

❴60.复活之日假借安拉名义而造谣的人作何想法呢？安拉对人类确实是有宏恩的，但是他们大半不感谢。❵

## 除安拉外任何人都没有立法权

伊本·阿拔斯、穆佳黑德、端哈克、格塔德、阿卜杜·拉赫曼·本·栽德·本·艾斯莱姆等著名学者们说，这段经文是为驳斥多神教徒而降示的，因为他们将豁耳驼、放生驼、连生驼定为非法。[1] 安拉说：❴他们从安拉所创造的粮食和牲畜中拨出一份献给他。❵（6：136）马立克·本·乃朵莱传述，我衣衫褴褛地去见安拉的使者㊟，他问我："你有财产吗？"我说："有啊。"他问："你有些什么？"我说："什么都有，有骆驼、奴隶、马和羊。"他说："如果安拉赐给你财产，你就应当让它显现出来。"他接着说："你的骆驼生下的小骆驼原本耳朵健全，但你拿刀子豁开它的耳朵，说：'这是豁耳驼。'你割破它的皮肤，说：'这是戒驼。'并把它对你自己和家人定为了非法。是这样吗？"我说："是的。"使者接着说："安拉赐给你的一切都是合法的。安拉的援助强于你的援助。安拉的刀子比你的刀子锋利。"[2]

安拉憎恶人们毫无理由地凭自己的私欲把他制定的合法改成非法，或把他制定的非法改成合法。所

---

（1）《泰伯里经注》15：112、113。
（2）《艾哈麦德按序圣训集》3：473；4：136。

以他以末日来警告这种人："复生日假借安拉名义而造谣的人作何想法呢？"即让他们想一想，后世中他们将面临怎样的惩罚。后世的归宿只在安拉那里。

"安拉对人类确实是有宏恩的"，伊本·哲利尔解释为：因为安拉没有在今世立即惩罚他们。[1] 经文也可能指：安拉允许人们在今世中享用各种有益的事物，而只把对今世和宗教有害的定为非法。

"但是他们大半不感谢"，不但如此，他们还把安拉赐给他们的恩惠改变成非法，给自己制造困难。那些自己立法的多神教徒和自创宗教的有经人，擅自将一部分改为合法，将另一部分改为非法。

◆ 61.无论你从事一件事务，或是你诵读《古兰》的任何一部分，或是你们作任何工作，当你们着手工作时，我就是你们的见证。在天地之间任何微尘重的事物都不能瞒过你的主，不管它大于微尘或小于它，都记录在明显的经典中。◆

### 一切大小事物都在安拉的知识当中

安拉告诉他的先知说，他知道每时每刻他的民族、乃至众生和宇宙万物的一切情况。天地中非常微小的事物，都在他的知识之中，一切大大小小的东西，都记载在一部明确的经典之中。正如安拉所言：◆ 安拉那里有未见（事务）的钥匙，除他之外无人知道它。他也知道陆地和海洋中的一切。只要一片叶子落下，他就知道它。大地深处的每一粒谷子，一切新鲜的或是干枯的，都（被记载）在明白的天经中。◆（6：59）安拉说，他知道一切动植物的活动：◆ 地上的兽类和用翅膀飞行的鸟类，都是像你们一样的群体。◆（6：38）又◆ 大地上没有一个生物不归安拉供养。◆（11：6）既然他知道这些事物的一举一动，他怎会不知道奉命崇拜他的人类的行动呢？他说：◆ 你当托靠优胜的、至慈的主。当你站起时，他看见你，以及你在叩头者中的举动。◆（26：217-219）

因此说，"无论你从事一件事务，或是你诵读《古兰》的任何一部分，或是你们作任何工作，当你们着手工作时，我就是你们的见证"，即每当你们开始干它时，安拉都在观看着、见证着。因此，穆圣回答吉卜勒伊里关于行善的提问时说："你崇拜安拉，好像你能看到他一样，如果你没有看到他，那么他却看着你。"[2]

◆ 62.真的，安拉的盟友们无惧无忧。◆
◆ 63.那些归信和敬畏的人，◆
◆ 64.他们有今世和后世的喜讯，安拉的话不会改变，这确实是一项伟大的成功。◆

### 认识安拉的盟友

清高伟大的安拉说，他的盟友是那些归信且敬畏的人，犹如经文对他们的介绍。每个敬畏者都是安拉的盟友，他们"无惧无忧"，即他们不因在后世的惊恐而害怕，也不因今世而忧愁。使者说："众先知和烈士们羡慕安拉的一些仆人。"有人说："安拉的使者啊！这些仆人是谁，以便我们喜爱他们？"使者说："他们是安拉的一些仆人，他们之间虽然没有财产和血缘关系，但他们却为了安拉而互相喜爱。在用光明制成的讲台上，他们容光焕发。人们恐惧时他们不恐惧，人们忧愁时他们不忧愁。"然后使者读道："真的，安拉的盟友们无惧无忧。"[3]

---

（1）《泰伯里经注》15：113。
（2）《穆斯林圣训实录》1：37。
（3）《泰伯里经注》15：120。

## "喜讯"指真实的梦

伊本·哲利尔传述，欧拜德对安拉的使者诵读了："**那些归信和敬畏的人，他们有今世和后世的喜讯。**"然后说："我们知道后世的喜讯是乐园，请问今世的喜讯是什么？"使者说："仆人自己所梦见的或别人替他梦见的清廉的梦。它是圣品的四十四分之一，或七十分之一。"[1]艾布·则尔说："安拉的使者啊！有人做了一件事，赢得了别人的赞美和称颂（请问这对他有好处吗）？"使者说："那是穆民得到的现世的喜讯。"[2]伊本·阿慕尔传述，安拉的使者读了"**那些归信和敬畏的人，他们有今世和后世的喜讯**"后说："穆民在清廉的梦境中得到的喜讯，是四十九分之一的圣品。谁梦见此梦，就当告诉他人。谁若梦见恶梦，那么它只来自恶魔，它借此使人忧愁，所以他应该向左侧吐三口唾沫，并赞美伟大的安拉，不要将恶梦告诉任何人。"[3]

有人说，这个喜讯指穆民临终时天使将以乐园和安拉的恕饶向他报喜。如下列经文说：❇ 那些说"我们的主是安拉"，并于此后坚定不移的人，天使们降临于他们，说道："你们不要害怕，也不要忧虑，而要为你们曾被许诺的乐园而欣喜！"我们是你们在今世与后世的保护者。其中，你们享有你们所想要的一切，其中，你们将获得你们所要求的！这是至恕的、至慈的主的款待！❇（41：30-32）圣训说："穆民临终时，一些服装洁白面容白皙的天使将来到他跟前，对他说：'纯洁的灵魂啊！请出来会见芬芳和香花，会见不再恼怒的养主。'这时，灵魂就像水从水袋中流出一样从他的口中出来。"[4]后世的喜讯则正如安拉所说：❇ 最大的恐怖不会使他们忧虑，天使们将要会见他们，（道）"这是曾经许给你们的日子。"❇（21：103）❇ 那天，你将看见归信的男女们，他们的光在他们前面奔驰，他们右手持功过簿，有声音对他们说：'今天你们的喜讯是：下临诸河的乐园，你们将永居其中，这的确是一项伟大的成功。'❇（57：12）

"**安拉的话不会改变**"，即安拉的这个约言可靠而稳定，不会发生任何改动。"**这确实是一项伟大的成功**"。

❇ 65.**他们的话莫要使你忧伤。的确一切光荣属于安拉，他是全听的、全知的。**❇

❇ 66.真的，诸天和大地之间的一切都属于安拉。舍安拉而祈祷配主的人们在跟随什么呢？他们只追随幻想，只编造谎言。❇

❇ 67.是他为你们规定夜，以便你们在其中安息；规定昼，以便你们看见万物。对于那些聆听的群体，其中确有很多迹象。❇

## 一切光荣都归安拉，安拉是宇宙独一无二的运作者

清高伟大的安拉对使者说："**他们的话莫要使你忧伤**"，即你不要因为这些多神教徒的话而伤感，你当托靠安拉，求安拉对付他们，因为"**的确一切光荣属于安拉**"，即一切尊严属于安拉、使者及信士们。

"**他是全听的、全知的**"，他能听到众仆所有的话，知道他们的一切情况。然后安拉说，他掌握天地的权力。祈祷配主的人们所崇拜的偶像不能给他们带来祸福，他们的崇拜也是毫无依据的。他们在此中所遵循的，只是谎言和臆测。此后安拉又说，安拉创造黑夜，以便仆人在其中休息，消除身心的疲劳。他又使白天成为光明的，以便他们在其中生活、奔波、旅行和获益。

"**对于那些聆听的群体，其中确有很多迹象**"，即他们听到这些明证后，会参悟真理，并求证它们的创造者、设定者和运行者的伟大。

❇ 68.他们说："安拉择取了儿子。"赞美安拉。他是无求的，天地间的万物都属于他。你们对此毫无权力，难道你们对安拉妄说你们所不知道的吗？❇

❇ 69.你说："那些对安拉捏造谎言的人不会成功。"❇

❇ 70.（那是）今世的享受。然后他们的归宿在我这里。然后，我将因他们曾经隐昧使他们尝试严峻的惩罚。❇

## 安拉绝没有配偶和儿女

安拉驳斥那些妄称他有儿子的人说："**赞美安拉。他是无求的**"，即他清净无染，无求于万物，而万物需求于他，"**天地间的万物都属于他。**"他创造了万物，万物都归他所管，都是他的奴仆，他怎么会有儿女呢？

"**你们对此毫无权力**"，即你们的这种谎言是毫无根据的。

"**难道你们对安拉妄说你们所不知道的吗？**"这是安拉对他们的指责和严厉的警告。正如安拉所

---
（1）《泰伯里经注》15：132。
（2）《艾哈麦德按序圣训集》5：156。
（3）《艾哈麦德按序圣训集》5：219。
（4）《艾哈麦德按序圣训集》4：287。

言：◈他们说："至仁主有儿子！"你们的确触犯了一件最严重罪行！因此，天几乎破，地几乎崩，山几乎塌。因为你们妄称至仁主有子嗣，而至仁主却不屑有子嗣。天地间没有一物不以仆人身份到至仁主跟前。他确已记录了他们，并计算过他们。他们每一个都将在复生日单独地来到他跟前。◈（19：88-95）

然后安拉警告说："那些对安拉捏造谎言的人不会成功。"在今世，安拉宽容他们，让他们"明升暗降"，得到微薄的享受，◈然后我将迫使他们去受重刑。◈（31：24）正如本章经文所说："（那是）今世的享受"，即短暂的享受。

"然后他们的归宿在我这里"，指末日。

"然后，我将因他们曾经隐昧使他们尝试严峻的惩罚"，即因为他们对安拉编造谎言，以及对安拉的污蔑，而遭受惨痛的惩罚。

◈71.你把努哈的消息读给他们。当时，他对他的族人说："我的族人啊！如果我的停留和我提醒的安拉启示，让你们难以接受的话，我已托靠安拉，所以你们就和你们的配主决定你们的计划吧！不要让你们的计划成为暧昧的。你们对我执行它吧，而不要姑息我。◈

◈72.如果你们不愿意，我不曾向你们要求过报偿。我的报偿只由安拉负责，我受命成为第一个顺服者。"◈

◈73.但是他们否认他，所以我在船中拯救了他，还有和他在一起的人们，并使他们成为代位者，我还淹没了那些否认我的迹象的人。你看看那些被警告者的结局是怎样的。◈

## 努哈及其民族的故事

清高伟大的安拉对使者说："你把努哈的消息读给他们"，即请你向反对你、否认你的麦加隐昧者宣读努哈的情况。他们曾否认努哈先知，所以安拉淹没了他们全部。麦加的隐昧者应该防备类似的毁灭。

"当时，他对他的族人说：'我的族人啊！如果我的停留和我提醒的安拉启示，让你们难以接受的话'"，即如果你们无法接受我存在于你们当中，并以安拉的明证劝告你们，那么"我已托靠安拉"，即我并不在乎你们是否愿意接受，我也不会停止对你们的宣传。

"所以你们就和你们的配主决定你们的计划吧！""配主"指他们除安拉外所崇拜的偶像。

"不要让你们的计划成为暧昧的。"你们不要

使自己的事情成为含糊的，你们在我这里要态度明确。如果你们认为自己坚持真理，那么你们就来对付我吧！

"而不要姑息我"，即如果你们能做到，你们就刻不容缓地对付我吧！我不在乎你们，更不会害怕你们，因为你们算不了什么。正如呼德所言：◈我求安拉作证，你们也当作证，我是和你们所举伴的无关的。你们全体来算计我吧！不必宽限我。我已经托靠了安拉——我的主和你们的主。◈（11：54-56）

## 伊斯兰是一切先知的宗教

"如果你们不愿意"，即如果你们否认正教，并拒绝服从我，"我不曾向你们要求过报偿"，即我不因忠告你们而向你们提出要求。

"我的报偿只由安拉负责，我受命成为第一个顺服者。"我只奉命服从安拉。服从——伊斯兰是自古以来全体先知的宗教，虽然各先知的法律不同，要求各异。如安拉所述：◈我已为你们每一个规定了一套法律和一条道路。◈（5：48）伊本·阿拔斯解释说，"法律和道路"（ومنهاجا شرعة）指道路

和常道。[1] 努哈先知也说：《我已受命成为归顺的人（穆斯林）。》（27：91）安拉引述伊布拉欣的话说：《当时，他的养主对他说："你服从吧（即你成为穆斯林）！"他说："我已服从了众世界的养主。"伊布拉欣和叶尔孤白以此嘱咐了他（们）的子孙："我的子孙们啊！安拉确实为你们选择了这个宗教，你们只能以穆斯林的身份死去。"》（2：131-132）优素福先知说：《我的主啊！你确已赐给我权力，并教我解释一些事情。诸天与大地的创造者啊！你是我今世与后世的保护者。求你使我以穆斯林的身份去世，并将我列入清廉者。》（12：101）穆萨先知说：《穆萨说："我的族人啊！如果你们归信安拉，你们就应当只托靠他，如果你们是穆斯林。"》（10：84）魔术师们说：《我们的主啊！求你为我们降下坚忍吧！并使我们以穆斯林的身份死去吧！》（7：126）白丽盖斯女王说：《我的主啊！的确我亏负了自己，我已跟苏莱曼归顺了安拉——众世界的养主。》（27：44）安拉说：《我曾经颁降《讨拉特》，其中有引导和光明。归顺（安拉）的先知们曾依照它为信仰犹太教的人裁决（事情）。》（5：44）又《当时我启示（尔撒的）门徒："你们当归信我和我的使者。"他们说："我们归信了，求你见证我们确实是顺从的。"》（5：111）众使者的终结者和人类的领袖穆圣㊗说：《他没有伙伴。我就是这样被命令的，我是首先顺服的人。》（6：163）即这个民族中第一个顺服者。因此，穆圣㊗说："我们各位先知是同宗异母的兄弟，我们的宗教是一个。"[2] 即虽然我们的法律不同，但我们都崇拜独一无偶的安拉。

## 犯罪者的结局是可怕的

"但是他们否认他，所以我在船中拯救了他，还有和他在一起的人们，并使他们成为代位者"，即大地的代位者。"我还淹没了那些否认我的迹象的人。你看看那些被警告者的结局是怎样的。"穆罕默德啊！你看看，我是怎么拯救穆民，毁灭否认者的？

《74.后来我在他之后，派遣许多位使者到他们的族人中，众使者为他们带来明白的证据。但是他们不会相信以前他们不信的。我就这样封闭过分者的心。》

清高伟大的安拉说，努哈之后我派遣许多使者携带可以证明其信仰的证据，去劝导人们。

"但是他们不会相信以前他们不信的。"安拉初次派遣先知时，各民族都否认了，所以他们不会相信众使者们带给他们的一切。正如安拉所言：《我也将翻转他们的心和眼。》（6：110）"我就这样封闭过分者的心"。

前人因为以前的否认而没有归信，所以安拉封闭了他们的心灵，同样，安拉也会封闭和他们相似的后人的心灵，所以他们在看见惩罚之前不会归信。换言之，努哈先知之后，安拉毁灭了否认众使者的各民族，拯救了他们中的归信者。因为阿丹先知以后的人们长期以来坚持着伊斯兰，后来人们开始崇拜偶像时，安拉才派遣努哈前来劝导世人。因此，人们将在末日对努哈说："你是安拉派遣到世人中的第一位使者。"伊本·阿拔斯说："阿丹到努哈间的十个世纪中，人们一直坚持伊斯兰。"[3] 安拉说：《我在努哈之后毁灭了若干世代！》（17：17）这段经文同时警告了那些否认列圣的封印者——穆圣㊗的人们：如果前辈因为否认列圣而遭受了严厉的惩罚，那么罪孽更加深重的后辈对自己的未来作何感想？

《75.然后，我在他们之后，派遣穆萨和哈伦，带着我的迹象前往法老和他的臣民那里，但是他们傲慢了，他们是犯罪的群体。》

《76.当真理从我这里到达他们时，他们说："这是明确的魔术。"》

《77.穆萨说："当真理到达你们时，你们说这是魔术吗？魔术师不会成功。"》

《78.他们说："你来到我们这里，就是为了使我们背弃我们祖先的道路，以便你俩妄自尊大吗？但是我们绝不会相信你俩。"》

## 穆萨和法老的故事

"然后，我在他们之后，派遣穆萨和哈伦，带着我的迹象前往法老和他的臣民那里。""他们之后"指"众使者之后"。"法老的臣民"指"法老的民族"。"迹象"指明证、证据。

"但是他们傲慢了，他们是犯罪的群体"，即这个犯罪群体抗拒真理，不愿服从真理。

"当真理从我这里到达他们时，他们说：'这是明确的魔术。'"他们明知自己在撒谎，却以安拉的名义信誓旦旦。（愿安拉丑化他们！）正如安拉所言：《他们不义和傲慢地否认了它们，虽然他们的心已经确信它们。》（27：14）

---

[1]《泰伯里经注》10：388。
[2]《布哈里圣训实录诠释——造物主的启迪》6：550。
[3]《始末录》1：101。

"穆萨说：'当真理到达你们时，你们说这是魔术吗？魔术师不会成功。'他们说：'你来到我们这里，就是为了使我们背弃我们祖先的道路，以便你俩妄自尊大吗？'"即你要让我们放弃祖先的遗教，以便你和哈伦获得尊严和地位吗？

§ 79.法老说："你们把所有精明的魔术师给我带来。"

§ 80.当魔术师们到达时，穆萨对他们说："你们扔出你们所扔的吧！"

§ 81.当他们扔出的时候，穆萨说："你们所带来的只是邪术。安拉将戳穿它，安拉不改善坏事者的行为。

§ 82.安拉以他的话证实真理，无论犯罪者多么憎恨。"

### 穆萨和魔术师之间

前文已述，安拉已在《高处章》叙述了法老和魔术师之间的故事，并在本章、《塔哈章》和《众诗人章》述及了相关情节。法老煽动人们反对穆萨所带来的明证，并妄图借助魔术家和巫师之手混淆是非。但他机关算尽，事与愿违，最终安拉的迹象展现在世人面前：那些魔术师倒身下拜。他们喊道："我们归信众世界的养主，穆萨和哈伦的养主。"（7：120-122）法老以为借魔术师之手可战胜深知万机的安拉所派遣的使者，结果却惨遭失败，并失去了幸福园。不但如此，法老还要遭受火狱的惩罚。

"法老说：'你们把所有精明的魔术师给我带来。'当魔术师们到达时，穆萨对他们说：'你们扔出你们所扔的吧！'"这番话是魔术师们准备就绪后所说的，此前法老已经给他们允诺：战胜穆萨的人将得到他的宠信和封赏，所以，他们说："穆萨啊！你先掷呢，还是我们先掷？"他说："你们（先）掷！"（20：65-66）穆萨要求魔术师们首先扔出去，以便让人们看看他们的行为，此后他再带来真理，戳破他们的谬误。因此，当人们在魔术师们的伎俩前面眼花缭乱，惊恐万状的时候，因此，穆萨心中感到恐惧。我说："不要怕！你一定占上风。把你右手中的东西掷出，它会吞下他们所假造的。他们只不过是玩了一点魔术师的伎俩，魔术师无论做什么都是不会成功的。"（20：67-69）此时，穆萨说："你们所带来的只是邪术。安拉将戳穿它，安拉不改善坏事者的行为。安拉以他的话证实真理，无论犯罪者多么憎恨。"

§ 83.只有他本族的一些苗裔归信了穆萨，虽然他们害怕遭到法老及其臣民的迫害。法老在地方上确实是高傲的，确实是过分的。

### 法老的民族中只有一些青年归信穆萨

清高伟大的安拉说，虽然穆萨带来了明确的迹象、确凿的证据和灿烂的明证，但是法老的族人中只有很少一部分青年归信了他。这些人害怕法老及其臣民迫使他们放弃正信，回到不信当中。法老是个惨无人道的暴君，他的势力非常强大，百姓在他的独裁专制下诚惶诚恐，过着心惊胆战的日子。伊本·阿拔斯解释"只有他本族的一些苗裔归信了穆萨，虽然他们害怕遭到法老及其臣民的迫害"说："法老的民族中，归信穆萨的非以色列人很少。这些归信者中有法老的妻子、法老家庭的一个穆民，法老的管家和管家的妻子。"[1]

众所周知，以色列人都心悦诚服地归信了穆萨，他们早就从一些古籍中了解到穆萨的情况，并相信安拉会通过穆萨消除法老对他们的桎梏和奴役，最终战胜法老。法老得知这一消息后防备有

---
（1）《泰伯里经注》15：164。

加，但还是防不胜防。所以穆萨到来后，法老对以色列后裔的迫害达到无以复加的地步。❧他们说："在你来到我们这里以前和之后，我们遭受了折磨。"他说："你们的主将毁灭你们的敌人，并让你们代治大地，以便他看你们怎么做。"❧（7：129）下列经文可以证明以色列的后裔全部接受了正信：

❧84.穆萨说："我的族人啊！如果你们归信安拉，你们就应当只托靠他，如果你们是穆斯林。"❧

❧85.他们说："我们只托靠安拉。我们的养主啊！请不要让不义的群体迫害我们，❧

❧86.请以你的仁慈拯救我们脱离隐昧的群体。"❧

### 穆萨鼓励他的民族托靠安拉

安拉讲述穆萨对以色列后裔的话说："**我的族人啊！如果你们归信安拉，你们就应当只托靠他，如果你们是穆斯林**"，即安拉会解决托靠者的一切问题。正如安拉所言：❧难道安拉不能使其仆人满足吗？❧（39：36）又❧谁托靠安拉，安拉就使他满足。❧（65：3）安拉经常将崇拜和托靠等量齐观，如❧所以你要崇拜他，托靠他。❧（11：123）又❧你说："他是至仁主，我们归信他，并托靠他。"❧（67：29）又❧他是东西方的主，除他之外没有应受拜的。所以你要以他作为你的监护者。❧（73：9）安拉命令信士在每番礼拜中多次诵读下面的经文：❧我们只崇拜你，只向你求助，❧（1：5）以色列人服从了安拉的这一命令，说："**我们只托靠安拉，我们的养主啊！请不要让不义的群体迫害我们**"，即请不要让他们战胜我们，统治我们。否则，他们会认为他们是坚持真理的，我们是陷于谬误的，所以他们能够统治我们。这样，他们就会因为我们而忘乎所以。[1]

穆佳黑德解释"**我们的养主啊！请不要让不义的群体迫害我们**"，说："请不要让他们统治我们，否则他们会迫害我们。"[2]

"**请以你的仁慈拯救我们脱离隐昧的群体**"，主啊！请慈悯我们，赐我们恩惠，使我们摆脱那些否认并掩盖真理的人们。我们归信了你，并托靠你。

❧87.我曾启示穆萨和他的兄弟："你俩当为自己的民族在埃及建造一些房屋，并使你们的房屋朝向礼拜的方向，你们应当坚持礼拜，你给信士们报喜吧！"❧

### 命令以色列人在家中礼拜

安拉讲述了他从法老及其民族那里拯救以色列人的原因和以色列人得救的方法。当时安拉命令穆萨和哈伦在埃及为他们的民族建造一些房子。

"**并使你们的房屋朝向礼拜的方向**"，伊本·阿拔斯解释说：以色列人对穆萨说："我们无法在法老的压迫下礼拜。"所以安拉允许他们在房屋中礼拜，同时命令他们向着礼拜的朝向建造房屋。[3]

穆佳黑德则解释说："以色列人担心在教堂中礼拜会招来法老的杀害，所以奉命以家为寺，在家中朝向朝拜方向，秘密礼拜。"[4]

❧88.穆萨说："我们的养主啊！你在今世生活中赐给法老和他的臣民们装饰和财产，我们的养主啊！以致他们使人们迷失了你的正道。我们的养主啊！求你毁掉他们的财产，封闭他们的心灵，让他们不要归信，直至他们看到惨痛的惩罚。"❧

❧89.他说："你俩的祈祷被应答了，你俩当坚持（正路），而不要跟随无知者的道路。"❧

### 穆萨诅咒法老及其臣民

法老及其臣民不但执迷不悟，拒绝真理，而且傲慢无礼，多行不义。因此，穆萨诅咒了他们，说："**我们的养主啊！你在今世生活中赐给法老和他的臣民们装饰和财产**"，即你赐给他们家具和享受，以及丰富的财产。

"**我们的养主啊！以致他们使人们迷失了你的正道。**"你虽然知道他们不会归信你派使者带去的真理，但你还是赐给他们这些财产，以便你使他们明升暗降，正如安拉所言：❧以便我在其中试验他们。❧（72：17）有人认为这里的意思是："你之所以赏赐他们，只为了使你意欲之人受到迷惑；使他们认为你赐他们恩泽，是因你关爱他们。其实不然。"[5]

"**我们的养主啊！求你毁掉他们的财产**"，伊本·阿拔斯和穆佳黑德解释为："求你毁掉他们的

---

[1]《泰伯里经注》15：169。
[2]《阿卜杜·兰扎格经注》2：297。
[3]《泰伯里经注》15：174。
[4]《泰伯里经注》15：173、174。
[5]《泰伯里经注》15：181。

财产。"端哈克解释为："愿安拉使它成为被雕刻的石头，就像它原来的样子。"(1)

"封闭他们的心灵，让他们不要归信，直至他们看到惨痛的惩罚。"伊本·阿拔斯说，经文指封闭他们的心灵。(2) 穆萨因为安拉及其宗教而感到不平，所以诅咒一无是处的法老及其民族。正如努哈所说：《我的主啊！隐昧者中，求你不要留下一个活动者！因为，如果你留下他们，他们就会误导你的仆人，他们将只会生下邪恶者、忘恩负义者。》（71：26-27）因此，安拉准承了穆萨和哈伦的祈祷，说："你俩的祈祷被应答了"，即我接受了你俩关于毁灭法老及其臣民的要求。伊本·阿拔斯说，所以，你俩要坚持正路，执行我的命令。这就是经文所说的"你俩当坚持（正路）"。(3)

《 90. 我曾让以色列的后裔渡过了大海，于是法老和他的军队过分地、敌对地追击他们，直到他快要被淹死的时候，他说："我归信了，应受拜者，惟有以色列人所归信的安拉。我是一个顺服者。"》

《 91. 现在（你才归信）吗？以前你确已违抗了，你一直是个坏事者。》

《 92. 今日，我将拯救你的身体，以便你成为后来者的一个迹象。多数人确实是疏忽我的迹象的。》

## 以色列的后裔得救　法老的臣民被淹没

安拉讲述了淹没法老及其臣民的情形：以色列人在穆萨的陪同下离开了埃及，据说，不算儿孙，仅成丁和战士就有六十万。他们还带着从科卜特人那里借来的许多首饰。法老怒火中烧，在各地派遣官员为他征兵。此后亲自率领一支大军追击以色列人。安拉意欲由此而显示一件事情。举国上下，有权有势的人都积极响应法老的号召，太阳升起的时候，他们已赶上了以色列人。《当两军互相看见时，穆萨的同伴们说："我们一定会被赶上。"》（26：61）穆萨带领众人来到海边时，法老的追兵也逼近了。以色列人除了背水一战外别无选择。穆萨的随从者们则迫不及待地追问他："我们往哪里逃呢？"穆萨说：《他（穆萨）说："绝对不会！我的主的确与我同在，他将会引导我！"》（26：62）山穷水尽疑无路，柳暗花明又一村，就在这时，安拉命令穆萨用手杖击打大海，穆萨用手杖一

---

(1)《泰伯里经注》15：180。
(2)《泰伯里经注》15：181。
(3)《泰伯里经注》15：187。

---

击大海，海水便排山倒海般地分开了，他们的眼前出现了十二条道路。每一支族都有专门的道路。安拉又命令风吹干了海底的水。《并为他们从海里开出一条干路，不要怕被赶上，也不要畏惧！"》（20：77）每条通道的水墙上都有木厨窗般的洞孔，行走在各通道中的人们能够彼此相看，这样，他们就不用担心另一些人被淹没。法老带兵追到此岸时，以色列人刚刚抵达大海的彼岸。法老的眼前出现了五光十色的景象，忽然又是一片黑暗。法老见此情景，大吃一惊，企图打转马头逃跑，但已经欲逃无路，回天乏力。安拉已经应答了先知的祈求，判定了事情的结局。

吉卜勒伊里骑着闪电快马，来到法老的马旁边，发一声嘶鸣，纵身跃进大海，法老的人马也跟着跃进了大海。法老虽然已经自身难保，但还是佯装坚强，对其官员们喊道："在大海面前，以色列人和你们是一样的。"众官员迫于他们的命令，率军全部进入了海中。米卡伊里天使则在后面驱赶他们，不让任何一人留下来。后面的人马全部进入大海后，前面的人正急着企图登陆，安拉则在这时下令大海淹没他们，他们无一人得救。他们上面的浪潮一浪高于一浪，法老在波涛汹涌的大海中感觉到

死亡来临了，便说："我归信了，应受拜者，惟有以色列人所归信的安拉。我是一个顺服者。"但为时已晚[1]，此刻即使归信，也没有意义。❦ 当他们看到我的惩罚时，他们说："我们归信独一的安拉，并否认一切我们曾经为他所举伴的。"但是当他们已经看到我的惩罚时，他们的信仰对他们就没有用了。这就是安拉对待他的众仆的一贯方法，在那里，隐昧者们亏折了。❧（40：84-85）当法老说了这些话后，安拉回答道："**现在（你才归信）吗？以前你确已违抗了**"，即你现在才说这句话吗？以前自由的时刻你在干什么？

"**你一直是个坏事者**"，即属于那些把人引向迷途的坏人。❦ 我使他们成为召人进入火狱的头目。审判日，他们将不被援助。❧（28：41）法老在此时此景下所说的话，属于安拉早已通知安拉的使者㊿的未见秘密。安拉的使者㊿说："吉卜勒伊里对我说：但愿你能想得到，我当时拿起海底的一把淤泥，填进法老嘴中，担心他得到（安拉的）慈悯。"[2]

"**今日，我将拯救你的身体，以便你成为后来者的一个迹象。**"伊本·阿拔斯等前辈学者说，有些以色列人对法老之死表示怀疑，所以安拉命令大海完好无损地把他的尸体抛到一个高地上，当时，尸体上还穿着众所周知的法老盔甲。人们这才打消了怀疑。[3] 因此说，"**今日，我将拯救你的身体**"，即要将你的尸体抛到一个高地。[4]

"**以便你成为后来者的一个迹象**"，以便给以色列的后裔证实你的死讯。证明安拉能让一切生物死亡，任何物都无法与安拉抗衡。因此，有学者解释道："以便世人引以为鉴。"正如布哈里传述，法老及其臣民是在阿舒拉之日毁灭的。伊本·阿拔斯说，安拉的使者㊿到麦地那时，发现当地的犹太人在阿舒拉之日封斋，于是使者问他们："你们因何在此日封斋？"他们说："这是穆萨战胜法老的日子。"穆圣㊿对弟子们说："你们比他们更有权接近穆萨，请封此日的斋戒吧！"[5]

❦ 93.我确让以色列人居住了一个安定的居所，并供给他们许多佳美的物品。后来，知识一降临他们，他们就产生了分歧。末日，你的主将判决他们之间的分歧。❧

## 安拉让以色列人安居大地并赐给他们佳美的物品

清高伟大的安拉说，他曾赐给以色列人今世和后世的恩典。

"**安定的居所**"，有人认为指埃及、沙姆等靠近远寺的地区。因为安拉毁灭了法老及其军队后，让穆萨在整个埃及建国，正如安拉所述：❦ 我教一些曾受欺压的人继承了大地的东方和西方，并在其中赐福。安拉最美好的约言，因以色列后裔的忍耐，而对他们实现了。我毁灭了法老和他的臣民所做的一切和所兴建的一切。❧（7：137）又❦ 此后，我就把他们驱逐出林园、源泉、宝库和美好的住处。就那样，我使以色列的后裔继承了它们。❧（26：57-59）又❦ 他们留下了许多园圃和泉源。❧（44：25）此后以色列人和穆萨一起去征讨安拉的朋友伊布拉欣曾经居住的城市——圣城固都斯。当时该城居住着阿马立克人。以色列人到达该城后不愿和城中的人交战，所以安拉将以色列人驱逐到迷惑滩，让他们在那里徘徊了四十年。此间，哈伦和穆萨相继归真，二人归真后，以色列人在优舍尔·本·奴尼的带领下离开了迷惑滩，安拉还为他们解放了巴勒斯坦，并一度让他们统治该城。

"**并供给他们许多佳美的物品**"，即在教法方面和理性方面，都是美好、洁净的有益物品。

"**后来，知识一降临他们，他们就产生了分歧**"，即他们的分歧只发生在知识降临他们之后。换言之，安拉已经为他们阐明了真理，取消了疑问，所以他们不应该再制造分歧。穆圣㊿说："犹太人分成了七十一个派别，基督教徒分成了七十二个派别，这个民族将分成七十三个派别，其中的一个派别在乐园中，其他的七十二派都在火狱之中。"有人问："安拉的使者啊！这一派是谁？"使者㊿说："坚持我和我的弟子的道路的人。"[6]因此，安拉说："末日，你的主将判决他们之间的分歧。"

❦ 94.如果你怀疑我所降示给你的，那么你去问问那些以前读过经典的人。的确，真理已由你的主降给你，所以你切莫成为怀疑的人。❧

❦ 95.你也不要成为那些否认安拉的启示的人，否则，你就会成为一个损失的人了。❧

❦ 96.你的主的言辞已经判定的那些人，他们

---

[1] 正信有益于人的条件是"未见而归信"，人们到了后世或临终时，将会见到安拉所许约的一切，并且全都会归信，但那时的归信已经失去了意义。——译者注
[2]《特亚莱斯圣训集》341；《提尔密济圣训全集诠释》8：526；《泰伯里经注》15：190、191。
[3]《泰伯里经注》15：196。
[4]《泰伯里经注》15：197。
[5]《布哈里圣训实录诠释——造物主的启迪》8：198。

[6]《哈肯圣训遗补》1：129。

不会归信。

❦ 97.即使任何迹象来临他们，直到他们看到痛苦的刑罚。❦

## 以前的经典能证实《古兰》

清高伟大的安拉说：❦ 那些跟随使者——不识字的先知——的人，会发现他被记载在他们眼前的《讨拉特》和《引支勒》当中。❦（7：157）虽然他们根据自己的经典对穆圣认得很清——正如他们认识自己的儿女一样——但他们还是混淆视听，篡改经文，在铁证面前不低头，不归信。所以说："你的主的言辞已经判定的那些人，他们不会归信。即使任何迹象来临他们，直到他们看到痛苦的刑罚"，即他们不会在正信的有效期接受正信。因此，穆萨诅咒法老及其臣民，说：❦ 我们的养主啊！求你毁掉他们的财产，封闭他们的心灵，让他们不要归信，直至他们看到惨痛的惩罚。❦（10：88）又❦ 即使我确已派遣天使到他们那里，并且让死去的人们和他们说话，即使我把一切事物源源不断地集中在他们面前，除非安拉意欲，他们也不会归信。他们大多数一直是无知的。❦（6：111）然后说：

❦ 98.为什么没有一个城市的居民就像优努司的族人一样归信，并从归信中受益呢？当他们归信时，我就解除他们今世生活中凌辱的惩罚，并使他们享受一段时期。❦

## 惩罚来临时的归信对任何人都没有裨益，优努司民族的特殊情况

清高伟大的安拉说，为什么我遣圣降经的民族中，没有一个民族全民信教？穆罕默德啊！在你之前我每派一位使者，他的民族就会否认他，或者他的民族中的大部分人会否认他。正如安拉所言：❦ 啊！众仆真是不幸！只要有使者到达他们，他们就要嘲笑他！❦（36：30）又❦ 同样，只要有使者到达他们以前的那些人，他们就会说："这是一个魔术师或疯子。"❦（51：52）又❦ 就这样，在你以前，每当我派遣一位警告者到一个城镇时，他们当中的奢华者就说："我们发现我们的祖先遵从一种宗教，我们是步他们后尘的。"❦（43：23）穆圣说："各先知都出现在我面前，有位先知经过时带着一伙人，有位先知经过时仅带着一个人，有位先知带着两个人，也有先知经过时没有任何人和他在一起。"[1] 穆圣

提到穆萨先知的追随者很多，最后说伊斯兰民族的人数最多，它遍布东西两方。概言之，以前民族中全民信教的只有优努司先知的民族。他们是尼奈瓦人，他们信教的原因只是因为害怕遭受到使者所警告的惩罚。此前，他们已经看到了惩罚来临的许多预兆，他们的使者离他们而去后，他们开始服从安拉，向安拉求救；他们把自己的儿童、牲畜和庄稼聚集到一起，祈求安拉消除先知所警告的惩罚。因此，安拉慈悯他们，解除了刑罚，没有立即惩罚他们。正如经文所述："为什么没有一个城市的居民就像优努司的族人一样归信，并从归信中受益呢？当他们归信时，我就解除他们今世生活中凌辱的惩罚，并使他们享受一段时期。"格塔德解释这段经文说，除了优努司的民族外，惩罚来临的时刻，任何否认后又归信的民族都没有得到宽限。优努司的民族失去先知后，感觉到惩罚就要降临，后来安拉启示他们忏悔，他们便穿上粗毛衣，把每个牲畜和它的幼崽分开，然后向安拉哀求了四十天。安拉看到他们真诚忏悔，并对往事懊悔不已，就替他们解除了即将到来的惩罚。格塔德还说，优努司的民族是居住摩苏尔的尼奈瓦人。[2]

---

（1）《布哈里圣训实录诠释——造物主的启迪》10：224。

（2）《泰伯里经注》15：207、208、209、210。

⟨ 99.如果安拉意欲,大地上所有的人都已归信了!难道你要强迫人们都成为归信者吗?⟩

⟨ 100.除非安拉意欲,没有人会归信。他把污秽置于不理解的人之中。⟩

## 安拉并不强迫人们归信

"如果安拉意欲。"穆罕默德啊!如果是那样的话,大地上的人们都接受了你所带来的信仰,但安拉的每个行为都是有哲理的。安拉说:⟨ 如果你的主愿意的话,他会使人类成为一个民族。但是他们永远是有分歧的,除了你的主所慈悯的那些人。他为此而造化他们。你的主的言辞已经应验了:"我的确将以精灵和人一起填满火狱。"⟩(11:118-119)又⟨ 难道信士们不知道,如果安拉愿意,他就引导了全人类?⟩(13:31)因此,安拉说:"难道你要强迫人们都成为归信者吗?"即你没有这个权力,也不应该这样去做。不然,⟨ 安拉的确任他所意欲之人投向迷途,并引导他所意欲之人,所以你的内心不必为他们忧伤。⟩(35:8)又⟨ 你无法引导他们,但安拉引导他所欲之人。⟩(2:272)又⟨ 你或许由于他们不信而忧伤欲绝。⟩(26:3)又⟨ 的确,你不能够引导你所喜欢的人。⟩(28:56)又⟨ 你的责任只是传达,清算由我掌管。⟩(13:40)又⟨ 你当劝诫,你只是一位劝诫者,你不是他们的监护者。⟩(88:21-22)

相关的经文很多,它们都证明安拉可以做他所意欲之事,引导他所意欲之人,使他所意欲之人走向迷误,一切都取决于安拉的知识、哲理和公正。因此说:"除非安拉意欲,没有人会归信。他把污秽置于不理解的人之中。""污秽"指"抛弃和迷误"。"不理解的人"指"不理解安拉的明证和论证的人"。因为安拉对于万物是公正的;得道者得道,迷误者迷误,都是在一条公正的法则中完成的。

⟨ 101.你说:"你们去观察诸天与大地中的一切。"但是种种迹象和警告者都对不信的群体没有裨益。⟩

⟨ 102.除了那些在他们以前逝去的人的样子,他们期待些什么呢?你说:"你们等待吧!我也和你们一同等待。"⟩

⟨ 103.然后我拯救我的使者和归信的人们。就这样,我是有责任拯救归信者们的。⟩

## 命人参悟天地的造化

人应该参悟安拉赐给他们的无限恩典,对智者而言,天地的创造中确实有许多灿烂的迹象——明亮的星星,众多的行星和恒星,太阳和月亮,白天和夜晚,以及它们的不同、交替和互补;苍穹的高大、辽阔和美丽;能带来生机的雨露;各种庄稼、果实和花卉;形态、色彩和用途各异的动物;山岳、平原、沙漠、城市和荒野,以及大海中的层层巨浪——虽然如此,船舶还是能在上面平坦地航行等森罗万象。这一切都是在万物的主宰——安拉的制约之中,应受拜者,惟有独一无偶的安拉。

"但是种种迹象和警告者都对不信的群体没有裨益",即虽然天地万物中充满了无数迹象,众使者们带来了许多明确的证据,但对那些隐昧者来说,这一切都没有作用。正如安拉所言:⟨ 你的主的言辞已经判定的那些人,他们不会归信。⟩(10:96)

"除了那些在他们以前逝去的人的样子,他们期待些什么呢?"即以前否认众使者的人们都遭受了惩罚和酷刑,穆罕默德啊!这些否认你的人也是同样,他们只等待前人那样的遭遇。

"你说:'你们等待吧!我也和你们一同等待。'然后我拯救我的使者和归信的人们。"同时,我将毁灭那些否认众使者的人。

"就这样,我是有责任拯救归信者们的。"安拉说,这是他对自己规定的义务。正如安拉所言:⟨ 你们的主已规定以慈悯为己任。⟩(6:54)

⟨ 104.你说:"世人啊!如果你们对我的宗教有丝毫怀疑,那么我不会崇拜你们舍安拉而崇拜的,我只崇拜使你们死亡的安拉。我已奉命成为信士。"⟩

⟨ 105.你当自然地使你的面容归向正教,切莫成为多神教徒。⟩

⟨ 106.也不要舍安拉而祈求那些对你无益无害的(伪神)。如果你这样做,那么你就是不义的人。⟩

⟨ 107.如果安拉使你遭受灾难,除他之外,没有谁能够解除它。如果你的主给你恩典,也没有人能阻碍他的恩惠。他使它降于他所意欲的仆人,他是至恕的、至慈的。⟩

## 命人崇拜并托靠独一无偶的安拉

清高伟大的安拉对使者㘜说,你说,世人啊!安拉已经启示我纯正的正教,如果你们对这个宗教的正确性有丝毫怀疑,那么,我不会放弃崇拜安拉而去崇拜你们所崇拜的。安拉既能让你们生,也能让你们死,你们的归宿只在他那里。如果你们舍安拉而崇拜的那些假神真的存在，你们就叫它们来伤害我吧！但是它们对人无害无益。掌握福祸的只是独一无偶的安拉，"我已奉命成为信士。"

"你当自然地使你的面容归向正教"，即你当自然而然地虔诚崇拜独一无偶的安拉，远离以物配主。因此说："切莫成为多神教徒。"这句经文连接"我已奉命成为信士。"

"如果安拉使你遭受灾难"，经文说明，好坏和福祸都归安拉掌管，而任何人都不会和安拉共同拥有这些权力。因为应受崇拜的，只有独一无偶的安拉。

"他是至恕的、至慈的"，即人无论犯了什么罪恶，只要向安拉忏悔，安拉都会赦宥的。安拉甚至能原谅以物配主之后又忏悔的人。

◈ 108.你说："世人啊！真理已由你们的养主来临你们，谁获得引导，他只为自己而得道；谁迷误，那也只不利自身而迷误。我不是你们的监护者。" ◈

◈ 109.你要追随降给你的启示，并要坚韧，直到安拉裁决。他是最好的判决者。 ◈

安拉命令使者㊗告诉世人，使者从他那里带给他们的一切，都是确凿无疑的真理，谁通过这个宗教获得正道，遵循这个宗教，那么，谁将获益无穷；谁若迷失了这个宗教，那么，谁将自受其害。

"我不是你们的监护者"，我并不负有保证你们归信的义务，我只是警告者，安拉负责引导世人。

"你要追随降给你的启示，并要坚韧"，你当遵循安拉降示给你的经文，并忍受人们的反对。

"直到安拉裁决"，直至安拉在你们之间判决。

"他是最好的判决者"，即他是最公正，最富有哲理的判决者。

《优努司章》注释完。一切赞美全归养育众世界的安拉。

### 《呼德章》注释　麦加章

#### 使穆圣㊗白了头的章节

伊本·阿拔斯传述，艾布·伯克尔说："安拉的使者啊！你的头发白了。"使者说："使我产生白发的是《呼德章》《大事章》《被遣者章》《消息章》和《太克威尔章》。"另据传述："《呼德章》等类似的章节使我白了头。"[1]

#### 奉普慈特慈的安拉之尊名

◈ 1.艾立甫，俩目，拉仪。这是文辞精确的，解释详尽的经典。来自明哲的、彻知的主。 ◈

◈ 2."你们只崇拜安拉，我确实是来自他那里，对你们传警告和报喜的。 ◈

◈ 3.你们当向你们的养主求饶，并向他忏悔，这样，他就会使你们美好地享受，直到预定的期限。他将他的恩典赐予每一个应获恩典的人。倘若

---
(1)《提尔密济圣训全集诠释》9：184。

你们背离，我会为你们担心重大之日的惩罚。

4.你们的归宿是安拉。他是全能万物的。"

## 《古兰》号召人崇拜独一的安拉

前面注释《黄牛章》时已经注释了出现在某些章节开头的单独字母，此处不再赘述。求安拉赐我们机遇。

"**这是文辞精确的，解释详尽的经典**"，即《古兰》的节文辞句精确，义理分明，无论从文章的格局方面，还是从精神意义的阐述方面，都达到了极致。[1]

"**来自明哲的、彻知的主**"，安拉的言行和判决，是充满哲理和智慧的，并且他知道一切事情的结局。

"**你们只崇拜安拉**"，这部精确而详明的经典，是为了引导世人崇拜独一无偶的安拉。正如安拉所言：我在你以前每派遣一位使者，就对他启示道："除我之外无应受拜的，所以你们应当惟独崇拜我。"（21：25）又 我的确在每一个民族中派遣一位使者。（他说）"你们要崇拜安拉，远离塔吾特。"（16：36）

"**我确实是来自他那里，对你们传警告和报喜的**"，即如果你们违背安拉，我就是你们的警告者；如果你们服从他，我就会以来自安拉的赏赐向你们报喜。正如圣训所述，安拉的使者㊗有天登上索法山，把古莱什人中的亲属聚集到一起，然后说："古莱什大众啊！请你们告诉我，如果将有一支马队在早晨攻击你们，你们会相信我吗？"众人说："我们从未见你撒过谎。"使者㊗又说："我是在惨痛的惩罚来临之前你们的警告者。"[2]

"**你们当向你们的养主求饶，并向他忏悔，这样，他就会使你们美好地享受，直到预定的期限。他将他的恩典赐予每一个应获恩典的人**"，即我命令你们因为以前所犯的罪恶而向安拉求饶，为了未来而向安拉忏悔，并坚贞不渝。"**他就会使你们美好地享受**"，即让你们在今世中得到幸福，"**直到预定的期限。他将他的恩典赐予每一个应获恩典的人**"，即他还在后世赐你们幸福。[3]正如安拉所言：不论男女，只要他行善，并且归信，我一定使他过一种美好的生活。（16：97）

"**倘若你们背离，我会为你们担心重大之日的惩罚。**"这是对抗拒安拉的命令，反对使者的人们严厉的警告。他们必定在后世遭受惩罚。

---
（1）《泰伯里经注》15：227。
（2）《圣位的证据》2：181。
（3）《泰伯里经注》15：231。

"**你们的归宿是安拉**"，指末日的归宿只在安拉那里。

"**他是全能万物的**"，即他能做他所意欲的一切——善待他的盟友，惩罚他的敌人，末日复造众生。这是在前面的鼓励之后发出的警告。

5.注意，他们蜷曲胸部，以便隐瞒安拉。注意，他们以他们的衣服遮掩自己的时候，他知道他们所隐藏的和公开的。他确实是全知心事的主。

## 安拉彻知万物

伊本·阿拔斯说："人们曾憎恶在平时或性交时将阳物对着天空，后来安拉降示了这段经文。"布哈里传述，伊本·阿拔斯读道："注意，他们蜷曲胸部。"有人问："伊本·阿拔斯啊！'蜷曲胸部'是什么意思？"他回答说："有些男子在和妻子性交或上厕所时感到羞愧。[4]所以安拉降谕道：'注意，他们蜷曲胸部。'"另据传述，伊本·阿拔斯说："有些人羞于上厕所的事情通向天空，或性交的事情通向天空，安拉因为他们而降示了这段

---
（4）《布哈里圣训实录诠释——造物主的启迪》8：200。

经文。"[1]

"他们以他们的衣服遮掩自己",伊本·阿拔斯认为他们遮住自己的头部。[2]

⟪6.大地上没有一个生物不归安拉供养,他知道它的居所和贮藏之处,一切都在一部明确的天经中。⟫

### 安拉保证供养地球上的一切生灵

清高伟大的安拉说,他保证供养地球上的一切生灵,无论它们的体形有多大,也无论它们生活在海洋中还是陆地上。他知道它们最终走到哪里,并居住在哪里。伊本·阿拔斯说,"居所"指居住的地方,"贮藏之处"指死亡的地方。[3]因为一切都记载在"一部明确的天经中。"正如安拉所言:⟪地上的兽类和用翅膀飞行的鸟类,都是像你们一样的群体。在这部经典中我不曾遗漏任何事物。他们全体都将被集中到他们的养主那里。⟫(6:38)⟪安拉那里有未见(事务)的钥匙,除他之外无人知道它。他也知道陆地和海洋中的一切。只要一片叶子落下,他就知道它。大地深处的每一粒谷子,一切新鲜的或是干枯的,都(被记载)在明白的天经中。⟫(6:59)

⟪7.是他在六天中造化了诸天和大地,他的阿莱什在水上,以便他考验你们,看你们当中谁的行为最好。倘若你对他们说:"你们一定会在死后复生。"隐昧的人必定会说:"这是明确的魔术。"⟫

⟪8.如果我将对他们的惩罚延缓到一个可数的时期,他们就会说:"是什么阻止了它?"注意,在它降临他们的那天,他们无处逃避,他们所嘲弄的就会包围他们。⟫

### 安拉在六天内创造了诸天和大地

清高伟大的安拉说,他是全能万事的,他在六天内创造了诸天和大地,此前,他的阿莱什就在水上。仪姆兰传述,安拉的使者说:"泰米目族人啊!你们接受喜讯吧!"他们说:"你已经给我们报了喜讯了,请把你所说的赐给我们吧!"使者说:"也门人啊!你们接受喜讯吧!"他们说:"我们接受了。请告诉我们,万物之初是什么。"使者说:"安拉存在于万物之前,他的阿莱什在水

上,他在被保护的天经牌中记载了万物。"圣训传述者说,这时来了一个人,对我说:"仪姆兰啊!你的骆驼的缰绳解开了。"所以我去寻觅骆驼,而不知道我走后使者讲了些什么。[4]

阿慕尔传述,安拉的使者说:"安拉在创造诸天和大地之前的五万年,预定了万物的一切。他的阿莱什一直在水上。"[5]艾布·胡莱赖传述,安拉的使者说:"伟大的安拉说:'你花费吧!我会给你花费。'"又"安拉的手是充满的,它不因花费而干涸。无论白天还是夜晚,安拉都是博施的。"又"你们是否想到:自从创造天地以来,他花费了多少?但他的右手中的一切都没有减少,他的阿莱什在水上。天秤归他掌握,他可以使之高,也可以使之低。"[6]

"以便他考验你们,看你们当中谁的行为最好",即安拉为了仆人的利益创造了诸天和大地,以便仆人能崇拜他,不以任何物举伴他。他不会出于游戏而创造万物。正如安拉所言:⟪我没有荒谬地造化天地与其间的一切!那是否认者的猜想。所以,倒霉吧!隐昧的人们!⟫(38:27)又⟪你们以为我只是随意地造化了你们,而你们不会被带回到我这里来吗?赞美安拉——真实的君主清高!除他之外再无应受拜者,他是尊贵阿莱什的主!⟫(23:115-116)又⟪我造化了精灵和人类,只为了他们崇拜我。⟫(51:56)

"以便他考验你们,看你们当中谁的行为最好。"经文没有说:"看你们中谁的工作最多。"美好的工作应该是虔诚为主的,符合穆圣所制定的法律要求的。不具备这两个条件的工作,都是徒劳无益的,无效的。

### 多神教徒关于后世复生的辩论以及他们要求惩罚立即降临于他们

"倘若你对他们说:'你们一定会在死后复生。'"安拉说,穆罕默德啊!如果你对这些多神教徒说,安拉将在你死后复活你们,正如他初次创造你们一样(他们依然不会相信),虽然他们知道安拉是诸天和大地的创造者。正如安拉所言:⟪如果你问他们是谁造化了他们,他们势必会说:"安拉。"⟫(43:87)又⟪如果你问他们谁造化了诸天和大地,制服了太阳和月亮。他们一定会说:"安拉。"⟫(29:61)即便如此,他们还是否认死后的复生和最后的归宿。其实对安拉

---

(1)《布哈里圣训实录诠释——造物主的启迪》8:200。
(2)《布哈里圣训实录诠释——造物主的启迪》8:200。
(3)《泰伯里经注》15:241。
(4)《艾哈麦德按序圣训集》4:431;《布哈里圣训实录诠释——造物主的启迪》6:330;《穆斯林圣训实录》4:2041。
(5)《穆斯林圣训实录》4:2044。
(6)《布哈里圣训实录诠释——造物主的启迪》8:202。

来说，复造是更轻松的。正如安拉所言：❀是他创始造化，然后复造之。复造对于他是更容易的。❀（30：27）又❀造化和复活你们，就和（造化和复活）一个人一样。❀（31：28）

"这是明确的魔术"，即他们出于否认和顽抗而说，我们不信仰你所说的所谓复活。只有被你迷惑的人们才会相信你说的话。

"如果我将对他们的惩罚延缓到一个可数的时期"，安拉说，如果我不立即惩罚这些多神教徒，而等到预定的时间惩罚他们，他们必定出于否认和蔑视而说："是什么阻止了它？"即我们为什么没有遭受灭顶之灾呢？他们生来习惯于否认和怀疑，所以他们逃脱不了惩罚。

## "稳麦"的意义

《古兰》和圣训中，对"稳麦"（أمة）一词有多种意义：一、表示期限。正如本章经文所述："如果我将对他们的惩罚延缓到一个可数的时期。"又如《优素福章》说：❀那两人当中被释放的人。经过了一段时间，现在才想起了他，说道："我能告诉你们它的解释。请你们派我去吧。"❀（12：45）；二、领袖。正如安拉所言：❀伊布拉欣当初是一个稳麦。他服从安拉，纯洁无染，他不是多神教徒。❀（16：120）；三、宗教、教派。如经文叙述多神教徒时说：❀我们发现我们的祖先遵从一种宗教，我们是步他们后尘的。❀（43：23）；四、群体、一伙人。正如安拉所言：❀当他到达麦德彦的水源时，发现一群人在饮羊群。❀（28：23）又❀我的确在每一个民族中派遣一位使者。（他说）"你们要崇拜安拉，远离塔吾特。"❀（16：36）又❀每一个民族都有一位先知。当他们的先知到来时，他们之间的事情就会被公正地判决，他们不被亏待。❀（10：47）后面这两节经文中的稳麦，指安拉曾派遣过使者的群体，无论这个群体是穆民，还是隐昧者。比如安拉的使者说："以掌管我生命的安拉发誓，这个稳麦中无论犹太人还是基督教徒，只要他听到我的信息后没有归信我，他必定会进入火狱。"[1]至于服从穆圣的稳麦，则是归信一切使者的群体，如❀你们是为世人而产生的最优秀的民族。❀（3：110）圣训中说，穆圣说："我的稳麦啊！我的稳麦！"[2]五、稳麦一词还指党派、一部分人。正如安拉所言：❀在穆萨的族人中，有一部分人本着真理引导人，并以它主持公道。❀（7：159）又❀在有经人当中，有一部分人是端正的。❀（3：113）

❀9.如果我使人尝试一下我的仁慈，然后再由他那里取消它。他就变得绝望和忘恩负义。❀

❀10.倘若我在他遭遇困难之后，使他尝试一下恩典，他一定会说："种种的不幸都离我而去了。"他是得意忘形、傲慢自大的。❀

❀11.但那些坚韧并行善的人，将获得恕饶和优厚的报酬。❀

## 人在幸福与苦难中态度的转变

安拉在此讲述人的劣根性——除非安拉特慈的穆民。当他们在幸福之后遭到苦难的时候，对未来充满了绝望，对美好的过去忘得一干二净，好像永远不会再见到光明和希望；在经历了苦难迎来幸福的时候，人们往往也是这样。"**他一定会说：'种种的不幸都离我而去了。'**"即从此我不再遭受苦难了。"**他是得意忘形、傲慢自大的**"，即他因手中的财富而忘乎所以，骄傲得看不起别人。

"**但那些坚韧并行善的人**"，即除非那些经历各种苦难，并在宽裕的时刻干各种善功的人。

"**他们将获得恕饶和优厚的报酬**"，他们因为所遭受的苦难而得到安拉的赦宥，因在幸福和宽裕的时刻所干的善功而得到优厚的报酬。正如穆圣说："以掌管我生命的安拉发誓，穆民若遭受忧愁和痛苦、悲伤和疾病，安拉必会因此而消除他的罪恶，即便他被一个刺所蜇，也不例外。"[3]穆圣又说："以掌管我生命的安拉发誓，安拉对穆民所作出的判决都对穆民有益。当他遇到好事感谢安拉时，对他有益；当他遇到坏事忍耐时，也对他有益。只有穆民有此优遇。"[4]因此，安拉说：❀以时光发誓。人确在亏折之中。除非那些归信、行善，并互相以真理劝勉，相互以坚忍鼓励的人。❀（103：1-3）而❀人确实是被造成急躁的。❀（70：19）

❀12.你会因为他们说"为什么不降给他宝藏，或是一位天使没有和他一同下降"而放弃已经降给你的部分启示，并感到烦闷吗？你只是警告者，安拉是综理万物的。❀

❀13.他们或许说："他伪造了它。"你说："如果你们是诚实的，那么你们就仿造十章和它一样的，并在安拉之外寻求任何你们所能够（找到的伪神来帮助你们）的吧。"❀

❀14.如果他们没有应答你们，那么须知，它是凭安拉的知识降下的，除他之外无受拜者。那么你们会成为顺服的人吗？❀

---
(1)《穆斯林圣训实录》1：134。
(2)《穆斯林圣训实录》1：183。
(3)《艾哈麦德按序圣训集》3：4。
(4)《穆斯林圣训实录》4：2295。

### 使者因为多神教徒的话而烦闷 安慰使者

多神教徒对使者极尽谰言，百般刁难。因此，安拉在此安慰使者。正如安拉所言：《 他们说："这使者是怎么回事？他吃饭并在市集上行走。为什么没有派遣一位天使到他那里，同他一道作为警告者呢？"或是把财宝赐给他，或是他有一个林园，供他食用呢？"不义者们说："你们追随的不过是一个中魔之人。"》（25：7-8）安拉命令并指导使者，不要因此而伤神，也不要灰心丧气，以致不在白天和黑夜召唤人们走向安拉。安拉说：《 我深知你因为他们所说的话而苦闷。》（15：97）经文在此说："你会因为他们说'为什么不降给他宝藏，或是一位天使没有和他一同下降'而放弃已经降给你的部分启示，并感到烦闷吗？"其实你只是一位警告者，你之前的使者都是你的榜样。他们虽然屡遭否认和伤害，但宣教的决心从来没有动摇，最终迎来了安拉的襄助。

### 《古兰》的无与伦比的特性

安拉接着叙述了《古兰》的伊尔扎兹，指出任何人都不可能仿造这样的一部经典，或十章，甚至一章。因为安拉的语言不同于被造物的语言，正如他的属性不同于一切被造物的属性，他的本然也不像任何物。他是极其伟大、神圣、圣洁的独一主宰，宇宙惟一的养育者。除了他，没有应受崇拜的。

"**如果他们没有应答你们**"，即如果他们没有按照你们的要求带来他们的作品，那么，你们当知道他们其实是无能为力的；同时当明白，这部富有知识、包含命令和禁止的天经，是降自安拉的启示。

**《 15.喜爱今世生活和它的装饰的人，我将按照他们的行为在今世偿付给他们，他们不受亏损。》**

**《 16.这些人是那些在后世除了火之外一无所有的人，他们在其中（今世）所做的一切都无效了。他们的行为是败坏的。》**

### 追求今世的人在后世没有份额

伊本·阿拔斯解释这节经文说，沽名钓誉的人们在今世会如愿以偿，因为任何人都不受丝毫亏待。谁为了追求今世而封斋、礼拜，甚至礼夜功拜，安拉就说："我会让他如愿以偿，得到今世的报偿。"但他的作为因其性质而在后世中不具意义。他在后世是一个折本之人。[1]

艾奈斯和哈桑说，这节经文是为犹太教徒和基督教徒而降示的。[2]

穆佳黑德等学者说，它是为沽名钓誉的人们而降示的。[3]

格塔德说："谁的兴趣、理想和追求是今世，安拉就会让他在今世如愿以偿。在后世，他没有一件可获善报的善功。而穆民，在今世有善报，在后世也有善果。"[4] 如《 谁想获得现世，我就在其中给我所意欲的人赐给我所意欲的东西，然后我就为他安排火狱，他将受责备地、遭弃绝地进入其中。谁希望后世，并且为它尽力奋斗，只要他是有正信之人，这等人的努力将受到奖励。我以你主的恩赏援助所有人——这些人和那些人。你主的恩赏是不受限制的。你看我如何使他们中的一些人优越于另一些人，后世的确是品级更高和更为优越的。》（17：18-21）又《 谁希望后世的收获，我使谁的收获增多；谁希望今世的收获，我也从中给予他，那么，他在后世没有任何份额。》（42：20）

---

（1）《泰伯里经注》15：263、264、265。
（2）《泰伯里经注》15：265。
（3）《泰伯里经注》15：266。
（4）《泰伯里经注》15：264。

☀ 17.难道信赖他的主的明证——来自安拉的见证继那明证来临，在它以前有作为向导和慈悯的穆萨的经典——的人（跟那些隐昧的人相等）吗？这等人，他们归信它。而各宗派中不信它的人们，火狱就是给他们许诺的地方。所以你不要对它有任何怀疑。这确实是来自你主的真理，但是大多数人不归信。☀

## 坚信来自安拉的明证的人归信《古兰》

安拉赋予人类的天性，驱使人们承认应受拜者，惟有安拉。正如安拉所言："☀你要自然地倾向正教，那是安拉赋予人类的天性。☀"（30：30）安拉的使者㊎说："每个婴儿都依天性而出生，但他的父母亲会使他成为犹太教徒、基督教徒或拜火教徒。这就像一头刚出生的小牛一样，是健全的。你们见过其中有残缺的吗？"[1] 穆圣又说："清高伟大的安拉说：我将仆人创造成天然的，恶魔到来后蛊惑他们脱离了正教，它们把我为他们制定的一些合法改成非法，并蛊惑他们把我在其中没有赋予任何证据的事物举伴给我。"[2] 所以说，穆民应当具备这种天性"来自安拉的见证继那明证来临"，来自安拉的明证指安拉启示给列圣的伟大而完整的沙立亚法律，这部法律的最后终结者是穆罕默德㊎所带来的法律。穆民的天性，可以为这部法律（的真实性）作证，同时接受这部法律中的具体条例。因此说："难道信赖他的主的明证——来自安拉的见证继那明证来临。""明证"指《古兰》，吉卜勒伊里把它传达给穆圣㊎，穆圣㊎又把它传达给他的民族。

"在它以前有作为向导和慈悯的穆萨的经典"，即《古兰》之前有安拉降给穆萨的《讨拉特》。《讨拉特》也是安拉赐给那个民族的向导和恩慈，真正归信它的人，必然会归信《古兰》。

因此说："这等人，他们归信它。"然后安拉警告那些否认《古兰》，或对《古兰》有任何怀疑的人，说："而各宗派中不信它的人们，火狱就是给他们许诺的地方。""各宗派"指大地上一切听到了《古兰》声音的人们，无论他们是多神教徒、隐昧者、有经人，还是其他人。也无论他们是何种肤色、外貌或种族。正如安拉所言："☀以便我警告你们和一切它所到达的人。☀"（6：19）又"☀世人啊！我是被派遣给你们全体的安拉的使者。☀"（7：158）

安拉的使者㊎说："以掌管我生命的安拉发誓，这个稳麦中只要有人——无论他是犹太人还是基督教徒——听到我，而没有归信我，他必定要进火狱。"[3]

---
(1)《布哈里圣训实录诠释——造物主的启迪》3：290。
(2)《穆斯林圣训实录》4：2197。
(3)《穆斯林圣训实录》1：135。

## 每段圣训都在《古兰》中有相应的依据

赛尔德·本·朱拜尔说："我每从先知方面听到一节圣训，都会在《古兰》中找到相应的证据。后来我听先知说：'以掌管我生命的安拉发誓，这个稳麦中只要有人——无论他是犹太人还是基督教徒——听到我，而没有归信我，他必定要进火狱。'我想，这节圣训的依据何在呢？"他接着说："……后来我发现了这节经文：'而各宗派中不信它的人们，火狱就是给他们许诺的地方。'各宗派指各种宗教。"[4]

"所以你不要对它有任何怀疑。这确实是来自你主的真理"，即《古兰》是来自安拉不容置疑的真理。正如安拉所言："☀艾立甫，俩目，米目。这部毫无疑义的经典，是由众世界的养主颁降的。☀"（32：1-2）又"☀艾立甫，俩目，米目。这部经典，其中毫无疑问，是给敬畏者的引导。☀"（2：1-2）

"但是大多数人不归信"，如"☀大多数人不是信士，虽然你渴望（他们信仰）。☀"（12：103）又"☀如果你服从大地上多数的人，他们就会使你迷失安拉的道路。☀"（6：116）又"☀伊卜厉斯在他们身上证实了它的猜测，因为除了一部分穆民外，他们全都追随了它。☀"（34：20）

☀ 18.谁还比那些假借安拉名义捏造谎言的人更不义呢？他们将被展现到他们的主面前，证人们将说："这些就是假借他们主的名义撒谎的人。真的，安拉的怒恼会降于不义者。"☀

☀ 19.那些阻碍主道，并企图使它歪曲的人，他们是否认后世的。☀

☀ 20.这些人并不是在大地上逍遥法外的。除了安拉,他们没有任何保护者，给他们的刑罚将被加倍。他们既不能听，也不能见。☀

☀ 21.这些是亏负了自己的人，他们所捏造的已经遗弃了他们。☀

☀ 22.无疑，他们是在后世最亏折的。☀

## 假借安拉名义编造谎言，并阻碍主道的人是最亏折的

安拉在此讲述了那些假借他的名义编造谎言的人的情况。在后世，他们的丑行将展现在众生——天使、使者和其他人类与精灵面前。索夫万传述，有一个人走来时，我正拉着欧麦尔的手，来人问："你听使者是怎样叙述末日的？"欧麦尔说，我听使者说："伟大的安拉将临近穆民，将他庇佑起

---
(4)《泰伯里经注》15：280。

来，不让人们看到他。让他承认自己的罪恶，对他说：'你可知某罪和某罪？……'这位穆民承认了自己的罪恶，认为罪责难逃时，安拉说：'我在今世中遮蔽了你（的罪恶），今天，我将恕饶你。'然后将善功簿交给他。至于隐昧者和伪信士，证人们将说：'**这些就是假借他们主的名义撒谎的人。真的，安拉的恼怒会降于不义者**'。"[1]

"**那些阻碍主道**"，即阻碍人们追求真理，通向安拉的喜悦之途，并设法使人们远离乐园。

"**企图使它歪曲**"，他们希望穆民的道路荆棘丛生，崎岖不平。

"**他们是否认后世的**"，他们不相信有后世。

"**这些人并不是在大地上逍遥法外的。除了安拉，他们没有任何保护者**"。他们都在安拉的制服、管理和权力之下。安拉可以不等后世来临就惩罚他们，《他只宽限他们到瞪眼的那一天。》（14：42）

两圣训实录辑录："安拉将放纵不义者，直到他惩罚他时，不会照顾他。"[2]因此说："他们的刑罚将被加倍。"因为安拉为他们创造了感官，但他们并没有正确使用它们，故对真理视而不见，置若罔闻。安拉讲述他们进火狱时的情况，当时他们说：《如果我们曾经听从或是理解，我们就不会沦落到烈焰的居民当中！》（67：10）又《那些不信安拉并在安拉的道路上阻碍（他人）的人，我将对他们罚上加罚。》（16：88）他们会因其恶行受到相应的惩罚。

"**这些是亏负了自己的人，他们所捏造的已经遗弃了他们。**"他们的悖逆将致使他们自己进入灼热的火狱，无时无刻地遭受惩罚，因而亏负了自己。正如安拉所言：《每当火势减弱时，我就为他们增加火焰。》（17：97）

"**他们所捏造的已经遗弃了他们**"，指他们舍安拉而臆造的偶像等伪神对他们有害无益。正如安拉所言：《当人类被集中起来时，它们（伪神）将变成他们的敌人，并否认他们的崇拜。》（46：6）又如《当时，被跟随的人看见惩罚，而与跟随的人绝交，他们间的关系都断绝了。》（2：166）类似的经文都证明，他们陷入了亏折和毁灭之中。因此说："**无疑，他们是在后世最亏折的。**"安拉在此表述了他们的归宿。在后世，他们是最亏损的人，因为他们用崇高的乐园换取了卑贱的火狱，用乐园的恩典换取了火狱的酷刑，用被封的佳酿换取了毒烟、沸水和黑影，用美丽的仙女换取了脓汁造成的食品，用高大的宫殿换取了火狱的深坑，舍弃接近并看见至仁主的机会，选择了安拉的恼怒和惩罚

---

(1)《艾哈麦德按序圣训集》2：74；《布哈里圣训实录诠释——造物主的启迪》8：204；《穆斯林圣训实录》4：2120。
(2)《布哈里圣训实录诠释——造物主的启迪》8：205。

所以，不容置疑，他们在后世是最折本的。

《23.而那些归信，行善并谦恭侍主的人，他们将是乐园的居民，将永居其中。》

《24.这两种人，一种人好比瞎子和聋子，另一种人好比能视能听的人。他们二者能相提并论吗？难道你不留意吗？》

### 信士的报偿

安拉讲述了不幸者的情况后，接着提到幸福者的情况。他们全心全意地归信安拉，身体力行各种善功，拒绝恶事。他们因此将获得乐园，享受其中的宫殿、床铺、果实、仙女……以及观看诸天和大地的创造者，他们将永沐恩泽，不老迈，不昏聩，不生病，不睡眠，不便溺，也没有痰液和鼻涕，他们身上散发着麝香般的美味。

### 对穆民和隐昧者的譬喻

然后安拉为穆民和隐昧者各举了一个例子，说："**这两种人……**"即上述幸福的穆民和薄福的

隐昧者。隐昧者"好比瞎子和聋子",而穆民好比"能视能听的人"。隐昧者在今世和后世迷失了真理,所以不认识也得不到任何幸福,他对真理置若罔闻,所以听不到有益的事物,《假若安拉知道他们有任何善(念),他就会使他们听。》(8:23)

而穆民则是理智而聪颖的,他能识别真伪,弃恶从善,能听见并辨别出明证与伪证,因此不为谬误所动。这两种人相等吗?

"难道你不留意吗?"即难道你们不曾认真考虑,以便分清这两种人吗?如《火狱的居民和乐园的居民不相等,乐园的居民才是成功的。》(59:20)又《瞎子和看得见的人不相等,黑暗和光明也不一样,荫凉和炎热也不相当,活的和死的也不相同,安拉能使任何他所意欲的听到,但是你却不能使那些在坟墓中的听到。你只是一位警告者。的确我以真理派遣你作为报喜者和警告者。任何民族,都有警告者在其中逝去。》(35:19-24)

《25.我确曾派遣努哈去他的族人那里,(他说)"我确实是你们的一位坦率的警告者。》

《26.你们应当只拜安拉。我确实替你们畏惧那痛苦日的惩罚。"》

《27.但是他的族人中的隐昧者们说:"我们看来你只不过是和我们一样的人罢了,除了我们当中最下贱的人不假思索地归信你之外,我们没有看见其他人追随你。我们看不出你们比我们有什么优越之处。实际上,我们认为你们是一群说谎的人。"》

### 努哈与他的民族的辩论

安拉在此讲述努哈,他是安拉派到大地上劝化偶像崇拜者的第一位使者。他对他的民族说:"**我确实是你们的一位坦率的警告者**",即如果你们崇拜偶像,我就会直言不讳地发出警告。所以他说:"**你们应当只拜安拉。**"

"**我确实替你们畏惧那痛苦日的惩罚**",如果你们继续坚持多神崇拜,你们就会在后世遭受安拉的严惩。

"**但是他的族人中的隐昧者们说**",即他的民族中的一些头目和大人物说:"**我们看来你只不过是和我们一样的人罢了**",你是一个凡人,而不是天使,怎么会受到启示呢?而我们怎么没有受到启示。

"**除了我们当中最下贱的人不假思索地信你之外,我们没有看见其他人追随你。**"跟随你的不过是一些商人、织布工人和苦力劳动者,而我们中的贵族和头面人物没有跟随你。那些跟随你的人,都是些头脑简单、思想单纯的人,当他们听到你的召唤后,就不假思索地响应了。

"**我们看不出你们比我们有什么优越之处**",即偶像崇拜者们说,我们看不出加入这个宗教后你们的情况发生过什么变化。

"**我们认为你们是一群说谎的人**",即你们所说的正义、清廉、功修和后世的幸福,不过是一场骗局。隐昧者对努哈及其跟随者的这些诘问,充分证明了他们的无知和愚蠢。因为追求真理者的贫穷,并不是真理本身的耻辱,无论真理的追求者高贵或贫贱,真理本身是完美的。追求真理的人是高贵的,哪怕他多贫穷;拒绝真理的人是卑贱的,哪怕他多富有。事实上追求真理的往往是一些弱者,而那些贵族和所谓的大人物,往往是违背真理的。正如安拉所言:《就这样,在你以前,每当我派遣一位警告者到一个城镇时,他们当中的奢华者就说:"我们发现我们的祖先遵从一种宗教,我们是步他们后尘的。"》(43:23)罗马国王希拉克略向艾布·苏富扬询问穆圣㊗的特征,其中问道:"追随他的是一些贵族,还是一些弱者?"艾氏回答说:"是一些弱者。"希拉克略说:"跟随众使者的,往往是一些弱者。"[1]

"**不假思索地**",这并不是值得贬斥的缺点。因为每个有理智的人,都应该不假思索地、义无反顾地投向明确的真理。而愚蠢的傻瓜们才会在真理面前犹豫不决,瞻前顾后。使者们带来的信息,都是正大光明、日月经天的。

"**我们看不出你们比我们有什么优越之处**",多神教徒们看不到信士的优越性的原因是,他们是真理面前的瞎子,故对真理视而不见,听而不闻,他们永远在犹豫和徘徊,在无知的黑暗中挣扎,他们是一些造谣生事、下贱缺德的人。在后世,他们是最折本的人。

《28.他说:"我的族人啊!请你们告诉我:如果我信赖来自我主的明证,并且他曾赐给我一项来自他的慈悯,但是它对你们又是模糊的,而你们又厌恶它时,我们能强迫你们接受它吗?"》

### 努哈的答复

安拉在此记述了努哈对其民族的答复:"**我的族人啊!请你们告诉我:如果我信赖来自我主的明证**",即我持有一种信念、一条明确的命令及真实的圣品。这是安拉对努哈及其族人的宏恩。

"**但是它对你们又是模糊的**",它在你们面前是被隐藏的,所以你们不会发现它,也不会认识它

---

(1)《布哈里圣训实录诠释——造物主的启迪》1:42。

的价值。因而，你们纷纷否认它，拒绝它，"而你们又厌恶它时，我们能强迫你们接受它吗？"

❧ 29.我的族人啊！我不会因此而向你们索要财物，我的报酬只来自安拉；我绝不会驱逐那些归信的人。他们确会见到他们的主，但我看你们只是一群无知的人。❧

❧ 30.我的族人啊！如果我赶走了他们，谁来帮助我向安拉（交待）？你们还不觉悟吗？❧

努哈对其民族说，我不因忠告而向你们索要报酬，我只会向安拉要求报酬。

"**我绝不会驱逐那些归信的人**"，这些隐昧者，自以为是，目空一切，不愿和穆民们坐到一起，要求努哈先知把贫穷的穆民从身边赶走。正如穆圣时代，一些贵族要求穆圣驱逐身边的弱者，而专门为他们设立坐席。安拉说：❧你不要赶走那朝夕求主，追求他喜悦的人。❧（6：52）又❧就这样，我使他们相互考验，以便他们说："难道这些人就是在我们当中蒙主特赐的人吗？"难道安拉不是至知感恩者吗？❧（6：53）等等。

❧ 31.我不对你们说我拥有安拉的宝藏，我不知道未见的，我不自称是一位天使，我也不对你们瞧不起的人们说："安拉不会赐予他们福泽。"安拉最知道他们的心事。否则，我就属于不义的人了。❧

努哈告诉他们，他是安拉的使者。他还号召他们凭安拉的允许，崇拜独一无偶的安拉。他不因宣传真理而索要报酬。他号召他所见到的每一个高贵的人和低贱的人归信安拉。响应他的人都会成功。他告诉他们，他没有能力支配安拉的宝库，除了安拉让他看到的之外，他对未见一无所知。他不是天使，而是一位受启示引领的、身负使命的凡人。他还说，虽然你们瞧不起这些人，但我不说他们不会得到善果。"**安拉最知道他们的心事。**"如果他们是表里如一的穆民，他们必定会得到善报。谁断言这些信士是邪恶之人，谁就是不义者，污蔑者。

❧ 32.他们说："努哈啊！你已经与我们争论了，而且争论得太多了。如果你是诚实的人，现在你就把恐吓我们的显示给我们吧！"❧

❧ 33.他说："只有安拉能将它降给你们，如果安拉愿意。你们绝不会逍遥法外的。❧

❧ 34.如果安拉意欲你们迷误，即使我愿意给你们忠告，我的忠告也将对你们无用。他是你们的主，你们都将回到他那里！"❧

## 努哈的民族要求看看安拉的惩罚，努哈对他们的回答

清高伟大的安拉说，努哈的民族要求安拉给他们立即降下惩罚、恼怒和灾难，说："**努哈啊！你已经与我们争论了，而且争论得太多了**"，即你虽然喋喋不休地和我们辩论，但我们还是不会跟随你。

"**如果你是诚实的人，现在你就把恐吓我们的显示给我们吧！**"即请你带来你恐吓我们的惩罚和灾难，或者你任意地诅咒我们，看看它对我们有何伤害。

"他说：'只有安拉能将它降给你们，如果安拉愿意。你们绝不会逍遥法外的。"安拉能够立即惩罚你们，任何事对他都不是难题。

"如果安拉意欲你们迷误，即使我愿意给你们忠告，我的忠告也将对你们无用"，即如果安拉意欲你们走邪路遭惩罚，我的宣传、忠告或警告，都

对你们不起作用。

"他是你们的主,你们都将回到他那里!"安拉掌握一切事物的命脉,是公正无私的决策者和判决者,创造权和命令权只归于他。他既是初创者,也是复造者,他也是今世和后世的掌权者。

◆35.他们或许说:"他伪造了它吧?"你说:"如果我伪造了它,我承担我的罪责,而你们所犯的罪行与我无关。"◆

### 穿插阐明穆圣㊚的诚实

穿插于故事中间的这节经文,强调并肯定了故事的真实性。安拉对穆圣㊚说,的确这些昧真的隐昧者说,穆圣自己编造了它。你说:"如果我伪造了它,我承担我的罪责,而你们所犯的罪行与我无关",即这绝不是被编造的,因为我知道,假借安拉名义造谣者将会有什么下场。

◆36.努哈曾得启示:"除了那些已经归信的人之外,你的族人中再没有归信的人了。因此不要再为他们的行为悲伤。"◆

◆37.你当在我的看顾和启示之下造船,不要再为那些不义的人而向我请求,因为他们将是被淹死的。"◆

◆38.他开始造船,每当他的族人中的贵族们经过时候,他们就嘲笑他。他说:"如果你们嘲笑我们,我们也会对你们报以相似的嘲笑。◆

◆39.你们不久就会知道谁会遭受羞辱的惩罚,并受到永恒的惩罚。"◆

### 给努哈启示其族人的下场,命令他做好准备

努哈的民族要求他立即给他们带来惩罚,所以努哈开始祈求安拉,安拉形容努哈的祈求说:◆努哈说:"我的主啊!隐昧者中,求你不要留下一个活动者!"◆(71:26)又◆于是他祈求他的主,说:"我被挫败了,求你援助吧!"◆(54:10)此时,安拉启示道:"除了那些已经归信的人之外,你的族人中再没有归信的人了。"因此,你不要因为他们的事情而悲伤。

"你当在我的看顾和启示之下造船",即你当在我的监察和指导下造船。

"不要再为那些不义的人而向我请求,因为他们将是被淹死的。"伊本·易司哈格说,《讨拉特》载,安拉命令努哈用橡木造船,船长八十腕尺,宽五十腕尺,里外都漆着柏油,船头倾为弓形,以便乘风破浪。船高三十腕尺,共三层,每层十腕尺,下层运载各类动物,中层载人,上层是飞鸟。船门在正中间,在上面盖着一层幔子,这幔子把整个船都盖住了。

"他开始造船,每当他的族人中的贵族们经过时候,他们就嘲笑他",即他们对努哈冷嘲热讽,认为他们不可能遭受什么洪水之灾。

"他说:'如果你们嘲笑我们,我们也会对你们报以相似的嘲笑。'"这是努哈对他们严厉的警告。

"你们不久就会知道谁会遭受羞辱的惩罚",即在今世中遭受凌辱,"并受到永恒的惩罚"。

◆40.直到我们的命令到达,火炉子沸腾时,我说:"你从每种物种中选出一对,(让它们)和你的家属及归信的人们一起上船,除了判辞已对他们宣布过的那些人之外。"但是只有少数人随同他归信。◆

### 洪水到来时,努哈从各种物种中带一对载于船中

这是在安拉的命令下连绵不断的暴雨降临时安

拉给努哈的许诺。当时的情况正如安拉所言：❇ 因此，我以倾注的雨水打开天门。我也使大地涌出泉水，以便两种水汇合于一项预定的事情。我使他乘上一艘用板和钉子制造的船。它在我的眷顾下漂流，以便酬报遭到否认的人。❇（54：11-14）

"火炉子沸腾时。"伊本·阿拔斯说，"火炉子"（التنور）指地面。(1) 即水从地下涌出，大地一片汪洋，直到火炉子上的水也开始涌出。这是前辈大众及其后辈学者的主张。此时，安拉命令努哈把万物中有生命的各一对（一雄一雌）带到船上。有人说，努哈当时还携带了每种植物中一雄一雌。有人说，动物中努哈首先载上船的是鹦鹉，最后载上的是驴。当时伊卜厉斯拽住驴尾巴，因此驴怎么也跳不起来，努哈见状对驴喊道："真该死，上船呀！"驴听后使尽了浑身的力量，但还是没有跳起来。努哈喊道："一同上船！"那驴只得带着伊卜厉斯一同上了船。

"（让它们）和你的家属及归信的人们一起上船，除了判辞已对他们宣布过的那些人之外"，即你当带领你的家人和亲属中未被判决的人上船，因为那些已经被判决者没有接受正信。没有接受正信的人之中有努哈的儿子亚穆，他只带着他的妻子独自一人出走了，她也否认了安拉及其使者。

"但是只有少数人随同他归信"，虽然努哈在族人中生活了九百五十年，但他们中接受正信的人微乎其微。伊本·阿拔斯说："包括妇女，归信努哈的人共计八十人"。(2)

❇ 41.他说："上船吧！它的航行和停泊都是凭着安拉的尊名，我的主确实是至赦的，至慈的。"❇

❇ 42.于是那船在如山的巨浪中载着他们航行。努哈呼唤他的儿子，那时他不在船上："我的儿子啊！跟我一道上船吧，不要同隐昧者们在一起！" ❇

❇ 43.他的儿子回答说："我即将上山避水。"他说："今天除了安拉慈悯的人之外，无人能保护人免于安拉的天命。"巨浪隔开了他俩，他成为了被淹没的人。❇

### 乘船及船在可怕的巨浪中漂泊

努哈对那些奉命载入船中的动物说："上船吧！它的航行和停泊都是凭着安拉的尊名"，即此船将奉安拉的尊名在水上航行，也将奉安拉的尊名着陆。艾布·勒佳伊读为："奉使之航行、使之着

———
(1)《泰伯里经注》15：318。
(2)《泰伯里经注》15：326。

陆的安拉之尊名。"(3) 安拉说：❇ 当你和那些与你同船的在船上坐稳时，你要说："赞美全归安拉，他已把我们从不义的群体中救出来了。"并说："我的主啊！求你使我在一个被赐福的地方登陆，因为你是最佳的安置者。"❇（23：28-29）因此，伊斯兰提倡在乘船、骑牲畜等交通工具时，首先诵读安拉的尊名。正如安拉所言：❇ 是他创造一切种类，并为你们造化供你们乘的船和牲畜，以便你们稳坐上面……❇（43：12-13）穆圣㊚的圣训中，这种倡导不胜枚举。如果安拉意欲，我们将在《金饰章》阐明这一问题。托靠安拉。

"我的主确实是至赦的，至慈的。"以呼应上述淹没全体隐昧者的预言，正如安拉所言：❇ 你的主确实是惩罚迅速的。他也是至恕的、至慈的。❇（7：167）又 ❇ 人们尽管不义，你的主确实是恕饶的。你主的刑罚也是严峻的。❇（13：6）等，许多经文都在叙述安拉的惩罚后紧接着叙述安拉的慈悯。

"于是那船在如山的巨浪中载着他们航行"，即大水淹没了整个大地，甚至高出山头十五腕尺。而巨船则在安拉的允许、关怀、监护下运行。正如安拉所言：❇ 当洪水泛滥时，我把你们载在船上，以便我将它作为你们的教训，以便记事的耳朵记住它。❇（69：11-12）又 ❇ 我使他乘上一艘用板和钉子制造的船。它在我的眷顾下漂流，以便酬报遭到否认的人。我确已将它留作迹象，有接受劝导的人吗？❇（54：13-15）

### 努哈的隐昧者儿子被淹没

"努哈呼唤他的儿子"，即努哈的第四个儿子，名叫亚穆，是个隐昧者。在乘船时，努哈要求他接受正信，并一同乘船，不要和其他隐昧者一起被淹没。但是他却说："我即将上山避水。"无知的他认为攀上山顶，就可以躲过此劫。但努哈告诉他："今天除了安拉慈悯的人之外，无人能保护人免于安拉的天命"，即今世中任何事物都无法在脱离安拉的命令后受到保护。"巨浪隔开了他俩，他成为了被淹没的人"。

❇ 44.有声音道："大地啊，吸掉水吧！天啊，止住吧！"水退去了，大事已定。船停泊在朱迭山上。有声音说道："不义的群体该遭弃绝。"❇

### 洪水退去的时候

清高伟大的安拉说，除了船上的人之外，大地上的一切都被洪水淹没了。此后，安拉命令水回到

———
(3)《泰伯里经注》15：328。

原位，天停止下雨。

"水退去了"，即水开始减少。

"大事已定"，即大地上否认安拉的人都死去了。

"船停泊在朱迭山上"，穆佳黑德说，这是位于美索不达米亚（西南亚地区）西北的一座山。当时，各山都巍然傲立（想战胜洪水），惟独此山对安拉极度谦恭，所以没有被淹没，努哈的船就停靠于这座山上。[1]

格塔德说，巨船在那里停泊了一个月，众生才下了船。格氏还说，安拉让努哈的船在半岛地区的朱迭山上永世长存，作为对世人的一种教训和迹象。[2] 本民族的一些先驱曾见过该船的遗迹，而它之后的船虽然数不胜数，但都毁于一旦，化为灰烬。

"有声音说道：'不义的群体该遭弃绝。'"即他们应该遭受毁灭、损失，并应远离安拉的慈悯，所以，他们全部毁灭了，没有留下任何踪迹。

◊ 45.努哈呼求他的主："我的主啊！我的儿子的确属于我的家人。你的约言确实是真实的，你是最公平的判决者。"◊

◊ 46.他说："努哈啊！他不是你的家人，他是作恶者。你不要向我祈求你所不知道的。我劝诫你，以免你成为一个无知的人！"◊

◊ 47.他说："我的主啊！我确实求你保护，以免我向你祈求我所不知道的。如果你不宽恕我和慈悯我，我一定成为亏折之人。"◊

### 重述努哈之子的故事，安拉和努哈关于努哈之子的对话

努哈询问安拉，要求解释他的儿子为什么要被淹没。他说："我的主啊！我的儿子的确属于我的家人"，即你曾对我许诺拯救我的家人，你的许诺是真实无误的，那么我的儿子怎么被淹没了？你是最公正的判决者。

清高伟大的安拉说："努哈啊！他不是你的家人"，即他不属于我许诺将要拯救的你的家人。我只许诺拯救你的家人中的归信者。因此安拉说：◊你把每一种（物）的一对和你的家人载上船。除非那些已被宣判（毁灭）的人。◊（23：27）努哈的这个儿子因为否认安拉、违抗安拉，所以安拉早已判定他被淹没。

"他不是你的家人"，指"他不属于我许诺将要拯救的你的那些家人"。

伊本·阿拔斯说："亚穆虽然是努哈的儿子，但是他的行为和理想与努哈格格不入。"艾克莱麦则读为："他不是你的家人，他确实作了不清廉的事情。"[3]

◊ 48.有声音说道："努哈啊！凭着来自我的平安和吉庆，你同和你在一起的人下去吧！但有些人，我将赐他们（短暂的）享乐，然后他们将遭受来自我的惨痛刑罚。"◊

### 安拉命令众生平安地、吉庆地下船

船平稳地停泊在了朱迭山时，有声音对努哈和船上的信士们致以平安问候，这祝词将与世共存。伊本·凯尔卜说："每个穆民男女都永远进入了这个平安（的祝贺）之中，直至末日；同样，每个隐昧者男女获得暂时的享受后，都永远进入了惩罚之

---

(1)《泰伯里经注》15：337。
(2)《泰伯里经注》15：338。
(3)《泰伯里经注》15：353。

伊本·易司哈格说，安拉意欲消除洪水之际，在地面上派遣了风，此后雨停了，大地上的泉眼（凹地）都被堵上了。安拉说：《大地啊，吸掉水吧！》（11：44）这时，水开始减退——据信仰《讨拉特》的人说——巨船最终于七个月十七天之后停在了朱迪山上。第十个月头，诸山头才出现在人们眼前。四十天后，努哈打开船顶的小窗，派一只乌鸦去打探水情，但它却一去不返。他又派一只鸽子去探查，鸽子没有找到立足之处飞了回来，努哈从船中伸出手，让鸽子停在手上，把它拉进了船舱。一周之后，努哈再次派遣鸽子去探查。鸽子晚上回来时，嘴里衔着一支橄榄树叶，努哈意识到水正在退去。又过了一周后，努哈再次派出鸽子，这次鸽子没有回来，努哈知道地面已经开始显露出来。这样，自从安拉降下洪水至努哈派遣鸽子，历时整整一年。第二年的第一月的第一天，地面显露出来了，陆地逐渐出现在人们眼前。努哈揭起了船上的帷帘。这年的第二月第二十六日，"有声音说道：'努哈啊！凭着来自我的平安和吉庆，你同和你在一起的人下去吧！'"(2)

《49.这是一些未见的消息，我将它启示给你，你与你的族人以前都不知道它。故你要忍耐。善果是属于敬畏者的。》

**这些故事证明安拉曾给他的使者颁布启示**

安拉启示穆圣㉗说，类似的这些故事，"是一些未见的消息"，即是往事，今人对它一无所知。我据实将它启示给你，使你宛如身临其境。

"我将它启示给你"，我通过来自我的启示，让你了解它们。

"你与你的族人以前都不知道它"，你和你的民族以前对它一无所知，所以，任何人都没有理由说你从某人那里学习了它。事实上，是安拉让你了解了历史真相，正如先前各先知的经典所叙述的那样。因此你当忍受你的民族中否认者对你的否认和伤害。因为我将襄助你，关爱你，使你和你的跟随者们得到今世和后世的善果。正如我曾襄助以前的使者们，战胜他们的敌人那样。正如安拉所言：《的确，我势必帮助我的众使者和信士们。》（40：51）《我对我所派遣的众仆已经有言在先，那就是他们将被援助。》（37：171-172）经文在此说："故你要忍耐。善果是属于敬畏者的。"

---
(1)《泰伯里经注》15：353。
(2)《泰伯里经注》15：338。

《50.我还给阿德人派遣了他们的兄弟呼德。他说："我的族人啊！你们要崇拜安拉！你们没有除安拉外的任何神灵。你们只是一些捏造者。"》

《51.我的族人啊！我不因此向你们要求报酬。我的报酬只来自造化我的主。你们还不领悟吗？》

《52.我的族人啊！你们要祈求你们主的恕饶，并向他忏悔。他将由天上降下丰富的雨水，并使你们越来越强，你们不要因背离而犯罪。"》

**呼德和他的族人阿德人的故事**

清高伟大的安拉说："我还给阿德人派遣了他们的兄弟呼德。"呼德先知命令他们崇拜独一无偶的安拉，禁止他们崇拜自己臆造的伪神。他们为这些伪神编造了许多冠冕堂皇的名称。使者告诉他们，他不会因为给他们忠告和传达安拉的信息而索要报酬，他只向创造他的安拉索要报偿。"你们还不领悟吗？"你们还不理解这位无偿地号召你们获得两世幸福的人吗？

接着，呼德命令他们向安拉求饶，因为它可以消除他们以往的罪恶。呼德还要求他们因为未来而向安拉忏悔。谁这样做，安拉就会赐给他丰富的给养，使之万事如意，并保护他。因此说："他将由天上降下丰富的雨水。"

《53.他们说："呼德啊！你并不曾给我们带来明证，我们不会由于你的话而放弃我们的神！我们绝不会归信你。"》

《54.我们只能说，我们的部分神使你发疯了。"他说："我求安拉作证，你们也当作证，我是和你们所举伴的无关的。"》

《55.你们全体来算计我吧！不必宽限我。》

《56.我已经托靠了安拉——我的主和你们的主。没有一种动物的命脉不归他掌管。我的养主确在正道上。"》

**阿德人和呼德的对话**

清高伟大的安拉说，阿德人对他们的先知说："呼德啊！你并不曾给我们带来明证"，以证明你的主张。

"我们不会由于你的话而放弃我们的神"，我们不会因为你仅仅说"你们放弃你们的神"，就放弃我们的信仰。

"我们绝不会归信你"，即我们不信任你。

"我们只能说，我们的部分神使你发疯了"，我们看来，你因为禁止人们崇拜我们的神，并贬低它们，而遭到某些神的惩罚，因而中了邪，理智失

"他说：'我求安拉作证，你们也当作证，我是和你们所举伴的无关的'"，即呼德说，我和你们的一切偶像无关。

如果你们的偶像真的存在，"你们全体来算计我吧！"即你们和这些偶像一起来对付我。

"不必宽限我"，即你们立刻算计我。

"我已经托靠了安拉——我的主和你们的主。没有一种动物的命脉不归他掌管"，即万物都归他掌握。他是公正无私的判决者，因为他在正道上。

先知的这一立场，蕴涵着绝对而深刻的真理，充分说明先知所带来的信息是不容置疑的，多神教徒们所崇拜的偶像是虚假的，它们对人无害无益，而是一些没有感官，没有爱憎的无生物。真正应受崇拜的，是独一无偶的安拉，一切权力归他掌管，万物都在他的统辖和治理之下。他是万物独一的养育者。除他之外，没有我们应该崇拜的。

◊ 57.如果你们背离，那么，我确已对你们传达了我所奉遣的使命。我的主将使另外一族人来代替你们，而你们不能对他有损丝毫。我的养主确实是万物的监护者。◊

◊ 58.当我的命令到达时，我以我的特慈拯救了呼德和那些同他在一起的归信的人。我把他们从严厉的惩罚中拯救出来。◊

◊ 59.那是阿德人，他们否认他们主的种种迹象，不服从他们的使者，并追随每一个骄横者、顽横者的命令。◊

◊ 60.我已使诅咒在今世和复生日与他们（如影）相随。真的，阿德人确已否认了他们的主！真的，阿德人——呼德的族人该遭弃绝！◊

呼德对其民族说："如果你们背离"，即如果你们背弃我对你们的要求，而不崇拜独一无偶的安拉。那么，事实证明，我已经完成了对你们的使命。

"我的主将使另外一族人来代替你们"，那些人将只崇拜安拉，不以任何物举伴他。因此，安拉不再理会你们，你们的否认对他也没有丝毫伤害，你们只会自受其害。

"我的养主确实是万物的监护者"，即他见证并记录着仆人的一切言行，以后，他将论功过奖罚。如果他们做善功，他将奖赏他们；如果他们做歹事，惩罚会降临他们。

### 毁灭阿德人 拯救归信者

"当我的命令到达时"，"命令"指毁灭性的

飓风，除了呼德及其跟随者获得安拉的特慈外，其他人都遭受了灭顶之灾。

"那是阿德人，他们否认他们主的种种迹象"，即他们不信安拉的经文，违抗了众使者的命令。因为否认一位使者，如同否认所有使者，人们必须不加区别地归信他们中的任何一人。因此，阿德人否认呼德先知后，无异于否认了所有的先知。

"并追随每一个骄横者、顽横者的命令"，即他们拒绝服从引领正道的使者，却对一切骄傲自大、顽固不化的人趋之若鹜。因此，在今世每当人们提起他们，就会以安拉和信士们的名义诅咒他们。复生日，他们在众生的面前被呼唤："真的，阿德人确已否认了他们的主！"

◊ 61.我给塞姆德人派遣了他们的弟兄撒立哈。他说："我的族人啊！你们当崇拜安拉，除他之外，你们没有其他应受拜者。他使你们在大地上生成，并使你们在其中居住。所以，你们应当祈求他的恕饶，并向他忏悔。我的主确实是临近的、回应的。"◊

## 撒立哈和塞姆德人的故事

"我给塞姆德人派遣了他们的弟兄撒立哈"，塞姆德人居住于台卜克和麦地那之间的麦德彦地区。他们出世的时间较阿德人晚。安拉派遣撒立哈先知去号召他们崇拜独一无偶的安拉。

撒立哈说："他使你们在大地上生成"，即他最初从大地上创造了你们的祖先阿丹。

"并使你们在其中居住"，即他使你们在大地上繁衍生息，居住其中，获取财富。

"所以你们应当祈求他的恕饶"，即为以前的罪恶求饶。

"并向他忏悔"，因为未来而向安拉忏悔。

"我的主确实是临近的、回应的"，正如安拉所言：⟪当我的仆人向你询问我的时候，你当告诉他们，我是临近的。当他祈求我时，我应答祈求者的恳求。所以，让他们响应我，归信我，以便他们得正道。⟫（2：186）

⟪62.他们说："撒立哈啊！你曾经是我们当中众望所归之人，难道你禁止我们崇拜我们的先人所崇拜的吗？对于你的号召，我们确实处在惶惑的怀疑之中。"⟫

⟪63.他说："我的族人啊！你们可曾想过，如果我遵循来自我主的明证，而且他已赐给我他的慈悯，那么，如果我再违抗他，谁还能从他那里拯救我呢？你们除了使我更加损失之外，还能给我什么呢？"⟫

## 撒立哈和塞姆德人之间的对话

安拉在这里介绍撒立哈先知和他的民族之间的对话，以及他的民族的愚昧和顽固。他们说："你曾经是我们当中众望所归之人"，即你宣传你的信仰之前，我们因为你的理智而对你满怀希望。

"难道你禁止我们崇拜我们的先人所崇拜的吗？"我们的祖先曾经就是坚持这种信仰。

"对于你的号召，我们确实处在惶惑的怀疑之中。"暗指否认者们对撒立哈疑虑重重。

"他说：'我的族人啊！你们可曾想过，如果我遵循来自我主的明证'"，我所肩负的使命，是有明证的，我对此满怀信心。

"而且他已赐给我他的慈悯，那么，如果我再违抗他，谁还能从他那里拯救我呢？"即便我不再号召你们走向真理和崇拜独一的安拉，你们也不会做有益于我的事情，你们只会让我更加亏折。

⟪64.我的族人啊！这是安拉的母驼，是给你们的一个迹象。你们应当任它在安拉的大地上自由饮食，不要让它受到伤害。否则，一项临近的惩罚就会降临你们！⟫

⟪65.但是他们宰了它，因此他说："你们在家中享受三天吧！这是一项确实无讹的诺言。"⟫

⟪66.当我的命令到达时，我凭着来自我的慈悯从那天的耻辱中拯救了撒立哈和那些归信的人。你的主是强大的、优胜的。⟫

⟪67.可怕的喊声袭击了不义的人们，于是他们就僵卧在自己家中。⟫

⟪68.好像他们从来不曾在那里居住过一样。真的，塞姆德人否认了他们的主！真的，塞姆德人真该遭受弃绝。⟫

前面的《高处章》已经叙述了这一故事，此处不再赘述。一切机遇和成功全凭安拉。

⟪69.我的使者们带着喜讯来见伊布拉欣，他们说："平安。"他回答说："平安"，并立即拿出烤牛犊款待他们。⟫

﴾70.当他看到他们的手不伸向它时,他对他们感到疑惑,并有一点畏惧他们。他们说:"你不要怕,我们是被派遣到鲁特部族的。"﴿

﴾71.他的妻子就站在那儿,她笑了。我就以易司哈格及他之后的叶尔孤白给她报喜。﴿

﴾72.她说:"哎呀!我一个老妇还会生子吗?这是我年迈的丈夫。那真是一件奇事了。"﴿

﴾73.他们说:"你对安拉的命令感到惊奇吗?家中的人啊!愿安拉赐给你们他的慈悯和吉庆。他确实是可赞的主,光荣的主。"﴿

## 众天使来临伊布拉欣,以易司哈格和叶尔孤白的出生给他报喜

清高伟大的安拉说:"**我的使者们带着喜讯来见伊布拉欣**","使者们"指众天使。"喜讯"一说指易司哈格的出生,一说指鲁特民族的毁灭。下列经文可证明第一说:﴾当畏惧离开伊布拉欣,喜讯降临到他的时候,他为鲁特的族人而与我辩论。﴿(11:74)

"他们说:'平安。'他回答说:'平安'",即祝你们平安。修辞学家说,这是最好的祝贺方式,其中的主格词型表示永恒的祝福。

"并立即拿出烤牛犊款待他们。"伊本·阿拔斯、格塔德等学者说,伊布拉欣迅速出去,在烧红的石头上烤熟了一只牛犊,招待这些客人。(1)如另一节经文所述:﴾然后他悄悄去家属那里,拿来一头肥牛犊,将它放在他们前面,说道:"你们怎么不吃呢?"﴿(51:26-27)经文中指出许多待客礼节。

"**当他看到他们的手不伸向它时,他对他们感到疑惑**",即他感到奇怪。

"**并有一点畏惧他们**",因为天使们没有食欲,也不会吃饮。他看到天使们对食物无动于衷,一个个都对此美味视而不见时,感到困惑不解,"**并有一点畏惧他们**"。

赛丁伊说,安拉派遣天使们去惩罚鲁特的民族,让他们扮成青年男子的样子来见伊布拉欣,并要求伊布拉欣招待他们。伊布拉欣见到他们时热情款待。﴾然后他悄悄去家属那里,拿来一头肥牛犊。﴿(51:26)即伊布拉欣看到客人来了,便宰了牛犊,烧红石头烤牛犊,热情款待。他将烤牛犊肉送到客人跟前,和他们坐到一起,说:"怎么不吃啊?"但客人们却说:"伊布拉欣啊!我们只吃有价值的食品。"伊布拉欣说:"吃吧!这些食品是有价值的。"客人们问:"它的价值是什么?"伊布拉欣说:"你们在吃之前诵念安拉的尊名,在吃之后赞美安拉。"这时,吉卜勒伊里看了看米卡伊里,说:"此人无愧为安拉的密友。"

"**当他看到他们的手不伸向它时,他对他们感到疑惑**。"赛丁伊说,伊布拉欣因为看到天使们不吃而感到害怕。萨拉看到丈夫受了惊吓,便站起来,笑着款待。她说:"我们的客人真奇怪,我们招待他们,但他们却不吃不喝。"(2)

安拉讲述天使的话说,"**他们说:'你不要怕'**",即你不必害怕我们。

"**我们是被派遣到鲁特部族的**",我们是一群天使,安拉派遣我们去毁灭鲁特的民族。萨拉听到作恶多端的鲁特民族大难临头,高兴地笑了。因为鲁特民族生活堕落,严重背离正信。因此,天使们以一个即将出生的孩子向这位已经绝经的老妇报喜,以便奖励她。

"**他之后的叶尔孤白**",即她会多子多孙。叶尔孤白是易司哈格的儿子,正如另一节经文所说:﴾叶尔孤白临终时你们在场吗?当时,他对他的儿子们说:"我(归真)之后,你们崇拜什么?"他们说:"我们将崇拜你的主宰,你的祖先伊布拉欣、伊斯玛仪、易司哈格——的主宰,独一的主宰,我们顺从他。"﴿(2:133)

---

(1)《泰伯里经注》15:384、385。

(2)《泰伯里经注》15:389。

因此，有人通过这节经文证明，伊布拉欣打算要屠宰的人只可能是伊斯玛仪，而不是易司哈格，因为易司哈格是因为天使的报喜而出生的。又一原因是，易司哈格将生一子叶尔孤白，在安拉预告出世的叶尔孤白出生之前，伊布拉欣怎会奉命去宰叶尔孤白的尚在童年的父亲易司哈格呢？安拉的许诺是真实的。在此情况下，安拉也不会命令伊布拉欣去宰易司哈格。所以说，伊布拉欣先知奉命而宰的，是伊斯玛仪。这是最美好、最正确、最明白的论证方法。一切赞美，全归安拉。

"她说：'哎呀！我一个老妇还会生子吗？这是我年迈的丈夫。'"本章经文叙述了她的话，另一节经文则叙述了她的行为：⟨那时，他的妻子喊着走向前来，拍打着自己的脸说："（我是）一个不孕的老妇！"⟩（51：29）妇女们遇到奇怪的事情时，一般都会说这样的话，有这样的行为。

"他们说：'你对安拉的命令感到惊奇吗？'"即天使们对她说，你不要对安拉的事情感到奇怪，安拉意欲一件事物存在时，他只说声"有"，该事物就有了。即便你已经绝经，你的丈夫已经老迈，如果安拉意欲，你们还是能够生子的。安拉是全能于万事的。

"家中的人啊！愿安拉赐给你们他的慈悯和吉庆。他确实是可赞的主，光荣的主"，即安拉的一切言行都是值得赞美的，他的本然和一切属性，都是伟大而光荣的。两圣训实录辑录，圣门弟子们说："安拉的使者啊！我们已经知道怎么向你致安（السلام），请告诉我们应该怎么向你致福（赞美，الصلاة）？"使者说："你们念：'主啊！请赐福穆罕默德及穆罕默德的家人，正如你赐福伊布拉欣及其家人那样。请赐吉庆于穆罕默德及其家人，正如你赐吉庆于伊布拉欣及其家人那样。你确实是可赞的主，光荣的主。'"[1]

⟨74.当畏惧离开伊布拉欣，喜讯降临到他的时候，他为鲁特的族人而与我辩论。⟩

⟨75.伊布拉欣确实是克制的、谦卑的、忏悔的。⟩

⟨76.伊布拉欣啊！你不要管这件事。你主的命令确已来临了，他们势必遭受不可抗拒的惩罚！"⟩

### 伊布拉欣为鲁特的民族辩护

因为天使们没有动手吃食物，所以伊布拉欣感到一阵恐惧向他袭来。当他从惊慌中镇静下来后，众天使给他报喜讯，说他的妻子将会生一个儿子。同时，众天使还给伊布拉欣通报了毁灭鲁特民族的消息。赛尔德·本·朱拜尔说，伊布拉欣听到这个消息后说："难道你们要毁灭其中有三百名信士的城镇吗？"天使们回答说："不。"伊布拉欣问："难道你们要毁灭其中有二百名信士的城镇吗？"天使们还是回答不会。伊布拉欣又问，难道你们要毁灭其中有四十名信士的城镇吗？天使们仍然回答不会。天使还回答说，他们不会毁灭其中有三十个，甚至五个信士的城镇。后来伊布拉欣问："你们会毁灭其中有一位信士的城镇吗？"他们说："不会的。"此时，伊布拉欣说：⟨他（伊布拉欣）说："鲁特确在其中。"他们说："我们非常清楚谁在其中。除了他的妻子之外。"⟩（29：32）伊布拉欣掌握情况后，才放心不语。[2]

"伊布拉欣确实是克制的、谦卑的、忏悔的。"安拉表扬伊布拉欣所具备的这些品质。

"伊布拉欣啊！你不要管这件事。你主的命令确已来临了"，即安拉的判决已定，判词已经通过，犯罪者们必定要遭受不可抗拒的惩罚。

⟨77.当我的使者们来到鲁特家时，他因他们而感到难堪，并且束手无策。他说："这是一个艰难的日子。"⟩

⟨78.他的族人蜂涌到他那里。他们以前一贯胡作非为。他说："我的族人啊！这些是我的女儿们，她们对你们是更纯洁的！你们要畏惧安拉，不要使我在客人面前出丑！难道你们当中连一个正直的人也没有吗？"⟩

⟨79.他们说："你明知我们对你的女儿们没有丝毫权利，你深知我们想要的是什么！"⟩

### 众天使来到鲁特家中，鲁特非常担忧，鲁特和他的民族的对话

清高伟大的安拉说，众天使给伊布拉欣通报了毁灭鲁特民族的消息后，告别了伊布拉欣。他们还告诉伊布拉欣，鲁特的民族就要在当夜全体毁灭。据说，众天使来到鲁特那里时，他正坐在自己的地里（一说坐在家里）。他们以英俊青年的样子出现在他面前，以便安拉考验鲁特的民族。此中确有深刻的哲理。鲁特见到他们后，感到非常为难，束手无策，担心他的民族抢先于他招待他们，从而对他们犯下罪恶。

"他说：'这是一个艰难的日子。'"伊本·阿拔斯等学者解释为："这一天，我将面临严

---

[1]《布哈里圣训实录诠释——造物主的启迪》6：469。

[2]《泰伯里经注》15：403。

峻的考验。"[1]因为鲁特知道，他必须保护他们，但这将给他引来不少麻烦。

格塔德说，天使到来时，鲁特正在自己的地里，众天使要求他招待他们，他在这些客人面前愧怍万分，但还是同意了，并走在他们前面带路。他在路上建议他们回去，说道："以安拉发誓，我不知道这个世界上还有比这个城镇的人们更龌龊的人了。"他边走边重复刚才说的话，总共说了四次。格塔德说，众天使奉命让先知作证其民族的罪恶，然后才降下毁灭性的打击。[2]

"他的族人蜂涌到他那里"，即他们欢天喜地地跑到鲁特家中。

"他们以前一贯胡作非为"，即他们至死都是这个德性。

"我的族人啊！这些是我的女儿们，她们对你们是更纯洁的！"先知指导他们和妇女们结婚，因为每个民族的先知就和该民族的父亲一样。所以，他指导他们选择对他们的今世和后世更加有益的事情。如另一节经文所说：◆ 难道在普世的人中你们要去找男性吗？而抛弃你们的主为你们造化的妻室？真的，你们是一个放荡的群体。》（26：165-166）又◆ 他们说："我们难道不曾禁止你与世人来往吗？"》（15：70）即我们不曾禁止你招待男子吗？◆ 他说："这是我的女儿们，如果你们一定要做些什么的话。"以你的寿命发誓，他们的确在癫狂中盲目彷徨。》（15：71-72）

本章的经文说："这些是我的女儿们，她们对你们是更纯洁的"，穆佳黑德说，虽然，这里说的不是鲁特先知的亲生女儿，但他的民族中的女子都如同他的女儿。因为先知是民族之父。格塔德等学者持相同观点。[3]

"你们要畏惧安拉，不要使我在客人面前出丑"，即你们应当听我奉劝，和女子结婚。

"难道你们当中连一个正直的人也没有吗？"以便他接受我的奉劝，放弃我所禁止的事情。

"他们说：'你明知我们对你的女儿们没有丝毫权利'"，即我们不需要女子，我们对她们没有欲望。

"你深知我们想要的是什么"，即你明知我们只对男子感兴趣，又何必苦口婆心地奉劝我们？

◆ 80.他说："但愿我有力量能制服你们，或是我可以依靠一个强大的支柱。"》

◆ 81.他们（使者们）说："鲁特啊！我们确实

是你的主的使者们！他们无法接近你！趁着天色尚黑，同你的家人离开吧！不要让你们中的任何人回头看，但是你的妻子除外，那些人所遭遇的一定也会发生在她身上。早晨是他们的约期，难道早晨不是很近的吗？"》

## 鲁特无法力挽狂澜，希望拥有强大的力量，天使告诉他实情

安拉在此表述鲁特的情况，他警告他的族人说："但愿我有力量能制服你们。"如是那样，我会和我的家人亲自教训你们。安拉的使者㊤说："愿安拉慈悯鲁特，他确实依靠着强大的支柱"，即他始终托靠着安拉。穆圣㊤接着说："鲁特之后安拉所派遣的每位先知，都来自他的民族中的优秀后裔。"[4] 这时，天使们告诉鲁特，他们是安拉的使者。坏人们决不能够伤害他们，"他们（使者们）说：'鲁特啊！我们确实是你的主的使者们！他们无法接近你'"。众天使要求鲁特让他的家人在夜晚的最后时刻离开，并让鲁特在后面督促他们。

"不要让你们中的任何人回头看"，即你们如果听到可怕（惩罚）的声音，你们不要为之所动，应该继续前行。

"但是你的妻子除外"，大部分经注学家说，经文指：她不会离开，你们也不要和她同行。她将留在家中遭受毁灭。有人说，经文指她将随同归信者们出行，但她会回顾。持后一观点的学者们说，鲁特的妻子和他们一同出走，当她听到震撼声后回头去看，并哀叹道："我的民族啊！"这时从天上落下一块巨石砸死了她。众天使让鲁特先知目睹了他们毁灭的情况，以便让他感到慰借。因为他曾对他们说："你们将在顷刻间死去。"众天使说："早晨是他们的约期，难道早晨不是很近的吗？"事实是这样的：鲁特民族听到客人到来的消息后，从四面八方拥向鲁特家门口，赖着不走，试图冲击鲁特家的门。而鲁特站在门口阻止他们，谴责他们的行为。他们不但不听，反而恐吓鲁特。此时，吉卜勒伊里出现了，他用翅膀击打了恶徒们的脸，使他们的眼睛失明了，众人看不到方向，这才撤退。正如安拉所言：◆ 他们诱惑他，让他不要保护他的宾客，所以，我涂抹了他们的眼睛。你们尝尝我的惩罚和警告吧！》（54：37）

◆ 82.当我的命令来临时，我使它天翻地覆，并向他们降下连续的如雨水般的陶石雨，》

◆ 83.带着来自你主的烙印。它离不义者并不是遥远的。》

---

(1)《泰伯里经注》15：411。
(2)《泰伯里经注》15：408。
(3)《泰伯里经注》15：413、414。
(4)《提尔密济圣训集》3116。

### 鲁特民族的城镇天翻地覆，人死城毁

清高伟大的安拉说："当我的命令来临时"，那是在太阳升起的时候。

"我使它天翻地覆"，"它"指塞督姆城。正如安拉所言：❦ 于是那覆盖的东西覆盖了它。❧（53：54）即我为它降下由黏土形成的石雨，[1]伊本·阿拔斯等人说，这句经文在波斯文中指泥石之雨。还有石雨、泥雨之说。另一节经文说："来自泥的石头"，即石化的泥土。还有学者认为是炙烧的雨。布哈里则认为指猛烈的大雨。

"连续的"（منضود），一说指预定的、布置好的；一说指连绵不断的。

"带着来自你主的烙印"，即安拉在每个石头上都刻上将打击的罪人的名字，进行专门打击。格塔德和艾克莱麦则认为，每个石头都被一种辣椒般的红色包裹着。据说，这些石头将会袭击这个城镇及其周边的居民。有人正在和某人谈话期间，一颗石头飞向他，将他击毙。其他的罪人们也无一幸免地遭到石击。

"它离不义者并不是遥远的"，即对犯有类似罪行的人们来说，这种惩罚并不遥远。圣训说："如果你们发现有人在做鲁特民族所做的事情，你们当处死行为者和受行为者（即同性间发生性关系的双方）。"[2]

❦ 84.我对麦德彦人派去他们的兄弟舒尔布。他说："我的族人啊！你们要崇拜安拉，除他之外你们别无主宰。你们不要在衡量上克扣，我看你们是殷富的，但我为你们害怕被包围之日的刑罚。"❧

### 麦德彦人的故事和舒尔布的宣传

清高伟大的安拉说，我对麦德彦人派遣了使者。麦德彦是居住在黑札兹和沙姆之间，距离麦阿尼较近的一个部落，该地区亦以此名著称。安拉派遣他们中血统最尊贵的舒尔布去劝导他们。所以说是"他们的兄弟舒尔布"。这位先知命令他们崇拜独一无偶的安拉，禁止他们短斤少两。

"我看你们是殷富的"，即你们现在虽然五谷丰登，生活富足，但我担心这一切都可能因为你们触犯安拉的法律而烟消云散。

"但我为你们害怕被包围之日的刑罚"指末日。

❦ 85.我的族人啊！你们要公平地给人十足地衡量，不要克扣别人应得的东西，也不要在大地上为非作歹。❧

❦ 86.安拉那里的存留物对你们是最好的，如果你们是穆民的话。我不是你们的监护者。❧

先知首先禁止族人给别人称量时短斤少两，接着又命令他们与人交易时无论买进还是卖出都要使用公平的衡量器具。同时还禁止他们在地方上为非作歹。他们曾在路上抢劫来往行人。

"安拉那里的存留物对你们是最好的。"伊本·哲利尔说，经文指你们称量充足之后所获得的利润，比你们侵吞他人的财产更好。[3]伊本·阿拔斯说，经文与下列经文有相同之处：❦ 你说："即使污秽多得令你惊奇，但好坏是不相等的。"❧（5：100）

"我不是你们的监护者"，即监督者、守护者。即你们应当为安拉而公平交易，而不要沽名钓誉。

❦ 87.他们说："舒尔布啊！是否你的祈祷命令你，叫我们放弃我们的先人所崇拜的，或是叫我们

---
（1）《泰伯里经注》15：434。
（2）《艾布·达乌德圣训集》4462。
（3）《泰伯里经注》15：447。

不随心所欲地去处理我们的财产呢？的确，你是宽容的，正直的。"

## 舒尔布族人的答复

舒尔布的族人（愿安拉凌辱他们）挪揄道："是否你的祈祷命令你"。艾尔麦什说"你的祈祷"指你所诵读的经文。

"叫我们放弃我们的先人所崇拜的"，指偶像和伪神。

"或是叫我们不随心所欲地去处理我们的财产呢？"即让我们因为你所说的话而放弃短斤少两吗？我们要随心所欲地处置自己的财产。

哈桑解释"是否你的祈祷命令你，叫我们放弃我们的先人所崇拜的"时说："是啊！以安拉发誓，他的祈祷命令他们放弃他们的祖先所崇拜的偶像。"(1)

绍利解释"或是叫我们不随心所欲地去处理我们的财产呢"时说："他们拒绝交纳天课。"

"的确，你是宽容的，正直的。"伊本·阿拔斯、麦穆奈等解释说："安拉的敌人以嘲讽的口气说了这番话。"(2) 愿安拉凌辱他们，让他们远离他的慈悯。的确，安拉这样做了。(3)

◈ 88.他说："我的族人啊！你们想想，如果我依据来自我主的明证，并且他赐给我美好的给养（我能把它与非法所得混在一起使其不干净吗）？我不愿做我禁止你们（去做）的事，我只希望尽我所能去改善。我的成功只来自安拉，我只托靠他，并归依他。"◈

## 舒尔布对其族人的驳斥

舒尔布说，我的族人啊！你们想一想，"如果我依据来自我主的明证"，即我出示了证据，证明我的宣传是正确的。

"并且他赐给我美好的给养"，"给养"一说指圣品，一说指合法的生活资料。可能两者兼指。

"我不愿做我所禁止你们（去做）的事。"绍利解释说，我不会禁止你们做某事的同时，而我自己却悄悄地做这件事。同样，格塔德解释这节经文说，我不会自己做某事而禁止你们去做它。(4)

"我只希望尽我所能去改善"，我付出最大努力，命令或禁止你们一些事情，只为了改善你们的情况。

"我的成功只来自安拉"，只有安拉能助我实现理想，获得真理；"我只托靠他"，我将自己的一切事务都交付了安拉；"并归依他"，即回归安拉。

◈ 89."我的族人啊！莫要因为反对我而使你们遭到类似于努哈的族人、呼德的族人或撒立哈的族人的命运。鲁特的族人距离你们并不遥远。◈
◈ 90.所以你们当向你们的主求饶，并向他忏悔，我的主确实是至慈和至爱的。"◈

舒尔布对其族人说："莫要因为反对我"，即你们不要由于敌对和仇恨我而我行我素，否认安拉，为非作歹。这样，你们会遭受努哈、呼德、撒立哈和鲁特的族人所遭受的灾难。格塔德解释这节经文说，这里的"反对我"指与我不一致。赛丁伊认为经文指：我不会让你们继续迷误和隐昧下去，否则你们将遭受你们的敌人所遭受的痛苦。(5)

"鲁特的族人距离你们并不遥远"，一说经文指他们间相距的时间。格塔德说，经文指："鲁特

---

(1)《泰伯里经注》15：451。
(2)《泰伯里经注》15：453。
(3)《泰伯里经注》15：453。
(4)《泰伯里经注》15：453。
(5)《泰伯里经注》15：455。

的族人就是在你们的昨天遭受毁灭的。"一说经文指相距的地点。可能二者兼指。

"所以你们当向你们的主求饶",因为以前的罪恶而求饶,并为以后的罪恶"向他忏悔"。对于忏悔者来说,"我的主确实是至慈和至爱的"。

❦ 91. 他们说:"舒尔布啊!我们不明白你所说的许多话!我们看来你是我们当中的弱者!如果不是你的家人,我们势必用石击你!你在我们面前不是尊大的。"❧

❦ 92. 他说:"我的族人啊!那么是否你们看来我的家人比安拉更尊大呢?你们已经把他弃于你们的背后了。我的主确实是周知你们行为的。"❧

### 舒尔布族人的答复

舒尔布的族人们说:"舒尔布啊!我们不明白你所说的许多话!"即我们不能理解你所说的话。绍利说:"舒尔布先知以'先知中的演讲家'著称。"[1]

"我们看来你是我们当中的弱者",赛丁伊解释说:"在我们看来你孤身一人。"艾布·劳格说"弱者"指被轻视的,因为舒尔布的部落都不信仰他的宗教。

"如果不是你的家人,我们势必用石击你!"即若不是你的部落强大而尊贵,我们势必用石头攻击你。有人说,经文的意思是:"如果不是你的部落,我们势必辱骂你。"

"你在我们面前不是尊大的。"你在我们这里没有尊严。

### 舒尔布对其族人的驳斥

舒尔布说:"我的族人啊!那么是否你们看来我的家人比安拉更尊大呢?"难道你们不伤害我的原因是害怕我的家族,而不是出于对安拉的尊敬?你们就是这样对待安拉及其先知的吗?

"你们已经把他弃于你们的背后了",即你们对安拉视而不见,不予理睬。你们既不遵从他的法律,也不尊敬他。

"我的主确实是周知你们行为的",即他知道你们的一切行为,并会做出公正的奖罚。

❦ 93. "我的族人啊!你们以你们的作风工作吧,我也确实是工作的。不久你们就会知道耻辱的刑罚会降给谁,并且谁是说谎的人了!你们等着吧,我也跟你们一同在等着!"❧

❦ 94. 当我的命令到达时,我凭着我的慈悯拯救了舒尔布和那些跟他在一起的归信者。霹雳声震慑了不义的人们,于是他们就僵卧在自己家中。❧

❦ 95. 就如同他们从来不曾在那里存在过似的。真的,麦德彦人该遭弃绝,就像塞姆德人遭受弃绝一样。❧

### 舒尔布警告其族人

当舒尔布感到民众不可能响应他的号召时,说道:"我的族人啊!你们以你们的作风工作吧",即你们走你们原先所走的路吧!从而向他们发出最严厉的警告。

"我也确实是工作的",即我也将继续以我的方式工作。

"不久你们就会知道耻辱的刑罚会降给谁,并且谁是说谎的人了。"届时你们会知道,是我在撒谎,还是你们在撒谎;我将会受刑罚,还是你们会受刑罚。

"你们等着吧,我也跟你们一同在等着!"

清高伟大的安拉说:"当我的命令到达时,我凭着我的慈悯拯救了舒尔布和那些跟他在一起的归信者。霹雳声震慑了不义的人们,于是他们就僵卧在自己家中。""僵卧在自己家中"指死气沉沉的、没有生机的……经文在此使用"霹雳声"(صيحة)一词。《高处章》使用了"震撼声"(رجفة),在《众诗人章》使用了❦那阴影日的惩罚❧(26:189),其实所叙述的都是遭受同等刑罚的同一民族,这种遣词都符合经文所描述的特殊情况。正如《高处章》则说:❦"舒尔布啊!我们一定要把你和那些与你一起信仰的人赶出我们的城镇。❧(7:88)时,恰如其分地使用"震撼声"(رجفة)一词,指出他们曾在这片土地上作恶多端,并企图驱逐安拉的先知,因而遭受山崩地裂之灾。在本章经文中,他们对先知恶言相对时,安拉提到当时的"霹雳声",指出他们被震慑致死。《众诗人章》在叙述对舒尔布族人的惩罚时,叙述当时的情况说:❦ 如果你是诚实的,你就使一块天落到我们的头上吧!"❧(26:187)和因此那阴影日的惩罚袭击了他们。的确,那是重大之日的惩罚。❧(26:189)这些表述,蕴涵着许多细微的奥秘。一切赞美和宏恩永远都属于安拉。

"就如同他们从来不曾在那里存在过似的。""存在过"指"生活过"。

"真的,麦德彦人该遭弃绝,就像塞姆德人遭受弃绝一样",即他们是互相毗邻的阿拉伯人,他们的行为彼此相似,都是隐昧安拉的劫匪。

---

[1]《泰伯里经注》15:458。

❂ 96.我确实以我的种种迹象和明显的权力,派遣穆萨, ❂

❂ 97.去法老和他的臣民那里,但是他们却服从法老的命令,而法老的命令并不是正确的。❂

❂ 98.他将在复生日来到他的人民跟前,并带领他们进入火狱中。那进入之处实在倒霉。❂

❂ 99.今世与复生日,诅咒将跟随他们,被赐给的赏赐真恶劣。❂

## 穆萨和法老的故事

安拉让穆萨携带他的一些迹象和明证、去劝导科卜特国王法老及其大臣,"**但是他们却服从法老的命令**",即穆萨的族人选择了法老的生活方式和歪理邪说。

"**而法老的命令并不是正确的**",即法老是一个无知、迷信的昏庸之辈,他否认安拉,蛮横无理。他们在今世跟随了这个昏君,在末日,他们还会跟随他进入火狱,饮用沸水。法老将在火狱中"享受"最充分的"待遇"。正如安拉所言:❂ 但是法老违抗了使者,因此我严厉打击了他们。❂(73:16)又❂ 但他不信,并且违抗。然后他匆忙地转身离开,然后集合了(民众),并宣布:"我是你们的最高主宰。"所以安拉用后世和今世的刑罚惩罚了他。对于畏惧的人,其中确有一种教训。❂(79:21-26)本章的经文说:"**他将在复生日来到他的人民跟前,并带领他们进入火狱。那进入之处实在倒霉。**"法老的追随者们,也会遭受严厉的惩罚。正如安拉所言:❂ 你们全都有加倍的。不过,你们不知道。❂(7:38)安拉讲述隐昧者在火狱中所说的话,说:❂ 他们说:"我们的主啊!我们确已服从了我们的首领和大人物,是他们使我们迷失道路。我们的主啊!求你降给他们双重的惩罚,并严重地诅咒他们!" ❂(33:67-68)

"**今世与复生日,诅咒将跟随他们**",即安拉使他们在今世和后世备受惩罚和诅咒,这种"赏赐"真恶劣啊。穆佳黑德说,他们将在后世遭受加倍的诅咒,因而受两种诅咒。[1]

"**被赐给的赏赐真恶劣**",伊本·阿拔斯等人说,经文指"今世和后世的诅咒。"[2] 这节经文如同下列经文:❂ 我使他们成为召人进入火狱的头目。审判日,他们将不被援助。我使诅咒在今世跟随着他们,审判日,他们属于出丑之人。❂(28:41-42)又❂ 他们早晚都被带到烈火跟前。复活的时刻确定之日,(有声音说)"你们让法老的随从进入最深重的惩罚之中!" ❂(40:46)

---
(1)《泰伯里经注》15:468。
(2)《泰伯里经注》469、470。

❂ 100.这是一些城镇的消息。我对你叙述它。它们当中有些仍然存在,另一些已经荡然无存。❂

❂ 101.我没有亏待他们,是他们亏待了他们自己;当你养主的命令到达时,他们舍安拉而祈求的神(对他们)没有一点点的益处。他们只能使他们更受损伤。❂

## 以被毁灭的城镇引以为鉴

安拉讲述了各先知的消息,以及他们和他们民族之间发生的事情——他毁灭隐昧者及保持信仰者——他接着说"**这是一些城镇的消息**",即情况。

"**我对你叙述它。它们当中有些仍然存在,另一些已经荡然无存。**"

我惩罚他们的时候,"**我没有亏待他们**"。

"**是他们亏待了他们自己**",因为他们否认了我的众使者,不归信他们。

"**当你养主的命令到达时,他们舍安拉而祈求的神(对他们)没有一点点的益处。**"当安拉下令毁灭他们时,他们当初所崇拜和祈祷的偶像,没有给他们带来丝毫益处。

"他们只能使他们更受损伤"，穆佳黑德等人说，除非使他们更加遭受损失之外，这些偶像并没有给他们带来什么益处。因为导致偶像崇拜者毁灭的原因是，他们跟随了这些偶像。因此，他们在今世和后世备受损失。(1)

⟪102.当你的主惩罚不义的城市（居民）时，他的惩罚就是这样的。他的惩罚确实是痛苦的，严厉的。⟫

清高伟大的安拉说，我毁灭了那些否认使者、多行不义的古人，也将以同样的方法惩罚类似于他们的后人。"他的惩罚确实是痛苦的，严厉的。"

两圣训实录辑录，安拉的使者👑说："安拉确会放纵不义者，但当他惩罚他时不再姑容。"(2)使者接着读道："当你的主惩罚不义的城市（居民）时，他的惩罚就是这样的。"

⟪103.对于畏惧后世惩罚的人，此中确有一种迹象，那就是人类为此而集中的日子，那就是被见证的日子。⟫
⟪104.我只延缓它到预定的期限。⟫
⟪105.当那一天到来时，除了他（主）的准许之外，将没有人说话，他们当中有不幸的，也有幸福的。⟫

### 诸城镇的毁灭是末日成立的征兆

清高伟大的安拉说，我毁灭隐昧者、拯救穆民，"此中确有一种迹象"，即有一种教训，从而促使人们想象我关于后世的许诺是真实的。⟪的确，我势必在今世的生活和证人们作证的那天，帮助我的众使者和信士们。⟫（40：51）又⟪他们的主启示他们："我一定会消灭不义者，⟫（14：13）

"那就是人类为此而集中的日子"，即最初的人类和最后的人，都将在那日集合。正如安拉所言：⟪我集合了他们。我不会遗漏他们当中的任何一个。⟫（18：47）

"那就是被见证的日子"，那是一个重大的日子。那天，众天使将会降临，众使者会聚一起，所有的人、精灵、鸟类、兽类等动物都将被集合，公正的安拉要在他们中进行判决。⟪安拉不亏枉人一粒芥子的重量。如果人有任何善功，他要使它成倍增长。⟫（4：40）

"我只延缓它到预定的期限"，到一准确无误、不提前也不延迟的时期。

"当那一天到来时，除了他（主）的准许之外，将没有人说话"，即在末日，若非安拉允许，任何人不得说话。正如安拉所言：⟪除了至仁主特许说话，并说真理的人之外，全都静默肃立，不敢发言。⟫（78：38）又⟪一切声音都因至仁主而沉寂。⟫（20：108）两圣训实录中，一节记载说情的圣训说："那天，只有众使者才敢说话。那天，众使者所呼唤的是：'主啊！赐我平安无事吧！'"(3)

"他们当中有不幸的，也有幸福的"，即被召集的众生中，有幸福者，也有不幸者。正如安拉所言：⟪一部分人将在乐园里，另一部分人则在烈焰中。⟫（42：7）艾布·叶尔俩传述，欧麦尔说："'他们当中有不幸的，也有幸福的'降示后，我请教先知：'我们做的是什么事？是被注定的，还是尚未被注定的？'使者👑说：'欧麦尔啊！我们的事业早已被注定。笔已经记载了它。但每个人都会轻松地完成他的人生使命。'"(4)安拉紧接着后文阐述了不幸者和幸福者的情况。说：

⟪106.那些不幸的人将在烈火当中，他们将在其中叹息和呜咽。⟫
⟪107.只要天地长存，他们将永居其中，除非你的主意欲。你的主确实是为所欲为的。⟫

### 不幸者的情况和他们的下场

清高伟大的安拉说："他们将在其中叹息和呜咽。"伊本·阿拔斯说："زفير"指发自喉咙的声音，"شهيق"指发自胸部的声音。(5)即他们因为身处重刑而在每一呼吸间发出凄厉的声音。求主使我们远离此刑。

"只要天地长存，他们将永居其中。"伊本·哲利尔说："阿拉伯人形容一件时间久远的事情时习惯说：'与天地同在'，'与昼夜共存'，'只要赛米拉的两个儿子还在夜谈'，'只要公猪还在摇尾巴'等，所以至仁主以他们所习惯的语言呼唤他们，说：'只要天地长存，他们将永居其中。'"(6)（笔者说）此处经文中的天地，并不指今世的天地，因为后世中也有天地。正如安拉

---
(1)《泰伯里经注》15：473。
(2)《布哈里圣训实录诠释——造物主的启迪》8：205；《穆斯林圣训实录》4：1997。
(3)《布哈里圣训实录诠释——造物主的启迪》2：341；《穆斯林圣训实录》1：169。
(4)《提尔密济圣训集》3111。
(5)《泰伯里经注》15：480。
(6)《泰伯里经注》15：481。

所言："当大地与诸天行将变成另一个大地与诸天的那天。"（14：48）因此，哈桑·巴士里在解释"只要天地长存"时说："那是其他的天和地。"

"除非你的主意欲。你的主确实是为所欲为的。"正如安拉所言："火狱是你们的归宿，（你们将）永居其中。除非安拉意欲。"你的养主确实是明哲的、全知的。"（6：128）有人说，根据许多明确圣训的记载，这节经文的意思是："对于那些曾经认主独一的人们则不然，安拉将会因为天使、先知和诸位说情者的说情而使他们脱离火狱。这些说情者将为一些犯大罪者说情，最后，至仁主将会解救那些从未干过好事，但他们在一生中的某一时刻念了'应受拜者，惟有安拉'的人们。此后，火狱中只会剩下那些被判无期之刑的人们。"古今许多学者解释这节经文时，都持此观点。

"108. 只要天地长存，那些幸福的人将永居乐园，除非你的主意欲。那是不断的恩赏。"

### 幸福之人的情况和他们的归宿

清高伟大的安拉说："那些幸福的人将永居乐园"，即追随众使者之人的归宿是乐园，他们将永沐恩泽。

"只要天地长存"，经文的意思是：他们并不是理所当然地要享受恩泽，他们的归宿取决于安拉的意欲。一切恩情永远属于安拉。因此，他们被赋予"太斯必哈"和"太哈米德"[1]的行为，正如他们被赋予呼吸的功能一样。[2]端哈克和哈桑·巴士里说，经文指那些火狱中认主独一的犯罪者，他们最终将脱离火狱。

经文接着说，"那是不断的恩赏"，即永不枯竭的恩泽。经文的这种表达方式，打消了怀疑者的疑虑，指出这种恩泽是永恒的。[3]有些人认为经文在此所提到乐园恩泽会有终止或改变，但事实相反，这项恩泽将永远不会终止。正如上文指出，火狱的居民永居火狱，是由安拉的意欲所决定的。安拉依其公正和哲理，惩罚了他们。因此说，"你的主确实是做他所欲之事的。"正如安拉所言："他的行为不受询问，但是他们却要被质询。"（21：23）经文在此阐明了目的，给人以赏心悦目的答案，说："那是不断的恩赏。"两圣训实录辑录："死亡将以一只美丽羯羊的样子被带来，在乐园和火狱之间被宰，然后有声音说：'乐园的居民啊！只有永生，没有死亡。火狱的居民啊！只有永生，没有死亡。'"[4]另一节圣训载："有声音说：'乐园的居民啊！你们将永远生活，不会死亡。你们会永远年轻，不会衰老；你们会永远健康，不患疾病；你们将永远快乐，不会悲伤。'"[5]

"109. 所以你不要怀疑这些人（异教徒与多神教徒）所崇拜的，他们只像他们的祖先那样崇拜。我一定要给他们充分地报偿他们的份额，不会有丝毫减损。"

"110. 我将经典赐给了穆萨，可是人们却在其中有了分歧。如果不是以前发自你的主的一句话，他们必受判决，而他们对它确在惶惑与疑虑之中。"

"111. 你们的主一定会按照他们的行为报酬每一个人，他彻知他们所做的。"

### 以物配主是不容置疑的迷信

清高伟大的安拉说："所以你不要怀疑这些人（异教徒和多神教徒）所崇拜的"，即你们当确信，多神教徒的宗教信仰是谬误的、愚昧的、迷失正道的。他们所崇拜的，是他们的祖先所崇拜的。换言之，他们的宗教信仰没有任何依据，不过是对祖先的盲从。安拉会因此给予他们报偿，他们将遭受无以复加的惩罚。如果他们有一些善功，安拉会在今世中给予他们应得的报酬。

"我一定要给他们充分地报偿他们的份额，不会有丝毫减损。"阿卜杜·拉赫曼说："安拉将给他们十足的严惩。"[6]

安拉接着说，他曾赐给穆萨经典，但人们对待经典的态度不尽相同，有人归信，有人否认。因此穆罕默德啊！以前的先知都是你的榜样，所以你不要因为遭到否认而失魂落魄，灰心丧志。

"如果不是以前发自你的主的一句话，他们必受判决。"伊本·哲利尔说："若不是安拉早已经决定了惩罚的时期，他必定会立即惩罚他们。""发自你的主的一句话"可能指："安拉只会在昭示明证、派遣使者之后惩罚一个人。"[7]正如安拉所言："我不是惩罚者，直到我派遣一位使者。"（17：15）又如另一节经文说："如果不是你的主曾经说过的一句话和已经被申明的期限，它已成必然。"（20：129-130）

安拉接着说，他将召集以前逝去的和后来出现

---

(1) التسبيح والتحميد，赞美安拉的清净和伟大。——译者注
(2)《穆斯林圣训实录》4：2181。
(3)《泰伯里经注》15：490。
(4)《布哈里圣训实录诠释——造物主的启迪》8：282；《穆斯林圣训实录》4：2188。
(5)《穆斯林圣训实录》4：2182。
(6)《泰伯里经注》15：492。
(7)《泰伯里经注》15：493。

的各民族，论功行赏。如果他们做善功，他们将得到赏赐；如果他们做恶事，他们将受到惩罚。"你们的主一定会按照他们的行为报酬每一个人，他彻知他们所做的"，即他知道他们全体的大大小小的、光荣的、可耻的一切事务。这节经文虽然有多种读法，但其意义不悖我们上述的解释。正如安拉所言：《他们全都将被召到我跟前。》（36：32）

◈ 112.因此，你要奉命遵循正道，与你一起悔过的人也要遵循正道，你们不要放肆。他确实是明察你们的行为的。◈

◈ 113.你们也不要倾向那些不义者，否则火会接触你们，你们在安拉之外没有任何保护者，以后你们也不会得到帮助。◈

## 命令遵循正道

安拉命令使者☪和众信士坚持正道，这样，他们就可以更轻松地战胜敌人，压倒对方。安拉禁止放肆，因为放肆是一种伤害。即便对方是多神教徒，穆斯林也不能肆无忌惮地对待他们。安拉还宣布，他观察着仆人的一切行为，不会有丝毫疏忽。

"你们也不要倾向那些不义者。"伊本·特里哈传述，伊本·阿拔斯说："你们不要与不义者站在一边。"[1] 伊本·哲利尔传述，伊本·阿拔斯说："你们不要倾向于不义者"，后一种解释较完善，即你们不要向不义者求助，否则，你们等于欣赏不义的人。

"否则火会接触你们，你们在安拉之外没有任何保护者，以后你们也不会得到帮助"，即除了安拉，没有谁能拯救你们，或襄助你们脱离刑罚。

◈ 114.你要在一天的两头和夜晚来临前礼拜。善行的确可以涤除罪恶。这是给那些留心者的教诲。◈
◈ 115.你要坚韧，因为安拉不会作废行善者的回赐。◈

## 履行拜功

伊本·阿拔斯说，"一天的两头"指清晨和黄昏。哈桑认为指清晨和晡时。穆佳黑德说，经文指黎明、晌午和晡时。伊本·阿拔斯等认为"夜晚来临前"指宵礼。哈桑认为指昏礼和宵礼。安拉的使者☪说："夜晚来临前，指昏礼和宵礼。"

这节经文可能是穆圣☪登霄之前降示的，当时

---

（1）《泰伯里经注》15：501。

安拉还没有规定五番拜功。那时的人们每日只需做两种拜功——日出前的晨礼和日落前的昏礼。此外，穆圣☪和他的稳麦还在夜晚立站功拜。后来，安拉取消了稳麦礼站夜晚拜的命令，但穆圣☪仍然坚持夜间拜。一说，后来穆圣☪也被告知终止这种夜功拜。安拉至知。

## 善功能涤除罪恶

"善行的确可以涤除罪恶。"善行可以补赎以前的罪恶，正如阿里传述的圣训所说，我每从安拉的使者☪那里听到一节圣训，如果安拉意欲，我就会从中获益匪浅。如果我听到某人在谈一节圣训，我就会让他通过发誓证明该圣训正确无误。如果对方以安拉之名发誓，我就相信他。艾布·伯克尔是位诚实之人，他说他听安拉的使者☪说："一位穆斯林只要在犯罪后洗小净，并礼两番拜，他就会获得赦宥。"[2] 另据两圣训实录辑录，奥斯曼像安拉的使者☪那样在众人面前洗了小净，然后说："我见使者就是这样洗小净的。使者当时还说：'谁像

---

（2）《艾哈麦德按序圣训集》1：9；《艾布·达乌德圣训集》2：180；《提尔密济圣训全集诠释》8：357。

我这样洗小净，然后聚精会神地礼两番拜，谁以前的罪恶就会被赦宥。'"(1)

艾布·胡莱赖传述，安拉的使者说："你们想想，假若你们中一人的门前是条深深的大河，他在其中每日洗五次，他身上还有污秽吗？"众人回答："安拉的使者啊！没有。"使者说："五番拜功就是这样的，安拉通过它们涤除许多罪恶和错误。"使者又说："五番拜功，一个主麻到另一个主麻，一个莱麦丹到另一个莱麦丹，都能涤除其间的罪恶——只要他没有触犯大罪。"(2)

布哈里传述，有个男子对穆圣说，他曾吻过一个女子，后来安拉降谕道："你要在一天的两头和夜晚来临前礼拜。善行的确可以涤除罪恶。"那人说："安拉的使者啊！这节经文针对我吗？"使者说："它针对我的全体稳麦。"(3)

伊本·阿拔斯说，有人来到欧麦尔跟前说，有个妇女曾来和他做生意："我让那妇女进入私室和她发生了不该发生的事情，但没有发生房事。"欧麦尔说："你真可恶，或许她是一位出征主道的丈夫的妻子。"那人说："是的。"欧麦尔说："你去艾布·伯克尔那里询问吧！"艾布·伯克尔也给了他相同的答复。后来他来到先知跟前，给先知讲了他的情况，先知也说："或许她是一位出征主道的丈夫的妻子。"后来安拉降谕道："你要在一天的两头和夜晚来临前礼拜。善行的确可以涤除罪恶……"那人说："安拉的使者啊！这节经文是专为我降示的，还是为全人类降示的？"欧麦尔用手拍了拍那人的胸部说："不，它绝对不是（专为你降示的）。"安拉的使者说："欧麦尔说得对。"(4)

《 116.为什么在你以前的许多世代中，没有一些优秀的人禁止人们在大地上为非作歹呢？但我从他们当中拯救了少数人。那些不义的人却在追求其中可获得的享乐。他们是犯罪的人。》

《 117.如果诸城的人民行为善良，你的主不会不义地毁灭它。》

### 必须要有一个止人作恶的群体

清高伟大的安拉说，为什么以前的世纪中没有出现一些优秀的人，禁止人们在大地上为非作歹？

"但我从他们当中拯救了少数人"，即这种优秀的人并不多见。安拉拯救了他们，使他们远离因为他的恼怒而突然降临的惩罚。因此，安拉要求这一民族中有人出来命人行善，止人作恶。正如安拉所言：《你们当中应有一部分人，教人行好，命人行善，止人作恶，他们是成功的人。》（3：104）穆圣说："如果人们见恶事而不加以改变，安拉可能会让他们整体受罚。"(5) 所以说："为什么在你以前的许多世代中，没有一些优秀的人禁止人们在大地上为非作歹呢？但我从他们当中拯救了少数人。"

"那些不义的人却在追求其中可获得的享乐"，即他们穷奢极欲，怙恶不悛，对他人的警告充耳不闻，最终召来防不胜防的突然袭击。

"他们是犯罪的人。"安拉从不惩罚一个无辜的城镇，他的惩罚只会降临那些不义的群体。正如安拉所言：《我没有亏待他们，是他们亏待了他们自己。》（11：101）又《你的主绝不亏待众仆。》（41：46）

《 118.如果你的主愿意的话，他会使人类成为一个民族。但是他们永远是有分歧的。》

《 119.除了你的主所慈悯的那些人。他为此而造化他们。你的主的言辞已经应验了："我的确将以精灵和人一起填满火狱。"》

### 安拉并没有注定整个大地上的人都接受正信

清高伟大的安拉说，他能够让人类都成为归信者，或不归信者。正如安拉所言：《如果安拉意欲，大地上所有的人都已归信了！》（10：99）

"但是他们永远是有分歧的"，即人们永远处于宗派矛盾之中，他们的信仰、观点和学说都不相同。

"除了你的主所慈悯的那些人。"除了获得安拉慈悯的人们——他们跟随列位先知，坚持先知的教导。封印万圣的穆圣为圣之前，他们一直是四分五裂的。后来那些跟随穆圣、归信他、帮助他的人们获得了今世和后世的幸福。这些人是成功的群体。穆圣说："犹太人分成了七十一派，基督教徒分成了七十二派，（我的）这一民族将分成七十三派，除一派人外，其余的都在火狱中。"众弟子问："主的使者啊！这派成功者是谁？"使者说："坚持我和我的众弟子的路线的人。"(6)

"你的主的言辞已经应验了：'我的确将以精灵和人一起填满火狱'。"全知而明哲的安拉说，他早已判定部分人应该进乐园，部分人应该入火狱。他将用人和精灵充满火狱。一切明证和哲理都属于安拉。两圣训实录辑录，安拉的使者说："乐园和火

---

(1)《布哈里圣训实录诠释——造物主的启迪》1：320；《穆斯林圣训实录》1：260。
(2)《穆斯林圣训实录》1：209。
(3)《布哈里圣训实录诠释——造物主的启迪》2：21、7：206。
(4)《艾哈麦德按序圣训集》1：245。
(5)《伊本·马哲圣训集》2：1327。
(6)《艾哈麦德按序圣训集》2：322；《艾布·达乌德圣训集》5：4；《提尔密济圣训全集诠释》7：397。

狱相互争执，乐园说：'我是怎么一回事，进入我这里的都是人们中的弱者和下等人。' 火狱说：'选择我的是一些强暴者和骄傲之人。' 安拉对乐园说：'你是我的慈悯，我用你慈悯我所欲之人。' 对火狱说：'你是我的惩罚，我用你惩罚我所欲之人。你俩（乐园和火狱）都会被充满。' 乐园中一直存在许多空闲之地，安拉专门创造一些被造物（人），让他们居住其中。火狱则不停地呼唤：'还有后来者吗？' 最后尊严的安拉将其格丹（字意为脚）放在上面，火狱才喊道：'够了！够了！以你的尊严发誓。'"[1]

❃ 120.我对你叙述列位使者的消息，以便安定你的心。此中，真理、劝勉和对众信士的提醒已经降临了你。❃

### 结 束 语

清高伟大的安拉说，我对你叙述了以前的先知的故事，他们曾和诸民族进行激烈的争论，许多先知还曾遭到否认和伤害，但安拉总会襄助他的信士——追随者，抛弃他的敌人——隐昧者。穆罕默德啊！这些往事，都可以增强你的信心，以便你将过去的众使者作为榜样。

"**此中，真理、劝勉和对众信士的提醒已经降临了你。**" 伊本·阿拔斯、穆佳黑德等前辈学者说，经文中的"**此中**"指本章经文，即这部叙述列圣斗争史的综合章节中，记载着各位先知的事迹，以及安拉对他们的营救；同时记载着信士们的追随与隐昧者的毁灭等真实的故事和消息；还包含着令隐昧者胆战心惊的劝诫，令穆民俯首沉思的教诲。

❃ 121.你对那些隐昧的人说："依你们的能力与方法去工作吧，我们也是工作的。❃
❃ 122.你们等着！我们也是等待的。" ❃

安拉命令使者警告那些否认安拉的启示之人："**依你们的能力与方法去工作吧**"，即你坚持你们的路线吧！

"**我们也是工作的。**"我也将按我的方法工作。

"**你们等着！我们也是等待的。**"意思是：❃ 你们不久就会知道后世的结果属于谁，犯罪者不会成功。❃（6：135）安拉确已为其使者兑现了许诺，并襄助了他，使其口号成为最高尚的，而使隐昧者的口号成为最卑贱的。安拉是优胜的、明哲的。

❃ 123.诸天与大地的未见都属于安拉，一切事情都要回到他那里。所以你要崇拜他，托靠他，你的主绝不忽视你们的行为。❃

清高伟大的安拉说，他知道诸天和大地的秘密，一切都将回归于他。他将在清算之日报酬每个行善者。只有他才能创造万物，命令万物。安拉还命令人们归信他，托靠他。他会解决每个托靠者和回归者的一切需求。

"**你的主绝不忽视你们的行为。**"穆罕默德啊！安拉清楚地看到了否认者们的一切言行。事实上安拉早就知道他们的情况，他将在今世和后世，对他们做出最充分的报酬。他将在今后两世襄助你和你的归信者，战胜敌人。

《呼德章》注释完。一切赞美和恩情统属安拉。

---

(1)《布哈里圣训实录诠释——造物主的启迪》13：444；《穆斯林圣训实录》4：2186。

## 《优素福章》注释 麦加章

奉普慈特慈的安拉之尊名

❩ 1.艾立甫，俩目，拉仪。那是明白的经典的章句。❨

❩ 2.我确已降下阿拉伯语的它，以便你们理解。❨

❩ 3.我借对你启示这部《古兰》，向你叙述最佳的故事。在这以前，你在疏虞者之列。❨

### 《古兰》的特征

我们在注释《黄牛章》时，已经注释了出现在各章节开头的单独字母，故不再赘述。

"那是明白的经典的章句"，即这是明确的《古兰》的节文，它明确地阐释许多含糊的事情。

"我确已降下阿拉伯语的它，以便你们理解。"阿拉伯语是一种语义最鲜明精确、内容最丰富广泛、最能表达精神意义的语言，因此，安拉以最优秀的语言作为最优秀的经典的载体，降示给世人，并让最尊贵的天使将它传达给最尊贵的使者。同时，这部经典在最尊贵的月份——莱麦丹月，降于最尊贵的地区。所以从各方面讲，它都是完善而无与伦比的。因此，安拉说："我借对你启示这部《古兰》，向你叙述最佳的故事。"

### 这节经文颁降的原因

伊本·阿拔斯所传述的圣训，介绍了这节经文降示的原因。伊本·阿拔斯说，圣门弟子们说："安拉的使者啊！希望你给我们讲述一些（真实的）故事。"后来安拉降谕道："我……向你叙述最佳的故事。"

❩ 4.当时优素福对他的父亲说："我的父亲啊！我确曾梦见十一颗星和太阳及月亮，我看见它们向我叩头。"❨

### 优素福的梦

清高伟大的安拉说，穆罕默德啊，你对你的民族讲述故事时，讲一讲优素福先知的故事。当时，优素福对他的父亲叶尔孤白讲了他的梦境。

伊本·阿拔斯说："先知们的梦是启示。"[1]经注学家们解释优素福的梦时说，十一颗星指的是优素福的十一个兄弟，太阳和月亮指他的父母。伊本·阿拔斯、端哈克等人说，梦中的预言在四十年后才得以实现。一说八十年之后。当时，优素福坐在王座上，让他的父母亲高高坐在宝座上，他的兄弟们为他俯伏叩头。他说：❩ 我的父亲啊！这是我以前的梦境的解释。我的主使它成为了现实。❨（12：100）

❩ 5.他说："我的儿子啊！不要对你的兄弟们叙述你的梦，以免他们阴谋（害你）。恶魔确实是人类公开的敌人。"❨

### 优素福的父亲命令他不要对他人讲述梦境，以免遭受恶魔的谋害

优素福的梦预示着他的兄弟们将毕恭毕敬地对待他，尊敬他。当他对父亲叶尔孤白讲述了梦境后，叶尔孤白担心优素福的兄弟们知道这一情况

---
（1）《泰伯里经注》15：554。

后嫉妒他，从而谋害他，所以他对儿子说："不要对你的兄弟们叙述你的梦，以免他们阴谋（害你）。"安拉的使者㊣说："当你们梦见令人喜欢的事情后，应该讲述它；当梦到令人憎恶的事情时，应该转向一侧，向左边吐三次（唾沫），并求安拉庇佑免受其害，而不要对任何人讲述它。这样，就不会为其所害。"(1) 另一圣训载，安拉的使者㊣说："只要梦没有被讲出来，它就在一只飞鸟的脚上。如果它被讲了出来，其预兆就会实现。"(2)

❖ 6. 就这样你的主将选择你，教导你解析一些事情，并将完成他对你和叶尔孤白的后代的恩典，就像他在以前完成对你的祖先伊布拉欣和易司哈格的恩典一样。安拉是全知的、睿智的。❖

### 优素福的梦的解释

安拉记载了叶尔孤白对他的儿子优素福所说的话：正如你的主选拔你，让你看到太阳和月亮以及群星为你叩头那样，"**就这样你的主将选择你**"，即他将选择你成为先知。

"**教导你解析一些事情**。" 穆佳黑德等人说，"**解析一些事情**" 指解梦。(3)

"**并将完成他对你和叶尔孤白的后代的恩典**"，即他将派你做使者，为你降示启示。正如他当初对待你的爷爷——安拉的朋友伊布拉欣和你的父亲易司哈格那样。

"**安拉是全知的、睿智的**"，即安拉至知应该将其使命置于何地。正如安拉所言。

❖ 7. 在优素福和他的兄弟们（的故事）中，对询问者确有种种迹象。❖

❖ 8. 当时他们说："优素福和他的兄弟比我们更得父亲的欢心。可是我们却是强壮的一伙人，我们的父亲确实在明显的迷误中。"❖

❖ 9. 你们杀掉优素福或是把他扔到某个地方去，那么你们父亲的宠爱就只能专归你们了。此后你们成为好人。"❖

❖ 10. 他们当中的一人说："不要杀死优素福，倘若你们一定要做的话，就把他扔到井底，以便旅行的队伍能把他拾去。"❖

---

（1）《穆斯林圣训实录》4：1772。
（2）《艾哈麦德按序圣训集》4：10；《艾布·达乌德圣训集》5：283；《伊本·马哲圣训集》2：1288。
（3）《泰伯里经注》15：560。

### 优素福的故事中有许多迹象

清高伟大的安拉说，优素福及其兄弟们的故事中确有许多迹象，对于询问者、求知者来说，其中有许多教训和令人觉悟的劝诫。这是一个奇妙的故事，值得讲述。

"**当时他们说：'优素福和他的兄弟比我们更得父亲的欢心。可是我们却是强壮的一伙人'**。" 他们根据自己的错误认识发誓说，优素福及其同母兄弟宾亚敏比我们更能讨得父亲的欢心，虽然我们人数比他们多。

"**我们的父亲确实在明显的迷误中**"，即在我们中间父亲最喜欢他们二人，这是完全错误的。

"**你们杀掉优素福或是把他扔到某个地方去，那么你们父亲的宠爱就只能专归你们了。**" 他们说，清除优素福这个障碍后，父亲不宠爱你们还会宠爱谁呢？所以只有杀死优素福，或把他扔到一个遥远的地方，你们才可能独享父亲的爱。

"**此后你们成为好人**"，他们在犯罪之后，悄悄向安拉忏悔。

"**他们当中的一人说**"，格塔德和伊本·易司哈格说，此人是他们的大哥，名叫鲁毕里。(4) 赛丁伊认为讲话者叫叶胡扎。穆佳黑德认为叫赦穆欧尼·隋法。

"**不要杀死优素福**"，你们不要因为恨他而杀他。事实上，他们无法杀死他，因为安拉要使他成为先知，成就一番伟大事业。后来他还将统治埃及。鲁毕里说了这番话后，众人听从建议，决定把优素福扔进井里。

"**以便旅行的队伍能把他拾去**"，即旅行者拾走他后，你们就会感到舒心，而不用杀死他。

"**倘若你们一定要做的话**"，即如果你们决心要做你们所说的事情。穆罕默德·本·易司哈格说，他们同时触犯了一系列罪恶：断绝骨肉，虐待父亲，对苦苦哀求的小孩没有怜悯之心，对恩重如山、受主器重的老人恩将仇报，不但没有尽到儿子对父亲应尽的义务，反而将年迈老人和他的精神的慰借——心爱的幼子分开，使幼子失去了父爱和归宿。愿安拉恕饶他们，他们确实犯下了重大的罪恶。

❖ 11. 他们说："我们的父亲啊！你为什么不放心优素福和我们在一起呢？我们确实是对他真诚的。"❖

❖ 12. 明天请你让他同我们在一起，以便他能游览和玩耍。我们会保护他。"❖

---

（4）《泰伯里经注》15：564、565。

## 兄弟们征得父亲同意，带走了优素福

众人决定听从他们大哥鲁毕里的建议，把优素福扔进井中。他们来到父亲叶尔孤白跟前，对他说："我们的父亲啊！你为什么不放心优素福和我们在一起呢？我们确实是对他真诚的。"这是他们带走优素福时所找的托辞和借口，其实他们对优素福嫉恨尤深。

"以便他能游览和玩耍"，另一读法是："以便我们能游览和玩耍"。

伊本·阿拔斯、格塔德等人说，经文指以便他跑一跑，活动活动。[1]

"我们会保护他"，我们会为了你保护他，悉心照顾他。

§ 13.他说："我确实不放心你们把他带走，我怕当你们未注意时狼会吃了他。"

§ 14.他们说："我们是（强壮的）一伙人，如果让狼把他吃了，那么我们必定是亏折之人。"

## 父亲的答复

叶尔孤白的儿子们对他说，请让优素福和我们一起去旷野放牧吧，叶尔孤白听了他们的话后说："我确实不放心你们把他带走。"叶尔孤白酷爱优素福，短短的分别，也让他难以忍受。他已看出，优素福是一个非常优秀的孩子，他的身上已经具备了一位先知应该具备的优秀品质，无论从形象上，还是从道德修养方面，他都是非常完美的。

"我怕当你们未注意时狼会吃了他"，即我担心你们忙于放牧和射箭，无暇照顾优素福，而让狼把他给吃了。叶尔孤白的儿子们从他口中听到这句话后，将它作为他们后来可耻行为的借口。但他们当即回答说："我们是（强壮的）一伙人，如果让狼把他吃了，那么我们必定是亏折之人"，即我们这么多人在场，还会让狼侵犯优素福？若是那样，我们确实是该死的无能之辈。

§ 15.当他们带走他，并全体决定把他扔入井底的时候，我对他启示道："（他日）你一定会在他们不认识（你）的时候，告诉给他们这件事。"

## 优素福被扔进井中

清高伟大的安拉说，经过他们的请求之后，叶尔孤白允许兄弟们带优素福离开了，"并全体决定把他扔入井底"，经文的这种表达方法，指出他们罪行的严重，因为他们狼狈为奸，一致同意将他扔进井中。他们为了表现对父亲的尊重，得其欢心，从父亲身边带走了优素福。

有学者说，优素福临走时，叶尔孤白拥抱他，亲吻他，并为他祝福。

赛丁伊说："虽然优素福的兄弟们在他们父亲面前毕恭毕敬，但是离开父亲的视线后，他们就开始对优素福恶语相加，甚至动手殴打。他们把他带到预先找好的井边，绑起来后扔了下去。优素福每去哀求一个人，就会换来对方的辱骂和痛打。他们还击打他紧紧抓住井边的小手。绑着优素福的绳子到了井的中间时，他们割断绳子。优素福便掉进井中，被井水淹没了。后来优素福爬上井中的一块岩石。这块岩石叫拉吾法。"[2]

"我对他启示道：'（他日）你一定会在他们不认识（你）的时候，告诉给他们这件事。'"安拉在此讲述了他对仆人的慈悯和爱护，指出他在这艰难的时刻，给优素福带来希望。他在此刻安慰并鼓励优素福：你不要忧愁，你一定会摆脱困境，化险为夷。我势必襄助你，赐你高贵的品级，他日，

---

(1)《泰伯里经注》15：570、571。

(2)《泰伯里经注》15：574。

你将亲自把他们的丑行告诉他们。而那时他们却认不出你,甚至无法想象对他们说话的人,居然就是当年被扔进井中的小优素福。(1)

❪16.傍晚,他们哭着跑到他们的父亲那里。❫
❪17.他们说:"我们的父亲啊!我们去赛跑时,让优素福留在我们的什物跟前,后来狼吃了他。即使我们说真话,你也不会相信我们的。"❫
❪18.他们拿出他们涂上假血的上衣。他说:"不然,你们的私欲已经引诱你们做了一件事。我只有好好地忍耐,对于你们所形容的,(我只)求安拉襄助。"❫

## 优素福的兄弟们对他们父亲的诡计

优素福的兄弟们将他扔进井中后,在夜晚的昏暗中哭哭啼啼地回到他们父亲跟前,看起来一个个悲痛欲绝。他们解释道:**"我们去赛跑时,让优素福留在我们的什物跟前"**,**"赛跑"**亦指比赛射箭,**"什物"**指衣服等物品。

**"后来狼吃了他"**,这就是叶尔孤白所担心的事情。

**"即使我们说真话,你也不会相信我们的"**,为了增强说服力,他们在说话时采用了一种狡诈的技巧。他们说:"我们知道,即便我们说实话,你也不会相信我们,因为这件事实在太蹊跷了。如果你怀疑我们,我们也是无话可说。你原来担心狼吃了他,后来他果真被狼给吃了,所以,你有理由不相信我们。"

**"他们拿出他们涂上假血的上衣"**,穆佳黑德等人说,他们宰了一只羊,把羊血染在优素福的衣服上,(2)做出优素福被狼吞食的假象。但他们忘了,被狼吃后,衣服必然会被撕破。因此,他们的行为没有瞒过安拉的先知叶尔孤白的眼睛。所以,**他说:'不然,你们的私欲已经引诱你们做了一件事。我只有好好地忍耐'"**,我只能忍受你们的阴谋,求安拉帮助我,怜悯我,使你们阴谋落空。

**"对于你们所形容的,(我只)求安拉襄助。"** 安拉可以帮助我揭穿你们的谎言和诡计。

❪19.有一个商队经过,他们派他们的挑水夫(去取水),他(向井里)放下了他的水桶,他说:"啊!好消息!这是一个少年!"他们把他藏了起来,当作一件商品。但安拉清楚他们所做的。❫

---
(1)《泰伯里经注》15:577。
(2)《泰伯里经注》15:580。

❪20.他们以廉价卖掉他。他们对他不抱奢望。❫

## 优素福脱离深井后被出卖

艾布·伯克尔·伊亚斯说,优素福被自己的兄弟们投进井中后,孤身一人,在井底呆了三天。

伊本·易司哈格说,优素福被投进井里后,他的兄弟们在井边坐了一整天,看看有什么动静。后来安拉让一个商队经过这里,停在离这口井不远的地方。商队派一人去打水,打水员刚把水桶放到井底,优素福就抓住了它,那人拉出优素福后,兴高采烈地说:"啊!好消息!这是一个少年!"

**"他们把他藏了起来,当作一件商品"**,伊本·阿拔斯说:"优素福的兄弟们假装不认识他,而优素福也因为担心被兄弟们杀害,没有说出事情的原委。优素福在被杀与被卖之间选择了被卖。所以,当打水的人出去找水时,优素福的兄弟们把他带到这口井边。打水的人拉出优素福后,他们把优素福卖给了商队。"(3)

**"但安拉清楚他们所做的"**,安拉至知优素福的兄弟和商队的行为,安拉也可以制止这件事情的发生,或改变它的结果。但安拉已注定的事情中,必然蕴涵着丰富的哲理。所以,一切该发生的事情,按照安拉的意欲发生了。❪一切造化和命令都属于他。安拉——众世界的主宰真多福啊!❫(7:54)

这个故事暗示穆圣㊺的情况,安拉至知穆圣㊺的民族对他的伤害,安拉也能够改变这现状,但安拉将暂时放纵他们,最后让穆圣㊺得到胜利,获得善果,正如备受伤害的优素福最终取得伟大成功。

**"他们以廉价卖掉他"**,穆佳黑德、艾克莱麦、拜何萨等学者说,优素福被自己的兄弟们以微不足道的价钱所出卖。(4)虽然如此,他们还是感觉到很满意,他们甚至愿意一文不要地把他送给别人。

伊本·阿拔斯、穆佳黑德、端哈克等人认为**"他们以廉价卖掉他"**中的**"他们"**指优素福的兄弟们。(5)

伊本·麦斯欧迪说:"他们以二十个迪尔汗卖了优素福。"(6)伊本·阿拔斯、穆佳黑德、端哈克、赛丁伊、格塔德、脑夫·毕卡里等学者还说,他们每人分了两个迪尔汗。(7)

**"他们对他不抱奢望"**,因为他们不知道,优

---
(3)《泰伯里经注》16:6。
(4)《泰伯里经注》16:12。
(5)《泰伯里经注》16:14、15、16、17。
(6)《泰伯里经注》16:12。
(7)《泰伯里经注》16:14。

素福将来会成为一位先知，并在安拉那里享有崇高的地位。

§ 21.那个买他的埃及人对他的妻子说："给他体面的住所，也许他会对我们有益，或者我们收养他作义子。"我就是这样在大地上安置了优素福，以便我教导他解析许多事情。安拉是胜任其事的。但是大多数人不知道。§

§ 22.当他达到成年时，我赐予他智慧与知识。我就这样回赐善人。§

### 优素福在埃及

安拉赐给优素福许多福泽，注定让那个买他的埃及人重视他，体面地对待他。那人叮嘱妻子善待优素福，因为他看出这个孩子身上具备许多优秀的品质，将来必定大有作为。他对妻子说："**给他体面的住所，也许他会对我们有益，或者我们收养他作义子。**"那位买来优素福的人是埃及的宰相。伊本·麦斯欧迪说："最有洞察力的是三个人：一位是埃及宰相，当时他对自己的妻子说：'**给他体面的住所**'；一位是穆萨之妻，她曾对她的父亲说：§ 我的父亲啊！雇用他吧……§（28：26）；第三位是艾布·伯克尔，他选择欧麦尔继他之后出任哈里发。"[1] 愿安拉喜悦他们。

清高伟大的安拉说，我拯救优素福脱离了他的兄弟们的陷害，同样，"**我就是这样在大地上安置了优素福**"。

"**以便我教导他解析许多事情**"，穆佳黑德、赛丁伊解释：我让他掌握圆梦的知识。[2]

"**安拉是胜任其事的**"，安拉所意欲的一切事情，是不可违背和抗拒的，安拉能随意处理宇宙万物间的一切事务。[3]

赛尔德·本·朱拜尔解释"**安拉是胜任其事的**"时说："安拉能做他所意欲的任何事情。"

"**但是大多数人不知道**"，人们大半不知道安拉的事情中所蕴涵的哲理和奥妙，以及安拉的许多行为的真正目的。

"**当他达到成年时**"，即当他理智成熟，体魄健全时。

"**我赐予他智慧与知识**"，即我使他在众人中卓尔不群，成为先知。

"**我就这样回赐善人。**"因为优素福是一位服从安拉命令的行善之人。

§ 23.他居住的那家女人设法引诱他。她关上了门，说道："你过来！"他说："安拉护佑我！他是我的主人，他已体面地待我。不义者绝不会成功。"§

### 宰相的女人深深地爱上优素福，并设下诡计

埃及宰相的女人受丈夫委托善待优素福，但她却企图勾引他，她深深地爱上了英俊超群的优素福，因而将自己打扮得漂漂亮亮，把优素福关在房中，要求发生不轨行为。[4]她说："**你过来！**"优素福则坚决地拒绝了她，说："**安拉护佑我！他是我的主人，他已体面地待我。**"当时的人们将家长称为主人，意思是优素福说，你的丈夫是我的家长，他在家中款待了我，而我怎能恩将仇报，做出不仁不义的事情呢？"**不义者绝不会成功。**"

诵经家们对经文中的"海太"（هيت）一词有不同解释，他们将其分别解释为："请过来！"、[5]"我已准备好了"、"你随便吧"等。[6]

---

（1）《泰伯里经注》16：19。
（2）《泰伯里经注》16：20。
（3）《泰伯里经注》16：21。
（4）《泰伯里经注》16：27。
（5）《布哈里圣训实录诠释——造物主的启迪》8：214。
（6）《泰伯里经注》16：27。

❆ 24.她确已向往他,若不是他见到他主的明证,他也会向往她。我就是这样使他避免恶事和丑行。他是我忠诚的仆人之一。❆

拜俄威说,"他也会向往她"中的"向往"指心理活动(1)。安拉的使者说:"当仆人想做一件好事时,清高伟大的安拉(对天使)说,因为这一想法而为他记上一功。当仆人做了想做的这件事时,(安拉对天使说)因为这一行为而为他记上十件功劳。如果仆人想了一件坏事,但他没有做时,安拉说,请给他记上一件功劳。他为我而放弃作恶。仆人做了这件坏事时,安拉说,请据实记上一件罪恶。"(2)

也有人解释说,优素福当时企图痛打宰相妇人。

"若不是他见到他主的明证。"经注学家们对"明证"有不同的解释,一说指安拉降示的某种迹象,它对优素福的私心杂念产生警戒作用;一说指优素福面前当时浮现出其父叶尔孤白的形象;一说一位天使的影子出现在他面前;还有人说它是神的声音。但没有任何证据能证明,它具体指什么东西。正确的方法是,归信经典的原文。

"我就是这样使他避免恶事和丑行",即我使优素福看到了明证,从而使其远离了不该做的事情。同样,我也将在其他方面使优素福成为一个纯洁高尚的人。

"他是我忠诚的仆人之一",即优素福是一个优秀的、纯洁的、高尚的人。(3)

❆ 25.他们两人争先奔向房门,她由后面撕破了他的上衣,两人在门跟前遇见了她的丈夫,她说:"除了监禁或是痛苦的惩罚之外,对于一个企图向你的妻子作罪的人还能有什么报偿?"❆

❆ 26.他说:"是她勾引我。"她的家庭中的一人作证说:"如果他的上衣是由前面被撕破的,那么她的话是真的,而他就是一个说谎的人。❆

❆ 27.倘若那上衣是由背后被撕破的,那么她就是说谎者,而他讲的是实话!"❆

❆ 28.因此当他(她丈夫)看见他(优素福)的上衣是在背后被撕破时,他(她丈夫)说:"这是你(这个女人)的诡计,你们的诡计确实是很大的。❆

❆ 29.优素福啊!你放过这件事吧。(妻啊!)为你的罪恶求恕饶吧,因为你已属于一个犯错之人。"❆

安拉为我们叙述了优素福和宰相妇人跑向门的情况:优素福向门外跑,宰相妇人在后面追。她赶上他后,从他的后面揪住了他的衣服,企图把他拉回房里,衣服遂被严重地扯破。有人说,那被撕破的衣服从优素福身上掉了下来。而优素福则顾不上其他,只是奋力向前奔跑。他俩跑到门跟前时,猛然间发现她的丈夫正站在面前。这个狡诈的女人为了表示自己的清白,恶人先告状,诽谤道:"除了监禁或是痛苦的惩罚之外,对于一个企图向你的妻子作罪的人还能有什么报偿?"即此人应该被投进监狱,或遭受痛打。此时的优素福则为真理而辩驳,义正词严地澄清道:"是她勾引我。"他说,是她在后面追赶他,还撕破了他的衣服。

"她的家庭中的一人作证说:'如果他的上衣是由前面被撕破的'",即从他的前面,"那么她的话是真的",就是优素福在勾引她。其情形应该是:她拒绝了优素福的调戏,推掉优素福之时,撕破了他的衣服。

"倘若那上衣是由背后被撕破的,那么她就是说谎者,而他讲的是实话!"当时的实际情况就是这样。

学者们对经文中所说的证人有不同解释,有人说他是一个老人,也有人认为他是一个小孩。伊本·阿拔斯认为这位证人是一个有胡须的老人。绍利传述说,伊本·阿拔斯认为证人是宰相的侍从。还有一些学者则说,他是一位男人。

奥夫传述,伊本·阿拔斯说,证人是一个还在摇篮中的婴儿。(4)艾布·胡莱赖等人说,证人是宰相家中的一个小孩。(5)

"因此当他看见他的上衣是在背后被撕破时",宰相看清事实后说:"这是你(这个女人)的诡计",即这是对优素福的诽谤和冤枉。

"你们的诡计确实是很大的。"宰相遂吩咐优素福不要声张这件事情。"优素福啊!你放过这件事吧",即不要再追究它,也不要对任何人提及它。

他对妻子说:"为你的罪恶求恕饶吧。"宰相是位宽厚仁慈之人,他原谅了自己的妻子,因为他知道,她是情不自禁地看上优素福这个英俊青年的。所以,他要求妻子因为谋害、冤枉优素福而向安拉求饶。"因为你已属于一个犯错之人"。

---
(1)该词在阿拉伯语中指企图、打算、预谋、决定等。这节经文充分讲述了伊斯兰人性论。——译者注
(2)《白俄威经注》2:420;《布哈里圣训实录诠释——造物主的启迪》13:473;《穆斯林圣训实录》1:117。
(3)《泰伯里经注》16:49。
(4)《泰伯里经注》16:56。
(5)《泰伯里经注》16:54、55。

30.城中的妇女们说："宰相妇人在勾引她的家奴,他的确令她爱得发狂,我们看她显然在明显的迷误中。"

31.当她听到她们的流言蜚语时,派人邀请她们,为她们准备了一个宴会,她给她们每人一把刀,对他说:"你到她们前面去。"当她们看见他时,她们就夸赞他,(她们都被优素福迷住了)以至她们自己割破了自己的手。她们说:"赞美安拉!这不是凡人,这只是一位高贵的天使!"

32.她说:"这就是你们为了他而责备我的那个人!我确实曾经引诱过他,但是他却坚贞自制。他如果不遵从我的命令,一定会被关进监狱,成为一个下贱的人。"

33.他说:"我的主啊!比之她们引诱我的,我更喜欢监狱。如果你不把我从她们的诡计中解脱出来,我一定会倾向她们,并成为愚蠢的人了。"

34.他的主应答了他,他排除了她们的诡计,他确实是全听的和全知的。

## 优素福与宰相之妻的事情在城中被传播,城中的妇女们对优素福的阴谋

清高伟大的安拉说,优素福和宰相妇人的事情在埃及的城中被传得沸沸扬扬,"**城中的妇女们说**",即一些达官贵人的妻子们指责宰相妇人,说:"**宰相妇人在勾引她的家奴**",即她企图和自己家中的奴仆发生不正当关系。

"**他的确令她爱得发狂**",这节经文根据不同的读法其意义分别如下:"她深深地爱上了他","她爱他爱得死去活来"(或快要死了)。以上是伊本·阿拔斯等学者的解释。[1]

"**我们看她显然在明显的迷误中**",她爱上一个奴仆,为他不惜献出自己,这简直荒唐极了。

"**当她听到她们的流言蜚语时**",有学者说,当宰相妇人听到城中妇女们说"她已经被爱所毁"时。

伊本·易司哈格说:"当城中的妇女们听到优素福英俊无比时,想亲自看看他,于是她们故意散布流言,以便达到目的。宰相妇人听到他们的话后,便心生一计。"

"**派人邀请她们,并为她们准备了一个宴会**。"伊本·阿拔斯说,宰相妇人为这些来宾准备了有靠垫的躺椅,上面摆放着香橼等需要用刀来取食的食品。[2]

"**她给她们每人一把刀**",她将计就计,打算教训这些妇女。

"**对他说:'你到她们前面去。'**"此前她让优素福躲在一旁。

"**当她们看见他时,她们就夸赞他**",即优素福出现在她们面前时,她们无法相信自己的眼睛,一时入了迷,手指被刀割破了也不知道,还以为在削香橼呢(一说她们割断了手指)。[3]

另外一些学者说,参加宰相妻子宴会的妇女们吃完饭后,一个个心情开朗起来,宰相妇人为她们献上香橼,并给每人一把小刀。说:"你们想见见优素福吗?"她们说:"好啊。"宰相妇人让优素福出现在她们面前时,她们被优素福迷住了,以至割破了手指。宰相妇人又让优素福离去,以便让她们看看优素福的背影,优素福走后,她们才发觉手被割破了,一个个大声喊痛。宰相妇人说:"你们只见他一面,就会如此?又怎能责怪与他经常见面的我呢?"

"**她们说:'赞美安拉!这不是凡人,这只是一位高贵的天使!'**"然后她们对宰相妇人说:"今日一睹优素福的风采,我们觉得你是无可指责的。"因为她们从未见过像优素福一般英俊的男

---
(1)读法略译。——译者注
(2)《泰伯里经注》16:71、72。
(3)《泰伯里经注》16:76、77、78。

人。优素福的英俊，可抵乐园中的少年所具备的英俊的一半。安拉的使者☪于登霄之夜在第三层天见过优素福先知，后来使者说："优素福具备英俊的一半。"(1)(2)

穆佳黑德等学者解释说，参加宴会的妇女们说，求安拉庇佑我们，"**这不是凡人，这只是一位高贵的天使！**"(3)

"**她说：'这就是你们为了他而责备我的那个人！'**"宰相妇人解释道，如此英俊完美的青年谁不爱呢？

"**我确实曾经引诱过他，但是他却坚贞自制。**"虽然我不顾一切地向他献媚，但他没有理睬我。

有学者说，妇女们看到优素福英俊的外表后，宰相妇人还为她们介绍了优素福高尚的内在品质。

宰相妇人还威胁优素福，说："**他如果不遵从我的命令，一定会被关进监狱，成一个下贱的人。**"优素福则祈求安拉使他脱离她们的奸计和迫害。他说："**我的主啊！比之她们引诱我的，我更喜欢监狱**"，即我宁肯进监狱，也不愿做丑事。

"**如果你不把我从她们的诡计中解脱出来，我一定会倾向她们，并成为愚蠢的人了。**"如果你让我自己处理自己的事情，我绝对无力应付。你若不赐我办法和力量，我对她们是无可奈何的。所以，我只托靠你，并向你求助。

"**他的主应答了他**"，优素福确实得到了安拉的庇佑，他绝对拒绝了宰相妇人的要求，宁肯进监狱。优素福确实具备无与伦比的优良品质；身份低微的他虽然英俊而年轻，但不被美貌而妖艳的宰相妇人所迷惑，时刻表现出对安拉的敬畏和希望。

穆圣☪说："七种人将在只有安拉的庇荫存在的日子受安拉特慈，进入荫凉之中：公正的伊玛目；拜主而长大的青年；始终牵挂清真寺的人；为主而相互喜爱的两个人，他们为主而聚，为主而散；右手施舍一件物品后不让左手知道的人；一个显赫的美女勾引了他，而他说：'我是害怕安拉'的人；独自一人记念安拉而落泪的人。"(4)

◊35.**他们看到种种迹象之后，决定把他监禁一段时间。**◊

---

(1) 如果乐园中的少年具备十分的英俊，优素福在今世中就具备了五分的英俊。——译者注
(2)《穆斯林圣训实录》1：146。
(3)《泰伯里经注》16：84。
(4)《布哈里圣训实录诠释——造物主的启迪》2：168；《穆斯林圣训实录》2：715。

### 宰相之妻决定将优素福投进监狱，并立即执行

清高伟大的安拉说，宰相周围的人决定的是：最好将优素福投入监狱，让他在狱中呆一段时间。虽然此前种种迹象显示，优素福是清白的。安拉至知他们的目的，或许他们想以此方法，制造优素福因勾引宰相妇人而被监禁的假象，从而平息人们对此事的议论。因此，后来埃及国王要求优素福出狱时，优素福绝对拒绝，他要求首先得为他洗清冤情。后来冤情大白后，优素福堂堂正正地出狱了。

◊36.**有两个青年与他一同入狱，其中一人说："我梦见我在榨酒。另一个说，我梦见我的头上顶着饼子，鸟儿们正从中啄食。请你告诉我们它的解释，我们看你是个行善的人。"**◊

### 两位狱中的难友向优素福请教梦的含义

格塔德说，两人中的一人是国王的榨酒员，另一人是国王的面包师。这二人各做一梦，向优素福请教梦的含义。(5)

◊37.**他说："在供应你们的食品送到以前，我一定会对你们解释它。这是我的主教导我的。我已经放弃了那些不信安拉、否认后世的人的宗教。**◊
◊38.**我追随我的祖先伊布拉欣、易司哈格和叶尔孤白的宗教，我们不应该以任何物举伴安拉。这是安拉对我们和人类的恩典，但是大多数人不知感。"**◊

### 优素福要求两位狱友首先归信安拉独一，然后再为他们释梦

优素福说，无论他俩梦见什么，他都能预告其含义。因此说："**在供应你们的食品送到以前，我一定会对你们解释它。**"

格塔德说："你俩今天的食物到来之前，我就会为你俩圆出这个梦。"(6)

优素福告诉他俩："圆梦的知识是安拉赋予我的。我已经摒弃了不归信安拉和后世的人们所信仰的宗教。那些人在生活中不希望得到安拉的报偿，也不害怕后世的惩罚。"

"**我追随我的祖先伊布拉欣、易司哈格和叶尔孤白的宗教**"，即我放弃了否认安拉和多神崇拜

---

(5)《泰伯里经注》16：95。
(6)《泰伯里经注》16：100。

的生活方式，选择安拉的列位使者的生活方式。这是安拉引导的路，是追随众使者的路，是避免背离的路。安拉会引导行此路的人，并让他知道原来不知道的事物，还使之成为优秀的模范和正道的呐喊者。

"**我们不应该以任何物举伴安拉。这是安拉对我们和人类的恩典。**"认主独一无偶，是安拉赋予我们的恩典，也是对人们的恩典，因此安拉让我们引导人们走向认主独一。

"**但是大多数人不知感**"，即人们往往并不承认安拉遣圣降经的宏恩。不然《你没有看到那些人吗？他们将安拉的恩典换成了隐昧，并使自己的民族陷入毁灭之境。》（14：28）

﴾ 39. "**两位狱友啊！是许多涣散的主宰好呢？还是独一的、大能的安拉更好呢？**" ﴿

﴾ 40. **你们不崇拜安拉，而去拜一些你们和你们的祖先命名出（伪神）的名称。安拉并不曾授给它们任何权力。裁决权只归安拉。他已命令你们只崇拜他。这就是正教，但是大多数人不知道。**"﴿

然后优素福继续号召这两位青年崇拜独一无偶的安拉，放弃他们的民族所崇拜的偶像和假神，他说："**是许多涣散的主宰好呢？还是独一的、大能的安拉更好呢？**"即安拉是最伟大的，万物都为其尊严而毕恭毕敬。然后优素福告诉他们，他们原来舍安拉而崇拜的只是一些假神，是从祖先那里传承而来的迷信，在安拉那里毫无依据。因此说，"**安拉并不曾授给它们任何权力**"，即他们原来的宗教信仰没有任何事实依据。

然后优素福告诉他们，裁决权、支配权都只归安拉，一切都在安拉的意欲之中。安拉命令全人类只能崇拜他。

"**这就是正教**"，即我所号召的认主独一宗教，是安拉所制定的正确宗教。安拉已为此宗教赋予许多明证。

"**但是大多数人不知道**"，因此，大部分人都在崇拜多神。正如安拉所言：《 大多数人不是信士，虽然你渴望（他们信仰）。》（12：103）优素福号召他们接受正信后，开始圆梦。

﴾ 41. "**两位狱友啊！你们当中的一人将会给他的主人倒酒，而另一人，他将被钉在十字架上，鸟将在他的头上啄食。你们两人所问的事已被判定了。**"﴿

## 圆 梦

优素福对两位狱友说："**两位狱友啊！你们当中的一人将会给他的主人倒酒**"，指的是梦见自己榨酒的人。但优素福没有明确指出此人的姓名，以免另一人伤心。同样，他笼统地说："**而另一人，他将被钉在十字架上，鸟将在他的头上啄食**"，指的是梦见自己头顶饼子的人。优素福还告诉他们，他所圆的梦注定会发生。因为梦一旦被解释，必定会发生，未解释的梦则在"飞鸟的脚上"。绍利传述说，优素福给二人圆梦后，他们又矢口否认所讲的梦，说："其实我们并没有梦到什么。"优素福则回答他们说："**你们两人所问的事已被判定了。**"[1]即一个人即便梦到不实际的情况，但如果有人解释了此梦，以后的事情必然会按解析发生。安拉至知。穆圣 ﷺ 说："梦还没有被解释时，它在飞鸟的脚上。被解释后，它必然会（按照解释）发生。"[2]

---

（1）《泰伯里经注》16：108。
（2）《艾哈麦德按序圣训集》4：10。

﴾ 42.在那两人当中，他对那个他认为可能获救的说："请你向你的主人提起我。"但是恶魔使他忘记向他的主人提起，所以他在狱中多居留了几年。﴿

### 优素福对倒酒的人说，请你在国王面前提起我

优素福知道梦见倒酒的人会平安出狱，所以在另一人不注意的时候，悄悄对他说："**请你向你的主人提起我。**"安拉至知当时的情况。即优素福对此人说，请你在国王面前说说我的情况，但后来此人忘了优素福的委托。这确实是恶魔使安拉的先知身陷图圄的诡计。

"**但是恶魔使他忘记向他的主人提起**"中的"**他**"，显然指平安出狱的人。[1]

"**所以他在狱中多居留了几年**"中的"**几年**"，指三至九年。[2] 沃海布说："艾优卜先知受难七年，优素福先知在狱中呆了七年，白赫坦萨受了七年的惩罚。"[3]

﴾ 43.（埃及）国王说："我梦见七头肥牛被七头瘦牛吞食，七支绿色的麦穗和另外七支干麦穗。众卿啊！如果你们能解梦的话，就给我解说我的梦吧！"﴿

﴾ 44.他们说："（这是）一个杂乱的梦，而且我们不会圆梦。"﴿

﴾ 45.那两人当中被释放的人，经过了一段时间，现在才想起了他，说道："我能告诉你们它的解释。请你们派我去吧。"﴿

﴾ 46."优素福啊，诚实的人啊！请你对我们解释七头肥牛被七头瘦牛所吃，七支青麦穗和另外七支干麦穗（的梦象含义），以便我回到人们当中使他们了解。"﴿

﴾ 47.他说："你们将照常辛勤地耕种七年，你们所收获的作物，除了你们所吃的一些之外，你们任它们留在穗上（贮藏）。﴿

﴾ 48.此后将有七个艰苦的年头来临，它们将吃掉你们先前所贮藏的，只留下很少一部分。﴿

﴾ 49.此后将有一个丰年来临，人们将在此期间获得丰富的雨水，他们还会在其中榨取（葡萄酒和油）。"﴿

### 埃及国王的梦

安拉注定埃及国王的这个梦是优素福光明正大

---

(1)《泰伯里经注》16：113。
(2)《泰伯里经注》16：115。
(3)《泰伯里经注》16：114。

---

地、体面地出狱的原因。国王做梦后，惊悸不平，梦境的怪异令他想知道它到底意味着什么。所以他召集了王宫大臣和许多占卜者，命令他们给他圆梦。但他们不知道此梦的含义，遂托故说这是"**一个杂乱的梦**"，即这是日有所思，夜有所梦。

"**而且我们不会圆梦。**"意为即便这不是一个杂乱的梦，我们也不懂圆梦的学问。那个曾在狱中向优素福询问梦的解释的人，此时正在王宫，他被恶魔所迷惑，经历了这么长时间后，在此紧要关头才想起了优素福。他对国王和国王召来的圆梦者们说："**我能告诉你们它的解释。请你们派我去吧。**"此人到狱中见到优素福后说："**优素福啊，诚实的人啊！请你对我们解释。**"

### 给国王圆梦

优素福没有因为此人多年来忘记他而指责对方，也没有将圆梦作为放他出狱的条件，而是直接告诉对方说："**你们将照常辛勤地耕种七年**"，你们将会迎来风调雨顺的七年。优素福说，梦中的七头牛指七年，因为它能耕耘土地，带来庄稼和硕果。青穗指庄稼和果实。

优素福还为他们指出他们应该怎么应对这一情况，说："你们所收获的作物，除了你们所吃的一些之外，你们任它们留在穗上（贮藏）"，即你们将这七年中收获的庄稼，储藏在穗中，这样，可以延长存放的时间，更能有效地预防腐烂。你们可以取少量的食用，而不能浪费，以便度过七个丰年之后的七个荒年。国王梦到七个瘦牛，预示着七个荒年。你们将在那时使用七个丰收年收获的粮食。他还告诉他们，那时将颗粒无收。因此说："它们将吃掉你们先前所贮藏的，只留下很少一部分。"他接着给他们报喜说，此后他们将迎来一个风调雨顺的丰收年，人们将按习惯榨油、酿酒。

❦ 50.国王说："把他给我带来。"当使者到他跟前时，他（优素福）说："你回去问你的主人，那些割破自己手的妇女是怎么回事？我的主深知她们的诡计。" ❧

❦ 51.他（国王）说："你们引诱优素福的时候，究竟是什么情况？"她们说："赞美安拉清净！我们知道他是无罪的。"宰相妇人说："现在已经真相大白，确实是我勾引了他，他确实是真诚的人。" ❧

❦ 52."这是为了让他知道，我没有在他背后对他不忠不义，安拉不引导背信弃义者的诡计。" ❧

❦ 53.(他说)："我也不自认清白，除了我的主所慈悯的人之外，人性确实是使人趋向于恶的。我的主确实是至赦的、至慈的。" ❧

### 澄清当年优素福、宰相夫人及埃及的贵妇们之间事情的真相

清高伟大的安拉说，当国王听到优素福的话后，很满意这个解释，并认为这是真的。国王也认识到优素福是一个品德高尚的人。他被优素福那丰富的知识、优良的品行以及对百姓的怜悯之情所打动，所以说："**把他给我带来**"，即马上将他从监狱中请出，来见我。但使者去请优素福时，被他拒绝了，他要求国王首先为他洗清冤情，并当众宣布当年对他的判决是过分的、错误的，他并没有触犯应该被投入囹圄的罪行。优素福说："**你回去问你的主人……**"

两圣训实录辑录，安拉的使者㊟说："我们比伊布拉欣更会具有疑心，他当年说：❦ 我的养主啊！请让我看看你怎么给一些非生物赋予生命？❧（2：260）愿安拉慈悯鲁特，他愿他有强有力的支持。假若我在狱中呆了优素福所呆的那么长时间，我当时就会同意邀请者（的邀请立即出狱）。"(1)

艾布·胡莱赖在解释"**你回去问你的主人：'那些割破自己手的妇女是怎么回事？我的主深知她们的诡计'**"时说，安拉的使者㊟说："假若那是我，我必定会立即同意邀请，不再追究（往事）。"(2)

"**他（国王）说：'你们引诱优素福的时候，究竟是什么情况？'**"国王召集了当年在宰相妇人家做客割破手的那些妇女，直接追问宰相的妇人："你们引诱优素福的时候，究竟是什么情况"，即当日你们做客时的实际情况到底如何？

"**她们说：'赞美安拉清净！我们知道他是无罪的。'**"那些妇女回答国王：赞美安拉！优素福是无辜的。以安拉发誓，据我们所知，他并没有什么不轨行为。

这时，"**宰相妇人说：'现在已经真相大白'**"，伊本·阿拔斯和穆佳黑德等学者解释：现在真理摆在了面前，事实彰明显著。(3)

---

(1)《艾哈麦德按序圣训集》2：326；《布哈里圣训实录诠释——造物主的启迪》8：216；《穆斯林圣训实录》1：133。
(2)《艾哈麦德按序圣训集》2：346。
(3)《泰伯里经注》16：138。

"确实是我勾引了他，他确实是真诚的人"，即我当初在撒谎，而优素福一直在说实话。

"这是为了让他知道，我没有在他背后对他不忠不义。"宰相妇人说，我承认自己的错误，以便让我的丈夫知道，事实上，我当年并没有做出背叛他的事情，我和优素福之间也没有发生什么奸情。事实上，这位青年绝对拒绝了我对他的诱惑。因此，我如实叙述当时的情况，以便表示我的清白，事实也证明了"安拉不引导背信弃义者的诡计"。

"我也不自认清白"，宰相妇人说，我的内心并不是纯洁无染的，我也有欲望的冲动，因此，我当时勾引了他。因为"除了我的主所慈悯的人之外，人性确实是使人趋向于恶的"，即只有安拉所保护的人，才能免于人性的怂恿和倾向。"我的主确实是至赦的、至慈的"。

这是最有名、更适合这个故事脉络的注释。马沃尔迪曾撰写专著，叙述了这一故事。

第二种解释是："这是为了让他知道我没有在他背后对他不忠不义"及其后的一节经文，叙述的是优素福的话。即我没有背叛宰相，而做出对他不忠不义的事情，我拒绝国王的使者带来的邀请，是为了让国王和宰相知道我是清白的。安拉不会让背信弃义者的阴谋得逞。但似乎第一种解释更明确可信。因为根据文章脉络看，这些都是宰相妇人在国王面前的表白。而优素福当时并不在场，后来他才被释放，并得到国王的召见。

❮ 54.国王说道："把他给我带来，以便我让他专门侍奉我。"当他和他说话时，他（国王）说："今天你确实在我们跟前是地位高贵的、诚实可信的。" ❯

❮ 55.他（优素福）说："请你派我管理这地方的库房，我确实是一个有知识的管理人。" ❯

## 优素福在国王眼中的地位

清高伟大的安拉说，国王了解到优素福清白无辜，遭受不白之冤后，便说："把他给我带来，以便我让他专门侍奉我"，即我将重用他，来辅佐我。

"当他和他说话时"，前面的"他"指国王。国王通过和优素福的谈话，看出优素福不但英俊非凡，而且是一位德才兼备的难得人才，便说："今天你确实在我们跟前是地位高贵的、诚实可信的"，即从今往后，你将在王宫中享有显赫的地位，并被重用。

优素福平静地对国王说："请你派我管理这地方的库房，我确实是一个有知识的管理人。"优素福在此毛遂自荐，因为在别人不知情的情况下，可以毛遂自荐。他说，我不但是一个诚实守信的保管员，而且是一个熟悉业务的有智之士。优素福先知要求国王任命他为经济大臣，管理粮仓，以应付他所预告的干旱之年。国王一口同意了他的要求，并给予他极大的信任。优素福上任后，采取了一系列谨慎、认真、有效的措施，政绩斐然。

❮ 56.就这样，我让优素福在大地上拥有地位，让他随心住在那里。我将我的慈悯赐予我所欲之人，我不会废除那些行善者的回赐。 ❯

❮ 57.后世的回赐对于那些归信并且敬畏的人是更好的。 ❯

## 优素福治理埃及

清高伟大的安拉说："就这样，我让优素福在大地上拥有地位"，即我让他在埃及享有显赫的地位。

"让他随心住在那里。"赛丁伊等解释：让他按自己的意愿治理埃及。[1]

伊本·哲利尔等解释：使他摆脱困境、苦难和奴役之苦，住进宽大的家园。[2]

"我将我的慈悯赐予我所欲之人，我不会废除那些行善者的回赐"，即我不会让优素福白白地忍受他兄弟们的伤害和宰相妻子给他造成的铁窗之苦。因此，后文说，安拉将恩赐优素福平安、胜利。

"后世的回赐对于那些归信并且敬畏的人是更好的。"安拉说，我不但在今世中赐给我的先知优素福极大的权势，而且还要在后世为他所准备更大更多的恩惠。正如安拉讲述他对苏莱曼的恩典时所说：❮ 这就是我的恩典，无论你把它们赐给人或是留下它们，都不会被追究的。的确，在我这里，他将获得接近（我的地位）和优越的归宿。 ❯（38：39-40）穆佳黑德说，埃及国王蓝亚尼让优素福接替了当年买下他的宰相的位置。后来，这位国王还在优素福的引导下获得了正信。

❮ 58.优素福的兄弟们来了，他们来到他跟前，他认出了他们，但他们不认识他。 ❯

❮ 59.当他已经供应了他们粮食时，他说："把你们的一个同父（异母的）弟弟带来见我，你们不

---
[1]《泰伯里经注》16：151、152。
[2]《泰伯里经注》16：151。

曾见到我给足了分量，我是最好的东道主吗？"

§ 60.如果你们不把他带来见我，（下次）你们就不会有一点粮食了，你们甚至不能够接近我。"

§ 61.他们说："我们必定设法向他的父亲要求（让）他（来），我们一定去做。"

§ 62.他对他的仆人们说："你们把他们的货物装进他们的鞍囊里，以便他们见他们的家人时，可以辨认它，希望他们下次再来。"

### 优素福的兄弟们为了籴粮往来于埃及并为优素福保证带他们的小弟来见他

赛丁伊、伊本·易司哈格等经注学家说，优素福出任埃及宰相后，度过了风调雨顺的七个春秋，后来又迎来七个颗粒无收的干旱之年。旱情遍及整个埃及，叶尔孤白先知及其儿子们居住的迦南地区也未免于难。而在埃及，优素福早为旱情的到来作了充分的准备，并储备了大量的粮食。还提供方便，让各地居民前来籴粮。优素福规定每位前来籴粮者，所籴的粮食不能超过一峰骆驼所驮的重量，每年来一次。在此期间，优素福和国王以及他们的军队，则在此七年中每日只进一餐，以便为百姓提供更充足的粮食，最终挺过这艰苦的七年。安拉派优素福给埃及带来了他的慈悯。

优素福的兄弟们一行十人带着自己的货物，受他们父亲之命，随着其他籴粮的人一起来到埃及。他们听说埃及宰相按照正常价格给百姓籴粮。叶尔孤白让优素福的同胞弟弟宾亚敏留在自己身边。失去优素福之后，他最疼爱的就是宾亚敏了。

优素福的兄弟们来到优素福官邸时，他正威严地坐着，他一眼就认出了他们，而他们做梦也没有想到，坐在眼前的这位宰相就是当年被他们卖给商队后不知去向的小优素福。赛丁伊等说，优素福假装不认识他们，向他们问话："你们为何来到我国？"众兄弟说："宰相啊！我们前来籴粮。"优素福问："或许你们是奸细。"众兄弟回答："求主保佑！绝不是的。"优素福问："你们来自哪里？"众兄弟回答："迦南。我们父亲是安拉的先知叶尔孤白。"优素福问："你们还有其他兄弟吗？"众兄弟回答："我们原本是十二人，我们中最小的一位在年幼时殁于旷野，他是我们父亲最疼爱的孩子。他殁后，我们父亲就不让与他同母的另一兄弟去其他地方了，以弥补他丧失小儿子的痛苦。"优素福听了众兄弟的回答后，命人款待他们，并允许他们留下来。

"当他已经供应了他们粮食时"，即优素福为他们提供了充足的粮食，将他们送上行程之前，说道："请你们下次来时带上留在你们父亲身边的那个兄弟，你们讲述了他的情况后，我想见见他，以便看看你们是否对我撒谎。"他接着说："你们不曾见到我给足了分量，我是最好的东道主吗？"优素福鼓励他们下次再来，然后又警告道："如果你们不把他带来见我，（下次）你们就不会有一点粮食了，你们甚至不能够接近我。"

"他们说：'我们必定设法向他的父亲要求（让）他（来），我们一定去做。'"即如果我们下次来籴粮，一定会尽最大努力带上留在父亲身边的那个兄弟，以便让你看到我们确实没有撒谎。

"他对他的仆人们说：'你们把他们的货物装进他们的鞍囊里'"，即优素福吩咐手下，把兄弟们从迦南带来易货的财物悄悄放回他们的行囊中。

"希望他们下次再来"，即下次将它送来。有学者说，优素福担心他们下次没有籴粮的财物，所以巧作布置。

§ 63.当他们回到他们的父亲身边时，他们说："我们的父亲啊！我们已被拒绝籴粮了，请你派我们的弟弟跟我们一道去吧，那么我们就可以籴粮，我们一定保护他。"

❦64.他说："我能够像以前把他的兄长托付给你们一样，把他托付给你们吗？"安拉是最好的保护者，他是最慈爱的。❧

## 众兄弟要求带走宾亚敏，以及优素福的回答

清高伟大的安拉说，优素福的兄弟们从优素福那里回到他们父亲跟前后说："我们的父亲啊！我们已被拒绝籴粮了"，即如果你下次不派宾亚敏和我们一起去籴粮，宰相就不再给我们籴粮了。所以你无论如何都得让他和我们一起去埃及，我们一定会保护他的。有人读为："这样他会得到他自己的一份配给粮。"

叶尔孤白说："我能够像以前把他的兄长托付给你们一样，把他托付给你们吗？"你们除了让我和我心爱的孩子分离之外，还能做什么呢？

"安拉是最好的保护者，他是最慈爱的。"最爱我的莫过于安拉，他会因为我年老体弱、爱子心情而怜悯我。我希望安拉让我和我失散的孩子重新团圆，安拉是至慈爱的。

❦65.当他们打开他们的货物时，发现他们的财物已被退还，他们说："我们的父亲！我们还能要求什么？我们的这些货已被退还给我们了。我们要为我们的家人籴粮，并会保护我们的弟弟，还将增加一峰骆驼所驮的（粮食）。那是容易获得的粮食。"

❦66.他说："我绝不会让他和你们一起去的，除非你们以安拉的名义给我立下一个誓约，你们一定把他给我带回来，除非你们陷入困境。"当他们向他立下誓约时，他说："安拉见证我们所说的。"❧

## 兄弟们回家后发现，当初带去兑换粮食的财物却在带回的行囊中

优素福的兄弟们回到家中，打开从埃及带回的行囊时，发现他们当初带去兑换粮食的财物又被自己带了回来。他们说："我们的父亲！我们还能要求什么？我们的这些货已被退还给我们了。"人家给我们提供了足够的粮食，还退回了我们的财物，我们还有什么话说呢？[1]

"我们要为我们的家人籴粮"，请让宾亚敏和我们一起去给家人籴粮吧。

"并会保护我们的弟弟，还将增加一峰骆驼所驮的（粮食）。"因为优素福给每个前来籴粮的人只提供一峰骆驼所能驮动的粮食。

"那是容易获得的粮食。"他们非常诚恳地请求父亲。让宾亚敏随他们去埃及，那样，就会得到属于他自己的一份粮食。

"他（叶尔孤白）说：'我绝不会让他和你们一起去的，除非你们以安拉的名义给我立下一个誓约'"，即你们当发誓说："你们一定把他给我带回来。"

"除非你们陷入困境"，即除非你们陷入不可抗拒的困境，没有能力营救他。

"当他们向他立下誓言时"，叶尔孤白更进一步强调说："安拉见证我们所说的。"伊本·易司哈格说，叶尔孤白迫于无奈而让儿子们带走了他们同父异母的弟弟宾亚敏，因为家中不能没有粮食。[2]

❦67.他说："我的儿子们啊！你们不要从一道门进去，要从不同的门进去，安拉那里，我不能为你们起丝毫作用。判决只属于安拉，我只托靠他，让托靠的人们托靠他吧。"❧

❦68.当他们照他们父亲的吩咐进城时，在安拉那里，他对他们不能有丝毫作用。但叶尔孤白了却了心中的一个愿望。因为我曾经教诲他，他确实是有知识的人，但是大多数人不知道。❧

## 叶尔孤白吩咐儿子们分别从不同的门进入埃及

叶尔孤白在告别宾亚敏等即将上路的儿子们时，对他们叮嘱道，你们不要全体从一道门进埃及，而要分散开从不同的门进去。据伊本·阿拔斯、穆罕默德·本·凯尔卜等人说，叶尔孤白吩咐他们这样做，是为了让他们防备别人的毒眼[3]。因为优素福的兄弟们一个个仪表堂堂，风度翩翩，难免招来人们的毒眼。毒眼是确实存在的，它可以使骑马的人从马背上掉下来。

"安拉那里，我不能为你们起丝毫作用。"虽然我为你们叮嘱了出门的注意事项，但安拉若要决定一件事情发生时，任何人都无法抗拒，也无法阻挡。

"'判决只属于安拉，我只托靠他，让托靠的人们托靠他吧。'当他们照他们父亲的吩咐进城时，在安拉那里，他对他们不能有丝毫作用。但叶

---

（1）《泰伯里经注》16：162。

（2）《泰伯里经注》16：164。
（3）古阿拉伯人中会施毒眼法的人，只要向企图谋害的人投去毒眼，就会伤害对方。——译者注

尔孤白了却了心中的一个愿望。"学者们说，叶尔孤白的愿望是儿子们不要被毒眼所伤。

"因为我曾经教诲他，他确实是有知识的人。"格塔德和绍利解释：真正的有智之人，是指拥有实用知识的人。[1] 伊本·哲利尔说：叶尔孤白蒙主特慈而富有知识。"但是大多数人不知道。"[2]

§ 69.当他们来到优素福跟前时，他让他的兄弟（宾亚敏）和他同住，他说："我确实是你的兄弟，所以你不要为他们过去所做的事而难过。" §

### 优素福见到宾亚敏后心情开朗起来

清高伟大的安拉说，优素福的兄弟们带着优素福的同母兄弟宾亚敏到来后，优素福在自己官邸的客厅款待了他们，并给他们赠送了礼物。他把宾亚敏带到一旁，悄悄告诉他发生的事情以及自己实际上是他的兄弟，并对他说："所以你不要为他们过去所做的事而难过。"优素福还特别叮嘱他不要让其他兄弟知道自己的真实身份。同时和宾亚敏讲好，他将设法让他留在埃及，堂堂正正、体体面面地生活。

§ 70.后来，当他供应他们粮食时，他把杯子放进他弟弟的鞍囊中。然后，一个人喊道："商队啊！你们确实是贼！" §

§ 71.他们转过来对他们（优素福的手下）说："你们丢失了什么东西？" §

§ 72.他们说："我们丢失了国王的杯子。谁拿出来，给谁一峰骆驼所驮的（粮食作奖赏）。我是保证人。" §

### 优素福设计将国王的杯子放在宾亚敏的行李中，从而将他留在埃及

优素福为众兄弟提供了粮食，粮食驮到他们的骆驼上后，他吩咐身边的奴仆把国王的银杯悄悄放进宾亚敏的行李中（部分学者认为是一只金杯）。伊本·阿拔斯、穆佳黑德等人说，这只杯子以前是饮具，后来粮食珍贵时用其衡量粮食。[3] 然后让人呼唤："商队啊！你们确实是贼！"优素福的兄弟转过身来，问呼唤者："你们丢失了什么东西？"他们说："我们丢失了国王的杯子"，即我们丢失

---
(1)《泰伯里经注》16：168。
(2)《泰伯里经注》16：168。
(3)《泰伯里经注》16：172、173、176。

了用来衡量粮食的杯子。

随后，有人许诺："谁拿出来，给谁一峰骆驼所驮的（粮食作奖赏）。我是保证人"，保证交出杯子的人得到奖励。

§ 73.他们说："以安拉发誓，你们知道我们不是来此地作恶的，我们也不是盗贼。" §

§ 74.他们说："如果你们在说谎，那么应该怎样处置呢？" §

§ 75.他们说："其处罚是：在谁的鞍囊中发现它，就处罚谁。我们就是这样处罚不义者的！" §

§ 76.在搜查他的兄弟的行李以前，他开始搜查他们的行李，然后他从他兄弟的行李中搜出了它。我就这样替优素福计划。若非安拉愿意，他不能凭国王的法律留下他的兄弟。我给我所欲之人提高一些等级。在一切有知识的人之上有一位全知者。 §

优素福的兄弟们面对偷盗的指控，对优素福的奴仆们说："以安拉发誓，你们知道我们不是来此地作恶的，我们也不是盗贼"，即自从你们看见我们到现在，你们已经看到我们是作风正派之人，我

们并无恶劣品质。

优素福的奴仆们说："**如果你们在说谎，那么应该怎样处置呢？**"即如果我们从你们当中一人身上查出赃物，那么应该怎样处罚他呢？

优素福的兄弟们说："**其处罚是：在谁的鞍囊中发现它，就处罚谁。我们就是这样处罚不义者的！**"伊布拉欣先知的法律中也规定：偷盗者要给被盗者做奴隶。这种处理方法正中优素福下怀。因此，他（命人）故意先检查其他人的行李，最后检查宾亚敏的行李。"**然后他从他兄弟的行李中搜出了它。**"优素福按他们兄弟所遵守的法律，扣留了宾亚敏。因此，安拉说："**我就这样替优素福计划**"，即这是安拉所允许的计谋，因为其中有某种深刻的哲理和裨益。

"**他不能凭国王的法律留下他的兄弟**"，端哈克等说，如果按照国王的法律，优素福则无权扣留宾亚敏。(1) 安拉在此注定，优素福的兄弟们被他们所认可的法律所制裁。优素福此前也懂得这一法规。因此，安拉表扬了他，说："**我给我所欲之人提高一些等级。**"正如安拉所言：⟪ 安拉将提升你们当中那些归信的人和被赐给知识的人若干品级。⟫（58：11）

"**在一切有知识的人之上有一位全知者**"，哈桑·巴士里解释说："每位学者之上，都有一位更精深的学者；人间学无止境；只有安拉是全知者。"(2) 阿卜杜·蓝扎格说："我们曾在伊本·阿拔斯跟前，听他讲述一件奇闻轶事。有人说：'一切赞美统归安拉，在一切有知识的人之上有一位有知者。'伊本·阿拔斯回答道：'此言甚差，安拉是全知者，人外有人，山外有山。而任何学者的知识，都无法超越安拉的知识。'"(3) 伊本·阿拔斯说："一个人可能比另一人更有知识，但安拉永远超越一切有知之士。"(4)

格塔德说："学无止境，而安拉是至知者；安拉是知识之源；学者们的知识也都获自安拉，并将归于安拉。"

阿卜杜拉则将这节经文读为："一切学者之上，是全知者（安拉）。"(5)

⟪ 77.他们说："**如果他偷窃，他的一位兄弟以前一定也曾偷过。**"优素福把它隐藏在心中，没有向他们透露。他想："**你们的地位更坏，安拉至知**

---

(1)《泰伯里经注》16：188。
(2)《泰伯里经注》16：193。
(3)《阿卜杜·兰扎格经注》2：327。
(4)《泰伯里经注》16：192。
(5)《泰伯里经注》16：193。

**你们所宣称的。**"⟫

## 优素福的兄弟们怀疑他曾偷东西

优素福的兄弟们看到杯子从宾亚敏的行李中搜出来，便说："**如果他偷窃，他的一位兄弟以前一定也曾偷过。**"他们通过指责宾亚敏，在宰相面前表示自己的清白，说如果我们的这个兄弟偷了东西，那么另外一个兄弟（优素福）也是和他一样的伪君子。

"**优素福把它隐藏在心中，没有向他们透露。**"经文中的"它"指优素福心中的想法，即"你们的地位更坏，安拉至知你们所宣称的。"但优素福没有将这一想法告诉任何人。伊本·阿拔斯对这节经文的注释也是如此。

⟪ 78.他们说："**宰相啊！他有一个老迈年高的父亲，所以请你任意扣留我们当中的一个来代替他吧。我们看得出你是行善的。**"⟫

⟪ 79.他说："**愿主保佑我们，我们只扣留在他那里找到我们失物的人。否则，我确实是不公**

## 优素福的兄弟们建议让他们中的一个人代替宾亚敏受罪，以及此建议被驳回

众兄弟在事实面前除了自认清白之外，无话可说，只能眼睁睁地看着宾亚敏被宰相扣留。就在此时，他们对宾亚敏产生了怜悯之情，说："**宰相啊！他有一个老迈年高的父亲**。"我们父亲非常爱他，自从他以前失去一个孩子之后，宾亚敏就成了他心灵的慰借。

"**所以请你任意扣留我们当中的一个来代替他吧**"，即让他们来替他受罚。

"**我们看得出你是行善的**"，即我们看得出你是一个公正的、能够接受好建议的人。

优素福说："**愿主保佑我们，我们只扣留在他那里找到我们失物的人**"，即我们是按照你们自己所提出并承认的法则处理此事的。

"**否则，我们确实是不公平的**。"如果我们让清白的人替犯罪者抵罪受罚，那我们就是行亏之人。

◆ 80.当他们对他（的让步）绝望时，他们就私下磋商，他们当中居长的说："难道你们不知道，父亲曾和你们以安拉的名义定下了誓约吗？（你们不知道）在这以前，你们是过分对待优素福的吗？因此在我父亲答应我，或是安拉判决我以前，我决不离开此地。安拉是最善于判断的。◆

◆ 81.你们回到你们父亲那里去，并且说，我们的父亲啊！你的儿子的确偷窃了，我们只为我们所知的作证，我们不能提防未见之事。◆

◆ 82.请问问我们曾在的那个地方（的人）和与我们一起回来的商队，我们是诚实的。"◆

## 众兄弟的私下商议和长兄的建议

优素福的兄弟们为他们的父亲保证，他们一定把宾亚敏带回他身边，但在此时，他们知道这一诺言已经无法实现。当初在家中，在他们提出多次要求，并信誓旦旦保证一定带回宾亚敏时，父亲才同意他们带走他。

"**他们就私下磋商**"，即他们走到无人的地方，秘密磋商对策。

"**他们当中居长的说……**"此人是鲁毕里，一说是叶胡扎。当年众兄弟企图杀害优素福时，他建议把他投进井中。他说道："**难道你们不知道，父亲曾和你们以安拉的名义定下了誓约吗？**"你们当初为父亲承诺一定带回宾亚敏；你们当年让优素福离开父亲，今日又怎能忍心父亲再次遭受相同的打击？

"**因此在我父亲答应我，或是安拉判决我以前，我决不离开此地**"，即或者父亲允许我回去，或者安拉使我能够悄悄救出我的兄弟，否则，我绝不离开埃及。

"**安拉是最善于判断的**。"鲁毕里希望兄弟们回去给父亲如实汇报这里发生的情况，以便得到父亲的理解，并澄清他们和此事无关。因为"**我们不能提防未见之事**"。格塔德和艾克莱麦解释：我们哪知道你的儿子会偷东西。[1]

阿杜拉·拉赫曼解释：我们哪里知道他偷了国王的东西。我们当时只被问及偷盗者应受什么惩处。"**请问问我们曾在的那个地方（的人）**"，格塔德认为这个地方指埃及。也有人认为指其他地方。[2]"**和与我们一起回来的商队**"，你也可以向与我们同行的商队打听，我们确实是没有撒谎或背信弃义，我们一直想着保护宾亚敏。

"**我们是诚实的**。"我们确实看到从宾亚敏的行李中搜出赃物，然后被宰相扣留。

◆ 83.他说："你们的私欲已经引诱你们做了一件事，我只有好好地忍耐，安拉也许会把他们全都带回给我。他确实是全知的、明哲的。"◆

◆ 84.他离开了他们，并说道："我是多么地担忧优素福啊！"他的眼睛由于忧伤而苍白。因为他是极度忧伤的。◆

◆ 85.他们说："凭安拉发誓，你念念不忘优素福，直到你病入膏肓或到死亡。"◆

◆ 86.他说："我只向安拉诉说我的忧烦和痛苦，我从安拉那里知道你们所不知道的。"◆

## 先知听到儿子们带来的令人忧伤的消息后，作出的回答以及他当时的情况

叶尔孤白听到这一不幸的消息后，给予他们的答复和当年他们陷害优素福、并带来假血染红的衣服时他给予他们的答复一样："**你们的私欲已经引诱你们做了一件事，我只有好好地忍耐**。"伊本·易司哈格说，叶尔孤白先知并没有相信儿子们带回的这一消息，他认为他们又以当年对待优素福的方法对待了宾亚敏。所以说了上述话。

有学者说，他们这次的遭遇，是当年罪行的报应，所以叶尔孤白对他们作出上述答复。后来他又祈求安拉，让他的三个儿子——优素福和宾亚敏以

---

（1）《泰伯里经注》16：211、212。
（2）《泰伯里经注》16：210、212。

及留在埃及无颜回来见他的鲁毕里回到身边。(1)

因此,叶尔孤白说:"安拉也许会把他们全都带回给我。他确实是全知的、明哲的。"安拉知道我的情况,安拉的判决、定然等一切行为是富有哲理的。

"他离开了他们,并说道:'我是多么地担忧优素福啊!'"即叶尔孤白独自一人时,对失散的儿子的思念又勾起多年来隐藏在心底的痛楚。赛尔德·本·朱拜尔说:"安拉只将回归赐给这个民族(2)。你们未曾听说,叶尔孤白先知在悲伤的时候说'我是多么地担忧优素福啊'?"(3)

见到父亲悲痛欲绝的情景,儿子们的心中又产生了怜悯之情,他们体贴地说:"你念念不忘优素福,直到你病入膏肓或到死亡",即如果这样下去,我们担心你会毁了自己或伤心而死。

叶尔孤白听到儿子们的话后说:"我只向安拉诉说我的忧烦和痛苦",即我只向安拉倾诉衷肠。"我从安拉那里知道你们所不知道的。"我希望安拉赐我完美的结局。伊本·阿拔斯注释:我知道安拉必定会让优素福的梦变成现实。(4)

◈ 87. "我的儿子们啊!你们去打听优素福和他的兄弟,你们不要对安拉的慈悯绝望,除了隐昧者群体之外,没有人会对安拉的慈悯绝望。"◈

◈ 88. 后来,当他们来到他跟前时,他们说:"宰相啊!我们和我们的家属遭到了灾难。我们带来了一点次等的货物,请你给我们足量的粮食,并对我们施恩,安拉会奖励施舍的人。"◈

### 叶尔孤白吩咐儿子们去寻找优素福和宾亚敏

清高伟大的安拉说,叶尔孤白让儿子们出去打听优素福和宾亚敏的消息。打听(5)是褒义词,侦察(6)是贬义词。叶尔孤白鼓励并命令儿子们,不要对安拉的慈悯感到绝望。即你们要勇往直前,不要瞻前顾后,只有那些没有正信的人们才会对安拉的慈悯感到绝望。

### 兄弟们在优素福面前

"后来,当他们来到他跟前时",即叶尔孤白

---

(1)《泰伯里经注》16: 214。
(2)指穆斯林听到不幸的消息时,念"我们都属于安拉,我们都将回归安拉。"这样,会获得极大的报偿。——译者注
(3)《阿卜杜·兰扎格经注》2: 227;《泰伯里经注》16: 214、216。
(4)《泰伯里经注》16: 218。
(5) تحسس,台罕苏斯,指正常的打听消息。——译者注
(6) تجسس,台建苏斯,指探听别人的隐私。——译者注

---

的儿子们告别他,再次来到埃及,去见优素福。

"他们说:'宰相啊!我们和我们的家属遭到了灾难。我们带来了一点次等的货物'",即我们在饥荒之年没有粮吃,所以前来兑粮。穆佳黑德等人说,他们只带来些微薄的财物。(7)

"请你给我们足量的粮食",即请你照常给我们粜粮,虽然我们只带来这么一点点财产。

"并对我们施恩。"有学者说,这节经文指"请把我们的兄弟还给我们。"(8)有人问苏富扬·欧叶奈:"穆圣☪以前的先知们,是否被禁止接受施舍?"苏富扬听后说:"难道你没有听人读过:'请你给我们足量的粮食,并对我们施恩,安拉会奖励施舍的人'?"(9)

◈ 89. 他说: "你们可知道你们对优素福和他弟弟做了些什么?当时,你们是愚蠢的。"◈

◈ 90. 他们说:"你确实是优素福吗?"他说:"我是优素福,这是我的兄弟。安拉确已给我们赏

---

(7)《泰伯里经注》16: 238。
(8)《泰伯里经注》16: 243。
(9)《泰伯里经注》16: 242。

赐恩典。谁敬畏和忍耐，安拉决不会废除对行善者的报偿。"

⟪ 91.他们说："凭安拉发誓！安拉确已选择了你，使你超越了我们。我们确实是错误的！" ⟫

⟪ 92.他说："今天，我不责备你们。愿安拉恕饶你们，他是最慈爱的。" ⟫

### 优素福在众兄弟面前承认自己的身份，并原谅他们

优素福听到兄弟们讲述家中的遭遇后，想到自己在享受荣华富贵，而父亲饥寒交迫，于是忧心如焚，不由得对兄弟们产生了恻隐之心，一时百感交集，失声痛哭，道出了自己的真实身份，问道："你们可知道你们对优素福和他弟弟做了些什么？"你们又是怎么让优素福兄弟分离的？"当时，你们是愚蠢的"，即你们当年愚蠢地铸成大错。从字面上来看——安拉至知——优素福征得安拉的同意后，向他们承认了自己的真实身份。正如此前的两次会见中，他也根据安拉的命令，对自己的真实身份深藏不露。后来，在此特殊的时刻，安拉解除了他的难处。正如安拉所言：⟪ 诚然，艰难伴随着容易，然后，诚然，艰难伴随着容易。 ⟫（94：5-6）兄弟们惊奇地问道："你确实是优素福吗？"他们吃惊得难以置信，此前在两年多的时间里，他们多次来到他跟前，而不认识他，他虽然认出了他们，但一直深藏不露。因此他们一时觉得蹊跷不解。优素福说："我是优素福，这是我的兄弟。"

"安拉确已给我们赏赐恩典"，让我们久别重逢。

"'谁敬畏和忍耐，安拉决不会废除对行善者的报偿。'他们说：'凭安拉发誓！安拉确已选择了你，使你超越了我们。'"众兄弟承认优素福的才华、能力和先知身份，还承认他们对优素福的伤害是错误的。但优素福说："今天，我不责备你们。"优素福说他不怪责他们了，而且从此不再提及此事。他还为他们求饶，说："愿安拉恕饶你们，他是最慈爱的。"

⟪ 93."你们拿去我这件衬衫，把它放在我父亲脸上，他会恢复视力。你们把全家人都带到我这里来。" ⟫

⟪ 94.当商队出发的时候，他们的父亲说："我确已嗅到优素福的气息，如果你们不以为我是老朽昏庸的。" ⟫

⟪ 95.他们说："凭安拉发誓，你确实仍在你以往的迷误当中。" ⟫

### 优素福的衬衫 叶尔孤白感觉到优素福的气息

优素福说："你们拿去我这件衬衫，把它放在我父亲脸上，他会恢复视力。"叶尔孤白因为经常哭泣而失明。

"你们把全家人都带到我这里来"，"全家人"指叶尔孤白全家。

"当商队出发的时候"，指出去打听优素福消息的商队离开埃及的时候，叶尔孤白对留在身边的其他儿子说："我确已嗅到优素福的气息，如果你们不以为我是老朽昏庸的。"如果你们不说我老糊涂了。伊本·阿拔斯说，商队离开埃及时，一阵风吹来，把优素福的气息带到叶尔孤白跟前。虽然他们相距八天的路程。[1]他们回答说："你确实仍在你以往的迷误当中。"伊本·阿拔斯解释：你还是在犯你的老错误。[2]格塔德解释："你还是不忘优素福，将他看作心灵的慰借。这显然是错误

---
[1]《阿卜杜·兰扎格经注》2：329；《泰伯里经注》16：250。
[2]《泰伯里经注》16：253、255、257。

的。"⁽¹⁾所以他们对自己的父亲——安拉的先知说了不应该说的话。赛丁伊也是这样解释的。⁽²⁾

❧96.当报喜者到来时,他把它放在他的脸上,他的视力就恢复了,他说:"我不曾对你们说过,我从安拉那里知道你们所不知道的吗?"❧

❧97.他们说:"我们的父亲啊!求你为我们的过错替我们(在安拉那里)求宽恕,我们一直是错误的。"❧

❧98.他说:"我会为你们求我的主恕饶,他确实是至赦的、至慈的。"❧

### 叶胡扎带着优素福的衬衫前来报喜

伊本·阿拔斯和端哈克说,"报喜者"指送信者。⁽³⁾穆佳黑德和赛丁伊说:"来报喜的人是叶尔孤白的儿子叶胡扎。"⁽⁴⁾赛丁伊说:"叶胡扎当年带着用羊血染红的衣服,来见他们的父亲,谎称优素福被狼所吃。今日,他带来优素福的衬衫,打算洗刷往日的罪恶。他将衬衫放在父亲脸上,父亲立即恢复了视力。"⁽⁵⁾此时此刻,叶尔孤白对儿子们说:"我不曾对你们说过,我从安拉那里知道你们所不知道的吗?"我对你们说过,安拉会让优素福回到我的身旁。我也说过:"**我确已嗅到优素福的气息,如果你们不以为我是老朽昏庸的。**"

### 众兄弟的懊悔

此时,众兄弟向他们的父亲哀求道:"我们的父亲啊!求你为我们的过错替我们(在安拉那里)求宽恕,我们一直是错误的。"

"他说:'我会为你们求我的主恕饶,他确实是至赦的、至慈的'",即谁向安拉忏悔,安拉就接受谁的忏悔。伊本·麦斯欧迪等说,叶尔孤白等到五更时分,开始为儿子们求饶。⁽⁶⁾

❧99.然后,当他们来到优素福跟前时,他使他的父母和他同住在一起,并说:"如果安拉愿意,你们就平安地进入埃及吧。"❧

❧100.他使他的父母坐在宝座上,他们为他叩头在地。他说:"我的父亲啊!这是我以前的梦

---

(1)《泰伯里经注》16:257。
(2)《泰伯里经注》16:257。
(3)《泰伯里经注》16:258。
(4)《泰伯里经注》16:258。
(5)《泰伯里经注》16:259。
(6)《泰伯里经注》16:262。

境的解释。我的主使它成为了现实,他确实善待了我,他让我出狱,并在恶魔离间了我和我兄弟们之后,把你们从沙漠中带来。我的主对他所欲之事,是极其巧妙的,他确实是全知的、明哲的。"❧

### 优素福迎接父母亲 梦兆的实现

安拉给我们叙述叶尔孤白到埃及见优素福的情况。优素福曾要求他的兄弟们带领全家离开迦南迁居埃及,当他听到他们到来的消息后出城迎接。国王命令王子和大臣们陪同优素福迎接安拉的客人。说国王也亲自去迎接。优素福见到家人后说:"你们来投奔我,我要和你们在一起。"

"如果安拉愿意,你们就平安地进入埃及吧。"叶尔孤白一行进入城中,住到优素福官邸后,优素福说:"你们就平安地进入埃及吧",即你们就住在埃及吧,如果安拉意欲,你们再也不受饥寒交迫之苦。

"他使他的父母和他同住在一起",赛丁伊和伊本·栽德等解释:优素福的母亲早已去世,经文中的母亲实指他的姨妈。⁽⁷⁾

伊本·易司哈格、伊本·哲利尔认为优素福的父母当时都健在。伊本·哲利尔说,没有任何证据表明优素福的母亲当时已经去世。《古兰》表面的文字证明,她当时还在世。⁽⁸⁾

"他使他的父母坐在宝座上",伊本·阿拔斯、穆佳黑德等学者认为,"宝座"指床。经文指优素福让父母亲和他一起坐到他的床上。⁽⁹⁾

"他们为他叩头在地",即优素福的父母和十一个兄弟一起为优素福叩头。

优素福说:"我的父亲啊!这是我以前的梦境的解释",即这是我当年给你讲的那个梦的解释。❧**我确曾梦见十一颗星和太阳及月亮。**❧(12:4)

格塔德等学者认为,在古代先知的法律中,为尊者叩头致意是许可的。这一法规从阿丹先知一直延续到了尔撒先知时期。后来在穆圣㊑时期被禁止。安拉为穆圣㊑制定的宗教规定,人只能为安拉叩头。⁽¹⁰⁾

圣训载,穆阿兹去沙姆地区后,发现当地人为主教叩头,他回来后为穆圣㊑叩了头,穆圣㊑问:"穆阿兹啊!这到底是怎么回事?"穆阿兹说:"我见到他们(基督教徒)为他们的主教叩头。安拉的使者啊!事实上最应该接受叩头的人是你。"穆圣㊑说:"假若我命令一个人为另一个人叩头,我必命令妻子为其丈夫叩头,因为丈夫在妻子那里

---

(7)《泰伯里经注》16:267、269。
(8)《泰伯里经注》12:267。
(9)《泰伯里经注》16:267。
(10)《泰伯里经注》16:269。

有巨大的权力。"[1] 概言之，在以前的宗教中叩头是许可的。因此优素福的父母和兄弟们为他叩头。

此时此刻，优素福说："我的父亲啊！这是我以前的梦境的解释。我的主使它成为了现实。"眼前的情景，正应验了优素福当年所作的梦。正如安拉所言：《他们只在等待它的预报，在它的预报降临的那天……》（7：53）即在末日，他们在今世被许诺的善报和恶报都会实现。

"我的主使它成为了现实"，"它"指优素福当年的梦。优素福在此赞美安拉对他的恩典。

"他确实善待了我，他让我出狱，并在恶魔离间了我和我兄弟们之后，把你们从沙漠中带来。"伊本·朱莱杰说，叶尔孤白家族原是游牧民族，他们乘坐马车，居住在巴勒斯坦等沙姆腹地。[2]

"我的主对他所欲之事，是极其巧妙的"，如果安拉意欲某事发生，都会为其注定一系列的因素。

"他确实是全知的、明哲的。"安拉至知什么事情有益于人类，安拉的言行、判决、定然、选择和意志，都是富有哲理的。

《101."我的主啊！你确已赐给我权力，并教我解释一些事情。诸天与大地的创造者啊！你是我今世与后世的保护者。求你使我以穆斯林的身份去世，并将我列入清廉者。"》

### 优素福至死不渝地祈求安拉使自己以穆斯林的身份死去

安拉使忠诚的优素福和亲人久别重逢，赐给他圣品和王权，同时，还赐给他后世永恒的恩典。端哈克说，此时，优素福祈求安拉让他以穆斯林的身份死去，并让他和其他先知在一起。[3] 或许优素福先知在临终前作了这一祈祷。两圣训实录辑录，安拉的使者㊗在临终时，不停地举起他的手指，说了三次："主啊！让我与至高的伙伴在一起。"或许优素福先知祈求安拉将来让他以穆斯林的身份死去。[4]

《102.这就是未知的一些消息，我给你启示它。当他们共同阴谋决定他们的事情时，你不在他们跟前。》

---
(1)《伊本·马哲圣训集》1：595。
(2)《泰伯里经注》16：276。
(3)《泰伯里经注》16：280。
(4)《布哈里圣训实录诠释——造物主的启迪》7：743。

《103.大多数人不是信士，虽然你渴望（他们）信仰）。》

《104.你不因此向他们索要报偿。它只是对全世界的一项提示。》

### 上述故事来自安拉的启示

清高伟大的安拉给穆圣㊗讲述了优素福兄弟的故事，指出优素福虽然历经磨难，最终在安拉的襄助下获得胜利、王权、智慧和美好的结局。安拉说，穆罕默德啊！这些故事："我给你启示它。"对于反对你的人来说，其中不乏教训与借鉴。

"当他们共同阴谋决定他们的事情时，你不在他们跟前"，即他们阴谋迫害优素福，企图将他投进深井时，你（穆罕默德）并不在场，但安拉通过启示，让你了解了这一历史事实。如：《当他们抛出笔取决谁将监护麦尔彦时，你不在场。》（3：44）又《当我为穆萨决定事情时，你不在西山边。》（28：44）《当我呼唤时，你也不曾在山边。》（28：46）又《你也不曾居住在麦德彦人之间，对他们诵读我的启示。》（28：45）安拉指出，穆罕默德是一位使者，安拉给他教授前人的消息，从而劝诫世人，引导他们获得宗教和今世方面的成功。虽然如此，大多数人还是不信真理。因此说："**大多数人不是信士，虽然你渴望（他们信仰）。**"又《如果你服从大地上多数的人，他们就会使你迷失安拉的道路。》（6：116）又《此中确有一种迹象，但是他们大多数不是信仰的。》（26：8）等等。

"**你不因此向他们索要报偿**"，穆罕默德啊！虽然你为他们指引正道和幸福，但你并不因此而索要报酬。你的工作，完全是为了追求安拉的喜悦，为全人类谋幸福，真诚地劝化主的被造物。

"**它只是对全世界的一项提示**"，以便他们觉悟，并以此获得今世和后世的成功。

《105.诸天与大地间有许多迹象，但他们却毫不留意地经过它。》

《106.他们大半不信安拉，除非同时以物配主。》

《107.难道他们已经放心，呃西叶——安拉的惩罚不降临他们，或是在他们不知不觉间末日不突然降临吗？》

## 人们往往对眼前的迹象熟视无睹

清高伟大的安拉说，人们中的大部分往往麻痹大意，不愿思考安拉创造的森罗万象。其实，诸天和大地，璀璨的恒星和巨大的行星，以及太空中的一切，都受制于安拉的命令。地球上一片接一片的沃土，花园和园林，稳定的山岳，汪洋的大海，澎湃的巨浪，广袤的旷野，生物，无生物，动植物，滋味、气味、色泽及其他特征各异的果实……一切都证明着和谐与统一，证明着安拉的独一。独一无偶的安拉太伟大了，他创造万物，永恒无求。他的尊名和属性都是超绝伟大的。

"**他们大半不信安拉，除非同时以物配主。**"伊本·阿拔斯说，他们的信仰是这样的：如果有人问他们，是谁创造了天地和山岳？他们必定会说：是安拉。但他们并不放弃以物配主。[1]

据一段圣训明确记载，多神教徒们在（朝觐中）念应召辞时，念道："响应你，你没有伙伴。除非你的伙伴，你管理它，它没有任何权力。"[2]

清高伟大的安拉说：《你不要以物配主。以物配主确实是严重的不义。》（31：13）指最严重的以物配主是崇拜安拉的同时崇拜他物。伊本·麦斯欧迪说："安拉的使者啊！哪种罪恶最严重？"

使者回答："安拉创造了你，而你为安拉设立伙伴。"[3]

哈桑·巴士里解释"**他们大半不信安拉，除非同时以物配主**"时说："伪信士沽名钓誉地行善，其行为已构成以物配主。"正如安拉所言：《伪信士企图欺骗安拉，但安拉是以他们的欺骗还击他们的，他们礼站时，懒洋洋地站起来。他们沽名钓誉，并很少记念安拉。》（4：142）

还有一种以物配主，但触犯者往往自己感觉不到。罕马德传述，胡宰法去看望一位病人时，发现他的胳膊上带着一块（作护身符用的）皮带，便割断了它。并念道："**他们大半不信安拉，除非同时以物配主。**"

穆圣说："谁以安拉之外的发誓，谁就以物配主了。"[4]又说："护身符、咒术、魔术都是以物配主的行为。"[5]据两圣训实录辑录："卜鸟[6]是以物配主，不属于我们的行为。但安拉会通过人们的托靠，消除恶事。"[7]

"**难道他们已经放心，呃西叶——安拉的惩罚不降临他们**"，即难道以物配主的人们不害怕无意中被惩罚所笼罩[8]吗？正如安拉所言：《那些实施罪恶行为的人，难道已经对此感到放心：安拉让大地吞没他们，或是怒恼从他们不知不觉的地方降临他们？或是他在他们的（旅途）往返中突袭他们，而他们却不能逍遥自由。或是他在他们恐惧的情况下突袭他们。你们的主确实是至爱的，至慈的。》（16：45-47）又《那么，这些城镇中的民众，他们不怕在夜晚熟睡时，我的打击降临他们吗？或是他们在白天玩耍之际，不怕我的惩罚降临吗？他们不怕安拉的谋略么？除了亏折者外，没有人不怕安拉的谋略。》（7：97-99）

《108.你说："这是我的路，我与我的追随者，凭依着一种根据。赞美安拉！我不是一个多神教徒。"》

## 使者的道路

安拉命令派向人类和精灵的使者——穆罕默德

---

(1)《泰伯里经注》16：292。
(2)《穆斯林圣训实录》2：843。
(3)《布哈里圣训实录诠释——造物主的启迪》8：350；《穆斯林圣训实录》1：90。
(4)《提尔密济圣训全集诠释》5：135。
(5)《艾哈麦德按序圣训集》1：381；《艾布·达乌德圣训集》4：212；《伊本·马哲圣训集》2：1167。
(6)蒙昧时代的阿拉伯人，通过鸟飞翔方向占卜事务。——译者注
(7)《艾哈麦德按序圣训集》1：389；《艾布·达乌德圣训集》4：230。
(8) غاشية，呃西叶译为笼罩的惩罚。——译者注

宣布："这是我的路"，即我的生活方式、方法和道路，就是号召人们作证应受拜者，惟有独一无偶的安拉。使者和他们的追随者们，根据确实的知识和经典依据，满怀信心地号召人们走向安拉。

"赞美安拉！"经文绝对指出，安拉没有伙伴，任何物都不与他类似、相等或接近，他没有配偶、儿女、老师和助手。安拉与这一切毫不相干。٭七重天与大地以及其中的万物，都赞颂他清净。没有一物不赞颂他，但是你们却不了解它们的赞颂。他确实是宽仁的、至恕的。٭（17∶44）

٭109. 我在你以前，只从诸城的人民当中派遣一些男子，颁降启示。难道他们不曾在地上旅行，看看那些前人是什么结果？后世的家对于敬畏者确实是最好的。难道你们不理解吗？٭

### 先知只来自人类，并且都是男性

通过上述经文可以看出，安拉说他只派男人做先知，而没有派遣女人。安拉也从未给某个女人降示可供立法的启示。这是圣训大众派（逊尼派）的主张。大学者谢赫·艾布·哈桑说："妇女中没有先知。但她们中有虔信者（صدّيقات）。"安拉讲述最优秀的妇女麦尔彦时说：٭麦尔彦之子麦西哈只是一位使者，他之前已有许多使者逝去了。他的母亲是一位虔信的人。他们母子俩都吃食物。٭（5∶75）经文指出，麦尔彦具备了妇女所能具备的最高品级——虔信者品级。假若她是一位先知，经文必以表扬先知的方式表扬她。但经文仅仅指出，她是虔信者。

### 先知只来自人类，而不来自天使

伊本·阿拔斯在解释"我在你以前，只从诸城的人民当中派遣一些男子"时说："正如你等所说，先知们并不是来自天上。"[1]下列经文可证明伊本·阿拔斯的主张：٭我在你以前派遣的使者们，都是吃食物并在市集上行走的。٭（25∶20）又٭我没有使他们成为不吃食物的躯壳，他们也不是永生的。后来我对他们实践了约言，我拯救了他们和我所意欲的人，不过我毁灭了过分者。٭（21∶8-9）又٭你说："我不是诸使者中的另类。"٭（46∶9）

"诸城"（قرى）指各城市。而不是说，先知们都来自生性粗犷的游牧民族。

### 前车覆，后车诫

"难道他们不曾在地上旅行。""他们"指否认穆圣٭的人。

"看看那些前人是什么结果？"看看安拉是怎么毁灭历代先知的反对者的？隐昧者当以此为戒。正如安拉所言：٭难道他们不曾在大地上旅行，用他们的心去了解和用他们的耳去听闻吗？٭（22∶46）人们通过了解前人的消息，可以看出安拉的惯例：最终消灭隐昧者，援助穆民。因此说："后世的家对于敬畏者是最好的。"安拉不但在今世拯救他们，还将在后世拯救他们，那对他们是更好的。正如安拉所言：٭的确，我势必在今世的生活和证人们作证的那天，帮助我的众使者和信士们。那天，不义的人，他们的托辞将对他们无益，他们将受诅咒，他们只有不幸的家园。٭（40∶51-52）

经文将后世称为"家"，说"后世的家"，正如人们说："最初的礼拜，综合性的清真寺"等。

٭110. 直到使者们绝望了，他们认为被哄骗时，我的援助到达了他们。此后我拯救我所愿意的人。我施于犯罪者的惩罚，是不可抗拒的。٭

### 先知们在最困难的时刻会得到安拉的襄助

清高伟大的安拉说，他的襄助会在先知们最困难、最危急的时刻降临。正如安拉所言：٭他们被震撼了，甚至使者和那些跟他一道的信士们说："安拉的襄助在何时？"٭（2∶214）

学者们对"他们认为被哄骗时"中的"كذبوا"（被哄骗）有两种读法，一种是轻读法，读为"كذبوا"，另一种重读法，读为"كُذِّبوا"（意为遭到否认）。阿伊莎（愿主喜悦之）选择了第二种读法。布哈里传述，欧勒沃曾问她，这节经文应该怎么读。她说"كُذِّبوا"（遭到否认）。欧勒沃说："先知们是否确信他们的民族将否认他们？"她说："是的，以我的寿命发誓，他们确信会遭到否认。"欧勒沃遂读道："他们认为被哄骗时……"阿伊莎（愿主喜悦之）说："求主保佑。先知们不会对安拉的决定进行猜测。"[2]欧勒沃说："那么这节经文应该怎么诵读？"阿伊莎（愿主喜悦之）说："经文指的是一些使者的追随者，他们归信安拉，信任使者，经历了长期的苦难，但安拉的襄助迟迟不来，直至使者们对本族中的隐昧者感到绝望了，并且认为追随者的信仰正在动摇时，安拉的襄助降临了。"[3]欧勒沃对阿伊莎（愿主喜悦之）说："或许应该读'他们被哄骗'吧？"阿伊莎

---

(1)《散置的珠宝》4∶595。

(2)阿拉伯语中，"认为"与"猜测"是同一个词。——译者注

(3)《布哈里圣训实录诠释——造物主的启迪》8∶217。

（愿主喜悦之）说："求主保佑（不会的）。"[1]

伊本·朱莱杰说，伊本·阿拔斯主张轻读这节经文（即他们认为被哄骗时）。后者还说："经文指的是人。"并读道：◈甚至使者和那些跟他一道的信士们说："安拉的襄助在何时？"须知，安拉的襄助是临近的。◈（2：214）伊本·哲利尔说，阿伊莎（愿主喜悦之）否定了这种读法，她说："穆圣一生都确信安拉为他许诺的事情都会发生。但前辈的使者们经受了长期的苦难后，认为安拉的襄助迟迟不来，他们正在遭到他们的追随者们的否认。"圣训中说，阿伊莎（愿主喜悦之）主张重读这节经文（即他们认为遭到否认时……）。[2]

另一种读法是轻读法（即"库兹卜"），但学者们对其含义有不同解释。前面我们已经解释了伊本·阿拔斯的解释。伊本·阿拔斯对它的另一解释是："使者们眼看得不到自己民族的响应，便对他们完全失望了。而这些使者的民族又认为使者们在欺骗他们。正在这时，安拉的襄助来临了。""**此后我拯救我所愿意的人。**"

有一位古莱什青年就"**直到使者们绝望了，他们认为被哄骗时**"这节经文请教赛尔德·本·朱拜尔，说："阿卜杜拉的父亲啊！这个单词应该怎么解释，我每每碰到它时，就后悔读本章经文。"赛尔德解释说："是这样的：使者们对自己的民族感到绝望，而那些被劝导的人们却认为使者们在欺骗他们。"端哈克说："今天我确实见识到一位学者给询问者作出了天衣无缝的答复。这是我以前从未见到的。我就算远去也门请教这个问题（并得到这样的答复）也是值得的。"

伊本·哲利尔传述，穆斯林·本·叶赛尔向赛尔德请教这一问题时，也得到了相同答复。后者听后，站起来拥抱了他。并说："安拉为你释疑惑，而你又为我释疑解惑。"[3]许多学者们认为："**他们认为被哄骗时**"中的"**他们**"指追随各位使者的信仰者，或使者们的反对者。[4]

◈111.**在他们的故事中，对有心的人确有一种教训。它不是臆造的语言，而是对以前的（经典的）证实、万事的解释、对归信的群体的引导和慈悯。**◈

## 以史为鉴

清高伟大的安拉说，在众使者及其民族的故事，以及穆民成功隐昧者毁灭的历史事实中，对有理智的人们确有一种教训。

"**它不是捏造的语言**"，即《古兰》是安拉至实的语言，而不是任何人杜撰的。

"**而是对以前的（经典的）证实**"，即《古兰》能证明安拉以前所降示的天经中未被篡改的经文，也能指出其中被篡改的文字，从而有权肯定或革止那些经典的法规。

"**万事的解释**"，《古兰》为世人阐述合法与非法、可嘉与可憎，概括地或详细地表述未来将发生的一些事情，表述安拉的美名和属性，并论证安拉与万物间的明显区别。

因此，《古兰》是"**对归信的群体的引导和慈悯**"。《古兰》引导穆民的内心离开迷误，走向正道，告别黑暗，走向光明。穆民能够凭着《古兰》在今世和后世博得安拉的慈悯。祈求伟大的安拉让我们在今世和后世加入这些穆民的行列。那天，部分人将获得巨大的成功，他们的面容将变成洁白的；部分人将承受重大的损失，他们的面容将变成黑暗的。

《优素福章》注解完。一切赞美和恩情，统归安拉。求主襄助。

## 《雷霆章》注释　麦地那章

奉普慈特慈的安拉之尊名

◈1.**艾立甫，俩目，米目，拉仪。这是经典的节文，由你的主降给你的都是真理，但是大多数人不归信。**◈

## 《古兰》是安拉的言语

我们在注释《黄牛章》时，已经注释了出现在各章节开头的单独字母。这些字母都有其独特的意义，它们能强有力地说明，《古兰》确实是安拉降示的经典。因此说，"**这是经典的节文**"，即这是《古兰》的经文。后面的经文，则指出这部《古兰》的属性："**由你的主降给你的都是真理**"。

"**但是大多数人不归信。**"正如安拉所言：◈大多数人不是信士，虽然你渴望（他们信仰）。◈

---
（1）《布哈里圣训实录诠释——造物主的启迪》8：218。
（2）《泰伯里经注》16：307。
（3）《泰伯里经注》16：303。
（4）《泰伯里经注》16：304。

（12：103）虽然真理如此彰明显著，但大部分人往往陷入分歧、顽固和伪信的怪圈中，并不归信。

❰ 2.安拉不用柱子撑起诸天，是你们所看到的。然后他升上阿莱什。他制服太阳和月亮。一切都将行至一个明确的期限。他处理事务，详解启示，以便你们相信，你们终会见到你们的主。❱

### 安拉的大能

清高伟大的安拉在此讲述他完美的能力及无限的权力，他能以他的允许和命令，不用柱子而撑起诸天，他还以其允许和命令，使天地遥遥相距。最近的天从各方面包围着大地及大地上的水、空气等万物，从各个方面高高远离地表。天地之间的距离从各方面都是五百年的行程。天本身的厚度是五百年行程。第二层天则包围着最近的这层天和其间的一切。它们间的距离也是五百年行程。其本身厚度与最近的天的厚度相仿。第三、四、五、六、七层天都是如此。正如安拉所言：❰ 安拉造化了七重天和类似于它们的地。❱（65：12）

"**安拉不用柱子撑起诸天，是你们所看到的。**"伊本·阿拔斯、穆佳黑德、哈桑、格塔德等学者说："天空由柱子支撑着，这些柱子是无法看到的。"[1]

伊亚斯说："大地上面的天空是拱形的。"[2]即天无需支柱。格塔德也有类似见解，这种解释较接近经典的表面意义。[3] 如另一节经文明确地说：❰ 他支撑着天，不使它落到地上，除非得到他的许可。❱（22：65）按照这种解释，"**是你们所看到的**"是对前面经文的强调，即你们看到安拉并没有用柱子撑起天空。从而说明，安拉的能力是绝对完美的，其权力是无限的。

### 升（الاستواء）的意义

"**然后他升上阿莱什。**"我们已经在《高处章》中注释了这节经文。概言之，安拉的行为是被造物无法想象、比拟、形容或否定的。安拉是多么清高伟大啊！

### 制服日月，日月的运行

"**他制服太阳和月亮。一切都将行至一个明确的期限。**"有学者说，经文指末日来临后，日月

---

(1)《泰伯里经注》16：324。
(2)《泰伯里经注》16：324。
(3)《泰伯里经注》16：325。

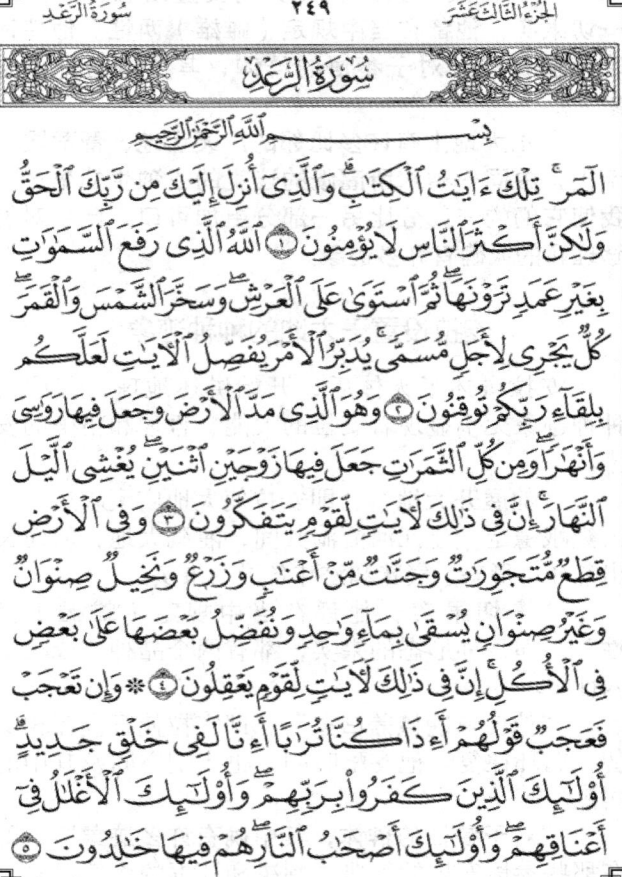

才会停止运行。正如安拉所言：❰ 太阳将行至其定所。❱（36：38）有人认为，日月的"定所"在阿莱什之下，从另一方面经过地球。日月等星球抵达那里时，距阿莱什最远。许多证据表明，阿莱什是拱形的，它的下面是所有的被造物。但它不是圆周形的，因为它有一些支柱，而且由一些天使担负着。圆形的球体，不可能具备这些特征。如果我们去思考有关的《古兰》经文和圣训，就不难发现这一点。一切赞美和恩情统属安拉。

安拉在此提到了日月，因为日月属于人类所能看到的最明亮的七个天体，其地位比许多星球更加重要。如果日月受制于安拉的命令，其他星球更应该如此。正如安拉所言：❰ 你们不要叩拜日，也不要叩拜月，而要崇拜安拉，他造化了它们，如果你们只崇拜他的话！❱（41：37）另一节经文则明确地说：❰ 他使太阳、月亮和星星都成为服从于他的命令的。一切造化和命令都属于他。安拉——众世界的主宰真多福啊！❱（7：54）

"**他处理事务，详解启示，以便你们相信，你们终会见到你们的主**"，即安拉有许多迹象和明证，证明应受拜者，惟有他，他怎么初次创造万物，就怎么复造它们。

❧ 3.他展开大地，在其间安置山峦和河流。一切果实，他都在当中规定（雌雄）两性。他使夜晚掩盖白昼。对于参悟的群体，其中确有许多迹象。❧

❧ 4.大地上有许多比邻的广袤土地、葡萄园、禾田，由同一种水所灌溉的连生的或独生的枣树。我使它们的一部分比另一部分更加可口。此中对能够理解的人确有许多迹象。❧

## 安拉设置于大地的种种迹象

安拉讲述了天体后，开始讲述地球，其中的种种迹象无不显现着安拉的大能、哲理和精确的安排。

"**他展开大地**"，即安拉使大地广袤旷达，群山巍峨稳定，让江河流淌其间，灌溉大地，从而长出色泽、形态、气味和滋味各异的果实。

"**一切果实，他都在当中规定（雌雄）两性**"，即每种形态的果实，都有两个品种（或雌雄两性）。

"**他使夜晚掩盖白昼**"，即安拉使日夜互相交替，循环往复。他支配时间，也支配空间及其中的居民。

"**对于参悟的群体，其中确有许多迹象**"，即在那些参悟安拉的恩典、判决和证据的人们看来，此中确实处处显示着迹象。

"**大地上有许多比邻的广袤土地**"，伊本·阿拔斯、穆佳黑德等解释：大地上的土地彼此相邻，但肥沃的土地能长出益人的庄稼，荒凉的盐碱地则寸草不生。[1]

这节经文也指地球上的土质区别，有些地方是红土，有些是白土，有些是黄土，还有些是黑土；有些是石地，有些是平地，还有些是沙地；有些地方的土层厚，有些地方的土层薄。它们都是相邻的，但同时保持着它们本身的特征。这一切同时证明：独一无偶的安拉，是这一切的行为者和选择者。

"**葡萄园、禾田，由同一种水所灌溉的连生的或独生的枣树。**"根据对这节经文语法的不同解释，也可理解为："葡萄园、田园、由同一种水灌溉的连生的或独生的枣树园。"

"**连生的或独生的**"，"连生的"（صنوان）指在一块地方盘根错节的[2]，如石榴和无花果及有些枣树；"**独生的**"指从一个根上长出的，如别的树木。因此，叔叔被称为"父亲的所奈万"。安拉的使者对欧麦尔说："难道你不晓得，叔叔是父亲的所奈万？"[3]

"**同一种水所灌溉的**"，虽然这一切都用同一种水浇灌，但长出的植物千差万别。

"**我使它们的一部分比另一部分更加可口。**"艾布·胡莱赖传述，安拉的使者读到这节经文时说："劣质的枣和上等的波斯枣、甜的和酸的（都是有明显区别的）。"[4]即它们在品种、形态、颜色、滋味、气味以及叶子和花朵方面，都不相同。有些甜，有些酸，有些苦，有些涩，有些集两种特征于一身，有些植物的特征在安拉的意欲下发生变化。它们的花不一样，有些是黄的，有些是红的，有些是白的，有些是黑的，还有些是蓝的。它们的叶子也是如此，虽然它们千姿百态，但都是由同一种水浇灌而长出的。对于有心的人来说，此中处处显示着无穷的迹象。这些都充分证明，大能的安拉是它们的行为者、选择者。他使万物各不相同，他创造他所意欲之物。因此说："**此中对能够理解的人确有许多迹象。**"

❧ 5.如果你惊异的话，那么他们说的话才是奇怪的："当我们已经化为泥土后，我们还能以新面目（被复活）吗？"此等人，他们否认了他们的主。此等人，他们的脖子上套着枷锁。他们是烈火的居民，并将永居其间！❧

## 死后的复活并不奇怪

清高伟大的安拉对使者穆罕默德说："**如果你惊异的话**"，即穆罕默德啊！生活中许多事情都证明安拉能做他所意欲的任何事情，而多神教徒们却对身边的这些证据熟视无睹，并否认后世的归宿。虽然他们也承认安拉从无到有地创造了天地万物，但他们却否认安拉将再次创造它们。虽然在安拉看来再造比初造更加容易，但他们还是矢口否认再造。因此，你感到困惑不解和惊异。其实他们的这种行为并不奇怪，真正值得奇怪的是他们所说的话："**当我们已经化为泥土后，我们还能以新面目（被复活）吗？**"每个有知识的人都知道，比较天地的创造，创造人则简单多了。对初造万物的安拉来说，再造是更轻松的。正如安拉所言：❧ 难道他们没有看见造化了诸天与大地，并且不由于造化它们而感到疲倦的安拉是有能力给死者生命的吗？是的，他确实是全能万事的。❧（46：33）

经文紧接着形容这些否认者："**此等人，他**

---
（1）《泰伯里经注》16：331、332、333。
（2）奈萨布尔在其《古兰降示背景》一书中说，"连生的"指一根而多枝的。——译者注
（3）《穆斯林圣训实录》2：677。
（4）《提尔密济圣训全集诠释》8：544。

们否认了他们的主。此等人，他们的脖子上套着枷锁"，即他们将带着枷锁被拖进火狱。

"他们是烈火的居民，并将永居其间！"即他们将永远处于火狱之中，他们不可能从火狱中逃脱或被释放。

❦ 6.他们急于要求你在降福之前先降灾祸。而在他们之前已经有过许多严厉的惩罚（先例）。人们尽管不义，你的主确实是恕饶的。你主的刑罚也是严峻的。❧

### 隐昧者要求立即看看惩罚

"他们急于要求你在降福之前先降灾祸"，即这些否认者对先知说，穆罕默德啊！幸福到来之前先让我们马上看看惩罚吧。另一段经文表述说：❦ 他们说："被赐给教诲的人啊！你确实是个疯子！如果你是诚实的，为什么你不为我们召来天使？"我只凭真理派天使下降，那时他们就不被姑容了。❧（15：6-8）又❦ 他们要求你使惩罚早点实现。❧（22：47）又❦ 当要求者要求必定降临的惩罚。❧（70：1）又❦ 那些不信它（复活时刻）的人希望它加速实现。归信的人却是怕它，并知道它就是真理。❧（42：18）又❦ 他们说："我们的主啊！求你在结算日以前快点把我们应得的判给我们吧！"❧（38：16）又❦ 当时他们说："我们的主啊！如果这是来自你的真理，那么就给我们从天上降下石雨。"❧（8：32）这些否认者，对真理的顽抗达到了无以复加的程度，他们甚至要求使者马上带来惩罚，让他们尝试尝试。

"而在他们之前已经有过许多严厉的惩罚（先例）。"安拉惩罚过去的民族，让后人以史为鉴，记取教训。

清高伟大的安拉说，若不是他对世人的慈悯和原谅，他早就惩罚了他们：❦ 如果安拉依照人们的行为去审问他们，他就不会在其（大地）表面上留下任何动物。❧（35：45）本章的经文说："人们尽管不义，你的主确实是恕饶的"，即虽然人们不论夜晚还是白天，总在犯罪和作恶，但安拉还是至赦的、至慈的。紧接着安拉说，他的惩罚是严厉的，以便人们对安拉报以希望的同时，不要忘记敬畏安拉。❦ 如果他们不信你，你说："你们的主是普慈的，不过对犯罪的群体而言，他的惩罚是不可抗拒的。"❧（6：147）又❦ 你的养主是惩罚迅速的，并且，他确实是至恕的、至慈的。❧（6：165）又❦ 你告诉我的仆人们，我确实是至恕的、至慈的。而我的刑罚也是痛苦的。❧（15：49-50）类似的经文很多，都指出生活中应该让希望与害怕相互交融。

❦ 7.隐昧的人们说："为什么他的主不降给他一个迹象？"你只是一位警告者，每一个民族都有一位引导者。❧

### 多神教徒要求安拉显示一个迹象

顽固的多神教徒们，抱着不归信的态度对穆圣 ﷺ 说，为什么你不像古代的先知那样给我们带来安拉的一个迹象？为什么你不把索法山变成金山，或移去群山后将这里变成草原和河流？清高伟大的安拉说：❦ 我没有颁降迹象，因为一些前人否认了它。❧（17：59）安拉说，"你只是一位警告者"，即你的任务只是传达安拉赋予你的使命。❦ 你无法引导他们，但安拉引导他所欲之人。❧（2：272）

"每一个民族都有一位引导者。"伊本·阿拔斯解释：每个民族都有其宣传者。[1]格塔德、阿

---

（1）《泰伯里经注》16：357。

卜杜·拉赫曼·本·栽德说，这节经文如❮任何民族，都有警告者在其中逝去。❯（35：24）[1]

❮8.安拉知道每一个妇人所孕育的是什么，知道子宫中所减去的及增长的，一切事物在他那里都有度量。❯

❮9.他知道目不能见的和显而易见的，他是伟大的、至高的。❯

## 只有安拉知道未见

清高伟大的安拉说，他的知识是完美的，对他而言，任何事物都不是秘密。他知道一切动物所怀的身孕。正如安拉所言：❮他知道在子宫中的是什么。❯（31：34）即他知道胎儿的性别、相貌、寿命以及他将来的生活境遇。正如安拉所言：❮当他用泥土创造你们，当你们还是母腹中的胎儿时，他至知你们。❯（53：32）又❮他在你们母亲的子宫中造化你们，在三重的黑暗中，逐步造化你们。❯（39：6）即安拉一个阶段一个阶段地创造人类。又❮我确用泥土的精华造化人类。然后使他成为一滴精液，（放）在一个安全的地方。然后我使这精液变成血块，然后我使那血块变成一团肉，然后再由这团肉造出骨骼，包上肉，然后我把它造化成另一个被造物。所以，安拉——最优秀的造化者真多福！❯（23：12-14）两圣训实录辑录，安拉的使者㊊说："安拉是这样造人的：首先让它（精液）在母腹中停留（整合）四十天。然后成为一块血，然后成为一块肉，然后安拉派来一位天使，那天使奉命做四件事情：规定此人的生活给养、寿命、工作、幸福还是不幸。"[2]另一圣训说："（这位）天使问：主啊！他是男是女？主啊！他将来是幸福的还是不幸的？他的生活给养怎样？寿限多长？"然后安拉颁布命令，天使记载它们。[3]

"知道子宫中所减去的及增长的。"安拉的使者㊊说："未见的钥匙是五个，只有安拉知道它们。只有安拉知道明天将会发生什么，只有安拉知道子宫中的一切，只有安拉知道何时降雨。任何人都不知道将死于何地，也不知道末日何时到来，但安拉知道这一切。"[4]

伊本·阿拔斯认为"子宫中所减去的"指流产的胎儿；"子宫中增长的"指分娩之前的妊娠现象。譬如有些妇女怀胎十月，有些怀胎九月，有些早产，有些晚产。这就是经文所说的"子宫中减去的和增长的"。而这一切的发生，都凭着安拉的大能。[5]

"一切事物在他那里都有度量。""度量"指期限，即安拉记载了万物的生活给养和它们的寿限。有段明确的圣训记载，穆圣㊊的一个女儿派人来通知他，她的儿子即将归真，希望穆圣来看看。穆圣派人去告诉她："安拉有权收回，有权给予，万物都在他那里有其明确的期限。请你吩咐她，让她忍耐，并让她要求安拉报偿。"[6]

"他知道目不能见的和显而易见的。"安拉知道人类能看到的和不能看到的一切，对安拉而言，任何事物都不是秘密。

"他是伟大的、至高的"，即安拉是至大的，至高尚的。正如安拉所言：❮安拉确实是周知万有的。❯（65：12）无论自愿与否，万物都在安拉的统辖之下，都绝对服从他。

❮10.无论谁在暗中说话或是大声说话，无论谁在夜间隐伏或是白天外出，（在他看来）都是一样的。❯

❮11.他（人类）的前后都有接踵而来的天使，他们奉安拉的命令监护他。安拉不会改变一个群体的境况，除非他们自己改变自己的境况。但是安拉欲对一个群体降下灾难时，它就无法被抗拒，除安拉外，他们没有任何保护者。❯

## 安拉周知一切明显和隐微的事物

清高伟大的安拉周知万物，他听时，秘密的语言和大声的喧哗，都是一样的。正如安拉所言：❮如果你高声说话，那么，他确实知道秘密的和更隐秘的。❯（20：7）又❮知道你们所隐藏的和公开的事物的安拉叩头。❯（27：25）阿伊莎（愿主喜悦之）说："赞安拉清净，他统听万籁。（《古兰》提及的）那个妇女来到安拉的使者㊊跟前诉说她的丈夫时，我就在旁边的一个屋中，我隐隐约约地听到了她所说的一部分话。后来安拉降谕道：❮安拉确已听到为了其丈夫而和你争辩，并向安拉申诉的那名妇女的陈词，安拉听着你俩的辩论。安拉确实是全听的、全观的。❯（58：1）"[7]

"无论谁在夜间隐伏"，即无论在漆黑的夜晚躲在屋子的角落中，"或是白天外出"，即或者在

---

(1)《泰伯里经注》16：356。
(2)《布哈里圣训实录诠释——造物主的启迪》11：486；《穆斯林圣训实录》4：2036。
(3)《布哈里圣训实录诠释——造物主的启迪》11：486；《穆斯林圣训实录》4：2037。
(4)《布哈里圣训实录诠释——造物主的启迪》8：225。
(5)《泰伯里经注》16：359。
(6)《布哈里圣训实录诠释——造物主的启迪》11：502。
(7)《布哈里圣训实录》7385；《圣训大集》11570；《伊本·马哲圣训集》188；《泰伯里经注》5：28。

大白天正大光明地走在外面,这两种情况,在安拉看来都是一样的。正如安拉所言:⸢注意,他们蜷曲胸部,以便隐瞒……他确实是全知心事的主。⸥(11:5)⸢无论你从事一件事务,或是你诵读《古兰》的任何一部分,或是你们作任何工作,当你们着手工作时,我就是你们的见证。在天地之间任何微尘重的事物都不能瞒过你的主,不管它大于微尘或小于它,都记录在明显的经典中。⸥(10:61)

## 记录诸事的天使

"他(人类)的前后都有接踵而来的天使,他们奉安拉的命令监护他。"无论白天还是黑夜,都会有一些天使轮流来到每个仆人跟前,保护他免遭各种伤害或不测。同样,还有一些天使来到人的跟前,记录他的善功和恶行。有些天使在白天工作,有些天使在夜晚工作。每个人的左右各有一位天使,右边的天使记录善功,左边的天使记录罪恶。还有两位天使在保护他,一位在前,另一位在后。这样,总共有八位天使在其周围工作,四位在白天工作,另四位在夜晚接替工作。每次都有两位保护的天使和两位记录的天使在其周围。穆圣🌙说:"一些天使轮流来到你们中间,有些天使夜晚降临,有些天使于白天降临。他们在晨礼和晡礼时分会合。然后在你们中过夜的那些天使将升到安拉跟前,全知万事的安拉问他们:'你们离开时,我的仆人们在干什么?'天使说:'我们去时,他们在礼拜,我们来时,他们还在礼拜。'"[1]

安拉的使者🌙说:"每个人跟前,都被委派了两个伙伴,一个来自精灵,一个来自天使。"众弟子问:"安拉的使者啊!你也不例外吗?"使者说:"我也不例外。但安拉帮我克服了我的伙伴,所以他(这个伙伴)只会鼓励我干善事。"[2]

伊本·艾布·哈亭传述:伊布拉欣,安拉曾启示一位古以色列先知:你对你的民族说:"只要一个城镇或一个家庭由顺从安拉转向违抗安拉,安拉就会将他们的顺境转为逆境。"然后他读道,**"安拉不会改变一个群体的境况,除非他们自己改变自己的境况。"**

⸢12.他让你们看到闪电,(以便你们)恐惧与希望,他还兴起浓云。⸥

⸢13.雷霆赞美着他,天使们也在敬畏地赞美他。他发出霹雳打击他所意欲的人。他们关于安拉争论着,而他是谋略严谨的。⸥

## 云、闪电、雷霆和霹雳,都来自大能的安拉

清高伟大的安拉说,是他制服了闪电——云中生成的亮光。伊本·阿拔斯曾致信艾布·吉力迪,询问"البرق[3]"对方回答说:"它指雨水。"[4]

"**恐惧与希望**",格塔德解释:以便让旅行者害怕闪电带来的伤害,让居家者希望其中的福利和给养。

"**他还兴起浓云**",即安拉使云饱含雨水,云因而显得格外沉重,离地面很近。[5]

"**雷霆赞美着他。**"正如安拉所言:⸢七重天与大地以及其中的万物,都赞颂他清净。⸥(17:44)伊布拉欣·本·赛尔德说,我曾在清真寺中坐在哈米德跟前,有位安法尔族的老者走过,哈米德派人去请老者。老者进来后哈米德对我说,侄儿啊!请给这位老人让座,因为他曾陪同过先知。老者坐到我和哈米德之间后,哈米德对他说:"请为我解释一下你曾告诉我的那段圣训。"老者说:"我听安法尔族的老者说,他曾听先知讲:'安拉兴起云,讲了最优美的话,发出最优美的笑声。'"[6]其意义安拉至知,老者的意思是闪电是安拉的讲话声,雷霆是安拉的笑声。穆萨·本·阿毕代说:"安拉降下雨水,此后,安拉的笑容优美无比,安拉的谈话幽雅无双,闪电说明他在笑,雷霆说明他在说话。"

## 在打雷时向安拉祈祷

安拉的使者🌙每当听到雷声霹雳声时,总会念:"主啊!不要因为你的恼怒而杀死我们,不要用你的惩罚毁灭我们,请在此前赐给我们安全。"[7]

祖拜尔的儿子每每听到雷声时就停止谈话,并念道:"赞美安拉,'**雷霆赞美着他,天使们也在敬畏地赞美他。**'"他又说:"这是对大地上的居民严厉的警告。"[8]

安拉的使者🌙说,伟大的养主说:"如果我的众仆服从我,我要在夜晚为他们降下雨水,白天为他们带来日照,而不会让他们听到雷击声。"[9]

"**他发出霹雳打击他所意欲的人**",即安拉会将用雷霆惩治他所意欲之人。因此,在光阴之末

---

(1)《布哈里圣训实录诠释——造物主的启迪》13:426。
(2)《穆斯林圣训实录》2814。
(3) 白勒格,正文译为闪电。——译者注
(4)《泰伯里经注》16:387。
(5)《泰伯里经注》16:388。
(6)《艾哈麦德按序圣训集》5:435。
(7)《艾哈麦德按序圣训集》2:100;《提尔密济圣训全集诠释》9:412;《无与伦比的礼节》187;《圣训大集》6:230;《哈肯圣训遗补》4:286。
(8)《穆宛塔》2:992;《无与伦比的礼节》724。
(9)《艾哈麦德按序圣训集》2:359。

（指今世快结束时），各地经常会遭受雷击。

伊本·阿拔斯传述，艾勒白德和阿米尔·本·土法里[1]在安拉的使者☪时代，两个人来麦地那见使者。他俩到来时，使者正坐着，于是他俩坐在使者的面前。阿米尔说："穆罕默德啊！如果我归信伊斯兰，你能给我什么好处？"安拉的使者☪说："你享有其他穆斯林所享有的权益，负有其他穆斯林所负有的义务。"阿米尔说："能否给我一些特权？"使者说："你和你的民族一样，谁也不能讲特殊。但我可以任命你为骑兵的长官。"阿米尔说："我在内志就已经是骑兵的长官了。请让我掌管游牧地区，你自己掌管城市吧。"使者说："不行。"此二人离开时，阿米尔对使者说："你要注意，我必定率领满山遍野的骑兵和步兵向你发起进攻。"使者说："安拉会阻止你的。"他们离开先知后，阿米尔对艾勒白德说："艾勒白德啊！下次我来和穆罕默德谈话时，你要出其不意地杀死他。如果你杀了穆罕默德，他们（穆斯林）只能索要赔偿金，他们并不喜欢战争。这样，我们交付赔偿金就行了。"艾勒白德说："遵命。"两人回到穆圣☪跟前后，阿米尔说："穆罕默德啊！请站到我跟前，让我和你说话。穆圣☪站起后，这两人坐到了墙跟前。就在穆圣☪谈话当中，艾勒白德把手伸向剑柄，但他的手触到剑柄后，就动不了了，任凭他怎么使劲，就是拔不出宝剑。阿米尔眼看艾勒白德迟迟不下手，着急地只使眼色。先知发觉艾勒白德的举动后离开了他们。二人离开先知后，来到瓦格尔黑色岩石区，在那里下了马。此后，赛尔德·本·穆阿兹和吾赛德出城赶到他们跟前，对他们说："安拉的敌人啊！快滚蛋吧！愿安拉诅咒你俩！"阿米尔问："赛尔德啊！他（和你一起来的人）是谁？"赛尔德回答道："吾赛德。"阿米尔和艾勒白德一直逃到勒格穆，在那里，安拉派遣雷霆击死了艾勒白德。阿米尔跑到赫磊穆时，安拉为他降下烂疮病，使之受尽活罪。夜晚他跑到一个赛鲁莱族女人家中避难，不停止地用手抚摸身上的烂疮，说道：'我的烂疮如骆驼的瘰疬，我到赛鲁莱女人的家中，这不是把死亡带进了她家吗？'于是他又骑上马，死在归家的途中。安拉针对这两人而降谕道： 安拉知道每一个妇人所孕育的是什么⋯⋯他们没有任何保护者。 （13：8-11）伊本·阿拔斯说："一些轮流工作的天使，奉安拉的命令保护着先知。"他还读道："**他发出霹雳打击他所意欲的人。**"[2]

"他们关于安拉争论着"，即他们怀疑安拉的伟大，对"应受拜者，惟有安拉"表示不理解。

"而他是谋略严谨的。"伊本·哲利尔解释：安拉使用妙计，严厉地惩罚那些对抗他、并且坚持隐昧而不知悔改的人。[3]这节经文如同下列经文： 他们阴谋计划，我也在制定计划，但是他们却觉察不到。你看看他们的阴谋的结果如何吧！我把他们和他们的族人全部毁灭了。 （27：50-51）

阿里（愿主喜悦之）说，这节经文指"安拉的惩罚是严厉的。"[4]

 14.真理的召唤只属于他。他们在安拉之外所祈求的（东西），一点也不能够回应他们，就好像一个人向远处的水伸出他的双手，以便水达到他的口，而得不到一样。隐昧者的祈祷，只是在迷误中。 

## 举例说明伪神的无能

阿里（愿主喜悦之）说："真理的召唤只属于

---

（1）内志地区的部落领袖。——译者注
（2）《圣训大典》10：379-381；《布哈里圣训实录》4091对这则故事有简要的记载。

（3）《泰伯里经注》16：394。
（4）《泰伯里经注》16：396。

他"，"真理的召唤"指认主独一的信仰。[1] 伊本·阿拔斯、格塔德等认为，指"应受拜者，惟有安拉"。[2]

"他们在安拉之外所祈求的（东西）"，即他们舍安拉而崇拜的那些"神"的例子是这样的，"就好像一个人向远处的水伸出他的双手，以便水达到他的口"。阿里说，就像一个人将手伸向深井，想从中取水，手都够不着水，又怎能谈及饮用呢？[3]

穆佳黑德解释"就好像一个人向远处的水伸出他的双手"时说："就像这样的一个人：他用手指着遥不可及的水，嘴里喊着要喝水。但这是可望而不可及的。"[4] 概言之，这些多神教徒，虽然对他们的"神"满怀希望，但其结果表示他们是在痴心妄想，无论在今世还是在后世，他们都会计划落空。因此说："隐昧者的祈祷，只是在迷误中。"

◆15.天地间的万物无论情愿或不情愿，都在叩拜安拉，它们的形影朝朝暮暮也都如此。◆

## 万物都为安拉叩头

清高伟大的安拉在此讲述他的伟大和权力，万物都受制于他，都服从他。信士们自愿为他叩头，隐昧者们则被动地为他叩头；万物的影子朝朝暮暮为他叩头。正如安拉所言：◆难道他们没看到安拉所造化的万物——它们的影子向右边和左边倾斜，而为安拉谦卑地叩头吗？◆（16：48）

◆16.你说："谁是诸天与大地的养育者？"你说："安拉。"你说："你们舍他而择取了一些保护者吗？其实他们不能为自己掌管益处或伤害。"你说："瞎子和能看得见的人一样吗？或是重重黑暗能和光明一般吗？或是他们为安拉所选定的伙伴能像安拉一样去创造，以至他们分辨不出两种创造吗？"你说："安拉是万物的造化者，他是独一的、强胜的。"◆

## 认主独一的信仰是绝对的真理

清高伟大的安拉强调，应受拜者，惟有他。隐昧者们虽然也承认安拉是天地的创造者、养育者和安排者，但他们还是舍弃安拉择取了一些保护者，

---

(1)《泰伯里经注》16：398。
(2)《泰伯里经注》16：398。
(3)《泰伯里经注》16：400。
(4)《泰伯里经注》16：400。

并崇拜它们。他们的这些"神"，不但不能保护他们，更自身难保。所以说，崇拜多神的人和依据明证只崇拜安拉的人一样吗？因此说："瞎子和能看得见的人一样吗？或是重重黑暗能和光明一般吗？或是他们为安拉所选定的伙伴能像安拉一样去创造，以至他们分辨不出两种创造吗？"即难道这些多神教徒们臆造出的这些"神"和安拉一样吗？它们能像安拉那样创造万物，以至人们分辨不出，哪个是安拉创造的，哪个是它们创造的吗？事实并非如此。任何物都不像安拉，都和安拉不对等存在，安拉没有辅助者、儿女或配偶。虽然这些多神教徒嘴上说它们的"神"都是安拉的被造物和奴仆，但是他们还是在朝觐中的应召辞中念道："响应你，你没有伙伴，除非属于你的伙伴，你掌管它，而它没有权力。"他们说：◆我们崇拜他们，只为他们能使我们接近安拉。◆（39：3）安拉否定了他们的信仰，指出未经他的许可，任何人的说情，都毫无意义。◆除了他所特许者外，（其余的人）在他那里求情是没有用途的。◆（34：23）◆诸天中的许多天使……◆（53：26）又◆天地间没有一物不以仆人身份到至仁主跟前。他确已记录了他们，并计算过他们。他们每一个都将在复生日单独地来到他跟前。◆（19：93-95）如果全部都是安拉的仆人，那么说明仆人之间的相互崇拜，仅仅出自他们自我的观点和杜撰，毫无根据可言。安拉自古以来所派遣的每一位使者，都严厉禁止被造物间互相崇拜。所以那些抗拒者应该遭到严厉的审判。◆你的主绝不会亏待任何人。◆（18：49）

◆17.他由天空降水，各水道依其容量而奔流，洪水承载浮渣。他们用火熔化用以制造饰物或器具（的金属中），就有相似的浮渣。安拉用这种方法来比喻真理和谬误——浮渣被冲到岸上消失了，而有益于人类的东西却留在地上。安拉就这样举出一些例子。◆

## 真理永存和谬误灭亡的例子

这段尊贵的经文举出两个例子，指出真理是颠扑不破的，必将永存；谬误必然经不住时间的考验走向灭亡。安拉说："**他由天空降水。**""**水**"指雨水。

"**各水道依其容量而奔流。**"每条水道中都流淌着它所容纳的水，大河中流淌着大量的水，小渠中则流着少量的水。经文以"**水道**"暗示人们的心灵。有些人心中容纳了许多知识，而有些人心中则容不下太多的知识。"**洪水承载浮渣**"，水面上漂

浮着一些杂质。以上是一个例子。

"**他们用火熔化用以制造饰物或器具（的金属中）。**"这是第二个例子。它指出，金银加热后可造饰物，铜铁加热后可造各种器皿，就像浮渣将被水冲走那样，金银铜铁也不会存在杂质。

"**安拉用这种方法来比喻真理和谬误。**"真理和谬误一旦到了一起，谬误必然无法继续存在。正如清水会带走杂质，冶炼会剔除杂质。因此说，"**浮渣被冲到岸上消失了**"，即浮渣是没有用处的，它必然会分化或被风吹散。金、银、铁、铜中的杂质也是如此，它们都经不起冶炼。

"**而有益于人类的东西却留在地上。**"这就是安拉所举的例子。安拉所说：❲那是一些例子，我为世人举出它们，但只有有知者才能领悟它们。❳（29：43）

有位先贤说，每当我读到《古兰》中的一个譬喻而不能理解时，我就为自己而痛哭，因为清高伟大的安拉说：❲那是一些例子，我为世人举出它们，但只有有知者才能领悟它们。❳（29：43）

伊本·阿拔斯解释"**他由天空降水，各水道依其容量而奔流**"时说："安拉所举的这个例子告诉我们：人们将根据他们对安拉的信仰或怀疑程度而获得安拉的恩赏。一个对安拉心存怀疑的人，其善功没有意义。一个人只有信仰坚定，才会获得安拉的特慈。"他说，经文中的"**浮渣**"指怀疑。"**浮渣被冲到岸上消失了，而有益于人类的东西却留在地上**"。"有益于人的东西"指坚定的信仰。含有黄金的矿物质被扔进火中后，留下的只是黄金，其他杂质必然留在火中。同样，安拉只接受坚定的信仰，不接受对他的怀疑。[1]

## 《古兰》和圣训中，有关水和火的例子

安拉在《黄牛章》开头为伪信士举了两个例子——一个是用水举例，另一个是用火举例。安拉说：❲他们就像点火的人，但是当火光照亮他们四周时……❳（2：17）然后又说：❲或者好像是遭到天降暴雨，其中有重重的黑暗、雷和电。❳（2：19）

安拉在《光明章》中也为伪信士举了两个例子，其一是：❲那些否认者，其行为就像沙漠中的幻景。❳（24：39）而幻影（或海市蜃景）只出现在炎热的地区。两圣训实录辑录："在末日，将有声音对犹太人说：'你们有什么要求？'他们说：'我们的养主啊！我们干渴难耐，请给我们点水喝吧！'有声音说：'那么你们为何不去（有水的地方）？'这样，他们就来到火狱中，那火狱犹如海市蜃景一般，那时它正在自我粉碎。"[2] 安拉举的第二个例子说：❲或就像汪洋大海中的重重黑暗。❳（24：40）

安拉的使者说："安拉派我带来真理和知识，其例子如像一片雨水到于一块大地。其中一块地面接受了雨水，长出了许多庄稼和牧草；一块土地非常干旱，它留住了水，然后安拉用它给人们带来许多益处。人们饮用的同时，还浇灌了庄稼，饮了牲畜；另一块是不毛之地，它留不住雨水，也长不出庄稼。上述两个例子，一个指理解了安拉派我带来的宗教，并在自己受益的同时，也为他人带来利益的人。他不但自己有了知识，而且还将知识传给了其他人；第二个例子指对我的宣传不理不睬，不接受安拉派我带来的证据之人。"[3] 这是用水举例。

另一段圣训说："我对于你们就像一个点火者，火照亮了周围后，一些飞蛾不停地扑向火。我驱散他们，不让他们扑向火中，但他们还是不可理喻地扑了上去。这就是我和你们的例子。"先知接着说："我拉着你们的腰带，以防你们扑入其中。但你们却打算挣脱我，自取灭亡。"[4]

❲18.那些响应他们主的人将得到至善，而那些没有响应他的人，如果他们能拥有天地之间的一切和再有一倍类似的，他们也一定会用来赎罪。此等人，他们将受到严厉的清算，他们的住处是火狱，那归宿真痛苦！❳

### 幸福者和不幸者的报应

安拉讲述幸福者和不幸者的结局，说："**那些响应他们主的人将得到至善**"，即顺从安拉和使者，服从安拉的一切命令，相信《古兰》表述的过去和现在以及未来的一切消息的人们，将得到最优美的报酬。正如安拉形容双角王：❲他说："谁不义我就惩罚谁，然后他就会被带回到他的主那儿，主将严厉地惩罚他。归信并行善的人，会得到最好的报酬，我将对他宣布易于遵行的命令。"❳（18：87-88）❲行善者将得善报，还有增加的。❳（10：26）

---

(1)《泰伯里经注》16：410。

(2)《布哈里圣训实录诠释——造物主的启迪》8：98；《穆斯林圣训实录》1：168。

(3)《布哈里圣训实录诠释——造物主的启迪》1：211；《穆斯林圣训实录》4：1788。

(4)《艾哈麦德按序圣训集》2：312；《布哈里圣训实录诠释——造物主的启迪》11：323；《穆斯林圣训实录》4：1790。

"而那些没有响应他的人"，即没有服从安拉的人。

"如果他们能拥有天地之间的一切和再有一倍类似的，他们也一定会用来赎罪"，即假若他们在后世拥有可充满两个大地的黄金，他们必定会用之来赎取自由，但他们即便这样做，也不被安拉接受。在后世，安拉不接受顶替或更换。

"此等人，他们将受到严厉的清算"，即他们在后世将被仔细清算，会因为一丝一毫的事情而受到清算。谁被仔细清算，谁确实遭受惩罚。因此说："他们的住处是火狱，那归宿真痛苦！"

❦ 19.一个知道你的主启示给你的是真理的人，跟瞎子一样吗？只有那些有心人才能觉悟。❦

## 穆民和隐昧者不一样

清高伟大的安拉说，穆罕默德啊！有些人知道，你所接受的是来自你的养主的确凿无疑的真理，其中毫无矛盾和紊乱之处，其中所表述的都是真实的，命令和禁止都是公正的，❦ 你的主的言辞绝对真实和公正。❦（6：115）而有些人则如瞎子一般，不但不理解正义，更不去追求正义。他们即便懂得了正义，也不去服从它，相信它，或追求它。这两种人是不同的。《古兰》说：❦ 火狱的居民和乐园的居民不相等，乐园的居民才是成功的。❦（59：20）本章经文则说："一个知道你的主启示给你的是真理的人，跟瞎子一样吗？"即这两种人相等吗？不。

"只有那些有心人才能觉悟"，即只有那些理智健全的人，才会理解它，参悟它，并引以为鉴。主啊！让我们跻身他们的行列吧！

❦ 20.那些履行安拉的约言，不背悔誓言的人，

❦ 21.和那些奉安拉的命令接恤（亲人）的人，他们敬畏他们的主，畏惧严厉的清算，❦

❦ 22.他们因为追求他们主的喜悦而忍耐克制，谨守拜功，秘密或公开地花费我赐给他们的给养，并以善治恶，这等人，他们将得到家园的结局。❦

❦ 23.他们和他们的祖先、妻室和后裔当中的清廉者，都将进入永居的乐园，天使们将从每一道门进到他们面前，❦

❦ 24.说道："祝你们平安，因为你们曾经坚忍！家园的结局是多么优越！"❦

## 致使幸福者进入乐园的一些情况

清高伟大的安拉说，那些具备优良品质的人们，将获得家园的结局，即他们将在今世和后世获得优美的结局和安拉的襄助。

"那些履行安拉的约言，不背悔誓言的人"，他们不像伪信士那样在缔约后，惯于爽约；与人辩论时，惯于吵架；与人谈话时，惯于撒谎；受人之托时，惯于背信弃义。

"那些奉安拉的命令接恤（亲人）的人"，即他们接济亲人，善待他们，解决一些穷人和需求者的需求，尽力做好事。

"他们敬畏他们的主"，他们在一切取舍中，都注意安拉的喜怒，担心在后世遭受清算之刑。因此他们在一切个人和集体的事务中，都坚持正道，保持中正，不偏不倚。

"他们因为追求他们主的喜悦而忍耐克制"，即他们远离非法和罪恶，为了得到安拉的喜悦和后世的报偿而放弃非分之想。

"谨守拜功"，即他们按照教法所倡导的方法，认真完成礼拜中的每一动作。

"秘密或公开地花费我赐给他们的给养"，

即无论何时何地，他们赡养应该赡养的人。譬如妻子、亲属和无血缘关系的穷人。

"**并以善治恶**"，即他们以德报怨，当他们受到伤害时，他们以美好的方法对待对方，或忍受，或原谅。正如安拉所言：﴿你要以较好的去对付恶，那么与你有仇的人就会变得犹如密友。只有坚韧者才接受它，只有享有极大福分者，才能接受它。﴾（41：34-35）因此，清高伟大的安拉说，具备上述美德的幸福之人，会得到"**家园的结局**"。然后经文解释说，"**家园的结局**"是永居的乐园。"عدن"指"永远居住"。

"**他们和他们的祖先、妻室和后裔当中的清廉者**"，即他们的父辈、家人、儿女——他们所喜爱的人，还有适合进乐园的其他穆民，都将欢聚在乐园中，以便他们从中得到慰借。安拉甚至将赐恩于他们，给低品级的人赏赐高品级，让他们同享恩泽。与此同时，并不减低高品级者的品级。安拉说：﴿那些归信，子孙也随同他们归信的人们，我将使他们的子孙与他们相聚。﴾（52：21）

"**天使们将从每一道门进到他们面前，说道：'祝你们平安，因为你们曾经坚忍！家园的结局是多么优越！'**"即天使们将从四面八方来到他们跟前，祝贺他们进入乐园。就在他们进乐园的时刻，天使要向他们致色兰，再次祝贺他们获得接近安拉的殊荣和恩典——与尊敬的各位使者、先知和虔信者们相邻为伴。安拉的使者㊥说："你们知道谁是第一个进乐园的人吗？"圣门弟子们说："安拉及其使者至知。"使者说："安拉的被造物中第一个进乐园的，是一些为主道迁徙的穷人，他们被用来堵缺口[1]，防迫害。他们归真时，自己的需求被埋葬在胸中，而没有解决。安拉对他所意欲的天使说：'你们给我请来他们，并祝贺他们吧！'众天使对安拉说：'我们是你的天上居民，你的最优秀被造物，难道你命令我们来到这些人跟前，给他们道色兰吗？'安拉说：'他们是崇拜我、而不以物配我的众仆。他们被用来堵缺口，防迫害。他们归真时，自己的需求被埋葬在胸中，而没有解决。'"天使听了这些，便去那些人跟前，从各道门来到他们跟前，说："**祝你们平安，因为你们曾经坚忍！家园的结局是多么优越！**"[2]

﴿25.他们在定下盟约之后破坏安拉的盟约，断绝安拉命令他们接恤的（关系），并在大地上为非作歹，这等人，他们应受诅咒，他们将进入恶劣的家园！﴾

### 致使薄福者遭受诅咒并进入恶劣家园的原因

这是那些薄福者的特征和情况。安拉说，他们在后世中的归宿和待遇与穆民的情况截然不同。因为他们在今世坚持和穆民截然不同的作风。穆民们履行安拉的盟约，奉安拉的命令接恤应该接恤的亲戚。而这些薄福者，则"**在定下盟约之后破坏安拉的盟约，断绝安拉命令他们接恤的（关系），并在大地上为非作歹**"。圣训说："伪信士的特征有三：说话时撒谎，立约后违约，受托后欺瞒。"[3]另一段圣训说："他（伪信士）立约便失信，争执就吵架。"[4]因此说，"**他们应受诅咒**"，即他们应该远离安拉的慈悯。

"**他们将进入恶劣的家园！**"即他们将落得可悲的下场。﴿他们的住处是火狱，那归宿真痛苦﴾（13：18）

﴿26.安拉为他所欲之人提供宽裕的给养，或使之窘迫。他们因为今世的生活而欢欣，但是今世的生活与后世相比，只是一点享受而已。﴾

### 人类生活的宽裕和窘迫都归安拉决定

清高伟大的安拉说，他因为某种哲理而实行公正，让有些人富有，让另一些人贫穷。隐昧者因为今世中获得的大量财富而兴高采烈，其实这是一种"明升暗降"和安拉的宽容。正如安拉所言：﴿他们可曾想过，我以财产和子嗣襄助他们，（是为了）我使他们立即得到一切美好的东西吗？不，他们不了解。﴾（23：55-56）经文接着指出，比较安拉为穆民在后世所准备的恩典，今世的享受微不足道。"**但是今世的生活与后世相比，只是一点享受而已。**"又如安拉所言：﴿你说："今世的享受是微少的。后世对敬畏者是更好的。"你们不会受丝毫亏枉。﴾（4：77）又﴿不然，你们却选择今生，然而后世是更好更持久的。﴾（87：16-17）安拉的使者㊥说："以安拉发誓，和后世比起来今世生活的情形仅仅如此：你们中的一人将手指在海里蘸了一下，然后看看（手指）能带出些什么来。"先知指着手指说。[5]安拉的使者㊥有次经过一只小耳朵的死羊，然后说："以安拉发誓，安拉对今世的轻视，甚于抛弃此羊之人的不屑。"[6]

---

(1) 即发生信仰危机时，他们挺身而出。
(2) 《艾哈麦德按序圣训集》2：168。
(3) 《布哈里圣训实录诠释——造物主的启迪》1：111。
(4) 《布哈里圣训实录诠释——造物主的启迪》1：111。
(5) 《艾哈麦德按序圣训集》4：228。
(6) 《穆斯林圣训实录》2957。

❧ 27.隐昧的人们说:"为什么他的主不降给他一个迹象?"你说:"安拉使他意欲者迷误,引导归向他的人。"❧

❧ 28.他们归信,他们的心因为记念安拉而安静,真的,一切心灵因为记念安拉而安静。❧

❧ 29.那些归信并行善的人们,祝他们幸福,他们将得到美满的归宿。❧

### 多神教徒要求使者显示奇迹 对他们的驳斥

"为什么他的主不降给他一个迹象?"另一段经文说:❧ 让他像以前被委以使命的人那样显示给我们一个奇迹来!❧(21:5)多神教徒曾多次向穆圣🕊提到这种要求。安拉能够应答他们的要求。圣训说,多神教徒以前曾要求先知把索法山变成金山,为他们开辟许多泉源,还让先知移走麦加周围的山,使之成为草地或花园。安拉说,穆罕默德啊!如果我意欲,我会满足他们的要求,此后他们若再否认,我必让他们遭受前所未有的惩罚。如果我意欲,我也可以为他们打开忏悔和仁慈之门。(1)

因此说,"安拉使他意欲者迷误,引导归向他的人",即无论安拉是否满足了他们的要求,给他们降下了迹象,还是对他们不加理睬,总之,使人迷误或使人得道的权力都归安拉掌握。人们得道与否,与自己的奢望是否得到满足无关。正如安拉所言:❧ 但是种种迹象和警告者都对不信的群体没有裨益。❧(10:101)又❧ 你的主的言辞已经判定的那些人,他们不会归信。即使任何迹象来临他们,直到他们看到痛苦的刑罚。❧(10:96—97)又❧ 即使我确已派遣天使到他们那里,并且让死去的人们和他们说话,即使我把一切事物源源不断地集中在他们面前,除非安拉意欲,他们也不会归信。他们大多数一直是无知的。❧(6:111)

因此说:"你说:'安拉使他意欲者迷误,引导归向他的人。'"即安拉会引导那些归向他,向他忏悔、向他求助的人。

### 穆民的内心因为记念安拉而安宁

"他们归信,他们的心因为记念安拉而安静。"在记念安拉的时候,他们的心灵会得到慰借和安宁,并欣慰地感觉到获得安拉的襄助和保护是何等的幸福。因此经文接着说:"真的,一切心灵因为记念安拉而安静。"从而强调了这层意义。

### "幸福"的意义

"那些归信并行善的人们,祝他们幸福,他们将得到美满的归宿。"伊本·阿拔斯说:"طوبى"(正文译为幸福)指欢乐和慰借。(2)

艾克莱麦说,其意义是:他们所获得的真优美啊!(3)

端哈克解释为:他们真值得羡慕!(4)

伊布拉欣·奈赫伊解释为:他们真优秀!(5)

格塔德说:它是一句阿拉伯口语。如果有人对你说:"طوبى لك",其意义是:你成功了!(6)另据传述,格塔德解释说,"طوبى هم"指"他们获得了至善的结局!"(7)

"他们将得到美满的归宿。"上述解释大同小异,各家释义没有冲突。

安拉的使者🕊说:"乐园中有一棵树,骑乘者在其影子下奔驰一百年,也不能走完它。"又传述,穆圣🕊说:"乐园中有一棵树,即便一个人骑着骏马在其影子下奔驰一百年,也不能走完

---
(1)《艾哈麦德按序圣训集》1:242。
(2)《泰伯里经注》16:435。
(3)《泰伯里经注》16:435。
(4)《泰伯里经注》16:435。
(5)《白俄威经注》3:18。
(6)《泰伯里经注》16:435。
(7)《泰伯里经注》16:435。

它。"⁽¹⁾又传述，安拉的使者㊗说："清高伟大的安拉说，我的众仆啊！即便你们的前人，你们的后人，你们中的人类和你们的精灵，他们一起站在一个高地上向我祈求，然后我满足了他们全部的要求，这也不会对我的权力有所减损。其情形如同一只针被放进大海后又被拿了出来。"⁽²⁾哈立德·本·麦尔丹说："乐园中有棵树，名叫'土巴'。它有一些乳房，每个乳房都在给乐园居民的婴儿喂奶。流产的婴儿则在乐园的一条河中游移，直至末日成立。届时，他将被复活成四十岁的人。"

◈ 30.我就这样把你派到一个民族当中，在此之前有一些民族已经逝去了，以便你对他们诵读我给你的启示，但是他们依然不信至仁主！你说："他是我的主！除他之外无受拜者。我托靠他，我的归宿在他那里。"◈

### 穆圣㊗的使命是宣读受到的启示，并号召人们归信它

清高伟大的安拉说，穆罕默德啊！我在昧真的先民中派遣了一些使者，同样，我在这个民族中派遣了你，"**以便你对他们诵读我给你的启示**"，即你给他们传达我交给你的使命。你之前的那些使者们遭到了否认，他们都是你的榜样。我还惩罚了否认者。所以，人们啊！你们当防备，以及遭受类似的惩罚。隐昧者对你的否认比对其他先知的否认更加严厉。安拉说：◈ 凭安拉发誓，我曾派遣我的使者……◈（16：63）又◈ 在你之前的使者们被否认过，他们忍受了对他们的不信，也曾遭受迫害，直到我的援助降临他们。没有人可以改变安拉的裁决。众使者的消息确已来临于你。◈（6：34）即我让你知道了我是怎样襄助众先知的，怎样让他们和他们的追随者在今世和后世获得完美结局的。

"**但是他们依然不信至仁主！**"即我派你去劝导的这个民族，不承认至仁主。他们不愿意以"至仁的、至慈的"来形容安拉。⁽³⁾格塔德说，例如，在侯代比亚之日，他们不愿意写："奉至仁至慈的安拉之尊名⁽⁴⁾"。他们说："我们不知道什么是'至仁的至慈的'。"安拉说：◈ 你说："你们称呼安拉，或是称呼拉赫曼（至仁主，都是一样的）。你们无论喊他什么名字。"◈（17：110）

安拉的使者㊗说："安拉最喜爱的名字是阿卜杜拉（意为安拉的仆人），和阿卜杜·拉赫曼（意为至仁主的仆人）。"⁽⁵⁾

"**你说：'他是我的主！除他之外无受拜者**'"，即虽然你们否认他，但我却归信他，承认他，他具备养育性（الربوبية）和受拜性（الألوهية）。他是我的主，应受拜者，惟有他。

"**我托靠他**"，即我将我的一切事情都托付给了他。

"**我的归宿在他那里**。"我只回归他，只有他拥有此特权。

◈ 31.如果曾有本古兰，可以用来移动山岳、分裂大地、使死者说话（那么这部《古兰》更应该做到这一切）。事实上，一切事务都属于安拉。难道信士们不知道，如果安拉愿意，他就引导了全人类？但否认者因为他们的所作所为，而将长期遭受灾殃。它（灾殃）或者要降落在他们家附近。直至安拉的诺言实现。安拉是不会爽约的。◈

### 《古兰》的尊贵 隐昧者的否认

安拉给穆圣㊗降示了这部尊贵的《古兰》，并使之超越了以往任何一部经典，安拉赞美《古兰》时说："**如果曾有本古兰，可以用来移动山岳**"，即假若安拉降示的经典中（包括以前的一切经典），有一部经典可以使山岳移动，或使大地裂开或合并，或能让坟中的死者说话，那么，具备这些特征的，应该是这部《古兰》，也惟独可能是这部《古兰》。因为这部《古兰》是一切经典中卓尔不群的。即便全世界已经死去的和活着的以及那些即将出生的人们与精灵聚积到一起，也无法拟造这样一部《古兰》，甚至不能拟造类似它的一章经文。虽然如此，这些多神教徒们还是在否认它。

"**事实上，一切事务都属于安拉**"，即一切事情都将回归于安拉那里，安拉意欲存在的事情，必然会存在。安拉不欲存在的事情，不可能存在。安拉使谁迷误，没有人能使之得道。安拉所引导的人，也没有谁能使之迷误。经文在此将以前的经典称为"古兰"，因为《古兰》是以前的所有经典的精华。

安拉的使者㊗说："达乌德的诵读是轻松的，他曾吩咐（侍从）给他的牲畜戴鞍子，在戴好鞍子之前他能通读《古兰》，他只食用亲手劳动的成果。"⁽⁶⁾

---

（1）《布哈里圣训实录》6552；《穆斯林圣训实录》2827。
（2）《穆斯林圣训实录》4：1994。
（3）《泰伯里经注》16：446；《布哈里圣训实录诠释——造物主的启迪》5：390。
（4）一译：奉普慈特慈的安拉之尊名。——译者注
（5）《穆斯林圣训实录》3：1682。
（6）《穆斯林圣训实录》2：314；《布哈里圣训实录诠释——造物主的启迪》8：248。

"**难道信士们不知道**"，即难道他们不清楚，"**如果安拉愿意，他就引导了全人类？**"因为对人类的心灵和理智来说，《古兰》是最深刻最有益的证据和奇迹。如果这部《古兰》被降给山岳，你一定会看到它万分恐惧而几乎破裂。安拉的使者㊣说："每位先知所获得的奇迹，（根据其内涵）都足以让相应的人接受正信。我所获得的（奇迹）是安拉给我的启示。我希望末日我的追随者最多。"(1)圣训的意思是，每位先知的奇迹一般都会随着先知的归真而消失，而这部《古兰》却是永恒的真理，其中蕴涵的真理，是颠扑不破的，取之不尽的，令学者们对它求之若渴，它是安拉辨别真伪的言辞，绝非戏言。谁若骄傲地放弃它，安拉就会消灭他，谁若舍它而向别处寻求真理，安拉必定使谁走向迷途。

伊本·阿拔斯解释"**事实上，一切事务都属于安拉**"时说，安拉只做他意欲做的事情。(2)

"**但否认者因为他们的所作所为，而将长期遭受灾殃。它（灾殃）或者要降落在他们家附近。**"因为他们否认安拉，所以他们和他们周围的人们经常遭受打击，以便他们参悟并引以为鉴。正如安拉所言：❋ 我确曾毁灭了你们周围的市镇，我反复分析种种迹象，以便他们回归。❋（46:27）又❋ 难道他们看不到我在逐渐缩减其边境吗？他们是胜利的吗？❋（21:44）

格塔德说，"**它或者要降落在他们家附近**"中的"**它**"指灾难。(3)从经文脉络上看，这一点是非常明确的。奥夫传述，伊本·阿拔斯解释这节经文说："他们因为自己的所作所为而遭到天灾。安拉还派遣先知㊣兵临城下和他们进行战斗。"也有学者认为"**它**"指"**不幸**"。

"**直至安拉的诺言实现**"，大部分学者认为经文指穆圣㊣解放麦加。哈桑·巴士里认为经文指"直至末日来临"。

"**安拉是不会爽约的**"，即安拉不会撕毁他与众使者缔结的盟约——在今世和后世襄助众使者及其跟随者。正如安拉所言：❋ 你一定不要以为安拉会对他的使者们爽约。安拉是优胜的主，掌管报应的主。❋（14:47）

❋ 32.你以前的使者们都被嘲笑过，不过我给隐昧者宽限，然后我才惩罚了他们。我的惩罚是怎样的？❋

### 安拉安慰他的使者

穆圣㊣遭到其民族的否认后，安拉安慰他："**你以前的使者们都被嘲笑过**"，他们都是你的榜样。

"**不过我给隐昧者宽限**"，即我照顾他们，没有立即惩罚他们。

"**然后我才惩罚了他们**"，我已经宣告了我对待他们的常规——宽容然后惩罚。正如安拉所言：❋ 多少城市，当它犯罪时，我宽限了它，然后我才惩罚它。归宿只在我那里。❋（22:48）如两圣训实录辑录："安拉将会宽待不义者，但当他惩罚他们时，不会有所顾忌。"使者讲了上述圣训后接着读道：❋ 当你的主惩罚不义的城市（居民）时，他的惩罚就是这样的。他的惩罚确实是痛苦的，严厉的。❋（11:102）(4)

❋ 33.监护着每个性灵的行为的安拉（和那些伪神们一样吗）？他们为安拉设了一些伙伴。你说："你们讲出他们的名字来！难道你们要告诉给他一些在大地上他所不知道的吗？或者你们只凭着表面的话语？"不然，隐昧者的诡计被粉饰了。他们因被阻而不能走上正道。安拉让谁走入迷途，谁就没有任何引导者。❋

### 安拉与多神教徒们的伪神没有任何相似之处

"**监护着每个性灵的行为的安拉（和那些伪神们一样吗）？**"即监护每个生命的安拉，知道人们所做的每一件好事和坏事，万物的秘密对他都不是秘密。另一段经文说：❋ 无论你从事一件事务，或是你诵读《古兰》的任何一部分，或是你们作任何工作，当你们着手工作时，我就是你们的见证。在天地之间任何微尘重的事物都不能瞒过你的主，不管它大于微尘或小于它，都记录在明显的经典中。❋（10:61）又❋ 只要一片叶子落下，他就知道它。❋（6:59）又❋ 大地上没有一个生物不归安拉供养，他知道它的居所和贮藏之处，一切都在一部明确的天经中。❋（11:6）又❋ 无论谁在暗中说话或是大声说话，无论谁在夜间隐伏或是白天出外，（在他看来）都是一样的。❋（13:10）又❋ 他确实知道秘密的和更隐秘的。❋（20:7）又❋ 无论你们在哪里，他都与你们同在，安拉是看得见你们行为的。❋（57:4）到底谁具备这些特征呢？他们所崇拜的那些所谓既没有听觉，也没有视觉的神明吗？他们自身难保，又怎么能够保护它们的崇拜

---

(1)《布哈里圣训实录诠释——造物主的启迪》8:619。
(2)《泰伯里经注》16:447。
(3)《泰伯里经注》16:459。

(4)《布哈里圣训实录诠释——造物主的启迪》8:205；《穆斯林圣训实录》4:1997。

者？这节经文的答案被省略了，因为通过经文的脉络不难看出它。经文说："**他们为安拉设了一些伙伴**"，即他们在崇拜安拉的同时，还在崇拜许多所谓的神明和偶像。

"**你说：'你们讲出他们的名字来！'**"即你对他们说，请显示一下你们的神明，让我们了解一下它们！事实上，你们的那些所谓的神，不过是徒有虚名罢了。

因此说："**难道你们要告诉给他一些在大地上他所不知道的吗？**"难道你们要对安拉说一些根本不存在的事情吗？如果你们所说的那些神真的存在，那么安拉必然会知道它们。安拉彻知万物。

"**或者你们只凭着表面的话语？**"穆佳黑德解释为，"难道你们要凭猜测说话吗？"[1]端哈克和格塔德解释，"你们猜测这些偶像会有害或有益于你们，难道你们要坚持猜测，崇拜偶像吗？其实，这些所谓的神，都是你们长期叫出来的名字。"[2]另一节经文说：◈它们只是你们和你们的祖先所叫出的名字，安拉不曾赋予它们任何权力。他们追随的只是臆测和他们的私愿。然而，引导确由他们的主到达了他们。◈（53：23）

"**不然，隐昧者的诡计被粉饰了。**"穆佳黑德解释："隐昧者的主张金玉其外，败絮其中。"[3]他们坚持谬误，日日夜夜为其谬论作宣传，而自鸣得意，不知天高地厚。另一节经文说：◈我已为他们注定许多伙伴，这些伙伴为他们粉饰了他们以前和以后的一切。◈（41：25）

"**他们因被阻而不能走上正道**"，这节经文有两种读法，另一种读法（的释义）是："他们阻止他人得道。"

其释义如下：一、他们被自己的行为所迷惑，认为自己宣传的是真理，因此阻止人们走向使者们的道路；二、他们受人迷惑，认为自己的主张是正确的。因而在思想上受到阻碍，从而远离了正道。正如安拉所言：◈如果安拉欲惩罚谁，你没有丝毫力量帮他对抗安拉。◈（5：41）又◈即使你希望他们获得正确的引导，安拉也不引导那些误导他人的人，他们也没有相助者。◈（16：37）

◈34.他们在今世的生活中要遭受惩罚，而后世的惩罚是更严厉的。他们没有任何保护者（帮助他们）对抗安拉。◈

◈35.这是对敬畏的人许给的乐园的比方：它的下面有诸河流过，其间的果实是长期的，并且有其

---

（1）《泰伯里经注》16：466。
（2）《泰伯里经注》16：467。
（3）《穆斯林圣训实录》2：1131。

荫凉。这就是敬畏者的结局，而隐昧者的结局却是火狱。◈

## 隐昧者遭受的惩罚和善人应受的奖励

安拉讲述了对隐昧者的惩罚和给善人的奖励，提到了多神教徒的情况和他们所坚持的隐昧和以物配主后，紧接着说："**他们在今世的生活中要遭受惩罚**"，即他们在今世中将受到穆民的斩杀和俘虏。

"**而后世的惩罚是更严厉的。**"除了今世的凌辱之外，安拉还在后世为他们预备了更严重的刑罚。

安拉的使者㊥对两个互相诅咒的人说："今世的惩罚是比后世的惩罚更轻松的。"[4]正如尊敬的先知所说，今世的惩罚有其期限，而后世的惩罚是无期的，其严厉程度是今世惩罚的七十倍，其痛苦是世人无法想象的。如安拉所说：◈那天，任何人不会像他那样施行惩罚。没有谁能像他那样捆绑。◈（89：25-26）又◈而我已为那些否认复活时的人准备了烈火。当它从远处看见他们时，他

---

（4）《穆斯林圣训实录》2：1131。

们将会听到它的怒吼和喷气声。当被锁在一起的他们，被扔进其中一个狭隘的地方时，他们在那里祈求毁灭！不要在这天祈求一次的毁灭，而要祈求多次的毁灭！你说："这更好呢？还是对敬畏者许下的永恒乐园更好？那是对他们的回赐和归宿。"》（25：11-15）

因此，后文接着说："**这是对敬畏的人许给的乐园的比方**"，即乐园的特征是这样的："**它的下面有诸河流过**"，即河流可按照乐园居民的意愿开辟，他们想让它从哪里流过，它就会从那里流过。正如安拉所言：《许给敬畏者的乐园的比喻：其中有永不污化的水河，滋味不变的奶河，使饮者快乐的酒河以及纯净的蜜河。他们在其中享有各种果实和来自他们主的宽恕。》（47：15）"**其间的果实是长期的，并且有其荫凉**"，即其中有丰富的各种食品，它们永远不会被用完。穆圣⸎某次带领大家礼完日蚀拜后，伊本·阿拔斯对他说："安拉的使者啊！我们看到你站着（礼拜）时，好像去拿一件东西，后来你又退了回来，这是怎么回事？"先知说："我看到了乐园，所以去拿其中的一串（水果），假若我拿了它，只要今世不毁，你们就能一直享用它。"（1）

安拉的使者⸎说："乐园的居民将会吃饮，他们没有鼻涕和大小便，他们的食物（的消化方式）是打嗝，其气味如麝香。他们被赋予清赞安拉的天性，正如被赋予呼吸的功能一样。"（2）有位有经人曾来到安拉的使者⸎跟前，问："卡西姆的父亲（3）啊！你在宣传乐园的人能吃喝，是吗？"穆圣⸎回答说："是的，指掌管穆罕默德生命的安拉发誓，每个乐园的居民，在吃喝、房事和性欲方面，都被赋予一百个常人的力量。"那人说："吃喝会产生大小便，乐园中有污秽吗？"先知说："他们的大小便就是身上发出的麝香味般的汗，身上一出汗，其肚腹就空了。"（4）

清高伟大的安拉说：《在丰富的鲜果当中，既不中断，也不被拒绝。》（56：32-33）又《乐园的翠荫靠近他们，成串的果实低垂着。》（76：14）即乐园中的树影永远不会消失或偏斜。正如安拉所言：《但是那些归信而又行善的人，我将准许他们进入下临诸河的乐园，让他们永居其中。他们在其中将会有纯洁的伴侣，我将使他们进入永恒的荫凉之下。》（4：57）

《古兰》经常并列叙述乐园和火狱，以便鼓励人们追求乐园，远离火狱。此处的经文也不例外："**这就是敬畏者的结局，而隐昧者的结局却是火狱。**"正如安拉所言：《火狱的居民和乐园的居民不相等，乐园的居民才是成功的。》（59：20）

《36.蒙我赏赐经典的人们，因为被降给你的（启示）而欢欣。但是一些部族中，有人不信其中的一部分。你说："我奉命只拜安拉，不举伴他，我号召人走向他，我只归向他。"》

《37.我已如此降下它，作为阿拉伯语的法典。如果在知识到达你之后，你去追随他们的私欲，那么除了安拉，你不会有任何保护者或防卫者。》

## 有经人中的一些诚实者因为穆圣⸎带来的启示而感到高兴

"**蒙我赏赐经典的人们**"，即遵守经典的人们。"**因为被降给你的（启示）而欢欣**"，"**被降给你的**"指《古兰》。因为以前的经典，曾给有经人预告这一喜讯。那些经中的许多证据能证明穆圣⸎带来的信息。正如安拉所言：《那些蒙我颁赐经典的人，确实在真诚地遵循它。》（2：121）又《你说，你们归信它，与不归信它（都是一样的）……我们主的诺言终究是要实现的。"》（17：107-108）即有经人中的诚实者说，安拉在我们的经典中曾许诺派遣穆罕默德，安拉的许诺是真实的。赞美他，他的言辞是多么真实啊！一切赞美，只归于他。又如：《他们痛哭着倒地，下巴着地地叩头，它使他们更加敬畏。》（17：109）

"**但是一些部族中，有人不信其中的一部分**"，即各派中都有一些人不信仰穆圣⸎带来的部分信息。

穆佳黑德说，"**一些部族**"（أحزاب）指犹太人和基督教徒。正如安拉所言：《有经人当中，的确有人归信安拉。》（3：199）（5）

"**你说：'我奉命只拜安拉，不举伴他'**"，即我和列圣的使命都是宣传人们崇拜独一无偶的安拉。

"**我号召人走向他**"，即我只号召人们崇拜独一的安拉。

"**我只归向他。**"我只归到安拉那里。

"**我已如此降下它，作为阿拉伯语的法典。**"我在你之前派遣了许多使者，为他们颁降了经典，穆罕默德啊！我以同样的规律为你颁降了精确的、充满智慧的阿拉伯语《古兰》。我通过这部明确的经典提高你的地位，使你获得荣耀。《它的前后不

---

（1）《布哈里圣训实录诠释——造物主的启迪》2：271；《穆斯林圣训实录》2：626。
（2）《穆斯林圣训实录》2835。
（3）卡西姆是穆圣儿子。
（4）《艾哈麦德按序圣训集》4：367。

（5）《泰伯里经注》16：474。

受谬误侵扰,它是来自睿智的、应受赞美的主的启示。》(41:42)

"如果在知识到达你之后,你去追随他们的私欲","知识"指来自安拉的知识。"那么除了安拉,你不会有任何保护者或防卫者。"经文在此对学者发出了严厉的警告——穆圣为世人传达真理后,大批学者走向了先知指引的光辉道路,此后谁若放弃光明大道而追求迷信者的歧途,他们将面临上述警告。

《38.在你之前,我确已派遣了许多使者,并赐予他们妻室与子女。除非安拉许可,使者绝不能带来一个奇迹。每一个限期都有其记录。》

《39.安拉勾消和确立他所意欲的。经典之母在他那里。》

### 先知们都是人,而不是天使

清高伟大的安拉说,穆罕默德啊!虽然你和其他人一样也是一个人,但我确已委以你使者的职责。同样,你以前的使者们都是人,他们都享用食物,在市场上行走,并结婚生子。安拉对最尊贵的先知——万圣的封印者说:《你说:"我只是和你们一样的人。我已获得启示……"》(18:110)安拉的使者说:"我封斋也开斋,我礼拜也睡觉,我也吃肉,我还和女人结婚。谁抛弃了我的圣行,谁就不属于我。"[1]

### 使者只有通过安拉的许可,才能带来奇迹

"除非安拉许可,使者绝不能带来一个奇迹",即使者没有这个特权。只有安拉做他所欲之事,按自己的意愿判决事务。

"每一个限期都有其记录",即万物都有其期限,都有其定量,一切都记载在一部天经中。正如安拉所言:《你难道不知道,安拉知道天上与地上的一切吗?这确实是(记录)在册的,对于安拉那是容易的。》(22:70)

### 勾消或确立经中某些条文的意义

"安拉勾消和确立他所意欲的",即安拉任意消除以前经典中的某些条文,后来,他以《古兰》完全革止了以往的一切经典。

穆佳黑德说:"'安拉勾消和确立他所意欲的',但他不勾消人的寿限、幸福或不幸。[2]这些是不可更改的。"

曼苏尔说,我曾问穆佳黑德:"有人祈祷说:'主啊!如果我的名字被记载在幸福者的行列,请你让它落实;如果我的名字在不幸者的行列,请为我勾消它,并将它记入幸福者的行列吧!'请问这种祈祷怎么样?"他说这种祈祷很好。一年多以后我又遇见他,向他请教了这个问题,他对我读道:《我确实在一个吉庆的夜晚降下它。》(44:3)他还说:'安拉在高贵(格德尔)之夜判决一年中所发生的事情,规定人在其间的生活给养和灾难,并按他意欲,提前或延缓一些事情的期限。而幸福和不幸的文卷则是确定而不可更改的。'"[3]

艾布·瓦伊里经常作如下祈祷:"主啊!如果你将我记录在不幸者的行列,请消除我的名字,并将我记录在幸福者的行列吧!如果你将我记录成了幸福的人,就请你确定我的名字吧!因为你勾消你所意欲的,确立你所意欲的。经典之母在你那里。"[4]

欧麦尔和伊本·麦斯欧迪认为,上述经文指定然问题,安拉将按自己的意愿,确定某些定然,消除某些定然。下列圣训可佐证这种解释:安拉的使者说:"有人因为所犯的罪恶,而无缘享受一些给养。只有祈祷才能改变定然,只有行善才能延长人的寿数。"[5]

安拉的使者说,接恤亲人能延长人的寿命。[6] 又说:"(仆人的)祈祷和(安拉的)判决在天地中来回起伏。"

奥夫解释这节经文时说:"有人一直行善功,后来却开始违抗安拉,因而死于迷道。因为安拉会消除一些规定,确定另一些规定。而另一人一直在违抗安拉,后来转而开始行善,最后在服从安拉的状况下归真了。因为安拉要确定他的定然。"[7] 伊本·朱拜尔说,其意义如同下列经文所述:《他赦宥所欲之人,惩罚所欲之人。安拉是全能于万事的。》(2:284)[8]

《40.如果我让你看到我许给他们的一部分,或者我让你去世,那么,你的责任只是传达,清算由我掌管。》

---

(1)《布哈里圣训实录诠释——造物主的启迪》9:5;《穆斯林圣训实录》2:1020。
(2)《泰伯里经注》16:479。
(3)《泰伯里经注》16:480。
(4)《泰伯里经注》16:481。
(5)《艾哈麦德按序圣训集》5:277;《伊本·马哲圣训集》90。
(6)《穆斯林圣训实录》2557。
(7)《泰伯里经注》16:483。
(8)《格尔特宾教律》9:331。

❡ 41.他们没看见我来他们的土地,减少它的各个边际吗?安拉将会判决,他的判决是不可抗拒的。他是清算迅速的。❢

### 使者负责传达 清算由安拉决定

"如果我让你看到我许给他们的一部分……"即穆罕默德啊!如果我让你看到我为隐昧者在今世准备的惩罚和教训,或者我让你见到这一切之前就归真,那么,"你的责任只是传达"。你的职责只是传达我交给你的使命。你确实完成了你的使命。

"清算由我掌管。"清算和报酬他们是我的事情。正如安拉所言:❡你当劝诫,你只是一位劝诫者,你不是他们的监护者。但避开并且隐昧的人,安拉将以最严厉的刑罚来惩罚他。他们将回到我这里。然后,他们的结算在我这里。❢(88:21-26)

"他们没看见我来他们的土地,减少它的各个边际吗?"伊本·阿拔斯说,经文指穆圣☪不断地战胜敌人,解放各地。[1]端哈克解释,经文指穆斯林战胜多神教徒。[2]正如安拉所言:❡我确曾毁灭了你们周围的市镇。❢(46:27)

❡ 42.他们以前的人确曾使用计谋,但一切计谋都属于安拉,他知道每一个人的作为。隐昧者们将知道,家园的结局归于谁。❢

### 隐昧者的诡计和穆民的成功

清高伟大的安拉说:"他们以前的人确曾使用计谋",即古代的隐昧者们,曾使尽阴谋伎俩,企图驱逐先知,但安拉使用妙计,使敬畏他的人得到最终的胜利。正如安拉所言:❡当时,那些隐昧者对你施展诡计,企图拘禁你,或杀害你,或驱逐你,他们在用诡计,安拉在用妙计。安拉是最好的计谋者。❢(8:30)又❡他们阴谋计划,我也在制定计划,但是他们却觉察不到。你看看他们的阴谋的结果如何吧!我把他们和他们的族人全部毁灭了。❢(27:50-51)

"他知道每一个人的作为",即安拉知道一切秘密和隐微之事,他会为每个人论功行赏。隐昧者最终会知道,真正在两世倒霉的人是他们,而不是使者和使者的追随者们。一切赞美和恩情,都属于安拉。

❡ 43.隐昧的人说:"你不是使者。"你说:

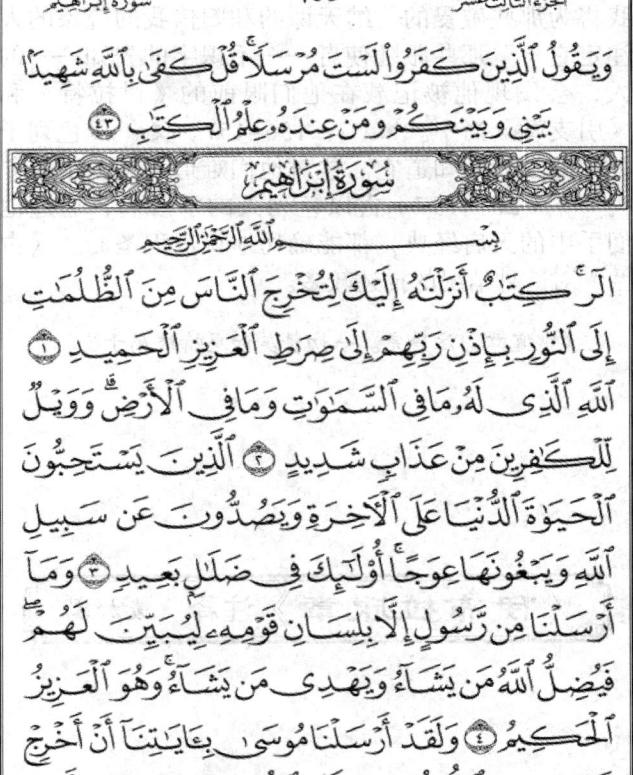

"在我和你们之间有安拉作证就够了,那些有经典知识的人也足以作证。"❢

### 安拉和有经典知识的人足以作证穆圣☪的使命

安拉对穆圣☪说,这些隐昧者在否认你,对你说:"你不是使者。"

"你说:'在我和你们之间有安拉作证就够了'",即安拉能满足我的一切需求,他不但对我作证,也为你们作证。安拉作证我传达了他的信息,也证明你们在诋毁他。

"那些有经典知识的人也足以作证",穆佳黑德说这节经文是因为阿卜杜拉·本·色俩目而降示的。[3]此说有待研究。因为这节经文是在麦加降示的,而阿卜杜拉·本·色俩目则是穆圣☪刚到麦地那时信教的。较明确的是伊本·阿拔斯的解释,他认为这节经文是针对犹太人和基督教徒而降示的。[4]

正确地说,经文中的"那些有经典知识的人",指的是一切通过古代经典了解了穆圣☪的

---

(1)《泰伯里经注》16:493。
(2)《泰伯里经注》16:494。

(3)《泰伯里经注》16:502。
(4)《泰伯里经注》16:502、503。

人。正如安拉所言：⟪"但我的怜悯包罗万物。我将为那些敬畏的、纳天课的和归信我的迹象的人注定它。"那些跟随使者——不识字的先知——的人，会发现他被记载在他们眼前的《讨拉特》和《引支勒》当中。⟫（7：156-157）又⟪以色列子孙中的学者们知道它。这对他们难道不是一个迹象吗？⟫（26：197）古以色列人的学者们，通过他们手中的天启经典，都能确切地认识穆圣☪。《古兰》对这种情况的描述较多。

《雷霆章》注释完。一切赞美和恩情统属于安拉。

## 《伊布拉欣章》注释　麦加章

奉普慈特慈的安拉之尊名

⟪1. 艾立甫，俩目，拉仪。（这是）一部我所降给你的经典，以便你凭他们主的允许，将人类从重重黑暗引入光明，走向那优胜的、可赞的主的道路。⟫

⟪2. 诸天与大地中的一切都属于安拉。悲哉——严厉的刑罚属于隐昧者们！⟫

⟪3. 他们酷爱今世而不要后世，在主道上妨碍他人，并企图使它歪曲，这些人在深远的迷误之中。⟫

### 《古兰》的定义及其宗旨，那些与《古兰》背道而驰的人真可悲

前面已经研究了出现在各章的单独字母，此处不再赘述。

"一部我所降给你的经典"，即穆罕默德啊！这是我降示给你的伟大《古兰》，它是安拉通过全人类——阿拉伯人和非阿拉伯人中最尊贵的先知，降示的最尊贵的天启经典。

"以便你凭他们主的允许，将人类从重重黑暗引入光明"，即穆罕默德啊！我通过此经，委以你重大使命：从迷误和错误中解救人类，让他们走向正道和真理。正如安拉所言：⟪安拉是那些归信的人的保护者，他将引导他们由重重黑暗进入光明。那些隐昧者的保护者是魔鬼，它将他们从光明引入黑暗。⟫（2：257）⟪他给他的仆人降下许多明确的迹象，以便他将他们从重重黑暗引向光明。⟫（57：9）

"凭他们主的允许"，安拉通过他的使者，引导那些注定得道的人们。

"优胜的"，强大的，不可抗拒的，征服万物的。

"可赞的"，安拉的法律、命令、禁止及一切言行都是值得赞美和讴歌的。他所表述的是真实无误的。

"诸天与大地中的一切都属于安拉。"正如安拉所言：⟪你说："世人啊！我是被派遣给你们全体的安拉的使者，诸天和大地的权力都属于他。"⟫（7：158）

"悲哉——严厉的刑罚属于隐昧者们！"穆罕默德啊！他们因为反对你，与你背道而驰，而将遭到审判日的灾祸。然后经文指出穆圣☪的反对者的特征：他们舍后世而选择今世，不顾一切地为今世拼搏，将后世忘到脑后。

"在主道上妨碍他人"，"他人"指众使者的追随者。

"并企图使它歪曲"，列圣的反对者们希望安拉的道路成为扭曲的。而安拉之道从其根本上是端庄的，反对者的反对和背离，对它不产生任何影响。这些愚痴者确已深陷迷误，到了不可救药的地步。

⟪4. 我每派遣一位使者，都要以他的宗族的语言派遣，以便他能对他们阐述。然后安拉让他意欲的人迷误，引导他所意欲的人。他是优胜的、明哲的。⟫

### 每位先知必以其母语被派遣于其民族，以便正道和迷误彰明显著

安拉为了慈悯世人，从他们中给他们派遣精通他们语言的使者，以便人们理解先知带来的信息和先知的使命。"然后安拉让他意欲的人迷误，引导他所意欲的人"，即在使者为世人阐明真理、树立明证之后，安拉让他意欲之人走迷途，引导他所意欲的人走正道。

"他是优胜的"，安拉意欲的事情必定发生，安拉不意欲的事情不会发生；"明哲的"，安拉的一切行为都是精确而富有哲理的，他会让应该迷误的人迷误，让适合得道的人得道。

安拉派遣先知的规律就是如此：使者出自一个民族，并且精通本民族的语言。后来，每一位先知

都肩负着向本民族传达伊斯兰的义务,而安拉的使者ﷺ——穆罕默德·本·阿卜杜拉则肩负向全人类宣传伊斯兰的使命。安拉的使者ﷺ说:"我获得五项优遇,是我之前任何一位先知未曾得到过的。我获得一月行程的威力[1];整个大地为我(和我的追随者)而成为礼拜场所和清洁地[2];战利品为我而成为合法,而在我之前战利品对任何先知都不合法;我获得(后世的)说情权。一般先知通常只被派往他的民族,而我被派往全人类。"[3]清高伟大的安拉说:❴你说:"世人啊!我是被派遣给你们全体的安拉的使者。"❵(7:158)

❴5.我确曾派遣穆萨带去我的启示,(我说)"你让你的族人从黑暗走向光明吧,并给他们提醒安拉的恩典。"此中对每个坚忍者和感谢者确有种种迹象。❵

## 穆萨及其民族的故事

清高伟大的安拉说,穆罕默德啊,我委任你为使者,为你颁降天经,以便你号召世人离开重重黑暗,走向光明。同样,我以前还委任穆萨为使者,让他带着我的迹象,去给那个时代的以色列人宣教。

穆佳黑德说,穆萨先知带来了九个迹象。

安拉命令穆萨道:**"你让你的族人从黑暗走向光明吧"**。即你号召他们走向正义,以便他们放弃他们深陷其中的无知和迷误的泥潭,走向正道的光明,迎来信仰的曙光。

**"并给他们提醒安拉的恩典。"** 你不要让他们忘记安拉对他们的援助和恩典:从法老的奴役和桎梏中解救他们,使他们摆脱敌人的压迫和欺侮,为他们在大海中开辟道路,让白云给他们遮阳,给他们降下白蜜和赛勒瓦等等。[4]

**"此中对每个坚忍者和感谢者确有种种迹象"**,即我襄助了热爱我的古以色列人,从凌辱的灾难中拯救了他们。对于那些在患难中坚忍的人和幸福中感谢的人,此中确有一种教训。格塔德说:"这种仆民真是优秀:当经受考验时,他能忍耐;获得幸福时,他会感恩。"[5]

安拉的使者ﷺ说:"穆民的事情都是奇怪的,安拉为他判决的事情都对他有好处:他若碰到不幸时忍耐,对他是一件好事;他若遇见喜事时感恩,对他仍然是一件好事。"[6]

❴6.当时,穆萨对其族人说:"你们要记住安拉对你们的恩典,他那时把你们由法老的民众中拯救出来,他们使你们遭受恶劣的刑罚,屠杀你们的儿子,让你们的妇女苟活。此中有来自你们主的重大考验。"❵

❴7.那时,你们的主宣示:"如果你们感谢,我一定会给你们更多的(恩典)。倘若你们忘恩负义,那么,我的刑罚确实是严厉的。"❵

❴8.穆萨说:"如果你们和大地上的人都忘恩负义,那么,安拉确实是无求的,可赞的。"❵

清高伟大的安拉说,穆萨对古以色列人讲述了安拉对他们的恩典:他们曾经受尽了法老和他的百姓的蹂躏,他们的男孩一经被人发现,就会惨遭杀害,他们的女孩苟活世间。后来,是安拉拯救了他们。穆萨先知接着说:**"此中有来自你们主的重**

---

(1)即穆圣的威慑力可穿越千山万水。——译者注
(2)穆斯林民族将征服整个大地,并在任何地方礼拜;在没有水的地方,他们可以做代净。——译者注
(3)《布哈里圣训实录诠释——造物主的启迪》1:519;《穆斯林圣训实录》1:370。
(4)《泰伯里经注》16:521。
(5)《泰伯里经注》16:523。
(6)《穆斯林圣训实录》4:2295。

大考验"，即这对你们确实是一件宏恩，你们就算报答，也是无法报答的。有人解释说，法老的百姓对你们（古以色列人）的种种折磨中，确有重大的考验。这两种解释都有其道理。安拉至知。正如安拉所言：❝ 我以种种祸福考验了他们，以便他们回归。❞（7：168）

"那时，你们的主宣示"，即安拉告诉你们他的许诺。"宣示"也可能指"发誓"。如下列经文所述：❝ 当时你的养主宣布，他必将派遣一些人来以酷刑折磨他们。❞（7：167）

"如果你们感谢，我一定会给你们更多的（恩典）"，即如果你们感谢我的恩典，我就赐给你们更好的恩典。

"倘若你们忘恩负义，那么，我的刑罚确实是严厉的"，即我将让我的恩典从你们身上消失，并惩罚你们。穆圣㊗️说："仆民因为所犯的罪恶而被剥夺生活给养。"(1)

"穆萨说：'如果你们和大地上的人都忘恩负义，那么，安拉确实是无求的，可赞的。'"安拉并不需要仆人的感谢，即使人们全部忘恩负义，而安拉依然就是可赞的，应受赞美的。正如安拉所言：❝ 如果你们忘恩负义，安拉确实无求于你们。❞（39：7）又❝ 因此他们不信而避开。其实安拉原本无求，安拉是富裕的、受赞美的。❞（64：6）

安拉的使者㊗️说，清高伟大的安拉说："我的众仆啊！倘若你们的前人和你们的后人，你们的人类和你们的精灵，都像你们中最敬畏的人那样，这对我的权力并不能增加丝毫；我的众仆啊！倘若你们的前人和你们的后人，你们的人类和你们的精灵，都像你们中最暴虐的那样，这对我的权力并不能减少丝毫。我的众仆啊！倘若你们的前人和你们的后人，你们的人类和你们的精灵，他们都站在一个平地上，然后他们向我要求，我满足他们的一切要求，这对我的权力也无损丝毫，其情形如同一根针被放进大海后，又被取出。"(2) 赞美安拉清净，他是无求的，可赞的。

❝ 9.难道你们以前的人——努哈的族人、阿德人、塞姆德人，以及那些在他们之后的人的故事没有到达你们吗？只有安拉知道他们。他们的使者给他们带去了一些明证，但是他们将手放在他们嘴上说："我们不信降给你们的使命，我们对你们所宣传的事情，确实在惶惶不安的怀疑之中。"❞

## 各民族都曾否认其使者 使者和他们的交涉

安拉再次提醒我们这个民族，给我们讲述努哈、阿德、塞姆德等民族的故事，这些数不胜数的民族，都曾否认过安拉派到他们中间的使者。

"他们的使者给他们带去了一些明证"，即使者们给他们带去了明确而绝对的许多证据。

伊本·易司哈格解释这节经文时说："谱系学家们往往都在撒谎。"(3)欧勒沃·本·祖拜尔说："我们没有发现一个人对麦尔德·本·阿德南(4)之前的历史有完整的认识。"(5)

## "但是他们将手放在他们嘴上"的意义

学者们对这节经文有不同解释，分别如下：

一、他们在听到使者们的宣传时，指着使者们的嘴，要求他们住口。

二、他们将自己的手放到嘴上，表示不相信众使者说的话。

三、暗示他们对使者们的宣传不做任何反映。

四、他们气愤地咬住了自己的手指。

五、穆佳黑德、伊本·凯尔卜等人解释：他们否认了使者，用他们的嘴反驳使者。(6)

笔者认为，下列经文可支持穆佳黑德等人的解释："我们不信降给你们的使命，我们对你们所宣传的事情，确实在惶惶不安的怀疑之中。"

六、伊本·阿拔斯解释：他们听到安拉的经典后觉得奇怪，因而把手放到了嘴上。(7)

他们说："我们不信降给你们的使命……"他们对它充满了怀疑。

❝ 10.他们的使者们说："难道对安拉——诸天与大地的造化者还有怀疑吗？他召唤你们，以便他宽恕你们的罪恶，并宽限你们到一个定期。"他们说："你们不过是和我们一样的人罢了！你们企图阻碍我们接近我们的先人所曾崇拜的。那么，你们就给我们显示一个明确的证据吧！"❞

❝ 11.他们的使者们对他们说："诚然，我们只是像你们一样的人。但是安拉将施恩于他所意欲的仆人，除非安拉允许，我们不能够给你们带来证据。托靠安拉吧！让一切归信者都托靠安拉吧。❞

❝ 12.我们怎么会不托靠安拉呢？他确已对我们

---

(1)《艾哈麦德按序圣训集》5：282。
(2)《穆斯林圣训实录》4：1994。
(3)《泰伯里经注》16：528。
(4)阿拉伯人的一个祖先。——译者注
(5)《格尔特宾教律》9：344。
(6)《泰伯里经注》16：534。
(7)《泰伯里经注》16：533。

指引了我们的条条道路,我们一定会忍受你们对我们的伤害。托靠安拉吧!让一切信托者们都托靠安拉吧。"

## 众先知和隐昧者之间的辩论

清高伟大的安拉说,他的众先知曾和隐昧者进行过激烈的辩论。以前的民族们对先知们带来的信息表示怀疑,不愿崇拜独一无偶的安拉,所以先知们说:"**难道对安拉——诸天与大地的造化者还有怀疑吗?**"即安拉独具受拜性,是万物的惟一创造者,你们对这个问题有怀疑吗?他是万物的创造者,只有他独具受崇拜的权力。因为大部分民族都是归信安拉的(虽然他们对安拉的称呼不同),但他们往往在崇拜安拉的同时,还崇拜一些假神,认为这些假神是他们接近安拉的媒介,能给他们带来益处。众使者对他们说:"**他(安拉)召唤你们,以便他宽恕你们的罪恶**",即在后世宽恕你们。

"**并宽限你们到一个定期**",即不在今世中立即惩罚你们。正如安拉所言:◆你们当向你们的养主求饶,并向他忏悔,这样,他就会使你们美好地享受,直到预定的期限。他将他的恩典赐予每一个应获恩典的人。◆(11:3)各民族虽然承认安拉,却对使者的身份妄加怀疑。

## 隐昧者因为众使者是凡人而不承认他们的使者身份

"**他们说:'你们不过是和我们一样的人罢了!'**"概言之,我们没有看到你们带来的奇迹,又怎会凭你们口头上的宣传而追随你们呢?所以,你们要按照我们的要求,"**给我们显示一个明确的证据吧!**"即给我们带来奇迹吧!

"**他们的使者们对他们说:'诚然,我们只是像你们一样的人。'**"不错,我们也具备人性。

"**但是安拉将施恩于他所意欲的仆人。**""恩"指圣品和使命。

"**除非安拉允许,我们不能够给你们带来证据**",从而满足你们的要求。

"**托靠安拉吧!让一切信托者们都托靠安拉吧。**"有正信的人们应该把自己的一切事情交付给安拉。

"**我们怎么会不托靠安拉呢?**"是什么阻碍我们托靠安拉呢?安拉已经给我们引导了最明确、最正确的道路。

"**我们一定会忍受你们对我们的伤害**",我们会忍受你们的恶言和愚蠢的行为。"**托靠安拉吧!让一切归信者们都托靠安拉吧。**"

◆13.隐昧的人对他们的使者们说:"我们一定会把你们赶出我们的土地,或者你们势必回到我们的宗教。"他们的主启示他们:"我一定会消灭不义者,◆

◆14.我也一定使你们在他们之后居留该地。这是给那些畏惧站在我跟前,并畏惧我的刑罚的人(的警告)。"◆

◆15.他们寻求协助。而每一个顽固的强暴者都失望了。◆

◆16.火狱就在他的前面。他将被供饮脓水。他徐徐地饮下它,◆

◆17.几乎咽不下去,死亡会从各方面降临,但是他又死不了。在他的前面有严厉的刑罚。◆

## 各民族对使者们的威胁,安拉对使者的喜讯

隐昧者们扬言要把使者们驱逐出他们的土地,正如舒尔布的族人对他和他的教众说:◆"舒尔布啊!我们一定要把你和那些与你一起信仰的人赶出我们的城镇。"◆(7:88)鲁特的民族说:◆"把鲁特的追随者赶出你们的城市。"◆(27:56)

安拉给我们讲述古莱什多神教徒的情况,说:

﴿他们使你几乎不能在那地方安居，以便他们驱逐你。如是那样，在你离开之后，他们只能停留很短的时间。﴾（17：76）﴿当时，那些隐昧者对你施展诡计，企图拘禁你，或杀害你，或驱逐你，他们在用诡计，安拉在用妙计。安拉是最好的计谋者。﴾（8：30）后来安拉援助穆圣㉿，让他离开麦加，得到许多拥护者，他们和他在主道上并肩作战，取得了一次又一次胜利，最终光复麦加，安居其中，打击了先知的敌人和其他反对者的嚣张气焰。后来，人们成群结队地加入伊斯兰，在时机成熟后，将伊斯兰的信息传播到了世界各地。正如安拉所言：﴿他们的主启示他们："我一定会消灭不义者，我也一定使你们在他们之后居留该地。"﴾（14：13-14）又﴿我对我所派遣的众仆已经有言在先，那就是他们将被援助。而我的军队势必是胜利者。﴾（37：171-173）又﴿安拉已经规定："我跟我的使者必定胜利。"安拉确实是至强的、优胜的。﴾（58：21）又﴿我在教诲之后，曾在宰甫尔中写道："我的清廉众仆将继承大地。"﴾（21：105）又﴿穆萨对他的族人说："你们当求助于安拉，并且坚忍。大地属于安拉，他会让他意欲的仆人继承它。优美的结局属于敬畏的人。"﴾（7：128）又﴿我教一些曾受欺压的人继承了大地的东方和西方，并在其中赐福。安拉最美好的约言，因以色列后裔的忍耐，而对他们实现了。我毁灭了法老和他的臣民所做的一切和所兴建的一切。﴾（7：137）

"**这是给那些畏惧站在我跟前，并畏惧我的刑罚的人（的警告）**"，即这是对他们的警告。正如安拉所言：﴿至于那悖逆，并选择今世的人，火狱就是他们的归宿。﴾（79：37-41）又﴿害怕站在他的主跟前的人，都将获得两座乐园。﴾（55：46）

"**他们寻求协助**"，伊本·阿拔斯解释：众使者祈求安拉使他们战胜他们的民族。[1]伊本·栽德解释：各民族要求安拉惩罚他们[2]。如：﴿我们的主啊！如果这是来自你的真理，那么就给我们从天上降下石雨，或给我们带来惨痛的惩罚吧！﴾（8：32）

经文可能同时兼有上述两重意义。正如白德尔之日，多神教徒祈求安拉让他们获得胜利，而穆圣㉿则祈求安拉襄助穆斯林。所以安拉对多神教徒说：﴿如果你们要求胜利，胜利确已来临你们。如果你们停止，那对你们是更好的。﴾（8：19）安拉至知。

"**而每一个顽固的强暴者都失望了。**""**强暴者**"指自以为是、抗拒真理之人。正如安拉所言：﴿你俩把一切忘恩负义者、顽抗者扔进火狱！拒绝行善的、过分的、怀疑的。舍安拉而设他神者，你俩就把他投入严厉的刑罚之中。﴾（50：24-26）圣训中说："末日，火狱将被带来，然后它呼吁众生：'我受托监禁一切反叛的强暴者。'"[3]即在众先知认真祈求全能的安拉的时候，强暴者受到了损失。

"**火狱就在他的前面**"，正如安拉所言：﴿是因为在他们后面有一个国王要霸占所有的船。﴾（18：79）即火狱在顽横的强暴者的面前等待着，以便他住进去；强暴者早晚都将出现在火狱跟前，直到集合之日。

"**他将被供饮脓水**"，即在火狱中，强暴者只有两种饮料，一种叫哈弥弥，奇热无比。一种叫安撒格，其冷无比，其臭无比。正如安拉所言：﴿就是如此。叫他们尝试它吧，那是灼水和冰汁，和类似的一系列（刑罚）。﴾（38：57-58）穆佳黑德和艾克莱麦说，"**脓水**"指带血的脓水。[4]

清高伟大的安拉说：﴿被饮给使他们肠子断裂的沸水的人……﴾（47：15）又﴿如果他们哀求喝水，他们将喝到和熔铜一样的水。它将烧灼他们的脸。﴾（18：29）[5]

"**他徐徐地饮下它**"，即他在天使的铁榔头击打之下，被迫将这种饮料倒进嘴中。正如安拉所言：﴿此外，他们还要遭受铁鞭（鞭笞）。﴾（22：21）

"**几乎咽不下去**"，他因为这种饮料的气味、颜色、味道恶劣，或太热或太冷而无法下咽。[6]

"**死亡会从各方面降临。**"伊本·阿拔斯说，罪人将面临火狱的各种惩罚，假若他能够死亡，每种惩罚都可以致他于死地，但是他却死不了。因此安拉说：﴿他们不被判处死刑，又怎能死亡呢？他们在其中也不获减刑。﴾（35：36）[7]

"**在他的前面有严厉的刑罚**"，即除了这种惩罚之外，他还要遭受更严厉更痛苦的其他惩罚。正如安拉形容攒枯木之树时所说：﴿它是由火狱的底层出来的一种树。它的花蕾就好像恶魔的头一样。的确，他们将在那里吃它，并以它们充满肚腹。以后，他们在此之上还要喝滚热的杂质。然后，他们的归宿将是火狱。﴾（37：64-68）经文指，犯罪者们要么在吃攒枯木之树的果实，要么在饮沸水，或者往来于火狱之中。求安拉使我们远离火狱。安拉说：﴿这就是犯罪者们所否认的火狱。他们将往来

---

(1)《泰伯里经注》16：544、545。
(2)《泰伯里经注》16：545。
(3)《提尔密济圣训集》2573、2574。
(4)《泰伯里经注》16：548。
(5)《泰伯里经注》16：549。
(6)《散置的珠宝》5：16。
(7)《散置的珠宝》5：16。

于它和极热的液体当中。》（55：43-44）又《攒枯木树，确实是犯罪者的食物。像熔化了的铜汁一样，它将在（他们的）腹内沸腾，像滚开水一样沸腾。（有声音说，）抓住他，然后把他拖到火狱中去！再在他的头上浇下沸水。尝尝吧！你的确是优秀的，尊贵的。这就是你们曾经怀疑的。》（44：43-50）又《薄福者，薄福者是何人？在毒风和滚烫的液体当中，在黑烟的阴影下，既不凉爽，也不美观。》（56：41-44）又《就是这样。犯罪者却要得到恶劣的归宿。火狱！他们将进入其中。这褥子真恶劣！就是如此。叫他们尝试它吧，那是灼水和冰汁，和类似的一系列（刑罚），》（38：55-58）等等经文都证明，火狱中的惩罚多种多样，名目繁多，无穷无尽。只有安拉知道这些惩罚的种类。但这都是绝对公正的报应，《你的主绝不亏待众仆。》（41：46）

《18.那些否认他们主的人的比喻是：他们的工作和灰尘一样，在飓风之日被风猛烈吹散。他们对于自己所干的，一点也没有能力。那真是深远的迷误。》

## 对隐昧者工作的比喻

隐昧者们虽然崇拜安拉，但也崇拜伪神，他们不归信众使者，因而将自己的工作奠定在错误的基础之上。所以，在他们最需要自己工作的回赐之时，却发现那些工作早已化做烟云，随风飘散。安拉说："那些否认他们主的人的比喻是……"即他们在今世也干一些所谓善功，到了末日，他们要求安拉报偿他们时，他们发现那些工作都是徒劳无益，早已化做飓风之日的尘灰，随风消逝，无影无踪。

"飓风之日"，他们在末日无法从今世所干的善功中获益，就像在飓风之日无法聚集被风吹散的灰尘。清高伟大的安拉说：《我去处理他们所做过的工作，并使它成为浮尘。》（25：23）又《他们在今世所花费的就好像是一股寒风，它袭击了那些自亏者的庄稼，将它毁于一旦。安拉没有亏他们，但他们在自亏。》（3：117）又《有正信的人们啊！你们不要由于标榜和伤害使你们的善功徒劳无益。像为了沽名钓誉而花费财产，既不信安拉，也不信末日的人那样。他就像一块顽石，在它上面有一些尘土，暴雨落在它上面，使它变得又光又滑。他们将徒劳无益。安拉不引导不信的民众。》（2：264）

"那真是深远的迷误"，即他们在今世中的奔波和劳动，都没有基于正确和端正的基础，所以，在最需要这些工作带来效应的时刻，他们却大失所望。所以"那真是深远的迷误"。

《19.你不曾看到安拉以真理造化了诸天与大地吗？如果他愿意，他会带去你们，并带来新的造化。》

《20.这对安拉并非难事。》

## 死后复活的明证

清高伟大的安拉说，他能够在末日复原人的身体。创造人类对安拉绝非难事，君不见，安拉创造了比人类更为复杂的天地万物吗？诸天旷达浩瀚，其中有无数颗行星和恒星以及其他天体，纷繁复杂地运动，可谓森罗万象。大地无边无际，其中的山川、旷野、沙漠、绿地、大海、树木以及各种动植物，五彩缤纷，千姿百态，名目繁多，数不胜数。安拉说：《难道他们没有看见造化了诸天与大地，并且不由于造化它们而感到疲倦的安拉是有能力给死者生命的吗？是的，他确实是全能万事的。》

（46：33）又❃ 难道人们没有看到我由精液造化了他们吗？但是突然间他们却变成了公开的对头。他为我设立譬喻，而忘记了他自己的造化。他说："谁能在尸骨已朽之后，再赋予它生命？"你说："首次造化他们的主将使他们复活！他是深知一切造化的。是他为你们从绿树中产生火，你们便从其中点燃了火！"难道造化诸天与大地的主不能造化和他们相似的吗？不然，他是善造的、全知的。的确，当他有意要做一件事时，他只要说"有"，它就有了。赞美安拉清净！一切事物的权力都归他掌握，你们将来只被带回到他那里。❃（36：77-83）又❃ 人们啊！你们是需求安拉的，而安拉却是无求的，是应受赞美的。如果他愿意的话，他可以除去你们，带来新的被造物。那对安拉绝非难事。❃（35：15-17）又❃ 如果你们拒绝，他就会让你们之外的一个群体来代替你们，然后，他们不会像你们这样！❃（47：38）又❃ 有正信的人们啊！如果你们中有人背叛其宗教，不久安拉就会带来一些他爱他们和他们爱他的人。❃（5：54）又❃ 世人啊！如果安拉意欲，他就毁灭你们，而让其他人来代替你们。安拉对此是全能的。❃（4：133）

❃ 21.他们全体将出现在安拉跟前，那时弱者将会对傲慢者说："我们确曾是追随你们的，面对安拉的惩罚，你们对我们有点用途吗？"他们会回答说："假若安拉曾经引导了我们，我们就引导你们了。无论我们焦急或忍耐，对于我们都是一样的，我们无处可逃。"❃

### 非伊斯兰的领袖及其追随者们在火狱中的辩论

"他们全体将出现在安拉跟前"，即万物——无论善良的还是邪恶的，都将出现在一个没有任何障碍物的平地上，接受强大而独一的安拉的审判。

"那时弱者将会对傲慢者说。""弱者"，指今世中的一些领袖、伟人和头目的追随者。

"傲慢者"，指在今世中不崇拜独一无偶的安拉，不服从众使者的人。

"我们确曾是追随你们的"，即我们在今世中对你们唯命是从。

"面对安拉的惩罚，你们对我们有点用途吗？"你们能否实践在今世时的约言，为我们抵御安拉的惩罚？

但他们的领袖们说："假若安拉曾经引导了我们，我们就引导你们了"，即我们的养主已经这样判决了，并注定我们命该如此。因为安拉早已经判定：隐昧者将受严厉的惩罚。

"无论我们焦急或忍耐，对于我们都是一样的，我们无处可逃"，即今日我们只能忍受这酷刑，无论我们有多焦躁，都是徒劳无益。

笔者认为，犯罪者们在火狱中的辩论，与下列经文所讲述情况基本相同：❃ 那时，他们将在火中互相争论！弱者将对那些曾经高傲的人说："我们确曾是你们的追随者，你们现在能给我们解除一部分烈火吗？"那些曾经高傲的人说："我们全都在其中，安拉确已在他的众仆中判决了！"❃（40：47-48）又❃ 他说："你们跟那些在你们之前死去的人和精灵们一起进入火狱吧！"每逢一个民族进入火狱时，它就谩骂它的姊妹民族（前面进去的民族），直到他们接踵进入火中，最后的一群人指最先的一群人说道："我们的主啊！是这些人误导了我们，所以求你施给他们双重的刑罚吧。"他（主）说："你们全都有加倍的。不过你们不知道。"然后，最先的一群人将会对最后的一群人说："你们并不比我们好，你们为你们所做的尝受惩罚吧。"❃（7：38-39）又❃ 他们说："我们的主啊！我们确已服从了我们的首领和大人物，是他们使我们迷失道路。我们的主啊！求你降给他们双重的惩罚，并严重地诅咒他们！"❃（33：67-68）

下列经文叙述的是火狱居民在安拉召集万物时的争论：❃ 如果你能看见不义者被带到他们主的面前，他们互相指责，那些弱者对高傲的人们说："如果不是你们，我们一定已经成为信士！"如果你能看到那一时刻……高傲的人对那些被欺压的人说："在引导到达你们之后，我们曾阻止你们去接受它了吗？不，你们就是犯罪者。"那些被欺压的人对高傲的人说："不然，那是夜晚和白天的阴谋，那时你们命令我们否认安拉，并为他设立一些对等者！"当他们目睹刑罚时，他们就后悔了。我把枷锁戴在隐昧者的颈上，他们只受到自己行为的还报。❃（34：31-33）

❃ 22.当大事被判决时，恶魔说："安拉确曾给你们许下真实的诺言，我也曾给你们许诺，不过我对你们失信了，我对你们无权力。不过在我呼喊你们时，你们响应了我，所以你们不要责备我，你们责备你们自己。我不能救助你们，你们也不能救助我。我否认你们以前以我举伴安拉（的行为）。不义的人们确实要遭受痛苦的刑罚。"❃

❃ 23.而那些归信并行善的人将奉他们主的允许，进入下有诸河流动的乐园，永居其中。他们在那里的祝词将是"平安"。❃

### 在末日，伊卜厉斯在火狱中的演说以及它对其追随者们的托辞

安拉审判众生，让穆民进入乐园，使隐昧者进火狱之后，伊卜厉斯（愿安拉诅咒它）在火狱中为它的追随者们发表演讲，以便使他们悔上加悔，愁上加愁，疮上撒盐。它说："**安拉确曾给你们许下真实的诺言**"，即安拉通过他的众使者向世人宣布，谁跟随使者，谁就会取得今世和后世的成功，安拉的许诺是真实无误的。我也曾给你们许诺，但我的诺言一文不值。如：❦ 恶魔应许他们，并使他们幻想——恶魔只为诱惑应许他们。❧（4：120）

"**我对你们无权力**"，即我对你们的宣传、号召和许诺，都没有丝毫根据可言。

"**不过在我呼喊你们时，你们响应了我。**"我对你们仅做了这一件事。众先知虽然带来许多证据，证明他们的使命是正确无误的，但你们还是违背了他们，所以落得今日这个下场。

所以今天"**你们不要责备我，你们责备你们自己**"，因为罪恶是你们自己造成的，是你们自己当初弃明投暗，仅凭我的一声召唤就跟随我投向谬误，抛弃了彰然显著的真理。

"**我不能救助你们**"，我其实对你们没有一点用途，更不能拯救你们脱离惩罚，

"**你们也不能救助我**"，从而使我脱离惩罚和打击。

"**我否认你们以前以我举伴安拉（的行为）**"，格塔德解释，"今日的结局，都是因为你们以前把我当成安拉之外的另一个神而造成的。"[1] 伊本·哲利尔解释：（魔鬼说）"我否认我是安拉之外的另一个神。"[2] 第二种解释较可靠。正如安拉所言：❦ 谁比舍安拉而祈求那些直到复生日也不能回答他们，并且对他们的祈求毫无知觉的（伪神）的人们更迷误呢？❧（46：5-6）又 ❦ 不会的，它们不久将否认他们的崇拜，并变成他们的对头。❧（19：82）

"**不义的人们确实要遭受痛苦的刑罚**"，即他们因为抛弃真理、接受谬误而将遭受痛苦的惩罚。从经文的脉络看，这些话是伊卜厉斯进入火狱之后所说的。

阿米尔·舒尔宾说，末日，将有两个演讲者站在众生面前演讲。安拉对尔撒先知说：❦ 难道你曾对人们说，你们当舍弃安拉而以我和我的母亲为主宰吗？"……安拉说："这就是诚实有益于诚实者的日子。"❧（5：116-119）舒尔宾接着说，伊卜厉斯站起来说："我对你们无权力，不过在我呼喊你们时，你们响应了我。"[3]

安拉讲述了薄福者的归宿以及他们所遭受的凌辱和惩罚后，紧接着讲述幸福者的归宿。安拉说："**而那些归信并行善的人将奉他们主的允许，进入下有诸河流动的乐园，永居其中**"，即他们想让这些河流淌到哪里，河便流淌到那里。并且他们一直享受这些恩典，永远如此。

"**他们在那里的祝词将是'平安'**"，正如安拉所言：❦ 等到他们到达它那里，它的门就被启开了，它的管理者对他们说："祝你们平安！"❧（39：73）又 ❦ 天使们将从每一道门进到他们面前，说道："祝你们平安！"❧（13：23-24）又 ❦ 他们将在那里获得祝贺和祝安。❧（25：75）又 ❦ 他们在其中的祈祷是："主啊，赞你清净。"他们在其中的贺词是"平安"。他们最终的祈祷是"一切赞颂全归养育众世界的安拉"。❧（10：10）

❦ 24.你没有看见安拉如何作出比喻吗？良言有如佳木，其根稳固，其枝干凌空。❧

❦ 25.每一时节，它在它的主的允许之下结果。

---

(1)《泰伯里经注》16：564。
(2)《泰伯里经注》16：561。
(3)《泰伯里经注》16：562。

安拉为世人举例，以便他们参悟。》

◆ 26.恶言有如坏树，它从地面上被连根拔起，毫不稳固。》

◆ 27.安拉将以坚定的话在今世与后世使那些归信的人坚定，安拉也将使不义者迷误，安拉做他所愿意做的事。》

## 伊斯兰的言辞和隐昧的言辞的例子

伊本·阿拔斯说，"良言"指见证应受拜者，惟有安拉。"佳木"指穆民。

"**其根稳固。**"穆民心中的清真言，有如根深蒂固的参天大树。(1)

"**其枝干凌空。**"穆民的善功，能将他的清真言送到天上。(2)

经文在此形容穆民的善功，其纯洁的语言和清廉的工作。即穆民有如一棵有益的枣树，每时每刻，都能带来许多益处。

欧麦尔之子说，我们曾在安拉的使者☪跟前，使者说："请你们告诉我哪种树和穆民一样有益？无论冬夏，其枝叶从不凋零，每时每刻，它都凭安拉的允许带来果实。"欧麦尔之子说："当时我一下子想到，先知所说的不正是枣树吗？但我看到艾布·伯克尔和（我的父亲）欧麦尔没有发言，所以也没有说什么。"后来使者说："那是枣树。"回去时，我对欧麦尔说："父亲啊！我当时想到那就是枣树。"欧麦尔问："那你当时为什么不回答？你若回答了，对我来说，比拥有奇珍异宝更好。"(3)

另据传述，伊本·阿拔斯说，"佳木"指乐园中的树。(4)

有人说，"**每一时节，它在它的主的允许之下结果**"，"**每一时节**"指早晚。从经典的文字可以看出，经文把穆民比作无论春夏秋冬，夜晚和白天，都能带来效益的大树。因为无论白天还是夜晚，穆民每时每刻都在行善。

"**每一时节，它在它的主的允许之下结果**"，即其果实美好而有益，纯洁而又有福分，"**安拉为世人举例，以便他们参悟。**"

"**恶言有如坏树。**"这是隐昧者的例子，他就像无根之苗，四处游弋不定。比如苦西瓜。(5)

"**它从地面上被连根拔起，毫不稳固**"，即它无根无蔓，无法稳定。隐昧就是这样，它是无根无据的，隐昧者的工作不会上升到安拉那里，也不蒙接受。

## 安拉在今世和后世，以坚定的话使信士们坚定

安拉的使者☪说："穆斯林在坟中接受询问时会作证：应受拜者，惟有安拉。这就是'**安拉将以坚定的话在今世与后世使那些归信的人坚定**'的意义。"(6)

白拉伊·本·阿兹卜传述，我们曾和安拉的使者☪一起为一位辅士亡人送葬，在坟地亡人下葬之前，安拉的使者☪坐了下来，我们便围在使者周围坐下了。大家都很安静，好像鸟儿落在了头上。使者手持一个小木棍，不停地以棍击地。后来他抬起头对我们说道："你们当祈求安拉，使大家远离坟墓中的惩罚。"先知将此话说了两次或三次后，接着说，当一个信主的仆人告别今世投入后世，天上的天使就来到他那里，他们的面容莹洁如日。他们带着乐园的克凡（亡人的衣服）和乐园的香料。天使之多一眼看不到头。这时，取命天使来到他眼前说："啊，美好的灵魂！你出来去见安拉的宽恕和喜悦吧！"使者说：这时，灵魂就流出来，就像水从水袋中流出来一样。取命天使就把它收起。然后众天使立即从他手中接过亡者的灵魂，一刻也不等待，就给他穿上克凡，撒上香料。亡者当即散发出奇香美味。使者接着说，众天使将它带上天，当经过一些天使时，他们就问："这是什么香味呢？"众天使回答："源于某人之子某人。"（他们以今世中亡者最好的名字回答询问者）当到了最近的天时，他们请求打开天门，天门即刻就开了。就这样，各层天的天使将它接送到了第七层天。清高伟大的安拉说："你们让我的仆人进入最高级的乐园，将灵魂恢复到他的身体上，请他回到地面。"此后，两个天使来到亡者跟前，坐到他旁边问："你的养主是谁？"他回答："安拉。""你的宗教是什么？"他回答："伊斯兰。""你们中派来的使者是谁？"他回答："穆罕默德。""你怎么知道了这些？"他回答："我读了《古兰》，并笃信它。"这时，天上有声音晓谕："我的仆人说的是实话，你们带他去乐园，为他打开乐园之门。"

穆圣☪说，这时，他看到了乐园的美景，闻到了乐园的馨香，坟墓就开始变宽，他可以放眼四处。一个眉清目秀，衣着漂亮，芬芳飘逸的人来到他的身边说："你以美满的结局而高兴吧！这是为

---

(1)《泰伯里经注》16：562、563、567。
(2)《泰伯里经注》16：567、572、573。
(3)《布哈里圣训实录诠释——造物主的启迪》8：228。
(4)《泰伯里经注》16：573。
(5)《泰伯里经注》16：569。

(6)《布哈里圣训实录诠释——造物主的启迪》8：229；《穆斯林圣训实录》4：2201；《艾布·达乌德圣训集》5：112；《提尔密济圣训全集诠释》8：547；《圣训大集》6：372。

你应许的一天。"他问："你是谁？你美丽的面容带来了幸福。"来者说："我就是你的善功。"亡者说："主啊！请让末日来临吧！好让我和亲人们团聚。"

如果一个昧主的仆人告别今世投向后世时，黑脸的天使们下来见他，他们带来粗毛布。来者之多一眼望不到头。然后取命天使坐到他旁边说："龌龊的灵魂啊！你出来去见安拉的愤怒！"灵魂瘫了，取命天使就将它抽出，就像将炙肉棍从湿羊毛中抽出一样，并拿入手中。众天使马上接过它将它放入那粗毛布中。比地球上最臭的气味还臭的气味就从中发出了。天使们带它升上了天。

当他们经过一群天使时，就听天使们在相互询问："这是什么浊臭味啊？"天使们回答："源于某人之子某人。"（他们以今世中他最难听的名字称呼他）当到达最近的天时，他们要求打开天门，而天门不开。

讲到这里，穆圣☪读道《那些不信我的启示并藐视它的人，天门不会对他们开放，他们也不能进入乐园，除非到骆驼能够穿过针眼时。我是这样回报作恶者的。》（7：40）

清高伟大的安拉说："你们将他列入恶人的行列，打入最底层的火狱。"于是他的灵魂被狠狠地抛出。穆圣☪接着读道《谁举伴安拉，他就会像由天上掉下，而被群鸟叼走，或是被风把他扫荡到遥远的地方。》（22：31）接着他的灵魂被召回体内，两个天使坐到他旁边问："你的养主是谁？"他回答："啊！啊！我不知道。"问："你的宗教是什么？"答："啊！啊！我不知道。"问："你们中谁被派为先知？"答："啊！啊！我不知道。"这时，天上有声音晓谕："他在撒谎，你们带他去火狱，打开火狱之门。"他就遭到火狱的罪刑，坟墓开始变窄，直至肋骨交错了。

一个面目狰狞，衣着丑陋，气味浊臭的人到来说："你以难堪的结局而'乐'吧！这是曾给你许诺的日子。"亡者问："你是谁？你丑恶的面容带来了不幸。"来者答："我就是你丑恶的工作。"亡者说："我的主啊！别让末日到来吧！"[1]

安拉的使者☪说："仆人被埋进坟墓中，其亲人们离去时，他会听到众人离去的脚步声。这时会来两位天使，他俩让他坐起后，问他：'你对此人[2]有何看法？'如果该亡者是穆民，他会说：'我作证他是安拉的仆人和使者。'这时，他听到有声音对他说：'你看看你在火狱中的位置吧，安拉已将此位置换到了乐园里。'"穆圣☪说："这时，亡人会看到他在火狱中的位置和乐园中的位置。"格塔德说："据说，这位亡人的坟墓要被加长加宽七十腕尺。他的墓中还会充满光明，直至末日来临。"[3]

安拉的使者☪说："当亡人被放进坟墓后，会有两个黑蓝色的天使来到他跟前，其中一位名叫孟克勒，另一位叫奈克勒。他们问亡人：'你曾对此人（穆圣☪）是何看法？'亡人回答道：'他是安拉的仆人和使者。我作证应受拜者，惟有安拉。'两位天使说：'我们知道你会这样说。'然后亡人的坟墓将被加宽七十腕尺，其中会充满光明。天使对他说：'请睡吧！'他说：'让我回去给家人通个信吧！'两天使对他说：'你就像新郎那样睡一觉吧！直到你最爱的人到来后，安拉从你的睡眠之处复活你。'如果亡人是个伪信士，他会说：'我听人们如此如此说，所以我也跟着说他们说的。但我自己并不明白其意义。'两天使说：'我们知道你会这样说。'这时有声音对大地说：'你合拢吧！'大地就开始合拢，直至亡人的肋骨交错到一起。此亡人将一直遭受惩罚，直至安拉从这个位置复生他。"[4]

艾布·胡莱赖传述，安拉的使者☪曾诵读了："**安拉将以坚定的话在今世与后世使那些归信的人坚定**"，然后说："经文讲述的是坟墓中的情况，那时，坟墓中的人将受到审问：'你的养主是谁？你的宗教是什么？你的先知是谁？'他会回答：'我的养主是安拉，我的宗教是伊斯兰，我的先知是穆罕默德，他从安拉那里给我们带来了许多明证，所以我们归信他，为他作证。'这时有声音说：'你说得对，你曾活于这种信念，死于这种信念，被复生时，你依然具备这种信念。'"[5]

穆圣☪说："以掌管我生命的安拉发誓，（坟墓中的）亡人一定会听到你们离去时的脚步声。如果亡人是穆民，礼拜就在他的头跟前，天课就在他的右边，斋戒就在他的左边，行善干好在他的两脚跟前。（审问的天使）从他的头部接近他时，礼拜说：'我这里无路可进。'从他的右边接近他时，天课说：'我这里无路可进。'从他的左边接近他时，斋戒说：'我这里无路可进。'从他的两脚方向接近他时，行善干好说：'我这里也无路可进。'这时有声音对亡人说：'你坐起来吧！'他便坐起来。此时，太阳呈现出西落的样子。有声音说：'请回答我们的问题。'亡人说：'请让我先礼拜

---

（1）《艾哈麦德按序圣训集》4：287；《艾布·达乌德圣训集》3：546；《圣训大集》4：78；《伊本·马哲圣训集》1：494。

（2）指穆圣☪。——译者注

（3）《蒙台何卜》11：78；《穆斯林圣训实录》2870；《圣训大集》4：97。

（4）《提尔密济圣训集》1071。

（5）《泰伯里经注》16：596。

吧！'有声音说：'你会的，不过你先回答我们的问题。'他问：'你们打算问我什么？'有声音说：'请你告诉我们这个人的情况，他曾在你们当中，你对他有何看法？你为他作什么证词？'亡人说：'是穆罕默德吗？'有声音说：'是的。'亡人说：'我作证他是安拉的使者，他给我们带来了明证，后来我们相信了他。'有声音对他说：'你曾生于此（证词），死于此，如果安拉意欲，并将被复生于此。'他的坟墓遂被加宽七十腕尺，并被即刻照亮。乐园的门被打开了，有声音说：'请你看看安拉为你准备的吧！'以便让他更加欢乐和愉快。他的灵魂将在纯洁后，被放到一只绿色鸟的嗉囊中，停留在乐园的一棵树上。亡者的身体被恢复到当初用泥土造他时的状况。这就是安拉所说的："**'安拉将以坚定的话在今世与后世使那些归信的人坚定'**。"(1) 伊本·罕巴尼还在这段圣训中提到安拉对隐昧者的惩罚。(2)

塔吾斯说，今世中使人坚定的"话"指清真言（应受拜者，惟有安拉）。后世中使人坚定的"话"指坟墓中圆满地回答天使的提问。(3)

格塔德说："安拉在今世中以仆人的善功和良好行为使其坚定，后世中以坟墓中的安宁使其坚定。"(4) 前辈学者持此观点者甚多。(5)

**28.你没有看到那些人吗？他们将安拉的恩典换成了隐昧，并使自己的民族陷入毁灭之境。**
**29.他们将进入火狱，那居所真恶劣！**
**30.他们为安拉设置许多敌对者，以便误导人们脱离正道。你说："你们享受吧！你们的归宿是火狱。"**

## 忘恩负义者的归宿是火狱

布哈里说，经文中的"你没有看到"指你不知道吗？正如安拉所言：**难道你不知道？**（105：1）又**难道你不曾看到那些成千上万因为怕死而走出家园的人吗？**（2：243）

"**毁灭之境**"，指死亡、灭亡的地方。如下经文所述：**被毁灭的群体。**（48：12）伊本·阿拔斯说，经文中的忘恩负义者指的是麦加的隐昧者。(6) 阿里说："他们是白德尔之役中的古莱什隐昧者。"(7) 他说："古莱什多神教徒们对安拉的恩典——正信视而不见，却选择了忘恩负义，并使自己的亲人陷入毁灭之境。"

其实，这节经文指的是所有隐昧者。因为安拉派来的穆罕默德先知，是对全人类的慈悯和恩典，所以谁接受了穆圣㊚，谁就感谢了安拉，他将进入乐园。谁拒绝了穆圣㊚，谁就否认了这一恩典，他要进入火狱。

"**他们为安拉设置许多敌对者，以便误导人们脱离正道**"，即这些多神教徒为安拉设立了许多"伙伴"，并对它（他）们顶礼膜拜，同时还号召其他人也接受他们的错误信仰。

安拉通过穆圣㊚警告他们说："**你们享受吧！你们的归宿是火狱**"，即你们可以在今世中胡作非为，穷奢极欲，但你们最终不能逃脱后世的归宿。如：**我赐给他们片刻的享受，然后我将迫使他们去受重刑。**（31：24）又**（那是）今世的享受。然后他们的归宿在我这里。然后，我将因他们曾经隐昧使他们尝试严峻的惩罚。**（10：70）

**31.你告诉我的有正信的众仆，叫他们谨守拜功，并在那既无交易也无友谊的日子来到以前，公开地或秘密地花费我赐给他们的恩赐。**

## 安拉命令信士们礼拜并花费他赐给他们的恩典

安拉命令仆人对他履行义务，服从他，并善待他的被造物。要求他们谨守拜功——崇拜独一无偶的安拉，花费安拉赐给他们的恩典——交纳天课，周济亲属，善待他人。仆人履行拜功时，应该严格遵守礼拜要求。花费财产时，可以秘密花费，也可以公开花费。他们应该积极去履行安拉的这些命令，以便使自身脱离火狱的刑罚。

"**既无交易也无友谊的日子**"指末日。那日安拉不接受任何赎金。正如安拉所言：**今天，你们和那些否认者的赎金不被接受。**（57：15）伊本·哲利尔说，审判日没有裙带关系，每个人都会为自己的行为付出公正的代价。(8)

格塔德说，今世中存在各种交易和友情关系，人们交朋结友的背后总存在一定的原因，如果这种友情是因为安拉而建立的，那就要保持；如果建立于其他方面，则要断绝。(9)

笔者认为，经文的意义是：在后世中交易和赎金对人没有益处，一个人即便带来充满大地的黄

---

（1）《泰伯里经注》16：596。
（2）《伊本·罕巴尼圣训实录》5：45。
（3）《阿卜杜·兰扎格经注》2：342。
（4）《泰伯里经注》16：602。
（5）《泰伯里经注》16：602。
（6）《布哈里圣训实录诠释——造物主的启迪》8：229。
（7）《泰伯里经注》17：6。
（8）《泰伯里经注》17：12。
（9）《泰伯里经注》17：12。

金——假设他拥有这么多黄金——为自己换取自由，也不会被安拉所接受。一个以隐昧者的身份见到安拉的人，任何人对他的说情或友谊，都对他没有益处。正如安拉所言：❰ 你们要防备这样一天，没有人能够有助于其他的人。其中赎金将不被接受，求情也将无益，他们也不被帮助。❱（2：123）又❰ 有正信的人们啊！在没有买卖、没有友情和没有说情的日子来到以前，你们当花费我赐给你们的财富。隐昧的人是不义的。❱（2：254）

❰ 32.是安拉造化了诸天与大地，并从天空降下雨水，以它产生出果实供养你们。是他为你们制服船舶，以便它奉他的命令而航行于大海。他也曾为你们制服河流，❱

❰ 33.他为你们制服日月，让它们不停地运行。他为你们制服昼夜。❱

❰ 34.他把你们向他要求的一切赐给你们。倘若你们要统计安拉的恩典，你们一定无法统计。人确实是不义的、忘恩的。❱

### 阐述安拉的几种恩典

安拉在此举例说明他对人类的一些恩典：他为他们创造了亭子般的坚固的诸天；创造了地毯般的大地，并从云中降雨，从而生长出五彩缤纷、形态各异、滋味不同、气味多样、各具效益的果实、庄稼等植物；他制服了船舶，使它们奉他的命令，在大海中乘风破浪；他制服海洋，让人类在上面邀游世界，进行全球贸易；他制服了江河，从而养育两岸的居民，给他们的农业、牧业带来各种生机。安拉的宏恩数不胜数。

"他为你们制服日月，让它们不停地运行"，即安拉让日月永不停息地、准确地运行。正如安拉所言：❰ 太阳不能越过月亮，黑夜也不能赶上白昼。一切都在轨道上浮行。❱（36：40）又❰ 他使昼夜交替遮盖，迅速循环追踪。他使太阳、月亮和星星都成为服从于他的命令的。一切造化和命令都属于他。安拉——众世界的主宰真多福啊！❱（7：54）太阳和月亮循环往复，白天和黑夜相互交替，有时昼长夜短，有时夜长昼短。如：❰ 他使黑夜进入白昼，也使白昼进入黑夜。❱（35：13）又❰ 他以真理造化诸天与大地，他使昼夜循环，使日月服从，一切都行至一个规定的时期。真的，他是优胜的，至赦的。❱（39：5）

"他把你们向他要求的一切赐给你们。"安拉因时制宜、因地制宜、每时每刻供给你们所需求的一切。

"倘若你们要统计安拉的恩典，你们一定无法统计。"安拉说，仆人无法统计他的恩典，更谈不上恰如其分地感谢他的恩典。安拉的使者㊗说："我的主啊！一切赞美，统归于你。你的恩典用之不竭，你的恩典不会中断。我们的养主啊！人类只能依靠你。"[1]

据传述，达乌德先知曾说："我的主啊！我对你的感谢本身就是你赐我的恩典，我又如何去感谢你呢？"安拉说："达乌德啊！现在你正在感谢我。"意思是承认自己在感谢安拉时无能为力，则是对安拉的感谢。

❰ 35.当时，伊布拉欣祈求道："我的主啊！求你使这个城（麦加）平安，并让我和我的子孙远离偶像崇拜。❱

❰ 36.我的主啊！它们（偶像）确已使许多人迷误了。谁追随我，他就是属于我的，而违抗我的人（归你判决），你确实是至赦的、至慈的。"❱

---

[1]《布哈里圣训实录诠释——造物主的启迪》9：493。

## 伊布拉欣让伊斯玛仪居住麦加时所念的祷词

安拉在此驳斥阿拉伯多神教徒，告诉他们世界上最早的房子——天房克尔白被建设的第一天，就植根于崇拜独一无偶的安拉的基础之上。安拉还说，这座城市的创建者伊布拉欣只崇拜安拉，他和一切偶像没有任何关系。他曾祈求安拉使天房成为安宁之地。他说："**我的主啊！求你使这个城（麦加）平安。**"安拉应答了他的请求，说：《**他们没看到吗？我已设置平安的禁地。**》（29：67）又《**为世人设置的第一座房，确实是在班克吉庆的、引导世人的房。其中有明显的一些迹象和伊布拉欣的立足处。凡是进入其中的人，都会获得平安。**》（3：96-97）本章经文则说："**我的主啊！求你使这个城（麦加）平安。**"伊布拉欣认识到安拉已经应允了他的祈祷，因此他在天房竣工后就如此祈祷安拉。因此，他说：《**赞美安拉，他在我老迈之年赐予我伊斯玛仪和易司哈格。**》（14：39）众所周知，伊斯玛仪比易司哈格大十三岁。他的父亲带他和他的母亲去麦加时，他当时还是个吃奶的小孩。所以伊布拉欣说："**我的主啊！求你使这个城（麦加）平安**"我们在注解《黄牛章》时，已经详尽讲述那段历史。

"**并让我和我的子孙远离偶像崇拜。**"每个人都应该为自己、父母以及子孙而做好杜啊。然后伊布拉欣指出，陷入偶像崇拜泥潭的人实在为数不少。他宣布和多神教徒没有任何关系。同时，他将他们的事情交付了安拉：安拉可根据自己的意欲，惩罚他们或恕饶他们。正如尔撒先知说：《**如果你要惩罚他们，那么，他们是你的仆人；如果你恕饶他们，只有你确实是全能的，明哲的。**》（5：118）经文指出，一切事情必须取决于安拉的意欲。

安拉的使者㊣曾读了伊布拉欣的话"**我的主啊！它们（偶像）确已使许多人迷误了**"和尔撒先知的话《**如果你要惩罚他们，那么，他们是你的仆人。**》（5：118）然后举起手说："主啊！请恕饶我的民族！主啊！请恕饶我的民族！主啊！请恕饶我的民族！"然后哭了。清高伟大的安拉说："吉卜勒伊里啊！你去穆罕默德那里，问他为什么哭泣？"——其实安拉深知一切——吉卜勒伊里到来后，穆圣㊣向他说明了情况。后来，安拉再次派来吉卜勒伊里，让他告诉穆圣㊣："我将让你从你的民族身上看到满意的结局。我不会为难你。"[1]

《**37."我们的主啊！我已使我的一些后人居住在你尊严的天房附近没有庄稼的山谷中。我们的主啊！以便他们能坚持礼拜，从而使人类中部分人的**》

心能倾向他们，求你供给他们果实，以便他们能感。"》

根据经文的脉络可知，这是伊布拉欣的另一次祈祷。上一次祈祷[2]是在告别妻子时所作的，是在建筑天房之前，这一次则在建筑天房之后。他在天房竣工之后作此祈祷，以表示对安拉的真诚和渴望。因此说："**你尊严的天房附近。**"

伊本·哲利尔说，经文的意思是：安拉使该地成为有尊严的（禁地），以便其居民能够坚持拜功。

"**从而使人类中部分人的心能倾向他们。**"经文没有说"人类的心"，以便强调天房是顺从安拉的人——穆斯林的中心，而不是犹太人、基督教徒以及罗马和波斯的多神教徒等鱼龙混杂之地。[3]

"**求你供给他们果实**"，以便他们专心拜主，而不为生活过分奔波，因为麦加是寸草不生之地。主啊！求你要给其居民恩赐各种果实。安拉确已应允了伊布拉欣的祈求。正如安拉所言：《**难道我不曾为他们建立一个平安的禁地，各种果实被送到那里作为来自我的供应吗？但是他们大多不知道。**》（28：57）这些都说明安拉的仁慈、怜悯和宽恕。从此，安拉使四面八方的果实运到麦加这座不毛之地。安拉确已接受了伊布拉欣的祈求。

《**38."我们的主啊！你确实知道我们所隐瞒的和公开的。诸天或大地中没有事物能瞒得过安拉。**》
《**39.赞美安拉，他在我老迈之年赐予我伊斯玛仪和易司哈格。我的主确实是听见祈祷的主！**》
《**40.我的主啊！求你使我和我的部分子孙成为谨守拜功的人吧！我们的主啊！求你接受我的祈祷吧！**》
《**41.我们的主啊！求你在清算日到来的那一天恕饶我、我的父母和信士们吧。"**》

伊本·哲利尔说，安拉在这节经文中叙述他的朋友伊布拉欣的故事。伊布拉欣说："**我们的主啊！你确实知道我们所隐瞒的和公开的**"，即你知道我的祈祷的真正用意，你知道我为这座城的居民所要求的是什么。我的目的只是为了得到你的喜悦，并虔诚侍奉你。你知道万物及其表象和内在，天地中的任何事物都不能隐瞒你。然后伊布拉欣感赞安拉，使他晚年得子："**赞美安拉，他在我老迈**

---

（1）《穆斯林圣训实录》1：191。
（2）《布哈里圣训实录》3364节经文说，伊布拉欣第一次到麦加，把妻子和襁褓中的伊斯玛仪留在那里时念了这个祷词。
（3）《泰伯里经注》17：25、26。

之年赐予我伊斯玛仪和易司哈格。我的主确实是听见祈祷的主！"即我的主能应答祈求者的祈求，他应答我的祈求，赐给我孩子。

然后伊布拉欣说："我的主啊！求你使我和我的部分子孙成为谨守拜功的人吧！"即你让我和我的子孙们坚持拜功，并让我们恪守礼拜要求。

"我们的主啊！求你接受我的祈祷吧！"即应答我的一切祈求吧！

"我们的主啊！求你在清算日到来的那一天恕饶我、我的父母和信士们吧。"这是伊布拉欣明显地从他的父亲身上看到他对安拉的敌对情绪之前所做的祈祷，即我们的安拉啊！请在你清算你的众仆，论功奖罚之日，恕饶所有信士吧！

❦ 42.你一定不要以为安拉是忽视不义者的行为的。他只宽限他们到瞪眼的那一天。❧

❦ 43.他们仰着头向前跑，他们的眼睛一动也不动，他们的心是空虚的。❧

## 安拉对隐昧者的宽容并不说明安拉对其行为是疏忽的

清高伟大的安拉说，穆罕默德啊！当你看到不义者们为非作歹，并逍遥自在的时候，你一定不要认为安拉疏忽了他们的行为，更不要认为他们的行为不会遭受报应。事实上，他们的行为在安拉那里历历在目，一件也不会被疏忽。

"他只宽限他们到瞪眼的那一天"，即他们将因对末日的恐惧而目瞪口呆。然后安拉讲述了他们从坟中站起来的情形和他们奔向集合之地的样子。

"向前跑"，如❦ 匆匆奔向传召者。❧（54：8）又如：❦ 那天，他们将跟随召唤者，百依百顺……所有的面容都恭顺于永生的、自足的安拉。❧（20：108-111）又❦ 那天，他们将从坟墓中迅速出来……❧（70：43）

伊本·阿拔斯说"مقنعين"指"抬着头。"[1]

"他们的眼睛一动也不动"，即他们因为见到惩罚而万分恐惧，因而目光呆滞，注视前方，不眨眼睛。祈求安拉让我们远离这种遭遇。

因此说："他们的心是空虚的。"他们因为极度的恐惧而心中空空如也。

格塔德和朱麻尔说，他们的内心是空虚的，他们的心因为极度的惊恐而提到了喉咙跟前。[2]

然后安拉对使者穆罕默德说：

---
（1）《泰伯里经注》17：31、32。
（2）《泰伯里经注》17：34。

❦ 44.你当警告世人，那一天惩罚会降临他们，（那时）不义的人们会说："我们的主啊！求你宽延我们一个短暂的期限吧，我们一定会响应你的呼唤，并追随众使者！""难道你们在这以前不曾发誓（说），你们将永垂不朽吗？❧

❦ 45.你们住在亏负了自己的那些人的地方。你已清楚我如何对待他们。我也为你们举出了许多例子。"❧

❦ 46.他们确实策划了他们的阴谋。安拉那里，有他们的阴谋（的还报）。他们的阴谋几乎移动山岳。❧

## 惩罚的期限来临时刻不容缓

清高伟大的安拉在此讲述自亏者在见到惩罚时所说的话："我们的主啊！求你宽延我们一个短暂的期限吧，我们一定会响应你的呼唤，并追随众使者！"正如安拉所言：❦ 直到死亡降临到他们当中的一人时，他才说：'我的主啊！求你使我回去吧。❧（23：99）又❦ 有正信的人们啊！不要让你们的财富和子嗣使你们贻误了对安拉的记念。❧（63：9）安拉形容不义者在集合之地的情况，说：

❴ 如果你能看见那些有罪的人在他们的主跟前垂下他们的头……❵（32：12）❴ 如果你能够看到他们站在火上的时候，他们会说："但愿我们能被放回去，我们绝不再否认我们主的迹象，我们一定成为信士。"❵（6：27）❴ 他们将在其中大声求救……❵（35：37）

安拉驳斥他们说："**难道你们在这以前不曾发誓（说），你们将永垂不朽吗？**"难道遭到今日境遇之前你们不是在发誓吗？你们当时说你们会永享恩泽，不会遭到报应和后世的归宿。所以你们今天尝尝这酷刑吧！

穆佳黑德解释"**你们将永垂不朽**"时说："（你们曾发誓说）你们不会离开今世并来到后世。"[1] 正如安拉所言：❴ 他们指安拉起最重的誓言，说道："安拉不会使死者复活。"❵（16：38）

"**你们住在亏负了自己的那些人的地方。你们已清楚我如何对待他们。我也为你们举出了许多例子**"，即你们见到并听到了我怎么处置以前否认安拉的民族，但你们并没有引以为鉴。❴（其中有）深刻的哲理，但警告确将无益（于他们）。❵（54：5）

阿里（愿主喜悦之）解释这节经文时说："和伊布拉欣就他的养主而发生争论的那个国王曾养有两只兀鹰，他把每只兀鹰的一支脚钉在一个木箱上，饿它们数日后他和另一人坐进箱中。那人在一支木棍上挑着一块肉。兀鹰见状，企图吃肉，便飞起来。他问那人：'你看到了什么？'那人遂讲了他所见的情况，以至最后说：'我看整个今世就像一只苍蝇。'国王说：'请把棍子靠近鹰。'他把棍子放到鹰跟前后，它俩就降了下来。这就是安拉所说：'**安拉那里，有他们的阴谋（的还报）。他们的阴谋几乎移动山岳。**'"[2]

穆佳黑德也记述了这则故事："当国王（因为太远）看不到大地和大地上的人时，有声音呼吁他：'逆徒！你想干什么？'他听到头顶发出声音，心中甚是害怕，于是将长矛（木棍）靠近兀鹰。兀鹰便振翅疾飞，群山都因此感到惊恐，几乎移动。这就是安拉所说：'**安拉那里，有他们的阴谋（的还报）。他们的阴谋几乎移动山岳。**'"[3] 伊本·朱莱杰说，穆佳黑德将这节经文读为："山岳必定因之而移动。"

伊本·阿拔斯、哈桑·巴士里等人则说："经文的意思是：他们的诡计不可能使山岳移动。"伊本·哲利尔解释说，这些犯罪者的罪行——以物配主、否认安拉，对山岳和其他事物造不成丝毫危害，他们只会自食其果。

笔者认为，按这种解释来说，这节经文与下列经文有相似之处：❴ 你也不要在大地上傲慢横行。你不能踏穿大地，也不能与山岳齐高。❵（17：37）

按另一种观点，经文中的"**阴谋**"可能指"以物配主"，如是这样，这节经文和下列经文有相似之处：❴ 因此，天几乎破，地几乎崩，山几乎塌。❵（19：90）[4] 这是端哈克和格塔德的见解。[5]

❴ 47.你一定不要以为安拉会对他的使者们爽约。安拉是优胜的主，掌管报应的主。❵

❴ 48.当大地与诸天行将变成另一个大地与诸天的那天，他们（所有被造物）将出现在独一的、强大的安拉跟前。❵

## 安拉不会爽约

清高伟大的安拉强调他的约言，说："**你一定不要以为安拉会对他的使者们爽约。**"安拉的约言是：在今世和后世襄助众使者。

然后，清高伟大的安拉说，他是强大的，其意志是不可抗拒的。他也是掌管报应的，他将惩罚否认他的人。❴ 那天，否认者们真倒霉啊！❵（77：15）

因此说，"**当大地与诸天行将变成另一个大地与诸天的那天**"，安拉的这一约言将在后世实践。那时，天地将以我们所不知道的一种方式出现。安拉的使者㊗说："末日，人类将被复生到一块就像烧饼一样的灰白色平地上，任何人在其中都没有（特殊）标志。"[6]

阿伊莎（愿主喜悦之）说："我是第一个向使者请教下列经文的人：'**当大地与诸天行将变成另一个大地与诸天的那天**'，我问安拉的使者，那时人们都在何地？使者说：'在天桥上。'"[7]

安拉的使者㊗的仆人扫巴尼说，有一次他正站在安拉的使者㊗跟前，来了一个犹太教学者，他说："穆罕默德啊！安赛俩目，阿莱困目（安拉的平安在你上）。"我便上前推了那人一把，差点把

---

(1)《泰伯里经注》17：36。
(2)《泰伯里经注》17：39。
(3)《泰伯里经注》17：39。
(4)《泰伯里经注》17：41。
(5)《泰伯里经注》17：41。
(6)《布哈里圣训实录诠释——造物主的启迪》11：379；《穆斯林圣训实录》4：2150。
(7)《艾哈麦德按序圣训集》6：35；《穆斯林圣训实录》4：2150；《提尔密济圣训全集诠释》8：548；《伊本·马哲圣训集》2：1430。

他推倒。他问："你为什么推我？"我说："你怎么不说'安拉的使者'？"犹太人说："我们以他的家人称呼他的名字称呼他。"安拉的使者说："我的家人叫我穆罕默德。"犹太人说："我是来向你讨教的。"使者说："就算我回答了你，对你有何益处呢？"犹太人说："我想亲自听听你的话。"使者用他身边的一支小木棍击了一下地，说道："问吧。"犹太人问："天地被换成其他的天地之日，人们都在哪里？"使者说："在天桥跟前的黑暗中。"犹太人问："谁将首先过桥？"使者说："为主道迁徙的穷人们。"犹太人问："他们的点心是什么？"使者说："是鱼肝油。"犹太人问："此后，他们的营养品是什么？"使者回答："他们享受乐园中的各种恩典之余，（天使们）将为他们在其中宰一只乐园的牛。"犹太人问："他们在乐园中的饮料是什么？"使者回答："是一口名叫赛里赛毕里的泉水。"犹太人说："你说得对。我向你问的这几个问题，只有先知或一两个常人知道。"使者问："我虽然回答了你，但对你又有何用途呢？"犹太人回答："我只想亲自听听。"犹太人说："我还想向你问问（妇女）生育的事情。"使者回答说："男人的精液是白的，女人的卵子是黄的。如果这两种精水混合到一起，男人的精水超过了女人的卵子，那么，凭安拉的允许，夫妻俩可能生男孩。如果这两种精水混合到一起后，女人的卵子超过了男人的精水，那么，凭安拉的允许，夫妻俩可能生女孩。"犹太人说："你说得对。你确实是一位先知。"说完他就走了。安拉的使者说："如果没有得到安拉的启示，我无法知道此人所提的问题。"[1]

"他们（所有被造物）将出现在独一的、强大的安拉跟前"，即万物都会从他们的坟墓中出来，恭恭敬敬、诚惶诚恐地站在独一的、制服万物的安拉面前。

⟪ 49.你将在那一天看到有罪的人们被绑在一起。⟫

⟪ 50.他们的衣服是柏油制成的，他们的脸被烈火覆盖。⟫

⟪ 51.以便安拉按照各人的行为施以还报。安拉确实是清算迅速的。⟫

### 犯罪者在后世的情况

清高伟大的安拉说："当大地与诸天行将变成另一个大地与诸天的那天"，万物都站在安拉的面前接受清算时，穆罕默德啊！你将会看到那些曾经否认安拉、为非作歹的人们"被绑在一起"，犯有相同罪恶的人都被一个一个地绑在一起，"物以类聚，人以群分"。正如另一段经文所说：⟪你们把犯罪的人跟他们的伙伴们以及他们所崇拜的一起带来。⟫（37：22）⟪当生灵被配合时。⟫（81：7）又⟪当被锁在一起的他们，被扔进其中一个狭隘的地方时，他们在那里祈求毁灭！⟫（25：13）又⟪我也为他驯服了能建筑和潜水的魔鬼。和其他用桎梏链在一起的。⟫（38：37-38）[2]

"他们的衣服是柏油制成的。""柏油"指阿拉伯人在骆驼身上涂抹的一种油料。格塔德说："它是一种易燃品。"

伊本·阿拔斯说，"قطران"（柏油）指达到最高温度后熔化的铜。[3]

"他们的脸被烈火覆盖。"如⟪火将烧他们的脸，他们将在其中愁眉不展。⟫（23：104）安拉的使者说："我的民族还没有放弃四种蒙昧主义行为，它们是：因为门第而自豪；对他人血缘关系的诽谤；通过星星祈雨；死人后号哭。号哭的女人若在死之前没有向安拉忏悔，末日，他将披着柏油的衣服和疥疮'盔甲'而复活。"[4]

"以便安拉按照各人的行为施以还报。"经文指末日的情况。这节经文如下列经文：⟪并以善果还报行善的人。⟫（53：31）

"安拉确实是清算迅速的。"因为安拉彻知万物，任何事物都不能隐瞒安拉。在大能的安拉看来，计算万物和计算一物是一样的。安拉说：⟪造化和复活你们，就和（造化和复活）一个人一样。⟫（31：28）

⟪ 52.这（《古兰》）是一项对人类的深刻解释，以便他们由此得到警告，以便他们知道他是惟一的受拜者，以便有心的人们觉悟。⟫

清高伟大的安拉说，这部《古兰》是对人类深刻的解释。正如《古兰》说：⟪以便我警告你们和一切它所到达的人。⟫（6：19）即这部《古兰》是对全人类和精灵的深刻宣言。又如《寝室章》开头经文：⟪艾立甫，俩目，拉仪。（这是）一部我所降给你的经典，以便你凭他们主的允许，将人类从重重黑暗引入光明。⟫（14：1）

"以便他们由此得到警告"，即以便他们引以

---

(1)《穆斯林圣训实录》315。
(2)《泰伯里经注》17：53、54。
(3)《泰伯里经注》17：55、56。
(4)《艾哈麦德按序圣训集》5：342；《穆斯林圣训实录》2：644。

为鉴。

"**以便他们知道他是惟一的受拜者**",即以便他们依《古兰》中的证据证明应受拜者,惟有安拉。

"**以便有心的人们觉悟。**" "心"也指理智。

《伊布拉欣章》注释完。一切赞美,全归养育众世界的安拉。

## 《石谷章》注释　麦加章

奉普慈特慈的安拉之尊名

◈ 1.艾立甫、俩目、拉仪。这是经典的节文,是明白的《古兰》。◈

◈ 2.不归信的人们多么希望他们原来是穆斯林啊!◈

◈ 3.让他们去吃喝和享受吧,让幻想去诱惑他们吧,他们不久就会知道。◈

### 隐昧者将会希望自己成为穆斯林

前文已经论述了出现在各章节开头的单独字母。

"**不归信的人们多么希望他们原来是穆斯林啊**",即他们因为曾经否认安拉而感到后悔,梦想每当在今世时,是一名穆斯林。

阿卜杜拉说:"经文讲的是火狱的永久居民看到火狱中的穆斯林刑满出狱时的情况。"[1]

伊本·阿拔斯注释这节经文说:"在末日,安拉将把一些犯罪的穆民和多神教徒一起关在火狱。多神教徒对穆民们说:'你们虽然在今世中崇拜安拉,但那对你们有何好处呢?'因此,安拉让穆民扬眉吐气,恩准他们出狱。"[2]

"**让他们去吃喝和享受吧**",这是对他们严厉的警告。如另一节经文所述:◈ 你说:"你们享受吧!你们的归宿是火狱。"◈(14:30)又◈ 你们吃吧,并享受片刻吧,你们确实是有罪人。◈(77:46)因此说,"**让幻想去诱惑他们吧**",从

而让他们失去了忏悔和回归安拉的机会。

"**他们不久就会知道**",自己会落得什么下场。

◈ 4.我若毁灭一个城镇,仅会在其明确的期限。◈

◈ 5.没有任何民族能超越其期限,也不能延缓。◈

### 每个民族都有一个明确的期限

清高伟大的安拉说,他不会毁灭任何一个城镇,若要毁灭,必须首先为其树立明证(讲明真理),并等到他为该民族所预定的期限。这一期限,一刻也不能提前,一刻也不能延缓。

经文在此警告麦加居民,并要求他们彻底放弃以物配主和放荡不羁,否则,他们会遭受灭顶之灾。

◈ 6.他们说:"被赐给教诲的人啊!你确实是

---
(1)《泰伯里经注》17:62。
(2)《泰伯里经注》17:62。

⟨7. 如果你是诚实的，为什么你不为我们召来天使？"⟩

⟨8. 我只凭真理派天使下降，那时他们就不被姑容了。⟩

⟨9. 我确已降下教诲，我确实是它的保护者。⟩

### 多神教徒诽谤先知是疯子，并要求先知让天使下降到他们中间，以及安拉对他们的驳斥

多神教徒们在否认、顽固方面达到无以复加的程度，他们傲慢地说："**被赐给教诲的人啊！**"即声称受到了启示的人啊！

"**你确实是个疯子！**"因为你居然号召我们跟随你，而放弃我们祖先的遗教。

"**如果你是诚实的，为什么你不为我们召来天使？**"即如果你不是在撒谎，你就让天使们降到我们中间，来证实你所说的话。正如安拉所言：⟨为什么他不被赐予金手镯，或是为什么没有天使同他一道降临呢？"⟩（43：53）又⟨那些不希望会见我的人说："为什么不派天使降临我们，或是我们能见到我们的主吗？"他们的确妄自尊大，而且傲慢无理。当他们看到众天使的那一天，对犯罪者们没有好消息。他们（天使们）将会说："被严禁的。"⟩（25：21—22）本章经文则说："**我只凭真理派天使下降，那时他们就不被姑容了。**"穆佳黑德解释说："我派天使只带来使命或惩罚。"[1]

然后清高伟大的安拉说，他降示了教诲——《古兰》，并且永远保护着它，不会使它遭受任何篡改。

⟨10. 我的确在你以前的古代各宗族中派遣了使者。⟩

⟨11. 每当一位使者到达他们，他们就会嘲笑他。⟩

⟨12. 就这样，我使它进入犯罪者的心。⟩

⟨13. 他们不归信它，古人的先例已经过去了。⟩

### 安拉的使者们都遭受过多神教徒的嘲讽

穆圣遭到古莱什隐昧者的否认后，安拉安慰他，告诉他安拉在历史上派遣过许多使者，但每位使者都曾遭受过其民族的否认和嘲讽。安拉说，否认真理是那些顽抗的、自以为是的犯罪者一贯的心态。艾奈斯和哈桑·巴士里说，"**我使它进入犯罪者的心**"中的"它"指以物配主。[2]

"**古人的先例已经过去了。**"众所周知，安拉最终要毁灭否认他的众使者的人，并在今世和后世中拯救列位先知和他们的追随者。

⟨14. 假若我为他们从天上开一道门，他们就在其中不断上升。⟩

⟨15. 他们势必说："我们眼花缭乱了，不然，我们是中魔的群体。"⟩

### 顽固的隐昧者无论看到什么迹象，都不会接受正信

那些否认真理、顽抗安拉的人们悖谬至极，安拉描述这一状况说，假若有人为他们从天上开辟了一道门，他们就会在其中不断地上升。即使这样他们也不会相信，他们会说："**我们眼花缭乱了**"。穆佳黑德解释：我们的目光被遮挡了。[3]伊

---
（1）《泰伯里经注》17：68。
（2）《泰伯里经注》17：70。
（3）《泰伯里经注》17：74。

本·阿拔斯解释：我们的目光消失了。奥夫传述，伊本·阿拔斯解释说："我们被迷惑了。"[1] 伊本·栽德解释：那些不思考的人被陶醉了。

❦ 16.我确在天上设置了许多宫座，我为了观看者而美化了它们。❧

❦ 17.我也保护它不受任何被逐的恶魔的侵犯。❧

❦ 18.除非因偷听而被明显的流星所追逐者。❧

❦ 19.大地，我展开它，在其中安置各种稳固之物，并在其中按一定比例生长出各种均衡的东西。❧

❦ 20.我在其中给你们和你们未曾供养的（生物），提供了各种生活资料。❧

### 安拉的大能和天地中安拉的种种迹象

安拉创造了高高的天空，用一些行星和恒星装饰了它。对于那些参悟天地森罗万象的人们，此中确有许多迹象。

穆佳黑德和格塔德说，经文中的"宫座"指天体。笔者认为，这节经文如同下列经文：❦赞安拉多福！他在天空设置一些宫，并在其中安置了明灯和灿烂的月亮。❧（25：61）

阿彤叶·奥夫说，"宫座"指前哨堡垒。安拉用流星保护诸天，以防恶魔入侵，偷听最高的集体（最高的天使群）的谈话。如果恶魔突破了它，并想进一步偷听，一个明显的流星就会把它击毁。也有些恶魔偶尔能听到一句话，并在遭受流星追击之前，将这句话传达给它身后的下一个恶魔，下一个恶魔将这句话带给它的盟友。正如圣训所述。

安拉的使者㊣说："当安拉在天上判决一件事情时，天使们拍打着翅膀，表示服从。好像链条撞击光滑的石头所发出的声音一样。"阿里等学者说，这声音将穿透这光滑石，"直到他们（众天使）心中的恐惧被解除的时候，他们被问道：'你们的主说了什么？'他们说：'真理。他确实是至尊的主，至大的主。'盗听的恶魔听到天使们说的话后，将它传达给另一个盗听者。"苏富扬分开他的右手手指，一个一个地比画着盗听者的传话系统：有些盗听者把话传达到另一个盗听者之前，被追上的流星所击毙；有些则侥幸地将听到的话一层一层地传达到地面上。最后抵达魔术师或占卜师的嘴中，而后者则在其基础上添枝加叶，编出一百个谎言。但有些人还是相信他，他们说，难道他在某年某月没有给我们告诉某某消息吗？后来我们发现

他的话符合上天的安排。[2]

然后安拉讲述了他创造大地的情况。他把大地创造成宽阔而旷达的，并在其中设置许多稳固的山脉、山谷、平地和沙漠。同时在适宜的地区长出各种各样的适合人类享用的果实。

伊本·阿拔斯、伊本·朱拜尔、艾克莱麦、艾布·马立克、穆佳黑德、哈桑·本·穆罕默德、艾布·撒立哈、格塔德说，"并在其中按一定比例生长出各种均衡的东西"中的"均衡的"指众所周知的。[3]

"我在其中给你们和你们未曾供养的（生物），提供了各种生活资料。"清高伟大的安拉说，他在大地上设置了各种各样的谋生方法、生活资料、生产方法。

"你们未曾供养的。"穆佳黑德说，经文指各种牲畜和动物。[4]伊本·哲利尔说："他们是男女奴隶及各种牲畜和动物。"经文的意思是：安拉在此讲他对人类的恩典，让人类知道为了给他们的生活提供便利条件，他为他们制服了许多动物，供他们骑乘、运输、食用。还为他们制服了男女仆人，为他们服务。安拉供养着这些牲畜和仆人，而他们却没有供养它们，尽管他们享受着它们带来的益处。[5]

❦ 21.每一样东西，都在我这里有其仓库。而我只依规定的数量降赐它。❧

❦ 22.我也降下各种湿润的风，然后从天空降下雨水给你们饮用，而你们却不是它的贮藏者。❧

❦ 23.的确，是我赋予生命，也是我赐予死亡。我也是继承者。❧

❦ 24.我确实知道你们当中的先进者，我也知道后继者。❧

❦ 25.你的主必定集中他们。他确实是明哲的、全知的。❧

### 安拉供给万物

清高伟大的安拉说，他管理万物，一些事情对他来说都是容易的，他还供给万物。

"而我只依规定的数量降赐它。"安拉将根据他的意志降下给养。安拉的安排中富有深刻的哲理和对众仆的慈悯。虽然赏赐人类并不是安拉必须履行的义务，但他规定自己慈悯普世。阿卜杜拉说："每一年的降雨量基本上相差不大。安拉将根据他

---

（1）《泰伯里经注》17：75。
（2）《布哈里圣训实录诠释——造物主的启迪》8：231。
（3）《泰伯里经注》17：79、81。
（4）《泰伯里经注》17：82。
（5）《泰伯里经注》17：82。

的意志,将雨水降到各个地区。"他还读道"**而我只依规定的数量降赐它**"。(1)

## 风的益处

"**我也降下各种湿润的风**",即我使风传粉,从云中降下大量雨水,使树木多产,吐出枝叶,长出花儿。经文使用"**各种**"这一表示复数的词,说明它们是惠风,能产生明确的效益。说明它和"没有益处的风"不同,经文在形容这种风时,使用了单数词,因为有益的风只有两三种。

伊本·麦斯欧迪、格塔德、伊本·阿拔斯、伊布拉欣·奈赫伊等学者解释这节经文时说:"安拉派来风,让它驱动带雨的云,云积到一起后,雨水开始饱满并降下,就像怀孕母驼的奶一样流下。"(2)

端哈克说:"安拉派遣风驱使云,当风使云凝聚以后,雨水就饱满了。"(3)

欧拜德·本·欧麦勒说:"安拉派来惠风清扫大地,再派来上升的风,使云升起。然后派来集合者(天使),将云集合到一起。然后派遣嫁接者,给树嫁接。"他还读了这节经文。(4)

## 淡水是安拉降下的恩典

"**然后从天空降下雨水给你们饮用**",即我为你们降下宜于饮用的淡水。如果我意欲,我会降下盐水,正如《大事章》经文所述:**你们可曾看到你们所饮的水吗?是你们由云中降下它,还是我是降下者呢?如果我愿意,我就使它变成苦咸的,而你们为什么不感谢呢?**(56:68-70)又**是他为你们由天空降下雨水,其中有你们的饮料,植物因之而生长,以便你们畜牧。**(16:10)

"**而你们却不是它的贮藏者**",即你们无法保护雨水。我降下它,并为你们将它储存起来,使之成为井水和泉水,部分流淌在地面上,部分储藏在地下。假若我意欲,我就使它一直渗到地下,永远不被人类所利用。但我出于对你们的慈悯,使之成为淡水,将它保存在泉里、井里、河里等等。以便人类一年四季饮用它,并用之蓄养牲畜,灌溉农田。

## 阐明能够初造万物的安拉,也能够复造它们

"**的确,是我赋予生命,也是我赐予死亡。**"经文在此叙述安拉的初造和复造能力。安拉从无到有地创造人类,然后使之死亡,然后在集合之日复生他们。安拉也说过,他将继承大地和大地上的一切,万物都要回归到他那里。

然后经文指出,安拉完全知道每一个人的情况,说:"**我确实知道你们当中的先进者,我也知道后继者。**"伊本·阿拔斯说,"**先进者**"指自从阿丹先知时代起,所有死去的人。"**后继者**"指现在活着的人,以及末日成立前即将出生的人。(5)

奥尼·本·阿卜杜拉和穆罕默德·本·凯尔卜曾经探讨过这节经文的意义,前者说经文指礼拜中站前班的人和站后班的人。后者说:"不,'**先进者**'指死去的人和被杀的人;'**后继者**'指还没有被(安拉)造化的人。"后者接着读道:"**你的主必定集中它们。他确实是明哲的、全知的。**"前者听后说:"安拉已赐你成功。愿安拉报偿你。"(6)

**26. 我的确用来自臭泥的陶土造人。**
**27. 以前,我也曾用毒火的烈焰造化精灵。**

## 安拉造人和造精灵的原料

伊本·阿拔斯、穆佳黑德和格塔德说,经文中的"所里萨里"(صلصال,陶土)指"干土"。(7)这节经文如同下列经文:(他用像做陶器一样的干泥造化人。他用火焰造化精灵。)(55:14-15)穆佳黑德还曾将"所里萨里"解释为"臭泥"。(8)用《古兰》经文解释《古兰》经文,是最好的解释方法。

"**臭泥**",指可以变为干黏土的泥,这种泥是臭的。

"**以前,我也曾用毒火的烈焰造化精灵**"。"以前"指造人之前。

伊本·阿拔斯说,"**毒火**"(سموم,赛目目)指杀人的火。(9)

伊本·麦斯欧迪说:"今世烈焰是安拉造化精灵的无烟之火的七十分之一。"(10)

穆圣㊚说:"天使被造于光明,精灵被造于烈焰,阿丹被造于(经文)为你们所叙述的物质。"(11)

经文通过描述人的起源,阐明阿丹的尊贵,其种族的良好和血统的纯洁。

---

(1)《泰伯里经注》17:84。
(2)《泰伯里经注》17:86、87、88。
(3)《泰伯里经注》17:88。
(4)《泰伯里经注》17:88。
(5)《泰伯里经注》17:90、91、92。
(6)《泰伯里经注》17:90。
(7)《泰伯里经注》17:96。
(8)《泰伯里经注》17:97。
(9)《泰伯里经注》17:99。
(10)《泰伯里经注》16:21。
(11)《穆斯林圣训实录》4:2294。

⟨ 28.当时，你的主对天使们说："我要用来自臭泥的陶土造人。"⟩

⟨ 29.当我把他造就，并在其中吹入我的鲁哈后，你们当为他俯地叩头。⟩

⟨ 30.天使们都叩头了。⟩

⟨ 31.可是伊卜厉斯却不然，它不愿成为和他们一起的叩头者。⟩

⟨ 32.他说："伊卜厉斯啊！你为什么不随同他们叩头呢？"⟩

⟨ 33.它说："我不会给你用来自臭泥的陶土所造化的人叩头。"⟩

## 安拉创造阿丹，并命令天使为阿丹叩头，伊卜厉斯抗拒安拉的命令

安拉告诉了众天使他将创造阿丹的消息，并命令天使们给阿丹叩头，以此来显示阿丹的尊贵。但在天使们叩头的同时，伊卜厉斯却违抗了安拉的命令，从而暴露了它的嫉妒、顽固和傲慢，同时暴露了它对真理的隐昧。因此它说："**我不会给你用来自臭泥的陶土所造化的人叩头。**"正如安拉所言：⟨ 我比他优越，你用火造化了我，而你却用泥造化了他。⟩（7：12）又 ⟨ 你看看吧，这就是你使他比我光荣的人吗？⟩（17：62）

⟨ 34.他说："那么，你就从这里出去吧，你是被驱逐的。"⟩

⟨ 35.你必遭受诅咒，直至报应日。⟩

⟨ 36.它说："我的主啊！求你宽容我直到他们被复活的那天。"⟩

⟨ 37.他说："你属于被宽容者，⟩

⟨ 38.直到指定的时日。"⟩

## 伊卜厉斯被逐出乐园，它将被宽限至末日来临

安拉对伊卜厉斯发布了无条件的不可抗拒的命令，将它逐出最高群体居住的地方，成为被驱逐者（被诅咒者）。无论在今世还是在后世，它将永远遭受诅咒。

伊本·朱拜尔说："安拉诅咒了伊卜厉斯后，它的形象和天使的形象明显地区别开来。它遂发出一声如钟声般的嚎叫。直到末日，所有的钟声也只能是它的嚎叫的一部分。"

⟨ 39.它说："我的主啊！由于你任我迷误，我一定在大地上为他们粉饰（出一条通往迷误的道路），必定误导他们全体。⟩

⟨ 40.除了他们中你所选择的仆人外。"⟩

⟨ 41.他（主）说："这是归我监护的正道。⟩

⟨ 42.你对我的仆人们无权，除非那些追随你的迷误者。⟩

⟨ 43.火狱的确是他们全体的约定之地。⟩

⟨ 44.它有七个门，每一个门都有被指定的一部分。"⟩

## 伊卜厉斯企图误导世人，安拉警告伊卜厉斯，它将进入火狱

放荡不羁的伊卜厉斯对安拉说："**我的主啊！由于你任我迷误**"，即由于你注定我选择迷误。"**我一定在大地上为他们粉饰（出一条通往迷误的道路）**"，即我诱惑阿丹的子孙，怂恿他们为非作歹，违法乱纪，犯罪成性。

"**必定误导他们全体**"，即既然你注定我选择迷误，我就要让全人类都成为我的同伙。

"**除了他们中你所选择的仆人外。**"正如安拉所言：⟨ 他说："你看看吧，这就是你使他比我光荣的人吗？如果你宽容我到复生日，我一定会使他的子孙毁灭，除了极少数人外。"⟩（17：62）

安拉警告它说："这是归我监护的正道"，即这是一条通向我的道路，你们的归宿都在我这里，我将给你们论功奖罚。正如安拉所言：《你的主的确在预备着。》（89：14）又《安拉负责指引正路。》（16：9）

"你对我的仆人们无权"，即你无法误导我注定的得道者。

"除非那些追随你的迷误者"，即这些人另当别论。伊本·哲利尔说，古代的先知们都有专门的礼拜殿，这些礼拜殿都设在他们民族的城镇之外。当一位先知想向安拉请教问题时，他就去他的礼拜殿，礼安拉为他规定的礼拜，然后提出要求。有位先知在其殿中礼拜的时候，碰到安拉的敌人（伊卜厉斯），它坐到了先知的前面，挡住礼拜朝向。先知遂念道："求安拉保护我不受被驱逐的恶魔的侵扰。"安拉的敌人问："你看到了那恶魔吗？这不就是他吗？"先知继续念道："求安拉保护我不受被驱逐的恶魔的侵扰。"先知先后念了三次求护词。安拉的敌人问："你用什么躲避我的侵袭？"先知说了两次："你先告诉，你用什么方法战胜阿丹的子孙？"他们都坚持要让对方先回答问题。这时先知念了下列经文："你对我的仆人们无权，除非那些追随你的迷误者。"安拉的敌人说："你出生之前我就听过这节经文。"先知又读了下列经文：《如果一个来自恶魔的蛊惑侵扰你，你当求安拉护佑，他确实是全听的主，全知的主。》（7：200）并说："每当我感觉到你来侵袭，我就请求安拉庇佑我。"安拉的敌人说："你说得对，你就用它免于我的侵袭吧。"先知问："你告诉我，你用什么方法战胜人？"恶魔说："每当他们被欲望控制或生气的时候，我就能战胜他们。"(1)

"火狱的确是他们全体的约定之地"，即火狱是一切追随恶魔的人的会见之处。正如安拉所言：《而各宗派中不信它的人们，火狱就是给他们许诺的地方。》（11：17）

## 火狱有七个门

清高伟大的安拉说，火狱有七个门，"每一个门都有被指定的一部分"，即凡跟随伊卜厉斯的人，都会根据他们所犯的不同罪恶，进入安拉专门为他们准备的火狱之门，然后被投进相应的地方。愿安拉护佑我们免进这些地方。先知在讲这段经文时说："在火狱中的人们，有些人被火吞噬到脚踝，有些人被火吞噬到腹部，有些人被火吞噬到锁骨。"根据他们的行为给予不同程度的刑罚。因此

(1)《泰伯里经注》17：105。

说"每一个门都有被指定的一部分"。

《45.的确，敬畏的人将在花园和泉水当中。》
《46."你们平安地、安全地进入它们。"》
《47.我清除了他们心中的积怨，（他们像）兄弟一般相对坐在高椅上。》
《48.他们在那里将不会感到疲劳，他们也不会被驱逐。》
《49.你告诉我的仆人们，我确实是至恕的、至慈的。》
《50.而我的刑罚也是痛苦的。》

## 乐园居民和他们的情况

安拉讲述了火狱居民的情况后，接着开始讲述乐园居民的情况。乐园居民在花园和泉源之中。

"你们平安地、安全地进入它们。" "平安地"指不受任何伤害地，"安全地"指无惧无忧，即你们不用害怕被驱逐，也不用担心乐园的恩典会中断。

"我清除了他们心中的积怨，（他们像）兄弟一般相对坐在高椅上。" 艾布·欧麦麦说："乐园居民进入乐园之前将相互见面。那时，安拉将从他们心中消除他们在今世的所有积怨。"(2)

安拉的使者说："一些穆民脱离火狱之后，将被挡在乐园和火狱之间的一座桥上，为他们在今世的不义行为进行抵偿。他们纯洁无染后，才获准进入乐园。"(3)

"他们在那里将不会感到疲劳"，"疲劳"指困难和伤害。

两圣训实录辑录："安拉命令我（穆罕默德）给赫蒂彻报告一个喜讯：她在乐园中拥有一座饰有宝石的宫殿，其中没有辛苦，没有疲劳。"(4)

"他们也不会被驱逐。" 圣训说："有声音说：'乐园的居民啊！你们将永远健康，不会生病；你们将永远生活，不会死亡；你们将青春永驻，永不老迈；你们将永居其间，不再离去。'"(5)安拉说：《他们永居那里，而不希望发生任何改变。》（18：108）

"你告诉我的仆人们，我确实是至恕的、至慈的。而我的刑罚也是痛苦的"，即穆罕默德啊！你告诉我的仆人们，我是慈爱之主，也是严惩之主。类似的经文很多，都要我们时刻对安拉的慈悯充满

(2)《泰伯里经注》17：107。
(3)《布哈里圣训实录》6535。
(4)《布哈里圣训实录诠释——造物主的启迪》7：166；《穆斯林圣训实录》4：1887。
(5)《穆斯林圣训实录》4：2182。

希望，同时也应当畏惧安拉的惩罚。

❁ 51.你告诉他们有关伊布拉欣的客人们的故事。❁

❁ 52.当他们来到他那里，说了"平安"后，他说："我们确实害怕你们！" ❁

❁ 53.他们说："你不要怕，我们以一个有知识的儿子给你报喜。" ❁

❁ 54.他说："我已这般老迈，你们还给我报这样的喜讯吗？那么，你们会给我什么好消息呢？" ❁

❁ 55.他们说："我们据实地给你报喜讯，因此你不要成为一个绝望者！" ❁

❁ 56.他说："除了迷误者之外，谁会对他主的慈悯绝望呢？" ❁

### 伊布拉欣的客人给他报喜，他将老年得子

清高伟大的安拉说，穆罕默德啊！"你告诉他们有关伊布拉欣的客人们的故事。"这里的"客人"一词，既可表示单数，也可表示复数。

"当他们来到他那里，说了'平安'后，他说：'我们确实害怕你们！'"伊布拉欣拿来烤肥牛招待客人们时，他们无动于衷，所以伊布拉欣感到害怕。"他们说：'你不要怕'。"❁"你不要怕。"他们以一个博学的儿子给他报喜。❁（51：28）正如《呼德章》所述，他们告诉伊布拉欣，他将得一子，名叫易司哈格。

伊布拉欣听后，因为他们老夫老妻能生孩子而感到惊奇，同时为了证实这一消息而问道："我已这般老迈，你们还给我报这样的喜讯吗？那么，你们会给我什么好消息呢？"天使们遂证实了喜讯，并再次给他报喜，说："我们据实地给你报喜讯，因此你不要成为一个绝望者！"

❁ 57.他说："众位使者啊！你们的任务是什么呢？" ❁

❁ 58.他们说："我们被派往一个罪恶的群体。" ❁

❁ 59.但鲁特的家人不包括在内，我们将拯救他们全体。❁

❁ 60.只除他的妻子。我们已规定将她归入那些留在后面的人当中。" ❁

### 众天使到来的原因

当伊布拉欣不再害怕，并听到喜讯后，开始询问众天使到来的原因。天使们回答："我们被派往一个罪恶的群体"，即鲁特的民族。他们还告诉伊布拉欣，他们将毁灭鲁特的民族，并拯救鲁特的家人，但不会拯救鲁特的妻子。因为她是注定要遭受惩罚的人。

"我们已规定将她归入那些留在后面的人当中。""留在后面的人"指其余的被毁灭者。

❁ 61.当使者们到达鲁特的家人那里时，❁

❁ 62.他说："你们是一群陌生人。" ❁

❁ 63.他们说："不，我们带着他们所争论的事来到你这里。❁

❁ 64.我们只凭真理而来到你这里，我们确实是诚实的。" ❁

### 众天使来到鲁特那里

此后，众天使以一群英俊青年的形象，来到鲁特家中。鲁特见到这些不速之客，说道："'你们是一群陌生人。'他们说：'不，我们带着他们所争论的事来到你这里'"，即我们前来惩罚那些怀

疑在自己家中将遭到惩罚和报应的犯罪之人。

"我们只凭真理而来到你这里。"正如安拉所言：《我只凭真理派天使下降……》（15：8）

"我们确实是诚实的。"从而强调他们告诉鲁特的消息——他将被拯救，而他的族人将被毁灭——是正确无误的。

《65.所以，你同你的家人夜间出走吧。你要跟在他们后面，不让你们中的任何人回顾，你们当向着你们被命令的地方前进。"》

《66.我为他判定这事情，那些人将在清晨时被根绝。》

### 天使们要求鲁特在夜晚带领家人出走

清高伟大的安拉说，天使们要求鲁特在深夜带领家人远走他乡，并让鲁特为他们殿后，以便保护他们。穆圣☪也在战役中走在部队后面，鼓励战士们作战，并帮助弱者和落队者。

"不让你们中的任何人回顾"，即你们将听到你们的族人因受到惩罚而叫喊，但你们不要回头去看。就让他们去接受惩处、遭受毁灭吧！

"你们当向着你们被命令的地方前进。"好像有专人给他们作向导。

"我为他判定这事情"，即我早就让他知道了。

"那些人将在清晨时被根绝。"正如安拉所言：《早晨是他们的约期，难道早晨不是很近的吗？》（11：81）

《67.那城中的居民兴高采烈地来了。》

《68.他说："这些人是我的客人，你们不要使我现丑。》

《69.你们要敬畏安拉，莫使我蒙羞。"》

《70.他们说："我们难道不曾禁止你与世人来往吗？"》

《71.他说："这些是我的女儿们，如果你们一定要做些什么的话。"》

《72.以你的寿命发誓，他们的确在癫狂中盲目彷徨。》

### 该城的居民认为天使们是美男子，所以前来调戏

鲁特的民族听说鲁特家中来了几位英俊非凡的青年，便欢天喜地地跑来了。鲁特说："**这些人是我的客人，你们不要使我现丑。你们要敬畏安拉，**

**莫使我蒙羞。**"这是鲁特认识天使的真实身份之前所说的话。正如《呼德章》所述。在该章中，已经讲述了这些使者来到鲁特家中以及鲁特和其族人争论的情节。鲁特的族人说："**我们难道不曾禁止你与世人来往吗？**"他们曾禁止鲁特先知招待任何来客。鲁特先知遂指导他们应当去追求妇女，并和她们过合法的性生活。这一情节前文已述，此处不再赘述。

但鲁特的族人们并没有感到他们将大难临头，难逃天谴。

安拉对穆罕默德先知说："**以你的寿命发誓，他们的确在癫狂中盲目彷徨。**"安拉以穆圣☪的寿命发誓，指出他的尊贵和崇高地位。伊本·阿拔斯说："安拉没有创造比穆圣☪更尊贵的人，我从未听过安拉以穆圣☪的生命之外任何人的生命发过誓"。"**你的寿命**"指你的生命、寿数和你在世间的存在期。[1]

格塔德说，"**在癫狂中盲目彷徨**"指在迷误中游戏。[2]

另据传述，伊本·阿拔斯解释为："以你的生

---
（1）《泰伯里经注》17：118。
（2）《泰伯里经注》17：119。

活发誓，他们却在迷误混乱中。"

❮73.所以，震撼声在日出时袭击了他们。❯
❮74.我使这城市天翻地覆，并向他们降下像烧过的陶土一样的石雨。❯
❮75.对于观察者们，此中确有种种迹象。❯
❮76.它在（至今）仍然存在的大路边上。❯
❮77.此中对信士们确有一个迹象。❯

## 鲁特的族人遭受毁灭

"所以，震撼声在日出时袭击了他们"，即太阳东升的时候，他们听到一声巨响，与此同时，这座城市天翻地覆，像烧过的陶土一样的石头，雨点般地降在他们身上。前文已经解释了"陶土一样的石雨"，所以不再重述。

"对于观察者们，此中确有种种迹象。"对于用眼睛和心智去观察的人们，这些毁灭者的遗迹中确实有许多迹象。

"观察者"，穆佳黑德解释为具有识别能力与洞察能力的人；[1]伊本·阿拔斯和端哈克解释为观看者；[2]格塔德解释为参悟者、沉思者。[3]

## 塞督姆城在路口上

"它在（至今）仍然存在的大路边上。""它"指塞督姆城。该城遭到精神和物质上的天翻地覆，并遭受石雨袭击。后来它变成一个又臭又脏的小湖（死海），至今还可以在麦海伊里[4]发现残存的许多道路。安拉说：❮你们朝夕经过他们的遗址，难道你们还不反思吗？❯（37：137-138）

"此中对信士们确有一个迹象"，即我毁灭了鲁特的族人，拯救了鲁特及其家人，此中，对于归信安拉和众使者的人们确有一种明确的证据。

❮78.丛林的居民确实是不义的。❯
❮79.所以我惩罚了他们。它俩都在清楚的大道上。❯

## 丛林的居民——舒尔布的民族的毁灭

艾凯人（丛林的居民）是舒尔布先知的民族。

端哈克、格塔德等学者说，"**丛林**"指一种盘根错节的树。[5][6]这个大逆不道的民族以物配主，拦路抢劫，短斤少两，因而安拉派遣地震、震撼声和遮天蔽日的惩罚惩处了他们。从时间上讲，他们距离鲁特的民族较近，从地域上讲，他们是毗邻。

因此说："它俩都在清楚的大道上。"伊本·阿拔斯、穆佳黑德、端哈克等学者说，经文中的"إمام"指"清楚的大道"。[7]

因此，舒尔布先知在警告其民族时说：❮我的族人啊！莫要因为反对我而使你们遭到类似于努哈的族人、呼德的族人或撒立哈的族人的命运。鲁特的族人距离你们并不遥远。❯（11：89）

❮80.石谷的居民否认了我的众使者。❯
❮81.我已将我的迹象降给他们，但是他们避开了它们。❯
❮82.他们安全地在山上开凿石宫。❯
❮83.后来震撼声在清晨袭击了他们。❯
❮84.他们当初的所作所为对他们无用了！❯

## 石谷的居民——塞姆德人的毁灭

石谷的居民——塞姆德人否认了他们的先知撒立哈。否认一位先知，等于否认所有的先知，所以经文说："石谷的居民否认了我的众使者"。安拉说，虽然他为这个民族降下许多明证，证明撒立哈先知的使命，但他们还是否认了先知。譬如安拉通过撒立哈先知的祈祷，让一峰母驼破石而出，作为他们的迹象，他们和母驼各饮一天水，但他们最终杀害了这峰出自实心巨石的母驼。撒立哈对他们说：❮你们在家中享受三天吧！这是一项确实无讹的诺言。❯（11：65）又❮至于塞姆德人，我曾引导他们，但是他们宁愿盲目，不顾引导。❯（41：17）

"他们安全地在山上开凿石宫"，即他们凿造宫殿的目的不是为了安全，或出于某种实际需要，而是出于他们的狂妄自大和游戏取乐。这些遗迹至今尚存。安拉的使者ﷺ在台卜克战役中途经那里时，抬起头，驱策坐骑快步经过。他对圣门弟子们说："你们只能哭着经过那些遭受惩罚的古人的房屋（宫殿），如果你们哭不出，你们当强制自己去哭。前车之覆，后车之鉴。"[8]

"后来震撼声在清晨袭击了他们"，即指第四

---

（1）《泰伯里经注》17：120。
（2）《泰伯里经注》17：121。
（3）《泰伯里经注》17：121。
（4）位于沙姆地区。——译者注
（5）《泰伯里经注》17：125。
（6）《奈赛夫经注》等经注将"艾凯"解释为"丛林"。——译者注
（7）《泰伯里经注》17：125。
（8）《艾哈麦德按序圣训集》2：91。

日的清晨。

"他们当初的所作所为对他们无用了！"他们曾舍不得给母驼饮水而屠宰了它，以便给农田灌溉更充足的水分。他们还储备了粮食、水果等许多财产。但在安拉的命令到来的时刻，他们挖空心思所经营的这一切没有给他们带来任何益处。

﴾85.我以真理造化了诸天、大地与其间的一切。复活时势必到来。所以你要大度宽容。﴿

﴾86.的确，你的主是善造的，全知的。﴿

**今世是因为某种益处而被造的，末日终会实现**

"我以真理造化了诸天、大地与其间的一切。复活时势必到来。""真理"可解释为公正。正如安拉所言：﴾他依照他们的行为还报那些作恶的人，并以善果还报行善的人。﴿（53：31）又﴾我没有荒谬地造化天地与其间的一切！那是否认者的猜想。所以，倒霉吧！隐昧的人们！﴿（38：27）又﴾你们以为我只是随意地造化了你们，而你们不会被带回到我这里来吗？赞美安拉——真实的君主清高！除他之外再无应受拜者，他是尊贵阿莱什的主！﴿（23：115-116）然后安拉告诉先知，复活时一定会到来。安拉还要求先知在多神教徒的伤害和否认面前，要表现得宽容大度，正如另一段经文所说：﴾你当原谅他们，并说："祝你们平安。"不久他们就会知道！﴿（43：89）正如穆佳黑德、格塔德等学者说，这节经文降示时，安拉还没有允许穆斯林和非穆斯林进行战争。因为它是麦加章经文。战争的经文都是穆圣迁徙到麦地那之后降示的。

"的确，你的主是善造的，全知的。"经文在此强调了人类的归宿。指出安拉能够让复活时到来，安拉是善于创造之主，对他来讲，创造任何事物都没有困难。安拉也是全知之主，人类的尸体即使被撕裂后分散在世界各地，安拉也能知道它们所处的位置。正如安拉所言：﴾难道造化诸天与大地的主不能造化和他们相似的吗？不然，他是善造的、全知的。的确，当他有意要做一件事时，他只要说"有"，它就有了。赞美安拉清净！一切事物的权力都归他掌握，你们将来只被带回到他那里。﴿（36：81-83）

﴾87.我已赐予你重复的七节和伟大的《古兰》。﴿

﴾88.你不要觊觎我给他们中形形色色的人的享受，也不要为他们忧虑，你当温和对待穆民。﴿

## 《古兰》是安拉的宏恩，安拉命令穆圣据《古兰》宣传真理

清高伟大的安拉对使者说，我已经赐给你伟大的《古兰》，所以你不必为了今世及其浮华以及我给一般人所给的短暂幸福而忧虑。我赐给他们这些东西，只是为了考验他们。所以你不必羡慕他们。你也不要因为族人否认你，反对你的宗教而忧愁和烦闷。﴾你也要对于追随你的那些归信者谦和。﴿（26：215）又﴾的确有一位来自你们自己的使者降临了你们。他不忍心你们遭遇困难，他对你们充满了关爱，他是热爱并怜悯信士们的。﴿（9：128）

学者们对经文中的"七"有两种看法。一、伊本·麦斯欧迪、伊本·欧麦尔、伊本·阿拔斯、穆佳黑德、伊本·朱拜尔、端哈克等学者认为，经文指"长七"（即七个章节），它们分别是：《黄牛章》《仪姆兰的家属章》《妇女章》《宴席章》《牲畜章》《高处章》《优努司章》。赛尔德说，这些章节主要阐明了主命、法度（固定法）、历史和律法。伊本·阿拔斯说，这些经文叙述了一些事例、历史和借鉴。(1)二、伊布拉欣·奈赫伊、哈桑·巴士里、阿卜杜·本·欧拜德·本·欧麦尔、伊本·艾布·麦莱克、谢海里·本·胡树奔、穆佳黑德认为："七"指"短七"，即《开端章》。因为《开端章》是七节经文。阿里、欧麦尔、伊本·麦斯欧迪等人持此观点。(2)伊本·阿拔斯曾说："太斯米是第七节经文。是安拉对你们的特赐。"(3)

《布哈里圣训实录》载有这方面的两段圣训：

一、艾布·赛尔德（愿主喜悦之）说，（有一次）我正在礼拜，安拉的使者呼唤我，我礼毕后才回答了使者……我走到使者面前时，他说："你刚才因何未来？"我说："安拉的使者啊！我刚才礼拜呢。"先知说："难道清高伟大的安拉没有说：﴾有正信的人们啊！当他召唤你们去获得使你们产生活力的时候，你们要服从安拉及其使者。﴿（8：24）"先知接着说："在我走出清真寺之前，我一定教授你《古兰》中最伟大的章节。"(4)后来先知拉住了我的手，就在他快走出寺门时，我说："安拉的使者啊！你刚才说，我一定教授你《古兰》中最伟大的章节。"先知说："是的。'一切赞美全归养育众世界的安拉'是重复的七节，我得到的伟大《古兰》。"

二、艾布·胡莱赖传述，安拉的使者说："《古兰》之母是重复的七节，是伟大的《古

---

(1)《泰伯里经注》17：130-132。
(2)《泰伯里经注》17：133。
(3)《泰伯里经注》17：135。
(4)《布哈里圣训实录诠释——造物主的启迪》8：232。

兰》。"这段圣训则明确指出,《开端章》就是重复的七节和伟大的《古兰》。

其实,经文中的"七"既可以解释为"长七",也可以解释为"短七"。同样,也可以直接被解释为伟大的《古兰》。正如安拉所言:《安拉已经降下最优美的言辞——一部相近似,常叮咛的经典。》(39:23)从一方面讲,这些经文(长七和短七)具有反复叮咛的特征,从另一方面讲,它们又有相似之处。整部《古兰》也莫不如是。

"你不要觊觎我给他们中形形色色的人的享受",即你应当以安拉赐给你的伟大《古兰》而知足,不应追求我给人们的今世浮华与短暂幸福。

伊本·阿拔斯解释说,经文指任何人都不应该奢想别人的东西。[1]

穆佳黑德说,"形形色色的人"指富人。[2]

《 89. 并说:"我确实是一个坦率的警告者。"》
《 90. 就像我对那些发誓者所降给的一样。》
《 91. 他们把古兰分割成片段,》
《 92. 凭你的主发誓,我一定会审问他们全体》
《 93. ——关于他们所做过的一切行为。》

### 使者是坦率的警告者

清高伟大的安拉命令使者☪告诉世人:"**我确实是一个坦率的警告者**",即如果有人否认使者,使者就会明确地告诉他们,他们将会像前人一样遭受严厉的惩罚。穆圣☪说:"我和我的宣传对象的譬喻是这样的:有人来到其族人中间说:'我的族人们啊!我已经亲眼看到敌军大兵压境,故前来警告诸位,请快点逃跑吧,快点!'一部分人听后,毫不迟疑地撤离,因而得救了。另一部分人则否认了这位警告者,居留原地不动,因而被敌军所消灭。这是服从我、遵守我的法律的人和违抗我、否认我所带来的真理的人的譬喻。"[3]

### 发誓者的意义

"**那些发誓者**",指通过互相盟誓缔约,决定共同否认并伤害先知的人们。正如安拉对撒立哈的民族的描述:《 他们说:"你们当凭安拉互相立誓:我们一定会在夜间袭击他和他的家。"》(27:49)穆佳黑德说,他们宣誓结盟,决定在

---

(1)《泰伯里经注》17:141。
(2)《泰伯里经注》17:141。
(3)《布哈里圣训实录诠释——造物主的启迪》13:264;《穆斯林圣训实录》4:1788。

夜幕的掩护下暗杀先知及其追随者。又《 他们指安拉起最重的誓言,说道:"安拉不会使死者复活。"》(16:38)又《 "难道你们在这以前不曾发誓(说),你们将永垂不朽吗?"》(14:44)又《 这些人就是你们发誓说得不到安拉的慈悯的人吗?》(7:49)这些犯罪者们每决定否认一件事实时,就会发誓盟约。所以他们被称为"**发誓者**"。

"**他们把古兰分割成片段**",即他们将天启经典分成若干部分,然后相信一部分,否认另一部分。[4] 伊本·阿拔斯说,这些人是有经人[5]。

也有人认为"**那些发誓者**"指古莱什人。"**古兰**"指安拉降给穆圣☪的《古兰》。

阿塔认为"**他们把古兰分割成片段**"的意思是:他们认为《古兰》是魔术集。还有人认为"عضين"(片段)指疯子、占卜者。

伊本·阿拔斯说,大集会期间,一些古莱什人聚集在他们中的贵族穆黑莱那里,后者对众人说:"诸位古莱什人啊!大集会就要来了,阿拉伯各地的代表将前来赶集,他们已经听到了你们的这个冤家(指穆圣☪)的消息,请大家戮力同心,统一口

---

(4)《布哈里圣训实录诠释——造物主的启迪》8:233。
(5)"古兰"指安拉降给他们的经典。——译者注

径，制定一个对付他的方法。千万不能在此问题上有所分歧。"众人说："艾布·谢穆斯[1]啊！还是你拿定主意为妙，我等势必按照你的说法去说。"穆黑莱说："还是你们说，我听听再说。"有人说："我们就说他是占卜者。"穆黑莱说："但他不是占卜者。"还有人提议将穆圣㊣说成是疯子、诗人魔术师等等。穆黑莱听后一一否决。众人说："那我们应该怎么说呢？"穆黑莱说："他的话实在太优美了。你们所说的这一切显然都是站不住脚的。我看还是把他说成魔术师好一些。"众人听后，一致决定把穆圣㊣说成一个魔术师，并分头去各地宣传。安拉因此降谕道："他们把古兰分割成片段。"《古兰》所讲述的就是这些人。[2][3]

艾布·贾法尔说："末日，安拉将关于两个问题审问仆人，他将问他们曾经崇拜什么，并问他们怎么回答了众使者。"[4]伊本·阿拔斯读了这节经文后，紧接着又读道：《在那天，不论人类或精灵，都不再被问及他的罪过。》（55：39）他说："安拉在末日不问他们：'你们做了某某事情吗？'因为安拉知道他们所做的一切。安拉要问他们：'你们为什么要做某事？'"[5]

《94.所以你要公开宣布你所奉的命令，并离开多神教徒。》

《95.我将替你解决那些嘲笑者。》

《96.那些将安拉和一些伪神等量齐观的人，他们不久就会知道。》

《97.我深知你因为他们所说的话而苦闷。》

《98.你要赞念你的主，并加入那些叩头者的行列。》

《99.你当崇拜你的主，直到那无疑的消息降临于你。》

### 安拉命令先知㊣公开宣传真理

安拉命令使者宣传使命，并执行其任务，同时要大张旗鼓地宣传。换言之，穆圣㊣应该向多神教徒们发起正大光明的宣传攻势。"**所以你要公开宣布你所奉的命令**"，即你当执行它。[6]另据传述："你宣传你的使命"。

穆佳黑德认为经文指，"你当在礼拜中高声诵读《古兰》。"[7]

伊本·麦斯欧迪说："'**所以你要公开宣布你所奉的命令**'降示前，先知一直秘密传教。这节经文降示后，他和弟子们开始公开宣教。"[8]

### 安拉命令先知离开多神教徒，并且保证惩处嘲讽真理之人

"**并离开多神教徒。我将替你解决那些嘲笑者**"，即你当传达安拉交给你的使命，而不要理睬那些企图阻碍你的事业的多神教徒们。《他们希望你得过且过，随后他们也得过且过。》（68：9）你也不要害怕他们，因为安拉将替你消灭他们，并保护你。另一段经文说：《使者啊！你当传达从你的主降临的。如果你不去做，你就没有传达他的信息。安拉将从世人那里保护你不受人们侵害。》（5：67）

伊本·易司哈格说，对穆圣㊣的事业冷嘲热讽的主要有五个人，他们都是各自部落中"有声望"之人。譬如来自艾赛德族的吾苏德·本·穆塔里布，据我（伊本·麦斯欧迪）所知，此人多次嘲笑并伤害穆圣㊣，因此穆圣㊣曾祈求安拉惩罚他。穆圣㊣说："安拉啊！请使他瞎了眼睛！使他成为丧子之父吧！"这些人怙恶不悛，总想方设法嘲弄穆圣㊣。后来安拉降示经文谴责了他们："**所以你要公开宣布你所奉的命令，并离开多神教徒。我将替你解决那些嘲笑者。那些将安拉和一些伪神等量齐观的人，他们不久就会知道。**"

伊本·易司哈格说，据一位学者讲，有次吉卜勒伊里来访时，穆圣㊣正在巡游天房，于是勒伊里站到穆圣㊣的旁边。这时，吾苏德经过了他们，吉卜勒伊里用一根绿色的树枝指了一下他的脸，他当即瞎了。伊本·阿卜杜·叶吾斯经过时，吉卜勒伊里指了一下伊氏的腹部，伊氏因此患腹水肿而死。瓦利德经过时，吉卜勒伊里指了一下他踝骨下的伤痕。两年前沃氏经过一位胡扎尔部落的男子时，那人正在给他的箭安箭羽，不小心伤害了沃氏的脚踝骨，当时不过是一个小伤而已。沃氏经吉卜勒伊里一指之后，当即裂开而死；阿斯经过他们时，吉卜勒伊里指了一下他的脚心，后来阿斯骑驴去塔伊夫当中，在一棵多刺的树下休息时，被一棵刺扎入脚心而亡；哈里斯经过时，吉卜勒伊里指了一下他的头部，后来哈氏的头部生脓疮而死。[9]

"**那些将安拉和一些伪神等量齐观的人，他们**

---

（1）穆黑莱的号。——译者注
（2）《穆圣传》1：288。
（3）按照这种解释，这段经文可以翻译成："他们把《古兰》(所说的先知穆圣)形容成阿队尼（意为：疯子、魔术师、诗人）。——译者注
（4）《泰伯里经注》17：150。
（5）《泰伯里经注》17：150。
（6）《泰伯里经注》17：151。

（7）《泰伯里经注》17：151。
（8）《泰伯里经注》17：152。
（9）《穆圣传》1：409、410。

## 安拉鼓励穆斯林忍辱负重，并坚持不懈地感赞安拉，崇拜安拉，至死不渝

"我深知你因为他们所说的话而苦闷。你要赞念你的主，并加入那些叩头者的行列"，即穆罕默德啊！我知道你因为遭受伤害而闷闷不乐，但不要因此而削弱你的信念并放弃宣传我交给你的使命。你当托靠我，我会为你解决你的难题，襄助你战胜他们。你当时刻记念安拉，感赞安拉，崇拜安拉，坚持礼拜，因此说："你要赞念你的主，并加入那些叩头者的行列。"安拉的使者㉓说："清高伟大的安拉说，阿丹的子孙啊！每天的开始，你若坚持四拜礼拜（已时拜），我保证你在其他时间内安然无恙。"(1)

"你当崇拜你的主，直到那无疑的消息降临于你。"布哈里引用欧麦尔的孙子赛林的话说，"无疑的消息"指死亡。(2)

伊本·哲利尔也认为"无疑的消息"指死亡。(3)

据一段明确的圣训载，女辅士乌姆·阿俩伊传述，安拉的使者㉓去看望刚刚归真的奥斯曼·本·麦祖吾尼。乌姆·阿俩伊说："愿安拉慈悯你，萨义卜的父亲（亡者的号）啊！我作证，安拉必定使你尊贵。"穆圣㉓听后问："你从何知道安拉要使他尊贵？"乌姆·阿俩伊说："安拉的使者啊！愿我的父母为你而牺牲，如果不是他，那又是谁呢！"使者说："无疑的消息已经来临他。我希望他得到幸福美好的结局。"(4)

有学者根据这节经文证明，每个理智正常的人，都必须根据自己的情况坚持礼拜等功行。

安拉的使者㉓说："你当站着礼拜，如果你做不到，你应坐着礼拜，如果还是做不到，你就躺着礼拜。"(5)这段圣训证明，某些叛教者将"无疑的消息"解释成"对安拉的认识"是错误的。他们声称一个人如果对安拉的认识达到一定程度时，就不再负有教法责任。这是昧真者的愚昧解释。君不见众位先知和他们的跟随者是人类中对安拉认识最深刻、最详细、最全面的人，他们也最清楚人类应该用什么方法去崇拜安拉。虽然如此，他们都是一生坚持行善，崇拜安拉，从不松懈。所以，如前所述，"无疑的消息"指死亡。

不久就会知道。"这是对那些举伴安拉的人最严厉的警告。

---

(1)《艾哈麦德按序圣训集》5：286。
(2)《布哈里圣训实录诠释——造物主的启迪》8：235。
(3)《泰伯里经注》17：160。
(4)《布哈里圣训实录诠释——造物主的启迪》3：137。
(5)《布哈里圣训实录诠释——造物主的启迪》2：684。

一切感赞统归安拉。赞美安拉引导我们。我们只求安拉襄助，只托靠安拉。祈求安拉让我们以最美好的方式归真，安拉是慷慨的，尊贵的。

《石谷章》注释完。一切赞美，统归养育众世界的安拉。

---

## 《蜜蜂章》注释　麦加章

奉普慈特慈的安拉之尊名

❦ 1.安拉的命令到来了。你们不要要求它尽早实现。赞他清净，他超乎他们所举伴的。❧

### 警告末日之临近

清高伟大的安拉在此用过去式词型，形容那势必来临的末日之临近。《古兰》的其他章节中也有类似的叙述，如：❦人类的结算期已临近了，而他们却在昏聩中悖谬。❧（21：1）又❦时刻已经接近，月亮破碎了。❧（54：1）

"你们不要要求它尽早实现"，即你们不要要求安拉使那未到的末日赶快到来。正如安拉所言：❦他们要求你立即带来惩罚。如果不是有一个定期，惩罚已经降于他们了，它必将在他们不知不觉的时候突然降到他们。他们要求你立即带来惩罚，事实上火狱包围着昧真的人。❧（29：53-54）

安拉的使者㉓说："复活时到来之际，将有一块像盾牌一样（大）的黑云从西方出现在你们前面，它不停地升空。后来有声音在其中呼吁：'人们啊！……'人们听到后奔走相问：'你们听到了这声音吗？'有人说听到了，有人却表示怀疑。后来云中再次发出呼吁声：'人们啊！……'人们相问时，都表示听到了。当云中发出第三次类似声音时，安拉的命令就到来了。所以你们不要要求末日早日实现。"

使者又说："以掌管我生命的安拉发誓，两个人铺平衣服后，永远不再叠起它；有人修理他的水池，但他再也不会用它来给家畜饮水；有人挤他母驼的奶，但他永远不再饮用所挤的乳汁……人们都在忙碌当中（复活时来临了）。"(6)

---

(6)《哈肯圣训遗补》4：539。

然后经文指出安拉纯洁的本然与任何偶像以及除安拉之外的受拜者没有关系。安拉是清高而伟大的。那些祈求安拉之外的一切受拜者的人，都否认了末日的来临。安拉说："**赞他清净，他超乎他们所举伴的。**"

**2. 他派遣众天使，奉他的命令，随同鲁哈降临他所意欲的仆人。"你们要警告（世人）：除我之外别无受拜者，所以你们要敬畏我。"**

### 安拉派遣他所意欲之人宣传安拉独一

"他派遣众天使，奉他的命令，随同鲁哈降临他所意欲的仆人。""鲁哈"（الروح）指启示。如：**我就这样把来自我的命令的精神降给你，你原来不知道什么是天经，什么是信仰。但是我使它成为光亮，用之引导我所愿意的仆人。**（42：52）

"他所意欲的仆人"指列位先知。又如：**安拉至知把他的使命置于何处。**（6：124）又**安拉从天使和人当中选择使者。**（22：75）又**他使发自他的命令的精神降到他所意欲的任何一位仆人，以便警告（人们）相聚之日。他们出现之日，没有一件事能瞒过安拉。今天权力归谁？归于独一而强大的安拉！**（40：15-16）

"你们要警告（世人）"，即你们应当发出警告。

"除我之外别无受拜者，所以你们要敬畏我"，即违背我的命令，崇拜他物的人，应该害怕我的惩罚。

**3. 他以真理造化了诸天与大地。他远比他们所举伴的崇高。**

**4. 他曾由一滴精液造化了人，但他（人）却转眼间变成了一个公开的敌人。**

### 安拉创造了天地和人类

清高伟大的安拉讲述了创造高领域——天体和创造低领域——大地的情况。天地是安拉本着真理而创造的，不是出于游戏而造的。**他依照他们的行为还报那些作恶的人，并以善果还报行善的人。**（53：31）然后经文驳斥崇拜他物的多神教徒。创造万物的是独一的安拉，因此，只有安拉才应受崇拜。然后安拉指出，人是用精液——这种卑弱的液体创造的。但是当他们开始独立后，一下子就会变成安拉的敌人，对抗安拉，怀疑安拉，向安拉的使者们宣战。其实，人的天职是崇拜安拉，而不是对抗安拉。正如安拉所言："**他由水造化人，并使他成为有血亲和姻亲的，你的主是全能的。**"但是他们却舍安拉而崇拜既不能有益于他们也不能对他们有害的东西。隐昧的人是反对其主者的帮凶。**（25：54-55）难道人们没有看到我由精液造化了他们吗？但是突然间他们却变成了公开的对头。他为我设立譬喻，而忘记了他自己的造化。他说："谁能在尸骨已朽之后，再赋予它生命？"你说："首次造化他们的主将使他们复活！他是深知一切造化的。"**（36：77-79）

安拉的使者曾在手掌中吐了一口唾沫，然后说："清高伟大的安拉说，阿丹的子孙啊！我从类似的东西中创造了你，你如何比我强大？当我使你协调、均衡之后，你穿着两件大衣（趾高气扬地）走路，大地上有践踏的声响。你聚敛财帛而悭吝不舍，直到你即将死亡时，你说：'我要施舍。'但是太迟了。"[1]

---

[1]《艾哈麦德按序圣训集》4：410；《伊本·马哲圣训集》2：903。

⁅ 5.他也曾造化牲畜，其中有你们的温暖和其他的利益，你们还可以从中食用。⁆

⁅ 6.当你们赶着它们回家或去放牧时，你们会从中得到一种光彩。⁆

⁅ 7.它们负着你们的重载到你们必须精疲力竭才能到达的地区。你们的主确实是至爱的，至慈的。⁆

## 牲畜都是安拉的被造物牲畜带给人类的益处

正如《牲畜章》那样，安拉在此阐述他对世人的恩典：他为他们创造了骆驼、牛、羊等有益的牲畜，人类可以使用它们的毛绒，做衣服和铺盖。还可以饮用它们的奶，食用它们的肉。同时，牲畜也是人类生活中的一种装饰品。因此说："**当你们赶着它们回家或去放牧时，你们会从中得到一种光彩。**""回家时"指傍晚从牧场回家的时间。因为这时的牲畜肚子鼓胀，乳房饱满，驼峰高耸。"**放牧时**"指早上去牧场的时间。

"**它们负着你们的重载到你们必须精疲力竭才能到达的地区。**"譬如在正副朝和贸易旅途中，牲畜为你们运载着沉重的货物，或载着你们，去遥远的地方。正如安拉所言：⁅ 在家畜方面对你们也有一项教训。我使你们食用它们腹中的，它们对你们还有很多益处，你们从它们身上取得食物。你们用它们和船舶得以载运。⁆（23：21-22）又⁅ 安拉为你们造化牲畜，以它们当中的一部分供你们骑乘，它们当中的一部分供你们食用。它们对你们有许多益处，你们可以利用它们达到你们心中的需求，你们被载在它们身上和船上。他让你们看到他的种种迹象。那么，你们否认安拉的哪个迹象呢？⁆（40：79-81）因此，安拉在叙述了他的一些恩典后，在此说："**你们的主确实是至爱的，至慈的**"，即安拉注定让牲畜为人服务。又如：⁅ 难道他们不知道我从我亲手所造之中为他们造化了牲畜，然后使他们成为它们的所有者吗？我使它们服从于他们，它们当中有供他们乘载的，也有供他们食用的。⁆（36：71-72）又⁅ 是他创造一切种类，并为你们造化供你们乘的船和牲畜，以便你们稳坐上面。当你们坐好后，就要记念你们主的恩典。你们说："赞美安拉，他为我们制服了此物，而我们原本对它是无奈的。我们终究要回归我们的主！"⁆（43：12-14）伊本·阿拔斯说，"**其中有你们的温暖**"指你们可以用之做衣服，"**其他的利益**"指你们可以食其肉，饮其奶。[1]

⁅ 8.（他造化了）马、骡子和驴，以便你们骑乘和作为装饰。他还造化你们所不知道的东西。⁆

这是安拉为人类创造的另一些有益的牲畜——马、骡子、驴，它们最大的益处是可以骑乘或用以装饰。两圣训实录辑录，贾比尔传述："安拉的使者禁止吃家驴的肉，但他允许吃马肉。"[2]

艾哈麦德和艾布·达乌德传述（他们所辑录的这段圣训符合《穆斯林圣训实录》的圣训辑录条件），贾比尔说："海巴尔战役之日，我们宰了马、骡和驴，使者当时禁止我们吃骡和驴，但他没有禁止我们吃马肉。"[3]《穆斯林圣训实录》记载，艾布·伯克尔的女儿艾斯玛仪说："我们在安拉的使者时代在麦地那宰了一匹马，吃了它。"[4]

⁅ 9.安拉负责指引正路。但有些路却是歪斜的。如果安拉愿意，他就会引导你们全体。⁆

## 正教之路

清高伟大的安拉讲述了为人类用以代步的牲畜所行走的感性道路后，开始讲述人类应遵循的理性道路——宗教之路。《古兰》的经文经常从感性的叙述过渡到理性的形容。譬如：⁅ 你们要预备盘缠，最好的盘缠就是敬畏。⁆（2：197）又⁅ 阿丹的子孙啊！我已赐予你们衣服遮盖你们的羞体，并赐你们饰品。⁆（7：26）

安拉在此讲述了人类解决物质需求和精神需求的牲畜之后，开始讲述人生的道路，并阐明真理是通向正路的惟一指南。所以说："**安拉负责指引正路。**"又：⁅ 的确，这就是我的正道。你们要遵循它，不要遵循（其他）许多道，以免你们从他的道上被分开。⁆（6：153）又⁅ 他（主）说："这是归我监护的正道。⁆（15：41）

"**安拉负责指引正路。**"穆佳黑德认为真理之路在安拉那里。[5]伊本·阿拔斯解释为：安拉负责阐明正道和迷道。

"**但有些路却是歪斜的**"，伊本·阿拔斯说，"**歪斜的**"道路指非伊斯兰的旁门左道，[6]即各种私欲派，如犹太教、基督教、拜火教等。[7]

---

（1）《泰伯里经注》17：168。
（2）《布哈里圣训实录诠释——造物主的启迪》9：570。
（3）《艾哈麦德按序圣训集》3：356、362；《艾布·达乌德圣训集》4：149、151。
（4）《穆斯林圣训实录》3：1541。
（5）《泰伯里经注》17：175。
（6）《泰伯里经注》17：176。
（7）《泰伯里经注》17：176。

清高伟大的安拉说，这一切都是安拉的意欲和允许所决定的。所以说：《 如果安拉意欲，大地上所有的人都已归信了！》（10：99）又《 如果你的主愿意的话，他会使人类成为一个民族。但是他们永远是有分歧的，除了你的主所慈悯的那些人。他为此而造化他们。你的主的言辞已经应验了："我的确将以精灵和人一起填满火狱。"》（11：118—119）

《 10.是他为你们由天空降下雨水，其中有你们的饮料，植物因之而生长，以便你们畜牧。》

《 11.他用它为你们生产谷类、橄榄、枣子、葡萄和各种果子。此中，对于参悟的群体确有一种迹象。》

### 雨及其益处，雨也是一种迹象

清高伟大的安拉讲述了他通过各种牲畜赐给人类的恩典之后，在此讲述他从天空降雨，供人类和他们的牲畜食用享受。他说："**其中有你们的饮料**"，即安拉使雨水成为清纯、甘甜、润口的，而没有使之成为又苦又咸的。

"**植物因之而生长，以便你们畜牧**"，即安拉通过雨水使植物成长，以便人类喂养牲畜。

据伊本·阿拔斯、艾克莱麦、端哈克、格塔德、伊本·栽德解释，"**畜牧**"主要指牧放骆驼。[1]

"**他用它为你们生产谷类、橄榄、枣子、葡萄和各种果子。**"安拉通过同一种水，使大地生产出颜色、形态、气味和滋味不同的果实。因此说，"**此中，对于参悟的群体确有一种迹象**"，即在他们看来，这一切无不证明着应受拜者，惟有安拉。正如安拉所言：《 不然，是谁造化诸天与大地，并且由天空降雨给你们？我以它使美丽的园子生长，你们是不可能使树木生长的。在安拉之外会有其他神吗？不然，他们是一个（为安拉）寻找配偶的群体。》（27：60）清高伟大的安拉接着说：

《 12.他为你们制服昼夜和日月。众星都因他的命令而被制服。对于能参悟的群体，此中确有许多迹象。》

《 13.他在大地上为你们造化了各种不同颜色的东西，对于理解的群体，此中确有一些迹象。》

### 受制的昼夜及日月，大地上长出的植物中有种种迹象

安拉确实赐给仆人巨大的宏恩，他为他们使昼夜循环，日月交替，让天空的群星成为重重黑暗中人类的明灯。万物都在安拉所规定的轨道上分秒不差地运行。一切都在安拉的制约和管理之下。正如安拉所言：《 你们的主是安拉，他在六天当中造化了诸天和大地，并升上阿莱什。他使昼夜交替遮盖，迅速循环追踪。他使太阳、月亮和星星都成为服从于他的命令的。一切造化和命令都属于他。安拉——众世界的主宰真多福啊！》（7：54）因此说，"**对于能参悟的群体，此中确有许多迹象**"，即对于那些参悟安拉，理解安拉的明证的人们，此中确有许多证据表明安拉是大能的，其权力是无边的。

"**他在大地上为你们造化了各种不同颜色的东西。**"安拉在此形容了大地上的森罗万象。对那些留意安拉的恩典，并知感的人们，此中确有一种迹象。

---
（1）《泰伯里经注》17：178。

⟪ 14.他制服了海洋,以便你们从中吃到新鲜的肉,并从中获取你们所佩戴的饰物。你们也看见那船舶乘风破浪。以便你们寻求他的恩典。以便你们知感。⟫

⟪ 15.他在大地上安置一些山岳,以免它随你们摇动。还(设置)许多河流和道路,以便你们能循正道。⟫

⟪ 16.(他还设置)各种标志。他们也可通过星辰导向。⟫

⟪ 17.难道造物主就像不能造化的(伪神)吗?难道你们不留意吗?⟫

⟪ 18.如果你们去统计安拉的恩典,你们无法统计它们。的确,安拉是至恕的、至慈的。⟫

## 在海洋、山脉、河流、道路和星辰中的种种迹象

清高伟大的安拉制服了波涛汹涌的大海,使人类在海上自由航行。安拉在海中创造了各种鱼类,人们无论受戒与否,都可以食用那些自然死亡的和被猎杀的鱼儿。安拉在海中创造了许多昂贵的珠宝,供人类开采后佩戴。安拉让那巨轮在海上乘风破浪。而造船术是人类从他的先知努哈那里一代代传承下来的。人类使用船舶,走南闯北,进行全球贸易。因此说:"以便你们寻求他的恩典。以便你们知感。"

接着安拉讲述了大地。他在其中设置许多高大山脉,以免大地因为其中的震动而动摇。换言之,以便人类安居乐业。因此,另一段经文说:⟪他使山岳稳固。⟫(79:32)

"还(设置)许多河流和道路。"安拉为了供养人类而在大地上布下许多江河,让它们从一个地区流淌到另一个地区。有些水渗入某地,但它却给另一地区的人们带来福利。有些水穿过许多平地、沙漠和旷野,经过高山和小丘,来到安拉所规定的地区。这些水流到世界各地,分布在宽大的地区和偏僻的小村。山谷中的小溪时断时流,时渗时积,时缓时急。一切都按安拉的制服进行。应受拜者,惟有安拉。

安拉还在大地上设置了许多道路,让人们去世界各地。安拉甚至有时劈开巨山,在山崖产生许多光明大道和羊肠小道。正如安拉所言:⟪我又在其中造了宽广的大路,以便他们能走正路。⟫(21:31)

"(他还设置)各种标志。"无论是大山还是小丘,无论在海上还是在陆地,当人们外出旅行时,它们都能帮助人认清方向。

伊本·阿拔斯说,在黑夜中"他们也可通过星辰导向"。[1]

## 崇拜是人类对安拉应尽的义务

然后安拉介绍了他的伟大,指出他是独一的应受拜者,除他之外的一切没有受拜的资格,他们不是创造者,而是被造物。因此说:"难道造物主就像不能造化的(伪神)吗?"

然后指出安拉对人类的宏恩是数不胜数的。"如果你们去统计安拉的恩典,你们无法统计它们。的确,安拉是至恕的、至慈的",即倘若安拉要你们感谢他的所有恩典,你们势必无法感谢。倘若他这样命令你们,你们也一定无能为力。假若他因此而惩罚你们,那么,他并没有亏待你们。但他是至赦的主,至慈的主。他宽恕人类的许多罪恶,厚报他们的少量善行。

伊本·哲利尔说:"如果你们向安拉忏悔,并顺从安拉,追求他的喜悦,安拉就会宽恕你们在感谢他时的怠慢;当仆人回归安拉,并向安拉忏悔之后,安拉不再惩罚他。"

⟪ 19.安拉确实知道你们所隐瞒的和你们所显示的。⟫

⟪ 20.他们在安拉之外所祈求的那些(伪神),不能造化任何东西。它们自身是被造化的。⟫

⟪ 21.(它们是)死的,没有生命的。它们也不晓得什么时候它们会被复活。⟫

清高伟大的安拉说,他知道一切秘密和心声,在末日,他会为人们赏功罚罪。

## 多神教徒的"神"是被造的,而不是造物者

然后清高伟大的安拉说,多神教徒们所崇拜的"神",不但不能创造什么,而且其本身就是被造的。正如安拉所言:⟪他说:"你们崇拜你们自己所雕塑的吗?而安拉造化了你们和你们所制作的那些。"⟫(37:95-96)

"(它们是)死的,没有生命的",即这些所谓的神,不过是没有生命的无生物。它们不能听、不能看、更不会理解。

"它们也不晓得什么时候它们会被复活。"它们不知道末日何时降临,人类怎能从它们身上获得益处、回赐或报偿呢?人类只能恳求全知万物、创造万物的安拉赐他们裨益、回赐和报偿。

---

[1]《泰伯里经注》17:185。

﴾22. 你们的主是独一的主，那些不信后世的人，他们的心是否认的，他们是骄傲的。﴿
﴾23. 无疑，安拉确实知道他们所隐瞒的和他们所显示的，他的确不喜欢骄傲之人。﴿

## 安拉是独一的受拜者

清高伟大的安拉说，真正的受拜者是独一的、无求的安拉，并说，隐昧者的内心不承认这一事实，安拉表示他们的惊奇时说：﴾他要把众神变成一神吗？这真是一件奇事！﴿（38：5）又﴾当提到独一的安拉时，那些不信后世者的心就厌恶了；但是提起除安拉以外的时候，他们立刻就开心了！﴿（39：45）

"他们是骄傲的。"他们不喜欢安拉独一信仰，更不愿意崇拜安拉。正如安拉所言：﴾那些高傲而不拜我的人，他们必定屈辱地进入火狱。﴿（40：60）

因此，经文在此说，"无疑"，即真的，"安拉确实知道他们所隐瞒的和他们所显示的"，即他将为此进行最公正的奖罚。"他的确不喜欢骄傲之人"。

﴾24. 当有人问他们："你们的主曾经降下了什么"时，他们说："古代的传说"。﴿
﴾25. 以便他们在审判日承担他们的全部负担和那些被他们无知地误导的人们的负担。他们所负担的是多么恶劣啊！﴿

## 隐昧者对启示不予理睬，他们将遭受严惩

清高伟大的安拉说，如果有人问这些否认者"你们的主曾经降下了什么"时，他们拒绝回答提问者。而且说穆圣所诵读的《古兰》，是从一些古籍中抄袭来的文章。正如安拉所言：﴾他们说："（这是）他写下来的古代神话，它是早晚被口授给他的。"﴿（25：5）他们假借使者的名义编造谎言，但他们的话中充满矛盾，故难以自圆其说。正如安拉所言：﴾你看，他们怎样对你举了一些例子！所以他们迷误了，而不能够找到一条道路。﴿（25：9）因为脱离真理的一切，无论以何种形式出现，都是谬误。他们在他们的头目伊本·穆黑莱的带领下，大肆诽谤穆圣，将他说成魔术师、诗人、占卜者或疯子。如《古兰》所述：﴾他确已思考和谋划。愿他被杀，他是怎么谋划的！愿他被杀，他是怎么谋划的！然后，他观看，然后，他蹙额，皱眉，然后，他傲慢地掉头而去。并说："这只不过是流传的魔法。﴿（74：18-24）诽谤者们听了伊本·穆黑莱的话后，分头去各地妖言惑众。

"以便他们在审判日承担他们的全部负担和那些被他们无知地误导的人们的负担"，即我注定他们这样说话，以便他们承担他们自己的、追随者的和臭味相投者的罪责。换言之，他们只是在自欺欺人，害人害己。穆圣说："召人于正道者，将得到应召者的报偿，同时对应召者的报偿不会有丝毫损伤。引人作恶者，将遭受被引导者的罪责，同时对被引导者的罪责不产生丝毫影响。"清高伟大的安拉说：﴾他们一定要负担他们自己的重担和其他重担。在复生日，他们将为自己所伪造的而被审问。﴿（29：13）[1]

穆佳黑德解释这节经文时说："他们将承担自己行为的罪责，同时要承担他们的追随者的罪责，但这些并不能减轻追随者的罪责。"[2]

﴾26. 他们的前人们曾经使用阴谋，但是安拉连同他们的基础摧毁了他们的建筑，屋顶由他们的头上塌了下来，惩罚在他们不知不觉的时候降至他

---

[1]《泰伯里经注》17：191。
[2]《泰伯里经注》17：190。

☾ 27.然后，在复生日，他将凌辱他们，并说："我的'伙伴们'在哪里呀？你们曾经为了它们而敌视（我的使者）。"那些被赋予知识的人说："这一天，隐昧的人确实将遭受羞辱和恶运。"☽

## 阐明前人的行为以及他们的遭遇

伊本·阿拔斯说，"他们的前人们曾经使用阴谋"中的"前人"指建筑摩天大厦的奈姆鲁兹。另一些人认为经文指白赫坦萨。正确答案是，经文泛指一切否认安拉，并以物配主的人。正如努哈先知说：☾ 他们曾设计了重大阴谋。"☽（71：22）即多神教徒们挖空心思，想尽一切办法，企图误导人们走向他们的歧途。正如他们的追随者在末日对他们说：☾"不然，那是夜晚和白天的阴谋，那时你们命令我们否认安拉，并为他设立一些对等者！"☽（34：33）

"但是安拉连同他们的基础摧毁了他们的建筑"，即安拉消灭了他们的建筑，并使他们的工作徒劳无效。正如安拉所言：☾ 每当他们煽起战火，安拉就熄灭它。☽（5：64）又☾ 安拉却由他们所想不到的地方到达了他们，并把恐怖投入他们的心中。他们用自己的手和归信者的手毁灭了他们的房屋。所以有眼的人们啊！你们引以为鉴吧！☽（59：2）本章经文则说：☾ 他们的前人们曾经使用阴谋，但是安拉连同他们的基础摧毁了他们的建筑，屋顶由他们的头上塌了下来，惩罚在他们不知不觉的时候降至他们。然后，在复生日，他将凌辱他们，☽（16：26-27）即在末日，安拉将他们在今世做的见不得人的丑事和他们的险恶内心公之于众。正如安拉所言：☾ 那天，一切秘密都被揭露，☽（86：9）即一切曾经隐秘的事情，将在末日被公开，被传扬。两圣训实录辑录，伊本·欧麦尔传述，安拉的使者㊣说："末日，每个失信者的臀部跟前将立起一杆旗，这旗的大小依据其曾经失信的程度而定。人们议论纷纷：这是背信弃义者某某。"[1]多神教徒的阴谋诡计也将在那日被揭露。

清高伟大的安拉谴责并诘问他们："我的'伙伴们'在哪里呀？你们曾经为了它们而敌视"，即你们曾经为了他们而向伊斯兰宣战，并互相敌对。这些"神"去哪了？让他们出来帮助你们脱离惩罚吧！然而：☾ 它们能帮助你们，或是它们能自助吗？☽（26：93）☾ 他将没有任何力量，也没有援助者。☽（86：10）当明证摆在他们面前，安拉的判决已定时，他们便哑口无言，无处逃避。

"那些被赋予知识的人"指今世和后世中的一些领袖人物，他们将在两世中传达真理，末日，他们将说："这一天，隐昧的人确实将遭受羞辱和恶运"，即隐昧者们在今世时将一些无益无害的东西当作安拉的伙伴，并否认安拉。但今日，他们将被笼罩在惩罚和凌辱之中。

☾ 28.他们正在亏负自己时，众天使使他们死去。他们表示顺从，（说）"我们不曾触犯任何罪行。不然，安拉深知你们所做的一切。☽

☾ 29.所以你们进入火狱之门，永居其中吧！骄傲者的居所真恶劣！"☽

## 隐昧者们在死亡时和死亡之后的情况

安拉在此讲述多神教徒们临终时，众天使取走他们的丑恶性命的情况："他们表示顺从"，即他们表现出顺从伊斯兰的样子，说道："我们不曾触犯任何罪行。"他们将在末日说：☾ 指安拉——我们的主发誓！我们不是崇拜多神的人。☽（6：23）又☾ 那天，安拉使他们全体复活，他们就像对你们发誓一样地对他发誓。☽（58：18）

安拉揭露他们的谎言，说："不然，安拉深知你们所做的一切。所以你们进入火狱之门，永居其中吧！骄傲者的居所真恶劣！"即那些曾经抗拒安拉经文的多神教徒的言行和居所都是极其恶劣的。他们死后将和他们的灵魂一起进入火狱。他们的身体将在坟墓中遭受炎热的刑罚和毒刑。末日到来时，他们的灵魂将沉寂在他们的体内，永远遭受火刑。☾ 他们不被判处死刑，又怎能死亡呢？他们在其中也不获减刑。☽（35：36）又☾ 他们早晚都被带到烈火跟前。复活的时刻确定之日，（有声音说）"你们让法老的随从进入最深重的惩罚之中！"☽（40：46）

☾ 30.敬畏者们被问道："你们的主降下了什么？"他们说："美好的。"行善者在今世有善报，而后世的家园是更好的。敬畏者的家园真优美啊！☽

☾ 31.他们将进入永居的乐园，在它的下面诸河流淌，他们在其中能得到他们所向往的一切。安拉就这样恩赐敬畏者。☽

☾ 32.他们在洁美的情况下，众天使使他们死去，天使们说："祝你们平安！由于你们曾经的行为，你们进入乐园吧！"☽

---

（1）《布哈里圣训实录诠释——造物主的启迪》10：578；《穆斯林圣训实录》3：1360。

### 敬畏者对启示的评述以及在死亡的时候和死亡之后他们将获得的报酬

被赐福者和薄福的人恰恰相反。薄福者被问及安拉给他们降下什么时，他们不但不予回答，反而信口开河地说穆圣㊗所诵读的是从一些古籍中搜集来的传说。而这些幸福者被问及相同问题时，他们回答说安拉降下的都是美好的。换言之，对那些归信经典并遵循经典的人们来说，安拉降下的一切都是慈悯和祥瑞。安拉讲述他通过众先知给他的众仆准备的恩典说："**行善者在今世有善报。**"正如安拉所言：❰ 不论男女，只要他行善，并且归信，我一定使他过一种美好的生活，我将按照他们当初最好的行为报偿他们。❱（16：97）即在今世行善之人，安拉会赐给他两世的幸福。安拉又说后世的家园比今世的生活更加优美。其中的报偿比今世的报偿更丰富。正如安拉所言：❰ 但是那些被赐给知识的人说，你们真可悲！安拉的回赐对那些归信并行善的人是更好的。❱（28：80）又❰ 在安拉那里的（恩典）对于清廉的人是更好的。❱（3：198）又❰ 然而后世是更好更持久的。❱（87：17）安拉对使者㊗说：❰ 对于你，以后比以前更好。❱（93：4）

然后安拉形容了后世的家园："**敬畏者的家园真优美啊！**"

"**永居的乐园**"，即敬畏者们将进入永居的乐园。

"**在它的下面诸河流淌**"，即诸河将流淌在乐园的树木和宫殿之间。

"**他们在其中能得到他们所向往的一切。**"正如安拉所言：❰ 其中有令人赏心悦目的一切。你们将永居其中。❱（43：71）圣训说："乐园的一些居民正在坐饮时，会有云彩经过他们。只要他们中有人想得到什么，云中就会降下什么。有人说：'给我降下年龄统一、乳房高耸的美女吧！云中果真会降下美人。'"

"**安拉就这样恩赐敬畏者。**"每个归顺者、敬畏者和行善者，都会得到安拉的奖励。

清高伟大的安拉说，敬畏者们临终时，都是信仰纯洁、行为高尚的。取命的天使会给他们道色兰，并以乐园给他们报喜。正如安拉所言：❰ 那些说"我们的主是安拉"，并于此后坚定不移的人，天使们降临于他们，说道："你们不要害怕，也不要忧虑，而要为你们曾被许诺的乐园而欣喜！"我们是你们在今世与后世的保护者。其中，你们享有你们所想要的一切，其中，你们将获得你们所要求的！这是至恕的、至慈的主的款待！❱（41：30-32）前面我们注释了❰ 安拉将以坚定的话在今世与后世使那些归信的人坚定，安拉也将使不义者迷误，安拉做他所愿意做的事。❱（14：27）并引述了穆民和隐昧者死亡时的情景，此处不再赘述。

❰ 33.他们（隐昧者）只等待天使们降临他们或你主的命令来临。他们的前人就曾这样做了。安拉没有亏负他们，但他们在亏负自己。❱

❰ 34.他们行为的恶果降临了他们，他们被曾经嘲笑的包围了。❱

### 隐昧者迟迟不归信，并等待惩罚降临

格塔德解释说，安拉警告那些执迷不悟、沉湎于今世的多神教徒说，他们只等着天使们来取走他们的性命。[1] 或者等待"**你主的命令来临**"，即末日来临，以便目睹末日的恐惧。

"**他们的前人就曾这样做了**"，即过去的多神教徒们就曾这样执迷不悟，最终招来安拉的严惩。

"**安拉没有亏负他们。**"安拉为他们解明了事情的原因，并通过遭圣降经为他们树立了明证。

---

(1)《泰伯里经注》17：199。

"但他们在亏负自己。"他们因为反对众使者，不相信使者的使命，因而招来安拉的惩罚，亏了自己。

"他们被曾经嘲笑的包围了。"在今世中，每当使者们以严惩警告他们时，他们就嗤之以鼻，百般嘲弄。因此，他们在后世被惨痛的刑罚所包围。在末日，有声音对他们说：⟨这就是你们一贯否认的火!⟩（52：14）

⟨35.以物配主的人们说："如果安拉愿意，我们和我们的先人绝不会舍他而崇拜任何事物。我们也不会擅自将任何事物定为非法。"他们的先民就曾如此说过。众使者的使命除了明确的传达之外还有什么呢？⟩

⟨36.我的确在每一个民族中派遣一位使者。（他说）"你们要崇拜安拉，远离塔吾特。"他们当中有安拉引导的人，也有应该陷入迷误的人，所以你们去周游大地，并看看那些隐昧者有什么后果。⟩

⟨37.即使你希望他们获得正确的引导，安拉也不引导那些误导他人的人，他们也没有相助者。⟩

### 多神教徒狡辩他们的行为是安拉的定然，安拉对他们的驳斥

清高伟大的安拉说，多神教徒们沉湎于对多神的崇拜，并以前定为托辞，狡辩道："**如果安拉愿意，我们和我们的先人绝不会舍他而崇拜任何事物。我们也不会擅自将任何事物定为非法。**"他们曾按个人的想法，毫无依据地将某些牲畜称为"连生驼"、"豁耳驼"、"放生驼"，规定它们的肉是非法的。其话意是：假若安拉不愿意，我们也不至于那么做，安拉也不会让我们那么去做。安拉驳斥他们的强词夺理说："**众使者的使命除了明确的传达之外还有什么呢？**"即事实并非如这些多神教徒所说，安拉确已严厉地警告并禁止这些丑行，安拉派遣的历代使者们，都号召人们崇拜独一无偶的安拉。"**你们要崇拜安拉，远离塔吾特。**"人类历史上以物配主的行为最早出现于努哈先知时代，安拉所派遣的一切先知，乃至安拉所派遣的最后一位先知——全体人类和精灵的使者穆罕默德，都宣传安拉独一信仰。⟨我在你以前每派遣一位使者，就对他启示道："除我之外无应受拜的，所以你们应当惟独崇拜我。"⟩（21：25）又⟨你问问我在你以前所派遣的使者们，我可曾在至仁主之外设立了供人崇拜的神吗？⟩（43：45）

从上述解释中可以看出，多神教徒所说，"**如果安拉愿意，我们和我们的先人绝不会舍他而崇拜任何事物。我们也不会擅自将任何事物定为非法**"，纯属无稽之谈。安拉的法律意志也驳斥了他们，因为安拉通过所有先知对他们发布了禁止令，安拉的宇宙意志则注定了这些事情的发生，因此，他们的罪行没有任何借口可寻。安拉创造了火狱及其居民——恶魔和隐昧者，但安拉并不喜欢他的仆人成为隐昧者。此中，确有许多深刻的明证和绝对的哲理。

然后安拉说偶像崇拜者们将在今世遭受严惩，警告道："**我的确在每一个民族中派遣一位使者。（他说）'你们要崇拜安拉，远离塔吾特。'他们当中有安拉引导的人，也有应该陷入迷误的人，所以你们去周游大地，并看看那些隐昧者有什么后果**"，即你们去问一问，那些反对使者、违抗真理的人们下场是什么。正如安拉所言：⟨安拉毁灭了他们。隐昧者都有相似的报应。⟩（47：10）又⟨他们以前的人们确曾否认了，我的怒恼是如何的。⟩（67：18）

安拉告诉这位渴望人类都能得正道的穆圣，虽然他渴望他们都得正道，但如果安拉不意欲，任何人都无法得道。安拉说：⟨如果安拉欲惩罚谁，你没有丝毫力量帮他对抗安拉。⟩（5：41）努哈先知对其民族说：⟨如果安拉意欲你们迷误，即使我愿意给你们忠告，我的忠告也将对你们无用。⟩（11：34）

本章经文则说："**即使你希望他们获得正确的引导，安拉也不引导那些误导他人的人。**"正如安拉所言：⟨安拉使之迷误者，是没有引导者的。他任由他们在顽抗中盲目彷徨。⟩（7：186）又⟨你的主的言辞已经判定的那些人，他们不会归信。即使任何迹象来临他们，直到他们看到痛苦的刑罚。⟩（10：96-97）"**安拉也不引导那些误导他人的人**"。安拉所意欲的一定会发生，安拉不意欲的事情不可能发生。安拉若使某人迷误，除了安拉，还有谁能引导他们呢？不会有任何人的。"**他们也没有相助者。**"没有人能拯救他们脱离安拉的惩罚。⟨一切造化和命令都属于他。安拉——众世界的主宰真多福啊！⟩（7：54）

⟨38.他们指安拉起最重的誓言，说道："安拉不会使死者复活。"不然，这是他（主）所许下的确实的诺言。但是大多数人不知道。⟩

⟨39.（他们必定被复活）以便他把他们曾争论的显示给他们，让那些隐昧的人们知道他们确实是说谎的人。⟩

❧ 40.当我要造化一件事物时，我只对它说"有"，它就有了。❧

## 死后复生是真的，其中不乏某种哲理，复生对安拉是容易而轻松的事情

清高伟大的安拉说，多神教徒们指安拉立下庄重的誓约，说安拉不会复活已经死去的人。他们还否认安拉的众使者有关复生的预告，并发誓要进行反面宣传。安拉揭露他们的谬误并谴责道："不然"，即"不，复生日势必到来。"

"这是他（主）所许下的确实的诺言。"这是千真万确的消息。

"但是大多数人不知道"，所以他们无知地反对众使者，并陷入隐昧的泥潭。

然后安拉讲述了后世复生万物的哲理："**以便他把他们曾争论的显示给他们**"，❧他依照他们的行为还报那些作恶的人，并以善果还报行善的人。❧（53：31）

"让那些隐昧的人们知道他们确实是说谎的人"，即他们曾经的誓言和誓约都是不实的。

因此，在末日他们将被召进火狱，管理火狱的宰巴尼天使对他们说：❧这就是你们一贯否认的火！这是魔术呢？还是你们看不见？你们进入它吧！无论你们忍耐与否，对你们都是一样的。你们只被报以你们当初所做过的。❧（52：14-16）

然后安拉说他能够做他所意欲的一切事情，天地中的任何事情都难不倒他。当他意欲一件事情发生时，只对它说声"有"，那事情就发生了。复生日的发生也是如此，他一声令下，复生日就会以他的意志而出现。正如安拉所言：❧我的命令只是在一瞬间。❧（54：50）又❧造化和复活你们，就和（造化和复活）一个人一样。❧（31：28）本章的经文说："当我要造化一件事物时，我只对它说'有'，它就有了"，即安拉无需发布第二次命令。

换言之，安拉意欲某件事情发生时，不需要"三令五申"，因为清高伟大的安拉是不可抗拒的。安拉是独一的、强大的，他的权力统管万物。应受拜者，惟有他，他是独一的养育者。

❧ 41.那些在主道上遭受压迫之后迁徙（他乡）的人，我一定在今世让他们住进美好的家园，而后世的回赐确实更大，如果他们知道。❧

❧ 42.他们是坚忍的，是托靠他们主的。❧

## 迁徙者的报偿

清高伟大的安拉说，那些为了追求他的喜悦和报偿，告别亲朋而迁徙他乡的人们……

这些经文可能是为那些在麦加遭受族人的残酷压迫而迁徙阿比西尼亚，以便在那里安心崇拜安拉的人们降示的。这些迁徙者包括：使者的女儿及女婿奥斯曼，使者的堂弟贾法尔，艾布·赛莱迈等将近七八十人。他们中包括妇女和男子，这些人都可称得上"虔信者"（愿安拉喜悦他们）。安拉给他们许约了两世的幸福，说："**我一定在今世让他们住进美好的家园。**"伊本·阿拔斯等人认为"**家园**"指麦地那。[1] 有人认为经文指"我一定赐给他们美好的生活"。这两种解释之间没有矛盾。因为他们抛弃了家园和财产后，安拉在今世确已给他们回赐了更好的家园和财产。谁为安拉而抛弃某种财产，安拉必会给他更好的。事实就是如此，安拉还让他们统治大地，管理百姓，成为显赫的官员。他们中有人成了敬畏者的向导。安拉说，他还为这些迁徙者在后世准备了更丰富的报酬。

"**而后世的回赐确实更大**"，即比今世的赏赐

---
（1）《泰伯里经注》17：205、206。

更大。"如果他们知道"，即假若没有迁徙的人们知道这些，必定会服从安拉，跟随使者。

安拉形容那些迁徙者说："**他们是坚忍的，是托靠他们主的**"，即他们忍受了族人的伤害，托靠了安拉。他们会在两世得到更美好的结局。

❋ **43. 在你以前我只派遣一些男子为使者。如果你们不知道，你们就去问那些有学问的人。** ❋

❋ **44.（我派遣他们）带着一些明证和经典，我降给你这项提示，以便你给人类阐明为他们而降的（启示），以便他们思维。** ❋

## 安拉只从人类中间派遣使者

伊本·阿拔斯说，安拉派遣穆罕默德㊗为先知后，阿拉伯人开始反对穆圣㊗，他们说安拉不屑于派遣一个凡人作使者。后来安拉降谕道：❋ 难道这对人类是一件奇怪的事：我把它启示给他们当中的一个人，说："你警告人类，并给信仰者报喜，他们将在他们的主那里有实在的地位。"❋（10：2）

"**在你以前我只派遣一些男子为使者。如果你们不知道，你们就去问那些有学问的人**"，即你们去问一问，历史上的使者们是人还是天使？如果他们是天使，你们就反对吧。但如果他们都是人，你们有何理由反对穆罕默德呢？正如安拉所言：❋ 我在你以前，只从诸城的人民当中派遣一些男子，颁降启示。❋（12：109）多神教徒们啊！正如你们所说，没有一位使者是天使。[1]

伊本·阿拔斯说，"**有学问的人**"指有经人。[2] 正如安拉所言：❋ 你说："赞我的主清净！我只不过是一位接受使命的人！"在引导到达人们之后，阻止他们归信的只是他们这句话："难道安拉派遣了一个人做使者吗？"❋（17：93-94）又 ❋ 我在你以前派遣的使者们，都是吃食物并在市集上行走的。❋（25：20）又 ❋ 我没有使他们成为不吃食物的躯壳，他们也不是永生的。❋（21：8）又 ❋ 你说："我不是诸使者中的另类。"❋（46：9）又 ❋ 你说："我只是和你们一样的人。我已获得启示。"❋（18：110）

多神教徒们对使者身份表示怀疑，因为这些使者们都来自人类而不是来自天使。安拉让这些怀疑者去问问那些从古代先知那里继承了经典的有经人：先知们是人还是天使？

然后清高伟大的安拉说："**（我派遣他们）带着一些明证和经典。**" "**经典**"指安拉降给历代先知的经典。[3] 正如安拉所言：❋ 他们所做的一切，都载在天经之中。❋（54：52）又 ❋ 我在教诲之后，曾在宰甫尔中写道："我的清廉众仆将继承大地。" ❋（21：105）"**我降给你这项提示，以便你给人类阐明为他们而降的（启示）**"。"**提示**"指《古兰》。经义是：以便你给世人阐明安拉降给们的经典，因为你懂得经典的意义，你热爱它，并恪守它。又因为我知道你是最优秀的人，是阿丹子孙的领袖。你有能力从细节方面为世人阐明经典，并解释他们不清楚的地方。

"**以便他们思维。**"以便他们为自己而考虑，从而遵循正道，并获得两世的吉庆。

❋ **45. 那些实施罪恶行为的人，难道已经对此感到放心：安拉让大地吞没他们，或是怒恼从他们不知不觉的地方降临他们？** ❋

❋ **46. 或是他在他们的（旅途）往返中突袭他们，而他们却不能逍遥自由。** ❋

❋ **47. 或是他在他们恐惧的情况下突袭他们。你们的主确实是至爱的，至慈的。** ❋

## 犯罪者是何等的胆大包天

清高伟大的安拉讲述他对犯罪者的宽容。这些恶人自己作恶，并千方百计地促使他人作恶，最终让全人类和他们成为一丘之貉。安拉能够让他们和大地一起沦陷，或在他们不知觉的情况下惩罚他们。换言之，让他们遭受不可设防的惩罚。正如安拉所言：❋ 你们是否已经安心，天上的主宰不会在使大地震动的时候吞没你们？或是你们已经安心，天上的主宰不降给你们飞沙走石？你们将会知道我的警告是怎样的。❋（67：16-17）

"**或是他在他们的（旅途）往返中突袭他们**"，即在他们为生活奔波的时候，或他们为了娱乐而旅行的途中，使他们遭受惩罚。

格塔德说 "**他们的往返**" 指他们的旅行。[4] 正如安拉所言：❋ 那么，这些城镇中的民众，他们不怕在夜晚熟睡时，我的打击降临他们吗？或是他们在白天玩耍之际，不怕我的惩罚降临吗？❋（7：97-98）

"**而他们却不能逍遥自由**"，即无论他们处于什么状态下，都不能逃避安拉。

"**或是他在他们恐惧的情况下突袭他们**"，即在他们设防袭击的情况下，让他遭受袭击。因为这种打击的影响更深刻，程度更严重。

伊本·阿拔斯解释这节经文说，（安拉说）如

---

(1)《泰伯里经注》17：208。
(2)《泰伯里经注》17：208。
(3)《泰伯里经注》17：211。
(4)《泰伯里经注》17：213。

果我意欲，我就在他的伙伴遭受惩罚之后使他胆战心惊，然后再对束手无策的他进行惩罚。[1]

“**你们的主确实是至爱的，至慈的。**”因为他不会立即惩罚你们。两圣训实录辑录，安拉的使者ﷺ说：“任何人都不比安拉更能忍受诽谤之害。安拉供养人们，并赐给他们幸福，但他们却妄言安拉有孩子。”[2]使者又说：“安拉确实在宽容不义者，但他若要惩罚他时，就不会再姑容他。”使者说了上述话后读道：﴾当你的主惩罚不义的城市（居民）时，他的惩罚就是这样的。他的惩罚确实是痛苦的，严厉的。﴿（11：102）[3]又﴾多少城市，当它犯罪时，我宽限了它，然后我才惩罚它。归宿只在我那里。﴿（22：48）

**﴾48.难道他们没看到安拉所造化的万物——它们的影子向右边和左边倾斜，而为安拉谦卑地叩头吗？﴿**

**﴾49.诸天与大地的一切，不论他们是动物还是天使，都向安拉叩头，他们都不骄傲。﴿**

**﴾50.他们全都畏惧他们之上的养主，并奉命行事。﴿**

## 万物都在为安拉叩头

清高伟大的安拉讲述他的伟大。万物——无论其中有生命的还是无生命的，都绝对服从他。万物的影子，也通过左右倾斜，早晚崇拜他。

穆佳黑德说：“当太阳偏斜的时候，万物都开始为安拉叩头。”[4]

“**谦卑地**”，即毕恭毕敬地。

穆佳黑德说，万物出现影子的时候，就在为安拉叩头。[5]山也是如此。山的影子在为安拉叩头。

艾布·阿里卜·西巴尼说：“海浪（的起伏和声音）就是大海的礼拜。”他将大海看作有理智的，因为他说它们在叩头。他说：“**诸天与大地的一切，不论他们是动物还是天使，都向安拉叩头，他们都不骄傲。**”正如安拉所言：﴾天地间的万物无论情愿或不情愿，都在叩拜安拉，它们的形影朝朝暮暮也都如此。﴿（13：15）天使们也谦恭地为安拉叩头。

“**他们全都畏惧他们之上的养主**”，即他们向

الجزء الرابع عشر ٢٧٣ سورة النحل

لِيَكْفُرُوا بِمَآ ءَاتَيْنَٰهُمْ فَتَمَتَّعُوا فَسَوْفَ تَعْلَمُونَ ﴿٥٥﴾ وَيَجْعَلُونَ
لِمَا لَا يَعْلَمُونَ نَصِيبًا مِّمَّا رَزَقْنَٰهُمْ تَاللَّهِ لَتُسْـَٔلُنَّ عَمَّا كُنتُمْ
تَفْتَرُونَ ﴿٥٦﴾ وَيَجْعَلُونَ لِلَّهِ الْبَنَٰتِ سُبْحَٰنَهُ وَلَهُم مَّا يَشْتَهُونَ
﴿٥٧﴾ وَإِذَا بُشِّرَ أَحَدُهُم بِالْأُنثَىٰ ظَلَّ وَجْهُهُ مُسْوَدًّا وَهُوَ كَظِيمٌ ﴿٥٨﴾
يَتَوَٰرَىٰ مِنَ الْقَوْمِ مِن سُوٓءِ مَا بُشِّرَ بِهِۦٓ أَيُمْسِكُهُۥ عَلَىٰ هُونٍ
أَمْ يَدُسُّهُۥ فِى التُّرَابِ أَلَا سَآءَ مَا يَحْكُمُونَ ﴿٥٩﴾ لِلَّذِينَ لَا يُؤْمِنُونَ
بِالْءَاخِرَةِ مَثَلُ السَّوْءِ وَلِلَّهِ الْمَثَلُ الْأَعْلَىٰ وَهُوَ الْعَزِيزُ الْحَكِيمُ
﴿٦٠﴾ وَلَوْ يُؤَاخِذُ اللَّهُ النَّاسَ بِظُلْمِهِم مَّا تَرَكَ عَلَيْهَا مِن دَآبَّةٍ
وَلَٰكِن يُؤَخِّرُهُمْ إِلَىٰٓ أَجَلٍ مُّسَمًّى فَإِذَا جَآءَ أَجَلُهُمْ لَا يَسْتَـْٔخِرُونَ
سَاعَةً وَلَا يَسْتَقْدِمُونَ ﴿٦١﴾ وَيَجْعَلُونَ لِلَّهِ مَا يَكْرَهُونَ وَتَصِفُ
أَلْسِنَتُهُمُ الْكَذِبَ أَنَّ لَهُمُ الْحُسْنَىٰ لَا جَرَمَ أَنَّ لَهُمُ النَّارَ
وَأَنَّهُم مُّفْرَطُونَ ﴿٦٢﴾ تَاللَّهِ لَقَدْ أَرْسَلْنَآ إِلَىٰٓ أُمَمٍ مِّن قَبْلِكَ
فَزَيَّنَ لَهُمُ الشَّيْطَٰنُ أَعْمَٰلَهُمْ فَهُوَ وَلِيُّهُمُ الْيَوْمَ وَلَهُمْ
عَذَابٌ أَلِيمٌ ﴿٦٣﴾ وَمَآ أَنزَلْنَا عَلَيْكَ الْكِتَٰبَ إِلَّا لِتُبَيِّنَ لَهُمُ
الَّذِى اخْتَلَفُوا فِيهِ وَهُدًى وَرَحْمَةً لِّقَوْمٍ يُؤْمِنُونَ ﴿٦٤﴾

主叩头的时候，因为敬畏安拉而诚惶诚恐，心惊胆战。

“**并奉命行事**”，即他们永远服从安拉，做安拉命令的事情，不做安拉禁止的事情。

**﴾51.安拉说：“你们不要（拜）两个神，神只有一个。所以你们只应敬畏我。”﴿**

**﴾52.诸天与大地的一切都属于他，宗教永远属于他。难道你们还会敬畏安拉之外的吗？﴿**

**﴾53.你们周围的恩典都来自安拉。当你们遭到不幸时，你们只向他求救。﴿**

**﴾54.然后，当他为你们消除灾难时，你们当中的一部分人转眼间就为他们的主设置伙伴。﴿**

**﴾55.以致，他们否认我赐给他们的恩典。那么，你们就享受吧！不久你们就会知道。﴿**

## 只有安拉应受崇拜

清高伟大的安拉说，应受拜者，惟有安拉。只有独一的安拉有权接受万物的崇拜。因为安拉是万物的创造者、养育者和掌管者。“**宗教永远属于他**”，伊本·阿拔斯、穆佳黑德等说：“瓦岁卜，

---

（1）《泰伯里经注》17：214、215。
（2）《布哈里圣训实录诠释——造物主的启迪》13：372；《穆斯林圣训实录》4：2160。
（3）《布哈里圣训实录诠释——造物主的启迪》8：205；《穆斯林圣训实录》4：1997。
（4）《泰伯里经注》17：217。
（5）《泰伯里经注》17：217。

"واصب"指永远、必须。⁽¹⁾穆佳黑德认为经文指纯粹，即天地间的一切纯粹属于安拉。正如安拉所言：❰他们要寻求安拉的宗教之外的吗？在诸天和大地之间的一切无论愿意和不愿意都只服从他，他们都将被召回到他那里。❱（3：83）按照伊本·阿拔斯的解释，这节经文属于陈述句。按照穆佳黑德的解释，经文属于祈使句，即你们应该因给我设置伙伴而害怕我，并虔诚地顺从我。正如安拉所言：❰真的，纯正的宗教只属于安拉。❱（39：3）然后安拉指出，他是福祸的掌握者，他恩赐众仆给养、恩典、健康和襄助。

"当你们遭到不幸时，你们只向他求救。"因为你们知道，只有安拉能够消除不幸。你们在万不得已时向安拉求救，满怀信心地向他求救。正如安拉所言：❰当你们在海上遭遇危难时，除了他之外，你们所祈求的那些都不见了。可是当他把你们拯救到陆地时，你们就背弃了。人总是忘恩负义的！❱（17：67）"然后，当他为你们消除灾难时，你们当中的一部分人转眼间就为他们的主设置伙伴。以致，他们否认我赐给他们的恩典。"⁽²⁾即我注定他们去这样做，以便他们对安拉忘恩负义。因为安拉施给他们恩典，解除了他们的灾难。

所以安拉警告他们："那么，你们就享受吧！"即你们想做什么就做吧！在这短暂的今世中穷奢极欲吧！"不久你们就会知道"你们的结局。

❰56.他们将我赐予他们的部分，供给他们所不知道的（偶像）！以安拉发誓，你们势必会为你们所捏造的一切而受审问。❱

❰57.他们把女儿分配给安拉！赞美安拉，而他们把自己喜欢的分配给自己。❱

❰58.当他们当中的某人得到生女孩的消息时，他的脸就变黑了，并充满郁愤！❱

❰59.他为他所得到消息而躲避群众！（他思忖）将含羞忍辱地留下她呢，还是把她埋葬在泥土中呢？啊！他们的决断是多么邪恶啊！❱

❰60.不信后世的人有恶劣的比喻。而安拉有至高无上的典型。他是优胜的、明哲的。❱

## 多神教徒的丑行之一：把安拉赐给他们的恩典供给他们的伪神

多神教徒真可谓丑事做绝，他们虽然也崇拜安拉，但他们又去无知地崇拜名目繁多的偶像。他们把安拉赐给他们的一部分供给偶像，厚颜无耻地说："这是安拉的。那是安拉的伙伴的。"他们妄言，属于偶像的东西不能到达安拉那里，属于安拉的东西则能到达偶像跟前。他们的判断真可恶！他们甚至将偶像看得比安拉更加尊贵。安拉以其尊贵的本然发誓，他一定会因多神教徒的诽谤和污蔑而审问他们，并给予最公正的报应。安拉说："**以安拉发誓，你们势必会为你们所捏造的一切而受审问。**"

清高伟大的安拉说，多神教徒们妄称安拉的众天使——安拉的奴仆是女性，并对他们加以崇拜。

多神教徒的上述三种行为，都是错误的。他们认为安拉有儿女，并认为应该把儿女中弱的一部分——女儿供给安拉。但他们自己不喜欢拥有女孩。正如安拉所言：❰难道男性都归你们，而女性只归他吗？这确实是不公的分配！❱（53：21-22）

"**他们把女儿分配给安拉！赞美安拉**"，即安拉和他们信口开河的事物无关。❰那属于他们的谎话，他们势必要说："安拉已经生育了。"他们确实是说谎的。难道他放弃儿子而要女儿吗？你们是怎么了？你们怎样判断呢？❱（37：151-154）

"**而他们把自己喜欢的分配给自己**"，即他们自己不喜欢女孩，却将女孩分配给安拉。安拉和他们所说的毫无关系。

## 多神教徒反感女孩

"**当他们当中的某人得到生女孩的消息时，他的脸就变黑了**"，即他将这一消息当作噩耗，因而垂头丧气。

"**并充满郁愤**"，即指他们因为发愁而一言不发。

"**他为他所得到消息而躲避群众！**"即他不愿见人。

"**将含羞忍辱地留下她呢，还是把她埋葬在泥土中呢？**"蒙昧时代的多神教徒们重男轻女，不给女孩继承权。他们活埋女孩。他们在蒙昧时候如此对待女孩，却把女孩分配给安拉。

"**啊！他们的决断是多么邪恶啊！**""决断"指言论、分配和行为。正如安拉所言：❰当他们中的一个人得悉，他得了像他为至仁主所举例的时，他极其忧郁，脸色黑暗。❱（43：17）

"**不信后世的人有恶劣的比喻。**"他们身上都是缺陷。

"**而安拉有至高无上的典型。**"安拉在任何方面都是完美无缺的。"**他是优胜的、明哲的。**"

❰61.如果安拉由于人们的不义而要惩罚他们，

---
（1）《泰伯里经注》17：222-223。
（2）可译为："以便他们否认我赐给他们的恩典。"——译者注。

他就不会在地上留下任何动物。但是他将宽限他们至一明确的时期。当他们的期限到达时,他们不能延迟片刻,也不能提前(片刻)。❖

❖ 62.他们把自己所厌恶的归诸安拉,用他们的舌头编造谎言,说他们将得到最美好的(结局)。无疑,他们将得到烈火,他们将是被抛弃的。❖

### 安拉不因人类犯有罪恶而立即惩罚他们

虽然人类多行不义,但安拉还是宽待他们,假若安拉按照人们的行为去责问他们,他不会在大地上留下任何动物。换言之,各种动物也会因为人类的丑行而受到牵连。

但安拉宽容地对待人类,不揭露他们所做的罪恶,他要等待他们到一个明确的期限,而不立即惩罚他们。假若安拉那样去做,他不会让任何人活在世上。艾布·胡莱赖曾听到有人说:"不义者只是自己害自己。"艾氏看了看那人,说道:"以安拉发誓,就连野雁都会因为不义者的不义而死于巢中。"(1)

### 多神教徒欲将自己不喜欢的东西分配给安拉

"他们把自己所厌恶的归诸安拉",即他们把女儿和所谓的"安拉的伙伴"(其实它们是安拉的奴仆)分配给安拉。但他们中的任何人都不喜欢别人(伙伴)分享他们的财产。

"用他们的舌头编造谎言,说他们将得到最美好的(结局)。"他们妄言:我们不但会在今世得到好结局,如果真的有后世,我们还会在后世得到更好的结局。类似的经文说:❖ 如果我使人尝试一下我的仁慈,然后再由他那里取消它。他就变得绝望和忘恩负义。倘若我在他遭遇困难之后,使他尝试一下恩典,他一定会说:"种种的不幸都离我而去了。"他是得意忘形、傲慢自大的。❖(11:9-10)又 ❖ 假若我在他遭逢灾难之后给他尝试来自我的慈悯,他一定会说:"这是我应得的,我绝不以为复活的时刻会实现。倘若我被带回我的主,我一定会由他那里获得更好的。"我一定告诉给隐昧者他们的所作所为,我必将使他们尝试烈刑。❖(41:50)又 ❖ 你可曾见到那不信我的迹象的人,他说:"我一定会被赐给财富和子女"吗?❖(19:77)安拉讲述一个执迷不悟的狡辩者说:❖ 对自己不义的他进入他的园中,说道:"我永远不相信这一切将会消失。我也不相信复活时刻能到来。假使我被带回到我的主那里,我也一定能找到比这更好的归宿。"❖(18:35-36)上述这些人都

作恶多端,执迷不悟,但他们都天真地认为自己将得到美好的结局。他们的想法是荒唐的。

安拉驳斥他们说,"**无疑**"即不争的事实是:在末日,"**他们将得到烈火**"。

"**他们将是被抛弃的。**"穆佳黑德、伊本·朱拜尔等人认为"被抛弃的"指被遗忘的、被废弃的。如另一段经文说:❖ 我今天将忘记他们,正如他们曾经忘记有今日的相见。❖(7:51)

塔德还认为"被抛弃的"指迅速被送进火狱的。(2)换言之,他们将被首先投进火狱。(3)

这两种解释之间没有矛盾,即在末日来到后,他们立即被投进火狱,然后被遗忘在火狱中,永远无法解脱酷刑。

❖ 63.凭安拉发誓,我曾派遣我的使者到你以前的各民族中去,但是魔鬼为他们粉饰了他们的行为。今天它是他们的"保护者",他们将受到痛苦的刑罚。❖

❖ 64.我降给你天经,只为你能对他们解释他们

---

(1)《泰伯里经注》17:231。
(2)《泰伯里经注》17:233。
(3)《泰伯里经注》17:234。

所持的异见，并引导和慈悯归信的群体。﴾

﴿65.安拉由天空降雨，并用它使已死的大地复活，对于听闻的群体，此中确有一种迹象。﴾

## 通过参悟古人经受的考验获得心灵的安慰

清高伟大的安拉说，他曾在过去的民族中派遣了许多使者，但那些使者们都遭到过否认。穆罕默德啊！你的这些使者兄弟们，都是你的榜样，你不要因为遭受族人的反对而放弃宣教事业。多神教徒们因为受到恶魔的诱惑而反对列圣，在恶魔的诱惑下，他们将自己丑恶的行为当成了美好的行为。所以"今天它是他们的'保护者'"。恶魔将看着他们遭受惩罚，而不能拯救他们。因为他们都在痛苦中自顾不暇。

## 安拉降示《古兰》的哲理

安拉对使者穆罕默德说，我降给你天经的目的是，你为世人阐明他们的异见。而《古兰》则能裁决一切分歧。《古兰》是心灵的向导，是对遵循它的人们的慈悯。安拉还将《古兰》作为一种生命力，复活那些曾经否认真理的人们的心灵。正如他通过从天上降下雨水，复活已死的大地。

"对于听闻的群体，此中确有一种迹象"。"听闻的群体"指能够理解话语意思的人们。

﴿66.在牲畜当中也有一项给你们的教训，我给你们饮用出自它（们）腹中的——出自血液和粪便之间的纯净而可口的乳汁。﴾

﴿67.你们也从枣树和葡萄树的果实酿制醇酒和美好的营养。此中对于领悟的群体确有一种迹象。﴾

## 牲畜、枣和葡萄对人的启发以及它们的益处

清高伟大的安拉说："在牲畜当中也有一项给你们的教训"，即世人啊！骆驼、牛、羊等牲畜中，确实有一种迹象，证明着造物主的智慧、大能、慈悯和仁爱。

"我给你们饮用出自它（们）腹中的。"经文中的"它"这个单数词，所指代的是牲畜或动物。因为牲畜都属于动物。即我让你们饮用出自这些牲畜腹中的。另一段经文中使用的"它"是一个阴性词。如：﴿绝不然！它确实是教诲。所以，谁愿意，就让他记念他。﴾（80：11-12）又﴿不过，我将给他们送去礼物，然后看看使节带回什么。"当使节到来时……﴾（27：35-36）即财产。

"出自血液和粪便之间的纯净而可口的乳汁"，即血液的颜色、气味和滋味没有混入乳汁当中。血液和乳汁在动物体内各自流到各自的地方，血液流到血管中，乳汁流到乳房中，尿则排到尿道当中。

并且人们在饮奶时，从不被噎住。安拉提到奶汁——这一可口的饮料后，紧接着开始讲述人们用枣和葡萄酿制的饮料。伊斯兰禁止饮酒之前，人们曾用这些果品酿制醉人的汁子。因此，安拉阐明这一恩典说："你们也从枣树和葡萄树的果实酿制醇酒……"经文证明伊斯兰的法律曾经允许饮酒（后来又严禁饮酒）。经文同时证明，用枣酿制的饮料和用葡萄酿制的饮料（在教法中）是一样的。正如圣训所述，用大麦、小麦、芥子和蜂蜜酿制的饮料在教律也是一样的。

伊本·阿拔斯解释"醇酒和美好的营养"说，"醇酒"指用枣和葡萄的果实酿造的非法饮料。"美好的营养"指这两种果实中合法的成分。[1]另据传述，"醇酒"指其中非法的部分。"美好的营养"，指其中合法的部分，如干枣和葡萄干以及油、醋、汁子等，圣训指出，这些饮料在发酵之前，可以饮用。

"此中对于领悟的群体确有一种迹象。"经文在此恰如其分地提到了理智。理智是人所具备的最尊贵的特征。安拉为了保护伊斯兰民族的理智，禁止他们饮用醉人的饮料。安拉说：﴿我也在其中造化了许多枣树园和葡萄园，并使泉水由其中涌出来。以便他们吃其果实，那些果实不是他们的手造化的。难道他们不感谢吗？赞美安拉，他从大地生长的万物中，从他们自身中以及从人们所不知道的（事物）中造化了一切配偶。﴾（36：34-36）

﴿68.你的主启示蜜蜂："你在山上、树上以及从他们所建的建筑中建蜂房吧。﴾

﴿69.然后你就吃各种果实吧！并谦恭地遵循你主的道路。"它的身体中流出颜色不同的饮料，其中对人们有治疗（之效）。对于能思想的群体，其中确有一种迹象。﴾

## 蜜蜂和蜂蜜中对人有一种恩典，值得人类参悟

"你的主启示蜜蜂"中的"启示"指启发、引导。即安拉引导蜜蜂在山上、树上和人类的建筑物上筑造蜂房。蜜蜂所设计并建造的这种六角形蜂房，做工考究，质量高超，几乎完美无缺。然后安拉通过其定然，引导蜜蜂在辽阔的大自然中——在

---

[1]《泰伯里经注》17：241、242。

平原上、山岗上、谷地中采撷各种果实的精华,以安拉所预定的方式去工作。然后让每个蜜蜂准确地回到自己的蜂房,带回卵和蜂蜜。它用翅膀上的蜂腊修建巢房,吐出口中的蜂蜜,并以后面产卵。次日又去野外采蜜。

格塔德和阿卜杜·拉赫曼说,"**并谦恭地遵循你主的道路**"指你当走在被你的主制服的大路上。(1) 他们认为"谦恭"是"道路"一词的状语。正如安拉所言:❦ 我使它们服从于他们,它们当中有供他们乘载的,也有供他们食用的。❧(36:72)(2) 你难道没看见,养蜂人将蜂房搬运到各个地区。蜜蜂跟随着他们?从这方面看,"谦恭"一词对道路作状语是比较合适的。即你当走安拉为你制服的光明大道。两种解释都是正确的。(3)

"**它的身体中流出颜色不同的饮料。**"蜂蜜的颜色一般根据采蜜区的不同而各异,有白、黄、红等美丽的色彩。

"**其中对人们有治疗(之效)**",即蜂蜜对人类有医疗之效。换言之,其中含有许多对人体有益的成份。假若经文说"它是人类的医疗品",那么蜂蜜就能医疗一切疾病。但经文的这种表达方式说明,蜂蜜仅适合医疗某些疾病。蜂蜜是热性的,它对凉性疾病有明显疗效。因为疾病需要"反其道而治之"。

包括两圣训实录在内的各大圣训集记载,有人来到安拉的使者㊣跟前说:"我的兄弟腹泻不止,应该怎么办?"使者说:"给他喝蜂蜜。"不久那人回来说:"安拉的使者啊!我让他喝了蜂蜜,但他泻得更厉害了。"使者说:"给他喝蜂蜜。"不久那人又回来说:"安拉的使者啊!我让他喝了蜂蜜,但他泻得更厉害了。"如此往来三次,那人的兄弟仍然不见好转。使者说:"安拉的语言是千真万确的,但你兄弟的肚子在撒谎。你去让你的兄弟继续喝蜂蜜。"那人去后奉命行事。后来,他的兄弟果真痊愈了。(4)

两圣训实录辑录,阿伊莎(愿主喜悦之)说,安拉的使者㊣喜欢甜食和蜂蜜。(5)

安拉的使者㊣说:"三个方法可医疗疾病:用火罐、喝蜂蜜和用火灸烤。但我禁止我的民族用火烙身体。"(6)

"**对于能思想的群体,其中确有一种迹象。**"
---
(1)《泰伯里经注》17:249。
(2)《泰伯里经注》17:249。
(3)《泰伯里经注》17:249。
(4)《布哈里圣训实录诠释——造物主的启迪》10:178;《穆斯林圣训实录》4:1732。
(5)《布哈里圣训实录诠释——造物主的启迪》10:81;《穆斯林圣训实录》2:1101。
(6)《布哈里圣训实录诠释——造物主的启迪》10:143。

安拉赋予这些体格弱小的动物去旷野中采蜜,带回珍贵的蜂蜜和蜂腊。对于那些思考蜜蜂的创造者、决策者、制服者和运行者之伟大的人们来说,此中确有一种迹象,证明着他是一位行为的、大能的、智慧的、全知的、慷慨的和仁慈的主宰。

❦ **70.安拉造化你们,然后使你们死亡。你们当中有一些人活到寿命中最恶劣的时期,致使他在(有了)知识之后,又变得对事物不理解。安拉是全知的、大能的。**❧

### 人生的历程也是一种迹象

清高伟大的安拉说,他安排众仆的行为,使他们从无到有,从生到死。安拉还让一部分人活到风烛残年,正如安拉所言:❦ 是安拉造化你们于羸弱之中,然后在羸弱之后赋予你们力量。❧(30:54)

"**致使他在(有了)知识之后,又变得对事物不理解**",即他原来有一些知识,但因为年老昏聩而变得无知无识。

布哈里传述了与这节经文相关的一段圣训,安拉的使者㊣祈祷安拉说:"求你从吝啬、懒惰、老迈的昏聩、寿命中最恶劣的时期、坟墓中的惩罚、丹扎里的迫害、生与死的考验方面庇佑我。"(7)

祖海里在其著名的悬诗中说:"生活的负担,使人疲惫不堪;若能活到八十年,那死亡笼罩心田,使人真假不分,是非难辨。"

❦ **71.安拉使你们当中一部分人在生活财富方面比另一部分优越。那些被赐给宏恩的人绝不把他们的财富分给他们右手所统辖的(奴仆),从而平等享用。难道他们在否认安拉的恩典吗?**❧

### 人类的生活事务中有一种迹象和恩典

多神教徒们虽然承认万物都是安拉的奴仆,但他们还是妄称安拉有伙伴,他们在他们的朝觐应召辞中说:"响应你,你没有伙伴,除非属于你的伙伴。你掌管它,也掌管它所掌管的。"安拉阐明他们的愚蠢和昧真,并驳斥他们说,你们不喜欢你们的奴隶分享我赐给你们的财产,但你们又怎么乐意让安拉的奴仆分享安拉神圣的权力和受尊重权呢?正如另一段经文所述:❦ 他为你们举出一个来自你们自身的比喻:在你们右手所管辖的(奴仆)中,可曾有一些伙伴,与你们共享我所赐给你们的财
---
(7)《布哈里圣训实录诠释——造物主的启迪》8:239。

富，以至他们和你们完全平等。你们畏惧他们，就跟你们互相畏惧一样。》（30：28）

伊本·阿拔斯解释这节经文时说："他们不会和他们的奴隶分享自己的财产和妻子，又为何情愿安拉的奴仆分享安拉的权力？"这就是安拉所说的"难道他们在否认安拉的恩典吗？"[1] 另据传述，伊本·阿拔斯解释说："你们为何将自己所不欲的，施予我呢？"

"难道他们在否认安拉的恩典吗？"他们仅把安拉创造的一部分庄稼和牲畜划分给安拉，并否认安拉的恩典，为安拉设置伙伴。

欧麦尔（愿主喜悦之）曾致信艾布·穆萨："你当以目前的生活现状而知足，至仁主为了考验世人，使一部分人比另一部分人富裕。富裕的人面临的考验是：他如何感谢安拉，并履行安拉规定的财产方面的义务。"

《72.安拉从你们同类当中为你们设置配偶，并通过你们的妻室赐给你们儿孙，他还供应你们一些美好的东西。而他们却相信谬误，辜负安拉的恩典吗？》

### 牲畜、妻室、子孙

清高伟大的安拉讲述他给世人的恩典，说他以相同的人类为人的伴侣。假若人的伴侣不来自他的同类，那么他（她）们间就不会产生爱慕和团结。仁慈的安拉把人类创造成男人和女人，使女人成为男人的妻子，又通过妻子为人类创造儿孙。[2] 经注学家们认为，经文中的"儿孙"有三重意义：一、儿子和孙子。[3] 二、服务员和助手。三、女婿。孙子包括家孙和外孙。

"他还供应你们一些美好的东西"，即指各种饮食。

虽然这样，有人还是舍弃有恩于他的安拉，而崇拜伪神，安拉驳斥他们说："**而他们却相信谬误。**""**谬误**"指各种偶像和伪神。

"**辜负安拉的恩典吗？**"即他们忘恩负义，妄言幸福不是来自安拉。圣训说："末日，安拉将为仆人介绍他的恩典，难道我不曾赐你配偶，使你获得尊严？不曾为你制服马和骆驼，让你居住并管理尘世？"[4]

---
（1）《泰伯里经注》17：252。
（2）《泰伯里经注》17：256、257。
（3）《泰伯里经注》17：257。
（4）《穆斯林圣训实录》4：2279。

《73.他们在安拉之外拜那些不能从诸天与大地中供应他们生计、也没有任何能力的（伪神）吗？》

《74.你们不要为安拉举一些例子。安拉知道，你们不知道。》

### 驳斥崇拜安拉外的一切

清高伟大的安拉说，只有他是人类的施恩者、赏赐者、创造者和供养者，但人类却舍他而崇拜各种偶像和伪神。其实它们"**不能从诸天与大地中供应他们生计、也没有任何能力**"，即它们不能降下雨水，让大地长出庄稼。它们无法自助，焉能助人呢？它们即便有助人的心情，也没有助人的能力。因此，经文说："**你们不要为安拉举一些例子**"，即你们不要设想除安拉外，还有一些伪神、偶像能与安拉势均力敌。

"**安拉知道，你们不知道。**"安拉知道并作证：应受拜者，惟有安拉，而无知的你们却在以物配主。

《75.安拉设下了（两个人的）比喻：一个是

受人管理的奴隶，他对任何事物都无能为力；另一个是我曾赐给他美好给养的人。他私下和公开地花费它，他们相等吗？赞美安拉。但他们大多数不知道。❩

## 穆民、隐昧者、偶像以及安拉所举的例子

伊本·阿拔斯、格塔德、伊本·哲利尔等人说："经文中的例子，是安拉为隐昧者和穆民而举出的。"[1]"受人管理的奴隶"、"对任何事物都无能为力"指的是隐昧者。"我曾赐给他美好给养的人"指穆民，他公开或秘密地施舍财产。穆佳黑德说，经文中的例子指的是偶像和安拉。他们一样吗？[2]显然，二者之间的区别是不言而喻的。只有傻瓜无法识别他们间的区别。清高伟大的安拉说："赞美安拉。但他们大多数不知道。"

❧ 76.安拉又设下了（另外的）比喻：有两个人，其中一人是哑巴，对任何事物都无能为力，并且他对他的主人是个累赘，无论派他到哪里，他都（办）不好。这样的人能跟一个劝人公正并遵循正道的人相等吗？❩

## 另一个例子

穆佳黑德说，这个例子所指的仍是偶像和安拉。那偶像无疑是个哑巴，不会说话，也不会做任何事情。不但如此，它还是主人的累赘和负担。

"无论派他到哪里，他都（办）不好。"他从来都是徒劳无益。

"这样的人能跟一个劝人公正并遵循正道的人相等吗？"即前者似一个一事无成的哑巴，后者不但命人公正，而且其自身的言行都是正确无误的。他们是一样的吗？

奥夫传述，伊本·阿拔斯认为这节经文也指隐昧者和穆民。如前所述。

❧ 77.诸天与大地的奥秘都属于安拉，复活时只像一瞬间，或是更快。安拉确实是全能万事的。❩

❧ 78.安拉使一无所知的你们由你们母亲的子宫中出生。并赐给你们听觉、视力和心智，以便你们感谢。❩

❧ 79.他们没有看到被制服于空中的鸟类吗？除了安拉之外，没有谁能支持它们。对于有正信的群体，此中确有种种迹象。❩

---

（1）《泰伯里经注》17：261、263。
（2）《泰伯里经注》17：263。

## 未见之事只归安拉，只有安拉知道复活之时

清高伟大的安拉告诉我们，他的知识和能力是完美的，他知道天地万物的秘密，知道人类看不见的一切事情。如果安拉不意欲，任何人都无法知道这些秘密。安拉的能力是不可抗拒的，当他意欲一件事情发生时，他只说声"有"，那事情就发生了。正如安拉所言：❧ 我的命令只是在一瞬间。❩（54：50）经文在此说："诸天与大地的奥秘都属于安拉，复活时只像一瞬间，或是更快。安拉确实是全能万事的。"又说：❧ 造化和复活你们，就和（造化和复活）一个人一样。❩（31：28）

## 听觉、视觉和心智是安拉赐给人类的恩典

然后安拉讲述他对仆人的恩典：他从他们的母腹中使他们出生时，他们一无所知。此后，他赐给他们听觉，倾听万籁；赐给他们视觉，观察万物；赐给他们心灵（一说头脑），让他们辨别利害。人类的这些感官和能力，随着年龄的增长，会逐渐成熟并完善。安拉赐给人类这些功能，以便帮助他们正确崇拜安拉。

安拉的使者㊟说，清高伟大的安拉说："和我的盟友为敌者，确已和我宣战；仆人接近我的善功中，最贵的善功莫过于履行我所制定的主命；仆人一直以副功接近我，直至我会喜爱他。当我喜爱他时，我就是他听声音的赛穆尔，是他观看的白所勒，是他行走的磊吉勒[3]。他向我要求时，我会赏赐他；他向我祈求时，我会应答他；他向我求庇佑时，我会庇佑他。我决心要做的事情中，最令我犹豫的莫过于取走穆民忠仆的性命。他不愿死亡，我不愿为难他。但他难免一死。"[4]圣训的意思是，当仆人虔诚地服从安拉时，他的一切行为都是为了安拉，他只为安拉而听，只看安拉许可的事物，只为服从安拉而行走，他在一切事务中，都求安拉襄助。[5]因此，经文说："并赐给你们听觉、视力和心智，以便你们感谢。"正如另一段经文所说：❧ 你说："是他创造了你们，并授予你们听觉、视觉和心灵，可是你们却很少感谢。"你说："是他使你们在大地上繁衍，你们也将被集合到他那里！"❩（67：23-24）

## 在空中制服鸟儿是一种迹象

然后安拉提醒仆人去观看在天地间被制服的鸟儿，它们是怎样展翅飞翔的？只有大能的安拉让它

---

（3）上述字面意义分别为耳朵、眼睛和脚。安拉至知其意义。
（4）《布哈里圣训实录诠释——造物主的启迪》11：348。
（5）《布哈里圣训实录诠释——造物主的启迪》11：352。

们停留在空中，让风承载着它们。正如《实权章》所述：❲他们没有观察在他们上面伸缩羽翼的飞鸟吗？除了至仁主，谁能够维持它们？他确实是全观万物的。❳（67：19）本章的经文说："**对于有正信的群体，此中确有种种迹象。**"

❲80.安拉在你们的家中为你们设置居所，他为你们把牲畜的皮革设为房子，当你们迁移或你们停留时，你们会发觉它们是轻便的。他也以它们的毛、绒、鬃供你们做家居用品和一时的享受。❳

❲81.安拉也从他所造化的东西中为你们设置影荫，以群山做你们的隐避之所，他还赐给你们防热的衣服和防御创伤的甲胄。就这样，他对你们完成他的恩典，以便你们顺服。❳

❲82.倘若他们拒绝，你的责任只是明白地宣传。❳

❲83.他们认识安拉的恩典，然后又否认它们。他们大部分是隐昧者。❳

### 房屋、家用品和衣服都是安拉赐给人类的恩典

清高伟大的安拉指出，他对人类的恩典是面面俱到的，他赐给他们房屋，供他们休息和遮风挡雨。房屋对人类还有许多的益处。安拉还让人类用动物的皮革制造轻便的帐篷，供他们在旅行和居家时使用。因此说，"**当你们迁移或你们停留时，你们会发觉它们是轻便的。他也以它们的毛、绒、鬃供你们做家居用品和一时的享受**"，即人类可以用羊毛、驼绒和山羊鬃制造家用品。"**它们**"指牲畜。经注学家们对"**家居用品**"一词有如下解释：一、财产；二、货物；三、衣服。正确地说，该词包括这一切含义，既包括家中的铺盖，也包括身上的服饰。(1)"**一时的享受**"指定期的享受。

### 影荫、山脉、衣服和甲胄都是安拉赐给人类的恩典

"**安拉也从他所造化的东西中为你们设置影荫。**"格塔德说，"**影荫**"指树。(2)

"**以群山做你们的隐避之所**"，"**隐避之所**"指堡垒和要塞。

"**他还赐给你们防热的衣服**"，即用棉、亚麻和毛制成的衣服。

"**和防御创伤的甲胄**"，"**甲胄**"指铠甲等军用品。

"**就这样，他对你们完成他的恩典**"，即安拉

---

(1)《泰伯里经注》17：268。
(2)《泰伯里经注》17：269。

就这样赐你们一些必需品，以便你们借助它们服从安拉，并正确地崇拜安拉。

"**以便你们顺服**"，即以便你们成为穆斯林。这是大部分学者的解释。

### 使者只肩负传达使命的义务

"**倘若他们拒绝**"，即倘若他们拒绝如此明确的解释，那么你对他们的行为不再负责。"**你的责任只是明白地宣传。**"你确已完成了你的使命。

"**他们认识安拉的恩典，然后又否认它们。**"他们知道安拉是施恩者，但他们还是崇拜多神，妄言伪神在供养他们。"**他们大部分是隐昧者**"(3)。

❲84.那天，我将从各民族中派遣一位作证者，然后隐昧者不再得到许可，他们也不被要求喜悦。❳

❲85.当犯罪的人见到惩罚时，他们不获减轻，也得不到照顾。❳

---

(3)隐昧者和忘恩负义者在阿拉伯语中是同义词。——译者注

☙ 86.当那些以物配主者见到他们（为安拉设立）的配主物时，他们会说："我们的主啊！这些是我们曾经舍你而祈求过的伙伴。"它们则反驳他们道："你们的确是说谎的人！" ❧

☙ 87.那天，它们将会向安拉表示顺从。他们过去所捏造的弃他们而去了。❧

☙ 88.那些不信安拉并在安拉的道路上阻碍（他人）的人，因为他们曾经为非作歹，我将对他们罚上加罚。❧

### 多神教徒们在复生日的情况

安拉在此讲述多神教徒们在复生日的归宿——火狱中的情况。安拉将派遣各民族的先知作他们的作证者，作证他当初向他们宣教时，他们是如何响应的。"然后隐昧者不再得到许可"，即他们不得为自己的罪行寻找借口，因为他们知道，他们曾经找的借口都是站不住脚的谎言。正如安拉所言：☙ 这是他们不能说话的日子，他们不得许可，焉能提出借口？❧ （77：35-36）

"他们也不被要求喜悦。当犯罪的人见到惩罚时，他们不获减轻。""犯罪的人"指多神教徒。他们将无时无刻地遭受惩罚。"也得不到照顾"。当他们遭受惩罚的时刻到来时，就在当地刻不容缓地遭受惩罚。他们被七万条缰绳拖着，送进火狱。每条缰绳上有七万名天使。每个火狱都伸着"脖子"看着众生，它大吼一声，人们纷纷跪倒在地。火狱说，我奉命来制裁每个顽固的暴徒。他们曾妄言除了安拉之外还有其他神灵。我还奉命来制裁某某人——它一一点明那些应该进火狱者的名字。正如圣训所述。然后火将包围人们，就像鸟儿啄食一样，当场将犯罪者们啄进火狱。清高伟大的安拉说：☙ 当它从远处看见他们时，他们将会听到它的怒吼和喷气声。当被锁在一起的他们，被扔进其中一个狭隘的地方时，他们在那里祈求毁灭！不要在这天祈求一次的毁灭，而要祈求多次的毁灭！❧（25：12-14）又 ☙ 犯罪者们看见了火狱，因此确信他们必将堕落其中，他们在那里找不到逃脱之道。❧（18：53）又 ☙ 如果隐昧的人知道那一时刻，那时他们不能挡去他们脸上和他们背上的火，他们也不蒙照顾……不然，它将突然降临他们，使他们惊慌失措，他们将没有能力抵挡它，也得不到照顾。❧（21：39-40）

### 多神教徒们最需要得到帮助的时刻，他们的"神"和他们脱离了关系

清高伟大的安拉说，就在多神教徒们最需要得到的"神"帮助的时刻，这些"神"和他们脱离了一切关系。"当那些以物配主者见到他们（为安拉设立）的配主物时"，"配主物"指他们在今世舍安拉而崇拜的一切偶像。

"他们会说：'我们的主啊！这些是我们曾经舍你而祈求过的伙伴。'它们则反驳他们道：'你们的确是说谎的人！'"即他们的"神灵"对他们说："你们在撒谎，我们从来没有让你们崇拜我们。"正如安拉所言：☙ 谁比舍安拉而祈求那些直到复生日也不能回答他们，并且对他们的祈求毫无知觉的（伪神）的人们更迷误呢？当人类被集中起来时，它们（伪神）将变成他们的敌人，并否认他们的崇拜。❧（46：5-6）又 ☙ 他们在安拉之外设了一些"神"，以为它们是他们的相助者。不会的，它们不久将否认他们的崇拜，并变成他们的对头。❧（19：81-82）伊布拉欣先知说：☙ 然后在复生日，你们将会互相否认，互相咒骂。❧（29：25）清高伟大的安拉说：☙ 他们被告知："祈求你们（为安拉编造出）的伙伴吧！"❧（28：64）类似的经文很多。

### 所有的人都将在末日服从安拉

"那天，它们将会向安拉表示顺从。"格塔德和艾克莱麦说，"顺从"指恭顺、屈服。[1] 即万物都要顺从安拉的旨意，听从安拉的命令。正如安拉所言：☙ 在他们来到我面前的那天，他们的视觉多么明朗、听觉多么清楚啊！但是不义者们今天的确在明显的迷误当中！❧（19：38）又 ☙ 如果你能看见那些有罪的人在他们的主跟前垂下他们的头说道："我们的主啊！我们已看见了，也听到了。"❧（32：12）又 ☙ 所有的面容都恭顺于永生的、自足的安拉。❧（20：111）

"他们过去所捏造的弃他们而去了"，即他们当初舍安拉而崇拜的一切伪神都销声匿迹了。没有谁能帮助他们，或解救他们。

### 隐昧者当中的伤风败俗者将遭受加倍的惩罚

"那些不信安拉并在安拉的道路阻碍（他人）的人，因为他们曾经为非作歹，我将对他们罚上加罚。"否认安拉并阻碍世人追求真理的隐昧者们，将遭受加倍的惩罚。正如安拉所言：☙ 他们禁止（别人归信）它，并避开它。他们只在不知不觉地毁灭自己。❧（6：26）经文证明，隐昧者们在火狱中所遭受的惩罚是不同的，正如穆民们在乐园中的品级和地位不同。☙ 你们全都有加倍的。不过，你们不知道。❧（7：38）

---
[1]《泰伯里经注》17：276。

⟪ 89.我将在那一天从各民族中派遣一位作证者，对他们作证。我叫你来做这些人的作证者。我已降给你经典，以便解释万事，作为引导和慈悯，并向顺从者报喜。⟫

## 每个先知都要在末日为其民族作证

清高伟大的安拉呼吁他的仆人兼使者穆罕默德㊚说："我将在那一天从各民族中派遣一位作证者，对他们作证。我叫你来做这些人的作证者。""这些人"指穆圣㊚的民族。即你当为世人叙述那日及其惊恐，以及安拉赐你的尊贵和崇高地位。这节经文和阿卜杜拉·本·麦斯欧迪曾对穆圣㊚所诵读的《妇女章》开头的那节经文非常相似。当伊本·麦斯欧迪读到⟪当我从每一个民族中召来一名证人，并召你为这些人的证人时，将怎样呢？⟫（4：41）时，安拉的使者㊚说："足够了。"他回头看时，只见使者的眼中噙满了泪水。[1]

## 《古兰》是一部阐释万事的经典

"我已降给你经典，以便解释万事。"伊本·麦斯欧迪说："安拉在这部《古兰》中阐述了一切知识和一切事物。"[2] 尊贵的《古兰》包罗过去和未来的一切有益知识，它指出了万物中的合法与非法，以及人们在现世中、宗教中和后世中所需要的一切知识。《古兰》是心灵的"引导"，是给穆斯林的慈悯和喜讯。

奥扎伊说，这节经文的意思是：以便你凭《古兰》为世人阐释万事。[3]

"我已降给你经典"之前是"我叫你来做这些人的作证者"，其意义——安拉至知——是：安拉为你降下经典，并命令你宣传它，在末日，他将问你是否完成这个使命。⟪那时，我一定会询问给他们派遣了使者的人们，我也会询问众使者。⟫（7：6）又⟪凭你的主发誓，我一定会审问他们全体，——关于他们所做过的一切行为。⟫（15：92-93）又⟪那天，安拉集合众使者，说："你们得到的回答是什么？"他们说："我们不知道，你确实是全知幽玄的主。"⟫（5：109）又⟪为你规定《古兰》的安拉，必将使你回归故地。你说："我的主至知谁带来引导，谁是在明显的错误当中。"⟫（28：85）即安拉赋予你传达经典的使命，在末日，他必将看你是否完成使命。以上是对这节经文合理而正确的解释。

---
（1）《布哈里圣训实录诠释——造物主的启迪》8：99。
（2）《泰伯里经注》17：269。
（3）《散置的珠宝》5：158。

⟪ 90.安拉命令人公平、行善、周济亲属。他禁止丑事、恶行及暴虐。他劝诫你们，以便你们留意。⟫

## 安拉命人公正、行善

清高伟大的安拉命令他的众仆要公正和公平，并鼓励他们善待他人。正如安拉所言：⟪如果你们要实行报复，你们就按照你们所受过的伤害进行报复。倘若你们忍耐，它对忍耐者确实是更好的。⟫（16：126）又⟪恶行的还报是相等的恶报。无论谁宽恕并改邪行善，他的报偿都归安拉负责。安拉确实不爱不义之人。⟫（42：40）又⟪创伤都要抵偿。倘若任何人施舍它（放弃抵偿），它就是他的赎罪。⟫（5：45）类似的经文都证明教法要求人们公正为怀，善待天下。

## 安拉命人接济骨肉、禁止丑事、恶行和过分之举

"周济亲属"，即安拉命令人们接恤骨肉。正如安拉所言：⟪你要给亲属和赤贫者以及远行人施舍他们所应得的，但不要挥霍浪费。⟫（17：26）

"他禁止丑事、恶行。""丑事"指一切非法事务。"恶行"指一切明显的罪恶。因此，另一段经文说：《你说："我的主只禁止那些表露在外和隐藏在内的丑行和罪恶……"》（7：33）

"暴虐"指侵犯他人。圣训说："暴虐和断绝骨肉的人，不但应该在今世立即遭受惩罚，更应该在后世遭受惩罚。这种罪恶最应该受到安拉如此的报应。"(1)

"他劝诫你们"，即安拉命令你们行善，禁止你们作恶，"以便你们留意"。

伊本·麦斯欧迪说，《古兰》中最具综合性的经文是这节《蜜蜂章》经文："**安拉命令人公平、行善……**"(2)

## 奥斯曼的眼睛

有段优美的圣训讲述了以上经文降示的经过。伊本·阿拔斯传述，安拉的使者❋在家中的院子里坐着，奥斯曼·本·麦祖欧米微笑着走了过来。先知对他说："请坐。"他说："好。"先知坐在他的前面。他俩在谈话中，先知的眼睛注视着天空。先知仰视片刻后，慢慢移开目光，将视角转向右侧，又朝地下观看。然后先知离开与他同坐的奥斯曼，去他刚才观看的地方。他在那里不停地摇头，好像在询问有人对他说的话的意思。奥斯曼·本·麦祖欧米看着先知的举动。过了一会，问题好像解决了，先知（好像）问清楚了对他说的话的意思后，就像第一次一样，目光再次转向天空。奥斯曼·本·麦祖欧米跟着穆圣❋望去，只见他的目光消失在天际之中。此后，穆圣❋又坐回到伊本·麦祖欧米跟前。后者说："穆罕默德啊！我经常和你同坐，但从没有见你有过像今晨这样的举动。"先知问："你看到我做了什么？"他说："我看到你仰视天空，然后又将目光转回到你的右面，然后你离开我去你观看的地方。你不停地摇头，好像向别人询问你听到的话的意思。"先知问："你明白了其中的寓意吗？"奥斯曼说："明白了。"先知说："刚才我和你同坐时，安拉的使者来到我跟前。"伊本·麦祖欧米问："安拉的使者？"先知说："是的。"伊本·麦祖欧米问："他对你说了什么？"先知说："他说：'**安拉命令人公平、行善……**'"奥斯曼（后来）说："自从那时，正信就深深地根植在我的心中，我喜爱了穆罕默德。"(3)

---
（1）《艾布·达乌德圣训集》5：208。
（2）《泰伯里经注》17：280。
（3）《艾哈麦德按序圣训集》1：318。

《91.倘若你们已经缔约，你们就要实践安拉的约言；在你们已经确定了誓言之后，不要毁约。你们确已让安拉作你们的保证者。安拉知道你们所做的一切。》

《92.你们不要像那个女人，她把纱线搓紧，然后又把它拆成一缕一缕的。你们将誓言作为相互欺骗的伎俩，因为一族人比另一族人富强。安拉仅以此考验你们，他势必在复生日对你们阐明你们的分歧。》

## 安拉命人履行誓约

安拉命令人们履行盟约，坚守所缔结的誓约。"**在你们已经确定了誓言之后，不要毁约。**"

这节经文和下列经文之间没有矛盾：《你们不要将安拉当作你们誓愿的靶标。》（2：224）《安拉不会计较你们无心的誓言，但是他却计较你们存心立过的誓言。这是你们发誓（然后违誓）后的罚赎，不过你们应当遵守你们的誓言。》（5：89）即你们坏了誓愿后必须要出罚赎。这些经文与穆圣❋的下列圣训之间没有冲突："以安拉发誓，如果安拉意欲，我若在发誓（干某事）后看到另一件事情的意义更大，我就解除这个誓愿（并为之出罚赎），去做更有意义的事情。"(4)上述的经文和圣训，与本章的这节经文"**在你们已经确定了誓言之后，不要毁约**"之间没有矛盾。因为经文中的"**誓言**"指盟约、契约，而不是鼓励或禁止人做某事的言辞。

因此，穆佳黑德解释"**在你们已经确定了誓言之后，不要毁约**"时说，"**誓言**"指誓愿。即蒙昧时代的誓愿。(5)伊玛目艾哈麦德所传的下列圣训，可以证明这种解释是正确的。安拉的使者❋说："伊斯兰中不存在誓愿，蒙昧时期的誓愿，在伊斯兰时期只会得到加强。"(6)即归信伊斯兰的人决定做某事时，不需像蒙昧主义者那样立下誓愿，穆斯林是有高度自觉性的。

艾奈斯（愿主喜悦之）说："安拉的使者❋在我们的家园中让迁士和辅士们结为了兄弟。"(7)圣训的意思是，使者曾让他们结为兄弟，互相继承。后来安拉革止了这一规定。安拉至知。

"**安拉知道你们所做的一切。**"经文强调了信守盟约的重要性。

---
（4）《布哈里圣训实录诠释——造物主的启迪》11：525；《穆斯林圣训实录》3：1269。
（5）《泰伯里经注》17：282。
（6）《艾哈麦德按序圣训集》4：83；《穆斯林圣训实录》4：1961。
（7）《布哈里圣训实录诠释——造物主的启迪》4：552；《穆斯林圣训实录》4：1960。

"你们不要像那个女人，她把纱线搓紧，然后又把它拆成一缕一缕的。"伊本·凯西尔和赛丁伊说，经文指的是一个愚蠢的麦加妇女，她每次纺好线后，又将它一缕缕地拆散。[1]

穆佳黑德、格塔德、伊本·栽德说："这是破坏已经签盟约的人的例子。"这种解释更加明确和可靠。[2]

"然后又把它拆成一缕一缕的。"这节经文也可以理解为："你们不要成为破坏盟约之人。"[3]

因此，后文说："你们将誓言作为相互欺骗的伎俩。"

"因为一族人比另一族人富强。"当你们看到别人比你们更强大时，你们为了得到对方的信任，就为他们立下誓约，此后又借机毁约。安拉禁止人们这样做，以便逐步提高人们的道德。经文禁止这种情况下的誓约，说明人们更应该履行在没有困难时定立的誓约。

穆佳黑德说，蒙昧时代的人和人缔约后，若看到另一些人比他们更强大，就废除和弱者缔结的盟约，去和强者缔约。后来伊斯兰禁止了这种丑行。

"安拉仅以此考验你们。"伊本·朱拜尔说："安拉以大量的（敌人）考验你们。"[4]伊本·哲利尔解释："安拉命令你们实践誓约，并以此来考验你们。"

"他势必在复生日对你们阐明你们的分歧"，即安拉将给每个人论功奖罚。[5]

⟪ 93.如果安拉愿意，他势必使你们成为一族。但是他任他所意欲的人迷误，引导他所意欲的人。你们一定会被问到你们做过的一切。⟫

⟪ 94.你们不要将你们的誓言作为相互欺骗的伎俩，以免脚步在已经站稳之后滑倒。你们会因为在主道上阻碍（人们）而尝试恶果，你们一定会遭受重大的惩罚。⟫

⟪ 95.你们以安拉的誓约换取微薄的利益。安拉跟前的（奖赏）对于你们是更好的，如果你们知道。⟫

⟪ 96.你们所有的终将消失，安拉所有的却是永存的，我一定会按照坚忍者的最佳善功报偿他们。⟫

---
（1）《泰伯里经注》17：285。
（2）《泰伯里经注》17：285。
（3）经文中的"أنكاثا"在正文中译为"一缕一缕的"，它的另一层意义是"毁约者。"——译者注
（4）《散置的珠宝》5：163。
（5）《泰伯里经注》17：287。

## 假若安拉意欲，他就会让全人类成为一个民族

经文说，世人啊！"如果安拉愿意，他势必使你们成为一族。"正如安拉所言：⟪ 如果安拉意欲，大地上所有的人都已归信了！⟫（10：99）即他会让你们团结起来，你们之间不再有分歧、怨恨和冲突。又⟪ 如果你的主愿意的话，他会使人类成为一个民族。但是他们永远是有分歧的，除了你的主所慈悯的那些人。他为此而造化他们。⟫（11：118-119）

经文在此说："但是他任他所意欲的人迷误，引导他所意欲的人"，然后，他要在末日审问你们在今世所做的一切事情，并给予公正的报酬，一丝一毫也不会疏忽。

## 伊斯兰禁止人们为了骗人而发誓

安拉警告人们不要将誓愿作为骗人的伎俩，以免走在正道上的人们因此失足，因为他们的誓愿可能妨碍别人走向正道。譬如隐昧者看到一位穆斯林轻诺寡信时，就可能对伊斯兰失去信任，因而拒绝信教。

因此说："你们会因为在主道上阻碍（人们）

而尝试恶果，你们一定会遭受重大的惩罚。"

## 不要因为今世而毁约

清高伟大的安拉说："**你们以安拉的誓约换取微薄的利益**"，即你们不要因为今世的浮利而撕毁和安拉缔结的盟约，一个人即便得到了整个世界，但比之安拉那里的奖励，它们都是微不足道的。对于那些归信安拉、希望得到安拉的报偿，追求安拉的喜悦并履行与安拉缔结的盟约的人们来说，安拉的回赐是最佳美的。

因此说，"**你们所有的终将消失**"，即你们所拥有的一切都是有限的，终究都会用完。

"**安拉所有的却是永存的。**"安拉在乐园中赐给你们的恩典，是永远存在的，永远不会发生变化。

"**我一定会按照坚忍者的最佳善功报偿他们。**"安拉用发誓的语气指出，坚忍者会得到最优美的报偿，他们的罪恶会被安拉赦宥。

❄ **97.不论男女，只要他行善，并且归信，我一定使他过一种美好的生活，我将按照他们当初最好的行为报偿他们。**❄

## 善功及其报偿

安拉给那些行善的男女许诺：只要他们按照经典和圣训的要求行善，并且具备正信，安拉就会使他们在今世生活美满，在后世得到最佳报酬。"**美好的生活**"包括一切令人赏心悦目的事物。伊本·阿拔斯和朱麻尔认为它指优厚的和合法而佳美的物质资料；阿里认为指知足；还有人认为指幸福。哈桑、穆佳黑德、格塔德说："美满的生活只在乐园中。"端哈克说，"**美好的生活**"指今世中合法的物质资料和功修。另一些学者认为它指的是行善，并以行善为荣。其实，"**美好的生活**"包括上述一切含义。

安拉的使者㊕说："一个人若获得正信，并拥有足够的物质资料，同时以安拉所赐的一切为满足，那么，他就成功了。"(1)

❄ **98.当你诵读古兰时，应祈求安拉从被驱逐的恶魔上庇佑（你）。**❄

❄ **99.它对那些归信并托靠他们主的人是无权的。**❄

❄ **100.它只对那些以它为友的人和以物配主的人有权。**❄

## 安拉命令人们在诵读《古兰》时首先念求护词

安拉通过先知之口命令众仆，当他们打算诵读《古兰》时，首先应该祈求安拉从被驱逐的恶魔上保护他们。我们已在本经注的开头详细注释了求护词。一切赞美和恩情都属于安拉。开始读《古兰》时念求护词的意义在于，不要使读者在诵读时发生错乱，或不假思考地随意诵读。因此，大部分学者认为，应该在读经典之前读求护词。

"**它对那些归信并托靠他们主的人是无权的。**"绍利说："恶魔没有能力让这些忠仆触犯不可恕饶的罪恶。"(2)另一些人解释说："恶魔没有误导这些人的证据。"还有人说，这节经文如同下列经文：❄ **除了他们中你所选择的仆人外。**❄（15：40）

"**它只对那些以它为友的人和以物配主的人有权。**"穆佳黑德说，"以它为友的人"指顺从恶魔的人。(3)另一些人解释为舍安拉而将恶魔作为朋友的人。

"**以物配主的人**"指崇拜安拉的同时还崇拜各种偶像的人。

❄ **101.当我以一个迹象代替另一个迹象时——安拉最清楚他所降下的——他们说："你只是一个伪造者。"不然，他们大多数不知道。**❄

❄ **102.你说："圣洁的鲁哈确已本着真理由你的主带来了启示，以便他能使那些归信的人坚定，并作那些归顺者的引导和喜讯。"**❄

## 安拉革止了部分经文后，多神教徒妄言穆圣㊕在伪造经文，以及对他们的驳斥

清高伟大的安拉说，多神教徒们智力低下，意志薄弱，立场不稳，他们不可能拥有正确的信仰，而注定要成为薄福者。他们每看到安拉通过一段经文革止另一段经文的断法时，便将穆圣㊕说成一个说谎者，说："你只是一个伪造者。"其实，革止经文完全是安拉的意旨，安拉可以做他所欲之事，并按他的意旨对一切事务做出判决。

穆佳黑德解释"当我以一个迹象代替另一个迹象"时说："我取消了此段经文，确定了另一段经文。"(4)格塔德说，这节经文如同下列经文：❄ 我

---
(1)《艾哈麦德按序圣训集》2：268；《穆斯林圣训实录》2：730。

(2)《泰伯里经注》17：294。
(3)《泰伯里经注》17：294。
(4)《泰伯里经注》17：297。

革止的或使人忘记的每段经文，我必带来更好的或相似的（经文）。》（2：106）[1]

安拉回答他们说："你说：'圣洁的鲁哈确已本着真理由你的主带来了启示'。" "圣洁的鲁哈"指吉卜勒伊里天使，"本着真理"指真实地、公正地。

"以便他能使那些归信的人坚定。"他们相信安拉先后降下的每段经文，并对它们恭顺不违。

"并作那些归顺者的引导和喜讯。"启示是归信安拉及其使者的穆斯林的向导和喜讯。

《 103.我确实知道他们会说："那只不过是一个人教导他罢了。"他们所指的那人讲外国语，而这却是明明白白的阿拉伯语。》

### 多神教徒妄言穆圣曾从外国人那里学习《古兰》，以及对他们的驳斥

多神教徒们真可谓挖空心思，想尽办法，他们睁着眼睛瞎说古莱什人的一个外国奴仆给穆圣传授了《古兰》。此人是索法附近的一个小贩。安拉的使者有时坐到他跟前和他谈话。但这位外国人除了简单的日常用语之外，并不精通阿拉伯语。安拉驳斥他们的谰言说："**他们所指的那人讲外国语，而这却明明白白地是阿拉伯语**"，即穆圣所带来的《古兰》文辞精辟，意义深邃，内容广泛，融会了一切天启经典之精华。一个外国奴隶，哪有能力做到这一点，从而招致穆圣去向他讨教呢？任何有理智的人都不会这样去说。

伊本·阿拔斯说，安拉的使者在麦加时认识一位名叫白里阿穆的外国铁匠，多神教徒们看到穆圣曾和他来往，便妄言："白里阿穆是穆罕默德的老师。"后来安拉降下这节经文驳斥了他们。[2]

《 104.那些不信安拉迹象的人，安拉绝不引导他们，他们所得到的将是惨痛的刑罚。》

《 105.只有那些捏造谎言的人不信安拉的启示。他们是说谎者。》

清高伟大的安拉说，那些不愿记念他，并对使者所接受的启示不理不睬，也不想归信天启经典的人们，得不到他的引导。安拉在今世中不引导这等人归信天经和使者，在后世中，他们要遭受痛苦的刑罚。

---
（1）《泰伯里经注》17：297。
（2）《泰伯里经注》17：298。

安拉还指出，穆圣不是说谎者，也没有编造经文。假借安拉名义编造谎言的人，是世间最可恶的人，是"**那些不信安拉迹象的人**"，指那些家喻户晓的邪教徒、隐昧者们。而使者穆罕默德是世间最诚实、最善良的人，他那美好的品行、信仰和理想都是举世无双的。他诚实守信，在族人中有口皆碑，人们都尊称他为"艾敏"——诚实守信的人。当年罗马国王希拉克略通过艾布·苏富扬（当时他还没有信教）了解穆圣的一些特征时问道："他宣教之前你们怀疑过他是个说谎的人吗？"艾氏说："没有。"希拉克略说："一个不愿向世人说谎的人，是不会向安拉说谎的。"

《 106.谁在归信安拉之后又隐昧——除非受到强迫，但内心仍然坚定地归信——因为隐昧而展开心胸的人，将遭受来自安拉的恼怒，遭受重大的惩罚。》

《 107.那是因为他们喜爱今世的生活甚于后世，安拉绝不引导隐昧的群体。》

《 108.这等人，安拉封闭了他们的心灵、耳朵和眼睛。这等人，是昏聩的。》

✿109.无疑，他们在后世是亏损者。✿

## 安拉恼怒叛教者，被迫者另当别论

清高伟大的安拉说，谁若在接受正信并看到真理之后叛教，并心安理得地接受隐昧，安拉必将因为他们弃明投暗而迁怒于他们，他们将在后世遭受严厉的惩罚。因为他们不爱后世爱今世，为了今世不惜背叛正信。安拉不会引导他们的内心，也不会让他们坚定于正教。他们的心灵将被封闭，因而不理解有益之事，故有耳不闻，有眼无珠。他们的感官也失去了本来作用，变得毫无知觉。

"**无疑，他们在后世是亏损者**"，即这等人理所当然地要在后世亏负自己和自己的家人。"**除非受到强迫，但内心仍然坚定地归信**"，即如果一个人在遭受严刑拷打之后，被迫说了否认安拉的言辞，口头上服从了多神教徒，但他只是"口是心非"，心中仍然坚信安拉，那么，他不属于叛教者。

## 这节经文降示的原因

伊本·阿拔斯说，这节经文是因为安马尔·本·亚西尔降示的。他在多神教徒的严刑拷打之下，被迫说了否认穆圣㉛的话。后来他到穆圣㉛跟前请求原谅，安拉因此降示了这节经文。(1)

安马尔的儿子传述，多神教徒们逮捕安马尔后，对他严刑拷打，他被迫同意了多神教徒们的要求。此后，安马尔到先知跟前，诉说了这一情况，先知问他："当时你心里是怎么想的？"安马尔说："坚持正信。"穆圣㉛说："再遇到折磨时你照样应付他们。"(2) 另据白海根传述，安马尔当时被迫骂了先知，赞美了多神。后来他来到先知跟前说："安拉的使者啊！我经不住折磨骂了你，夸赞了多神。"穆圣㉛问："当时你心里是怎么想的？"安马尔说："我对正信坚定不移。"穆圣㉛说："再遇到折磨时你照样应付他们。"安拉因而降示了"**除非受到强迫，但内心仍然坚定地归信……**"(3)

学者们一致认为，穆民在遇到生命危险时，可以采取权宜之计，违心地说隐昧的言辞，也可以像圣门弟子比拉勒那样威武不屈。多神教徒们百般折磨要他叛教，于一个酷热难耐的日子在他身上压上一块大石头，但他还是坚强地说："独一者(4)、独一者。"他说："假若我知道还有什么话比这句

___
(1)《泰伯里经注》17：304。
(2)《泰伯里经注》17：304；《哈肯圣训遗补》2：357。
(3)《圣训大集》8：209。
(4) 即我只归信独一无偶的安拉。——译者注

话更令你们难受，我必定会说那句话的。"愿安拉喜悦他。辅士胡白卜·本·栽德也是如此，伪先知穆赛利迈审问他："你作证穆罕默德是安拉的使者吗？"他回答："是的。"又问："你作证我是安拉的使者吗？"他回答："我从未听过此事。"后来胡白卜被凌迟处死了，但他始终大义凛然，视死如归。穆斯林最好坚守正信，不惜献出生命。(5)

圣门弟子阿卜杜拉·本·胡扎法曾被罗马人俘虏，敌人带他来见罗马国王，国王对他说："如果你信仰基督教，我就和你分享国权，并招你为驸马。"但他说："你即便把你的国权和阿拉伯人的国权交给我，让我在一瞬间叛变穆罕默德的宗教，我也办不到。"国王说："那么我就处死你。"他说："请便吧！"于是国王命人把他绑到十字架上，吩咐弓箭手朝他的手和脚的跟前射击。国王站在一旁继续劝他改信基督教。但他不为之所动。国王一计不成，又施一计，命人放下他，点燃一口油锅，把一位穆斯林俘虏投进锅中，让阿卜杜拉目睹这位穆斯林皮开肉绽的血淋淋场面。但这还是没有吓倒阿卜杜拉。国王只得命人把他扔进锅中。阿卜杜拉站到熊熊燃烧的油锅跟前，流下了眼泪。国王见状，以为阿卜杜拉回心转意了，让人把他带来。但阿卜本拉给他的回复是："我痛哭的原因是我只有一条性命，当我进入油锅后，只能在一瞬间为安拉牺牲一次。我多么希望我有千千万万条性命，就像我浑身的汗毛那样，好让我为安拉牺牲千千万万次。"另据传述，敌人将阿卜杜拉投入监牢，多日不给他饮食，后来他们给他带来猪肉和酒，但他没有动用这些东西。后来国王问他："你为什么不吃？"他回答说："这些东西在此情况下对我已成合法，但我不愿让你对我幸灾乐祸。"国王说："你吻一下我的头，我就放了你。"他说："你能释放所有穆斯林俘虏吗？"国王说："可以。"阿卜杜拉吻了他的头后，他释放了被俘虏的所有穆斯林。他们回去后，欧麦尔（愿主喜悦之）说："每个穆斯林都应该亲吻阿卜杜拉的头，我将首先亲吻它。"然后站起来吻了他的头。愿安拉喜悦他们。(6)

✿110.然后，你的主对于那些遭受迫害之后迁徙，然后奋斗，并且坚忍的人——你的主的确是多恕的、至慈的。✿

✿111.那天，每一个人都来为自己辩解。每个人都按照他曾经做过的而得到充分的报偿，没有人

___
(5)《旷野雄狮》1049。
(6) 哈菲资在《伊萨博》4641页中叙述了此故事，这里略有删节。

### 被迫叛教的人行善后，会得到安拉的赦宥

经文在此讲述了另一些人，他们曾经居住麦加，备受族人的欺凌和压迫，因而表面上和多神教徒保持一致。后来他们有机会迁徙时，便告别亲人，放弃财产，背井离乡，去追求安拉的喜悦和恕饶。他们和其他穆民一道，与隐昧者们进行顽强的斗争。安拉说，这些曾在敌人的压迫下委曲求全的人们，会在末日得到他的赦宥和慈悯。"**那天，每一个人都来为自己辩解**"，即人们都为自己辩解，顾不上理睬自己的父母、儿女、兄弟和配偶。

"**每个人都按照他曾经做过的而得到充分的报偿。**"他们所做的每件善事和恶事，都将得到恰如其分的回报。

"**没有人会被亏待。**"他们的善行的回赐不被减少，恶行的惩罚不会过量，不受丝毫亏待。

❧ 112.安拉打了一个比喻：一个和平而安静的城市，它的粮食大量地来自各地，但是它否认了安拉的恩典，因此，安拉由于他们过去所做的，使它尝受饥荒和恐惧。❧

❧ 113.确有一位使者已由他们的本族降临他们，但他们否认了他，因此，当他们不义时，惩罚降临了他们。❧

### 麦加的例子

这节经文举例说明的是麦加居民。这座城市曾经安宁而稳定，但它周围的地区却不时遭受抢劫。进入麦加的人们，都会得到安宁，而不用为安全问题担心。正如安拉所言：❧ 他们说："假如我们跟你一同遵从引导，我们就会在我们的土地上遭受掠夺。"难道我不曾为他们建立一个平安的禁地，各种果实被送到那里作为来自我的供应吗？❧（28：57）本章的经文说："**它的粮食大量地来自各地，但是它否认了安拉的恩典**"，即它的居民轻松惬意地享受着来自世界各地的粮食，但它否认了安拉的这些恩典，尤其否认了安拉赐给他们的最大恩典——派遣穆圣㊐做他们的使者。正如安拉所言：❧ 你没有看到那些人吗？他们将安拉的恩典换成了隐昧，并使自己的民族陷入毁灭之境。他们将进入火狱，那居所真恶劣！❧（14：28-29）因此，安拉取消了他们曾经享受的两大恩典，改变了他们的情况。安拉说："**因此，安拉由于他们过去所做的，使它尝受饥荒和恐惧**"，即他们曾经轻松地享受着从世界各地运来的粮食，但他们违抗了使者，起身反对他，故使者祈求安拉使他们遭受（正如优素福先知时代人们所遭受的）饥荒。此后，连年的饥荒带走了他们曾经拥有的一切，他们甚至宰了骆驼后，吃其内脏中的秽物。

他们曾经沐浴在麦加安宁的阳光之下，但使者及其弟子们被迫迁徙到麦地那之后，他们在穆斯林军队的威慑下惶惶不可终日。他们曾经拥有的幸福化成了泡沫和幻影。但他们仍然否认安拉派给他们的使者，作恶多端，不知悔改，最终使者解放了麦加。安拉讲述他赐给他们的恩典说：❧ 安拉确已施恩予信士们，因为他从他们中派遣了一位使者给他们。❧（3：164）又❧ 有理智的归信者们啊！你们要敬畏安拉。安拉确已为你们降谕教诲。一位使者……❧（65：10-11）又❧ 正如我为你们派遣一位来自你们的使者，他给你们宣读我的迹象，净化你们，给你们教授经典和智慧……你们当感谢我，不要辜负我。❧（2：151-152）就在隐昧者的生活发生巨大变化的同时，穆斯林的生活也发生了巨大变化。那些曾经饥寒交迫、生活在多神教徒的恐怖镇压之下的信士们，翻身成了人们的长官、法官、领袖和伊玛目。伊本·阿拔斯、穆佳黑德、格塔德、

阿卜杜·拉赫曼·本·栽德·本·艾斯莱姆、载海勒认为，以上经文所指的是麦加人。(1)

❧ 114.你们要吃安拉供应给你们的佳美合法（食物）。如果你们崇拜安拉，你们就要感谢他的恩典。❧

❧ 115.他只为你们把自死物、血和猪肉以及凭安拉以外的名字所屠宰的定成了非法。倘若迫不得已，不叛教，也不过分，那么，安拉是多恕的、至慈的。❧

❧ 116.你们对自己的口舌所叙述的事，不要妄言："这是合法的，那是非法的。"以致假借安拉的名义而捏造谎话。假借安拉名义说谎的人是不会成功的。❧

❧ 117.那只是一点短暂的享受，而他们所得到的却是痛苦的刑罚。❧

### 安拉命令人们食用合法的食物，并感谢安拉，阐明非法

安拉命令有正信的众仆食用合法佳美的食品，并因此而感谢他。安拉是万物的终极施恩者，只有独一无偶的他应受崇拜。然后安拉提到了对人类的宗教和现世有害的非法物品——自死物、血液、猪肉以及不以安拉的尊名所屠宰的动物。尽管如此，那些在被迫情况下动用了这些非法物品的人们，只要心中依然坚信伊斯兰法律，而没有存心叛教或做过分之事，那么，"安拉是多恕的、至慈的"。我们已经在《黄牛章》中注释了类似经文，此处不再赘述。一切赞美，统归安拉。

安拉禁止穆斯林和多神教徒同流合污，多神教徒凭着自己的想象将一些原本合法的事物改为非法，将原本非法的事物改为合法，并杜撰了许多术语。正如他们在蒙昧时代将一些原来合法的牲畜称为"豁耳驼"、"放生驼"、"连生驼"、"哈米"等，将自己的臆想作为法规加以执行。

"你们对自己的口舌所叙述的事，不要妄言：'这是合法的，那是非法的。'以致假借安拉的名义而捏造谎话。"这节经文指一切按自己的主观臆想创制法律的人，他们毫无根据和理由地将安拉规定的合法改为非法，将安拉规定的非法改为合法。

"你们对自己的口舌所叙述的事，不要妄言：'这是合法的'"，即你们不要为了掩盖事实而编造谎言。

经文警告他们说："以致假借安拉的名义而捏造谎话。假借安拉名义说谎的人是不会成功的"，即他们在今后两世不能成功，今世中，他们的谎言只能给他们带来暂短享受，后世中，他们将遭受痛苦的刑罚。正如下列经文所说：❧ 我赐给他们片刻的享受，然后我将迫使他们去受重刑。❧（31：24）又❧ 你说："那些对安拉捏造谎言的人不会成功。"（那是）今世的享受。然后他们的归宿在我这里。然后，我将因他们曾经隐昧使他们尝试严峻的惩罚。❧（10：69-70）

❧ 118.我对犹太人禁止了我以前对你提过的那些东西。我没有亏待他们，但是他们却在亏负他们自己。❧

❧ 119.对于那些无知地犯罪，而事后忏悔，并改邪归正的人，此后，你的主是至恕的、至慈的。❧

### 安拉禁止犹太人吃部分佳美的东西

清高伟大的安拉禁止穆斯林食用自死物、血液、猪肉和不以安拉名义屠宰的动物，但他允许穆

---
(1)《泰伯里经注》17：309、310。

斯林在特殊情况下动用那些物品。因为安拉给这一民族提供容易，不给他们带来困难。然后提到他曾经禁止犹太人食用部分食品，后来他又革止了那些法规。那些法规无疑是给犹太人的枷锁和桎梏，给他们带来了极大的不便。安拉说："**我对犹太人禁止了我以前对你提过的那些东西**"。"对你提过的"指《牲畜章》的下列经文：❝我禁止犹太人吃一切有爪的。我也禁止他们使用牛羊的脂肪，除非附在它们脊背上或是肠上或与骨头混在一起的。那是因他们的过分而对他们的还报，我确实是真诚的。❞（6：146）因此，经文在此说："**我没有亏待他们，但是他们却在亏负他们自己**"，即我并没有无缘无故地给他们制造困难，而是他们咎由自取。又如：❝由于犹太人的不义，因为他们常常在安拉的道路上妨碍他人，我已禁止他们享用曾对他们合法的佳美食物。❞（4：160）然后安拉讲述他的恩典和慷慨，说那些曾经做了错事的穆民们，只要真心忏悔，他就会接受他们的忏悔。"**对于那些无知地犯罪**"，部分先贤说："违抗安拉的人都是无知者"。"**而事后忏悔，并改邪归正的人**"，即痛改前非，一心向善的人。"**此后，你的主是至恕的、至慈的**"，即他们曾经的失足和错误，会得到安拉的赦宥。

❝120.伊布拉欣当初是一个稳麦。他服从安拉，纯洁无染，他不是多神教徒。❞

❝121.他感激安拉的恩典。安拉选择了他，并引导他到正道。❞

❝122.我给他今世的美满，在后世，他确实在清廉者的行列。❞

❝123.后来我启示你："你要追随伊布拉欣的纯正宗教，他不是多神教徒。"❞

### 安拉的朋友

清高伟大的安拉在此表扬他的仆人、使者和朋友伊布拉欣。这位一切纯洁者的表率和众先知的祖先，与犹太教、基督教没有任何关系。"**伊布拉欣当初是一个稳麦。他服从安拉，纯洁无染**"。"稳麦"在此指表率。"服从安拉"指敬畏安拉、执行安拉的一切命令。"纯洁无染"指放弃多神崇拜而追求拜主独一。因此，后面的经文说："**他不是多神教徒**。"

穆佳黑德说，伊布拉欣一个人当初就是一个民族[1]。

"**他感激安拉的恩典**"，即他坚持不懈地感谢安拉。正如安拉所言：❝和尽忠的伊布拉欣的经典的内容吗？❞（53：37）"尽忠"指履行安拉的一切命令。

"**安拉选择了他**"，正如安拉所言：❝我在以前确把鲁西德赐给伊布拉欣，我是深知他的。❞（21：51）

经文接着说："**并引导他到正道**。""正道"指以法定的方式崇拜独一无偶的安拉。

"**我给他今世的美满**"，即在今世中，我赐给他幸福的穆民应有的一切。"**在后世，他确实在清廉者的行列**"。

穆佳黑德说，"**我给他今世的美满**"指安拉在今世使之成为一个诚实的人。

"**后来我启示你：'你要追随伊布拉欣的纯正宗教'**"，即众使者的封印者，众先知的领袖穆罕默德啊！你当遵循伊布拉欣的宗教，那的确是一个伟大、完美、正确的宗教。这节经文与《牲畜章》的下列经文相似：❝你说："我的主已引导我于一条正道，（遵循）一个正确的宗教，即伊布拉欣的纯正宗教。他不是多神教徒。"❞（6：161）

然后安拉谴责了犹太教徒：

❝124.安息日只是规定给那些对它持异议之人的，安拉将在复生日判决他们间的分歧。❞

### 安息日是为犹太人而设的

众所周知，安拉为每个民族在每周规定了一个礼拜日。譬如星期五是穆圣㊗民族的礼拜日，因为这是安拉完成了创造的那个第六日，这一天，人类沐浴在安拉的无限恩泽与幸福之中。有人说，安拉曾让穆萨先知为古以色列人将星期五定为礼拜日，但他们自行将它改成了星期六，因为安拉曾于星期五完成了对天地万物的创造后，在该日没有创造任何事物。后来，安拉通过《讨拉特》，将星期六定为他们的礼拜日。并命令他们坚守这一法规。安拉还和他们缔约：穆圣㊗出世后，他们要紧跟穆圣㊗的步伐。因此，经文说："**安息日只是规定给那些对它持异议之人的**"。穆佳黑德说，后来以色列人一直将星期六作为礼拜日，放弃了星期五。[2] 犹太人的这一习俗一直延续到尔撒先知出世的时代。有学者说，后来尔撒先知改为星期天礼拜日。有学者说，尔撒先知并没有废弃《讨拉特》，他只放弃了其中被革止的断法，他在升天之前，一直遵循着安息日。此后，君士坦丁大帝时期，基督教徒们为了和犹太教徒作区别，才改礼拜日为星期天，并把

---

（1）"稳麦"有民族之意。——译者注

（2）《泰伯里经注》17：320。

礼拜的朝向由原来的圣城固都斯改为东方。安拉至知。

安拉的使者㊣说："我们是后来者，但在末日却是领先者。因为他们（指有经人）在我们之前获得了经典。安拉曾规定这一天（星期五）为他们的节日，但他们对它产生了分歧，后来安拉引导我们选择了它。所以从这方面讲，人们都将跟随我们。明天（星期六）是犹太人的，后天（星期天）是基督教徒的。"[1]

安拉的使者㊣说："安拉使我们以前的人们错过了星期五，后来，犹太人选择了星期六，基督教徒选择了星期天。安拉让我们出世后，引导我们选择了星期五。安拉因而分别制定星期五、星期六和星期天（为各民族的礼拜日）。（正如星期五领先于星期六和星期天那样）同样，在末日他们将跟随我们。我们出世在后，但在末日则是先进（乐园）者。并将在万物中首先得到审判。"[2]

❧ 125.你应当以哲理与善劝导人于你主的道路，并用最好的（方式）和他们辩论。安拉至知谁迷失了他的道路，也至知得道者。☙

### 安拉命令穆圣㊣以哲理和善劝宣传真理

清高伟大的安拉命令使者穆罕默德以哲理号召人们走向他。伊本·哲利尔说，"哲理"指《古兰》和圣训。"善劝"指经典中的戒律和典故。你当用此方法劝诫他们，以便他们防备安拉的惩罚。[3]

"并用最好的（方式）和他们辩论。"如果有必要和某些人进行辩论，你当用优美的方式和颜悦色地辩论。正如安拉所言：❧ 你不要和有经的人争论，除非是以较好的（方式）。他们中的不义者另当别论。☙（29：46）安拉命令穆圣㊣说话时要温和。安拉当初派遣穆萨和哈伦去劝导法老时，也是这样命令的：❧ 不过你俩要对他温和地说话，他或者可能受劝，或畏惧。☙（20：44）

"安拉至知谁迷失了他的道路"，即安拉至知幸福者和薄福者，并早已注定了这一切。所以，你在宣教时不要因为有人走上邪路而伤心。因为你无权引导他们，你只是一位警告者，你的责任是传达使命，我负责清算他们。❧ 的确，你不能够引导你所喜欢的人，但是安拉能引导他所意欲的人，他至知遵循正道者。☙（28：56）❧ 你无法引导他们，但安拉引导他所欲之人。☙（2：272）

❧ 126.如果你们要实行报复，你们就按照你们所受过的伤害进行报复。倘若你们忍耐，它对忍耐者确实是更好的。☙

❧ 127.你要忍耐。你的忍耐只是凭着安拉（的襄助）。你不要为他们而忧虑，也不要因为他们的阴谋而苦恼。☙

❧ 128.安拉确实与那些敬畏者和行善者同在。☙

### 安拉命令人们在执行抵偿制时要公正

清高伟大的安拉命令人们在执行抵偿制或追求权益时，要以公正为本。伊本·西林、穆佳黑德、伊布拉欣、哈桑·巴士里等学者解释"**如果你们要实行报复，你们就按照你们所受过的伤害进行报复**"时说："如果有人拿走了你们的一件东西，你们只能索回类似的东西。"伊本·哲利尔认同了此观点。[4]

伊本·栽德说："穆斯林们曾奉命原谅多神教徒的伤害，后来一些强者加入伊斯兰，对使者说：'安拉的使者啊！假若安拉允许我们战争，我们必能战胜这群恶狗。'这节经文就是因此而降示的。后来安拉降经允许战争，从而革止了这一断法。"[5]

"**你要忍耐。你的忍耐只是凭着安拉（的襄助）。**"经文在此强调"忍耐"一词，并指出忍耐之心只来自安拉的意欲、襄助和能力。

经文接着说，"**你不要为他们而忧虑**"，即不要替那些反对你的人而伤神，安拉已经注定他们要遭受惩罚。

"**也不要因为他们的阴谋而苦恼。**"他们曾想方设法地敌对你，并企图伤害你，但安拉会解决你的一切后顾之忧，还要襄助你战胜他们。

"**安拉确实与那些敬畏者和行善者同在**"，即安拉时刻在襄助他们，引导他们，支持他们。这是一种特殊的"同在"，正如安拉所言：❧ 当时，你的主启示众天使："我确与你们同在。所以你们要使归信者坚定。"☙（8：12）安拉对穆萨和哈伦说：❧ 他说："你俩不要怕，我与你们同在，我听着且看着。☙（20：46）穆圣㊣在山洞中对他的难友艾布·伯克尔说："不要忧愁，安拉和我们同在。"[6] 一般的"同在"指的是安拉听着、看着

---

（1）《布哈里圣训实录诠释——造物主的启迪》11：526；《穆斯林圣训实录》2：586。
（2）《穆斯林圣训实录》2：586。
（3）《泰伯里经注》17：321。
（4）《阿卜杜·兰扎格经注》2：361；《泰伯里经注》17：524、525。
（5）《泰伯里经注》17：324。
（6）《布哈里圣训实录诠释——造物主的启迪》7：11。

并知道他们的情况，正如安拉所言：❴ 无论你们在哪里，他都与你们同在，安拉是看得见你们行为的。❵（57：4）又 ❴ 你难道没有看到，安拉知道诸天与大地中的一切？只要有三个人在密谈，他就是他们当中的第四位，要是五个人，他就是其中的第六位。凡比这更少的，或更多的，无论他们在哪里，他都和他们在一起。❵（58：7）又 ❴ 无论你从事一件事务，或是你诵读《古兰》的任何一部分，或是你们作任何工作，当你们着手工作时，我就是你们的见证。❵（10：61）

"敬畏者"，指远离非法事物的人。

"行善者"，指行善的人。安拉将保护这些人，并将襄助他们战胜敌人和反对者。

《蜜蜂章》经注完。一切赞美和恩情都来自安拉，愿安拉赐穆圣及其弟子、眷属们平安！幸福！

## 《夜行章》注释　麦加章

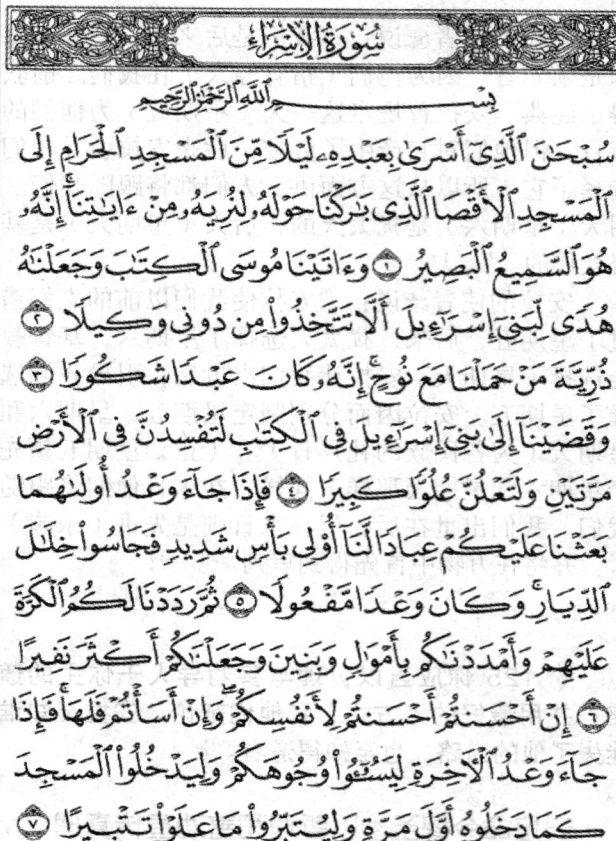

### 《夜行章》的尊贵

伊本·麦斯欧迪说："《以色列的后裔章》[1]、《山洞章》和《麦尔彦章》是降示最早、最完善的经文，是我过去常读的经文。"[2] 阿伊莎（愿主喜悦之）说："（某一时期）安拉的使者不停地封斋，以致我们说：'他不想开斋。'（另一时期）他一直开斋，以致我们说：'他不想封斋。'他每夜都诵读《以色列的后裔章》和《队伍章》。"[3]

奉普慈特慈的安拉之尊名

❴ 1. 赞美安拉。他在夜间把他的仆人由禁寺带到我曾赐福其四邻的远寺，以便我让他看到我的一些迹象。他确实是全听的、全观的。❵

### 夜行的经过

清高伟大的安拉在此赞美他自己，并阐明他是最伟大的，任何人的力量都无法和他抗衡。应受拜者，惟有他。"**他在夜间把他的仆人由禁寺带到我曾赐福其四邻的远寺**"。"**仆人**"指穆罕默德；"**夜间**"指的是深夜；"**禁寺**"指麦加大清真寺；"**远寺**"指圣城固都斯的阿克萨清真寺。自伊布拉欣先知以来，此地一直是先知的摇篮。安拉在那里召集了列位先知，让穆圣带领他们礼拜。这充分证明，穆圣是全人类伟大的伊玛目和最高领袖。愿主赐福于众先知。"**我曾赐福其四邻**"，指我使那里土地肥沃，五谷丰登。

"**以便我让他看到我的一些迹象**"，即以便我给穆罕默德昭示重大迹象。另一段经文说：❴ 他的确看到了他的主最伟大的一些迹象。❵（53：18）我们将在下文引述相关圣训，介绍这一情况。

"**他确实是全听的、全观的**"，即安拉时刻听着众仆——无论他们是穆民还是隐昧者，安拉都时刻看着他们，他将在今世和后世给每个人赏赐他们理应得到的一切。

### 有关夜行登霄的圣训

艾奈斯·本·马立克传述，安拉的使者说：

---
（1）即《夜行章》。——译者注
（2）《布哈里圣训实录诠释——造物主的启迪》8：655。
（3）《艾哈麦德按序圣训集》6：189。

"有人给我带一匹布拉格（闪电飞马），它是比驴略大比骡小的白色牲畜，它每行一步，就将脚放到它目光能及之处。我骑着此牲畜，来到圣城固都斯，在列圣拴马的环子上拴了它，进入远寺礼了两番拜。我出来后，吉卜勒伊里给我带来两个器皿，里面分别盛着酒和奶。我选择了奶。吉卜勒伊里说：'你选中了（符合）天性（的东西）。'然后我被带到最近的一层天，吉卜勒伊里开始叫门。有声音问：'是谁？'吉卜勒伊里回答：'是吉卜勒伊里。'问：'还有何人？'答：'穆罕默德。'问：'他已奉命为圣吗？'答：'是的。'天门便为我们而敞开了。阿丹出现在我眼前，他迎接了我，并为我祝福。然后我们来到第二层天。经过像第一层天的一番问答后，天门开了。我看到了两位表兄（姨的儿子）——叶哈雅和尔撒。他们迎接了我，并为我祝福。然后我们来到第三层天，经过一番类似的问答后，天门开了，我看到了优素福，他被赋予英俊的一半[1]。他们迎接了我，并为我祝福。然后我们来到第四层天。经过相同的一番问答后，天门开了，我看到了伊德里斯，他迎接了我，并为我祝福。他还说，清高伟大的安拉说：《我把他提升到崇高的地位。》（19:57）然后我们来到第五层天，经过相同的一番问答后，天门开了，我看到了哈伦。他迎接了我，并为我祝福。然后我们来到第六层天。经过相同的一番问答后，天门开了，我看到了穆萨。他迎接了我，并为我祝福。然后我们来到第七层天。经过相同的一番问答后，天门开了，我看到了伊布拉欣。他依靠在时常出入的宫殿上。每天都有七万个天使进入此宫，然后他们不再返回。我又被带到极界树，其叶子就像大象的耳朵，果实如同陶罐。当它奉安拉的命令，被蒙上某种东西时，其颜色就改变了。其美丽程度，是任何人无法形容的。"

穆圣☺说："然后安拉降了启示，规定我每日礼五十番拜。我下去见到穆萨，他问：'安拉为你的民族规定了什么义务？'我说：'一个日夜五十番礼拜。'他说：'你回去请求安拉减轻，你的民族承受不了。'我考验过以色列的子孙，知道他们应当怎样。我们回去后说：'我的主啊！请减轻我的民族的义务吧！'后来安拉为我而减去了五次。我下去见到穆萨，他问：'怎样了？'我说：'后来安拉为我而减去了五次。'他说：'你的民族做不到。你回去请求安拉减轻吧！'"

"后来，我多次往返于安拉和穆萨之间，安拉每次都减去五次礼拜，后来安拉说：'穆罕默德啊！它们虽然是一天一夜中的五次拜功，但每次礼拜等于十次拜功的回赐。也就是说，五次拜功等于五十次番功。谁若想干一件善事，而没有干成，（天使）就为他记载一件善功。他若干成了，就为他记载十件善功；谁若想干一件罪恶，而没有干成，（天使）就什么也不记载。他若干了，就为他记载一件罪恶。'后来我到穆萨处，给他讲了情况。他说：'回去请求你的主减轻吧！你的民族无法胜任这些义务。'我说：'我刚回到养主跟前，就羞愧得难以启齿。'"[2]

伊玛目艾哈麦德传自艾奈斯，穆圣☺说，夜行登霄之夜，天使拉来佩戴着鞍子和缰绳的布拉格（闪电快马），让他骑乘。但布拉格难以驯服，不让人骑乘，吉卜勒伊里对它说："你为什么要这样做？以安拉发誓，安拉那里再也没有比他更尊贵的人能够骑乘你。"它听后当即流了汗。[3]

艾奈斯传述，穆圣☺说："我的养主带我登霄之夜，我看到一些长着铜指甲的人，他们用手撕破自己的脸和胸部。我问吉卜勒伊里，这些人是谁。他说：'他们曾是一些吃人肉[4]的人，他们还诋毁别人的名誉。'"[5]

又据艾奈斯传述，安拉的使者☺说："登霄之夜我看到了穆萨，当时他站在坟墓之中做礼拜。"[6]

### 艾奈斯的传述

伊本·索阿索尔传述，穆圣☺为他们讲述登霄之行时说："正当我在天房旁边处于半醒半睡之际（他说还有另两人和他在一起），某人来到我跟前，对他的同伴说：'这三个人中间的一个……'他来到我跟前解剖了我。我被带到一个盛满智慧和正信的金盆前，从喉咙至小腹部被剖开了，然后用渗渗泉水洗涤了，再添满了智慧和正信，（他们）清洗我的心脏后将它放回原处。之后有人牵来一头比驴大比骡小的白色牲畜，称为电马。我乘此牲畜，吉卜勒伊里陪同，径直来到最低的一层天，让门打开。守护者问：'是谁？'吉卜勒伊里回答：'是吉卜勒伊里。'问：'同行者是谁？'吉卜勒伊里回答：'是穆罕默德。'又问：'他已经受命成为使者了吗？'答：'是的。'守护者便说：'欢迎他，来者真好啊！'我来到尔撒和叶哈雅

---

（1）据传述，安拉将英俊造成一百份，给今世的一般人一份，而给优素福五十份。故先知有此一说。——译者注

（2）《艾哈麦德按序圣训集》3：148；《穆斯林圣训实录》1：145。

（3）《提尔密济圣训集》3131。

（4）指在背谈他人。——译者注

（5）《布哈里圣训实录》3：224；《艾布·达乌德圣训集》4878。

（6）《布哈里圣训实录》3：120；《穆斯林圣训实录》2375。

处，他们齐声说：'欢迎你，我的兄弟和先知！'我们到了第二、三层天，经过如前。来到优素福处，我向他道色兰，他说：'欢迎你，我的兄弟和先知！'我们来到第四层天，又经如前问答来到伊德里斯处，我向他道了色兰，他说：'欢迎你，我的兄弟和先知！'我们到了第五层天，也经如前的问答，来到哈伦处，向他道了色兰，他也说：'欢迎你，我的兄弟和先知！'我们到了第六层天，还是经历如前问答，来到穆萨处，向他道色兰，他便说：'欢迎你，我的兄弟和先知！'当我离开时，他哭起来。有人问：'你为何要哭？'他说：'我的主啊！这位我之后奉命为圣的青年，他的民族中进入乐园者，多于我的民族中进乐园者。'之后，我们来到第七层天，仍然经过如前问答，来到伊布拉欣处，向他道色兰后，他说：'欢迎你，我的孩子和好先知。'而后，被雄伟壮观的宫殿展现在我眼前。我问吉卜勒伊里，他回答说：'每天有七万天使进入这座宫殿礼拜。走出此殿的天使，永远不再返回。'接着，极界树出现在我眼前。此树果实之大如海吉尔的陶罐，树叶之大如大象耳朵，树前有四条河，两条明流，两条暗流。我问吉卜勒伊里，他说：'两条暗流是乐园之河；两条明流，一条是尼罗河，另一条是幼发拉底河。'后来，主对我规定了五十次拜功。我回来遇到穆萨，他问我：'你干了些什么？'我回答：'我接受了五十次拜功。'他说：'我比你更了解世人。我曾经和以色列人有过一段相当艰难的经历。你的民族难以承担，快回去求主减轻！'于是，我按穆萨的话一次又一次请求主，由五十减为四十，再减为三十、二十，直到十次。我又来见穆萨，他又说了上述的话。我去求主减为五次。我又来见穆萨，他问怎么样了？我说：'已减成五次了。'他说：'还是难以承担！'我说：'我已受到优待了。'主诏示说：'主命已经定为五次，对我奴仆的任务已经减轻，我将给一件善行以十倍的报偿。'"[1]

## 艾布·则尔传述

穆圣说，在麦加时，我的屋顶突然裂开，吉卜勒伊里天使降临。他剖开我的胸膛，用渗渗水洗涤一番，他带来满满一金盘智慧和正信，倒进我胸膛，之后又将胸膛合好。接着，他拉着我的手，带我登上天空游历天境。我们来到最低层的天，吉卜勒伊里对其看护者说："请开门！"对方问："来者是谁？"回答："是吉卜勒伊里。"问："还有别人吗？"吉卜勒伊里说："还有穆罕默德。"又问："他已经受命成为使者了吗？"吉卜勒伊里回答："是的。"于是天门敞开了。我们走进去，突然看到一个人在坐，他的左右，有一大群人。他向右一看，欣然而笑，向左一看，哭泣悲伤。他看到我说："欢迎你，清廉的先知，优秀的子嗣！"我问吉卜勒伊里："这是谁？"他回答："是阿丹，两侧是其子嗣。右侧是乐园的居民，左侧是火狱的居民。所以，他看到右侧的人就笑，看到左侧的人就哭。"吉卜勒伊里又带我升上第二层天，他又叫门，看护者像最低层看护者那样询问后开了门。

传述者又说，穆圣还提到在诸层天上见到阿丹、伊德里斯、穆萨、尔撒和伊布拉欣。穆圣没有肯定他们每人的品级。传述者说，当吉卜勒伊里带着穆圣经过伊德里斯时，伊德里斯说："欢迎你，清廉的先知，优秀的后代！"穆圣问："这是谁？"吉卜勒伊里回答："伊德里斯。"之后依次遇见穆萨、尔撒和伊布拉欣，他们分别都说："欢迎你，清廉的先知，优秀的后代！"吉卜勒伊里一一向穆圣作了介绍。

穆圣说："后来在（吉卜勒伊里）带领下来到一个很平坦的天界，在那里，我听到沙沙的写字声。安拉对我的民族规定了五十番礼拜。"穆圣领此任务来到穆萨处。穆萨问："安拉给你的民族规定了什么义务？"我说："五十番礼拜。"穆萨说："请回去拜见主，你的民族胜任不了。"我只好去祈求安拉减少拜次。安拉减为一半。回来告知穆萨，他仍然说："你的民族胜任不了。"我再次向主祈求，主说："五次。这五次等于五十次。我的话是不可变更的。"于是我又来见穆萨，他还要我再去。我说："我再也不好意思去祈求了。"之后，吉卜勒伊里又带我前进，此后到达极界树前，它被我所不知道的各种颜色所笼罩着。最后，我被带进乐园。那里有用珍珠建成的大圆顶建筑，那里的土全是麝香。"[2]

伊本·谢给格说，我对艾布·则尔说："我若见到安拉的使者，必定向他请教。"他说："你要请教什么？"我说："我问他是否见到了他的养主。"艾布·则尔说："我向他问过这件事，他说：'我去会晤他时，只见到光明，哪里能见他。'"[3]

另据传述，穆圣说："我当时只见到光明。"[4]

---

（1）《艾哈麦德按序圣训集》4：208；《布哈里圣训实录诠释——造物主的启迪》6：348；《穆斯林圣训实录》1：151。
（2）《布哈里圣训实录诠释——造物主的启迪》1：547、3：576、6：431；《穆斯林圣训实录》1：148。
（3）《穆斯林圣训实录》1：161；《艾哈麦德按序圣训集》5：147。
（4）《穆斯林圣训实录》1：161。

## 贾比尔·本·阿卜杜拉传述

安拉的使者说:"古莱什人不相信我夜行至远寺之事,后来我站到岩石上,安拉使远寺展现在我面前。我看着它,一一给他们介绍该寺的情况。"(1)

艾布·赛莱迈说,一些古莱什人来到艾布·伯克尔跟前说:"你的朋友(穆圣)是怎么回事?他声称在一夜之间去了远寺,又回到了麦加。"艾布·伯克尔问:"他是这样说的吗?"他们回答:"是的。"艾布·伯克尔说:"如果他说了,我就作证他不会说假话。"他们说:"你相信他能在一夜之间从麦加到沙姆?"艾布·伯克尔说:"是的。即便他说了(在你们看来)更玄的事情,我也相信他不会说谎。我相信他带来的启示。"艾布·赛莱迈说:"艾布·伯克尔的美誉'虔信者'就是因此而得来的。"(2)

## 伊本·阿拔斯的传述

安拉的使者在登霄之夜进入了乐园,听到其中传来脚步声,他问吉卜勒伊里:"这是什么声音?"吉卜勒伊里回答说:"这是宣礼员比拉勒(的脚步声)。"穆圣回到人们当中后,说比拉勒已经成功了,我看到了如此如此的情景。

穆圣说,他在登霄中看到了穆萨,他欢迎了穆圣,并说:"欢迎不识字的先知。"穆圣说:"他身材高大,肤呈棕色,头发拖到耳旁。"穆圣问:"吉卜勒伊里啊!此人是谁?"吉卜勒伊里回答:"是穆萨。"离开穆萨后,穆圣又碰到一位威严的长者,他欢迎了穆圣,并道了色兰。穆圣问:"吉卜勒伊里啊!他是谁?"吉卜勒伊里回答说:"这是你的祖先伊布拉欣。"

穆圣说,他还看到了火狱。发现一些人在吃死尸,穆圣问:"吉卜勒伊里啊!他们是谁?"他说:"是一些曾经吃人肉(3)的人。"穆圣还看到一个皮肤呈红色和深蓝色的人,问吉卜勒伊里后得知那是惨杀母驼之人。后来穆圣来到远寺,在其中礼了拜。拜后发现所有的先知都在跟随他礼拜。穆圣打算回去时,天使给他带来两个碗,一个在右边,一个在左边,一个盛着奶,另一个盛着蜂蜜,穆圣喝了奶。拿着奶碗的(天使)说:"你选中了符合天性的物品。"(4)

安拉曾让他的使者穆圣夜行到远寺,穆圣于当夜回到麦加后,告诉了人们这次旅行的情况和远寺的特征,以及那里商队的情况。有人听后说,我们不相信穆罕默德的这些话,他们因而变成了隐昧者。后来,这些人和艾布·哲海里一起被安拉毁灭。艾布·哲海里说:"穆罕默德以攒枯木树恐吓我们。"他们因此拿来枣和黄油,妄言攒枯木和它们是一样的。穆圣曾亲眼见过丹扎里。那绝不是梦见的。穆圣还看见了尔撒、穆萨和伊布拉欣。

有人向先知问丹扎里,先知说:"我看到他身材魁梧,肤色白皙,他的一个眼睛虽然丧失视力,而眼球完好无损,好像明亮的星星一样闪闪发光。他的头发好像树枝。我看到了尔撒,他是一个肤色白皙的青年,他头发卷曲,目光敏锐,腹部消瘦。我看到穆萨皮肤呈黑棕色,头发浓密,形象威严。我看到伊布拉欣,在我看来,他身上的每个部位都与我非常相似,他简直是你们的朋友(先知指他自己)。吉卜勒伊里对我说:'请给你的祖先道色兰!'我就向他道了色兰。"(5)

安拉的使者说:"登霄之夜,我看到了仪姆兰之子穆萨,他身材高大,头发卷曲,很像谢奴尔族的男子。我还见到了尔撒,他身材适中而壮实,皮肤白中透红,散披着头发。我还看到了管理火狱的马立克天使和丹扎里(骗子手)。"这属于安拉显示给穆圣的迹象,所以说◆我曾赐给穆萨经典,并以它作为以色列后裔的向导。你们不要在我之外选择监护者。◆(17:2)格塔德解释这段经文说,安拉使穆萨成为了以色列后裔的向导。(6)

安拉的使者说:"我登霄夜行后,忧心忡忡地回到了麦加,因为我担心麦加人不相信我。"先知坐到一个幽静之处黯然伤神之际,安拉的敌人艾布·哲海里走了过来。他坐到先知跟前揶揄道:"发生了(启示的)事情吗?"先知回答:"是的。"问:"什么事?"先知答:"今夜,我被带去登霄夜行。"问:"去了哪儿?"答:"圣城固都斯。"问:"一大早就回来了吗?"答:"是的。"艾布·哲海里装出深信不疑的样子,对先知说:"你愿意让我召来你的族人,你对他们重述刚才给我讲过的一切吗?"他担心他召来众人后,先知不承认刚才说过的话。先知说:"好啊。"艾布·哲海里听后喊道:"凯尔卜的子孙们啊……"众人听到呼声后,纷纷走了过来,坐到了先知和他跟前。他对先知说:"请你讲刚才讲过的话吧!"先知说:"今夜,我被带去登霄夜行。"众人问:"去了哪?"先知回答:"圣城固都斯。"

---

(1)《艾哈麦德按序圣训集》3:377;《布哈里圣训实录》4710、《穆斯林圣训实录》170。
(2)《圣位的证据》2:359。
(3)指背谈他人。——译者注
(4)《艾哈麦德按序圣训集》1:257。

(5)《艾哈麦德按序圣训集》1:374;《圣训大集》11484。
(6)《圣位的证据》2:386;《布哈里圣训实录》3239;《穆斯林圣训实录》165。

问:"一大早你就回到了这里?"答:"是的。"众人听后,有人开始拍手掌,有人把手放到头上,表示不可思议。他们说:"你能为我们叙述一下远寺的情况吗?"因为群众中有人去过远寺,知道那里的情况。安拉的使者㊅说:"我开始向他们一一介绍远寺的情况,但其中的某些情节一时想不起来。后来安拉将远寺带到欧盖里家附近。我边看它,边向众人介绍它的情况,将其中的情况作了详尽的介绍。"众人说,以主的名义发誓,你介绍的情况确实属实。(1)

### 阿卜杜拉·本·麦斯欧迪的传述

伊本·麦斯欧迪说,安拉的使者㊅在登霄中来到第六层天,看到了极界树。地上的事传达到这里,由这里转呈上去;上界的命令下达于此,也由这里传达下去。此树被一种东西笼罩起来,❰当遮盖的东西遮盖酸枣树时,❱(53:16)那是一种金质的蝴蝶。后来,安拉给他的使者㊅授予三件事情:五次拜功、《黄牛章》的最后几段经文、他的民族中犯重罪但不以物配主的人将得到宽恕。

### 欧麦尔的传述

伊玛目艾哈麦德讲述了欧麦尔到达扎比耶(2)的情况,他还提到解放圣城固都斯之事。欧麦尔对(当地大主教)凯尔卜·艾哈巴尔说:"请看我们应该在哪儿礼拜?"凯尔卜说:"依我看来,你最好朝岩石方向礼拜。如是那样,圣城固都斯都交归你掌管。"欧麦尔说:"你真像一个犹太教徒。我将按照安拉使者㊅的朝向礼拜。"然后欧麦尔向天房方向作了礼拜。拜后,他打扫了这个地方,他铺开自己的大衣,把石块放到衣服上。众人见了,纷纷仿效。(3)欧麦尔虽然站在岩石前面礼拜,尊重岩石,但他并没有听从凯尔卜的建议朝它做礼拜。这个岩石是凯尔卜族人的礼拜朝向。安拉因为伊斯兰大局而引导欧麦尔认清了事实,因此,凯尔卜提出建议后,信士的长官欧麦尔对他说:"你像一个犹太教徒。"欧麦尔不但没有凌辱这个地方,反而脱下自己的衣服,亲自打扫了那里。而不像基督教徒那样,将犹太教的这个朝向改为垃圾堆,以示凌辱。

### 艾布·胡莱赖的传述

艾布·胡莱赖传述,安拉的使者㊅说:"夜行时,我看见了穆萨。"使者形容了穆萨的情况,他(艾布·胡莱赖)好像听先知说:"穆萨中等身材,头发卷曲,很像谢奴尔人。我还看见了尔撒……"先知形容了尔撒的情况,说他中等身材,皮肤呈红色,好像刚从澡堂出来。先知说:"我还看到了伊布拉欣,我是他的子孙中最像他的人。后来,有人给我拿来两个容器,一个盛着奶,一个盛着酒,让我愿饮什么就取什么。我取了奶,饮了它。有人对我说:'你选中了符合天性的东西。假若你选中酒,你的民族必定走上歧途。'"(4)安拉的使者㊅又说:"记得当时古莱什人在天房附近向我询问登霄的事情,他们向我问及远寺的一些情况时,我一时记不起来。我从未碰到过像那日一样难堪的局面。后来安拉将远寺升高到我的面前,我看着它,对他们详述了他们询问的每一细节。记得当时我和一些先知在一起。穆萨当时站着礼拜,他头发卷曲,很像一位谢奴尔人。尔撒也站着礼拜,他们和赛格夫族的欧勒沃·本·麦斯欧迪像极了。伊布拉欣也站着做礼拜,他最像你们的朋友(先知指他自己)。礼拜时间到来后,我带领他们作了礼拜,拜后,有人说:'穆罕默德啊!这是火狱的管理者马立克,请给他道色兰吧!'我刚转过身来,他抢先给我道了色兰。"(5)

### 信士的母亲阿伊莎(愿主喜悦之)的传述

安拉的使者㊅登霄夜行期间到了远寺。(使者回来后)人们议论纷纷,部分曾经对穆圣㊅深信不疑的人背叛了他。他们来到艾布·伯克尔跟前,说:"你知道你的朋友说了些什么吗?他妄言他在登霄夜去了远寺。"艾布·伯克尔说:"他真的说了此话?"他们说:"千真万确。"艾布·伯克尔说:"如果他当真说了此事,那么他说的话是千真万确的。"他们问:"你难道相信他能在一夜间往返于远寺(与麦加之间)吗?"艾布·伯克尔回答:"是的,他即便说了更离奇的话,我也深信不疑,我相信他在早上和晚上带来的一切启示。"艾布·伯克尔因此被人们尊称为"虔信者"。(6)

### 夜行的时间 穆圣㊅是以身体去夜行的,而不是所谓的"精神游历"或梦游

伊本·祖海里、欧勒沃等人说:"登霄夜行的事情发生在迁徙(麦地那)的前一年。"(7)

---

(1)《艾哈麦德按序圣训集》1:309;《圣训大集》11285;《圣位的证据》2:363。
(2)圣城固都斯附近的一个地区。——译者注
(3)《艾哈麦德按序圣训集》1:38。
(4)《布哈里圣训实录诠释——造物主的启迪》6:493、《穆斯林圣训实录》1:154。
(5)《穆斯林圣训实录》1:156。
(6)《圣位的证据》2:360。
(7)《圣位的证据》2:354、355。

赛丁伊说，该事件发生在穆圣㉛迁徙麦地那的十六个月前。(1)

穆圣㉛是在清醒的时候登霄的，当时，他骑着布拉格电马，从麦加到了圣城固都斯。他将布拉格拴到远寺的门跟前，然后进入寺中，朝他自己的礼拜方向礼了两拜。然后，他来到天梯跟前，登上了最近的一层天。后来又登上其他各层天。每层天的守护者都出面迎接他。他还在每层天见到了一些先知，并根据他们的身份和地位，向他们道色兰问候。他在六层天见到和安拉说话的先知——穆萨，到七层天见到了安拉的朋友伊布拉欣先知。他超越了这一切先知的位置，径直来到一个平地，在那里听到写字的沙沙声。这是安拉的定然之笔，它在记载一切事件。他看到了极界树，那树在安拉的命令下，被一只巨大的五彩缤纷的金蝴蝶所遮蔽。后来，天使们又遮住了这只金蝴蝶。穆圣㉛在那里看见了吉卜勒伊里的原形，原来他有六百只翅膀。穆圣㉛还看到了铺天盖地的绿色地毯，看到被建筑的宫殿，曾经在大地上建筑天房的伊布拉欣先知，依靠在这座宫殿上。因为这座宫殿是天上的天房。每一天，有七万个天使进入崇拜安拉，他们一经离去，就不再返回，直至末日。穆圣㉛看见了乐园和火狱。当时，安拉还为他规定了五十番礼拜，后来，为了照顾众仆，又将五十番减成五番。这一切都充分说明，礼拜是非常尊贵和重要的。

此后，穆圣㉛和众先知下降到远寺，并在那里带领他们作了礼拜。那次礼拜可能是当日的晨礼。

有学者认为穆圣㉛是在天上带领众先知礼拜的。但诸多圣训证明，当时的礼拜地点在圣城固都斯。还有传述指出，当时穆圣㉛首先进入了远寺。

可见事情发生在穆圣㉛回到远寺之后。因为穆圣㉛在天上看见他们后，向吉卜勒伊里询问了他们的名字，后者一一向他作了介绍。这种情况是合情合理的。因为穆圣㉛是第一位受邀到最高境界的先知，并在那里接受了安拉为他和他的民族规定的义务——每日五番礼拜。穆圣㉛接受了使命之后，众先知聚集到他周围，众先知在吉卜勒伊里的建议之下，让穆圣㉛带领他们礼拜。这些都充分显示出他的显著地位。

穆圣㉛从远寺出来后，骑着布拉格连夜返回麦加。安拉至知。据传述，穆圣㉛饮奶的事情发生在远寺内。此中有不同传述，一说当时天使给穆圣㉛拿来了奶和蜂蜜，一说奶和酒，另一说奶和水，还有传述说拿来了上述一切。

也有人说，穆圣㉛在天上时，天使给他拿来了这些饮料。也可能拿来了两次，一次在天上，另一次在地上。待客的习惯往往就是这样。安拉至知。

要强调的是，穆圣㉛的登霄是灵魂和肉体一起的登霄，绝不是梦游。此中的证据是下列经文："**赞美安拉。他在夜间把他的仆人由禁寺带到我曾赐福其四邻的远寺**"。赞美安拉的经文，只用在发生重大事情的时候，而梦游并不是一件值得尊重的重大事情。所以，一些古莱什人迫不及待地否认了登霄事件，一些曾经信教的人抛弃了他们的信仰。另外"仆人"一词也表示，去登霄的是穆圣㉛的灵魂和肉体。清高伟大的安拉说：《他在夜间把他的仆人由禁寺带到我曾赐福其四邻的远寺。》（17：1）《我显示给你的梦境和在《古兰》中被诅咒的树，只是为了考验人类。》（17：60）伊本·阿拔斯说："经文所叙述的是穆圣㉛在登霄时所看到的真实情况，被诅咒的树指攒枯木树。"(2)

清高伟大的安拉说：《目不转睛，也未过分。》（53：17）显然，经文指的是对实物的观看，而不指"精神会晤"。还有一个值得考虑的因素是，穆圣㉛当夜所骑的布拉格电马，是一匹闪闪发光的白色牲畜，而（非实体的）灵魂不具备这种特性。因为灵魂的运动不需要合成成份。安拉至知。

## 优美而巨大的益处

《先知的征兆》记载了穆圣㉛派遣迪黑耶出使罗马皇帝的事迹。书中指出这位皇帝是一位富有智慧的人。他召来当时在沙姆经商的麦加人艾布·苏富扬及其同事，向他们询问穆圣㉛的情况。《布哈里圣训实录》和《穆斯林圣训实录》等圣训集，都记载了他们间当时的问答。艾布·苏富扬虽然如实回答了国王的提问，但他还是企图贬低穆圣㉛。他说："以安拉发誓，我当时想说一些贬低他（穆圣㉛）的话，但因担心国王听出破绽后对我失去信任而作罢。"艾布·苏富扬说："我当时给国王讲了登霄事件。"我说："国王陛下，我能讲讲他所编造的一个谎言吗？"国王说："说来听听。"我说："他妄言他在某夜离开我们的城市——禁城，来到你们圣城固都斯的这座远寺，并于夜色逝去前回到了我们那里。"这时，站在国王跟前的圣城固都斯主教说："我知道那一夜发生的事情。"国王看了看他，问："你从何得知？"主教说："我在每夜入睡前，先要关闭远寺的所有大门。那夜我费尽了力气，但怎么也无法关上其中的一道门。后来我叫工人和寺中的维护人员来帮忙，但那门重如大山，纹丝不动。我们只得去请木工，木工们看过之后说好像是建筑松动致使门楣脱落，必须等天亮后查看原因。"主教接着说："我只得让两扇门敞开

---

(1)《格尔特宾教律》10：210。

(2)《布哈里圣训实录诠释——造物主的启迪》8：250。

着回去睡觉，第二天一大早我就去看原因，到那里时发现寺角落的巨石凹了进去，其中有牲畜卧过的痕迹。我对同事们说："昨夜此门是为某位先知而留的，昨夜他在我们寺里礼了拜……"

《夜明灯诞生》一书，引用各家传述者所传的圣训，详细记载了登霄事件。各方面传述的圣训，相互印证了当时的登霄事件。所有的穆斯林都对登霄事件没有异议。只有邪教徒和叛教徒否认登霄事件，《他们企图用他们的嘴吹熄安拉的光明。但安拉则使其光明完美，即使隐昧者厌恶。》（61：8）

《 2.我曾赐给穆萨经典，并以它作为以色列后裔的向导。你们不要在我之外选择监护者。》

《 3.我曾使其和努哈同舟共济者的后代啊！他确实是一位知恩感德的仆人。》

### 叙述穆萨 穆萨接受《讨拉特》

清高伟大的安拉讲述了穆圣☪登霄事件后，紧接着讲述了他的仆人、使者和谈话者穆萨。《古兰》经常将穆圣☪和穆萨，《古兰》和《讨拉特》联系一起，加以叙述。因此，经文在此说："**我曾赐给穆萨经典，并以它作为以色列后裔的向导。**"经文中的"**经典**"和"**它**"都指《讨拉特》。

"**你们不要在我之外选择监护者。**""**监护者**"指保佑者、相助者和崇拜者。安拉每派一位先知，就命令人们崇拜独一无偶的安拉。

"**我曾使其和努哈同舟共济者的后代啊！**"这段经文可解释为：在我（安拉）安排下和努哈一同乘船者的后代啊！从而激励人们，并促使他们去认识安拉的恩典。即那些曾经蒙我特赐的人们的后裔啊！你们当学习你们的祖先！"**他确实是一位知恩感德的仆人。**"你们当记着我给你们的恩典——派遣穆罕默德为先知。

安拉的使者☪说："仆人只要每吃一口食物或每喝一口水后赞美安拉，安拉就会喜悦他。"[1] 栽德·本·艾斯莱姆说："安拉在任何情况下都是可赞的。"穆圣☪说："在末日，我是阿丹子孙的领袖……众人来到努哈跟前说：'努哈啊！你是安拉派到大地上的第一位使者。安拉称你为知恩感德的仆人，请到你的主那里为我们讲情吧……'"[2]

《 4.我在经典中曾对以色列的子孙宣判：你们

---

(1)《艾哈麦德按序圣训集》3：117；《穆斯林圣训实录》4：2095；《提尔密济圣训全集诠释》5：536；《圣训大集》4：202。

(2)《布哈里圣训实录诠释——造物主的启迪》6：431。

将在地上作恶两次，并且一定会狂傲自大。》

《 5.当两次预言中的第一次实现时，我派遣了我强大的仆人对付你们，他们搜索了你们的家园。那是一个必然会实践的预言。》

《 6.然后我又使你们复得时机，去战胜他们。我以财富和子女援助了你们，并使你们的人数成为最多的。》

《 7.如果你们行善，你们就自受其益，如果你们作恶，你们将自受其害。所以当第二次的预言实现时（我使另一族人侵犯你们），以致他们使你们满脸忧伤。并像他们首次侵入一样侵入礼拜寺，以便他们完全摧毁他们所征服的一切。》

《 8.也许你们的主将慈悯你们，如果你们恢复，我也将恢复，我已使火狱成为那些隐昧者的监牢。》

### 《讨拉特》说犹太人将两度 横行霸道，不可一世

清高伟大的安拉说，我在降给以色列人的经典中告诉他们，他们将两次在大地上横行霸道，为所欲为，不可一世。正如安拉所言：《 我为他判定

这事情，那些人将在清晨时被根绝。》（15：66）"判定"指我已经明确指出。

## 犹太人的第一次横行霸道及其报应

"当两次预言中的第一次实现时"，即两次为非作歹中的第一次出现时，"我派遣了我强大的仆人对付你们"，即我让另一支武力更强大的人马征服了他们。这些人占据了他们的国家，在他们的家中来去自如，肆无忌惮。事先，安拉早已声明了这种情况。

前辈和后辈经注家们，对于这些侵略者没有统一的解释。

以色列人中传播着这方面的许多故事，笔者不愿在这本精简的经注中赘述它。虽然这些传说的一部分可能是真实的，但其中大部分没有事实根据。犹太人中的隐昧者，善于编造历史故事。我们穆斯林不能把这些传说当作事实。一切赞美，全归安拉。对我们而言，《古兰》就足够了，我们不以其他的任何经典为根据。安拉及其使者，也没有要求我们从那些书籍中寻找依据。安拉告诉我们，当这些以色列人不可一世，横行霸道，无法无天之际，安拉会让他们的敌人征服他们，踩蹋他们，目空一切地在他们家乡来去自如。这一切都是他们自己造成的，安拉绝不会亏待任何仆人。(1)

赛尔德·本·穆散耶卜说，白赫坦萨到沙姆捣毁了远寺，杀死了大量以色列人。此后，他来到大马士革，发现血液在垃圾上沸腾，他问当地人："这血液是怎么回事？"当地人说："自古以来就是如此，垃圾出现的时候，就会出现这种情况。"白赫坦萨因此而杀死了七万个有正信的人和其他人民。此后，这种现象再也没有出现。据说，他当时还杀死了以色列人中的许多贵族和学者，以致没有人能背诵《讨拉特》，他还俘虏了许多圣裔。当时发生的情况，真可谓一言难尽。我们可以把见到的正确资料记载下来，或传述给他人。安拉至知。

清高伟大的安拉说："**如果你们行善，你们就自受其益，如果你们作恶，你们将自受其害**"，即行善者利己，作恶者害己。正如安拉所言：《谁行善，他自受其利；谁作恶，他自蒙其害。》（45：15）

## 第二次横行霸道

"所以当第二次的预言实现时"，即就在你们第二次横行霸道时，敌人来侵，"**以便他们使你们满脸忧伤**"，即他们将征服你们，并凌辱你们。"**并像他们首次侵入一样侵入礼拜寺**"，"首次侵入"指他们搜查你们的家园的那一次；"礼拜寺"指圣城固都斯，"以便他们完全摧毁他们所征服的一切。"

"也许你们的主将慈悯你们"，使敌人离开你们。

"如果你们恢复，我也将恢复"，即如果你们再次横行霸道，我也将再次惩罚你们，还使你们遭受两世凌辱。

"我已使火狱成为那些隐昧者的监牢。"也有学者称"监牢"（حصير）指褥子、地毯。(2)

格塔德说，后来以色列的后裔再次横行霸道，作恶多端，安拉因此而派遣穆圣㊊及其弟子，迫使他们服服帖帖地交纳了人丁税。(3)

《 9.这《古兰》确实导人于至正之道，并给行善的归信者报喜讯，他们将获得巨大的回赐。》

《 10.那些不信后世的人，我已为他们准备下了痛苦的刑罚。》

## 赞美《古兰》

清高伟大的安拉赞美了他降给穆罕默德㊊的《古兰》，说这部经能引导世人走向最端正、最明确的道路，它预告那些归信它、并按它的要求行善的人将在后世享受重大的报酬；那些不归信它，也不行善的人们，将在末日遭受重大的惩罚。正如安拉所言：《 所以，你以惨痛的刑罚向他们"报喜"吧！》（84：24）

《 11.人祈求祸患，就好像祈求幸福一样。人总是急躁的。》

## 人类的焦躁及自我诅咒

清高伟大的安拉说，人类是浮躁的，人有时会诅咒自己或孩子，祈求安拉毁灭自己和亲人的财产。

"祸患"指死亡、毁灭、诅咒等。假若安拉应答了他们的这种祈求，他们必然遭受毁灭。(4)正如安拉所言：《 如果安拉让人们立即遭受灾祸……》（10：11）穆圣㊊说："你们不要诅咒自己和自己的财产，以免你们碰上安拉准承祈求的时刻。"(5)

人之所以这样做，是因为生性焦虑浮躁。因

---

（1）《泰伯里经注》17：369。
（2）《泰伯里经注》17：390。
（3）《泰伯里经注》17：389。
（4）《泰伯里经注》17：393、394。
（5）《穆斯林圣训实录》4：2304。

此，安拉说："**人总是急躁的。**"赛勒曼·法里西和伊本·阿拔斯有关这段经文讲述了阿丹的一个故事：安拉创造了阿丹后，在他的额部注入灵魂，灵魂到于脑部时，他打了一个喷嚏，并说："感赞安拉！"安拉回答说："阿丹啊！你的主将慈悯你！"灵魂到于眼部后，他睁开了眼睛。然后逐步到于身体的各部位。阿丹则惊奇地看着这一切。灵魂还未到于他的两脚，他就试图站起来，但他没能站起来。他说："主啊！夜晚来临之前，求你让我站起吧！"[1]

**❧ 12.我使夜与昼作为两个迹象，我抹去夜的迹象，赋予昼光明的迹象，以便你们向你们的主寻求恩典，以便你们知道年岁的数目和计算。我已清楚地解释了万物。❧**

### 夜晚和白昼是安拉大能的迹象（征兆）

清高伟大的安拉在此给众仆讲述他的恩典之一——昼与夜的不同。安拉创造了夜，供人们在其中休息。创造了昼，以便人们在其中四处奔波，追求生计，以便人类知道日、周、月和年的数字，并且如期履行契约、功修和各种人际交往。因此说，"以便你们向你们的主寻求恩典"，即你们在居家、旅行等行为中追求安拉的恩典。

"以便你们知道年岁的数目和计算。"假若岁月是一成不变的，那么人们就会对上述一切一无所知。正如安拉所述：❧ 你说："你们可曾见到，如果安拉为你们而使黑夜成为永恒，延长到复生日，除了安拉，谁还能给你们光亮？你们难道不听闻吗？"你说："你们可曾见到，如果安拉为你们而使白昼成为永恒，延长到复生日，除了安拉，谁还能带给你们黑夜，供你们休息？你们难道不观看吗？"他为了怜悯造化了夜和昼，以便你们能在其中休息和寻求他的恩典，以便你们感谢。❧（28：71-73）又 ❧ 赞安拉多福！他在天空设置一些宫，并在其中安置了明灯和灿烂的月亮。他为意欲记念的人和意欲感激的人，使昼夜循环。❧（25：61-62）又 ❧ 是他赋予生命并带来死亡，昼夜因他不同，你们难道还不理解吗？❧（23：80）又 ❧ 他以真理造化诸天与大地，他使昼夜循环，使日月服从，一切都行至一个规定的时期。真的，他是优胜的，至赦的。❧（39：5）又 ❧ 他使天破晓，他以夜供人休息，以计时设置日月。这就是优胜的、全知的主的定律。❧（6：96）又 ❧ 夜晚是给他们的一个迹象，我从其中把白昼移走，刹那间他们就在黑暗当中。太阳将行至其定所，那是优胜的主、全知的主的安排。❧（36：37-38）

安拉为夜设置一种迹象，换言之，为其设置一种标志，人们通过这种标志可以知道夜晚来临了。这种标志是黑暗和月亮；安拉也给昼设置了一种标志——光明和太阳。同时，他又使阳光和月亮不相同，以便人们分清昼夜。正如安拉所言：❧ 他使日成为发光的，使月为光亮，并且规划了它的轨道，以便你们能够知道年数和计算。安拉只以真理造化这一切。❧（10：5-6）这些迹象促使人们完成对安拉的职责，并敬畏安拉。又 ❧ 关于新月他们问你，你说，它是人类和朝觐的时令。❧（2：189）

伊本·哲利尔解释"**我抹去夜的迹象，赋予光明的迹象**"时说："夜的迹象是黑暗，昼的迹象是光明。"[2] 穆佳黑德说："太阳是昼的迹象，月亮是夜的迹象。'我抹去夜的迹象'指我抹去了月亮中的黑暗。安拉就这样创造了月亮。"[3]

伊本·阿拔斯说，"**我使夜与昼作为两个迹象**"指安拉以夜与昼的交替创造了两种现象。一切赞美全归安拉。[4]

**❧ 13.我把每个人的行为附在他的颈上，我将在复生日为他拿出一本展开的册簿。❧**
**❧ 14.你读你的册簿吧！今天你足以作自己的审计人。❧**

### 每个人都有一本记载其行为的册簿

安拉讲述了光阴以及人类在光阴中的行为后说："**我把每个人的行为附在他的颈上。**"伊本·阿拔斯和穆佳黑德解释说，人类的行为无论善恶，都将得到应有的报偿。[5] ❧ 谁曾经做过微尘重的善事，他会看见它。谁曾经做过微尘重的坏事，他也会看见它。❧（99：7-8）又 ❧ 坐在右边和左边的两个记录的天使，记录的时候，他每说一句话，他身边就有一位预备就绪的监察者。❧（50：17-18）又 ❧ 在你们的上面有一群监护者，尊贵的、记录的，他们知道你们所做的一切。❧（82：10-12）又 ❧ 你们只被报以你们当初所做过的。❧（52：16）又 ❧ 谁作恶，将受其报。❧（4：123）概言之，人类的一切行为，无论是白天干的还是夜晚干的，无论是大的还是小的，都被记录的天使详细记载在功过簿中。

"**我将在复生日为他拿出一本展开的册**

---

(1)《泰伯里经注》17：394、395。
(2)《泰伯里经注》17：396。
(3)《泰伯里经注》17：396。
(4)《泰伯里经注》17：397。
(5)《泰伯里经注》17：398、400。

簿"，即我将他的一切行为都记载在这个本子中，并在复生日把册簿交给他。如果他是幸福的人，他将用右手接过册簿。如果他是薄福的人，他将用左手接过册簿。那个册簿当时是打开的，他和其他人在诵读其中的内容。其中记载着他一生的所有事情。❦ 那天，人将被告知他前后所做的一切。不然，人对自身是明察的，使他抛出他的一切借口。❧（75：13—15）

因此，清高伟大的安拉说："你读你的册簿吧！今天足以作自己的审计人"，即你知道你没有受到亏待，天使只记录了你自己的所作所为。那天你将记起自己的一切行为，任何人都不会忘记自己的所作所为，任何人——无论是否识字，都将读他的功过簿。

"我把每个人的行为附在他的颈上。"经文用了"颈"一词，因为它是人体中独特的一个部位。"将某事附于颈上"指某人承担不可推卸的责任。"我将在复生日为他拿出一本展开的册簿"，即我将拿出他的过功簿，其中记载着他的一切行为。

哈桑·巴士里解释❦ 坐在右边和左边的两个记录的天使，记录的时候❧（50：17）时说，人类啊！你的功过簿已为你而打开，有两位尊贵的天使专门负责记录你的行为，一位在你右边，另一位在你左边。右边的天使记录你的善行，左边的天使记录你的罪恶。你的一切行为，不论大小，都记载在册簿中。当你死去时，你的功过簿才被合上，它将被放到坟墓中你脖子跟前。末日到来时，你将发现它被打开后放在你的面前。"你读你的册簿吧！"以安拉发誓，安拉公正极了，他让你自己做自己的审计人。(1)(2)

❦ 15.谁被引导，只是为了他自己而被引导；谁走入歧途，也将自食其果。没有一个担负者可以担负他人的担子。我不是惩罚者，直到我派遣一位使者。❧

### 任何人都不承担别人的罪责

清高伟大的安拉说，那些遵循正道，追求真理，并紧跟先知的人们，将会迎来美好的结局；而那些迷失真理，脱离正道的人们，只是在自欺欺人，作茧自缚。

"没有一个担负者可以担负他人的担子"，即任何人都不承担别人的罪责，犯罪者只是在自欺欺人。正如安拉所言：❦ 负重的人不会负担他人的担子，如果一个肩负重担者要求旁人来承担他的重担，旁人也不能承担丝毫。❧（35：18）这段经文和下列经文之间没有矛盾：❦ 他们一定要负担他们自己的重担和其他重担。❧（29：13）❦ 以便他们在审判日承担他们的全部负担和那些被他们无知地误导的人们的负担。❧（16：25）因为引人作恶者不但要承担自己的罪责，而且要承担其所误导的人的罪责，但这并不意味被误导者的罪责能被减轻。这一切都出于安拉的公正判决和他对众仆的慈悯。

"我不是惩罚者，直到我派遣一位使者。"也是如此。

### 安拉只在派遣使者之后惩罚人类

安拉在此表述他的公正，说他只有在遣圣降经，公布明证之后，才惩罚那些抗拒真理之人。正如安拉所言：❦ 每当一群人被投入其中时，它的管理者们就会问："警告者不曾降临过你们吗？"他们回答说："来过，有一位警告者的确曾到达我们，但是我们不相信他"，并说："安拉从来没有降下过任何东西，你们只是在严重的迷误当中。"❧（67：8—9）又❦ 否认者被成群地赶入火狱，等到他们到达那里，它的门就会被启开，它的管理者会对他们说："你们中的使者们不曾到达你们，向你们诵读你们主的启示并警告你们今日的相会吗？"他们答道："不然，（他们的确到达了），但惩罚的判词已对隐昧者落实了。"❧（39：71）又❦ 他们将在其中大声求救说："我们的主啊！求你放我们出去，我们一定会一改常态而行善的。"我不曾给他们足够长的寿命，好让觉悟者觉悟吗？警告者已来临你们。所以你们尝尝吧！不义者没有任何援助者。❧（35：37）这几节经文都明确指出，安拉只在遣圣降经之后惩罚犯罪者。

### 未到了解正道年龄而夭折的小孩的问题

古今学者们对下列问题意见不一：如果非穆斯林父母所生的小孩在未达到了解正道的年龄就夭折了，那么他们将会怎样呢？疯子、聋子、昏聩的老人，那些在"启示的真空时期"(3)死去的人们以及伊斯兰的召唤没有达到他们的人，这些人的情况又会如何？我们将在下面引述相关圣训，讲明这些问题。祈主赐我们顺利、并襄助我们。

（第一段圣训）安拉的使者㊊说："四种人将在末日为自己辩解：他们是聋子、傻子、昏聩者以及在启示的真空时期死去的人。聋子说：'我的主啊！伊斯兰到来时我什么也听不到。'傻子说：

---

(1) 源于《哈桑妙语录》。
(2)《泰伯里经注》17：400。

(3) 安拉还没有派遣先知的时期。——译者注

'我的主啊！伊斯兰来临时，儿童们在我身上扔粪便。'昏聩者说：'我的主啊！伊斯兰来临的时候，我没有理智。'启示的真空时期死去的人说：'我的主啊！我的时代里没有使者光临。'然后安拉和他们缔约，他们一定要服从安拉：安拉派人命令他们进入火狱。以掌管穆罕默德生命的安拉发誓，他们进入火狱后，将会感觉既凉爽又平安。"(1)另据传述："（这种人中）不想进火狱的人，将被拖进去。"(2)艾布·胡莱赖说："你们可以读下列经文：'**我不是惩罚者，直到我派遣一位使者。**'"(3)

（第二段圣训）安拉的使者说："每个婴儿都依天性而出生，但他的父母亲可能使他成为犹太教徒、基督教徒或拜火教徒。就像牲畜刚生下来时，都是健全的。你们发现过它们身上有残缺现象吗？"另据传述，圣门弟子们当时问："安拉的使者啊！婴儿若死去时，将会怎样？"使者说："安拉至知其行为。"(4)

又说："穆斯林的婴儿们都在乐园中，伊布拉欣先知抚养着他们。"(5)

又说："清高伟大的安拉说：'我将我的众仆造成天然的。'"(6)

（第三段圣训）穆圣说："每个婴儿都依天性而出生。"众人问："安拉的使者啊！多神教徒的孩子呢？"使者回答："多神教徒的孩子也一样。"(7)

赛穆勒说，我们向安拉的使者请教了多神教徒的儿童问题，使者说："他们是乐园居民的服务员。"(8)

（第四段圣训）穆阿维叶之女哈斯娜依说："我问使者：'安拉的使者啊！谁在乐园中？'使者说：'先知在乐园中，烈士在乐园中，婴儿在乐园中，被活埋的女婴在乐园中。'"(9)

## 细究上述问题是可憎的

研究上述问题，需要有充分的正确证据，然而一些无知者往往对立法者（安拉）的法律指手画脚，所以许多学者(10)认为，研究上述问题是可憎的。伊本·阿拔斯曾站在讲台上说："安拉的使者说：'这个民族只要没有去谈论婴儿的问题和前定的问题，他们的事情一直是可以的（差不多的）。'"伊本·罕巴尼说："圣训指的是多神教徒的婴儿问题。"(11)

❧ **16.当我要毁灭一个城市时，我命令它的享乐者们（行善），而他们却在那里作恶。所以判辞就对它实现了，我就完全毁灭它。**❧

## "我命令"一词的几种读法及其意义

经注学家们根据对这段经文中出现的"**我命令**"一词的不同认识，对这段经文也有不同解释。大体如下：一、我向城中的享乐者们发出了我的命令，此后他们开始在城中为非作歹。这是一种定然性的命令。(12)如：❧ **我的命令在黑夜或白天降临他们。**❧（10：24）因为安拉不会命令人去干丑事；二、安拉制服了他们，以致他们去作恶，所以他们是咎由自取；三、我命令他们去行善，但他们却去作恶，因此要遭受惩罚。(13)四、伊本·阿拔斯说："经文指我制服了城中的坏人，后来他们在城中为非作歹。当他们作恶多端之际，安拉惩罚了他们。"正如另一段经文所说：❧ **就这样，我在每一个城市设了一些罪魁。**❧（6：123）(14)五、另据传述，伊本·阿拔斯说"**我命令它的享乐者们**"指"我使享乐者人数变多。"(15)马立克、祖海里都作了类似的解释。(16)

❧ **17.我在努哈之后毁灭了若干世代！对于他仆人们的罪恶，你的主足为深知者和明察者。**❧

## 警告古莱什人

安拉告知那些否认穆圣的古莱什人：他曾经毁灭了那些否认努哈先知之后所有先知的人们。经文证明，自阿丹至努哈先知时代的人们，都坚持正确的伊斯兰道路。正如伊本·阿拔斯说："阿丹至努哈之间的十个世纪（的人们），都坚持着伊斯

---

(1)《艾哈麦德按序圣训集》4：24。
(2)《圣训大典》1：287。
(3)《泰伯里经注》：17：403；《格尔特宾教律》10：232。
(4)《布哈里圣训实录》1385；《穆斯林圣训实录》2658。
(5)《艾哈麦德按序圣训集》2：326；《圣训补充汇集》7：219。
(6)《穆斯林圣训实录》6865。
(7)《布哈里圣训实录》7047。
(8)《大辞典》7：244。
(9)《圣训补充汇集》7：219。
(10)他们中不乏圣门弟子和再传弟子。——译者注
(11)《伊本·罕巴尼圣训实录》8：256；《揭秘》3：35。
(12)《泰伯里经注》17：403。
(13)《泰伯里经注》17：403。
(14)《泰伯里经注》17：404。
(15)《泰伯里经注》17：404。
(16)《泰伯里经注》17：404、405。

兰。"[1]换言之：否认者们啊！你们在安拉那里并不比历史上的否认者们更尊贵，你们所否认的是最尊贵的使者、最优秀的人，所以你们更应该遭受惩罚。

"对于他仆人们的罪恶，你的主足为深知者和明察者。"安拉知道仆人的一切行为——包括善行和罪恶；对安拉而言，任何事物都不是秘密。

❰ 18.谁想获得现世，我就在其中对我所意欲的人赐给我所意欲的东西，然后我就为他安排火狱，他将受责备地、遭弃绝地进入其中。❱

❰ 19.谁希望后世，并且为它尽力奋斗，只要他是有正信之人，这等人的努力将受到奖励。❱

### 追求今世者和追求后世者的报应

清高伟大的安拉说，那些追求今世生活的人当中，只有安拉意欲的人才能如愿以偿。这段经文详述了其他泛指经文。因此安拉说："**谁想获得现世，我就在其中对我所意欲的人赐给我所意欲的东西，然后我就为他安排火狱，他将受责备地、遭弃绝地进入其中**"，即这些人将在后世进入火狱，被淹没在火狱的各种刑罚之中，并将因自己的行为——放弃永恒的乐园而选择腐朽的今世受到谴责，也将遭受屈辱、疏远和弃绝。

"**谁希望后世，并且为它尽力奋斗，只要他是有正信之人，这等人的努力将受到奖励**"，即那些追求后世的人们，只要他们拥有正信，相信后世的报酬，并遵循穆圣㊎的道路去积极奔波，那么，"**这等人的努力将受到奖励**"。

❰ 20.我以你主的恩赏援助所有人——这些人和那些人。你主的恩赏是不受限制的。❱

❰ 21.你看我如何使他们中的一些人优越于另一些人，后世的确是品级更高和更为优越的。❱

清高伟大的安拉说，无论仆人追求今世还是后世，我都将赏赐他们。这些赏赐来自公正无私的决策者——安拉。他将根据每个人的情况，让他们理所当然地得到幸福或遭受不幸。没有人能抗拒安拉的判决，也没有人能妨碍安拉的赏赐，更没有人能更改安拉的意欲。

"**你主的恩赏是不受限制的**"，即任何人都不能拒绝或阻碍安拉的恩赏。格塔德认为经文中的"不受限制的"指不是残缺的。哈桑等人则认为指

不是被阻止的。[2]

"**你看看我如何使他们中的一些人优越于另一些人**"，即我使他们在今世中有不同的境遇，因此，他们中有富人、穷人和生活一般的人；也有美的、丑的和一般的人；有人少年夭折，有人寿终正寝，也有人在壮年时死亡。

"**后世的确是品级更高和更为优越的**"，即人类在后世中的不同更加明显。火狱的居民根据其罪行的不同，处于不同的层次，被不同的桎梏和锁链所捆绑；乐园的居民也根据不同的品级享受着不同的品级和恩典。换言之，乐园中有不同品级，火狱中也有不同层次。乐园中有一百个品级，每两个品级之间的间距与天地同宽。两圣训实录辑录："享受高品级的人们，仰视着享受最高品级的人们，就像你们仰视闪现在天际的星星那样。"[3]因此，经文说："**后世的确是品级更高和更为优越的**。"

❰ 22.你不要在侍奉安拉的同时侍奉任何伪神，

---

（1）《圣训补充汇集》6：318。
（2）《泰伯里经注》17：410。
（3）《布哈里圣训实录诠释——造物主的启迪》6：386；《穆斯林圣训实录》4：2177。

## 不要以任何物举伴安拉

经文中的"你"指伊斯兰民族中负有教法义务的成人。即负有教法义务的人啊！你既然自称穆斯林，就不要崇拜多神。否则，你将因为自己的行为而遭受谴责和抛弃，安拉不但不襄助你，而且要把你交给你所崇拜的那个"神"，而那个"神"既不能给你带来幸福，也不能给你带来祸患。因为幸福和祸患只由安拉掌管。安拉的使者说："有困难而寻求人们去解决的人，其困难得不到解决；有困难而祈求安拉解决的人，其困难必将迎刃而解——或在现在，或在将来。"[1]

◈ 23.你的主已经判决：你们只崇拜他，并要善待父母，如果他们当中一位或两位达到高龄，并与你同住，你不要在他俩跟前叹气，也不要呵斥他俩，而要以尊敬的言语对他俩说话。◈

◈ 24.你要对他们谦卑敬爱，并说："我的主啊！求你慈悯他俩，就像他俩抚育幼时的我那样。"◈

## 安拉命令人们诚信安拉独一、善待父母

清高伟大的安拉命令人们只崇拜独一无偶的他。因为经文中的"你的主已经判决"指你的主已经命令。

穆佳黑德说"判决"指忠告[2]。伊本·麦斯欧迪、端哈克等读为"你的主忠告……"[3]

因此，经文在后面提到了善待父母，说："**并要善待父母**"，即安拉命令你善待父母。正如另一段经文所说：◈你要感激我和你的父母，归宿只在我这里。◈（31：14）

"**如果他们当中一位或两位达到高龄，并与你同住，你不要在他俩跟前叹气**"，即你不能说难听的话，甚至不能在他们跟前叹息，因为叹息表达着一种最轻微的不满。

"**也不要呵斥他俩**"，即你更不能做出丑事。[4]

安拉禁止丑言丑行之后，命令人们要言行优美，说："**而要以尊敬的言语对他俩说话**"，即你要毕恭毕敬地对父母亲说温和而好听的话。

"**你要对他们谦卑敬爱**"，指你还要从行为方面表现出对他俩的敬爱。

"**并说：'我的主啊！求你慈悯他俩，就像他俩抚育幼时的我那样。'**"即主啊！求你在他们年老时和归真时，慈悯他们。

伊本·阿拔斯说，后来安拉降谕道：◈先知和信士们在清楚了多神教徒是火狱的居民后，就不应为他们祈求恕饶了。◈（9：113）[5]

有关善待父母的圣训很多，如：圣训一：穆圣有天登上讲台，念道："阿米乃！阿米乃！阿米乃！"有人问："安拉的使者啊！你为何念'阿米乃'？"安拉的使者回答："吉卜勒伊里来到我跟前说：'穆罕默德啊！愿那些听到你的名字后没有赞美你的人倒霉！'并说：'你念阿米乃！'所以我念了阿米乃。他又说：'愿那些在整个莱麦丹月未获安拉赦宥的人倒霉！'并说：'你念阿米乃！'所以我念了阿米乃！他又说：'愿他的双亲或其中一人年迈，而他俩没有祈求安拉使他进乐园的人倒霉！'并说：'你念阿米乃'，所以我念了阿米乃。"[6]

圣训二：穆圣说："其双亲（或其中一人）年迈了，而他没有进乐园的人[7]真倒霉！真倒霉！真倒霉！"[8]

圣训三：佳海麦来到穆圣跟前，说："安拉的使者啊！我来求你同意我出征！"使者说："你有母亲吗？"他说："是的。"使者说："你陪同她，因为乐园就在她的两脚下。"后来佳海麦在另外的场合向使者提出了同样的请求，但使者也给了他同样的答复。[9]

圣训四：穆圣说："安拉忠告你们善待你们的父亲，安拉忠告你们善待你们的母亲，安拉忠告你们善待你们的最近的亲人，然后是善待仅次于他们的亲人……"[10]

圣训五：有位叶勒卜尔族的男子说，我到穆圣跟前时，听到穆圣在和人们谈话，他说："给予的手是高贵之手。（你们应该善待）你的母亲、父亲、姐妹、兄弟，然后最亲的人，然后最亲的人……"[11]

---

（1）《艾哈麦德按序圣训集》1：407；《艾布·达乌德圣训集》2：296；《提尔密济圣训全集诠释》6：617。
（2）《泰伯里经注》17：414。
（3）《泰伯里经注》17：413、414。
（4）《泰伯里经注》17：417。
（5）《泰伯里经注》17：421。
（6）《提尔密济圣训全集诠释》5：550。
（7）意思是，孝敬年老的父母者一般都可进天堂。抛弃孝顺，如同拒绝天堂。——译者注
（8）《艾哈麦德按序圣训集》2：346；《穆斯林圣训实录》4：1978。
（9）《艾哈麦德按序圣训集》3：429；《圣训大集》6：11；《伊本·马哲圣训集》2：930。
（10）《艾哈麦德按序圣训集》4：132；《伊本·马哲圣训集》2：1207。
（11）《艾哈麦德按序圣训集》4：64。

❦ 25.你们的主最明白你们的心事。如果你们是清廉的,那么,他对悔悟的人是宽恕的。❦

## 子女只要向安拉忏悔,他在父母方面的失误会蒙受安拉赦宥

伊本·朱拜尔说,经文讲的是这样一个人:他在不知不觉的情况下冒犯了父母亲。[1] 他还读道:"你们的主最明白你们的心事。如果你们是清廉的"。

"那么,他对悔悟的人是宽恕的。""悔悟的人"指顺从安拉的礼拜者。[2] 赛尔德·本·穆散耶卜说,经文指那些犯了错后向安拉忏悔,然后犯了错后再次向安拉忏悔的人。[3]

阿塔、伊本·朱拜尔说,经文指一心向善的人。[4] 穆佳黑德说经文也指那些独自一人时想起自己的罪恶,然后向安拉忏悔的人。[5]

伊本·哲利尔说,此中最好的解释是:犯了罪后忏悔,并且弃恶行善,离开安拉不喜欢的事情,回归了安拉喜欢的事情之人。[6] 这种解释非常准确。因为在阿拉伯语中"**悔悟**"一词是从"回归"一词派生而来的。正如安拉所言:❦ 他们将回到我这里。❦(88:25)圣训中说,穆圣㉒每次旅行归来时说:"(我们是)回归者,忏悔者,拜主者,赞主者。"[7]

❦ 26.你要给亲属和赤贫者以及远行人施舍他们所应得的,但不要挥霍浪费。❦

❦ 27.浪费的人的确是魔鬼的弟兄。魔鬼是对它的主忘恩负义的。❦

❦ 28.倘若你一定要在寻求你所希望的——来自你主的慈悯之后才周济他们,那么,你就要对他们先说温和的话。❦

## 安拉命人接恤骨肉 禁止人铺张浪费

安拉提到了善待双亲之后,提到了善待亲属,接恤骨肉。圣训中说:"你当孝敬你的母亲和父亲,然后善待最亲的人,然后最亲的人……"[8]

另据传述:"谁希望生活宽裕和长寿,谁就应该接恤骨肉。"[9]

"但不要挥霍浪费。"安拉命令人花费财产的同时,要求他们要持中,不要铺张浪费。正如另一段经文所说:❦ 当他们花费时,他们既不浪费,也不吝啬,而在此中是适中的。"❦(25:67)然后经文警告铺张浪费说:"浪费的人的确是魔鬼的弟兄",即他们是一丘之貉。

伊本·麦斯欧迪、伊本·阿拔斯等人说,"浪费"指把财产花费到不应该花费的地方。[10]

穆佳黑德说:"为了正当的事情,即使花费所有的财产,也不算浪费。但是如果为不正当的事情,花费一分钱,也是一种浪费。"[11]

格塔德说,"**浪费**"指为了违抗安拉、干不正当的事情,或为非作歹而花费财产。[12]

艾奈斯·本·马立克说,有位台米穆族人来到安拉的使者㉒跟前,说:"安拉的使者啊!我有许多财产和家属,请告诉我,我应该怎么花费财产?"使者说:"在应当交纳天课的时候,你就交

---

(1)《泰伯里经注》17:422。
(2)《泰伯里经注》17:422。
(3)《泰伯里经注》17:423。
(4)《泰伯里经注》17:424、425。
(5)《泰伯里经注》17:424。
(6)《泰伯里经注》17:425。
(7)《布哈里圣训实录诠释——造物主的启迪》3:724。
(8)《艾哈麦德按序圣训集》2:226。

(9)《穆斯林圣训实录》4:1982。
(10)《泰伯里经注》17:428。
(11)《泰伯里经注》17:429。
(12)《泰伯里经注》17:429。

纳天课，因为它能净化你；你当接恤你的亲属；你还要维护乞丐、邻居和赤贫者的权益。"那人说："安拉的使者啊！请为我少规定一点义务吧！"使者遂读了下列经文："你要给亲属和赤贫者以及远行人施舍他们所应得的，但不要挥霍浪费。"那人说："安拉的使者啊！这些就够了。如果我向你派来的使者交纳了天课，我是否完成了安拉及其使者赋予我的义务？"使者🕋说："是的，如果你向我的使者交纳了天课，你确已解脱了责任。你还会因此而得到回赐。如果其中出现差错，那么，离经叛道的人应该负责任。"(1)

"浪费的人的确是魔鬼的弟兄"，即那些铺张浪费、违抗安拉、为非作歹的人的确是与恶魔臭味相投的兄弟。

因此说："魔鬼是对它的主忘恩负义的。"因为它不但对安拉忘恩负义，不行善，反而违抗安拉。

"倘若你一定要在寻求你所希望的——来自你主的慈悯之后才周济他们"，即如果你的亲属，或者你理应周济的人们要求你帮助，而你又没有能力，只能拒绝他们，那么，"你就要对他们先说温和的话"，即你应当平易近人地给他们许诺，如果安拉再次赐你财产，你一定会帮助他们。

穆佳黑德、艾克莱麦、赛尔德·本·朱拜尔、哈桑、格塔德等学者都认为，"你就要对他们先说温和的话"指你要以平易近人地态度给他们许诺。(2)

❧ 29.不要把你的手绑在你的脖子上，也不要把它伸展到它的极点，以免你成为被指责的、力不从心的。❧

❧ 30.的确，你的主使他所意欲之人生活宽裕，他也使（他所意欲的人生活）窘迫。他对他的仆人确实是彻知的、全观的。❧

### 花费财产时要谨守中道

安拉命令人们在生活中要保持中等消费，同时谴责吝啬，禁止浪费。"不要把你的手绑在你的脖子上"，即你不要成为悭吝不舍的守财奴。正如犹太人（愿安拉诅咒他们）所说：❧安拉的手是被绑住的。❧（5：64）他们妄言安拉是吝啬的。安拉至大，安拉圣洁！他是慷慨的主，普施的主。

"也不要把它伸展到它的极点"，即你不要铺张浪费，入不敷出，做力不能及的事情，否则，你将受到谴责，悔恨莫及。经文从正反两方面论述了这一问题。即如果你悭吝不舍，将受到人们的谴责和埋怨，人们认为你是一个无用之人；如果你花费的财产超出了你的能力，那么，你会变得一无所有，然后成为一个力不从心的人，就像虚弱得无力行走的动物。"力不从心"等同于疲倦。正如安拉所言：❧你再看一次，你能看出任何缺陷吗？然后你再看两次，眼睛将会疲倦地、乏困地转回。❧（67：3-4）即眼睛因疲倦而无力观看。本章经文将吝啬和浪费解释为疲倦。(3)艾布·胡莱赖传述，他听到安拉的使者🕋说："吝啬者与好施者，就像两个从胸部至锁骨披着铁甲的人。好施者越是施舍，其铁甲越长，扩及全身，直到遮其手指，没其足迹。吝啬者想施舍时，其铁甲的每一环都越缩越紧，他想使之宽松，但宽松不了。"(4)

安拉的使者🕋说："人们每天清晨起床时，都有两位天使从天上下来，一位呼唤：'主啊！请赐给好施者替代品。'另一个呼唤：'主啊！请使吝啬者遭受损失。'"

穆圣🕋又说："财产不会因为施舍而减少，仆人花费财产越多，安拉就让他越尊贵。谁为安拉而谦虚，安拉使谁高贵。"(5) 又说："你们当远离吝啬，因为吝啬毁灭了你们以前的人。它（指财产）促使人们吝啬，所以他们悭吝不舍。它促使人们断绝骨肉，所以他们薄情寡义。它促使人们作恶，所以有人为非作歹。"(6)

"的确，你的主使他所意欲之人生活宽裕，他也使（他所意欲的人生活）窘迫。"安拉说，他以他的意志供养人，给予人，使人宽裕，任意决策。他本着某种尺度，使他所欲之人富裕，也使所欲之人贫穷。

"他对他的仆人确实是彻知的、全观的"，即安拉知道并明确地看到，谁应该富裕，谁应该贫穷。对某些人而言，富裕是"明升暗降"，贫穷则是一种惩罚。祈主使我们远离使人"明升暗降"的富裕和贫穷。

❧ 31.你们不要因为怕贫穷而杀害你们的子女，我将供应他们生计，也供给你们。杀死他们确实是一项大罪。❧

---

（1）《艾哈麦德按序圣训集》3：136。
（2）《泰伯里经注》17：431、432。
（3）《泰伯里经注》17：434、435。
（4）《布哈里圣训实录诠释——造物主的启迪》3：358；《穆斯林圣训实录》2：708。
（5）《穆斯林圣训实录》4：2001。
（6）《艾哈麦德按序圣训集》2：159。

## 禁止杀害子女

这段尊贵的经文证明，安拉对人类的疼爱超过了父母对子女的疼爱。安拉不但禁止人们杀害子女，而且还要求父亲们给子女分配遗产。而蒙昧时代的人们，则剥夺了女孩的遗产继承权。不但如此，当时杀戮女婴成风，认为这样可以减轻生活负担。安拉严禁这一行径，说："**你们不要因为怕贫穷而杀害你们的子女**"，即你们不要担心有了孩子后变穷而杀害他们。因此，经文强调了他们的生计问题，说："**我将供应他们生计，也供给你们。**"《牲畜章》的经文说：❰ 你们不要因为贫穷而杀害子女，我供给你们生计，也供给他们。❱（6：151）

"**杀死他们确实是一项大罪。**"有些诵经家读为"杀死他们确实是一件大错"，其意义相同。两圣训实录辑录，伊本·麦斯欧迪传述，我问："安拉的使者啊！哪件罪恶最严重？"使者回答："安拉创造了你，你却为安拉设匹敌。"我问："然后是哪件？"使者回答："因为担心孩子和你一起吃饭而杀害他。"我问："然后是哪件？"使者回答："和邻居的妻子通奸。"[1]

❰ 32.你们也不要接近奸淫，它的确是可耻的。这种行径真恶劣啊！❱

## 安拉命令人们远离奸淫及其因素

安拉禁止人们远离奸淫以及可能导致奸淫的各种因素，说："**你们也不要接近奸淫，它的确是可耻的**"，即它是可耻的大罪。

"**这种行径真恶劣啊！**"即这是非常可怕的行为。

艾布·欧麻麦传述，有个青年来到穆圣㊊跟前说："安拉的使者啊！请允许我奸淫。"众人听后呵斥他，说道："住口！住口！"使者说："让他过来！"此人走到使者跟前后，使者说："你坐下！"那人坐下后，使者问："你愿意你母亲通奸吗？"他回答："以安拉发誓，不愿意。愿安拉使我为你而捐躯。"他接着说："人们都不愿意自己的母亲通奸。"使者问："你愿意你女儿通奸吗？"那人回答："以安拉发誓，不愿意。愿安拉使我为你而捐躯。"使者接着说："人们都不愿意自己的女儿通奸。"使者问："你愿意你的姐妹通奸吗？"那人回答："以安拉发誓，不愿意。愿安拉使我为你而捐躯。"他接着说："人们都不愿意自己的姐妹通奸。"使者问："你愿意你的姑姑通奸吗？"那人回答："以安拉发誓，不愿意。愿安拉使我为你而捐躯。"使者接着说："人们都不愿意自己的姑姑通奸。"使者又问："你愿意你的姨妈通奸吗？"那人回答："以安拉发誓，不愿意。愿安拉使我为你而捐躯。"使者接着说："人们都不愿意自己的姨妈通奸。"然后使者把手放到他身上，对他说道："主啊！请恕饶他的罪恶，清洁他的内心，纯洁他的羞体。"此后，这位青年忠贞不渝。[2]

❰ 33.除非凭借正当的原因，你们不要杀害安拉已经禁止（伤害）的生命。谁若被屈杀，我就给谁的继承人授权。但他不可滥杀。他的确是受到援助的。❱

## 禁止无故杀人

安拉允许以合法的法律程序处死该判死刑的犯人，但严禁人们无故杀人。安拉的使者㊊说："任何一个作证'应受拜者，惟有安拉，穆罕默德是安拉的使者'的穆斯林，都不能被处死，除非下列三个原因之一：以命抵命，结过婚的奸淫者，分离群众的叛教者。"[3]

"**谁若被屈杀，我就给谁的继承人授权**"，即我将给受害者的继承人拥有某种权利，他可以杀死凶手，实施抵偿制；可以原谅凶手索取命价；也可以完全原谅对方。圣训对上述三种方法，都有论述。大学者伊本·阿拔斯通过这段经文的表面意义，认为穆阿维叶因此而获得了权力，因为他是奥斯曼的继承人，而奥斯曼此前是被屈杀的。穆阿维叶政权稳定了。这种解释非常奇怪。

"**但他不可滥杀**"，即被杀者的继承人不能超越法度，譬如杀死对方后，毁容或多杀无辜。

"**他的确是受到援助的。**""他"指受害者的继承人。无论从法律角度还是从其他角度，他都是有理可循的。

❰ 34.你们不要接近孤儿的财产，除非依最好的方式，直到他达到成年。你们要履行诺言，因为诺言是要被审问的。❱

❰ 35.当你们量时要量满，也要公平地称秤。这是更好的，结局更优美的。❱

---

[1]《布哈里圣训实录诠释——造物主的启迪》8：13。
[2]《艾哈麦德按序圣训集》5：256。
[3]《布哈里圣训实录诠释——造物主的启迪》12：209；《穆斯林圣训实录》3：1302；《提尔密济圣训全集诠释》4：256；《圣训大集》7：82；《伊本·马哲圣训集》2：874。

### 安拉命人合理地支配孤儿的财产，并命人称量公平

清高伟大的安拉说："**你们不要接近孤儿的财产，除非依最好的方式，直到他达到成年**"，即你们只能以正常的心态处理他们的财产，《但不要在他们成长以前浪费或急速地吞没它。富有的监护人，应当安分守己；贫穷的监护人，可以合理地食用。》（4：6）安拉的使者㊣对艾布·则尔说："艾布·则尔啊！看来你是个弱者，但我爱你如己，你一定不要给两个（以上的）人当官，也不要管理孤儿的财产。"[1]

"**你们要履行诺言**"，即你们当履行你们和人们缔结的盟约和各种契约。"**因为诺言是要被审问的**"，因为缔约者将对他的约言负责。

"**当你们量时要量满**"，即你们不要短斤少两，坑害他人。

"**也要公平地称秤**"，即你们要称量公平，平等交易。

"**这是更好的**"，这对你们的今世生活和后世归宿，都有益处。

"**结局更优美的**"，即其回赐是更好的，结局是更佳美的。[2] 伊本·阿拔斯曾说："诸位先生！你们现在掌握着两件大事，前人因为没有把握好它们而毁于一旦。它们是量和称。"

《36.你不要追求你一无所知的，因为耳朵、眼睛和心灵——这些全都将被审问。》

### 你们只能谈论自己所知道的事情

伊本·阿拔斯解释说，经文的意思是：人啊！你不要说自己不知道的事情！[3] 奥夫解释：你不要无知地诽谤他人！[4] 穆罕默德·本·哈乃斐解释：你不要作伪证！[5] 格塔德解释：没见过时，你不要说你见过；没有听过时，你不要说你听过；不知道时，你不要说你知道。因为安拉将审问你的这一切行为。[6]

概言之，安拉禁止人们在无知的情况下进行猜测或臆断。正如另一段经文所说：《你们要避免许多猜疑，因为有些猜疑是罪恶。》（49：12）圣训说："你们当远离猜测，因为猜测是最大的谎言。"[7] 又说："一个人的坐骑——'他们说'真是恶劣[8]。"[9] 又说："一个人如果没有看到某事而妄言看到了它，则属于最大的谎言[10]。"[11] 另一段明确的圣训说："谁妄言梦见了某事（其实他没有梦见），到了末日，他将奉命用两粒大米打结，但他怎么也做不到。"[12]

"**这些全都**"，指听觉、视觉和心灵"**将被审问**"，即仆人将在末日受到审问，他用这些感官做了什么。"**这些**"和"**这个**"，两个词可以互用。

《37.你也不要在大地上傲慢横行。你不能踏穿大地，也不能与山岳齐高。》

《38.所有那些，其罪恶在你的主看来是可

---

（1）《穆斯林圣训实录》3：1458。
（2）《泰伯里经注》17：446。
（3）《泰伯里经注》17：446。
（4）《泰伯里经注》17：447。
（5）《泰伯里经注》17：447。
（6）《泰伯里经注》17：446。
（7）《布哈里圣训实录诠释——造物主的启迪》9：106。
（8）意思是：此人总爱说"他们说"，但从不考证"他们"是谁，或说的话是否属实。"他们说"几乎成了他所骑乘的坐骑。——译者注
（9）《艾布·达乌德圣训集》5：254。
（10）意思是他明明没有看到某事，却说我亲眼看到了。——译者注
（11）《布哈里圣训实录诠释——造物主的启迪》2：446。
（12）《布哈里圣训实录诠释——造物主的启迪》12：446。

憎的。

## 贬斥趾高气扬的走路者

清高伟大的安拉禁止仆人趾高气扬地走路，说："你也不要在大地上傲慢横行"，即你不要像暴虐者一样，趾高气扬地行走。

"你不能踏穿大地"，即你的步伐并不能使大地裂开。伊本·哲利尔引用鲁白的诗句印证了这种解释：

> 漆黑的深渊，是穿透者的坑。

"也不能与山岳齐高"，即你不要悠然自得，忘乎所以，因为世间的结局，往往是事与愿违。正如有段明确的圣训所述："有个古人穿着两件大衣，趾高气扬地行走着，突然，大地震撼，他被陷入地下，并不停地沉陷，直至末日。"[1]《古兰》也曾叙述，戈伦穿戴豪华，出现在群众面前时，他和他的家园被大地所吞没。

"所有那些，其罪恶在你的主看来是可憎的。"有人将这段经文读成："所有这些，都是可耻的，在安拉看来是可憎的"，指从第三十一段经文《你们不要因为怕贫穷而杀害你们的子女……》至三十八段经文所叙述的一切罪恶，都是可耻的。

也有人读为："**所有那些，其罪恶在你的主看来是可憎的。**"[2] 其意为：从第二十三段经文《你的主已判决……》至三十八段经文中所叙述的一切事务，其中恶劣（丑恶的）事情，都是安拉所憎恶的。伊本·哲利尔选择了第二种读法。

◆ 39.这是你的主启示给你的一些哲理。你不要将其他的"神"与安拉等量齐观，以免你受谴责、遭弃绝地被掷入火狱。◆

## 上述一切都是启示和哲理

清高伟大的安拉说，穆罕默德啊！我命令你做的，就是优美的；我禁止你做的，则是丑恶的。你也应当这样命令世人。

"**你不要将其他的'神'与安拉等量齐观，以免你受谴责、遭弃绝地被掷入火狱**"，即以免将来你自己埋怨自己，安拉恼怒你，世人责备你。

伊本·阿拔斯说，"遭弃绝地"指与一切幸福无缘地。

格塔德认为，"遭弃绝地"指被驱逐地。[3]

---
(1)《穆斯林圣训实录》3：1654。
(2) 正文是按这种读法翻译的。——译者注
(3)《泰伯里经注》17：452。

---

经文中的"你"，指穆圣㊗的民族。穆圣㊗本人受安拉保护，不可能触犯上述罪行。

◆ 40.难道你们的主特赐给你们儿子，而他自己在天使中选取女儿吗？你们的确说了严重的话！◆

## 驳斥妄言天使是安拉女儿的多神教徒

安拉驳斥了那些多神教徒的谎言，他们妄称天使是安拉的女儿。祈求安拉惩罚他们。他们认为安拉的奴仆——天使都是女性，并且是安拉女儿，所以对天使加以崇拜。他们彻底错了。清高伟大的安拉驳斥他们说："**难道你们的主特赐给你们儿子**"，即安拉让你们只拥有儿子，"**而他自己在天使中选取女儿吗？**"即他为自己只选择女儿吗？这是你们的信口开河。你们将自己不喜欢的女性，划归于安拉吗？你们因为不喜欢女性而不惜活埋她们。你们的分配实在不公！清高伟大的安拉说：◆他们说："至仁主有儿子！"你们的确触犯了一件最严重罪行！因此，天几乎破，地几乎崩，山几乎塌。因为你们妄称至仁主有子嗣，而至仁主却不屑有子嗣。天地间没有一物不以仆人身份到至仁主跟前。他确已记录了他们，并计算过他们。他们每一个都将在复生日单独地来到他跟前。◆（19：88-95）

◆ 41.我确在这《古兰》中分析了（我的警告），以便你们注意，但是这种分析只会增加他们的厌恶。◆

清高伟大的安拉说："**我确在这《古兰》中分析了（我的警告）**"，即我在《古兰》中详述了我的警言，以便他们铭记其中的明证和教训，并远离以物配主、不义和诽谤。

"**但是这种分析只会增加他们的厌恶。**"但我的分析使不义者更加肆无忌惮，背逆真理。

◆ 42.你说："假如像他们所说的，有许多神祇与他同在，那么，它们一定会寻求方法（对付）阿莱什之主。"◆

◆ 43.赞美安拉！他远远超越于他们所说的。◆

清高伟大的安拉说，穆罕默德啊！这些人妄言安拉的某些被造物是安拉的伙伴，崇拜这些"伙

伴"可以使他们接近乐园，这些"伙伴"要在后世中为他们讲情。假若事实真如他们所说，那么，这些"伙伴"一定会崇拜安拉，做善事，接近安拉。所以，你们也应当像崇拜那些伙伴一样去崇拜安拉，而不需要安拉的被造物做你们与安拉之间的中介。因为安拉不喜欢这种中介行为。安拉曾通过所有的先知和使者，严禁了这种丑行。他还明确表示仆人和他之间没有中介，"**赞美安拉！他远远超越于他们所说的**"，即这些多神教徒妄言除了安拉之外，世间还有许多神灵，但事实上安拉和他们所说的毫无关系，安拉是无求的、独一的，他没有生，也没有被生，任何物都不能与他匹配。

❰ **44.七重天与大地以及其中的万物，都赞颂他清净。没有一物不赞颂他，但是你们却不了解它们的赞颂。他确实是宽仁的、至恕的。** ❱

### 万物都在赞颂安拉

清高伟大的安拉说，七层天和大地以及其中的一切都在赞美他，承认他的伟大。而多神教徒的言语违背了宇宙的规律。因为万物都作证，只有安拉具有受拜性和养育性。

万物中无不显示着证据，证明安拉的独一。

清高伟大的安拉说：❰ 因此，天几乎破，地几乎崩，山几乎塌。因为你们妄称至仁主有子嗣，❱（19：90-91）

"**没有一物不赞颂他**"，即天地万物，都在赞美安拉。

"**但是你们却不了解它们的赞颂。**"人们啊！无论是动物，还是植物，或者无生物，它们都用它们各自的语言和行为赞美安拉，但你们却不理解它们。布哈里传自伊本·麦斯欧迪，他说："我们曾在吃食物时，听到食物在赞美安拉。"(1)

安拉的使者有次看到一伙人骑在他们的坐骑上聊天，便对他们说："你们当温和地骑它们，并温和地放开它们，你们不要将它们作为你们在路上或街市上谈话的凳子，或许被骑者比骑乘者更尊贵，比他更勤于赞主。"(2)

阿卜杜拉·本·阿慕尔说，安拉的使者禁止我们杀青蛙。

"**他确实是宽仁的、至恕的**"，即安拉一般不急于惩罚犯罪者，而是宽限他，照顾他，但是他惩罚他们时，就毫不留情。两圣训实录辑录："安拉往往会宽限不义者，但他惩罚他时，就不再照顾

他。"(3)安拉的使者说了这番话后读道：❰ 当你的主惩罚不义的城市（居民）时，他的惩罚就是这样的。❱（11：102）又❰ 多少城市，当它犯罪时，我宽限了它，然后我才惩罚它。❱（22：48）又❰ 许多城镇，在其不义时被我毁灭。❱（22：45）那些彻底戒绝隐昧和罪行，并一心归主，向主忏悔的人，会得到安拉的赦宥。正如安拉所言：❰ 作恶或自亏，然后向安拉求饶的人，将发现安拉是至恕的、至慈的。❱（4：110）本章的经文说："**他确实是宽仁的、至恕的。**"《创造者章》说：❰ 安拉掌握着诸天与大地，以免它们越轨。如果它们要越轨，除了他没有谁能够掌握它们。他确实是宽容的、至赦的。❱（35：41）又❰ 如果安拉由于人们的不义而要惩罚他们，他就不会在地上留下任何动物。❱（16：61）

❰ **45.当你诵读《古兰》时，我在你与那些不信后世的人之间放置了一重被遮蔽的帐幕。**
**46.我也在他们的心上设上一些罩子，因此他们不了解它，并在他们耳中设上重耳。当你在《古兰》中只提到你的主时，他们反感地转身而去。** ❱

### 多神教徒心上的帐幕

清高伟大的安拉对使者穆罕默德说，穆罕默德啊！当你在多神教徒跟前诵读《古兰》时，我在你和他们之间设置了一道常人看不见的帐幕。格塔德说经文指安拉在多神教徒的心上设置了"心包"。(4)正如他们说：❰ 我们的心在封套之中，我们的耳已失聪，你与我们之间有屏障，所以，你做你的吧，我们在做我们的。❱（41：5）即有一道屏障阻挡起来，故他们听不到。

根据阿拉伯语语言习惯，经文中的"**被遮蔽的**"指遮蔽的，即有一道帐幕挡在他们的眼前，所以他们看不见。他们因为这道帐幕而得不到正确的引导。伊本·哲利尔选择了这种解释。

艾布·伯克尔之女艾斯玛仪说：❰ 愿火焰之父的双手毁灭吧，他已经毁灭。❱（111：1）的经文降示后，杰米莱的母亲独眼人（乌姆·杰米莱）怒气冲冲地来找先知，她手中拿着一把石子，说："我们碰到了可憎的人（传述者说，她或者说了我们否决了可憎的人），拒绝了他的宗教，违抗了他的命令。"安拉的使者当时正和艾布·伯克尔坐在一起。艾布·伯克尔对使者说："我担心她看见

---

（1）《布哈里圣训实录诠释——造物主的启迪》6：679。
（2）《艾哈麦德按序圣训集》3：439。
（3）《布哈里圣训实录诠释——造物主的启迪》8：205；《穆斯林圣训实录》4：1997。
（4）《泰伯里经注》17：457。

你。"使者说："她不可能看见我。"因为使者当时诵读了一些求庇佑的经文，其中读了"**当你诵读《古兰》时，我在你与那些不信后世的人之间放置了一重被遮蔽的帐幕。**"圣训传述者说，所以独眼人当时没有看见先知。她站到艾布·伯克尔跟前，对他说："我听说你的朋友（穆罕默德）在诋毁我。"艾布·伯克尔说："不，以养育天房的安拉发誓，他没有诋毁过你。"独眼人听后转身回去了，并自言自语："古莱什人知道我是他们首领的女儿。"[1]

"**我也在他们的心上设上一些罩子。**""罩子"指遮盖心灵的心包。

"**因此他们不了解它，并在他们耳中设上重耳。**""重耳"是一种妨碍听觉的疾病。他们虽然听到了《古兰》的声音，但没有从中获益，也没有遵循《古兰》的引导。

"**当你在《古兰》中只提到你的主时**"，即当你在读经当中承认安拉的独一，读了"应受拜者，惟有安拉"时，"**他们反感地转身而去**"。正如安拉所言：《 当提到独一的安拉时，那些不信后世者的心就厌恶了。》（39：45）当穆斯林们说"应受拜者，惟有安拉"的时候，多神教徒们便矢口否认，难以接受，伊卜厉斯及其兵将们坐立不安。但安拉将使这一言辞发扬光大，挫败其反对者。为了这句言辞而争辩的人们，必胜无疑，为了这句言辞而战斗的人们，所向无敌。虽然历史的夜晚漫漫而久长，但能够认识它的，不过是在其短暂的夜空下匆匆而逝的少数穆斯林。[2]

《 **47.我至知他们所听到的，当时他们到你那里来听，并秘密谈话。当时，不义的人们说："你们只不过追随一个中了魔的人罢了。"** 》

《 **48.你看他们对你作了什么样的比喻。他们迷误了，故找不到出路。** 》

### 古莱什人听到《古兰》之后的密谈

安拉告诉穆圣㊗️，古莱什的首领们躲开群众前来偷听先知诵读《古兰》，他们回去后私下说先知中了魔[3]；也有人说先知是诗人、巫师、疯子或者魔术师。因此，安拉说："**你看他们对你作了什么样的比喻。他们迷误了，故找不到出路**"，即他们迷失了真理，从而无法摆脱迷误。

伊本·易司哈格在其《先知传》中说：某夜，艾布·苏富扬·本·哈莱卜、艾布·哲海里以及艾赫奈斯三人去先知家旁边，偷听先知在礼拜中诵读经文。他们三人各在一个地方，谁也不知道除了自己还有别人也在偷听。黎明时，他们在回家的路上碰到了一起，于是相互埋怨对方不该这么做，并说："下次不能再来了，如果一些无知的群众看到你们的行为，可能动摇他们的立场。"说完后各自回家去了。第二夜，三人还是像第一夜那样去偷听先知诵读，而且黎明时在回家的路上又发现了对方，他们又说好不再来偷听。连续三夜，他们都是如此。第三个夜的清晨，他们在路上相遇后说："今日分手之前，我们必须首先立下誓约，任何人下次不再来偷听。"三人缔约后，才分头回家。早上艾赫奈斯拄着拐杖到艾布·苏富扬家，对他说："罕作里的父亲！请告诉我你听了穆罕默德的诵读后有何感想。"后者回答："赛尔莱卜的父亲啊！以安拉发誓，我理解他诵读的部分经文的意思，对另一部分并不明白。"艾赫奈斯说："指刚才你以其名义发誓的神发誓，我和你一样。"然后艾赫奈

---
（1）《艾布·耶阿俩圣训集》1：53。
（2）《泰伯里经注》17：458。
（3）也有个别人认为"中魔"指"有肺的人"，其意思是：你们只跟随一个吃食物的常人。但这种解释值得商榷，因为他们的意思是：穆圣㊗️中了魔，他们听他诵读的《古兰》是魔鬼带给他的。

斯告别他,到艾布·哲海里家,他对艾布·哲海里说:"哈凯穆的父亲啊!你听了穆罕默德的诵读后有何感想?"艾布·哲海里反问道:"你听了些什么?"艾赫奈斯说:"我们与阿卜杜·麦那夫的子孙(穆圣☪的族人)在争荣:他们供人食物,我们也供人食物。他们承受重负,我们也承受重负,他们施舍时,我们也施舍。当我们势均力敌、并驾齐驱的时候,他们却说:'我们中出了先知,他从天上给我们带来启示。'以安拉发誓,这一点是我们望尘莫及的,所以我们永远不会归信他(穆圣☪),也不信任他。"艾赫奈斯说完扬长而去。(1)

❦ 49.他们说:"当我们已变成枯骨与尘埃时,难道还会被复活成一个新的被造物吗?"❧
❦ 50.你说:"你们变成石或铁吧!"❧
❦ 51.或你们心中认为了不起的东西。"他们将会说:"谁将使我们复活?"你说:"最初造化你们的主。"他们将对你摇头,并说:"那将是什么时候?"你说:"它可能不远了。"❧
❦ 52.那一天,他将召唤你们,你们将以颂词应答他,你们认为你们只不过逗留了片刻时间。❧

### 驳斥不信死后复活的人们

隐昧者们不相信后世的归宿,并带着嘲讽的口气说:"**当我们已变成枯骨与尘埃时**","**尘埃**"指泥土。伊本·阿拔斯认为指尘埃。(2)

"**难道还会被复活成一个新的被造物吗?**"即我们变成了朽骨,消失于地球,不为任何人所记忆的时候,我们还要在后世中被复造吗?正如另一段经文所说:❦ 他们说:"在奈赫莱中,我们会被复原吗?难道我们成为朽骨之后……"他们说:"如是那样,那的确是亏折的复原。"❧(79:10-12)又❦ 他为我设立譬喻,而忘记了他自己的造化。他说:"谁能在尸骨已朽之后,再赋予它生命?"❧(36:78)

安拉命令使者☪回答他们,说:"**你说:'你们变成石或铁吧!'**"这两种物质比骨头和尘埃更难以接受生命。

"**或你们心中认为了不起的东西。**"穆佳黑德说:"我问伊本·阿拔斯,这件'了不起的东西'是什么。他说:'死亡'。"伊本·欧麦尔解释这段经文说:"即便你们是死的(无生物),我也要复活你们。"(3)伊本·朱拜尔、哈桑、格塔德、端哈克、艾布·撒立哈等学者解释说:"假若你们走向了生活的反面——死亡,如果安拉意欲,他还是能复活你们。安拉所意欲的事情,没有不可能的。"

穆佳黑德认为"**了不起的东西**"指天地和山岳。另据传述,无论你们处于何等状态,安拉都会使你们死而复活。

"**他们将会说:'谁将使我们复活?'**"即谁能复活已经变成石头、铁或其他物质的我们。

"**你说:'最初造化你们的主。'**"即安拉能复活你们,因为他当初造你们时,你们的"生存"无从谈起,你们什么都不是,后来他创造了你们,因而你们在四处奔波。无论你们变成什么,安拉一定能再次创造你们。❦ 是他创始造化,然后复造之。复造对于他是更容易的。❧(30:27)

"**他们将对你摇头**",伊本·阿拔斯和格塔德说,他们摇头表示嘲讽。(4)他俩是根据阿拉伯人的语言习惯解释这一现象的。"**摇**"在阿拉伯语中或指从上往下动,或从下往上动。因此,小鸵鸟被称为"摇",因为它们快步走时,上下摇动着脑袋。阿拉伯人在表达牙齿松动时,也说"牙齿摇动了"。

"**并说:'那将是什么时候?'**"经文指出,他们认为复活遥不可及。正如安拉所言:❦ 他们又说:"如果你们是诚实的,这个约会何时实现呢?"❧(36:48)又❦ 那些不信它(复活时刻)的人希望它加速实现。❧(42:18)

"**你说:'它可能不远了。'**"即你们要防备它,因为它已经离你们不远了,并必定来临你们。要发生的一切,终究会发生的。

"**那一天,他将召唤你们。**""**他**"指安拉。❦ 然后,当他向地下的你们发出一声呼唤之际,你们马上就会出来。❧(30:25)即我命令我们从坟墓中出来的时候,任何人不能抗拒我的命令。正如安拉所言:❦ 我的命令只是在一瞬间。❧(54:50)又❦ 当我要造化一件事物时,我只对它说"有",它就有了。❧(16:40)又❦ 的确,那只是一次吼声,突然间,他们都出现于地面。❧(79:13-14)即只要我威严地下达一声命令,他们就会从地下出来,来到地面上。正如安拉所言:"**那一天,他将召唤你们,你们将以颂词应答他**",即他们全部起身响应安拉的命令,服从安拉的意欲。

"**你们认为你们只不过逗留了片刻时间**",即你们从坟墓中出来的日子,自认为只在今世逗留了很短的时间,正如安拉所言:❦ 当他们看到

---
(1)《穆圣传》1:337。
(2)《泰伯里经注》17:464。
(3)《泰伯里经注》17:463。
(4)《泰伯里经注》17:467。

它的那天，好像（在今世中）只是逗留了一个下午或是一个清晨。》（79：46）又《那天号角将被吹响。那天，我将集中眼睛发蓝的犯罪者。他们将低声地互相谈话："你们逗留不过十天。"我至知他们所说的。当时他们当中思想最好的人说："你们只不过停留了一天罢了！"》（20：102-104）又《复活日实现之时，犯罪者们将会发誓（说）他们只停留了片刻。当初他们就是那样悖谬的。》（30：55）又《他说："你们在大地上居留了多少年？"他们说："我们逗留了一天或不及一天，请你去问那些计算者吧。"他说："你们只不过停留了很短的时期。如果你们知道的话。"》（23：112-114）

《53.你对我的仆人们说，叫他们说最优美的话。魔鬼确已在他们当中挑拨，魔鬼对于人类的确是公开的敌人。》

## 说善言及言语方面的礼节

清高伟大的安拉命令他的仆人穆罕默德，让他命令信士们在说话、探讨和交流中使用文明而优美的语言。如果信士们不服从安拉的这个命令，恶魔将离间他们，因为不文明语言是不文明行为的先兆。这样，恶魔就可以轻而易举地在他们中制造丑行、争执，甚至战争。因为恶魔及其子孙是人类的明敌。自从它拒绝为阿丹叩头的那一刻直到世界末日，它对人类的仇恨从未消除。因此，安拉禁止穆斯林用利刃对着另外一个穆斯林，因为恶魔有可能使他失手，伤及无辜。

安拉的使者㊗说："你们中的任何人，都不要用武器指着他的兄弟。你们或许不知道，恶魔有可能使其失手，从而使其坠入火狱之中。"[1]

《54.你们的主最知道你们，如果他愿意，他就慈悯你们。或者他若愿意，他也会惩罚你们。我未派你作他们的监护者。》

《55.你的主至知在诸天与大地中的万物，我确曾使一些先知优越于另一些先知，我曾赐给达乌德《宰哺尔》。》

"你们的主最知道你们"。人们啊！你们的养主至知你们中谁有资格得到正道，谁没有这个资格。

"如果他愿意，他就慈悯你们。"给你们顺从他、回归他的机遇。

"或者他若愿意，他也会惩罚你们。"穆罕默德啊！"我未派你作他们的监护者"，我只将你派遣成警告者。谁服从你，谁就进乐园；谁违抗你，谁就进火狱。

"你的主至知在诸天与大地中的万物"，即安拉至知他们在服从他或违抗他中所处的地位和层次。

## 一部分先知比另一部分更尊贵

"我确曾使一些先知优越于另一些先知。"正如安拉所言：《那些使者，我使他们的部分优越于部分，安拉和他们中的一部分说了话，给他们中的一部分提高了若干品级。》（2：253）

这些经文和下列圣训不矛盾："你们不要在先知间比贵争优。"因为圣训所禁止的是人们为了发泄私欲和宗派主义思想，而毫无根据地进行攀比。但我们应该相信一切可靠的证据。使者比先知尊贵[2]，是不争的事实。有决议的使者，是最尊贵的使者。《古兰》分别在《联军章》和《协商章》的两段经文中，记载了五位先知的名字。这些经文是：《当时，我和众先知订约，也和你、努哈、伊布拉欣、穆萨及麦尔彦之子尔撒缔约，我和他们缔结了庄严的盟约。》（33：7）《他为你们规定的宗教，就是他交付给努哈的、我启示给你的、我交给伊布拉欣的、穆萨和尔撒的宗教。你们要维护宗教，不要在其中搞分裂。》（42：13）

众所周知，穆罕默德是最尊贵的先知，然后依次是伊布拉欣、穆萨、尔撒。我们将在其他地方详细论证这个问题。愿安拉赐我们机遇。

"我曾赐给达乌德《宰哺尔》。"经文强调了达乌德先知的尊贵。穆圣㊗说："达乌德读'古兰'时很轻松，他命人给他的牲畜佩戴鞍子，鞍子佩戴完毕之前，他就读完了'古兰'。"[3]

《56.你说："你们去祈求你们所妄称的他以外的那些吧，它们既不能消除你们的灾难，也不能改变（你们的情况）。"》

《57.他们所祈求的那些，它们自己在寻求近主之道。比它们更近的，也在寻求近主之道。他们指望他的慈悯，畏惧他的处罚。你主的惩罚，确实是应该防备的。》

---

(1)《艾哈麦德按序圣训集》2：317；《布哈里圣训实录诠释——造物主的启迪》13：26；《穆斯林圣训实录》4：2020。
(2)"使者，الرسول"指接受过新的法典的先知，"先知，النبي"则指没有接受新的法典的先知。——译者注
(3)《布哈里圣训实录诠释——造物主的启迪》6：522。

## 多神教徒的"神"不但不能给人带来福祸，而且它们自己也力求接近安拉

清高伟大的安拉说："你说"，即穆罕默德啊！你应当对那些舍安拉而崇拜他物的人说："**你们去祈求你们所妄称的他以外的那些吧**"，即你们一心一意地去祈求偶像和伪神吧！

"**它们既不能消除你们的灾难**"，即他们根本不能消除你们丝毫的灾难。

"**也不能改变（你们的情况）**"，即不能改变你们的厄运。换言之，只有安拉能够做到这一切，只有他掌握创造能力，并拥有命令权。

奥夫传述，伊本·阿拔斯认为，经文的意思是：多神教徒说，他们崇拜天使、麦西哈和欧宰尔。他们所祈求的是天使、麦西哈和欧宰尔。[1]

"**他们所祈求的那些，它们自己在寻求近主之道……**"阿卜杜拉解释这段经文说："部分精灵原来受到人们的崇拜，后来，这些精灵归信了伊斯兰。"另据传述："有些人原来崇拜一些精灵，精灵们接受正信后，这些人也接受了精灵的宗教。"[2]

"**他们指望他的慈悯，畏惧他的惩罚。**"仆人完美的崇拜中，不应该缺少敬畏和指望。仆人因为害怕惩罚而不去作恶，因为指望优待而多行善事。

"**你主的惩罚，确实是应该防备的。**"仆人应该防备安拉的惩罚，并时时刻刻害怕它的发生。祈主使我们远离惩罚。

⟪ 58.只要有一个城市，我都会在复生日以前毁灭它，或是严厉惩罚它。这是被写在天经上的。⟫

## 复活来临之前隐昧者的城镇都要遭受毁灭或惩罚

清高伟大的安拉说，他已经在被保护的天经牌上判定：他将毁灭一切城镇；或使他们遭受杀戮，或降下他所意欲的某种惩罚，以便让他们为自己的罪恶和错误付出代价。正如安拉对古代民族的叙述：⟪ 我没有亏待他们，是他们亏待了他们自己。⟫（11：101）又⟪ 所以它尝到了它的行为的恶果，它的行为的后果就是亏折。⟫（65：9）又⟪ 许多城市曾抗拒它的主和众使者的命令。⟫（65：8）

⟪ 59.我没有颁降迹象，因为一些前人否认了

---

(1)《泰伯里经注》17：471。
(2)《布哈里圣训实录诠释——造物主的启迪》8：249、250。

---

它。我曾赐给塞姆德人母驼作为明证，但他们亏待了它。我降下迹象，只为了警告。⟫

## 安拉不遣圣降经的原因

伊本·朱拜尔说，多神教徒们说："穆罕默德啊！你妄称古代有许多先知，有些先知能制服风，有些能使死者复活。如果你想让我们信任并归信你，请你祈求安拉使索法山变成金山。"后来安拉降谕穆圣㊣：我已经听到他们所说的话，如果我答应了他们的要求后，他们不归信，他们必然要遭受惩罚。因为降经之后不容人们对其中经文进行辩论。如果你意欲，我也可以宽限你的民族。穆圣㊣说："我的主啊！请宽限他们吧！"[3]

伊本·阿拔斯说："麦加人要求穆圣㊣使索法山变成金山，并移走他们周围的山岳，好让他们耕种。"后来，有声音对穆圣㊣说："我可以宽限他们，也可以答应他们的要求，答应后如果他们否认，我就毁灭他们，正如我曾毁灭古人那样。"穆圣㊣说："请不要毁灭他们，请宽限他们吧！"后来安拉降谕道："**我没有颁降迹象，因为一些前人**

---

(3)《泰伯里经注》17：477。

否认了它。"(1)

伊本·阿拔斯说，古莱什人对先知说："你祈求你的主为我们将索法山变成金山，我们就归信你。"穆圣㊟问："此话当真？"他们回答："是的。"先知祈祷安拉之后，吉卜勒伊里天使来到他跟前，说："你的养主向你问安，他说如果你意欲，他就把索法变成金山。此后谁若否认，他就用前所未有的惩罚处置谁。如果你意欲，他就为他们打开忏悔和仁慈的门。"先知听后说："祈主打开忏悔和仁慈之门。"(2)

"**我降下迹象，只为了警告。**"格塔德说，安拉凭他的意欲，用一些经文警告人们，以便他们参悟、借鉴和回归。伊本·麦斯欧迪时期，库法发生了地震。伊本·麦斯欧迪说："人们啊！你们的养主要你们去追求他的喜悦，故你们当去追求。"(3) 另据传述，欧麦尔时代，麦地那也发生了几次地震，欧麦尔说，你们做了些标新立异的事情。以安拉发誓，如果你们不就此罢手，我将做某事、某事。(4) 安拉的使者㊟说："太阳和月亮是安拉的众多迹象中的两个迹象，日食和月食不会因为任何人出生或死亡而出现；安拉只用它们警告他的众仆。你们看到这种天象时，应该立即去记念安拉、祈求安拉，并向安拉忏悔。"穆圣㊟接着说："穆罕默德的民族啊！以安拉发誓，安拉最计较他的男女仆人行奸；穆罕默德的民族啊！假若你们知道我所知道的，你们一定会少笑多哭。"(5)

☪ **60.当时，我对你说："你主的确包围了人们，我显示给你的梦境和在《古兰》中被诅咒的树，只是为了考验人类。我警告他们，但那却增加了他们的放肆。"** ☪

### 安拉包围人类，通过先知的梦境考验人类

清高伟大的安拉鼓励使者传达使命，并告诉使者，他是受到保护的，任何人都不能伤害他。安拉是万能的，人类都在安拉的统治和管理之中。

穆佳黑德、欧勒沃·本·祖拜尔、哈桑、格塔德等人认为"你主的确包围了人们"，指安拉保护你（穆圣㊟）免于多神教徒的伤害。(6)

---

（1）《艾哈麦德按序圣训集》1：258；《圣训大集》6：380；《泰伯里经注》17：476。
（2）《艾哈麦德按序圣训集》1：242。
（3）《艾哈麦德按序圣训集》1：242。
（4）《伊本·艾布·西白》2：473。
（5）《布哈里圣训实录诠释——造物主的启迪》2：15；《穆斯林圣训实录》2：618。
（6）《泰伯里经注》17：479、480。

伊本·阿拔斯说，"**梦境**"指穆圣㊟在登霄夜所看到的情况。(7) "**在《古兰》中被诅咒的树**"，指攒枯木树。(8)

穆佳黑德、伊本·朱拜尔、艾哈默德、阿卜杜·兰扎格等学者也认为："**在《古兰》中被诅咒的树**"指攒枯木树。本章开头已经详述了登霄事件，此处不再赘述。一切赞美和恩情，都属于安拉。上文已述，穆圣㊟登霄之后，有些人背叛了真理，因为他们的心灵和理智无法承受这一事实。他们否认了自己所不掌握的事情。安拉用这些事情，来坚定并加强另一些人的信念。因此说"**只是为了考验人类**"。被诅咒的树，则指的是攒枯木树。因为穆圣㊟说，他看到了乐园、火狱及攒枯木树。后来，一些人否认了穆圣㊟的这些话。甚至艾布·哲海里（愿主诅咒之）拿来枣和奶油不住地吞食，然后说："请享用攒枯木吧！据我们所知，这就是攒枯木。"(9) 伊本·阿拔斯、艾布·马立克、哈桑·巴士里、麦斯鲁格等学者，都持此观点。

"**我警告他们……**"即我以警告和惩罚，让隐昧者感到害怕，但他们更加肆无忌惮地沉湎于隐昧和迷误之中。说明安拉已经抛弃了他们。

☪ **61.当时，我对众天使说："你们当向阿丹叩头。"除了伊卜厉斯之外他们都叩头了。他说："让我对一个你用泥土造化的人叩头吗？"** ☪

☪ **62.他说："你看看吧，这就是你使他比我光荣的人吗？如果你宽容我到复生日，我一定会使他的子孙毁灭，除了极少数人外。"** ☪

### 阿丹和伊卜厉斯的故事

清高伟大的安拉讲述了伊卜厉斯对阿丹的仇恨史。这种仇恨从阿丹被造的时刻开始，直至末日，由来已久，根深蒂固。安拉命令天使们向阿丹叩头时，除了伊卜厉斯之外，天使们都叩头了。伊卜厉斯傲慢地拒绝了。并说："**让我对一个你用泥土造化的人叩头吗？**"正如另一段经文所述：☪ "**我比他优越，你用火造化了我，而你却用泥造化了他。**" ☪（7：12）伊卜厉斯虽然胆大包天，否认安拉，但安拉还是宽容地对待它，照顾它。伊卜厉斯说："**你看看吧，这就是你使他比我光荣的人吗？**"伊本·阿拔斯解释，伊卜厉斯说除了少数人

---

（7）如按这种观点，应该译为"目击"，因为在阿拉伯语中"梦境"和"目击、观点"是一个词。——译者注
（8）《布哈里圣训实录诠释——造物主的启迪》8：250；《阿卜杜·兰扎格经注》2：380；《艾哈麦德按序圣训集》1：221；《泰伯里经注》17：480、481、482、484。
（9）《泰伯里经注》17：484、485、486。

外，它一定战胜阿丹的其他子孙。穆佳黑德解释："我一定左右他们。"伊本·栽德解释："我一定误导他们。"[1]上述解释大同小异。换言之：你看看这个人，你使他比我尊贵，但如果你宽限我一段时间，我必然将他的大部分子孙引上迷路。

❧ 63.安拉说："你去吧，今后他们当中若有人追随你，火狱一定是你们的充分回报。"❧

❧ 64.你用你的声音去煽动他们中你可能煽动的人，带领你的骑兵和步兵向他们进发，跟他们共享财富和子女，并对他们许下诺言吧。恶魔只为了欺骗而给他们许诺。❧

❧ 65.我的众仆，你对他们无权。你的主足为监护者。❧

伊卜厉斯提出宽限的要求之后，清高伟大的安拉对他说："你去吧"，这时，安拉已经决定宽限他。正如另一段经文所说：❧他说："你属于被宽容者，直到指定的时日。"❧（15：37-38）然后安拉警告了伊卜厉斯及那些跟随伊卜厉斯的阿丹子孙，说："今后他们当中若有人追随你，火狱一定是你们的充分回报。"格塔德说"充分"指完全、丝毫不被减少。[2]

"你用你的声音去煽动他们中你可能煽动的人"，有学者说恶魔的声音指歌唱。穆佳黑德认为指无聊的娱乐和歌曲。[3]伊本·阿拔斯说"**你用你的声音去煽动他们中你可能煽动的人**"指一切号召人作恶的声音。[4]

"**带领你的骑兵和步兵向他们进发**"，即用你可以采取的一切手段，去对付他们吧！这是带有前定性质的命令。正如安拉所言：❧难道你不知道我已把魔鬼派给隐昧的人，对他们加以煽动吗？❧（19：83）即它们将诱惑人们去犯罪。

穆佳黑德说，"**你的骑兵和步兵**"指一切为了违抗安拉而步行的人和骑乘的人。[5]

格塔德说："恶魔的骑兵和步兵，是那些服从它的人。"[6]

阿拉伯人在表达"你将某人叫到某地"时说：你带领某人去某地。伊斯兰禁止争吵和疏远。"**带领**"一词派生于"高声"。

"**跟他们共享财富和子女**"，伊本·阿拔斯和穆佳黑德说，经文的意思是恶魔命令他们为了违抗安拉而花费财产。[7]

奥夫传述，伊本·阿拔斯、穆佳黑德、端哈克认为，"**子女**"指私生子。[8]

艾布·泰勒哈传述，伊本·阿拔斯说，经文指蒙昧时代的人们愚蠢地杀害自己的子女。

哈桑·巴士里说："以安拉发誓，多神教徒们确实和恶魔共同享有他们的财产和子女，他们使这些子女成为拜火教徒、基督教徒，以非伊斯兰的方式熏陶他们，并将一部分财产划分给恶魔。"[9]格塔德也持这种观点，[10]他认为"**跟他们共享财富和子女**"并不指某种特殊的"共享"（或合作），他说，一切致使人违抗安拉、服从恶魔的因素，都是人和恶魔之间的合作（或"共享"）。

安拉的使者㕁说："清高伟大的安拉说：'我将众仆造成天然的，但后来恶魔诱惑他们离开了正教，将他们的非法改成了合法。'"[11]两圣训实录

---

（1）《泰伯里经注》17：489。
（2）《泰伯里经注》17：490。
（3）《泰伯里经注》17：490。
（4）《泰伯里经注》17：491。
（5）《泰伯里经注》17：491、492。
（6）《泰伯里经注》17：491。
（7）《泰伯里经注》17：493。
（8）《泰伯里经注》17：494。
（9）《泰伯里经注》17：494。
（10）《泰伯里经注》17：494。
（11）《穆斯林圣训实录》4：2197。

辑录，安拉的使者说："当你们中的一人想和他的妻子行房事时，他应当念：'奉安拉的尊名，主啊！求你使我们远离恶魔，使恶魔远离你赐给我们的（孩子）。'若是这样，安拉一旦赐给他孩子，孩子永远不受恶魔的伤害。"(1)

"并对他们许下诺言吧。恶魔只为了欺骗而给他们许诺。"安拉说，真相大白之日，恶魔将会说：《安拉确曾给你们许下真实的诺言，我也曾给你们许诺，不过我对你们失信了。》（14：21-22）

"我的众仆，你对他们无权。"经文指出安拉将援助他的众仆，不受被驱逐的恶魔之侵害。

因此说："你的主足为监护者。""监护者"指保护者、襄助者、援助者。

《66.你们的主为你们使船在海上航行，以便你们能够寻求他的恩典。他的确是对你们至慈的。》

### 船舶是安拉慈悯的标志之一

清高伟大的安拉在此讲述他的仁慈：他为众仆制服了船舶，使它们航行在大海中，通过国际间的相互贸易，追求安拉的恩惠。

因此说"他的确是对你们至慈的"，即安拉的这一切行为，都是为了慈悯世人，普降恩泽。

《67.当你们在海上遭遇危难时，除了他之外，你们所祈求的那些都不见了。可是当他把你们拯救到陆地时，你们就背弃了。人总是忘恩负义的！》

### 隐昧者们只在万不得已的情况下记念安拉

清高伟大的安拉说，当人们遭受不幸的时候，他们开始祈求安拉，回归安拉，表现出忠于宗教的样子。"当你们在海上遭遇危难时，除了他之外，你们所祈求的那些都不见了"，即他们在这种时刻将偶像们忘记得一干二净，心中只有安拉。

"可是当他把你们拯救到陆地时，你们就背弃了"，即你们在脱离危险后，忘记了在大海中承认的独一安拉，而不再祈求他。

"人总是忘恩负义的！"即除了安拉所保护的人之外，忘恩负义是其他人的本质。

《68.难道你们不担心他使大地吞没你们，或降给你们石雨，然后你们找不到保护者吗？》

### 安拉的惩罚可能出现在陆地上

穆佳黑德等学者说，清高伟大的安拉说，你们难道认为一旦到了陆地，就不再受到报复和惩罚吗？(2)难道陆地上没有地震或石雨吗？正如安拉所言：《我降给他们飞沙走石的暴风，只有鲁特的家人例外，我在黎明时拯救了他们。那是我的恩典。》（54：34-35）又《我使它天翻地覆，并向他们降下连续的如雨水般的陶石雨。》（11：82）又《你们是否已经安心，天上的主宰不会在使大地震动的时候吞没你们？或是你们已经安心，天上的主宰不降给你们飞沙走石？你们将会知道我的警告是怎样的。》（67：16-17）

"然后你们找不到保护者吗？""保护者"指帮助他们抗拒灾难的相助者和苦难中的拯救者。

《69.不然，你们不担心他使你们再度回到那里（海中），并因你们忘恩负义而降下风暴，将你们淹死。那时你们在其中找不到任何援助者来报复我吗？》

### 假若安拉意欲，他会让逃离大海的人重返大海

清高伟大的安拉说："不然，你们不担心"，即那些曾在大海中承认我的独一，登陆后又出尔反尔的人啊！"使你们再度回到那里（海中），并因你们忘恩负义而降下风暴，将你们淹死"，即安拉让你们重返大海后，在海上激起飓风，吹断船舶的桅杆，使船沉陷大海，使你们尝试曾经背叛安拉、忘恩负义的苦果。伊本·阿拔斯等学者说，"风暴"指能够损坏船舶或使其淹没的飓风。(3)

"那时你们在其中找不到任何援助者来报复我吗？"伊本·阿拔斯认为"援助者"指帮助者；(4)穆佳黑德认为指复仇的援助者。即你们毁灭后，他们替你们复仇。(5)格塔德则认为经文指：我不怕任何人来追究我的责任。(6)

《70.我确已使阿丹的子孙尊贵，我在陆上与海中负载他们，给他们佳美的食物，使他们大大优越于我所造化的许多被造物。》

---

(1)《布哈里圣训实录诠释——造物主的启迪》6：386；《穆斯林圣训实录》2：1058。

(2)《泰伯里经注》17：498。
(3)《泰伯里经注》17：500。
(4)《泰伯里经注》17：500。
(5)《泰伯里经注》17：500。
(6)《泰伯里经注》17：500。

## 人类的尊贵

清高伟大的安拉说，他使人类比其他被造物尊贵，赋予他们最优美的形态，正如另一段经文所说：◆我确以最优美的形态造化了人。◆（95：4）人类可以站立行走，用手吃饭，而其他动物则用四肢行走，直接用嘴吃饭。安拉赋予人视觉、听觉和心灵，使其感知万物，利用万物，辨别万物，认识有害的和有益的，从而让他们正确地处理宗教事务和生活事务。

"我在陆上与海中负载他们"，即我让他们在陆地上骑着马、骡、驴等牲畜旅行。在海洋中乘坐各种船舶航行。

"给他们佳美的食物。""**佳美的食物**"指水果、五谷、肉、奶等各种可口的食物，这些食物色、香、味各异，形态、品种不同，招人喜爱，有些是他们的劳动所得，有些是别人从世界各地运输来的。

"**使他们大大优越于我所造化的许多被造物**"，即我使他们超越了一切动物和其他被造物。有学者用这段经文证明，人类比天使尊贵。

◆71.那天，我将召唤每一个民族和他们的伊玛目，那时，谁的功过簿被递给右手，他们就会读它们，他们一点也不会受到不公平的对待。◆

◆72.那些在这里是瞎子的人，在后世也会是瞎子，并且是最背离正道的。◆

## 在末日，每个人都要和他的伊玛目被一起召来

清高伟大的安拉说，在末日，每个民族都要和它的伊玛目一起受到清算。学者们对"伊玛目"一词有不同的解释。穆佳黑德和格塔德认为指先知；部分先贤说，这段经文给予了圣训派最大的荣耀，因为他们的伊玛目是穆圣；伊本·栽德认为指安拉给各民族的先知所降示的经典，伊本·哲利尔选择了这种解释，穆佳黑德认为指人们的经典。上述主张都有其道理。

但伊本·阿拔斯在解释"那天，我将召唤每一个民族和他们的伊玛目"时说："'伊玛目'指人们的功过簿。"[1]这种解释更确切，因为另一段经文说：◆我把一切事都记在一本清楚的典籍中。◆（36：12）清高伟大的安拉说：◆功过簿已被放好了。你将看到犯罪者对其中的（所载）怵目惊心。◆（18：49）又◆你将看到每个民族都屈膝跪着，每个民族都将被传唤到它的记录那里，（被告诉道：）"今天你们将因你们当初所做的一切受到回报！"这是我的记录，它将对你们据实叙述，我曾记录你们所做的一切。◆（45：28-29）这些经文和下面的情况并不矛盾：安拉在后世审判万物时，要让穆圣作证其民族的行为。但经文在此所指的是功过簿。因此安拉说："那天，我将召唤每一个民族和他们的伊玛目，那时，谁的功过簿被递给右手，他们就会读它们"，即曾经行善的人们，将会高兴地读自己的功过簿。正如安拉所言：◆其功过簿被递到右手的人将说："喂！请你们读我的功过簿吧！"◆（69：19-25）

"他们一点也不会受到不公平的对待。"前面已经提到，"一点"（فتيل）指枣核中间的圆线圈。

艾布·胡莱赖解释"那天，我将召唤每一个民族和他们的伊玛目"时说，穆圣说："他们中的一人被召来后，功过簿被递到他的右手中，他的身体开始长高，脸色开始变白，头戴一顶闪闪发光的冠帽。他走向他的同伴时，大家老远就看到了他。大家说：'主啊！求你赐给我们类似的恩典，并为我们而在此恩典中注入吉庆。'他来到众人跟前后说：'你们高兴吧！你们中的每个人都会得到这样的赏赐。'至于隐昧者，他的脸色要变黑，身体将长高，他的同伴们看到他后说：'求主使我们远离这种遭遇。主啊！不要让我们有如此的遭遇。'他来到他们中间后，众人说：'主啊！求你凌辱他！'他说：'愿主弃绝你们！你们都将有此遭遇。'"[2]

"**那些在这里是瞎子的人。**"伊本·阿拔斯认为"**这里**"指今世的生活。"**瞎子**"指对安拉的明证和迹象熟视无睹的人。

"**在后世也会是瞎子**"，即他们在后世也是同样。

"**并且是最背离正道的。**"求主使我们不要成为像他们一样的人。[3]

◆73.他们确曾几乎引诱你离开我已启示给你的，以使你假借我的名义编造其他的。那时，他们就会把你当作他们的朋友了。◆

◆74.如果不是我已经使你坚定，你几乎已经有点倾向他们了。◆

◆75.在那情形之下，我就会使你在生前尝受加倍的刑罚，死后尝受加倍的刑罚。使你找不到任何援助者来对付我。◆

---

(1)《泰伯里经注》17：502、503。
(2)《提尔密济圣训全集诠释》3136。
(3)《泰伯里经注》17：504、505。

### 假若先知在隐昧者的要求下向他们妥协——篡改某些启示，那么安拉将会严惩他

清高伟大的安拉说，他在无时无刻地支持、襄助、保护他的使者，使之坚定于主道，远离一切邪恶和隐昧者的诡计。安拉亲自管理、保护、支持着使者的事业，而没有把他委托给任何人（或其他被造物）。安拉将支持先知战胜一切敌对者，将其宗教传播到世界各地。愿安拉永远赐福穆圣☪。

❴ 76.他们使你几乎不能在那地方安居，以便他们驱逐你。如是那样，在你离开之后，他们只能停留很短的时间。❵

❴ 77.这是在你之前我所派遣的众使者的常道，你绝不可能发现我的常道有任何变更。❵

#### 这段经文降示的原因

安拉降示这段经文，以便警告那些企图驱逐穆圣☪的古莱什人。经文指出，先知若被他们驱逐，他们居住麦加的日子也就不长了。以后发生的情况证实这个警告。穆圣☪在他们的压迫下，迁徙麦地那后不久[1]，他们和使者在白德尔不期而遇，在那次战役中，使者打消了他们的嚣张气焰，战胜了他们，杀死了他们中的一些头领，俘虏了他们的后代。

因此，经文说：**"这是在你之前我所派遣的众使者的常道"**，即我一贯这样处罚那些否认我的使者，并企图驱逐他们的人们。穆圣☪若不是一位仁慈的先知，那些否认者必定在今世遭受无以复加的惩罚。因此，安拉说：❴ 你在他们当中时，安拉不会惩罚他们。❵（8：33）

❴ 78.你当谨守太阳偏斜到黑夜之间的拜功和黎明的诵读。黎明的诵读是被见证的。❵

❴ 79.在夜间，你要谨守增加的拜功。你的主也许会因此把你复生到被赞美的地位。❵

#### 安拉命令人们按时礼拜

清高伟大的安拉命令使者☪按时履行拜功，说："你当谨守太阳偏斜到黑夜之间的拜功。"伊本·阿拔斯和穆黑莱说，"دلوك الشمس"指太阳偏斜。[2]下列圣训可证明这种解释：贾比尔说，我请安拉的使者☪和一些他随意叫上的客人去吃饭，他们在太阳偏斜的时候打算离开，穆圣☪出去时说："艾布·伯克尔啊！你出去吧！这是太阳偏斜的时候。"[3][4]按照这种观点来解释，经文中的礼拜指的是每日五时的拜功；有人认为"دلوك الشمس"指的是太阳西落，按这种解释，经文所指的是晌礼、晡礼、昏礼和宵礼。

"黎明的诵读"指晨礼。

根据传自穆圣☪的许多圣训可以知道，这段经文中所说的礼拜，正是穆斯林世世代代所传承、所坚持的五时拜功。相关的经文，对礼拜的时间有专门的论述。一切赞美，全归安拉。

#### 天使在晨礼和晡礼时分会聚到一起

"黎明的诵读是被见证的"，穆圣☪关于"和黎明的诵读。黎明的诵读是被见证的。"这段经文说："夜晚的天使和白天的天使都参加它（晨礼）。"[5]

穆圣☪说："集体拜比单独拜要贵二十五个

---
(1) 穆圣☪迁徙麦地那的一年半之后。
(2)《泰伯里经注》17：514、515、516。
(3) 使者用"دلوك الشمس"一词表达了"太阳偏斜"。——译者注
(4)《泰伯里经注》17：518。
(5)《泰伯里经注》17：520。

等级，夜晚的天使和白天的天使们，都在一起礼晨礼。"艾布·胡莱赖[1]说："你们可以读下列经文：'**和黎明的诵读。黎明的诵读是被见证的。**'"[2]

又传述，穆圣在解释这段经文时曾说："白天的天使和夜晚的天使们都作证它（晨礼）。"[3]

两圣训实录辑录，穆圣说："夜晚的天使和白天的天使们轮流来巡视你们，他们在晨礼和晡礼时会聚到一起。此后，在你们中过夜的那些天使将上升，至知你们情况的安拉将问他们：'你们在哪种情况下离开了我的众仆？'天使们说：'我们去时，他们在礼拜，我们来时，他们还在礼拜。'"[4]伊本·麦斯欧迪说："在晨礼时，两部分保护的天使会聚一起，然后一部分升到天上，一部分留下来。"[5]

### 命令礼夜间拜

"**在夜间，你要谨守增加的拜功。**"安拉在这段经文中，命令穆圣礼完主命拜后，于夜间礼站副功拜。正如《穆斯林圣训实录》所载，有人问安拉的使者，哪种拜功最贵？使者回答："夜间拜。"[6]因此，安拉命令使者礼完主命拜后，礼夜间拜。艾莱格麦、伊布拉欣·奈赫伊、艾斯沃德等学者说，"**增加的拜功**"（نافلة）指夜间拜。[7]该词在阿拉伯语源学中也是这个意思。

同样，还有许多传自伊本·阿拔斯、阿伊莎（愿主喜悦之）等圣门弟子的圣训证明，穆圣经常在夜晚起床后礼夜间拜。[8]研究拜功的专著对夜间拜有专题论述。一切赞美和恩情，全归安拉。

哈桑·巴士里说，"夜间拜"指宵礼之后的礼拜，或（夜间）睡眠之后的拜功。[9]

穆佳黑德说，安拉为穆圣特别把夜间拜定为副功拜，因为穆圣一生的一切过错都被安拉赦宥了，把夜间拜为穆圣的民族定为副功拜，是因为副功拜可以罚赎（消除）他们的罪恶。[10]

"**你的主也许会因此把你复生到被赞美的地位**"，即你当履行我的命令，以便我在末日把你复生到一个受到赞美的地位，那时，造物主和万物都将在那个位置称赞你。

伊本·哲利尔说，大部分经注家认为，这个"地位"指在末日穆圣于安拉跟前为世人讲情的位置。届时，穆圣祈求安拉使人们脱离那日严峻的惩罚。

胡宰法说，人类被复生起来时，站在一个平地上，他们避不开召唤者的声音，也逃不脱监督者的目光。他们就像出生时那样，赤脚赤身；若非安拉许可，任何人不得发言。有声音呼唤："穆罕默德啊！"穆圣回答："响应你，祝你幸福！幸福归你掌管，邪恶不来自你。得道者，是你所引导之人。你的仆人在你跟前。除了向你求救之外，这里没有获救处，没有避难处。你真吉庆！你真伟大！天房的主啊！赞你清净！"这就是安拉所说的讲情的位置。穆佳黑德、哈桑·巴士里也如此说。[11]

格塔德说，在末日，大地裂开后，所走出的第一人是穆圣，第一个讲情者也是穆圣。[12]学者们认为，穆圣的这一地位，就是"**你的主也许会因此把你复生到被赞美的地位**"——这段经文所述的"地位"。

（笔者认为）安拉的使者将在末日得到无与伦比的优遇：大地将首先为他而裂开；他将骑乘（马或其他骑乘）来到复生场；他拥有一面旗帜，包括阿丹先知在内一切有正信的人都在这面旗帜之下；他拥有一口天池，将有许多人从中饮用；安拉判决万物的时候，他将在安拉那里为世人进行最有效的讲情。当时，人们要求阿丹、努哈、伊布拉欣、穆萨和尔撒先知为他们讲情，但他们都说："我难以胜任。"众人找到他那里时，他说："这是我应该的，应该的。"如果安拉意欲，我们将在相应的位置详述这一情况。我们将会讲到，有些人被判进火狱，后来穆圣到安拉跟前讲情，安拉因而赦免了他们。据《穆斯林圣训实录》考证，他的民族将首先受到审判并获得奖励，他将先于其他民族带领他的民族经过绥拉特天桥，他是乐园中的第一位讲情者。[13]圣训说，所有的穆民，都必须通过他的讲情，才能进乐园。他是第一位进乐园的人。他的民族也是最先进乐园的民族。许多人经过他的讲情而达到他们仅凭善功无法达到的高贵地位。他在乐园中享有最高品级——"外西莱"（وسيلة），这是任何人都无法企及的品位。当他获得安拉特赐讲情权时，首先为犯罪者们讲情，然后，众天使、先知和信士们为人们讲情。最后穆圣为只有安拉才知道其数目的广大人群讲情。在这些方面，他是

---

[1] 本段圣训的传述者之一。——译者注
[2] 《布哈里圣训实录诠释——造物主的启迪》8：251。
[3] 《艾哈麦德按序圣训集》2：474。
[4] 《提尔密济圣训全集诠释》8：569；《圣训大集》6：381；《伊本·马哲圣训集》1：220；《布哈里圣训实录诠释——造物主的启迪》6：41；《穆斯林圣训实录》1：439。
[5] 《泰伯里经注》17：210。
[6] 《穆斯林圣训实录》1：821。
[7] 《泰伯里经注》17：524。
[8] 《布哈里圣训实录诠释——造物主的启迪》3：39，8：83。
[9] 《泰伯里经注》17：524。
[10] 《泰伯里经注》17：525；《艾哈麦德按序圣训集》5255。
[11] 《泰伯里经注》17：526，527。
[12] 《泰伯里经注》17：528。
[13] 《穆斯林圣训实录》1：182。

无与伦比的。

笔者在历史专著中，详述了穆圣㊣的特点。一切赞美和恩情，统归独一无偶的安拉。现在让我们托靠安拉，引述有关"**被赞美的地位**"的一些圣训。布哈里传述："在末日，人们将聚到一起，每个民族都跟在其先知后面。人们说，某人啊！请为我们讲情吧！某人啊！请为我们讲情吧！后来他们到穆圣㊣那里，要求穆圣㊣出面讲情。那就是安拉将穆圣㊣复活(1)到受赞美地位的日子。"(2)

伊本·欧麦尔传述："太阳离人很近，汗水（淹没了身体）到了半个耳朵跟前。此时，他们去向阿丹求救，但阿丹说：'我没有这种（救助）资格。'然后他们去找穆萨，得到了相同答复。最后他们去找穆罕默德㊣，他便为人们讲情。然后，他到乐园跟前，抓住乐园的门环。那就是安拉把他复生到"**被赞美的地位**"的日子。布哈里在辑录有关天课的圣训时，也辑录了这段圣训，他还说："那就是安拉将他派到受赞美地位的日子，万物都要赞美他。"(3)

阿卜杜拉传述："然后，伟大的安拉允许讲情，接着圣洁的鲁哈——吉卜勒伊里、安拉的朋友伊布拉欣、尔撒分别站起来。你们的先知（穆圣㊣）第四个站起来，他大量地讲情，超过了任何一个讲情者。这个地位就是清高伟大的安拉所说的'你的主也许会因此把你复生到被赞美的地位。'"(4)

### 艾布·胡莱赖传述的圣训

有人给安拉的使者㊣送来肉，将他喜欢的前腿递给他。先知咬了一口说："在末日，我是人类的领袖，你们知道那是为什么吗？安拉将把一切前人和后人召集到一块平地上。任何人避不开召唤者的声音，太阳离人很近，他们沉浸在无法承受的忧愁和困难中。他们互相询问：'你们看不到你们的处境吗？谁能为我们向安拉求情？'一些人说：'你们去找阿丹！'于是他们来到阿丹那里，说：'你是人类的始祖，安拉亲自创造了你，并将他的灵魂注入你的躯体，还命令众天使给你叩头。求你为我们向安拉求情。难道你没有看到我们所遭遇的处境吗？'阿丹说：'我的养主从来没有像今天这样发怒，今后也不再像今天这样发怒。他曾经禁止我接近那棵树，我没有遵命。我已自顾不暇，你们还是找别人，去找努哈吧！'他们便去见努哈，说：'努哈，你是派遣到大地上的首位使者，安拉曾称你为知感的奴仆，请你为我们向安拉求情，你没有看到我们的处境吗？'努哈说：'我的养主从来没有像今天这样发怒，今后也不再会像今天这样发怒。我曾经诅咒过我的民族。现在我只求保全自身，你们还是去找别人，去找伊布拉欣吧！'他们便来见伊布拉欣，说：'你是安拉派遣的先知，是安拉的朋友，请你为我们向你的主求情！难道你没有看到我们的处境吗？'伊布拉欣也说：'安拉今天空前绝后地发怒，我曾撒过三次谎，今天我只求保全自身。你们还是找别人，去找穆萨吧！'他们便去见穆萨，说：'你是安拉的使者，安拉委你以使命，与你直接讲过话，而使你优于别人，请你为我们向你的主求求情吧！难道你没有看到我们的处境吗？'穆萨说：'我的养主从来没有像今天这样发怒，今后也不再像今天这样发怒。我曾经杀过一个人。但愿我能保全自己。你们还是找别人，去找尔撒吧！'他们来见尔撒，说：'尔撒啊！你是安拉的使者，你是安拉投给麦尔彦的一句话，是来自安拉的精神。你在摇篮时期就能和人讲话。请你为我们向你的主求情！难道你没有看到我们的处境吗？'尔撒也说：'我的养主从来没有像今天这样发怒，今后也不再像今天这样发怒。'但他未提及自己的罪过，只说：'我自顾不暇，你们还是找别人，去找穆罕默德吧！'于是他们来见我，说：'穆罕默德啊！你是安拉的使者，是万圣的封印，安拉已经恕饶了你前前后后的一切罪过，请你为我们向你的主求求情吧！难道你没有看到我们的处境吗？'这样，我就来到阿莱什之下，伏身向我的养主叩拜，受到了安拉的开导。主启示给我任何前人未曾获得的一些赞美词，而后说：'穆罕默德啊！抬起头来，你所要的，都会给你；你的求情，都会获准。'于是我抬起头，说：'主啊！我的民族啊！我的民族啊！'主说：'我让你的民族中的一些人不受清算，直接进入乐园的右门。乐园的其他门，是他们和其他人共享的。'"穆圣㊣接着说："以掌管穆罕默德生命的安拉发誓，乐园有许多门，每两扇门的宽度犹如麦加到海吉尔(5)或麦加到布斯拉(6)之间的距离。"(7)

۞ 80.你说："我的主啊！求你使我顺利地进入，使我真诚地离去，并求你由你的仁慈赐给我支持的权力。"

---

（1）阿拉伯语中，"复活"与"派遣"是同义词。——译者注
（2）《布哈里圣训实录诠释——造物主的启迪》8：251。
（3）《布哈里圣训实录诠释——造物主的启迪》3：396。
（4）《艾布·达乌德圣训集》51；《圣训大集》11296。
（5）位于阿拉伯半岛南部。——译者注
（6）位于阿拉伯半岛北部。——译者注
（7）《艾哈麦德按序圣训集》2：435；《布哈里圣训实录》4712；《穆斯林圣训实录》894。

◆ 81.你说："真理来了，谬误消失了。谬误最终是要消失的。"◆

## 命令迁徙

伊本·阿拔斯说，穆圣最初在麦加，后来安拉命令他迁徙。当时，安拉降谕道："你说：'我的主啊！求你使我顺利地进入，使我真诚地离去，并求你由你的仁慈赐给我支持的权力。'"提尔密济说，这是一段优美、确凿的圣训所记载的。(1)

哈桑·巴士里解释这段经文时说："麦加的隐昧者们秘密开会，企图杀害、驱逐或束缚先知，所以安拉意欲让麦加人经受战争，并命令使者出走麦地那。这就是上述经文所叙述的事情。"(2)

"你说：'我的主啊！求你使我顺利地进入，使我真诚地离去'"，格塔德和阿杜卜·拉赫曼说："顺利地进入"指进入麦地那。"真诚地离去"指离开麦加。(3)

"并求你由你的仁慈赐给我支持的权力"，哈桑·巴士里解释这段经文时说，安拉给穆圣许诺消除波斯国王和罗马皇帝的国权与尊严，让穆圣取而代之。(4)格塔德说，穆圣知道成就这番事业需要巨大的权力，所以要求安拉赐他权力，以便宣传安拉的经典、法度和天命，建立安拉的宗教。因为权力是安拉赐给仆人的慈悯。若不是权力，世间将会弱肉强食，战乱不息。(5)所以，真理的宣传者们，必须拥有征服敌对者的力量。因此安拉说：◆我确曾以明证派遣我的众使者，并跟他们一起降下经典和准则……我还降下铁……◆（57：25）

## 警告古莱什人中的隐昧者

"你说：'真理来了，谬误消失了。'"经文严厉警告古莱什人中的隐昧者，因为不容置疑的真理已经从安拉那里降临，安拉借这个真理降示了《古兰》、正信和有益的知识。谬误也冰消瓦解了。因为谬误不能和真理并存。◆所以真理粉碎了谬误。谬误转瞬即逝了。◆（21：18）《布哈里圣训实录》载，安拉的使者收复麦加时，天房周围有三百六十座偶像，使者用手中的棍子不停地击捣它们，并说："真理来了，谬误消失了。谬误最终是要消失的。真理来了，谬误不再复辟。"(6)

---
(1)《艾哈麦德按序圣训集》1：223；《提尔密济圣训全集诠释》8：574。
(2)《泰伯里经注》17：533。
(3)《泰伯里经注》17：534；《艾哈麦德按序圣训集》1：223。
(4)《泰伯里经注》17：536。
(5)《泰伯里经注》17：536。
(6)《布哈里圣训实录诠释——造物主的启迪》8：252。

◆ 82.我颁降《古兰》，作为对归信者的治疗和慈悯。它对不义者只增加损失。◆

## 《古兰》是良药和慈悯

清高伟大的安拉在此讲述他降给使者穆罕默德的《古兰》，这部经典的前前后后，不会受到谬误的侵蚀。它是来自可赞的、明哲的安拉的启示。它是信士的良药和仁慈。换言之，它能够消除各种心理疾病——怀疑、阳奉阴违、以物配主、歪斜和不公。它也是来自安拉的慈悯，仆人可以通过它获得正信、智慧、幸福和追求幸福的勇气。但只有那些归信它、并遵循它的人们，才能得到这些益处。因为从其本质上讲，《古兰》就是一种良药和慈悯；而那些自亏的隐昧者，越听《古兰》越会疏远它、否认它。其原因在他们自己，而与《古兰》无关。正如安拉所言：◆它是对信士们的引导和治疗。至于那些隐昧的人，他们的耳已失聪，在他们看来，它是盲目的，这等人，是从远方被呼唤的。◆（41：44）又◆每逢一章天经下降，他们当中就有人说："你们当中有谁因它而增加了信仰？"那些归信者，它使欣喜的他们增加信仰了。但是那些心中有病的人，它会在他们的污秽上再增加污秽，他们至死不信。◆（9：124-125）类似的经文很多。

格塔德解释"我颁降《古兰》，作为归信者的治疗和慈悯"时说："穆民听到《古兰》时，获益无穷，并记住它，理解它。"

"它对不义者只增加损失。"隐昧者听到《古兰》后，不能从中获益，也不背记它，理解它。因为《古兰》是安拉赐给穆民的良药和慈悯。

◆ 83.当我赐恩于人时，他掉头不顾；而当他遭受不幸时，他就陷于绝望。◆

◆ 84.你说："每一个人都照他自己的方式做事，你的主至知谁是最近于正道的。"◆

## 人在顺境和逆境中的反应

清高伟大的安拉说，（除了安拉所保护的人之外）人无论在顺境中还是在逆境中，都是脆弱的——当安拉赐他财产、健康、顺利、富裕和襄助，并使他心想事成的时候，他开始不服从安拉，不崇拜安拉，并远离安拉。(7)正如安拉所言：◆但是当我解除他的困难之后，他就走开了，好像从未因为遭遇到困难而祈求过我一样。◆（10：12）又◆可是当他把你们

---
(7)《泰伯里经注》17：539。

拯救到陆地时,你们就背弃了。﴾（17：67）即安拉让他们脱离危机时,他们将安拉的恩惠忘记得一干二净。

"他就陷于绝望",即他认为从此再也没有机会重新获得幸福了。正如安拉所言:﴿如果我使人尝试一下我的仁慈,然后再由他那里取消它。他就变得绝望和忘恩负义。倘若我在他遭遇困难之后,使他尝试一下恩典,他一定会说:"种种的不幸都离我而去了。"他是得意忘形、傲慢自大的。但那些坚韧并行善的人,将获得恕饶和优厚的报酬。﴾（11：9-11）

"你说:'每一个人都照他自己的方式做事',"伊本·阿拔斯说"**方式**"（شاكلة）指角度（或方面）;[1] 穆佳黑德认为这段经文指每个人都独立地、按照自己的风格去做事;[2] 格塔德认为指每个人都以自己的举意去做事;[3] 伊本·栽德认为"**方式**"指宗教。[4] 上述解释大同小异。这些经文（安拉至知）严厉地警告了多神教徒,正如安拉所言:﴿你对那些隐昧的人说:"依你们的能力与方法去工作吧,我们也是工作的。﴾（11：121）因此,经文说:"**每一个人都照他自己的方式做事,你的主至知谁是最近于正道的**",即安拉至知你们多神教徒是得道者,还是我们穆斯林是得道者。他将根据每个人的行为作出报偿。因为在他看来,一切都是非常明白的。

﴿85.关于鲁哈,他们问你。你说:"鲁哈是我的主的机密。你们只被赐给少许的知识。"﴾

### 灵 魂 [5]

伊本·麦斯欧迪说,我和穆圣在田野中行走,穆圣手扶一支枣树棍。有一群犹太人走过来,其中的一人对另一人说:"我们向他问问关于灵魂的问题。"那人反问"为什么要去问他呢?"前者说:"他不会使你们难堪的。"众人听了后说:"那就去问问吧。"他们向穆圣提问后,穆圣当时没有回答,而是站在原地不动。看得出他正在接受启示。所以我们也站着不动。安拉降了启示后,穆圣读道:"**关于鲁哈,他们问你。你说:"鲁哈是我的主的机密。**"[6] 我们根据经文的

---
(1)《泰伯里经注》17：541。
(2)《泰伯里经注》17：541。
(3)《泰伯里经注》17：541。
(4)《泰伯里经注》17：541。
(5) الروح, 鲁哈、精神。——译者注
(6) 我的主只对它命令说"有",它就有了。请参见《تيسير الكريم الرحمن》417页。——译者注

脉络,可以清楚地看到这段经文是穆圣到了麦地那后,回答犹太人提问时安拉所降示的。虽然本章的其他经文都降于麦加。这种现象可以这样解释:一、这段经文最初降于麦加,以后又在麦地那第二次下降。二、安拉启示穆圣用以前曾经降示的这段经文回答他们的提问。

伊本·哲利尔说,有经人曾向使者问到灵魂的问题,后来安拉降示了上述经文。有经人又问:你说我们只获得很少的知识,而我们拥有《讨拉特》,《讨拉特》是一部充满智慧的经典。﴿谁获得智慧,谁确已得到许多福利。﴾（2：269）后来安拉降谕道:﴿如果地上所有的树都是笔,海洋都是墨水,再加上七个海洋……﴾（31：27）穆圣说:"安拉根据你们获得的知识拯救了你们,从这个角度讲,这些知识是美好的、丰富的。但比之安拉的知识,你们的知识微不足道。"[7]

伊本·阿拔斯解释这段经文时说,犹太人对先知说:"请你告诉我们关于鲁哈的问题,鲁哈来自安拉。"关于此事,安拉没有给穆圣降示过经文,所以穆圣当时没有回答这个问题。后来吉卜勒伊里到来后对穆圣读道:"**关于鲁哈,他们问**

---
(7)《泰伯里经注》17：542。

你。你说：'鲁哈是我的主的机密。你们只被赐给少许的知识。'"穆圣告诉了他们后，他们问："谁给你带来了这段启示？"穆圣回答道："是吉卜勒伊里从安拉那里带来的。"他们说："原来是我们的仇敌告诉你的。"安拉因此而降谕道：❀你说："凡是与吉卜勒伊里为敌者，其原因是吉卜勒伊里奉安拉的命令，把启示降到你的心中，证实了以前的。"❀（2：97）[1]

### 鲁哈[2]和奈夫斯[3]

苏海里·黑俩弗提到，学者们关于鲁哈是不是奈夫斯这一问题有不同的主张。他说，鲁哈如空气般轻柔，它在人体中流动如同水在植物茎络中流动。他强调，当天使注入胎儿的鲁哈和身体联系起来，并因此而具备了一些好或坏特征时，这种鲁哈就是奈夫斯。此后，它要么是"安宁的奈夫斯"[4]，要么是"怂恿人作恶的奈夫斯"[5]。正如堪称植物生命的水，一旦与植物混合（并发生变化），就会产生新的东西，比如水进入葡萄，再拿葡萄去榨汁，就会得到葡萄汁或酒。它再也不能被称为水，除非用作隐喻。这样我们就可以理解鲁哈和奈夫斯的区别，当鲁哈与身体结合并且受到身体的影响时，它就变成了奈夫斯。概言之，鲁哈是奈夫斯的源泉和本质，而奈夫斯则是鲁哈与身体相联系后的一种复合体。所以，从一方面讲，奈夫斯就是鲁哈，换个角度，奈夫斯不同于鲁哈。这种解释是较完美的。安拉至知。笔者认为，学者们曾就鲁哈的本质及相关问题进行过深入研究，并撰有专著，听说哈菲兹·本·麦奈代的著作属于其中最优秀者。

❀86.如果我愿意，我一定拿走我降给你的启示，那时你就不可能找到任何监护者帮助你反对我。❀

❀87.但是因为来自你主的慈悯。他对你的恩典永远是很大的。❀

❀88.你说："如果人类和精灵群策群力去仿作和这《古兰》相似的（经文），即使他们互相帮助，他们也不能作出相似的。"❀

❀89.我确已通过各种比喻，在《古兰》中为世人作了分析，但是大多数人只愿否认。❀

### 假若安拉意欲，他就拿走《古兰》

安拉在此讲述他对他的仆人兼使者穆罕默德的恩典和恩惠：给他启示了一部伟大的《古兰》，这部《古兰》的前前后后不会遭受谬误的侵袭，它是可赞的、明哲的安拉的启示。伊本·麦斯欧迪说："（光阴之末）一道红风从沙姆方向刮向人们，从此，人们手中的册簿和心中不再有《古兰》中的一段经文。"然后伊本·麦斯欧迪读道："如果我愿意，我一定拿走我降给你的启示。"[6]

### 用《古兰》发起挑战

清高伟大的安拉强调这部伟大《古兰》的尊贵说，假使所有的人和精灵聚集到一起，群策群力，精诚团结，以便写出一部能和《古兰》相媲美的著作，他们也做不到。因为《古兰》是独一无偶的造物主的语言，被造物的语言怎能和造物主的语言相比呢？

"**我确已通过各种比喻，在《古兰》中为世人作了分析**"，即我为世人提供了各种确凿的证据，为他们透彻地阐释了真理，即便如此，"**但是大多数人只愿否认**"，即他们还是要离经叛道。

❀90.他们说："除非你能为我们使一股泉水由地底涌出来，否则，我们决不信你；❀

❀91.或是你有一个枣树和葡萄的园子，并且你能使河流在它们当中奔流。❀

❀92.或者正如你妄言的那样，你使天一块块地掉下来，或者你让安拉和天使们面对面地来到我们面前。❀

❀93.或是你有一间黄金宫殿。或是你能升天。我们也绝不相信你的升天，除非你能给我们降下一部经典，让我们读读。"你说："赞我的主清净！我只不过是一位接受使命的人！"❀

### 古莱什人要求穆圣为他们昭示一些明确的迹象，以及对他们的驳斥

伊本·阿拔斯说，某日太阳落后，欧特白等人聚集到天房跟前，有人说："请派人叫来穆罕默德，然后和他进行理论和辩论，以便讨个说法。"于是他们派人告诉先知：你民族中的一些贵族为你而聚集到一起，打算和你谈话。穆圣以为自己

---

[1]《泰伯里经注》17：543。
[2] 指灵魂，الروح。
[3] 在此也可译为性命、气息、人性，نفس。
[4] 按照传统看法，此时，我们将奈夫斯称为灵魂，请参看89：27节经文。——译者注
[5] 按照传统看法，此时奈夫斯又指人性。请参看《古兰》12：53节经文。——译者注
[6]《泰伯里经注》17：546。

的宣教事业初见成效，便匆忙来见他们。穆圣㊣多么希望他们能弃暗投明，走向正道啊！他又是多么难以接受他们因为不归信而遭受惩罚啊！先知坐到他们跟前后，他们说："穆罕默德啊！我们派人叫来你，以便向你讨个说法。以安拉发誓，我们不知道除你之外，还有什么人给其民族带来的震动如此之大！你辱骂（我们的）祖先，诽谤宗教，愚弄智者，亵渎神灵，分裂集体。你在我们中已经坏事做绝！如果你发表这些言论，是为了获得财产，那么我们会给你收集大量财产，让你成为我们中最大的富翁；如果你想得到荣耀，我们就让你领导我们；如果你想当国王，我们就立你为王；如果你中了魔，我们愿花钱把你医好。但你要放弃你的宣传，否则，我们就要向你讨个说法。"安拉的使者㊣说："我并不需要你们所说的一切。我来到这里，并不是为了向你们要钱，或在你们中出人头地，或在你们中称王称霸。我是安拉派给你们的使者，安拉降给我经典，命令我做你们的警告者和报喜者。我确已向你们说明了我的使命，为你们尽了我的忠言。如果你们接受我的宣传，那是你们今世和后世的福分；如果你们拒绝我的宣传，那么，我将坚持完成安拉的事业，直至安拉在我们间判决。"他们听后说："穆罕默德啊！如果你不接受我们的建议，那么你也可以做其他事情。你知道我们的土地狭小，物产匮乏，生活困难，请你祈求派遣你的主宰，让他移走我们周围的群山，拓宽我们的土地，并使其像沙姆和伊拉克那样，有河流在其间流淌。你还让他复活那些死去的祖先，尤其要复活恭萨·本·凯俩卜，因为他是一位诚实的长者，我们将问问祖先，你说的是否属实。如果你做到了我们所要求的事情，我们就相信你，那时，我们也就知道了：正如你所说，你在安拉那里有高贵的品级，安拉确实委你以使者的使命。"安拉的使者㊣说："安拉并没有派我来做你们所说的这些事情，我的使命是完成安拉交给我的任务。我确已给你们说明了我的使命，如果你们接受它，则是你们在今世和后世的福分；如果你们拒绝它，那么，我仍将坚持完成安拉的事业。直至安拉在我们间做出判决。"他们说："如果你愿这样做，那么你自己看着办。你祈求你的安拉派遣一位天使，证明你所说的话，并替你与我们进行辩论；你要求他赐给你一些花园、宝藏和用金银建筑的宫殿，使你成为一个富翁，而不用像我们看到的这样为了生活努力奔波。因为你像我们一样去市场谋求生计。如果你能做到我们所说的，那么，我们就会承认你的高贵品级。"使者说："恕我难从命，我绝不会向安拉祈求这些东西，安拉也没有派我来做这些事情，安拉只派我做警告者和报喜者。如果你

们接受我的宣传，那是你们在今世和后世的福分；如果你们拒绝，那么，我将坚持安拉的事业，直到安拉在我们间判决。"他们说："那么你就让天一块一块地落下来吧！如果你的安拉愿意，他能够这样做。你若做不到这一点，我们决不信你。"使者说："那是安拉的事情，如果他愿意，他可以这样惩罚你们。"他们说："穆罕默德啊！难道你的主不知道我们和你坐在一起，向你提出一些问题和要求？请你让你的主来这里，教给你怎么和我们辩论吧！并让他告诉你，如果你不同意我们的要求，我们将怎样处置你！我们听说有个叫拉赫曼[1]的叶麻麦人是你的老师，以安拉发誓，我们永远不相信拉赫曼！穆罕默德啊！我们已经和你讲明了我们的意图，以安拉发誓，我们不会就此罢休，任你胡作非为。"他们中的一部分人说："我们要崇拜天使，因为他们是安拉的女儿。"另一些人说："我们绝不信你，除非'**你让安拉和天使们面对面地来到我们面前**'。"见到这些人信口开河，穆圣㊣站起身来，麦赫祖米族的阿卜杜拉·本·欧麦尔也站了起来，他说："穆罕默德啊！你拒绝了你族人提出的建议，他们提出了一些有益于他们的问题，以便认识你在安拉那里的地位，但你没有照办。他们要求你——正如你所警告的那样，让惩罚立即实现。以安拉发誓，我永远不相信你！除非你搭起天梯攀登到天上，让我亲眼看看你拿来一部被打开的经典，你还要带来四个天使，让他们作证你的言论。以安拉发誓，即便你能做到，我想我还是不会相信你。"说完他转身走了。穆圣㊣也忧心忡忡地回到家中，他因为遭到族人的拒绝和疏远而非常伤心。[2]

### 为什么多神教徒的要求遭到拒绝

假若这些多神教徒为了寻求穆圣㊣的指导而召集这次会议，安拉一定会应答他们的要求，因为安拉至知他们心中的想法。但他们在否认并反对穆圣㊣的前提下提出了这些要求。安拉对穆圣㊣说："如果你愿意，我就让他们如愿以偿，此后他们若再否认，我就使他们遭受空前绝后的惩罚。或者我为他们打开忏悔和仁慈之门。"穆圣㊣说："求你为他们打开忏悔和仁慈之门吧！"[3]正如安拉所言：❴我没有颁降迹象，因为一些前人否认了它。我曾赐给塞姆德人母驼作为明证，但他们亏待了它。我降下迹象，只为了警告。❵（17：59）又❴他们说："这使者是怎么回事？他吃饭并在市集上行走。为什么没有

---

[1] 拉赫曼，意为至仁主。多神教徒用卑鄙下流的方法嘲讽穆圣㊣。——译者注
[2]《泰伯里经注》17：557。
[3]《艾哈麦德按序圣训集》1：242。

派遣一位天使到他那里，同他一道作为警告者呢？或是把财宝赐给他，或是他有一个林园，供他食用呢？"不义者们说："你们追随的不过是一个中魔之人。"你看，他们怎样对你举了一些例子！所以他们迷误了，而不能够找到一条道路。赞安拉多福！如果他愿意的话，他会给你比这更好的，即有诸河流淌的一些花园，他还给你一些宫殿。不然，他们否认了复活时，而我已为那些否认复活时的人准备了烈火。》（25：7-11）

"除非你能为我们使一股泉水由地底涌出来。""泉水"指流动的泉水。他们要求穆圣㊚使一条泉水在希贾兹的某些地方流淌。这件事情对安拉来说，是非常容易的，如果他意欲，他完全能做得到，并应答他们的要求，但他知道他们不会因此而走向正道，正如安拉所言：《你的主的言辞已经判定的那些人，他们不会归信。即使任何迹象来临他们，直到他们看到痛苦的刑罚。》（10：96-97）又《即使我确已派遣天使到他们那里，并且让死去的人们和他们说话，即使我把一切事物源源不断地集中在他们面前，除非安拉意欲，他们也不会归信。他们大多数一直是无知的。》（6：111）

"或者正如你妄言的那样，你使天一块块地掉下来"，即你警告我们说，在末日天将一块块地掉下来，最终完全坍塌。请让我们在今世马上就看到这种情景吧！正如安拉所言：《当时他们说："我们的主啊！如果这是来自你的真理，那么就给我们从天上降下石雨……"》（8：32）舒尔布的民族也曾向他提出了类似的要求，他们说：《如果你是诚实的，你就使一块天落到我们的头上吧！》（26：187）后来，安拉在阴影之日严惩了他们。穆圣㊚是仁慈的先知，他给世人带来了忏悔的机会，他要求安拉宽限世人，不要立即惩罚他们，因为他们的子孙中或许会出现认主独一的信士。历史果然证明了这一点。后来，上述的那些反对者中，就有人接受了伊斯兰，成了优秀的信士。譬如阿卜杜拉·本·艾布·吾麦叶，他在那次会议中对穆圣㊚出言不逊，但以后向安拉忏悔，真诚地归信了伊斯兰。

"或是你有一间黄金宫殿。或是你能升天"，即你沿着天梯爬到天上，让"我们"一饱眼福。"我们也绝不相信你的升天，除非你能给我们降下一部经典，让我们读读。"穆佳黑德解释说："他们要求那部经典中写着'这是安拉降给某某人的经典'等文字。并把他放到他们的头跟前。"[1]

"你说：'赞我的主清净！我只不过是一位接受使命的人！'"即赞美安拉清净无染，超绝万物。任何人都无权对安拉的权力横加指责。安拉将做他所意欲的一切，他完全是自由的，他可以答应他们的要求，也可以对他们不予理睬。而穆圣不过是一个身负使命的使者罢了，他已经为人们进了忠言，传达了安拉交给他的使命。不信者提出的那些要求，安拉会给予处理。

❋ 94.在引导到达人们之后，阻止他们归信的只是他们这句话："难道安拉派遣了一个人做使者吗？" ❋

❋ 95.你说："如果大地上有许多天使安然行走，那么我必然从天上派遣一位天使去做他们的使者。" ❋

## 多神教徒因为穆圣㊚来自人类而不愿意归信，以及对他们的驳斥

"在引导到达人们之后，阻止他们归信的只是他们这句话：'难道安拉派遣了一个人做使者吗？'""人们"指大部分人。即他们不归信的原因是对使者来自人类感到不可理解。正如安拉所言：《难道这对人类是一件奇怪的事：我把它启示给他们当中的一个人，说："你警告人类，并给信仰者报喜，他们将在他们的主那里有实在的地位。"》（10：2）又《那是因为使者们曾给他们带来明证，而他们说："难道凡人能引导我们吗？"》（64：6）法老及其臣民说：《我们应当相信两个和我们一样的人吗？而他们的族人却是服侍我们的。》（23：47）同样，其他民族也对他们的先知说：《你们不过是和我们一样的人罢了！你们企图阻碍我们接近我们的先人所曾崇拜的。那么，你们就给我们显示一个明确的证据吧！》（14：10）类似的经文很多。

安拉接着指出他对仆人的仁慈和关爱：他为他们派遣来自他们同类的使者，以便他们与之进行交流和对话，假若安拉派遣一个天使做人类的使者，人们就无法通过其言行获得指导和教益。正如安拉所言：《安拉确已施恩予信士们，因为他从他们中派遣了一位使者给他们……》（3：164）又《的确有一位来自你们自己的使者降临了你们。》（9：128）又《正如我为你们派遣一位来自你们的使者，他给你们宣读我的迹象，净化你们，给你们教授经典和智慧，教授你们原来不知道的。你们当铭记我，我会铭记你们，你们当感谢我，不要辜负我。》（2：151-152）

因此，经文在此说："如果大地上有许多天使安然行走"，即像人类一样行走。"那么我必然从天上派遣一位天使去做他们的使者"，即安拉必定

---
[1]《泰伯里经注》17：554。

派遣和天使属于同类的使者。因为你们是人，所以安拉派遣来自人类的使者引导你们。这是安拉对你们的仁慈和关爱。

◈ 96.你说："安拉足以在我和你们之间作证。对于他的仆人，他的确是深知的、明察的。"◈

安拉指导穆圣㊙和族人辩论，证明他所带来的一切都是真实的。先知应该让他们知道，安拉为他作证，也为他们作证。他深知穆圣带给他们的一切，假若穆圣撒了谎，安拉就会使他遭受最严厉的惩罚，正如安拉所言：◈ 如果他借我的名义捏造一些假话，我一定用叶米尼惩治他，然后切断他的大动脉。◈（69：44-46）

"对于他的仆人，他的确是深知的、明察的"，即安拉知道他们中谁应该得到幸福和引导，谁应该误入歧途遭受不幸。因此说：

◈ 97.谁蒙安拉引导，谁就是被引导者。安拉使之迷误者，你绝不能在安拉之外为他们找到任何保护者。末日，我将召集瞎眼、聋哑的他们，使他们匍匐在大地上。他们的归宿是烈火。每当火势减弱时，我就为他们增加火焰。◈

### 引导人得正道或使人迷误，都是安拉的权力

安拉在此讲述他对人类事务的安排和他的权力，他的判决是强有力的，任何人都不能推翻它。安拉说，他若要引导一个人，那么再也没有人能够使此人走向歧途，"**安拉使之迷误者，你绝不能在安拉之外为他们找到任何保护者**"。从而引导他走向正路。正如安拉所言：◈ 安拉所引导的人是得正道的，而被安拉置于迷误的人，你绝不能为他找到引导的朋友。◈（18：17）

### 迷误者的报应

"末日，我将召集瞎眼、聋哑的他们，使他们匍匐在大地上。"艾奈斯·本·马立克传述，有人问使者："安拉的使者啊！人们怎么会脸面贴地上而被复生呢？"使者㊙回答说："能够使人用脚走路的安拉，也能够使他们用脸走路。"[1]他们在今世是有眼无珠的瞎子，有嘴不说的哑巴，有耳不闻的聋子，故对真理熟视无睹。因此到了后世，他

---
(1)《艾哈麦德按序圣训集》3：167；《布哈里圣训实录诠释——造物主的启迪》8：350；《穆斯林圣训实录》4：2161。

们最需要这些感官的时刻，遭受了相关的报应。

"**他们的归宿是烈火。每当火势减弱时**"，伊本·阿拔斯和穆佳黑德分别认为"**减弱**"指平息和熄灭。[2]

"**我就为他们增加火焰**"，即安拉就使火势更旺。正如安拉所言：◈ 那么，你们就尝试吧，我给你们只增加刑罚。◈（78：30）

◈ 98.那就是他们的报应，因为他们不信我的种种迹象，并说："当我们变成枯骨与尘埃时，我们还能被复活成为一个新的被造物吗？"◈

◈ 99.他们不知道曾造化诸天与大地的安拉，能够造化像他们一样的人吗？他为他们规定了一个无疑的期限，但是不义的人宁肯不信。◈

清高伟大的安拉说，他因为隐昧者们不正确使用赐给他们的眼睛、嘴巴和耳朵等感官而降给他们相应的报应。因为他们否认了他的"**种种迹象**"，即他们否认了安拉降下的各种明证，否认了复生日的到来。

---
(2)《泰伯里经注》17：561。

"并说：'当我们变成枯骨与尘埃时，我们还能被复活成为一个新的被造物吗？'"即我们成为朽骨或化为泥土，并分散到世界各地后，还能被复原吗？安拉驳斥了他们的谬论，指出对能够创造天地万物的安拉来说，复造人类是微乎其微的小事。正如安拉所言：❴诚然，造化天地是比造化人类更繁重的，可是大多数人不了解。❵（40：57）又❴难道他们没有看见造化了诸天与大地，并且不由于造化它们而感到疲倦的安拉是有能力给死者生命的吗？❵（46：33）又❴难道造化诸天与大地的主不能造化和他们相似的吗？不然，他是善造的、全知的。的确，当他有意要做一件事时，他只要说"有"，它就有了。❵（36：81-82）

本章的经文说："他们不知道曾造化诸天与大地的安拉，能够造化像他们一样的人吗？"到了末日，安拉将使人们的身体恢复原形，按照他们原来的样子再造他们。

"他为他们规定了一个无疑的期限。"人类终将度过坟墓中的期限，然后如期被复生到后世。正如安拉所言：❴我只延缓它到预定的期限。❵（11：104）

"但是不义的人宁肯不信。"虽然铁证如山，但他们还是执迷不悟。

❴100.你说："如果你们掌握了我的主的慈悯宝库，你们必定因为害怕花费而克扣它。人总是吝啬的。"❵

## 吝啬是人的本性

清高伟大的安拉说，穆罕默德啊！你告诉他们：如果你们能够支配安拉的宝库，"**你们必定因为害怕花费而克扣它**"。伊本·阿拔斯和格塔德说"花费"（الإنفاق）指贫穷。(1)虽然安拉宝库的资源永不枯竭，但吝啬是人的本质特征。

"人总是吝啬的。"正如安拉所言：❴难道他们有一部分权力吗？假如有，他们不给别人一丝毫。❵（4：53）即如果他们掌握了安拉给的权力，那么除了很少一点之外，他们也不会和他人分享这些权力。安拉从本质上分析人类，指出吝啬和焦躁是他们的特征。当然，蒙安拉引导并获得机遇的人，不在此列。正如安拉所言：❴人确实是被造成急躁的，遇到歹恶时是焦虑的，遇到好事时是吝啬的。礼拜者则不然。❵（70：19-22）《古兰》中类似的经文不胜枚举。两圣训实录辑录："安拉的耶迪(2)是满的，日日夜夜，他无时无刻地花费着，但无论怎么花费，都不会遭受损失。你们可知，自从创造天地以来，他花费了多少？但这丝毫没有影响他所掌握的一切。"(3)

❴101.我曾赐给穆萨九项明显的迹象。你问问他们吧，穆萨来临他们时，法老对他说："穆萨啊！我确实认为你中了魔。"❵

❴102.他说："你的确知道，只有天地的主宰能降下这些作为明证。法老啊！我认为你确实是要被毁灭的！"❵

❴103.他企图把他们从地面上除去，后来我淹死了他和所有同他在一起的人。❵

❴104.在他之后，我对以色列的后裔说："你们就居住在这块土地上吧，然后当后世的许约来到时，我会使你们全体出现。"❵

## 穆萨的九个迹象

清高伟大的安拉说，他派穆萨带去了九个迹象，作为其先知身份和言论真实性的明证，教化法老。据伊本·阿拔斯说，这九个迹象是手杖、白手、旱灾、大海、洪水、蝗虫、虱虫、青蛙和血液。而伊本·凯尔卜则认为它们分别是：白手、手杖以及《高处章》中所提到的五件，以及改变相貌和巨石。(4)

伊本·阿拔斯(5)、穆佳黑德、艾克莱麦、舒尔宾、格塔德又认为，它们是穆萨的手、手杖，果实的歉收，洪水、蝗虫、虱虫、青蛙以及血。(6)❴但是他们仍然高傲，而成为犯罪的人。❵（7：133）即虽然他们目睹了这些明确的迹象，但还是否认了正教。❴他们不义和傲慢地否认了它们，虽然他们的心已经确信它们。❵（27：14）因此，这些迹象对他们没有起到应该起的作用。这些反对穆圣的人也是一样，假若我应答了他们的要求，他们还是不会归信。❴他们说："除非你能为我们使一股泉水由地底涌出来，否则，我们决不信你；❵（17：90）这些质问穆圣的人和当年的法老，以及其臣民都是一丘之貉，他们无论看到什么迹象，都不会有所感悟。

"穆萨啊！我确实认为你中了魔。"有人说经文指穆萨啊！我确实认为你是个魔术师。安拉至知。

下面的经文所叙述的就是上述学者所提到的九

---

(1)《泰伯里经注》17：561。
(2)يد，音译，字意为手。——译者注
(3)《布哈里圣训实录诠释——造物主的启迪》8：202；《穆斯林圣训实录》2：691。
(4)《泰伯里经注》17：564、565。
(5)这是他的另一观点。
(6)《泰伯里经注》17：565、566。

个迹象：❝ "你扔出你的手杖。"当他看见它好像蛇一样蠕动时，他就转身逃避，没有回顾。"穆萨啊！不要怕……这属于对法老和他的臣民的九项奇迹之一。他们是坏事的群体。" ❞（27：10-12）这两段经文中提到了手杖和手。《高处章》则详细地介绍了其他迹象。此外，穆萨还带来许多迹象，譬如用手杖击石后，水从中涌出，用白云给人们遮阳，下降白蜜和赛勒瓦等，这些都是以色列人离开埃及后安拉赐给他们的恩典。经文此处所指的九个迹象，是安拉专门降给住在埃及的法老及其臣民的明证，但他们没有接受它们，否认了穆萨。

因此，穆萨对法老说："**你的确知道，只有天地的主宰能降下这些作为明证**"，从而证明我所说的都是真理。

"**法老啊！我认为你确实是要被毁灭的！**" "**被毁灭的**"意义如下：伊本·阿拔斯认为指被诅咒的；[1] 穆佳黑德和格塔德认为指被毁灭的；[2] 端哈克认为经文指被战胜的。[3] 其实"**被毁灭的**"包括上述所有意义。

## 法老及其民族的毁灭

"**他企图把他们从地面上除去。**" "**除去**"指使离开、消除。

"**后来我淹死了他和所有同他在一起的人。在他之后，我对以色列的后裔说：'你们就居住在这块土地上吧'**"，虽然这段经文降示于麦加，当时使者还没有迁徙麦地那，但经文提前给使者报喜，预告他最终会解放麦加。因为当时的麦加人企图驱逐穆圣㊗。如《古兰》所述：❝ 他们使你几乎不能在那地方安居，以便他们驱逐你。❞（17：76）后来——根据较有说服力的一种说法——使者用武力解放了麦加，征服了其居民，此后又豪爽地、宽容地释放了他们。正如当年安拉让那些深受压迫和屈辱的古以色列人征服一些地方，让他们继承法老的土地、财产、庄稼、果实和宝库一样。正如安拉所言：❝ 就那样，我使以色列的后裔继承了它们。❞（26：59）

经文在此说："**在他之后，我对以色列的后裔说：'你们就居住在这块土地上吧，然后当后世的许约来到时，我会使你们全体出现。'**"伊本·阿拔斯、穆佳黑德、格塔德、端哈克说，"**你们全体**"指你们和你们的每一个敌人。[4]

---

(1)《泰伯里经注》17：570。
(2)《泰伯里经注》17：570。
(3)《泰伯里经注》17：570。
(4)《泰伯里经注》17：572、573。

❝ **105. 我本真理降下《古兰》，它也随同真理下降了。我派你只是作为报喜者和警告者。** ❞

❝ **106.（我降下）《古兰》，我已使之明确，以便你能从容地向人们诵读它。我庄重地降示了它。** ❞

## 《古兰》凭真理零星降示

清高伟大的安拉在此讲述他伟大的经典——尊贵的《古兰》。指出这是一部包括全部真理的经典。正如安拉所言：❝ 安拉见证他降给你的（启示）。他以知识而降下它。天使们也都见证。❞（4：166）即《古兰》中蕴涵着安拉意欲昭示给你们的许多知识——法律、命令和禁止。

"**它也随同真理下降了**"，即穆罕默德啊！这部经典是在受到保护的情况下降示的，所以它一直纯洁无染，其中不存在任何增删。它是以真理降临你的，因为带它降示的，是强有力的、忠诚可靠的以及在至高群体中绝对顺主的（吉卜勒伊里天使）。

穆罕默德啊！"**我派你只是作为报喜者和警告者。**"你的任务是以乐园给顺从你的穆民报喜，用火狱向违抗你的隐昧者警告。

"（我降下）《古兰》，我已使之明确。"根据有些人的读法，这节经文的意义是：我使《古兰》离开被保护的天经牌，将它置于最近的天上尊贵的宫殿内，然后根据发生的情况，在二十三年内，零星地降示了它。这是艾克莱麦传自伊本·阿拔斯的解释。[1]

伊本·阿拔斯还主张重读这段经文，按这种读法，经文的意思是：我一段一段地、明确地降示了被注释的《古兰》。[2]

因此，后文说："以便你能从容地向人们诵读它"，即你当从容不迫地将《古兰》传给世人，读给他们。

"我庄重地降示了它"，即我有条不紊地降示了它。

❁ 107.你说，你们归信它，与不归信它（都是一样的）。那些以前被赋予知识的人们，它被读给他们时，他们就伏下去下巴着地地叩头。❁

❁ 108.他们说："赞我们的主清净，我们主的诺言终究是要实现的。" ❁

❁ 109.他们痛哭着倒地，下巴着地地叩头，它使他们更加敬畏。❁

## 《古兰》是以前的有经人都认可的真理

安拉对其仆人穆罕默德说，你对那些否认伟大《古兰》的隐昧者们说："你们归信它，与不归信它（都是一样的）"，即你们信与不信都是一样的，《古兰》本身就是安拉降示的真理，安拉以前降示的经典对它早有叙述。

因此说，"那些以前被赋予知识的人们"，即那些履行（未经篡改）天启经典的先贤们，"它被读给他们时，他们就伏下去下巴着地地叩头"。他们感谢安拉使他们有资格认识带来这部经典的使者。

因此，他们说："赞我们的主清净"，以此表示对大能安拉绝对的尊敬，安拉不会违背他通过列圣给世人的许诺——派遣穆圣。

他们说："赞我们的主清净，我们主的诺言终究是要实现的。"

"他们痛哭着倒地，下巴着地地叩头。"说明他们对安拉的敬畏，对经典和使者的诚信。

"它使他们更加敬畏。"这部《古兰》更加坚定了他们的信仰和信念。正如安拉所言：❁ 而那些

---

（1）《泰伯里经注》17：574。
（2）《泰伯里经注》17：573、574。

获得引导的人，他增加对他们的引导，并使他们敬畏。❁（47：17）

❁ 110.你说："你们称呼安拉，或是称呼拉赫曼（至仁主，都是一样的）。你们无论喊他什么名字，一切最美的名字全是属于他的。你既不要在礼拜时大声，也不要低声，而要在此中采取一条道路。" ❁

❁ 111.你说："一切赞美都属于安拉，他没有任何子嗣，在他的权力中没有伙伴，也没有任何为了避免屈辱而设的保护者，你要赞他伟大。" ❁

## 安拉有一些至尊的名称

清高伟大的安拉说，穆罕默德啊，你对那些否认安拉的至仁属性，并拒绝以"至仁主"（الرحمن）称呼安拉的人说："你们称呼安拉，或是称呼拉赫曼（至仁主，都是一样的）。你们无论喊他什么名字，一切最美的名字全是属于他的"，即你们称呼他安拉，还是称呼他拉赫曼，都是一样的。因为他拥有至尊的名称。正如安拉所言：❁ 他是安拉，除他外没有应受拜的，他知道一切可见物与幽玄，他是普慈的、特慈的……一切最美的名字都属于他。在诸天与大地中的一切都赞美他清净无染，他是优胜的、智慧的。❁（59：22-24）麦哈库里说，有个多神教徒听到穆圣在叩头时呼唤："至慈主啊！至仁主啊！"便说："他声称只祈祷独一的安拉，但事实上他祈祷的是两个神。"安拉因此降示了这段经文。[3]

## 命令诵读时声音要持中

"你既不要在礼拜时大声"，伊本·阿拔斯说："这节经文降示时，安拉的使者在麦加隐居[4]。"

"也不要低声"，穆圣曾带领弟子们高声礼拜，多神教徒们听到后开始辱骂《古兰》《古兰》的降示者和传达者。所以，安拉对先知说，"你既不要在礼拜时大声"，以免遭到多神教徒的辱骂；"也不要低声"，以致你的弟子们听不到它，从而无法从中受到启发，"而要在此中采取一条道路"。此说源于两圣训实录。[5]

伊本·阿拔斯说，穆圣迁徙麦地那后，就不

---

（3）《泰伯里经注》17：580。
（4）实指秘密传教。——译者注
（5）《泰伯里经注》17：584；《艾哈麦德按序圣训集》1：23；《布哈里圣训实录诠释——造物主的启迪》8：257；《穆斯林圣训实录》1：329。

存在这种现象了。所以，他在麦地那随意地高声诵读或低声诵读。

伊本·阿拔斯说，（伊斯兰初期）安拉的使者ﷺ在礼拜中高声诵经时，人们一哄而散，不愿听他诵读。当时，想听先知诵读《古兰》的人们，在先知礼拜时前来偷听。当他们觉察到别人发现了他时，便离开了，担心受到穆斯林的伤害。因为先知（当时）的诵经声很低，只有那些跟着先知礼拜的人才能听到。后来安拉降示了上述经文，命令先知诵经时声音不要太高，以致异教徒一哄而散，也不要太低，以免那些前来偷听的人听不到。因为人们听了《古兰》后，总会为之所动，从中受益。

艾克莱麦、哈桑·巴士里、格塔德说，这段经文是为礼拜中的诵读而降的。[1]

伊本·麦斯欧迪说，安拉命令先知诵经时声音不要太小，以致那些细心倾听的人听不到。[2]

## 安拉独一（التوحيد）

安拉强调他拥有至尊美名后，指出他和一些残缺事物无关，说：**“你说：‘一切赞美都属于安拉，他没有任何子嗣，在他的权力中没有伙伴’”**，即他是独一无求的主，他没有生，也不被生，任何物都不与他相匹配。

**“也没有任何为了避免屈辱而设的保护者”**，即他绝不是卑贱的，因为他无需保护者、建议者或指导者。他是万物独一无偶的创造者、决策者和安排者，一切都以他的意志为转移。

穆佳黑德解释这段经文时说：“安拉不和任何人结盟，也不需要任何人的帮助。”[3]

**“你要赞他伟大”**，伊本·哲利尔引述古勒作的话，解释这段经文说：“犹太人和基督教徒说安拉有儿子；阿拉伯人说：‘响应你，你没有伙伴，除非你的伙伴，你掌握他，并掌握他所掌握的一切。’邪教徒和拜火教徒说：‘如果没有盟友，安拉就会卑贱。’后来安拉降示了这段经文：**你说：‘一切赞美都属于安拉，他没有任何子嗣，在他的权力中没有伙伴，也没有任何为了避免屈辱而设的保护者，你要赞他伟大。’**”[4]

《夜行章》注释完。一切赞美和恩情，统归安拉。

（1）《泰伯里经注》17：585。
（2）《泰伯里经注》17：589。
（3）《泰伯里经注》17：590。
（4）《泰伯里经注》17：590。

# 《山洞章》注释　麦加章

## 有关本章、本章前十段经文和本章结尾的尊贵 本章能保护人免遭丹扎里的蛊惑

白拉伊说，有人诵读《山洞章》时，他家中的牲畜不停地惊跳，他抬头看时，发现一片云或雾将他包围了起来。后来他把此事告诉了先知，先知说：“某人啊！你读吧！那是降于《古兰》跟前的安宁（或它因《古兰》而降临了）。正如《黄牛章》所述，这位诵经者是吾赛德·本·胡则勒。”[5]

穆圣ﷺ说：“谁背诵了《山洞章》中的前十段经文，他就不再受到丹扎里的侵害。”[6]

另据传述，穆圣ﷺ说：“谁背诵了《山洞章》的前十段经文……”[7]

穆圣ﷺ说：“谁在聚礼日诵读了《山洞章》，两个聚礼间的一切都因之而明亮。”[8]

又说：“谁原封不动地（正确）诵读了《山洞章》，在末日，此章将是他的光明。”[9]

## 本章降示的原因

伊本·易司哈格说，这个尊贵章节降示的原因是这样的：伊本·阿拔斯说，古莱什人派奈朵尔·本·哈里斯和欧格白·本·艾布·穆尔特去麦地那，让他们向当地犹太教学者讨教对付穆圣ﷺ的方法。因为他们曾经拥有天启经典，对有关先知的事情有所了解。两人到麦地那见到犹太学者后，向他们叙述了穆圣ﷺ的情况和他的部分主张，并说：“你们是信仰《讨拉特》的人，我们来向你们请教我们的这个冤家（指穆圣ﷺ）的情况。”犹太学者们说：“你们向他问三件事情，如果他能如实相告，说明他就是安拉派来的使者。否则，他肯定是个骗子。你们向他问问古代的一些（为了他们的宗教而远走他乡的）青年的问题，因为那的确是奇闻轶事；你们向他问问那个曾经遨游世界的人的消息；再向他问问有关鲁哈的问题。如果他能回答这些问题，他肯定就是一位先知。否则他就是一个骗

（5）《艾哈麦德按序圣训集》4：281；《布哈里圣训实录诠释——造物主的启迪》6：719；《穆斯林圣训实录》1：548。
（6）《艾哈麦德按序圣训集》5：196。
（7）《穆斯林圣训实录》1：555；《艾布·达乌德圣训集》4：497；《提尔密济圣训全集诠释》8：195；《圣训大集》6：236。
（8）《哈肯圣训遗补》2：368。
（9）《白海根圣训集》3：249。

子，你们想怎么对待他就怎么对待吧！"奈朵尔和欧格白回到麦加，汇报情况后说："诸位古莱什人啊！我们和穆罕默德摊牌的时刻到了，犹太学者们要我们向穆罕默德提一些问题。"于是他们来到安拉的使者㊗跟前，向使者提出了那些问题。使者听后不假思索地说："明天我回答你们的提问。"但使者没有说"凭安拉的允许……"众人听后去了。此后使者等了十五夜，而没有接到任何启示，吉卜勒伊里天使也没有下降。一时间麦加人议论纷纷："穆罕默德说明天回答我们的提问，而今十五天过去了，他什么都没有告诉我们。"启示一日不降临，麦加人的议论就一日无休止，使者陷入了极度的忧虑之中。后来吉卜勒伊里带来了《山洞章》，其中责怪先知为多神教徒而忧虑，并对他们的提问作出了解释。当时下降的经文还有：❮关于鲁哈，他们问你。你说："鲁哈是我的主的机密。"❯（17：85）[1]

#### 奉普慈特慈的安拉之尊名

❮1.赞颂全归安拉，他已降给他的仆人这部经典，而未在其中置入任何歪曲。❯

❮2.端庄的，以便他（给世人）警告来自他的严厉惩罚和给行善的信士们报喜：他们将会获得优厚的回赐，❯

❮3.而永沐恩泽。❯

❮4.并警告那些说安拉有子女的人，❯

❮5.他们对这事一无所知，他们的祖先也不知道。他们嘴里所说的话是严重的，他们只是说谎。❯

### 安拉降示《古兰》作为警言和喜讯

前面已经提到，安拉总在一些事情的开始和结尾时，赞美他圣洁的本然。因为他在任何情况下都是应该受到赞美的，无论在今世还是在后世，一切赞美都归于他。因此，他给仆人穆罕默德降经时赞美自己，因为这部《古兰》，是安拉赐给地球居民的最大恩典，它引导他们摆脱重重黑暗，走向光明。因为安拉使这部经典成为了端庄的、不偏不倚的，它给世人指明了正道，向隐昧者发出了警告，为穆民传达了喜讯。因此说"而未在其中置入任何歪曲"，即这是一部不偏不倚的、端庄的经典。

"端庄的"，即这部经是端庄的。

"以便他（给世人）警告来自他的严厉惩罚"，谁否认并反对这部经典，谁就会立即倒霉并永不得翻身——遭受今世和后世的惩罚。那将是一种无与伦比的惩罚和桎梏。

"给行善的信士们报喜。""信士"指那些归信这部经典并遵循它的人，在安拉那里，"**他们将会获得优厚的回赐。**"

"而永沐恩泽"，即他们将永远沉浸在安拉的回赐之中，享受乐园的恩典。

"并警告那些说安拉有子女的人"，这些人是多神教徒，他们崇拜天使，说天使是安拉的女儿。[2]

"他们对这事一无所知"，即"这事"指他们的信口开河，"他们的祖先也不知道。他们嘴里所说的话是严重的"，即他们的话没有任何事实依据。因此说："他们只是说谎。"

❮6.如果他们不信这项宣示，你也许会在他们后面为他们忧伤而毁了自己。❯

❮7.我的确使地上的一切作为它的装饰，以便我考验他们，看他们当中谁的行为最好。❯

❮8.我要使其中的一切化为荒原。❯

---

[1]《泰伯里经注》17：592。

[2]《泰伯里经注》17：595。

## 不因多神教徒拒绝正信而感到伤心

安拉安慰使者不要因为多神教徒拒绝正信并疏远自己而感到伤心，正如另一段经文所说：﴾所以你的内心不必为他们忧伤。﴿（35：8）又﴾你不要为他们而忧虑。﴿（16：127）又﴾你或许由于他们不信而忧伤欲绝。﴿（26：3）"毁了自己"指因为气愤而丧失性命。

因此说："如果他们不信这项宣示，你也许会在他们后面为他们忧伤而毁了自己。""这项宣示"指《古兰》。即你不要为他们感到遗憾而伤及自己的生命。

格塔德解释说："你不要因为怒其不幸、恨其不争而害了自己。"(1) 穆佳黑德解释说："你不要因为他们不信而忧心如焚，最终伤及自己的身心。"(2) 上述解释大同小异。概言之，使者的使命是传达安拉的旨意，此后谁若信仰，就会深受其益，谁若拒信，就会深受其害。使者不必为他们过分伤心。

## 今世是考验之地

清高伟大的安拉说，今世的本质是金玉其外，败絮其中。它是人类接受考验的"庄园"，而非永恒的故乡。因此说："**我的确使地上的一切作为它的装饰，以便我考验他们，看他们当中谁的行为最好。**"安拉的使者㊐说："今世是翠绿的、甜美的，安拉让你们在其中作代位者。他将看你们怎么做。所以你们要谨慎处世，要防备妇女（方面的考验），因为古以色列人中的第一场是非源于女人。"(3)

然后安拉指出今世的腐朽、短暂、空虚，说："**我要使其中的一切化为荒原**"，即我要把这富丽堂皇的今世变成断壁残垣，使之天翻地覆，寸草不生。

伊本·阿拔斯解释这段经文说："地面上的一切都将毁于一旦。"(4) 穆佳黑德说："大地将变成不毛之地。"(5) 格塔德说："大地将变成寸草不生的平地。"(6)

﴾9.你以为洞中的伙伴们和赖根目都是我的迹象中令人惊奇的（事情）吗？﴿

﴾10.当时有几个青年住进洞中，他们说："我们的主啊！求你赐给我们来自你的慈悯，求你在我们的事务上使我们适宜获得正道。"﴿

﴾11.此后我在洞中封闭了他们的听觉若干年。﴿

﴾12.然后我唤醒了他们，以便区分他们两派人中的哪一派更能够计算出他们在那儿逗留的期限。﴿

## 洞中人的故事

安拉首先概述了洞中人的故事，然后将详述之。他说，穆罕默德啊！"**你以为洞中的伙伴们和赖根目都是我的迹象中令人惊奇的（事情）吗？**"即在安拉的能力和权力中，洞中人的事情不足为奇。造化天地、制服日月和星星等重大事务，对安拉而言也不足为奇。但从常规来说，这些重大迹象比之洞中人的事迹，更值得人们去惊奇。正如穆佳黑德在解释这段经文时所说："我（安拉）还有许多迹象，它们更称得上是奇迹。"(7)

伊本·阿拔斯解释说："我赐给你的知识和经典，比洞中人和赖根目的事情更尊贵。"(8)

伊本·易司哈格说："我昭示给众仆的迹象，比洞中人和赖根目的事情更加奇妙。"

其中"洞"（الكهف）指山洞。上述青年就隐蔽于其中。(9)

"赖根目"（رقيم）有不同解释，伊本·阿拔斯、阿彤叶、格塔德认为指"临近艾莱地区的一个山谷"；端哈克说："洞"指山谷中的洞。(10) "赖根目"是该山谷的名称；穆佳黑德说，"赖根目"指他们的建筑物；也有学者认为"赖根目"指其中有上述山洞的山谷。(11)

凯尔卜认为"赖根目"指一个村落的名称；伊本·朱莱杰传述，伊本·阿拔斯说"赖根目"是其中有该山洞的山；伊本·朱拜尔说"赖根目"是一个石牌，上面记载着洞中人的故事，后被放于山洞门口。(12)

"**当时有几个青年住进洞中，他们说：'我们的主啊！求你赐给我们来自你的慈悯，求你在我们的事务上使我们适宜获得正道。'**"清高的安拉说，曾有一群青年为了使自己的信仰不受族人侵犯，逃避到山洞中隐居。他们进入山洞祈求安拉慈悯他们，说："**我们的主啊！求你赐给我们来自你

---

(1)《泰伯里经注》17：597、598。
(2)《泰伯里经注》17：598。
(3)《艾哈麦德按序圣训集》3：22。
(4)《泰伯里经注》17：599。
(5)《泰伯里经注》17：599。
(6)《泰伯里经注》17：600。
(7)《泰伯里经注》17：601。
(8)《泰伯里经注》17：601。
(9)《泰伯里经注》17：602。
(10)《泰伯里经注》17：602。
(11)《泰伯里经注》17：602。
(12)《泰伯里经注》17：603。

的慈悯"，即求你关爱我们，不要让我们的民族发现我们。"求你在我们的事务上使我们适宜获得正道。"求你注定我们的这番事业是正义的，并使我们获得最终的成功。正如圣训所说："（主啊！）无论你判决什么，都求你使其结局成为美好的。"[1]

"此后我在洞中封闭了他们的听觉若干年。"他们进入山洞后，安拉使他们进入睡眠状态，一睡就是许多年。

"然后我唤醒了他们。"安拉让他们从这次漫长的睡眠中醒来后，他们中的一人带着他们的银币去买食物。后文将详述这一经过。

因此说："以便区分他们两派人中的哪一派更能够计算出他们在那儿逗留的期限。""两派"指因为时间问题而持有两种观点的洞中人。"期限"一说指年数，一说指终点。因为"期限"就是目的，阿拉伯人表达"先期到达"（或完成任务）时说"马到成功"。

◆ 13.我据实对你叙述他们的故事，他们是几个归信他们主的青年人，我增进了对他们的引导。◆

◆ 14.我使他们的心联系起来，当时他们站起来说："我们的主是诸天与大地的主，我们绝不在他以外祈求任何神灵，如果那样，我们就说了过分的话。"◆

◆ 15.我们的这些族人在他之外崇拜其他神，而他们却不能为它们（伪神）拿出任何明白的证据。谁比那些向安拉捏造谎言的人更不义呢？◆

◆ 16.当时你们避开了他们和他们在安拉之外所崇拜的，然后住进洞中。你们的主就会对你们铺展他的慈悯，并在你们的事务上使你们适宜获益。◆

## 归信安拉，脱离族人

经文从这里开始详述洞中人的故事。安拉说，就在一些老年人违抗真理、沉湎于伪教的时刻，一些青年接受了真理，选择了正道。因此，当时响应安拉并跟随穆圣㊣的大部分是青年人，而古莱什的老年人中除了极少部分外，其他人都固守迷信。穆佳黑德说，听说部分洞中人戴着耳环。安拉给这些青年启示了正道，使他们成为虔诚之士。后来他们归信安拉，诚信安拉的独一，并作证应受拜者，惟有安拉。

"我增进了对他们的引导"，布哈里等学者根据这段经文证明信仰及其优越性可增可减。[2]类似的经文还有：◆ 而那些获得引导的人，他增加对他们的引导，并使他们敬畏。◆（47：17）又◆ 那些归信者，它使欣喜的他们增加信仰了。◆（9：124）又◆ 以便他们在信德之上增加信德。◆（48：4）

有人说洞中人所归信的是尔撒先知的宗教。安拉至知。但显而易见，洞中人的事迹发生于基督教以前。假若他们是基督教时期的事情，那么对基督教有成见的犹太教学者不会刻意记着他们的事情，更不会对它深感兴趣。上文已述，伊本·阿拔斯说古莱什人派人到麦地那向犹太学者讨教对付穆圣㊣的方法。犹太学者们建议古莱什人向穆圣㊣问问洞中人的故事、双角王的故事以及有关鲁哈的问题。可见这些事情都曾记载在基督教的经典之前的其他天启经典中。安拉至知。

"我使他们的心联系起来，当时他们站起来说：'我们的主是诸天与大地的主'。"清高伟大的安拉说，我赐给他们毅力，他们能够放弃优越的生活，背井离乡。前辈学者和后辈学者中不只一位经注学家说，这些洞中人是一些王公大臣的公子。他们在一年一度的一个节日里来到郊外聚会，在那里崇拜他们的偶像和塔吾特，并为之献牲。当时的

---

（1）《艾哈麦德按序圣训集》6：147。
（2）《布哈里圣训实录诠释——造物主的启迪》1：60。

国王是一个暴君，名叫代格奴斯，他大力倡导并推进这种蒙昧宗教。在这一年的节日聚会中，这些青年和他们的长辈一起来到郊外，他们对长辈们的行为看在眼里，想在心中，他们知道只有创造天地的伟大安拉才适合接受这种崇拜。所以他们离开众人，走到一旁。最初离开的青年坐到一棵树下，随后其他青年也不约而同地坐到他的跟前。是正信把他们团聚到了一起。

正如阿伊莎（愿主喜悦之）所传述，安拉的使者㊺说："鲁哈（精神）是被征召的军队，互相交流的就会团结，互相反感的就会排斥。"[1]

艾布·胡莱赖传述，安拉的使者㊺说，人们说："种族主义是（妨碍）团结的疾病。"每个人都因为存在防范意识而对其他人有所隐瞒，但他不知道人都是相差不多的。[2]

后来有个青年说："诸位！以安拉发誓，你们离开群众单独到这里，都肯定是有原因的。每个人都说说各自的情况吧！"一个青年说："以安拉发誓，我知道我的民族所坚持的宗教是谬误的！真正应受崇拜的是创造天地万物的独一无偶的安拉。"另一位说："以安拉发誓，我也是因此而离开他们来到这里的。"经过一番自我介绍，发现大家是因为同一原因而聚到一起的。最后众人达成共识，结为兄弟，并专门修建了一座崇拜安拉的清真寺。他们的族人知道情况后，把他们告到国王那里，国王当即召来他们质问。青年们如实相告，并号召国王也加入崇拜安拉的行列。因此，安拉说："**我使他们的心联系起来，当时他们站起来说：'我们的主是诸天与大地的主，我们绝不在他以外祈求任何神灵'**"。假若我们那样去做，我们就做了谬误之事。因此，他们说："**如果那样，我们就说了过分的话**"，即说了假话、诬蔑的话。

"**我们的这些族人在他之外崇拜其他神，而他们却不能为它们（伪神）拿出任何明白的证据。**"为什么他们不为自己的言论拿出有力的证据呢？

"**谁还比那些向安拉捏造谎言的人更不义呢？**"即不义的撒谎者。

有学者说，他们被召到国王跟前后，号召国王接受正信，国王不但拒绝归信，反而对他们进行威胁和恐吓，并命人脱去他们所穿的本民族的服饰，给他们规定了"思过"的期限，以便使他们回到原来的宗教中。其实这是来自安拉的特慈和机密。他们就在这次"思过"期间为了保全信仰和人身不受侵犯，躲进了山洞。当人们在信仰方面受到威胁时，可以逃世隐居。正如穆圣㊺所说："你们中一人的最好财产几乎是走向山巅和降雨区的羊群——

他为了宗教而逃避是非。"[3] 伊斯兰仅仅在此情况下允许离群索居。否则，是不允许的，因为其后果是离开集体和分裂。

青年们决定离开群众，远走他乡。这也是安拉的选择。安拉说："**当时你们避开了他们和他们在安拉之外所崇拜的**"，即你们因为他们崇拜伪神而与他们决裂，并离开他们。

"**然后住进洞中。你们的主就会对你们铺展他的慈悯**"，即安拉赐给你们慈悯，使你们的民族无法发现你们。

"**并在你们的事务上使你们适宜获益。**""**事务**"指宗教事业。即使你们成功地保全了宗教。

他们避居山洞后，群众再也没有发现他们，国王遂派人四处搜寻。有学者说，此后国王再也没有找到他们，安拉使他们销声匿迹了。正如穆圣㊺和他的朋友虔信者艾布·伯克尔躲过麦加人的追杀，成功地躲进山洞。他们在山洞时，艾布·伯克尔非常焦虑，他对穆圣㊺说："假若有人向脚下望一眼，他就会发现我们的。"穆圣㊺说："艾布·伯克尔啊！你是怎么看待这样两个人的——安拉是他们中的第三个？"[4] 清高伟大的安拉说：❦ 如果你们不协助他，那么安拉已经襄助了他。当时，隐昧者驱逐两个人中属于第二位的他。当时他们俩在山洞中，当时他对他的同伴说："不要忧虑，安拉是跟我们在一起的。"于是安拉把安宁降给他，并以你们目不能见的大军援助了他。他将隐昧者的话贬低成最卑微的。安拉的言辞是至高的。安拉是优胜的、明哲的。❦（9：40）这个山洞的故事比洞中人的故事更称得上是奇迹，其意义更伟大、更高贵。

❦ 17.当太阳升起时，你可能看到它向他们洞的右方偏斜；当它西落时，他任由他们向左边偏斜。他们就躲在其中的空间里。这属于安拉的迹象。安拉所引导的人是得正道的，而被安拉置于迷误的人，你绝不能为他找到引导的朋友。❦

## 山洞的位置

经文证明洞口在北面，因为清高伟大的安拉说，太阳升起的时候，日光斜着照进洞中。

"**它向他们洞的右方偏斜**"，指光线向右边收缩，正如伊本·阿拔斯、朱拜尔和格塔德所说。[5] 因为太阳从天际升起的时候，其光线也会慢慢缩短，直至这个地方，正午日偏的时候不存在任何日

---

（1）《布哈里圣训实录诠释——造物主的启迪》6：426。
（2）《穆斯林圣训实录》4：2031。
（3）《布哈里圣训实录诠释——造物主的启迪》1：87。
（4）《布哈里圣训实录诠释——造物主的启迪》7：11。
（5）《泰伯里经注》17：620。

照光线。

因此说，"**当它西落时，他任由他们向左边偏斜**"，即光线从门的左边——东面射入洞中。说明我们在上面的分析是正确的。对那些研究者或懂天文学的人来说，这是不言而喻的。假若洞口在东面，那么日落的时候光线就不会进入洞中；假若洞口朝北向，那么无论日落还是日偏时，阳光都不会照进洞中。洞的右侧或左侧，都不会有光线斜射进去；假若洞口在西面，那么午后日光才能照进洞中，并将延续到日落的时候。这也证明了我们上述的论述。一切赞美，全归安拉。

伊本·阿拔斯、穆佳黑德、格塔德等学者说，"تقرض"指"任由"[1]。安拉讲述山洞的情况，以便我们进行思考，但他没有告诉我们这个山洞的具体位置。因为这对我们没有意义，从法律角度讲，也没有可取价值。假若了解山洞的具体位置对我们有什么宗教益处，安拉及其使者一定会告诉我们的。穆圣说："只要有什么事情能让你们接近乐园、远离火狱，我就会将它告诉你们。"[2]所以安拉告诉我们这个山洞的特征，而没有告诉我们山洞的位置。

"**他们就躲在其中的空间里**"，伊本·阿拔斯说，他们在山洞中一个光照射不到的地方，因为长期的日照会烧毁他们的身体和衣服。

"**这属于安拉的迹象。**"因为安拉引导他们住进了这座有空气和阳光的山洞，他们的身体和衣服不但没有腐烂，而且他们一直活在洞中。

然后经文说："**安拉所引导的人是得正道的**"，即安拉引导这些青年出污泥而不染，弃迷误而得正道。因为安拉引导的人终会得道，安拉使谁迷误，没有任何人能引导他。

❮ **18.你认为他们是清醒的，其实他们是睡着的。我使他们左右翻身，他们的狗在洞口铺开前腿卧着。如果你看见了他们，你一定会转身逃离，并且饱受惊骇。** ❯

## 长眠洞中

有学者说，安拉从青年们的耳朵注入睡意后，青年们立即睡着了，但他们的眼睛并没有合上，也没有遭受不测。另外空气的对流，更能保护眼睛不致腐烂。因此说："**你认为他们是清醒的，其实他们是睡着的。**"

"**我使他们左右翻身。**"伊本·阿拔斯说："假若他们不翻身，就会被大地所侵蚀。"[3]

"**他们的狗在洞口铺开前腿卧着。**"伊本·阿拔斯、穆佳黑德、赛尔德·本·朱拜尔、格塔德说"洞口"指空地；伊本·阿拔斯认为指洞口；还有学者认为指地面。正确解释应该是洞口的空地。譬如《古兰》说：❮ **它笼罩他们。** ❯（104：8）[4] 有学者说，他们的狗就像其他狗一样卧在洞口。伊本·朱莱杰说，那条狗在门口守护着他们。狗生性如此，习惯卧到门口，守护主人。因为圣训指出，天使不进入其中有狗、动物像、无大净者和隐昧者的房间。这些青年的福分泽及这条狗后，它也像他们一样进入长眠中。这就是与善人为伍的好处。就像这条狗，它因此而名垂千古，传为佳话。有史学家说，它是其中一人的猎犬。这种解释更加接近事实。也有人说它是国王厨师的狗，厨师是洞中人之一，狗一直追随其后。安拉至知。

"**如果你看见了他们，你一定会转身逃离，并且饱受惊骇。**"因为安拉赋予他们威严，使人望而生畏，以免在安拉为他们规定的睡眠期结束之前，有人接近他们，或侵犯他们。此中确有许多哲理、明证和宏恩。

❮ **19.我这样使他们醒来，以便他们能互相询问。他们当中的一个人说："你们在这里停留了多久？"他们说："我们也许逗留了一天，或是不及一天。"他们说："你们的主最清楚你们停留了多久。你们派一个人带着你们的银币到城中去，让他去看看哪些食物是最洁净的，并给你们带回一些食品。叫他巧妙一点，以免任何人发觉你们。"** ❯

❮ **20.如果他们发现你们，他们一定会用石头打死你们，或是强迫你们回到他们的宗教，那时，你们就永远不会成功了。** ❯

## 洞中人睡醒后派他们中的一人去购买食品

清高伟大的安拉说，我使他们睡眠三百零九年后又使他们毫发无损地复活了。他们复生起来之后，身体各方面的状况没有发生任何变化。因此，他们互相问："**你们在这里停留了多久？**"即你们睡了多久？

"**他们说：'我们也许逗留了一天，或是不及一天。'**"因为他们是在清晨进入山洞的，醒来时正值傍晚。因此他们接着说："或是不及一天。他

---

[1] 即"当它西落时，他任由他们向左边偏斜。"——译者注
[2]《阿卜杜·兰扎格经注》11：125。
[3]《泰伯里经注》17：620。
[4] 这段经文中的"笼罩"（موصصة）与此处的"洞口"（وصيد）是由一个词根派生而来的。——译者注

们说：'你们的主最清楚你们停留了多久'"，即安拉至知你们的事情。从文字方面看，他们好像关于睡眠的问题发生了争论。安拉至知。然后他们觉得应该去关心更重要的一件事情——饥渴。

所以他们说："你们派一个人带着你们的银币到城中去"，即你们回到逃出的那座城市(1)。

"让他去看看哪些食物是最洁净的。"正如安拉所言：❴如果不是安拉对你们的恩典和仁慈，你们中任何人永远不得干净。❵（24：21）又❴纯洁者确已成功。❵（87：14）"洁净"一词也表示天课（زكاة），因为交纳天课后，纳课者的其他财产就纯洁了。

"叫他巧妙一点"，即让他来去的时候小心。也有人解释为：让他尽力轻一点。

"以免任何人发觉你们。如果他们发现你们，他们一定会用石头打死你们，或是强迫你们回到他们的宗教。""他们"指国王代格奴斯的爪牙。他们若发觉了洞中人，必定要强迫后者放弃自己的信仰，否则就会用各种酷刑将他们折磨致死。所以洞中人非常担心。但如果洞中人屈从这些爪牙，那么他们必定不能取得今世和后世的成功。因此说："那时，你们就永远不会成功了。"

❴21.就这样我使人发现了他们，以便他们知道安拉的诺言是真实的，复活是无疑的。当时，他们对他们之间的事务进行争论，他们说："你们在他们那儿建造一个建筑物。"他们的主最知道他们。那些胜任他们事务的人说："我们一定要在他们那儿建一个礼拜寺。"❵

## 城中的人发现洞中人，并在山洞上面建筑记念物

"就这样我使人发现了他们，以便他们知道安拉的诺言是真实的，复活是无疑的。"有几位先贤说，洞中人复活的时代，人们对死后的复生和末日的事情有些怀疑。艾克莱麦说："当时一部分人相信灵魂被复活，但不相信肉体被复活。后来安拉复活了洞中人，使之成为死后复生的明证和迹象。"(2)

学者们说，一位洞中人乔装打扮后，沿着小路去城中买食物，回到了当年离开的戴格苏斯（Dagsus）城。他认为离城的时间并不久远。然而当时已经改朝换代，好几代人都死去了，这座城和城中居民的面貌已经发生了天翻地覆的变化。在这位洞中人看来，一切都是那样的陌生，他在城中转来转去，找不到一个熟悉的人——无论达官贵人，还是平头百姓。他一时困惑不解，自问道："我是否疯了？还是中魔了？或是在作梦？我昨天傍晚离开这里时，一切都不是这个样子啊！"最后他想："看来我得赶紧离开这座城市。"想到这里，他走到一个卖饼人跟前，递去随身携带的银币买饼子。卖饼人接过他的银币看来看去，怎么也不认识币上铸写的到底是什么文字。遂把银币交给旁边的人看，但旁边的人也不认识。这样递来递去，市场上谁也不认识这种货币。有人说："或许此人发现了宝藏。"所以人们向他打听购物者及其银币的来历，以便得知宝藏的下落。他们问："你是谁？"洞中人回答："我是这里的市民。我昨晚离开了这里，这儿的国王是代格奴斯。"众人听后纷纷说，这是个疯子。当即把他扭送到地方官员那里。地方官听完洞中人的回答后，大为惊奇，将信将疑。众人（包括当时的国王）听完后，跟着洞中人去找山洞。他们快到洞口时，洞中人说："且让我先去通知我的伙伴们。"说完便走进了洞中。有学者说，洞中人说完就消失在众人的眼前，谁也不知他到哪里去了。从此，音信全无。也有学者说，国王和众

---
（1）本文的"城"一词所带的冠词表示确指。——译者注
（2）《泰伯里史记》2：9。

人进入洞中看到了他们，国王还向他们致安，并热情拥抱。据说，这位国王是个穆斯林，名叫彦督塞斯。洞中人们听了国王的谈话后非常高兴，便为国王祝福，还向他问了安。此后洞中人回到睡眠之处，并在那里归真了。安拉至知。(1)

"就这样我使人发现了他们"，即我使当时的人们发现他们时，他们还是当初进入睡眠前的样子。

"以便他们知道安拉的诺言是真实的，复活是无疑的。当时，他们对他们之间的事务进行争论"，即当时的人们对死后的复生问题进行辩论。有人相信后世的复生，有人不相信。所以安拉让他们发现了洞中人，作为一种明证——这个明证或许有利于他们，或许不利于他们。

"他们说：'你们在他们那儿建造一个建筑物。'他们的主最知道他们"，即你们堵住洞，不要侵犯他们。

"那些胜任他们事务的人说：'我们一定要在他们那儿建一个礼拜寺。'"说这些话的是一些有权有势的人。他们是否属于值得称赞的人，是有待研究的。因为穆圣说："愿安拉诅咒犹太人和基督教徒，他们将先知和一些清廉者的墓地作为了礼拜场所。"穆圣警告人们不要这样做。(2)据传述，在信士的长官欧麦尔（愿主喜悦之）任哈里发时期，人们在伊拉克发现了达尼亚(3)的墓穴，欧麦尔得到信息后命令人们将其隐蔽起来，不要埋到原地，因为这一发现可能导致战争等不良的后果。(4)

❦ 22.有人将说他们是三个人，狗是他们当中的第四个。有人说他们是五个，那狗是第六个。这是由于对未见之事的猜测。有人说他们是七个，那狗是第八个。你说："我的主最清楚他们的数目，只有少数人知道他们。"因此，关于他们的事情，你只能进行表面的辩论，关于他们的事情，你不要请教任何人。❧

### 洞中人的数目

人们对洞中人的数目有不同的看法。安拉列举了三种观点。说明就此问题再没有第四种观点。安拉用"**这是由于对未见之事的猜测**"这节经文否认了这两种观点。即这两种说法都是无知的猜测。就像一个人盲目地射击，他怎能射中目标呢？即便射中了，他们的目的到底是什么呢？然后安拉讲述了第三种观点，安拉没有对它的正确性作出评定。或用"**那狗是第八个**"肯定了这一观点。说明事实正如持第三种观点者所说。

"**我的主最清楚他们的数目**"，经文指出，碰到类似问题时，最好将它的答案交给安拉。因为在不掌握相关知识的情况下，探讨这些问题是徒劳无益的。但我们可以阐明已经发现的知识，否则，就应当适可而止。

"**只有少数人知道他们**"，"少数人"指全人类中极少数人。伊本·阿拔斯说："我属于安拉所说的'少数人'。他们是七个人。"(5)阿塔也曾这样说过，也认为洞中人共七位。

据伊本·哲利尔传述，伊本·阿拔斯说，我属于（经文所说的）"少数人"，他们是七个人。(6)

"**因此，关于他们的事情，你只能进行表面的辩论**"，即你只能泛泛地谈一谈，因为掌握这些知识并不会给人带来重大的益处。

"**关于他们的事情，你不要请教任何人。**"因为人们除了信口说说或胡乱猜测之外，都对此没有明确的知识。换言之，人们有关洞中人的传言，并没有被保护者（先知）的话作为依据。穆罕默德先知啊！安拉确已赐给你无可质疑的真理，你的话优越于以往的任何一部经典和言论，它是验证传言的惟一标准。

❦ 23.对于任何事你不要说："我将在明天去做它。"❧

❦ 24.除非（同时说：）"如果安拉意欲！"当你忘记时，要记念你的主。并说："我的主或许引导我（走向）比这更近的正道。"❧

### 决定做某事时，应该说"如果安拉意欲"

安拉在此指导穆圣做事情的一种礼节，当他决心要去做一件事情时，应该将这件事情交付安拉的意欲，因为安拉知道人类不可知的一切未见之事，他知道已经发生的事情和未发生的事情，也知道未发生的事情将会怎么发生。安拉的使者说："达乌德先知的儿子苏莱曼曾说：'今夜我势必要和七十位（另两种传述中说是九十位、一百位）妻子交接，好让每个妻子生下一个孩子，将来为主道作战。'（据说，天使让他念："如果安拉意欲"，但他没有念。）他和她们交接后只有一位妻子生下了半个人(7)。"使者接着说："以掌管穆罕

---

(1)《泰伯里史记》2：9。
(2)《布哈里圣训实录诠释——造物主的启迪》1：634。
(3) Danie1,据说是古以色列人的先知。——译者注
(4)《始末录》7：88。

(5)《泰伯里经注》17：642。
(6)《泰伯里经注》17：642。
(7) 即她流产了。——译者注

默德生命的安拉发誓，假若他当初念了'如果安拉意欲'，他的誓言不会落空，必会如愿以偿。"另据传述，穆圣㊚说："若是那样，他们（那些孩子们）全部会成为战士，为主道驰骋疆场。"(1) 我们在前面说过，本章降示的原因是当有人向穆圣㊚询问洞中人的故事时，穆圣㊚说："我明天告诉你们。"（忘了说"如果安拉意欲"）所以启示十五天没有降示。(2) 我们在本章开头已对此作了介绍，此处不再赘述。

"当你忘记时，要记念你的主。"有人说，经文的意思是当你想起忘了念"如果安拉意欲"时，你当记念安拉。阿卜·阿林、哈桑·巴士里都持此观点。(3) 艾尔麦什传述，伊本·阿拔斯关于一个发誓的人说："他应该念'如果安拉意欲'，即便一年以后也罢。"伊本·阿拔斯碰到类似问题时经常读下列经文："当你忘记时，要记念你的主。"有人问艾尔麦什："你是听穆佳黑德这样说的吗？"艾尔麦什说："莱司也曾这样告诉过我。"(4) 伊本·阿拔斯的意思是，即便在一年以后想起当初没有念"如果安拉意欲"，想起来时也应该念。换言之，如果一个人在发誓或说话时忘了念"如果安拉意欲"，此后想起时即便已经过去了一年，当初发的誓或说的话已经反悔了，他也要补念"如果安拉意欲"。这是圣训所提倡的。伊本·哲利尔持此观点，并明确指出在此情况下补念（"如果安拉意欲"是可嘉的，但这）不能说明它能补偿已经破坏的誓愿，或可以消除应该承担的罚赎。(5) 伊本·哲利尔的这种观点是正确的，它符合伊本·阿拔斯所说的话的精神。安拉至知。

据泰伯拉尼传述，伊本·阿拔斯解释"对于任何事你不要说：'我将在明天去做它。'除非（同时说：）'如果安拉意欲！'当你忘记时，要记念你的主"时说："你要念如果安拉意欲"。

"并说：'我的主或许引导我（走向）比这更近的正道"，即当有人向你问一件你不知道的事情时，你祈求安拉解答它，恳求安拉使你得到正确的答案。安拉至知。

❦ 25.他们在他们的洞中居住了三百年，他们又加了九年。❧

❦ 26.你说："安拉最清楚他们逗留了多久。诸

---

(1)《布哈里圣训实录诠释——造物主的启迪》6：41《穆斯林圣训实录》3：1275。
(2)《泰伯里经注》17：592。
(3)《泰伯里经注》17：645。
(4)《泰伯里经注》17：645。
(5)《泰伯里经注》17：646。

---

天与大地的奥秘都属于他。他看得多么清楚，他听得多么精细！除他之外他们没有任何保护者，他也不让任何人参与他的判决。"❧

### 青年们在山洞中停留的时间

安拉告诉他的使者，洞中人自从进入山洞开始睡眠，一直到安拉让他们苏醒，并让当时的人们发现他们之间的期限。按照纯阴历计算，它是三百零九年。按照阳历计算，它是三百年。因为阴历和阳历之间每一百年相差三年。因此，安拉提到了三百年后又说："他们又加了九年。"

"安拉最清楚他们逗留了多久"，即你不知道它的正确答案，安拉也没有对此作出指示之前，你不要就此发表任何评论。在类似情况下，你应当说："安拉最清楚他们逗留了多久。诸天与大地的奥秘都属于他"，即只有安拉或安拉赋予这种知识的人才知道它。就上述问题，穆佳黑德等前辈和后辈学者们，都持这种观点。

格塔德就"他们在他们的洞中居住了三百年"说，安拉用"安拉最清楚他们逗留了多久"驳斥了这种观点。他说，阿卜杜拉是这样读这段经文的：

"وقالوا ولبثوا"，即"**他们在他们的洞中居住了三百年**"不是安拉的话，而是人们的话。穆特磊夫也持此观点。(1)

格塔德的上述观点是值得商榷的，因为据有经人所掌握的证据，洞中人在洞中居住了三百年，而没有另外九年。他们是按阳历计算的。假若安拉引用了人们所说的话，那么他一定不会说"**他们又加了九年。**"可见这节经文（居住三百年）是安拉的表述，而不是引用人们的话。伊本·哲利尔选择了这种解释。安拉至知。

"**他看得多么清楚，他听得多么精细！**"即安拉确实在看着他们，听着他们。伊本·哲利尔说，经文在此以夸张句的形式，赞美安拉的视和听。(2)即安拉对万物的观看是多么清楚和透彻啊！对万物的听是多么精确和细致啊！任何物都不能逃脱安拉的观看和听闻。

格塔德认为经文的意思是："任何物（包括人类）的听觉和视觉，都无法和安拉的视听相比较。"(3)

"**除他之外他们没有任何保护者，他也不让任何人参与他的判决。**"创造和命令都归安拉主持，安拉的判决是不可被推翻的，他没有宰相，也没有相助者、伙伴或指导者。他超绝万物，圣洁无染。

❧27.**你应当诵读你的主启示给你的经典。没有谁能改变他的话，除他之外你也找不到任何避难之所。**❧

❧28.**你要耐心地同那些朝夕祈求安拉、寻求主的喜悦的人在一起，你不要为了追求今世的浮华，让你的两眼由他们身上挪开。你也不要服从我已经使其内心疏忽于记念我，并且追随个人私欲，以及其行事是过分的人。**❧

### 命令诵读《古兰》，并耐心地和穆民们相处

安拉命令使者诵读他尊贵的经典，并将它传达给世人："**没有谁能改变他的话**"，即没有人能篡改它或侵犯它。

"**除他之外你也找不到任何避难之所。**""**避难之所**"（ملحد），即逃避之处。(4)格塔德认为该词指盟友、主人。(5)伊本·哲利尔说："穆罕默德啊！如果你没有诵读你的主启示给你的经典，

那么你将遭受安拉的谴责并无处可逃。"(6)正如安拉所言：❧**使者啊！你当传达从你的主降临的。如果你不去做，你就没有传达他的信息。安拉将从世人那里保护你不受人们侵害，安拉不引导昧的群体。**❧（5：67）又❧**为你规定《古兰》的安拉，必将使你回归故地。**❧（28：85）即安拉已将传达《古兰》定为你的天职，并将审问你是否不辱使命。

"**你要耐心地同那些朝夕祈求安拉、寻求主的喜悦的人在一起**"，即你当和那些赞美安拉并早晚祈求安拉的人同坐，无论他们是富翁还是穷人，强者还是弱者，他们都是安拉的仆人。

有学者说，这段经文是因为一些古莱什贵族而降示的，他们要求穆圣和他们座谈时，不要让比拉勒、安马尔、苏海卜、胡拜卜、伊本·麦斯欧迪等贫穷的圣门弟子参与，并让穆圣为这些穷人专门设一个谈话的地方。后来安拉对穆圣说：❧**你不要赶走那朝夕求主，追求他喜悦的人。**❧（6：52）并命令先知要耐心地和这些人同坐，说："**你要耐心地同那些朝夕祈求安拉、寻求主的喜悦的人在一起。**"伊本·艾布·宛葛思传述："当初我们和先知共六人在一起，后来多神教徒们对先知说：'你当驱逐这些人，并让他们不要在我们面前张狂！'"伊氏接着说："当时（在先知跟前）只有我、伊本·麦斯欧迪、一位胡宰里族人、比拉勒，还有两个人，我忘记了他们的名字。后来使者想到了安拉意欲他想到的一些事情，开始考虑它。安拉因此而降下：'你要耐心地同那些朝夕祈求安拉、寻求主的喜悦的人在一起'。"(7)

"**你不要为了追求今世的浮华，让你的两眼由他们身上挪开。**"伊本·阿拔斯解释说："你不要疏忽了他们，而去关心其他人。"(8)换言之，你不要希望把你的弟子们换成一群贵族和富翁。

"**你也不要服从我已经使其内心疏忽于记念我。**"你不要服从那些为了今世而不顾宗教，也不礼拜安拉的人。

"**其事情是过分的**"，即他的言行都是愚蠢而过分的、并且没有积极意义。换言之，你不要服从他们的行为，也不要喜爱或羡慕它。❧**你不要觊觎我赐给各种人的今世荣华。我用它来试验他们。你的主的供应是更好的和更持久的。**❧（20：131）

❧29.**你说："真理来自你们的主。谁愿意，就让谁归信，谁不愿意，就让他不信。"我已经为不**

---

(1)《泰伯里经注》17：647。
(2)《泰伯里经注》17：650。
(3)《泰伯里经注》17：650。
(4)《泰伯里经注》17：651。
(5)《泰伯里经注》17：651。
(6)《泰伯里经注》17：651。
(7)《穆斯林圣训实录》4：1878。
(8)《泰伯里经注》18：6。

义者们准备下了烈火，火墙包围了他们。如果他们哀求喝水，他们将喝到和熔铜一样的水。它将烧灼他们的脸。那饮料真可怕！那居所真可怕！❳

## 真理来自安拉，不信真理的人的报应

安拉对使者说，穆罕默德啊！你对世人说，我从你们的养主那里带来的，是无可质疑的真理。"谁愿意，就让谁归信，谁不愿意，就让他不信。"这是一种严厉的警告。

因此说："我已经为不义者们准备下了烈火。""不义者"指不归信安拉、使者和经典的人。

"火墙包围了他们"，伊本·阿拔斯说："苏拉迪古"(1)指墙。(2)

"如果他们哀求喝水，他们将喝到和熔铜一样的水。它将烧灼他们的脸。"伊本·阿拔斯说，"穆胡里"(3)是一种粗糙的水，形状像油的残渣；(4) 穆佳黑德认为指类似于血、脓那样的物质；(5) 艾克莱麦认为指一切达到热的极限的物质。(6) 另一些人认为指一切被溶化的东西。(7)

格塔德说，伊本·麦斯欧迪将某个金质东西放进一个容器后溶解，等那物质泛出泡沫后说："这种物质相似于穆胡里。"(8)

端哈克说："火狱中的水是黑的，火狱也是黑的，其中的居民还是黑的。"(9)

上述各家解释都不矛盾，因为穆胡里具备了上述的一切恶劣属性，即黑、臭、粗、热。

因此说："它将烧灼他们的脸。"当隐昧者把它放到嘴边，打算要饮用的时候，他的脸被灼伤了，以致脸上的皮肤掉进了其中。

伊本·朱拜尔说："火狱的居民因为饥饿而求救，所以天使给他们带来攒枯木的果子，他们吃了这些果子后，脸上的皮肤完全脱落了。假若有人经过他们时，就会因为他们的样子而认出他们。然后这些人又会因为干渴而求救，天使给他们带来穆胡里一样的水，让他们饮用。这是一种极热的水。当他们把它放到嘴边时，他们已经脱皮的脸上的肉又被烧灼。"因此，安拉指出这种饮料具备各种恶劣的特征。

(1) سرادق，正文译为墙。——译者注
(2)《泰伯里经注》18：11。
(3) مهل，正文译为熔铜。——译者注
(4)《泰伯里经注》18：13。
(5)《泰伯里经注》18：13。
(6)《泰伯里经注》18：12。
(7)《泰伯里经注》18：13。
(8)《泰伯里经注》18：13。
(9)《泰伯里经注》18：14。

"那饮料真可怕！"正如安拉所言：❳ 被饮给使他们肠子断裂的沸水。❳（47：15）❳ 饮极热的泉水，❳（88：5）又 ❳ 他们将往来于它和极热的液体当中。❳（55：44）

"那居所真可怕！""居所"指家、睡眠之地、会聚之地、正如另一段经文所说：❳ 以它作为居所或是休息之处。❳（25：66）

❳ 30.那些归信并行善的人，我不会作废行善者的回赐。❳

❳ 31.这些人，他们将获得永居的乐园，在它们的下面有诸河流动。他们将戴着金手镯居住在其中，他们将穿着绿色的锦衣和丝质的衣服，靠在软床上。那回赐真优美！那居所真优美！❳

## 归信并行善的人的报酬

安拉讲述了薄福的人后，讲述归信安拉并诚信列圣的人们，他们不但相信列圣带来的一切经典，而且遵循先知的命令行善，"这些人，他们将获得永居的乐园"，"عدن"，即永恒。

"在它们的下面有诸河流动"，即在他们的宫殿和居所下面流动着许多河流。

"他们将戴着金手镯居住在其中。"另一段经文说：❳ 他们将在其中佩戴黄金手镯和珍珠，他们在那里的衣服是丝的。❳（22：23）经文在此则详述了他们的服饰，说："他们将穿着绿色的锦衣和丝质的衣服"，"锦衣"指质地柔软、光滑的衣服，譬如衬衣。"丝质的"指有光泽的粗丝。

"靠在软床上"，有人认为他们侧卧在软床上；也有人认为指盘腿坐在软床上。后一种解释更加贴近这里所叙述的情景。"软床"指帷幕下面的床。安拉至知。

"那回赐真优美！那居所真优美！"即这乐园作为他们善功的报偿是多么美好啊！他们休息、居住、停留的处所是多么优美啊！正如经文在形容火狱时说："那饮料真恶劣！那居所真恶劣！"《准则章》也对穆民和隐昧者的结局作了对比，正如安拉所言：❳ 以它作为居所或是休息之处，实在是太恶劣了。❳（25：66）叙述穆民的结局时说：❳ 这些人由于他们的坚忍将被奖给宫殿，他们将在那里获得祝贺和祝安。他们将永居那里。多么美好的住处和居所啊！❳（25：75-76）

❳ 32.你给他们举一个例子：有两个人，我供给他俩当中的一人两个葡萄园，并以枣树围绕着它

⦅33.两园都出产食品，一物不缺。我使一些河流在它们中间流过。⦆

⦅34.他有很多果实。他在谈话中对他的伙伴说："我的财产比你多，在人数方面，也比你强大。"⦆

⦅35.对自己不义的他进入他的园中，说道："我永远不相信这一切将会消失。⦆

⦅36.我也不相信复活时刻能到来。假使我被带回到我的主那里，我也一定能找到比这更好的归宿。"⦆

## 富多神教徒和贫穆斯林的例子

清高伟大的安拉说，有些多神教徒不愿和贫弱的穆斯林坐到一起，仗着自己的财产和门第，目中无人。安拉在此举了两个人的例子：其中一人拥有两座安拉所赐的园子，园中种着葡萄，园子的周围由枣树环绕，中间种着庄稼。这些树和庄稼都能带来丰硕的收获。

"两园都出产食品"，即果实（包括庄稼）。

"一物不缺"，即收获稳定，从不减少。

"我使一些河流在它们中间流过"，即在两座园中分布着一些河流。

"他有很多果实。"有人说"果实"指财产；也有人认为指果实。根据其他读法，后一种解释更加贴切。

"他在谈话中对他的伙伴说"，即上述两座园子的主人傲慢地和另一人谈论道："我的财产比你多，在人数方面，也比你强大"，即我的服务者、侍从和儿女更多。格塔德说："以安拉发誓，恶人的理想只是财多人旺。"

"对自己不义的他进入他的园中"，即他由于隐昧、傲慢、顽固和否认最终的归宿而亏了自己。[1]

"说道：'我永远不相信这一切将会消失'"，即他因为眼前美丽的园子、茁壮的庄稼和各处流动的河流而得意忘形，认为这些将会永存，永不改变。这是因为他头脑简单，缺乏对安拉的信仰，因为今世的生活及其浮华而自以为是和否认后世。

因此他说："我也不相信复活时刻能到来。"

"假使我被带回到我的主那里，我也一定能找到比这更好的归宿"，即假若真有后世，并要回归到安拉跟前，那么，在我的主那里，我的份额将是更丰富的。假若他不看重我，就不会在今世赐给我这些财产。正如安拉所言：⦅倘若我被带回

我的主，我一定会由他那里获得更好的。⦆（41：50）又⦅你可曾见到那不信我的迹象的人，他说："我一定会被赐给财富和子女"吗？⦆（19：77）他以安拉的名义发誓，将在后世得到这一切。这段经文是因为阿斯·本·瓦伊里而降的。如果安拉意欲，我们将在适当的时候介绍这一事件。我们只信赖安拉，并托靠他。

⦅37.他的伙伴辩驳道："你不信用泥土造化你，然后由一滴精（造你），然后将你形成一个男人的安拉吗？"⦆

⦅38.但他是安拉，是我的主，我绝不以任何物举伴我的主。⦆

⦅39.当你走进你的园子时为何不说："（这是）安拉意欲的，除了安拉，别无力量。"如果你认为我在财产与子女方面都不及你。⦆

⦅40.那么我的主也许会赐给我比你的园子更好的，也许他会在你的园子中由天上降下灾难，使它变成一片寸草不生的平地。⦆

⦅41.或者它的水一大早就干涸，而你不能寻求。⦆

---

(1)《泰伯里经注》18：22。

## 贫穷的穆民的回答

清高伟大的安拉说，园主的伙伴[1]——一位贫穷的穆民忠告园主，并警告他不要得意忘形、否认安拉，对他说："你不信用泥土造化你……的安拉吗？"这位穷人严厉地谴责了他，因为他否认安拉用土造人。人祖阿丹是安拉用泥土创造的，而阿丹的子孙，则是由其精液——卑微的液体创造的。正如安拉所言：❧你们怎么可以不信安拉呢？你们原是没有生命的……❧（2：28）即安拉昭示给你们的明证昭然显著，如日月经天，江河行地，人人都可以很自然地认识它，你们还为何否认安拉呢？因为万物都知道，他们原本是不存在的，是后来才存在于世的。他们的存在不是靠自己就能实现的，也不是靠某个被造物而实现的。因为其他的被造物在这一方面和他们是一样的。所以，他们知道自己的存在是靠造物主而实现的。这个造物主，独一无偶，创造万物。

因此，这位穆民说："**但他是安拉，是我的主**"，即我不但不说你的这种话，而且要承认安拉的受拜性和养育性，"**我绝不以任何物举伴我的主**"，即他是独一无偶的受拜者。

"**当你走进你的园子时为何不说：'（这是）安拉意欲的，除了安拉，别无力量。'如果你认为我在财产与子女方面都不及你……**"这位穷人质问园主，对他说，当你进了园子，见到园中一切，赏心悦目的时候，你为什么不赞美安拉？因为这一切都是安拉特赐给你的。你为什么不说"（这是）安拉意欲的，除了安拉，别无力量"？因此，部分先贤根据这段经文说："当一个人因为自己的现状、财产或儿女而得意忘形的时候，应该念：'（这是）安拉意欲的，除了安拉，别无力量。'"安拉的使者㊤说："我指引你去乐园的众多宝藏中的一座宝藏，好吗？（它是我们）没有办法，也没有力量，只有托靠安拉。"[2]

"**那么我的主也许会赐给我比你的园子更好的**"，指后世的情况。

"**也许他会在你的园子中由天上降下灾难**"，即在今世中，他降下天灾，使你眼中这座永不枯竭、永不毁灭的园子毁于一旦。显然，经文指的是连绵的滂沱大雨将园中的庄稼和果树完全冲垮。

因此说，"**使它变成一片寸草不生的平地**"，即使之成为一片不毛之地。[3]

"**或者它的水一大早就干涸**"，即渗入地下，正如安拉所言：❧你说："你们可曾看到，如果你们的水在清晨渗漏，谁会供应你们一条流水呢？"❧（67：30）经文在此说："或者它的水一大早就干涸，而你不能寻求。""干涸"指干枯的（即或者它的水一大早就成为干涸的），其语义比"渗枯"更为深刻。

❧42. **他的果实被彻底摧毁了，他只有对他花在它们上面的财产而痛惜地搓手。它的架子完全倒塌了。他说道："但愿我不曾以任何物举伴安拉！"**❧

❧43. **他没有帮助他抵抗安拉的群众，他也不能自助。**❧

❧44. **在那里，援助（裁决权）全归真实的安拉，他的赏赐是最优美的，结局是最美好的。**❧

## 隐昧者的悲惨结局

清高伟大的安拉说："**他的果实被彻底摧毁了。**""果实"指财产；另一说指果实。即这个隐昧者遭遇了他不愿看到的结局，穆民曾经警告过他的事情发生了，他那心爱的园子遭受了天灾。而此前，他因为那园子而一度得意忘形，疏忽安拉。

"**他只有对他花在它们上面的财产而痛惜地搓手。**"格塔德认为经文的意思是：他因为失去财产而伤心地、痛惜地拍打手掌。[4]

"**他说道：'但愿我不曾以任何物举伴安拉！'他没有帮助他抵抗安拉的群众**"，"群众"指族人或儿女。虽然此前他因他们而自豪、骄傲。

"**他没有帮助他抵抗安拉的群众，他也不能自助。在那里，援助（裁决权）全归真实的安拉。**"学者们对这段经文的读法有不同解释[5]。一种读法是："他没有帮助他抵抗安拉的群众，在那里，他也不能自助"。[6]即他在安拉的惩罚降临的地方不能自助，也无法逃脱。"**援助（裁决权）全归真实的安拉**"，则是另一段经文的开头；第二种读法是："他没有帮助他抵抗安拉的群众，他也不能自助。在那里，援助全归真实的安拉。"[7]

学者们对"**援助**"（الولاية）一词也有不同的读法。有人将其中的瓦吾（و）读开口符（即وَ），其意义是"援助只属于（来自）安拉"，即惩罚降临时，无论是穆民还是隐昧者，都得求安拉襄助，都得恭顺于安拉。正如安拉所言：❧当他们看到我

---

（1）阿拉伯语中的"伙伴"还有"冤家"的意思。——译者注
（2）《布哈里圣训实录诠释——造物主的启迪》11：217；《穆斯林圣训实录》4：2076。
（3）《泰伯里经注》18：26。
（4）《泰伯里经注》18：27。
（5）所以其译文也是不同的。我们在此不便详述读法，只解释其意义。读法见阿文原版。——译者注
（6）这种读法与正文译文不同。——译者注
（7）本章译文就是按这种读法翻译的。——译者注

的惩罚时，他们说："我们归信独一的安拉，并否认一切我们曾经为他所举伴的。"⟫（40：84）又如《古兰》叙述法老的情况：⟪ 直到他快要被淹死的时候，他说："我归信了，应受拜者，惟有以色列人所归信的安拉。我是一个顺服者。"现在（你才归信）吗？以前你确已违抗了，你一直是个坏事者。⟫（10：90-91）有人将其中的瓦吾（و）读齐齿符（即ولاية）。即"在那里，裁决权全归真实的安拉。"

学者们对"真实的"一词也有不同读法[1]。第一种读法中将"尕夫"读合口符。（译文应该是"在那里，真实的援助（或裁决）全归安拉。"）正如安拉所言：⟪ 那天，真实的权力属于至仁主，那对隐昧者是一个艰难的日子。⟫（25：26）第二种读法中"尕夫"（ق）读齐齿符。作为"安拉"一词的定语[2]。正如安拉所言：⟪ 然后他们被集合到安拉——他们的真主那里。⟫（6：62）

因此说，"**他的赏赐是最优美的，结局是最美好的**"，即一切为安拉而做的善事，其回赐是美好的，其结局是更加优美的。

⟪ 45.你给他们打一个比喻：今世的生活，就像我由天空降下的雨水，大地的植物吸收了它（而变得繁茂）。然后变成干枯的，而被风吹散。安拉对于万事是全能的。⟫

⟪ 46.财产与子嗣只是今世生活的饰物，但持久的善功，在你的主看来是在回赐方面更好的，希望方面也是更好的。⟫

## 今世生活的比喻

清高伟大的安拉说："**你给他们打一个比喻**。"穆罕默德啊！你当为世人设一比喻。

"**今世的生活**"，即你当举例说明今世生活的腐朽和短暂。

"**就像我由天空降下的雨水，大地的植物吸收了它**"，即种子吸收了水分之后开始成长，最终枝繁叶茂，长出娇艳的花朵，显得玲珑别透。就在这种情况下，它们突然间"**变成干枯的**"。"干枯的"指枯萎（槁）的。

"**而被风吹散**"，即它们被风吹得七零八散，东倒西歪。

"**安拉对于万事是全能的**"，即安拉能够掌握风调雨顺，也能够掌握家毁人亡。《古兰》中这种例子很多，正如《优努司章》所说：⟪ 今世的生活就像我从天上降下的雨水，大地的植物——人畜食用的植物被其滋润。⟫（10：24）又如《队伍章》所述：⟪ 你没看见安拉由天空降下雨，并使它流入大地，汇集成泉，然后他以它生出各种不同颜色的庄稼……⟫（39：21）在《铁章》中说：⟪ 你们要知道，今世的生活只不过是玩乐、消遣、装饰和你们当中互相争荣以及在财富和子女方面竞富。就像时雨，它的植物使耕种者愉快……⟫（57：20）圣训中说："今世是甜美的，翠绿的。"

## 崇拜安拉优于依靠财产和儿女

"**财产与子嗣只是今世生活的饰物**。"正如安拉所言：⟪ 人们所迷恋的是女人、子嗣、无数的财宝……⟫（3：14）又⟪ 你们的财富和你们的子女只是考验。安拉那里有巨大的报偿。⟫（64：15）即如果你们一心一意地崇拜安拉，那么它比贪图今世、聚敛财产或溺爱子女更好。因此说："**但持久的善功，在你的主看来是在回赐方面更好的，希望方面也是更好的。**"

"**持久的善功**。"伊本·阿拔斯、伊本·朱拜

---

[1]所以其译文也就相应不同了。此处不再分析这些译法。研究者请看阿语版。——译者注
[2]正文就是按这种读法翻译的。——译者注

尔和先贤认为它指的是五番拜功。(1)

阿塔和伊本·朱拜尔传自伊本·阿拔斯，认为它指"赞美安拉、一切赞美全归安拉，应受拜者，惟有安拉，安拉至大。"(2)(3)

有人就这个赞词请教了信士的长官奥斯曼，他回答说，它是"万物非主、惟有安拉；赞美安拉；一切赞美全归安拉；安拉至大；（我们）没有办法，也没有力量，惟凭清高伟大的安拉。"(4)

安拉的使者㊣说："五件事情真奇妙！它们在天秤上真重，（它们是）应受拜者，惟有安拉；安拉至大；赞美安拉清净无染；一切赞美全归安拉；清廉的孩子归真后，其父祈求得到安拉的回赐。五件事情真奇妙：谁在确信它们的情况下见到安拉，谁就会进入乐园。（它们是）归信安拉、相信末日、相信乐园和火狱、归信死后的复生、相信清算。"(5)

阿里·本·艾布·特里哈传述，伊本·阿拔斯说"**持久的善功**"指记念安拉，念"应受拜者，惟有安拉；安拉至大；赞美安拉；一切赞美，全归安拉；安拉真多福啊；（我们）没有办法，也没有力量，惟凭安拉；我向安拉求饶；愿安拉赐福予穆圣。"以及斋戒、礼拜、朝觐、施舍、释奴、吉哈德、接恤骨肉等善功。只要天地不朽，这些善功将和它的主人同在。

奥夫传述，伊本·阿拔斯说，它指"优美的语言"。(6)(7)

栽德·本·艾斯莱姆说，它指一切善功。伊本·哲利尔持此观点。(8)

⟪ 47.那天，我要将山岳移开，你会看到大地空旷无物。我集合了他们。我不会遗漏他们当中的任何一个。⟫

⟪ 48.他们将被排列着展示在你的主跟前，（我说：）"你们正如我最初造化你们时一样，确已来到我跟前。但是，你们曾妄言我不会为你们设定一个约期。"⟫

⟪ 49.功过簿已被放好了。你将看到犯罪者们对其中的（所载）怵目惊心。他们将会说："我们好伤心啊！这个功过簿是怎么回事？事无巨细，毫不遗漏，它都记录了下来！"他们发现他们所做过的

---
(1)《泰伯里经注》18：32。
(2) 原文：سبحان الله والحمد لله ولا إله إلا الله والله أكبر。
(3)《泰伯里经注》18：33。
(4)《艾哈麦德按序圣训集》1：71。
(5)《艾哈麦德按序圣训集》4：237。
(6) 或译为"佳言"，"清真言"。——译者注
(7)《泰伯里经注》18：35。
(8)《泰伯里经注》18：35。

一切都在现场。你的主绝不会亏待任何人。⟫

### 末日最大的惊恐

清高伟大的安拉在此讲述末日的惊恐以及其中的一些重大事情，正如安拉所言：⟪那天，天将翻腾起伏，山将移动。⟫（52：9-10）又⟪你看山而以为它们是僵固的，但是它们将像云烟一样地消失。⟫（27：88）又⟪山岳像松散的毛绒。⟫（101：5）又⟪他们问你关于山（的情况），你说："我的主将粉碎它们。"他将使它成为空旷的荒原。你在其中看不到曲折或坎坷。⟫（20：105-107）安拉说，那时山将消失，变成平地。

因此说，"**你会看到大地空旷无物**"，即一切都在眼前，可以一览无余，没有任何标志，也没有任何障碍物，人们都出现在安拉跟前。(9) 格塔德解释说："没有任何建筑物，也没有一棵树。"(10)

"**我集合了他们。我不会遗漏他们当中的任何一个**"，即我召集了一切前人和后人，老人和小孩。正如安拉所言：⟪你说："真的，那些前人和后人，全都会被集中在一个明确之日的时间。"⟫（56：49-50）又⟪那就是人类为此而集中的日子，那就是被见证的日子。⟫（11：103）

"**他们将被排列着展示在你的主跟前**"，有可能指万物都站成一排，立在安拉跟前。正如安拉所言：⟪那天，鲁哈和众天使排列成班，除了至仁主特许说话，并说真理的人之外，全都静默肃立，不敢发言。⟫（78：38）也有可能站成许多排，如：⟪你的主来临，众天使排班降临。⟫（89：22）

"**你们正如我最初造化你们时一样，确已来到我跟前。**"这是对否认最终归宿者的警告。也是在末日众生面前对他们的揶揄。

因此，安拉责斥他们："**但是，你们曾妄言我不会为你们设定一个约期**"，即你们原来猜想这一切都不会发生，也不会碰到这种结局。

"**功过簿已被放好了。**"这个册簿中记载着人的一切行为，一丝一毫都不疏忽。

"**你将看到犯罪者们对其中的（所载）怵目惊心。**"其中所载的指他们的丑恶行为。

"**他们将会说：'我们好伤心啊！'**"即我们因为曾经虚度年华而好懊悔啊！

"**这个功过簿是怎么回事？事无巨细，毫不遗漏，它都记录了下来！**"即人们曾经所有的功过，无论有多大，都记录在其中。

"**他们发现他们所做过的一切都在现场**"，即他们所做的善恶都展现在眼前。正如安拉所言：

---
(9)《泰伯里经注》18：36。
(10)《泰伯里经注》18：36。

《那天，每一个人都会发现他曾做的一切善行都在面前。》（3：30）又《那天，人将被告知他前后所做的一切。》（75：13）又《那天，一切秘密都被揭露。》（86：9）穆圣㊟说："末日，每个失信者的屁股跟前都将升起一杆旗，旗的大小取决于他的失信程度。有声音说：这是背信弃义者某某。"[1]

"**你的主绝不会亏待任何人。**"他将在众仆之间判决他们的一切事情，而不会亏待任何一人。他还会原谅、赦免、慈悯许多人，以其大能和哲理惩罚他所欲之人，用隐昧者和犯罪者填满火狱，然后他要拯救犯罪者，使隐昧者永居火狱。他确实是公正无私的裁决者。清高伟大的安拉说：《安拉不亏枉人一粒芥子的重量。如果人有任何善功，他要使它成倍增长。》（4：40）又《我将在复生日设置一些公平的天秤，任何人不被亏待丝毫……我是最佳的计算者。》（21：47）类似的经文很多。贾比尔说，我听说有人从穆圣㊟那里听到过一段圣训，所以我买了峰骆驼，绑好鞍子，经过一个月的长途跋涉，前去沙姆找那人。到达之后才知道此人是阿卜杜拉·本·吾奈斯，我对门卫说："请去告诉他，贾比尔在门口。"他问："是阿卜杜拉的儿子吗？"我回答："是的。"然后他拖着衣服跑了出来。我们相互拥抱后，我问："听说你从安拉的使者㊟那里听到了一段有关抵偿制方面的圣训，我担心我听到它之前你我中的一位归真。"他说："我听安拉的使者㊟说：'末日，安拉将召集人类（他或许说"召集仆人"），那时他们都赤身裸体，未割包皮，并且都'卜胡曼'。"我问："'卜胡曼'是什么意思？"他回答说："一无所有。"他接着说："将有声音呼唤他们——那声音远近的人听得一样清楚：我是君主，我是清算者。我为火狱居民索回乐园居民对他所欠的之前，任何一个火狱居民不得进入火狱；我为乐园居民索回火狱居民对他所欠的之前，任何一个乐园居民不得进入乐园。即便（曾经打了对方）一个巴掌（也要进行抵偿）。"他说，我们（圣门弟子们）问："赤身赤脚，一无所有的我们带什么地去见安拉？"穆圣㊟说："带着善功和罪恶。"[2]

安拉的使者㊟说："末日，有角的羊会因为无角的羊而受到抵偿。"

《50.当时，我对天使们说："你们向阿丹叩头。"除了伊卜厉斯之外他们全叩头了。它一直是精灵，它违背了它的主的命令。难道你们要舍弃我而以它和它的子孙作保护者吗？而它们却是你们的仇敌，不义者的倒行逆施真邪恶！》

## 阿丹和伊卜厉斯的故事

清高伟大的安拉在此提醒人类，伊卜厉斯对他们和他们的祖先有着根深蒂固的仇恨，安拉同时警告了那些与伊卜厉斯为伍并与造物主为敌的人。安拉创造了他们，并恩赐他们，而他们却和伊卜厉斯沆瀣一气，敌视安拉。所以说："**当时，我对天使们说。**"正如《黄牛章》开头所述，我对所有的天使说："你们向阿丹叩头。"这是一种表示尊重的叩头，以便显示阿丹的优越性。正如安拉所言：《当时，你的主对天使们说："我要用来自臭泥的陶土造人。当我把他造就，并在其中吹入我的鲁哈后，你们当为他俯地叩头。"》（15：28-29）

"**除了伊卜厉斯之外他们全叩头了。它一直是精灵**"，即其本质是背信弃义。因为它被造于无烟的火焰，而创造天使的原料是光。正如安拉的使者㊟所说："天使是从光被造的，伊卜厉斯是从无烟的火焰被造的，阿丹是从为你们所形容的东西被造的。"[3]因为什么藤结什么瓜，所以在此关键时刻，伊卜厉斯难免原形毕露，此前它以天使的面目出现，并和天使一道进行功修。因此，它在被呼唤叩头者的行列，但它反抗了安拉，没有听从命令。经文在此强调："**它一直是精灵**"，即它是用火创造的。正如它自己说：《我比他优越，你用火造化了我，而你却用泥造化了他。》（36：76）哈桑·巴士里说："伊卜厉斯从来就不属于天使，它是精灵的始祖，正如阿丹是人类的始祖那样。"[4]

"**它违背了它的主的命令**"，"**违背**"指"从……出去"。枣儿从花苞绽放而出时，人们说"枣儿出了"。老鼠从洞中出去觅食或干坏事时，人们也说"老鼠出了"。

然后安拉警告并谴责了跟随恶魔，并服从它的人，"**难道你们要舍弃我而以它和它的子孙作保护者吗？**"即你们要以恶魔来取代我吗？

因此说："**不义者的倒行逆施真邪恶！**"这种情景犹如《雅辛章》的下列经文所述的情景，当时安拉首先讲述了末日及其惊恐以及乐园居民和火狱居民——幸福者和薄福者的归宿，然后说：《犯罪者们啊！你们在这天分开吧……你们还不明白吗？》（36：59-62）

《51.我没叫它们见证天地的造化和它们自己

---
[1]《艾哈麦德按序圣训集》3：142；《布哈里圣训实录诠释——造物主的启迪》12：354；《穆斯林圣训实录》3：1361。
[2]《艾哈麦德按序圣训集》3：495。
[3]《穆斯林圣训实录》4：2294。
[4]《泰伯里经注》18：50。

的造化；我也不以那些误导人的（人或物）作为助手。"

## 安拉创造万物时，多神教徒们的"神"没有参与，创造它们自己时，它们更没有参与

清高伟大的安拉说，这些人啊！你们舍我而选择的盟友，都是像你们一样的奴仆，他们没有任何权力。我没有让它们见证天地的造化。那时它们也不存在。

清高伟大的安拉说，我是天地万物的独一的创造者、决策者和计划者。在这一切事务中，我没有伙伴、宰相、导师，更没有类似于我的任何物。正如安拉所言：❮你说："你们祈求你们舍安拉而虚构的吧。它们不掌握诸天与大地中一粒芥子的重量。它们在其中无份，它们中任何一个都不是安拉的助手。"除了他所特许者外，（其余的人）在他那里求情是没有用途的。❯（34：22-23）

因此说："我也不以那些误导人的（人或物）作为助手。"马立克说"助手"指帮助者。

❮52. 那天，他将说："你们呼求你们所声称的我的伙伴吧。"所以他们呼求了它们，但是它们没有对他们作出响应。我在他们之间设了一个绝境。❯

❮53. 犯罪者们看见了火狱，因此确信他们必将堕落其中，他们在那里找不到逃脱之道。❯

## 伙伴们没有能力回答 犯罪者们来到火狱

在末日，将有声音在众生面前呼吁多神教徒，以便羞辱和警告他们："你们呼求你们所声称的我的伙伴吧"，即你们在今世时称它们为神，今天你们叫来它们，让它们拯救你们吧！正如安拉所言：❮你们像我第一次造化你们时一样，孤孤单单地来到我这里。你们将我以前赐给你们的一切抛到了身后，我见不到你们的求情者跟你们在一起，你们妄言他们是你们事务的合作者。现在你们之间的一切关系都被断绝了，你们当初所妄想的破灭了。❯（6：94）

"所以他们呼求了它们，但是它们没有对他们作出响应。"正如安拉所言：❮他们被告知："祈求你们（为安拉编造出）的伙伴吧！"他们因而向它们呼求，但是它们却没有响应他们。❯（28：64）又❮他们在安拉之外设了一些"神"，以为它们是他们的相助者。不会的，它们不久将否认他们的崇拜，并变成他们的对头。❯（19：81-82）

"我在他们之间设了一个绝境。"伊本·阿拔斯、格塔德等学者说"绝境"指毁灭之地。[1]

概言之，安拉明确指出，这些多神教徒无法和他们在今世时所妄称的"安拉的伙伴"取得联系。在后世中，他们将和这些"神"分道扬镳，并且谁都不能脱离火狱。那时，他们之间将有一道绝境，使他们遭受巨大的惊恐和严峻的惩罚。

如果按照阿卜杜拉·本·阿慕尔的观点——得正道者和迷误者将分道扬镳，而将"**我在他们之间设了一个绝境**"中的"他们之间"理解为穆民和隐昧者之间[2]，那么这段经文的意思和下列经文相似：❮复活日实现之时，他们将被彼此分开。❯（30：14）又❮在那天，他们将要分开。❯（30：43）又❮犯罪者们啊！你们在这天分开吧！❯（36：59）又❮在那天，我将把他们集中在一起，我将会对那些举伴我的人说："你们和你们的同伙（伪神）们各就各位。"我就把他们彼此分开……他们所捏造的离他们而去了。❯（10：28-30）

"**犯罪者们看见了火狱，因此确信他们必将堕落其中，他们在那里找不到逃脱之道**"，即他们目睹了火狱，当时七万条缰绳分别捆绑在火狱上，

[1]《泰伯里经注》18：46。
[2]《泰伯里经注》18：46。

每条缰绳由七万个天使牵引着。经文在此以过去式——"犯罪者们看见了火狱"表达这一情景，说明了他们进入火狱是已经被证实的事情，以便让他们提前感觉到忧愁和烦恼。因为在惩罚到来之前，对它的担惊受怕本身就是一种惩罚。

"他们在那里找不到逃脱之道"，即他们无路可逃。

§ 54.我确已在这部《古兰》中为世人分析了各种比喻，但人是争辩最多的物种。♦

### 在《古兰》中分析一些例子

清高伟大的安拉说，我在这部《古兰》中为世人阐明和分析了许多事物，以免他们放弃真理，迷失正道。虽然我这样明确地为他们阐明和分析道路，但大部分人还是执迷不悟，强词夺理。只有蒙安拉引导而看到真理的少数人不是如此。阿里（愿主喜悦之）说，穆圣㊣有一夜来看望我和使者的女儿（阿里之妻），使者问："你俩为什么不礼拜[1]？"我（阿里）说："安拉的使者啊！我们的生命归安拉掌管，如果他意欲让我们起床，我们就会起来的。"我说了这番话后，使者什么话也没说就转身走了，我只听到他拍打着他的大腿说："人是争辩最多的东西。"[2]

§ 55.当引导到达世人时，妨碍他们归信并向他们的主求饶的，仅仅是（他们要等）古代的惯例来临他们，或是惩罚面对面地来临他们。♦

§ 56.我只派使者们作报喜者和警告者，那些隐昧的人却持谬误而争论，以便借此消除真理，他们将我的启示和对他们所警告的当作玩笑。♦

### 隐昧者顽抗真理

清高伟大的安拉说，古今的隐昧者都冥顽不化，否认明确的真理，对迹象和明证熟视无睹。使者们以严厉的惩罚警告他们时，他们要求使者们让他们亲眼看看这些惩罚。他们因此而不愿归信。正如安拉所言：§ 如果你是诚实的，你就使一块天落到我们的头上吧！♦（26：187）另一些人说：§ 如果你是说实话的人，你就降给我们安拉的惩罚。♦（29：29）古莱什人当时说：§ 当时他们

---
[1] 显然指副功拜。——译者注
[2]《艾哈迈德按序圣训集》1：112；《布哈里圣训实录诠释——造物主的启迪》3：13；《穆斯林圣训实录》1：538。

说："我们的主啊！如果这是来自你的真理，那么就给我们从天上降下石雨，或给我们带来惨痛的惩罚吧！"♦（8：32）又§ 他们说："被赐给教诲的人啊！你确实是个疯子！如果你是诚实的，为什么你不为我们召来天使？"♦（15：6-7）等等。

"古代的惯例来临他们。""古代的惯例"指他们否认安拉后遭受灭顶之灾。

"或是惩罚面对面地来临他们"，即他们目睹惩罚。

然后说，"我只派使者们作报喜者和警告者"，即在惩罚来临之前，他们给信仰他们并归顺他们的人报喜，警告那些否认他们、反对他们的人。

然后安拉指出，隐昧者是好辩的："那些隐昧的人却持谬误而争论，以便借此消除真理"，他们企图驳倒使者们带来的真理，但他们仅仅是痴心妄想。

"他们将我的启示和对他们所警告的当作玩笑"，即他们把使者们带来的迹象、奇迹、明证和警告当成了笑话。这充分说明他们无以复加的昧真态度。

⟨57.谁比这种人更不义？有人以他主的种种启示提醒他，但他却背弃它们，忘记了他的双手所做的。我的确在他们的心上蒙上罩子，免得他们了解。他们的耳中有重耳症。如果你叫他们走向正道，他们也绝不会遵循正道。⟩

⟨58.不过你的主是至赦的，慈悯的。如果他为了他们所做的惩罚他们，那么他一定已立即惩罚他们了。但是他们有一个被预定的期限，他们从中找不出逃出之道。⟩

⟨59.当那些城镇不义时，我就毁灭它们。我也为它们的毁灭规定了期限。⟩

## 受到劝诫后不予理睬的人是最不义的

清高伟大的安拉说，有些人听到别人以安拉的经文劝勉后，不予理睬。安拉说，有谁比他们更不义呢？即这些人不但不去注意听安拉的经文，反而反对它，故意忘记它。

"忘记了他的双手所做的"，指丑恶的行为。

"我的确在他们的心上蒙上罩子"，即这些人的心中有一些障碍物。

"免得他们了解。"所以他们不理解这部《古兰》及其解释。

"他们的耳中有重耳症"，指他们听不进真理。

"如果你叫他们走向正道，他们也绝不会遵循正道。不过你的主是至赦的，慈悯的"，即穆罕默德啊！你的养主是至赦的，他的慈惠是宽宏的。

"如果他为了他们所做的惩罚他们，那么他一定已立即惩罚他们了。"正如安拉所言：⟨如果安拉依照人们的行为去审问他们，他就不会在其（大地）表面上留下任何动物。⟩（35：45）又⟨人们尽管不义，你的主确实是恕饶的。你主的刑罚也是严峻的。⟩（13：6）类似的经文很多。

然后清高伟大的安拉说，他一直在原谅人类，并赦免他们的罪行。有时，他们中的一些人也会弃暗投明，也有些人执迷不悟，直至他们迎来少年白头，孕妇早产的日子——末日成立之日。

"但是他们有一个被预定的期限，他们从中找不出逃出之道"，即他们都将无可逃遁地面临那一天。

"当那些城镇不义时，我就毁灭它们"，即古人每每否认真理，冥顽不化时，我就毁灭他们。

"我也为它们的毁灭规定了期限"，即他们都将在一个分毫不差的定期内毁灭。多神教徒们！你们也当提防，前车之覆，后车之鉴。你们已经否认了最尊贵最伟大的使者，在我看来你们并不比前人尊贵，你们当害怕我的警告和惩罚！

⟨60.当时，穆萨对他的童仆说："在我到达两水汇合之处以前，我决不中止，或者我不停地走很长时期。"⟩

⟨61.但当他俩抵达两水汇合处时，他俩忘记了他俩的鱼，于是那鱼就入海择路而去。⟩

⟨62.当他俩走过去后，他对他的童仆说："拿出我们的早餐来，我们在这旅行中遭遇了苦处。"⟩

⟨63.他回答说："你可曾记得，我们在石头上休息时，我把鱼给忘了。那是魔鬼使我忘了提起它。它奇迹般地在海中择路而去。"⟩

⟨64.他说："这就是我们所要寻求的。"因此，他俩循着他俩的足迹回去了。⟩

⟨65.然后他俩找到我的一个仆人，我赐给他我的慈悯，并且将我的知识教给他。⟩

## 穆萨和赫迪尔的故事

穆萨对其童仆优舍尔·本·奴尼说这番话的原因是，穆萨听说安拉在两海汇合之处有一个仆人，此人具备穆萨所不具备的知识，所以穆萨欣然上路，并去求知。他对童仆说："**在我到达两水汇合之处以前，我决不中止。**"

"**或者我不停地走很长时期。**"意为即使我在旅途中度过一个世纪……有一位阿拉伯语言学家说："'很长时期'指一年"；[1]阿卜杜拉·本·阿慕尔说："'很长时期'指八十年"；[2]穆佳黑德认为这个词指的是七十个春秋；[3]伊本·阿拔斯认为指一生。[4]格塔德和伊本·栽德也持此观点。[5]

"**但当他俩抵达两水汇合处时，他俩忘记了他俩的鱼。**"穆萨让他的童仆带着一只咸鱼。有学者说，他们在哪失去这只咸鱼，所要寻找的那个人就在那里。此后他们一直走到两海汇合之处。那里有一眼泉，名叫征集泉。他们在那里睡着了。鱼放在优舍尔带的篮子中。一滴泉水溅到鱼身上，那鱼开始跃动，随即跳出篮子进入海中。这时优舍尔醒来了，而鱼已经游去，在它游过的地方，留下一条弧形的水道。因此，安拉说："**于是那鱼就入海择路而去。**"这条路和陆地上的道路一样。伊本·阿拔斯说："那鱼给人的感觉就像石头一样。"[6]

吾班叶·本·凯尔卜说，安拉的使者㊕在谈到

---

（1）《泰伯里经注》18：56。
（2）《泰伯里经注》18：56。
（3）《泰伯里经注》18：56。
（4）《泰伯里经注》18：57。
（5）《泰伯里经注》18：87。
（6）《泰伯里经注》18：58。

这件事情时说："有史以来，任何地方的水没有像那条鱼跃进去的地方那样出现过裂痕。穆萨回来之前，那里的水一直像裂口一样敞开着，他亲自看到了鱼游走时留下的道路。并说：'**这就是我们所要寻求的。**'"

"**当他俩走过去后**"，即他们经过了忘记鱼的地方。虽然是优舍尔忘记了鱼，但经文以"**他俩**"来表达。这种方法与下列经文的表达方法有同工之妙：《珍珠和珊瑚出自它俩，》（55：22）按照学者们的两种观点之一，《古兰》所指"珍珠"和"玛瑙"只出自咸海。

他们离开忘鱼之地，走了一段路后，穆萨对他的童仆说："**拿出我们的早餐来，我们在这旅行中遭遇了苦处**"。"**苦处**"指劳累。

"他回答说：'你可曾记得，我们在石头上休息时，我把鱼给忘了。那是魔鬼使我忘了提起它。它奇迹般地在海中择路而去。'他说：'这就是我们所要寻求的。'"即你说的那个地方正是我们此行的目的地。"**因此，他俩循着他俩的足迹回去了**"。

"**然后他俩找到我的一个仆人，我赐给他我的慈悯，并且将我的知识教给他。**"正如传自穆圣❋的许多确凿圣训所述，这位就是赫迪尔（愿主赐福之）。

《布哈里圣训实录》载，伊本·朱拜尔对伊本·阿拔斯说，我听脑凡·毕卡里说去向赫迪尔求知的这位穆萨不是以色列的先知穆萨（即他们只是同名）。伊本·阿拔斯听后说，安拉的敌人在撒谎。吾班耶告诉我们，安拉的使者❋曾说：有天，穆萨站起来给以色列人演讲，有人问他："当今世上谁最有学问？"穆萨回答："是我。"因而安拉责备了他，因为他没有说一切知识都来自安拉。后来安拉启示他："我在两海汇合处有一位仆人，他比你更有学问。"穆萨问："我的主啊！我怎样才能见到他呢？"安拉说："你带一条鱼，把它放进篮子里。你将在失去鱼的地方见到他。"后来穆萨用篮子带了鱼和他的童仆优舍尔一起去寻觅。两人来到一块大石头跟前，倒头便睡。那鱼在篮子中动了动，跃出篮子进入大海，并在其中划出一条路来。安拉使鱼游过地方的水静止了，水面上遂出现了一条弧形的长道。穆萨醒来后，他的童仆忘了告诉鱼的事情。这日他们继续行走，一直走到第二天，穆萨对童仆说："**拿出我们的早餐来，我们在这旅行中遭遇了苦处。**"他们越过安拉所命令的目的地之后所走的路程使穆萨感到了"**苦处**"。童仆回答说："你可曾记得，我们在石头上休息时，我把鱼给忘了。那是魔鬼使我忘了提起它。**它奇迹般地在海中择路而去。**"那鱼溜走了，这对穆萨和他的童仆不啻是一件奇迹。穆萨说："**这就是我们所要寻求的。**"因此，他俩循着他俩的足迹回去了。

他俩回到大石头跟前后，在那里发现了一个披着衣服的人，穆萨向那人（此人正是赫迪尔）致安问候后，赫迪尔说："你的地区里哪有平安？"穆萨说："我是穆萨。"对方问："是以色列后裔的穆萨吗？"答："是的。"并说："我来向你求正道，希望你将学到的知识传授给我。"对方说："你不可能有耐心跟我在一起。穆萨啊！我从安拉的知识中具备你不具备的，你也从安拉的知识中具备我不知道的。"穆萨说："如果安拉愿意，你会发现我是一个忍耐者，我决不会在任何事情上违背你。"赫迪尔对他说："如果你要跟随我的话，在我主动对你讲话之前，不要问我任何问题。"后来他们来到海边，发现了一条船，要求船家让他们上船。船家认出赫迪尔后，答应免费运载。两人上船不久，赫迪尔用锛子取下船上的一块木板。穆萨见状后说："人家免费运载我们，你却故意在船上开孔，你想淹死船上的人吗？这件事确实令人不可思议。"赫迪尔回答说："我不曾对你说过你不可能有耐心跟我在一起吗？"穆萨说："你不要因为我忘记而责难我，也不要在我的事情中为难我。"

安拉的使者❋说："穆萨初次提问实为遗忘……后来一只飞鸟落在船缘上，那鸟伸出嘴在海中啄了一口水或两口水。赫迪尔对穆萨说：'比之安拉的知识，你我的知识就像这只鸟儿从大海中啄取的一滴水。'他俩下船在岸上行走当中，赫迪尔发现一群小孩在玩耍，遂拉过一个小孩的头，用手一扳杀了小孩。穆萨说：'你不因为抵命而杀死无辜吗？你的确做了一件可恶的事。'赫迪尔回答：'我不曾对你说过你不可能有耐心跟我在一起吗？'并说：'你这次的提问比上次更难让我接受。'穆萨说：'如果此后我再问你任何事，你就别让我陪伴你。那时你就对我有理由了。'于是他俩又继续前进，直到他们见到一个城镇的居民们时，他俩向城中人要求食物，但是这些人拒绝招待他俩。后来他俩发现一堵墙正要倒塌。赫迪尔用手把它扶正了。穆萨说：'这伙人，我们来到这里要求他们提供食物，但他们不愿招待我们。如果你愿意，你确实能够因它而去要求报酬！'赫迪尔说：'这是你与我分别的时候了。现在我将告诉你那些你所不能忍耐的事情的解释。'"安拉的使者❋说："多么希望穆萨当时能忍耐，以便安拉给我们讲述他俩（后来）的故事。"伊本·朱拜尔说，伊本·阿拔斯曾经读道："在他们后面有一个国王要霸占所有的好船。"[1]他还读道："至于那儿童，则是一个隐

---

[1] 本经正文中没有"好"。——译者注

昧者，他的父母是有正信的人。"(1)(2)

布哈里也传述了相同故事，其中说，穆萨及其童仆优舍尔带鱼出行，在一块大石头跟前休息。穆萨倒头便睡。石头下面有一眼泉，名叫"生命泉"。泉水无论溅到什么东西上，那东西就会活起来。泉水溅到鱼身上后，这条鱼活了。它在篮子中动了动，跃出篮子进入了大海。穆萨睡醒后对其童仆说："拿来早餐吧！"……后来一只小鸟落到船缘上，将其嘴淹进海中……赫迪尔对穆萨说："你我的知识比之安拉的知识，犹如这只小鸟从大海中啄了一口……"(3)

❧ 66.穆萨对他说："我可以追随你，你能把你所学过的知识教给我吗？" ❧

❧ 67.他说："你不可能有耐心跟我在一起。❧

❧ 68.你怎么能对你没有体验的事有耐心呢？" ❧

❧ 69.穆萨说："如果安拉愿意，你会发现我是一个忍耐者，我决不会在任何事情上违背你。" ❧

❧ 70.他说："如果你要跟随我的话，在我主动对你讲话之前，不要问我任何问题。" ❧

### 穆萨遇见赫迪尔并陪同他

穆萨见到的这位学者就是赫迪尔，他和穆萨各自都具备丰富的知识，但他们的知识并不相通。

"穆萨对他说：'我可以追随你'。"穆萨巧妙而得体地提出了求学的要求。语气温和而不带任何强制性的成分。学生向老师提问时应该遵守这个原则。即"我能陪同你、跟随你吗？"

"你能把你所学过的知识教给我吗？"我向你请教安拉教给你的知识，以便我获得有益的知识并行善。

这时，赫迪尔对穆萨说："你不可能有耐心跟我在一起"，即你无法陪同我，因为你将看到我会做出一些与你的法律相违背的事情。安拉教给我的是一种知识，教给你的却是另一种知识。我们各自都肩负着安拉赋予的不同使命。你怎能追随我呢？

"你怎么能对你没有体验的事有耐心呢？"我知道你将站在你的角度上反对我做的某些事情，其实你对其内在哲理和深远意义并不了解。

穆萨说："如果安拉愿意，你会发现我是一个忍耐者"，即无论我看到你做什么，我都会克制的。

"我绝不会在任何事情上违背你。"我将对你百依百顺。

在此情况下，赫迪尔提出了一些求学的条件，说："如果你要跟随我的话，在我主动对你讲话之前，不要问我任何问题"，即我不提时你不能问。

❧ 71.于是他们出发了。他们乘上船后，他把它凿了一个洞。穆萨说："你把它凿了个洞吗？这会淹死其中的人的！你的确做了一件奇怪的事！" ❧

❧ 72.他道："我不曾对你说过你不可能有耐心跟我在一起吗？" ❧

❧ 73.他说："你不要因为我忘记而责难我，也不要在我的事情上为难我。" ❧

### 在船上凿洞的故事

清高伟大的安拉说，穆萨和他的老师赫迪尔达成了求学协议：无论学生看到老师做什么，在老师主动讲解之前学生不得开口提问。此后两人上了船。上面的圣训已经讲述了其中细节。船家认出赫迪尔后，非常尊重，免费让他们乘船。当船行至海中后，赫迪尔站起来在船上凿了一个洞，并用板子将洞口补上。穆萨因为看不惯这种做法，情不自禁地问道："**你把它凿了个洞吗？这会淹死其中的人的！**"这句经文不能理解为"你把船凿了洞，是为了淹死其中的人吗？"因为其中的"俩目"一词的意思是："其结果是……"而没有"为了"的意思。

"**你的确做了一件奇怪的事！**""奇怪的事"一词有不同解释。穆佳黑德解释为指丑事；格塔德解释为不可思议的事情。这时赫迪尔提醒穆萨别忘了求学规则，说："**我不曾对你说过你不可能有耐心跟我在一起吗？**"即这是我故意做的事情，我已经有言在先，遇到这种事情后你不能随便提问。因为你对它们没有经验，也不知道其内在意义。

穆萨说："**你不要因为我忘记而责难我，也不要在我的事情上为难我**"，即请不要对我太严格，也不要为难我。因此穆圣说："穆萨的第一次提问是因为遗忘。"

❧ 74.他俩继续前去，直到他俩遇到一个儿童时，他杀死了他。他说："你不因为抵命而杀死无辜吗？你的确做了一件可恶的事。" ❧

### 杀死儿童的故事

此后两人继续行走："**直到他俩遇到一个儿童时，他杀死了他。**"前面的圣训已经提到，有一

---
(1) 本经正文中没有"则是一个隐昧者"。——译者注
(2) 《布哈里圣训实录诠释——造物主的启迪》8：262。
(3) 《布哈里圣训实录诠释——造物主的启迪》8：276。

群小孩在城里玩耍，赫迪尔走上前，杀死了他们中最英俊的一个。穆萨看到这一情景，性急之下提出了比上一次更加强烈的抗议，说："你不因为抵命**而杀死无辜吗？**"这仅仅是一个无辜的小孩，他从没有犯过罪，你却把他无缘无故地杀死了！"**你的确做了一件可恶的事**"，即这显然是一件可恶的行径。

§ 75.他（回答）道："我不曾告诉你，说你没有耐心跟我在一起吗？" §

§ 76.他说："如果此后我再问你任何事，你就别让我陪伴你，那时你就对我有理由了。" §

赫迪尔则再次强调了前面提出的条件，说道："我不曾告诉你，说你没有耐心跟我在一起吗？"

穆萨说："如果此后我再问你任何事，你就别让我陪伴你，那时你就对我有理由了"，即下不为例，如果我重犯，你已经对我仁至义尽了。(1) 吾班叶·本·凯尔卜说，安拉的使者每提起一个人并为他祝福时，首先为自己祈祷。有一天，他说："愿安拉慈悯我们和穆萨！假若他耐心陪着他的老师，他一定能看到奇迹。但他却说：'如果此后我再问你任何事，你就别让我陪伴你，那时你就对我有理由了。'"

§ 77.于是他俩又继续前进，直到他俩到达一个城市居民的那里时，他俩向城中人要求食物，但是这些人拒绝招待他俩。后来他俩发现一堵墙正要倒塌，于是他把它扶正了，他说："如果你愿意，你确实能够因它（这件工作）而去要求报酬！" §

§ 78.他说："这是你我分别的时候。现在我将告诉你，向你解释那些你所不能忍耐的事情。" §

## 扶正墙的故事

经过两次波折之后，穆萨和赫迪尔继续前行，"**直到他俩到达一个城市居民的那里时**"。伊本·西林说："这座城名叫艾莱。"(2) 圣训说："直至他俩来到一个吝啬的城镇。"(3)

"**他俩向城中人要求食物，但是这些人拒绝招待他俩。后来他俩发现一堵墙正要倒塌。**"这里经文通过借用（拟人）的方法，将墙描绘成有意志

---

(1)《泰伯里经注》18：77。
(2)《泰伯里经注》18：78。
(3)《泰伯里经注》5：119。

的。(4) 因为此处在被造物上所反映的意志，表示的是"倾向"之意。

"**于是他把它扶正了**"，即赫迪尔修复了它。前面的圣训已述，他用手把倾斜的墙扶端正了。这是他所显示的一件奇迹。穆萨见状说："**如果你愿意，你确实能够因它（这件工作）而去要求报酬！**"即他们没有招待我们，你不应该白干活。

"他说：'**这是你我分别的时候。**'"因为在杀小孩时，他自己说过：如果此后再提问，就别让陪同了。所以，现在分手的时刻到了。

赫迪尔说："**现在我将告诉你，向你解释那些你所不能忍耐的事情。**"

§ 79.关于那船，它原属于几位在海上工作的穷人。我想使它有些缺陷，是因为在他们后面有一个国王要霸占所有的船。§

## 为什么要在船上凿洞

穆萨当时只看到这些事情的表象，所以无法理

---

(4) 即"一堵墙正要倒塌"。——译者注

解它。而安拉让赫迪尔知道了事情的内在哲理。赫迪尔在此解释他的行为的真正意图，说道："我在这条船上制造了一点缺陷，因为有个暴君要霸占所有的好船。我这样做，是为了让船家不要失去它。他们只有这一条船。"有学者说船家是孤儿。

❧ 80.至于那孩子，他的父母是有正信的人，我们怕他将迫使他俩背叛和否认。❧

❧ 81.所以我意欲他俩的主给他俩换一个比他更纯真和更可爱的儿子。❧

## 为什么要杀死小孩

穆圣㊗说："在创造之始，赫迪尔所杀的那个孩子被造成了隐昧者。"

因此说，"**他的父母是有正信的人，我们怕他将迫使他俩背叛和否认**"，即这对父母亲对孩子的溺爱，将会导致他们跟着他否认安拉。(1)

格塔德说："那孩子出生之日，是他的父母最高兴的时刻，他被杀的时候，是他俩最伤心的时刻。假若那孩子能长大成人，他俩必定要栽在他的手中。所以每个人都要依顺安拉的定然。对穆民而言，安拉为他规定他不喜欢的事情，比规定一些他喜欢的事情更好。"(2)穆圣㊗说："对穆民而言，安拉无论对他规定什么都是好事。"正如安拉所言：❧ 也许你们憎恨一件事，但它对于你们是更好的。❧（2:216）

"**所以我意欲他俩的主给他俩换一个比他更纯真和更可爱的儿子**"，即那孩子更纯洁，他的父母更加喜爱他。(3)

❧ 82.至于那堵墙，它属于城中的两个孤儿，它的下面有他俩的宝藏。他俩的父亲是一位清廉的人。因此你的主意欲他俩成年时再取出他俩的宝藏，作为来自你的主的恩典。我不是出于我的私意做这些事。这就是对你所不能忍耐的事情的解释。❧

## 为什么修墙不要报酬

这段经文证明那个地区是一座城市，因为经文首先说"直到他俩到达一个城市居民的那里时。"然后在此说："**至于那堵墙，它属于城中的两个孤儿。**"正如安拉所言：❧ 多少城镇，（其居民）比你被从中驱逐的城镇（的居民）更为强大。❧（47:13）又❧ 他们又说："为什么《古兰》不降给这两座城中的一位要人呢？"❧（43:31）"两城镇"指麦加和塔伊夫。赫迪尔的意思是：我修复了墙，因为这堵墙属于城中的两个孤儿。墙下面埋藏着他们的父亲留下的财宝。艾克莱麦、格塔德等学者说，墙下埋着属于他俩的财产。(4)

"**他俩的父亲是一位清廉的人。**"经文证明清廉的父亲的功修和讲情能在今世和后世惠及子女，并能将他们升高到乐园中的最高品级，作为对父辈的慰借。正如其他《古兰》节文和圣训所述。伊本·阿拔斯说："这两个孤儿因为他们父亲的清廉而得到保护。"但伊本·阿拔斯没有说两个孤儿是否也是清廉者。(5)

"**因此你的主意欲他俩成年时再取出他俩的宝藏。**"赫迪尔在此把"意志"归属给安拉。因为只有安拉能够使他们长大成人。他关于孩子说："所以我们意欲他俩的主给他俩换一个比他更纯真和更可爱的儿子。"关于船说："我想使它有些缺陷……"安拉至知。

## 赫迪尔是先知吗

"**作为来自你的主的恩典。我不是出于我的私意做这些事**"，即我对三种人做了三件事情，以便将安拉的慈悯惠及他们。我只是受到引导而奉命行事。有学者用这段经文和上述经文(6)证明赫迪尔是一位先知。

## 用赫迪尔命名的缘由

艾布·胡莱赖传述，穆圣㊗说："他称为赫迪尔的原因是只要他坐到一块荒草地上，坐过的地方就会长出青草（赫迪尔原指青翠的）。"(7)

另据传述，安拉的使者㊗说："他被叫为赫迪尔的原因是只要他在一块荒地上坐过，坐的地方就会长出青草。"（有学者说，他在哪里坐过，那里就会长出青草。）(8)

"**这就是对你所不能忍耐的事情的解释**"，即这就是你当时难以接受的事情，因此，你没有等到我告诉你，就首先发话了。赫迪尔为穆萨解明原因，消除了误会的时候说："**这是对你所不能忍耐的**"，而在此前，穆萨一直疑惑不解。所以赫迪尔

---

（1）《泰伯里经注》18:86。
（2）《艾哈麦德按序圣训集》3:117。
（3）《泰伯里经注》18:86, 87。
（4）《泰伯里经注》18:90。
（5）《泰伯里经注》18:90。
（6）第65节经文："然后他俩找到我的一个仆人，我曾赐给他我的慈悯，并且教给他来自我的知识。"
（7）《艾哈麦德按序圣训集》2:312。
（8）《布哈里圣训实录诠释——造物主的启迪》6:499。

才说了这番话,他循序渐进、有条有理地说明分手已成必然,从而让穆萨心服口服,无言以对。无论从语气方面,还是从意思方面,都是恰到好处,无懈可击。正如经文在叙述被堵在屏障之外的雅朱者和马朱者人时说:《此后,他们就没有力量爬上它,他们也没有能力凿穿它。》(18:97)超越屏障本来是一件难事,而凿穿它更是难上加难,致使他们"望屏兴叹"。(1)安拉至知。

有人问,为什么在本故事的后面没有提到穆萨的童仆优舍尔?答复是:后文主要说的是穆萨和赫迪尔之间发生的故事,穆萨的童仆只是个配角。有许多圣训和消息指出,这位童仆是优舍尔·本·奴尼,后来他继承穆萨成为以色列人的领导。

《83.他们关于双角王问你。你说:"我将给你们读他的故事。"》

《84.我确曾使他在大地上拥有强势,我也赐给他(处理)万事的方法。》

### 双角王的故事

安拉对穆圣☪说,穆罕默德啊!"**他们关于双角王问你**"。前文已述,麦加的隐昧者们派人向犹太教学者讨教对付穆圣☪的方法,犹太学者的答复是:你们向他问问一个曾经遨游大地的人和一伙失踪的青年的故事,以及有关鲁哈的问题。所以安拉降示了本章。

### 双角王是一个强大君王

"**我确曾使他在大地拥有强势**",即我赐给他强大的国权,拥有其他国王所拥有的一切:地位、军队、武器和军事要塞。因此,他统治着世界的东西方,拥有广袤的土地,制服了许多国家,无论阿拉伯人还是非阿拉伯人,都是他的臣子。因此,有学者说,他被称为双角王是因为他的权势到达了太阳的两角——东方和西方(2)。

"**我也赐给他(处理)万事的方法。**"伊本·阿拔斯、穆佳黑德、赛尔德·本·朱拜尔、赛丁伊、端哈克、格塔德等学者说"**方法**"指知识。(3)格塔德则解释为:"我赐给他世界各地的驻地和界标。"(4)

---
(1)经文说明他们没有越过屏障的可能性。——译者注
(2)角,一般指动物头上的特角。阿拉伯人将太阳的"两侧"称为太阳的"两角"。一说这里指他的权势达到日升的地方和日落的地方。也有人说,他被称为双角王是因为他梳着两个冲天发辫。安拉至知。——译者注
(3)《泰伯里经注》18:94、95。
(4)《泰伯里经注》18:94、95。

安拉讲述白丽盖斯女王时说:《她享有各种物品。》(27:23)即她获得了其他国王所拥有的一切。双角王也是一样,安拉为他提供了一切便利的途径,以致他轻而易举地征服了世界各地,瓦解了所有的敌人,世上的君王都臣服于他,多神崇拜者都受到他的凌辱。他无论做什么事情,都会得到正确的方法和便利的条件(天时、地利、人和样样具备)。安拉至知。

《85.他遵循了一条途径。》

《86.当他到达日落的地方时,他看到它落进黑色深渊中,并在那里发现了一群人。我说:"双角王啊!你可以惩罚他们,或者善待他们。"》

《87.他说:"谁不义我就惩罚谁,然后他就会被带回到他的主那儿,主将严厉地惩罚他。》

《88.归信并行善的人,会得到最好的报酬,我将对他宣布易于遵行的命令。"》

### 双角王抵达太阳西落之地

"**他遵循了一条途径。**"伊本·阿拔斯解释

为，他驻扎到一个地区；(1) 穆佳黑德解释为，他驻扎到东方和西方之间的一个地区，并继续上路。(2) 另据传述，穆佳黑德解释为，他走上大地的一条道路。(3) 格塔德解释为，他驻扎到世界各地，并沿着路标前进。(4)

"**当他到达日落的地方时**"，即他不停地前进，直至世界的最西边，抵达了一般人从不涉足的地方。达到太阳西落的地方，是十分困难的事情。

然而，流传着这样一种传说，双角王走了很久，直至太阳隐没在他的身后。这些传说毫无事实根据，其大部是有经人的迷信传说和他们中的叛教者所杜撰的。

"**他看到它落进黑色深渊中**"，即他看到太阳好像落入了大海。海边看日落的人，都会见到这种景观。实际上太阳不会离开它的轨道。"**黑色**"原指泥。正如安拉所言：❁我要用来自臭泥的陶土造人。❁（15：28）

"**并在那里发现了一群人。**" "一群人"指一个庞大的民族，他们也是阿丹的后裔。

"**我说：'双角王啊！你可以惩罚他们，或者善待他们。'**" 经文的意思是，安拉赐他权力，让他征服了他们。此后，让他任意处置他们：要么杀戮或俘虏，要么施恩或者课以赎金。他的行动表明，他是一个公正的穆民。他说："谁不义我就惩罚谁。" 格塔德说"**惩罚**"指处死。(5)

"**然后他就会被带回到他的主那儿，主将严厉地惩罚他。**" 经文指出后世的归宿和报应是真实的。

"**归信并行善的人**"，即听从我的号召而崇拜独一无偶的安拉者，"**会得到最好的报酬**"，即他将在后世得到安拉的奖赏。

"**我将对他宣布易于遵行的命令。**" 穆佳黑德说："我将对他说好话。"(6)

❁89.他又遵循了一个途径。❁

❁90.当他到达日升的地方时，他发现它正照在一群人头上，我不曾供给他们防晒的遮盖物。❁

❁91.就是那样，我彻知有关他的一切。❁

### 双角王到达东方

清高伟大的安拉说，双角王随后又踏上一条道

———
(1)《泰伯里经注》18：99。
(2)《泰伯里经注》18：95。
(3)《泰伯里经注》18：95。
(4)《泰伯里经注》18：99。
(5)《泰伯里经注》18：98。
(6)《泰伯里经注》18：99。

路，从日落之地走向了日升之地。他每经过一个民族就征服他们，并号召他们归信安拉。响应他的号召接受正信的人将获得尊严，拒绝号召而不义的人将遭受凌辱，并没收他们的财物。他从每个民族中征来兵丁，去征服毗邻的民族。正如安拉所言，他抵达日升之地后，发现那里有个民族，既没有建筑物藏身，也无树木遮阳。

格塔德说，据说那里是一个不毛之地，每当太阳升起，人们都躲进地洞。日偏后人们才出来耕地谋生。(7)

"**就是那样，我彻知有关他的一切。**" 穆佳黑德和赛丁伊解释说："虽然他的国土幅员辽阔，民族众多，但我对他和他的军队的一切事情了如指掌。" 因为❁在大地与诸天中的一切，没有能够瞒过安拉的。❁（3：5）(8)

❁92.然后，他又遵循了一条途径。❁

❁93.直到两山之间时，发现在那里有一群人，他们几乎不懂（他的）语言。❁

❁94.他们说："双角王啊！雅朱者和马朱者确实是在地上的作恶者。我们可以向你纳贡，但你能不能在我们和他们之间建立一道障碍呢？"❁

❁95.他说："我的主赐给我的是最好的。你们用力来协助我，我就会在你们与他们之间立起一道坚固的屏障。"❁

❁96."你们给我拿来铁砖。" 当他填满两山之间的隧道时，他说："你们（用风箱）吹吧！" 直到他使它变成火时，他说："把熔化的铜拿给我，我要把它倒在上面。"❁

### 双角王来到雅朱者和马朱者的土地，筑造屏障

清高伟大的安拉讲述双角王的事情，说："**然后，他又遵循了一条途径**"，即他又从大地的东方走上一条道路，直到两座山之间。这是相峙的两座山峰，经常有雅朱者和马朱者从山口出来侵扰突厥人，在当地毁坏庄稼伤害牲畜，无恶不作。正如两圣训实录辑录，雅朱者和马朱者都是阿丹先知的后裔。使者说："清高伟大的安拉说：'阿丹啊！' 阿丹回答：'主啊！响应你，敬候你的命令！' 主说：'你去遣送应进火狱的人！' 阿丹：'这个比例是多少？' 主说：'把一千人中的九百九十九人送进火狱，把一人送进乐园。那时，儿童的头发会变白，每个孕妇都将生下她所怀的孩子。' 主又说：'你们中有两个民族，它们无论做什么事，都

———
(7)《泰伯里经注》18：100。
(8)《泰伯里经注》18：101。

"直到两山之间时，发现在那里有一群人，他们几乎不懂（他的）语言。"他们讲的是另一种语言，而且由于和其他人离得远（缺乏沟通的语言）。

"他们说：'双角王啊！雅朱者和马朱者确实是在地上的作恶者。我们可以向你纳贡'"，伊本·阿拔斯说，"纳贡"指交纳巨大的报酬。他们打算收集大量的财产，交给双角王，以便让他为他们建筑一道屏障，防御雅朱者和马朱者[2]。清廉的双角王则和蔼、宽容地告诉他们："**我的主赐给我的是最好的**"，即安拉已赐给我国权和地位，我何需你们纳贡呢？正如苏莱曼先知说：⟪你们要以财富来资助我吗？安拉所赐给我的比他给你们的更好。⟫（27：36）[3]

双角王说，但我需要你们的劳力和建筑工具，"**我就会在你们与他们之间立起一道坚固的屏障。你们给我拿来铁砖**"。"铁砖"是用一个复数的名词所表达的。有学者说，每块铁砖的重量相当于一大马士革堪他尔，或略重一些。[4]

"**当他填满两山之间的隧道时**"，即他用铁砖筑起了一道与两面的山一样高、一样宽的屏障。学者们对其高度和宽度有不同的解释。

"**他说：'你们（用风箱）吹吧！'**"即他在上面点起了火，直至将它们变成一片火海。

"**他说：'把熔化的铜拿给我，我要把它倒在上面。'**"伊本·阿拔斯、穆佳黑德、赛丁伊、端哈克、格塔德、艾克莱麦等学者说："给特勒"（قطر）指铜[5]，部分学者认为指熔化的铜，并以下列经文为例证：⟪我也使熔化的铜像泉水一样为他流出。⟫（34：12）因此，有人将它比作花纹大衣。[6]

⟪97. 此后，他们就没有力量爬上它，他们也没有能力凿穿它。⟫

⟪98. 他说："这是来自我的主的慈悯，但是当我的主的诺言实现时，他将把它夷平。我的主的诺言永远是真实的。"⟫

⟪99. 那天，我将任他们的部分（像浪一样）涌滚到部分中间。号角吹响了。此后我把他们全都召集了起来。⟫

### 屏障阻碍了外侵，末日快来临时它将被夷平

清高伟大的安拉在这里介绍雅朱者和马朱者的故事。说从此以后，他们无法越过屏障，也不能从下面凿穿它。经文从方方面面介绍了这一问题，真可谓无懈可击，说："**此后，他们就没有力量爬上它，他们也没有能力凿穿它。**"经文说明他们对这道屏障无可奈何。

圣妻杰哈西的女儿说："穆圣㊣有次睡醒后脸色发红，他说：'应受拜者，惟有安拉。伤哉！阿拉伯人！他们将遭受灾难。今天，雅朱者和马朱者的屏障如此地被打开了。'——穆圣㊣将他的大拇指和食指环绕起来比画着。我问：'安拉的使者啊！我们在有一些清廉者的情况下，会遭到毁灭吗？'使者说：'会的。只要坏事泛滥。'"[7]

"**他说：'这是来自我的主的慈悯'**"，即双角王筑造了屏障之后说，这是我的养主对人们的慈悯。若不是这道屏障，雅朱者和马朱者将会在人间无恶不作。

"**但是当我的主的诺言实现时**"，即安拉预定的期限结束时，"**他将把它夷平**"，即安拉要把这道屏障夷为平地。阿拉伯人把驼峰和驼背一样平的骆驼称为"平驼"。《古兰》说：⟪当他的养主为那山显现时，他使它化作了灰尘。⟫（7：143）即和大地一样平的。

"**我的主的诺言永远是真实的**"，即安拉的诺言总会实现。

"**那天，我将任他们的部分……**""**他们的部分**"指人类。即这道屏障被夷平的日子，雅朱者和马朱者人将会像风暴般地洗劫大地，飞扬跋扈，无恶不作。赛丁伊在解释这段经文时说："那时，他们将出来侵扰世人。"这一切都将发生在末日成立之前、丹扎里出世之后。我们在注释下列经文时将叙述它：⟪直到雅朱者和马朱者被放出，他们从每个高地冲下来。真实的约期临近了……⟫（21：96—97）[8]

"**号角吹响了**"，正如圣训所述，伊斯拉菲里天使将吹响这个号角。穆圣㊣说："我怎能高兴呢？吹号角的天使已将号角放进嘴中，锁紧眉头，静听吹号角的命令。"圣门弟子们说："我们念什么好啊？"使者说："你们念：安拉可以解决我们的一切问题，可以托靠的安拉真优美！我们只托靠安拉[9]！"[10]

"**此后我把他们全都召集了起来**"，即安

---

(1)《布哈里圣训实录诠释——造物主的启迪》8：295、《穆斯林圣训实录》1：201。
(2) 其他经注说，他们通过翻译传达了他们的信息。——译者注
(3)《泰伯里经注》18：112。
(4)《泰伯里经注》18：114。
(5) 正文译为"熔化的铜"。——译者注
(6)《泰伯里经注》18：116，117。
(7)《艾哈麦德按序圣训集》6：428。
(8)《散置的明珠》4：454。
(9) 原文：حسبنا الله ونعم الوكيل على الله توكلنا。
(10)《提尔密济圣训全集诠释》7：117。

召集他们全体接受清算，正如安拉所言：❮你说："真的，那些前人和后人，全都会被集中在一个明确之日的时间。"❯（56：49-50）又❮我集合了他们。我不会遗漏他们当中的任何一个。❯（18：47）

❮100.那天，我将把火狱（清楚地）展示给隐昧者。❯

❮101.他们的眼睛被罩着，故不知记念我，他们也不能听。❯

❮102.否认我的人以为他们可以舍我而将我的一些仆人作保护者吗？我确已为隐昧者准备了火狱来接待他们。❯

### 末日，火狱将呈现在隐昧者面前

清高伟大的安拉在此讲述他在末日成立时，对隐昧者的惩罚。那天，他要将火狱展现在隐昧者面前，他们在进入它之前，就能看到其中的各种惩罚，从而加速了他们的烦恼和忧愁。安拉的使者㊗说："末日，火狱将被七万条缰绳拖来，每条缰绳上有七万个天使。"[1]

"他们的眼睛被罩着，故不知记念我"，即他们对正道熟视无睹，装聋作哑。正如安拉所言：❮谁无视记念至仁主，我就指派一个魔鬼作为他的伙伴。❯（43：36）

"他们也不能听"，即他们不理解安拉的命令和禁止。

然后说："否认我的人以为他们可以舍我而将我的一些仆人作保护者吗？"即他们诚信那些仆人适合处于神的地位吗？他们对他们会带来益处吗？❮不会的，它们不久将否认他们的崇拜，并变成他们的对头。❯（19：82）因此，安拉说他为他们准备了火狱，以便在末日"接待"他们。

❮103.你说："我告诉你们，谁在行为上是最亏损的吗？❯

❮104.是那些在今世的努力已成白费，而他们自以为做得很好的人。❯

❮105.此等人，就是那些否认他们主的种种迹象也不信与主会见的人。他们的一切工作都坏了，我在复生日也不给他们设立天秤。❯

❮106.他们的报应就是火狱，因为他们不信，并把我的种种迹象和我的使者们当作笑柄。"❯

### 行为最亏损的人和他们的报应

阿慕尔·本·穆苏尔卜传述，关于"我告诉你们，谁在行为上是最亏损的吗？"这段经文我请教了赛尔德·本·艾布·宛葛思，问他经文讲述的是不是海鲁莱人。他说："不，经文指犹太人和基督教徒。犹太人否认了穆圣㊗，基督教徒否认了乐园，说其中没有饮食。海鲁莱人是那些和安拉缔约后又毁约的人。赛尔德将后者称为坏事者。"但阿里、端哈克等人认为经文说的是海鲁莱人。[2] 阿里的意思是，这段经文的意义广泛，不但包括犹太教徒和基督教徒，也包括海鲁莱人，它不是专门为其中的某一部分人而降示的，因为这段经文降于麦加，当时还没有向犹太教徒和基督教徒宣传《古兰》。众所周知，海鲁莱人当时也不存在[3]。这段经文指一切不按照伊斯兰的方法崇拜安拉的人，虽然他们自以为是，但他们的工作不被接受。正如安拉所言：❮那天，有些面孔是恐惧的、劳动的、

---

(1)《穆斯林圣训实录》18：2184。

(2)《布哈里圣训实录诠释——造物主的启迪》8：278、《泰伯里经注》18：127。

(3) 海鲁莱原是伊拉克的一个地名，阿里任哈里发期间，哈瓦里吉人聚集于此反对阿里，并拥立阿卜杜拉·拉斯宾为哈里发。后来这些反对派被称为海鲁莱人。——译者注

辛苦的。它将进入烈火。》（88：2-4）又《我去处理他们所做过的工作，并使它成为浮尘。》（25：23）又《那些否认者，其行为就像沙漠中的幻景，干渴的人以为它是水，等他到达它时，就发现它没有了……》（24：39）

本章经文则说："我告诉你们，谁在行为上是最亏损的吗？"后文解释这段经文说："**是那些在今世的努力已成白费**"，即他们虽然做了不少事情，但这些事情不符合伊斯兰教，是伊斯兰所不喜爱、不接受的。

"**而他们自以为做得很好的人。**"他们自以为是，认为安拉会喜爱他们，悦纳他们的工作。

"**此等人，就是那些否认他们主的种种迹象也不信与主会见的人**"，即他们否认了安拉在今世中所树立的一切证明他的独一的明证，并否认了后世。

"**我在复生日也不给他们设立天秤**"，即他们的天秤中没有重量，因为其中没有善功。安拉的使者☾说："末日，将有一个又胖又大的人，但他在安拉那里不值一个蚊子的翅膀。"使者说："你们可以念下列经文：'**我在复生日也不给他们设立天秤。**'"(1)

"**他们的报应就是火狱，因为他们不信**"，即由于他们否认真理、嘲弄迹象、揶揄使者而将遭受最严厉的惩罚。

《107.的确，那些归信而又行善的人，他们将获得非勒道斯乐园的招待。》
《108.他们永居那里，而不希望发生任何改变。》

## 清廉的穆民的报酬

清高伟大的安拉在此讲述那些幸福的仆人。他们归信安拉和使者，相信众使者带来的信息，因而要进入非勒道斯乐园。

艾布·欧麻麦说，"非勒道斯"指乐园的中心部分。(2)格塔德说，"非勒道斯"指乐园中的一个小山丘，是最中心和最好的地方。(3)据赛穆传述，穆圣☾说："非勒道斯是乐园中的一个小丘、是最中间和最好的地方。"(4)格塔德从艾奈斯·本·马立克处传述了相同圣训。伊本·哲利尔记录了上述所有圣训。圣训说："你们向安拉要求乐园时，应当要求非勒道斯。因为它是乐园的最高处和最中间，乐园的各河流从中流出。"(5)

"**他们永居那里**"，即他们将永远居住在那里，永不离开。"**而不希望发生任何改变**"。形容他们对它的喜爱。因为人们如果常住一个地方，就会产生厌烦情绪。所以安拉在此指出，这些人虽然永居那里，但他们决不希望他们的情况发生任何变化。

《109.你说："即使海洋变作墨水，以它来记录我的主的言辞，即使我给它再加上同等的海水，它们也会在我的主的言辞用完之前耗干。"》

## 安拉的言辞永不枯竭

清高伟大的安拉说，穆罕默德啊！你说，假若用海水作墨，去书写安拉的言辞、哲理和迹象，那么书写完这些之前，海水早就枯竭了。"**即使我给它再加上同等的海水**"，意思是即使我再带来另外的一个海，甚至许多海，用来继续这种书写，那么，安拉的言辞仍是不会枯竭的。正如安拉所言：《如果地上所有的树都是笔，海洋都是墨水，再加上七个海洋（的墨汁），安拉的言辞也无法写完。安拉是优胜的、明哲的。》（31：27）莱毕尔说："比较安拉的知识，全人类的知识犹如所有海洋中的一滴水。因此安拉降谕道：'即使海洋变作墨水，以它来记录我的主的言辞，即使我给它再加上同等的海水，它们也会在我的主的言辞用完之前耗干。'"他说即便这些大海的水都是墨汁，世间的一切树木都是笔，那么，笔将全部用坏，海将全部枯竭，但安拉的言辞永远不能写完。因为任何人都无法相应地认识安拉的伟大，也无法恰如其分地去赞美安拉。除非安拉自己赞美自己。只能由养主自己形容自己，我们绝没有能力形容他。对安拉而言，今世和后世的一切恩典，就像辽阔的大地广袤无垠，就像深邃的大海漫无边际。

《110.你说："我只是和你们一样的人。我已获得启示，你们的主是惟一的主。谁盼望见到他的主，他就该行善，并在崇拜他的主时，不以任何物举伴他。"》

## 穆罕默德☾既是一个常人也是一位使者 安拉是独一的主宰

清高伟大的安拉对使者穆罕默德☾说，你对这些否认我的信息的多神教徒说："**我只是和你们一**

---

(1)《布哈里圣训实录诠释——造物主的启迪》8：279。
(2)《泰伯里经注》18：130。
(3)《泰伯里经注》18：130。
(4)《泰伯里经注》18：134。
(5)《布哈里圣训实录诠释——造物主的启迪》13：415。

样的人。"谁妄言我在撒谎,就让他像我一样带来天启的信息。你们以前向我问洞中人和双角王的故事,而我并不知道这些未见事情的真相。若不是安拉告谕我这些事情,我是无法回答你们的。我要告诉你们:"你们的主是惟一的主。"这个主就是我号召你们去崇拜的安拉,他独一无偶。

"谁盼望见到他的主。"谁希望得到善报,"他就该行善",即他应该按照教法规定行事。

"并在崇拜他的主时,不以任何物举伴他。"这是独一无偶的安拉所喜爱的。安拉接受善功的条件是两个:一、虔诚为主;二、符合穆圣㊎的教法。

安拉的使者㊎说:"我对你们最担心的是小以物配主。"圣门弟子们问:"安拉的使者啊!何谓'小以物配主'?"使者答:"沽名钓誉。安拉在末日报偿人们时说:'你们在今世中为一些人表现自我,现在你们去找他们吧!看看能否在他们那里得到报酬?'"(1)

使者㊎说:"安拉在没有怀疑的日子召集所有的前人和后人时,有呼吁者呼吁:'谁在应该为安拉而做的事情中掺杂了其他成分,就让谁到安拉之外的(神)跟前去寻求报酬吧!因为安拉绝不需要任何合作。'"(2)

《山洞章》注释完。

## 《麦尔彦章》注释　麦加章

据伊本·易司哈格的《先知传》载,乌姆·赛莱迈和伊本·麦斯欧迪传述,贾法尔·本·艾布·塔利卜迁徙到阿比西尼亚后,曾给国王尼扎氏(Negus)及其大臣们诵读了本章前几节经文。(3)

### 奉普慈特慈的安拉之尊名

❀ 1.卡弗,哈,雅,阿因,撒德。❀

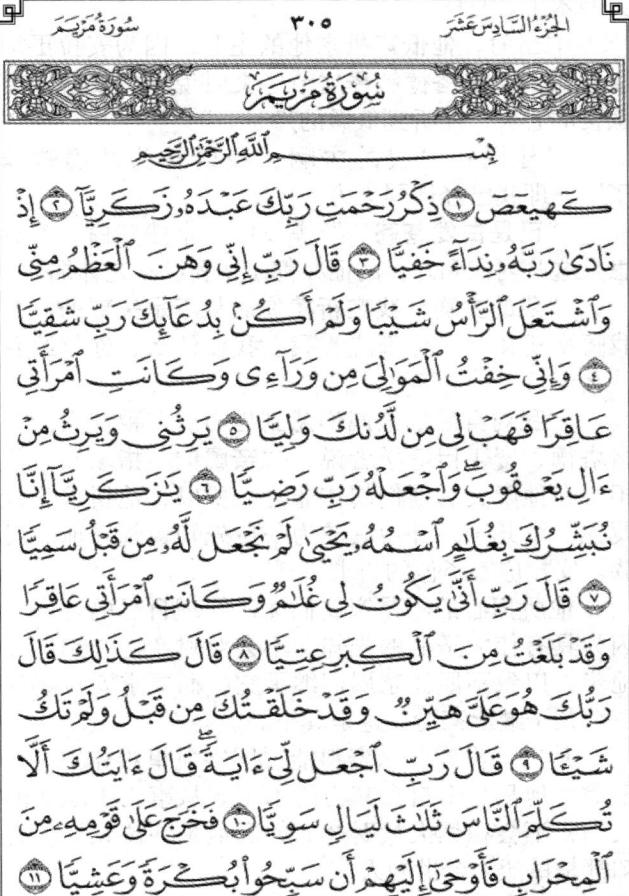

❀ 2.叙述你的主对他的仆人宰凯里雅的慈悯。❀

❀ 3.当时,他低声祈求他的主。❀

❀ 4.他说:"我的主啊!我的骨头的确软弱了,已是白发苍苍。我的主啊!我在祈祷你时从不是失望的。❀

❀ 5.我对身后的亲属们感到担心。我的妻是不能生育的,但我求你赐给我一个继承人。❀

❀ 6.他继承我,并继承叶尔孤白的亲属。我的主啊!求你使他成为可爱的!"❀

### 宰凯里雅祈祷安拉赐给他孩子

《黄牛章》开头已经论述了出现在某些章节开头的单独字母的意义,此处不赘述。

"叙述你的主对他的仆人宰凯里雅的慈悯",即这是叙述你的主对他的仆人宰凯里雅的慈悯。叶哈雅·本·叶尔麦勒的读法是:"它叙述了你的主对其仆人宰凯里雅的慈悯"(4)。"宰凯里雅"可以读成"宰凯里雅义"。他是古以色列人的一位著名先知。《布哈里圣训实录》记载,他是一位自食其

---

(1)《艾哈麦德按序圣训集》5:428。
(2)《艾哈麦德按序圣训集》4:215。
(3)《穆圣传》1:357、《艾哈麦德按序圣训集》1:201、461。

(4)《格尔特宾教律》11:75。

力的木工。[1]

"当时，他低声祈求他的主"，因为安拉更加喜爱低声。格塔德解释这节经文时说："安拉知道敬畏的心灵，能听到低微的声音。"[2]

"他说：'我的主啊！我的骨头的确软弱了'"，即我已经体弱无力。

"已是白发苍苍。"黑发已经全然变白。其意思是这些内在和外在的征兆都说明我已年老体弱。

"我的主啊！我在祈祷你时从不是失望的。"我每次祈祷你，你都应答我。我要什么，你就给我什么。

"我对身后的亲属们感到担心。"穆佳黑德、格塔德、赛丁伊等学者说，"亲属们"指家族。他担心在他归真后他们胡作非为。所以，他祈求安拉赐他一个儿子，并使其成为一位先知，领导他的民族。安拉应答了他的祈求。[3]

他所担心的不是亲属们无法管理自己的财产。因为具有伟大圣品的先知，不会对财产担心到这种地步，以致不愿让亲属们继承它，而要求安拉赐他一个儿子继承家财！这是其一。

其二，没有什么资料能说明宰凯里雅先知是位富翁。他只是个自食其力的木工。从事木工职业的人们，不会积累大量财产。何况他是一位先知。先知都是最淡泊今世的人。

其三，两圣训实录辑录，安拉的使者㊢说："我们（先知）没有继承人。我们留下的一切都是施舍品。"[4]

《提尔密济圣训集》载："我们众先知，没有继承人。"[5]

综上所述，宰凯里雅所担心的是没有圣位继承人。

因此说，"他继承我，并继承叶尔孤白的亲属"，即继承圣位。《苏莱曼继承了达乌德。》（27：16）同样也指继承圣位。假若所继承的是财产，那么达乌德不可能让苏莱曼独自一人继承。因为苏莱曼还有很多兄弟。在此情况下经文特别提到苏莱曼的名字也就没有什么重要意义了。无论是什么宗教和教派，儿子继承父亲是天经地义的事情。其中经文所说的如不是一种特殊的"遗产"，那么它不会专门提出来的。下列圣训也能证明上面的论述："我们众先知没有继承人。我们留下的一切都是施舍品。"[6]

---

(1)《穆斯林圣训实录》4：1847。
(2)《泰伯里经注》18：142。
(3)《泰伯里经注》18：144。
(4)《布哈里圣训实录诠释——造物主的启迪》6：227；《穆斯林圣训实录》3：1383。
(5)《提尔密济圣训全集诠释》5：234。
(6)《提尔密济圣训全集诠释》5：234。

穆佳黑德解释这节经文时说："宰凯里雅的遗产是知识。叶尔孤白是宰凯里雅的祖先。"[7]艾布·撒立哈将这节经文解释为："让这个儿子像他的祖先一样成为先知。"[8]

"我的主啊！求你使他成为可爱的！"即求你使他成为你和你的被造物都喜爱的一个人。你让他具备高尚的品德，致使人们喜爱他。

❰ 7.宰凯里雅啊！我报给你一个得子的喜讯，他的名字是叶哈雅，以前我没有使任何人与他同名。❱

## 应答祈求

从意思看，这句经文前面省略了一句话，即他的祈求被准承了。此后有声音对他说："宰凯里雅啊！我报给你一个得子的喜讯，他的名字是叶哈雅。"正如安拉所言：❰ 在那里，宰凯里雅祈祷他的养主，说："我的主啊！求你从你那里赐予我美好的后代。你确实是全听祈祷的。"当他站在内殿礼拜时，天使们召唤了他："安拉以叶哈雅向你报喜，他将证实来自安拉的一句话。他将是领袖、克己者和一位清廉的先知。"❱（3：38-39）

"以前我没有使任何人与他同名。"格塔德、伊本·杰磊勒、伊本·栽德等学者说，此前，任何人都未曾以此名字命名。[9]

❰ 8.他说："我的主啊！我的妻是不能生育的，而我已经老朽，我怎么能获得一个儿子呢？"❱

❰ 9.他说："就是这样的。"你的主说："那对我是容易的事。的确我在以前造化了你，那时你根本不存在。"❱

## 祈求被准承后喜出望外

宰凯里雅得知他的祈求蒙主准承，并将拥有一个儿子时，又是高兴又是困惑。他问安拉，这个儿子将会怎么出生？因为他的太太从未生育过，而且不能生育。他自己也是年老体弱。即他们已经失去了性功能。阿拉伯人形容枯朽的木棍时就用"阿亭叶"（عتيّ）这个词（正文译为"老朽"）。

---

(7)《泰伯里经注》18：146。
(8)《泰伯里经注》18：146。
(9)《泰伯里经注》18：148。

## 天使的回答

"他说:'就是这样的'。你的主说:'那对我是容易的事。'"即天使回答说,对安拉而言,让你和你的这位妻子生一个孩子,绝非难事。

然后经文提到了比(宰凯里雅所要求的)这件事更奇妙的一件事:"**的确我在以前造化了你,那时你根本不存在。**"正如安拉所言:◊难道人不曾经历他曾是不值一提的东西——这样一段时期吗?◊(76:1)

◊ 10.他说:"我的主啊!求你给我一个预兆。"他说:"你的预兆是你三日三夜不与人说话,而你却无灾无病。"◊

◊ 11.然后他从拜殿来到他的族人当中,并对他们表示:"你们要在清晨及在夜晚赞美安拉。"◊

## 怀孕的征兆

经文讲述道:宰凯里雅说:"**我的主啊!求你给我一个预兆**",即求你给我一个证据,来证实你的许诺,以便让我放心。正如伊布拉欣先知说:◊ "我的养主啊!请让我看看你怎么给一些非生物赋予生命?"安拉说:"你没有归信吗?"他说:"不,以便让我放心。"◊(2:260)

清高伟大的安拉说:"**你的预兆是你三日三夜不与人说话,而你却无灾无病。**"在你健康的情况下,你三天三夜克制自己的舌头不说话。伊本·阿拔斯、穆佳黑德、赛丁伊、格塔德、等学者说:"他虽然没有疾病,但三天三夜不能与人畅言"。[1]

阿卜杜·拉赫曼说:"此间他虽然能诵经,但无法和群众说话。交流时只用手指点。"[2]

另据伊本·阿拔斯说,这里的"سويا"(无灾无病)指连续不断的三天三夜。不过解释为无灾无病较正确些。这也是伊本·阿拔斯和大部分学者的观点。正如安拉讲述仪姆兰的家属时说:◊他说:"我的主啊!求你给我一个迹象吧!"他说:"你的迹象是你三日不说话,除非手势。你当多多记念你的主,并在晨昏时分赞颂他。"◊(3:41)证明他在这三天三夜中没有和人说话。

"**然后他从拜殿来到他的族人当中,并对他们表示**",即他从接到喜讯的地方出来,迅速向人们暗示:"**你们要在清晨及在夜晚赞美安拉**",即在他奉命不说话的这三天三夜中,大家要响应他,加紧干善功,以便感谢安拉赐给他的恩典。穆佳黑德、格塔德、沃海布等学者说,"表示"(أوحى)指指示。[3]

◊ 12."叶哈雅啊!你要努力坚持经典。"我在他童年时代就赐予他智慧,◊

◊ 13.和来自我的爱与纯洁。他是敬畏的,◊

◊ 14.并孝敬他的父母的。他不是傲慢的,也不是桀骜不驯的。◊

◊ 15.在他降生的那天、归真的那天和复活的那天,他都享受平安!◊

## 分娩 婴儿的特征

这段经文前面也省略了经文,我们且将它假定为:后来天使所说的那孩子——叶哈雅出生了,安拉还授予他《讨拉特》的知识。这是以色列人所诵习的经典,他们的先知、学者和教士们,凭这部经典判决犹太人中发生的事情。因为当时这个孩子年龄还很小,所以安拉特别提到他以及对他的恩典:"**叶哈雅啊!你要努力坚持经典**",即你当努力

---

(1)《泰伯里经注》18:152。
(2)《泰伯里经注》18:152。
(3)《泰伯里经注》18:153。

地、满怀信心地学习经典。

"我在他童年时代就赐予他智慧",即虽然当时他还很小,我还是授予他理解能力、知识、勤奋、决心、热爱正义事业、积极向善等品质。

"和来自我的爱",伊本·阿拔斯等学者说"爱"指慈悯。[1]

端哈克解释说:"这是一种只有我才能赋予的爱。"穆佳黑德解释说:"他的主赐给他一种慈爱。"[2]

从经文的脉络上看,"爱"应该连接"我在他童年时代就赐予他智慧",即我使他成为智慧的、有爱心和纯洁的。

"纯洁"一词连接"爱"。"纯洁"的意思是纯洁无染、没有劣迹;格塔德认为指善功;[3] 端哈克和伊本·朱莱杰认为指纯洁的善功;伊本·阿拔斯认为指"白勒克提"(福分)。[4]

"他是敬畏的。"纯洁的,没有产生过恶念。[5]

"并孝敬他的父母的。他不是傲慢的。"安拉首先提到这个孩子顺从安拉,天性仁慈、纯洁、敬畏。然后说,这个孩子服从并孝敬父母亲,言行中从没有违抗过他们。

因此说:"也不是桀骜不驯的。"安拉讲述了叶哈雅的上述优秀品质后,提到对他的报酬:"**在他降生的那天、归真的那天和复活的那天,他都享受平安!**"即他将在这三种情况下享受平安。苏富扬·本·欧叶奈说:"人在三种情况下最寂寞:一、出生的时候。那时他看到自己离开了曾经住过的地方;二、死亡的时候。他将看到了一些陌生的面孔;三、复生的时候。他看到自己在一支庞大的队伍当中(举目无亲)。"他说:"安拉在这三种情况下特赐叶哈雅以平安。所以经文中说:'**在他降生的那天、归真的那天和复活的那天,他都享受平安!**'"

❧ 16.你要在这经典中提到麦尔彦。当时,她离开她的家人来到东边的一个地方。❧

❧ 17.她找了一个遮盖物把他们隔开。后来我派我的鲁哈到她那儿。他像一个完整的人一样显现在她的面前。❧

❧ 18.她说:"求至仁主庇佑我,使我免于你的伤害,如果你是敬畏的。"❧

---
(1)《泰伯里经注》18:156。
(2)《泰伯里经注》18:156。
(3)《泰伯里经注》18:159。
(4)《泰伯里经注》18:159。
(5)《泰伯里经注》18:159。

❧ 19.他说:"我只是你的主的一位使者,(告诉你,安拉说:)'我将赐给你一个纯洁的儿子。'"❧

❧ 20.她说:"任何男人没有接触过我,而我又不是一个不贞洁的,我怎能有儿子呢?"❧

❧ 21.他说:"就是如此,你的主说:'那对于我是容易的。我将使他成为对人类的迹象和来自我的慈悯。'它是已被判定的事情。"❧

### 麦尔彦和麦西哈的故事

上面安拉讲述了宰凯里雅的故事,在他年老体弱,妻子绝经不育的情况下,安拉赐给他一个纯洁的、有福分的儿子。然后安拉讲述了麦尔彦生下没有父亲的尔撒的故事。因为这两个故事之间有许多相似之处。因此,安拉讲述仪姆兰的家属时,述及了他们。《古兰》的《众先知章》也将相继述及这两个故事,因为二者之间有共同的精神意义——让人类认识安拉的大能和权力。安拉是全能于万事的。所以说:"**你要在这经典中提到麦尔彦。**"麦尔彦属于达乌德先知的后裔,是仪姆兰的女儿,出生在一个清廉纯洁的古以色列人家庭。安拉在《仪姆兰的家属章》已经叙述了她降生的故事。她出生前,她的母亲许愿孩子出生后要将他(当时她以为要生一个男孩)送到远寺去服务。这是古以色列的一种宗教习惯。❧ **她的主美好地接受了她,并使她美好地成长。**❧(3:37)即她在以色列的后裔中非同寻常地长大了。她是历史上著名的女修士之一。她的姐夫(一说姨父)宰凯里雅抚养了她。宰凯里雅是当时以色列人的先知和宗教领袖。宰凯里雅在她身上看到了许多令他叹为观止的迹象。❧ **每当宰凯里雅进入内殿去看她时,总会发现她面前有食物,他说:"麦尔彦啊!你怎么会有这个呢?"她说:"它是来自安拉的。安拉无量地供养他所意欲的人。"**❧(3:37)正如《仪姆兰的家属章》所述,有学者说宰凯里雅在冬季发现她那里有夏季的食物,在夏季发现她那里有冬季的食物。当安拉意欲(一切哲理和明证都属于安拉)她生下他的仆人和使者——著名的五大先知之一尔撒时,"**她离开她的家人来到东边的一个地方**",即她躲开家人,去远寺的东面。

伊本·阿拔斯说:"我最清楚为什么基督教将东方作为礼拜的朝向,其原因是安拉说:'**她离开她的家人来到东边的一个地方**。'他们把尔撒的出生地作为了朝向。"[6]

"**她找了一个遮盖物把他们隔开**",即她躲开了人们,不让他们看到。后来安拉派吉卜勒伊里

---
(6)《泰伯里经注》18:162。

天使以一个完美无缺的人形出现在她面前。穆佳黑德、格塔德、赛丁伊、端哈克等学者说，安拉派来的"鲁哈"指吉卜勒伊里天使。[1]

"**她说：'求至仁主庇佑我，使我免于你的伤害，如果你是敬畏的。'**"在她远离亲人的情况下，天使以一个人形出现在孤零零的她面前，使她感到非常害怕，猜想"此人"是不是对她有非分之想。所以说："**她说：'求至仁主庇佑我，使我免于你的伤害，如果你是敬畏的'**"，即"如果你害怕安拉的话。"她以安拉的名义劝导他。教法提倡在防身的时候使用这种方法，即使用由浅入深、由轻到重的方法。所以她首先以安拉的名义警告他。

伊本·哲利尔在讲述麦尔彦的故事时说，艾布·瓦依里说："自从麦尔彦说了'求至仁主庇佑我，使我免于你的伤害，如果你是敬畏的'的时候，我就知道了'敬畏'意味着智慧和自我克制。后来天使的回答打消了她的疑虑，天使说：'我只是你的主的一位使者'，是他派我来到你这里的。"[2]

有学者说，当麦尔彦提到至仁主的尊名后，吉卜勒伊里打了一个冷战，恢复了原形。**他说："我只是你的主的一位使者，（告诉你，安拉说）'我将赐给你一个纯洁的儿子。'"她说："任何男人没有接触过我，而我又不是一个不贞洁的，我怎能有儿子呢？"**麦尔彦听到这一消息后非常惊讶，说我没有丈夫，也不可能做出格的事情，在此情况下怎么会生下儿子呢？"不贞洁的"指奸淫的。圣训禁止卖淫为生。[3]

"**他说：'就是如此，你的主说：那对于我是容易的。'**"天使回答道：安拉说虽然你没有丈夫，更没有做过丑事，但安拉还是能够让你生下孩子。安拉是全能于万事的。

因此说，"**我将使他成为对人类的迹象**"，即使之成为明证，证明创造人类的安拉能够用多种方法创造人。安拉创造阿丹时不用男女（父母），创造海娃时只用男性而不用女性。创造其他人时，则用一男一女（父母）。惟尔撒是个例外，安拉只用女性而不用男性，就创造了他。安拉创造人类的这四种方式充分证明了安拉的能力之全美和权力之伟大。应受拜者，惟有安拉。养育者只是安拉。

"**和来自我的慈悯**"，即我要使这个孩子成为来自安拉的慈悯——一位先知。他将号召人们崇拜安拉，信主独一。正如安拉所言：❦当时，天使们说："麦尔彦啊！安拉以来自他的一句话向你报喜，他的名字是麦西哈——尔撒·本·麦尔彦，在今世和后世享有尊荣的人，一位近主之人。他将在摇篮中和壮年时期同人们说话，是一位清廉之士。"❦（3：45-46）即他从摇篮开始直至中年时期，都号召人们崇拜安拉。

"它是已被判定的事情。"吉卜勒伊里向麦尔彦讲明了情况后，对她说在安拉的知识、定然和意欲中，这已经是注定的事情。伊本·易司哈格解释说："安拉已经决定如此，所以它是必不可免的。"[4]

❦22. 她就怀了他，并带他隐避到一个偏僻的地方。❦
❦23. 产痛驱使她到一株枣树下，她说："但愿我在这以前早就死了，并完全被人遗忘。"❦

### 怀孕和分娩

清高伟大的安拉说，吉卜勒伊里天使向麦尔彦传达了安拉的旨意后，她表示服从安拉的判决。一些前辈学者说："吉卜勒伊里天使在她的衬衫领口中吹入一口气，那口气顺着她的衣服进入了阴道。就这样，她凭安拉的意欲而怀孕了。"

伊本·易司哈格说：麦尔彦怀孕回去后经血就停止了，并像其他孕妇一样产生了一些症状：疼痛、害喜、面色异常、舌面裂缝等。这在宰凯里雅家族引起了轩然大波，使他们遭受了前所未有的攻击。以色列人纷纷说："奸夫是优素福，因为在殿堂中只有他和她在一起。"麦尔彦只得躲开众人，用一道屏障将自己和人们隔绝起来，不让任何人看见。

"**产痛驱使她到一株枣树下**"，即她在分娩前觉得疼痛，因而来到当初躲避之地的一株枣树下。学者们对这个地方有不同的解释。赛丁伊说："这个地方位于她在远寺礼拜的内殿东侧。"[5]沃海布则说，她逃离众人的耳目，来到沙姆和埃及之间的一个地方后，在那里分娩了。[6]那是一个距寺八里远的小乡镇，名叫白特·莱哈米。[7]笔者认为有关穆圣登霄的许多圣训证明，麦尔彦分娩的地方就叫白特·莱哈米。安拉至知。[8]这也是流传最广的说法。基督教徒们则对白特·莱哈米是尔撒的出生地没有任何异议。后来人们都接受了这一说法。何况圣训——如果这些圣训是正确的——也是这样说的。

---

(1)《泰伯里经注》18：163。
(2)《泰伯里经注》18：164。
(3)《艾哈麦德按序圣训集》1：235。
(4)《泰伯里经注》18：165。
(5)《泰伯里经注》18：161。
(6)《泰伯里经注》18：170。
(7)《泰伯里经注》18：170。
(8)《圣训大集》1：221。

麦尔彦说："但愿我在这以前早就死了,并完全被人遗忘。"经文证明在遭遇重大考验（或风波）的时候可以盼望死亡。因为麦尔彦已经预感到她将因为这个孩子而面临重大的考验和磨难,人们不会理智地看待这个问题,也不会相信她的表白。虽然以前人们都知道她是一个修士,但此刻在他们的心目中她已经变成了不贞的女人！所以她说："但愿我在这以前早就死了,并完全被人遗忘。"伊本·阿拔斯解释说："我没有来到这个世上多好啊！我什么都不是该多好啊！"格塔德则解释为："但愿任何人不了解、不记得这件事情,也不知道我是谁。"(1)

《24.（有声音）从它下面对她喊道："不要忧虑！你的主已在你的下面设置了一条小溪。"》

《25.你向着自己摇那枣树的干,它就会向你落下成熟的枣子。》

《26.你就吃和喝吧！并当感到惬意。如果你看到任何人,你就说："我已向至仁主许愿斋戒,今天我将不与任何人讲话。"》

## 麦尔彦在分娩之前听到的话

有学者认为这段经文应该读"مَن تحتها",即她的身体下面的人（婴儿）说……也有学者认为经文应该读"مِن تحتها"。

然后学者们就第二种读法有不同的解释,是谁呼唤麦尔彦的呢？伊本·阿拔斯认为这是吉卜勒伊里发出的呼唤,尔撒来到众人面前之后才开始说话;(2)伊本·朱拜尔、伊本·栽德等学者说,这是吉卜勒伊里从山谷的下面发出的呼声。(3)

穆佳黑德、格塔德等学者说这是尔撒所说的话；哈桑说这是麦尔彦的儿子说的话；另据传述,伊本·朱拜尔也曾认为这是麦尔彦的儿子的话。他说,你难道没有听安拉说：'她便指了指他……'伊本·栽德和伊本·哲利尔都同意这种观点。"不要忧虑！"

"你的主已在你的下面设置了一条小溪。"白拉伊说"سريا"指渠;(4)伊本·阿拔斯认为指河;(5)阿慕尔·本·麦穆奈认为这是一条河,她能够从中喝水;(6)穆佳黑德说,在古叙利亚语中,这

———
（1）《泰伯里经注》18：172。
（2）《泰伯里经注》18：173。
（3）《泰伯里经注》18：173。
（4）《泰伯里经注》18：175。
（5）《泰伯里经注》18：176。
（6）《泰伯里经注》18：176。

个单词指河;(7)伊本·朱拜尔说,在奈伯特语中,这个单词指小河(8)。

另一些学者则说,"سريا"这个单词指尔撒。持此观点的有哈桑、莱毕尔·本·艾奈斯等人。格塔德对这个单词的另一种解释也是如此。阿杜卜·拉赫曼也如是说,这种观点较为明确。

因此,后面说："你向着自己摇那枣树的干",即你向着你的方向摇动枣树,上面就会掉下枣儿,作为你的食物。指出安拉为她恩赐了饮食。

"它就会向你落下成熟的枣子。你就吃和喝吧！并当感到惬意",即你当心情舒畅。因此,阿慕尔·本·麦穆奈说："对妇女们最好的东西莫过于成熟的枣椰和鲜枣",他还读了上述经文。(9)

"如果你看到任何人",即无论你看到谁,"你就说：'我已向至仁主许愿斋戒,今天我将不与任何人讲话'。""你就说"指你就暗示,而不是你用嘴说。

艾奈斯·本·马立克、伊本·阿拔斯等人说,这段经文中的"斋戒"指禁言。换言之,在当时的

———
（7）《泰伯里经注》18：176。
（8）《泰伯里经注》18：176。
（9）《泰伯里经注》18：179。

教法中，斋戒意味着不吃饭不说话。(1)

阿卜杜拉·本·栽德说，当尔撒向麦尔彦说"不要忧虑"后，麦尔彦对他说："你和我在一起，我怎么不忧愁呢？我既没有丈夫，也不是奴隶。我怎么向人们解释呢？'但愿我在这以前早就死了，并完全被人遗忘。'"尔撒听后说："我替你解释，**如果你看到任何人，你就说：'我已向至仁主许愿斋戒，今天我将不与任何人讲话。'**"他说，上述这些都是尔撒和他的母亲麦尔彦所说的话。沃海布也持此观点。

**27. 她抱着他回到她的族人那里。他们说："麦尔彦啊！你的确做了一件严重的事情！"**

**28. 哈伦的姊妹啊！你的父亲不是一个歹人，你的母亲也不是不贞洁的。"**

**29. 她便指了指他（婴儿）。他们说："我们怎能和一个尚在摇篮中的婴儿谈话？"**

**30. 他（婴儿）说："我确实是安拉的仆人，他确已赐给我经典，并使我成为一位先知。**

**31. 不论我在哪里，他都使我成为有福分的，并忠告我，只要活着就得做礼拜、纳天课。**

**32. 他使我成为孝敬母亲的，而没有使我成为霸道的、薄福的。**

**33. 在我出生的那天，在我归真的那天和在我复活的那天，平安都在我上！"**

## 麦尔彦和麦西哈在群众面前，群众对麦尔彦的责难以及尔撒对他们的驳斥

清高伟大的安拉说，虽然麦尔彦当日奉命封斋而不和任何人说话，但她的事情仍然会得到完满的解决，她的证据仍然会被树立。因为她将一切都托靠给了安拉，服从了安拉的判决，所以，她带着孩子来见众人。众人见到她后，对她的事情不予理解，并且表现出极大不满。"**他们说：'麦尔彦啊！你的确做了一件严重的事情！'**"穆佳黑德等人认为经文指重大的事情。(2)

脑夫·毕卡里说："此后，麦尔彦的族人去寻找她。她属于尊贵的圣裔。族人找来找去没有音信，后来碰到一个牧牛人，他们问：你见到了如此这般的一个姑娘吗？放牛人说：'没有看见。但我昨夜从我的牛身上看到从未见过的情况。'他们问：'是什么情况？'说：'昨夜我看到它朝这个山谷的方向叩头。'"

阿卜杜拉·本·艾布·兹亚德说，那位牧牛人说："我看到了璀璨的亮光。"众人朝那人说的地方走去，遇见了麦尔彦。麦尔彦看见族人后，坐下来把孩子抱在怀里。众人径直走过来，站到她跟前说："**麦尔彦啊！你的确做了一件严重的事情！**"，"**哈伦的姊妹啊！**"即和哈伦先知一样勤于功修的人啊！

"**你的父亲不是一个歹人，你的母亲也不是不贞洁的**"，即你来自一个纯洁的，以清廉、功修和淡泊今世而著称的家庭，你又怎么做出了这种事情呢？

阿里·本·艾布·特里哈和赛丁伊说，"**哈伦的姊妹**"指的是穆萨的兄长哈伦的后裔。因为她是哈伦的后裔。正如人们习惯上将泰米目的后裔称为泰米目的兄弟，将穆左勒的后裔称为穆左勒的兄弟。(3) 如此呼唤麦尔彦的意图是说明麦尔彦在淡泊今世和勤于功修方面可与她的祖先哈伦先知相提并论。

"**她便指了指他（婴儿）。他们说：'我们怎能和一个尚在摇篮中的婴儿谈话？'**"即当日麦尔彦封斋不能说话，而众人则对她指手画脚，大加挞伐，甚至开始诽谤她、中伤她。在此情景下，麦尔彦指了指尔撒，让他替她解释。

众人则认为麦尔彦在轻浮地玩弄他们，所以指责说："**我们怎能和一个尚在摇篮中的婴儿谈话？**"

麦穆奈·本·麦海兰说，麦尔彦指了指尔撒，其意思是："你们去问他吧！"众人说："她不但作了伤风败俗的事情，而且还让我们去和一个尚在襁褓中的孩子说话？"(4)

赛丁伊说，麦尔彦指了指尔撒后族人们生气了，他们说："她不但做出了这等见不得人的丑事，更可恨的是她还在嘲讽我们，让我们和这个婴儿说话！所以说：'**我们怎能和一个尚在摇篮中的婴儿谈话？**'"即这个婴儿怎么能够说话？(5)

这时尔撒说："**我确实是安拉的仆人。**"尔撒在他所说的第一句话中，就指出了安拉的清净无染，并强调安拉不生养，他只是安拉的仆人。

"**他确已赐给我经典，并使我成为一位先知。**"他还为他的母亲澄清了冤情。脑夫·毕卡里说："众人对尔撒的母亲说了不该说的话后，尔撒松开正在吸吮的乳房，转向左侧说：'**我确实是安拉的仆人，他确已赐给我经典，并使我成为一位先知……只要活着。**'"

"**他都使我成为有福分的**"，穆佳黑德等学者

---

(1)《泰伯里经注》18：182，183。
(2)《泰伯里经注》18：185。
(3)《泰伯里经注》18：187。
(4)《散置的明珠》5：508。
(5)《泰伯里经注》18：189。

解释为安拉使我成为传授有益知识的人。[1] 另据传述，穆佳黑德解释说，他使我成为一个有益于他人的人。[2]

伊本·哲利尔说，有一位学者见到另一位更有知识的学者，问后者："愿安拉怜悯你！我能向人们显示我的哪件善功？"后者答："命人行善，止人作恶。因为它是安拉派列圣向人类所宣传的宗教的宗旨。教法学家们都对安拉的经文"**不论我在哪里，他都使我成为有福分的**"没有作出不同的解释。有人问："尔撒的福分是什么？"学者答："无论身处何地，命人行善，止人作恶。"[3]

"**并忠告我，只要活着就得做礼拜、纳天课。**"正如安拉对穆圣㊟说：*你当崇拜你的主，直到那无疑的消息降临于你。*（15：99）

马立克·本·艾奈斯在解释"**并忠告我，只要活着就得做礼拜、纳天课**"时说："安拉告诉他，他的一生将做些什么事情。"这确实是对不相信定然的人们确凿无疑的反面证据。[4]

"**他使我成为孝敬母亲的**"，即安拉命令尔撒孝敬母亲。此前尔撒提到安拉命令他顺从安拉。《古兰》中，安拉述及崇拜他时，后面常常接连述及顺从父母。正如安拉所言：*你的主已经判决：你们只崇拜他，并要善待父母。*（17：23）又*你要感激我和你的父母，归宿只在我这里。*（31：14）

"**而没有使我成为霸道的、薄福的**"，即他没有使我成为一个粗暴者、傲慢者，以致不顺从和崇拜他，不孝敬我的母亲。若是那样，我就倒霉了。

"**在我出生的那天，在我归真的那天和在我复活的那天，平安都在我上！**"尔撒在此强调了自己的仆人身份，指出自己仅是安拉的一个被造物，能生也能死，能像其他人一样被复活。但在其他人最恐惧的时刻，他将享受平安。祈主福安之。

*34. 那是麦尔彦之子尔撒，是真实的言辞，但他们为此而争论。*

*35. 安拉不会有儿女。赞他清净！当他决定一事时，他只需说"有"，它就有了。*

*36. 安拉的确是我的主和你们的主，所以你们要崇拜他，这就是正道。*

*37. 后来他们当中各派分歧了，那重大之日的场面来临之时，伤哉，那些隐昧的人们！*

---

(1)《泰伯里经注》18：189。
(2)《泰伯里经注》18：191。
(3)《泰伯里经注》18：191。
(4)《格尔特宾教律》11：103。

## 尔撒是安拉的仆人，他绝不是安拉的儿子

清高伟大的安拉对使者穆罕默德㊟说，我给你讲述的尔撒的故事，"**是真实的言辞，但他们为此而争论**"。"他们"指追求真理而相信尔撒的人和执迷不悟而否认尔撒的人，都在其中争执不休。

因此，大部分学者将"قولَ الحق"（**言辞**）读成主格[5]。阿苏穆和伊本·阿米尔将该词读成宾格"قولَ الحق"。[6] 从语法上讲，第一种读法更容易理解。下列经文可为证：*真理来自你的养主，故你不要成为怀疑的人。*（3：60）

清高伟大的安拉首先指出，他将尔撒造成仆人兼使者，然后又述及安拉的清净无染，说："**安拉不会有儿女。赞他清净！**"即安拉和这些过分的不义者所说的一切毫不相干！

"**当他决定一事时，他只需说'有'，它就有了。**"如果他要做一件事情，只需发布一道命令，应做的事情就完全按照安拉的意欲而成功。正如安拉所言：*在安拉看来，尔撒和阿丹一样。他用泥土造化了他，然后对他说"有"，他就有了。真理来自你的养主，故你不要成为怀疑的人。*（3：59–60）

## 尔撒命令人们信主独一，而他以后的人们却对此产生了分歧

"**安拉的确是我的主和你们的主，所以你们要崇拜他，这就是正道**"，即尔撒在摇篮时就命令人们说，安拉是我和你们的主，安拉命令你们崇拜他。所以说："**安拉的确是我的主和你们的主，所以你们要崇拜他，这就是正道**"，即我从安拉那里带给你们的是端正的道路，谁走这条道，谁就会获得真理并能得到引导；谁违背这条道，他就会迷失真理并陷入歧途。

"**后来他们当中各派分歧了**"，即有经人明白了尔撒的命令和情况，知道他是安拉的仆人和使者，是安拉投向麦尔彦的言辞和鲁哈，此后，他们却关于这一切问题陷入分歧之中。他们中的一部分人——大部分犹太人（愿安拉诅咒他们）断定尔撒是个私生子，认为摇篮中说话是一种魔术；另一部分人认为真正的说话者是安拉；第三部分人认为尔撒是安拉的儿子；第四部分人说尔撒是三位一体；第五部分人认为尔撒是安拉的仆人和使者。安拉指导穆民坚持第五种观点。阿慕尔·本·麦穆奈等前辈和后辈学者都是这样解释上述经文的。

"**那重大之日的场面来临之时，伤哉，那些隐昧的人们！**"这是安拉对否认安拉、捏造谎言、妄

---

(5) 即那是他们所争论的真实的言辞。——译者注
(6) 正文原文就是这种读法。——译者注

言安拉有儿女之人的严厉警告。但直至末日到来之前，安拉将会宽限他们。这是出自安拉的宽容和对其大能的信赖。因为安拉不会急于惩罚那些违抗他的人。两圣训实录辑录："安拉将会宽容不义者，但当他惩罚他们时，丝毫不会留情。"使者说这句话时，还读了下面的经文：◈当你的主惩罚不义的城市（居民）时，他的惩罚就是这样的。他的惩罚确实是痛苦的，严厉的。◈（11：102）[1] 安拉的使者㊚说："任何人听到伤害后，都不会比安拉更能忍耐。安拉供养他们，赐他们平安，而他们却为他设立儿女。"[2] 安拉说：◈多少城市，当它犯罪时，我宽限了它，然后我才惩罚它。归宿只在我那里。◈（22：48）又◈你一定不要以为安拉是忽视不义者的行为的。他只宽限他们到瞪眼的那一天。◈（14：42）"瞪眼的那一天"指末日。安拉的使者㊚说："谁作证'应受拜者，惟有安拉，穆罕默德是安拉的仆人和使者；尔撒是安拉的仆人和使者，是安拉投向麦尔彦的言辞和鲁哈；乐园是真的，火狱是真的。'那么，无论他干了什么工作，安拉都会让他进入乐园。"[3]

◈38.在他们来到我面前的那天，他们的视觉多么明朗、听觉多么清楚啊！但是不义者们今天的确在明显的迷误当中！◈

◈39.你给他们警告那懊悔之日，当时，事情被判决了。但他们现在仍然在昏聩中，不归信。◈

◈40.我必继承大地和其中的一切，他们全都将回到我这里。◈

### 以懊悔之日警告隐昧者

安拉讲述复生日隐昧者的情况，说那时他们的听觉和视觉都处于极度灵敏的状态下。正如安拉所言：◈如果你能看见那些有罪的人在他们的主跟前垂下他们的头说道："我们的主啊！我们已看见了，也听到了……如果你看到这种情况……◈（32：12）那时，无论他们说什么都无济于事。假若他们在看到惩罚之前说了这些话，表示了归信，那对他们是有益的，并能拯救他们脱离安拉的惩罚。因此说："**他们的视觉多么明朗、听觉多么清楚啊！**"

"**他们来到我面前的那天**"，指复生日。

"**但是不义者们今天的确在明显的迷误当中！**"即他们在今世中，不听不看不考虑，别人劝

---
（1）《布哈里圣训实录诠释——造物主的启迪》8：205。
（2）《布哈里圣训实录诠释——造物主的启迪》10：527。
（3）《布哈里圣训实录诠释——造物主的启迪》6：546。

告他们走正道时，他们绝对拒绝，而到了于事无补的时候却毕恭毕敬。

然后清高伟大的安拉说："**你给他们警告那懊悔之日。**""他们"指众生。

"**当时，事情被判决了。**"乐园的人和火狱的人都已经明确，各自走向各自永远的归宿。

"**但他们现在仍然在昏聩中，不归信。**"今日有人以懊悔之日警告他们时，他们却无动于衷，表示否认。

安拉的使者㊚说："当乐园的居民进了乐园，火狱的居民进了火狱后，死亡将以一只间有白毛的黑羊样子被带来，让它立于乐园和火狱之间。有声音说：'乐园的居民们！你们认识这是什么吗？'乐园的居民伸着脖子说：'认识，这就是死亡。'有声音对火狱的居民说：'你们认识这是什么吗？'火狱的居民伸出脖子说：'认识，这就是死亡。'然后那只羊被奉命屠宰。有声音说：'乐园的居民们啊！永生吧！从今后绝无死亡。火狱的居民们啊！永生吧！从今后绝无死亡'"然后读道："**你给他们警告那懊悔之日，当时，事情被判决了。但他们现在仍然在昏聩中，不归信。**"他还用

手指了指说："今世的人在今世的昏聩之中。"(1)

阿卜杜拉·本·麦斯欧迪就此问题说："懊悔之日，每个人都会看到乐园中的一座宫殿和火狱中的一座房子。火狱的人看到这一情景后，有声音对他说：'你看到的乐园中那座宫殿，原本是为你而准备的，假若你当初归信并行善。'他因而悔恨交加。有声音对乐园的居民说：'你看到的火狱中那座房子，原本是为你准备的，若不是安拉对你的恩赐……'"(2)

"我必继承大地和其中的一切，他们全都将回到我这里。"清高伟大的安拉说，他是创造者、掌权者和支配者。万物都要毁灭，只有伟大而神圣的他永存。那时，任何人都不敢声称有何权力。安拉将继承一切并作出判决。他不会亏待任何人，哪怕是一只蚊子翅膀那么重的分量或一粒芥子的重量。

（哈里发）欧麦尔·本·阿卜杜·阿齐兹曾致信库法长官阿卜杜·哈米德："赞主赞圣。安拉创造万物时规定他们都要死亡，他们的归宿都在他那里。他在他的真实的、以知识保护的、让天使作证而保护的经典中说：'他将继承大地和大地上的一切，他们都要回归到他那里。'"(3)

⟪ 41.你也要在经典中提到伊布拉欣。他是一位真诚的人，一位先知。⟫

⟪ 42.当时他对他的父亲说："我的父亲啊！你为什么崇拜那些不能听、不能看和不能对你有益的东西呢？⟫

⟪ 43.我的父亲啊！那未曾到达你的知识已经到达我了。因此，你跟随我，我就引导你到达正道。⟫

⟪ 44.我的父亲啊！你不要崇拜恶魔！因为恶魔是违抗至仁主的。⟫

⟪ 45.我的父亲啊！我怕来自至仁主的惩罚打击你，致使你变成恶魔的朋友。"⟫

### 伊布拉欣劝他的父亲

清高伟大的安拉对先知穆罕默德㊝说："你也要在经典中提到伊布拉欣"，即你当对崇拜偶像的这个民族宣读、并讲述安拉的朋友伊布拉欣的故事。因为他们都是伊布拉欣的子孙，都声称遵循着伊布拉欣的宗教。而伊布拉欣是一位先知，他曾真诚地对待他的父亲，禁止他崇拜偶像。他说："我的父亲啊！你为什么崇拜那些不能听、不能看和不能对你有益的东西呢？"即虽然我是你的儿子，年龄比你小，但我对安拉的知识了解得比你多、比你全面。

"你跟随我，我就引导你到达正道。""正道"指直达目的、脱离恐惧的道路。

"我的父亲啊！你不要崇拜恶魔！"即你不要服从恶魔去崇拜偶像，因为它号召人们拜偶像，并乐此不疲。正如安拉所言：⟪ 阿丹的子孙们啊！我不曾与你们立约吗？你们不要崇拜恶魔，它的确是你们明显的敌人。⟫（36：60）又⟪ 他们除安拉外只乞求女神，只乞求顽固的恶魔。⟫（4：117）

"因为恶魔是违抗至仁主的"，即它违背安拉，拒不服从安拉。后来安拉驱逐了它。所以你不要跟随它，否则你就会变得和它一样。

"我的父亲啊！我怕来自至仁主的惩罚打击你。"你会因为违抗我对你的善劝、坚持以物配主而遭受惩罚。

"此后你变成恶魔的朋友。"如果那样，你的朋友、相助者和救助者只是恶魔，它们对你有害无益，你将因为跟随它而遭受惨痛的惩罚。正如安拉所言：⟪ 凭安拉发誓，我曾派遣我的使者到你以前的各民族中去，但是魔鬼为他们粉饰了他们的行为。今天它是他们的"保护者"，他们将受到痛苦的刑罚。⟫（16：63）

⟪ 46.他说："伊布拉欣啊！你要背弃我的神吗？如果你不停止，我一定会用石头砸死你，你长期离开我吧！"⟫

⟪ 47.他说："祝你平安！我将为你而向我的主求饶，他对我一直是最仁慈的。⟫

⟪ 48.我将离开你们，以及你们在安拉之外所祈求的。我求我的主，我肯定不会由于对我的主的祈祷，而沦为不幸者。"⟫

### 伊布拉欣父亲的答复

清高伟大的安拉说，听到儿子的劝诫后，伊布拉欣的父亲回答道："伊布拉欣啊！你要背弃我的神吗？"如果你不愿意拜它们，就不要辱骂它们，也不要揭露它们，否则，我将教训你，并辱骂你。即"我一定会用石头砸死你"。(4)

"你长期离开我吧！"穆佳黑德等学者说，"ملي"（长期）指永远；(5)哈桑·巴士里认为指长期；(6)赛丁伊认为指"永远"；(7)伊本·阿拔

---

(1)《艾哈麦德按序圣训集》3：9。
(2)《泰伯里经注》8：344。
(3)《伊本·艾布·哈提姆经注》7：2410。
(4)《泰伯里经注》18：205。
(5)《泰伯里经注》18：206、205。
(6)《泰伯里经注》18：205。
(7)《泰伯里经注》18：206。

斯、端哈克等学者则认为（这个词表示的不是时间概念）这段经文的意义是："在你遭受我的惩罚之前，你就全力而逃吧！"

## 安拉的朋友的答复

这时，伊布拉欣对其父亲说："祝你平安！"正如其他章经文在形容穆民的特征时说：❧ 至仁主的仆人是在地上谦逊行走的人。当无知者呼唤他们时，他们说："平安！" ❧（25：63）又 ❧ 当他们听到无意义的言辞时，就转身离开。并说："我们有我们的工作，你们有你们的工作。祝你们平安。我们不求无知之人。" ❧（28：55）

伊布拉欣对其父亲说话的意思是：无论你怎么办，我都不会对你做出可憎或有害的事情，因为你拥有做父亲的尊严。

"我将为你而向我的主求饶。"我将祈求安拉引导你，恕饶你。

"他对我一直是最仁慈的。"伊本·阿拔斯等学者认为"最仁慈的"指慈爱的。因为安拉引导我拜他、忠于他。[1]

赛丁伊说"最仁慈的"指关心的。伊布拉欣曾在很长时期内祈求安拉恕饶他的父亲，他迁徙到沙姆、到了麦加、生下伊斯玛仪和易司哈格之后，还在为他的父亲求饶，他说：❧ 我们的主啊！求你在清算日到来的那一天恕饶我、我的父母和信士们吧！ ❧（14：41）早期的穆斯林们学习伊布拉欣先知，曾为他们的多神教徒亲属和族人求饶，后来安拉降示了：❧ 伊布拉欣和跟他一道的人，确实是你们的好榜样。当时他们对他们的族人说："我们跟你们和你们在安拉之外所拜的无关……除非伊布拉欣对他父亲所说的话，他说："我一定要为你祈求恕饶，但是在安拉那里我不为你掌握什么。" ❧（60：4）即你们不要学伊布拉欣的这句话。安拉说，后来伊布拉欣彻底放弃了这种祈祷，安拉说：❧ 先知和信士们在清楚了多神教徒是火狱的居民后，就不应为他们祈求恕饶了，即使他们是近亲。伊布拉欣为他的父亲祈求恕饶，是因为他（安拉）曾经答应过他。但是当他（伊布拉欣）明白了他（他父亲）是安拉的敌人时，他就和他断绝了关系。伊布拉欣确实是勤于祈求的，宽容的。 ❧（9：113-114）

"我将离开你们，以及你们在安拉之外所祈求的"，即我要远离你们以及你们舍安拉而崇拜的那些伪神，并要脱离关系。

"我求我的主"，即我要拜我的独一无偶的养主。

"我肯定不会由于对我的主的祈祷，而沦为不幸者。"这里的"عسى"（肯定）一词不能理解为"也许、或者"。因为伊布拉欣是仅次于穆圣㊎的众先知之领袖。

❧ 49.当他离开他们和他们舍安拉而崇拜的那些时，我赐给他易司哈格和叶尔孤白，并使他们都成为先知。 ❧

❧ 50.我赐给他们来自我的慈悯，并使他们享有崇高的声誉。 ❧

## 安拉给伊布拉欣赏赐易司哈格和叶尔孤白

清高伟大的安拉说，伊布拉欣为他而离开父亲和族人后，安拉赐给他更美好的报酬替代他们——安拉赐给他儿子易司哈格和孙子叶尔孤白，正如安拉所言：❧ 又额外赏赐给他叶尔孤白并使他们全都成为清廉的人。 ❧（21：72）又 ❧ 我就以易司哈格及他之后的叶尔孤白给她报喜。 ❧（11：71）无疑，易司哈格是叶尔孤白的父亲，正如《黄牛章》所述：❧ 叶尔孤白临终时你们在场吗？当时，他对他的儿子们说："我（归真）之后，你们崇拜什么？"他们说："我们将崇拜你的主宰，你的祖先伊布拉欣、伊斯玛仪、易司哈格——的主宰。" ❧（2：133）因此，经文在此提到易司哈格和叶尔孤白，指出这些先知都是伊布拉欣的后代，作为伊布拉欣先知生活中的慰借。

因此说："并使他们都成为先知。"如果在伊布拉欣活着的时候叶尔孤白没有成为先知，经文不会只提到他而对他的儿子优素福只字不提。因为穆圣㊎指出他也是先知。曾有人问穆圣㊎，谁是最优秀的人。穆圣㊎说："安拉的先知优素福·本·安拉的先知叶尔孤白·本·安拉的先知易司哈格·本·安拉的朋友伊布拉欣。"[2]另据传述："（最优秀的人是）尊贵的人·本·尊贵的人·本·尊贵的人·本·尊贵的人——优素福·本·叶尔孤白·本·易司哈格·本·伊布拉欣。"[3]

"我赐给他们来自我的慈悯，并使他们享有崇高的声誉。"伊本·阿拔斯说，这些先知都名垂千古。[4]伊本·哲利尔说，因为各宗教、教派的人们都在赞美他们，讴歌他们。愿主赐福安于一切先知。[5]

❧ 51.你在经典中也要提到穆萨。他的确是虔诚

---

(1)《泰伯里经注》18：207。
(2)《布哈里圣训实录诠释——造物主的启迪》8：212。
(3)《布哈里圣训实录诠释——造物主的启迪》8：212。
(4)《泰伯里经注》18：208。
(5)《泰伯里经注》18：208。

的，他是一位使者，也是一位先知。

❧ 52.我从山的右边喊他，并叫他走近与我交谈。❧

❧ 53.我因为我的慈悯，把他的兄长哈伦作为先知赐给他作帮手。❧

### 穆萨和哈伦

安拉提到伊布拉欣并赞扬他后，提到和他谈话的人穆萨先知，"你在经典中也要提到穆萨。他的确是虔诚的"。使徒们问："安拉的鲁哈（尔撒先知）啊！请告诉我们，谁是忠于安拉的人。"尔撒回答："为安拉工作而不喜欢被人赞美的人。"另一些人根据开口符，将"**虔诚的**"读为"受选拔的"。正如安拉所言：❧ 我的言辞在世人中选拔了你。❧（7：144）

"**他是一位使者，也是一位先知**"，安拉接连提到他的这两个属性，因为他属于具有坚定信念的五位大使者之一。这五位大使者是努哈、伊布拉欣、穆萨、尔撒和穆罕默德。愿主赐福他们。

"**我从山的右边喊他，并叫他走近与我交谈**"，即穆萨的右边。当时穆萨看到远处有火光闪现，便打算去拿一些火炭，当他走过去后，在身体右侧（西奈）山谷边发现了火。后来安拉呼唤了他，并让他走近谈话。

"**我因为我的慈悯，把他的兄长哈伦作为先知赐给他做帮手**"，即我应答了他的祈求和他为他的兄长哈伦的讲情，使哈伦也成为一位先知。正如安拉所言，（穆撒说：）❧ 而我的兄长哈伦比我长于辞令。因此，求你派他作为我的助手来证实我。我确实怕他们否认我。❧（28：34）又❧ 他说："穆萨啊！你所祈求的，已经赐给你了。❧（20：36）又我因为口吃而烦闷，❧ 所以求你委哈伦以使命吧。我还背负着他们的一项罪行，我怕他们会杀我。❧（26：13-14）因此，部分先贤说："今世中任何人为他人的讲情没有超越穆萨为哈伦的讲情——在穆萨的讲情下，安拉使哈伦成为了一位先知。安拉说：'我因为我的慈悯，把他的兄长哈伦作为先知赐给他作帮手。'"

❧ 54.你在经典中提到伊斯玛仪，他确实是重守承诺的人，也是一位使者、先知。❧

❧ 55.他曾经命令他的家人做礼拜和纳天课。他在他的主那里是受喜的。❧

### 伊斯玛仪

安拉在此表扬了他的朋友伊布拉欣的儿子伊斯玛仪先知，说他是遵守诺言的人。伊斯玛仪是全希贾兹地区阿拉伯人的祖先。伊本·哲利尔说："他只要给他的养主许下诺言，就一定去实现它。"[1] 换言之，他只要许诺为安拉做一件功修，就必定要做到。

有学者说，他被称为"**他确实是重守承诺的人**"，是因为他曾对他的父亲说：❧ 如果安拉愿意，你会发现我是一个坚韧的人。❧（37：102）后来他果真做到了。

重守承诺是一件美德，同样，轻诺寡信是一件恶德。清高伟大的安拉说：❧ 有正信的人们啊！你们为什么说你们不去做呢？你们说你们所不做的事，在安拉看来非常可恨。❧（61：2-3）穆圣说："伪信士的标志有三个：说话时撒谎，承诺后失信，受托后欺瞒。"[2] 与这些相反的则是穆民的属性。因此，安拉以"**重守承诺**"来表扬他的仆人和使者伊斯玛仪。

穆圣也是重守承诺的人，他对自己所许诺的事情，从来都不会失信。他曾经表扬他的女儿宰纳卜的丈夫阿毕·阿斯，说："他和我说话时，向来

---
（1）《泰伯里经注》18：211。
（2）《布哈里圣训实录》33：2682、2749、6095。

都说实话；他给我许诺时，向来都能实现。"(1)

使者☪归真后哈里发艾布·伯克尔站起来说："安拉的使者给谁许过诺言或欠了谁的账，就让他来我这里，我会为他处理的。"贾比尔·本·阿卜杜拉来到艾布·伯克尔跟前说："安拉的使者☪曾给我许诺：巴林的财产到来后，我要分给你如此、如此的……"他用手比画道：使者要分给他一捧财产(2)。后来巴林的财产到来后，艾布·伯克尔命令贾比尔捧了一捧，并让他数一数，数之后发现共计五百迪尔汗(3)。艾布·伯克尔另外又给了他五百迪尔汗。(4)

"**也是一位使者、先知。**"说明伊斯玛仪比他的兄弟易司哈格的地位尊贵，因为经文叙述易司哈格时只提到他是先知，而没有提到他是使者。而叙述伊斯玛仪时指出他不仅是先知，而且还是位使者。《穆斯林圣训实录》记载，穆圣☪说："安拉在伊布拉欣的儿子中选拔了伊斯玛仪……"(5)这段圣训证明我们的论述是正确的。

"**他曾经命令他的家人做礼拜和纳天课。他在他的主那里是受喜的。**"这些也属于良好的声誉和美德，因为伊斯玛仪不但自己坚持不懈地服从安拉，而且还命令家人也这样做。正如安拉对穆圣所说：❮你要命令你的家人礼拜，并要持续不断。❯（20：132）又❮有正信的人们啊！你们当使你们自己和你们的家属远离火狱，它的燃料是人和石头，它的上面是残酷的、严厉的天使，他们不违背安拉命令他们的，他们奉命行事。❯（66：6）即你们当命令他们行善，禁止他们作恶，而不要听之任之，不予理睬。否则在末日他们将被烈火所吞蚀。安拉的使者☪说："愿安拉慈悯这样一个男人：他夜间起来礼拜时叫醒他的妻子，如果妻子不愿起床，他就在她的脸上洒点水；愿安拉慈悯这样一位女人：她夜间起来礼拜时叫醒她的丈夫，如果丈夫不愿起床，她就在他的脸上洒点水。"(6)

❮56.你在经典中也要提到伊德里斯。他是诚实的人，也是一位先知。❯
❮57.我把他提升到崇高的地位。❯

## 伊德里斯

安拉表扬伊德里斯时说："**他是诚实的人，也是一位先知。**"安拉将他提升到一个很高的品级。如前所述，穆圣☪在登霄之夜于第四层天上看见了他。

穆佳黑德说"**我把他提升到崇高的地位**"，指升到第四层天。(7)穆佳黑德等学者说，"**崇高的地位**"指乐园。

❮58.这些是安拉确曾赐予恩典的众先知，是阿丹的子孙，是那些被我（在船中）同努哈一起救上来的人，是伊布拉欣和以色列的后裔，是我引导并选择的那些人。当至仁主的启示宣读给他们时，他们就会叩着头痛哭着倒身下拜。❯

### 这些先知都是受选拔的

清高伟大的安拉说，这些先知——并非仅仅指本章所述的这些先知，而是所有的先知——"**是安拉确曾赐予恩典的众先知**"。赛丁伊和伊本·哲利尔说："**阿丹的子孙**"主要指伊德里斯；和努哈一起乘船的人的子孙主要指伊布拉欣；伊布拉欣的子孙主要指易司哈格、叶尔孤白、伊斯玛仪；以色列的子孙主要指穆萨、哈伦和宰凯里雅、叶哈雅、尔撒·本·麦尔彦。"伊本·哲利尔说："虽然他们的祖先都是阿丹，但由于后面的谱系不同，经文还是分别叙述了他们。另一原因是他们中还有不属于'和努哈一起乘船的人'的子孙伊德里斯。他是努哈的祖父。"(8)笔者认为，显然，从血统上伊德里斯也属于努哈这一支派。

下列经文可以证明本章的经文并不仅指本章提到的先知。《牲畜章》中说：❮这就是我赐给伊布拉欣对付他族人的论证。我提升我所意欲的人的品级。你的主是明哲的、全知的。我赐给他易司哈格、叶尔孤白，我引导了他们每一个人，在他们之前，我引导过努哈和他的子孙中的达乌德、苏莱曼、艾优卜、优素福、穆萨、哈伦。我确这样回赐行善者。宰凯里雅、叶哈雅、尔撒、易勒雅斯，每一位都是清廉的。以及伊斯玛仪、艾勒叶赛尔、优努司、鲁特，我使他们每个人高于世人。我也从他们的一些先人中，他们的后代以及他们的弟兄中选拔了他们，并引导他们正道……那些人是受安拉引导的群体，所以你要遵循他们的道路。❯（6：83-90）

清高伟大的安拉说：❮的确我已经在你以前派遣了一些使者，他们当中有些我已经告诉了你。也有一些我没有对你说过。❯（40：78）《布哈里圣训实录》记载，穆佳黑德曾问伊本·阿拔斯：

---

（1）《布哈里圣训实录诠释——造物主的启迪》5：380。
（2）指迪尔汗。——译者注
（3）当时这不是一个小数目。——译者注
（4）《布哈里圣训实录诠释——造物主的启迪》4：554。
（5）《穆斯林圣训实录》4：1782。
（6）《艾布·达乌德圣训集》2：73。

（7）《泰伯里经注》18：213。
（8）《泰伯里经注》18：214。

"《撒德章》中有叩头的经文吗？"伊本·阿拔斯回答说："是的。"然后他读了这节经文：❮那些人是受安拉引导的群体，所以你要遵循他们的道路。❯（6：90）并说："你们的先知（穆圣㊥）奉命学习他们。他（达乌德先知）在他们之列。"[1]

"**当至仁主的启示宣读给他们时，他们就会叩着头痛哭着倒身下拜**"，即当他们听到那些蕴含着哲理和明证的经文时，谦恭地为主叩头，表示对主的顺从，对主的恩典的感谢。"**痛哭**"一词是复数（即他们都在哭）。因此，学者们一致认定在（读到或听到）这段经文时，要学习列圣，为安拉叩头。

❮ 59.**但在他们之后，一些废弃礼拜和追求欲望的后代继承了他们。所以，他们不久将遭到毁灭。**❯

❮ 60.**但是那悔过，并且归信和行善的人将会进入乐园，他们一点也不会被亏待。**❯

## 好后代和歹后代

安拉讲述了幸福的人——众先知和他们的追随者，他们坚守安拉的法律，执行安拉的命令，放弃安拉禁止的事情，然后又叙述了他们的后代——以后几个世纪的人们，说他们是"**一些废弃礼拜和追求欲望的后代**"。他们放弃礼拜后，理所当然地放弃了其他的一些义务。礼拜是宗教的支柱，是仆人的善功中最优秀的功课，而他们却在今世生活中纸醉金迷，穷奢极欲，这些人将在后世遭受严重的损失。

卡西姆·本·穆海麦莱解释"这些废弃礼拜的后代"时说："经文指的是废弃礼拜时间，因为废弃礼拜是隐昧（叛教）。"[2]

伊本·麦斯欧迪传述，有人问他：安拉为什么经常在《古兰》中提到礼拜？[3] 正如安拉所言：❮他们对于礼拜是疏忽的，❯（107：5）又❮他们是持续礼拜的，❯（70：23）又❮和谨守拜功的，❯（23：9）伊本·麦斯欧迪回答："这些经文都强调礼拜的时间。"有些人说："我们以前还以为经文指的是废弃礼拜呢！"伊本·麦斯欧迪说："不，废弃礼拜是隐昧。"[4]

麦斯鲁格说："任何坚持五番拜功的人都不被载入昏聩者的行列。废弃五番拜功能致人毁灭。废弃拜功指放弃拜功的时间。"[5] 欧麦尔·本·阿卜杜·阿齐兹读了这节经文："**但在他们之后，一些废弃礼拜和追求欲望的后代继承了他们。所以，他们不久将遭到毁灭。**"然后说："他们废弃的并不是礼拜，而是礼拜的时间。"[6]

"**所以，他们不久将遭到毁灭。**"伊本·阿拔斯说"غيّا"（毁灭）指损失；[7] 伊本·麦斯欧迪说它是火狱中一个恶臭深坑的名称；[8] 艾布·伊雅兹说它指的是火狱中的一个血脓坑。

"**但是那悔过，并且归信和行善的人**"，即那些废弃拜功、穷奢极欲后忏悔的人，安拉将接受他们的忏悔，并使他们得到美好的结局，使之成为享恩乐园的继承者。因此说，他们"**将会进入乐园，他们一点也不会被亏待**"。因为忏悔能消除以前所犯的一切罪恶。圣训说："犯罪后忏悔的人，好像无罪之人。"[9] 因此，这些忏悔者所做的善事不会被减少丝毫，他们也不会因为以前的罪恶而受到惩罚，以后做的善事更不会被减少。因为慷慨宽容的安拉一定既往不咎。本段经文（即"**但是那悔过，并且归信和行善的人将会进入乐园，他们一点也不会被亏待。**"）与上一节经文，在语法上是相独立的。正如《准则章》所述：❮他们只祈求安拉，不祈求其他的神灵。除非凭借权益，他们不杀死安拉已经禁止（杀害）的生命……安拉是至恕的、至慈的。❯（25：68-70）

❮ 61.**至仁主曾经许给他的众仆永居的乐园。他的许约是一定要兑现的。**❯

❮ 62.**他们在其中不听无聊的话，只听"平安"。他们将朝朝暮暮在其中获得供养。**❯

❮ 63.**那是我让敬畏的仆人所继承的乐园。**❯

## 真诚忏悔者的乐园的特征

清高伟大的安拉说，犯罪后忏悔的人们所要进入的乐园是永居的乐园——至仁主给坚信未见的仆人们所许诺的乐园。

"**他的许约是一定要兑现的。**"这是对上一节经文的强调。因为安拉绝不毁约。正如安拉所言：❮他的许诺必定要兑现。❯（73：18）[10]

---

（1）《布哈里圣训实录诠释——造物主的启迪》8：144。
（2）《泰伯里经注》18：215。
（3）《泰伯里经注》18：216。
（4）《泰伯里经注》18：216。
（5）《泰伯里经注》18：216。
（6）《泰伯里经注》18：216。
（7）《泰伯里经注》18：219。
（8）《泰伯里经注》18：218。
（9）《伊本·马哲圣训集》2：1420。
（10）这段经文中"兑现"的阿文是"مفعولا"，本章经文中"兑现"的阿文是"مأتيا"。——译者注

"他的许约是一定要兑现的"的意思是他们必定要去那里。也有学者认为经文指"他的约言是一定要来临的"。因为"它来到你跟前的一切,你都会来到它跟前"。比如阿拉伯人说"我到了五十岁"或"五十岁来临我了",其意义是一样的。

"他们在其中不听无聊的话",即他们在这些乐园中听不到低级无味、没有意义的话,那里和今世不同。

"只听'平安'",正如安拉所言:《他们在其中将听不到浮言,也没有罪恶。只是说道:"平安,平安。"》(56:25-26)

"他们将朝朝暮暮在其中获得供养",即乐园中,他们在早晚就餐的时间得到给养,并不指乐园中有白天和夜晚。在乐园中,他们通过光明和光线认识时间的经过。安拉的使者㕆说:"第一批进乐园的群体面容就像月圆之夜的月亮一样,他们在其中不吐痰,不流鼻涕,不大小便,他们的器皿和梳子是用金银制成的。他们的香炉是沉香制成的,他们的汗是麝香,每个人有两个配偶,她们漂亮至极,小腿内的骨髓透过皮肤清晰可见。她们之间没有分歧和矛盾。他们众人一心,早晚赞主。"[1]

安拉的使者㕆说:"乐园门附近有一条河,烈士们在这条河的光彩上一个绿色圆形建筑物中。他们的给养朝朝暮暮从乐园中到他们跟前。"

端哈克传述,伊本·阿拔斯在解释"**他们将朝朝暮暮在其中获得供养**"时说,"**朝朝暮暮**"指昼和夜的时刻。

"**那是我让敬畏的仆人所继承的乐园**",即具上述特征的乐园,将会让敬畏我的仆人们去继承。这些仆人在各种艰难困苦中服从安拉,克制私愤,原谅他人,正如《众穆民章》开头的经文所述:《信士们的确成功了。他们是在礼拜中谦恭的……这些人就是继承者,他们将继承非勒道斯,并将永居其中。》(23:1-11)

《64.除了奉你主的命令,我们绝不会下降,在我们以前、以后和在前后之间的都属于他,你的主不会忘记的。》

《65.(他是)诸天与大地以及它们之间万物的主。所以,你要崇拜他,并要坚持不懈地崇拜他,你可知道他有同名者吗?》

### 天使们只奉安拉的命令而降临

伊本·阿拔斯传述,安拉的使者㕆对吉卜勒伊里说:"你为什么不像以前那样经常来访问我?"后来安拉降示了:"**除了奉你主的命令,我们绝不会下降……**"[2]布哈里曾辑录上面的圣训,解释这段经文。[3]

伊本·阿拔斯说:"有段时间吉卜勒伊里未来访问穆圣,穆圣㕆因此很伤心,后来吉卜勒伊里到来后说,穆罕默德啊!**除了奉你主的命令,我们绝不会下降。**"[4]

"**在我们以前、以后和在前后之间的都属于他。**"有学者说:"**我们以前**"指今世的事情,"**以后**"指后世的事情。"**前后之间的**"指天使先后两次吹响号角区间的一切。这是艾布·阿林、艾克莱麦、穆佳黑德、赛尔德·本·朱拜尔、格塔德等学者的主张。[5]

也有学者说,"**我们以前的**"指将来的后世,"**以后**"指今世发生过的,"**前后之间的**"指今世和后世之间的。这是伊本·阿拔斯等学者的主

---

(1)《艾哈麦德按序圣训集》2:316。
(2)《艾哈麦德按序圣训集》1:231。
(3)《布哈里圣训实录诠释——造物主的启迪》8:282。
(4)《泰伯里经注》18:222。
(5)《泰伯里经注》18:224。

张。[1]安拉至知。

"你的主不会忘记的。"穆佳黑德说,其意义是你的主没有忘记你。[2]

"诸天与大地以及它们之间万物的主",即安拉是这一切的创造者、安排者、统治者、决策者,他的判决是不可抗拒的。

"所以,你要崇拜他,并要坚持不懈地崇拜他,你可知道他有同名者吗?"伊本·阿拔斯、穆佳黑德等学者解释说:"你可知道还有什么与安拉相似或相近?"[3]"艾克莱麦传述,伊本·阿拔斯说:"除了多福、清高的安拉之外,谁都不能被称为至仁者(拉赫曼,الرحمن)。他的尊名真圣洁!"[4]

❮ 66.人说:"当我死了的时候,我真的还会复活吗?" ❯

❮ 67.难道人记不得我从前造化了他吗?而那时他什么都不是。❯

❮ 68.以你的主发誓,我一定会把他们和那些恶魔集中起来,然后我使他们去火狱的周围跪下来。❯

❮ 69.然后,我一定由每一派中拖出那些最顽固地背叛至仁主的人来。❯

❮ 70.我确实至知最应该进入火狱的那些人。❯

### 人对死后的复生感到惊奇以及对他们的这种惊奇的驳斥

清高伟大的安拉说,人往往对死后的复生感到惊奇和不可理解。正如安拉所言:❮ 如果你惊异的话,那么他们说的话才是奇怪的:"当我们已经化为泥土后,我们还能以新面目(被复活)吗?" ❯ (13:5) 又 ❮ 难道人们没有看到我由精液造化了他们吗?但是突然间他们却变成了公开的对头……你说:"首次造化他们的主将使他们复活!他是深知一切造化的。" ❯(36:77-79)

本章的经文说:"人说:'当我死了的时候,我真的还会复活吗?'难道人记不得我从前造化了他吗?而那时他什么都不是。"安拉用初造证明了复造,即安拉最初造人时,人根本就不存在,后来人存在了,安拉还不能复造他吗?正如安拉所言:❮ 是他创始造化,然后复造之。复造对于他是更容易的。❯(30:27) 穆圣说:"清高伟大的安拉说,阿丹的子孙否认了我,但他不该否认我。阿丹的子孙伤害了我,但他不该伤害我。他对我否认时,他说:'他不会像初造我那样复造我。'其实对我来说,自始至终造物都是一样轻松的。他对我的伤害是,他妄言我有孩子。其实我是独一的、无求的、不生也不被生的,任何物都不与我匹配。"[5]

"以你的主发誓,我一定会把他们和那些恶魔集中起来。"清高伟大的安拉首先以其尊贵的本然发誓:他必定要将多神教徒和他们舍安拉而崇拜的恶魔召集起来。

"然后我使他们去火狱的周围跪下来。"伊本·阿拔斯说"جاثية"(跪下来)指坐下来。正如安拉所言:❮ 你将看到每个民族都屈膝跪着。❯(45:28)[6]赛丁伊和伊本·麦斯欧迪说,经文指站着。"然后,我一定由每一派中拖出那些最顽固地背叛至仁主的人来"。"每一派"指每一个民族。[7]伊本·麦斯欧迪说:"他们被逐个监禁起来,最后全部都要被召来,然后将根据他们罪行的大小,使他们依次前来接受惩罚。这就是安拉所说的:'然后,我一定由每一派中拖出那些最顽固地背叛至仁主的人来。'"[8]

下列经文所述情况与此相似:❮ 直到他们接踵进入火中,最后的一群人指最先的一群人说道:"我们的主啊!是这些人误导了我们,所以求你施给他们双重的刑罚吧!"他(主)说:"你们全都有加倍的。不过,你们不知道……你们为你们所做的尝受惩罚吧!" ❯(7:38-39)

"我确实至知最应该进入火狱的那些人",即安拉至知哪些人应该进火狱并永居其中,哪些人应该遭受加倍的惩罚。正如上面的经文所述:❮ 你们全都有加倍的。不过,你们不知道。❯(7:38)

❮ 71.你们中没有一个人是不来火狱的,这是你的主绝对注定的。❯

❮ 72.然后我将拯救那些敬畏的人,我任不义者跪在其中。❯

### 每个人都要去火狱,此后敬畏者将会得救

阿卜杜拉关于"你们中没有一个人是不来火狱的"说,架在火狱上的这座天桥,锋利如剑,经过这座桥时,最高品的人如闪电,第二品的人如疾风,第三品的人如骏马,第四品的人如最快的牛。他们经过的时候天使们在说:"主啊!请赐平安

---

[1]《泰伯里经注》18:224。
[2]《泰伯里经注》18:225。
[3]《泰伯里经注》18:226。
[4]《格尔特宾教律》11:130。
[5]《艾哈迈德按序圣训集》2:350。
[6]《泰伯里经注》18:227。
[7]《泰伯里经注》18:228。
[8]《散置的明珠》5:533。

吧！请赐平安吧！"（1）在各大圣训集中，相关的圣训不胜枚举。

安拉的使者㊣有一次在（圣妻）哈福索的房中说："参加过白德尔战役和侯代比亚协议的任何人都不进火狱。"哈福索说："安拉不是说'**你们中没有一个人是不来火狱的**'吗？"使者对她读道："**然后我将拯救那些敬畏的人**"。（2）两圣训实录辑录，安拉的使者㊣说："三个子女归真的穆斯林，只须经过火狱（但不进入其中），以实现主的誓言（你们中没有一个人是不来火狱的）。"（3）

阿卜杜拉·本·拉赫曼关于"**你们中没有一个人是不来火狱的**"说："穆斯林来火狱，指通过火狱上面的桥；多神教徒来火狱，指进入火狱。"

伊本·麦斯欧迪关于"**这是你的主绝对注定的**"说："这是你的主已经规定的誓言。"（4）穆佳黑德和伊本·朱莱杰说"**绝对**"指定然。（5）

"**然后我将拯救那些敬畏的人**"，即人们经过火狱时，隐昧者和犯罪者们将根据自己的罪恶情况坠入其中，此后安拉将根据穆民所行善事的情况，拯救他们脱离火狱。他们经过天桥的时间快慢取决于他们在今世中所做的善事的分量。然后他们要为一些犯大罪的穆民求饶。因为天使、先知和穆民们在后世中拥有说情权。他们将从火狱中救出已经被烈火吞蚀的许多人。但是烈火不会吞蚀人们在今世中叩拜安拉的部位——额头。说情者们将根据这些犯罪者的信仰程度救出他们，他们首先要救出心中有一枚金币大小正信的人，然后依次救出其信仰次于他们的人，甚至救出其信仰比一粒芥子要小许多的人，最后要救出一生中只念过一次清真言的人，哪怕他从未做过善事。只有那些被安拉判处无期之刑的人要永居火狱——正如安拉的使者㊣所说。所以，经文说："**然后我将拯救那些敬畏的人，我任不义者跪在其中。**"（6）

☪ 73.当我的明白的启示诵读给他时，隐昧的人对归信者说："两伙当中的哪一伙地位较高和场所更优？" ☪

☪ 74.我已经在他们之前毁灭了多少代人，他们的财富和外观都是更好的。☪

### 隐昧者因为今世的美好生活而洋洋得意

清高伟大的安拉说，当隐昧者们听到有人宣读

---

（1）《泰伯里经注》18：232。
（2）《艾哈麦德按序圣训集》6：362。
（3）《布哈里圣训实录诠释——造物主的启迪》3：142。
（4）《艾哈麦德按序圣训集》18：237。
（5）《艾哈麦德按序圣训集》18：237。
（6）《布哈里圣训实录诠释——造物主的启迪》13：48。

安拉的这些有明确证据的经文时，不但自己不去仔细听它，还阻碍他人去听，他们执迷不悟、自以为是地对穆民说他们是"**地位较高和场所更优**"的。即他们的地位更高、家园更美、会议场所更壮观，与会者更多。换言之，我们如此强大和幸福，怎么能说我们坚持的就是谬误呢？那些躲避在像艾勒格麦·本·艾勒格麦家那样的小屋中的贫苦穆斯林们怎么会是得到正道的人呢？正如安拉所言：☪ 隐昧的人针对归信者说："如果它是美好的，他们不会领先于我们而获得它！" ☪（46：11）努哈的民族说：☪ 他们说："在最下贱的人们追随你的情况下，我们能归信你吗？" ☪（26：111）又 ☪ 就这样，我使他们相互考验，以便他们说："难道这些人就是在我们当中安拉所特慈的人吗？"难道安拉不是至知感恩者吗？ ☪（6：53）因此，安拉驳斥他们的谰言，说："**我已经在他们之前毁灭了多少代人**"，即我曾经毁灭了许多否认我的古代民族。

"**他们的财富和外观都是更好的**"，即他们的财富、形象、外观和物品，都比这些否认者更多更好。

伊本·阿拔斯解释说，他们的家园、会场、物品和外观，都是更好、更美的。《古兰》描述法老的民族遭受毁灭时的情况说：☪ 他们留下了许多园圃和泉源、田地及美宅。☪（44：25-26）他说，经文中的"外观"指会议场所、聚会之地。安拉给穆圣㊣叙述鲁特先知的民族时说：☪ 并在你们聚集之地作恶事吗？ ☪（29：29）（7）阿拉伯人把集会之地称为"那迪"。（8）（9）

☪ 75.你说："迷误中的人，愿至仁主宽限他，直到他们看到他们所被许的——今世的惩罚或是复活之时，那时他们就会知道谁的地位最差，军队最弱！" ☪

### 叛逆者麻痹大意，但决不会得到麻痹大意的对待

清高伟大的安拉说，穆罕默德啊！你对这些否认他们的养主，并且执迷不悟还自以为是的人说："**迷误中的人，愿至仁主宽限他**"，即姑且不要说你是迷误者，还是我们是迷误者，只要谁执迷不悟，安拉就会任其自迷，直到他的寿限结束，见到安拉，"**直到他们看到他们所被许的——今世的惩罚或是复活之时，那时他们就会知道谁的地位最

---

（7）经文中的聚集之地指聚会场所。——译者注
（8）上文译成当众、外观等。——译者注
（9）《艾哈麦德按序圣训集》18：239。

差，军队最弱！"那时，大家自然而然地清楚了，当初在今世中谁的地位差，谁的援助者弱。

这段经文要求那些自称坚持真理的多神教徒，通过祈祷来证明自己的观点。正如经文曾要求犹太人通过祈祷证明自己的观点：❮你说："信奉犹太教的人们啊！如果你们妄言人类当中只有你们是安拉所宠爱的，如果你们是诚实的，那么你们就希望死亡吧！"❯（62：6）即你们就应当祈求安拉让执迷不悟的人死去——不论执迷不悟者是我们，还是你们。如果正如你们所说的那样，你们是坚持真理的，这种祈祷不会伤害你们。后来犹太教徒拒绝了穆圣☪的这个建议。我们已在《黄牛章》详述了相关历史。一切赞美，全归安拉。《仪姆兰的家属章》经文还提到穆圣☪曾要求基督教徒通过祈祷证明自己的观点。当时基督教徒坚持隐昧，肆无忌惮地说尔撒是安拉的儿子。而安拉明确指出尔撒是他的仆人，是像阿丹一样的一个被造物，但他们对安拉的明证置若罔闻，不予理睬。后来安拉说：❮谁在知识到达之后在其中和你发生争论，你说："你们来吧！让我们叫来我们的孩子和你们的孩子，我们的妇女和你们的妇女，我们自己和你们自己，然后让我们赌咒，求安拉诅咒撒谎的人。"❯（3：61）但基督教徒们还是不敢如此祈祷。

❮76.安拉将对那些行正道的人增加引导。持久的善行在安拉看来，是回赐更好的，归宿更好的。❯

### 遵循正道者将得到更多引导

前面提到安拉将使迷误者任其自迷，此处指出遵循正道的人会得到安拉格外的引导，正如安拉所言：❮每逢一章天经下降，他们当中就有人说："你们当中有谁因它而增加了信仰？"那些归信者，它使欣喜的他们增加信仰了。❯（9：124）

"持久的善功。"我们已在《山洞章》引用有关圣训，解释了"持久的善功"。即它的奖励以及干持久善功者的结局，都是最好的。

❮77.你可曾见到那不信我的迹象的人，他说"我一定会被赐给财富和子女"吗？❯

❮78.他难道窥见了未见，或是他曾与至仁主订过约吗？❯

❮79.当然不曾！我将记录他所说的，并将延长他的痛苦。❯

❮80.我要让他继承他所说的（财富和子女），

但是他将只身来到我这里。❯

### 驳斥妄称将在后世得到财产和儿女的隐昧者

胡拜卜·本·艾勒特说，我是一个铁匠，阿斯·本·瓦伊里欠我的一些债务未还。后来我去索要时，他说："以安拉发誓，要让我还你的债务，你首先得否认穆罕默德。"我说："以安拉发誓，我不会否认穆罕默德，你就等着死后的复生吧！"他说："我死后被复生时有儿有财，那时你再来找我，我会还你债务的。"后来安拉降示了"你可曾见到那不信我的迹象的人，他说：'我一定会被赐给财富和子女'吗？……但是他将只身来到我这里。"[1]

布哈里传述，胡拜卜说："我是个铁匠，我为阿斯·本·瓦伊里铸了一把宝剑，后来我去向他要账……"

"或是他曾与至仁主订过约吗？"布哈里说，"约"指契约。[2]

"他难道窥见了未见。"经文用疑问的口气

---

（1）《艾哈麦德按序圣训集》5：111。
（2）《布哈里圣训实录诠释——造物主的启迪》4：372。

驳斥了他曾说的话："我一定会被赐给财富和子女"。这里指末日。难道他知道他在后世中即将拥有的一切，因而说了这些"斩钉截铁"的话吗？

"或是他曾与至仁主订过约吗？"即难道他曾和安拉缔结过在后世中保障这一切的契约吗？(1)

"当然不曾！"这是对这个隐昧者说的话再次驳斥，也是对驳斥的强调。

"我将记录他所说的"，即他的要求、梦想和否认。

"并将延长他的痛苦"，即他将因为说这些隐昧的话，而在后世中遭受更严厉的惩罚。

"我要让他继承他所说的（财富和子女）"，即今世中我要让他得到他所说的儿女和财产，到了后世我将使他失去这一切。以便还报他曾说的话：我在后世不但能得到财产和儿女，而且还能得到更多的。

因此说："但是他将只身来到我这里。"在那里，他无财无儿。

❁ 81.他们在安拉之外设了一些"神"，以为它们是他们的相助者。❀

❁ 82.不会的，它们不久将否认他们的崇拜，并变成他们的对头。❀

❁ 83.难道你不知道我已把魔鬼派给隐昧的人，对他们加以煽动吗？❀

❁ 84.你不要对他们急躁。我只限定他们的（时间）。❀

### 多神教徒的"神"将否认曾受到崇拜

那些否认他们养主的多神教徒们，舍安拉而私自树立了许多所谓的神，以便得到它们的帮助。但最终事与愿违。安拉说，在末日，"不会的，它们不久将否认他们的崇拜，并变成他们的对头。"这些所谓的"神"将成为崇拜者的仇敌。正如安拉所言：❁ 谁比舍安拉而祈求那些直到复生日也不能回答他们，并且对他们的祈求毫无知觉的（伪神）的人们更迷误呢？当人类被集中起来时，它们（伪神）将变成他们的敌人，并否认他们的崇拜。❀（46：5-6）(2)

"并变成他们的对头"，赛丁伊说，这些偶像将成为它们的崇拜者最坚定的仇敌。端哈克等学者的主张与此相似。(3)

### 恶魔诱惑隐昧者

"难道你不知道我已把魔鬼派给隐昧的人，对他们加以煽动吗？"奥夫解释说："恶魔将怂恿隐昧者去反对穆圣㘾及其追随者。"(4) 格塔德解释："恶魔将鼓动隐昧者去违抗安拉。"(5) 阿卜杜·拉赫曼说，这段经文与下列经文相似：❁ 谁无视记念至仁主，我就指派一个魔鬼作为他的伙伴。❀（43：36）(6)

"你不要对他们急躁"，即穆罕默德啊！你不要因为这些人即将遭受惩罚而伤心，而急于想让他们早些步入正道。

"我只限定他们的（时间）。"我只是要把他们宽限到一个明确的期限，那时，他们就不可避免地遭到安拉的惩罚。❁ 你一定不要以为安拉是忽视不义者的行为的。❀（14：42）❁ 因此，你当宽限隐昧者，并对他们略加延缓。❀（86：17）❁ 我姑容他们，只为了他们罪上加罪。他们将受凌辱的惩罚。❀（3：178）❁ 我赐给他们片刻的享受，然后我将迫使他们去受重刑。❀（31：24）你说："你们享受吧！你们的归宿是火狱。"❀（14：30）赛丁伊解释说："我严格地为他们统计（他们度过的）年、月、日和时刻。"

❁ 85.那天，我要将骑乘的敬畏者集合到至仁主跟前。❀

❁ 86.我要把干渴的犯罪者赶到火狱。❀

❁ 87.除了已和至仁主缔约的人之外，无人有求情的权力。❀

### 敬畏者和犯罪者们在复生日的情况

清高伟大的安拉在此讲述他的盟友——敬畏者，他们在今世敬畏安拉，紧跟使者，信任使者，服从使者们所命令的，远离使者们所禁止的。在末日，这些敬畏者将以拜访团的形式乘着坐骑来见安拉。那时，他们的坐骑是由光造成的，他们将接受款待，进住永恒的家园。而那些否认众使者、并反对他们的犯罪者们，则将被强制性地赶到火狱中去，当时他们干渴难耐。阿塔、伊本·阿拔斯、哈桑、穆佳黑德、格塔德等学者说，经文中的"وردا"一词指干渴。(7)

在这里，将有声音问他们：❁ 两伙当中的哪一伙地位较高和场所更优？❀（19：73）

---

(1)《布哈里圣训实录诠释——造物主的启迪》4：372。
(2)《泰伯里经注》18：251。
(3)《泰伯里经注》18：250。
(4)《散置的明珠》5：538。
(5)《泰伯里经注》18：252。
(6)《泰伯里经注》18：252。
(7)《泰伯里经注》18：253。

"那天，我要将骑乘的敬畏者集合到至仁主跟前。"伊本·麦勒祖格解释说，穆民从坟墓中出来时，将会看到一个英俊无比、馨香无比的形象，他就问对方："你是谁？"那形象回答："你不认识我吗？"他说："是啊！安拉确赐给你馨香的气味，英俊的容貌。"那形象说："我是你的善功，我在今世中就是洁美的，那时你一直与我相随，所以，请过来骑到我身上吧！"于是他就骑到那形象上。这就是安拉所说的："那天，我要将骑乘的敬畏者集合到至仁主跟前。"

伊本·阿拔斯也认为经文中的"وفدا"指"骑乘的"。[1]

"我将把干渴的犯罪者赶到火狱。""وِرْد"指"干渴"。

"除了已和至仁主缔约的人之外，无人有求情的权力"，即穆民相互求情的时候，却没人为这些多神教徒求情，正如安拉所言：《所以，我们没有任何求情者。也没有一个热情的朋友。》（26:100-101）曾在至仁主那里缔约的人则不然，他们的约言是作证应受拜者，惟有安拉，并履行这句言辞的要求。

伊本·阿拔斯说："他们的约言是念清真言，并承认一切力量和办法都来自安拉，一切希望都在安拉那里。"[2]

《88.他们说："至仁主有儿子！"》
《89.你们的确触犯了一件最严重罪行！》
《90.因此，天几乎破，地几乎崩，山几乎塌。》
《91.因为你们妄称至仁主有子嗣，》
《92.而至仁主却不屑有子嗣。》
《93.天地间没有一物不以仆人身份到至仁主跟前。》
《94.他确已记录了他们，并计算过他们。》
《95.他们每一个都将在复生日单独地来到他跟前。》

### 严厉警告多神教徒妄言安拉有儿女

清高伟大的安拉在尊贵的本章经文中强调了尔撒的仆人身份，指出他是安拉通过他的母亲麦尔彦而造的，但他没有父亲。然后开始驳斥那些妄称安拉有儿女的人。赞美安拉超绝万物，清净无染，他与多神教徒的叙述毫无相干。

"他们说：'至仁主有儿子！'你们的确触犯了一件最严重罪行！"伊本·阿拔斯、穆佳黑德、格塔德等学者解释：你们因说这句话，而犯了大罪。

"因此，天几乎破，地几乎崩，山几乎塌"，即它们听到人类这句肆无忌惮的谰言后，因为尊重安拉而几乎破裂和坍塌。因为它们都是基于认主独一的被造物，它们存在的根本是应受拜者，惟有安拉；安拉没有伙伴和相似者，没有妻子儿女，没有任何物可以与安拉相匹配，他是独一无求的主。

伊本·阿拔斯在解释这段经文时说，诸天、大地和山脉以及宇宙万物——除了人类和精灵——因为以物配主的行为而惊恐万状，几近崩溃。它们都是非常敬畏安拉的。以物配主者的善功在安拉那里没有价值。希望安拉恕饶那些认主独一者的罪恶。安拉的使者㊝说："你们当给你们的临终者提念'应受拜者，惟有安拉'，因为谁在临终时念了它，乐园就对谁必定了。"圣门弟子们说："在健康的情况下念它会怎样？"使者说："更必定！更必定！"（即他更应该进乐园）然后接着说："以掌握我生命的安拉发誓，假若把诸天和大地以及天地间的一切和它们下面的一切，都放到一个秤盘中，将应受拜者，惟有安拉的证词放到另一个秤盘中，这句言辞一定比它们更重。"[3]毕塔格的圣训也可证明这一观点。[4]安拉至知。

端哈克说，经文指诸天因为害怕安拉的威严而破裂。

阿卜杜·拉赫曼说，大地因为安拉的恼怒，几乎迸裂。

伊本·阿拔斯说，山几乎坍塌。

伊本·朱拜尔说，山即将相继粉碎。

安拉的使者㊝说："任何人听到伤害自己的言辞后，都不会比安拉更能忍耐。人们在以物配他，为他设立儿女，而他还赐他们平安，替他们防御，供养他们。"[5]两圣训实录辑录："他们为他设子女，而他依然供养他们，赐他们平安。"[6]

"而至仁主却不屑有子嗣"，即如此伟大的安拉不适合有孩子。因为任何被造物都无法和他相匹配，万物都是他的仆人。

因此说："天地间没有一物不以仆人身份到至仁主跟前。他确已记录了他们，并计算过他们。"即自安拉创造它们之日起，直至末日，就知道它们的数目、性别，无论它们有多大或者有多小。

"他们每一个都将在复生日单独地来到他跟前。"那时，除了独一无偶的安拉，他们没有任何

---

(1)《泰伯里经注》8：380。
(2)《泰伯里经注》18：257。
(3)《泰伯里经注》18：257。
(4)《提尔密济圣训全集诠释》7：395。
(5)《艾哈麦德按序圣训集》4：405。
(6)《布哈里圣训实录诠释——造物主的启迪》10：527；《穆斯林圣训实录》4：2160。

相助者和援救者，安拉将根据他的意志判决万物，他是最公正的主，他不会亏枉任何人一丝毫。

❖ 96.那些归信并行善的人，至仁主将为他们设一种爱。❖

❖ 97.我已用你的语言，使它（古兰）成为容易的，以便你以它向敬畏者报喜，并警告悖逆的群体。❖

❖ 98.在他们以前我已毁灭了多少代人，你能发现他们当中的一个人，或是能听到他们的微声？❖

### 安拉使万物热爱清廉者

清高伟大的安拉说，他使那些清廉的众仆去热爱行善的穆民们，那些依照穆圣㊣的法律所做的善事可以取悦于安拉。安拉的这一规定是不可抗拒的。有关这方面的圣训很多，安拉的使者㊣说："当安拉喜爱一个仆人时，便召来吉卜勒伊里，对他说：吉卜勒伊里啊！我喜欢某人，故你也要喜欢他。于是，吉卜勒伊里便开始喜欢那人，并对天上的万物呼唤道：安拉喜欢某人！故你们当喜欢他！这样，天上的万物都开始喜欢那人，不但如此，地上的万物也将喜悦他；当安拉恼怒一个仆人时，便召来吉卜勒伊里，对他说：吉卜勒伊里啊！我恼怒某人，故你也要恼怒他。于是，吉卜勒伊里便开始恼怒那人，并对天上的万物呼唤道：安拉恼怒某人！故你们当恼怒他！这样，天上的万物都开始恼怒那人，不但如此，地上的万物也将愤恨他。"(1)

穆圣㊣说："当安拉喜爱一个仆人时，便召来吉卜勒伊里，对他说：'吉卜勒伊里啊！我喜欢某人，故你也要喜欢他。'于是，吉卜勒伊里在天上呼唤。然后，地上的生灵将受到谕示而喜欢那人。这就是清高伟大的安拉所说的：'那些归信并行善的人，至仁主将为他们设一种爱。'"(2)

### 《古兰》降示报喜讯、传警告

"我已用你的语言，使它（古兰）成为容易的"，即穆罕默德啊！我已用你所讲的明确、完整、简明的阿拉伯语，使《古兰》成为一部容易（诵读、理解等）的经典，以便你给那些响应安拉、坚信使者的敬畏者们报喜讯，"并警告悖逆的群体。""悖逆"指违反正道，弃明投暗。

"在他们以前我已毁灭了多少代人？"。即他们之前有许多民族否认安拉的经文和使者的教诲，因此他们都遭受了我的惩罚。

"你能发现他们当中的一个人，或是能听到他们的微声？"即你能看到他们中的一个人，或能听到他们发出的声音吗？伊本·阿拔斯、艾布·阿林等学者说，"ركزا"（微声）指声音。(3)哈桑和格塔德解释说："你能看到他们的一只眼睛或听到他们发出的声音吗？"(4)在语源学上，"ركزا"指轻微的声音。

《麦尔彦章》注释完。一切感赞统归安拉。如果安拉意欲，下面将注释《塔哈章》。赞美安拉。

---

(1)《艾哈麦德按序圣训集》2：514、431。
(2)《阿卜杜·兰扎格经注》10：450。
(3)《泰伯里经注》18：265。
(4)《泰伯里经注》18：265。

# 《塔哈章》注释　麦加章

奉普慈特慈的安拉之尊名

❝1. 塔哈。❞
❝2. 我降《古兰》给你，不是为了使你辛苦，❞
❝3. 而是为了劝诫那些畏惧者。❞
❝4. 一项来自造化大地和高高诸天的主的启示。❞
❝5. 至仁主升上了阿莱什。❞
❝6. 在诸天的、地上的、天地之间的，以及在湿土之下的一切都属于他。❞
❝7. 如果你高声说话，那么，他确实知道秘密的和更隐秘的。❞
❝8. 安拉！除了他之外无应受拜的，他有一些最美的名称。❞

## 《古兰》是来自安拉的劝诫和启示

我们已经在《黄牛章》论述了出现在各章节开头的单独字母，此处不再赘述。

"我降《古兰》给你，不是为了使你辛苦。"端哈克说，安拉给使者降示了《古兰》后，使者及其弟子们便按照经典的要求生活。古莱什的多神教徒们说，降给穆罕默德的这部经典，使他生活非常辛苦。后来安拉降示了"塔哈。我降《古兰》给你，不是为了使你辛苦，而是为了劝诫那些畏惧者。"[1]即事实并非如同追求谬误的人所妄言的那样，事实上安拉意欲一个人获得幸福时，才会赐予他来自他的知识。两圣训实录辑录中说，安拉的使者㊗说："安拉意欲谁幸福，就让谁精通宗教。"[2]

穆佳黑德说："'我降《古兰》给你，不是为了使你辛苦'如同❝因此你们要诵读《古兰》中对你们容易的经文。❞（73：20）他们（圣门弟子们因为疲劳）礼拜时曾在胸部绑上绳子。"[3]

格塔德在解释这段经文时说："不，以安拉发誓，这部经并没有带来辛苦，恰恰相反，这部经典是来自安拉的慈悯和光明，是通向乐园的指南。"[4]

"而是为了劝诫那些畏惧者。"安拉遣圣降经，以便慈悯众生，劝诫世人，让那些听到它的人从中获益。安拉在这部"劝诫"中阐明了非法与合法。

"一项来自造化大地和高高诸天的主的启示"，即穆罕默德啊！降临于你的这部《古兰》，是来自你的养主、万物的养主——安拉的启示。安拉按照其意志，掌管万物，全能万事；他创造了大地，在其中设置高原和盆地，创造了诸天，使其高远而神奇。

"至仁主升上了阿莱什。"我们已在《高处章》注释了相关经文，此处不再赘述。理解这段经文的最正确的方法就是先贤的方法——他们按照《古兰》和圣训所述的那样归信它，坚信安拉的任何行为不会像人所想象的形式那样去体现，他们也不篡改经典的原文，不以任何物比拟、比较安拉的行为，更不否认安拉应该具备的属性。

"在诸天的、地上的、天地之间的，以及在湿土之下的一切都属于他"，即一切都在他的权限和管理之中，都在他的支配、意志和判决之内，他是万物的创造者、掌管者和主宰，只有他是万物的养育者。

"湿土之下的"，伊本·凯尔卜说："经文指七层地之下的。"[5]

"如果你高声说话，那么，他确实知道秘密的和更隐秘的"，即创造天地万物，降示这部《古兰》的安拉，知道一切秘密。正如安拉所言：❝你说："知道诸天与大地中的奥秘的安拉降下了它。他确实是至赦的、至慈的。"❞（25：6）

伊本·阿拔斯认为，"秘密的"指人心中所想的事情。"更隐秘的"指人以后将要做的事情。安拉知道这一切，在安拉的知识中，历史和未来是一样的；在安拉那里，创造万物和创造一物是一样的。正如安拉所言：❝造化和复活你们，就和（造化和复活）一个人一样。❞（31：28）[6]

"安拉！除了他之外无应受拜的，他有一些最美的名称。"给你降示《古兰》的安拉，是独一的主，他具有最优美的一些名称和至高无上的属性。

❝9. 穆萨的消息到达你了吗？❞
❝10. 当时，他看见了火，他对他的家人说："你们等一等，我确实看见了火，也许我可以为你们从那里取来一个火把，或是在火那里得到向导。"❞

---

（1）《格尔特宾教律》11：167。
（2）《布哈里圣训实录诠释——造物主的启迪》2：719。
（3）《泰伯里经注》18：269。
（4）《泰伯里经注》18：269。
（5）《泰伯里经注》18：271。
（6）《泰伯里经注》18：272。

## 穆萨接受使命

清高伟大的安拉从这里开始讲述穆萨的故事，向我们介绍他最初是怎样接受启示的，以及怎样和安拉谈话的。那是穆萨结束了为岳父牧羊的约期之后发生的事情。他带着家人——有学者说，向阔别十年之久的埃及方向——夜行。他和他的妻子在一个寒冷的夜晚迷了路，住在一条山间小道旁，云雾封锁了这个又黑又冷的山区。穆萨像往常一样，不停地用火镰打火，可是怎么也打不出火来。正在这时，他在右侧的山旁看到了火光。他高兴地对家人说："我确实看见了火，也许我可以为你们从那里取来一个火把。"另一段经文则说：✦或带来一把火炭，以便你们取暖。✧（28：29）"火炭"指带火焰的炭，说明当时天气寒冷。

本章经文中提到"火把"，说明天色黑暗。

"或是在火那里得到向导"，以便为我们指路。说明当时他迷了路。伊本·阿拔斯说："他们在寒冷的冬天迷了路，穆萨想：'哪里有向导呢？'正在这时，他看到了火，便对家人说：'如果我没有发现向导，就带来点火让你们取暖。'"(1)

✦11.但当他到达火边时，他被（一个声音）呼吁道：穆萨啊！✧

✦12.我确实是你的主，你当脱下你的鞋子，因为你是在"图瓦圣谷"当中。✧

✦13.我已选择了你，所以你要恭听启示。✧

✦14.的确，我是安拉，除我之外无应受拜的。所以你应当崇拜我，并为了记念我而谨守拜功。✧

✦15.复活时必定来临，我几乎要隐藏它，以便每一个人都能按他的努力而获得回赐。✧

✦16.所以不要让那不信它并追随私欲的人阻止你，以致你遭受毁灭。✧

### 穆萨最初受到的启示

"但当他到达火边时"，即当穆萨靠近火时，"他被（一个声音）呼吁道：'穆萨啊！'"另一段经文说：✦但当他到达火时，从山谷的右边，丛林中被赐福的地方，发出呼唤他的声音："穆萨啊！我是安拉。"✧（28：30）本章的经文说："我确实是你的主"，即和你谈话、并呼吁你的主。

"你当脱下你的鞋子。"阿里、艾布·则尔等圣门弟子说："穆萨当时穿的是用驴皮制成的鞋子，属于不洁之物。"也有学者说："命令脱鞋的原因是为了尊重这个山谷。"(2)

"图瓦"，伊本·阿拔斯等学者说"图瓦"是这座山谷的名称；(3)有学者说："因为你是在'图瓦圣谷'当中"的意思是："你脚下踩的是圣谷。"也有学者说，这个地方曾两度被定为圣地，其中蕴含着无限的福分(4)。第一种解释是最明确的，正如安拉所言：✦当时，他的主在圣洁的谷地——图瓦呼唤他：✧（79：16）

"我已选择了你"，如✦我已以我的使命和告谕在世人中选拔了你。✧（7：144）即我在当时的世人中选拔了你。

据说，安拉曾问道："穆萨啊！你可知我为何在世人中选择你做我的交谈者吗？"穆萨说："不知道。"安拉说："因为你对我的谦恭是举世惟一的。"

"所以你要恭听启示"，即现在你听我对你说的话和下降的启示。

"的确，我是安拉，除我之外无应受拜的。"每个成人的第一件义务就是要知道：应受拜者，惟有独一无偶的安拉。

"所以你应当崇拜我"，即你要诚信我是独一

---
(1)《泰伯里经注》18：277。
(2)《泰伯里经注》18：278。
(3)《泰伯里经注》18：281。
(4) 按这种解释，图瓦指蕴涵福分的地方。——译者注

的，并当坚持拜我，我没有伙伴。

"并为了记念我而谨守拜功。"有学者说，经文的意思是：你当为了记念我而礼拜；也有学者认为经文指：当你记起我的时候，你要礼拜。下列圣训能证明第二种解释：安拉的使者㊗说："当你们中的一人因为睡觉或疏忽而没有礼拜时，他就得在记起的时候（立即）礼拜。因为清高伟大的安拉说：'并为了记念我而谨守拜功。'"[1]两圣训实录辑录，安拉的使者㊗说："谁忘了或疏忽了礼拜，其罚赎是在记起的时候立即礼拜。除此之外别无罚赎。"[2]

"复活时必定来临，我几乎要隐藏它。"伊本·阿拔斯曾这样读这段经文："我几乎从我的心上隐藏它。"[3]因为复活时对安拉不是什么秘密。[4]

阿里·本·吾班叶传述，伊本·阿拔斯解释说："除我之外，我不让任何人发现它（的具体时间）。"[5]他还读道：❮它在天地之间是重大的，它将突然来临。❯（7：187）

"以便每一个人都能按他的努力而获得回赐"，即我一定会让复活时到来，以便报酬每个人的行为。❮谁曾经做过微尘重的善事，他会看见它。谁曾经做过微尘重的坏事，他也会看见它。❯（99：7-8）又❮你们只被报以你们当初所做过的。❯（52：16）

"所以不要让那不信它并追随私欲的人阻止你。""你"指每个成人。即你们不要跟随否认复活之时的人的道路，他们在今世苟且偷安，违抗安拉，穷奢极欲。谁同意他们的观点，谁就会追悔莫及，损失惨重。

"以致你遭受毁灭。"否则你就会毁于一旦。伟大的安拉说：❮当他沦亡时，他的财富对他无用。❯（92：11）

❮17.穆萨啊！在你右手中的是什么？❯

❮18.他说："那是我的手杖，我依仗它，用它摇下树叶供我的羊群，它对我还有其他的用途。"❯

❮19.他说："穆萨啊！你掷出它！"❯

❮20.他就掷出了它。顷刻间它变成了一条蜿蜒的蛇。❯

❮21.他说："你抓住它，不要怕，我将使它恢复它的原形。"❯

### 穆萨的手杖变巨蛇

这是安拉给穆萨的明证和奇迹，它精彩地证明了只有安拉能使这些奇迹发生，也只有安拉的使者能够为人们显示它。

"穆萨啊！在你右手中的是什么？"有些经注学家说，安拉以这种方式和穆萨开始谈话，以便让他感到亲近、温馨；也有学者说，这种表达方式是为了强调，即现在我将用你非常熟悉的手中的手杖创造奇迹。经文中的疑问句，表示的是肯定。

"他说：'那是我的手杖，我依仗它，用它摇下树叶供我的羊群'"，即在走路时拄着它，我用它打下树叶喂羊。

伊玛目马立克说，"摇树叶"指把手杖伸进树枝当中摇动，让树上的叶子和果实掉下来，而不损伤树枝。所以叫"摇树叶"，而不是"打树叶"。[6]

"它对我还有其他的用途"，即这个手杖的作用还有很多。有些经注学家对经文并未述及的用途做过牵强附会的各种解释，这里不必要赘述。

"他说：'穆萨啊！你掷出它！'""它"指手杖。

"他就掷出了它。顷刻间它变成了一条蜿蜒的蛇"，即刹那间那手杖变成了一条巨蛇，飞速地爬行，其速度是任何一条蛇无法相比的。它不但跑得快，而且形体硕大无比。"蜿蜒"，指它爬行的样子。

"我将使它恢复它的原形"，即我要让它恢复成你所熟悉的那个手杖。

❮22.把你的手放在你的怀里，手就会变成洁白的，而没有疾病，那是另一个迹象。❯

❮23.以便我向你显示一些我更大的迹象。❯

❮24.你到法老那里去；他实在是过分了。❯

❮25.他说："我的主啊！求你扩展我的胸怀。❯

❮26.求你使我的事业对我容易。❯

❮27.并解除我的口吃，❯

❮28.以便他们可以了解我所说的。❯

❮29.并求你在我的家人中赐给我一位助手❯

❮30.——我的兄长哈伦。❯

❮31.让他来支持我，❯

❮32.并让他与我共事。❯

---

[1]《艾哈麦德按序圣训集》3：84。
[2]《布哈里圣训实录诠释——造物主的启迪》2：84；《穆斯林圣训实录》1：477。
[3]《大能主的启迪》3：361。
[4]《散置的明珠》5：563。
[5]《泰伯里经注》18：285。

[6]《散置的明珠》5：564。

﴾33.以便我们能多多地赞颂你，﴿
﴾34.多多地记念你。﴿
﴾35.因为你是明察我们的。"﴿

## 穆萨的手变成白色的，但他没有患任何疾病

这是安拉给穆萨的第二个明证。安拉命令穆萨把手放进口袋中——正如另一段经文所说。本章经文则说："把你的手放在你的怀里。"另一段经文说：﴾然后缩回你的左臂靠紧（你的胸部），以便消除恐惧。这是你的主对法老和他的幕僚的明证。﴿（28：32）

穆佳黑德认为经文的意思是：你把手夹到你的腋下。(1)

穆萨把手放进口袋中，然后抽出手来时，他的手像一瓣月亮一样闪闪发光。

"手就会变成洁白的，而没有疾病。"伊本·阿拔斯说："他的手上并没有患有白癜风等任何疾病。"(2)

哈桑说："以安拉发誓，穆萨抽出手时，他的手就像一盏明灯。所以穆萨确信了安拉。"(3)

因此说："以便我向你显示一些我更大的迹象。"

## 命令穆萨去给法老宣教

"你到法老那里去；他实在是过分了"，即你回到埃及国王法老那里去，你当年逃离了他，现在你去号召他崇拜独一无偶的安拉，忠告他善待以色列的后裔，不要再惩罚他们。这个法老确实是个惨无人道的暴君，他沉湎于今世而忘记了至高无上的安拉。

## 穆萨的祈求

"他说：'我的主啊！求你扩展我的胸怀。求你使我的事业对我容易。'"穆萨祈求安拉使他心胸开阔，因为他所奉命去完成的事业实在太伟大了。他要去号召的，是当时世上最强大、最暴虐、最否认、最反叛的国王，此人不但兵多将广，而且国势强盛。他甚至声称不知道世上有安拉，妄言他就是百姓独一无二的主宰！穆萨曾在他的王宫中长大，后来杀死了他的一个族人，担心遭到他的杀害而远走他乡，离开了很久。即便如此，安拉还是派遣穆萨去做他们的警告者，号召他们崇拜独一无偶的安拉。所以穆萨说："我的主啊！求你扩展我的胸怀。求你使我的事业对我容易。"如果你不襄助我，不支持我，我对他们是无能为力的。

"并解除我的口吃，以便他们可以了解我所说的。"这是因为穆萨曾将火炭放到嘴里而造成的口吃。(4) 穆萨祈求安拉消除他的口吃病，假若他要求安拉根除这一疾病，安拉也会应答他。但先知们向安拉祈求时，只祈求解决他们的难题。因此，他的口吃病并没有完全根除。

安拉讲述了法老的情况，他曾说：﴾不然，我比这个卑贱的人更好。﴿（43：52）

"并求你在我的家人中赐给我一位助手——我的兄长哈伦。"这也是穆萨提出的与他本人无直接关系的请求。即要求安拉派遣他的兄长哈伦支持他。伊本·阿拔斯说："穆萨成为先知的那一时刻，哈伦也成为了先知。"(5)

阿伊莎（愿主喜悦之）说：我去副朝时，住在一个游牧人家里，我听有人说："今世中哪个兄弟对其兄弟最有益？"众人都说不知道。但那人说："以安拉发誓，我知道。"我心想："此人发誓不打折扣，他一定知道答案。"只听那人说："是穆萨，因为在他的请求下安拉使他的兄长哈伦成为了先知。"我想："以安拉发誓，说得对。"安拉赞美穆萨先知说：﴾他在安拉那里是有面份的。﴿（33：69）

"让他来支持我"，穆佳黑德说，让他做我的后盾。

"并让他与我共事"，即好让我遇事和他商议。

"以便我们能多多地赞颂你，多多地记念你"，穆佳黑德说："仆人要跻身于记主者的行列，就得站着、坐着和躺着记念安拉。"(6)

"因为你是明察我们的"，即你凭你的慧光选择了我们，赐给我们圣品，并派我们去号召你的敌人法老。一切赞美都归于你。

﴾36.他说："穆萨啊！你所祈求的，已经赐给你了。﴿
﴾37.我确曾在另一次对你显示过我的恩典。﴿

---

(1)《泰伯里经注》18：297。
(2)《泰伯里经注》18：298，297。
(3)《泰伯里经注》18：298。
(4) 穆萨的童年是在法老的宫殿中长大的，有一次法老抱起他玩时，他撕住了法老的胡子，法老暴跳如雷，当时就要杀死穆萨，阿西娅说："他还是个不懂事的孩子，你可以放一些珠宝和火炭，看他选择什么，如果他选择了珠宝，说明他已经懂事，你就杀了他。如果他选择了火炭，说明他不懂事。"后来穆萨在安拉的襄助下选择了火炭，并把它放进了嘴中，从此留下了口吃的隐患。另一些经注说，当时法老让穆萨选择火炭和枣。请看其他经注。——译者注
(5)《散置的明珠》5：567。
(6)《格尔特宾教律》14：186。

❦ 38.那时我对你的母亲降下启示。❧

❦ 39.你把他放进箱柜中,并让它漂浮在水中,以致河水将他冲到岸上,他将被一个我的敌人也是他的敌人拾去。我对你赋予了发自我的爱,以便你能在我的看顾之下被抚养长大。❧

❦ 40.当时,你的姐姐走去说:'我可以介绍一位抚养他的人吗?'因此我又使你重回到你的母亲跟前,以便她快乐无忧。以后你确实杀了一个人,但我把你从忧愁中救出来。我并以种种磨练考验你。然后你在麦德彦人中逗留了若干年。穆萨啊!然后,你依定然来到这里。"❧

## 接受祈求的喜讯 提醒以前的恩典

安拉应答了穆萨的祈求,并让他回忆安拉以前赐给他的恩典。当他在襁褓的时候,他的母亲担心他被法老的臣民所杀,担惊受怕地抚养着他。他出生的时候,正是法老命人屠杀以色列后裔所生的一切男孩的年代。他的母亲为了不让人发现他,每次给他喂完奶就把他放到一个箱柜中,把箱柜放到尼罗河上,并用一根绳子把它拴起来。有次去拴绳子时,不小心箱柜从手边溜脱了,带着穆萨漂进了大海。安拉讲述了穆萨的母亲当时所经历的痛苦和忧愁:❦ 穆萨母亲的心情变成空虚的。如果不是我稳定了她的心,使她成为归信者,她几乎要暴露他(的事情)。❧(28:10)后来海水把他带到法老的宫殿,❦ 法老的家人捡了他,以致使他成为他们的仇敌和忧患。❧(28:8)即就在他们对以色列的后裔赶尽杀绝,防备穆萨出世的时候,安拉却注定了这一切。安拉还注定——权力和大能统归安拉——穆萨在法老的宫殿中成长,与他同吃同喝,享受着他和他妻子的爱护。因此,安拉说:"**他将被一个我的敌人也是他的敌人拾去。我对你赋予了发自我的爱**",即我让你的敌人喜爱你。赛莱迈·本·库海里解释说:"我让我的众仆都喜爱他。"[1]

"**以便你能在我的看顾之下被抚养长大。**"艾布·仪姆兰解释说:"他在安拉的监护下被抚养成人。"[2]

"**当时,你的姐姐走去说:'我可以介绍一位抚养他的人吗?'因此我又使你重回到你的母亲跟前,以便她快乐无忧。**"穆萨到了法老家后不让他们找来的任何一位奶妈喂奶。安拉说:❦ 我从前对他禁止了乳母们(喂奶)。❧(28:12)后来他的姐姐到来说:❦ 我可以给你们指点一家人吗?他们将为你们照顾他,他们是忠于他的。❧(28:12)

(1)《泰伯里经注》18:303。
(2)《大能主的启迪》3:367。

即我介绍你们去雇用一位奶妈好吗?后来她带他们来到他的母亲跟前,母亲送上乳房后,穆萨欣然吸吮,众人皆大欢喜。后来他们雇用他的母亲为他喂奶。穆萨的家人因为他的原因而在今世中得到了幸福和地位,后世中获得了更大的成功。安拉说:"**因此我又使你重回到你的母亲跟前,以便她快乐无忧**",即让她不要为你而担忧。

"**以后你确实杀了一个人**",即你杀了一个科普特人。

"**但我把你从忧愁中救出来。**"当年法老的族人决定杀死穆萨,穆萨因此而忧心如焚,便逃离他们,到麦德彦一个有水的地方。在那里,一位清廉的人对他说:❦ 不要怕!你已经脱离了不义的民众。❧(28:25)然后你在麦德彦人中逗留了若干年。穆萨啊!然后,你依定然来到这里。

❦ 41.我已为我而选择了你。❧

❦ 42.你和你的兄弟带我的迹象去吧!你俩不要懈怠于记念我。❧

❦ 43.你俩去法老那儿,他确实是过分了。❧

❦ 44.不过你俩要对他说温和的话,他或者可能

受劝，或畏惧。》

### 安拉选拔穆萨，并派遣他去温和地劝告法老

清高伟大的安拉说，穆萨先知逃离法老及其族人的追杀后，在麦德彦居住多年，给他的岳父牧羊。他和他的岳父所定的约期结束后，他依安拉的前定和意志，告别岳父来到这里。此前，他和安拉并没有在此谈话的约定。一切事务全归清高伟大的安拉掌握。安拉让他的众仆和众生，很容易地做到他要他们做的事情。因此说："穆萨啊！然后，你依定然来到这里。"穆佳黑德说，这次谈话有约在先。(1)

格塔德解释这段经文时说："穆萨依照安拉的前定，来接受使命和圣品。"(2)

"我已为我而选择了你"，即我按照我的意志，选拔你做我的使者。安拉的使者说："阿丹和穆萨相遇后，穆萨说：'你就是那个使人类遭受不幸的人，你使他们离开了乐园。'阿丹说：'你就是安拉为其使命选拔的人，安拉为他而选择了你，并给你降示了《讨拉特》，是这样吗？'穆萨说：'是的。'阿丹说：'安拉造我之前，这一切早就被注定了，是这样吗？'穆萨说：'是这样的。'阿丹遂驳倒了穆萨。"(3)

"你和你的兄弟带我的迹象去吧！""迹象"指明证、奇迹。

"你俩不要懈怠于记念我。"伊本·阿拔斯说"懈怠"指迟缓。(4)换言之，穆萨和哈伦在记念安拉方面从不松懈，甚至在见到法老的时候还是如此，以便通过记念安拉获得来自安拉的襄助和力量，从而压倒法老。

"你俩去法老那儿，他确实是过分了"，即他确实已经冥顽不化，桀骜不驯，惨无人道，顽抗安拉。因此说："不过你俩要对他说温和的话，他或者可能受劝，或畏惧。"这段经文确实值得我们去深思。法老骄傲横暴、穷凶极恶，穆萨则是安拉当时所特选的人，即便如此，安拉还是命令穆萨温和地和法老讲话。所以，穆萨和哈伦对法老说话时和颜悦色、彬彬有礼，从而在人们心中留下了深刻的、积极的好印象。正如安拉所言：《你应当以哲理与善劝导人于你主的道路，并用最好的（方式）和他们辩论。》（16：125）

"他或者可能受劝，或畏惧"，即或许他能弃暗投明，免于毁灭，或者他因为害怕安拉而做一些善事。正如安拉所言：《他为意欲记念的人和意欲感激的人……》（25：62）"受劝"指放弃罪恶；"畏惧"指行善。

《45.他俩说："我们的主啊！我们怕他会过分地对待我们，或是更加横暴。"》

《46.他说："你俩不要怕，我与你们同在，我听着且看着。》

《47.你俩去他那里，并说：'我们确实是来自你的主的两位使者。所以，请你让以色列的子孙随我们一同出走，你不要折磨他们。我们确已给你带来你的主的迹象！平安在追随引导的人身上！》

《48.我们已受到启示：不信和背弃的人将遭受惩罚。'"》

### 穆萨害怕法老 安拉使之镇定

穆萨和哈伦向安拉求援，并诉说道："我们怕他会过分地对待我们，或是更加横暴"，即他或许会迫不及待地惩罚我们或伤害我们，使我们遭受冤屈。

伊本·阿拔斯说，"横暴"指过分。(5)

"他说：'你俩不要怕，我与你们同在，我听着且看着'"，即你俩不用怕他，因为我和你俩同在，我听着你们的谈话，观察着你们的处境，我对你们的事情一览无余。你俩要知道，他的性命归我掌管，他的言谈举止，一呼一吸，都得经过我的允许和命令。我的庇佑、襄助和支持与你俩同在。

### 穆萨当面劝告法老

"我们确已给你带来你的主的迹象！""迹象"指明证和奇迹。

"平安在追随引导的人身上！"即如果你遵循正道，就祝你平安。因此，穆圣致罗马国王希拉克略的信开头写道："奉普慈特慈的安拉之尊名，穆罕默德——安拉的使者致希拉克略——罗马国王。我以伊斯兰的召唤号召你。归信伊斯兰，你就会得到平安，安拉将赐给你两次奖励。"(6)所以，穆萨和哈伦对法老说："平安在追随引导的人身上！**我们已受到启示：不信和背弃的人将遭受惩罚**"，即安拉通过受他保护的启示告诉我们：他的惩罚是专为那些否认他的迹象和违背他的人而准备的。正如安拉所言：《至于那悖逆，并选择今世的人，火狱就是他们的归宿。》（79：37-39）又《我曾以发焰

---

(1)《泰伯里经注》18：311。
(2)《阿卜杜·兰扎格经注》3：17。
(3)《布哈里圣训实录诠释——造物主的启迪》8：288；《穆斯林圣训实录》4：2044、2043。
(4)《泰伯里经注》18：312。

(5)《散置的明珠》5：580。
(6)《布哈里圣训实录诠释——造物主的启迪》1：42。

的烈火警告你们。只有最不幸的人才进入它。他不信真理并背离它。》（92：14-16）又《 因为他既没有正信，也没有礼拜。但他否认了，并且躲避。》（75：31-32）即他内心否认真理，行为背叛安拉。

《 49.他说："穆萨啊！谁是你俩的主啊？"》
《 50.他说："我们的主就是赋予万物形态，并给予引导的主。"》
《 51.他说："那么以前各代的情况是怎样的？"》
《 52.他道："那知识在我的主那里，在一部册簿中。我的主从不错误，也不忘记。"》

### 穆萨和法老的对话

清高伟大的安拉说，法老否认万物的创造者、养育者和掌权者。他对穆萨说："**穆萨啊！谁是你俩的主啊？**"即谁派遣了你，委你以使命？我怎么不认识他？据我所知，除我之外再无主宰。

"他说：'**我们的主就是赋予万物形态，并给予引导的主。**'"阿里·本·艾布·特里哈传述，伊本·阿拔斯解释说："我们的主是为万物创造配偶的安拉。"(1)

端哈克传述，伊本·阿拔斯说："我们的主是把人造成了人，把驴造成了驴，把羊造成了羊的安拉。"

穆佳黑德说："我们的主是给万物赋予形象的安拉。"

又传述，穆佳黑德说："我们的主是协调地创造一切牲畜的安拉。"

伊本·朱拜尔解释这段经文时说："我们的主是给每种被造物赋予相应形态的安拉。"(2) 他使人不具有牲畜的属性，使牛羊不具有狗的属性，使狗不具有羊的属性；他还为万物创造了相应的配偶，使一切协调而自然。使万物在形态、生活和配偶等方面都不相同。

有位经注学家说，经文的意思是安拉赋予万物形态，并加以引导。正如安拉所言：《 他预定并加以引导。》（87：3）即安拉预先设定好了万物生存的过程，然后引导他们去遵循。换言之，他早就规定了他们的行为、寿限和生活给养，而万物则不偏不倚地遵循着这条准则生活。他说，穆萨的意思是：我们的主是创造万物，并预定一切，然后让万物去遵循他的意志的安拉。

"他说：'那么以前各代的情况是怎样的？'"对这段经文最正确的解释是：穆萨告诉法老，他的主是创造万物，供养万物，预定万事，并加以引导的主宰后，法老狡辩道："如果事实如你所说，那么古人的事情又作何解释呢？他们不但没有崇拜安拉，而且去崇拜他神。"穆萨回答说："他们虽然没有崇拜安拉，但安拉掌握他们的知识。在安拉的受保护的天经牌和功过簿中记载着对待他们的方法。"

"我的主从不错误，也不忘记。"一切事物，无论大小，都在我主的掌握之中。他不会遗忘，他的知识包罗万有。赞他圣洁多福、清高无染、超绝万物！被造物的知识中不乏两个缺陷：一、无法面面俱到；二、知后遗忘。而安拉不存在任何缺陷。

《 53.他已为你们把大地设为摇篮，为你们在其中开拓许多道路，并从天空降下雨水，此后用它生产各种不同的植物，》

《 54.你们吃吧，并放牧牲畜，此中对于有理智的人确有种种迹象。》

《 55.我由大地造化了你们，我也将使你们返回大地，我将再使你们由大地出现。》

---
(1)《泰伯里经注》18：316。
(2)《格尔特宾教律》11：204。

❪ 56.我已向他显示了我的一些迹象,但是他不信并且拒绝。❫

## 穆萨对法老的圆满答复

穆萨回答了法老的提问,给予他圆满的答复,说:"**我们的主就是赋予万物形态,并给予引导的主。**"然后他们就这个话题展开了辩论,穆萨说:"**他已为你们把大地设为摇篮**"经文中的"**摇篮**"有两种读法,它们分别是"مهاد、مهادا",按照一种读法,其意思是"他已经为你们把大地设为稳定的,以便你们在上面安步当车、安然睡眠。"

"**为你们在其中开拓许多道路**",以便你们周游各地。正如安拉所言:❪ 我又在其中造了宽广的大路,以便他们能走正路。❫(21:31)

"**并从天空降下雨水,此后用它生产各种不同的植物**",即我从中产生了千姿百态、酸甜苦辣的果实和粮食等植物。

"**你们吃吧,并放牧牲畜**",即有些是你们的粮食和果实,有些是你们牲畜的饲料和养料,有些是绿的,有些是枯黄的。

"**此中对于有理智的人确有种种迹象**",即对那些拥有健全的理智,认识"万物非主、惟有安拉"的人来说,此中确有许多明证。

"**我由大地造化了你们,我也将使你们返回大地,我将再使你们由大地出现**",即你们的起源是大地,因为你们的祖先阿丹就是泥土创造的。当你们死亡并腐烂的时候,我还要让你们回归大地,并且,我将再一次使你们从大地中出现。❪ 那一天,他将召唤你们,你们将以颂词应答他,你们认为你们只不过逗留了片刻时间。❫(17:52)这段经文和下面的经文相似:❪ 他说:"你们在其中生,你们在其中死,并将从那里被取出(复活)。"❫(7:25)

## 我让法老看到了许多迹象,但他并不归信

"**我已向他显示了我的一些迹象,但是他不信并且拒绝。**"虽然在法老的面前铁证如山,种种迹象彰明显著,但他对这一切熟视无睹,并蛮横地否认了它们。正如安拉所言:❪ 他们不义和傲慢地否认了它们,虽然他们的心已经确信它们。❫(27:14)

❪ 57.他说:"穆萨啊!你是用你的魔术把我们赶出我们的土地的吗?❫

❪ 58.那么,我们一定也能带来和它相似的魔术,你当在你我之间订个互相遵守的日期,在一个平坦的地方(比试)。"❫

❪ 59.他说:"你们的约期将是打扮的日子,清早,人们集合的时候。"❫

## 法老将穆萨的迹象说成魔术,法老和穆萨决定一比高低

清高伟大的安拉说,法老看到了更大的迹象——穆萨抛出手杖后,手杖变成了一条巨蛇,穆萨把手放到腋下后,手变成了白的,但穆萨并没有患疾——后说,穆萨!你带来这些魔术无非是迷惑我们,蛊惑人心,以便人们服从你,此后你向我炫耀你的人数。但你的这一切并不高明,在我这里也有一些像你这样的魔术家,所以你不要得意忘形:"**你当在你我之间订个互相遵守的日期**",即让我们约定一个时间和地点,比试一下我的魔术师高明,还是你高明。

穆萨回答道:"**他说:'你们的约期将是打扮的日子'。**""**打扮的日子**"指科普特人休假聚会的元旦节。穆萨选择这一天,以便让人们在安拉的意欲下目睹安拉的大能和先知的奇迹以及魔术在先知带来的奇迹面前不堪一击。因此他说:"**清早,人们集合的时候**",即上午时分。因为那时阳光明媚,众目昭彰,眼前的一切一目了然。列圣都是这样,他们行事向来光明磊落,堂堂正正。因此他没有说在晚上,而说在白天的清早。

伊本·阿拔斯说,"**打扮的日子**"指阿舒拉节;[1] 赛丁伊等认为指科普特人的节日;伊本·朱拜尔认为指赶集之日。笔者认为上述几种解释没有冲突,因为正如确凿的圣训所述,安拉就是在相同的环境下毁灭法老及其军队的。[2]

阿卜杜·拉赫曼说,"**平坦的地方**"指一个平坦而沿途无任何障碍物的地方,任何人都可以把其中的事情看得清清楚楚。[3]

❪ 60.于是法老离开了,并召集他的谋士,然后他来了。❫

❪ 61.穆萨对他们说:"你们应该遭殃!你们不要为安拉造谣,以免他以惩罚灭绝你们。造谣者必然失败!"❫

❪ 62.他们之间为了此事议论纷纷,不过他们进行了秘密商谈。❫

❪ 63.他们说:"这二人一定是魔术师,他们想以他们的魔术把你们赶出你们的土地,并摧毁你们

---
(1)《散置的明珠》4:540。
(2)《布哈里圣训实录诠释——造物主的启迪》8:288。
(3)《泰伯里经注》18:323。

《64.所以你们要群策群力，然后整队出发，今天谁占上风，谁就一定成功。"》

## 两队人会聚，穆萨的祈祷以及众魔术师

清高伟大的安拉说，法老和穆萨约定了比赛的时间和地点后扬长而去，并开始在全国各地招募魔术师，当时知名的魔术师几乎全被召来了。那是一个魔术盛行的时代。正如安拉所言：《法老说："你们把所有精明的魔术师给我带来。"》（10：79）人们在那个约定的日子——打扮之日聚集到一起后，法老来了。他坐在王座上，文武大臣排班肃立，百姓站到左右两旁。穆萨拄着手杖和他的兄长哈伦前来赴约。魔术师们排队前来，站在法老面前。法老鼓励他们拿出看家的本领，并为他们许下诺言。法老的封赏是他们梦寐以求的。《他们对法老说："如果我们胜了，我们会得到报酬吗？"他说："是的，那时候你们就会成为受（我）垂宠的人。"》（26：41-42）但**"穆萨对他们说：'你们应该遭殃！你们不要为安拉造谣'"**，即你们不要以你们的伎俩混淆视听，弄虚作假，否则你们就对安拉撒了谎。

**"以免他以惩罚灭绝你们"**，即他将你们毁灭殆尽。

**"造谣者必然失败！他们之间为了此事议论纷纷"**，即他们听后产生了分歧，有人说这绝不是魔术师说的话，只有先知才说这种话；有人说，不，他是个魔术师；还有人说了其他话。安拉至知。

**"不过他们进行了秘密商谈"**，即他们窃窃私语，说："这二人一定是魔术师"。魔术师们相互说，须知，此人和他的兄弟一定是技艺精湛的魔术师，他们今天想战胜我们和我们的民族，以便蛊惑人心，让民众跟随他们，并想杀死法老及其军队，将我们逐出家园。

**"并摧毁你们的优良传统"**，即此后他们可以将魔术作为他们的专利。因为魔术师们的荣华富贵都是因魔术而来的。魔术师们说，此后他们（穆萨和哈伦）将出人头地，而排斥你们。阿卜杜·拉赫曼说："此后他们将独占你们现在的这种生活方式。"

**"所以你们要群策群力，然后整队出发"**，即你们当站成一排，一起抛出手中的什物，以便混淆视听，战胜此人及其兄弟。

**"今天谁占上风，谁就一定成功。"** 如果我们占上风，我们将获得国王许诺的优厚封赏，如果此人占上风，他将出人头地。

《65.他们说："穆萨啊！你先掷呢，还是我们先掷？"》

《66.他说："你们（先）掷！"刹那间他们的绳子和手杖，由于他们的魔术而在他看起来似乎在活动。》

《67.因此，穆萨心中感到恐惧。》

《68.我说："不要怕！你一定占上风。》

《69.把你右手中的东西掷出，它会吞下他们所假造的。他们只不过是玩了一点魔术师的伎俩，魔术师无论做什么都是不会成功的。"》

《70.因此魔术师们都倒身下拜，他们说："我们归信哈伦和穆萨的主。"》

## 比赛中穆萨获胜 魔术师们归信

清高伟大的安拉说，穆萨和魔术师们达成协议，他们说："穆萨啊！你先掷呢，还是我们先掷？"

**"他说：'你们（先）掷！'"** 即你们先掷，好让我们看看你们能耍多少花招，也让人们看清你们的真实面目。

**"刹那间他们的绳子和手杖，由于他们的**

魔术而在他看起来似乎在活动。"另一些经文中说：《 并说道："凭着法老的尊严，我们一定会胜利！"》（26：44）又《 他们迷惑了所有人的眼，让人们感到了恐惧。他们带来了一项重大的魔术。》（7：116）

当时前来比赛的魔术师很多，他们掷出手中的手杖和绳子后，刹那间整个山谷中看起来到处都有蛇在蜿蜒爬动。

"**因此，穆萨心中感到恐惧**"，即穆萨担心人们被魔术师的伎俩所迷惑，而没有耐心去看他掷出手杖，不相信真理。就在这时，安拉启示他说："**把你右手中的东西掷出**"，即你掷出你的手杖，"**它会吞下他们所假造的**"。此后，穆萨的手杖威猛无比，追上魔术师们的手杖和绳子，将它们一一吞下，一个不剩。众魔术师和在场的人们在白天的清早目睹这一情景，确信这必是来自安拉的奇迹，而不是魔术或幻觉。魔术被真理击溃了。

因此，清高伟大的安拉说："**他们只不过是玩了一点魔术师的伎俩，魔术师无论做什么都是不会成功的。**"魔术师们看到这里，凭着自己的知识和经验确信穆萨的行为绝不是魔术，而是确凿无疑的真理，只有安拉能做到这一切。只有安拉在创造事物时，说"有"就有。所以，他们不约而同地叩拜安拉，说："**我们归信哈伦和穆萨的主。**"因此，伊本·阿拔斯和欧拜德·本·欧麦勒说："他们早上是魔术师，晚上是烈士。"[1]

## 魔术师的数目

伊本·阿拔斯说："魔术师计七十人。"[2]

奥杂尔说："魔术师们在叩头的时候，都清楚地看到乐园展现在眼前。"[3]

伊本·朱拜尔在解释"**因此魔术师们都倒身下拜**"时说："他们在叩头的时候，看到了自己在乐园中的品级。"[4]

《 71.法老说："你们在我批准之前就归信他了吗？他一定是你们的首领，并曾经教过你们魔术！所以我一定要砍掉你们相对的手和脚，并把你们钉在枣树干上，那时你们就会知道我们当中谁的惩罚更严厉，更持久。"》

《 72.他们说："我们绝不会为了你而放弃来临我们的明证和创造我们的主；因此，你愿意怎么判决就怎么判决吧，你只能在今世的生活中进行判

断！"》

《 73.我们归信了我们的主，以便他恕饶我们的过失和你强逼我们施行的魔术。安拉是最好的和最持久的。"》

## 法老和魔术师们反目成仇

清高伟大的安拉说，法老否认真理，执迷不悟，惨无人道。他目睹眼前出现的重大迹象和奇迹，看到他所找来的魔术师们一败涂地，并在众目睽睽之下全体归信了穆萨，不由得凶相毕露，开始加害他们，用自己的地位和武力去压制魔术师们，他说："**你们在我批准之前就归信他了吗？**"即在我同意你们这样做并下达命令之前，你们就相信了穆萨吗？法老嘴上这样说，但在场的人——无论是法老的百姓还是魔术师们——都知道法老已经是理屈词穷，不过是执迷不悟罢了。

"**他一定是你们的首领，并曾经教过你们魔术！**"即你们的魔术就是从穆萨那里学来的，你们早就和他预谋好，要让他在今天当着我的百姓的面大出风头！正如另一段经文所说：《 这一定是你们预先计划好的一项阴谋，以便驱逐城中的人民。你们不久就会知道。》（7：123）法老还威胁道："**所以我一定要砍掉你们相对的手和脚，并把你们钉在枣树干上**"，即我要肢解你们，杀死你们，还要在世人中丑化你们的名誉。伊本·阿拔斯说："法老是这种刑罚的首创者。"[5]

"**那时你们就会知道我们当中谁的惩罚更严厉，更持久。**"你们（魔术师们）说我和我的民族在迷误中，你们和穆萨以及他的民族在正道上，但你们不久就会明白谁将受到惩罚并永远遭受折磨。魔术师们听了法老的这番妄语和恐吓之后，大义凛然，不为所动。"**他们说：'我们绝不会为了你而放弃来临我们的明证'**"，即我们绝不会放弃已经获得的正道和信念而去追求你。

这段经文根据不同的语法，有两层意义，第一层是："**我们绝不会为了你而放弃来临我们的明证和创造我们的主。**"[6]另一层意义是："我们绝不会为了你而放弃来临我们的明证。指创造我们的安拉发誓……"

"**因此，你愿意怎么判决就怎么判决吧**"，即你想做什么就做，能做什么就做吧！

"**你只能在今世的生活中进行判断！**"即你的权势只在今世中，而今世必将消亡，我们所希望的是永恒的后世。

"我们归信了我们的主，以便他恕饶我们的过

---

(1)《泰伯里经注》18：340、36：13。
(2)《伊本·艾布·哈提姆经注》7：2428。
(3)《伊本·艾布·哈提姆经注》7：2428。
(4)《泰伯里经注》18：334。

(5)《泰伯里经注》13：34。
(6)译文正文就是这样翻译的。——译者注

失",即安拉将恕饶我们以前所犯的罪恶,特别要恕饶**"你强逼我们施行的魔术"**。我们曾在你的淫威下愚蠢地用魔术去挑战安拉的迹象和先知的奇迹(验证先知身份的迹象)。

伊本·阿拔斯在解释**"和你强逼我们施行的魔术"**时说:"法老曾招募四十个古以色列儿童,命令他们在福莱麻(埃及的一个地区)学习魔术。后来这些儿童都练就了一套举世无双的绝技。"他还说后来归信穆萨的魔术师们正是这些人。他们说:**"我们归信了我们的主,以便他恕饶我们的过失和你强逼我们施行的魔术。"** 穆佳黑德也持相同观点。[1]

**"安拉是最好的和最持久的"**,即安拉对我们是更好的,他的赏赐比你给我们许诺的赏赐更长久。显然,法老(愿主诅咒之)已经决定惩罚这些改信穆萨的魔术师。其实,这也是安拉对他们的慈悯。因此,伊本·阿拔斯等先贤说:"他们早上是魔术师,晚上是烈士。"

❧ 74.谁以罪人的身份来见他的主,他所得的一定是火狱,他在其中不生不死。❧

❧ 75.谁以归信并行善者的身份来见他,这等人,他们将得到崇高的品位❧

❧ 76.——阿德宁乐园,下临诸河,他们将永久居住其中。这就是追求纯洁的人的回赐。❧

### 魔术师们当面奉劝法老

从经文的脉络看,魔术师们在劝告法老时已经仁至义尽,他们奉劝他提防安拉的永恒惩罚,同时鼓励他去追求安拉的永恒回赐。

他们说:**"谁以罪人的身份来见他的主,他所得的一定是火狱,他在其中不生不死"**,即他在末日见到安拉后,求生不得,求死不能,正如安拉所言:❧ 他们不被判处死刑,又怎能死亡呢?他们在其中也不获减刑。我就这样报偿一切忘恩负义之人。❧(35:36)❧ 最薄福者,将疏远它。他将坠入最大的烈火。然后,他在其中既不死,也不生。❧(87:11-13)又 ❧ 他们道:"马立克啊!求你的主处决我们吧!"他说:"你们确实要留在这里。"❧(43:77)安拉的使者☪说:"应该进火狱的人,在火狱中求生不得,求死不能。那是因为犯罪而进入火狱的人,将会死亡一次。直到他们变成煤炭后才被获准求情,他们将被一群一群地带来,被放到乐园的河中。有声音说:'乐园的居民们啊!请在他们身上倒(水)!'然后这些(变成煤炭的)人

就像在洪水淤泥中的种子一样成长。"群众中一人说:"当时,安拉的使者☪好像在沙漠地区。"[2]

**"谁以归信并行善者的身份来见他"**,即谁在后世以一颗归信的心去见安拉,并以言行证明了自己的信仰,**"这等人,他们将得到崇高的品位"**,即他们将进入乐园,那乐园中有许多高贵的品级,安宁的宫殿和优美的居所。穆圣☪说:"乐园中有一百个品级,每两个品级之间的距离如天地之悬,非勒道斯是乐园中的最高品级,乐园的四条河都是从中流出的,它的上面就是阿莱什,故当你们向安拉乞求时,你们应当祈求非勒道斯。"[3]

两圣训实录辑录:"享有高品的人们将看到他们上面的群体,正如你们看到飞逝在天际的星星一样。因为他们的优越性各不相同。"圣门弟子说:"安拉的使者啊!那是列圣的品级吗?"穆圣☪说:"不,指掌管我生命的安拉发誓,他们是一些归信安拉,坚信众使者的人。"[4]另据传述:"艾布·伯克尔和欧麦尔在他们之间,是其中最幸

---

(1)《散置的明珠》5:587。
(2)《艾哈麦德按序圣训集》3:11。
(3)《艾哈麦德按序圣训集》5:316。
(4)《布哈里圣训实录诠释——造物主的启迪》6:368。

福的两个人。"(1)

"阿德宁乐园","阿德宁"指永恒,"下临诸河,他们将永久居住其中。这就是追求纯洁的人的回赐",即从各种污秽和以物配主中纯洁自我,并崇拜独一无偶的安拉,追随各位使者,响应他们的喜讯和号召。

◈ 77.我确曾启示穆萨:"你把我的仆人们在夜间带走吧,并为他们从海里开出一条干路,不要怕被赶上,也不要畏惧!" ◈

◈ 78.后来法老带着他的军队追赶他们,于是海水淹没了他们。◈

◈ 79.法老误导了他的人民,没有将他们引向正路。◈

### 以色列的后裔离开埃及

法老拒绝穆萨带走以色列的后裔,所以安拉启示穆萨带着他们在夜间离开埃及,脱离法老的魔掌。其他经文详述了这一过程。穆萨带以色列的后裔离开后,埃及城一下子人去城空,死气沉沉。法老勃然大怒,下令把全国各地的兵马召集到一起。他说:◈（说道：）"这些人只是一小撮人。他们是触怒我们的。" ◈（26：54-55）

法老的军队到齐后,他亲自率领大军前去追赶:◈他们（敌军）在日出时追赶他们。◈（26：60）◈当两军互相看见时,穆萨的同伴们说："我们一定会被赶上。"他（穆萨）说："绝对不会！我的主的确与我同在,他将会引导我！" ◈（26：61-62）穆萨带领以色列的后裔逃离的时候,眼前突然出现了大海,而法老的追兵也即将追赶上来。就在这紧要关头,安拉启示穆萨道：你用你的手杖为他们在海里开出一条干路。穆萨随即用手杖击了一下大海,喊道："你凭安拉的允许而让出一条路吧！"于是◈它当即分开了,每一部分就好像一座大山。◈（26：63）安拉在海面上掀起了一阵风,那风吹过后,露出的海底就干了,就像陆地一样。亦即"**并为他们从海里开出一条干路,不要怕被赶上**",即不要怕被法老赶上,"**也不要畏惧！**"即也不要担心你的民族被大海淹没。安拉说："**后来法老带着他的军队追赶他们,于是海水淹没了他们。**"如前所述,法老率领他的军队进入大海后迷失了方向,不知如何是好。正如安拉所言:◈他将在复生日来到他的人民跟前,并带领他们进入火狱中。那进入之处实在倒霉。◈（11：98）

◈ 80.以色列的后裔啊！我确曾把你们从敌人手中救出,并与你们在山的右边订了约,我把白蜜和赛勒瓦降给你们。◈

◈ 81.你们吃我赐给你们的佳美东西,但不要过分,以免我的恼怒降临你们。那些遭我怒恼的人必定灭亡！◈

◈ 82.的确,我也恕饶那些忏悔、归信和行善,然后谨守正道的人。◈

### 安拉提醒以色列的后裔不要忘记他赐给他们的恩典

清高伟大的安拉在此讲述他赐给以色列后裔的种种宏恩——拯救他们脱离他们的仇敌法老的魔掌,因为目睹法老全军覆没而大快人心。正如安拉所言:◈当时,你们曾目睹我为你们分开海洋,拯救你们,并淹没法老的民众。◈（2：50）伊本·阿拔斯说,安拉的使者㊥来到麦地那后,发现那里的犹太人们在阿舒拉之日封斋,便问他们原因,他们说这是安拉让穆萨战胜法老的日子。穆圣㊥听后说道："我们和穆萨的关系是更亲近的,（众位穆斯林啊）你们要封这日的斋！"(2)

法老毁灭后,穆萨带领下的以色列后裔在土勒山旁与安拉缔结了一个盟约。安拉曾在这个地方和穆萨谈过话,穆萨当时要求看见安拉,安拉还在那里把《讨拉特》赐给穆萨。正如下文所述,在此期间以色列的后裔开始崇拜牛犊。

我们已在《黄牛章》等章节中注释了白蜜和赛勒瓦,此处不再赘述。白蜜是从天上降下的一种甜食。赛勒瓦是一种（像鹌鹑大小的）鸟儿,他们每次可以储藏足够一天一夜的食品。那的确是来自安拉的慈悯和宏恩。因此,安拉说："**你们吃我赐给你们的佳美东西,但不要过分,以免我的恼怒降临你们**",即你们可以尽情享受我赐给你们的这些食品,但你们不要违背我的命令而超额储藏,否则,我将会迁怒于你们。

"**那些遭我怒恼的人必定灭亡！**"伊本·阿拔斯认为"**必定灭亡**"指必遭不幸。(3)

"**的确,我也恕饶那些忏悔、归信和行善,然后谨守正道的人**",即我将恕饶忏悔者的一切罪恶,既往不咎。安拉甚至恕饶了那些曾经崇拜牛犊的人。"**忏悔**"指彻底戒绝过去触犯的隐昧、以物配主、罪恶和阳奉阴违。

伊本·阿拔斯认为"**谨守正道**"指然后坚信不疑；(4)格塔德认为指坚守伊斯兰,至死不渝。"**然**

---

(1)《艾布·达乌德圣训集》4：287。

(2)《布哈里圣训实录诠释——造物主的启迪》8：288。
(3)《泰伯里经注》18：347。
(4)《泰伯里经注》18：347。

后"一词用于陈述之后的陈述（强调）。正如安拉所言：❰ 然后，他属于归信并以忍耐互相劝勉，以怜悯互相劝勉的人。❱（90：17）

❰ 83. 穆萨啊！什么事使你匆忙地离开你的族人？❱

❰ 84. 他回答说："我的族人紧跟着我的踪迹，我急急投奔你，我的主啊！以便你喜悦。"❱

❰ 85. 主说："我于你不在时考验了你的族人，撒米理已经误导了他们。"❱

❰ 86. 后来穆萨怀着愤怒与忧伤回到他的族人当中。他说："我的族人啊！你们的主不曾对你们许下一个美好的约定吗？（你们是否觉得）这约期对你们太长？或是你们希望你们主的恼怒降给你们，因此你们违背了对我的约言？"❱

❰ 87. 他们说："违背跟你的约定并非出于我们自愿。但是（别人使）我们带着人们的饰物的重担，我们扔了它，撒米里也同样地扔了（他所带的首饰）。"❱

❰ 88. 他为他们铸造出一头牛犊——发出声音的有形物。此后他们说："这是你们的神，也是穆萨的神。"他忘记了。❱

❰ 89. 难道他们还看不出它不能回答他们一句话，它也无能伤害他们，或有益于他们吗？❱

## 穆萨前去赴约后以色列的后裔陷入崇拜牛犊的泥潭

法老毁灭后，穆萨带领以色列的后裔继续前进，❰ 他们遇到一群崇奉偶像的人。他们（以色列的后裔）说："穆萨啊！请你替我们造一个像他们拥有的神一样的神。"他说："你们是无知的人。"这些人，他们投身于其中的（偶像）必将毁灭，他们所做的是徒劳的。❱（7：138-139）并且他的养主和他相约三十个夜晚，此后又增加了十夜。穆萨在此期间日夜守斋。他让其兄哈伦代管以色列人的事务，他自己则仓促地去土勒山。因此，安拉说："穆萨啊！什么事使你匆忙地离开你的族人？他回答说：'我的族人紧跟着我的踪迹'"，即他们即将到来，驻于土勒山附近。

"我急急投奔你，我的主啊！以便你喜悦"，即以便你更加喜爱我。

"主说：'我于你不在时考验了你的族人，撒米理已经误导了他们。'"安拉告诉给了他的先知在他离开之后，发生在他的民族中的事情——崇拜撒米里制造的牛犊。

在此期间，安拉授予穆萨一些经典，其中包括《讨拉特》。正如安拉所言：❰ 我曾为他在经简上记载万物，作为教诲和对万物的解释。"你要牢牢坚持它，并命令你的族人遵循其中最好的，我将让你们看到反叛者的居所。"❱（7：145）即我将为你们昭示拒不服从我并违背我命令者的下场。

"后来穆萨怀着愤怒与忧伤回到他的族人当中。"安拉告诉他这些情况后，穆萨无比伤心和愤慨地回去了。他为他们而殚精竭虑，呕心沥血，去寻求记载他们的法律的《讨拉特》，以便让他们获得尊严。而他们却愚蠢至极地崇拜牛犊。任何一个有理智的人都看得出他们的谬误。因此，经文说："穆萨怀着愤怒与忧伤回到他的族人当中。""忧伤"指怒不可遏；穆佳黑德说，"愤怒与忧伤"指忧心如焚；[1] 赛丁伊和格塔德说经文指因为族人的行为而感到无比的遗憾和愤慨。[2]

穆萨说："我的族人啊！你们的主不曾对你们许下一个美好的约定吗？"难道安拉没有通过我给你们许诺两世的幸福和美好的结局吗？你们也已经看到他襄助你们战胜敌人，并赐给你们一系列优遇。

---

(1)《泰伯里经注》18：350。

(2)《泰伯里经注》18：350。

"（你们是否觉得）这约期对你们太长？"即你们是否没有耐心等待安拉所许诺的恩典，或已经忘记以前安拉所赐的恩典？

　　"或是你们希望你们主的恼怒降给你们。""或是"指其实，即事实上你们的背信弃义最终要招致安拉的恼怒。以色列的后裔回答穆萨的警告，说："违背跟你的约定并非出于我们自愿。"他们强词夺理地说他们不屑于带着当初离开埃及时从科普特人那里借来的金银首饰，所以"**我们扔了它**"。

　　伊本·阿拔斯说，哈伦打算把这些首饰收集到一个坑中铸成整块，然后等穆萨回来后决定处理的方法。后来撒米里也把他手中的一把物品扔了进去——他的这一把物品是从天使的痕迹上拿来的(1)。他要求哈伦为他祈祷，让安拉应答接受他的祈求。所以哈伦按照他的要求祈求了安拉。但他不知撒米里的真实意图。安拉应答撒米里的祈求之际，撒氏说："求主使之成为一头牛犊。"后来坑中的首饰变成了一头牛犊。让撒氏得逞，这件事是对以色列后裔的一场考验。因此安拉说："'**撒米里也同样地扔了（他所带的首饰）。**'他为他们铸造出一头牛犊——发出声音的有形物。"(2)

　　伊本·阿拔斯说，此后，撒米里说："这是你们的神，也是穆萨的神。"以色列人看见牛犊后趋之若鹜，爱不释手。

　　"**他忘记了**"，即撒米里放弃了他曾经信仰的正教。(3)

　　安拉警告和揭露了他们的丑行和肤浅，驳斥道："**难道他们还看不出它不能回答他们一句话，它也无能伤害他们，或有益于他们吗？**""它"指牛犊。即这只牛犊既不能回答他们的提问，也不能在今世和后世有益于他们。伊本·阿拔斯说："以安拉发誓，风吹进牛犊的后窍后，从其嘴中发出了一种声音。"(4)哈桑·巴士里说："这只牛犊叫白海木特。"(5)

　　概言之，这些愚人托故说，他们不屑于带着科普特人的饰品，故抛弃了它，而崇拜牛犊。他们确实本末倒置！正如有个伊拉克人曾问伊本·欧麦尔，衣服上有蚊子的血液时可否礼拜。伊本·欧麦尔说："请看看伊拉克人，他们杀死了安拉使者的外孙（侯赛因），却在探讨蚊子的血液！"(6)

―――――――――
（1）吉卜勒伊里的坐骑走过的痕迹。——译者注
（2）《圣训大集》6：396。
（3）《泰伯里史记》1：422。
（4）《泰伯里史记》1：424，425。
（5）《圣训大集》6：396。
（6）《布哈里圣训实录诠释——造物主的启迪》10：440。

❦ 90.哈伦在这以前确已对他们说过："我的族人啊！你们只是被这所诱惑。你们的主确实是最仁慈的，你们要跟随我，并服从我的命令。"❧

❦ 91.他们说："我们决不停止对它的崇拜，除非穆萨返回我们当中。"❧

## 哈伦禁止以色列的后裔崇拜牛犊以及他们的执迷不悟

　　哈伦禁止以色列的后裔崇拜牛犊，并告诉他们，这是你们所面临的一场考验。你们的主是创造万物的至仁主，你们应当尊重他，他是拥有伟大阿莱什的主，他做他所欲的一切事情。"**你们要跟随我，并服从我的命令**"，即你们要做我命令你们去做的事情，放弃我命令你们放弃的事情。

　　"**他们说：'我们决不停止对它的崇拜，除非穆萨返回我们当中'**"，即在穆萨对牛犊做出判决之前，我们一定要坚持拜它。他们违背了哈伦的命令，与他反目成仇，几乎杀死他。

❦ 92.他说："哈伦啊！当你看到他们正在犯错时，是什么妨碍你——❧
❦ 93.妨碍你来追随我？你也抗拒了我的命令吗？"❧
❦ 94.他说："我母亲的儿子啊！你不要抓住我的胡子和我的头发！我确实怕你会说：'你在以色列的子孙中制造了分裂，你没有理睬我的指示！'"❧

## 穆萨回来后发生在他与哈伦之间的事情

　　穆萨回到本民族那里后，看到了这不堪入目的一幕，当时怒不可遏，扔掉了手中神圣的经简，撕住其兄哈伦的胡子和头发。我们已在《高处章》详述了事情的经过。我们当时还提到了一段圣训："闻名不如见面。"(7)穆萨埋怨其兄说："当你看到他们正在犯错时，是什么妨碍你——妨碍你来追随我？"以便将这种丑恶行为消灭在萌芽状态。

　　"你也抗拒了我的命令吗？""我的命令"指我以前说过的话，❦ 在我的族人中你代替我，你当行善，不要跟随坏事者的道路。❧（7：142）

　　哈伦说："我母亲的儿子啊！"虽然他们是同父同母的亲兄弟，但这种呼唤更能激起兄弟的怜悯之情。

　　"你不要抓住我的胡子和我的头发！"哈伦向穆萨解释他为什么没有及时去寻找他，向他通报发

―――――――――
（7）《艾哈麦德按序圣训集》1：271。

生在以色列后裔中的这一严重事情，说："我确实怕你会说：'你在以色列的子孙中制造了分裂，你没有理睬我的指示！'"即如果我当时去找你，你将对我说，你为什么放任他们胡作非为，你在他们中制造了分裂，你也没有把我对你的委托——管理民族的事务——放到心中。伊本·阿拔斯说："哈伦对穆萨言听计从，必恭必敬。"(1)

❧ 95.他说："撒米里啊！你是怎么回事？" ❧
❧ 96.他说："我见到了他们所没看见的，我从使者的脚印中抓了一把土，并扔出了它。那是我的私心驱使我的。" ❧
❧ 97.他说："你离开吧！在今世你要说：'不要碰（我）。'你还有一个不能错过的约期。你看看你所崇拜的神吧，我一定会在烈火中烧掉它，并将它洒在海中！" ❧
❧ 98.你们的主是独一的安拉，除他之外再无应受拜的，他的知识包罗万有。" ❧

## 撒米里怎样制作了牛犊

穆萨问撒米里，你这样做到底是为了什么？伊本·阿拔斯说："撒米里属于巴吉尔曼（埃及地名）人，这种民族有拜牛的传统。所以拜牛的思想在撒米里心中已经根深蒂固。但他表面上一直和以色列的后裔一起归信伊斯兰。他的名字是穆萨·本·祖弗勒。"(2)格塔德说，他来自一个叫撒米里的村庄。(3)

撒米里说："我见到了他们所没看见的"，即吉卜勒伊里来毁灭法老时，我看到了他。

"我从使者的脚印中抓了一把土"，即我从吉卜勒伊里的马踏过的地方拿了一把土。(4)"一把"指满满的一把。穆佳黑德说："撒米里把这一把土扔到以色列后裔的首饰上，后来一头牛犊就形成了，微风吹来后，牛犊能发出声音。"(5)

因此说，"并扔出了它"，即其他人扔首饰的时候，我扔出了这把土。

"那是我的私心驱使我的。"当时，我还很得意，虚荣心得到了极大的满足。

## 撒米里的下场和焚毁牛犊

穆萨说："你离开吧！在今世你要说：'不要

碰（我）'。"因为你拿了不该拿的，摸了不该摸的——使者的踪迹，所以，你在今世的惩罚是"你要说：'不要碰（我）'"，即你不能接触他人，他人也不能接触你。

"你还有一个不能错过的约期。"哈桑、格塔德等学者说，"不能错过"指绝不失去。(6)

"你看看你所崇拜的神吧。""神"指受拜者，这里指牛。"崇拜"（عاكف）指长期崇拜。

"你们的主是独一的安拉，除他之外再无应受拜的，他的知识包罗万有。"穆萨告诉人们，你们的主宰不是牛，而是安拉。应受拜者，惟有安拉，只有他应该接受崇拜；万物都需要他，都是他的奴仆。

"他的知识包罗万有"，即他是全知万物的。正如安拉所言：❧ 安拉确实是周知万有的。❧（65：12）❧ 统计了万物的数目。❧（72：28）❧ 在诸天和大地上一粒芥子的重量也不能瞒过他。❧（34：3）❧ 只要一片叶子落下，他就知道它。大地深处的每一粒谷子，一切新鲜的或是干枯的，都（被记载）在明白的天经中。❧（6：59）❧ 大地上没有一个生物不归安拉供养，他知道它的居所和贮藏之处，一

---

(1)《泰伯里经注》18：359。
(2)《先知传》泰伯里著1：424。
(3)《泰伯里经注》18：363。
(4)《泰伯里经注》18：362。
(5)《泰伯里经注》18：362。

(6)《泰伯里经注》18：364。

切都在一部明确的天经中。》（11：6）类似的经文很多。

❦ 99.我这样对你叙述以往的故事，并赐给你来自我的教诲。❧

❦ 100.谁回避它，他就会在复生日身负重担。❧

❦ 101.他们将永居其中。复生日，他们的担子真糟糕！❧

## 《古兰》是一部包罗万有的教诲录，拒绝这部教诲录的人应受惩罚

清高伟大的安拉对穆圣㊗说，我已经为你详述了穆萨、法老以及法老军队的故事。我还将为你恰如其分地叙述一些前人的故事。

"并赐给你来自我的教诲。""教诲"指伟大的《古兰》。❦ 它的前后不受谬误侵扰，它是来自睿智的、应受赞美的主的启示。❧（41：42）除穆圣㊗之外，从古至今从没有一位使者被授予过与它类似的经典，更没有被授予比它全面、完美的经典。它表述历史，分析现状，裁决时事，无与伦比。

"谁回避它"，即谁否认这部教诲——《古兰》，不履行其中的表述或要求，而去寻求其他引导，那么，安拉就要任他走上迷路，坠入火狱。因此说："谁回避它，他就会在复生日身负重担。""重担"指罪恶的负担。正如安拉所言：❦ 而各宗派中不信它的人们，火狱就是给他们许诺的地方。❧（11：17）经文中的"谁"包括能听到《古兰》声音的每个世人，无论他是否是阿拉伯人、是否是有经人。正如安拉所言：❦ 这部《古兰》被启示给我，以便我警告你们和一切它所到达的人。❧（6：19）对听到《古兰》的每个人来讲，《古兰》就是他的警告者和号召者，此后谁遵循《古兰》，谁就得正道，谁违背《古兰》并抛弃它，谁就会在今世中走上歧途，遭受不幸，在后世，火狱是他的约定之地。因此说，"谁回避它，他就会在复生日身负重担。他们将永居其中"，即他们将不可避免地永居火狱，并永远不被释放。

"复生日，他们的担子真糟糕！"即最恶劣的担子莫过于他们的担子。

❦ 102.那天号角将被吹响。那天，我将集中眼睛发蓝的犯罪者。❧
❦ 103.他们将低声地互相谈话："你们逗留不过十天。"❧
❦ 104.我至知他们所说的。当时他们当中思想最好的人说："你们只不过停留了一天罢了！"❧

## 吹号角和复生日

圣训中说，有人关于号角问安拉的使者㊗。安拉的使者㊗说："它是一个将被吹响的号角（或喇叭）。"（1）

艾布·胡莱赖说，它是一个极大的号角，其圆周长如同诸天和大地（一般长）。伊斯拉菲勒天使将吹响它。（2）

穆圣㊗说："我怎能高兴得起来呢？吹号角的天使已经皱起眉头，将号角放进嘴中，等待（吹号角的）命令。"圣门弟子们说："安拉的使者啊！我们念什么好？"使者说："你们念：安拉能使我们得到满足！受托的安拉真优美！我们只托靠安拉！"（3）

"那天，我将集中眼睛发蓝的犯罪者。"有学者说，那日犯罪者们因为极度惊恐而眼睛发蓝。

"他们将低声地互相谈话。"伊本·阿拔斯说："他们将相互窃窃私语。"一部分人对另一部分人说："你们逗留不过十天"，指你们在今世中只逗留了很短的时期，不过十天或十天左右。

清高伟大的安拉说："我至知他们所说的"，即我至知他们窃窃私语的内容。（4）

"当时他们当中思想最好的人说"，即他们中的智者说："你们只不过停留了一天罢了！"在处于后世的他们看来，今世实在太短暂了。因为整个今世——虽然日夜在循环往复，但（比之后世）它就如同一天。因此，隐昧者们到了后世后觉得今世非常短暂。他们说上述话的意思是：时间太短暂了，我们还没有认清安拉的明证。因此安拉说：❦ 复活日实现之时，犯罪者们将会发誓（说）他们只停留了片刻……但是你们不知道。❧（30：55-56）又❦ 我不曾给他们足够长的寿命，好让觉悟者觉悟吗？警告者已来临你们。❧（35：37）又❦ 他说："你们在大地上居留了多少年？"他们说："我们逗留了一天或不及一天，请你去问那些计算者吧。"他说："你们只不过停留了很短的时期。如果你们知道的话。"❧（23：112-114）即你们在今世只生活了很短的时期，假若你们能明白这个道理，你们一定会选择永恒而放弃腐朽，但你们却在胡作非为，舍本逐末，为了腐朽的今世而放弃了永远的后世。

---

（1）《提尔密济圣训全集诠释》9：116。
（2）《圣训大典》36。
（3）《提尔密济圣训全集诠释》9：117。
（4）《泰伯里经注》18：371。

⟪ 105.他们问你关于山（的情况），你说："我的主将粉碎它们。"⟫
⟪ 106.他将使它成为空旷的荒原。⟫
⟪ 107.你在其中看不到曲折或坎坷。⟫
⟪ 108.那天，他们将跟随召唤者，百依百顺。一切声音都因至仁主而沉寂，你只能听到轻微的声音。⟫

### 群山将粉碎，大地将变成空旷的荒原

清高伟大的安拉说："他们问你关于山（的情况）"，即在末日它们是否能继续存在？

"你说：'我的主将粉碎它们'"，即安拉将移动它们，并让它们消失。

"他将使它成为空旷的荒原。""它"指大地。"空旷"是"荒原"的强调语，即大地将变成一个平坦的旷野。有人说大地将变成不毛之地。虽然第二种解释也说明了目的，但第一种解释更加确切。

因此说，"你在其中看不到曲折或坎坷"，即那时的大地上没有山谷、高原、洼地或丘陵。这是伊本·阿拔斯、艾克莱麦等先贤的解释。(1)

### 人们将对召唤者有呼必应

"那天，他们将跟随召唤者，百依百顺"，即他们见到后世的情景受到惊恐之后，对召唤者百依百顺，有呼必应，假若他们在今世是这个样子，那对他们是非常有益的。而今，一切都晚了。正如安拉所言：⟪ 在他们来到我面前的那天，他们的视觉多么明朗、听觉多么清楚啊！⟫（19：38）又⟪ 匆匆奔向传召者。⟫（54：8）

"一切声音都因至仁主而沉寂"，伊本·阿拔斯等学者说"沉寂"指肃静。(2)

"你只能听到轻微的声音。"伊本·阿拔斯、艾克莱麦、穆佳黑德、端哈克、格塔德等学者说"轻微的声音"指脚步声；(3) 另据传述，伊本·阿拔斯认为经文指微小的声音；(4) 伊本·朱拜尔认为经文指说话声、窃窃私语声和脚步声。

⟪ 109.那天，除了至仁主所允许并喜爱其言论的人之外，求情是无用的。⟫
⟪ 110.他知道他们以前的和以后的，而他们却无法对它全面了解。⟫
⟪ 111.所有的面容都恭顺于永生的、自足的安拉。背负不义的人确实失败了。⟫
⟪ 112.以信士的身份作任何善行的人，将不用害怕不公平或被克扣。⟫

### 讲情和报应

"那天"指末日实现之日，在安拉那里，"除了至仁主所允许并喜爱其言论的人之外"，正如安拉所言：⟪ 除非他许可，谁能在他跟前说情？⟫（2：255）又⟪ 诸天中的许多天使，他们的求情无益于他们丝毫，除非安拉为他所意欲、所喜欢的人允许之后。⟫（53：26）⟪ 他们只能替他所喜悦的人求情，他们由于敬畏他而诚惶诚恐。⟫（21：28）⟪ 除了他所特许者外，（其余的人）在他那里求情是没有用途的。⟫（34：23）又⟪ 那天，鲁哈和众天使排列成班，除了至仁主特许说话，并说真理的人之外，全都静默肃立，不敢发言。⟫（78：38）

两圣训实录辑录，穆圣㊟虽然是人类的领袖和安拉那里最尊贵的人，但是他说："……我来到阿莱什之下，为安拉倒地叩拜，安拉启示给我一些赞词。但我现在无法详述它们。他让我停留了他意欲的一段时间，然后说：'穆罕默德啊！抬起头来！你说吧，你的话是被听的；请讲情吧，你的讲情会获准。'然后他为我做一限定，让他们（犯罪的穆民）进入乐园后，我才回去。"(5)

另据传述，清高伟大的安拉说："谁的心中有一颗谷粒大小的信仰，你们就可以救出他。"他们便救出了许多人。他（安拉）又说："谁的心中有半颗谷粒大小的信仰，你们就可以救出他；谁的心中有等于一颗尘埃大小的信仰，你们就可以救出他；谁的心中有最微弱最微弱最微弱的尘埃大小的信仰，你们就可以救出他。"(6)

"他知道他们以前的和以后的"，即安拉彻知一切被造物。"而他们却无法对它全面了解。"这段经文如同：⟪ 除非他许可，他们不能掌握他的知识。⟫（2：255）

"所有的面容都恭顺于永生的、自足的安拉。"伊本·阿拔斯解释说："万物都绝对服从于强大的、永生不灭的、自立而不眠的安拉。"(7) 安拉是万物的维护者，他安排它们，保护它们；他本身就是完美的，万物都需要他，都因他而存在。

"背负不义的人确实失败了。"在末日，安拉要让每个人得到他曾失去的权益，他甚至要使有

---
(1)《散置的明珠》5：598，599。
(2)《泰伯里经注》18：374。
(3)《泰伯里经注》18：374。
(4)《泰伯里经注》18：375。
(5)《布哈里圣训实录诠释——造物主的启迪》8：247；《穆斯林圣训实录》1：184。
(6)《布哈里圣训实录诠释——造物主的启迪》13：481。
(7)《泰伯里经注》18：378、377。

角的羊因为曾经抵触无角的羊而付出代价。圣训中说："清高伟大的安拉说，以我的尊严和伟大发誓，今天我不会放过不义者和不义。"以多神教徒的身份去见安拉的人是多么失败啊！因为安拉说：《以物配主确实是严重的不义。》（31：13）

"以信士的身份作任何善行的人，将不用害怕**不公平或被克扣**。"安拉讲述了不义者及对他们的警告后，开始讲述敬畏者和他们的情况，他们不会遭受罪行上的惩罚，他们的善行也不被减少。这是伊本·阿拔斯、穆佳黑德、格塔德、哈桑等学者的注解。[1] 因为"**不公**"指增加，即他们不用承担别人的罪责；"**克扣**"指减少。

《113. 我这样降下它——阿拉伯语的《古兰》，并在其中分析了警告，以便他们敬畏，或者它使他们受劝。》

《114. 安拉——真实的君主真清高啊！对你的启示结束之前，你不要急忙诵读。你说："我的主啊！求你增加我的知识吧！"》

### 安拉颁降《古兰》，以便人们敬畏，接受教诲

清高伟大的安拉说，归宿和报应——无论是善报还是恶报——的日子必将来临，所以我以明白无误的阿拉伯语颁降了《古兰》，作为世人的警告者和报喜者。"**并在其中分析了警告，以便他们敬畏**"，即以便他们放弃各种罪恶、非法和丑行。

"**或者它使他们受劝**"，即这部《古兰》促使人们行善，做善功。

"**安拉——真实的君主真清高啊！**"即拥有一切权力的真主超绝万物，神圣无染。他是真主，他的约言、警告、使者、乐园、火狱以及来自他的一切都是真的。他是公正的，在遣圣降经、传达警告之前他不惩罚世人。因此，任何人都对他心服口服，毫无怨言。

### 安拉命令穆圣静听正在降示的经文，而不要急于诵读

"**对你的启示结束之前，你不要急忙诵读。**"正如《复活章》所述：《你不要动你的舌头，以便匆匆对待它。我负责汇集它和诵读它。所以当我诵读它时，你就跟着读它，然后，我负责解释它。》（75：16-19）据伊本·阿拔斯传述："穆圣曾在接受启示时感到非常困难，不停地念着那些正在

降示的经文。后来安拉降示了这段经文。"[2] 换言之，吉卜勒伊里给穆圣带来启示后，穆圣迫切渴望牢记每句经文，所以吉卜勒伊里每念一句，他就紧跟着念一句。后来安拉给他教导了一种更加简明的方法，以免使他受苦。安拉说：《你不要动你的舌头，以便匆匆对待它。我负责汇集它和诵读它。》（75：16-17）即我将把（零星降示的）《古兰》收集在你的心中，然后你从容不迫地宣读给人们，而不会忘记任何一句。《所以当我诵读它时，你就跟着读它，然后，我负责解释它。》（75：18-19）本章的经文说："**对你的启示结束之前，你不要急忙诵读**"，即降示过程中你要保持沉默，你当在天使宣读完之后诵读。

"**你说：'我的主啊！求你增加我的知识吧！'**"即求你给我增加来自你的知识吧！伊本·欧叶奈说："穆圣的知识一直在与日俱增，直到他归真。"

《115. 我在以前确曾和阿丹立约，但是他忘了，我没有发现他有决心。》

---

[1]《泰伯里经注》18：380、379。

[2]《布哈里圣训实录诠释——造物主的启迪》1：39。

◈ 116.当时，我对天使们说："你们向阿丹叩头"，除了伊卜厉斯拒绝之外，他们都叩头了。◈

◈ 117.我说："阿丹啊！这确实是你和你妻子的敌人，不要让它把你俩逐出乐园，使你不幸。

◈ 118.你在其中不会感到饥饿，也不致裸露。◈

◈ 119.你不会干渴，也不遭日晒。"◈

◈ 120.但是恶魔对他教唆道："阿丹啊！我可以指引你到那永生的树和那不朽的权吗？"◈

◈ 121.结果他们俩吃了它上面的（果子），此后他俩的羞体就在他俩面前暴露了，他俩开始用园中的叶子遮盖自己的身体。阿丹违背了他的主，误入歧途。◈

◈ 122.后来他的主选拔了他，恕饶了他，并引导了他。◈

## 阿丹和伊卜厉斯的故事

伊本·阿拔斯等学者说："人之所以被称为人，是因为他惯于遗忘所定约言。"[1][2]

穆佳黑德和哈桑说："人类经常摒弃约言（故得名印撒尼）。"[3]

"**当时，我对天使们说：'你们向阿丹叩头'**。"安拉在此讲述他赐给阿丹的尊贵和地位，指出阿丹在安拉的许多被造物中卓尔不群。我们已经在《黄牛章》《高处章》《石谷章》和《山洞章》中叙述了这一历史。经文将在《萨德章》的末尾继续叙述安拉创造阿丹，并命令天使为之叩头显示其尊贵以及伊卜厉斯对人类和他们祖先阿丹刻骨铭心的仇恨史。因此安拉说："**除了伊卜厉斯拒绝之外，他们都叩头了**"，即伊卜厉斯骄傲地拒绝了。

"**我说：'阿丹啊！这确实是你和你妻子的敌人'**。""你妻子"指海娃。

"**不要让它把你俩逐出乐园，使你不幸。**"恶魔时刻预谋着使你离开乐园，所以你要警惕。否则，你将为了生活而受尽折磨和痛苦、操劳和不幸。你可以在这里丰衣足食，无忧无虑。"**你在其中不会感到饥饿，也不致裸露。**"经文将饥饿和裸露等量齐观，因为饥饿是内心的屈辱，裸露是外表的屈辱。

"**你不会干渴，也不遭日晒。**"干渴和日晒也是两个相对的现实，干渴是内在的炎热，日晒是外在的炎热。

"**但是恶魔对他教唆道：'阿丹啊！我可以指引你到那永生的树和那不朽的权吗？'**"如前所述，阿丹上了恶魔的圈套。◈ 它为他俩发誓："我确实是你俩的忠告者。"◈（7：21）上文已述，安拉和阿丹夫妇缔约，让他们不要接近乐园中的一棵树，更不要吃上面的果实。而伊卜厉斯喋喋不休，最终引诱他们吃了树上的果子。"永生的树"指乐园中的一棵树，（伊卜厉斯妄言）谁吃了树上的果子，谁就能长生不老。穆圣也提到过永生树："乐园中有一棵树，乘骑者在下面走一百年，也走不完。它就是永生树。"[4]

"**结果他们俩吃了它上面的（果子），此后他俩的羞体就在他俩面前暴露了。**"安拉的使者说："安拉把阿丹创造成一个身材魁梧、头发浓密的人，看起来像一棵枣树。他尝了那棵树（上的果子）后，衣服就从身上掉了下来。最先暴露的是羞体。他看到羞体后不停地在乐园中奔跑，后来有棵树挂住了他的头发，正在纠缠当中，至仁主呼吁了他：'阿丹啊！你在逃避我吗？'他听到至仁主的声音后说：'我的主啊！不是逃避，而是惭愧。请告诉我，如果我忏悔，我能重返乐园吗？'至仁主说：'能。'"[5]这就是经文所说的：◈ 阿丹接受了来自他养主的一些言辞，安拉就接受了他的忏悔。◈（2：37）

"**他俩开始用园中的叶子遮盖自己的身体。**"穆佳黑德、格塔德等学者说："他们拿起叶子，像补衣服一样补（裸露的地方）。"[6]

"**阿丹违背了他的主，误入歧途。后来他的主选拔了他，恕饶了他，并引导了他。**"穆圣说："阿丹和穆萨相遇后，穆萨说：'你就是那个使人类遭受不幸的人，你使他们离开了乐园。'阿丹说：'你就是安拉为其使命选拔的人，安拉为而选择了你，并给你降示了《讨拉特》。是这样吗？'穆萨说：'是的。'阿丹说：'安拉造你之前，我现在的这一切早就被注定了，你怎么能怪我呢？'穆萨回答：'是这样的。'于是阿丹驳倒了穆萨。"[7]

◈ 123.他说："你们一起从这里下去吧！你们将是对头。倘若来自我的引导到达你们，那么，谁追随我的引导，他就不会迷误，也不会薄福。◈

◈ 124.谁离避我的教诲，谁必过窘迫的生活，复生日，我将召集盲目的他。"◈

---

(1)《泰伯里经注》18：383。
(2) 人，阿拉伯语称为"印撒尼"（الإنسان），与"遗忘"（النسيان）同属一个词根。——译者注
(3)《泰伯里经注》18：383。
(4)《托亚利斯的按序圣训集》332。
(5)《泰伯里经注》12：354。
(6)《泰伯里经注》18：388。
(7)《布哈里圣训实录诠释——造物主的启迪》8：288。

❖ 125.他说:"我的主啊!为什么你要使我瞎着眼被集合?而我原先是看得见的。"❖

❖ 126.他说:"当我的迹象到达你时,你却忘记了它们。所以今天你也要同样被忘记。"❖

## 阿丹下到地面上,安拉为遵循正道者许诺善果,为过分者警告恶果

清高伟大的安拉对阿丹和海娃说,你们全部离开乐园吧……我们已在《黄牛章》详述了这段历史。

"你们将是对头",即阿丹及其子孙是一个阵营,伊卜历斯及其子孙是另一阵营。

"倘若来自我的引导到达你们",艾布·阿林说,"来自我的引导"指众先知、使者和明证。[1]

"那么,谁追随我的引导,他就不会迷误,也不会薄福。"伊本·阿拔斯说:"他在今世中不迷失正道,在后世中不遭受不幸。"[2]

"谁离避我的教诲",即谁违背我的命令和我降给使者的启示,对它们置之不理,满不在乎,并到别处去寻求引导,那么,"谁必过窘迫的生活",即他将在今世中遭受贫穷,因而没有安全感、没有开阔的胸襟。他因陷入迷途而郁闷和困厄。虽然他衣冠楚楚,饱食终日,且有家居,但只要他的内心没有获得正信和引导,他就无法摆脱困惑、沮丧和忧虑。他将终生徘徊在犹豫之中,这就是窘迫。

"复生日,我将召集盲目的他。"穆佳黑德、赛丁伊等学者解释说:"他在复生日没有任何有利于自己的证据。"[3]艾克莱麦说:"那天,他变成了瞎子,除了火狱之外什么也看不见。"正如安拉所言:❖ 末日,我将召集瞎眼、聋哑的他们,使他们匍匐在大地上。他们的归宿是烈火。❖(17:97)

因此他要问:"我的主啊!为什么你要使我瞎着眼被集合?而我原先是看得见的",即我在今世时耳聪目明。

清高伟大的安拉说:"当我的迹象到达你时,你却忘记了它们。所以今天你也要同样被忘记",即因为你背弃了安拉的迹象,对它熟视无睹,不加理睬,所以,你也要受到同样的报应。❖ 我今天将忘记他们,正如他们曾经忘记有今日的相见。❖(7:51)这属于"以其人之道,还治其人之身(同态报酬)"。

在理解经文的意义并遵循其要求的情况下,如果忘记了相应的文字,则不在这句特别的警告之内。虽然从某方面来讲,忘记经文的文字也是受到警告的,因为相关的圣训有明确的提示。

❖ 127.我就这样报偿过分而不信他主的迹象的人,后世的刑罚确实是更严厉和更持久的。❖

## 过分者将遭受严厉的惩罚

清高伟大的安拉说,我就这样在今世和后世报应那些否认我的种种迹象的人,❖ 他们在今世的生活中要遭受惩罚,而后世的惩罚是更严厉的。他们没有任何保护者(帮助他们)对抗安拉。❖(13:34)

因此说,"后世的刑罚确实是更严厉和更持久的",即后世的刑罚更痛苦,更持久,不但如此,他们还要永居其中。因此安拉的使者㊣曾对两个要求发誓的人[4]说:"今世的刑罚比后世的刑罚轻松。"[5]

---

(1)《泰伯里经注》1:549。
(2)《泰伯里经注》18:389。
(3)《泰伯里经注》18:395、394。
(4)丈夫怀疑妻子不忠,而妻子不承认,穆圣㊣让双方通过发誓来证明自己的话。后来穆圣㊣判决他们终结夫妻关系。——译者注
(5)《穆斯林圣训实录》2:1131。

❧ 128.这难道不是对他们的引导吗？我在他们以前曾毁灭了许多世代，而他们却在那些人的居所中行走。此中对有理智的人确有许多迹象。❧

❧ 129.如果不是你的主曾经说过的一句话和已经被申明的期限，它已成必然。❧

❧ 130.所以你对他们所说的话要忍耐，并要在日出之前，及日落以前赞念你的主，以及在夜间的一部分时间和白天的时刻中赞念他，以便你能愉快。❧

## 古代民族的毁灭，是参悟者的借鉴

清高伟大的安拉说："这难道不是对他们的引导吗？"即穆罕默德啊！这些否认你的人们不明白吗？古代否认先知的人们，都被我彻底根绝。而且他们经常能目睹古人的这些遗迹，并在上面行走着。

"此中对有理智的人确有许多迹象。""有理智的人"指有健全头脑的人。正如安拉所言：❧ 难道他们不曾在大地上旅行，用他们的心去了解和用他们的耳去听闻吗？的确，眼睛不会瞎，而胸中的心会瞎。❧（22∶46）《叩头章》中说：❧ 他们还不明白我在他们之前毁灭了多少世代吗？他们经常去到那些人的故居……❧（32∶26）

"如果不是你的主曾经说过的一句话和已经被申明的期限，它已成必然"，即若不是以前发自安拉的一句话——我在树立明证之前不惩罚任何一人和安拉为否认者所规定的明确期限，惩罚早就在不知不觉中降临了他们。

## 安拉命令穆圣要有耐心，坚持五番拜功

因此，安拉安慰他的先知说："所以你对他们所说的话要忍耐"。"他们所说的话"指否认的言辞。

"并要在日出之前，及日落以前赞念你的主。"日出之前的赞念指晨礼。日落之前的赞念指晡礼。两圣训实录辑录，阿卜杜拉·白杰里说："我们和安拉的使者在一个月圆之夜同坐，使者看了看月亮后说：'你们将会像看到这月亮一样清楚地看到你们的养主。你们当尽力而为，不要撇弃日出前和日落前的礼拜。'"(1)

欧麻勒说，我听安拉的使者说："在日出前和日落前礼拜的任何人都不进火狱。"(2)

"夜间的一部分时间"的赞念指夜功拜。也有学者认为指昏礼和宵礼。

"白天的时刻"，指与夜晚相对的时间。

"以便你能愉快。"正如安拉所言：❧ 不久，你的主势必会赏赐你，于是你会喜悦。❧（93∶5）圣训中说："清高伟大的安拉说：'乐园的居民啊！'他们响应道：'我们的主啊！响应你，敬候尊令！'主问：'你们喜悦了吗？'他们说：'我们的主啊！你已经给我们赏赐了你未曾给任何被造物赏赐的东西，我们为何还不喜欢？'主说：'我将赏给你们更好的。'他们问：'还有比这更好的吗？'主说：'我的喜悦将降临你们，此后我绝不再恼怒你们。'"(3) 另一段圣训载："乐园的居民啊！你们和安拉有个约定，他要为你们实现它。他们说：'约定的是什么啊？难道他没有使我们的面目白皙并加重我们的天秤吗？没有使我们远离火狱并使我们进入乐园吗？'此后帷幕将揭走，他们将看到他（安拉）。以安拉发誓，他赐给他们的美好奖励，莫过于观看他。那是额外的宏恩！"(4)

❧ 131.你不要觊觎我赐给各种人的今世荣华。我用它来试验他们。你的主的供应是更好的和更持久的。❧

❧ 132.你要命令你的家人礼拜，并要持续不断。我不向你要求供应，但我在供应你。善果属于敬畏者。❧

## 坚持拜主，不要觊觎富人的财富

清高伟大的安拉对穆圣说，你不要去看那些享乐者的享受，那只是转瞬即逝的浮华，我用之考验人类，但知感者甚少。穆佳黑德说，"各种人"指富人。(5) 安拉确实赐给你比他们的享乐更好的东西。正如安拉所言：❧ 我已赐予你重复的七段和伟大的《古兰》。你不要觊觎我给他们中形形色色的人的享受。❧（15∶87-88）安拉为穆圣在后世准备的赏赐是无法形容、数不胜数的。正如安拉所言：❧ 不久，你的主势必会赏赐你，于是你会喜悦。❧（93∶5）

圣训载，穆圣某次发誓与众妻室分居，欧麦尔（愿主喜悦之）闻讯前去穆圣居住的小屋。穆圣侧身躺在一张席子上，房角堆着一堆熟皮子用的亚拉昆谟树叶，挂着一张还没有削的生皮，除此之外别无他物。欧麦尔（愿主喜悦之）见此情景不禁潸然泪下。安拉的使者问他："罕塔卜的儿子啊！你因何哭泣？"欧麦尔说："罗马皇帝和波斯

---

(1)《布哈里圣训实录诠释——造物主的启迪》2∶40；《穆斯林圣训实录》1∶439。
(2)《艾哈麦德按序圣训集》4∶136。
(3)《布哈里圣训实录诠释——造物主的启迪》11∶423。
(4)《艾哈麦德按序圣训集》4∶332。
(5)《泰伯里经注》17∶141。

国王享尽了荣华富贵，你是安拉在人类中所特选的人吗（如是那样，你为何如此艰苦）？"使者问："罕塔卜的儿子啊！你对我有所怀疑吗？那些人只不过在今世生活中提前得到了一些美好的享受而已。"⁽¹⁾安拉的使者㊗有能力获得今世的各种享受，但他仍然过着最清贫的生活，他将所得的大量财富花费给了安拉的众仆，从未给自己的明天预留一点。

安拉的使者㊗说："我对你们最担心的就是安拉为你们开启今世的浮华。"人们问："安拉的使者啊！什么是今世的浮华？"使者答："大地上的各种美好事物。"⁽²⁾

格塔德说："'我用它来试验他们'指考验他们。"⁽³⁾

"你要命令你的家人礼拜，并要持续不断"，即你当以身作则，坚持拜功，借此拯救家人脱离安拉的惩罚。正如安拉所言：❮ 有正信的人们啊！你们当使你们自己和你们的家属远离火狱。❯（66：6）栽德·本·艾斯莱姆说，某夜他在欧麦尔那里睡觉的时候，欧麦尔的仆人前来叫他——因为欧麦尔每夜都要在一段时间内礼拜。但那晚他没有起床，我们想："今夜他不再像往常一样起来礼拜。"但他醒来后不但自己礼拜而且还叫醒家人一起礼拜，并念道："你要命令你的家人礼拜，并要持续不断。"⁽⁴⁾

"我不向你要求供应，但我在供应你"，即当你立站拜功的时候，你的供养就会不知不觉地降临于你。正如安拉所言：❮ 谁敬畏安拉，安拉就会给他一条出路，并从他意想不到的方面供应他。❯（65：2-3）又 ❮ 我造化了精灵和人类，只为了他们崇拜我……安拉确实是赐给生计的，是有能力的，是坚定的。❯（51：56-58）因此说："**我不向你要求供应，但我在供应你。**"安拉的使者㊗说："清高伟大的安拉说，阿丹的子孙啊！你一心拜我，我就使你的心胸充满富裕，并消除你的贫穷。否则，我将使你万事缠心，不解决你的贫穷。"⁽⁵⁾

另据传述，使者说："谁为今世而忧愁，安拉就使谁的事务杂乱无章，并将贫穷放在他的眼前，他从今世中只能得到为他所规定的份额；谁的理想是后世，安拉就使谁的事情有条不紊，并将富裕放到他的心中，同时，今世（的幸福）不得不眷顾他。"⁽⁶⁾

---
（1）《布哈里圣训实录诠释——造物主的启迪》5：137。
（2）《伊本·艾布·哈提姆经注》7：2442。
（3）《泰伯里经注》18：405。
（4）《泰伯里经注》18：406。
（5）《提尔密济圣训全集诠释》7：166；《伊本·马哲圣训集》2：1376。
（6）《伊本·马哲圣训集》2：1375。

"善果属于敬畏者"，即在今生后世中，美好的结局——乐园终究属于敬畏安拉的人。安拉的使者㊗说："昨夜我梦见我在欧格白·本·拉菲仪家中，当时我还从鲁特白·本·塔卜那儿获得一些枣子。我对它的解释是：我们将在今世中获得善果和尊严，我们的宗教将欣欣向荣。"⁽⁷⁾

❮ 133.他们说："为什么他不从他的主那儿带给我们一个奇迹呢？"难道以前册章中的明证还没有到达他们吗？❯

❮ 134.如果我曾在他之前惩罚了他们，他们必定会说："我们的主啊！为什么你不曾派遣一位使者给我们，好让我们在遭受卑贱与出乖露丑之前追随你的迹象？"❯

❮ 135.你说："都在等待，所以你们也等待吧。不久你们就会知道谁是在正道上，谁获得了引导。"❯

## 虽然《古兰》本身就是奇迹，但多神教徒们要求看到其他奇迹

清高伟大的安拉讲述道，隐昧者们说，穆罕默德为什么不从他的主那里给我们带来一件奇迹，以证明他就是安拉的使者，他的话是真实的？

清高伟大的安拉说："难道以前册章中的明证还没有到达他们吗？""以前的册章"指安拉降示的伟大《古兰》。穆圣㊗是一位不会写字的文盲，他也从未向有经人讨教过学问，但他带来的这部经典如实地介绍了前人的许多消息，并且和以前的天启经典中的正确记载完全吻合。这部《古兰》是所有天启经典的监护者。它能甄别现存经典中哪些记载是正确的，哪些是伪造的。这段经文与《蜘蛛章》的下列经文相近：❮ 他们说："为什么没有一些迹象由他的主降给他呢？"你说："迹象只在安拉那里，而我只是一个坦率的警告者。"我已经降给你向他们诵读的经典，这难道对他们还不够吗？其中确有慈悯和对于归信群体的提示。❯（29：50-51）两圣训实录辑录，安拉的使者㊗说："每位先知的归信者（人数）都和所获得的奇迹（贵重程度）成正比，我所获得的是安拉的启示。我希望我的追随者最多。"穆圣㊗在此只述及他所获得的最大奇迹——《古兰》，其实正如相应的经典著作所述，穆圣㊗带来的奇迹是不胜枚举的。

"如果我曾在他之前惩罚了他们，他们必定会说：'我们的主啊！为什么你不曾派遣一位使者给我们'"，即假若我在遣圣降经之前惩罚这些否

---
（7）《穆斯林圣训实录》4：1779。

认者，那么他们势必会说"**我们的主啊！为什么你不曾派遣一位使者给我们**"。如果那时我们还不归信，你就惩罚我们。安拉说，其实这些否认者都是冥顽不化之徒：❰即使任何迹象来临他们，直到他们看到痛苦的刑罚。❱（10：97）又❰这就是我颁降的一部吉祥的经典，你们要遵循它，并当敬畏，以便你们能获得怜悯……我将因为他们的背弃而严厉惩罚背弃我的启示的人。❱（6：155—157）又❰他们凭安拉（的名义）立下庄重的誓言："如果有一位警告者来临他们，他们会成为诸民族中最坚持正道的。"❱（35：42）又❰他们凭安拉立下隆重的誓言：如果一个迹象来临他们，他们必定会相信它。❱（6：109）

清高伟大的安拉说，穆罕默德啊！你对否认你、违背你，并且顽固不化的人们说，我们和你们"**都在等待，所以你们也等待吧。不久你们就会知道谁是在正道上**"。

"**谁获得了引导**"，即谁走向了真理和正道。正如安拉所言：❰当他们见到刑罚时，他们将会知道谁更迷离正道。❱（25：42）又❰他们明天就会知道谁是傲慢的说谎者。❱（54：26）

《塔哈章》注释完。一切感赞统归安拉，如果安拉意欲，下面将注释《众先知章》。赞美安拉。

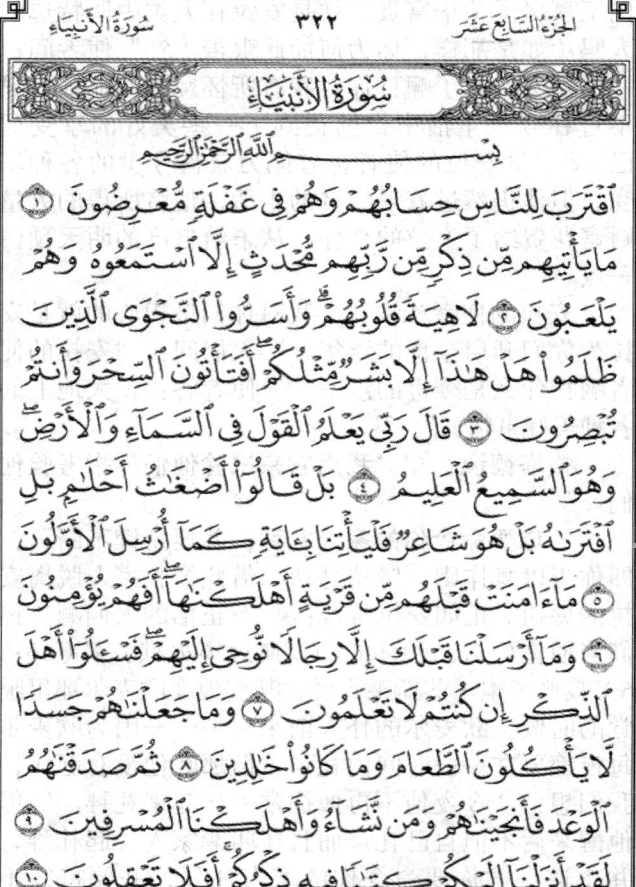

## 《众先知章》注释　麦加章

### 《众先知章》的尊贵

布哈里传述，阿卜杜拉·本·麦斯欧迪说："《以色列的后裔章》《山洞章》《麦尔彦章》《塔哈章》和《众先知章》属于最早降示的经文，是我过去常读的经文。"[1]

**奉普慈特慈的安拉之尊名**

❰1.人类的结算期已临近了，而他们却在昏聩中悖谬。❱

❰2.每每一项新教诲由他们的主那里来临他们，他们就在嬉笑中听它。❱

❰3.他们心不在焉，那些不义的人私下谈论道："难道这人不是像你们一样的人吗？你们要眼睁睁地接受魔术吗？"❱

❰4.他说："我的主知道天地中的一切话，他是全听的、全知的。"❱

❰5.不然，他们说："这些只是胡梦！不然，是他捏造了它！不然，他是个诗人！让他像以前被委以使命的人那样显示给我们一个奇迹来！"❱

❰6.在他们以前我毁灭的那些城镇（的居民）都曾不信，那么他们会归信吗？❱

### 复活之时将在人们浑浑噩噩的情况下降临

清高伟大的安拉在此提醒人们，复活时刻已经临近了，但人们却对它满不在乎。换言之，人们还混沌无知，不为它做准备。

奈洒伊传述，穆圣说："'**昏聩中悖谬**'指在今世中浑浑噩噩。"[2]《古兰》说：❰安拉的命令到来了。你们不要要求它尽早实现。❱（16：1）

---

[1]《布哈里圣训实录诠释——造物主的启迪》4：289。

[2]《圣训大集》6：407。

又⟪时间已经接近，月亮破碎了。如果他们看见一个迹象，他们就避开……⟫（54：1-2）

安拉说，古莱什人和类似他们的人们不肯倾听安拉降示给使者的启示，"**每每一项新教诲由他们的主那里来临他们**"，"**新教诲**"指刚降示的经文。"**他们就在嬉笑中听它。**"正如伊本·阿拔斯所说："你们为什么要向有经人讨教他们手中的经典呢？他们的经典已经被他们篡改得面目全非。你们的经典确实是安拉最新降示的经典，你们当读这部纯洁无染的经典。"[1]

"**那些不义的人私下谈论道**"，即他们在私下议论："**难道这人不是像你们一样的人吗？**"他们认为穆圣是和他们一样的人，为什么他们没有受到启示而穆圣受了启示。所以他们不相信穆圣，他们说"**你们要眼睁睁地接受魔术吗？**"即你们若跟随穆罕默德，你们就与那明知魔术的虚伪而又相信魔术的人一模一样。安拉教使者回答他们的谵语，说："**我的主知道天地中的一切话**"，即对于知道天地中一切言语的安拉而言，宇宙间不存在任何秘密，他降示的这部经典包罗古今一切消息，只有知道天地万物之奥秘的安拉，才能带来这样一部经典。

"**他是全听的、全知的。**"安拉能听到你们所说的每一句话，也能知道你们的所有情况。经文在此向他们发出了严厉的警告。

## 隐昧者对《古兰》和使者进行诽谤，他们要求见到一些迹象以及对他们的驳斥

"**不然，他们说：'这些只是胡梦！不然，是他捏造了它！'**"经文在此讲述了隐昧者的顽固和反叛，他们对《古兰》的众说纷纭以及他们的困惑和悖谬。他们时而说《古兰》是魔术，时而说它是诗文，时而说它是胡梦，时而说它是伪造品。正如安拉所言：⟪你看他们对你作了什么样的比喻。他们迷误了，故找不到出路。⟫（17：48）

"**让他像以前被委以使命的人那样显示给我们一个奇迹来！**"他们的意思是，穆圣应该像撒立哈先知带来母骆驼，穆萨和尔撒先知带来其他奇迹那样，带来一些奇迹。安拉说：⟪我没有颁降迹象，因为一些前人否认了它。⟫（17：59）

因此，安拉说："**在他们以前我毁灭的那些城镇（的居民）都曾不信，那么他们会归信吗？**"即古代的使者们带着我的迹象去他们的城镇时，他们所见到的不是信仰，而是否认。因此，我毁灭了那些否认我派遣过使者的城镇。当代的这些人见到奇迹之后就会归信吗？不，他们和古人没有两样。⟪你的主的言辞已经判定的那些人，他们不会归信。即使任何迹象来临他们，直到他们看到痛苦的刑罚。⟫（10：96-97）虽然如此，这些否认者们还是从穆圣那里看到了最昭然显著、灿烂伟大的许多迹象。穆圣带来的这些迹象，从各方面都是其他先知的迹象无法比拟的。愿安拉赐福安于所有的先知！

⟪7. 在你以前，我所派的使者都是男子，我降给他们启示。如果你们不知道，就去问问那些有学问的人。⟫

⟪8. 我没有使他们成为不吃食物的躯壳，他们也不是永生的。⟫

⟪9. 后来我对他们实践了约言，我拯救了他们和我所意欲的人，不过我毁灭了过分者。⟫

## 使者都来自人类

安拉驳斥那些否认使者身份的人说："**在你以前，我所派的使者都是男子，我降给他们启示**"，即以前的所有使者都来自人类，并且都是男性。他们中没有一位是天使。正如安拉所言：⟪我在你以前，只从诸城的人民当中派遣一些男子，颁降启示。⟫（12：109）⟪你说："我不是诸使者中的另类。"⟫（46：9）安拉提及古人的原因是，古今否认使者之人的借口是一样的，古人说：⟪难道凡人能引导我们吗？⟫（64：6）

因此，清高伟大的安拉说："**如果你们不知道，就去问问那些有学问的人**"，即你们当去问问那些了解过去民族的人们，譬如犹太教徒、基督教徒等：以前的使者是天使还是人？其实安拉从人类中派遣使者是对人类的宏恩，因为在此情况下人们才可以和使者交流，并向他们学习。

"**我没有使他们成为不吃食物的躯壳**"，事实是使者都是需要吃饭的。正如安拉所言：⟪我在你以前派遣的使者们，都是吃食物并在市集上行走的。⟫（25：20）即他们也是和其他人一模一样的人，他们像其他人一样吃饭喝水，并进入市场经商谋生。但这对他们的使者身份并无妨碍或影响。而不像多神教徒所想像的那样：⟪他们说："这使者是怎么回事？他吃饭并在市集上行走。为什么没有派遣一位天使到他那里，同他一道作为警告者呢？或是把财宝赐给他，或是他有一个林园，供他食用呢？"⟫（25：7-8）

"**他们也不是永生的**"，即使者也不永远活在世上，他们也要经历生活和死亡。⟪我未曾赐你以前的任何人永生。⟫（21：34）但他们的特征是，

---
[1]《布哈里圣训实录诠释——造物主的启迪》13：505。

他们能接受来自安拉的启示，并且天使会降临于他们，向他们传达安拉的法律，以便让他们治理世事。

"后来我对他们实践了约言"，安拉曾给他们许诺，他一定毁灭不义者。安拉确实使这个约言变成了现实。

"我拯救了他们和我所意欲的人"，"我所意欲的人"指跟随这些使者的信士。

"不过我毁灭了过分者。""过分者"指否认使者带来的信息的人。

❧ 10.我确实给你们降下了一部经典，其中有对你们的教诲，难道你们不了解吗？❧

❧ 11.有许多城镇在其不义时被我消灭，其后我创造了另外的群体。❧

❧ 12.当他们感到我的严刑时，他们突然逃避它。❧

❧ 13.你们不要逃开，你们回到你们的豪华生活中去！回到你们的住处去！以便你们被审讯。❧

❧ 14.他们说："我们真伤心啊！我们当初确实是不义的！"❧

❧ 15.那一直是他们的哀求，直到我使他们成为被割除的、死寂的。❧

### 《古兰》的尊贵

清高伟大的安拉在此强调《古兰》的尊贵，并鼓励人们去认识它，说："**我确实给你们降下了一部经典，其中有对你们的教诲。**"伊本·阿拔斯说，"**你们的教诲**"（ذكركم）指你们的荣誉。
"**难道你们不了解吗？**"即难道你们不了解这个恩典吗？你们应当欣然接受它。正如安拉所言：❧ 它确实是对你和你族人的一项教诲。你们将会被询问。❧（43：44）[1]

### 不义者是怎么遭受毁灭的

"**有许多城镇在其不义时被我消灭。**""**许多**"指很多。正如安拉所言：❧ 我在努哈之后毁灭了若干世代！❧（17：17）又❧ 许多城镇，在其不义时被我毁灭，坍塌……❧（22：45）

"**其后我创造了另外的群体。**""**群体**"指民族。

"**当他们感到我的严刑时**"，即当他们确信惩罚必将按照使者所警告的那样降临于他们时，"**他们突然逃避它**"。

"**你们不要逃开，你们回到你们的豪华生活中去！回到你们的住处去！**"这是对他们带有蔑视的揶揄。即有声音轻蔑地说，你们不要逃避刑罚，你们应该回去继续享受纸醉金迷的生活，回到宽敞的豪宅。格塔德说这是对他们的嘲讽。

"**以便你们被审讯**"，即你们将被问及：你们是怎么感谢安拉的宏恩的？

"**他们说：'我们真伤心啊！我们当初确实是不义的！'**"他们在任何说辞都无济于事的时候承认了自己的罪恶。

"**那一直是他们的哀求，直到我使他们成为被割除的、死寂的**"，即他们喋喋不休地重复着上述承认罪恶和表示悔恨的话，直至安拉消灭了他们，使他们变得悄无声息，一动不动。

❧ 16.我并不是随意地造化诸天与大地以及其间一切的。❧

❧ 17.假若我希望找点消遣，我一定会在我跟前找到它，假如我去这样做。❧

❧ 18.不然，我投掷真理打击谬误，所以真理粉碎了谬误。谬误转瞬即逝了。因为你们的叙述而倒

---

[1]《泰伯里经注》21：11。

⟪ 19.诸天与大地中的一切以及在他那里的一切,都属于他,他们不拒绝崇拜他,也不会倦怠。⟫
⟪ 20.他们日夜赞念他,永不松懈。⟫

## 宇宙是本着公正和哲理而被创造的

清高伟大的安拉说,他本着真理,即公正和正义创造了诸天、大地,⟪ 他依照他们的行为还报那些作恶的人,并以善果还报行善的人。⟫(53:31)他没有出于随意和好玩而创造这一切,正如另一段经文所述:⟪ 我没有荒谬地造化天地与其间的一切!那是否认者的猜想。所以,倒霉吧!隐昧的人们!⟫(38:27)

"假若我希望找点消遣,我一定会在我跟前找到它,假如我去这样做。"穆佳黑德说,"我跟前"指我那里。他还解释说:"安拉创造乐园、火狱、死亡、复活和清算,绝不是为了游戏。"[1]

"假如我去这样做。"格塔德、赛丁伊、伊布拉欣·奈赫伊等学者说,经文的意思是:"我绝不会这样去做。"[2]

穆佳黑德说,《古兰》中的所有"假如",都表示否定。[3]

"不然,我投掷真理打击谬误",即我阐明真理,并瓦解谬误。

因此说,"所以真理粉碎了谬误。谬误转瞬即逝了",即真理击溃了谬误,并消灭了它。

妄言安拉有子女的人们啊!"因为你们的叙述而倒霉吧!"[4]"你们的叙述"指你们的谵语。

安拉接着说,天使都是他的奴仆,他们不分昼夜,坚持不懈地侍奉安拉。

## 万物都归安拉掌管,都是他的奴仆

"诸天与大地中的一切以及在他那里的一切,都属于他","他那里的一切"指众天使。

"他们不拒绝崇拜他,也不会倦怠。"正如安拉所言:⟪ 麦西哈和那些近主的天使,绝不因是安拉的仆人而为耻。拒绝崇拜安拉,并妄自尊大的人,他将会把他们全体聚集在他那里。⟫(4:172)

"也不会倦怠",即他们不疲劳,也不厌倦。

"他们日夜赞念他,永不松懈",即无论白天还是夜晚,他们都坚守善功,专心服从安拉。安拉赋予了他们这种能力。正如安拉所言:⟪ 他们不违背安拉命令他们的,他们奉命行事。⟫(66:6)

---
(1)《泰伯里经注》18:421。
(2)《泰伯里经注》18:420。
(3)《散置的明珠》5:620。
(4)倒霉,指糟糕或指火狱中一个火坑的名字。——译者注

⟪ 21.难道他们在地上所选择的伪神能使死者复活吗?⟫

⟪ 22.假若天地间除了安拉还有神,那么天地一定毁坏了。赞美安拉——阿莱什的主宰清净,他超绝于他们所叙述的。⟫

⟪ 23.他的行为不受询问,但是他们却要被质询。⟫

## 驳斥假神

安拉揭露多神教徒们舍他而设的假神,说:"**难道他们在地上所选择的伪神能使死者复活吗?**"它们做不到这一点,又怎么能被当作与安拉相对的神而加以崇拜呢?安拉说,假若除他外还存在一些神,那么诸天和大地必定被破坏了:"**假若天地间除了安拉还有神,那么天地一定毁坏了。**"正如安拉所言:⟪ 安拉没有任何子女,也没有任何神与他同在。否则,每一个神都会拿去它所造化的,并且优胜劣汰,赞安拉清净!他超绝于他们所形容的。⟫(23:91)

本章经文在此说:"**赞美安拉——阿莱什的主宰清净,他超绝于他们所叙述的**",即安拉绝不会

像他们所说的那样有儿子或伙伴。赞美安拉圣洁，他和多神教徒的妄称和谵语毫不相干。

"他的行为不受询问，但是他们却要被质询"，即他是绝对的统治者，任何人都无权对他的行为指手画脚。因为他具备无限的伟大、知识、哲理、公正和慈悯。

"但是他们却要被质询。"但安拉要审问他的一切被造物，正如安拉所言：◆凭你的主发誓，我一定会审问他们全体，——关于他们所做过的一切行为。◆（15：92-93）又◆安拉救助（众生），但谁也救不了安拉要惩罚的人。◆（23：88）

◆24.他们在他之外另择了一些神吗？你说："拿出你们的证据来。这是对与我相随者的叙述，也是在我之前者的叙述。"但是他们大多数不知真理，所以他们是回避的。◆

◆25.我在你以前每派遣一位使者，就对他启示道："除我之外无应受拜的，所以你们应当惟独崇拜我。"◆

"他们在他之外另择了一些神吗？你说"，即穆罕默德啊！你对他们说，你们为你们所说的话拿出证据来吧！

"这是对与我相随者的叙述，也是在我之前者的叙述"，即这部《古兰》和以前的经典，都证明你们的话是站不住脚的，因为安拉降示的每一部经典都宣告应受拜者惟有安拉。多神教徒们啊！你们不知真理，故傲慢拒绝。

因此清高伟大的安拉说："我在你以前每派遣一位使者，就对他启示道：'除我之外无应受拜的，所以你们应当惟独崇拜我。'"这段经文如同下列经文：◆你问问我在你以前所派遣的使者们，我可曾在至仁主之外设立了供人崇拜的神吗？◆（43：45）又◆我的确在每一个民族中派遣一位使者。（他说）"你们要崇拜安拉，远离塔吾特。"◆（16：36）安拉派遣的每位先知，都号召人们惟独崇拜安拉，人的天性（本能）也能证明这一点。在安拉那里，多神教徒的信仰没有任何根据。因此，他们是受谴怒的，他们还要遭受严厉的惩罚。

◆26.他们又说："至仁主有了子嗣。"赞美安拉！不然，（他们）是受优待的奴仆。◆

◆27.他们不僭越他说话，他们奉他的命令行事。◆

◆28.他知道他们前面的和他们后面的，他们只能替他所喜悦的人求情，他们由于敬畏他而诚惶诚恐。◆

◆29.假若他们当中谁说"我是他之外的一个神"。我必定以火狱报应他。我就这样报偿那些不义者。◆

## 驳斥那些妄言天使是安拉之女的人，阐明天使的行为及品级

有人妄言某些天使是清高伟大的安拉的儿女，譬如某些阿拉伯人说天使是安拉的女儿。安拉说："赞美安拉！不然，（他们）是受优待的奴仆"，即天使是在安拉那里享有尊严和高贵品级的奴仆，他们的一言一行，都是绝对服从安拉的。

"他们不僭越他说话，他们奉他的命令行事"，即他们不在安拉跟前贸然行事（说话），也从不违背安拉，他们奉命行事，刻不容缓。而安拉也是周知他们的，他们的任何事情都不能隐瞒他。"他知道他们前面的和他们后面的"。

"他们只能替他所喜悦的人求情。"正如安拉所言：◆除非他许可，谁能在他跟前说情？◆（2：255）类似的经文很多。

"他们由于敬畏他而诚惶诚恐。""敬畏"指敬仰、惧怕。

"假若他们当中谁说'我是他之外的一个神'"，即谁妄称自己是安拉外的另一个神，那么"我必定以火狱报应他。我就这样报偿那些不义者"，即这样的人，都会遭到安拉的报应。"假若"，一般表示不可能发生的事情。正如安拉所言：◆假若你举伴安拉，你的工作势必作废，并且你势必要成为一个亏损的人。◆（39：65）

◆30.隐昧的人难道没有看到，诸天与大地原是一体，然后我把它们分开了，我用水造化每一种生物。难道他们不信吗？◆

◆31.我在地上安置了山岳，以免它和他们一起摇动；我又在其中造了宽广的大路，以便他们能走正路。◆

◆32.我已使天空成为受保护的穹窿，可是他们仍然回避它的种种迹象。◆

◆33.是他造化了昼夜和日月。一切都在各自的轨道上运行。◆

## 天地和昼夜中安拉的迹象

安拉拥有完美的能力和伟大的权力，他创造万物并征服了它们。他说："隐昧的人难道没有看到"，即安拉责问那些否认安拉的受崇拜性并崇拜

多神的人们，难道他们不知道吗？万物的创造者和决策者只是安拉，除安拉外的事物怎能像安拉那样接受崇拜呢？他们怎能和安拉被等量齐观呢？难道他们没有看到，"**诸天与大地原是一体**"，即最初一切都连在一起，呈重叠状。后来它们才分开了，于是有了七层天和七层地。最近的天地之间以空气分开了。此后，天降雨水，地长植物。因此说："**我用水造化每一种生物。难道他们不信吗？**"他们目睹万物不断生成，难道不想想这一切都不是一个创造者、行为者、选择者和全能万事者存在的证据吗？

每一物中都有一种迹象，证明独一真主的存在。

艾克莱麦说，有人问伊本·阿拔斯："夜在前还是昼在前？"他回答说："你们看到了原是一体的诸天和大地吗？它们之间除了黑暗，还有什么？这表明夜先于昼。"(1)有人关于"**诸天与大地原是一体**"中的天地问题询问伊本·欧麦尔，他对询问者说："你去那位长者（指伊本·阿拔斯）那里，向他请教，然后你再来我这里，我先听听他怎么说。"于是那人去向伊本·阿拔斯请教那个问题。伊本·阿拔斯说："是的，天原是一体的，它不降雨。地原来也是一体的，它不生长植物。(2)安拉为大地创造了居民的时候，天因为雨水而裂开了，地因为植物而裂开了。"此人回到伊本·欧麦尔跟前，如实转告了伊本·阿拔斯的解释。伊本·欧麦尔听后说："现在我知道了伊本·阿拔斯确实对《古兰》很有研究，他说得对，就是那么回事。"他接着说："我曾说过，伊本·阿拔斯在注释《古兰》时的大胆令我吃惊，现在我知道了，他已被赋予《古兰》的知识。"(3)

伊本·朱拜尔说："天地本来是连在一起的，天被升起后，地才显现出来。那就是安拉在《古兰》中所讲述的'**诸天与大地原是一体，然后我把它们分开了**'。"哈桑和格塔德说："天地原是一个整体，后来它们被空气隔开了。"

"**我用水造化每一种生物**"，即所有生物的本源都来自水。艾布·胡莱赖对穆圣☪说："安拉的使者啊！我看到你时，就有一种赏心悦目的感觉。请告诉我万物（的本源）。"穆圣☪回答："万物都是用水创造的。"艾氏又说："请告诉我一件能使我进乐园的工作。"穆圣☪回答："你当高声说色兰，给（穷）人提供食物，接济骨肉，并在人们睡觉时坚持礼拜，然后，你平安地进乐园吧！"(4)

"**我在地上安置了山岳**"，即安拉用山岳稳固大地，以免它动摇，否则上面的人类无法安定生活。因为地球的四分之三都沉浸在水中。大地因为空气和阳光而显得格外明亮，所以地球居民可以看到天空和天上各种璀璨的迹象、规律和明证。因此说："**以免它和他们一起摇动。**"

"**我又在其中造了宽广的大路**"，即安拉在群山中开辟了峡谷，以便人们通过其中的山路去往各地。同样，大地上还有许多山，它们作为"隔断"，把各地区分隔开，"**以便他们能走正路**"。

"**我已使天空成为受保护的穹窿**"，即安拉使之笼罩着大地，看起来天好像是建在地上的穹庐一样。正如安拉所言：《天，我确曾以大能建造它，我确实是拓展者。》（51：47）又《以天及建造它的主盟誓。》（91：5）又《他们没有看他们上面的天，我是如何建造它、装饰它的吗？它没有一点裂缝。》（50：6）等经文。"建造"指建立穹庐。正如安拉的使者☪说："伊斯兰被建立于五件事情……"(5)即伊斯兰有五大基石。居住帐篷的阿拉伯人对此比较熟悉。(6)(7)

"**受保护的**"，指巍峨的、受到保护的。穆佳黑德认为其意思是高的。

"**可是他们仍然回避它的种种迹象。**"正如安拉所言：《诸天与大地间有许多迹象，但他们却毫不留意地经过它。》（12：105）即他们从不参悟浩瀚旷达的苍穹，不观察点缀天空的行星和恒星，对完美地在每个昼夜中运行的太阳不假思考，它终将运行到安拉所制定的明确目的地。

安拉分析他的部分迹象，说"**是他造化了昼夜**"。夜晚漆黑而宁静，白天光明而温馨，有时此长彼短，有时彼长此短。

"**日月**"各自有其独特的光辉、轨道、时限、运动和运行。

"**一切都在各自的轨道上运行。**""运行"指运转。伊本·阿拔斯说："它们就像轴在螺环上运转那样转动着。"(8)正如安拉所言：《他使天破晓，他以夜供人休息，以计时设置日月。这就是优胜的、全知的主的定律。》（6：96）

《34.我未曾赐你以前的任何人永生。如果你死亡了，他们能永生吗？》

《35.每一个人都必然尝试死亡，我以恶与善考

---

(1)《泰伯里经注》18：433。
(2)"一体"一词还有"闭塞、僵化"等意思。——译者注
(3)《伊本·艾布·哈提姆经注》8：2450。
(4)《艾哈麦德按序圣训集》2：295。
(5)《布哈里圣训实录诠释——造物主的启迪》1：64。
(6)《泰伯里经注》18：43。
(7) 圣训中的"建立"一词与《古兰》经文中的"建造"、"建筑"属同一词根。——译者注
(8)《泰伯里经注》20：520。

验你们，你们终究要回到我这里。》

## 任何人都不会在今世中永生

"**我未曾赐你以前的任何人永生**"，即穆罕默德啊！任何人都不能永远活在世上。》 其中的一切都将消毁，只有你的主伟大的尊容永存。》（55：26—27）

穆罕默德啊！如果你死去了，"**他们能永生吗？**"即他们希望你去世后他们永远活在世上，但那是不可能的，因为世上的一切都要毁灭。

"**每一个人都必然尝试死亡。**"据传述，伊玛目沙斐仪曾吟诗道："有人希望我死去，我若死去，也不是旷世孤例；告诉那梦想乾坤逆转的人，请做好事与愿违的准备。"

"**我以恶与善考验你们**"，即安拉有时用灾难考验你们，有时用幸福考验你们，然后看谁是感谢者，谁是忘恩负义者，谁是忍耐者，谁是知足者。伊本·阿拔斯解释说："安拉以困难和幸福，健康和疾病，富裕和贫穷，合法和非法，顺从和违抗，引导和迷误来考验你们。"安拉说"**你们终究要回到我这里**"，指以便安拉论功奖罚。[1]

《 36.当隐昧的人看见你时，他们就对你加以嘲弄。（他们说）"是这个人在议论你们的神吗？"而他们却否认对至仁主的记念。》

《 37.人生来是急躁的。我将会对你们显示我的一些迹象，所以你们不要催促我。》

## 多神教徒嘲弄穆圣

安拉对穆圣说："**当隐昧的人看见你时**"，即像艾布·哲海里这样的古莱什人。"**他们就对你加以嘲弄**"。他们就嘲笑你，奚落你，他们说："**是这个人在议论你们的神吗？**"即是他在辱骂你们的神灵，愚弄你们的理智吗？

"**而他们却否认对至仁主的记念**"，即与此同时，这些多神教徒不但否认安拉，而且嘲笑使者。正如安拉所言：《 当他们看见你时，他们对你不外是嘲笑："他就是安拉派来作使者的那个人吗？若不是我们坚守我们的神祇，他一定可能误导我们叛离它们！"当他们见到刑罚时，他们将会知道谁更迷离正道。》（25：41—42）

"**人生来是急躁的。**"另一段经文说：《 人总是急躁的。》（17：11）即人处事急躁。这里述及急躁的原因是，多神教徒们对穆圣的嘲笑，预示着他们快要遭受惩罚了。因为安拉一直在宽限不义者，而他一旦惩罚他们时，不会有所容缓。安拉在宽限不义者，但不义者自己已经急不可耐了。

因此清高伟大的安拉说："**我将会对你们显示我的一些迹象**"，指我的惩罚和判决以及能够（惩罚违抗者）的有关迹象，"**所以你们不要催促我**"。

《 38.他们说："如果你们是诚实的，这个约期在何时？"》

《 39.如果隐昧的人知道那一时刻，那时他们不能挡去他们脸上和他们背上的火，他们也不蒙照顾……》

《 40.不然，它将突然降临他们，使他们惊惶失措，他们将没有能力抵挡它，也得不到照顾。》

## 多神教徒们要求惩罚早日到来

清高伟大的安拉说，多神教徒们要求惩罚早点到来，充分暴露了他们的反动和愚顽。"**他们说：'如果你们是诚实的，这个约期在何时？'**"

清高伟大的安拉说："**如果隐昧的人知道那一时刻，那时他们不能挡去他们脸上和他们背上的**

---

[1]《泰伯里经注》18：440。

火,他们也不蒙照顾……"假若他们确信复活时刻必然来临,知道那时惩罚将从四面八方笼罩他们……他们一定不会急于要求它早日到来。❳在他们的上面有层层火棚,在他们的下面有层层火毡。❳(39:16)❴他们将得到火褥子,在他们上面有重重的被盖。❳(7:41)

本章的经文说:"那时他们不能挡去他们脸上和他们背上的火。"正如安拉所言:❴他们的衣服是柏油制成的,他们的脸被烈火覆盖。❳(14:50)即他们完全被包围在惩罚之中。

"他们也不蒙照顾",即他们没有任何帮助者。正如安拉所言:❴他们没有任何保护者(帮助他们)对抗安拉。❳(13:34)

"不然,它将突然降临他们",即火狱将猛然间到来。

"使他们惊惶失措",即他们被火狱惊吓得无所适从。

"他们将没有能力抵挡它",即火刑是无法避免的。

"也得不到照顾。"那时,一刻也不能拖延了。

❴ 41.在你以前的使者们都曾被嘲笑过。但是那些嘲笑者都被他们所嘲笑的包围了。❳

❴ 42.你说:"除了至仁主,谁能在夜晚或白天保护你们?"可是他们却拒绝提念他们的主。❳

❴ 43.或是,他们在我之外有保护他们的诸神吗?它们既不能帮助自己,也不能在我这里得救。❳

### 以古代的嘲笑者为鉴

穆圣☆遭受多神教徒的嘲笑和否认后,安拉安慰他说:"在你以前的使者们都曾被嘲笑过。但是那些嘲笑者都被他们所嘲笑的包围了",即后来他们都因当初的昧真而遭受了惩罚。正如安拉所言:❴在你之前的使者们被否认过,他们忍受了对他们的不信,也曾遭受迫害,直到我的援助降临他们。没有人可以改变安拉的裁决。众使者的消息确已来临于你。❳(6:34)

然后清高伟大的安拉说,他以他不眠的尔尼[1],昼夜保护着众仆。安拉说:"除了至仁主,谁能在夜晚或白天保护你们?"

"可是他们却拒绝提念他们的主",即他们不但不承认安拉的恩典和慈惠,反而对安拉的迹象和恩典不予理睬。

"或是,他们在我之外有保护他们的诸神吗?"疑问表示否定、警告和羞辱。事情并不像他们想象或妄言的那样。

"它们既不能帮助自己",是说他们所依靠的这些伪神,自身难保。伊本·阿拔斯解释说,他们也不能在安拉这里得救。[2]

❴ 44.不然,我使这些人和他们的祖先得到享受,直到他们的寿数增长了。难道他们看不到我在逐渐缩减其边境吗?他们是胜利的吗?❳

❴ 45.你说:"我只根据启示来警告你们。"但是当他们被警告时,聋子是听不到呼唤的。❳

❴ 46.如果仅以你的主的惩罚中的一点点触及他们,他们也一定会说:"我们真伤悲呀!我们当初确实是不义的。"❳

❴ 47.我将在复生日设置一些公平的天秤,任何人不被亏待丝毫。即使是一粒芥子的重量,我也要拿出它来。我是最佳的计算者。❳

### 多神教徒们因为长期享受荣华富贵而忘乎所以

清高伟大的安拉说,致使多神教徒们忘乎所

---

[1] 字意为眼睛,安拉至知其意义。——译者注

[2] 《泰伯里经注》18:448。

以、陷入迷途的原因是：他们在今世过惯了幸福的生活，故自认为很了不起。安拉劝诫他们说："难道他们看不到我在逐渐缩减其边境吗？"另一段经文说：⟨ 我确曾毁灭了你们周围的市镇，我反复分析种种迹象，以便他们回归。⟩（46：27）哈桑·巴士里说："经文指伊斯兰战胜不信。"[1] 即你们还不考虑一下吗，安拉襄助他的盟友，战胜了敌人，毁灭了不信的各民族和不义的各城镇，并拯救了穆民众仆。

"他们是胜利的吗？"不，他们一败涂地，尊严丧尽。

"你说：'我只根据启示来警告你们。'"我（穆圣）只是一个来自安拉的传达警告者。我只根据启示给你们预告未来的惩罚。但我的警告不会给有眼无珠、有耳不闻、有心不用的人带来裨益。因此说："但是当他们被警告时，聋子是听不到呼唤的。"

"如果仅以你的主的惩罚中的一点点触及他们，他们也一定会说：'我们真伤悲呀！我们当初确实是不义的。'"即如果这些否认者遭到安拉的惩罚中最轻微的一点惩罚，也会承认自己的罪恶，承认自己在今世是不义的。

"我将在复生日设置一些公平的天秤。"安拉将在末日设置许多公正的天秤。《古兰》的绝大部分经文中使用的是"一个天秤"，本章经文使用了表示复数的"一些"，表示那时要称量的工作很多。

"任何人不被亏待丝毫。即使是一粒芥子的重量，我也要拿出它来。我是最佳的计算者。"正如安拉所言：⟨ 你的主绝不会亏待任何人。⟩（18：49）又⟨ 安拉不亏枉人一粒芥子的重量。如果人有任何善功，他要使它成倍增长，并赐给他来自他（安拉）的重大报酬。⟩（4：40）鲁格曼说：⟨ 我的小儿啊！即使它（善恶的行为）是一粒芥子的重量，在岩石中间，或在天地间，安拉都会把它带来。因为安拉是明察的、彻知的。⟩（31：16）两圣训实录辑录，安拉的使者说："两句话，读起来轻松，天秤中沉重，至仁主喜欢：赞美安拉、赞美安拉、赞伟大的安拉清净。"[2][3] 阿伊莎（愿主喜悦之）说有位圣门弟子坐在安拉的使者跟前，说："安拉的使者啊！我有两个奴隶，他们对我撒谎、背叛我、违抗我，而我打骂他们。请问我们将会怎样？"使者回答说："他们对你的谎言、背叛和违抗以及你对他们的惩罚，都要受到清算。如果你对他们的惩罚恰如他们所犯的罪恶大小，那么算是扯平了，对你无害无利；如果你对他们的惩罚小于他们所犯的罪恶，那是你的恩德；如果你对他们的惩罚过分了，那么，你将因为过分的部分而遭受报应。"此人听后在使者面前泣不成声。安拉的使者说："他怎么不读读安拉的经文呢？安拉说：'我将在复生日设置一些公平的天秤，任何人不被亏待丝毫。即使是一粒芥子的重量，我也要拿出它来。我是最佳的计算者。'"此人说："安拉的使者啊！我想对我来说，再也没有比和这些人（奴隶）分手更好的办法了。你作证吧，他们都成了自由人。"[4]

⟨ 48.我曾赐给穆萨和哈伦准则。并将一份光亮和一宗教诲给那些敬畏者，⟩

⟨ 49.那些暗中敬畏他们的主，并骇怕复活时刻的人。⟩

⟨ 50.这就是我已降下的吉庆的教诲，你们否认它吗？⟩

### 降示《讨拉特》和《古兰》

前面已经提到，安拉在《古兰》中经常相继提到穆萨和穆罕默德两位先知以及他们的经典。因此说："我曾赐给穆萨和哈伦准则。"穆佳黑德说，"准则"指经典；[5] 艾布·萨立哈认为指《讨拉特》；格塔德认为指阐明合法与非法的《讨拉特》，安拉用这部经阐明了真理和谬误。[6]

概言之，天启的经典都阐明了真理与谬误，正道与迷途，正确与错误，合法与非法，从而在人们的心中注入了光明和引导，敬畏和回归（意识）。因此说，"并将一份光亮和一宗教诲给那些敬畏者"，以便劝告敬畏者。

经文形容这些敬畏者，说："那些暗中敬畏他们的主……"正如安拉所言：⟨ 在暗中敬畏至仁主，并怀着归依的心到来者。⟩（50：33）又⟨ 那些暗中畏惧他们主的人，给他们的是恕饶和巨大的回赐。⟩（67：12）

"并骇怕复活时刻的人。""骇怕"指惧怕、心惊胆战。

然后说："这就是我已降下的吉庆的教诲。""教诲"指伟大的《古兰》，它的前后都不会受到谬误的侵蚀，它是来自明哲的、可赞的安拉的启示。

"你们否认它吗？"是说难道你们不相信这彰

---

（1）《泰伯里经注》1：494。
（2）سبحان الله وبحمده سبحان الله العظيم。
（3）《布哈里圣训实录诠释——造物主的启迪》13：547。
（4）《艾哈麦德按序圣训集》6：280。
（5）《泰伯里经注》18：453。
（6）《泰伯里经注》18：453。

明显著的真理吗？

⟨ 51.我在以前确把鲁西德赐给伊布拉欣，我是深知他的。⟩

⟨ 52.当时，他对他的父亲和族人说："你们供奉的那些偶像是什么？"⟩

⟨ 53.他们说："我们曾见到我们的祖先是崇拜它们的。"⟩

⟨ 54.他说："你们和你们的祖先的确在明显的迷误当中。"⟩

⟨ 55.他们说："你给我们带来了真理，或者你是开玩笑的吗？"⟩

⟨ 56.他说："不，你们的主是诸天与大地的主，他造化了它们。我是对此见证的。⟩

### 伊布拉欣及其民族的故事

清高伟大的安拉说，以前他把鲁西德赐给了伊布拉欣。换言之，伊布拉欣很小的时候，安拉就把真理和明证启示给他，所以他去驳斥他的民族。正如其他经文所说：⟨ 这就是我赐给伊布拉欣对付他族人的论证。⟩（6：83）

经文主要意思是：安拉说他把鲁西德赐给了少年伊布拉欣。

"我是深知他的"，即伊布拉欣也是受之无愧的。

"当时，他对他的父亲和族人说：'你们供奉的那些偶像是什么？'"这就是少年伊布拉欣所获得的鲁西德。他勇敢地否认族人除安拉以外的一切崇拜。他说，你们舍安拉而膜拜的这些东西是什么？

"他们说：'我们曾见到我们的祖先是崇拜它们的。'"即他们除了以祖先的迷信为借口外，别无托辞。

因此，伊布拉欣说："你们和你们的祖先的确在明显的迷误当中"，即和当代多神教徒谈话就像和多神教徒的祖先谈话，他们都是一样，都迷失了正确的道路。因此，伊布拉欣嘲弄了他们的理智，驳斥了他们的祖先，蔑视了他们的神灵。

"他们说：'你给我们带来了真理，或者你是开玩笑的吗？'"他们说，你是在严肃地说这话，还是在开玩笑呢？我们以前从未听到过这种话。

"他说：'不，你们的主是诸天与大地的主，他造化了它们'"，即你们的主宰是安拉，应受拜者，惟有他，他创造了天地万物，他也是万物惟一的创造者。

"我是对此见证的"，即我见证：应受拜者，

惟有安拉。安拉是惟一的养育者。

⟨ 57.凭安拉发誓，在你们转身离开之后，我将施计对付你们的偶像。"⟩

⟨ 58.此后，除了其中最大的一个之外，他击碎了它们，以便他们回到它那里（问它）。⟩

⟨ 59.他们说："谁对我们的神做了这样的事？他必定是一个不义者！"⟩

⟨ 60.他们说："我们听到一个名叫伊布拉欣的青年谈论它们。"⟩

⟨ 61.他们说："把他带到众人面前，以便他们作证。"⟩

⟨ 62.他们说："伊布拉欣啊，是你对我们的神做下这件事吗？"⟩

⟨ 63.他说："是它们中那个大的（偶像）做的，你们去问问它们，如果它们能讲话。"⟩

### 伊布拉欣捣毁偶像

伊布拉欣发誓等族人出城去过节的时候，他要设计捣毁偶像，但他的誓言被一些族人听到了。

伊本·易司哈格说，他的族人去过节的时候，在路上遇见了伊布拉欣，他们对他说："伊布拉欣啊！为什么不和我们一起出去？"伊布拉欣说："我生病了。是昨天才发病的。"接着自言自语道："**凭安拉发誓，在你们转身离开之后，我将施计对付你们的偶像。**"他的这句话被一些人听到了。

"**此后，除了其中最大的一个之外，他击碎了它们。**"他留下族人心目中最大的偶像，而把其他偶像完全捣毁了。另一段经文说：❦ 然后他用右手打它们。❧（37：93）

"**以便他们回到它那里（问它）。**"据说，事后伊布拉欣把錾子[1]放到大偶像的手中，以便看看他们是否相信大偶像捣毁了它们。因为人们在崇拜时，将它和其他小偶像等量齐观。

"**他们说：'谁对我们的神做了这样的事？他必定是一个不义者！'**"族人们回来看到偶像遭受的侮辱和打击——伊布拉欣以此来证明它们不具有神性以及它们的崇拜者是愚昧的——后说了上述话。曾听到伊布拉欣誓言的人说："**我们听到一个名叫伊布拉欣的青年谈论它们。**"

"**他们说：'把他带到众人的面前'**"，即把他带到众人都能看到的一个地方。这正中伊布拉欣的下怀，他想借此机会，向人们揭露他们的愚昧和弱智，让他们明白，他们崇拜的这些偶像不能给他们带来祸福，偶像自身不保，人们何必祈求它们呢？

"**他们说：'伊布拉欣啊，是你对我们的神做下这件事吗？'**"伊布拉欣说："**是它们中那个大的（偶像）做的**"，伊布拉欣指没被他打碎的大偶像。"**你们去问问它们，如果它能讲话。**"伊布拉欣要求他们幡然悔悟，承认这些偶像不能说话，他们的大偶像也不能做什么，因为它是非生物。

安拉的使者㊗说："伊布拉欣㊗一生说过三次谎，两次是有关安拉的。（这两次谎言是）他说：'是它们中那个大的做的。'以及他曾说：'我生病了。'"使者接着说："（另一次是）他曾和（他的妻子）萨拉去一个暴君统治的地区，有人汇报给暴君：你的国度来了一个人，他带着一位绝代佳人。于是国王派人叫来伊布拉欣问：'你带的女子是何人？'伊布拉欣说：'我妹妹。'国王说：'去把她给我送来。'伊布拉欣回到萨拉跟前，说：'暴君要我把你送给他。我告诉他你是我妹妹，请不要在他那里揭穿我，因为在安拉的经典中你就是我妹妹，当今世上，除了你我再无穆斯林。'伊布拉欣送走萨拉后站起身礼拜。国王见到萨拉后被她的美貌所倾倒，便扑向她，就在这时，国王感觉到自己突然受到了某种猛烈的打击。所以对萨拉说：'请你祈求安拉饶了我，我不再侵犯你。'萨拉做了祈祷后，安拉解除了对暴君的打击。此后暴君原形毕露，又遭受了更严厉的打击，后来又通过萨拉的祈祷解除了打击。这样连续三次后，国王召来最亲近的侍从说：'你给我带来的不是人，而是魔鬼。把她带走，并把哈哲尔[2]赏给她。'于是萨拉得到了哈哲尔。萨拉往伊布拉欣那里走的时候，伊布拉欣感到她已经来了，所以停止了拜功，问道：'你怎样了？'萨拉说：'安拉瓦解了隐昧者的诡计，让哈哲尔服务我。'"伊本·西林说："艾布·胡莱赖每每谈及这个故事就说：'响应雨水的人们啊！她是你们的祖先。'"[3]

❦ 64. 他们扪心自问。后来他们说："你们确实是不义者！" ❧

❦ 65. 然后他们倒行逆施，（说）"你明知道这些是不说话的！" ❧

❦ 66. 他说："那么，你们还在安拉之外崇拜那些既不能有益于你们，也不能有害于你们的东西吗？" ❧

❦ 67. 呸！你们和你们在安拉之外所拜的那些东西！难道你们没有理性吗？" ❧

## 族人们承认诸神无用 伊布拉欣借机规劝

清高伟大的安拉说，伊布拉欣的族人听到他的一番话后"扪心自问"。即他们不知不觉中把他们的伪神放到一边，并互相指责。后来他们说："**你们确实是不义者！**"即你们对自己的神灵置之不理，不加保护，所以说你们是不义的。

"**然后他们倒行逆施。**"他们转身走了一圈后说："**你明知道这些是不说话的！**"格塔德说："这些人一时不知所措，心生恶念，因此对伊布拉欣说：'你明知道这些是不说话的！'"这些偶像不会说话，你怎么让我们去问它们呢？

当他们承认了这一切后，伊布拉欣说："**那么，你们还在安拉之外崇拜那些既不能有益于你们，也不能有害于你们的东西吗？**"如果它们不会说话，也不能给人带来益处或伤害，那你们为什么还要舍弃安拉而崇拜它们呢？"**呸！你们和你们在安拉之外所拜的那些东西！难道你们没有理性吗？**"难道你们不考虑一下自己的行为吗？只有愚

---

（1）一说斧子。——译者注

（2）后来成为伊布拉欣的另一位妻子。——译者注
（3）《布哈里圣训实录诠释——造物主的启迪》6：447。

蠢至极的罪人和不义者才会陷入如此严重的迷误和否认之中。

伊布拉欣以不可反驳的铁证驳倒了他们，因此，安拉说：❮这就是我赐给伊布拉欣对付他族人的论证。❯（6：83）

❮68.他们说："如果你们有所作为，那就烧死他，支援你们的神。"❯

❮69.我说："火啊！对伊布拉欣变为凉爽的、安全的！"❯

❮70.他们密谋对付他，因此我使他们成为最亏折的人。❯

**伊布拉欣被投入火中 安拉对火的安排**

伊布拉欣的族人所拿出的证据在铁的事实面前一触即溃，不战自败，所以他们恼羞成怒，转而动用武力，他们说："**如果你们有所作为，那就烧死他，支援你们的神。**"后来他们高堆柴垛。赛丁伊说："甚至有个生病的妇女许愿说，如果她痊愈了，她就要带一些柴去烧伊布拉欣。他们在一个圆坑里点起了烈火，当时浓烟滚滚，火光冲天，大地上从未点燃过这么大的火。他们在一个来自库尔德的波斯游牧人指拨下，把伊布拉欣放进弩炮中向火堆上发射。舒尔布·建巴业说，此人名叫海赞。后来安拉让大地开始震动，此人被陷入大地，他将一直沉陷，直到末日到来。伊布拉欣被投进烈火后说：'安拉使我足够了，受托的安拉真优美！[1]'"[2]伊本·阿拔斯说：安拉使我足够了，受托的安拉真优美！——伊布拉欣被投进烈火后说了这句话，穆罕默德也说过这句话；❮有人对他们说："那些人为进攻你们而集结了（军队），所以你们应当畏惧他们。"但这只加强了他们的信仰。他们说："对于我们，安拉足够了，这监护者真是优美！"❯（3：173）[3]伊本·阿拔斯说："伊布拉欣被投进烈火中后，管理雨水的天使着急地思忖：'我何时才能奉命降雨呢？'就在他这样想的时候，安拉早已发出了命令。安拉说：'火啊！对伊布拉欣变为凉爽的、安全的！'当时，大地的火都熄灭了。"[4]

伊本·阿拔斯和艾布·阿林说："假若安拉没有说'安全的'，伊布拉欣必定受凉而得病。"[5]

格塔德说："那天，除了壁虎外，一切动物都来替伊布拉欣扑火。"[6]祖海里说："穆圣命人杀死壁虎，并称之为小坏蛋。"[7]

"**他们密谋对付他，因此我使他们成为最亏折的人**"，即因为他们阴谋对付安拉的先知，落得一败涂地，尊严丧尽。安拉瓦解了他们的诡计，从火中拯救了伊布拉欣。

❮71.我拯救了他和鲁特，（使他们）到达我为了世人而在其中降福的地方。❯

❮72.我赐给他易司哈格，又额外赏赐给他叶尔孤白，并使他们全都成为清廉的人。❯

❮73.我使他们成为领袖，他们奉我的命令引导（世人）。我启示他们行善，谨守拜功，交纳天课。他们都是惟独拜我的。❯

❮74.我赐给鲁特智慧和知识，我从那做丑事的城镇中拯救了他。他们确实是一个邪恶的、坏事的群体。❯

❮75.我使他进入我的仁慈当中，他确实是一位清廉的人。❯

---

[1] 原文：حسبي الله ونعم الوكيل。
[2] 《格尔特宾教律》11：303。
[3] 《布哈里圣训实录诠释——造物主的启迪》8：77。
[4] 《泰伯里经注》18：466。
[5] 《泰伯里经注》18：466。
[6] 《泰伯里经注》18：467。
[7] 《泰伯里经注》18：467。

### 安拉的朋友伊布拉欣带领鲁特迁往沙姆

清高伟大的安拉将伊布拉欣从其族人点燃的烈火中拯救出来之后，伊布拉欣离开族人，迁往沙姆，去了圣城固都斯。

"我赐给他易司哈格，又额外赏赐给他叶尔孤白。"阿塔和穆佳黑德说，"额外赏赐"指赠送。[1] 伊本·阿拔斯、格塔德等学者说："'额外赏赐的'指孙子，这里指叶尔孤白。"[2] 正如安拉所言：⟪ 我就以易司哈格及他之后的叶尔孤白给她报喜。⟫（11：71）阿卜杜·拉赫曼说：伊布拉欣向安拉要求一个儿子，说：⟪ 我的主啊！赐给我一些清廉者吧！⟫（37：100）后来安拉不但赐给他易司哈格，而且额外赏赐了叶尔孤白。

"并使他们全都成为清廉的人"，即他们全部是正直的好人。

"我使他们成为领袖"，即使他们成为世人学习的楷模。

"他们奉我的命令引导（世人）"，即他们凭我的允许号召人们崇拜安拉。

"我启示他们行善，谨守拜功，交纳天课。"经文首先提出"善行"这一宏观概念，然后再提到包括"善行"在内的拜功和天课。

"他们都是惟独拜我的。"他们自己实践他们给世人所命令的事情。

### 鲁 特

经文紧接着讲述了鲁特，他的全名是鲁特·本·哈兰·本·阿宰尔。他早先归信了伊布拉欣，并一直追随他，和他一起迁徙。正如安拉所言：⟪ 因此鲁特归信了他。他说："我将迁向我的主。"⟫（29：26）后来安拉赐给鲁特智慧和知识，并给他颁降启示，派他去宣传和改造塞督姆人，但他遭到了他们的反对和否认，后来安拉毁灭了塞督姆人，正如其他章所述。因此，经文说："我从那做丑事的城镇中拯救了他。他们确实是一个邪恶的、坏事的群体。我使他进入我的仁慈当中，他确实是一位清廉的人。"

⟪ 76.（你当铭记）努哈，从前他呼求时我回应了他，从极大的忧患中拯救了他和他的家人。⟫

⟪ 77.我襄助他脱离了不信我的启示的群体。他们确实是一群罪恶的人。所以我把他们统统淹死了。⟫

### 努哈及其民族

努哈遭到他的民族的否认后，祈求清高伟大的安拉毁灭他们，安拉应答了他的祈求。经文说：⟪ 于是他祈求他的主，说："我被挫败了，求你援助吧！" ⟫（54：10）又⟪ 努哈说："我的主啊！隐昧者中，求你不要留下一个活动者！因为，如果你留下他们，他们就会误导你的仆人，他们将只会生下邪恶者、忘恩负义者。"⟫（71：26-27）因此，本章的经文说："从前他呼求时我回应了他，从极大的忧患中拯救了他和他的家人。""他的家人"指和他一起的归信者。正如安拉所言：⟪ "（让它们）和你的家属及归信的人们一起上船，除了判词已对他们宣布过的那些人之外。"但是只有少数人随同他归信。⟫（11：40）"极大的忧患"指困难、否认和伤害。因为努哈在他们中生活了九百五十年，其间一直号召他们归信安拉，但归信者寥寥无几。不但如此，他们每一代人都企图迫害他，每一辈人都反对他，一直这样恶性循环着。

"我襄助他脱离了不信我的启示的群体。"

"他们确实是一群罪恶的人。所以我把他们统统淹死了"，即安拉应答了他的先知的祈求，毁灭了大地上的所有隐昧者。

⟪ 78.（你当铭记）达乌德和苏莱曼，当他俩为一群人的羊在夜间出来吃庄稼的事作裁判时，的确我是见证他们的裁判的。⟫

⟪ 79.我使苏莱曼了解它，赐给每一个人智慧和知识。我使群山与百鸟驯服，并随达乌德一同赞颂我。我是执行者。⟫

⟪ 80.我教导他为你们制造铠甲，在战斗中保护你们。你们是感激的吗？⟫

⟪ 81.我为苏莱曼制服了狂风，它奉他的命令吹向我曾经赐福的土地。我确实是全知万事的。⟫

⟪ 82.有些魔鬼为他潜水，也有些为他做其他工作，我是监督它们的。⟫

### 达乌德和苏莱曼，他们获得的迹象以及羊群在夜间吃庄稼的事情

伊本·麦斯欧迪等人说："经文中所说的'庄稼'指沉甸甸的、几乎挨到地上的串串葡萄。"[3]

伊本·阿拔斯说"乃夫西[4]"指牧放。[5] 舒莱海、格塔德等学者说"乃夫西"指夜间吃庄稼。

---

(1)《泰伯里经注》18：471。
(2)《泰伯里经注》18：471。
(3)《泰伯里经注》18：474。
(4) النفش，正文译为"夜间出来吃庄稼"。——译者注
(5)《泰伯里经注》18：477。

格塔德还说，**“海穆里”**（الهمل）指白天牧放。[1]

伊本·麦斯欧迪解释“**（你当铭记）达乌德和苏莱曼，当他俩为一群人的羊在夜间出来吃庄稼的事作裁判时**”说：“羊群进入葡萄园践踏了串串累累的葡萄。……后来达乌德把羊群断给了葡萄园子的主人。苏莱曼说：‘安拉的先知啊！这种判决方法欠佳。’达乌德问：‘那该如何？’苏莱曼说：‘把葡萄交给羊群的主人照料，让它长成原来的样子；羊群交给葡萄园子的主人，让他从它身上获益[2]。直到葡萄长成原来的样子后，双方才把自己的财产换过来。’这就是安拉所说的：**‘我使苏莱曼了解它’**。”伊本·阿拔斯的解释与此相同。[3]

**“我使苏莱曼了解它，赐给每一个人智慧和知识。”**伊亚斯·本·穆阿维叶说，哈桑来向他请教一件事情时他哭了，哈桑问：“你为什么哭了？”他说：“赛尔德的父亲啊！我听说法官即使尽力公正地断案，但如果断错时要坠入火狱；有私心杂念的人也要坠入火狱；尽力公正地断案，并没有断错的人能进入乐园。”哈桑听后说：“我们可以通过安拉所讲述的达乌德、苏莱曼等先知的事迹得知，这种观点是错误的。清高伟大的安拉说：**‘达乌德和苏莱曼，当他俩为一群人的羊在夜间出来吃庄稼的事作裁判时，的确我是见证他们的裁判的。’**安拉当时表扬了苏莱曼，但没有批评达乌德。”哈桑接着说：“安拉对法官提出三个要求：一、不被微薄的代价所收买；二、不徇私欲；三、不害怕人。”然后他读道：﴾达乌德啊！的确我委任你为大地上的代位者，所以你要在人们之间公平判断，不要追随私欲，以免它使你迷失安拉的正道。﴿（38：26）﴾……你们不用害怕人，而要畏惧我，也不要为了微不足道的代价出卖我的迹象。﴿（5：44）[4]先知都是受安拉保护和襄助之人，其他人的情况正如安拉的使者ﷺ所说：两个妇女和自己的孩子在一起，突然狼来叼走了一个妇女的孩子。后来这两个妇女到达乌德先知跟前（都声称没被狼叼走的孩子属于自己）。达乌德将孩子断给了年龄略大的妇女。两妇女离开达乌德后（争执不休），苏莱曼把他们叫来，说：“拿来一把大刀！把孩子劈成两半，你俩各得一半。”年龄略小的妇女说：“愿安拉慈悯你！孩子是她的，请你不要劈开他。”苏莱曼遂将孩子断给了年龄略小的妇女。[5]布哈里、穆斯林等圣训学家都辑录了这段圣训。[6]奈萨伊则以“法官

（1）《泰伯里经注》18：477。
（2）指挤奶、剪羊毛等。——译者注
（3）《泰伯里经注》18：477。
（4）《伊本·艾布·哈提姆经注》8：2458。
（5）《艾哈麦德按序圣训集》2：322。
（6）《布哈里圣训实录》6769。

الجزء السابع عشر　٣٢٩　سورة الأنبياء

وَمِنَ ٱلشَّيَٰطِينِ مَن يَغُوصُونَ لَهُۥ وَيَعۡمَلُونَ عَمَلٗا دُونَ
ذَٰلِكَۖ وَكُنَّا لَهُمۡ حَٰفِظِينَ ٨٢ ۞وَأَيُّوبَ إِذۡ نَادَىٰ
رَبَّهُۥٓ أَنِّي مَسَّنِيَ ٱلضُّرُّ وَأَنتَ أَرۡحَمُ ٱلرَّٰحِمِينَ ٨٣
فَٱسۡتَجَبۡنَا لَهُۥ فَكَشَفۡنَا مَا بِهِۦ مِن ضُرّٖۖ وَءَاتَيۡنَٰهُ أَهۡلَهُۥ
وَمِثۡلَهُم مَّعَهُمۡ رَحۡمَةٗ مِّنۡ عِندِنَا وَذِكۡرَىٰ لِلۡعَٰبِدِينَ
٨٤ وَإِسۡمَٰعِيلَ وَإِدۡرِيسَ وَذَا ٱلۡكِفۡلِۖ كُلّٞ مِّنَ ٱلصَّٰبِرِينَ
٨٥ وَأَدۡخَلۡنَٰهُمۡ فِي رَحۡمَتِنَآۖ إِنَّهُم مِّنَ ٱلصَّٰلِحِينَ ٨٦
وَذَا ٱلنُّونِ إِذ ذَّهَبَ مُغَٰضِبٗا فَظَنَّ أَن لَّن نَّقۡدِرَ عَلَيۡهِ
فَنَادَىٰ فِي ٱلظُّلُمَٰتِ أَن لَّآ إِلَٰهَ إِلَّآ أَنتَ سُبۡحَٰنَكَ إِنِّي
كُنتُ مِنَ ٱلظَّٰلِمِينَ ٨٧ فَٱسۡتَجَبۡنَا لَهُۥ وَنَجَّيۡنَٰهُ
مِنَ ٱلۡغَمِّۚ وَكَذَٰلِكَ نُـۨجِي ٱلۡمُؤۡمِنِينَ ٨٨ وَزَكَرِيَّآ
إِذۡ نَادَىٰ رَبَّهُۥ رَبِّ لَا تَذَرۡنِي فَرۡدٗا وَأَنتَ خَيۡرُ ٱلۡوَٰرِثِينَ
٨٩ فَٱسۡتَجَبۡنَا لَهُۥ وَوَهَبۡنَا لَهُۥ يَحۡيَىٰ وَأَصۡلَحۡنَا
لَهُۥ زَوۡجَهُۥٓۚ إِنَّهُمۡ كَانُواْ يُسَٰرِعُونَ فِي ٱلۡخَيۡرَٰتِ
وَيَدۡعُونَنَا رَغَبٗا وَرَهَبٗاۖ وَكَانُواْ لَنَا خَٰشِعِينَ ٩٠

为了了解案情真相可以假装糊涂”为标题，将其列入其圣训集司法篇中。

**“我使群山与百鸟驯服，并随达乌德一同赞颂我。”**达乌德诵读《宰哺尔》的声音非常优美，以致空中的鸟儿停止飞翔，发生共鸣，群山与他相呼应。某天夜晚，艾布·穆萨朗诵《古兰》，其声音优美极了，恰巧穆圣ﷺ经过他那里。穆圣ﷺ停下脚步说：“此人拥有达乌德世家的笛子。”艾布·穆萨说：“安拉的使者啊！假若我知道你在听我诵读，我一定会更尽兴地去读。”[7]

**“我教导他为你们制造铠甲，在战斗中保护你们。”**格塔德说，以前的铠甲仅是个光秃秃的铁叶子，达乌德是第一个在铠甲上安装环子的人。[8]正如安拉所言：﴾我为他使铁柔软。（我对他说）你制造铠甲吧，要精确制造锁子甲。﴿（34：10–11）即环扣不能太宽，否则钉子会松动，钉子也不能太粗，否则会损坏环扣。因此可以**“在战斗中保护你们”**。

**“你们是感激的吗？”**安拉启示达乌德掌握了这门学问，使之为你们制造出精良的装备，难道你

（7）《布哈里圣训实录诠释——造物主的启迪》8：711。
（8）《泰伯里经注》18：480。

们还不感谢安拉的这一宏恩？

## 苏莱曼拥有无与伦比的权力

"**我为苏莱曼制服了狂风，它奉他的命令吹向我曾经赐福的土地。**" "**赐福的土地**"指沙姆。苏莱曼拥有一个木板，他可以在上面放上王国所需的一切，包括骑兵、骏马、帐篷和士兵，然后命令风托起木板飞翔，成群的鸟儿在上面为他遮阳，他和他的侍卫们可以任意地去世界各地。清高伟大的安拉说：《我为他制服了风，所以风奉他的命令缓缓地吹到他想到达的地方。》（38：36）又《它（风）的早行是一个月，它的晚行也是一个月。》（34：12）

"**有些魔鬼为他潜水**"，即潜入海中捞取珠宝和饰品，并做其他一些事情。正如安拉所言：《我也为他驯服了能建筑和潜水的魔鬼。和其他用桎梏链在一起的。》（38：37-38）

"**我是监督它们的**"，安拉保护苏莱曼不受任何魔鬼的伤害。一切魔鬼都在安拉的掌握和管理之中，魔鬼们不但不敢接近苏莱曼，而且受苏莱曼统治，苏莱曼任意地监禁它们或给它们自由。因此说：《和其他用桎梏链在一起的。》（38：38）

《83.（你当铭记）艾优卜，当时他向他的主祈求道："我已经遭到苦难了，你是仁中最仁的。"》

《84.所以我回应了他，解除了他遭受的苦难，把他的家人和类似的人赏赐给他，作为来自我的一项慈悯和崇拜者的一项教诲。》

## 艾优卜

清高伟大的安拉说，艾优卜先知曾经在财产、儿女和身体方面遭受了重大考验。他曾经拥有的许多牲畜、田地、儿女和家园都消失了，而且他身患重疾，迁居城郊，除了一位妻子照料他外，没有任何人周济他。有学者说，这位妻子迫于生计，为人做工，赡养艾优卜。穆圣㊤说："面临最艰巨考验的人是先知，然后是一些清廉者，然后是较优秀的人，然后是仅次于他们的人……"[1] 另一段圣训中说："一个人所接受的考验与其信仰程度是相当的，他的信仰愈坚定，接受的考验愈严峻。"[2] 艾优卜先知具备非凡的毅力，被誉为忍耐者的典范。

叶齐德·本·麦赛尔说："安拉考验艾优卜先知，使之失去了妻子、财产和儿女。艾优卜虽然一贫如洗，但他对安拉的记念愈来愈完美，他说：'一切主人的主人啊！你已经善待我，你曾经给我财产、儿女，然而他们无孔不入地干扰了我。所以你从我这里将他们全部收回了。此后我才开始聚精会神地崇拜你，你我之间不再有任何障碍。假若我的仇敌伊卜厉斯知道这些情况，它一定会嫉妒我的。'"伊卜厉斯果真无法接受这一现实。叶齐德说，艾优卜先知说："我的主啊！你曾赐我财产和儿女，但从没有人出现在我的家门，诉说我亏枉过他。你是深知这一切的。我从没有安稳地睡在铺好的床上。我对自己说：'你不是为了安睡而被造的。'这一切，都是为了博得你的喜悦。"[3]

穆圣㊤说："安拉使艾优卜痊愈后，天上降下了金蝗虫，艾优卜急急忙忙地把它们捡到衣服上，有声音问他：'艾优卜啊！你还不满足吗？'艾优卜说：'我的主啊！谁能满足于你的慈悯呢？'"[4]

"**把他的家人和类似的人赏赐给他。**"伊本·阿拔斯、伊本·麦斯欧迪说："安拉让艾优卜的亲人回到了他的身边。"[5]

穆佳黑德说："有声音对艾优卜说：'艾优卜啊！你的亲人已经进入了乐园，如果你愿意，我让他们现在回到你身边；如果你愿意，我让他们留在乐园，同时在今世中赐给你和他们一模一样的人。'艾优卜说：'不要让他们回到今世，让他们留在乐园吧！'所以他的亲人留在了乐园，安拉造了另外一些和他们一模一样的人，在今世中代替他们。"

"**作为来自我的一项慈悯**"，即安拉这样对待他，是为了让他获得来自安拉的慈爱。

"**和崇拜者的一项教诲**"，即安拉使他成为了表率，以免遭受考验的人们认为安拉在凌辱他们，以便让世人学习艾优卜，忍受安拉的定然和考验。安拉要以他所意欲的任何方式考验仆人，此中确有深刻的哲理。

《85.至于伊斯玛仪、伊德里斯和助勒基福勒，全都是坚忍者。》

《86.我使他们进入我的仁慈当中，他们都属于清廉者。》

## 伊斯玛仪、伊德里斯和助勒基福勒

伊斯玛仪是伊布拉欣先知的儿子，正如《麦尔彦章》所述。伊德里斯也在前面介绍过。此处不再重述。

---

(1)《圣训大典》24：245。
(2)《艾哈麦德按序圣训集》1：180。
(3)《先贤的盛装》5：239。
(4)《伊本·艾布·哈提姆经注》8：2461。
(5)《泰伯里经注》18：506。

从经文的脉络来看，助勒基福勒能和众先知排在一起，说明他是先知。有学者说，他是一位清廉的人，一位开明的国王，或一位公正的统治者。伊本·哲利尔未对他详加介绍。安拉至知。(1)

❁ 87.（你当铭记）左农，当时他愤怒地离去，他以为我对他无能为力。后来他在重重黑暗中呼求："应受拜者，惟有你，赞你清净，我确实成了一个不义者。"❁

❁ 88.此后我回应了他，并把他由艰难中拯救出来。我就这样拯救信士们。❁

## 优努司

本章和《列班者章》《笔章》都叙述了优努司先知的故事。安拉派遣麦塔的儿子优努司先知去劝化摩苏尔地区的尼奈威人(2)。尼奈威人则拒绝归信，冥顽不化，因此优努司愤然离去，警告他们三天之后将有严厉的惩罚降临他们。尼奈威人认识了先知的真实身份和事情的严重性后，携儿带女，拉着牲畜来到旷野，将所有的母亲和孩子分开，恳求安拉原谅。他们的骆驼和幼驼、老牛和牛犊、大羊和小羊羔，都不停地哀号着。因此，安拉对他们解除了惩罚。安拉说：❁ 为什么没有一个城市的居民就像优努司的族人一样归信，并从归信中受益呢？当他们归信时，我就解除他们今世生活中凌辱的惩罚，并使他们享受一段时期。❁（10：98）

而优努司则远走他乡。他和一些人乘船之中在海上遇到了危险，同船的人担心船过重可能导致沉没，决定通过抓阄把一个人扔进大海，减轻重量。三次抓阄的结果显示，优努司应该被扔进大海，但同船的人不愿意这样做。清高伟大的安拉说：❁ 他抓了阄，成为失败者。❁（37：141）后来优努司主动站起来，脱掉衣服，跳进了大海。据伊本·麦斯欧迪传述，安拉从绿海中派来一条大鱼，那鱼划开波浪，优努司一离开船，就被它吞入腹中。安拉启示鱼儿说："你不能吃他的肉，也不能消化他的骨，优努司不是你的食物，你的肚腹是他的监牢。"

"左农"（ذو النون）意为鱼的伙伴（指优努司）。

"当时他愤怒地离去。"端哈克说："他因为对族人感到不满而拂袖而去。"(3)

"他以为我对他无能为力。"伊本·阿拔斯、穆佳黑德、端哈克等学者解释为：安拉使他窘迫地呆在鱼腹中。伊本·哲利尔引用下列经文，证明了这一观点：❁ 而生活窘迫的人，就让他从安拉赐给他的当中去花费。安拉给任何人只责成他所赏赐的。在困难之后，安拉就会赐给容易。❁（65：7）

"后来他在重重黑暗中呼求：'应受拜者，惟有你，赞你清净，我确实成了一个不义者。'"伊本·麦斯欧迪等人说："'重重黑暗'指鱼腹的黑暗、大海的黑暗和夜晚的黑暗。"(4)

撒林·本·艾布·杰尔德说经文指：（优努司当时）在黑暗的大海中的一条鱼腹中，而这条鱼在另一条鱼腹中。

伊本·麦斯欧迪、伊本·阿拔斯等学者说："那条鱼带着优努司划破波浪去海底，在那里，优努司听到了沙砾赞美安拉的声音。此时此刻，优努司说道：'应受拜者，惟有你，赞你清净，我确实成了一个不义者。'"(5)

奥夫·艾尔拉毕说："优努司进入鱼腹后，自认为已经死了，他动了动双脚后发现还能活动，于是就地为安拉叩了头，并呼求道：'我的主啊！我在任何人没有来过的这个地方，为了叩拜你而设了一座礼拜殿。'"(6)

"此后我回应了他，并把他由艰难中拯救出来。""艰难"指鱼腹和重重黑暗。

"我就这样拯救信士们。"每当信士们处于重重困难，并向我祈求，表示回归时，我就回应他们。尤其他们在磨难中以此祷词祈求我时，我更会回应他们。据传述，穆圣㊥鼓励人们用此祷词祈求安拉。

赛尔德·本·艾布·宛葛思说，我在清真寺看见了奥斯曼后向他道色兰问安，但他目光迟钝，没有回答。后来我见到欧麦尔，问："信士的长官啊！伊斯兰中发生了重大的事情吗？"我连问两次，他都说："没有。你是什么意思？"我说："也没什么，不过我刚才在清真寺中遇见奥斯曼时向他道了色兰，而他目光迟钝，没有理睬我。"于是欧麦尔派人叫来奥斯曼问："你怎么不给你的兄弟回答色兰呢？"奥斯曼说："没有啊。"我（赛尔德）说："怎么没有呢？"于是我和他都发誓证明自己没有撒谎。此后奥斯曼想起了这回事，便说："求安拉恕饶我，并接受我的忏悔。你刚才是经过了我，但我当时正入神地回忆着使者曾经说过的一句话。以安拉发誓，每每想起这句话，我的眼前就是一片迷茫，心就会被遮蔽。"然后奥斯曼说："我告诉你那件事情吧，有次安拉的使者㊥在

---

(1)《泰伯里经注》18：507。
(2) 尼奈威是现伊拉克的一个城镇。——译者注
(3)《泰伯里经注》18：511。
(4)《格尔特宾教律》11：333。
(5)《泰伯里经注》18：516，517。
(6)《泰伯里经注》18：518。

给我们讲起最佳的祷词，这时一个游牧人来到先知跟前，干扰了先知的谈话，先知被迫站了起来，我紧随先知站起来，因担心先知进入家门而使劲用脚跺地。先知回头看了看我后问：‘谁啊？是易司哈格的父亲吗？’我回答：‘安拉的使者啊！是我。’先知问：‘有事吗？’我回答：‘也没有什么，你刚才正要给我们讲最佳的祷词，那个游牧人打扰了谈话。’先知说：‘那是左农的祷词，他在鱼腹中说：**应受拜者，惟有你，赞你清净。我确实成了一个不义者**。只要一个穆斯林用这个祷词向安拉祈求一件事情，安拉必然会答应他。’”[1]

安拉的使者ﷺ说：“谁用优努司的祷词祈求安拉，他的祈求一定会被应允。”艾布·赛尔德说：“（这一祈祷词的）回应是：**我就这样拯救信士们**。”[2]

**﴿89.宰凯里雅，当时他对他的主呼求道：“我的主啊！不要使我孤独一人，你确实是最好的继承者。”﴾**

**﴿90.所以我回应了他，我赐给他叶哈雅，我为他改善了他的妻子。他们在善行上互相争先，希望地敬畏地求我。他们都是畏惧我的。﴾**

## 宰凯里雅和叶哈雅

宰凯里雅曾向清高伟大的安拉祈求一个孩子，并使之成为他之后的一位先知。我们已在《麦尔彦章》和《仪姆兰的家属章》中详述了这段历史。本章经文简述道：“**当时他对他的主呼求道……**”宰凯里雅没有让他的族人听到这一呼唤：“**我的主啊！不要使我孤独一人**”，即求你不要使我成为一个没有儿女和继承者的人。

“**你确实是最好的继承者。**”这既是一句祷词，也是符合这一祈主场合的赞美词。

清高伟大的安拉说：“**所以我回应了他，我赐给他叶哈雅，我为他改善了他的妻子。**”伊本·阿拔斯、穆佳黑德、赛尔德·本·朱拜尔等学者说：“他的妻子原是不能生育的，此后生了孩子。”[3]

“**他们在善行上互相争先**”，即他们争先做各种接近安拉、顺从安拉的善功。

“**希望地敬畏地求我**”，绍利解释说，他们希望来自我的恩赐，害怕来自我的惩罚。

“**他们都是畏惧我的**”，伊本·阿拔斯解释为，“他们都是诚信安拉降示的一切启示的。”艾

（1）《艾哈麦德按序圣训集》1：170。
（2）《哈肯圣训遗补》2：285。
（3）《泰伯里经注》18：520。

الجزء السابع عشر ٣٣٠ سورة الأنبياء

وَٱلَّتِيٓ أَحۡصَنَتۡ فَرۡجَهَا فَنَفَخۡنَا فِيهَا مِن رُّوحِنَا
وَجَعَلۡنَٰهَا وَٱبۡنَهَآ ءَايَةٗ لِّلۡعَٰلَمِينَ ﴿٩١﴾ إِنَّ هَٰذِهِۦٓ
أُمَّتُكُمۡ أُمَّةٗ وَٰحِدَةٗ وَأَنَا۠ رَبُّكُمۡ فَٱعۡبُدُونِ ﴿٩٢﴾
وَتَقَطَّعُوٓاْ أَمۡرَهُم بَيۡنَهُمۡۖ كُلٌّ إِلَيۡنَا رَٰجِعُونَ ﴿٩٣﴾
فَمَن يَعۡمَلۡ مِنَ ٱلصَّٰلِحَٰتِ وَهُوَ مُؤۡمِنٞ فَلَا كُفۡرَانَ
لِسَعۡيِهِۦ وَإِنَّا لَهُۥ كَٰتِبُونَ ﴿٩٤﴾ وَحَرَٰمٌ عَلَىٰ قَرۡيَةٍ
أَهۡلَكۡنَٰهَآ أَنَّهُمۡ لَا يَرۡجِعُونَ ﴿٩٥﴾ حَتَّىٰٓ إِذَا فُتِحَتۡ
يَأۡجُوجُ وَمَأۡجُوجُ وَهُم مِّن كُلِّ حَدَبٖ يَنسِلُونَ ﴿٩٦﴾
وَٱقۡتَرَبَ ٱلۡوَعۡدُ ٱلۡحَقُّ فَإِذَا هِيَ شَٰخِصَةٌ أَبۡصَٰرُ ٱلَّذِينَ
كَفَرُواْ يَٰوَيۡلَنَا قَدۡ كُنَّا فِي غَفۡلَةٖ مِّنۡ هَٰذَا بَلۡ كُنَّا
ظَٰلِمِينَ ﴿٩٧﴾ إِنَّكُمۡ وَمَا تَعۡبُدُونَ مِن دُونِ ٱللَّهِ
حَصَبُ جَهَنَّمَ أَنتُمۡ لَهَا وَٰرِدُونَ ﴿٩٨﴾ لَوۡ كَانَ
هَٰٓؤُلَآءِ ءَالِهَةٗ مَّا وَرَدُوهَاۖ وَكُلّٞ فِيهَا خَٰلِدُونَ ﴿٩٩﴾
لَهُمۡ فِيهَا زَفِيرٞ وَهُمۡ فِيهَا لَا يَسۡمَعُونَ ﴿١٠٠﴾ إِنَّ ٱلَّذِينَ
سَبَقَتۡ لَهُم مِّنَّا ٱلۡحُسۡنَىٰٓ أُوْلَٰٓئِكَ عَنۡهَا مُبۡعَدُونَ ﴿١٠١﴾

布·阿林解释为，“他们都是畏惧的。”艾布·赛那尼说，“**畏惧**”（خشوع）指内心中无时无刻的害怕。[4]穆佳黑德说，经文指他们都是谦虚的。哈桑、格塔德和端哈克说：“他们都是恭顺安拉的。”上述解释大同小异。[5]

**﴿91.那贞洁的女子，我对她吹入我的鲁哈，并使她和她的儿子成为世人的一个迹象。﴾**

## 尔撒和虔信者麦尔彦

安拉讲述了宰凯里雅及其儿子叶哈雅，接着讲述了麦尔彦及其子尔撒。

安拉首先讲述了宰凯里雅的故事，紧接着叙述了麦尔彦的故事，因为二者之间有一种联系。这两则故事中，一则所叙述的是一双耄耋夫妇生下了孩子，当时那位老妇患有绝育症。另一则更加稀奇，它所叙述的是一位没有和任何男人接触过的女孩生下了孩子。经文说：“**那贞洁的女**

（4）《泰伯里经注》2：16。
（5）《凯沙甫经注》3：133。

子。"《禁戒章》说："以及仪姆兰的女儿麦尔彦，她保持贞洁，所以我把我的鲁哈吹入她的体内。"（66：12）

"并使她和她的儿子成为世人的一个迹象"，即安拉使她们母子成为了一种明证，证明安拉是全能于万事的，他能创造他所意欲的一切。"的确，当他有意要做一件事时，他只要说"有"，它就有了。"（36：82）又"我将使他成为对人类的迹象。"（19：21）

92.这是你们民族——单一的民族，我是你们的主，所以你们全都要崇拜我。

93.但是他们分裂了他们之间的事务，全都将归返于我。

94.无论谁以归信者的身份行善，其努力都不会被否定，我是记录它的。

### 人类是一个民族

伊本·阿拔斯、穆佳黑德、伊本·朱拜尔等学者解释"这是你们民族——单一的民族"时说："你们的宗教是一个宗教。"

哈桑·巴士里解释它时说："他（安拉）将为他们解释他们应该防备的和应该做的事情。"他说，"这是你们民族——单一的民族"指你们的常规是一个，即这是我为你们阐明的法度。

"我是你们的主，所以你们全都要崇拜我。"正如安拉所言："使者们啊！你们吃各种佳美的东西，并行善吧……我是你们的主。所以你们要敬畏我。"（23：51-52）

安拉的使者㊙说："我们众先知都是同宗异母兄弟，我们的宗教是一个。"⁽¹⁾即我们的宗教的宗旨都是崇拜独一无偶的安拉，虽然我们的教法有所不同。正如安拉所言："我已为你们每一个规定了一套法律和一条道路。"（5：48）

"但是他们分裂了他们之间的事务"，是说各民族对待他们使者的态度大相径庭，有些民族相信使者，有些民族不信使者。

因此说，"全都将归返于我"，即复生日，他们都要回归到我跟前，根据他们的行为接受奖掖或惩罚。

"无论谁以归信者的身份行善"，即只要他的内心诚信安拉，身体力行善功。那么"其努力都不会被否定"，正如安拉所言："那些归信并行善的人，我不会作废行善者的回赐。"（18：30）即我不但不埋没他的善行，而且要奖掖他，不会对他有丝毫亏枉。因此说，"我是记录它的"，即我将记录他的一切行为，不会埋没任何一点。

95.但是对于我已毁灭的人群却有一项禁令，即他们不再归返。

96.直到雅朱者和马朱者被放出，他们从每个高地冲下来。

97.真实的约期临近了，隐昧者瞪直了眼睛，（说）"啊！我们真悲伤呀！我们曾是对此疏忽的。不，我们实在是不义的！"

### 被毁灭者不再返回今世

清高伟大的安拉说："但是对于我已毁灭的人群却有一项禁令，即他们不再归返。"伊本·阿拔斯、格塔德等学者说，已经毁灭的各民族都不能返回今世，直至复生日来临。⁽²⁾

### 雅朱者和马朱者

"直到雅朱者和马朱者被放出。"前面已述，雅朱者和马朱者是阿丹的后裔，属于努哈先知的儿子亚菲斯（突厥人的祖先）的子孙。突厥人是他们中的一小部分。他们将冲出双角王筑起的屏障。双角王曾说："这是来自我的主的慈悯，但是当我的主的诺言实现时，他将把它夷平。我的主的诺言永远是真实的。"那天，我将任他们的部分（像浪一样）涌滚到部分中间。"（18：98-99）本章的经文说，"直到雅朱者和马朱者被放出，他们从每个高地冲下来。"伊本·阿拔斯等学者说，他们将从一切高地冲下来作恶。这就是他们出现时的情况。⁽³⁾听到这一消息的人们，仿佛看到了那一幕的到来。"没有谁能像彻知者那样告诉你！"（35：14）这是彻知过去和未来的安拉的表述，他知道天地的一切秘密。应受拜者，惟有他。

伊本·哲利尔传述，伊本·阿拔斯曾看到一群儿童在蹦蹦跳跳，便说："雅朱者和马朱者出现时的情况就是如此。"述及雅朱者和马朱者的圣训很多。⁽⁴⁾

圣训一：艾布·赛尔德·胡德里说，我听安拉的使者㊙说，雅朱者和马朱者将被放出，他们遍布世界各地，其时的情况正如安拉所述："他们从每个高地冲下来……"穆斯林们将离开他们，躲进城堡中，收回牲畜。雅朱者和马朱者将饮用大地上的水，他们中的一部分经过一条河后将其饮干，后

---

（1）《布哈里圣训实录诠释——造物主的启迪》6：550。

（2）《泰伯里经注》18：525。
（3）《泰伯里经注》18：532。
（4）《泰伯里经注》18：528。

面经过的人说："这里原来是有水源的呀。"直至没有一人不在城堡中。他们（雅朱者和马朱者）中有人说："我们已经杀绝了大地的居民，现在只有去屠杀天上的居民了。"有人遂挥动手中的武器，将它射向天空，刹时，武器血淋淋地返回地上。那是一种考验和灾难。就在他们为所欲为之际，安拉派来了像蝗虫般的（他们的脖子上将生出像骆驼和羊身上一样的跳蚤）跳蚤，不久他们都因此而死去了，从此悄无声息。穆斯林们说："谁愿为大家牺牲自己，出去看看敌人到底怎么了？"有一位穆斯林站起来，决定献出生命，舍生取义。当他走下城堡后，发现他们（雅朱者和马朱者人）都已死去，尸体压着尸体。遂高呼道："诸位穆斯林！请高兴吧！伟大的安拉已经替你们消灭了你们的敌人。"人们听到呼声后才走出城堡，放出畜群。彼时，除了他们身上的肉（雅朱者和马朱者人的尸体）之外，牲畜没有其他食物。他们的肉就像雨水充沛时的牧草那样茁壮成长。

圣训二：安拉的使者☪有天早上提到丹扎里（骗子手），使者的声音时高时低，以致使我们认为丹扎里好像就在枣树林中。我们晚上去先知那里时，他从我们的脸上看到对那件事迷惑不解，便对我们说："你们有事吗？"我们说，安拉的使者啊！你早上提到了丹扎里（骗子手），当时声音时高时低，以致使我们认为丹扎里好像就在枣树林中。使者说："如果丹扎里出世时我在你们当中，那么我并不担心他会危害你们，因为我将替你们抵抗他。如果他出世时我不在你们中间，那么每个人自己保护自己，安拉将助我管理所有穆斯林。丹扎里是个卷发凸眼的青年，我看他就像阿卜杜·欧匝，你们中谁碰见他，就念《山洞章》的前几节经文抵御他。他出自沙姆和伊拉克之间的途中，然后横行霸道。安拉的仆民们啊！你们坚定自己的立场吧！"我们问：安拉的使者啊！他将在大地上停留多久啊？使者说："四十天，第一天如一年，第二天如一月，第三天如一周，其余的日子如同你们的日子。"我们说，安拉的使者啊！一天长如一年，我们怎么礼拜呢？我们只做一天的礼拜能行吗？使者说："不行，你们估量着去做。"我们问：安拉的使者啊！他在大地上走动的情形怎么样？使者说："他像疾风暴雨，他号召一个民族归信他，相信他；他命令天空降雨，命令大地长出植物；牲畜晚归时，驼峰隆起，乳房饱满，两肋鼓胀。拒绝他，不信他的人，他一夜间使（那些人的）田苗寸草不生，人们手无分文。他来到一处废墟，呼唤道：'献出你的宝藏吧！'只见宝藏纷纷出现，紧随其后，就像蜂群紧随蜂王。后来，他唤来一位风华正茂的青年，将他一剑劈为两半，然后他呼唤青年，青年就微笑着走过来，容光焕发。正在这时，安拉派遣麦西哈出世，他身穿藏红大袍，两手扶着天使的翅膀，降落在大马士革的东方白塔上。他垂首时，头上流下水珠；抬头时，珍珠般的汗珠不断滚落。隐昧者不能闻他的芬芳，一闻即死。他的目光到达哪里，那里就有他的气味。他将丹扎里赶至隆德门，处死他。然后接见蒙主护佑的人们，抚摩他们的脸颊，告诉他们在乐园中的品级。

这时安拉启示尔撒：'我已经派出英勇无敌的仆人出世，你带领我的仆民们躲避到土勒山。'雅朱者和马朱者从各地蜂拥而出，前部人马经过沱卜勒湖，饮干了湖水，后部人马经过时说，这里好像曾有过水。尔撒和他的追随者被困，直至一个牛头贵过了你们今天的一百个金币。安拉的先知尔撒和追随者们祈祷安拉，于是安拉派来毒虫叮咬敌人，敌人顷刻间毁灭了。然后安拉的先知尔撒率领众信士来到大地上，他们发现没有一拃土地不受污染，烂尸铺地，臭气熏天。安拉的先知尔撒和众信士再次哀求襄助。安拉派来长颈驼般的巨鸟，运走了满地的尸体，将它们扔到安拉意欲的地方。然后安拉普降浸透土房和毡房的大雨四十天，清洗大地，使大地光滑如镜。并命令大地，说："生出果实，恢复昔日的吉庆吧！"彼时，一棵石榴树可供一大队人食用，它的叶子可供他们乘凉；奶汁获得福泽，一峰驼的奶汁可供一大队人马饮用，一头牛的奶可供一个部落饮用，一只羊的奶可供一个小家族饮用。此时安拉遣来香风，吹到他们腋下，收回每个穆民和穆斯林的灵魂。只有恶人留了下来，他们就像驴子一样公然交配，末日便对他们而成立。(1)

圣训三：伊本·哈莱麦勒传述，他的姨妈说，安拉的使者☪有日讲演时——他的手指因为被蝎蜇而缠着绷带——说："你们说你们所向无敌，但你们将战斗不息，直至雅朱者和马朱者人出现，他们脸部宽大，眼睛狭小，头顶发白，从每个高处蜂拥而至。他们的脸就像煅造而成的铠甲。"(2)

圣训明确指出，麦尔彦的儿子尔撒将朝觐这古老的天房。安拉的使者☪说："他（尔撒）势必在雅朱者和马朱者出现后，在这天房举行正朝和副朝。"

**"真实的约期临近了。"** "真实的约期"指复生日。那时，上述恐怖事件、地震和混乱将会出现。隐昧者见到这些情况后说："这是艰难的日子。"

因此，清高伟大的安拉说：**"隐昧者瞪直了眼睛。"** 因为那时他们极度恐慌，他们说：**"啊！我们真悲伤呀！我们曾是对此疏忽的"**，即我们在今

---
(1)《艾哈麦德按序圣训集》4：181。
(2)《艾哈麦德按序圣训集》5：271。

世时，对这些情况麻痹大意，满不在乎。

"不，我们实在是不义的！"他们虽然承认了错误，但为时已晚。

❖ 98.你们和你们在安拉之外崇拜的，确实是火狱的柴，你们必将到达那里。❖

❖ 99.如果这些是神，它们就不会到达那里！但是全都将永居其中。❖

❖ 100.他们将会在那里叹息，他们在其中不能听闻。❖

❖ 101.而以前由我赐福的那些人，他们都是远离它的。❖

❖ 102.他们将听不到一丝响动，他们将在他们所向往的那里永恒。❖

❖ 103.最大的恐怖不会使他们忧虑，天使们将要会见他们，（并说）"这是曾经许给你们的日子。"❖

## 多神教徒和他们的伪神是火狱的燃料

清高伟大的安拉呼吁麦加的古莱什多神教徒和类似他们的偶像崇拜者，说："你们和你们在安拉之外崇拜的，确实是火狱的柴。"伊本·阿拔斯说，"柴"指燃料。[1]另一段经文说：❖它的燃料是人和石头。❖（2：24）另据传述，伊本·阿拔斯在解释这段经文时说，在黑种人的语言中，"柴"被称为"哈苏卜"（حصب）。穆佳黑德、艾克莱麦、格塔德等学者也认为火狱的"柴"指火狱的燃料；端哈克则认为"火狱的柴"指被投入火狱中的一切。[2]

"你们必将到达那里。""到达"指进入。

"如果这些是神，它们就不会到达那里！"即倘若你们舍安拉而设的神是真神，它们就不会进入火狱。"但是全都将永居其中"，即这些崇拜者及其受拜者，都将永居火狱。

"他们将会在那里叹息。"另一段经文说：❖他们将在其中叹气和哽咽。❖（11：106）"叹气"指呼气，"哽咽"指吸气。"他们在其中不能听闻"。

## 幸福者的情况

"而以前由我赐福的那些人"，艾克莱麦说"由我赐福的那些人"指蒙我特慈的人；其他学者认为指幸福的人。[3]

"他们都是远离它的。"清高伟大的安拉讲述了火狱的居民因为以物配主而遭受严惩，然后谈到幸福的人——他们归信安拉和使者，安拉已注定他们享受幸福，他们在今世时也做了许多善事。正如安拉所言：❖行善者将得善报，还有增加的。❖（10：26）又❖善行的报酬，除了善报之外，还有什么？❖（55：60）他们在今世行善，所以安拉使他们得到善报和善果，并使他们免于严刑，获得重赏。所以说："他们都是远离它的。他们将听不到一丝响动"，即幸福的人们听不到火狱燃烧犯罪者身体的声音。

"他们将在他们所向往的那里永恒"，他们不但不遭受可怕的惩罚，而且将随心所愿，获得喜爱的一切。有学者说，这段经文的降示，指出还有一些受拜者应该另当别论，譬如欧宰尔和麦西哈[4]。正如伊本·阿拔斯所述。他曾读了"你们和你们在安拉之外崇拜的，确实是火狱的柴，你们必将到达那里"，然后读了"而以前由我赐福的那些人，他们都是远离它的"，指出其中的特殊情况。否则人们会说，尔撒和天使以及其他的一些受拜者也将进入火狱。艾克莱麦、哈桑、伊本·杰磊勒等

---

[1]《格尔特宾教律》11：343。
[2]《泰伯里经注》18：536。
[3]《泰伯里经注》18：541。

[4]他们都不是自愿受拜的，而且他们一直强调自己是安拉的奴仆，而不是神灵。——译者注

学者也持此主张。伊本·易司哈格在其《先知传》中说：据悉，安拉的使者某日和瓦利德·本·穆黑莱在清真寺中同坐时，奈朵尔·本·哈里斯凑过来坐在他们旁边。当时清真寺中还有其他古莱什男子。奈朵尔见使者说话，便插嘴反驳，但他马上被使者说得哑口无言。使者针对他和类似他的人而读道："**你们和你们在安拉之外崇拜的，确实是火狱的柴，你们必将到达那里……他们在其中不能听闻。**"使者站起来后，伊本·宰卜阿勒坐了过来。瓦利德对他说："以安拉发誓，刚才奈朵尔在阿卜杜勒·穆塔里布的儿子（穆圣）面前坐立不安，而穆罕默德妄称我们和我们所崇拜的神都是火狱的燃料。"伊本·宰卜阿勒听后说："以安拉发誓，我若见到穆罕默德，一定要对付他。你们去问问他，除安拉之外的受拜者和它（他）们的崇拜者都要进入火狱吗？我们拜的是天使，犹太人拜的是欧宰尔，而基督教徒拜的是麦尔彦的儿子麦西哈。"瓦利德等在场的人听后纷纷表示赞同，认为这说得有理有据。安拉的使者听到这些话后说："除安拉之外的一切受拜者，若愿意接受人们的崇拜，他们就和他们的崇拜者们同在。他们只在崇拜恶魔以及那些诱惑他们搞多神崇拜的人（或其他）。"安拉还降示了下列经文："**而以前由我赐福的那些人，他们都是远离它的。他们将听不到一丝响动，他们将在他们所向往的那里永恒。**"经文指出，尔撒、欧宰尔以及那些服从安拉的学士和教士们，虽然被一些迷误者看作除安拉外的神灵，但他们自己则是反对这些谬论的，所以他们不会和他们的崇拜者一同进入火狱。这段经文是为那些妄称天使是安拉的女儿，并对天使加以崇拜的人而降示的。"**他们又说："至仁主有了子嗣。"赞美安拉！不然，（他们）是受优待的奴仆……假若他们当中谁说"我是他之外的一个神"。我必定以火狱报应他。我就这样报偿那些不义者。**"（21：26-29）同样，这段经文也是为那些把尔撒当成神明的人以及像瓦利德一样执迷不悟、自以为是的人而降示的。"**当麦尔彦的儿子被举为例子时，你的族人立刻喧哗起来。他们说："是我们的神更好，还是他的更好呢？"他们为你提出这个问题，只是为了争辩。他们是一个好辩的群体。他只不过是一个仆人，我赐恩惠给他，并使他成为以色列后裔的楷模。如果我愿意的话，我可以在你们当中指派天使做在大地上的代位者。他确实是复活时的征兆，所以你们一定不要怀疑它，而要顺从我，这是正道。**"（43：57-61）即我赐给尔撒的奇迹（使死人复活，医治各种疑难杂症等）都是末日知识的铁证。经文说："**所以你们一定不要怀疑它，而要追随我，这是正道。**"（43：61）伊本·宰卜阿勒的话纯属谬论，因为（使者读给他们的那段）经文所针对的是崇拜没有理性的非生物（石像等）的麦加人。因此，经文谴责了他们，并向他们发出了警告，因为经文说："**你们和你们在安拉之外崇拜的，确实是火狱的柴。**"所以不能生搬硬套，而将麦西哈、欧宰尔等清廉的、反对将自己作为受拜者的人与那些即将进入火狱的伪神等量齐观。

"**最大的恐怖不会使他们忧虑。**"阿塔等学者说，"最大的恐惧"指死亡；伊本·阿拔斯等学者认为指号角被吹响的声音。

"**天使们将要会见他们，（并说）这是曾经许给你们的日子。**"归宿之日，他们从坟墓中走出后，众天使前来祝贺，对他们说："**这是曾经许给你们的日子**"，即你们无论希望什么，都会如愿以偿。

❦ **104.那天，我会像卷起画轴似地把诸天卷起，就像我初次创造一样，我将重新造化它。这是我（所负责）的约言，我是实践者。** ❧

### 天将在末日被卷起

清高伟大的安拉说，末日，将会发生下列情况："**我会像卷起画轴似地把诸天卷起。**"[1] 另一段经文中说："❦ **他们没有真正了解安拉。在复生日，整个大地将在他的掌握之中，诸天也将在他的掌握中被卷起。赞他清净！他超绝于他们所举伴的。**❧"（39：67）安拉的使者说："安拉将在末日收起各层大地，诸天则由他的叶米尼掌握。"

"**像卷起画轴似的。**""画轴"指书籍。赛丁伊解释这段经文时说，"画轴"（السجل）指负责管理功过簿的天使，仆人死后，其功过簿升到这位天使那里，天使卷起功过簿，等到复生日来临后拿出它。这个词的正确含义应该是伊本·阿拔斯的解释，即画轴。[2] 穆佳黑德、格塔德等学者的观点也是如此。此外，伊本·阿拔斯的解释也是符合语言学规律的。按照这种解释，经文的意义是：我将像卷起写着字的画轴那样卷起天空。正如安拉所言："❦ **因此当他们二人都顺服安拉，并他把他（儿子）的脸朝向下面时……**❧"（37：103）在阿拉伯语中，类似的例子不胜枚举。安拉至知。

"**就像我初次创造一样，我将重新造化它。这是我（所负责）的约言，我是实践者**"，即安拉必然要重新造化万物，使它们恢复原来的样子。这是安拉的不可变更的约言之一。安拉是全能于万事

---

(1)《布哈里圣训实录诠释——造物主的启迪》13：404。
(2)《泰伯里经注》18：543。

的。因此，经文说："我是实践者。"伊本·阿拔斯说，某日，安拉的使者㊣站起来给我们讲演，他说："你们将被召集到伟大的安拉那里，那时你们都赤身、赤脚，并带着包皮。'就像我初次创造一样，我将重新造化它。这是我（所负责）的约言，我是实践者'……"(1)

❃ 105. 我在教诲之后，曾在宰哺尔中写道："我的清廉众仆将继承大地。"❃

❃ 106. 对于崇拜的群体，此中确有（令他们）足够的。❃

❃ 107. 若不是为了慈惠世人，我绝不派遣你。❃

### 清廉的人们将继承大地

在这段经文中，清高伟大的安拉说，他已经注定让他的清廉众仆获得今世和后世的幸福，成为这两世的继承者。正如安拉所言：❃ 大地属于安拉，他会让他意欲的仆人继承它。优美的结局属于敬畏的人。❃（7：128）又❃ 的确，我势必在今世的生活和证人们作证的那天，帮助我的众使者和信士们。❃（40：51）又❃ 安拉为你们当中归信并行善的人许诺：他一定会像他对你们以前的人一样，使他们继承大地；他必定为他们巩固他所悦纳的宗教。❃（24：55）清高伟大的安拉说，这一决定被记载在记录天启大法和定然的一切天经之中，它将必然实现。因此说："**我在教诲之后，曾在宰哺尔中写道……**"艾尔麦什说，我关于这段经文请教了伊本·朱拜尔，他说："'**宰哺尔**'指《讨拉特》《引支勒》和《古兰》。"(2) 穆佳黑德说："'**宰哺尔**'指经典。"伊本·阿拔斯、哈桑、格塔德等学者说："'**宰哺尔**'指安拉颁降给达乌德先知的经典(3)。'**教诲**'指《讨拉特》。"穆佳黑德说："'**宰哺尔**'指除《教诲》之外的一切经典。'**教诲**'则是安拉那里的'经典之母'。"栽德·本·艾斯莱姆也认为"**教诲**"指最原始的经典。绍利说："'**教诲**'指被保护的天经牌。"

伊本·阿拔斯、艾布·阿林、穆佳黑德、格塔德、赛丁伊等学者在解释"我的清廉众仆将继承大地"时说，"**大地**"指乐园的土地。(4)

"对于崇拜的群体，此中确有（令他们）足够的……"即对于那些按照安拉所规定、所喜悦的方式崇拜安拉，拒绝崇拜恶魔和私欲的人们来说，安拉降给穆圣㊣的《古兰》中，确实包含着无穷的益处（和哲理）。

### 穆罕默德是对普世的慈悯

"若不是为了慈惠世人，我绝不派遣你。"清高伟大的安拉说，他使穆罕默德成为一位先知，以便慈悯全人类。谁接受了这个慈悯，并感谢这个恩典，谁就是今后两世的幸福者；谁拒绝并否认，谁就是今后两世的薄福者。正如安拉所言：❃ 你没有看到那些人吗？他们将安拉的恩典换成了隐昧，并使自己的民族陷入毁灭之境。他们将进入火狱，那居所真恶劣！❃（14：28-29）安拉讲述《古兰》时说：❃ 它是对信士们的引导和治疗。至于那些隐昧的人，他们的耳已失聪，在他们看来，它是盲目的，这等人，是从远方被呼唤的。❃（41：44）

艾布·胡莱赖传述，有人说："安拉的使者啊！请你诅咒多神教徒吧！"使者㊣说："我的使命不是诅咒人，我是为了慈悯普世而被派来的。"(5)

伊玛目艾哈麦德传述，胡宰法在麦德彦时，经常讲起使者㊣曾经说过的话，后来他去赛莱曼那里，后者问："胡宰法啊！安拉的使者㊣也有喜怒哀乐，记得使者在某次演讲中说：'主啊！无论我在生气时骂了谁或诅咒了谁——我只是阿丹的一个普通子孙，我像你们发怒一样发怒。安拉派我只是为了慈悯普世——请你把它（我对他的骂或诅咒）作为我对他在末日的祝福吧！'"(6)

如果有人问："否认穆圣㊣的人得到了哪些慈悯呢？"其答复是伊本·阿拔斯解释这段经文时所讲的一段话，他说："归信安拉和后世的人，注定在今世和后世中得到慈悯；不归信的人，（在今世）不会像其他民族一样遭受类似大地沉陷这样的灾难。"(7)

❃ 108. 你说："我已获得启示，你们的主是独一的主。你们是穆斯林吗？"❃

❃ 109. 倘若他们掉头离开，你说："我已公然向你们进行了宣传，我不知道许给你们的是临近的，还是遥远的？"❃

❃ 110. 他知道公开说的话，也知道你们所隐瞒的。❃

❃ 111. 我不知道，这或许是对你们的一项考验和一个时期的享受。❃

---
(1)《艾哈麦德按序圣训集》1：235。
(2)《泰伯里经注》18：547。
(3) 一译《诗篇》。——译者注
(4)《泰伯里经注》18：549。

(5)《穆斯林圣训实录》4：2006。
(6)《艾哈麦德按序圣训集》5：437。
(7)《泰伯里经注》18：552。

❧ 112.他说:"我的主啊!求你以真理来裁决吧!我们的主是至仁主,关于你们的叙述,只有他是被求助的。"❧

### 启示的真精神就是:你们崇拜安拉

清高伟大的安拉命令使者㊗对多神教徒们说:"**我已获得启示,你们的主是独一的主。你们是穆斯林吗?**" "穆斯林"指遵守天启的命令与禁止,并服从安拉的人。

"**倘若他们掉头离开**",即如果他们对你的宣传置之不理。

"**你说:'我已公然向你们进行了宣传'**",即我已经向你们表明,正如你们向我表明的那样;我和你们脱离了任何关系,正如你们和我脱离一切关系那样。正如安拉所言:❧ 如果他们不信你,你说:"我有我的工作,你们有你们的工作。你们和我所做的无关,我也与你们所做的无关。"❧(10:41)又❧ 如果你怕某个群体背信弃义,那么就公平地把契约掷还给他们。❧(8:58)即你当明确地宣布解除盟约。本章的经文也是如此:**倘若他们掉头离开,你说:"我已公然向你们全体进行了宣传"**,即我已向你们宣布,我和你们没有关系,你们也和我没有关系。因为我对此很明白。

### 只有安拉知道末日到来的时间

"**我不知道许给你们的是临近的,还是遥远的?**"即对你们所许的一切必然来临,但我不知道它是远是近。

"**他知道公开说的话,也知道你们所隐瞒的**",即安拉知道一切秘密,知道仆人所隐瞒的和所表白的,知道仆人的一切心理活动和表面现象,知道最深奥的事物。仆人所做的一切事情,无论是公开的,还是秘密的,都在他的预料之中。他将对这一切事务不论巨细,给予充分的报应。

"**我不知道,这或许是对你们的一项考验和一个时期的享受**",即我不知道,这或许是对你们的考验和暂时的享受。伊本·哲利尔说,也许不让他们立即掌握(末日降临)这一知识是对他们的考验和一定期限的享受。[1]

"**他说:'我的主啊!求你以真理来裁决吧!'**"即求你在我们和否认真理的民族之间秉公判决吧!

格塔德说,众先知曾说:❧ 我们的主啊!求你在我们与我们的族人之间以真理判决吧,你是最好的决断者。❧(7:89)穆圣㊗也曾奉命这样说。

栽德·本·艾斯莱姆说:"安拉的使者㊗每次在投入战斗时会说:'我的主啊!求你以真理来裁决吧!'"

"**我们的主是至仁主,关于你们的叙述,只有他是被求助的。**"虽然你们的花言巧语名目繁多,冠冕堂皇,但这些话与安拉毫无关系。此中,只能祈求安拉给予公正的裁决。

《众先知章》注释完。一切赞美和恩情都属于安拉。

---
(1)《泰伯里经注》18:554。

## 《朝觐章》注释　麦地那章

**奉普慈特慈的安拉之尊名**

❧1.人们啊！你们要畏惧你们的主！的确那复活时的震撼，是一件大事。❧

❧2.你们看见它的那一天，每一个喂奶的母亲将会忘记她吸乳的婴儿，每一个孕妇都将流产，你将看见世人好像醉了，其实他们并没有醉，而安拉的惩罚却是严厉的。❧

### 复活时的各种惊恐

清高伟大的安拉命令他的仆人敬畏他，并预告他们将来要面临复活时的惊恐、震撼和各种可怕的情况。正如安拉所言：❧当大地以其震动摇动，并抛出了它的负担。❧（99：1-2）又❧大地和山岳都将被抬起，被击碎，那天，要发生的事情发生了。❧（69：14-15）又❧当大地被猛烈摇撼。山峦崩溃粉碎。❧（56：4-5）有人说，经文所述的震撼将发生在今世濒临毁灭的时候，它是复活出现时的最初现象；伊本·哲利尔说，它将发生在末日到来之前；另一些人说，这些惊恐、震撼和骚乱将发生在末日成立时的阿勒萨特复生场上。伊本·哲利尔持这一观点，并以下列圣训为证：一次旅行中，圣门弟子们跟在使者之后行进，安拉的使者高声诵读了下面的两段经文："人们啊！你们要畏惧你们的主！的确那复活时的震撼，是一件大事。你们看见它的那一天，每一个喂奶的母亲将会忘记她吸乳的婴儿，每一个孕妇都将流产，你将看见世人好像醉了，其实他们并没有醉，而安拉的惩罚却是严厉的。"圣门弟子们听到先知的声音后，催促骑乘靠拢到先知周围。先知问他们："你们可知那是哪一天吗？那天阿丹（愿主赐他平安）将被呼唤，他的养主呼唤他说：'阿丹啊！你把火狱的人马送进火狱去吧！'阿丹说：'我的养主啊！火狱的人马指哪些人？'安拉说：'平均一千人中，把九百九十九人送进火狱，把一人送进乐园。'"圣门弟子们听了这话，一时鸦雀无声，脸色阴郁。使者见此情景，便说："你们应当高兴，并坚持工作。以掌管穆罕默德生命的安拉发誓，你们确实和两种人在一起。这两种人无论和什么在一起，就会使之变多。他们是雅朱者和马朱者以及阿丹的子孙与伊卜厉斯的子孙中已经毁灭的人。"[1]众人听了这话，面色开始好转。使者接着说："你们工作吧！欢喜吧！以掌管穆罕默德生命的安拉发誓，你们在人类中的比例好比一峰骆驼身上的一颗痣，或者一只牲畜蹄子上的一块疤痕。"[2]

另据传述："人们啊！你们要畏惧你们的主……而安拉的惩罚却是严厉的"降示时，安拉的使者正在路途当中，他问（弟子们）："你们可知那是何日？"众人说："安拉及其使者至知。"使者说："那天，安拉将对阿丹说：'阿丹啊！你把火狱的人马送进火狱去吧！'阿丹说：'我的养主啊！火狱的人马指哪些人？'安拉说：'平均一千人中，把九百九十九人送进火狱，把一人送进乐园。'"穆斯林们听到此话，开始哭泣，使者说："你们当持中，并当坚持正路，每个先知的前面，都有些蒙昧主义者。"使者接着说："蒙昧主义者将被加进这个数目中，如果还不够（即如果他们的数目不足每一千人中的九百九十九人），伪信士将被加进去补足数目。你们和各民族相比，就像牲畜蹄子上的一块疤痕，或者像骆驼身上的一块痣。"使者说："我希望你们是乐园居民的四分之一"，众人听到后高呼安拉至大。使者又说："我希望你们是乐园居民的三分之一"，众人听到后又高呼安拉至大。使者又说："我希望你们是乐园居民的一半"，众人听到后再高呼安拉至大。圣训传述者说，我忘了使者当时是否说了"三分之一"。[3]

艾布·赛尔德传述，穆圣说：清高伟大的安拉在末日说："阿丹啊！"阿丹说："我们的主啊！恭候尊令。"后来有声音高呼道："安拉命令你把你的子孙中应该进火狱的划分出来。"阿丹说："主啊！谁是应该进火狱的人？"安拉说："每一千人中，把九百九十九人送进火狱，把一人送进乐园。"那时，孕妇将会流产，婴儿的头发将会变白。"**你将看见世人好像醉了，其实他们并没有醉，而安拉的惩罚却是严厉的。**"众人听到穆圣的上述话后，感到非常害怕，一个个脸色都改变了。穆圣说："（每一千人指）雅朱者和马朱者中的九百九十九人，你们中的一人。你们和世人相比，就像白牛身上的一根黑毛，或像黑牛身上的一根白毛。我希望你们是乐园居民的四分之一。"我们（圣门弟子们）听后高呼安拉至大。穆圣又说："我希望你们是乐园居民的三分之一。"我们

---

(1) 圣训的意思是，上述的"每一千人"中包括人数众多的雅朱者和马朱者人以及被安拉毁灭的为数众多的人类和魔鬼。——译者注
(2)《艾哈麦德按序圣训集》4：435。
(3)《提尔密济圣训全集诠释》9：9。

听后又呼安拉至大。穆圣㊗接着说:"我希望你们是乐园居民的一半。"我们听后继续高呼安拉至大。[1]

描述末日惊恐的圣训和箴言非常多,且有专著论述。清高伟大的安拉说:"**的确那复活时的震撼,是一件大事**",即是一件重大、严峻、可怕和奇怪的事情。"震撼"指人类遭受巨大恐惧时的心理活动。正如安拉所言:《在那里,归信者接受了考验,并被震撼。》(33:11)

"**你们看见它的那一天**","它"是一个事物代词,后文对"它"的注释是,"**每一个喂奶的母亲将会忘记她吸乳的婴儿**",即人们在这极度恐惧的时刻,对自己最心爱的一切无暇顾及。

"**每一个孕妇都将流产**",孕妇(包括人和动物)都因为惊吓而流产。

"**你将看见世人好像醉了**",人们都魂飞魄散,失去理智,所以看起来好像喝醉了酒。"**其实他们并没有醉,而安拉的惩罚却是严厉的。**"

《3.人们当中有人无知地争论安拉,并追随每一个叛逆的魔鬼。》

《4.对它已经注定:谁同它作朋友,它就会误导谁,并将他引入烈火的惩罚。》

### 谴责跟随恶魔的人

清高伟大的安拉谴责了这样一些人:他们否认复活,不相信安拉的大能和死后的复生,他们对安拉降给列圣的启示置之不理,却对顽固的恶魔——有些恶魔来自人类,有些来自精灵——紧追不舍,并和恶魔口径一致,否认真理,忘恩负义。这些人就是异端派和拒绝真理、跟随谬论的迷误者。他们对安拉降给使者的明确真理不理不睬,而对那些充满私欲和主观意识的罪魁祸首趋之若鹜,不惜随之步入歧途。因此,《古兰》关于这种人说:"**人们当中有人无知地争论安拉。**""无知"指没有正确的认识。

"**并追随每一个叛逆的魔鬼。对它已经注定。**"穆佳黑德说:"'它'指魔鬼",即安拉已经在前定中注定:"**谁同它作朋友**",即谁跟随恶魔,并向它学习,"**它就会误导谁,并将他引入烈火的惩罚**"。今世中恶魔将引他走向迷误,后世中恶魔将带领他进入火狱,遭受痛苦和恐怖的惩罚。

赛丁伊等学者说:"这段经文是因为奈朵尔·本·哈里斯而降示的。"

---

[1]《布哈里圣训实录诠释——造物主的启迪》8:295。

《5.人们啊!如果你们对复活有怀疑的话,那么,我由土造化你们,然后由一点精,然后由一块血,然后再由一点一部分成形的和一部分未成形的肉(创造了你们),以便我为你们阐明。我随意使它留在子宫中,直到一个被规定的时间,然后,我就使你们出世成为婴孩,然后(使你们成长),以便你们达到壮盛之年。你们当中有人将会死去,也有一些人活到最卑贱的年龄,以便让他在有了知识之后一无所知。你看那大地是死寂的,但是当我对它降下雨水时,它就颤动了,膨胀了,并且生出各种成双成对的美丽植物。》

《6.这是因为安拉就是真主,因为他给死者生命,因为他是全能于万物的。》

《7.也因为无可怀疑的复活时将要来临;安拉就要复活那些在坟墓中的人。》

### 人类和植物的创造,是死后复活的征兆之一

清高伟大的安拉述及不信复生和归宿的人后,又列举他初次创造万物的明证,证明他能够创造最终的归宿,说:"**人们啊!如果你们对复活有怀疑的话**",即如果你们对后世的归宿以及灵魂和身体

在那日站立起来有怀疑，"那么，我由土造化你们"，安拉最初用土创造了人类的始祖——阿丹。"然后由一点精"，阿丹的后代是安拉用一种卑微的液体创造的。

### 精液和胎儿在子宫中的变化

"然后由一块血，然后再由一点……肉。"精液一旦滞留于妇女子宫，它将停留四十天，此间，将有相关的物质加入其中，后来在安拉的允许下，这块精液要变成一块红色血块，再过四十天后，它将变成一块没有明显形象的肉。此后，这块肉将逐渐长出头、手、胸、腹、腿、脚和其他部位。这个胚胎可能在成形之前流产，也可能在成形之后出生。因此说："**然后再由一点一部分成形的和一部分未成形的肉（创造了你们）。**"

你们目睹了这些情况，"**以便我为你们阐明。我随意使它留在子宫中，直到一个被规定的时间**"。有时这个胚胎将会发育完整，不被流产。

穆佳黑德在解释"**一部分成形的和一部分未成形的肉**"时说，经文指的是已经发育完整的和尚未发育完整而流产的胎儿。当胚胎发展成一块肉时，安拉派一位天使对其注入灵魂，并按照安拉的意欲，决定他的美丑和性别，规定他的衣食和寿命以及幸福或不幸。[1]

安拉可信的使者㊗曾说："你们任何人都是这样的：最初四十天在母腹中聚集，再四十天后成为血块，再四十天后成为一个肉团。之后，安拉派一位天使，让他书写四件事，即书写此人的衣食、寿命、行为、幸福还是薄福，然后给他吹入灵魂。"[2]

### 人类从童年到老年的发展过程

"**然后，我就使你们出世成为婴孩**"，即你们刚出世时，身体和感官都很弱，然后安拉使你们逐渐拥有力量，并赐给你们的父母怜爱之情，让他们不分昼夜、无时无刻地照料你们，因此说，"**然后（使你们成长），以便你们达到壮盛之年**"，即你们的能力和力量日趋强大和完善，到达风华正茂的年龄。

"**你们当中有人将会死去**"，即有些人将在年轻力壮时死去。

"**也有一些人活到最卑贱的年龄。**""最卑贱的年龄"指风烛残年，那时的人年老昏聩，体智减弱，思维迟钝，凡事不尽人意。因此说："**以便让他**

---
(1)《布哈里圣训实录诠释——造物主的启迪》6：418。
(2)《布哈里圣训实录诠释——造物主的启迪》6：418。

在有了知识之后一无所知。"另一段经文说：⟪ 是安拉造化你们于赢弱之中，然后在赢弱之后赋予你们力量，然后在力量之后设定衰弱和白发。他随意造化，他是全知的、大能的。⟫（30：54）

### 植物所体现的另外一个死后复生的例子

"你看那大地是死寂的。"另外还有一个例子，证明安拉能够使死物复活：安拉让那寸草不生的、僵死的大地复得生机；格塔德认为"**死寂的**"指枯裂的；赛丁伊认为指死去的。

"**但是当我对它降下雨水时，它就颤动了，膨胀了，并且生出各种成双成对的美丽植物**"，即安拉在大地上降下雨水后，植物破土而出，大地顿时生机盎然，长出各种色彩斑斓的果实、庄稼等植物，它们品种和形态各异，气味和滋味不同，各有各的益处，因此安拉说："**各种成双成对的美丽植物**"，即这些植物形状美丽，气味芬芳。

"**这是因为安拉就是真主**"，即安拉是创造者、安排者，他能做他所意欲的一切。

"**因为他给死者生命。**"正如他使那死去的大地复得生机，长出各种植物。⟪ 的确，给予它生命的安拉，能使各种无生命的复活，他确实是全能万事的。⟫（41：39）⟪ 的确，当他有意要做一件事时，他只要说"有"，它就有了。⟫（36：82）

"**也因为无可怀疑的复活时将要来临。**"复活时将千真万确地来临。

"**安拉就要复活那些在坟墓中的人。**"安拉将重新造化那些早已化为朽骨或化为泥土的死者。正如安拉所言：⟪ 他为我设立譬喻，而忘记了他自己的造化。他说："谁能在尸骨已朽之后，再赋予它生命？"你说："首次造化他们的主将使他们复活！他是深知一切造化的。是他为你们从绿树中产生火，你们便从其中点燃了火！"⟫（36：78—80）相关的经文很多。

⟪ 8.但是在世人中却有人在无知识、无引导、无灿烂的天经的情况下争论安拉。⟫
⟪ 9.（他）傲慢地转开，以便使人迷失主道。他将在今世中蒙受羞辱，复生日我将使他尝试燃烧的刑罚。⟫
⟪ 10.这是由于你的双手所做的，安拉绝不是亏待众仆的。⟫

### 异端邪说者和迷误者的首领的情况

前面的经文——人们当中有人无知地争论安拉，并追随每一个叛逆的魔鬼——讲述了那些愚昧的盲从者的情况，经文在此开始讲述那些引人于迷途的人——隐昧和异端邪说者的领袖："**但是在世人中却有人在无知识、无引导、无灿烂的天经的情况下争论安拉**"，即他们的这些争论，既没有依照正确的理性证据，也没有遵从明确绝对的经训证据，而是凭着他们的一腔私欲和个人主见进行的。

"**（他）傲慢地转开。**"伊本·阿拔斯说，经文指："当有人号召他接受正信时，他骄傲地拒绝了。"[1]

穆佳黑德、格塔德等学者说，经文指他扭转脖子，拒绝真理，自以为是[2]。正如安拉所言：⟪ 在穆萨的故事中也有一种迹象。那时，我派他带了显赫的权力去法老那里。但是他因为有势力而拒绝了。⟫（51：38-39）又⟪ 当有人说："你们来归信安拉降示的（经典）及使者"时，你会看到伪信士阻碍你。⟫（4：61）又⟪ 每当有人对他们说："来吧，安拉的使者将为你们求饶。"他们就掉转他们的头，你将会看到他们高傲地抗拒。⟫（63：5）鲁格曼对他的儿子说：⟪ 你不要使你的脸转离人们。⟫（31：18）即你不要自以为是而对别人不屑一顾。清高伟大的安拉说：⟪ 当有人对他诵读我的启示时，他就高傲地避开了……⟫（31：7）

"**以便使人迷失主道。**"经文所指的也许是一些顽抗者，也可能指一些有这种行为的人。安拉赋予其卑劣的品质，以便使其进入误导者之列。"**他将在今世中蒙受羞辱**"，这是极度的屈辱和卑贱。他因为拒绝安拉的种种迹象，而在今世中备受屈辱，在后世来临之前遭受了惩罚。因为他的终极目的和知识程度只是今世。

"**复生日我将使他尝试燃烧的刑罚。**"他将听到有声音对他说："**这是由于你的双手所做的**"，以此羞辱他，警告他。

"**安拉绝不是亏待众仆的。**"正如安拉所言：⟪（有声音说，）抓住他，然后把他拖到火狱中去！再在他头上浇下沸水。尝尝吧！你的确是优秀的、尊贵的。这就是你们曾经怀疑的。⟫（44：47-50）

⟪ 11.世人中有人在边缘上崇拜安拉。如果好事降临到他，他就会心安理得；倘若是一件考验降临到他，他就公然叛离。他损失了今世和后世。这真是一件明显的损失！⟫

⟪ 12.他舍安拉而祈求那些既不能伤害他，也不能有益于他的东西。这确实是遥远的迷失！⟫

⟪ 13.他祈求的，确实是其害近于其利的（东西）。那监护者真恶劣！那伙伴真恶劣！⟫

---

（1）《泰伯里经注》18：573。
（2）这是按照经文的字意做出的解释。——译者注

## "在边缘上崇拜"的意义

穆佳黑德、格塔德等学者说，经文的意思是抱着怀疑的态度崇拜安拉。[3]有学者认为"**在边缘上崇拜安拉**"，是指抱着骑墙的态度崇拜安拉。换言之，他若发现信仰宗教有利可图，便接受这个宗教，当他发现无利可图时，便迫不及待地抛弃信仰。

布哈里传述，伊本·阿拔斯在解释"**世人中有人在边缘上崇拜安拉**"时说："有人来到麦地那后，若妻子生下男孩，马产下马驹，他就说：'这个宗教真好。'否则，他就说：'这个宗教真恶劣。'"[4]

奥夫传述，伊本·阿拔斯说："有人来到麦地那（当时该地流行瘟疫）时，如果身体健康，妻子生下男孩，母马产下良种马驹，便满怀喜庆，并定居麦地那，他便说：'自从加入这个宗教，我一直是心想事成。'倘若是一件灾祸降临到他，并且他在麦地那没有得到上述实惠，恶魔就来教唆他：'你自从加入这个宗教以来，一直处于倒霉和不幸之中。'"格塔德等前辈及其后辈学者们，在注释这段经文时，都提到了这个故事。[5]

穆佳黑德说，"**他就公然叛离**"指背叛正教，成为隐昧者。[6]"**他损失了今世和后世。**"他在今世中一事无成，在后世中将因为曾经否认安拉而处于极度的不幸和凌辱之中。因此，安拉说："**这真是一件明显的损失！**"即那是重大的损失和亏折的生意。

"**他舍安拉而祈求那些既不能伤害他，也不能有益于他的东西**"，即他向偶像等伪神求救、求助，祈求衣食，而伪神无法给人带来益处或灾害。"**这确实是遥远的迷失！**"

"**他祈求的，确实是其害近于其利的（东西）**"，指在后世来临之前，其害处比其益处更近于他的东西，而在后世中，其害处是确凿无疑的。

"**那监护者真恶劣！那伙伴真恶劣！**"穆佳黑德说，"监护者"指偶像。[7]即他舍安拉而祈求的这些监护者和帮助者真可恶啊！"伙伴"指同流合污的人或交往的人。

⟪ 14.安拉将使那些归信并行善的人进入下临诸河的乐园，安拉确实做他所欲做的一切。⟫

---

（3）《泰伯里经注》18：576。
（4）《布哈里圣训实录诠释——造物主的启迪》8：296。
（5）《泰伯里经注》18：575。
（6）《泰伯里经注》18：576。
（7）《泰伯里经注》18：579。

### 清廉者的报酬

安拉讲述了薄福的迷误者后，接着讲述幸福的善人——他们真心实意地归信正教，并以此行为证明了自己的信仰。他们做各种能够接近安拉的善功，远离一切罪恶，他们的必然结局是享受乐园中的崇高品级。安拉述及他使部分人迷误，引导部分人时说："安拉确实做他所欲做的一切。"

◆ 15.谁以为安拉在今世及后世不会襄助他（穆圣），就让谁在天空挂一根绳子，然后自戕，然后让他看看他的诡计能不能解除他的愤怒。◆

◆ 16.我就这样降下它，作为明白的迹象，安拉的确引导他所意欲的人。◆

### 无论如何，安拉总会襄助他的使者

伊本·阿拔斯说，谁认为安拉在今世和后世不襄助穆圣，"就让谁在天空挂一根绳子，然后自戕"，即就让他悬梁自尽。穆佳黑德、艾克莱麦等学者持此观点。[1] 换言之，谁认为安拉不襄助穆圣、《古兰》和伊斯兰，就让谁去自杀，如果这能解除他的烦恼。因为安拉必将襄助穆圣。清高伟大的安拉说：◆ 的确，我势必在今世的生活和证人们作证的那天，帮助我的众使者和信士们。◆（40：51）

"然后让他看看他的诡计能不能解除他的愤怒。"赛丁伊解释说，让他看看这种方法能不能解除他对穆罕默德的愤恨。[2] 阿塔说，让他看看，这能不能平息他的心头之怒。

"我就这样降下它。""它"指《古兰》。"作为明白的迹象"，《古兰》文字简洁，意义明确，是安拉昭示给世人的明证。

"安拉的确引导他所意欲的人。"安拉引导他意欲引导之人，任他意欲迷误之人走向迷误。此中确有完美的哲理和绝对的明证。◆ 他的行为不受询问，但是他们却要被质询。◆（21：23）智慧、仁慈、公正和伟大安拉的判决，是不可反驳的，他的清算是迅速的。

◆ 17.那些归信的人、那些奉行犹太教的人、萨比安人、基督教徒、拜火教徒和多神教徒，复生日，安拉将在他们当中裁判，安拉的确是见证一切的。◆

---
(1)《泰伯里经注》18：581。
(2)《拉齐经注大全》13：15。

### 安拉在复生日要在各派之间进行判决

清高伟大的安拉讲述了各宗教的信仰者——穆斯林、犹太人、萨比安人——我们已经在《黄牛章》介绍了萨比安人以及学者们对他们的不同认识——以及基督教徒、拜火教徒和多神教徒。多神教徒们一般也崇拜安拉，但他们同时还崇拜多神。"复生日，安拉将在他们当中裁判。"安拉将秉公判决，使归信者进入乐园，把否认者投入火狱。因为安拉见证着他们的一切行为，记录了他们的一切言论，知道他们所表白的和所隐瞒的一切。

◆ 18.你没看见在诸天与大地之间的万物以及日月星辰、山丘、树木、动物和许多人，都向安拉叩拜吗？同时也有许多人是应受惩罚的。安拉凌辱谁，谁就完全失去了尊重者。安拉做他所愿意的一切。◆

### 万物都为安拉叩头

清高伟大的安拉说，他是独一无偶的应受崇拜者，万物无论自愿与否，都因为他的伟大而为他叩头。

万物都有其独特的叩头方式。正如安拉所言：❡难道他们没看到安拉所造化的万物——它们的影子向右边和左边倾斜，而为安拉谦卑地叩头吗？❡（16：48）本章的经文说："你没看见在诸天与大地之间的万物……都向安拉叩拜吗？"即天上各个方面的一切天使和地上每个角落的人类、精灵和所有动物等。"日月星辰"经文专门列出它们，因为它们是有些人所崇拜的偶像。所以经文特别指出它们也在崇拜安拉，也是受到安拉养育和制约的。❡你们不要叩拜日，也不要叩拜月，而要崇拜安拉，他造化了它们。❡（41：37）两圣训实录辑录，艾布·则尔传述，安拉的使者㕛对我说："你知道这太阳去哪儿吗？"我说："安拉及其使者至知。"使者说："它将到阿莱什之下叩拜安拉，然后它将要求接受（新）命令，或许有声音将对它说：'你从哪里来，就回到哪里去吧！'"[1]

伊本·阿拔斯传述，有人来对穆圣㕛说："安拉的使者啊！我晚上梦见在一棵树下叩头，后来那树也受影响而叩头，我听到它说：'主啊！请在你那里将它记载成我的一件善行吧！请因此而消除我的一件罪恶吧！请将它作为我放到你那里的储备吧！请你接受它，正如你从你的仆人达乌德那里接受它一样。'"伊本·阿拔斯说："安拉的使者㕛读了叩头的经文后叩头。我听他在说那个（做梦的人告诉他的）树所说的话。"[2]

"动物"指一切动物。伊玛目艾哈麦德传述，安拉的使者㕛禁止把动物的脊背当作演讲台。他说："或者被骑的（牲畜）比骑乘的（人）记主更好、更多。"[3]

"许多人"，许多人自愿地为主叩头，并将此作为一项功修。

"同时也有许多人是应受惩罚的。"经文指那些拒绝崇拜安拉的人。"安拉凌辱谁，谁就完全失去了尊重者。安拉做他所愿意的一切。"

艾布·胡莱赖传述，安拉的使者㕛说："每每阿丹的子孙诵读叩头的经文时，伊卜厉斯哭着离开了，它说：'真该死，阿丹的子孙接到叩头的命令后叩了头，所以他将进入乐园；我接到叩头的命令后没有叩头，所以我将进入火狱。'"[4]

欧格白·本·阿米尔说："我问：'安拉的使者啊！《朝觐章》中有两处叩头的经文，它是否因此而贵过了《古兰》中其他的章节？'使者说：'是的，不因为这两处经文而叩头的人，不要诵读它们。'"[5]

安拉的使者㕛说："《朝觐章》因为其中有两处叩头的经文而比其他章节尊贵。"艾布·杰海米传述，欧麦尔在扎比耶（地名）读《朝觐章》时，叩了两次头。并说："此章因有两处叩头的经文而卓然超群。"[6]

阿慕尔·本·阿斯说："安拉的使者㕛让他读了《古兰》中十五处提到叩头的经文，其中三处在短章节中，《朝觐章》中有两处叩头的经文。这些都是证据，它们都能相互印证。"[7]

❡19.有两派敌对的人向他们的主申辩。那些隐昧的人，火的衣服已经为他们裁剪好了，滚水将从他们的头上泼下。❡

❡20.他们体内的一切和皮肤，都将因此而溶化。❡

❡21.此外，他们还要遭受铁鞭（鞭笞）。❡

❡22.每当他们希望从这痛苦里逃出时，他们又被赶回其中："你们尝受燃烧的刑罚吧！"❡

## 降示原因

两圣训实录辑录，艾布·则尔曾经发誓，这段经文——"有两派敌对的人向他们的主申辩。"——是因为海穆宰和他的战友以及为欧特白和他的两位战友降示的，那日他们参加了白德尔战役。[8]

布哈里传述，阿里（愿主喜悦之）说："在末日，我是第一个跪在至仁主跟前申诉的人。"盖斯说，这段经文是因为阿里、海穆宰、欧拜德、舒白·本·莱毕尔、欧特白·本·莱毕尔、瓦利德·本·欧特白等参加过白德尔战役的人而降示的。[9]

穆佳黑德关于这段经文说："有个隐昧者和穆民关于死后的复生发生了争执。"另据传述："一些隐昧者和部分穆民关于死后的复生问题发生了争执。"

穆佳黑德和阿塔说："经文中的敌对两派，泛指穆民和隐昧者们。争论的内容包括他们所说的所有话。白德尔之日的故事也包括其中。穆民的理想是襄助安拉的宗教，而隐昧者们想熄灭正信之光，抛弃真理，宣传谬误。"伊本·哲利尔也是如此解释这段经文的。

---

（1）《布哈里圣训实录诠释——造物主的启迪》6：342；《穆斯林圣训实录》1：138。
（2）《提尔密济圣训全集诠释》3：181。
（3）《艾哈麦德按序圣训集》3：441。
（4）《穆斯林圣训实录》1：87。
（5）《提尔密济圣训全集》578。
（6）《大圣训集》2：317。
（7）《艾布·达乌德圣训集》1401。
（8）《布哈里圣训诠释——造物主的启迪》8：297；《穆斯林圣训实录》4：2323。
（9）《布哈里圣训诠释——造物主的启迪》8：297。

### 隐昧者的报应

"那些隐昧的人，火的衣服已经为他们裁剪好了"，即用火制成的衣服。伊本·朱拜尔说："用熔化的铜制成的衣服，它发热后极其灼热。"[1]

"**滚水将从他们的头上泼下。他们体内的一切和皮肤，都将因此而溶化**"，即他们的头上将泼上极度灼热的沸水。

艾布·胡莱赖的传述，穆圣㉑说："沸水将被倒在他们的头上，它将穿透头盖骨，进入腹部，将其中的一切拽出，最后穿透两脚。这就是"随赫莱"[2]，犯罪者们将循环往复、无休止地遭受这种重刑。"[3]

阿卜杜拉·本·赛勒伊说："天使将用极度灼热的火钳夹着一个器皿来到犯罪者跟前，当那器皿临近犯罪者的嘴时，他感到非常难受，不愿饮下。天使举起随身携带的铁棍击打他的头部，致使脑汁全部溢出，然后把器皿中的沸水倒进脑中，那沸水当即穿透脑部，进入腹部。这就是《古兰》所说的：'他们体内的一切和皮肤，都将因此而溶化。'"

伊本·阿拔斯在解释"**此外，他们还要遭受铁鞭（鞭笞）**"时说："他们将遭受铁鞭的鞭笞，鞭鞭都准确地击中身体的不同要害，所以他们叫苦连天。"

艾尔麦什引述前辈学者的话说："火狱中漆黑无比，其火焰和火炭并不发光。"他还读道"**每当他们希望从这痛苦里逃出时，他们又被赶回其中**"。

"**你们尝受燃烧的刑罚吧！**"这段经文如同下列经文：⟨并将被告知："你们尝试火刑吧，那是你们曾经不信的。"⟩（32：20）总而言之，他们将遭受语言和行为方面的凌辱。

⟨23.安拉一定会使那些归信和行善的人进入下临诸河的乐园，他们将在其中佩戴黄金手镯和珍珠，他们在那里的衣服是丝的。⟩
⟨24.他们被引向优美的语言，他们也被引向应受赞颂的主的正道。⟩

### 穆民的报酬

前面，清高伟大的安拉讲述了火狱的情况——祈求安拉使我们远离火狱——以及其中的灼热、枷锁和火衣等惩罚。经文在此讲述乐园居民的情况。祈求安拉使我们进入乐园。

清高伟大的安拉说："**安拉一定会使那些归信和行善的人进入下临诸河的乐园**"，即一些河流将环绕在乐园的周围和各个角落，并穿行于乐园的树下和宫殿之下。一切都会按照乐园居民的意欲发生。

"**他们将在其中佩戴黄金手镯和珍珠**"，即他们的手上将佩戴各种饰品。穆圣㉑说："穆民做小净时洗到的地方，都将佩戴各种首饰。"[4]

"**他们在那里的衣服是丝的。**"他们的服装和火狱居民的服装形成了鲜明的对比。正如安拉所言：⟨他们身着绿色丝衣和金缕，戴着银手镯，他们的主供给他们纯净的饮品。这确实是给你们的回赐，你们的努力要被奖励。⟩（76：21-22）圣训中说："你们在今世不要穿丝绸，因为在今世穿丝绸的人，在后世穿不到它。"[5]伊本·祖拜尔说："在后世没有穿丝绸的人不会进入乐园。清高伟大的安拉说：'他们在那里的衣服是丝的'。"[6]

"**他们被引向优美的语言。**"正如安拉所言：

---

(1)《泰伯里经注》18：590。
(2) صهر，本章正文译为溶化。——译者注
(3)《泰伯里经注》18：591。
(4)《穆斯林圣训实录》1：219。
(5)《穆斯林圣训实录》3：1642。
(6)《圣训大集》5：465。

◊ 而那些归信并行善的人将奉他们主的允许，进入下有诸河流动的乐园，永居其中。他们在那里的祝词将是"平安"。◊（14：23）又◊ 天使们将从每一道门进到他们面前，说道："祝你们平安，因为你们曾经坚忍！家园的结局是多么优越！"◊（13：23-24）又◊ 他们在其中将听不到浮言，也没有罪恶。只是说道："平安，平安。"◊（56：25-26）他们将被引向一个只听得到优美语言的地方。

另一段经文说：◊ 他们将在那里获得祝贺和祝安。◊（25：75）而不像火狱的居民那样，在火狱中听到凌辱的言辞和警告，并被呵斥：◊ 你们尝受燃烧的刑罚吧！◊（22：22）

"**他们也被引向应受赞颂的主的正道**"，即他们被引到一个可供他们赞美安拉的地方，在那里，他们将以最优美的方式赞美他们的养主。正如圣训所述："他们将被赋予赞颂安拉和感赞安拉的能力，正如他们被赋予呼吸的能力那样。"

部分经注家在注释"**他们被引向优美的语言**"时说："**优美的语言**"指《古兰》；也有学者认为指应受拜者，惟有安拉（清真言）；也有学者认为是指教法所提倡的一些记主词。他们在注释"**他们也被引向应受赞颂的主的正道**"时说，经文指今世中的端庄道路。[1] 上述各种注释之间没有矛盾。安拉至知。

◊ **25.确实，那些不归信，并且阻碍主道，阻碍我为世人——定居者和游牧者——共同设定的禁寺之人，谁不义地企图在那里离经叛道，我将使谁尝试痛苦的刑罚。**◊

## 警告那些阻碍人们投奔主道和禁寺的人

安拉谴责隐昧者们阻碍穆民去禁寺履行宗教功课，同时谴责隐昧者的妄语——他们自称是禁寺的保护者。安拉说：◊ 而他们不是它的保护者。它的保护者只是那些敬畏者。◊（8：34）这段经文证明，它降示于麦地那。正如《黄牛章》所述：◊ 有关禁月——其中战争方面他们问你，你说："其中战争是大罪，阻碍主道，不信安拉，阻止人们接近禁寺，驱逐其居民，这些行为在安拉看来是更严重的罪恶。"◊（2：217）即这些人的一个特征是：他们不但自己不归信，而且阻碍穆民投身主道，妨碍那些最有资格进入禁寺的人进入其中。正如安拉所言：◊ 他们归信，他们的心因为记念安拉而安静，真的，一切心灵因为记念安拉而安静。◊（13：28）穆民的特征之一是，当记念安拉的时候，他们的内心就会感到安宁。

## 关于租赁麦加房屋的问题

"**我为世人——定居者和游牧者——共同设定的禁寺**"，即这些隐昧者阻碍人们去禁寺，而事实上，在安拉的法律中任何人都有权去禁寺，无论他是其中的居民，还是远道而来的游客。安拉说，禁寺是他"**为世人——定居者和游牧者——共同设定的**"。因此，麦加的所有居所和房屋都包括在"**禁寺**"范围之内。伊本·阿拔斯曾在注释这段经文时说："麦加人和异地人，都可以驻于禁寺。"[2] 穆佳黑德说："麦加居民和其他地方的人，对麦加的房屋拥有同等的权利。"艾布·撒立哈等学者都持有相同观点。格塔德说："麦加居民和非麦加居民，在麦加拥有相同的权利。"

伊玛目沙斐仪和易司哈格·本·拉胡威曾在黑法清真寺就此问题进行过辩论，当时艾哈麦德·本·罕百里教长也在场。沙斐仪认为麦加的房屋可以被掌管、继承和租赁。其证据是武洒麦·本·栽德所传的圣训，他说："我曾问：'安拉的使者啊！你是否打算明天住于你在麦加的故居？'穆圣☪说：'阿格里为我们留下了一间房屋吗？'接着又说："隐昧者不能继承穆斯林，穆斯林也不能继承隐昧者。"[3] 这段圣训辑录在两圣训实录中。沙斐仪所引用的另外一个证据是：欧麦尔（愿主喜悦之）曾用四千迪尔汗买下苏夫万·本·吾麦叶在麦加的一处房屋，将它作为了监狱。塔吾斯等学者持此观点。

易司哈格·本·拉胡威则认为禁地的房屋不能被继承或租赁。这是部分先贤的主张。穆佳黑德、阿塔等学者都持此观点。易司哈格的证据是，伊本·马哲传述："安拉的使者☪、艾布·伯克尔和欧麦尔归真的时期，麦加的房屋都是没有所有权的，需求的人可以自己居住，无需求的人可以供他人居住。"[4]

阿卜杜拉·本·阿慕尔说："麦加的房屋不能买卖，也不能租赁。"伊本·朱莱杰说："阿塔禁止在禁地租赁（房屋）。他曾告诉我，欧麦尔（愿主喜悦之）曾禁止麦加人安装房门。因为朝觐者将住于这些家的院子中。第一位给自己房子安装房门的（麦加人）是苏海里·本·阿慕尔，欧麦尔（愿主喜悦之）曾给他写信，谈及这一事情。他在回信中说：'信士的长官啊！你要照顾我，因为我是一个商人，我想用两扇门遮人耳目。'欧麦尔回信

---

[1]《穆斯林圣训实录》4：2180。

[2]《泰伯里经注》18：576。
[3]《布哈里圣训实录》6764。
[4]《伊本·马哲圣训集》3107。

说：'如是这样，你可以留下门。'"

穆佳黑德传述，欧麦尔（愿主喜悦之）说："麦加人啊！你们不要为自己的房屋安装门，让游牧者住到他愿住的地方吧！"[1]

阿塔在解释这段经文时说："定居者和游牧人可以任意地在麦加居住。"阿卜杜拉·本·穆尔麦勒说："食麦加的房租如同食火。"[2] 据萨里赫传述，伊玛目艾哈麦德在此问题上持中正观点，他认为麦加的房屋可以被掌管和继承。但各种证据显示，麦加的房屋不能租赁。安拉至知。

### 警告企图在禁地离经叛道的人

"谁不义地企图在那里离经叛道，我将使谁尝试痛苦的刑罚。"部分阿拉伯语经注学家认为，这句经文中的"巴温"（الباء）一词是附加词，如❮ 生产油汁……❯（23：20）[3] 即谁企图公然在麦加为非作歹，那么……

伊本·阿拔斯说，"经文中的'不义'指故意。"[4]

阿里·本·艾布·特里哈传述，伊本·阿拔斯认为经文中的"不义"指以物配主。[5]

奥夫传述，伊本·阿拔斯认为"不义"指在禁地触犯安拉的禁令，为非作歹，杀人越货，亏待和杀害无辜。谁这样做，他必然将遭受惨痛的惩罚。[6]

穆佳黑德说，"不义"指作恶。麦加的特权之一是：有明显犯罪迹象的人将会遭到惩罚，即使他还没有将罪恶的念头付诸于实际行动。

伊本·麦斯欧迪在解释这段经文时说："即使一个远在亚丁的人企图到禁地去离经叛道，他也会遭到安拉的惩处。"伊本·朱拜尔说："辱骂侍从也是一项不义或比不义更大一点的罪行。"[7]

哈比卜·本·艾布·萨比特在解释这段经文时说："在禁地的离经叛道指在其中囤积居奇。"他说，伊本·阿拔斯在注释这段经文时说："这段经文是因为阿卜杜拉·本·吾奈斯而降示的。安拉的使者㊗派他带领一位迁士和一位辅士去办事，他们因为出生门第而相互夸耀。阿卜杜拉一怒之下杀死辅士，叛变了伊斯兰，逃到了麦加。后来安拉降谕道：'**谁不义地企图在那里离经叛道……**'"即谁出于离经叛道而逃到了禁地……虽然上述传述都证明了它所介绍的事情就是离经叛道，而事实上，离经叛道的内涵是更加广泛的。上述传述显示，"**离经叛道**"所代表的真正涵义是非常严厉的。因此，象军企图摧毁天房之际，安拉派遣成群结队的鸟儿毁灭了他们：❮ 用黏土石攻击他们，使他们变得就像被啃蚀的枯梗。❯（105：4-5）即安拉毁灭了象军，使之成为每个企图作恶的后人的借鉴与教训。因此，圣训说："有支军队将来攻打这座天房，后来他们抵达白达伊时全军覆没。"[8]

❮ 26.当时，我给伊布拉欣指定天房的地址。"你不要以任何物举伴我，你当为那些巡游者、礼站者、鞠躬和叩头者洁净我的房。"

27.并向世人宣布朝觐，他们将从遥远的地方徒步或骑着瘦驼来到你这里。❯

### 建筑天房 宣布朝觐

这块土地上的这个第一座建筑物竖起的第一天，其宗旨就是崇拜独一无偶的安拉。然而，居住在这里的古莱什人却舍安拉而崇拜多神，或将安拉与多神同等看待，所以说，这段经文警告并羞辱了他们。清高伟大的安拉说，他曾指导伊布拉欣来到这块地方，把它交给他，允许他在其中建筑天房。许多学者以此为证，主张伊布拉欣是天房的第一位建筑者。此前天房并不存在。正如两圣训实录辑录，艾布·则尔说："我问：'安拉的使者啊！哪座清真寺建筑得最早？'使者说：'禁寺。'我又问：'然后是哪座？'使者回答：'远寺。'我问：'它们的历史相距多久？'使者说：'四十年。'"[9] 安拉说：❮ 为世人设置的第一座房，确实是在班克吉庆的、引导世人的房。❯（3：96）又❮ 我曾跟伊布拉欣和伊斯玛仪定约：你俩当为巡游（天房）者、驻静者、鞠躬叩头者，清洁我的房。❯（2：125）

"**你不要以任何物举伴我**"，即你只能以我的名义建筑天房。

"**你当为那些巡游者、礼站者、鞠躬者和叩头者洁净我的房。**"格塔德说，"**洁净**"指清除以物配主（的思想和行为）。[10] 你当让它成为这些惟独崇拜安拉之人的专有之地。"**巡游**"是天房跟前最典型的一项功课。除天房之外的任何地方，所进行的巡游都是非法的。"**礼站**"指立站拜功。

"**鞠躬者和叩头者**"，经文叙述了"**巡游者**"

---

(1)《散置的明珠》4：633。
(2)《达尔固特尼圣训集》2：300。
(3) 这段经文中，巴温"الباء"也是一个附加词。——译者注
(4)《泰伯里经注》18：601。
(5)《泰伯里经注》18：600。
(6)《泰伯里经注》18：600。
(7)《泰伯里经注》18：601。

(8)《布哈里圣训实录诠释——造物主的启迪》4：397。
(9)《布哈里圣训实录诠释——造物主的启迪》6：469。
(10)《泰伯里经注》18：604。

后紧接着叙述了"礼站者"，因为巡游和礼站，都是与天房有密切关系的行为。巡游只能在天房周围进行，在大多数情况下，礼站时只能朝向天房。但在方向不明或战斗的情况下以及在旅途中礼副功拜时，可以不朝天房的方向礼拜。安拉至知。

"**并向世人宣布朝觐。**"你当号召人们前来朝觐我命令你建筑的这座天房。有学者说，伊布拉欣当时说："我的养主啊！我的声音无法传达到每个人的耳中，我怎么向他们宣传呢？"养主说："你宣传吧！你只负责宣传。"伊布拉欣听后原地站起，呼唤道："人们啊！你们的养主已经指定了一座房，故你们要朝觐它。"有学者说，群山闻言后，将他的声音传递到了世界各地。甚至子宫中的胎儿和人体内的精液，都听到了呼声。听到呼声的石头、土块和植物，都回应了他。安拉注定将去朝觐的人——直到世界末日，有机会去朝觐的人们——都回应道："我们的主啊！敬候尊令！我们响应你！"这是根据伊本·阿拔斯、穆佳黑德等多位前辈学者的传述辑录的。[1]

"**他们将从遥远的地方徒步或骑着瘦驼来到你这里。**"部分学者根据这段经文主张，对力所能及的人而言，步行朝觐比骑乘朝觐更加尊贵。因为经文首先提到了徒步朝觐者，指出了他们的价值以及他们的理想和决心的坚定。

伊本·阿拔斯说："每每我为一件事情为难之际，我就想徒步前去朝觐。因为安拉说：'**他们将从遥远的地方徒步……来到你这里。**'"

但大部分学者主张，骑乘朝觐更加可贵。因为穆圣是在完全有能力的情况下骑乘朝觐的。

"**遥远的地方**"，穆佳黑德、格塔德、赛丁伊、阿塔等学者认为指遥远的路途。正如安拉所言：《我在地上安置了山岳，以免它和他们一起摇动；我又在其中造了宽广的大路，以便他们能走正路。》（21：31）

这段经文就像安拉讲述伊布拉欣的祈求时所说的话：《使人类中部分人的心能倾向他们。》（14：37）因为每个穆斯林都希望看到天房，并能巡游天房。世界各地的人们，都对它魂牵梦绕。[2]

《28.以便他们见证他们拥有的许多益处，并在指定的一些日子，因为安拉供给他们牲畜而记念安拉的尊名。然后你们就吃它，并款待困苦的、需要的人。》

《29.然后让他们完成他们的清洁仪式，完成他们的誓愿以及巡游古老的天房。》

---
（1）《泰伯里经注》18：605、606。
（2）《泰伯里经注》18：608。

### 朝觐在今世和后世中有许多益处

伊本·阿拔斯在解释"**以便他们见证他们拥有的许多益处**"时说，经文中的"**益处**"指今世和后世的益处。后世的益处指获得安拉的喜悦；今世的益处指人们从骆驼等所献的牲畜身上获得的许多益处以及朝觐期间的利润。

穆佳黑德等学者也认为，经文指今后两世的益处。正如另一段与朝觐有关的经文所说：《你们无妨向你们的主请求恩惠。》（2：198）[3]

"**并在指定的一些日子，因为安拉供给他们牲畜而记念安拉的尊名。**"伊本·阿拔斯、阿塔、端哈克、穆佳黑德、赛尔德·本·朱拜尔、哈桑、格塔德、伊布拉欣·奈赫伊、等学者说，"**指定的一些日子**"指（朝觐期间的）十日。[4][5]

穆圣说："任何一天的工作，都比不上这些天的工作。"圣门弟子们问："为主道的奋斗也比不上它吗？"穆圣回答说："是的。除非有人冒着丢失生命和财产的危险出征，并且一去不返。"

伊本·欧麦尔传述，安拉的使者说："在安拉看来，任何一天的工作都比不上这十天的工作，所以你们当在这十天内多念清真言、大赞词和赞美词[6]。"布哈里说："伊本·欧麦尔和艾布·胡莱赖曾在这十天去市场高声念大赞词，人们听到后也应声而念。"

这十天包括《穆斯林圣训实录》所载的阿拉法特之日。格塔德传述，有人关于阿拉法特之日的斋戒请教安拉的使者。使者说："我祈求安拉通过它宽恕去年和来年（的罪恶）。"并包括宰牲日——最大的朝觐之日。圣训说，它们是安拉那里最尊贵的日子。[7]

"**安拉供给他们牲畜**"，指骆驼和牛羊。安拉在《牲畜章》中介绍了这些牲畜，说：《八只成对的家畜。》（6：143）

"**然后你们就吃它，并款待困苦的、需要的人。**"圣训明确指出，安拉的使者宰牲后，命人烹饪其中每只牺牲的一部分，他还吃了肉，喝了汤。[8]

穆佳黑德说："**然后你们就吃它**"这段经文，就像下列经文：《当你们开戒的时候，可以打猎。》（5：2）又《当礼拜完毕时，你们就散布到大地上……》（62：10）伊本·哲利尔也是这样注解这段经文的。

---
（3）《泰伯里经注》18：609。
（4）《布哈里圣训实录诠释——造物主的启迪》2：531。
（5）经文指诵安拉尊名屠宰牲畜。——译者注
（6）تهليل و تكبير و تحميد。
（7）《穆斯林圣训实录》2：819。
（8）《艾哈麦德按序圣训集》1：314。

"并款待困苦的、需要的人。"艾克莱麦说,这段经文指被迫无奈、且有明显困难的安分守己的穷人;穆佳黑德认为指不向人们伸手讨要的人。(1)

"然后让他们完成他们的清洁仪式。"伊本·阿拔斯、阿塔等人说,经文指开戒,譬如剃头、穿(平常穿的)衣、剪指甲等。

"完成他们的誓愿。"伊本·阿拔斯说,经文中的"誓愿"指为宰牲而许的愿。

"以及巡游古老的天房。"穆佳黑德说,经文中的"巡游"指宰牲日必须要履行的巡游天房职责(2)。

艾布·海穆宰传述,伊本·阿拔斯曾对我说:"你读了《朝觐章》吗?安拉说:'以及巡游古老的天房。'朝觐中的最后一项(主要)功课就是巡游古老的天房。"我说:"安拉的使者就是这样做的,他在宰牲日回到米那后,首先去射石,他用七粒石子射了石。(3)然后他依次宰牲、剃头、走下米那,巡游天房。"两圣训实录辑录,伊本·阿拔斯说:"穆圣命令人们在辞别天房前所做的最后一项功课是巡游,但他宽限了来月经的妇女。"(4)

"古老的天房"包括残墙,因为它属于伊布拉欣最初所建的天房的一部分。后来古莱什人在翻建天房时因为资金短缺而将它搁置,因此,使者巡游天房时,在残墙之外奔走,并告诉人们,它原属天房的一部分。使者没有庆祝(抚摸)两个沙姆角。因为伊布拉欣当初建起天房的基础时,它们还不存在。

哈桑·巴士里说:"天房是为世人而设定的第一座房。"(5)艾克莱麦说:"天房被称为古老的房,(6)因为它没有被努哈先知时代的洪水所淹没。"赫索夫说:"如此命名的原因是,它从未被暴君侵占过。"

❧ 30.(事情就是)这样,谁尊重安拉的戒律,在他的主那里对于他是更好的。除了那些已经向你们宣布过的之外,牲畜对你们都是合法的。所以你们要远离污秽的偶像和避开谎言。❧

❧ 31.你们要自然地归向安拉,不以任何物举伴他。谁举伴安拉,他就会像由天上掉下,而被群鸟叼走,或是被风把他扫荡到遥远的地方。❧

---

(1)《泰伯里经注》18:612。
(2)也称为伊法朵巡游,它是朝觐中最主要的功课之一。——译者注
(3)某些中文译者将射石译成打鬼。——译者注
(4)《布哈里圣训实录诠释——造物主的启迪》3:684。
(5)《泰伯里经注》18:615。
(6)从词源学上讲,这个单词应该译为:被赦免的房。——译者注

## 远离罪恶可获报酬

上述经文是清高伟大的安拉命令朝觐者所做的善功及其报偿。"**谁尊重安拉的戒律**",即谁远离各种罪恶和非法事物——触犯它们本身就是大罪——那么"**在他的主那里对于他是更好的**",即他将因此而获得许多益处和重大的报酬。放弃非法事物,远离受禁的事物,也能使人获得巨大益处和报酬。

## 允许食用大部分牲畜

"**除了那些已经向你们宣布过的之外,牲畜对你们都是合法的**",即除非死物、血液、猪肉、❧ 和不以安拉的尊名屠宰的、勒死的、打死的、跌死的、牴死的、野兽吃剩的东西……❧(5:3)除上述个别有害的牲畜之外,我允许你们食用所有的牲畜。❧ 安拉不曾规定豁耳驼、撒伊白、沃绥莱或种驼。❧(5:103)(7)伊本·哲利尔对这段经文的注释也是如此。(8)

---

(7)在安拉的法律中,他们都是可食的。——译者注
(8)《泰伯里经注》18:618。

## 命令人远离以物配主和撒谎

"**所以你们要远离污秽的偶像和避开谎言**",即你们当远离偶像,因为它们是真正的污秽。安拉将以物配主和谎言相提并论,正如安拉所言:⁖ 你说:"我的主只禁止那些表露在外和隐藏在内的丑行和罪恶、无理的迫害,以及你们未经授权而以物配主,假借安拉名义说一些你们并不知道的事。"⁖(7:33)谎言包括伪证。两圣训实录辑录,安拉的使者㕥说:"我告诉你们最严重的大罪,好吗?"我们(圣门弟子)说:"好。"使者说:"以物配主和忤逆父母。"这时,躺着的使者坐了起来,说:"须知,还有谎言和伪证。"使者不停地重复着上述话,我们当时甚至想:"如果使者什么也没说,那该有多好啊!"

伊玛目艾哈麦德传述,有日晨礼后,使者㕥站起来说:"伪证等同于以物配主。"然后使者读道:"**所以你们要远离污秽的偶像和避开谎言。你们要自然地归向安拉,不以任何物举伴他**。"[1]

"**自然地归向安拉**",即忠于正教、弃伪求真。因此说了"**不以任何物举伴他**"后,安拉举了一个例子,说明多神教徒的迷误、毁灭和远离正道:"**谁举伴安拉,他就会像由天上掉下,而被群鸟叼走**",即群鸟在空中争夺他。"**或是被风把他扫荡到遥远的地方**",使之遭受毁灭。白拉伊传述的圣训说:"取命的天使带着隐昧者的灵魂上天时,天门不为他开,他的灵魂在那里被狠狠地抛弃。"他还诵读了这段经文。[2]

我们已经在《伊布拉欣章》叙述了相关问题。安拉在《牲畜章》中为多神教徒另举一例,经文说:⁖ 你说:"难道我们舍弃安拉,而去崇拜那些既不对我们有益,也不对我们有害的东西,并且在安拉引导我们之后再度背叛,就像那糊里糊涂地被魔鬼在大地上迷惑的人吗?"他的伙伴们号召他走向正道(说):"到我们这边来。"你说:"安拉的引导才是引导,我们已经奉命服从众世界的养主。"⁖(6:71)

⁖ 32.(事情就)是这样,谁尊敬安拉的标志,那的确是由衷的敬畏。⁖

⁖ 33.其中对你们有一定时期的利益。然后,它的位置在古老的天房附近。⁖

## 牲牲和安拉的标志

清高伟大的安拉说,他的事情就是这样:"**谁尊敬安拉的标志,那的确是由衷的敬畏**。"尊敬安拉的标志包括重视牺牲和骆驼。伊本·阿拔斯说:"重视骆驼指育肥它们,并选优良的骆驼做牺牲。"艾布·欧麦麦说:"我们曾在麦地那育肥牺牲,其他穆斯林也是一样。"[3]

伊本·马哲传述,安拉的使者㕥曾宰了两只杂有黑毛的有角白羯羊,作为牺牲。[4]

阿里(愿主喜悦之)说:"安拉的使者㕥命令我们留意(牲畜的)眼睛和耳朵,他让我们在献牲时不要使用穆尕白莱、穆达白莱、谢勒尕和赫勒尕。"[5]

"穆尕白莱"指耳朵尖被割掉的牲畜;"穆达白莱"指耳朵的后部被割掉的牲畜;"谢勒尕"指耳朵从纵向被割掉的牲畜(从上到下被割掉一半的),沙斐仪和艾苏麦尔持此观点。"赫勒尕"指耳朵被穿了洞孔的牲畜。安拉至知。

安拉的使者㕥说:"四种牲畜不能被作为牺牲:有明显缺陷的,有明显疾病的,明显瘸病的,骨折的。"

## 骆驼的益处

"**其中对你们有一定时期的利益**",即你们可以使用骆驼的奶、毛、绒,还可以把它当作骑乘。伊本·阿拔斯在解释这段经文时说:"经文指献牲的人可以从尚未指定做牺牲的牲畜中,获得上述益处。"但也有学者说,人在需要的情况下,可以享用任何牲畜,哪怕它要被作为牺牲。[6]两圣训实录辑录,安拉的使者㕥看到有人在驱赶一峰骆驼,便对他说:"你应该骑它。"那人说:"它是献牲用的。"使者说:"你真是的!骑上去吧!"穆圣㕥将这句话重复说了两次或三次。

穆斯林传述,安拉的使者㕥说:"出于无奈时,你可以善意地骑它。"[7]

"**然后,它的位置在古老的天房附近**",即献牲的地方应该到天房克尔白跟前。正如安拉所言:⁖ 就要以类似的牲畜作为牺牲带到克尔白。⁖(5:95)又⁖ 他们不归信并阻止你们去禁寺,还阻止被拘禁的牺牲到达它的目的地。⁖(48:25)

⁖ 34.我对每一族人设定了一个献牲之地,以便他们因为安拉赐给他们牲畜而记念他的尊名。你们的主是独一的主,所以你们要归顺他。你应当对那

---
(1)《艾哈麦德按序圣训集》4:321。
(2)《艾哈麦德按序圣训集》4:287。
(3)《泰伯里经注》18:621。
(4)《艾布·达乌德圣训集》3:231。
(5)《艾哈麦德按序圣训集》1:108。
(6)《泰伯里经注》18:623。
(7)《穆斯林圣训实录》2:961。

些谦卑的人报喜。❧

❦ 35.那些人，每当安拉的尊名被提起时，他们的心战栗了。无论什么降临到他们，他们都是坚忍的。他们坚持拜功，从安拉所赐的供养中花费。❧

## 献牲是世界上所有宗教的法定礼仪

清高伟大的安拉说，在所有的宗教中，以安拉的名义宰牲放血都是一项法定礼仪。伊本·阿拔斯在解释"我对每一族人设定了一个献牲之地"时说，"**献牲之地**"(1)指节日。

艾克莱麦说："'**献牲之地**'指宰牲。"

栽德·本·艾斯莱姆说："经文指麦加。它是安拉为世上的一切民族所设定的惟一献牲之地。"(2)

"**以便他们因为安拉赐给他们牲畜而记念他的尊名。**"两圣训实录辑录，艾奈斯传述："安拉的使者☪曾用两只杂有黑毛的白色有角羖羊献牲，他念了太斯米和大赞词，并用一只脚踩住牲畜的颈部。"(3)

"**你们的主是独一的主**"，即虽然列圣的宗教仪式不同，有些教律中允许的在另一些教律中不允许，但你们的受拜者却是一个，所有先知都号召人们崇拜独一无偶的安拉。❦ 我在你以前每派遣一位使者，就对他启示道："除我之外无应受拜的，所以你们应当惟独崇拜我。"❧（21：25）

"**所以你们要归顺他**"，即你们当虔诚地服从安拉。

"**你应当对那些谦卑的人报喜。**""谦卑的人"指完全服从和信任安拉判决的人。(4)后文对他们做了最好的注解："**那些人，每当安拉的尊名被提起时，他们的心战栗了。**"

"**无论什么降临到他们，他们都是坚忍的**"，即他们能够忍受各种考验和灾难。

"**他们坚持拜功**"，他们按照安拉规定的方式，完成安拉为他们规定的义务。

"**从安拉所赐的供养中花费。**"他们拿出安拉所赐的部分佳美财产，供给家人、亲戚、穷人和需求的人们，他们谨守安拉的法度，善待他人。他们的品性和伪信士的品性截然不同。我们已经在《忏悔章》中叙述了伪信士的属性。

❦ 36.我为你们使骆驼作为安拉的表征。它对你们有好处，当它们被排列成行时，你们要诵读安拉的尊名。当它们身体的一边落地的时候，你们就可以吃它，并款待那些知足者和需求者。我就这样为你们驯服它们，以便你们感谢。❧

## 命令宰骆驼

清高伟大的安拉讲述他对仆人的恩典，说他为他们创造了骆驼，并使之成为他的一件表征。人们将骆驼驱赶到禁房，将它献给安拉。牺牲骆驼是最贵的一项献牲行为。正如安拉所言：❦ 你们不要亵渎安拉的标志、禁月、牺牲和标牌，也不要伤害为了追求安拉的恩惠和喜悦而朝觐禁寺的人。❧（5：2）

阿塔等学者在注释"**我为你们使骆驼作为安拉的表征**"时说，"布德奈"(5)指骆驼和牛。(6)

穆佳黑德说，经文指的只是骆驼。(7)

在语言学上"布德奈"一词有时也指称牛。

大部分学者根据穆斯林所传述的圣训主张，七个人可以宰一峰骆驼。贾比尔说："穆圣☪命令我们七个人合伙宰一峰骆驼或一头牛，作为牺牲。"(8)

"**它对你们有好处**"，即在后世中有回赐。

"**当它们被排列成行时，你们要诵读安拉的尊名。**"贾比尔说："我和安拉的使者☪一起礼毕宰牲节的会礼后，有人带来一只羖羊，使者宰了它。"使者说："奉安拉之尊名，安拉至大！主啊！这是我替我自己和我的教民中没有献牲的人所献的牲。"(9)另据传述，贾比尔说："安拉的使者☪在节日用两只羖羊献牲，他让它们朝向正向后说：'我自然地把我的脸转向初创天地万物的安拉，我不是一个多神教徒。我的礼拜、我的献牲、我的生和我的死，都是为了养育众世界的无偶的安拉。我奉命如此，我首先是位穆斯林。主啊！出自穆罕默德及其民族的一切，都源于你，属于你。'然后使者念了安拉的尊名和大赞词，并宰了牲。"(10)

艾布·拉菲尔传述，安拉的使者☪打算献牲，他买来两只肥大有角杂有黑毛的白羊。礼拜（会礼）完毕后，他向人们发表了演说，之后，他带来其中的一只羊，站在他的礼拜之地，亲自宰牲。他说："主啊！这是我替我的所有教民——一切为你作证你的独一，并为我作证不辱使命的人——而宰的。"然后使者带来另一只羊，亲自宰牲，他说：

---

(1) 也可译为"献牲之时"，因为从词型上看，这个词是一个时间空间名词。——译者注
(2)《散置的明珠》6：48。
(3)《布哈里圣训实录诠释——造物主的启迪》10：25。
(4)《泰伯里经注》18：882。
(5) البدن，正文译为骆驼。——译者注
(6)《泰伯里经注》18：630。
(7)《分类圣训集》367。
(8)《穆斯林圣训实录》2：882。
(9)《艾哈麦德按序圣训集》3：356。
(10)《艾布·达乌德圣训集》3：330。

"这是替穆罕默德及其家人所宰的。"使者让穷人们吃这两只羊,他自己和家人也从中食用。(1)

伊本·阿拔斯在解释"**当它们被排列成行时,你们要诵读安拉的尊名**"时说:"(经文指)让牲畜的三只蹄子站着,把一只左蹄绑起来,并念:'奉安拉的尊名,安拉至大,应受拜者,惟有安拉。主啊!一切都来自你,并属于你。'"

两圣训实录辑录,伊本·欧麦尔看到有人让骆驼跪下来,打算宰它,便对他说:"让它站起来,绑住它屠宰,这是艾布·卡西姆(指穆圣)的圣行。"(2)

"**当它们身体的一边落地的时候**",穆佳黑德等学者解释说,经文是指当被宰的牲畜倒地的时候;阿卜杜·拉赫曼等学者说:"(经文指)当它们停止呼吸后"。因为吃尚未停止呼吸和还在活动的牲畜是不允的。圣训中说:"牲畜停止呼吸之前,你们不要急于(食用)它。"(3)据绍利传述,欧麦尔也曾说过这样的话。

《穆斯林圣训实录》记载:"安拉规定必须善待万物。你们在杀的时候,当善待被杀的;你们在宰的时候,当善待被宰的。你们当磨快刀子,让被宰的(牲畜)感到畅快一点!"

安拉的使者说:"从活牲畜上割下的部分,属于死物。"(4)

"**你们就可以吃它,并款待那些知足者和需求者**",即经文允许人们这样做(而非命令)。

伊本·阿拔斯、穆佳黑德等学者说,"**知足者**"指住在自己家中,对你的赏赐并不需要的人。"**需求者**"指含蓄地要求你的赏赐,而不直接讨要的人。

阿里·本·艾布·特里哈传述,伊本·阿拔斯认为"**知足者**"指安贫乐道者;"**需求者**"(المعتر)指乞丐。格塔德等人也持此观点。也有人认为上述释义恰恰相反。即"**知足者**"指乞丐;"**需求者**"指安贫乐道者。(5)

有学者根据这段经文主张,宰牲节的牺牲可分成三份,三分之一留给宰牲者自己吃;三分之一送给亲朋;另三分之一施舍给穷人。因为安拉说:"**你们就可以吃它,并款待那些知足者和需求者**。"有段明确的圣训指出,安拉的使者对人们说:"我曾禁止你们把宰牲节的肉存放三天以上,但现在你们可以吃,并可任意存放。"

另据传述,使者说:"你们可以吃、储存和施舍。"另据传述:"你们自己吃,并供人吃,还要施舍。"(6)

《艾哈麦德按序圣训集》辑录的有关牺牲皮子的圣训说:"你们自己食用或施舍(所宰的牲);可以使用它的皮子,但你们不要卖它。"(7)

问题:安拉的使者说:"我们在这日所做的第一件事,就是礼拜,然后回家宰牲。谁这样做,谁已经正确遵循了我的圣行;谁在会礼之前宰了牲,那只能说明他为自己的家人提供了一些肉食,与献牲毫无关系。"

《穆斯林圣训实录》记载:"在伊玛目屠宰之前,你们不要屠宰(牲畜)。"

宰牲的法定时间是,宰牲日以及此后的三天太西磊格之日(8)。安拉的使者说:"太西磊格的日子中都能宰牲。"(9)

"**我就这样为你们驯服它们,以便你们感谢**",即安拉使牲畜服从于你们,你们可以骑乘它们,也可以挤它们的奶,或屠宰它们。正如安拉所言:《难道他们不知道我从我亲手所造之中为他们造化了牲畜,然后使他们成为它们的所有者吗……难道他们不感激吗?》(36:71-73)

本章的经文说:"**我就这样为你们驯服它们,以便你们感谢**。"

《 37.它的肉和它的血都不到达安拉,只有你们的敬畏才能到达他。他就这样为你们驯服它,以便你们能因安拉对你们的引导而赞美他。你要给行善者们报喜。》

### 在安拉那里,献牲的意义在于虔诚拜主,表示敬畏

清高伟大的安拉为你们制定了宰献牲畜的法规,以便你们在屠宰时记念他。因为只有他是创造者、供养者。这些牺牲的肉和血绝不到达他那里,他是无求于他物的。蒙昧时代的人们宰牲后,将牺牲的肉放到他们的偶像跟前,在上面泼洒动物的鲜血。所以安拉说:"**它的肉和它的血都不到达安拉**。"艾布·朱莱杰说:"蒙昧时代的人们,把骆驼的肉和血泼洒(献)到天房跟前,圣门弟子们说,我们更应该这样做。后来安拉降示了:'**它的肉和它的血都不到达安拉,只有你们的敬畏才能到达他**。'"即安拉将接受你们的心意,并以此奖励

---

(1)《艾哈麦德按序圣训集》6:8。
(2)《布哈里圣训实录》1713。
(3)《泰伯里经注》18:635。
(4)《伊本·艾布·哈提姆经注》5:518。
(5)《泰伯里经注》18:636。
(6)《圣训大集》7:170。
(7)《艾哈麦德按序圣训集》4:15。
(8)宰牲日,伊斯兰教历十二月初十。太西磊格之日,该月初十一、十二和十三。——译者注
(9)《艾哈麦德按序圣训集》4:82。

你们。有段明确的圣训说："安拉不看你们的形象和你们的肤色，而要看你们的内心和行为。"（1）

"**他就这样为你们驯服它**"，即他因此为你们驯服了骆驼。

"**以便你们能因安拉对你们的引导而赞美他**"，即以便你们尊敬安拉，因为他引导你们接受他的宗教，为你们制定他所喜爱的教法，禁止你们做他所憎恶和不愿意的事情。

"**你要给行善者们报喜**"，即穆罕默德啊！你要给那些践行善事、遵守法律、归信使者的人们报喜。

问题：献牲是伊斯兰所提倡的一件圣行。每家宰一只羊（骆驼或牛）就足够了。伊本·欧麦尔说："安拉的使者㊎十年来从未间断过（宰牲节的）献牲。"（2）

艾布·艾优卜说："安拉的使者㊎时代，人（们）替自己和家人宰一只羊献牲，他们自己吃，也供人吃。后来人们竞富比阔，发展到现在这个样子。"

至于牺牲的年龄是这样的，贾比尔传述，安拉的使者㊎说："你们只能宰达到满岁的。除非有困难。你们当宰满岁的羊（满岁的羊，指达到九个月的羊。）"（3）

❮ 38.安拉的确会保护那些归信的人，安拉的确不喜欢一切忘恩负义的叛徒。❯

### 保护穆民的喜讯

清高伟大的安拉保护着那些托靠他、回归他的穆民众仆，使他们免于恶人的伤害和阴谋家的诡计，并时常襄助他们。正如安拉所言：❮ 难道安拉不能使其仆人满足吗？❯（39：36）又❮ 谁托靠安拉，安拉就使他满足。安拉是胜任其事的。安拉已为万物规定了尺度。❯（65：3）

"**安拉的确不喜欢一切忘恩负义的叛徒**"，即安拉不喜爱沾染了这些背信弃义、轻诺寡信和忘恩负义特征之人。

❮ 39.经受战争的人们，由于遭受亏待而获准投身战斗。安拉确实是能够援助他们的。❯

❮ 40.那些被无理地从他们的家园赶出来的人，只因为他们说："我们的主是安拉。"如非安拉使

---

（1）《穆斯林圣训实录》4：1987。
（2）《提尔密济圣训全集诠释》5：96。
（3）《穆斯林圣训实录》3：1555。

---

世人相互牵制，那么，那些静修地、教堂、礼拜之地和清真寺——其中常常记念安拉尊名的（建筑物）——都已被摧毁了。安拉一定会襄助援助他的人。安拉确实是强胜的、优胜的。❯

### 允许战争，第一段有关吉哈德的经文

伊本·阿拔斯说："这段经文是穆罕默德㊎及其弟子们被迫离开麦加后所颁降的。"（4）穆佳黑德、端哈克等先贤说：这是有关"吉哈德"（جهاد）的第一段经文。

伊本·阿拔斯说，穆圣㊎被迫离开麦加之际，艾布·伯克尔说："他们驱逐了他们的先知——我们都属于安拉，都将归向他——他们必死无疑。后来安拉颁降示了：'经受战争的人们，由于遭受亏待而获准投身战斗。'"艾布·伯克尔说："因此，我预感到战争不久就会来临。"

伊玛目艾哈麦德补充说："伊本·阿拔斯说：'这是有关战争方面颁降的第一段经文。'"（5）

"**安拉确实是能够援助他们的**。"安拉可以

---

（4）《泰伯里经注》18：643。
（5）《艾哈麦德按序圣训集》1：216。

使其众仆不通过战争就能赢得胜利，但他要仆人全力以赴，服从于他。正如安拉所言：❨ 所以当你们遇到隐昧的人时，就砍他们的颈项，你们一旦战胜他们，就立即捆绑他们。此后要么开恩（释放），要么索取赎金，直到战争卸下它的负担。事情就是这样的。倘若安拉愿意，他必定惩罚了他们。但是（他让你去战斗）以便他以部分人来试验你们中的另一部分。那些主道上被杀害的人，他绝不使他们徒劳无酬。他将引导他们，并改善他们的情况，并使他们进入他已向他们介绍过的乐园。❩（47：4-6）又❨ 跟他们战斗吧！安拉将用你们的手惩罚他们，凌辱他们，并使你们战胜他们，也将抚慰有正信群体的心灵。他将消除他们心中的愤怒，他将接受所意欲的人的悔过。安拉是全知的，明哲的。❩（9：14-15）又❨ 的确，我将试验你们，直至我知道你们当中哪些是奋斗者，哪些是坚韧者，以便我核定你们的记录。❩（47：31）类似的经文很多。

因此，伊本·阿拔斯在注释"**安拉确实是能够援助他们的**"时说："安拉确已这样做了。"安拉在最恰当的时期命令穆斯林进行战争，因为穆斯林当初在麦加时，人少势弱，倘若那时安拉命令他们进行战争，必定困难重重。穆圣☪在欧格白和八十几位叶斯里卜（麦地那原名）人盟誓缔约时，他们说："安拉的使者啊！我们晚上能去杀死米那山谷中的人们（指驻守米那的麦加多神教徒）吗？"使者说："我还没有接到进行战争的命令。"后来多神教徒欺人太甚，驱逐穆圣☪，企图杀害他，致使圣门弟子们流离失所，远走他乡，部分迁徙到了阿比西尼亚，部分迁徙到麦地那。穆斯林在麦地那站稳脚步后，穆圣☪得到了团结在他周围的圣门弟子保护。他们在那里建立了伊斯兰家园，筑起了根据地。此后，安拉允许他们讨伐敌人。所以说，这是安拉颁降的第一段有关战争的经文。安拉说："**经受战争的人们，由于遭受亏待而获准投身战斗。安拉确实是能够援助他们的——那些被无理地从他们的家园赶出来的人。**"伊本·阿拔斯说："他们（穆圣☪和圣门弟子）被无理地从麦加驱逐到了麦地那。"(1)

"**只因为他们说：'我们的主是安拉。'**"即他们并没有伤害过任何一个族人，也没有触犯过他们。他们被驱逐的原因仅仅是他们认为安拉是独一无偶的。多神教徒的这种行径，确实是滔天罪行，正如安拉所言：❨ 他们驱逐使者和你们，只因你们归信安拉——你们的主。❩（60：1）

然后经文说："**如非安拉使世人相互牵制**"，即若不是他用此群体抵制彼群体，用他所创造和设定的各种原因消除不同群体间的相互伤害，那么世人必会弱肉强食，毁灭大地。

"**那么，那些静修地……被摧毁了。**"伊本·阿拔斯等学者说，"**静修地**"指修行者的茅舍；格塔德认为它指萨比安人的寺院。另据传述，格塔德认为它是拜火教徒的寺院；穆尔提里认为指设在路旁的房屋。

"**教堂**"比静修地宽大，在其中参加崇拜的人数更多。艾布·阿林等学者说："它包括基督教堂。"(2)

"**礼拜之地**"，伊本·阿拔斯说，经文指犹太教堂，这符合他们的称呼习惯；艾布·阿林等学者认为经文指萨比安人的寺庙；穆佳黑德认为指设在路边，供有经人和穆斯林礼拜的地方。(3)

"**清真寺**"则是专属穆斯林的礼拜场所。

"**其中常常记念安拉的尊名的（建筑物）**"，有学者说，经文中的"**其中**"指清真寺。因为它与清真寺的功能最为接近；端哈克认为经文指一切记念安拉尊名的礼拜场所。

伊本·哲利尔说，上述经文的正确意义是：……那么，修行者的茅舍、基督教堂和犹太教堂以及在其中记念安拉尊名的清真寺，都被毁灭了。这种解释符合阿拉伯语言的表达习惯。有学者说，这是一种由少到多、循序渐进的表达方式，经文最后提及清真寺，因为其建筑者更多，礼拜者更众，其中的人们具有纯正的目标。(4)

"**安拉一定会襄助援助他的人。**"另一段经文说：❨ 有正信的人们啊！如果你们协助安拉，他就襄助你们，并使你们的脚步稳定。那些隐昧的人们，让他们沉沦吧！他已经使他们徒劳无酬。❩（47：7-8）

"**安拉确实是强胜的、优胜的。**"安拉以强胜和优胜（尊严）形容自己，因为他凭他的强大能力创造了万物，并做了周密计划。任何强暴者都无法抗衡或战胜他。事实上，万物都屈服于他，需求于他。受到强胜者、优胜者援助的人，势必战无不胜。安拉说：❨ 我对我所派遣的众仆已经有言在先，那就是他们将被援助。而我的军队势必是胜利者。❩（37：171-173）又❨ 安拉已经规定："我跟我的使者必定胜利。"安拉确实是至强的、优胜的。❩（58：21）

❨ 41.如果我使他们安居大地，他们必定立站拜功、完纳天课、劝善止恶。一切事务的结果都归于安拉。❩

---

(1)《泰伯里经注》18：643。
(2)《泰伯里经注》18：647。
(3)《泰伯里经注》18：650。
(4)《泰伯里经注》18：650。

## 穆斯林执政时的义务

哈里发奥斯曼说："'如果我使他们安居大地，他们必定立站拜功、完纳天课、劝善止恶。'这段经文是因为我们而降的。我们曾被无理地逐出家园，原因仅仅是我们说：'我们的主是安拉，如果我们掌管大地，我们必定立站拜功、完纳天课，劝善止恶。一切事务的结果都归于安拉。'所以说，它是因为我和我的伙伴们而颁降的。"(1)

艾布·阿林说，"他们"指圣门弟子。

欧麦尔·本·阿齐兹（欧麦尔二世）在演讲中念了："**如果我使他们安居大地……**"然后说："须知，这段经文不仅是为统治者颁降的，还是为统治者和被统治者共同颁降的。我告诉你们统治者和被统治者的权利好吗？他们有义务责令你们履行安拉的法度，并在你们中公正执政，尽力引导你们走向最正确的道路；你们有义务心甘情愿、表里如一地服从他们。"这段经文和下列经文相似：◆ 安拉为你们当中归信并行善的人许诺：他一定会像他对你们以前的人一样，使他们继承大地。◆（24：55）

"**一切事务的结果都归于安拉。**"另一段经文说：◆ 优美的结局属于敬畏的人。◆（7：128）栽德·本·艾斯莱姆解释这段经文时说："他们行为的报酬在安拉那里。"(2)

◆ 42.如果他们否认你，他们以前努哈的族人、阿德和塞姆德都曾否认了。◆

◆ 43.伊布拉欣和鲁特的族人（也否认了）。◆

◆ 44.麦德彦的居民（也不信）。穆萨也曾遭受不信。不过我（最初）宽容了隐昧者，然后才惩罚他们。我对他们的惩罚是怎样的？◆

◆ 45.许多城镇，在其不义时被我毁灭，坍塌于它的顶棚、许多废井和建成的大厦之上。◆

◆ 46.难道他们不曾在大地上旅行，用他们的心去了解和用他们的耳去听闻吗？的确，眼睛不会瞎，而胸中的心会瞎。◆

## 否认者的结局

穆圣遭到族人的反对和否认后，清高伟大的安拉对他说："**如果他们否认你，他们以前努哈的族人、阿德和塞姆德都曾否认了……穆萨也曾遭受不信。**"虽然这些先知都带来了明确的迹象和证据。"**不过我（最初）宽容了隐昧者**"，即我最初一直照顾他们，没有立即降下惩罚。

"**然后才惩罚他们。我对他们的惩罚是怎样的？**"即安拉对他们的警告和惩罚是怎样的呢？穆圣说："安拉将照顾不义者，但当他惩罚他时，不会有所顾及。"使者还读道：◆ 当你的主惩罚不义的城市（居民）时，他的惩罚就是这样的。他的惩罚确实是痛苦的，严厉的。◆（11：102）(3)

经文接着说："**许多城镇，在其不义时被我毁灭**"，即安拉曾毁灭了许多否认使者的城镇。

"**坍塌于它的顶棚**"，端哈克说，"**顶棚**"指天花板。即这些城镇的建筑已经坍塌，住宅群已成废墟。(4)

"**许多废井**"，曾经车水马龙、人声鼎沸的井边，失去了往日的喧嚣，无人前来取水。

"**建成的大厦**"，艾克莱麦等学者认为"建成的"是指用灰泥粉刷成白色的；另一些学者认为经文指居高临下的、巍峨的；还有人认为指攻不可破的、坚固的。上述注释大同小异，互相没有矛盾。因为它们都说明，那些牢固的建筑物并没有保护城镇的居民免于安拉的惩罚。另一段经文说：◆ 无论你们在哪里，死亡也会追及你们，即使你们在坚固的堡垒里。◆（4：78）

"**难道他们不曾在大地上旅行**"，即难道他们没有用他们的身体和内心去游历大地吗？如是这样，一切问题都会迎刃而解。伊本·艾宾·东亚在《前车之鉴》中说："有位哲人说：'你当通过劝诫使心灵获得生机，通过参悟使其产生光明，通过淡泊使之静若止水，通过信念使之充满力量，通过死亡使之恭顺谦卑，通过沉寂使之获得尊严。你当使之看到世道的险恶，使之防备今世的势力和时光的流逝，你当参悟前人事迹，警惕他们的遭遇，游历他们的故居和遗迹。你当看看，他们做了什么，去过哪里，最终又归向何处。'"即你们当参悟那些否认真理的各民族所遭受的警告和惩罚。

"**用他们的心去了解和用他们的耳去听闻吗？**"以便他们运用这些感官吸取教训。

"**的确，眼睛不会瞎，而胸中的心会瞎**"，即"瞎"并不指肉眼的瞎，而是心眼的瞎。虽然他们的视力完好无损，但他们却有眼无珠，不假思考。安达鲁西亚诗人艾布·穆罕默德·阿卜杜拉（归真于517年）说得真好：抱怨不幸的人啊！报丧者——白发和年老，已经发出警告；如果你对警告置若罔闻，为何你的头上还有耳朵和眼睛——这两个感官？聋子和哑巴并非那无眼不语之人；时光、今世和那至高的苍穹，以及璀璨的太阳和月亮，都要离开今世，就像牧民和市民最终都告别家乡。

---

(1)《伊本·艾布·哈提姆经注》8：2496。
(2)《伊本·艾布·哈提姆经注》8：2498。
(3)《布哈里圣训实录诠释——造物主的启迪》8：205。
(4)《泰伯里经注》18：653。

◆ 47.他们要求你使惩罚早点实现，而安拉却不会违背他的诺言。你的主那里的一天，就如同你们所计算的一千年。◆

◆ 48.多少城市，当它犯罪时，我宽限了它，然后我才惩罚它。归宿只在我那里。◆

## 隐昧者要求马上见到惩罚

安拉对穆圣㊤说："他们要求你使惩罚早点实现"。"他们"指离经叛道的隐昧者，他们不归信安拉、经典、使者和末日。另一段经文说：◆当时他们说："我们的主啊！如果这是来自你的真理，那么就给我们从天上降下石雨，或给我们带来惨痛的惩罚吧！"◆（8：32）又◆他们说："我们的主啊！求你在结算日以前快点把我们应得的判给我们吧！"◆（38：16）

"而安拉却不会违背他的诺言。"安拉的诺言是：复生日来临，惩罚他的敌人，优待他的盟友。

"你的主那里的一天，就如同你们所计算的一千年"，即安拉不用着急，因为人类的一千年，在明哲的安拉看来如同一天。而且安拉有能力惩罚恶人，无论时过多久，他都不会遗漏任何事情。

因此，后面说："多少城市，当它犯罪时，我宽限了它，然后我才惩罚它。归宿只在我那里。"安拉的使者㊤说："穷穆斯林进乐园的时间要比富穆斯林早半天，即五百年。"[1]

赛尔德传述，穆圣㊤说："希望我的民族不要在安拉跟前一无所能，而被拖延半天。"有人问赛尔德："半天有多长？"他回答："五百年。"[2]

◆ 49.你说："世人啊！我对你们只是一位坦率的警告者。◆

◆ 50.那些归信并行善的人，他们会获得恕饶和优厚的生计。◆

◆ 51.但是那些自认为逍遥法外而竭力反对我的迹象的人，他们是火狱的居民。"◆

## 好人和坏人的报酬

隐昧者们要求穆圣㊤立即惩罚他们的时候，安拉对先知说："你说：'世人啊！我对你们只是一位坦率的警告者'"，即安拉派遣我来通知你们，你们若不接受正信，他就为你们降下严厉的惩罚。我无权清算你们，你们的事务都归安拉掌管，他可以根据自己的意志，立即惩罚你们，或以后惩罚你们，或接受某些忏悔者的忏悔，或注定某些人遭受

不幸。安拉意欲什么，就做到什么。◆安拉将会判决，他的判决是不可抗拒的。他是清算迅速的。◆（13：41）

"我对你们只是一位坦率的警告者。那些归信并行善的人"，即他们的心已经归信了，并以行为证明了信仰。

"他们会获得恕饶和优厚的生计。"他们以前的罪行将被赦宥，他们所做的少量善事，将得到巨大的报酬。

穆罕默德·本·凯尔卜说："当你听到安拉提到'优厚的生计'时，你当明白安拉指的是乐园。"[3]

"但是那些自认为逍遥法外而竭力反对我的迹象的人"，穆佳黑德和伊本·祖拜尔说，经文指那些阻碍人们跟随穆圣㊤的人。伊本·阿拔斯说，"自认为逍遥法外"指敌对的。[4]

"他们是火狱的居民"，即他们将进入炎热而痛苦的烈火中，遭受严厉的刑罚。祈求安拉从中拯救我们！清高伟大的安拉说：◆那些不信安拉并在安拉的道路上阻碍（他人）的人，因为他们曾经为

---

（1）《提尔密济圣训全集》2354。
（2）《艾布·达乌德圣训集》4：517。

（3）《散置的明珠》6：63。
（4）《泰伯里经注》18：662。

非作歹，我将对他们罚上加罚。》（16：88）

❧ 52.在你以前每当我派遣一位使者或先知，当他希望时，恶魔就在他的愿望中干扰他，不过安拉会消除恶魔的干扰，并使他的迹象精确无损。安拉是全知的、明哲的。》

❧ 53.以便他以恶魔的干扰考验那些心中有病的和心硬的人。的确，不义者们的确在深远的分裂中。》

❧ 54.以便那些被赐予知识的人知道，它是来自你的主的真理，因而他们能够归信它，他们的心能够恭服它。安拉确实是那些归信的人走向正道的引导者。》

### 恶魔干扰使者的愿望，因而遭受安拉的打击

许多经注学家在此提到了阿拉尼格的故事[1]，说是一些迁徙阿比西尼亚的穆斯林，认为古莱什多神教徒已经接受伊斯兰，便放弃迁徙生涯，回到麦加。事实证明，这些传述几乎都是以讹传讹，没有任何事实根据。安拉至知。

伊本·阿拔斯解释"**当他希望时，恶魔就在他的愿望中干扰他**"时说："穆圣㊎打算说话时，恶魔就企图干扰。而安拉立即会消除恶魔的干扰。"[2]

"**并使他的迹象精确无损。**"伊本·阿拔斯、穆佳黑德等人说："当穆圣㊎开始说话时，恶魔企图干扰穆圣㊎。"有学者说："当穆圣㊎打算读经时，恶魔企图干扰他。"大部分经注学家说，"**在他的愿望中**"是指在穆圣㊎的诵读中。[3]

端哈克认为"**当他希望时**"指当他说话时。伊本·朱莱杰说："这是最确切的注释。"[4]

"**不过安拉会消除恶魔的干扰。**"在语源学上，"消除"指取消、剔除。伊本·阿拔斯解释说："不过安拉会瓦解恶魔的干扰。"[5]

"**安拉是全知的**"，安拉知道现在和未来，任何事务都无法隐瞒他。

"**明哲的**"，即安拉的决策、创造和命令，都是精确无误的，一切完美的哲理和深刻的证据都属于他。

"**以便他以恶魔的干扰考验那些心中有病的和心硬的人。**""病"指怀疑、以物配主、否认和阳奉阴违。

伊本·朱莱杰说，"**心中有病的**"指伪信士；"**心硬的人**"指多神教徒。[6]

"**的确，不义者们的确在深远的分裂中**"，即他们在迷误、悖谬和离经叛道之中。

"**以便那些被赐予知识的人知道，它是来自你的主的真理，因而他们能够归信它**"，即以便那些获得有益的知识，并能够辨别真伪的穆民们知道，我降给你的是来自你的主的真理。你的主以知识降下了它，并一直保护着它，它从不会紊乱或被混淆，它是一部精确而富有哲理的经典。❧它的前后不受谬误侵扰，它是来自睿智的、应受赞美的主的启示。》（41：42）

"**因而他们能够归信它**"，即他们诚信并服从这部经典。

"**他们的心能够恭服它**"，即他们对这部经典必恭必敬，谦卑恭顺。

"**安拉确实是那些归信的人走向正道的引导者**"，即安拉将在今世和后世引导他们。在今世，

---

（1）他们说，穆圣㊎读经文时，恶魔篡改了经义，使其他人认为穆圣㊎认可了一些伪神与安拉同在。迁士们闻此消息，便回到了麦加。这种传闻虽然广泛，但经不住任何推敲。安拉说："我降示了教诲《古兰》，我确实一直保护着它。"——译者注
（2）《布哈里圣训实录诠释——造物主的启迪》18：667。
（3）《伯厄威经注》3：293。
（4）《泰伯里经注》18：668。
（5）《泰伯里经注》18：668。
（6）《泰伯里经注》18：669。

安拉引导他们认识真理并跟随它，使他们有能力抵抗谬误并远离它；在后世，安拉引导他们通向直达乐园的坦途，使他们远离痛苦的惩罚和层层火狱。

◈ 55.那些隐昧的人将不会停止对它的怀疑，直到复活时突然降临他们，或是绝嗣之日的惩罚降临他们。◈

◈ 56.那天，权力只属于安拉。他将在他们之间裁判。因此那些归信并行善的人将会在享恩的众乐园中。◈

◈ 57.而那些不信和否认我的迹象的人，却将遭受耻辱的刑罚。◈

### 隐昧者永远在犹豫不决中徘徊

安拉是说，隐昧者们对《古兰》永远抱着怀疑的态度——这是伊本·哲利尔的解释。[1]

"直到复活时突然降临他们。"穆佳黑德说"突然"指猛然间；格塔德说："只有那些纸醉金迷、忘乎所以、沉湎于声色犬马的人们，才会觉得安拉的惩罚来得非常突然。所以你们不要因为安拉的宽容而忘乎所以，因为只有坏事的群体才是这样的。"

"或是绝嗣之日的惩罚降临他们。"吾班叶·本·凯尔卜说，经文指的是白德尔之日；艾克莱麦和穆佳黑德认为指复生之日，那日没有夜晚。[2]

清高伟大的安拉说："那天，权力只属于安拉。他将在他们之间裁判。"正如安拉所言：◈ 执掌报应日的主 ◈（1：4）◈ 那天，真实的权力属于至仁主，那对隐昧者是一个艰难的日子。◈（25：26）

"因此那些归信并行善的人"，即那些诚信了安拉及其使者，遵守了已知的知识并言行一致、表里如一的人们"将会在享恩的众乐园中"，即他们将永居乐园，他们的情况永不改变。

"而那些不信和否认我的迹象的人"，即那些心中否认了真理，并违背使者，反对使者的人们，"却将遭受耻辱的刑罚"。这是对他们的傲慢和无视真理的报应。另一段经文说：◈ 那些高傲而不拜我的人，他们必定屈辱地进入火狱。◈（40：60）"屈辱地"指卑贱地、渺小地。

◈ 58.那些在主道上迁徙，然后被杀或死亡的人，安拉必定赐给他们优厚的供养。安拉确实是最好的供养者。◈

◈ 59.他一定会使他们进入他们所喜爱的地方。安拉是全知的、宽容的。◈

◈ 60.事情（就是这样），谁就像别人伤害他那样进行了报复，然后再度被迫害，安拉必定帮助他。安拉确实是宽容的、至赦的。◈

### 为安拉而迁徙的人，将获得巨大的报酬

清高伟大的安拉说，为了追求安拉的喜悦和回赐，帮助安拉的宗教而告别亲人、背井离乡的人们，他们无论战死于沙场，还是寿终正寝，都会获得巨大的报酬，并千古流芳。另一段经文说：◈ 为了迁徙于安拉及其使者，从家中出走，但在中途归真的人，他的报酬在安拉那里。安拉是至恕的、至慈的。◈（4：100）

"安拉必定赐给他们优厚的供养"，即安拉必定恩赐他们乐园，使他们欢欣快乐。

"安拉确实是最好的供养者。他一定会使他们进入他们所喜爱的地方。""他们所喜爱的地方"指乐园。正如另一段经文所说：◈ 如果他属于近主者，那就是舒适、香花和幸福的乐园。◈（56：88-89）此处经文则说："他一定会使他们进入他们所喜爱的地方。安拉是全知的、宽容的"，即安拉至知迁徙他乡，并为他的道路奋斗以及有此资格的人。安拉是宽容的，他会恕饶他们的罪恶，由于他们为他迁徙、托靠于他而不再惩罚他们。

为主道而牺牲的人——无论是否迁徙，他们都在安拉那里永远活着，并接受着恩赐。安拉说：◈ 为主道牺牲的那些人，你们不要认为他们是死了的。其实，他们活着，他们在他们的主那里享受着给养。◈（3：169）如前所述，相关的圣训不胜枚举。

本章经文和相关的圣训指出，坚持主道而寿终正寝的人们，无论是否迁徙过，都会得到安拉的供养和巨大恩赐。叔尔海宾·本·赛穆特传述，我们曾在罗马地区长久备战和驻军，后来，赛勒曼（法里西）经过我们时说："驻守边疆而亡的人，安拉将会赐给他相应的报酬，并供养他，使他免于迫害者的伤害。你们可以读这段经文：'那些在主道上迁徙，然后被杀或死亡的人，安拉必定赐给他们优厚的供养。安拉确实是最好的供养者。他一定会使他们进入他们所喜爱的地方。安拉是全知的、宽容的。'"[3] 阿卜杜·拉赫曼·本·杰哈代穆传述，富多莱·本·欧拜德在海上旅行时碰见两位亡者的遗体，其中一人遭受（罗马的）弩炮而阵亡，另一人则是寿终正寝。富多莱坐到了后者跟前。有人问

---

[1]《泰伯里经注》18：670。
[2]《伯厄威经注》3：295。
[3]《伊本·艾布·哈提姆经注》8：2503。

他："你为何不理烈士而坐到此人跟前？"他回答说："安拉从这二人的坟墓中的任何一个坟墓中复活我，都会令我心满意足。'那些在主道上迁徙，然后被杀或死亡的人，安拉必定赐给他们优厚的供养。'这位（安拉的）仆人啊！当你进入你所喜爱的地方，获得优厚的供养时，你还有什么要求呢？以安拉发誓，我并不在乎是从此（种）人的坟墓中被复活还是从彼（种）人的坟墓中被复活。"(1)

"事情（就是这样），谁就像别人伤害他那样进行了报复"，穆尕提里·本·罕雅尼和伊本·朱莱杰传述，这段经文是因为一支穆斯林队伍而降示的。他们在禁月和一支多神教徒队伍相遇，他们要求多神教徒不要在禁月开战，但多神教徒拒绝了穆斯林的要求，并迫害穆斯林。穆斯林万般无奈，只得迎战，后来在安拉的襄助下力挫多神教徒。"安拉确实是宽容的、至赦的。"(2)

❲ 61.那是由于安拉使黑夜进入白昼，使白昼进入黑夜。安拉是全听的、全观的。❳

❲ 62.那是由于安拉就是真主，而他们在他以外所祈求的，确实是谬误。安拉确实是至高的、至大的。❳

### 安拉是今世惟一的创造者和支配者

清高伟大的安拉强调，他是独一的创造者，他以他的意志支配着被造物。另一段经文说：❲ 你说："啊！掌权的主啊！你将权力赐给你所意欲的人，也从你所意欲的人身上剥夺权利。你赐予你所喜欢的人尊荣，你也贬低你意欲之人。福泽只由你掌握。你确实是全能万事的。你使夜进入昼中，也使昼隐没在夜里。你从死物取出活物，也从活物取出死物。你无限量地赐予你所意欲的人。"❳（3：26-27）使黑夜进入白昼，或使白昼进入黑夜，指有时夜长昼短，比如冬季；有时夜短昼长，比如夏季。

"安拉是全听的、全观的"，即他听着仆人的一切言论，并无时无刻地注视着他们。他对仆人的一切情况——或动或静，都一览无余。

安拉阐明他是宇宙的支配者和绝对统治者时说："那是由于安拉就是真主"，即他是真实的主宰，只有他应该接受崇拜，因为他是伟大的掌权者，他欲使什么事物存在，该事物就存在了，他欲使什么不存在，它就不会存在。万物都需求于他，恭顺于他。

---
(1)《泰伯里经注》9：182。
(2)《泰伯里经注》18：675。

"而他们在他以外所祈求的，确实是谬误"，即他们舍安拉而崇拜的偶像、伪神等一切事物，都是虚假的，因为它们不能掌握福祸。

"安拉确实是至高的、至大的。"其他经文说：❲ 他是至高的，是至尊的。❳（2：255）又❲ 他是伟大的、至高的。❳（13：9）因为万物都在他伟大的统治和权力之下，他是独一的受拜者，他是至大的，没有什么比他更伟大；他是至清高的，他超绝于过分的不义者的一切叙述。

❲ 63.难道你没有看见安拉由天空降雨，此后，大地变成绿色的吗？安拉确实是仁爱的、彻知的。❳

❲ 64.诸天与大地中的一切，都属于他，安拉确实是无求的、可颂的。❳

❲ 65.难道你没看到，安拉为你们驯服了地上的一切和奉他之命漂洋过海的船舶吗？他支撑着天，不使它落到地上，除非得到他的许可。的确，安拉对世人是至爱的、至慈的。❳

❲ 66.是他给你们生命，然后使你们死亡，然后再使你们复活。人确实是忘恩负义的。❳

## 证明安拉伟大的一些迹象

这也是安拉的能力和权力的巨大明证——他派风驱使云，在寸草不生、僵化死寂、又干又黑的土地上降下雨水。⟪当我对它降下雨水时，它就颤动了，膨胀了。⟫（22：5）

"此后，大地变成绿色。""此后"表示结果，即顺其自然的结果。正如安拉所言：⟪然后我使这精液变成血块，然后我使那血块变成一团肉……⟫（23：14）根据两圣训实录辑录，人类在母腹中经历的这几个过程，相互间隔四十天。虽然如此，经文还是以"此后"来表达它与前者间的因果关系。本章经文也是如此，它说："此后，大地变成绿色"，即那大地干枯死寂之后，又变得翠绿鲜活。有位希贾兹学者说："雨后的大地一片翠绿。"安拉至知。[1]

"安拉确实是仁爱的、彻知的"，即安拉知道大地每个角落的一切事物，哪怕它是一粒微小的种子——任何事物，都不能隐瞒安拉——安拉也会给它提供适当的水分，使其成长。哲人鲁格曼说：⟪我的小儿啊！即使它（善恶的行为）是一粒芥子的重量，在岩石中间，或在天地间，安拉都会把它带来。因为安拉是明察的、彻知的。⟫（31：16）⟪他们不为揭示诸天与大地的隐秘、知道你们所隐藏的和公开的事物的安拉叩头。⟫（27：25）⟪只要一片叶子落下，他就知道它。大地深处的每一粒谷子，一切新鲜的或是干枯的，都（被记载）在明白的天经中。⟫（6：59）又⟪在天地之间任何微尘重的事物都不能瞒过你的主，不管它大于微尘或小于它，都记录在明显的经典中。⟫（10：61）

"诸天与大地中的一切，都属于他"，即安拉掌管宇宙万物，无求于他物，而万物都需要他，是他的奴仆。⟪他为你们制服了诸天和大地中的一切。⟫（45：13），即牲畜、非生物、庄稼以及果实。正如安拉所言：⟪他为你们制服了诸天和大地中的一切。⟫（45：13）

"难道你没看到，安拉为你们驯服了地上的一切"，即有生物和无生物，譬如庄稼和果实等。正如另一段经文说：⟪他为你们制服了诸天和大地中的一切。⟫（45：13），以便慈悯和善待世人。

"奉他之命漂洋过海的船舶"，即他为人类制服船舶，任其在波涛汹涌的大海中载着旅客，随着和风惬意航行，在世界各地交易物资，经贸往来，广泛交流。

"他支撑着天，不使它落到地上，除非得到他的许可。"假若安拉意欲，他就允许天掉下来，毁灭地上的一切，但仁慈而大能的安拉没有这样做。因此说："的确，安拉对世人是至爱的、至慈的。"虽然人类是那样的不义。另一段经文说：⟪人们尽管不义，你的主确实是恕饶的。你主的刑罚也是严峻的。⟫（13：6）

"是他给你们生命，然后使你们死亡，然后再使你们复活。人确实是忘恩负义的。"正如另一段经文说：⟪你们怎么可以不信安拉呢？你们原是没有生命的，后来他赐你们生命，然后他使你们死亡，然后又使你们（复）生，最后，你们终将回到他那里。⟫（2：28）⟪你说："安拉使你们活，使你们死，然后，他将在无疑的复生日集合你们。"⟫（45：26）⟪他们说："我们的主啊！你曾使我们死过两次，你也曾两度给予我们生命！"⟫（40：11），即你们怎能为安拉设立配偶，并崇拜他物呢？事实上，安拉是独一的创造者，供养者和支配者。

"是他给你们生命"，而在此之前，你们根本不存在。

"然后使你们死亡，然后再使你们复活"，指末日。

"人确实是忘恩负义的。""忘恩负义的"也指否认的。

⟪67.我已给每个民族规定了他们所崇奉的干功之地，所以莫让他们跟你在这件事上争论。你当号召（人们）归向你的主，因为你确实是在正确的引导上。⟫

⟪68.如果他们和你争论，你说："安拉最清楚你们的作为。"⟫

⟪69.安拉将在复生日在你们当中裁判你们所争论的事情。⟫

## 每个民族都有一个干功之地

清高伟大的安拉说，每个民族都有一个举行功修的场所。伊本·哲利尔说："每位先知的民族都有一个举行宗教功课之地。"他说，在语源学上"干功之地"指人们经常往返于其间的地方。不论他们去做好事，还是去做坏事。他又说："朝觐的各地方被称为'麦那斯克'（المناسك，举行朝觐功课的各个场所），因为人们经常去那里侍奉安拉。"[2] 按照这种解释，下面的经文——"所以莫让他们跟你在这件事上争论"中的"他们"指多神教徒。"我已给每个民族规定了他们所崇奉的干功之地"，则指的是安拉早已注定的事情。正如安拉所言：⟪每个民族都有自

---

[1]《布哈里圣训实录诠释——·造物主的启迪》6：350。

[2]《泰伯里经注》18：678。

己所朝的方向。》（2：148）

因此，经文说："他们所崇奉的"，即他们在其中举行宗教功课的。"他们"指那些有明确宗教场所和宗教仪式的人们。换言之，他们的行为都是安拉所注定和所意欲的，所以你不要因为他们与你争论而受到影响，从而妨碍你继续坚持真理。

"你当号召（人们）归向你的主，因为你确实是在正确的引导上"，即你在一条直达目的地的康庄大道上。正如安拉所言：《安拉的迹象降给你之后，莫让他们阻挠你宣传这些迹象，你要号召人归向你的主。》（28：87）

"如果他们和你争论，你说：'安拉最清楚你们的作为。'"另一段经文说：《如果他们不信你，你说："我有我的工作，你们有你们的工作。你们和我所做的无关，我也与你们所做的无关。"》（10：41）

"安拉最清楚你们的作为。"这是严厉的警告，正如另一段经文说：《他至知你们所说的话！他足以做你我之间的作证者。》（46：8）因此说："安拉将在复生日在你们当中裁判你们所争论的事情。"另一段经文说：《那么，你就召人于此，谨奉天命，莫要追随他们的私欲。你说："我归信安拉所颁降的经典……"》（42：15）

《70.你难道不知道，安拉知道天上与地上的一切吗？这确实是（记录）在册的，对于安拉那是容易的。》

清高伟大的安拉说，他对被造物的知识是完美的，他知道诸天与大地中的一切，天地中的一粒尘埃，或比它更小或更大的事物，都在他的知识之中。在万物出现之前，他就知道它们，他在他的被保护的天经牌中记录了它们。安拉的使者㊗️说："安拉在创造天地之前的五万年，就决定了万物。他的阿莱什在水上。"[1] 使者又说："安拉创造的第一件东西就是笔，安拉对它说：'写吧！'笔问：'写什么呢？'安拉说：'写一切即将发生的。'于是笔奉命书写，直到末日。"[2] 因此说："这确实是（记录）在册的，对于安拉那是容易的。"

《71.他们舍安拉而崇拜那些安拉不曾对它们授权的和他们对其毫无知识的（东西）。不义者没有

———
(1)《穆斯林圣训实录》4：2044。
(2)《艾布·达乌德圣训集》5：76。

援助者。》

《72.当有人向他们诵读我的明白启示时，你会在隐昧者的脸上看到反感！他们几乎要攻击那些对他们诵读我的启示的人。你说："我可以告诉你们一些比这更坏的事吗？那就是火狱！安拉已对隐昧的人许下了它！那归宿真不幸！"》

## 多神教徒舍安拉而崇拜他物，他们对安拉的启示极度反对

清高伟大的安拉斥责多神教徒愚昧透顶地否认安拉。他们所崇拜的东西，都是安拉未曾授权的。即他们毫无理由地崇拜伪神。正如安拉所言：《谁祈求安拉的同时，毫无理由地祈求他神，对他的清算只在他的主那里。隐昧者绝不成功。》（23：117）

因此说，"他们舍安拉而崇拜那些安拉不曾对它们授权的和他们对其毫无知识的（东西）"，即他们对他们所臆造和杜撰的东西并不了解，他们只是毫无根据地因袭祖先的习惯。他们的这些行为的根源，则是因为受了恶魔的引诱和蛊惑。

安拉警告他们说："不义者没有援助者"，即没有谁能够帮助他们解脱安拉的惩罚。

"当有人向他们诵读我的明白启示时"，即当有人对他们宣读《古兰》经文，并叙述明证——它们证明安拉独一，万物非主、惟有安拉，众使者都是诚实之人——时：⟪他们几乎要攻击那些对他们诵读我的启示的人。⟫（22：72）即他们几乎要冲上去，用他们的恶言和丑行攻击那些维护真理的人们。

穆罕默德啊！你对他们说："**我可以告诉你们一些比这更坏的事吗？那就是火狱！安拉已对隐昧的人许下了它！**"即你们在今世中威胁安拉的盟友（信士），而事实上火狱及其惩罚比你们所说的一切更为严厉和可怕。你们虽然自称沾了一些便宜，但你们将为此付出极其惨重的代价。

"**那归宿真是不幸！**"你们永远的归宿和永恒的家园，是极其恶劣的火狱！⟪以它作为居所或是休息之处，实在是太恶劣了。⟫（25：66）

⟪73.世人啊！有一个比喻，你们且听听它。你们在安拉之外祈求的那些（伪神），即使他们群策群力也不能造化一只苍蝇！如果那苍蝇拿走他们的任何东西，他们也没有力量从它那儿取回它。祈求者和被祈求者都是微弱无能的！⟫

⟪74.他们没有正确地认识安拉的伟大，安拉确实是强大的、优胜的。⟫

### 偶像的渺小和多神教徒的愚蠢

清高伟大的安拉强调偶像的渺小及其崇拜者的弱智，说："**世人啊！有一个比喻**"，即对那些根本不了解安拉因而以物配主的人们有一个例子。

"**你们且听听它**"，你们当静听，并参悟它。

"**你们在安拉之外祈求的那些（伪神），即使他们群策群力也不能造化一只苍蝇！**"即就算你们所崇拜的那些伪神和偶像团结到一起，也没有能力造出一只苍蝇。艾布·胡莱赖传述（安拉）说："学我创造事物的人，有谁比他更为不义呢？让他们像我一样，创造一粒芥子、一只苍蝇或一粒种子吧！"[1] 穆圣说："清高伟大的安拉说，有人企图像我一样创造事物，有谁比他更不义呢？让他们创造一粒芥子吧！让他们创造一粒大麦吧！"[2]

经文接着说："**如果那苍蝇拿走他们的任何东西，他们也没有力量从它那儿取回它。**"他们不要说创造一只苍蝇，假若一只苍蝇污染了他们中任何人的东西，他们也没有能力防御，或挽救这一局面。而苍蝇是安拉的一种最微弱的被造物。

因此说："**祈求者和被祈求者都是微弱无能的！**"伊本·哲利尔等学者认为，"祈求者"指偶像，"被祈求者"指苍蝇；赛丁伊等学者说"祈求者"指崇拜者，"被祈求者"指偶像。[3]

"**他们没有正确地认识安拉的伟大**"，即他们将安拉和那些连一只苍蝇都无法抵御的偶像等量齐观时，没有认识到安拉的尊严和伟大。

"**安拉确实是强大的、优胜的**"，即安拉是强大的，他以他的力量和能力创造了万物。⟪是他创始造化，然后复造之。复造对于他是更容易的。⟫（30：27）⟪你的主的惩罚是严峻的。是他初造，然后复造。⟫（85：12-13）⟪安拉确实是赐给生计的，是有能力的，是坚定的。⟫（51：58）

"**优胜的**"指安拉贵过了万物，并征服了它们。伟大的安拉，是不可抗拒和战胜的，是独一的、强大的。

⟪75.安拉从天使和人当中选择使者，安拉是全听的、全观的。⟫

⟪76.他知道在他们前面的是什么和在他们后面的是什么，一切事务都归于安拉。⟫

### 安拉从天使和人类中选拔使者

清高伟大的安拉为了他的法律和决策，选拔他所意欲的部分天使为使者，他还选拔一些人做使者，去传达他的使命。

"**安拉是全听的、全观的**"，即安拉能听到仆人的一切言论，并观察他们。他知道他们中谁有资格成为使者。另一段经文说：⟪安拉至知把他的使命置于何处。⟫（6：124）

"**他知道在他们前面的是什么和在他们后面的是什么，一切事务都归于安拉**"，即他知道他的使者们在传达使命时所遭受的一切，他对他们的情况非常清楚。正如安拉所言：⟪他是全知幽玄的。他不对任何人透露他的秘密……统计了万物的数目。⟫（72：26-28）安拉监察着众使者，无论人们对他的使者说什么，他都是作证的，他还将保护并援助众使者。⟪使者啊！你当传达从你的主降临的。如果你不去做，你就没有传达他的信息。安拉将从世人那里保护你不受人们侵害。⟫（5：67）

⟪77.有正信的人们啊！你们要鞠躬、叩头和崇拜你们的主，并且要行善，以便你们取得成功。⟫

⟪78.你们要为安拉真实地奋斗。他已选择了

---

（1）《艾哈麦德按序圣训集》2：391。
（2）《布哈里圣训实录诠释——造物主的启迪》13：537。
（3）《伯尔威经注》3：298。

你们，他在宗教中没有为你们设置任何困难。你们的祖先伊布拉欣的宗教。他（安拉）在以前及在这（《古兰》）中称你们为穆斯林，以便使者为你们作证，而你们为人类作证。所以你们要谨守拜功，交纳天课和信赖安拉！他是你们的保护者，保护者真好啊！援助者真好啊！》

## 命令崇拜安拉并进行战斗

穆圣㊟说："《朝觐章》因为有两次叩头而优越，谁不愿因为这两段经文而叩头，他就不要读它们。"(1)

"你们要为安拉真实地奋斗"，即你们当以你们的财产、言论和身体，为主道奋斗。正如安拉所言：《你们当真实地敬畏安拉。》（3：102）

"他已选择了你们。"穆罕默德的民族啊！安拉在各民族中选拔了你们，他通过最尊贵的使者和最完美的法律，使你们优越、尊贵、卓尔不群。

"他在宗教中没有为你们设置任何困难"，即安拉不以你们做不到的事情责成你们，也不勒令你们去做一些非常困难的事情。每当你们遇到困难时，他就为你们开辟出路。譬如，在伊斯兰的功课中，除了清真言和作证言之外，礼拜是最重要的功课，人们居家时最多每次礼四拜主命拜，而在旅行时，则可以缩短为两拜。某些学者根据圣训主张，在恐惧（战争）时可以礼一拜。(2) 人们还可以步行和骑乘时礼拜，无论是否面向天房方向；旅行时的副功拜也是如此，可以面向天房方向，也可以不面向天房。病人则可以不用站着礼拜，他可以坐着礼拜，如果无法坐，可以躺着礼拜。在其他的主命和副主命功课中，类似的简而易行律例不胜枚举。

穆圣㊟说："我的使命是传达天然的、宽容的宗教。"穆圣㊟将穆阿兹和艾布·穆萨派到也门做长官时，对他俩说："你俩要给人报喜讯，不要吓跑人，要使人容易，不要给人困难。"类似的圣训很多。伊本·阿拔斯在解释"他在宗教中没有为你们设置任何困难"时说，"困难"指繁难。

"你们的祖先伊布拉欣的宗教。"伊本·哲利尔认为经文的意思是："他不但在宗教中没有为你们设置任何繁难，而且使这个宗教就像伊布拉欣的宗教一样，成为一个宽容的宗教。"他说："经文的意思也可能是：你们当坚持你们祖先伊布拉欣的宗教。"笔者认为，这段经文与下列经文相似：《你说："我的主已引导我于一条正道，（遵循）一个正确的宗教，即伊布拉欣的纯正宗教。他不是多神教徒。"》（6：161）

"他（安拉）在以前及在这（《古兰》）中称你们为穆斯林"，伊本·阿拔斯、穆佳黑德等学者说"他"指安拉。(3)

穆佳黑德说，安拉在以前的各经典和这部《教诲》（古兰）中称你们为穆斯林。(4) "在这中"指在这部《古兰》中。(5) 因为安拉说："他已选择了你们，他在宗教中没有为你们设置任何困难。"然后安拉鼓励人们去遵循穆圣㊟带来的宗教，因为他所带来的宗教，就是你们祖先伊布拉欣的宗教。安拉讲述了他对这个民族的恩典——他在以前的经典中使学者们认识了这个民族的美名和荣誉。因此说，"他（安拉）在以前及在这（《古兰》）中称你们为穆斯林"，即他在这部《古兰》降示之前和这部《古兰》中，称呼你们为穆斯林。奈萨伊在解释这段经文时说，安拉的使者㊟说："谁倡导蒙昧主义的主张，谁必定将跪卧在火狱之中。"有人问："安拉的使者啊！哪怕他封斋并礼拜吗？"使者说："是的，哪怕他封斋并礼拜。你们当倡导安拉的主张。安拉通过这一主张，将你们称为穆斯林、穆民和安拉的仆人。"

"以便使者为你们作证，而你们为人类作证"，即我使你们成为各民族中公正的、中正的、优秀的、秉公作证的民族，以便你们在末日为世人作证。因为在那时，各民族都承认穆圣㊟的民族无与伦比，并具有领导权。因此，穆圣㊟的民族在后世作证众使者已经传达使命时，他们的证词将被接受。穆圣㊟也将作证：他已经为他的民族传达了使命。

"所以你们要谨守拜功、交纳天课"，即你们当通过感恩来报答这些宏恩。你们当履行安拉规定的主命和副主命，远离安拉所禁止的事情，以此来完成安拉赋予你们的义务。其中最重要的义务是立站拜功和交纳天课。正如《忏悔章》所述，天课指富人每年从自己的财产中取出很少一部分，周济穷人和有需求的人，善待安拉的被造物。"信赖安拉"，即你们要以安拉为后盾，向他求助。

"他是你们的保护者。""保护者"即襄助者、支持者、使你们获胜者。"保护者真好啊！援助者真好啊！"即保佑你们，使你们战胜敌人的安拉真好啊！

《朝觐章》注释完。愿安拉赐福安于我们的领袖穆罕默德及其家眷和弟子们！愿安拉使他们尊贵！愿安拉喜悦众圣门弟子和跟随他们行善的再传弟子们，直至报应之日！

---

(1)《哈肯圣训遗补》1：221。
(2)《艾布·达乌德圣训集》2：38。
(3)《泰伯里经注》18：691。
(4)《泰伯里经注》18：691。
(5)《格尔特宾教律》12：101。

# 《信士章》注释　麦加章

奉普慈特慈的安拉之尊名

❖ 1.信士们的确成功了。❖
❖ 2.他们是在礼拜中谦恭的，❖
❖ 3.避免妄语的，❖
❖ 4.完纳天课的，❖
❖ 5.保护羞体的。❖
❖ 6.他们的妻子们或是他们右手所管辖者除外，因为他们是不受谴责的。❖
❖ 7.此外，谁另有所求，他们就是过分的。❖
❖ 8.他们是遵守信托与契约的，❖
❖ 9.和谨守拜功的，❖
❖ 10.这些人就是继承者，❖
❖ 11.他们将继承非勒道斯，并将永居其中。❖

## 成功属于信士们　信士应具备的属性

清高伟大的安拉说："信士们的确成功了"，即他们取得了成功，赢得了幸福。他们的特征如下：

"**他们是在礼拜中谦恭的。**"伊本·阿拔斯、穆佳黑德等学者说"谦恭"指害怕、安静；[1]阿里和伊本·奈赫伊说，"谦恭"指内心的害怕；[2]哈桑·巴士里说："他们的'谦恭'在他们心中，因此，他们降低视线，谦虚谨慎。礼拜中的'谦恭'，指聚精会神，全神贯注，他们因为这种拜功而赏心悦目。安拉的使者㊗说：'我喜爱美香和女人，令我赏心悦目的则是礼拜。'"[3]

"**避免妄语的。**""妄语"指虚假的、犯罪的和有多神思想的言论，这个单词也指没有意义的言论和行为。另一段经文说：❖ 他们不参与假证，当遇到无聊的事情时，他们就自尊地走开。❖（25：72）格塔德说："以安拉发誓，他们确实遭受了安拉的严峻考验。"

"**完纳天课的。**"虽然这节经文降于麦加，但大部分学者认为，这里的"天课"指的是财产的天课。天课是伊斯兰教历二年，在麦地那被定为主命的。毋庸置疑，天课的具体数量和份额，是在麦地那规定的。但仍然可以看出，天课在麦加时已经是

---
[1]《艾哈麦德按序圣训集》4：130。
[2]《泰伯里经注》19：9。
[3]《艾哈麦德按序圣训集》3：199。

一项义务。正如同样降于麦加的《牲畜章》所述：❖ 收获的日子，你们要履行其义务。❖（6：141）

这节经文中的"天课"也可指从以物配主和污秽中清洁内心。正如安拉所言：❖ 净化它的人已经成功，玷污它的人已经失败。❖（91：9—10）也可以兼有上述两层意义，即财产的清洁和内心的清洁，因为归根结底，其目的是净化心灵。合格的穆民，应该是身心纯洁的。安拉至知。"**保护羞体的。他们的妻子们或是他们右手所管辖者除外，因为他们是不受谴责的**"，即他们保守贞操，远离奸淫和鸡奸。他们只接近他们的合法妻室或女奴。合法的性行为，是不受埋怨和指责的。

因此经文说，"**保护羞体的。他们的妻子们或是他们右手所管辖者除外，因为他们是不受谴责的**"，即他们保守贞操，远离奸淫或同性交接。他们只接近他们的合法妻室或女奴。合法的性行为，是不受埋怨和指责的。因此经文说："**此外，谁另有所求，他们就是过分的。**"

"**他们是遵守信托与契约的**"，即他们重合同，守信用，而与使者所谴责的伪信士截然不同，使者说："伪信士的特征有三个：出口撒谎，轻诺寡信，违背信托。"

"谨守拜功的"，即他们按时礼拜。伊本·麦斯欧迪说，我问使者㊑："安拉的使者啊！安拉最喜爱什么功课？"使者回答："按时礼拜。"我问："其次是什么？"使者回答："孝敬父母。"我问："其次是什么？"使者回答："为主道出征。"(1)

格塔德说"谨守拜功"指按时礼拜，并认真地鞠躬、叩头。

安拉表扬穆民的特征时，以叙述礼拜为开端，又以礼拜为结尾，说明礼拜是最优越的善功。安拉的使者㊑说："你们当坚持正道，但你们决不能把握它；须知，你们最好的功课是礼拜。只有穆民坚持小净。"(2)

安拉讲述了穆民的上述美德后，说：**"这些人就是继承者，他们将继承非勒道斯，并将永居其中。"** 两圣训实录辑录，安拉的使者㊑说："你们向安拉要求乐园时，应当要求非勒道斯，它是乐园中最高和最中心的地方，乐园的河流都从中流出。它的上面是至仁主的阿莱什。"

安拉的使者㊑说："你们每个人都有两个家，一个在乐园中，一个在火狱中。当你们中有人死去，进入火狱后，乐园的居民继承了他（在乐园中）的家。安拉说：'这些人就是继承者。'"(3)

穆佳黑德在解释**"这些人就是继承者"**时说："穆民将继承隐昧者的家。人类生活的目的是崇拜独一无偶的安拉，穆民履行了这个使命，隐昧者却放弃了它。所以，顺从安拉的穆民获得了隐昧者失掉的份额，赢得了嘉奖。"

艾布·卜勒德传自他的父亲，穆圣㊑说："复生日，一些穆民的罪恶如同群山，但安拉将赦宥他们，并将罪责加在犹太人和基督教徒身上。"(4)

另据艾布·卜勒德传述："末日，安拉让犹太教徒和基督教徒替每个穆斯林承担罪责，有声音对穆斯林说：'这是你的替身。'"欧麦尔·本·阿卜杜·阿齐兹曾要求（这段圣训的传述者）艾布·卜勒德以安拉的名义发三次誓，证明这是他的父亲从先知那里听到的，后者发了誓。(5)

笔者认为，这节经文如同下列经文：❲那是我让敬畏的仆人所继承的乐园。❳（19：63）❲这就是由于你们当初的行为而得以继承的乐园。❳（43：72）

❲12.我确用泥土的精华造化人类。❳

---
（1）《布哈里圣训实录诠释——造物主的启迪》10：414。
（2）《伊本·马哲圣训集》2：1453。
（3）《布哈里圣训实录诠释——造物主的启迪》13：415。
（4）《穆斯林圣训实录》4：2120。
（5）《穆斯林圣训实录》4：2119。

❲13.然后使他成为一滴精液，（放）在一个安全的地方。❳

❲14.然后我使这精液变成血块，然后我使那血块变成一团肉，然后再由这团肉造出骨骼，包上肉，然后我把它造化成另一个被造物。所以，安拉——最优秀的造化者真多福！❳

❲15.然后，你们必定会死亡。❳

❲16.在复生日，你们又将被复活。❳

## 安拉的迹象——用泥土创造人，然后再用精液造人

清高伟大的安拉说，他最初用精泥——臭泥创造了人类的始祖阿丹。伊本·哲利尔说："阿丹被称为'推尼（طين，泥土）'，因为他是用泥造成的。"(6) 格塔德说："阿丹是从泥土提取而来的。"(7) 这种解释的意义更为明确，也更符合经文的脉络。因为阿丹是由发臭的黏泥创造的。另一段经文说：❲他的迹象之一，就是他由土造化了你们。然后你们就成为广布的人类！❳（30：20）

穆圣㊑说："安拉用一把来自世界各地的泥土创造了人类，阿丹的子孙则因为土地的性质不同而不同，他们中有红种人、白种人、黑种人等，也有龌龊的和善良的等等。"(8)

**"然后使他成为一滴精液。"** "他"指人类。正如安拉所言说：❲他以泥土始造了人。然后，以来自卑贱液体的精华创造他的后裔。❳（32：7-8）"卑贱的"指薄弱的。又❲难道我不曾由卑微的液体造化你们吗？我把它放在一个可靠的定所，❳（77：20-21）**"安全的地方"** 指为胚胎而准备的子宫。❲到已知的程度。我曾策定，策定者多么卓越啊！❳（77：22-23）即精液在子宫中停留一段明确的时间后，将由一种状况转变成另一种状况，由一种特征转变成另一种特征。

因此经文说："**然后我使这精液变成血块**"，即我使出自男性脊背和女性胸骨部分的欢跳的液体，变成一个长形的血块。艾克莱麦说，成为血液。

"**然后我使那血块变成一团肉**"，即一块形状模糊的肉团。

"**然后再由这团肉造出骨骼**"，即我通过骨骼、神经和血管，给这块肉赋予头、手和脚。

"**包上肉**"，即我用肉遮盖和坚固这个形体。

"**然后我把它造化成另一个被造物**"，即我改

---
（6）《泰伯里经注》19：15。
（7）《泰伯里经注》19：14。
（8）《艾哈麦德按序圣训集》4：400。

变了它当初的形状，使之经历婴儿、幼年、少年、青年、壮年和老年阶段。[1]真诚可信的穆圣ﷺ说："安拉是这样造人的：首先让它（精液）在母腹中停留四十天，然后成为一块血，然后成为一块肉，然后安拉派来一位天使，那天使奉命做四件事情：规定此人的生活给养、寿命、工作、幸福还是不幸。以独一无偶的安拉发誓，你们中有人的确在做乐园居民的工作，但当他和乐园仅一尺之遥时，前定到来了，他将做火狱居民的工作，因此，他要进入火狱；你们中有人的确在做火狱居民的工作，但当他和火狱仅一尺之遥时，前定到来，他将做乐园居民的工作，因此，他要进入乐园。"[2]

**"所以，安拉——最优秀的造化者真多福！"**大能而仁慈的安拉，使人类由一滴精液，历经各个阶段，逐渐转变成一个完美的、协调的人——在讲述这些情况时，我们应当赞美他："安拉——最优秀的造化者真多福！"

**"然后，你们必定会死亡"**，即你们经历了从无到有的过程之后，还是要归向死亡。

**"在复生日，你们又将被复活。"**你们将面临另一次被造的经历。﴾你说："你们去漫游大地，观察安拉曾如何创始造化，然后怎样产生后来的造化。安拉确实是全能万事的。﴿（29：20）经文指归宿之日的情况。那时，灵魂回到躯体，万物接受审判，每个人都将因为善行和恶为而受到奖罚。

**﴾17.我在你们之上造化了七条轨道，我对于被造物绝不是疏忽的。﴿**

## 安拉造天的迹象

清高伟大的安拉讲述了人类的创造后，讲述七层天的创造。《古兰》在讲述创造人类时，往往接连讲述天地的创造。如：﴾诚然，造化天地是比造化人类更繁重的。﴿（40：57）《叩头章》也如是说过。安拉的使者ﷺ常在聚礼日的清晨诵读它，该章的前面讲述天地的创造，后面讲述用精泥创造人类，并且述及人类的归宿、报应等。

**"七条轨道"**，穆佳黑德说，指七层天。[3]譬如安拉说：﴾七重天与大地以及其中的万物，都赞颂他清净。﴿（17：44）又﴾你们不曾看到安拉怎样造化了七重天，﴿（71：15）﴾安拉造化了七重天和类似于它们的地，天命从它们当中下达，以便你们知道安拉是全能于万事的，安拉确实是周知万有的。﴿（65：12）本章的经文说：**"我在你们之上造化了七条轨道，我对于被造物绝不是疏忽的"**，即安拉知道进入大地的，从大地中出来的，从天上降下的和升到天上的一切。无论你们在哪里，安拉都与你们同在。安拉观看着你们的行为，对安拉而言，每一层天和每一层地都一目了然。他知道山底的一切，海中的一切。群山、丘陵、沙漠、海洋、旷野和森林中的一切，都在他那里有详尽的统计。﴾只要一片叶子落下，他就知道它。大地深处的每一粒谷子，一切新鲜的或是干枯的，都（被记载）在明白的天经中。﴿（6：59）

الجُزْءُ الثَّامِنَ عَشَرَ ٣٤٣ سُورَةُ المُؤْمِنُونَ

وَأَنزَلْنَا مِنَ ٱلسَّمَآءِ مَآءًۢ بِقَدَرٍ فَأَسْكَنَّٰهُ فِى ٱلْأَرْضِ ۖ وَإِنَّا عَلَىٰ
ذَهَابٍۭ بِهِۦ لَقَٰدِرُونَ ﴿١٨﴾ فَأَنشَأْنَا لَكُم بِهِۦ جَنَّٰتٍ مِّن نَّخِيلٍ
وَأَعْنَٰبٍ لَّكُمْ فِيهَا فَوَٰكِهُ كَثِيرَةٌ وَمِنْهَا تَأْكُلُونَ ﴿١٩﴾ وَشَجَرَةً
تَخْرُجُ مِن طُورِ سَيْنَآءَ تَنۢبُتُ بِٱلدُّهْنِ وَصِبْغٍ لِّلْـَٔاكِلِينَ ﴿٢٠﴾
وَإِنَّ لَكُمْ فِى ٱلْأَنْعَٰمِ لَعِبْرَةً ۖ نُّسْقِيكُم مِّمَّا فِى بُطُونِهَا وَلَكُمْ فِيهَا
مَنَٰفِعُ كَثِيرَةٌ وَمِنْهَا تَأْكُلُونَ ﴿٢١﴾ وَعَلَيْهَا وَعَلَى ٱلْفُلْكِ تُحْمَلُونَ
﴿٢٢﴾ وَلَقَدْ أَرْسَلْنَا نُوحًا إِلَىٰ قَوْمِهِۦ فَقَالَ يَٰقَوْمِ ٱعْبُدُوا۟ ٱللَّهَ
مَا لَكُم مِّنْ إِلَٰهٍ غَيْرُهُۥٓ ۚ أَفَلَا تَتَّقُونَ ﴿٢٣﴾ فَقَالَ ٱلْمَلَؤُا۟ ٱلَّذِينَ
كَفَرُوا۟ مِن قَوْمِهِۦ مَا هَٰذَآ إِلَّا بَشَرٌ مِّثْلُكُمْ يُرِيدُ أَن يَتَفَضَّلَ عَلَيْكُمْ
وَلَوْ شَآءَ ٱللَّهُ لَأَنزَلَ مَلَٰٓئِكَةً مَّا سَمِعْنَا بِهَٰذَا فِىٓ ءَابَآئِنَا
ٱلْأَوَّلِينَ ﴿٢٤﴾ إِنْ هُوَ إِلَّا رَجُلٌۢ بِهِۦ جِنَّةٌ فَتَرَبَّصُوا۟ بِهِۦ حَتَّىٰ حِينٍ
﴿٢٥﴾ قَالَ رَبِّ ٱنصُرْنِى بِمَا كَذَّبُونِ ﴿٢٦﴾ فَأَوْحَيْنَآ إِلَيْهِ أَنِ ٱصْنَعِ
ٱلْفُلْكَ بِأَعْيُنِنَا وَوَحْيِنَا فَإِذَا جَآءَ أَمْرُنَا وَفَارَ ٱلتَّنُّورُ ۙ فَٱسْلُكْ
فِيهَا مِن كُلٍّ زَوْجَيْنِ ٱثْنَيْنِ وَأَهْلَكَ إِلَّا مَن سَبَقَ عَلَيْهِ
ٱلْقَوْلُ مِنْهُمْ ۖ وَلَا تُخَٰطِبْنِى فِى ٱلَّذِينَ ظَلَمُوٓا۟ ۖ إِنَّهُم مُّغْرَقُونَ ﴿٢٧﴾

**﴾18.我从天上按照定量降下水来，我并使它停留在土地中；我也确实能带去它。﴿**

**﴾19.我以它使你们的枣园和葡萄园成长，其中有大量的果实，你们从中食用。﴿**

**﴾20.有一种树，从西奈山长出，它生产油汁和食者的调味油。﴿**

**﴾21.在家畜方面对你们也有一项教训。我使你们食用它们腹中的，它们对你们还有很多益处，你们从它们身上取得食物。﴿**

---

（1）《泰伯里经注》19：18。

（2）《艾哈麦德按序圣训集》1：382。

（3）《散置的明珠》6：94。

❰22.你们用它们和船舶得以载运。❱

## 雨水、植物、树木和牲畜中的迹象

安拉在此讲述他对人类数不胜数的宏恩之一：雨水，安拉按照定量降下它。换言之，安拉降下的这些雨水恰如其分，不多不少。如果雨水过多，大地和建筑物将会受到破坏；如果雨水太少，动物和植物将不够饮用和浇灌。甚至那些种植着的大量庄稼，但本身没有地下水的地方，安拉也会把其他地方的水带到那里。譬如埃及，它虽是著名的不毛之地，但它却得到了尼罗河的浇灌。每年雨季到来时，尼罗河还会把来自阿比西尼亚的大量红色泥土带到那里，河水浇灌了埃及的土地，泥土则留在埃及，供人们栽种。因为埃及原来的土地大部分是砂砾和盐碱地，不适合栽种。赞美安拉！他是仁爱的、彻知的、至慈的和至赦的！

"我并使它停留在土地中"，雨水从天上降下后，安拉使之长期停留在大地上，并让大地具有对雨水的适应性，所以它能吸收它，它的种子能以雨水为养分。

"我也确实能带去它"，即倘若安拉意愿，他可以不降雨，可以将雨水降到盐碱地、旷野和沙漠之中，可以使雨水又苦又咸，不能饮用和浇灌，可以把地面上的水带走，也可以使地上的雨水渗漏到人类无法获取的地方……但是仁慈的安拉从云中降下了清澈甘甜的雨水，将它储藏在地下，从泉中喷涌，在江河流淌，供人类、动物和植物饮用、灌溉、洗涤……一切赞美和恩情，全归安拉。

"我以它使你们的枣园和葡萄园成长"，即安拉通过降雨，为人类创造了美丽的园圃，以便人们栽种枣儿和葡萄。对希贾兹人来说，这些恩典再熟悉也不过了。每个地区的人们，都沐浴在类似的无法感激的宏恩之中。

"其中有大量的果实"，即人们享有各种各样的果实。另一节经文说：❰他用它为你们生产谷类、橄榄、枣子、葡萄和各种果子。❱（16：11）

"你们从中食用。"从文章脉络看，这节经文的前面好像省略了一句："你们欣赏着这些美丽的植物成熟、结果……"

"有一种树，从西奈山长出"，这是橄榄树。"土勒山"（طور）指山。有学者说，有树的山称为"土勒"，没有树的山称为"杰伯里"（جبل）。安拉至知。"西奈山"指安拉曾和穆萨交谈的西奈山，它的周围群山包围，长着橄榄树。

"它生产油汁和食者的调味油"，即橄榄树上既可提出油脂，也可提取出调味油。

安拉的使者㊗说："你们应当用橄榄油就饼子吃，并把它作为调料油，因为它出自吉庆的树。"(1)

"在家畜方面对你们也有一项教训。我使你们食用它们腹中的，它们对你们还有很多益处，你们从它们身上取得食物。你们用它们和船舶得以载运。"清高伟大的安拉说，他为人类创造的牲畜，有许多益处。人们可以饮用从它们体内提取的奶汁，可以吃它们的肉，穿它们的毛和绒，还可以骑乘它们，让它们驮着重载去遥远的地方。正如安拉所言：❰它们负着你们的重载到你们必须精疲力竭才能到达的地区。你们的主确实是至爱的，至慈的。❱（16：7）又❰难道他们不知道我从我亲手所造之中为他们造化了牲畜，然后使他们成为它们的所有者吗？我使它们服从于他们，它们当中有供他们乘载的，也有供他们食用的。并且他们还从它们得到许多利益和饮料，难道他们不感激吗？❱（36：71-73）

❰23.我确已派遣努哈到他的族人中。他说："我的族人啊！你们要崇拜安拉！除他之外你们没有其他神！你们难道不敬畏吗？"❱

❰24.他的族人中隐昧者的领袖们说道："他不过是像你们一样的凡人罢了，他希望使他自己比你们优越，如果安拉愿意，他一定会派天使下来。我们不曾从我们的祖先那里听到过这种事。"❱

❰25.他只是一个有疯病的人，所以你们要等待他一段时期。❱

## 努哈和他的族人的故事

清高伟大的安拉说，他派努哈作为他的民族的使者，向那些以物配主、违背安拉、否认众使者的人们发出警告，他们将遭受安拉的严厉惩罚。

"他说：'我的族人啊！你们要崇拜安拉！除他之外你们没有其他神！你们难道不敬畏吗？'"难道你们不因为以物配主而害怕安拉吗？努哈民族中的一些头目和首领说："**他不过是像你们一样的凡人罢了，他希望使他自己比你们优越**"，即他自称先知，其目的不过是想高人一头，妄自尊大罢了。其实他只是一个凡人，如果他受到了启示，那么其他人怎么没有受到启示呢？

"**如果安拉愿意，他一定会派天使下来**"，假若安拉打算派遣使者，他一定会派遣一位天使，而不会派遣一个凡人。我们从没有听祖先说过，某个人曾被安拉委以使命。

"**他只是一个有疯病的人**"，他自称受到安拉

---
(1)《散置的明珠》6：95。

的使命，声称因为接受启示而不同于你们，其实他只是在说疯话。

"所以你们要等待他一段时期"，你们等着吧，他将会倒霉的，你们暂且克制一下，等他死去后，你们就会感到爽快了。

⹅26.努哈说："我的主啊！求你襄助我，因为他们不相信我。"⹆

⹅27.因此我对他启示道："你在我的眷顾下照我的启示造一艘船。然后当我的命令降临和洪水泛滥时，你把每一种（物）的一对和你的家人载上船。除非那些已被宣判（毁灭）的人。你不要为不义者而呼吁我，他们必将是被淹死的。"⹆

⹅28.当你和那些与你同船的在船上坐稳时，你要说："赞美全归安拉，他已把我们从不义的群体中救出来了。"⹆

⹅29.并说："我的主啊！求你使我在一个被赐福的地方登陆，因为你是最佳的安置者。"⹆

⹅30.此中确有许多迹象，我确实是考验者。⹆

清高伟大的安拉说，努哈先知祈求安拉援助他战胜族人。正如安拉所言：⹅于是他祈求他的主，说："我被挫败了，求你援助吧！"⹆（54：10）本章的经文说："努哈说：'我的主啊！求你襄助我，因为他们不相信我。'"所以安拉命令他精心制造一艘船，并从各种动物和植物以及其他物中各取一雌一雄，将它们载到船上，同时让他的家人乘船。

"除非那些已被宣判（毁灭）的人"，即他的家人中的隐昧者，早被安拉宣判了死刑，所以不能让他们乘船，譬如他的儿子和妻子。安拉至知。

"你不要为不义者而呼吁我，他们必将是被淹死的。"当你看到倾盆大雨连绵不断的时候，不要因为怜悯你的族人而希望我再次延缓他们期限，以便他们归信。我已经判定：就在他们为非作歹、否认真理的时刻，我要淹没他们。《呼德章》已经详尽地叙述了这一故事，此处不再赘述。

"当你和那些与你同船的在船上坐稳时，你要说：'赞美全归安拉，他已把我们从不义的群体中救出来了。'"另一段经文说：⹅是他创造一切种类，并为你们造化供你们乘的船和牲畜，以便你们稳坐上面。当你们坐好后，就要记念你们主的恩典。你们说："赞美安拉，他为我们制服了此物，而我们原本对它是无奈的。我们终究要回归我们的主！"⹆（43：12－14）努哈则奉命行事。安拉说：⹅他说："上船吧！它的航行和停泊都是凭着安拉的尊名，我的主确实是至赦的，至慈的。"⹆

（11：41）所以在启航和停泊时，努哈都诵念安拉的尊名。"并说：'我的主啊！求你使我在一个被赐福的地方登陆，因为你是最佳的安置者。'"

"此中确有许多迹象。"在这拯救穆民、毁灭隐昧者的行为中，确有许多明证，证明列圣从安拉那里带来的一切都是真理，安拉能做到他所意欲的一切，他是全能万事的、全知万物的。

"我确实是考验者"，我要通过差派使者，考验众仆。

⹅31.然后，我在他们之后产生另一代人。⹆

⹅32.我在他们中派遣了一位使者，（说）"你们要崇拜安拉！除他之外你们别无应受拜的，你们难道还不敬畏吗？"⹆

⹅33.他的族人中的领袖——他们否认，并且不信后世的相会，而我却使他们在今世生活中得以享受——说："他只不过是像你们一样的人，他吃你们所吃的，他喝你们所喝的。"⹆

⹅34.如果你们服从一个和你们一样的人，你们一定会成为亏损的人。⹆

⹅35.难道他警告你们说，当你们死亡并变成灰

卷18 第23章 信士 第26—30，31—41，42—44节

尘与骨骼之后，你们会被复活吗？》

❋ 36."不可能！给你们所警告的，是不可能的。"❋

❋ 37.除了我们在今世的生命之外，没有其他的生命，我们死，我们生，但是我们决不会被复活！❋

❋ 38.他只是一个假借安拉名义捏造谎言的人，我们不会归信他！❋

❋ 39.使者说："我的主啊！求你襄助我，因为他们不信我。"❋

❋ 40.主说："不久之后，他们就会后悔的。"❋

❋ 41.然后震撼声公道地突击了他们。我使他们变得像泡沫一样。不义的群体，真该遭受弃绝！❋

## 阿德和塞姆德的故事

清高伟大的安拉说，他在努哈的民族之后又兴起另外一代人。有学者说，他们是阿德人。因为他们是努哈民族的替位者；也有人说他们是塞姆德人，因为安拉说："然后震撼声公道地突击了他们。"安拉还在这个民族中派遣了一个来自他们同族的使者，号召他们崇拜独一无偶的安拉，但他们否认使者，敌视使者。他们的借口是，这位使者是一个凡人，而不是天使。他们对复生日与安拉的相见和感性的归宿，都予以否认。他们说："难道他警告你们说，当你们死亡并变成灰尘与骨骼之后，你们会被复活吗？不可能！给你们所警告的，是不可能的。""不可能"指荒诞离奇。

"他只是一个假借安拉名义捏造谎言的人"，即他带给你们的信息、警告以及对后世归宿的预言，都是谎言。

"我们不会归信他！使者说：'我的主啊！求你襄助我，因为他们不信我。'"使者要求安拉襄助他战胜他的民族，安拉回应了他的祈求。"主说：'不久之后，他们就会后悔的。'"即他们将因为曾经反对使者所带来的信息而追悔莫及。

"然后震撼声公道地突击了他们。"这是他们否认安拉并且为非作歹而理应遭受的惩罚。不言而喻，他们遭到了夹带着震撼声的寒冷飓风袭击。❋ 它奉它的主的命令毁灭一切。所以清晨只能看到他们的住处！❋（46:25）"我使他们变得像泡沫一样"，即他们都倒地而亡，他们变得就像洪水中的泡沫，是微不足道、毫无用途的废物。

"不义的群体，真该遭受弃绝！"另一段经文说：❋ 我没有亏负他们，但他们却在自亏。❋（43:76）因为他们曾经否认正教，冥顽不化，违

背使者。听到这些消息的人们，千万要警惕，绝不能否认使者。

❋ 42.然后，我又在他们之后兴起其他的世代。❋

❋ 43.没有一个民族能超越它的时限，他们也不能延缓（它）。❋

❋ 44.然后我陆续派遣我的众使者。每逢一族的使者到达其族人时，他们就不信他。所以我使他们相继（遭受毁灭），我使他们成为故事。所以不信的群体真该遭受弃绝！❋

## 其他的一些民族

"然后，我又在他们之后兴起其他的世代。""世代"指民族、人群。

"没有一个民族能超越它的时限，他们也不能延缓（它）"，即他们都要在安拉预定的期限内兴起和灭亡。安拉的被保护的天经牌中，记录着各民族的生存期限。他知道一个民族之后的另一个民族，一个时代之后的另一个时代，一代人之后的另

一代人，他对前人和后人完全了解。

"然后我陆续派遣我的众使者。"伊本·阿拔斯说，"陆续"指接连。正如安拉所言：﴿我的确在每一个民族中派遣一位使者。（他说）"你们要崇拜安拉，远离塔吾特。"他们当中有安拉引导的人，也有应该陷入迷误的人。﴾（16：36）

"每逢一族的使者到达其族人时，他们就不信他。"这是大部分民族的情况。安拉说：﴿啊！众仆真是不幸！只要有使者到达他们，他们就要嘲笑他！﴾（36：30）

"所以我使他们相继（遭受毁灭）"，即我使他们毁灭了。另一节经文说：﴿我在努哈之后毁灭了若干世代！﴾（17：17）

"我使他们成为故事"，即我使他们成为后人的话柄和传说。正如安拉所言：﴿我使他们成为（被传说中的）话题，并使他们分崩离析。﴾（34：19）

﴿45.然后，我派遣穆萨和他的兄长哈伦，带同我的迹象和明显的权威，

﴿46.到法老和他的臣民那里去。但是这些人骄傲了，他们是自大的群体。﴾

﴿47.他们说："我们应当相信两个和我们一样的人吗？而他们的族人却是服侍我们的。"﴾

﴿48.因此他们不信他俩，所以他们变成了被毁灭的人。﴾

﴿49.我赐给穆萨经典，以便他们能获得引导。﴾

## 穆萨和法老的故事

清高伟大的安拉说，他派遣他的使者穆萨及其兄长哈伦，带着一些绝对的明证和迹象，去劝化法老及其臣民，然而法老及其居民极其傲慢无礼，他们认为穆萨和哈伦都是人，所以拒绝跟随或服从。他们的态度和历史上的否认者们如出一辙。所以安拉毁灭了他们，并在某一天将他们全体淹没。此后，安拉给穆萨颁降《讨拉特》，制定法律。从此之后，安拉不再使一个民族遭受整体毁灭。安拉命令信士们和隐昧者进行战争。正如安拉所言：﴿的确，我在毁灭了古老的一些世代之后，赐给穆萨经典，作为对世人的启蒙、引导和慈悯，以便他们记念。﴾（28：43）

﴿50."我使麦尔彦的儿子和他的母亲成为一个迹象。我让他俩住到一个宁静而有流水的高原上。"﴾

## 尔撒和麦尔彦

清高伟大的安拉说，他的仆人麦尔彦及麦尔彦之子尔撒，是给世人的一个迹象。即他们是安拉全能万事的一种明证。安拉创造阿丹时，不用父母；创造海娃时，不用女性；创造尔撒时不用父亲；创造其他人时，则通过一男一女。

"我让他俩住到一个宁静而有流水的高原上。"伊本·阿拔斯等学者说，"高原"（ربوة）指长着美丽植物的高地。[1]

伊本·阿拔斯说，"宁静"（ذات قرار）指水草肥沃；"有流水"指地面流淌着清澈的水。[2]

穆佳黑德说，"高原"（ربوة）指平地；伊本·朱拜尔说，"宁静而有流水的"指水草肥沃的。[3]

穆佳黑德等人说，"有流水的"指那里的水流源源不断。[4]

赛尔德·本·穆散耶卜说，经文指大马士革。[5]

据艾克莱麦等人传述，伊本·阿拔斯也认为经文指大马士革。

穆佳黑德在解释这节经文时说："尔撒母子当时住到大马士革一个水草肥美的地方。"[6]

艾布·胡莱赖的解释是，它是巴勒斯坦地区的一块沙地。

伊本·阿拔斯的解释应该是最恰当的。他认为尔撒母子去的那个地方，有一条清澈的溪流。安拉讲述这条河说：﴿你的主已在你的下面设置了一条小溪。﴾（19：24）端哈克等人也是这样解释的，但他们认为那个地方位于远寺。安拉至知，这种解释是最明确的。因为其他经文就是这样叙述的。《古兰》经文往往是相互注释的。最好的注释是《古兰》的经文相互间的注释，其次是确凿的圣训对《古兰》的注释，再其次是先贤的注释。

﴿51.使者们啊！你们吃各种佳美的东西，并行善吧，我确知你们所做的。

﴿52.你们的宗教是一个宗教，我是你们的主。

---

（1）《泰伯里经注》5：536。
（2）《泰伯里经注》19：38。
（3）《泰伯里经注》19：38。
（4）《泰伯里经注》19：38。
（5）《泰伯里经注》19：37。
（6）《散置的明珠》6：100。

所以你们要敬畏我。

◆ 53.但是他们把他们共同的事业分割成支离破碎的,每一派人都因为自己所持的观点而洋洋得意。◆

◆ 54.那么,就任他们一时沉迷在他们的错误之中吧。◆

◆ 55.他们可曾想过,我以财产和子嗣襄助他们,

◆ 56.(是为了)我使他们立即得到一切美好的东西吗?不,他们不了解。◆

### 命令吃合法食物、行善

清高伟大的安拉命令他的全体使者吃合法食物,并做各种善事。说明合法的食物可以帮助人完成善功。众使者确实成功地做到了这一点。他们集一切美好的行为于一身——说善言,行善事,昭示明证,忠告天下。愿安拉替世人给众使者最好的回赐。伊本·朱拜尔和端哈克在解释"**你们吃各种佳美的东西**"时说,"佳美"指合法。有段明确的圣训说:"每位先知都曾牧放过羊。"圣门弟子们问:"安拉的使者啊!你也如此吗?"使者回答说:"是的,我曾为麦加人牧羊,以换取几个基拉特(零钱)。"圣训说:"达乌德是依靠他的劳动生活的。"(1)

安拉的使者㉾说:"人们啊!安拉是美好的,他只接受美好的。安拉怎样命令众使者,就怎样命令信士们。"使者接着分别读道:"**使者们啊!你们吃各种佳美的东西,并行善吧,我确知你们所做的。**" ◆ 有正信的人们啊!你们取食我赐予你们的佳美的(食物),你们当感谢安拉,如果你们只崇拜他。◆(2:172)并说:"有人长途跋涉,头发纷乱,满身尘灰。他的食品是非法的,饮料是非法的,服装是非法的,营养是非法的,但他高举双手,呼唤着:'主啊!主啊!……'他能被回应吗?"(2)

### 列圣的宗教是认主独一的宗教, 警告那些搞宗教分裂的人们

"你们的宗教是一个宗教",即众位先知啊!你们的宗教是同一的,其宗旨都是号召人们崇拜独一无偶的安拉。

因此说:"我是你们的主。所以你们要敬畏我。"《众先知章》已经讲述(注释)了相同的经文。

"但是他们把他们共同的事业分割成支离破碎的","他们"指安拉给他们派遣了使者的各民族。

"每一派人都因为自己所持的观点而洋洋得意。"但那些执迷不悟的人却沾沾自喜,以为自己坚持着正道。安拉警告他们说:"那么,就任他们一时沉迷在他们的错误之中吧。""错误"指迷误、迷途。"一时"指毁灭前的时间。正如安拉所言:◆ 因此,你当宽限昧信者,并对他们略加延缓。◆(86:17)又◆ 让他们去吃喝和享受吧,让幻想去诱惑他们吧,他们不久就会知道。◆(15:3)

"他们可曾想过,我以财产和子嗣襄助他们,(是为了)我使他们立即得到一切美好的东西吗?不,他们不了解",即难道这些自欺欺人者认为,他们在安拉那里享有尊严和地位,所以安拉才赐给他们财产和儿女的吗?不,事实并非他们妄言的那样。他们无知地说:◆ 我们的财富和子嗣是最多的,我们不可能是受到惩罚的。◆(34:35)他们错了,他们的希望必定落空。安拉对他们的优待,只不过是明升暗降和观察考验。

因此说:"**不,他们不了解。**"正如安拉所言:◆ 不要让他们的财富和他们的子孙使你惊奇。安拉欲以此在今世惩罚他。◆(9:55)又◆ 我姑容他们,只为了他们罪上加罪。他们将受凌辱的惩罚。◆(3:178)又◆ 让我来对付那不信这言辞的人吧!我将在他们不知不觉中逐步使他们明升暗降,我将容忍他们……◆(68:44-45)又◆ 让我独自处理我所造化的吧……他一直反对我的迹象,◆(74:11-16)又◆ 你们的财富和你们的儿子,不能使你们接近我。而归信并行善的人则不然。◆(34:37)类似的经文很多。

◆ 57.的确,那些由于畏惧他们的主而心惊胆战的人,◆

◆ 58.和那些归信他们主的迹象的人,◆

◆ 59.和那些不给他们的主举伴的人,◆

◆ 60.和那些施舍的同时,害怕回到他们的主那里的人。◆

◆ 61.这等人,他们竞相行善,他们是首先获得善报的。◆

### 好人的特征

清高伟大的安拉说:"的确,那些由于畏惧他们的主而心惊胆战的人",即他们归信安拉的宇

---

(1)《布哈里圣训实录诠释——造物主的启迪》4:355;《布哈里圣训实录》2262。
(2)《穆斯林圣训实录》1:703。

宇宙迹象和法典，正如安拉形容麦尔彦时说：《她诚信了众世界的主的言辞和他的一切经典。》（66：12）即她确信，一切存在的事情都是安拉所注定的；安拉命令人们去做的事情，都是安拉所喜爱的；安拉禁止人们去做的事情，都是安拉所憎恶的。安拉所带来的一切美好的事情，都是真理。正如安拉所说："和那些不给他们的主举伴的人"，即他们只拜安拉，不拜他物，他们诚信安拉独一，认识应受拜者，惟有安拉，安拉是无求的，他没有配偶和儿女，也没有任何物与安拉等同或匹配。

"和那些施舍的同时，害怕回到他们的主那里的人。"他们在施舍财产的时候，担心有所疏忽而不蒙安拉接受，故忐忑不安，心神不宁。说明他们在宗教事务中极度小心谨慎。阿伊莎（愿主喜悦之）说，我问："安拉的使者啊！'那些施舍的同时，害怕回到他们的主那里的人。'——这节经文指的是那些偷盗、奸淫、饮酒，但同时又害怕安拉的人吗？"使者说："艾布·伯克尔的女儿啊！虔信者的女儿啊！不！经文指的是那些礼拜、封斋、施舍，同时害怕伟大安拉的人。"另据传述，使者说："虔信者的女儿啊！不！他们是那些礼拜、封斋、施舍，同时担心安拉不接受他们的善功的人。'这等人，他们竞相行善。'"[1]

《 62.我不使任何人负担其力所不及的。我有一个记录簿，它会说出真言。他们绝不会被亏待。》

《 63.但是，他们的心对于它却是在恍惚无知之中。此外他们还有其他他们必定要做的行为。》

《 64.直到我使他们当中那些奢侈的人受到惩罚时，他们突然开始求助。》

《 65.在这天不要求救，你们是一定不会被我援助的。》

《 66.我的启示曾经被宣读给你们，但是你们却掉头后退，》

《 67.在那里高傲地夜谈，信口开河。》

### 安拉的公正和多神教徒的倒行逆施

清高伟大的安拉说，他给仆人在今世中制定的法律是公正的，他只责成人们去做他们力所能及的事情。复生日，他将根据仆人功过簿中的记录清算他们，那时没有任何疏漏。

因此说："我有一个记录簿，它会说出真言。"功过簿指记录仆人一切行为的册簿。

"他们绝不会被亏待。"他们的善行不会被减

少，但穆民众仆的许多恶行会蒙安拉赦宥。

然后安拉驳斥古莱什多神教徒和隐昧者，说："但是，他们的心对于它却是在恍惚无知之中"，即他们对安拉降给穆圣㊤的这部经典一无所知，误解重重。

"此外他们还有其他他们必定要做的行为。"伊本·阿拔斯等学者说，这些行为指恶行，譬如以物配主。[2]

另一些学者说，他们被注定要在死亡之前做一些恶事，以便证实安拉对他们的判决。穆尔提里等学者如是解释。这种解释是比较确切有力的。上述圣训中已经提到："以独一无偶的安拉发誓，你们中有人的确在做乐园居民的工作，但当他和乐园仅一尺之遥时，前定到来了，他将做火狱居民的工作，因此，他要进入火狱；你们中有人的确在做火狱居民的工作，但当他和火狱仅一尺之遥时，前定到来，他将做乐园居民的工作，因此，他要进入乐园。"[3]

"直到我使他们当中那些奢侈的人受到惩罚时，他们突然开始求助"，即当那些享受今世幸福

---

[1]《提尔密济圣训全集诠释》9：19。
[2]《散置的明珠》6：107。
[3]《艾哈麦德按序圣训集》1：382。

者遇到安拉的惩罚时，他们突然间一改常态，开始向安拉求救。正如安拉所言：◊ 让我对付那些享受恩典的否认者，并对他们稍稍宽容。我这里有镣铐、火刑。◊（73：11-12）又 ◊ 我曾在他们以前毁灭了许多代人！他们曾经呼求，而那不是逃避的时间。◊（38：3）

"在这天不要求救，你们是一定不会被我援助的"，即你们哀求救助的时候，谁都不会理睬你们。大局已定，你们必受严惩，无处可逃。

然后安拉述及了多神教徒们所犯下的最大罪行："我的启示曾经被宣读给你们，但是你们却掉头后退"，即他们总是拒绝真理的召唤。◊ 这是因为当祈祷独一的安拉时你们不归信，但是当他被举伴时，你们就相信了！决断属于至高的、至大的安拉。◊（40：12）

"在那里高傲地夜谈，信口开河"，即他们在天房跟前自吹自擂，自诩天房的保护者，而事实绝非如此。奈萨伊在其圣训集中传述，伊本·阿拔斯说："这节经文'在那里高傲地夜谈，信口开河'降示后，夜谈被视作一种可憎的行为。"并说："他们在天房跟前骄傲自大，说：'我们在此夜谈，并保护着它。'他们虽然在禁寺中高谈阔论，但从不修建禁寺，只习惯于信口开河。"

◊ 68.难道他们不曾深思真言，或是不曾来临他们祖先的已经来临他们了吗？◊

◊ 69.或是他们没有认识他们的使者，因而反对他呢？◊

◊ 70.或者他们说他有疯病？不然，他已带给他们真理，不过他们大多数是憎恶真理的。◊

◊ 71.如果真理服从了他们的私欲，那么诸天与大地以及其间的万物都将毁坏。不然，我已把对他们的教诲降给了他们，但是他们却对教诲置之不理。◊

◊ 72.难道你曾向他们要求过一些报酬吗？事实上你的主的报酬是最好的，他是最好的供养者。◊

◊ 73.你的确号召他们走向正道。◊

◊ 74.那些不信后世的人的确是叛离正道的。◊

◊ 75.假若我慈悯他们，并除去他们的灾难，他们仍会固执地在他们的放肆中徘徊。◊

### 驳斥并谴责多神教徒

清高伟大的安拉谴责多神教徒，说他为他们降下了这部无比尊贵和完美的经典，但他们都抛弃了它，从不思考它的意义。而他们的在蒙昧时代早已死去的先辈们，根本没有遇见过任何经典或警告者。所以这些人理应无时无刻地接受这部伟大的《古兰》，并遵守它，研究它，以便报答和感谢安拉的宏恩。他们中也有一些优秀者，归信伊斯兰，紧跟穆圣ﷺ，至死不渝。

格塔德解释"难道他们不曾深思真言"时说："以安拉发誓，当他们深思《古兰》，并理解其意义后，他们将会发现《古兰》是止人作恶的。可是他们只专注于其中义理深奥的经文，故遭受了毁灭。"[1]

经文驳斥古莱什人中的隐昧者，说："或是他们没有认识他们的使者，因而反对他呢？"即难道他们不认识这位在他们中长大的先知诚实守信的品质吗？换言之，他们能够否认这些品质，或者挑剔它们吗？他们绝对做不到。譬如贾法尔·本·艾布·塔利卜对阿比西尼亚国王奈加希说："国王啊！安拉给我们派遣了一位使者，我们知道他血统尊贵，诚实守信。"穆黑莱·本·舒白曾对与其交战的凯斯拉国王的钦差大臣说过同样的话。罗马国王向艾布·苏富扬及其同事们问及穆圣ﷺ的品质时，他们也是如实回答的，虽然当时他们还是隐昧

---

[1]《散置的明珠》6：110。

者，但是铁的事实不容他们撒谎。[1]因为穆圣㊣的品质是众所周知的。

"或者他们说他有疯病？"多神教徒时而妄称《古兰》是穆圣㊣杜撰的，时而说穆圣㊣是个胡言乱语、不知所云的疯子。但他们被告知，他们的内心是不归信穆圣㊣的，他们也心知肚明自己对《古兰》的评论不合情理。他们所面临的是安拉的不可抗拒、无与伦比的真言，穆圣㊣曾向他们和全人类提出永远的挑战，要他们拿出一部可以与《古兰》抗衡的经典，然而他们只能望洋兴叹。

因此说："**不然，他已带给他们真理，不过他们大多数是憎恶真理的。**"这节经文也可以理解（译）为：就在他们大多数人憎恶真理的时刻，他给他们带来了真理。

## 真理不能和私欲苟合

"**如果真理服从了他们的私欲，那么诸天与大地以及其间的万物都将毁坏。**"穆佳黑德、赛丁伊、艾布·撒立哈等学者说，"**真理**"指安拉。即假若安拉使他们如愿以偿，按照他们的想法制定万物的秩序，那么"**诸天与大地以及其间的万物都将毁坏**"。因为他们的私欲中充满了邪恶，并且他们永远是矛盾的。其他章节也描述过他们，说：❮他们又说："为什么《古兰》不降给这两座城中的一位要人呢？"他们是在分配你的主的慈悯吗？❯（43：31-32）又❮你说："如果你们掌握了我的主的慈悯宝库，你们必定因为害怕花费而克扣它。人总是吝啬的。"❯（17：100）又❮难道他们有一部分权力吗？假如有，他们不给别人一丝毫。❯（4：53）这些经文都说明，人类懦弱无能，意见分歧，私欲重重。只有安拉的属性、言行、法律、决策和安排是完美无缺的。赞美安拉清高神圣！应受拜者，惟有安拉，他是独一的主宰。

"**不然，我已把对他们的教诲降给了他们。**""**教诲**"指《古兰》，"**但是他们却对教诲置之不理**"。

## 穆圣㊣不因宣扬正道而向人们索要报酬

"**难道你曾向他们要求过一些报酬吗？**"哈桑认为"**报酬**"指酬金，格塔德认为指工钱。[2]

"**事实上你的主的报酬是最好的**"，即你虽然号召他们走向正道，但你从他们身上分文不取，你只要求安拉所赐的巨大报偿。其他经文说：❮你说："我不曾向你们要求任何报酬，那是属于你们的。我的报酬只由安拉掌握。"❯

（34：47）又❮你说："我不会因此而向你们讨要报酬，我也不是造作的。"❯（38：86）又❮你说："除了关于亲情的爱之外，我不向你们要求报偿。"❯（42：23）又❮一个人从城镇的最远处跑来说："我的族人啊！你们要跟随使者们。跟随那些不向你们要求报酬，并且他们自身是遵循正道的人！"❯（36：20-21）

"**你的确号召他们走向正道。那些不信后世的人的确是叛离正道的。**"伊本·阿拔斯说，安拉的使者㊣曾在梦中见到两位天使，一位坐在他的脚跟前，一位在他的头跟前。脚跟前的那位天使对另一位说："你为此人及其民族设一譬喻。"那位在先知头跟前的天使说："他和他的民族的譬喻好比这样一群旅客：他们来到荒漠的边缘断了路资，无法前进不能后退。正在此时，有位身着棉麻衣服的人来到他们中间，此人说：'诸位，我愿带领大家去一个地方，那里水草富饶，有许多花园和水池。你们愿意跟随我吗？'众人回答：'当然同意。'那人便带领他们来到一个水草富饶的地方，那里果真有许多花园和水池，众人在那里尽情吃喝，一个个身体都发胖了。那人又说：'我当初见到你们时，你们并非如此。你们当初向我许诺，如果我带你们去水草富饶的地方，你们就紧跟我，是这样吗？'众人回答：'是的。'那人说：'你们前面的花园更加肥沃，水源更加丰富，你们愿意随我去那里吗？'这时，部分人回答：'以安拉发誓，此人绝无虚言，我们愿随他前往。'另一部分人说：'我们已经心满意足，打算停留此地。'"[3]

## 隐昧者的情况

"**那些不信后世的人的确是叛离正道的。**""**叛离**"指离开、远离。

"**假若我慈悯他们，并除去他们的灾难，他们仍会固执地在他们的放肆中徘徊。**"清高伟大的安拉说，这些隐昧者已经深陷迷误不可自拔，安拉即便解除他们所遭受的伤害，并使他们理解伟大的《古兰》，他们还是执迷不悟，冥顽不化。安拉说：❮假若安拉知道他们有任何善（念），他就会使他们听。但即使安拉使他们听见，他们也会转身离去。❯（8：23）又❮如果你能够看到他们站在火上的时候，他们会说："但愿我们能被放回去，我们绝不再否认我们主的迹象，我们一定成为信士。"不然，他们从前所隐瞒的对他们显现出来了。倘若他们被放回（今世），他们一定重犯那些对他们禁止的事。他们确实是说谎者。他们说："它只是我们今世的生活，我们绝不会被复

---

[1]《布哈里圣训实录诠释——造物主的启迪》1：42。
[2]《泰伯里经注》19：58。
[3]《艾哈麦德按序圣训集》1：267。

生。"（6：27-29）这些经文指出，安拉知道不存在的事情，假若该事情将会发生，安拉也知道它将会怎样发生。伊本·阿拔斯说："《古兰》中的'假若'表示不可能发生的事情。"

﴾76.我已使他们遭受惩罚，但是他们并不恭顺他们的主，也不恳求。﴿

﴾77.直到我对他们开启了具有严厉刑罚的门，突然间，他们就在那里绝望了。﴿

﴾78.是他为你们造化了耳、眼和心，但你们很少知感。﴿

﴾79.是他使你们分布于大地，你们只被集中到他那里。﴿

﴾80.是他赋予生命并带来死亡，昼夜因他不同，你们难道还不理解吗？﴿

﴾81.不然，他们却说了与古人相似的话。﴿

﴾82.他们说，难道当我们死亡并变成尘土与枯骨后，我们还能复活吗？﴿

﴾83.我们和我们的祖先以前已被如此许诺，这只不过是古人的神话罢了！﴿

"我已使他们遭受惩罚"，即我以各种打击和困难考验了他们。

"但是他们并不恭顺他们的主，也不恳求"，即这并没有改变他们否认真理、违背使者的常态，他们仍然执迷不悟。"不恭顺"指不敬畏，"不恳求"指不向安拉祈祷。正如其他经文所说：﴾为什么当灾难由我这里降临到他们时，他们没有恳求呢？他们的心变硬了。﴿（6：43）伊本·阿拔斯传述，艾布·苏富扬来到安拉的使者㊊跟前，说："穆罕默德啊！我以安拉和亲属的名义向你恳求，我们已经（饿得）茹毛饮血。后来安拉降谕道：'我已使他们遭受惩罚，但是他们并不恭顺他们的主'。"这段圣训的背景是这样的：古莱什人作恶多端，使者祈求安拉惩罚他们，使者当时说："主啊！请助我战胜他们，让他们遭受优素福时代那样的灾年。"[1]

"直到我对他们开启了具有严厉刑罚的门，突然间，他们就在那里绝望了"，即当安拉的命令来临，末日突然间到来时，安拉使他们遭受到他们未曾想到的惩罚。那时，他们万念俱灰，对一切美好的事情都丧失信心，不抱希望。

## 重述安拉的恩典和大能

清高伟大的安拉在此讲述他对仆人的宏恩：他为他们创设了耳朵、眼睛和心灵，他们可以通过这些感官，参悟并理解宇宙万物中的无穷迹象，认识安拉的独一和大能。

"但你们很少知感"，即你们对安拉的宏恩极少感谢。安拉说：﴾大多数人不是信士，虽然你渴望（他们信仰）。﴿（12：103）安拉讲述他的大能和权力，说他创造人类，并使他们分布于世界各地，还使他们的种族、语言和特征各不相同。到了后世，他将在一个明确的时间，把一切前人和后辈集中到一起，不疏漏任何一个大人或小孩，男人或妇女，伟人或百姓。他将使每个人恢复原来的样子。

因此说，"是他赋予生命并带来死亡"，即他使各民族死亡，使朽骨复活。

"昼夜因他不同"，昼夜都是奉他之命而被制服的，它们互相迅速追赶，循环往复，分秒不差。安拉说：﴾太阳不能越过月亮，黑夜也不能赶上白昼。﴿（36：40）

"你们难道还不理解吗？"即难道他们没有能力理解安拉是优胜的、全知的吗？万物都被安拉所制服，都尊敬并屈服于安拉。

## 多神教徒否认死后的复生

然后安拉讲述那些和古人一样的否认者，说："不然，他们却说了与古人相似的话。他们说，难道当我们死亡并变成尘土与枯骨后，我们还能复活吗？"他们认为已经腐朽的尸骨不可能被复生。

"我们和我们的祖先以前已被如此许诺，这只不过是古人的神话罢了！"他们认为不可能有复生，先知给他们讲述的，只是古籍中的神话故事。正如安拉所言：﴾难道我们成为朽骨之后……"他们说："如是那样，那的确是亏折的复原。"的确，那只是一次吼声，突然间，他们都出现于地面。﴿（79：11-14）又﴾难道人们没有看到我由精液造化了他们吗？但是突然间他们却变成了公开的对头。他为我设立譬喻，而忘记了他自己的造化。他说："谁能在尸骨已朽之后，再赋予它生命？"你说："首次造化他们的主将使他们复活！他是深知一切造化的。"﴿（36：77-79）等等。

﴾84.你说："如果你们知道的话，（请说出）大地和其中的一切属于谁？"﴿

﴾85.他们将会说："属于安拉！"你说："那么，为什么你们还不觉悟呢？"﴿

﴾86.你说："谁是七层天的主和伟大阿莱什的主？"﴿

---
[1]《布哈里圣训实录诠释——造物主的启迪》8：435。

◆ 87.他们会说："安拉。"你说："你们难道还不敬畏吗？"◆

◆ 88.你说："如果你们知道，（请说出）万物的权力由谁掌握？安拉救助（众生），但谁也救不了安拉要惩罚的人。"◆

◆ 89.他们会说："安拉。"你说："那么你们怎么被迷惑了呢？"◆

◆ 90.不然，我已赐给他们真理，但是他们确实是撒谎的。◆

## 多神教徒承认安拉独具养育性他们理所当然地承认安拉独具受拜性

清高伟大的安拉强调他的独一性，并指出他是独一的创造者、支配者和掌握者，以便指导人们认识他是独一无偶的、惟独他有权接受崇拜。多神教徒虽然承认安拉独具养育性，但他们还是认为其他事物（偶像）也像安拉那样具有受拜性。他们承认他们所崇拜的那些偶像不能创造任何事物，没有任何权力，甚至不拥有任何东西，但他们还是崇拜它们。他们认为这些偶像能够使他们接近安拉。他们说：◆ 我们崇拜他们，只为他们能使我们接近安拉。◆（39：3）安拉对穆圣说："你说：'如果你们知道的话，（请说出）大地和其中的一切属于谁？'"即谁是其中一切动物、植物和其他被造物的创造者兼掌管者？**"他们将会说：'属于安拉！'"** 他们将在你（穆圣）面前承认，这一切都属于独一无偶的安拉，在此情况下："你说：**'那么，为什么你们还不觉悟呢？'"** 惟独造物者和供养者应该接受崇拜。

"你说：'谁是七层天的主和伟大阿莱什的主？'"即谁创造了至高的世界，使灿烂的星星和众天使在这个世界的各个角落恭顺安拉？谁是万物之脊——伟大阿莱什的养主？

因此，经文在此说："**伟大阿莱什的主。**"安拉说◆ 尊贵阿莱什的主！◆（23：116）"尊贵"在此指美丽。即阿莱什是一个浩瀚旷达、美丽多彩的被造物。因此，有学者说阿莱什是由红宝石造成的。伊本·麦斯欧迪说："你们的养主那里没有昼夜，阿莱什的光来自他的外吉海[1]的光。"

"他们会说：'安拉。'你说：'你们难道还不敬畏吗？'"即如果你们承认安拉是诸天和伟大阿莱什的养主，那么为什么你们还崇拜他物，并举伴安拉呢？你们不畏惧安拉的惩罚吗？

"**万物的权力由谁掌握？**"正如安拉所言：◆ 没有一种动物的命脉不归他掌管。我的养主确在正道上。◆（11：56）即安拉是万物的支配者。

---
（1）字意为脸。安拉至知其意。——译者注

安拉的使者经常说："以掌握我生命的安拉发誓……"他在发庄重的誓言的时候说："以改变心灵的安拉发誓……"因为安拉是创造者、掌权者和支配者。

"**安拉救助（众生），但谁也救不了安拉要惩罚的人**"，即他是至大的主宰，创造权和命令权都属于他，他的判决是不可抗拒的。他所意欲的事物都会产生，他不意欲的事物绝不会产生。他说：◆ 他的行为不受询问，但是他们却要被质询。◆（21：23）因为他是伟大的、优胜的、智慧的和公正的。万物的行为都将受他审问。正如安拉所言：◆ 凭你的主发誓，我一定会审问他们全体——关于他们所做过的一切行为。◆（15：92-93）"**他们会说：'安拉。'**"即他们将承认救助众生而无需救助的至大主宰，是独一无偶的安拉。"**你说：'那么你们怎么被迷惑了呢？'**"你们既然知道并承认这个道理，又为何愚蠢地崇拜他物呢？"**不然，我已赐给他们真理**"，即安拉已经让世人知道：应受拜者，惟有安拉。安拉还为此树立了鲜明而绝对的明证。"**但是他们确实是撒谎的。**"他们在崇拜安拉的同时，毫无道理地崇拜偶像，这确实是荒谬的行为。正如安拉所言：◆ 谁祈求安拉的同时，毫无

理由地祈求他神，对他的清算只在他的主那里。隐昧者绝不成功。》（23：117）多神教徒们的荒唐之举和迷信行为并没有任何证据，他们只是盲目地继承了无知的祖先。安拉模仿他们的话说：《我们发现我们的祖先遵从一种宗教，我们是步他们后尘的。》（43：23）

《91.安拉没有任何子女，也没有任何神与他同在。否则，每一个神都会拿去它所造化的，并且优胜劣汰，赞安拉清净！他超绝于他们所形容的。》

《92.他知道幽明，并超乎于他们所举伴的。》

## 安拉没有伙伴

清高伟大的安拉指出，他没有儿女或伙伴，也没有任何神与他共同掌握权力，决策万物或接受崇拜。"**安拉没有任何子女，也没有任何神与他同在。否则，每一个神都会拿去它所造化的，并且优胜劣汰**"，即假设有许多神明，那么每个神必定会支配他所创造的，这样，宇宙规律就紊乱了。众所周知，宇宙万物是和谐而统一的，其高级世界和低级世界（包括天地）密切联系，极其完美。《你绝看不出至仁主的造化有任何不协调。》（67：3）如果再有神，每个神都想征服另一个神，发挥其特权（这必然导致分歧），其结果就是优胜劣汰。哲学家们将这种现象称为"矛盾"。即假设有两个或更多的造物神，此后若一个神要让某物活动，而另一个神要让它静止，如果他们都无法实现自己的想法，那么他们都是无能的。而神不可以是无能的；此外，这两个神的想法因为矛盾而无法一起实现。这就是假设多神后所产生的答案。充分说明了多神论之谬误；假若两个神中的一个实现了其愿望，而另一个愿望落空，那么如愿以偿者是优胜者，他就是真神，另一个则是劣败者，它绝不可能是神，因为神不可能是被征服的。因此说，"**赞安拉清净！他超绝于他们所形容的**"，即安拉与过分的不义者假设给他的配偶和儿女毫无关系。"**他知道幽明**"，即他知道万物不能见的和能见的一切。

"**并超乎于他们所举伴的**"，即安拉是神圣伟大的，清净无染的，他与不义者和否认者所说的一切无关。

《93.你说："我的主啊！如果你一定要让我看到他们被警告的。》

《94.我的主啊！那么就求你不要把我列入不义的群体。"》

《95.我确实能够使你看到我给他们所警告的。》

《96.你当以最好的抵制邪恶。我至知他们所叙述的。》

《97.你说："我的主啊！我求你保护我免遭众魔鬼的诱惑。》

《98.我的主啊！我求你庇佑，莫让它们接近我。"》

## 命令在灾难降临的时候祈求安拉
## 以善止恶 念求护词

清高伟大的安拉命令使者穆罕默德❀在遇到灾难时念下列祷词："**我的主啊！如果你一定要让我看到他们被警告的**"，即如果我在时你要惩罚他们，请你使我离开他们。圣训中说："如果你要考验一个群体，请你把我召回到你那里，不要让我经受打击。"[1]

"**我确实能够使你看到我给他们所警告的**"，即假若我意欲，我一定会让你看到降于他们的灾难。然后安拉指导穆圣❀获得一种有效的"解毒剂"，以免在和人们来往中受到伤害。即以德报怨，以便收复人心，化干戈为玉帛，变仇恨为友情。

"**你当以最好的抵制邪恶。**"另一段经文说：《善恶不相等，你要以较好的去对付恶，那么与你有仇的人就会变得犹如密友。只有坚韧者才接受它，只有享有极大福分者，才能接受它。》（41：34-35）即只有那些忍受他人伤害，以德报怨，并在今世和后世具有巨大福分的人，才有资格接受这条忠告，或具有这种属性和特征。

"**你说：'我的主啊！我求你保护我免遭众魔鬼的诱惑。'**"安拉命令穆圣❀向他求庇佑，以免遭受各种恶魔的伤害。当穆圣❀求庇佑时，恶魔无计可施，毫无办法。安拉的使者❀说："我求全听全知的安拉，庇佑我免于被驱逐的恶魔及其中伤、鼓动和诱惑的伤害。"[2]

"**我的主啊！我求你庇佑，莫让它们接近我**"，即不要让它们干扰我的任何事情。因此，安拉命令先知着手做任何事时，圣人首先要祈求安拉庇佑，并驱逐恶魔，以免其干扰。穆圣❀在吃饭、房事、宰牲时，首先要念求护词。艾布·达乌德传述：安拉的使者❀说："主啊！求你庇佑我免于衰老，求你庇佑我免于挤压或淹没，求你庇佑我免于临终前恶魔的干扰。"[3]

---

(1)《艾哈麦德按序圣训集》5：243。
(2)《艾布·达乌德圣训集》1：490。
(3)《艾布·达乌德圣训集》2：194。

❴99.直到死亡降临到他们当中的一人时,他才说:"我的主啊!求你使我回去吧。❵

❴100.以便我能够在我所遗留的中行善。"不!那只不过是一句说出的话。在他们后面有个屏障,直到他们被复活的那天。❵

### 隐昧者临死时的希望

安拉在此讲述隐昧者和过分者们临死时的情况以及他们所说的话和他们对重返今世、弃恶从善的渴望。他们说:"我的主啊!求你使我回去吧。以便我能够在我所遗留的中行善。"另一段经文说:❴你们要在死亡降临你们当中任何人之前,从我赐给你们的当中花费……安拉是彻知你们行为的。❵(63:10-11)又❴你当警告世人,那一天惩罚会降临他们……你们将永垂不朽吗?❵(14:44)又❴在它的预报降临的那天,那些在以前忘记它的人将说:"我们主的使者们确曾带来了真理。现在我们可有求情者替我们求情吗?或是我们能被遣回,以便我们做我们过去不曾做的事情。"❵(7:53)又❴如果你能看见那些有罪的人在他们的主跟前垂下他们的头说道:"我们的主啊!我们已看见了,也听到了。你让我们回去,我们一定会行善,我们是确信者。"如果你看到这种情况……❵(32:12)又❴如果你能够看到他们站在火上的时候,他们会说:"但愿我们能被放回去,我们绝不再否认我们主的迹象……他们确实是说谎者。❵(6:27-28)又❴你将看到不义者们在看见惩罚的时候要说:"有任何回归之道吗?"❵(42:44)又❴他们说:"我们的主啊!你曾使我们死过两次,你也曾两度给予我们生命!现在我们承认我们的罪了,有什么可以出去的途径吗?❵(40:11)又❴他们将在其中大声求救说:"我们的主啊!求你放我们出去,我们一定会一改常态而行善的。"我不曾给他们足够长的寿命,好让觉悟者觉悟吗?警告者已来临你们了。所以你们尝尝吧!不义者没有任何援助者。❵(35:37)清高伟大的安拉说,在下列情况下,隐昧者将要求重返今世:临终的时候,复生的时候,接受强大安拉的检阅的时候,看见火狱的时候以及在火狱中遭受惩罚的时候。但他们的祈求不被应答。

"不!那只不过是一句说出的话。""不"表示抑制和禁戒。即安拉决不会应答或接受他的要求。

"那只不过是一句说出的话。"返回今世行善,只是出自他的一句话,而不是实际行动。他们即便真能返回今世,也不会做任何善事,并将否认曾经说过的这句话。正如安拉所言:❴倘若他们被放回(今世),他们一定重犯那些对他们禁止的事。他们确实是说谎者。❵(6:28)格塔德说,以安拉发誓,他并不希望回到亲人或族人跟前,也不希望聚积今世财富,满足各种欲望,他只希望回到今世顺从安拉。愿安拉慈悯这样一些人:他们在今世已经完成了隐昧者进入火狱后才梦想着去做的事情。

### 今世和后世间的屏障及其惩罚

"在他们后面有个屏障,直到他们被复活的那天。""在他们后面"指他们将面临。穆佳黑德说"屏障"(بَرْزَخ,白勒宰赫)是今世和后世之间的间隔期;伊本·凯尔卜说,"屏障"指今世和后世之间的时期,指他们不和今世的人一起吃喝,也不和后世的人一起受到行为的报酬;艾布·撒赫勒说"屏障"指坟墓,不在今世也不在后世,他们将在其中停留到人类被复生的日子。[1]

这节经文其实是对那些即将死去的不义者的警告,他们死后,将在白勒宰赫遭受惩罚。正如安拉所言:❴他们后面是火狱。❵(45:10)又❴在他的前面有严厉的刑罚。❵(14:17)

"直到他们被复活的那天",即他们将在这个间隔期遭受长期的惩罚,直到复生日到来的那一天。圣训中说:"他将长期在其中遭受惩罚。""其中"指土壤中。[2]

❴101.当号角被吹响时,他们彼此间将不再有各种关系,也不互相询问了。❵

❴102.那时,那些(天秤)分量重的人,他们就是成功的人。❵

❴103.但是那些(天秤)分量轻的人,他们都是亏损的人,他们永远住在火狱里面。❵

❴104.火将烧他们的脸,他们将在其中愁眉不展。❵

### 吹响号角及称量

清高伟大的安拉说,当复生众生的号角被吹响,人们纷纷从坟墓中站起来后,"他们彼此间将不再有各种关系,也不互相询问了",即那天,任何关系都将失去意义,父亲不再怜悯自己的儿子。安拉说:❴亲友不问亲友。❵(70:10-11)即亲属相见后,互相不予理睬。人们不能够替今世中最爱的人承担任何一点责任,哪怕它轻如蚊子的翅膀。安拉说:❴那天,人将逃避他的兄弟,他的父母,

---

(1)《散置的明珠》6:116。
(2)《提尔密济圣训全集诠释》4:183。

以及他的妻室和子女。》（80：34-36）伊本·麦斯欧迪说："后世成立之日，安拉要把一切前人和后人召集起来，有呼吁者呼吁：'谁曾受过亏待，就让谁来取回它应得的偿还！'这时，人们将因为曾经对他的父亲、儿女或妻子有恩而感到高兴，即便那点恩情十分微小。人们将希望自己的父亲、儿女或妻子有负于他们，即使十分微小的亏负。下列《古兰》经文可以证明这句话：'**当号角被吹响时，他们彼此间将不再有各种关系，也不互相询问了。**'"[1]"**那时，那些（天秤）分量重的人**"；伊本·阿拔斯说，经文指谁的善行比恶行重，哪怕重一点点，"**他们就是成功的人**"，即他们已经脱离火狱，进入乐园，如愿以偿。伊本·阿拔斯说："这些人已经获得了他们所追求的，得救于他们所逃避的可怕遭遇。"

"**但是那些（天秤）分量轻的人**"，即其罪恶重于善行的人，"**他们都是亏损的人**"，即他们彻底绝望了，并将遭受毁灭，他们的交易是亏折的。"**他们永远住在火狱里面**"永不离开，"**火将烧他们的脸**"。这节经文如同下列经文：《他们的脸被烈火覆盖。》（14：50）又《如果隐昧的人知道那一时刻，那时他们不能挡去他们脸上和他们背上的火……》（21：39）

"**他们将在其中愁眉不展。**"伊本·阿拔斯说，经文指皱着眉头。[2]

《105.我的迹象不是曾经对你们诵读过吗？而你们却不信它们。》

《106.他们将会说："我们的主啊！我们的不幸压倒了我们，我们曾是迷误的群体！"》

《107.我们的主啊！求你使我们离开这里吧，如果我们重犯，那么，我们就真是不义的人了！》

### 羞辱火狱的居民 火狱的居民承认自己的薄福以及要求脱离火狱

火狱的居民因为曾经否认安拉、犯有罪恶而遭受了毁灭，安拉谴责并羞辱他们，说："**我的迹象不是曾经对你们诵读过吗？而你们却不信它们**"，即我为你们遣圣降经，消除迷误，使你们没有借口否认我。安拉说：《以免派遣使者之后，人们对安拉有任何托辞。安拉是优胜的、明哲的。》（4：165）又《我不是惩罚者，直到我派遣一位使者。》（17：15）又《它几乎因为愤怒而炸开，每当一群人被投入其中时，它的管理者们就会问："警告者

---

(1)《泰伯里经注》19：72。
(2)《泰伯里经注》19：74。

不曾降临过你们吗……愿火狱的居民们远离（安拉的慈悯）吧！》（67：8-11）

因此，他们将会说："**我们的主啊！我们的不幸压倒了我们，我们曾是迷误的群体**"，即我们在铁的事实面前无话可说，倒霉的是我们没有服从那些明证，错失良机，迷失了它。

"**我们的主啊！求你使我们离开这里吧，如果我们重犯，那么，我们就真是不义的人了**"，即请你使我们回到今世吧！如果我们故态复萌，我们就是不义者，罪有应得。安拉说：《现在我们承认我们的罪了，有什么可以出去的途径吗……决断属于至高的、至大的安拉。》（40：11-12）即现在已经无路可走，因为穆民们曾经只拜主时，你们却在以物配主。

《108.他说："你们可耻地进去吧！不要向我说话。"》

《109.我的仆人中曾经有一些人说："我们的主啊！我们归信了，所以求你宽恕我们，并慈悯我们，你是最好的慈悯者。"》

《110.但是你们却把他们当作笑柄，直到他们

使你们忘了记念我，而你们仍然嘲笑他们。◈

◈111.我确因他们的坚忍，而在这天回赐了他们，他们确实是成功的。◈

## 安拉对隐昧者的答复和驳斥

隐昧者要求脱离火狱，返回尘世时，安拉回答他们说："**你们可耻地进去吧！**"即你们屈辱地呆在里面吧！

"**不要向我说话。**"即不要再对我提出这样的要求，我不会应答你们。

伊本·阿拔斯在解释这节经文时说："这是他们乞求无果之后，安拉所说的话。"(1)阿卜杜拉·本·阿慕尔说：火狱的居民向马立克天使乞求了四十年，期间有求无应。后来他回答说：◈**你们确实要留在这里。**◈（43：77）他说："以安拉发誓，马立克天使及其养主对这些呼求不屑一顾，后来他们又祈求道：'我们的主啊！我们的不幸压倒了我们，我们曾是迷误的群体！我们的主啊！求你使我们离开这里吧，如果我们重犯，那么，我们就真是不义的人了！'"他接着说："此后他们等待了地球寿命的两倍，然而他们听到的回答是：'**你们可耻地进去吧！不要向我说话！**'此后他们在火狱中一言不发，只有哀鸣声。……他们的声音和驴的声音非常相似，由高降低。"(2)

这些隐昧者在今世中罪恶累累，嘲弄穆民和安拉的盟友，安拉讲述这些情况说："**我的仆人中曾经有一些人说：'我们的主啊！我们归信了，所以求你宽恕我们，并慈悯我们，你是最好的慈悯者。'但是你们却把他们当作笑柄**"，即你们曾经因为穆民崇拜安拉、向安拉祈求而讥笑他们。"**直到他们使你们忘了记念我**"，即你们因为讥笑他们而忘记了记念、祈求我。"**而你们仍然嘲笑他们**"，即你们嘲笑他们的行为和他们的崇拜。安拉说：◈真的，犯罪者们曾经嘲笑那些归信者，每当他们经过他们（归信者）时，他们就互相挤眉弄眼。◈（83：29-30）然后安拉讲述了他的盟友和忠仆所得的报偿："**我确因他们的坚忍，而在这天回赐了他们。**"他们曾经忍受你们的伤害和嘲弄。"**他们确实是成功的**"，即信士们赢得幸福、平安和乐园，并从火狱中得救。

◈112.他说："你们在大地上居留了多少年？"◈

◈113.他们说："我们逗留了一天或不及一天，请你去问那些计算者吧。"◈

◈114.他说："你们只不过停留了很短的时期。如果你们知道的话。"◈

◈115.你们以为我只是随意地造化了你们，而你们不会被带回到我这里来吗？◈

◈116.赞美安拉——真实的君主清高！除他之外再无应受拜者，他是尊贵阿莱什的主！◈

他们曾在暂短的今世虚度年华，没有顺从和崇拜独一无偶的安拉。假若他们当时能够忍受（那只是暂短的忍受），他们一定会像那些敬畏者一样取得巨大的成功。安拉提醒道："**他说：'你们在大地上居留了多少年？'**"即你们曾在今世居住了多长时间？

"**他们说：'我们逗留了一天或不及一天，请你去问那些计算者吧。'**""计算者"指记录时间的天使。"**他说：'你们只不过停留了很短的时期'**"，即无论怎么计算，你们在今世停留的时间都是非常短暂的。"**如果你们知道的话**"，即如果你们知道这一切，你们就不会选择腐朽而放弃永存，不会如此虐待自己，也不会在那短暂的时期内激怒安拉。假若你们能像穆民那样，坚韧地崇拜安拉，你们就会像他们一样赢得成功。

安拉的使者㊥说："当乐园居民和火狱居民各就各位后，安拉问道：乐园的居民啊！你们在地球上逗留了多久？他们说：'我们逗留了一天或半天。'安拉说：'你们的生意太好了，你们在一天或半天的时间内获得了我的慈悯、喜悦和乐园。你们永居乐园吧！'然后他问火狱的居民：'火狱的居民啊！你们在地球上逗留了多久？他们说：'我们逗留了一天或半天。'安拉说：'你们的生意太卑劣了，你们在一天或半天的时间内换来了我的火狱和恼怒，你们永居火狱吧！'"(3)

## 安拉不是随意地创造众仆

"**你们以为我只是随意地造化了你们**"，即难道你们是安拉漫无目的地创造的吗？不，你们都肩负着一种使命，安拉造你们是有一种哲理的。有学者说："难道安拉创造你们，是为了你们游戏人生吗？你们和那些不受回赐不受惩罚的牲畜不同，你们的人生使命是崇拜安拉，履行安拉的命令。""**而你们不会被带回到我这里来吗？**"即你们不能被召回到后世吗？安拉说：◈难道人以为他就此被放纵？◈（75：36）

"**赞美安拉——真实的君主清高！**"即安拉绝

---

（1）《泰伯里经注》19：79。
（2）《淡薄》1：158。
（3）《旷野雄狮》1：187。

不会随意地创造任何事物,安拉是真实的君主,他清净无染。

"除他之外再无应受拜者,他是尊贵阿莱什的主!"经文述及"阿莱什",因为它是万物之脊,安拉以"尊贵的"(كريم)来形容它。即它的形状极其美丽多彩。正如安拉说:﴿大地,我将它展开,我在其间安置山岳,并在其中长出各种美丽的东西。﴾(50:7)

﴿117. 谁祈求安拉的同时,毫无理由地祈求他神,对他的清算只在他的主那里。隐昧者绝不成功。﴾

﴿118. 你要说:"我的主啊!求你恕饶,求你慈悯,你是最好的慈悯者。"﴾

**以物配主是重大的不义,犯此罪者永不成功**

有人举伴安拉,像崇拜安拉一样崇拜他物,安拉讲述他们的崇拜时说:"毫无理由",即他们的言论毫无道理。"谁祈求安拉的同时,毫无理由地祈求他神",这是一个插句。上面句子的结句是:"对他的清算只在他的主那里",即安拉负责清算他。

"隐昧者绝不成功",即到了后世,在安拉那里他们不会成功,也无法得救。

"你要说:'我的主啊!求你恕饶,求你慈悯,你是最好的慈悯者。'"安拉指导仆人念这些祷词。"恕饶"指消除罪恶,不使它公布于众。"慈悯"指使言行端正顺利。

《信士章》注释完。

---

**《光明章》注释**　麦地那章

**奉普慈特慈的安拉之尊名**

﴿1.（这是）我颁降的一章天经,我使它成为天命。我在其中已降下了明显的迹象,以便你们觉悟。﴾

﴿2. 奸夫淫妇,你们打他们每人一百鞭。如果你们归信安拉和末日,你们不要因为怜悯他俩而

置安拉的宗教于不顾。让一部分信士作证他俩受惩罚。﴾

**《光明章》的重要性**

清高伟大的安拉说,这是"我颁降的一章天经",说明安拉对它的高度重视,但并不说明其他章节不重要。

"我使他成为天命。"穆佳黑德和格塔德解释为:安拉已在其中阐明了合法与非法,命令与禁止以及法度（刑法）。[1]

布哈里说,"我使它成为天命"的意思是:安拉为你们和你们以后的人制定了它。[2]

"我在其中已降下了明显的迹象",即安拉在其中颁降了被明确解释的经文,"以便你们觉悟"。

**淫行的惩罚**

"奸夫淫妇,你们打他们每人一百鞭。"这段尊贵的经文指出了犯淫行的人所应受的惩罚。其

---

[1]《泰伯里经注》19:89。
[2]《布哈里圣训实录诠释——造物主的启迪》8:301。

详细情况如下：犯淫行的人要么是未婚者，要么是已婚者。已婚者指有过合法婚姻的性行为的人，他还必须是理智健全的成年自由人；未婚者指没有结过婚的人。正如安拉所述，未婚者犯有淫行时，其惩罚是打一百鞭，并从家乡驱逐出去，一年之后才可返回。两圣训实录辑录："有两个游牧人来见安拉的使者，一个说：'安拉的使者啊！我的儿子是这人的雇工，他和此人的女人犯有奸行，我用一百只羊和一个女奴赎回了我的儿子。后来我去问学者，他们说我儿子应该被打一百鞭子，并驱逐到异地，一年之内不得返乡。此人的女人应该被处石刑。'安拉的使者听后说：'以掌握我生命的安拉发誓，我将依安拉的经典在你俩之间判决：你应该要回你的女奴和羊群，你的儿子将被打一百鞭子，并驱逐出门，一年内不得返回。'先知接着对一位穆斯林说，小艾奈斯啊！你到此人的女人跟前（问她是否犯有淫行），如果她承认了罪行，你就对她施行石刑。"小艾奈斯去问那位妇女时，她承认了。她因此被处以石刑。[1]

圣训证明，未婚者犯淫行时应该被打一百鞭，并驱逐到异地，一年不得返乡；而结过婚的人（理智健全的成年自由人），应该被处以石刑。伊玛目马立克传述，欧麦尔（愿主喜悦之）某日站起来赞美了安拉后，演讲道："人们啊！安拉以真理派遣了穆罕默德，给他颁降了经典，他所接受的经典中记录着有关石刑的经文。我们确已读过那段经文，并领会了其意义。使者曾施行过石刑，使者归真后，我们也施行过石刑。我担心日久天长之后有人会说：'我们在安拉的经典中没有发现石刑的经文。'他们将因为抛弃安拉降示的天命而走向迷途。安拉的经典规定，当证据成立，或有怀孕的迹象，或当事人承认时，结过婚的有淫行的人——无论男女——都应该遭受石刑。"[2]

## 法律面前不讲情面

"你们不要因为怜悯他俩而置安拉的宗教于不顾"，即你们不要因为怜悯他俩（有淫行的男女）而置安拉的法律于不顾。但经文并不禁止人们在执行刑罚时所产生的与生俱有的怜悯之情。只是禁止法官因有怜悯之情而置刑法于不顾，这对法官来说是不允许的。

穆佳黑德等学者说："起诉到法官跟前的刑事案件必须要执行，不得废弛。"

穆圣说："你们当相互赦免你们间的法度（惩罚），到于我跟前的任何法度，都是必定要施行的。"[3]

"如果你们归信安拉和末日"，你们就得依法办事，对有淫行的人执行法度，严厉地打他们，但不要引起创伤。以使有类似行为的人受到警告。据传述，有位圣门弟子问："安拉的使者啊！我在宰羊时，对羊有怜悯之心。"使者说："你会因此而得到报酬。"[4]

## 在大庭广众之下执行法度

"让一部分信士作证他俩受惩罚。"对于犯有奸行的人，当众受鞭打更具有羞辱性，说明耻辱和谴责之情可以起到更加深刻的儆戒效应。

哈桑·巴士里解释这节经文时说："经文要求在大庭广众之下执行刑法。"

※ 3.犯淫行的男子只能娶犯淫行的女子，或是女多神教徒；犯淫行的妇女也只能嫁给犯淫行的男人或男多神教徒。对于归信者，这种事是受禁止的。※

清高伟大的安拉说，奸夫只与淫妇或多神教徒媾和。换言之，只有那些违抗安拉的淫妇或并不认为这种行为不合法的女多神教徒，才会满足奸夫的淫欲。"**犯淫行的妇女也只能嫁给犯淫行的男人或男多神教徒**"的意义同上。"**有淫行的男人**"指违抗了安拉的奸夫。"**多神教徒**"指无视法律尊严的人。

"**对于归信者，这种事是受禁止的。**""这种事"指淫行和与有淫行的人结婚。或者指把贞洁的女子嫁给淫荡的男人。[5]

格塔德和穆尔提里·本·海雅尼说："安拉禁止穆民和淫乱者结婚。"这节经文与下列经文意义接近：※ 她们必须是贞洁的，不是淫荡的，也不是有情人的。※（4：25）又 ※ 但你们应当是贞洁的、不是淫荡的、也不是有情人的。※（5：5）阿卜杜拉·本·阿慕尔传述，有位穆民曾要求使者同意他和一个名叫乌姆·麦海祖里的女人结婚。这个女人曾经有淫乱行为。她愿意以供养他为结婚的条件。他向使者提到这个女人的情况后，使者对他诵读了下列经文："**犯淫行的男子只能娶犯淫行的女子，或是女多神教徒；犯淫行的妇女也只能嫁给犯淫行的男人或男多神教徒。对于归信者，这种事是受禁止的。**"[6]

---

[1]《布哈里圣训实录诠释——造物主的启迪》5：355。
[2]《布哈里圣训实录诠释——造物主的启迪》13：148。
[3]《艾布·达乌德圣训集》4：540。
[4]《艾哈麦德按序圣训集》5：34。
[5]《散置的明珠》6：127。
[6]《艾哈麦德按序圣训集》2：158。

安拉的使者㉕说："曾受鞭刑的犯有淫行者，只能与类似他的人结婚。"(1)

❮ 4.那些诬告贞洁妇女而不能提供四名证人者，各打他们八十鞭，以后永远不接受他们的见证。这种人是坏事者。❯

❮ 5.除非事后悔罪并改正的那些人，安拉是至赦的、至慈的。❯

### 诬告（冤枉）的法度

这段尊贵的经文阐明了诬告贞洁妇女（安分守己的自由成人）的人应该遭受鞭刑。诬告男子的妇女也是同样。如果告发者拿出证据，证实自己所说的话，他可以不受刑罚。因此，经文说："那些诬告贞洁妇女而不能提供四名证人者，各打他们八十鞭，以后永远不接受他们的见证。这种人是坏事者。"如果告发者拿不出证据，他应该遭受下列三项惩罚：一、击打八十鞭。二、其证词永不被接受。三、他是坏事者，在安拉和世人那里，他不再是一个公正的人。

### 诬告者的忏悔

"除非事后悔罪并改正的那些人，安拉是至赦的、至慈的。"这个除外句与上面第二和第三条有关。关于鞭击的规定已成定论，无论犯罪者是否忏悔，其惩罚都必须执行。如果他忏悔，他的证词将被接受，不再被看作坏事者。再传弟子的领袖和一些先贤持此观点。(2)

舒尔宾和端哈克说："他即使忏悔，他的证词依然不被接受。但如果他承认曾说了假话，他的证词才可以被接受。"安拉至知。(3)

❮ 6.那些指控他们的配偶，而又除了他们自己之外没有证人的人，其见证是凭安拉作证（起誓）四次，说他确实是诚实的。❯

❮ 7.第五次是（说），如果他说谎，安拉就会诅咒他。❯

❮ 8.她凭安拉作四次证，说他是说谎者，就可以使她避免惩罚。❯

❮ 9.第五次是（说），如果他是诚实的，她将遭受安拉的恼怒。❯

❮ 10.如果不是由于安拉对你们的恩典和仁慈以及安拉是至赦的、明哲的……❯

### 赌誓(4)

若有人认定妻子不忠，但又拿不出证据时，可以通过赌誓来替自己辩护。这段尊贵的经文，为人们提供了解决这种难题的方法和出路。伊玛目（穆斯林法官）应该召来这位妻子，让其丈夫当面对其提出指控。然后法官让他当着四个证人的面以安拉的名义发四次誓。让他发誓，在他对她的指控中"他确实是诚实的"。

"第五次是（说），如果他说谎，安拉就会诅咒他。"丈夫说过此话后，夫妻关系仅因他的誓言而终结了，他永远不能和这位妻子复婚。他还要把曾经送给她的聘金留给她。这位妻子则要受到淫行的惩罚，其丈夫无权制止她受罚。但如果这位妻子也以安拉的名义发四次誓，说丈夫在撒谎，"第五次是，（说）如果他是诚实的，她将遭受安拉的恼怒。"那么她可以不受惩罚。

因此说"她凭安拉作四次证，说他是说谎者，就可以使她避免惩罚。第五次是（说），如果他是诚实的，她将遭受安拉的恼怒。"经文提到了"安拉的恼怒"，因为男人通常不会诬告自己的妻子和他人有淫行。若不是被迫无奈，他们是不会说这些话的。而妻子知道丈夫没有撒谎，所以他的第五次证词（誓言）中要说："如果丈夫没有撒谎，她应该遭受安拉的恼怒。"受恼怒的人，则是睁着眼睛隐瞒事实的人。

然后清高伟大的安拉说，他为人类提供了解决难题的方法和走出困境的出路。这确实是他对他们的慈爱。"如果不是由于安拉对你们的恩典和仁慈"，你们一定会对许多事情束手无策，感到繁难。

"安拉是至赦的"，即他愿意接受众仆的忏悔，哪怕他们曾经（为了诬告别人）立下了庄重的誓言。

"明哲的"，即安拉所制定的法律法规，都是精确而富有哲理的。

要求人们遵循这节经文的圣训很多，许多圣训还述及了这节经文是因为什么原因降示的以及为谁降示的。

### 赌誓的经文降示的原因

伊本·阿拔斯说："'那些诬告贞洁妇女而不能提供四名证人者，各打他们八十鞭，以后永远不接受他们的见证……'这节经文降示后，赛尔

---

(1)《艾布·达乌德圣训集》2：543。
(2)《泰伯里经注》19：105。
(3)《泰伯里经注》19：103、108。

(4)当丈夫怀疑妻子不忠时，法官要求他们通过发誓说明情况。——译者注

德·本·欧拜德（他是辅士中的领袖）说：'安拉的使者啊！这节经文就是这样降示的吗？'使者听后说：'诸位辅士！你们听听你们的领袖在说什么？'众人说：'安拉的使者啊！你不要埋怨他，他是一个爱吃醋的人，以安拉发誓，他若要结婚，必选处女。他若休了妻子，我们谁都不敢和那位被休的女子结婚。他的嫉恨心实在太强了。'赛尔德说：'安拉的使者啊！我知道这节经文确实是真实的，它来自安拉。但令我感到奇怪的是，我若发现一个贱人和一个男子有染，我还能不去惊动那个男子，而去找四个证人？这不可能。以安拉发誓，等我找够四个证人，他们早就完事离开了。'"传述者说："过了不久，希俩里·本·吾麦叶来了（他是安拉准其忏悔的那三人之一）。他在某夜晚从外地回到家中后，发现妻子和另一个男人在一起。他耳闻目睹了全部事实，但没有惊动那个男子。早上他到使者跟前说：'安拉的使者啊！昨晚我回家后，发现妻子和一个男人在一起。我耳闻目睹了发生的一切。'但使者对希俩里所说的话感到非常反感。众辅士聚集到他跟前说，我们还因为赛尔德·本·欧拜德所说的话而发愁呢，现在使者一定会打希俩里·本·吾麦叶，并会当众否决他的证词。希俩里则说：'我希望安拉为我开辟一个方法和出路。'希俩里对使者说：'安拉的使者啊！看得出你因为我所说的话而非常生气。安拉知道，我说的是实话。'以安拉发誓，安拉的使者㊊想命令人打希俩里，但当时恰巧启示开始颁降——使者接受启示时，脸色灰暗——即众人看到使者在接受启示，所以没有动手打希俩里。当时安拉颁降了下列经文：'**那些指控他们的配偶，而又除了他们自己之外没有证人的人，其见证是凭安拉作证（起誓）四次……**'使者接受完启示后说：'希俩里，你高兴吧！安拉已赐给你方法和出路。'"希俩里说："这是我曾经向我的伟大养主所期望的。"使者对众人说："你们派人去把她（希俩里的妻子）叫来。"众人叫来希俩里的妻子后，使者对他俩念了不久前降示的经文，劝告他俩说后世的惩罚比今世的惩罚更加严重。希俩里说："安拉的使者啊！我说的关于她的话都是事实。"但他的妻子说："他在撒谎。"安拉的使者㊊说："那你们就赌誓吧！"有人对希俩里说："你作证（发誓）吧！"希俩里遂以安拉的名义发誓四次。当他要发第五个誓言时，有人对他说："希俩里啊！你要敬畏安拉，今世的惩罚要比后世的惩罚轻松，你的誓言可能导致你遭受惩罚。"但希俩里说："以安拉发誓，安拉不会因为她而惩罚我，正如他不曾因为她而鞭答我那样！"接着他发了他的第五个誓言：

如果他撒谎，就让他遭受安拉的诅咒。此后有人对他的妻子说："你愿以安拉的名义发四次誓，说他在撒谎吗？"（那女人遂发了誓）当她打算要发第五个誓言时，有人对她说："你要敬畏安拉，今世的惩罚比后世的惩罚轻松得多，你的证词可能导致你遭受惩罚。"那女人迟疑了一下，好像要承认自己的错误，但她又说道："以安拉发誓，我不想让我的族人蒙羞。"他遂发了第五个誓言：如果她的丈夫说的是实话，就让安拉恼怒她。使者遂判决他们解除婚姻关系，并判决：她若生了孩子，不能以父亲（希俩里）的姓氏起名，只能以母姓称呼之。此后谁若对她和她的孩子说三道四，将以诽谤罪论处。使者还判决：他（希俩里）不为她提供住所和生活所需，因为他们的婚姻不是通过正常的离婚或因丈夫的死亡而解除的。他说："如果她以后生下的孩子皮肤白里透红，臀部小，两腿纤细，那么这孩子属于希俩里；如果她生下的孩子是棕色的，且头发卷曲，四肢粗大，两腿和臀部丰满，那么孩子就属于那个被指控的男子。"后来她生下的孩子果真像那个男子，安拉的使者㊊说："如果不是为了维护誓言的尊严，我一定要严惩她。"艾克莱麦说，后来那孩子成为了埃及总督，他的名字追随母亲，而不追随父亲。证明这一事件的圣训很多。[1]

❋ **11.那些散布谣言的人，确实是你们当中的一伙人。不要认为它对你们有害，其实它对你们有益。他们当中的每一个人，将肩负他所犯的罪责。他们中的带头者，将受到重大的刑罚。** ❋

### 诽谤事件

这段经文是专为阿伊莎（愿主喜悦之）而降的，当时一些伪信士子虚乌有地对她进行诽谤。安拉为了阿伊莎和先知而被激怒，特降经文，为阿伊莎昭雪，维护穆圣㊟的名誉："**那些散布谣言的人，确实是你们当中的一伙人。**"他们不是一两个人，而是一伙。应该遭受诅咒的罪魁祸首，名叫阿卜杜拉·本·吾班叶·本·赛鲁莱，他是伪信士的头目。他伪造谎言并传播给其他人，甚至一些穆斯林开始相信这种流言，另一些人认为这也许是真的而开始以讹传讹。风波就这样延续了将近一个月，最终《古兰》降示。许多确凿的圣训都叙述了经文降示的经过。

伊玛目艾哈麦德传述，阿伊莎（愿主喜悦之）遭到诽谤者造谣中伤时曾说，穆圣㊟一旦外出时，就让妻室们拈阄，谁拈中了，谁就陪穆圣㊟外出。有次出征前，他让我们拈阄，结果我拈中了，我便随先知出征。那时关于帷幕（包括戴头巾）的经文已经颁降。我被带进驼轿，坐在里面出发了。我们结束那次征讨，回到距麦地那不远的地方后，先知宣布夜间起程。先知下令起程的时候，我正离开队伍在别处解手。队伍遂奉命出发了。等我解完手走向我的骆驼时，摸了一下胸部，发现自己的祖法尔宝石项链断失了，我就返回去找那串项链，从而耽误了时间。

几个管行装的人把行装送上驼背，也将我的驼轿抬在我原来所乘的驼背上。他们以为我在轿内。那时的妇女都很瘦，身子很轻，因为她们吃得少，仅可果腹，所以管行装的人在抬举驼轿时并没有感到轿中无人（尤其我当时是一个小女孩），就赶着骆驼出发了。队伍起程后，我找到了项链，便来到军队的驻地，那里空无一人。没有一个呼唤者，更没有应答者。我去了我原来住的那个驻地，我想他们会回来找我，就坐在那里，两眼蒙眬，便睡着了。索夫万[2]因为夜间休息而落在军队后面，他在天亮前出发，早晨到达我的驻地。他看到一个睡者的黑影，细看后认出是我。因为在规定戴头巾前他见过我。他便朗诵回归辞：❋ 我们属于安拉，我们只归安拉。❋（2：156）我被他的声音惊醒，赶忙用长衫遮住面孔。以安拉发誓，我们没说一句话。我除了听到他诵念回归辞之外，未听到他说一句话。他叫骆驼卧倒，踩住它的前腿，我便骑上骆驼。他牵着骆驼，我们就出发了。当我们赶上队伍时，已是中午最炎热之际，他们就停下来休息。此后，有人因为我的事情而毁了自己。这次诽谤事件的罪魁是阿卜杜拉·本·吾班叶。

回到麦地那后，我即染病整整一个月。人们都在议论诽谤者的谣言，而我对此全然不知。令我疑惑的是，我未曾感到先知在我以往患病时的体贴。先知到我这里来，只是向我道祝安词，问声："你怎么样？"这使我产生了疑虑，但未感到这里有什么祸事。我病稍有好转，便下床同米苏托哈的母亲一同到空地的茅厕去解手。我们一般是每天晚上才出去。那时我们还没有在自己的住房旁修起厕所。我们是像早期的阿拉伯人一样，到野外的空地去解手。我们一直认为，把房子当成厕所是不洁的。我同米斯特哈的母亲——她是穆塔里布的儿子艾布·莱海米的女儿[3]。她母亲是阿米尔的儿子索赫勒的女儿，我父亲艾布·伯克尔的姨妈。她的儿子叫米斯托哈·本·吾撒赛——办完事，向着我的房子走来时，她被自己的毛外衣绊倒了。她说："米斯托哈真糟糕！"我对她说："此言太差！你怎么骂参加过白德尔战役的战士呢？"她说："你真傻！你没有听他说的话吗？"我问："他说了什么？"于是她将造谣者的谎言告诉了我。这就使我病上加病。回到房中，先知来看我，向我道了色兰后只问我："你怎么样？"于是我对他说："你能允许我回到我的父母跟前吗？"我是想到父母那里探听一下是否有此传言。先知允许后，我回到娘家，见了母亲后问："妈妈，人们凭什么在议论这件事？"我母亲说："孩子！你放心，以安拉发誓，一个女人只要嫁给一个拥有几个妻子的丈夫，并且得到他的特别宠爱，必然受到其他妻子的多方责难。"我说："赞安拉清净！人们果真在议论这件事。"于是我哭了一整夜。天亮了，泪水不止，也毫无睡意。我一直在哭泣。

阿伊莎说，启示迟迟不降临，先知召来阿里和武洒麦，询问情况，并就与家属分居一事征求他俩的意见。武洒麦向先知暗示了所知道的情况，即先知的家属是清白的，他对她们怀有敬意。他说："安拉的使者啊！她是你的家属，我们都知道，她们没有什么不好。"阿里却说："安拉的使者啊！安拉没有置你于困境，除她之外女人多得是。如果你去问她的女仆，她会给你讲实情的。"后来先知

---

(1)《艾哈麦德按序圣训集》1：238。
(2) 他原名叫苏莱米，后来又改名泽克瓦尼。
(3) 与穆圣㊟同族。——译者注

召来白丽莱，问她："白丽莱啊！你从阿伊莎身上看到了可疑之处吗？"白丽莱说："以凭真理派遣你的安拉发誓，我根本没有看到她有任何非理之举。要我怪罪她，我只能说她是年轻女人，睡觉时家畜进屋吃了和的面她都不知道。"

使者☪当天站在讲台上，并要求阿卜杜拉·本·吾班叶给予合作，说："诸位穆斯林！谁能够帮助我处置一个诽谤我的家属而伤害我的人？以安拉发誓，我知道我的家属没有什么不好。他们提到一个男人，但我知道他是一位很好的人，他来见我家属跟前时，都由我陪着。"于是辅士赛尔德·本·穆阿兹站起来说："安拉的使者啊！我将为你处置这个造谣生事之人，如果这个人属于我们奥斯部落，我向你表示歉意，我们将砍去他的脑袋。如果他是我们赫兹勒吉支部落的弟兄，那你就下令，我们奉命行事。"这时赫兹勒吉支部落的领袖赛尔德·本·欧拜德站了起来。他原是一位正直的人，此时被宗族主义冲昏了头脑，他对赛尔德·本·穆阿兹说："以安拉的宗教发誓，你不能杀他，你也杀不了他。"于是，吾赛德（赛尔德本·穆阿兹的堂兄）对赛尔德·本·欧拜德说："你撒谎，以安拉发誓，我们一定要杀死他，你是个伪信士，你替伪信士们辩护。"于是奥斯和赫兹勒吉支两部落发生了骚乱，几乎兵戎相见。先知站在讲台上，一直在平息他们。后来他们平静下来了。先知却一言不发。

阿伊莎说，那天，我整整哭了一天。泪流不止，也无睡意。我的父母来我这里，我又哭了一天两夜，泪流不止，也无睡意。我的父母觉得哭泣已经撕裂了我的肝肺，坐在我身边看着我哭。突然，有个辅士妇女求见我，我允许她进来后，她坐下来陪我哭。正在此时，先知来看我们，他道色兰后便坐下。自从发生谣言以来，他没有在我身旁坐过。先知等了一个月，不见关于我的启示降示。他坐下后诵了见证词，之后对我说："阿伊莎，我已听到关于你的一些谣言，如果你是清白的，安拉将会给你洗清冤枉；如果你不慎干了什么罪过，你求安拉恕饶，向他悔罪。一个人如果承认自己的罪过，又悔改了，安拉是会接受他的悔改的。"

阿伊莎接着说，先知讲完话后，我的泪水便止住了，甚至感到连一滴也没有了。我对父亲说："请你们替我回复使者。"父亲说："誓以安拉，我不知道向使者该说什么！"我又对母亲说："请你替我回复先知。"母亲也说："誓以安拉，我不知道该对先知说什么！"我便说："我年纪轻，读得《古兰》不多，我却知道你们已经将听到这些言论印在你们的心里，并信以为真，我如果对你们讲'以安拉发誓，我是清白的'，你们不会相信；如果我向你们承认自己犯了罪——安拉知道我并未干什么罪——那你们才相信我呢。誓以安拉，现在我只能借用优素福的父亲对儿子们所说的话回答你们了，当时他说：❲我只有好好地忍耐，对于你们所形容的，（我只）求安拉襄助。❳（12：18）说毕，我便转身倒在床上。以安拉发誓，我非常清楚，安拉知道我是清白的。由于我的清白，安拉会给我洗清冤枉的。然而我不曾料到安拉为我的事降示了供人们诵读的启示。我心想这件区区小事不值得安拉为之发话。我曾希望先知能做个梦，在梦中安拉让他知道我是清白的就够了。以安拉发誓，先知尚未离开座位，家人谁也未出屋，启示就降临了。先知被一种曾经控制他的困境所控制。当时是一个冬天的日子，由于他奉到的启示言辞分量重，所以他流出的大汗宛如明亮的珍珠。

阿伊莎说，先知受完启示后，笑着对我讲的第一句话是："阿伊莎啊！安拉已经洗清冤枉。"我母亲要我站起来，站在先知跟前，我说："我不去站在他那边，我只赞颂光荣伟大的安拉。"安拉为证明我无辜而降示了十节经文，即"**那些散布谣言的人，确实是你们当中的一伙人。**"与其后的总共十节经文。

艾布·伯克尔与米斯托哈有亲戚关系，因知其贫穷而曾周济他生活费，自打他对自己的女儿阿伊莎说了坏话后，艾布·伯克尔便说："以后我决不再周济他了。"于是安拉降下了上述经文中这段话："你们当中那些有恩惠和财富的人不可发誓（说），不援助他们的亲人、贫穷的人和那些在主道上移居外地的人。让他们宽宏大量，难道你们不希望安拉宽恕你们吗？安拉是至赦的、至慈的。"艾布·伯克尔听后说："是的，以安拉发誓，我确实祈求安拉恕饶我。"于是他恢复了原来对米斯托哈的周济，并说："以后我决不会中止这种周济。"

阿伊莎说，先知曾就关于我的事情问过栽娜卜·宾特·杰哈氏，说："关于阿伊莎你知道或看见什么事了吗？"栽娜卜回答说："安拉的使者☪啊！我要保护我的眼睛和耳朵，不敢乱说，以安拉发誓，我只知道她一切都好。"阿伊莎还说，在圣妻中栽娜卜是能同她争宠的一个女人，而安拉以其虔谨行事而保护了栽娜卜，其妹妹海姆奈以偏执的语气争辩，结果毁了自己。"

伊本·西哈卜说："这是我们听到的这些人的消息。"安拉至知。[1]

"**那些散布谣言的人**"，即那些说谎，并诽谤和冤枉他人的人，"**确实是你们当中的一伙人**"。

艾布·伯克尔家族的人们啊！"**不要认为它对**

---
[1]《艾哈麦德按序圣训集》1：194。

你们有害,其实它对你们有益",即它对你们的今世和后世都有益处。在今世,你们将留芳百世;在后世,你们将享有崇高的品级。这件事情还体现了安拉对阿伊莎(愿主喜悦之)的重视,因为安拉通过伟大的《古兰》经文为她洗清冤屈。这部伟大的《古兰》:❲它的前后不受谬误侵扰,它是来自睿智的、应受赞美的主的启示。❳(41:42)因此,阿伊莎(愿主喜悦之)临终时伊本·阿拔斯对她说:"你应当感到高兴,因为你是安拉使者㊥的爱妻,除你之外,他的妻室以前都是寡妇。安拉曾经降示天经为你申雪。"

"他们当中的每一个人,将肩负他所犯的罪责",即谁谈论这些谎言,诽谤信士之母阿伊莎(愿主喜悦之),谁就会遭受重大的惩罚。"他们中的带头者",有人说"带头者"指始作俑者;也有人说,"带头者"指搜集流言蜚语并乐于传播它的人。"将受到重大的刑罚",即他将因此遭受重大惩罚。这个诽谤者是阿卜杜拉·本·吾班叶,愿安拉凌辱他,诅咒他。

❲12.男女归信者们,当你们听到这件事时,为什么不对自己人作善意的猜测,并且说这是一个明显的谣言呢?❳

❲13.为什么他们不带四位证人来证实它呢?他们若带不来四位证人,那么,在安拉看来这些人确实是说谎者!❳

## 穆民不能传播流言蜚语

在阿伊莎遭受诽谤事件中,个别穆民跟着坏人散布流言蜚语,以讹传讹。安拉通过这件事情教训穆民说:"**男女信仰者们,当你们听到这件事时,为什么不对自己人做善意的猜测,并且说这是一个明显的谣言呢?**"即你们听到对阿伊莎的诋毁之后,为什么不推己及人地对待?如果这种事情对自己不适合,那么对信士的母亲是更不适合的,她更可能是无辜的。有人说,这节经文是为了安慰艾布·艾优卜及其妻子而降的,他的妻子说:"艾布·艾优卜啊!你听到了关于阿伊莎的流言蜚语吗?"他回答说:"听到了,那肯定是谎言,艾优卜的母亲啊!如果换了是你,你会去做那种下流事吗?"她说:"以安拉发誓,我绝不会去做。"他说:"以安拉发誓,阿伊莎比你更优秀。"后来安拉降示《古兰》,揭穿了诽谤者的谎言,说:"**那些散布这谣言的人,确实是你们当中的一伙人……**"这伙人指罕萨尼及其散布流言蜚语的同伙,经文说:"**当你们听到这件事时,为什么不对**

**自己人做善意的猜测……**"即为什么你们不能像艾布·艾优卜夫妇那样去看待这件事情呢?[1]

"**对自己人作善意的猜测……**"因为信士之母阿伊莎是穆圣㊥的妻子和最亲近他的人。这是有关内心的事情。

他们为什么不用自己的嘴去说:"**这是一个明显的谣言**",即说这是对阿伊莎的诬蔑,因为这件事情从头到尾,没有任何可疑之处,信士的母亲阿伊莎骑着索夫万的骆驼到来的时候,正是中午时分,包括穆圣㊥在内的全军将士都看到了他们。假若从中有疑点,他们不会在众目睽睽之下出现,也不会选择那个时间,他们会秘密地回来。诽谤者们关于阿伊莎所说的一切,是纯粹的谎言和丑恶的、愚蠢的言论。对他们而言,这绝对是一笔亏折的交易。

清高伟大的安拉说:"**为什么他们不带四位证人来证实它呢?**"即他们怎么不带来四位证人,证实他们的话呢?

"**他们若带不来四位证人,那么,在安拉看来这些人确实是说谎者!**"在安拉的法律中,他们都是撒谎的歹徒。

❲14.如果不是由于安拉对你们在今世与后世的恩典和仁慈,一项重大的刑罚必将由于你们所涉及的事情而降于你们。❳

❲15.你们由你们的舌头传说它,并用你们的嘴说出你们所不知道的事。你们以为它是轻巧之举,但它在安拉那里却是严重的。❳

## 安拉恩赐诽谤者忏悔的机会

"**如果不是由于安拉对你们在今世与后世的恩典和仁慈。**"谈论阿伊莎事件的人们啊!安拉确已赐恩于你们,他对你们是仁慈的,他在今世中接受了你们的忏悔,并因为你们的信仰而在后世中原谅了你们。

"**一项重大的刑罚必将由于你们所涉及的事情而降于你们**",即你们将因为诋毁无辜者而遭受重大的惩罚。这节经文是针对那些具有正信,并蒙安拉特赐而忠心忏悔的人降示的。就像米斯托哈、罕萨尼、杰合氏之女海穆奈等。

至于那些传播流言蜚语的伪信士,像阿卜杜拉·本·吾班叶及其同伙,不在经文叙述的人之列。因为他们没有正信和善功,所以没有资格享此特慈。其他的受禁之事也是如此,一部分触犯者只要有相当的善行,或接受一定的惩处,是有机会忏

---

(1)《泰伯里经注》19:129。

"你们由你们的舌头传说它。"穆佳黑德和伊本·朱拜尔说:"他们相互传播谣言。"[1]甲说我听乙如此说,乙说我听甲如此说。另一些学者将这节经文读为:"你们用你们的舌头不停地说谎[2]。"据布哈里传述,阿伊莎(愿主喜悦之)就是这样读的。虽然大部分学者坚持较为有名的第一种读法,但第二种是信士之母阿伊莎(愿主喜悦之)的读法。[3]

"并用你们的嘴说出你们所不知道的事。你们以为它是轻巧之举,但它在安拉那里却是严重的",即你们不以为忤地说你们不知道的关于阿伊莎(愿主喜悦之)之事。其实当事人即便不是圣妻阿伊莎,你们的言论也不算小事一桩,何况受害者是列圣的领袖之妻和众信士之母阿伊莎(愿主喜悦之)呢?在安拉看来,你们关于圣妻的诽谤罪大莫及!安拉将会因此而恼怒,清高伟大的安拉不会为任何一位先知注定一个不洁的妻子。阿伊莎(愿主喜悦之)是今世和后世中列圣妻室的领袖,其丈夫是全人类领袖,安拉不会让这种事情发生在他们身上。因此说:"你们以为它是轻巧之举,但它在安拉那里却是严重的。"两圣训实录辑录:"有人将说一句令安拉恼怒的话,他不知道这句话的分量,但他将因此而坠入比天地的距离更远的火狱。"另据传述:"他不假思考地说一句话……"[4]

❦ 16.为什么当你们听到它时不说:"我们不应当说这话,赞美安拉!这是一件最重大的诬蔑。" ❧

❦ 17.安拉劝告你们,叫你们永远不要重犯类似的行为,如果你们是穆民的话。 ❧

❦ 18.安拉为你们阐明种种启示。安拉是全知的、明哲的。 ❧

## 另一个教训

前面安拉教导人们遇事后要有善意的猜测,经文在此又教导人们怎么对待类似的问题。即当有人对一个好人说了不恰当的话后,穆民应该有善意的猜测,他应该想这个穆民一定是无辜的。如果他经不住别人的教唆或内心的猜测,而对此事产生了疑问,他不应该将它说出来。安拉的使者☪说:"只要我的教民还没有说或还没有做某件(坏)事,那么安拉不会单凭他的想象而惩罚他。"[5]

"为什么当你们听到它时不说:'我们不应当说这话'",即我们不应该人云亦云。

"赞美安拉!这是一件最重大的诬蔑。"赞美安拉!人们不应该对安拉的使者☪和朋友之妻说这种话。

"安拉劝告你们,叫你们永远不要重犯类似的行为。"安拉警告你们下不为例。

"如果你们是穆民的话",即如果你们归信安拉及其法律,并崇敬安拉使者☪的话……而隐昧者则另当别论。

"安拉为你们阐明种种启示",即他为你们解释教法和前定中的哲理。

"安拉是全知的、明哲的。"他知道什么对仆人有益,他的法律和决策是富有哲理而精确的。

❦ 19.那些喜欢丑事在归信者中传播的人,将会在今世与后世受到惨痛的惩罚。安拉知道,你们不知道。 ❧

---

(1)《泰伯里经注》19:132。
(2) تلقونه بألسنتكم 。
(3)《布哈里圣训实录诠释——造物主的启迪》8:340。
(4)《布哈里圣训实录诠释——造物主的启迪》11:314。
(5)《布哈里圣训实录诠释——造物主的启迪》11:557。

### 乐于在穆民中宣扬丑事的人所受的教训

这是安拉对听到恶言的人的第三个教训。安拉教导人们听到丑事并产生怀疑时，要谨言慎行，不要宣扬它。因为安拉说："那些喜欢丑事在归信者中传播的人，将会在今世与后世受到惨痛的惩罚。"这些人喜欢将丑事公之于众。所以他们在今世受到诽谤罪的处罚，在后世将受到火狱的刑罚。

"安拉知道，你们不知道"，即如果你们把一切事情交付安拉，你们就会从中获得指导。穆圣说："不要伤害安拉的众仆，不要羞辱他们，不要探寻他们的隐私。谁探寻穆斯林兄弟的隐私，安拉就会探寻他的隐私，甚至让他在家中出丑。"[1]

❃ 20.如果不是安拉对你们的恩典和仁慈，并且安拉是仁爱的、至慈的话……❃

❃ 21.有正信的人们啊！你们不要跟随魔鬼的脚步，谁追随魔鬼的脚步，它就会命谁做下流与邪恶的事。如果不是安拉对你们的恩典和仁慈，你们中任何人永远不得干净。安拉确实净化他所喜爱的人。安拉是全听的、全知的。❃

### 阐述安拉的恩惠，警告人们不要跟随恶魔的脚步

"如果不是安拉对你们的恩典和仁慈，并且安拉是仁爱的、至慈的话……"即否则，事情的结局并非如此。但安拉对众仆是慈爱的，他接受了曾经散布谣言者的忏悔，并让部分人通过接受处罚得以净化。

"有正信的人们啊！你们不要跟随魔鬼的脚步。""脚步"指道路、途径和恶魔所命令的事情。"谁追随魔鬼的脚步，它就会命谁做下流与邪恶的事。"经文以简明扼要、优美深刻的语句，要求人们警惕恶魔。

伊本·阿拔斯说"魔鬼的脚步"指它的行为；艾克莱麦说，指它的教唆；格塔德说，所有的犯罪都属于恶魔的步伐。艾布·麦吉里兹说："与犯罪有关的一切许愿，都属于（跟随）恶魔的脚步。"[2] "如果不是安拉对你们的恩典和仁慈，你们中任何人永远不得干净。"若不是安拉恩准他所意欲之人的忏悔，并从以物配主和邪恶中净化他们的心灵，使他们摆脱各自的邪恶品性，他们的心灵就不会被净化，而获得福分。

"安拉确实净化他所喜爱的人"，同时让他所欲之人走向迷误和毁灭。

"安拉是全听的"，他听着众仆的一切言论。

"全知的"，安拉知道他们中谁有资格得道，谁应该迷误。

❃ 22.你们当中那些有恩惠和财富的人不可发誓（说），不援助他们的亲人、贫穷的人和那些在主道上移居外地的人。让他们宽宏大量，难道你们不希望安拉宽恕你们吗？安拉是至赦的、至慈的。❃

### 鼓励富人宽宏大量，周济穷人

清高伟大的安拉说："你们当中那些有恩惠和财富的人不可发誓。""有恩惠"（أولوالفضل）指有能力的乐施好善者；"财富"（السعة）指财产。

"不援助他们的亲人、贫穷的人和那些在主道上移居外地的人"，即你们不要发誓说不再周济贫穷的亲属和迁士们。说明对骨肉亲戚要格外体恤关心。

因此说，"让他们宽宏大量"，即他们应该原谅这些亲属或迁士过去对他们的伤害。虽然人类在亏枉自己，但安拉却对他们是至慈至爱的。

这节经文是因为艾布·伯克尔降示的。正如上述圣训所述，米斯托哈听信谣言说了一些不利于阿伊莎的话，因此艾布·伯克尔发誓不再周济他，后来安拉降经洗清了阿伊莎的冤情，穆民们听到后心悦诚服，曾经跟着别人说三道四的穆民向安拉真心忏悔，有些人还为此受到诽谤罪的惩罚。此后安拉要求艾布·伯克尔应当关心他的亲属米斯托哈（米氏是艾布·伯克尔的表弟），他是一个贫穷的迁士，没有任何经济来源，仅靠艾布·伯克尔周济度日。他因为人云亦云从而向安拉忏悔，并遭受了诽谤罪的惩罚。而艾布·伯克尔是闻名遐迩的好人，热心于帮助亲属和穷人。后来安拉降示了这些经文"你们当中那些有恩惠和财富的人不可发誓（说），不援助他们的亲人、贫穷的人和那些在主道上移居外地的人。让他们宽宏大量，难道你们不希望安拉宽恕你们吗？"之后——因为安拉的法规是同态报酬，即你宽恕触犯你的人，安拉就宽恕你的罪恶；你若原谅他人，安拉就原谅你。艾布·伯克尔说："我们的养主啊！我们希望得到你的宽恕。"然后他恢复了对米斯托哈的周济。他说："以安拉发誓，我永远不停止对他的周济。"以便补偿他曾经说过的话（他曾发誓以后不周济米斯托哈）。因此，他被称为虔信者（愿主喜悦他和他的女儿）。

---

（1）《艾哈麦德按序圣训集》5：279。
（2）《泰伯里经注》3：301。

﴿23.那些诽谤贞洁的、有正信而涉世未深的妇女者,在今世与后世都必受诅咒,他们将受重大的刑罚。﴾

﴿24.那天,他们的舌头,他们的手和他们的脚都将对他们的行为作证。﴾

﴿25.那天,安拉会充分地偿还他们应得的报偿,他们知道安拉是真实的、明显的。﴾

## 警告人们不得诽谤贞洁的、有正信而涉世未深的妇女

安拉在此警告那些诽谤贞洁的、有正信而涉世未深的妇女之人。信士的诸位母亲更应该是包括其内的。其实这节经文就是因为众信士的一位母亲——阿伊莎(愿主喜悦之)而降的。学者们一致认同,安拉降示这节经文后,谁再辱骂她或以上述经文中述及的事情冤枉她,谁就是隐昧者,因为他在敌对《古兰》。同样的准则适用于先知的其他妻子们,所有信士之母皆是如此。

"**在今世与后世都必受诅咒。**"这节经文如同:﴿那些伤害安拉及其使者的人,安拉已在今世和后世诅咒了他们,并已为他们准备了羞辱的刑罚。﴾(33:57)阿卜杜·拉赫曼·本·栽德说:"这节经文是因为阿伊莎(愿主喜悦之)而降示的。今天对穆斯林妇女们有类似冒犯的人们,其情况还是像安拉所说的那样。但这节经文最初只是因为阿伊莎(愿主喜悦之)而降的。"(1)

艾布·胡莱赖传述,安拉的使者㊗说:"你们当远离七件毁人之罪。"有人问:"安拉的使者啊!它们是什么?"使者回答说:"以物配主,魔术,杀害安拉禁杀的生命(除非为了正义),使用利息,侵吞孤儿的财产,临阵脱逃,冤枉贞洁的、有正信而涉世未深的妇女。"(2)

"**那天,他们的舌头,他们的手和他们的脚都将对他们的行为作证。**"伊本·阿拔斯说:"多神教徒看到只有礼拜者才能进乐园时说:'让我们来否认过去的行为吧!'于是他们开始否认。所以他们的嘴将被封住,他们的手和脚要对他们的行为作证。它们将把一切都告诉安拉。"(3)

艾奈斯·本·马立克说,我们曾在先知跟前时他笑了,以致他的大牙都露了出来。他问:"你们知道我为何而笑吗?"我们回答:"安拉及其使者至知。"他说:"因为仆人和他的养主之间的争辩。仆人说:'主啊!难道你没有从不义中拯救我吗?'安拉说:'是的。'仆人说:'我只允许自己替自己作证。'安拉说:'今天你自己足以做自己的证人,尊贵的(记录事物的)天使们,也足以做你的见证。'此后他的嘴被封住了,他的肢体被告知:'你说吧!'于是它们将说出他的行为。他被允许说话后(对自己的肢体)说:'你们真倒霉!我曾经一直在替你们辩护。'"(4)

"**那天,安拉会充分地偿还他们应得的报偿。**"伊本·阿拔斯等学者说,《古兰》中的"**报偿**"(الدين)一词都指清算。(5)

"**他们知道安拉是真实的、明显的**",即安拉的许诺、警告和清算,都是公正无私的。

﴿26.龌龊的妇女只配龌龊的男人,龌龊的男人只配龌龊的妇女,纯洁的妇女只配纯洁的男人,纯洁的男人只配纯洁的妇女,这些人与他们所说的毫不相干,他们获得的是宽恕和优厚的供养。﴾

## 阿伊莎是纯洁的 她嫁给了最纯洁的男人

伊本·阿拔斯解释说:"龌龊的话,属于龌龊的人;龌龊的人,属于龌龊的话。纯洁的话,属于纯洁的人;纯洁的人,属于纯洁的话。"他说,这节经文是因为阿伊莎(愿主喜悦之)和诽谤者们而降的。(6)穆佳黑德、阿塔等学者持相同观点。伊本·哲利尔也选择这种解释。(7)其道理是这样的:丑恶的话,最适合丑恶的人。纯洁的话,最适合纯洁的人。其实,伪信士们用来形容阿伊莎的言辞,是他们自身情况的最佳写照,而阿伊莎(愿主喜悦之)是清白的,和他们毫无瓜葛。"**这些人与他们所说的毫不相干。**"阿卜杜·拉赫曼·本·栽德说:"**龌龊的妇女只配龌龊的男人,龌龊的男人只配龌龊的妇女。纯洁的妇女只配纯洁的男人,纯洁的男人只配纯洁的妇女。**"(8)换言之,安拉使阿伊莎成为穆圣㊗的妻子,因为她是最纯洁的女人,而穆圣㊗是最优秀的男子。如果她是一个龌龊的女人,从安拉的法律和定然方面去看,她将不适合做穆圣㊗的配偶。安拉说:"**这些人与他们所说的毫不相干**",即这些被诽谤者跟诽谤者与有敌意者所杜撰的情况没有关系。

"**他们获得的是宽恕和优厚的供养。**"他们将因为蒙受冤屈而获得赦宥,并将在安拉那里得享乐园的恩典。从而许诺穆圣㊗的妻子必进乐园。

---

(1)《泰伯里经注》19:139。
(2)《布哈里圣训实录诠释——造物主的启迪》5:462;《穆斯林圣训实录》1:29。
(3)《散置的明珠》7:419、《泰伯里经注》8:373。
(4)《穆斯林圣训实录》2969。
(5)《泰伯里经注》19:141。
(6)《泰伯里经注》19:142;《散置的明珠》7:167。
(7)《泰伯里经注》19:143、144。
(8)《泰伯里经注》19:144。

❦ 27.有正信的人们啊！在你们已经请求许可，并对屋中人道色兰之前，不要进入他人的房子。这是对你们更好的，以便你们觉悟。❧

❦ 28.如果你们发觉屋子里没有人，在你们被允许以前不要进去。如果有人对你们说"请回去"，那么就走开。那对你们是更纯洁的，安拉知道你们所做的一切。❧

❦ 29.你们进入无人居住而对你们有一些用处的屋子是无妨的。安拉知道你们所公开和隐藏的。❧

### 进门前征得允许以及进门的礼节

安拉将这些伊斯兰礼节提示给穆民，并命令他们在进入别人家门之前，首先要征得对方的允许，并要对家里的人道色兰致安。在别人家门口求见三次后，若不得应答，应该转身离去。圣训中说，艾布·穆萨曾在欧麦尔门前求见三次，未得回应后转身走了。后来欧麦尔（对家人）说："我好像听到阿卜杜·盖斯（艾布·穆萨）求见的声音。请让他进来吧。"家人出门后发现来人已经离去。此后欧麦尔问他："你为什么回去了？"他说："我求见三次，均未回应，便回去了。因为我听穆圣☪说：'在他人门前求见三次不得应允者，应该离开。'"欧麦尔听后说："你一定要为你的这句话举出证据，否则我要痛打你。"于是艾布·穆萨去辅士当中讲了欧麦尔的话，众人说："只有我们中最年轻的人可为你作证。"于是艾布·赛尔德·胡德里站起来，陪艾布·穆萨去见到欧麦尔，告诉他先知曾说过这句话。欧麦尔说："我当时在市场上做生意，因而没有顾得上学习这段圣训。"(1)

艾奈斯等传述，安拉的使者☪曾去见赛尔德·本·欧拜德，先知问安道："安拉的平安和慈悯在你上（السلام عليكم ورحمة الله）。"赛尔德说："安拉的平安和慈悯也在你上（وعليكم السلام ورحمة الله）。"但先知没有听到对方回答的声音。以致先知道了三次祝安词，赛尔德也回答了三次，但他没有让先知听见自己的回答。先知以为无人回答，便转身要走，赛尔德出门赶上去说："安拉的使者啊！你的恩情重于父母对我的恩情，你祝安时我都听到了，我虽然回复了祝安词，但没有让你听到，我想得到你更多的祝安和祝福。"然后他把使者请进家，拿来葡萄干让使者品尝。使者在告别的时候说："善良的人们，吃了你们的食物，天使祝福了你们，封斋的人们在你们这里开了斋。"

应该注意的是，去见别人时不要面对家门而立，而应该站到门的右侧或左侧。艾布·达乌德传述，安拉的使者☪去别人家时，从不面对面地走向门口，而是从门的右侧或左侧走过去，使者还说："祝你们平安，祝你们平安。"因为当时的人们都不设门帘。(2)

安拉的使者☪说："假若有人未经允许而窥视你的住宅，你可以用石头投掷他，即使砸瞎了他的一只眼睛，你也不承担任何责任。"(3)

贾比尔传述，我带着我父亲欠的东西去见使者，敲门后使者问："你是谁？"我回答："是我。"使者说："是我！是我！"显然使者讨厌这样回答。(4)使者讨厌这样回答的原因是，求见者若不说出自己的名字或称号，别人很难知道"我"到底是谁，因为每个人都可以用"我"来称呼自己，所以这种回答不能起到经文所规定的请求许可作用。伊本·阿拔斯说："请求许可指求见。"(5)

伊玛目艾哈麦德传述，解放麦加之年，索夫万派凯里岱带着奶和一只小羚羊以及一些黄瓜去送给穆圣☪，当时穆圣☪在山谷的最上面。凯里岱说："我径直去先知跟前，没有道色兰，也没有征请同

---
(1)《布哈里圣训实录诠释——造物主的启迪》13：332。
(2)《艾布·达乌德圣训集》5：374。
(3)《布哈里圣训实录诠释——造物主的启迪》12：253。
(4)《布哈里圣训实录诠释——造物主的启迪》11：37。
(5)《泰伯里经注》19：146。

意就进了门。"先知对我说："你出去，说'祝你们平安，我能进来吗？'"事情发生在索夫万进教之后。（1）

阿塔传述，伊本·阿拔斯说：人们无视了三段经文，安拉说：❴的确，在安拉那里，你们当中最尊贵的就是你们当中最敬畏的。❵（49：13）但人们却说"安拉看来，他们中最尊贵者，是其房子最大者。"他接着说："求见的礼节被人们统统忘记了。"阿塔问伊本·阿拔斯："难道我要征得在我家中生活的已经成为孤寡的姐妹们（我和她们住在同一间房中）许可，才可以进家门吗？"他回答："是的。"阿塔又重说了一遍，希望伊本·阿拔斯能宽大一点，但他拒绝了。他说："你难道想看到她赤身裸体吗？"阿塔说："不愿意。"他说："那么你就要征求同意后才能进家。"阿塔说："我向他辩解了几句。"但他问："你愿意服从安拉吗？"阿塔回答："愿意。"他说："那么你就要在进门前征求同意。"

伊本·朱莱勒传述，伊本·塔吾斯告诉我说，他的父亲说："我最讨厌撞见我的直系亲属中哪个女人赤身裸体。"他严守这一立场。

伊本·麦斯欧迪说："你们去见你们的母亲时（在进门前）应该征得同意。"伊本·朱莱杰说："我问阿塔，难道丈夫去见妻子时也要征得许可吗？"他说："不必。"虽然这不是非做不可的，但丈夫最好让妻子感觉到他进门了，而不要突然出现在她的面前，瞧见她不愿让他瞧到的一面。

栽娜卜（愿主喜悦之）说："阿卜杜拉（栽娜卜的丈夫）办完事回家的时候，总要清清嗓子或吐痰，他不愿意突然出现，而从我们身上看到令他反感的事情。"

伊本·罕雅尼解释"**有正信的人们啊！在你们已经请求许可，并对屋中人道色兰之前，不要进入他人的房子**"时说："蒙昧时代的人们互相见面后不道色兰，只说'早上好'或'晚上好'。当时他们的祝贺词就是这些。他们去见朋友时不征求允许，而是直接进屋，并说'我来了'或类似的话。这给被访者带来了困难，因为被访者也许正和妻子在一起。后来安拉改变了这些情况，要求人们挂上门帘，洁身自好，这起到了涤邪荡秽的作用。安拉说：'**有正信的人们啊！在你们已经请求许可，并对屋中人道色兰之前，不要进入他人的房子。**'"（2）

"**这是对你们更好的**"，在进入房门之前请求允许，对宾主都有好处，"**以便你们觉悟**"。

"**如果你们发觉屋子里没有人，在你们被允许以前不要进去**"，因为没有得到允许进屋，属于非法动用他人财物。主人则可以按照自己的情况，允许或拒绝访客进屋。

"**如果有人对你们说'请回去'，那么就走开。那对你们是更纯洁的。**"不论访客是否要求许可，如果主人拒绝接见，你们就应该离开，离开对你们是更纯洁的。

"**安拉知道你们所做的一切。**"格塔德说，有位迁士说："我一生都想着实践一下这节经文，然而我去拜访的人中，没有一个人对我说'请回去'。我若因为这种情况而离开被访者的家门，那该多幸运啊！因为安拉说：'**如果有人对你们说'请回去'，那么就走开。那对你们是更纯洁的，安拉知道你们所做的一切。**'"（3）

伊本·朱拜尔说，经文的意思是你们不要无故地站在别人的门前。

"**你们进入无人居住而对你们有一些用处的屋子是无妨的。**"这节经文所叙述的情况更加特殊，因为它说明你们可以进入无人而对你们有用的房子。譬如主人为客人准备好并允许他进入的客房。伊本·朱莱杰说，伊本·阿拔斯念了"**不要进入他人的房子……**"并说这段经文被革止了，代替它的经文是"**你们进入无人居住而对你们有一些用处的屋子是无妨的**"。（4）

❴**30. 你告诉信士们：他们应当管好眼睛，并且要保护他们的羞体，这是对他们更纯洁的，安拉彻知他们的行为。**❵

## 命令管好眼睛

清高伟大的安拉命令穆民众仆管好自己的眼睛，不要看非法事物。如果偶然间看到了非法事物，应该立即转移目光。杰里里·本·阿卜杜传述，我曾因为不小心撞见非法事物而请教过使者，他命令我在此情况下立即转移目光。

安拉的使者㊗说："你们不要坐在路上。"圣门弟子问："安拉的使者啊！我们（有时）不免要在路上说说话。"使者说："如果非说不可，你们要遵守道路规则。"众人问："安拉的使者啊！何谓道路规则？"使者答："管好眼睛，止住伤害，回答色兰，命人行善，止人作恶。"（5）

安拉的使者㊗说："你们为我保证六件事情，我为你们保证乐园。（它们是）谈话时不要撒谎，

---

（1）《艾哈麦德按序圣训集》3：414。
（2）《散置的明珠》6：176。
（3）《泰伯里经注》19：150。
（4）《泰伯里经注》19：153。
（5）《布哈里圣训实录诠释——造物主的启迪》5：134。

受信托时不要背信弃义，许诺时不要爽约，管好眼睛，管好手，保护羞体。"

因为观看能导致内心的犯罪，所以安拉命令人们管好眼睛的同时管好羞体，从而防微杜渐。

清高伟大的安拉说："你告诉信士们：他们应当管好眼睛，并且要保护他们的羞体。""保护羞体"有时指拒绝淫乱。另一段经文说：《保护羞体的。》（23：5）有时指保护眼睛，不看非法。安拉的使者㊣说："除了你的妻子和女奴之外，你要保护你的羞体。"(1) "这是对他们更纯洁的"，即这是对心灵和宗教最纯洁的。有人说，谁管好了眼睛，安拉就让谁的心灵充满光明。

"安拉彻知他们的行为。"另一段经文说：《他知道眼（神）的诡诈和胸中所隐藏的。》（40：19）安拉的使者㊣说："人类注定将不可避免地触犯一份奸淫（罪），眼睛的奸淫是看，舌头的奸淫是说，耳朵的奸淫是听，手的奸淫是拿，脚的奸淫是走，内心的奸淫是想入非非，羞体则使其变为现实或幻影。"(2)

许多先贤还禁止男人注视无须的英俊少年。安拉的使者㊣说："末日，除了那些曾经未看安拉禁止之事的眼睛，为主道熬夜的眼睛以及因为敬畏安拉而有苍蝇大小（泪珠）流出的眼睛之外，其他眼睛都在哭泣。"

《31.你也对有正信的妇女们说，她们应当管好眼睛和保护羞体。除非露出的之外，她们不应当炫露她们的装饰。她们要把头巾搭在她们的领口上。除了对她们的丈夫、父亲、公公、她们的儿子、丈夫的儿子、她们的兄弟、她们兄弟的儿子、她们姐妹的儿子，或是她们的妇女，或是她们右手所属的，或是无性欲的男仆，或是情窦未开的儿童，除此之外，她们不能炫露她们的装饰。她们也不要蹬她们的脚，使人注意她们隐藏的饰品。信士们啊！你们应当全体向安拉忏悔，以便你们成功。》

### 帷幕的断法

这是安拉对穆民妇女的命令，安拉通过它保护穆民众仆的妻室的尊严，将穆斯林妇女和蒙昧者妇女的属性和行为区别开。伊本·罕雅尼说，这节经文下降的原因如下：穆勒西黛的女儿艾斯玛仪曾坐在阿磊赛家族的一个商店里，有些妇女未穿大衣来到店中，她们的脚镯、胸部和额发露了出来，艾斯玛仪说："这太丑陋了！"后来安拉降示了："你

---

(1)《巴格达史》7：39。
(2)《布哈里圣训实录诠释——造物主的启迪》11：18。

也对有正信的妇女们说，她们应当管好眼睛……"即对妇女们而言，观看除丈夫之外的其他男人是受到禁止的。

有些学者认为妇女在不带有欲望的情况下，可以看其他男子。据确凿圣训记载，某个节日期间，阿伊莎（愿主喜悦之）在清真寺中观看阿比西尼亚人玩弄武器，安拉的使者㊣则站在她的前面，不让他们看到她。阿伊莎看累之后才回去了。(3)

"保护羞体"，伊本·朱拜尔解释说，"保护羞体"指远离一切丑恶之事；艾布·阿林说："除了这节经文，《古兰》中有关保护羞体的其他经文，都指远离奸淫。这节经文指不要让任何人看到她们的羞体。"

"除非露出的之外，她们不应当炫露她们的装饰。"除了无法隐藏的之外，她们不能为外人显露饰品。伊本·麦斯欧迪说："斗篷和外衣是必须露出来的。"阿拉伯妇女们通常用一种大盖头，把衣服和衣服的下边遮盖起来，这是允许的。因为它是不可避免的。妇女用以装饰的外衣也是一样。(4)

"她们要把头巾搭在她们的领口上"，即她们应该把头巾搭到胸前，遮住胸部和额发，与蒙昧主义者的妇女明显区分开。因为蒙昧主义者们不这样做，她们路过男人时袒胸露乳，不加遮掩。她们从不顾及脖子、额发和耳环。安拉命令穆斯林妇女要遮盖自己身体。另一段经文说：《先知啊！告诉你的妻室们和女儿们以及归信的妇女们，她们应当把她们的罩袍放低（遮住身体），那样更易于别人认出她们，而不致遭到伤害。》（33：59）本章经文则说："她们要把头巾搭在她们的领口上。""头巾"（خمر）指遮盖头部的东西。阿拉伯人称之为"麦尕尼尔"（مقانع）。

伊本·朱拜尔则解释说，这节经文的意思是"她们要裹紧胸部，绝不能让它露出来。"(5)

阿伊莎（愿主喜悦之）说："愿安拉慈悯早期迁士的妻子们！安拉降示'她们要把头巾搭在她们的领口上'后，她们撕开斗篷，作为头巾。"(6)

另据传述，阿伊莎（愿主喜悦之）说："这节经文降示后，她们（穆斯林妇女们）裁开大衣，用衣边做头巾。"

"除了对她们的丈夫、父亲、公公、她们的儿子、丈夫的儿子、她们的兄弟、她们兄弟的儿子、她们姐妹的儿子……外，她们不能炫露她们的装饰。"这些都是女人的近亲，她可以在他们面前

---

(3)《布哈里圣训实录》19：156。
(4)《泰伯里经注》19：156。
(5)《散置的明珠》6：182。
(6)《布哈里圣训实录诠释——造物主的启迪》8：247。

露出装饰，但不能有意识地炫耀。艾克莱麦在解释这节经文时说："经文没有提到叔叔和舅舅，因为（在教法方面）他们如同父女，所以在叔叔和舅舅跟前不用戴头巾。"[1]

上述一切都是为了丈夫，所以妻子要在丈夫面前尽情装扮自己，在别人面前则要以另一种面貌出现。

"**或是她们的妇女**"，即她们可以在其他穆斯林妇女跟前显露装饰。但不能让有约人的[2]妇女看到，以免她为自己的丈夫描述所见到的情况。虽然妇女应该在任何其他妇女面前洁身自好，但在有约人妇女跟前更应该注意，因为她们往往口无遮掩，而穆斯林妇女知道应该在非法面前有所顾及。安拉的使者说："女人和女人不能同睡，否则一个女人将对其丈夫描述另一个女人。对其丈夫而言，这无异于亲眼所见。"[3]

"**或是她们右手所属的**。"伊本·哲利尔说："'右手所属的'指多神教徒妇女。穆斯林妇女可以在她们面前显露装饰，即便她们是多神教徒，因为她们是这位穆斯林妇女的奴仆。"[4]

"**或是无性欲的男仆**"，即不与女主人一样的层次，并且理智有所缺陷的雇工或侍从，同时他们对女性不感兴趣。伊本·阿拔斯说，经文指没有性欲的人。[5]

艾克莱麦认为经文指阳物从未勃起过的两性人。有一些先贤也持此观点。有段确凿圣训中说，曾有一个两性人来到安拉使者的家属跟前，大家都将他当作没有性欲的人。某次穆圣进家后发现他正在（对阿卜杜拉·本·吾曼叶）形容一个女人，他说："她转过来时（腹部）有四个褶（的赘肉），转过去后有八个褶。"使者说："看来此人知道那些事情，不能再让他来到你们跟前！"后来这人被赶出，居住于白达义，每周五进城取一次食品。

"**或是情窦未开的儿童**"，他们因为年幼不懂女人的事情和女人柔美的声音、轻盈的步态和举止。但不能在已经到发育期或接近发育期的孩子面前显露装饰，因为他们懂得男女之事，能辨别美丑。安拉的使者说："你们不能到（外人的）妇女们跟前！"有人问："安拉的使者啊！公公能去（她们跟前）吗？"使者说："公公就是死亡。"[6]

---
(1)《分类圣训集》4：338。
(2) 即受保护民，也叫有约人。指在伊斯兰国家和平生活的非穆斯林。——译者注
(3)《布哈里圣训实录诠释——造物主的启迪》9：250。
(4)《泰伯里经注》19：160。
(5)《泰伯里经注》19：161。
(6)《穆斯林圣训实录》4：1715。

## 妇女走路的礼貌

清高伟大的安拉说："**她们也不要蹬她们的脚**。"蒙昧时代的妇女脚上戴着镯子，走路时用脚踏地，发出声音，引人注目。后来安拉禁止有正信的妇女炫耀可以隐蔽的饰品，因为安拉说："**她们也不要蹬她们的脚……**"因此，伊斯兰还禁止妇女外出时抹香水或带香料，以防让其他男人闻到其气味。穆圣说："每个眼睛都是奸淫的，女人抹香水后经过一个场合，她就是如此如此的"，即她就是荡妇。[7]

因此，妇女不能走在路中间，因为其中不乏炫耀。

据传述，穆圣时代，有一天寺外的路上男女混杂，穆圣对妇女们说："你们走在后面，不要走在路中间，你们应该在路边走。"此后妇女走路时靠着墙，她们的衣服甚至经常触到墙上。[8]

"**信士们啊！你们应当全体向安拉忏悔，以便你们成功**。"你们当以优美的方式和可嘉的品德遵守命令，远离蒙昧主义者的恶德和丑行，做安拉和

---
(7)《提尔密济圣训全集诠释》8：70。
(8)《艾布·达乌德圣训集》5：422。

使者命令的，避免所禁止的，以便你们取得最终的成功。求主襄助我们。

❃32.你们当让你们当中的单身者和你们的男女奴仆中的善良者们结婚。如果他们贫穷，安拉将由他的恩典中赐他们富裕。安拉是宽大的、全知的。❃

❃33.让那些没有能力结婚的人保持贞洁，直到安拉从他的恩典中使他们富有。如果你们的奴仆中有人要求订约赎身，如果你们从他们身上看到优点，你们就和他们订约，并且从安拉给你们的财产中送给他们一些。当你们的女奴们决意守贞时，你们不要为了获得今世的财物，而强迫她们淫乱。如果谁强迫她们，那么，在她们被强迫之后，安拉是至恕的、至慈的。❃

❃34.我已经对你们降下了一些明白的迹象和一项在你们以前逝去者的例证，以及对敬畏者的劝告。❃

## 命令结婚

这段尊贵的明文中罗列了一些精确断法和明确命令。安拉说："你们当让你们当中的单身者……"这节经文命令人们结婚。穆圣㊊说："诸位青年，谁有能力结婚就结吧！这样他就更能管好眼睛，保护羞体；谁没有结婚能力，就应该封斋，那是对他的保护。"(1)

安拉的使者㊊说："你们要结婚，并生育子女，末日，在各民族面前，我以你们为荣。"

"单身者"，指没有丈夫的女子或没有妻子的男子，无论他（她）们是离异者或从未结过婚。这是一个阴阳共同词。

"如果他们贫穷，安拉将由他的恩典中赐他们富裕。"伊本·阿拔斯说："安拉鼓励人们结婚，以之命令自由人和奴隶，并许诺使他们富裕。"(2) 伊本·麦斯欧迪解释这节经文时说："你们当通过婚姻寻求富裕。"(3)

安拉的使者㊊说："安拉有义务襄助三种人：追求贞洁的结婚者，希望践约的订约赎身者，捍卫主道的战士。"(4)

穆圣㊊曾让一个只有一件大衣的人结婚，当时他甚至没有能力拿出一只铁戒指，穆圣㊊命令他给未婚妻教授他会读的那些《古兰》经文，作为聘金。慷慨仁慈的安拉许诺，他将使这种人和他们的妻子富裕。

## 命令不能结婚的人保持贞洁

"**让那些没有能力结婚的人保持贞洁，直到安拉从他的恩典中使他们富有。**"安拉命令那些没有能力结婚的人保持贞洁，远离非法。正如上述圣训所说："诸位青年，谁有能力结婚就结吧！这样他就更能管好眼睛，保护羞体；谁没有结婚能力，就应该封斋，这是对他的保护。"(5)这节经文比较概括。《妇女章》经文则比较确切，经文说：❃如果你们中有人无力娶纯洁的有正信的妇女，就让他们娶你们所管辖的有正信的女子……忍耐对于你们是更好的。安拉是至恕的、至慈的。❃（4：25）即你们最好忍耐，而不要和女奴结婚，以免孩子将来也是奴隶。"安拉是至恕的、至慈的。"

艾克莱麦解释"**让那些没有能力结婚的人保持贞洁**"说："一个人若见到女人后想入非非，他应该回到自己的妻子跟前解决问题；如果他没有妻子，他应该去参悟天地的伟大，直到安拉赐予他谋生的手段。"

## 命令让奴隶订约赎身

"**如果你们的奴仆中有人要求订约赎身，如果你们从他们身上看到优点，你们就和他们订约。**"安拉命令那些拥有奴隶的人们，如果他们的奴隶要求订约赎身，他们应该和奴隶定约，使奴隶有一些技能和赚钱的方法，以便能给主人支付约中规定的钱。

艾奈斯·本·朱莱杰说，我问阿塔："如果我知道奴隶拥有一定的财产，我就必须与他签订让他获得自由的契约吗？"他说："是的，我认为必须这么做。"阿慕尔·本·迪纳尔说，我问阿塔："你是从别人那里听来的吗？"阿塔回答："不是。"阿塔接着对伊本·朱莱杰说："穆萨·本·艾奈斯告诉他，西林曾要求艾奈斯给他签订赎身契约。虽然西林有许多钱，但艾奈斯还是拒绝了他的要求，后来西林将这件事情告诉了欧麦尔。欧麦尔命令艾奈斯签订契约，但艾奈斯不愿听从，从而招致欧麦尔的鞭笞。欧麦尔还诵读了下列经文：'**如果你们从他们身上看到优点，你们就和他们订约。**'艾奈斯只得服从。"(6)另据传述，伊本·朱莱杰问阿塔："如果我知道我的奴隶有财产，我非得与他签署赎身契约吗？"后者回答："非签不可。"

伊本·马立克传述："西林曾想要艾奈斯与他

---
(1)《布哈里圣训实录诠释——造物主的启迪》9：14。
(2)《泰伯里经注》19：166。
(3)《泰伯里经注》19：166。
(4)《艾哈麦德按序圣训集》2：251。

(5)《布哈里圣训实录诠释——造物主的启迪》9：14。
(6)《布哈里圣训实录诠释——造物主的启迪》5：219。

签署赎身契约,艾奈斯没有立即做出决定,欧麦尔得知后说:'你一定要与他签约。'"(1)

"**如果你们从他们身上看到优点。**"学者们认为"优点"（حير）一词分别有下列意义:信用、诚实、赚钱的技艺和能力。(2)

"**并且从安拉给你们的财产中送给他们一些**",即你们应该把安拉所规定的那些天课部分交给他们;伊布拉欣·奈赫伊等学者解释说:"经文鼓励奴隶主和其他人给奴隶出散天课。"伊本·阿拔斯说,安拉命令穆民们帮助释奴。

## 禁止强迫女奴卖淫

"**你们不要为了获得今世的财物,而强迫她们淫乱。**"蒙昧时代的有些人,让自己的女奴出去卖淫,并每次从她们身上抽取税金。伊斯兰来临后,安拉禁止穆民这样做。据部分早期的和后来的经注学家说,这节经文是因为(伪信士)阿卜杜拉·本·吾班叶降示的。他曾强迫他的奴婢卖淫,以便从她们身上收取部分淫资,他希望她们多生孩子,他还妄言这会提高他的地位。

## 相关箴言

斑扎尔在其《圣训大集》中辑录:祖海里说:"阿卜杜拉·本·吾班叶有个名叫麦阿宰的奴婢,他强迫她卖淫。伊斯兰来临后,安拉降示了'你们不要为了获得今世的财物受,而强迫她们淫乱'。"(3)

贾比尔说:"这节经文是因为阿卜杜拉·本·吾班叶而降的,他曾强迫他的一个名叫麦西卡的奴婢卖淫。她是无辜的,因为她身不由己。后来安拉降示了'当你们的女奴们决意守贞时,你们不要为了获得今世的财物,而强迫她们淫乱。如果谁强迫她们,那么,在她们被强迫之后,安拉是至恕的、至慈的。'"(4)

穆尕提里·本·罕雅尼说:"据我所知——安拉至知——这节经文是因为两个曾经强迫奴婢卖淫的人而降的。一个奴婢叫麦西卡,曾经属于一位辅士,一个叫艾米麦·乌姆·麦西卡,属于阿卜杜拉·本·吾班叶(另一传述,此女叫麦阿宰)。后来麦西卡及其母亲来到先知跟前,讲述了她们的遭遇,安拉因此而降谕道:'你们不要为了获得今世的财物,而强迫她们淫乱。'"

"**当你们的女奴们决意守贞时。**"这是大多数女奴的意愿。这个短语在句中仅起到强调作用,没有独立意义(其意思是,无论如何,都不得强迫女奴卖淫,而不是说,如果女奴想卖淫就可以听之任之)。

"**为了寻求今世的财物。**""今世的财物"指淫资、聘金或这些女人生下的子女。安拉的使者禁止三件事:放血者的营生,淫妇的聘金(淫资)和占卜所得。(5)

另据传述,使者说:"淫妇的聘金是龌龊的,放血者的营生是龌龊的,狗的价钱是龌龊的。"(6)

"**谁强迫她们,那么,在她们被强迫之后,安拉是至恕的、至慈的。**"如前所述,贾比尔说安拉对这些迫不得已的奴婢是至恕至慈的。

伊本·阿拔斯、穆佳黑德等学者解释说:"如果你们这样做,安拉对她们是至恕至慈的,而强迫她们的人要承担她们的罪责。"(7)

清高伟大的安拉阐明了这些断法后说:"**我已经对你们降下了一些明白的迹象**",即在《古兰》中,有很多经文包含许多迹象和阐释。

"**一项在你们以前逝去者的例证**",即我降下经典,讲述古代的一些民族,包括讲述他们违背安拉的命令后所遭受的惩罚。正如安拉所言:❴我使他们成为后代的先例和借鉴。❵(43:56)

"**以及对敬畏者的劝告**",即那些记念和害怕安拉的人。

❴35.安拉是诸天与大地之光。他的光好比灯台,其中是灯芯,那灯芯用玻璃罩着,那玻璃好像灿烂的明星,它是用吉祥橄榄树的油点亮的,它既不在东方,也不在西方。即便没有火触到它,它的油几乎发光。光上之光!安拉引导他所意欲者到达他的光。安拉对人类还举一些例子。安拉是确知万物的。❵

## 安拉之光的比喻

伊本·阿拔斯解释"**安拉是诸天与大地之光**"时说:"安拉是诸天与大地的居住者的引导者。"(8)

伊本·朱莱杰传述,伊本·阿拔斯解释它时说:"安拉安排天地事物以及其中的星星、太阳和月亮。"(9)

赛丁伊解释说:"诸天与大地因为安拉之光而

---

(1)《泰伯里经注》19:167。
(2)《泰伯里经注》19:173。
(3)《揭开帷幕》3:61。
(4)《泰伯里经注》19:174。
(5)《穆斯林圣训实录》3:1198。
(6)《穆斯林圣训实录》3:1199。
(7)《泰伯里经注》19:175。
(8)《泰伯里经注》19:177。
(9)《泰伯里经注》19:177。

明亮。"

安拉的使者㉔从夜晚起来礼拜时常说："主啊！赞颂归你，你是天地及其中一切的维护者；赞颂归你，你是天地万物之光。"(1)

伊本·麦斯欧迪说："你们的主那里没有白天和黑夜，阿莱什之光来自他的外吉海(2)之光。"

"**他的光好比灯台。**"学者们对经文中的"他"有不同的解释，有人认为指安拉，即在穆民心中，安拉的引导好比……伊本·阿拔斯就是这样解释的；(3)也有人认为"他"指穆民，正如经文中指示的那样。暗示穆民心中的光好比灯台——因为穆民的内心和使他获得引导的天然属性以及他所接受的符合天性的伟大《古兰》，就像一盏明灯，晶莹剔透，珠光宝气；引导他走上正道的《古兰》和法律，就像清纯明亮的优质橄榄油。另一段经文说：※ 难道信赖他主的明证——来自安拉的见证继那明证来临，在它以前有作为向导和慈悯的穆萨的经典——的人……※（11：17）

"**灯台**"（مشكوة）伊本·阿拔斯等学者说，它指放灯芯的位置。(4)这是众所周知的。因此，后文说"**其中是灯芯**"（مصباح），灯芯指发光的捻子。有人说"灯台"指壁龛。这是安拉为仆人对他的顺从而做的比喻。安拉将对他的顺从称为光，然后以其他一些名称呼之。

吾班叶·本·凯尔卜说，"米苏巴哈"原指光，这里指《古兰》和穆民心中的信仰；赛丁伊认为它指灯。(5)

"**那灯芯用玻璃罩着**"，即火从透明的玻璃中闪闪发光。吾班叶·凯尔卜等学者认为这是穆民内心的象征。

"**灿烂的明星**"，"灿烂的"因为读法不同，具有下列不同意义：一、珠宝制成的明星；二、璀璨的星星；吾班叶·本·凯尔卜解释为明星；格塔德解释为发光的、明亮的、巨大的星星。

"**它是用吉祥橄榄树的油点亮的，它既不在东方，也不在西方**"，即此树不生在东边，否则早上的太阳照不到它；也不在西边，否则日落前的阳光照不到它。它处于一个中心地带，早晚享受日照，所以它的油清纯、匀称、明亮。

伊本·阿拔斯解释说："它是沙漠中的一种树，不受任何树、山、山洞等物遮挡，它能产出最优质的油。"(6)

穆佳黑德解释说："它不在日落时照射不到的东边，也不在日出时照射不到的西边。它处于能够享受夕阳和朝阳的地区。"(7)

伊本·朱拜尔说："这株树产出的油是最好的，它早晚享受日光，所以对它而言没有东方和西方。"

"**即便没有火触到它，它的油几乎发光。**"阿卜杜·拉赫曼说："因为这种油本身是发光的。"(8)

"**光上之光！**"伊本·阿拔斯说："经文指仆人的正信和行为。"(9)

赛丁伊解释说："火光和油光相聚后，同时发光，相辅相成，缺一不可。《古兰》之光和正信之光相聚时也是如此，缺一不可。"(10)

"**安拉引导他所意欲者到达他的光。**"安拉引导他所优选的人得到正道。安拉的使者㉔说："清高伟大的安拉在黑暗中创造了他的被造物，然后于当日将其光明投向他们。谁得到安拉之光，谁就得

---

(1)《布哈里圣训实录诠释——造物主的启迪》3：5。
(2)字意为面容。安拉至知其意。——译者注
(3)《泰伯里经注》19：179。
(4)《泰伯里经注》19：180。
(5)《泰伯里经注》19：178。
(6)《伊本·艾布·哈提姆经注》8：2600。
(7)《泰伯里经注》19：186。
(8)《泰伯里经注》19：183。
(9)《泰伯里经注》19：182。
(10)《散置的明珠》6：202。

道；谁错过安拉之光，谁就迷误。因此，我说："一切都依安拉所知而成为了定局。"(1)

"安拉对人类还举一些例子。安拉是确知万物的。"在提到对穆民心灵的引导之光的比喻后，安拉以这节经文作为结束，意味着安拉至知谁应该获得正道，谁应该走向迷误。

穆圣说："心灵分为四种：闪亮的明灯般清洁的心灵，被束缚和蒙蔽的心灵……"

§ 36.在一些房中，安拉准许升起它，并在其中记念他的尊名。在那里朝夕赞美他。§

§ 37.这些人，贸易和生意不使他们疏忽于记念安拉、坚守拜功和完纳天课。他们畏惧那使他们的心神与视力颠倒的日子。§

§ 38.以便安拉能按照他们最好的行为回赐他们，并给他们增加他的恩赐。安拉确实不加计算地供给那些他所意欲的人。§

## 清真寺的尊贵，相关的礼节和关心清真寺的人的美德

前面安拉把穆民的心灵和心中的正道与知识，比作在纯净的玻璃罩内用优良的油点燃的明灯（或灯芯）。安拉在此述及这盏明灯的位置——清真寺，它们是大地上安拉最喜爱的地方，是安拉的房，也是人们信主独一、虔诚拜主的地方。安拉说："**在一些房中，安拉准许升起它**"，意思是安拉命令建立清真寺并避免肮脏、闲谈或不恰当的工作或行为。(2)艾克莱麦等经注学家说，安拉禁止在清真寺中做一些没有意义的事情。

关于建设清真寺，尊重它，并在其中洒香水和熏香料的圣训很多，笔者曾撰写了这方面的专著。一切感赞统归安拉。托靠安拉，我们将在此引用其中的一部分。求主襄助我们。据信士的长官奥斯曼传述，安拉的使者说："谁为追求安拉的喜悦而建设一座清真寺，安拉就为谁在乐园中建一座相似的建筑。"(3)

欧麦尔传述，安拉的使者说："谁为了人们记念安拉的尊名而建设一座清真寺，安拉就在乐园中为谁建设一座宫殿。"类似的圣训很多。

阿伊莎（愿主喜悦之）说："安拉的使者命令我们在家中建寺（礼拜殿），并清洁它，在其中洒香水。"(4)

欧麦尔（愿主喜悦之）说："你当为人们建筑一个遮风挡雨的地方，不可用红色或黄色装饰它，否则会使人们分心。"(5)

伊本·阿拔斯传述："安拉的使者说：'我没有奉到用泥灰建筑清真寺的命令。'难道我（另一传述中是"难道你们"）要像犹太教徒和基督教徒那样装饰它吗？"

安拉的使者说："末日降临前，人们将以清真寺（的豪华建筑）而互相炫耀。"

据白丽黛传述，有人在清真寺中寻找失物，问："谁知道一峰红色骆驼在哪里？"穆圣对那人说："你不会找到的，清真寺只是为了完成其职能而被建造的。"

安拉的使者说："你们看到有人在清真寺中买卖物品时就对他说：'愿安拉不要使你生意获利！'你们看到有人在清真寺中寻找失物时就对他说：'愿安拉不要让你找到它。'"(6)

洒义卜·本·叶齐德传述："有一天，我在清真寺里正站着，突然有人用小石子打我，我回头看时，发现是欧麦尔。他对我说：'你去把那两个人叫来！'我叫来二人后，他问：'你俩是谁（或问了：你们是哪的）？'那两个人说：'来自塔伊夫。'他说：'假若你们是本地人，我一定狠狠教训你们。因为你们在安拉使者的清真寺中高声喧哗。'"(7)

阿卜杜·拉赫曼·本·奥夫传述，欧麦尔（愿主喜悦之）听到有人在清真寺中喧哗，便问："你知道你在哪里吗？"

据伊本·欧麦尔传述："欧麦尔每周五都用香料熏安拉使者的清真寺。"安拉至知。

两圣训实录辑录，安拉的使者说："集体拜功比家中和市场中的礼拜强二十五倍。原因是一个人完美了小净出门前往清真寺，只为礼拜，别无动机，这样，他每走一步，就升高一个品级，消除一件错误。当他礼拜时，只要没有离开礼拜的地方，天使们就不停地为他祝福：'主啊！请赐他幸福，主啊！请慈悯他！'等待礼拜等于履行礼拜。"各圣训集中说："你们给黑暗中步行到清真寺的人们报喜，他们在末日会得到全美的光明。"(8)提倡用右脚进寺门，用左脚出寺门，并且像《布哈里圣训实录》所载那样，念诵先知所念的祷词。伊本·欧麦尔传述："安拉的使者在进寺门时念：'我以伟大的安拉、他尊贵的外吉海和固有的权力求庇佑，莫让被驱逐的恶魔干扰我。'"他说恶魔

---

（1）《艾哈麦德按序圣训集》2：176。
（2）《泰伯里经注》19：191。
（3）《布哈里圣训实录诠释——造物主的启迪》1：648。
（4）《艾哈麦德按序圣训集》6：279。
（5）《布哈里圣训实录诠释——造物主的启迪》1：642。
（6）《提尔密济圣训全集诠释》4：550。
（7）《布哈里圣训实录诠释——造物主的启迪》1：667。
（8）《艾布·达乌德圣训集》561。

听到此言后说：“今天一整天，我将对他无可奈何。”[1]

安拉的使者㊐说："你们进寺门时要念：'主啊！请为我打开你的各慈悯之门！'出寺门时要念：'主啊！我向你祈求你的恩惠！'"[2]

安拉的使者㊐说："你们进清真寺时要为穆圣祝安，并念：'主啊！请为我开启你的各慈悯之门！'出门时也要向先知祝安，并念：'主啊！请从被驱逐的恶魔方面保护我。'""并在其中记念他的尊名"，即记念安拉的尊名。正如安拉所言：《阿丹的子孙啊！在每个清真寺跟前，你们要注重你们的仪表。》（7：31）又《你们在任何叩头的地方都要端正你们的面容，当以精诚奉教者的身份祈求安拉。》（7：29）又《一切清真寺都属于安拉。》（72：18）

伊本·阿拔斯说"并在其中记念他的尊名"这节经文是指在清真寺中颂读安拉的经典。"在那里朝夕赞美他"，指在每天清晨和傍晚时分……

"**这些人，贸易和生意不使他们疏忽于记念安拉。**"正如安拉所言：《有正信的人们啊！不要让你们的财富和子嗣使你们贻误了对安拉的记念。》（63：9）又《有正信的人们啊！当聚礼日你们被召唤去礼拜时，你们应当奔忙去记主，并放下买卖。》（62：9）清高伟大的安拉说，你们让今世及其浮华、各种诱惑和生意打搅你们，致使你们疏忽了对养育你们、创造你们、供给你们的主宰的记念。他们知道，对他们而言安拉那里的报偿比他们所拥有的更好，安拉那里的是永恒的，但他们手中的一切都是暂短的。因此安拉说："**贸易和生意不使他们疏忽于记念安拉、坚守拜功和完纳天课**"，即他们把顺从安拉和追求安拉的喜悦，放到实现自己的愿望和喜好之前。

据传述，伊本·欧麦尔有天在市场上，他看到开始礼拜时人们纷纷关了商店，进入清真寺，于是他念了："**这些人，贸易和生意不使他们疏忽于记念安拉、坚守拜功和完纳天课。**"并说："这节经文是为这些人所降的。"[3]

伊本·阿拔斯等学者解释这节经文时说："他们不因此而放弃主命拜。"[4]赛丁伊解释说经文中的"礼拜"指集体拜。穆尔提里说："他们不因此而放弃礼拜，他们按安拉命令的方式完成礼拜，坚守礼拜的时间和相关的主命。"

"**他们畏惧那使他们的心神与视力颠倒的日子**"，即末日。那天，恐惧极大，人们惊恐万状。

---
(1)《艾布·达乌德圣训集》2：318。
(2)《穆斯林圣训实录》1：494。
(3)《伊本·艾布·哈提姆经注》8：260。
(4)《泰伯里经注》19：193。

类似的经文说：《你以临近之日警告他们吧……》（40：18）《他只宽限他们到瞪眼的那一天。》（14：42）又《他们在爱他的情况下，把食物供给赤贫者、孤儿和俘虏。我们供你们饮食，只是为了安拉喜悦。我们不要你们还报或感谢。我们害怕来自我们主的窘迫的、艰难的日子。因此安拉使他们避免了那天的灾难，并使他们光彩和愉快。他由于他们当初的坚韧，而赏给他们乐园和丝绸。》（76：8-12）

"**以便安拉能按照他们最好的行为回赐他们。**"他们的善功将被接受，罪恶被赦宥。"**并给他们增加他的恩赐。**"安拉不但接受他们的善功，而且还加倍地善报他们，安拉说：《安拉不亏枉人一粒芥子的重量。》（4：40）《谁做一件善事，他就获得十倍于它的报偿。》（6：160）又《谁愿意贷给安拉一笔美好的债务？》（2：245）又《安拉加倍地报酬他所欲之人。》（2：261）本章的经文说："安拉确实要不加计算地供给那些他所意欲的人。"

《39.那些否认者，其行为就像沙漠中的幻景，干渴的人以为它是水，等他到达它时，就发现它没有了。但是他却在那里发现了安拉。他充分地给予他们所应得的一切，安拉是清算迅速的。》

《40.或就像汪洋大海中的重重黑暗，巨浪层层，乌云压顶。黑暗重重叠叠，他伸手几乎不见五指。安拉不给谁光，谁绝不会有光。》

## 两种隐昧者的例子

在这节经文中安拉为两种隐昧者举了两个例子，正如《黄牛章》中安拉用火光和雨水为伪信士比喻，以及在《雷霆章》中用火和水比喻正道和知识。我们已经注释了上述两处经文，故不赘述。一切感赞统归安拉。本章举例所说的第一种人，是一些号召别人接受隐昧的隐昧者，他们因为自己的信仰和行为而自鸣得意，其实它们一无是处，他们的情况就像在荒原上看到的蜃景，远远看来好像大海一样。蜃景（赛拉卜，السراب）一般在中午之后发生于辽阔的平原上。至于"阿莱"（آل，也是一种蜃景）一般发生在早晨，看起来就像是一片汪洋，连接天地。干渴的人看到蜃景后以为看到了水，便匆忙奔去饮用，等他到了那里，"**就发现它没有了**"。隐昧者就是这样，他认为自己成绩斐然，很了不起，等他在复生日见到安拉，通过清算和审判之后发现他的一项工作都没有被安拉接受。因为他的工作不是缺乏诚挚的信仰，就是不符合教法。安拉说："我去处理他们所做过的工作，并使它成为浮尘。"（25：23）本章的经文说："但是他却在那里发现了安拉。他充分地给予他们所应得的一切，安拉是清算迅速的。"[1]

两圣训实录辑录："在后世，有声音对犹太人说：'你们曾经在拜什么？'他们说：'我们在拜安拉的儿子欧宰尔。'他们被告知：'你们在撒谎，安拉没有儿女。你们有什么要求？'他们说：'主啊！我们非常干渴，给我们点水喝吧！'有声音说：'你们没有看到吗？'只见火狱像蜃景般展现在眼前，那烈火正在相互吞噬，粉碎。他们便跑过去，纷纷坠入其中。"[2] 这是为那些愚蠢至极的人举的例子。至于那些肤浅的愚人，是一些俗人，他们盲从隐昧的首领，有眼无珠，有耳不闻，不明事理。安拉是这样说他们的情况的："或就像汪洋大海中的重重黑暗，巨浪层层，乌云压顶。黑暗重重叠叠，他伸手几乎不见五指。"意思是他几乎不能看见，因为那是如此深沉的黑暗。肤浅的隐昧者内心就是这样，他们盲从一些自己并不了解的人，不知道要去哪里。他们好像这样的人，有人问他："你要去哪？"他回答说："跟大伙一起去！"有人问："大伙去干啥？"他回答："不知道。"

吾班叶·本·凯尔卜在解释这节经文时说："这种人在五种黑暗中挣扎。他的语言是黑暗的，行为是黑暗的，（道路的）入口是黑暗的，出路是黑暗的，他将在末日的重重黑暗中归向火狱。"

"**安拉不给谁光，谁绝不会有光**"，即安拉不引导的人，是无知的，毁灭的，惶惑的，不信的。正如安拉所言："安拉使之迷误者，是没有引导者的。他任由他们在顽抗中盲目彷徨。"（7：186）这种情况和安拉所说的穆民的情况形成了鲜明的对比，安拉形容他们时说："安拉引导他所意欲者到达他的光。"（24：35）祈求伟大的安拉在我们的心中投入光明，在我们的信仰中注入光明，在我们的生活中赋予光明，为我们使光明普照。

**41.难道你没有看到，诸天与大地的万物和展翼的鸟类，都在赞颂安拉吗？每一种事物，他都知道它的礼拜和赞颂。安拉知道他们所做的一切。**

**42.诸天与大地的权力都属于安拉，归宿只在安拉那里。**

### 万物赞美至尚的安拉 权力全归安拉

清高伟大的安拉说，天地中一切——天使、人类、精灵和动物，甚至非生物，都在赞美他，安拉说："七重天与大地以及其中的万物，都赞颂他清净。"（17：44）

"**展翼的鸟类**。"鸟儿在飞翔的时候，以安拉赋予它并教导它的赞词，在赞美安拉，崇拜安拉。安拉知道它的行为。因此说，"**每一种事物，他都知道它的礼拜和赞颂**"，即安拉给万物都指导了崇拜他的方式和方法。

然后安拉告诉我们他知道这一切，任何事物都不能隐瞒他："**安拉知道他们所做的一切。**"又说天地的权力只归他，惟独他是统治者、支配者和惟一应受崇拜的主宰，他的判决是不可反驳的。

在末日，"**归宿只在安拉那里**"。然后他将按他的意志判决万事，"他依照他们的行为还报那些作恶的人。"（53：31）因为他是创造者，掌权者，今世和后世的裁决权只归于他，自始至终的赞美都属于他。

**43.难道你没有看到，安拉驱动云，然后使它密合，然后再使它堆积吗？然后你将看到雨点从它的中间出现，他由天空中，从群山中降下冰雹，他**

---

(1)《泰伯里经注》19：196。
(2)《布哈里圣训实录诠释——造物主的启迪》13：431。

使它落于他所意欲的人，使它避开他所意欲的人。他的雷电的光芒几乎夺取视力。"

❧44.安拉更替昼夜。对那些有视力的人，此中确有一项教训。❧

### 安拉创造云和相关物质的能力

清高伟大的安拉说，他在创造云之初，以其大能驱策它，那时云还很淡，"然后使它密合"，即他使分散的云聚积到一起。

"然后再使它堆积吗？"即将它们聚积起来。

"然后你将看到雨点从它的中间出现。"伊本·阿拔斯、端哈克等学者就是这样解释的。[1] 欧拜德·本·欧麦勒说："安拉派遣兴起风的（天使），让风扫荡大地；然后派遣制造云的（天使），制造出云；然后派遣集合的（天使），使云密合起来；然后派遣嫁接的（天使），让他把云嫁接起来。"[2]

"他由天空中，从群山中降下冰雹。"部分经注学家说："天上有某种冰山，安拉从中降下冰雹。"部分认为"群山"指乌云。安拉至知。

"他使它落于他所意欲的人，使它避开他所意欲的人。"其意义是：安拉从天上降下雨水和冰雹，使之到于他所意欲之人，以便慈悯他们。"使它避开他所意欲的人"，指安拉使他们得不到甘霖。"他使它落于他所意欲的人"，指安拉用之惩罚他所意欲之人，因为打坏他们的水果，破坏他们的庄稼和树林。同时，安拉不使他意欲的人遭受这种打击，以便慈悯他们。

"他的雷电的光芒几乎夺取视力。"电光非常强烈，目击者的双眼几乎因之丧失视力。

"安拉更替昼夜"，即安拉支配着它们，有时使此长彼短，有时使彼长此短，有时则使它们的时间相等。安拉以其命令、大能、权力和知识，支配着它们。

"对那些有视力的人，此中确有一项教训。""教训"指证明，安拉伟大的证据。正如拉所言：❧诸天与大地的造化、昼夜的循环，对于能领悟的人，确有很多迹象。❧（3：190）等等。

❧45.安拉由水造化每一种动物，其中有用腹爬行的，有用两脚行走的，有用四肢行走的。安拉造化他所意欲的，安拉是全能于万事的。❧

### 安拉创造动物的大能

清高伟大的安拉说，他创造的万物形象不同，色彩缤纷，运动和静止的形态各异，但它们都源于相同的水。这一切充分显示着他的完美和大能。

"其中有用腹爬行的"，如蛇和类似的动物。

"有用两脚行走的"，如人类和鸟类。

"有用四肢行走的"，如家畜等动物。

因此说，"安拉造化他所意欲的"，即安拉以其大能创造万物，他意欲什么存在，什么就会存在；他不意欲什么存在，什么就不存在。

因此说："安拉是全能于万事的。"

❧46.我确已降下一些明白的启示，安拉引导他所愿意的人到正道。❧

安拉强调，他在这部《古兰》中降下了许多清楚明确的哲理、律法和比喻。他还指导那些有理智、有眼光、有才华的人们去思考和理解它们。因此说："安拉引导他所愿意的人到正道。"

❧47.他们说："我们归信了安拉及其使者，我们服从了。"然后，他们当中的一些人将要避开，这些人绝不是信士。❧

❧48.当他们被叫到安拉及其使者那里，以便他在他们之间判断时，他们当中的一些人突然避开了。❧

❧49.倘若他们有理，他们就服服帖帖地到他那里。❧

❧50.他们的心里有病吗？或是他们在怀疑，或是他们担心安拉及其使者会对他们不公平吗？不，这些人是不义的。❧

❧51.当信士们被叫到安拉及其使者那里，以便他在他们之间判断时，他们所说的话只是："我们听，我们从。"这等人，他们是成功的。❧

❧52.谁服从安拉及其使者，并敬畏安拉，他们就是收获者。❧

### 伪信士的诡计和穆民的情况

清高伟大的安拉说，伪信士们表里不一，口是心非，"他们说：'我们归信了安拉及其使者，我们服从了。'然后，他们当中的一些人将要避开"，即他们言行不一，只说不做，因此说："这些人绝不是信士。"

"当他们被叫到安拉及其使者那里，以便他

---

[1]《泰伯里经注》19：202。
[2]《泰伯里经注》19：201。

**在他们之间判断时**",即当他们被要求跟随使者,遵循安拉降示的正道时,他们傲慢地拒绝了。正如安拉所言:◈难道你没有看见?那些妄称已归信降示给你的(经典)和在你之前降示的(经典)的人……你会看到伪信士阻碍你。◈(4:60-61)

"**倘若他们有理,他们就服服帖帖地到他那里**",即如果裁决的结果对他们有利无害,他们就会顺服地跑来听从。否则,他们就不来穆圣ﷺ那里控诉,并会提出无理的要求。他们甚至要跑到别处起诉,以便在那里满足自己的无理要求。他们最初服从穆圣ﷺ,并不是说他们相信这是正道,而是当时的情况符合他们的私欲,因此,当他们看到真理与他们的愿望不一致时,便弃真投伪。

"**他们的心里有病吗?**"他们的情况只能是有挥之不去的心病,或对宗教产生了怀疑,或担心安拉及其使者不公正,若是这样,他们就是绝对的隐昧者。安拉至知他们的表面和内在特征。

"**不,这些人是不义的。**"他们是不义的罪人。他们认为安拉及其使者可能不公平。事实绝非如此。

然后安拉讲述穆民的特征,他们响应安拉及其使者,除了《古兰》和圣训之外,不寻求其他途径。"**当信士们被叫到安拉及其使者那里,以便他在他们之间判断时,他们所说的话只是:'我们听,我们从。'**"因此,经文说他们已经获得成功,万事如愿,脱离恐惧。"**这等人,他们是成功的。**"

格塔德在解释"**他们所说的话只是:'我们听,我们从。'**"时说,据说欧拜德·本·萨米特(他参加过欧格白协议和白德尔战役,是辅士的领袖之一)在临终时对其兄弟朱纳德说:"我告诉你应该承担的义务和享受的权利,好吗?"朱纳德回答:"好!"欧拜德说:"无论困难还是容易,高兴还是苦闷,你都要听从(穆斯林长官的命令),为此你不怕舍己为人;你当说话公正,不与合格的掌权者争权夺利。除非他赤裸裸地命令你违背安拉;任何时候如果有人命令你去做违背安拉经典的事情,你都要遵循安拉的经典。"[1]

格塔德说,据传艾宾·德尔达伊说:"伊斯兰就是服从安拉,幸福只在关心集体、忠于安拉和使者之中,以及在忠于哈里发和全体穆民之中。"欧麦尔(愿主喜悦之)说:"伊斯兰的大树是作证万物非主、惟有安拉,立站拜功,完纳天课,并且服从安拉让其管理穆斯林大众事务的人。"[2]关于命令人们遵循《古兰》和圣训、服从正统哈里发以及命人服从安拉的伊玛目的圣训和箴言很多,此处无

---
(1)《伊本·艾布·哈提姆经注》8:2623。
(2)《伊本·艾布·哈提姆经注》8:2623。

法一一列举。

"**谁服从安拉及其使者**",即服从安拉和使者的命令,不做禁止的事情。"**并敬畏安拉**",因为过去的罪行而感到恐惧,在未来的事务中敬畏安拉。"**他们就是收获者**",即他们将获得一切幸福,并在今世和后世中免于一切不幸。

◈ 53.他们凭安拉发下了最庄严的誓,如果你命令他们,他们就会出去。你说:"你们不要发誓,合理的服从更好。安拉确实彻知你们所做的一切。"◈

◈ 54.你说:"你们当服从安拉,并服从使者。倘若你们违背,他只负他应负的责任,而你们也要负你们应负的。如果你们服从他,你们就会走正道。使者的责任只是明确的传达。"◈

清高伟大的安拉说,伪信士们对使者发誓说,如果使者命令他们出征,他们一定会奉命出征。安拉说:"你说:'你们不要发誓,合理的服从更好。'"你们的服从是众所周知的。即他知道你们嘴上的服从无非是一句没有行动的空话而已,你们

每次发誓时都在撒谎。正如安拉所言：⟨他们会向你们起誓，以便取悦于你们。⟩（9：96）又⟨他们将他们的誓言作为挡箭牌。⟩（58：16）因为撒谎已成他们的本性，他们甚至会对自己的朋友撒谎。正如安拉所言：⟨你可曾见到那些伪信士吗？他们对有经人中不信的弟兄们说："如果你们被驱逐，我们一定会跟你们一同出走，我们也决不听从任何人而对抗你们，如果你们被攻击，我们一定会援助你们。"安拉见证他们确实是说谎的人。如果他们被逐出，他们（伪信士）绝对不会跟他们一同出走。如果他们被攻击，他们（伪信士）也绝不会援助他们。即使他们援助他们，他们也会背转而逃，最终他们得不到援助。⟩（59：11-12）

"**你说：'你们当服从安拉，并服从使者'**"，即遵循《古兰》和圣训。

"**倘若你们违背**"，即假如你们放弃使者带来的启示，弃之不顾，"**他只负他应负的责任**"，使者的责任是传达使命，履行真理。"**而你们也要负你们应负的**"，你们的责任是接受使者带来的启示，并尊重它，履行它。"**如果你们服从他，你们就会走正道。**"因为他号召你们走正道：⟨天地中的一切都归其所有的安拉之道。⟩（42：53）"**使者的责任只是明确的传达。**"正如安拉所言：⟨你的责任只是传达，清算由我掌管。⟩（13：40）⟨你当劝诫，你只是一位劝诫者，你不是他们的监护者。⟩（88：22）

⟨**55.安拉为你们当中归信并行善的人许诺：他一定会像他对你们以前的人一样，使他们继承大地；他必定为他们巩固他所悦纳的宗教；他必定为畏惧之后的他们换来安宁。他们崇拜我，而不以任何物举伴我。谁在这以后不信，他们就是坏事的。**⟩

## 安拉许诺让穆民代治大地

在这节经文中，清高伟大的安拉对使者许诺说，他要让他的民族成为大地的继承者，即让他们领导世人，治理世人，改造世界，令世人臣服，使曾经饱受恐惧的他们享受舒适和安宁。清高伟大的安拉确实已经实现了其诺言。一切赞美和恩情，都归于安拉。因为在使者归真前，安拉就为他解放了麦加、海巴尔、巴林和阿拉伯半岛的大片土地以及整个也门。使者还从海吉尔（هجر）的拜火教徒和沙姆边缘地区的异教徒那里征收人丁税。他还和罗马国王希拉克略、埃及统治者、亚历山大统治者摩高基斯以及安曼诸王和阿比西尼亚国王奈加希[1]签署了和平共处条约。愿安拉慈悯奈加希，并使之尊贵。

安拉为穆圣选择了他那里的尊严，使者归真之后，哈里发艾布·伯克尔继承了使者的事业。此后，艾布·伯克尔迅速平息了使者归真后出现的风波，重整旗鼓，在阿拉伯半岛建立据点，派哈立德（愿主喜悦之）率领军队解放了波斯的一部分土地，处死了一些反叛者。派艾布·欧拜德（愿主喜悦之）及一些将领去解放沙姆。派阿慕尔·本·阿斯去解放埃及。艾布·伯克尔在任期间，穆斯林的沙姆军解放了巴士里、大马士革以及临近的毫兰（حوران）等省区。后来安拉使艾布·伯克尔归真，选择他去享受安拉的款待。

安拉给穆斯林的另一大恩典就是赋予艾布·伯克尔一种灵感，使之任命欧麦尔为继任者。欧麦尔成功地继承了其前任的使命。除了众先知之外，天底下再也没有出现过品行如此刚毅公正的人。他在任期间，穆斯林完全解放了沙姆地区[2]和埃及，还解放了大半个波斯，并瓦解了科斯鲁[3]时代，使其遭受了无以复加的屈辱，迫使这位末代皇帝流落到其帝国的边缘。他还重创了凯斯拉[4]，迫使其交出沙姆，退缩到君士坦丁堡。欧麦尔从这两个暴君那里缴获大量财产，将其全部用于主道。这一切都是使者曾经许诺过的。愿安拉赐给使者最纯洁完美的福安。

在奥斯曼时期，伊斯兰的疆域扩展到大地东方和西方的遥远地区。在此期间穆斯林解放了马格里布、安达鲁西亚、塞浦路斯、开汪、休达以及濒临直布罗陀海峡的广大地区。在东方，穆斯林的领域靠近中国。科斯鲁被杀后，其国权永久消失了。伊拉克的麦德彦、胡罗珊、艾海瓦兹都成为了穆斯林的天下。穆斯林还消灭了许多突厥人。安拉弃绝了他们的最大君王哈干。从东到西的广袤土地上，土地税源源不断地被送到信士的长官哈里发奥斯曼那里。这一切都与他诵习《古兰》、整理《古兰》的福分有关。安拉的使者㊗说："安拉为我将大地卷起，我看到了东方和西方，我的教民的权力将抵达安拉为我卷起的所有地方。"[5]今天，我们不正是遨游于安拉及其使者所许诺的土地上吗？安拉及其使者的语言是至实的。祈求安拉使我们归信他，归信他的使者，并让我们以他喜爱的方式感谢他。

伊本·阿林在解释"**安拉为你们当中归信并行**

---
（1）其即位于艾苏赫麦（أصحمة）之后。——译者注
（2）包括今叙利亚、约旦、巴勒斯坦等地区。——译者注
（3）古波斯国王的称号。——译者注
（4）一译恺撒，古罗马国王称号。——译者注
（5）《穆斯林圣训实录》4：2215。

善的人许诺：他一定会像他对你们以前的人一样，使他们继承大地；他必定为他们巩固他所悦纳的宗教；他必定为畏惧之后的他们换来安宁"时说，穆圣☪及其弟子们在麦加的近十年中，只号召人们归信和崇拜独一无偶的安拉。当时他们只秘密传教，整天提心吊胆，但一直没有奉到战争的命令。后来安拉命令他们迁徙麦地那，他们在那里获准战争，因此他们早晚都带着武器，但整天还是提心吊胆。安拉至知，这样过了若干时期后有位圣门弟子问道："安拉的使者啊！难道我们要这样提心吊胆地生活一辈子吗？我们还能迎来一个安宁的日子，并放下武器吗？"安拉的使者☪说："不久之后，你们中有人将安然盘腿而坐，那时没有铁器（大概指武器）。"安拉降示了这节经文后，穆圣☪解放了阿拉伯半岛，人们安居乐业，放下武器。穆圣☪归真后，在艾布·伯克尔和欧麦尔时期，人们一直享受着这种安宁。直到奥斯曼任期之末，时局发生了改变。此后穆斯林又陷入恐惧之中，并开始有了安全措施和警察。穆斯林改变了自己的处境。有位先贤说："《古兰》证实了艾布·伯克尔和欧麦尔（愿主喜悦他们）任哈里发之事。"然后他诵读了上述经文。[1]

白拉伊·本·阿兹卜说："这节经文降示时，我们整天提心吊胆。"下列经文与这节经文相似：❮你们当铭记，当时你们是大地上受欺压的少数人……以便你们感谢。❯（8：26）"他一定会像他对你们以前的人一样。"正如穆萨对其族人所说：❮你们的主将毁灭你们的敌人，并让你们代治大地，以便他看你们怎么做。❯（7：129）又❮我意欲赐恩典给那些在地上遭受迫害的人，使他们成为领袖。❯（28：5）

"他必定为他们巩固他所悦纳的宗教。"穆圣☪曾对来访的阿丁伊·本·哈亭说："你了解黑莱[2]吗？"阿丁伊说"不了解，但我听说过。"穆圣☪说："以掌握我生命的安拉发誓，安拉一定会完美这一（伊斯兰）事业，直至来自黑莱的一位女子，骑着骆驼单身前来朝觐天房（不用任何人陪同保护）；胡尔穆兹的儿子科斯鲁（国王）的宝库将被打开；财产将被广为施舍，直至无人接受。"阿丁伊说："这位单身女子确已骑着骆驼从黑莱前来朝觐，果真无需任何人陪同；我后来成为打开科斯鲁国王宝库的人之一。以掌管我生命的安拉发誓，第三件事情将会发生，因为那是使者说过的事情。"[3]

"他们崇拜我，而不以任何物举伴我。"穆阿兹传述："安拉的使者☪曾在一头驴上捎着我，我和他之间只隔着鞍子的靠垫。他说：'穆阿兹啊！'我回答：'安拉的使者啊！恭候尊命！'走了一会儿了，他又说："穆阿兹·本·杰伯里啊！'我回答：'安拉的使者啊！恭候尊命！'又走了一会儿了，他问：'仆人对安拉应尽的义务是什么？'我回答：'安拉及其使者至知。'他说：'仆人对安拉应尽的义务是，他们崇拜他，不以任何物举伴他。'过了片刻，他又说：'穆阿兹·本·杰伯里啊！'我回答：'安拉的使者啊！恭候尊命！'他问：'你知道如果仆人做到了这点，他们从安拉那里享受什么权利呢？'我回答：'安拉及其使者至知。'他说：'仆人从安拉那里享受的权利是，安拉不惩罚他们。'"

"谁在这以后不信，他们就是坏事的"，即此后，谁若不愿服从安拉，谁就违背了他养主的命令，其罪大至极。除了穆圣☪之外，没有人能像圣门弟子那样坚定不移地恭顺安拉，服从安拉的命令。他们的胜利和他们的善行相符合。他们因为在世界各地宣扬安拉的言辞，援助安拉的宗教，依法统治世界而得到安拉的襄助。此后的人们，随着他们对安拉命令的逐渐放弃，他们的境况也是江河日下。安拉的使者☪说："我的部分教民将坚持正义，抛弃他们的人和与他们作对的人将对他们无可奈何，直至末日到来。"另据传述，穆圣☪说："他们坚持这种情况，直到迎来安拉的命令。"另据传述："直至他们要和丹扎里作战。"另据传述："他们坚持正义，直到尔撒·本·麦尔彦降临。"[4]上述传述都是正确的。它们之间不矛盾。

❮56.你们立站拜功、完纳天课和服从使者，以便你们能够得到慈悯。❯

❮57.你绝不要以为隐昧的人总能逍遥法外，他们的居处是烈火，那归宿真恶劣！❯

### 命令做礼拜，纳天课，顺从使者，以及说明隐昧者的无能和他们的归宿

安拉命令穆民众仆立站拜功，只拜安拉，交纳天课，善待穷弱，并顺从使者，坚定不移地走使者的道路，做使者命令的事，远离使者禁止的事，以便安拉慈悯他们。毋庸置疑，谁这样做，安拉一定

---

[1]《泰伯里经注》19：209。
[2] 位于今伊拉克的纳杰夫和库法之间。——译者注
[3]《艾哈麦德按序圣训集》4：257。
[4]《布哈里圣训实录诠释——造物主的启迪》13：306。

会慈悯谁。正如安拉所言：《他们命人行善，止人作恶，谨守拜功、交纳天课，服从安拉及其使者。这些人，安拉将慈悯他们。》（9：71）

穆罕默德啊！"你绝不要以为隐昧的人总能逍遥法外"，即你不要认为安拉对那些违背你并否认你的人们无可奈何。事实上，安拉能够惩罚他们，他将对他们施以最严厉的惩罚。因此说："**他们的居处是烈火，那归宿真恶劣！**"即隐昧者的归宿卑劣得无以复加。

《58.**有正信的人们啊！让你们右手所属的和你们当中的未成年者，向你们请示三次：晨礼以前，正午脱衣时以及宵礼之后。这是三个（一般可能）露出羞体的时间。在此之外，你们或他们互相走访是无妨的。安拉这样为你们阐明种种迹象，安拉是全知的、明哲的。**》

《59.**但是当你们当中的孩童到达成年时，让他们像那些他们之前的人一样请求准许。安拉就这样为你们阐明种种迹象，安拉是全知的、明哲的。**》

《60.**不希望结婚的老年妇女，如果她们不是为了展示饰物，脱去衣服是无妨的。不过保持严谨，对于她们是更好的。安拉是全听的、全知的。**》

### 在三个时段 奴仆和儿童进门前先要请示

这段尊贵的经文述及亲属进门前相互请示。本章的开头，说的则是非亲属相互访问时的请示。安拉命令穆民，他们的奴仆和未成年的孩子，若要在三个时段进见他们，必须在入房前征得同意。一、晨礼以前。这个时间人们一般在床上睡觉。二、"**正午脱衣时**"，即午休时。这期间有些人可能正和妻子在一起。三、"**宵礼之后**"。这是睡觉的时间。仆人和未成年的孩子应该被告知，不能在这三个时段突然进到别人的房中，以防见到夫妻亲密在一起的情况，或其他不能让别人看到的事情。

因此说："**这是三个（一般可能）露出羞体的时间。在此之外，你们或他们互相走访是无妨的。**"你们可以允许他们在其他时段不经许可进入房中。如果他们在其他时间看到了某些事情，对他们是无罪的，因为他们已经获准进入房中，他们的工作就是来来往往为你们服务。这一方面，奴仆比其他人享有更宽的权利。虽然这是精确的《古兰》明文，没有任何经文革止过它，但人们很少遵守它。伊本·阿拔斯为此谴责过人们。

伊本·阿拔斯说："大部分人没有遵守入门前请示的经文，不过我吩咐我的这个奴婢要向我请示。"艾布·达乌德说，据阿塔传述，伊本·阿拔斯就是这样命令人们去做的。

穆萨·本·艾布·阿伊莎："我向舒尔宾请教了这节经文（让你们右手所属的和你们当中的未成年者，要向你们请示三次）"，他回答说："这节经文没有被革止过。"我说："但人们很少遵循它。"他说："祈主襄助（未来向好的方向发展）。"[1]

"**但是当你们当中的孩童到达成年时，让他们像那些他们之前的人一样请求准许**"，即如果那些未成年的儿童（他们曾经只需在三种情况下入门先请示）达到了成年，他们就必须在任何情况下入门先请示。也就是与对非亲属所作的规定相同，即主人与其妻室在一起的情况下。即便不在这三个时间之内，达到成年的人也要进门先请示。

### 老太太可以不戴头巾

"**老年妇女**"，穆尕提里、赛尔德·本·朱拜尔、端哈克、格塔德等学者解释为："认为自己已经不可能生育的老太太"。"不希望结婚的老年妇

---
[1]《泰伯里经注》19：213。

女"指那些不再有结婚念头的老太太。

"**如果她们不是为了展示饰物，脱去衣服是无妨的**"，即她们不同于其他妇女，可以不掩盖饰物。(1)

伊本·阿拔斯在解释《你也对有正信的妇女们说，她们应当管好眼睛……》（24：31）时说，这节经文被革止了，新的经文是"不希望结婚的老年妇女"。

伊本·麦斯欧迪等人说，"**衣服**"指外衣、大衣。

伊本·朱拜尔在解释"**不是为了展示饰物**"时说："她们脱去外衣的目的不是为了炫耀饰品。"

"**不过保持严谨，对于她们是更好的。**"虽然她们可以不穿外衣，但穿外衣对她们是更好更优的。"**安拉是全听的、全知的。**"

《61.**瞎子、瘸子、病人和你们自己，无妨在你们自己家中就食，或是在你们的父亲家中、母亲的家中、兄弟的家中、姐妹的家中、叔伯的家中、姑母的家中、舅父的家中、姨母的家中，或是那些由你们掌握钥匙的家中，或是你们友人的家中。无论你们同吃或是分开吃，对你们都是无妨的。当你们进入房屋时，你们要互道色兰——来自安拉的吉庆纯洁的祝贺。安拉就这样为你们阐明种种迹象，以便你们理解。**》

### 在亲属家吃饭

本文降示的缘由是，某些穆斯林曾感到和盲人一起吃饭很窘迫，因为盲人看不到食物，或看不到较好的食品，所以同桌人可能侵犯他们的权利；他们也避免和瘸子一起吃饭，因为瘸子往往坐不稳，也可能被侵权；他们还避免和病人一起就餐，因为他们不能像常人一样自由进餐。总而言之，穆斯林因为害怕侵犯他人权利，尽量回避和有某些原因的人一起就餐。后来安拉降示这节经文，允许穆斯林和这些人共同就餐。这是伊本·朱拜尔的解释。(2)

端哈克说："穆圣㊣为圣之前，人们怕麻烦或出于骄傲而不愿和上述人一起就餐，惟恐他们有所需求，安拉因此降示了这节经文。"

穆佳黑德在解释"**瞎子**"时说："有人带着瞎子、瘸子和病人去他的父亲、兄弟、姐妹、姑姑或姨妈家中，但这些残疾者为此感到难为情，不愿和他一起出去，他们说：'我们被带到了别人家中。'后来安拉降示经文，允许去别人家就餐。"(3)

赛丁伊说："有人去他的父亲、兄弟或儿子家中，主妇献上食物后他不吃，因为主人不在家。后来这节经文降示了。"

"**和你们自己**"，虽然在自己家中吃饭是天经地义之事，但此处提到"你们自己"的意义在于协调语句，并说明在这一方面，"自己"和上述几种人是一样的。"你们自己家"包括儿子家，因为经文没有提到儿子。因此，有学者以这节经文为证，说儿子的财产和父亲的财产是一回事。安拉的使者㊣说："你和你的财产都属于你父亲。"(4)"**你们的父亲家中、母亲的家中……或是那些由你们掌握钥匙的家中。**"这些经文的意义不言而喻。有人以这些经文为证，说明亲属必须相互赡养。

伊本·朱拜尔和赛丁伊说，"**由你们掌握钥匙的**"指仆人、奴隶或其他人。这些人可以合理地从主人的财产中取食。

阿伊莎（愿主喜悦之）说：有些穆斯林和主的使者一起出征时把钥匙交给他们信任的人，并说："我们允许你们（管家）吃你们所需要的。"但管家们说："这对我们不合法。他们（主人）并没有心甘情愿地允许我们去吃，我们仅是保管员。"后来安拉降示了这节经文。

"**你们友人**"，如果你们知道不会给朋友或同伴带来困难，他们也不会憎恶，你们就可以在他们家中吃饭。"**无论你们同吃或是分开吃，对你们都是无妨的**"，伊本·阿拔斯解释说：《有正信的人们啊！你们不要在你们中虚伪地吃别人的财产。》（4：29）——这节经文降示后，穆斯林们说，安拉禁止我们用诈术吃我们之间的财产，而食物是最好的财产，所以我们不能在其他任何人那里吃饭。人们因此而不到别人家中吃饭。后来安拉降示了这节经文。当时他们感到窘迫而避免单独吃饭，但是安拉让这件事容易了，降经允许单独吃饭。安拉说："**无论你们同吃或是分开吃，对你们都是无妨的。**"(5)

格塔德说："蒙昧时代，克那奈族人认为独自一人吃饭是不齿之举，所以他们中有人宁肯饿着肚子，也要赶着满载的骆驼去找与之同餐共饮之人。安拉因此降示了这节经文。"这节经文指出可以单独或集体就餐，虽然集体就餐是更好更吉庆的。(6)

伊玛目艾哈麦德传述，有人对穆圣㊣说："我们经常吃不饱。"穆圣㊣说："你们大概在单独吃饭吧？你们诵念安拉的尊名一起吃，就会获得福

---
(1)《泰伯里经注》19：216。
(2)《散置的明珠》6：223。
(3)《阿卜杜·兰扎格经注》3：64。
(4)《艾哈麦德按序圣训集》2：279。
(5)《泰伯里经注》19：224。
(6)《泰伯里经注》19：224。

分。"

安拉的使者㊌说:"你们一起吃,不要分开吃,福分和大伙儿在一起。"[1]

"当你们进入房屋时,你们要互道色兰",伊本·朱拜尔、哈桑·巴士里、格塔德等学者说:"你们要相互道色兰。"贾比尔说:"你去见家人时要给他们道色兰,献上来自安拉的吉庆和纯洁的祝贺。"他说:"我看来道色兰是必须的。"伊本·塔吾斯说:"你们进家后要道色兰。"

穆佳黑德说:"你进入清真寺后说:'平安在安拉的使者上!'你去见家人时要道色兰。如果你进入空无一人的房间,你当说'平安在我们和安拉清廉的众仆上!'。"他曾经命令人们这样做,并说如是这样,众天使将回答致安者。[2]

"安拉就这样为你们阐明种种迹象,以便你们理解。"安拉在尊贵的各章经文中讲述了这些精确而绝对的法律和规定,并告诫众仆他将为他们清楚地阐述一些经文,以便他们参悟和理解。

◆ 62.的确,信士只是归信安拉及其使者的人,当他们和他一起处理公众事务时,他们在向他请示之前绝不离开。那些要求你许可的人是归信安拉及其使者的人。因此当他们为了他们的一些事务向你请示时,你当许可他们中你愿意许可之人,并向安拉为他们求饶。安拉的确是至赦的、至慈的。◆

## 处理公众事务时,须征得同意才能离去

安拉在这节经文中给穆民众仆又指导了一项礼节。前面的经文中安拉要求人们在进门时首先要征得许可,这里则要求他们打算离开时首先要请示,尤其和使者㊌一起处理公众事务的时候,比如参加聚礼、会礼、集体礼拜、开会等。安拉命令众仆,在这种情况下,必须首先向使者请示或和他商议,然后才能离开。遵守这件要求的人,是合格的穆民。然后安拉命令使者,当有人因故向他请示时,他可以同意。因此说:"你当许可他们中你愿意许可之人,并向安拉为他们求饶。"安拉的使者㊌说:"你们来到某场合时,应该致色兰问安。打算起身离开时,也要致色兰问安;这两次(问安)都一样重要。"

◆ 63.你们不要把使者的呼唤当成你们间相互的呼唤,安拉确知你们当中那些偷偷溜走的人。让那些反抗使者命令的人留意,以免祸患打击他们,或

---
(1)《伊本·马哲圣训集》3287。
(2)《阿卜杜·兰扎格经注》3:66。

---

是惨痛的刑罚打击他们。◆

## 和使者说话的礼节

伊本·阿拔斯说,他们曾呼唤先知时说:"穆罕默德啊!""卡西姆的父亲啊!"……后来安拉禁止他们这样呼唤先知,以显示对先知的尊重。安拉说你们称呼先知时应该说:"安拉的先知啊!""安拉的使者啊!"穆佳黑德、赛尔德·本·朱拜尔等学者持此观点。

格塔德说:"安拉命令人们敬重和拥戴先知。"

穆尔提里在解释这节经文时说:"你们呼唤先知时,不要直呼其名,说'穆罕默德啊!''阿卜杜拉的儿子啊!'你们应该尊重他,以'安拉的先知'和'安拉的使者㊌'称呼他。"

学者们关于"你们不要把使者的呼唤当成你们间相互的呼唤"的第二种解释是,你们不要认为先知对一个人的祈求就像你们相互间的祈求。使者的祈求(诅咒)是蒙安拉的应答的。你们当小心,使者诅咒你们,致使你们毁灭。据传述,伊本·阿拔斯、哈桑·巴士里等学者持此观点。安拉至知。

"安拉确知你们当中那些偷偷溜走的人",

穆尕提里说:"伪信士们没有耐心静听聚礼日的讲演。他们躲在一些圣门弟子的身后,悄悄溜出寺门。使者开始讲演时,任何人都不能离开,除非征得使者许可。如果有人有事外出,他便举手向使者示意,使者将以不说话的方式允许。因为使者讲演时的说话会导致聚礼无效。"

赛丁伊说:"伪信士们在聚礼日相互掩护,不让使者看到。"

## 禁止违背使者的命令

"让那些反抗使者命令的人留意。""命令"指使者的道路、方法、方针、圣行以及法律。经文要求人们以穆圣㊗的言行为准则,接受与之符合的,抛弃与之违背的。任何人都不例外。

安拉的使者㊗说:"谁做了我未曾命令过的事情,其事情是被拒绝的。"[1]即人们应该注意自己的外表与内心,不要违背穆圣㊗的圣行,否则将有"祸患打击他们",即他们的内心将受到隐昧、伪信或异端的侵袭。

"或是惨痛的刑罚打击他们",否则,他们将在今世中遭受杀戮、监禁或法律制裁。穆圣㊗说:"我和你们好比这样一个点火者:火光照亮四周后,飞蛾和其他一些小动物纷纷扑向烈火,此人虽在遮挡,但怎么也挡不住它们自取灭亡。……我和你们的例子是:我拉着你们的腰带,不让你们坠入火狱,而你们硬要冲过去,扑入火狱。"[2]

◆64.须知!诸天与大地之间的一切都属于安拉,他确实知道你们的境况。他们被带回于他的那一天,他要把他们的所作所为告诉他们。安拉是全知万事的。◆

## 安拉知道你们的处境

清高伟大的安拉说,他掌握天地的权力,知道实物和虚玄,他知道众仆的一切公开和秘密行为,"他确实知道你们的境况"。这是一个强调句。正如安拉所言:"安拉确知你们当中那些偷偷溜走的人。"◆安拉确已知道你们当中一些碍事的人……◆(33:18)又◆安拉确已听到为了其丈夫而和你争辩,并向安拉申诉的那名妇女的陈词。◆(58:1)又◆我深知他们的话使你伤心。他们并不否认你,但不义的人们否认安拉的启示。◆(6:33)又◆我确已见你的面容向天空反复(仰视)……◆(2:144)上述经文中动词前面的"格得"(قد)一词,都表示强调。正如念成拜辞时为了表示强调而念:"礼拜确已成立!礼拜确已成立!"

"他确实知道你们的境况",指安拉知道并看着你们的一举一动,即便一粒尘埃也无法隐瞒安拉。正如安拉所言:◆你当托靠优胜的、至慈的主……他确实是全听的、全知的。◆(26:217-220)又◆无论你从事一件事务,或是你诵读《古兰》的任何一部分,或是你们作任何工作,当你们着手工作时,我就是你们的见证。在天地之间任何微尘重的事物都不能瞒过你的主,不管它大于微尘或小于它,都记录在明显的经典中。◆(10:61)又◆监护着每个性灵的行为的安拉(和那些伪神们一样吗)?◆(13:33)即安拉是仆人的一切好坏行为的见证者。又:◆注意,他们蜷曲胸部,以便隐瞒安拉。注意,他们以他们的衣服遮掩自己的时候,他知道他们所隐藏的和公开的。◆(11:5)又◆无论谁在暗中说话或是大声说话,无论谁在夜间隐伏或是白天出外,(在他看来)都是一样的。◆(13:10)又◆大地上没有一个生物不归安拉供养,他知道它的居所和贮藏之处,一切都在一部明确的天经中。◆(11:6)又◆只要一片叶子落下,他就知道它。大地深处的每一粒谷子,一切新鲜的或是干枯的,都(被记载)在明白的天经中。◆(6:59)相关的《古兰》经文和圣训不胜枚举。

"他们被带回于他的那一天",指末日。那天众生都要回归于安拉。

"他要把他们的所作所为告诉他们",即他要告诉你们在尘世所做的一切事情,事无巨细,一件不漏。正如安拉所言:◆那天,人将被告知他前后所做的一切。◆(75:13)◆功过簿已被放好了。你将看到犯罪者们对其中的(所载)怵目惊心。他们将会说:"我们好伤心啊!这个功过簿是怎么回事?事无巨细,毫不遗漏,它都记录了下来!"他们发现他们所做过的一切都在现场。你的主绝不会亏待任何人。◆(18:49)因此本章的经文说:"他们被带回于他的那一天,他要把他们的所作所为告诉他们。安拉是全知万事的。"

一切赞美全归养育众世界的安拉,祈求他使我们完成这一伟大事业!

《光明章》注释完。一切感赞全归安拉!

---

(1)《布哈里圣训实录诠释——造物主的启迪》4:416。
(2)《艾哈麦德按序圣训集》2:312。

## 《准则章》注释　麦加章

奉普慈特慈的安拉之尊名

❁ 1.赞安拉多福！他降给他的仆人准则，以便他做众世界的警告者。❁

❁ 2.诸天与大地的权力都属于他，他没有子嗣，也没有伙伴分享权力。他造化了万物，并对它们加以注定。❁

### 赞安拉多福（تبارك الله）

清高伟大的安拉赞美自己为尊贵的使者降示伟大的《古兰》。安拉说：❁ 赞颂全归安拉，他已降给他的仆人这部经典，而未在其中置入任何歪曲。端庄的，以便他（给世人）警告来自他的严厉惩罚和给行善的信士们报喜：他们将会获得优厚的回赐。❁（18：1-2）本章的经文说"**赞安拉多福！**（تبارك الله）"这一词型所表达的意义是其福泽永恒而稳固。

"他降给他的仆人准则"，"降给"（نزل）指重复多次降谕。就像❁ 他降给使者的经典以及以前颁降的经典。❁（4：136）因为以前的经典都是一次性降示的，而《古兰》是零星降示的，其经文相互解释，节文相辅相成，其中的断法、章节都是依次降示的。所以更有力地说明安拉对接受这部经典的使者极为重视和关照。正如本章中间的明文说：❁ 那些否认者说："为什么《古兰》不被一次性地降给他呢？"我就这样（降示它），以便我借此坚定你们的信心，我已逐渐降示了它。只要他们给你带来一个问题，我就赐给你真理和更好的解释。❁（25：32-33）因此，经文在此将《古兰》称为准则（فرقان），因为依它能辨别真理与谬误，正道与迷误，正确与错误，合法与非法。

"他的仆人"，这是对穆圣㊺身份的表扬和称赞，因为安拉将穆圣㊺归属于自己。安拉讲述最尊贵的事情——穆圣㊺登霄事件时，也是如此形容穆圣㊺的。经文说：❁ 赞美安拉。他在夜间把他的仆人由禁寺带到我曾赐福其四邻的远寺。❁（17：1）安拉在叙述穆圣㊺站立祈祷他的情形时，也是如此形容的。经文说：❁ 当安拉的仆人站起来祈求他时，他们几乎一起拥向他。❁（72：19）安拉讲述天使降临穆圣㊺，为其降示经典的情况时，也是如此形容他的。

"**赞安拉多福！他降给他的仆人准则。**"安拉专赐穆圣㊺这部伟大、精确和明白的《古兰》，以便赋予他向全人类传达正教的使命。安拉专门赋予他这部《古兰》，❁ 它的前后不受谬误侵扰，它是来自睿智的、应受赞美的主的启示。❁（41：42）独一的主使《古兰》成为有力的准则，被选择的先知将它传达给了那些寻找树荫的人和那些居住大地的人[1]。穆圣㊺说："我被派往红种人和黑种人。"[2] 又说："我被赏赐五件事情，除我之外的任何先知，都未曾受赐……（以前的）先知一般都被派去劝化其本民族，而我被派向全人类。"[3] 安拉说：❁ 你说："世人啊！我是被派遣给你们全体的安拉的使者。"❁（7：158）即派遣我的安拉，是天地的掌权者，他对事物说"有"，那事物就存在了。他是掌握生死之主。本章的经文说："**诸天与大地的权力都属于他，他没有子嗣，也没有伙伴分享权力**"，指出安拉绝对没有儿女或伙伴。"**他造化了万物，并对它们加以注定。**"除安拉之外的一切，都是被造的和被养育的。而他是万物的创造者、养育者、掌权者和主宰。万物都受他的制约、

---
（1）意为所有的人，无论游牧人还是定居者。——译者注
（2）《艾哈麦德按序圣训集》5：145。
（3）《布哈里圣训实录诠释——造物主的启迪》1：634。

❪ 3.但是他们却在他之外择取了不能造化一物，而它（他）们自身却是被造化的一些伪神，它（他）们不能对自身掌管祸福，也无权掌管生死和复活。❫

## 多神教徒的愚蠢

清高伟大的安拉说，多神教徒愚昧无知，舍安拉而树立伪神。而安拉是万物的创造者和掌权者，他所意欲的一切都将存在，他不意欲的一切都不会存在。虽然如此，多神教徒们还是舍弃安拉，崇拜那些甚至连蚊子的翅膀都无力创造的偶像，其实这些偶像都是被造物，它（他）们自身不保，焉能为他人带来福祸？"**也无权掌管生死和复活。**"它们对这些事务毫无能力。这些能力只属于掌握生死的安拉。复生日，安拉将会复造全人类，不遗漏任何一人。安拉说：❪造化和复活你们，就和（造化和复活）一个人一样。❫（31：28）又❪我的命令只是在一瞬间。❫（54：50）又❪的确，那只是一次吼声，突然间，他们都出现于地面。❫（79：13-14）又❪然后，那将是一声惊叫，刹那间他们就在观看！❫（37：19）又❪只一声霹雳，那时他们全体就被带到我跟前。❫（36：53）安拉是独一无偶的受拜者和养育者，他所意欲的一切都会存在，他不意欲的一切都不存在，他没有子女和父母，没有任何物与他相似、等同或匹配，他不需要宰辅或助手，不然，他是独一无求的，他没有生，也不被生，任何物都不能和他对等。

❪ 4.但是那些隐昧的人说："这只是他伪造的谎言，并且有其他人在帮他。"因此，他们已做了不义之事和（说了）谎言。❫

❪ 5.他们说："（这是）他写下来的古代神话，它是早晚被口授给他的。"❫

❪ 6.你说："知道诸天与大地中的奥秘的安拉降下了它。他确实是至赦的、至慈的。"❫

## 隐昧者对《古兰》的指责

清高伟大的安拉说，隐昧者愚昧无知，头脑简单。他们对《古兰》的评价是："**这只是他伪造的谎言**"，即他们认为《古兰》是穆圣编造的谎言。

"**并且有其他人在帮他**"，即他们妄言穆圣曾借助其他人编辑这部经典。

清高伟大的安拉说："**因此，他们已做了不义之事和（说了）谎言**"，即其实正是这些隐昧者故意在撒谎。

"**他们说：'（这是）他写下来的古代神话。'**"他们妄言说，《古兰》是穆圣从古籍中抄袭而来的。

"**它是早晚被口授给他的**"，即他们妄言，白天开始或夜晚降临的时候，就有人给穆圣宣读这些经文。他们的这些话是如此愚蠢和虚伪，每个人都知道它是谎言。因为数不胜数的传述证实，安拉的使者终其一生不会读书和写字，自从他出生到四十岁为圣，他一直和他们生活在一起。他们对他的生活起居、诚实守信、纯洁正义以及其他美德了如指掌。以致从他的童年到为圣前的很长时期内，他们一直称他为艾明（أمين）——忠诚守信者。后来安拉特慈穆圣，使其获得无上尊严的时候，他们才将他视为仇敌，并开始故意诽谤他。他们中任何有理智的人都对自己的谎言心知肚明。他们诽谤先知时缺乏自信，因此他们时而说穆圣是说谎者，时而说他是魔术师；时而说他是诗人，时而又说他是疯子。清高伟大的安拉说：❪你看他们对你作了什么样的比喻。他们迷误了，故找不到出路。❫（17：48）清高伟大的安拉驳斥他们的谎言说："你说：'知道诸天与大地中的奥秘的安拉降下了它'"，即安拉降示的这部《古兰》，表述古今，真实无误。

"**知道奥秘**"，指安拉知道天地的一切秘密。对安拉而言，秘密与公开的事情是一样的。"**他确实是至赦的、至慈的。**"安拉召唤人类向他忏悔、回归。他告诉他们，他是善慈的，谁向他忏悔，他就接受谁的忏悔。虽然这些人谎话连篇，作恶多端，奸诈背信，冥顽不灵，诬蔑使者，诽谤《古兰》，但安拉还是号召他们改过自新，真心忏悔，走向伊斯兰正道。正如安拉所言：❪说"安拉是三位神中的一位"的人们隐昧了。除独一的主宰外，再无任何主宰。如果他们不停止他们的谬说，那么他们当中隐昧的人将会受到痛苦的惩罚。难道他们不向安拉忏悔，并向他求饶吗？安拉是至恕的、至慈的。❫（5：73-74）又❪的确，那些迫害男女归信者，而不忏悔的人们，他们将要遭受火狱的刑罚和燃烧的刑罚。❫（85：10）哈桑·巴士里说："请看看安拉的宽宏大量吧！他们杀死了他的盟友，但他还是召唤他们改过自新，获得慈悯。"

❪ 7.他们说："这使者是怎么回事？他吃饭并在市集上行走。为什么没有派遣一位天使到他那里，同他一道作为警告者呢？❫

◆ 8.或是把财宝赐给他，或是他有一个林园，供他食用呢？"不义者们说："你们追随的不过是一个中魔之人。"◆

◆ 9.你看，他们怎样对你举了一些例子！所以他们迷误了，而不能够找到一条道路。◆

◆ 10.赞安拉多福！如果他愿意的话，他会给你比这更好的，即有诸河流淌的一些花园，他还给你一些宫殿。◆

◆ 11.不然，他们否认了复活时，而我已为那些否认复活时的人准备了烈火。◆

◆ 12.当它从远处看见他们时，他们将会听到它的怒吼和喷气声。◆

◆ 13.当被锁在一起的他们，被扔进其中一个狭隘的地方时，他们在那里祈求毁灭！◆

◆ 14.不要在这天祈求一次的毁灭，而要祈求多次的毁灭！◆

## 隐昧者诽谤使者对隐昧者的驳斥以及他们的归宿

清高伟大的安拉说，隐昧者冥顽不化，反对真理，他们的借口却是："**这使者是怎么回事？他吃饭**"，即这位使者和我们一样，我们怎么吃饭他也怎么吃饭，我们有什么需求他也一样。

"**并在市集上行走**"，即使者也在街道上来来往往，劳动或经商。

"**为什么没有派遣一位天使到他那里，同他一道作为警告者呢？**"他们说，为什么安拉不派遣一位天使，来证实使者的主张。古代的法老也曾这样说过，他说：◆ 为什么他不被赐予金手镯，或是为什么没有天使同他一道降临呢？◆（43：53）他们的想法和说法与古代隐昧者的想法和说法如出一辙。

因此他们说："**或是把财宝赐给他**"，即他们妄言，安拉为什么没有赐给使者宝藏，让他自由花费呢"**或是他有一个林园，供他食用呢？**"即他走到哪儿，就可以在那里享用食品。对安拉而言这一切都是轻而易举的，但他不这样做是有深刻哲理和一定原因的。"**不义者们说：'你们追随的不过是一个中魔之人。'**"

清高伟大的安拉说："**你看，他们怎样对你举了一些例子！**"即他们冤枉你、否认你，说你是中魔者、魔术师、疯子、说谎者、诗人等。稍微有点头脑的人都知道，这是他们的谎言和诓语。因此说，"**所以他们迷误了**"，即迷失了正道。"**而不能够找到一条道路。**"因为迷失正道和真理的人们，无论走向何方，都是迷误者。因为真理是一个，其方法是统一的，其各部分相辅相成。

清高伟大的安拉告诉他的先知，如果他意欲，可以在今世中赐给先知比这些人所说的更优美的赏赐。因此说："**赞安拉多福！如果他愿意的话，他会给你比这更好的。**"穆佳黑德说，经文指的是今世的情况。他说，古莱什人把石头建造的大小房屋一律称为"宫殿"。[1] "**不然，他们否认了复活时。**"隐昧者说上述话，只是出于顽固和否认，而不是寻求启发或引导。由于他们否认后世而说了那些话。

"**而我已为那些否认复活时的人准备了烈火**"，即惨痛、灼热、无法忍受的火狱之刑，"**当它从远处看见他们时**"，即当火狱看到这些立于复生之地的人们时，"**他们将会听到它的怒吼和喷气声**"。因为火狱对他们极其愤怒。安拉说：◆ 当他们被投进其中时，他们将听到它沸腾着的吼声。它几乎因为愤怒而炸开……◆（67：7-8）即火狱因为对隐昧者极度愤慨，几乎破碎。

伊本·阿拔斯说，有人被拖往伸缩的火狱时，至仁主问它："你怎么了？"火狱说："他向你求救，莫使他进入我这里。"至仁主说："放开我的仆人吧！"有人被拖往火狱时说："噢，主啊！我

---

（1）《泰伯里经注》19：243。

从来没有从你这里期待火狱。"至仁主问他："你原来是怎么想的？"他回答："我期待沉浸在你的仁慈之中。"至仁主说："放开我的仆人！"有人被拖往火狱时烈火发出怪叫，那声音就像驴子见到粮食时的嘶鸣。火狱仅仅发出一点喷气声，人们都会心惊胆战。(1)

欧拜德·本·欧麦勒在解释"他们将会听到它的怒吼和喷气声"时说："火狱发出一点喷气声后，接近安拉的天使和奉到使命的先知都将倒地叩拜，心惊肉跳，甚至伊布拉欣先知也会双膝跪地说：'主啊！今日我只为自己一人求恕饶。'"(2)

"当被锁在一起的他们，被扔进其中一个狭隘的地方时"，阿卜杜拉·本·阿慕尔说："那地方狭隘得就像矛尖。"(3) "被锁在……"艾布·撒立哈解释为：带着桎梏。

"他们在那里祈求毁灭！"他们悲叹、悲伤和懊悔地哭喊。

҉ 15.你说："这更好呢？还是对敬畏者许下的永恒乐园更好？那是对他们的回赐和归宿。"҉

҉ 16.他们在其中永远享受他们所向往的一切。这是你的主掌握的约言。҉

## 火狱好还是乐园好

清高伟大的安拉说，穆罕默德啊！我已经为你叙述了这些不幸者的情况，末日他们进入火狱时将会面部栽地，那时你将看到他们愁眉苦脸，唉声叹气，他们被禁锢在狭隘的火狱里不能活动，不能求援，也无法解脱——这种境况好呢，还是安拉为敬畏者许诺的乐园好？安拉已经为敬畏者准备了乐园，作为他们永久的归宿，以奖励他们在今世对安拉的顺从。

"他们在其中永远享受他们所向往的一切。"他们将享有美味的饮食，漂亮的衣服、住所、骑乘和风景，以及任何眼睛未曾见过、任何耳朵未曾听过、任何心灵未曾想过的享受。不但如此，他们将永沐恩泽，永不改变，永不终结。这是安拉——宏恩之主对他们的许诺。

"这是你的主掌握的约言"，即安拉必定会让它们实现。有位阿拉伯语专家说，"掌握的约言"指必定要实践的约言。(4)

尊贵的经文在此讲述了火狱的情况后，又开始讲述乐园居民的情形——正如《列班者章》所述，

---
(1)《泰伯里经注》9：370。
(2)《阿卜杜·兰扎格经注》3：67。
(3)《散置的明珠》6：240。
(4)《泰伯里经注》19：247。

并讲述他们在乐园中的惬意和欢乐。经文说：҉ 这是较好的款待呢，还是攒枯木树呢？我以它作为不义者的考验。它是由火狱的底层出来的一种树。它的花萼就好像恶魔的头一样。的确，他们将在那里吃它，并以它们充满肚腹。以后，他们在此之上还要喝滚热的杂质。然后，他们的归宿将是火狱。他们的确发现他们的祖先是迷误的。然而他们却步他们的后尘奔跑。҉（37：62-70）

҉ 17.那天他将把他们和他们舍安拉而拜的聚集到一起，他将问道："是你们引导我的仆人走入了迷途，还是他们自己投向迷误的呢？"҉

҉ 18.他们说："赞你清净！我们是不该舍你而选择其他保护者的。不过你确曾使他们和他们的祖先享受，直到他们忘记了教诲，他们是毁灭的群体。"҉

҉ 19.他们将否认你们所说的，你们不能改变和自助。你们当中谁不义，我就使他尝受重大的刑罚。҉

## 末日多神教徒的神明将和他们脱离关系

清高伟大的安拉告诉我们在复生日的情况，那时隐昧者舍安拉而崇拜的天使等众被造物将和他们脱离关系。安拉说："那天他将把他们和他们舍安拉而拜的聚集到一起。"穆佳黑德说"舍安拉而拜的"指尔撒、欧宰尔和一些天使等。(5) "他将问道：'是你们引导我的仆人走入了迷途'"，安拉将对这些受拜者说，是你们曾经号召人类舍我而崇拜你们的，还是他们自己不经你们许可就开始崇拜你们了？安拉说：҉ 当时安拉说："麦尔彦之子尔撒啊！难道你曾对人们说，你们当舍弃安拉而以我和我的母亲为主宰吗？"他说："赞你超绝万物！我绝不会说我无权说的话。如果我说过这样的话，你一定已经知道它了。你知道我心中的一切，而我却不知道你心中的，你是知道幽玄的主。我只对他们说了你命令我的。"҉（5：116-117）

因此安拉说，那些受拜者将在末日说："**赞你清净！我们是不该舍你而选择其他保护者的**"，即宇宙万物，只应该惟独崇拜安拉。我们也应该如此。我们从没有叫他们崇拜我们，他们只是一厢情愿，与我们毫无关系。正如安拉所言：҉ 那天他将集合他们全体，然后他对众天使说："这些人过去在崇拜你们吗？"他们说："赞你清净！"҉（34：40-41）

另一种读法是："赞你清净！我们不该舍你而

---
(5)《泰伯里经注》19：247。

被作为保护者"，即任何人都不应该崇拜我们，我们仅仅是你的仆人，我们都是对你有需求的。这两种读法意义相近。

"不过你确曾使他们和他们的祖先享受"，天长日久之后，他们遗忘了安拉通过众使者降给他们的启示——崇拜独一无偶的安拉。

"他们是毁灭的群体。"伊本·阿拔斯解释为，他们是毁灭（بورا）的群体；哈桑·巴士里等学者解释为，他们是没有福分的群体。[1] "他们将否认你们所说的。"你们舍安拉而崇拜他物（人），妄言他们能使你们接近安拉，然后，末日他们否认你所说的话。正如安拉所言：❰ 谁比舍安拉而祈求那些直到复生日也不能回答他们，并且对他们的祈求毫无知觉的（伪神）的人们更迷误呢？当人类被集中起来时，它们（伪神）将变成他们的敌人，并否认他们的崇拜。❱（46：5-6）"你们不能改变和自助"，即他们自己不能够脱离刑罚，也不能援助自己。"你们当中谁不义"，"不义"指以物配主。"我就使他尝受重大的刑罚。"

❰ 20. 我在你以前派遣的使者们，都是吃食物并在市集上行走的。我已使你们当中的一些人作为另一些人的考验。（看）你们能忍耐吗？你的主是全观的。❱

## 以前的使者都来自人类

清高伟大的安拉给我们讲述他所派遣的使者们的情况。古代的使者们都像常人一样通过吃饭获得营养，并在市场上经商谋生，但这与他们的身份和地位并不矛盾，因为安拉赋予他们的高尚品格、完美言行、光辉奇迹（证明先知身份的迹象）和明证……这些足以让每个理智健全的人认识到他们从安拉那里带来的一切都是真理。安拉说：❰ 我在你以前，只从诸城的人民当中派遣一些男子，颁降启示。❱（12：109）又❰ 我没有使他们成为不吃食物的躯壳，他们也不是永生的。❱（21：8）

"我已使你们当中的一些人作为另一些人的考验"，即我用你们的一部分人考验另一部分人，用你们的一部分人折磨另一部分人，以便我甄别顺从者和违抗者。因此说，"（看）你们能忍耐吗？你的主是全观的"，即他知道谁应该接受启示。正如安拉所言：❰ 安拉至知把他的使命置于何处。❱（6：124）安拉也最清楚谁有资格得到安拉的引导并接受启示，谁没有这种资格。

伊本·易司哈格在解释"我已使你们当中的一些人作为另一些人的考验。（看）你们能忍耐吗"时说："安拉说，假若我意欲，任何人都不会反对使者。但我不这么做，我要用一部分人考验另一部分人。"安拉的使者㊣说："清高伟大的安拉说：'我将考验你，并用你考验人。'"[2] 据另一段确凿圣训记载，穆圣㊣被要求作出选择，要么成为一位国王兼先知，要么成为一个仆人兼使者。穆圣㊣选择了后者。[3]

❰ 21. 那些不希望会见我的人说："为什么不派天使降临我们，或是我们能见到我们的主吗？"他们的确妄自尊大，而且傲慢无理。❱

❰ 22. 当他们看到众天使的那一天，对犯罪者们没有好消息。他们（天使们）将会说："被严禁的。"❱

❰ 23. 我去处理他们所做过的工作，并使它成为浮尘。❱

❰ 24. 那天，乐园的居民将会有更好的居所和更美好的休息之地。❱

---

[1]《泰伯里经注》19：24。

[2]《泰伯里经注》19：377。

[3]《艾哈麦德按序圣训集》2：231。

## 隐昧者的顽固

清高伟大的安拉说，隐昧者固守昧真立场，冥顽不化，他们说："**为什么不派天使降临我们**"，以便让我们亲眼看见这些天使，并让他们告诉我们，穆罕默德是安拉的使者。此话与古代隐昧者的话如出一辙，古代隐昧者说：⟨或者你让安拉和天使们面对面地来到我们面前。⟩（17：92）

因此他们说："或是我们能见到我们的主吗？"

清高伟大的安拉说："**他们的确妄自尊大，而且傲慢无理。**"安拉曾说：⟨即使我确已派遣天使到他们那里，并且让死去的人们和他们说话……⟩（6：111）

"**当他们看到众天使的那一天，对犯罪者们没有好消息。**"他们能看到天使的日子，对他们将不是一个好日子。他们看到天使的那天，将不会有任何好消息。

他们将在临终时候看到天使，天使要以火狱和伟大安拉的恼怒向他们"**报喜**"。当隐昧者死亡的时候，天使对其灵魂说："龌龊的灵魂啊！从龌龊的身体内出来！出来尝受猛烈的毒风和沸水，以及黑烟的阴影。"他魂飞魄散，其灵魂不敢出来，天使们便击打他。正如安拉所言：⟨天使使隐昧者死去的时刻，假如你见到的话……打他们的脸和他们的背（说）："你们尝尝烈火的刑罚吧！"⟩（8：50）又⟨谁比假借安拉名义捏造谎言，说自己受到了启示——而他未被启示的人，或是自称可以像安拉一样颁降启示的人更不义呢？如果你能看到不义的人处于临死时的昏迷……⟩（6：93）

因此，本章的经文说："**当他们看到众天使的那一天，对犯罪者们没有好消息。**"他们临终时的情况和穆民临终时的情况截然不同，穆民临终时将听到众天使带来的喜讯。安拉：⟨那些说"我们的主是安拉"，并从此以后坚定不移的人，天使们降临于他们，说道："你们不要害怕，也不要忧虑，而要为你们曾被许诺的乐园而欣喜！"我们是你们在今世与后世的保护者。其中，你们享有你们所想要的一切，其中，你们将获得你们所要求的！这是至恕的、至慈的主的款待！⟩（41：30-32）白拉伊传述："众天使对（临终）穆民的灵魂说：'纯洁的灵魂啊！请从纯洁的躯体内出来吧，如果你要居住它，请出来去享受舒适与香花，去见不愠不怒的养主吧。'"[1]

另一些学者说："**当他们看到众天使的那一天，对犯罪者们没有好消息**"，指复生日。穆佳黑德、端哈克等学者持此观点。其实这两种解释并不冲突。因为在这两日——死亡日和归宿日天使将出现在穆民和隐昧者面前，他们将以慈悯和喜悦向穆民报喜，以失望和损失警告隐昧者。所以那日对恶人和罪人没有好消息。

"**他们（天使们）将会说：'被严禁的。'**"即天使对隐昧者说，今天成功对你们是被严禁的。"**严禁**"（حجر，哈杰勒）原指禁止（冻结）。譬如某人因为破产、弱智、年幼等原因遭受法官的制裁时，人们说："法官限制某人活动"；天房跟前的一个位置叫"哈杰勒"，人们在其中巡游是被禁止的；理智也被称为"哈杰勒"，因为它控制人，不让他做不应该做的事情。

概言之，"**他们（天使们）将会说：'被严禁的。'**""**他们**"指天使。这是穆佳黑德、艾克莱麦、哈桑等学者的主张。[2]

据传述，伊本·朱莱杰认为"他们"指多神教徒。[3]即这是多神教徒见到天使的日子所说的话。多神教徒说话的目的是为了躲避天使。因为阿拉伯人遭遇灾难和艰难的时候常说"被严禁的"。虽然这种解释有据可循，并有一定的道理，但从经文的脉络看并不是很准确，尤其是这一解释与大部分学者的观点不符。

"**我去处理他们所做过的工作。**"经文指复生日安拉清算众仆的时候。

清高伟大的安拉说，多神教徒自认为做了点事情而沾沾自喜，其实在末日他们将一无所获。因为他们的工作没有根据合法的程序。伊斯兰认可的善功必须具备两个条件：一、虔诚；二、符合安拉的法律。一切既不虔诚又不符合安拉的法律的工作都是无效的。隐昧者的工作不免缺乏这两个条件之一。事实上，他们的工作不符合这两个条件中的任何一个，所以就不可能被接受。因此说："我去处理他们所做过的工作，并使它成为浮尘。"

"**并使它成为浮尘**"，阿里（愿主喜悦之）等学者解释说，"**浮尘**"指照进小窗的光线。哈桑·巴士里说："它就像照进某人窗户的光线，他想把它收起来，但怎么也做不到。"[4]

哈里斯传述，阿里说"**浮尘**"指动物身上的灰尘。伊本·阿拔斯等学者持相同观点。

格塔德解释说："你曾见过被风吹干的树木吗？'浮尘'就像那些树叶。"[5]

概言之，隐昧者的工作就像那微不足道、散乱飘渺的东西，无论如何都对他们无益。安拉说：⟨那些否认他们主的人的比喻是：他们的工作和灰

---

(1)《穆斯林圣训实录》4：2202。
(2)《泰伯里经注》19：256；《经注简稿》4：206。
(3)《泰伯里经注》19：254。
(4)《泰伯里经注》19：257。
(5)《泰伯里经注》19：258。

尘一样，在飓风之日被风猛烈吹散。》（14：18）又《 有正信的人们啊！你们不要由于标榜和伤害使你们的善功徒劳无益……他们将徒劳无益。》（2：264）又《 那些否认者，其行为就像沙漠中的幻景，干渴的人以为它是水，等他到达它时，就发现它没有了。》（24：39）

## 乐园居民的居所

清高伟大的安拉说："那天，乐园的居民将会有更好的居所和更美好的休息之地。""那天"指复生日。那日《 火狱的居民和乐园的居民不相等，乐园的居民才是成功的。》（59：20）那时乐园的居民要去享受乐园中的高贵品级和安全的居所，他们的处境安宁优美。《 他们将永居那里。多么美好的住处和居所啊！》（25：76）

火狱的居民则要被降到低贱的地方，懊悔不已，惩罚频繁。《 以它作为居所或是休息之处，实在是太恶劣了。》（25：66）即乐园的居民将因为以前的善功，得到相应的报酬和奖励；火狱的居民却没有任何善功值得让他们进入乐园或脱离火狱。安拉以幸福者的情况对比薄福者，指出薄福者一无是处。

伊本·朱拜尔说："安拉将用半天时间结束所有清算。此后乐园居民到乐园中休息，火狱居民被打入火狱。清高伟大的安拉说：'那天，乐园的居民将会有更好的居所和更美好的休息之地。'"艾克莱麦说："我知道乐园的居民进乐园，火狱的居民进火狱的那一时刻。它相当于今世中的一个上午。那时乐园居民进乐园午休，火狱居民被打入火狱。乐园居民在乐园休息时将饱餐鱼肝。那就是安拉所说：'那天，乐园的居民将会有更好的居所和更美好的休息之地。'"

《 25.那天，天和云一起粉碎，众天使被遣降。》

《 26.那天，真实的权力属于至仁主，那对隐昧者是一个艰难的日子。》

《 27.那天，不义者咬着双手，说道："啊，我真希望曾与使者选择同一道路！"》

《 28.啊！我真伤心啊！我真希望不曾以某人为友！》

《 29.他的确曾在教诲到达我之后误导了我！"魔鬼永远是抛弃人类的。》

## 末日的惊恐，不义者希望遵循使者的道路

清高伟大的安拉在此讲述火狱的惊恐以及其中的重大事件，譬如天体和云一起破裂。"云"指令人眼花缭乱的强大光线的影子。

那一天，天上的众天使降临复生场，把众生包围起来，然后多福至大的安拉前来判决诸事。穆佳黑德说，下列经文叙述的正是这种情景：《 他们要等到安拉和天使们在云中来临于他们吗？》（2：210）[1]

"那天，真实的权力属于至仁主。"正如安拉所言：《 今天权力归谁？归于独一而强大的安拉！》（40：16）有段确凿圣训说："清高伟大的安拉将用他的叶米尼（字意为右手）把诸天卷起，用另一个叶米尼收起大地。然后说：'我是君主，我是清算者。大地的君王们在哪里？暴君们在哪里？傲慢者在哪里？'"[2]

"那对隐昧者是一个艰难的日子"，即困难、严厉的日子，因为那是公正判决的一天。安拉说：《 那天将是一个艰难的日子，对于隐昧者不容易。》（74：9-10）这是复生日隐昧者的情况。穆民的情况则正如安拉所言：《 最大的恐怖不会使他们忧虑。》（21：103）

"那天，不义者咬着双手，说道：'啊，我真希望曾与使者选择同一道路！'"清高伟大的安拉说，不义者们在今世与安拉的使者分道扬镳，拒绝使者带来的确凿无疑的真理而走向歧途，却在后悔无用的复生日悔恨莫及，伤心地咬住自己的双手。这段经文是给类似于欧格白·本·艾布·穆尔特这样的薄福不义者降示的。安拉说：《 那天他们的脸将在火中翻转。》（33：66）所有的不义者都将在那日后悔至极，痛咬双手，说："啊，我真伤心啊！我真希望不曾以某人为友！""某人"指引诱人远离正道，走向迷误的人们。这段经文是为类似于吾麦叶·本·赫里夫这样的人降示的。

"他的确曾在教诲到达我之后误导了我！"即他使我与迎面而来的《古兰》失之交臂。

清高伟大的安拉说："魔鬼永远是抛弃人类的"，即它能使人抛弃和远离真理而去追求并迎合谬误。

《 30.使者说："我的主啊！我的族人确实曾将这《古兰》作为可以抛弃的。》

《 31.我就这样为每一位先知从犯罪者中设一些敌人，不过你的主足为引导者和襄助者。"》

---

[1]《泰伯里经注》19：260。
[2]《布哈里圣训实录诠释——造物主的启迪》11：379；《穆斯林圣训实录》4：2148。

## 使者向安拉诉说违背者

清高伟大的安拉说，他的使者说："我的主啊！我的族人确实曾将这《古兰》作为可以抛弃的。"因为多神教徒们不听《古兰》。正如安拉所言：⟪隐昧的人们说："你们不要听这《古兰》，而要在中间加以干扰。"⟫（41：26）他们每次听到《古兰》时，就在旁边胡言乱语，或谈论其他，阻挠听到《古兰》的声音。这就是对《古兰》的抛弃和否认。不信《古兰》、不参悟和研究《古兰》、不遵守它，都属于对它的抛弃。舍《古兰》而去追求诗歌和其他言论与方法，也是对它的抛弃。祈求慷慨万能的恩主，使我们远离他的恼怒，做一些他喜爱的事情，譬如保护和理解他的经典。祈求安拉使我们日日夜夜以他喜爱的方式生活。他确实是慷慨的主，博施的主。

"我就这样为每一位先知从犯罪者中设一些敌人。"穆罕默德啊！这是历史的规律，你也是一样，所以你的部分族人要抛弃《古兰》，因为安拉给每位先知都设了一些犯罪者作为对头。这些对头号召人们走向迷误和否认。正如安拉所言：⟪因此我为每一位先知设了一些敌人，他们是人类与精灵中的魔鬼，他们以花言巧语互相讽喻。⟫（6：112）因此，经文在此说："不过你的主足为引导者和襄助者"，即谁跟随使者，接受正信并遵守经典，安拉就引导他，并在两世中襄助他。经文提到"引导者和襄助者"，因为多神教徒们惟恐人们走向正道，一直阻碍人们遵循《古兰》。他们希望邪道强于正道。

⟪32.那些否认者说："为什么《古兰》不被一次性地降给他呢？"我就这样（降示它），以便我藉此坚定你们的信心，我已逐渐降示了它。⟫

⟪33.只要他们给你带来一个问题，我就赐给你真理和更好的解释。⟫

⟪34.那些人将面部栽地地被集合到火狱，这等人地位最恶劣，离正路最遥远。⟫

## 零星颁降《古兰》的哲理对隐昧者的驳斥 隐昧者的归宿

清高伟大的安拉说，隐昧者动辄对《古兰》品头论足，百般刁难，或谈论一些无关痛痒的事情，他们说："为什么《古兰》不被一次性地降给他（穆罕默德）呢？"正如以前的那些经典那样。他们指《讨拉特》《引支勒》和《宰哺尔》等天启经典，都是一次性颁降的。安拉回答说，他在二十三年期间根据发生的事情和所需的断法，零星地降示了《古兰》，以便坚定那些归信者的内心。正如安拉说：⟪（我降下）《古兰》，我已使之明确。⟫（17：106）因此说："以便我藉此坚定你们的信心，我已逐渐降示了它。"格塔德说"我已逐渐降示了它"指我已经解明了它。阿卜杜·拉赫曼·本·栽德说："经文指我已经解释了它。"[1]

"只要他们给你带来一个问题。""问题"指争论和疑问。

"我就赐给你真理和更好的解释。"他们每说一句抗拒真理的话，我就以真理还击他们，我带来的证据要比他们的所谓证据明确和深刻。

伊本·阿拔斯说："格德尔之夜，《古兰》被一次性地降到最近的天上。然后在二十多年中零星降于世间。"[2]

清高伟大的安拉说："只要他们给你带来一个问题，我就赐给你真理和更好的解释。"正如安拉所言：⟪（我降下）《古兰》，我已使之明确，以便你能从容地向人们诵读它。我庄重地降示了它。⟫（17：106）

清高伟大的安拉说，在归宿之日隐昧者将被

---

（1）《泰伯里经注》19：226。
（2）《圣训大集》6：421。

驱赶到恶劣无比的火狱之中:"那些人将面部栽地地被集合到火狱,这等人地位最恶劣,离正路最遥远。"有段确凿圣训记载,有人问:"安拉的使者啊!末日隐昧者被复活时,怎么是面部倒栽于地面的?"穆圣㊗回答:"安拉既然能够让他用两脚走路,也就能够在复活时让他用面部走路。"[1]

❧35.我确曾降给穆萨经典,并派他的兄长哈伦做他的助手。❧

❧36.我说:"你俩到那些不信我的启示的人群中去。"随即我就彻底地毁灭了他们(否认的群体)。❧

❧37.努哈的族人,当他们否认众使者时,我淹死了他们,并使他们成为世人的一个迹象。我也为不义者准备了痛苦的刑罚。❧

❧38.阿德人、塞姆德人和兰斯的居民,以及他们之间的许多代人。❧

❧39.我已为每一伙人举了一些例子,我也完全绝灭了每一伙人。❧

❧40.他们确实经过了那曾被降以恶劣之雨的城镇,难道他们不曾看到它吗?不,他们不希望被复活。"❧

### 警告古莱什的多神教徒

清高伟大的安拉警告古莱什多神教徒,因为他们否认并反对穆圣㊗。安拉说,他们会像古代否认众先知的人们那样,遭到惨痛的惩罚。然后安拉讲述了他曾派遣穆萨为圣,并派遣他的兄长哈伦去辅佐他,让哈伦以先知身份协助穆萨宣教。但法老及首领们否认了这两位先知。所以❧安拉毁灭了他们。隐昧者都有相似的报应。❧(47:10)努哈的民族因为否认努哈,也遭到了同样的下场。否认一位使者如同否认所有使者。因为使者与使者之间没有区别。对隐昧者而言,安拉即使派去所有的先知,他们也不会归信。

因此说:"**努哈的族人,当他们否认众使者时。**"事实上安拉只对他们派遣了一位先知——努哈。他在他们中宣传了950年,他号召他们走向安拉,并以惩罚警告他们,但❧只有少数人随同他归信。❧(11:40)因此,安拉仅保留了船上的人,淹没了其余的人。

"**并使他们成为世人的一个迹象**",即作为他们引以为鉴的明证。安拉说:❧当洪水泛滥时,我把你们载在船上,以便我将它作为你们的教训,以便记事的耳朵记住它。❧(69:11-12)你们保留了

使用船舶的习惯,以便你们乘风破浪之际回忆安拉的恩典,铭记他曾使你们成为有正信的人,尤其成为归信他命令的人的后代。

"**阿德人、塞姆德人和兰斯的居民。**"《高处章》等章已经论述了阿德人和塞姆德人的事迹,此处不再赘述。伊本·阿拔斯说"**兰斯的居民**"指居住在塞姆德人的一个村庄中的村民。[2]

艾克莱麦说:"兰斯是一个井的名字,他们曾经在其中埋葬了一位先知。"[3][4]

"**以及他们之间的许多代人**",即我毁灭的民族,远比已经叙述的民族要多。因此说,"**我已为每一伙人举了一些例子**",即我已经为他们显示并阐述了明证。正如格塔德所说:"我已经消除了他们的任何借口。"[5]

"**我也完全绝灭了每一伙人**",即我彻底毁灭了他们。正如安拉所言:❧我在努哈之后毁灭了若干世代!❧(17:17)"世代"指民族。❧然后,我又在他们之后兴起其他的世代。❧(23:42)学者们关于一个世代有多久看法不一。有人认为120年,有人认为100年,有人认为40年,还有人持不同的看法。最明确的解释是,一个世代是同一时期的一个民族。这些人逝世后将有新的一代人,这新的一代人就是一个世代。两圣训实录辑录:"各世代中最优秀的人是我(穆撒圣人)的这一代人,然后是后一代人,然后是他们之后的一代人。"[6]

"**他们确实经过了那曾被降以恶劣之雨的城镇**。"经文指鲁特的塞督姆镇。安拉使其翻天覆地,把像干泥一样的石头雨点般地降在那里。安拉说:❧我对他们降下大雨,给警告者的雨太恶劣了!❧(27:58)❧你们朝夕经过他们的遗址,难道你们还不反思吗?❧(37:137-138)❧它在(至今)仍然存在的大路边上。❧(15:76)❧它俩都在清楚的大道上。❧(15:79)

因此说:"**难道他们不曾看到它吗?**"那些故居的主人曾经因为否认使者、违背安拉的命令,而遭受了严厉的打击和惩罚,你们应当引以为鉴。

"**不,他们不希望被复活。**"经过这些古迹的人们并不思考,因为他们不希望在末日——归宿之日被复生。

❧41.当他们看见你时,他们对你不外是嘲笑:

---

[1]《艾哈麦德按序圣训集》3:229。

[2]《泰伯里经注》19:269。
[3]"兰斯"一词,在语源学中指埋葬。——译者注
[4]《伯尔威经注》3:369《格尔特宾教律》13:32。
[5]《泰伯里经注》19:272。
[6]《布哈里圣训实录诠释——造物主的启迪》5:306;《穆斯林圣训实录》4:1963。

"他就是安拉派来作使者的那个人吗？"

❰ 42.若不是我们坚守我们的神祇，他一定可能误导我们叛离它们！"当他们见到刑罚时，他们将会知道谁更迷离正道。❱

❰ 43.你可曾看到把自己的私欲当作神灵的人吗？你能够成为他的监护者吗？❱

❰ 44.难道你以为他们大部分能倾听或了解吗？他们只像牲口一样，不，他们是更加迷失正道的。❱

### 隐昧者嘲弄使者

清高伟大的安拉说，那些隐昧者见到使者后就嘲弄他。正如安拉所言：❰ 当隐昧的人看见你时，他们就对你加以嘲弄。❱（21：36）本章的经文说："**当他们看见你时，他们对你不外是嘲笑：'他就是安拉派来作使者的那个人吗？'**"他们以此打击穆圣，以嘲弄的口吻侮辱他。愿安拉凌辱他们。安拉说：❰ 在你以前的使者们都曾被嘲笑过。❱（21：41）

"**若不是我们坚守我们的神祇，他一定可能误导我们叛离它们！**"即他们的意思是，若不是他们抱定他们的神灵，穆圣可能已经使他们放弃了崇拜偶像。

清高伟大的安拉警告他们说："**当他们见到刑罚时，他们将会知道谁更迷离正道。**"

### 多神教徒奉私欲为神，他们不如畜生

清高伟大的安拉提醒其先知说，已经注定走迷路并遭受薄福的人们，任何人都无法引导他们，除非安拉意欲。"**你可曾看到把自己的私欲当作神灵的人吗？**"当他看到某物差不多，并符合自己的意愿时，就把它作为自己的宗教和主张。正如安拉所述：❰ 难道其罪行被魔鬼粉饰，然后认恶为善者（你对他们有办法）吗？安拉的确任他所意欲之人投向迷途。❱（35：8）

因此说："**你能够成为他的监护者吗？**"伊本·阿拔斯说："蒙昧时代，某人一度崇拜白石头，过了一段时间他看到还有比白石头更好的，所以他便放弃白石头去拜更好的。"(1)

"**难道你以为他们大部分能倾听或了解吗？**"他们比他们放牧的牛更恶劣，因为安拉创造的牲畜该做什么就做什么。安拉创造这些人的目的是崇拜独一无偶的安拉，但他们却不去做。他们不是舍安拉去拜他物，就是将安拉和一些伪神等量齐观，同等崇拜，而置确凿的明证和使者的教化于不顾。

---

(1)《散置的明珠》6：260。

❰ 45.你不曾看到你的主，他如何展开阴影吗？如果他愿意，他能使它成为静止的。而我却以太阳作为它的指标。❱

❰ 46.然后我逐渐地收回它。❱

❰ 47.他为你们使夜作遮盖，以睡眠供休息，以白天供复苏。❱

### 有关造物主的存在和大能的证据

经文从这里开始阐述有关造物主的存在和大能的证据。造物主能够创造许多不同的事物和对立存在的事物。安拉说："**你不曾看到你的主，他如何展开阴影吗？**"伊本·阿拔斯、伊本·欧麦尔、艾布·阿林、麦斯鲁格、穆佳黑德、赛尔德·本·朱拜尔、端哈克、哈桑、格塔德等学者说，经文指黎明至日出时的情况。(2)

"**如果他愿意，他能使它成为静止的**"，即使阴影长存不动。安拉说：❰ 你说："你们可曾见到，如果安拉为你们而使黑夜成为永恒的。"❱（28：71）

"**而我却以太阳作为它的指标。**"若不是太阳

---

(2)《泰伯里经注》19：275；《格尔特宾教律》13：37。

升起，人们则无法辨认阴影，因为事物只能通过其反面被了解。格塔德和赛丁伊说，经文指安拉以太阳作为航标。(1)

"然后我逐渐地收回它"，即我轻轻地收回影子。赛丁伊解释：我悄悄地收回阴影，除了屋顶下或树下外，大地的其他地方都看不到影子。因为阳光已经普照。艾优卜·本·穆萨解释：我逐渐收回阴影。(2)

"他为你们使夜作遮盖"，即让夜幕笼罩万物。正如安拉所言：《 以笼罩时的夜发誓。》（92∶1）

"以睡眠供休息"，即中止活动，进行休息。因为肢体在整日的奔波中已经疲劳，所以当夜幕降临，万籁俱寂时，它应该得到休息。睡眠则能实现身心的休息。

"以白天供复苏。"白天人们又四处奔走，为生活而操劳。另一段经文说：《 他为了怜悯造化了夜和昼，以便你们能在其中休息和寻求他的恩典，以便你们感谢。》（28∶73）

《 48.是他在他的仁慈之前派遣风作为喜讯，我也从天空降下洁净的水，》

《 49.以便我以它复苏已死的大地，以便我让我所造化的人与牲畜饮用它。》

《 50.我确在他们当中分配雨水，以便他们觉悟。但是大多数人只想忘恩负义。》

这些经文讲述的也是安拉的完美能力和巨大权力。安拉派遣风作为云到来前的祥兆。安拉制服的风多种多样。有兴起云的，承载云的，驱使云的，有在雨到来之前报喜讯的，有扫荡大地的，也有起凝结作用使云变成雨的。因此安拉说："我也从天空降下洁净的水"，即有些水是用来清洁的。

有人问安拉的使者：有口井中掉进了一些臭东西和狗肉，我们能用其中的水做小净吗？使者说："水是纯洁的，任何物都不能污染它。"(3)

"以便我以它复苏已死的大地"，即有些土地因久不降雨，所以寸草不生，死气沉沉。喜逢甘霖之后，顿时万物复苏，姹紫嫣红，生机盎然。正如安拉所言：《 他的迹象之一是，你看看大地一片荒芜，但是当我给它降下雨水时，它就萌动了，生长了。》（41∶39）

──────────
（1）《散置的明珠》6∶262。
（2）《散置的明珠》6∶262。
（3）《沙斐尔按序圣训集》1∶21；《艾哈麦德按序圣训集》3∶31；《艾布·达乌德圣训集》1∶53；《提尔密济圣训全集诠释》1∶203；《圣训大集》1∶174。

"以便我让我所造化的人与牲畜饮用它"，即以便动物和人类饮用它。人类对水的需求是非常迫切的，无论人类自己还是他们的庄稼和果树，都离不开水。正如安拉所言：《 是他在他们绝望之后降下及时雨。》（42∶28）《 所以，你要看看安拉的慈悯的迹象！他使已死的大地复得生机。》（30∶50）

"我确在他们当中分配雨水，以便他们觉悟"，即我在一些地方降雨，而使另一些地方干旱。我使云经过甲地，去乙地普降大雨，而使与之毗邻的甲地滴雨不降。此中确有深刻的哲理和确凿的证据。

伊本·阿拔斯和伊本·麦斯欧迪说："每一年的降雨量都不相同，是安拉在任意地分配雨水。"然后他读道："我确在他们当中分配雨水，以便他们觉悟。但是大多数人只想忘恩负义。"(4) 即人类观察安拉使大地复苏的时候，应该联想到安拉能够复活已成朽骨的死者。看到滴雨不降时，应该反省自我，改过自新。因为罪恶能阻止雨水的降临。

"但是大多数人只想忘恩负义。"艾克莱麦说："经文指那些妄言星星给他们带来雨水的人。"(5)《穆斯林圣训实录》记载，某个雨后的清晨，安拉的使者说："你们可知你们的养主说了什么吗？"众人说："安拉及其使者至知。"使者说："安拉说，早晨起来后我的有些仆人成了归信者，有些仆人成了否认者。谁说'雨水因安拉的慈惠而降'，谁就是归信我的人，否认星星（是神灵）的人；谁说'雨水因为某个星星而降临'，谁就是否认我的人，信仰星星的人。"(6)

《 51.如果我意欲的话，我必定在每个城镇派遣一位警告者。》

《 52.所以你不要服从隐昧者，而要用它和他们努力奋斗。》

《 53.是他使两海之水自由流动，这是甜而可口的，那是咸而苦涩的，他在它们两者之间安置了一个屏障和一条不可侵越的界限。》

《 54.他由水造化人，并使他成为有血亲和姻亲的，你的主是全能的。》

## 使者使命的普遍性 使者坚持完成使命以及安拉对人类的一些恩典

清高伟大的安拉说："如果我意欲的话，我

──────────
（4）《泰伯里经注》19∶280。
（5）《泰伯里经注》19∶280。
（6）《穆斯林圣训实录》1∶83。

必定在每个城镇派遣一位警告者"，让这位警告者号召人们走向安拉。但穆罕默德啊！我特别选派你为普世的使者，命令你传达《古兰》，❰以便我警告你们和一切它所到达的人。❱（6：19）又❰而各宗派中不信它的人们，火狱就是给他们许诺的地方。❱（11：17）又❰你说："世人啊！我是被派遣给你们全体的安拉的使者。"❱（7：158）两圣训实录辑录："我被派遣到红种人和黑种人。"其中说道："一般先知都被派去劝化其族人，而我被派向全人类。"[1]

因此，清高伟大的安拉说：**"所以你不要服从隐昧者，而要用它和他们努力奋斗。"** 伊本·阿拔斯说"它"指《古兰》。[2] 另一段经文说：❰先知啊！你要和隐昧者、伪信士战斗！❱（9：73）

**"是他使两海之水自由流动，这是甜而可口的"**，即安拉把水创造成两种，一种是甜的，另一种是咸的。河水、泉水和井水一般都是甜的。它们是甘甜、清澈的"海"。这是伊本·朱莱杰的解释。这种解释是没有分歧的，因为世界上有一些"海"，其中的水是甘甜的。安拉为人类介绍这些情况，以便他们认识他的恩典并感谢他。甜水"海"分布世界各地。安拉因为人类和大地的需求，将它分成许多江河、泉源等。

**"那是咸而苦涩的"**，即又苦又咸，无法饮用的。譬如世界上一些著名的大海，如直布罗陀海及其支流、红海、也门海、巴士里海（河）、波斯（海）湾、中国海、印度海、罗马海、里海等静止的水域。这些水域虽然不流动，但它们在冬季或飓（台）风季节波涛汹涌，巨浪起伏；有些海域还会发生潮汐，每个月头涨潮，到月中后慢慢恢复平息，第二个月头又出现涨潮，直到该月第十四个夜晚才趋于平静。如此有规律地循环往复。安拉所创造的静止的海都是咸水海，从而保持空气清新，不致因死物发臭而破坏地球生态。因此，海水是清洁的，其空气是健康的，其中的死物是佳美的。因此有人问使者能否用海水做小净时使者回答说："其水质清洁，死物合法。"[3]

**"他在它们两者之间安置了一个屏障和一条不可侵越的界限。"** "它们两者"指咸水海域和淡水海域。"屏障"指将两块水域间隔开的界面。

**"一条不可侵越的界限"**，指防止两海相连的障碍物。安拉说：❰他使两海各自流动，互不交汇。它俩之间有一个二者互不逾越的界限。你们要否认你们主的哪一项恩典呢？❱（55：19-21）又❰不然，是谁使大地成为稳定的，在它的当中设置河流，并为它而安置稳定的山岳，在两海之间设置隔障？在安拉之外还有神吗？不，他们大半不知道。❱（27：61）

**"他由水造化人"**，即安拉从薄弱的精液创造人类，赋予他们形态，并以他的意欲使之成为协调的男性或女性。

**"并使他成为有血亲和姻亲的。"** 人刚出生时，是与他人有血亲关系的小生命，结婚后他又与别人有了岳婿关系。然后他又有了女婿、姑父，以及通过结婚而产生的新的亲属。这一切都来自一种卑微的液体。因此说："你的主是全能的。"

❰55.但是他们却舍安拉而崇拜既不能有益于他们也不能对他们有害的东西。隐昧的人是反对其主者的帮凶。❱

❰56.我只派你作为报喜者和警告者。❱

❰57.你说："我不因此而向你们索要任何报酬。但希望择取一条向主之途的人则不然。"❱

❰58.你应当托靠永生不灭的主，并赞美他。他完全知道他的众仆的罪过。❱

❰59.在六天当中造化了诸天与大地以及其间的一切，然后升上阿莱什的，是至仁主。所以，你要问问对他了解的人。❱

❰60.当有人对他们说"你们应当向至仁主叩头"时，他们说："至仁主是什么？难道我们要为你命令我们的叩头吗？"这增加了他们的厌恶。❱

## 多神教徒的愚顽

清高伟大的安拉说，多神教徒愚昧至极，他们舍安拉而崇拜的偶像不具备任何能力，既不能给他们带来益处也不能带来厄运。他们仅凭私欲崇拜，其中毫无证据可循。他们以这些偶像为保护者，不惜为此赴汤蹈火，从而对抗安拉及其使者。

因此说，"隐昧的人是反对其主者的帮凶"，即在恶魔的道路上助纣为虐，敌对追求安拉的事业的人们。追求安拉的事业的人们，终究会取得胜利。正如安拉所言：❰可是他们舍安拉而崇拜许多神祇，希望受到（它们的）援助。它们没有能力帮助他们，它们（偶像）是为他们而被召集的队伍。❱（36：74-75）即愚蠢的多神教徒舍安拉而崇拜的那些所谓的神，并不能帮助他们，而他们却聚集在这些伪神周围为之拼杀，遭受屠戮。事实上今后两世

---

（1）《穆斯林圣训实录》1：370；《布哈里圣训实录诠释——造物主的启迪》1：634。
（2）《泰伯里经注》19：281。
（3）《圣训坦途》1：22；《沙斐尔按序圣训集》1：23；《穆宛塔》1：22，1：23；《艾哈麦德按序圣训集》2：361；《艾布·达乌德圣训集》1：64；《提尔密济圣训全集诠释》1：224；《圣训大集》1：50；《伊本·马哲圣训集》1：136。

的善果和胜利，只属于安拉及其使者和信士们。

穆佳黑德解释"**隐昧的人是反对其主者的帮凶**"时说："隐昧者帮助恶魔对抗安拉。"

### 使者是报喜者和警告者

清高伟大的安拉对使者说："**我只派你作为报喜者和警告者**"，即给顺从安拉的信士以乐园报喜，给违背安拉的隐昧者以严厉的惩罚警告。

"**你说：'我不因此而向你们索要任何报酬。'**"我（穆圣）不因为宣传正教而向你们索要财产作为回报，我（穆圣）只能劝化﴿你们当中愿意走正道者。﴾（81：28）从而追求安拉的喜悦。

"**但希望择取一条向主之途的人则不然。**""向主之途"指遵守我所带来的天启方式和方法，即我只能引导"希望择取一条向主之途的人"。[1]

### 命令使者托靠安拉，叙述使者的一些特征

"**你应当托靠永生不灭的主**"，即你当把一切事情交付安拉，成为一个托靠永生不灭的安拉的人。﴿他是最先的和最后的，明显的和隐秘的，他是全知万事的。﴾（57：3）他永远存在，维护万物，养育万物，并掌管之，你当以他为后盾和归依。万事只应该托靠给他，交付给他。他能替你解决一切难题，并襄助你，援助你，使你胜任诸事。正如安拉所言：﴿使者啊！你当传达从你的主降临的。如果你不去做，你就没有传达他的信息。安拉将从世人那里保护你不受人们侵害。﴾（5：67）

"**并赞美他**"，即你在感赞安拉的时候，还要赞美安拉清净无染。因此使者ﷺ常常说："我们的主啊！感赞你，赞你清净。"[2][3]即你当虔诚拜主，并全心全意地托靠主。安拉说：﴿他是东西方的主，除他之外没有应受拜的。所以你要以他作为你的监护者。﴾（73：9）﴿所以你要崇拜他，托靠他。﴾（11：123）你说："他是至仁主，我们归信他，并托靠他。"﴾（67：29）

"**他完全知道他的众仆的罪过**"，即安拉具备完美的知识，无论多隐蔽的东西，都无法隐瞒他，即使是一粒微尘的重量。

"**在六天当中造化了诸天与大地以及其间的一切**"，即他是永生不灭的主宰，他创造万物，养育万物，掌管万物。他以他的能力和权力，创造了高

---

[1] 另一种解释是：我不因为宣传正教而索要报酬，但你们中有人若想为主道花费财产，那是可以的。因为他的行为只对他自己有益，我并不强迫任何人这样做。见《تيسير الكريم الرحمن》533页。——译者注
[2] 原文：سبحانك اللهم ربنا وبحمدك。
[3] 《布哈里圣训实录诠释——造物主的启迪》2：328。

而旷达的七层天，低而厚重的七层地。

"**然后升上阿莱什的，是至仁主。所以，你要问问对他了解的人**"，即你当向知道安拉的人请教关于安拉的问题，然后紧跟他，将他作为你的榜样。众所周知，安拉的仆人兼使者穆罕默德是最了解安拉的人，他是人类今后两世无与伦比的领袖，他不凭私欲讲话，他的话只源于启示，他所说的就是真理，他所讲述的就是事实，他是公断的领袖，人们必须把他们的分歧交付给他裁决，符合他的言行的都是对的，不符合他的言行的都是错的，无论这些言行出自何人。

清高伟大的安拉说：﴿如果你们对任何事发生分歧，你们就把它交付安拉和使者。﴾（4：59）﴿无论你们对什么事情发生分歧，它的裁决属于安拉。﴾（42：10）﴿你的主的言辞绝对真实和公正。﴾（6：115）即他的表述是真实的，他的命令和禁止是公正的。因此说："**所以，你要问问对他了解的人。**"

### 谴责多神教徒

清高伟大的安拉谴责那些舍他而崇拜各种伪神

的人，说："当有人对他们说'你们应当向至仁主叩头'时，他们说：'至仁主是什么？'"即多神教徒说他们不认识"至仁主（الرحمن）"。蒙昧的多神教徒们不愿称安拉为至仁主。在签署侯代比亚条约的时候，穆圣㊋对书记员说："你以至仁至慈的安拉的名义开始写！"这时他们说："我们不认识至仁之主、至慈之主，你还是按惯例以你的名义写'主啊！……'"[1]因此安拉说：⟪你说："你们称呼安拉，或是称呼拉赫曼（至仁主，都是一样的）。你们无论喊他什么名字，一切最美的名字全是属于他的……"⟫（17：110）即他是安拉，也是至仁主。

"当有人对他们说'你们应当向至仁主叩头'时，他们说：'至仁主是什么？'"即他们不认识至仁主，也不承认他。

"难道我们要为你命令我们的叩头吗？"即我们仅仅因为你所说的话而这样去作吗？

"这增加了他们的厌恶。"穆民们崇拜至仁至慈的安拉，惟独奉他为受拜者，为他叩头。学者们说，谁读到或听到了这节叩头的经文就必须叩头，正如相关的论著所述。安拉至知。

⟪61.赞安拉多福！他在天空设置一些宫，并在其中安置了明灯和灿烂的月亮。⟫

⟪62.他为意欲记念的人和意欲感激的人，使昼夜循环。⟫

### 安拉的伟大及其大能

清高伟大的安拉赞美他自己，说他在诸天中创造了许多宫。据穆佳黑德、伊本·朱拜尔等学者说，这些"宫"指天上的一些巨大的星体。[2]安拉说：⟪我确以灯盏装饰了最近的一层天。⟫（67：5）因此说："赞安拉多福！他在天空设置一些宫，并在其中安置了明灯。""明灯"指太阳，因为它放射光芒就像一盏灯。安拉说：⟪并安置了璀璨的灯。⟫（78：13）

"灿烂的月亮。"月亮是借助其他星球发光的星体。安拉说：⟪他使日成为发光的，使月为光亮。⟫（10：5）安拉说，努哈先知曾对其民族说：⟪你们不曾看到安拉怎样造化了七重天，并在它们中间使月亮发光、使太阳为明灯吗？⟫（71：15-16）

"他为意欲记念的人和意欲感激的人，使昼夜循环"，即昼夜循环往复，轮流交替，此来彼往，

---
[1]《艾哈麦德按序圣训集》3：268。
[2]《伯尔威经注》3：374；《泰伯里经注》19：289。

彼来此往，毫无紊乱。正如安拉所言：⟪他为你们制服日月，让它们不停地运行。⟫（14：33）⟪他使昼夜交替遮盖。⟫（7：54）⟪太阳不能越过月亮。⟫（36：40）

"意欲记念的人和意欲感激的人"，即安拉命令昼夜准时循环交替不息，以便明确众仆崇拜他的时间。夜晚没有为主工作的人，在白天弥补之；白天没有为主工作的人，在夜晚弥补之。有段确凿圣训说："伟大的安拉在夜晚伸开他的耶迪[3]，以便白天犯罪的人忏悔；安拉在白天伸开他的耶迪，以便夜晚犯罪的人忏悔。"[4]

穆佳黑德和格塔德说"使昼夜循环"指昼夜各不相同，譬如夜晚漆黑，白天明亮。[5]

⟪63.至仁主的仆人是在地上谦逊行走的人，当无知者呼唤他们时，他们说："平安！"⟫

⟪64.他们为他们的主站立和叩头着过夜。⟫

⟪65.这些人说："我们的主啊！求你把火狱的惩罚为我们移开，它的惩罚的确是持久的。"⟫

⟪66.以它作为居所或是休息之处，实在是太恶劣了。⟫

⟪67.当他们花费时，他们既不浪费，也不吝啬，而在此中是适中的。⟫

### 至仁主仆人的特征

经文讲述穆民众仆的一些特征，说他们"**在地上谦逊行走**"，即他们走路时稳重、谦恭，从不骄傲自大。安拉说：⟪至仁主的仆人是在地上谦逊行走的人。⟫（25：63）但经文的意思并不是说他们走路时应该像个病人，而是显示他的谦逊。因为人类的领袖穆圣㊋走路时，好像从斜坡上下来一样，雷厉风行，大步流星。"**谦逊**"指平静、稳重。正如安拉的使者㊋所说："你们不要跑到礼拜场所，而当安静地走去。你们赶上几拜，就先礼几拜，然后弥补失去的。"[6]

"**当无知者呼唤他们时，他们说：'平安！'**"即如果愚人对他们恶言呼唤时，他们不以相同的恶言回击，而是宽宏大量，只说善言。安拉的使者㊋就是这样，无知者的态度越恶劣，他越宽容。另一段经文说：⟪当他们听到无意义的言辞时，就转身离开。⟫（28：55）据伊玛目艾哈麦德传述，有人在安拉的使者㊋跟前骂另一人，被骂者对骂人者说："祝你平安！"使者听后对被骂者

---
[3] 字意为手。安拉至知其意。
[4]《穆斯林圣训实录》4：2113。
[5]《泰伯里经注》19：290，291。
[6]《布哈里圣训实录诠释——造物主的启迪》2：453。

说:"你俩之间有位天使,他在保护你。当那人骂你的时候,天使对他说:'你,你更适合(你所辱骂的内容)',当你对他说色兰时,天使对你说:'祝你平安!而他不应享受平安,你更适合得到平安。'"[1]

然后经文指出,这些穆民的夜晚是最好的夜晚,"他们为他们的主站立和叩头着过夜",即他们在顺主拜主中度过漫漫长夜。安拉说:❮他们一贯在夜晚少睡,他们在黎明的时间求饶。❯(51:17-18)❮他们肋不近床。❯(32:16)❮(是这种人更优秀呢?)还是在夜间叩头的、立站的,并防备后世、希望主的慈悯的恭顺者(更优秀)?❯(39:9)

因此说:"这些人说:'我们的主啊!求你把火狱的惩罚为我们移开,它的惩罚的确是持久的。'""持久的"指永恒的。

哈桑在解释"它的惩罚的确是持久的"时说:"人类所得到并最终将离去的一切,都不能称之为'持久的','持久的'指天长地久,永远存在的。"[2] 苏莱曼·泰米持相同观点。[3]

"以它作为居所或是休息之处,实在是太恶劣了",即这居所的外部景观和休息之地确实恶劣至极。

"当他们花费时,他们既不浪费,也不吝啬",即他们只在需要时花费财产,但从不对家人吝啬,而是满足家人的需求。同时,他们保持中正之道,因为最好的事情是持中的。

"而在此中是适中的。"正如安拉所言:❮不要把你的手绑在你的脖子上,也不要把它伸展到它的极点。❯(17:29)

❮68.他们只祈求安拉,不祈求其他的神灵。除非凭借权益,他们不杀死安拉已经禁止(杀害)的生命,也不犯奸淫。谁犯了这些,他就要面对惩罚,❯

❮69.复生日他要遭受加倍的惩罚,并将羞辱地永居其中,❯

❮70.除非悔悟、归信并行善的人,这等人,安拉将把他们的罪行替换成善功。安拉是至恕的、至慈的。❯

❮71.谁忏悔并行善,他确在向安拉进行忏悔。❯

## 至仁主仆人的部分特点,远离举伴安拉,不杀人和不奸淫

阿卜杜拉·本·麦斯欧迪传述,有人问安拉的使者:"哪件罪恶最大?"使者回答:"安拉造化了你,但你为安拉设立对头。"问:"然后是哪件?"使者回答:"因为担心子女和你一起吃饭而杀害他。"又问:"然后是哪件?"答:"和邻居的妻子通奸。"阿卜杜拉说:"安拉降示下面的经文证实了这段圣训:'他们只祈求安拉,不祈求其他的神灵。'"[4]

伊本·阿拔斯说:"一些曾经滥杀无辜、荒淫无度的多神教徒来到使者跟前,说:'你的主张和倡导非常好,请告诉我们,我们有望赎罪吗?'后来安拉降示了'他们只祈求安拉,不祈求其他的神灵。'和❮你说:我的对自己过分的众仆啊!你们不要对安拉的慈悯绝望。❯(39:53)"[5]

"谁犯了这些,他就要面对惩罚。"阿卜杜拉·本·阿慕尔说,"伊洒麻"(إثم)指火狱中的

---
(1)《艾哈麦德按序圣训集》5:445。
(2)《泰伯里经注》19:297。
(3)《阿卜杜·兰扎格经注》3:72。

(4)《艾哈麦德按序圣训集》1:380。
(5)《泰伯里经注》9:414。

一个谷地；(1)艾克莱麦、穆佳黑德等学者认为指火狱中惩罚奸淫者的一些谷地；赛丁伊认为指惩罚，这种解释最接近经文表面意义。因为后面的经文解释了它："**复生日他要遭受加倍的惩罚**"，即他将遭受重复的、严厉的惩罚。

"**并将羞辱地永居其中。**" "**羞辱**"亦作卑贱。

"**除非悔悟、归信并行善的人**"，即这些作恶者将受到上述惩罚。在今世中因为所有的罪恶向安拉忏悔的人，安拉将接受他们的忏悔。说明杀人者的忏悔是可被接受的。这节经文和《妇女章》的下列经文并不矛盾：⁅ 谁故意杀害一位信士……⁆（4：93）因为后一段经文虽然降于麦地那，但它是一段笼统的经文，它可能指那些杀人而不忏悔的人。而安拉对杀人者的赦宥，关系到其是否曾经忏悔。其后的经文说：⁅ 安拉必不恕饶以物配主的罪恶，但他为他所意欲的人恕饶除此之外的（一切罪恶）。⁆（4：116）确凿的圣训也曾提到杀人者的忏悔是正确的，据传述，某人杀了一百人后向安拉真心忏悔，获得了安拉的恕饶。类似的圣训不少。

"**这等人，安拉将把他们的罪行替换成善功。安拉是至恕的、至慈的。**" 安拉的使者☪说："我确实认识最后出火狱，并最后进乐园的人。那人被带来后，（安拉）说：'你们别管他的大罪，问问他的小罪！'然后他被告知：'你于某日某日干了什么什么……'那人回答道：'是的。'他无法为自己进行任何辩护。这时，有声音对他说：'你将因每件罪恶，而获得一件善报。'那人说：'我的养主啊！我虽然曾经做过一些事，但今天却看不到它们。'"安拉的使者☪笑了，以致他的大牙都露了出来。(2)

麦哈库勒说，有位眼睛凹陷的老者来来安拉的使者跟前说："安拉的使者☪啊！（有这样）一个寡信不义之人，曾经怙恶不悛，就算让天下人分担其罪责，也会危及天下，这种人能忏悔吗？"安拉的使者☪问他："你归信伊斯兰吗？"老者说："我作证应受拜者，惟有独一无偶的安拉，穆罕默德是安拉的仆人和使者。"先知对他说："只要你坚信这些，安拉就会恕饶你，并把你的罪恶换成善功。"老者说："安拉的使者啊！我的背信弃义和淫荡之行（也能被换成善功）吗？"使者回答："即使你有过背信弃义和淫荡之举（也能被换成善功）。"此人遂高诵清真言和大赞词离去。(3)

清高伟大的安拉说，他对众仆的慈悯是宽宏的，仆人的罪恶无论大小，只要他向安拉忏悔，安拉就会赦宥他。"**谁忏悔并行善，他确在向安拉进行忏悔。**" 正如安拉所言：⁅ 作恶或自亏，然后向安拉求饶的人，将发现安拉是至恕的、至慈的。⁆（4：110）又 ⁅他们难道不知道安拉会接受他的众仆的忏悔……安拉是至赦的，至慈的。⁆（9：104）又 ⁅你说："我的对自己过分的众仆啊！你们不要对安拉的慈悯绝望。"⁆（39：53）

⁅ **72.他们不参与假证，当遇到无聊的事情时，他们就自尊地走开。**⁆

⁅ **73.当有人以他们主的启示提醒他们时，他们不会像聋子和瞎子一样无动于衷。**⁆

⁅ **74.他们说："我们的主啊！求你从我们的妻室和子女中赐给我们赏心悦目的，并使我们成为敬畏者的榜样吧！"**⁆

### 至仁主仆人的部分特征

至仁主仆人的另一些特征是：他们不参与假证，不说谎言、恶言和隐昧之言，不讲空话和假话。阿慕尔·本·盖斯说："他们不去邪恶和猥亵场合。"

有人说，"**他们不参与假证**"指他们不作伪证，即不故意歪曲事实。安拉的使者☪说："我告诉你们最大的罪恶，好吗？"使者问了三次后，众人回答："好啊！安拉的使者。"使者说："以物配主，忤逆父母。"然后靠着的使者坐了起来，说："注意，假话。注意，伪证。"使者不停地重复着这句话，以致我们（圣门弟子）想，他不要再说这句话那该多好啊！(4)

从经文的脉络可以清晰地看到，经文指他们不说上述话的场合。因此说，"**当遇到无聊的事情时，他们就自尊地走开**"，即他们不参加这些场合，一旦无意中碰到这种场合，就会洁身自好，转身离去。因此说："**他们就自尊地走开。**"

"**当有人以他们主的启示提醒他们时，他们不会像聋子和瞎子一样无动于衷。**" 这也是穆民的特征。正如安拉所言：⁅ 穆民只是这样一些人：当有人提到安拉时，他们的心战栗了，当有人为他们诵念他的迹象时，它加强了他们的信仰。他们只托靠他们的养主。⁆（8：2）而隐昧者的情况却与此截然不同。他们听到安拉的经文时无动于衷，仍然不信，沉浸于不信、恶事、无知和迷误中。安拉说：⁅ 每逢一章天经下降，他们当中就有人说："你

---

（1）《泰伯里经注》19：308。
（2）《艾哈麦德按序圣训集》5：170。
（3）《艾哈麦德按序圣训集》4：385；《圣训补充汇集》1：32。

（4）《布哈里圣训实录诠释——造物主的启迪》5：309；《穆斯林圣训实录》1：91。

们当中有谁因它而增加了信仰？"那些归信者，它使欣喜的他们增加信仰了。但是那些心中有病的人，它会在他们的污秽上再增加污秽，他们至死不信。》（9：124-125）而隐昧者们听到经文后，还是我行我素，装聋作哑，无动于衷。

"他们说：'我们的主啊！求你从我们的妻室和子女中赐给我们赏心悦目的。'"他们要求安拉赐给他们顺主拜主的后代。伊本·阿拔斯说："他们祈求安拉赐给他们服从安拉的后代，好让他们在今生后世心满意足。"[1]

朱拜尔·本·奴法勒传述，有一天我们和米格达德·本·艾斯沃德坐在一起，这时有人经过了我们；只听那人说："祝贺这两只眼睛，它俩看到了安拉的使者㊗。我们确实想看到你曾看到的，参加你曾参加的（场合）。"此话激怒了米格达德。我当时感到困惑不解，因为此人没有说坏话。只见米格达德对着那人说："一个人为什么向往参加安拉没有让他参加的场合。他不知道，假若他真的在那里又会怎么做。以安拉发誓，曾有一些人与安拉的使者㊗同处一个时期，但安拉将使他们鼻子扑地而进入火狱。因为他们没有响应使者，也没有相信他。你们不赞美安拉吗？他使你们从母腹中出生时，你们已经认识你们的养主，并诚信使者带来的一切。别人已经替你们承受了考验。以安拉发誓，安拉派遣穆圣㊗的时期，是先知们所碰到的最艰难的时期。穆圣㊗之前很长时期没有先知出现，人们处于蒙昧状态之中，除了多神崇拜他们看不到更好的信仰。后来使者带来了《准则》，用之辨别真伪，划清了父子间界限。安拉解开了有些人的心锁，使之接受了正信，但他们看到自己的父亲、儿子和兄弟是隐昧者。他们知道拒信者必进火狱，所以当他们看到自己心爱的人进入火狱后，感到十分痛心。这就是安拉所说的："他们说：'我们的主啊！求你从我们的妻室和子女中赐给我们赏心悦目的'。"

"并使我们成为敬畏者的榜样吧！"伊本·阿拔斯、哈桑等学者解释为：领导者们成为别人学习的好榜样；[2] 其他学者解释：并使我们成为走向正义之人以及引导别人走向正义之人。这些人希望自己的功修能被子孙后代延续下去，希望通过自己走正道来影响他人，给他人带来益处，以便获得更多的报偿和更美的归宿。因此安拉的使者㊗说："一个人归真后其工作除三方面外都中断了，这三方面是：为其祈祷的清廉子女、有益他人的知识和川流不息的施舍。"[3]

《75.这些人由于他们的坚忍将被奖给宫殿，他们将在那里获得祝贺和祝安。》

《76.他们将永居那里。多么美好的住处和居所啊！》

《77.你说："若非你们的祈求，我的主不会理睬你们，你们确曾不信，所以它将是必然的。"》

### 至仁主仆人的报酬和对麦加人的警告

安拉讲述了他的仆人的美好特征和他们优美的言行后说："这些人"，即上述这些人在复生日"由于他们的坚忍将被奖给宫殿。""宫殿"指乐园。艾布·贾法尔、端哈克等学者说："乐园被称为宫殿，因为它非常高大。"

"由于他们的坚忍"，指由于他们坚持上述美德。

"他们将在那里获得祝贺和祝安"，即在乐园中，他们将被抢先而道以贺词和款待，并受到敬重，永享安乐。众天使将从各道门进来对他们说："你们由于当初的坚忍而享受平安吧！后世家园的结局真优美啊！"

"他们将永居那里"，即其中没有生离死别，其境况永不改变。安拉说：《只要天地长存，那些幸福的人将永居乐园。》（11：108）

"多么美好的住处和居所啊！"那乐园风景秀丽，居所优美。

"你说：'若非你们的祈求，我的主不会理睬你们'"，即如果你们不崇拜安拉，安拉也不会介意。安拉造物的目的只是为了崇拜他，归信他独一无偶，并早晚赞美他。隐昧者们啊！"你们确曾不信"。

"所以它将是必然的"，即你们的否认将永远伴随你们。换言之，它将导致你们遭受今后两世的惩罚和毁灭。白德尔之劫就是一个活生生的例子。正如阿卜杜拉·本·麦斯欧迪、吾班叶·本·凯尔卜等学者注释的那样。[4]

哈桑·巴士里说，"所以它将是必然的"，指末日你们的否认将与你们形影不离。[5] 这两种解释之间没有矛盾。

《准则章》注释完。一切感赞全归安拉。

---

（1）《泰伯里经注》19：318。
（2）《泰伯里经注》19：319。
（3）《穆斯林圣训实录》3：1255。
（4）《泰伯里经注》19：324；《阿卜杜·兰扎格经注》3：72
（5）《散置的明珠》6：287。

# 《众诗人章》注释  麦加章

马立克所引述的学者注释中，本章又被称为《包罗章》。

### 奉普慈特慈的安拉之尊名

❀ 1.塔辛，米目。❀
❀ 2.这是明白的经典的节文。❀
❀ 3.你或许由于他们不信而忧伤欲绝。❀
❀ 4.如果我愿意的话，我可以从天上降给他们一个迹象，他们会对它谦卑俯首。❀
❀ 5.每每一项新的教诲由至仁主降临他们，他们就避开它。❀
❀ 6.他们确已不信，所以他们所嘲笑的（事物的）消息即将降临他们。❀
❀ 7.难道他们不曾观察大地，我曾在其中生长了多少种优美的东西吗？❀
❀ 8.此中确有一种迹象，但是他们大多数不是信仰的。❀
❀ 9.你的主确实是优胜的、至慈的。❀

## 《古兰》及隐昧者对《古兰》的背弃，假若安拉意欲，他能强制性地让人归信《古兰》

前面注释《黄牛章》时已经论述了出现在各章开头的单独字母，此处不再赘述。

"**这是明白的经典的节文**"，即这是明白的《古兰》经文。换言之，这部《古兰》义理明确，能辨别真伪和正邪。

"**你或许由于他们不信而忧伤欲绝**"，即你因为热望他们得到引导而为他们忧伤欲绝。安拉降示这段经文，安慰穆圣㊗不要因为隐昧者拒绝归信而过分伤悲。安拉说：❀ 你的内心不必为他们忧伤。❀（35：8）又❀ 如果他们不信这项宣示，你也许会在他们后面为他们忧伤而毁了自己。❀（18：6）穆佳黑德、艾克莱麦等学者说"悲伤欲绝"指因为伤心而企图自杀。[1]

"**如果我愿意的话，我可以从天上降给他们一个迹象，他们会对它谦卑俯首。**"假若我意欲，我必降下经文并迫使他们归信，但我不这样做，因为我只接受自觉的归信。安拉说：❀ 如果安拉意欲，大地上所有的人都已归信了！难道你要强迫人们都成为归信者吗？❀（10：99）又❀ 如果你的主愿意的话，他会使人类成为一个民族。❀（11：118）

然而安拉早已注定要遣圣降经，传达他的法令和明证，此中确有许多深刻的哲理。

然后经文说："**每每一项新的教诲由至仁主降临他们，他们就避开它**"，即每当安拉降下一部天经时，大部分人就会对它不予理睬。安拉说：❀ 大多数人不是信士，虽然你渴望（他们信仰）。❀（12：103）又❀ 啊！众仆真是不幸！只要有使者到达他们，他们就要嘲笑他！❀（36：30）又❀ 然后我陆续派遣我的众使者。每逢一族的使者到达其族人时，他们就不信他。❀（23：44）

因此说，"**他们确已不信，所以他们所嘲笑的（事物的）消息即将降临他们**"，即他们已经否认了来临于他们的真理，不久，他们将会听到否认的后果。❀ 不义者不久要知道他们将投向何等归宿。❀（26：227）

然后安拉告诉那些敢于违背他的使者，否认他的经典的人，他是强大的、万能的。他创造了大地，并使各种美丽的植物和动物生长其中。舒尔宾说："人类也是大地上的一种生物，谁入乐园，谁将是优美高贵的；谁进入火狱，便是卑微的。"[2]

"**此中确有一种迹象**"，"迹象"指证据。即

---

（1）《泰伯里经注》19：330；《散置的明珠》6：360。

（2）《散置的明珠》6：289。

此中确有一种证据，证明铺平大地、升起天空的安拉，确能造化万物。虽然如此，大部分人非但不归信安拉，反而否认他，否认他的使者及经典，违背他的命令，做他所禁止的事情。

"你的主确实是优胜的"，即安拉优于万物，并征服、宰制万物。

"至慈的"，即安拉对人类是至慈的。他不会立即惩罚违背者，而是给他时间去忏悔，如果人不思悔过，则安拉会以极大的惩罚施加于他们。艾布·阿林、格塔德等学者说："安拉将严惩违背他的命令、崇拜除他之外的一切（受拜者）的人们。"[1]

伊本·朱拜尔说："安拉对向他回归，向他忏悔的人是至慈的。"

❰ 10.当时，你的主对穆萨说："你去那不义的民众❱

❰ 11.——法老的民众那里。他们难道不敬畏吗？"❱

❰ 12.他说："我的主啊！我实在怕他们不信我。❱

❰ 13.我的心胸感到窘迫，我的口舌也不灵便，所以求你委哈伦以使命吧。❱

❰ 14.我还背负着他们一项罪行，我怕他们会杀我。"❱

❰ 15.他说："绝对不会的！你俩带了我的迹象去吧。我是与你们同在的倾听者。❱

❰ 16.你俩去法老那儿，说：'我们确实是众世界的主的使者。❱

❰ 17.请让以色列的子孙和我们一起走吧。'"❱

❰ 18.他（法老）说："难道我们不曾把你当作（我们的）孩子一样抚育过，难道你不曾在我们当中度过你生命中的若干岁月吗？❱

❰ 19.你做了一件你做过的行为，你是个忘恩负义的人！"❱

❰ 20.穆萨说："我做那件事时，确实属于迷误者。❱

❰ 21.那时我因畏惧你们而逃走了。后来我的主赐给我智慧，并使我成为一位使者。❱

❰ 22.你向我提起的恩惠，不过是你对以色列后裔的奴役！"❱

### 穆萨和法老之间的斗争

清高伟大的安拉在此讲述他给他的仆人、使者以及和他交谈的人——穆萨先知命令的事情。当时他在土勒山的右侧呼唤了穆萨，并和他谈话，委他以使命，命令他去劝化法老及其臣民。

因此说，"当时，你的主对穆萨说：'你去那不义的民众——法老的民众那里。他们难道不敬畏吗？'他说：'我的主啊！我实在怕他们不信我。我的心胸感到窘迫，我的口舌也不灵便，所以求你委哈伦以使命吧。我还背负着他们一项罪行，我怕他们会杀我。'"穆萨祈求安拉消除他身上的这些疾病，正如《塔哈章》所述：❰ 他说："我的主啊！求你扩展我的胸怀。求你使我的事业对我容易。"❱（20：25-26）❰ 他说："穆萨啊！你所祈求的，已经赐给你了。"❱（20：36）

"我还背负着他们一项罪行，我怕他们会杀我"，即我曾杀死一个科普特人，此事导致我离开了埃及。

"他说：'绝对不会的！'"即安拉对穆萨说："你不要害怕任何诸如此类的事。"正如安拉所言：❰ 他说："我将以你哥哥作你的股肱，并授给你们二人权力，因此他们就无法接近你们。凭着我的迹象，你俩和追随你俩的人将是胜利者。"❱（28：35）"权力"指证据。

"你俩带了我的迹象去吧。我是与你们同在的倾听者。"正如安拉所言：❰ 他说："你俩不要怕，我与你们同在，我听着且看着。"❱（20：46）即我和你俩在一起，我保护、关心、支持、襄助着你俩。

"你俩去法老那儿，说：'我们确实是众世界的主的使者。'"正如另一段经文所言：❰ 我们确实是来自你的主的两位使者。❱（20：47）即我们都是安拉派到你这里的使者。

"请让以色列的子孙和我们一起走吧"，即请你解放他们，不要制裁、奴役和折磨他们。因为他们是归信安拉的仆民，是虔诚的民众。然而你却给他们施以凌辱的折磨。法老根本无视穆萨，轻蔑地看了看他说："难道我们不曾把你当作（我们的）孩子一样抚育过"，即我们曾在我们的宫中我们的床上把你抚养成人，抚育并宠爱你许多年，而此后你却恩将仇报，杀死了我们的一个人，对我们忘恩负义。因此说，"你是个忘恩负义的人"，伊本·阿拔斯、阿卜杜·拉赫曼·本·栽德·本·艾斯莱姆等学者认为"忘恩负义"指否认恩情者。

"穆萨说：'我做那件事时，确实属于迷误者。'"即那时我"确实属于迷误者"，还没有奉到安拉的启示，安拉还没有任命我为先知，也没有交给我使命。

"那时我因畏惧你们而逃走了。后来我的主赐给我智慧，并使我成为一位使者"，即今非昔比，如今安拉已经派我来劝导你。如果你服从我，你将

---

[1]《泰伯里经注》23：304，3：260，5：511。

获得平安，如果你否认我，你必然招致毁灭。

穆萨接着说："你向我提起的恩惠，不过是你**对以色列后裔的奴役**！"即虽然你曾善待我，有恩于我，但是比较你对以色列后裔的奴役和折磨，那又算得了什么呢？你对我一己之恩，比较你对全体以色列后裔所犯下的罪行，能算得了什么呢？换言之，你所说的一切，比起你所做的一切简直一文不值。

❰ 23.法老说："什么是众世界的主？" ❱

❰ 24.他（穆萨）说："是诸天与大地以及其间万物的养育者，如果你们是确信者的话。" ❱

❰ 25.他（法老）对周围的人说："你们不听听吗？" ❱

❰ 26.他（穆萨）说："他是你们的主和你们祖先的主。" ❱

❰ 27.他（法老）说："被派遣给你们的使者的确是一个疯子。" ❱

❰ 28.他（穆萨）说："（他是）东方与西方以及其间一切的主。如果你们理解的话。" ❱

清高伟大的安拉说，法老否认真理，骄奢淫逸，他问："**什么是众世界的主？**"他还对他的臣民说：❰ 法老说："诸位！我不知除我以外，你们还有神。" ❱（28：38）又❰ 他愚弄了他的族人，而他们也听从了他。 ❱（43：54）他们曾经否认造物主，相信法老是独一无二的神灵。所以当穆萨说：❰ 我是众世界的主的使者。 ❱（43：46）时，法老问他："你所说的除我之外的那个神是谁？"前辈和后辈学者们都是这样解释这段经文的。赛丁伊甚至说，这段经文和下面的经文相近：❰ 他说："穆萨啊！谁是你俩的主啊？"他说："我们的主就是赋予万物形态，并给予引导的主。" ❱（20：49-50）有哲学家和一些学者声称，法老在此的询问表示他在探求本质（真理）。他们的解释是错误的。事实上法老连造物主都不承认，怎么会去探求本质（真理）呢？显而易见，即便造物主的铁证如山，法老还是对造物主持完全否定的态度。法老问及普世的养育者后，穆萨回答说："**是诸天与大地以及其间万物的养育者**"，即他是这一切的创造者、掌管者和支配者，也是这一切的独一无偶的受拜者。他创造万物，创造了天体及其中的星体，创造了地球及上面的江河、山川、动物和植物。万物都是恭顺于他的奴仆。

"**如果你们是确信者的话**"，即如果你们有理解的心灵和锐利的目光。

法老听了穆萨的这番话，转身看了看身边的官员们，抱着否认的态度挪揄道："**你们不听听吗？**"即此人说除我之外还有神灵，你们不觉得奇怪吗？

穆萨说："**他是你们的主和你们祖先的主**"，即他是你们的创造者，也是你们还未出世以前就已经存在的先民的创造者。

法老对其族人说："**被派遣给你们的使者的确是一个疯子**"，即他声称除我之外还有神灵，他的宣传是没有理性的。

穆萨对受法老摆布的人们解释说，他是"**东方与西方以及其间一切的主。如果你们理解的话**"，即安拉使群星升起的地方成为东方，使群星落下的地方成西方。无论行星还是恒星，都遵循着安拉所制定的规律。这个大言不惭的人自称是你们的主宰和神灵，如果他是诚实的，就让他扭转乾坤，使东方成为西方，使西方成为东方吧。正如安拉所述：❰ 安拉赐给他王国，而跟伊布拉欣争论他的养主？伊布拉欣说："我的主是赋予生命和死亡的。"那人说："我也赋予生命和死亡。"伊布拉欣说："安拉从东方升起太阳，请你从西方升起它。" ❱（2：258）法老被驳倒后理屈词穷，转而使用武力，认为它们可以帮助自己对付穆萨。清高伟大的安拉记录了法老所说的话：

❦ 29.他（法老）说："如果你在我之外择取任何神祇，我一定使你沦为一个囚犯！" ❧

❦ 30.他（穆萨）说："即便我给你显示一件明显的事物吗？" ❧

❦ 31.他（法老）说："如果你是诚实的，那就带来它吧！" ❧

❦ 32.因此穆萨扔出了他的手杖。刹那间它就成为一条明显的巨蛇！ ❧

❦ 33.他又伸出他的手。刹那间它在观众面前显得雪亮！ ❧

❦ 34.他（法老）对周围的人说："这人的确是一个博学的魔术师。❧

❦ 35.他希望以他的魔术把你们赶出你们的土地，你们有什么意见呢？" ❧

❦ 36.他们说："暂时别理他和他的兄长。你当派征召人员到各城市去。 ❧

❦ 37.以便他们给你带回所有博学的魔术师。" ❧

法老在理性的铁证面前无言以对，转而以武力和权力对付穆萨。他认为强权可以压倒正义。他说："如果你在我之外择取任何神祇，我一定使你沦为一个囚犯！"

穆萨见此情景，便说："即便我给你显示一件明显的事物吗？"即即使我为你显示明确的绝对证据，你也要因禁我吗？

"他（法老）说：'如果你是诚实的，那就带来它吧！'因此穆萨扔出了他的手杖。刹那间它就成为一条明显的巨蛇！"即那条巨大无比的蛇活灵活现地出现在众人面前，张牙舞爪，阴森可怖[1]。

"他又伸出他的手"，即穆萨从口袋中伸出手。

"刹那间它在观众面前显得雪亮！"他的手宛若一轮明月，闪闪发光。然而薄福的法老却迫不及待地否认了穆萨，并加以刁难。他对身边的众臣说："这人的确是一个博学的魔术师"，即此人是个高明的魔术师。法老试图说服周围的人们相信穆萨带来的只是魔术而非奇迹，还怂恿人们反对和否认穆萨。法老说："他希望以他的魔术把你们赶出你们的土地"，即他企图借此笼络人心，得到众多支持者和追随者，从而征服你们的国家，夺取你们的城市。你们应当为我出谋划策，好让我对付他。

"他们说：'暂时别理他和他的兄长。你当派征召

---

(1) 按这种解释，这种"巨蛇"应该是中国传说中的龙。——译者注

人员到各城市去。以便他们给你带回所有博学的魔术师。'"即你暂时不要理会穆萨兄弟，你首先应该在全国各地招募高明的魔术师，让他们像穆萨那样施展魔术对付穆萨，从而借他们之手战胜穆萨。法老听取了众人的意见。这是伟大安拉的安排，以便某天人们会聚一堂时，清楚地看到安拉的迹象和明证。

❦ 38.因此，魔术师们被召集在一个规定的之日内的时间。 ❧

❦ 39.有人对人们说："你们集合起来了吗？" ❧

❦ 40.如果魔术师们得胜，我们就追随他们。" ❧

❦ 41.因此，当魔术师们抵达后对法老说："如果我们胜了，我们会得到报酬吗？" ❧

❦ 42.他说："是的，那时候你们就会成为受（我）垂宠的人。" ❧

❦ 43.穆萨对他们说："你们抛出你们所要抛的吧！" ❧

❦ 44.因此他们抛出了他们的绳子和手杖，并说道："凭着法老的尊严，我们一定会胜利！" ❧

⟪ 45.然后穆萨掷出了他的手杖,刹那间它吞下了他们所掷的! ⟫

⟪ 46.于是魔术师们都倒身叩拜, ⟫

⟪ 47.说道:"我们归信众世界的主。⟫

⟪ 48.穆萨和哈伦的主。" ⟫

## 穆萨和魔术师们

清高伟大的安拉在《高处章》《塔哈章》以及本章中叙述了穆萨和科普特人之间的较量。科普特人企图用他们的言语熄灭安拉的光明,但无论隐昧者多么憎恶,安拉是要全美其光明的。信仰和不信相逢时的情况就是如此,信仰最终要战胜不信。⟪ 不然,我投掷真理打击谬误,所以真理粉碎了谬误。谬误转瞬即逝了。因为你们的叙述而倒霉吧! ⟫(21:18)⟪ 你说:"真理来了,谬误消失了。谬误最终是要消失的。" ⟫(17:81)因此,来自埃及各个角落的技艺精湛、手法高明的一流魔术师们云集一堂(安拉至知他们共有多少人),引得人们争先恐后地前来参加竞技大会。人们说:"如果魔术师们得胜,我们就追随他们。"他们没有说:"我们将追随真理,无论真理出自穆萨,还是出自魔术师。"百姓们坚持的都是国王的宗教。

"因此,当魔术师们抵达后",即魔术师来到法老宝座前。当时法老坐在一顶帐篷中,文武百官和三军将士前呼后拥,魔术师们站在法老面前,请求法老的封赐和垂宠——如果他们能获胜。即(他们的意思是,法老啊!)你招募我们,以便我们旗开得胜。魔术师们说:"**如果我们胜了,我们会得到报酬吗?**'他说:'**是的,那时候你们就会成为受(我)垂宠的人。**'"即我将赏赐你们向我要求的,并使你们接近我,与我同坐。魔术师们听后走向竞技场。⟪ 他们说:"穆萨啊!你先掷呢,还是我们先掷?" ⟫(20:65-67)穆萨斩钉截铁地说:"'**你们抛出你们所要抛的吧!**'因此他们抛出了他们的绳子和手杖,并说道:'**凭着法老的尊严,我们一定会胜利!**'"就像一般愚人做一件事情时说:"这是由于某人的赏赐。"清高伟大的安拉在《高处章》中说:⟪ 他们迷惑了所有人的眼,让人们感到了恐惧。他们带来了一项重大的魔术。⟫(7:116)在《塔哈章》说:⟪ 刹那间他们的绳子和手杖,由于他们的魔术而在他看起来似乎在活动……魔术师无论做什么都是不会成功的。⟫(20:66-69)本章的经文说:"**然后穆萨掷出了他的手杖,刹那间它吞下了他们所掷的!**"即巨蛇把魔术家们变来的玩意儿一个不留地吞进了腹中。安拉说:⟪ 因此,真理已经落实,他们所做的一切都化为乌有……穆萨和哈伦的养主。⟫(7:118-122)这是一件非常重大的事件,是绝对的无懈可击的明证和颠扑不破的真理。法老所求助并希望他们获胜的那些魔术师们一败涂地,服服帖帖地跟随了穆萨,向安拉——众世界的主宰叩了头。安拉以真理和光辉的奇迹派遣了穆萨和哈伦,法老遭受了前所未有的失败。虽然明证就在眼前,他仍然傲慢自大、顽固不化。安拉和众天使以及全人类都在诅咒他。他顽抗真理,坚持谬误,向接受正信的人们发出威胁和警告,他说:⟪ 他一定是你们的首领,并曾经教过你们魔术! ⟫(20:71)又⟪ 法老说:"这一定是你们预先计划好的一项阴谋……" ⟫(7:123)

⟪ 49.他(法老)说:"在我准许你们以前,你们就信仰他了吗?他一定是曾经教授你们魔术的头目!你们不久就会知道!我一定斩去你们相对的手脚,并将把你们全体钉在十字架上!" ⟫

⟪ 50.他们说:"没有关系!我们是回归我们主的! ⟫

⟪ 51.我们热望我们的主会宽恕我们的错误,因为我们是归信者的先驱。" ⟫

## 法老和魔术师们

法老的威胁对魔术师无济于事,他的警告只增加了他们对安拉的归信和服从。因为否认的帷幔已经从他们心上消除,他们认识了他们的族人所不认识的真理:若非安拉的襄助,穆萨作为一个人,无论如何不可能显示他所显示的一切;安拉使穆萨显示奇迹,以便证实他所带来的信息的真实性。因此,法老对他们说:"**在我准许你们以前,你们就信仰他了吗?**"即你们在做这件事之前,首先应该征得我的同意,而不可越过我自作主张。我若同意,你们才能去做;我若不同意,你们就不能去做。因为我是应该受到绝对顺服的统治者。⟪ 他一定是你们的首领,并曾经教过你们魔术! ⟫(20:71)任何人都能看出,这是法老的强词夺理,因为此前众魔术师和穆萨从未会晤过,穆萨怎会成为传授魔术的头目呢?有理智的人不会说这种话。

此后法老警告魔术师,他将砍去他们的手脚,并将把他们绑在十字架上。但魔术师们说:"**没有关系!**"即那不算什么,它不能妨碍我们,我们不在乎。

"**我们是回归我们主的!**"即最终的归宿只在安拉那里,安拉不会使任何行善者徒劳无获,他监视着你对我们的每一项行为,还将因此给我们最优美的报酬。因此,魔术师们说:"我们热望我们的主会宽恕我们的错误。""错误"指我们自己所犯的罪恶和你迫使我们施展的魔术。

"因为我们是归信者的先驱",因为我们领先于我们的族人——科普特人,接受了正信。

此后,法老把这些魔术师都杀害了。

❝ 52.我启示穆萨:"你带我的仆人们夜出,你们是会被追赶的。"❞

❝ 53.当时法老派征募官到诸城,❞

❝ 54.(说道)"这些人只是一小撮人。❞

❝ 55.他们是触怒我们的。❞

❝ 56.我们是谨慎的群体。"❞

❝ 57.此后,我就把他们驱逐出林园、源泉、❞

❝ 58.宝库和美好的住处。❞

❝ 59.就那样,我使以色列的后裔继承了它们。"❞

## 以色列的后裔出埃及

穆萨在埃及停留了相当长的一段时期,此间,虽然安拉为法老及其臣民昭示了明证,但他们仍然傲慢自大,对抗真理。所以,他们除了遭受惩罚和报应别无选择。安拉命令穆萨率领以色列的后裔在某夜离开埃及,去一个指定的地方。穆萨奉命行事。在出发前,他们从法老的族人那里借了大量饰品。据一些经注学家解释,穆萨在一个月明之夜带着以色列的后裔离开了埃及。但穆佳黑德说,那夜发生了月蚀。安拉至知。[1]

穆萨当时还打听了优素福先知的坟墓,后经一位以色列老妇指引找到了墓地,并和以色列的后裔一起带走了优素福先知遗留下来的一只箱子。有学者说,穆萨亲自带着那只箱子。因为优素福先知曾经嘱咐,以色列的后裔出埃及时要带走它。[2]

次日清晨,埃及的以色列后裔已经全部离开。法老勃然大怒。

法老因为以色列的后裔而怒火中烧,遭到了安拉为他所预定的毁灭。他立即向全国派遣征募士兵的官员。"征募官"指专门负责征兵的官员。他还宣称:"这些人只是一小撮人",即以色列的后裔只是为数不多的一伙人。

"他们是触怒我们的",即只要我们听到关于他们的任何消息,我们都会心烦和恼怒。

"我们是谨慎的群体",即我们时刻防备他们为非作歹。根据另一些前辈学者所诵读的经文,可理解为"我们是整装待发的群体"。我(法老)打算彻底消灭他们。因此,法老及其军队害人不成反害了自己,本想加诸于别人的打击,落到了自己的头上。清高伟大的安拉说:"**此后,我就把他们驱逐出林园、源泉、宝库和美好的住处**",即此后,他们从恩典走向了火狱,失去了地位、花园、河流、财产、给养、国权和昔日的风光。

"**就那样,我使以色列的后裔继承了它们。**"正如安拉所言:❝ 我教一些曾受欺压的人继承了大地的东方和西方,并在其中赐福。❞(7:137)又❝ 我意欲赐恩典给那些在地上遭受迫害的人,使他们成为领袖,并使他们成为继承者。❞(28:5)

❝ 60.他们(敌军)在日出时追赶他们。❞

❝ 61.当两军互相看见时,穆萨的同伴们说:"我们一定会被赶上。"❞

❝ 62.他(穆萨)说:"绝对不会!我的主的确与我同在,他将会引导我!"❞

❝ 63.后来我启示穆萨:"你用你的手杖击海!"它当即分开了,每一部分就好像一座大山。❞

❝ 64.在那里,我使另一部分人走近。❞

---

(1)《泰伯里经注》19:354。
(2)《泰伯里经注》19:354。

❰ 65.我救出了穆萨和所有跟他一道的人。❱
❰ 66.然后我淹死了另一部分人。❱
❰ 67.此中确有一个迹象,可是他们大多数不是信士。❱
❰ 68.你们主的确是优胜的、至慈的。❱

## 法老追击以色列的后裔 法老及其族人被淹没

一些经注学家提到,法老率领大军和气势汹汹的文武百官出现在他广袤的领地——当时的埃及王国上。

"他们(敌军)在日出时追赶他们。"他们在太阳升起的时候赶上了以色列的后裔。

"当两军互相看见时",即以色列的后裔和法老的军队相互能看到对方时。

"穆萨的同伴们说:'我们一定会被赶上。'"因为他们后面有追兵,前面是红海。因此说"我们一定会被赶上"。

"他(穆萨)说:'绝对不会!我的主的确与我同在,他将会引导我!'"你们会安然无恙,因为安拉命令我带你们来到这里。安拉是不会爽约的。哈伦是你们的先锋,优舍尔·本·奴尼在我身旁,法老的族人中的信士和穆萨则在后卫部队里。

不止一位经注学家说,当时以色列的后裔停住脚步,呆若木鸡,不知所措。优舍尔或法老族人中的信士对穆萨先知说:"安拉的使者啊!难道安拉命令你带领我们来到这里吗?"穆萨回答道:"是的。"这时,法老及其军队赶上来了。在此千钧一发之际,安拉命令穆萨先知用手杖击海。穆萨奉命击海,红海以安拉的名义分开了。

"它当即分开了,每一部分就好像一座大山。"伊本·阿拔斯、端哈克、格塔德、伊本·麦斯欧迪等学者都认为,经文中的"土德"(طود)指大山。[1][2] 阿塔·呼罗珊解释为:每一部分就好像两山之间的隘口。伊本·阿拔斯说,当时海中出现了十二条通道,每一支族[3]都有其专门的通道。[4] 赛丁伊补充说:"那些通道上有许多椭圆形的窗口,此通道的行人可以看到彼通道行人,虽然每条通道都被水墙阻隔起来。"[5] 安拉向海底派去风,吹干了海水,使河床变得像陆地。安拉说:❰并为他们从海里开出一条干路,不要怕被赶上,也不要畏惧!❱(20:77)本章的经文说:"在那里,我使另一部分人走近。"伊本·阿拔斯、阿塔、赛丁伊等学者解释说:"我使法老及其军队走近了大海。"[6]

"我救出了穆萨和所有跟他一道的人。然后我淹死了另一部分人",即我拯救了穆萨、以色列的后裔以及归信他们宗教的人,他们中的每个人都完好无损;我同时淹没了法老及其军队,他们中的每个人都遭受了毁灭。

"此中确有一个迹象。"这则美妙无穷的故事讲述了安拉对穆民众仆的襄助和支持,其中确有确凿的证据和深刻的哲理。

"可是他们大多数不是信士。你们主的确是优胜的、至慈的。"前文已经注释了这段经文。

❰ 69.你当对他们讲述伊布拉欣的故事。❱
❰ 70.当时,他对他的父亲和族人说:"你们崇拜什么?"❱
❰ 71.他们说:"我们崇拜偶像,我们一直是供奉它们的。"❱
❰ 72.他说:"当你们祈求(它们)时,它们能听得到你们吗?❱
❰ 73.或是它们能对你们有益或有害吗?"❱
❰ 74.他们说:"不过我们发觉我们的祖先就这样做。"❱
❰ 75.他说:"你们告诉我吧,你们曾经崇拜什么——❱
❰ 76.你们和你们最古老的先人曾经崇拜什么?❱
❰ 77.它们是我的敌人,但是众世界的主却不是。❱

## 安拉的朋友伊布拉欣如何驳斥以物配主

清高伟大的安拉在此讲述他的仆人、使者和朋友伊布拉欣——坚持正道者的领袖。安拉命令使者穆罕默德將伊布拉欣的故事读给其教民,让他们学习伊布拉欣的虔诚、托靠和对独一无偶的安拉执著的崇拜。在他很小的时候,安拉就赋予他正道。他从青少年时期开始就反对他的族人崇拜偶像、举伴安拉。"当时,他对他的父亲和族人说:'你们崇拜什么?'"即你们所供奉的这些偶像是怎么回事?

"他们说:'我们崇拜偶像,我们一直是供奉它们的。'"即我们一直崇拜它们,向它们祷告。

"他说:'当你们祈求(它们)时,它们能听得到你们吗?或是它们能对你们有益或有害吗?'他们说:'不过我们发觉我们的祖先就这样做。'"即他们承认自己的偶像做不到伊布拉欣所

---

(1)《泰伯里经注》19:358。
(2)正文就是按这种解释翻译的。——译者注
(3)以色列的后裔共有十二支族。——译者注
(4)《散置的明珠》6:299。
(5)《泰伯里经注》19:357。

(6)《泰伯里经注》19:359。

提到的这些事情，偶像的崇拜者们只是仿效祖先的崇拜。他们只是学习祖先的做法，崇拜这些偶像。这时，伊布拉欣说："你们告诉我吧，你们曾经崇拜什么——你们和你们最古老的先人曾经崇拜什么？它们是我的敌人，但是众世界的主却不是"，即如果这些偶像值得一提，有所作为，就让它们专门来对付我吧！我是它们的敌人，我对它们满不在乎，也不为它们而伤神。正如努哈先知所说：《你们就和你们的配主决定你们的计划吧！》（10：71）呼德先知说：《我求安拉作证，你们也当作证，我是和你们所举伴的无关的。你们全体来算计我吧！不必宽限我。我已经托靠了安拉——我的主和你们的主。没有一种动物的命脉不归他掌管。我的养主确在正道上。》（11：54-56）伊布拉欣就这样和多神教徒的偶像断决了一切关系，说：《你们将那些未经接受任何权利的东西举伴给安拉，而不害怕，我怎会怕你们给安拉举伴的呢？》（6：81）《伊布拉欣和跟他一道的人，确实是你们的好榜样。……直到你们信仰独一的安拉。》（60：4）《那时伊布拉欣对他的父亲和族人说道："我与你们所拜的无关。除非造化了我的安拉，确实，他将要引导我。"他把它作为留传给后代的一句话，以便他们回归。》（43：26-28）这句话指"应受拜者，惟有安拉"。

《78.他造化了我，他也引导我。》
《79.他供我食，也供我饮。》
《80.当我生病时，他使我痊愈。》
《81.他将使我死亡，然后使我复活。》
《82.我希望他在清算日恕饶我的错误。"》

**伊布拉欣叙述安拉的慷慨和安拉对他的仁慈**

伊布拉欣说，我只崇拜创造这些事物的主宰。"他造化了我，他也引导我"，即这位创造者决定万物，并引导它们归向他。每个人都依他的决定生活，他引导所欲之人，使所欲之人迷误。

"他供我食，也供我饮"，即这位创造者和供养者制约万物，在天地中提供了许多（使人生存的）成分。他驱使云，降下雨水，复苏大地，长出各种果实供人类食用。他降下甘甜的净水，供无数他所创造的动物和人类饮用。

"当我生病时，他使我痊愈。"经文讲述病时，提到"我"生了病（而没有说"他使我生病"），虽然疾病是由安拉决定、判断并创造的，这样说是为了表示礼貌。正如安拉命令礼拜的人念：《求你引导我们端庄的道路。》（1：6）在该章中，经文将"施恩"和"引导"归属给安拉，提到"恼怒"时出于礼貌而删去了主语，而将"迷误"归属于仆人。又如精灵说：《我们不知道地上的居民要受难，还是他们的主对他们有意引导？》（72：10）伊布拉欣则说："当我生病时，他使我痊愈"，即当我患病时，除安拉之外，任何人都不能治愈我。

"他将使我死亡，然后使我复活。"他是赋予生命并收取生命的主宰，除他之外的任何人都无法做到这一点。因为他不仅是初创者，而且还是复造者。

"我希望他在清算日恕饶我的错误。"只有他——能够按其意愿自由行事的至赦主，才能够赦宥今生后世的一切过错。

《83.我的主啊！赐给我智慧吧，并使我和清廉者在一起吧！》
《84.求你让我在后人中留有美誉。》
《85.求你使我成为享恩乐园的继承者之一。》
《86.求你恕饶我的父亲，他属于一个迷误者。》

❁87.求你莫使我在他们被复活的日子受辱，❁
❁88.那天，财富和子嗣都无裨益。❁
❁89.除非带着一颗健康的心见到安拉的人。❁

## 伊布拉欣为自己和父亲祷告

伊布拉欣祈求养主赐给他智慧。伊本·阿拔斯说"智慧"指知识。[1]

"并使我和清廉者在一起吧！"即今生后世中让我成为一个清廉者。穆圣㉚在临终时说了三次："主啊！求你使我到至高的伙伴那里。"[2]

"求你让我在后人中留有美誉"，即我归真后，求你使我名垂千古，好让人们记念我，以我为行善的榜样。正如安拉所言：❁我使他在后人中留下了美名！祝伊布拉欣平安。我确实是这样回赐为善之人的。❁（37：108－110）

"求你使我成为享恩乐园的继承者之一"，即今世中，求你使我名垂千古；后世中，求你使我成为乐园的居民。

"求你恕饶我的父亲。"正如安拉所言：❁我们的主啊！求你在清算日到来的那一天恕饶我、我的父母和信士们吧。❁（14：41）后来伊布拉欣放弃了这种做法，不再为他的父亲求饶。安拉说：❁伊布拉欣为他的父亲祈求恕饶，是因为他（安拉）曾经答应过他……伊布拉欣确实是勤于祈求的，宽容的。❁（9：114）后来安拉命令伊布拉欣不得继续为他的父亲求饶。安拉说：❁伊布拉欣和跟他一道的人，确实是你们的好榜样……在安拉那里我不为你掌握什么。❁（60：4）

"求你莫使我在他们被复活的日子受辱"，即万物被复活的日子，求你从那日的凌辱中拯救我！穆圣㉚说："伊布拉欣将在末日看到他的父亲蓬头垢面。"[3]另据传述："伊布拉欣看见他的父亲后说：'主啊！你曾为我许诺，在所有被造物被复活的日子不让我受辱。'清高伟大的安拉说：'我禁止隐昧者进入乐园。'"[4]穆圣说："伊布拉欣在后世遇见他的父亲阿则尔时，看到他蓬头垢面。伊布拉欣说：'难道我没有对你说，你不要反对我吗？'他的父亲说：'今天我不再反对你。'伊布拉欣说：'主啊！你曾为我许诺，在人类被复活的日子不让我受辱。还有何凌辱比看到我的父亲这个样子更让我蒙羞？'清高伟大的安拉说：'我禁止隐昧者进乐园。'此后有声音说：'伊布拉欣啊！请看你脚下！'伊布拉欣低头看时，只见一只肮脏的鬣狗，被（天使）拖着四肢扔进火狱。"[5]

"那天，财富和子嗣都无裨益。"一个人即便带来满地的黄金和全世界的人（即使这些人都是他的儿子）用于赎身，安拉也不会接受。那天，有益的只是对安拉的归信和虔诚以及与以物配主和多神教徒决裂的明确立场。因此说，"除非带着一颗健康的心见到安拉的人。""健康的心"指没有被任何污秽和以物配主所玷污的心灵。伊本·西林解释为："'健康的心'指知道安拉是真主，知道复活日必将来临，知道安拉将复活坟墓中的亡人。"[6]赛尔德·本·穆散耶卜解释为"健康的心"。[7]健康的心，指穆民的心，因为隐昧者和伪信士的内心是病态的，安拉说：❁他们心里有病。❁（2：10）艾布·奥斯曼说："经文指远离异端，坚持圣行的心灵。"

❁90.乐园向敬畏者靠近。❁
❁91.火狱为迷误者显现。❁
❁92.他们将被问道："你们曾经崇拜的一切都在哪里？❁
❁93.你们舍安拉（而崇拜他们），它们能帮助你们，或是它们能自助吗？"❁
❁94.它们和那些迷误者们，一同被抛入其中。❁
❁95.以及伊卜厉斯的全体部属（都被抛入火狱中）。❁
❁96.他们在其中争辩着说：❁
❁97."凭安拉发誓，我们当初确实在明显的迷误中。❁
❁98.那时我们将你们和众世界的养主等量齐观。❁
❁99.就是那些犯罪者误导了我们。❁
❁100.所以，我们没有任何求情者。❁
❁101.也没有一个热情的朋友。❁
❁102.如果我们能重返尘世，我们必定成为归信者！"❁
❁103.此中确有一个迹象，但他们大多数不是信士。❁
❁104.你的主确实是优胜的、至慈的。❁

## 复生日敬畏者和迷误者的情况，迷误者的狡辩和懊悔

"乐园向敬畏者靠近"，即五彩缤纷、美轮美奂的乐园出现在这些人面前。敬畏者因为今世中拥

---

（1）《伯尔威经注》3：390。
（2）《布哈里圣训实录诠释——造物主的启迪》7：743。
（3）《布哈里圣训实录诠释——造物主的启迪》8：357。
（4）《布哈里圣训实录诠释——造物主的启迪》8：357。
（5）《布哈里圣训实录诠释——造物主的启迪》6：445。
（6）《泰伯里经注》19：366。
（7）《伯尔威经注》3：390。

有正信和善行，而对乐园满怀希望。

"火狱为迷误者显现"，即火狱出现了，火狱的居民露出脖子，那火狱长吼一声，他们的心被惊吓到了喉部。有声音警告并羞辱火狱的居民道："**你们曾经崇拜的一切都在哪里？你们舍安拉（而崇拜他们），它们能帮助你们，或是它们能自助吗？**"今天，你们曾经舍安拉而崇拜的那些偶像和伪神，对你们没有任何用处，而且它（他）们自身不保。今天你们和它（他）们，都是火狱的燃料。

"**它们和那些迷误者们，一同被抛入其中。**"穆佳黑德说，经文指它们和那些迷误者们一同坠入了火狱。[1]另一些学者解释为：他们在其中被卷成一团。即隐昧者和曾经引导他们走向多神崇拜的头目们纷纷被抛进火狱，堆成一团。

"**以及伊卜厉斯的全体部属**"，即它们全被投入火狱。

"**他们在其中争辩着说：'凭安拉发誓，我们当初确实在明显的迷误中。那时我们将你们和众世界的养主等量齐观**'"，即其中的弱者们对那些傲慢的领袖们说，我们曾经追随你们，今天你们能替我们减免一点火刑吗？他们又自怨自叹道："**凭安拉发誓，我们当初确实在明显的迷误中。那时我们将你们和众世界的养主等量齐观**"，即我们曾经像对待众世界的养主那样服从你们，崇拜你们。

"**就是那些犯罪者误导了我们。**"只有罪人号召我们这样做。

"**所以，我们没有任何求情者。**"正如安拉所言：⟨现在我们可有求情者替我们求情吗？或是我们能被遣回，以便我们做我们过去不曾做的事情。⟩（7：53）他们也同样说："**所以，我们没有任何求情者。也没有一个热情的朋友。**""**热情**"指亲近。

"**如果我们能重返尘世，我们必定成为归信者！**"他们希望能复返今世，以便他们能像他们所说的那样做服从安拉的事情。但安拉至知，他们在撒谎，假设他们能重返今世，他们必将故态复萌，我行我素。安拉在《萨德章》中叙述了火狱居民的争论，安拉说：⟨那是火狱居民所相争的事实。⟩（38：64）

"**此中确有一个迹象，但他们大多数不是信士**"，即在伊卜拉欣与其族人的辩论以及为他们昭示的安拉独一的明证中确有一种迹象，明确地证明应受拜者惟有安拉，"**但他们大多数不是信士。你的主确实是优胜的、至慈的**"。

⟨105.努哈的族人否认了众使者。⟩

⟨106.那时，他们的兄弟努哈对他们说："难道你们还不敬畏吗？⟩

⟨107.我对于你们是忠实的使者。⟩

⟨108.所以你们要敬畏安拉并服从我。⟩

⟨109.我不因此向你们要求报酬，我的报酬只由众世界的主负责。⟩

⟨110.所以你们要敬畏安拉并服从我。"⟩

**努哈 努哈对其族人的劝导，族人的答复**

安拉在此讲述他的仆人和使者努哈。努哈是大地上出现偶像崇拜后安拉所派的第一位使者，他的使命是禁止多神崇拜，宣告多神崇拜的恶果。但他的族人否认了他，继续多神崇拜的丑行，将偶像和安拉等量齐观。安拉将他们对努哈的否认视为对全体使者的否认。因此说，"**努哈的族人否认了众使者。那时，他们的兄弟努哈对他们说：'难道你们还不敬畏吗？'**"即你们崇拜除安拉之外的东西时，难道不害怕安拉吗？

"**我对于你们是忠实的使者**"，即我是安拉派到你们这里的使者，我忠于我的使命，不增不删地向你们传达我的养主的信息。

"**所以你们要敬畏安拉并服从我。我不因此向你们要求报酬**"，即我不因忠告你们而收取代价，我要将我的代价寄存到安拉那里。"**所以你们要敬畏安拉并服从我。**"因为你们已经清楚地看到我在宣示真理，我忠于安拉赋予我的使命和信托。

⟨111.他们说："在最下贱的人们追随你的情况下，我们能归信你吗？"⟩

⟨112.他说："我怎么知道他们曾做过些什么？⟩

⟨113.只有安拉负责清算他们，如果你们知道的话。⟩

⟨114.我决不会驱逐众归信者。⟩

⟨115.我只是一位明白的警告者。"⟩

否认者们说，我们不相信你，也不追随你，从而变得像这些最卑微的人一样。追随你并相信你的只是我们中最低微的人。"**他们说：'在最下贱的人们追随你的情况下，我们能归信你吗？'他说：'我怎么知道他们曾做过些什么？'**"言下之意是，我因为这些人的追随，而负有何罪呢？他们无论曾经做过什么，我都不应该去调查或检查，如果他们相信我，我只应该接受他们，而把他们的内心交托安拉。

---

[1]《泰伯里经注》19：367。

"只有安拉负责清算他们,如果你们知道的话。我决不会驱逐众归信者。"好像他们当时要求先知驱逐这些"下贱的人",从而得到他们这些"上等人"的拥戴,但被先知绝对拒绝。先知说:"我决不会驱逐众归信者。我只是一位明白的警告者",即我是作为一个警告者被派来的,谁服从我追随我并相信我,他就属于我,我也属于他,无论他是贵人还是贱民,伟人还是平民。

◆ 116.他们说:"努哈啊!如果你不停止,你一定会成为一个被石头击死的人。"◆

◆ 117.他说:"我的主啊!我的族人的确否认了我。◆

◆ 118.求你在我与他们之间作裁判,并求你拯救我和那些跟我一道的归信者们吧。"◆

◆ 119.因此我在满载的船中拯救了他和那些跟他一起的人。◆

◆ 120.然后,我淹死那些留下的人。◆

◆ 121.此中确有一个迹象,但是他们大多不信。◆

◆ 122.你的主确实是优胜的、至慈的。◆

### 努哈对族人的警告、诅咒以及族人的毁灭

安拉的这位先知日以继夜,公开或秘密地号召其族人走向安拉,从而经历了很长一段时间。他对族人宣传的次数愈多,他们的逆反心理和否认心态就愈加强烈。后来他们说:"努哈啊!如果你不停止,你一定会成为一个被石头击死的人",即如果你不停止向我们宣传你的信仰,我们必定用乱石击死你。此时此刻,努哈只得祈求安拉惩罚他们。安拉应允了他的祈求。努哈说:"我的主啊!我的族人的确否认了我。求你在我与他们之间作裁判。"正如安拉所言:◆于是他祈求他的主,说:"我被挫败了,求你援助吧!"◆(54:10)

"因此我在满载的船中拯救了他和那些跟他一起的人。然后,我淹死那些留下的人。""满载的船"指运满货物和成双成对的各种动植物的船舶。即我拯救了努哈和追随他的全体信士,淹没了否认并违背他的命令的所有隐昧者。

"此中确有一个迹象,但是他们大多不信。你的主确实是优胜的、至慈的。"

◆ 123.阿德人否认了众使者。◆

◆ 124.那时,他们的兄弟呼德对他们说:"难道你们还不敬畏吗?◆

◆ 125.我对于你们是忠实的使者。◆

◆ 126.所以你们要敬畏安拉并服从我。◆

◆ 127.我不因此向你们要求报酬,我的报酬只归众世界的养主掌管。◆

◆ 128.你们在每一个高处建筑一个标志,进行戏乐吗?◆

◆ 129.你们建造堡垒,以便你们永存吗?◆

◆ 130.当你们捕捉时,就像暴君一样捕捉。◆

◆ 131.所以你们要敬畏安拉并服从我,◆

◆ 132.你们要敬畏你们的主,他以你们所知道的事物襄助你们。◆

◆ 133.他曾以牲畜和子嗣襄助你们,◆

◆ 134.用田园和泉水(襄助你们)。◆

◆ 135.的确我为你们担心那重大之日的刑罚。"◆

### 呼德对其族人——阿德人的劝导

清高伟大的安拉在此讲述他的仆人和使者呼德,他曾劝导他的族人——阿德人。阿德人居住在沙丘中。沙丘,指临近哈达拉毛并与也门毗邻的一个地方的沙石小山。阿德人的年代在努哈的民族之

后。正如《高处章》所述："你们应当记得，他在努哈的族人之后，使你们成为代理者（一代接一代），并赐给你们魁梧的身材。"（7：69）阿德人健壮魁伟，力大无穷，善于格斗。那个年代风调雨顺，五谷丰登，人丁兴旺。虽然如此，他们却将伪神和安拉一起崇拜。所以，安拉派遣呼德作为传喜讯和报警告的使者，让他号召他们崇拜独一无偶的安拉，并警告他们若不悬崖勒马，将会遭受安拉的严惩。呼德采取了和努哈一样的宣传方法。他说："你们在每一个高处建筑一个标志，进行戏乐吗？"经注学家们对"高处"一词解释不同，概言之，该词指位于著名的大路附近的高地，阿德人在那里建筑宏伟壮观的建筑物。因此说，"你们在每一个高处建筑一个标志"。"标志"指著名的十字路口处的高地方。

"戏乐"指你们造此建筑，只为游乐和炫耀能力，而没有实用价值。因此，先知谴责了他们，因为这种行为除了虚度年华和劳民伤财之外，在今生和后世没有实际意义。

因此说，"你们建造堡垒，以便你们永存吗？"穆佳黑德说，"堡垒"指高楼大厦和永久性建筑物。

"你们建造堡垒，以便你们永存吗？"即以便你们永居其中吗？那是不可能的，你们必将像前人那样离它们而去。

"当你们捕捉时，就像暴君一样捕捉。"形容他们强而有力，粗暴蛮横。

"所以你们要敬畏安拉并服从我"，即你们当敬拜安拉，服从安拉的使者。

然后先知给他们介绍安拉的恩典，说"**你们要敬畏你们的主，他以你们所知道的事物襄助你们。他曾以牲畜和子嗣襄助你们，用田园和泉水（襄助你们）。的确我为你们担心那重大之日的刑罚**。'"即如果你们否认真理违背使者……

呼德先知通过鼓励和警告，号召他们走向安拉，但他的宣传对他们没有作用。

۞ 136.他们说："不论你劝导我们，或者不劝导我们，都是一样的，۞

۞ 137.这只不过是古代的传说罢了。۞

۞ 138.我们绝不是遭受惩罚的人。"۞

۞ 139.他们否认他，所以我毁灭了他们。此中确有一个迹象，不过他们大多不是信士。۞

۞ 140.你的主确实是优胜的、至慈的。۞

### 呼德族人的答复以及他们遭受的惩罚

清高伟大的安拉记述了呼德的族人对他的答复。此前，呼德曾对他们进行了多次的警告和鼓励，并为他们阐明真理。"他们说：'**不论你劝导我们，或者不劝导我们，都是一样的**'"，即我们不会放弃我们的道路。"我们不会由于你的话而放弃我们的神！我们绝不会归信你。"（11：53）事实上他们就是这么做的。安拉说："至于那些隐昧的人，无论你警告他们，或是不警告他们，对于他们都是一样的，他们不会归信。"（2：6）又"你的主的言辞已经判定的那些人，他们不会归信。"（10：96）

"这只不过是古代的传说罢了。"部分学者读为"传说"（خَلْق）。伊本·麦斯欧迪、穆佳黑德等学者说，按这种读法可以理解为："你带给我们的这些，只是前人的神话。"[1]正如古莱什多神教徒说："（这是）他写下来的古代神话，它是早晚被口授给他的。"（25：5）又"但是那些隐昧的人说："这只是他伪造的谎言，并且有其他人在帮他。"因此，他们已做了不义之事和（说了）谎言。他们说："（这是）他写下来的古代神

---
（1）《泰伯里经注》19：378。

话。"﴾（25：4-5）又﴿当有人问他们："你们的主曾经降下了什么"时，他们说："古代的传说。"﴾（16：24）

另一些学者读为"خُلُق"，即宗教和古代的宗教事务。换言之，他们说，我们要追随祖先，坚持他们的宗教。他们怎么活，我们就怎么活；他们怎么死，我们就怎么死。复生和归宿都是不存在的。因此他们说：**"我们绝不是遭受惩罚的人。"**

**"他们否认他，所以我毁灭了他们"**，即他们继续否认和对抗安拉的使者呼德，愚顽不化，所以安拉毁灭了他们。《古兰》的许多经文，介绍了他们如何遭受毁灭。安拉为他们派去连续不断的飓风。换言之，那风强劲有力，冷酷无比。他们真是罪有应得，因为他们是世上最强暴和最冷酷的人。所以安拉派遣比他们更强暴、更冷酷的东西毁灭了他们。正如安拉所言：﴿难道你没有看到，你的主如何对待阿德人，拥有高柱的伊莱姆人。﴾（89：6-7）他们是早期的阿德人。安拉说：﴿他曾毁灭了古代的阿德人。﴾（53：50）他们是伊莱姆的子孙。伊莱姆的谱系是：伊莱姆·本·萨米·本·努哈。"有高柱的伊莱姆人"，他们曾居住在柱子之中（柱子支撑的建筑）。根据凯尔卜和沃海布解释，将"伊莱麦"解释为"城市"的人，是受了以色列传说的影响，因此他们的说法没有确凿的依据。因此说：﴿地方上，还没有创造过类似的。﴾（89：8）从没有出现过像他们一样强有力的人，建造这种建筑物。假若"伊莱麦"指城市，经文会说"地方上没有建过类似的（城市）"。正如安拉所言：﴿至于阿德人，他们在大地上无理傲慢，并且说道："谁比我们更强大？"他们难道不曾看到造化他们的安拉比他们更强大吗？他们不信我的启示！﴾（41：15）又﴿阿德人，则毁于猛烈的寒风。他制服它，使它持续地向他们吹了七夜八天。所以你看到这群人倒于其中，他们就像是空朽的枣树干。﴾（69：6-7）即他们的头颅离开了身体。换言之，飓风将他们刮起，抛到空中，然后使之倒栽下来，肝脑涂地，好像空心的海枣树枝一样。他们曾在山上，山洞和岩窟中铸造堡垒，在地下掘挖半人高的地窖，但这些都无法抵御安拉的命令。﴿的确，安拉的期限到达时不能迟延。﴾（71：4）因此清高伟大的安拉说：**"他们否认他，所以我毁灭了他们。"**

﴾141.塞姆德人否认了众使者。﴿
﴾142.那时，他们的兄弟撒立哈对他们说："难道你们还不敬畏（安拉）吗？﴿
﴾143.我对于你们是忠实的使者。﴿
﴾144.所以你们要敬畏安拉并服从我。﴿
﴾145.我不因此向你们要求报酬，我的报酬只由众世界的养主掌管。﴿

## 撒立哈及塞姆德人

清高伟大的安拉在此讲述他的仆人和使者撒立哈，安拉曾派他去劝导塞姆德人。塞姆德人居住于哈吉勒城，该城位于古拉山谷和沙姆之间，其居所非常有名。我们在《高处章》注释中引述了有关圣训，介绍在沙姆之战前夕，安拉的使者㊤曾经到过那里。当时，使者从台卜克退兵，为再次攻打该地区而返回麦地那做准备。[1]

塞姆德人的年代在阿德人之后，比伊布拉欣的年代更久远。撒立哈先知号召他们崇拜独一无偶的安拉，并顺从他，接受他为他们传达的信息。塞姆德人却拒绝他，否认他，并与他作对。撒立哈告诉他们，他不会向他们索取任何回报，他只向安拉要求报酬。他还为他们讲述了安拉的宏恩，他说：

﴾146.难道你们将被置于那里安然无忧吗？﴿
﴾147.（被置于）各种花园和泉水，﴿
﴾148.农田和其花穗纤细的枣树吗？﴿
﴾149.你们精巧地凿筑房。﴿
﴾150.所以你们当敬畏安拉并服从我，﴿
﴾151.你们不要听从过分者的吩咐。"﴿
﴾152.他们在大地上为非作歹，而不改正。﴿

## 撒立哈为其族人提醒他们的情况和他们所受的恩典

撒立哈劝导族人，警告他们要预防安拉的惩罚，他还叙述了安拉对他们的恩典：富贵荣华，国泰民安，园圃茂盛，泉水潺潺，五谷丰登。

"其花穗纤细的枣树"，奥夫传述，伊本·阿拔斯认为"纤细的"（هضيم）"指熟透且浓厚的。[2]阿里·本·艾布·特里哈传述，伊本·阿拔斯认为该词指多草的。艾布·欧勒沃（他见过圣门弟子）对这段经文的解释是"已经熟透，并发软的枣儿"。

"你们精巧地凿筑房。"伊本·阿拔斯等学者说，"**精巧地**"指有技巧地。另据传述，他说这个词指贪婪地、挥霍地。穆佳黑德和大部分学者选择了伊本·阿拔斯的第二种解释。[3]这两种解释之间没有冲突。因为塞姆德人曾经奢侈地在山上凿挖宫

---
(1)《布哈里圣训实录诠释——造物主的启迪》7：731。
(2)《泰伯里经注》19：380。
(3)《泰伯里经注》19：383。

殿，不为居住，只为游戏。他们精于雕凿和彩画，这一点从他们的遗迹中可见一斑。

因此撒立哈说："所以你们当敬畏安拉并服从我"，即你们要接受对今后两世都有益处的忠告：崇拜创造你们并供养你们的安拉，并且信他独一，早晚赞美他。

"你们不要听从过分者的吩咐。他们在大地上为非作歹，而不改正。"过分者指塞姆德人的首领和大人物，他们号召塞姆德人崇拜多神，否认安拉，抗拒真理。

❧ 153.他们说："你只是一个被迷惑的人，❧

❧ 154.你只不过是和我们一样的人。如果你是诚实的，那么你就带来一个迹象！"❧

❧ 155.他说："这是一峰母驼，它有权饮水，你们也有权在指定的日子饮水。

❧ 156.你们不要伤害它，否则一个严重日子的刑罚将处罚你们。"❧

❧ 157.后来他们杀了它，然后他们立即成为后悔的。❧

❧ 158.所以惩罚袭击了他们。此中确有一个迹象，但是他们大多不是穆民。❧

❧ 159.你的主确实是优胜的、至慈的。❧

## 塞姆德人的答复，他们要求先知显示一种迹象以及他们遭受惩罚

安拉记述了塞姆德人对他们的先知撒立哈的号召的回应："他们说：'你只是一个被迷惑的人'。"穆佳黑德和格塔德解释为：你只是一个被施了巫术的人。[1]

他们接着说："你只不过是和我们一样的人。"言下之意是，为什么你受到启示，而我们没有受到启示呢？另一段经文记载了他们类似的一番话：❧ "那启示在我们当中偏偏只降给了他吗？不是的，他是一个傲慢的说谎者。"他们明天就会知道谁是傲慢的说谎者。❧（54：25-26）然后他们要求撒立哈为他们显示一个奇迹，好让他们知道他从安拉那里带来的信息是真实的。当时群众都集中到了一起，他们指着身边的一块石头，要求撒立哈当时从这个石头中造出一峰怀胎十月的骆驼，并提出这峰骆驼应该具备的特征。这时，安拉的使者撒立哈和他们定下盟约：如果他满足他们的要求，他们就信仰他，并追随他。他们欣然同意。安拉的使者撒立哈起身做了礼拜，祈求安拉满足族人的要求。只见（他们所指定的）岩石裂开，一峰骆驼出现，

———
（1）《泰伯里经注》19：384、385。

其特征完全符合族人的要求。这时，部分人归信了先知，而大部分人否认了。

"他说：'这是一峰母驼，它有权饮水，你们也有权在指定的日子饮水'"，即一天它来饮用你们的泉水，另一天你们去水源饮水。

"你们不要伤害它，否则一个严重日子的刑罚将处罚你们。"撒立哈警告他们，如果他们伤害母驼，将会遭受安拉的惩罚。此后母驼在他们中存在了一段时间。它饮水吃草，塞姆德人当时不但可以饮用它的奶，还可以储存足够的奶。过了相当一段时间后，他们的毁灭临近了，他们密谋杀害母驼。

"后来他们杀了它，然后他们立即成为后悔的。所以惩罚袭击了他们。"当时，发生了强烈的地震，一声霹雳使他们魂飞魄散，他们受到了未曾预见的打击，纷纷僵卧家中。"此中确有一个迹象，但是他们大多不是穆民。你的主确实是优胜的、至慈的。"

❧ 160.鲁特的族人否认了众使者。❧

❧ 161.当时，他们的兄弟鲁特对他们说："难道你们不敬畏吗？

⟨162.我对于你们是忠实的使者。⟩

⟨163.所以，你们要敬畏安拉并服从我。⟩

⟨164.我不因此向你们要求任何报酬，我的报酬只归众世界的主掌管。⟩

## 鲁特及其宣传

清高伟大的安拉讲述了他的仆人和使者鲁特。鲁特的谱系是：鲁特·本·哈兰·本·阿则尔。他是伊布拉欣的侄子。安拉在伊布拉欣时代，派他去劝导一个伟大的民族。鲁特的民族曾居住在塞督姆[1]，该城因为鲁特民族的恶行而被安拉毁灭，后来那里变成一片污秽的湖泊，在与圣城固都斯毗邻的奥勒地区很有名气，与科尔克[2]和晓白克[3]相望。鲁特号召其族人崇拜独一无偶的安拉，并服从安拉派给他们的使者。他还禁止他们做丑事。他们是世上前无古人之丑行的始作俑者，他们喜好男子间性交，而对女性不感兴趣。清高伟大的安拉说：

⟨165.难道在普世的人中你们要去找男性吗？⟩

⟨166.而抛弃你们的主为你们造化的妻室？真的，你们是一个放荡的群体。"⟩

⟨167.他们说："鲁特啊！如果你不收敛，你一定会沦为一个被驱逐的人！"⟩

⟨168.他说："我确实痛恨你们的行为。⟩

⟨169.我的主啊！求你把我和我的家人从他们的行为中拯救出来吧！"⟩

⟨170.因此我拯救了他和他的全家，⟩

⟨171.除了那些留在后面的人当中的一个老妇在外。⟩

⟨172.然后，我毁灭了其余的人。⟩

⟨173.我向他们降下雨，给被警告者的雨真恶劣啊！⟩

⟨174.此中确有一个迹象，但是他们大多不是信士。⟩

⟨175.你的主的确是优胜的、至慈的。⟩

## 鲁特申斥族人的丑行，族人对他的回答和遭受的惩罚

安拉的这位先知向其族人宣告了禁令，因为他们丑行昭著，鸡奸男子。同时先知指导他们和安拉为他们创造的妻子结合。然而，他们的答复居然

---
（1）位于迦南的一座城市。——译者注
（2）城市名，位于今死海东部的约旦。——译者注
（3）位于今约旦南部的一个城堡。——译者注

是："鲁特啊！如果你不收敛"，即如果你不停止对我们宣教，"你一定会沦为一个被驱逐的人！"即我们要把你从我们中间驱逐出去。安拉说：⟨他们说："把鲁特的追随者赶出你们的城市。他们是一群爱讲卫生的人。"这是他们惟一的答复。⟩（27∶56）

当鲁特看到族人怙恶不悛，执迷不悟，便和他们脱离了一切关系，说："**我确实痛恨你们的行为**"，即我愤恨你们的做法，不喜欢它，也不接受它。我和你们没有关系。然后他向安拉做了不利于他们的祷告，说："**我的主啊！求你把我和我的家人从他们的行为中拯救出来吧！**"

"**因此我拯救了他和他的全家，除了那些留在后面的人当中的一个老妇在外。**"这个老妇是鲁特的妻子，她是一个坏人，她留下来和其他留在原地的人一起遭受了毁灭。安拉在《高处章》和《呼德章》中叙述了这段历史。《石谷章》对此也有叙述，当时安拉命令鲁特不要理会这个女人，带家人夜行。安拉命令他们听到族人遭受打击的声音时不要回头观望，所以他们都坚定地服从主命，义无反顾地离开了家乡。安拉惩罚了留下来的人，从天上降下雨点般的泥石，将他们一网打尽。因此说，"**然后，我毁灭了其余的人。我向他们降下雨……你的主的确是优胜的、至慈的**"。

⟨176.树木的居民否认了众使者。⟩

⟨177.当时，舒尔布对他们说："难道你们还不敬畏吗？⟩

⟨178.我对于你们是忠实的使者。⟩

⟨179.所以你们当敬畏安拉并服从我。⟩

⟨180.我不因此向你们要求任何报酬，我的报酬只归众世界的主掌管。⟩

## 舒尔布劝导树木的居民

正确的解释是，树木（一译丛林）的居民指麦德彦人。安拉的使者舒尔布来自这个民族，但经文没有说"他们的兄弟舒尔布"，因为"**树木的居民**"意味着"拜树的人"。有学者说，"树木"（艾凯）指缠绕在一起的树，就像丛林一样。它是麦德彦人的偶像。因此，经文讲到"**树木的居民否认了众使者**"时，没有说"当时，他们的兄弟舒尔布对他们说"，而只说："**当时，舒尔布对他们说**"。经文因为这些人的崇拜性质，而认为舒尔布和他们之间已经不存在兄弟（亲属）关系了。虽然从血统上舒尔布依然是他们的兄弟。

许多人不解此中奥意，认为树木的居民不是麦

德彦人，妄称舒尔布曾被派往两个民族；有人甚至说他曾被派往三个民族。

易司哈格·本·毕西尔说，"树木的居民"指舒尔布的族人。除了朱外白勒之外的学者们都主张树木的居民和麦德彦人是一回事。(1) 安拉至知。

正确的解释是，他们是一个民族。《古兰》经文在许多地方对他们的描述是相同的，其特征都是舒尔布劝告他们称量公平。各章所描述树木居民的特征和麦德彦人的故事中所叙述的情况完全吻合，充分说明了我们的论断是正确的。

❴ 181. 你们要给足分量，而不要作短斤少两的人，❵

❴ 182. 你们要用准确的秤衡量。❵

❴ 183. 不要减少人们的东西，也不要在地方上为非作歹。❵

❴ 184. 你们当敬畏造化你们和以前各代的主。"❵

## 命人称量公平

安拉命令人们称量公平，禁止短斤少两。说："你们要给足分量，而不要作短斤少两的人"，即当你们为他人供货时，应该称足，不可减少应有的分量。同样，当你们收取货物时，也要秤足量满，你们当公平交易。

"你们要用准确的秤衡量"，"秤"指秤量工具。

"不要减少人们的东西"，即你们不要减损别人的财物。

"也不要在地方上为非作歹"，即不要抢劫。安拉说：❴ 你们不要坐在各条道路上恐吓他人。❵（7：86）

"你们当敬畏造化你们和以前的各代的主"，他让他们提防创造了他们和他们先辈的安拉的惩罚。正如穆萨说：❴ 他是你们的养主，也是你们祖先的养主。❵（44：8）伊本·阿拔斯、穆佳黑德、赛丁伊等学者说"以前各代"指前人。伊本·栽德将这段经文读为"你们应当敬畏造化你们和许多世代的安拉。"(2)

❴ 185. 他们说："你只是一个被迷惑的人。❵

❴ 186. 你只不过是和我们一样的人，我们认为你确实是一个说谎的人！❵

――――――
(1)《泰伯里经注》19：390。
(2)《泰伯里经注》19：392。

❴ 187. 如果你是诚实的，你就使一块天落到我们的头上吧！"❵

❴ 188. 他说："我的主至知你们的行为。"❵

❴ 189. 但是他们否认了他，因此那阴影日的惩罚袭击了他们。的确，那是重大之日的惩罚。❵

❴ 190. 此中确有一个迹象，但是他们大多不是信士。❵

❴ 191. 你的主的确是优胜的、至慈的。❵

## 舒尔布族人的答复，他们对舒尔布的否认以及他们将遭受惩罚

清高伟大的安拉讲述到，舒尔布的民族对舒尔布的答复与塞姆德人对其使者的答复如出一辙。他们思想一致。舒尔布的民族说："你只是一个被迷惑的人"，即中了魔的人。

"你只不过是和我们一样的人，我们认为你确实是一个说谎的人！"即你故意撒谎，安拉并没有委你以使命。

"你就使一块天落到我们的头上吧！"端哈克解释说，"一块天"指一部分天；(3) 格塔德解释

――――――
(3)《泰伯里经注》19：393。

为一块天；[1]赛丁伊解释为天灾。经文描述的情况类似于《古兰》对古莱什人的表述，他们曾说：❮他们说："除非你能为我们使一股泉水由地底涌出来，否则，我们决不信你……或者正如你妄言的那样，你使天一块块地掉下来，或者你让安拉和天使们面对面地来到我们面前。❯（17：90-92）又❮当时他们说："我们的主啊！如果这是来自你的真理，那么就给我们从天上降下石雨……"❯（8：32）本章描述的无知者也说："你就使一块天落到我们的头上吧！"

"他说：'我的主至知你们的行为。'"他说，安拉最清楚你们。如果你们罪有应得，他会降罪于你们，他从不亏待你们。后来，他们所要求的罪刑如期而至。

因此说："**但是他们否认了他，因此那阴影日的惩罚袭击了他们。的确，那是重大之日的惩罚。**"即他们如愿以偿地遭到他们曾经向安拉所要求的那种惩罚。安拉使他们遭受了七日酷热，他们找不到任何可以保护的东西。安拉遣一块云给他们遮阳，他们纷纷跑到下面遮蔽酷热，当他们全部到了云下后，安拉从云中降下带火的星星、火焰和巨大的火舌，大地震撼了，一声霹雳，使他魂飞魄散。因此说："**的确，那是重大之日的惩罚**"。

《古兰》在三处经文中叙述了他们遭受毁灭的情况，每次叙述都与该处经文的脉络密切相关。《高处章》的经文说，他们听到震撼声后，僵卧于家中，因为他们说：❮舒尔布啊！我们一定要把你和那些与你一起信仰的人赶出我们的城镇。或者你们返回我们的宗教。❯（7：88）他们企图动摇先知及其追随者，所以遭受了震撼声的袭击。《呼德章》说：❮震撼声在日出时袭击了他们。❯（15：73）❮霹雳声震慑了不义的人们。❯（11：94）本章经文中，描述他们抱着刁难和抗拒的态度说："你就使一块天落到我们的头上吧！"所以他们遭到了一度认为不可能发生的惩罚："**因此那阴影日的惩罚袭击了他们。的确，那是重大之日的惩罚。**"

伊本·哲利尔传述，叶齐德·巴黑里向伊本·阿拔斯请教了"阴影日的惩罚袭击了他们"这段经文，后者回答说："安拉为他们派去了霹雳和酷热，他们吓坏了，跑进房屋中后，情况还是一样。于是他们跑出房屋来到旷野。这时，安拉派来一块云遮住太阳，他们在云的影子下觉得凉爽而舒适。于是人们互相召唤，等其他人都到了影子下面后，安拉派烈火来惩罚他们。"伊本·阿拔斯接着说："那就是阴影之日的惩罚，是重大之日的惩

处。"[2]

"此中确有一个迹象，但是他们大多不是信士。你的主的确是优胜的、至慈的"，即安拉能够惩罚隐昧者，而安拉对穆民众仆是慈爱的。

❮192.**这确实是众世界养主的启示。**❯
❮193.**忠实的鲁哈带它降临，**❯
❮194.**降到你的心中，以便你成为一个警告者，**❯
❮195.**用明白的阿拉伯文（降示）。**❯

## 《古兰》是安拉降示的

清高伟大的安拉讲述他降给他仆人和使者穆罕默德的经典说："**这确实是众世界养主的启示**"，即在上述经文——"每每一项新的教诲由至仁主降临他们"中所述的《古兰》："**确实是众世界养主的启示**"，即安拉将它降谕给了你。

"**忠实的鲁哈带它降临。**"伊本·阿拔斯等前辈学者说："忠实的鲁哈"指吉卜勒伊里。[3]这是无可非议的解释。

祖海里说，这段经文类似于❮你说："凡是与吉卜勒伊里为敌者，其原因是吉卜勒伊里奉安拉的命令，把启示降到你的心中，证实了以前的，并给信士们作引导和报喜。"❯（2：97）

"**降到你的心中**"，即穆罕默德啊！这部经典被纯洁无瑕，不增不减地降谕给你。

"**以便你成为一个警告者**"，即以便你用这部经典给反对者和否认者警告安拉的严惩，同时给归信它并遵循它的人们报喜。

"**用明白的阿拉伯文（降示）**"，即我降给你的这部《古兰》，是以你的语言——完美而标准的阿拉伯语降示的，所以它明白流畅，精确无误，是一项明证，一条康庄大道。

❮196.**的确，它（被记载）在古代的许多典册中。**❯
❮197.**以色列子孙中的学者们知道它。这对他们难道不是一个迹象吗？**❯
❮198.**如果我把它降给一个非阿拉伯人，**❯
❮199.**由他对他们宣读它，他们必然不会信它。**❯

---

(1)《泰伯里经注》22：485

(2)《泰伯里经注》19：394。
(3)《泰伯里经注》19：396。

## 古代的经典中都记述过《古兰》

古代各经典指出，历代先知在传述使命过程中都曾讲述过这部《古兰》，因为他们和安拉有约在先。穆圣ﷺ之前安拉派遣的最后一位先知，曾在其演讲中公布了艾哈麦德[1]这一名字。﴾当时，麦尔彦之子尔撒说：“以色列的子孙啊！我是安拉派给你们的一位使者，以便证实在我以前的《讨拉特》，并以我以后降临的一位名叫艾哈麦德的使者报喜讯。”﴿（61：6）

**“典册”**指经典。譬如达乌德先知的经典被称为《典册》（又译《宰哺尔》）。安拉说：﴾他们所做的一切，都载在天经之中。﴿（54：52）即他们的行为，都被天使记载进功过簿中。

安拉接着说：**“以色列子孙中的学者们知道它。这对他们难道不是一个迹象吗？”**以色列后裔中的学者们在诵习的经典中发现了对《古兰》的叙述，难道这不足以作为明确的证据吗？即以色列后裔中一些公正的学者，都承认他们手中的经典中记载着穆圣ﷺ、穆圣ﷺ出现的地点和时间以及其民族的特征。他们中接受了正信的人都讲述过这些情况，就像阿卜杜拉·本·赛俩目、赛勒曼·法里西等人。安拉说：﴾那些跟随使者——不识字的先知……﴿（7：157）

## 古莱什人的否认态度之顽固

清高伟大的安拉讲述了古莱什人对《古兰》顽固的否认态度。假若这部明确的阿拉伯文《古兰》被降给一位不认识一个阿拉伯语字母的非阿拉伯人，古莱什人也不会归信。

因此说：**“如果我把它降给一个非阿拉伯人”**。正如安拉所言：﴾假若我为他们从天上开一道门，他们就在其中不断上升。他们誓必说：“我们眼花缭乱了。”﴿（15：14-15）又﴾即使我确已派遣天使到他们那里，并且让死去的人们和他们说话……﴿（6：111）安拉说：﴾你的主的言辞已经判定的那些人，他们不会归信。﴿（10：96）

**﴾200.就这样，我使它进入犯罪者的心中，﴿**

**﴾201.非到他们看到痛苦的刑罚，他们不会信它，﴿**

**﴾202.因此，就在他们不知不觉之中，它突然降临于他们。﴿**

**﴾203.他们将会说：“我们可以受到照顾吗？”﴿**

（1）艾哈麦德是穆圣ﷺ的另一个著名的名字。——译者注

الجزء التاسع عشر　٣٧٦　سورة الشعراء

مَآ أَغۡنَىٰ عَنۡهُم مَّا كَانُواْ يُمَتَّعُونَ ٢٠٧ وَمَآ أَهۡلَكۡنَا مِن قَرۡيَةٍ إِلَّا
لَهَا مُنذِرُونَ ٢٠٨ ذِكۡرَىٰ وَمَا كُنَّا ظَٰلِمِينَ ٢٠٩ وَمَا تَنَزَّلَتۡ بِهِ
ٱلشَّيَٰطِينُ ٢١٠ وَمَا يَنۢبَغِي لَهُمۡ وَمَا يَسۡتَطِيعُونَ ٢١١ إِنَّهُمۡ عَنِ
ٱلسَّمۡعِ لَمَعۡزُولُونَ ٢١٢ فَلَا تَدۡعُ مَعَ ٱللَّهِ إِلَٰهًا ءَاخَرَ فَتَكُونَ
مِنَ ٱلۡمُعَذَّبِينَ ٢١٣ وَأَنذِرۡ عَشِيرَتَكَ ٱلۡأَقۡرَبِينَ ٢١٤ وَٱخۡفِضۡ
جَنَاحَكَ لِمَنِ ٱتَّبَعَكَ مِنَ ٱلۡمُؤۡمِنِينَ ٢١٥ فَإِنۡ عَصَوۡكَ فَقُلۡ إِنِّي
بَرِيٓءٞ مِّمَّا تَعۡمَلُونَ ٢١٦ وَتَوَكَّلۡ عَلَى ٱلۡعَزِيزِ ٱلرَّحِيمِ ٢١٧ ٱلَّذِي
يَرَىٰكَ حِينَ تَقُومُ ٢١٨ وَتَقَلُّبَكَ فِي ٱلسَّٰجِدِينَ ٢١٩ إِنَّهُۥ هُوَ ٱلسَّمِيعُ
ٱلۡعَلِيمُ ٢٢٠ هَلۡ أُنَبِّئُكُمۡ عَلَىٰ مَن تَنَزَّلُ ٱلشَّيَٰطِينُ ٢٢١ تَنَزَّلُ عَلَىٰ
كُلِّ أَفَّاكٍ أَثِيمٖ ٢٢٢ يُلۡقُونَ ٱلسَّمۡعَ وَأَكۡثَرُهُمۡ كَٰذِبُونَ ٢٢٣
وَٱلشُّعَرَآءُ يَتَّبِعُهُمُ ٱلۡغَاوُۥنَ ٢٢٤ أَلَمۡ تَرَ أَنَّهُمۡ فِي كُلِّ وَادٖ
يَهِيمُونَ ٢٢٥ وَأَنَّهُمۡ يَقُولُونَ مَا لَا يَفۡعَلُونَ ٢٢٦ إِلَّا ٱلَّذِينَ
ءَامَنُواْ وَعَمِلُواْ ٱلصَّٰلِحَٰتِ وَذَكَرُواْ ٱللَّهَ كَثِيرٗا وَٱنتَصَرُواْ مِنۢ
بَعۡدِ مَا ظُلِمُواْۗ وَسَيَعۡلَمُ ٱلَّذِينَ ظَلَمُوٓاْ أَيَّ مُنقَلَبٖ يَنقَلِبُونَ ٢٢٧

سُورَةُ النَّمۡلِ

**﴾204.难道他们要求我的刑罚立即实现吗？﴿**

**﴾205.你可曾看到，如果我让他们享受若干年，﴿**

**﴾206.然后，他们被警告的（惩罚）降临到他们，﴿**

**﴾207.他们曾经得到的享受将会对他们有益吗？﴿**

**﴾208.我不会毁灭任何城市，除非它（城市）已有过警告者。﴿**

**﴾209.（这是）一项提醒。我从不是亏枉者。﴿**

## 否认者只有看见惩罚才肯相信

清高伟大的安拉说，我就这样使否认、不信和顽固进入到犯罪者的心中。**“非到他们看到痛苦的刑罚，他们不会信它”**，即他们看到刑罚之后才肯相信真理，但那时不义者的任何借口都无裨益。他们将遭受诅咒，进入悲惨的火狱。

**“因此，就在他们不知不觉之中，它突然降临于他们。”“它”**指安拉的惩罚。

**“他们将会说：‘我们可以受到照顾吗？’”**

他们看到惩罚的时候,祈望得到更多时间,以便按照他们的说法顺主行善。正如安拉所言:❴你当警告世人,那一天惩罚会降临他们,(那时)不义的人们会说:"我们的主啊!求你宽延我们一个短暂的期限吧,我们一定会响应你的呼唤,并追随众使者!""难道你们在这以前不曾发誓(说),你们将永垂不朽吗?❵(14:44)因此,一切不义者和犯罪者看到惩罚后都要懊悔不已。法老就是如此,穆萨先知曾诅咒他说:❴"我们的养主啊!你在今世生活中赐给法老和他的臣民们装饰和财产,我们的养主啊!以致他们使人们迷失了你的正道。我们的养主啊!求你毁掉他们的财产,封闭他们的心灵,让他们不要归信,直至他们看到惨痛的惩罚。"他说:"你俩的祈祷被应答了。"❵(10:88-89)法老因为遭到这个诅咒,所以在看到惨痛的刑罚之后才开始归信:❴直到他快要被淹死的时候,他说:"我归信了,应受拜者,惟有以色列人所归信的安拉。我是一个顺服者。"……你一直是个坏事者。❵(10:90-91)又❴当他们看到我的惩罚时,他们说:"我们归信独一的安拉,并否认一切我们曾经为他所举伴的。"❵(40:84)

"难道他们要求我的刑罚立即实现吗?"这是对他们的谴责和警告,因为他们曾经抱着否认和不信的态度对使者说:❴你就降给我们安拉的惩罚。❵(29:29)又❴他们要求你立即带来惩罚。❵(29:53)

"你可曾看到,如果我让他们享受若干年,然后,他们被警告的(惩罚)降临到他们,他们曾经得到的享受将会对他们有益吗?"意为即便我没有立即惩罚他们,而推后惩罚的期限,宽容了他们一刹那或一段时间——无论那段时间多长,然而,安拉的命令来临时,他们奢华的生活对他们有何益处呢?❴当他们看到它的那天,好像(在今世中)只是逗留了一个下午或是一个清晨。❵(79:46)安拉说:❴他们每一个人都希望享寿千年,他的长寿无法使他远离火狱。❵(2:96)又❴当他沦亡时,他的财富对他无用。❵(92:11)因此说:"**他们曾经得到的享受将会对他们有益吗?**"

确凿的圣训说:"隐昧者被带来后在火狱中浸一下,然后有声音问他:'你曾见过幸福吗?你曾见过恩典吗?'他回答:'我的养主啊!以安拉发誓,从未见过。'一个在今世遭受最大不幸的人被带来,他被放入乐园浸一下后,有声音问他:'你曾见过苦难吗?'他说:'我的养主啊!以安拉发誓,从未见过。'"即好像一切都未曾发生过。[1]

然后安拉讲述了他对人类的公正:他只在阐明真理,派遣先知,传达警告,树立明证之后惩罚一

———
(1)《艾哈麦德按序圣训集》3:203。

个民族。因此,安拉说:"**我不会毁灭任何城市,除非它(城市)已有过警告者。(这是)一项提醒。我从不是亏枉者。**"另一段经文说:❴我不是惩罚者,直到我派遣一位使者。❵(17:15)又❴你的主不会毁灭诸城,直到他在其中派遣一位使者,对他们宣读我的启示。我也不会毁灭诸城,除非其居民是不义的。❵(28:59)

❴210.魔鬼不曾带同它下降。❵
❴211.这既不适于它们,它们也做不到。❵
❴212.它们的确是被驱逐的,以致无缘听闻。❵

### 带来《古兰》的是吉卜勒伊里,而不是恶魔

这部尊贵的经典,其前后不受谬误干扰,它是来自明哲的、可颂的安拉的启示,由受到安拉支持的忠诚鲁哈从安拉那里带来。安拉形容这部经说:"**魔鬼不曾带同它下降。**"然后经文从三个方面说明《古兰》不可能来自魔鬼:

一、魔鬼不宜带来它。因为它不符合它们的意愿和要求。魔鬼的本性是为非作歹,误导他人。而《古兰》是一部命人行善、止人作恶的经典,是光明、向导和重大的明证,这和魔鬼(的愿望)完全对立。因此,经文说:"**这既不适于它们,它们也做不到。**"

二、"它们也做不到",是说即便这部经典和魔鬼(的愿望相)适宜,它们也没有能力带来它。安拉说:❴我如果把这《古兰》降在一座山上,你一定会看到它由于畏惧安拉而成为恐惧的,崩溃的。❵(59:21)

三、即便魔鬼达到了前面两个条件,它们也无缘听到《古兰》,因为《古兰》降示于使者的时候,天上到处都有威严的天使和流星护卫,所以任何一个魔鬼都无法听到《古兰》中的一个字,更谈不上混淆视听。这显示出安拉对人类的特慈,对其法律的保护以及对其经典和使者的支持。

因此说:"**它们的确是被驱逐的,以致无缘听闻。**"正如精灵说,现在❴我们曾探究天,发现它被威严的卫士和火焰所布满……还是他们的主对他们有意引导?❵(72:8-10)

❴213.所以(你们)不要在祈求安拉时还同时祈求其他神,以免你成为被惩罚的人。❵
❴214.你当警告你的近亲,❵
❴215.你也要对于追随你的那些归信者谦和。❵
❴216.倘若他们违抗你,你就说:"我与你们

《217.你当托靠优胜的、至慈的主。》

《218.当你站起时，他看见你，》

《219.以及你在叩头者中的举动。》

《220.他确实是全听的、全知的。》

## 命令警告血缘关系较近的人

安拉命令人们惟独拜他，宣告以物配主者必受惩罚，然后安拉命令使者，警告使者较近的亲属。因为只有对养主的归信，才能拯救他们。安拉还命令使者谦和对待追随他的信士，并和违抗者断绝关系——无论他是谁。因此说："倘若他们违抗你，你就说：'我与你们的行为无关。'"这种特殊的警告和普遍的警告并不矛盾，它仅是普遍的警告中的一部分。正如安拉所言：《以便你警告他们的祖先不曾被警告，所以他们是昏聩的群体。》（36：6）又《以便你警告诸城之母和它周周的居民。》（42：7）又《你以它警告那些害怕被召集到他们的主跟前的人。》（6：51）又《以便你以它向敬畏者报喜，并警告悖逆的群体。》（19：97）又《以便我警告你们和一切它所到达的人。》（6：19）又《而各宗派中不信它的人们，火狱就是给他们许诺的地方。》（11：17）《穆斯林圣训实录》记载："以掌管我生命的安拉发誓，这个民族中只要有人（无论他是犹太人还是基督教徒）听到了我后没有归信，他必定要进火狱。"(1) 讲述这段经文降示历史的圣训很多，如伊本·阿拔斯传述，安拉降示"你当警告你的近亲"后，穆圣来到索法，登上该山后喊道："大难临头了啊！"人们听后纷纷聚积到他的周围，不能亲临的人也打发人来了，看看究竟发生了什么事。这时，安拉的使者说："阿卜杜勒·穆塔里布的子孙啊！费赫勒的子孙啊！鲁安艺的子孙啊！你们告诉我，如果我告诉你们将有一支骑兵从这个山脚来袭击你们，你们能相信我吗？"众人说："相信。"使者说："我是严厉的惩罚到来之前的警告者。"这时艾布·莱海卜说："整日你都该遭受毁灭！你叫来我们，只为这件事吗？"安拉因而降示了《愿火焰之父的双手毁灭吧，他已经毁灭。》（111：1）(2)

阿伊莎（愿主喜悦之）说："'你当警告你的近亲'降示后，安拉的使者站起来说："穆罕默德的女儿法图麦啊！阿卜杜勒·穆塔里布的女儿索费叶啊！阿卜杜勒·穆塔里布的子孙们啊！在安拉那里，我为你们不掌管什么。至于我的财产，你们愿要多少就要吧！'"(3)

艾哈麦德传述："你当警告你的近亲"降示后，安拉的使者登到山上的一块石头上，站到上面喊道："阿卜杜·麦那夫的子孙们啊！我只是一位警告者，我在你们中的情况好比这样一个人：他看到了敌军后，因为担心敌军赶在他的前面消灭他的家人，他边看边高声呼唤：'注意啊！人们！'"(4)

"你当托靠优胜的、至慈的主"，即在你的一切事物中，安拉都关爱你，支持你，保护你，使你获胜，并弘扬你的言辞。

"当你站起时，他看见你"，即安拉照顾着你。正如安拉所言：《你当耐心地等待你的主的裁决。你确实在我的眷顾之下。》（52：48）伊本·阿拔斯说，经文指当你礼拜时，安拉关注着你。(5) 艾格莱麦解释：安拉看着你站立、鞠躬和叩头。(6) 哈桑解释：当你独自礼拜时，安拉看着你。端哈克解释为当你从床铺或坐的地方站起时。(7)

格塔德解释为"当你站着、坐着或有任何举动时……"(8)

"以及你在叩头者中的举动。"格塔德解释说，这段经文和上一段经文指无论你独自一人礼拜，还是在人群中礼拜，安拉都会看见你。(9) 这也是艾克莱麦、阿塔·胡罗珊、哈桑·巴士里等学者的解释。(10)

"他确实是全听的、全知的"，即安拉聆听人类的一切言语，知道他们的一切动静。正如安拉所言：《在天地之间任何微尘重事物都不能瞒过你的主，不管它大于微尘或小于它，都记录在明显的经典中。》（10：61）

《221.我告诉你们，魔鬼往往降到谁的身上，好吗？》

《222.它们降在每一个说谎的人和罪恶的人身上。》

《223.他们侧耳倾听，他们大多数都是说谎的。》

《224.诗人们，迷误者追随他们。》

《225.你没有看到他们在各个山谷中彷徨，》

《226.并且空谈而不行动吗？》

《227.那些归信，行善，并多多记念安拉以及只在他们受到迫害之后才自卫的人则不然。不义者

---

(1)《穆斯林圣训实录》1：134。
(2)《艾哈麦德按序圣训集》1：307。
(3)《艾哈麦德按序圣训集》6：187。
(4)《艾哈麦德按序圣训集》5：60。
(5)《格尔特宾教律》13：144。
(6)《泰伯里经注》19：412。
(7)《散置的明珠》6：330。
(8)《阿卜杜·兰扎格经注》3：77。
(9)《散置的明珠》6：331。
(10)《泰伯里经注》19：413。

## 驳斥多神教徒的谰言

多神教徒中有人妄言使者㊤宣传的不是真理,而是他自己编造的谎言,或者使者中了魔。后来安拉揭穿了谎言,澄清了穆圣,指出穆圣所带来的一切都是一位忠诚、伟大而尊贵的天使从安拉那里带来的启示,并非来自魔鬼的语言。因为魔鬼对像《古兰》这样的经典不感兴趣,它们只愿去臭味相投、谎话连篇的占卜者那里。因此安拉说:"**我告诉你们,魔鬼往往降到谁的身上,好吗?它们降在每一个说谎的人和罪恶的人身上。**""说谎"指言语方面。"罪恶"指行为方面。因此,恶魔降到占卜者或与之类似的邪恶的说谎者那里。因为恶魔也是邪恶的说谎者。

"**他们侧耳倾听**",即它们偷听天上的消息,若能听到有关未见知识的言辞,便在上面加上一百个谎言,然后它们把它转告给人类当中的朋友。后者听后又把这些话讲给人们,有些人就会因为(它们从天上听到的)其中的一句正确言辞而相信他们,正如圣训传述的那样。阿伊莎(愿主喜悦之)说,一些人就占卜者问先知,先知㊤说:"他们不算什么。"他们说:"安拉的使者啊!有时他们说的还真有其事。"先知㊤说:"只有那句话是真的。精灵听到那句话后,就像鸡嘀嘀咕咕那样,把它嘀咕到它朋友的耳朵中。但它们会在其中加上一百多个谎言。"[1] 穆圣㊤说:当安拉在天上判决一件事情时,天使们拍打着翅膀表示服从,好像链条撞击光滑的石头所发出的声音一样。"直到他们(众天使)心中的恐惧被解除的时候,他们才说:'你们的主说了什么?'他们说:'真理。'只有他是清高的,至大的。"此后盗听者听到它。盗听者们也是如此,一部分比另一部分高——苏富扬分开他的手指比画着盗听者的情况。有些盗听者侥幸将听到的话一层一层地传达到地面上,最后传到占卜者或魔术师那里;有些盗听者在把话传达到另一个盗听者之前,被追上的流星所击毙。而后者听到这句话之前,恶魔要在此基础上加上一百个谎言。但有些人(还是信仰占卜者们)说,难道他在某某时间没有告诉我们某某消息吗?因此,占卜者们因为从天上听到的那句话而得到人们的信任。[2]

穆圣㊤说:"天使们在天上谈论地上即将发生的某件事情时,被恶魔所盗听,然后它们把它倒进占卜者耳朵中,就像人们倒玻璃瓶中的液体那样。同时,它们要在上面加上一百个谎言。"[3]

## 驳斥有人妄言先知是诗人之说

"**诗人们,迷误者追随他们。**"伊本·阿拔斯解释说:"隐昧者们追随人类和精灵的迷误者。"[4] 穆佳黑德等学者也是这样解释的。艾克莱麦说:"两诗人相互攻击,后来部分人支持一人,部分人支持另一人。安拉因此降谕道:'诗人们,迷误者追随他们。'"[5]

"**你没有看到他们在各个山谷中彷徨**"。阿里·本·艾布·特里哈传述,伊本·阿拔斯解释为:他们谈论一切没有意义的话。[6] 另据端哈克传述,伊本·阿拔斯解释为:他们研究任何一种话题。[7] 穆佳黑德持此观点。[8]

"**并且空谈而不行动吗?**"伊本·阿拔斯说,安拉的使者㊤时代两个人互相谩骂,一人来自辅士,另一人来自另一族人。后来一些迷误者(他们是愚人)站起来支持其本族的人。因此,安拉说:"**诗人们,迷误者追随他们。你没有看到他们在各个山谷中彷徨,并且空谈而不行动吗?**"[9] 概言之,接受这部《古兰》的使者,绝不是占卜者或诗人,无论从哪方面讲,诗人的情况都与他的情况格格不入。正如安拉所言:《我不曾教他诗歌,诗歌并不适合于他,这只是一项教诲和明白的《古兰》。》(36:69)又《这确实是一位尊贵的使者的话。它不是诗人的辞章,你们很少相信;也不是预言家的话,你们很少觉悟;是众世界的主的启示。》(69:40-43)

## 伊斯兰诗人不在此例

"**那些归信,行善……则不然。**"艾布·哈桑(泰米目·达里的仆人)说:"**诗人们,迷误者追随他们**"降示后,罕萨尼·本·萨比特、阿卜杜拉·本·勒瓦赫以及凯尔卜·本·马立克来到安拉的使者㊤跟前,他们哭诉道:"安拉降示这段经文的时候,知道我们都是诗人。"先知听后读道:"**那些归信,行善……则不然。**"并说:"(后面的经文指的)就是你们;'并多多记念安拉'指你们;'以及只在他们受到迫害之后才自卫的人'也指你们。"[10] 可是这段经文是麦加降示的,它降

---
(1)《布哈里圣训实录诠释——造物主的启迪》13:545。
(2)《布哈里圣训实录诠释——造物主的启迪》8:398。
(3)《布哈里圣训实录》3288。
(4)《泰伯里经注》19:416。
(5)《散置的明珠》6:323。
(6)《泰伯里经注》19:417。
(7)《散置的明珠》6:334。
(8)《泰伯里经注》19:417。
(9)《泰伯里经注》19:416。
(10)《泰伯里经注》19:420。

示的原因怎么会是为了支持辅士中的诗人呢？这需要研究。因为有关资料仅是一些失去传述线索的圣训。安拉至知。

事实上，无论是辅士中的诗人，还是其他诗人，甚至那些曾经攻击伊斯兰和穆斯林，后来悔过自新并积极行善的蒙昧主义诗人，都属于受经文谴责的人。此后，这些诗人勤于记主，弥补前愆，因为善行能洗除罪恶。他们甚至反戈一击，批驳过去的言论，歌颂和赞扬伊斯兰与穆斯林。正如阿卜杜拉·本·宰尔里信教时所说："君主的使者！我要用我的言论将功补过。迷误的年代，我曾与恶魔为邻，滑向毁灭的渊薮。"艾布·苏富扬·本·哈里斯（他和穆圣㊣是堂兄弟）本是一个最仇视先知、反对先知的人，他信教后则成了一个最热爱使者的人。从此，他对先知的态度由攻击转向赞美，由敌对转向结盟。

"在他们受到迫害之后才自卫的人。"伊本·阿拔斯解释为："他们驳斥那些攻击穆民的隐昧者。"（1）穆佳黑德等学者也持此观点。（2）

安拉的使者㊣曾对罕萨尼说："你驳斥他们！"（使者或者说了："你当驳斥他们！吉卜勒伊里和你在一起。"）（3）凯尔卜·本·马立克对先知说："安拉降示经文，谴责诗人。"使者说："穆民以他的宝剑和言论战斗，以掌管我生命的安拉发誓，你们对他们的驳斥真是恰如其分。"（4）

"不义者不久要知道他们将投向何等归宿。"正如安拉所言：《那天，不义的人，他们的托辞将对他们无益。》（40：52）安拉的使者㊣说："你们当远离不义，因为不义在复生日是重重的黑暗。"（5）

格塔德·本·督阿麦解释"不义者不久要知道他们将投向何等归宿"时说，"不义者"指诗人和其他人。

《众诗人章》注释完。一切赞美和恩情，全归养育众世界的安拉。

---

（1）《泰伯里经注》19：420。
（2）《泰伯里经注》19：419、420。
（3）《格尔特宾教律》6：351。
（4）《艾哈麦德按序圣训集》6：387。
（5）《艾哈麦德按序圣训集》2：106。

---

## 《蚂蚁章》注释　麦加章

奉普慈特慈的安拉之尊名

《1.塔，辛。那是《古兰》——清楚的经典的经文。》

《2.是对归信者的引导和佳音。》

《3.他们立行拜功，完纳天课，确信后世。》

《4.那些不信后世的人，我已为他们粉饰了他们的行为，所以他们茫然徘徊。》

《5.这些人，应受严刑，在后世，他们只是最大的损失者。》

《6.你确实由明哲的和全知的主那里接受这《古兰》。》

### 《古兰》是信士的引导和佳音，隐昧者的警言，并且它来自安拉

前面注释《黄牛章》时，已经论述了出现在各章开头的单独字母。

"那是"指这是"《古兰》——清楚的经典的经文",即谁归信、追求、相信和遵循《古兰》、并力行主命拜功、完纳天课、相信后世、死后的复活、善恶的报酬以及乐园和火狱,那么,他自然会从《古兰》中获得引导和喜讯。正如安拉所言:《它是对信士们的引导和治疗。至于那些隐昧的人,他们的耳已失聪。》(41:44)又《以便你以它向敬畏者报喜,并警告悖逆的群体。》(19:97)

因此,本章的经文说:"**那些不信后世的人**",即否认后世,认为它不可能发生的人们,"**我已为他们粉饰了他们的行为,所以他们茫然徘徊**",即我使他们自我陶醉,任他们陷入迷误,所以他们在迷途中徘徊,这是他们否认后世而遭受的报应。正如安拉所言:《我也将翻转他们的心和眼,就像最初他们不信一样。》(6:110)

在今世和后世中"**这些人,应受严刑**","**在后世,他们只是最大的损失者**",即在复生场上,只有他们是亏已损财的人。

"**你确实由明哲的和全知的主那里接受这《古兰》。**"格塔德解释:穆罕默德啊!你从明哲的和全知的安拉那里接受知识。明哲的,指安拉的命令和禁止,都是精确而富有哲理的。"**全知的**"指安拉知道一切大小事情,所以安拉的表述是绝对诚实的,他的判决是绝对公正的。正如安拉所言:《你的主的言辞绝对真实和公正。》(6:115)

《7.当时穆萨对他的家人说:"我觉察到了火,我将从那里给你们带回消息,或带给你们一个火把,以便你们取暖。"》

《8.当他到达火时,被呼吁道:"火中的和在它四周的都被赐福了。赞美安拉——众世界的主清净!》

《9.穆萨啊!我就是优胜、明哲的安拉。》

《10.你扔出你的手杖。"当他看见它好像蛇一样蠕动时,他就转身逃避,没有回顾。"穆萨啊!不要怕。的确,使者们在我跟前不畏惧。》

《11.有过不义,做了错事,然后改邪归正的人,我是至赦的、至慈的。》

《12.把你的手插入你的口袋中,抽出来时它就会洁白光亮,而无伤害。这属于对法老和他的臣民的九项奇迹之一。他们是坏事的群体。"》

《13.当我的一些迹象清楚地到达他们时,他们说:"这只不过是明显的魔术。"》

《14.他们不义和傲慢地否认了它们,虽然他们的心已经确信它们,看那些坏事者的结果如何吧!》

## 穆萨的故事和法老的归宿

清高伟大的安拉对使者穆罕默德讲述穆萨的故事,介绍了他选拔穆萨,并和穆萨谈话,赋予他一些辉煌而伟大的迹象和绝对证据的情况。安拉当初派遣穆萨去劝导法老及其百姓,而遭到对方的绝对否定和反对。安拉说:"**当时穆萨对他的家人说**",即你当叙述,当年的某个夜晚,穆萨和家人在行路中迷失了方向,后来穆萨从土勒方向看到有火在燃烧。所以他对家人说:"**我觉察到了火,我将从那里给你们带回消息**",即关于我们应走哪条路的消息。

"**或带给你们一个火把,以便你们取暖。**"后来发生的事情果真如穆萨所说,他不但带回了一个重大的消息,而且在那里获得巨大的光明。因此,安拉说:"**当他到达火时,被呼吁道:'火中的和在它四周的都被赐福了'**",即穆萨走过去,眼前出现了惊人的巨大景象,只见由绿色的树木燃起的火愈烧愈旺,而那树却愈来愈翠绿。穆萨抬头望去,只见火光连接云天。伊本·阿拔斯等学者说,虽然它闪闪发光,但它并不是火。另据传述,伊本·阿拔斯说,其实那是众世界养主的光彩。[1] 穆萨因为眼前的一切,惊奇地停住了脚步。这时,他"**被呼吁道:'火中的和在它四周的都被赐福了'**",伊本·阿拔斯说,"**被赐福**"指神圣了。"**它四周的**"指天使。[2]

"**赞美安拉——众世界的主清净!**"安拉做他所意欲之事,任何被造物都不与他相似,也不掌握他的情况,他是清高、伟大而与万物不同的主宰,他不受天地包围,事实上,他独一无求,绝对不同于一切被造物。

"**穆萨啊!我就是优胜、明哲的安拉。**"安拉让他知道和他说话交谈的是他的主宰——优胜的安拉。他优于万物,并掌握万物,其言行充满智慧和哲理。然后安拉命令穆萨抛出手中的手杖,以便显示安拉是万事的策划者、选择者和全能者。穆萨抛出手杖后,那手杖当即变成一条巨蛇,那蛇不但体大惊人,而且行动灵活。因此,安拉说:"**当他看见它好像蛇一样蠕动时。**"这种蛇是行动最迅速、最敏捷的一种。穆萨见此情景"**就转身逃避,没有回顾**",即他因为惊吓而不敢回头观看。

"**穆萨啊!不要怕。的确,使者们在我跟前不畏惧**",即你不要因为眼前的景象而害怕,因为我将选择你作使者,使你成为一个有尊严的先知。

"**有过不义,做了错事,然后改邪归正的人,**

---

(1)《泰伯里经注》19:428。
(2)《泰伯里经注》19:429;《经注简稿》4:250;《散置的明珠》4:250、6:341。

我是至赦的、至慈的。"这段经文和前面经文在意义上没有直接的衔接关系。经文向人类预告了一个重大喜讯：作恶者只要悔过自新，重新做人，安拉会接受他的忏悔。正如安拉所言：❨ 的确，我也恕饶那些忏悔、归信和行善，然后谨守正道的人。❩（20：82）又 ❨ 作恶或自亏，然后向安拉求饶的人，将发现安拉是至恕的、至慈的。❩（4：110）类似的经文很多。

"**把你的手插入你的口袋中，抽出来时它就会洁白光亮，而无伤害。**" 这是安拉赐给穆萨的另一个奇迹，它精彩地证明策划者和优选者——安拉的大能以及带来这个奇迹的先知的诚实。当时安拉命令穆萨把手放入上衣口袋，穆萨从口袋中取出手时，他的手就变得又白又亮，光彩夺目，宛若明月。

"**这属于对法老和他的臣民的九项奇迹之一。他们是坏事的群体**"，即这两件奇迹属于我用于支持他、佐证他的九件奇迹。安拉讲述这九件奇迹说：❨ 我曾赐给穆萨九项明显的迹象。❩（17：101）上文已经分析了这些奇迹。

"**当我的一些迹象清楚地到达他们时，他们说：'这只不过是明显的魔术。'**" 后来他们带着魔术去与安拉的迹象比试，落得一败涂地。

"**他们不义和傲慢地否认了它们，虽然他们的心已经确信它们。**" 表面上他们否认了这些奇迹，但他们心中非常明白，它是来自安拉的真理。那是因为他们的该受诅咒的本质是邪恶的，并且他们自命不凡，不愿追随真理。

因此说："**看那些坏事者的结果如何吧！**" 即穆罕默德啊！安拉毁灭了他们，在一个早晨将他们全部淹没，这结局怎样？概言之，不相信穆罕默德、否认他从安拉那里带来信息的人们啊！你们要提高警惕，你们更有可能遭受类似于这些前人的打击。因为穆罕默德是比穆萨更加尊贵和伟大的使者，其证据比穆萨的证据更明确而有力，安拉不但在穆罕默德本人及其品性中赋予了许多明证，而且还让列圣预告穆罕默德的消息，并和人们缔约如果他们看到穆罕默德就追随他。愿安拉赐给他最优美的福分和平安。

❨ **15.我曾赐给达乌德和苏莱曼知识，他俩说："一切赞美，全归安拉，他使我们优于他的许多归信的仆人！"** ❩

❨ **16.苏莱曼继承了达乌德，他说："人们啊！我们曾被教以鸟语，我们也曾被赐给一切，这确实是明显的恩典。"** ❩

❨ **17.苏莱曼由精灵、人类和鸟类组成的军队，**为他而集结起来，他们都受到部署。❩

❨ **18.直到他们到蚂蚁谷时，一只蚂蚁说："蚂蚁们啊！快躲进你们的穴中去，免得苏莱曼和他的军队在无意中踩碎你们。"** ❩

❨ **19.他因为它的话而微微笑了，说："我的主啊！求你启示我，让我感谢你赐给我和我父母的恩典，让我做你所喜欢的善行，并求你以你的仁慈将我列入你清廉的仆人之中。"** ❩

### 讲述达乌德和苏莱曼，苏莱曼整装军队以及他经过蚂蚁谷的故事

清高伟大的安拉讲述了他的两位仆人兼先知——达乌德和他的儿子苏莱曼，他曾赐给他们巨大的恩典和赏赐，赋予他们伟大的品性，同时赐给他们今后两世的幸福。在今世，他们拥有王权和崇高的地位，肩负先知和使者的职责。因此，安拉说："**我曾赐给达乌德和苏莱曼知识，他俩说：'一切赞美，全归安拉，他使我们优于他的许多归信的仆人！'**"

"**苏莱曼继承了达乌德**"，即苏莱曼继承了达乌德的君权和圣品，而不是指继承财产。如果只

是继承财产，达乌德不会对其他儿子置之不理。因为达乌德有一百位妻子。所以经文指继承君权和圣品。另外，先知的财产是不能被继承的。安拉的使者穆圣㘸说："我们众先知不能被继承，我们留下的（财产）是施舍品。"[1]

"他说：'人们啊！我们曾被教以鸟语，我们也曾被赐给一切'。"苏莱曼讲述了安拉赐给他的恩典，说安拉赐给他全美的君权和崇高的地位，为他制服人类、精灵和鸟类。苏莱曼懂得鸟儿等动物的语言。我们可以从安拉的经典和穆圣㘸的圣训中看出，这是他在世人中无与伦比的特长。安拉使苏莱曼理解空中鸟儿的对话和各种各样的动物交谈。因此，他说："我们曾被教以鸟语，我们也曾被赐给一切。""一切"指国王所需的一切。

"这确实是明显的恩典"，即安拉赐予我们的明显的恩典。

"苏莱曼由精灵、人类和鸟类组成的军队，为他而集结起来，他们都受到部署"，即苏莱曼组织了一支庞大而威严的军队，这支军队由人类、精灵和鸟类组成。人类紧跟其后，精灵在人类后面，鸟类在他的头上盘旋，当天气炎热时，它们为他遮阳。

"他们都受到部署"，即队伍中每个成员从头至尾都各就各位，毫无紊乱。穆佳黑德说，每支队伍中都有一些将领，他们将队伍整理得井然有序，正如当今的国王布置军队一样。[2]

"直到他们到蚂蚁谷时"，即当苏莱曼率领这支大军，经过一个蚂蚁生存的谷地时，"一只蚂蚁说：'蚂蚁们啊！快躲进你们的穴中去，免得苏莱曼和他的军队在无意中踩碎你们。'"苏莱曼听到这句话后，"微微笑了，说：'我的主啊！求你启示我，让我感谢你赐给我和我父母的恩典'"，即求你启发我，让我感谢你教我动物语言之恩，也让我感谢你使我父亲成为归信你的穆斯林之恩。

"让我做你所喜欢的善行，并求你以你的仁慈将我列入你清廉的仆人之中。"当我归真后，你让我和你清廉的众仆在一起，使我跻身于至高伙伴——你的朋友的行列。

❴20.他检阅群鸟，说："为什么没看见戴胜鸟呢？它是否缺席了？"❵

❴21.我一定要严厉惩罚它或是宰了它，除非它给我带来一个明确的理由。"❵

## 戴胜鸟缺席

伊本·阿拔斯等学者说，戴胜鸟是工程师，它在旷野中为苏莱曼寻觅水源，它观察地下水源就像人类看地面上明显的东西一样容易，并能知道水与地面的距离。当它在某地看到水后，苏莱曼便命令精灵在那里掏井取水。某日苏莱曼屯兵野外，在检阅鸟类的队伍时没有发现戴胜鸟，所以说："**为什么没看见戴胜鸟呢？它是否缺席了？**"某日伊本·阿拔斯叙述此事时，群众中有一个名叫纳菲尔的哈瓦里吉派人，伊本·阿拔斯谈话时，此人经常插嘴反驳。纳菲尔听到这里说："伊本·阿拔斯！住口！今天我胜了你。"伊本·阿拔斯说："为什么？"纳菲尔说："你说戴胜鸟能看到地下面的水源，但是有个小孩布下圈套，在上面盖上土，又撒上谷子，等戴胜鸟来觅食时，他将戴胜鸟捕获了。"伊本·阿拔斯说："若不是怕此人走后说'我驳倒了伊本·阿拔斯'，我就不理睬他的话。"伊本·阿拔斯接着说："你真差劲！如果命中早已注定，（戴胜鸟）必然视而不见，麻痹大意。"纳菲尔说："以安拉发誓，我永远不再和你辩论《古兰》中的问题了。"[3]

"**我一定要严厉惩罚它**"，伊本·阿拔斯解释说，"惩罚"指拔去羽毛；[4] 伊本·善达德解释为拔去羽毛，暴晒到太阳下面；[5] 另一些先贤解释为：拔去羽毛暴露着，让蚂蚁等小动物吞食它。

"**或是宰了它，除非它给我带来一个明确的理由。**"伊本·欧叶奈和伊本·沙达德说："戴胜鸟回来后，鸟儿对它说你为何缺席了，苏莱曼说要杀了你。戴胜鸟问：他说过'除非……'吗？鸟儿们说，说过。他说：'除非它给我带来一个明确的理由。'"戴胜鸟听后说："那么我就有救了。"

❴22.但是待不多久（它就来了），它说："我了解到你还不了解的事情，我由赛伯邑给你带来了一个确实的消息。❵

❴23.我发现一个女人统治他们，她享有各种物品，她有一个巨大的宝座。❵

❴24.我发现她和她的人民舍安拉而崇拜太阳，魔鬼为他们粉饰了他们的行为，并由正道上阻止了他们，所以他们不遵循正道。❵

❴25.他们不为揭示诸天与大地的隐秘、知道你们所隐藏的和公开的事物的安拉叩头。❵

❴26.安拉！除他之外无主宰，他是伟大阿莱什的养主。"❵

---
（1）《提尔密济圣训全集诠释》5：234。
（2）《泰伯里经注》19：500、501。
（3）《格尔特宾教律》13：177、178。
（4）《泰伯里经注》19：443。
（5）《泰伯里经注》19：443。

## 戴胜鸟在苏莱曼面前报告赛伯邑的消息

清高伟大的安拉说，戴胜鸟**“待不多久”**，即它离开的时间并不是很长。它回来后对苏莱曼说：**“我了解到你还不了解的事情”**，即我看到了你和你的大军没有看到的情况。

**“我由赛伯邑给你带来了一个确实的消息”**，即此消息确切无误。赛伯邑指希木叶尔，希木叶尔指也门的一些国王。

戴胜鸟接着说：**“我发现一个女人统治他们。”**哈桑·巴士里说：“这个女人就是白丽盖斯·宾特·谢拉黑里——赛伯邑女王。”(1)

**“她享有各种物品”**，即她享有今世中所有权力稳固的国王所需要的一切。

**“她有一个巨大的宝座(2)”**，那是一个非常高大，镶嵌着金银珠宝的龙床供她坐。历史学家们说，这个龙床被安置在一座巨大而坚固的宫殿中，宫殿的东西各有三百六十个窗户，宫殿是按日照和日落情况设计的，每天日光从一面窗户中照进，从对面的窗户中落下，人们早晚叩拜太阳。因此说：**“我发现她和她的人民舍安拉而崇拜太阳，魔鬼为他们粉饰了他们的行为，并由正道上阻止了他们。”****“正道”**指真理的道路。“所以他们不遵循正道。”

**“他们不为……安拉叩头”**，指魔鬼为他们粉饰了他们的行为，并由正道上阻止了他们，所以他们不为安拉叩头。换言之，他们不认识专为安拉叩头这一真理，而去崇拜安拉所创造的星宿。正如安拉所言：《他的迹象中有夜昼和日月。你们不要叩拜日，也不要叩拜月，而要崇拜安拉，他造化了它们，如果你们只崇拜他的话！》（41：37）

**“揭示诸天与大地的隐秘。”**伊本·阿拔斯等人解释说，他知道天地中的一切隐秘之事。(3)

**“知道你们所隐藏的和公开的”**，即他知道众仆隐藏和公开的一切言行。正如安拉所言：《无论谁在暗中说话或是大声说话，无论谁在夜间隐伏或是白天出外，（在他看来）都是一样的。》（13：10）

**“安拉！除他之外无主宰，他是伟大阿莱什的养主”**，即只有安拉是应该被祈求的。安拉，应受拜者，惟有他——养育伟大阿莱什的主宰，任何被造物都不能和他比较大小。戴胜鸟倡导正义，崇拜独一无偶的安拉，因此，不能杀死它。艾布·胡莱赖传述说：“穆圣ﷺ禁止杀四种动物，它们是：蚂蚁、蜜蜂、戴胜鸟和雀鹰。”(4)

---

（1）《散置的明珠》6：315。

（2）宝座，一译龙床。——译者注

（3）《散置的明珠》6：352。

（4）《艾哈麦德按序圣训集》1：332；《艾布·达乌德圣训集》、5：418；《伊本·马哲圣训集》、2：1074。

الجزء التاسع عشر　٣٧٩　سورة النمل

إِنِّي وَجَدتُّ ٱمۡرَأَةٗ تَمۡلِكُهُمۡ وَأُوتِيَتۡ مِن كُلِّ شَيۡءٖ وَلَهَا
عَرۡشٌ عَظِيمٞ ﴿٢٣﴾ وَجَدتُّهَا وَقَوۡمَهَا يَسۡجُدُونَ لِلشَّمۡسِ
مِن دُونِ ٱللَّهِ وَزَيَّنَ لَهُمُ ٱلشَّيۡطَٰنُ أَعۡمَٰلَهُمۡ فَصَدَّهُمۡ عَنِ ٱلسَّبِيلِ
فَهُمۡ لَا يَهۡتَدُونَ ﴿٢٤﴾ أَلَّا يَسۡجُدُواْۤ لِلَّهِ ٱلَّذِي يُخۡرِجُ ٱلۡخَبۡءَ فِي
ٱلسَّمَٰوَٰتِ وَٱلۡأَرۡضِ وَيَعۡلَمُ مَا تُخۡفُونَ وَمَا تُعۡلِنُونَ ﴿٢٥﴾ ٱللَّهُ
لَآ إِلَٰهَ إِلَّا هُوَ رَبُّ ٱلۡعَرۡشِ ٱلۡعَظِيمِ۩ ﴿٢٦﴾ ۞قَالَ سَنَنظُرُ
أَصَدَقۡتَ أَمۡ كُنتَ مِنَ ٱلۡكَٰذِبِينَ ﴿٢٧﴾ ٱذۡهَب بِّكِتَٰبِي هَٰذَا
فَأَلۡقِهۡ إِلَيۡهِمۡ ثُمَّ تَوَلَّ عَنۡهُمۡ فَٱنظُرۡ مَاذَا يَرۡجِعُونَ ﴿٢٨﴾ قَالَتۡ يَٰٓأَيُّهَا
ٱلۡمَلَؤُاْ إِنِّيٓ أُلۡقِيَ إِلَيَّ كِتَٰبٞ كَرِيمٌ ﴿٢٩﴾ إِنَّهُۥ مِن سُلَيۡمَٰنَ وَإِنَّهُۥ
بِسۡمِ ٱللَّهِ ٱلرَّحۡمَٰنِ ٱلرَّحِيمِ ﴿٣٠﴾ أَلَّا تَعۡلُواْ عَلَيَّ وَأۡتُونِي مُسۡلِمِينَ ﴿٣١﴾
قَالَتۡ يَٰٓأَيُّهَا ٱلۡمَلَؤُاْ أَفۡتُونِي فِيٓ أَمۡرِي مَا كُنتُ قَاطِعَةً أَمۡرًا حَتَّىٰ
تَشۡهَدُونِ ﴿٣٢﴾ قَالُواْ نَحۡنُ أُوْلُواْ قُوَّةٖ وَأُوْلُواْ بَأۡسٖ شَدِيدٖ وَٱلۡأَمۡرُ
إِلَيۡكِ فَٱنظُرِي مَاذَا تَأۡمُرِينَ ﴿٣٣﴾ قَالَتۡ إِنَّ ٱلۡمُلُوكَ إِذَا دَخَلُواْ قَرۡيَةً
أَفۡسَدُوهَا وَجَعَلُوٓاْ أَعِزَّةَ أَهۡلِهَآ أَذِلَّةٗۚ وَكَذَٰلِكَ يَفۡعَلُونَ ﴿٣٤﴾
وَإِنِّي مُرۡسِلَةٌ إِلَيۡهِم بِهَدِيَّةٖ فَنَاظِرَةُۢ بِمَ يَرۡجِعُ ٱلۡمُرۡسَلُونَ ﴿٣٥﴾

**《27.他说：“我将看看你讲了实话，或者你是一个撒谎者！》**

**《28.你带着我这封信去，把它投送给他们，然后离开，看看他们回答什么。”》**

**《29.她说：“诸位！我接到一封尊贵的信。》**

**《30.它来自苏莱曼。须知！奉普慈特慈的安拉之尊名：》**

**《31.你们不要对我傲慢，而要前来归顺。”》**

## 苏莱曼给白丽盖斯的书信

清高伟大的安拉说，戴胜鸟对苏莱曼报告了赛伯邑人及其女王的情况后，苏莱曼对它说：**“我将看看你讲了实话，或者你是一个撒谎者！”**即我要看看你在讲真话，还是为了逃避我的警告而敷衍塞责。

**“你带着我这封信去，把它投送给他们，然后离开，看看他们回答什么。”**当时苏莱曼为白丽盖斯及其百姓修书一封，交给戴胜鸟。有人说，戴胜鸟像一般鸟儿一样，把信夹到翅膀中。也有人说，戴胜鸟把信衔到嘴里。戴胜鸟来到赛伯邑人的国家，飞进白丽盖斯的密室，把信从她眼前的一扇窗户中投了进去，然后恭敬地退到一边。女王又惊讶又疑惑，缓过神后走过去，捡起信拆开便读。信中写着："它来自苏莱曼。须知！奉普慈特慈的安拉之尊名：你们不要对我傲慢，而要前来归顺。"白丽盖斯当即召集文武百官，说道："诸位！我接到一封尊贵的信。"说"尊贵"是因为她看到事情太蹊跷了，并且这封信是由一只鸟儿捎来的，那鸟儿把信送达她跟前后，恭恭敬敬退到一旁。这是任何一位国王无法做到的。然后她对众人读了来信的内容："它来自苏莱曼。须知！奉普慈特慈的安拉之尊名：你们不要对我傲慢，而要前来归顺。"众人听后明白了这封信来自安拉的使者苏莱曼，他们无力抵抗他。这封信言简意赅，优美流畅，不可比拟。

"你们不要对我傲慢"，格塔德解释这段经文说："你们在我这里不要自命不凡：'而要前来归顺'。"[1] 阿卜杜·拉赫曼·本·栽德解释："你们不能拒绝我，不能傲慢地来见我，而当以归顺者的身份前来见我。"[2]

❃ 32.她说："诸位啊！你们应该在我的事务上发表意见。我从不决定任何事情，除非你们在我面前。"❃

❃ 33.他们说："我们有力量而且势力强大，而（决定）事情却在于你。你想想吧，你要命令（我们做）什么。"❃

❃ 34.她说："当国王们（攻）进一个城镇时，必毁了它，并使它的贵人沦为贱民。他们也会这样做的。❃

❃ 35.不过，我将给他们送去礼物，然后看看使节带回什么。"❃

## 白丽盖斯和文武百官商议对策

白丽盖斯给官员们读完苏莱曼的信后，向他们征求对策。她说："**诸位啊！你们应该在我的事务上发表意见。我从不决定任何事情，除非你们在我面前**"，即除非你们来到我跟前，向我出谋划策。

"**他们说：'我们有力量而且势力强大'**。"他们提醒白丽盖斯的军队人多势众、装备精良、实力雄厚，然后让她自己定夺。他们说："**而（决定）事情却在于你。你想想吧，你要命令（我们做）什么。**"你要战还是要和，我们听从你的指示。无论你命令我们做什么，我们都会义无反顾地去做。伊本·阿拔斯说："白丽盖斯说：'当国王们（攻）进一个城镇时，必毁了它，并使它的贵人沦为贱民。'安拉说：'他们也会这样做的'。"[3]

白丽盖斯决定议和。她说："**不过我将给他们送去礼物，然后看看使节带回什么**"，即我将为苏莱曼送去体面的礼物，看看他怎么答复。或许他会接受礼物，停止战争，或者他向我们课税，让我们每年纳贡。如果这样，我们愿意纳贡，远离战争。格塔德说："愿安拉慈悯白丽盖斯，并喜悦她！无论她在归信正教时期，还是信仰多神时期都富有智慧。她知道送礼会对人们产生好的影响。"伊本·阿拔斯等学者说，白丽盖斯对众人说："如果他（苏莱曼）接受礼物，说明他仅是一个国王，我们就和他战争；如果他没有接受，说明他是先知，我们应该追随他。"[4]

❃ 36.当使节到来时，他说："你们要以财富来资助我吗？安拉所赐给我的比他给你们的更好。不，你们因为你们的礼物而欢乐。❃

❃ 37.你回到他们那里去吧，我一定会带领一支他们不能抵抗的军队到他们那里，一定会把他们屈辱地从那里驱逐出去，他们是渺小的。"❃

## 礼物和苏莱曼的答复

部分先贤和其他一些经注学家说，白丽盖斯送给苏莱曼的礼物中包括许多金银珠宝。不言而喻，苏莱曼对这些东西不屑一顾。他谴责来使，说："**你们要以财富来资助我吗？**"你们在我面前拿来财产讨好我，以便我放任你们在你们的王国里以物配主、苟延残喘吗？"**安拉所赐给我的比他给你们的更好**"，即安拉赐给我的王权、财产和军队，比你们所拥有的一切都好。

"**不，你们因为你们的礼物而欢乐。**"你们是那些服从于礼品和贵重物品的人，你们要么归信，要么战争，我不会接受任何东西。

"**你回到他们那里去吧**"，即你带回这些礼物吧！

"**我一定会带领一支他们不能抵抗的军队到他们那里。**""他们不能抵抗的军队"指他们无法战胜的军队。

"**一定会把他们屈辱地从那里驱逐出去**"，即我一定使他们卑贱地离开他们的土地。

"**他们是渺小的。**""渺小"指卑贱、屈辱。白丽盖斯的使节们带回礼物，向她汇报了苏莱曼的

---

（1）《散置的明珠》6：354。
（2）《泰伯里经注》19：453。
（3）《泰伯里经注》19：455。
（4）《泰伯里经注》19：455。

言辞后，她和她的百姓打算归顺苏莱曼。所以她带着军队，恭恭敬敬地前来投诚，决定追随苏莱曼的信仰。苏莱曼得知后喜出望外。

✦ 38.他说："诸位！你们中谁在他们前来顺服之前，给我带来她的宝座？" ✧

✦ 39.一个强大的精灵说："你由你的位置上起身以前，我将给你带来它，我对于它，确实是有力的、可靠的。" ✧

✦ 40.一位有经典知识的人说："在你转眼之间，我就给你带来它。"后来当他看见它被放置在他的面前时，他说："这是由于我的主的恩典。以便他试验我是感恩还是负恩。谁感恩，他的感谢有益于谁；忘恩者，我的主的确是无求的、尊贵的。" ✧

### 瞬间搬来白丽盖斯的宝座

叶齐德·本·鲁曼说，白丽盖斯听到使节们带回的消息后说："以安拉发誓，我知道了，这人绝对不只是一个国王。我们无力与他对抗。即便顽抗，也是徒劳无益。"她给苏莱曼带话，说："我将率领我的民族的诸王前来投诚，听从你的命令，并接受你的号召信奉你的宗教。"她的宝座是由镶嵌着红宝石、绿玉和珍珠的黄金铸成的，陈列在七间房屋大的一座宫殿中。白丽盖斯写完信后，命人锁住这座宫殿的各道门，对代位的官员说："你当忠于职守，保护好我的宝座，不要让任何人靠近它。在我回来之前，不能让任何人看见它。"然后她率领也门诸王派来的一万二千名酋长前去投奔苏莱曼。每位酋长都率领着一支庞大的军队。苏莱曼则派遣精灵，让他们昼夜不停地向他汇报白丽盖斯的行军情况。后来，当他手下的许多精灵和人聚集到他跟前时，他说："**诸位！你们中谁在他们前来顺服之前，给我带来她的宝座？**"[1]

"**一个强大的精灵说**"，穆佳黑德说："这是一个巨大的精灵。"艾布·萨里赫说："他好像一座山。"[2]

"**你由你的位置上起身以前，我将给你带来它**"，伊本·阿拔斯说，"位置"指座位。[3]

赛丁伊等学者说，每天从太阳升起至日偏期间，苏莱曼坐在那个坐位上处理政务，解决纠纷，他还坐在上面吃饭。

"**我对于它，确实是有力的、可靠的。**"伊本·阿拔斯解释为："我有力带来那个宝物，并保证其中的宝贝不被丢失。但苏莱曼说：'我想更快地看到它。'"[4]可见苏莱曼想通过带来宝座，显示安拉赐给他无与伦比的权力和军威，在白丽盖斯及其人民面前，以此作为他的先知身份的证据。因为在她到来之前，从她的国家原封不动地搬来她的宝座，确实是一件伟大的奇迹。何况这个宝座被安置在一座封闭而紧锁的宫殿中，由重兵把守。苏莱曼想看看更快的速度，"**一位有经典知识的人说**"，伊本·阿拔斯说，此人名叫阿绥夫，是苏莱曼的书记官。叶齐德·本·鲁曼说："此人叫阿绥夫·本·白勒黑雅，是一位虔信者，他知道安拉的至尊名。"[5]

格塔德说，他是一位来自人类的信士，名叫阿绥夫。

"**在你转眼之间，我就给你带来它**"，即当你极目远眺，看到你能看到的地方之前，我就带来它。或者在你的眼睛因为感觉到疲倦而眨眼之前，那宝座就会出现在你的眼前。说完他起身做了小净，向安拉做了祈祷。穆佳黑德说："他祈求道：

---

（1）《泰伯里经注》9：520。
（2）《散置的明珠》6：359。
（3）《伯厄威经注》3：420。
（4）《伯厄威经注》3：420。
（5）《伯厄威经注》3：420。

'伟大而尊严的主啊！'"(1)这时，苏莱曼及其军队看到宝座已经稳稳当当地摆放在眼前。

苏莱曼说："这是由于我的主的恩典"，即安拉赐给我的恩典。

"以便他试验我是感恩还是负恩。谁感恩，他的感谢有益于谁。"正如安拉所言：❴无论谁行善，都是为了他自己。❵（41：46）又❴否认者，为其否认负责；行善者，只为自己铺垫。❵（30：44）

"忘恩者，我的主的确是无求的、尊贵的"，即安拉无求于人类及他们的崇拜。安拉原本就是尊贵的，哪怕任何人都不崇拜他。他因为至尊至大而不需要任何人。正如穆萨所说：❴如果你们和大地上的人都忘恩负义，那么，安拉确实是无求的，可赞的。❵（14：8）

《穆斯林圣训实录》记载，安拉的使者㊺说，清高伟大的安拉说："我的众仆啊！倘若你们的前人和你们的后人，你们人类和你们精灵，他们都拥有你们中一个最敬畏者之心，这对我的权力并不能增加丝毫。我的众仆啊！倘若你们的前人和你们的后人，你们的人类和你们的精灵，他们都拥有你们中一个最暴虐者之心，这对我的权力并不能减少丝毫。我的众仆啊！我将统计你们的一切行为，然后恰如其分地报酬你们。谁发现好事，就让他赞美安拉。谁发现其他的，就让他只埋怨自己。"(2)

❴41.他说："你们让她认不出她的宝座，以便我们看看她是否能走正道。"❵

❴42.因此当她到来时，她被问道："你的宝座是这样的吗？"她说："好像是它。"他说："在她以前我们已被赐给知识，我们是归顺者（穆斯林）。"❵

❴43.她在安拉之外所信奉的阻止了她，她曾经属于不信的群体。❵

❴44.她被通知："你进入宫殿吧。"当她看到它时，她以为它是一片汪洋，她（提起衣裳）露出她的两条小腿。他说："这只是一座用玻璃建成的光滑宫殿。"她说："我的主啊！的确我亏负了自己，我已跟苏莱曼归顺了安拉——众世界的养主。"❵

### 考验白丽盖斯

白丽盖斯见到苏莱曼之前，她的宝座就已经被带到苏莱曼那里，他命人改造它，以便考验她见到宝座后是否能认得出来以及她看到宝座后是否会镇定自如。所以苏莱曼说："你们让她认不出她的宝座，以便我们看看她是否能走正道。"伊本·阿拔斯说："当时宝座上的一些镶嵌物和附件被拆卸。"(3)穆佳黑德说："苏莱曼命人将其中的红色改为黄色，黄色改为红色，绿改为红色，……做了全面修改。"艾克莱麦说："他们在其中增加了一些附件，同时减去了另一些附件。"格塔德说："他们把它的上面改为下面，前部分改为后部分。并增加或减去了一些部件。"(4)

"因此当她到来时，她被问道：'你的宝座是这样的吗？'"即那个被改变得面目全非的宝座被摆放到她面前。但她是一个慎重、理智、聪颖无比而有主见的女人。因为宝座当时离她较远，所以她没有肯定地说"是"，又因为她从这个宝座上发现了一些熟悉的特征——虽然它已经被做了全面修改，而没有说"不是"，而仅仅说了一句："好像是它"，即与此相似，差不多。说明她聪颖过人，非常谨慎。

"在她以前我们已被赐给知识，我们是归顺者（穆斯林）。"穆佳黑德说，这句话是苏莱曼说的。(5)据穆佳黑德等学者说："她在安拉之外所信奉的阻止了她，她曾经属于不信的群体"也属于苏莱曼所说的话。(6)

伊本·哲利尔说，"阻止"的主语可以是苏莱曼或安拉。即"他（安拉或苏莱曼）阻止她崇拜安拉以外的一切，因为她曾经属于不信的群体。"(7)

笔者认为，正如下文所述，白丽盖斯进入宫殿之后，才归信了正教。这证明穆佳黑德的解释(8)更可靠。

"她被通知：'你进入宫殿吧。'当她看到它时，她以为它是一片汪洋，她（提起衣裳）露出她的两条小腿。"苏莱曼命魔鬼为她建筑一座宏伟的玻璃宫殿，宫殿下面流水潺潺，不知道的人还以为地下是水，其实水上面是一层玻璃。

### 他说这只是一座由玻璃建成的光滑宫殿

"宫殿"（صرح）在阿拉伯语中指宫殿或一切高大的建筑物。《古兰》说，法老曾对其宰相哈曼说：❴法老说："哈曼啊！给我造一座大厦，以便我可以到达那些门。❵（40：36）本章讲述的是位于也门的一座高大宫殿。

---

(1)《泰伯里经注》19：466。
(2)《穆斯林圣训实录》4：1994。
(3)《泰伯里经注》19：469。
(4)《泰伯里经注》19：469。
(5)《泰伯里经注》19：471。
(6)《泰伯里经注》19：472。
(7)正文是按第一种解释翻译的。——译者注
(8)即第一种译法。——译者注

"光滑的"指坚固而光滑。而"مارد"[1]则指位于督麦·建德里[2]的一处堡垒。概言之，苏莱曼因为这位女王而建了一座高大的玻璃宫殿，为她显示他的权力和地位。女王看到安拉赐给苏莱曼的一切后，经过一番思索顺服了安拉的命令，她认识到苏莱曼是一位伟大的先知，而且还是尊贵的国王，所以就此归信了正教。她说："**我的主啊！的确我亏负了自己。**"因为她以前否认安拉，以物配主，并和她的族人一起崇拜太阳。

"**我已跟苏莱曼归顺了安拉——众世界的养主**"，即我已经追随苏莱曼的宗教，崇拜独一无偶的安拉——万物的创造者和规定者。

◈ 45.我确曾向塞姆德人派遣他们的兄弟撒立哈，（说道）"你们当崇拜安拉！"但是，他们突然变成了两派，互相争论。◈

◈ 46.他说："我的族人啊！为什么你们要求不幸在幸福之前快点到来呢？你们为什么不向安拉祈求恕饶，以便你们获得慈悯呢？"◈

◈ 47.他们说："我们因为你和同你一道的人而倒霉了。"他说："你们的倒霉来自安拉。不，你们是一个要受考验的群体。"◈

## 撒立哈和塞姆德人

清高伟大的安拉讲述了塞姆德人及其先知撒立哈的事迹，当时安拉派撒立哈去劝导他们崇拜独一无偶的安拉，"**但是，他们突然变成了两派，互相争论**"。穆佳黑德解释说，部分塞姆德人成为穆民，部分成为隐昧者。[3]正如安拉所言：◈ 他的族人中的一些高傲者，对那些受欺压的人——他们当中的那些归信者——说："你们确实知道撒立哈是他的主差遣来的吗？"他们说："我们归信已经降给他的（启示）。"那群高傲的人说："我们不信你们所信仰的。"◈（7：75-76）

"**他说：'我的族人啊！为什么你们要求不幸在幸福之前快点到来呢？'**"即为什么你们要求安拉使不幸快点到来，而不要求幸福快点到来呢？因此说："'**你们为什么不向安拉祈求恕饶，以便你们获得慈悯呢？'他们说：'我们因为你和同你一道的人而倒霉了。'**"即我们在你和你追随者的脸上从未见到过好事。只要有人遭受不测，这些薄福的人就会说："这都是撒立哈及其追随者造的孽。"穆佳黑德说，他们把撒立哈及其追随者看作凶兆。[4]正如安拉对法老族人的表述：◈ 但当幸福降临时，他们就说："这是我们应得的。"当他们遭受不幸时，他们认为这是穆萨和跟他一起的人们带来的凶兆。◈（7：131）安拉说：◈ 如果他们获得福利，他们说："这来自安拉。"如果他们遭受不测，他们说："这是因你而来的。"你说："这一切都来自安拉。"◈（4：78）即一切都是安拉所判决并规定的。安拉讲述诸使者去过的城镇居民时说：◈ 他们说："我们确因你们而遭遇了不祥之兆，如果你们不停止，我们就会以石头击毙你们，你们誓必遭受一项痛苦的刑罚。"他们说："你们的恶兆跟你们同在。"◈（36：18-19）塞姆德人说："**我们因为你和同你一道的人而倒霉了。他说：'你们的倒霉来自安拉。'**"即安拉因你们自身的倒霉而使你们倒霉。

"**不，你们是一个要受考验的群体。**"格塔德说："你们是以善功和罪行受考验的。"[5]不言而喻，经文指你们处于迷误而自以为是，所以越陷越深。

---

（1）与"光滑的"出于同一词根。——译者注
（2）地名，位于今沙特境内的一片绿洲。——译者注
（3）《泰伯里经注》19：475。
（4）《散置的明珠》6：369。
（5）《散置的明珠》6：39。

‹ 48.在这城市中有九个人，他们在大地上为非作歹，而不行善。›

‹ 49.他们说，你们当凭安拉互相立誓：我们一定会在夜间袭击他和他的家人，然后我们会对他的朋友说："我们未到过他家人的罹难现场，我们是诚实的。"›

‹ 50.他们阴谋计划，我也在制定计划，但是他们却觉察不到。›

‹ 51.你看看他们的阴谋的结果如何吧！我把他们和他们的族人全部毁灭了。›

‹ 52.这就是他们的房屋，因为他们的不义而空荡荡的。对于知道的群体，此中确有一个迹象。›

‹ 53.我救出了那些归信并一直敬畏的人们。›

## 部分坏事者的诡计和塞姆德民族的归宿

清高伟大的安拉讲述了塞姆德人中的暴徒和头目的情况。他们召人于迷误和否认，号召人们不要相信撒立哈；他们嚣张至极，屠宰母驼还企图夜袭撒立哈家，把他杀死在家中，然后对他的亲朋好友说他们对此一无所知，他们诚实无欺，没有去过撒立哈家。安拉说："在这城市中有九个人"，即九个人。

"他们在大地上为非作歹，而不行善。"这些人操纵着塞姆德人的事务，因为他们是塞姆德人中的大人物和头目。伊本·阿拔斯说："屠宰母驼的正是这些人。"[1]即杀驼惨案就是由这些人策划和实施的。愿安拉凌辱他们，诅咒他们。安拉说：‹他们喊他们的同伙，他拿起（武器），刺杀了它。›（54：29）‹当时，他们中最薄命者跳了起来。›（91：12）

阿塔说，这段经文指他曾抢劫银币，一些阿拉伯人也有类似的行为。伊玛目马立克传述："抢劫金子和钱币，属于'在大地上为非作歹'。"概言之，这些丧心病狂的隐昧者的特征之一是在大地上为非作歹，不择手段。他们的另外一些特征，正如上述学者和其他人所述。

"他们说：'你们当凭安拉互相立誓：我们一定会在夜间袭击他和他的家人'。"他们共立同谋，要夜袭安拉的使者撒立哈家，将他杀死于家中。安拉瓦解了他们的诡计，使害人者反害己。穆佳黑德说："他们相互立下誓言，策划阴谋，欲杀死安拉的使者撒立哈。但是在他们接近撒立哈前他们和其他族人一起灭亡了。"[2]

阿卜杜·拉赫曼·艾布·哈亭说，他们宰了母驼后，撒立哈说：‹你们在家中享受三天吧！这

---
(1)《泰伯里经注》19：477。
(2)《泰伯里经注》19：478。

---

是一项确实无讹的诺言。›（11：65）他们说，撒立哈宣称在三天内和我们绝交，但我们要在三天之前杀了他和他的家人。撒立哈的礼拜处在当地一个山路旁的屋子中，这些暴徒晚上躲进一座山谷中的山洞，说如果撒立哈来礼拜我们就杀了他，我们回去后再杀死他的家人。后来安拉从他们对面的山上降下石头，他们害怕被击中而匆忙躲进山洞中，最终被堵死在洞中。他们的族人不知道他们在哪里，他们也不知道族人怎样了。安拉分别在两个地方毁灭了他们，并拯救了撒立哈及其同伴。然后阿卜杜·拉赫曼读道："他们阴谋计划，我也在制定计划，但是他们却觉察不到。你看看他们的阴谋的结果如何吧！我把他们和他们的族人全部毁灭了。这就是他们的房屋，因为他们的不义而空荡荡的。对于知道的群体，此中确有一个迹象。我救出了那些归信并一直敬畏的人们"，即他们的故居中空无一人。

‹ 54.鲁特，当时他对他的族人说："你们眼睁睁地要做丑事吗？›

‹ 55.你们真的为了性欲去找男人而不要女人吗？不，你们是无知的群体。"›

‹ 56.他们说："把鲁特的追随者赶出你们的城市。他们是一群爱讲卫生的人。"这是他们惟一的答复。›

‹ 57.除了他的妻子之外，我救出了他和他的家人，我规定她成为留待毁灭的人。›

‹ 58.我对他们降下大雨，给警告者的雨太恶劣了！›

## 鲁特及其族人

自从有了人类以来，任何人都没有做过鲁特的民族所做的丑事——同性交接，而对异性不感兴趣，这确实是重大的丑事。安拉讲述他的仆人和使者鲁特，鲁特说："你们眼睁睁地要做丑事吗？"即你们要堂而皇之地在自己的家乡做丑事吗？

"你们真的为了性欲去找男人而不要女人吗？不，你们是无知的群体"，即你们的作为违反天理人性。正如另一段经文所说：‹难道在普世的人中你们要去找男性吗？而抛弃你们的主为你们造化的妻室？真的，你们是一个放荡的群体。›（26：165-166）

"他们说：'把鲁特的追随者赶出你们的城市。他们是一群爱讲卫生的人。'这是他们惟一的答复"，即他们因为你们的行为以及你们对自己行为的认可而感到不自在，所以你们应该把他们驱逐

到异地，他们不适合与你们相处。后来在他们决定驱逐先知之际，安拉毁灭了他们。这就是隐昧者结局的真实写照。

"除了他的妻子之外，我救出了他和他的家人，我规定她成为留待毁灭的人"，即她是要和她的民族一同毁灭的人。因为她支持他们的宗教和行为，并同意他们的丑行，曾经带领他们到鲁特的客人那里，企图侵犯客人。她由于受惠于先知的尊严自己不做（乱伦）丑事，但她自己是无尊严可谈的。

"我对他们降下大雨。"其实是从天上降下的由黏土制成的石头，一个接一个整齐地排列着，每块石头上都刻着来自安拉的记号。它离不义者并不遥远。因此说："给被警告者的雨太恶劣了！"他们面前曾铁证如山，警告频频，但他们违背并否认使者，还企图驱逐使者。

59.你说："一切赞美，全归安拉，祝他的受选的众仆平安。是安拉更好呢，还是他们所举伴的更好？"

60.不然，是谁造化诸天与大地，并且由天空降雨给你们？我以它使美丽的园子生长，你们是不可能使树木生长的。在安拉之外会有其他神吗？不然，他们是一个（为安拉）寻找配偶的群体。

### 命令感赞安拉，祝福众使者

清高伟大的安拉命令使者说："**一切赞美，全归安拉。**"因为安拉施予人类数不胜数的恩典。此外，安拉本身具备一切完美的属性和名称。安拉还命令使者向他的受选拔的众仆致安祝福。受选拔的众仆，指众使者和先知。愿安拉赐予他们最美好的祝福。阿卜杜·本·拉赫曼·栽德说："受选拔的众仆指众使者和列圣。"他说，这节经文与下列经文接近：赞美你的养主——尊严的主，超绝于他们所形容的。祝众使者平安！一切赞美都归安拉，众世界的主。（37:180-182）

绍利和赛丁伊说："经文指穆罕默德的弟子们。"据传述，伊本·阿拔斯也有相同见解。其实上述两种解释之间没有冲突，这两种人都是安拉受选拔的众仆，虽然使者和先知更应该如此。

"是安拉更好呢，还是他们所举伴的更好？"经文以疑问句谴责了那些将各种伪神和安拉等量齐观且一起崇拜的多神教徒。

### 有关安拉独一的部分证据

然后安拉开始阐述他是独一无二的创造者、供养者和决策者。他说："**不然，是谁造化诸天与大地**"，即是谁创造了高大而晴朗的天空，并在其中设置璀璨的明星和不断运转的行星？是谁创造了平坦而厚重的大地，并在其中设置山岳、丘陵、平原、旷野、沙漠、庄稼、果木、大海以及千姿百态的动植物？

"**并且由天空降雨给你们**"，以便供养人类。

"**我以它使美丽的园子生长**"，"**美丽的园子**"即风景秀丽的花园。

"**你们是不可能使树木生长的**"，即你们没有这个能力。具有这个能力的是独一的造物者和供养者，而不是多神教徒所承认的一切偶像或伪神。多神教徒亦承认这一点，正如安拉所言：如果你问他们是谁造化了他们，他们誓必会说："安拉。"（43:87）又 如果你问他们，谁由天空降雨，使死后的大地复活？他们一定会说："安拉！"（29:63）即他们承认独一无偶的安拉是这一切的实施者，但他们在崇拜安拉的同时，又去崇拜他们自己也承认没有造化和供养能力的伪神。因此，安拉说："**在安拉之外会有其他神吗？**"难道还有与安拉共受崇拜的神吗？你们已经明确地知道，每个有心的人都承认只有安拉是造化者和供养者。

"**不然，他们是一个（为安拉）寻找配偶的群体**"，即他们为安拉设立对等者和相似者。

**✧ 61.不然，是谁使大地成为稳定的，在它的当中设置河流，并为它而安置稳定的山岳，在两海之间设置隔障？在安拉之外还有神吗？不，他们大半不知道。✧**

清高伟大的安拉说："**不然，是谁使大地成为稳定的。**"大地稳固安静，地球上的人感觉不到颠簸和震动。否则，人们就无法安居乐业。仁慈而多惠的安拉使大地平坦而稳定。另一节经文说：✧ **是安拉为你们将大地设为居所，将天空设为苍穹。**✧（40：64）

"**在它的当中设置河流。**"安拉在大地上安置大大小小的无数淡水河，让其分布世界各地，根据各地人们的需求，表现出不同的形式和大小。安拉既让人类分布在世界各地，必然按其所需，供给生活资料。

"**并为它而安置稳定的山岳。**"安拉在大地上创造无数巍峨的山，以便使大地稳定而不致动荡。

"**在两海之间设置隔障**"，安拉在淡水海域和咸水海域之间设置了一道障碍，以免它们混合到一起，互相影响而变质。明哲的安拉意欲每种水都存在，发挥其独特的作用。流淌在各地的淡水甘甜滋润，养育着人类和动植物；围绕在各地的咸水则又苦又咸，保护着空气的清新。正如安拉所言：✧ **是他使两海之水自由流动，这是甜而可口的，那是咸而苦涩的，他在它们两者之间安置了一个屏障和一条不可侵越的界限。**✧（25：53）因此说："**在安拉之外还有神吗？**"即除安拉之外还有神能做到这些吗？他们该受崇拜吗？

"**不，他们大半不知道**"，即他们舍安拉而崇拜多神时并不知道这些。

**✧ 62.当一个被迫无奈的人向他祈求时，谁能回答？他解除灾难，使你们成为大地的代位者，难道在安拉之外另有神吗？你们很少省悟！✧**

清高伟大的安拉提醒道，在一切艰难困苦之中，只有他应被祈求，遇到一切不测之灾时，也只有他惟一可以托靠。正如安拉所言：✧ **当你们在海上遭遇危难时，除了他之外，你们所祈求的那些都不见了。**✧（17：67）又✧ **当你们遭到不幸时，你们只向他求救。**✧（16：53）

本章经文则说："**当一个被迫无奈的人向他祈求时，谁能回答？**"即谁是被迫无奈者的惟一依靠者？谁是受伤痛苦者的惟一解除者？伊玛目艾哈麦德传自一位来自白里海吉木人，此人说，我问："安拉的使者啊！你号召人走向谁？"使者㊣回答："我号召人走向独一的安拉，当你受到伤害后祈求他时，他就解除你的伤害；当你在野外迷路祈求他时，他为你指点迷津；当你遭受旱灾祈求他时，他为你使庄稼成长。"此人说："请你忠告我。"使者㊣说："你千万不要骂人，不要拒绝做好事，即使是以开朗的面孔对待你的兄弟，即使是把你桶中的水倒给求水的人。你当把裤子提到小腿中间，若不愿做，就提到两踝骨的地方。你不要把裤子拖到地上，因为拖裤子属于傲慢行为。安拉不喜欢傲慢。"[1]

## 为主道出征的战士的故事

哈菲兹·本·阿萨克尔在《哈桑之女法图麦简史》中说，法图麦说，有一天穆斯林被隐昧者打败，穆斯林军中一位战士骑的骏马怎么也跑不动。这位战士是一位清廉的富人。他喊道："马儿呀！怎么了？真该死！我养你千日，就是为了今日。"忽然那匹马说话了，它说："我怎能再卖力呢？你让马夫喂养我，但他们亏待我，只给我很少的草料。"战士听后说："我以安拉的名义向你保证，今后必在我的房中喂养你。"马儿这才飞快奔走，救出了主人。此后，这位战士一直在自己房中喂养此马。消息不胫而走，人们奔走相告。罗马国王闻讯后说："此人（战士）所在地区将难以攻克！"遂决定设计捕获此人。他派一个叛教者去战士那里，那人到来后，表示决心加入伊斯兰，装作和穆斯林和睦相处的样子，取得了战士的信任。有日战士和叛教者步行至河边。事先叛教者已经和罗马国王方面的另一人约好，要共同俘获战士。二人围住战士，正要俘获他的时候，战士抬头看着天空说："主啊！此人以你的名义欺骗了我！请你以你所意欲的方法处置他们吧！"这时，两只猛兽扑过来将二人拖走。战士平安回家。[2]

## 阐明代理大地

"**使你们成为大地的代位者**"，即他让你们代代相传。正如安拉所言：✧ **如果他意欲，他就消灭你们，并在你们之后让他所意欲的来继承你们，就像他从其他群体的后裔中产生你们一样。**✧（6：133）又✧ **他使你们成为大地上的代治者，他提升**

---

（1）《艾哈麦德按序圣训集》5：64。
（2）《大马士革》19：489。

你们中一些人的等级高于另一些人。》（6：165）
又《 当时你的主对天使说："我将在地上设置代位
者。"》（2：30）如前所述，"代位者"指一个群
体，他们的后辈继承前辈。

本章中的这节经文也是这个意思："**使你们
成为大地的代位者**"，即他使你们成为一个民族之
后的另一民族，一代人之后的另一代人，一个群体
之后的另一个群体。假若他意欲，他就把全人类造
化在同一时期，不使部分人成为另一部分人的子
孙；假若他意欲，他就像从泥土创造阿丹那样造化
人类。假若他不意欲使部分人成为另一部分人的子
孙，不让任何人提前死去，而让他们死于同一时
期，那么，地球就无法容纳人类，人类也无法安居
乐业，人间将会弱肉强食。但是明哲而大能的安拉
决定从一个人创造全人类，然后使他们无限繁衍，
分布于地球的各个角落，使他们代代相传，一些民
族接替另一些民族，直到寿限结束，人类灭绝。一
切都会按安拉的定然发生，一切都在安拉的统筹之
中。复生日到来后，每个行为者都会得到充分的报
应。因此安拉说："当一个被迫无奈的人向他祈求
时，谁能回答？他解除灾难，使你们成为大地的代
位者，难道在安拉之外另有神吗？"即还有神能做
到这一切吗？既然如此，还能有与安拉共同接受崇
拜的神吗？况且，不言而喻，这一切都是独一无偶
的安拉的行为。

"**你们很少省悟**"，即你们很少参悟安拉所指
引的真理和正道。

《 63.谁从陆地和海洋的黑暗中引导你们？谁差
遣风作为他的慈悯之前的喜讯？难道在安拉之外另
有神吗？安拉远比他们所举伴的崇高。》

"**谁从陆地和海洋的黑暗中引导你们？**"谁能
像安拉那样，在天地中创造了许多标志？正如安拉
所言：《（他还设置）各种标志。他们也可通过星
辰导向。》（16：16）又《 他为你们设置群星，为
你们在陆地与海洋的黑暗中导向。我为知道的人详
述各种迹象。》（6：97）

"**谁差遣风作为他的慈悯之前的喜讯？**" "**慈
悯之前**"指在饱含雨水的云之前，安拉降下雨水，
拯救遭受干旱、陷入困境并已经绝望的众仆。

"**难道在安拉之外另有神吗？安拉远比他们所
举伴的崇高。**"

《 64.谁创始造化，然后复造它？谁由天和
地赐给你们生计？难道在安拉之外另有神吗？你

说："你们带来你们的证据，如果你们是说实话
的。"》

安拉以其能力和权力开始造化，然后又再次造
化。正如安拉所言：《 你的主的惩罚是严峻的。是
他初造，然后复造。》（85：12-13）又《 是他创
始造化，然后复造之。复造对于他是更容易的。》
（30：27）

"**谁由天和地赐给你们生计？**"即谁由天上降
下雨水，从而使大地长出各种果实。正如安拉所言：
《 以含有甘霖的天盟誓，以裂开的地盟誓。》（86：
11-12）又《 他知道进入地中的一切，由其中出来
的一切，从天上下降的一切和升到天上的一切。》
（34：2）清高伟大的安拉从天空中降下多福的雨
水，使之渗入地下，又从大地上产生许多泉源，用
之产生各种各样的农作物、水果和花朵。《 你们吃
吧，并放牧牲畜，此中对于有理智的人确有种种迹
象。》（20：54）安拉说："**难道在安拉之外另外
有神吗？**"意为还有神能做到这一切吗？或曰：既
然如此，还能有接受崇拜的神吗？

"**你说：'你们带来你们的证据'**"，以证明
你们所倡导的多神论是正确的。

“**如果你们是说实话的！**”众所周知，他们无据可循。正如安拉所言：﴿谁祈求安拉的同时，毫无理由地祈求他神，对他的清算只在他的主那里。隐昧者绝不成功。﴾（23：117）

**﴿65.你说：“除了安拉，在诸天与大地中，谁能知道目不能见的？他们也不知道什么时候他们会被复活。﴾**

**﴿66.不然，他们的知识能达到后世吗？不然，他们确实对它在怀疑之中；不然，他们对后世是盲目的。”﴾**

## 只有安拉知道未见[1]

清高伟大的安拉命令使者ﷺ告诉世人，只有安拉知道未见，除他之外，天地中任何人都不知道它们。

“**除了安拉**”。这种否定语说明只有安拉知道未见。正如安拉所言：﴿安拉那里有未见（事务）的钥匙，除它之外无人知道它。﴾（6：59）﴿末日的知识只在安拉那里，他下降及时雨。﴾（31：34）类似的经文较多。

“**他们也不知道什么时候他们会被复活。**”居住在天地中的万物并不知道复活的时间。正如安拉所言：﴿它在天地之间是重大的，它将突然来临。﴾（7：187）意为：它对天地万物是一件重大的事情。

“**不然，他们的知识能达到后世吗？不然，他们确实对它在怀疑之中**”，即他们的知识达不到知道复活的程度。另一些学者解释说：“关于复活之时的知识，他们是一样的。”正如《穆斯林圣训实录》记载，吉卜勒伊里向穆圣ﷺ问复活之时的知识时，穆圣ﷺ说：“关于它，被问者绝不比询问者更清楚。”[2]换言之，无论询问者，还是被问者，他们在这方面都是等同的，谁都不具备更多的知识。

“**不然，他们确实对它在怀疑之中**”。“**他们**”指所有的隐昧者。正如下面的经文所说：﴿他们将被排列着展示在你的主跟前，（我说）“你们正如我最初造化你们时一样，确已来到我跟前。但是，你们曾妄言我不会为你们设定一个约期。”﴾（18：48）即“你们中的隐昧者”。本章经文也一样，说：“**不然，他们确实对它在怀疑之中**”，即他们对复活之时的存在和发生是怀疑的。

“**不然，他们对后世是盲目的**”，即他们关于复活之时茫然无知。

（1）人类目不能见的事物。——译者注

（2）《穆斯林圣训实录》1：36。

**﴿67.隐昧的人说：“当我们和我们的祖先都已化为泥土时，我们还能复出吗？﴾**

**﴿68.确实，这是我们和我们的祖先在以前被许过的。这只不过是古代的神话罢了。”﴾**

**﴿69.你说：“你们应当到大地上去旅行，看看犯罪者的结果如何？”﴾**

**﴿70.你不要为他们忧伤，也不要因为他们的阴谋而烦闷。﴾**

## 对复活的怀疑以及对它的驳斥

清高伟大的安拉说，多神教徒中否认复生的人们认为他们变成朽骨、化为泥土之后，他们的身体不可能被复原，然后他们说：“**确实，这是我们和我们的祖先在以前被许过的**”，即我们和我们的祖先很久以来就听到过死后的复活，但我们在现实中没有见过它的发生。

“**这只不过是古代的神话罢了**”。他们认为死后复活的诺言仅仅是有些人从古籍中找来的传说，而不是事实。安拉答复这些怀疑论者说，穆罕默德啊！你对这些人说：“你们应当到大地上去旅行，看看犯罪者的结果如何？”“犯罪者”指否认众使者和使者带来的关于复活和其他信息的人们，他们不相信死后的复活等重大问题。即你看看他们是怎样遭受安拉的惩罚和报应的？安拉又是怎样从他们中间拯救他尊贵的使者和使者们的追随者的？这充分证明使者所带来的信息的真实性和正确性。然后安拉安慰穆圣ﷺ说：“**你不要为他们忧伤**”，即你不要替那些否认你的信息的人而伤心，不要因他们感到遗憾和惋惜而伤身。

“**也不要因为他们的阴谋而烦闷**”，即他们对你的诡计和对你的拒绝，不要因此烦闷。安拉将支持你，使你战胜反对者和顽抗者，并使你的宗教在世界各地发扬光大。

**﴿71.他们说：“如果你是诚实的，这约言何时实现？”﴾**

**﴿72.你说：“你们所希望加速实现的事情，可能已经临近你们了。”﴾**

**﴿73.你的主对人类确实是有宏恩的。但是他们大多数却不感谢！﴾**

**﴿74.的确，你的主知道他们心中所隐藏的和公开的。﴾**

**﴿75.在天地之间的任何一件隐微事物，都（被记录）在清楚的天经中。﴾**

清高伟大的安拉告诉我们说，多神教徒们抱

着不信任的态度，询问后世在哪一天到来，"他们说：'如果你是诚实的，这约言何时实现？'"安拉回答他们说，穆罕默德啊！"你说：'你们所希望加速实现的事情，可能已经临近你们了'"。伊本·阿拔斯等学者解释说："你们所希望加速实现的部分事情，已经临近或将要临近你们了。"[1] 这也是下列经文所指的意义：他们说："它在何时？" 你说："它可能不远了。"（17：51）又 他们要求你立即带来惩罚，事实上火狱包围着隐昧的人。（29：54）

从语法上看，经文包含"你们所希望加速实现的事情，已经为你们而加快了步伐"的意思。据传述，穆佳黑德就是这样解释的。[2]

"你的主对人类确实是有宏恩的。"除个别人外人类大多在亏负自己，对安拉的恩典很少感谢，但安拉却无限地恩赐他们。

"的确，你的主知道他们心中所隐藏的和公开的"，即安拉知道一切胸中隐藏的秘密，正如他知道一切明显的事情一样。 无论谁在暗中说话或是大声说话，无论谁在夜间隐伏或是白天外出，（在他看来）都是一样的。 （13：10）又 如果你高声说话，那么，他确实知道秘密的和更隐秘的。 （20：7）又 注意，他们蜷曲胸部，以便隐瞒安拉。注意，他们以他们的衣服遮掩自己的时候，他知道他们所隐藏的和公开的。 （11：5）[3]

然后清高伟大的安拉说，他是知道天地中一切秘密的主宰，他知道目不能见的和目所能见的。换言之，他知道人类目所能见的和目不能见的一切。

"……在天地之间的任何一件隐微事物"。伊本·阿拔斯解释说"任何一件隐微事物"指任何一件事物。天地万物都被记载在一部天经中，正如安拉所言： 你难道不知道，安拉知道天上与地上的一切吗？这确实是（记录）在册的，对于安拉那是容易的。 （22：70）

 76.这《古兰》，的确向以色列的子孙讲述了他们所争论的大部分（事情）。 
 77.确实，它对于信仰者是引导与慈悯。 
 78.你的主确将以他的断法在他们之间判决，他是优胜的、全知的。 
 79.所以你当托靠安拉，的确，你是在明显的真理上。 
 80.你的确不能使死者听到，也不能使转身离开的聋子听到呼唤。 

---
(1)《泰伯里经注》19：492；《散置的珠宝》6：375。
(2)《泰伯里经注》19：492。
(3)《泰伯里经注》19：494。

 81.你绝不能引导瞎子脱离迷津。你只能使归信我的启示的人听见，因为他们是顺服者（穆斯林）。 

## 《古兰》叙述以色列后裔的分歧，安拉在他们之间的判决

安拉讲述这部尊贵的经典及其所包含的辨别是非的标准、明证，指出他将对那些接受过《讨拉特》和《引支勒》的以色列后裔叙述他们的大部分分歧。譬如关于尔撒的分歧，因为犹太人对尔撒的表述完全是谎言，而基督教徒却在信仰的过程中走向了极端。这部公正真实的《古兰》则说，尔撒是安拉的众仆中的一个仆人，也是安拉的一位使者和先知。愿安拉赐给他最美好的福安。正如安拉所言： 那是麦尔彦之子尔撒，是真实的言辞，但他们为此而争论。 （19：34）

"确实，它对于归信者是引导与慈悯"，即《古兰》是归信它的人的心灵的向导，是对他们的慈悯。在复生日："你的主确以他的断法在他们之间判决。"

然后清高伟大的安拉说："他是优胜的"，即

## 命令在传达天启信息过程中托靠安拉

"**所以你当托靠安拉**"。在你的一切事务，特别是在传达主的信息过程中，你当托靠安拉。

"**的确，你是在明显的真理上**"，即你坚持的是明确的真理，反对你的人，已经注定遭受不幸，他们的主讲给他们的言语是合理的。但他们不会归信，哪怕一切迹象来临他们。

清高伟大的安拉说，"**你的确不能使死者听到**"，即你无法使他们听到有益的话，这同样适用于那些心上罩着幔帐、不信正道的昏聩之人。安拉说："**也不能使转身离开的聋子听到呼唤。你绝不能引导瞎子脱离迷津。你只能使归信我的启示的人听见，因为他们是顺服者（穆斯林）**"，即响应你的号召的只是那些耳聪目明、心理健康、恭顺安拉，并能听从众使者带来的消息的人。

§ 82.**当言辞对他们实现时，我将使一种动物从地中出来对他们说话。因为人类不信我的种种迹象。**

## 地兽出世

这种动物将出现在世界末日。那时人们为非作歹，放弃主命，篡改正教，安拉要使它们在大地上出现。有学者说，它们将出现在麦加或其他地方。如果安拉意欲，后文将述及这一问题。这种动物将和人们说话。阿里㊚说："'它说话'指它将和人们说话。"(1)

叙述这种动物的圣训和先贤的遗言很多，下面引用了较简单的部分，求安拉赐我们能力，我们只求助于他。胡宰法·本·吾赛德说，安拉的使者㊚从屋中出来，当时我们正在探讨复活之时的事情。他说："复活时来临之前，你们将看到十项迹象（它们是）：太阳从西面升起，烟雾出现，丹扎里出世，地兽出世，雅朱者和马朱者出世，麦尔彦之子尔撒出世，大地三次沦陷，阿拉伯半岛沦陷、西方沦陷和东方沦陷，烈火从也门中部出现，它驱赶（或聚集）人们，人们到哪里过夜，它就到那里，人们到哪里午休，它就到那里。"(2)安拉至知。

圣训二：阿卜杜拉·本·阿慕尔说，我记着一段圣训，是从安拉的使者㊚那里听到的，我永远不会忘记它。使者说："将出现的第一个迹象是太阳从西面升起，地兽于上午时分出现在人们当中。无论这两个迹象哪个出现在先，另一个出现的时间都不会太远。"(3)

圣训三：安拉的使者㊚说："在六件事情出现之前，你们当争先为善（它们是）：太阳从西方升起，烟雾出现，丹扎里，地兽，你们中个人的事情（个人的死亡）和众人的事情（普遍遭受不幸）。"(4)

圣训四："地兽将带着穆萨的手杖和苏莱曼的戒指（即玉玺）出世，它将用手杖击打隐昧者的鼻子，用戒指使穆民的脸颊发亮。直至人们聚积到一张桌子前，（届时）穆民和隐昧者区别鲜明。"(5)

伊本·哲利尔辑录：伊本·祖拜尔曾叙述地兽说："其头像牛头，眼睛像猪眼，耳朵像象耳朵，角像赤鹿角，脖子像鸵鸟脖子，胸部像狮子胸，颜色像老虎色，后腿像猫腿，尾巴像羯羊尾巴，蹄子像骆驼蹄子，它的每两个骨节之间有十二肘尺，它将带来穆萨的手杖和苏莱曼的戒指。它将用穆萨的手杖在每个穆民的脸上点上一个白色印记，那印记将会扩散到穆民的整个脸部，最终穆民将容光焕发，又白又亮；他将用苏莱曼的戒指，在每个隐昧者的脸上点上一个黑色印记，那印记将会扩散到隐昧者的整个脸部，直至成为黑脸。以致人们在市场交易时说："喂，穆民，这个东西多少钱？"或"喂，隐昧者，这个东西多少钱？"一屋子的人坐在桌前吃饭时，也能认出谁是穆民，谁是隐昧者。后来地兽对人们说："某人啊！你高兴吧！因为你将是乐园的居民。"或"某人啊！你将是火狱的居民。"那就是安拉所说的："**当言辞对他们实现时，我将使一种动物从地中出来对他们说话。因为人类不信我的种种迹象。**"(6)

§ 83.**那天我将从每一民族中集合不信我的迹象的人。然后，他们将被驱赶。**

§ 84.**直到他们到来时，他说："你们否认了我的迹象吗？其实你们还没有掌握它们。你们曾经做些什么呢？"**

§ 85.**由于他们的不义犯罪，判辞将对他们落实，所以他们将不能说话。**

§ 86.**他们没见到我以夜供他们休息，使昼为光**

---

(1)《泰伯里经注》19：500。
(2)《艾哈麦德按序圣训集》4：6；《穆斯林圣训实录》4：2225、2227；《艾布·达乌德圣训集》4：491；《提尔密济圣训全集诠释》6：413；《圣训大集》6：456；《伊本·马哲圣训集》2：1341。
(3)《穆斯林圣训实录》4：2260。
(4)《穆斯林圣训实录》4：2267。
(5)《特亚莱斯圣训集》334。
(6)《伯厄威经注》3：429。

亮的吗？对于任何有正信的群体，此中确有种种迹象！》

## 在末日不义者将被召集

清高伟大的安拉说，复生日，不义者——否认安拉的迹象和众使者的人们，将被召集到安拉跟前，就他们在今世的行为而受到审问，安拉指责、训斥和蔑视他们说："那天我将从每一民族中集合不信我的迹象的人"，即我将从每个民族和每个时代召集一伙人。正如安拉所言：《你们把犯罪的人跟他们的伙伴们以及他们所崇拜的一起带来。》（37：22）又《当生灵被配合时。》（81：7）

"然后，他们将被驱赶。"伊本·阿拔斯解释为，"他们被推搡。"[1]

阿卜杜拉·本·拉赫曼·本·栽德解释说，"他们将被驱赶。"[2] "直到他们到来时"，即他们在被审问的地方站在安拉跟前时，"他说：'你们否认了我的迹象吗？其实你们还没有掌握它们。你们曾经做些什么呢？'"意为他们将被问及信仰和行为，因为他们不是幸福的人，正如安拉所述：《他使他所意欲的人进入他的慈悯。至于不义者，他已为他们准备了痛苦的刑罚。它爆出像宫殿般的火花。》（75：31-32）那么，这一日他们将在证据面前无话可说，找不出任何借口。正如安拉所述：《这是他们不能说话的日子，他们不得许可，焉能提出借口？》（77：35-36）

本章的经文说："由于他们的不义犯罪，判辞将对他们落实，所以他们将不能说话"，即当他们被召归于全知，目所能见和不能见的安拉跟前时，无言以答，默不作声，因为他们在今世中亏负了自身。

然后清高伟大的安拉——他拥有完全的大能，巨大的权力，他的命令不可抗拒，他的众使者带来的确凿真理不容否认——说："他们没见到我以夜供他们休息"，让人类在漆黑的夜晚中停止了一切活动，解除身心疲惫。

"使昼为光亮的"，即充满光亮，使得人们在光明中旅行经商，做工务农，处理许多必须的事务。"对于任何有正信的群体，此中确有种种迹象！"

《87.那天，号角将被吹响，除安拉所意欲之外，诸天与大地中的万物都恐惧了。他们全体都谦卑地来见他。》

《88.你看山而以为它们是僵固的，但是它们将像云烟一样地消失。（那是）精造万物的安拉的杰作。他彻知你们所做的一切的。》

《89.谁带来一件善行，他将获得比它更好的，他在那天的恐怖中将会平安。》

《90.谁带来一件罪恶，他们将倒栽着（地）被投进火去。除了你们当初的作为之外，你们被报以什么呢？》

## 复生日的惊恐 在复生日的善恶报酬

清高伟大的安拉讲述了号角吹响之日的惊恐。正如安拉所言："号角将被吹响。"讲述号角的圣训说，伊斯拉菲里是奉安拉命令吹号角的天使，他的第一次号角声恐怖而持久。它标志着今世的终结，当时大多数坏人还活着，天地万物惊恐无比，只有安拉所意欲的人——烈士们不会害怕，因为他们永远活着，并在安拉那里受到供养。[3]

阿卜杜拉·本·阿慕尔传述，有个人来到他跟前问："你说末日将在某某情况下来临，这到底是怎么回事？"阿卜杜拉说："应受拜者，惟

---
（1）《泰伯里经注》19：501。
（2）《泰伯里经注》19：438。

（3）《圣训大典》63。

有安拉！（或讲了类似的一些话）我本不想给任何人谈什么。我说的只是：你们不久会看到一件重大事情，它将毁灭（天）房，并且如此这般的事情将发生。"阿卜杜拉接着说，安拉的使者☾说："丹扎里将会出现在我的民族之中，他将停留四十，[1]然后安拉派遣尔撒·本·麦尔彦，他和欧尔沃·本·麦斯欧迪很像。尔撒将追击丹扎里，将他处死。然后人们要生活七年，期间，任何二人之间都没有矛盾。此后，安拉从沙姆方面派来冷风，它将带走心中有一粒芥子大小信仰（或善意）的每一个人。你们中的一人即便钻进了山里面，也会被它追及而带走。"他说，这是我从安拉的使者☾那里听到的。使者还说："坏人们将会生存下来，他们灵巧如鸟，脾气如兽，善恶不分。恶魔出现在他们面前说：'你们为何不响应我？'他们问：'你有何指示？'然后恶魔命令他们崇拜偶像。尽管如此，他们仍丰衣足食，生活幸福。此后号角将被吹响，人们只要听见它，就会仰起头倾听。"阿卜杜拉接着说："第一个听到的人，当时正在建造他的饮骆驼的水池。此人和其他人都晕倒了。"他说："然后安拉将派来毛毛细雨（像露珠或像影子。圣训传述者不能肯定。）人们的身体凭借那雨水得以成长。后来第二次吹响号角，那时人们都站起来四处张望。有声音说：人们啊！来见你们的主吧！❦你们让他们停步，因为他们是要被审问的。❧（37：24）后来有声音说：'选择出将入火狱的人吧！'有声音问：'他们有多少人？'回答说：'每一千人中有九百九十九人。'"阿卜杜拉说："那就是❦使儿童白头的日子。❧（73：17）和❦小腿将显露的日子。❧（68：42）[2]圣训中的"人们只要听见它，就会仰起头倾听"，指仰着头，侧耳细听天上传来的声音。这是惊恐之声，此后一声号角声使他们晕倒死去，然后号角声又使他们复活，站到众世界的养主跟前接受审判。这是所有被造物从坟墓中出来的时刻。安拉说："他们全体都谦卑地来见他。""谦卑地"指渺小地、绝对顺从地，无人能违抗他的命令。正如安拉所言：❦那一天，他将召唤你们，你们将以颂词应答他。❧（17：52）又❦当他向地下的你们发出一声呼唤之际，你们马上就会出来。❧（30：25）[3]叙述号角的圣训中说："号角被第三次吹响后，安拉命令（天使）把灵魂放进号角上的眼孔中，坟墓中和其它地方的身体长好之后，伊斯拉菲里吹响号角。号角吹响时，灵魂都飞了起来，穆斯林的灵魂将闪闪发光，隐昧者的灵魂则漆黑一片。安拉说：'以我的尊严和伟大发誓，每个灵魂必定要回到（当初的）躯体内。'灵魂回到躯体后，就像毒素在被（蛇蝎）叮咬的人体内流动一样发作。然后他们站起来，抖掉从坟墓中带出的尘土。❦那天，他们将从坟墓中迅速出来，犹如奔向旗帜一般。❧"（70：43）

"你看山而以为它们是僵固的，但是它们将像云烟一样地消失"，即在你看来，山总是纹丝不动的，然而，它终将像浮云一样消失。即它们将离去。正如安拉所言：❦那天，天将翻腾起伏，山将移动。❧（52：9-10）又❦他们关于山问你，你说："我的主将粉碎它们。"他将使它成为空旷的荒原。你在其中看不到曲折或坎坷。❧（20：105-107）又❦那天，我要将山岳移开，你会看到大地空旷无物。❧（18：47）

"（那是）精造万物的安拉的杰作"，即安拉精致地、以他的智慧创造万物。

"他彻知你们所做的一切的"，即安拉知道众仆所做的一切善恶，并将给予最全面的报酬。[4]

然后安拉阐明了那日的幸福者和不幸者的情况，说："**谁带来一件善行，他将获得比它更好的。**"格塔德说，对于独一的安拉来说，那是真实的。安拉在另一处经文中说，一件善行将得到十倍的报偿。

"**他在那天的恐怖中将会平安。**"正如安拉所述：❦最大的恐怖不会使他们忧虑。❧（21：103）又❦是那被投入火中的人更好呢，还是在审判日平安到来的人更好呢？❧（41：40）又❦他们将平安地居住在高楼之中。❧（34：37）

"**谁带来一件罪恶，他们将倒栽着（地）被投进火去。**"经文指作恶或没有做过任何善事而来见安拉的人，或者其罪恶超过善行的人。因此说："**除了你们当初的作为之外，你们被报以什么呢？**"

❦91.我已奉命崇拜这个城市的养主，他已使这个城市成为禁地，一切都属于他。我已受命成为归顺的人（穆斯林）。❧

❦92.我将诵读《古兰》。无论谁走正道，则益于其自身；谁步入歧途，你对谁说："我只是一位警告者。"❧

❦93.你说："一切赞美，全归安拉，他将要让你们看到他的迹象，然后你们就会认识它们。你们的主绝不是对你们的行为疏忽的。"❧

---

（1）圣训传述者说："我不知道先知说的'四十'指四十日还是四十月，或者四十年。"
（2）《穆斯林圣训实录》4：2258。
（3）《泰伯里经注》36。
（4）《圣训大典》19：508。

## 命令崇拜安拉 以《古兰》号召世人

清高伟大的安拉告知其使者，让他说："我已奉命崇拜这个城市的养主，他已使这个城市成为禁地，一切都属于他。"正如安拉所言：✤ 你说："世人啊！如果你们对我的宗教有丝毫怀疑，那么我不会崇拜你们舍安拉而崇拜的，我只崇拜使你们死亡的安拉。"✥（10：104）在"**城市的养主**"这个短语中，经文以"**养主**"一词联系"**城市**"一词，这是一种荣誉的标志，说明安拉对这座城相当重视和喜爱。如：✤ 所以，让他们崇拜这天房的主吧。他曾给饥饿的他们供食，并曾使他们从恐惧中获得安宁。✥（106：3-4）

"**他已使这个城市成为禁地**"，即该城已经从安拉的法律和法令上成为神圣庄严的。穆圣㊗在解放麦加之日说："安拉在创造天地之日，已经使这个地区成为神圣庄严的。所以直至末日，它是因为安拉的尊严而具有尊严的。这里不能砍伐荆棘，不能追赶猎物，不能捡拾遗物，除非为了宣示它（寻找失主），也不能拔多刺的灌木……"[1] 一切赞美和恩情，全归安拉。

"**一切都属于他。**"这是总述之后的泛述，意思是：安拉是这座城的养主，也是万物的养主。一切都归他掌管，除他之外再无应受崇拜的。

"**我已受命成为归顺的人（穆斯林）。**""**归顺的人**"，指虔诚地认主独一，绝对服从安拉命令的人。

"**我将诵读《古兰》**"，即我将为世人宣传《古兰》，正如下面的经文所言：✤ 这就是对你宣读的启示和明智的提示。✥（3：58）又✤ 以真理为你宣读一些穆萨与法老的故事。✥（28：3）我本着真理，为归信的民众而对你叙述穆萨与法老的故事。意为我是一个警告者。

"**我将诵读《古兰》。无论谁走正道，则益于其自身；谁步入歧途，你对谁说：'我只是一位警告者'**"，即那些警告先民的众使者，都是我的榜样。他们警告他们的民族，为传播天启信息而尽职尽责，出色地完成了任务。安拉将清算他曾派过使者的各民族。正如安拉所言：✤ 你的责任只是传达，清算由我掌管。✥（13：40）又✤ 你只是警告者，安拉是综理万物的。✥（11：12）

"**你说：'一切赞美，全归安拉，他将要让你们看到他的迹象，然后你们就会认识它们'**"，即一切赞美，全归安拉，他只有在昭示明证，传达警告之后惩罚一个人（使其没有任何不信的借口）。

清高伟大的安拉说："**他将要让你们看到他的迹象，然后你们就会认识它们。**"正如下面经文说：✤ 我将把我在各方和他们自身当中的迹象显示给他们，直到他们明白它就是真理。✥（41：53）

"**你们的主绝不是对你们的行为疏忽的。**"安拉是见证万物的。据传述，伊玛目艾哈麦德曾吟诵下列两节诗句（这首诗不一定是他写的）：如果有日孤独无伴，不要说，我独自一人。而说，监视者看着我；绝不要认为安拉会有片刻的疏忽，或有某物能隐瞒过他。

《蚂蚁章》注释完。一切赞美和恩情属于安拉。

---

## 《故事章》注释　麦加章

伊玛目艾哈麦德辑录，麦尔迪·克鲁白说，我们去阿卜杜拉跟前，要求他给我们诵读"塔，辛，米目"这二百节（经文），但他说："我并没有背记此章，你们去找从安拉的使者㊗那里学习了这章经文的人——胡拜卜·本·艾勒特。"后来我们去胡拜卜那里，他给我们诵读了这些经文。[2]

**奉普慈特慈的安拉之尊名**

✤ 1.塔，辛，米目。✥

✤ 2.这是明白的天经的节文。✥

✤ 3.我为了归信的群体，以真理为你宣读一些穆萨与法老的故事。✥

✤ 4.法老曾在地上趾高气扬，并把人民分成许多支派。他压制他们当中的一部分，杀死他们的男孩，而让他们的女子活着。他确实是一个坏事者。✥

✤ 5.我意欲赐恩典给那些在地上遭受迫害的人，使他们成为领袖，并使他们成为继承者。✥

✤ 6.我为他们在大地上赐给地位，并让法老、哈曼和他俩的军队从他们那里看到他们所提防的。✥

---

(1)《布哈里圣训实录诠释——造物主的启迪》4：56；《穆斯林圣训实录》2：986；《艾布·达乌德圣训集》2：518；《圣训大集》5：203；《伊本·马哲圣训集》2：1038；《艾哈麦德按序圣训集》1：253。

(2)《艾哈麦德按序圣训集》1：419。

## 穆萨和法老的消息以及安拉对他们民族的意欲

前面已经介绍了（出现在各章开头的）单独的字母。

"**这是明白的天经的节文**"，即这是明确的经典节文，它能阐明一切事情的本质，阐述过去和将来的事情。

"**我为了归信的群体，以真理为你宣读一些穆萨与法老的故事。**"如：❴ 向你叙述最佳的故事……❵（12：3）即我如实为你叙述，使你如身临其境。

"**法老确曾在地上趾高气扬**"，即他是一个傲慢的压迫者和暴君。

"**并把人民分成许多支派**"，即使人民成为不同的（阶层），对各个阶层按法老自身的喜好行其政事。

"**他压制他们当中的一部分。**""**他们中的一部分**"指以色列的后裔。当时，他们是最好的民族。虽然如此，统治他们的却是这个专横的暴君，他让他们从事最低贱的工作，强迫他们日夜为他和他的民族服务。这还不够，法老及其国民担心以色列的后裔中会出现一个男子，推翻他和他的国家，所以残杀他们中的男婴，让女婴活着，以便凌辱他们。然而，安拉的定然是防不胜防的。因为安拉预定的期限刻不容缓。万物都有其期限。

清高伟大的安拉说："**我欲赐恩典给那些在地上遭受迫害的人……并让法老、哈曼和他俩的军队从他们那里看到他们所提防的。**"安拉确实让这一切成为了事实。正如他所说：❴ 我教一些曾受欺压的人继承了大地的东方和西方……我毁灭了法老和他的臣民所做的一切和所兴建的一切。❵（7：137）又❴ 就那样，我使以色列的后裔继承了它们。❵（26：59）尽管法老想凭借自己的力量和权力从穆萨手中挽回败局，但还是事与愿违。虽然他是大权在握的国王，但也不能抵抗安拉的法令。安拉的法令不可违抗，因为安拉具有决断事物的权力，是不可违抗的。安拉早判定法老最终要毁在穆萨手上。

❴ 7.我也启示穆萨的母亲道："你给他喂奶。如果你替他担心，就把他扔到河里。你不要怕，也不要忧虑，因为我会把他归还给你，我将使他成为一位使者。" ❵

❴ 8.后来，法老的家人捡了他，以致使他成为他们的仇敌和忧患，因为法老、哈曼和他俩的军队都是罪人。❵

❴ 9.法老的妻子说："（他将是）对你我的慰藉，你们不要杀他，他也许会对我们有益，或是我们把他作为儿子。"他们感觉不到。❵

## 安拉启示穆萨的母亲如何安排事情

学者们说，法老杀死大量以色列后裔中的男子后，科普特人担心以色列人从此灭绝，而让他们承担以色列人曾经承担的繁重劳动，所以对法老说："如果这样下去，以色列人中的老人老死了，少年都被杀光，而妇女无法承担男子的劳动，最终受苦的还是我们。"所以法老命令一年杀死以色列人的婴儿，另一年留下所生的婴儿。哈伦出生在不杀婴孩之年，穆萨却恰恰出生在杀死婴孩的那一年。法老让一些他所相信的人从事这项任务，接生婆们到处搜查，若发现哪个妇女怀孕，就记下她的名字，临产时只允许科普特女人看护她。如果以色列妇女生下女婴，他（她）们就转身离去；如果生下男孩，刽子手们就带来利刃，杀死孩子后扬长而去。愿安拉凌辱他们。

穆萨的母亲怀着他时，不像别的妇女那样显怀，所以接生婆们并没有觉察。但他的母亲生下他，发现他是一个男孩后非常苦恼，不知所措，悲喜交加。并且穆萨是个人见人爱的孩子。幸福的人，则会对他产生发自本能的喜爱，因为他是一位先知。安拉说：《我对你赋予了发自我的爱。》（20：39）

## 穆萨在法老的宫中

就在穆萨的母亲一筹莫展之际，安拉在她的心中秘密地启示她应当作什么，正如安拉所述："我也启示穆萨的母亲道：'你给他喂奶。如果你替他担心，就把他扔到河里。你不要怕，也不要忧虑，因为我会把他归还给你，我将使他成为一位使者。'"穆萨母亲的家在尼罗河畔，她找了一只箱子，把它做成摇篮，开始给孩子喂奶。当有人走近她时，她就小心地把孩子放进箱子，用一条绳子把箱子拴住，让其漂到河上。有一天突然进来几个可疑的人，她把孩子放进箱子后，将它推进河里，而忘记了用绳子拴住。箱子载着孩子漂走了，经过法老的宫殿时被宫女们捡起。她们不知道里面放着什么，害怕招来横祸，便把它带到法老的妻子跟前。箱子被打开后，赫然发现里面有一个孩子，那孩子美丽可爱。法老的妻子见到他的那一刻，安拉就使她对他产生了强烈的喜爱之情。因为她是一个幸福的人，安拉意欲她得到荣誉，她的丈夫遭受不幸。安拉说："**后来，法老的家人捡了他，以致使他成为他们的仇敌和忧患。**"伊本·易司哈格等学者说："其中的'俩目'（لِ）一词表示结果（以致），而没有'以便'的意思。因为他们捡穆萨的目的不是为了让他成为他们的敌人或心腹之患。显然，从字面意思看，这种解释是正确的。但如果研究前后文之间的关系，不难发现'俩目'（لِ）一词具有'以便'的意思。其实际意义是：安拉已经注定他们捡起他，以便他使他成为他们的敌人和心腹之患。从而更进一步说明法老及其族人的防备不堪一击。"因此安拉说："**因为法老、哈曼和他俩的军队都是罪人。**"

"**法老的妻子说：'（他将是）对你我的慰藉。'**"法老看到这个孩子后，担心他是以色列的后裔，所以要杀死他。但他的妻子穆匝黑穆之女阿西叶为了保护孩子，尽力让他喜爱他。她说，他将是"对你我的慰藉"。但法老说："他是你的慰藉，而不是我的慰藉。"后来的情况果真如此，安拉通过穆萨引导了阿西叶，消灭了法老。

"**他也许会对我们有益。**"实际情况就是如此，安拉因为穆萨引导了阿西叶，让她住进乐园。

"**或是我们把他作为儿子**"，即作为养子。因为她在法老那里没有生孩子。

"**他们感觉不到。**"意为当他们捡起这个孩子时，安拉已经凭其伟大智慧和绝对明证，为他们安排好了一切，但他们对此浑然不知。

《10.穆萨母亲的心清晨变成空虚的。如果不是我稳定了她的心，使她成为归信者，她几乎要暴露他（的事情）。》

《11.她对穆萨的姐姐说："你跟踪他。"后来她从远处看到了他，而他们并未发现。》

《12.我从前对他禁止了乳母们（喂奶），后来她说："我可以给你们指点一家人吗？他们将为你们照顾他，他们是忠于他的。"》

《13.我把他还给他的母亲，以便使她得到慰藉，不再忧伤，以便她知道安拉的诺言是真实的。不过他们大多数不知道。》

## 穆萨的母亲极其悲伤 穆萨回到母亲跟前

清高伟大的安拉说，孩子从河上漂走后，穆萨的母亲内心空虚，除了对穆萨的牵挂之外，万念俱灰。这是伊本·阿拔斯等学者的解释。[1]

"她几乎要暴露他（的事情）"，她因为伤心过度，心情无法平静，而差点说出孩子的情况。但安拉赐给了她力量和耐心。

"如果不是我稳定了她的心，使她成为归信者……她对穆萨的姐姐说：'你跟踪他。'"即穆萨的母亲吩咐他的姐姐——她略大一些，能听懂大人的话——去寻找穆萨的踪迹，四处打听他的消息。所以他的姐姐出去找他。

"后来她从远处看到了他。"伊本·阿拔斯解释为："她从旁边看着他。"[2] 穆佳黑德等学者解释为："她从远处看着他。"格塔德解释说："她若无其事地看着他。"[3]

事情是这样的：穆萨到了法老的宫殿后，法老的妻子对他愈看愈爱，并从法老的魔掌中解救了他。后来他们为孩子找来宫中的一些奶妈，但被孩子一一拒绝。无奈之下他们带他来到市场，希望能在那里找到一个适合的奶妈。穆萨的姐姐一见到他们抱着的孩子就认了出来。但她不露声色，他们也没有怀疑她。

清高伟大的安拉说："我从前对他禁止了乳母们（喂奶）"，即安拉早就注定，穆萨不能吃别人的奶，因为他在安拉那里是有尊严和荣誉的。这是安拉的命令，所以除他母亲外没有人能喂他奶吃。好让担惊受怕的母亲得到安宁。穆萨的姐姐看到寻找奶妈的人们不知所措，便对他们说："我可以给

---

（1）《泰伯里经注》19：532。
（2）《泰伯里经注》19：532。
（3）《泰伯里经注》19：532。

你们指点一家人吗？他们将为你们照顾他，他们是忠于他的。"伊本·阿拔斯说，穆萨的姐姐说了这话后，他们把她抓了起来，对她产生了怀疑。问道："你怎么知道他们会忠于他，并会爱护他？"她回答说："他们是真诚的，因为他们希望得到国王的欢心和封赏。"他们听后才放开了她。穆萨的姐姐免遭伤害，带他们来到家中，来到母亲跟前，母亲把乳房递过来后，孩子开始吃奶了。众人皆大欢喜。法老的妻子得到喜讯后，派人请来穆萨的母亲热情招待，慷慨奖赏。她只知孩子愿意吃这位妇女的奶，但不知道这就是他的亲生母亲。阿西叶遂要求穆萨的母亲和她一起住到宫中，给孩子喂奶。但穆萨的母亲拒绝了对方的好意，对她说："我有丈夫和孩子，不能住在你这里，如果你愿意，我可以在自己家中喂养这个孩子，不知意下如何？"法老的妻子同意了这个建议，并送给她许多衣食和礼物。穆萨的母亲带着孩子兴高采烈地回到了家中。安拉使她的内心恢复了安宁，并给了她尊严、地位和幸福的生活。在解救她前，她只遭受了很短的痛苦，大概是一天一夜。安拉至知。

赞美掌握万物的安拉清净，他所意欲的一切都会发生，他不意欲的事情不会发生。他使敬畏者苦尽甘来，绝处逢生。

因此说："**我把他还给他的母亲，以便使她得到慰藉**"，即她因孩子而欣喜不已。

"**不再忧伤。**"意为不再为穆萨而忧伤。

"**以便她知道安拉的诺言是真实的**"，即安拉曾为她许诺，要让穆萨回到她跟前，并使他成为一位使者。当她知道这个孩子是一位先知时，便像对待先知那样敬重他。

"**不过他们大多数不知道**"，他们不知道安拉的行为中的智慧，安拉将使善行在今后两世受到赞美和讴歌。人们往往不喜爱一件事情，而其结局却是美好的。正如安拉所言：⁅ **也许你们喜欢一件事，它却对你们是有害的。**⁆（2：216）⁅ **也许你们不喜欢某一事物，而安拉却在其中设置了许多好处。**⁆（4：19）

⁅ **14.当他体强智全时，我就赐给他智慧和知识。我就这样回赐行善者。**⁆

⁅ **15.他在城中的人不注意时进入了城市。他发现了两个人在那里厮杀，一个是他的族人，另一个属于他的敌人。属于本族的人，喊他帮忙对付敌人，因此穆萨就打了那人一拳，把他打死了。他说："这是魔鬼的行为，的确，它是误导人的明敌。"**⁆

⁅ **16.他道："我的主啊！我确实已经亏负了自**

己，求你恕饶我吧。"后来他恕饶了他。他是至恕的、至慈的。**⁆

⁅ 17.他说："我的主啊！由于你曾经赐给我恩典，我再也不做罪人的后盾。"⁆

### 穆萨如何杀死一个科普特人

安拉讲述了穆萨小时候的情况后，讲述他成年后的情况。在他体格健全后，安拉赐给他智慧和知识。穆佳黑德说"**智慧和知识**"指圣品。[1]

"**我就这样回赐行善者。**"然后经文讲述了穆萨获得安拉为他注定的地位，指圣品和与安拉谈话的品级。事情的起因是这样的：穆萨杀死了一个科普特人，因此被迫逃离埃及去麦德彦。

清高伟大的安拉说："**他在城中的人不注意时进入了城市。**"伊本·朱莱杰传述，伊本·阿拔斯说："那是昏礼和宵礼期间。"[2]伊本·孟克德尔传述，伊本·阿拔斯说："那是中午时分。"伊本·朱拜尔等学者持后一观点。[3]

"**他发现了两个人在那里厮杀**"，即争吵打架。

---
（1）《散置的珠宝》5：231。
（2）《泰伯里经注》19：538。
（3）《泰伯里经注》19：538。

"一个是他的族人",即以色列人。

"另一个属于他的敌人",即科普特人。[1]这是伊本·阿拔斯等学者的解释。

后来以色列人向穆萨求救,穆萨发现有机可乘——这正是人们疏忽的时间,所以走向科普特人,"就打了那人一拳,把他打死了",即攥紧拳头,猛击一拳,对方当即就死了。[2] "他说",指穆萨说:" '这是魔鬼的行为,的确,它是误导人的明敌。'他道:'我的主啊!我确实已经亏负了自己,求你恕饶我吧。'后来他恕饶了他。他是至恕的、至慈的。"

"他说:'我的主啊!由于你曾经赐给我恩典",即赐给我尊严、地位和恩典。

"我再也不做罪人的后盾",即我绝不帮助那些否认你、违背你命令的人。

❧ 18.翌晨,他在城里担心地东张西望。忽然昨日求他协助的人在喊他协助,穆萨对他说:"真的,你确实是一个明显的误导者。"❦

❧ 19.他打算去抓住他俩的敌人时,那人说:"穆萨呀!你打算像昨天杀死一个人那样杀死我吗?你只不过是想成为这地方的一个恶霸,而不愿作一个好人。"❦

### 杀人秘密如何暴露

清高伟大的安拉说,穆萨杀死科普特人后,因为所犯的罪恶而"在城里担心地东张西望",即穆萨因为杀了人而战战兢兢,左右张望,害怕受到报应。他出门时看到昨日向他求救的以色列人正和另一个科普特人打架,那人看到穆萨后,再次向他求救。穆萨对这个以色列人说:"真的,你确实是一个明显的误导者。"你已经明显地导人于迷误之中,且是个非常邪恶的人。但穆萨还是打算再帮助他对付科普特人。但那个胆小软弱的以色列人听到穆萨的这番话后,以为穆萨要来袭击他,所以为了自卫而喊道:"穆萨呀!你打算像昨天杀死一个人那样杀死我吗?"因为只有他们两个人知道杀人的内幕。科普特人听到这话后,跑到法老那里去告状。法老闻言,火冒三丈,决定杀死穆萨。遂派人去寻找穆萨,下令把穆萨带到他跟前。

❧ 20.有个男人从城的最远处跑来说:"穆萨呀!众人正在开会讨论要杀你。所以你快跑吧,我

---
(1)《泰伯里经注》19:539、540。
(2)《泰伯里经注》19:540。

是给你忠告的人。"❦

经文以"رجل"(男子汉、男人)形容来人,因为他有胆识。那人从另外一条道路赶来了,这条路是一条捷径。所以他抢先来到穆萨跟前说,穆萨啊!"众人正在开会讨论要杀你。所以你快跑吧",即离开此国吧,"我是给你忠告的人"。

❧ 21.所以,他害怕地东张西望着离开了它。他说道:"我的主啊!求你把我从不义的群体中救出去吧。"❦

❧ 22.当他走向麦德彦方向时,他说:"我的主也许会引导我正道。"❦

❧ 23.当他到达麦德彦的水源时,发现一群人在饮羊群。他发现在他们之外,有两个女子正在阻挡(她们的羊群)。他问:"你们为什么要这么做?"她们说:"牧羊人带走他们的羊群后,我们才能给(我们的羊群)饮水,我们的父亲是一位年迈的老人。"❦

❧ 24.因此他为她俩饮完了(她们的羊群),然后他回到树荫下,说道:"我的主啊!我确实需要

你降给我任何美好的。"

### 穆萨在麦德彦 穆萨给两位女子的羊群饮水

来人告诉给穆萨法老及其幕僚的决定后,穆萨独自离开了埃及。以前他生活安逸奢华,一贯出人头地,从未经历过这种生活。

"所以,他害怕地东张西望着离开了它。他说道:'我的主啊!求你把我从不义的群体中救出去吧。'"不义的群体指法老及其幕僚。有学者说,安拉派遣一位天使骑马去穆萨那里为他指点路向。安拉至知。

"当他走向麦德彦方向时",即他踏上这条光明坦途后,心情舒畅起来。因此说:"**我的主也许会引导我正道**"。"正道"指最端庄的道路。安拉确实为他引导了最端庄的道路,使他在今世和后世都走正路,并使他成为一位被引导者和正道的引导者。

"当他到达麦德彦的水源时",即他来到麦德彦,到了一个有水的地方想喝点水。那是一口井,牧羊人常在那里给他们的羊群饮水,"**发现一群人在饮羊群**"。

"他发现在他们之外,有两个女子正在阻挡……"她们挡住自己的羊群,不让它们和其他羊群一起饮水,以免受到伤害。穆萨见状,同情之心油然而生:"他问:'你们为什么要这么做?'"即你俩为什么不和别人一起给羊饮水?

"她们说:'牧羊人带走他们的羊群后,我们才能给(我们的羊群)饮水'",即这些人为他们的羊饮完之后,我们才有机会给自己的羊群饮水。

"我们的父亲是一位年迈的老人",所以你才看到了这个景象。安拉说,"**因此他为她俩饮完了(她们的羊群)**"。

"然后他回到树荫下,说道:'我的主啊!我确实需要你降给我任何美好的。'"伊本·阿拨斯等学者说,"树荫下"指他坐在树下。[1]

阿塔说:"穆萨说:'我的主啊!我确实需要你降给我任何美好的'时,让其中的一个女子听到了。"[2]

**25.后来,两个女人中的一个含羞地走到他身边。她说:"我的父亲请你,要报偿你为我们饮(我们的羊群)的工价。"后来,当他到达他并在他面前叙述了情况时,他说:"不要怕!你已经脱离了不义的民众。"**

**26.两个女人当中的一个说:"我的父亲啊!雇用他吧,你所雇的最好的人是这个强壮而可靠的人。"**

**27.他说:"我有意把我的这两个女儿之一嫁给你,条件是你为我工作八年,倘若你做完十年,那是你的自愿,我不愿使你为难。如果安拉愿意,你会发觉我是一个清廉的人。"**

**28.他说:"这是你我之间的约定,无论我完成了这两个期限中的任何一个,对于我是没有不公平的,安拉担保我们所说的。"**

### 穆萨在两个女子的父亲面前,穆萨牧羊,其报酬是和其中一位女子结婚

两个女子带着羊群匆匆回到家中,其父亲因为她们的突然回来而感到意外,询问发生了什么事情。她俩就向父亲讲了穆萨的情况,老人听后派其中一位女子去叫穆萨。

清高伟大的安拉说:"**后来,两个女人中的一个含羞地走到他身边**",即就像一个自由女子一样走来。信士的长官欧麦尔说:"当时,她用衣褶遮挡着(脸部)。"[3]另据传述,信士的长官欧麦尔说:"她用衣服遮着脸,羞羞答答地来了。她绝不是一个放肆的、随意出门的女子。"[4]

"**她说:'我的父亲请你,要报偿你为我们饮(我们的羊群)的工价。'**"这是一种讲话的礼貌,她没有直接邀请他,以免对方产生怀疑,因而说我的父亲请你,要报答你帮助我们给羊饮水。

"**后来,当他到达他并在他面前叙述了情况时**",即穆萨向老人讲述了自己的情况,说了从城中逃出的原因,老人说:"**不要怕!你已经脱离了不义的民众**",即你应该放下心来,因为你已经离开了他们的国家,这里不在他们的统治之下。因此说"你已经脱离了不义的民众"。

"**两个女人当中的一个说:'我的父亲啊!雇用他吧,你所雇的最好的人是这个强壮而可靠的人。'**"有学者说,说话的是走在穆萨后面的那位女子。她对她的父亲说:"**我的父亲啊!雇用他吧**",即让他放羊吧!欧麦尔、伊本·阿拨斯等学者说,她说了这句话后,他的父亲问:"你是怎么了解他的?"她说:"他一人能抬起十个人才能抬起的石头。我叫他来家里时,我走在前面,但他说'你走在我后面,如果我走错了路,你就扔个石子告诉我怎么走。'"[5]伊本·麦斯欧迪说:"最善于识别人的人有三个:一位是艾布·伯克尔,他选

---
(1)《泰伯里经注》19:556。
(2)《泰伯里经注》19:557。
(3)《泰伯里经注》19:558。
(4)《泰伯里经注》19:559。
(5)《泰伯里经注》19:562、563、564。

择欧麦尔继他之后出任哈里发；一位是埃及宰相，当时他对自己的妻子说：❮给他体面的住所。❯（12：21）；另一位是穆萨的伴侣，她曾对她的父亲说：❮我的父亲啊！雇用他吧！❯（28：26）[1]

"**他说：'我有意把我的这两个女儿之一嫁给你。'**"，即老人要求穆萨为他牧羊，他要把自己的这两个女儿之一嫁给穆萨。

"**条件是你为我工作八年，倘若你做完十年，那是你的自愿**"，即你为我牧羊八年，作为娶她为妻的条件，如果你自愿做好事，为我多牧两年羊，那你就看着办吧！否则，八年就足够了。

"**我不愿使你为难。如果安拉愿意，你会发觉我是一个清廉的人。**"我不会强迫你或伤害你。

"**他说：'这是你我之间的约定，无论我完成了这两个期限中的任何一个，对于我是没有不公平的，安拉担保我们所说的。'**"穆萨对其岳父说："就按你说的办吧。也就是你雇用我为你工作八年，如果我干了十年，那完全出于我的自愿。如果我干了八年，我仍完成了约会，达到了条件。"

因此穆萨说："无论我完成了这两个期限中的任何一个，对于我是没有不公平的。"说明全美期限（十年）更好，但如果我只干了事先说好的八年，那也是无可指责的。如：❮你们要在指定的日子中记念安拉，倘若有人要在两天当中急忙离开，他是无罪的。倘若有人延迟也是无罪的。那是对于敬畏者。你们敬畏安拉，要明白你们一定会集中到他那里。❯（2：203）海穆宰·本·阿慕尔是一位经常封斋的人，有次他向安拉的使者㊊询问旅行者的斋戒，使者㊊回答说："你可以封斋，也可以不封斋。"[2]虽然某些证据显示封斋更好。这说明穆萨先知完成了两个约期中较受称道、较完美的一个。

布哈里传述，赛尔德·本·朱拜尔说："有个来自黑莱的犹太人问我，穆萨完成了两个约期中的哪一个。我说：'我得去阿拉伯人的大学者那里询问（再作回答）。'后来我去伊本·阿拔斯那里问了这个问题，他说：'他完成了两个期限中较长、较完美的一个。安拉的使者们都是说到做到的。'"[3]

❮**29.当穆萨完成期限，带着他的家人旅行时，他察觉到山的旁边有火。他对他的家人说："你们停一下，我察觉到远处有火，也许我能从那里给你们带回消息，或带来一把火，以便你们取暖。"**❯

---
（1）《伊本·艾布·西白》14：574。
（2）《艾哈麦德按序圣训集》3：493；《圣训大集》4：185。
（3）《布哈里圣训实录诠释——造物主的启迪》5：342。

❮**30.但当他到达火时，从山谷的右边，丛林中被赐福的地方，发出呼唤他的声音："穆萨啊！我是安拉，众世界的养主。"**❯

❮**31.你扔出你的手杖！"当他看到它蜿蜒如蛇时，他掉头而逃，没有回顾。（有声音说）"穆萨啊！你走过来，不要怕，你是安全的。**❯

❮**32.把你的手插入你的怀里，它出来时洁白发光，却毫无损伤。然后缩回你的左臂靠紧（你的胸部），以便消除恐惧。这是你的主对法老和他的幕僚的明证。他们确实是一群坏事者。"**❯

## 穆萨回到埃及，他如何在路途中接受使命并获得奇迹而得到尊贵

前文已述，穆萨完成了两个期限中更完美、更长的一个期限。这节经文可以说明这一点："**当穆萨完成期限**"，即更完美的限期。安拉至知。

"**带着他的家人旅行时**"，后来穆萨思念家乡和亲人，决定在法老及其百姓不知晓的情况下秘密回乡探望。他带着家人和岳父赠送的羊群，在一个寒冷漆黑的雨夜出发了。后来他们住在一个地方，但穆萨的火镰怎么也打不出火来，令他颇为诧

异。就在这时，"他察觉到山的旁边有火"，即他看到远处有火光，"他对他的家人说：'你们停一下'，"让我过去，"也许我能从那里给你们带回消息"，因为穆萨当时迷了路，"或带来一把火"或一点火，"以便你们取暖"，即御寒。

"但当他到达火时，从山谷的右边，丛林中被赐福的地方，发出呼唤他的声音"，即靠近穆萨右侧、朝西方向山旁边的山谷中发出了呼声。正如安拉所言：❁当我为穆萨决定事情时，你不在西山边，你也不是见证者。❁（28：44）说明穆萨朝着火走去时，正对着正向，山的西部则在他的右侧。他发现靠近山谷的那个山角下一堆绿色的树木在熊熊燃烧，便惊愕地停下来观看。这时，他的主"从山谷的右边，丛林中被赐福的地方"呼唤他。

"穆萨啊！我是安拉，众世界的养主"，即和你说话的是众世界的养主，他能做他所意欲的一切；应受拜者，惟有他；他是独一的养主；他多么伟大而圣洁！多么荣耀啊！他的本然、属性和言行，同一切被造物没有相似之处。

"你扔出你的手杖"，即你扔出你手中的手杖。正如安拉所述：❁"穆萨啊！在你右手中的是什么？"他说："那是我的手杖，我依仗它，用它摇下树叶供我的羊群，它对我还有其他的用途。"❁（20：17-18）意思是你对这个手杖再也熟悉不过了。❁他说："穆萨啊！你掷出它！"❁（20：19）❁他就掷出了它。顷刻间它变成了一条蜿蜒的蛇。❁（20：20）这时，他清楚地认识到和他说话的就是安拉，当安拉对一件事情说"有"，那事情便有了。正如我们在注释《塔哈章》时所述。

"当他看到它蜿蜒如蛇时。"那条蛇，体大无比，张牙舞爪，[1]行动迅速，嘴中的毒牙吱吱作响，经过之处的石头都被它吞食。石头进入口中后，就像落入山谷时发出声响。穆萨见此情景"掉头而逃，没有回顾"。因为人的本能使他见到这种情况后转身而逃。

清高伟大的安拉说："穆萨啊！你走过来，不要怕，你是安全的。"穆萨听见声音，才转身回到原地。

安拉又说："把你的手插入你的怀里，它出来时洁白发光，却毫无损伤"，即你当把手放进上衣服中，当你抽出时，你的手将闪闪发光，就像闪电中显现的一瓣明月，"却毫无损伤"，即没有白癜风。

"然后缩回你的左臂靠紧（你的胸部），以便消除恐惧。"穆佳黑德认为指不要害怕。格塔德认为指不要恐惧。[2]穆萨感到害怕时，把左手放到胸部，这样可以消除恐惧。如果有人学习先知，把手放到心上，如果安拉意欲，他的恐惧就会消除。托靠安拉。

"这是你的主对法老和他的幕僚的明证"，即扔出手杖，使其成为一条蜿蜒的巨蛇；把手放进口袋，抽出手后它就变得洁白发光，而没有疾病。这是两个绝对的明证，证明安拉行其意欲，并且人类中只有先知才能显示这些奇迹。

清高伟大的安拉说："对法老和他的幕僚。""幕僚"指头目、大人物和侍从。

"他们确实是一群坏事者。""坏事者"指不服从安拉，违背安拉命令和宗教的人。

❁33.他说："我的主啊！我曾杀了他们的一个人，所以我怕他们杀我。"❁

❁34.而我的兄长哈伦比我长于辞令。因此，求你派他作为我的助手来证实我。我确实怕他们否认我。"❁

❁35.他说："我将以你哥哥作你的股肱，并授给你们二人权力，因此他们就无法接近你们。凭着我的迹象，你俩和追随你俩的人将是胜利者。"❁

## 穆萨要求安拉让他的兄长哈伦支持他 安拉接受穆萨的祈求

穆萨曾因害怕法老的报复而远走他乡，而此时安拉命令他回去劝导法老，所以他说："我的主啊！我曾杀了他们的一个人"，即一个科普特人。

"所以我怕他们"，我担心他们见到我后会杀死我。

"而我的兄长哈伦比我长于辞令。"因为穆萨有口吃，幼时有人让他选择一颗枣和一颗珍珠，而他把燃烧的火炭放到了嘴中，从此说话有了障碍。因此他说：❁并解除我的口吃，以便他们可以了解我所说的。并求你在我的家人中赐给我一位助手——我的兄长哈伦。让他来支持我，并让他与我共事。❁（20：27-32）让他在这重大的事务中陪同，履行先知的职责，向这个傲慢而执拗的暴君传达安拉的信息。因此说："而我的兄长哈伦比我长于辞令。因此，求你派他作为我的助手……"即让他帮助我的事业、援助我，证实我为安拉所作的宣传。因为两个人的宣传比一个人的宣传更能影响人心。因此说"我确实怕他们否认我"。

伊本·易司哈格说："求你派他作为我的助手来证实我"，指他替我阐明我所说的话，因为他比

---

（1）译者在前面已经注明，它可能是中国传说中的龙。众所周知，蛇是没有爪的。——译者注

（2）《泰伯里经注》19：575。

别人更能理解我。[1]

穆萨如此要求后，安拉说："**我将以你哥哥作你的股肱**"，即你要求你的这位兄弟成为你身边的一位先知，援助你的事业，助你一臂之力。我答应你的要求。正如安拉所言：❮ 他说："穆萨啊！你所祈求的，已经赐给你了。❯（20：36）又❮ 我因为我的慈悯，把他的兄长哈伦作为先知。❯（19：53）因此，有些先贤说："对其兄弟恩情最大的人莫过于穆萨，安拉因为他的说情，而使其兄哈伦成为一位先知和使者，与他共同去劝导法老及其臣民。"因此，安拉关于穆萨说：❮ 他在安拉那里是有面份的。❯（33：69）

"**并授给你们二人权力**"，"权力"指绝对的明证。

"**因此他们就无法接近你们。凭着我的迹象**"，即因为你们传达安拉的迹象，所以他们无法伤害你们。正如安拉所言：❮ 使者啊！你当传达从你的主降临的……安拉将从世人那里保护你不受人们侵害。❯（5：67）又❮ 那些人，他们传达安拉的使命……安拉足为审计者。❯（33：39）即安拉足以帮助他们，支持他们。因此安拉告诉这两位使者，在今后两世中，他们和他们的追随者将赢得美好的结局："**你俩和追随你俩的人将是胜利者。**"如：❮ 安拉已经规定："我跟我的使者必定胜利。"安拉确实是至强的、优胜的。❯（58：21）又❮ 的确，我誓必在今世，帮助我的众使者和信士们。❯（40：51）

❮ 36.**当穆萨带着我的明白的迹象到达他们时，他们说："这只不过是编造的魔术，我们从来没有从我们的祖先那里听到过这个。"** ❯

❮ 37.**穆萨说："我的主最了解谁从他那里带来引导，谁享有家园的善果。不义者绝不会成功。"** ❯

## 穆萨在法老及其族人跟前

清高伟大的安拉告诉我们穆萨及其兄长哈伦如何来到法老及其幕僚跟前，展示了安拉明显的奇迹和确凿的证据。这些证据显示他们所表述的认主独一信仰和安拉的命令都是必须遵从的，是正确无误的真理。否认且过分的法老及其幕僚目睹这些情况，明确认识到它们都来自安拉后，转而顽抗真理，污蔑先知，因为邪恶而傲慢的他们不愿遵循真理，所以他们说："**这只不过是编造的魔术。**""编造"指臆造。他们想用诡计和地位与其对峙，最终计划落空。

"**我们从来没有从我们的祖先那里听到过这个。**""这个"指崇拜独一无偶的安拉。他们说，我们没有见过我们的哪个祖先信仰过这种宗教，我们看到人们将他们所拜的众神和安拉联系到了一起。

穆萨回应道："**我的主最了解谁从他那里带来引导**"，即安拉比我和你们都清楚来自他的引导，他将在我们之间进行判决。

因此说："**谁享有家园的善果**"，即谁将赢得支持和优势。

"**不义者绝不会成功。**""不义者"指举伴安拉的偶像崇拜者。

❮ 38.**法老说："诸位！我不知除我以外，你们还有神。哈曼，给我点火烧泥，并为我造一座大厦，以便我看看穆萨的主。的确，我认为他是一个说谎的人！"** ❯

❮ 39.**他和他的军队在大地上蛮横无理，他们以为他们不被召回到我这里！** ❯

❮ 40.**所以我缉拿了他和他的军队！我把他们扔**

---
[1]《泰伯里经注》19：577。

入海中。你看犯罪者的结果如何！

41.我使他们成为召人进入火狱的头目。审判日，他们将不被援助。

42.我使诅咒在今世跟随着他们，审判日，他们属于出丑之人。

## 法老的傲慢及其归宿

清高伟大的安拉说，法老否认真理，暴虐无道，自诩他那肮脏的身体具有神性。愿安拉诅咒他。正如安拉所言：他愚弄了他的族人，而他们也听从了他，他们确实是坏事的群体。（43：54）他号召人们承认他具有神性，得到了软弱而愚蠢的族人的响应。因此他说："**诸位！我不知除我以外，你们还有神。**"安拉关于法老说：然后集合了（民众），并宣布："我是你们最高主宰。"所以安拉用后世和今世的刑罚惩罚了他。对于畏惧的人，其中确有一种教训。（79：23-26）即他召集众人，高声呼喊，众人服服帖帖地响应了他。因此安拉惩罚了他，使他在今世和后世成为别人的镜鉴。法老甚至对穆萨也提出相同的要求，他说：如果你在我之外择取任何神祇，我一定使你沦为一个囚犯！（26：29）

"**哈曼，给我点火烧泥，并为我造一座大厦，以便我看看穆萨的主。**"法老命令哈曼（哈曼是他的宰相和顾问）为他烧泥制砖，建造一座高大雄伟的宫殿。正如安拉所言：法老说："哈曼啊！给我造一座大厦，以便我可以到达那些门——诸天之门，以便我可以瞧瞧穆萨的神。不过我认为他是一个说谎的人！"因此，法老的恶行在于他冠冕堂皇的自以为是。他被拒于正道。而法老的阴谋终会归于毁灭。（40：36-37）法老当时建了一座世上最高的宫殿，企图以此告诉百姓穆萨所说的话（除法老之外还有主宰）是谎话。因此他说："**的确，我认为他是一个说谎的人！**"法老的意思是：除他之外还有神灵是一句谎言。法老并不在乎穆萨是不是安拉委派的使者，因为他不承认创物主的存在。所以他说：什么是众世界的主？（26：23）又说：如果你在我之外择取任何神祇，我一定使你沦为一个囚犯！（26：29）又"**诸位！我不知除我以外，你们还有神**"。以上是伊本·哲利尔的解释。[1]

"**他和他的军队在大地上蛮横无理，他们以为他们不被召回到我这里！**"即他们在这个国家傲慢无理，压迫弱小，作恶多端，不信复生日和归宿。因此，你的主对他们倾下如鞭的灾难。你的主的确在预备着。（89：13-14）因此，本章的经文

说："**所以我缉拿了他和他的军队！我把他们扔入海中**"，即我使他们在一个清晨全部淹没于海中，无一脱逃。

"**你看犯罪者的结果如何！我使他们成为召人进入火狱的头目**"，即进入火狱的人是那些步他们后尘、学习他们否认众使者、不相信造物主的人们。

"**审判日，他们将不被援助**"，即他们不仅要遭受今世的凌辱，而且要继续遭受后世的凌辱。如安拉说：我已经毁灭了他们，此后他们没有援助者。（47：13）

"**我使诅咒在今世跟随着他们**"，在后世，安拉命令追随众使者的穆民诅咒否认者和他们的国王法老，正如众先知及其追随者在今世诅咒他们那样。

"**审判日，他们属于出丑之人。**"格塔德说，这节经文正如下列经文：今世与复生日，诅咒将跟随他们，被赐给的赏赐真恶劣。（11：99）[2]

43.的确，我在毁灭了古老的一些世代之后，赐给穆萨经典，作为对世人的启蒙、引导和慈悯，以便他们记念。

## 安拉对穆萨的恩典

清高伟大的安拉说，他曾施予他的仆人和使者穆萨许多恩典，譬如：毁灭法老及其军队后降下《讨拉特》。

"**的确，我在毁灭了古老的一些世代之后**"，即自从安拉颁降《讨拉特》之后，他不再以巨大的灾难整体性地惩罚一个民族，而是命令穆民们和他的敌人——多神教徒进行战斗。另一段经文说：法老和他以前的人们以及穆尔太克夫都曾触犯罪恶，因为他们违抗了他们主的使者，所以他用严厉的刑罚惩罚了他们。（69：9-10）

"**作为对世人的启蒙、引导和慈悯**"，即以便从迷误和黑暗中救出世人，引导他们走向真理，获得慈悯。或曰：指导世人行善。

"**以便他们记念。**"以便世人被提醒和引导。

44.当我为穆萨决定事情时，你不在西山边，你也不是见证者。

45.但我创造了许多世代，他们度过了漫长的岁月。你也不曾居住在麦德彦人之间，对他们诵读我的启示。不过，我是一直派遣使者的。

---

[1]《泰伯里经注》19：580。

[2]《泰伯里经注》19：583。

﴾ 46.当我呼唤时，你也不曾在山边。不过，这是来自你的主的慈悯，以便你警告在你以前没有警告者到达过的人民，以便他们觉悟。﴿

﴾ 47.若不是他们将因自己的作为而遭受灾难，并且说："我们的主啊！为什么你未曾给我们派遣一位使者，好让我们追随你的迹象，而成为归信的人？"﴿

### 先知穆罕默德☪身份的明证

清高伟大的安拉提醒世人，注意先知穆罕默德身份的证据，穆罕默德向世人讲述历史（他没有见过那些历史事情）时，好像身临其境一般。事实上，他一字不识，从没有读过书。在他的成长过程中，他周围的人们对所述的事情也一无所知。譬如他对麦尔彦的叙述。安拉说：﴾ 当他们抛出笔取决谁将监护麦尔彦时，你不在场；他们互相争执时，你也不在场。﴿（3:44）即你并没有亲临历史现场，是安拉将那些事情启示给你的。又如对努哈和洪水淹没其族人事件的叙述，安拉说：﴾ 这是一些未见的消息，我将它启示给你，你与你的族人以前都不知道它。故你要忍耐。善果是属于敬畏者的。﴿（11:49）安拉又说：﴾ 这是一些城镇的消息。我对你叙述它。﴿（11:100）

经文全面介绍穆萨的经历，叙述了安拉为穆萨下降启示和交谈之始的情况后说："**当我为穆萨决定事情时，你不在西山边**"，即穆罕默德啊！安拉从山东部的丛林中向穆萨发话时，你不在西山边上。

"**你也不是见证者。**"因此，这些事情是安拉启示给你的。人们已经忘记了若干世纪以前安拉对他们确立的这些明证和对以前先知的阐述。

"**你也不曾居住在麦德彦人之间，对他们诵读我的启示**"，即当你叙述舒尔布先知与他的族人的谈话时，你并没有住在他们中间，为他们宣读我的经文。

"**不过，我是一直派遣使者的**"，即只有我为你启示了那些事情，派遣你做全人类的使者。"**当我呼唤时，你也不曾在山边。**"

格塔德说："当我呼唤时，你也不曾在山边"（我呼唤穆萨时）类似于"当我为穆萨决定事情时，你不在西山边"。但这里经文则用不同的、更明确的方式，以呼唤句表述之。如安拉说：﴾ 当时，你的主对穆萨说……﴿（26:10）又 ﴾ 当时，他的主在圣洁的谷地——图瓦呼唤他。﴿（79:16）又 ﴾ 我从山的右边喊他，并叫他走近与我交谈。﴿（19:52）安拉至知。

"**不过，这是来自你的主的慈悯**"，即你没有目睹那些情况，而是安拉将它们启示给你。以便慈爱你，慈爱众仆。安拉派你为使者，"**以便你警告在你以前没有警告者到达过的人民，以便他们觉悟**"，即以便他们遵循你从安拉那里带来的一切。

"**若不是他们将因自己的作为而遭受灾难，并且说：'我们的主啊！为什么你未曾给我们派遣一位使者，好让我们追随你的迹象，而成为归信的人？'**"即我派你去给他们树立明证，以免他们在大难临头的日子为他们的否认真理寻找借口。否认者们会找这样的借口：没有任何一位使者或警告者来临我们。正如安拉讲述他在颁降吉庆的《古兰》之后所说的话：﴾ 以免你们说："天经只降给了我们以前的两群人，我们对他们所研究的是疏忽的。"或者你们说："如果天经降给我们，我们一定比他们更得道。"因为一项明证、引导和怜悯已由你们的主降临你们。﴿（6:156-157）又 ﴾ 他们都是报佳音、传警告的使者们，以免派遣使者之后，人们对安拉有任何托辞。﴿（4:165）又 ﴾ 有经的人们啊！在众使者中断之后，我的使者已经来临你们，他为你们阐明（使命），免得你们说："任何报喜者和警告者没有来到我们当中。"但是，现在一位报喜者和警告者已经来临你们。﴿

（5：19）类似的经文较多。

﴾48.但是来自我的真理来临他们时，他们说："为什么没有给他授予像授予穆萨的呢？"难道他们以前没有否认降给穆萨的吗？他们说："这是两个互相印证的魔术！"他们还说："我们一个也不信！"﴿

﴾49.你说："如果你们是诚实的，你们就从安拉那里拿来比这两个更能引导人的经典来，我愿追随它！"﴿

﴾50.倘若他们没有回答你，你当知道他们只追随自己的私欲。谁比追随自己的私欲而不接受安拉引导的人更迷误呢？安拉绝不引导不义的群体。﴿

﴾51.我确已为他们传达了言辞，以便他们觉悟。﴿

### 隐昧者的顽固和他们的答复

清高伟大的安拉讲述这样一些人：倘若在树立明证之前安拉就惩罚了他们，他们必定会借口说说"任何使者未曾来临我们……"然而，当来自安拉的真理通过穆圣☪之口传达给他们的时候，他们抱着顽固、否认、愚昧和叛逆的态度说："**为什么没有给他授予像授予穆萨的呢？**"言下之意是（安拉至知）穆圣☪为什么没有像穆萨先知那样带来诸如手杖、白手、洪水、蝗虫、虱子、青蛙、血液、庄稼和果实歉收等奇迹，这是安拉的敌人不能做到的，又如分开海水、（在荒野中）白云遮阳、下降白蜜和塞勒瓦[1]等明显的迹象及不可置疑的明证，用于征服法老及其追随者。但它们对法老及其百姓并无裨益，最终还是否认穆萨及其兄长哈伦。正如安拉所言：﴾他们说："你来到我们这里，就是为了使我们背弃我们祖先的道路，以便你俩妄自尊大吗？但是我们绝不会相信你俩。"﴿（10：78）安拉说：﴾因此他们不信他俩，所以他们变成了被毁灭的人。﴿（23：48）

### 顽抗者不会归信任何奇迹

因此，经文在此说："**难道他们以前没有否认降给穆萨的吗？**"即难道穆萨带来的这般强大的奇迹，未被人类所否认吗？

"**他们说：'这是两个互相印证的魔术。'**"即指相互协作或帮助。

"**他们还说：'我们一个也不信'**"，即我们否认这二者中的任何一个。因为穆萨和哈伦亲密无间，所以提及其中一人，就等于提及二人。

### 污蔑穆萨和哈伦施展魔术

伊本·哲利尔说，犹太人让古莱什人对穆圣☪说这些话，所以安拉说："难道他们以前没有否认降给穆萨的吗？他们说：'这是两个互相印证的魔术（师）。'"[2]即穆萨和哈伦共同工作，互相帮助。伊本·朱拜尔等学者也持此观点。[3]

赛尔德和艾布·鲁宰奈解释"这是两个互相印证的魔术（师）"时："否认者们认为穆萨、哈伦是两个魔术师。"这种解释非常好。安拉至知。[4]

### 对污蔑的回应

也有学者读为"他们说：'这是两个互相印证的魔术。'"[5]他们认为多神教徒们将否认使者们，把《讨拉特》和《古兰》说成魔术。[6]因为后面的经文说："**你说：'如果你们是诚实的，你们就从安拉那里拿来比这两个更能引导人的经典来，我愿追随它！'**"安拉经常相继叙述《古兰》和《讨拉特》。如：﴾你说："是谁降下穆萨所带来的、可作为人类的光明和引导的经典呢……这是一部我启示的吉祥的天经……﴿（6：91-92）该章经文最后说：﴾这就是我颁降的一部吉祥的经典，你们要遵循它，并当敬畏，以便你们能获得怜悯。﴿（6：155）精灵说：﴾我们的族人啊！我们听到一本在穆萨之后降世的经典，证实它以前的，并导向真理和正道。﴿（46：30）卧勒格·脑法里[7]说："这是曾降于穆萨的天使。"有洞察力的人们一定能够依靠本能而认识，安拉颁降的天经中，没有比降示给穆圣☪的《古兰》更完美、全面、雄辩和尊贵的经典。而安拉降给穆萨·本·仪姆兰的经典，则是仅次于《古兰》的一部伟大经典。安拉关于这部经说：﴾我曾经颁降《讨拉特》，其中有引导和光明。归顺（安拉）的先知们曾依照它为信仰犹太教的人裁决（事情），犹太人的经师和学者们也是如此，他们奉命保护安拉的经典，他们也是它的见证。﴿（5：44）安拉降下《引支勒》，则是为了延续和补充《讨拉特》，并为了以色列的后裔而将《讨拉特》定为非法的某些事物改定为合法。因此，安拉让先知说："你说：'如果你们是诚实

---
（1）一种像鹌鹑一样的鸟。——译者注
（2）正文中的"魔术"，也有"魔术师"之意。——译者注
（3）《泰伯里经注》19：588。
（4）《泰伯里经注》19：589。
（5）正文就是按这种读法翻译的。——译者注
（6）《泰伯里经注》19：589。
（7）著名的基督教学者。——译者注

的，你们就从安拉那里拿来比这两个更能引导人的经典来，我愿追随它！'"即倘若你们真的能带来一部能够捍卫真理和反击谬误的经典，我愿遵循它。

## 追随私欲者的迷误

清高伟大的安拉说："倘若他们没有回答你"，即如果他们没有响应你的号召，没有遵从真理，"你当知道他们只追随自己的私欲"，他们毫无依据和证据。

"谁比追随自己的私欲而不接受安拉引导的人更迷误呢？"他们没有从安拉的经典中获得任何引导，"安拉绝不引导不义的群体"。

"我确已为他们传达了言辞。"穆佳黑德认为"传达"指分析；[1] 赛丁伊认为指阐述；[2] 格塔德说，安拉说他给他们告诉了过去他所做的和他将做什么，"以便他们觉悟"。[3]

穆佳黑德等学者说"我确已为他们传达了言辞"中的"他们"指古莱什人。[4]

❦ 52. 那些在这以前蒙我赏赐经典的人们，他们相信它。❧

❦ 53. 当它被诵读给他们时，他们说："我们归信它，它确实是来自我们主的真理，的确，我们在这以前就是顺服者（穆斯林）了。"❧

❦ 54. 这等人，他们将得到双倍的回赐，因为他们坚忍不移，以善驱恶，并分舍我赐给他们的。❧

❦ 55. 当他们听到无意义的言辞时，就转身离开，并说："我们有我们的工作，你们有你们的工作。祝你们平安。我们不求无知之人。"❧

## 有经人中的信士

清高伟大的安拉说，有经人中的一些明哲之士是笃信《古兰》的。如❦ 那些蒙我颁赐经典的人，确实在真诚地遵循它，这等人归信它。否认它的人，是亏折的。❧（2：121）又❦ 有经人当中，的确有人归信安拉、你们所受的启示和他们所受的启示，并对安拉谦卑虔敬。❧（3：199）又❦ 那些以前被赋予知识的人们，它被读给他们时，他们就伏下身去下巴着地地叩头。他们说："赞我们的主清净，我们主的诺言终究是要实现的。"❧（17：107-108）又❦ 你将发现犹太人和多神教徒是最仇

视信士的。你也将发现他们当中更接近信士，更喜爱信士的人……求你将我们载入那些作证者当中。"❧（5：82-83）伊本·朱拜尔说，这节经文是因为奈加希（阿比西尼亚国王）派来的七十位牧师而降示的。他们来到穆圣☪那里，听到❦ 雅辛。以智慧的《古兰》发誓。❧（36：1-2）后，失声痛哭，并归信了伊斯兰。为他们而降的另外一段经文是："那些在这以前蒙我赏赐经典的人们，他们相信它。当它被诵读给他们时，他们说：'我们归信它，它确实是来自我们主的真理，的确，我们在这以前就是顺服者（穆斯林）了。'"[5] 即在《古兰》降示之前，我们就是顺主之人。换言之，那时我们已经是虔诚的认主独一之人，响应安拉的号召。

"这等人，他们将得到双倍的回赐，因为他们坚忍不移"，即具备这些特征的人们，因为归信第一部经典和其后的经典，所以能得到两倍的回赐。安拉说："因为他们坚忍不移"，即因为他们坚定不移地追求真理。因为做到这一点是不容易的。安拉的使者☪说："三种人将得到双倍的回赐：归信了自己的先知，又归信了我的有经人；完成了安拉

---

(1)《泰伯里经注》19：593。
(2)《伊本·艾布·哈亭经注》9：2987。
(3)《泰伯里经注》19：593。
(4)《泰伯里经注》19：594。

(5)《伊本·艾布·哈亭经注》9：2988。

规定的任务和他主人规定的任务的奴隶；良好地教育其女奴，后来释放她并和她结婚的人。"(1)

艾布·欧麦麦说，解放（麦加）之日，我在安拉的使者㊣的骑乘旁边，使者发表了优美的演讲，其中有这么一句："归信伊斯兰的有经人，将得到双倍回赐。他享有我们享有的权利，肩负我们肩负的责任。归信伊斯兰的多神教徒，将得到一份回赐，他享有我们享有的权利，肩负我们肩负的责任。"(2)

"**以善驱恶**"，即他们不以暴易暴，而是体谅和宽恕。

"**并分舍我赐给他们的。**"他们从我赏赐给他们的合法财产中拿出一部分，为家人和亲属花费，交纳天课，进行各种慈善活动。

"**当他们听到无意义的言辞时，就转身离开**"，即他们不和沉溺于这等谈话的人交往。他们的情形如安拉所说：✾他们不参与假证，当遇到无聊的事情时，他们就自尊地走开。✾（25：72）

"**并说：'我们有我们的工作，你们有你们的工作。祝你们平安。我们不求无知之人。'**"即如果某个愚人鲁莽地对待他们，对他们讲一些不宜回答的话时，他们就转身离去，不以恶言回应。他们只说善言。因此他们说："**我们有我们的工作，你们有你们的工作。祝你们平安。我们不求无知之人**"，即我们不追求无知者的道路，也不喜欢那样的道路。

✾56. **的确，你不能够引导你所喜欢的人，但是安拉能引导他所意欲的人，他至知遵循正道者。**✾
✾57. **他们说："假如我们跟你一同遵从引导，我们就会在我们的土地上遭受掠夺。"难道我不曾为他们建立一个平安的禁地，各种果实被送到那里作为来自我的供应吗？但是他们大多不知道。**✾

## 安拉将引导他所意欲之人

清高伟大的安拉对使者说，穆罕默德啊！"**的确，你不能够引导你所喜欢的人**"，即这不是你的任务，你的任务只是传达天启信息，安拉将引导他所意欲之人。此中确有深刻的哲理和确凿证据。正如安拉所言：✾你无法引导他们，但安拉引导他所欲之人。✾（2：272）又✾大多数人不是信士，虽然你渴望（他们信仰）。✾（12：103）本章的这节经文比上述经文更明确，安拉说："**的确，你不能够引导你所喜欢的人，但是安拉能引导他所意欲的人，他至知遵循正道者**"，即安拉知道谁值得引导，谁应该遭受迷误。两圣训实录辑录，穆圣㊣的伯父艾布·塔利卜一直保护和支持着穆圣㊣，对他有着发自天性的爱护，他临终时穆圣㊣劝他接受正信，加入伊斯兰，然而天命已定，穆圣㊣将失去他，但他至死坚持不信。此中确有安拉完美的哲理。祖海里说：艾布·塔利卜临终时安拉的使者㊣去他那里，当时艾布·哲海里和阿卜杜拉·本·吾麦叶也在那里。安拉的使者㊣说："伯父啊！请你念应受拜者，惟有安拉。我将用这句话在安拉那里作为对你有利的证据。"但艾布·哲海里和阿卜杜拉·本·吾麦叶说："艾布·塔利卜啊！难道你要背叛（你的父亲）阿卜杜勒·穆塔里布的宗教吗？"使者不停地提示艾布·塔利卜念清真言，但这二人却重复他们上述的话，以致艾布·塔利卜最后说他要坚持阿卜杜勒·穆塔里布的宗教，而没有念清真言。后来安拉的使者㊣说："以安拉发誓，只要我没有奉到禁令，我将一直为你求饶！"安拉因此降谕道：✾先知和信士们在清楚了多神教徒是火狱的居民后，就不应为他们祈求恕饶了，即使他们是近亲。✾（9：113）并因为艾布·塔利卜而降谕道："**的确，你不能够引导你所喜欢的人，但是安拉能引导他所意欲的人。**"(3)

## 麦加人不接受正信的借口以及对他们的驳斥

"**他们说：'假如我们跟你一同遵从引导，我们就会在我们的土地上遭受掠夺。'**"清高伟大的安拉在此讲述多神教徒不遵从引导的借口。多神教徒们对使者说："假如我们跟你一同遵从引导，我们就会在我们的土地上遭受掠夺"，即如果我们遵从你所带来的宗教，反对周围的阿拉伯异教部落，我们担心他们会伺机伤害我们，向我们发起战争，并在各地袭击我们。安拉回答他们说："**难道我不曾为他们建立一个平安的禁地**"，即他们的这些虚假借口都站不住脚，纯属谎言。因为安拉让他们住在禁地之中，自从安拉设立这个禁地之日起，它一直具有神圣不可侵犯的尊严。如果说，他们在否认和举伴安拉的情况下能在该地得到安宁，那么他们在归信正教、追随真理的情况下何尝得不到安宁呢？

"**各种果实被送到那里**"，即周边地区（如塔伊夫）的果实等商品被运送到麦加。

"**作为来自我的供应吗？但是他们大多不知道**"，因此他们信口开河。

---
(1)《布哈里圣训实录诠释——造物主的启迪》1：229。
(2)《艾哈麦德按序圣训集》5：259。

(3)《布哈里圣训实录诠释——造物主的启迪》8：365；《穆斯林圣训实录》1：54；《泰伯里经注》19：599。

﴾ 58.多少城市已被我毁灭,它们的居民生活骄奢。那是他们的故居,他们之后,除了很少的之外无人居住。我永远是继承者。﴿

﴾ 59.你的主不会毁灭诸城,直到他在其中派遣一位使者,对他们宣读我的启示。我也不会毁灭诸城,除非其居民是不义的。﴿

### 暗示一些城镇将遭受毁灭,安拉树立明证之后它们才会被毁灭

清高伟大的安拉关于麦加人说:"**多少城市已被我毁灭,它们的居民生活骄奢**",即他们傲慢邪恶,否认主恩。正如下面经文所述:﴾ 安拉打了一个比喻:一个和平而安静的城市,它的粮食大量地来自各地……当他们不义时,惩罚降临了他们。﴿（16:112-113）

清高伟大的安拉说:"**那是他们的故居,他们之后,除了很少的之外无人居住**",即他们的家园已经成为废墟,所能看到的只是遗址。

"**我永远是继承者**",即那些城镇都已成了废墟,无一幸免。

然后安拉讲述了他的公正,他不会不公正地毁灭任何人,他在毁灭任何人之前首先要为他们树立明证。他说:"**你的主不会毁灭诸城,直到他在其中派遣一位使者**。"诸城的中心（或译众城之母）指麦加。

"**对他们宣读我的启示**",这些启示证明,从诸城的中心派遣的使者——不识字的先知穆罕默德ﷺ,是所有阿拉伯人和非阿拉伯人的先知。正如安拉所言:﴾ 以便你警告诸城之母和它周围的居民。﴿（42:7）又﴾ 你说:"世人啊!我是被派遣给你们全体的安拉的使者。"﴿（7:158）又﴾ 以便我警告你们和一切它所到达的人。﴿（6:19）又﴾ 而各宗派中不信它的人们,火狱就是给他们许诺的地方。﴿（11:17）最完美的证据便是下列经文:﴾ 只要有一个城市,我都会在复生日以前毁灭它,或是严厉惩罚它。﴿（17:58）安拉说,他将在后世到来之前毁灭所有的城镇。安拉确曾说过:﴾ 我不是惩罚者,直到我派遣一位使者。﴿（17:15）安拉派遣穆圣ﷺ是针对全世界的。因为他被派到了诸城的根本和中心——麦加。它是诸城追本溯源之地。安拉的使者ﷺ说:"我的使命是向红种人和黑种人普及正信。"⑴因此,他是最后一位先知,在他之后不再出现先知和使者,他的道路将与世共存,直至复生日。

﴾ 60.无论你们被赐给什么东西,都只是今世的享受及其装饰。而安拉那里的却是更好的和更持久的。难道你们还不理解吗?﴿

﴾ 61.获得我的美好诺言,并将见它（实现）的人和蒙我赏赐今世生活的享受,然后将在复生日出庭（受审）的人一样吗?﴿

### 今世是短暂的,追求今世的人和追求后世的人不一样

清高伟大的安拉说,比较安拉在后世中为清廉众仆准备的永恒宏恩,今世是渺小的,其浮华如昙花一现,腐朽卑微。正如安拉所言:﴾ 你们所有的终将消失,安拉所有的却是永存的。﴿（16:96）﴾ 在安拉那里的（恩典）对于清廉的人是更好的。﴿（3:198）﴾ 但是今世的生活与后世相比,只是一点享受而已。﴿（13:26）又﴾ 我也在设计。因此,你当宽限隐昧者,并对他们略加延缓。﴿（86:16-17）安拉的使者ﷺ说:"以安拉发誓,与后世比起来,今世生活的情形仅仅如此。你们中的一人将手指在海里蘸了一下,然后看看（手指）能带出些什么来。"⑵

---

⑴《穆斯林圣训实录》1:370。

⑵《艾哈麦德按序圣训集》4:230。

清高伟大的安拉说："难道你们还不理解吗？"难道把今世看得比后世还重要的人不思考吗？

"获得我的美好诺言，并将见它（实现）的人和蒙我赏赐今世生活的享受，然后将在复生日出庭（受审）的人一样吗？"即一个是穆民，他相信安拉关于奖赏的诺言必定实现，所以毫不怀疑地做了许多善功。另一个是隐昧者，他不相信谒见安拉，否认安拉的许约和警告，在短暂的今世生活中穷奢极欲。这两个人一样吗？穆佳黑德等学者说"出庭的人"指遭受惩罚的人。有人说，这节经文是因为穆圣㊤和艾布·哲海里而降示的。[1]也有人说是因为海穆宰、阿里和艾布·哲海里而降示的。这两种主张都出自穆佳黑德。显然，这节经文具有普遍性，它和安拉讲述的这个穆民的经文相似——在乐园中，当他看到处于火狱的伙伴后说：❦如果不是由于我的主的仁慈，我一定在被传唤者之列，❧（37：57）另一段经文说：❦精灵们却知道他们一定会被传唤！❧（37：158）

❦62.那一天他将召唤他们，说："你们所妄称的我的伙伴在哪里？"❧

❦63.那些已被言辞判定的人们说："我们的主啊！这些人是被我们引入歧途的，我们引导他们迷误，就像我们陷入迷误一样。我们向你报告与他们无干，他们当初并不崇拜我们。"❧

❦64.他们被告知："祈求你们（为安拉编造出）的伙伴吧！"他们因而向它呼求，但是它们却没有响应他们，而他们却看到了惩罚。但愿他们曾经遵循正道。❧

❦65.那天他传唤他们，说道："你们怎么回答了众使者？"❧

❦66.那天，一切（应对审判的）证据都在他们面前模糊不清，所以他们不能互相询问。❧

❦67.但那悔罪、归信、并且行善的人，必定将成为一个成功者。❧

## 多神教徒同他们的配主之物脱离关系

清高伟大的安拉说，后世成立之日，他将指责崇拜多神的隐昧者，传唤他们说："**你们所妄称的我的伙伴在哪里？**"即你们当初在今世中崇拜的那些"神灵"、偶像和（我的）匹敌去了哪里？他们能助你们一臂之力，还是能够自己帮助自己呢？这是一种警告的语气。如：❦你们像我第一次造化你们时一样，孤孤单单地来到我这里。你们将我以前赐给你们的一切抛到了身后，我见不到你们的求情者跟你们在一起，你们妄言他们是你们事务的合作者。现在你们之间的一切关系都被断绝了，你们当初所妄想的破灭了。❧（6：94）

"**那些已被言辞判定的人们**"，即恶魔、邪恶的精灵和不信仰者。

"**我们的主啊！这些人是被我们引入歧途的，我们引导他们迷误，就像我们陷入迷误一样。我们向你报告与他们无干，他们当初并不崇拜我们。**"它们将对迷误者们作证，并说它们确曾误导他们于迷途，然后问及他们的崇拜时，它们则申明与其无关。正如下面的经文所说：❦他们在安拉之外设了一些"神"，以为它们是他们的襄助者。不会的，它们不久将否认他们的崇拜，并变成他们的对头。❧（19：81-82）又❦谁比舍安拉而祈求那些直到复生日也不能回答他们，并且对他们的祈求毫无知觉的（伪神）的人们更迷误呢？当人类被集中起来时，它们（伪神）将变成他们的敌人，并否认他们的崇拜。❧（46：5-6）伊布拉欣对其族人说：❦你们在安拉之外择取偶像，只是为了你们之间在今世的相爱。然后在复生日，你们将会互相否认，互相咒骂。❧（29：25）又❦当时，被跟随的人看见惩罚，而与跟随的人绝交，他们间的关系都断绝了……他们绝不能逃出火狱。❧（2：166-167）

清高伟大的安拉说："**他们被告知：'祈求你们（为安拉编造出）的伙伴吧！'**"以便解救你脱离眼前的处境，正如你们在今世希望的那样。

"**他们因而向它们呼求，但是它们却没有响应他们，而他们却看到了惩罚**"，即他们确信自己必将进入火狱。

"**但愿他们曾经遵循正道。**"他们亲眼看到惩罚的时候，希望当初在今世中能够遵循正道。正如安拉所言：❦那天，他将说："你们呼求你们所声称的我的伙伴吧。"所以他们呼求了它们，但是它们没有对他们作出响应。我在他们之间设了一个绝境。犯罪者们看见了火狱，因此确信他们必将堕落其中，他们在那里找不到逃脱之道。❧（18：52-53）

## 复生日他们对使者的态度

"**那天他传唤他们，说道：'你们怎么回答了众使者？'**"安拉在第一次召唤中，向他们询问认主独一的信仰。这次召唤中，则肯定了使者的地位：你们是怎么响应派给你们的使者的？是怎么对待他们的？这与仆人在坟墓中受审时的情况一样，那时天使问他："你的养主是谁？""你的先知是谁？""你的宗教是什么？"穆民作证应受拜者惟

---

[1]《泰伯里经注》19：604、605。

有安拉，穆罕默德是安拉的仆人和使者。隐昧者却吱吱唔唔，无言以对。因为在今世中有眼无珠的人，在后世更无知，更迷误。因此说："**那天，一切（应对审判的）证据都在他们面前模糊不清，所以他们不能互相询问。**"穆佳黑德解释说"一切证据模糊了。"[1]所以他们不再以亲属的名义互相提出要求。

在今世中"**那悔罪、归信、并且行善的人**"，在复生日"**必定将成为一个成功者**"。这个"قد"因为来自安拉，所以它表示"**必定**"的意思。因为在安拉的慈恩下，它一定会变成事实。

❧ 68.**你的主造化他所意欲的和选择的，而他们却无权选择。赞美安拉清净！他永远超绝于他们所举伴的。**❧

❧ 69.**你的主知道他们心中所隐藏的和他们所表露出来的。**❧

❧ 70.**他是安拉，除他以外无应受拜的。在最初和最后，一切赞颂都属于他。裁决属于他，你们都将被召归于他。**❧

## 只有安拉能够造化万物、全知一切、自由选择

清高伟大的安拉说，只有他独具创造和自由选择的能力，没有谁能争辩或反对他的判决。"**你的主造化他所意欲的和选择的。**"他所意欲存在的事情必定会存在。他不意欲存在的事情，必定不会存在。一切事情都由他决定，都来自于他。

"**而他们却无权选择。**"按两种主张中较确切的一种解释，这是一个否定句。[2]如：❧ **当安拉和他的使者决定事务时，归信的男女不应对他们的事务自作选择。**❧（33∶36）

然后清高伟大的安拉说："**你的主知道他们心中所隐藏的和他们所表露出来的**"，即他知道他们心中的秘密，就像知道他们外表所表露出来的情况。正如安拉所言：❧ **无论谁在暗中说话或是大声说话，无论谁在夜间隐伏或是白天外出，（在他看来）都是一样的。**❧（13∶10）

"**他是安拉，除他以外无应受拜的**"，即只有他具有受拜性，除他之外再无应受崇拜的。同样，除他之外，再无主宰自由创造和自由选择。

"**在最初和最后，一切赞颂都属于他。**"他的一切行为，都因其公正和智慧而应受称颂。

---

(1)《泰伯里经注》19∶607。
(2) 另一种解释是："你的主造化他所意欲的，选择对他们有益的。"——译者注

"**裁决属于他。**"他的判决因其能力、优胜、明哲和慈悯而不容阻止。

"**你们都将被召归于他。**"在后世成立之日，你们全部都要被召归到他那里，然后他要论功奖罚，你们的任何行为都不能隐瞒他。

❧ 71.**你说："你们可曾见到，如果安拉为你们而使黑夜成为永恒的，延长到复生日，除了安拉，谁还能给你们光亮？你们难道不听闻吗？"**❧

❧ 72.**你说："你们可曾见到，如果安拉为你们而使白昼成为永恒的，延长到复生日，除了安拉，谁还能带给你们黑夜，供你们休息？你们难道不观看吗？"**❧

❧ 73.**他为了怜悯造化了夜和昼，以便你们能在其中休息和寻求他的恩典，以便你们感谢。**❧

## 昼夜属于安拉的恩典以及安拉独一的证据

清高伟大的安拉为众仆介绍他的恩典：他为人类设置了昼夜，倘若没有昼与夜，人类就无法生存。安拉阐述道，假若他使夜成为永恒的，那么人类就为其所害，人性必然厌恶之，并陷于无穷的压力之下。因此，安拉说："**除了安拉，谁还能给你们光亮？**"以便你们借助光明观看世界，安居乐业。"**你们难道不听闻吗？**"然后安拉说，假若他使昼成为永恒的，人们也会受到伤害，身体由于长期无休止的运动而疲惫不堪。因此，安拉说："**除了安拉，谁还能带给你们黑夜，供你们休息？**"即你们在各种工作和活动之后得以休息。

"**你们难道不观看吗？他为了怜悯**"，即为了怜悯你们而造化了夜和昼，即创造了昼夜轮替。

"**以便你们能在其中休息**"，即在夜间休息，

"**和寻求他的恩典。**"在白天通过旅行、奔波和工作，寻求安拉的恩典。

"**以便你们感谢**"，即以便你们在昼和夜通过各种功修感谢安拉。夜晚弥补在白天失去的，白天弥补夜晚失去的。正如安拉所述：❧ **他为意欲记念的人和意欲感激的人，使昼夜循环。**❧（25∶62）类似的经文很多。

❧ 74.**那天，他将召唤他们，说："你们所妄称的我的伙伴在哪里？"**❧

❧ 75.**我从每一族中提选一名证人，我说："拿出你们的证据来。"所以他们知道真理属于安拉。他们所捏造的都离他们而去了。**❧

## 指责和警告多神教徒

这也属于第二个传唤,指责和警告那些崇拜安拉,但同时还崇拜假神的人。清高伟大的安拉在所有的证人面前传唤他们道:"**你们所妄称的我的伙伴在哪里?**"即你们在今世妄称我有伙伴,今天他们到哪里去了?

"**我从每一族中提选一名证人。**"穆佳黑德说"证人"指使者。[1]

"**我说:'拿出你们的证据来'。**"以便证实你们的妄言——除安拉之外还有神。

"**所以他们知道真理属于安拉**",即除安拉之外再无应受拜的。但他们无言以对。"**他们所捏造的都离他们而去了。**"它们将消失,不会给他们带来任何益处。

❧ 76.**戈伦的确是穆萨的族人,但是他却迫害他们。我曾赐给他一些宝库,其钥匙是一群强壮的人也难以胜任的。当时,他的族人对他说:"你不要得意忘形,安拉确实不喜欢得意忘形的人。**❧

❧ 77.**你要以安拉赐给你的去寻求后世的家,也不要忘记你在今世的份额。你要对人行善,就像安拉善待你一样,你不要在地方上恣意作恶。的确安拉不喜欢作恶之人。**❧

## 戈伦以及他的族人对他的劝导

伊本·阿拔斯、格塔德、伊布拉欣·奈赫伊、马立克·本·迪纳尔、伊本·杰磊勒、思马克·本·哈拉毕等学者解释"**戈伦的确是穆萨的族人**"时说,戈伦是穆萨的堂兄弟。[2] 伊本·朱莱杰等学者说,戈伦的全名是戈伦·本·耶苏海尔·本·尕黑斯;穆萨的全名是穆萨·本·仪姆兰·本·尕黑斯[3]。[4]

"**我曾赐给他一些宝库**","宝库"指财产。

"**其钥匙是一群强壮的人也难以胜任的。**"宝库的钥匙非常多,所以一大群人也难以抬动它们。海赛麦说,戈伦的宝库的钥匙是由皮革制成的,每个钥匙就像手指一样大,每座宝库都有专门的钥匙。戈伦骑乘而出时,得由六十只脚上和鼻梁上有白毛的骡子驮运这些钥匙。[5] 也有学者持不同解释。安拉至知。

"**当时,他的族人对他说:'你不要得意忘形,安拉确实不喜欢得意忘形的人。'**"他族人中的一些清廉者忠告他,对他说,你不要因为现有的财富得意忘形,目空一切,"**安拉确实不喜欢得意忘形的人**"。伊本·阿拔斯解释说"**得意忘形**"指趾高气扬。[6] 穆佳黑德认为指骄傲自大,飞扬跋扈,不感谢安拉的恩典。[7]

"**你要以安拉赐给你的去寻求后世的家**",即你应当把安拉赐给你的巨大财富和恩典,用在服从和接近安拉的道路上,用来进行各种善功,博得今后两世的回赐。

"**也不要忘记你在今世的份额。**""今世的份额"指安拉所允许的衣食住行和妻室。因为你对安拉有义务,对你自己有义务,对家人有义务,对领袖有义务。你当对每个人尽到应尽的义务。

"**你要对人行善,就像安拉善待你一样**",即你要善待安拉的被造物,正如安拉善待你那样。

"**你不要在地方上恣意作恶**",即你不要因为饱食暖衣而横行无忌,欺压百姓。

---

(1)《泰伯里经注》19:614。
(2)《伊本·艾布·哈亭经注》9:3005。
(3) 即他和穆萨是亲堂兄弟。——译者注
(4)《泰伯里经注》19:615、616。
(5)《泰伯里经注》19:617。
(6)《泰伯里经注》19:622。
(7)《泰伯里经注》19:623。

۩ 78.他说：" 我被赐给这些，只是因为我拥有知识。"难道他不知道在他以前安拉曾经毁灭了比他力量更强大和积蓄更多的一些世代吗？犯罪者的罪行是无需加以询问的。۩

戈伦的族人劝其行善，而他的答复却是："我被赐给这些，只是因为我拥有知识"，即你们不要在我这里啰啰嗦嗦，安拉知道我受之无愧并喜爱我，所以才赐给我这些财产。简言之，我有资格得到这些财富。其情形如同下列经文所述：۩当一个人遭受到患难时，他就祈求我；然后当我赐予他恩典时，他就说："这完全是凭着知识而获得的。"۩（39：49）即因为安拉知道我的情况，所以赐给了我这些财富。又如：۩假若我在他遭逢灾难之后给他尝试来自我的慈悯，他一定会说："这是我应得的。"۩（41：50）即我有资格得到这一切。

"他说：'我被赐给这些，只是因为我拥有知识。'"伊玛目阿卜杜·拉赫曼·本·栽德对这节经文进行了非常好的注释，他解释为："假若安拉不喜欢我，不知道我的尊贵，他是不会赐给我这些财产的。"他还读道："难道他不知道在他以前安拉曾经毁灭了比他力量更强大和积蓄更多的一些世代吗？"[1]一些无知者看到安拉赐给他的财产时，往往会说相同的话。

۩ 79.他曾穿戴华贵的服饰走到他的族人们面前。那些贪图今世生活的人说："但愿我们能获得就像戈伦所获得的。他确实是一个有重大福分的人。"۩

۩ 80.但是那些被赐给知识的人说，你们真可悲！安拉的回赐对那些归信并行善的人是更好的。除了坚忍的人，没有人会接受它。۩

**戈伦身着华丽的服装出门炫耀；族人对他的评价**

有一天，戈伦身着华丽的服饰，在一群家奴和侍从的簇拥下耀武扬威地出现在族人当中。一些追求今世浮华生活的人们见此情景后盼望自己也能像戈伦一样享受今世，他们说："但愿我们能获得就像戈伦所获得的。他确实是一个有重大福分的人"，即他在今世中非常幸运和富有。

一些具备有益知识的人们听到这些话后说："你们真可悲！安拉的回赐对那些归信并行善的人是更好的"，即安拉在后世为清廉的穆民众仆所赏赐的奖励，比你们眼前的一切都美好。正如有段可

---
(1)《泰伯里经注》19：626。

靠的圣训说，清高伟大的安拉说：۩没有人知道我为他们珍藏的赏心悦目的（福泽），以便报酬他们当初的行为。۩（32：17）[2]

"除了坚忍的人，没有人会接受它。"赛丁伊解释说，只有坚忍的人才能进乐园。好像这句经文是对有知者所做的总结；[3]伊本·哲利尔解释为："只有那些坚韧不拔、淡泊今世、热爱后世的人，才能接受这句忠言。"他认为这句经文好像属于有知者之言，但也是安拉所讲述的一部分。[4]

۩ 81.后来，我使大地吞没了他和他的居所，他没有党羽替他抗拒安拉，他也不能自卫。۩

۩ 82.昨天还羡慕他的地位的人开始说："真的，安拉使他所意欲的有些仆人给养宽裕或窘迫！如果不是安拉施恩于我们，他一定也会使我们沦陷（于地下）！真的！隐昧者不会成功。"۩

---
(2)《布哈里圣训实录诠释——造物主的启迪》8：375。
(3)《伊本·艾布·哈亭经注》9：3016。
(4)《泰伯里经注》19：629。

## 戈伦和他的家园一起陷入大地

清高伟大的安拉说，戈伦身着华服，洋洋自得，鄙视族人，欺压弱小，最终和他的家园一起陷入大地。安拉的使者说："有个人拽着裤子[1]行走当中，突然陷入大地，他将一直陷进去，直至后世成立之日。"艾布·胡莱赖也有相同的传述。[2] 艾布·赛尔德传述，安拉的使者说："以前有个人穿着两件绿色长袍洋洋自得地出门，所以安拉命令大地吞没了他，他将一直往大地下面深陷，直至复生日。"[3]

"他没有党羽替他抗拒安拉，他也不能自卫。"他的财富、家奴和侍从不能帮助他，不能替他抵挡安拉的惩罚，他自己不能救自己，别人也不能救他。

## 戈伦的族人以其陷入大地为鉴

"昨天还羡慕他的地位的人开始说"，即那些人当初看到戈伦的装扮后说："但愿我们能获得就像戈伦所获得的。他确实是一个有重大福分的人。"现在他们看到戈伦深陷大地后立即说："真的，安拉使他所意欲的有些仆人给养宽裕或窘迫！"财富绝不能证明安拉对其拥有者的喜悦。因为只有安拉掌握给予和拒绝、窘迫和宽裕、低贱和高贵，此中有其完美的哲理和深刻的明证。伊本·麦斯欧迪传述的一段圣训中说："安拉在你们之间分配了你们的品质（有人高尚、有人卑微），正如他在你们间分配生活给养那样。安拉把财产给予他喜欢的人，也给予他不喜欢的人。但他把信仰只给予他喜欢的人。"[4]

"如果不是安拉施恩于我们，他一定也会使我们沦陷（于地下）"，即若不是安拉的恩惠和行善，我们的下场必定和戈伦一样。因为我们曾经希望像他一样。

"真的！隐昧者不会成功。"言下之意是，戈伦是一个没有正信的人。隐昧者在今生和后世，在安拉那里不会成功。

语法学家们对这节经文中的"ويكأن"（正文译为"真的"）一词有不同解释。（根据他们的解释）其意义大体如下：一、真可恶！须知……二、难道未曾见到……三、真的！我看来……

❀83.那后世的家园，我将它赐给不存心在大地上傲慢和为非作歹的人。善果只属于敬畏者。❀

❀84.谁带来善行，他将得到比它更好的；谁带来罪恶，犯罪的人只遭到他们所犯罪恶的惩罚。❀

## 不亢不卑的穆民在后世得到的福分

清高伟大的安拉说，他为那些谦虚谨慎、服从真理、拒绝作恶的穆民准备了后世的家园及永恒的恩典。艾克莱麦说，"傲慢"指目空一切。[5]

伊本·朱莱杰说"不存心在大地上傲慢"指傲慢和专制；"为非作歹"指犯罪。[6]

阿里说："有人因为自己的鞋带比别人的鞋带高档而沾沾自喜，因此被列入下列经文所叙述的人中：'那后世的家园，我将它赐给不存心在大地上傲慢和为非作歹的人。善果只属于敬畏者。'"[7]

上述情况是针对傲慢自大和欺凌弱小者而言的，他们的此种行径是可耻的。穆圣说："我已经奉到启示：你们当谦虚，直到一个人不在另一个人面前夸耀，一个人不欺压另一个人。"[8]如果他是出于爱美之心，穿一些漂亮的服饰是允许的。据可靠的传述：有人问："安拉的使者啊！我喜欢穿漂亮的大衣和鞋子，这属于骄傲行为吗？"使者说："不属于。安拉是美好的，他喜爱一切美好的事物。"[9]

"谁带来善行"，在后世"他将得到比它更好的"，即安拉的回赐比仆人的善行更为美好。怎不会如此呢？安拉会给仆人加倍报偿。这是叙述安拉的恩赐的经文。

经文接着说："谁带来罪恶，犯罪的人只遭到他们所犯罪恶的惩罚。"正如安拉所言：❀谁带来一件罪恶，他们将倒栽着（地）被投进火去。❀（27：90）这是叙述安拉的恩惠和公正的经文。

❀85.为你规定《古兰》的安拉，必将使你回归故地。你说："我的主至知谁带来引导，谁是在明显的错误当中。"❀

❀86.你不曾期望天经会降给你，但这却是来自你的主的慈悯，所以你绝不要成为隐昧者的后盾。❀

❀87.安拉的迹象降给你之后，莫让他们阻挠你宣传这些迹象，你要号召人归向你的主，你也一定不要成为一个多神教徒。❀

---

（1）蒙昧时代的阿拉伯人长裤拖地，自我炫耀。——译者注
（2）《布哈里圣训实录诠释——造物主的启迪》10：269
（3）《艾哈麦德按序圣训集》3：40。
（4）《艾哈麦德按序圣训集》1：287。
（5）《泰伯里经注》19：637。
（6）《泰伯里经注》19：637。
（7）《泰伯里经注》19：638。
（8）《穆斯林圣训实录》4：2199。
（9）《穆斯林圣训实录》1：93。

❋ 88.你既然祈求安拉，就不要祈求其他神，除了他之外无应受拜的。除了他的尊容之外的一切都将消灭。判决只归于他，你们将被带回到他那里。❋

### 命令传达信主独一的信息

清高伟大的安拉命令先知为世人传达天启信息、宣读《古兰》，并告诉他，他将被召回故地（归回之日）——后世成立之日，然后要他以先知身份向安拉述职。因此说，"**为你规定《古兰》的安拉，必将使你回归故地**"，即安拉已经规定，传达天启信息是你的天职，他将使你回归到复活之日，届时，将向你询问有关传达天启信息的问题。如安拉说：❋ 那时，我一定会询问给他们派遣了使者的人们，我也会询问众使者。❋（7：6）又❋ 那天，安拉集合众使者，说："你们得到的回答是什么？" ❋（5：109）又❋ 众先知和证人们都被带到。❋（39：69）

布哈里在其《经注篇》中说，伊本·阿拔斯认为"**为你规定《古兰》的安拉，必将使你回归故地**"中的"**故地**"指麦加。[1] 奈萨伊、伊本·哲利尔都有相同的传述。

伊本·易司哈格也解释说，经文指你的出生地麦加。[2]

伊本·阿拔斯对经文中的"故地"有几种解释：一、死亡；二、死后复生的日子；三、乐园。它是穆圣㊣为人类和精灵传达天启信息而赢得的奖赏和归宿。因为穆圣㊣是安拉创造的最完美的人，以及最善于辞令和最尊贵的人。

"**你说：'我的主至知谁带来引导，谁是在明显的错误当中。'**"即穆罕默德啊！你对你的民族中否认你和反对你的多神教徒以及他们的走卒说，我的养主至知我们中谁是遵循正道的，你们将知道后世美好的归宿属于谁？今生后世的胜利和善果属于谁？

然后安拉讲述他对穆圣㊣的恩典和对其民族派遣使者的恩典："**你不曾期望天经会降给你**"，即启示降于你之前，你从没有想到它会降给你。

"**但这却是来自你的主的慈悯。**"安拉降示启示，是对你的恩慈，也是通过你对世人的恩慈。他既然已经将这伟大的恩典降给你，"**所以你绝不要成为隐昧者的后盾**"，即你不要成为他们的支持者。你当和他们分道扬镳，并进行斗争。

"**安拉的迹象降给你之后，莫让他们阻挠你宣传这些迹象**"，即你不要因为他们的反对和阻碍而受到影响，或致使人们难以追随你的道路。因为安拉将宏扬你的言辞，支持你的宗教，并使你宣扬的天启信息在所有民族中传播。

"**你要号召人归向你的主**"，即你当号召人们崇拜独一无偶的安拉，"**你也一定不要成为一个多神教徒**"。

"**你既然祈求安拉，就不要祈求其他神，除了他之外无应受拜的**"，即崇拜只应归于安拉，受拜性只属于荣耀的安拉。

"**除了他的尊容之外的一切都将消灭**"，经文指出，安拉是永恒的、永存的、永活的、维护万物的，万物都将死去，而他永生不灭。正如安拉所言：❋ 其中的一切都将消毁，只有你的主伟大的尊容永存。❋（55：26-27）经文中的"尊容"指安拉的本然。

安拉的使者㊣说："诗人所说的最真实的话，莫过于莱毕德所说之言：除了安拉之外，万物都是虚假的。"[3]

"**判决只归于他**"，即统治权、决策权都属于

---

[1]《布哈里圣训实录诠释——造物主的启迪》8：369；《圣训大集》6：425；《泰伯里经注》19：641。
[2]《泰伯里经注》19：641。
[3]《布哈里圣训实录诠释——造物主的启迪》7：183。

安拉，安拉的裁决是不容改变的。

"你们将被带回到他那里"，在你们的归宿之日，你们都要回到安拉那里，届时，他要根据你们的善恶行为奖罚你们。

《故事章》注释完，一切赞美和恩情都属于安拉。

## 《蜘蛛章》注释　麦加章

奉普慈特慈的安拉之尊名

❴1.艾立甫、俩目、米目。❵

❴2.人们以为只要说"我们归信了"，便会就此罢休，不受考验了吗？❵

❴3.我确曾考验过他们以前的那些人，安拉必定要知道哪些是真诚的人，哪些是说谎的人。❵

❴4.犯罪的人以为他们能逃得过我吗？他们的判断真恶劣！❵

### 考验穆民，以便分清诚实者和撒谎者

《黄牛章》注释中已经介绍了出现在各章开头单独的字母。

"人们以为只要说'我们归信了'，便会就此罢休，不受考验了吗？"句中的疑问表示指责。意思是：清高伟大的安拉一定要根据穆民众仆的信仰程度考验他们。圣训中说："受考验最严峻的人是众先知，其次是清廉者，其次是仅次于他们的人，再次是下一批优秀的人。一个人所受的考验（严峻程度）取决于他的信仰程度。他的信仰愈坚定，受到的考验愈严峻。"[1]下列经文和这节经文意义接近：❴安拉还没有辨明你们当中谁是奋斗者和谁是忍耐者之前，你们就想着进入乐园吗？❵（3：142）《忏悔章》中也有相似的经文。《黄牛章》说：❴类似前人的（考验）尚未来临你们，你们就想着进入乐园吗？他们遭受了战伤和患难，他们被震撼了，甚至使者和那些跟他一道的信士们说："安拉的襄助在何时？"须知，安拉的襄助是临近的。❵（2：214）因此，本章的经文说："我确曾考验过他们以前的那些人，安拉必定要知道哪些是

真诚的人，哪些是说谎的人。"以便看清楚那些口口声声表示信仰的人当中，哪些人说的是真话，哪些人说的是假话。安拉知道过去发生的事情和将要发生的事情，也知道那些尚未发生的事情将以何种形式出现。这是所有的圣训学家和穆斯林大众学者的共识。伊本·阿拔斯等学者解释"……只是为了我知道"[2]时说，"知道"指看到，因为"看"只牵扯到存在物。"知"则比"看"更为广泛，因为它牵扯到存在物，也牵扯到不可见物。

### 犯罪者绝不能逃出安拉的制裁

"犯罪的人以为他们能逃得过我吗？他们的判断真恶劣！"没归信的人们绝不要认为他们能脱离这些审判和考验。因为在它们之后，有更严重的惩罚等待着他们。安拉说："犯罪的人以为他们能逃得过我吗？"即逃离我的制裁。

"他们的判断真恶劣"，"判断"指猜测。

❴5.谁希望会见安拉，那么安拉的约期必将来临。他是全听的、全知的。❵

❴6.谁奋斗，他是在为自己奋斗。安拉的确是无求于众世界的。❵

❴7.那些归信并行善的人，我将消除他们的罪恶。我将照他们最好的行为回赐他们。❵

### 安拉要把清廉者的理想变为现实

"谁希望会见安拉"，指谁希望在后世中看见安拉，并希望安拉那里的重大报酬而作了各种善事，那么，安拉将会把他的理想变为现实，对他的行为给予充分的报酬。这是必定的事实。因为安拉能听到一切祈求，知道所有被造物的需求。因此，安拉说："谁希望会见安拉，那么安拉的约期必将来临。他是全听的、全知的。"

"谁奋斗，他是在为自己奋斗。"如❴无论谁行善，都是为了他自己。❵（41：46）即行善的人，其善功的益处只归于他。因为安拉无求于众仆的一切行为。即使每个人都像那个最敬畏的人一样，也不能为安拉增添任何权力。因此安拉说："谁奋斗，他是在为自己奋斗。安拉的确是无求于众世界的。"

安拉接着说，他不但无求于众生，而且善待众生，慷慨地赐给他们中归信而行善的人最好的报酬，消除他们的最恶劣的罪行（的惩罚），按照他

---

（1）《提尔密济圣训集》3298；《艾哈麦德按序圣训集》1：172。

（2）或许这句经文应该是"安拉必定要知道哪些是真诚的人，哪些是说谎的人"中的"知道"。这个例子与上述经文有出入，但意义接近。——译者注

们所做的最好的行为报偿他们，接受他们少量的善行。他们若作了一件善事，他就以十倍至七百倍来回赐他们。他们若犯了罪，他就使他们遭受相应的惩罚，或原谅他们。正如安拉所言："❮安拉不亏枉人一粒芥子的重量。如果人有任何善功，他要使它成倍增长，并赐给他来自他（安拉）的重大报酬。❯（4：40）本章的经文说："那些归信并行善的人，我将消除他们的罪恶。我将照他们最好的行为回赐他们。"

❮8.我已命人孝敬父母。倘若他俩强迫你把你所不知道的给我举伴，那就不要听从他俩。你们的归宿是我，我将把你们做过的一切告诉你们。❯

❮9.归信并行善的人，我一定会把他们列入清廉者当中。❯

## 命令善待双亲

清高伟大的安拉首先鼓励穆民众仆坚持认主独一的信仰，然后命令他们善待双亲，因为双亲是人存在于世的根由。因此，人有义务尽最大的努力善待双亲。因为父亲为他而花费，母亲有怜爱之情。因此，安拉说：❮你的主已经判决：你们只崇拜他，并要善待父母，如果他们当中一位或两位达到高龄，并与你同住，你不要在他俩跟前叹气，也不要呵斥他俩，而要以尊敬的言语对他俩说话。你要对他们谦卑敬爱，并说："我的主啊！求你慈悯他俩，就像他俩抚育幼时的我那样。"❯（17：23-24）

同时，经文嘱托人们要敬爱父母，善待他们，以报答他们的恩情。经文说："倘若他俩强迫你把你所不知道的给我举伴，那就不要听从他俩"，即如果他们是多神教徒，而要求你信他们的宗教，你就不能听从他们。因为在末日，你们的归宿都在我这里，我将因为你善待他们，并坚持自己的信仰而报偿你，把你复生在清廉者的行列，而不复生在你父母的队伍中，虽然在今世中他们是你至近的亲人。在复生日，每个人都将和他（信仰方面）所爱的人复生在一起。因此，安拉说："**归信并行善的人，我一定会把他们列入清廉者当中。**"

提尔密济在注释这节经文时，赛尔德说："四段经文因我而降……"他讲述了他的事情，说："赛尔德的母亲说：'难道安拉没有命令你孝敬（父母）吗？'以安拉发誓，或者我不吃不喝而死，或者你放弃伊斯兰。"他说："此后，吃饭时他们就强迫她张开嘴。后来安拉降示了：'倘若他俩强迫你把你所不知道的给我举伴，那就不要听从

他俩。'"[1]

❮10.有些人说道："我们归信了安拉。"但是当他为了安拉而遭受苦难时，他就把人们的迫害当作安拉的惩罚；如果胜利由你的主降临时，他们一定会说："我们一直是跟你们在一起的！"难道安拉不是至知人类的一切心事的吗？❯

❮11.安拉的确知道那些归信者，他也的确知道伪信士。❯

## 伪信士的态度和安拉考验世人的常规

清高伟大的安拉描述了那些口头上表示信仰，其实正信还没有植入其心中的否认者的特征：当他们在今世中遭到一点考验和磨难的时候，就认为这是安拉对他们的惩罚，也因此背叛了伊斯兰。因此，安拉说："有些人说道：'我们归信了安拉。'但是当他为了安拉而遭受苦难时，他就把人们的迫害当作安拉的惩罚。"伊本·阿拔斯等先贤

---

(1)《提尔密济圣训全集诠释》9：48；《艾哈麦德按序圣训集》1：181；《穆斯林圣训实录》4：1877；《艾布·达乌德圣训集》3：177；《圣训大集》6：348。

说："他的灾难就是因为安拉而受点困难后，背叛宗教。"[1]这节经文与下列经文相似：❧ 世人中有人在边缘上崇拜安拉。如果好事降临到他，他就会心安理得；倘若是一件考验降临到他，他就公然叛离……这确实是遥远的迷失！❧（22：10-12）

"如果胜利由你的主降临时，他们一定会说：'我们一直是跟你们在一起的！'"即穆罕默德啊！如果安拉的襄助马上来临，你们取得胜利赢得战利品，这些人必定会说："我们一直和你们在一起，我们是你们的教胞。"就像下面的经文所说：❧ 有些人在等待你们（遭受厄运）。如果你们获得来自安拉的胜利，他们便会说："难道我们不是曾跟你们在一起吗？"倘若隐昧者获胜，他们就会说："难道我们不曾战胜你们，并替你们防御信仰者吗？"❧（4：141）然后安拉说：❧ 安拉也许会带来胜利或降自他的一项命令。他们就会因为心中所隐藏的而成为悔恨之人。❧（5：52）安拉在此告诉我们："如果胜利由你的主降临时，他们一定会说：'我们一直是跟你们在一起的！'"然后说："难道安拉不是至知人类的一切心事吗？"意为虽然他们在你们面前有违心的表现，但难道安拉不知道他们心中的一切和他们隐藏的秘密吗？

"安拉的确知道那些归信者，他也的确知道伪信士"，即安拉一定要以患难和安逸的时代考验世人，以便甄别信仰者和伪信士。在逆境中顺从安拉的人，确实获得了重大份额。正如安拉所言：❧ 的确，我将试验你们，直至我知道你们当中哪些是奋斗者，哪些是坚韧者。❧（47：31）在穆斯林经历吾候德战役的考验之后，安拉说：❧ 安拉不会让你们——信士们常处于你们所处的现状之中，直到他把善恶分开。❧（3：179）

❧ 12.隐昧者对归信者说："你们当追随我们的道路，让我们负担起你们的罪过吧。"其实他们不能负担你们的任何罪过。他们确实是说谎者。❧

❧ 13.他们一定要负担他们自己的重担和其他重担。在复生日，他们将为自己所伪造的而被审问。❧

## 隐昧者傲慢地宣称别人若放弃信仰，就由他们承担罪责

清高伟大的安拉说，古莱什的隐昧者们对一些接受正信、追求引导的人说，你们放弃你们的信仰，回到我们的信仰中，并遵循我们的道路，"让我们负担起你们的罪过吧。"如果你们因为放弃自己的信仰而要承受罪责，那就由我们来替你们承受吧，它将是我们的责任。正如人们常说："你做某事吧！有罪我替你担着。"安拉揭露他们的谎言，说："**其实他们不能负担你们的任何罪过。他们确实是说谎者。**"其实这是他们的一派胡言，因为任何人都不能替他人承担罪责。正如安拉所言：❧ 负重的人不会负担他人的担子，如果一个肩负重担者要求旁人来承担他的重担，旁人也不能承担丝毫，即使是他的近亲。❧（35：18）又❧ 亲友不问亲友。❧（70：10-11）

"**他们一定要负担他们自己的重担和其他重担。**""他们"指引人走入否认和迷误的人。在复生日，他们不但要承担自己的罪责，而且还要承担别人的罪责，因为他们曾经误导别人。虽然如此，他们并不能减轻别人的罪责。正如安拉所言：❧ 以便他们在审判日承担他们的全部负担和那些被他们无知地误导的人们的负担。他们所负担的是多么恶劣啊！❧（16：25）圣训说："召人于正道者，将像遵循正道者那样得到报酬，这份报酬将延续至复活时刻，但它丝毫不会减轻那些遵循正道者的报酬；召人于迷途者，将像遵循迷途者那样受到罪责，其罪责将延续至复活时刻，但它丝毫不会减轻那些走迷途者的罪责。"另一段圣训说："只要有人枉杀一人，阿丹的第一个儿子将承受一份血债，因为他开创了杀人先例。"[2]

"**在复生日，他们将为自己所伪造的而被审问。**""**所伪造的**"指他们捏造的谎言。安拉的使者㸦说："你们当避免亏人，因为安拉将在末日决定事务，并说：'以我的尊严和伟大发誓，今天我不允许亏枉。'有声音呼叫：'某人在哪里？'这时某人将会过来，他的善行如山一样高大，令人瞩目敬佩。他站在至仁主跟前后，至仁主命令呼唤者呼唤：'某人欠过谁、亏过谁，就让谁到这里来。'听到这话后，一大群人站到至仁主跟前。至仁主（对天使）说：'你们替我的仆人处理事务吧！'他们问：'我们怎么替他处理事务呢？'至仁主说：'你们拿走他的善行，把它交给我的仆人们（作为补偿）。'他们奉命拿走他的善行。最后那人竟没剩下一件善行。但还有一些被亏者没有得到补偿。至仁主说：'你们替我的仆人处理吧！'他们（天使）说：'他没剩下一件善行。'至仁主说：'你们拿出被亏者的罪行，让他承担吧！'"然后使者读了下列经文："**他们一定要负担他们自己的重担和其他重担。在复生日，他们将为自己所伪造的而被审问。**"[3]另一段圣训也能证明这段圣训，该圣训是："末日，有人带来像群山一样多的

---

[1]《泰伯里经注》20：13。

[2]《穆斯林圣训实录》4：206。

[3]《布哈里圣训实录诠释——造物主的启迪》6：419。

善行，但他曾经亏待过张三，拿过李四的财产，中伤过王五的名誉。因此（在审判日），张三、李四纷纷带走他的善行，当他连一件善行都没剩时，他就开始承担被亏者的罪责。"(1)

◆ 14.我曾派努哈到他的族人中，他在他的族人中停留了九百五十年，然后洪水袭击了不义的他们。◆

◆ 15.我拯救了他和乘船者，我使它成为全世界的迹象。◆

## 努哈及其族人

安拉通过这节经文安慰他的仆人及使者穆罕默德，并告诉他，努哈曾在他的族人中进行长期宣传，日以继夜，秘密或公开，从未间断。虽然如此，但他愈努力，他们愈疏远真理，愈回避真理，否认他。归信者寥寥无几。因此，安拉说："**我曾派努哈到他的族人中，他在他的族人中停留了九百五十年，然后洪水袭击了不义的他们。**"在这漫长时期中，努哈的宣传和警告对他们无济于事。所以，穆罕默德啊！你不要因为族人的否认而悲伤，因为安拉意欲引导谁，就引导谁，意欲谁迷误，就任谁迷误。事情都归安拉掌管，都归于他。◆ 你的主的言辞已经判定的那些人，他们不会归信。即使任何迹象来临他们……◆（10：96-97）须知，安拉将支持你，使你获胜，并凌辱你的敌人，使他们倒霉，成为最下贱的人。

伊本·阿拔斯说："努哈四十岁奉命成为先知，他在族人中生活了九百五十年，洪水之后，他又活了六十年，直至人口又繁衍增多，分布各地。"(2)

"**我拯救了他和乘船者**"，即我拯救了那些归信努哈的人。《呼德章》已经详述了这一历史，此处不再赘述。

"**我使它成为全世界的迹象**"，即我使那只船永远存在——经文或者确指努哈造的那条船。正如格塔德所说："直至伊斯兰初期，那条船一直在朱迭山上。"或者泛指所有的船。安拉使其存在，以便人们记忆他从洪水中拯救了他们的恩典。(3)正如安拉所述：◆ 给他们的一个迹象是，我在满载的船中运载着他们的后代。我也为他们创造了类似它（船）的承载物……及暂时的享受。◆（36：41-44）又◆ 当洪水泛滥时，我把你们载在船上，

---
(1)《散置的珠宝》5：272。
(2)《穆斯林圣训实录》4：1997。
(3)《散置的珠宝》5：273。

以便我将它作为你们的教训，以便记事的耳朵记住它。◆（69：11-12）本章的经文说："**我拯救了他和乘船者，我使它成为全世界的迹象。**"这是一种由点到面、循序渐进的表述方法，即由一只特定的船谈到普遍的船。正如安拉所言：◆ 我确以灯盏装饰了最近的一层天，并使它们成为（驱逐）魔鬼的带火的箭。◆（67：5）即我使一种星星成为攻击恶魔的火箭。因为用于射击恶魔的星星，并不是天空的装饰。安拉说：◆ 我确用泥土的精华造化人类。然后使他成为一滴精液，（放）在一个安全的地方。◆（23：12-13）类似的例子不胜枚举。

◆ 16.伊布拉欣，那时，他对他的族人说，你们要崇拜安拉，并敬畏他。如果你们知道，那是对你们更好的。◆

◆ 17.你们舍弃安拉，只拜偶像，只捏造谎言。你们在安拉以外所崇拜的，不能维持你们的生计。所以你们应在安拉那里寻求供给，崇拜他，并感谢他。你们只被带回到他那里。◆

◆ 18.如果你们不信，你们以前的一些民族也曾不信。使者的责任，只是明白地传达。◆

## 伊布拉欣劝导其族人

清高伟大的安拉说，他的仆人、使者、朋友和追求天性者的领袖——伊布拉欣号召其族人崇拜独一无偶的安拉，专心敬畏安拉，只向他要求给养，只向他感恩。因为一切恩典都出自他，只有他应受感恩。伊布拉欣对其族人说："**你们要崇拜安拉，并敬畏他**"，即你们当虔诚地拜他，害怕他。

"**如果你们知道，那是对你们更好的**"，即如果你们这样做，你们能得到两世的幸福，避免两世的灾难。安拉接着说，你们所崇拜的那些偶像，对人无益无害，徒有虚名，是你们所编造出来的。事实上他们和你们一样，都是被造物，不过你们将他们称为神而已。这是伊本·阿拔斯等学者的解释。[1]

另据传述，伊本·阿拔斯解释说"**只捏造谎言**"指你们只是在制造虚假。或曰：是你们将它们雕刻成了偶像。[2]但这些所谓的神，并不能为你们提供生活给养。

"**所以你们应在安拉那里寻求供给**"，经文用这种确指的表达方法指出，人类只能向安拉寻求生计。类似的表示确指的经文如：❮我们只崇拜你，只向你求助。❯（1：5）又❮我的主啊！求你为我在乐园里，在你那里建造一个家。❯（66：11）因此，经文说："你们应在安拉那里寻求供给。"而不要向别人寻求生计，因为别人对它无权。

"**崇拜他，并感谢他**"，即你们吃安拉的供养，并崇拜独一的主，感谢他赐给你们的恩典。复生日"**你们只被带回到他那里**"，然后他要论功行赏。

"**如果你们不信，你们以前的一些民族也曾不信。**"你们已经听到以前的民族因为违背使者而遭受的打击和惩罚。

"**使者的责任，只是明白地传达**"，即使者能做的，就是把安拉的命令原封不动地传达给你们。使人走向正道或迷误的只是安拉。所以你们当努力使自己成为幸福之人。

格塔德在解释"**如果你们不信，你们以前的一些民族也曾不信**"时说，这是安拉为安慰穆圣而降的经文。根据格塔德的解释，这节经文直到❮这是他们惟一的答复。❯（27：56）不属于伊布拉欣的话，而是一个插入句。伊本·哲利尔也持相同观点。但从它出现的背景看，这句经文应该属于伊布拉欣的话，他说这番话以驳斥否认者，并确定后世的真实性。因为这段经文的结尾说"**他的族人惟一的答复是说……**"安拉至知。

❮19.他们不曾看到吗？安拉如何创始造化，然后复造。那对安拉是容易的。❯

❮20.你说："你们去漫游大地，观察安拉曾如何创始造化，然后怎样产生后来的造化。安拉确实是全能万事的。"❯

❮21.他处罚他所意欲之人，慈悯他所意欲之人，你们只被召回到他那里。❯

❮22.无论在地上或是在天上，你们都绝不能逍遥法外。除了安拉，你们也没有任何保护者和援助者。"❯

❮23.那些不信安拉的启示和会见他的人们，这等人，他们已对我的慈悯绝望了，这等人，他们将受痛苦的刑罚。❯

## 死后复活的证据

清高伟大的安拉说，他的朋友伊布拉欣指导世人确信他们所否认的归宿，让他们注意他们自身中存在的一些造化方面的证据（这些证据是他们能目睹的）：人类原本不存在，曾是"不被记忆的东西"，后来他们存在了，成为耳聪目明的人。最初造化他们的安拉能够再造他们。因为对安拉而言，再造是轻而易举的。然后伊布拉欣指导人们参悟周围的世界：诸天和其中的明星、行星和恒星，大地和其中的平原、山脉、山谷、旷野、沙漠、植物、江河……这一切都证明，它们都是后来产生的，并证明它们的创造者的存在，这个创造者做其所做之事，自由选择，他只要对某物说"有"，那物就会存在。

清高伟大的安拉说："**他们不曾看到吗？安拉如何创始造化，然后复造。那对安拉是容易的。**"正如安拉所言：❮是他创始造化，然后复造之。复造对于他是更容易的。❯（30：27）

然后经文说："**你说：'你们去漫游大地，观察安拉曾如何创始造化，然后怎样产生后来的造化。'**""产生后来的造化"指后世的事情。"**安拉确实是全能万事的。**"

"**他处罚他所意欲之人，慈悯他所意欲之人**"，即安拉是统治者、决策者，他能自由行事，自由判决，他的判决不容推翻，他的行为不被询问，但人类的行为要受到审问，创造和命令权只归于他，无论他做什么，他的行为都是公正的。他拥有最高权力，他不会亏人一丝毫。圣训中说："倘若安拉惩罚天地的居民，他也没有亏待他们。"[3]

清高伟大的安拉说："**他处罚他所意欲之人，慈悯他所意欲之人，你们只被召回到他那里**"，即

---

(1)《泰伯里经注》20：18。
(2)《泰伯里经注》20：19。

(3)《艾布·达乌德圣训集》5：75；《伊本·马哲圣训集》1：30。

复生日，你们只能回到他那里。

"无论在地上或是在天上，你们都绝不能逍遥法外"，即天地中的任何人，都不能从安拉那里逃脱，事实上，安拉是宰制众仆的。万物都敬畏他，需要他，而他无求于万物。

"除了安拉，你们也没有任何保护者和援助者。那些不信安拉的启示和会见他的人们"，即不信安拉的经文，否认后世归宿的人们，"这等人，他们已对我的慈悯绝望了"。他们在其中没有任何份额，"这等人，他们将受痛苦的刑罚"。他们将在今生和后世遭受痛苦的刑罚。

❁ 24.他的族人惟一的答复是说："你们杀死他，或是焚烧他！"但是安拉确把他从火中救了出来，此中对于归信的群体确有种种迹象。❁

❁ 25.他（伊布拉欣）说道："你们在安拉之外择取偶像，只是为了你们之间在今世的相爱。然后在复生日，你们将会互相否认，互相咒骂。你们的居所将是烈火，你们将没有任何援助者。"❁

### 伊布拉欣族人的答复安拉如何控制火

清高伟大的安拉告诉我们，伊布拉欣的民族否认真理、冥顽不化、傲慢自大，伊布拉欣对他们详细解释和明白引导后，他们的答复却是："**你们杀死他，或是焚烧他！**"他们在伊布拉欣树立的铁证面前无言以对，所以转而使用权力和暴力。他们说：❁ 为他建一个火灶，然后把他投进烈火当中！此后他们预谋加害他，但是我却使他们成为最低贱的人。❁（37：97-98）他们经过长期准备，聚集了很多柴，在其周围造了一圈栅栏，然后点燃柴。火焰直抵云天，这是一场大火。他们把伊布拉欣反捆起来放到弩炮发射处，把他射进火中。但安拉使烈火对伊布拉欣变为凉爽的、舒适的，他在火中停留了数日之后，平安解脱。安拉通过类似的许多经历，使他成为世人的领袖。他愿意为至仁主奉献生命，把自己投入烈火之中，愿意牺牲自己的儿子作为近主的贡献，愿为客人慷慨解囊。他因此博得了各宗教信仰者的喜爱。

"**但是安拉确把他从火中救了出来**"，使他毫发无损，因为那烈火对他变成了凉爽和安全的。"**此中对于归信的群体确有种种迹象。**"

### 伊布拉欣为族人阐明偶像是无能的

"他说道：'你们在安拉之外择取偶像，只是为了你们之间在今世的相爱。'"伊布拉欣指责其族人崇拜偶像的丑行，说你们树立这些伪神，在今世中共同崇拜他们，只是为了你们之间在今世的友谊和互爱罢了。

"**然后在复生日**"，情况将会截然不同，那时你们将反目成仇："**你们将会互相否认**"，即否认你们之间的关系，"**互相咒骂**"。领导者诅咒追随者，追随者诅咒领导者。❁ 每逢一个民族进入火狱时，它就谩骂它的姊妹民族（前面进去的民族）。❁（7：38）❁ 那天除了敬畏者之外，朋友们将彼此成为仇敌。❁（43：67）本章的经文说："**然后在复生日，你们将会互相否认，互相咒骂。你们的居所将是烈火**"，即在阿勒萨特清算场上受审完毕后，你们全体的归宿只是火狱，没有人能帮助你们，也没有人能从安拉的惩罚中拯救你们。隐昧者的情况就是如此，而穆民的情况却与此不同。

❁ 26.因此鲁特归信了他。他说："我将迁向我的主，他的确是优胜的、是明哲的。"❁

❁ 27.我赐给他（伊布拉欣）易司哈格和叶尔孤白，并在他的后裔中安排了圣职和经典。我在今世中赏赐酬劳他，而他在后世中，确实是清廉者之一。❁

### 鲁特的信仰以及鲁特和伊布拉欣一起迁徙

清高伟大的安拉说，鲁特归信了伊布拉欣。有学者说鲁特是伊布拉欣的侄子，名叫鲁特·本·哈兰·本·阿宰尔。换言之，伊布拉欣的族人中，接受正信的仅有鲁特和伊布拉欣的妻子萨勒。但有学者提出这样一个问题：怎样调和这节经文和下列圣训呢？有段确凿的圣训说，伊布拉欣见过一个暴君，那暴君问萨勒和伊布拉欣是什么关系，伊布拉欣回答是他的妹妹。然后伊布拉欣到萨勒处，对她说："我对他（暴君）说你是我妹妹，希望你不要让他识破。大地上除了你我，再无归信者。你是我宗教中的妹妹。"安拉至知，伊布拉欣这番话的意思也许是指大地上除你我之外，再也没有一对夫妻共同拥有正信了。后来鲁特成为他族人中的第一位归信者，并和他一同迁徙沙姆。伊布拉欣在世时，安拉派鲁特去塞督姆地区劝导那里的居民。[1]有关鲁特的事迹前面已述，后文还将述及。

"**他说：'我将迁向我的主'**。"经文中的"他"可能指鲁特，因为在这个短语前，他是被提到的最后一人；也可能指伊布拉欣。伊本·阿拔斯和端哈克持第二种观点。"**因此鲁特归信了他**"，可以表示这个意义："在伊布拉欣的族人中，鲁特归信了他。"此后伊布拉欣说，他打算离开族人而迁徙，以便发扬正教，奠定基础。

因此说，"**他的确是优胜的、是明哲的**"，即尊严属于安拉，属于使者和众信士们。他的一切言行、统治和法令，都是精确而富有哲理的，无论是关于宇宙的，还是立法的。

格塔德说，伊布拉欣和鲁特一起从库斯（位于库法的郊区）迁徙到了沙姆。

### 安拉为伊布拉欣赏赐易司哈格和叶尔孤白，并把圣职赏给伊布拉欣的子孙

"**我赐给他（伊布拉欣）易司哈格和叶尔孤白**。"正如安拉所言：《当他离开他们和他们舍安拉而崇拜的那些时，我赐给他易司哈格和叶尔孤白，并使他们都成为先知。》（19：49）即伊布拉欣离开族人之后，安拉赐给他一位清廉的儿子，并使之成为先知，后来又赐给易司哈格一个儿子，也使之成为了先知，作为伊布拉欣的慰藉。如：《我赐给他易司哈格，又额外赏赐给他叶尔孤白。》（21：72）"额外"指增加的礼物。又：《我就以易司哈格及他之后的叶尔孤白给她报喜。》（11：71）即在你俩（伊布拉欣夫妇）在世时，我就赏赐你俩一个孙子，作为你俩的慰藉。

"**并在他的后裔中安排了圣职和经典**"，使他的部分子孙成为先知并赏赐经典，是一个极大的荣誉，不但使他拥有"安拉的朋友"、"世人的领袖"等荣誉，而且还在他的后裔中授予了圣职和经典。因为古以色列人的先知都出自伊布拉欣的嫡孙叶尔孤白的后裔，他们的最后一位先知——尔撒先知也是如此。他曾当众站起来，向人们通报了出自古莱什哈希姆家族的先知穆罕默德㊟的情况。穆罕默德是一切使者的终结，是今后两世中人类的领袖，安拉在纯粹的阿拉伯人之父——伊布拉欣之子伊斯玛仪的子孙中选派了他。伊斯玛仪的后裔中，仅出了穆圣㊟这么一位先知。向穆圣致以最美好的祝福和平安。

"**我在今世中赏赐酬劳他，而他在后世中，确实是清廉者之一**。"安拉为他赏赐了两世的幸福，在今世中，他丰衣足食，拥有宽敞的家园，甘甜的水源，美貌、贤惠的妻子，并且美名远扬，受人爱戴，人人都把他当作朋友。伊本·阿拔斯等学者说"同时，他还在方方面面服从安拉。"[2]《古兰》说：《和尽忠的伊布拉欣的经典的内容吗？》（53：37）即他完成了安拉的一切命令，尽最大努力服从他的主。因此说："**我在今世中赏赐酬劳他，而他在后世中，确实是清廉者之一**。"正如安拉所言：《伊布拉欣当初是一个稳麦。他服从安拉，纯洁无染，他不是多神教徒……在后世，他确实在清廉者的行列。》（16：120-122）

《28.鲁特，那时，他对他的族人说："你们犯了普世的人中任何人都没有犯过的丑行。》

《29.你们真的亲近男人，拦路抢劫，并在你们聚集之地作恶事吗？"他的族人只能说"如果你是说实话的人，你就降给我们安拉的惩罚"，除此之外，无话可答。》

《30.他说："我的主啊！求你帮助我战胜为非作歹的人！"》

### 鲁特的忠告，发生在鲁特族人中的事情

清高伟大的安拉说，先知鲁特谴责族人伤风败俗，因为他们曾鸡奸男性，犯下了史无前例的丑行。同时，他们还否认安拉及其使者，拦路抢劫，杀人越货。

"**并在你们聚集之地作恶事**"，即他们在他们聚会的地方做丑事，讲恶言，并且相互不加反对。有学者解释说，他们当众性交。穆佳黑德持此观

---
[1]《布哈里圣训实录诠释——造物主的启迪》6：447。
[2]《泰伯里经注》20：27、28。

点；(1) 有学者说，他们互相戏闹，浪笑不绝(2)。这是阿伊莎（愿主喜悦之）和卡西姆的观点；(3) 有人说，他们斗羊斗鸡，坏事做绝，牲畜不如。

"他的族人只能说'如果你是说实话的人，你就降给我们安拉的惩罚'，除此之外，无话可答。"这归因于他们的否认、嘲弄和顽固。因此，安拉的使者要求安拉襄助他教训他们。他说："我的主啊！求你帮助我战胜为非作歹的人！"

﴾ 31.当我的使者们带着喜讯到达伊布拉欣时，他们（天使们）说："我们确实要毁灭这个城的居民。其居民确实是不义的。"﴿

﴾ 32.他（伊布拉欣）说："鲁特确在其中。"他们说："我们非常清楚谁在其中。除了他的妻子之外，我们一定会拯救他和他的家人，她属于留待毁灭之人。"﴿

﴾ 33.当我的使者们莅临鲁特时，他因为他们感到难堪，并束手无策。他们说："你不要怕，也不要忧伤，我们是来拯救你和你的家人的。除了你的妻子，她属于留待毁灭之人。"﴿

﴾ 34.我要给这城中的人，从天上降下大难，因为他们一直是反叛的。﴿

﴾ 35.从中，我为理解的群体留下了一个明显的迹象。﴿

### 几位天使来到伊布拉欣跟前，然后去鲁特那里

鲁特要求安拉襄助他征服族人之际，安拉派遣天使前去帮助。天使们以客人的样子途经伊布拉欣那里时，伊布拉欣出来热情招待，他看到来客对食物不感兴趣，就有些不可思议，且感到害怕。天使们见状便安慰他，给他报了一个喜讯——他的妻子萨勒将生下一个清廉的儿子，这个儿子将来要成为先知。在场的萨勒闻言感到奇怪不解。《呼德章》和《石谷章》已经叙述了这段历史。天使们给伊布拉欣带来喜讯，并告知他们是安拉派来惩罚鲁特族人的天使，伊布拉欣开始为鲁特的族人求情，要求宽限他们，也许安拉会引导他们。而天使们说，"我们确实要毁灭这个城的居民。"伊布拉欣又说："鲁特确在其中。""他们说：'我们非常清楚谁在其中。除了他的妻子之外，我们一定会拯救他和他的家人，她属于留待毁灭之人'"，即她将遭受毁灭，因为她一直助纣为虐，支持族人否认安拉。

后来天使们以英俊青年的模样去鲁特那里，鲁特见状后"因为他们感到难堪，并束手无策"，即鲁特因为这些来客而忧心如焚，招待也不是，不招待也不是，担心他们遭受族人的伤害。当时鲁特还不知道来客的真实身份。

"他们说：'你不要怕，也不要忧伤，我们是来拯救你和你的家人的。除了你的妻子，她属于留待毁灭之人。'我要给这城中的人，从天上降下大难，因为他们一直是反叛的。"当时吉卜勒伊里天使从地下将鲁特族人的城镇连根拔起，提到天空中然后倒扣下去，安拉在黏泥做的石头上打上来自他的印记，将它们像雨点般地降到这些否认者身上。它们离不义者并不遥远。(4) 后来，安拉使那里成为一片臭气熏天的湖泊，作为永世的教训，直到复生日。在末日，鲁特的族人还要遭受最严厉的惩罚。因此，安拉说："从中，我为理解的群体留下了一个明显的迹象。"另一段经文说：﴾ 你们朝夕经过他们的遗址，难道你们还不反思吗？﴿（37：137-138）

﴾ 36.我对麦德彦人派遣了他们的兄弟舒尔布。

---

(1)《泰伯里经注》20：29；《伯厄威经注》3：466。
(2) 一译当众放屁。——译者注
(3)《泰伯里经注》20：30。

(4) 请参看11：82-83节经文。——译者注

当时他说:"我的族人啊!你们要崇拜安拉,希望末日,不要在大地上为非作歹。"》

◆ 37.但是他们否认了他。于是地震袭击了他们,清晨他们都僵卧在他们的家中。》

## 舒尔布及其族人

清高伟大的安拉说,他的仆人和使者舒尔布向其族人(麦德彦人)发出了警告,并命令他们崇拜独一无偶的安拉,让他们害怕安拉在后世的恼怒和惩罚。他说:"我的族人啊!你们要崇拜安拉,希望末日。"伊本·哲利尔说,有学者说,"希望末日"指害怕末日。[1] 这节经文和下列经文相似:◆ 对于指望安拉和末日……》(33:21)

"不要在大地上为非作歹。"舒尔布禁止族人在大地上为非作歹,四处作恶,侵害世人。他们曾经短斤少两,拦路抢劫,否认安拉和使者。后来安拉使大地剧烈震动,喊叫声撕心裂肺,那时他们的灵魂被取走。这确实是一场遮天蔽日的大难。《高处章》《呼德章》和《众诗人章》都详述过他们的历史。

"清晨他们都僵卧在他们的家中。"格塔德说,经文指他们都死去了;[2] 还有学者解释说:"部分人倒在部分人身上。"[3]

◆ 38.以及阿德和塞姆德人,他们的一些故居,已经为你们所显现。魔鬼为他们粉饰了他们的行为,并在正道上阻止了他们。虽然他们曾经是有才智的。》

◆ 39.戈伦、法老和哈曼。穆萨确曾给他们带去一些明证,但是,他们在地方上高傲自大,他们不是超越者。》

◆ 40.每个人,我都因其罪恶而加以惩罚。我对他们中的一些人降下飞沙走石,另一些人则遭受震撼袭击,有些人我使大地吞没了他们,另一些人我淹死了他们。安拉不会亏负他们,而他们是自己亏负自己。》

## 否认使者的各民族遭受的毁灭

清高伟大的安拉讲述了否认众使者的各民族的情况,详述他是怎么毁灭他们的,他们是以何种方式遭受惩罚和报应的。呼德的族人阿德人曾居住在临近也门哈达拉毛的沙丘中;撒立哈先知的族人塞姆德人,曾居住在临近瓦迪古拉[4]的石谷中,阿拉伯人经常经过他们的遗迹,对它非常了解;戈伦是拥有万贯家财和巨大宝库的豪富;法老是穆萨先知时期埃及的国王;哈曼则是法老的宰相,他和法老都是否认安拉及其使者的科普特人。他们"**每个人,我都因其罪恶而加以惩罚**",即每个人都遭受了相应的惩罚。

"我对他们中的一些人降下飞沙走石。"经文指阿德人。因为他们说:"谁的力量能超过我们呢?"安拉因此派去寒冷的飓风,连续不断地袭击他们,将地上的沙石吹向他们,把他们从地面上卷起,吹到空中后又猛掷向大地,使其身首异处,好像被连根拔起的枣树杆一样。

"另一些人则遭受震撼袭击",经文指塞姆德人。关于他们的证据已经明确。他们曾要求一峰母驼从石头中蹦出,安拉完全满足了他们提出的要求,但他们在铁的事实和证据面前并不谦恭,不但不接受正信,而且怙恶不悛,继续否认,并威胁要将安拉的使者和信仰者们驱逐出境或乱石击死,后来安拉以震撼声惩罚了他们,使他们变成了僵尸。

---
(1)《泰伯里经注》20:34。
(2)《泰伯里经注》20:34。
(3)《泰伯里经注》20:34。

(4) 位于希贾兹,与麦地那较近。——译者注

"有些人我使大地吞没了他们。"经文指作恶者戈伦,他违抗至上的安拉,曾在大地上趾高气扬,目空一切,自命不凡,最终安拉使他和他的家园一起陷入地下,他将一直深陷其中,直至末日。

"另一些人我淹死了他们。"经文指法老、法老的宰相哈曼以及他们的军队。他们在一个清晨时分全部被淹没于红海之中,无一生还。

"安拉不会亏负他们",即无论如何,安拉都没有亏待他们。"而他们是自己亏负自己",即他们完全是咎由自取。

﴿ 41.舍安拉而另择保护者的人们的例子,就像蜘蛛造房的例子。但最脆弱的房子就是蜘蛛的房子,倘若他们知道。﴾

﴿ 42.安拉确实知道他们舍他而祈求的任何事物,他确实是万能的、明哲的。﴾

﴿ 43.那是一些例子,我为世人举出它们,但只有有知者才能领悟它们。﴾

### 把多神教徒的"神"比作蜘蛛的房子

这是安拉为那些择取多神的人们所举的例子,他们希望得到那些偶像和"神"的支持与供养,并在艰难时刻依靠他们。他们的这种做法就像蜘蛛造网,但那些网脆弱无比。依赖偶像,无异于依赖蜘蛛网,因为它徒有虚名。假若他们能理解这一点,就不会舍安拉而寻找保佑者了。穆斯林的情况则与此截然不同,他们坚信安拉,遵守法律,力行善功,紧握永不断裂的坚固权柄。

然后安拉警告那些不崇拜他而多方崇拜,以其他物举伴他的人,安拉说他知道他们的一切行为,知道他们为安拉所找的"配偶",安拉将因为他们的举伴而惩罚他们。安拉是明哲的、全知的。

然后清高伟大的安拉说:"那是一些例子,我为世人举出它们,但只有有知者才能领悟它们",即只有具备渊博知识的学者们才能参悟和深思它们。阿慕尔·本·孟勒说:"我每读到一段经文而不理解时感到非常忧伤,因为安拉说:'那是一些例子,我为世人举出它们,但只有有知者才能领悟它们。'"[1]

﴿ 44.安拉以真理造化天地,对于归信的人其中确有一种迹象。﴾

﴿ 45.你要诵读你所受的天启天经,并谨守拜功。礼拜确可制止卑劣和邪恶(的行为)。记念安拉确实是更重大的。安拉知道你们所做的。﴾

清高伟大的安拉说,他具备无限的大能,他本着真理创造了诸天和大地。换言之,安拉不随意创造事物,﴿ 以便每一个人都能按他的努力而获得回赐。﴾(20:15)﴿ 他依照他们的行为还报那些作恶的人,并以善果还报行善的人。﴾(53:31)安拉说:﴿ 此中对信士们确有一个迹象。﴾(15:77)这种迹象证明安拉是独一的创造者、决策者和独一的受拜者。

### 命令传达、诵读(《古兰》)和礼拜

清高伟大的安拉命令使者和信士们诵读《古兰》,并将它传达给世人:"你要诵读你所受的天启天经,并谨守拜功。礼拜确可制止卑劣和邪恶(的行为)。记念安拉的确是更重大的",即礼拜包括两个方面:一、放弃卑劣和邪恶的事情。换言之,坚持礼拜能促使人远离这些行为。艾布·胡莱赖传述,有个人来到穆圣跟前说:"某人夜晚礼拜,白天盗窃。"使者听后说:"你所说的事情

---

[1]《散置的珠宝》6:464。

（礼拜）将会制止他这样做。"[1] 二、记念安拉。这是最重要的目的。因此，安拉说："**记念安拉确实是更重大的**"，即比第一个方面更重要。

"**安拉知道你们所做的**"，即安拉知道你们的一切行为。艾布·阿林在解释"礼拜确可制止卑劣和邪恶"时说："礼拜有三个属性，缺一不可。一、虔诚。二、敬畏安拉。三、记念安拉。虔诚促使人做好事，敬畏制止人作恶事，记念安拉指（读）《古兰》，它命善禁恶。"伊本·奥尼说："你在礼拜时就在行善。那时，礼拜已经制止你去做卑劣和邪恶之事。此时你对安拉的记念则是更重大的。"

**46.你不要和有经的人争论，除非是以较好的（方式）。他们中的不义者另当别论。你们说："我们归信了已经降给我们的和降给你们的。我们的主和你们的主是一个，我们都是归顺他的。"**

## 和有经人辩论

这段经文的意思是，如果哪个有经人想公正地探讨伊斯兰，穆斯林就应该用最优美的（方式和态度）与其辩论，这对他更有益处。正如安拉说：**你应当以智慧与善劝导人于你主的道路。**（16：125）安拉派遣穆萨和哈伦去劝导法老时，对他俩说：**不过你俩要对他说温和的话，他或者可能受劝，或畏惧。**（20：44）经文说："**他们中的不义者另当别论。**"是指那些偏离了正确的方向，对清楚的明证视而不见，且冥顽不化、傲慢自大的人。在这种情况下你应以武力阻止他们对你的侵犯。安拉说：**我确曾以明证派遣我的众使者，并跟他们一起降下经典和准则，以便人们遵守公道。我还降下铁，它有强大的力量……安拉是强大的、优胜的。**（57：25）贾比尔说，我们奉命对反对安拉经典的人进行战斗。

"**你们说：'我们归信了已经降给我们的和降给你们的'。**"意思是如果他们讲了一些话，而我们不知它是真是假，我们不能否定它，因为它也许是真的；也不去肯定它，因为它可能是假的。我们归信它的先决条件是：它应该是安拉下降的（只字未改）经文，而不是被篡改的或经任何人注解的。如是这样，可以笼统地归信。艾布·胡莱赖说，有经人用希伯莱语读《讨拉特》，用阿拉伯语为穆斯林解释。安拉的使者说："你们不要相信有经人，也不要否定他们。你们应当说：'我们归信了已经降给我们的和降给你们的，我们的主和你们的主是一个，我们都是归顺他的。'"[2]

伊本·阿拔斯说："你们怎能去向有经人请教宗教问题呢？事实上，安拉为了你们降给使者的经典，是最新的经典，你们当读这部纯洁无染的经典。它已经告诉你们，有经人曾篡改安拉的经典，自己动手写经后说：'这是来自安拉那里的经典。'以便用其换取微不足道的代价。你们所掌握的知识还不足以阻止你们去有经人那里向他们请教问题吗？以安拉发誓，我还没有见过一个有经人向你们请教降示给你们的经典。"[3]

布哈里传述，哈米德曾听到穆阿维叶在麦地那讲述一些有关古莱什人的情况，提及凯尔卜·艾哈巴尔时说："他是给我们介绍有经人情况的最诚实的人之一，即使如此，我们发现他所说的某些话可能是假的。"[4]

笔者认为，穆阿维叶这番话的意思是：凯尔卜有可能在语言表达中出现无意的错误，他给人们介绍一些经文时，自认为其中没有问题，事实上其中不乏伪造和欺骗的成分。因为有经人的宗教与伟大的伊斯兰不同，他们没有专职的哈菲兹。即便如此，在短时期之内伊斯兰民族中还是出现了许多伪造圣训，只有安拉知道其数目是多少。蒙安拉赏赐知识的人们应以此为鉴。一切赞美和恩情属于安拉。

**47.我这样降下经典给你，从前蒙我赐给天经的人们归信它。这些人中有些人归信它。只有隐昧者才否认我的启示。**

**48.此前，你不曾诵读任何经典，也不会用右手写字。否则，那些作假的人就会产生怀疑。**

**49.然而，它确实是明白的迹象，在那些已被赐给知识的人们的心中，除了不义者之外，没有人否认我的迹象。**

## 《古兰》是安拉的启示和明证

伊本·哲利尔说："穆罕默德啊！正如安拉为你之前的使者们降示经典那样，他为你降示了这部《古兰》。"[5] 这句解释非常贴切。

"**从前蒙我赐给天经的人们归信它**"，即他们接受了它，并不加改变地诵读它。譬如阿卜杜拉·本·赛俩目、赛勒曼·法里西等明智的学者。

"**这些人中有些人归信它。**" "这些人"指阿拉伯人，如古莱什人。

---
（1）《艾哈麦德按序圣训集》2：447。
（2）《布哈里圣训实录诠释——造物主的启迪》8：20。
（3）《布哈里圣训实录》7363。
（4）《布哈里圣训实录诠释——造物主的启迪》13：345。
（5）《泰伯里经注》20：50。

"**只有隐昧者才否认我的启示**",即只有那些以假作真,企图蒙上眼睛遮挡阳光的人才否认安拉的经文!他们真是愚蠢至极。

"**此前,你不曾诵读任何经典,也不会用右手写字。**"穆罕默德啊!你在接受《古兰》(启示)之前,在你的民族中生活了相当长的时间,在此期间,你未读过任何书,也未写过任何字,你的族人和其他人都知道你是一个不会阅读也不会写字的文盲。古代的经典也是这样记载的。正如安拉所言:《 那些跟随使者——不识字的先知——的人,会发现他被记载在他们眼前的《讨拉特》和《引支勒》当中,他命令他们行善,禁止他们作恶。》(7:157)直到复生日来临,安拉的使者将一直如此,不会读也不会写。但他周围有一些书记员,帮他记录启示,书写信件。

"**否则,那些作假的人就会产生怀疑。**"假若你会写善读,那么有些愚人就会产生怀疑,并说:"这些都是穆罕默德从古代的经典中学到的",即便如此,还是有愚人说了一些自相矛盾的话。他们说:《(这是)他写下来的古代神话,它是早晚被口授给他的。》(25:5)

安拉说:《 你说:"知道诸天与大地中的奥秘的安拉降下了它。他确实是至赦的、至慈的。"》(25:6)本章的经文说:"**然而,它确实是明白的迹象,在那些已被赐给知识的人们的心中**",即这部《古兰》是明白的迹象,它揭示了真理、命令、禁令和典故。学者们将它记在心中,安拉已经使它成为一部易于背记、诵读和注释的经典。安拉说:《 的确我已使《古兰》易于记忆,有接受劝导的人吗?》(54:17)安拉的使者说:"任何一位先知都被赋予了能够使人们相信他的(奇迹、迹象,用于证明先知的身份),我所获得的是安拉的启示,我希望我的追随者最多。"[1]《穆斯林圣训实录》记载,安拉说:"我将考验你(穆罕默德),并借你考验他人。我要为你降下一部水洗不掉的经典,无论在你睡眠中还是清醒时,都可以读它。"[2]意思是,即使写着部分《古兰》经文的纸张被水洗掉了,也不会对《古兰》的完整性构成影响,因为《古兰》早已经牢记在人们心中,并且易于诵读。另一段圣训说:"如果《古兰》被记载于皮子上,皮子就不会被烧毁。"[3]它早已记在学者们心中,并朗朗上口,支配心灵。它的文字、意义都是奇迹。因此,古代经典形容这个伟大民族时说:"他们将经典背记在心。"

"**除了不义者之外,没有人否认我的迹象**",即只有不义者怠慢它,否认它,拒绝它。换言之,否认安拉启示的仅仅是那些过分之人,他们明知故犯,偏离正道。安拉说:《 你的主的言辞已经判定的那些人,他们不会归信。即使任何迹象来临他们,直到他们看到痛苦的刑罚。》(10:96-97)

《 50.他们说:"为什么没有一些迹象由他的主降给他呢?"你说:"迹象只在安拉那里,而我只是一个坦率的警告者。"》

《 51.我已经降给你向他们诵读的经典,这难道对他们还不够吗?其中确有慈悯和对于归信群体的提示。》

《 52.你说:"安拉足以在我和你们之间作证,他知道在诸天与大地之间的一切。"那些归信谬误而否认安拉的人,他们终究是亏损者。》

## 多神教徒要求穆圣显示一些奇迹,以及对他们的答复

多神教徒冥顽不化,要求穆圣显示一些奇迹,企图刁难穆圣。换言之,他们要求穆圣给他们显示一些奇迹,以证明其使者身份,就像撒立哈为其民族带来骆驼那样。于是清高伟大的安拉说,穆罕默德啊!"**你说:'迹象只在安拉那里'**",即那些事情只归安拉掌管,若安拉知道你们能遵循正道,他必定会应答你们的要求,因为这对他是轻而易举的。但他知道,你们提出这些要求的目的不过是为了刁难和试探罢了。所以,他不会应答他们。正如安拉所说:《 我没有颁降迹象,因为一些前人否认了它。我曾赐给塞姆德人母驼作为明证,但他们亏待了它。》(17:59)

"**而我只是一个坦率的警告者**",即穆圣的使命仅仅是传达安拉明确的警告。他的责任是向人们传达安拉的信息:《 安拉所引导的人是得正道的,而被安拉置于迷误的人,你绝不能为他找到引导的朋友。》(18:17)《 你无法引导他们,但安拉引导他所欲之人。》(2:272)

多神教徒们要求使者带来一些迹象,证明使者所显示的信息是正确的。事实上,穆圣已经为他们带来了一部尊贵的、其前前后后未曾受过谬误侵蚀的经典。这部经典本身比其他任何奇迹更伟大,任何语言学家和雄辩家都无法与之抗衡,他们不但不能与之抗衡,甚至无法拟作类似的一章经文。安拉说:"**我已经降给你向他们诵读的经典。**"他们还不满意吗?我已经为你降示了一部伟大的经典,它告诉他们这个时代之前的事,又预见未来会发生的事,能判决万事,而你又是一个不会读书也不会

---

[1]《布哈里圣训实录诠释——造物主的启迪》8:619。
[2]《穆斯林圣训实录》4:2197。
[3]《艾哈麦德按序圣训集》4:155。

写字的人。你未曾和任何有经人来往过，但你所带来的这部经典，叙述了古代经典所叙述的内容，指出了前人分歧的要害，你确实带来了明确无误的真理。安拉说：❧ 以色列子孙中的学者们知道它。这对他们难道不是一个迹象吗？❧（26：197）❧ 他们说："为什么他不从他的主那儿带给我们一个奇迹呢？"难道以前册章中的明证还没有到达他们吗？❧（20：133）然后安拉阐明了他们的无知和愚蠢。

安拉的使者⊗说："任何一位先知都被赋予了能够使人们相信他的（证明先知身份的奇迹、迹象），我所获得的是安拉的启示，我希望我的追随者最多。"[1]

清高伟大的安拉说：**"其中确有慈悯和对于归信群体的提示"**，即这部《古兰》中蕴涵着慈悯。换言之，《古兰》确能阐明真理，消除谬误，其中讲述到前人因为否认和犯罪而招来严厉的惩罚，这确实是信仰者的借鉴。

**"你说：'安拉足以在我和你们之间作证'。"**穆圣⊗说，当你们开始撒谎的时候，安拉就知道你们的情况。他知道我对你们所说的话——安拉确已派我为使者。倘若我在撒谎，安拉一定惩罚我。正如安拉所言：❧ 如果他（穆圣）借我的名义捏造一些假话，我一定用叶米尼惩治他，然后切断他的大动脉。你们没有人能阻止我对他的惩罚。❧（69：44-47）我告诉你们的一切都是真话，因此，安拉以各种明证支持我。

**"他知道在诸天与大地之间的一切"**，任何隐微的事情都隐瞒不了安拉。

**"那些归信谬误而否认安拉的人，他们终究是亏损者"**，即在末日，安拉将按照他们的行为报酬他们，他们因为曾经否认真理、追求谬误而遭到报应。众使者为他们树立了铁证，但他们却否认这些使者，毫无理由地归信各种塔吾特和偶像。安拉确实是明哲的、全知的。

❧ 53.他们要求你立即带来惩罚。如果不是有一个定期，惩罚已经降于他们了，它必将在他们不知不觉的时候突然降到他们。❧

❧ 54.他们要求你立即带来惩罚，事实上火狱包围着隐昧的人。❧

❧ 55.在那天惩罚将从他们的上面和脚下笼罩他们。他说："你们尝试你们当初所做的吧。"❧

---
[1]《艾哈麦德按序圣训集》2：341；《布哈里圣训实录诠释——造物主的启迪》8：619；《穆斯林圣训实录》1：134。

### 多神教徒要求惩罚立即来临

清高伟大的安拉说，愚蠢的多神教徒要求安拉立即降下灾难惩罚他们。正如安拉所言：❧ 当时他们说："我们的主啊！如果这是来自你的真理，那么就给我们从天上降下石雨，或给我们带来惨痛的惩罚吧！"❧（8：32）本章的经文说：**"他们要你立即带来惩罚。如果不是有一个定期，惩罚已经降于他们了。"**安拉早已定好，惩罚的日期将被延迟到复活之日，若非如此，在他们提出要求的时候惩罚早就降临了。

**"它必将在他们不知不觉的时候突然降到他们。他们要求你立即带来惩罚，事实上火狱包围着隐昧的人。"**他们要求惩罚立即降临，其实惩罚誓必会降临。

**"在那天惩罚将从他们的上面和脚下笼罩他们。"**正如安拉所言：❧ 他们将得到火褥子，在他们上面有重重的被盖。❧（7：41）又❧ 在他们的上面有层层火棚，在他们的下面有层层火毡。❧（39：16）又❧ 如果隐昧的人知道那一时刻，那时他们不能挡去他们脸上和他们背上的火……❧（21：39）烈火将从四面八方包围他们，这是最严厉的惩罚。

"他说：'你们尝试你们当初所做的吧。'"这是对他们的警告、谴责和羞辱，是精神上的惩罚。如：❧那天，他们将被面部拖地拽入烈火。"你们试试火刑的触摸吧！"我确已按定然造化万物。❧（54：48-49）❧那天，他们将被推进火狱的火中，这就是你们一贯否认的火！这是魔术呢？还是你们看不见？你们进入它吧！无论你们忍耐与否，对你们都是一样的。你们只被报以你们当初所做过的。❧（52：13-16）

❧56.我的有正信的众仆啊！我的大地的确是广阔的，你们当崇拜我。❧

❧57.每个生命都要尝试死亡，然后你们将被召回到我这里。❧

❧58.那些归信并行善的人，我将使他们居住在乐园里的高楼上，它的下面诸河流淌，他们要永居其中。行善者的回赐是多么优美啊！❧

❧59.他们坚忍不移，托靠养主。❧

❧60.任何动物都不能负担它们自己的生计，是安拉供养它们和你们。他是全听的、全知的。❧

## 建议迁徙，许诺给养和善报

清高伟大的安拉命令穆民众仆离开当时还无法履行伊斯兰的地方，迁徙到安拉的旷达之地，在那里履行伊斯兰，惟独崇拜安拉，遵守安拉的法律。因此，安拉说："我的有正信的众仆啊！我的大地的确是广阔的，你们当崇拜我。"因此，穆斯林在麦加处于劣势，遭受压迫，难以正常生活之际迁徙到了阿比西尼亚，以便在那里实践信仰。阿比西尼亚对客人来说是最好的地方。在那里，阿比西尼亚国王艾苏赫麦（愿主慈悯之）给予他们居住等方面的帮助，待为国宾。此后，安拉的使者㊚和另外一些圣门弟子迁徙到了光辉灿烂的城市——纯洁的叶斯里卜[1]。

"每个生命都要尝试死亡，然后你们将被召回到我这里。"无论你们到了哪里，你们终究要死亡。所以你们当服从安拉，遵从安拉的命令，那对你们更好。因为人生难免死亡，而最终的归宿在安拉那里。顺主的人，将得到最美好和最充分的报酬。

因此，清高伟大的安拉说："那些归信并行善的人，我将使他们居住在乐园里的高楼上，它的下面诸河流淌"，即我一定要让他们住进乐园中高耸的宫殿，那里流淌着水河、酒河、蜜河和奶河，那些河各具特色，按照乐园居民的意愿流淌。"他们要永居其中。"他们永远居住在乐园中，再也不希望环境发生变迁。

"行善者的回赐是多么优美啊！"穆民因为善功而赢得的这些宫殿，真是太优美了。

"他们坚忍不移"，即这些穆民坚持正教，为主道迁徙，背井离乡，艰苦奋斗，他们寻求安拉的喜悦，企望安拉的回赐，对安拉的许诺坚信不移。

安拉的使者㊚说："乐园中有一些宫殿晶莹剔透，里面能看到外面，外面能看到里面。安拉为那些给人（穷人或出门人）提供食物，且言语佳美、礼拜封斋，并在人们睡眠时立站拜功的人准备了它们。"[2]

"托靠养主"，即穆民在一切宗教和世俗事务中都托靠安拉。然后安拉说，他的给养并不局限于某一地区，无论被造物在何地，他的给养总会降临。的确，迁士们迁徙之后，他们的给养比以前更丰富优美，因为不久之后他们将统治世界各地。因此，经文说："任何动物都不能负担它们自己的生计"，即它们不能自己获得，或为明天而聚集、存放食物。

"是安拉供养它们和你们。"虽然他们如此孱弱，但安拉还是为你们和它们注定了给养，为这些生物获得给养而提供了便利。一切生物——无论地上的蚂蚁，空中的鸟儿，还是水中的鱼类，安拉都以最恰当的方式赐给它们相应的食物。安拉说：❧大地上没有一个生物不归安拉供养，他知道它的居所和贮藏之处，一切都在一部明确的天经中。❧（11：6）

"他是全听的、全知的。"安拉全听仆人的一切言论，知道他们的一切动静。

❧61.如果你问他们谁造化了诸天和大地，制服了太阳和月亮。他们一定会说："安拉。"那么，他们究竟转变到哪里？❧

❧62.安拉为他意欲的仆人拓宽或限制生计。安拉是全知万事的。❧

❧63.如果你问他们，谁由天空降雨，使死后的大地复活？他们一定会说："安拉！"你说："赞美全归安拉！"但他们大多数是不了解的。❧

## 安拉独一的证据

清高伟大的安拉强调应受拜者惟有他。崇拜安拉的同时还崇拜其他偶像的多神教徒们，承认安拉独自创造了天地和日月，制服了白天和黑夜。只有

---

（1）麦地那的原名。"麦地那"意为城市。——译者注

（2）《圣训大典》3：301。

安拉是造物主、众仆的供给者，是他们寿限的规定者。他们的寿限长短和给养贫富的不同，都是安拉规定的，所以人间出现了富人和贫民。他们也承认安拉知道什么对每个人是最恰当的，知道谁应该富裕，谁应该贫穷。经文还讲到，安拉是万物的惟一创造者和决策者。既然如此，人类为什么要去崇拜它物、托靠它物呢？既然安拉独具权力，人们就应该只拜他。安拉经常通过讲述人们承认他（安拉）独具权力来表明他的受拜性，因为多神教徒也承认这一点。因此，多神教徒们在他们的响应词中说："随时为你效劳，你没有伙伴，除非属于你的伙伴。你掌管他，也掌管他所掌管的。"

❃ 64.今世的生活只是游戏和玩乐而已，后世的家才是生活，如果他们知道。❃

❃ 65.当他们乘上一艘船时，虔诚奉教而祈求安拉。但是当他将他们救到陆地时，他们突然间以物配主。❃

❃ 66.以致他们辜负我赐给他们的（恩典），并纵情享受。不久他们就会知道。❃

清高伟大的安拉说，今世是微不足道的，短暂的，消亡的。今世不会永恒，说到底，它不过是一场游戏和玩乐而已。"**后世的家才是生活**"，即后世生活永恒长存，不会消失。

"**如果他们知道**"，即如果多神教徒知道这个道理，一定会舍弃即将消亡的今世而选择永恒的后世。

然后清高伟大的安拉说，多神教徒在遭遇患难时只祈求独一无偶的安拉。他们的这种态度为何不长期延续呢？"**当他们乘上一艘船时，虔诚奉教而祈求安拉。**"正如安拉所说：❃ 当你们在海上遭遇危难时，除了他之外，你们所祈求的那些都不见了。可是当他把你们拯救到陆地时，你们就背弃了。人总是忘恩负义的！❃（17：67）本章的经文说："**但是当他将他们救到陆地时，他们突然以物配主。**"

"**以致他们辜负我赐给他们的（恩典），并纵情享受。**"许多阿拉伯语言学家、经注学家和宗教原理学家认为，经中的"俩目"（ل）表示结果。因为那不是多神教徒的意愿。毋庸置疑，对他们而言，情况就是如此。较安拉的决定和定然而言，这个"俩目"应该表示原因。我们在注释❃ 以致使他成为他们的仇敌和忧患❃（28：8）时已经阐述了这一问题。

❃ 67.他们没看到吗？我已设置平安的禁地，而其周围的人们却饱受劫掠。难道他们相信谬误，而否认安拉的恩典吗？❃

❃ 68.借安拉的名义捏造谎言，或者在真理来临时否认它的人，谁比他更为不义呢？难道火狱中没有隐昧者的住处吗？❃

❃ 69.为我而奋斗的人们，我一定为他们引导我的条条道路，安拉确实和行善者同在。❃

## 劝诫，讲述禁地的尊严

清高伟大的安拉讲述他对古莱什人的恩典：让他们居住在原居民和外来者都能在其中享受平等权益的禁地。在任何时期，进入禁地的人，都能得到安宁，而其周围阿拉伯沙漠的居民却常年遭受着掠夺和战争的蹂躏。正如安拉所言：❃ 为了古莱什的团聚——将他们团聚在冬夏的旅行，所以，让他们崇拜这天房的主吧。他曾给饥饿的他们供食，并曾使他们从恐惧中获得安宁。❃（106：1-4）

"**难道他们相信谬误，而否认安拉的恩典吗？**"他们举伴安拉，将一些伪神和偶像与安拉共同崇拜，这就是他们对安拉的感谢吗？❃ 他们将安拉的恩典换成了隐昧，并使自己的民族陷入毁灭之境。》（14：28）他们不相信安拉所派的先知、仆人和使者。他们理应虔诚拜主，不给安拉举伴，相信使者并尊重他。然而，他们却否认使者，攻击使者，迫使他背井离乡。因此，安拉取消了对他们的恩典，在白德尔战役中消灭了应该消灭的人。最终使国权归于安拉、使者和信士们。安拉襄助使者解放了麦加，使多神教徒无奈地遭受屈辱。

"**借安拉的名义捏造谎言，或者在真理来临时否认它的人，谁比他更为不义呢？**"有些人借安拉的名义而撒谎，他们将在末日遭受最为严厉的惩罚。安拉没有为他们降下任何启示，但他们却说："我得到了启示。"还有一些人说："我将像安拉那样颁降启示。"但真理来临时他们却否认真理，他们也将遭受最严厉的惩罚。第一种人是造谣者，第二种人则是撒谎者。

因此，安拉说："**难道火狱中没有隐昧者的住处吗？**"

然后说："**为我而奋斗的人们。**"这里指使者、圣门弟子以及末日还未曾来临之际每一位跟随使者道路的人。

"**我一定为他们引导我的条条道路**"，即安拉让他们看到他指引的条条正道，也就是今世和后世中安拉的道路。

来自安卡地区的阿拔斯·海穆达尼在解释"**为我而奋斗的人们，我一定为他们引导我的条条道路，安拉确实和行善者同在**"时说："那些遵循了已经掌握的知识的人们，安拉将引导他们掌握他们所没有掌握的知识。"[1]艾布·苏莱曼·达拉尼听到这句话后颇为惊喜，说："感悟到有益知识的人们，在遵循这些知识之前，应该看看圣训中是否有相同的记载，若发现有相同记载，便可以去遵循它，并要赞美安拉，使其内心符合圣训精神。"

"**安拉确实和行善者同在。**"舒尔宾说，麦尔彦之子尔撒说："'**行善**'是以德报怨，而不是以恩报恩。"安拉至知。

《蜘蛛章》注释完。一切赞美和恩情只归安拉。

---

《**罗马人章**》注释　　麦加章

奉普慈特慈的安拉之尊名

《1.艾立甫、俩目、米目。》
《2.罗马人已被打败——》
《3.于最邻近的地方。他们在失败之后，将会胜利。》
《4.在几年之内。以前和以后的事务，只归安拉。那天，众信士将会欢欣。》
《5.凭着安拉的襄助。他援助他所愿意的人。他是优胜的、至慈的。》
《6.安拉的诺言。安拉绝不违背诺言。但是大多数人不知道。》
《7.他们知道今世生活的外表，但是他们对后世却是疏忽的。》

### 预告罗马人的胜利

上述经文降示时期，正值波斯国王萨布尔征服沙姆、沙姆的结盟区——美索不达米亚地区以及罗

---

（1）他的这句话和一句圣训箴言非常接近。——译者注

马边远地区。罗马国王希拉克略被迫退守君士坦丁堡，并被包围相当长的时期。后来，希拉克略夺回了国权。下文将会提及。

伊本·阿拔斯在解释"**艾立甫、俩目、米目。罗马人已被打败于最邻近的地方**"时说，他们先被打败，然后获胜。他说，多神教徒们希望波斯人战胜罗马人，因为他们和波斯人都是崇拜偶像的。而穆斯林们希望罗马人获胜，因为他们都是尊奉天经之人。艾布·伯克尔听到这个消息后，将它转告了穆圣㊣，穆圣㊣说："他们（罗马人）确将获胜。"艾布·伯克尔遂将这一消息宣布给多神教徒。他们对艾布·伯克尔说，为此规定一个期限！如果我们赢了，我们将得到某某（他们指明了所要的）东西，如果你赢了，你会得到某某东西。于是艾布·伯克尔定了五年的期限。然而五年过去后，罗马人仍然没有获胜。艾布·伯克尔便对穆圣㊣提起了这件事情。穆圣㊣说："你为何不将期限定到十年以内？"

伊本·朱拜尔说："**在几年之内**"中的"**几**"（بضع）指少于十的数字。后来罗马人获胜。他说，那就是下列经文所述的情况："**艾立甫、俩目、米目。罗马人已被打败于最邻近的地方。他们在失败之后，将会胜利。在几年之内。**"(1)

另一段圣训：尼亚勒·本·穆克莱穆说，上述经文降示时，波斯人正在征服罗马人。穆斯林希望罗马人获胜，因为他们都是尊奉天经之人。《古兰》说："**那天，众信士将会欢欣。凭着安拉的襄助。他援助他所愿意的人。他是优胜的、至慈的。**"而古莱什人却希望波斯人获胜，因为他们两者都不遵奉天经，不相信复生。安拉降示这段经文后，艾布·伯克尔在麦加城四处奔走，并高念："**艾立甫、俩目、米目。罗马人已被打败于最邻近的地方。他们在失败之后，将会胜利。在几年之内。**"有些古莱什人对艾布·伯克尔说："此事关乎我们和你们，你们的朋友（指穆圣㊣）声称罗马人将在几年内战胜波斯人，你愿意就此和我们打赌吗？"艾布·伯克尔说："可以。"当时赌博还没有被定为非法。后来艾布·伯克尔和多神教徒定下了赌注。多神教徒们说："'几'泛指从三到九。你应该为我们说一个明确的时间，让我们拭目以待。"艾布·伯克尔说："那就定为六年吧！"六年过去后，罗马人并没有获胜，多神教徒便从艾布·伯克尔那里收取了赌注。第七年到来后，罗马人战胜了波斯人。这段圣训的传述者说："有些穆斯林因此而指责艾布·伯克尔，因为他将时限定为六年……后来许多人都信了教。"提尔密济也传述了这段圣训。(2)

## 谁是罗马人

让我们再回过头来研究一下这些经文吧。"**艾立甫、俩目、米目。罗马人已被打败。**"《黄牛章》注释中已经注释了出现在有些章节开头的单独字母。此处不再赘述。

罗马人是先知易司哈格之子伊苏的后裔，属于以色列后裔的一个旁支；有人说，他们是艾苏法勒的后裔。他们曾遵奉希腊的宗教。希腊则是努哈先知的儿子亚菲斯的后裔，属于突厥的叔叔的后裔。他们曾经崇拜七个行星，也有人将这些行星称为"穆抬汗伊勒"（المتحيرة）。他们曾朝北极礼拜，曾奠定大马士革，建筑了大马士革神庙，其中有一个祈祷者的龛位是朝北的。尔撒先知宣传正教时，他们并没有接受他，过了大约三百年后，他们才改奉基督教。他们中统治沙姆和美索不达米亚的国王，被称为恺撒，第一位信仰基督教的恺撒是古斯突斯之子君士坦丁大帝。他的母亲马莉娅·希俩尼耶先于他在Carrhae(3)信仰了基督教。君士坦丁大帝原来是一个哲学家，受其母亲的影响加入了基督教。有人说，马利亚是一个虔诚的基督教徒。在君士坦丁大帝信教后，基督教徒纷纷聚拢到他的周围，他们曾和阿卜杜拉·本·艾勒尤斯进行过辩论，双方分歧很多，无法弥合。后来惟一达成的协议是，由三百一十八位主教为君士坦丁大帝制定了信仰纲要，(4)将其称为《大信义》，其实这是一部微不足道的背信弃义之作。他们还为他制定了《律法书》，制定了合法与非法等必须的律例。他们将基督教篡改得面目全非，增加了许多个人意见和观点，删去了许多原本存在的内容。他们朝东礼拜，崇拜十字架，认猪肉为合法，取消安息日（星期六），定星期天为节日，并自创了名目繁多的节日，如圣十字架节、弥撒祭、洗礼节、复活节的第二次礼拜、棕树主日等等。他们设立教庭（为了阶级），立君士坦丁大帝为最高领袖，然后是大主教、主教、地区大主教、地区主教、执事、牧师、神父……他们创立了出家修道制。教皇为他们大力修建教堂、礼拜堂，并以自己的名字建了一座城市——君士坦丁堡(5)。有史学家称，君士坦丁一生中共修建教堂一万两千座。他建了白特里哈米大教堂(6)，他的母亲建了古麻麦大教堂（قمامة），他们都属于基督教帝制派，即追随皇帝的派别。

---

(1)《艾哈麦德按序圣训集》1：276；《提尔密济圣训全集诠释》9：51；《圣训大集》6：426。

(2)《提尔密济圣训全集诠释》9：52。
(3) 突厥古城名。——译者注
(4) 见第六章《基督教徒的分歧》。——译者注
(5) 原名拜占庭。——译者注
(6) 位于圣城固都斯南部，建于公元326年。——译者注

此后基督教中又出现了追随叶尔孤白·艾斯卡夫的雅格派，追随聂斯托利的聂斯托利派，名目繁多，派别林立。安拉的使者㊤说："他们（基督教徒）分成了七十二派。"概言之，自君士坦丁之后，他们一直坚持（他们自己改制的）基督教。希拉克略是最后一位恺撒。此人满腹经纶，执政老练，威信颇高。后来波斯科斯鲁[1]国王撒布尔·艾克塔夫（当时的波斯国王统辖包括伊拉克、呼罗珊、兰伊等国家）向他发起了进攻。撒布尔的王国比恺撒的国家更为辽阔，他统治异族像波斯人一样愚蠢，和波斯人一样，都是拜火的祆教徒。

## 恺撒怎样战胜了科斯鲁

如前所述，艾克莱麦说，恺撒得知科斯鲁来犯，便派他的副手和军队前去应战。盛传科斯鲁曾亲自参战，将恺撒的军队打得落花流水，只剩下了君士坦丁堡一座孤城，科斯鲁遂将恺撒围在该城。但君士坦丁堡易守难攻，加之希拉克略深得基督教徒敬重，所以科斯鲁久攻不下，无计可施。另一原因是，君士坦丁堡一面连接陆地，一面靠近大海，援军和粮草可以通过各种渠道运进城中。双方对峙了很长一段时期后，恺撒心生一计，佯称要和科斯鲁讲和，愿意接受对方提出的一切要求。科斯鲁便答应了对方请求，同时要求对方提供大量的金银珠宝、布匹、奴隶……事实上，世界上没有一个国王可以拿出这么多财富；恺撒却表示接受，并暗示自己拥有科斯鲁提出的这一切。科斯鲁提出这些条件的时候，恺撒已经看出，对方有勇无谋，只是草包一个。因为，即便科斯鲁和恺撒二人加到一起，也无法拿出这些财产的十分之一。

恺撒遂要求科斯鲁让开出城道路，去沙姆和他的国家，收集他在那里埋藏的大量财产。科斯鲁欣然同意。恺撒决定出城之际，召见了他的教众，说道："我将亲自遴选一支军队，率领他们去完成我的计划。如果我在一之年之内回来，仍然是你们的国王，如果我在一年结束之后还没有回来，你们可自行决定，或等待我回来，或另外推选一位国王。"众人说："只要你活着，哪怕你十年不回来，你仍然是我们的国王。"恺撒便带着一支出色的劲旅轻装而出。科斯鲁则坐在君士坦丁堡附近的帐篷中，等着恺撒回来。

恺撒出城后，一路急速行军，直奔波斯国。他在波斯进行逐个击破的战术，杀死了许多波斯人。最后来到科斯鲁王国的首都麦德彦[2]，杀死城中居民，洗劫了科斯鲁的财产，俘虏了科斯鲁的皇后和大量妇女，剃了太子的头，让他骑到一头驴上，让其极度屈辱地在一些波斯头目的陪同下去见科斯鲁。同时，他还给科斯鲁修书一封："这就是你所要求的，请接受吧！"科斯鲁见信后，怒火中烧，暴跳如雷。其情形只有安拉知道。此后他将怒气转向君士坦丁城堡，采取一切方法切断它与外界的联系。但这一切都无济于事。科斯鲁见围城徒劳无酬，便率军前去杰胡尼渡口，打算在那里拦截恺撒，因为这是恺撒能回到君士坦丁堡的惟一通道。恺撒得报后，又生一妙计，他让军队和辎重躲藏在离渡口不远的地方，自己亲率一队人马，担着一些大粪、马粪和骆驼粪，沿着上游走了一天的路途，把这些秽物倒进水中。科斯鲁及其军队经过这里时，误认为恺撒已经从上游渡河，便率军前去追赶，疏忽了渡口。恺撒则从另一条路迅速回来，命令军队急速渡河，躲过科斯鲁及其军队，进入君士坦丁堡。后来这一天成为了基督教徒的一个节日。科斯鲁及其军队则不知所措，他们不但没有征服恺撒的国家，而且自己落得国破家亡，妇女和儿童被罗马人俘虏，财产遭罗马人洗劫。据伊本·阿拔斯、艾克莱麦等学者说，这场战争主要发生在艾兹磊阿特[3]和巴士里之间，该地位于沙姆边缘，靠近希贾兹。

"以前和以后的事务，只归安拉"，即此前和此后的事务。

"那天，众信士将会欢欣。凭着安拉的襄助"，即众信士因为安拉襄助罗马、襄助恺撒（沙姆国王）战胜科斯鲁（拜火教徒）而感到高兴。据伊本·阿拔斯、绍利等学者说，罗马人战胜波斯人的时间，正是白德尔战役之日。提尔密济、伊本·哲利尔等人传自艾布·赛尔德，他说："白德尔战役发生之日，罗马人战胜了波斯人。众信士闻讯后欢呼雀跃。安拉因此而降谕道：'那天，众信士将会欢欣。凭着安拉的襄助。他援助他所愿意的人。他是优胜的、至慈的。'"[4]

祖拜尔·凯俩卜说："我曾目睹过波斯人战胜罗马人，然后罗马人战胜波斯人，后来又目睹穆斯林战胜了罗马人和波斯人，这一切都发生在十五年间。"

"他是优胜的、至慈的"，即安拉能够襄助人们战胜敌人，他对穆民众仆是至慈的。

"安拉的诺言。安拉绝不违背诺言"，即安拉说，穆罕默德啊！我告诉你的消息——我将襄助罗马人战胜波斯人——是安拉的真实诺言，是千真万确的消息。安拉的常道是这样的：他要襄助那些离

---

[1] 波斯国王的称号。——译者注
[2] 又名泰西封。——译者注
[3] 又名德勒阿，位于今叙利亚。——译者注
[4]《提尔密济圣训全集诠释》9：50；《泰伯里经注》20：73。

真理更近的群体，使其得到善果。"但是大多数人不知道"，即大部分人不了解安拉的宇宙大法和他的公正、明哲、精确的行为。

"他们知道今世生活的外表，但是他们对后世却是疏忽的"，即大部分人的知识只局限于今世和谋生，他们在谋生和世俗事务中非常精明，对能够使他们获得后世裨益的宗教事务和知识却是疏忽的，好像理智不健全的人一样不去思考。

哈桑·巴士里说："以安拉发誓，他们中的一些人把银子放到指尖上掂一下，就能告诉你它的分量，但他们却不知如何正确地祈祷。"

伊本·阿拔斯在解释这段经文时说："经文指的是隐昧者，他们知道怎样去营谋生活，但他们并不在意后世。"[1]

❧8.难道他们不曾参悟自身吗？诸天和大地以及其间的一切，都是安拉凭真理和被确定的期限而造化的。但是许多人不信将会见他们的主！❧

❧9.他们难道没有漫游大地，并看看那些前人的结果是怎样的吗？那些人（前人）的力量比他们强大，他们不但耕耘大地，而且在建设方面也比这些人更多。他们的使者给他们带来了一些明证。安拉不会亏负他们，但他们自己在亏负自己。❧

❧10.作恶者不信安拉的启示，并一贯嘲笑它们，所以他们的报应是最悲惨的。❧

## 有关安拉独一的一些证据

清高伟大的安拉提醒人们思考万物，因为万物都证明着安拉的存在，并证明安拉是独一的创造者、应受拜者和养育者。安拉说："**难道他们不曾参悟自身吗？**"即人类应该参悟和深思安拉如何在天上和地下以及天地之间创造形形色色、品种繁多的万物，从而认识到这一切都不是徒然被造的，它们的存在也不是没有实际意义。事实上，万物都是藉真理而被造的，它们都有一定的期限，那就是复活时。因此，安拉说："**但是许多人不信将会见他们的主！**"然后安拉强调说，他的众使者从他那里带来的一切都是真理。安拉曾以各种奇迹和明证襄助使者们，比如毁灭否认者，拯救归信者。

"**他们难道没有漫游大地**"，即难道他们没有游历大地，进行理性的漫游，观察和听闻前人的事迹吗？

因此说，"**并看看那些前人的结果是怎样的吗？那些人（前人）的力量比他们强大**"。穆圣被派遣于其中的人们啊！古人比你们强大有力，财丰子多，你们所获得的能量不足他们能量的十分之一，他们在今世中获得了你们未曾获得的地位，生活了比你们漫长的时期，创造了更多的文明，比你们更加繁荣富贵，虽然如此，当安拉的众使者给他们带来明证时，他们贪恋奢华生活，最终因他们的罪恶遭到安拉的惩罚，任何人都无法在安拉那里保护他们。在安拉的惩罚面前，他们的财产和儿子对他们无济于事，不能发挥丝毫作用。他们虽然遭受了惩罚，然而安拉并没有亏待他们，"**但他们自己在亏负自己**"。他们只是咎由自取，因为他们拒绝安拉的使者，并嘲讽他。他们以前所犯的各种罪恶，足以让他们遭受惩罚。

因此说，"**作恶者不信安拉的启示，并一贯嘲笑它们，所以他们的报应是最悲惨的**"。正如安拉所言：❧我也将翻转他们的心和眼，就像最初他们不信一样。我将任由他们在过分当中彷徨。❧（6：110）❧后来当他们偏离时，安拉就使他们的心偏离了。❧（61：5）❧倘若他们拒绝，那么，你当知道安拉要以他们的部分罪恶惩罚他们。❧（5：49）有人说，经文的意思是：他们的结局是恶劣的，因为他们否认并嘲讽安拉的经文。这是伊本·哲利尔的解释，他说，这是伊本·阿拔斯和格塔德的观点。[2]

❧11.安拉创始造化，然后复造它，然后你们将被带回到他那里。❧

❧12.复活日实现之时，犯罪者们就要绝望。❧

❧13.在他们（为安拉择取）的伙伴中，他们没有求情者。并且他们也将否认他们的伙伴。❧

❧14.复活日实现之时，他们将被彼此分开。❧

❧15.至于那些归信和行善的人，他们将在乐园中得到快乐。❧

"**安拉创始造化，然后复造它。**"安拉对创造和再造，具有相同的能力。

"**然后你们将被带回到他那里。**"经文指复活时。此后，每个人都将得到其行为的报应。

"**复活日实现之时，犯罪者们就要绝望。**"伊本·阿拔斯说"绝望"（يبلس）指看不到希望；穆佳黑德认为经文指被暴露；另据传述，经文指悲哀。[3]

"**在他们（为安拉择取）的伙伴中，他们没有求情者。**"他们当初舍安拉而崇拜的那些"神灵"，不为他们求情，并将会表示不认识他们。就在他们最需要帮助的时刻，那些"神"背叛了他们。

---

（1）《泰伯里经注》20：76。
（2）《泰伯里经注》20：79。
（3）《泰伯里经注》20：80。

"复活日实现之时,他们将被彼此分开。"格塔德说,"以安拉发誓,那将是永远不再团结的派别"。[1] 他的意思是,当部分人进入高尚者(乐园的居民)的行列,另一部分人则进入低贱者的行列,此后他们永远分道扬镳,不再相会。因此安拉说:"至于那些归信和行善的人,他们将在乐园中得到快乐。"穆佳黑德和格塔德说,"快乐"指享受。[2]

◀ 16.而那些不归信,并否认我的迹象及后世相会的人,这等人,将面临刑罚。▶

◀ 17.所以,你们要在黄昏和清晨的时刻,赞安拉清净无染。▶

◀ 18.诸天与大地之间的赞颂都属于他,在夜晚和中午时分(的赞颂也属于他)。▶

◀ 19.他从无生物中取出生物,从生物中取出无生物。他给死后的大地赋予生命,你们就是这样被产生的。▶

## 命人履行五次拜功

这段经文中,清高伟大的安拉赞美其神圣的本然,并指导仆人在不停更替的时间中赞美安拉。这些时间都显示了安拉的完美大能和无上权力。无论夜幕降临的黄昏,还是晨曦微露的黎明,都不能疏忽对安拉的赞美。然后安拉使用穿插句赞颂他自己,说:"诸天与大地之间的赞颂都属于他。"即安拉因为创造天地中的一切而应该受到赞美。

经文接着说:"在夜晚和中午时分(的赞美也属于他)。""夜晚"指天色特别黑暗时刻,"中午"指天色特别明亮时刻。故赞美安拉,创造夜晚和中午,他开启黎明,并使夜晚成为宁静的。另一段经文说:◀ 以显示它时的白昼盟誓。以笼罩它时的黑夜盟誓。▶(91:3-4)◀ 以笼罩时的夜发誓,以显著时的昼发誓。▶(92:1-2)◀ 以已时发誓,以宁静时的夜晚发誓。▶(93:1-2)类似的经文较多。

"他从无生物中取出生物,从生物中取出无生物。"在我们生活的这个世界上,安拉创造了许多相对的事物。这些连续的尊贵经文,都以相同的风格讲述安拉所创造的各种相对事物,从而证明安拉完美的大能。譬如安拉从种子中造出植物,从植物中造出种子;从鸡中造出蛋,从蛋中造出鸡;从人身上造出精液,用精液再度造出人;从穆民中造出隐昧者,从隐昧者中造出穆民。

"他给死后的大地赋予生命。"正如安拉所言:◀ 已死的大地是给他们的一个迹象。我使它活,并由它生产谷物,他们便从中食用……并使泉水由其中涌出来。▶(36:33-34)◀ 你看那大地是死寂的,但是当我对它降下雨水时,它就颤动了,膨胀了,并且生出各种成双成对的美丽植物……安拉就要复活那些在坟墓中的人。▶(22:5-7)◀ 是他遣风在他的怜悯之前传报佳音,直到它携带了重重的乌云时……以便你们能够觉悟。▶(7:57)因此,本章的经文说:"你们就是这样被产生的。"

◀ 20.他的迹象之一,就是他由土造化了你们。然后你们就成为广布的人类!▶

◀ 21.他的迹象之一,是由你们当中为你们造化了你们的配偶,以便你们与她们相依,他在你们之间设定了爱和怜。对于那参悟的群体,此中确有许多迹象。▶

## 安拉的部分迹象

"他的迹象之一。"这些迹象证明着安拉的伟

---
(1)《泰伯里经注》20:81
(2)《泰伯里经注》20:82

大和大能。其中一个迹象就是他从泥土创造了你们的祖先阿丹。

"**然后你们就成为广布的人类！**"你们的起源依次是泥土和受人轻视的精液，后来安拉使你们成形，使你们成为血块、肉团、具有人形的骨骼，并在骨骼上配上肉，注入灵魂，从此，你们就变成了耳聪目明的生灵。当胎儿从母腹中出生时，体小力弱，活动不便，后来随着年龄的不断增长，其力量和行动日臻完善，以致你们后来建城筑堡，周游世界，扬帆远航，追求生计，积累财富，并变得聪明有才智，灵巧而机警，拥有自己的思想和主张，凭借自己的方式方法，可以在今世和后世获得很多东西。所以，赞美安拉，是他使你们掌握这些谋生的技能，是他使你们知识各异，思想有别，美丑不等，使一部分人富裕，使另一部分人贫穷，让一些人享受幸福，使另一些人遭受苦难。因此说："他的迹象之一，就是他由土造化了你们。然后你们就成为广布的人类！"

安拉的使者🕌说："安拉用一把来自大地各方的泥土创造了人类，所以阿丹的子孙是根据泥土的不同性质而产生的。他们中有白种人、红种人和黑种人，也有介于上述颜色之间的人种。有丑陋的、美好的、开朗的和忧愁的，也有介于上述特性之间的人。"[1]

"**他的迹象之一，是由你们当中为你们造化了你们的配偶**"，即安拉从和你们一样的人类中创造了女人，使她们成为你们的配偶，"**以便你们与她们相依**"。正如安拉所言：《是他由一个人把你们造化出来，并由他造化了他的配偶，以便他能够与她相依。》（7：189）"他的配偶"指海娃。她是安拉用阿丹身体左侧最短的肋骨创造的。假若安拉将人类都造成男性，而从精灵或其他动物中创造了他们的配偶，那么，夫妇之间不但无法产生默契，反而因为不是同类而相互排斥。然而，至慈的安拉在人间撒播了怜爱之情。对妻子的恋爱、有了孩子之后的怜悯，以及相互间的需要与配合，都能紧紧维系夫妻关系。"**对于那参悟的群体，此中确有许多迹象。**"

《22.他的迹象之一，就是造化诸天和大地以及你们不同的语言和肤色。对于那些有学识的人，此中确有种种迹象。》

《23.他的迹象之一，就是你们在黑夜与白天的睡眠以及你们对他的恩典的寻求。对于那能听的群体，此中确有种种迹象。》

证明安拉大能的迹象之一"**就是造化诸天和大地**"。安拉创造的天空高大宽广、灿烂明亮其中的行星和恒星辉煌而璀璨。大地博大而深邃，其中分布着山峦、谷地、海洋、沙漠、动物和植物。

"**以及你们不同的语言和肤色。**"譬如阿拉伯人、蒙古人、格鲁吉亚人、罗马人、西欧人、柏柏尔人、土库曼人、阿比西尼亚人、印度人、波斯人、斯拉夫人、里海人、阿尔明尼亚人、库尔德人……他们都使用着各自不同的语言。语言种类之多，数不胜数，只有安拉知道它们。不但如此，人们的肤色也不相同。虽然自从阿丹直至世界末日，人类的模样都是一样的——两只眼睛、两个眉毛、一个鼻子、一个额头、一张嘴巴和两个脸颊。当仔细观察时，就会发现人人各具特征，任何人都互不相像，无论在形象上、仪表上，还是在语言上，都有内在的或外在的区别。即使一个群体的人拥有相同的容貌，具有共同的美丽或丑陋的特征，他们之间仍有差别。

"**对于那些有学识的人，此中确有种种迹象。他的迹象之一，就是你们在黑夜与白天的睡眠以及你们对他的恩典的寻求**"，即安拉的另一些迹象是，他使你们在白天和夜晚睡眠，从而使人得到身心的休息和安宁，同时解除疲劳。安拉让你们在白天去各地寻求生计，而使夜晚发挥不同的作用。"**对于那能听的群体，此中确有种种迹象。**""能听的群体"指有意识的人群。

《24.他的迹象之一，是他让你们恐惧和希望地看到雷电；他由天空降雨，并以它复活已死的大地。对于理解的群体，此中确有一些迹象。》

《25.他的迹象之一，就是天地以他的命令而稳定。然后，当他向地下的你们发出一声呼唤之际，你们马上就会出来。》

"他的迹象之一"，即证明安拉伟大的迹象之一"**是他让你们恐惧和希望地看到雷电**"。有时你们担心遭受雷击或发生水灾，而有时你们却希望看到闪电和所需的雨水。

"**他由天空降雨，并以它复活已死的大地**"，即安拉降下雨水，使寸草不生的沉寂大地恢复生机，《它就颤动了，膨胀了，并且生出各种成双成对的美丽植物。》（22：5）此中确有值得人们参悟的教训和明证，证明后世的归宿和复活时的来临。因此说，"**对于理解的群体，此中确有一些迹象**"。

然后经文说："**他的迹象之一，就是天地以他的命令而稳定。**"正如安拉所言：《他支撑着天，

---
[1]《艾哈麦德按序圣训集》4：401、406；《艾布·达乌德圣训集》5：67；《提尔密济圣训全集诠释》8：290。

不使它落到地上，除非得到他的许可。》（22：65）《安拉掌握着诸天与大地，以免它们越轨。》（35：41）欧麦尔（愿主喜悦之）每当因为一件重大的事情而发誓时，就说："凭天地以其命令而稳定的安拉发誓！"天地奉安拉的命令和制约而屹然稳固；复活时来临时，世界天翻地覆，人们将奉安拉的命令和召唤，活生生地从坟墓中出来。因此安拉说："然后，当他向地下的你们发出一声呼唤之际，你们马上就会出来。"正如安拉所言：《那一天，他将召唤你们，你们将以颂词应答他，你们认为你们只不过逗留了片刻时间。》（17：52）《的确，那只是一次吼声，突然间，他们都出现于地面。》（79：13-14）又《只一声霹雳，那时他们全体就被带到我跟前。》（36：53）

《26. 诸天与大地中的一切都属于他，一切都是恭顺他的。》

《27. 是他创始造化，然后复造之。复造对于他是更容易的。诸天与大地中的最崇高典型属于他，惟独他是优胜的、明哲的。》

清高伟大的安拉说："**诸天与大地中的一切都属于他**"，即天地中的一切都在他的权力之中，都是他的奴仆。

"**一切都是恭顺他的。**"无论自愿与否，万物都恭顺他，畏惧他。

### 再造是更容易的

"**是他创始造化，然后复造之。复造对于他是更容易的。**"伊本·阿拔斯说，"**更容易**"指更轻松。[1] 穆佳黑德说："再造比初造更简单。虽然对安拉而言，初造是轻而易举的。"[2] 艾克莱麦等学者持相同观点。[3]

穆圣㊗说："安拉说，阿丹的子孙否认了我，事实上他无权否认我；我的仆人辱骂了我，虽然他无权辱骂我。他对我的否认是因为他说：'安拉不会像初次造我那样再造我。'事实上，再造对我而言是更容易的；他对我的辱骂是因为他说：'安拉有儿子。'事实上，我是《独一的，安拉是无求的，他未生，也未被生。任何一个都不和他对等。》"（112：1-4）[4]

"**诸天与大地中的最崇高典型属于他**"，伊本·阿拔斯说，这段经文如同下列经文：《任何物

———
（1）《泰伯里经注》20：92。
（2）《泰伯里经注》20：92。
（3）《泰伯里经注》20：92。
（4）《布哈里圣训实录诠释——造物主的启迪》8：611。

都不似像他。》（42：11）格塔德说："他的'典型'是，惟独他是应受拜者，惟独他是真实的养育者。"

《28. 他为你们举出一个来自你们自身的比喻：在你们右手所管辖的（奴仆）中，可曾有一些伙伴，与你们共享我所赐给你们的财富，以至他们和你们完全平等。你们畏惧他们，就跟你们互相畏惧一样。我就这样对能理解的群体分析种种迹象。》

《29. 不，不义者们无知地追随了他们自己的私欲。谁能引导安拉使迷误的人呢？他们将没有任何援助者。》

### 证明安拉独一的例子

某些人以物配主，崇拜安拉的同时还崇拜他物，并为安拉寻找合作伙伴。可笑的是，他们却承认这些形形色色的偶像都是安拉的奴仆，归安拉掌管。他们在他们的（朝觐）应召辞中说："响应你！你没有伙伴，除非属于你的伙伴。你掌管他，也掌管他所掌管的。"安拉为这种人举了一个例

子，说："他为你们举出一个来自你们自身的比喻"，你们可以从你们自身看到这个例子，并理解它。"在你们右手所管辖的（奴仆）中，可曾有一些伙伴，与你们共享我所赐给你们的财富。"就是说你们任何人都不愿意让其奴隶做其财产合伙人，与其平起平坐。

"你们畏惧他们，就跟你们互相畏惧一样"，即你们担心这些奴隶分享你们的财产。艾布·穆吉里兹说："你不会担心你的奴隶能和你分享你的财产，因为那是不可能的事情。安拉的情况也是如此，他没有合伙人。"[1]换言之，你们中任何人都不愿意这种事情发生在自己身上，又怎么将安拉的某些被造物与安拉同等看待呢？

伊本·阿拔斯说，当初多神教徒念应召辞时说："响应你！你没有伙伴，除非属于你的伙伴。你掌管他，也掌管他所掌管的。"后来安拉降谕道："在你们右手所管辖的（奴仆）中，可曾有一些伙伴，与你们共享我所赐给你们的财富，以至他们和你们完全平等。你们畏惧他们，就跟你们互相畏惧一样。"[2]这个例子说明，安拉更不可能有伙伴（合伙人）。

"我就这样对能理解的群体分析种种迹象。"然后安拉指出：导致多神教徒舍安拉而崇拜他物的原因是愚蠢和无知。"不，不义者们无知地追随了他们自己的私欲"，即多神教徒们在没有任何知识的情况下崇拜了偶像。

"谁能引导安拉使迷误的人呢？他们将没有任何援助者。"如果安拉注定一个人踏入迷途，那么任何人都无法引导这个人。任何人都无法拯救以物配主者抗拒或逃脱万能安拉的惩罚，安拉意欲发生的事情终究会发生，安拉意欲不发生的事情绝不会发生。

❦ 30.你要自然地倾向正教，那是安拉赋予人类的天性。安拉的造化不容改变，这就是正教。但是大多数人不知道。❧

❦ 31.你们应当是一些归向他的人。你们当敬畏他，并要坚持拜功，而不要成为多神教徒。❧

❦ 32.譬如那些分裂他们的宗教，而各成派系的人。每一派都因自己所坚持的而洋洋得意。❧

### 命人坚持认主独一的信仰

清高伟大的安拉说，你当一心一意地坚持安拉为你制定的天然宗教——伊布拉欣的宗教。安拉确曾引导你归向正教，并为你完善了它。坚持这个宗教，就是坚持安拉所创造的健全的天性。人类可以通过安拉所赋予的天性掌握下列基础常识：认识安拉和安拉的独一性，安拉是真正的应受拜者。这一点，在注释下列经文时已经有所述及：❦ 并使他们为自己作证。（我说，）"难道我不是你们的主吗？"他们说："怎么不是呢？我们已作证了。"❧（7：172）圣训中说："我（安拉）将我的众仆造成天然的，然后恶魔诱惑他们离开了正道。"[3]我们通过许多圣训得知，归信伊斯兰是安拉赋予人类的天性，而信仰一切错误的宗教（犹太教、基督教、拜火教）则是后天所发生的事情。

"安拉的造化不容改变。"有学者解释这段经文说："你们不要改变安拉的原造，否则你们将改变安拉赋予人们的天性。"按这种解释，这段经文是带有命令意义的陈述句。正如安拉所言：❦ 凡是进入其中的人，都会获得平安。❧（3：97）这是一种较好的解释。另一些学者解释说，这段经文是一个普通的陈述句。其意义是：安拉给一切被造物都赋予了端正的天赋，每个婴儿都是依这种天赋而诞生的。每个人都平等地享有这种天赋。因此，伊本·阿拔斯、伊本拉欣·奈赫伊、伊本·朱拜尔等学者解释说，"安拉的造化不容改变"是指安拉的宗教不容改变。布哈里也是这样解释这段经文的，他说："'前人的造化'指前人的宗教。宗教和天性都指伊斯兰。"[4]他还传述了一段传自艾布·胡莱赖的圣训：安拉的使者㕙说："每个婴儿，都依天性而生。但他的父母使他成为犹太教徒、基督教徒或拜火教徒。动物产生出同自己一般的动物，你们在它们中发现过残缺现象吗？"布哈里还读道："那是安拉赋予人类的天性。安拉的造化不容改变，这就是正教。"[5]

"这就是正教"，即正确的宗教，就是坚持沙利亚大法和倾向健全的天性。

"但是大多数人不知道。"大部分人不懂得这一点，所以他们迷失了这个宗教。其他经文说：❦ 大多数人不是信士，虽然你渴望（他们信仰）。❧（12：103）又如：❦ 如果你服从大地上多数的人，他们就会使你迷失安拉的道路。❧（6：116）

"一些归向他的"，伊本·栽德、伊本·杰磊勒等学者解释为一些回到他那里的。[6]

"你们当敬畏他"，即你们当敬畏安拉。

"并要坚持拜功"。拜功是一项重大的善功。

---

[1]《泰伯里经注》20：96。
[2]《圣训大典》12：20。
[3]《穆斯林圣训实录》4：2197。
[4]《泰伯里经注》20：99。
[5]《布哈里圣训实录诠释——造物主的启迪》8：372、11：512；《穆斯林圣训实录》4：2047、2048。
[6]《泰伯里经注》20：100。

**“而不要成为多神教徒”**，即你们当成为虔诚拜主、一心一意追求安拉喜悦的、信主独一的穆民。

伊本·朱莱杰传述说，欧麦尔经过穆阿兹时问道：“这个民族的支柱是什么？”后者回答说：“支柱有三个，它们都能使人得救。它们是虔诚，虔诚是安拉赋予人类的天性；其次是礼拜，礼拜就是正信；然后是善功，善功是盾牌。”欧麦尔说：“说得对。”[(1)]

**“譬如那些分裂他们的宗教，而各成派系的人。每一派都因自己所坚持的而洋洋得意”**，即你们不要成为分裂自己宗教的多神教徒，他们信仰经典的一部分，否认经典的另一部分。部分学者将这段经文读为：“فارقوا دينهم”。即他们将自己的宗教弃之脑后，这些人是犹太人、基督教徒、拜火教徒和各种谬误的宗教信仰者，而穆斯林则不然。清高伟大的安拉说：﴾至于那些分裂他们的宗教，而且分成许多宗派的人，你跟他们毫无关系。他们的事由安拉负责。﴿（6：159）古代的信仰者们，坚持谬论，分门别派，各派都自以为是。穆圣ﷺ的民族也分成许多派系，但除了一派之外，其他派别都将走向迷误，得正道的这一派是圣训和大众派，即他们严格遵守《古兰》和圣训，坚持圣门弟子、再传弟子以及古代和近代穆斯林学者的道路。有人曾向安拉的使者ﷺ询问哪一派是成功的，使者回答说：“坚持我和我众弟子路线的人们。”[(2)]

**﴾33.当人们受到伤害时，他们就归向安拉而呼求他。但是当他给他们尝试他的慈悯时，突然他们当中的一些人就为他们的养主设立伙伴。﴿**

**﴾34.以便他们否认我所赐给他们的。“你们享受吧，不久你们就会知道。”﴿**

**﴾35.难道我曾给他们降下权力，宣布他们对我的举伴吗？﴿**

**﴾36.当我给人们尝试慈爱时，他们就因此兴高采烈。而当他们由于亲手作为而遭遇不幸时，他们突然间就要绝望！﴿**

**﴾37.他们没有看到吗？安拉为他所意欲的人拓宽或限制供养。此中对于归信的群体确有各种迹象。﴿**

## 人们如何根据环境变化，在欢乐和绝望间摇摆

清高伟大的安拉告诉我们，当人们处境很困难时，他们只祈求独一无偶的安拉，而在安逸时期，

الجزء الحادي والعشرون　٤٠٨　سورة الروم

وَإِذَا مَسَّ النَّاسَ ضُرٌّ دَعَوْا رَبَّهُم مُّنِيبِينَ إِلَيْهِ ثُمَّ إِذَا أَذَاقَهُم
مِّنْهُ رَحْمَةً إِذَا فَرِيقٌ مِّنْهُم بِرَبِّهِمْ يُشْرِكُونَ ﴿٣٣﴾ لِيَكْفُرُوا بِمَا
آتَيْنَاهُمْ فَتَمَتَّعُوا فَسَوْفَ تَعْلَمُونَ ﴿٣٤﴾ أَمْ أَنزَلْنَا عَلَيْهِمْ
سُلْطَانًا فَهُوَ يَتَكَلَّمُ بِمَا كَانُوا بِهِ يُشْرِكُونَ ﴿٣٥﴾ وَإِذَا أَذَقْنَا
النَّاسَ رَحْمَةً فَرِحُوا بِهَا وَإِن تُصِبْهُمْ سَيِّئَةٌ بِمَا قَدَّمَتْ أَيْدِيهِمْ
إِذَا هُمْ يَقْنَطُونَ ﴿٣٦﴾ أَوَلَمْ يَرَوْا أَنَّ اللَّهَ يَبْسُطُ الرِّزْقَ لِمَن يَشَاءُ
وَيَقْدِرُ إِنَّ فِي ذَٰلِكَ لَآيَاتٍ لِّقَوْمٍ يُؤْمِنُونَ ﴿٣٧﴾ فَآتِ ذَا الْقُرْبَىٰ
حَقَّهُ وَالْمِسْكِينَ وَابْنَ السَّبِيلِ ذَٰلِكَ خَيْرٌ لِّلَّذِينَ يُرِيدُونَ
وَجْهَ اللَّهِ وَأُولَٰئِكَ هُمُ الْمُفْلِحُونَ ﴿٣٨﴾ وَمَا آتَيْتُم مِّن رِّبًا
لِّيَرْبُوَ فِي أَمْوَالِ النَّاسِ فَلَا يَرْبُو عِندَ اللَّهِ وَمَا آتَيْتُم مِّن
زَكَاةٍ تُرِيدُونَ وَجْهَ اللَّهِ فَأُولَٰئِكَ هُمُ الْمُضْعِفُونَ ﴿٣٩﴾
اللَّهُ الَّذِي خَلَقَكُمْ ثُمَّ رَزَقَكُمْ ثُمَّ يُمِيتُكُمْ ثُمَّ يُحْيِيكُمْ هَلْ مِن
شُرَكَائِكُم مَّن يَفْعَلُ مِن ذَٰلِكُم مِّن شَيْءٍ سُبْحَانَهُ وَتَعَالَىٰ
عَمَّا يُشْرِكُونَ ﴿٤٠﴾ ظَهَرَ الْفَسَادُ فِي الْبَرِّ وَالْبَحْرِ بِمَا كَسَبَتْ
أَيْدِي النَّاسِ لِيُذِيقَهُم بَعْضَ الَّذِي عَمِلُوا لَعَلَّهُمْ يَرْجِعُونَ ﴿٤١﴾

他们有了选择的机会时，有些人却举伴安拉，崇拜安拉的同时还崇拜他物。

**“以便他们否认我所赐给他们的。”**部分学者说，经文中“俩目”（لام）是“**以致**”的意思，而有些学者认为是指“**以便**”。事实上，其意义是“**以便**”。也有学者认为其意义是：安拉早已注定如此，所以他们忘恩负义。然后经文说：**“不久你们就会知道。”**有位学者说：“以安拉发誓，即使一个训练有素的警官向我发出警告，我都会抱以戒心。而这位警告者是安拉，他只对某物说声‘有！’那事物就存在了，我怎么不戒备呢？”

安拉谴责多神教徒无根无据地捏造并崇拜除安拉外的其他物，说：**“难道我曾给他们降下权力，宣布他们对我的举伴吗？”“权力”**指证据。这种反问句表示对所问之事的否定。换言之，他们毫无根据。

**“当我给人们尝试慈爱时，他们就因此兴高采烈。而当他们由于亲手作为而遭遇不幸时，他们突然间就要绝望！”**经文在此谴责了这种人，但安拉所保护并赐给机遇的人则不在其列。因为当人们被给予恩典时傲慢欢欣，说：﴾“种种的不幸都离我而去了。”他是得意忘形、傲慢自大的。﴿（11：

（1）《泰伯里经注》20：98。
（2）《哈肯圣训遗补》1：129。

10）他沾沾自喜，到处炫耀。而当他遭到打击时，便灰心丧气，对未来完全失去信心。安拉说：《除非那些归信、行善的人。》（103：3）他们在逆境中忍耐，在顺境中行善，正如圣训所述："信士的情况真优美啊！安拉为他所判决的一切都对他有益。他遇到喜事时的感恩对他有益，遭受打击时的忍耐也对他有益。"[1]

"他们没有看到吗？安拉为他所意欲的人拓宽或限制供养"，即安拉是支配者和行为者，其意志富有哲理，绝对公正，他使一些人宽裕，使另一些人窘迫，"此中对于归信的群体确有各种迹象"。

《38.所以，你要将其权利交给近亲、赤贫者和旅客。那对于希求安拉喜悦的人是最好的。这等人，他们是成功的。》

《39.你们为了在别人的财产中增加而放出的债务，在安拉那里并不增加。但是你们为了寻求安拉的喜悦而付的天课，将得到多倍的报酬。》

《40.是安拉造化了你们，然后供养你们，然后使你们死亡，然后使你们复活。你们（为安拉设立的）伙伴中，有谁能做其中的一点呢？赞美安拉，他超绝于他们所举伴的。》

### 命人接恤骨肉，禁人使用利息

"所以，你要将其权力交给近亲、赤贫者和旅客。"近亲的权利指得到善待和接恤；"赤贫者"指身无分文或没有足够生活资料的人；"旅客"指需要旅费和生活资料的人。

"那对于希求安拉喜悦的人是最好的。"对于那些希望在后世看见安拉的人来说，这是最美的好事情。因为后世见主是归信者的终极目的。"**这等人，他们是成功的**"，他们要在今世和后世取得成功。

然后清高伟大的安拉说："**你们为了在别人的财产中增加而放出的债务，在安拉那里并不增加。**"给别人某种东西，希望得到别人更多回报的人，其行为在安拉那里得不到报偿。这是伊本·阿拔斯、穆佳黑德等学者的解释。[2]

"**但是你们为了寻求安拉的喜悦而付的天课，将得到多倍的报酬**"，即安拉将加倍地赏赐他们。正如圣训所述："只要某人从合法佳美的收入中取出一颗枣大小的东西作为施舍品，至仁主就会亲自接受它，并为施舍者培养它，就像你们培养自己的马驹或幼驼一样，以致那颗枣变得

比吾侯德山更大。"[3]

### 创造、供养、生与死都归安拉掌管

"**是安拉造化了你们，然后供养你们**"，即安拉是创造者和供养者，他让婴儿从母腹中出生时，他们一无所知，不能听，不能见，也没有任何力量。此后，他将所有上述能力赋予人类，并赐给他们装饰、衣服、财产、权力和各种谋生手段，"**然后使你们死亡**"，即在今世的生活之后，他使你们死去。"**然后使你们复活**"，经文指末日的复活。

"**你们（为安拉设立的）伙伴中，有谁能做其中的一点呢？**"即你们舍安拉而崇拜的偶像中，谁能做到这一点呢？事实上它们没有能力做其中任何一件事。只有安拉能创造人、供养人、掌握人的生死。在末日，他将复活众生。因此，在叙述了上述事务之后说："**赞美安拉，他超绝于他们所举伴的**"，即因为安拉清高伟大，清净无染，任何物都不可能是他的伙伴、配偶，任何物也不能和安拉有相似之处。安拉没有子女，也没有父母，安拉是独一无偶的，是无求的，他没有生，也没有被生，任

---

[1]《穆斯林圣训实录》4：2295。
[2]《泰伯里经注》20：104、105。
[3]《穆斯林圣训实录》2：702。

何物都不能和他相匹配。

⦅41.由于人们亲手的作为，大地和海洋中已现出腐败，以至他将使他们尝试一部分他们所曾做过的，以便他们回归。⦆

⦅42.你说："你们去漫游大地，看看那些前人的后果如何？他们大部分是多神教徒。"⦆

## 罪恶在今世的影响

伊本·阿拔斯、艾克莱穆、赛丁伊、端哈克等学者说，经文中的"**大地**"（الأرض）指空旷地或荒野；"**海洋**"（البحر）指城镇；[1]另据传述，伊本·阿拔斯等人说"**海洋**"指河滨城镇；[2]另一些学者说，大地和海洋所表述的是众所周知的意义。

栽德·本·勒非尔说大地"**现出腐败**"指大地没有雨水，随之出现饥荒，海洋因为没有雨水影响了其中生活的动物。

穆佳黑德说，"大地上的腐败"指杀人，"海洋中的腐败"指海上抢劫。

按照第一种解释，经文的意思可以解释为：庄稼和果实的歉收，是由人们的罪行而造成的。

艾布·阿林说："在大地上违抗安拉，就是在大地上搞腐败。因此天地的秩序依赖于对主的顺从。"圣训中说："大地居民（犯罪后）受到一项法律制裁，强于四十天喜逢降雨。"[3]其中原因是，当法律被执行时，所有的人或一部分人就会悬崖勒马，赢得天地福利的方法就是放弃罪恶。因此，麦尔彦之子尔撒于光阴之末降于世界时，立即执行穆圣㊗的纯洁法律，他杀死猪，粉碎十字架，废除人丁税。他要求人们要么归信伊斯兰，要么选择战争，别无他路。安拉在那个时代消灭丹扎里及其党羽，毁灭雅朱者和马朱者人，此后，有声音对大地说："请取出你的宝藏吧！"后来一群人食用一个石榴，并用其枝叶的最下部遮挡阳光，一峰骆驼的奶够一群人饮用，这些都是履行穆圣㊗的法律给人带来的福分（好处）。当公正昌明于世时，各种福分和美好的事情就会纷纭而至。有段确凿的圣训中说："恶人死后，人类、大地、植物和动物都要扬眉吐气。"[4]

伊玛目艾哈麦德传述，有人在兹亚德或兹亚德之子时代发现一个袋子，袋中的一粒像枣核一样大小的谷子上写着："它（这粒谷子）是在公正的年代长成的。"[5]

"**以至他将使他们尝试一部分他们所曾做过的**"，即安拉通过财产和生命的损失，以及庄稼的歉收来考验他们，使他们遭到自己行为的报应。正如安拉所言：⦅我以种种祸福考验了他们，以便他们回归。⦆（7：168）

经文接着说："**你说：'你们去漫游大地，看看那些前人的后果如何？'**""前人"指你们以前的人，"**他们大部分是多神教徒。**"你们当看看他们因为否认使者、忘恩负义而遭受的惩罚。

⦅43.所以那来自安拉的不可抗拒的日子降临以前，你要全心全意地倾向正教。在那天，他们将要分开。⦆

⦅44.否认者，为其否认负责；行善者，只为自己铺垫。⦆

⦅45.以便他将他的恩典赏赐给那些归信和行善的人。他不喜欢隐昧者。⦆

## 命人在末日来临之前追随正道

清高伟大的安拉命令他的众仆赶快服从安拉，积极行善，并持之以恒。"**所以那来自安拉的不可抗拒的日子降临以前，你要全心全意地倾向正教。**""不可抗拒的日子"指末日。当安拉意欲它存在时，任何人无法抗拒它。

"**在那天，他们将要分开**"，即要分道扬镳，一部分人去向乐园，另一部分人去往火狱。

因此说，"**否认者，为其否认负责；行善者，只为自己铺垫。以便他将他的恩典赏赐给那些归信和行善的人**"，即安拉将报偿人类，一件善功会得十倍乃至七百倍——或安拉所意欲的多倍回赐。

"**他不喜欢隐昧者。**"虽然如此，安拉依然公正无私地对待他们。

⦅46.他的迹象之一，就是派来报喜讯的风，以便使你们尝试他的仁慈，船舶奉他的命令航行，并且你们寻求他的恩典，以便你们能够感激。⦆

⦅47.我确在你之前派遣众使者到他们族人中，众使者给他们带去了明白的证据。然后，我惩罚了那些犯罪之人。帮助信士是我的义务。⦆

## 风是安拉的一种迹象

安拉向人类讲述他的恩典之一——他在他的慈悯来临之前，首先驱使风前来报喜讯，因此说，

---

[1]《泰伯里经注》20：108。
[2]《泰伯里经注》20：108。
[3]《圣训大集》8：75。
[4]《布哈里圣训实录》6512。
[5]《艾哈麦德按序圣训集》2：296。

"以便使你们尝试他的仁慈"，"仁慈"指安拉降下的雨水，它维持着人类的生活，并为大地带来生机。

"船舶奉他的命令航行"，即船在海洋中借助风力航行。

"并且你们寻求他的恩典"，即你们通过旅行各地，经商谋生，寻求安拉的恩典。

"以便你们能够感激"，即以便你们因为安拉所赐的不胜枚举的、外在的和内在的各种恩典而感谢安拉。

然后经文说："我确在你之前派遣众使者到他们族人中，众使者给他们带去了明白的证据。然后，我惩罚了那些犯罪之人。"安拉通过这段经文安慰穆圣，告诉他如果他的族人和世人不相信他，他不必烦恼，因为古代的使者们带来明证时，也都遭受过族人的反对，但后来安拉惩罚了反对者，拯救了信仰者。

"帮助信士是我的义务。"这是安拉为了表示他的恩德和嘉爱而承诺的。另一段经文说："你们的主已规定以慈悯为己任。"（6：54）

❊ 48.是安拉遣风兴云，随意使它散布在天空，并使它成为碎片，然后，你们看见雨点从其中落下。当他使之到于他所意欲的仆人时，他们就欢欣鼓舞。❊

❊ 49.虽然，他们在这以前，在降雨之前，他们一度是绝望的。❊

❊ 50.所以，你要看看安拉的慈悯的迹象！他使已死的大地复得生机。的确，他能使死者生。他是全能于万事的。❊

❊ 51.倘若我派遣一阵风，他们看见禾苗呈黄色。此后，他们经常要忘恩负义。❊

### 大地复得生机是人类复活的证据

清高伟大的安拉在此阐明他是怎么创造云的——安拉用这些云降下雨水——说："是安拉遣风兴云。"部分学者说，安拉从海上遣风兴云；部分学者说，安拉从其所欲的地方遣风兴云。安拉使云铺展开，使之增加长大，由少变多，使看起来就像盾牌一样大小的云，逐渐铺天盖地地笼罩天际。有时黑压压的云从海的方向飘来，饱含着雨水。正如安拉所言：❊ 是他遣风在他的怜悯之前传报佳音，直到它携带了重重的乌云时，我驱使它到一块没有生机的地方……就这样我取出亡者，以便你们能够觉悟。❊（7：57）因此，本章的经文说："是安拉遣风兴云，随意使它散布在天空，并使它成为

碎片……"

穆佳黑德、格塔德等学者说，"碎片"指一块块的；[1]其他学者说经文指：重重累累。这也是端哈克的主张；还有一些学者认为，经文指饱含雨水而黑压压的。给人的感官影响是黑暗而沉重，离地面很近。

"然后，你们看见雨点从其中落下"，即你看到雨点从云中降落。

"当他使之到于他所意欲的仆人时，他们就欢欣鼓舞。"需要雨水的人们，看到雨水后兴高采烈。

"虽然，他们在这以前，在降雨之前，他们一度是绝望的"，即此前这些喜获甘霖的人们，一度陷入绝望之中，后来雨水在他们最需要的时刻降落，这对他们是个重大的事件。经文所表述的是这样一种情景：人们长久遭受干旱而陷入绝境，后来等他们绝望之后却偶逢甘霖。他们看到那沉寂的大地逐渐复苏，开始膨动并长出美丽的果实。

因此，经文说："所以，你要看看安拉的慈悯的迹象！""安拉的慈悯"指雨水。

"他使已死的大地复得生机。"然后安拉借此

---

（1）《泰伯里经注》20：114。

强调人类的躯体在死亡、分解得一无所有后，还能复得生机。"的确，他能使死者生"，即能够做到这些事情的安拉，也是能够复活死者。"他是全能于万事的。"

经文接着说："倘若我派遣一阵风，他们看见禾苗呈黄色。此后，他们经常要忘恩负义"，即当他们看到他们看护耕种并成熟的庄稼在风吹下突然开始变黄、枯萎，他们就会忘恩负义，甚至对昔日的恩典全部否定。正如安拉所言：❦你们可曾看到你们所耕种的吗……不然，我们是被剥夺了。❧（56：63-67）

❦52.你的确不能使死者听到，当聋子们转身而去时，你也不能使他们听到。❧

❦53.你不能引导瞎子脱离他们的迷误。你只能使归信我的启示的人听到，因为他们是穆斯林。❧

## 隐昧者就像死尸，又聋又瞎

清高伟大的安拉说，你不能使坟中的死人听到你的声音，你的话也传不到那些背转而去、不能听闻的聋子耳中，同样，你也不能引导瞎子脱离迷误，接受真理。事实上，这些事情都归安拉掌管，如果他意欲，他可以让死者听到活人的呼声，并引导一些人，而使另一些人徘徊于迷途。这是安拉的特权。

经文前面提的是隐昧者的例子，然后说："你只能使归信我的启示的人听到，因为他们是穆斯林"，即他们是响应安拉的号召的恭顺者。这些人能听到真理，并接受它。穆民的情况就是这样。正如安拉所言：❦只有听从的人才会响应。至于死者，安拉使他们复活，然后他们只被召归到他那里。❧（6：36）

阿伊莎（愿主喜悦之）曾以"你的确不能使死者听到……"这节经文为证，对伊本·欧麦尔所传的下列圣训表示怀疑。伊本·欧麦尔传述，白德尔战役中，穆斯林将一些多神教徒的死尸扔进一口枯井中，三天过后穆圣㊗对着井口呼唤这些死者，并谴责了他们。欧麦尔问穆圣㊗："安拉的使者啊！你在呼唤僵尸吗？"使者㊗说："以掌管我生命的安拉发誓，他们对我的话听得比你们更清楚，但他们不能回答。"（1）阿伊莎（愿主喜悦之）解释说，穆圣㊗的意思是："现在他们知道我当初对他们所说的都是真理。"（2）格塔德解释说："安拉因为穆

圣㊗而复活了这些死者，以便听听穆圣㊗对他们的谴责和羞辱，并将此作为一种惩罚。"（3）

❦54.是安拉造化你们于羸弱之中，然后在羸弱之后赋予你们力量，然后在力量之后设定衰弱和白发。他随意造化，他是全知的、大能的。❧

## 人类成长过程中的各阶段

这段经文说，人的形成经历了许多阶段，每一阶段的情况都不相同。人类的起源是泥土，然后分别是精液、血块、肉团、骨骼，此后在骨骼上配上肉，然后在其中注入灵魂，当他从母腹中出生时，羸弱无力，然后逐渐长成一个孩童、少年，到青年时期时，发育成熟，由弱变强，此后身体状况渐渐变差，到达中年、老年和耄耋暮年，由强变弱。此时，人往往理想破灭，力不从心，白发苍苍，内在和外在的各种特征都发生了重大变化。因此，安拉说："然后在力量之后设定衰弱和白发。他随意造化"，即安拉做他所意欲之事，并按他的意旨支配众仆。"他是全知的、大能的。"

❦55.复活日实现之时，犯罪者们将会发誓（说）他们只停留了片刻。当初他们就是那样悖谬的。❧

❦56.而那些被赐予知识和正信的人将说："你们在安拉的规定之下已经逗留到了复活的日子。这就是复活的日子，但是你们不知道。"❧

❦57.那天，不义者的托辞对他们没用，他们也不得要求回归。❧

## 在今世和后世中隐昧者的愚蠢

清高伟大的安拉指明，隐昧者无论在今世还是后世，都是无知的，他们在今世崇拜偶像，在后世将更加无知。譬如他们以安拉发誓说，当初在今世中甚至没有逗留到一个时辰。他们说这句话的意思是：他们没有足够的时间见到安拉的明证。妄图借机获得原谅。安拉说："当初他们就是那样悖谬的。而那些被赐予知识和正信的人将说：'你们在安拉的规定之下已经逗留到了复活的日子'"，即后世中，一些有后世知识的穆民将驳斥他们，正如在今世中为他们昭示明证时（穆民驳斥他们那样）。当他们发誓自己在今世中只逗留了片刻时，这些穆民告诉他们："你们在安拉的规定之下已经

---

（1）《布哈里圣训实录诠释——造物主的启迪》7：351。
（2）《布哈里圣训实录诠释——造物主的启迪》7：351。
（3）《布哈里圣训实录诠释——造物主的启迪》7：351。

逗留到了复活的日子。"功过簿中已经记载着你们从被造到复活期间的一切情况,"但是你们不知道"。

清高伟大的安拉说:"那天,不义者的托辞对他们没用。""那天"指复生日。他们为自己的丑行而寻找的借口,对他们毫无意义。"他们也不得要求回归。"正如安拉所言:❲ 如果他们能够忍受,火狱将是他们的居所。如果他们祈求(安拉)悦纳,他们也不属于被悦纳者。❳(41:24)

❲ 58.的确我在这《古兰》中为人类设了种种比喻,假若你带给他们一个迹象,隐昧的人一定会说:"你们只是荒诞的。"❳

❲ 59.安拉就这样封闭无知者的心。❳

❲ 60.所以你要坚忍,安拉的诺言确实是真实的,不要让不坚信的人使你轻率。❳

### 《古兰》中有许多比喻,但隐昧者从不参悟

"的确我在这《古兰》中为人类设了种种比喻",即安拉已经为人们阐明真理,并设许多比喻解释之,以便他们明白真理并坚持之。

"假若你带给他们一个迹象,隐昧的人一定会说:'你们只是荒诞的。'"隐昧者即使看到一切迹象——无论这些迹象是不是在他们的要求之下出现的——他们都不会归信它们,他们认为它们是魔术和谬论。他们看到月亮(因穆圣㊚的指点而)裂开等迹象时就是这样说的。正如安拉所言:❲ 你的主的言辞已经判定的那些人,他们不会归信。即使任何迹象来临他们,直到他们看到痛苦的刑罚。❳(10:96-97)

因此,本章的经文说:"安拉就这样封闭无知者的心。所以你要坚忍,安拉的诺言确实是真实的。"这是劝告穆圣㊚忍受人们的反对和抗拒,因为安拉将实现他的诺言,帮助你战胜他们,使你和你的追随者们获得今后两世的成功。"不要让不坚信的人使你轻率",即你当坚定不移地坚持所奉的使命,因为它是毫无怀疑的真理,除此真理之外,再没有可以跟随的向导,一切真理都包含在你所奉到的使命之中。

### 有关本章尊贵的一些传述,提倡在晨礼中诵读本章

伊玛目艾哈麦德传述,有一位圣门弟子说,安拉的使者㊚带领他们礼晨礼时诵读了《罗马人章》。诵读时使者产生了错觉,使者㊚说:"我们在读《古兰》时产生了混淆,因为你们中有一些人

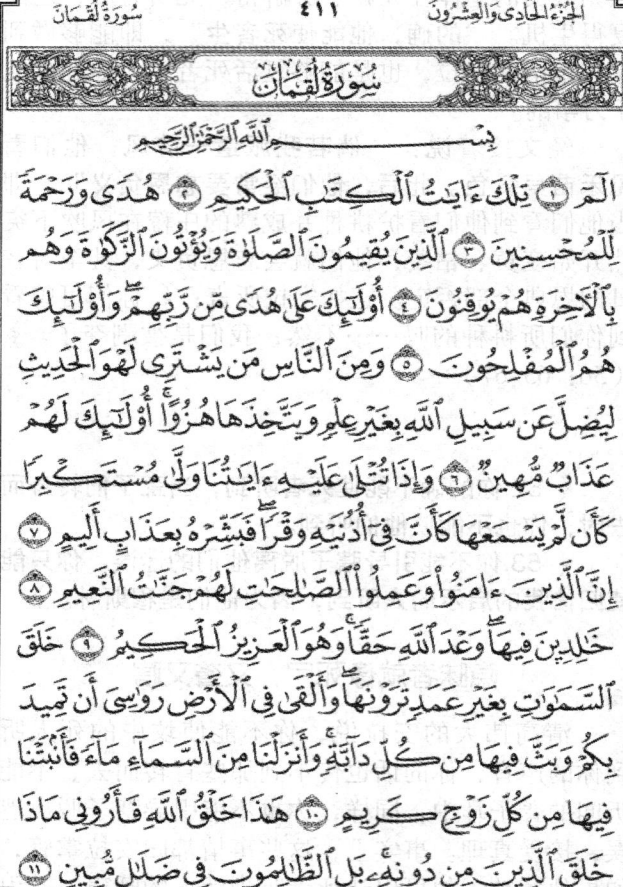

和我们一起礼拜时没有完善小净。所以你们中来和我们一起礼拜的人,应该完善小净。"[1] 这段圣训蕴含着深刻的奥义,指出穆圣㊚因为一些没有完善小净就去跟他做礼拜的人而受到了影响,说明跟拜者的礼拜和领拜者的礼拜息息相关。

《罗马人章》注释完。一切感赞全归安拉。

―――――――――
(1)《艾哈麦德按序圣训集》3:471。

# 《鲁格曼章》注释　麦加章

奉普慈特慈的安拉之尊名

❧ 1.艾立甫、俩目、米目。❧
❧ 2.这是智慧经典的经文，❧
❧ 3.以便引导和慈悯行善者。❧
❧ 4.他们坚持拜功、完纳天课、坚信后世。❧
❧ 5.这些人遵从来自他们主的引导，这些人是成功的。❧

前面注释《黄牛章》时，已经概述过出现在本章之首的这段经文。清高伟大的安拉使《古兰》成为行善者的向导、良药和慈悯。这些行善者按照教法行善，以正确的方式在正确的时间礼拜（包括礼一些有规定时限和无规定时限的副功拜），把天课交给有权接受天课的人，接恤骨肉亲戚，确信后世报应，恳求安拉赐给他们未曾见过的报偿，但他们从来不希求人类的奖励与感激。做到这些事情的人，就在下列经文所述的那些穆民行列："**这些人遵从来自他们主的引导**"，即他们坚持着来自安拉的明证、依据和光明大道。"**这些人是成功的**"，即他们在今后两世都是成功的。

❧ 6.有人购买无稽的话语，以便误导无知的人们脱离安拉的道路，并拿它当作笑柄。这些人必定要遭受羞辱的刑罚。❧
❧ 7.当有人对他诵读我的启示时，他就高傲地避开了，好像他不曾听到它们，好像他的两耳中有重耳病，所以你要以痛苦的刑罚向他们报喜。❧

### 薄福者的一种情况——热衷于无稽之谈，而对安拉的经文不予理睬

清高伟大的安拉首先讲述了幸福者，他们坚持安拉的经典，听到它后获益匪浅。正如安拉所言：❧ **安拉已经降下最优美的言辞———一部相近似，常叮咛的经典，那些畏惧他们主的人的皮肤因之而战栗，然后他们的皮肤和内心因为记念安拉而变柔和。**❧（39∶23）然后谈到了注定的薄福者，他们拒绝倾听安拉的经典，热衷于各种乐器和缠绵的歌声。伊本·麦斯欧迪解释"**购买无稽的话语**"时

说："以安拉发誓，经文指歌曲。"[1]

格塔德说："以安拉发誓，他们并不为这些话语而花费财产，'购买'指沉湎于。越是沉湎越迷误，放弃真话而选择假话，放弃有益的事情去做有害的事情，都是愚蠢至极之举。"[2]

有学者认为经文指（沉湎于声色犬马的人）购买歌女。[3]

伊本·哲利尔认为，经文指一切阻碍人们接受安拉经文和先知圣行的事物。

"**以便误导无知的人们脱离安拉的道路。**"他们这样做的目的，是为了和伊斯兰作对。"**并拿它当作笑柄。**"穆佳黑德说，他们将安拉的道路看作笑柄，冷嘲热讽。[4] "**这些人必定要遭受羞辱的刑罚。**"正如他们在今世轻视安拉的经文和道路那样，在后世他们遭受永恒之刑时，要受到轻视。

"**当有人对他诵读我的启示时，他就高傲地避开了，好像他不曾听到它们，好像他的两耳中有重耳病。**"当这些沉湎于声色犬马的人们听到《古兰》的声音时，便背转而去，装聋作哑，他们认为听之有害无益。"**所以你要以痛苦的刑罚向他们报喜。**"在末日，他们将遭受痛苦的惩罚。正如他们认为聆听安拉的经文是一种痛苦一样。

❧ 8.那些归信并行善的人，必享受恩典之园，❧
❧ 9.他们要永居其中。（那是）安拉的真实诺言。他确实是优胜的、明哲的。❧

### 穆民的归宿是美好的

经文在此叙述的是善良的人——幸福者在后世的归宿。这些人归信安拉，相信众使者，并按教法要求做各种善功，他们"**必享受恩典之园**"。即他们要在乐园中获得各种享受和欢乐，他们所获得的衣食、住宅、骑乘、配偶和各种美妙的视听享受，是任何人无法想象的，他们将永远享受这些恩典，永不离开，不想改变。

"**（那是）安拉的真实诺言**"，即这一切必定都会实现，因为它是安拉的承诺，安拉永不毁约。安拉是慷慨施恩的，是做他所意欲之事的，是全能万事的。

"**他确实是优胜的**"，即他征服了万物，万物都恭顺于他。"**明哲的**"，指他的言行智慧而严谨，他使《古兰》成为穆民的向导。❧ 你说："它

---
（1）《泰伯里经注》20：127。
（2）《泰伯里经注》20：127。
（3）《泰伯里经注》20：130。
（4）《泰伯里经注》20：131。

是对信士们的引导和治疗。至于那些隐昧的人，他们的耳已失聪。"》（41：44）又《我颁降《古兰》，作为对归信者的治疗和慈悯。它对不义者只增加损失。》（17：82）

《 10.他创造天，不需你们所见的支柱，他在大地上放置稳固的山岳，以免它使你们动摇，他还在其中散布各种动物。我也从天空降下雨来，并使各种优良的生物在其中生长。》

《 11.这就是安拉的造化。你们给我看看，除他之外的（你们所拜的伪神）造化了些什么？没有，不义者确在明显的迷误当中。》

## 安拉独一的证明

清高伟大的安拉在这些经文中阐明了他创造天地万物的大能，说："**他创造天，不需你们所见的支柱。**"哈桑和格塔德说："天没有可见或不可见的支柱。"(1)

"**他在大地上放置稳固的山岳**"，即他让沉重的山压在大地上，以免大地和水一起震动，以便人类可以安稳地生活。因此说，"**以免它使你们动摇**"。

"**他还在其中散布各种动物**"，即安拉在大地上创造了千姿百态、形形色色的动物，只有造物主掌握它们的种类。

安拉强调他是造物主后指出他还是供养者："**我也从天空降下雨来，并使各种优良的生物在其中生长**"，即安拉创造了各种美丽的生物。舒尔宾说："人类也属于大地上的生物，进入乐园的人，是优秀的（尊贵的），进入火狱的人是卑贱的。"

"**这就是安拉的造化。**"安拉所讲述的这一切——创造天地万物，都出自独一无偶的安拉的行为、造化和决定。

接着安拉说："**你们给我看看，除他之外的（你们所拜的伪神）造化了些什么？**"即你们所祈求和崇拜的那些偶像和假神，能造出什么东西？"**没有，不义者确在明显的迷误当中**"，即那些以物配主，崇拜安拉的同时还崇拜他物的人们，在明显的愚昧之中。

《 12.我曾赐给鲁格曼智慧，（说道）"你要感激安拉。"谁感激，就为自己而感激，谁忘恩负义，安拉确实是无求的、可赞的。》

---

## 鲁格曼

前辈学者对鲁格曼的身份有不同解释，有人说他是先知；有人说他是一个清廉之士，不具圣品。大部分学者持第二种观点。伊本·阿拔斯说："鲁格曼是一位阿比西尼亚黑奴，从事木工。"(2)伊本·祖拜尔说，我问贾比尔："你们听说鲁格曼的确切身份是什么？"贾比尔说："他是一位努比亚人，身材矮小，鼻子扁平。"(3)

赛尔德·本·穆散耶卜说："鲁格曼是一位埃及黑人，他嘴唇较厚，安拉赐给了他智慧，并没有赐予圣品。"(4)

奥扎伊说："有位黑人来向赛尔德·本·穆散耶卜请教问题，后者说：'你不要因为自己是黑人而忧愁，因为最优秀的人中有三位黑人，他们是比拉勒、欧麦尔的仆人麦海吉尔和哲人鲁格曼。后者是位努比亚黑人，有厚厚的嘴唇。'"(5)

伊本·哲利尔说："鲁格曼是一位努比亚黑人奴隶，其职业是木工。有一次他的主人对他说：

---

(1)《泰伯里经注》20：132。

(2)《泰伯里经注》20：135。
(3)《伊本·艾布·哈亭经注》9：3097。
(4)《泰伯里经注》20：135。
(5)《泰伯里经注》20：135。

'把这只羊宰了！'他宰了羊后主人又说：'请取出其中最美好的两块肉！'鲁格曼便选出羊舌和羊心。后来主人命他宰另一只羊，命他取出其中最龌龊的部分。鲁格曼还是选取出羊舌和羊心。主人说：'我命你取出最好的，你取出了羊舌和羊心，后来命令你取出最龌龊的，你为什么还是要取出了它们？'鲁格曼听后说：'如果这两个部件美好了，就没有比它们更好的。如果它们不美好，那么就没有比它们更龌龊的了。'"[1]

穆佳黑德说："鲁格曼是一个清廉的仆人，但不是先知。"[2]

"我曾赐给鲁格曼智慧。""智慧"指理解力、知识和表达能力。

"你要感激安拉"，即安拉特别赏赐了他，给予他那个时代的任何人不拥有的恩惠，所以，他应该感赞安拉。

经文接着说："谁感激，就为自己而感激"，即感激安拉对感激者有益，有回赐。正如安拉所言：《行善者，只为自己铺垫。》（30：44）

"谁忘恩负义，安拉确实是无求的、可赞的"，即安拉是无求于人类的，即便全世界的人都否认安拉，也对安拉没有丝毫伤害。只有他是应受拜者，人们只崇拜他。

《13.当时鲁格曼劝诫他的儿子道："我的小儿啊！你不要以物配主。以物配主确实是严重的不义。"》

《14.我已命人孝顺父母。他的母亲弱上加弱地孕育着他，他的断奶需两年。（我说）"你要感激我和你的父母，归宿只在我这里。》

《15.倘若他俩强迫你把你所不知道的（东西）给我举伴，你不要服从他俩。不过在今世仍要善意地侍奉他俩，并追随回归我的人的道路。你们的归宿只在我这里，我将会告诉你们所做过的一切。"》

## 鲁格曼对儿子的忠告

清高伟大的安拉在此记述了鲁格曼对其儿子的忠告。鲁格曼的全名是鲁格曼·本·安尕伊·本·赛东。据赛黑里说，他的儿子名叫撒兰。安拉以最优美的方式记述了他的历史，说他赋予鲁格曼智慧。鲁格曼对他在这个世上最疼爱的人——他的儿子理所当然地进行了他力所能及的最好忠告。他首先忠告儿子崇拜独一无偶的安拉，不要以任何物举伴安拉，他警告说："**以物配主确实是严重的不义**"，即它是最严重的罪恶。

阿卜杜拉传述说：当《那些归信了，并且不把他们的信仰跟不义相混淆的人……》（6：82）这段经文降示后，圣门弟子们觉得难以接受，感到痛苦和忧虑。他们说："我们中哪个人没有以不义混淆过自己的信仰呢？"安拉的使者回答说："经文并非指你们所理解的意义。你不曾听鲁格曼对其儿子所说的下列话吗？'**我的小儿啊！你不要以物配主。以物配主确实是严重的不义。**'"[3]

鲁格曼紧接着忠告儿子要孝敬父母，正如安拉所言：《你的主已经判决：你们只崇拜他，并要善待父母。》（17：23）《古兰》经常将崇拜安拉和孝敬父母相提并论。本章的经文说："**他的母亲弱上加弱地孕育着他。**"穆佳黑德说，"弱"指妊娠中的困难和懦弱；[4] 格塔德认为经文指艰难之上的艰难；[5] 阿塔认为指弱上加弱。

"**他的断奶需两年**"，即孩子出生后，在两年之内进行哺乳和断奶。正如《黄牛章》经文所说：《如果父亲愿意母亲完成喂乳，母亲们应该喂她们的孩子两整年的乳。》（2：233）伊本·阿拔斯等学者通过这些经文演绎出：妊娠期最少是六个月。因为另一段经文说：《从怀胎到给他断奶，需三十个月。》（46：15）经文在此述及母亲抚育婴儿以及劳累和日夜操劳之苦，以便让孩子不要忘记母亲曾经给他的恩情。另一段经文说：《我的主啊！求你慈悯他俩，就像他俩抚育幼时的我那样。》（17：24）因此说，"**你要感激我和你的父母，归宿只在我这里**"，即我将因此给你最好的奖励。

"**倘若他俩强迫你把你所不知道的（东西）给我举伴，你不要服从他俩。**"如果他俩迫使你追随他俩的（非伊斯兰）宗教，那么你不能同意他俩。虽然这样，你还要在今世中善待他俩。

"**并追随回归我的人的道路。**""回归我的人"指穆民。

"**你们的归宿只在我这里，我将会告诉你们所做过的一切。**"赛尔德·本·马立克说："这段经文'**倘若他俩强迫你把你所不知道的（东西）给我举伴，你不要服从他俩**'是因为我而降示的。"他说："我一贯对我的母亲很孝敬，我归信伊斯兰后，她说：'赛尔德啊！你这是怎么回事？你或者放弃你的宗教，或者看我不吃不喝而死，你将因此受人指责，人们要把你称为弑母之人。'我说：'妈妈啊！你不能这样，我不会因为任何原因而放弃我的信仰。'她因此接连两天两夜不吃不喝，身体状况遂愈来愈差。我见此情况对她说：'妈妈

---

[1]《泰伯里经注》20：135。
[2]《泰伯里经注》20：134。
[3]《布哈里圣训实录诠释——造物主的启迪》8：372。
[4]《泰伯里经注》20：137。
[5]《泰伯里经注》20：137。

啊！以安拉发誓，你要知道，你即便有一百条性命，并为此而死一百次，我都不会放弃我的信仰。所以，吃与不吃，是您的自由。'此后母亲开始吃饭。"⁽¹⁾

⟪16．"我的小儿啊！即使它（善恶的行为）是一粒芥子的重量，在岩石中间，或在天地间，安拉都会把它带来。因为安拉是明察的、彻知的。⟫

⟪17．我的小儿啊！你要坚持礼拜，劝人行善和止人作歹，并忍受你所遭受的一切。这的确是（需要）很大决心的事。⟫

⟪18．你不要使你的脸转离人们，也不要在地上趾高气扬地行走。因为安拉不喜爱任何高傲矜夸之人。⟫

⟪19．你要平缓行路，降低声音。的确一切声音中最可憎的声音就是驴子的声音。"⟫

安拉在此讲述了哲人鲁格曼对其儿子的忠告，以便人们仿效之、学习之。鲁格曼说："**我的小儿啊！即使它是一粒芥子的重量。**""**它**"指不义、罪行；也有学者认为指事情、情况，按照这种解释，经文的意思应该是："我的小儿啊！事情是这样的：即使是一粒芥子的重量……"第一种解释更加准确。

"**安拉都会把它带来。**"在末日，安拉设立公正的天秤时，将会把它放到秤盘之中，如果它属于善行，安拉将给予善报，如果它属于是恶行，安拉将给予恶报。正如安拉所言：⟪我将在复生日设置一些公平的天秤，任何人不被亏待丝毫。⟫（21：47）⟪谁曾经做过微尘重的善事，他会看见它。谁曾经做过微尘重的坏事，他也会看见它。⟫（99：7-8）那粒微尘重的东西即使牢牢隐藏在顽石之中，或漂浮在天地之间，安拉都能带来它，对安拉而言，没有隐匿可言，天地间再微小的事物，都不能脱离他的监管。

因此说，"**因为安拉是明察的**"，即安拉的知觉是奥秘的，再微小再微妙的事物，他都一清二楚。"**彻知的**"，安拉知道漆黑的夜中蚂蚁的蠕动。

"**我的小儿啊！你要坚持礼拜**"，即按时礼拜，并严格遵守拜功要求，并要力所能及地"**劝人行善和止人作歹**"。

"**并忍受你所遭受的一切。**"鲁格曼深知命人行善止人作恶的人必定受到人们的伤害并陷入烦恼，所以忠告儿子要忍耐。

"**这的确是（需要）很大决心的事。**""**这**"指忍受各种遭遇。

"**你不要使你的脸转离人们。**"当你对人们谈话，或人们对你谈话时，你不要蔑视他人而不正眼瞧他们，你要平易近人，温文尔雅地与人相处。圣训中说："即便以开朗的面容去见你的兄弟（也是一种施舍行为），不要拖裤腿（至地面），因为拖裤腿是一种傲慢行为。安拉不喜欢傲慢。"⁽²⁾

"**也不要在地上趾高气扬地行走**"，即走路时不可目空一切，显得粗暴而蛮横，否则，会招致安拉的恼怒。

"**因为安拉不喜爱任何高傲矜夸之人**"，即安拉不喜爱傲慢自大、自以为是之人。安拉说：⟪你也不要在大地上傲慢横行。你不能踏穿大地，也不能与山岳齐高。⟫（17：37）相应的地方，对此有专题论述。

## 安拉命人走路时要平缓，不能太快，也不能太慢

"**降低声音**"。说话时声音不能太高，尤其不要说没有意义的话。"**的确一切声音中最可憎的声音就是驴子的声音。**"穆佳黑德等学者说，驴子的声音是最丑陋的。因此，经文不但将大喊大叫者比作驴叫，而且指出这种人招安拉恼怒。经文通过这种比喻，严厉地谴责大喊大叫行为，并指出它是非法的。安拉的使者🕋说："我们不该有坏形象，索回馈赠品的人就像狗，吐而食之。"⁽³⁾

## 鲁格曼的忠告

这是鲁格曼的忠告，同时是《古兰》所记载的有关鲁格曼的故事。传自鲁格曼的箴言妙语不胜枚举，让我们叙述其中具有代表性的一部分吧。伊本•欧麦尔说，安拉的使者🕋告诉我们说："哲人鲁格曼曾说：'如果安拉寄存某物，安拉就会保护它。'"⁽⁴⁾使者又说："鲁格曼劝自己的儿子说：'我的小儿子啊！你不要自满，因为它在夜晚是可怕的，在白天是受贬的。'"⁽⁵⁾

绍利传述，鲁格曼对儿子说："我的小儿啊！智慧能使穷人成为君王的同伴。"⁽⁶⁾

奥尼传述，鲁格曼对儿子说："我的小儿啊！当你走到众人面前时，你要以伊斯兰之箭射击他们（即你向他们道"色兰"问安），然后坐到他们旁边，他们说完话之前，你不要说话。如果他们记念安拉，你就加入他们，如果他们谈论其他，你就转

---

（1）《旷野雄狮》2：216。

（2）《艾布•达乌德圣训集》4：345。
（3）《提尔密济圣训全集诠释》4：522。
（4）《艾哈麦德按序圣训集》2：87。
（5）《哈肯圣训遗补》2：411。
（6）《散置的珠宝》5：316。

身离去。"[1]

❂ 20.你们没看到安拉已使天地间的万物都驯服于你们，并供给你们他的一些明显和隐微的恩赏吗？但是在人们当中仍有一些没有知识、没有引导，且没有一本光辉经典的人，关于安拉辩论着。❁

❂ 21.如果有人告诉他们"你们要追随安拉已经降下的"之时，他们说："不，我们要遵循我们祖先所遵循的"，即使魔鬼召唤他们到烈焰的刑罚中（也要遵循）吗？❁

### 记念安拉的宏恩

清高伟大的安拉提醒人们认识他在今世和后世赐给他们的种种宏恩，安拉制服群星，给他们日夜照明，并创造云雨冰雪，安拉以天为棚，保护他们，使大地成为稳定的，并在其中创造江河和果木等植物。无微不至地关爱人类，赐他们可见与不见的许多恩典——为他们遣圣降经，拨云见日。虽然如此，人们没有全体归信安拉，甚至一部分人关于安拉而信口雌黄，强词夺理，对安拉的独一性和遣圣降经毫无根据地进行置疑。

因此安拉说："**但是在人们当中仍有一些没有知识、没有引导，且没有一本光辉经典的人，关于安拉辩论着。**""光辉经典"指明确的经典。

当有人对这些强词夺理的人说："你们要追随安拉已经降下的"纯洁法律时，"他们说：'不，我们要遵循我们祖先所遵循的'"。他们只是盲从祖先，而毫无根据。安拉说：❂即使祖先什么都不理解，不遵循正道（他们仍要仿效祖先）吗？❁（2：170）好辩者们啊！如果你们步祖先后尘坠入迷误，你们认为造物主将怎么对待你们？这节经文也说"即使魔鬼召唤他们到烈焰的刑罚中（也要遵循）吗？"

❂ 22.谁全心全意归信安拉，并且是一个行善的人，谁的确已抓住了最牢固的把柄，一切事务的结局只归于安拉。❁

❂ 23.无论谁不归信，莫让他的不信使你忧伤。他们的归宿是我。那时我将把他们所做过的行为告诉他们。安拉熟知一切心事。❁

❂ 24.我赐给他们片刻的享受，然后我将迫使他们去受重刑。❁

---
[1]《宰哈德》332。

清高伟大的安拉在此讲述那些服从他的命令、遵守教法，并虔诚拜他的人。

"**并且是一个行善的人**"，即他遵从安拉的命令，做安拉所命之事，放弃安拉所禁之事。

"**谁的确已抓住了最牢固的把柄**"，即他已经和安拉缔结了牢固的盟约——不遭受安拉的惩罚。

"**一切事务的结局只归于安拉。无论谁不归信，莫让他的不信使你忧伤**"，即穆罕默德啊！你不要因为他们否认安拉和你带来的信息而感到伤心。安拉早已注定他们有此行为，他们都要归到安拉那里，那时安拉将要把他们的行为告诉他们（惩罚他们）。

"**安拉熟知一切心事。**"任何事务对安拉不能隐瞒。

然后清高伟大的安拉说："**我赐给他们片刻的享受**"，即今世中短暂的享受。

"**然后我将迫使他们去受重刑**"，即严重而无法忍受的刑罚。正如安拉所言：❂你说："那些对安拉捏造谎言的人不会成功。"（那是）今世的享受。然后他们的归宿在我这里。然后，我将因他们曾经隐昧使他们尝试严峻的惩罚。❁（10：69-70）

﴿25.如果你问他们:"是谁造化了天地?"他们一定会说:"安拉。"你说:"赞美只归安拉!"但是他们大多不知道。﴾

﴿26.天地间的一切都属于安拉。安拉确实是无求的,是应受赞美的。﴾

## 多神教徒们承认安拉是造物主

清高伟大的安拉谈到那些举伴他的人,他们虽然承认安拉是诸天和大地的惟一创造者,但他们在崇拜安拉时还崇拜一些假神。虽然他们也承认这些假神是安拉的被造物,归安拉所管。

"如果你问他们:'是谁造化了天地?'他们一定会说:'安拉。'你说:'赞美只归安拉!'"在他们承认这一点时,说明已经有了明确的证据,"但是他们大多不知道"。

"天地间的一切都属于安拉",即它们属于安拉的被造物,都归安拉所管。

"安拉确实是无求的,是应受赞美的",即安拉无求于除他之外的一切,而万物都是信赖于他的,安拉因为创造万物而应该受到万物赞美;天地之间的一切赞美,也因为安拉的创造和设置,而只属于他。安拉在万事中都是应受赞美的。

﴿27.如果地上所有的树都是笔,海洋都是墨水,再加上七个海洋(的墨汁),安拉的言辞也无法写完。安拉是优胜的、明哲的。﴾

﴿28.造化和复活你们,就和(造化和复活)一个人一样。安拉是全听的、全观的。﴾

## 安拉的言辞数不胜数,无穷无尽

清高伟大的安拉说,他是尊大的,享有一切至尊美名和无上属性,任何人都无法统计他的完美言辞,任何人也无法恰如其分地掌握和了解它们。正如人类的领袖穆圣㊡说:"我怎么赞美你也不为过,你正如自己赞美自己的那样。"[1]

"如果地上所有的树都是笔,海洋都是墨水,再加上七个海洋(的墨汁),安拉的言辞也无法写完",即假若地球上的树木都被制成笔,海被化作墨汁,再加上相当于七个海洋的墨汁,用于书写证明安拉的伟大、尊严的属性和言辞,那么笔都将被耗尽,海都将枯竭,而安拉的言辞不能被写完,即使有类似的笔墨用于支援。经文中的"七个海洋",是一种表示数目众多的修辞方法,而并不表示地球上现有的七个海洋。也不像以色列式的神话

---

(1)《穆斯林圣训实录》1:352。

传说中所记载的那样,那种说法我们既不同意也不反对。安拉在另一段经文中说:﴿你说:"即使海洋变作墨水,以它来记录我的主的言辞,即使我给它再加上同等的海水,它们也会在我的主的言辞用完之前耗干。"﴾(18:109)经文中的"同等的海水"并不指另外的一些海水,其确切含义是"与它相同的无穷无尽的海水",因为安拉的迹象和言辞是没有止境的。

"安拉是优胜的、明哲的。""优胜的"指安拉贵过万物,并征服和战胜了它们。任何人都不能违背他的意旨,任何人都不能反对或违抗他的判决。他的创造、命令、言行、法律等一切事务,都是充满智慧和哲理的。

"造化和复活你们,就和(造化和复活)一个人一样。"就安拉的大能而言,在复生日复造全人类,就像创造一个人一样轻松。﴿的确,当他有意要做一件事时,他只要说"有",它就有了。﴾(36:82)﴿我的命令只是在一瞬间。﴾(54:50)即安拉意欲一件事情发生时,不需要三令五申,发出一声命令就足够了。﴿的确,那只是一次吼声,突然间,他们都出现于地面。﴾(79:13-14)

"安拉是全听的、全观的。"安拉听闻你们全体的声音,观看你们全体的行为,就像听一个人的声音,观一个人的行为。他对你们全体和对你们中一个人使用的能力是一样的。因此,安拉说:"造化和复活你们,就和(造化和复活)一个人一样。"

﴿29.你没看见安拉使夜进入昼中,并使昼进入夜中吗?他制服日月,一切都行至规定的时期。安拉彻知你们所做的。﴾

﴿30.这因为安拉确实是真实的,你们在他之外所祈求的都是虚假的,又因为安拉是至高的、至大的。﴾

## 安拉的能力和伟大

"安拉使夜进入昼中",即在夏季,安拉令白天变长,夜晚缩短。白天的时间达到其最长时限后,又让白天变短,夜晚变长,到于冬季。

清高伟大的安拉说:"他制服日月,一切都行至规定的时期。"有学者说,"规定的时期"指预定的终点;有学者说经文指复生日。这两种解释都是正确的。艾布·则尔传述的一段圣训可以证明第一种观点,安拉的使者㊡说:"艾布·则尔啊!你知道这太阳要去哪里吗?"我(艾布·则尔)说:"安拉及其使者至知。"使者说:"它要去阿莱什

之下叩头，然后寻求安拉（让它继续运转的）许可。很快它就被告知：'你从哪里来，就回到哪里去。'"(1)

伊本·阿拔斯说："太阳就像扬水车，白天浮行在它在太空的轨道中，当它西落时，便沿着轨道隐入地下，带来黑夜，直至再次东升。"他说："月亮也是如此。"

"安拉彻知你们所做的。"正如安拉所言：◈ 你难道不知道，安拉知道天上与地上的一切吗？ ◈（22：70）即创造天地万物的安拉，非常了解天地万物。又如安拉所言：◈ 安拉造化了七重天和类似于它们的地。◈（65：12）

"这因为安拉确实是真实的，你们在他之外所祈求的都是虚假的"，即安拉为你们昭示他的种种迹象，以便你们用之证明安拉是真的，的确，安拉是真实存在的，是真实的主宰。而除安拉之外的是虚假的。安拉无求于除他之外的一切，除安拉之外的一切都是依赖安拉的。因为天地万物都是安拉的被造物和奴仆，如果安拉不意欲，任何人无法移动一粒芥子，就算全世界的人群策群力去造一只苍蝇，他们也造不出。因此，安拉说："这因为安拉是真实的，你们在他之外所祈求的都是虚假的，又因为安拉是至高的、至大的"，即任何物都无法与安拉比崇高，任何物都无法与安拉比伟大，一切都顺服他，一切在他那里都是卑微的。

◈ 31.你没看见船舶借安拉的慈悯航行于海洋，以便能使你们看到他的一些迹象吗？对于坚忍和感谢的人，此中确有种种迹象。◈

◈ 32.当海浪像山岳似的笼罩着他们时，他们呼求安拉，为他忠于宗教。但是当他把他们救上陆地时，他们当中出现了折中的人。除了轻诺寡信、忘恩负义者之外，没有人不信我的迹象！◈

清高伟大的安拉说，他制服海洋让船舶奉他的命令在海上航行。换言之，船舶的航行，需要安拉的慈悯和制约。假若安拉没有给水赋予载船的能力，船舶是无法航行的。

因此说，"以便能使你们看到他的一些迹象"，即安拉大能的迹象。

"对于坚忍和感谢的人，此中确有种种迹象。""坚忍和感谢的人"，指那些在逆境中坚忍，在顺境中感谢的人。

"当海浪像山岳似的笼罩着他们时。""山岳"指山或云。

"他们呼求安拉，为他忠于宗教。"正如安拉所言：◈ 当你们在海上遭遇危难时，除了他之外，你们所祈求的那些都不见了。◈（17：67）◈ 当他们乘上一艘船时，虔诚奉教而祈求安拉。◈（29：65）

"但是当他把他们救上陆地时，他们当中出现了折中的人。"穆佳黑德认为"折中的人"指后来背叛的人。(2) 正如安拉所言：◈ 但是当他将他们救到陆地时，他们突然间以物配主。◈（29：65）

"除了轻诺寡信、忘恩负义者之外，没有人不信我的迹象！"穆佳黑德、哈桑、格塔德等学者说，"轻诺寡信者"指随便失信的人。(3) 即与人缔约后，不履行约言之人。经文中的这个单词，表达的是无以复加的轻诺寡信。

"忘恩负义者"指那些对所受之恩不感谢，并加以否认，假装想不起曾受恩惠的人。

◈ 33.人类啊！你们要敬畏你们的主，要畏惧那父亲不能对儿子有任何益处，儿子也不能对父亲有任何裨益的日子。的确，安拉的诺言是真实的，所

---

(1)《布哈里圣训实录》4803；《穆斯林圣训实录》159。
(2)《泰伯里经注》20：157。
(3)《泰伯里经注》20：157。

以，莫让今世生活蒙骗了你们，也不要让欺骗者借安拉名义蒙骗你们。❄

### 命令敬畏安拉，害怕复活之日

清高伟大的安拉提醒人们不要疏忽归宿之日，命令人们敬畏他，并害怕后世之日。因为那一日"**父亲不能对儿子有任何益处**"，即使父亲想用自己来赎取儿子，也不会被接受；儿子的情况也是同样。

然后安拉劝诫他们说："**所以，莫让今世生活蒙骗了你们**"，即你们不要安逸享受今世的恩典而疏忽了后世。

"**也不要让欺骗者借安拉名义蒙骗你们**"，伊本·阿拔斯等学者说"**欺骗者**"指魔鬼。[1]因为它会欺骗人，给人空口许诺，使人想入非非。事实上它没有任何能力。它的情况如下面经文所述：❄ 恶魔应许他们，并使他们幻想——恶魔只为诱惑应许他们。❄（4：120）

沃海布·本·穆南毕哈说，欧宰尔（愿主赐福之）说："当我看到我的民族遭受考验时，我便忧虑加深，烦恼重重，夜不能眠。所以我礼拜封斋，恳求安拉，啼哭哀怜。这时一位天使来到我跟前，我问天使：'告诉我，虔信者能为不义者讲情吗？父亲能为子女讲情吗？'他回答说：'复活时，安拉将明确裁决，独掌大权，若非安拉允许，任何人都不能说话。那天，父亲不因儿子受责问，儿子不因父亲受责问，兄弟不因兄弟受责问，奴仆不因主人受责问。人人都为自己考虑，为自己忧愁，除了自己爱护自己之外，任何人都无暇爱护别人。每个人只为自己的行为负责，只为自己而忧虑，只因自己而哭泣，只承担自己的重担，而不承担别人的担子。'"

❄ 34.末日的知识只在安拉那里，他下降及时雨；他知道在子宫中的是什么；没有人会知道明天他将做些什么，也没有人知道自己将死于何处。安拉确实是全知的、彻知的。❄

### 只有安拉知道幽玄

幽玄事物（人类目不能见的事物）的钥匙只归安拉掌管，若非安拉授予知识，任何人都无法知道它们。至于复活时，即便是安拉派遣的先知或近主的天使，也对其一无所知：❄ 只有他才知晓它什么时候实现。❄（7：187）降雨的事情也是如此，只有安拉知道，但安拉也可以让负责降雨的天使或他所意欲的人知道它。又如子宫胎儿的情况，只有

---
（1）《泰伯里经注》20：159。

安拉知道他将来是男是女，是幸福者还是不幸者，但安拉也可以让负责的天使或他所意欲的人掌握相关知识。同样，任何人都不知道他明天将为自己的今世或后世做些什么。"**也没有人知道自己将死于何处**"，即他将死于自己的家乡，还是将死于安拉所意欲的某个地方。这段经文与下列经文相似：❄ 安拉那里有未见（事务）的钥匙，除它之外无人知道它。❄（6：59）[2]据传述，圣训曾将上述五件事情称为幽玄的钥匙。

安拉的使者⚛说："五件事情的知识只归安拉掌握：'末日的知识只在安拉那里，他下降及时雨，他知道在子宫中的是什么；没有人会知道明天他将做些什么，也没有人知道自己将死于何处。安拉确实是全知的、彻知的。'"[3]

伊本·欧麦尔传述的圣训：安拉的使者⚛说："五件事情属于幽玄的钥匙，只有安拉知道它们。（它们是）'末日的知识只在安拉那里，他下降及时雨，他知道在子宫中的是什么；没有人会知道明天他将做些什么，也没有人知道自己将死于何处。安拉确实是全知的、彻知的。'"[4]

### 艾布·胡莱赖传述的圣训

布哈里在注释本段经文时引证了艾布·胡莱赖传述的圣训：安拉的使者⚛有一天正站在人们面前，这时走来一个人，说："安拉的使者啊！正信是什么？"使者⚛回答说："正信就是归信安拉、天使、经典、使者和（归信）与安拉相会，并归信后世的复活。"那人问："伊斯兰是什么？"使者说："伊斯兰是崇拜安拉，不以任何物举伴安拉，立站拜功，交纳天课，莱麦丹月封斋。"那人问："安拉的使者啊！行善是什么？"使者说："行善是好像看到安拉那样崇拜安拉，当然你不能看到安拉，但安拉在看着你。"那人问："安拉的使者啊！末日在何时？"使者回答："被问者并不比询问者更了解它。但我可以告诉你相关的征兆：女奴生下其主人，属于末日的征兆；赤脚、裸体的人成为人们的首领，属于末日征兆；五件事情的知识只归安拉掌握：'**末日的知识只在安拉那里，他下降及时雨，他知道在子宫中的是什么；没有人会知道明天他将做些什么，也没有人知道自己将死于何处。**'"此人听后转身而去。使者（对众人）说："你们把他叫回来！"众人去找时，那人已经不知去向。使者说："他是吉卜勒伊里，是来给你们教

---
（2）《艾哈麦德按序圣训集》353。
（3）《艾哈麦德按序圣训集》2：24；《布哈里圣训实录诠释——造物主的启迪》2：609。
（4）《布哈里圣训实录诠释——造物主的启迪》8：373。

导宗教事务的。"(1)

"也没有人知道自己将死于何处。"格塔德说:"许多事情的知识只归安拉掌握,安拉不让接近他的天使了解它们,也不让他所派遣的先知知道它们。'末日的知识只在安拉那里',任何人都不知道末日在哪年哪月哪日发生。'他下降及时雨',任何人都不知道夜晚还是白天要降雨。'他知道在子宫中的是什么',任何人不知道子宫中的胎儿是男是女,是黑是红,或是什么样子。'没有人会知道明天他将做些什么',谁都不知道他明天要做好事,还是要做坏事。阿丹的子孙啊!你不知道你将何时死去,或许明天死亡就要降临于你,也许明天你要遭受打击。'也没有人知道自己将死于何处。'任何人不知道他将长眠何处,在陆地上,还是在海洋中,在平原上或在山峦中。"(2)

圣训中说:"只要安拉使一个仆人死于某地,必设定使他去那里的原因。"(3)

《鲁格曼章》注释完。一切赞美归于养育众世界的安拉。

《叩头章》注释  麦加章

## 《叩头章》的尊贵

布哈里在《聚礼书》中记录了传自艾布·胡莱赖的下列圣训:穆圣☪在聚礼日的晨礼中读《叩头章》经文:"艾立甫,俩目,米目"和《难道人不曾经历这样一段时期吗?》(76:1)(4)

贾比尔说穆圣☪睡觉前必念《叩头章》经文——"艾立甫,俩目,米目。这部毫无疑义的经典,是由众世界的养主颁降的……"和《吉庆归于掌握实权者,他是全能万事的。》(67:1)(5)

奉普慈特慈的安拉之尊名

————
(1)《布哈里圣训实录诠释——造物主的启迪》1:140、8:373;《穆斯林圣训实录》1:39。
(2)《泰伯里经注》20:160。
(3)《哈肯圣训遗补》1:42;《圣训大典》1:178。
(4)《布哈里圣训实录诠释——造物主的启迪》2:437;《穆斯林圣训实录》2:599。
(5)《艾哈麦德按序圣训集》3:340。

《1.艾立甫,俩目,米目。》

《2.这部毫无疑义的经典,是由众世界的养主颁降的。》

《3.可是他们却说:"是他伪造了它吗?"不,事实是这样的:真理来自你的主,以便你警告一群在你以前没有警告者到达过的民众,希望他们能遵循正道。》

## 《古兰》是安拉毫无怀疑的经典

前面注释《黄牛章》时,已经论述了出现在《古兰》某些章节开头的单独字母,此处不再赘述。

"这部毫无疑义的经典",即其中所揭示的一切都是毫无怀疑的,"是由众世界的养主颁降的"。

然后经文叙述了那些多神教徒:"可是他们却说:'是他伪造了它吗?'"即他们怀疑《古兰》是穆圣☪杜撰的。

"不,事实是这样的:真理来自你的主,以便你警告一群在你以前没有警告者到达过的民众,希望他们能遵循正道。""遵循正道"指跟随真理。

❦ 4.安拉在六天中造化了天地以及其间的万物，然后升上阿莱什。在他之外，你们没有保护者和求情者，你们难道还不记念吗？❧

❦ 5.他规划从天到地的事务。然后，在其长度为你们计算的一千年的那天，它们上升到他那里。❧

❦ 6.那是深知不可见物和可见物的、优胜的、至慈的主。❧

## 安拉是宇宙的创造者和控制者

清高伟大的安拉说，他是万物的创造者，他在六日内创造了诸地与大地以及其间的一切。然后他升[1]上了阿莱什。这一点，上文已述。

"**在他之外，你们没有保护者和求情者**"，即安拉是至高的，他创造一切事情，并创造和规划万物，他全能于万事。除了安拉之外，没有创造者；也没有求情者，除非他的允许。

"**你们难道还不记念吗？**"即舍安拉而多方崇拜和托靠的人们啊！你们难道还不记念吗？安拉是清高无染的，没有任何物与他相似或相象，也没有任何物能与他抗衡或敌对。应受拜者，只是安拉，养育者，只是安拉。

"**他规划从天到地的事务。然后，在其长度为你们计算的一千年的那天，它们上升到他那里**"，即他的命令从诸天的最高处，降临于第七层地的最远处。正如安拉所言：❦ 安拉造化了七重天和类似于它们的地，天命从它们当中下达。❧（65：12）人所做的一切善功，都升到最近的天之上的功过簿中。这层天和大地之间的距离是五百年，这层天的高度是五百年。穆佳黑德、格塔德等学者说："天使（带经降临）需要五百年行程，其上升需要五百年的行程，但安拉的命令可以在一眨眼间达到目的地。"因此，安拉说："**在其长度为你们计算的一千年的那天，它们上升到他那里。那是深知不可见物和可见物的、优胜的、至慈的主**"，即万事的规划者，是仆人一切行为的见证者，仆人的行为无论大小巨细，一律都要升到他那里，他是贵过万物并征服万物的优胜者，人类都服从于他。他对有正信的众仆是最慈爱的、最怜悯的、万能的、尊贵而仁慈的。他在任何方面，都是完美的。他的慈悯中包含着强大，强大中包含着慈悯，并且不因慈悯而显得卑贱。

---

（1）"升" الاستواء 的涵义，只有安拉知道，我们不可否认，但安拉的"升"绝不像任何被造物的"升"。正如安拉的观看等属性不同于任何被造物的属性。请看大伊玛目艾布·哈尼法著《教义学笺注》。——译者注

❦ 7.他使他所造化的每一件事物美好，他以泥土始造了人。❧

❦ 8.然后，以来自卑贱液体的精华创造他的后裔。❧

❦ 9.然后他使之协调，并把来自他的精神注入他（胚胎）当中，他又给你们听觉、视觉和心灵，而你们却很少感谢！❧

## 造人的阶段

清高伟大的安拉说，他优良、精确地创造了万物，赋予它们形象。

栽德·本·艾斯莱姆解释"**他使他所造化的每一件事物美好**"时说："他把每一件事物创造成优美的，有美好模样的。"

安拉讲述了天地的创造后，开始讲述人类的创造，说："**他以泥土始造了人**"，即安拉用泥创造了人类的始祖阿丹。

"**然后，以来自卑贱液体的精华创造他的后裔。**"人类就这样用出自男性脊背和女性胸部的精液（精子和卵子）生息繁衍。

"**然后他使之协调**"，即安拉使出自泥土的阿丹成为一个协调而端正的人。

"**并把来自他的精神注入他（胚胎）当中，他又给你们听觉、视觉和心灵……**""**心灵**"指理智。

"**而你们却很少感谢！**"即对于安拉赋予你们的这些能力，真正的感恩者是凭借这些能力去崇拜和服从安拉的人。安拉是崇高的，受赞美的。

❦ 10.他们说："当我们隐入地下时，那时我们还会被重新造化吗？"不然，他们否认会见他们的主！❧

❦ 11.你说："负责管你们死亡的天使将会使你们死亡。然后你们将被召回到你们的主那里。"❧

## 驳斥否认复生的谬说

清高伟大的安拉告诉我们，多神教徒们不信后世的归宿，他们说："**当我们隐入地下时**"，即我们的肢体化为粉末，并随意分散到世界各地之后，"**那时我们还会被重新造化吗？**"难道此后我们还会恢复原来的情况吗？他们认为这不可能。确实，根据他们自己弱小的能力来说，这确实是不可能的。但就从无到有创造了他们的安拉而言，这实在太容易了。安拉意欲造某物时，只须说声"有"，那事物就存在了。"**不然，他们否认会见他们的主！**"

然后经文说："你说：'负责管你们死亡的天使将会使你们死亡'。"显然，专门有一位天使负责死亡问题。这一点，在前面注释《伊布拉欣章》时，所引用的白拉伊所传述的圣训中有所记述。格塔德等学者说，根据较出名的传述可知，负责提取性命的天使名叫阿兹拉伊里。[1]也有圣训提到，这位提取性命的天使还有一些助手，他们争先恐后地从人体各部位提取性命，当灵魂到于喉咙时，取命的天使就拿起它。穆佳黑德说："在这位天使看来，地球就像一个脸盆，他想到哪里，就能（把手放到）到哪里。"[2]

"然后你们将被召回到你们的主那里。"在你们的归宿之日——从坟墓中站起来接受清算之日，你们都要被带到安拉那里。

❀12.如果你能看见那些有罪的人在他们的主跟前垂下他们的头说道："我们的主啊！我们已看见了，也听到了。你让我们回去，我们一定会行善，我们是确信者。"如果你看到这种情况……❀

❀13.如果我愿意，我一定能给每一个人引导，但是来自我的言辞已经落实："我一定会以精灵和人类一同填满火狱。"❀

❀14.你们尝试吧！因为你们忘了这一天的会见，我也忘记了你们。因为你们当初的行为而尝试永恒的惩罚吧！"❀

## 多神教徒在复生日悲惨的情况

清高伟大的安拉在此讲述多神教徒在复生日的情况。那时，他们目睹死后的复生，站在安拉跟前，无比惭愧地说："**我们的主啊！我们已看见了，也听到了**"，即现在我们要听你的话，服从你的命令。正如安拉所言：❀ 在他们来到我面前的那天，他们的视觉多么明朗、听觉多么清楚啊！❀（19：38）同样，当他们进入火狱后，他们开始自我埋怨，说：❀ 如果我们曾经听从或是理解，我们就不会沦落到烈焰的居民当中！❀（67：10）本章的经文说："**我们已看见了，也听到了。你让我们回去**"，即回到今世去。"**我们一定会行善，我们是确信者**"。我们已经确信你的诺言是真实的，与你会见也是真实的。但安拉至知，即便他让他们重返今世，他们依然是否认者，不但要否认安拉的经文，还要和使者们作对。正如安拉所言：❀ 如果你能够看到他们站在火上的时候，他们会说："但愿我们能被放回去，我们绝不再否认我们主的迹象，

我们一定成为信士。"❀（6：27）

本章的经文说："**如果我愿意，我一定能给每一个人引导**。"正如安拉所言：❀ 如果安拉意欲，大地上所有的人都已归信了！❀（10：99）

"**但是来自我的言辞已经落实：'我一定会以精灵和人一同填满火狱'**"，即我要以人类和精灵一同填满火狱，犯罪者的归宿只能是火狱，任何一个逃脱不了。我们以安拉及其完美的经文求庇佑于火狱。

"**你们尝试吧！因为你们忘了这一天的会见。**"有声音对火狱的居民以责备的口气说："你们曾经否认后世的惩罚，在这个问题上装聋作哑，但现在你们尝尝它吧！"

"**我也忘记了你们。**"我将在以"以其人之道还治其人之身"的法则对待你。事实上，安拉永不遗忘和疏忽。这仅是一种"同态相对"的语言表达方法。正如安拉所言：❀ 我要忘记你们，就像你们当初忘记了今天的相会一样。❀（45：34）

"**因为你们当初的行为而尝试永恒的惩罚吧！**"即由于你们当初否认真理，不信安拉而……另一段经文中说：❀ 他们在其中尝不到凉爽和饮

---
(1)《泰伯里经注》20：175。
(2)《泰伯里经注》20：175。

料。除非沸水和脓汁。那是恰如其分的报偿……我给你们只增加刑罚。》（78：24-30）

《15.归信我的迹象的人，仅仅是那些别人以我的迹象提醒他们时，他们就俯伏叩头，并赞念他们养主的人，他们也不骄傲自大。》

《16.他们肋不近床，畏惧、希望地祈求他们的主，他们花费我赐给他们的一部分。》

《17.没有人知道我为他们珍藏的赏心悦目的（福泽），以便报酬他们当初的行为。》

### 归信者的情况和他们的报酬

清高伟大的安拉说："归信我的迹象的人。""归信"指诚信。

"仅仅是那些别人以我的迹象提醒他们时，他们就俯伏叩头"，即他们从言行方面听从《古兰》。

"并赞念他们养主的人，他们也不骄傲自大"，即他们严格遵循经文要求，不骄傲。愚蠢的隐昧者和恶人们，则不是如此。安拉说：《那些高傲而不拜我的人，他们必定屈辱地进入火狱。》（40：60）

"他们肋不近床"，即他们夜间立站拜功，忘记睡觉，疏远床铺上的休息；穆佳黑德和哈桑解释这段经文说："经文指立站夜功拜"；(1)端哈克认为经文指集体宵礼和集体晨礼。

"畏惧、希望地祈求他们的主。"他们害怕安拉的惩罚，希望获得安拉的奖赏。

"他们花费我赐给他们的一部分。"他们直接或间接地行善。安拉的使者☪是这些人在今世和后世的领袖。

穆阿兹说，某次，我和安拉的使者☪在旅行，在行进的某天早晨，我离使者很近，我问："安拉的使者啊！请告诉我一件能让我近乐园、远火狱的善功好吗？"使者☪说："你确实问到一件重大的事情，虽然在安拉给以容易的人看来轻而易举。（这件善功是）你崇拜安拉，不要以物配主；立站拜功；交纳天课；莱麦丹月封斋；朝觐天房。"先知接着说："我告诉你一些行善之门好吗？斋戒是盾牌，施舍能消除错误，在夜间的礼拜……"然后先知读道："他们肋不近床……以便报酬他们当初的行为。"此后，先知说："我告诉你事业的根本、支柱和顶峰，好吗？"我说："安拉的使者啊！好！"使者说："事业的根本是伊斯兰，其支柱是礼拜，其顶峰是为主道奋斗。"先知接着说："我告诉你控制这一切的东西好吗？"我说："安拉的使者啊！好！"使者☪听后指了指他的舌头说："你当管好这个。"我说："安拉的使者啊！我们将因为我们所说的受到责问吗？"使者说："穆阿兹啊！你的母亲为你哭丧吧！（这是阿拉伯人的惯用语，意思是：你真幼稚！）人们虽然不愿匍匐着进入火狱，但他们还是管不好自己的语言。"(2)

"没有人知道我为他们珍藏的赏心悦目的（福泽）。"任何人都不知道安拉到底在乐园中为他准备了多大恩典，这些永恒的恩典，无人曾见过。因为他们秘密地为主道而工作，所以安拉为他们秘密珍藏了巨大恩赏以及和他们的行为相匹配的报酬。因为报酬的原则是"以其道还其身"。

哈桑·巴士里说："这群人为安拉而秘密行善，所以安拉在冥冥中为他们准备了任何人没有见过也没有想过的恩典。"

布哈里解释"没有人知道我为他们珍藏的赏心悦目的"时说，安拉的使者☪说："安拉说，我为清廉的众仆准备了任何眼睛没有见过、任何耳朵没有听闻、任何人的心灵没有想过的恩典。"(3)另据传述："任何人未曾想象过这些，所有一切都已准备就绪。而你们所见的一切，不可与之同日而语。"(4)

安拉的使者☪说："进乐园的人，将永远享恩而不受伤害，其服装不旧，青春不朽，乐园中有任何人见所未见，闻所未闻，想所未想的恩典。"(5)

《18.那么归信的人就像悖逆的人吗？他们不相等。》

《19.至于那些归信并行善的人，给他们的居处是乐园，那是因为他们当初行为（而得来）的款待。》

《20.但是那些背叛的人，他们的居处是火狱，每当他们希望从那里出去时，他们就会被遣回其中，并将被告知："你们尝试火刑吧，那是你们曾经不信的。"》

《21.我一定会使他们在受到更大的惩罚之前使他们尝试较近的刑罚，以便他们回归。》

---

（1）《泰伯里经注》20：180。
（2）《艾哈麦德按序圣训集》5：231；《提尔密济圣训全集诠释》7：362；《圣训大集》6：428；《伊本·马哲圣训集》2：1314。
（3）《布哈里圣训实录诠释——造物主的启迪》8：375；《穆斯林圣训实录》4：2174；《提尔密济圣训全集诠释》9：56。
（4）《布哈里圣训实录诠释——造物主的启迪》8：375。
（5）《穆斯林圣训实录》4：2181；《泰伯里经注》20：186。

❮ 22.还有谁比向他提示主的启示时避开的人更不义？我必定将惩罚有罪的人。❯

### 穆民和胡作非为的人不相等

清高伟大的安拉说，他是公正而尊贵的，末日，在他的判决中那些曾经跟随使者、归信他的经文的人和那些否认众使者、不顺从他的人是不相等的。正如安拉所言：❮ 那些犯罪累累的人以为我要将他们和那些归信并行善的人等量齐观，而使他们的生与死成为相等的吗？他们的判断太差了。❯（45：21）又❮ 难道我要使归信并行善的人，像在大地上为非作歹的人一样吗？或者我要使敬畏的人和邪恶的人一样吗？❯（38：28）又❮ 火狱的居民和乐园的居民不相等。❯（59：20）[1]

因此，本章的经文说："归信的人就像悖逆的人吗？"即在末日，安拉那里他们不相等。阿塔、赛丁伊等学者说："这段经文是因为阿里·本·艾布·塔利卜和欧格白·本·艾布·穆尔特而降的。"

经文又分析了这些人："至于那些归信并行善的人"，即他们诚信安拉的迹象，遵循经文而行善，"给他们的居处是乐园"，其中有许多居所、庄园和高大的宫殿。"那是因为他们当初行为（而得来）的款待。"

"但是那些背叛的人，他们的居处是火狱，每当他们希望从那里出去时，他们就会被遣回其中"，即那些不顺从安拉的人的归宿是火狱，当他们想逃出火狱时，又被送回原处。正如安拉所言：❮ 每当他们希望从这痛苦里逃出时，他们又被赶回其中。❯（22：22）

伊本·伊亚兹说："以安拉发誓，（犯罪者的）手被束缚着，脚上有镣，他们被火狱所吞没，受天使管制，"并将被告知：'你们尝试火刑吧，那是你们曾经不信的'"。即有声音警告和谴责他们。

"我一定会使他们在受到更大的惩罚之前使他们尝试较近的刑罚。"伊本·阿拔斯说："较近的刑罚"指今世中的各种灾难、病痛、灾害以及安拉用于考验众仆的困难，以便他们忏悔。[2]

"还有谁比向他提示主的启示时避开的人更不义？"即听到安拉的经文、明白其中的含义后依然视而不见转身离开的人，是最不义之人。

格塔德说："你们千万不要疏忽于记念安拉，谁疏忽于记念安拉，谁确实陷入了最大的迷误、贫困和罪恶之中。"因此，安拉警告有此行为的人说："我必定将惩罚有罪的人"，即我将对他们施以最严厉的惩罚。

---

(1)《泰伯里经注》20：188。
(2)《泰伯里经注》20：189、190。

❮ 23.我确曾赐经典给穆萨，所以你对遇见他不要有任何怀疑，我曾使它作为以色列后裔的引导。❯

❮ 24.只要他们坚忍，并确信我的启示，我就从他们当中委派一些人作领袖，奉我的命令引导他们。❯

❮ 25.你的主确将在复生日，在他们之间裁判他们当初的分歧。❯

### 穆萨的经典和古以色列人的领导地位

清高伟大的安拉说，他将把《讨拉特》赐给他的仆人兼使者穆萨。

"所以你对遇见他不要有任何怀疑。"格塔德说："经文指穆圣☪在登霄之夜与穆萨先知见面。"[3] 伊本·阿拔斯传述，安拉的使者☪说："我在登霄夜见到了穆萨·本·仪姆兰，他是一位身材伟岸，头发卷曲的棕色人，好像一位施奴艾族的男子。我看到了尔撒，他的头发呈波浪形，长而柔软，身材中等，肤色红白相间。我还看到监管火

---

(3)《泰伯里经注》20：193。

狱的天使，还有丹扎里。"[1]

"我曾使它作为以色列后裔的引导"，"它"指安拉所颁降的经典。《夜行章》的经文说：❀ 我曾赐给穆萨经典，并以它作为以色列后裔的向导。你们不要在我之外选择监护者。❀（17：2）

"只要他们坚忍，并确信我的启示，我就从他们当中委派一些人作领袖，奉我的命令引导他们。"他们严格执行安拉的命令，远离他所禁止的，相信安拉的使者，并遵行使者所带来的经典。所以他们中有一些领袖，奉安拉的命令引导人们走向真理，召人行善，止人作恶。后来一些领袖篡改和歪曲了安拉的经典，所以他们的领导地位被取消，他们铁石心肠，篡改经义，放弃善功，放弃正信。因此，安拉说："只要他们坚忍，并确信我的启示，我就从他们当中委派一些人作领袖，奉我的命令引导他们。"格塔德和苏菲扬说，"只要他们坚忍"指只要他们毅然避开今世的诱惑（经受今世的考验）。苏菲扬说："这些人就是这样成功的。因为一个人成为领袖的先决条件是淡泊今世。"因此安拉说：❀ 我确曾赐给以色列的后裔经典、智慧和圣职，我给他们佳美的东西，并使他们优越于其他民族，我也赐给他们有关此事的一些明证。❀（45：16-17）

"你的主确将在复生日，在他们之间裁判他们当初的分歧。"经文指信仰和行为方面的分歧。

❀ 26.他们还不明白我在他们之前毁灭了多少世代吗？他们经常去到那些人的故居，此中确有许多迹象。难道他们还不听吗？❀

❀ 27.他们没看见吗？我驱使水至荒地，然后我用之使谷物生长，供给他们的牲口和他们自己食用。难道他们不观看吗？❀

## 以史为鉴

古代曾有一些民族否认安拉、反对众使者的正确道路，但他们最后都得到了怎样的结局呢？他们已经销声匿迹，荡然无存。❀ 你能发现他们当中的一个人，或是能听到他们的微声？❀（19：98）所以，清高伟大的安拉说，否认众使者的人们不明白吗？

"他们经常去到那些人的故居"，即这些否认者从那些否认者的故居走过，但从中看不到曾经在那里居住和建筑的任何人，他们都已灭绝，❀ 好像他们从来不曾在那里居住过一样。❀（11：68）正如安拉所言：❀ 这就是他们的房屋，因为他们的不

---
[1]《泰伯里经注》20：194。

义而空荡荡的。❀（27：52）又 ❀ 许多城镇，在其不义时被我毁灭，坍塌于它的顶棚、许多废井和建成的大厦之上。难道他们不曾在大地上旅行，用他们的心去了解和用他们的耳去听闻吗？的确，眼睛不会瞎，而胸中的心会瞎。❀（22：45-46）

因此，本章的经文说："此中确有许多迹象"，即古人否认使者时，往往家毁人亡，遭受安拉的严惩，他们中的归信者则可得救，此中确有许多迹象、教训、劝诫和相互印证的证据。

"难道他们还不听吗？"即他们不听前人的故事吗？

## 用水复苏大地，是死后复活的一个证据

"他们没看见吗？我驱使水至荒地。"清高伟大的安拉讲述他对被造物的慈爱和恩惠——从天上或者陆地上，在特定的时间带来淡水。"荒地"，指没有植物的地方。正如安拉所言：❀ 我要使其中的一切化为荒原。❀（18：8）即不生长任何植物的干旱之地。安拉说："然后我用之使谷物成长，供给他们的牲口和他们自己食用"。又如安拉所言：❀ 所以，让人看看他的食物。我使雨水倾注。❀（80：24-25）所以，本章的经文说："难道他们不观看吗？"

❀ 28.他们说："如果你们是诚实的，这判决在何时？"❀

❀ 29.你说："判决之日，隐昧者的归信将对他们无益，他们也不被照顾。"❀

❀ 30.因此你避开他们，并且等候，他们是等候的。❀

## 隐昧者如何要求安拉显示惩罚以及对他们的答复

顽固的隐昧者们为了表明他们的否认态度，要求安拉立即惩罚他们、恼怒他们。"他们说：'如果你们是诚实的，这判决在何时？'"即穆罕默德啊！你曾经妄称将有一天你们优于我们，我们遭受报应，那是什么时候呢？我们所看到的情况是：你和你的同伴们东躲西藏，担惊受怕，备受屈辱。

"判决之日"，即安拉的惩罚和恼怒在今生后世降于隐昧者之时，"隐昧者的归信将对他们无益，他们也不被照顾"。正如安拉所言：❀ 当他们的使者们给他们带去明证时，他们自恃具有知识而得意忘形。他们当初所嘲笑的却包围了他们。❀（40：83）

有人说经文中的"**判决**"（الفتح）指解放麦

加。这种解释显然是不对的。因为在解放麦加之日，安拉的使者接受了被释战俘[1]提出的归信要求，当时有近两千人加入了伊斯兰。假若经文指解放麦加之日，那么使者不会接受他们的信仰。因为安拉说："你说：'判决之日，隐昧者的归信将对他们无益，他们也不被照顾。'"这段经文中的"判决"指裁决，审判。正如安拉所言：❨求你在我与他们之间作裁判，并求你拯救我和那些跟我一道的归信者们吧。❩（26：118）又❨你说："我们的主将集合我们，然后，在我们之间以真理裁决。"❩（34：26）又❨他们寻求协助。而每一个顽固的强暴者都失望了。❩（14：15）又❨希望战胜隐昧者。❩（2：89）又❨如果你们要求胜利，胜利确已来临你们。❩（8：19）

"**因此你避开他们，并且等候，他们是等候的**"，即你不要理睬这些多神教徒，你当传达你的主降给你的启示。正如安拉所言：❨你要遵循你从你的养主那里受到的启示——应受拜者，惟有他。❩（6：106）你等待吧！直到安拉兑现对你的许诺，襄助你战胜反对者，安拉从不爽约。

"**他们是等候的。**"在你等待的同时，他们也等待（期盼）你们遭受厄运。❨或许他们说："他是一个诗人！我们等待他遭受厄运。"❩（52：30）你忍受他们的伤害，不懈地传达安拉交给你的使命，你将得到安拉的襄助，看到你的忍耐所产生的效应。敌人也将见到他们为你和你的同伴们所等待的结果——安拉对他们的惩罚。安拉能解决我们的一切问题，应该信托的安拉真优美！

《叩头章》注释完。一切感赞全归安拉。

---

## 《联军章》注释　麦地那章

**奉普慈特慈的安拉之尊名**

❨1.先知啊！你要敬畏安拉，你不要服从隐昧者和伪信士们。安拉确实是全知的、明哲的。❩

❨2.你要遵从由你的主所启示给你的。安拉的确是彻知你们行为的。❩

❨3.你要托靠安拉。安拉足为受托者。❩

### 命令遵守安拉的启示并托靠安拉，反对隐昧者和伪信士

经文通过直接向领导者传达命令，强调群众更应该接受这个命令。因为除了穆圣之外的每个人，也应该接受安拉的这个命令。伊本·胡拜卜说，"敬畏"指遵循安拉之光（遵循安拉启示）而服从安拉，希望得到安拉的报偿。因为害怕安拉的惩罚，而遵循安拉之光，不违抗安拉。

"**你不要服从隐昧者和伪信士们**"，即你不要听他们的话，不要向他们征求意见。

"**安拉确实是全知的、明哲的。**"所以你更应该遵循安拉的命令，因为安拉知道一切事情的结局。安拉的一切言行都是精确无误的。

"**你要遵从由你的主所启示给你的**"，即《古兰》和圣训。

"**安拉的确是彻知你们行为的。**"对安拉而言，不存在秘密。你当在你的一切事务中托靠安拉。

"**安拉足为受托者。**"对那些托靠安拉、回归安拉的人来说，安拉足为受托靠者。

---

[1] 此前他们都是伊斯兰的反对者。——译者注

❦ 4.安拉不曾在任何人体内造化两颗心,他也不曾把你们比作母亲的那些妻子变作你们的母亲。他也不曾使你们的义子成为你们的儿子。这只是你们嘴上的话。但安拉说明真理,指明道路。❦

❦ 5.以他们的父亲(的名字)称呼他们吧,这在安拉那里更恰当。倘若你们不了解他们的父亲,那么,他们就是你们的教胞和朋友,你们若犯无心的失误,则是无罪的。但你们存心所犯的罪则不然。安拉是至赦的、至慈的。❦

## 废除义子制

在从理性方面说明这个问题之前,安拉在此首先确定了这样一件众所周知的感性事实:任何人的体内不可能有两颗心,任何人的妻子不会因为丈夫说"你就像我的母亲"而成为丈夫的母亲,同样,任何人收养的义子,也不因为被收养而变成他的亲生子。

"**安拉不曾在任何人体内造化两颗心,他也不曾把你们比作母亲的那些妻子变作你们的母亲。**"正如安拉所言:❦(要知道)她们不是他们的母亲,除了生育他们的人外,没有人是他们的母亲。❦(58:2)

"**他也不曾使你们的义子成为你们的儿子。**"经文在此指出了上述禁令的目的。

这段经文是因为穆圣☪的仆人栽德·本·哈里斯而降的,穆圣☪圣前,将他收为义子,所以他一度被称为栽德·本·穆罕默德。后来安拉通过这段经文否决了这种归属关系[1]。正如本章中的经文所述:❦穆罕默德不是你们任何男人的父亲,但他却是安拉的使者和众先知的封印,安拉是全知万物的。❦(33:40)

经文在此说:"**这只是你们嘴上的话**",即你们口头上将他们收为义子,而事实上他们不可能因为你们的这些话而成为你们的亲生子,因为他们是其他男子的后代。任何人不可能有两个父亲,就像他不可能有两颗心那样。

"**但安拉说明真理,指明道路。**"伊本·朱拜尔说"**真理**"指公正(的言辞)。格塔德说"**道路**"指正道。

哈桑传述,有人说,我问伊本·阿拔斯:"请告诉我:'**安拉不曾在任何人体内造化两颗心**'是什么意思?"伊本·阿拔斯说:"有一天安拉的使者☪礼拜时走了神(产生了点疏忽),有些跟他一起礼拜的伪信士们说:'看呀!他有两颗心,一颗和你们在一起,一颗和他们在一起。'安拉因此而降谕道:'**安拉不曾在任何人体内造化两颗心**'。"[2]

## 义子的姓名应该归属于其亲生父亲

"**以他们的父亲(的名字)称呼他们吧,这在安拉那里更恰当。**"经文禁止了伊斯兰初期阿拉伯人使收养的义子跟随收养人姓氏的做法,并命令人们以孩子亲生父亲的姓氏命名。这是一种公正、恰当和正义的做法。

伊本·欧麦尔说:"栽德·本·哈里斯是安拉使者☪的仆人,安拉降示'**以他们的父亲(的名字)称呼他们吧,这在安拉那里更恰当**'之前,我们一直把他称为栽德·本·穆罕默德。"[3]当时的人们,像对待亲生儿子那样对待义子,义子可以像亲生儿子那样,譬如接近收养他家庭的直系亲属等。因此,苏海里的女儿赛海里(艾布·胡宰法的妻子)说:"安拉的使者啊!我们一直把撒林称为儿子,现在安拉已经降示了(禁止收养义子的)经文,另外我也发现艾布·胡宰法对此有想法。"[4]使者☪回答说:"你让他吃你的奶,使他与你产生亲属关系。"[5]因此,收养义子的制度被废除之后,安拉允许人们和其义子所休的女人结婚。所以栽德休了栽娜卜之后,使者和她结了婚。安拉说:❦以便归信者的义子们和妻子解除婚约之后,归信者与她们之间不再有障碍。❦(33:37)安拉在下达禁令的经文中说:❦(禁止你们)和你们亲生儿子的妻室们结婚。❦(4:23)但经文排除了义子的妻子,因为他们不是亲生儿子。根据圣训规定,乳子(曾为其哺乳的孩子)等于亲生儿子。两圣训实录辑录:"通过喂乳,亲生子所不允许的事情也是义子所不允许的事情。"[6]至于出于尊重或喜爱,而将别人称为孩子是允许的,本章经文并没有发出禁令。伊本·阿拔斯说:"安拉的使者☪派我们(阿卜杜勒·穆塔里布家族的孩子)去射石地,他轻轻拍打着我们的大腿说:'我的孩子们啊!太阳升起后才能射石。'事情发生在伊斯兰教历十年穆

---

(1)根据阿拉伯人起名的通例,"本"之后的名字,是其父亲的名字。所以也可译为穆罕默德的儿子栽德。——译者注

(2)《艾哈麦德按序圣训集》1:267;《提尔密济圣训全集诠释》9:58;《泰伯里经注》20:204。

(3)《布哈里圣训实录诠释——造物主的启迪》8:377;《穆斯林圣训实录》4:1884;《提尔密济圣训全集诠释》9:72;《圣训大集》6:429。

(4)即他不愿意让赛海里像亲生儿子一样继续呆在家中,而置安拉的经文于不顾。——译者注

(5)伊斯兰认为乳母等于母亲。——译者注

(6)《布哈里圣训实录诠释——造物主的启迪》8:392;《穆斯林圣训实录》2:1069。

圣㊣辞朝期间。"(1)

"**以他们的父亲（的名字）称呼他们吧。**"这段经文是因为栽德·本·哈里斯（愿安拉喜悦他）而降示的，他于伊斯兰教历八年殁于穆耳台之役。艾奈斯传述，安拉的使者㊣对我说："我的小儿子啊……"(2)

"**倘若你们不了解他们的父亲，那么，他们就是你们的教胞和朋友。**"安拉命令人们，应该以亲生父亲的姓氏称呼义子。但如果人们不知道这些义子的生父名称，那么，就将他们看作自己的教胞和朋友，以此应对不知其父亲是谁的情况。

安拉的使者㊣于履行副朝之年离开麦加时，海穆宰的女儿跟了上来，她喊着："叔叔！叔叔！"阿里抱起她，对法图麦说："请看好你的堂妹！"(3)所以法图麦抱起了孩子。后来阿里、栽德、贾法尔等人都抢着要抚养她，每个人都讲出自己的理由。阿里说："我最有权抚养她，她是我的堂妹。"栽德说："她是我兄弟的女儿。"贾法尔（他是穆圣㊣的伯父艾布·塔利卜的儿子）说："她是我的堂妹，并且她的姨母（艾斯玛仪）是我内人。"后来穆圣㊣将她断给她的姨母，并说："姨母等于母亲。"穆圣㊣对阿里说："你属于我，我也属于你。"他对贾法尔说："无论从品性方面，还是从长相方面，你都和我非常接近。"他对栽德说："你是我们（指'我'）的兄弟和朋友。"(4)这段圣训中有好几个断法，其中最重要的一方面是：使者凭真理作出判断，让相持不下的人都心平气和。使者对栽德说："你是我们的兄弟和朋友"，完全符合下列经文的要求："那么，他们就是你们的教胞和朋友。"

"**你们若犯无心的失误，则是无罪的**"，即如果你们尽力找其真实出身未果而喊错了别人的名字，而其中没有他父亲姓氏的名字，那么，只要不是出于故意，则是可以原谅的。安拉不会因为人们的疏忽而惩罚他们，譬如安拉命令人们说："❦ **我们的主啊！如果我们忘记了或错了的时候，求你不要责问我们。**❧（2：286）据可靠圣训说："安拉（听到仆人这样念的时候）说：'我同意了。'"(5)

安拉的使者㊣说："法官尽力裁决，若裁决正确，他会得到双倍报酬；如果他尽力裁决，而错误时，他会得到一份报酬。"(6)另一段圣训中说："安拉不会因为我教民的遗忘、错误，以及被迫所犯的罪而惩罚他们。"(7)

"**但你们存心所犯的罪则不然。安拉是至赦的、至慈的。**"只有那些处心积虑的犯罪者，才会受到安拉的惩罚。正如另一段经文所说：❦ 安拉不会计较你们无心的誓言。❧（2：225）

欧麦尔（愿主喜悦之）说："安拉凭真理派遣了穆罕默德㊣，给他降示经书，安拉的启示中有石刑的经文，所以安拉的使者㊣执行了石刑，我们在他之后也执行了石刑。"欧麦尔接着说："你们不要将自己归属于除父亲之外的其他人，因为这是不信的表现。安拉的使者㊣说：'你们不要过分赞美我，就像尔撒·本·麦尔彦被过分赞美一样。我只是安拉的仆人。你们应当说（他是）安拉的仆人和使者。'"(8)

另一段圣训中说："人们的三种行为属于隐昧（不信）：诽谤他人的血统，在亡人跟前嚎哭，向星星求雨。"(9)

❦ 6.**先知对归信者拥有的权利，重于他们自己对自己的权利。他的妻室就是他们的母亲。在安拉的经典中，血亲间的权利，重于穆斯林和迁士的权利，除非你们对亲友行善。这是记录在经典中的。**❧

## 穆圣㊣对信士的权利及众圣妻是信士们的母亲

安拉告诉我们，他的使者如何热爱和忠于其教民，以及使者如何比信士们自身更加亲近信士们。使者对信士所做的判断，重于信士对自己所作的选择。正如安拉所说：❦ 以你的养主发誓，除非他们请你判决他们之间的分歧，并对你的判决不存芥蒂，同时真心信服，否则他们并不具备正信。❧（4：65）圣训中说："以掌握我生命的安拉发誓，你们中的任何人，只有在他的心目中对我的爱超过了对他自己、财产、孩子和所有人的爱，他才能成为穆民。"(10)

另一段圣训，欧麦尔说："安拉的使者啊！

---
（1）《艾哈麦德按序圣训集》1：234；《艾布·达乌德圣训集》2：480；《圣训大集》5：271；《伊本·马哲圣训集》2：1007。
（2）《穆斯林圣训实录》3：1693；《艾布·达乌德圣训集》5：247；《提尔密济圣训全集诠释》8：120。
（3）其实这孩子是法图麦的小姑姑，阿里这样说，也许是因为她当时年龄太小，或者阿里从自己与孩子的关系角度对妻子这样说的。——译者注
（4）《布哈里圣训实录诠释——造物主的启迪》7：570。
（5）《穆斯林圣训实录》1：116。
（6）《布哈里圣训实录诠释——造物主的启迪》13：330。
（7）《提尔密济圣训全集诠释》1：659。
（8）《艾哈麦德按序圣训集》1：47。
（9）《穆斯林圣训实录》934；《艾哈麦德按序圣训集》5：342。
（10）《布哈里圣训实录诠释——造物主的启迪》1：75。

除了对自己的爱之外，我对你的爱，超过我对任何事物的爱。"穆圣㊗回答说："欧麦尔啊！这还不行。除非在你的心目中，对我的爱超过你对自己的爱。"欧麦尔于是说："安拉的使者啊！以安拉发誓，在我的心目中，对你的爱超过一切，包括对我自己的爱。"穆圣㊗说："欧麦尔啊！现在对了。"(1)因此，安拉在这段经文中说：**"先知对归信者拥有的权利，重于他们自己对自己的权利。"**

布哈里解释这段经文时，引用了艾布•胡莱赖传述的圣训，穆圣㊗说："只有将我作为今世和后世中最亲近的人，你们才能成为真正的信士。如果你们希望如此，可以读：'**先知对归信者拥有的权利，重于他们自己对自己的权利。**'留下财产的穆民，让其亲人继承它；留下债务和家小的穆民，让人来找我，我是他（亡者）的朋友。"(2)

"**他的妻室就是他们的母亲。**"意味着与她们结婚是非法的，她们应该得到尊敬和爱戴，但不能和她们单独在一起。关于禁止与她们结婚的命令并不包括其女儿和姐妹。

"**在安拉的经典中，血亲间的权利，重于穆斯林和迁士的权利。**""经典"指判决。即有亲属关系的穆民比没有亲属关系的穆民、迁士及辅士更有权继承其亲属的财产。经文革止了此前通过发誓和结拜兄弟而产生的继承权。伊本•阿拔斯等人说："当初迁士继承辅士的财产，虽然他们之间没有亲属关系。因为安拉的使者㊗让他们结为兄弟。"伊本•朱拜尔等前辈和后辈学者，都有相同传述。(3)

"**除非你们对亲友行善。**"虽然继承关系不存在了，但他们互助、同情、联系、善待和嘱托的责任仍然是存在的。

"**这是记录在经典中的**"，即这就是法律。它规定：亲属间最有继承的权利。来自安拉的这条法令，被记载在不容更改的首部天经中。这是穆佳黑德等人的观点。虽然某一时期，安拉因为一些深刻的哲理制定了临时的律例，但他在原始的定然及定然的法律决断中知道，他将革止现行的部分法律。安拉至知。

⟦ 7.当时，我和众先知订约，也和你、努哈、伊布拉欣、穆萨及麦尔彦之子尔撒缔约，我和他们缔结了庄严的盟约。⟧

⟦ 8.以便他就诚实者的诚实询问他们。他已为隐昧者准备了痛苦的刑罚！⟧

---
（1）《布哈里圣训实录诠释——造物主的启迪》11：532。
（2）《布哈里圣训实录诠释——造物主的启迪》5：75、8：376。
（3）《布哈里圣训实录》2292、4580、6747。

### 和众先知的盟约

清高伟大的安拉说，他和有决心的五位大先知以及其他先知定约，他们要力行安拉的宗教，传达他的信息，相互协助，保持一致。正如安拉所言：⟦ 当时安拉跟众先知立约："我已赐予你们经典、智慧，以后会有一位使者到达你们当中，证实你们所有的（经典）。你们必须归信他，并当协助他。"他说："你们承认并接受我的托付吗？"他们说："我们承认。"他说："你们作证吧，我跟你们一起作证。"⟧（3：81）这是安拉派遣众先知之后和他们缔结的盟约。经文在叙述这些先知的时候，特别提到五位有决心的大先知的名字，是一种笼统叙述之后，加以系统介绍的表达方法。在下列经文中，安拉明确指出了这些大圣的名字：⟦ 他为你们规定的宗教，就是他交付给努哈的、我启示给你的、我交给伊布拉欣、穆萨和尔撒的宗教。你们要维护宗教，不要在其中搞分裂。⟧（42：13）经文介绍了起始和末尾（努哈和穆圣㊗）、具有开拓意义的中间部分（伊布拉欣、尔撒），特别强调了他们的终结者，并按次序介绍了他们中间的人，这是安拉和众先知所缔结的盟约。正如安拉所说：

"当时，我和众先知订约，也和你、努哈、伊布拉欣、穆萨及麦尔彦之子尔撒缔约，我和他们缔结了**庄严的盟约**。"在这段经文中，安拉首先提及众先知的终结者，从而说明他的优越性。然后根据历史次序，提及各位先知。

伊本·阿拔斯说，"**庄严的盟约**"指约定。[1]

"**以便他就诚实者的诚实询问他们。**"穆佳黑德解释为以便向被传达者询问众使者的情况。[2]

"**他已为隐昧者准备了痛苦的刑罚！**""隐昧者"指各民族中的隐昧者。我们作证众使者已经传达了他们的养主交给他们的使命，忠告了各民族，为人们阐明了明确的真理，虽然那些愚蠢、顽固、叛教和不义的人否认了他们，但众使者带来的真理依然是真理，反对者只是在迷误之中。正如乐园的居民所说：《我们主的使者们确实带来了真理。》（7：43）

《9.有正信的人们啊！你们要记着安拉降给你们的恩典。当联军到达你们时，我就差遣风和你们看不见的大军去抵抗他们。安拉是观看你们的一切行为的。》

《10.当时，他们由你们的上面和下面侵犯你们，当时，（你们）眼睛昏花，心到喉部，你们对安拉作着种种猜测。》

## 联军战役

清高伟大的安拉说，他曾赐给穆民众仆许多恩典，在联军来犯之日，安拉巧作安排，使之溃败。事情发生在壕沟（之战）年，即迁徙第五年十月。联军来犯的原因是，安拉的使者曾将信仰犹太教的奈最尔部落从麦地那驱逐到海巴尔，后来，他们中的贵族赛俩目·本·艾布·海给格、赛俩目·本·麦西凯穆、克那奈·本·莱毕尔去麦加，鼓动古莱什多神教徒与他们一道攻击穆圣，得到应许后，又纠集了俄驼番族。后来古莱什人推选艾布·苏富扬·撒赫尔为领导，俄驼番人推选欧叶奈·胡苏尼为领导，率领一支将近一万人的大军，前来进攻麦地那。安拉的使者得到消息后，在波斯人赛勒曼的建议下，命令穆斯林在麦地那城的东面开挖护城壕沟。穆圣也亲自投入热火朝天的工作中，与穆斯林们一起挖沟、运土。在此过程中确有许多奇迹和明显的迹象。多神教徒到来后，主力驻扎在麦加城东靠近吾侯德山的地方，其中一部分驻扎到麦地那的高处，正如安拉所言："当时，他们由你们的上面和下面侵犯你们。"安拉的使者带领将近三千（一说三千七百）穆斯林进行抵挡，他们背对赛里山，面对敌军。穆斯林掘挖的壕沟中并没有水，但它可以阻挡敌军的步兵和骑兵的前进。穆斯林的妇女儿童留在麦地那城堡内。犹太格磊作部落在麦地那以东有一座城堡，他们有八百名战士，曾和穆圣缔结过相互援助的盟约。但胡燕叶·本·艾赫托卜去那里游说，致使他们撕毁了和安拉使者的盟约，并倒向联军方面。一时间，情况无疑雪上加霜，局势变得更加紧张起来。安拉说："**在那里，归信者接受了考验，并被震撼。**"敌军将安拉的使者及其弟子包围了将近一个月，他们之间没有发生大的战斗，敌军也没有冲过战壕。但蒙昧时代以勇武著称的骑士阿慕尔·本·阿卜杜带领一些骑兵冲过了战壕，使者命令穆斯林骑兵前去迎击，有人说当时无人出战，使者便指定阿里迎战，不到几个回合，阿里就将来敌消灭。这是穆斯林赢得战役的一个征兆。

后来安拉派遣飓风袭击了联军，他们的帐篷等物品被刮得一干二净，敌人既无法生火，也无法驻扎，便灰溜溜地退回了。安拉说："有正信的人们啊！你们要记着安拉降给你们的恩典。当联军到达你们时，我就差遣风和你们看不见的大军去抵抗他们。"穆佳黑德说："那是东风。"另一段圣训可以支持这种说法，穆圣说："我以东风获得援助，阿德人则毁于西风。"[3]

"**你们看不见的大军**"，即天使，他们到来时，地动山摇，敌军心惊胆战，每个部落的首领都喊着自己部落的名字，让他们靠拢到自己跟前，并因安拉投入其心中的惊恐而大喊救命。

伊布拉欣·泰米传自他的父亲，他说，我们曾在胡宰法跟前，有人对他说："假若我当初和安拉的使者在一起，我必定和他并肩作战，患难与共。"胡宰法对那人说："你会这样去做吗？联军之夜——那是一个刮着飓风的夜晚，记得我和安拉的使者在一起，使者说：'谁愿去探听敌军的消息？在复生日，我将和他在一起。'使者连问三次而无人响应。后来使者说：'胡宰法啊！你去探听！'我听到使者点了名，觉得不可推辞，便站了起来。使者说：'你给我带来敌军消息，但不要打草惊蛇。'"胡宰法说："所以我如同在鸽子群中走路一样，来到敌军附近，只见艾布·苏富扬用火在烤他的背部，我便抽箭搭弓，就在我射击之前，想起使者的话：'你不要打草惊蛇。'于是没有射击。假若当时发箭射击，必定能击中对方……于是我又像在鸽群中走路一样，回到使者跟前。我汇报完毕后，染上了风寒。使者听说后，便把他做

---

(1)《泰伯里经注》20：213。
(2)《泰伯里经注》20：214。
(3)《布哈里圣训实录诠释——造物主的启迪》2：604。

礼拜时穿的一件多余的斗篷盖在我身上,我倒头便睡,黎明时分,我听到使者说:'瞌睡包!起来!'"(1)

"当时,他们由你们的上面和下面侵犯你们。""他们"指联军。据胡宰法说,从下面进攻穆斯林的是格磊作人。

"当时,(你们)眼睛昏花,心到喉部。"因为过度惊恐。

"你们对安拉作着种种猜测。"伊本·哲利尔说:"和安拉的使者㊥在一起的一些人认为穆民在遭受厄运,安拉要让穆民遭受打击。"伊本·易司哈格则说:"穆民开始对安拉作各种猜想,他们中出现了伪信现象。穆阿卜·本·格西里甚至说:'穆罕默德曾许诺我们将分享波斯国王和罗马皇帝的宝藏,但我们今天连厕所也去不了。'"(2)

哈桑解释这段经文说:"人们对安拉产生了各种想法:伪信士认为穆圣㊥及其弟子们将被消灭;而穆民则认为安拉对使者的许诺是真实的,伊斯兰将兴盛起来,超越一切宗教,虽然多神教徒非常不愿意。"(3)

艾布·赛尔德说,壕沟战役之日,我们站起来说:"安拉的使者啊!心已经到喉咙了,我们应该说些什么呢?"使者说:"是的,你们说:'我们的主啊!请遮蔽我们的缺陷!平息我们的恐惧!'"传述者说:"后来,安拉用风袭击了敌军的面部,并用风挫败了他们。"伊玛目艾哈麦德有相同传述。

❦ 11.在那里,归信者接受了考验,并被震撼。❧
❦ 12.当时,伪信士和心中有病的人说:"安拉和他的使者许给我们的只不过是欺骗。"❧
❦ 13.当时,他们中的一部分人说:"叶斯里卜人啊!你们不必在此久留,你们回去吧!"于是,他们当中的一部分向先知请假。他们说:"我们的房屋破露着。"其实它们没有破露,他们只是居心逃避。❧

**联军之役中穆民所遭受的考验和伪信士的立场**

清高伟大的安拉记述了联军驻扎麦地那周围的情况:当时穆圣㊥和穆斯林们受敌军包围,备受煎熬和考验,人们被震撼了。这时穆斯林队伍中出现了伪信现象,心中有病的人道出了他们的心声。

"当时,伪信士和心中有病的人说:'安拉和他的使者许给我们的只不过是欺骗。'"至于伪信士,其伪信的面目已经暴露;至于心有芥蒂或疑虑之人,则变得更加软弱,他们因为信仰脆弱或形势严峻,道出了心迹。而另一些人则如《古兰》所说:"当时,他们中的一部分人说:'叶斯里卜人啊!'""叶斯里卜"指麦地那。有段确凿的圣训中说:"我梦见了你们(即将)迁徙的家园,它位于两处黑色凝灰岩区之间,我想它大概是海吉尔,后来突然发现它是叶斯里卜。"(4)另一传述中说:"突然发现它是麦地那。"

有人说,将该城称为叶斯里卜的原因是,曾有一位名叫叶斯里卜的阿马立克人居住在这里,他是努哈先知的后裔。有学者说,在《讨拉特》中,麦地那共有十一个名字,它们是:麦地那、塔白、团义白、米斯凯奈、佳毕莱、穆罕白、麦哈卜白、尕随麦、麦吉卜莱、阿兹拉伊和麦勒胡麦。

"你们不必在此久留",即你们没有必要和穆罕默德一起备战。"你们回去吧!"即回到自己的故乡和家中吧!

"于是,他们当中的一部分向先知请假。"伊

---

(1)《穆斯林圣训实录》3:1414。
(2)《穆圣传》1:522。
(3)《泰伯里经注》20:221。
(4)《布哈里圣训实录诠释——造物主的启迪》12:439。

本·阿拔斯说:"请假的是哈里斯族人,他们借口说:'我们怕家中被盗。'"[1]伊本·易司哈格说:"说这话的人是奥斯·本·盖祖。"[2]即他们借口家中没有遮挡敌人的防范措施而要求回去。

清高伟大的安拉说:"其实它们没有破露",即事实并非如他们所说。"他们只是居心逃避",他们只想临阵脱逃。

❆ 14.如果敌人由它的各方侵入,他们被要求背叛,他们就会毫不迟疑地去做。❆

❆ 15.以前,他们确和安拉定立誓约,决不背转而逃。跟安拉定立的誓约是要被询问的。❆

❆ 16.你说:"如果你们逃避死亡或杀戮,逃避是不会对你们有用的。即使(你们能逃避),你们也不会享受多久。"❆

❆ 17.你说:"如果安拉有意要你们遭受伤害,谁能够反对安拉而保护你们呢?或是如果他要你们享受慈悯(谁能干涉)呢?他们决不会在安拉之外找到任何保护者或援助者。"❆

清高伟大的安拉介绍这些人说:"他们说:'我们的房屋破露着。'其实它们没有破露,他们只是居心逃避。"假若敌军从麦地那的各方面攻入,然后要求他们放弃正信,他们誓必会毫不迟疑地答应敌人的要求。他们在最微弱的恐惧面前,也不会坚持信仰。格塔德等学者就是这样解释的。[3]经文对他们进行了入木三分的批判,然后安拉提醒他们曾和安拉缔结的盟约:不开小差,不临阵脱逃。"跟安拉定立的誓约是要被询问的",即安拉誓必要问他们是否守约。

然后经文告诉他们,虽然他们今天可能逃离战场,但无法逃脱安拉为他们规定的寿命期限。不但如此,他们的这种行为,可能导致他们出其不意地更快死去。因此说,"即使(你们能逃避),你们也不会享受多久",意为即使他们今日能逃离战场……❆ 你说:"今世的享受是微少的。后世对敬畏者是更好的。"❆(4:77)

"你说:'如果安拉有意要你们遭受伤害,谁能够反对安拉而保护你们呢?或是如果他要你们享受慈悯(谁能干涉)呢?他们决不会在安拉之外找到任何保护者或援助者。'"即安拉之外,他们没有任何保护者、援助者、救援者。

❆ 18.安拉确已知道你们当中一些碍事的人以及那些对他们的弟兄们说"到我们这里来"的人。他们只偶尔参战。❆

❆ 19.(他们)对你们是吝啬的。倘若恐惧降临,你将会看到他们眼看着你,他们就像笼罩在死亡中的人一样转动着眼睛。但是当恐惧逝去时,他们就用尖刻的话来对待你,他们在好事方面是吝啬的。这些人不曾归信,所以安拉废除了他们的行为,那对于安拉是容易的。❆

清高伟大的安拉说,他非常清楚有些人阻碍别人参战,还有些人对自己的同事、族人和伙伴说:"到我们这里来"即和我们一起来享受荫凉和果实。不但如此,这些人"只偶尔参战。(他们)对你们是吝啬的"。即他们不愿意援助你们。

赛丁伊说,"对你们是吝啬的"指这些人在战利品方面极其贪婪。

"倘若恐惧降临,你将会看到他们眼看着你,他们就像笼罩在死亡中的人一样转动着眼睛",即他们显得非常胆怯。战场上的懦夫就是这样。

"但是当恐惧逝去时,他们就用尖刻的话来对待你。"时局平静时,他们就高谈阔论,自吹自擂。伊本·阿拔斯说,"对待你"指谈论你。[4]

格塔德说:"在分配战利品时,他们是最斤斤计较的,是可恶的,他们说:'给我们吧!给我们吧!我们和你们一起参过战。'在战斗时候,他们是最懦弱,最易于抛弃真理的。"[5]不但如此,他们还不愿行善。换言之,这些人身上具备怯弱、撒谎、寡义等特征,他们一无是处。

因此说,"这些人不曾归信,所以安拉废除了他们的行为,那对于安拉是容易的",即在安拉那里,这是轻而易举之事。

❆ 20.他们以为联军不曾撤退;如果联军卷土重来的话,他们就希望自己在沙漠中游牧的阿拉伯人中,打听你们的消息。即使他们在你们当中,他们也是很少参战。❆

这段经文讲述的也是伪信士的丑恶特征:怯懦、软弱、恐惧。"他们以为联军不曾撤退",而在临近的地方埋伏,可以卷土重来。"如果联军卷土重来的话,他们就希望自己在沙漠中游牧的阿拉伯人中,打听你们的消息。"他们希望联军再次来犯时,他们不和你们一起留在麦地那,而呆在沙漠中,在那里探听你们的消息,不参与你们与敌人的

---

(1)《泰伯里经注》20:226。
(2)《泰伯里经注》20:225。
(3)《泰伯里经注》20:227。

(4)《泰伯里经注》20:232。
(5)《泰伯里经注》20:232。

战斗。

"即使他们在你们当中，他们也是很少参战。"因为他们太胆怯、太卑贱，并且缺乏信念。安拉至知他们的情况。

❦ 21.对于指望安拉和末日，并多多记念安拉的人，安拉的使者就是你们优异的榜样。❦

❦ 22.当归信者看到联军时，他们说："这是安拉和他的使者所许给我们的，安拉和他的使者说的是真实的。"这只给他们增加正信和服从。❦

### 命令服从使者

这段尊贵的经文，讲述的是一项重要原则，即穆民要在其一切言行举止中学习安拉的使者㉕。安拉命令人们要学习联军之日的穆圣㉕——自己忍耐，并鼓励他人忍耐，等待安拉的援助。愿安拉永远赐福穆圣㉕。因此，安拉对那些在联军之日立场不稳、处事焦虑的人们说："**安拉的使者就是你们优异的榜样**"，即为什么你们不学习他，不仿效他的品性。因此，经文说："**对于指望安拉和末日，并多多记念安拉的人。**"

### 穆民对联军的立场

那些穆民众仆信任安拉的许诺，相信安拉会使他们最终在今世和后世中得到优美的结局。因此，清高伟大的安拉说："**当归信者看到联军时，他们说：'这是安拉和他的使者所许给我们的，安拉和他的使者说的是真实的。'**"伊本·阿拔斯和格塔德说：❦ 类似前人的（考验）尚未来临你们，你们就想着进入乐园吗？他们遭受了战伤和患难，他们被震撼了，甚至使者和那些跟他一道的信士们说："安拉的襄助在何时？"须知，安拉的襄助是临近的。❦（2：214）[1]安拉及其使者早就给我们说过，我们将备受考验和磨难，但不久将迎来胜利。因此安拉说："**安拉和他的使者说的是真实的。**"

"**这只给他们增加正信和服从。**"说明根据人和情况的不同，信仰能加能减。这也是学者们普遍的主张。前面我们已经在布哈里的注释中论证了这一点。一切赞美和恩情属于安拉。

经文中的"**这**"指那窘境和困难。换言之，窘境和困难不但没有压倒他们，反而使他们更加坚信安拉，更加服从安拉的命令和使者的教诲。

❦ 23.归信者中有人已实践了他们与安拉的约言。他们当中有些人已经履行其约言，有些人还在等待，他们一点也不曾加以改变。❦

❦ 24.以便安拉以真诚者的真诚回赐真诚者，并惩罚伪信的人——或宽恕他们，如果他意欲的话。安拉确实是至赦的、至慈的。❦

### 赞美穆民的立场 推迟伪信士的事情

伪信士们撕毁了他们和安拉缔结的盟约，在战斗爆发前背转而逃，而信士们则坚守着与安拉的约言。因此，清高伟大的安拉说，他们"**已实践了他们与安拉的约言。他们当中有些人已经履行其约言**"。部分学者说"约言"（نحب）指寿限；布哈里说经文指盟约，与前面出现的约言（عهد）是同义词。[2]

"**有些人还在等待，他们一点也不曾加以改变**"，即他们没有改变与安拉缔结的盟约。

布哈里传述，栽德·本·萨比特（《古兰》的整理者）说："我们在搜集《古兰》时，找不到我曾经听安拉的使者㉕读过的一段经文。后来终于

---

（1）《泰伯里经注》20：236。

（2）《布哈里圣训实录诠释——造物主的启迪》8：377。

在胡宰默·本·萨比特那里找到了，安拉的使者㉕曾说，他一人的证词等于两个人的证词。（这段经文是）'**归信者中有人已实践了他们与安拉的约言。**'"(1)

艾奈斯·本·马立克说，我们认为下列经文是因艾奈斯·本·奈德尔而降的。安拉说："**归信者中有人已实践了他们与安拉的约言。**"(2)

艾奈斯说，我的叔叔艾奈斯·本·奈德尔没有参加白德尔战役，因此耿耿于怀，他说："安拉的使者啊！我没有参加你与多神教徒之间的第一场战斗，如果安拉给我机会跟穆罕默德并肩作战，安拉会显示我怎样做。"他不想再多说什么。后来他和安拉的使者㉕一起参加了吾侯德战役。赛尔德·本·穆阿兹走过来时，艾奈斯问他："阿慕尔的父亲啊！你要去哪里？"他回答说："我渴望乐园的馨香！我闻到它从吾侯德山边飘来。"后来他投入战斗，杀身成仁，在他的身上发现有八十多处剑伤、枪伤和箭伤。他的姐姐，也就是我姑姑莱毕尔说："我只能通过他的指头尖认出我兄弟。"圣训传述者说，后来这段经文降示了："**归信者中有人已实践了他们与安拉的约言。他们当中有些人已经履行其约言，有些人还在等待，他们一点也不曾加以改变。**"他说："他们（圣门弟子们）认为这段经文是因艾奈斯·本·奈德尔和像他一样的人而降示的。"(3)

穆阿维叶说，我听安拉的使者㉕说："特里哈属于'**已经履行其约言**'之人。"因此，穆佳黑德说："经文指的就是约言(4)。""**有些人还在等待**"，即等待战斗到来的日子，以便在那日真诚地谒见安拉。(5)

哈桑说，"**有些人已经履行其约言**"是指那些人已经在实践约言的情况下死去。还有一些人等着像他们一样死去，他们坚定不移，不会变节。(6)

"**他们一点也不曾加以改变**"，即他们没有改变与安拉缔结的盟约，不但不失约，而且坚守约言。不像伪信士们，他们说："我们的房屋破露着。"其实房屋没有破露，他们只是居心逃避。

"**以便安拉以真诚者的真诚回赐真诚者，并惩罚伪信的人——或宽恕他们，如果他意欲的话。**"

安拉通过恐惧和震撼考验众仆，从而辨别美与丑，显现每个人的行为。虽然安拉知道还没有发生的事情，但他不会凭他的这种知识去惩罚人。安拉不会惩罚人类，除非他们做他用于辨别他们的事情（罪恶）。正如安拉所言：❲的确，我将试验你们，直至我知道你们当中哪些是奋斗者，哪些是坚韧者，以便我核定你们的记录。❳（47：31）说明安拉知道还没有发生的事情。同样，安拉说：❲安拉不会让你们——信士们常处于你们所处的现状之中，直到他把善恶分开。❳（3：179）因此本章的经文说："**以便安拉以真诚者的真诚回赐真诚者**"，即因为他们坚守着与安拉缔结的盟约。

"**并惩罚伪信的人。**""**伪信的人**"是撕毁与安拉缔结的盟约，违背安拉的命令的人，他们应该受到惩罚。在今世中，他们都在安拉的意欲之下，他可以让他们放任自流；也可以让他们与他相会，并惩罚他们。安拉也可以接受他们的忏悔，引导他们脱离伪信，走向正信，放弃罪恶，进行善功。安拉对人类的慈爱，超越了他的恼怒。安拉说："**安拉确实是至赦的、至慈的。**"

❲25.安拉使隐昧者忿忿而回，他们没有得到好处。安拉为归信者解决了战事。安拉是至强的、优胜的。❳

### 安拉使联军灰溜溜地退兵

清高伟大的安拉说，他派遣风和天兵把联军逐出麦地那，若不是穆圣㉕的使命是慈悯众世界，这场风要比当年毁灭阿德人的"绝后之风"更为惨烈。但安拉说：❲你在他们当中时，安拉不会惩罚他们。❳（8：33）所以安拉使他们产生各种想法，使他们军心涣散，正如当初他们怀着不同的目的聚集到一起那样，事实上，联军是来自各部落的乌合之众。所以，只让他们产生私欲，就能使他们灰溜溜地退兵，并且满怀怨恨。他们在今世中没有得到战利品，在后世中他们还要承担敌视穆圣㉕与其作战、企图杀害他、预谋消灭他的军队的罪责。谁处心积虑地要做一件事情，即使后来没有达到目的，但其情形无异于已做此事之人。

"**安拉为归信者解决了战事**"，即信士们不战而胜，将敌人逐出他们的家园。因为独一的安拉替他们解决了难题，襄助其仆人战胜了敌军。安拉的使者㉕曾说："应受拜者，只有独一无偶的安拉，他落实了他的许诺，襄助了他的仆人，并使其军队尊贵，他独自挫败联军，除安拉外，再无其他

---

(1)《布哈里圣训实录诠释——造物主的启迪》8：377；《艾哈麦德按序圣训集》5：188；《提尔密济圣训全集诠释》8：520；《圣训大集》6：430。
(2)《布哈里圣训实录诠释——造物主的启迪》8：377。
(3)《艾哈麦德按序圣训集》3：194；《穆斯林圣训实录》3：1512；《提尔密济圣训全集诠释》9：60；《圣训大集》6：430。
(4)他认为经文的意思不是另一些学者解释的"寿限"。——译者注
(5)《泰伯里经注》20：238。
(6)《泰伯里经注》20：239。

应受拜的。”[1]两圣训实录辑录，安拉的使者ﷺ诅咒了联军，说：“降示经典、清算迅速的主啊，让联军失败吧！主啊，让他们失败吧，使他们动摇吧！”[2]

**“安拉为归信者解决了战事。”**这段经文暗示，安拉已经在穆斯林和古莱什人之间规定了战争。此后，多神教徒再也没能主动进攻穆斯林，而是穆斯林向他们的地区发起了进攻。安拉的使者ﷺ在联军（战役）之日说：“现在，我们要进攻他们，而他们不能进攻我们。”[3]

**“安拉是至强的、优胜的”**，即安拉以其方法和力量使多神教徒一无所获，扫兴而归，同时使伊斯兰和穆斯林获得了胜利。安拉落实了对他们的许诺，襄助了他的使者和仆人。一切赞美和恩情都属于安拉！

**﴾26.安拉确曾使那些支持他们的有经人从他们的堡垒上下来，并把恐怖投入他们的心中。一部分被你们所杀，另一部分被你们俘虏。﴿**

**﴾27.他使你们继承他们的土地、房产、财物和你们未曾涉足过的土地。安拉是全能于万事的。﴿**

## 格磊作族的战役

上文已述，联军来到麦地那周围，驻扎该地后，格磊作人撕毁了他们与安拉的使者ﷺ缔结的盟约，这一切都是在胡燕叶·本·艾赫托卜的游说下发生的。胡燕叶进入格磊作人的城堡后，软硬兼施地劝说格磊作人的首领凯尔卜，使其撕毁了与安拉的使者ﷺ缔结的和约。他们的交谈中有下列一段话，胡燕叶说：“你真是的，我已经给你带来千载难逢的好机会，为你引来古莱什人和艾哈毕什人[4]、俄驼番部落及其追随者，他们不消灭穆罕默德及其同党不会罢休。”凯尔卜对他说：“算了吧！你带来了千载难逢的厄运。胡燕叶啊！去你的吧！你是恶兆。你走吧！”但胡燕叶危言耸听，致使凯尔卜同意了他的要求。胡燕叶还和凯尔卜讲定：如果联军离去后他们安然无恙（没有遭到穆斯林的打击），就将胡燕叶视为楷模迎入城堡。

格磊作人撕毁盟约的消息传来后，安拉的使者ﷺ和穆斯林们感到压力很大。后来安拉襄助使者战胜了敌军，使敌人阴谋落空，灰溜溜地退回麦加，使者则凯旋麦地那，于是穆斯林们放下了武器。使者正在乌姆·赛莱迈的房中清洗战斗带来的尘土时，吉卜勒伊里戴着丝质缠头巾，骑着一匹搭着锦缎的骡子到来了，他问：“安拉的使者啊！你已经放下了武器吗？”使者回答：“是的。”吉卜勒伊里说：“但天使们还没有放下武器，我现在就是在大伙的要求下来此的。”他接着说：“安拉命令你出击格磊作人。”另一传述：“多好的战士啊！你已经放下了武器吗？”使者回答说：“是的。”吉卜勒伊里说：“但我们还没有放下武器。你去追击那些人吧！”使者问：“哪里的人？”吉卜勒伊里说：“格磊作人。安拉命令我动摇他们。”使者听后立即站起来，传令进军格磊作人。格磊作人距麦地那仅几里路之遥。当时正是晌礼之后，使者说：“每个人都必须在格磊作地区做晡礼。”行军途中，一部分人礼了晡礼，他们说：“使者对我们的要求仅仅是加紧赶路。”另一部分人说：“我们只在格磊作人那里礼拜。”使者没有指责任何一部分人。此前，使者让伊本·乌姆·麦克图姆代理麦地那事务，任命阿里为掌旗官，使者向敌人发起战斗后，将他们包围起来，一直围了二十五天。敌人在无可奈何之下，要求奥斯部落的首领赛尔德·本·穆阿兹对他们进行裁决，因为在蒙昧时代，奥斯部落是他们的盟友。他们认为赛尔德会从轻发落，正如阿卜杜拉·本·欧班叶从轻发落他的盟友给奈尕尔人（请求使者释放他们）那样。但他们并不知道赛尔德在壕沟战役中臂部动脉部位负了箭伤，是使者用灸疗法[5]为他进行了治疗，并让他在清真寺附近的一个帐篷中养伤，以便随时来清真寺。赛尔德曾这样祈求安拉：“主啊！如果和古莱什人的战事并未了结，那就让我为此而活下来吧！如果你在我们和他们之间规定了战事，就让胜利来到吧！让我在归真之前看到格磊作人被征服，从而得以慰藉吧！”安拉应答了他的祈求，并注定格磊作人自己选择赛尔德做他们的裁决者。于是使者从麦地那请来赛尔德，让他进行裁决。赛尔德骑着为他准备的驴子到来时，奥斯人纷纷上前讲情，说：“赛尔德啊！他们是你的盟友，要善待他们。”他们想方设法让赛尔德从轻发落，而赛尔德始终一言不发，众人讲情不断之际，赛尔德（愿安拉喜悦之）说：“任何人的责难和谴责都不能使赛尔德远离安拉道路的时刻到了！”众人听后知道赛尔德决定要处死他们。当赛尔德走近使者的帐篷时，使者（对身边的人）说：“站起来迎接你们的领袖吧！”所以众穆斯林站了起来，表示对这位长官的尊重，以便让他公正执法。赛尔德坐下后，

---

（1）《布哈里圣训实录诠释——造物主的启迪》7：469；《穆斯林圣训实录》3：2089。

（2）《布哈里圣训实录诠释——造物主的启迪》7：469；《穆斯林圣训实录》3：1363；《艾哈麦德按序圣训集》4：162。

（3）《布哈里圣训实录诠释——造物主的启迪》7：4670。

（4）麦加周围的古莱什人。——译者注

（5）一种烧灼疗法。——译者注

安拉的使者指了指格磊作人说："这些人让你为他们裁决。请以你的意愿为他们裁决吧！"赛尔德说："我的裁决在他们中行得通吗？"使者说："是的。"他又问："在帐篷中的人之间行得通吗？"使者回答："行得通。"他用手朝使者的方向指了指，问："那儿的人当中也行得通吗？"但在问话时出于尊重使者而没有朝使者的方向观看。使者说："行得通。"赛尔德说："我的裁决是：处死参战者，俘虏妇女儿童，没收财产。"使者说："你的裁决符合七层天之上安拉的法律。"另据传述，使者说："你以君主（安拉）的法律进行了裁决。"然后先知命令人们在地上挖一些坑，把男子们捆绑着带来，砍下了他们的首级。被处死的约有六七百人。未成年人和妇女都被俘房，财产没收。(1) 以上记载都有可靠证据及相关圣训，拙著《先知传》简明版中有较详细的论述(2)。一切感赞全归安拉。

因此，经文说："**安拉确曾使那些支持他们的有经人从他们的堡垒上下来**"，即他们曾协助联军与使者作战。"有经人"指格磊作犹太人，他们属于以色列的一个支族。他们的祖先当年迁居希贾兹，希望子孙能追随记载在《讨拉特》和《引支勒》中的那位不识字的先知。但**但是当他们认识的事物来临他们时——他们却不信了。**》（2：89）所以，他们应该遭受安拉的诅咒。

穆佳黑德等前辈和后辈学者说，"**堡垒**"指城堡。(3)

"**并把恐怖投入他们的心中。**"就是使他们心惊胆战，因为他们曾勾结多神教徒与使者作战。知法犯法的人和无知的人不一样。他们曾恐吓穆斯林，为了今世的荣耀不惜与穆斯林作战，然而事与愿违，结局适得其反。多神教徒一无所获，狼狈退兵。他们原想得到荣耀，得到的却是屈辱，原想消灭穆斯林，却被穆斯林所灭，不但如此，他们还要遭受后世的屈辱，他们"收获"了两世的亏折。因此说，"**一部分被你们所杀，另一部分被你们俘房**"。杀死的是参战者，俘房的是妇女儿童。

格磊作人阿彤叶说："格磊作（人被处死）之日，人们对应该怎么处理我而犹豫不决，后来，先知命人看我是否已经成人，众人看后发现我还是个儿童，便放了我，让我到俘房中间去。"(4)

"**他使你们继承他们的土地、房产、财物**"，即你们处死他们之后，继承了这一切。

"**你们未曾涉足过的土地**"，有人认为指海巴尔；马立克·本·栽德的传述中，有人认为指麦加；也有人认为指波斯和罗马；伊本·哲利尔说："经文可以包括上述所有地方。""**安拉是全能于万事的。**"(5)

❀ 28. **先知啊！对你的妻室们说："如果你们追求今世的生活及其装饰，那么来吧！我将供给你们享受，并准许你们友好地离去。**❀

❀ 29. **倘若你们追求安拉、他的使者和后世的家园，安拉确为你们中的行善者预备了重大的回赐。"**❀

## 让圣妻们自由选择

清高伟大的安拉命令使者，让他的妻子们自由选择——或离开使者，去别人那里寻求今世的生活及其浮华；或留到使者跟前，忍受窘迫的生活。如果她们选择后者，她们将在安拉那里得到巨大的报酬。于是她们都选择了后世的家园，因此，安拉不但赐给她们今世的幸福，而且使她们得到了后世的幸福。愿安拉喜悦她们！圣妻阿伊莎（愿主喜悦之）说，安拉命令先知，让他吩咐妻子们自由选择之际，使者首先来到我跟前。他说："我要给你讲一件事情，在你向你的父母亲征求意见之前，不要急着下结论。"他知道我的父母亲不会让我离开他。使者接着说："清高伟大的安拉说：'**先知啊！对你们的妻室们说……**，'"我说："这还需和父母商议吗？我选择安拉及其使者以及后世的家园。"(6) 另据传述，阿伊莎说："然后先知以相同的方法，询问了每个妻子。"(7)

阿伊莎（愿主喜悦之）说，安拉的使者让我们自由选择（留在他身边，还是离开他），我们都选择了他。所以让我们选择并非代表离婚。(8)

贾比尔说：艾布·伯克尔前来求见（先知）未获允许，当时人们正坐在先知门前，先知（在阁楼里）坐着。接着欧麦尔到来后也碰到同样的遭遇。后来二人获准见先知。二人进来时，使者默不作声地坐着，旁边是他的妻子们。欧麦尔（愿主喜悦之）说："我要和先知讲件事，先知一定会笑的。"他接着说："安拉的使者啊！你看看栽德的女儿（欧麦尔指自己的妻子）的情况！她刚才向我

---

(1)《泰伯里经注》20：247。
(2) 作者著有两部先知传，一部鸿篇巨著，另一部简明扼要。——译者注
(3)《泰伯里经注》20：249。
(4)《艾哈麦德按序圣训集》4：383；《艾布·达乌德圣训集》4：561；《提尔密济圣训全集诠释》5：207；《圣训大集》5：185；《伊本·马哲圣训集》2：849。
(5)《泰伯里经注》20：250。
(6)《布哈里圣训实录诠释——造物主的启迪》8：379。
(7)《布哈里圣训实录诠释——造物主的启迪》8：380。
(8)《布哈里圣训实录诠释——造物主的启迪》6：45、9：280；《穆斯林圣训实录》2：1104。

要生活费。于是我打了她的脖子。"先知听后笑了,以致大牙都露了出来。先知说:"她们在我周围要生活费呢!"这时艾布·伯克尔站起走向阿伊莎(愿主喜悦之),想要打她。欧麦尔也站起来走向哈芙赛(她是欧麦尔的女儿)也要打她。他俩说:"你们向先知索要他并不拥有的东西吗?"先知制止了他俩。她们说:"以安拉发誓,从今之后我们再也不向先知要求他并不拥有的东西。"圣训传述者说:安拉降经要求圣妻们选择自己的前途之际,先知首先来到阿伊莎跟前,对她说:"我要给你讲一件事情,希望你先向父母征求意见,再作出答复。"阿伊莎说:"什么事啊?"于是先知读了下列经文:"**先知啊!对你的妻室们说……**"阿伊莎(愿主喜悦之)说:"难道关于你的事情还要请教我的父母吗?不,我要选择安拉及其使者,我希望你不要对任何一位太太讲我做出什么选择。"先知说:"安拉没有派遣我来做刁难者,但他派我来做给人提供方便的教师。不管她们中谁问你作出的选择,我都告诉她的。"[1]

艾克莱麦说:"当时穆圣㊗有九位妻子,五位来自古莱什部族(她们是):阿伊莎、哈芙赛、乌姆·哈比拜、萨乌黛、乌姆·赛莱迈,另外他的妻子还有:索菲娅、梅蒙娜、栽娜卜、朱韦丽娅。愿安拉喜悦她们全部!"[2]

◆ **30.先知的妻室们啊!如果你们当中有人犯了明显的丑行,对她的惩罚将被加倍,那对安拉是容易的。**◆

◆ **31.你们中谁服从安拉及其使者,并行善,我将双倍回赐她,我已为她准备了丰富的给养。**◆

### 圣妻们不同于普通信女

先知的妻室们选择了安拉及其使者以及后世的家园,她们都决定留在先知身边。所以,有些只适用于她们而不适用于其他妇女的法律是恰当的。伊本·阿拔斯说,"**明显的丑行**"指执拗或坏脾气。经文使用了这样一种假设,说明"这种假设没有结论"。譬如:◆你和你以前的人确已奉到启示:"假若你举伴安拉,你的业绩誓必作废。"◆(39:65)又◆假若他们以物配主,他们所做的一切都作废了。◆(6:88)又◆你说:"假若至仁主有儿子,那么我首先就是拜他(儿子)的。"◆(43:81)又◆假使安拉希望得到一个儿子,他必定从他所造化的当中选出他所喜欢的。赞主超绝,他是独一的、强大的。◆(39:4)因为她们地位高贵,所以假若她们犯了罪,那么这些罪恶应该被视为严重的,以便保护她们,维护她们的尊严。

因此,清高伟大的安拉说:"**如果你们当中有人犯了明显的丑行,对她的惩罚将被加倍。**"栽德说,经文指若是那样,她们要在今世和后世中遭受加倍惩罚。据传述,穆佳黑德有相同见解。

"**那对安拉是容易的**",即轻而易举的。

"**你们中谁服从安拉及其使者**",即顺服安拉及其使者,响应安拉及其使者的号召。

"**我将双倍回赐她,我已为她准备了丰富的给养。**"经文指乐园中的情况。那时她们将住在安拉使者㊗的居所里,这个居所高于所有人的居所,受众生景仰,即乐园中最接近阿莱什的卧西莱品级。

◆ **32.先知的妻室们啊!你们不像别的任何妇女。如果你们敬畏,就不要(对外人)说温柔的话,以免心中有病的人有所企图,你们要说得体的话,**◆

---

[1] 《穆斯林圣训实录》2:1104;《艾哈麦德按序圣训集》3:328;《圣训大集》5:383。
[2] 《泰伯里经注》20:252。

❇ 33.你们当安居在你们的房子中,不要像早先蒙昧时代一样故意炫耀。你们应当立站拜功,交纳天课,并服从安拉和他的使者。这个家庭的成员啊! 安拉只希望除去你们的污垢,并使你们纯洁无瑕。❇

❇ 34.你们当谨记在你们房子中被诵读的安拉的启示和智慧,安拉是慈爱的、彻知的。❇

## 命令人们学习世人的表率——信士之母的品德

这段经文中,安拉规定了一些礼节,命令先知的妻子们遵守,以便她们成为穆斯林妇女们学习的榜样。安拉呼吁先知的妻子们说,如果她们奉命敬畏安拉,那么,她们是和任何妇女都有区别的,谁都不会拥有像她们那样优越的地位。

然后经文说:"**就不要(对外人)说温柔的话。**"赛丁伊等学者说,经文指她们不能以温柔的口气和男人们交谈。"**以免心中有病的人有所企图。**""**病**"指邪念。

"**你们要说得体的话。**"伊本·栽德说,"**得体的话**"指优美的言语。(1) 即她们不能以温柔的语调和外男子说话。换言之,女人不能以对待自己的丈夫的口吻和其他男人说话。

因此,安拉说:"**你们当安居在你们的房子中**",即你们当安居家中,在没有需要时不要外出;譬如条件许可时到清真寺中礼拜。安拉的使者❇说:"你们不要制止安拉的女仆去安拉的清真寺,她们应该朴朴素素地去寺。"(2) 另据传述:"她们的家对她们是更好的(礼拜场所)。"(3)

"**不要像早先蒙昧时代一样故意炫耀。**"穆佳黑德说,当初,女人往往走在男人前面,那是一种炫耀。(4)

格塔德解释这段经文说:"当初,她们从家中出去时,步姿轻佻,媚态百出。后来安拉禁止了这种行为。"(5)

穆尕提里解释说:"炫耀就是将盖头搭到头顶上,而不系(绑)住它。"(6) 所以,妇女应该遮盖项链、耳环和脖子。这些部分都显现出来时,被称为"**炫耀**"。后来,禁止炫耀的命令普及到所有信士妇女。

"**你们应当立站拜功,交纳天课,并服从安拉和他的使者。**"安拉首先禁止她们作恶,然后命令她们行善——立站拜功,崇拜独一无偶的安拉,并交纳天课,善待他人。"**并服从安拉和他的使者**"是对"行善"泛指之后的确指。

### 穆圣❇的妻室属于他的家人

"**这个家庭的成员啊!安拉只希望除去你们的污垢,并使你们纯洁无瑕。**"经文明确指出,安拉的使者❇的妻室属于他的家人,因为这段经文就是专门为她们而降示的。

伊本·哲利尔传述,艾克莱麦曾在市场上宣读:"**这个家庭的成员啊!安拉只希望除去你们的污垢,并使你们纯洁无瑕。**"并说这段经文是专门为圣妻们降示的。(7)

伊本·阿拔斯也有类似传述,他说:"它是专门为穆圣❇的妻子们而降示的。"

艾克莱麦说:"谁和我不一致,认为经文不只是针对圣妻而降的,我就祈祷安拉的灾祸降在那些说谎者身上。"(8) 虽然经文是专门为圣妻们降示的,但也可能包括其他妇女。

阿伊莎(愿主喜悦之)说:"有一天早上,穆圣❇出门时身上披着一件有图案花纹的黑毛料斗篷。这时,哈桑来了,先知便让他钻到斗篷下,不久侯赛因也来了(他们是先知的外孙),先知让他也钻了进来,阿里和法图麦来后,先知还是让他们钻了进去。先知读道:'**这个家庭的成员啊!安拉只希望除去你们的污垢,并使你们纯洁无瑕。**'"(9)

叶齐德(再传弟子)说,我、侯赛因·本·赛卜勒以及欧麦尔·本·穆斯林去栽德·本·艾勒格麦那里,众人坐定后,侯赛因说:"栽德啊!你太幸运了,你见过安拉的使者❇,听过他的谈话,曾与他并肩作战,一起礼拜。栽德啊!你太幸运了。请你给我们讲讲你从安拉的使者❇那里听到的话吧!"栽德说:"侄儿啊!以安拉发誓,我年事已高,事隔多年,有些事情我已经忘记了。请接受我讲给你们的,至于我没有谈到的,请不要责怪我。"栽德接着说:"某日,在麦加与麦地那之间一个被称为罕穆的地方安拉的使者❇给我们讲演,他赞美安拉后说:'众人啊!须知,我只是一个人,我养主的使者(取命的天使)将要来临,我要响应他。我给你们留下两个重托:首先(第一个重托)是安拉的经典,其中有引导和光明。请你们坚持经典,并严格遵守之。'他力劝他们重视经典。然后说:'(其次是)我的家人。我希望你们在对

---

(1)《泰伯里经注》20:258。
(2)《艾布·达乌德圣训集》1:381。
(3)《艾布·达乌德圣训集》1:382。
(4)《散置的珠宝》6:602。
(5)《泰伯里经注》20:259。
(6)《散置的珠宝》6:602。

(7)《泰伯里经注》20:267。
(8)《散置的珠宝》5:376。
(9)《泰伯里经注》20:261;《穆斯林圣训实录》2081。

待我家人（的问题）时记念安拉！……'穆圣㊙将这句话重复了三次。"侯赛因问他："栽德啊！先知的家人是谁？他的妻子属于他的家人吗？"栽德回答："他的妻子属于他的家人。但他的家人是他（归真）之后不能接受施舍的人[1]。"侯赛因问："他们是谁呢？"栽德回答："他们是阿里家族、阿格里家族、贾法尔家族、阿拔斯家族。愿安拉喜悦他们！"侯赛因问："穆圣㊙之后，他们都被禁止接受施舍吗？"栽德回答："是的。"[2]

## 命令遵循《古兰》和圣训

研究《古兰》内涵的人们确信穆圣㊙的妻子属于下列经文所述之人："**这个家庭的成员啊！安拉只希望除去你们的污垢，并使你们纯洁无瑕**"，因为从经文的脉络看，讲述的就是她们。

因此，后面的经文说："**你们当谨记在你们房子中被诵读的安拉的启示和智慧**"，即你们当遵循安拉在你们的房中给其使者降示的《古兰》经文和圣训。格塔德等学者持此观点。[3] 你们当铭记安拉赐给你们的这些特殊恩典，因为除了你们之外，启示不曾降于任何人房中。在这一方面阿伊莎（愿主喜悦之）尤为突出，她获得了更多恩典和福分，因为除她之外，使者从未在任何妻子床上接受过启示，这一点，穆圣㊙自己也曾说过。有学者说："使者的妻子中，只有她与使者结婚前是处女，除了使者，任何人没有和他同床共枕过，所以她应该得到这些殊荣和高品。"如果使者的妻子属于他的家人，使者的亲属更应该享受"先知的家人"这一美称。

艾布·杰米莱说，阿里（愿主喜悦之）被刺身亡后，其子哈桑出任哈里发，有一天他礼拜时，有人冲上去用匕首刺了他。侯萨因声称凶手来自艾赛德族，当时哈桑正在叩头。有学者说，当时哈桑的臀部被刺中，哈桑因此病了数月。哈桑痊愈后登上讲台说："伊拉克人啊，你们在对待我们的问题时要敬畏安拉！我们是你们的长官和客人，我们是使者的家人。安拉说：'**这个家庭的成员啊！安拉只希望除去你们的污垢，并使你们纯洁无瑕**。'"传述者说，哈桑将这句经文重复了许多次，以至清真寺中没有一个人不呜咽哭泣。

"**安拉是慈爱的、彻知的**"，即因为安拉的慈爱，你们才得到这个品级；因为安拉了解你们的情况，所以才赐给你们这个殊荣。

伊本·哲利尔解释说，你们当铭记安拉的恩典，他让你们生活在一个宣读（颁降）启示和智慧的家中，你们当为此感赞安拉。"**智慧**"指圣训。安拉彻知你们，所以选择你们做使者的妻子。[4]

格塔德说："**你们当谨记在你们房子中被诵读的安拉的启示和智慧**。"这段经文是安拉向她们表述他的恩典而降的。[5]

阿彤叶等学者说，安拉对她们的选择充满了慈爱，并彻知她们的地位。

❪ **35. 服从的男女、归信的男女、恭顺的男女、诚实的男女、坚韧的男女、谦恭的男女、善施的男女、斋戒的男女、贞洁的男女和多多记念安拉的男女，安拉已为他们准备了宽恕和重大的报酬。**❫

## 等待经文降示的原因

圣妻乌姆·赛莱迈曾问（使者）："安拉的使者啊！为什么《古兰》中只提男人不提女人？"她说："后来有一天，使者站在讲台上讲演时，我都没有注意到……当时我正在梳头。（听到声音后）我盘起头发，到我的房门前静听。只听使者在讲台上讲道：人们啊！清高伟大的安拉说：'**服从的男女、归信的男女**……'"[6]

"**服从的男女、归信的男女**"，说明归信（الإيمان，亦可译为信仰）与服从（الإسلام）不是一回事，从其内涵方面来讲，"归信"较"服从"更明确。因为安拉说：❪ 游牧的阿拉伯人说："我们归信了！"你说："你们没有归信，但你们说：'我们已经归顺了。'可是，正信还没有进入你们的心中。"❫（49：14）两圣训实录辑录："在信仰的状态下，奸淫者不会犯奸。"[7] 虽然这种丑行可以削弱他的信仰，但学者们一致认为它不能导致淫行者成为隐昧者。因此说，信仰的内涵比服从更加明确。我们已经在《布哈里注释》卷首论证了这一问题。

"**恭顺的男女**"，"恭顺"指谦恭地顺服。❪（是这种人更优秀呢？）还是在夜间叩头的、立站的，并防备后世、希望主的慈悯的恭顺者（更优秀）？❫（39：9）❪ 诸天与大地中的一切都属于他，一切都是恭顺他的。❫（30：26）❪ 麦尔彦啊！你要服从你的主，你要叩头，要和鞠躬的人们一起鞠躬。❫（3：43）❪ 你们当为安拉谦恭地站

---

[1]圣门家庭不能接受施舍品。——译者注
[2]《穆斯林圣训实录》4：1873。
[3]《泰伯里经注》20：267。
[4]《泰伯里经注》20：267。
[5]《泰伯里经注》20：268。
[6]《艾哈麦德按序圣训集》6：305；《泰伯里经注》20：270；《圣训大集》6：431。
[7]《布哈里圣训实录诠释——造物主的启迪》10：33；《穆斯林圣训实录》1：77。

立。》（2：238）在服从（伊斯兰）这一品级之上是信仰（归信）的品级，恭顺则产生于这二者。

"诚实的男女"，经文说的是言语方面的问题，因为诚实是一种美德。因此，有些圣门弟子无论在蒙昧时代还是伊斯兰时代，从来不撒谎。诚实也是信仰的一种表现，如同撒谎是伪信的表现。诚实者能成功。"你们当诚实，诚实能引人于行善，行善能引人于乐园；你们当远离谎言，谎言则引人于邪恶，邪恶能引人于火狱。一个人若经常说实话，并努力说实话，最终安拉要把他记为诚实者；一个人若经常撒谎，并故意撒谎，最终在安拉那里他将被记录为说谎者。"[1] 相关的圣训不胜枚举。

"坚韧的男女"，"坚韧"是一种持之以恒的素质。这里主要指忍受各种灾难，相信安拉注定的事情必然发生，并能以忍耐和持之以恒的态度去接受它们，在灾难刚刚降临时，坚韧是最困难的，其后则变得容易起来，这一点是肯定不变的。

"谦恭的男女"，"谦恭"（خشوع）指恭敬、坦然、慎重、谦虚，并敬畏安拉。正如圣训所说："你就像见到安拉那样去崇拜他，虽然你不可能看见安拉，而安拉却在看着你。"[2]

"善施的男女"，"善施"指为有需求的弱者（没有生活来源或没有人供养他们）提供帮助。这样做的目的是为了服从安拉，善待安拉的被造物。两圣训实录辑录："在只有安拉的荫凉之日，七种人享受荫凉，（其中有一种人是）秘密施舍，右手施散而不让左手知道的人。"[3] 另一段圣训中说："施舍能消除罪恶，正如水能灭火。"[4] 鼓励施舍的圣训非常多，另有专题论述。

"斋戒的男女"，圣训中说："斋戒是身体的天课。"[5] 即斋戒能净化身体，避免各种有害成分伤害身体。伊本·朱拜尔说："在莱麦丹月守斋，并（在其他月）每月斋戒三天的人，属于经文所述的'斋戒的男女'。"[6] 斋戒是克制欲望的最有效的方法之一，因此安拉的使者说："诸位青年，你们中谁有能力结婚，就结婚吧！结婚最能降低视线，保护贞节；谁没有能力结婚，就让他斋戒，因为它能够抑制他的欲望。"[7] 所以，后面的经文说"贞洁的男女"，即保护自己的羞体远离非法的或罪恶的场合之人，但伊斯兰允许合法的性生活。正如安拉所言：《 他们保护羞体，除非他

们的妻室和他们右手所管辖的。因为他们是不受谴责的。此外，谁另有所求，他们就是过分的人。》（70：29-31）

"记念安拉的男女"，安拉的使者说："如果丈夫在夜间叫起妻子一同礼拜，那夜，他俩被记在'记念安拉的男女'的行列中。"[8]

艾布·胡莱赖传述，安拉的使者走在麦加的路上，当他来到朱穆达尼（山名）时，他说："这是朱穆达尼。你们走吧！一些无与伦比的人超前了。"众人问："谁是无与伦比的人？"使者回答："记念安拉的男女。"使者接着说："主啊！请宽恕那些剃头之人！"众人说："留短发的人呢？"使者说："留短发的人也是如此（即请安拉也宽恕他们）。"[9]

"安拉已为他们准备了宽恕和重大的报酬"，即安拉已经注定，他将恕饶上述这些人的罪恶，并为他们预备了乐园。

---

（1）《穆斯林圣训实录》4：2013。
（2）《布哈里圣训实录诠释——造物主的启迪》1：140。
（3）《布哈里圣训实录诠释——造物主的启迪》2：168；《穆斯林圣训实录》2：710。
（4）《提尔密济圣训全集诠释》3：237。
（5）《伊本·马哲圣训集》1：555。
（6）《散置的珠宝》5：380。
（7）《布哈里圣训实录诠释——造物主的启迪》9：14。
（8）《艾布·达乌德圣训集》4：73；《圣训大集》6：433；《伊本·马哲圣训集》1：423。
（9）《穆斯林圣训实录》2：946；《艾哈麦德按序圣训集》2：411。

❧ 36.当安拉和他的使者决定事务时，归信的男女不应对他们的事务自作选择。谁违抗安拉和他的使者，他就确实在明显的迷误中。❧

## 降示原因

伊玛目艾哈麦德传自艾布·伯尔则，他说吉力毕卜从妇女旁边走过时爱和她们开玩笑，所以我对妻子说："千万别让吉力毕卜来到你们跟前，他要来到你们跟前，我就要……"当时，辅士们的儿女如果尚未结婚，就首先通知穆圣，看穆圣有何安排。穆圣对一位辅士说："将你的女儿嫁给我吧。"那辅士说："安拉的使者啊！太好了，这是莫大的荣幸和优遇。"使者说："我的意思不是把她嫁给我本人。"辅士问："安拉的使者啊！那么要嫁给谁？"使者说："吉力毕卜。"辅士说："安拉的使者啊！我要和她（女孩）的母亲商量一下。"他来到妻子跟前后说："安拉的使者向你女儿提亲呢。"妻子说："太好了，这是莫大的荣幸啊！"他说："使者不为自己提亲，而是为吉力毕卜。"妻子说："吉力毕卜啊，那不行，以安拉的宗教发誓，我们不会把女儿嫁给他。"当丈夫站起来，打算把这一决定告诉先知之际，女孩问："谁向你们给我提亲？"母亲告诉他这一消息后，女孩说："难道你们要违背使者的意旨吗？把我交给他吧！他不会亏待我的。"后来，这位辅士来见安拉的使者，并说："女儿的事情就交给你了，请把她嫁给吉力毕卜吧！"

后来，安拉的使者在一次战役中获胜后问："你们看少了谁？"人们说某某人某某人不在。使者说："你们再看看少了谁？"众人说："再没有少谁。"使者说："但我没有见到吉力毕卜。"使者接着说："你们在被杀的人当中找找他吧！"众人去寻找，发现他和七个（敌）人倒在一起——他和他们同归于尽了。众人说："安拉的使者啊！吉力毕卜已经和七个敌人同归于尽了。"使者听后走过去站到他跟前，说："他和七人同归于尽了。他属于我，我属于他。"安拉的使者将这句话重复了两遍或三遍。然后使者把他放到自己的手臂上，一直等人们为他挖好了墓穴，使者才把他放进墓中，使者的手臂成了他的尸床。传述者没有讲使者为他沐浴之事[1]。萨比特说："所有的寡妇中，辅士更渴望和她（吉力毕卜的遗孀）结婚。"易司哈格问萨比特："你知道使者为她所作的祈祷吗？"他回答说："使者的祈祷是：主啊！请为她倾注福祉。主啊！不要使她生活艰苦！"后来的情况就是如此：所有的寡妇中，辅士更渴望和她结婚。[2]

哈菲兹·艾布·欧麦尔说："（女孩的父亲要去先知那里，告诉他不愿意将女儿嫁给吉力毕卜时，）她从闺房中出来说：'难道你们要违背使者的意旨吗？'后来安拉降下这段经文：'当安拉和他的使者决定事务时，归信的男女不应对他们的事务自作选择。'"[3]

塔吾斯曾问伊本·阿拔斯，能否在晡礼之后礼两拜礼拜。伊本·阿拔斯禁止对方这样做，并且读了下列经文："当安拉和他的使者决定事务时，归信的男女不应对他们的事务自作选择。"[4]这段经文的涵盖面非常广。概言之，任何人不得拒绝安拉及其使者的判决，也不应该在安拉和使者判决之后有所选择或发表意见和言论。正如安拉所言：❧以你的养主发誓，除非他们请你判决他们之间的分歧，并对你的判决不存芥蒂，同时真心信服，否则他们并不具备正信。❧（4：65）因此，经文严厉谴责违背安拉及使者意愿的人，说："**谁违抗安拉和他的使者，他就确实在明显的迷误中。**"正如安拉说：❧让那些反抗使者命令的人留意，以免祸患打击他们，或是惨痛的刑罚打击他们。❧（24：63）

❧ 37.那时，你对安拉赐恩于他，你也曾有恩于他的人说："你挽留你的妻子，并敬畏安拉。"你把安拉所公开的隐藏在心中。你在畏惧人们，但你最应当畏惧安拉。后来，当栽德从她那里实现愿望时，我使她与你结合，以便归信者的义子们和妻子解除婚约之后，归信者与她们之间不再有障碍。安拉的命令是必须要实行的。❧

## 在栽德和栽娜卜的事件中安拉责怪使者栽娜卜离婚并度过待婚期后使者和她结婚，从而废除了养子制

清高伟大的安拉在此讲述他使者的朋友栽德·本·哈里斯的事情——安拉曾赐恩于他，使他归信伊斯兰并跟随穆圣。"**你也曾有恩于他**"，指栽德原来是奴隶，后来使者释放了他，使他成为一位受人尊敬的领袖和使者的好友，人们称其为"受爱戴者"。他的儿子武洒麦被称为"受爱戴者之子受爱戴者"。阿伊莎（愿主喜悦之）说："安拉的使者每次派一支军队时，必让栽德任长官，假若穆圣归真后栽德还活着，使者一定会让他任

---

[1] 穆斯林亡人埋葬前必须要由亲近的人为其沐浴，但伊斯兰的烈士不需要沐浴。——译者注

[2]《穆斯林圣训实录》2482；《艾哈麦德按序圣训集》4：422；《圣训大集》8246。
[3]《伊斯提阿卜》1：259。
[4]《阿卜杜·兰扎格经注》2：433。

哈里发。"⁽¹⁾

安拉的使者㊣曾将其姑姑的女儿栽娜卜聘给栽德，聘礼是十枚金币，六十枚银币，一个大盖头，一条被单和一件背心，还有五十莫尔⁽²⁾粮食，十莫德枣。以上是穆尕提里的话。他们共同生活了一年左右发生了矛盾。后来栽德到使者那里诉说了情况，使者听后说："你挽留你的妻子，并敬畏安拉。"⁽³⁾

清高伟大的安拉说："你把安拉所公开的隐藏在心中。你在畏惧人们，但你最应当畏惧安拉。"阿伊莎（愿主喜悦之）说："倘若穆罕默德㊣隐瞒过所得到的《古兰》，他必定要隐瞒下列经文：'你把安拉所公开的隐藏在心中。你在畏惧人们，但你最应当畏惧安拉。'"

"后来，当栽德从她那里实现愿望时，我使她与你结合。""愿望"指要求⁽⁴⁾。即栽德与栽娜卜分手后，安拉将她嫁给了使者。使者与栽娜卜的主婚者是安拉。因为安拉启示穆圣㊣在没有监护人、婚约、聘礼和证人的情况下与栽娜卜结合。⁽⁵⁾

艾奈斯（愿主喜悦之）说，栽娜卜的待婚期满后，安拉的使者㊣对栽德·本·哈里斯说："你去她那里给我提亲。"栽德到来时，栽娜卜正在发面（和面）。栽德说："我见到她后感到非常敬重她，以至于不能看着她，说安拉的使者㊣在向她提亲。我转身背对着她，退缩到一边说：'栽娜卜啊！给你一个好消息，安拉的使者㊣派我来向你提亲。'她说：'在我与我的养主商议⁽⁶⁾之前，我什么事都不会去做。'她进了她通常礼拜的房间。于是《古兰》经文降示了。安拉的使者㊣来了，并没有请求许可，径直进入她的房中。"她与使者结婚时，使者用饼和肉招待我们。饭后，一些人走了，另一些人则留在房中谈话。使者出去时，我（圣训传述者）跟在他后面，他察看他妻子们的房子，并向她们道"色兰"问安，她们说："安拉的使者啊！你的新娘子怎么样？"记不清是我告诉先知人们已走的消息，还是别人告诉了他。后来先知进入家门，我也欲跟着进去，使者却用一道帘子在我和他之间隔了起来。帷幕的经文降示了，安拉劝告众人说：❮有正信的人们啊！你们不要进入先知的屋子，除非获准……❯（33：53）

艾奈斯·本·马立克说，栽娜卜在先知的众妻面前夸耀说："你们的主婚人是家人，而在七层天之上的安拉为我主持了婚事。"⁽⁷⁾我们已经在《光明章》中提到，栽娜卜和阿伊莎相互夸耀：栽娜卜说："启示指导了我的婚事。"阿伊莎说："启示昭雪了我的冤屈。"后来栽娜卜承认阿伊莎比她优越。⁽⁸⁾

"以便归信者的义子们和妻子解除婚约之后，归信者与她们之间不再有障碍"，即安拉允许你和栽娜卜结婚，让你这样做，以便众信士能够自由地和他们的义子所休的女人结婚。因为穆圣㊣在为圣前曾认栽德为义子，当时人们称栽德为"栽德·本·穆罕默德"。后来安拉取缔了养子制，说：❮他也不曾使你们的义子成为你们的儿子……以他们的父亲（的名字）称呼他们吧，这在安拉那里更恰当。❯（33：4-5）并以穆圣㊣和栽娜卜的结婚事实，进一步阐明了这一情况。

同时，安拉禁止某些人互相通婚，譬如下列经文中说：❮（禁止你们）和你们亲生儿子的妻室们结婚，除非以前的。安拉是至恕的、至慈的。❯（4：23）从此，人们不能收养义子，虽然当时这种情况已经被人们司空见惯了。

"安拉的命令是必须要实行的。"这些事实，是安拉已经注定的，它必然会发生。在安拉的知识中，栽娜卜最终要成为先知的妻子。

❮38.先知对安拉为他所规定的事情，不必（感觉）有何烦难。这就是安拉对前人的惯例。安拉的命令是被规定的定然。❯

清高伟大的安拉说："先知对安拉为他所规定的事情，不必（感觉）有何烦难"，即安拉已经允许使者与他的义子栽德所休的女人栽娜卜结婚，使者不必为此感到为难。

"这就是安拉对前人的惯例"，即这是安拉对古代一切先知的断法，安拉不会命令他们去做任何使他们为难的事情。经文驳斥了那些伪信士，他们认为栽德是穆圣㊣释放的奴隶和他的义子，所以他和栽德的前妻结婚是错误的。

"安拉的命令是被规定的定然"，即安拉注定的事情必然发生。安拉意欲存在之事终将存在，安拉不意欲存在之事终不会存在。

❮39.那些人，他们传达安拉的使命，并且敬畏他，除安拉外他们谁都不怕，安拉足为审计者。❯

---

(1)《艾哈麦德按序圣训集》6：228、281。
(2)一莫德相当于18公升。——译者注
(3)《泰伯里经注》20：274。
(4)结婚不久，栽德想和她离婚，并提出这个要求。——译者注
(5)《穆斯林圣训实录》1428；《艾哈麦德按序圣训集》3：195；《圣训大集》6：79。
(6)指礼祈求灵感的礼拜，也叫选择拜。——译者注
(7)《布哈里圣训实录诠释——造物主的启迪》13：415。
(8)《泰伯里经注》19：118。

《 40.穆罕默德不是你们任何男人的父亲,但他却是安拉的使者和众先知的封印,安拉是全知万物的。》

## 对安拉使命传播者的表扬

清高伟大的安拉表扬这样一些人:"**那些人,他们传达安拉的使命**",即他们将安拉的信息宣传给世人,同时遵守他们所受的启示。

"**并且敬畏他,除安拉外他们谁都不怕。**"任何势力都不能阻止他们宣传安拉的信息。

"**安拉足为审计者。**""审计者"指襄助者、援助者,在这一方面无与伦比的表率是穆圣,他确实履行了使命,将伊斯兰的信息传播到世界各地和所有的人。安拉使他的言辞、他的宗教、他的法律超越了其他所有宗教和法律,因为在他以前的先知,只将使命传达给本民族,而穆圣的使命则针对全人类,包括阿拉伯人也包括非阿拉伯人。《你说:"世人啊!我是被派遣给你们全体的安拉的使者。"》(7:158)穆圣之后,他的教民继承了传达之职,替他传教。在这一方面最优秀的是圣门弟子们,他们根据穆圣的每一言行以及在各种情况下所下达的命令,原句原意地宣传伊斯兰,无论白天还是晚上,公开还是秘密,居家还是旅行。愿主喜悦他们!然后是圣门弟子的后代,最后到我们这个时代,遵循正道的人们,一直在他们的光辉引导下沿着他们的脚步前进着。祈求慷慨博恩的安拉,使我们成为他们的继承者。

## 使者不是任何男人的父亲

"**穆罕默德不是你们任何男人的父亲。**"经文从此之后禁止人们再以"穆罕默德之子栽德"来称呼栽德。换言之,他虽然曾经是穆圣的义子,但不是穆圣的儿子。穆圣的儿子都在成年之前夭折了。他们分别是赫蒂彻(愿主喜悦之)所生的卡西姆、团义卜和塔西尔。圣妻科普特人玛丽娅曾生有一子,名叫伊布拉欣,也在哺乳时夭折了。赫蒂彻为他生了四个女儿,她们是栽娜卜、茹耿晔、乌姆·库里苏穆和法图麦。愿安拉喜悦她们!穆圣在世期间三个女儿先归真了,惟有法图麦归真于穆圣之后,她曾因为穆圣的归真而遭受了重大考验,不久也因这原因归真(她在穆圣归真六个月后归真)。

## 穆圣是万圣的封印者

"**但他却是安拉的使者和众先知的封印,安拉是全知万物的。**"正如安拉所言:《安拉至知把他的使命置于何处。》(6:124)这段经文说明穆圣之后再无先知。如果穆圣之后再无先知,那么,就更不可能有使者了,因为使命(الرسالة)的品级比为圣(النبوة)的品级更高。虽然每位使者都是先知,但每位先知不一定就是使者,有关这方面的圣训非常多。穆圣说:"我在众先知中的比喻是这样的:有人建造了一座漂亮而完美的宫殿,但一块砖没有放好。人们游览宫殿时赞叹不已,说:'假若能补上那块砖,那该多好啊!'我在众先知中的例子就像那块砖。"[1]

另一段圣训,安拉的使者说:"使命和圣品已经停止,所以我之后不再有使者和先知。"人们听后觉得难以接受,使者说:"但还有一些喜讯。"众人问:"安拉的使者啊!喜讯为何物?"使者回答:"穆斯林男子的梦,它是圣品中的一部分。"[2]

圣训:"我在众先知中的比喻是这样的:有人建了一座美丽的宫殿,但有一处缺了一块砖,其余工作都很完善了。进入宫殿参观的人说:'若不是缺那块砖,这座建筑好美啊!'我就等于那块砖,我是众先知的终结者。"[3]

圣训:安拉的使者说:"我在众先知中的例子是这样的:有人建完一个宫殿后,还有一块砖没有放好,其余工作都很完善了。我到来后,放好了那块砖。"[4]

圣训:安拉的使者说:"我在众先知中的例子是这样的:有人建了一座宫殿,角落中还缺一块砖,其余工作都很完善了。后来人们巡游时赞叹不已,说:'为什么你不在那里放一块砖,从而使你的建筑尽善尽美?'"安拉的使者说:"我就是那块砖。"[5]

圣训:安拉的使者说:"我因六个原因而比所有先知优越:我被赋予简明表达的能力,我以恐惧获得援助[6],战利品对我是合法的,大地因我而被转为清洁的[7],我的使命针对全人类,我是万圣

---

[1]《艾哈麦德按序圣训集》5:136;《提尔密济圣训全集诠释》10:81。
[2]《艾哈麦德按序圣训集》3:267;《提尔密济圣训全集诠释》6:551;《提尔密济圣训集》2272。
[3]《特亚莱斯圣训集》247;《提尔密济圣训全集诠释》8:158;《布哈里圣训实录诠释——造物主的启迪》6:645;《穆斯林圣训实录》4:1791。
[4]《穆斯林圣训实录》4:1791;《艾哈麦德按序圣训集》3:9。
[5]《布哈里圣训实录》3535;《穆斯林圣训实录》4:1790;《艾哈麦德按序圣训集》2:312。
[6]穆圣的威慑力可穿越千山万水。——译者注
[7]没有水时穆斯林可以做土净。——译者注

的封印。"(1)

圣训：安拉的使者㊐说："我和以前的众先知的比喻就像这样一个人的例子：他建成一座宫殿后，缺少了一块砖，我来后补上了那块砖。"(2)

圣训：安拉的使者㊐说："我有许多名字：我是穆罕默德（受赞美的人），我是艾哈麦德（最勤于赞美安拉的人），我是马黑（革除者）——安拉通过我革除隐昧，我是哈希尔（召集者）——人们纷纷被召集到我的麾下，我是阿给卜（终结者）——我之后再无先知。"(3)

《古兰》和圣训都指出，穆圣㊐之后再无先知，人们必须要清楚地知道，穆圣㊐之后自称先知的人都是说谎者、伪造者、迷误者和误导者。虽然他们念念有词，精心策划，骗术层出，但有心的人看来，所有这些都是错误和误导。譬如也门的艾斯沃德·安斯和叶麻麦的穆赛利迈这两个伪先知，每个有理智的人都能从他们的伎俩和僵化的言语中看出他们的荒谬和迷信。愿安拉诅咒他们！世界末日之前，所出现的一切伪先知都是同样的，其终结者麦西哈·丹扎里也是如此。学者和众信士通过安拉赋予这些说谎者的许多特征，能识别出他们的虚伪，这种明察秋毫的知识，是安拉给人类的完美慈悯中的一部分。因为伪先知不会命人行善，止人作恶，虽然他们偶尔也有这种善行，或出于某种目的而有些正义的表现，但最终他们言行的谬误将暴露无遗。正如安拉所言：✧我告诉你们，魔鬼往往降到谁的身上，好吗？它们降在每一个说谎的人和罪恶的人身上。✧（26：221-222）而先知的情况与他们迥然不同。先知们的言行都是极其正义、真实、端庄和公正的，他们命人行善，止人作恶，有时还获得许多奇迹和明证的支援。愿安拉的赐福伴随他们，天长地久，永不改变。

✧41.有正信的人们啊！你们要多多地记念安拉。✧

✧42.你们要朝夕赞他清净。✧

✧43.是他祝福你们，他的天使们（也一样），以便他让你们离开重重黑暗投入光明。他对归信者是至慈的。✧

✧44.他们见他之日，他们的贺词是"平安！"他已为他们准备了优厚的回赐。✧

---

（1）《提尔密济圣训全集诠释》5：160；《穆斯林圣训实录》1：371；《伊本·马哲圣训集》1：188。
（2）《穆斯林圣训实录》4：1791；《艾哈麦德按序圣训集》3：9。
（3）《穆斯林圣训实录》1828；《布哈里圣训实录诠释——造物主的启迪》8：509。

## 多多记念安拉的优越性

安拉命令穆民众仆多多记念他——他们的养育者、给他们施以无穷恩典的安拉，因为仆人通过记念安拉能获得巨大的报酬和美好的归宿。

伊玛目艾哈麦德传述，两个游牧阿拉伯人来见安拉的使者㊐，其中一人说："安拉的使者啊！谁是最优秀的人？"使者回答："寿命长、行为佳的人。"另一人说："安拉的使者啊！在我们看来，伊斯兰的法律法规颇多，请给我命令一件工作，我永不放弃它。"使者回答："让你们的舌头因为长期记念安拉而保持湿润。"(4)

安拉的使者㊐说："一群人只要在某一场合谈话时没有记念安拉，末日，他们将因此而感到懊悔。"(5)

伊本·阿拔斯在解释"**你们要多多地记念安拉**"时说："安拉给仆人规定的工作都有明确限度，然后他会原谅有苦衷而未完成这些工作的人。而记念安拉则不然，因为安拉没有为其规定最高限度。除迫不得已者外，任何人没有任何理由不去记

---

（4）《提尔密济圣训全集诠释》6：621；《伊本·马哲圣训集》4：190。
（5）《艾哈麦德按序圣训集》2：224。

念安拉。"然后他读了这段经文：❮你们应站着、坐着或躺着记念安拉。❯（4：103）无论夜晚还是白天，陆地还是海洋，旅行还是居家，富裕还是贫穷，疾病还是健康，秘密还是公开，每时每刻不得松懈。清高伟大的安拉说："**你们要朝夕赞他清净**。"如果你们这样做，安拉和众天使就会祝福你们。[1]

鼓励多多记念安拉的《古兰》经文和圣训不胜枚举。奈萨伊等学者关于夜晚和白天的不同时刻中的记主词有许多专著。

"**你们要朝夕赞他清净**"，即早晚赞美安拉。正如安拉所言：❮所以，你们要在黄昏和清晨的时刻，赞安拉清净无染。诸天与大地之间的赞颂都属于他。❯（30：17-18）

"**是他祝福给你们，他的天使们（也一样）**。"经文通过这种方法鼓励人们记念安拉。即安拉记着你们，所以，你们应该记念他。安拉说：❮正如我为你们派遣一位来自你们的使者，他给你们宣读我的迹象，净化你们，给你们教授经典和智慧，教授你们原来不知道的。你们当铭记我，我会铭记你们，你们当感谢我，不要辜负我。❯（2：151-152）穆圣☪说："清高伟大的安拉说，谁在其心中记念我，我就在我心中记念他。谁在某个群体前记念我，我就在更好的群体（天使群体）前记念他。"[2] 莱毕尔·本·艾奈斯说，来自安拉的祝福指安拉在天使面前表扬仆人；其他学者说，来自安拉的祝福指慈悯。这两种解释之间没有矛盾。安拉至知。

"**来自天使的祝福**"则指天使为人类的祈祷和求饶。正如安拉所言：❮那些担负阿莱什的和在其周围赞颂他们主的（天使们）都归信他，并为归信者们求饶道："我们的主啊！在慈悯和知识方面你包容了万物，求你恕饶那些悔过并遵循你的道路的人，求你保护他们免于火狱的刑罚。我们的主啊！求你使他们进入永居的乐园，那是你曾经许给他们和他们祖先中的行善者、他们的妻室和他们的子孙的！你确实是优胜的、明哲的。求你使他们免于各种恶劣。"❯（40：7-9）

"**以便他让你们离开重重黑暗投入光明**"，即你们凭着安拉对你们的慈悯和赞扬，以及天使为你们的祈求，蒙主引导走出愚昧和迷误的重重黑暗，走向正道，走向光明。

在今世和后世中，"**他对归信者是至慈的**"。在今世中，他引导他们走向别人忽视的真理，使他们看到别人迷失或偏离的正道。而那些迷误的宣传者及其卑劣的追随者们，则将人引向隐昧和异端；在后世，在最大的恐惧之中，他使他们享受安全，他命令众天使迎接他们，并以乐园和免于火刑向他们报喜，那是他对人类的慈爱。

艾奈斯说，安拉的使者☪和一些圣门弟子经过某地时，路上有个小孩，孩子的母亲怕众人撞坏了孩子，跑过来喊道："我的孩子，我的孩子！"并把孩子抱进怀中。众人说："安拉的使者啊！这个女人绝不会把自己的孩子扔进火中。"使者让众人降低声音，然后说："以安拉发誓，安拉也不会把他所爱的人扔进火中。"[3]

信士的长官欧麦尔（愿主喜悦之）传述，安拉的使者☪看到俘虏中有个母亲让孩子紧贴在胸前吃奶，便说："你们看看，这个女人在有能力的情况下会把孩子扔进火中吗？"众人说："不会。"使者说："以安拉发誓，安拉对其仆人的疼爱，超过这个女人对其孩子的疼爱。"[4]

"**他们见他之日，他们的贺词是'平安！'**"显然，经文指安拉对他们的祝词是"**平安**"。安拉至知。换言之，那天，安拉将向他们道"色兰"问安。正如安拉所述：❮"平安"是至仁主所致的辞！❯（36：58）格塔德说：他们在后世见安拉时，将互道"色兰"问候。[5] 正如安拉所述：❮他们在其中的祈祷是："主啊，赞你清净。"他们在其中的贺词是"平安"。他们最终的祈祷是"一切赞颂全归养育众世界的安拉"。❯（10：10）

"**他已为他们准备了优厚的回赐**"，"**回赐**"指乐园以及其中的食品、饮料、服装、居所、伴侣、快乐和景观等，那是任何人见所未见、闻所未闻、想所未想的恩典。

❮45.先知啊！我确实已派遣你作见证者、报喜者和警告者，❯

❮46.一位奉安拉的允许召人归向安拉的宣传者以及璀璨的明灯。❯

❮47.你给归信者们报喜：他们将在安拉那里获得巨大的恩惠。❯

❮48.你不要服从隐昧者和伪信士，也不要介意他们的伤害，你托靠安拉吧，安拉足为受托者。❯

### 安拉使者☪的特征

阿塔·本·叶赛尔说，我遇见阿慕尔后问他："请告诉我《讨拉特》对穆圣☪的叙述。"他说："是的，以安拉发誓，《讨拉特》对穆圣☪的叙述

---

[1]《泰伯里经注》20：280。
[2]《布哈里圣训实录》10。
[3]《艾哈麦德按序圣训集》3：104。
[4]《布哈里圣训实录诠释——造物主的启迪》10：440。
[5]《泰伯里经注》20：280。

如同《古兰》的部分经文对穆圣㉑的叙述，《讨拉特》中说：先知啊！我派遣你为作证者、报喜者和警告者，以及文盲[1]的保护者，你是我的仆人，我的使者，我称你为托靠者，你不暴躁，不焦虑，也不在市场上大喊大叫。他（指使者）不以暴易暴，待人宽厚，原谅错误，在他归真前，他将纠正偏斜的宗教，即让人们说'应受拜者，惟有安拉'；他要开启已瞎的眼睛、已聋的耳朵和封闭的心灵。"[2]

沃海布·本·穆南毕哈说，安拉曾启示古以色列先知西尔雅伊："你当在你的民族——以色列的后裔中站起来，我要让你宣读启示，我要派遣一位不识字的人为先知，他不暴躁，不焦虑，也不在市场上大喊大叫，他经过夜明灯时，因为安静而不熄灭灯，他走过竹子地时，从他的脚下听不到响声；我派他作报喜者和警告者，他言语文雅，我将通过他开启已瞎的眼睛、已聋的耳朵和封闭的心灵。我要让他顺利完成一切善美之事，给他赋予一切美德，使安宁成为他的服饰，使正义成为他的标志，使虔敬成为他的心事，使哲理成为他的逻辑；他生性诚实守信，品质宽容良好，真理就是他的法律，公正就是他的行为，正道就是他的向导，伊斯兰是他的宗教，艾哈麦德是他的名字。我要通过他使人们从迷途走向光明，从无知获得教育，从无名走向出众，从含糊走向精确，从少数变为多数，从贫穷走向富裕，从分裂走向团结，我要通过他联合四分五裂的各民族，把许多人从毁灭中拯救出来。我要使他的民族成为最优秀的民族，这个民族命人行善，止人作恶，认主独一，虔诚信仰，诚信我的众使者所带来的信息。我要赋予他们赞美、赞美、赞扬、赞主至大和认主独一[3]；他们在清真寺、座位、床铺、房屋和褥垫上站着坐着拜我；他们或排班列队或匍匐着在主道上战斗；他们成千上万地走出家园，追求我的喜悦；他们清洁面容和身体各部位，将裤腿提到小腿中部；他们的善功就是自己的鲜血[4]，他们的经典在自己胸中，他们是夜晚的修士，白天的雄狮。我使他们的部分后代成为领先者、虔信者、烈士和廉士，他们之后的人们凭真理引导世人，凭真理公正为怀；我要襄助那些帮助他们的人，援助为他们而祝福的人，我要使反对、侵犯和企图剥削他们的人遭受厄运；我要使他们成为他们先知的继承者，他们养主道路上的号召者，他们命人行善，止人作恶，立站拜功，完纳天课，信守约言。我使他们成为他们先辈福祉的最后继承者。那是我的恩惠，我将它赐给我所意欲之人。我是有重大恩惠的。"[5]

"见证者"指你作证安拉独一无偶，应受崇拜，应受拜者，惟有安拉；在末日，你将为世人的行为作证。◆并召你为这些人的证人时……◆（4：41）◆以便你们成为人类的证人，使者成为你们的证人。◆（2：143）

"**报喜者和警告者**。"使者给穆民报喜：他们将获得重大的报酬，并以严重的惩罚警告隐昧者。

"**一位奉安拉的允许召人归向安拉的宣传者。**"使者听从安拉的命令，号召人们崇拜独一无偶的安拉。

"**以及璀璨的明灯。**"使者所带来的真理是明确的，就像太阳一样闪闪发光，除了顽抗者之外，没有人否认它。

"**你不要服从隐昧者和伪信士，也不要介意他们的伤害**"，即安拉对使者说，你不要听这些人的话，你当原谅他们，将他们的事情托付给安拉，因为安拉能替你把它处理好。因此，安拉说："**你托靠安拉吧，安拉足为受托者。**"

◆ **49.有正信的人们啊！如果你们和有正信的妇女们结了婚，然后在你们接触她们之前与她们离异，那么，她们无须为你们而遵守待婚期。所以你们要给她们馈赠，合理地让她们离去。**◆

## 馈赠及未接触之前被休的妇女不必守待婚期

这段尊贵的经文中包含几个断法。譬如有了婚约就能称为婚姻关系。这是《古兰》中在这一方面最明确的经文。又如：与未婚妻同房之前可以离婚。

"**有正信的妇女们**"，这是一种笼统的表达方法。因为学者一致认为在这个问题上，穆斯林妇女和有经人的妇女是一样的。[6]

伊本·阿拔斯等学者通过这段经文求证说，只有结婚后才存在离婚问题。因为安拉说："**如果你们和有正信的妇女们结了婚，然后在你们接触她们之前与她们离异。**"经文在叙述婚姻之后，才述及离婚，说明结婚之前不存在离婚。[7]

伊本·阿拔斯说："如果有人说：'我将要娶

---

（1）指阿拉伯人。——译者注
（2）《艾哈麦德按序圣训集》2：174；《布哈里圣训实录诠释——造物主的启迪》4：402、449。
（3）即这个民族经常念"赞美安拉清净无染"、"一切赞美全归安拉"、"赞扬安拉伟大"、"安拉至大"、"应受拜者，惟有安拉"等颂词。——译者注
（4）他们为取得安拉的喜悦，不惜牺牲自己的生命。——译者注

（5）《布哈里圣训实录诠释——造物主的启迪》4：402。
（6）《泰伯里经注》20：283。
（7）《散置的珠宝》5：392。

的妻子都是被休的[1]。'那么这位妻子并不算为被休的。"他说："这句话没有任何意义，因为安拉说：'如果你们和有正信的妇女们结了婚，然后在你们接触她们之前与她们离异。'"[2] 另据传述，伊本·阿拔斯读了这段经文后说："君不见，离婚在结婚之后。"[3]

安拉的使者说："在人类拥有（妻子）之前，谈不上离婚。"

另据传述，穆圣说："结婚之前不存在离婚。"

"那么，她们无须为你们而遵守待婚期。"学者们对这件事情达成了共识，即如果女人与男人同房之前被休，她不用守待婚期，而可以立即嫁给她愿意嫁的任何男人。在这一方面，其丈夫归真的未婚妻则不同，她们应该守四个月零十天待婚期，即使她还没有和这位归真的丈夫同过房。这也是学者们所达成的共识。

"所以你们要给她们馈赠，合理地让她们离去。"此处"馈赠"的内涵要比被言明的一半聘礼，或没有言明时的特殊聘礼的内涵广泛。安拉说：⟪倘若你们接触她们之前和议定聘金之后，解除跟她们的婚约，那么请将你们曾议定的聘金的一半交给她们。⟫（2：237）又⟪你们在接触她们，或议定聘金之前解除婚约，对你们是无罪的，但富裕的人和贫穷的人，都要力付合理的离仪馈赠她们，以便实践行善者的义务。⟫（2：236）

安拉的使者曾和艾米麦结婚，她进入房中后使者将手伸向她，但她好像不情愿。后来，先知命令艾布·吾赛德送走她，并让她穿走两件白色亚麻衣服。[4]

伊本·阿拔斯说："如果丈夫为她讲明了聘礼，她不应得到多于一半的聘礼，若还未讲明聘礼，他就应该根据自己的能力给予她馈赠，这就是'合理地让她们离去'。"[5]

⟪50.先知啊！我已为你允许你曾给她们送聘礼的妻室们和安拉赐给你作为战俘的女奴们，你叔叔的女儿们、姑姑的女儿们、舅舅的女儿们、姨妈的女儿们——那些与你一道迁徙的妇女以及任何有正信的妇女，如果她将自己送给先知，而先知也希望娶她。在诸信士中，这是给你的特权——我知道我已给他们规定了关于他们的妻室和他们的女奴的事——以免使你为难。安拉是至赦的、至慈的。⟫

## 先知可以和哪些妇女结婚

清高伟大的安拉告知其先知，他已经将他的（他已经向她们赠送聘礼的）妻子为他定为合法。这是穆佳黑德等学者的主张。[6] 先知送给妻子的聘礼一般是十二欧基亚[7] 一奈什[8]。一奈什相当于半个欧基亚。总共加起来是五百迪尔汗。但乌姆·哈比拜的聘礼是阿比西尼亚国王奈加希替先知付的，共计四百迪纳尔；索菲娅则是穆圣从海巴尔的俘虏中挑选的，穆圣首先释放了她，将此作为送给她的聘礼；朱韦丽娅也是如此，穆圣替她给萨比特·本·盖斯交了定期赎身的钱，然后和她结婚。愿安拉喜悦穆圣的妻子们！

"和安拉赐给你作为战俘的女奴们"，即安拉允许使者从战俘中选择妻子。穆圣曾释放了属于自己战利品的索菲娅和朱韦丽娅，并和她们结婚；莱哈奈和玛丽娅也曾是女俘，玛丽娅还为先知生有一子，名叫伊布拉欣[9]。

"你叔叔的女儿们、姑姑的女儿们、舅舅的女儿们、姨妈的女儿们"，这是一个公正的规定，不走任何极端，因为基督教徒只和与他们相隔七代以上的亲属结婚；犹太人则和自己的侄女、外甥女结婚。完美纯洁的伊斯兰法，革除了基督教徒的过激，允许和叔叔、姑姑、舅舅以及姨妈的女儿结婚；同时还革除了犹太教徒的过分行为，伊斯兰不允许和侄女、外甥女结婚，认为这是一种严重的丑行。

经文在表达男子时使用单数单词，表达"女儿"时使用复数单词，说明男性所拥有的尊贵和女性身上所存在的残缺。正如安拉所言：⟪向右边和左边倾斜……⟫（16：48）又⟪他将引导他们由重重黑暗进入光明。⟫（2：257）类似的例子不胜枚举。

"那些与你一道迁徙的妇女"，端哈克说，伊本·麦斯欧迪将这段经文读为："以及那些与你一道迁徙的妇女。"[10]

"如果她将自己送给先知，而先知也希望娶她。在诸信士中，这是给你的特权"，即先知啊，如果某个女信士愿意不要聘礼而嫁给你，你可以和她结婚。这段经文中包括两个条件。

---

（1）即无论我和谁结婚，我们之间都不会有合法婚姻的关系。——译者注
（2）《艾哈麦德按序圣训集》2：207；《艾布·达乌德圣训集》2：640；《伊本·马哲圣训集》1：660；《提尔密济圣训全集诠释》4：355。
（3）《伊本·马哲圣训集》1：660。
（4）《布哈里圣训实录诠释——造物主的启迪》9：269。
（5）《泰伯里经注》20：283。
（6）《泰伯里经注》20：284。
（7）重量单位。——译者注
（8）重量单位，相当于18.7克。——译者注
（9）上文已述，此子早年夭折。——译者注
（10）《泰伯里经注》20：285。

伊玛目艾哈麦德传述，有一位妇女来到安拉的使者跟前，说："安拉的使者啊！我愿把自己奉献给你。"那妇女站了很久。后来一位男子站起来说："安拉的使者啊！如果你不需要她，就把她嫁给我吧！"使者问："你有什么东西可作送给她的聘礼吗？"那男子说："除了这件长袍之外一无所有。"使者说："如果你把长袍送给她，你就一无所有了。找找看吧！"那男子说："我一无所有。"使者说："找一找，哪怕是一枚铁戒指。"那人找来找去，还是没有发现任何东西。穆圣问他："你会读《古兰》吗？"那人回答，我会读某某章（他说出了会读章节的名字）。使者说："我以你会诵读的《古兰》（作聘礼），而将她嫁给你。"[1]

阿伊莎（愿主喜悦之）说："把自己奉献给穆圣的女子是哈凯穆的女儿豪莱。"[2] 阿伊莎说：我曾经因为那些将自己送给穆圣的女子而吃醋，我说，一个女人怎能不耻于把自己献给人而不要聘礼呢？后来安拉降示了*你可以推迟她们中你所意欲的人，也可以让你所意欲的人与你相处。如果你决意召回分居的妻室，对你也是无罪的。*（33：51）我说："看呀！你的主处处随你的意。"[3]

伊本·阿拔斯说，安拉使者的妻子中，没有一位曾将自己送给使者。[4] 换言之，虽然使者有特权接受那些将自己送给他的妇女，但他从没有这样做过。正如安拉所言："**而先知也希望娶她**"，即假如先知选择了她的话。

"**在诸信士中，这是给你的特权。**"艾克莱麦说："任何妇女不得把自己（不要聘礼而）送给除穆圣之外的任何男子。如果男子不送聘礼，就算妇女自己愿意，其婚姻还是不合法的。"[5] 这是穆佳黑德等学者的主张。[6] 换言之，如果一位妇女愿意嫁给某个男子，那么结婚之前男子必须为这位妇女赠送聘礼。安拉的使者就曾为瓦西格的女儿这样判决过，事情发生在她的丈夫归真之后，她愿意将自己交给某个男子，但使者的判决是该男子必须向她赠送相当的聘礼。若有妇女愿意将自己送给穆圣之外的任何男人，那么，这些男子必须赠送聘礼。在规定聘礼方面，丈夫的死亡和夫妻同房，有相同作用[7]。

---
（1）《艾哈麦德按序圣训集》5：336；《布哈里圣训实录诠释——造物主的启迪》9：97；《穆斯林圣训实录》2：1040。
（2）《白海根大圣训集》7：55。
（3）《布哈里圣训实录诠释——造物主的启迪》8：385。
（4）《泰伯里经注》20：277。
（5）《散置的珠宝》6：361。
（6）《泰伯里经注》20：286、287。
（7）换言之，如果未婚夫死了，那么他送给未婚妻的聘礼不得收回，他与妻子之间的婚姻等于事实婚姻，他们间的婚姻关系如同正式结婚后解除婚姻关系一样解除。——译者注

但穆圣的情况和其他任何男子不同，如果有妇女愿将自己送给他，他可以接受她，而不需要赠送任何聘礼。因为他可以在不送聘礼、没有监护人和证人的情况下结婚。

格塔德在解释"**在诸信士中，这是给你的特权**"这段经文时说："除了先知外，任何妇女不得在没有监护人和聘礼的情况下把自己送给一个男人。"[8]

"**我知道我已给他们规定了关于他们的妻室和他们的女奴的事。**"吾班叶·本·凯尔卜、穆佳黑德等学者解释说，经文指安拉规定普通穆斯林只能娶四个自由女作为妻子，[9] 此外还可以和他们所喜爱的女奴结婚，同时，他们的婚姻中必须有监护人、聘礼和证人。但穆圣在此方面有特权，不需要上述任何条件。"**以免使你为难。安拉是至赦的、至慈的。**"

*51.你可以推迟她们中你所意欲的人，也可以让你所意欲的人与你相处。如果你决意召回分居

---
（8）《泰伯里经注》20：286。
（9）《泰伯里经注》20：290。

的妻室，对你也是无罪的。这样最能使她们获得安慰，不致忧伤，并且都能满足于你所给予她们的。安拉知道你们心中的一切。安拉是全知的、宽容的。

### 穆圣☪可以接受那些将自己送给他的妇女，也可以拒绝她们

阿伊莎（愿主喜悦之）说，她曾经因为那些将自己送给穆圣☪的女子而吃醋，她说一个女人怎能不耻于把自己献给人，而不要聘礼呢？后来安拉降示了："你可以推迟她们中你所意欲的人，也可以让你所意欲的人与你相处。"她说："的确我发现你的主处处顺着你。"[1]说明"**推迟**"指拒绝那些将自己送给穆圣☪的妇女。即你可以接受这种妇女，也可以拒绝她们，同样，你也可以和那些曾经被你拒绝的妇女结合。因此经文说："**如果你决意召回分居的妻室，对你也是无罪的。**"

另一些学者说："**你可以推迟她们中你所意欲的人**"指，你可以在你的妻子中自由选择，为一些人分房（分房指公平地到每位妻子那里去住），为另一些人不分房；你可以把一些妻子安排在前面，把另一些妻子安排在后面，可以与一些妻子同房，也可以和另一些妻子不同房。据传述，伊本·阿拔斯等学者都有类似见解。虽然如此，穆圣☪还是公平地为妻子们分房。因此，沙斐仪等学者主张，对穆圣☪而言，分房不是必须的。

阿伊莎说，这段经文"**你可以推迟她们中你所意欲的人……**"降示后的某一天，安拉的使者☪要求会见我们中的一位女人（穆圣☪的一位妻子），后来我问她："你是怎么回答的？"她说："我回答说，安拉的使者啊！如果我有这个权利，我不会把你让给任何人。"[2]这段圣训证明，对穆圣☪而言，分房不是必须的。阿伊莎（愿主喜悦之）所传的第一段圣训说明，这段经文是因为一些愿意将自己奉献给穆圣☪的妇女降示的。伊本·哲利尔则（根据各种传述）认为这段经文包括愿意将自己奉献给穆圣☪的妇女，也包括穆圣☪的所有妻子，穆圣☪可以为她们分房，也可以不为她们分房。[3]这种解释非常贴切有力，并兼容了各种传述的精神。

经文说："**这样最能使她们获得安慰，不致忧伤，并且都能满足于你所给予她们的。**"如果她们知道安拉允许你可以不为她们分房，或自由分房，而你还是公平对待她们，那么，她们必定会感到欣慰和感激，会认识到你对她们的公正待遇之恩。

"**安拉知道你们心中的一切**"，即安拉知道你们对妻子的爱慕程度并不相同，因为这种情感非人类所能控制。阿伊莎（愿主喜悦之）说："安拉的使者☪一贯公平地为妻子们分房，然后说：'主啊！这是在我掌握的事情中的行为，请不要在我不掌握而由你掌握的事情中埋怨我！'"[4]"我不掌握的"指内心。[5]

因此，后文紧接着说："**安拉是全知的**"，即安拉全知你们的心事。"**宽容的**"指安拉能原谅和赦宥你们。

❖ **52.此后，不再为你允许一些妇女，也不允许以她们交换另外的妻室，即使她们的美丽使你倾慕。你右手所属的那些则不然。安拉的确是一切事情的监视者。**

### 表彰圣妻们选择和先知共同生活

伊本·阿拔斯等学者说，这段经文是为了表彰穆圣☪的妻子们愿意陪同穆圣☪而降示的。[6]如前所述，使者曾让她们自由选择去留问题，后来她们都选择了安拉、使者以及后世的家园。安拉对她们的表彰是：穆圣☪不能和除她们之外的任何妇女结婚，也不能休了她们后更换其他妻子，无论其他女人多么美貌。但穆圣☪可以和奴婢及女俘结婚。后来安拉革止了这一法令，允许穆圣☪和其他妇女结婚，但此后穆圣☪再没有娶其他女子，这是穆圣☪对她们的恩惠。

阿伊莎（愿主喜悦之）说："安拉的使者☪归真前，安拉允许他和任何妇女结婚。"[7]

另一些学者说，"**此后，不再为你允许一些妇女**"，即安拉已讲述了允许你与之结婚的妇女——你给了她们聘礼的那些女人，你的奴婢，你的叔叔、姑姑、舅舅、姨妈的女儿以及那些自愿将自己奉献给你的妇女等，除上述妇女之外的妇女，对你是不合法的。

伊本·阿拔斯说："安拉的使者☪被禁止和有正信的女迁士之外的任何妇女结婚，因为安拉说：'**此后，不再为你允许一些妇女，也不允许以她们交换另外的妻室，即使她们的美丽使你倾慕。你右**

---

(1)《艾哈麦德按序圣训集》6：158；《布哈里圣训实录诠释——造物主的启迪》8：385。
(2)《布哈里圣训实录诠释——造物主的启迪》8：385。
(3)《泰伯里经注》20：304。
(4)《艾哈麦德按序圣训集》6：144。
(5)《艾布·达乌德圣训集》2：601；《提尔密济圣训全集诠释》4：294；《圣训大集》7：63；《伊本·马哲圣训集》1：633。
(6)《泰伯里经注》20：297、298。
(7)《艾哈麦德按序圣训集》6：41；《提尔密济圣训全集诠释》9：78；《圣训大集》6：56。

手所属的那些则不然。'后来安拉允许他和有正信的少女结婚，也可以和任何将自己奉献给他的女信士结婚。但禁止他和信仰非伊斯兰宗教的妇女结婚。"然后伊本·阿拔斯读道：⟪谁否认正信，谁的善功确已无效了。⟫（5：5）(1)

伊本·哲利尔认为这段经文涵盖上述各种妇女以及穆圣㊗的九位妻子。伊本·哲利尔的这种观点非常正确，它也是许多先贤的观点。因为先贤们的传述，包括上述几种妇女，并且没有冲突。安拉至知。

"也不允许以她们交换另外的妻室，即使她们的美丽使你倾慕。"经文禁止先知休妻后再娶更多妻子，或另择妻室。但可以娶奴婢为妻。

⟪53.有正信的人们啊！你们不要进入先知的屋子，除非获准去吃饭，你们不要等候饭熟。但你们受到邀请时，你们就可以进去，你们进食完毕就要散开，不要留恋闲谈，那会伤害先知，而他不好意思辞退你们。安拉不耻于（揭示）真理。当你们向她们要任何东西时，要在帷幕后面要求，那对你们的心和她们的心是更纯洁的。你们不应伤害先知，你们也绝不应在他以后跟他的妻子结婚，这在安拉那里是严重的。⟫

⟪54.不论你们公开任何事，或是隐瞒它，安拉确实是尽知一切的。⟫

### 进先知家的礼貌，命令设置帷幕

这是有关帷幕的经文，其中涉及诸多断法和礼貌。这段启示与欧麦尔（愿主喜悦之）的期望恰好相符。两圣训实录辑录，欧麦尔说："在三个问题上我的想法完全符合我的伟大养主的意旨，（它们是）：我说：'安拉的使者啊！但愿你将伊布拉欣的立足处当作礼拜处。'后来安拉降谕道：⟪你们要把伊布拉欣的立足处作为礼拜的地方。⟫（2：125）我说：'安拉的使者啊！见你妻子的人中有好人，也有坏人，但愿你用帷幕将她们遮盖起来。'后来安拉降示了帷幕的经文。穆圣㊗的妻子们在争风吃醋之际，我对她们说：⟪安拉或许换给他比你们更好的妻室。⟫（66：5）后来降示的经文与我所说的话完全吻合。"另据穆斯林传述，欧麦尔关于白德尔战俘的建议，也与安拉下降的经文相符合，(2) 这是第四个问题。

布哈里传述，欧麦尔对安拉的使者㊗说："安拉的使者啊！来见你的人中有好人，也有坏人，希望你命令信士的母亲们使用帷幕。"后来安拉降示了有关帷幕的经文。(3)

艾奈斯传述，安拉的使者㊗和栽娜卜结婚时请人来吃饭，饭后一些人坐下谈话，使者准备送客，但众人没有站起来。使者见此情况便自己站了起来，这时一部分人就站了起来，只有三个人继续坐谈。使者打算回来时，家中还有人坐谈，众人走后我去告诉先知：人们走了。先知回来后进入房中，我刚打算进去，先知就放下帷幕，将我挡在外面。后来安拉降示了："有正信的人们啊！你们不要进入先知的屋子，除非获准去吃饭，你们不要等候饭熟。但你们受到邀请时，你们就可以进去，你们进食完毕就要散开"。(4)

艾奈斯·本·马立克传述，穆圣㊗和栽娜卜结婚时用饼和肉招待大家，派我去请客，人们一批批到来，吃完后纷纷离去，我再去邀请时，没有发现任何人。我说："安拉的使者啊！再请不到人了。"使者说："那么就撤掉食物吧！"这时有三个人在房中谈话。于是使者出门去阿伊莎（愿主喜悦之）房中，并说："房中的人啊！祝你们平安！愿安拉慈悯你们，赐福分于你们！"阿伊莎说："安拉的使者㊗，也祝你平安！你的妻子怎么样？愿安拉慈悯你，赐福你！"后来使者走访了他的各妻子的房间，像对待阿伊莎那样和她们说了话。她们的回答也和阿伊莎的回答一样。穆圣㊗回来时，房中的三人还在闲谈。穆圣㊗是一个非常腼腆的人，所以他又转身去阿伊莎房中。后来记不得是我还是别人告诉他人们已经全部离去。穆圣㊗回来一只脚跨进门另一只脚还在门外时，拉下了门帘。于是帷幕的经文降示了。(5)

"你们不要进入先知的屋子"。经文禁止穆民在未征得许可的情况下进入穆圣㊗的家，而不能像此前蒙昧时代和伊斯兰初期那样。后来安拉为了维护这个民族的尊严，命令他们访问他人之前首先请示。因此，安拉的使者㊗说："你们不要去妇女们当中。"(6) 后来经文又特许在某些情况下去先知家中，说："除非获准去吃饭，你们不要等候饭熟。"穆佳黑德和格塔德解释说："你们不要趁饭熟时候去先知家中。"(7) 换言之，饭快熟的时候，你们不要想着去使者家中，因为这是安拉所憎恶和谴责的行为。这证明伊斯兰禁止不速之客，阿拉伯

---

（1）《提尔密济圣训全集诠释》9：77。
（2）《布哈里圣训实录诠释——造物主的启迪》1：601；《穆斯林圣训实录》4：1865。
（3）《布哈里圣训实录诠释——造物主的启迪》8：387。
（4）《布哈里圣训实录诠释——造物主的启迪》8：387、11：24；《穆斯林圣训实录》2：1050；《圣训大集》6：435。
（5）《圣训大集》6：435；《布哈里圣训实录诠释——造物主的启迪》8：388。
（6）《穆斯林圣训实录》4：1711。
（7）《泰伯里经注》20：306。

人称这种人为"吃闲饭的人"。巴格达人赫体卜曾撰专著谴责不速之客。有关这方面的逸事不胜枚举，不再引述。

"**但你们受到邀请时，你们就可以进去，你们进食完毕就要散开。**"安拉的使者㊟说："如果你们中有人邀请其兄弟，他就应该应答，无论是不是婚宴。"[1]

经文说："**不要留恋闲谈**"，即不要像上述那三人，他们忘我地交谈，从而影响了先知。安拉说："**那会伤害先知，而他不好意思辞退你们。**"有学者说，如果你们不经许可就进入使者家，会伤害先知，并使他感到为难，而使者因为非常腼腆不便阻止你们来访。因此安拉降示了禁令："**安拉不耻于（揭示）真理**"，即安拉禁止你们这样做。

然后经文说："**当你们向她们要任何东西时，要在帷幕后面要求**"，即安拉不但禁止你们去见圣妻，而且禁止你们完全看到她们。如果你们中有人非得要到她们那里去取什么东西，他只能从帷幕后面索要，而不能看她们。

## 禁止伤害使者，使者的妻子们在穆斯林中的尊严

清高伟大的安拉说："**你们也绝不应在他以后跟他的妻子结婚，这在安拉那里是严重的。**"伊本·阿拔斯在解释这段经文时说："这段经文降示的原因是某人企图在使者归真后与其一位遗孀结婚。有人问苏富扬：'她是阿伊莎吗？'苏富扬回答：'人们在这样说。'"[2]赛丁伊传述，有此打算的人是特里哈·本·欧拜德，因此安拉降示了禁令。学者们一致主张：任何人不得与使者的遗孀结婚，因为如前所述，她们在今世和后世都是使者的妻子，也是所有信士的母亲。

清高伟大的安拉严厉地禁止了这种行为，说："**这在安拉那里是严重的**"，然后经文说："**不论你们公开任何事，或是隐瞒它，安拉确实是尽知一切的**"，即无论你们做什么或心中想什么，安拉都知道它。对安拉而言没有秘密可言。❰ **他知道眼（神）的诡诈和胸中所隐藏的。**❱（40：19）

❰ **55.对她们而言，她们的父亲、儿子、兄弟、内侄、姨表的侄子、妇女以及右手所管辖的是无妨的。你们要敬畏安拉。安拉是见证一切的。**❱

---
(1)《穆斯林圣训实录》2：1053。
(2)《泰伯里经注》20：316；《散置的珠宝》6：643。

## 妇女可以在哪些亲属跟前不使用帷幕

清高伟大的安拉命令妇女在外人面前将自己遮盖起来，然后指出在哪些人跟前不必使用帷幕。《光明章》的经文说：❰ 你也对有正信的妇女们说，她们应当管好眼睛和保护羞体。除非露出的之外，她们不应当炫露她们的装饰。她们要把头巾搭在她们的领口上。除了对她们的丈夫、父亲、公公、她们的儿子、丈夫的儿子、她们的兄弟，她们兄弟的儿子、她们姐妹的儿子，或是她们的妇女，或是她们右手所属的，或是无性欲的男仆，或是情窦未开的儿童，除此之外，她们不能炫露她们的装饰。她们也不要蹬她们的脚，使人注意她们隐藏的饰品。❱（24：31）《光明章》经文对此的解释，比本章的解释更为全面。上文已述，此处不再赘述。

关于"**对她们而言……是无妨的**"这段经文，伊本·哲利尔曾引用了舒尔宾和艾克莱麦的观点：我问："这段经文中怎么没有提到叔叔和舅舅？"他回答说："以免叔叔和舅舅对他们的儿子讲述她；妇女在其叔叔和舅舅跟前摘掉盖头

是受憎的。"（1）

"**妇女**"，指穆斯林妇女可以在其他穆斯林妇女跟前不设帷幕。

"**右手所管辖的**"，指她们的奴隶。赛尔德·本·穆散耶卜说："经文仅指奴婢。"

"**你们要敬畏安拉。安拉是见证一切的**"，即无论你们是否在公共场合，都要敬畏安拉，因为安拉是见证和监察一切的。对安拉而言，没有秘密。

❅ **56.安拉和他的天使们确实赞美先知。有正信的人们啊！你们要赞美他，并当向他道安。**❅

## 命令赞美先知

艾布·阿林说："安拉对先知的赞美，就是在众天使那里表扬他；天使对先知的赞美则是对他的祝福。"伊本·阿拔斯说，"**赞美**"指祝福。（2）据苏富扬·绍利等学者说："安拉的赞美指慈悯，天使的赞美指求饶。"（3）

命令人们赞美先知以及怎样赞圣的圣训不胜枚举，如果安拉意欲，我们将引述部分简明的传述。求主佑助。

布哈里解释这段经文时引用凯尔卜的话，他说，有人问："安拉的使者啊！我们已经懂得怎样向你道安（道色兰），请问我们应该怎样赞美你？"使者回答："你们说，主啊！请赞美穆罕默德及其家属，正如你赞美伊布拉欣家属那样。你确实是可赞的、光荣的；主啊！请赐福穆罕默德及其家属，正如你曾赐福伊布拉欣家属那样。你确实是可赞的、光荣的。"（4）

伊本·欧班叶说，我看到凯尔卜·本·欧基勒，他对我说："我送你一件礼物好吗？有一天，安拉的使者出现在我们面前，我们说：'安拉的使者啊！我们已经知道怎样向你道安，请问我们怎样赞美你？'使者说，你们说：'主啊！请赞美穆罕默德及其家属，正如你赞美伊布拉欣家属那样。你确实是可赞的、光荣的！主啊！请赐福穆罕默德及其家属，正如你曾赐福伊布拉欣家属那样。你确实是可赞的、光荣的。'"（5）

圣训：艾布·赛尔德传述，我们问："安拉的使者啊！我们已经知道怎样向你道安，请问我们怎样赞美你？"使者说："你们说：'主啊！请赞美穆罕默德——你的仆人及使者，正如你赞美伊布拉欣家属那样。请赐福穆罕默德及其家属，正如你曾赐福伊布拉欣家属那样。'"莱司的传述是："……请赐福穆罕默德及其家属，正如你曾赐福伊布拉欣家属那样。"伊本·哈德传述说："正如你赞美伊布拉欣那样，请赐福穆罕默德及其家属，正如你曾赐福伊布拉欣及其家属那样。"（6）

圣训：圣门弟子们说，安拉的使者啊！我们应该怎样祝福你？使者回答：你们说："主啊！请赞美穆罕默德、他的妻子和后裔们，正如你赞美伊布拉欣及其家属那样。请赐福穆罕默德、其妻子和后裔，正如你曾赐福伊布拉欣及其家属那样。你确实是可赞的、光荣的。"（7）

圣训：艾布·麦斯欧迪传述，我们在赛尔德·本·欧拜德的座席中时，安拉的使者来到我们中间。毕西尔·本·赛尔德说："安拉的使者啊！安拉命令我们赞美你，请问我们应该怎样赞美呢？"使者听后沉默了很长时间，以致我们想刚才此人没有提问该多好啊！过了一些时候，使者回答说："你们说：'主啊！请赞美穆罕默德及其家属，正如你赞美伊布拉欣家属那样。请赐福穆罕默德及其家属，正如你曾在全世界赐福伊布拉欣及其家属那样。你确实是可赞的、光荣的。'至于道安，你们是知道的。"（8）

## 在祈祷之前赞美先知

伊本·欧拜德说，安拉的使者听到某人在礼拜中祈祷时没有赞主赞圣，就说："此人鲁莽了。"然后叫来那人，对他旁边的人说："你们中有人礼拜时，让他首先赞美安拉，其次赞美先知，然后任意祈祷。"（9）

## 赞美先知的尊贵

圣训：吾班叶传述，安拉的使者每每在夜晚的三分之二过去后站起来，说："人们啊！记念安拉，记念安拉！震动者已经来临，后面将是续发者，死亡带来了其中的一切，死亡带来了其

---

（1）《泰伯里经注》20：318。
（2）《布哈里圣训实录诠释——造物主的启迪》8：392。
（3）《提尔密济圣训全集诠释》2：610。
（4）《布哈里圣训实录诠释——造物主的启迪》8：392。
（5）《艾哈麦德按序圣训集》4：241。
（6）《布哈里圣训实录诠释——造物主的启迪》8：392；《圣训大集》3：49；《伊本·马哲圣训集》1：292。
（7）《艾哈麦德按序圣训集》5：424；《布哈里圣训实录诠释——造物主的启迪》11：157；《穆斯林圣训实录》1：306；《艾布·达乌德圣训集》1：600；《圣训大集》3：49；《伊本·马哲圣训集》1：293。
（8）《艾布·达乌德圣训集》1：600；《提尔密济全集诠释》9：84；《穆斯林圣训实录》1：305；《圣训大集》6：436；《泰伯里经注》。
（9）《艾哈麦德按序圣训集》6：18；《艾布·达乌德圣训集》2：162；《提尔密济圣训全集诠释》9：450；《圣训大集》3：44；《伊本·马哲圣训集》3：308；《伊本·胡宰默圣训实录》1：351。

中的一切。"

吾班叶说，我问："安拉的使者啊！我经常赞美你，我将我的多少赞美归于你？"使者说："你看着办。"我问："四分之一行吗？"使者说："你看着办，如果超过它，则对你是更好的。"我问："一半行吗？"他说："你看着办，如果超过它，则对你是更好的。"我问："三分之二行吗？"他说："你看着办，如果超过它，则对你是更好的。"我说："我要使我的一切赞美(1)归于你。"使者回答："若是那样，你的一切忧愁将被消除，你的罪恶将被恕饶。"(2)

圣训：艾布·特里哈传述，有一天，安拉的使者走来时，脸上可以看出喜悦之情。圣门弟子们说："安拉的使者啊！我们从你的脸上看到了喜悦之情。"使者回答："有位天使来见我，说，穆罕默德啊！你怎么不高兴呢？你的养主说：'你的教民中只要有人赞美你一次，我就赞美他十次；你的教民中只要有人向你问安一次，我就向他问安十次。'我回答说：'太高兴了。'"(3)

圣训：艾布·特里哈传述，一天早晨，安拉的使者心情很好，欢喜之情显现于脸上。圣门弟子们说："安拉的使者啊！看得出你今天早上心情很好。"使者回答说："是的，一位天使从我的养主那里来见我，他说：'你的哪位教民如果赞美你一次，安拉就因此而为他记录十件善功，消除十件罪恶，升高十个品级，并以相应的赞美词回答他。'"(4)

圣训：艾布·胡莱赖传述，安拉的使者说："谁赞美我一次，安拉因此而赞美他十次。"(5)

圣训：安拉的使者说："吝啬的人是有人在他跟前提起了我，他却没有赞美我的人。"(6)

圣训：安拉的使者说："愿别人在他跟前提起我，而他没有赞美我的人倒霉！愿碰到了莱麦丹月，而莱麦丹月逝去前他没有被赦宥的人倒霉！愿他的父亲在他那里度过了晚年，而他俩没有使他进乐园的人倒霉！"(7)

---

(1) 在阿拉伯语中，赞美安拉和赞美先知时，所使用单词不同，其内涵也不一样。赞美安拉一般用"海穆德"（الحمد一词，赞美先知一般用"索俩提"（الصلاة一词。——译者注
(2)《提尔密济圣训全集诠释》7：152。
(3)《艾哈麦德按序圣训集》4：30；《圣训大集》3：44。
(4)《艾哈麦德按序圣训集》4：29。
(5)《艾布·达乌德圣训集》2：184；《提尔密济圣训全集诠释》2：608；《穆斯林圣训实录》1：306；《圣训大集》3：50。
(6)《艾哈麦德按序圣训集》1：201；《提尔密济圣训全集诠释》9：531。
(7)《提尔密济圣训全集诠释》9：530。

## 赞美的场合

命令人们在各种时间赞美先知的经文很多，譬如伊玛目艾哈麦德所传圣训要求在宣礼之后赞圣。安拉的使者说："你们听到宣礼员宣礼时，也要读他的宣礼辞，然后你们赞美我。因为谁赞美我一次，安拉就会因此而赞美他十次。然后你们向安拉要求'卧西莱'，它是乐园中的一个品级，安拉的仆人中只有一人适合这个品级。我希望我就是那个人。谁为我要求'卧西莱'，我就必定为其讲情。"(8)

又如进出清真寺的时候。使者的女儿法图麦说："安拉的使者每进清真寺时，赞美穆罕默德并念祝安词，然后说：'主啊！请宽恕我的罪恶，请为我打开你的慈悯之门。'当他出寺时，赞美穆罕默德并念祝安词，然后说：'主啊！请宽恕我的罪恶，请为我打开你的恩典之门。'"(9)

又如在举行殡礼的时候。圣行的方法是在第一个大赞词之后念《开端章》，第二个大赞词之后赞美先知，第三个大赞词后为亡人祈祷，第四个大赞词之后说："主啊！不要让我们与他的报酬无缘，他之后不要让我们陷入风波。"

一位圣门弟子告诉欧麦尔·本·赛海里：殡礼中的圣行是：伊玛目念大赞词，然后低声念《开端章》，然后赞圣，然后专为亡人祈祷。在（伊玛目念）几次大赞词中间他不用念任何经文。最后他低声出色兰（结束殡礼）。(10)

提倡在念完祷词之后赞美先知。欧麦尔说："祈祷悬于天地之间，直到赞美先知之后，才能被呈上去。"(11)

哈桑·本·阿里说："安拉的使者曾教给我奇数拜中的祈祷词：'主啊！请你使我成为你所引导的人之一！请你使我成为你赐予幸福的人之一！请你使我成为你的朋友之一！请你使我成为你所赏赐的人之一！请保护我免遭你所判断的有害事物的侵害！因为你判决万物，而你不受判决，与你为友的人不卑贱，与你为敌的人不尊贵，我们的养主啊！你真多福！你真清高！'"另据传述，这段祷词的最后一句是："愿安拉赞美穆罕默德。"(12)

---

(8)《艾布·达乌德圣训集》1：359；《提尔密济圣训全集诠释》1：83；《艾哈麦德按序圣训集》2：168；《圣训大集》2：25；《穆斯林圣训实录》1：288。
(9)《艾哈麦德按序圣训集》6：282。
(10)《圣训大集》4：75；《沙斐仪圣训集》210。
(11)《揭秘》137；《提尔密济圣训全集诠释》2：610。
(12)《艾哈麦德按序圣训集》1：199；《艾布·达乌德圣训集》2：133；《圣训大集》3：248；《伊本·马哲圣训集》1：372《伊本·胡宰默圣训实录》3：118；《伊本·罕巴尼圣训实录》2：132；《哈肯圣训遗补》3：172；《提尔密济圣训全集诠释》2：151。

提倡在聚礼日的白天和夜晚赞美先知。安拉的使者🌙说："你们最尊贵的日子是聚礼日，这一天阿丹被造并归真，这一天号角将被吹响，这一天中将有（世界末日的）霹雳声。所以你们当多多赞美我，因为你们的赞美将被呈现到我跟前。"众人问："安拉的使者啊！在你已经变为朽骨时，我们的赞美怎样被呈现于你呢？"使者说："安拉禁止大地侵蚀列圣的身体。"(1)

❁ 57.那些伤害安拉及其使者的人，安拉已在今世和后世诅咒了他们，并已为他们准备了羞辱的刑罚。❁

❁ 58.无端诋毁男女信士的人们，他们确已负担了诽谤和显著的罪行。❁

## 伤害安拉及其使者的人将在今后两世遭受诅咒

某些人违背主命，触犯禁令，不知悔改，他们诽谤先知——求主使我们远离这些丑行，安拉警告他们说："**那些伤害安拉及其使者的人……**"艾克莱麦说："这段经文是因绘（动物）像的人而降示的。"(2)

安拉的使者🌙说："清高伟大的安拉说，阿丹的子孙在伤害我，他在辱骂光阴，而我就是光阴，我使光阴日夜更替。"蒙昧时代，人们说光阴真卑鄙啊！它致使我们如此如此……他们把安拉的行为当作光阴的行为，然后辱骂之。支配一切行为的都是安拉，因此，安拉禁止辱骂光阴。(3)

伊本·阿拔斯说："这段经文是因为那些对使者和索菲娅的婚事说三道四的人而降示的。"(4) 显然，经文包括以任何形式伤害使者的人。伤害使者就是伤害安拉，正如服从使者就是服从安拉。

## 警告诽谤者

"**无端诋毁男女信士的人们**"，即他们把信士们没有做的事情强加到信士身上。"**他们确已负担了诽谤和显著的罪行。**"无端诋毁确实是对男女穆民莫大的冤枉。经文主要警告那些否认安拉及其使者的隐昧者以及那些诽谤圣门弟子的拒绝派（什叶

派中的一个支派），他们诽谤圣门弟子，而安拉早已澄清圣门弟子们与他们所说的事情无关，他们对圣门弟子的说法与安拉对圣门弟子的表述相反。安拉已经说过，他早就喜悦了迁士和辅士，并表扬了他们，而这些愚蠢的人，却辱骂、诋毁和中伤圣门弟子。他们良心泯灭，倒行逆施，鼓吹丑恶，贬斥正义。

艾布·胡莱赖传述，有人问："安拉的使者啊，什么是背谈？"使者回答："以你的兄弟所憎恶的话表述他。"有人问："如果我兄弟的情况确如我所说，那算什么？"使者回答："如果其情况确如你所说，那是背谈；如果你无中生有，则是诽谤。"(5)

❁ 59.先知啊！告诉你的妻室们和女儿们以及归信的妇女们，她们应当把她们的罩袍放低（遮住身体），那样更易于别人认出她们，而不致遭到伤害。安拉是至赦的、至慈的。❁

❁ 60.如果伪信士和那些心里有病的人以及那些在城中危言耸听的人不停止（谣传），我一定会叫你去对付他们，那么他们就不能在其中经常与你为邻了。❁

❁ 61.（他们是）被诅咒的，不论他们在哪里被发现，他们就会被抓住，并被痛杀。❁

❁ 62.（这是）安拉对从前的那些人的惯例，你绝不能发现安拉的惯例有所变动。❁

## 命令穆斯林使用帷幕

安拉吩咐其使者，让他命令穆民妇女们——特别是先知的妻子和女儿，因为她们的尊贵——让她们用自己的罩袍遮住自己的身体，从而有别于蒙昧主义者的妇女和女奴。伊本·麦斯欧迪等学者说，"罩袍"是披在盖头上面的袍子。相当于现在的外衣。

焦海里说，"罩袍"是单子。

阿里·本·艾布·特里哈传述，伊本·阿拔斯说："安拉命令穆民妇女们出门时要用罩袍把头部和面部遮盖起来，只露出一只眼睛。"(6)

穆罕默德·本·西林说："我就'**她们应当把她们的罩袍放低**'这段经文请教欧拜德·赛勒曼，他听后遮盖了面部和头部，露出了左眼。"(7)

"**那样更易于别人认出她们，而不致遭到伤害。**"如果她们这样做，别人就能知道她们是自由

---

(1)《艾哈麦德按序圣训集》4：8；《艾布·达乌德圣训集》1：635；《圣训大集》3：91；《伊本·马哲圣训集》1：524；《伊本·胡宰默圣训实录》3：118；《伊本·罕巴尼圣训实录》2：132；《脑威圣训集》97。
(2)《泰伯里经注》20：322。
(3)《布哈里圣训实录诠释——造物主的启迪》8：437；《穆斯林圣训实录》4：1762。
(4)《泰伯里经注》20：323。

(5)《艾布·达乌德圣训集》5：192；《提尔密济圣训全集诠释》6：63。
(6)《泰伯里经注》20：324。
(7)《泰伯里经注》20：325。

女，而不是女奴或淫妇。

"安拉是至赦的、至慈的。"安拉会原谅她们在蒙昧时代的行为，因为当时她们并不知道。

### 警醒和警告邪恶的伪信士

清高伟大的安拉在此警告那些表面信仰，内心否认的伪信士："如果伪信士和那些心里有病的人。"艾克莱麦等学者说，"心里有病的人"这里指奸淫者。[1]

"在城中危言耸听的人"指那些谎称敌人大举进犯、战争迫在眉睫的人。如果他们不停止宣传，并回归真理，"我一定会叫你去对付他们"，伊本·阿拔斯解释为：我一定叫你去征服他们；[2] 格塔德解释，我一定让你先纵后擒之；[3] 赛丁伊解释，我一定让你去教训他们。

"那么他们就不能在其中经常与你为邻了"，即他们只能在麦地那短期停留，并遭受弃绝和疏远。

"（他们是）被诅咒的。不论他们在哪里被发现，他们就会被抓住，并被痛杀"，因为他们卑贱而人数少。

然后清高伟大的安拉说："（这是）安拉对从前的那些人的惯例，你绝不能发现安拉的惯例有所变动"，即这是安拉对待伪信士的惯例，安拉是不会更改关于这方面的常规的。如果他们继续阳奉阴违，否认真理，不知悔改，归信的人们将征服他们。

❮ 63.人们关于末日的时间来问你，你说："它的知识只在安拉那里。你怎能知道呢？只怕那时间是临近的。"❯

❮ 64.安拉确已诅咒了隐昧者，并为他们准备了烈火。❯

❮ 65.他们将永居其中，找不到保护者和援助者。❯

❮ 66.那天他们的脸将在火中翻转，他们说："但愿我们早已服从了安拉，服从了使者！"❯

❮ 67.他们说："我们的主啊！我们确已服从了我们的首领和大人物，是他们使我们迷失道路。❯

❮ 68.我们的主啊！求你降给他们双重的惩罚，并严重地诅咒他们！"❯

### 只有安拉知道末日何时来临

清高伟大的安拉告诉其使者，如果人们问他末

---
(1)《泰伯里经注》20：326。
(2)《泰伯里经注》20：328。
(3)《泰伯里经注》20：328。

日何时到来，那么他应该告诉他们，末日的知识只在安拉那里，正如麦加降示的《高处章》中所叙述的那样。本章（麦地那章）经文虽然说，末日的知识只在使末日成立的安拉那里，但经文同时又说末日是临近的——"你怎能知道呢？只怕那时间是临近的。"又如：❮ 时间已经接近，月亮破碎了。❯（54：1）又❮ 人类的结算期已临近了，而他们却在昏聩中悖谬。❯（21：1）又❮ 安拉的命令到来了。你们不要要求它尽早实现。❯（16：1）

### 诅咒隐昧者，隐昧者将永居火狱，并百般懊悔

"安拉确已诅咒了隐昧者"，即安拉使他们疏远于他的慈悯。在后世，"并为他们准备了烈火。**他们将永居其中，找不到保护者和援助者**"。没有援救者或帮助者能够使他们脱离困境。

"**那天他们的脸将在火中翻转，他们说：'但愿我们早已服从了安拉，服从了使者！'**"即他们面部扑地，在火狱中被拖动的情况下，异想天开：但愿在今世时，他们也曾是服从安拉及其使者的人。安拉讲述清算场的情况说：❮ 那天，不义者咬着双手，说道："啊！我真希望曾与使者选择同

一道路！啊！我真伤心啊！我真希望不曾以某人为友！他的确曾在教诲到达我之后误导了我！"魔鬼永远是抛弃人类的。》（25：27-29）又《不归信的人们多么希望他们原来是穆斯林啊！》（15：2）

他们在此情况下希望当初能够服从安拉及其使者。经文还说："他们说：'我们的主啊！我们确已服从了我们的首领和大人物，是他们使我们迷失道路。'"塔吾斯说，"首领"指贵族。"大人物"指学者。

"我们的主啊！求你降给他们双重的惩罚。"因为他们不但自己否认你，而且还误导了我们。

哈贾吉·阿慕尔在会见辅士时说："众位辅士啊！难道我们见到养主时要说这些话：'我们的主啊！我们确已服从了我们的首领和大人物，是他们使我们迷失道路。我们的主啊！求你降给他们双重的惩罚，并严重地诅咒他们！'"[1]

《69.有正信的人们啊！你们不要像那些诽谤穆萨的人一样。安拉已从他们对他所说的话中澄清了他，他在安拉那里是有面份的。》

### 犹太人对穆萨先知的诽谤

安拉的使者说："穆萨是一位腼腆而内向的人，因此别人看到他从未露出皮肤，因此，以色列后裔中的一些人开始诽谤他：此人遮遮掩掩，身体肯定有缺陷，要么是麻风病，要么是阴囊疝，或者有隐疾。安拉欲就此澄清事实。一日穆萨独自一人洗澡时把衣服放到一块石头上，等他洗完去拿衣服时，那石头带着衣服开始飞奔，穆萨拿起手杖一边追赶一边喊：'石头啊！我的衣服！石头啊！我的衣服！'一直跑到一伙以色列后裔跟前。他们从没有见到过像他这样健美的男子。安拉从他们的诽谤中澄清了穆萨。这时石头停了下来，穆萨穿上衣服后，以手杖击打那石头。以安拉发誓，石头上出现了三个、四个或五个痕迹。那就是安拉所说的：'有正信的人们啊！你们不要像那些诽谤穆萨的人一样。安拉已从他们对他所说的话中澄清了他，他在安拉那里是有面份的。'"[2]

伊玛目艾哈德传述，伊本·麦斯欧迪说："一日安拉的使者分发物品后，一位辅士中的男子说：'这种分发并不是为了博得安拉的喜悦。'我说：'我要把此话告诉先知。'先知听后脸都红了，说：'愿安拉慈悯穆萨，他曾承受了比此更大的伤害，然而他忍耐了。'"[3]

"他在安拉那里是有面份的"，即他在安拉那里有一定的地位。哈桑·巴士里说："他在安拉那里的面子很大，以致他请求安拉使他的兄长哈伦成为先知辅佐他，安拉也应答了。"[4]哈桑·巴士里还读道：《我因为我的慈悯，把他的兄长哈伦作为先知赐给他作帮手。》（19：53）

《70.有正信的人们啊！你们敬畏安拉，并说端正的话。》

《71.这样，他就改善你们的行为，并宽恕你们的罪过。谁服从安拉及其使者，谁确已获得了巨大的成功。》

### 命令穆民敬畏安拉、诚实守信

清高伟大的安拉命令众信士侍奉他，就像看见他一样崇拜他，并且"说端正的话"，即不要说拐弯抹角的、歪曲的话。安拉许诺说，如果他们做到这一切，他对他们的报偿是：改善他们的工作，也就是使他们有机会顺利地行善，并宽恕他们以往的罪恶，如果他们以后犯罪，安拉还要给他们忏悔的机会。然后安拉说："谁服从安拉及其使者，谁确已获得了巨大的成功"，即他将获救脱离火狱，同时享受永远的恩典。

《72.我确曾把信托昭示给诸天、大地和山岳，但它们由于害怕而不敢承担它。而人承担了它。人确实是不义的，无知的。》

《73.以便安拉惩罚男女伪信士和男女多神教徒，并恕饶男女信士。安拉是至赦的、至慈的。》

### 人类承担信托

伊本·阿拔斯说，"信托"指顺从。安拉将信托昭示于阿丹之前曾将它昭示于诸天、大地和群山，但它们无力承担。此后安拉对阿丹说："我曾将信托昭示于诸天、大地和群山，但它们无力承担，你愿意完整地接受它吗？"阿丹问："我的养主啊，何谓完整的接受？"安拉说："如果你行善，你将得善报，如果你作恶，将得恶报。"此后阿丹承担了它。那就是安拉所说的："而人承担了它。人确实是不义的，无知的。"[5]

---

（1）《圣训大典》3：223。
（2）《布哈里圣训实录诠释——造物主的启迪》6：502。
（3）《布哈里圣训实录》3405；《穆斯林圣训实录》1062；《艾哈麦德按序圣训集》1：380。
（4）《伯厄威经注》3：545。
（5）《泰伯里经注》20：338。

据阿里·本·艾布·特里哈传述，伊本·阿拔斯说，"信托"指天命，安拉曾将它昭示予诸天、大地和群山。如果它们履行这些天命，将得到报偿，如果他们废弛它，则会遭受惩罚。后来它们拒绝承担，其原因是责任重大，担心如果履行不当反而会触犯安拉的宗教尊严，而不是出于违抗主命。安拉将信托昭示于阿丹后，阿丹完全接受了。这就是安拉所说的：'**而人承担了它。人确实是不义的、无知的。**'"即人类在对待安拉的命令时往往自欺欺人。[1]

穆佳黑德等学者也认为"信托"指天命。[2] 而另一些学者认为指顺服。吾班叶·本·凯尔卜说："妇女保护贞操，也属于守信托。"[3] 格塔德说，"信托"指宗教、天命和法度。[4] 栽德·本·艾斯莱姆说，"信托"分三部分：礼拜、斋戒和无大净后洗大净。

上述各家观点并不矛盾，都能说明信托是一种责任，是完整地接受安拉的命令和禁止。并且遵守信托的人会得到回赐，废弛信托的人则要遭受惩罚。人类虽然懦弱、无知和不义——安拉赏赐机遇者则不然——但他们还是接受了它。求主襄助人类。

有关信托的圣训如下：胡宰法传述，安拉的使者关于"信托"给我们讲了两件事，我已经看到其中一件，并在等待另一件。他给我们说，"信托"降于人们的心灵深处。然后《古兰》下降了，于是人们学习《古兰》和圣训。然后他又给我们讲"信托"的丧失，他说，一个人睡着了，"信托"便从他心中被带走，于是它的痕迹像一个水泡，就像一块火炭滚到你的脚上烫起的小泡，你看到脚肿起来了，其实里面没有什么。先知边说边拿起一粒石子从自己脚上滚过做演示。先知接着说："人们相互立约，但几乎没有一个履行信托。直到有人说，某家族中有一个忠实的人。甚至有人夸他，说他是多么坚贞、聪明、伶俐的人啊！事实他的心中没有芥子大的正信。曾有一个时代，我不在乎与你们任何人立约，因为如果他是穆斯林，他的信仰会使他归于我，如果他是犹太教徒或基督教徒，他的良知会使他归于我。至于今天，我只跟你们中的某人立约。"[5]

阿卜杜拉·本·阿慕尔传述，安拉的使者说："如果你具备四个素质，你就不在乎失去今世。（它们是）履行'信托'，说话诚实，品性优美，给养廉洁。"[6]

### 承担信托的结果

"**以便安拉惩罚男女伪信士和男女多神教徒。**"人类承担了"信托"——责任，以便安拉惩罚他们中的阳奉阴违者——他们在信士面前表现信仰，而在隐昧者面前表现不信。多神教徒则无论内心还是外表，都以物配主、反对众使者。

"**并恕饶男女信士**"，即以便安拉赦宥人类中那些归信安拉、天使、经典和众使者，并且行善的穆民。"**安拉是至赦的、至慈的。**"

《联军章》注释完，一切感赞全归安拉。

---

## 《赛伯邑章》注释　麦加章

*奉普慈特慈的安拉之尊名*

❮1.赞美安拉，诸天与大地中的一切都属于他，后世的赞美也只属于他，他是明哲的、彻知的。❯

❮2.他知道进入地中的一切，由其中出来的一切，从天上下降的一切和升到天上的一切。他是至慈的、至赦的。❯

### 感赞和未见的知识只属于安拉

清高伟大的安拉讲述其尊贵的本然，说今世和后世中的赞美只属于他，因为他是人类今后两世的施恩者，是万物的拥有者及统治者。正如安拉所言：❮他是安拉，除他以外无应受拜的。在最初和最后，一切赞颂都属于他。裁决属于他，你们都将被召归于他。❯（28：70）因此，本章的经文说："**赞美安拉，诸天与大地中的一切都属于他**"，即一切都归他掌管，都是他的奴仆，都在他的决策和制约之下，正如安拉所言：❮后世与今世誓必属于我。❯（92：13）然后经文说："**后世的赞美也只属于他。**"所以只有他是永远的受拜者，永远的受赞美者。

---

[1]《泰伯里经注》20：337。
[2]《泰伯里经注》20：337。
[3]《泰伯里经注》20：338。
[4]《泰伯里经注》20：339。
[5]《艾哈麦德按序圣训集》5：383；《布哈里圣训实录诠释——造物主的启迪》11：341；《穆斯林圣训实录》1：126。
[6]《艾哈麦德按序圣训集》2：177。

"他是明哲的"，即安拉的一切指示、法律和决策，都是精确而富有哲理的。

"彻知的"，对安拉而言没有秘密，任何物都无法回避他。祖海里解释说，安拉彻知他的被造物，其判断精确无误。

清高伟大的安拉说："**他知道进入地中的一切，由其中出来的一切**"，即安拉知道降于大地各方的雨滴数量和撒播各地的种子数量，知道隐藏地下的和从地下出来的一切，知道它们的数量、出现（或隐藏）的形式以及特征。

"**从天上下降的一切**"，指雨滴、给养。

"**升到天上的一切**"，指善功等。

"**他是至慈的、至赦的**"，即安拉对其众仆是至慈的，他不因仆人的罪恶而立即惩罚他们，他将恕饶那些向他忏悔的人和托靠他的人的罪恶。

❧ 3.隐昧的人们说："复活之时绝不会降临于我们。"你说："不！凭我的主——全知未见事物的主发誓，它一定会降临于你们。在诸天和大地上一粒芥子的重量也不能瞒过他，无论是比它大的或是比它小的，都被记录在清楚的典籍上，❧

❧ 4.以便他奖赏那些归信并行善的人。这等人，将得到宽恕和优厚的供养。❧

❧ 5.但是那些竭力反对我的启示的人，这等人，将遭受痛苦的惩罚。"❧

❧ 6.那些被赐给知识的人看到由你的主降示给你的的确是真理，它将人引向优胜的、应受赞美的主的道路。❧

### 复生日必然要来临，那时人类的一切行为都将分别受到奖励和惩罚

因为否认者和顽抗者不信最终的归宿，所以安拉在这段经文中命令其使者以他伟大养主的名义发誓，这个归宿必定到来。类似的经文在《古兰》中有三段。第一段出现在《优努司章》❧ 他们向你询问："那是真的吗？"你说："是的，以我的主发誓，那的确是真实的。你们绝不能逍遥法外。"❧（10：53）第二段是本章第三节，第三段出现在《自欺章》：❧ 否认者妄称他们绝不被复活。你说："不然，凭我的主发誓，你们一定会被复活。然后你们一定会被告诉你们所做过的，这对于安拉是容易的。"❧（64：7）

清高伟大的安拉说："你说：'不！凭我的主——全知未见事物的主发誓，它一定会降临于你们。'"

穆佳黑德和格塔德说，"不能瞒过他"指在他

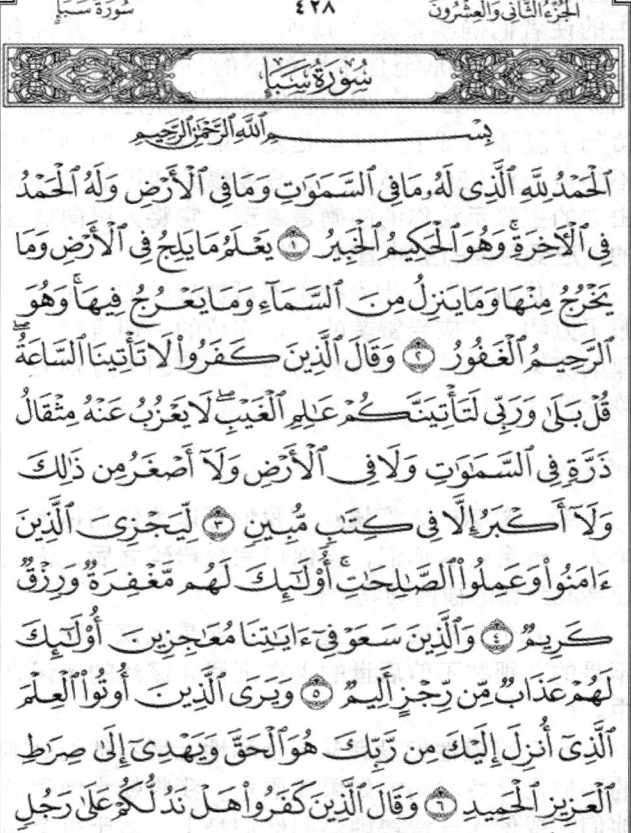

那里不会失去。[1] 即一切都包容在他的知识之中，任何物都无法隐蔽。尸骨虽然被粉碎、分散，甚至化为乌有，但它无论到了哪里，被分化到何等程度，安拉都能将它恢复到最初造它时的样子。因为安拉是全知万物的。

然后经文阐明了安拉使复生日来临，并复活一切身体的哲理（目的）。"**以便他奖赏那些归信并行善的人。这等人，将得到宽恕和优厚的供养。但是那些竭力反对我的启示的人**"，即不遗余力地阻碍主道，并否认众使者的人："**这等人，将遭受痛苦的惩罚**"，即他使穆民幸福地享受，倒霉的隐昧者遭受惩罚。安拉说：❧ 火狱的居民和乐园的居民不相等，乐园的居民才是成功的。❧（59：20）又 ❧ 难道我要使归信并行善的人，像在大地上为非作歹的人一样吗？或者我要使敬畏的人和邪恶的人一样吗？❧（38：28）

"**那些被赐给知识的人看到由你的主降示给你的的确是真理。**"这是继上述哲理之外的另一哲理，即归信众使者带来启示的人们，看到复活时来临，善人和恶人所受的奖罚和他们当初在今世从安拉的经典中所了解的情况完全相同——当他们看到

---

[1]《泰伯里经注》20：350。

这些情况时，便确信无疑，所以他们说：◆我们主的使者们确实带来了真理。◆（7：43）并且有人说：◆这就是至仁主所许下的，使者们说了实话！◆（36：52）◆你们在安拉的规定之下已经逗留到了复活的日子。这就是复活的日子，但是你们不知道。◆（30：56）"那些被赐给知识的人看到由你的主降示给你的的确是真理，它将人引向优胜的、应受赞美的主的道路。"

"优胜的"，指安拉是不可被战胜的，而他征服了万物。"应受赞美的"指安拉的一切言行、法律的决策，都是应该被赞扬的。安拉因为万物而应该受到赞美。

◆7.隐昧的人们说："我们可以为你们指出一个人，他会告诉你们，当你们完全粉碎之后，你们还会成为新的被造物吗？"◆

◆8.他曾对安拉捏造谎言，或是他疯了吗？"不是的，那些不信后世的人在刑罚和深远的迷误之中。◆

◆9.难道他们没有从天上和地上看看他们之前的和他们之后的吗？如果我愿意，我将使大地吞没他们，或使天一块块地落到他们身上。对于每个回归的仆人，其中确有一个迹象。◆

### 隐昧者否认死后的复活以及对他们的驳斥

背谬的隐昧者认为复生日不会降临，他们还因此嘲笑使者。清高伟大的安拉说："隐昧的人们说：'我们可以为你们指出一个人，他会告诉你们，当你们完全粉碎之后'"，即你们的身体被粉碎之后，飘散到世界各地。"当你们完全粉碎之后，你们还会成为新的被造物吗？"即在这种情况下，你们还会复活并获得给养吗？

这种表述不乏两重意义：或者此人故意假借安拉名义撒谎，或者他没有撒谎，但他像一些智力失常的人和疯子一样受到了麻痹。因此他们说："他曾对安拉捏造谎言，或是他疯了吗？"安拉驳斥他们说："不是的，那些不信后世的人在刑罚和深远的迷误之中"，即事实并非他们所说的那样，实际上穆罕默德❀是一个诚实的人，他一贯主持正义，品性端正，宣传真理。而他们则是愚蠢的说谎者。

"刑罚"，指致使他们遭受安拉严惩的隐昧。

"深远的迷误"，指他们在今世中远离真理。

经文紧接着介绍安拉创造诸天和大地的能力："难道他们没有从天上和地上看看他们之前的和他们之后的吗？"即无论他们到哪里，头顶上都是"天棚"，脚下就是大地。正如安拉所言：◆天，

我确曾以大能建造它，我确实是拓展者。地，我展开了它，铺展者是多么卓越啊！◆（51：47-48）

"如果我愿意，我将使大地吞没他们，或使天一块块地落到他们身上"，即假若安拉愿意，他将因为他们的不义而严惩他们，但宽容、至赦的安拉推迟对他们的惩罚。

"对于每个回归的仆人，其中确有一个迹象。"格塔德说麦尔麦勒传述，格塔德认为"回归的"指忏悔的；[1] 苏富扬传述，格塔德认为"回归的"指奔向安拉的。[2] 即对每个回归安拉的有心人看来，通过观察天地确能找到安拉能够复活身体并使归宿日来临的某种证据，因为高大宽阔的天空和幅员辽阔的大地的创造者，确能复活身体和朽骨。正如安拉所述：◆难道造化诸天与大地的主不能造化和他们相似的吗？不然……◆（36：81）又◆诚然，造化天地是比造化人类更繁重的，可是大多数人不了解。◆（40：57）

◆10.我确曾将来自我的恩典赐给达乌德。"群

---

[1]《阿卜杜·兰扎格经注》3：126。
[2]《泰伯里经注》20：356。

山啊！鸟儿啊！你们回应他吧！"我为他使铁柔软。

❊ 11.（我对他说）你制造铠甲吧，要精确制造锁子甲。你们要行善，我对你们的行为是全观的。

## 安拉对达乌德的恩惠

清高伟大的安拉在这里介绍他赐给他的仆人达乌德的恩典——他赐给达乌德圣品、稳定的君权、装备精良的大军、洪亮的声音。安拉还使他精通各种语言，当他赞美安拉时，坚固巍峨而一贯沉默的群山和他一起赞美，早出晚归遨游天际的鸟儿因此停止飞翔。安拉的使者某夜听到艾布·穆萨·艾什尔里诵读《古兰》的声音后驻足倾听，并说："此人被赋予达乌德家属的一支笛子。"(1)

艾布·奥斯曼·奈海迪说："在我听到的声音中，艾布·穆萨·艾什尔里的声音赛过了一切弦乐声、琵琶声和琴声。"(2)

伊本·阿拔斯等学者说，"回应"指赞美。(3) 在语源学上，这个词的意义是伴随某种声音的回音，即群山和鸟儿奉命伴随着达乌德一起高声赞美安拉。

"我为他使铁柔软。"哈桑·巴士里等学者说："铁在达乌德手中非常柔软，他制造铁器时不用火也不用锤子，而是像卷线一样卷动它。"(4)

因此清高伟大的安拉说："**（我对他说）你制造铠甲吧。**"格塔德说："达乌德是第一个制造铠甲的人，他之前的人们作战时只穿光秃秃的铁筒子。"(5)

"**要精确制造锁子甲。**"安拉教导其使者达乌德怎么制造盔甲。穆佳黑德解释说，钉子不能太细，否则环扣会松动，也不能太粗，否则会损坏钉子，要恰如其分制造铠甲。(6)

伊本·阿拔斯说，"锁子甲"指铁盔甲。

有学者说："如果其环子上带钉子，那么它就是锁子甲。"他还吟诗举证："他俩身穿两件锁子甲——达乌德所设计或土伯尔王所制造的宽大战衣。"

"**你们要行善**"，即你们享受安拉所赐的恩典时要善待他人。

"**我对你们的行为是全观的**"，即我监察并关注着你们的一言一行，任何物都不能隐瞒我。

❊ 12.我为苏莱曼制服风，它的早行是一个月，它的晚行也是一个月，我也使熔化的铜像泉水一样为他流出。有些精灵获其养主准许，在他的面前工作。他们当中谁违反我的命令，我就使他尝受烈火的刑罚。

❊ 13.他们为他建造他所希望的米哈拉卜、雕像、水池般的大盆和固定的大锅。达乌德的家属啊！你们工作吧！以便感谢。但我的仆人中感恩者甚少！

## 安拉对苏莱曼的恩典

清高伟大的安拉讲述了他赐给达乌德的恩典后，开始讲述他赐给达乌德之子苏莱曼的恩典：安拉为他制服了风，风带着他的毯子早上飞行一月行程，晚上飞行一月行程。哈桑·巴士里说："早上他乘毯子从大马士革起飞，降于伊斯泰赫尔(7)，在那里吃早饭。晚上从伊斯泰赫尔起飞，在喀布尔过夜。"(8) 疾行者从大马士革到伊斯泰赫尔的行走时间是整整一个月，从伊斯泰赫尔到喀布尔也是整整一个月。

"**我也使熔化的铜像泉水一样为他流出。**"伊本·阿拔斯等学者说"قطر"指铜。(9) 格塔德说事情发生在也门。(10) 后来人们所制造的铜器，都得益于安拉对苏莱曼的赏赐。

"**有些精灵获其养主准许，在他的面前工作**"，即安拉为苏莱曼制服了精灵，他们奉安拉的命令为苏莱曼工作。譬如进行建筑。"**他们当中谁违反我的命令**"，即谁离开苏莱曼而拒不服从，"**我就使他尝受烈火的刑罚**"。

"**他们为他建造他所希望的米哈拉卜、雕像**"，"米哈拉卜"指漂亮的建筑物，位于建筑物中最显要的地方；伊本·栽德说，"米哈拉卜"指居所。(11)

阿彤叶等学者说，"雕像"指各种像。

"**水池般的大盆**"，"水池"指许多蓄水的池子。

"**固定的大锅**"指巨大而纹丝不动的锅。(12)

"**达乌德的家属啊！你们工作吧！以便感谢**"，即安拉对他们说，你们应当工作，以便报答安拉在今世和后世中赐给你们的恩典。无论怎么表

---

(1)《穆斯林圣训实录》1：546。
(2)《古兰的恩惠》79。
(3)《泰伯里经注》20：357。
(4)《泰伯里经注》20：359。
(5)《泰伯里经注》20：359。
(6)《泰伯里经注》20：361。

(7) 位于现在的伊朗。——译者注
(8)《泰伯里经注》20：362。
(9)《泰伯里经注》20：363、364。
(10)《泰伯里经注》20：363。
(11)《泰伯里经注》20：365。
(12)《泰伯里经注》20：366。

达[1]，都说明一个问题：感谢安拉的方法除了举意和言论之外，不能缺少工作。正如诗人所说："认识我的幸福，须认识三件事情：手、舌和隐蔽的内心。"艾布·阿卜杜·拉赫曼说："礼拜是感谢，斋戒是感谢，你为主所作的一切善事，都是感谢。最贵的感谢就是'艾里海穆杜邻俩'（الحمد لله，赞美安拉）。"[2]

安拉的使者㊣说："清高伟大的安拉最喜悦的礼拜是达乌德的礼拜，他半个夜晚睡觉，夜的三分之一立站拜功，并在夜的六分之一睡觉。清高伟大的安拉最喜爱的斋戒是达乌德的斋戒，他一天封斋，另一天开斋，遇见敌人从不逃跑。"[3]

福多里解释"**达乌德的家属啊！你们工作吧！以便感谢**"时说："达乌德说，我怎么感谢你呢？感谢本身就是来自你的恩典。"[4]

"**但我的仆人中感恩者甚少！**"这是经文对现实情况的表述。

❖ 14.**然而，当我决定他死亡时，仅是地上的动物咬啮他的手杖，使他们感觉到他的死亡。当他倒下时，精灵们明白，如果他们能知道目不能见的，他们就不会一直停留在卑贱的刑罚当中。**❖

## 苏莱曼归真

清高伟大的安拉在这里介绍苏莱曼是怎么归真的。安拉使那些被制服为苏莱曼干苦力劳动的精灵们，都没有觉察到他是何时归真的。正如伊本·阿拔斯等学者说，苏莱曼是倚着他的手杖归真的，这种状态保持了将近一年。[5]后来白蚁蛀蚀手杖，致使手杖断裂倒地后，他们才知道他早就归真了。同时，精灵和人类都认识到精灵不知道幽玄事物。而此前，精灵则认为人类知道幽玄。这就是安拉所说的："**仅是地上的动物咬啮他的手杖，使他们感觉到他的死亡。当他倒下时，精灵们明白，如果他们能知道目不能见的，他们就不会一直停留在卑贱的刑罚当中。**"他说人们已经明白，精灵曾经在欺骗他们。

❖ 15.**在赛伯邑的居所，确有一个迹象：两个园**

---

（1）根据对语法的不同解释，这段经文可另译为"达乌德的家属啊！你们感谢吧！"——译者注
（2）《泰伯里经注》20：369。
（3）《布哈里圣训实录诠释——造物主的启迪》6：525；《穆斯林圣训实录》2：816。
（4）《散置的珠宝》6：680。
（5）《泰伯里经注》20：370。

---

**子，陈列左右。你们食用你们养主的供养，并感谢他吧！一块肥沃的土地，一位至赦的养主。**❖

❖ 16.**但是他们背弃了，因此我就降洪水惩罚他们，并把他们的两个园子变成生产苦果、柽柳和少数酸枣树的园子。**❖

❖ 17.**那是因为他们忘恩负义而给他们的报应，我只惩罚忘恩负义的人。**❖

## 赛伯邑的忘恩负义，及他们所遭受的惩罚

"**赛伯邑**"指也门的国王和居民，台嗒尔和臣服于苏莱曼的白丽盖斯女王都属于赛伯邑人。他们曾生活宽裕，安居乐业。安拉派遣使者们命令他们享受他所赐的给养，并承认他的独一性及惟独崇拜他，进而感谢他。后来安拉所意欲的事情发生了，他们（大部分）背弃了安拉的命令，安拉降下洪水惩罚他们，致使他们在大地上分崩离析。如果安拉意欲，下文将述及这段历史。

福勒外·本·麦西克说，有人问："安拉的使者啊！请问赛伯邑是什么？是地方名称，还是一个女人的名字？"使者回答："既不是地方也不是女人，而是一个男子，他有十个儿子，六个儿子获

得了幸福，四个遭受了不幸。不幸的是莱赫穆、朱匝穆、阿米莱和安萨尼；幸福的是肯岱、艾什里友尼、艾兹德、麦兹黑君、西穆叶鲁和艾奈麻鲁。"[1] 此人问："艾奈麻鲁是什么？"使者回答："赫斯耳穆和白吉莱（族）的祖先。"[2]

谱系学家们（其中包括伊本·易司哈格）说："赛伯邑是阿卜杜·谢姆苏的儿子，属于盖哈坦的重孙。"他被称为赛伯邑，是因为他是阿拉伯人中第一个随便发誓的人[3]。他的另外一个名称是拉伊西（富足的人），因为他是第一个收缴战利品后把这些财产交给族人的人，故得名"拉伊西"。阿拉伯人把财产称为"磊西"、"磊雅西"[4]。学者们对盖哈坦有三种解释：一、他是阿丹之孙伊莱麦的后裔。同样，学者们对他与伊莱麦的血统关系持三种看法。二、他是阿毕尔（呼德）先知的后裔。关于他和呼德的血缘关系，还是有三种不同解释。三、他是伊布拉欣之子伊斯玛仪先知的后裔。关于他们之间的血缘关系，仍然有三种不同解释。伊玛目哈菲兹·艾布·欧麦尔已经在其著作《觉醒志》中叙述部落族源时详述了这一问题。

圣训中"他是一位阿拉伯人"的意思是，他是伊布拉欣迁徙到麦加之前的纯阿拉伯人，属于努哈先知的儿子萨米的后裔。按照（前面提到的）第三种说法，他属于伊布拉欣的后裔，但这种解释在谱系学家那里并不常见。安拉至知。据《布哈里圣训实录》记载："安拉的使者曾经过一群艾斯莱姆人，便说：'伊斯玛仪的后裔们啊！请射击吧！你们的祖先是一位弓箭手。'"[5] 艾斯莱姆族属于辅士，而辅士由安萨尼族的奥斯和赫兹勒吉人组成。当年安拉降洪水惩罚赛伯邑人，使之分崩离析，他们中一部分从也门迁往叶斯里卜，另一部分人迁往沙姆，被称为安萨尼人。这个名字缘于他们曾居住的那块有水的地区[6]。有人说该地区位于也门，也有学者说，该地区与穆善莱利地区较近。

有诗说："你可以去问，我们是优秀的群体。艾兹德是我们的血统，麻仪是安萨尼。"

圣训中说："他有十个阿拉伯儿子"，即属于也门阿拉伯人的这些原始部落都是他的后裔，但他们不是他的嫡系，他们间隔两辈或三辈人，正如谱系书籍中明确记录的那样。

圣训中说："他们中六人幸福，四人不幸"指的是洪灾之后有人继续居住原地，有人则迁居别处。

## 麦阿磊卜的水坝及洪水

水坝的事情是这样的：两山之间的雨水和山洪聚积起来，对当地居民造成了伤害，后来古代赛伯邑人的国王修筑了一道巨大而坚固的水坝，将两山隔开，后来水涨至两山一样高时，他们栽种了许多树木，并收获了大量非常优美的果实。正如格塔德等前辈学者说："一个女人头顶篮子在树下行走时，不用费力采撷，熟透的果实就会纷纷落下装满篮子。"[7] 这个水坝位于麦阿磊卜，与萨那有三站之遥，以"麦阿磊卜水坝"闻名于世。有学者说，那里没有苍蝇、蚊子、跳蚤等害虫。因为当地气候适宜，空气清新。他们获得安拉的如此恩惠，以便他们认主独一，并崇拜安拉。正如安拉所说："**在赛伯邑的居所，确有一个迹象。**"然后经文解释了这个迹象"**两个园子，陈列左右**"，即在两山的两端，有两个园子。这片土地就在两山之间。

"**你们食用你们养主的供养，并感谢他吧！一块肥沃的土地，一位至赦的养主**"，即如果你们坚持认主独一的信仰，安拉就会恕饶你们。

"**但是他们背弃了**"，即他们不认主独一，不崇拜安拉，也不感谢安拉所赐的恩典，却舍安拉去崇拜太阳。正如戴胜鸟对苏莱曼所说：❦我了解到你还不了解的事情，我由赛伯邑给你带来了一个确实的消息。我发现一个女人统治他们，她享有各种物品，她有一个巨大的宝座。我发现她和她的人民舍安拉而崇拜太阳，魔鬼为他们粉饰了他们的行为，并由正道上阻止了他们，所以他们不遵循正道。❧（27：22-24）

"**因此我就降洪水惩罚他们。**"伊本·阿拔斯等学者说，安拉打算惩罚赛伯邑人时，派遣了一种被称为"地鼠"的动物穿透水坝，以致洪水决堤。[8]

沃海布·本·穆南毕哈说，他们在古籍中发现这座水坝被老鼠所毁，故在水坝跟前一直养着许多猫，后来在安拉的意欲下老鼠胜过了猫，老鼠进入水坝后不断咬啮，最终将其穿透，致使水坝坍塌。[9]

格塔德等学者说："'地鼠'指一种老鼠，它们穿透了水坝底部，致使水坝疏松，洪水到来的时候将其冲垮，最终侵入山谷底部，破坏了所有的建筑和树木。"[10] 而两山之侧，因为水位降低而得

---

（1）以上这些后来都演变成部落名。——译者注
（2）《泰伯里经注》20：375；《提尔密济圣训全集诠释》；9：88。
（3）语源学上"赛伯邑"有随便发誓之意。——译者注
（4）"磊雅西"是"拉伊西"的词根。——译者注
（5）《布哈里圣训实录诠释——造物主的启迪》6：621。
（6）安萨尼意义为"美丽富饶的"。——译者注

（7）《泰伯里经注》20：376。
（8）《泰伯里经注》20：378、380。
（9）《泰伯里经注》20：381。
（10）《泰伯里经注》20：381。

不到浇灌，所以树木纷纷枯萎，曾经果实累累、景色宜人、绿意盎然的树木已经不复往日。正如安拉所言："并把他们的两个园子变成生产苦果、柽柳和少数酸枣树的园子。"伊本·阿拔斯等学者说，"苦果"指牙刷树，其果实叫"白磊勒"。

伊本·阿拔斯认为，"أثل"指柽柳；其他学者说，经文指一种和柽柳相似的树；也有学者认为经文指橡胶树。安拉至知。[1]

"少数酸枣树"，曾经优美的果实，被换成一些酸枣树。经文描述了两座曾经果实累累、景色优美、绿荫浓密、流水潺潺的园子，变成满是荆棘、果实寥寥的牙刷树、柽柳和酸枣树的景象。那是因为他们忘恩负义、举伴安拉、否认真理、趋向谬误的结果。

清高伟大的安拉说："那是因为他们忘恩负义而给他们的报应，我只惩罚忘恩负义的人"，即我只因为他们的忘恩负义而惩罚他们。穆佳黑德解释为：我只惩罚忘恩负义之人。[2]哈桑·巴士里说："伟大安拉的语言是至实的！他使忘恩负义者只能自食其果。"

❝ 18.在他们与我曾赐福的那些城镇之间，我已安置了许多明显的城镇，我在它们之间制定了驿站距离，"你们在夜晚和白天在其间平安地旅行吧。"❞

❝ 19.但是他们说："我们的主啊！求你使我们的驿站之间的距离加长。"他们亏待了自身，所以，我使他们成为（被传说中的）话题，并使他们分崩离析，对于每一个坚忍和感恩的人，其中确有种种迹象。❞

### 赛伯邑的贸易及其贸易的终结

赛伯邑人曾经生活美满，土地肥沃，庄园鳞次栉比，收获大量的果实和庄稼。以致他们中的旅行者不需要携带水和路费，他们无论到哪里，都能获得水和水果，根据他们行程的安排和需要，他们可以在一个村镇午休，在另一村镇夜宿，可以说走到哪，那里就能得到所需的一切。因此清高伟大的安拉说："在他们与我曾赐福的那些城镇之间。"穆佳黑德等学者说，这些城镇指沙姆地区的村镇。换言之，他们经常通过这些鳞次栉比且相互邻近的明显村镇，从也门到叙利亚去。[3]

伊本·阿拔斯说，"我曾赐福的那些城镇"指圣城固都斯。[4]

"明显的城镇"，即这些城镇能够被旅行者清楚地看见，使他们能够在一个城镇午休，在另一个城镇夜宿。

因此说，"我在它们之间制定了驿站距离"，即我根据旅行者的需求，制定行程。

"你们在夜晚和白天在其间平安地旅行吧。"无论夜晚还是白天，你们都能平安地旅行。

"但是他们说：'我们的主啊！求你使我们的驿站之间的距离加长。'他们亏待了自身。"另一些学者读为："بَعِّدْ بَيْنَ أَسْفَارِنَا"（请使我们的驿站间距遥远）。正如伊本·阿拔斯等学者所说，他们忘恩负义，喜欢携带旅费，骑着骆驼到炎热的沙漠和旷野中冒险旅行，因而亏待了自己。

"所以，我使他们成为（被传说中的）话题，并使他们分崩离析"，即安拉使他们成为后辈谈论的话题，消磨漫漫长夜。人们在夜谈时谈论着安拉怎样巧妙地对待他们，怎么使臭味相投、生活奢靡的他们分崩离析，背井离乡。因此，阿拉伯人在形容分崩离析如鸟兽散去的情景时，总是说："他们像赛伯邑人一样分崩离析。"

"对于每一个坚忍和感恩的人，其中确有种种迹象"，即这些否认者所遭受的惩罚，对于每个忍受各种灾难，感谢安拉的仆人来说，确实是一种警示，且有许多迹象。安拉的使者说："我因为安拉对穆民的判决而惊奇：他遇到好事时，赞美他的养主，并感谢他；他遭遇不幸时赞美他的养主，并忍耐。穆民可以从一切事情中获得报酬，甚至可以从送到妻子口中的一口食品中获得报酬。"[5]

艾布·胡莱赖传述："穆民真奇特！安拉对他的判决对他都是好事情，他碰到喜事后感谢安拉，对他是一件好事情；他遭遇不幸后忍耐，对他仍然是一件好事情。除了穆民，任何人得不到这种优遇。"[6]

格塔德在解释这段经文时说："坚韧而感谢安拉的仆人多么优秀！当他获益时感谢，当他受到考验时忍耐。"[7]

❝ 20.伊卜厉斯在他们身上证实了它的猜测，因为除了一部分穆民外，他们全都追随了它。❞

❝ 21.倘若它对他们有何权力。那仅仅是以便我明确谁是归信后世的，谁对它是怀疑的。你的主是监护万物的。❞

---

(1)《泰伯里经注》20：382，383。
(2)《泰伯里经注》20：382、383；《伯厄威经注》3：555。
(3)《泰伯里经注》20：386、387。
(4)《泰伯里经注》20：386。
(5)《艾哈麦德按序圣训集》1：173；《圣训大集》6：263。
(6)《布哈里圣训实录诠释——造物主的启迪》10：108。
(7)《穆斯林圣训实录》4：1992。

### 伊卜厉斯在隐昧者身上证实自己的猜测

安拉前面讲述了赛伯邑人跟随私欲和恶魔的故事，在这里介绍与赛伯邑人相似的其他一些跟随私欲和恶魔、违背正道的人的情况。安拉说："**伊卜厉斯在他们身上证实了它的猜测。**"伊本·阿拔斯等学者认为，这段经文和表述伊卜厉斯拒绝为阿丹叩头的那段经文相似。[1]当时伊卜厉斯说：❧ 你看看吧，这就是你使他比我光荣的人吗？如果你宽容我到复生日，我一定会使他的子孙毁灭，除了极少数人外。❧（17：62）又❧ 我将由他们的前、后、右、左到达他们，你将会发现他们的大多数不是感谢的。❧（7：17）类似的经文很多。

"**倘若它对他们有何权力。**"伊本·阿拔斯认为"权力"指证据。

"**那仅仅是以便我明确谁是归信后世的，谁对它是怀疑的**"，即安拉使恶魔持有某种力量，能够对人们造成影响，只是为了鉴别哪些人归信后世、归信后世清算和报酬，并在今世认真拜主，而哪些人对此正信抱着怀疑态度，从而鉴别出真正的穆民。

"**你的主是监护万物的**"，虽然安拉在保护，但伊卜厉斯的追随者还是自投迷误，而那些追随众使者的穆民却平安无事。

❧ 22.你说："你们祈求你们舍安拉而虚构的吧。它们不掌握诸天与大地中一粒芥子的重量。它们在其中无份，它们中任何一个都不是安拉的助手。"❧

❧ 23.除了他所特许者外，（其余的人）在他那里求情是没有用途的。等到他们心中的恐惧消除时，他们就会说："你们的主说了些什么？"他们说："真理。只有他是清高的、伟大的。"❧

### 多神教徒的神的无能

清高伟大的安拉说，他是独一无偶、无求万物的主宰，他既无伙伴也无类似于他的，他独自执掌命令之权，没有任何分享者或争执者，也没有谁能够推翻安拉的命令。他说："**你们祈求你们舍安拉而虚构的吧**"，即你们舍安拉而祈求的"神"其实是不在的。

"**它们不掌握诸天与大地中一粒芥子的重量。**"正如安拉所言：❧ 你们舍他而祈求的，不掌握丝毫权力。❧（35：13）

"**它们在其中无份**"，即他们既不能独自掌握一件事物，也不能合伙掌握它。

"**它们中任何一个都不是安拉的助手。**"安拉不需要寻求任何一个偶像来帮助他处理事物，相反，万物都是需要安拉的，都是安拉的奴仆。

"**除了他所特许者外，（其余的人）在他那里求情是没有用途的。**"因为安拉太伟大了，所以在获得安拉的允许之前，任何人都不敢为任何事讲情。安拉说：❧ 除非他许可，谁能在他跟前说情？❧（2：255）又❧ 诸天中的许多天使，他们的求情无益于他们丝毫，除非安拉为他所意欲、所喜欢的人允许之后。❧（53：26）又❧ 他们只能替他所喜悦的人求情，他们由于敬畏他而诚惶诚恐。❧（21：28）

穆圣☉是人类的领袖，是安拉那里最伟大的讲情者。两圣训实录记载了一段安拉裁决万事时，穆圣☉站在"受赞美的地方"为全人类讲情的圣训："我为安拉叩头，他让我停留他所意欲的时间，他启示我一些我现在无法统计的赞美词，然后有声音说：'穆罕默德啊！抬起头！说吧，你的话被听着；要求吧，你会获得；讲情吧，你会被准情。'"[2]

---

（1）《泰伯里经注》20：392。

（2）《布哈里圣训实录诠释——造物主的启迪》8：248。

"等到他们心中的恐惧消除时,他们就会说:'你们的主说了些什么?'他们说:'真理。'"经文此处也在讲述安拉的伟大。安拉讲述他的启示时,天上的居民都听到了他的话,他们因为畏惧安拉而战栗,好像处于昏迷状态。这是伊本·麦斯欧迪等学者的解释。[1]

"等到他们心中的恐惧消除时……"伊本·阿拔斯、格塔德等学者认为,经文指当恐惧消除时……或当他们感觉平静时……

也有一些学者将这段经文读为"إذا فزع"(当他们感到空虚时),按照这种读法,经文的意思是:他们互相询问,安拉说了什么?此后,担负阿莱什的天使把这个消息传达给接近他的天使,这一层天使再将它传达给下一层天使……依此类推,直到消息到达最近的天的居民。

因此,清高伟大的安拉说:"他们说:'真理'",即他们毫不增加或删减地回答了安拉所说的话。

"只有他是清高的、伟大的。"《布哈里圣训实录》记载了解释这段经文的一段圣训,艾布·胡莱赖传述,安拉的使者说:"当安拉判决天上的一件事情时,天使们拍打着翅膀,表示服从,好像链条撞击光滑的石头所发出的声音一样。直到他们(众天使)心中的恐惧被解除的时候,他们才说:'你们的主说了什么?'他们说:'真理。只有他是清高的、伟大的。'此后盗听者听到了它。盗听者们也是如此,部分比部分高级——苏富扬分开他的手指比画着盗听者的情况。有些盗听者侥幸将听到的话一层一层地传达到地面上,最后传到占卜者或魔术师的嘴中;有些盗听者把话传给另一个盗听者之前,被追上的流星所击毙。而有些在被赶上前已将话传出去了,听到者要在其基础上加上一百个谎言。但有些人(还是信仰占卜者们)说,难道他在某某时间没有给我们告诉某某消息吗?因此,占卜者们因为从天上听到的那句话而得到人们的信任。"[2]安拉至知。

❧ 24.你说:"谁由诸天与大地供养你们?"你说:"是安拉。的确,我们或你们若不是在正确的引导之下,就是在明显的错误当中。"❧

❧ 25.你说:"关于我们的过错,你们不会被询问;关于你们所做的,我们也不被询问。"❧

❧ 26.你说:"我们的主将集合我们,然后,在我们之间以真理裁决。只有他是判决者,全知者。"❧

❧ 27.你说:"你们让我看看你们将其和安拉同等看待的那些(伪神)。绝不能。他是优胜的、明哲的安拉。"❧

### 安拉在任何事务中都没有伙伴

清高伟大的安拉强调说,只有他掌握创造和供养,也只有他独具受拜性。正如人们所承认的那样——只有安拉从天上降雨和在地上生产庄稼来供养他们。事实就是如此,他们应当知道应受崇拜的,惟有安拉。

"我们或你们若不是在正确的引导之下,就是在明显的错误当中",即这两伙人水火不容,其中必定有一伙人追随谬误,另一伙人坚持正道,你们和我们不可能都是获得正道的或都是陷入迷误的。我们已经树立明证,证明你们的以物配主行为是谬误的。

格塔德说,圣门弟子们对多神教徒说:"以安拉发誓,我们和你们情况不同,两派中只有一派坚持着正道。"[3]艾克莱麦等学者解释说:"我们坚持着正道,而你们处于明显的迷误之中。"[4]

"你说:'关于我们的过错,你们不会被询问;关于你们所做的,我们也不被询问。'"经文通过这种方法说明穆斯林和隐昧者毫无瓜葛。换言之,你们不属于我们,我们也不属于你们。我们号召你们崇拜独一无偶的安拉,如果你们响应我们,我们都是一样的,如果你们不响应,我们和你们没有关系,你们也和我们没有关系。正如安拉所言:❧如果他们不信你,你说:"我有我的工作,你们有你们的工作。你们和我所做的无关,我也与你们所做的无关。"❧(10:41)又❧隐昧者们啊!我不拜你们所拜的,你们也不拜我所拜的,我不会拜你们所拜的,你们也不会拜我所拜的,你们有你们的宗教,我有我的迪尼。❧(109:1-6)

"你说:'我们的主将集合我们'"。在复生日,安拉要将万物集中在一块平地上,然后凭真理在他们间判决(即公正地判决)。使每个行善者和作恶者,都得到应有的奖罚。那天,你们将知道尊严、胜利和永远的幸福属于谁。安拉说:❧复活日实现之时,他们将被彼此分开。至于那些归信和行善的人,他们将在乐园中得到快乐。而那些不归信,并否认我的迹象及后世相会的人,这等人,将面临刑罚。❧(30:14-16)因此,安拉说:"只有他是判决者、全知者",即安拉是公正的统治者,

---

[1]《泰伯里经注》20:396。
[2]《艾布·达乌德圣训集》4:288;《提尔密济圣训全集诠释》9:90;《布哈里圣训实录诠释——造物主的启迪》8:398;《伊本·马哲圣训集》1:69。
[3]《泰伯里经注》20:401。
[4]《泰伯里经注》20:401。

他知道一切事物的本质。

"**你说：'你们让我看看你们将其和安拉同等看待的那些（伪神）。'**"即你们给我看看那些伪神，你们曾认为它们与安拉是相等的。

然而，"**绝不能**"，即任何物都不和安拉相似相等，也没有任何物是安拉的伙伴或对应者。

因此说，"**他是优胜的、明哲的安拉。**"他是独一无偶的安拉，他具有征服万物的尊严，他的言行、法律和规定，都是精确而富有哲理的。赞美他多福而清高！他超绝于多神教徒所说的一切。安拉至知。

❁ **28.我只派遣你作为全人类的报喜者和警告者，但是大多数人不知道。** ❁

❁ **29.他们说："如果你是诚实的，那么这个约期什么时候将会实现？"** ❁

❁ **30.你说："你们有某日的约期，你们不能使它延缓一刻，也不能使它提前。"** ❁

### 穆圣❁是被派向全人类的使者

清高伟大的安拉对其仆人和使者穆罕默德说："**我只派遣你作为全人类的报喜者和警告者**"，即穆圣❁是派遣给所有人的。安拉说：❁ 你说："世人啊！我是被派遣给你们全体的安拉的使者。" ❁（7：158）❁ 赞安拉多福！他降给他的仆人准则，以便他做众世界的警告者。 ❁（25：1）

"**报喜者和警告者。**"你给顺从你的人以乐园报喜，给违抗你的人以火狱警告。

"**但是大多数人不知道。**"正如安拉所言：❁ 大多数人不是信士，虽然你渴望（他们信仰）。 ❁（12：103）又 ❁ 如果你服从大地上多数的人，他们就会使你迷失安拉的道路。 ❁（6：116）

穆罕默德·本·凯尔卜在解释"**我只派遣你作为全人类的报喜者和警告者**"时说："安拉派遣穆罕默德去劝化阿拉伯人和非阿拉伯人，所以在安拉看来，他们中最尊贵的人，就是最顺服安拉的人。"[1]安拉的使者❁说："我获得的五项优遇是在我之前任何一位先知未曾得到过的。我获得了一月行程的威力[2]；整个大地为我而成为礼拜场所和清洁地[3]；战利品对于我是合法的；我获得了（后世的）说情权；先知们通常都被派往自己的民族，而我却被派往全人类。"[4]又"我被派向黑色的和

红色的"。穆佳黑德说圣训指精灵和人类，其他学者认为指阿拉伯人和非阿拉伯人。两种解释都是正确的。[5]

### 隐昧者关于复生时间的询问以及对他们的驳斥

隐昧者们否认复生时的来临。"**他们说：'如果你是诚实的，那么这个约期什么时候将会实现？'**"清高伟大的安拉指出：❁ 那些不信它（复活时刻）的人希望它加速实现。归信的人却是怕它的，并知道它就是真理。 ❁（42：18）

"**你说：'你们有某日的约期，你们不能使它延缓一刻，也不能使它提前'**"，即穆圣❁对他们说，你们有一个明确的丝毫不被更改的期限，那期限来临时，一刻不能提前，一刻也不能推后。安拉说：❁ 的确，安拉的期限到达时不能迟延，如果你们知道。 ❁（71：4）❁ 我只延缓它到预定的期限。当那一天到来时，除了他（主）的准许之外，将没有人说话，他们当中有不幸的，也有幸福的。 ❁（11：104-105）

❁ **31.隐昧的人说："我们不信这《古兰》，也不信在它以前的（经典）。"如果你能看见不义者被带到他们主的面前，他们互相指责，那些弱者对高傲的人们说："如果不是你们，我们一定已经成为信士！"如果你能看到那一时刻……** ❁

❁ **32.高傲的人对那些被欺压的人说："在引导到达你们之后，我们曾阻止你们去接受它了吗？不，你们就是犯罪者。"** ❁

❁ **33.那些被欺压的人对高傲的人说："不然，那是夜晚和白天的阴谋，那时你们命令我们否认安拉，并为他设立一些对等者！"当他们目睹刑罚时，他们就后悔了。我把枷锁戴在隐昧者的颈上，他们只受到自己行为的还报。** ❁

### 隐昧者在今世否认真理，在后世则纷争不休

清高伟大的安拉说，隐昧者执迷不悟，冥顽不化，否认《古兰》，不相信《古兰》所表述的归宿。"**隐昧的人说：'我们不信这《古兰》，也不信在它以前的（经典）。'**"因此，安拉警告隐昧者，并介绍他们在他跟前相互争执的可卑场景，说："**他们互相指责，那些弱者对高傲的人们说：'如果不是你们，我们一定已经成为信士！'**""**弱者**"指追随者，"**高傲的人**"指领导和头目。即弱者说，若不是你们阻碍我们，我们早

---

(1)《泰伯里经注》20：405。
(2)即穆圣的威慑力可穿越千山万水。——译者注
(3)我的民族将征服整个大地，并在任何地方礼拜，在没有水的地方，他们可以做代净。——译者注
(4)《布哈里圣训实录诠释——造物主的启迪》1：519。

(5)《艾哈麦德按序圣训集》5：145。

就跟随使者,并归信了他们所带来的一切。但那些领导和头目(骄傲者)说:"在引导到达你们之后,我们曾阻止你们去接受它了吗?"即我们只不过号召了你们而已,而你们在没有任何证据的情况下跟随了我们,你们为了满足自己的欲望,并在自由选择的前提下,违背了众使者带来的明证。

他们辩驳说:"'不,你们就是犯罪者。'那些被欺压的人对高傲的人说:'不然,那是夜晚和白天的阴谋'",即你们日夜不停地对我们施展阴谋诡计,欺骗我们,迷惑我们,告诉我们你们坚持着真理,并在做一件伟大的事业,转眼间我们发现这些都是谬论和谎言。

格塔德和伊本·栽德在解释"那是夜晚和白天的阴谋"时说:"那是你们在白天和夜晚的阴谋。"[1]

"那时你们命令我们否认安拉,并为他设立一些对等者!"即和安拉相对等的一些神。你们挑起疑虑,为我们提供一些子虚乌有的东西,以便误导我们。

"当他们目睹刑罚时,他们就后悔了。"无论追随者,还是他们的头目,全都因为以前的罪行而后悔不迭。

"我把枷锁戴在隐昧者的颈上。""枷锁",这是一种将手捆绑到脖子上的刑具。

"他们只受到自己行为的还报。"安拉将根据他们的行为惩罚他们。无论是领导者还是他们的追随者,根据他们各自的所作所为,都有相应的刑罚等待着他们。他(主)说:"你们全都有加倍的。不过,你们不知道。"(7:38)使者说:"火狱的居民被驱赶到火狱跟前时,迎接他们的是火焰,烈火将烧灼他们,他们身上的肉都要落至踝骨部位。"[2]

◆ 34.每当我派遣一位警告者到一座城镇,他们中的奢华者必定要说:"我不信你们被赋予的使命。"◆

◆ 35.他们说:"我们的财富和子嗣是最多的,我们不可能是受到惩罚的。"◆

◆ 36.你说:"的确,我的主使他所意欲之人给养宽裕,也使他所意欲之人窘迫,但是大多数人不知道。"◆

◆ 37.你们的财富和你们的儿子,不能使你们接近我。而归信并行善的人则不然。这些人,会由于他们的行为而获得加倍的回赐,他们将平安地居住在高楼之中。◆

◆ 38.那些自以为是而竭力反对我的启示的人,都将被带去受惩罚。◆

◆ 39.你说:"的确,我的主能使他所意欲的仆人给养宽裕,也能使之窘迫,不论你们花费什么,他都会补还。他是最好的供应者。"◆

## 奢华者否认使者,他们因为对财富和儿女的追求而自欺欺人

清高伟大的安拉安慰穆圣,命令他学习以前的使者,并告诉他安拉每派一位先知,就会遭到奢华者的反对,跟随先知的往往是一些弱者。正如努哈的族人对他所说:◆ 在最下贱的人们追随你的情况下,我们能归信你吗?◆(26:111)又:◆ 我们看来你只不过是和我们一样的人罢了,除了我们当中最下贱的人不假思索地归信你之外,我们没有看见其他人追随你。◆(11:27)撒立哈的民族中的一些大人物对本族中被欺压的人们说:◆ "你们确实知道撒立哈是他的主差遣来的吗?"他们说:"我们归信已经降给他的(启示)。"那群高傲的人说:"我们不信你们所信仰的。"◆(7:75-76)安拉说:◆ 就这样,我使他们相互考验,以便

---
(1)《泰伯里经注》20:408。
(2)《先贤的盛装》4:363。

他们说:"难道这些人就是在我们当中安拉所特慈的人吗?"难道安拉不是至知感恩者吗?》(6:53)就这样,我在每一个城市设了一些罪魁,以便他们能在那里用诡计。》(6:123)当我要毁灭一个城市时,我命令它的享乐者们(行善),而他们却在那里作恶。所以判词就对它实现了,我就完全毁灭它。》(17:16)

"每当我派遣一位警告者到一座城镇","警告者"指先知或使者。

"他们中的奢华者必定要说","奢华者"指有权有势者;格塔德认为经文指强暴者,罪魁祸首。(1)

"我不信你们被赋予的使命",即我们不信仰它,也不执行它。

安拉介绍那些否认真理的奢侈者时说:"他们说:'我们的财富和子嗣是最多的,我们不可能是受到惩罚的。'"即他们因为多子多财而沾沾自喜,认为这是安拉喜爱他们、重视他们的证据,既然安拉在今世中赐给他们这些儿女和财富,就不会在后世中惩罚他们。

这种猜测何其荒谬!难道安拉没有说过下列经文吗?他们可曾想过,我以财产和子嗣襄助他们。(是为了)我使他们立即得到一切美好的东西吗?不,他们不了解。》(23:55-56)又不要让他们的财富和他们的子孙使你惊奇。安拉欲以此在今世惩罚他们,使他们的性命在不信的情况下消逝。》(9:55)又让我独自处理我所造化的吧。我赐给他丰富的财富,和在身边的子女。我给他们完全铺展,然而他却奢望我再增加。不然!因为他一直反对我的迹象,我将对他施加困难。》(74:11-17)

安拉确曾讲过两个园子的主人的情况,他儿女众多,相当富有,但这些对他没有用处,在后世来临之前,在今世中他就变成一无所有。

因此,清高伟大的安拉让使者说:"你说:'的确,我的主使他所意欲之人给养宽裕,也使他所意欲之人窘迫'",即他把财富给予他喜爱的人,也给予他不喜爱的人。他愿意使谁富裕,就使其富裕;愿意使谁贫穷,就使之贫穷。其中确有深刻而完美的哲理,有绝对可靠的理由,"但是大多数人不知道"。

"你们的财富和你们的儿子,不能使你们接近我",即安拉赐一个人财富和儿女,并不说明安拉喜爱这个人,并重视他。安拉的使者说:"安拉不看你们的形象和你们的财富,但他要看你们的内心和工作。"(2)

同时,清高伟大的安拉说:"**而归信并行善的人则不然**",即你们的归信和善功,能使你们接近安拉。"**这些人,会由于他们的行为而获得加倍的回赐。**"他们所做的每件善事,会得到十倍乃至七百倍的回赐。

"**他们将平安地居住在高楼之中**",即他们安居在乐园中巍峨的居所中,不受伤害,没有恐惧,也不用防范任何不测。安拉的使者说:"乐园中有一些高楼,从里面能看到外面,从外面能看到里面。"有一位游牧人问:"这些高楼属于谁?"使者说:"属于语言优美,提供食物,长期封斋,并在人们睡觉时礼拜的人。"(3)

"**那些自以为是而竭力反对我的启示的人**",即那些竭力阻止人们步入主道、跟随使者、相信安拉经文的人。"**都将被带去受惩罚**",即他们全部要根据自己的情况,得到其行为的报应。

"**你说:'的确,我的主能使他所意欲的仆人给养宽裕,也能使之窘迫'**",即安拉使一个人富裕或困难,只有安拉知道其中的深刻理由。安拉说:你看我如何使他们中的一些人优越于另一些人,后世的确是品级更高和更为优越的。》(17:21)即人们在今世中有明显差别,有人贫穷潦倒,有人富贵荣华;后世中也是如此,有人在高楼中享受高品,有人在最低层的火狱遭受惩罚。

今世中最幸福的人如同穆圣所说:"有了正信,并获得足够的给养,同时满足于安拉赐给他财富的人是成功的。"(4)

"**不论你们花费什么,他都会补还**",即只要你们根据安拉的命令或允许花费财产,无论花费什么,安拉都会在今世中以相应的财富给予补偿;在后世还要给予更大的奖励和回赐。正如圣训所说:"清高伟大的安拉说,你(为别人)花费吧!我会为你而花费的。"(5)另一段圣训中说,每日清晨都有两位天使出现,一位呼唤:"主啊!让吝啬者遭受损失!"另一位呼唤:"主啊!请给花费者给予补偿。"(6)安拉的使者说:"比拉勒啊!你花费吧!不要担心拥有阿莱什的主宰使人贫穷(意思是安拉不会使花费者贫穷)。"(7)

**40.那天他将集合他们全体,然后他对众天使**

---

(1)《泰伯里经注》20:409。

(2)《艾哈麦德按序圣训集》2:539;《伊本·马哲圣训集》2:1388;《穆斯林圣训实录》4:1987。
(3)《伊本·艾布·西白》8:437。
(4)《穆斯林圣训实录》2:730。
(5)《穆斯林圣训实录》1:691。
(6)《穆斯林圣训实录》1:700。
(7)《圣训大典》10:191。

说：" 这些人过去在崇拜你们吗？"❧

❦ 41.他们说："赞你清净！你是我们的保护者，而他们不是。不然，他们曾崇拜精灵，他们大都信仰他们。"❧

❦ 42.那天，他们互相不掌握利害。我对不义者们说："尝试火的刑罚吧！那是你们曾不信的。"❧

### 复生日天使和崇拜他们的人相互断绝关系

清高伟大的安拉将在众生面前警告多神教徒，他们曾妄称他们崇拜的天使是与安拉对等的神（他们妄称他们的偶像就是天使的化身），可以使他们接近安拉。安拉将问天使们："**这些人过去在崇拜你们吗？**"即你们曾命令这些人崇拜你们吗？正如《准则章》所说：❦ 是你们引导我的仆人走入了迷途，还是他们自己投向迷误的呢？❧（25：17）又如安拉对尔撒所说：❦ "麦尔彦之子尔撒啊！难道你曾对人们说，你们当舍弃安拉而以我和我的母亲为主宰吗？"他说："赞你超绝万物！我绝不会说我无权说的话。"❧（5：116）众天使也是同样，他们说："**赞你清净！**"即你清高无染，神圣无比，除你之外再无神灵。

"**你是我们的保护者，而他们不是**"，即我们是你的仆民，我们向你表示：我们和这些人没有关系。"**不然，他们曾崇拜精灵**"。这里的"精灵"指恶魔。因为恶魔迷惑了他们，使他们认为崇拜偶像是非常美好的事情，并且误导了他们。

"**他们大都信仰他们。**"正如安拉所言：❦ 他们除安拉外只乞求女神，只乞求顽固的恶魔——愿安拉诅咒它！❧（4：117-118）

清高伟大的安拉说："**那天，他们互相不掌握利害。**"你们崇拜那些伪神，指望在艰难困苦的时候它们赐福你们，然而今天它们不能给你们带来任何益处或害处。

"**我对不义者们说。**""不义者"指多神教徒。"**尝试火的刑罚吧！那是你们曾不信的。**"他们被告知这些话，以便遭受羞辱和警告。

❦ 43.当有人向他们诵读我的明白的启示时，他们说："他只是一个企图阻止你们崇拜你们祖先所崇拜的（神灵的）人。"他们又说："这只不过是捏造的谎话。"当真理来临时，那些隐昧的人说："这只不过是一项明显的魔术罢了！"❧

❦ 44.我不曾赐给他们一部他们可以学习的经典，也不曾在你以前对他们派遣过警告者。❧

❦ 45.他们以前的人曾经不信，而这些人还不曾获得我赐给以前那些人的十分之一，就不信我的使者们了。我的憎恶是如何的？❧

### 隐昧者对众先知的诽谤以及安拉对隐昧者的驳斥

清高伟大的安拉说，隐昧者们应该遭受惩罚和苦刑。因为每当有人给他们诵读安拉的明确经文，并且他们从安拉的使者口中听到这些新奇的句子时，"**他们说：'他只是一个企图阻止你们崇拜你们祖先所崇拜的（神灵的）人。'**"即他们认为自己祖先的宗教是真理，使者带给他们的是谬误。愿他们和他们的祖先遭受安拉的诅咒！

"**他们又说：'这只不过是捏造的谎话。'**"他们认为《古兰》是杜撰的。

"**当真理来临时，那些隐昧的人说：'这只不过是一项明显的魔术罢了！'**"

清高伟大的安拉说："**我不曾赐给他们一部他们可以学习的经典，也不曾在你以前对他们派遣过警告者**"，即《古兰》之前，安拉没有给阿拉伯人降示过任何经典，在穆罕默德之前，安拉也没有给阿拉伯人派遣过任何一位先知。而阿拉伯人此前一直盼望着这些美好的事情在他们中间发生。他们说假若有警告者来临我们，或者有一部经典降于我们当中，我们一定比其他人更坚持正道。然而，当安拉把这些恩典赐给他们后，他们却忘恩负义，顽抗到底。

"他们以前的人曾经不信"，即以前的民族曾经不信。

"而这些人还不曾获得我赐给以前那些人的十分之一。"伊本·阿拔斯等学者解释说："今人获得的力量不及前人的十分之一。"[1] 正如安拉所言：❴ 我确曾赐给他们我不曾赐给你们的地位。我赐给他们耳朵、眼睛和心灵，但是他们的耳朵、眼睛和心灵对他们无益。因为他们不信安拉的启示，而他们当初所嘲笑的却降临了他们。❵（46：26）又 ❴ 难道他们没有旅行大地，去看看他们以前的那些人的结果如何吗？他们比这些人数目更多，力量和在大地上的影响更大。❵（40：82）即他们所拥有的这一切不能替他们抵挡安拉的惩罚，事实上，当他们否认安拉的使者之际，安拉毁灭了他们。因此，安拉说："……**就不信我的使者们了。我的憎恶是如何的？**""憎恶"指惩罚、警告，以及使者的援助。

❴ 46. 你说："**我只忠告你们一件事，就是你们应当为了安拉，双双地或是单独地站起来深思。你们的同伴没有疯，他只是在严厉刑罚降临前的警告者。**"❵

### 多神教徒诽谤穆圣是疯子如何辨别多神教徒的诽谤

清高伟大的安拉说，穆罕默德啊！你对这些妄称你是疯子的隐昧者说："**我只忠告你们一件事**"。这一件事情"**就是你们应当为了安拉，双双地或是单独地站起来深思。你们的同伴没有疯**"。你们当虔诚地为安拉站起来，不能带任何私欲或宗派观念。然后你们互相问：穆罕默德有疯病吗？这样，你们中的一部分人就会忠告另一部分人。

"**深思**"，即你们当以推己及人的态度看待穆罕默德的情况，如果你们自己想不通，还可以问问别人，并且要用心考虑。因此说，"**就是你们应当为了安拉，双双地或是单独地站起来深思。你们的同伴没有疯**"。以上是根据穆佳黑德等学者的观点作出的解释。[2]

"**他只是在严厉刑罚降临前的警告者。**"布哈里引用艾布·胡莱赖所传的一段圣训解释了这段经文。他说有一天安拉的使者登上索法山高呼："啊！人们。"古莱什人闻言纷纷赶来，问："你有什么事？"使者说："如果我告诉你们，敌人将在清晨或夜晚袭击你们，诸位相信吗？"众人说："相信。"使者说："我确实是严厉的刑罚降临之前的警告者。"艾布·莱海卜闻言说："真该死！你召集我们，就是为了这件事情吗？"因此安拉降示了：❴ 愿火焰之父的双手毁灭吧，他已经毁灭。❵（111：1）前面在注释❴ 你当警告你的近亲。❵（26：214）时，已经注释了相关问题。[3]

❴ 47. 你说："**我不曾向你们要求任何报酬，那是属于你们的。我的报酬只由安拉掌握。他是见证万事的主。**"❵

❴ 48. 你说："**我的主的确投掷（降示）真理，他尽知一切幽玄。**"❵

❴ 49. 你说："**真理已经来临，谬误即将消逝，不再复出。**"❵

❴ 50. 你说："**如果我迷误，我只是自误；倘若我获得引导，那是由于我的主给我的启示。他是全听的、临近的。**"❵

### 穆圣不因传达使命而向人们索要报酬

清高伟大的安拉命令使者对多神教徒们说："**我不曾向你们要求任何报酬，那是属于你们的。**"我不会因为向你们传达安拉的信息、忠告你们、命令你们崇拜安拉而向你们索要任何报酬或赏赐。

"**我的报酬只由安拉掌握**"，即我只向安拉要求报偿。

"**他是见证万事的主**"，即安拉知道一切事情，了解我对他的表述，他派遣我劝化你们。他也了解你们的情况。

"**你说：'我的主的确投掷（降示）真理，他尽知一切幽玄。'**"另一段经文说：❴ 他使发自他命令的精神降到他所意欲的任何一位仆人。❵（40：15）即安拉派遣天使去大地上他所意欲的仆人那里，安拉尽知一切幽玄，诸天与大地中任何事物都不能隐瞒他。

"**你说：'真理已经来临，谬误即将消逝，不再复出。'**"即来自安拉的真理和伟大的法律降临了，谬误完全消逝了。安拉说：❴ 不然，我投掷真理打击谬误，所以真理粉碎了谬误。谬误转瞬即逝了。❵（21：18）因为安拉的使者征服麦加之日

---

(1)《泰伯里经注》416、417。
(2)《泰伯里经注》20：418。
(3)《布哈里圣训实录诠释——造物主的启迪》8：400。

进入禁寺，看到陈列在天房中的偶像后，用他弓柄的两端（弯曲部分）不停地击打其中的一座偶像，并念道：⟪ 你说："真理来了，谬误消失了。谬误最终是要消失的。"⟫（17：81）**"真理已经来临，谬误即将消逝，不再复出。"** 布哈里等圣训学家传述。(1)

**"你说：'如果我迷误，我只是自误；倘若我获得引导，那是由于我的主给我的启示。'"** 一切美好的事情，都来自安拉。安拉下降的启示和灿烂的真理中，蕴含着引导、阐释和真理。谁迷误，那完全是他个人的事情，正如有人曾向伊本·麦斯欧迪请教一件关于全权委托的事情时，伊本·麦斯欧回答说："我只能在其中发表个人意见，如果说对了，那（答复）来自安拉；如果说错了，它（我的答复）来自我个人和恶魔。安拉及其使者与其无关。"(2)

**"他是全听的、临近的"**，即安拉倾听着众仆的一切言语，安拉是临近的，只要仆人祈求他，他立即会应答他。两圣训实录辑录："你们祈求的不是聋子，也不是虚无的，你们祈求的是全听、临近和答应（祈求）的安拉。"(3)

⟪ 51.假若你能看见那个时期⋯⋯他们张皇失措地无处逃避，并在邻近的地方被捉拿。⟫

⟪ 52.他们将会说："我们归信了它。"但是他们哪能从那样遥远的地方获得信仰呢？⟫

⟪ 53.他们以前确不信它，那时他们是在一个遥远的地方揣测幽玄。⟫

⟪ 54.他们与他们的希望之间被隔开了，就好像以前他们的同类所遭遇的一样。他们确实在不安的疑虑当中。⟫

清高伟大的安拉说，穆罕默德啊！你在复生日看到这些否认者惊恐万状，无处藏身，无处躲避，无路可逃⋯⋯**"并在邻近的地方被捉拿"**，他们没有逃跑的任何机会，一开始就被逮捕。哈桑·巴士里说："经文指他们刚从坟墓中出来的时候。"(4) **"他们将会说：'我们归信了它。'"** 即在复生日他们说我们归信了安拉、天使、经典和众使者，正如安拉所说：⟪ 如果你能看见那些有罪的人在他们的主跟前垂下他们的头说道："我们的主

啊！我们已看见了，也听到了。你让我们回去，我们一定会行善，我们是确信者。"如果你看到这种情况⋯⋯⟫（32：12）

清高伟大的安拉说："**但是他们哪能从那样遥远的地方获得信仰呢？**"即他们已错过了接受信仰的场合，在后世，怎么获得信仰呢？而后世是报应之地，绝非考验之地。假若他们在今世中归信了，那对他们是有益的，但他们到了后世，他们的信仰是没有理由被接受的，正如一个人伸手去取放在遥不可及的某个地方的一件东西。

穆佳黑德说，"**但是他们哪能从那样遥远的地方获得信仰呢**"指他们怎能获得它呢？(5) 祖海里解释说："今世已经逝去，处于后世中的他们，怎么得到今世中的它呢？"哈桑·巴士里解释："他们痴心妄想，想从遥远的地方（凭空）获得信仰。"

"**他们以前确不信它**"，他们在今世否认了真理，并反对众使者，到了后世怎能获得信仰呢？

"**那时他们是在一个遥远的地方揣测幽玄。**"栽德·本·艾斯莱姆解释说"他们一味猜测"。笔者说：这段经文的表达方法如下列经文：⟪ 这是由于对未见之事的猜测。⟫（18：22）因为多神教

---

(1)《布哈里圣训实录诠释——造物主的启迪》8：252；《穆斯林圣训实录》3：1409。
(2)《艾布·达乌德圣训集》2：589。
(3)《圣训大集》6：438；《布哈里圣训实录诠释——造物主的启迪》9：158；《穆斯林圣训实录》4：2076。
(4)《泰伯里经注》20：423。

(5)《散置的珠宝》6：714。

徒们时而说穆圣是诗人，时而说他是占卜者，时而说他是魔术师，时而说他是疯子，极尽妄论、诽谤和恶意中伤之能事。他们不相信复活和后世的归宿，说：❪ 我们只是在臆测，我们决不确信。❫ （45：32）格塔德和穆佳黑德说："他们多方猜测，不相信复活、乐园和火狱。"

"他们与他们的希望之间被隔开了"，哈桑·巴士里等学者说："他们已经和信仰失之交臂。"[1] 寒丁伊解释："他们已经没有机会忏悔。"[2] 伊本·哲利尔选择了后一种解释。

穆佳黑德解释这段经文说，"他们的希望"指今世中的财产、浮华和家人。[3] 概言之，他们既无缘获得今世中所爱好的一切，也无缘满足后世的愿望。伊本·欧麦尔等圣门弟子都持这种观点。这也是布哈里等学者的观点，上述解释之间没有冲突。

"就好像以前他们的同类所遭遇的一样。"否认众使者的先民就是这样，安拉的惩罚降临时他们才盼望拥有正信，然而为时已晚，他们的企望不得实现。安拉说：❪ 当他们看到我的惩罚时，他们说："我们归信独一的安拉，并否认一切我们曾经为他所举伴的。"但是当他们已经看到我的惩罚时，他们的信仰对他们就没有用了。这就是安拉对待他的众仆的一贯方法，在那里，隐昧者们亏折了。❫（40：84-85）

"他们确实在不安的疑虑当中"，即他们在今世处于怀疑之中，因此当他们看到惩罚后，他们的信仰没有被接受。格塔德说："你们当远离怀疑，因为死于怀疑的人，将在同等的情况下被复生，死于信仰的人，也将在同等的情况下被复生。"

《赛伯邑章》注释完。愿清高伟大的安拉使我们获得真理。

## 《创造者章》注释　麦加章

奉普慈特慈的安拉之尊名

❪ 1.赞美安拉，他是诸天与大地的创造者，他使天使们成为具有两翼、三翼或四翼的使者。他在造化中随意增加，安拉的确是全能于万事的。❫

### 安拉的大能

伊本·阿拔斯说："我曾不理解'诸天与大地的创造者'是什么意思？后来有两个游牧人因为一口井而到我这里起诉，其中一人对另一人说：'我创造了它。'（我才明白他的）意思是'我最先挖掘了它'。"[4] 伊本·阿拔斯又说，"诸天与大地的创造者"指诸天和大地的最初造化者。[5]

端哈克说《古兰》中出现的"诸天与大地的创造者"都指诸天和大地的造化者。[6]

"他使天使们成为具有两翼、三翼或四翼的使者"，即安拉使天使成为他和他的众先知之间的使者，天使们展翅快速飞行，履行所奉的命令。有的天使有两个翅膀，有的有三个翅膀，有的有四个翅膀，还有的天使翅膀更多。圣训中说安拉的使者在登霄夜看到吉卜勒伊里天使有六百个翅膀，每两个翅膀如同东方和西方之遥。[7]

清高伟大的安拉说："他在造化中随意增加，安拉的确是全能于万事的。"赛丁伊解释说："安拉使有的天使翅膀更多，并按他的意愿创造他们。"[8]

❪ 2.安拉为人类所开启的一切仁慈，没有谁能够阻挡。他所不意欲赐给的，此后，也没有谁能够给予同样的。他是优胜的、明哲的。❫

### 没有任何力量阻挡安拉的慈悯

清高伟大的安拉说，他意欲发生的一切都会发生，他不意欲发生的一切都不会发生，没有任何力量能阻挡他的赏赐，或干涉他的拒绝。

---

(1)《泰伯里经注》20：430。
(2)《散置的珠宝》6：715。
(3)《泰伯里经注》20：431。
(4)《散置的珠宝》7：3。
(5)《散置的珠宝》7：3。
(6)《散置的珠宝》7：3。
(7)《布哈里圣训实录诠释——造物主的启迪》6：361。
(8)《散置的珠宝》7：3。

穆黑莱的仆人瓦磊德传述,穆阿维叶曾给穆黑莱·本·舒白写信:"请为我写来你从安拉的使者㊤那里听到的圣训。"穆黑莱命我回信,他命我写道:我听安拉的使者㊤在礼拜完毕后说:"应受拜者,惟有独一无偶的安拉,权力只归于他,赞美只属于他,他是全能万事的。主啊!没有谁能阻挡你所赏赐的,也没有谁能给予你所拒绝的,在你那里,富贵[1]对富贵者无益。"我还听他禁止人云亦云,问东问西,浪费财产,活埋女婴,忤逆母亲,拒绝义务和无理强求。[2] 艾布·赛尔德·胡德里说,安拉的使者㊤每次鞠躬完毕起身后念:"安拉听到了赞美者的赞美,我们的主啊!天地间的一切赞美和充满你所意欲的任何事物的赞美只属于你,应该受到颂扬的光荣的主啊!仆人最应该说的话是:我们都是你的奴仆,主啊!没有谁能阻挡你所赏赐的,也没有谁能赏赐你所拒绝的。在你那里,富贵对富贵者无益。"[3] 这段经文如同:"如果安拉使你遭受灾难,除他之外,没有谁能够解除它。如果你的主给你恩典,也没有人能阻碍他的恩惠。他使它降于他所意欲的仆人,他是至恕的、至慈的。"(10:107)类似的经文很多。

❁ 3.人们啊!你们要记着安拉对你们的恩典,在安拉之外还有任何造物者由天地供养你们吗?除他之外绝没有应受崇拜者。那么,你们究竟转变到哪里?❁

### 安拉独一的证据

清高伟大的安拉提醒他的众仆,并指导他们通过求证认识他的独一性,同样,认识他是独自创造和独自供养万物的,所以,人们应该只崇拜他,而不能将各种偶像和安拉相提并论。因此,安拉说:"除他之外绝没有应受崇拜者。那么,你们究竟转变到哪里?"即道理如此明确,你们还有什么理由去崇拜偶像呢?安拉至知。

❁ 4.如果他们否认你,那么,你以前的使者们也曾被否认,一切事务只归安拉。❁

❁ 5.人们啊!安拉的誓言确实是真实的,所以不要让今世的生活蒙骗了你们,也不要让骗子以安拉(的宽容)而蒙骗你们。❁

---
(1)指财产、儿女、地位等。——译者注
(2)《艾哈麦德按序圣训集》4:250;《布哈里圣训实录诠释——造物主的启迪》2:378、11:137、521;《穆斯林圣训实录》1:414、415。
(3)《穆斯林圣训实录》1:347。

❁ 6.魔鬼确实是你们的敌人,你们要把它当作敌人。它号召它的党羽,只为了他们成为火狱的居民。❁

### 以古代先知都曾遭受过否认这一事实,安慰在宣教中忧心如焚的穆圣㊤强调复活

清高伟大的安拉说,穆罕默德啊!这些举伴安拉的多神教徒反对你所带来的"安拉独一"信仰,(你不必忧愁)以前的先知们都是你的榜样。他们曾经像你一样向他们的民族昭示了明证,并命令他们只崇拜安拉,但遭到了族人的反对和否认。

"一切事务只归安拉。"安拉将因此给予他们最充分的报酬。

经文接着说:"人们啊!安拉的誓言确实是真实的",即归宿必然要实现。"所以不要让今世的生活蒙骗了你们。"今世生活与安拉为他的盟友及众使者的追随者所准备的福祉相比,确实微不足道,所以你们不要舍弃永恒而换取短暂的浮华。

"也不要让骗子以安拉(的宽容)而蒙骗你们。"伊本·阿拔斯认为"骗子"指恶魔。[4] 即你

---
(4)《泰伯里经注》20:438。

们不要受恶魔蛊惑而疏远安拉的使者，不信他的言辞。恶魔确实是骗子、说谎者和阴谋家。这段经文好比《鲁格曼章》结尾的下列经文：❦ 莫让今世生活蒙骗了你们，也不要让欺骗者借安拉名义蒙骗你们。❧（31：33）

然后安拉阐明了伊卜厉斯对人类的仇恨："**魔鬼确实是你们的敌人，你们要把它当作敌人**"，即伊卜厉斯与你们公开为敌，所以你们应当更加敌视它、反对它、揭穿它的骗局。

"**它号召它的党羽，只为了他们成为火狱的居民。**"恶魔的目的只是误导你们，然后和你们一同坠入火狱。它对人类的仇恨不言而喻。我们祈求强大优胜的安拉使我们成为恶魔的明敌，并使我们遵守安拉的经典，遵循使者的道路。安拉确实是全能万事的、响应祈求的。这段经文如同下列经文：❦ 当时，我对天使们说："你们向阿丹叩头。"除了伊卜厉斯之外他们全叩头了。它一直是精灵，它违背了它的主的命令。难道你们要舍弃我而以它和它的子孙作保护者吗？而它们却是你们的仇敌，不义者的倒行逆施真邪恶！❧（18：50）

❦ **7.那些否认者，将遭受严厉的刑罚。而那些归信并行善的人，要获得宽恕和重大的报酬。**❧

❦ **8.难道其罪行被魔鬼粉饰，然后认恶为善者（你对他们有办法）吗？安拉的确任他所意欲之人投向迷途，并引导他所意欲之人，所以你的内心不必为他们忧伤。安拉的确深知他们所做的。**❧

### 隐昧者和穆民在复生之日的还报

清高伟大的安拉说，伊卜厉斯追随者的归宿是火狱，然后说，否认者将遭受严厉的刑罚，因为他们顺从恶魔，违抗至仁主。

至于那些归信安拉及其众使者，"**并行善的人，要获得宽恕和重大的报酬**"，即安拉将宽恕他们以前所犯的罪恶，他们因为所做的善行而受到报酬。

"**难道其罪行被魔鬼粉饰，然后认恶为善者（你对他们有办法）吗？**"即隐昧者和作恶者们作恶多端，但他们认为自己在做好事，显然，他们已经陷入迷途，积重难返。对这种人，你有办法拯救吗？显然，你对这种人无可奈何。

"**安拉的确任他所意欲之人投向迷途，并引导他所意欲之人**"，这一切都依安拉的定然发生。

"**所以你的内心不必为他们忧伤**"，即你不必为此伤神。因为安拉的定然是富有哲理的，无论他引导谁或任谁迷误，其中必有深刻哲理，安拉对他的安排是非常清楚的。因此，安拉说："**安拉的确深知他们所做的。**"

❦ **9.安拉派遣风，兴起云，然后我驱使它到一个已死的土地，我以它复活已死的大地。复活就是这样的。**❧

❦ **10.无论谁追求尊严，（须知）一切尊严只属于安拉。佳言只升到他那里，善功将提高它。至于那些阴谋作恶的人，他们必遭受严厉的刑罚，那些人的阴谋必定失败。**❧

❦ **11.安拉由尘土造化你们，然后由一滴精液，然后他使你们成双成对。他知道任何女性的怀孕或是分娩，任何长寿者的长寿或（短寿者的）短寿，都在一部天经中。这对安拉确实是容易的。**❧

### 死后复活的证据

安拉经常以干枯的大地复得生机来类比说明后世的归宿，譬如在《朝觐章》之首，安拉要求众仆通过这种途径深思这一问题。那死气沉沉的、沉寂的大地寸草不生，但安拉差遣云，降下雨水后，❦ 它就颤动了，膨胀了，并且生出各种成双成对的美丽植物。❧（22：5）人体也是如此，当安拉要复活它时，就从阿莱什下面降下大雨覆盖大地，坟墓中的人体开始成长，正如种子在大地中成长那样。有段确凿的圣训中说："人体除了尾椎外每个部位都会腐朽，人被造于尾椎，还要从尾椎组合起来。"[1]

因此，清高伟大的安拉说："**复活就是这样的。**"艾布·鲁宰尼传述，我问："安拉的使者啊！安拉怎样复活亡者？其中可有证据？"使者说："艾布·鲁宰尼啊！你可曾经过你的族人荒芜的谷地？你再次经过时它不是绿意盎然吗？"我回答："是的。"使者说："安拉就这样复活亡者。"[2]

### 谁想在今世和后世获得尊严[3]，谁就应该崇拜尊严的主

"**无论谁追求尊严，（须知）一切尊严只属于安拉**"，即谁希望在今生后世中成为一个有尊严的人，那他就应该长期不懈地服从尊严的安拉，这样，他必定如愿以偿，因为安拉是今后两世的掌握

---

（1）《穆斯林圣训实录》4：2271。
（2）《艾哈麦德按序圣训集》4：12。
（3）"العزة"一词也有"优胜"之意。一般将它译为优胜的，也有"万能"、"权势"之意。——译者注

者，一切尊严都属于他。正如安拉所言：《其实，一切尊严只归安拉。》（4：139）又《他们的话莫要使你忧伤。的确一切光荣属于安拉。》（10：65）《尊严只属于安拉和他的使者以及归信者们，但是伪信士却不知道。》（63：8）

穆佳黑德解释说，谁想通过崇拜偶像求得尊严，那么他就错了，因为"**一切尊严只属于安拉**"。[1]

格塔德解释这段经文时说："追求尊严者应该通过顺从安拉去追求。"[2]

### 善功将升到安拉那里

清高伟大的安拉说："**佳言只升到他那里**。"据多位先贤说"佳言"指记主词、诵读《古兰》和祈祷。

伊本·麦斯欧迪说："如果我们给你们谈一段圣训，必定拿来《古兰》经文加以印证。当穆斯林仆人念了：'赞美安拉！赞美安拉，赞美安拉，应受拜者惟有安拉，安拉至大，安拉真多福[3]！'天使就将这些话放到他的翅膀下面飞到天空，他每经过一群天使，他们就为说这话的人求饶，直至那天使将这句话带到安拉跟前。"伊本·麦斯欧迪还念道："**佳言只升到他那里，善功将提高它**。"[4]

安拉的使者㊗说："那些赞美伟大的安拉，念'赞美安拉'（تسبيح）、'安拉至大'（تكبير）、'赞美安拉'（تحميد）、'安拉独一'（تهليل）的人，这些赞词萦绕在阿莱什周围，发出像蜜蜂一样的声音，记念着那些读赞词的人的名字。难道你们中有人不愿意这件事物成为他在那里长期被提及的原因吗？"[5]

"**善功将提高它**。"伊本·阿拔斯说："佳言是记念安拉，它会升到安拉那里。善功是履行主命，谁在履行主命当中记念安拉，他的行为将承载着他对安拉的记念（词）升到安拉那里。谁记念了安拉而没有完成主命，其言论将驳斥其行为，他更应该完成善行。"[6]

"**至于那些阴谋作恶的人**。"穆佳黑德等学者认为经文指沽名钓誉的人。[7]他们施展阴谋，使人们误以为他们在行善，事实上，他们因为沽名钓誉而遭受着安拉的恼怒。

---

（1）《泰伯里经注》20：443。
（2）《泰伯里经注》20：444。
（3）原文：سبحان الله وبحمده والحمد لله ولا إله إلا الله تبارك الله
（4）《泰伯里经注》20：444。
（5）《艾哈麦德按序圣训集》4：268；《伊本·马哲圣训集》2：1252。
（6）《泰伯里经注》20：445。
（7）《泰伯里经注》20：447。

"**他们必遭受严厉的刑罚，那些人的阴谋必定失败**"，即不过多久，在有心智的人那里，他们的诡计就会败露，因为人们所产生的任何想法，安拉都会使之显露在他们的表情和语言中。人的每个意向，都有安拉穿给它的一件大衣（即安拉必使人的心理活动在其外表有所显现），如果意向是好的，那是件好大衣，如果意向不良，那件大衣则是不好的。只有傻瓜才会被沽名钓誉者长期所骗，有观察力的信士们不会被他们所骗。在尽知幽玄的安拉那里，他们的心机昭然若揭。

### 安拉是创造者，是尽知幽玄者

清高伟大的安拉说："**安拉由尘土造化你们，然后由一滴精液**。"安拉用泥土创造了你们的始祖阿丹，然后由一滴卑微的液体创造了他的子孙。

"**然后他使你们成双成对**"，即使你们成为男性和女性，以便慈爱你们，使你们从同类中获得配偶，从而相互怜爱。

"**他知道任何女性的怀孕或是分娩**"，即安拉对这些事情非常清楚。事实上，《他也知道陆地和海洋中的一切。只要一片叶子落下，他就知道它。

大地深处的每一粒谷子，一切新鲜的或是干枯的，都（被记载）在明白的天经中。◊》（6：59）又如前面注释的经文：《◊ 安拉知道每一个妇人所孕育的是什么，知道子宫中所减去的及增长的，一切事物在他那里都有度量。他知道目不能见的和显而易见的，他是伟大的、至高的。◊》（13：8-9）

"任何长寿者的长寿或（短寿者的）短寿，都在一部天经中。"无论安拉使谁长寿，安拉至知它，并将这件事情记载在他的最原始的天经中。记载在安拉的天经中的，并且安拉所知道的人的寿命，与其实际寿命是完全相符的。任何长寿者，都将活到安拉为其规定的寿限；任何短寿者也是如此，都将活到天经所记载的时期。因此安拉说："任何长寿者的长寿或（短寿者的）短寿，都在一部天经中，这对安拉确实是容易的。"一切都记载在安拉那里的天经中。端哈克的解释与此相同。[1]

有学者说"任何长寿者的长寿……"指生命的岁月在逐渐流逝，安拉知道其中的每一年、每一月、每一周、每一天、每一刻，一切都记载在安拉那里的一部天经中。伊本·哲利尔引述艾布·马立克的解释。赛丁伊等学者都持相同观点。[2]

奈萨伊在注释这段圣训时引述了艾奈斯·本·马立克传述的圣训，他说，我听安拉的使者㊟说："谁希望生活宽裕，美名长留，谁就当接恤骨肉。"[3]

"这对安拉确实是容易的"，安拉轻松地知道这些知识及其中的一切细节。安拉的知识包罗万象，任何物都不能隐瞒他。

《◊ 12.两海（之水）不一样：这种是甘甜的、可口的，那种是苦咸的。从每一种水中你们可以吃到新鲜的肉，并取得佩戴的饰物，你看见船只在其中乘风破浪，以便你们能寻求他的恩惠，以便你们能感激。◊》

## 安拉的恩典及迹象

清高伟大的安拉让人们注意认识他的造物大能，他创造了两种水。一种是甘甜的，如根据人类的需要流淌在世界各地（包括城市、沙漠和荒野）的大大小小的河水。

另一种水"是苦咸的"，这种水一般指不流动的大海，它极其苦涩，不能饮用。巨大的船舶可以在其中航行。

清高伟大的安拉说："从每一种水中你们可以吃到新鲜的肉。""新鲜的肉"指鱼类。让人们"取得佩戴的饰物"。正如安拉所言：《◊ 珍珠和珊瑚出自它俩，你们要否认你们主的哪一项恩典呢？◊》（55：22-23）

"你看见船只在其中乘风破浪"，即像鸟的胸脯一样的船首，乘风破浪。只有巨大的船，才可称得上"乘风破浪"。

"以便你们能寻求他的恩惠"，你们通过世界各地的贸易，寻求安拉的恩惠。

"以便你们能感激。"因为安拉为你们制服了这巨大的被造物——大海，你们可以在其中任意活动和旅行，而不受任何限制。安拉以其大能为你们制服了天地万物，一切恩惠和怜悯都来自安拉。

《◊ 13.他使黑夜进入白昼，也使白昼进入黑夜。他制服了日月，一切都将行至一个指定的期限。那就是安拉——你们的养主，权力都属于他。你们舍他而祈求的，不掌握丝毫权力。◊》

《◊ 14.如果你们祈求它们，它们听不到你们的祈求，即使它们能听到，它们也不能回应你们。在复生日它们将否认你们（曾以它们）举伴安拉。没有谁能像彻知者那样告诉你！◊》

## 多神教徒的伪神不掌握丝毫的权力

这段经文叙述的还是安拉的大能和巨大权力：他使夜晚成为漆黑的，使白昼成为光明的，有时昼长夜短，有时夜长昼短，有时它们的时间相等，安拉使之在冬季和夏季各有不同。

"他制服了日月"，即安拉制服了所有行星和恒星，使不同的天体显示不同的光。一切都在其轨道上根据优胜的、智慧的安拉的预定不偏不倚地运行。

"一切都将行至一个指定的期限"，指末日。

"那就是安拉——你们的养主"，即这些都是独一无偶的应受崇拜者——安拉的行为。

"你们舍他而祈求的"，指你们妄称它们是根据接近安拉的那些天使的形象而制造的偶像，"不掌握丝毫权力"。伊本·阿拔斯等学者说"丝毫"指枣核上薄薄的那一层皮子。[4] 即他们对天地事物没有丝毫的权力。

"如果你们祈求它们，它们听不到你们的祈求"，即你们舍安拉而祈求的那些伪神听不见你们的祈求声，因为它们是无生机的，无生命的。"即

---
(1)《泰伯里经注》20：447。
(2)《泰伯里经注》20：447。
(3)《圣训大集》6：438；《布哈里圣训实录诠释——造物主的启迪》4：553；《穆斯林圣训实录》4：1982；《艾布·达乌德圣训集》2：321。

(4)《泰伯里经注》20：453。

"使它们能听到，它们也不能回应你们"，即它们不能满足你们的要求。

"在复生日它们将否认你们（曾以它们）举伴安拉"，即它们将和你们划清界限。正如安拉所言：◊ 谁比舍安拉而祈求那些直到复生日也不能回答他们，并且对他们的祈求毫无知觉的（伪神）的人们更迷误呢？当人类被集中起来时，它们（伪神）将变成他们的敌人，并否认他们的崇拜。◊（46：5-6）又◊ 他们在安拉之外设了一些"神"，以为它们是他们的襄助者。不会的，它们不久将否认他们的崇拜，并变成他们的对头。◊（19：81-82）

"没有谁能像彻知者那样告诉你！"即没有谁能像彻知未见的安拉一样告诉你一切事物的结局和归宿。格塔德说，经文指只有安拉才能做到这一切，因为安拉能够如实表述一切。[1]

◊ 15.人们啊！你们是需求安拉的，而安拉却是无求的，是应受赞美的。◊

◊ 16.如果他愿意的话，他可以除去你们，带来新的被造物。◊

◊ 17.那对安拉绝非难事。◊

◊ 18.负重的人不会负担他人的担子，如果一个肩负重担者要求旁人来承担他的重担，旁人也不能承担丝毫，即使是他的近亲。你只能劝告暗中敬畏他们的主并力行拜功的人。谁追求纯洁，他只是为自身而纯洁。归宿只在安拉那里。◊

## 人们都需要安拉，在末日每个人都要承担自己的重担

清高伟大的安拉说，他是富裕的，他无求于任何物，而万物都是需求于他的，都要在他跟前毕恭毕敬。"人们啊！你们是需求安拉的"，即人类在他们的每一行动中，都对安拉有需求。而安拉是以其本然而无求于他们的。"而安拉却是无求的，是应受赞美的"，即无求者仅仅是独一无偶的安拉。同时，安拉因其所有的言语、行为、决定和法规而应该受到赞美。

"如果他愿意的话，他可以除去你们，带来新的被造物。"人们啊！如果安拉意欲，他就可以让你们消亡，而带来另一伙人，这对安拉是轻而易举的。因此说，"那对安拉绝非难事"。

"负重的人不会负担他人的担子"，即在复生日，如果一个负着重担的人要求别人帮他承担他的重担，哪怕部分重担，"旁人也不能承担丝毫，即使是他的近亲"，即就算被要求者是他的父亲或儿子，也对他爱莫能助，因为每个人都忙于面对自己的事情。

安拉接着说："你只能劝告暗中敬畏他们的主并力行拜功的人"，即只有那些有智慧且目光远大、敬畏安拉并执行安拉命令的人，才会被你所带来的信息所感化。

"谁追求纯洁，他只是为自身而纯洁"，即行善者，其善行的益处只归他自己。

"归宿只在安拉那里"，即回归之路和终点，都在安拉那里。安拉的清算是迅速的，他将根据每个人的行为进行奖罚。

◊ 19.瞎子和看得见的人不相等，◊
◊ 20.黑暗和光明也不一样，◊
◊ 21.荫凉和炎热也不相当，◊
◊ 22.活的和死的也不相同，安拉能使任何他所意欲的听到，但是你却不能使那些在坟墓中的听到。◊
◊ 23.你只是一位警告者。◊
◊ 24.的确我以真理派遣你作为报喜者和警告者。任何民族，都有警告者在其中逝去。◊

---
[1]《泰伯里经注》20：454。

25.如果他们不信你,他们的前人也曾不信。他们的使者们都曾带着明白的证据和经文以及灿烂的天经到达他们。

26.后来我惩罚了那些隐昧的人们,我的憎恶是怎样的?

## 穆民和隐昧者不相等

清高伟大的安拉说,相互矛盾的事物不相等,譬如能观看的人和瞎子不相等,黑暗和光明不一样,荫凉和炎热不一样,同样,活人和死人也不相同,他们之间相差甚远。

安拉将穆民比作活人,将隐昧者比作死人,另一段经文说:他原是死的,我赋予他生命,并给他光明,他凭借光明在人们当中行走。这种人和那些在黑暗深处无法出来的人一样吗?(6:122)又 这两种人,一种人好比瞎子和聋子,另一种人好比能视能听的人。他们二者能相提并论吗?(11:24)穆民是耳聪目明的,在今生后世走在康庄大道上,最后安居于泉水潺潺、绿荫如盖的乐园中;隐昧者既聋又瞎,在重重黑暗中摸索,在今生后世都徘徊于迷误之中,最终遭受火狱的炎热、毒风、沸水和黑烟之影,那处所既不凉爽,也不美观。

"安拉能使任何他所意欲的听到",安拉将引导他所意欲之人倾听真理、接受真理,并服从其要求。

"但是你却不能使那些在坟墓中的听到。"忠告对那些已死的僵尸和坟墓中的人没有用,对那些隐昧者而言,引导和号召也是徒劳无益,同样,你对这些已经注定要倒霉的多神教徒毫无办法,不能引导他们走向正路。

"你只是一位警告者",即你的责任只是传达和警告。安拉愿意引导谁就引导谁,愿意任谁迷误就任谁迷误。

"的确我以真理派遣你作为报喜者和警告者",即你对穆民是报喜者,对隐昧者则是警告者。

"任何民族,都有警告者在其中逝去。"安拉为阿丹后裔中的每个民族都派遣了警告者,消除了他们否认真理的任何借口,正如安拉所言:你只是一位警告者,每一个民族都有一位引导者。(13:7) 我的确在每一个民族中派遣一位使者。(他说)"你们要崇拜安拉,远离塔吾特。"他们当中有安拉引导的人,也有应该陷入迷误的人。(16:36)

"如果他们不信你,他们的前人也曾不信。他们的使者们都曾带着明白的证据和经文以及灿烂的天经到达他们。""证据"指灿烂的奇迹和确凿的证据。"经文"指各部经典;"灿烂的天经"指明确的经典。

"后来我惩罚了那些隐昧的人们。"隐昧者最终还是否认了众使者及其带来的信息,所以安拉惩罚了他们。

"我的憎恶是怎样的?"即你看安拉对他们的憎恶是多么重大和深刻啊!安拉至知。

27.你不曾看见安拉由天空降雨吗?然后我以它产生各色的果实。在山上有红、白各色的道路以及乌黑的岩石。

28.在人类、野兽和家畜中,也同样有形形色色的。安拉的仆民中,只有有知识的人才畏惧他。的确,安拉是大能的、多恕的。

## 安拉的完美能力

清高伟大的安拉在此强调他的完美能力:他从一种物质创造了形形色色的万物。这种物质就是从天上降下的水,安拉用之产生出红黄绿白……颜色多样、滋味不同、气味各异的果实。正如另一段经文所说: 大地上有许多比邻的广袤土地、葡萄园、禾田,由同一种水所灌溉的连生的或独生的枣树。我使它们的一部分比另一部分更加可口。此中对能够理解的人确有许多迹象。(13:4)

"在山上有红、白各色的道路。"同样安拉把山也造成色彩丰富的,人们经常可以看到白色和黑色的山,有些山上还有路,这些路的颜色也不一样。伊本·阿拔斯等学者说,"حدد"指道路。还有些山是"乌黑"的。艾克莱麦等学者说,经文指有些山颜色黑而巍峨高大。[1] 伊本·哲利尔说,阿拉伯人形容一件漆黑的事物时,就用这种词。

"在人类、野兽和家畜中,也同样有形形色色的。"人和动物也是同样,形形色色,千姿百态。譬如柏柏尔人和非洲一些地区的人,肤色特别黑,斯拉夫人和罗马人特别白,阿拉伯人则比较适中,印度人比阿拉伯人稍黑。因此安拉说: 就是造化诸天和大地以及你们不同的语言和肤色。对于那些有学识的人,此中确有种种迹象。(30:22)

牲畜也莫不如此,甚至同一种类的牲畜之中也存在色彩差异,有些牲畜同时具备几种颜色。安拉——最美的创造者真吉庆啊!

接着,后文说:"**安拉的仆民中,只有有知识的人才畏惧他**",即只有认识安拉的有识之士,才能真正敬畏安拉。当一个人认识了安拉的伟大、智

---

[1]《泰伯里经注》20:461。

慧以及其他完美属性和美名，并且他的这种认识愈深刻，他对安拉的敬畏也愈深刻。[1]

据传述，伊本·阿拔斯在解释这段经文时说，"**有知识的人**"指知道安拉是全能于万事的人们。又传述，伊氏说："认识至仁主的仆民不会以物配主，他会把至仁主的合法当作合法，把非法作为非法，会铭记至仁主的忠告，坚信与至仁主相会并因为自己的行为而受到清算。"

伊本·朱拜尔说："敬畏，就是使你远离违抗安拉的事物。"

哈桑·巴士里说："学者乃任何人看不到的时候依然敬畏安拉之人，爱安拉之所爱，舍安拉之所怒。"他还读道："安拉的仆民中，只有有知识的人才畏惧他。"

有人说，学者分三种：一、认识安拉并认识安拉的命令的人；二、认识安拉，不认识安拉的命令的人；三、认识安拉的命令，不认识安拉的人。换言之，第一种学者敬畏安拉，并了解和遵守安拉的法度和天命；第二种学者，他虽然敬畏安拉，但不了解安拉的法度和天命；第三种学者清楚安拉的法度和天命，但不敬畏安拉。

❦ 29.那些诵读安拉的经典、立站拜功并秘密和公开地施舍我赐给他们的人，他们渴望永不损失的生意。❦

❦ 30.以便他充分报偿他们，给他们增加他的恩典。他确实是至赦的、奖励的。❦

## 穆斯林是后世的商人

穆民众仆诵读安拉的经典，归信他，根据经典的要求礼拜，并在白天和夜晚，秘密或公开地在法定时间将安拉所赐的财产花费给他人，这些人"**他们渴望永不损失的生意**"，即他们希望在安拉那里获得不会失却的回赐。

因此，清高伟大的安拉说："**以便他充分报偿他们，给他们增加他的恩典**"，即他赐给他们所做善事的报酬，加倍地赏赐他们，使他们获得意想不到的奖励。

"**他确实是至赦的、奖励的。**"安拉会宽恕他们的罪恶。虽然人们的善功有限，但安拉还是要奖励他们。

❦ 31.我启示给你的天经便是证实它以前的真理。安拉确实是彻知、全见他的仆人的。❦

## 《古兰》是安拉的真实经典

清高伟大的安拉说："**我启示给你的天经**"，即穆罕默德啊！我降给你的《古兰》"**便是证实它以前的真理**"，即这部《古兰》证明它之前的经典是来自众世界养主的启示，正如以前的经典叙述《古兰》，并证明它那样。

"**安拉确实是彻知、全见他的仆人的**"，即安拉彻知他们，能看到谁应该享有优越而超越别人。因此，他使先知和使者们贵过了全人类，并使部分先知比另一部分尊贵，使部分先知的地位比另一部分先知的地位更高，他使穆圣㊣在所有先知中卓越超群。愿安拉把幸福和平安降于每位先知。

❦ 32.然后，我使我所选择的众仆继承了经典。此后，他们当中有自亏的，有中和的，也有奉安拉的命令而争先行善的，那是伟大的恩典。❦

---

[1]《泰伯里经注》20：462。

## 《古兰》的继承者是三种人

清高伟大的安拉说，然后我使遵循这部伟大的经典——它能证实以前的一切天启经典——的人成为受选的众仆，即穆圣㊗的民族。安拉将这个民族分成了三种人。说："**他们当中有自亏的**"，指对部分义务有所怠慢，并触犯法律的人；"**中和的**"，指履行义务，不触犯法律，但有时不做某些教法所提倡的事情，做一些可憎之事的人；"**也有奉安拉的命令而争先行善的**"，指完成义务和教法倡导的事情，不做一切非法和憎恶之事，甚至远离某些允许的事情的人。

伊本·阿拔斯在解释"**然后，我使我所选择的众仆继承了经典**"时说："他们指穆圣㊗的民族，安拉使他们继承了他所降示的所有经典，他将宽恕他们中的行亏者（自亏者），轻松地清算他们中的中和者，使他们中的争先行善者不受清算而进乐园。"

伊本·阿拔斯说，某日，安拉的使者㊗说："我的讲情针对我的民族中触犯大罪的人们。"(1)

伊本·阿拔斯说："争先行善者将不加清算地进入乐园，中和者将凭安拉的慈悯进入乐园，自亏者和高处的人(2)将凭穆圣㊗的讲情进入乐园。"

不止一位先贤说，这个民族中的行亏者也属于受选者，虽然他们身上存在某些欠缺或不足。另一些人说，自亏者不属于这个民族，也不属于继承天经的受选者。正确的说法是他们也属于这个民族。

## 学者的尊贵

学者们最应该享有这种恩典和慈悯。他们的情况正如下列圣训所述，有位麦地那人去大马士革求见艾宾·德尔达伊。艾宾·德尔达伊问："兄弟！请问你来此有何贵干？"来人说："我听说你讲过一段先知说过的圣训（特来证实）。"艾宾·德尔达伊问："你不是来经商的吗？"来人回答："不是的。"艾氏问："请问有何需求吗？"来人回答："没有。"艾氏问："你仅仅是为了这段圣训而来的吗？"来人回答："是的。"艾氏说："我听安拉的使者㊗说：'谁为求知而踏上一条道路，安拉就为他开启通向乐园的道路；天使们放下翅膀，表示对求知者的喜悦；诸天和大地中的一切，甚至水中的鱼类都在为学者求饶。学者贵过修士，就像月亮贵过其他星球。学者们是众先知的继承人，众先知没有留下金银财宝，他们留下的只是知识，谁获得了知识，谁就获得了丰富的份额。'"(3)

❧ 33.**永居的乐园，他们将进入其中，佩戴黄金和珍珠手镯，他们在其中的衣服是绫罗。**❧

❧ 34.**他们说："赞美安拉，他消除了我们的忧伤。我们的养主确实是至恕的、厚赏的。**❧

❧ 35.**他以他的恩典而使我们居住在永久的家园。我们在其中不再遭受辛苦，也不遭受疲劳。"**❧

清高伟大的安拉说，那些继承了众世界的养主降示的天经的优选者们，将进入永居的乐园，将其作为归宿，并觐见安拉。

"**佩戴黄金和珍珠手镯。**"安拉的使者㊗说："穆民将把饰品佩戴到他曾经洗小净的各个部位。"(4)

"**他们在其中的衣服是绫罗。**"穆民（男子）不能在今世中穿戴丝绸，但安拉允许他们在后世使用丝织品。穆圣㊗说："它（丝绸）在今世属于她们，在后世属于他们（指穆斯林）。"(5)

"**他们说：赞美安拉，他消除了我们的忧伤。**""忧伤"指对不测的害怕。安拉使他们安然无忧，不再为今世和后世的事情而烦恼。

伊本·阿拔斯等学者说："安拉为他们宽恕了许多错误，即便他们的善行不多，他还是要奖励他们。"

"**他以他的恩典而使我们居住在永久的家园**"，即他们说，安拉赐给我们这个品级和地位，完全是因为他的慈悯和恩惠。安拉的使者㊗说："任何人不是因为其善功而进入乐园（而是出于安拉的恩典）。"众人问："安拉的使者啊！你也如此吗？"使者回答："我也如此，不过安拉让我沉浸在他的慈悯和恩惠之中。"(6)

"**我们在其中不再遭受辛苦，也不遭受疲劳**"，即其中没有辛苦和疲劳。这两个词一般表示的是劳累。此处的意思好像指他们从肉体和精神上不再遭受类似的任何困难，并将赏心悦目。安拉至知。因此，他们在今世坚持崇拜安拉，在后世不受辛苦和疲劳之苦，并且处于永恒的愉悦，这必在情理之中。清高伟大的安拉说：❧ **由于你们在过去的日子做过的，你们尽兴地吃饮吧！** ❧（69：24）

---

(1)《圣训大典》11：189。
(2)请看《高处章》。——译者注
(3)《艾哈迈德按序圣训集》5：196；《伊本·马哲圣训集》1：81；《艾布·达乌德圣训集》4：157；《提尔密济圣训全集诠释》7：450。
(4)《穆斯林圣训实录》1：219。
(5)《布哈里圣训实录诠释——造物主的启迪》10：296。
(6)《布哈里圣训实录诠释——造物主的启迪》10：132。

**﴾36.但是那些隐昧的人，要遭受火狱之火，他们不被判处死刑，又怎能死亡呢？他们在其中也不获减刑。我就这样报偿一切忘恩负义之人。﴿**

**﴾37.他们将在其中大声求救说："我们的主啊！求你放我们出去，我们一定会一改常态而行善的。"我不曾给他们足够长的寿命，好让觉悟者觉悟吗？警告者已来临你们。所以你们尝尝吧！不义者没有任何援助者。﴿**

## 隐昧者的报应以及他们在火狱中的情况

清高伟大的安拉讲述了幸福者的情况后，开始讲述不幸者的情况，说：**"但是那些隐昧的人，要遭受火狱之火，他们不被判处死刑，又怎能死亡呢？"**正如安拉所言：﴾然后，他在其中既不死，也不生。﴿（87：13）安拉的使者ﷺ说："火狱的居民是那些咎由自取的人，他们在其中不死也不活。"正如安拉所言：﴾他们道："马立克啊！求你的主处决我们吧！"他说："你们确实要留在这里。"﴿（43：77）遭受严刑的他们认为死亡就是一种解脱，然而，那时求死不能。[1]

**"他们不被判处死刑，又怎能死亡呢？他们在其中也不获减刑。"**正如安拉所言：﴾罪人们将永远在火狱的刑罚中。它对他们不会被减轻，他们在其中是沮丧的。﴿（43：74–75）又﴾每当火势减弱时，我就为他们增加火焰。﴿（17：97）又﴾那么，你们就尝试吧，我给你们只增加刑罚。﴿（78：30）

然后经文说：**"我就这样报偿一切忘恩负义之人"**，即这是对一切否认其养主安拉，并且不相信真理的人的报应。

伟大的安拉说：**"他们将在其中大声求救"**，即他们将在火狱中大声祈求安拉。

**"我们的主啊！求你放我们出去，我们一定会一改常态而行善的。"**他们要求回到今世改邪归正，积极行善，但伟大的安拉知道，他们即便重返今世，也会故态复萌，触犯禁令。他们在撒谎，所以他们的要求不受理睬。正如其他章节对他们所说的话的叙述：﴾有任何回归之道吗？﴿（42：44）又﴾这是因为当祈祷独一的安拉时你们不归信，但是当他被举伴时，你们就相信了！﴿（40：12）概言之，安拉不会接受你们的要求，因为你们本性不改，你们就算能重返今世，仍然会我行我素。

因此经文在此说：**"我不曾给他们足够长的寿命，好让觉悟者觉悟吗？警告者已来临你们。"**的确你们在今世生活的时间不短，如果你们是能够接受真理的人，那么你们在今世早已接受真理了。

穆圣ﷺ说："安拉使谁活到六七十岁，安拉确实原谅了他，确实原谅了他。"[2]

布哈里在《感动人心章》载录，穆圣ﷺ说："安拉确已经原谅了他使之长寿到六十岁的人。"[3]又"安拉使谁长寿至六十岁，在其长寿中安拉已经原谅了他。"[4]因此，穆圣ﷺ的教民的寿期一般是这个年龄。正如圣训所述，安拉的使者ﷺ说："我的教民的寿期在六十至七十岁之间，只有少数人能超过这个年龄。"[5]

**"警告者已来临你们。"**伊本·阿拔斯等学者说，**"警告者"**指人的白发；[6]赛丁伊和伊本·栽德认为指安拉的使者ﷺ。伊本·栽德还读了下列经文：﴾这是以前的警告者中的一位警告者。﴿（53：56）[7]据西巴尼说，格塔德认为后一种解释是正确的，西巴尼还说："经文通过寿命和（派遣）众使者，消除了隐昧者的借口。"[8]伊本·哲利尔也持这种观点。这种观点是较明确的，因为安拉说：﴾他们道："马立克啊！求你的主处决我们吧！"他说："你们确实要留在这里。"我确已把真理带给你们，但是你们中的大多数是厌恶真理的。﴿（43：77–78）即我已经通过诸使者向你们阐明了真理，但你们拒绝并反对它。安拉说：﴾我不是惩罚者，直到我派遣一位使者。﴿（17：15）又﴾它每当一群人被投入其中时，它的管理者们就会问："警告者不曾降临过你们吗？"他们回答说："来过，有一位警告者的确曾到达我们，但是我们不相信他"，并说："安拉从来没有降下过任何东西，你们只是在严重的迷误当中。"﴿（67：8–9）

**"所以你们尝尝吧！不义者没有任何援助者"**，即你们因为在今世反对众先知而尝尝火狱的惩罚吧！今天无人能从刑罚和桎梏中拯救你们。

**﴾38.安拉确知诸天与大地的幽玄，确知一切心事。﴿**

**﴾39.是他使你们成为大地上的代位者，谁若不信，则不利于他自己。隐昧者的不信只使他们在他们养主那里更受恼怒，隐昧者的不信只使他们更受损失。﴿**

清高伟大的安拉说，他知道诸天和大地的幽

（1）《穆斯林圣训实录》1：172。

（2）《艾哈麦德按序圣训集》2：275。
（3）《布哈里圣训实录诠释——造物主的启迪》11：243。
（4）《艾哈麦德按序圣训集》2：417；《泰伯里经注》20：478；《提尔密济圣训全集诠释》9：472。
（5）《提尔密济圣训集》3550；《伊本·马哲圣训集》4236。
（6）《伯厄威经注》3：573。
（7）《泰伯里经注》20：478。
（8）《散置的珠宝》7：32。

玄，知道隐藏在心中的秘密，他将因为每个人的行为而奖罚他们。然后安拉说："是他使你们成为大地上的代位者"，即他使你们代代相传，辈辈延续。

"谁若不信，则不利于他自己"，即隐昧者只能自受其害。

"隐昧者的不信只使他们在他们养主那里更受恼怒。"他们迷误的时间越长，安拉对他们越恼怒；他们迷误时间越长，他们及其家人在复生日损失越大。而穆民的情况却截然不同，他们中越是年龄大且善功多的人，越能在乐园中得到更高的品级和更多的报酬，也越能得到造物主——众世界养主的喜爱。

◆ 40.你说："你们可曾看到你们在安拉之外祈求的那些伙伴们吗？告诉我，它们曾在大地上造化了些什么，或是它们在诸天中有份吗？或是我曾赐给它们一部经典，而它们坚持着其中的明证吧？不义者的互许只是一种欺骗。"◆

◆ 41.安拉掌握着诸天与大地，以免它们越轨。如果它们要越轨，除了他没有谁能够掌握它们。他确实是宽容的、至赦的。◆

### 强调伪神的无能和安拉的大能

清高伟大的安拉命令使者☪告诉多神教徒们："你说：'你们可曾看到你们在安拉之外祈求的那些伙伴们吗？'""伙伴"指偶像、伪神。

"告诉我，它们曾在大地上造化了些什么，或是它们在诸天中有份吗？"回答是，他们在天地中不掌握丝毫的权力。

"或是我曾赐给它们一部经典，而它们坚持着其中的明证吧？"难道安拉曾给他们降过一部经典，其中允许他们以物配主或不信吗？事实并非如此。

"不义者的互许只是一种欺骗"，即不义者在此中只跟随自己的私欲和幻想，最终梦幻破灭，自欺欺人。

然后安拉讲述了他的大能，天地凭这种能力而奉行他的命令，他赋予天地一种力量，维持着它们的运行，说："**安拉掌握着诸天与大地，以免它们越轨**"，即以免天体和地球脱离自己的轨道。安拉说：◆ 他的迹象之一，就是天地以他的命令而稳定。◆（30：25）

"如果它们要越轨，除了他没有谁能够掌握它们"，即只有安拉能让天地长存，尽管如此，安拉是宽容的、至赦的，他看着仆民否认他、违抗他，但他不立即惩罚他们，而要宽限他们至一定期。他还要遮盖另一些人（的丑行），并赦宥他们。因此

说，"他确实是宽容的、至赦的"。

◆ 42.他们凭安拉（的名义）立下庄重的誓言："如果有一位警告者来临他们，他们会成为诸民族中最坚持正道的。"但是当警告者来临时，他们却更加叛逆，◆

◆ 43.在大地上更加高傲，诡计更加歹毒，而诡计只会困扰阴谋者。他们只期待古人的常道，你绝不会发现安拉的常道有所变更。◆

### 隐昧者盼望警告者到来但警告来临时
### 他们却不信仰

清高伟大的安拉说，安拉给阿拉伯人特别是古莱什人派遣使者之前，他们曾向安拉立下庄重誓约："如果有一位警告者来临他们，他们会成为诸民族中最坚持正道的。""诸民族"指安拉曾给他们派遣使者的所有民族。这是端哈克等学者的主张。正如安拉所言：◆ 以免你们说："天经只降给了我们以前的两群人，我们对他们所研究的是疏忽的。"或者你们说："如果天经降给我们，我们

一定比他们更得道。"因为一项明证、引导和怜悯已由你们的主降临你们。谁比否认安拉的启示并背弃它的人更为不义呢？》（6：156-157）又《他们确曾说过："如果我们能有来自前人的教诲的话，我们一定是安拉的虔诚仆人了！"而他们仍然否认它，他们不久就会知道！》（37：167-170）

"但是当警告者来临时。""警告者"指穆罕默德，他带来一部伟大的经典——明确的《古兰》。

"**他们却更加叛逆**"，即穆圣☪到来后，他们反而使他们变本加厉地否认真理。

经文阐明他们的叛逆行为，说："**在大地上更加高傲**"，即他们无视安拉的经文。

"**诡计更加歹毒**。"他们设下阴谋诡计，企图阻碍人们踏上主道。

"**而诡计只会困扰阴谋者**。"阴谋家的结局往往是搬起石头砸自己的脚。

"**他们只期待古人的常道**。""古人的常道"是否认使者、反对使者的人最终遭受安拉的严惩。

"**你绝不会发现安拉的常道有所变更**"，即安拉的常道是永恒的，否认者的悲剧不会被更改。经文的意思是：《但是安拉欲对一个群体降下灾难时，它就无法被抗拒。》（13：11）除安拉之外，任何人都无法解除或防止这些灾难。安拉至知。

《44.他们没有在大地上旅行，看看他们以前的那些人结果是怎样的？那些人比他们更有力。天地间的任何事物都不会使安拉无可奈何，他是全知的、大能的。》

《45.如果安拉依照人们的行为去审问他们，他就不会在其（大地）表面上留下任何动物，不过他宽容他们直到一个言明的时期。当他们的期限到达时，安拉的确是尽观众仆的。》

## 否认众先知的人的种种悲惨结局

清高伟大的安拉说，穆罕默德啊！你对否认你所带来使命的人们说，你们在大地上走走，看看否认众使者的人们结局如何？安拉怎样毁灭了他们？等待隐昧者的是同样的结局。他们在具备了强大的力量、军队和武器以及拥有了巨大财富和众多儿女之后，失去了家园和往日的幸福。当安拉的轻微的惩罚降临时，他们所拥有的一切没能给他们带来益处，也没有替他们抵挡来自安拉的惩罚。因为天地中的任何事物都不能使安拉为难。

"**他是全知的、大能的**"，即安拉是全知于万物、全能于万事的。

## 安拉不立即惩罚仆人的原因

清高伟大的安拉说："**如果安拉依照人们的行为去审问他们，他就不会在其（大地）表面上留下任何动物**"，即如果安拉按照人类所犯的一切罪恶惩罚人类，他一定要毁灭大地上所有的人以及他们所掌管的动物和给养。

伊本·朱拜尔和赛丁伊在解释"**他就不会在其（大地）表面上留下任何动物**"时说："安拉就不再让他们饮用雨水，以致动物全部灭亡。"

"**不过他宽容他们直到一个言明的时期**。"但安拉将宽限他们，直到复活时刻才清算他们，然后他分别奖罚行善者和作恶者。因此安拉说："**当他们的期限到达时，安拉的确是尽观众仆的**。"

《创造者章》注释完。赞美和恩情统归安拉。

## 《雅辛章》注释　麦加章

奉普慈特慈安拉的之尊名

❂ 1.雅辛。❂
❂ 2.以智慧的《古兰》发誓，❂
❂ 3.你的确是众使者之一，❂
❂ 4.在端正的道路上。❂
❂ 5.（这是）优胜的、至慈的主降下的启示。❂
❂ 6.以便你警告他们的祖先不曾被警告，所以他们是昏聩的群体。❂
❂ 7.言辞已经在他们中大多数人上落实，所以他们不信。❂

### 使者是被派来的警告者

《黄牛章》注释中已经介绍了出现在有些章节开头的单独字母，此处不再赘述。

"以智慧的《古兰》发誓。""智慧"指精确无误，其前后不受谬误侵蚀。

穆罕默德啊！"你的确是众使者之一，在端正的道路上"，即你坚持着端正的道路、宗教和法律。

"（这是）优胜的、至慈的主降下的启示"，即穆圣所带来的这条道路、方式和宗教，是尊严的、慈爱众仆的养主的启示。安拉说：❂ 你确实是指导人于正道的——天地中的一切都归其所有的安拉之道。真的，万事只归安拉。❂（42：52-53）

"以便你警告他们的祖先不曾被警告，所以他们是昏聩的群体。""他们"指阿拉伯人。因为穆圣㊣之前阿拉伯人中未出现过先知。经文此处通过讲述阿拉伯人，讲述全世界的情况。正如介绍某一事物的一部分时，往往意味着介绍其整体。有关证明穆圣㊣是安拉派向全人类使者的《古兰》经文和圣训不胜枚举。譬如：❂ 你说："世人啊！我是被派遣给你们全体的安拉的使者。"❂（7：158）

"言辞已经在他们中大多数人上落实。"伊本·哲利尔解释说，他们中的大部分人必定要遭受惩罚，因为安拉已经在经典之母中判定他们不归信正教。

"所以他们不信"，即不信安拉和他的众使者。[1]

❂ 8.我已在他们的颈上安置了一个直到他们下巴的枷锁，因此他们是昂首闭目的。❂
❂ 9.我在他们前面放置了一重屏障，在他们后面放置了一重屏障，我遮盖了他们，所以他们看不见。❂
❂ 10.无论你警告他们，或是不警告他们，他们都是一样的，他们都不会归信。❂
❂ 11.你只能劝告遵奉教诲，并在秘密中敬畏至仁主的人。所以你要报以他获得恕饶和优美报酬的喜讯。❂
❂ 12.是我给无生物赋予生命，我要写下他们以前做过的事和他们的遗迹。我把一切事都记在一本清楚的典籍中。❂

### 注定要倒霉的人的情况

清高伟大的安拉说，在我的计划中，这些注定遭受不幸的人若获得引导，无异于让一个颈部带着枷锁，两手被绑至下巴，从而无法低头的人低下头。因此经文说："他们是昂首闭目的。""昂首闭目"指高抬着头。正如乌姆·宰勒尔所说："我痛饮一番，一直无法低头。"[2]经文的意思是"他们戴着枷锁，两手被绑至下巴部位"。但由于意义明确，所以文字中只出现"枷锁"，而没有述及"两手"。

伊本·阿拔斯在解释这段经文时说，这段经文与下列经文相似：❂ 不要把你的手绑在你的脖子上。❂（17：29）经文的意思是他们的手被绑到脖子上，所以他们不能伸开手行善。[3]

穆佳黑德在解释"因此他们是昂首闭目的"时说："他们扬着头，手放到嘴部。"[4]因此他们不作任何善事。

"我在他们前面放置了一重屏障，在他们后面放置了一重屏障。"穆佳黑德解释说，他们的前后都有一重屏障，阻碍他们接受真理，所以他们徘徊着；[5]格塔德解释说，他们在重重迷误中徘徊。[6]

"我遮盖了他们，所以他们看不见"，即我遮住他们的目光，使他们看不到真理。他们对一切美好的事情无动于衷，也不遵循正路。

另据传述，伊本·阿拔斯曾用另一种读法诵读这节经文，其意是："我使他们患了夜盲症。"[7]

阿卜杜·拉赫曼·本·栽德说："安拉设了一

---
（1）《泰伯里经注》20：492。
（2）《布哈里圣训实录》5189；《穆斯林圣训实录》2448。
（3）《泰伯里经注》20：494。
（4）《泰伯里经注》20：494。
（5）《泰伯里经注》20：495。
（6）《泰伯里经注》20：495。
（7）《泰伯里经注》20：496。

重屏障，所以他们无缘靠近伊斯兰接受正信。"他还读道：⟪你的主的言辞已经判定的那些人，他们不会归信。即使任何迹象来临他们，直到他们看到痛苦的刑罚。⟫（10：96—97）然后他说："被安拉拒绝的人没有任何能力。"[1]

艾克莱麦说，艾布·哲海里曾说，如果我见到穆罕默德，我就要做出某某事来。后来安拉降示了："我已在他们的颈上安置了一个直到他们下巴的枷锁……所以他们看不见。"后来他听到人们说穆罕默德在某处，但他看不到。[2]

"无论你警告他们，或是不警告他们，他们都是一样的，他们都不会归信"，即安拉已经断定他们要陷入迷途，所以他们对警告无动于衷。《黄牛章》已经有过近似的论述。正如安拉所言：⟪你的主的言辞已经判定的那些人，他们不会归信。即使任何迹象来临他们，直到他们看到痛苦的刑罚。⟫（10：96—97）

"你只能劝告遵奉教诲。"只有那些遵奉教诲——伟大《古兰》的人，才能从你的警告中获得益处。

"并在秘密中敬畏至仁主的人"，即他在凡是安拉能看到的地方敬畏安拉，他知道安拉关注着他，知道他的行为。

"所以你要报以他获得恕饶和优美报酬的喜讯"，即安拉将赦宥他的罪行，并赐给他宽裕而美好的报酬。安拉说：⟪那些暗中畏惧他们主的人，给他们的是恕饶和巨大的回赐。⟫（67：12）

然后经文说："是我给无生物赋予生命"，指复生日的情况。经文暗示安拉要在他所意欲的否认者心中注入生机，引导他们走向真理。因为此前他们的内心因为深陷迷误而已经死去。正如安拉提及那些铁石心肠的人时所说：⟪你们要知道，安拉给死后的大地赋予生命！我确已为你们阐释了种种迹象，以便你们理解。⟫（57：17）

"我要写下他们以前做过的事"，即安拉记载他们以前亲自做的事情。

"他们的遗迹"，指他们生前的行为在死亡之后留下的影响。安拉将因为他们的这些事情而清算他们，然后给予奖罚。正如穆圣所说："谁在伊斯兰中创了一个好的先例，他将因为这项先例而受到奖赏，会因为他之后遵循这项先例的人得到奖赏，但丝毫不会减少对后者的奖赏；谁在伊斯兰中创了一个坏的先例，他将因为这项先例而受到惩罚，会因为他之后遵循这项先例的人而遭受惩罚，但丝毫不会减少对后者的惩罚。"[3]穆斯林在介绍两位穿花纹大衣的穆多勒人的故事时，传述了这段圣训。当时他还读了上述经文。[4]

安拉的使者说："阿丹的子孙亡故后，其工作只有三个方面不中断。（这三方面是）益人的知识；为其祈祷的清廉洁子女；川流不息的施舍。"[5]

穆佳黑德在解释"**我要写下他们以前做过的事和他们的遗迹**"时说，"**他们的遗迹**"指他们留下的迷信（思想）。

另据传述，穆佳黑德说"**他们以前做过的事**"指他们的行为；"**他们的遗迹**"指他们的脚步。[6]哈桑和格塔德也认为经文指脚步。[7]

格塔德说："阿丹的子孙啊！假若安拉对你的事情有所忽略，他一定会忽略风留下的痕迹（但即便是风的痕迹，都在安拉的记载之中）。"[8]安拉记录了人类的一切行为及其影响，甚至记录了他对安拉的顺从和叛逆所带来的影响。所以你们中谁希望自己顺主的影响被记录在册，就让他多多行善吧！

贾比尔说，清真寺旁边有一块空地，赛莱迈族人打算搬迁过来，安拉的使者闻讯后说："听说你们想要搬迁到清真寺周围，是吗？"他们回答："安拉的使者啊！是的，我们有此打算。"使者说："赛莱迈族的人们啊！你们住在老家吧！这样你们的脚步就会被（天使）记录，你们住在老家吧！这样你们的脚步就会被（天使）记录。"[9]

阿卜杜拉·本·阿慕尔说，有位麦地那人归真后，安拉的使者为其举行了殡礼，使者说："但愿此人归真于异乡。"有人问："安拉的使者啊！这是为何？"使者说："如果一个人归真于异乡，在乐园中（天使）将为他衡量从他的故乡至他脚步终止的地方（根据这个距离的长短，给予奖励。）。"[10]

萨比特说："我和艾奈斯在一起时，我大步流星地走着，后来他拉住我的手，我们开始慢慢行走，我们礼拜完毕后，艾奈斯说：'我曾和栽德·本·萨比特走路时我疾步快行，他说，艾奈斯啊！难道你不晓得我们的脚步都在被记录吗？'"[11]

---

(1)《泰伯里经注》20：495。
(2)《泰伯里经注》20：495。
(3)《穆斯林圣训实录》2：704。
(4)《穆斯林圣训实录》2：706。
(5)《穆斯林圣训实录》3：1255。
(6)《泰伯里经注》20：497。
(7)《泰伯里经注》20：499。
(8)《泰伯里经注》20：499。
(9)《穆斯林圣训实录》1：426；《艾哈麦德按序圣训集》3：332。
(10)《艾哈麦德按序圣训集》2：177；《圣训大集》4：7；《伊本·马哲圣训集》1：515。
(11)《泰伯里经注》20：498。

上述两种解释之间没有矛盾，甚至第二种解释更理所当然地证明了第一种解释。如果说物质上的"**遗迹**"（脚步）被记录的话，精神上的遗迹（好的模范所带来的影响）更应该被记录。安拉至知。

"**我把一切事都记在一本清楚的典籍中。**"万事都被准确地记录在一部天经中。穆佳黑德等学者说，这里的"**典籍**"指经典之母。[1]下列经文中的典籍，也是以"伊玛目"（典籍）这个词来表示的。安拉说：◆那天，我将召唤每一个民族和他们的伊玛目。◆（17：71）这段经文中的"伊玛目"指他们的功过簿，它将是他们行为的证据。又◆文卷（伊玛目）陈列了，众先知和证人们都被带到。◆（39：69）又◆功过簿已被放好了。你将看到犯罪者们对其中的（所载）怵目惊心。他们将会说："我们好伤心啊！这个功过簿是怎么回事？事无巨细，毫不遗漏，它都记录了下来！"他们发现他们所做过的一切都在现场。你的主绝不会亏待任何人。◆（18：49）

◆**13.你（穆圣）给他们举一例子：城镇居民的例子。那时使者们降临到它。**◆

◆**14.当时我向他们派遣了两位使者，但是他们否认了他们俩，然后我又以第三位来增援他们俩。他们说："我们的确是被派到你们中来的。"**◆

◆**15.他们说："你们只是像我们一样的人。至仁主并没有降下什么。你们只是说谎罢了。"**◆

◆**16.他们说："我们的主知道，我们确实是被派遣到你们的。**◆

◆**17.我们只肩负明白的传达。"**◆

### 城镇的居民和众使者的故事
### 说明否认者必遭毁灭

清高伟大的安拉说，穆罕默德啊！你对否认你的人们举这样一个例子："**城镇居民的例子。那时使者们降临到它。**"伊本·阿拔斯等学者说这个城市的名字叫安塔肯叶。那里有位国王名叫安退赫斯·本·安退赫斯，其祖父也叫安退赫斯。此人崇拜偶像，后来安拉派遣三位使者去劝化他。这三位使者名叫洒迪格、索督格和谢鲁穆。但他们都遭到此人的否认。[2]艾克莱麦等学者都有相同的传述，他们认为这座城镇叫安塔肯叶[3]。部分学者就这座城市的名字有不同解释。[4]如果安拉意欲，我们将在后文叙述。

"**当时我向他们派遣了两位使者，但是他们否认了他们俩**"，即他们轻率地否认这两位使者。

"**然后我又以第三位来增援他们俩**"，即我又派第三位使者去支援他们。

伊本·朱莱杰说："前两位使者名叫谢穆欧尼和约罕，第三位名叫布里斯。城市名叫安塔肯叶。"

使者们对城镇的人说："**我们的确是被派到你们中来的**"，即我们来自创造你们的安拉，他命令你们崇拜独一无偶的他。这是艾布·阿林的观点。

但格塔德说，经文指尔撒先知派向安塔肯叶的使者。

"**他们说：'你们只是像我们一样的人**"，即我们都是人，为什么只有你们受到启示呢？如果你们真是使者，你们必定是天使。这是许多否认者的谬论。正如安拉所述：◆那是因为使者们曾给他们带来明证，而他们说："难道凡人能引导我们吗？"◆（64：6）即他们对此感到惊奇，并加以否认。又◆他们说："你们不过是和我们一样的人罢了！你们企图阻碍我们接近我们的先人所曾崇拜的。那么，你们就给我们显示一个明确的证据

---

(1)《泰伯里经注》20：499。
(2)《泰伯里经注》20：500。
(3) 一译安条克。——译者注
(4)《泰伯里经注》20：500。

吧！"》（14：10）安拉引述他们的话，说：《如果你们服从一个和你们一样的人，你们一定会成为亏损的人。》（23：34）又《在引导到达人们之后，阻止他们归信的只是他们这句话："难道安拉派遣了一个人做使者吗？"》（17：94）

因此这些多神教徒说："'你们只是像我们一样的人。至仁主并没有降下什么。你们只是说谎罢了。'他们说：'我们的主知道，我们确实是被派遣到你们的'"，即三位使者回答他们说，安拉知道我们是他派向你们的使者，假若我们在撒谎，他将严厉地惩罚我们，但他即将援助我们，不久你们就会知道谁会赢得美好的结局。安拉说：《你说："安拉足以在我和你们之间作证，他知道在诸天与大地之间的一切。"那些归信谬误而否认安拉的人，他们终究是亏损者。》（29：52）

"我们只肩负明白的传达。"使者们说，我们的责任只是向你们传达我们的使命，如果你们顺服，你们将得到今后两世的幸福，否则，你们将会知道后果是什么样子。安拉至知。

《18.他们说："我们确因你们而遭遇了不祥之兆，如果你们不停止，我们就会以石头击毙你们，你们誓必遭受一项痛苦的刑罚。"》

《19.他们说："你们的恶兆跟你们同在，难道你们被提醒时（你们就如此对待我们）吗？不，你们是一个过分的群体。"》

这时，城镇的居民对使者们说："**我们确因你们而遭遇了不祥之兆**"，即我们在你们脸上没有看到对我们的生活有何好处。格塔德说，他们说："如果我们遭受不测，那是你们造成的。"[1] 穆佳黑德说，他们说："只要像你们一样的人来到我们城镇，这里的居民就会遭受惩罚。"

"**如果你们不停止，我们就会以石头击毙你们，你们誓必遭受一项痛苦的刑罚。**"格塔德认为经文指用石头击毙的一种刑罚。[2]

此后他们的使者们对他们说："**你们的恶兆跟你们同在**"，即那完全是你们咎由自取。正如经文对法老民族的叙述：《但当幸福降临时，他们就说："这是我们应得的。"当他们遭受不幸时，他们认为这是穆萨和跟他一起的人们带来的凶兆。其实他们的凶兆只在安拉那里。》（7：131）撒立哈的族人说：《他们说："我们因为你和同你一道的人而倒霉了。"他说："你们的倒霉来自安拉。"》（27：47）又《如果他们获得福利，他们说："这来自安拉。"如果他们遭受不测，他们说："这是因你而来的。"你说："这一切都来自安拉。"这些民众怎么了，他们不理解一句话？》（4：78）

"**难道你们被提醒时（你们就如此对待我们）吗？不，你们是一个过分的群体。**"你们以这些言语对待我们，并威胁我们，只是因为我们劝你们认主独一并虔诚拜主吗？不，你们是过分的人。格塔德解释说："如果我们以安拉来劝告你们，你们就因此而倒霉了吗？不然！你们是过分的群体。"[3]

《20.一个人从城镇的最远处跑来说："我的族人啊！你们要跟随使者们。》

《21.跟随那些不向你们要求报酬，并且他们自身是遵循正道的人！"》

《22.我凭什么不崇拜造化了我的安拉呢？你们只被召回于他。》

《23.难道我要在安拉之外崇拜许多神祇吗？如果至仁主意欲我受伤，它们的求情对我丝毫无益，它们也不能拯救我。》

《24.如是那样，我确实在明显的迷误当中。》

《25.我确已归信了你们的主，所以，你们要听从我！》

伊本·阿拔斯等学者说，城镇的居民企图杀害他们的先知时，从城镇的最远处有人跑来帮助先知。他们说此人名叫哈比卜，他曾是一位织丝工人，以卖绳为生，患有麻风病。此人好善乐施，将自己劳动所得的一半用于施舍，生性耿直。[4]

另据传述，伊本·阿拔斯等学者说："《雅辛章》讲述的人名叫哈比卜·南佳尔，他被族人所杀。"

"**他说：'我的族人啊！你们要跟随使者们。'**"他鼓励自己的族人跟随光临的诸位使者。

"**跟随那些不向你们要求报酬**"，即他们不因宣传天启信息而索要报酬，并且他们自身严格遵守他们号召你们要做的事情——崇拜独一无偶的安拉。

"**我凭什么不崇拜造化了我的安拉呢**"，即有什么事由能阻碍我去虔诚崇拜创造我的独一安拉呢？

"**你们只被召回于他**"，经文指复生日的情况。那时，你们将因自己的善行或恶为受到奖罚。

"**难道我要在安拉之外崇拜许多神祇吗？**"经文通过疑问句，强调这是不可能的。同时羞辱和警

---
（1）《泰伯里经注》20：502。
（2）《泰伯里经注》20：502。
（3）《泰伯里经注》20：504。
（4）《泰伯里经注》20：504。

告隐昧者。

"如果至仁主意欲我受伤，它们的求情对我丝毫无益，它们也不能拯救我"，即你们舍安拉而崇拜的这些偶像毫无权力，因为假若安拉要我受到伤害，❮除他之外，没有谁能够解除它。❯（10：107）这些偶像既不能抗拒这种灾害，也无法从困境中拯救我。

"如是那样，我确实在明显的迷误当中"，即舍安拉而将这些东西作为神灵，就是明显的迷误。

"我确已归信了你们的主，所以，你们要听从我！"伊本·阿拔斯等学者解释说："我确已归信了你们否认的安拉，所以你们要听我说。"[1] 这句话也有可能是这位前来支援使者们的人对使者们所说的，即"我已经归信了派遣你们的安拉，所以在安拉那里你们要为我作证。"伊本·哲利尔说，另一些学者认为这句话是他对使者们说的。他对他们说，"你们要听我说了什么，并要在我的养主那里为我作证；我已经归信了你们的养主，并跟随着你们。"伊本·哲利尔的这种选择意义更加明确。安拉至知。

伊本·阿拔斯等学者说："来人说了这句话后，众人一拥而上杀死了他，没有一个人挺身而出保护他。"[2]

格塔德说："人们不停地用石头击打他，而他却在说：'主啊！请引导我的民族吧！因为他们不知道。'他就这样英勇就义了。愿安拉慈悯他。"[3]

❮ 26.他被告之："你进入乐园吧。"他说："但愿我的族人能够知道，

❮ 27.我的主已恕饶了我，并把我列入尊荣者当中。"❯

❮ 28.在他之后，我未曾针对他的族人派遣任何天军，我也不是经常派遣的。❯

❮ 29.那只是一声霹雳，突然间他们就变成沉寂的。❯

伊本·麦斯欧迪说："人们用脚踩踏他（前来支援先知的人），以至他的肠子从后窍流了出来。"

安拉对他说："你进入乐园吧"，他便进入乐园，享受其中的给养，安拉消除了他今世的疾病、忧愁和辛苦。[4]

穆佳黑德说："哈比卜·南佳尔被告知，你进入乐园吧！因为（为主道）捐躯后必定要进入乐园。当他看到乐园的报酬后说：'但愿我的族人能够知道。'"[5] 格塔德说："你只能以忠告者的身份会见穆民，而不能以欺骗者的身份见他们。当他目睹安拉所赐的尊荣之后说：'但愿我的族人能够知道。我的主已恕饶了我，并把我列入尊荣者当中'，他希望安拉让他的民族知道他所看到的尊荣以及他突然得到的一切。"[6]

伊本·阿拔斯说："他活着时用'我的族人啊！你们要跟随使者们'这句话忠告了他的民族，在他归真后，他用'但愿我的族人能够知道，我的主已恕饶了我，并把我列入尊荣者当中'来忠告他们。"

苏富扬·绍利引用艾布·穆兹里穆的话解释这段经文说："'但愿我的民族能够知道，由于我对我养主的归信，对使者们的信任，而获得的赦宥和尊荣。'意思是：假若我的族人知道了我获得的回赐、报偿和永恒的恩典，他们一定会跟随使者，并因此得到安拉的怜悯和喜悦。他非常渴望他的族人

---

(1)《泰伯里经注》20：507。
(2)《泰伯里经注》20：508。
(3)《泰伯里经注》20：501。
(4)《泰伯里经注》20：508。

(5)《泰伯里经注》20：509。
(6)《泰伯里经注》20：509。

能够遵循正道。"

欧勒沃·本·麦斯欧迪对穆圣㊇说:"请派我去劝告我的族人接受伊斯兰。"安拉的使者㊇说:"我担心他们杀害你。"他说:"他们发现我在睡觉都不会叫醒我。"使者说:"那你去吧!"他去后经过了拉特和欧匝(1),便说:"明天我一定要使你(们)难堪!"赛格夫人因此而怒火中烧。这时他说:"赛格夫人们啊!拉特不是神,欧匝也不是的。归信伊斯兰,你们才能获得平安。艾哈俩夫人啊!拉特不是神,欧匝也不是的。归信伊斯兰,你们才能获得平安。"他将这话说了三次,后来有人一箭射中他的眼部,他中箭身亡。安拉的使者㊇闻讯后说:"他和《雅辛章》中所说的那人一样。那人说:'但愿我的族人能够知道,我的主已恕饶了我,并把我列入尊荣者当中。'"

清高伟大的安拉说:**"在他之后,我未曾针对他的族人派遣任何天军,我也不是经常派遣的。"** 忠告者被杀之后,安拉恼怒这个民族而惩罚了他们,因为他们否认了安拉的使者,杀害了他的盟友。安拉说,他惩罚他们时用不着派遣天兵,对付他们不必动此干戈。

伊本·麦斯欧迪解释这段经文时说:"安拉用不着派重兵去惩罚他们。**'那只是一声霹雳,突然间他们就变成沉寂的。'** 安拉以此毁灭了暴君和安塔肯叶的居民。他们在地面上消失了,无一幸免。"(2)

有学者解释**"我也不是经常派遣的"**时说:"当安拉要毁灭各民族时,用不着派遣天使,只降下一种惩罚,就足以毁灭他们。"

穆佳黑德、格塔德等学者解释这段经文说:"安拉不会再为他们重新颁降信息。"(3)

格塔德说:"以安拉发誓,在他(哈比卜)归真之后,安拉没有(用语言)谴责他们,他只降下**'一声霹雳,突然间他们就变成沉寂的'**。"(4)

伊本·哲利尔说,第一种观点更加贴切,因为信息不能称为"军队"。(5)

经注学家们说,安拉派遣吉卜勒伊里去惩罚他们,他拉住城门的门框,向他们发出一声霹雳般的呐喊,他们全部魂飞魄散,变成了僵尸。上文已述,许多先贤认为这座城镇名叫安塔肯叶,这三位使者是尔撒先知所派遣的使者。正如格塔德等学者所说。但除了格塔德之外的任何一位后辈学者的观点都与此不同(6)。其主要原因如下:

一、从故事的表面文字可以看出,这三位是安拉的使者,而不是尔撒的使者。因为经文中说:❨当时我向他们派遣了两位使者,但是他们否认了他们俩,然后我又以第三位来增援他们俩。他们说:"我们的确是被派到你们中来的……我们的主知道,我们确实是被派遣到你们的。我们只肩负明白的传达。"❩(36:14-17)假若他们是使徒,经文的脉络必定要与尔撒的事情相符。安拉至知。假若他们是尔撒的使者,否认者们不会说:❨你们只是像我们一样的人。❩(36:15)

二、安塔肯叶的居民早就归信了尔撒派去的使徒,它也是最先归信尔撒先知的城镇,因此它是有大主教的四座基督教城市之一。这四座城市分别是:圣城固都斯,它是尔撒的故乡;安塔肯叶,它是第一个全民信仰基督教的城市;亚历山大,该城最先出现大主教、主教、地区主教、社区主教、修道士等称号;然后是罗马,它是教皇君士坦丁的城市,他信仰基督教后大力支持过它的发展。后来君士坦丁堡建成后,教皇从罗马搬到了那里。正如赛尔德和一些穆斯林历史学家所记载。如果能确定安塔肯叶是第一座有天启信仰的城市,那就说明他们不是尔撒的使者。因为《古兰》中提到的这个民族因为拒信而被安拉毁灭,变成了僵尸。安拉至知。

三、基督教使徒在安塔肯叶发生的故事在《讨拉特》降示之后。艾布·赛尔德·胡德里等先贤说,安拉降下《讨拉特》之后从来没有整体性地毁灭过一个民族。此后,安拉只命令归信者们和多神教徒进行战争。学者们在注释❨的确,我在毁灭了古老的一些世代之后,赐给穆萨经典……❩(28:43)时提到了这个问题。按照这种观点,可以明确看出:《古兰》中提到的这座城镇不是安塔肯叶。部分先贤也有这种主张。或者这座城镇名叫安塔肯叶(如果传述中没有失误),但它不是众所周知的安塔肯叶城,而是另一座与它同名的城镇。因为据了解这座城无论在基督教时期,还是在它之前,都没有遭受过(这种性质的)毁灭。安拉至知。

❨30.啊!众仆真是不幸!只要有使者到达他们,他们就要嘲笑他!❩

❨31.难道他们没有看见我毁灭了多少在他们以前的世代,那些(已经逝去世代的人)不再重返吗?❩

❨32.他们全都将被召到我跟前。❩

---

(1)古莱什的两个偶像。——译者注
(2)《泰伯里经注》20:510。
(3)《泰伯里经注》20:510、511。
(4)《泰伯里经注》20:510。
(5)《泰伯里经注》20:511。

(6)他们认为他们不是尔撒的使者,而是安拉的使者。——译者注

## 否认者真不幸

伊本·阿拔斯在注释"啊！众仆真是不幸"时说（经文的意思是）："伤哉！众仆。"[1]格塔德解释说："仆人因为当初没有遵守安拉的命令，对安拉有所怠慢而好自责啊！"[2]换言之，在复生日，当他们目睹惩罚的时候他们好懊悔啊！（他们自责道）"当初怎么就否认了安拉的使者，违背了安拉的命令呢？"他们在今世时不归信使者。

"只要有使者到达他们，他们就要嘲笑他！"即他们一贯嘲笑使者，不信他们，并否认他们奉命带来的真理。

## 驳斥轮回转世说

清高伟大的安拉说："难道他们没有看见我毁灭了多少在他们以前的世代，那些（已经逝去世代的人）不再重返吗？"就是说，难道他们不以安拉所毁灭的那些否认众先知的古人为鉴，并从中吸取教训吗？难道他们曾经返回过尘世吗？事实并非如同那些愚人和歹徒所说：《除了我们在今世的生命之外，没有其他的生命，我们死，我们生……》（23：37）信仰轮回转世的人们，愚蠢地认为他们还要回到今世，恢复当初的生活。安拉驳斥他们的谬论，说："难道他们没有看见我毁灭了多少在他们以前的世代，那些（已经逝去世代的人）不再重返吗？"

"他们全都将被召到我跟前"，即过去和现在的民族，复生日都要在安拉面前接受审判。对善行给予奖励，恶行进行惩罚。下列经文与此意义接近：《你们的主一定会按照他们的行为报酬每一个人。》（11：111）

《33.已死的大地是给他们的一个迹象。我使它活，并由它生产谷物，他们便从中食用。》

《34.我也在其中造化了许多枣树园和葡萄园，并使泉水由其中涌出来。》

《35.以便他们吃其果实，那些果实不是他们的手造化的。难道他们不感谢吗？》

《36.赞美安拉，他从大地生长的万物中，从他们自身中，以及从人们所不知道的（事物）中造化了一切配偶。》

### 世界必然有一个创造者以及死后的复活

清高伟大的安拉说："已死的大地是给他们的一个迹象"，即大地原来没有生机，寸草不生，安拉降下雨后，它开始活动、膨胀，并生长出各种美丽的植物，这本身就是一个证据，证明造物主的存在、完美大能和复活万物。

因此，经文说："我使它活，并由它生产谷物，他们便从中食用"，即安拉使之成为他们和他们的牲畜的粮食。

"我也在其中造化了许多枣树园和葡萄园，并使泉水由其中涌出来"，即安拉使河流流淌到人类需要的每个地方，以便人们因之而获得丰收。安拉讲述了为人类创造庄稼之恩赐后，接着讲述果实及其品种。

"那些果实不是他们的手造化的"，即那一切都是来自安拉的慈悯，而不是他们的能力和劳动所得。这是伊本·阿拔斯等学者的解释。

因此，后文说："难道他们不感谢吗？"即他们有何理由不感谢安拉所赐的数不胜数的宏恩？

伊本·哲利尔认为（估计这仅仅是他一人的主张）经文中的"ل"指关系词，其意思是：以便他们吃其果实和他们亲手劳动（栽种、照料）的。伊本·哲利尔说，伊本·麦斯欧迪就是这样读这段经文的。

"赞美安拉，他从大地生长的万物中，从他们自身中，以及从人们所不知道的（事物）中造化了一切配偶。""大地生长的万物"包括庄稼、果实和植物。"从他们自身中……"指安拉使人类成为男性和女性；"从人们所不知道的"指人类所不了解的形形色色的被造物。安拉说：《每一物，我都将它造化一对，以便你们觉悟。》（51：49）

《37.夜晚是给他们的一个迹象，我从其中把白昼移走，刹那间他们就在黑暗当中。》

《38.太阳将行至其定所，那是优胜的主、全知的主的安排。》

《39.月亮，我也规定了它的各处所，直到它变得像干枯的枣枝。》

《40.太阳不能越过月亮，黑夜也不能赶上白昼。一切都在轨道上浮行。》

### 夜晚、白天、太阳和月亮，都属于安拉的大能和伟大迹象

安拉给人类提供的一种能证明其大能的迹象，就是日夜创造的，夜晚的漆黑，白天的明亮。安拉使它们循环往复，相互更替。另一章经文中说：《他使昼夜交替遮盖，迅速循环追踪。》（7：54）

经文在此说："夜晚是给他们的一个迹象"，

---

[1]《泰伯里经注》20：512。
[2]《泰伯里经注》20：512。

即安拉使白昼从中断开，白昼逝去后，夜就来了。

因此说，"**刹那间他们就在黑暗当中**"。圣训中说："当夜晚从这里到来，白天从那里逝去时，封斋的人就要开斋。"[1]

"**太阳将行至其定所。**"关于"**定所**"的意义有两种：一、指空间的定所。它位于阿莱什之下，无论位于何处，它都从那个处所靠近地球，它和万物都在阿莱什之下，阿莱什是万物之顶。艾布·则尔说，有一次太阳西落时我和使者在清真寺中，使者问："艾布·则尔啊！知道太阳要去哪里吗？"我回答说："安拉及其使者至知。"使者说："它要去阿莱什下叩头，那就是安拉所说的：'**太阳将行至其定所，那是优胜的主、全知的主的安排。**'"[2]

艾布·则尔说："我关于'**太阳将行至其定所**'问了安拉的使者，使者回答说：'它的定所在阿莱什之下。'"[3]

二、时间上的"**定所**"，指太阳运行的终点，即末日。那天，它不再运行，不再活动，世界的末日到来了。

格塔德解释"**行至其定所**"时说："太阳将按其时期运行，达到一个不可逾越的终点。"[4]有学者解释说："夏季的日出时间（地点）将不断更变，到其终点后进入冬季的日出（时间和地点）变更期，直到于其顶点。"据传述，阿卜杜拉·本·阿慕尔持此主张。

伊本·麦斯欧迪和伊本·阿拔斯将这段经文读为："والشمس تجرى لامستقر لها"其意义是："太阳日夜不停地运行着，毫无紊乱，毫厘不爽。"正如安拉所言：⟪ 他为你们制服日月，让它们不停地运行……⟫（14：33）即它们不停地、精确地运行着，直到末日来临。

"**那是优胜的主、全知的主的安排。**""**优胜的**"指不可违背和抗拒的。"**全知的**"指知道一切动与静。安拉已按照一种精确、和谐的模式预定了它们的时间。正如安拉所言：⟪ 他使天破晓，他以夜供人休息，以计时设置日月。这就是优胜的、全知的主的定律。⟫（6：96）《叩头章》的最后一段经文也是如此："这是优胜的、全知的主的安排。"

"**月亮，我也规定了它的各处所**"，即安拉使月亮具有另一种运行方式，人们可以从中认识月份的变化，正如人们通过太阳认识昼夜那样。正如安拉所言：⟪ 关于新月他们问你，你说，它是人类和朝觐的时令。⟫（2：189）又⟪ 他使日成为发光的，使月为光亮，并且规划了它的轨道，以便你们能够知道年数和计算。⟫（10：5）又⟪ 我使夜与昼作为两个迹象，我抹去夜的迹象，赋予昼光明的迹象，以便你们向你们的主寻求恩典，以便你们知道年岁的数目和计算。我已清楚地解释了万物。⟫（17：12）安拉给日和月分别赋予两种不同的光，并使它们的运行互不相同。每天升起的太阳，都以同一种光线西落。但夏季和冬季的日出和日落时间（地点）不同，因此，夏季日长夜短，冬季日短夜长。太阳的权利在白天，所以它成了"白日之星"。安拉还为月亮规定了各位置，月初的第一夜，其光线比较微弱，第二天光线略有加增，并升高到另一位置。其位置越高光线越强。虽然如此，月亮的光源于太阳。直到每第十四夜时，月亮光达到其最完美阶段。此后光线又开始逐渐减弱，直到月底，最终月亮变得就像干枯的枣树枝。[5]阿拉伯人给一月中的每三天都起了一个名字，他们将每月初的前三天称为欧莱勒（غرر），然后依次称为奴弗里（نفل）、突斯尔（تسع，突斯尔意为"九"，因为其中最后一夜是该月第九夜）、欧设勒（عشر，欧设勒意为"十"，因为其中第一夜是该月第十夜）、白牙兹（البيض，白牙兹意为"明亮"，因为这三天的月光格外明亮）、督莱尔（درع，督莱尔意为黑头白身的羊，因为这三天的第一天，月光暗淡）、祖莱穆（ظلم）、海纳迪斯（حنادس）、带阿迪（دآدى）、麦哈格（محاق，麦哈格意为"晦"，因为月首月光要隐晦）。艾布·阿卜杜拉在其著作《作家的怪癖》中说"突斯尔"和"欧设勒"另有其名。

"**太阳不能越过月亮。**"穆佳黑德说："太阳和月亮都有其不可逾越的范围，它们此来彼往，彼来此往，永不互犯。"[6]

艾克莱麦在注释这段经文时说："日月都有其权利，所以太阳无权在夜晚出现。"

"**黑夜也不能赶上白昼。**"夜晚到其尽头时，立即消失，白天瞬即到来。因为太阳的权利在白天，月亮的权利在夜晚。

端哈克用手指着东方说："白天从这边到来之前，夜晚不会从那边消失。"[7]穆佳黑德在解释这段经文时说："昼夜相互迅速追赶，循环交替。"[8]换言之，昼与夜之间没有任何间隙，它们循环往复，周密紧凑。因为它们都是被制服的，都在快速追赶对方。

---

[1]《布哈里圣训实录诠释——造物主的启迪》4：231。
[2]《布哈里圣训实录诠释——造物主的启迪》8：402。
[3]《布哈里圣训实录诠释——造物主的启迪》8：402。
[4]《泰伯里经注》20：517。
[5]《泰伯里经注》20：518。
[6]《泰伯里经注》20：520。
[7]《泰伯里经注》20：520。
[8]《泰伯里经注》20：519。

"一切都在轨道上浮行"，即昼夜和日月，全部在天体中运行。这是伊本·阿拔斯等学者的观点。[1] 伊本·阿拔斯和不止一位先贤说："在就像纺车的弧形轨道中运行。"

❃ 41.给他们的一个迹象是，我在满载的船中运载着他们的后代。❃
❃ 42.我也为他们创造了类似它（船）的承载物，❃
❃ 43.如果我愿意的话，我会淹死他们，此后他们就没有援助者，他们也不获拯救。❃
❃ 44.除非因为来自我的仁慈，及暂时的享受。❃

### 在满载的船中运载人类，是安拉的一种迹象

清高伟大的安拉说，安拉制服大海运载船舶，是给人类证明安拉大能的迹象之一。其中最初的船当属努哈先知的船，当时安拉在这艘船上运载了努哈及跟随他的信士们，而淹没了除他们之外的所有人。

因此，清高伟大的安拉说："**给他们的一个迹象是，我在满载的船中运载着他们的后代。**" "**满载的船**"指装满货物和各种动物的船。安拉命令努哈从万物中各择取一对（一雄一雌），运载在这艘船中。"**他们的后代**"指世人的祖先。

伊本·阿拔斯说"**满载的船**"指沉重的船。[2] 伊本·朱拜尔等学者有相同观点。[3] 端哈克和伊本·栽德说："这艘船指努哈先知的船。"[4]

"**我也为他们创造了类似它（船）的承载物。**"伊本·阿拔斯说，"经文指骆驼。因为它是陆地之舟，它既能运东西，也可供人骑乘。"[5]

伊本·哲利尔传述，伊本·阿拔斯曾问："你们可知'我为他们创造了类似它（船）的承载物'指什么意思吗？"我们说："不知道。"他说："'它'指船。努哈（先知）的船之后，其他船都是按这种样子制作的。"[6] 艾布·马立克等人都有相同解释。[7]

"**如果我愿意的话，我会淹死他们。**" "**他们**"指乘船的人。

"**此后他们就没有援助者**"，即没有谁能从他们所陷入的困境中拯救他们。

"**他们也不获拯救**"，即他们也不能获得拯救，解脱所受的惩罚。

"**除非因为来自我的仁慈**"，即只有安拉发出他的慈悯，使你们运行在大海和陆地上，使你们平安抵达预定的期限。因此说，"**及暂时的享受**"，即直至在安拉那里明确的时间。

❃ 45.每当他们被告诉："你们应当留心在你们前面的和在你们后面的，以便你们获得慈悯。"❃
❃ 46.每当一项来自他们主的迹象到达他们时，他们就避开它。❃
❃ 47.当他们被告诉："你们要从安拉赐给你们的恩典中施舍"时，那些隐昧的人对归信者说："我们要给他们提供食物吗？如果安拉愿意的话早已款待他们了。你们确实只在明显的迷误中。"❃

### 多神教徒的迷误

多神教徒执迷不悟，罪恶累累，将在末日遭受严峻的清算，但他们却对这一切不以为然，满不在

---
（1）《泰伯里经注》20：520。
（2）《泰伯里经注》20：522。
（3）《泰伯里经注》20：522。
（4）《泰伯里经注》20：522、523。
（5）《泰伯里经注》20：524。
（6）《泰伯里经注》20：523。
（7）《泰伯里经注》20：522-524。

乎。清高伟大的安拉说："**每当他们被告诉：'你们应当留心在你们前面的和在你们后面的……'**"穆佳黑德认为经文指罪恶。其他学者的见解则与此相反。

"**以便你们获得慈悯**"，以便你们因为这种留心而得到安拉的慈悯，并免于他的惩罚。然而，他们不但没有响应要求，反而加以反对。下列经文足以说明这一点："**每当一项来自他们主的迹象到达他们时，他们就避开它**"，"迹象"指证明安拉独一和使者诚实的迹象。他们不思考它，不接受它，也不从中获益。

"**当他们被告诉：'你们要从安拉赐给你们的恩典中施舍'时**"，即当有人命令他们把安拉所赐的部分财产用于穷人和有需求的穆斯林时，"**那些隐昧的人对归信者说**"，即他们对那些命令他们行善的穆斯林说："**我们要给他们提供食物吗？如果安拉愿意的话早已款待他们了**"，即你们命令我们给这些人施舍，然而如果安拉意欲，他早就使他们富裕了，并从他的给养中款待了他们。我们在此中与安拉的意欲保持着一致。

"**你们确实只在明显的迷误中**"，即你们给我们的这些命令，都是错误的。

❁ 48.他们又说："如果你们是诚实的，这个约会何时实现呢？"❁

❁ 49.他们只等待一声霹雳，在他们争论的时候来临他们。❁

❁ 50.所以他们不能立遗嘱，也不能回到自己的家中。❁

### 隐昧者认为复活之日遥不可及

隐昧者们认为复活之日遥不可及，他们说："这个约会何时实现呢？"

清高伟大的安拉说："**他们只等待一声霹雳，在他们争论的时候来临他们**"，即他们只等一声霹雳——安拉至知——这是一声惊恐的声音。这声音在号角吹响时，人们还像往常一样在市场和谋生之处争论着，这时，安拉命令伊斯拉菲勒天使吹响号角，声音缓慢，大地上的人们都引颈细听从天上传来的声音。后来，人们都被驱赶到复生日的集合之处，烈火将他们包围了起来。

因此，清高伟大的安拉说："**所以他们不能立遗嘱。**"他们不能把自己所掌握的权利嘱托给后人，因为严峻的现实不允许他们做这些事情。

"**也不能回到自己的家中。**"我们已经在其他地方引用过许多圣训和先贤箴言，指出此后将出现

一次号角声，人们听到它后，都将昏晕而死。只有永活的、维护万物的安拉永存。此后还有一次号角声，即复活的号角声。

❁ 51.号角一吹响，他们就立即从坟墓中（出来）奔向他们的主！❁

❁ 52.他们说："啊！我们真悲伤呀！是谁使我们从睡眠之地苏醒？"这就是至仁主所许下的，使者们说了实话！❁

❁ 53.只一声霹雳，那时他们全体就被带到我跟前。❁

❁ 54.那天，没有一个人会受到丝毫亏待，你们只依当初的行为而受到还报。❁

### 复活的号角声

这是第三次号角声，即复活的号角声，那时人们纷纷从坟墓中站起来。因此，安拉说："**号角一吹响，他们就立即从坟墓中（出来）奔向他们的主！**""奔向"指匆匆忙忙地走向。正如安拉所言：❁ 那天，他们将从坟墓中迅速出来，犹如奔向

旗帜一般。》（70：43）

"他们说：'啊！我们真悲伤呀！是谁使我们从睡眠之地苏醒？'""睡眠之地"指坟墓。他们在今世认为将来不会从坟墓中被复活，但他们在复活之地目睹当初否认的这些情况后却说："啊！我们真悲伤呀！是谁使我们从睡眠之地苏醒？"这并不能说明他们在坟墓中没有接受惩罚，因为与复活时遭受的惩罚相比，坟墓中的惩罚无异于睡眠。

吾班叶·凯尔卜、穆佳黑德等学者说："他们在复活之前将有一次睡眠。"[1]

格塔德说："经文指两次号角声之间的事情。因此他们说'啊！我们真悲伤呀！是谁使我们从睡眠之地苏醒？'"[2]不止一位先贤说，他们说了这些话后有穆民回答他们说："**这就是至仁主所许下的，使者们说了实话！**"哈桑说，这是天使对他们的答复。上述解释没有冲突，因为几种情况都是可能的。安拉至知。

"只一声霹雳，那时他们全体就被带到我跟前。"正如安拉所言：《的确，那只是一次吼声，突然间，他们都出现于地面。》（79：13-14）又《复活时只像一瞬间，或是更快。》（16：77）又《那一天，他将召唤你们，你们将以颂词应答他，你们认为你们只不过逗留了片刻时间。》（17：52）即安拉只发出一声命令，一切都出现在他跟前。

"那天，没有一个人会受到丝毫亏待"，即他的善功不会被减少。"你们只依当初的行为而受到还报。"

《55.乐园的居住者，在那天将沉浸于快乐之中。》

《56.他们和他们的伴侣将置身于荫凉处，靠在床上。》

《57.他们在其中享受水果以及他们所要求的。》

《58."平安"是至仁主所致的辞！》

## 乐园居民的生活

清高伟大的安拉说，复活之日乐园的居民们离开清算场，住进乐园的花园中，忙于享受永恒的恩典和伟大的成功而无暇顾及其他人。

哈桑·巴士里等学者说"沉浸于"指忙碌于享受恩典而无暇顾及火狱的居民。

穆佳黑德解释说："他们在令人惊奇的恩典之中。"[3]格塔德和伊本·阿拔斯说，"**快乐**"指欢乐。

"他们和他们的伴侣将置身于荫凉处。"穆佳黑德说"**伴侣**"指配偶。"**荫凉处**"指树荫下。[4]

"靠在床上。"伊本·阿拔斯等学者说，经文指帷幕下面的床。[5]

"他们在其中享受水果"，即他们享用各种各样的水果。

"以及他们所要求的"，即无论他们想要什么，都能如愿以偿。

"'平安'是至仁主所致的辞！"伊本·阿拔斯解释这段经文说："对乐园的居民而言，安拉就是平安。"这个解释与下列经文相似：《他们见他之日，他们的贺词是"平安！"》（33：44）

《59.犯罪者们啊！你们在这天分开吧！》

《60.阿丹的子孙们啊！我不曾与你们立约吗？你们不要崇拜恶魔，它的确是你们明显的敌人，》

《61.而你们应当崇拜我。这才是正道。》

《62.的确，它已误导了你们中许多世代，你们还不明白吗？》

## 复生日隐昧者立站的地方
## 对隐昧者的警告

清高伟大的安拉介绍隐昧者在复生日的归宿，说他将命令他们和众信士分开站立。正如安拉所言：《在那天，我将把他们集中在一起，我将会对那些举伴我的人说："你们和你们的同伙（伪神）们各就各位。"我就把他们彼此分开。》（10：28）又《复活日实现之时，他们将被彼此分开。》（30：14）又《在那天，他们将要分开。》（30：43）即他们将分为两部分。又《你们把犯罪的人跟他们的伙伴们以及他们所崇拜的一起带来，——除安拉外（所崇拜的一起带来）。并将他们引向火狱之路。》（37：22-23）

"阿丹的子孙们啊！我不曾与你们立约吗？你们不要崇拜恶魔，它的确是你们明显的敌人。"这是安拉对人类中的隐昧者的警告，这些隐昧者顺从他们的明敌恶魔，违抗创造并且供养他们的至仁主。

因此，安拉说："而你们应当崇拜我。这才是正道"，即我在今世时命令你们不要顺从恶魔，并命令你们崇拜我，这才是正道，然而你们却选择了

---

（1）《泰伯里经注》20：533。
（2）《泰伯里经注》20：532。
（3）《泰伯里经注》20：535。
（4）《泰伯里经注》20：538。
（5）《泰伯里经注》20：539、540。

其他道路，听从了恶魔的命令，跟随了它的脚步。

安拉说："的确，它已误导了你们中许多世代。""许多世代"指许多人。穆佳黑德等学者持此主张。

"你们还不明白吗？"你们违背安拉的命令崇拜偶像，追随恶魔，难道你们没有理智吗？

❅ 63.这就是你们曾经被告诫的火狱！❅

❅ 64.由于你们不信，今天你们就进入其中吧！❅

❅ 65.这天，我将在他们的嘴上加封。于是他们的手将会对我说话，他们的脚也会对他们所做的一切作证。❅

❅ 66.如果我愿意的话，我一定会遮蔽他们的眼睛，然后他们争着走向道路，但是他们哪能看见呢？❅

❅ 67.如果我愿意的话，我就会在他们的原地使他们变种，因此他们既不能前进，也不能后退了。❅

在复生日，火狱出现在隐昧者面前时，有声音对他们羞辱、警告地说："**这就是你们曾经被告诫的火狱！**"即这就是当初众使者警告你们，而你们却否认的火狱。"**由于你们不信，今天你们就进入其中吧！**"正如安拉所言：❅ 那天，他们将被推进火狱的火中，这就是你们一贯否认的火！这是魔术呢？还是你们看不见？❅（52：13-15）

### 复生日犯罪者的嘴将被封闭

"**这天，我将在他们的嘴上加封。于是他们的手将会对我说话，他们的脚也会对他们所做的一切作证。**"这是复生日隐昧者和伪信士的情况。他们看到自己在今世犯的一切罪恶，但他们发誓没有犯过这些罪行，因此安拉要把他的嘴封起来，他们的肢体将说出它们的行为。

艾奈斯·本·马立克说，我们曾和先知在一起时，他笑了，以致大牙都露了出来。他问："你们知道我为什么笑吗？"我们说："安拉及其使者至知。"先知㉗说："我因为仆人和他的养主在复生日的争论而笑。仆人说：'我的养主啊！难道你不曾从不义中拯救我吗？'安拉说：'拯救过。'仆人问：'（今天）你只允许我自己替自己作证吗？'安拉说：'今天你足以做自己的清算者。记录的天使们足以做你的见证者。'此后仆人的嘴被封住，他的肢体被告知：'说吧！'它便说出自己当初的行为。最后仆人被允许说话时，他说：'太荒唐了！我当初只是在替你们（我的肢体）辩护。'"[1]

艾布·穆萨·艾什尔里说："复生日，穆民被召来清算时，他的养主将他与养主之间的行为展现在他眼前，他承认它们是自己做的，说：'是的。'即我的养主啊！这些都是我做过的事情。然后安拉赦宥他的罪恶，并掩盖他的耻辱——大地上没有人看见的那些罪恶；他的善行都显了出来，他希望人们都看到善行。隐昧者和伪信士被召来清算时，他的养主将他的行为昭示给他，然而他矢口否认。他说：'我的养主啊！以你的尊严发誓，这个天使记录的事情是我未曾做过的。'天使对他说：'难道你在某时某刻，在某地没有做这件事吗？'他说：'不，我的养主啊！以你的尊严发誓，我没有做过这件事。'在此情况下，安拉封闭了他的嘴。"艾布·穆萨说："我认为（人身上）第一个发誓的部位是他的右腿。"然后他读道："**这天，我将在他们的嘴上加封。于是他们的手将会对我说话，他们的脚也会对他们所做的一切作证。**"[2]

"**如果我愿意的话，我一定会遮蔽他们的眼睛，然后他们争着走向道路，但是他们哪能看见呢？**"伊本·阿拔斯注释这段经文说："假若我意欲，我就会使他们迷失正道，所以他们哪能得道呢？"他又说："我就使他们变瞎……"[3]

哈桑·巴士里说："假若安拉意欲，他一定会摸平他们的眼睛，使他们成为徘徊不定的瞎子。"

穆佳黑德等学者说"الصراط"指道路，伊本·栽德说经文指真理。即安拉使他们瞎之后他们哪能看见真理呢？

伊本·阿拔斯说"但是他们哪能看见呢？"指他们看不见真理。[4]

"**如果我愿意的话，我就会在他们的原地使他们变种。**"伊本·阿拔斯认为"变种"指毁灭；[5]赛丁伊认为指改变形象；艾布·撒立哈解释为使他们变成石头；哈桑·巴士里等解释为使他们坐到脚上。[6]

清高伟大的安拉说："**因此他们既不能前进**"，即走向前方。"**也不能后退了**"指退到后面。他们将保持静止状态，不能向前，不能退后。

---

(1)《穆斯林圣训实录》4：2280；《圣训大集》6：508。
(2)《泰伯里经注》20：544。
(3)《泰伯里经注》20：545。
(4)《泰伯里经注》20：547。
(5)《泰伯里经注》20：547。
(6)《泰伯里经注》20547。

❰ 68.无论我使谁年岁增长，都会使他体质衰退，他们难道还不明白吗？❱

❰ 69.我不曾教他诗歌，诗歌并不适合于他，这只是一项教诲和明白的《古兰》。❱

❰ 70.以便它警告活着的人，以便对隐昧者的判辞得以落实。❱

清高伟大的安拉说，人类随着年龄的不断增长，其体质也愈来愈弱，精力也愈来愈差。正如安拉所言：❰ 是安拉造化你们于羸弱之中，然后在羸弱之后赋予你们力量，然后在力量之后设定衰弱和白发。他随意造化，他是全知的、大能的。❱（30：54）又❰ 也有一些人活到最卑贱的年龄，以便让他在有了知识之后一无所知。❱（22：5）此处的目的是——安拉至知——告诉人们今世是注定要消失的家园，而不是永恒的居所，因此，安拉说："他们难道还不明白吗？"即他们应该用自己的理智考虑考虑他们的出生、壮年和老年，以便他们知道他们是因为另外一个世界，一个永不消失和改变，并且必定要到来的世界——后世而创造的。

### 安拉没有给其使者教过诗文

"我不曾教他诗歌，诗歌并不适合于他……"清高伟大的安拉说，他不曾给穆圣㊥教过诗歌，"诗歌并不适合于他"，使者生性不喜欢诗词，因此，据先贤介绍，使者从来不背诵押韵的诗文，即使吟诗时，也是蜻蜓点水式地一带而过，从不完整地背诵。安拉的使者㊥曾对阿拔斯·迷勒达斯说："难道你说过，你要将我的战利品和欧拜德的战利品交给艾格莱尔和欧叶奈吗？"[1]巴斯·迷勒达斯对他说："不，是欧叶奈和艾格莱尔。"使者㊥说："都一样。"使者的意思是（无论把哪个名字放到前面）所表达的意义都是一样的。愿安拉赐福安于穆圣㊥。[2]安拉至知。

那是由于安拉给穆圣㊥教导了一部伟大的《古兰》，❰ 它的前后不受谬误侵扰，它是来自睿智的、应受赞美的主的启示。❱（41：42）而《古兰》不是诗，那是一些无知的古莱什隐昧者的妄说；也不是占卜之言、杜撰之书或能影响人的魔术。迷误者和无知者确曾在其中众说纷纭，不一而足，而穆圣㊥生性不喜作诗。

"这只是一项教诲和明白的《古兰》"，即我教给穆罕默德的，仅仅是"一项教诲和明白的《古兰》"。即对于参悟其意义的人来说，它确实是极其明确的。

因此说，"以便它警告活着的人"，即以便这部明确的《古兰》警告地球上活着的每一个人。安拉说：❰ 以便我警告你们和一切它所到达的人。❱（6：19）❰ 而各宗派中不信它的人们，火狱就是给他们许诺的地方。❱（11：17）即只有那些有鲜活心灵和睿利眼光的人们，才能从此警告中获得益处。正如格塔德所说："（经文指）心活着的人和视力活着的人。"[3]端哈克认为"活着的人"指有理智的人。[4]

"以便对隐昧者的判辞得以落实。"《古兰》是对穆民的慈悯，是惩罚隐昧者的证据。

❰ 71.难道他们不知道我从我亲手所造之中为他们造化了牲畜，然后使他们成为它们的所有者吗？❱

❰ 72.我使它们服从于他们，它们当中有供他们乘载的，也有供他们食用的。❱

❰ 73.并且他们还从它们得到许多利益和饮料，

---

(1) 这是一句阿语诗，文中依次出现了艾格莱尔和欧叶奈两个名称。——译者注
(2)《圣品的证据》5：181。
(3)《泰伯里经注》20：550。
(4)《泰伯里经注》20：550。

难道他们不感激吗？》

## 牲畜是一种迹象和恩典

清高伟大的安拉在这里介绍他对人类的恩典——他为他们制服各种牲畜，"**使他们成为它们的所有者**"，格塔德说经文指使人类对它们有能力。即安拉赋予人类能力，使他们制服牲畜，所以牲畜是温顺的。即便是一个小孩，也能够让一峰骆驼卧倒、站立或行走；一条链子上就算拴着一百多峰骆驼，一个孩子也能带着它行走。

"**它们当中有供他们乘载的**"，即有些牲畜可以供人在旅行中骑乘，有些牲畜可以载重去到世界各地。

"**也有供他们食用的**"，他们也可以按照自己的意愿，屠宰部分牲畜以供食用。

"**并且他们还从它得到许多利益**"，牲畜的毛和绒可以做居家用品，供人短期享用。

"**饮料**"，人们可以饮用有些牲畜的奶，有些牲畜的尿还可以治病，等等。

"**难道他们不感激吗？**"难道他们不承认这一切的创造者和制服者是独一的吗？他们还要以物配主吗？

》74.可是他们舍安拉而崇拜许多神祇，希望受到（它们的）援助。》

》75.它们没有能力帮助他们，它们（偶像）是为他们而被召集的队伍。》

》76.不要让他们的话使你忧伤，我确知他们所隐藏的和他们所公开的。》

## 多神教徒的神祇不能帮助他们

清高伟大的安拉谴责那些多神教徒，他们认为除安拉外，宇宙间还有许多神灵能援助他们，供养他们，使他们接近安拉。"**它们没有能力帮助他们。**"这些神没有能力帮助崇拜它们的人，事实上它们自身难保，它们比它们的崇拜者更加脆弱和渺小，因为它们是不能听也不能理解的无生物。

"**它们（偶像）是为他们而被召集的队伍。**"穆佳黑德认为经文指清算时的情况。[1]他认为经文的意思是：复生日，这些偶像都要被召集起来，目睹其崇拜者接受清算，以便让那些崇拜者更加忧愁，从而更有力地证明他们的谬误。

格塔德说"**它们没有能力帮助他们**"指那些"神灵"不能帮助他们。多神教徒们在今世时捍卫

---
（1）《泰伯里经注》20：552。

着他们的"神"，虽然这些"神"不曾给他们带来任何益处或消除任何伤害[2]，因为它们仅是偶像。这是哈桑·巴士里的主张。这种主张较好。伊本·哲利尔选择了这种解释。

## 安慰使者

"**不要让他们的话使你忧伤。**""他们的话"指他们对穆圣的否认和不信。

"**我确知他们所隐藏的和他们所公开的**"，即安拉知道他们的一切行为，并将公正地报酬他们。那天，他们的一切行为无论巨细，都历历在目，他们所做的事情无论是过去的还是现在的，都将被展现在他们面前。

》77.难道人们没有看到我由精液造化了他们吗？但是突然间他们却变成了公开的对头。》

》78.他为我设立譬喻，而忘记了他自己的造化。他说："谁能在尸骨已朽之后，再赋予它生命？"》

》79.你说："首次造化他们的主将使他们复活！他是深知一切造化的。》

》80.是他为你们从绿树中产生火，你们便从其中点燃了火！"》

## 隐昧者否认死后的复活以及对他们的驳斥

穆佳黑德、艾克莱麦等学者说，吾班叶·本·海里弗（愿主诅咒之）手拿一块朽骨来到安拉的使者㊌跟前，他将朽骨弄成粉末撒到空中后，对使者说："穆罕默德啊！你妄称安拉能复活这个东西吗？"使者㊌回答说："是的。安拉将使你死，然后要使你复活，然后要将你召到火狱中。"同时，安拉降下《雅辛章》末尾的这几段经文："**难道人们没有看到我由精液造化了他们吗……**"[3]

伊本·阿拔斯说，阿斯·本·瓦伊里拿着一块从大干河中拣来的骨头，用手弄碎它后对安拉的使者㊌说："安拉能使我看到的这个东西复活吗？"安拉的使者㊌回答说："是的，是的。安拉将使你死，然后要使你复活，然后要使你进入火狱中。"他说，在那时，《雅辛章》末尾的这几段经文下降了。[4]

无论这些经文是因为吾班叶·本·海里弗颁降，还是因为阿斯·本·瓦伊里颁降，或是因为两

---
（2）如果按这种解释，经文应该译为"他们没有能力帮助它们"。阿语中"它"与"他"是同一个字。——译者注
（3）《泰伯里经注》20：554。
（4）《泰伯里经注》20：554。

者而颁降，都是一样的，因为它针对的是每一个否认复活的人。从经文的文字来看（其中的"人"一词中出现了ٍ），经文包括每一个否认复活的人。

**"没有看到我由精液造化了他们吗？但是突然间他们却变成了公开的对头。"** 难道否认复活的人不曾以安拉初造万物为证，证明安拉能够再造它们吗？安拉从卑微的液体——一种渺小、脆弱的物质创造了人类，正如安拉所言：﴾ 难道我不曾由卑微的液体造化你们吗？我把它放在一个可靠的定所，到已知的程度。﴿（77：20-27）又﴾ 我确由混合的精液造化了人。﴿（76：2）"混合的精液"指由多种混合物组成的精液。难道从这种卑微的液体创造人类的安拉不能使人死而复活吗？

伊玛目艾哈麦德传述，有一天，安拉的使者ﷺ在其手掌中吐了口唾沫，把手指放到上面说："清高伟大的安拉说，阿丹的子孙啊！你不能使我无可奈何，我从类似的东西创造了你们，我使你协调后，你穿着两件衣服走路，而地下有被你活埋的女婴，你聚敛财帛而悭吝不舍，直到你即将死亡时，你说：'我要施舍。'那是施舍的时间吗？"[1]

清高伟大的安拉说："**他为我设立譬喻，而忘记了他自己的造化。他说：'谁能在尸骨已朽之后，再赋予它生命？'**"即他认为创造天地的伟大安拉不能够复造人体和朽骨，并且忘记了自己的根源，忘记了他原本不存在，是安拉使他存在了。因此，他应该通过自我反省认识到安拉的能力远在他的认识之上。

因此，清高伟大的安拉让使者说："**你说：'首次造化他们的主将使他们复活！他是深知一切造化的。'**"即安拉知道分散到世界各地的尸骨。

欧格白·本·阿慕尔对胡宰法说："你不给我们讲一下你从安拉的使者ﷺ那里听到的话吗？"后者说，我听安拉的使者ﷺ说："有个对生活失去希望的临终者对其家人嘱托道：'我死后你们在我身边堆积许多柴，然后点燃它，让烈火吞噬我的肉体和骨头。当我被焚化后，你们敲碎我的骨头，把它撒在大海中。'家人遵照了他的遗嘱。后来安拉集合了他（的分散到大海的骨灰），问他：'你为什么要这样做？'那人回答：'因为畏惧你。'后来安拉宽恕了那人。"欧格白·本·阿慕尔说："我也曾听使者讲过这话。他说那人原是一个掘墓贼。"[2] 两圣训实录对这件事情有多种记载，其中一种记载中说，那人命令儿子们焚烧他的尸体，然后粉碎它，将一半骨灰扔到陆地上，将另一半在一

个刮大风的日子扔进大海。后来安拉命令陆地和大海分别集合了扔进其中的骨灰，并命令说"有"，他又站在他的养主面前，安拉问他："你为什么要这么做？"他回答说："因为害怕你，你是至知的。"安拉当即宽恕了他。[3]

"**是他为你们从绿树中产生火，你们便从其中点燃了火！**"安拉以水为源创造了树，当那树变得绿油油的并结下果实后，安拉又使之恢复成干枯的柴禾，人们可以用之生火。就这样安拉做他所意欲之事，任何人无法抗拒。格塔德解释这段经文时说："从这种树中创造火的安拉，能够使之复活。"有人说经文指生长在希贾兹地区的麦莱赫树[4]和尕法勒树[5]，没有打火石的人若取这两种树中的两根树枝，互相摩擦，就可生火，其功能无异于打火石。伊本·阿拔斯也有相同论述。常言道："有树就有火，麦莱赫和尕法勒烧得旺。"哲人们说："除了阿白树，树都可生火。"

﴾ 81.难道造化诸天与大地的主不能造化和他们相似的吗？不然，他是善造的、全知的。﴿

﴾ 82.的确，当他有意要做一件事时，他只要说"有"，它就有了。﴿

﴾ 83.赞美安拉清净！一切事物的权力都归他掌握，你们将来只被带回到他那里。﴿

清高伟大的安拉在此强调他的大能——他创造了七层天和其中的一切行星和恒星，创造了七层地和其中的山川江河，安拉通过介绍创造这些事物，指导人类认识复造人体并非难事，正如下列经文所说：﴾ 造化天地是比造化人类更繁重的。﴿（40：57）

本章的经文说："**难道造化诸天与大地的主不能造化和他们相似的吗？**""他们"指人类。安拉怎么创造了人类，就要怎么复造他们。伊本·哲利尔说，这段经文如同下列经文：﴾ 难道他们没有看见造化了诸天与大地，并且不由于造化它们而感到疲倦的安拉，是有能力给死者生命的吗？是的，他确实是全能万事的。﴿（46：33）

"**不然，他是善造的、全知的。的确，当他有意要做一件事时，他只要说'有'，它就有了。**"安拉只发出一声命令就足够了，不需要三令五申。"当安拉意欲某事发生时，就说声有，那事情就发

---

(1)《艾哈麦德按序圣训集》4：210；《伊本·马哲圣训集》2：903。
(2)《艾哈麦德按序圣训集》5：395。

(3)《布哈里圣训实录诠释——造物主的启迪》6：594；《穆斯林圣训实录》4：2110。
(4) 一种杆长叶壮的树，易燃。——译者注
(5) 一种可用来引火的树。——译者注

安拉的使者说："伟大的安拉说，我的众仆啊！除了我豁免之人外，你们全部是犯罪的；只要你们向我求饶，我就恕饶你们。除了我使之富裕的人之外，你们全部是贫穷的。我是慷慨的、光荣的、富有的，我做我所意欲之事，我的赏赐仅是一句话（就能落实）。我的惩罚也仅是一句话，当我意欲某事发生时，只一声'有'就足够了。"[1]

"赞美安拉清净！一切事物的权力都归他掌握，你们将来只被带回到他那里"，即永活的、维护万物的安拉清净无染、神圣超绝，天地的权力都归他掌管，万事只归于他，创造权和命令权都属于他；在末日，仆人都要归向他，然后他要根据仆人的行为奖罚他们。安拉是公正的、施恩的。

"赞美安拉清净！一切事物的权力都归他掌握"的意义如同下列经文：❴吉庆归于掌握实权者，他是全能万事的。❵（67：1）这两节经文中的"权"意义相同。但有人说，第一个"权"指物质世界的权力，第二个"权"指精神世界的权力。正确的是第一种解释（即它们意义相同）。这也是大部分经注学家和其他权威学者的主张。

伊本·叶麻尼传述，一天夜里我和安拉的使者一起礼拜，使者在七拜中读了七个长章节，他鞠躬平身时念："安拉听到了对他的赞美。"然后他念："一切赞美归于掌握权力、强大和伟大的安拉。"[2]他鞠躬的时间相当于站的时间，叩头的时间相当于鞠躬的时间。他礼完拜时，我的两脚快要（累）断了。[3]

奥夫·本·马立克传述："某夜我和安拉的使者一起礼拜，他站着读《黄牛章》，每读到一段慈悯的经文时，他就停下来向安拉祈求恩赐。每读到一段惩罚的经文时，他就停下祈求安拉庇佑。"他接着说："然后他鞠躬，鞠躬的时间相当于站的时间。他在鞠躬中念：'一切赞美归于掌握权力、强胜而伟大的安拉[4]。'接着他开始叩头，其时间相当于站的时间，并在叩头中念了相同的祷词。接着他站起来读《仪姆兰的家属章》，然后一章一章地读经文。"[5]

《雅辛章》注释完。一切赞美和恩情，属于安拉。

---
（1）《艾哈麦德按序圣训集》5：154。
（2）原文：الحمد لله ذي الملكوت والجبروت والكبرياء والعظمة。
（3）《艾哈麦德按序圣训集》5：396。
（4）原文：الحمد لله ذي الملكوت والجبروت والكبرياء والعظمة。
（5）《艾布·达乌德圣训集》1：544；《圣训大集》2：223；《提尔密济圣训集》164。

---

## 《列班者章》注释 　麦加章

### 《列班者章》的尊贵

伊本·欧麦尔传述，安拉的使者命令我们（礼拜中）要轻快，他曾诵读《列班者章》带领我们礼拜。[6]

奉普慈特慈的安拉之尊名

❴1.凭那些列班者发誓，❵
❴2.和那些驱策者发誓，❵
❴3.以及那些诵读教诲者发誓，❵
❴4.你们的主的确是独一的，❵
❴5.诸天与大地以及其间一切的养主和各东方的养主。❵

### 天使们作证安拉的独一性

伊本·麦斯欧迪说，"列班者"、"驱策

---
（6）《圣训大集》2：95。

**者**”、“**诵读教诲者**”都指天使。[1]伊本·阿拔斯、麦斯鲁格、赛丁伊等学者都有相同的观点。[2]格塔德说，天使们在天上排列着整齐的队伍。[3]安拉的使者ﷺ说：“我们因三个原因而比其他民族尊贵，（这三个原因是）我们的队伍就像天使的队伍；整个大地都是我们的礼拜处；在没有水的时候我们可以用土来洁净（指作大小净）。”[4]

另据传述，安拉的使者ﷺ说：“你们不像天使在其养主那里排班一样排班吗？”我们问：“天使在他们养主那里是怎么排班的？”使者ﷺ说：“他们（首先）站紧前排，各班井然有序。”[5]

赛丁伊等学者解释“**那些驱策者**”说，天使们在驱使云。

“**诵读教诲者**”，赛丁伊认为经文指天使们从安拉那里将天经和《古兰》带到人间。

## 真实的受拜者只是安拉

**“你们的主的确是独一的，诸天与大地以及其间一切的养主。”**发誓的目的就是为了肯定：应受拜者，只有安拉——天地的养育者。

**“其间一切”**，指一切被造物。

**“各东方的养主。”**安拉是其被造物的掌管者和决策者，他制服了一切恒星和行星，这些天体从东方升起，从西方落下。经文虽然只提到“**各东方**”，但其意义足以说明也包括西方。正如安拉所言：﴾不然，我以东西方的主发誓，我是全能的。﴿（70：40）﴾他是两个东方和两个西方的主。﴿（55：17）即安拉在冬季和夏季决定着日月的运行。

**﴾6.我确以群星装饰最近的天，﴿**

**﴾7.从所有叛逆的魔鬼上加以防范。﴿**

**﴾8.它们不能够窃听最高层（的谈话），它们从方方面面被射击，﴿**

**﴾9.被驱逐。它们要受永久的刑罚。﴿**

**﴾10.但窃听一次的，就会被闪亮的火焰所追逐。﴿**

## 安拉对天体的装饰和保护

清高伟大的安拉说，他为观察天体的地球人装饰了最近的天体。天上的行星和恒星，都为地球上的居民带来光明。正如安拉所言：﴾我确以灯盏装饰了最近的一层天，并使它们成为（驱逐）魔鬼的带火的箭，我还为它们准备了火狱的刑罚。﴿（67：5）又﴾我确在天上设置了许多宫座，我为了观看者而美化了它们。我也保护它不受任何被逐的恶魔的侵犯。除非因偷听而被明显的流星所追逐者。﴿（15：16-18）

本章的经文说：“**从所有叛逆的魔鬼上加以防范**”，即我保护了它，每每顽固的恶魔前来偷听时，就会有璀璨的流星将其击毙。

因此，清高伟大的安拉说：“**它们不能够窃听最高层**”，即他们无法达到最高层，去偷听天使们谈论安拉关于法律和定然的启示。“**最高层**”指诸天和其中的天使[6]。正如我们在注释﴾等到他们心中的恐惧消除时，他们就会说：“你们的主说了些什么？”他们说：“真理。只有他是清高的、伟大的。”﴿（34：23）时引用的有关圣训所述。

清高伟大的安拉说：“**它们从方方面面被射击，被驱逐。**”无论它们企图从天的哪一方面去接近最高层，都会遭受射击和驱赶，而无法接近天使。

“**它们要受永久的刑罚**”，即他们在后世中要受到永恒而痛苦的刑罚。正如安拉所言：﴾我还为它们准备了火狱的刑罚。﴿（67：5）

“**但窃听一次的**”，即若是有些恶魔从天上听到一句话，然后把这句话传达给它下面的恶魔，并依次传递它，这种情况有两种结果：一、此话被传达地球之前，恶魔被流星焚毁。二、恶魔们凭着安拉的意旨，在流星到来之前，把这句话依次传递，最后到占卜者那里。正如圣训所述。因此，经文说：“**但窃听一次的，就会被闪亮的火焰所追逐。**”“**闪亮的**”指璀璨的。伊本·阿拔斯说：“恶魔在天上有一些座位……它们曾经能听到启示，那时没有流星，它们也不被射击。”他说：“它们当初听到启示后，来到地球上，在听到的每句话基础上增加九个谎言。后来安拉委以穆圣ﷺ使命之后，恶魔们每每想去那些座位时，就会被流星追击，那流星百发百中，恶魔每次被其焚毁……后来恶魔们向（它们的罪魁）伊卜厉斯（愿安拉诅咒它）诉说了这一情况，它说肯定有要事发生了。于是它派遣手下前去察看，发现安拉的使者ﷺ正站在奈赫莱的两山之间礼拜。”沃凯尔说，站在奈赫莱谷地。伊本·阿拔斯说：“于是恶魔们回去汇报消息。伊卜厉斯说：‘这就是所发生的事情的原因。’”[7]

---

（1）《泰伯里经注》21：7。

（2）《格尔特宾教律》15：61、62。

（3）《泰伯里经注》21：7。

（4）《穆斯林圣训实录》1：371。

（5）《穆斯林圣训实录》1：323；《艾布·达乌德圣训集》1：431；《圣训大集》2：92；《伊本·马哲圣训集》1：317。

（6）亦作“上界”。——译者注

（7）《泰伯里经注》21：12。

❧ 11.你问问他们,是他们更难创造呢?还是我所造化的更难创造?我由黏泥造化他们。❧

❧ 12.但是,你确在惊异,而他们却在嘲弄。❧

❧ 13.当他们被提醒时,他们不去注意。❧

❧ 14.当他们看到一个迹象时就去嘲弄,❧

❧ 15.并说:"这只不过是一项明显的魔术!❧

❧ 16.难道当我们死了,变成土与枯骨的时候,我们还会被复活吗?❧

❧ 17.我们早先的祖先也会(复活)吗?"❧

❧ 18.你说:"是的,你们是卑贱的。"❧

❧ 19.然后,那将是一声惊叫,刹那间他们就在观看!❧

### 死后复活是确凿无疑的

清高伟大的安拉说,你问问这些否认复活的人,是创造他们更难呢,还是创造诸天与大地以及其中的天使、恶魔及万物更难?伊本·麦斯欧迪将这段经文读为:"你问问他们,是他们更难创造呢?还是我所统计的更难创造?"[1]因为隐昧者们承认天地万物的创造比创造他们更难。如果事实如此,他们在目睹了比他们所否认的更伟大的被造物之时,有何理由否认复活呢?正如安拉所言:❧诚然,造化天地是比造化人类更繁重的,可是大多数人不了解。❧(40:57)

然后经文指出人是由一种脆弱的物质创造的,说:"**我由黏泥造化他们。**"穆佳黑德等学者说:"**黏泥**"是一种互相粘合的精泥。[2]伊本·阿拔斯等学者说,经文指具有黏性的精泥。格塔德说:"它是粘手的泥土。"

"**但是,你确在惊异,而他们却在嘲弄。**"穆罕默德啊!你确信安拉所讲述的这件奇事——复活那些已经腐朽的尸骨,你也因为隐昧者对它的否认而感到惊奇。而隐昧者的情况却与你不同,他们极力否认它,并嘲笑你对他们所说的话。

格塔德解释说:"人类中的迷误者嘲笑时,穆罕默德惊奇了。"[3]

"**当他们看到一个迹象时就去嘲弄。**""**迹象**"指有关复活的明证。穆佳黑德说"**嘲弄**"指冷嘲热讽。[4]

"**并说:'这只不过是一项明显的魔术!'**""**这**"指穆圣所带来的一切。

"**难道当我们死了,变成土与枯骨的时候,我们还会被复活吗?我们早先的祖先也会(复活)吗?**"他们否认这些现象,认为它不可能发生。

---
(1)《泰伯里经注》21:19。
(2)《格尔特宾教律》15:69;《泰伯里经注》21:22。
(3)《泰伯里经注》21:23。
(4)《泰伯里经注》21:24。

"**你说:'是的,你们是卑贱的。'**"即在伟大安拉的能力之下,你们是微不足道的。正如安拉所言:❧他们全体都谦卑地来见他。❧(27:87)又❧那些高傲而不拜我的人,他们必定屈辱地进入火狱。❧(40:60)

经文说:"**然后,那将是一声惊叫,刹那间他们就在观看!**"安拉只发出一声命令,他们全部都要从地下出来,一下子站在养主面前,目睹复生日的种种惊恐。安拉至知。

❧ 20.他们说:"啊!我们真悲伤呀!这就是报应日!"❧

❧ 21.这是你们当初所否认的审判之日!❧

❧ 22.你们把犯罪的人跟他们的伙伴们以及他们所崇拜的一起带来,❧

❧ 23.——除安拉外(所崇拜的一起带来)。并将他们引向火狱之路。❧

❧ 24.你们让他们停步,因为他们是要被审问的。❧

❧ 25.你们为什么不互相协助呢?❧

❧ 26.不然,在那天他们是顺服的。❧

## 报应日的惊恐

清高伟大的安拉告诫说，隐昧者们在复活之日自怨自艾，承认在今世时自己亏负了自己。然而在目睹复生日惊恐的时候，无论怎么后悔都是徒劳无益的。"他们说：'啊！我们真悲伤呀！这就是报应日！'"

此后天使和穆民对他们说："这是你们当初所否认的审判之日！"这是对他们的责难和羞辱性的语言。安拉命令天使让穆民和隐昧者立场分明，站到两处。

"你们把犯罪的人跟他们的伙伴们以及他们所崇拜的一起带来。"努尔曼·本·毕西尔说，"他们的伙伴们"指和他们相似或一样的人。[1] 伊本·阿拔斯等学者也有相同见解。[2] 努尔曼说："我听欧麦尔解释这段经文时说，经文指'与他们相似的人'。他说，奸淫者和奸淫者被一起带来，吃利息的人和吃利息的人被一起带来，饮酒的人和饮酒的人被一起带来。"

穆佳黑德等传述，伊本·阿拔斯认为经文指他们的朋友。

"以及他们所崇拜的一起带来，——除安拉外（所崇拜的一起带来）"，即他们和他们的偶像将被召集到同一地方。

"并将他们引向火狱之路"，即你们指引他们走向火狱的道路吧！这段经文如同 末日，我将召集瞎眼、聋哑的他们，使他们匍匐在大地上。他们的归宿是烈火。每当火势减弱时，我就为他们增加火焰。 （17：97）

"你们让他们停步，因为他们是要被审问的"，即你们让他们站住，因为他们将被问及在今世出自他们的一切言行。伊本·阿拔斯说："你们拦住他们，因为他们要被清算。"奥斯曼·本·匝伊德说："审判时，首先要审问人们的同坐者。"

然后有声音以警告和羞辱的语气对他们说："你们为什么不互相协助呢？"你们妄称你们是战无不胜的群体，现在怎么不是那么回事呢？

"不然，在那天他们是顺服的"，即他们顺服安拉的命令，不违背它，也不出现任何偏差。安拉至知。

27.他们当中的一部分走向另一部分，互相询问。

28.他们说："你们确曾从右边来到我们。"

29.他们说："不然，你们原本不是归信者。"

30.我们对你们没有任何权力。不过，你们是一个背叛的群体。

31.我们的养主对我们的话已经实践，我们确实是尝试的。

32.我们已经使你们歪斜，确实，我们原本就是歪斜的。"

33.的确，那天，他们在惩罚中都有份。

34.的确，我就这样对待有罪之人。

35.的确，每当他们被告以"除安拉之外无应受拜者"时，他们就会骄傲自满。

36.他们说："我们会因为一个有疯病的诗人而放弃我们的神明吗？"

37.不！他带来了真理，他还证实了众使者。

## 多神教徒在复生日相互争执

清高伟大的安拉说，隐昧者们在复生日的立站场上相互埋怨，正如在火狱的底层相互争吵那样。

弱者弱将对那些曾经高傲的人说："我们确曾是你们的追随者，你们现在能给我们解除一部分烈火吗？"那些曾经高傲的人说："我们全都在其中，安拉确已在他的众仆中判决了！" （40：47-48）

又 如果你能看见不义者被带到他们主的面前，他们互相指责，那些弱者对高傲的人们说："如果不是你们，我们一定已经成为信士！"如果你能看到那一时刻……高傲的人对那些被欺压的人说："在引导到达你们之后，我们曾阻止你们去接受它了吗？不，你们就是犯罪者。"那些被欺压的人对高傲的人说："不然，那是夜晚和白天的阴谋，那时你们命令我们否认安拉，并为他设立一些对等者！"当他们目睹刑罚时，他们就后悔了。我把枷锁戴在隐昧者的颈上，他们只受到自己行为的还报。 （34：31-33）

在本章经文中，弱者们同样对强暴者说："你们确曾从右边来到我们。"伊本·阿拔斯解释说："你们曾经用武力征服我们。因为我们卑微无助，你们强大有力。"格塔德解释说："人类对精灵说，你们曾从右边来我们跟前，从好事方面制止我们，干扰我们。"赛丁伊说："你们干扰我们接受真理，将那些谬误粉饰得冠冕堂皇，阻碍我们接受真理。"[3] 伊本·栽德则解释说："你们使我们和美好的事情无缘，阻碍我们接受伊斯兰和正信，使我们无法奉命行善。"叶齐德·磊西克解释说："你们扰乱我们所坚持的

---

(1)《泰伯里经注》21：27。
(2)《泰伯里经注》21：27、28。

(3)《泰伯里经注》21：32。

'应受拜者，惟有安拉'。"(1)

"他们说：'不然，你们原本不是归信者'"，即精灵和人类中的领导者对他们的追随者说："事实并非如同你们所说的那样，你们的内心本来就反感正信，接受不信和罪恶。"

"我们对你们没有任何权力"，即我们没有任何理由证明我们号召你们所接受的就是真理。"不过，你们是一个背叛的群体。"事实上，你们生性不轨，违背真理，因此你们响应了我们，放弃了众先知带来的真理。而众先知早就拿出证据，证明他们所带来的就是真理，但你们却违背了他们。"我们的养主对我们的话已经实践，我们确实是尝试的。我们已经使你们歪斜，确实，我们原本就是歪斜的。"骄傲者对被欺压者说："安拉的下列言辞已经落实：在复生日，薄福的人都要尝试惩罚。"

"我们已经使你们歪斜"，即我们号召你们走向迷误，"确实，我们原本就是歪斜的。"我们号召你们与我们同流合污，你们响应了我们。

"的确，那天，他们在惩罚中都有份"，即他们全部都要进入火狱，每个人都要遭受苦不堪言的惩罚。

"的确，我就这样对待有罪之人。"的确，在今世中，"每当他们被告以'除安拉之外无应受拜者'时，他们就会骄傲自满"，即他们不屑于像穆民那样念清真言。艾布·胡莱赖传述，安拉的使者说："我奉命与人们战争，直到他们念'应受拜者，惟有安拉'。谁念了'应受拜者，惟有安拉'，谁的财产和生命就在我这里有了保障。除非触犯刑律，安拉负责清算他。"(2) 艾布·胡莱赖提到了一伙骄傲的人，并说，安拉在其尊贵的经典中启示道："每当他们被告以'除安拉之外无应受拜者'时，他们就会骄傲自满。"

"他们说：'我们会因为一个有疯病的诗人而放弃我们的神明吗？'"难道我们会因为穆罕默德这个有疯病的诗人的一句话，而不再崇拜我们和我们的祖先曾崇拜的偶像吗？

安拉否定并驳斥他们说："不！他带来了真理"，即安拉的使者所带来的一切——包括安拉为他而制定的要告诉他们和要求他们的——都是真理。

"他还证实了众使者"，即穆圣证实众先知对他的一切美好属性和端正路线的表述都是正确的，他对安拉的法令所作的阐述，与众先知所作的阐释是一样的。❀对你所说的话，也对你以前的使者们说过。❀（41：43）

❀38.你们誓必要尝试痛苦的惩罚。❀
❀39.你们将只按你们所做过的被还报。❀
❀40.安拉的虔诚仆民则不然。❀
❀41.这些人，他们享有已知的供养——❀
❀42.各种水果，他们将受到敬重，❀
❀43.在幸福的乐园中，❀
❀44.相对地（坐）在床上。❀
❀45.一杯纯净的醴泉供他们传递。❀
❀46.洁白的，使饮者感到美味的，❀
❀47.其中无令人腹痛的，他们也不因之而沉醉。❀
❀48.在他们的身旁将有目不斜视的、美目的美女。❀
❀49.她们就像被珍藏的鸟卵。❀

### 多神教徒的报应和虔诚者的报酬

清高伟大的安拉呼唤人类说："你们誓必要尝试痛苦的惩罚。你们将只按你们所做过的被还报。"然后，经文重新叙述安拉虔诚的众仆，正如安拉所言：❀以时光发誓。人确实在亏折之中。除非那些归信、行善，并互相以真理劝勉，相互以坚忍鼓励的人。❀（103：1-3）又❀我确以最优美的形态造化了人。然后我把他贬降到卑贱中最卑贱的，那些归信且行善的人则不然。❀（95：4-6）又❀你们中没有一个人是不来火狱的，这是你的主绝对注定的。然后我将拯救那些敬畏的人，我任不义者跪在其中。❀（19：71-72）又❀每一个人都因他的行为而被抵押。幸福的人则不然，❀（74：38-39）

因此，本章的经文说："**安拉的虔诚仆民则不然**"，即他们不受痛苦的刑罚，也不被清算，如果他们犯有罪恶，将获赦宥，他们的一件善行将得到十倍、七百倍乃至安拉所意欲的许多倍报酬。

"**这些人，他们享有已知的供养。**"格塔德和赛丁伊认为经文指乐园。(3) 然后下文注释了这些供养："**各种水果。**"

"**他们将受到敬重**"，即受到服侍、款待和恩典。

"**在幸福的乐园中，相对地（坐）在床上。**"穆佳黑德说："他们不相互观看对方的背部。"(4)

"**一杯纯净的醴泉供他们传递。洁白的，使饮者感到美味的，其中无令人腹痛的，他们也不因之而沉醉。**"正如安拉所言：❀永不衰老的少年将在他们周围往返侍候，拿着盏和壶以及满杯的醴泉；他们不会因此头痛，也不会沉醉。❀（56：17-19）安拉使乐园的酒纯洁无染，没有今世的酒

---

(1)《泰伯里经注》21：32。
(2)《穆斯林圣训实录》1：25。
(3)《泰伯里经注》21：35。
(4)《格尔特宾教律》15：77。

所具有的各种危害，饮乐园的酒不会令人头痛、腹痛和失去理智。所以经文在此说："**一杯纯净的醴泉供他们传递**"，即童仆们将送来流淌在酒河中的佳酿，居乐园者不用担心这些恩典中断或穷尽。栽德·本·艾斯莱姆说："它是一种洁白的、流动的酒。"其颜色美丽而闪闪发光，不像今世的酒难看而质劣，颜色或红或黄或浑浊，令正常人反感。

"**使饮者感到美味的**"，即其滋味不亚于颜色，香甜的气味证明着可口的滋味，与今世的酒截然不同。

"**其中无令人腹痛的**"，即它不会致人腹痛。这是伊本·阿拔斯等学者的解释。而今世的酒，因为质地不纯而常常造成腹绞痛等病症。[1]

"**他们也不因之而沉醉。**"穆佳黑德、伊本·阿拔斯等学者解释为"他们不会失去理智"。[2] 端哈克传述，伊本·阿拔斯说："酒有四个特性：（使人）麻醉、头痛、呕吐和小便（失禁）。"他说乐园的酒正如《列班者章》所述，不具有这些特性。

"**在他们的身旁将有目不斜视的**"，指安分的妻子，她们除了自己的丈夫之外不看其他男子。正如伊本·阿拔斯等学者所述。[3]

"**美目的**"指眼睛漂亮的。也有人解释为眼睛大的。这两种解释意义相同。即拥有漂亮的杏眼女子。经文以美丽和安分形容了她们的眼睛，即"**目不斜视的、美目的美女**"。[4]

"**她们就像被珍藏的鸟卵。**"经文又通过肤色的美丽，形容她们体质的娇媚。伊本·阿拔斯解释说："（她们就像）被珍藏的珍珠。"

哈桑认为经文指她们冰清玉洁，从没有被人抚摸过。赛丁伊说："在巢中的蛋才算被珍藏的。"伊本·朱拜尔认为经文指她们就像蛋黄。阿塔认为经文指蛋皮里面、蛋白上面的那层薄膜。赛丁伊说，经文指蛋壳刚被打开后的蛋白（部分）。伊本·哲利尔选择了最后这种解释。因为经文说"**被珍藏的**"，他说："蛋壳会触及鸟的翅膀或鸟巢，而蛋壳里面的部分则与此不同。"安拉至知。

❮ 50.于是他们的一部分将走向另一部分，互相询问。❯

❮ 51.他们当中有人说道："我曾有一个伙伴，❯

❮ 52.他曾说：'你真相信吗？❯

---
(1)《泰伯里经注》21：38。
(2)《泰伯里经注》21：40。
(3)《泰伯里经注》21：41、42。
(4)《泰伯里经注》21：43。

❮ 53.当我们死了化为泥土和枯骨时，我们真的会被审问吗？'"❯

❮ 54.他说："你们愿意看看吗？"❯

❮ 55.他向下看，看见他在火狱的中间。❯

❮ 56.他说："凭安拉发誓，的确你曾几乎使我毁灭。❯

❮ 57.如果不是由于我的主的仁慈，我一定在被传唤者之列，❯

❮ 58.我们不是死亡的吗？❯

❮ 59.除非我们的第一次死亡，我们不再受惩罚了。❯

❮ 60.的确，这是伟大的收获。"❯

❮ 61.所以让工作者为了像这样的（结局）而工作吧。❯

## 乐园的居民欢聚一堂，乐园居民和在火狱中遭受惩罚的今世中的伙伴的谈话以及他们对安拉的恩典的感谢

清高伟大的安拉说，乐园的居民纷纷走向对方，相互问候，询问他们在今世中的情况和当初所遭受的苦难。彼时，他们在乐园中欢聚一堂，坐在

床上，共饮佳酿，童仆们来来往往，为他们送来美好的服饰和食品，他们享受着任何人见所未见、闻所未闻，匪夷所思的恩典。

"他们当中有人说道：'我曾有一个伙伴'。"伊本·阿拔斯说："这个伙伴是个多神教徒，他在今世有一个穆斯林伙伴。"(1)

"他曾说，你真相信吗？"即你相信死后的复活、清算和报应吗？他抱着不相信和顽抗的态度，提出了这个问题。

"当我们死了化为泥土和枯骨时，我们真的会被审问吗？"穆佳黑德等学者说"被审问"指被清算。(2)伊本·阿拔斯等学者认为经文指根据他们的工作受到还报。(3)两种解释都正确。

"他说：'你们愿意看看吗？'""看看"指俯瞰。这是指这个穆民在乐园中对他的伙伴和同坐者说的话。

"他向下看，看见他在火狱的中间。"伊本·阿拔斯等学者说，经文指火狱的中央；(4)哈桑·巴士里说："火狱的中心好像是一个火把，在闪闪发光。"(5)

"他说：'凭安拉发誓，的确你曾几乎使我毁灭。'"穆民对隐昧者说，以安拉发誓，我当初差一点就服从你，如是那样，你就毁了我。

"如果不是由于我的主的仁慈，我一定在被传唤者之列"，即若不是安拉特慈我，我就落得你今天的下场，和你一起遭受惩罚。但安拉慈悯了我，引导我接受了正信，引领我认识了独一的安拉。◆如果安拉不引导我们，我们绝不能得正道。◆（7:43）

"我们不是死亡的吗？除非我们的第一次死亡，我们不再受惩罚了。"欣喜万分的穆民住进永居的乐园和尊严的家园，从此没有死亡，也不受惩罚。此时此刻，他说了上述话。

因此，清高伟大的安拉说："**的确，这是伟大的收获。**"

哈桑·巴士里说："他们知道一切恩典都会因为死亡而停止，所以他们说：'**我们不是死亡的吗？除非我们的第一次死亡，我们不再受惩罚了。**'"有声音告诉他们："从此再无死亡。他们听后说：'**的确，这是伟大的收获。**'"(6)

"**所以让工作者为了像这样的（结局）而工作吧。**"伊本·哲利尔说，这是安拉的话。其意义是：工作的人们，应该为了这种恩典和收获而工作，以便在后世中取得成功。(7)

## 两个古以色列人的故事

学者们说，这段尊贵的经文包含两个古以色列朋友的故事。

伊本·哲利尔在注释"**我曾有一个伙伴**"时说，曾经有两个伙伴，他们共同拥有八千枚金币，其中一人有职业，另一人没有职业。有职业的人对他的伙伴说："你没有职业，我打算和你分割财产并分手。"于是二人分开财产后分手了。那位有职业的人用一千金币买了一座已故国王的宫殿，然后叫来他的朋友让他观看，并说："看看我用一千金币买来的这个宫殿怎么样？"无职业者说："太漂亮了！"他离开宫殿后说："我的主啊！我的这位朋友花一千金币买了这座宫殿，求你赐给我一座乐园中的宫殿吧！"然后他拿出一千金币施舍给了穷人。在安拉的意欲下，他们在度过一段时间后，那位有职业的人花一千金币娶了一位妻子，他请他的伙伴前来赴宴，并说："我花一千金币娶了这个妻子。"无职业者说："很好！"他离开后说："我的主啊！我的伙伴用一千金币娶了一位妻子，求你赐给我一位美目的美女(8)。"然后他拿出一千金币施舍给了穷人。在安拉的意欲下，他们度过了一段时间后，那位有职业的人花一千金币买了两座园子，然后叫来他的朋友让他观看，并说："看看我用一千金币买来的这两座园子怎么样？"无职业者说："太漂亮了！"他离开园子后说："我的主啊！我的这位朋友花一千金币买了两座园子，求你赐给我两座乐园中的园子吧！"然后他拿出一千金币施舍给了穷人。后来天使到来取走了他俩的性命，天使让这个施舍者进入令他惊叹的宫殿，他在里面发现一位光彩夺目的美女，然后天使带他进入园子，见到安拉所知的恩典。此时此刻，他说，这与某某人当初的情况多么相似啊！天使说："这就是那人当初所拥有的一切。这个宫殿、园子和美女都是属于你的。"他说："我曾有一个伙伴，他说：'你真相信吗？'"这时他被告知他的那位伙伴现在在火狱中，"'你们愿意看看吗？'他向下看，看见他在火狱的中间。"此时，他说："凭安拉发誓，的确你曾几乎使我毁灭。如果不是由于我的主的仁慈，我一定在被传唤者之列。"(9)

◆ 62.这是较好的款待呢，还是攒枯木树呢？◆

---

（1）《泰伯里经注》21：45。
（2）《泰伯里经注》21：47。
（3）《泰伯里经注》21：47。
（4）《泰伯里经注》21：48。
（5）《泰伯里经注》21：48。
（6）《散置的珠宝》7：95。

（7）《泰伯里经注》21：52。
（8）专指乐园中的美女。——译者注
（9）《泰伯里经注》21：45。

◈ 63.我以它作为不义者的考验。◈
◈ 64.它是由火狱的底层出来的一种树。◈
◈ 65.它的花蕾就好像恶魔的头一样。◈
◈ 66.的确,他们将在那里吃它,并以它们充满肚腹。◈
◈ 67.以后,他们在此之上还要喝滚热的杂质。◈
◈ 68.然后,他们的归宿将是火狱。◈
◈ 69.他们的确发现他们的祖先是迷误的。◈
◈ 70.然而他们却步他们的后尘奔跑。◈

## 攒枯木树及其拥有者

清高伟大的安拉发问说,赏赐和款待中,是他说的这些食品、饮料、妻子等令人赏心悦目的恩典更好呢,还是火狱中的"攒枯木树"更好呢?"攒枯木"是火狱中一种树的名字。正如安拉所言:◈ 有一种树,从西奈山长出,它生产油汁和食者的调味油。◈(23:20)经文指橄榄树。下列经文说明攒枯木树的来历:◈ 然后你们这些否认的迷误者们啊!你们一定会食用攒枯木树的恶果。◈(56:51-52)

"我以它作为不义者的考验。"格塔德说,当提及攒枯木树时,迷误者们鬼迷心窍,不得其解,他们说:"你们的朋友(指穆圣ﷺ)告诉你们火狱中有一棵树,然而火历来是会焚毁木质的东西。"后来安拉降谕道:"**它是由火狱的底层出来的一种树**",即此树的养料取自火,它就是用火创造的。(1)

穆佳黑德解释说:"艾布·哲海里(愿主诅咒之)说:'攒枯木就是枣和黄油,我可以大口大口地吞食它。'"(2)

笔者认为经文的意思是:穆罕默德啊!我告诉给你攒枯木树,以便考验世人,此后他们中有人会相信它,有人要否认它。正如安拉所言:◈ 我显示给你的梦境和在《古兰》中被诅咒的树,只是为了考验人类。我警告他们,但那却增加了他们的放肆。◈(17:60)

"**它是由火狱的底层出来的一种树**",即此树的生长之处就在火狱中间。

"**它的花蕾就好像恶魔的头一样**。"说明它奇丑无比,令人听之反感。虽然读者并不了解恶魔的头是什么样子,但经文将它比作恶魔的头,是因为人们一般都确信恶魔的形象极其丑陋。

"**的确,他们将在那里吃它,并以它们充满肚腹**。"清高伟大的安拉说,他们将吃这奇丑无比,且滋味、气味甚至本质无比恶劣的果实。他们不得不吃这种果实,因为除了它和与它相似的食物之外再无其他食物。正如安拉所述:◈ 除了荆棘,他们没有食物,它既不肥人,也不解饿。◈(88:6-7)"**以后,他们在此之上还要喝滚热的杂质**。"伊本·阿拔斯说,经文指他们除了吃攒枯木还要饮沸水;(3)另据传述,伊本·阿拔斯说,他们要饮沸腾的杂质;(4)其他学者说,他们要饮用从他们的阴部和眼睛流出的浓汁和血液,以及沸水的混合物;伊本·朱拜尔说:"火狱居民饥饿难耐时要求食物,但他们只能吃攒枯木,吃后他们脸上的皮肤掉了下来,有人经过他们时,就能从他们的脸部认出他们。火狱的居民遭受饥渴要求饮用时,提供给他们的是奇热无比的饮料。他们将这种饮料送到嘴边时,脸上的肉被灼伤(虽然脸上的皮肤已经掉落)他们的内脏因之而熔化。他们走路时肠子流了出来,皮肤纷纷褪落。他们还要受到铁锤的击打,击打时被打的部位当即掉落,他们便要求一死了之。"

"**然后,他们的归宿将是火狱**",即在这次裁决之后,他们只能归向熊熊燃烧的烈火和火狱,别无去处。正如安拉所述:◈ 他们将往来于它和极热的液体当中。◈(55:44)格塔德在注释上述经文时读了这段经文。(5)这种注释可靠而优美。

阿卜杜拉则将这段经文读为:"然后你们的午休之地在火狱里面。"赛丁伊关于这种读法说:"以掌握我生命的安拉发誓,复活之日的中午到来时,乐园的居民要在乐园里午休,火狱的居民要在火狱里午休。"然后赛氏读道:◈ 那天,乐园的居民将会有更好的居所和更美好的休息之地。◈(25:24)(6)

"**他们的确发现他们的祖先是迷误的**。"安拉这样还报他们的原因是:他们当初发现自己的祖先在歧途上,但他们在毫无理由和证据的前提下就跟随了祖先。因此经文说:"**然而他们却步他们的后尘奔跑**。"穆佳黑德解释为:"他们趋之若鹜。"(7)伊本·朱拜尔解释为:他们追随了无知和愚昧。

◈ 71.的确,他们以前的大多数古人确已迷误。◈
◈ 72.的确,我曾在他们中间派遣过一些警告者。◈

---
(1)《泰伯里经注》21:52。
(2)《泰伯里经注》21:53。
(3)《泰伯里经注》21:55。
(4)《泰伯里经注》21:52。
(5)《泰伯里经注》21:56。
(6)《泰伯里经注》21:56。
(7)《泰伯里经注》21:57。

❧ 73.请看那些被警告者是什么结果。❧
❧ 74.安拉的虔诚众仆另当别论。❧

清高伟大的安拉说,过去的大部分民族都是迷信的,他们在承认安拉的同时,又设了许多神祇。安拉曾在他们中派遣许多使者,以安拉的惩罚警告那些不信安拉的人和多神教徒。然而他们执迷不悟,反对并否认使者,因此安拉毁灭了他们,拯救了归信者,并使后者获得胜利。因此,经文说:"**的确,我曾在他们中间派遣过一些警告者。请看那些被警告者是什么结果。**"

❧ 75.努哈确曾祈求我,答应者真优美啊!❧
❧ 76.我在大难中拯救了他和他的家人。❧
❧ 77.并使他的子孙成为永存的。❧
❧ 78.我使他在后人中留下美名。❧
❧ 79.各族中都有人向努哈道平安!❧
❧ 80.我确实这样回赐行善的人。❧
❧ 81.他确实是我归信的仆人之一。❧
❧ 82.然后我淹死了其余的人。❧

### 努哈及其民族

清高伟大的安拉指出大部分古人迷失正道后,开始详述其中的缘由。安拉在此详述努哈及其所遭受的否认。努哈在族人中居留了九百五十年之久,但他们中归信者却寥寥无几。后来,随着时日的增加,他们的否认态度也变本加厉了,努哈愈劝告他们,他们愈反感。❧ 于是他祈求他的主,说:"我被挫败了,求你援助吧!"❧(54:10)因此安拉发怒了,以便平息努哈对其民族的恼怒。

所以说:"**努哈确曾祈求我,答应者真优美啊!**"即答应努哈的真主真优美!

"**我在大难中拯救了他和他的家人。**""**大难**"指否认和迫害。

"**并使他的子孙成为永存的。**"伊本·阿拔斯说,(从此以后)大地上生活的人都是努哈的子孙;[1] 格塔德解释说,全人类都是努哈的子孙。[2] 据提尔密济传述,穆圣㊗解释这段经文时说,努哈的子孙是萨米、哈姆和亚菲斯。[3] 据传述,穆圣㊗说:"萨米是阿拉伯人的祖先。哈姆是阿比西尼亚人的祖先,亚菲斯是罗马人的祖先。"[4] "罗马人"指原始罗马人,即希腊人,

---
(1)《泰伯里经注》21:59。
(2)《泰伯里经注》21:59。
(3)《泰伯里经注》21:59;《提尔密济圣训全集诠释》5:365。
(4)《提尔密济圣训全集诠释》9:98。

他们的祖先名叫罗马,是努哈先知之子亚菲斯的重孙。

"**我使他在后人中留下美名。**"伊本·阿拔斯解释说:"他受到人们的赞美。"[5] 穆佳黑德解释说:"他在所有的先知那里留下了好名誉。"[6] 格塔德等解释说:"安拉使他万古留芳。"[7] 端哈克解释说:"他将永享祝福和美誉。"

"**各族中都有人向努哈道平安!**"这是对上一句经文的延伸,说明努哈将受到各民族和各宗教归信者的赞美。

"**我确实这样回赐行善的人。**"安拉就这样奖励众仆中那些认真拜他的人,根据他们的行善程度,使他们在后人中留下美名。

"**他确实是我归信的仆人之一。**""**归信的仆人**"指虔诚的、认主独一的、坚信不移的。

"**然后我淹死了其余的人**",即安拉毁灭了悖逆之人,使他们和他们的一切遗迹荡然无存,从此,他们臭名昭著。

---
(5)《泰伯里经注》21:60。
(6)《泰伯里经注》21:60。
(7)《泰伯里经注》21:60。

❧83.伊布拉欣的确属于他的同道。❧

❧84.那时,他凭一颗健全的心来见他的主。❧

❧85.那时,他对他的父亲和他的族人说:"你们所拜的是什么?❧

❧86.难道你们要荒谬地祈求除安拉以外的伪神吗?❧

❧87.那么,你们对于众世界的主有什么想法呢?"❧

## 伊布拉欣及其族人

"伊布拉欣的确属于他的同道。"伊本·阿拔斯说"他的同道"指他的宗教信仰者;(1)穆佳黑德认为经文指在他的方法和道路上。(2)

"那时,他凭一颗健全的心来见他的主。"伊本·阿拔斯说"凭一颗健全的心"指作证应受拜者,惟有安拉。(3)

奥夫说,我问伊本·西林:"何谓'健全的心'?"他回答说:"(拥有这颗心的人)知道安拉是真的,复活将毫无怀疑地到来,并知道安拉将复活坟墓中的人。"(4)哈桑认为经文指与以物配主无缘;(5)欧勒沃说:"他不是一个爱诅咒的人。"(6)

"那时,他对他的父亲和他的族人说:'你们所拜的是什么?'"伊布拉欣谴责人们崇拜偶像和伪神,因此说:"难道你们要荒谬地祈求除安拉以外的伪神吗?那么,你们对于众世界的主有什么想法呢?"格塔德说,试想一想,如果你们舍安拉而崇拜他物,在末日你们见到安拉时,安拉会怎么对待你们呢?(7)

❧88.然后他看了星辰一眼。❧
❧89.他说道:"我害病了。"❧
❧90.此后他们转身离开了他。❧
❧91.然后他回到他们的伪神那里说道:"你们不吃吗?❧
❧92.你们为什么不说话呀?"❧
❧93.然后他用右手打它们。❧
❧94.他们急忙地向他跑来。❧
❧95.他说:"你们崇拜你们自己所雕塑的吗?❧

❧96.而安拉造化了你们和你们所制作的那些。"❧
❧97.他们说:"为他建一个火灶,然后把他投进烈火当中!"❧
❧98.此后他们预谋加害他,但是我却使他们成为最低贱的人。❧

伊布拉欣对其族人说了这番话,以便在族人出城欢度节日的时候独自留在城中,捣毁这些伪神。所以他向他们表述了心迹,而他们却按惯常的思维,认为他病了。"此后他们转身离开了他。"

格塔德说,阿拉伯人通常以"看星辰"来表达"思考"这个概念。(8)格塔德的意思是:伊布拉欣看着天空,考虑对付他们的方法。然后说:"我害病了",即我身体非常虚弱。而下列圣训所述伊布拉欣的"谎言",则是一种语言表达方法,而非受谴责的谎言。那段圣训中说:"伊布拉欣只撒过三次谎:两次关于安拉。(它们是)他说'我害病了'和❧是它们中那个大的(偶像)做的。❧(21:63)(另一次是)他关于萨勒说:'她是我妹妹。'(其实她是他的妻子)"(9)伊布拉欣的这些话,都是教法所允许的一种表达方法而已。有学者说"我害病了"指你们舍安拉而崇拜偶像,所以我的心病了。哈桑·巴士里说:"伊布拉欣的族人打算出城时,伊布拉欣仰躺着说:'我害病了。'族人走后,他走向偶像,捣毁了他们。""此后他们转身离开了他",即他们走后,伊布拉欣不动声色地迅速走向偶像。(10)

"然后他回到他们的伪神那里说道:'你们不吃吗?'"人们曾在神像前面摆放许多供品用来祭祀。伊布拉欣看到这些供放的食品后对偶像说:"你们不吃吗?你们为什么不说话呀?"

"然后他用右手打它们",即格塔德说,经文指用右手击打偶像。(11)因为右手的打击力度大,惩处性强。他只留下一个偶像,而将其他偶像打成碎片,以便他们回来后有所交代。正如《众先知章》所详述。

"他们急忙地向他跑来。"穆佳黑德等学者解释说,他们向他奔来。这个故事在此有所省略,《众先知章》则全面讲述了它。伊布拉欣的族人刚回到城中时,还不知道是谁捣毁了偶像,后经调查了解,知道是伊布拉欣干的。他们去谴责伊布拉欣

---

(1)《泰伯里经注》21:61。
(2)《泰伯里经注》21:61。
(3)《格尔特宾教律》15:91。
(4)《格尔特宾教律》15:91。
(5)《泰伯里经注》21:62。
(6)《泰伯里经注》21:62。
(7)《泰伯里经注》21:63。
(8)《散置的珠宝》7:100。
(9)《布哈里圣训实录诠释——造物主的启迪》6:447;《穆斯林圣训实录》4:1840;《艾布·达乌德圣训集》2:659;《提尔密济圣训全集诠释》9:5;《圣训大集》6:440。
(10)《泰伯里经注》21:63。
(11)《泰伯里经注》32:67。

时，伊布拉欣开始数落他们，说："你们崇拜你们自己所雕塑的吗？"即你们要崇拜你们亲手雕刻的石像，而要舍弃安拉吗？

"而安拉造化了你们和你们所制作的那些。"这句经文有两种解释：一、你们和你们的工作，都是安拉创造的。二、你们和你们所做的东西，都是安拉造化的。两种解释都是正确的，但第一种较为明确。因为布哈里在其《仆人的行为卷》记载，胡宰法传述，安拉要创造一切制造者及其工作。(1)

伊布拉欣为他们昭示不可反驳的明证之时，他们便强行抓住他，说："为他建一个火灶，然后把他投进烈火当中！"这则故事《众先知章》已述。后来安拉拯救了伊布拉欣，帮助他战胜了他们，并昭示和加强了他的证据。

因此安拉说："此后他们预谋加害他，但是我却使他们成为最低贱的人。"

❁ 99.他说："我要投奔我的主，他将会引导我！"❁

❁ 100.我的主啊！赐给我一些清廉者吧！"❁

❁ 101.因此我以一个宽厚的儿子向他报喜。❁

❁ 102.然后当他长到能跟他一起奔忙时，说："我的儿啊！我确实梦见我将宰你作牺牲，你的意见如何？"他说："我的父啊！做你被命令的事情吧，如果安拉愿意，你会发现我是一个坚韧的人！"❁

❁ 103.因此当他们二人都顺服安拉，并他把他（儿子）的脸朝向下面时，❁

❁ 104.我对他说道："伊布拉欣啊！❁

❁ 105.你已经实践了你的梦！"我就这样回赐那些行善者。❁

❁ 106.这确实是一项明显的考验。❁

❁ 107.我以一项伟大牺牲赎取了他。❁

❁ 108.我使他在后人中留下了美名！❁

❁ 109.祝伊布拉欣平安。❁

❁ 110.我确实是这样回赐为善之人的。❁

❁ 111.他的确是我归信的仆人之一。❁

❁ 112.我以易司哈格向他报喜，他也是一位清廉的先知。❁

❁ 113.我赐福给他和易司哈格。不过在他们的子孙当中，有些是行善的，有些显然是亏负他们自己的。❁

**伊布拉欣迁徙，他受到了屠宰儿子的考验及安拉对他的恩典**

清高伟大的安拉襄助了伊布拉欣，虽然他的族

(1)《逊乃》1：158。

人目睹了许多伟大的迹象，但他已经无法对他们的信仰抱有任何希望，所以他决定离开他们。他说："我要投奔我的主，他将会引导我！我的主啊！赐给我一些清廉者吧！""清廉者"指顺主的儿子，他希望以之替代他的族人和与他分道扬镳的家人。

清高伟大的安拉说："因此我以一个宽厚的儿子向他报喜。"这个孩子名叫伊斯玛仪，他是伊布拉欣的第一个儿子，所有的穆斯林和有经人都一致认为伊斯玛仪比易司哈格年长。有经人的经典中记载，伊斯玛仪是伊布拉欣八十六岁时所得之子，易司哈格出生时，伊布拉欣已经九十九岁。他们的经典中记载，安拉曾命令伊布拉欣以他的独生子为牺牲。另一部经典中记载，安拉命令伊布拉欣以他的长子为牺牲。

然而有经人却信口雌黄，妄称安拉命令伊布拉欣屠宰易司哈格。这种说法不合情理，因为它违背了有经人自己的经典。他们这样说的原因是易司哈格是他们的祖先，而伊斯玛仪则是阿拉伯人的祖先，所以他们因为嫉妒而篡改历史，歪曲事实。他们解释说"独生子"指你身边惟一的儿子，而伊斯玛仪已经和他的母亲迁徙到了麦加。这完全是一派胡言。因为"独生子"只能指惟一的儿子。另外，

一个初为人父的人和儿女众多的人不同，因此，屠宰独生子是最深刻的考验。

"**然后当他长到能跟他一起奔忙时**"，即当伊斯玛仪长大，能和他的父亲一起去各地方的时候。

伊布拉欣时常到法兰地区看望伊斯玛仪母子，据传述，他曾骑着闪电马迅速前去那里。安拉至知。

伊本·阿拔斯等学者解释说："当他长大成人，能够和他父亲一起劳动和奔波时……"[1]

"**然后当他长到能跟他一起奔忙时，他说：'我的儿啊！我确实梦见我将宰你作牺牲，你的意见如何？'**" 欧拜德·本·欧麦勒说，众先知的梦是启示，然后他读道："他说：'我的儿啊！我确实梦见我将宰你作牺牲，你的意见如何？'" 伊布拉欣把这个消息告诉儿子，以便儿子更易于接受，同时也考验年幼的儿子在服从安拉和孝顺父亲方面的毅力。

"**他说：'我的父啊！做你被命令的事情吧'**"，即你执行安拉的命令，牺牲我吧！

"**如果安拉愿意，你会发现我是一个坚韧的人！**"即我将忍耐，并追求安拉的回赐。他实践了他的诺言，因此安拉说：❮你在经典中提到伊斯玛仪，他确实是重守承诺的人，也是一位使者、先知。他曾经命令他的家人做礼拜和纳天课。他在他的主那里是受喜的。❯（19：54-55）

"**因此当他们二人都顺服安拉，并他把他（儿子）的脸朝向下面时**"，即他们二人念作证言并记念安拉——伊布拉欣因为屠宰而念，伊斯玛仪因为献身而念。

有学者说"**他们二人顺服安拉**"指伊布拉欣服从了安拉的命令，伊斯玛仪服从了安拉和父亲的命令。穆佳黑德等学者持此观点。[2]

"**他把他的脸朝向下面**"，伊布拉欣让儿子面部朝地，以便从后面宰他，同时避免在宰的时候看到他的脸，这样（或许）能让他觉得更容易一点。伊本·阿拔斯等学者说："他让他面朝地趴下。"[3]

据伊玛目艾哈麦德传述，伊本·阿拔斯说："伊布拉欣奉到这项功课的命令后，恶魔在他奔跑的路上出现，一番较量后伊布拉欣超越恶魔，跑到了前面。于是吉卜勒伊里带领伊布拉欣来到欧格白的石柱跟前，那时恶魔又出现了，伊布拉欣遂用七颗石子击退了恶魔。后来恶魔又在中石柱跟前出现，伊布拉欣同样以七颗石子击退了它。然后他让伊斯玛仪脸部朝地趴下。伊斯玛仪当时穿着一件白衣服，他说：'我的父亲啊！我只有这一件衣服可以当克凡（给亡人穿的衣服），请你脱下它，用它包裹我的尸体吧！'伊布拉欣正忙着脱衣服时，有呼声从其后面传来：'伊布拉欣啊！你已经实践了你的梦！'伊布拉欣转身看去，看见了一只白色的有角羯羊，两只眼睛又黑又大。"伊本·阿拔斯说："我发现我们曾经仿效（先知寻找）这种羯羊的。"[4] 希沙姆在《功课篇》中详述了这段历史。

"**我对他说道：'伊布拉欣啊！你已经实践了你的梦！'我就这样回赐那些行善者**"，即在你让儿子卧倒在地，打算屠宰他的时候，你的梦的意义已经实现。赛丁伊等学者说，伊布拉欣用刀宰伊斯玛仪的脖子，但他的脖子完好无损，好像有一层铜皮在保护着。这时有声音在呼唤："**伊布拉欣啊！你已经实践了你的梦！**"[5]

"**我就这样回赐那些行善者**"，即安拉就这样替那些顺从的人排除各种困难，为他们开启出路。正如另一章经文所述：❮谁敬畏安拉，安拉就会给他一条出路，并从他意想不到的方面供应他。谁托靠安拉，安拉就使他满足。安拉是胜任其事的。安拉已为万物规定了尺度。❯（65：2-3）部分宗教原理学者根据这段经文和这则故事，主张某些行为在得以落实之前可以被革止。虽然此中的证据确凿无疑，但穆尔太齐赖派则持反对意见。其实，安拉责令伊布拉欣牺牲其子，后来安拉又革止了这个规定，要求以他物赎换伊斯玛仪。（安拉）起初制定这一法律，是因为以后奖励伊布拉欣牺牲儿子的毅力和决心。

因此，清高伟大的安拉说："**这确实是一项明显的考验**"，即安拉命令伊布拉欣屠宰亲生儿子，伊布拉欣毫不迟疑地执行安拉的命令，绝对地服从安拉。这确实是一项非常明显的考验。因此安拉说：❮和尽忠的伊布拉欣的经典的内容吗？❯（53：37）

"**我以一项伟大牺牲赎取了他。**"伊本·阿拔斯说："这是在乐园中已经被牧放了四十年的一只羯羊。"[6]

西白的女儿索菲娅说，有位赛里麦族的女人告诉她，先知派人去奥斯曼·本·特里哈那里。她说："我问奥斯曼：'先知叫你何事？'"他说："安拉的使者对我说，我进入天房后看到了那两只羯羊角，我忘了让你遮盖它们。请盖好它们，天房中不应该有干扰人做礼拜的东西。"苏富扬说："这两支羊角一直挂在房中，后来一场大火把房子和其中的东西都焚烧了。"[7]这个孤证表明当时牺

---

（1）《泰伯里经注》21：72、73。
（2）《泰伯里经注》21：77。
（3）《泰伯里经注》21：77、78。
（4）《艾哈麦德按序圣训集》1：297。
（5）《泰伯里经注》21：74。
（6）《泰伯里经注》21：90。
（7）《艾哈麦德按序圣训集》4：68。

牲事件中的当事人就是伊斯玛仪，古莱什人则将当初赎取了伊斯玛仪的这对羊角代代相传，直至穆圣为圣的时候。安拉至知。

## 有关牺牲者是伊斯玛仪的一些传述 断定这些传述的绝对正确性

据伊本·朱拜尔、阿米尔·舒尔宾、优素福·本·麦海兰、穆佳黑德、阿塔等学者传述，伊本·阿拔斯说这个人（伊布拉欣奉命屠宰作为牺牲的人）是伊斯玛仪；[1]伊本·哲利尔传述，伊本·阿拔斯说："被赎取的人是伊斯玛仪。而犹太人妄言是易司哈格，犹太人在撒谎。"[2]伊本·欧麦尔和伊本·麦海兰等人说："他是伊斯玛仪。"[3]舒尔宾说："他是伊斯玛仪，我确曾在麦加见过那两个羯羊角。"[4]伊本·易司哈格传述：哈桑·巴士里坚信安拉命令伊布拉欣牺牲的儿子是伊斯玛仪。[5]他还说，我听格勒兹说，安拉命令伊布拉欣屠宰的是他的儿子伊斯玛仪，我们在安拉的经典中能看到这一点。安拉讲述了（幸免）被伊布拉欣屠宰的儿子后说："我以易司哈格向他报喜，他也是一位清廉的先知。"安拉说：❨我就以易司哈格及他之后的叶尔孤白给她报喜。❩（11：71）安拉提到了伊布拉欣的儿子和孙子，安拉既然关于易司哈格有诺言在先，就不会在诺言实现之前命令人屠宰他。安拉命令屠宰的人只是伊斯玛仪。[6]伊本·易司哈格说：我听他经常讲这件事情。[7]

穆罕默德·本·凯尔卜·格勒兹在大马士革向哈里发欧麦尔·本·阿卜杜·阿齐兹（哈里发欧麦尔二世）讲到这件事情，哈里发说："这件事情我还没有考虑过。我对这个问题的看法与你相同。"此后哈里发致信给在沙姆的一位大臣，此人曾信仰犹太教，后来虔诚改信伊斯兰，他被看作是一位犹太学者。哈里发就这个问题请教了他。穆罕默德·本·凯尔卜说他在欧麦尔·本·阿卜杜·阿齐兹跟前时，欧麦尔问他伊布拉欣奉命屠宰他的哪个儿子？他回答说，信士的长官啊！以安拉发誓，是伊斯玛仪。犹太人都知道这件事情，但是，因为你们阿拉伯人的祖先因坚持安拉的命令而获此殊荣和恩典，所以他们又妒又恨，不愿承认，妄称被宰者是易司哈格，因为易司哈格是他们的祖先。安拉至知到底是谁。虽然伊斯玛仪和易司哈格都是纯洁的、顺主的。[8]

伊玛目艾哈麦德·罕百里之子阿卜杜拉说："我关于伊斯玛仪和易司哈格二人中谁是牺牲者问过我父亲。他回答说：是伊斯玛仪。"[9]

伊本·吾班叶·哈亭说："我听我父亲说，事实上牺牲者是伊斯玛仪。"他说阿里、伊本·欧麦尔等圣门弟子都说牺牲者是伊斯玛仪。[10]

伯厄威的经注中说，伊本·欧麦尔、赛尔德·本·穆赛耶卜等人都持这个观点。[11]

伊本·哲利尔传述，索那毕黑说："我们曾在穆阿维叶·本·艾布·苏富扬跟前，后来人们开始探讨牺牲者是伊斯玛仪还是易司哈格。"穆阿维叶说："这下你们可遇到专家了。我们曾在安拉的使者跟前时，有人来说：'安拉的使者啊！两个被作牺牲者的后代啊！请把安拉赐给你的战利品赏赐给我一点吧！'使者听后笑了。"有人问（穆阿维叶）："信士的长官啊！'两个被作牺牲者'是什么意思？"穆氏回答说："（先知的祖父）阿卜杜勒·穆塔里布在挖掘渗渗泉水时曾向安拉许愿：如果安拉使他轻易地挖出泉水，他就宰他的一个儿子作为牺牲。后来抓阄显示应该宰（先知的父亲阿卜杜拉），但阿卜杜拉的舅舅们起来制止。他们说：'你就用一百峰骆驼赎换他吧！'于是他用一百峰骆驼赎换了阿卜杜拉。另一个人则是伊斯玛仪。"

"**我以易司哈格向他报喜，他也是一位清廉的先知。**"安拉预告了牺牲者伊斯玛仪降生的喜讯之后，又预告他的兄弟易司哈格出生的喜讯。《呼德章》和《石谷章》已经叙述了这段历史。"他也是一位清廉的先知"，即这个儿子将来要成为一名清廉的先知。

清高伟大的安拉说："**我赐福给他和易司哈格。不过在他们的子孙当中，有些是行善的，有些显然是亏负他们自己的。**"这段经文如下列经文：❨有声音说道："努哈啊！凭着来自我的平安和吉庆，你同和你在一起的人下去吧！但有些人，我将赐他们（短暂的）享乐，然后他们将遭受来自我的惨痛刑罚。"❩（11：48）

❨114.我施恩于穆萨和哈伦。❩

❨115.我从大难中拯救了他俩和他俩的族人。❩

❨116.我也援助了他们，因此他们成了胜利者。❩

---

（1）《泰伯里经注》21：83。
（2）《泰伯里经注》21：82。
（3）《泰伯里经注》21：82、84。
（4）《泰伯里经注》21：84。
（5）《泰伯里经注》21：85。
（6）《泰伯里经注》21：84。
（7）《泰伯里经注》21：85。
（8）《泰伯里经注》21：85。
（9）《宰哈德》80。
（10）《泰伯里经注》21：82-84。
（11）《伯厄威经注》4：32。

117. 我赐给他俩明白的经典。
118. 我为他俩引导了端庄的道路。
119. 我也使他俩在后人中留下了美名。
120. 向穆萨与哈伦致安！
121. 我确实是这样回赐行善者的。
122. 他们确实属于我归信的仆人。

## 穆萨和哈伦

清高伟大的安拉从前施恩于穆萨和哈伦，赐给他们圣品，并从法老及其族人的压迫下拯救了他们及其信众。当时，他们的男儿惨遭杀害，女人忍辱苟活，从事着最卑贱的工作。终于苦尽甘来，安拉襄助他们，使他们报仇雪恨，反败为胜，获取了敌人的土地和他们终生聚敛的财产。后来安拉还为穆萨颁降了一部明确而伟大的《讨拉特》。正如安拉所述：❨我曾赐给穆萨和哈伦准则。并将一份光亮和一宗教诲给那些敬畏者。❩（21：48）

本章的经文说："我赐给他俩明白的经典。我为他俩引导了端庄的道路。我也使他俩在后人中留下了美名。"让他们美名常存，然后经文用下一句经文注释这段经文："向穆萨与哈伦致安！我确实是这样回赐行善者的。他们确实属于我归信的仆人。"

123. 易勒雅斯的确是一位使者。
124. 那时，他对他的族人说："你们不敬畏吗？
125. 你们祈求白耳利，而放弃最好的造化者
126. ——安拉，你们的养主和你们祖先的养主吗？"
127. 但是他们不信他，所以他们一定会被传唤，
128. 安拉虔诚的仆人除外。
129. 我使他在后人中留下了美名。
130. 向易勒雅斯致安！
131. 的确我这样回赐行善的人。
132. 确实，他是我归信的仆人之一。

## 易勒雅斯

格塔德和伊本·易司哈格说，有人说易勒雅斯就是伊德里斯。[1] 据传述，伊本·麦斯欧迪说："易勒雅斯就是伊德里斯。"[2] 端哈克也持这种观点。[3]

沃海布说："他是仪姆兰之子哈伦的四世孙。"[4] 安拉在哈兹给里之后派他去劝化古以色列人。愿安拉赐福安于先知们！当时的犹太人崇拜一个名叫白耳利的偶像。易勒雅斯号召他们崇拜安拉，禁止他们崇拜安拉以外的一切。他们的国王信教后又叛教了，这是一个执迷不悟、无一人归信安拉的民族。于是易勒雅斯诅咒了他们，导致他们三年得不到雨水。人们要求易勒雅斯解除他们的困境，并许诺一见到雨水就归信安拉。易勒雅斯祈求安拉后，他们得到雨露，但他们仍然坚持着他们的最丑恶行为——否认安拉。易勒雅斯遂祈求安拉使他归真。艾赫突卜的儿子艾勒·叶赛在他的跟前长大了。后来易勒雅斯奉命去某个地方，让他在那里不管碰到什么就骑乘它，不用害怕。后来一匹马从火中奔来，易勒雅斯于是骑上这匹马，安拉给他穿上羽毛衣服，以光明笼罩着他，他和天使们一起在天地间遨游飞翔，虽然他属于人类。这是沃海布·本·穆南毕哈从有经人那里传述的。安拉至知其正确性。

---

(1)《泰伯里经注》21：95。
(2)《格尔特宾教律》15：115。
(3)《泰伯里经注》21：97。
(4)《泰伯里经注》21：97。

"那时，他对他的族人说：'你们不敬畏吗？'"即当你们舍安拉而崇拜他物的时候，就没有感到害怕吗？

"你们祈求白耳利，而放弃最好的造化者。"伊本·阿拔斯等学者说，"白耳利"指某个主宰。[1]艾克莱麦和格塔德说："它是也门人的语言。"[2]另据传述，格塔德说："它是艾兹德·谢奈奴艾人的语言。"[3]阿卜杜拉·本·栽德传述，他的父亲说，它是大马士革西部白尔莱班克地区的人曾经崇拜的一个偶像的名称；[4]端哈克说，它是当地人曾崇拜的一个偶像。[5]

"你们祈求白耳利"，即你们要崇拜偶像吗？

"而放弃最好的造化者——安拉，你们的养主和你们祖先的养主吗？"即他是独一无二的应受崇拜者。

清高伟大的安拉说："但是他们不信他，所以他们一定会被传唤"，即在审判之日，他们将被传来受刑。

"安拉虔诚的仆人除外。"他们中认主独一的人则不在此列。

"我使他在后人中留下了美名"，即美好的名誉。

"向易勒雅斯致安！"此处的（阿拉伯文原文中的）"易勒雅斯"（إل ياسين）是另外一种写法（和读法），属于艾赛德族的语言。

"的确我这样回赐行善的人。确实，他是我归信的仆人之一。"前面已经注释了类似经文。安拉至知。

❃ 133.鲁特也确实是使者之一。❃
❃ 134.那时，我拯救了他和所有追随他的人，❃
❃ 135.只除了一个老妇，她属于那些留待毁灭者。❃
❃ 136.然后，我毁灭了其他人。❃
❃ 137.你们朝夕经过他们的遗址，❃
❃ 138.难道你们还不反思吗？❃

### 鲁特民族的毁灭

清高伟大的安拉说，他派遣他的仆人兼使者鲁特去劝化其族人时，遭到了族人的否认，后来安拉从（族人）中解救出鲁特和他的家人。只有鲁特的妻子同她的族人中的逆徒一起遭受了毁灭。安拉用不同的方法毁灭了他们，把他们的家园变成一个臭气熏天的丑陋湖泊，这条湖泊就在路边，早晚都有旅行者从它的旁边经过。

因此，经文说："你们朝夕经过他们的遗址，难道你们还不反思吗？"即你们还不以他们为借鉴，考虑安拉是怎么毁灭他们的吗？须知，隐昧者的下场都是如此。

❃ 139.优努司也确实是众使者之一。❃
❃ 140.那时他逃到一艘满载的船上。❃
❃ 141.他抓了阄，成为失败者。❃
❃ 142.后来一条鱼吞下了被埋怨的他。❃
❃ 143.倘若他不曾是一个赞美安拉的人，❃
❃ 144.他誓必会留在鱼腹中直到复生日。❃
❃ 145.后来，我把他抛在旱地上，当时他在病中。❃
❃ 146.我使一颗瓠瓜生长在他的上面。❃
❃ 147.我派遣他到十万人或有更多人的地方去。❃
❃ 148.后来他们归信了，所以我使他们享受一时。❃

### 优努司的故事

前面《众先知章》已经叙述了先知优努司的故事，安拉的使者㊥说："任何一个仆民都不应该说：'我（这个仆民）比麦塔的儿子优努司更优秀。'"[6]

"那时他逃到一艘满载的船上。"伊本·阿拔斯说"满载的"指沉重的。换言之，装满货物的。

"他抓了阄，成为失败者"，即拈阄。[7]即他拈阄输了。情况是这样的：巨浪从四面八方袭向他们，船濒临沉没，因此他们决定拈阄，谁输了就把谁扔进大海，以便减轻船的重量，经过三次拈阄，每次优努司都输，而众人又舍不得把他扔进海中，于是他脱下衣服，自己跳进了海中，虽然众人纷纷阻拦，还是未济于事。安拉命令一条大鱼破开巨浪，把优努司活生生地吞进腹中，所以他在鱼腹完好无损。大鱼奉命吞下优努司，遨游整个大海。优努司进入鱼腹后，认为自己已经死了，他动了动头、两脚和其他部位，感到自己还活着。于是站起来在鱼腹中礼拜安拉，他在祷词中念道："主啊！我在任何世人未曾涉足的这个地方为你设了一座礼

---

[1]《泰伯里经注》21：96。
[2]《泰伯里经注》21：96。
[3]《散置的珠宝》7：119。
[4]《泰伯里经注》21：97。
[5]《泰伯里经注》21：97。
[6]《布哈里圣训实录诠释——造物主的启迪》4：193；《穆斯林圣训实录》4：1846。
[7]《泰伯里经注》21：106。

拜殿。"至于优努司在鱼腹中生活了多久，学者们有不同解释。格塔德等人认为生活了三天；贾法尔·萨迪格认为生活了七天；艾布·马立克等学者认为停留了四十天；(1) 舒尔宾则说："他在巳时被吞进鱼腹，黄昏前被吐了出来。"安拉至知其期限。

"**倘若他不曾是一个赞美安拉的人，他誓必会留在鱼腹中直到复生日。**"有学者解释说："若不是他在宽裕的时期做的善行……"端哈克等学者持此观点。(2) 伊本·哲利尔选择了这种解释。(3) 如果安拉意欲，我们将在下面引用有关圣训（倘若其正确性无可怀疑）。伊本·阿拔斯说："在你宽裕的时候尽力去认识安拉，安拉会在你窘迫的时候认识你。"(4)

有人说这段经文的意义和下列经文的意义相同：❮ 他在重重黑暗中呼求："应受拜者，惟有你，赞你清净，我确实成了一个不义者。"此后我回应了他，并把他由艰难中拯救出来。我就这样拯救信士们。❯（21：87-88）这是伊本·朱拜尔等学者的观点。(5)

安拉的使者☪说："优努司是安拉的使者，他在鱼腹时受到启发念了这些祷词，他说：'主啊！应受拜者，惟有你。赞你清净，我原是一个不义者。'于是这个祷词环绕了阿莱什，众天使说：'主啊！这是从一个遥远而陌生的地方发出的微弱而又众所周知的声音。'安拉问：'你们知道那是谁（的声音）吗？'众天使问：'主啊！他是谁？'清高伟大的安拉说：'是我的仆人优努司。'天使问：'是其被接受的善功和被应答的祈祷不断呈上来的那个优努司吗？'天使们接着说：'主啊！你为何不因他在顺境时所做的善行而慈悯他，使他摆脱困境呢？'安拉说：'我会做的。'于是安拉命令鱼儿将他吐到旱地上。"(6)

因此，清高伟大的安拉说："**后来，我把他抛在旱地上。**""抛"即扔。伊本·阿拔斯等学者说"旱地"指没有植物和建筑物的地方。

"**当时他在病中**"，即他的身体非常虚弱。

"**我使一颗瓠瓜生长在他的上面。**"伊本·麦斯欧迪等学者说，"瓠瓜"指葫芦(7)。(8) 有学者还提到"瓠瓜"的许多益处，譬如生长时间快，叶子硕大柔软，能遮阳光，苍蝇不接近它，其果实营养丰富，茎可以生吃，也可以熟吃，而且不用去皮。据可靠传述，穆圣☪非常喜欢瓠瓜，他经常在盘子中寻找它。(9)

"**我派遣他到十万人或有更多人的地方去。**"他从鱼腹中出来后，好像又被派回原地，于是那里的人都归信了他。

"**或更多人**"。麦凯胡里说："他们有十一万之众。"

伊本·哲利尔说："有位来自巴士里的阿拉伯人说，其数目是十万人或者比你们所知道的更多。"(10) 因此，伊本·哲利尔认为这段经文与下列经文意义相近：❮ 此后，你们的心变硬了，变得就像岩石，甚至比岩石还硬。❯（2：74）❮ 突然间他们当中的部分人如害怕安拉那样害怕人，甚至更加害怕。❯（4：77）❮ 后来达到两弓之遥，或更近。❯（53：9）经文的意义是其数量更多，而不是更少。

"**后来他们归信了**"，即优努司被派去劝告的人全部接受了正信。

"**所以我使他们享受一时。**""一时"指他们在今世寿终正寝的时候。另一章经文所说：❮ 为什么没有一个城市的居民就像优努司的族人一样归信，并从归信中受益呢？当他们归信时，我就解除他们今世生活中凌辱的惩罚，并使他们享受一段时期。❯（10：98）

❮ 149.你问问他们，他们拥有儿子，而你的主却有女儿吗？❯

❮ 150.或是在他们见证的情况下，我将天使造化成女性？❯

❮ 151.那属于他们的谎话，他们誓必要说：❯

❮ 152."安拉已经生育了。"他们确实是说谎的。❯

❮ 153.难道他放弃儿子而要女儿吗？❯

❮ 154.你们是怎么了？你们怎样判断呢？❯

❮ 155.难道你们不会觉悟吗？❯

❮ 156.或是你们有明证吗？❯

❮ 157.如果你们是诚实的，那么拿出你们的经典来！❯

❮ 158.他们也捏造他与精灵之间的亲属关系，而精灵们却知道他们一定会被传唤！❯

❮ 159.赞美安拉超绝于他们所举伴的——❯

❮ 160.除了虔诚归信安拉的众仆。❯

---

(1)《泰伯里经注》21：111。
(2)《泰伯里经注》21：108、109。
(3)《泰伯里经注》21：108。
(4)《艾哈麦德按序圣训集》10：307。
(5)《泰伯里经注》21：110。
(6)《泰伯里经注》21：109。
(7) 一译南瓜。——译者注
(8)《泰伯里经注》21：113、114；《散置的珠宝》7：130、131。
(9)《布哈里圣训实录》2092。
(10)《泰伯里经注》21：116。

## 驳斥妄言"安拉有子女"的多神教徒，把天使们作为安拉的女儿

清高伟大的安拉谴责多神教徒，他们妄称安拉拥有女儿，而他们拥有了他们所喜爱的儿子。换言之，他们希望自己拥有更好的。◆当他们当中的某人得到生女孩的消息时，他的脸就变黑了，并充满郁愤！◆（16：58）即他们希望自己只有儿子，难以接受拥有女儿的消息。清高伟大的安拉说，他们怎么企图把自己不喜欢的强加于安拉呢？

因此，经文说："**你问问他们**"，即以反对的态度去质问，

"**他们拥有儿子，而你的主却有女儿吗？**"正如安拉所言：◆难道男性都归你们，而女性只归他吗？这确实是不公的分配！◆（53：21-22）

"**或是在他们见证的情况下，我将天使造化成女性？**"他们怎么说天使都是女性呢？他们见过天使的形象吗？安拉说：◆他们把崇拜至仁主的天使们当成女性。他们可曾见证过他们的造化吗？他们的证词将被记录，他们也将被质询。◆（43：19）即他们将受末日的审问。

"**那属于他们的谎话。**"

"**他们誓必要说：'安拉已经生育了。'**"即他们说安拉有孩子。

"**他们确实是说谎的。**"安拉说多神教徒关于天使有三种谬误和荒唐到极限的说法。他们认为天使是安拉的女儿，因此他们为安拉设了孩子。赞安拉清净圣洁！他们认为这些孩子是女性，并且舍安拉而崇拜这些"女性"——其中的任何一种做法都足以使他们永居火狱。

然后清高伟大的安拉说："**难道他放弃儿子而要女儿吗？**"到底是什么原因促使他选择女儿，而不要儿子呢？正如安拉所言：◆难道你们的主特赐给你们儿子，而他自己在天使中选取女儿？你们的确说了严重的话！◆（17：40）

因此，清高伟大的安拉说："**你们是怎么了？你们怎样判断呢？**"即你们是用理智来思考自己所说的话吗？

"**难道你们不会觉悟吗？或是你们有明证吗？**""**明证**"指证明你们所说的话有道理的证据。

"**如果你们是诚实的，那么拿出你们的经典来！**"即请你们就你们的这种说法，从经典中拿出相关依据。因为你们说的这些话没有理性依据，是理智无法接受的。

"**他们也捏造他与精灵之间的亲属关系。**"穆佳黑德说，多神教徒们说天使是安拉的女儿。艾布·伯克尔遂问他们："那么谁是天使的母亲呢？"他们回答说："是精灵领袖的女儿。"格塔德和伊本·栽德持相同见解。(1)

因此，清高伟大的安拉说："**而精灵们却知道他们一定会被传唤！**"即他们知道说这种话的那些人，因为隐昧、污蔑和无知的妄言，而要在清算之日遭受惩罚。

"**赞美安拉超绝于他们所举伴的**"，即安拉清高神圣，绝没有子女，安拉与不义的邪教徒所叙述的一切毫无关系。

"**除了虔诚归信安拉的众仆。**"这种除外语所表达的意义和前文中被除外的意义毫无关系。前面"**赞美安拉超绝于他们所举伴的**"中的"他们"指全人类。此处经文的意思是，全人类中除了那些虔诚的人——追求给每位使者所降示的真理的人则不然。

◆161.的确，你们和你们所拜的，◆
◆162.不能使人们去反对安拉，◆
◆163.除了要进入烈火的人！◆
◆164.我们人人都有一个已知的位置。◆

---
(1)《泰伯里经注》21：121。

165.我们确实是排班的。

166.我们确实是赞美者！

167.他们确曾说过：

168."如果我们能有来自前人的教诲的话，

169.我们一定是安拉的虔诚仆人了！"

170.而他们仍然否认它，他们不久就会知道！

## 只有比多神教徒更迷误的人才相信多神教徒的话

安拉呼吁多神教徒说："的确，你们和你们所拜的，不能使人们去反对安拉，除了要进入烈火的人！"即只有那些比你们更迷误的人——生来就应该进火狱的人，才会听信你们的话，与你们同流合污，步入歧途，选择荒谬的崇拜。他们有心不参悟，有眼不观看，有耳不听闻，这等人，他们和畜牲一样，不然，他们比畜牲更迷误。这等人，他们是昏聩的。（7：179）这种人服从以物配主、隐昧和迷误的宗教，正如安拉所述：你们众说纷纭。迷误者，将迷失它。（51：8-9）即只有被愚弄的人，追求谬误的人才会因此迷误。

## 天使的位置以及他们列队赞美安拉

多神教徒否认天使，并对他们进行错误的描述，妄言天使是安拉的女儿。安拉驳斥了这个谬论，说："我们人人都有一个已知的位置。"每个天使都在天上有一个指定的位置和进行功修的地方，从不逾越它。

端哈克在注释这段经文时传述，阿伊莎（愿主喜悦之）说，安拉的使者说："最近的天上的每一个位置中，都有礼站或叩头的天使。这就是安拉所说的'我们人人都有一个已知的位置'。"(1)

伊本·麦斯欧迪说："诸天中有一座天，其中每一拃的位置中都排列着一位天使的额头或两脚。"然后他读道："我们人人都有一个已知的位置。"伊本·朱拜尔也这样注释了这段经文。

"我们确实是排班的。"天使们恭顺地列队站立。正如安拉所述：凭那些列班者发誓，（37：1）

艾布·奈德尔说，有一次欧麦尔（愿主喜悦之）念完成拜辞后，转过身来面向众人，说："请排好班，站整齐，安拉要你们坚持天使的行为。"然后他念道："我们确实是排班的。"(2)并说，某人啊，往后站！某人啊，往前站！然后他走向前，念大赞词（开始礼拜）。(3)

安拉的使者说："我们因三个原因而比其他民族尊贵，（这三个原因是）我们（礼拜时候）的班列就像天使的班列；整个大地都是我们的礼拜处；在没有水的时候我们可以用土来洁净（代洗大小净）。"(4)

"我们确实是赞美者！"即我们将列班赞美安拉清净、光荣、神圣和完美。我们是他的仆人，我们都需要他，都恭顺他。

## 古莱什人曾希望拥有一项古人留下来的教诲

清高伟大的安拉说："他们确曾说过：'如果我们能有来自前人的教诲的话，我们一定是安拉的虔诚仆人了！'"即穆罕默德啊！在你来临之前，他们盼望有人给他们讲安拉的事情以及前人的事迹，并给他们带来安拉的经典。正如安拉所述：他们凭安拉（的名义）立下庄重的誓言："如果有一位警告者来临他们，他们会成为诸民族中最坚持正道的。"但是当警告者来临时，他们却更加叛逆。（35：42）又以免你们说："天经只降给了我们以前的两群人，我们对他们所研究的是疏忽的。"或者你们说："如果天经降给我们，我们一定比他们更得道。"因为一项明证、引导和怜悯已由你们的主降临你们。谁比否认安拉的启示并背弃它的人更为不义呢？我将因为他们的背弃而严厉惩罚背弃我的启示的人。（6：156-157）这是他们否认安拉及其使者后所遭受的严厉警告。

171.我对我所派遣的众仆已经有言在先，

172.那就是他们将被援助。

173.而我的军队誓必是胜利者。

174.因此你暂时避开他们。

175.你让他们看看，他们将会看见的！

176.难道他们希望惩罚早点来临吗？

177.当它降到他们近郊时，被警告者的清晨真不幸啊！

178.你暂时离开他们吧，

179.让他们看看吧，他们将会看到！

## 许诺胜利将会来临，命令离开古莱什人

清高伟大的安拉说："我对我所派遣的众仆已经有言在先"，即在最早的天经中已经规定：在今世和后世，最后的胜利属于众使者及其追随者

---

(1)《泰伯里经注》21：127。
(2)《泰伯里经注》21：127。
(3)《泰伯里经注》21：128。
(4)《穆斯林圣训实录》1：371。

们。正如安拉所言：❴安拉已经规定："我跟我的使者必定胜利。"安拉确实是至强的、优胜的。❵（58：21）又❴的确，我誓必在今世的生活和证人们作证的那天，帮助我的众使者和信士们。❵（40：51）

因此，清高伟大的安拉说："**我对我所派遣的众仆已经有言在先，那就是他们将被援助**"，即他们将在今世和后世受到襄助。前文已述，安拉将襄助他们战胜他们的族人中否认他们的人以及和他们作对的人。并且介绍了安拉是怎么毁灭隐昧者、拯救有正信的众仆的。

"**而我的军队誓必是胜利者**"，即善果只属于信士们。

"**因此你暂时避开他们**"，即你要忍受他们的伤害，等待那确定的日期到来，我将使你获得胜利、援助和收获。

"**你让他们看看，他们将会看见的！**"即你优容他们，静待而观之，他们因为否认和反对你，将会遭受怎样的惩罚和警告。

因此，安拉警告他们说："**他们将会看见的！**"

然后，清高伟大的安拉说："**难道他们希望惩罚早点来临吗？**"即他们希望惩罚早日实现，充分暴露了他们对你的否认和反对。安拉将因此而恼怒他们，会让他们如愿以偿。

清高伟大的安拉说："**当它降到他们近郊时，被警告者的清晨真不幸啊！**"即当惩罚降于他们的地区时，他们被毁灭的那个日子真惨劣啊！赛丁伊认为"近郊"指家园；"**被警告者的清晨真不幸啊**"，指他们的清晨真可恶啊！两圣训实录辑录："安拉的使者☾清晨来到海巴尔，当地的人们带着他们的锄头、铁锹出来，看到军队后又退了回去。他们说：'以安拉发誓！穆罕默德！穆罕默德！还有军队！'穆圣☾说：'安拉至大！海巴尔陷落了！当我们驻于一个群体的院子时，被警告者们的清晨真不幸啊！'"[1]

"**你暂时离开他们吧，让他们看看吧，他们将会看到！**"这是对前面命令的强调。清高伟大的安拉至知。

❴180.**赞美你的养主——尊严的主，超绝于他们所形容的。**❵

❴181.**祝众使者平安！**❵

❴182.**一切赞美都归安拉，众世界的主。**❵

清高伟大的安拉指出，他和过分的、否认的不义者们所说的一切毫无关系，他清净无染，超绝于他们的谰言。因此，安拉说："**赞美你的养主——尊严的主**"，即拥有不可企及的尊严的主，"**超绝于他们所形容的**"，即超绝于这些过分的诬蔑者的一切谰言。

"**祝众使者平安！**"众使者关于安拉的叙述是正确无误的，因此，他们在今世和后世中享受来自安拉的平安。

"**一切赞美都归安拉，众世界的主。**"在任何情况下，最初和最后的赞美，都归于安拉。因为对安拉的赞美，包含着强调安拉的完美无缺之意，所以，在本章和其他章的许多地方，经文并列叙述它们。因此，安拉说："**赞美你的养主——尊严的主，超绝于他们所形容的。祝众使者平安！一切赞美都归安拉，众世界的主。**"安拉的使者☾说："你们向我祝安时，应该同时向众使者祝安，因为我属于众使者之一。"[2]

伯厄威在注释这段经文时引用了阿里的话，阿里说："谁愿意在末日以最充实的量具称得报偿，他就应该在讲话结束后念：'**赞美你的养主——尊严的主，超绝于他们所形容的。祝众使者平安！一切赞美都归安拉，众世界的主。**'"[3]

有关消除座谈中失误的圣训中说："主啊！赞你清净，赞美你！应受拜者，惟有你。我向你求饶，向你忏悔。"关于这个问题，我（作者）有专著论述。如果安拉意欲，不久它将面世。

《列班者章》注释完。清净伟大的安拉至知。

---

(1)《布哈里圣训实录诠释——造物主的启迪》2：107；《穆斯林圣训实录》2：1043。

(2)《泰伯里经注》21：134。
(3)《伯厄威经注》4：46。

## 《萨德章》注释　麦加章

奉普慈特慈的安拉之尊名

❖ 1.萨德，凭这具有教诲的《古兰》发誓，❖
❖ 2.不然，隐昧的人却在傲慢和反对之中。❖
❖ 3.我曾在他们以前毁灭了许多代人！他们曾经呼求，而那不是逃避的时间。❖

我们已经在《黄牛章》开端注释了出现在某些章节开头的单独字母，此处不再赘述。

"凭这具有教诲的《古兰》发誓"，即以这部对人类有教诲，对他们的生活和归宿有裨益的《古兰》发誓。

端哈克说，"具有教诲的"其意义如同：❖ 我确实给你们降下了一部经典，其中有对你们的教诲。❖（21：10）这里的"教诲"指劝诫，格塔德持此观点。[1] 伊本·哲利尔选择了格氏的观点；[2] 伊本·阿拔斯等学者说"具有教诲的"指尊贵的。[3] 换言之，指有影响和地位的。这几种观点之间没有冲突，因为《古兰》是一部尊贵的经典，其中包括劝诫、警告和说明。上面誓言的结论句是：❖ 他们全都否认了众使者，所以我的惩罚是必然的。❖（38：14）

格塔德说，誓言的结论句是："不然，隐昧的人却在傲慢和反对之中。"[4] 伊本·哲利尔选择了这种解释方法。[5]

"不然，隐昧的人却在傲慢和反对之中。"这部《古兰》中确有对寻求教诲者的教诲，参悟思考者的借鉴，只有那些隐昧者不能从中获益，因为他们"傲慢"，即自以为是，"反对"指违背、顽抗和反对《古兰》。然后经文警告他们，前人因为反对使者，否认天启经典，因而遭受毁灭。

清高伟大的安拉说："我曾在他们以前毁灭了许多代人！"即许多不信的民族。

"他们曾经呼求"，即惩罚降临时，他们开始求救，并投奔安拉，但那时他们的一切努力都无济于事。正如安拉所言：❖ 当他们感到我的严刑时，他们突然逃避它。你们不要逃开，你们回到你们的豪华生活中去！回到你们的住处去！以便你们被审讯。❖（21：12-13）

泰米目说，我关于"而那不是逃避的时间"问伊本·阿拔斯，他回答说："那不是呼求和逃避的时间。"

伊本·凯尔卜在解释这段经文时说："今世离开他们后，他们互相高呼：'安拉独一'，着手忏悔。"[6] 格塔德说："他们看到惩罚的时刻——这个不宜呼求的时刻向安拉忏悔。"

穆佳黑德解释说："那不是逃避和回答的时间。"

因此清高伟大的安拉说："而那不是逃避的时间"，即这不是逃避和离开的时间。祈求安拉使我们作出正确注释。

❖ 4.他们因为来自本族的警告者来临他们而感到奇怪，隐昧者们说："这是一个魔术师，骗子手。"❖
❖ 5.他要把众神变成一神吗？这真是一件奇事！" ❖

---

(1)《泰伯里经注》12：140。
(2)《泰伯里经注》21：140。
(3)《泰伯里经注》21：139、140。
(4)《泰伯里经注》21：140。
(5)《泰伯里经注》21：141。
(6)《散置的珠宝》7：145。

❡6.他们的一部分人说道:"你们去吧,坚信你们的神祇。这确实是一件被预定之事。❡

❡7.我们在最后的宗教中不曾听到过它,这只不过是一项伪造。"❡

❡8.教诲在我们当中只降给他吗?不,他们是在怀疑我的教诲,不,他们还不曾尝试过我的刑罚。❡

❡9.难道他们拥有你优胜的、厚施的主仁慈的宝库吗?❡

❡10.或是他们拥有诸天与大地以及其中的一切权力?如果是的,那么让他们爬上天梯吧。❡

❡11.在此他们是被击败的一支联军。❡

### 多神教徒们对使者的使命感到奇怪

多神教徒对安拉派遣一位传警告报喜讯的使者而感到奇怪,安拉说:❡难道这对人类是一件奇怪的事:我把它启示给他们当中的一个人,说:"你警告人类,并给信仰者报喜,他们将在他们的主那里有实在的地位。"隐昧者说:"这是一个明显的魔术师。"❡(10:2)

本章的经文说:"**他们因为来自本族的警告者来临他们而感到奇怪**",即他们奇怪的是这位使者是像他们一样的人。

"**隐昧者们说:'这是一个魔术师,骗子手。'**"难道这位使者妄言受拜者只有一个,并且独一无二吗?多神教徒(愿安拉凌辱他们)不愿意放弃以物配主,他们从他们的祖先那里接受的这种信仰,已经深深地印在他们心中。所以使者号召他们放弃这种想法,并承认安拉独一时,他们感到奇怪和难以接受。他们说:"**他要把众神变成一神吗?这真是一件奇事!**"

"**他们的一部分人说道**",即他们的领袖和头目们说:"**你们去吧**",即你们坚持你们的信仰,"**坚信你们的神祇**",即你们不要响应穆罕默德所宣传的"安拉独一"信仰。

"**这确实是一件被预定之事。**"伊本·哲利尔解释为:"穆罕默德宣传安拉独一信仰,只是为了在你们当中显示尊荣,并得到你们的广泛拥护。我们是不会响应他的。"(1)

### 这些经文颁降的原因

伊本·阿拔斯说,艾布·塔利卜生病期间,艾布·哲海里随同一些古莱什人来到他跟前,他们说,你的侄子在辱骂我们的神祇,并做某某事情,说某些话,但愿你能派人去制止他。艾布·塔利卜遂派人召来先知。当时艾布·塔利卜身边还有一个座位。艾布·哲海里担心先知坐到那里,从而打动艾布·塔利卜,所以纵身坐了过去。先知见伯父跟前没有地方,只得依门而坐。艾布·塔利卜说:"侄儿啊!你的族人控告你辱骂神祇,大逆不道,妖言惑众。"圣训传述者说,当时他们说了很多不利于先知的话。安拉的使者㊗则说:"我的伯父啊!我只是想让他们坚持一句话,从而使所有阿拉伯人臣服于他们,令所有非阿拉伯人为他们纳税。"众人因为先知这句话而深感震惊,他们说:"仅仅一句话!?以你的父亲发誓,若真能这样,就算十句话也不算多⋯⋯那句话到底是什么?"艾布·塔利卜也问道:"侄儿啊!是哪一句话呢?"穆圣㊗说:"应受拜者,惟有安拉。"众人听后恼怒地站起来,抖动着衣服说:"**他要把众神变成一神吗?这真是一件奇事!**"圣训传述者说:"上述经文就是因此而降示的,直到'**不,他们还不曾尝试过我的刑罚**'。"(2)

"**我们在最后的宗教中不曾听到过它**",即我们在最后的宗教中没有听到过穆罕默德所宣传的这种"安拉独一"信仰。

伊本·阿拔斯解释说"最后的宗教"指基督教。多神教徒说,假若这是真理,基督教徒会告诉我们的。(3)

"**这只不过是一项伪造。**"穆佳黑德和格塔德说"**伪造**"指谎言。(4)伊本·阿拔斯认为指臆造。(5)

"**教诲在我们当中只降给他吗?**"多神教徒们认为启示不可能只给与他们共同生活的穆圣㊗。正如安拉所言:❡他们又说:"为什么《古兰》不降给这两座城中的一位要人呢?"❡(43:31)❡他们是在分配你的主的慈悯吗?是我在他们之间分配今世的生计,我使他们当中的一部分比另一部分高若干品级。❡(43:32)

他们不相信《古兰》只降示于使者,而与他们无缘,所以他们说了这番愚蠢至极的话,清高伟大的安拉说:"**不,他们还不曾尝试过我的刑罚**",即他们这样肆意妄言,其根本原因是他们在说这些话时,没有尝试安拉的惩罚。在后世,他们被召向火狱时,他们将会知道他们的话和他们否认的后果。然后安拉介绍说,他自由地支配着权力,做他

---
(1)《泰伯里经注》21:152。
(2)《泰伯里经注》21:149;《提尔密济圣训全集诠释》9:99;《艾哈麦德按序圣训集》1:362;《圣训大集》6:442。
(3)《泰伯里经注》21:152。
(4)《泰伯里经注》21:155。
(5)《泰伯里经注》21:154。

所意欲之事，给他所意欲者赏赐他所意欲的恩典，他凭他的意志，使一些人高贵，使另一些人低贱，使一些人走正道，任另一些人入歧途，他以他的命令，将启示降给他所意欲者，同时封闭另一些人的心灵。除了安拉，再无引导者，而世人则对万事万物毫无支配权或所有权。

安拉驳斥多神教徒说："难道他们拥有你优胜的、厚施的主仁慈的宝库吗？""**优胜的**"指其尊严令任何人不可企及的。"**厚施的**"指他把他所意欲的一切恩典赏赐给他所意欲者。这段经文与下列经文相似：⟪难道他们有一部分权力吗？假如有，他们不给别人一丝毫。他们由于安拉赐给别人恩惠而嫉妒别人吗？我已经赐给伊布拉欣的族人经典和智慧，并且赐给了他们博大的权力。他们当中有些人信仰他，也有些人妨碍他，火狱是足以燃烧他们的。⟫（4：53-55）又⟪你说："如果你们掌握了我的主的慈悯宝库，你们必定因为害怕花费而克扣它。人总是吝啬的。"⟫（17：100）此前，经文讲述了多神教徒否认报喜讯的穆圣㊗。同样，经文还讲述了撒立哈的族人，他们曾经说：⟪'那启示在我们当中偏偏只降给了他吗？不是的，他是一个傲慢的说谎者。'他们明天就会知道谁是傲慢的说谎者。⟫（54：25-26）

"**或是他们拥有诸天与大地以及其中的一切权力？如果是的，那么让他们爬上天梯吧**"，即如果他们有此能耐，就让他们登上天梯吧！伊本·阿拔斯等学者说，"天梯"指天的各个道路。[1] 端哈克解释说，就让他们登上第七层天吧！[2]

然后经文说："**在此他们是被击败的一支联军。**"这是自以为是却四分五裂的昧真之军，他们将会被征服，并像以前否认真理的联军一样，一败涂地。这段经文如同下列经文：⟪或是他们说："我们是常胜的群体"。不久这个团体就会战败，他们必定要转身逃脱。不然，复活时是他们的约期，那时间是更艰难、更痛苦的。⟫（54：44-46）

⟪12.努哈的族人和阿德人以及拥有大军的法老在他们以前都曾否认过。⟫

⟪13.塞姆德人，鲁特的族人和丛林中的居民，这些都是同盟者，⟫

⟪14.他们全都否认了众使者，所以我的惩罚是必然的。⟫

⟪15.这些人只等待一声呐喊，它绝不会延迟片刻。⟫

⟪16.他们说："我们的主啊！求你在结算日以前快点把我们应得的判给我们吧！"⟫

## 先民中的毁灭者

清高伟大的安拉讲述了古代违背使者、否认先知的人们所遭受的惩罚和教训。《古兰》的许多地方，都曾详细讲述过他们的事迹。

"**这些都是同盟者**"，即和你们相比，那些前人虽然人数众多，财大气粗，多子多孙，但在安拉的命令到来时，他们所拥有的一切都不能替他们阻挡安拉的任何惩罚。

"**他们全都否认了众使者，所以我的惩罚是必然的。**"经文指出，致使他们遭受毁灭的原因是他们对众使者的否认。因此，读者应该对这种行为慎之又慎地提防。

"**这些人只等待一声呐喊，它绝不会延迟片刻。**"栽德·本·艾斯莱姆说："它刻不容缓。"[3] 换言之，他们只等待末日突然降临。事实上，末日的征兆早已出现。经文在此所述的"呐喊"，指恐惧的震撼声，安拉命令伊斯拉菲里延长号角的声音，致使天地间的一切因之惊恐万状。只

---

(1)《泰伯里经注》21：156。
(2)《泰伯里经注》21：157。

(3)《阿卜杜·兰扎格经注》3：161。

有安拉所意欲的人，才能幸免这种恐惧。

"**他们说：'我们的主啊！求你在结算日以前快点把我们应得的判给我们吧！'**"这段经文中，安拉谴责多神教徒自我诅咒，要求安拉尽快惩罚他们。

"**应得的**"指注定的；也有学者解释为份额。

伊本·阿拔斯等学者说，他们要求安拉尽早惩罚他们。[1] 格塔德补充说，其情况犹如多神教徒自己所说：*我们的主啊！如果这是来自你的真理，那么就给我们从天上降下石雨，或给我们带来惨痛的惩罚吧！*（8：32）[2]

有学者说，他们要求在今世中立即得到乐园的份额（他们说如果乐园真的存在）。他们的这种行为，出于他们的隐昧和不信。伊本·哲利尔说，他们要求在今世中立即见到应得的报酬或惩罚。[3] 伊氏的这种解释非常正确，与端哈克等学者的解释相符。安拉至知。[4]

由于多神教徒之此话出于揶揄和不信，所以安拉命令穆圣忍受他们对他的伤害，并因其忍受而以美满的结局、胜利和收获给他报喜。

*17.你要忍受他们所说的话，并记念我的有能力的仆人达乌德，他是归向安拉的。*

*18.我制服群山，在日落和日出时分伴着他赞颂（我）。*

*19.并使群鸟集中起来，全都服从他。*

*20.我巩固了他的权力，并赐给他智慧和果断的言辞。*

## 达乌德

清高伟大的安拉说，他的仆人达乌德是有能力的。"**能力**"指德才兼备。伊本·阿拔斯等学者说，"**能力**"指力量。[5] 穆佳黑德解释为有能力做善行。[6] 格塔德说，达乌德拥有做善功的能力和对伊斯兰的理解力。[7] 穆圣告诉我们，达乌德一直在夜的三分之一时间礼拜，平生的一半时间封斋。两圣训实录中考证过这段圣训。安拉的使者说："安拉最喜爱的礼拜是达乌德的礼拜，安拉最喜爱的斋戒是达乌德的斋戒。他曾在夜的一半时间睡觉，夜的三分之一时间礼拜，夜的六分之一时间睡觉，他一日封斋，另一日开斋，大敌当前时他不逃跑，他是完全归向安拉的。"[8] 即他将他的一切事情，都交付了安拉。

"**我制服群山，在日落和日出时分伴着他赞颂（我）**"，即安拉制服群山，在日出和日落时分，它们和达乌德一起赞美安拉。其他经文说：*"山啊！鸟儿啊！你们回应他吧！"我为他使铁柔软。*（34：10）就这样，鸟儿伴他赞主，与他的赞美之声遥相呼应。飞翔的鸟儿听到他诵经的声音时，停留在空中，伴着他优美的声音而吟唱；巍峨的群山回应他，回荡着他对安拉的赞美之声。

阿卜杜拉·本·哈里斯说，伊本·阿拔斯曾不礼巳时拜，后来我带他去乌姆·哈尼那里，我（对她）说："请你把讲给我的话讲给他。"她说："光复麦加之年，安拉的使者来到我房中，他要了一盆水，用一个帘子将自己遮起来后（不让我看见）洗了大净，然后他把水洒在墙角。此后他礼了八番礼拜。当时正值巳时，这次拜中的站、鞠躬、叩头和坐（的时间）都是相等相近的。"伊本·阿拔斯离开时说："我虽然读过两个经简中的内容，但直到现在才认识到巳时拜——'**在日落和日出时分伴着他赞颂（我）**'。我曾说，哪有日出时的礼拜？"此后他坚持日出时的礼拜。[9]

清高伟大的安拉说："**并使群鸟集中起来**"，即让群鸟在空中。

"**全都服从他**"，即归顺他，与他一道赞美安拉。伊本·朱拜尔等学者说"服从"指归顺。[10]

"**我巩固了他的权力**"，即安拉使他拥有一切君王应该拥有的所有权力。穆佳黑德说："他是世界上最有权威的人。"

"**并赐给他智慧**"，穆佳黑德说"**智慧**"指理解力、理智和聪颖。格塔德则认为"**智慧**"指安拉的经典和遵守经典。赛丁伊认为指圣品。[11]

"**果断的言辞**"，舒莱海和舒尔宾解释说"**果断的言辞**"指作证和誓言。[12] 格塔德认为"**果断的言辞**"指原告的两个证人和被告的誓言，[13] 众先知和使者们依此判决事务（或者他说："穆民和清廉的人们依此判决"）。直到末日来临之前，穆斯林民族一直坚持这种裁决方式。阿卜杜·拉赫曼也持此观点。

穆佳黑德和赛丁伊说，"**果断的言辞**"指正确无误的判决和对司法敏锐的理解能力。[14] 穆佳黑德还说，"**果断的言辞**"还指语言条理清晰，断案明

---

[1]《泰伯里经注》21：164；《散置的珠宝》7：148。
[2]《泰伯里经注》21：164。
[3]《泰伯里经注》21：165。
[4]《泰伯里经注》21：165。
[5]《泰伯里经注》21：166，167。
[6]《泰伯里经注》21：166。
[7]《泰伯里经注》21：167。
[8]《布哈里圣训实录诠释——造物主的启迪》3：20；《穆斯林圣训实录》2：812。
[9]《泰伯里经注》21：169。
[10]《泰伯里经注》21：169。
[11]《泰伯里经注》21：171。
[12]《泰伯里经注》21：173。
[13]《泰伯里经注》21：173。
[14]《泰伯里经注》21：172。

确无误。后一种解释可概括上述所有解释，可谓一言中的。伊本·哲利尔选择了这种解释。[1]

《21.诉讼者的故事可曾到达你吗？当时他们攀墙进入内殿。》

《22.他们进入达乌德那里时，他曾害怕他们。他们说："不要怕，我们是两个诉讼者，我们当中的一人欺凌另一人，所以请你在我们之间公平判断，你不可不公，你当引导我们到正道。》

《23.我的这位兄弟有九十九只母羊，而我却只有一只母羊，但是他还说：'把它让给我。'并在言谈方面胜过了我。"》

《24.他说："他确实亏负了你，因为他要求把你的一只羊并入他的群羊中。的确，许多伙伴是互相亏负的，归信和行善的人除外，而他们（归信者）确实为数不多！"达乌德猜想我是在试验他，所以，他求他的主恕饶，于是倒身下拜，并忏悔。》

《25.因此，我恕饶了他，在我这里，他将获得接近（我的地位）和优越的归宿。》

## 两个诉讼者的故事

经注学家注释这段经文时引用的故事颇多，但其大部分源于以色列神话，而没有传自穆圣的必须要遵循的圣训依据可查。伊本·艾布·哈亭传述了一段圣训，这段圣训传自清廉的圣门弟子艾奈斯，但其传述系统缺乏严谨性，所以学者们将其视为"脆弱的圣训"。读者不妨读一读其中所传的故事，但必须要将其正确性交付安拉。因为《古兰》是真理，它所包含的一切也都是真理。

"**他曾害怕他们。**"因为当时达乌德在王宫中最贵的地方——内殿中，那天，他命令任何人不得进入宫中，所以突然间两个诉讼者越墙进入内殿，出现在他的面前，并将他包围起来询问如何判决时，他吓了一跳。

"**并在言谈方面胜过了我**"，即他说服了我。

"**达乌德猜想我是在试验他。**"伊本·阿拔斯解释为"我是在考验他。"[2] "**于是倒身下拜**"，即伏地叩头，"**并忏悔**"。

"**因此，我恕饶了他**"，即恕饶了他的一切过错，关于达乌德有人说："善人的善行，在近主者那里则是过错。"

## 萨德章的叩头

本章中叩头的经文，并不表示必须要叩头。其证据是伊本·阿拔斯所传述的圣训，他说："《萨德章》中的叩头经文，并不表示必须要叩头。但我曾看到安拉的使者曾为此而叩头。"布哈里等传述。[3]

伊本·阿拔斯说："穆圣在（读）《萨德章》中叩了头，然后说：'达乌德为此而叩头，表示其忏悔，我们为之而叩头，表示（我们对安拉的）感谢。'"[4]

布哈里在解释这段经文时说，阿瓦穆曾关于《萨德章》中的叩头询问穆佳黑德，后者回答说："我曾问伊本·阿拔斯，你（读到）哪里叩头？他问：难道你未曾读过《他的子孙中的达乌德……》（6:84）和《那些人是受安拉引导的群体，所以你要遵循他们的道路》（6:90）吗？达乌德属于安拉命令你们的先知学习之人，所以，达乌德叩头后，安拉的使者也叩了头。"[5]

艾布·赛尔德·胡德里说："安拉的使者在讲台上读了《萨德章》，读到叩头的经文时，走下讲台叩头，众人随他一起叩头。使者最后一次读这段经文的那天，人们正准备叩头时，他说：'它是先知的忏悔，但我看到你们正准备因之而叩头。'使者说了此话后，走下讲台叩头。[6]

"**在我这里，他将获得接近（我的地位）和优越的归宿**"，即在末日，他将因此而获得一种接近安拉的善功，用之接近安拉，同时还享有优美的归宿——乐园中高贵的品级。这一切都得益于他的忏悔和公正执政。圣训明确指出："公正者们在至仁主右侧用光明制成的讲台上，至仁主的两个耶迪都是右。就是那些公正对待家人和管理百姓的人。"[7]

《26.达乌德啊！的确我委任你为大地上的代位者，所以你要在人们之间公平判断，不要追随私欲，以免它使你迷失安拉的正道。迷失安拉的道路的人们，要遭受严厉的惩罚，因为他们忘记了清算的日子。》

## 对统治者和君王的忠告

安拉在此忠告那些统治者们，让他们依安拉降下的真理裁决人们的事务。安拉还严厉地警告那些

---

(1)《泰伯里经注》21:173。
(2)《泰伯里经注》21:181。
(3)《艾哈麦德按序圣训集》1:359；《布哈里圣训实录诠释——造物主的启迪》2:643；《艾布·达乌德圣训集》2:123；《提尔密济圣训全集诠释》3:176；《圣训大集》6:342。
(4)《圣训大集》2:159。
(5)《布哈里圣训实录诠释——造物主的启迪》8:405。
(6)《艾布·达乌德圣训集》1410。
(7)《穆斯林圣训实录》3:1458。

迷失正道，忘记后世清算之日的人们，他们将遭受重大的惩罚。

伊布拉欣·艾布·宰勒尔（此人研究过《古兰》）说，（哈里发）瓦利德·本·阿卜杜·麦利克曾问我："你曾读过第一部经典，并研究过《古兰》，你认为哈里发会受到（后世的）清算吗？"我回答说："信士的长官啊！我能坦言相告吗？"他说："但说无妨，安拉会赐你平安的。"我回答说："信士的长官啊！在安拉那里你更尊贵，还是先知达乌德更尊贵？安拉曾使达乌德成为先知兼哈里发，然后在其经典中警告他说：'达乌德啊！的确我委任你为大地上的代位者，所以你要在人们之间公平判断，不要追随私欲，以免它使你迷失安拉的正道。'"

"迷失安拉的道路的人们，要遭受严厉的惩罚，因为他们忘记了清算的日子。"艾克莱麦说，这是一个前因后果的关系。他们因为遗忘（后世的清算），而要在末日遭受严厉的惩罚。(1)

赛丁伊说，他们因为不曾为清算的日子准备善功而要遭受严厉的惩罚。(2) 这种解释更加贴近经典明文。愿安拉赐我们认识真理的机遇。

❧ 27.我没有荒谬地造化天地与其间的一切！那是否认者的猜想。所以，倒霉吧！隐昧的人们！❧

❧ 28.难道我要使归信并行善的人，像在大地上为非作歹的人一样吗？或者我要使敬畏的人和邪恶的人一样吗？❧

❧ 29.（这是）我降给你的吉庆的经典，以便他们参悟它的节文，以便有理智的人去思索。❧

### 创造今世的哲理

清高伟大的安拉创造人类不是为了游戏，他创造人类的目的只是为了他们崇拜他，并诚信他的独一。在集合之日，他将召集人类，奖励顺从者，惩罚否认者。因此，安拉说："**我没有荒谬地造化天地与其间的一切！那是否认者的猜想。**"这些否认者，只相信今世，而不相信复活和后世的归宿。

"**所以，倒霉吧！隐昧的人们！**"即在他们的归宿和复活之日，他们将进入为他们准备的耻辱的火狱。

然后安拉讲述了他的公正和哲理，他不会将穆民和隐昧者等量齐观。他说："**难道我要使归信并行善的人，像在大地上为非作歹的人一样吗？或者我要使敬畏的人和邪恶的人一样吗？**"即安拉不

---
（1）《泰伯里经注》21：189。
（2）《泰伯里经注》21：189。

会这样做。在安拉那里，他们不相等。既然如此，就必然会有另外一个世界，其中，顺主者得到奖励，悖逆者遭受惩罚。通过这种定律，任何头脑健全和天性端正的人，都必然能认识到后世的归宿和报应是理所当然的。我们往往看到坏人多子多财，享尽荣华富贵，然后死去。而受到剥削的好人却含冤而死。所以，明哲、全知、公正、不亏人丝毫的安拉，必须要使他们得到公正的待遇。如果一个人在今世中没有得到应该得到的报酬，那么他就应该在后世中得到它。因为《古兰》所倡导的是健康的理想和理性的、明确的精神，所以安拉说："**（这是）我降给你的吉庆的经典，以便他们参悟它的节文，以便有理智的人去思索。**""理智"指心灵。

❧ 30.我为达乌德赏赐苏莱曼，这位仆人真杰出，他的确是深刻的回归者！❧

❧ 31.当时，在傍晚时分，一群轻蹄的快马被展现给他。❧

❧ 32.他说："的确我由于爱好今世美好的东西，而疏忽了记念我的主，以致它隐没在帷幕之后！❧

❦33.你们把它召回到我这里。"此后他开始以手拍（它们的）腿和颈项。❧

## 达乌德之子苏莱曼

清高伟大的安拉说，他为了达乌德给苏莱曼赏赐了圣品，正如安拉所言：❦苏莱曼继承了达乌德。❧"（27：16）苏莱曼继承了他的圣位，而不是财产。因为达乌德还有其他儿子，仅拥有自由之身的妻子就有一百人之众。

这位仆人真杰出，他的确是深刻的回归者！经文在此表扬了苏莱曼，因为他精忠顺主，勤于功修，并经常向安拉忏悔。

"**当时，在傍晚时分，一群轻蹄的快马被展现给他**"，即当时苏莱曼在检阅属于他的骏马。穆佳黑德说"**轻蹄的**"指用三只蹄子和第四只蹄子的蹄尖站立的马。"**快马**"指风驰电掣般的马。[1]持此观点的先贤不止一人。阿伊莎（愿主喜悦之）说，安拉的使者㊗结束台卜克战役（或海巴尔战役）回来时，她的闺房前设有门帘，风刮来后帘子的一角扬了起来，露出阿伊莎（愿主喜悦之）的玩具女娃娃。穆圣㊗问："阿伊莎呀！这是什么？"阿伊莎说："我的女娃娃。"使者看到它们中间还有一匹用皮子制成的马，有两个翅膀，便问："它们之间的那是什么？"阿伊莎回答："是马呀。"使者问："马身上是什么？"阿伊莎回答："是马的两个翅膀。"安拉的使者㊗问："还有长两个翅膀的马吗？"阿伊莎（愿主喜悦之）回答说："难道你没有听说苏莱曼的马有好多翅膀吗？"阿伊莎（愿主喜悦之）说使者听后笑了，以致大牙都露了出来。[2]

"**他说：'的确我由于爱好今世美好的东西，而疏忽了记念我的主，以致它隐没在帷幕之后！'**"不止一位先贤和经注学家说，苏莱曼当时忙于今世的事务而错过了晡礼的时间，但能肯定的是，他因为遗忘而没有礼拜，绝不是故意撇拜的。正如穆圣㊗在壕沟战役中无暇礼晡礼，直到日落后才礼了晡礼。两圣训实录记录着这段多系统传述的可靠圣训。又如贾比尔传述，壕沟战役之日，欧麦尔（愿主喜悦之）诅咒古莱什的隐昧者时，已经日落，他走过来说："安拉的使者啊！我刚要作晡礼，太阳就落了。"安拉的使者㊗说："以安拉发誓，我也没有礼晡礼。"贾比尔说："于是我们来到白特哈尼谷地，先知和我们做了小净，在日落后礼了晡礼，接着礼了昏礼。"[3]

"'**你们把它召回到我这里。**'此后他开始以手拍（它们的）腿和颈项。"哈桑·巴士里解释：苏莱曼说："不，以安拉发誓，无论如何，你都不能使我无暇崇拜我的养主。"然后他命人宰了那些骏马。[4]格塔德也有相同观点。赛丁伊解释说："**他开始以手拍腿和颈项**"指苏莱曼用剑砍下了这些骏马的腿部和腱部。[5]

伊本·阿拔斯说，苏莱曼因为爱这些马，所以用手抚摸着它们的脊背和腱部。[6]伊本·哲利尔选择了这种解释，他说苏莱曼不会通过砍断腿筋（腱部）来折磨牲畜，也不会无缘无故地浪费自己的财产。如果其中有过错之处，那仅仅是他自己在观看这些牲畜当中疏忽了礼拜，而牲畜是无辜的。[7]虽然伊本·哲利尔认为这种解释较为妥当，但它还是值得研究的，因为或许苏莱曼时代的法律，允许人们这样做，尤其它们转移了他的注意力，使他在不知不觉中错过了礼拜的时间，因此，他为安拉而放弃了这些骏马后，安拉赐给他更好的，作为补偿。即安拉赐给他风，那风奉安拉之命和缓地载他任意旅行，其早晚的行程各相当于（骏马）一个月的行程；风比马更迅速和美好。伊玛目艾哈麦德传述，艾布·格塔德和艾布·戴海马仪经常去天房旅行，他俩说："我们见到一个贝都因人，他对他们说，安拉的使者㊗曾拉住我的手，给我传授安拉教给他的知识，他说：'如果你因为敬畏安拉而放弃某些事物，安拉必定会赐给你更好的事物。'"[8]

❦34.我确曾试验过苏莱曼。我在他的宝座上放置了一个躯体。后来他马上就回归了（我）。❧

❦35.他说："我的主啊！求你恕饶我，并赐给我一种在我身后不适合于任何人的权力，你确实是厚施之主。"❧

❦36.我为他制服了风，所以风奉他的命令缓缓地吹到他想到达的地方。❧

❦37.我也为他驯服了能建筑和潜水的魔鬼。❧

❦38.和其他用桎梏链在一起的。❧

❦39.这就是我的恩典，无论你把它们赐给人或是留下它们，都不会被追究的。❧

❦40.的确，在我这里，他将获得接近（我的地位）和优越的归宿。❧

## 试验苏莱曼并对他加以恩赐

"**我确曾试验过苏莱曼**"，即清高伟大的安拉

---

(1)《泰伯里经注》21：192、193。
(2)《艾布·达乌德圣训集》5：227。
(3)《布哈里圣训实录诠释——造物主的启迪》2：82；《穆斯林圣训实录》1：438。
(4)《泰伯里经注》21：195。
(5)《泰伯里经注》21：195。
(6)《泰伯里经注》21：196。
(7)《泰伯里经注》21：196。
(8)《艾哈麦德按序圣训集》5：78。

考验过他。

"我在他的宝座上放置了一个躯体。"安拉没有阐明他到底在苏莱曼的宝座上放置了什么样的一个躯体。虽然我们对经文所述的躯体一无所知，但我们还是对此深信不疑。此中所流传的所有故事，都是以色列式的神话，我们无法甄别孰真孰假。安拉至知。

"后来他马上就回归了（我）"，即考验之后，苏莱曼立即归向了安拉，他祈求安拉宽恕他，并赐给他除他之外任何人都不宜拥有的权力。他说："**我的主啊！求你恕饶我，并赐给我一种在我身后不适合于任何人的权力，你确实是厚施之主。**"部分学者解释说，苏莱曼祈求安拉赐给他一种权力，任何后人所拥有的权力都不能和这种权力相似。这种解释通过经文的脉络清晰可见，能支持这种解释的圣训也很多。艾布·胡莱赖传述，安拉的使者☪说："昨夜，一个来自精灵的妖魔溜到我跟前，企图干扰我礼拜。当时安拉赐我一种能力（我抓住了他）——我想把它绑到清真寺中的一个柱子上，直到早上你们都看到它。就在那时，我突然想起我的兄弟苏莱曼的话：'**我的主啊！求你恕饶我，并赐给我一种在我身后不适合于任何人的权力，**'"鲁哈（圣训传述者）说："于是他（先知）放开了灰溜溜的妖魔。"（1）

艾布·德尔达伊传述，安拉的使者☪礼拜时我们听他说："祈求安拉庇佑我，免遭你的侵犯！"使者将这句话说了三遍，并伸出手，好像准备拿什么东西。使者礼完拜后，我们问："安拉的使者啊！我们听到你在拜中说了一句从未在你跟前听到过的话。我们还看到你伸出手……"使者说："安拉的敌人伊卜厉斯带来一个火把，要把它放到我的脸上，所以我说了三遍：'祈求安拉庇佑我，免遭你的侵犯！'然后我说了三遍：'我以安拉完全的诅咒诅咒你！'它竟然未退去。此后我想捉拿它。以安拉发誓，若不是我的兄弟苏莱曼的祷词，它一直要被捆绑到早上，供麦地那的小孩们戏弄。"（2）

"**我为他制服了风，所以风奉他的命令缓缓地吹到他想到达的地方。**"哈桑·巴士里说："苏莱曼因为贻误叩拜安拉而生气地宰了他的骏马后，安拉赐给他比马更好的风，作为补偿。那风早晚的行程各为（骏马）一个月的行程。"（3）

"**他想到达的地方**"，即他想去哪里就去哪里。

"**我也为他驯服了能建筑和潜水的魔鬼**"，

---
（1）《布哈里圣训实录诠释——造物主的启迪》1：660；《穆斯林圣训实录》1：384；《圣训大集》6：443。
（2）《穆斯林圣训实录》1：385。
（3）《泰伯里经注》21：201。

即他役使部分魔鬼建筑高大宫殿、雕像、搬运巨锅等，这些繁重的工作是人类难以胜任的，还役使另一部分魔鬼潜入海底，为他开采只能在海中采到的珍贵珠宝。

"**和其他用桎梏链在一起的**"，即还有一些魔鬼，因为桀骜不驯，抗拒命令，或玩忽职守而被带上了镣铐。

"**这就是我的恩典，无论你把它们赐给人或是留下它们，都不会被追究的**"，即我应允了你的要求，使你如愿以偿地得到了完整的国权和权力，你可以把它赏赐给一些人，对另一些人加以拒绝。换言之，无论你怎么做，怎么处理，都是可以的，正确的。两圣训实录辑录，安拉的使者☪被要求选择：要么做一个使者兼奴仆（这个身份要求他执行安拉的命令，根据安拉的命令在人们当中做一位分配者），要么做一个先知兼国王（可以任意处理安拉所赐的恩典，而不受指责）。使者和吉卜勒伊里商量，吉卜勒伊里说："你当谦虚"，所以使者选择了第一种身份。因为在安拉那里，这种身份更有价值，最终的品位更高。虽然在今世和后世中，第二种身份（先知兼国王）也是非常伟大的。因此，安拉强调说，在末日，穆圣㊗在他那里享有丰厚的份额："**的确，在我这里，他将获得接近（我的地位）和优越的归宿**"，即今世和后世中美好的归宿。

❦ **41.你也应当提起我的仆人艾优卜。当时，他祈求他的主道："魔鬼使我遭受辛苦和刑罚！"** ❧

❦ **42.你跺你的脚吧。这是凉爽的盥洗之水和饮料。** ❧

❦ **43.我把他的家人和像他们的，一起赐给了他，作为来自我的慈悯和对有心人的教诲。** ❧

❦ **44.你握一把树枝去打，不要违背你的誓言。的确我发现他是坚忍的。这位仆人多么卓越啊！他确实是深刻忏悔的。** ❧

## 艾优卜

清高伟大的安拉在此讲述他的仆人兼使者艾优卜，他曾经受身体、财产和儿女方面的考验。当初除了他的心脏之外，他遍体伤疾，在人世间护理他、照顾他的，只有他的妻子。她因为对安拉及其使者的信仰，而深爱着丈夫，她为人们工作换取工钱，供养和服侍他将近十八年。而此前，艾优卜生活宽裕，儿女众多。当他失去这一切后，在一段漫长的时期，一直生活在当地的一座废墟当中，除了他的妻子，所有的亲属都抛弃了他。愿安拉喜悦她。她除了为人们工作之外，与他日夜不分开，工作完毕之后，立即回到他跟前。就这样过了很多年，在安拉所预定的时刻到来时，艾优卜开始向众世界的养主、众使者的主宰求救，他说：❦ **我已经遭到苦难了，你是仁中最仁的。** ❧（21：83）本章经文中说："**你也应当提起我的仆人艾优卜。当时，他祈求他的主道：'魔鬼使我遭受辛苦和刑罚！'**"有人说，艾优卜在身体方面遭受了痛苦，在财产和儿女方面遭受了苦难。这时，仁中至仁的安拉应允了他的要求，当即命令他站起来，用脚跺地。艾优卜奉命跺地后，安拉使一股泉水涌出，并命令艾优卜从中沐浴，从而消除了他身上的所有疾病；此后又命令他在另一个地方跺脚，那里也涌出一道泉源，艾优卜奉命饮用之后，他腹中的一切疾病也都消除了。他又恢复成一个身心健康的人。因此，安拉说："**你跺你的脚吧。这是凉爽的盥洗之水和饮料。**"

艾奈斯·本·马立克传述，安拉的使者艾优卜患病十八年之久，因此遭受远近亲友的疏远。当时与他保持联系的只有两个当初最要好的兄弟，这二人早晚来看他。后来二人中的一位对另一位说："以安拉发誓，你要知道艾优卜触犯了一件前所未有的大罪。"另一位问："他触犯了何罪？"前者回答："十八年来他没有获得安拉的慈悯，否则，安拉早就解除了他的疾病。"他们第二天早上见到艾优卜后，此人忍不住对艾优卜讲了他听到的这句话。艾优卜说："我不知道你在说什么。但安拉知道，我曾遇到两个人，他们因财产发生纠纷。（在争吵当中）他们提到安拉的名字。于是我回到家，替他俩还清了账务。因为我憎恶人们在不恰当的场合提到安拉的尊名。"圣训传述者说，艾优卜（患病期间）上厕所之后，他的妻子总是搀扶着他，把他带回来。一次，艾优卜的妻子等了他好长时间，也不见他出来。安拉启示了艾优卜道："**你跺你的脚吧。这是凉爽的盥洗之水和饮料。**"过了好久，艾优卜走向妻子。原来他身上的疾病已经完全消除，安拉使他恢复到像他往日最美好的状态。妻子见后说："愿安拉赐福你，你见过安拉的那位受到考验的仆人吗？以安拉发誓，你和健康时的他像极了！"艾优卜说："我就是那个先知。"圣训传述者说："艾优卜有两个麦垛：一垛是大麦，另一垛是小麦。安拉派来两朵云，它们到于这两个麦垛后，分别在其中注满了黄金。"[1]

艾布·胡莱赖传述，安拉的使者㊗说："艾优卜赤身洗浴的时候，像一群蚂蚱一样的黄金掉了下来，艾优卜慌忙将它捧入衣服中，他的养主呼唤道：'艾优卜啊！难道我不曾使你富裕吗，眼前的这些何足挂齿？'艾优卜回答说：'我的主啊！是的（你曾使我富裕），但我怎能不需要你的福祉呢？'"[2]

"**我把他的家人和像他们的，一起赐给了他，作为来自我的慈悯和对有心人的教诲。**"哈桑和格塔德说："安拉复活了原来（死亡）的那些（艾优卜的家）人，同时还把像他们一样的人赐给艾优卜。[3]

"**作为来自我的慈悯**"，即我以此慈悯这位坚韧、谦恭和顺主的先知。

"**对有心人的教诲。**""心"指理智。以便他们知道，忍耐的结果就是解放、出路和幸福。

"**你握一把树枝去打，不要违背你的誓言。**"艾优卜曾因为妻子的某一行为而生气了，他发誓如果安拉使他痊愈，他要抽打妻子一百鞭子。他的身体在妻子的服侍、照料和恩爱下痊愈，但他不能以暴报恩。后来，安拉让他拿一捆嫩枝，其中有一百条树枝，用之打妻子一下（就等于打了一百下），以此落实他的誓言，完成许诺。这是安拉为敬畏并

---

（1）《泰伯里经注》21：211。
（2）《布哈里圣训实录》279、3391、7493。
（3）《泰伯里经注》21：212。

归向他的人所设的出路。

"的确我发现他是坚忍的。这位仆人多么卓越啊！他确实是深刻忏悔的。"安拉表扬了他，说："这位仆人多么卓越啊！他确实是深刻忏悔的"，即他是回归安拉的。因此，安拉说：⟪谁敬畏安拉，安拉就会给他一条出路，并从他意想不到的方面供应他。谁托靠安拉，安拉就使他满足。安拉是胜任其事的。安拉已为万物规定了尺度。⟫（65：2—3）

⟪45.你也应当提起我的仆人伊布拉欣、易司哈格和叶尔孤白，他们都是有能力和有见识的人。⟫

⟪46.我曾专门赐给他们一件特性——怀念家园。⟫

⟪47.依我看，他们确实属于特选的和优秀的。⟫

⟪48.你也应该提起伊斯玛仪、艾勒叶赛尔、助勒基福勒——他们都是特选的。⟫

⟪49.这是一项教诲，敬畏者们必将享有优美的归宿，⟫

### 优秀而特选的先知

清高伟大的安拉在此讲述那些使者和先知——他们虽然拥有使者或先知身份，但都是虔诚拜主的仆人——的美德及高贵品质："**你也应当提起我的仆人伊布拉欣、易司哈格和叶尔孤白，他们都是有能力和有见识的人。**""能力和见识"指清廉的行为、有益的知识，勤恳的功修和远见卓识。

伊本·阿拔斯说，"有能力"指力量和功修，"见识"指对宗教的正确理解。[1] 格塔德和赛丁伊说："他们获得了勤于功修的力量和鞭辟入里的宗教理解力。"

"**我曾专门赐给他们一件特性——怀念家园。**"穆佳黑德解释说："安拉使他们只为后世而工作。"[2] 赛丁伊也说："他们时刻惦念着后世，并为之而工作。"[3]

伊本·迪纳尔说："安拉消除了他们对今世的爱慕之心，使他们从不为今世着想。安拉还使他们一心热爱后世，时刻怀念它。"格塔德说："他们提醒人们要铭记后世，为后世工作。"[4]

"**依我看，他们确实属于特选的和优秀的**"，即他们都属于杰出的被选拔之人，因为他们本身具备这些素质。

---
(1)《泰伯里经注》21：215。
(2)《泰伯里经注》21：218。
(3)《泰伯里经注》21：218。
(4)《泰伯里经注》21：217。

"**你也应该提起伊斯玛仪、艾勒叶赛尔、助勒基福勒——他们都是特选的。**"《众先知章》已经详述过他们的故事和消息，此处不再赘述。

"**这是一项教诲**"，即这一章节中，有对渴求得到教诲者的教诲。赛丁伊说："教诲指《古兰》。"[5]

⟪50.永居的乐园，（其）诸门为他们敞开。⟫
⟪51.他们依靠在那里，在其中要来许多水果和饮料。⟫
⟪52.他们身边，是目不斜视、年龄相若的女子。⟫
⟪53.这就是给你们在清算日所许诺的！⟫
⟪54.这就是我的无止尽的给养。⟫

### 幸福者的归宿

清高伟大的安拉说，那些幸福的穆民们在后世中享有美好的归宿，然后他解释这一归宿说，"**永居的乐园**"，即永久居住的乐园。

"**（其）诸门为他们敞开。**"从句子的构造可以看出，经文似乎含有这层意义：当他们走近永居的乐园时，它的各道大门就为他们而开了。

"**他们依靠在那里**"，即他们盘着腿坐在帷幕之下的床上。

"**在其中要来许多水果和饮料。**"他们要什么就能得到什么，希望什么就会被供给什么。

"**饮料**"，无论他们想得到哪种饮料，童仆都会给他们带来，他们⟪拿着盏和壶以及满杯的醴泉；⟫（56：18）

"**他们身边，是目不斜视**"，即她们只看着自己的丈夫，不看其他人。

"**年龄相若的女子**"，她们的年龄都一样。这是伊本·阿拔斯、穆佳黑德等学者的话。[6]

"**这就是给你们在清算日所许诺的！**"即安拉所提及的这座乐园，属于那些虔诚的仆人，他们从坟墓中被复生，从火狱中得救之后，将住在其中。这是安拉的诺言。

乐园（的恩典）是无穷无尽、永不消失、永不终结的，安拉说："**这就是我的无止尽的给养。**"正如安拉所言：⟪你们所有的终将消失，安拉所有的却是永存的。⟫（16：96）又⟪那是不断的恩赏。⟫（11：108）又⟪他们享有不断的报酬。⟫（84：25）又⟪其间的果实是长期的，并且有其荫凉。这就是敬畏者的结局，而隐昧者的结局却是火狱。⟫（13：35）类似的经文颇多。

---
(5)《泰伯里经注》21：220。
(6)《泰伯里经注》21：223。

55. 就是这样。犯罪者却要得到恶劣的归宿。

56. 火狱！他们将进入其中。这褥子真恶劣！

57. 就是如此。叫他们尝试它吧，那是灼水和冰汁，

58. 和类似的一系列（刑罚），

59. 这是一支同你们一起闯进的队伍！他们不受欢迎，他们必入火狱。

60. 他们说道："不，你们不受欢迎！这是你们为我们所提供的！这停留之地多么恶劣啊！"

61. 他们会说："我们的主啊！谁给我们提供它，求你给他们双倍的惩罚。"

62. 他们将会说："我们怎么了？我们曾经将其视为恶人的那些人，怎么都不见了？

63. 是我们曾经把他们当作笑柄，还是（我们的）眼睛忽略了他们？"

64. 那是火狱居民所相争的事实。

## 薄福者的情况

清高伟大的安拉讲述了幸福者的情况后，讲述薄福者的情况，介绍他们后世的归宿。安拉说："就是这样。犯罪者却要得到恶劣的归宿"，即不顺服安拉，违抗安拉使者㊤的人们，将落入最恶劣的归宿。经文介绍这个归宿说，它是"**火狱**。""**他们将进入其中**"，被包围在惩罚之中。

"**这褥子真恶劣！就是如此。叫他们尝试它吧，那是灼水和冰汁**"，"**灼水**"指其热度达到极限的液体。"**冰汁**"恰恰与"**灼水**"相反，指冰冷无比、使人痛苦得无法饮用的液体。

"**和类似的一系列（刑罚）**"，即还有类似的一系列刑罚，使薄福者从两个极端遭受刑罚。哈桑·巴士里解释这段经文说，经文指各种各样的刑罚。[1] 其他学者说，经文指他们要遭受严寒、毒烟、沸水、瓒枯木果实以及跌宕起伏等各种正反相对的惩罚和凌辱。

## 火狱居民的争执

清高伟大的安拉说："**这是一支同你们一起闯进的队伍！他们不受欢迎，他们必入火狱。**"安拉在这里介绍火狱居民间的谈话，正如安拉所言：每逢一个民族进入火狱时，它就谩骂它的姊妹民族（前面进去的民族）。（7：38）即在乐园居民相互问候的时候，火狱居民却在互相诅咒、谩骂和否认。前面进入火狱的犯罪者对后面进入的犯罪者和监管

火狱的天使们说："**这是一支同你们一起闯进的队伍！**"即进入火狱的群体。

"**他们不受欢迎，他们必入火狱**"，即他们原本就应该进入火狱。

"**他们说道：'不，你们不受欢迎'**"，这是刚刚进入火狱的人对前面进入的人说的话。

"**不，你们不受欢迎！这是你们为我们所提供的！**"就是说，你们导致我们处于今天这个局面。

"**这停留之地多么恶劣啊！**""**停留之地**"指家园和归宿。

"**他们会说：'我们的主啊！谁给我们提供了它，求你给他们双倍的惩罚。'**"正如安拉所言：最后的一群人指最先的一群人说道："我们的主啊！是这些人误导了我们，所以求你施给他们双重的刑罚吧。"他（主）说："你们全都有加倍的。不过，你们不知道。"（7：38）即你们都要根据情况遭受刑罚。

"**他们将会说：'我们怎么了？我们曾经将其视为恶人的那些人，怎么都不见了？是我们曾经把他们当作笑柄，还是（我们的）眼睛忽略了他们？'**"这是安拉对火狱中隐昧者的叙述，他们在

---
[1]《泰伯里经注》21：230。

今世时坚信穆民是迷误的，到了火狱中，他们在寻找那些"迷误者"，说："我们怎么没有看到他们和我们共处火狱？"穆佳黑德说，这是艾布·哲海里的话，他说："我怎么在此没有看到比拉勒、安马尔、苏海卜等人？"[1]这仅仅是经文所举的一个例子，诚然，像这样每个的隐昧者都会认为众信士要进火狱。进入火狱的隐昧者没有在其中见到穆民，便说："我们怎么了？我们曾经将其视为恶人的那些人，怎么都不见了？"在今世中："是我们曾经把他们当作笑柄，还是（我们的）眼睛忽略了他们？"他们以此聊以自慰，说或许他们和我们一样都在火狱中，不过我们没有看到他们。就在这时，他们被告知那些穆民在崇高的乐园中，安拉说：﴾乐园的居民将呼唤火狱的居民："我们的确发现我们主对我们的诺言是真实的。你们是否也发现你们主的诺言是真实的？"他们说："是的。"将有一个宣布者在他们当中宣布："安拉的诅咒在不义者身上……你们进入乐园吧！你们将无惧无忧。"﴿（7：44-49）

"那是火狱居民所相争的事实"，即安拉说，穆罕默德啊！我告诉你火狱居民在相互诅咒和争执，这是事实，毋庸置疑。

﴾65.你说："我只是一位警告者，除了独一的、强大的安拉之外再无主宰。﴿
﴾66.他是诸天、大地以及其间万物的养主，优胜的主，至赦的主。"﴿
﴾67.你说："这是一个重大的消息。﴿
﴾68.你们却在回避它。﴿
﴾69.当上界的天使们互相辩论时，我对他们一无所知。﴿
﴾70.我只奉到启示（说）我是一个坦率的警告者。"﴿

### 使者㊺负起使命，是重大的消息

清高伟大的安拉命令使者对不信或举伴安拉、并否认安拉使者的人们说："我只是一位警告者。"我不像你们所说的那样。

"除了独一的、强大的安拉之外再无主宰。"安拉是独一的，他征服了万物。

"他是诸天、大地以及其间万物的养主"，即他掌握着这一切，并支配着它们。

"优胜的主，至赦的主"，即虽然安拉尊严强大，但他仍然是至赦的。

"你说：'这是一个重大的消息。'"即安拉派遣我作为你们的使者，的确是一个重大的消息。

"你们却在回避它。""回避"指疏忽。

"当上界的天使们互相辩论时，我对他们一无所知。"若不是启示，我怎能知道天使在上界的辩论呢？即天使关于阿丹的辩论，伊卜厉斯拒绝对阿丹叩头以及伊卜厉斯在安拉那里强词夺理地说自己比阿丹尊贵。即下列经文所叙述的内容：

﴾71.当时，你的主对众天使说："我要以泥土造化人。"﴿
﴾72.当我形成他，并把我的鲁哈注入他体内时，你们要对他匍匐叩头。"﴿
﴾73.因此全体天使叩了头。﴿
﴾74.惟独伊卜厉斯傲慢了，它属于隐昧者。﴿
﴾75.他说："伊卜厉斯啊！是什么阻止你向我亲手所造化的（人）叩头的？是你太傲慢了？或者你是属于高高在上的呢？"﴿
﴾76.它回答道："我比他优越，你用火造我，而你却用泥土造了他。"﴿

---
[1]《泰伯里经注》21：232。

❝77.他说：“那么，你从这里下去吧，你是被驱逐的。”❞

❝78.我对你的诅咒直到报应日。"❞

❝79.它说：“我的主啊！求你宽限我直到他们被复活的那一天！"❞

❝80.他说：“你属于被宽限的！❞

❝81.直到明确的时日。"❞

❝82.它说：“那么凭你的大能发誓，我将诱惑他们全体，❞

❝83.除了他们当中你的真诚仆人。"❞

❝84.他说：“这是真理，我只说真理。❞

❝85.我一定会以你和他们中追随你的人来填满火狱。"❞

### 阿丹和伊卜厉斯的故事

安拉已经在《黄牛章》《高处章》《石谷章》《夜行章》《蜜蜂章》《山洞章》叙述了这则故事，本章对此也有记述。经文说，安拉在创造阿丹之前，通知众天使，他将用精泥创造一个人。安拉造了阿丹后，命令天使们为阿丹叩头，以此表示对安拉的尊敬和对安拉命令的绝对服从。天使们都服从了安拉的命令，而不属于天使的伊卜厉斯违抗了命令。它原本属于精灵，就在它最需要自己的天性显现之际，它的本性和秉性违背了它自己的良知。它不但没有叩头，反而在安拉那里强词夺理，妄言被造于火的它，比造于泥的阿丹更加尊贵。它妄称，火比泥尊贵。它因此而铸成大错，违背了安拉的命令，从而成了一个悖逆者。从此，灰溜溜的它被安拉弃绝，远离了安拉的慈悯之门和爱怜之处，无缘接近圣洁的安拉，并被称为伊卜厉斯（意为"绝望无援的"），表示它与安拉的慈悯无缘。于是它受到谴责，卑微地从天上降到地上。然而宽容的安拉还是应允了它的请求，同意不立即惩罚它，一直宽限到人类被复活的日子。所以，在末日成立之前，它可以肆无忌惮而不被毁灭。安拉说："**它说：'那么凭你的大能发誓，我将诱惑他们全体，除了他们当中你的真诚仆人。'**"正如安拉所言：❝ 他说：“你看看吧，这就是你使他比我光荣的人吗？如果你宽容我到复生日，我一定会使他的子孙毁灭，除了极少数人外。"❞（17：62）另一段经文则分析了这些"极少数人"，经文说：❝ 我的众仆，你对他们无权。你的主足为监护者。❞（17：65）

"**他说：'这是真理，我只说真理。我一定会以你和他们中追随你的人来填满火狱。'**"这段经文根据不同的读法，其意义分别如下：穆佳黑德说，其中第一个"**真理**"为主格，意义是："我是真的，我只说真理。"另据传述，穆氏将其解释为："真理来自我，我只说真理。"[1]另一些学者则将这两个"**真理**"都读为宾格。赛丁伊说："这（这一个'**真理**'）是安拉用于发誓的誓词。"[2]笔者说："这段经文如同下列经文：❝ 如果我愿意，我一定能给每一个人引导，但是来自我的言辞已经落实："我一定会以精灵和人类一同填满火狱。"❞（32：13）又❝ 安拉说："你去吧，今后他们当中若有人追随你，火狱一定是你们的充分回报。"❞（17：63）

❝86.你说："我不会因此而向你们讨要报酬，我也不是造作的。"❞

❝87.这只是一项对全人类的教诲。❞

❝88.在一段时期之后，你们必将知道关于它的消息。"❞

清高伟大的安拉说，穆罕默德啊，你对这些多神教徒说，我不会因为忠告你们，为你们传达安拉的信息而向你们索要今世的物质回报。"**我也不是造作的。**"我的理想只是完成安拉赋予我的使命，除此之外别无所求。我将完成所奉的一切命令，不增不减。我以此追求安拉的喜悦和后世的家园。

麦斯鲁格说，我们去见伊本·麦斯欧迪，他说："人们啊！你们知道什么就说什么，不知道时应该说'安拉至知'。对不知道的事物说'安拉至知'，也属于一种知识。[3]安拉对你们的先知说：'**你说，我不会因此而向你们讨要报酬，我也不是造作的。**'"[4]

"**这只是一项对全人类的教诲。**"伊本·阿拔斯等学者说："《古兰》是对每个负有教法责任的人和精灵的教诲。"这段尊贵的经文如同下列经文：❝ 这部《古兰》被启示给我，以便我警告你们和一切它所到达的人。❞（6：19）又❝ 而各宗派中不信它的人们，火狱就是给他们许诺的地方。❞（11：17）

"**在一段时期之后**"，指不久之后；格塔德认为指死亡之后；艾克莱麦认为指复活之日。上述解释之间不存在矛盾，因为对一个亡人而言，死后就等于进入了复生之日的状态。"**你们必将知道关于**

---

[1]《泰伯里经注》21：242。
[2]《泰伯里经注》21：242。
[3]《格尔特宾教律》15：230。
[4]《布哈里圣训实录诠释——造物主的启迪》8：409；《穆斯林圣训实录》2：2155。

"它的消息"，即关于复生日的确切消息。

《萨德章》注释完。一切赞美和恩情统归安拉。清高伟大的安拉至知。

# 《队伍章》注释　麦加章

## 《队伍章》的尊贵

阿伊莎（愿主喜悦之）说："（有段时间）安拉的使者㊌不停地封斋，以致我们说：'他不想开斋。'（另一段时间）他一直开斋，以致我们说：'他不想封斋。'他每夜都诵读《以色列的后裔章》和《队伍章》。"(1)

**奉普慈特慈的安拉之尊名**

❅1.这本经是由优胜的、明哲的安拉降示的。❆

❅2.我确以真理为你降下这本经，所以你要为安拉而虔诚奉教，崇拜安拉。❆

❅3.真的，纯正的宗教只属于安拉。在安拉之外另求保护者的人们，（他们）说："我们崇拜他们，只为他们能使我们接近安拉。"的确，安拉将在他们之间裁断他们的分歧。安拉绝不引导说谎者和忘恩负义者。❆

❅4.假使安拉希望得到一个儿子，他必定从他所造化的当中选出他所喜欢的。赞主超绝，他是独一的、强大的。❆

## 命令人们认主独一，驳斥以物配主

这部伟大的《古兰》，是由吉庆伟大的安拉降示的，是无可怀疑的真理。正如安拉所言：❅这确实是众世界养主的启示。忠实的鲁哈带它降临，降到你的心中，以便你成为一个警告者，用明白的阿拉伯文（降示）。❆（26：192—195）又❅它确实是一部尊贵的经典。它的前后不受谬误侵扰，它是来自睿智的、应受赞美的主的启示。❆（41：41—42）

清高伟大的安拉在本章说："**这本经是由优胜的、明哲的安拉降示的**"，"**优胜的**"指神圣不可侵犯的。"**明哲的**"指他的言行、法律和定然，都

———————
(1)《圣训大集》6：444。

是精确无误的。

"**我确以真理为你降下这本经，所以你要为安拉而虔诚奉教，崇拜安拉**"，即你当崇拜独一无偶的安拉，并号召人们去崇拜。你通告人们，只有安拉应受崇拜，安拉没有伙伴、对手和匹敌。

"**真的，纯正的宗教只属于安拉**"，即安拉只接受一心一意为他而做的善行。

然后清高伟大的安拉说，那些崇拜偶像的多神教徒们说："**我们崇拜他们，只为他们能使我们接近安拉。**"促使他们崇拜偶像的原因是：据他们说，这些偶像是按照天使的形象创造的，故他们把这些偶像当作天使崇拜，以便天使们在安拉那里为他们说情，使他们得到襄助、供养和美满的今世生活。而他们对于后世，则完全是否认的。

格塔德、赛丁伊等学者解释这段经文说："（多神教徒们拜它们）以便它们替他讲情，并使他们接近安拉那里的品位。"(2)因此，在蒙昧时代他们的朝觐应召辞是这样念的："响应你，你没有伙伴，除非属于你的伙伴，你掌握它，并掌握它所掌握的。"这就是古今多神教徒所坚持的谬论。安拉所派遣的每一位使者，都严厉驳斥和禁止这一荒谬之说，并倡导人类只崇拜独一无偶的安拉。并且指出，这个谬论是多神教徒自行杜撰的，安拉不允许更不喜欢他们这样做。不但如此，安拉恼怒和禁止这种行为。❅我的确在每一个民族中派遣一位使者。（他说）"你们要崇拜安拉，远离塔吾特。"❆（16：36）❅我在你以前每派遣一位使者，就对他启示道："除我之外无应受拜的，所以你们应当惟独崇拜我。"❆（21：25）经文指出，天地中近主的天使和其他一切天使，都是恭顺于安拉的奴仆，只有那些能得到安拉的许可和喜悦的天使才能在他那里讲情，天使们绝不像今世的国王跟前的大臣，无论国王允许与否，都可以在不征得允许的情况下自由讲情。❅你们不要为安拉举一些例子。❆（16：74）赞美安拉清高超绝，人类自行所举的任何例子都与安拉无关。

"**的确，安拉将在他们之间裁断他们的分歧**"，即在末日——归宿之日，安拉在众生之间判决，并对每个人的行为给予奖罚。❅那天他将集合他们全体，然后他对众天使说："这些人过去在崇拜你们吗？"他们说："赞你清净！你是我们的保护者，而他们不是。不然，他们曾崇拜精灵，他们大都信仰他们。"❆（34：40—41）

"**安拉绝不引导说谎者和忘恩负义者**"，即那些假借安拉的名义存心撒谎，并从内心深处不相信安拉的明证的人，不会得到安拉的引导。然后安拉说，他（安拉）没有子女，愚蠢的多神教徒所说的

———————
(2)《泰伯里经注》21：251、252。

天使与犹太教徒和基督教徒所说的欧宰尔和尔撒都不是安拉的子女。

清高伟大的安拉说："假使安拉希望得到一个儿子，他必定从他所造化的当中选出他所喜欢的"，即事实情况与他们所说的恰恰相反。经文中的假设句，所表示的是没有结果的事情，这种表达方法是为了突出多神教徒的无知和愚蠢。譬如：《假若我希望找点消遣，我一定会在我跟前找到它，假如我去这样做。》（21：17）又《你说："假若至仁主有儿子，那么我首先就是拜他（儿子）的。"》（43：81）这几段经文中的假设句，都在说不可能的事情。人们在说话时，为了表达一件不可能的事情，可以使用假设句。

"赞主超绝，他是独一的、强大的"，即赞美安拉清高无染，神圣无比，他绝没有儿子，他是独一、单独、无求的。万物都是他的奴仆，都需求于他，而他是无求于万物的。他征服了万物，万物也是绝对服从他的。不义者和否认者所说的一切和他没有任何关系。

《5.他以真理造化诸天与大地，他使昼夜循环，使日月服从，一切都行至一个规定的时期。真的，他是优胜的，至赦的。》

《6.他由一个性命造化你们，并由它造化它的配偶。他为你们降下八个家畜。他在你们母亲的子宫中造化你们，在三重的黑暗中，逐步造化你们，这就是安拉——你们的主。权力只属于他，除他以外没有应受拜者。那么，你们为何叛逆呢？》

## 论证安拉的大能和独一

清高伟大的安拉说，他是天地万物以及其中一切的创造者，也是万物的绝对掌管者和支配者，他使昼夜更替。"他使昼夜循环"，即他制服了昼夜，使它们交替而行，毫无紊乱，互相迅速追逐。正如安拉所言：《他使昼夜交替遮盖，迅速循环追踪。》（7：54）这是由伊本·阿拔斯、穆佳黑德等学者传述的意思。[1]

"使日月服从，一切都行至一个规定的时期"，即它们都将行至安拉所规定的明确期限，在复活之日，那个期限将会结束。

"真的，他是优胜的，至赦的。"虽然安拉至尊至强，但他还是能原谅那些向他忏悔、并回归他的人。

"他由一个性命造化你们"，即虽然你们现在的种族、特征、语言和肤色各不相同，但你们全都是安拉从一个人——阿丹创造的。

"并由它造化它的配偶"，即安拉由阿丹（的一根肋骨）创造了阿丹的妻子海娃。正如安拉所言：《世人啊！你们要敬畏你们的主，他由一个人造化了你们，并由他造化了他的配偶。再由他俩繁衍了许多男女。》（4：1）

"他为你们降下八个家畜"，即安拉为你们创造了成对的八个牲畜，《牲畜章》叙述了这八个牲畜，它们是一对绵羊、一对山羊、一对骆驼和一对牛。

"他在你们母亲的子宫中造化你们"，即你们在母腹中时，安拉就规定了你们的情况。

"逐步造化你们"，即你们（在母腹时）最初是一点精，然后依次是血块、肉团，此后才逐渐有了肌肉、骨骼、神经和血管。注入灵魂后，你们才成了另外一种被造物。《安拉——最优秀的造化者真多福！》（23：14）

"在三重的黑暗中。"这"三重的黑暗"指子宫的黑暗、胎盘（它对胎儿起一种遮盖和保护作用）的黑暗和腹中的黑暗。伊本·阿拔斯等学者都

---
[1]《格尔特宾教律》15：235。

持这种观点。[1]

"这就是安拉——你们的主",即天地万物和你们祖先的创造者,就是真主,只有他有权支配天地中的一切。

"除他以外没有应受拜者",即只有独一无偶的安拉,才有权接受崇拜。

"那么,你们为何叛逆呢?"即你们为何在崇拜他的同时又崇拜他物呢?你们怎能如此荒唐呢?

❮ 7.如果你们忘恩负义,安拉确实无求于你们,他不喜欢他的仆人忘恩负义。如果你们感恩,他就喜欢你们的感谢。负重担的人不担负旁人的负担。然后,你们的归宿只在你们的主那里。他将把你们当初的行为告诉你们。他熟知(人类)心中的一切。❯

❮ 8.当人遭受患难时,呼求他的主,向他忏悔。但是当他赐给他恩典时,他就忘了他从前所祈求的了,他为安拉设置对头,以便从安拉的道路上误导他人。你说:"你因你的忘恩负义而享受一会儿吧,你确属火狱的居民。"❯

### 安拉因为隐昧而恼怒,因为感恩而高兴

清高伟大的安拉说,他无求于任何被造物——除他之外的一切。正如穆萨所说:❮ 如果你们和大地上的人都忘恩负义,那么,安拉确实是无求的,可赞的。❯(14:8)《穆斯林圣训实录》记载:"我的众仆啊!即使你们的前人和后人、人类和精灵,都像你们中最暴虐的人那样,也丝毫无损于我的权力。"[2]

"他不喜欢他的仆人忘恩负义",即安拉不喜欢也不命令人们忘恩负义。

"如果你们感恩,他就喜欢你们的感谢",即安拉喜欢你们对他的感谢,他会因此而增加对你们的赏赐。

"负重担的人不担负旁人的负担",即任何人都不能承担别人的事情,人人都要各负其责。

"然后,你们的归宿只在你们的主那里。他将把你们当初的行为告诉你们。他熟知(人类)心中的一切。"任何秘密,都无法对安拉隐瞒。

### 在困难时记念安拉,在困难解除之后以物配主,是一种忘恩负义的表现

清高伟大的安拉说:"当人遭受患难时,呼求他的主,向他忏悔",即人们往往只在感到需要的时候祈求独一无偶的安拉。正如安拉说:❮ 当你在海上遭遇危难时,除了他之外,你们所祈求的那些都不见了。可是当他把你们拯救到陆地时,你们就背弃了。人总是忘恩负义的!❯(17:67)因此,安拉说:"但是当他赐给他恩典时,他就忘了他从前所祈求的了",即人们往往在安逸的时候忘记(在困难时刻)对安拉的祈求,正如安拉所言:❮ 当一个人遭遇到伤害时,他就会辗转反侧,坐立不安地呼求我。但是当我解除他的困难之后,他就走开了,好像从未因为遭遇到困难而祈求过我一样。❯(10:12)

"他为安拉设置对头,以便从安拉的道路上误导他人",即他们在幸福的时候为安拉找伙伴,设对手。

"你说:'你因你的忘恩负义而享受一会儿吧,你确属火狱的居民。'"即你对有这种行为的人们说,你因你的隐昧而享受片刻吧!这是严厉的警告。如❮ 我赐给他们片刻的享受,然后我将迫使他们去受重刑。❯(31:24)

❮ 9.(是这种人更优秀呢?)还是在夜间叩头的、立站的,并防备后世、希望主的慈悯的恭顺者(更优秀)?你说:"有知者和无知者相等吗?"只有那些有心的人才会觉悟。❯

### 顺主者和悖逆者不相等

清高伟大的安拉说,具备这些特征的人和为安拉找伙伴、设对头的人相等吗?不,在安拉那里他们不相等。❮ 他们不一样。在有经人当中,有一部分人是端正的。他们在夜晚时刻,叩着头诵读安拉的启示。❯(3:113)

本章的经文说:"还是在夜间叩头的、立站的,并防备后世、希望主的慈悯的恭顺者(更优秀)?"即他们在叩头和鞠躬的时候是谦恭的。伊本·麦斯欧迪说"恭顺者"指顺从安拉和使者的人。[3] 伊本·阿拔斯等学者说"夜间"指深夜。[4]

"防备后世、希望主的慈悯",即在崇拜安拉的时候心情是敬畏的、希望的。人们在拜主时,必须同时要有这两种心情,并且在平时要更加敬畏。因此安拉说:"防备后世、希望主的慈悯",在临终时要更加希望(主的慈悯),正如艾奈斯传述,安拉的使者去探望一位临终者时问对方:

---
(1)《泰伯里经注》21:258、259;《散置的珠宝》7:236。
(2)《穆斯林圣训实录》4:1994。
(3)《格尔特宾教律》15:239。
(4)《格尔特宾教律》15:239。

"你感觉如何？"那人回答说："既希望（主的慈悯）又害怕（主的惩罚）。"使者说："如果在这种场合，仆人的心中同时出现了这两种现象，安拉必定会赐给仆人所希望的，同时要使仆人从害怕的事物中得到安宁。"[1] 提尔密济等传自《昼与夜》。[2]

泰米目·达磊传述，安拉的使者㉝说："在夜晚读一百段经文者，可得到整夜恭顺祈主的记录。"奈萨伊传自《昼与夜》。

"有知者和无知者相等吗？"难道这种人和上述举伴安拉、导人于歧途的人一样吗？

"只有那些有心的人才会觉悟"，即只有智者才能知道这两者之间的区别。安拉至知。

❀ 10.你说："我的有正信的众仆啊！你们当敬畏你们的主，那些在今世行善的人，必得善果。安拉的大地是辽阔的！坚韧的人将不可胜计地得到完全的报偿。"❀

❀ 11.你说："我只奉命为安拉而精忠奉教，崇拜安拉。❀

❀ 12.我奉命成为首先服从安拉的人。"❀

**命令人类敬畏安拉、为主道迁徙、一心拜主**

清高伟大的安拉命令穆民众仆顺从他、敬畏他，并坚持不懈。"你说：'我的有正信的众仆啊！你们当敬畏你们的主，那些在今世行善的人，必得善果'"，即在今世中认真工作的人，会在今后两世得享善果。

"安拉的大地是辽阔的！"穆佳黑德解释说："所以，你们要在其中迁徙和奋斗，并远离偶像！"[3]

"坚韧的人将不可胜计地得到完全的报偿。"奥扎伊说："他们不按称量得到报酬，而是获得巨大的报偿。"赛丁伊认为这段经文指乐园中的事情。[4]

"你说：'我只奉命为安拉而精忠奉教，崇拜安拉'"，即穆圣说，我只奉命专一地崇拜独一无偶的安拉。"我奉命成为首先服从安拉的人。"

❀ 13.你说："如果我违抗我的主，的确我怕那重大之日的刑罚。"❀

---
（1）《伊本·哈米德圣训集》404。
（2）《提尔密济圣训全集诠释》7：57；《圣训大集》6：262；《伊本·马哲圣训集》2：1423。
（3）《泰伯里经注》21：269。
（4）《泰伯里经注》21：270。

❀ 14.你说："我只拜安拉，为他而忠于我的宗教。❀

❀ 15.那么你们舍他而崇拜你们所喜欢的吧。"你说："损失的人，是那些在复生日损失了他们自己和亲人的人。真的，那的确是明显的损失。"❀

❀ 16.在他们的上面有层层火棚，在他们的下面有层层火毡。安拉确以此警告他的众仆。"我的仆人啊！你们要敬畏我！"❀

**警告人类防备安拉的惩罚**

清高伟大的安拉说，穆罕默德啊！你是安拉的使者，你说："如果我违抗我的主，的确我怕那重大之日的刑罚。""重大之日"指复生日。（在阿语中）这是一个条件句，其寓意是：人更应该害怕另外的刑罚。

"你说：'我只拜安拉，为他而忠于我的宗教。那么你们舍他而崇拜你们所喜欢的吧。'"这也是警告句。同时宣布和这些人断绝关系。

"你说：'损失的人……'"中"损失的人"指真正损失的人，"是那些在复生日损失了他们自己和他们的亲人的人"，即他们亲人分离，永不相见；或者他们的亲人进了乐园，而他们却住进了火狱；或者他们和亲人都住进了火狱，不能相会，不再感受幸福。

"**真的，那的确是明显的损失**"，即这确实是明显的亏折。

然后安拉讲述了他们在火狱中的情况："**在他们的上面有层层火棚，在他们的下面有层层火毡。**"正如安拉所言：《他们将得到火褥子，在他们上面有重重的被盖，我就这样处罚不义者。》（7：41）又《在那天惩罚将从他们的上面和脚下笼罩他们。他说："你们尝试你们当初所做的吧。"》（29：55）

"**安拉确以此警告他的众仆**"，即安拉讲述这件真实的事情，以便用它警告他的众仆，好让他们远离非法和罪恶。

"**我的仆人啊！你们要敬畏我！**"即你们要害怕安拉的惩罚。

《17.那些远避塔吾特——不拜它们，并归向安拉的人，他们享有喜讯，你给我的众仆报喜吧。》

《18.他们倾听言辞而遵循其中最好的，这些是安拉所引导的人。他们也是有心之人。》

### 清廉者的喜讯

阿卜杜·拉赫曼传自他的父亲，他说："那些远避塔吾特——不拜它们……"这段经文是因为栽德·本·阿慕尔和艾布·则尔以及赛勒曼·法里西（愿主喜悦他们）而降的。

正确的解释是，这段经文中既指上述三位圣门弟子，也指一切不拜偶像，一心归主的穆斯林。因为他们都要在今世和后世中获得喜讯。

然后经文说："**你给我的众仆报喜吧。他们倾听言辞而遵循其中最好的**"，即他们理解经文的意思，并遵循其中的要求。正如安拉赋予穆萨《讨拉特》的时候对他所说：《你要牢牢坚持它，并命令你的族人遵循其中最好的。》（7：145）

"**这些是安拉所引导的人**"，即具备这些特征的人，是安拉在今后两世所引导的人。

"**他们也是有心之人**"，即他们拥有健康的理智和端正的本质。

《19.惩罚的判词已经落实的人（必入火狱），难道你能拯救火狱中的人吗？》

《20.而那些敬畏他们主的人，将享有被建的楼上之楼；诸河在它们下面流淌。这是安拉的应许，安拉从不爽约。》

如果安拉注定某人是薄福的，那么你能从迷途和毁灭中拯救他吗？即除安拉之外，任何人都无法引导他。因为安拉使谁迷误，谁就得不到引导者，安拉使谁得道，也没有人能使之迷误。然后安拉说，幸福的仆人在乐园中要住进高大的宫殿。

"**被建的楼上之楼**"，即宫殿层层叠叠，坚固牢靠，富丽堂皇，巍峨挺拔。安拉的使者㊗说："乐园中有一些高楼，里外可以透视。"有位游牧人问："安拉的使者啊！这些高楼属于谁？"使者回答："属于语言优美，供人食物，夜间在人们睡觉时礼拜的人。"[1]

赛海里·本·赛尔德传述，安拉的使者㊗说："乐园的居民在乐园的高楼中相互可以看见，正如你们看天际的星星一样。"他说，我将这件事告诉了努尔曼·本·艾布·伊亚斯，他说，我听艾布·赛尔德·胡德里说："正如你们观看东西方的星星一样。"[2]

――――――
[1]《艾哈麦德按序圣训集》1：155；《提尔密济圣训全集诠释》7：231。
[2]《布哈里圣训实录诠释——造物主的启迪》11：424。

安拉的使者㊺说："乐园的居民在乐园中能看到高楼中的人，正如你们能看到天空中璀璨的星星一样。因为有品位的人们一部分比另一部分优越。"众人问："安拉的使者啊！这些人是先知吗？"使者㊺回答："以掌握我生命的安拉发誓，不是的，他们仅仅是归信安拉并相信众使者的人。"(1)

"诸河在它们下面流淌"，即这些宫殿中间，有河水潺潺流动，一切都随着他们的意愿发生。

"这是安拉的应许"，即上述一切，是安拉给穆民众仆所许下的诺言，"安拉从不爽约"。

❁21.你没看见安拉由天空降下雨，并使它流入大地，汇集成泉，然后他以它生出各种不同颜色的庄稼，然后使它枯萎，因而你看到它是黄的，然后他使它化为粉碎吗？的确，对有理智的人此中确有一项教诲。❁

❁22.安拉使其心胸因伊斯兰而展开，因而追随其主的光明之人（和不是这种情况的人相等吗）？所以，倒霉吧！那些因不赞念安拉而内心坚硬的人！这些人在明显的迷误中。❁

### 今世生活的例子

清高伟大的安拉说，水的根源在天上。正如安拉所言：❁我也从天空降下洁净的水。❁（25：48）安拉从天上降下的雨水被储藏在地下，安拉按其意志将它们分配到不同的地区，根据人们的需要使之汇集成大小各异的泉。因此清高伟大的安拉说："并使它流入大地，汇集成泉。"伊本·朱拜尔等学者说，大地上的一切水，其来源都在天上。(2)

伊本·朱拜尔说："水之源是雪"，即雪堆积到山上，渗入山中，在山脚下形成泉。

"然后他以它生出各种不同颜色的庄稼"，即安拉用降自天空的雨水和地下涌出的水，浇灌庄稼。

"各种不同颜色的庄稼"，即形态、滋味、气味和用途不同的庄稼。

"然后使它枯萎"，即使娇嫩、茁壮的庄稼凋零。"因而你看到它是黄的"，即它开始枯萎。

"然后他使它化为粉碎"，即然后安拉使之恢复成干枯易碎的。

"的确，对有理智的人此中确有一项教诲"，

即以便他们从中汲取教训，认识到今世就是这个样子，一开始是那样的美好和娇艳，然后变得苍老而憔悴，变成羸弱的老者，最终不免一死。幸福的人，是拥有美好未来的人。安拉经常以天上降雨，以之长出庄稼和果实，最后一切破碎为零，来形容今世。正如安拉所言：❁你给他们打一个比喻：今世的生活，就像我由天空降下的雨水，大地的植物吸收它（而变得繁茂）。然后变成干枯的，而被风吹散。安拉对于万事是全能的。❁（18：45）

### 坚持真理的人和坚持谬误的人不相等

清高伟大的安拉说："安拉使其心胸因伊斯兰而展开，因而追随其主的光明之人"，即这些人和内心坚硬、远离真理的人不相等。如❁他原是死的，我赋予他生命，并给他光明，他凭借光明在人们当中行走。这种人和那些在黑暗深处无法出来的人一样吗？隐昧者的行为就这样被粉饰了。❁（6：122）

因此，经文说："所以，倒霉吧！那些因不赞念安拉而内心坚硬的人！"他们的心因为不记念安拉而变硬，丧失了敬畏、意识和理解力，"这些人在明显的迷误中。"

❁23.安拉已经降下最优美的言辞——一部相近似，常叮咛的经典，那些畏惧他们主的人的皮肤因之而战栗，然后他们的皮肤和内心因为记念安拉而变柔和。那就是安拉的引导，他以它引导他所意欲的人。安拉任谁迷误，谁就没有引导者。❁

### 《古兰》的特征

安拉在此赞美了他降给使者的伟大《古兰》，说："安拉已经降下最优美的言辞——一部相近似，常叮咛的经典。"穆佳黑德说："《古兰》的经文都是互相近似，经常叮咛的。"(3)格塔德说："（《古兰》的）一段经文与另一段经文相似，一个字母和另一个字母相似。"(4)端哈克说"**常叮咛**"指重复经文，以便仆人理解安拉的意旨。

艾克莱麦和哈桑说："安拉在其中反复判决。"哈桑补充说："其中一些章中的经文和另一些章中的经文相似。"伊本·阿拔斯说"مثاني"(5)指《古兰》的经文相互相似，融会贯通。(6)

---

(1)《艾哈麦德按序圣训集》2：339；《提尔密济圣训全集诠释》7：272。
(2)《散置的珠宝》7：219。

(3)《泰伯里经注》21：279。
(4)《泰伯里经注》21：279。
(5)正文译为"常叮咛"。——译者注
(6)《泰伯里经注》21：279。

有学者说，苏富扬·本·欧叶奈在解释"相近似，常叮咛"时说，有时，《古兰》中不同的经文叙述同一个意义，这就是"相近似"；有时，对某一事物进行辩证的论述，譬如论述穆民后又论述隐昧者，讲述乐园后又讲述火狱等等，这就是"常叮咛"。正如安拉所言：《善人们确在恩典之中，邪恶者确在火狱之中。》（82：13-14）又《不！恶徒的册簿确在森吉尼之中……不，善人的册簿在恩林伊中。》（83：7-18）又《这是一项教诲，敬畏者们必将享有优美的归宿……就是这样。犯罪者却要得到恶劣的归宿。》（38：49-55）类似的经文都属于"常叮咛"的经文。即它们都表达双重的意义。但如果经文都表达的是相类似的一个意义，那么，它们就属于"相近似"的经文。本文中的"相近似"（متشابها）与下列文中的"متشابها"（义理深奥不明）意义不同：《是他降给你经典，其中有义理明确的节文，它们是经典之母；其他的是义理深奥的。》（3：7）

"那些畏惧他们主的人的皮肤因之而战栗，然后他们的皮肤和内心因为记念安拉而变柔和。"这是善人在听到强大的、监察的、优胜的安拉言辞时的特征，他们懂得了许诺和警告后，因为敬畏而心惊胆战。"然后他们的皮肤和内心因为记念安拉而变柔和。"他们希望得到安拉的慈悯，所以在以下几方面与恶人不同：一、他们热衷于倾听《古兰》，而罪人却热衷于女歌手背诵诗篇。二、当有人在他们跟前诵读至仁主的经文时他们倒地叩头，痛哭流泪，体现出礼貌、敬畏、希望、喜爱、理智和知识。正如安拉所言：《穆民只是这样一些人：当有人提到安拉时，他们的心战栗了，当有人为他们诵念他的迹象时，它加强了他们的信仰。他们只托靠他们的养主。他们谨守拜功，并且分舍我赐给他们的。这等人确实是真正的信士。他们在他们的主那里有崇高的品级、恕饶和丰厚的给养。》（8：2-4）又《当有人以他们主的启示提醒他们时，他们不会像聋子和瞎子一样无动于衷。》（25：73）即他们从不以消遣娱乐或心不在焉的态度听安拉的经文，而是洗耳恭听，咀嚼经义，因此，他们能够遵循它，并且在读经时根据他们所掌握的明证叩头，此中，他们从不糊里糊涂或盲从他人。三、他们在听到经文时坚持礼仪，正如圣门弟子们在听到安拉的使者诵读《古兰》时皮肤战栗，而后随着赞念安拉而心境平和，从不争吵，克制私欲，表现出庄严肃穆，礼貌谦恭，此中，令其他世人望尘莫及。因此，他们在今世和后世获得了至仁主的表扬。格塔德在读了这段经文（39：23）后说："这是安拉的盟友的属性，安拉说他们的特征是：（他们在诵读经文时）皮肤战栗，眼睛流泪，内心因为记念安拉而安静。安拉没有说他们（在听到经文时）理智失常或昏然不醒，因为那是异端派的做法，来自恶魔。"

"那就是安拉的引导，他以它引导他所意欲的人"，即这是安拉所引导的人的特征，具备与此相反特征的人是属于安拉使之迷误的人。"安拉任谁迷误，谁就没有引导者。"

《24.在复生日其面容远离重刑的人（跟无需受刑的人一样吗）？不义者被告知："你们尝你们所获得的吧！"》

《25.他们以前的那些人否认了，因此惩罚从他们意想不到的地方降临他们。》

《26.安拉使他们在今世的生活中尝试了羞辱，而后世的惩罚却是更大的。如果他们知道的话！》

## 否认者的归宿

清高伟大的安拉说："在复生日其面容远离重刑的人"，这是一个警告句。这种不义者被告知："你们尝你们所获得的吧！"这种人和在复生日平安到来的人一样吗？如安拉说：《一个面部伏在地上而行的人更得正道呢，还是一个在正道上端正走路的人更得正道？》（67：22）又《那天，他们将被面部拖地拽入烈火。"你们试试火刑的触摸吧！"》（54：48）又《是那被投入火中的人更好呢，还是在审判日平安到来的人更好呢？》（41：40）

"他们以前的那些人否认了，因此惩罚从他们意想不到的地方降临他们。"古代否认众使者的诸民族，因为犯罪而被安拉毁灭，没有任何力量可以使他们免于安拉的惩罚。

"安拉使他们在今世的生活中尝试了羞辱"，即安拉为他们降下惩罚，使他们蒙受羞辱，令穆民扬眉吐气。世人应该防备这种惩罚，因为如果他们否认的话，他们所否认的是最尊贵的使者兼万圣的封印者，安拉为他们在后世中准备的严刑，远远超过了他们在今世中所遭受的一切磨难。因为安拉说："而后世的惩罚却是更大的。如果他们知道的话！"

《27.我确已在这部《古兰》中为人们举出了各种比喻，以便他们觉悟。》

《28.一部阿拉伯文的没有歪曲的《古兰》，以

便他们敬畏。》

《 29.安拉给你们打一个比喻：一个（仆）人隶属于几个纷争的合伙人，另一个人完全属于一个主人，他俩的情形一样吗？赞美全归安拉！但是他们大多数不知道。》

《 30.你确实是要死亡的，他们也会死亡。》

《 31.然后，在复生日，你们都将在你们主跟前互相辩论。》

### 以物配主的例子

清高伟大的安拉说："**我确已在这部《古兰》中为人们举出了各种比喻**"，即安拉在经中通过举一些例子为世人阐述了事理。

"**以便他们觉悟。**"因为举例能使人更贴切地领会意义。如安拉说：《 他为你们举出一个来自你们自身的比喻……》（30：28）又《 那是一些例子，我为世人举出它们，但只有有知者才能领悟它们。》（29：43）

"**一部阿拉伯文的没有歪曲的《古兰》**"，即《古兰》是安拉以明白的阿拉伯语降示的，其中没有歧义和荒谬之说，其义理非常明确。安拉使其具备这种特征，并这样降下它，"**以便他们敬畏**"，即以便他们防备其中的警告，并按其中的许诺工作。

"**安拉给你们打一个比喻：一个（仆）人隶属于几个纷争的合伙人**"，即许多合伙人共同拥有一个奴隶，他们因为他而纷争不休。

"**另一个人完全属于一个主人**"，另一个奴隶只属于一个主人。

"**他俩的情形一样吗？**"即这两个奴隶不相等。在崇拜安拉的同时还拜许多偶像（或只拜许多偶像）的多神教徒与一心只拜安拉的穆民的情况也是如此，他们不能相提并论。伊本·阿拔斯等学者说，这段经文是为了给多神教徒和一心拜主的穆民举例而降的。[1]例子的寓意一目了然，所以安拉说："**赞美全归安拉！**"他论证了多神教徒的谬误。

"**但是他们大多数不知道。**"因此，他们在以物配主。

### 安拉使者☪的归真 古莱什人的死亡 人类在安拉跟前的争论

清高伟大的安拉说："**你确实是要死亡的，他们也会死亡。**"安拉的使者☪归真后，艾布·伯克尔曾引用这段经文，告诉大家使者的归真无可置疑。他同时引用的经文还有：《 穆罕默德只是一位使者，在他之前有许多使者确已逝去，如果他去世或被杀，难道你们就退缩了吗？退缩者，丝毫不能损伤安拉。安拉将奖励感谢的人。》（3：144）经文的意思是你们必将离开这个今世，在后世中聚集到安拉跟前，那时，你们将因为今世中你们双方所坚持的"安拉独一"和"安拉还有伙伴"问题进行辩论，安拉将给予判决。安拉将凭真理判决，安拉是全知的判决者。他将拯救那些一心拜主，信主独一的穆民，惩罚那些以物配主，否认真理的隐昧者。这段经文从脉络上看，它主要介绍穆民和隐昧者以及他们在后世中的纷争——包括今世中的一切纷争的双方，在后世，他们将再次面对这些纷争。

"**然后，在复生日，你们都将在你们主跟前互相辩论。**"这节经文降示后，祖拜尔说："安拉的使者啊！我们要再次面对这种纠纷吗？"使者☪回答："是的。"祖拜尔说："若是那样，情况就太严重了。"[2]

艾哈麦德传述说，"**你确实是要死亡的，他们也会死亡。然后，在复生日，你们都将在你们主跟前互相辩论**"降示后，祖拜尔说："安拉的使者

---

(1)《泰伯里经注》21：285。
(2)《散置的珠宝》5：614。

啊！（在后世中）我们将根据罪恶的性质，再次面对我们在今世时面对过的纠纷吗？”使者ﷺ回答：“是的。你们将再次面对它们，直至每个人都得到应得的权利。”祖拜尔说：“以安拉发誓，事态太严峻了。”[1]

伊本·阿拔斯在解释“**然后，在复生日，你们都将在你们主跟前互相辩论**”时说：“辩论将发生在诚实者和撒谎者之间，亏人者与被亏者之间，得道者与迷误者之间，弱者和骄傲者之间。”据《灵魂论》载，伊本·阿拔斯说：“人们将在复生日互相辩论，以致灵魂要和肉体辩论，灵魂对肉体说：‘都是你的作为。’肉体对灵魂说：‘都是你的命令和教唆。’此后安拉派一位天使在他们之间裁决，天使对他俩说：‘你俩好比一个瘫痪的明眼人和一个（能走路的）瞎子，两个人进了一座（别人的）园子后，瘫痪的人对瞎子说：“我看到那里有水果，但我无法采摘。”瞎子回答说：“我背你去那里，让你采撷。”后来在二人的合作下，果子采到了。请问二人中哪个更过分？’二人回答：‘他俩狼狈为奸。’天使遂对灵魂和肉体说：‘你俩也莫不如此。’言下之意是，身体好比是灵魂的坐骑。”

“**然后，在复生日，你们都将在你们主跟前互相辩论**”这段经文降示后，伊本·欧麦尔说我们不知道这段经文是针对什么问题而降下的，所以我们说：“我们和谁辩论呢？我们和有经人之间并没有纠纷啊。”后来风波发生后，伊本·欧麦尔说：“这就是我们的养主曾给我们所预告的，我们将因此而辩论。”[2]

**﴿32.谁比那假借安拉的名义撒谎，并且当真理降临于他时他隐昧的人更不义呢？难道火狱中没有隐昧者的住处吗？﴾**

**﴿33.带来实话并确信它的人，这些人就是敬畏的。﴾**

**﴿34.在他们养主那里，他们将得到所向往的一切，这是给行善者的回赐。﴾**

**﴿35.以便安拉消除他们的恶行，并按照他们所做过的最好善行报偿他们。﴾**

## 昧真的撒谎者之报应和诚实的归信者之报酬

多神教徒们假借安拉的名义编谎言，设伪神，妄言天使是安拉的女儿，声称安拉有儿子——安拉和他们的谎言毫无关系！——与此同时，他们否认众使者亲口传述的真理，因此，安拉斥责他们说：“**谁比那假借安拉的名义撒谎，并且当真理降临于他时他隐昧的人更不义呢？**”即没有谁比这种人更不义。因为他同时触犯了谬误的两个极限，不但借安拉名义撒谎，讲假话，驳真理，而且否认安拉的使者ﷺ，因此，安拉说：“**难道火狱中没有隐昧者的住处吗？**”“**隐昧者**”指否认真理的撒谎者。

然后经文说：“**带来实话。**”格塔德等人说：“带来实话的人指穆圣ﷺ。”[3]阿卜杜·拉赫曼也持这个观点，他还认为“**并确信它的人**”指众穆斯林。“**这些人就是敬畏的。**”伊本·阿拔斯解释说：“他们是远离以物配主的人。”[4]

“**在他们养主那里，他们将得到所向往的一切**”，即他们在乐园中要什么有什么。

“**这是给行善者的回赐。以便安拉消除他们的恶行，并按照他们所做过的最好善行报偿他们。**”正如安拉所言：﴿这些人，我将接受他们所做过的最好的，并宽免他们的罪过，他们将是乐园的居民。这是当初给他们所许诺的真实的诺言。﴾（46：16）

**﴿36.难道安拉不能使其仆人满足吗？他们以他以外的来恐吓你。安拉使之迷误者，绝没有引导者。﴾**

**﴿37.安拉所引导者，没有人能误导他。难道安拉不是优胜的、掌管报应的主吗？﴾**

**﴿38.如果你问他们，是谁造化了诸天和大地，他们一定会说：“安拉。”你说：“你们可曾想过，如果安拉有意给我一些损伤，那么你们在安拉之外所祈求的那些（伪神们）能消除安拉加给我的伤害吗？或者他愿意慈悯我时，它们能制止他的慈悯吗？”你说：“对于我，安拉是足够了！托靠者们只能托靠他。”﴾**

**﴿39.你说：“我的族人啊！你们随你们的方法去工作，我也是工作的，不久你们就会知道的。﴾**

**﴿40.惩罚降给谁，它就使谁受辱，并要让他遭受持久的惩罚。”﴾**

## 安拉能使其仆人得到满足

“**难道安拉不能使其仆人满足吗？**”部分学者读为“难道安拉不能使其众仆满足吗？”即安拉将解决崇拜他并托靠他的仆人的一切难题。

“**他们以他以外的来恐吓你**”，即多神教徒们

（1）《艾哈麦德按序圣训集》1：164；《提尔密济圣训全集诠释》9：289。
（2）《圣训大集》11447。
（3）《泰伯里经注》21：289；《格尔特宾教律》15：256。
（4）《泰伯里经注》21：292。

无知而错误地以他们所崇拜的偶像和伪神恐吓安拉的使者 ﷺ。因此安拉说："**安拉使之迷误者，绝没有引导者。安拉所引导者，没有人能误导他。难道安拉不是优胜的、掌管报应的主吗？**"即安拉是神圣不可侵犯的，投奔安拉的人永远不受侵犯。因为安拉是至尊的优胜者，至强的惩恶者。否认安拉或给安拉举伴，并抗拒使者的人，誓必遭受安拉的惩罚。

### 多神教徒承认独一的安拉创造了宇宙，因为他们的伪神是无能的

清高伟大的安拉说："**如果你问他们，是谁造化了诸天和大地，他们一定会说：'安拉。'**"多神教徒们虽然承认安拉是宇宙万物的创造者，但他们还是崇拜那些无益无害的伪神。

因此，清高伟大的安拉说："**你说：'你们可曾想过，如果安拉有意给我一些损伤，那么你们在安拉之外所祈求的那些（伪神们）能消除安拉加给我的伤害吗？或者他愿意慈悯我时，它们能制止他的慈悯吗？'**"它们对此无可奈何。伊本·阿拔斯说："你时常记念安拉，安拉就会记着你；你记念安拉，你就会发现安拉在你面前。你若能在顺境中认识安拉，那么在你处于逆境时安拉就会认识你；当你祈求时，你只能向安拉祈求；当你求助时，你只能向安拉求助。须知，如果人们聚集起来要伤害你，但安拉没有注定你要受伤害时，他们是办不到的。如果人们聚集起来要帮助你，但安拉没有注定你要得到帮助，他们也只能爱莫能助。册子（上的墨迹）已经干枯，笔已被收起。你当为安拉而工作，为拥有信念而感谢。须知，在逆境中坚韧不拔，其益无穷，因为胜利伴随着持之以恒，出路伴随着忧患，困难伴随着容易。"(1)

"**你说：'对于我，安拉是足够了！'**"即安拉能解决我的一切需求；我只托靠他，"**托靠者们只能托靠他**"，正如当年呼德先知与其族人间的对话，他的族人说：⟪**我们只能说，我们的部分神使你发疯了。他说："我求安拉作证，你们也当作证，我是和你们所举伴的无关的。你们全体来算计我吧！不必宽限我。我已经托靠了安拉——我的主和你们的主。没有一种动物的命脉不归他掌管。我的养主确在正道上。"**⟫（11：54-56）

"**你说：'我的族人啊！你们随你们的方法去工作'**"，这是一个警告句。

"**我也是工作的**"，即我在按我的方法工作。

"**不久你们就会知道的。**"你们将会知道事情的后果和伤害。

"**惩罚降给谁，它就使谁受辱**"，即指今世的情况。

"**并要让他遭受持久的惩罚。**"在后世中，他还要遭受恒久的惩罚，无法解脱。祈求安拉使我们远离这种惩罚。

⟪41. **的确，为了人类我以真理给你降下这部天经。谁遵循引导，那只对他自己有益；而谁迷误，那也只能不利于他自己。你不是他们的监护者。**⟫

⟪42. **在人死亡时，安拉取走他们的灵魂，也在人们尚未死亡而是在睡眠中时取走其灵魂。他留下那些他已判决死亡的人，而遣回其余的人，直到被言明的时期。确实，对于参悟的群体此中有种种迹象。**⟫

安拉呼唤其使者穆圣 ﷺ 说："**的确，为了人类我以真理给你降下这部天经**"，即安拉为一切人和精灵颁降了这部《古兰》，以便你凭经文警告他们。

"**谁遵循引导，那只对他自己有益**"，即最终

---
(1)《艾哈麦德按序圣训集》1：307。

受益的，只是遵循正道者。

"而谁迷误，那也只能不利于他自己。"走歧途者，最终难免其害。

"你不是他们的监护者"，使者不能保证他们都遵循正道。 你只是警告者，安拉是综理万物的。 （11：12） 你的责任只是传达，清算由我掌管。 （13：40）

### 安拉能使人死，也能使人活

然后安拉讲述其神圣的本然，说他按自己的意愿支配着宇宙万物，他派遣取命的天使，从人身上取走灵魂，使之陷入"大死亡[1]"；也能使人在睡眠时进入"小死亡"（睡眠）。 他在夜间使你们死亡，他也知道你们在白天所做的一切。然后，他再使你们在其中复苏，以便到被预定的期限。然后你们的归宿只在他那里，那时他就会对你们宣布你们以往的行为。他是众仆之上的统治者。他为你们派遣保护的天使，直到你们中的一人临终时，我的使者们就会使他死亡。他们从不失职。 （6：60-61）这段经文先后述及两种死亡：小死亡和大死亡。而本章经文则首先述及大死亡，然后述及小死亡。经文说："**在人死亡时，安拉取走他们的灵魂，也在人们尚未死亡而是在睡眠中时取走其灵魂。他留下那些他已判决死亡的人，而遣回其余的人，直到被言明的时期。**"经文证明灵魂被召集到上界，正如圣训所述。两圣训实录辑录，安拉的使者︎说："当你们中有人睡觉时，他应该用裤子的里子拂床，因为他不知道上面留有什么。然后应该念：'我的养主啊！我以你的尊名而睡，凭着你的尊名起床，如果你留住我的灵魂，请你怜爱它；如果放回它，就请你保护它，就像你保护你清廉的众仆那样。'"[2]

"**他留下那些他已判决死亡的人**"，即安拉留下已经死亡的人，使另一些人活到明确的寿限。赛丁伊说："使另一些人度过余生。"[3] 伊本·阿拔斯说："安拉留下死者的灵魂，释放活人的灵魂，从不出错。" "**确实，对于参悟的群体此中有种种迹象。**"

 43.他们在安拉之外找了一些求情者吗？你说："即使它们没有权力，也没有才智（说情）吗？" 

 44.你说："一切求情（权）都属于安拉。诸天与大地的权力只属于他，然后你们只被召回到他那里。" 

 45.当提到独一的安拉时，那些不信后世者的心就厌恶了；但是提起除安拉以外的时候，他们立刻就开心了！ 

### 讲情权只由安拉掌握，多神教徒对于只记念独一的安拉满怀憎恶

清高伟大的安拉谴责多神教徒舍安拉而寻找讲情者。这些"**讲情者**"就是他们自己在毫无证据的情况下根据自己的意愿编造的偶像和伪神，它们不料理任何事务，没有智力可助他们思考，没有听觉助他们听闻，也没有眼睛帮他们观察；它们仅仅是一些无生物，其情况远不如牲畜。

然后经文说："**你说……**"即穆罕默德啊！你告诉那些自称找到了在安拉跟前讲情者的人们，未得安拉的准许，任何讲情在安拉那里没有用，因为一切讲情权的源头都在安拉那里。 除非他许可，谁能在他跟前说情？ （2：255）

"**诸天与大地的权力只属于他**"，即安拉是这一切的支配者。

"**然后你们只被召回到他那里。**"经文指复生日的情况。届时，安拉将公正地裁决你们间的分歧，论功过予以奖罚。

然后安拉再次谴责多神教徒，说："**当提到独一的安拉时**"，即当有人说"应受拜者，惟有独一无偶的安拉"时，"**那些不信后世者的心就厌恶了。**" "**厌恶**"指不高兴。正如安拉所言： 的确，每当他们被告以"除安拉之外无应受拜者"时，他们就会骄傲自满。 （37：35）即他们不愿跟随这些人承认安拉的独一，因为他们的内心不接受正义。人若不接受正义，必接受邪恶。

清高伟大的安拉又说："**但是提起除安拉以外的时候，他们立刻就开心了**"，即当有人提到偶像和伪神时——穆佳黑德解释说——他们就兴高采烈。

 46.你说："主啊！诸天与大地的造化者啊！知道一切幽玄和明见事物的主啊！是你在你的仆人之间判决他们一直所争论的。" 

 47.如果不义者拥有地球上的一切，并再加一倍，他们也会以它去赎换复生日痛苦的刑罚。而他们不曾料到的，在安拉那里，对他们显现了。 

 48.他们当初所做过的罪恶，为他们而显现了，他们过去所嘲笑的，已将他们包围。 

---

[1] 即真正的死亡。——译者注
[2] 《布哈里圣训实录诠释——造物主的启迪》11：130；《穆斯林圣训实录》4：2084。
[3] 《泰伯里经注》21：298。

## 祈祷的方法

清高伟大的安拉讲述了多神教徒的情况，谴责他们喜爱以物配主，厌恶"安拉独一"的信仰，然后对使者说："你说：'主啊！诸天与大地的造化者啊！知道一切幽玄和明见事物的主啊！'"即你当祈求独一无偶的安拉，是他在没有参照系的情况下创造了诸天和大地，"知道一切幽玄和明见事物的主啊"，即安拉知道秘密的和公开的事务。

"是你在你的仆人之间判决他们一直所争论的"，即安拉在今世裁决他们的纷争，还要在他们回归、复生并从坟墓中站起的日子审判他们。艾布·赛莱迈·本·阿卜杜·拉赫曼说，我问阿伊莎（愿主喜悦之），安拉的使者在夜晚礼拜时首先念什么？她回答说使者在夜晚礼拜时，首先念："主啊！吉卜勒伊里、米卡伊里和伊斯拉菲里的养主啊！天地的创造者啊！知道一切幽玄和可见事物的主啊！是你要在你的众仆之间裁决他们的分歧。请以你的意愿，引导我认识被人所争论的真理吧！你确实能引导你所意欲之人走向正道。"(1)

## 复生日不接受任何形式的赎金

清高伟大的安拉说："如果不义者拥有地球上的一切，并再加一倍"，即假若多神教徒同时拥有大地上所有事物的两倍，"他们也会以它去赎换复生日痛苦的刑罚。"他们必定要将它们作为赎金，用之换取自身的自由，免于遭受安拉为他们注定的惩罚。然而，他们即便拥有这么多财富——即便整个大地都变为黄金——将它们作为赎金，安拉也不会接受它们的。正如后面的经文所说："而他们不曾料到的，在安拉那里，对他们显现了。"来自安拉的惩罚显现在了他们眼前，这是他们始料未及的。

"他们当初所做过的罪恶，为他们而显现了"，即他们将目睹在今世中所做的各种非法事务的恶果。

"他们过去所嘲笑的，已将他们包围。"他们在今世中所嘲笑的事务，已经转化为刑罚和痛苦，将他们笼罩起来。

❴ 49.当一个人遭受到患难时，他就祈求我；然后当我赐予他恩典时，他就说："这完全是凭着知识而获得的。"不，这只是一项试验。但是他们大多数不知道。❵

❴ 50.他们以前的那些人已经说过它，他们当初所做的一切都对他们无益，❵

❴ 51.而他们所干事情的恶果打击了他们。这些人中的不义者所得的恶果，也将会打击他们，他们决不能逍遥法外。❵

❴ 52.难道他们不知道，安拉随意扩大或限制他所意欲者的供养吗？对于归信的群体，此中确有种种迹象。❵

## 经历了挫折的人们，在得到幸福时却容易变节

人往往在患难时祈求安拉，一心归主，而安拉赐予他们幸福时，却变得蛮横无理，并说："这完全是凭着知识而获得的。"言下之意是：安拉知道我应该获得幸福；假若我在安拉那里没有特殊的地位，安拉是不会赐给我这些的。

格塔德解释"这完全是凭着知识而获得的"时说："这完全是凭我个人的知识和经验得到的。"(2)

清高伟大的安拉说："不，这只是一项试验"，即事实并非如他所说，安拉赐他恩典的真正原因在于考验他，看他是顺从还是违抗安拉。虽然

---

(1)《穆斯林圣训实录》2：534。

(2)《泰伯里经注》21：301。

安拉能知晓未来。这不过是考验罢了。

"但是他们大多数不知道。"所以,他们才会说出这种话,提出这些主张。

"他们以前的那些人已经说过它。"许多先民,曾讲过类似的话,提出过相同的主张。

"他们当初所做的一切都对他们无益。"但他们所聚集的财富和业绩,并没有给他们带来丝毫益处。"而他们所干事情的恶果打击了他们。"

"这些人中的不义者所得的恶果,也将会打击他们",即这部经文所呼吁的人(即当代人)中的不义者,也会遭受前人所遭受的打击。

"他们决不能逍遥法外。"正如《古兰》对戈伦和他的族人之间对话的叙述:"戈伦的确是穆萨的族人,但是他却迫害他们。我曾赐给他一些宝库,其钥匙是一群强壮的人也难以胜任的。当时,他的族人对他说:'你不要得意忘形,安拉确实不喜欢得意忘形的人。你要以安拉赐给你的去寻求后世的家,也不要忘记你在今世的份额。你要对人行善,就像安拉善待你一样,你不要在地方上恣意作恶。的确安拉不喜欢作恶之人。'他说:'我被赐给这些,只是因为我拥有知识。'难道他不知道在他以前安拉曾经毁灭了比他力量更强大、积蓄更多的一些世代吗?犯罪者的罪行是无需加以询问的。"(28:76-78)

"难道他们不知道,安拉随意扩大或限制他所意欲者的供养吗?"即安拉使一部分人富裕,使另一部分人窘迫。"对于归信的群体,此中确有种种迹象。""迹象"指教训和明证。

❮ 53.你说:"我的对自己过分的众仆啊!你们不要对安拉的慈悯绝望,的确安拉将恕饶一切罪过。他是至赦的、至慈的。❯

❮ 54.归向你们的主吧,并在惩罚降临你们,你们不再被援助之前顺服他!❯

❮ 55.你们要在惩罚于不知不觉间突然降临你们之前,追随你们主降给你们的最好的。❯

❮ 56.以免任何人说:"我好懊悔啊!因为我当初忽略了对安拉的义务,的确,我曾是一个嘲弄者。"❯

❮ 57.或说:"假若安拉引导了我,我一定成了一个敬畏者。"❯

❮ 58.或者他在看到惩罚时说:"假若我能有另一次机会,我就会成为一个行善者。"❯

❮ 59.是的,我的经文曾到达你,但是你却否认了它们,你骄傲了,成为一个隐昧者。❯

### 号召人在惩罚来临之前忏悔

这节经文告诫一切犯罪者——隐昧者和其他人——回归安拉,真心忏悔。经文说,人类无论犯了什么罪恶,或犯了多少罪恶,哪怕它们就像大海中的泡沫,只要他们回归安拉,真心忏悔,安拉会宽恕他们。即便是以物配主的人,只要他悔过自新,归信正教,安拉还是能原谅他。布哈里传述说,许多多神教徒杀人无数,奸淫成性。后来他们来到穆圣跟前说:"你所倡导的宗教实在太美好了,请告诉我们,我们的罪恶能被勾销吗?"后来安拉降谕道:❮ 他们只祈求安拉,不祈求其他的神灵。除非凭借权益,他们不杀死安拉已经禁止(杀害)的生命,也不犯奸淫。❯(25:68)和"你说:'我的对自己过分的众仆啊!你们不要对安拉的慈悯绝望'。"穆斯林等圣训学家传述。[1]第一节经文(25:68)所要说明的问题是安拉的下列语言:❮ 除非悔悟、归信并行善的人。❯(25:70)

栽德之女艾斯玛仪说,我听安拉的使者在

---
[1]《布哈里圣训实录诠释——造物主的启迪》8:411;《穆斯林圣训实录》1:131;《艾布·达乌德圣训集》4:166;《圣训大集》446。

读《他是作恶者》（11：46）和"你说，我的对自己过分的众仆啊！你们不要对安拉的慈悯绝望，的确安拉将恕饶一切罪过……"（即安拉并不计较这些。）"他是至赦的、至慈的。"(1)

上述圣训都说明仆人无论犯了什么罪，或所犯的罪恶有多大，只要他忏悔，安拉就会原谅他。因为忏悔的大门是敞开的，忏悔的领域是宽广的。安拉说：《他们难道不知道安拉会接受他的众仆的忏悔吗？》（9：104）又《作恶或自亏，然后向安拉求饶的人，将发现安拉是至恕的、至慈的。》（4：110）安拉讲述伪信士的情况说：《伪信士必将在火狱中的最底层。你绝对不会为他们发现一个援助者。除非悔过自新，力行善功。》（4：145-146）又《说"安拉是麦西哈——麦尔彦之子……"的那些人已经隐昧了。麦西哈说："以色列的后裔啊！你们要崇拜安拉——我的养主和你们的养主。谁举伴安拉，安拉确已禁止谁进乐园，他的归宿就是火狱。不义者绝没有援助者。"说安拉是三位神中的一位的人们隐昧了。除独一的主宰外，再无任何主宰。如果他们不停止他们的谬说，那么他们当中隐昧的人将会受到痛苦的惩罚。难道他们不向安拉忏悔，并向他求饶吗？安拉是至恕的、至慈的。》（5：72-74）又《的确，那些迫害男女归信者，而不忏悔的人们……》（85：10）哈桑·巴士里说："请看看安拉的宽容大度，人们杀了他的盟友，但他却召唤那些杀人者去忏悔，去追求宽恕。"类似的经文很多。

两圣训实录辑录，安拉的使者㊟说，有人杀了九十九个人后懊悔了，然后他问古以色列的一位修士，他是否还有忏悔的机会。那位修士回答他已经没有机会了。此后他杀死修士，结果整整杀了一百人。然后他问当时的一位学者，学者回答："谁能够阻碍你去忏悔呢？"学者命他去一个拜主的地区，后来此人死在前往这个地区的途中。于是慈悯的天使和惩罚的天使争相提取他。安拉命令天使们分别丈量此人离两地的距离，看他离目的地近还是离出发地近，他离哪里更近，就属于哪方的人。后来他们发现他距目的地的距离比距出发地的距离近一拃，所以慈悯的天使带走了他。据说，他在临终时胸部向前扑了过去——安拉命令正义之地接近他，命令邪恶之地远离他。以上是圣训大意。我们在本经注的其他地方引用过与这则圣训语句不同但意义相同的圣训。(2)

伊本·阿拔斯在解释"你说：我的对自己过分的众仆啊！你们不要对安拉的慈悯绝望，的确安拉将恕饶一切罪过"时说，安拉召唤下列几种人去寻求他的赦宥：妄言麦西哈是安拉的人、妄言麦西哈是安拉之子的人、妄言欧宰尔是安拉之子的人、妄言安拉是贫穷者的人、妄言安拉的执掌是被束缚的人、妄言安拉是三位神中的一位（三位一体）的人。安拉对他们说：《难道他们不向安拉忏悔，并向他求饶吗？安拉是至恕的、至慈的。》（5：74）然后安拉号召比这些人说了更严重的话的人寻求他的赦宥，这个人曾说：《我是你们最高主宰。》（79：24）还说：《我不知除我以外，你们还有神。》（28：38）伊本·阿拔斯接着说："此外，若有人不寄希望于安拉，那他就否认了安拉的经典。但是，假若安拉不准许仆人忏悔，仆人是无法忏悔的。"(3)

伊本·麦斯欧迪说，《古兰》中最伟大的经文是：《安拉，除他外再无应受拜者。他是永生的、维护（万物）的……》（2：255）对善与恶作出最概括性论述的经文是：《安拉命令人公平、行善。》（16：90）最能解忧排难的经文则在《队伍章》中，它是："我的对自己过分的众仆啊！你们不要对安拉的慈悯绝望……"在托靠安拉方面要求最严的经文则是：《谁敬畏安拉，安拉就会给他一条出路，并从他意想不到的方面供应他。》（65：2-3）麦斯鲁格听了上述话后说："说得对。"(4)

### 有关不得绝望的圣训

艾奈斯·本·马立克说，我听安拉的使者㊟说："以掌握我生命的安拉发誓，如果你们错了，甚至你们的错误充满了天地，只要你们向安拉求饶，安拉会宽恕你们的；以掌握穆罕默德生命的安拉发誓，假若你们不错，安拉会带来另一伙犯错的人，他们向安拉求饶后，安拉会宽恕他们。"(5)

艾布·艾优卜在临终时说："我曾给你们隐瞒了我从安拉的使者㊟那里听到的一句话，使者说：'如果你们不犯罪，安拉就会创造一伙犯罪的人，并宽恕他们。'"(6)

然后安拉鼓励众仆立即忏悔，说："归向你们的主吧，并在惩罚降临你们，你们不再被援助之前顺服他！"即你们应当在惩罚临近之前归顺安拉，并立即忏悔，积极行善。"你们要在惩罚于不知不觉间突然降临你们之前，追随你们主降给你们的最

---

(1)《艾哈麦德按序圣训集》6：454；《艾布·达乌德圣训集》4：285；《提尔密济圣训全集诠释》9：111。
(2)《布哈里圣训实录诠释——造物主的启迪》6：591。
(3)《散置的珠宝》5：621。
(4)《圣训大典》9：142。
(5)《艾哈麦德按序圣训集》3：238。
(6)《艾哈麦德按序圣训集》5：414；《提尔密济圣训全集诠释》9：223。

好的。""最好的"指《古兰》。

然后经文说:"以免任何人说:'我好懊悔啊!因为我当初忽略了对安拉的义务。'"即在复生日,曾经忽略了忏悔的犯罪者将后悔莫及,希望自己当初也是一个虔诚的、顺主的行善者。

"的确,我曾是一个嘲弄者",在今世,我干的是一个嘲弄者的工作,而不是虔信者的工作。

"或说:'假若安拉引导了我,我一定成了一个敬畏者。'或者他在看到惩罚时说:'假若我能有另一次机会,我就会成为一个行善者。'"即他希望自己能重返今世行善。伊本·阿拔斯说:"安拉讲述了仆人即将要说的话和他们即将要做的事。安拉说:⟪没有谁能像彻知者那样告诉你!⟫(35:14)'或说,假若安拉引导了我,我一定成了一个敬畏者。或者他在看到惩罚时说,假若我能有另一次机会,我就会成为一个行善者。'"[1]

安拉的使者㊟说:"每个居于火狱的人都将看到他(本应该)在乐园中的位置,他说:'但愿安拉引导了我!'因此而懊悔不迭。"使者㊟接着说:"每个住乐园的人都将看到他(本应该)在火狱中的位置,然后他说:'若不是安拉的引导……'因此而感谢安拉。"[2] 犯罪者懊悔今世中没有相信安拉的经文,没有跟随众使者,盼望重返今世之际,清高伟大的安拉说:"是的,我的经文曾到达你,但是你却否认了它们,你骄傲了,成为一个隐昧者",即安拉说:因为当初的行为而后悔的仆人啊!在今世时,我的经文已经降临于你,我的明证已经为你而树立,但是你却否认了它们,不屑于遵循它们,因而成为了一个否认者、隐昧者。

⟪60.在复生日,你将看到那些假借安拉之名而撒谎的人,他们的脸是黑色的。火狱中难道没有高傲者的住处吗?⟫

⟪61.安拉将以敬畏者的收获拯救他们。他们不遭祸患,也不忧伤。⟫

### 借安拉之名撒谎者和敬畏者的不同结局

清高伟大的安拉说,复生日,一些人的面容将变白,另一些人的面容将变黑。搞分裂和争执的人,面容将会变黑,坚持圣训和大众路线的人,面容将变白。经文在此处说:"在复生日,你将看到那些假借安拉之名而撒谎的人",这些人妄言安拉

有伙伴或儿女,"他们的脸是黑色的。"因为他们否认真理,编造谎言。

"火狱中难道没有高傲者的住处吗?"火狱难道不足以作为他们的监牢和归宿吗?他们因为当初的骄傲自大、抗拒真理而要在火狱中蒙受凌辱。

"安拉将以敬畏者的收获拯救他们",安拉通过敬畏者早已获得的幸福和成功解救这些敬畏者。在复生日,"他们不遭祸患,也不忧伤。"他们不因为最严重的惊恐而忧虑,他们将从一切恐惧中得到安宁,远离一切忧患,得到一切美好的事物。

⟪62.安拉是万物的造化者,也是一切事务的监护者。⟫

⟪63.诸天与大地的钥匙只属于他,那些不信安拉启示的人们,他们的确是亏折的。⟫

⟪64.你说:"无知的人们啊!你们命我拜安拉以外的吗?"⟫

⟪65.你和你以前的人确已奉到启示:"假若你举伴安拉,你的业绩誓必作废,并且你誓必要成为一个亏损的人。"⟫

⟪66.不,你应当只崇拜安拉,并成为一个感恩的人。⟫

### 安拉是创造者、支配者 以物配主将使一切业绩化为无效

清高伟大的安拉说,他是万物的创造者、养育者、掌管者和支配者,一切都在他的安排、制约和保护之下。

"诸天与大地的钥匙只属于他",穆佳黑德、格塔德、伊本·栽德、苏福养·本·艾乃耶说:"钥匙"(مقاليد,麦尔利得)用波斯语称为钥匙。[3] 赛丁伊则认为"钥匙"(مقاليد)指宝藏。[4] 无论是上述哪种解释,都能说明一切事物都归安拉掌握,一切权力和赞美只归于他。

"那些不信安拉启示的人们,他们的确是亏折的。""启示"指明证。

"你说:'无知的人们啊!你们命我拜安拉以外的吗?'"有学者在叙述这节经文的降示原因时,提到伊本·阿拔斯的下列话:愚蠢的多神教徒们要求穆圣㊟拜他们的伪神,(作为交换)他们也拜穆圣㊟所拜的主宰。后来安拉降谕道:"你说:'无知的人们啊!你们命我拜安拉以外的吗?'你和你以前的人确已奉到启示:'假若你举伴安拉,

---

(1)《泰伯里经注》21:316。
(2)《艾哈麦德按序圣训集》2:512;《圣训大集》6:447。

(3)《泰伯里经注》21:321;《散置的珠宝》7:243。
(4)《泰伯里经注》21:321。

你的业绩誓必作废,并且你誓必要成为一个亏损的人。'"这节经文如同下面的经文:《假若他们以物配主,他们所做的一切都作废了。》(6:88)

因此说,"不,你应当只崇拜安拉,并成为一个感恩的人",即你和跟随你、归信你的人们,当一心一意地崇拜独一无偶的安拉。

《67.他们没有真正了解安拉。在复生日,整个大地将在他的掌握之中,诸天也将在他的掌握中被卷起。赞他清净!他超绝于他们所举伴的。》

### 多神教徒们没有真正了解安拉

清高伟大的安拉说:"他们没有真正了解安拉。"多神教徒们在崇拜伪神的时候,并没有真切认识安拉的伟大。安拉是至大的、全能万事的、掌握万物的,一切都在安拉的制约和能力之下。

穆佳黑德说,这节经文是因为古莱什人而降示的。

赛丁伊解释说,他们没有恰如其分地尊重安拉。(1)

伊本·阿拔斯解释这节经文时说:"经文指的是隐昧者,他们不相信安拉对付他们的能力。谁相信安拉是全能于万事的,谁就真正了解了安拉;谁不相信,谁就没有真正了解安拉。"(2)与这节经文相关的圣训很多,对待类似问题的正确方法是先贤的方法:既不作形容也不加篡改地以平常心看待它们。布哈里在解释这节经文时引用了这样一段圣训:有位(犹太教)学者来见安拉的使者㊗时说:"穆罕默德啊!我们发现伟大的安拉将诸天设在一个艾苏白尔(3)上,将所有的地设在一个艾苏白尔上,将树设在一个艾苏白尔上,将水和土设在一个艾苏白尔上,将其余的被造物设在另一个艾苏白尔上。然后说:'我是君王。'"安拉的使者㊗听后笑了,以致他的大牙都露了出来。说明这位学者没有说错。然后使者读道:"他们没有真正了解安拉。在复生日,整个大地将在他的掌握之中……"布哈里等圣训学家传述。(4)

艾布·胡莱赖说,我听安拉的使者㊗说:"伟

---
(1)《泰伯里经注》21:321。
(2)《泰伯里经注》21:321。
(3)字意指手指。——译者注
(4)《布哈里圣训实录诠释——造物主的启迪》8:412、13、404;《艾哈麦德按序圣训集》1:429;《穆斯林圣训实录》4:2147;《提尔密济圣训全集诠释》9:112、113;《圣训大集》6:446。

大的安拉将拿起大地,用其叶米尼(5)卷起天,然后说:'我是真主,今世的君王们在哪里?'"(6)

使者㊗说:"在复生日,清高伟大的安拉将把所有的大地卷起在一个艾苏白尔上,诸天在他的执掌中,然后他说:'我是真主。'"(7)

伊本·欧麦尔说,有一天,安拉的使者㊗在讲台上读道:"他们没有真正了解安拉。在复生日,整个大地将在他的掌握之中,诸天也将在他的掌握中被卷起。赞他清净!他超绝于他们所举伴的。"当时使者用手前后比画着说:"安拉在赞美他自己,说:'我是强大的,我是伟大的,我是真主,我是优胜的,我是慷慨的。'当时讲台因为安拉的使者㊗(的动作)而在颤动,以致我们说它快要坍塌了。"(8)

《68.号角被吹响了,诸天与大地的一切都昏迷

---
(5)字意指右手。——译者注
(6)《布哈里圣训实录诠释——造物主的启迪》8:413《穆斯林圣训实录》4:2148。
(7)《布哈里圣训实录诠释——造物主的启迪》13:404。
(8)《艾哈麦德按序圣训集》2:72;《圣训大集》4:400;《伊本·马哲圣训集》2:1429。

了，除了安拉所意欲的。然后另一次号角被吹响，一时间，他们都将站立着观望。❳

❰69.大地因它的主的光辉而亮了，文卷陈列了，众先知和证人们都被带到，他们之间（的纠纷）以真理被裁判而不被亏待。❳

❰70.每一个人都得到了其行为的充分回报，他至知他们所做的一切。❳

### 吹号角，审判和还报

清高伟大的安拉讲述复生日的各种重大迹象，及其惊恐和震撼，说："**号角被吹响了，诸天与大地的一切都昏迷了，除了安拉所意欲的。**"这是第二次号角声，是昏厥的号声。除了安拉所意欲的之外，天地中一切有生物都将因之而死，正如介绍号角的著名圣训所表述。然后，其余的一切都要死亡，最后死亡的是取命的天使。只有永活的、维护万物的、无始无终的安拉将在无限中继续存在。❰今天权力归谁？❳（40∶16）安拉说了三次后，自己回答道：❰归于独一而强大的安拉！❳（40∶16）安拉永远是独一的，他确实征服了万物，并判定万物都要毁灭。安拉首先要复活伊斯拉菲里，命令他再次吹响号角，这是第三次号角声，即复活的号声。

"**然后另一次号角被吹响，一时间，他们都将站立着观望**"，即那些朽骨和残骸将恢复生命，活生生地观看复生日的惊恐。正如安拉所言：❰的确，那只是一次吼声，突然间，他们都出现于地面。❳（79∶13-14）又❰那一天，他将召唤你们，你们将以颂词应答他，你们认为你们只不过逗留了片刻时间。❳（17∶52）又❰他的迹象之一，就是天地以他的命令而稳定。然后，当他向地下的你们发出一声呼唤之际，你们马上就会出来。❳（30∶25）伊玛目艾哈麦德说，有人问阿卜杜拉·本·阿慕尔："你说末日将在某某时间来临，这到底是怎么回事？"阿卜杜拉说："我真不想再多说什么了。我说的只是：你们不久会看到一件重大事情。"他接着说："安拉的使者㊎说：'丹扎里将会出现在我的民族之中，停留四十[1]。后来安拉派遣尔撒·本·麦尔彦，他和欧尔沃·本·麦斯欧迪很像。他出现后安拉要使他死亡。此后人们要生活七年，其间，任何人之间没有矛盾。此后，安拉从沙姆方面派来冷风，它将带走每一个心中有芥子大小信仰（或善意）的人。你们中的一人即使钻进了山洞，也会被它追及而带走。'"阿卜杜拉说，这是他从安拉的使者㊎那里听到的。使者还说："坏人们将会生存下来，他们轻浮如鸟，兽欲熏心，善恶不分。恶魔出现在他们面前说：'你们为何不响应我？'他们问：'你有何指示？'然后恶魔命令他们崇拜偶像。当时，他们丰衣足食，生活幸福。此后号角将被吹响，人们听见后，纷纷引颈倾听。"阿卜杜拉接着说："第一个听到的人当时正在粉刷他的水池。此人和其他人都晕倒了。"他说："然后安拉将派来毛毛细雨（或影子。——传述者产生了怀疑），人们的身体从中得到成长。后来号角被第二次吹响时，突然间人们都站起来，相互观看。有声音说：'人们啊！来见你们的主吧！''你们让他们站住，因为他们的确要受审问。'（37∶24）后来有声音说：'你们将入火狱的人分出来吧？'有声音问：'他们有多少人？'回答说：'每一千人中九百九十九人。'"阿卜杜拉说："那就是'它使儿童变白发'的日子和'小腿将被暴露'的日子。"[2]

艾布·胡莱赖传述，穆圣㊎说："两次号角声的时间相隔四十。"众人问："艾布·胡莱赖啊！是四十天吗？"他回答说："我不认为。"众人问："是四十年吗？"他回答："我不认为。"众人问："是四十月吗？"他回答："我不认为。但每个人身上除了尾椎部分外，其他部分都要腐朽。人将从尾椎部分被重新组合。"[3]

"**大地因它的主的光辉而亮了**"，即复生日安拉出现，裁决众生的事务时，大地闪闪发光。

"**文卷陈列了**"，格塔德说"文卷"指功过簿。[4]

"**众先知和证人们都被带到**"，伊本·阿拔斯说："众先知作证他们曾经为他们的民族传达了使命。"[5] "**证人们**"指记录人类的一切善恶行为的天使。

"**他们之间（的纠纷）以真理被裁判**" "真理"指公正。

"**而不被亏待。**"清高伟大的安拉说：❰我将在复生日设置一些公平的天秤，任何人不被亏待丝毫。即使是一粒芥子的重量，我也要拿出它来。我是最佳的计算者。❳（21∶47）又❰安拉不亏枉人一粒芥子的重量。如果人有任何善功，他要使它成倍增长，并赐给他来自他（安拉）的重大报酬。❳（4∶40）

清高伟大的安拉说："**每一个人都得到了其行为的充分回报**"，即他们的善恶行为，都会有相应的报酬。因为"**他至知他们所做的一切。**"

---

(1) 圣训传述者说："我不知道先知说的'四十'指四十日、四十月、四十年或四十夜。"

(2)《艾哈麦德按序圣训集》2∶166；《穆斯林圣训实录》4∶2258。

(3)《布哈里圣训实录诠释——造物主的启迪》8∶414。

(4)《泰伯里经注》21∶335。

(5)《泰伯里经注》21∶335。

❧ 71.否认者被成群地赶入火狱,等到他们到达那里,它的门就会被启开,它的管理者会对他们说:"你们中的使者们不曾到达你们,向你们诵读你们主的启示,并警告你们今日的相会吗?"他们答道:"不然,(他们的确到达了)。"但惩罚的判词已对隐昧者落实了。❧

❧ 72.他们被告知:"你们进入火狱的门,居住在里面吧!高傲者的住处真悲惨!"❧

## 隐昧者将被赶向火狱

清高伟大的安拉在此讲述薄福的隐昧者是怎么被赶向火狱的,他们是在被严厉地警告和恐吓的情况下,赶进火狱的。安拉说:❧那天,他们将被推进火狱的火中。❧(52:13)即他们是在极度干渴的情况下,被推进火狱中。另一段经文中说:❧那天,我要将骑乘的敬畏者集合到至仁主跟前。我要把干渴的犯罪者赶到火狱。❧(19:85-86)与此同时,他们又聋又哑又瞎。他们中还有人倒栽着面部行走。❧末日,我将召集瞎眼、聋哑的他们,使他们匍匐在大地上。他们的归宿是烈火。每当火势减弱时,我就为他们增加火焰。❧(17:97)

"等到他们到达那里,它的门就会被启开",即只要他们走近火狱,火狱的门就被打开,好让他们尽快受刑。然后,监管火狱的铁石心肠的天使们将会凌辱和警告他们,对他们说:"你们中的使者们不曾到达你们,向你们诵读你们主的启示,并警告你们今日的相会吗?"即像你们一样,同属人类的使者没有来临你们吗?(派遣同类的使者,是为了你们和他们自由交流,并向他们学习。)他们树立明证,为你们证实他们所宣传的是真理;他们让你们防备这可怕的日子。

隐昧者们给天使们回答说:"不然",即他们说,使者确实到达了我们,并警告了我们,为我们列出了明证。

"但惩罚的判词已对隐昧者落实了。"他们说,但我们否认和违背了他们,因为我们早已注定要遭受不幸,所以我们弃真求伪。正如另一段经文所说:❧每当一群人被投入其中时,它的管理者们就会问:"警告者不曾降临过你们吗?"他们回答说:"来过,有一位警告者的确曾到达我们,但是我们不相信他",并说:"安拉从来没有降下过任何东西,你们只是在严重的迷误当中。"他们说:"如果我们曾经听从或是理解,我们就不会沦落到烈焰的居民当中!"❧(67:8-10)于是他们开始埋怨自己,懊悔不已。❧于是他们供认了他们的罪恶。愿火狱的居民们远离(安拉的慈悯)吧!❧(67:11)即他们真差劲!真亏折啊!

"他们被告知:'你们进入火狱的门,居住在里面吧!'"每一个曾经见过他们,知道他们情况的人,都作证他们是罪有应得的,因此"他们被告知……"中没有提及这到底是谁说的话。这种表述方法说明,全宇宙都作证,彻知而公正的安拉为他们的判决是恰如其分的。因此,经文说:"他们被告知:'你们进入火狱的门,居住在里面吧!'"即你们永远要住在其中,不能逃出火狱,火狱也不会离开你们。

"高傲者的住处真悲惨!""住处"指归宿和栖身之地。你们因为在今世时骄傲自满,抗拒安拉而沦入此境,这种境况和归宿真悲惨啊!

❧ 73.敬畏他们主的人成群结队地被送入乐园,等到他们到达那里,它的门就被启开了,它的管理者对他们说:"祝你们平安!你们纯洁了,所以你们进去,并永居其中吧!"❧

❧ 74.他们说:"赞美安拉,的确他对我们实践了他的许诺,并使我们继承了大地,我们可以随心所欲地居住在乐园中。对(虔诚)工作者的回赐是多么优美呀!"❧

## 穆民将被送到乐园

经文在此叙述幸福的穆民情况,他们像访问团那样,被带去享受各种优遇。

"成群结队地",即一队一队地。他们依次是近主者、善人,然后是品级仅次于他们的人,以此类推。每一伙人都和与他(品级)相当的人在一起,先知和先知在一起,虔信者和虔信者在一起,烈士、学者等每一种人都和与他们相当的人在一起。

"等到他们到达那里",即当他们经过随拉特天桥——被阻于乐园和火狱之间的那座桥上时,他们将为在今世中所做的一切亏枉做出相应的补偿,等他们得到修养并纯洁无瑕之后,才被准许进入乐园。圣训中说,穆民们走近乐园的门时,商量让谁替他们请求获准进门,于是他们依次找了阿丹、努哈、伊布拉欣、穆萨和尔撒,最后找了穆圣㊗——此前在清算场上,他们也曾找过这些先知,要求替他们讲情,对他们从轻发落——从而显现出穆圣㊗在方方面面优越于全人类。《穆斯林圣训实录》记载,安拉的使者㊗说:"我是乐园中的第一位讲情者。"[1]另一传述中说:"我是第一个叩响乐园之门的人。"[2]

---
(1)《穆斯林圣训实录》1:188。
(2)《穆斯林圣训实录》1:188。

伊玛目艾哈麦德传述，安拉的使者说："复生日我走近乐园门时，管理者问我：'你是谁？'我回答：'穆罕默德。'他说：'我奉命在你到来之前不能为任何人开门。'"(1)

安拉的使者说："最先进乐园的人的形象就像满盈之夜的月亮，他们不吐痰，不流鼻涕，无大小便。他们的器皿和梳子是金银的，香炉是沉香的，汗水就像麝香。他们每人有两个妻子，她们小腿的骨髓从肌肉外面看上去显得晶莹透明，美丽绝伦，乐园的居民之间没有分歧和仇恨，他们万众一心，早晚赞主。"(2)

安拉的使者说："最先进乐园的队伍就像满盈之夜的月亮，仅次于他们的人就像天空中的明星一样闪闪发光，他们无大小便，不吐痰，不流鼻涕，他们的梳子是金子的，汗水就像麝香，香炉是沉香做的，他们的妻子是大眼睛的美女，他们的品性如一个人的品性，长相像他们的祖先阿丹，六十腕尺高，直抵云天。"(3)

安拉的使者说："我的教民中将有一支七万人的队伍进乐园，他们的面容像团月之夜的月亮一样闪闪发光。"欧卡什站起来说："安拉的使者啊！请你祈求安拉，使我成为他们中的一员。"使者说："主啊！使他成为他们中的一员吧！"此后一位辅士站起来说："安拉的使者啊！请你祈求安拉，使我成为他们中的一员。"使者说："欧卡什已经领先于你得到了这个优遇。"这段圣训中还提到，将有七万人在不受清算的情况下进入乐园。(4)

安拉的使者说："我的教民中将有七万人（或七十万人）手拉着手进乐园，他们将一起进入，他们的脸像团月之夜的月亮。"(5)

"**等到他们到达那里，它的门就被启开了，它的管理者对他们说：'祝你们平安！你们纯洁了，所以你们进去，并永居其中吧！'**"这节经文中只提到条件，而没有讲明结论。经文的意思是：当他们来到乐园跟前，乐园的门开启了，他们得到了各种优遇。管理乐园的天使迎接他们，向他们致安问好，报告喜讯。他们没有像火狱的居民那样，被管理火狱的天使所警告和呵斥。换言之，这一切发生之后，他们得到了幸福，欣喜万分……经文在此没有道明此后的结局，以便让人展开思绪，去想象那无穷无尽的恩泽。

有人说"**它的门就被启开了**"中的"**ر**"(6)一词表示八，并以此为据，说乐园的门是八座。这种说法是牵强附会的。乐园有八座门，是许多确凿的圣训所指出的。

安拉的使者说："谁为主道花费了两宗财物（两件相似的东西），谁就会受邀进入乐园之门。乐园有许多门，礼拜者将受到礼拜之门的邀请，施舍之人将受到施舍之门的邀请，吉哈德之人会受到吉哈德门的邀请，斋戒之人要受到兰雅尼门的邀请。"艾布·伯克尔问："安拉的使者啊！一个人可以从任何一个门受到邀请吗？他可以同时从许多门受到邀请吗？"使者回答说："是的，我希望你是他们中的一员。"(7)

安拉的使者说："乐园有八座门，其中一座叫兰雅尼，只允许斋戒者通行。"(8)

安拉的使者说："如果你们中有人认真做小净，然后念：'应受拜者，只有安拉，穆罕默德是安拉的仆人和使者。'那么，乐园的八座门都为他而开启了，他可以根据自己的意愿，从任何一座门进去。"(9)

## 乐园之门的宽敞

两圣训实录辑录，安拉的使者说："清高伟大的安拉说，穆罕默德啊！你让你的民族中不受清算的人进入乐园的右门，别的人跟其他人共同享有其余的门（的进入权）。以掌握穆罕默德生命的主宰发誓，乐园的两扇门之间的距离犹如麦加和海吉尔之间的距离（一说犹如麦加和巴士里间的距离）。"(10)

《穆斯林圣训实录》记载，欧特白·本·俄兹万在演说中讲道："我们被告知，乐园的两扇门之间相隔四十年行程的距离，将有一天它会门庭若市。"(11)

"**它的管理者对他们说：'祝你们平安！你们纯洁了'**"，即你们的言行、奔波和报酬洁美了。正如安拉的使者命人在有些战役中呼吁穆斯林

---

(1)《艾哈麦德按序圣训集》3：136；《穆斯林圣训实录》1：188。
(2)《艾哈麦德按序圣训集》2：316；《布哈里圣训实录诠释——造物主的启迪》6：367；《穆斯林圣训实录》4：2180。
(3)《布哈里圣训实录诠释——造物主的启迪》4：417；《穆斯林圣训实录》4：2179；《艾布·叶尔俩圣训集》10：470。
(4)《布哈里圣训实录诠释——造物主的启迪》11：413；《穆斯林圣训实录》1：197。
(5)《布哈里圣训实录诠释——造物主的启迪》11：414；《穆斯林圣训实录》1：198。
(6) 这是一个连接词，其意义是"并且"。——译者注
(7)《布哈里圣训实录诠释——造物主的启迪》4：133；《穆斯林圣训实录》2：711；《艾哈麦德按序圣训集》28：268。
(8)《布哈里圣训实录诠释——造物主的启迪》6：378；《穆斯林圣训实录》2：808。
(9)《穆斯林圣训实录》1：209。
(10)《布哈里圣训实录诠释——造物主的启迪》8：247；《穆斯林圣训实录》1：184。
(11)《穆斯林圣训实录》4：2278。

们："只有顺服（一说"归信的人"）才能进入乐园。"[1]

"所以你们进去，并永居其中吧！"即你们永远住在乐园中。他们不希望再发生任何变迁。

"他们说：'赞美安拉，的确他对我们实践了他的许诺'。"穆斯林们在乐园中看到这些丰盛的报偿、永恒的恩典以及伟大的权力之后说了这番话。即这些都是安拉在今世中通过他的众使者给我们许诺的。◆我们的主啊！求你赐给我们你通过你的众使者应允给我们的，并求你莫在复生日使我们蒙羞，你是从不爽约的。◆（3：194）又◆赞美安拉，他为此而引导了我们。如果安拉不引导我们，我们绝不能得正道。我们主的使者们确实带来了真理。◆（7：43）又◆赞美安拉，他消除了我们的忧伤。我们的养主确实是至恕的、厚赏的。他以他的恩典而使我们居住在永久的家园。我们在其中不再遭受辛苦，也不遭受疲劳。◆（35：34-35）

"并使我们继承了大地，我们可以随心所欲地居住在乐园中。对（虔诚）工作者的回赐是多么优美呀！"艾布·阿林、格塔德、赛丁伊、伊本·栽德、艾布·撒立哈等学者说，"**大地**"指乐园的大地。[2]这节经文和下列经文相似：◆我在教诲之后，曾在宰哺尔中写道："我的清廉众仆将继承大地。◆（21：105）因此经文说："**我们可以随心所欲地居住在乐园中**"，即我们想住哪里就住哪里，我们工作的报酬真优美啊！艾奈斯在叙述穆圣登霄事件时，说："穆圣说：'我进入乐园后看见用珍珠建成的圆顶建筑物，其中的土则是麝香。'"[3]

◆**75.你将看到众天使围绕在阿莱什周围，赞颂着他们的主。他们间（的纠纷）以真理被裁判。有声音说："赞美安拉，众世界的养主。"**◆

清高伟大的安拉讲述了他对乐园和火狱居民的判决，说他使每个人住到相应的地位，他是公正无私的，然后说天使们包围在光辉的阿莱什周围，念着颂词赞美他光荣、伟大、圣洁，赞美他与残缺和不义无染，他已经判决了事务，处理了问题，作出了公断。因此安拉说："**他们间（的纠纷）以真理被裁判。**""**他们**"指众生。

"**有声音说：'赞美安拉，众世界的养主。'**"即整个宇宙——其中的有生物和无生物——都在赞美养育众世界的安拉公正判决，因此，经文中只笼统地提到有声音发出，但没有具体述及是谁发出的声音，从而说明所有的被造物都参与了对安拉的赞美。格塔德说：◆一切赞颂全归安拉——他创造了诸天和大地。◆（6：1）这节经文说明，天地的创造是以赞美安拉而开始的。"**他们间（的纠纷）以真理被裁判。有声音说：'赞美安拉，众世界的养主。'**"中则以赞美安拉而结束。

《队伍章》注释完。一切感赞全归安拉。求安拉赐给我们机遇，并保护我们。

---

（1）《布哈里圣训实录诠释——造物主的启迪》11：385。
（2）《格尔特宾教律》15：287。
（3）《布哈里圣训实录诠释——造物主的启迪》1：547；《穆斯林圣训实录》1：148。

## 《恕饶者章》注释  麦加章

### "哈一、米目"各章[1]的尊贵

伊本·阿拔斯说:"万物都有其精华,《古兰》的精华是'哈一、米目'各章。"[2]麦斯尔勒·本·凯达穆说:"这些章也被称为'尔拉伊斯(意为新娘)'章节。"[3]著名学者艾布·欧拜德在《古兰的尊贵》一书中,也提出了相同的观点。[4]

阿卜杜拉说:"《古兰》就像这样一个人的例子,有一个人去为他的家人找住处,途经雨露,他边走边赞叹,突然间走到一些遍地松软沙土的园子后说:'这比前面的雨露更美妙!太妙了!太妙了!'有人告诉他,雨露好比《古兰》,这些遍地是松软沙土的园子好比《古兰》中的'哈一'、'米目'章。"[5]伊本·麦斯欧迪说:"当我进入(指读到或听到)'哈一'、'米目'章时,我确实进入了令我赏心悦目的花园中。"[6]

#### 奉普慈特慈的安拉之尊名

⟪1.哈一、米目。⟫

⟪2.这部经是由优胜、全知的安拉颁降的。⟫

⟪3.恕饶罪恶,接受忏悔,惩罚严厉和富有宏恩的主。除他之外再无受拜者。归宿只在他那里。⟫

前面注释《黄牛章》时,已经论述了出现在各章节开头的单独字母,此处不再赘述。使者㊗说:"你们就寝时当念'哈一、米目……他们不获得援助……'"[7]

"这部经是由优胜、全知的安拉颁降的",即《古兰》是由优胜、全知、不容侵犯的安拉颁降的,再微小的事物,也不能隐瞒安拉,无论有多厚的障碍物都不能将其遮挡。

"恕饶罪恶,接受忏悔",即安拉赦宥仆人已往的一切罪恶,接受向他忏悔、恭顺的人的忏悔。

"惩罚严厉",另一方面安拉将严厉惩罚那些顽固暴虐、只求今世、抗拒主命、横行霸道的人。另一段经文说:⟪你告诉我的仆人们,我确实是至恕的、至慈的。而我的刑罚也是痛苦的。⟫(15:49-50)《古兰》的许多经文,经常并列叙述安拉的这两种不同的属性,好让穆民经常处于对安拉的害怕和希望之中。

"富有宏恩的主。"伊本·阿拔斯解释为:"有宏恩、富裕的主。"[8]即安拉是对众仆普施恩泽的,他赐给他们无数的恩典(如牲畜),任何人都无法对其中的一项作出恰如其分的感谢。⟪如果你们去统计安拉的恩典,你们无法统计它们。⟫(16:18)

"除他之外再无受拜者",即任何物都不具备他所具备的任何一个属性。他是独一无偶的受拜者和养育者。

"归宿只在他那里。"回归之地只在他那里,他将论功过奖罚每个人。⟪他是清算迅速的。⟫(13:41)

⟪4.除了隐昧的人,没有人争论安拉的启示,莫让他们在城市中的来来往往诱惑了你!⟫

⟪5.在这些人之前,努哈的族人和他们以后的各派都曾不信。每一族人都谋划过加害他们的先知,并持谬论辩论,用于诋毁真理。所以我惩治了他们,我的惩罚是怎样的?⟫

⟪6.你的主的话就这样对隐昧者证实了,他们确实是火狱的居民!⟫

### 隐昧者喜欢对安拉的经文进行辩论以及辩论的后果

清高伟大的安拉说,只有那些否认安拉的经文和明证的人,才会抗拒真理,在真理彰明之后,仍强词夺理,进行诡辩。

"莫让他们在城市中的来来往往诱惑了你!"即他们的财产、幸福和浮华不要迷惑你。正如安拉所言:⟪不要让隐昧者在大地上的往来迷惑了你。都是微不足道的享受,他们的归宿是火狱,那卧褥真恶劣啊!⟫(3:196-197)又⟪我赐给他们片刻的享受,然后我将迫使他们去受重刑。⟫(31:24)

---

(1)指以"哈一、米目"开始的各章。本章的另一名称是《穆民章》,阿语原版中是《穆民章》,为了区别于《众穆民章》,译者参照其他版本选用《恕饶者章》一名。——译者注
(2)《散置的珠宝》7:268。
(3)《格尔特宾教律》15:288。
(4)《古兰的恩惠》137、138。
(5)《伯尔威经注》4:90。
(6)《伯尔威经注》4:90。
(7)《艾布·达乌德圣训集》3:74;《提尔密济圣训全集诠释》5:329。
(8)《泰伯里经注》21:351。

然后，安拉安慰受到其民族否认的穆圣ﷺ，告诉他以前的先知都是他的榜样，他们都曾遭受过族人的否认和抗拒，归信他们的人寥寥无几。经文说："**在这些人之前，努哈的族人和他们以后的各派都曾不信。**"努哈是安拉派遣的第一位使者，他奉命禁止人们崇拜偶像，但他的族人否认了他。努哈之后各民族中的各派，都曾有过不信的历史。

"**每一族人都谋划过加害他们的先知。**"他们都曾企图不择手段地杀害先知，有些民族的阴谋还得逞了。

"**并持谬论辩论，用于诋毁真理**"，即他们用愚蠢的观念，辩驳明晰的真理。

清高伟大的安拉说："**所以我惩治了他们**"，即安拉因为他们拜偶像等秽行而毁灭了他们。

"**我的惩罚是怎样的？**"你已经知道，我是怎么施予他们严刑的？格塔德说："以安拉发誓，那刑罚太严厉了。"[1]

"**你的主的话就这样对隐昧者证实了，他们确实是火狱的居民！**"穆罕默德啊！否认列圣的民族都遭受了毁灭，否认你的民族更应该遭受毁灭。因为否认你的人，也无法真正相信其他先知。安拉至知。

⟪ 7.那些担负阿莱什的和在其周围赞颂他们主的（天使们）都归信他，并为归信者们求饶道："我们的主啊！在慈悯和知识方面你包容了万物，求你恕饶那些悔过并遵循你的道路的人，求你保护他们免于火狱的刑罚。⟫

⟪ 8.我们的主啊！求你使他们进入永居的乐园，那是你曾经许给他们和他们祖先中的行善者、他们的妻室和他们的子孙的！你确实是优胜的、明哲的。⟫

⟪ 9.求你使他们免于各种恶劣。这天，无论你使谁免于恶劣，你确实已赐给他慈悯了，那的确是极大的成功。"⟫

### 承担阿莱什的天使赞美安拉，并为穆民求饶

担负阿莱什的四位近主的天使以及阿莱什周围的普通天使，念着赞词，颂扬他们的养主。换言之，他们的赞词不但否定了安拉有缺陷的谰言，而且还肯定了安拉完美的属性。

"**（天使们）都归信他**"，即他们在安拉跟前毕恭毕敬。

"**并为归信者们求饶。**" "**归信者**" 指今世中归信幽玄的穆民。安拉命令近主的天使们为大地上

---
(1)《泰伯里经注》21：353。

的穆民默默地祝福。因为天使本身具备这种天性，所以当一个穆民为另一个穆民默默祝福的时候，他们总是在念"阿米乃"！《穆斯林圣训实录》记载："一个穆斯林为其兄弟默默祝福时，天使说：'阿米乃！愿你也得到这样的祝福！'"[2]

谢海里·本·胡叔卜说："承担阿莱什的天使是八位，其中的四位念道：'主啊！赞你清净无染，万赞归你，你在彻知之后拥有宽容！'[3] 另四位念道：'主啊！赞你清净无染，万赞归你，你在大能之后给予原谅。'"[4][5]

天使们在为穆民求饶时说："**我们的主啊！在慈悯和知识方面你包容了万物**"，即安拉的宽恕包容了他们的一切罪恶和错误；安拉知道他们的一切言行和动静。

"**求你恕饶那些悔过并遵循你的道路的人**"，即如果有作恶者悔过自新，并奉命扬善弃恶，你就原谅他们吧！

---
(2)《穆斯林圣训实录》4：2094。
(3) 意为：你知道了人类的错误后宽容了他们。——译者注
(4) 意为：你虽然能够惩罚违抗者，但你却原谅了他们。——译者注
(5)《伯厄威经注》4：93。

"求你保护他们免于火狱的刑罚",即求你使他们远离火狱的痛苦刑罚。

"我们的主啊！求你使他们进入永居的乐园，那是你曾经许给他们和他们祖先中的行善者、他们的妻室和他们的子孙的！"即求安拉使他们相会在邻近的地方，并得到慰藉。安拉说：❝那些归信，子孙也随同他们归信的人们，我将使他们的子孙与他们相聚，我不会从他们的行为中减少一丝毫。❞（52：21）即安拉使他们处于相同品级，好让他们心悦诚服，在不降低高品的前提下提升低品，在不损害善功多的人的情况下提高善功少的人的品级，使他们处于同一品级，从而施给宏恩。

伊本·朱拜尔说："穆民进入乐园后要问他的父兄和儿女在哪里，如果被告知他们的功修没有达到他的品级时，他会说：'我当初是为了我和他们而工作的。'因此，他们要与他相处同一品级。"伊本·朱拜尔还读道："我们的主啊！求你使他们进入永居的乐园，那是你曾经许给他们和他们祖先中的行善者、他们的妻室和他们的子孙的！你确实是优胜的、明哲的。"

穆特磊夫·本·阿卜杜拉说："最忠于穆民的是天使。"然后他读道：'**我们的主啊！求你使他们进入永居的乐园……**'对穆民欺骗最厉害的是恶魔。"[1]

"**你确实是优胜的、明哲的**"，即安拉是不可抗拒和战胜的，他所意欲存在的都会存在，他不意欲存在的都不会存在。他的一切言行（包括他的法律和定然），都是精确而富有哲理的。

"**求你使他们免于各种恶劣**"，即求安拉莫使他们犯罪，莫使他们负罪恶之祸。

"**这天，无论你使谁免于恶劣，你确实已赐给他慈悯了。**""**这天**"指复生日。"**赐给他慈悯了**"指爱护了他，从惩罚中拯救了他。"**那的确是极大的成功。**"

❝10.隐昧者将被召唤："安拉对你们的恼怒，甚于你们对自己的恼怒。当你们被召唤归信时，你们不信。"❞

❝11.他们说："我们的主啊！你曾使我们死过两次，你也曾两度给予我们生命！现在我们承认我们的罪了，有什么可以出去的途径吗？"❞

❝12.这是因为当祈祷独一的安拉时你们不归信，但是当他被举伴时，你们就相信了！决断属于至高的、至大的安拉。❞

❝13.是他使你们看到他的迹象，并从天上为你们降下供养，但是只有回归者才能觉悟。❞

❝14.所以，你们要祈求安拉，为他而虔诚奉教，即使隐昧者厌恶。❞

## 隐昧者进入火狱后的悔恨

清高伟大的安拉说，在末日，隐昧者们处于熊熊烈火之中，他们看到安拉的不可抗拒的刑罚后，对过去做了使他们落入此境的罪恶而悔恨交加。此时天使们告诉他们：在今世他们拒绝了别人向他们介绍正信，当时安拉对他们的恼怒远远超过了今日他们对自己的恼怒。[2] 这是哈桑·巴士里、穆佳黑德、赛丁伊、宰勒·本·欧拜德拉、伊本·栽德、伊本·哲利尔的观点。[3]

"**他们说：'我们的主啊！你曾使我们死过两次，你也曾两度给予我们生命！'**"伊本·麦斯欧迪说，这节经文如同下列经文：❝你们怎么可以不信安拉呢？你们原是没有生命的，后来他赐你们生命，然后使你们死亡，然后又使你们（复）生，最后，你们终将回到他那里。❞（2：28）[4] 伊本·阿拔斯、端哈克、格塔德、艾布·马立克持此观点。[5] 这一切都说明，复生日隐昧者们站在审判场时，要求重返今世，这是不容置疑的事实。正如安拉所言：❝如果你能看见那些有罪的人在他们的主跟前垂下他们的头说道："我们的主啊！我们已看见了，也听到了。你让我们回去，我们一定会行善，我们是确信者。"如果你看到这种情况……❞（32：12）但是没有谁应答他们。然后，当他们站在火狱跟前，目睹了它，看到了其中的惩罚之后，他们又一次要求重返今世，并且比第一次要求更加迫切，但还是没有被应答。安拉说：❝如果你能够看到他们站在火上的时候，他们会说："但愿我们能被放回去，我们绝不再否认我们主的迹象，我们一定成为信士。"不然，他们从前所隐瞒的对他们显现出来了。倘若他们被放回（今世），他们一定重犯那些对他们禁止的事。他们确实是说谎者。❞（6：27-28）他们进入火狱，尝到其中的酷刑以及铁锤和桎梏之苦后，更强烈地提出重返今世的要求。他们将在其中大声求救说：❝"我们的主啊！求你放我们出去，我们一定会一改常态而行善的。"我不曾给他们足够长的寿命，好让觉悟者觉悟吗？警告者已来临你们。所以你们尝尝吧！不义者没有任何援助者。❞（35：37）又❝我们的主啊！求你使我们离开这里吧，如果我们重犯，那

---

[1]《格尔特宾教律》15：295。

[2]《泰伯里经注》21：359。
[3]《泰伯里经注》21：358、359。
[4]《泰伯里经注》21：360。
[5]《泰伯里经注》21：360。

么，我们就真是不义的人了！他说："你们可耻地进去吧！不要向我说话。"》（23：107-108）本章的经文说，犯罪者诡辩地在此提出了要求，在提出要求之前首先说："**我们的主啊！你曾使我们死过两次，你也曾两度给予我们生命！**"即你的能力是极大的，你给原本没有生命的我们赋予了生命，然后又使我们死，之后又使我们活，你确能做到你愿意做的一切，我们现在承认我们的罪恶，我们在今世确实亏了自己，"**有什么可以出去的途径吗？**"即你能接受我们的请求，让我们重返今世吗？这对你而言确实轻而易举。我们回到今世后，将重新做人，如果我们故态复萌，那我们就真的是不义之人了。但他们得到的答复是：他们无路可退，后世是他们永恒的归宿。然后经文阐述了拒绝他们请求的原因：他们的本质不接受真理，他们根本是排斥真理的。

因此清高伟大的安拉说："**这是因为当祈祷独一的安拉时你们不归信，但是当他被举伴时，你们就相信了！**"即你们一贯如此，如果你们重返今世，你们的情况就如下列经文所述：《倘若他们被放回（今世），他们一定重犯那些对他们禁止的事。他们确实是说谎者。》（6：28）

"**决断属于至高的、至大的安拉**"，即安拉公正地判决被造物的一切事务，并按他的意愿引导一些人，慈悯一些人；惩罚一些人，任一些人迷误。应受拜者只有他。

"**是他使你们看到他的迹象。**"人类在观察安拉创造的高级和低级被造物的时候，安拉大能的迹象便历历在目。他们看到无穷无尽的伟大迹象，无不证明其创造者的完美。

"**并从天上为你们降下供养**"，即安拉降下雨水，使庄稼成长，这些由相同的水创造出的颜色、滋味、气味和形态各不相同的果实，无不证明着安拉的大能。

"**但是只有回归者才能觉悟**"，即只有回归安拉、具备远见卓识的人，才去参悟这些事物，并用之证明安拉的伟大。

## 命令穆民无论如何都要崇拜独一无偶的安拉

"**所以，你们要祈求安拉，为他而虔诚奉教，即使隐昧者厌恶**"，即清高伟大的安拉说：你们要全心全意地崇拜和祈求独一无偶的安拉，不与多神教徒们同流合污。伊玛目艾哈麦德传述，伊本·祖拜尔每次礼拜完毕在念出拜词时念下面的祷词："应受拜者，只是独一无偶的安拉。权力归他，赞美归他，他是全能万事的。（我们）没有办法，也没有力量，惟凭安拉。应受拜者，只是安拉。我们只拜他，恩典属于他，恩惠属于他，赞美属于他。应受拜者，只是安拉。（我们）为他虔诚奉教，哪怕隐昧者憎恶。"他说，安拉的使者㊗每每礼拜完毕后念这个祷词。(1)

又据确凿圣训载录：伊本·祖拜尔说，安拉的使者㊗礼完主命拜后经常念："应受拜者，只是独一无偶的安拉。权力归他，赞美归他，他是全能万事的，（我们）没有办法，也没有力量，惟凭安拉。应受拜者，只是安拉。我们只拜他，恩典属于他，恩惠属于他，赞美属于他。应受拜者，只是安拉。（我们）为他虔诚奉教，哪怕隐昧者憎恶。"(2)

《15.（他是享有）各种高品的主，拥有阿莱什的主，他使发自他命令的精神降到他所意欲的任何一位仆人，以便警告（人们）相聚之日。》

《16.他们出现之日，没有一件事能瞒过安拉。今天权力归谁？归于独一而强大的安拉！》

《17.这天，每一个人都将因其行为而受到还

---

(1)《穆斯林圣训实录》1：416；《艾哈麦德按序圣训集》4：4；《艾布·达乌德圣训集》2：173；《圣训大集》3：78、79。
(2)《穆斯林圣训实录》1：415。

报。这天，毫无亏负，安拉的确是清算迅速的。》

## 以安拉的启示警告人类

清高伟大的安拉是伟大的，他浩瀚的阿莱什高于一切被造物，就像万物之脊。正如另一段经文所言：《来自安拉——掌管天梯的主宰。众天使和鲁哈在其长度是五万年的一天之内升到他那里。》（70：3-4）如果安拉愿意，我们以后将根据先贤及其后辈学者的观点指出，经文中所说的是阿莱什至第七层地之间的距离，这种观点是较可靠的。不止一位学者指出，阿莱什是用红宝石建成的，其直径是五万年，距第七层地面高五万年。

"他使发自他命令的精神降到他所意欲的任何一位仆人。"正如安拉所言：《他派遣众天使，奉他的命令，随同鲁哈降临他所意欲的仆人。"你们要警告（世人）：除我之外别无受拜者，所以你们要敬畏我。"》（16：2）《这确实是众世界养主的启示。忠实的鲁哈带它降临，降到你的心中，以便你成为一个警告者。》（26：192-194）

因此，清高伟大的安拉说："以便警告（人们）相聚之日。"伊本·阿拔斯说，"相聚之日"是复生日的许多名称之一。安拉让众仆防备这一日。因为这一天每个人都要看到其善行或恶为。[1]

"他们出现之日，没有一件事能瞒过安拉"，即那日他们都将出现在大庭广众之下，任何物都无法遮蔽或掩护他们。因此说，"他们出现之日，没有一件事能瞒过安拉"，即在安拉的知识中，一切都是一样简明的。安拉说："今天权力归谁？归于独一而强大的安拉！"前面伊本·欧麦尔所传的圣训中已经提到，安拉将把天地卷起在他的掌握之中，然后说："我是君王，我是强大的、伟大的。今世的君王在哪里？强大者在哪里？伟大者在哪里？"[2]

在叙述号角声的圣训中说，安拉收取了万物的灵魂后只有独一无偶的他存在，那时他问了三次"今天权力归谁？"然后自己回答道："归于独一而强大的安拉！"[3]"强大的"指安拉是万物的征服者。

"这天，每一个人都将因其行为而受到还报。这天，毫无亏负，安拉的确是清算迅速的。"安拉说，他公正地判决他的被造物间的事务，他不会减少人们的任何一件善行的报酬，也不会给他们的恶为增加惩罚。他以十倍的报酬奖励行善者，以相应的报酬还报作恶者。

因此，清高伟大的安拉说："这天，毫无亏负……"《穆斯林圣训实录》记载，安拉的使者给众人叙述安拉所说的话："我的众仆啊！我禁止我自己亏枉他人，并且也将亏枉给你们定为非法，所以你们不得互相亏枉……我的众仆啊！它们仅仅是你们的工作，我将为你们而统计它们，并如数还报你们。你们中谁发现好的，就让他赞美安拉，谁若发现不好的，他只能自我埋怨。安拉是清算迅速的。"[4]即对安拉而言，清算所有的人和清算一个人是一样的。正如安拉所言：《造化和复活你们，就和（造化和复活）一个人一样。》（31：28）又《我的命令只是在一瞬间。》（54：50）

《18. 你以临近之日警告他们吧。那时，心将到于咽喉，万籁俱寂。不义者没有朋友和有效的求情者。》

《19. 他知道眼（神）的诡诈和胸中所隐藏的。》

《20. 安拉以真理裁判，他们舍安拉而祈求的（伪神）不能凭任何物判断。的确，安拉是全听的、全观的。》

## 警告人防备复生之日 安拉在复生日的判决

"临近之日"是复生日的名称之一。如此命名，表示这一天与今世的临近。正如安拉所言：《临近的已经临近了。除了安拉，没有谁能揭示它。》（53：57-58）《时间已经接近，月亮破碎了。》（54：1）《人类的结算期已临近了。》（21：1）《安拉的命令到来了。你们不要要求它尽早实现。》（16：1）《当他们看到它接近时，隐昧者的脸就难堪了。》（67：27）

"那时，心将到于咽喉，万籁俱寂。"格塔德说："人们的心因为恐惧而到了喉咙，既不跳出咽喉，也不回到原位。"[5]艾克莱麦、赛丁伊等学者持相同观点。

"万籁俱寂"，静悄悄的。未得安拉的允许之前，任何人都不得说话。《那天，鲁哈和众天使排列成班，除了至仁主特许说话，并说真理的人之外，全都静默肃立，不敢发言。》（78：38）伊本·朱莱杰说"万籁俱寂"指痛哭流泪。[6]

"不义者没有朋友和有效的求情者"，即因为以物配主而自亏的人们，没有人愿意接近他们，帮助他们，也没有人愿意为他们讲情，他们与一切美

---

(1)《泰伯里经注》21：364。
(2)《泰伯里经注》21：327。
(3)《圣训大典》170。
(4)《穆斯林圣训实录》4：1994。
(5)《泰伯里经注》21：368。
(6)《散置的珠宝》7：281。

好的事情都无缘了。

"他知道眼（神）的诡诈和胸中所隐藏的。"清高伟大的安拉的知识包罗万物，完美无缺，一切事物不论巨细和巧拙，都在他的掌握之中。所以人们应该在安拉跟前深感惭愧，并真心实意地敬畏他，好像看到安拉就在眼前。因为安拉知道眼神中流露出的不真实的情感，即使人类将其伪装得多么逼真，安拉也会知道人类心中的一切秘密。

端哈克说，"眼（神）的诡诈"指暗示和假装视而不见，或自称看见了一件其实并没有看到的东西。[1]

伊本·阿拔斯、穆佳黑德、格塔德说："安拉知道观看事物的眼睛是否有神气。"[2]

伊本·阿拔斯在解释"胸中所隐藏的"时说："安拉知道你在有机会的情况下，是否有淫乱的欲望。"[3] 赛丁伊说，"胸中所隐藏的"指教唆。

"安拉以真理裁判。""真理"指公正。伊本·阿拔斯说"安拉以真理裁判"，指安拉以善报善，以恶报恶。[4]

"的确，安拉是全听的、全观的。"伊本·阿拔斯注释这节经文时说这节经文类似于下面的经文：◆他依照他们的行为还报那些作恶的人，并以善果还报行善的人。◆（53：31）

"他们舍安拉而祈求的"，即各伪神、偶像等。"不能凭任何物判断"，即他们什么都不能判断，也没有用于判断的任何依据。

"的确，安拉是全听的、全观的"，即安拉能听到被造物的一切语言，并能看见他们，所以他要引导他所意欲的人，而任那些悖逆的人迷误，他是万物公正的裁决者。

◆21.难道他们不曾在大地上旅行，看看那些前人的结果是怎样的吗？那些人的力量和在大地上的遗迹都超越了他们。后来安拉由于他们的罪恶而惩罚了他们，他们也没有任何保护者可以抗拒安拉。◆

◆22.那是因为他们的使者们经常给他们带来明证，但是他们不归信，所以安拉惩罚了他们，他的确是坚强的、惩罚严厉的。◆

### 否认者的结局是严酷的

清高伟大的安拉说："难道他们不曾在大地上旅行"，即穆罕默德啊！难道否认你使命的人不曾旅行大地吗？

"看看那些前人的结果是怎样的吗？"那些否认古代使者的先民们，是怎样遭受惩罚的。他们比当代人（古莱什人）更有力量，他们留下的许多（建筑）遗迹，是近代人望尘莫及的。正如安拉所言：◆我确曾赐给他们我不曾赐给你们的地位。◆（46：26）◆他们不但耕耘大地，而且在建设方面也比这些人更多。◆（30：9）虽然他们富有能力（包括强大的战斗力），但安拉还是因为他们否认众使者而惩罚了他们，"他们也没有任何保护者可以抗拒安拉"，任何人都无法替他们抵挡安拉的惩罚。

然后经文指出他们遭受安拉惩罚的原因："那是因为他们的使者们经常给他们带来明证。""明证"指绝对而明确的证据。"但是他们不归信"，即虽然证据确凿，但他们还是否认了。"所以安拉惩罚了他们"，即安拉毁灭了他们。隐昧者都要遭受相同的报应。

"他的确是坚强的、惩罚严厉的"，即安拉拥有强大的力量，他的打击是厉害的，他的惩罚是惨痛的。祈求安拉使我们远离他的惩罚！

---

(1)《格尔特宾教律》15：303。
(2)《泰伯里经注》21：369、370。
(3)《泰伯里经注》21：369。
(4)《泰伯里经注》21：369。

❖ 23.我曾派遣穆萨带着我的启示和明显的权力。❖

❖ 24.前往法老、哈曼和戈伦,但是他们却说他是一个说谎的魔术师。❖

❖ 25.所以,当他把来自我的真理带给他们时,他们说道:"你们杀死那些与他一同归信之人的儿子,而让他们的妇女们活下去。"隐昧者的阴谋只在迷误之中。❖

❖ 26.法老说:"你们让开!我要杀死穆萨,让他呼求他的主吧!的确我怕他改变你们的宗教,或使坏事出现在大地上!"❖

❖ 27.穆萨说:"我确实求我的主和你们的主庇佑我,免于遭受所有不信清算日的高傲者的侵害。"❖

## 穆萨和法老的故事

先知穆罕默德㊟遭受族人的反对后,清高伟大的安拉安慰了他,并为他报喜,说他将赢得今生后世中最终的胜利。穆萨先知的情况就是这样的,他也曾带着各种明证受命为圣。

因此清高伟大的安拉说:"**带着我的启示和明显的权力。**""权力"指明证。"**前往法老**","**法老**"指古埃及科普特人的国王。"**哈曼**"是法老的谋臣。"**戈伦**"是当时最富有的商人。

"**但是他们却说他是一个说谎的魔术师。**"他们否认了穆萨,说穆萨是魔术师、疯子和空想家,妄言穆萨谎称自己是安拉的使者。正如另一段经文说:❖同样,只要有使者到达他们以前的那些人,他们就会说:"这是一个魔术师或疯子。"他们以它互相嘱咐了吗?不然,他们是过分的群体。❖(51:52—53)

"**所以,当他把来自我的真理带给他们时……**"这些证据明确证明安拉派他做他们的使者。

"**他们说道:'你们杀死那些与他一同归信之人的儿子,而让他们的妇女们活下去。'**"杀死古以色列人的男子,是法老的第二道命令。第一件事是为了防备穆萨出世,或为了奴役古以色列民族、减少他们的人口数量(或兼而有之)而做的事情。法老的第二道命令,是出于第二个原因,凌辱古以色列民族,同时也是为了让他们把穆萨看作凶兆。因此,❖他们说:"在你来到我们这里以前和之后,我们遭受了折磨。"他说:"你们的主将毁灭你们的敌人,并让你们代治大地,以便他看你们怎么做。"❖(7:129)格塔德说,法老对古以色列人的惩罚层出不穷。[1]

"**隐昧者的阴谋只在迷误之中**",即他们的阴谋诡计(减少古以色列人的人口,使他们无法获得胜利)终究要破灭。

"**法老说:'你们让开!我要杀死穆萨,让他呼求他的主吧!'**"这是法老(愿安拉诅咒他)决定要杀害穆萨时所说的话。他对自己的民族说:"别管我,让我为你们消灭此人!"

"**让他呼求他的主吧!**"即我把他的主宰不放在眼里。这句话充分说明了法老的昧真和顽抗。

法老(愿安拉凌辱他)说:"**的确我怕他改变你们的宗教,或使坏事出现在大地上!**"法老担心穆萨引导人们,并改变他们的风俗习惯。恰如谚语所说:"法老反而成了劝善者",即法老担心穆萨改变其民众而劝告他们。大部分诵经家是这样读(理解)的:"**的确我怕他改变你们的宗教:并使坏事出现在大地上!**"另一些诵经家则读为:"**的确我怕他改变你们的宗教,或使坏事出现在大地上!**"[2]根据另一种读法[3],经文的(翻译)意义是:"他在大地上兴风作浪,的确我怕他改变你们的宗教。"

"**穆萨说:'我确实求我的主和你们的主庇佑我,免于遭受所有不信清算日的高傲者的侵害。'**"即穆萨听到法老要杀他的消息后说,祈求安拉保护自己,莫使自己遭受法老或像他这种人的伤害。因此,他说:受到呼唤的人们啊!"**我确实求我的主和你们的主庇佑我,免于遭受所有不信清算日的高傲者的侵害。**""高傲者"指蔑视真理的犯罪者。因此圣训中说,安拉的使者㊟如果担心遭到一伙人的伤害时,便说:"主啊!求你庇佑我们,莫使我们遭受他们的各种伤害,求你替我们防备他们心中的诡计。"[4]

❖ 28.法老的家人中一个隐瞒其信仰的信士说:"当他确已从你们的主给你们带来明显的证据时,你们会因为他说'我的主是安拉'而杀死他吗?如果他是说谎的,那么他因说谎而自负其责。倘若他是诚实的,那么他警告你们的部分(灾难)就会降临你们。安拉不引导放肆者、说谎者。❖

❖ 29.我的族人啊!今天你们有权,在大地上耀武扬威。但是安拉的打击降临我们时,谁能够从中保护我们呢?"法老说:"我只把我看到的指示给你们,我只给你们引导正道!"❖

## 法老家族的一位信士援助穆萨

众所周知,这位信士是科普特人,同时属于法老的家族。赛丁伊说,此人是法老的堂兄弟。也有

---
(1)《泰伯里经注》21:373。
(2)本节经文的明文就是这种读法。——译者注
(3)将"出现"一词读为主格。——译者注
(4)《圣训大集》5:188。

人说，他是和穆萨一起获救的人。[1] 伊本·阿拔斯说，法老的家族中获得正信的有这位信士、法老的妻子以及曾说下列话的人：《穆萨呀！众人正在开会讨论要杀你。》（28：20）[2]

这位信士以前一直暗中追随穆萨，直到法老说"**你们让开！我要杀死穆萨**"的这一天，他才在族人面前表明了自己的信仰。他为了安拉而义愤填膺，挺身而出。圣训中说，在暴君面前说出一句公正的话，是最尊贵的吉哈德。[3] 在法老看来，没有什么比下面的这句话更难以让他接受了，这句话是："**你们会因为他说'我的主是安拉'而杀死他吗？**"《布哈里圣训实录》载录：欧勒沃·本·祖拜尔说，我问阿卜杜拉·本·阿慕尔："请告诉我！多神教徒对安拉的使者㕹所做的最恶劣的事情是什么？"阿卜杜拉回答说："安拉的使者㕹在天房院子中礼拜，欧格白·本·艾布·穆尔特过来抓住了使者的肩膀，并把衣服缠在使者的脖子上，狠狠地勒他。这时艾布·伯克尔走来抓住欧格白的肩膀，从使者身边推开了他，说道："**你们会因为他说'我的主是安拉'而杀死他吗？**"[4]

"**当他确已从你们的主给你们带来明显的证据时**"，即你们怎么能因为有人说"我的养主是安拉"而杀死他呢？何况他已经为你们提供了明证，证明他带给你们的是真理。

这位信士进一步说道："**如果他是说谎的，那么他因说谎而自负其责。倘若他是诚实的，那么他警告你们的部分（灾难）就会降临你们。**"如果你们不相信他带给你们的信仰是正确的，那么，比较理智、合理和谨慎的方法是你们不要干涉他，更不要伤害他，如果他在撒谎，安拉会在今后两世惩罚他；如果他说的是实话，而你们又伤害了他，那么你们就会遭受他给你们警告过的打击。因为他已经警告过你们，反对他的人，将遭受今后两世的惩罚，所以你们完全可以把他看作是一个诚实的人，而不要干涉他，让他去向他的民族宣传，让他的民族去追随他。安拉就是这样表述的，说穆萨曾要求法老及其族人与他休战，下列经文为证：《我确在他们以前考验过法老的臣民。（当时）有一位高贵的使者到达他们，（说道）："你们把安拉的仆人们交给我，我确实是你们可靠的使者。你们不要对安拉傲慢，我给你们带来了明证。我确已祈求我的主和你们的主庇佑我，以免你们谋害我。如果你们不信我，那就请你们避开我。"》（44：17—21）安拉的使者穆圣㕹也曾向古莱什人提出过类似的要求，要求他们不要干涉他号召安拉的仆人们崇拜安拉，不要伤害他，而他们也可以不接恤他与他们之间的亲属关系。说：《除了关于亲情的爱之外，我不向你们要求报偿。》（42：23）即你们看在与我之间有亲属关系的份上，不要伤害我，不要干涉我和人们的来往。《侯代比亚和约》就是在这个基础上签署的，那确实是一次明显的胜利。

"**安拉不引导放肆者、说谎者**"，即假若就像你们所说，这位自称奉到安拉使命的人在撒谎，那么每个人都能清楚地从他的言行中看出这一点，他的言行必定是前后不一，自相矛盾的。而我们所看到的是，此人为人正直，言行一致。假若他是一个撒谎的人、放肆的人，那么安拉不会引导他，也不会使你们看到他的事情有条不紊（地进行）。然后这位信士警告他的民族，安拉的恩典可能离他们而去，安拉的惩罚可能随时降临。他说："**我的族人啊！今天你们有权，在大地上耀武扬威**"，即安拉确实赐给你们恩典，授予你们权力，使你们在大地上显赫一方，言必有果。所以你们要报答这些恩典，感谢安拉，相信使者，防备安拉的惩罚。"**但是安拉的打击降临我们时，谁能够从中保护我们呢？**"如果安拉意欲我们遭受打击，这些军队不能

---

[1]《泰伯里经注》21：375。
[2]《格尔特宾教律》15：306。
[3]《提尔密济圣训全集诠释》6：390。
[4]《布哈里圣训实录诠释——造物主的启迪》8：41。

替我们阻挡丝毫。

法老驳斥这位义士的话——其实此人比法老更应该拥有国权——说:"**我只把我看到的指示给你们**",即我是以设身处地的态度对你们说这些话,提这些意见的(我让你们做的,对你们和我都有好处)。其实法老在撒谎,因为事实已经证明,穆萨所说的是真理。穆萨说:《你的确知道,只有天地的主宰能降下这些作为明证。》(17:102)安拉说:《他们不义和傲慢地否认了它们,虽然他们的心已经确信它们。》(27:14)所以当他说"**我只把我看到的指示给你们**"时他在撒谎,他不但背叛了安拉及其使者,而且还欺骗了他的族人,根本没有为他们的利益着想。

"**我只给你们引导正道!**"即我给你们指引走向真理和正义之途。这也是法老的谎言。其实他的民族追随他之后的情况正如安拉所言:《但是他们却服从法老的命令,而法老的命令并不是正确的。》(11:97)《法老误导了他的人民,没有将他们引向正路。》(20:79)圣训中说:"欺骗自己的百姓而死去的每一个领袖,都不会闻到乐园的馨香,虽然其馨香远飘于五百年的行程之外。"[1]祈求安拉赐我们机遇,认识真理。

《30.那信仰者说:"我的族人啊!的确我担心你们遭受(古代)各民族所遭受的灾难,》

《31.如努哈的族人、阿德人、塞姆德人以及在他们以后的那些人。不过,安拉不愿亏待众仆。》

《32.我的族人啊!我为你们担心那相互呼救的日子。》

《33.那天,你们将会背转而逃。在安拉那里你们没有任何保护者。安拉让谁迷误,谁就没有引导者。》

《34.以前优素福确给你们带来了许多明证,但是你们却一直怀疑它。后来他去世时,你们说:"在他以后安拉绝不派使者了。"就这样,安拉任那些放肆者和怀疑者处于迷误当中。》

《35.没有任何证据而就安拉的启示争论的人,在安拉和归信者看来,是极其受恼怒的。就这样,安拉封闭每一个高傲者和自大者的心。》

清高伟大的安拉说,法老家族的这位清廉义士,警告其民族防备今后两世安拉的惩罚。他说:"**我的族人啊!的确我担心你们遭受(古代)各民族所遭受的灾难**",即让他们认识到古代否认安拉的众使者的各族人——努哈的民族、阿德人、塞姆德人以及他们之后否认使者的人们,是怎么遭受安

——————
[1]《布哈里圣训实录诠释——造物主的启迪》13:136。

拉惩罚的,没有什么人或力量能替他们阻挡惩罚。

"**不过,安拉不愿亏待众仆**",即安拉惩罚他们的原因是,他们罪恶累累,否认使者,违背使者的命令,因此,安拉向他们执行了他的决定。

然后义士说:"**我的族人啊!我为你们担心那相互呼救的日子。**"经文指复活之日。

"**那天,你们将会背转而逃**",即你们要逃跑。《绝不然!没有避难之地!那天,定所只在你的养主那里。》(75:11-12)因此,经文说:"**安拉那里你们没有任何保护者**",即没有谁能保护你们免于安拉的惩治。

"**安拉让谁迷误,谁就没有引导者**",即如果安拉任一个人迷误,那么,除了安拉之外他再也找不到引导者。

"**以前优素福确给你们带来了许多明证**",即穆萨之前,安拉曾派遣埃及大臣优素福先知,公正地去劝化埃及人,但他们没有接受他的信仰,而只是流于形式,仅因为他享有今世宰相地位而逢迎他。安拉说:"**但是你们却一直怀疑它。后来他去世时,你们说:'在他以后安拉绝不派使者了。'**"即你们绝望了,所以你们带着期盼的心情说:"在他以后安拉绝不派使者了。"因为他们极度否认和不信。

"**就这样,安拉任那些放肆者和怀疑者处于迷误当中。**"你们的情况就像这种人的情况:安拉因为他过分的行为和怀疑的心态而任他迷误。

然后清高伟大的安拉说:"**没有任何证据而就安拉的启示争论的人……**"持假驳真的人以及在安拉没有授予证据的情况下无理狡辩的人,将遭受安拉最严厉的惩罚。

因此,清高伟大的安拉说:"**在安拉和归信者看来,是极其受恼怒的**",即穆民们也恼怒有这种属性的人。因为安拉将封闭这种人的内心,所以他善恶不分。"**就这样,安拉封闭每一个高傲者和自大者的心。**""高傲者"指抗拒真理的人。

艾布·阿林和格塔德说"自大"的表现之一是滥杀无辜。安拉至知。

《36.法老说:"哈曼啊!给我造一座大厦,以便我可以到达那些门》

《37.——诸天之门,以便我可以瞧瞧穆萨的神。不过我认为他是一个说谎的人!"因此,法老的恶行在他自以为是冠冕堂皇的。他被拒于正道。而法老的阴谋终会归于毁灭。》

## 法老嘲笑穆萨的主

法老残暴蛮横,否认穆萨,他命令他的宰相

哈曼为他烧制砖瓦，建造一座高楼大厦，说："哈曼，给我点火烧泥，并为我造一座大厦。"（28：38）"以便我可以到达那些门——诸天之门"；伊本·朱拜尔和艾布·撒立哈说经文指"诸天之门"，有人认为经文指诸天之路。[1]

"以便我可以瞧瞧穆萨的神。不过我认为他是一个说谎的人！"抱有否认和顽抗心态的法老，认为穆萨在说谎，安拉没有派他做使者。

清高伟大的安拉说："因此，法老的恶行在他自以为是冠冕堂皇的。"法老想通过这种行为，使他的百姓认为他能做一件重大的事情，从而证明穆萨在说谎。

清高伟大的安拉说："而法老的阴谋终会归于毁灭。"伊本·阿拔斯和穆佳黑德解释说："法老的阴谋只是在亏折之中。"[2]

❦ 38.那位信仰者道："我的族人啊！你们跟随我，我就引导你们到正道。"❦

❦ 39.我的族人啊！今世的生活只不过是一种享受，后世才是（永久）可靠的家。❦

❦ 40.作恶的人，只得到相应的报应。谁行善，无论是男是女，只要是归信者，都将进入乐园，并在其中获得无限的供应。❦

### 法老家族的信士进一步的谈话

虽然这位信士的民族坚持叛逆、违犯法度，只求今世，但他还是对他们说："我的族人啊！你们跟随我，我就引导你们到正道。"而不像法老那样，抱着悖逆的态度说：❦ 我只给你们引导正道！❦（40：29）然后这位信士让族人看淡今世，重视被他们遗忘的后世；对今世的一味追求，致使他们不相信安拉的使者穆萨。

"我的族人啊！今世的生活只不过是一种享受"，即今世生活如过眼云烟，瞬间即逝。

"后世才是（永久）可靠的家。"后世的家园永不消失，他们也永远不会离开它。但那永恒的家园要么是乐园要么是火狱。因此，经文说："作恶的人，只得到相应的报应"，即作一恶事，有一恶报。

"谁行善，无论是男是女，只要是归信者，都将进入乐园，并在其中获得无限的供应"，即给他们的报偿是无限的，并且永不中断和结束。祈求安拉使我们走正路。

---
(1)《格尔特宾教律》15：314。
(2)《泰伯里经注》21：388。

❦ 41.我的族人啊！怎么我召你们得救，而你们却叫我去火狱！❦

❦ 42.你们叫我否认安拉，并以我所不知道的举伴安拉，而我却邀请你们归信优胜的、至恕的主！❦

❦ 43.无疑的，你们叫我去信仰的，在今世和后世都不能应答任何祈求。我们的归宿是安拉，过分者将是火狱的居民！❦

❦ 44.不久你们就会记起我现在和你们所说的话了。我把我的事务托付给安拉，安拉确实是全观众仆的！"❦

❦ 45.于是安拉把他从他们预谋的恶劣中拯救了出来，恶劣的惩罚包围了法老的民众，❦

❦ 46.他们早晚都被带到烈火跟前。复活的时刻确定之日，（有声音说）"你们让法老的随从进入最深重的惩罚之中！"❦

### 最后的结论，两伙人的最终归宿

这位信士说，这到底是怎么回事，我号召你们走向成功，即崇拜独一无偶的安拉，相信安拉派遣的使者，"而你们却叫我去火狱！你们叫我否认

**安拉，并以我所不知道的举伴安拉”**，即让我无知地、毫无证据地否认安拉吗？

**“而我却邀请你们归信优胜的、至恕的主！”**优胜而伟大的安拉，将宽恕一切向他忏悔的人。

**“无疑的，你们叫我去信仰的……”**即你们叫我去信仰的伪神能说出真理吗？

赛丁伊、伊本·哲利尔说“**无疑的**”指真的；端哈克认为指不可否认；伊本·阿拔斯解释说：“不然，你们号召我去崇拜的偶像和伪神‘**在今世和后世都不能应答任何祈求。**’”穆佳黑德说：“偶像根本不算什么。”(1)格塔德说：“偶像不能给人带来益处，也不能带来害处。”(2)赛丁伊说：“在今世和后世中，它们都不会应答祈求者的祈求。”正如安拉所述：《谁比舍安拉而祈求那些直到复生日也不能回答他们，并且对他们的祈求毫无知觉的（伪神）的人们更迷误呢？当人类被集中起来时，它们（伪神）将变成他们的敌人，并否认他们的崇拜。》（46：5-6）《如果你们祈求它们，它们听不到你们的祈求，即使它们能听到，它们也不能回应你们。》（35：14）

在后世中，“**我们的归宿是安拉**”。他将根据每个人的作为奖罚他们。

因此经文说：“**过分者将是火狱的居民！**”他们将因为他们的罪行——举伴安拉而永居火狱。

**“不久你们就会记起我现在和你们所说的话了。”**你们将会知道和记起，当初我给你们所命令、禁止、忠告和阐述的一切都是真实的。但你们在这天——后悔无用的日子里懊悔不已。

**“我把我的事务托付给安拉”**，我只托靠安拉，向安拉求助，我将和你们划清界限，不与你们同流合污。

**“安拉确实是全观众仆的！”**清高神圣的安拉观看着你们，他将引导值得引导的人，任应该迷误者迷误。此中确有他的深刻哲理和明证。他的定然是畅通无阻的。

**“于是安拉把他从他们预谋的恶劣中拯救了出来”**，即安拉从今后两世的灾难中拯救了这位信士，今世他和穆萨先知一起获救，后世他要进入乐园。

## 坟墓中遭受惩罚的明证

**“恶劣的惩罚包围了法老的民众”**，即他们被淹没在大海之中。此后他们将进入火狱，他们的灵魂从早到晚被送到火跟前，直到复生日来临。当复生日来临后，他们的灵魂和肉体要聚集在火狱中，因此，经文说：“**复活的时刻确定之日，（有声音说）‘你们让法老的随从进入最深重的惩罚之中！’**”“**最深重的惩罚**”指最痛苦的刑罚。

逊尼派认为，犯罪者要在白勒宰赫(3)遭受惩罚，他们的理论根据就是这节经文：“他们早晚都被带到烈火跟前。”

但这里有个问题：即这节经文确实是麦加降示的经文，学者们根据它指出，白勒宰赫中有刑罚。据伊玛目艾哈麦德传述，阿伊莎（愿主喜悦之）有一个犹太女仆，阿伊莎每次善待她，她都会说：“愿安拉从坟墓的惩罚中保护你！”阿伊莎说，有一天，安拉的使者ﷺ来到我跟前，我问：“安拉的使者啊！复生日来临之前，坟墓中有惩罚吗？”使者说：“没有。这是谁说的？”她回答说，是这个女犹太人说的，我每次帮她忙时，她就这么说。安拉的使者ﷺ说：“犹太人在撒谎，他们是最不忠于安拉的人，末日来临之前没有惩罚。”过了在安拉意欲的一段时间后，有一天中午，使者披着衣服来到众人跟前，当时他两眼通红，高声喊道：“坟墓就像一段茫茫的黑夜，人们啊！假若你们知道我所知道的，你们一定会多哭少笑。人们啊！求安拉从坟墓的惩罚中庇佑你们吧！坟墓中的惩罚是真实的。”(4)有人问，这段圣训和叙述白勒宰赫惩罚的麦加章经文之间应该怎样协调一致呢？答复是：《古兰》经文说明，（多神教徒的）灵魂在白勒宰赫早晚被展示到火狱跟前，但经文没有说灵魂的痛苦将会殃及坟墓中亡者的躯体，所以说，经文所指可能只是灵魂。至于躯体在白勒宰赫中遭受痛苦的事情，则是一些圣训所提到的。

或许有人会说，这节经文只说明隐昧者要在白勒宰赫中遭受惩罚，而穆民不因为犯罪而在坟墓中受罪。这种观点的根据是下列圣训：阿伊莎（愿主喜悦之）说，有一次安拉的使者ﷺ去她那里，她跟前有一个犹太女人，那女人说：“你知道吗？你们要在火狱中遭受折磨。”使者听到后很吃惊，说：“遭受折磨的只是犹太人。”阿伊莎（愿主喜悦之）说：“过了几夜后，安拉的使者ﷺ说：‘须知！你们要在坟墓中遭受折磨。’”阿伊莎说：“从此以后，安拉的使者ﷺ经常从坟墓的惩罚中求（安拉）庇佑。”(5)

或许有人说，这节经文只说明白勒宰赫中灵魂要受到惩罚，但坟墓中的躯体不遭受惩罚。穆圣ﷺ奉到专门的启示后，开始求安拉从中庇佑他。安拉至知。

（1）《泰伯里经注》21：392。
（2）《泰伯里经注》21：392。
（3）برزخ，从死亡到复生日到来之间的时间。——译者注
（4）《艾哈麦德按序圣训集》6：81。
（5）《艾哈麦德按序圣训集》6：248；《穆斯林圣训实录》1：410。

有关坟墓中有惩罚的圣训非常多。格塔德在解释"**早晚**"时说："只要今世存在，他们从早到晚一直遭受惩罚。并且有声音对他们说：'法老的随从们啊！这是你们的归宿。'以此来显示对他们的鄙视和凌辱。"[1] 伊本·栽德说："今天，他们将从早到晚受刑，直到末日来临。复活的时刻确定之日：让法老的随从进入最深重的惩罚之中！法老的随从就像愚蠢的骆驼，不论踩踏石头还是树枝，都没有感觉。"安拉的使者㊚说："你们每个人死后，其座位早晚被展示给他。如果他是乐园的居民，被展示给他的就是乐园的座位；如果他是火狱的居民，被展示的是火狱的座位。有声音对他说：'一直到安拉在复生日使你复活，这就是你的座位。'"[2]

⁂ 47.那时，他们将在火中互相争论！弱者将对那些曾经高傲的人说："我们确曾是你们的追随者，你们现在能给我们解除一部分烈火吗？" ⁂

⁂ 48.那些曾经高傲的人说："我们全都在其中，安拉确已在他的众仆中判决了！" ⁂

⁂ 49.那些在火中的人将对火狱的监管者们说："求你们的主只减轻我们一天的惩罚吧！" ⁂

⁂ 50.他们道："难道你们的使者不曾给你们带去明证吗？"他们回答说："不然。"他们道："你们祈祷吧！不过，隐昧者的祈祷只在迷误之中！" ⁂

## 火狱居民的争论

清高伟大的安拉讲述，火狱的居民将在火焰中互相争论，法老及其民族也是如此。卑微者（追随者）对那些曾经高傲的人（领导者、大人物）说："**我们确曾是你们的追随者**"，即我们在今世听从你们的号召，否认安拉，陷入了迷误。"**你们现在能给我们解除一部分烈火吗？**"即你们能替我们承担一部分刑罚吗？

"**那些曾经高傲的人说：'我们全都在其中'**"，即我们无法替你们承担，我们现在承担自己的刑罚，就够我们受了。

"**安拉的确已在他的众仆中判决了！**"即安拉根据我们每个人的行为，为我们分配了刑罚。正如安拉所言：⁂ 你们全都有加倍的。不过，你们不知道。⁂ （7：38）

"**那些在火中的人将对火狱的监管者们说：**

'**求你们的主只减轻我们一天的惩罚吧！**'"这些监管者知道安拉不会听取或应答他们的请求，安拉甚至说过：⁂ 你们可耻地进去吧！不要向我说话。⁂（23：108）所以，当火狱的居民要求火狱监管者替他们祈求安拉为他们减轻刑罚，哪怕一日的刑罚时，他们驳斥道："**难道你们的使者不曾给你们带去明证吗？**"即难道今世中众使者没有为你们阐明明证吗？

"**他们回答说：'不然。'他们道：'你们祈祷吧！'**"即天使对火狱的居民说，你们自己替自己祈祷吧，我们不会为你们祈祷的，我们也不愿意听你们的话，也不想让你们得救，我们和你们没有关系，但我们告诉你们，无论你们是否祈求安拉，都不会被听取，更不会被减刑。因此天使说："**不过，隐昧者的祈祷只在迷误之中！**"他们的祈祷是徒劳无酬，不被接受的。

⁂ 51.的确，我誓必在今世的生活和证人们作证的那天，帮助我的众使者和信士们。⁂

⁂ 52.那天，不义的人，他们的托辞将对他们无益，他们将受诅咒，他们只有不幸的家园。⁂

---

（1）《泰伯里经注》21：396。
（2）《艾哈麦德按序圣训集》2：113；《布哈里圣训实录诠释——造物主的启迪》3：286；《穆斯林圣训实录》4：2199。

❧ 53.我确曾赐给穆萨引导,并使以色列的子孙继承经典,❧

❧ 54.以便引导和提醒有理智的人。❧

❧ 55.所以你要忍耐。的确,安拉的许诺是真实的。你当为你的过失求饶,并在傍晚和早晨赞念你的主。❧

❧ 56.那些无理地争论安拉的启示的人,他们的胸中只有一种他们绝不能达成的自大(欲望)。所以你要寻求安拉庇佑。他是全听的主,全观的主。❧

### 使者和信士们的胜利

清高伟大的安拉说:"**的确,我誓必在今世的生活和证人们作证的那天,帮助我的众使者和信士们。**"赛丁伊说:"安拉最初每派一位使者,该使者必会遭到其族人的杀害,安拉早先派去号召世人于真理的穆民群体,也常常遭到类似的打击。这种情况将一去不返。安拉将派遣一些人援助使者和信士们,在今世中与那些迫害者进行战斗。因此,众先知和信士们可能被杀害,但他们在后世必会获胜。"[1] 安拉就这样襄助了穆圣㊥及其弟子们,战胜了一切否认他们、反对他们和敌视他们的人。最终安拉使他的言辞成为至上的,使他的宗教超越一切宗教。安拉命令穆圣㊥离开族人,迁徙到圣城固都斯麦地那,并在其中为他预备了许多援助者和支持者——辅士。后来在与多神教徒之间发生的白德尔战役中,穆圣㊥蒙安拉特慈,大获全胜,从而凌辱了多神教徒,杀死了他们的头目,俘获了他们的骨干,把他们链在桎梏中(像牲畜一样)驱赶。安拉还施恩于他们,让他们收取俘虏的赎金,不久以后,安拉使穆圣㊥光复麦加,使其喜悦地回归故里——这座神圣、尊贵、伟大的禁城。安拉使他清除了其中的一切隐昧和以物配主的丑行,并解放也门,最终使整个阿拉伯半岛臣服于他,人们成群结队地加入安拉的宗教。然后安拉使穆圣㊥归真,让他去享受他那里的盛大款待。之后,安拉让他的弟子们替他传教,号召安拉的仆人们崇拜安拉,他们开拓疆土,攻克城池,人心所向,将穆圣㊥的号召推广到世界各地。这一宗教将一直存在下去,直至末日。因此,安拉说:"**的确,我誓必在今世的生活和证人们作证的那天,帮助我的众使者和信士们**",即复生日的胜利是更伟大的。穆佳黑德说"**证人们**"指众天使。[2]

"**那天,不义的人,他们的托辞将对他们无**益。"一些学者将"**那天**"读为主格[3]。"**不义的人**"指多神教徒。那日他们的一切借口和赎金都不被接受。

"**他们将受诅咒**",他们将被疏远或弃绝于安拉的慈悯。

"**他们只有不幸的家园。**"赛丁伊说"**不幸的家园**"指火狱,它真恶劣啊!

### 暗示使者和穆民们会像穆萨和以色列的后裔一样取得最终的成功

清高伟大的安拉说:"**我确曾赐给穆萨引导**",即安拉曾赋予穆萨正道和光明。

"**并使以色列的子孙继承经典**",即因为以色列的子孙坚持服从安拉、追随安拉的使者、并遵守安拉降给他们的《讨拉特》,所以安拉使他们赢得最终的胜利,让他们继承法老的家园、财产和国家。

"**以便引导和提醒有理智的人。**""**理智**"指健全的思维。

---

(1)《泰伯里经注》21:401。
(2)《泰伯里经注》21:402。

(3)根据这种读法,经文可译为:证人们作证的日子,是不义者的托辞无益于他们自身的日子。——译者注

"所以你要忍耐"，即穆罕默德啊！你要忍耐。

"的确，安拉的许诺是真实的"，即安拉曾为你许诺要弘扬你的言辞，使你和你的跟随者们获得最终的胜利。安拉从不违背诺言。安拉告诉你的这一切都是真实无疑的。

"你当为你的过失求饶。"经文通过这种方法，鼓励穆斯林向安拉求饶。

"并在傍晚和早晨赞念你的主。""傍晚"指白天的最后时刻和夜晚的最初时刻；"早晨"指白天最初的时刻和夜晚的最后时刻。

"那些无理地争论安拉的启示的人"，即在没有来自安拉的明证的情况下，坚持谬误抗拒真理，以含糊不清的理由驳斥明确无误的证据的人。

"他们的胸中只有一种他们绝不能达到的自大（欲望）。"他们心中所想的，仅仅是怎么抗拒真理，藐视带来真理的使者。他们一心希望消灭真理，让谬误抬头，但这种想法终究无法变成现实。真理必将胜利，他们的妄想必将落空。

"所以你要寻求安拉庇佑"，即你当求安拉庇佑你，不要像自大的人一样。

"他是全听的主，全观的主"，即像这些无理争论安拉经文的人们的恶言丑行，都在安拉的全听与全观之中。

57.诚然，造化天地是比造化人类更繁重的，可是大多数人不了解。

58.瞎子和有眼光的人不同，那些归信并行善的人和那作恶的人也不同，你们很少觉悟。

59.那复活时刻誓必来临，毫无怀疑，可是大多数人不归信。

## 死后的生活

清高伟大的安拉强调说，他要在复生日复造万物。复造对他是轻而易举的。因为创造诸天和大地是比创造人类更加困难的，能够做到如此困难事情的安拉，更能够做到比之轻松的事情。正如下列经文说："难道他们没有看见造化了诸天与大地，并且不由于造化它们而感到疲倦的安拉，是有能力给死者生命的吗？是的，他确实是全能万事的。"（46：33）本章的经文说："诚然，造化天地是比造化人类更繁重的，可是大多数人不了解。"他们不参悟这个证据，正如许多阿拉伯人承认安拉创造了天地，但他们出于否认和顽固，而不相信后世的归宿。其实他们已经承认了比他们所否认的事情更不容易发生的事。

然后经文说："瞎子和有眼光的人不同，那些归信并行善的人和那作恶的人也不同，你们很少觉悟。"一个什么也看不见的瞎子和一个能观察各处的明眼人是不同的，他们之间有明显的差距。同样，行善的穆民和作恶的隐昧者也是不同的。

"你们很少觉悟"，即大部分人所考虑的问题真的太少了。

然后经文说："那复活时刻誓必来临，毫无怀疑，可是大多数人不归信"，即他们不但不相信复活要来临，而且还否认它的存在。

60.你们的主说："你们要祈求我，我就应答你们，那些高傲而不拜我的人，他们必定屈辱地进入火狱。"

## 命人祈祷安拉

清高伟大的安拉出于他的恩惠和慷慨，鼓励仆人向他忏悔，并且保证回应他们。正如苏富扬·绍利所说："主啊！你最喜爱的仆人是向你祈求，并多多祈求的人；你最恼怒的仆人是不向你祈求的人。除你之外没有谁的情况是这样的。啊！我的养主！"

诗人的下列话表达的也是这个意义：安拉的情况是：如果你不向他祈求，他就会恼怒你；人们的情况是：如果你向他们祈求，他们就会恼怒你。凯尔卜·本·艾哈巴尔说：这个民族获得了三件事情，这是以前的民族和他们的先知未曾获得的。一、以前，安拉每派一位先知，就只对他说："你是你民族的证人。"而安拉使你们（穆圣㊢的民族——这些普通人）成为世人的证人；二、以前的先知被告知："安拉在宗教中没有为你设置任何困难。"而安拉对穆圣㊢的每个教民都说："他在宗教中没有为你们设置任何困难。"（22：78）三、安拉对以前的先知说："你们要祈求我，我就应你们。"而安拉对这个民族的每个人都说了："你们要祈求我，我就应答你们。"[1]

安拉的使者㊢说："祈祷就是一项功修。"然后圣训传述者（努尔曼·本·毕西尔）读道："你们要祈求我，我就应答你们，那些高傲而不拜我的人，他们必定屈辱地进入火狱。"[2]

"那些高傲而不拜我的人。""不拜我"指不祈求我、不承认我的独一。"他们必定屈辱地进入

---

（1）《格尔特宾教律》15：327。
（2）《艾哈麦德按序圣训集》4：271；《泰伯里经注》21：406、407；《圣训大集》6：405、450；《伊本·马哲圣训集》2：1258；《提尔密济圣训全集诠释》8：308、9：121；《艾布·达乌德圣训集》2：161。

火狱。""屈辱地"指渺小地、卑贱地。

穆圣☺说:"复生日,骄傲的人们复活起来时,就像芥子一样渺小,虽然他们的形象还是人的模样。任何一件渺小的物品都比他们高大。他们就这样进入被称为布莱斯的监狱,其中,火苗要压过他们,他们将被迫饮用赫巴里泥汁——火狱居民的身上流出的浓疮液体。"[1]

◆61.是安拉为你们设定夜,供你们在其间休息,并设定白天,供你们观看。安拉对于人类确实是有宏恩的,但是大多数人不感谢。◆

◆62.那就是安拉,你们的养主,万物的造化者。应受拜者,只有他。那么,你们究竟转变到哪里?◆

◆63.那些不信安拉启示的人,当初就是那样叛逆。◆

◆64.是安拉为你们将大地设为居所,将天空设为苍穹,并赋予你们形象,使你们的形体完美,还供给你们一些佳美的东西。那就是安拉,你们的养主。所以,安拉——众世界的主真吉庆啊!◆

◆65.他是永生的主,除他以外无应受拜者。所以你们当祈求他,为他虔诚奉教。万赞归安拉——众世界的养主。◆

### 安拉的大能和独一的种种迹象

清高伟大的安拉在此讲述他对人类的恩典:他创造了夜晚,供白天为生活而奔波的人们休息;他创造白天,为人们旅行各地或从事各种工作而照明。"**安拉对于人类确实是有宏恩的,但是大多数人不感谢**",即他们不感谢安拉所赐的各种恩典。

然后经文说:"**那就是安拉,你们的养主,万物的造化者。应受拜者,只有他**",即这一切都是独一无偶、创造万物的安拉所做的。除他之外没有主宰,也没有养育者。

"**那么,你们究竟转变到哪里?**"即你们怎么去崇拜那些不但什么也不能创造,而且它们自己是被创造的、被雕刻的偶像呢?

清高伟大的安拉说:"**那些不信安拉启示的人,当初就是那样叛逆。**"正如这些人因为崇拜除安拉之外的假神而迷失了正路那样,他们之前的人们也荒谬地伪造了一些所谓的神,并毫无理由地去崇拜它们,他们的行为只源于无知和私欲。与此同时,他们否认了安拉的种种明证和迹象。

"**是安拉为你们将大地设为居所**",即安拉为了你们,而使大地成为稳定的、平坦的,供你们在

上面生活、工作、周游。安拉用山稳固大地,以免大地摇动。

"**将天空设为苍穹**",即安拉使天成为保护世界的"顶棚"。

"**并赋予你们形象,使你们的形体完美……**"安拉以最美好的形态创造了人类,赋予其最完美的形象。

"**还供给你们一些佳美的东西。**""佳美的东西"指今世中的各种食物和饮品。然后经文指出,安拉是家园、居民和给养的创造者。因为他是创造者和供养者,正如安拉所言:◆ 世人啊!你们应当崇拜你们的主!他创造了你们和你们以前的人,以便你们敬畏。他使大地成为地毯,使天成为你们的遮盖,并从天空降下雨水,以它生出果品作你们的粮食。因此,你们不可明知故犯地为安拉设立对等者。◆(2:21-22)安拉提及万物的创造后说:"**那就是安拉,你们的养主。所以,安拉——众世界的主真吉庆啊!**"即养育众世界的安拉真清高、神圣和圣洁啊!

经文接着说:"**他是永生的主,除他以外无应受拜者**",即安拉是永远存在的,他是前无始后无终的,(属性)明显的、(本然)隐藏的,没有任

---

[1]《艾哈麦德按序圣训集》1:179。

何物与他匹配或对等。

"所以你们当祈求他，为他虔诚奉教。"你们要相信安拉的独一，承认应受拜者，只有安拉。一切赞美都属于他——众世界的养主。阿卜杜拉·本·祖拜尔曾在每次礼拜完毕，念出拜词时念："应受拜者，只是独一无偶的安拉，权力归他，赞美归他，他是全能万事的。（我们）没有办法，也没有力量，惟凭安拉。应受拜者，只是安拉。我们只拜他，恩典属于他，恩惠属于他，赞美属于他。应受拜者，只是安拉。（我们）为他虔诚奉教，哪怕隐昧者憎恶。"他说，安拉的使者每次礼拜完毕后就念这个祷词。[1]

❄ 66.你说："来自我的养主的种种明证来临我的时候，我被禁止崇拜你们舍安拉而祈祷的。我已奉命服从众世界的主。" ❄

❄ 67.是他由土造化你们，然后由一滴精液，然后由血块，然后他使你们出世成为婴孩，然后使你们到达成年，然后使你们衰老——你们当中有此前死去的——并且你们能够活到一个被言明的期限，以便你们能够领悟。 ❄

❄ 68.是他赋予生命，带来死亡。当他决定一件事时，只需对它说"有"，它就有了。 ❄

**禁止人以物配主，命令人认主独一，及其证据**

清高伟大的安拉说，穆罕默德啊！你对这些多神教徒说，安拉禁止任何人舍他而崇拜各种偶像和伪神，安拉在下列经文中已经阐明，除他之外任何人都没有资格受崇拜。安拉说："**是他由土造化你们，然后由一滴精液，然后由血块，然后他使你们出世成为婴孩，然后使你们到达成年，然后使你们衰老**"，即只有独一无偶的安拉，使你们在上述各阶段中不断变化，这一切都是奉他的命令、安排和计划实现的。

"**你们当中有此前死去的**"，即有些人在出生来到这个世界之前，就胎死腹中。也有人在到于老年之前，在幼年、青年或中年死去。正如安拉所言：❄ 以便我为你们阐明。我随意使它留在子宫中，直到一个被规定的时间。 ❄（22：5）

本章的经文说："**并且你们能够活到一个被言明的期限，以便你们能够领悟。**"伊本·朱莱杰解释这节经文说："以便你们参悟复生。"

然后经文说："**是他赋予生命，带来死亡**"，即只有安拉独自掌握这种权力，除安拉之外没有谁有这种能力。

"**当他决定一件事时，只需对它说'有'，它就有了**"，即安拉的命令是不可违背和抗拒的，他意欲存在的事物必定要存在，他不意欲存在的事物必定不会存在。

❄ 69.你没看到那些就安拉的启示争论的人是怎样背弃的吗？ ❄

❄ 70.那些否认天经和我差遣众使者带去（信息）的人不久就会知道。 ❄

❄ 71.当时，枷锁和链子绕在他们的脖子上，他们被拖动着， ❄

❄ 72.——拖进沸腾的液体中，然后被拖进火狱中焚烧。 ❄

❄ 73.那时他们会被问道："你们当初为安拉所举的伙伴在哪里？" ❄

❄ 74.——舍安拉（而崇拜的在哪里？）"他们说道："他们已从我们当中消失了。不，我们过去从没祈求任何事物。"安拉就这样任隐昧者迷误。 ❄

❄ 75.这是由于你们曾在大地上无理地狂欢，由于你们的傲慢。 ❄

❄ 76.你们进入火狱的门，并永居其中吧。高傲者的居处真恶劣啊！ ❄

**反驳并否认安拉迹象者的归宿**

清高伟大的安拉说，穆罕默德啊！你不要为否认安拉的经文，并且坚持谬误、反驳真理的人而感到奇怪，你不要去想他们的头脑怎么能放弃正道而追求迷误？"**那些否认天经和我差遣众使者带去（信息）的人**"，即那些不信天经，拒绝安拉派遣众使者带来的正道和明证的人，"**不久就会知道**"，这是安拉对这些人的严厉警告。正如安拉所言：❄ 那天，否认者们真倒霉啊！ ❄（77：15）

"**当时，枷锁和链子绕在他们的脖子上**"，即他们戴着桎梏，被管理火狱的宰巴尼天使牵在手中，时而被拖到沸腾的液体中，时而被拖到燃烧的火狱中。

因此清高伟大的安拉说："**他们被拖动着，——拖进沸腾的液体中，然后被拖进火狱中焚烧。**"又说：❄ 这就是犯罪者们所否认的火狱。他们将往来于它和极热的液体当中。 ❄（55：43-44）

安拉讲述了火狱的居民吃攒枯木恶果，饮沸腾的液体后说：❄ 然后，他们的归宿将是火狱。 ❄（37：68）又 ❄ 薄福者，薄福者是何人？在毒风和滚烫的液体当中，在黑烟的阴影下，既不凉爽，

---

(1)《艾哈麦德按序圣训集》4：4；《穆斯林圣训实录》1：415、416；《艾布·达乌德圣训集》2：173。

也不美观。以前他们确实是奢侈的，他们曾坚持大罪。》（56：41-47）《然后你们这些否认的迷误者们啊！你们一定会食用攒枯木树的恶果，并将以它填满你们的肚子，你们要饮滚烫的液体。像口渴的骆驼一样暴饮！这就是在还报日对你们的招待。》（56：51-56）又《 攒枯木树，确实是犯罪者的食物。像熔化了的铜汁一样，它将在（他们的）腹内沸腾，像滚开水一样沸腾。（有声音说，）抓住他，然后把他拖到火狱中去！再在他的头上浇下沸水。尝尝吧！你的确是优秀的，尊贵的。这就是你们曾经怀疑的。》（44：43-50）即一种带着斥责和鄙视口气的声音，对他们说了上述话。

"那时他们会被问道：'你们当初为安拉所举的伙伴在哪里？——舍安拉（而崇拜的在哪里）？'"即有人对他们说："你们当初舍安拉而崇拜的那些偶像在哪里？今天他们怎么不来帮你们呢？"

"他们说道：'他们已从我们当中消失了'"，即他们不在了，不会给我们带来任何益处。

"不，我们过去从没祈求任何事物。"多神教徒们否认了他们当初崇拜偶像的行为。正如安拉所言：《 那时，他们的托词仅仅是："指安拉——我们的主发誓！我们不是崇拜多神的人。"》（6：23）因此，"安拉就这样任隐昧者迷误。"

"这是由于你们曾在大地上无理地狂欢，由于你们的傲慢"，即天使将对他们说，这就是你们当初在今世时狂欢和奢侈的报应。

"你们进入火狱的门，并永居其中吧。高傲者的居处真恶劣啊！"这住处真恶劣啊！抗拒安拉的经文，不接受安拉的明证的人们，将在其中备受凌辱和严刑。安拉至知。

《 77.所以你要忍耐！安拉的许诺确实是真实的。如果我使你看到我所警告他们的一部分，或是我使你死亡，（无论怎样）他们都将被带回到我这里。》

《 78.的确我已经在你以前派遣了一些使者，他们当中有些我已经告诉了你。也有一些我没有对你说过。除非安拉允许，任何一位使者都不能带来一个迹象。但是当安拉的命令到达时，（事情）就会凭真理而裁决。那时，作假的人就亏折了。》

**命令使者要忍耐，并给他报以胜利的喜讯**

清高伟大的安拉命令使者要耐心忍受族人中反对者的否认，因为安拉将为他实现对他的许诺：使他得到族人的拥护，并使他的顺从者们获得今后两世的善果。"如果我使你看到我所警告他们的一部分"，即安拉使你在今世中看到为你许诺的一部分。穆圣确实看到了安拉的这些许诺，让穆斯林们在白德尔战役中扬眉吐气，消灭了一些多神教徒头目和贵族。后来，穆圣健在时，安拉使穆斯林光复麦加，并且收复了阿拉伯半岛。"或是我使你死亡，（无论怎样）他们都将被带回到我这里"，即然后安拉要在后世中使他们尝受惨痛的刑罚。

安拉安慰穆圣说："的确我已经在你以前派遣了一些使者，他们当中有些我已经告诉了你。"正如安拉在《妇女章》中所说的那样。即安拉已经把部分使者及其民族的事迹告诉了穆圣，并告诉他那些使者最初是怎么遭受否认的，最后又是如何赢得胜利的。

"也有一些我没有对你说过"，即安拉没有讲述到的使者人数是已经叙述了的好多倍。参见《妇女章》。一切赞美和恩情，全归安拉。

"除非安拉允许，任何一位使者都不能带来一个迹象"，即若非安拉许可，任何一位使者都无法给其族人带来奇迹，从而证实这位使者所传达的信息。

"但是当安拉的命令到达时","安拉的命令"指安拉的惩罚和萦绕着隐昧者的警告。

"(事情)就会凭真理而裁决。"然后安拉要拯救穆民,毁灭隐昧者。因此安拉说:"那时,作假的人就亏折了。"

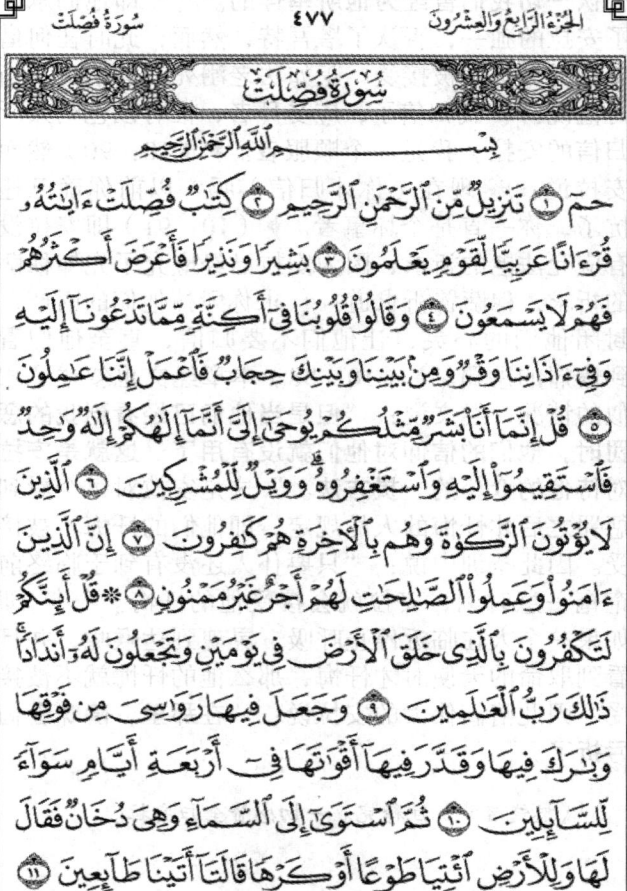

❧ 79.安拉为你们造化牲畜,以它们当中的一部分供你们骑乘,它们当中的一部分供你们食用,❧

❧ 80.它们对你们有许多益处,你们可以利用它们达到你们心中的需求,你们被载在它们身上和船上。❧

❧ 81.他让你们看到他的种种迹象。那么,你们否认安拉的哪个迹象呢?❧

### 牲畜也是安拉的恩典和迹象

清高伟大的安拉在此讲述他对众仆的恩典:他为他们创造了牲畜,比如骆驼和牛羊。有些牲畜可供骑乘,有些可以食肉。譬如骆驼可供人骑乘和食用,人类可以饮用它的奶,可以用它驮运物品,去很远的地方。牛肉可食,牛奶能饮,牛还可以耕地。羊肉可食,羊奶可饮用。上述各种牲畜的绒毛和皮都可以制造居家用品、服装和其他用品。《牲畜章》《蜜蜂章》等章已有所述。因此,经文在此说:"安拉为你们造化牲畜,以它们当中的一部分供你们骑乘,它们当中的一部分供你们食用,它们对你们有许多益处,你们可以利用它们达到你们心中的需求,你们被载在它们身上和船上。"

"他让你们看到他的种种迹象",即安拉在天地各方和你们自身中显示许多迹象。

"那么,你们否认安拉的哪个迹象呢?"除非你们顽抗自大,否则不能否认安拉的任何一件迹象。

❧ 82.难道他们没有旅行大地,去看看他们以前的那些人的结果如何吗?他们比这些人数目更多,力量和在大地上的影响更大。但是他们所做的一切对他们毫无益处。❧

❧ 83.当他们的使者们给他们带去明证时,他们自恃具有知识而得意忘形。他们当初所嘲笑的却包围了他们。❧

❧ 84.当他们看到我的惩罚时,他们说:"我们归信独一的安拉,并否认一切我们曾经为他所举伴的。"❧

❧ 85.但是当他们已经看到我的惩罚时,他们的信仰对他们就没有用了。这就是安拉对待他的众仆的一贯方法,在那里,隐昧者们亏折了。❧

### 以史为鉴

清高伟大的安拉在这里介绍否认众使者的古代各民族的情况,安拉说他们虽然能力强,影响大,财富多,但这一切丝毫不能替他们阻挡安拉的严厉惩罚。因为他们对众使者带来的绝对明证不屑一顾,不接受这些使者。他们自恃所掌握的所谓知识,不去理睬使者们带来的信息。

穆佳黑德说:"那些否认者们说:'我们比他们(信士们)更清楚,我们不会被复生,也不会遭受惩罚。'"[1] 赛丁伊说:"愚蠢的他们自恃有点知识而得意忘形。"[2] 所以他们遭到了不可抗拒的惩罚。

"他们当初所嘲笑的却包围了他们。"他们所否认、所不相信的一切,把他们包围了起来。

"当他们看到我的惩罚时",即他们目睹惩罚降临时,"他们说:'我们归信独一的安拉,并

---

(1)《泰伯里经注》21:422。
(2)《泰伯里经注》21:422。

**否认一切我们曾经为他所举伴的。'"** 即他承认了安拉的独一，否认了塔吾特，然而，此时任何借口和托辞都不被接受。正如法老溺死前的情况，当时他说：❰我归信了，应受拜者，惟有以色列人所归信的安拉。我是一个顺服者。❱（10：90）然而安拉说：❰现在（你才归信）吗？以前你确已违抗了，你一直是个坏事者。❱（10：91）即安拉没有应允法老的祈求，因为安拉已经应允了先知穆萨的祈求，穆萨曾祈求道：❰求你毁掉他们的财产，封闭他们的心灵，让他们不要归信，直至他们看到惨痛的惩罚。❱（10：88）本章经文也叙述了相似的情况，经文说：**"但是当他们已经看到我的惩罚时，他们的信仰对他们就没有用了。这就是安拉对待他的众仆的一贯方法。"** 这是安拉对每个看到惩罚之后才忏悔的人的规定，即他们的忏悔不被接受。因此圣训中说："只要仆人还没有到于临终前奄奄一息时刻，安拉就会接受他的忏悔。"[1] 即如果一个人在临近停止呼吸，灵魂到达喉咙，并且看到取命的天使时才忏悔，那么他的忏悔就不被接受。因此清高伟大的安拉说：**"在那里，隐昧者们亏折了。"**

《恕饶者章》注释完。一切感赞全归安拉。

## 《奉绥莱特章》注释　麦加章

奉普慈特慈的安拉之尊名

❰1.哈一、米目。❱
❰2.这是来自普慈的、特慈的主的启示，❱
❰3.是其节文被详明解释的天经，是给有知识的群体的阿拉伯文《古兰》，❱
❰4.是报喜者和警告者。但是他们大多数避开了，因此他们不能听见。❱
❰5.他们说："对于你所召唤我们的，我们的心在封套之中，我们的耳已失聪，你与我们之间有屏障，所以，你做你的吧，我们在做我们的。"❱

### 《古兰》的特征和悖弃者的言论

"哈一、米目。这是来自普慈的、特慈的主的启示"，即《古兰》是普慈特慈的安拉降示的。清高伟大的安拉说：❰你说："圣洁的鲁哈确已本着真理由你的主带来了启示。"❱（16：102）又❰这确实是众世界养主的启示。忠实的鲁哈带它降临，降到你的心中，以便你成为一个警告者。❱（26：192-194）

"是其节文被详明解释的天经"，即其意义明确无误，其律法精确且富有哲理。

"阿拉伯文《古兰》"，即这部阿拉伯文的《古兰》，详细准确，毫无含糊之处。正如安拉所言：❰这是文辞精确的，解释详尽的经典。来自明哲的、彻知的主。❱（11：1）即无论从文字方面，还是意义方面，这部经典都是一项奇迹。❰它的前后不受谬误侵扰，它是来自睿智的、应受赞美的主的启示。❱（41：42）

"给有知识的群体"，即只有博学者才能理解这部明确的经典。

"是报喜者和警告者。"这部经为穆民报喜的同时，给隐昧者传警告。

"但是他们大多数避开了，因此他们不能听见。"虽然经义明白晓畅，但部分古莱什人对它一无所知。

他们说："对于你所召唤我们的，我们的心在封套之中"，即我们的心被封闭了，所以不能理解你的号召。

"我们的耳已失聪"，即我们的耳朵聋了，不能听你带来的信息。

"你与我们之间有屏障"，所以你说的任何东西都不能到达我们。

"所以，你做你的吧，我们在做我们的"，即你按你的方法工作，我们也将一如既往地按我们的方法工作，我们不会跟随你的。

❰6.你说："我只是像你们一样的人，只是我奉到启示：'你们的主是独一的主。'所以你们要正确地侍奉他，并请求他恕饶。多神教徒应该倒霉！"❱
❰7.他们不付则卡，并且不信后世。❱
❰8.那些归信而且行善的人，必将享有不断的回赐。❱

### 号召人承认安拉的独一

清高伟大的安拉说，穆罕默德啊！你对这些不归信正教的多神教徒说："我只是像你们一样的人，只是我奉到启示：'你们的主是独一的主。'"即安拉和你们所崇拜的各种伪神、偶像和

---
[1]《伊本·马哲圣训集》2：1420。

名目繁多的主宰不同。安拉是独一的。

"**所以你们要正确地侍奉他**",即你们要按照安拉通过使者之口所传达的方法,一心一意地崇拜安拉。

"**并请求他恕饶**"你们以前的罪恶。

"**多神教徒应该倒霉!**"即他们必将遭受毁灭。

"**他们不付则卡。**"[1] 伊本·阿拔斯说:"经文的意思是:他们不肯作证'应受拜者只是安拉。'"[2] 艾克莱麦也持此观点。[3] 正如下面的经文所说:*净化它的人已经成功,玷污它的人已经失败。*(91:9-10)又*纯洁者确已成功,他赞主尊名,履行拜功。*(87:14-15)又*你说:"你愿意纯洁吗?"*(79:18)这里的"纯洁"指从内心净化一切恶行。其中最重要的是从内心涤除以物配主以及净化财产(交纳天课)。天课被称为"则卡",因为人们可以通过交纳天课,净化自己其余的财产,使其合法化;交纳天课也是使财产变多、变得有福分和有益的前提,这样人们才能用之去行善。格塔德认为经文的意思是:"他们不交纳天课。"许多经注学家都明确采用了这种解释。伊本·哲利尔也选择了这种观点。[4] 但这种解释有待商榷,因为不止一位学者指出,天课是迁徙麦地那之后的第二年才规定的,而本章经文则是麦加降示的。主啊!除非人们说这节经文是为了给施舍和天课制度奠定基础,所以穆圣❋为圣初期就奉命做这些好事。

就像下列经文:*收获的日子,你要履行其义务。*(6:141)至于对起征点(一译"满贯",指财产达到满贯的人必须交纳天课)和数额有明确规定的天课,则是麦地那才制定的功课。这是上述两种观点的切合点。譬如在穆圣❋复兴伊斯兰初期,人们只在日升和日落以前礼拜。后来,在迁徙麦地那之前的一年半,安拉才为穆圣❋制定了每天五番拜功,并逐渐介绍了拜功的条件、要素等相关问题。安拉至知。

此后清高伟大的安拉说:"**那些归信而且行善的人,必将享有不断的回赐。**"穆佳黑德等学者说"不断"指不停、不被割开。正如安拉所言:*而永沐恩泽。*(18:3)*那是不断的恩赏。*(11:108)

---
(1)زكاة,则卡,译音,原意为纯洁、洁净、净化、增加。后来专指天课。——译者注
(2)《泰伯里经注》21:430。
(3)《泰伯里经注》21:430。
(4)《泰伯里经注》21:431。

*9.你说:"你们真的不信在两天内造化了大地的主吗?你们要为他设一些对等者吗?他是众世界的主。"*

*10.他在大地上安置了山岳,并降福于其中,在四天内决定它的需求。这是对询问者的答复。*

*11.然后他转而造天,那时它还是蒸气。他对天地说:"无论你们愿意还是不愿意,你们来吧!"它俩说:"我们顺服地来了。"*

*12.因此,他在两天中完成了七重天,并在每一层启示了其事务。我以各种明灯(星星)装饰了最低层的天,并加以保护。这就是优胜的、全知的主的设定。*

### 创造宇宙的部分细节

安拉是宇宙万物的创造者、征服者和掌管者,他全能万事。但是多神教徒们却在拜安拉的同时崇拜偶像和伪神,因此安拉谴责了他们,说:"**你说:'你们真的不信在两天内造化了大地的主吗?你们要为他设一些对等者吗?'**""对等者"指类似的、相像的,人们舍安拉而崇拜它们。

"**他是众世界的主**",即创造万物的主宰,

就是万物的养育者。在这节经文中，安拉阐释了另一节经文：《他在六天当中造化了诸天和大地。》（7：54）在本章分别介绍了与大地诸天相关的一些问题，安拉说，他首先创造了地，因为地是基础。原则上来讲，一切事物都要从基础开始，然后，再着手于上端。正如安拉所言：《是他为你们在地上创造了万物，然后，他又转而（造天），并使它们成为七重协调的天。》（2：29）《是创造你们较困难呢？还是他所建的天更难造？他提升了它的高度，并使它协调。他使它夜晚黑暗，并显出其晨光。此后，他展开了大地。他从那里产生出水和牧草。他使山岳稳固，以便供养你们和你们的牲畜。》（79：27-33）这节经文指出："展开大地"发生在造天之后，而造地则在造天之前。(1)布哈里在注释这节经文时，引述了伊本·阿拔斯就这一问题向别人作出的答复。

据伊本·朱拜尔传述，有人对伊本·阿拔斯说："我发现《古兰》中的许多经文是相互矛盾的。"那人接着说（譬如下列经文）：《当号角被吹响时，他们彼此间将不再有各种关系，也不互相询问了。》（23：101）和《他们当中的一部分走向另一部分，互相询问。》（37：27）《他们不能向安拉隐瞒任何言辞。》（4：42）和《指安拉——我们的主发誓！我们不是崇拜多神的人。》（6：23）事实上经文说明他们在隐瞒真相。又《是创造你们较困难呢？还是他所建的天更难造？他提升了它的高度，并使它协调。他使它夜晚黑暗，并显出其晨光。此后，他展开了大地。》（79：27-30）这节经文提到造天在造地的前面。然后安拉说："你说：'你们真的不信在两天内造化了大地的主吗？'……它俩说：'我们顺服地来了。'"而这节经文中却指出安拉在造地之后才造了天。那人还读道：《安拉是至恕的、至慈的。》（4：23）《优胜的、明哲的。》（4：56）《全听的、全观的。》（4：58）（并说）好像说曾经是如此的，而现在不是了。……伊本·阿拔斯听了这些话后回答说：《当号角被吹响时，他们彼此间将不再有各种关系，也不互相询问了。》（23：101）指第一次号角声响起时的情况。号角声响起后，《诸天与大地的一切都昏迷了，除了安拉所愿意的。》（39：68）那时人们之间的各种关系都断绝了，他们不再互相询问。号角第二次吹响后，《他们当中的一部分走向另一部分，互相询问。》（37：27）至于下列经文《他们不能向安拉隐瞒任何言辞。》（4：42）和

《那时，他们的托词仅仅是："指安拉——我们的主发誓！我们不是崇拜多神的人。"》（6：23）则说的是安拉将为虔诚的人恕饶一切罪恶，多神教徒们见状后说："让我们也说我们不是多神教徒。"然而在他们开始撒谎之前嘴被封闭了，他们只能用手讲话。这时，（他们）才知道任何人不能在安拉面前隐瞒（实情），《在那天，那些不信和不服从使者的人，将希望自己被永远埋没在地下，他们不能向安拉隐瞒任何言辞。》（4：42）安拉在两天之内创造了大地，然后创造了天。然后在另外两天使它们协调，然后展开大地。"展开大地"指在另外两天中他从地下取出水和牧场，创造山岳、丘陵、矿物以及其中的一切。这就是安拉所说的"展开大地"以及"**在两天内造化了大地**"，即安拉在四天内创造了大地及其中的一切，在两天中创造了诸天。至于《安拉是至恕的、至慈的。》（4：100）是安拉以此称呼他自己的语言。即安拉永远就是这样。安拉所意欲的一切，都会按照他的意欲而产生，所以说，《古兰》绝不会使你有矛盾的感觉。因为一切都来自伟大的安拉。(2)"**在两天内造化了大地。**"这两天是星期天和星期一。"**他在大地上安置了山岳，并降福于其中**"，即安拉使大地成为吉庆的，适应美好事物的，它能接受种子，可以栽种。安拉还在大地中设定了其资源，即生物可以栽种并从中获得所需养分的地方。这些都发生在星期二和星期三。加上前两天，总共是四天。因此说，"**在四天内决定它的需求。这是对询问者的答复**"，即安拉以此回答那些抱着求知态度询问的人。艾克莱麦、穆佳黑德在解释"决定它的需求"时说："安拉在每一块土地中创造了在其他土地中不适应的东西。譬如在也门造了阿斯卜，在萨布尔造了撒卜磊，在兰伊造了特亚莱斯(3)。"(4)

伊本·阿拔斯、格塔德、赛丁伊将"**这是对询问者的答复**"解释为："这是对关于这方面提问的人们的答复。"(5)

伊本·栽德在解释"**在四天内决定它的需求。这是对询问者的答复**"时说："安拉按人类的要求，为他们创造他们所需要的一切。"(6)这种解释与下面的经文意义相近：《他把你们向他要求的一切赐给你们。》（14：34）安拉至知。

"**然后他转而造天，那时它还是蒸气。**"经文指安拉创造大地时，天是从地上升起的水蒸气。

---

(1) 赛义德·固特卜《在古兰的荫凉下》认为，不能以时间概念看待安拉的行为，先后（时间）都是被造，不能以之看待安拉的行为。我们只归信之，不宜计较其字眼。——译者注

(2)《布哈里圣训实录诠释——造物主的启迪》8：418。
(3) 也门、萨布尔、兰伊分别为三个地名，阿斯卜、撒卜磊和特亚莱斯则分别是这三个地方的特产。——译者注
(4)《泰伯里经注》21：436。
(5)《泰伯里经注》21：438。
(6)《泰伯里经注》21：438。

"他对天地说：'无论你们愿意还是不愿意，你们来吧！'"即无论你俩愿意与否，你俩都要服从我的命令。

"它俩说：'我们顺服地来了。'"即我们和你意欲要创造的一切天使、精灵和人类（你将用"我们"——大地所包含的物质创造他们）都响应你，愿意服从你的命令。

"因此，他在两天中完成了七重天"，即安拉在另两天中完成了对七层天的协调。这两天是星期四和星期五。

"并在每一层启示了其事务"，即安拉在每一层天中准确地安排了该层天所需要的天使以及只有安拉知道的各种被造物。

"我以各种明灯（星星）装饰了最低层的天。""明灯"指照亮大地的星星；"并加以保护。"以防恶魔偷听上界天使的谈话。

"这就是优胜的、全知的主的设定。""优胜"指征服万物，没有匹敌。"全知"指安拉知道万物的一切行为。

◈ 13.倘若他们避开，你说："我以霹雳警告你们，它与阿德人和塞姆德人所遭受的霹雳一样！"◈

◈ 14.当时，使者们从他们的前后出现在他们跟前，说："你们只能崇拜安拉。"他们说："如果我们的主愿意的话，他一定会派下天使的，所以我们不相信你们的使命。"◈

◈ 15.至于阿德人，他们在大地上无理傲慢，并且说道："谁比我们更强大？"他们难道不曾看到造化他们的安拉比他们更强大吗？他们不信我的启示！◈

◈ 16.因此我就在连续的日子里降给他们暴风，以便我让他们在今世的生活中尝试羞辱的痛苦，而后世的惩罚则是更羞辱的，他们也不被援助。◈

◈ 17.至于塞姆德人，我曾引导他们，但是他们宁愿盲目，不顾引导，因此羞辱的惩罚——霹雳因他们的行为而袭击了他们。◈

◈ 18.我拯救了那些归信而敬畏的人。◈

## 以阿德人和塞姆德人的遭遇提醒否认者

清高伟大的安拉指示使者说，你对那些否认你所带来真理的多神教徒说，如果你们要放弃我从安拉那里带来的信息，那么我要警告你们，你们会像否认众使者的古代民族一样，遭受安拉的惩罚。

"它与阿德人和塞姆德人所遭受的霹雳一样！"即犯有类似于这两个民族所犯罪恶的人们，将和他们一样，遭受相同的惩罚。

"当时，使者们从他们的前后出现在他们跟前。"正如安拉所言：◈你当铭记阿德的兄弟。当时他在沙丘警告他的族人。的确，在他以前和以后，都有警告者逝去。◈（46：21）即在与他们城镇毗邻的地区，使者们奉命号召世人崇拜独一的安拉，向人们报佳音，传警告。这些被派了使者的地区，人们虽然看到安拉怎样惩罚了他的敌人和施恩于他的盟友，但他们还是没有归信正教，而依然否认真理。他们说："如果我们的主愿意的话，他一定会派下天使的"，即如果安拉真的要派使者，就会派他那里的天使做使者。

"所以我们不相信你们的使命"，即来自人类的使者啊！我们不跟随你们，因为你们是像我们一样的人。

清高伟大的安拉说："至于阿德人，他们在大地上无理傲慢"，即他们暴虐自大，反抗安拉。

"并且说道：'谁比我们更强大？'"他们自恃身体壮，力量大，认为能够抵抗安拉的打击。

"他们难道不曾看到造化他们的安拉比他们更强大吗？"即难道他们不参悟一下他们所敌对的安拉的情况吗？安拉是伟大的，他创造万物，并给万物赋予维持它们的力量，他的打击确实是严厉的。正如安拉所言：❮天，我确曾以大能建造它，我确实是拓展者。❯（51：47）然而他们却与强大的安拉为敌，否认他的迹象，违抗他的众使者。

经文说："**因此，我就在连续的日子里降给他们暴风。**"有学者说"暴风"指刮得很厉害的风；有学者认为指寒风；有学者认为指带有声音的风。事实上这种风具备上述一切特征。这种风强悍有力，以便惩罚与之有相同特征的忘乎所以的强悍有力者。正如安拉所言：❮阿德人，则毁于猛烈的寒风。❯（69：6）这种风不但猛烈寒冷，而且还带着嘈杂的声音。东方有一条河，因为在流淌时带有巨大的声音，而被称为"娑勒娑勒"（صرصرا，上文译为猛烈的、带有嘈杂声音的）河。

"**连续的日子**"指接连的日子。安拉说：❮他制服它，使它持续地向他们吹了七夜八天。❯（69：7）又❮我在连续的倒霉之日，对他们降下了凛冽的寒风。❯（54：19）即他们在一个对他们来说不幸的日子开始遭受刑罚，并将继续承受刑罚：❮他使它（风）持续地向他们吹了七夜八天。❯（69：7）直到将他们全部消灭，使他们遭受今世的惩罚之后，紧接着遭受后世的惩罚。

因此，经文说："**以便我让他们在今世的生活中尝试羞辱的痛苦，而后世的惩罚则是更羞辱的**"，即后世的惩罚，带给他们的耻辱更严重。

"**他们也不被援助**"，即他们到后世时，会像在今世时一样，没有谁能保护他们免受安拉的惩处，或替他们抵抗安拉的刑罚。

"**至于塞姆德人，我曾引导他们。**"伊本·阿拔斯、艾布·阿林、伊本·朱拜尔、格塔德、伊本·栽德、赛丁伊说，经文指安拉曾为塞姆德人阐明真理。[1]绍利解释为安拉曾召唤塞姆德人。

"**但是他们宁愿盲目，不顾引导**"，即安拉通过他们的先知撒立哈之口为他们阐明了真理，但他们却违背他，否认他。安拉曾赐他们一峰母驼，用于证明他们先知的言论，但他们却杀了那峰骆驼，

"**因此羞辱的惩罚——霹雳因他们的行为而袭击了他们**"，即安拉派遣了地震声、羞辱和惩罚去打击他们，因为他们曾经否认先知。

"**我拯救了那些归信而敬畏的人。**"虽然这些信士曾经和他们在一起，但信士们没有遭受任何伤害，安拉因为他们的敬畏，而让他们和他们的先知撒立哈一起得救。

❮**19.那天，安拉的敌人们将被集中到火狱中，他们被排着队驱赶。**❯

❮**20.等到他们到达它时，他们的耳朵、眼睛和皮肤，都将对他们所曾做过的事作证。**❯

❮**21.他们将会对他们的皮肤说："你们为什么对我们作证？"它们将会回答道："让万物讲话的安拉，让我们说了话。他最初造了你们，你们也只被带回到他那里。"**❯

❮**22.你们当初不遮掩，以致你们的耳朵、眼睛和皮肤对你们作证！但是你们以为安拉不知道你们所做过的许多事。**❯

❮**23.你们对你们的主所持的想法已经毁灭了你们，所以你们已成为损失的人！**❯

❮**24.如果他们能够忍受，火狱将是他们的居所。如果他们祈求（安拉）悦纳，他们也不属于被悦纳者。**❯

## 复生之日，犯罪者的肢体要为他们所做的事情作证

清高伟大的安拉说："**那天，安拉的敌人们将被集中到火狱中，他们被排着队驱赶**"，即你对这些多神教徒讲一讲复生日的情况，那日监管火狱的天使把他们全部召集起来，赶进火狱。正如安拉所述：❮我要把干渴的犯罪者赶到火狱。❯（19：86）

"**等到他们到达它时**"，即等他们站到火狱跟前时，"**他们的耳朵、眼睛和皮肤，都将对他们所曾做过的事作证**"，即这些肢体将为他们所做的一切事情作证，不会隐瞒一个字母。

"**他们将会对他们的皮肤说：'你们为什么对我们作证？'**"即他们埋怨自己的肢体和皮肤作证揭发他们。但它们回答说："**让万物讲话的安拉，让我们说了话。他最初造了你们**"，即安拉是不可抗拒的，你们只被召回到他那里。艾奈斯·本·马立克传述，我们曾在先知跟前时他笑了，以致他的大牙都露了出来。他问："你们知道我为何而笑吗？"我们回答："安拉及其使者至知。"他说："是因为仆人和他的养主之间的争辩。仆人说：'主啊！难道你没有从不义中拯救我吗？'安拉说：'怎么没有？'仆人说：'我只允许自己替自己作证。'安拉说：'今天你自己足以做自己的证人。尊贵的（记录事物的）天使们也足以为你的见证。'（圣训传述者说，这句话被重复了多次。）此后他的嘴被封住了，他的肢体被告知：'你说吧！'于是它们将说出他的行为。他被允许说话后（对自己的肢体）说：'去你们的吧！我一直在为你们而辩解。'"[2]

---

[1]《泰伯里经注》21：448。

[2]《泰伯里经注》21：452；《哈肯圣训遗补》4：601；《穆斯林圣训实录》4：2280；《圣训大集》6：508。

艾布·穆萨说，隐昧者和伪信士被唤去接受清算时，安拉把他们当初的作为昭示给他们，但他们矢口否认。他们说："我的养主啊！以你的尊严发誓，这个天使给我记录了我从来没有做过的事情。"天使回答说，你在某日于某地做了这件事。但他们坚决否认这些事情，此时，他们的嘴就被封闭了。艾什尔里（艾布·穆萨）说："我想首先出庭作证的是犯罪者的右大腿。"

"**你们当初不遮掩，以致你们的耳朵、眼睛和皮肤对你们作证！**"即他们埋怨自己的肢体为自己的罪行作证的时候，肢体埋怨他们说，你们当初犯罪时，你们不但不避讳我们，而且肆无忌惮，公然否认安拉，干各种罪恶；你们曾经认为安拉不能洞知万物。

因此，清高伟大的安拉说："**但是你们以为安拉不知道你们所做过的许多事。你们对你们的主所持的想法已经毁灭了你们**"，即这种侥幸心理是极其错误的。即他们认为安拉不知道他们所做的许多事情。然而正是他们的这种侥幸心理，在安拉那里毁了他们。

"**所以你们已成为损失的人！**"即在复生日的各种场合，你们损失了自己和家人。

阿卜杜拉说，有一次我躲在克尔白的帷幔后面，这时来了三伙人：一个古莱什人和他的两个赛格夫族的姐夫或妹夫（有传述者说，或是一个赛格夫族人和两个古莱什族的姐夫或妹夫），这些人肚子肥大，头脑简单，讲了一些我从未听过的话。接着一人说："你们不知道吗？安拉能听到我们的这些话。"另一人说："我们高声说话，安拉就能听到；如果我们低声说话，他就听不到了。"第三个人说："如果他能听到一部分，就能听到全部的……"后来我（阿卜杜拉）将这件事情告诉了先知。安拉因此而降谕道："**你们当初不遮掩，以致你们的耳朵、眼睛和皮肤对你们作证！……所以你们已成为损失的人！**"[1]

"**如果他们能够忍受，火狱将是他们的居所。如果他们祈求（安拉）悦纳，他们也不属于被悦纳者。**"他们在火狱中时，忍耐与否都是一样的，无论怎样，他们都无路可逃。如果他们要求安拉喜悦他们，并为自己当初的行为找借口，他们也不会被接受。伊本·哲利尔说："**如果他们祈求（安拉）悦纳……**"指如果他们要求返回今世，那么他们的要求不被应允。（他说）这就是安拉关于他们所说的："**他们将会说："我们的主啊！我们的不幸压**

**倒了我们，我们曾是迷误的群体！""我们的主啊！求你使我们离开这里吧，如果我们重犯，那么，我们就真是不义的人了！他说："你们可耻地进去吧！不要向我说话。"**"（23：106—108）[2]

❀ 25.**我已为他们注定许多伙伴，这些伙伴为他们粉饰了他们以前和以后的一切。在他们以前逝去的精灵和人类各民族中，对他们的判词已被证实。他们的确是亏损的。**

❀ 26.**隐昧的人们说："你们不要听这《古兰》，而要在中间加以干扰，以便你们获胜。"**

❀ 27.**我一定会使隐昧的人们尝试严厉的刑罚，并将依照他们所做过的最恶劣的罪行还报他们。**

❀ 28.**这就是安拉的敌人们的报应——火狱，他们在其中有永恒的住所。这是对他们过去否认我的启示的报应。**

❀ 29.**隐昧的人将会说："我们的主啊！求你让我们看到误导了我们的精灵和人类，我们一定把他们踩在脚底下，以便他们变成最卑贱的。"**

## 多神教徒的伙伴们将他们的丑行粉饰得冠冕堂皇

清高伟大的安拉凭他的意志、他的存在和他的大能，使多神教徒们坠入歧途，他为那些多神教徒安置了来自人类和精灵的恶魔作伙伴。安拉的一切行为都是富有哲理的。

"**这些伙伴为他们粉饰了他们以前和以后的一切**"，即那些伙伴为他们粉饰了他们过去的行为（致使他们以为，他们的工作是美好的），他们认为自己的未来也是美好的。正如安拉所言：❀ **谁无视记念至仁主，我就指派一个魔鬼作为他的伙伴。它们一定会在正道上阻碍他们，而他们却以为自己遵循着正道。** ❀（43：36—37）

"**在他们以前逝去的精灵和人类各民族中，对他们的判词已被证实**"，即以前犯有同类罪行的人们，安拉判定他们必遭惩罚，这些人的下场也是如此。

"**他们的确是亏损的**"，即他们和古代的同案犯们，都在亏折和毁灭之中。

## 隐昧者们互相鼓动不听《古兰》以及为此付出的代价

"**隐昧的人们说："你们不要听这《古兰》，**"，即隐昧者们相互告诫说，不能听《古

---

（1）《穆斯林圣训实录》4：2142；《艾哈麦德按序圣训集》1：381、408；《提尔密济圣训全集诠释》9：123、124；《布哈里圣训实录诠释——造物主的启迪》8：424、425；《穆斯林圣训实录》4：2141、2142。

（2）《泰伯里经注》21：458。

兰》的声音，更不能遵守其中的规定。

"而要在中间加以干扰"，即穆罕默德诵读《古兰》的时候，他们吹口哨、拍手掌，扰乱他的精力。古莱什人就是这样做的。

"以便你们获胜。"这是一些愚蠢的隐昧者及他们的同类听《古兰》时的情况。因此，安拉命令穆斯林做与此相反的事情，安拉说：﴿当有人诵读《古兰》时，你们当聆听它，并当肃静，以便你们获得怜悯。﴾（7：204）安拉襄助《古兰》，然后报复反对他的否认者，说："我一定会使隐昧的人们尝试严厉的刑罚"，用来还报他们在听《古兰》时有意的捣乱。"并将依照他们所做过的最恶劣的罪行还报他们"，即安拉使他们遭受劣行的恶报。

"这就是安拉的敌人们的报应——火狱，他们在其中有永恒的住所。这是对他们过去否认我的启示的报应。隐昧的人将会说：'我们的主啊！求你让我们看到误导了我们的精灵和人类，我们一定把他们踩在脚底下，以便他们变成最卑贱的。'"阿里在注释"误导了我们的精灵和人类"时说："（这个精灵和人）指伊卜厉斯和阿丹的儿子中的杀人者。"[1]

另据传述，阿里说："每个以物配主者，都要追随伊卜厉斯，每个犯大罪者，都要追随阿丹的（曾杀了人的）儿子。[2]因为伊卜厉斯和阿丹的第一个儿子，是包括以物配主罪在内的一切罪恶的倡导者。"正如圣训所述："只要有人被枉杀，阿丹的第一个儿子就得背负一份血债，因为他是杀人的始作俑者。"[3]

"我们一定把他们踩在脚底下"，即我们要让他们遭受更凌辱的刑罚。

"以便他们变成最卑贱的"，以便他们处于火狱的最低层。《高处章》也曾叙述过，在火狱中，那些追随者们请求安拉加倍惩罚当初带领他们犯罪的人。安拉回答他们说：﴿你们全都有加倍的。不过，你们不知道。﴾（7：38）即安拉根据每个人的实际情况，让他们遭受了相应的惩罚。正如另一段经文所说：﴿那些不信安拉并在安拉的道上阻碍（他人）的人，因为他们曾经为非作歹，我将对他们罚上加罚。﴾（16：88）

﴿30.那些说"我们的主是安拉"，并从此以后坚定不移的人，天使们降临于他们，说道："你们不要害怕，也不要忧虑，而要为你们曾被许诺的乐园而欣喜！"﴾

﴿31.我们是你们在今世与后世的保护者。其中，你们享有你们所想要的一切，其中，你们将获得你们所要求的！﴾

﴿32.这是至恕的、至慈的主的款待！﴾

### 坚持正道和认主独一者的佳音

清高伟大的安拉说："那些说'我们的主是安拉'，并从此以后坚定不移的人"，即那些一心为主工作，并遵循安拉的法律的人们。赛尔德·本·仪姆兰说，我在艾布·伯克尔跟前读了这节经文，他说经文指的是"不以任何物举伴安拉的人。"[4]

艾斯沃德·本·希俩里传述，艾布·伯克尔曾问（身边的人）："你们是怎么理解'那些说："我们的主是安拉，并从此以后坚定不移的人"'这节经文的？"众人回答说："（其意义是）他们说，我们的主是安拉，并循规蹈矩。"艾布·伯克尔听后说："你们对经文作了不够恰当的解释。经文的意思应该是：他们说，我们的主是安拉，并坚定不

---

（1）《泰伯里经注》21：462。
（2）《泰伯里经注》21：462。
（3）《布哈里圣训实录诠释——造物主的启迪》6：419。

（4）《泰伯里经注》21：464。

移，只拜安拉，不向其他一切（伪神）求助。"[1]

苏富扬·本·阿卜杜拉说，我曾问："安拉的使者啊！请给我讲一句能保护我的话。"使者㊚说："你说，我的主是安拉，然后你坚守不变。"我问："安拉的使者啊！你对我最担心的是什么？"使者指着自己的舌头尖说："这个。"[2]

苏富扬·本·阿卜杜拉说："安拉的使者啊！请告诉我关于伊斯兰的一句话，我不会再向除你之外的任何人请教它。"使者㊚说："你说：我归信安拉，然后你坚定不移。"[3]

"天使们降临于他们。"穆佳黑德、艾克莱麦、赛丁伊等学者说，在他们临终的时候，天使下来对他们说："你们不要怕。"[4] 穆佳黑德、艾克莱麦、栽德·本·艾斯莱姆等学者解释为："在今世，你们不要因为将在后世面临的事而担心。"[5]

"也不要忧虑"，即你们也不要因为你们在今世中留下的事情，比如子女、妻室、财产和债务问题而忧虑。因为我们（天使们）将替你们处理这些事。

"而要为你们曾被许诺的乐园而欣喜！"天使将为他们报告苦尽甘来的喜讯。白拉伊传述的圣训中说："天使们对穆民的灵魂说：'纯洁的灵魂啊！你从你所依附的纯洁躯体中出来吧！出来吧！去迎接鲜花、馨香和不恼怒的主宰。'"[6]

有人说，人们从坟墓中出来时，天使们将降临于他们。栽德·本·艾斯莱姆说："在人死后处于坟墓中以及被复生的时候，天使们将给他们带来喜讯。"这种观点综合了上述各家观点，解释非常得当，事实就是如此。

"我们是你们在今世与后世的保护者"，即天使们对临终的穆民们说，在今世，我们是你们的伙伴，我们奉安拉的命令保护你们；在后世，我们将为你们排遣坟墓中的孤独，在号角被吹响的时候，我们与你们同在；复活之日，我们将使你们感到安全，并带你们走过端正的天桥，送你们去乐园享受恩泽。

"其中，你们享有你们所想要的一切"，即在乐园中，有令你们身心愉悦的一切恩泽。

"其中，你们将获得你们所要求的！"无论你们要求什么，都会如愿以偿。

"这是至恕的、至慈的主的款待！"即这是来自赦宥你们的一切罪恶，并慈爱你们的安拉的款待、赏赐和恩泽。

◈ 33.在言谈方面，有谁比召人归主，劝人行善，并说"我是一个穆斯林"的人更优雅呢？◈

◈ 34.善恶不相等，你要以较好的去对付恶，那么与你有仇的人就会变得犹如密友。◈

◈ 35.只有坚韧者才接受它，只有享有极大福分者，才能接受它。◈

◈ 36.如果来自魔鬼方面的干扰侵扰你，你就求安拉护佑，他确实是全听的、全观的。◈

## 召人归于安拉之美德

清高伟大的安拉说："**在言谈方面，有谁比召人归主，劝人行善，并说'我是一个穆斯林'的人更优雅呢？**"即言语最优美的人，莫过于号召安拉的仆人归向安拉，并自己遵循正道的人。这种人利人利己，不属于那些虽然劝善戒恶，号召人回归安拉，但他自己为所欲为的人。这节经文泛指一切召人于正义，并且自己遵循正道的人。穆圣㊚最有资格名列其中。[7] 有人说，经文指清廉的宣礼员，《穆斯林圣训实录》记载："在复生日，人们中脖子最长的人[8]是宣礼员。"[9] 另据传述："伊玛目是承担义务的，宣礼员是可靠的，所以安拉引导了伊玛目，宽恕了宣礼员。"[10] 准确地说，经文既包括宣礼员，也包括其他人。另外这节经文降示的时候，穆斯林还没有开始宣礼，因为这节经文降于麦加，而宣礼则始于麦地那。穆圣㊚迁徙麦地那之后，阿卜杜拉·本·阿卜杜拉在梦境中梦到宣礼（辞）后，对安拉的使者㊚讲了情况，使者遂命令阿卜杜拉将宣礼辞教给比拉勒，让其宣读宣礼辞，因为比拉勒的声音非常洪亮。这个问题在相应地方有所述及。如此说来，正确地说，经文是泛指的。据传述，哈桑·巴士里读了这节经文后说："这人（经文所叙述的人）是安拉的密友，安拉所优选的人，是安拉的好友，是安拉在大地上最喜爱的人。安拉接受了他的祈求，他引导人们接受安拉所回应的召唤，他响应安拉，召人行善，并说：'我是一个穆斯林。'这人就是安拉的哈里发。"[11]

## 宣传及其他事物中的哲理

清高伟大的安拉说："**善恶不相等**"，即它们

---

（1）《泰伯里经注》21：464、465。
（2）《艾哈麦德按序圣训集》3：413；《伊本·马哲圣训集》2：1314；《提尔密济圣训全集诠释》7：91。
（3）《穆斯林圣训实录》1：65。
（4）《泰伯里经注》21：466；《格尔特宾教律》15：358。
（5）《泰伯里经注》21：467。
（6）《艾哈麦德按序圣训集》4：287。
（7）《格尔特宾教律》15：360。
（8）脖子最长的人，指最光荣的人。——译者注
（9）《穆斯林圣训实录》1：290。
（10）《艾布·达乌德圣训集》1：356；《提尔密济圣训全集诠释》1：614。
（11）《阿卜杜·兰扎格经注》2：187。

有天壤之别。

"**你要以较好的去对付恶**",即你当以德报怨,保护自己。正如欧麦尔(愿主喜悦之)所说:"对付违抗主而伤害你的人,最好的方法是服从安拉而善待他。"

"**那么与你有仇的人就会变得犹如密友**",即如果你善待那些恶待你的人,那么这种善行会促使他喜爱你,并最终与你结为好友。

"**只有坚韧者才接受它**",即只有有毅力的人,才会接受这个忠告,因为这是很难做到的。

"**只有享有极大福分者,才能接受它。**" "**享有极大福分者**"指享有今世和后世的福分的人。伊本·阿拔斯在解释这节经文时说:"安拉命令穆民在生气时要克制,对无知者要宽容,遭受伤害时要谅解,如果这样,安拉就保护他们免于恶魔的教唆,并制服他们的仇敌,使其变得如密友一样。"(1)

"**如果来自魔鬼方面的干扰侵扰你,你就求安拉护佑**",即人类中的恶魔,也许在善待之下有所收敛,但对于精灵中的恶魔,则除了向创造它们的安拉求助之外,人们对它们别无办法,因为是安拉派它们来考验你的。如果你求安拉庇佑,并投奔于安拉,安拉会制止它,使它对你无计可施。安拉的使者☪每每站起礼拜的时候说:"我求全听全知的安拉,保护我免遭被驱逐的恶魔的教唆,免遭其诽谤、吹嘘和玷污。"(2)上文已述,《古兰》中除了《高处章》和《信士章》外,没有一处经文与此相同。这两章经文分别说:◆你当坚持宽恕,命人行善,离开无知的人。如果一个来自恶魔的蛊惑侵扰你,你当求安拉护佑,他确实是全听的主,全知的主。◆(7:199-200)◆你当以最好的抵制邪恶。我至知他们所叙述的。你说:"我的主啊!我求你保护我免遭众魔鬼的诱惑。我的主啊!我求你庇佑,莫让它们接近我。"◆(23:96-98)

◆ 37.他的迹象中有夜昼和日月。你们不要叩拜日,也不要叩拜月,而要崇拜安拉,他造化了它们,如果你们只崇拜他的话!◆

◆ 38.倘若他们骄傲,那么在你的主跟前的(天使们),却在日夜赞念他而永不厌倦。◆

◆ 39.他的迹象之一是,你看看大地一片荒芜,但是当我给它降下雨水时,它就萌动了,生长了。的确,给予它生命的安拉,能使各种无生命的复活,他确实是全能万事的。◆

---

(1)《布哈里圣训实录诠释——造物主的启迪》8:418。
(2)《艾哈麦德按序圣训集》5:253。

### 安拉的部分迹象

清高伟大的安拉提醒他的被造物了解他是大能的,没有任何物与他匹配,他也是全能于万事的。"**他的迹象中有夜昼和日月**",即安拉创造了漆黑的夜晚和明亮的白昼,日月循环往复,精确无误。日月各自在其轨道上运行,提供不同性质的光明,从而产生了白昼和夜晚,并由季节出现了周、月和年。从而使人们认识何时应该履行义务,何时进行功修,以及各种交际关系。因为太阳和月亮属于高级世界和低级世界中可见的最美好的星体,所以安拉特别指出它们是他的被造物,是受他制约的众多奴仆中的奴仆。

清高伟大的安拉说:"**你们不要叩拜日,也不要叩拜月,而要崇拜安拉,他造化了它们,如果你们只崇拜他的话!**"即你们不要以物配主,因为在崇拜他物的同时又崇拜安拉是徒劳无益的。安拉不会宽恕有给他举伴行为的人。

因此清高伟大的安拉说:"**倘若他们骄傲**",即如果他们出于傲慢而不肯拜安拉,宁肯以物配主,"**那么在你的主跟前的(天使们),却在日夜赞念他而永不厌倦。**"正如安拉所言:◆如果这些

人隐昧它，那么，我就要将它（他们的责任）托付给一个不会隐昧它的群体。》（6：89）

"他的迹象之一是"，即安拉将能使死物复生，就是他的迹象。

"你看看大地一片荒芜"，即大地死气沉沉、寸草不生。

"但是当我给它降下雨水时，它就萌动了，生长了"，即地下开始长出各种各样的庄稼和果实。

"的确，给予它生命的安拉，能使各种无生命的复活，他确实是全能万事的。"

﴾40.那些曲解我的启示的人是瞒不过我的，是那被投入火中的人更好呢，还是在审判日平安到来的人更好呢？你们做你们想做的吧，他确实是全观你们行为的。﴿

﴾41.教诲降临时，不信它的人们（必遭毁灭）。它确实是一部尊贵的经典。﴿

﴾42.它的前后不受谬误侵扰，它是来自睿智的、应受赞美的主的启示。﴿

﴾43.对你所说的话，也对你以前的使者们说过。你的主确实是掌握宽恕的，掌握酷刑的。﴿

## 对否认经文者的惩罚以及《古兰》的特征

"那些曲解我的启示的人"，伊本·阿拔斯说"曲解"指把话不放到应该放的位置（不实事求是地解释经文的意思）；[1]格塔德等学者说"曲解"指否认和顽抗。

清高伟大的安拉说："是瞒不过我的"，这节经文包含着严厉的警告。即安拉知道哪些人否认他的经文、尊名和属性，并将严厉惩罚他们。

因此说："是那被投入火中的人更好呢，还是在审判日平安到来的人更好呢？"即难道这两种人相等吗？他们不相等。

然后安拉警告隐昧者，说："你们做你们想做的吧。"穆佳黑德、端哈克、阿塔·海勒萨尼等学者说，这是一个警告句。[2]即你们恣意妄为吧！行善作恶，悉听尊便。安拉知道你们的一切行为。"他确实是全观你们行为的。"

清高伟大的安拉说："教诲降临时，不信它的人们……"端哈克、赛丁伊、格塔德说"教诲"指《古兰》。[3]

"它确实是一部尊贵的经典"，即这部经典神圣不可侵犯，任何人都无法再带来一部相似的经典。"它的前后不受谬误侵扰"，即谬误无法侵犯它，因为它是众世界的养主降示的。"它是来自睿智的、应受赞美的主的启示。""睿智的"指安拉的言行都是精确而富有哲理和智慧的。"应受赞美的"指安拉命令和禁止的一切，都值得赞美；安拉的一切行为都值得赞美，其结局都是有益的。

"对你所说的话，也对你以前的使者们说过。"格塔德、赛丁伊等学者说："你所听到的悖逆言辞，你以前的使者们也都听过。你怎么被否认，他们就怎么被否认过。你当以他们为榜样，忍受自己的民众造成的伤害。"[4]

"你的主确实是掌握宽恕的"，是说安拉会宽恕向他忏悔的人。"掌握酷刑的"，是针对那些怙恶不悛、冥顽不化、顽抗真理的隐昧者而言。

﴾44.如果我以非阿拉伯语降下这《古兰》，他们一定会说："为什么其节文没有被分析呢？一部非阿拉伯文的经典和一位阿拉伯的使者吗？"你说："它是对信士们的引导和治疗。至于那些隐昧的人，他们的耳已失聪，他们视而不见，这等人，是从远方被呼唤的。"﴿

﴾45.我确曾给穆萨赏赐经典，但是（人们）关于它产生了分歧。如果不是你的主有言在先，他们必被判决。他们对它的确在犹豫不决之中。﴿

## 否认《古兰》完全是一种顽抗和刁难的心态

《古兰》博大精深，文字优美，义理深邃，但多神教徒们还是不相信它，说明他们的否认所暴露的是一种顽抗和刁难的心态。安拉说：﴾如果我把它降给一个非阿拉伯人，由他对他们宣读它，他们必然不会信它。﴿（26：198-199）就是这样，如果整部《古兰》都用非阿拉伯语降示，他们必定出于顽抗和刁难说："为什么其节文没有被分析呢？一部非阿拉伯文的经典和一位阿拉伯的使者吗？"即他们必定会说，这部经典为什么不是以明确的阿拉伯语降示的。他们必定带着否认的态度说，怎么把一部非阿拉伯语的经典降给了一个不懂这门语言的阿拉伯人。伊本·阿拔斯、穆佳黑德、艾克莱麦、伊本·朱拜尔、赛丁伊等学者都持这种观点。[5]

清高伟大的安拉说："你说：'它是对信士们的引导和治疗'"，即穆罕默德啊！这部《古兰》既能引导归信者的内心，也能治疗人们心中的怀疑和犹豫。

"至于那些隐昧的人，他们的耳已失聪，他们

---

（1）《泰伯里经注》21：478。
（2）《泰伯里经注》21：478。
（3）《泰伯里经注》21：478。
（4）《泰伯里经注》21：481。
（5）《泰伯里经注》21：482。

视而不见",即他们不会理解它。虽然它是那么明确,但他们还是不得其要领。正如安拉所言:《我颁降《古兰》,作为对归信者的治疗和慈悯。它对不义者只增加损失。》(17:82)

"这等人,是从远方被呼唤的。"穆佳黑德认为经文指:《古兰》的呼唤离他们的心非常遥远。[1]伊本·哲利尔认为:接受呼唤的这种人,感觉好像有人从遥远的地方呼唤,他们不明白呼唤者在说什么。[2]笔者认为经文的意思与下列经文相近:《隐昧者的例子,正如那只能听见喊叫的(畜牲)。(他们是)聋的、哑的、瞎的,所以他们不理解。》(2:171)

### 安拉让穆圣以穆萨为学习榜样

清高伟大的安拉说:"我确曾给穆萨赏赐经典,但是(人们)关于它产生了分歧",即人们否认了这部经,伤害了穆萨。《所以你要坚韧,像意志坚定的使者们一样面对他们。》(46:35)

"如果不是你的主有言在先",即安拉早已说过,他要等到归宿之日才清算众生。

"他们必被判决",即安拉一定早就惩罚了他们。然而,他们将碰到一个不可逾越的期限。

"他们对它的确在犹豫不决之中。"隐昧者们对经典的否认,绝对没有什么证据,他们自己对自己所持的主张就是怀疑的。伊本·哲利尔持此观点。[3]安拉至知。

《46.无论谁行善,都是为了他自己,无论谁作恶,也只是针对他自身,你的主绝不亏待众仆。》

### 每个人都将面临其行为的报酬

清高伟大的安拉说:"无论谁行善,都是为了他自己",即行善者最终自受其益。

"无论谁作恶,也只是针对他自身",即作恶者最终自受其害。

"你的主绝不亏待众仆",即安拉只根据一个人的罪恶而惩罚他,他若要惩罚一个人,必定首先树立明证、派遣使者。

《47.关于复活时刻的知识只归于他;果实的脱萼,女人的怀孕和分娩,都凭着他的知识。那天,他呼吁他们:"我(所谓)的伙伴们在哪里?"他

---

(1)《泰伯里经注》21:485。
(2)《泰伯里经注》21:484。
(3)《泰伯里经注》21:487。

们说:"我们向你报告,我们中没有任何一个证人。"》

《48.他们以前所祈求的,都离弃了他们,他们认为无处可逃避。》

### 只有安拉掌握关于复活之时的知识

"关于复活时刻的知识只归于他",即除清高伟大的安拉之外,任何人都对复活的时刻一无所知。人类的领袖穆罕默德先知回答天使的领袖吉卜勒伊里提出的关于复活时的问题时说:"被问者绝不比询问者更了解它。"[4]又如安拉说:《它的究竟只属于你的主。》(79:44)又《只有他(安拉)才明知它什么时候实现。》(7:187)

"果实的脱萼,女人的怀孕和分娩,都凭着他的知识",即一切都凭安拉的知识,天地中一粒芥子大的事情,都在他的知识之中。安拉曾经说过:《只要一片叶子落下,他就知道它。》(6:59)又《安拉知道每一个妇人所孕育的是什么,知道子宫中所减去的及增长的,一切事物在他那里都有度量。》(13:8)又《他知道任何女性的怀孕或是

---

(4)《布哈里圣训实录诠释——造物主的启迪》1:140。

分娩，任何长寿者的长寿或（短寿者的）短寿，都在一部天经中。这对安拉确实是容易的。❩（35：11）

"那天，他呼吁他们：'我（所谓）的伙伴们在哪里？'"即复生日，安拉将会在众生面前诘问多神教徒：我的那些所谓的伙伴去哪里了？你们当初在拜我的时候不是也在崇拜它们吗？

"他们说：'我们向你报告，我们中没有任何一个证人。'"即我们已经向你表白：今天我们中的每个人都作证你没有伙伴。

"他们以前所祈求的，都离弃了他们"，即他们当初所崇拜的伪神都消失得无影无踪，不会带来任何益处。

"他们认为无处可逃避"，即在复活之日，多神教徒确信他们无法逃避安拉的惩罚。安拉说：❨犯罪者们看见了火狱，因此确信他们必将堕落其中，他们在那里找不到逃脱之道。❩（18：53）

❨49.人在祈求幸福时不会厌烦，倘若他遭遇不幸，他就会气馁、绝望。❩

❨50.假若我在他遭逢灾难之后给他尝试来自我的慈悯，他一定会说："这是我应得的，我绝不以为复活的时刻会实现。倘若我被带回我的主，我一定会由他那里获得更好的。"我一定告诉给隐昧者他们的所作所为，我必将使他们尝试烈刑。❩

❨51.当我给人赏赐恩典时，他就退避一边。但是当他遭遇不幸时，他就不断地祈祷！❩

### 经历忧患的人们在安乐时容易弃义变节

清高伟大的安拉说，人们在向安拉祈求财富、健康等美好的事物时，总是乐此不疲。但当他们遭受灾难和贫穷时："他就会气馁、绝望。"即他会想，我再也没有机会获得幸福了。

"假若我在他遭逢灾难之后给他尝试来自我的慈悯，他一定会说：'这是我应得的'"，即如果安拉使一个经历忧患的人得到幸福，他必然会说，这应该是属于他的，他有权在安拉那里接受它。

"我绝不以为复活的时刻会实现"，即他否认复活，因为得到幸福而得意忘形，目空一切。安拉说：❨不然！人类的确在过分，因为他以为自己已无需求。❩（96：6-7）

"倘若我被带回我的主，我一定会由他那里获得更好的"，即倘若真有后世的归宿，我的养主会善待我的，就像在今世时他善待我一样。尽管此人胡作非为，丧失正信，却奢望得到安拉的恩典。

清高伟大的安拉说："我一定告诉给隐昧者他们的所作所为，我必将使他们尝试烈刑"，即安拉警告这种恶行的人必受惩罚。

"当我给人赏赐恩典时，他就退避一边"，即他抗拒安拉的命令。这就像另段经文：❨但是他因为有势力而拒绝了。❩（51：39）

"但是当他遭遇不幸时。""不幸"指困难。

"他就不断地祈祷！"即他想要一件东西时就絮絮叨叨。"不断地祈祷"指废话连篇，其反义词是"言简意赅"。安拉曾说：❨当一个人遭遇到伤害时，他就会辗转反侧，坐立不安地呼求我。但是当我解除他的困难之后，他就走开了，好像从未因为遭遇到困难而祈求过我一样。❩（10：12）

❨52.你说："告诉我，如果它来自安拉，而你们却不信它，那么有谁比陷于深远分歧的人更迷误呢？"❩

❨53.我将把我在各方和他们自身当中的迹象显示给他们，直到他们明白它就是真理。难道你的主见证万事还不够吗？❩

❨54.真的，他们对会见他们的主确实在怀疑之中。真的，他确实是周知万物的。❩

### 《古兰》及其真实性的证据

清高伟大的安拉说，穆罕默德啊！你对这些否认《古兰》的多神教徒说："告诉我，如果它来自安拉，而你们却不信它。""它"指《古兰》。即如果今世的情况就是这样，在给使者降示《古兰》的安拉面前，你们怎么看待自己的立场？

"那么有谁比陷于深远分歧的人更迷误呢？""深远分歧的"指否认、顽固、抗拒真理，以及远离正道。

"我将把我在各方和他们自身当中的迹象显示给他们"，即清高伟大的安拉将通过各种外在迹象，为他们显示证据，说明《古兰》是安拉降给使者的真理。

"在各方的迹象"指穆斯林的一次次胜利，伊斯兰出现在世界各地，并显现出比其他任何宗教更具优越性的特征。

穆佳黑德等学者说，"在他们自己中的迹象"指白德尔战役、麦加的解放以及发生在他们身上的一些事件，在这些事件中，安拉襄助了他们，击败了谬误及坚持谬误的人们。"他们自身当中的迹象"，也可以指人体的组成、结构。正如解剖学所阐释的那样，这门科学证明着造物主的睿智。还可以指人被赋予的各种形象，譬如美与丑等等，人无法对它们的本质有丝毫改动，因为这一切都因循人类自身无法逾越的安拉的定然。

"直到他们明白它就是真理。难道你的主见证万事还不够吗？"即安拉足以证明他的众仆的一切言行。安拉也作证穆罕默德替他宣传的一切都是真理。正如：《安拉见证他降给你的（启示）。他以知识而降下它。》（4：166）

安拉说："真的，他们对会见他们的主确实在怀疑之中"，即他们怀疑复活时刻的来临，不对它进行理性的思考，也不防备它。在他们看来，复活时是个空洞的概念，所以他们对它不以为然，虽然它必然会来临。

然后安拉强调他是全能万事、周知万物的，在他看来，复活时的来临轻而易举。安拉说："真的，他确实是周知万物的"，即一切被造物都在安拉的制约、掌握和知晓之中，安拉凭其睿智决定这一切。安拉意欲存在的事物必会存在，安拉不意欲存在的事物绝对不会存在。应受拜者，只有安拉。

《奉绥莱特章》注释完。一切感赞和恩情属于安拉。

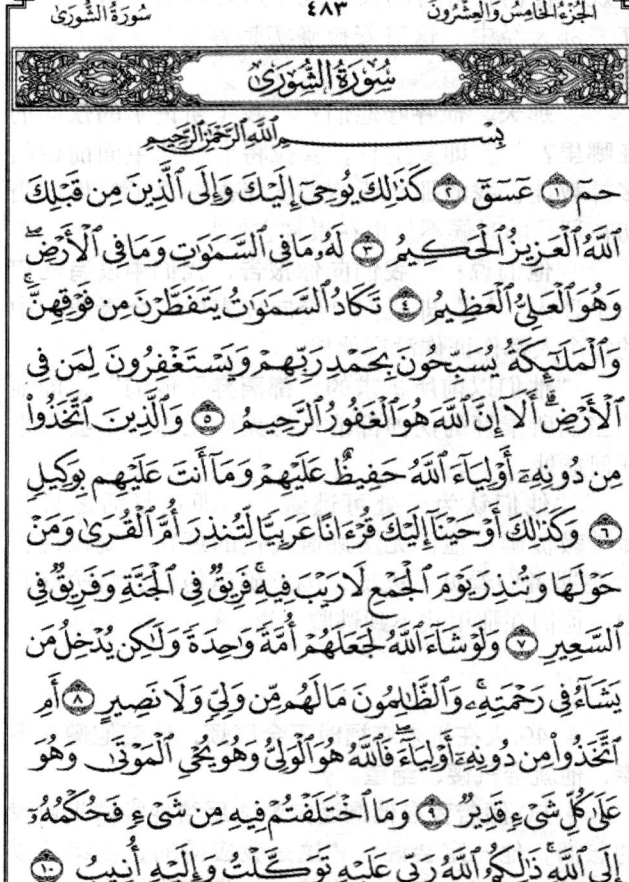

## 《协商章》注释　麦加章

奉普慈特慈的安拉之尊名

《1.哈一、米目。》

《2.阿尼，西尼，戛弗。》

《3.优胜的、明哲的安拉，就这样启示你和你以前的那些人。》

《4.诸天与大地中的一切都属于他，他是至高的、伟大的。》

《5.诸天几乎在它们上面崩溃，天使在赞念他们的主，并为大地上的一切求饶。真的，安拉确实是至恕的、至慈的。》

《6.那些在他以外择取保护者的人，安拉是他们的监视者；而你并不是他们的监护者。》

### 启示及安拉的伟大

上文及前文中已经注释了出现在《古兰》的某些章节开头的单独字母，此处不再赘述。

"优胜的、明哲的安拉，就这样启示你和你以前的那些人"，即正如你被授予这部《古兰》那样，你以前的先知们也分别被授予一些经典。

"优胜的"，暗示安拉能够惩罚任何一个隐昧者。

"明哲的"，指安拉的一切言行都是精确而富有哲理的。

阿伊莎（愿主喜悦之）传述，哈里斯·本·希沙姆曾问安拉的使者："安拉的使者啊！启示是如何降于你的？"使者回答说："启示降于我，有时如铃声，对我来说，这是难度最大的。当它停止后，我便记住了启示。有时天使以人的模样来和我讲话，我便记住他所说的话。"阿伊莎（愿主喜悦之）说："在一个严寒的日子，我看到使者接受启示。启示结束时，使者的额头上在流汗。"[1]

"诸天与大地中的一切都属于他"，即一切都是安拉的奴仆，归他掌握，都在他的制约和支配之中。

"他是至高的、伟大的。"另一节经文中说：《他是伟大的、至高的。》（13：9）类似经文很多。

---
(1)《穆宛塔》1：202；《布哈里圣训实录诠释——造物主的启迪》1：25；《穆斯林圣训实录》4：1816。

"诸天几乎在它们上面崩溃"，伊本·阿拔斯等学者说："（崩溃的原因是）因为害怕伟大的安拉。"(1)

"天使在赞念他们的主，并为大地上的一切求饶。"另一节经文说：◆ 那些担负阿莱什的和在其周围赞颂他们主的（天使们）都归信他，并为归信者们求饶道："我们的主啊！在慈悯和知识方面你包容了万物。" ◆（40：7）

"真的，安拉确实是至恕的、至慈的"，安拉在此宣布他的这两种特性。

"那些在他以外择取保护者的人"，指多神教徒，"安拉是他们的监视者"，即安拉为他们的一切行为作证，并精确统计它们，还要做出相应的赏罚。

"而你并不是他们的监护者"，即使者只是警告者，而安拉是负责万物的。

◆ 7. 我就这样启示你阿拉伯文的《古兰》，以便你警告诸城之母和它周周的居民，以便你预告那毫无疑问的集合日。一部分人将在乐园里，另一部分人则在烈焰中。◆

◆ 8. 如果安拉愿意的话，他会使他们成为一个民族，但他使他所意欲的人进入他的慈悯当中。不义者，他们既没有保护者，也没有援助者。◆

## 降谕《古兰》警告世人

清高伟大的安拉说，正如启示你以前的众先知那样，"我就这样启示你阿拉伯文的《古兰》"，即明确的《古兰》。

"以便你警告诸城之母。""诸城之母"指麦加。

"和它周周的居民"，即东方和西方的所有地区。麦加因其尊贵而被称为"诸城之母"，关于这一方面，有专著论述。最言简意赅的是阿卜杜拉·本·阿丁伊所传述的圣训，他听安拉的使者站在麦加一个市场的高坡上说："以安拉发誓，你是安拉最好的地方，安拉最喜爱的地方，我若不是被迫无奈，决不会离开你的。"(2)

"以便你预告那毫无疑问的集合日"，即复生日，安拉将在这一天把一切前人和后人召集在一个平地上。"毫无疑问的"，即肯定要发生的。

"一部分人将在乐园里，另一部分人则在烈焰中。"正如安拉所言：◆ 在那天，他将在集合日召集你们。那是一个自欺的日子。◆（64：9）即火狱的居民因为乐园的居民而忘乎所以(3)。又◆ 对于畏惧后世惩罚的人，此中确有一种迹象，那就是人类为此而集中的日子，那就是被见证的日子。我只延缓它到预定的期限。当那一天到来时，除了他（主）的准许之外，将没有人说话，他们当中有不幸的，也有幸福的。◆（11：103-105）阿卜杜拉·本·阿慕尔传述，（有一天）安拉的使者来到我们中间，手拿两个册子，使者问："你们可知这是什么册子吗？"我们回答："安拉的使者啊！你若不告诉我们，我们是不可能知道的。"使者指着右手中的册子说："这来自众世界的养主，里面记载着乐园居民的名字，这些居民的祖先及部落的名字，尽收其中，不增不减。"然后使者对着左手中的册子说："这是火狱居民的册子，里面记载着火狱居民的名字，这些居民的祖先及部落的名字，尽收其中，不增不减。"圣门弟子们问："如果这

---

(1)《泰伯里经注》21：501。
(2)《艾哈麦德按序圣训集》4：305；《圣训大集》2：479；《伊本·马哲圣训集》2：1037；《提尔密济圣训全集诠释》10：426。

(3) 其原意应该是：安拉为每个人准备两了个位置，一个在乐园中，另一个在火狱中。进乐园的人，将占据火狱的人留在乐园中的位置；进火狱的人，要占据乐园的居民留在火狱中的位置。所以该章也被称为自欺章。请看《拜达维古兰经注》。——译者注

一切已成定局，我们能做些什么呢？"安拉的使者㊟说："你们当坚持中道，不走极端。确实，乐园的居民将以乐园居民的工作结束（其一生），无论他曾做过什；火狱的居民将以火狱居民的工作结束其一生，无论他曾做过什么。"使者用手比画了一下，然后握住一只手说："你们伟大的养主已经决定了众仆的事务。"然后使者伸开右手比画，好像抛弃什么似的说："**一部分人将在乐园里**"，使者又用左手做了相同的动作说："**另一部分人则在烈焰中。**"(1)

艾布·奈德尔说，圣门弟子们去探望一位名叫艾布·阿卜杜拉的圣门弟子，众人进入他家后，看见他正在哭泣，遂问道："你为什么哭泣？难道安拉的使者㊟未曾对你说过'你剪短你的髭，并善待它(2)，直到你（在乐园中）见到我'吗？"他回答说："是的，但我听安拉的使者㊟说，安拉用他的叶米尼（字意指右手）拿了一把（人），用另一个耶迪（字意为左手）拿了一把。然后说：'此部分属于彼部分，彼部分属于此部分，我不在乎。'我不知道我在哪一把之中。"(3) 有关定然的圣训不胜枚举。

"**如果安拉愿意的话，他会使他们成为一个民族**"，即安拉可以引导所有的人，也可能任所有的人步入歧途，但他没有这样做，而使人们各有不同，即他根据自己的意欲，引导一部分人走正路，任另一部分人步入歧途。此中确有深刻的哲理。

因此清高伟大的安拉说："**但他使他所意欲的人进入他的慈悯当中。不义者，他们既没有保护者，也没有援助者。**"

❀ 9. 或是，他们在他之外择取了保护者吗？但只有安拉才是保护者。他把生命赋予无生物，他是全能万事的。❀

❀ 10. 无论你们对什么事情发生分歧，它的裁决属于安拉。那就是安拉，是我的养主，我只托靠他，只归向他。❀

❀ 11.（他是）诸天和大地的造化者，他已在你们当中为你们造化了配偶，也为牲畜创造了配偶，他以此使你们繁衍。任何物都不似像他。他是全听的、全观的。❀

❀ 12. 诸天与大地的钥匙都属于他。他给他所意欲之人展开或限制给养，他是全知万事的。❀

---

(1)《提尔密济圣训全集诠释》6：350；《艾哈麦德按序圣训集》2：167；《圣训大集》6：452。
(2) 即美化它。——译者注
(3)《艾哈麦德按序圣训集》4：176。

## 安拉是保护者、统治者和创造者

清高伟大的安拉谴责多神教徒舍安拉而择取他神，指出只有他才是真正的保护者和惟一应受拜者。他能够使死者复生，他是全能万事的。

然后清高伟大的安拉说："**无论你们对什么事情发生分歧，它的裁决属于安拉**"，即无论你们对什么事情产生歧议，安拉都要凭其经典和他的使者的圣训判决此事。安拉说：❀ 如果你们对任何事发生分歧，你们就把它交付安拉和使者。❀（4：59）

"**那就是安拉，是我的养主**"，即安拉是一切事物的判决者。

"**我只托靠他，只归向他。**"我要把我的一切事情都交付给他。

"**诸天和大地的造化者**"，即安拉是天地万物的创造者。

"**他已在你们当中为你们造化了配偶**"，即安拉从你们的同类（人类）中，为你们创造了与你们形象相像的配偶，以便施恩于你们。他在你们的同类中创造了男人和女人。

"**也为牲畜创造了配偶**"，即他为你们创造了八对牲畜。(4)

"**他以此使你们繁衍**"，即安拉使你们成为男人和女人，并通过这种形式使你们生息繁衍，代代相传。牲畜的繁衍也因循安拉的这种规律。

"**任何物都不似像他**"，即任何物都与一切配偶的创造者不相似。因为安拉是独一无求的，无可比拟的。"**他是全听的、全观的。**"

"**诸天与大地的钥匙都属于他。**"《队伍章》已经注释了相同的经文。概言之，安拉是天地万物的支配者和掌权者。

"**他给他所意欲之人展开或限制给养**"，即安拉根据自己的意欲，使一些人宽裕，使另一些人窘迫，此中确有一定的理由，安拉是绝对公正的。"**他是全知万事的。**"

❀ 13. 他为你们规定的宗教，就是他交付给努哈的、我启示给你的、我交给伊布拉欣、穆萨和尔撒的宗教。你们要维护宗教，不要在其中搞分裂。令多神教徒们难堪的，正是你召唤他们的。安拉把他所意欲之人选拔到他那里，把归向他的人引导到他那里。❀

❀ 14. 真知降临他们之后，他们由于嫉妒才分裂了。若不是你的主有言在先——他们将被宽限到一个被约定的期限，那么他们早就被判决了。那些在

---

(4) 他将一切动物造成雄性和雌性，以便它们生息繁衍，服务于你们。参见 "تيسير الكريم الرحمن" 754页。——译者注

他们以后继承经典的人们,的确对它在犹豫的疑惑之中。◈

## 所有的使者宣扬的是同一宗教

清高伟大的安拉对这个民族说:"他为你们规定的宗教,就是他交付给努哈的、我启示给你的。"安拉提到了在阿丹之后出现的第一位使者——努哈以及最后一位使者穆罕默德,并穿插介绍了伊布拉欣、穆萨和尔撒这几位有决心的先知(品位最高的先知)。和《联军章》一样,安拉在这节经文中提到了五位先知,说:◈当时,我和众先知订约,也和你、努哈、伊布拉欣、穆萨及麦尔彦之子尔撒缔约。◈(33:7)所有的使者带来的宗教,所宣扬的都是崇拜独一无偶的安拉,正如安拉所述:◈我在你以前每派遣一位使者,就对他启示道:"除我之外无应受拜的,所以你们应当惟独崇拜我。"◈(21:25)圣训中说:"我们各位先知是同宗异母的兄弟,我们的宗教是一个。"[1] 即使者们的共同点,都是叫人崇拜独一无偶的安拉,虽然他们的教律不同,方法各异。正如安拉所言:◈我已为你们每一个规定了一套法律和一条道路。◈(5:48)

经文在此说:"你们要维护宗教,不要在其中**搞分裂**。"即安拉要求所有的先知要团结和睦,禁止他们分门立派,产生分裂。

"**令多神教徒们难堪的,正是你召唤他们的**",即穆罕默德啊!多神教徒们最反感最难以接受的,就是接受"安拉独一"的信仰。

然后经文说:"**安拉把他所意欲之人选拔到他那里,把归向他的人引导到他那里**",即安拉决定引导有资格获得引导的人,同时也注定让弃真求伪的人自行迷误。

## 分歧的原因

清高伟大的安拉说:"真知降临他们之后,他**们由于嫉妒才分裂了**",即他们在真理到达他们,并且铁证如山的时候,还反对真理。促使他们这样做的原因仅仅是嫉妒、顽固和分裂。

"**若不是你的主有言在先——他们将被宽限到一个被约定的期限**",即如果不是安拉说过他要等到复生日才清算众仆,他早就在今世中惩罚了他们。

"**那些在他们以后继承经典的人们**",即否认真理者的后代。

"**的确对它在犹豫的疑惑之中**",即他们对自己的事情和宗教没有把握,他们毫无证据,只是父

---
(1)《布哈里圣训实录诠释——造物主的启迪》6:550。

传子授地接受了这些东西,对此犹豫不决,分歧深远。

◈ 15. 那么,你就召人于此,谨奉天命,莫要追随他们的私欲。你说:"我归信安拉所颁降的经典,我奉命在你们之间公平行事。安拉是我的主,也是你们的主。我们有我们的工作,你们有你们的工作。我们与你们之间没有争论。安拉将集合我们,归宿只在他那里。"◈

这节经文包括十节相对独立的短句,每一节都有与众不同的含义。有学者说,除"库勒西"经文之外,《古兰》中再没有与之匹配的经文。那节经文和这节经文一样,也是由十个短句组成的。

清高伟大的安拉说:"**那么,你就召人于此**",即你当号召人遵循我启示给你的宗教,这个宗教与古代所有的先知——包括带来新法律和有决心的圣人——的宗教一脉相承。

"**谨奉天命**",即你和你的追随者们,要奉命崇拜安拉。

"**莫要追随他们的私欲**",即你不要跟随多神

教徒们，陷入他们所编造的谎言之中，去崇拜各种偶像。

"**你说：'我归信安拉所颁降的经典'**"，即我相信每一位先知带来的所有天启经典，不会厚此薄彼。

"**我奉命在你们之间公平行事**"，即我奉安拉之命公正地判决你们中的事情。

"**安拉是我的主，也是你们的主**"，即安拉是独一的受拜者，我们愿意承认这一点。即使你们不愿自觉承认，那也没有关系，因为众世界中的一切都在侍奉安拉——无论自愿与否。

"**我们有我们的工作，你们有你们的工作**"，即我们和你们无关。正如安拉所述：《如果他们不信你，你说："我有我的工作，你们有你们的工作。你们和我所做的无关，我也与你们所做的无关。"》（10：41）

"**我们与你们之间没有争论。**"穆佳黑德解释为我们之间没有争论。(1) 赛丁伊说："这节经文降于战争的经文之前。它只是象征性的经文，因为它降于麦加，而战争的经文则降于迁徙之后。"

复生日，"**安拉将集合我们。**"如：《你说："我们的主将集合我们，然后，在我们之间以真理裁决。只有他是判决者，全知者。"》（34：26）

"**归宿只在他那里**"，即清算日的回归之地只在安拉那里。

《16.（众人）响应安拉之后，仍然争论安拉的人，他们的证据在他们的主那里是无用的。怒恼将降临他们，他们将受到严厉的刑罚。》

《17.安拉以真理降下经典和准则。你怎么会知道它（复活的时刻）可能是临近的？》

《18.那些不信它（复活时刻）的人希望它加速实现。归信的人却是怕它的，并知道它就是真理。真的，怀疑复活时刻的人确实在深深的迷误之中。》

## 警告辩驳正教的人

清高伟大的安拉警告那些阻碍信士去追随主道的人，说："**（众人）响应安拉之后，仍然争论安拉的人**"，即和那些响应安拉及其使者的穆民进行辩论，以阻碍他们走正道的那些人。

"**他们的证据在他们的主那里是无用的**"，即在安拉那里，他们的争论是徒劳的。

"**怒恼将降临他们**"，即安拉将恼怒他们。

在复生日，"**他们将受到严厉的刑罚**"。伊本·阿拔斯等学者说："他们和那些响应了安拉及其使者的穆民辩论，以阻碍他们走正道，并企图使蒙昧主义死灰复燃。"(2) 格塔德说："这些好辩者是犹太教徒和基督教徒，他们对穆民说：'我们的宗教比你们的宗教优秀，我们的先知比你们的先知早，我们比你们优秀，比你们更接近安拉。'"(3) 他们确实在撒谎。

"**安拉以真理降下经典和准则。**""**经典**"指安拉降给每一位先知的天经。"**准则**"指公正和平等（的法规）。这是穆佳黑德和格塔德的主张。(4) 这节经文和下列经文相似：《我确曾以明证派遣我的众使者，并跟他们一起降下经典和准则，以便人们遵守公道。》（57：25）又《他曾升高天，并制定准则，以便你们不要在准则上过分，你们要公平衡量，不要短少斤两。》（55：7-9）

"**你怎么会知道它（复活的时刻）可能是临近的？**"经文鼓励人们为这一天行善，警告人们防备这一天的惩罚，同时要求人们淡泊今世。

"**那些不信它（复活时刻）的人希望它加速实现。**"他们说，如果你们是诚实的，这个诺言何时能实现？这些话充分暴露了他们的否认、不信和顽固。

"**归信的人却是怕它的**"，即信士们因为这一天的到来而诚惶诚恐。

"**并知道它就是真理。**"他们知道这一天必定要来临，所以时刻准备着、工作着。据传述，在一次旅行中，有人高声向安拉的使者请教一个问题，那人说："穆罕默德啊！"安拉的使者也以同样高的声音回答他："我在这里！"那人问："复活什么时候到来？"使者答："你真是的！这个时刻必然要到来，你为它做了哪些准备？"那人回答："（我的准备是）热爱安拉及其使者。"使者答："你将和你热爱的人在一起。"(5) 使者并没有直接回答复活何时到来，但命令询问者要为这一刻做准备。

"**真的，怀疑复活时刻的人们**"，即关于复活时的存在进行辩论，不相信它到来的人们，"**确实在深深的迷误之中。**""**深深的迷误**"指相当无知。因为创造天地的安拉更能够复活死者。《是他创始造化，然后复造之。复造对于他是更容易的。》（30：27）

---

(1)《泰伯里经注》21：518。

(2)《泰伯里经注》21：518、519。

(3)《泰伯里经注》21：519。

(4)《泰伯里经注》21：520。

(5)《布哈里圣训实录诠释——造物主的启迪》10：573；《穆斯林圣训实录》4：2033、2034。

◂ 19.安拉是慈爱他的众仆的,他供养他所意欲的人。他是强有力的、优胜的。▸

◂ 20.谁希望后世的收获,我会使谁的收获增多;谁希望今世的收获,我也从中给予他,那么,他在后世没有任何份额。▸

◂ 21.他们有许多伙伴,为他们制定了安拉未曾允许的宗教吗?如果不是一句明确的言辞,他们早就被判决了。不义者将遭到惨痛的刑罚。▸

◂ 22.你将会看到不义者因为他们当初的行为而恐惧,而它是必然降临于他们的。归信并行善的人们,在乐园境地中,在他们的主那里,他们将获得所向往的一切。那的确是巨大的恩赏。▸

## 安拉在今世和后世对众生的给养

清高伟大的安拉说,他慈爱众仆,普施众生,不遗漏任何一人。无论行善者还是作恶者,都享受着安拉的给养。正如经文所述:◂ 大地上没有一个生物不归安拉供养,他知道它的居所和贮藏之处,一切都在一部明确的天经中。▸(11:6)类似的经文很多。

"**他供养他所意欲的人**",即安拉使他意欲的人宽裕。

"**他是强有力的、优胜的**",即任何物都不会使安拉为难。然后经文说:"**谁希望后世的收获**",即谁为后世而工作。

"**我会使谁的收获增多**",即安拉就支持他,襄助他,使他心想事成,使他得到十倍、七百倍,乃至安拉所意欲的许多倍的报偿。

"**谁希望今世的收获,我也从中给予他,那么,他在后世没有任何份额**",即谁为今世而奔波,根本不为后世着想,谁就注定丧失后世。即便安拉使他在今世中有所收获,他也会完全丧失后世,何况大多数人往往丧失两世,抱着这种态度工作的人,确实损失了今后两世,此中的证据是,这节经文必须受《夜行章》的下列经文的限制,安拉说:◂ 谁想获得现世,我就在其中给我所意欲的人赐给我所意欲的东西,然后我就为他安排火狱,他将受责备地、遭弃绝地进入其中。谁希望后世,并且为它尽力奋斗,只要他是有正信之人,这等人的努力将受到奖励。我以你主的恩赏援助所有人——这些人和那些人。你主的恩赏是不受限制的。你看我如何使他们中的一些人优越于另一些人,后世的确是品级更高和更为优越的。▸(17:18-21)

安拉的使者㊗说:"你当给这个民族报喜,他们将在大地上(世界上)获得高贵、荣耀、胜利和地位,谁若像追求后世那样去追求今世,他在后世中没有任何份额。"[1]

## 人类制定法律是一种以物配主的行为

清高伟大的安拉说:"**他们有许多伙伴,为他们制定了安拉未曾允许的宗教吗?**"即他们不归信安拉通过你制定的正教,而去遵循来自人类和精灵中的恶魔为他们制定的邪教,把安拉规定的合法改为非法,把安拉规定的非法改为合法。譬如他们把豁耳驼、撒伊白、沃绥莱和种驼定为非法,把自死物、血液、赌博等改为合法,其实这些都是他们在蒙昧时代自创的歪理邪说。安拉的使者㊗说:"我看到阿慕尔·本·阿米尔·胡扎尔在火狱中拖着他的肠子,他是第一个搞撒伊白的人。"[2]阿氏是胡扎尔族的一位国王,是自创法律的始作俑者,他曾促使古莱什人崇拜偶像(愿安拉凌辱和诅咒他)。

因此,清高伟大的安拉说:"**如果不是一句明确的言辞,他们早就被判决了**",即若不是安拉曾说过要宽限他们到复活之时,他早就惩罚了他们。

"**不义者将遭到惨痛的刑罚**",即他们在火狱中遭受痛苦的刑罚。那归宿太恶劣了!

---

(1)《艾哈麦德按序圣训集》5:134。

(2)《布哈里圣训实录诠释——造物主的启迪》6:633。

### 多神教徒在复生场的恐惧

清高伟大的安拉说："**你将会看到不义者因为他们当初的行为而恐惧**。"经文指复生场上的情况。

"**而它是必然降临于他们的**",即虽然他们害怕惩罚降临,但惩罚终究是要实现的。经文指他们在归宿之日的情况。

就在他们惊恐万状的时候,"**归信并行善的人们,在乐园境地中,在他们的主那里,他们将获得所向往的一切。**"这两种人怎可同日而语?一种人在清算场上,在屈辱和恐惧之中,备受其恶行的煎熬。另一种人则在乐园的胜地,自由自在地享受着佳肴、锦衣、华宅、风景、美妻和各种恩泽,这都是任何眼睛未曾见过、任何耳朵未曾听过、任何人的心未曾想过的。

因此经文说:"**那的确是巨大的恩赏**",即那是巨大的收获,是面面俱到的恩典。

❨23.这是安拉给他归信和行善的仆人们的报喜。你说:"除了关于亲情的爱之外,我不向你们要求报偿。"谁做一件善行,我就因此增加他的善果。安拉确实是至恕的、善报的。❩

❨24.不然,他们说他对安拉捏造了谎言。倘若安拉愿意,他就会封闭你的心。但是安拉要以其言辞消灭谬误,证实真理,因为他熟知心事。❩

### 向归信者以乐园的恩典报喜讯

清高伟大的安拉讲述了归信并行善的人们居住的乐园胜地,说:"**这是安拉给他归信和行善的仆人们的报喜**",即他们必会获得这些恩典,因为安拉为他们报了这个喜讯。

"**你说:'除了关于亲情的爱之外,我不向你们要求报偿。'**"即穆罕默德啊!你对来自古莱什的多神教徒说,我不会因为传达启示和进行忠告而向你们索要任何报酬,如果你们不帮助我,我希望你们最起码不要干扰我自由地传达我的主的信息,请你们顾及我与你们之间的亲属关系而不要伤害我。伊本·阿拔斯说,有人曾问"**亲情的爱**"中所指的亲属是哪些人。伊本·朱拜尔回答说,"指穆圣☬的家族。"伊本·阿拔斯说,"且慢,你的结论太草率了。古莱什的每个家族,都跟穆圣☬有亲属关系。"伊氏解释说,经文的意思是:"除了要求你们接恤我与你们之间的亲属关系之外,我对你们别无所求。"[1]

"**谁做一件善行,我就因此增加他的善果**",即谁作一善行,安拉就加倍报偿他。正如另一章所说:❨ 安拉不亏枉人一粒芥子的重量。如果人有任何善功,他要使它成倍增长,并赐给他来自他(安拉)的重大报酬。❩(4:40)

"**安拉确实是至恕的、善报的**",即安拉将宽恕许多罪恶,并使善功的报偿加倍增长。

### 多神教徒妄言《古兰》是臆造的,他们以此诬蔑穆圣☬以及对多神教徒的驳斥

清高伟大的安拉说:"**不然,他们说他对安拉捏造了谎言。倘若安拉愿意,他就会封闭你的心**",即假若真像这些愚蠢之人所说,你对安拉编了谎,那么安拉"**就会封闭你的心**",并使你忘记他赐给你的《古兰》。正如另一章所说:❨ 如果他借我的名义捏造一些假话,我一定用叶米尼惩治他,然后切断他的大动脉。你们没有人能阻止我对他的惩罚。❩(69:44-47)即安拉一定最严厉地惩罚他,而任何人都不能替他阻挡丝毫。

"**安拉要以其言辞消灭谬误,证实真理,**"指安拉要以他的言辞和明证落实真理,并阐明它。

"**因为他熟知心事**",即安拉知道人们心中所隐藏的一切秘密。

❨25.是他接受他的仆人的忏悔,宽恕许多罪恶,他知道你们所做的。❩

❨26.他回应那些归信并行善的人的祈祷,并加给他们许多恩赏。隐昧者们将遭受严厉的惩罚。❩

❨27.如果安拉对他的仆人们扩展供应,他们就一定会在地上放肆妄为。不过他适量降下他所意欲的,的确,他对他的众仆是彻知的、全观的。❩

❨28.是他在他们绝望之际降下及时雨,并普施他的慈悯,只有他是保护者,应受赞美者。❩

### 安拉愿意接受仆人的忏悔,答应他们的祈求

清高伟大的安拉在此讲述他对仆人的宏恩:当他们向安拉回归、忏悔的时候,大度、宽容的安拉就不会计较他们的错误,而会原谅他们。安拉说:❨ 作恶或自亏,然后向安拉求饶的人,将发现安拉是至恕的、至慈的。❩(4:110)

安拉的使者☬说:"仆人在忏悔的时候,安拉因其忏悔而比这样的一个人更高兴:在旷野中骆驼带着他的食物和饮料溜走了,在他对它的回来不抱任何希望的时候,来到一棵树跟前躺在树荫下——

---

[1]《艾哈麦德按序圣训集》1:229;《布哈里圣训实录诠释——造物主的启迪》8:326。

他已经对它绝望了——就在这时，突然他的骆驼出现在眼前，规规矩矩地站着。于是他拉住缰绳，极度兴奋地说：'主啊！你是我的仆人，我是你的养主。'他因为极度兴奋而说错了话。"(1)

祖海里在解释"**是他接受他的仆人的忏悔**"时说，艾布·胡莱赖传述，安拉的使者㕵说："安拉因为仆人的忏悔而比这样的一个人更高兴：他在害怕渴死的地方找到了丢失的骆驼。"(2)

有人问伊本·麦斯欧迪："有个人和一个妇女通奸，然后和她结婚，他该当何罪？"伊氏回答说："无罪。然后他读了下列经文：'**是他接受他的仆人的忏悔……**'"(3)

"**宽恕许多罪恶**"，即安拉接受仆人的忏悔，原谅他们过去的罪恶。

"**他知道你们所做的**"，即虽然安拉知道你们的一切言行，但他还会接受你们的忏悔。

"**他回应那些归信并行善的人的祈祷。**"赛丁伊说："安拉将悦纳他们。"伊本·哲利尔也说："安拉将接受他们为自己和他们的同事及兄弟的祈祷。"(4)

"**并加给他们许多恩赏**"，即安拉不但应答祈求，而且还要额外赏赐他们。格塔德解释这节经文说："他们为他们的兄弟求情，所以安拉'**加给他们许多恩赏**'。"他说："他们还为兄弟的兄弟们求情。"(5)

"**隐昧者们将遭受严厉的惩罚。**"安拉讲述了复活之日穆民们享受的巨大报酬后，开始讲述隐昧者们在那归宿之日要遭受的痛苦刑罚。

## 不使某些人富裕的原因

清高伟大的安拉说："**如果安拉对他的仆人们扩展供应，他们就一定会在地上放肆妄为**"，即假若安拉赐给他们的给养超过了他们的需求，必然促使他们得意忘形，互相压迫和侵犯。

"**不过他适量降下他所意欲的，的确，他对他的众仆是彻知的、全观的**"，即安拉选择适合于仆人的恩典而赐给他们。因为他最清楚仆人的情况，所以他使应该富裕的人富裕，使应该贫穷的人贫穷。

"**是他在他们绝望之际降下及时雨**"，即在人们对雨水的降落不抱希望的时候，安拉适时地给他们降下适量的雨水。安拉说：❮虽然，他们在这以前，在降雨之前，他们一度是绝望的。❯（30：49）

"**并普施他的慈悯**"，即安拉还将雨水普及到这个地区和周边地区。

格塔德说，据说有人对欧麦尔说："信士的长官啊！雨水停降，人们都绝望了。"欧麦尔听后回答说："你们会碰到雨水的。"然后他读道："**是他在他们绝望之际降下及时雨，并普施他的慈悯，只有他是保护者，应受赞美者。**"(6)即安拉为了人类在今世和后世的幸福而支配万物。安拉所制定并付诸实践的一切措施，其结果都是对人有益的，故他是应受赞美的。

❮ 29.他的迹象中，有诸天与大地的造化以及在其间散布的动物。如果他愿意，（无论何时）他有能力把他们集中在一起。❯

❮ 30.你们所遭受的任何打击，都是由于你们自己的行为所致，而他却宽恕许多（罪行）。❯

❮ 31.你们不能够在地上逍遥自得，除了安拉，

---

(1)《穆斯林圣训实录》4：2103、2104。
(2)《阿卜杜·兰扎格经注》3：191。
(3)《泰伯里经注》21：533。
(4)《泰伯里经注》21：534。
(5)《泰伯里经注》21：534。
(6)《泰伯里经注》21：537。

你们没有任何保护者和援助者。"

## 创造天地是安拉的一种迹象

清高伟大的安拉说:"**他的迹象中,有诸天与大地的造化以及在其间散布的动物**",表明他的伟大、大能和强大权力的迹象之一是创造天地以及在天地中创造的各种动物。经文中所说的"**动物**",包括天使、人类、精灵以及形态各异、肤色不同、语言多样、天性有别、种类纷繁的各种动物。它们分布在天地的各个地方。虽然如此,"**如果他愿意,(无论何时)他有能力把他们集中在一起**",即复生日,安拉要把以前的和以后的一切集合在一个平地上,那里任何人都能听到呼唤者的声音,任何人都在众目睽睽之下,然后安拉要公正地判决他们的事务。

## 人类遭受灾难的原因在于他们自己所犯的罪恶

清高伟大的安拉说:"**你们所遭受的任何打击,都是由于你们自己的行为所致**",即世人啊!你们所遭受的任何一项打击,都是你们自己所作的恶行所致。

"**而他却宽恕许多(罪行)**。"安拉将宽恕你们的许多罪恶,不再因此而清算仆人。"如果安拉依照人们的行为去审问他们,他就不会在其(大地)表面上留下任何动物。"(35:45)圣训中说:"以掌管我生命的安拉发誓,穆民只要经受辛苦、疾病和忧愁,安拉就会因此而消除他的罪恶。穆民甚至被刺所扎时,情况也是如此。"[1]

安拉的使者㊗说:"穆民的身体只要受到一点伤害,安拉就因此而消除他的部分罪恶。"[2] 阿伊莎(愿主喜悦之)传述,安拉的使者㊗说:"仆人一旦罪恶累累,而他又无善功替自己消罪,安拉就以忧愁磨砺他,以此来消除他的罪恶。"[3]

32.他的迹象中有在海上像山一样的船舶。

33.如果他愿意,他能使风静止,那么它们就会停顿在海上。此中对每个坚韧者和感恩者确有种种迹象。

34.他或许会由于他们做过的而毁灭了他们,不过他要宽恕许多(罪恶)。

35.那些争论我的启示的人们知道,他们无处躲避。

---

(1)《艾哈麦德按序圣训集》2:303。
(2)《艾哈麦德按序圣训集》4:98。
(3)《艾哈麦德按序圣训集》6:157。

## 船舶也是安拉的迹象

清高伟大的安拉证明的辉煌能力和权力的迹象之一是,那像山一样被制服的船舶奉他的命令航行。穆佳黑德、哈桑等学者都持此说。他们说:"在大海中的船舶,像陆地上的山一样大。"[4]

"**如果他愿意,他能使风静止**。"安拉能使船舶航行大海,也能使其停泊海面,纹丝不动。

"**此中对每个坚韧者和感恩者确有种种迹象**。""**坚韧者**"指在各种艰难困苦中坚韧不拔的人。"**感恩者**"指安拉制服大海,并根据人们的需求使船舶随风航行——对此表示感谢的仆人。经文的意思是:此中确有许多迹象,能为世人证明安拉的两种恩典。

"**他或许会由于他们做过的而毁灭了他们**",即假若安拉意欲,他就会因为乘船者的罪恶,使他们船毁人亡。

"**不过他要宽恕许多(罪恶)**",即安拉将宽恕他们的许多罪恶,假若安拉根据他们的所有罪恶对待他们,那么他会毁灭每一个乘船者。

部分经注学家在注释"**他或许会由于他们做过的而毁灭了他们**"时说:"假若安拉意欲,他就差遣飓风颠覆船舶,或者他使船舶左倾右斜,偏离航线,使之不能到达目的地。"其实这种解释中也包含"毁灭船"的意思。所以它和第一种解释是相符合的。第一种解释就是,假若安拉意欲,他就使风静船停,或使风强船覆。然而,仁慈的安拉总是根据人们的需求差遣风量,正如他根据万物的需求降下雨水那样。因此某些地方如果雨水过多,就会冲塌建筑,如果雨水过少,则会影响庄稼和果实的收成。譬如埃及,那里如果雨水太多,就会导致建筑坍塌,所以安拉从另一个地方为该城差遣了一条地上流淌的河水。

"**那些争论我的启示的人们知道,他们无处躲避**",即他们无处逃避安拉的打击和惩罚,因为他们永远在安拉的制约之下。

36.不论你们被给予什么,那都是今世生活的享受。然而安拉跟前的则是更好的、更持久的,这给予那些归信并托靠他们养主的人,

37.和那些远避大罪及各种丑事,并且在发怒时能够宽恕(他人)的人,

38.和那些响应他们的主、谨守拜功、他们之间的事务是通过协商(处理)、花费我赐给他们的部分财产的人,

39.和那些遭受迫害时起来自卫的人。

---

(4)《泰伯里经注》21:541。

## 有资格在安拉那里享受恩典的人的特征

清高伟大的安拉指出，今世、今世的浮华以及其中的享受是微不足道的。他说："**不论你们被给予什么，那都是今世生活的享受**"，即无论你们获得和收集了什么，你们都不要因此而忘乎所以，因为它只是今世生活中的享受。而今世本身是卑微短暂的、必然要毁灭的。

"**然而安拉跟前的则是更好的、更持久的**"，即安拉的报偿比今世更美好，并且那报偿是永恒的。所以你们不要抓住短暂的，丢弃永恒的。

"**这给予那些归信并托靠他们养主的人**"，即这种恩典属于那些自我克制、放弃世俗享受、托靠安拉，从而获得安拉的襄助，坚韧不拔地完成各项义务，放弃各种非法行为的人。

"**和那些远避大罪及各种丑事**"，我们已经在《高处章》注释过"大罪和丑事"，此处不再赘述。

"**并且在发怒时能够宽恕（他人）的人**"，即他们的本质要求他们原谅他人，坚持恕道。据确凿的圣训记载，安拉的使者㊗从来没有为了自己报复过别人，但安拉的权力受到侵犯时他决不等闲视之。[1]

"**和那些响应他们的主**"，即他们跟随安拉的众使者，履行安拉的命令，不做安拉禁止的事。

"**谨守拜功。**"拜功是最大的功修。

"**他们之间的事务是通过协商（处理）**"，即他们在决定战争等重大事情之前，首先要进行商议，以便群策群力。正如安拉所言："所以你要原谅，为他们求饶，并跟他们商量要事。"（3：159）因此，在战争等重大事务中，穆圣㊗总和圣门弟子们商议，从而使他们心悦诚服。欧麦尔（愿主喜悦之）遇刺归真前，组成六人协商小组，处理他身后的事情。这六人是奥斯曼、阿里、特里哈、祖拜尔、赛尔德、阿卜杜·拉赫曼·本·奥夫。后来奥斯曼众望所归，被推选为哈里发。

"**花费我赐给他们的部分财产的人**"，即他们善待安拉的被造物中与他们最亲近的，其次最亲近的，以此类推。

"**和那些遭受迫害时起来自卫的人**"，即他们有能力还击侵犯他们的人，但他们没有施行报复，而是原谅了对方。正如优素福先知在完全有能力惩罚他的兄弟们，报复他们当年的丑行的时候，却原谅了他们，他说："今天，我不责备你们。愿安拉恕饶你们，他是最慈爱的。"（12：92）安拉的使者㊗也是同样，他曾原谅了在侯代比亚之年从台奈伊穆山上下来，企图杀害他的八十人。他手握宝剑在完全有能力报仇的时候却原谅了他们。又如使者对奥勒斯·本·哈里斯的原谅，一次使者在睡梦中醒来时，发现他正手持宝剑虎视眈眈，使者严厉斥责了他，宝剑便从他的手中掉了下来，使者叫来圣门弟子们，告诉了他们所发生的事情，同时原谅了奥氏。相关的圣训和圣门弟子的贤言不胜枚举。安拉至知。

❲ 40.恶行的还报是相等的恶报。无论谁宽恕并改邪行善，他的报偿都归安拉负责。安拉确实不爱不义之人。❳

❲ 41.在被亏负之后自卫的人，确实是无可指责的。❳

❲ 42.应受责备的，只是那些亏待他人并在大地上蛮横无理者，这些人将受到痛苦的惩罚。❳

❲ 43.无论谁忍耐并宽恕，那的确是一件艰巨的事情。❳

## 原谅或教训不义者

"恶行的还报是相等的恶报。"清高伟大的安拉说：❲ 如果任何人侵犯你们，你们也可以对他们作同样的回击。❳（2：194）❲ 如果你们要实行报复，你们就按照你们所受过的伤害进行报复。❳（16：126）所以安拉规定了公正的准则——抵偿制，同时鼓励人行善，即原谅对方。正如下列经文说：❲ 创伤都要抵偿。倘若任何人施舍它（放弃抵偿），它就是他的赎罪。❳（5：45）

因此，本章的经文说："**无论谁宽恕并改邪行善，他的报偿都归安拉负责**"，即正如下列圣训所述，他的善行不会徒劳无益，"仆人愈原谅他人，安拉愈使其尊贵。"[2]

"**安拉确实不爱不义之人。**""不义之人"指侵犯者，或曰：首先作恶者。

清高伟大的安拉说："**在被亏负之后自卫的人，确实是无可指责的**"，即他们报复亏待他们的人是无罪的。

"**应受责备的**"指应负罪恶的。

"**应受责备的，只是那些亏待他人并在大地上蛮横无理者**"，即他们首先亏待了他人。正如圣训所述："只要被亏者没有过分，那么，无论两个对骂的人说什么话，负责的应该是首先开始（骂）的人。"[3]

"**这些人将受到痛苦的惩罚**"，即他们要遭受令人痛苦的刑罚。

---

[1]《布哈里圣训实录诠释——造物主的启迪》10：541。

[2]《穆斯林圣训实录》4：2001。

[3]《穆斯林圣训实录》4：2000。

穆罕默德·本·瓦斯尔传述，我来到麦加，发现护城沟上有一座桥。后来我被捕了，并被带到巴士里总督麦尔旺·本·麦海里卜那里，他说："阿卜杜拉的父亲！你有何要求？"我说："我的要求是如果你能做到，你就像阿丁伊族人的兄弟那样处事待人。"他问"阿丁伊族人的兄弟是谁？"我说："阿俩伊·本·兹雅德。一次他吩咐一位朋友去办事，并修书一封。信中说：'如果你能做到，你在睡觉时只能是背部（负担）轻松的，肚子饥饿的，手上不沾染任何穆斯林的鲜血和财产的，如果你这样做，你就是无可指责的。应受责备的，只是那些亏待他人，并在大地上蛮横无理者，这些人将受到痛苦的惩罚。'"麦尔旺听后说："他说得对，以安拉发誓，他进了忠言。"然后他又问我："阿卜杜拉的父亲啊！你有何要求？"我回答说："我的要求是让我回去和亲人见面。"他说："好！"(1)

安拉谴责了不义及不义者，制定了抵偿制之后，鼓励人们常守恕道，说："**无论谁忍耐并宽恕**"，即忍受别人的伤害，遮掩其恶行，

"**那的确是一件艰巨的事情。**"伊本·朱拜尔解释为，那的确是安拉命令人们去做的重大的事情。换言之，那的确是一件应该受到奖励和赞美的事情。

❰ 44.无论谁被安拉放任而迷误，除了安拉之外，他再也没有保护者了。你将看到不义者们在看见惩罚的时候要说："有任何回归之道吗？" ❱

❰ 45.你将看到他们被昭示在它跟前，卑贱地战战兢兢，从隐暗的一角偷窥。归信的人们说："亏折的人，是在复生日亏折了自己和自己的亲人之人。"真的，不义的人将会遭受永恒的惩罚。 ❱

❰ 46.除了安拉，他们没有保护者来援助他们。无论谁被安拉放任而迷误，都是无路可走的。 ❱

## 复生日不义者的情况

清高伟大的安拉介绍其尊贵的本然，说他所意欲存在的事情会不可抗拒地存在，他不意欲存在的事情，没有人能使之存在；他所引导的人，没有人能误导之，被他放任而陷入迷途的人，没有人能引导之。正如下列经文所述：❰ 而被安拉置于迷误的人，你绝不能为他找到引导的朋友。❱（18：17）然后安拉说不义者们——多神教徒"**看见惩罚的时候要说：'有任何回归之道吗？'**"即在复生日，他们梦想复返今世。正如安拉所述：❰ 如果你能够

看到他们站在火上的时候，他们会说："但愿我们能被放回去，我们绝不再否认我们主的迹象，我们一定成为信士。"不然，他们从前所隐瞒的对他们显现出来了。倘若他们被放回（今世），他们一定重犯那些对他们禁止的事。他们确实是说谎者。❱ （6：27-28）

"**你将看到他们被昭示在它跟前，卑贱地战战兢兢**"，即他们被带到火狱跟前，蒙受着因为违抗安拉而招致的屈辱。

"**从隐暗的一角偷窥。**"穆佳黑德说，经文所说明的是他们当时的卑贱（恐惧）。(2) 即他们因为害怕火狱而偷偷地窥视着，然而无论怎样，惩罚终究要降临于他们头上。事实上，真正的惩罚到来之前，他们所承受的心理压力则是更大的惩罚。愿安拉从中保护我们。

"**归信的人们说**"，即在复活之日，他们说最大的亏折是"**在复生日亏折了自己和自己的亲人之人**"，即他们因此而进入火狱，失去了在永恒的家园中原本应该得到的幸福。他们不但亏了自己，与自己的亲友不再见面，因而也亏了亲友们。

"**真的，不义的人将会遭受永恒的惩罚。**"他

---

(1)《伊本·艾布·西白》7：245。

(2)《泰伯里经注》21：553。

们将永远遭受刑罚，无法逃脱。

"除了安拉，他们没有保护者来援助他们"，即除安拉外没有谁能从惩罚中拯救他们。

"无论谁被安拉放任而迷误，都是无路可走的"，即这种人不会得救。

◆ 47.在安拉降临不可抗拒的日子之前，你们要响应你们的主。那天，你们没有托庇之所，也不能抵赖。◆

◆ 48.如果他们拒绝，那么，我不曾派你作他们的监护者，你只负责传达。的确，当我让人尝试我的慈悯时，他就因此欢欣。如果他们因为自己亲自的行为而遭到一些不幸时，人类确实是忘恩负义的！◆

### 鼓励在复生日来临之前服从安拉

清高伟大的安拉讲述了复生日的巨大惊恐和该日发生的一些重大事情，要求人们防备它，为它作准备。安拉说："在安拉降临不可抗拒的日子之前，你们要响应你们的主"，即当安拉意欲这一日存在时，只需要一声命令，转眼间它就发生了，不会有任何阻力影响或改变它的发生。

"那天，你们没有托庇之所，也不能抵赖"，即你们没有可以躲避的堡垒，也没有用于隐身的地方来躲避。无论如何，你们都在安拉的知识、观察和能力的范围之中。因为最终的投奔之处在安拉那里。安拉说：◆ 那天，人将说："逃避之处在哪里？"绝不然！没有避难之地！那天，定所只在你的养主那里。◆（75：10—12）

"如果他们拒绝，那么，我不曾派你作他们的监护者。""他们"指多神教徒。"监护者"指监督者。安拉说：◆ 你无法引导他们，但安拉引导他所欲之人。◆（2：272）又 ◆ 你的责任只是传达，清算由我掌管。◆（13：40）安拉说："你只负责传达"，即安拉只责成你把他的信息传达给他们。

"的确，当我让人尝试我的慈悯时，他就因此欢欣"，即他享受幸福时，他就会高兴。

"如果他们因为自己亲自的行为而遭到一些不幸时"，即当人类遭到干旱、惩罚、灾难或困难时，"人类确实是忘恩负义的！"即他对以往的恩典统统遗忘，只看眼前，在顺境中得意忘形，在逆境中灰心丧气。正如安拉的使者对妇女们所说："诸位妇女啊！你们施舍吧！我确实看到火狱的大部分居民是女人。"有位妇女问："安拉的使者啊！那是为何？"使者说："你们经常诉苦水，对丈夫忘恩负义。如果你一生善待她，而仅有一

次没有善待，她会说：'我从来没见过你有什么好。'"(1) 这是大部分女人的情况。但蒙安拉引导而获得正道，坚持正信，行善的人则是例外的。穆民的情况应该如穆圣的下列圣训所述："他遇到喜事时感谢，这（感谢）对他是一件好事；他碰到打击后忍耐，这（忍耐）对他也是一件好事。除了穆民，任何人不得此优遇。"(2)

◆ 49.诸天与大地的权力只归安拉。他创造他所意欲的。他为他意欲的人赏赐女孩，为他所意欲的人赏赐男孩。◆

◆ 50.他或许使他们男女并育，他也会使他所意欲的人无后。的确，他是全知的，大能的。◆

清高伟大的安拉说，他是天地的创造者、掌管者和支配者，他根据自己的意欲使一些事物存在，同时使另一些事物不存在，赏赐一些人，拒绝另一些人，他赏赐时没有谁能够阻挡，他拒绝时也没有人能够赏赐。"他为他所意欲的人赏赐女孩"，即

---

(1)《穆斯林圣训实录》1：86。
(2)《穆斯林圣训实录》4：2295。

他使他们只生女孩。伯厄威说，譬如鲁特先知只有女孩。[1]

"为他所意欲的人赏赐男孩。"伯厄威说，就像伊布拉欣先知没有女儿。[2]

"他或许使他们男女并育"，即安拉使他所意欲的人既生男也生女。伯厄威说，譬如穆圣㉛。[3]

"他也会使他所意欲的人无后"，即他们根本没有子女。伯厄威说，譬如叶哈雅和尔撒。[4]

所以说安拉将人分为四种：一、有女儿的。二、有儿子的。三、儿女都有的。四、没有子嗣的。

"的确，他是全知的"，即安拉知道谁应该是上述四种人中的哪一种人；"大能的"，即安拉能够使人们不尽相同。

这里经文所叙述的情况，与安拉关于尔撒所叙述的情况相似，安拉说：❰我将使他成为对人类的迹象。❱（19：21）即安拉通过尔撒先知的出生情况，证明他的伟大。安拉用四种不同方式创造人。一、譬如阿丹。安拉用泥土创造了他，而没有通过男女的结合。二、譬如海娃。安拉从男人身上造了她，而没有通过女人的生育。三、除尔撒之外的其他人。安拉从一男一女的结合中创造他们。四、譬如尔撒。安拉不通过男子，而让妇女直接生下他。尔撒的被造，确实是完美绝伦的明证。因此安拉说：❰我将使他成为对人类的迹象。❱（19：21）这里所谈的是人类祖先的问题，前面则谈到了他们的后裔，他们各分四种。全能大能的安拉真清净啊！

❰51.除了启示，或是从幕后，或是派遣使者奉安拉的命令启示他所意欲的之外，任何人不能跟安拉说话。他确实是至高的、明哲的。❱

❰52.我就这样把来自我的命令的精神降给你，你原来不知道什么是天经，什么是信仰。但是我使它成为光亮，用之引导我所愿意的仆人。你确实是指导人于正道的❱

❰53.——天地中的一切都归其所有的安拉之道。真的，万事只归安拉。❱

### 启示降临的形式

这里所论述的是安拉降予启示的问题。其中情况大体如下：有时安拉在先知心中投下知识，先知能够明确地知道它来自安拉；正如安拉的使者㉛说："圣洁的鲁哈在我心中投递了如下信息：人在享完其生活资料和寿限之前不会死亡，所以你们要敬畏安拉，好好地向安拉祈求。"

"或是从幕后。"正如穆萨先知所遇到的情况。安拉和他谈话之后，他要求见安拉，但他没有得到许可。

安拉的使者㉛对贾比尔说："安拉只在帷幕之后和人说话，但他和你的父亲面对面地谈了话。"其父牺牲于吾侯德战役。但圣训中所说的是白勒宰赫的情况，《古兰》经文中的启示则说的是今世的情况。

"或是派遣使者奉安拉的命令启示他所意欲的。"正如吉卜勒伊里和其他天使降临到一些先知跟前。

"他确实是至高的、明哲的"，安拉是清高的、全知的、彻知的、睿智的。

"我就这样把来自我的命令的精神降给你"，即我把《古兰》降示给你。

"你原来不知道什么是天经，什么是信仰"，即你起初不能像《古兰》所要求的那样，准确地掌握这些知识。

"但是我使它成为光亮，用之引导我所愿意的仆人。""它"指《古兰》。正如安拉所言：❰你说："它是对信士们的引导和治疗。至于那些隐昧的人，他们的耳已失聪，在他们看来，它是盲目的。"❱（41：44）

"你确实是指导人于正道的。""你"指穆罕默德。"正道"指端正的行为准则。

然后经文解释"正道"，说它是"**天地中的一切都归其所有的安拉之道**"，即它是天地的养育者、掌握者、支配者和绝对统治者所制定的法律。

"**真的，万事只归安拉。**"然后安拉将裁决它们，判断它们。赞美安拉超绝无染，凡是不义者和否认者所说的一切和他毫无关系。

《协商章》注释完。一切感赞全归安拉。

---

[1]《伯厄威经注》4：132。
[2]《伯厄威经注》4：132。
[3]《伯厄威经注》4：132。
[4]《伯厄威经注》4：132。

# 《金饰章》注释  麦加章

奉普慈特慈的安拉之尊名

❴ 1.哈一、米目。❵
❴ 2.凭这部明白的天经发誓。❵
❴ 3.我确已使它成为阿拉伯文的《古兰》,以便你们理解。❵
❴ 4.在我那里的天经之母中,它确实是崇高的、睿智的。❵
❴ 5.难道我会因为你们是一个放肆的群体,而不教训你们吗?❵
❴ 6.我曾在古人中派遣了多少先知?❵
❴ 7.只要一位先知到达他们,他们就要嘲弄他。❵
❴ 8.所以我毁灭了那些比他们更强大的人。古人的例子已逝去了。❵

清高伟大的安拉说:"**哈一、米目。凭这部明白的天经发誓**",即凭这部文字和意义都明白无误的《古兰》发誓。

阿拉伯语是人们在交流中所使用的最雄辩的语言。

因此,清高伟大的安拉说:"**我确已使它成为阿拉伯文的《古兰》**",即安拉以明确而精炼的阿拉伯语降示了它。

"**以便你们理解**",即以便你们明白它的意义,并能够思考。所以安拉❴ 用明白的阿拉伯文(降示)。❵(26:195)

"**在我那里的天经之母中,它确实是崇高的、睿智的。**"安拉阐明了这部《古兰》在上界中的地位,以便人类尊崇之、服从之——这是伊本·阿拔斯等学者的观点;"**在我那里**"指在安拉跟前。"**天经之母**"指受保护的天经牌。"**它**"指《古兰》——这是格塔德等学者的观点;[1]"**崇高的**"指有地位的、尊贵的——格塔德语;[2]"**睿智的**"指精确的、不被混淆和歪曲的。这一切都说明《古兰》的尊贵。正如安拉所言:❴ 它确实是尊贵的《古兰》。在被珍藏的天经中。只有洁净者才能触摸它。它是来自众世界的主的启示。❵(56:77-80)❴ 绝不然!它确实是教诲。所以,谁愿意,就让他记念他。在尊贵的册页中,崇高的、圣洁的。在诸位记录者手中。(那些记录者是)尊贵的、善良的。❵(80:11-16)

"**难道我会因为你们是一个放肆的群体,而不教训你们吗?**"即难道你们认为我将赦免你们,即使你们拒绝履行我的命令吗?这是伊本·阿拔斯等学者的主张。[3]格塔德解释说:"以安拉发誓,假若这个民族的前人抛弃《古兰》,而它被安拉召回,那么他们就会遭受灭顶之灾。但安拉为了宽容和慈悯人类,重复多次地劝导他们,在二十年或安拉所意欲的期限内号召他们接受它。"[4]格塔德的解释非常好。其要义是:安拉为了慈悯被造物而不停地号召他们走向幸福,接受富有哲理的教诲——《古兰》。虽然人类往往放荡不羁,拒绝真理,但安拉还是发出训导,让注定得道的人们得道。只有安拉注定倒霉的人才会抗拒明证。

## 安慰遭到古莱什人否认的穆圣☪

安拉在此安慰遭受其族人否认的穆圣☪,并命令他坚忍,说:"**我曾在古人中派遣了多少先知?**"即安拉曾在古代各民族中派遣了许多先知。

---

(1)《拉齐经注大全》27:167;《伯厄威经注》4:133。
(2)《泰伯里经注》21:567。
(3)《泰伯里经注》21:567、568。
(4)《泰伯里经注》21:568。

"只要一位先知到达他们，他们就要嘲弄他"，即他们都会遭受族人的否认和嘲笑。

"所以我毁灭了那些比他们更强大的人。"穆罕默德啊！虽然古人比这些否认你的人更强大，但是当他们否认了众使者的时候，我还是毁灭了他们。安拉说：⟪ 难道他们没有旅行大地，去看看他们以前的那些人的结果如何吗？他们比这些人数目更多，力量和在大地上的影响更大。⟫（40：82）类似的经文很多。

"古人的例子已逝去了。"穆佳黑德认为"例子"指常道，[1] 格塔德认为指惩罚，[2] 其他人则认为指教训，即安拉使之成为后辈否认者的前车之鉴，以免他们重蹈覆辙。如本章结尾所说：⟪ 我使他们成为后代的先例和借鉴。⟫（43：56）⟪ 这就是安拉对待他的众仆的一贯方法。⟫（40：85）⟪（这是）安拉对从前的那些人的惯例，你绝不能发现安拉的惯例有所变动。⟫（33：62）

⟪ 9. 如果你问它们："谁造化了诸天和大地？"它们一定会回答是优胜的、全知的安拉造化了它们。⟫

⟪ 10. 他为你们使大地成毯，为你们在其中设路，以便你们走正道。⟫

⟪ 11. 他由天空降下适量的雨，然后我以之使死地复苏。你们也要这样被取出。⟫

⟪ 12. 是他创造一切种类，并为你们造化供你们乘的船和牲畜，⟫

⟪ 13. 以便你们稳坐上面。当你们坐好后，就要记念你们主的恩典。你们说："赞美安拉，他为我们制服了此物，而我们原本对它是无奈的。⟫

⟪ 14. 我们终究要回归我们的主！"⟫

### 多神教徒承认独一的造物主以及
### 这方面的有关证据

清高伟大的安拉说，穆罕默德啊！如果你问这些以物配主、崇拜安拉的同时还崇拜他物的人："'谁造化了诸天和大地？'它们一定会回答是优胜的、全知的安拉造化了它们"，即他们一定能认识到这一切的创造者是独一无偶的安拉，虽然如此，他们还在拜许多偶像和伪神。

"他为你们使大地成毯"，即安拉使大地成为稳定的毯子，你们可在地上行走、睡觉和工作，虽然地球表面大部分是水、海洋，但安拉用山使之稳定，以免它震动。

"为你们在其中设路"，即安拉在群山和山谷中开辟许多道路。

"以便你们走正道"，即安拉让你们畅游世界各地。

"是他由天空降下适量的雨"，即安拉根据你们的庄稼和果实的需求量，以及你们和你们牲畜的饮用量，从天上降下雨水。

"然后我以之使死地复苏"，即降下雨水后，沉寂的大地开始活动、膨胀并长出各种美丽的植物。安拉通过复苏大地，让人类认识在复生日如何复活死者，说："你们也要这样被取出。"

"是他创造一切种类"，即安拉使大地长出庄稼、果实、花朵等形形色色的植物，同时还创造各种各样的动物。

"并为你们造化供你们乘的船和牲畜"，即安拉为你们制服了船和牲畜，因此你们可以吃它们的肉，饮它们的乳，骑在它们背上。

"以便你们稳坐上面。当你们坐好后，就要记念你们主的恩典。""你们稳坐上面"指坐好、依靠住。"恩典"指制服这些事物之恩。

"你们说：'赞美安拉，他为我们制服了此物，而我们原本对它是无奈的。'""无奈的"指无法对付的。即如果不是安拉为我们制服所有这些可乘之物，我们自己是无能为力的。伊本·阿拔斯等学者说"无奈的"指没有能够的。[3]

"我们终究要回归我们的主！"即我们死后一定要回归到安拉那里，我们最终的归宿只在他那里。正如在下列经文中安拉通过介绍今世的斧资，提醒人们注重后世的旅费，经文说：⟪ 你们要预备盘缠，最好的盘缠就是敬畏。⟫（2：197）在下面的经文中，安拉通过介绍今世的衣服，让人们注意后世的服饰：⟪ 但敬畏的衣服却是最好的。⟫（7：26）

⟪ 15. 可是他们却把他的部分奴仆当作他的一部分。人类确实是明显忘恩负义的。⟫

⟪ 16. 难道他从他所造化的当中只择取女儿，而把儿子专门赐给你们吗？⟫

⟪ 17. 当他们中的一个人得悉，他得了像他为至仁主所举例的时，他极其忧郁，脸色黑暗。⟫

⟪ 18. 难道在饰物中被抚养，并且在辩论中（表达）不清楚的（他们将她归于安拉吗）？⟫

⟪ 19. 他们把崇拜至仁主的天使们当成女性。他们可曾见证过他们的造化吗？他们的证词将被记录，他们也将被质询。⟫

---

（1）《泰伯里经注》21：571。
（2）《泰伯里经注》21：571。
（3）《泰伯里经注》21：576、577。

❰ 20.他们说:"如果至仁主愿意的话,我们当初没有拜它们!"他们对此毫无知识,他们只在说谎! ❱

## 谴责多神教徒为安拉设立儿子

清高伟大的安拉说,多神教徒们恣意妄为,把部分牲畜划分(贡)给他们的塔吾特,把另一部分划分给安拉。正如下列《牲畜章》经文所述:❰ 他们从安拉所创造的粮食和牲畜中拨出一份献给他。他们妄说:"这份是给安拉的,这份是给我们的众神的。"他们(所谓)众神的那份达不到安拉,而安拉的那份却到达他们(所谓)的众神。他们的判断真恶劣啊! ❱(6:136)就这样,他们把男孩和女孩中认为较弱的一部分——女孩划分给了安拉。正如安拉所言:❰ 难道男性都归你们,而女性只归他吗?这确实是不公的分配! ❱(53:21—22)

本章的经文说:"**可是他们却把他的部分奴仆当作他的一部分。人类确实是明显忘恩负义的。**"

然后清高伟大的安拉说:"**难道他从他所造化的当中只择取女儿,而把儿子专门赐给你们吗?**"这是对他们最严厉的谴责。

下面的经文又把这种谴责提高到极限:"**当他们中的一个人得悉,他得了像他为至仁主所举例的时,他极其忧郁,脸色黑暗**",即他们自己对女孩嗤之以鼻,惟恐躲之不及,但却妄言安拉有女儿,而当他们得悉自己的妻子生了女孩时,认为这是一种耻辱,遂闭门不出。

清高伟大的安拉说,他们怎能将自己厌恶的交给安拉呢?

安拉说:"**难道在饰物中被抚养,并且在辩论中是(表达)不清楚的(他们将她归于安拉吗)?**"即难道他们把靠打扮起来的形象和在辩论中难以十分清楚地表达意愿的妇女树配给安拉吗?

清高伟大的安拉说:"**他们把崇拜至仁主的天使们当成女性**",即他们诚信天使是安拉的女儿。所以安拉谴责了他们的这种说法:"**他们可曾见证过他们的造化吗?**"即安拉将天使造成女性的时候,他们都在场吗?

"**他们的证词将被记录,他们也将被质询。**"经文指复生日的情况。这是严厉的警告。

"**他们说:'如果至仁主愿意的话,我们当初没有拜它们!'**"即他们说,假若安拉意欲,他就不会给我们机会去崇拜安拉的女儿——以天使的形象雕刻的这些偶像。因为安拉知道它,对此是赞许的。总之,他们同时犯有以下几种罪恶:

一、为安拉设儿子。赞安拉清净无染,他和多神教徒所说的一切都没有关系。

二、他们妄言安拉选择了女性,放弃男性。所以他们把至仁主的仆人——天使当作女性。

三、虽然如此,他们还是在安拉不许可的情况下毫无道理地崇拜天使。他们的崇拜只是根据自己的私欲和个人主见,以及对祖先的盲从和对蒙昧主义思想的延续。

四、他们狡辩自己被注定(以物配主),这种狡辩是荒谬绝伦的。安拉因此对他们进行了最严厉的谴责。因为自从安拉遣圣降经开始,就命令人们惟独崇拜独一无偶的安拉,严禁崇拜安拉之外的一切。

❰ 我的确在每一个民族中派遣一位使者。(他说)"你们要崇拜安拉,远离塔吾特。"他们当中有安拉引导的人,也有应该陷入迷误的人,所以你们去周游大地,并看看那些隐昧者有什么后果。❱(16:36)你问问我在你之前所派遣的使者们,我可曾在至仁主之外设立了供人崇拜的神吗? ❱(43:45)

安拉提到他们的借口后在这节经文中说:"**他们对此毫无知识**",即他们无法保证自己所说的和所辩论的是正确的。

"**他们只在说谎**",即他们在臆造谎言。

穆佳黑德在解释"他们对此毫无知识,他们只在说谎"时说:"他们不知道此中安拉所具有的大能。"(1)

❦ 21.难道以前我曾给过他们经典,而他们是遵循它的吗?❧

❦ 22.不然,他们说:"我们发现我们的祖先遵从一种宗教,所以我们在步其后尘。"❧

❦ 23.就这样,在你以前,每当我派遣一位警告者到一个城镇时,他们当中的奢华者就说:"我们发现我们的祖先遵从一种宗教,我们是步他们后尘的。"❧

❦ 24.他说:"即使我带给你们的(宗教)比你们所发现的祖先的宗教更好,你们也要遵循祖先的宗教吗?"他们说:"我们不信你们所奉的使命。"❧

❦ 25.所以我报应了他们。你看那些拒绝者的后果如何。❧

## 多神教徒并没有任何证据

清高伟大的安拉谴责多神教徒毫无证据和理由地崇拜安拉之外的偶像,说:"**难道以前我曾给过他们经典**",即在他们以物配主以前……

"**而他们是遵循它的吗?**"即他们遵循当初的那部经典吗?事实并非如此。正如安拉所言:❦ 难道我曾给他们降下权力,宣布他们对我的举伴吗?❧(30:35)即事实并非如此。

然后经文说:"**不然,他们说:'我们发现我们的祖先遵从一种宗教,所以我们在步其后尘。'**"即他们以物配主的"理论根据"仅仅是"父亲和爷爷原来遵循什么宗教,我们就遵循什么宗教。"这节经文中的稳麦(译为宗教),与下列经文中的稳麦一样,都指宗教。❦ 这是你们民族——单一的民族。❧(21:92)"**所以我们在步其后尘**",即我们只是跟在他们后面走。其实这是他们没有根据的妄言。

清高伟大的安拉说,他们所说的这些话,在历史上否认众使者的人们早已经说过了,他们是臭味相投的,因此,他们的话如出一辙。❦ 同样,只要有使者到达他们以前的那些人,他们就会说:"这是一个魔术师或疯子。"他们以它互相嘱咐了吗?不然,他们是过分的群体。❧(51:52-53)

同样,本章经文也说:"**就这样,在你以前,每当我派遣一位警告者到一个城镇时,他们当中的奢华者就说:'我们发现我们的祖先遵从一种宗教,我们是步他们后尘的。'**"

然后清高伟大的安拉说,穆罕默德啊!你告诉这些多神教徒:"**即使我带给你们的(宗教)比你们所发现的祖先的宗教更好,你们也要遵循祖先的宗教吗?**"即他们居心险恶,抗拒真理,敌视坚持真理者,所以就算他们确信你带来的是真理,也不会服从它。

清高伟大的安拉说:"**所以我报应了他们**",即我以各种刑罚处置了不归信的各民族,正如经文叙述他们的那样。

"**你看那些拒绝者的后果如何**",即他们是怎么消亡和毁灭的?安拉又是如何拯救穆民的?

❦ 26.那时伊布拉欣对他的父亲和族人说道:"我与你们所拜的无关。❧

❦ 27.惟独造化了我的安拉,确实,他将要引导我。"❧

❦ 28.他把它作为留传给后代的箴言,以便他们回归。❧

---
(1)《泰伯里经注》21:583。

❆29.不然，我让这些人和他们的祖先们享受，直到真理和一位明白的使者降临他们。❆

❆30.真理到达他们时，他们说："这是邪术，我们不信它。"❆

❆31.他们又说："为什么《古兰》不降给这两座城中的一位要人呢？"❆

❆32.难道由他们分配你的主的慈悯吗？是我在他们之间分配今世的生计，我使他们当中的一部分比另一部分高若干等级，以便一部分人让其他人为他们服务。你的主的慈悯比他们所积蓄的更好。❆

❆33.如果不是防止人类变成一个稳麦，我就会使那些不信至仁主的人的房屋成为银顶的，银梯的，以便他们登于其上。❆

❆34.并为他们的房屋提供银门和银床，以便他们依靠在上面。❆

❆35.金饰。不过这些都是今世生活的享受。在你的主看来，后世是属于敬畏者的。❆

### 安拉的朋友宣传安拉独一

清高伟大的安拉说，他的仆人、使者、朋友、纯正的信士的领袖——他之后出现的先知都是他的子孙、古莱什人的血统和宗派可溯源于他——伊布拉欣先知，他因为父亲和族人崇拜偶像而和他们划清了界限。他说："'我与你们所拜的无关。惟独造化了我的安拉，确实，他将要引导我。'他把它作为留传给后代的箴言。"箴言是：崇拜独一无偶的安拉，摒弃一切偶像。换言之，它就是"应受拜者，只有安拉"，即伊布拉欣希望他的子孙中受安拉引导者把这句话作为代代相传的格言。

"以便他们回归"，即以便他们回归于这一句话。

艾克莱麦等学者在解释"**他把它作为留传给后代的箴言**"时说："伊布拉欣的子孙中，一直有人念'应受拜者，惟有安拉'。"[1] 伊本·阿拔斯也有相同的主张。伊本·栽德说这句话指伊斯兰的口号。[2] 这种解释与大众的解释相符。

### 麦加人拒绝使者，使者对他们的答复

清高伟大的安拉说："**不然，我让这些人和他们的祖先们享受。**""**这些人**"指多神教徒，他们在迷信中生活了许多年。

"**直到真理和一位明白的使者降临他们。**""**明白的使者**"指带来明确的信息和警告的使者。

"**真理到达他们时，他们说：'这是邪术，我们不信它。'**"即他们自大顽固，全然反对真理。充分暴露了他们的不信、嫉妒和不服气。

他们好像带着一种建议的口气对安拉降示的这部经典说："**为什么《古兰》不降给这两座城中的一位要人呢？**"他们说，为什么《古兰》不降给在两座城镇中他们看重的一位大人物呢？"**两座城镇**"指麦加和塔伊夫。伊本·阿拔斯等学者持此观点。[3] 不止一位学者提到，他们所说的这位"大人物"指瓦利德·本·穆黑莱和赛格夫族的欧勒沃·本·麦斯欧迪。显然，他们指的是：两城中任何一位大人物。

安拉驳斥他们的这种"建议"说："**难道由他们分配你的主的慈悯吗？**"即这些事情不归他们支配，而只归安拉掌握。安拉最清楚应该把他的使命置于何处，安拉只会把这个使命交给内心和灵魂最纯洁、家族最高贵以及血统最纯洁的人。

清高伟大的安拉介绍说，他给人们的财产、给养、智商以及内在与外在的能力是不同的。"**是我在他们之间分配今世的生计。**"

"**以便一部分人让其他人为他们服务**"，即以便人们因为相互需要而相互制约，让对方为自己工作。这是赛丁伊等学者的主张。[4]

"**你的主的慈悯比他们所积蓄的更好**"，即安拉对其被造物的慈悯，是比被造物手中的财产和今世生活的享受更好。

### 拥有财富并不意味着安拉对拥有者的喜爱

清高伟大的安拉说："**如果不是防止人类变成一个稳麦**"，即许多无知者认为安拉赐某人财富，是喜爱这个人的标志，所以他们也学习那人一致否认安拉，若不是出于防止这种情况……这是伊本·阿拔斯等学者的主张。[5]

"**我就会使那些不信至仁主的人的房屋成为银顶的**"，即若不是这样，安拉必定使他们住在里面是银梯银台阶的房屋之中。这是伊本·阿拔斯等学者的主张[6]。

"**以便他们登于其上。并为他们的房屋提供银门和银床，以便他们依靠在上面**"，即若不那样，我要把这一切都变成银的。"**金饰**"指黄金。这是伊本·阿拔斯等学者的理解。[7]

"**不过这些都是今世生活的享受**"，即在安拉看来，这一切都来自腐朽、渺小和过眼烟云般的今

---

（1）《泰伯里经注》21：589；《格尔特宾教律》16：77。
（2）《格尔特宾教律》21：77。
（3）《泰伯里经注》21：592、593。
（4）《泰伯里经注》21：595。
（5）《泰伯里经注》21：597。
（6）《泰伯里经注》21：600。
（7）《泰伯里经注》21：601、602。

世。即安拉要因为他们的善行而使他们在今世早早地获得饮食等报偿，到后世时，他们没有一件善功能使他们获得报偿。(1) 正如圣训所述："假若今世在安拉跟前值一只蚊子的翅膀，他就不会让隐昧者从中喝一口水。"(2)

"在你的主看来，后世是属于敬畏者的"，即后世是专属于敬畏者的，其他人从中没有份额。

穆圣曾发誓短期不接近他的妻室们，欧麦尔登上使者的小屋，发现使者躺在一块草席上，身上压出了草席的痕迹。欧麦尔见状不禁含泪说道："安拉的使者啊！波斯国王和罗马皇帝享尽了荣华富贵，而你——安拉被造物中最优秀的……（却如此艰苦朴素！）"穆圣当时还依靠着（床），听到这番话后坐起身来说："汗塔卜的儿子啊！你（对安拉）有怀疑吗？"使者接着说："那些人，在今世已经得到了各种善报。"(3) 另据传述，穆圣说："难道你不愿意他们获得今世，我们获得后世吗？"(4)

两圣训实录等圣训集中记载，穆圣说："你们不要在金银器皿和碟子中饮水吃饭，因为这些在今世属于他们，在后世才属于我们"，即安拉在今世中把它们赏赐给隐昧者，只因为它们非常卑微。安拉的使者说："假若今世在安拉跟前值一只蚊子的翅膀，他就不会让隐昧者从中喝一口水。"(5)

❧ 36.**谁无视记念至仁主，我就指派一个魔鬼作为他的伙伴。**❧

❧ 37.**它们一定会在正道上阻碍他们，而他们却以为自己遵循着正道。**❧

❧ 38.**直到他来到我这里时，他说："但愿你我之间相距两个东方之遥。这伙伴太邪恶了。"**❧

❧ 39.**我说："因为你们已经犯了罪，所以今天你们共受惩罚也无益于你们。"**❧

❧ 40.**难道你能使聋子听得到，还是你能引导瞎子和处在明显迷误中的人呢？**❧

❧ 41.**即使我带走你，我也要报应他们。**❧

❧ 42.**或许我要使你看到我许给他们的。我是全能于他们的。**❧

❧ 43.**所以你要坚持你所奉的启示，你的确是在正道上。**❧

❧ 44.**它确实是对你和你族人的一项教诲。你们将会被询问。**❧

---
(1)《穆斯林圣训实录》4：2126。
(2)《提尔密济圣训集》6：611；《伯尔威经注》4：138。
(3)《穆斯林圣训实录》2：113。
(4)《穆斯林圣训实录》2：110。
(5)《布哈里圣训实录诠释——造物主的启迪》9：465；《穆斯林圣训实录》3：1637。

❧ 45.**你问问我在你之前所派遣的使者们，我可曾在至仁主之外设立了供人崇拜的神吗？**❧

### 恶魔与背叛至仁主的人为伴

清高伟大的安拉说："**谁无视记念至仁主，我就指派一个魔鬼作为他的伙伴。**""无视"指假装看不见、装聋作哑、背弃。"无视"原指弱视，这里指心灵的瞎。这节经文类似于下面的经文：❧**谁在正道明确之后反对使者，并跟随非信士的道路……**❧（4：115）又❧**当他们偏离时，安拉就使他们的心偏离了。**❧（61：5）又❧**我已为他们注定许多伙伴，这些伙伴为他们粉饰了他们以前和以后的一切。**❧（41：25）

清高伟大的安拉说："**它们一定会在正道上阻碍他们，而他们却以为自己遵循着正道。直到他来到我这里时**"，"他"指对正道装聋作哑的人，安拉指派一个恶魔误导他，并将他引入火狱。当他在后世见到安拉时，面对曾经对付他的冤家——恶魔而咬牙切齿。因此，"**他说：'但愿你我之间相距两个东方之遥。这伙伴太邪恶了。'**"部分诵经家将这节经文读为："直到他俩来到我这里时，他说……""他俩"指无视于正道的人及其伙伴（恶魔）。

"**我说：'因为你们已经犯了罪，所以今天你们共受惩罚也无益于你们。'**"虽然你们共同进烈火，受刑罚，但这并不能给你们带来好处。

### 在母腹中注定的不幸者不会获得引导

清高伟大的安拉说："**难道你能使聋子听得到，还是你能引导瞎子和处在明显迷误中的人呢？**"即这不属于你的权力，你的权力仅仅是传达信息，而不是引导他们。而安拉要引导他所意欲之人，或任他所意欲之人迷误。安拉是公正的判决者。

### 安拉要惩罚使者的敌人

清高伟大的安拉说："**即使我带走你，我也要报应他们**"，即即便我让你去世了，我也要惩罚他们。

"**或许我要使你看到我许给他们的。我是全能于他们的**"，即安拉能够这样做，也能够那样做。安拉让使者从敌人身上看到令他欣喜的结局，在使者掌握他们的生杀大权，征服他们的城池之前，安拉不会让他归真。这是赛丁伊的解释。伊本·哲利尔选择了这种解释。(6)

---
(6)《泰伯里经注》21：609。

## 鼓励人们遵循《古兰》

清高伟大的安拉说："**所以你要坚持你所奉的启示，你的确是在正道上**"，即你要坚决遵循降在你心上的《古兰》，因为它是真理。它所倡导的，是能够引导人于主道——使人得到乐园之恩和永恒幸福的正道。

"**它确实是对你和你族人的一项教诲。**"有学者说"**教诲**"指荣耀。伊本·阿拔斯等学者持此观点。[1]即因为《古兰》是以他们的语言降示的，所以它是他们的荣耀。因为他们是人类中最理解这门语言的人，所以他们应该是最正确、最严格遵守它的人。可以说，他们中最优秀的人——迁士和辅士等穆斯林精英，就是这样的。

有人说"**教诲**"指劝诫。经文特意提出他们（你和你族人），并不意味着不包括其他人。如下列经文所述：⟪我确实给你们降下了一部经典，其中有对你们的教诲，难道你们不了解吗？⟫（21：10）又⟪你当警告你的近亲。⟫（26：214）

"**你们将会被询问**"，即关于《古兰》，你们要受到询问，问你们是怎么遵循它和怎么响应它的。

"**你问问我在你之前所派遣的使者们，我可曾在至仁主之外设立了供人崇拜的神吗？**"即所有使者所倡导的和你所倡导的都是同样的内容：崇拜独一无偶的安拉，禁止人们崇拜偶像和伪神。正如安拉所言：⟪我的确在每一个民族中派遣一位使者。（他说）"你们要崇拜安拉，远离塔吾特。"⟫（16：36）穆佳黑德说，伊本·麦斯欧迪对这节经文的读法是："你问问在你之前我所派遣的众使者……"[2]格塔德等学者从伊本·麦斯欧迪那里传述了此观点。这一切都是（只可意会的）注释，而不可转述。[3]安拉至知。

⟪46.我确曾派遣穆萨带着我的迹象前往法老和他的臣民，他说："我是众世界的主的使者。"⟫

⟪47.当他给他们带去我的迹象时，他们就嘲笑它。⟫

⟪48.我显示给他们的每一个迹象，一件比一件大。我并以刑罚惩处他们，以便他们回归。⟫

⟪49.他们说道："魔术师啊！为我们祈求你的主吧，因为他与你有约，我们一定会遵循正道。"⟫

⟪50.但是当我替他们解除惩罚时，他们就立即爽约。⟫

## 派遣穆萨去向法老及其臣民宣传"安拉独一"的信仰

清高伟大的安拉说，他派遣他的仆人兼使者穆萨，前往法老及其臣民那里。"**臣民**"包括（埃及）科普特人和古以色列人的王公大臣、官僚百姓。穆萨奉命号召他们崇拜独一无偶的安拉，禁止他们崇拜安拉以外的一切。穆萨同时还带去一些重大的迹象，譬如穆萨（发光的）手、手杖、洪水、蝗虫、虱子、青蛙和血液以及庄稼歉收，生灵涂炭。虽然如此，他们还是抗拒和嘲笑这些迹象，并嘲笑带来这些迹象的穆萨先知。

"**我显示给他们的每一个迹象，一件比一件大。**"虽然如此，他们并没有迷途知返，接受真理。他们每碰到一件迹象（并被打击）时，就花言巧语地来恳求穆萨，说："**魔术师啊！**"伊本·哲利尔说这里的"**魔术师**"指学者。[4]因为当时的学者都是魔术师，魔术当时不被人们贬斥。他们的这种称呼中没有揶揄的口气，他们有求于穆萨，故不敢无礼。他们认为这是出于尊重而发出的称呼。每次他们都在穆萨面前信誓旦旦，说：如果这次躲

---

(1)《泰伯里经注》21：610、611。
(2)《泰伯里经注》21：611。
(3)《泰伯里经注》21：611、612。
(4)《泰伯里经注》21：615。

过劫难，一定归信穆萨，并释放以色列的后裔，让穆萨带走他们。但每次他们都违背诺言。安拉说：❦ 因此我对他们降下了洪水、蝗虫、蛙虫、蛙和血，一系列明白的迹象。但是他们仍然高傲，而成为犯罪的人。每当惩罚降临他们时，他们说："穆萨啊！请你凭你的主对你的约言为我们祈求他，如果你能替我们解除惩罚，我们就一定相信你，并释放以色列的后裔，让他们与你一起离开。"但是，每当我为他们解除了他们所经历的一段惩罚时，他们突然间就会撕毁盟约。❧（7：133-135）

❦ 51.法老向他的族人宣布道："我的族人啊！难道埃及的国土和我脚下流过的河流，都不属于我吗？你们难道看不见吗？❧

❦ 52.不然，我比这个卑贱的人更好，他甚至无法清楚地表达。❧

❦ 53.为什么他不被赐予金手镯，或是为什么没有天使同他一道降临呢？"❧

❦ 54.他愚弄了他的族人，而他们也听从了他，他们确实是坏事的群体。❧

❦ 55.当他们激怒我时，我就惩罚他们，我把他们全部淹死了。❧

❦ 56.我使他们成为后代的先例和借鉴。❧

### 法老对其族人的呼唤以及安拉对他的惩罚

清高伟大的安拉说，法老冥顽不化，残暴无道，否认真理。他召集民众，以埃及国王的身份，无比矜持和傲慢地炫耀他的权势："**难道埃及的国土和我脚下流过的河流，都不属于我吗？**"格塔德说，当时他们拥有许多园圃和河流。(1)

"**你们难道看不见吗？**"即你们看不到我的伟大和权力吗？言下之意是穆萨及其追随者，不过是一些贫穷的弱者。经文中说他❦ 然后集合了（民众），并宣布："我是你们最高主宰。"所以安拉用后世和今世的刑罚惩罚了他。❧（79：23-25）

"**不然，我比这个卑贱的人更好。**"赛丁伊解释为"的确，我比这个卑贱的人更好。"(2)一些巴士里语法学家说，经文中的"أم"一词(3)指不然。(4)范拉仪（著名诵经家）的传述证明这种解释是正确的。他说，部分诵经家将这节经文读为："难道我不是比这个卑贱的人更好吗？"(5)伊本·哲利尔说，假若这种读法是正确的，那么其意义也是一目了然的。但这种读法与其他城市诵经家的读法不相一致，因为他们是按照疑问句读这节经文的（而范拉仪所说的则是反问句）。(6)

笔者说，无论如何，法老说此话的意思都是为了说明他比穆萨更优秀。法老确实在撒谎。愿安拉永远诅咒他，直到复活之日。

苏富扬说，"**卑贱的**"指渺小的；格塔德等人认为指弱小的；伊本·哲利尔认为这个词指无权无势无钱。

"**他甚至无法清楚地表达**"，即他谈吐不清楚，因为他有口吃。

法老说穆萨是一个"**卑贱的**"人，这种说法与事实不符，事实上从形象、道德和宗教角度讲，真正的卑贱者和渺小者，是法老自己。而穆萨则是尊贵的、诚实的、正义的和坚持正路的。

"**他甚至无法清楚地表达**"，也是法老的谎言。的确，穆萨在幼时把火炭放进嘴中而造成了口吃病，但后来他祈求安拉清除他的这一隐疾，以便人们能理解他的话。因此，安拉接受了他的要求，❦ 他说："穆萨啊！你所祈求的，已经赐给你了。"❧（20：36）但也有可能穆萨没有祈求安拉根除他的病，因此，他在说话时仍然有点障碍。正如哈桑·巴士里所说，当时穆萨只祈求安拉使他的言辞达到人们能听懂其宣传的程度。不在人的能力之内的生理问题，不能引起人们对其患者的谴责。法老虽然对此心知肚明，但他还要蒙骗无知和愚蠢的民众。

法老还说："**为什么他不被赐予金手镯。**"伊本·阿拔斯等学者说"**手镯**"指佩戴在手上的饰品。(7)

"**或是为什么没有天使同他一道降临呢？**"即为什么穆萨不在众天使的簇拥和服侍下来到地球，让天使们证明他是诚实的？法老只看外表，而对略加思考就能认识的内在精神熟视无睹。

"**他愚弄了他的族人，而他们也听从了他**"，即法老蒙蔽了他的臣民，所以号召他们走向迷误，而他们居然响应了他。"**他们确实是坏事的群体。**"

清高伟大的安拉说："**当他们激怒我时，我就惩罚他们，我把他们全部淹死了。**"伊本·阿拔斯说"**他们激怒我**"指他们使我恼怒。(8)端哈克认为指他们使我生气。伊本·阿拔斯等学者都持这种观点。(9)

---

(1)《泰伯里经注》21：616。
(2)《泰伯里经注》21：616。
(3) 正文译为"不然"。——译者注
(4)《泰伯里经注》21：618。
(5)《泰伯里经注》21：618。
(6)《泰伯里经注》21：618。
(7)《泰伯里经注》21：619。
(8)《泰伯里经注》21：622。
(9)《泰伯里经注》21：622；《散置的珠宝》7：383。

安拉的使者说:"如果你看到安拉给一个怙恶不悛的人赏赐他所意欲的恩典,那么(你要知道),这是安拉对他的明升暗降。"然后穆圣读道:"当他们激怒我时,我就惩罚他们,我把他们全部淹死了。"(1)

阿卜杜拉说,有人在他跟前提到猝死,他回答说:"猝死对穆民而言是一种轻松,对隐昧者而言则是懊悔。"然后他读道:"当他们激怒我时,我就惩罚他们,我把他们全部淹死了。"(2)

欧麦尔·本·阿卜杜·阿齐兹说:"我发现了(《古兰》叙述在人们)疏忽的时候来临的惩罚。它是安拉的下列经文:'当他们激怒我时,我就惩罚他们,我把他们全部淹死了。'"

"我使他们成为后代的先例和借鉴。"艾布·穆吉里兹说"先例"指有相同行为的人的例子;穆佳黑德认为指后人的借鉴。(3) 祈求清高伟大的安拉使我们有缘认识真理。归宿只在安拉那里。

❦ 57.当麦尔彦的儿子被举为例子时,你的族人立刻喧哗起来。❧

❦ 58.他们说:"是我们的神更好,还是他的更好呢?"他们为你提出这个问题,只是为了争辩。他们是一个好辩的群体。❧

❦ 59.他只不过是一个仆人,我赐恩惠给他,并使他成为以色列后裔的楷模。❧

❦ 60.如果我愿意的话,我可以在你们当中指派天使做在大地上的代位者。❧

❦ 61.他确实是复活时的征兆,所以你们一定不要怀疑它,而要顺从我,这是正道。❧

❦ 62.莫让魔鬼阻碍你们,它确实是你们的明敌。❧

❦ 63.当尔撒带来明证时,他说:"我给你们带来了智慧,要对你们澄清一些分歧,所以你们要敬畏安拉,并服从我。❧

❦ 64.安拉确实是我的主,也是你们的主,所以你们要崇拜他。这是正道。"❧

❦ 65.但是他们各派当中意见纷纭,那么,让不义者倒霉吧,他们将遭受那苦难日子的刑罚!❧

### 古莱什人轻视麦尔彦之子,麦尔彦之子在安拉那里的真实地位

清高伟大的安拉说,古莱什人坚持否认真理,顽固不化,好辩成风。安拉说:"当麦尔彦的儿子被举为例子时,你的族人立刻喧哗起来。"伊本·阿拔斯等学者说"喧哗"指嘲笑,或者指诧异;(4) 格塔德则认为经文指厌恶、嘲讽;(5) 伊布拉欣·奈赫伊认为指拒绝。(6) 其历史真相如下:

伊本·易司哈格在其《先知传》中说,据我听说,某日安拉的使者和瓦利德·本·穆黑莱在清真寺中同坐时,奈朵尔·本·哈里斯凑过来坐在他们旁边。当时清真寺中还有别的古莱什男子。奈朵尔见使者说话,便插嘴反驳,但他马上被使者说得哑口无言。使者针对他和类似他的人读道:❦ 你们和你们在安拉之外崇拜的,确实是火狱的柴,你们必将到达那里。❧(21:98)使者站起来走后,伊本·宰卜阿勒凑了过来。瓦利德对他说:"以安拉发誓,刚才奈朵尔辩不过阿卜杜勒·穆塔里布的儿子(穆圣)。而穆罕默德妄称我们和我们所崇拜的神都是火狱的燃料。"伊本·宰卜阿勒听后说:"以安拉发誓,我若见到穆罕默德,一定要在辩论中击败他。你们去问问穆罕默德,除安拉之外的受拜者和它(他)们的崇拜者都要进火狱吗?我们拜

---

(1)《艾哈麦德按序圣训集》4:145。
(2)《散置的珠宝》7:384。
(3)《泰伯里经注》21:624;《格尔特宾教律》16:102。
(4)《格尔特宾教律》16:103。
(5)《泰伯里经注》21:627。
(6)《格尔特宾教律》16:103。

的是天使，犹太人拜的是欧宰尔，基督教徒拜的是麦尔彦的儿子麦西哈。"瓦利德等在场的人听后纷纷表示赞同，认为他说得有理有据。安拉的使者㊚听到这些话后说："除安拉之外的一切受拜者，若愿意接受人们的崇拜，他们就和他们的崇拜者们同在。他们只是在崇拜恶魔以及那些诱惑他们搞多神崇拜的人（或其他）。"后来安拉降示了下列经文：❋ 而以前由我赐福的那些人，他们都是远离它的。他们将听不到一丝响动，他们将在他们所向往的那里永恒。❋（21：101-102）经文指出，尔撒、欧宰尔以及那些服从安拉的学士和教士们，虽然被一些迷误者看作除安拉外的神灵，但他们自己则是反对这些谬论的。所以他们不会和他们的崇拜者一同进入火狱。这节经文是为那些妄称天使是安拉的女儿，并对天使加以崇拜的人而降示的。❋ 他们又说："至仁主有了子嗣。"赞美安拉！不然，（他们）是受优待的奴仆。❋（21：26）同样，这节经文也是为那些把尔撒当成神明的人，以及像瓦利德一样执迷不悟、自以为是的人而降示的。"**当麦尔彦的儿子被举为例子时，你的族人立刻喧哗起来**"，指他们借机阻碍穆圣的宣传。然后经文提到尔撒，说："**他只不过是一个仆人，我赐恩惠给他，并使他成为以色列后裔的楷模。如果我愿意的话，我可以在你们当中指派天使做在大地上的代位者。他确实是复活时的征兆**"，即通过尔撒之手显示的一些迹象，譬如复活死者、医治病人等，都足以证明复活的真实性。安拉继续说："**所以你们一定不要怀疑它，而要顺从我，这是正道。**"(1)

伊本·阿拔斯说，"**当麦尔彦的儿子被举为例子时，你的族人立刻喧哗起来**"中"族人"指古莱什人。他们听说❋ 你们和你们在安拉之外崇拜的，确实是火狱的柴，你们必将到达那里。❋（21：98）后，问穆圣㊚："谁是麦尔彦之子？"穆圣㊚回答："安拉的仆人和使者。"他们听后说："以安拉发誓，若是他，我们就要像基督教徒那样，把他当成主宰。"安拉说："**他们为你提出这个问题，只是为了争辩。他们是一个好辩的群体。**"(2)

"**他们说：'是我们的神更好，还是他的更好呢？'**"格塔德解释说，"他们是说自己的神比他的更好。"他还说伊本·麦斯欧迪是这样读这节经文的："他们说：'我们的神更好，还是这人的更好呢？'"他嘴中的"这人"指穆圣㊚。

"**他们为你提出这个问题，只是为了争辩**"，即他们是带着顽固不化的态度提出这个问题的，他们知道这节经文（21：98）中并没有提到麦西哈，经文所指的是没有理智的受拜物。另外这节经文所呼吁的是古莱什人，因为他们只崇拜偶像和伪神，并不崇拜麦西哈，因此他们为什么要提到他呢？从中可以看出，他们说这话的目的只是为了辩论，并不说明他们相信了经文。安拉的使者㊚说："曾经拥有正道的群体一旦走向迷误，必然好辩成风。"然后使者读了这节经文："**他们为你提出这个问题，只是为了争辩。他们是一个好辩的群体。**"(3)

"**他只不过是一个仆人，我赐恩惠给他**"，即尔撒只是安拉的众多仆人中的一位仆人，安拉曾恩赐他圣品和使命。

"**并使他成为以色列后裔的楷模**"，即安拉使之成为一种明证，证明安拉能做到他所意欲的一切。

"**如果我愿意的话，我可以在你们当中指派天使做在大地上的代位者。**""**在你们当中**"指在你们的位置上。"**大地上的代位者**"，赛丁伊说，经文指天使们在大地上代替你们。(4)伊本·阿拔斯等学者说"正如你们（人类）相互替位那样，天使们也相互替位。"(5)这种解释是第一种解释的引申。穆佳黑德则解释为"天使们取代你们栖息于大地。"(6)

"**他确实是复活时的征兆。**"这节经文的准确含义应该是：末日来临之前，尔撒先知将降临于这个世界。正如安拉所言：❋ 有经的人们，在他归真之前都相信他，复生日，他将是他们的证人。❋（4：159）"他"指尔撒先知。另外一种读法也支持这种解释，那种读法是："他确实是复活时的标志"，即他是末日发生的证据。穆佳黑德解释这节经文说："末日的迹象之一，是在复活来临之前尔撒的出世。"(7)艾布·胡莱赖等人持此观点。(8)另外通过各种渠道传自穆圣㊚的许多圣训指出，复活时来临之前，尔撒将以一位公正的伊玛目（统治者）和秉公而断的法官身份降临于世(9)。

"**所以你们一定不要怀疑它**"，即你们对复活时的到来不要有丝毫怀疑。

"**而要顺从我**"，遵循我告诉你们的事情。

"**这是正道。莫让魔鬼阻碍你们**"去追求真理。"**它确实是你们的明敌。当尔撒带来明证时，他说：'我给你们带来了智慧'。**""智慧"指先知品质（圣品）。"**要对你们澄清一些分歧。**"伊

---

(1)《穆圣传》1：396-398。
(2)《泰伯里经注》21：625。
(3)《泰伯里经注》21：629；《艾哈麦德按序圣训集》5：256；《伊本·马哲圣训集》1：19；《提尔密济圣训全集诠释》9：130。
(4)《泰伯里经注》21：631。
(5)《泰伯里经注》21：630。
(6)《泰伯里经注》21：630。
(7)《泰伯里经注》21：632。
(8)《泰伯里经注》21：632；《格尔特宾教律》16：106。
(9)而不以先知身份降临。——译者注

本·哲利尔说:"他要澄清的是宗教事务,而不是世俗事务。"这种解释非常恰当。(1)

"所以你们要敬畏安拉",即你们要执行安拉对你们的命令。

"并服从我",即听从我带给你们的(经典)。

"安拉确实是我的主,也是你们的主,所以你们要崇拜他。这是正道。"我和你们都是安拉的奴仆,都需求于安拉,并共同崇拜他,不能给他举伴。

"这是正道",即我带给你们的信息——崇拜伟大的安拉就是正道。

"但是他们各派当中意见纷纭",即他们众说纷纭,派别林立。有人承认尔撒是安拉的仆人和使者,这是真理派;有人妄称尔撒是安拉的儿子;有人妄言尔撒就是安拉。安拉和他们的谰言毫无关系!因此,安拉说:"那么,让不义者倒霉吧,他们将遭受那苦难日子的刑罚!"

❝66.他们只是在等待着复活时刻在不知不觉中突然降临他们。❞

❝67.那天除了敬畏者之外,朋友们将彼此成为仇敌。❞

❝68.我的众仆啊!今天你们不恐惧,也不忧伤。❞

❝69.他们归信我的迹象,并已成为穆斯林。❞

❝70.你们和你们的配偶们进入乐园吧,你们将获得快乐。❞

❝71.金盘和金杯将在他们当中轮流传递,其中有令人赏心悦目的一切。你们将永居其中。❞

❝72.这就是由于你们当初的行为而得以继承的乐园。❞

❝73.你们在其中有丰富的果实供你们食用。❞

**复活时将突然到来,届时隐昧者之间化友为敌**

清高伟大的安拉说,否认众使者的这些多神教徒们,只等待"复活时刻在不知不觉中突然降临他们。"因为复活时终究要到来的,而这些人却麻痹大意,不做准备。当它到来时,他们不知不觉。那时悔恨没有一点用途,不能给他们提供任何保护。

"那天除了敬畏者之外,朋友们将彼此成为仇敌",即不为安拉而结成的一切友谊和友情,在复生日都将化为仇恨。只有为安拉而结成的友谊才是永恒的。正如伊布拉欣先知对其族人所说:❝你们在安拉之外择取偶像,只是为了你们之间在今世

(1)《泰伯里经注》21:635。

的相爱。然后在复生日,你们将会互相否认,互相咒骂。你们的居所将是烈火,你们将没有任何援助者。❞(29:25)

**复生日是敬畏者的佳音敬畏者于复生日进入乐园**

"我的众仆啊!今天你们不恐惧,也不忧伤。"然后,经文给信士们报喜道:"**他们归信我的迹象,并已成为穆斯林**",即他们的内心已经归信了,他们的外表和身体也服从了安拉的法律。

穆尔太麦勒·本·苏莱曼传自他的父亲,复生日到来时,人人惊恐万状,后来有声音传来:"**我的众仆啊!今天你们不恐惧,也不忧伤。**"于是所有的人都充满了希望。后来有声音接着读:"**他们归信我的迹象,并已成为穆斯林。**"他说,那时除了穆民,任何人都对这种优待绝望了(2)

"**你们和你们的配偶们进入乐园吧**",即有声音说,你们和你们的伴侣入乐园吧。

"**你们将获得快乐**。"你们将在其中享受幸福。我们已经在《罗马章》注释了相同的经文。

(2)《泰伯里经注》21:639。

"金盘和金杯将在他们当中轮流传递",即他们的餐具是金质的,饮器没有把子,也是金质的。

"其中有令人赏心悦目的一切",譬如其中的食品色香味俱全。

"你们将永居其中",即你们将永居乐园,不希望离开它。

然后听到赐福的声音:"**这就是由于你们当初的行为而得以继承的乐园**",即你们的善功是获得安拉特慈的原因。当然致使人进乐园的不仅仅是善功,而是安拉的慈悯和恩惠,但人的品级的高低,取决于其善功的不同。

"**你们在其中有丰富的果实供你们食用**",即各种各样的果实供你们自由选择食用。经文叙述了吃饮之后,提到水果,从而说明乐园的恩典和快乐之完美。安拉至知。

❦ 74.罪人们将永远在火狱的刑罚中。❧

❦ 75.它对他们不会被减轻,他们在其中是沮丧的。❧

❦ 76.我没有亏负他们,但他们却在自亏。❧

❦ 77.他们道:"马立克啊!求你的主处决我们吧!"他说:"你们确实要留在这里。"❧

❦ 78.我确已把真理降示给你们,但是你们中的大多数是厌恶真理的。❧

❦ 79.他们已谋划了一件事吗?那么我也在谋划。❧

❦ 80.难道他们以为我不能察觉他们的秘密和私议吗?不,我的使者们就在他们旁边记录。❧

### 薄福者的恶果

清高伟大的安拉讲述了幸福者的情况后,接着叙述了薄福者,说:"**罪人们将永远在火狱的刑罚中。**"

"**它对他们不会被减轻**",即惩罚一刻都不减轻。

"**他们在其中是沮丧的**",即他们对一切美好的东西都不再抱有希望。

"**我没有亏负他们,但他们却在自亏。**"虽然铁证如山,使者降临,但他们劣迹斑斑,否认真理,违抗使者,最终自作自受。❦ 你的主绝不亏待众仆。❧(41:46)

"**他们道:'马立克啊!'**""马立克"是火狱监管者的名字。

据布哈里传述,安拉的使者㊣曾在讲台上念:"他们道:'马立克啊!求你的主处决我们吧!'"[1](即求安拉使我们一死了之吧![2])而安拉说:❦ 他们不被判处死刑,又怎能死亡呢?他们在其中也不获减刑。❧(35:36)又❦ 最薄福者,将疏远它。他将坠入最大的烈火。然后,他在其中既不死,也不生。❧(87:11-13)

每每他们要求死去时,马立克回答他们说:"**你们确实要留在这里**",即你们不能离开这里,也没有任何庇佑。

然后经文叙述了他们遭受不幸的原因——顽固地抗拒真理。经文说:"**我确已把真理降示给你们**",即安拉已经为你们详细阐明了真理。

"**但是你们中的大多数是厌恶真理的**",即你们的本性不但拒绝接受真理,反而逢迎谬误,阻碍人们接受真理,鄙视真理的追求者。所以你们埋怨自己吧!于是他们在坐失机会之后,痛悔不已。

清高伟大的安拉说:"**他们已谋划了一件事吗?那么我也在谋划。**"穆佳黑德解释为:他们施展阴谋诡计,安拉则以妙计对待他们。[3]正如安拉所言:❦ 他们阴谋计划,我也在制定计划,但是他们却觉察不到。❧(27:50)因为多神教徒们企图通过阴谋诡计抗拒真理,所以安拉瓦解了他们的诡计,使他们自食其果。

因此清高伟大的安拉说:"**难道他们以为我不能察觉他们的秘密和私议吗?**"即安拉知道他们秘密和公开的一切事情。

"**不,我的使者们就在他们旁边记录**",即安拉知道他们的一切事情,何况安拉的天使们在事无巨细地记载着他们的行为。

❦ 81.你说:"假若至仁主有儿子,那么我首先就是拜他(儿子)的。"❧

❦ 82.赞美诸天与大地的主、阿莱什的主清净无染!他超越于他们所叙述的。❧

❦ 83.所以你任他们妄谈和戏耍吧,直到他们遇到他们被警告的那一日!❧

❦ 84.他是天上惟一应受拜者和地上惟一应受拜者,他是明哲的、全知的。❧

❦ 85.赞他吉庆,诸天与大地以及其间一切的权力都属于他,复活时的知识只在他那里,你们终究要被带回到他跟前。❧

❦ 86.他们舍弃安拉而祈求的,没有求情的权利。只有凭真理作证,并知道的人例外。❧

❦ 87.如果你问他们是谁造化了他们,他们誓必

---

(1)《布哈里圣训实录诠释——造物主的启迪》8:431。
(2)这是他们的妄想,火狱中没有死亡。——译者注
(3)《泰伯里经注》21:146。

会说："安拉。"他们究竟转变到哪里！

◆ 88.他说道："我的主啊！那的确是不归信的群体！"◆

◆ 89.你当原谅他们，并说："祝你们平安。"不久他们就会知道！◆

## 安拉没有儿女

清高伟大的安拉说，穆罕默德啊！你说："假若至仁主有儿子，那么我首先就是拜他（儿子）的。"假若有这种情况，我必定去崇拜他的儿子，因为我只是他的一个仆人，我应该顺从他命令我的一切，我不会自大傲慢地拒绝对他的崇拜。但安拉不可能有儿子。经文中的"假若"（从语法上讲）不要求结果，也不要求有结果（是一种假设）。如◆ 假使安拉希望得到一个儿子，他必定从他所造化的当中选出他所喜欢的。赞主超绝，他是独一的、强大的。◆（39：4）

因此，清高伟大的安拉说："赞美诸天与大地的主，阿莱什的主清净无染！他超越于他们所叙述的"，即创造万物的安拉是崇高伟大、清净无染的，他不会有儿女。因为他是单独的、独一的、无求的，没有任何物与他相似或相近，所以他不会有儿女。

"所以你任他们妄谈和戏耍吧"，即你凭他们在愚昧和迷途中一意孤行吧，让他们游戏今世吧。

"直到他们遇到他们被警告的那一日！"即复生日。那时，他们将知道自己的结局和归宿会是怎样的。

## 安拉的独一性

清高伟大的安拉说："他是天上惟一应受拜者和地上惟一应受拜者"，即安拉是天上万物的主宰，也是地上万物的主宰，天地万物都崇拜他，恭顺他。

"他是明哲的、全知的"，这节经文就像下列经文：◆ 他是诸天和大地的安拉，他知道你们的秘密和你们所公开的，他也知道你们所做的。◆（6：3）即他是天地万物都在祈祷的安拉。

"赞他吉庆，诸天与大地以及其中的一切权力都属于他"，即安拉是天地万物的绝对创造者和支配者。他绝对没有儿女。他是喜庆多福的。换言之，安拉是完美无缺的，因为他是伟大的支配者，万事万物都由他掌管。

"复活时的知识只在他那里"，◆ 只有他才知晓它什么时候实现。◆（7：187）

"你们终究要被带回到他跟前"，然后安拉要根据每个人的行为加以奖罚。

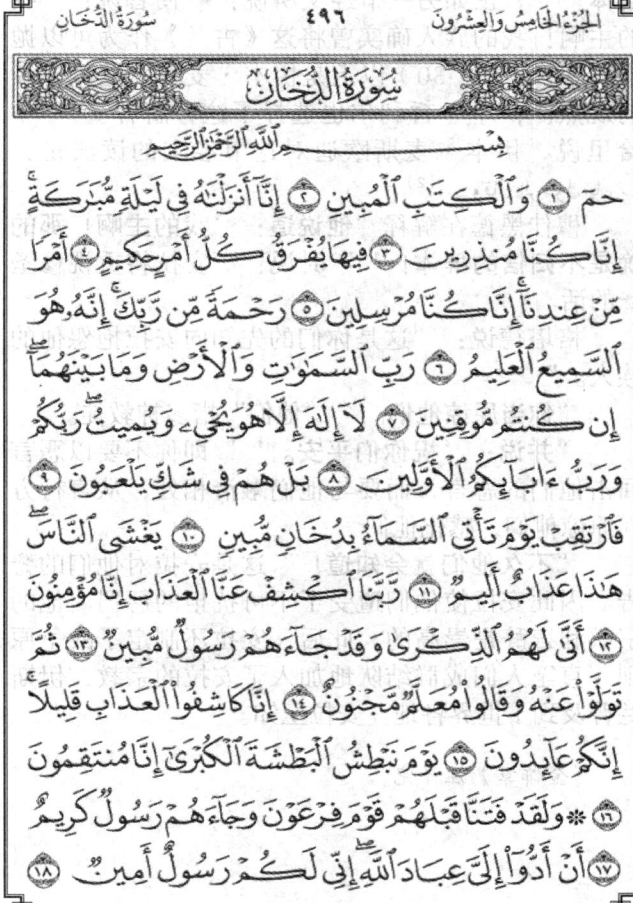

## 偶像没有讲情权

清高伟大的安拉说，"他们舍弃安拉而祈求的"偶像、伪神，"没有求情的权利"，即他们不能为人们讲情。

"只有凭真理作证，并知道的人例外"，即实事求是、依据真理作证的人是有知识和见解的人，如果安拉意欲，他们的讲情是有益的。

## 多神教徒承认安拉是唯一的创造者

"如果你问他们是谁造化了他们，他们誓必会说：'安拉。'他们究竟转变到哪里！""他们"指崇拜安拉的同时还崇拜多神的以物配主者。他们口头上承认安拉是宇宙万物唯一的创造者，没有任何物和安拉相匹配。尽管如此，他们还是在崇拜安拉的同时崇拜没有丝毫权力和能力的其他物。说明他们愚昧透顶。因此，清高伟大的安拉说："他们究竟转变到哪里！"

## 先知 向安拉的倾诉

"他说道：'我的主啊！那的确是不归信的

群体！'"正如另一节经文所说：《使者说："我的主啊！我的族人确实曾将这《古兰》作为可以抛弃的。》（25：30）以上是伊本·麦斯欧迪等学者的观点。伊本·哲利尔也选择了这种解释。(1)布哈里说，伊本·麦斯欧迪对这节经文的读法是：وقال الرسول يا رب。(2)

穆佳黑德在解释"他说道：'我的主啊！那的确是不归信的群体！'"时说："安拉将重视穆圣㊢的话。"

格塔德说："这是你们的先知向安拉抱怨他的族人。"(3)

"你当原谅他们。""他们"指多神教徒。

"并说：'祝你们平安。'"即你不要以恶言回击他们的恶言，而要与他们融洽相处，从言行方面原谅他们，感化他们。

"不久他们就会知道！"这是安拉对他们的警告。因此安拉使他们遭受了不可抗拒的惩罚。他的宗教和言辞是崇高的。此后，安拉还制定了战争原则，直至人们成群结队地加入了安拉的宗教，伊斯兰普及到了世界各地。安拉至知。

《金饰章》注释完。

## 《烟雾章》注释　麦加章

### 《烟雾章》的尊贵

安拉的使者㊢对伊本·随雅德(4)说："请你猜一个谜，它是什么？"使者让他猜测的是《烟雾章》（中所说的"烟雾"一词的意义）。他回答说："烟雾。"使者说："去你的吧！安拉意欲的事情会发生的。"说完就离去了。(5)

奉普慈特慈的安拉之尊名

《1.哈一、米目。》

《2.以这部清楚的经典发誓，》

《3.我确实在一个吉庆的夜晚降下它，我是时时警告的。》

《4.其间，一切明智的事情都被判断。》

《5.（这是）来自我的命令，我是颁降者，》

《6.作为你的主的慈悯。他确实是全听的、全观的，》

《7.是诸天与大地和其间一切的主宰，如果你们确信的话。》

《8.应受拜者只是他，他掌管生死；他是你们的养主，也是你们祖先的养主。》

### 《古兰》降于格德尔夜

清高伟大的安拉说，伟大的《古兰》是在一个吉庆的夜晚——格德尔夜（高贵之夜）降示的。他说：《我确在尊贵夜降下它。》（97：1）这一夜在莱麦丹月中，如另一章节说：《莱麦丹月，《古兰》颁降。》（2：185）我们已经在《黄牛章》注释中引述了有关的圣训，故无需赘述。

"我是时时警告的"，即我从（伊斯兰）法律角度来告诉世人，什么对他们有益，什么对他们有害。以便树立明证，使他们没有理由抗拒真理。

"其间，一切明智的事情都被判断"，即在格德尔之夜，记录事务的天使们，将从被保护的天经牌记下来年的事务。他们将得知下一年中人们的寿限、生计等所有事务。据传述，伊本·欧麦尔等先贤都有类似的言论。(6) "明智的"指精确而富有哲理的，不容变更的。

清高伟大的安拉说："（这是）来自我的命令"，即一切即将存在的事务以及一切规定和启示，都来自于安拉的命令、准许和知识。

"我是颁降者"，即安拉向人类派遣使者，让使者给他们诵读明确的经文，是因为人类迫切需要使者。

因此，清高伟大的安拉说："作为你的主的慈悯。他确实是全听的、全观的，是诸天与大地和其间一切的主宰，如果你们确信的话"，即你们应该肯定《古兰》的降示者，是天地万物的主宰、创造者和掌管者。

然后经文说："应受拜者只是他，他掌管生死，他是你们的养主，也是你们祖先的养主。"《你说："世人啊！我是被派遣给你们全体的安拉的使者，诸天和大地的权力都属于他，应受拜者，惟有他。他赋予生命和死亡。"》（7：158）

---

(1)《泰伯里经注》21：656。
(2)《布哈里圣训实录诠释——造物主的启迪》8：431。
(3)《泰伯里经注》21：656。
(4)他是一个魔术师。——译者注
(5)《圣训大典》5：88。

(6)《泰伯里经注》22：9。

﴾ 9.但是他们仍在怀疑中嬉戏。﴿

﴾ 10.你等待吧，那日天空弥漫着明显的烟雾，﴿

﴾ 11.它将包围众人，这是一项痛苦的惩罚。﴿

﴾ 12.（他们将会说，）“我们的主啊！求你解除我们的刑罚吧！我们现在归信了。”﴿

﴾ 13.劝诫怎能对他们有效呢？一位公开的使者已经到达他们，﴿

﴾ 14.而他们却避开了他，并且说道：“他是被旁人教唆的，是一个疯子。”﴿

﴾ 15.我要暂时解除惩罚，的确，你们一定会继续放肆。﴿

﴾ 16.我进行最大突袭的那天，确实是惩恶的。﴿

## 警告多神教徒们，将来有一日烟雾要弥漫天空

清高伟大的安拉说，但是这些多神教徒“**仍在怀疑中嬉戏**。”即虽然真理彰明昭著，但多神教徒们还是在怀疑它，不相信它。

安拉接着警告他们说：“**你等待吧，那日天空弥漫着明显的烟雾**。”麦斯鲁格说，我们沿着坎代门进入清真寺（指库法清真寺），只听到有人向其周围的人宣读：“**那日天空弥漫着明显的烟雾**”，并问：“诸位知道什么是‘**烟雾**’吗？”那人自问自答道：“那是出现在复活之日的一种烟雾，它将使伪信士失去听觉和视觉，但它对穆民造成的伤害不过像伤风感冒一样……”后来我们去伊本·麦斯欧迪跟前，向他叙述了此人所说的话。当时伊氏还躺着，听到这一消息后惊诧地坐了起来，并说，安拉对你们的先知说：﴾你说：“我不会因此而向你们讨要报酬，我也不是造作的。”﴿（38：86）如果一个人不知道时说“安拉至知”，那说明他掌握了知识的一半。我将告诉你关于这方面的圣训：当年古莱什人迟迟不归信伊斯兰，并与其作对之际，穆圣ﷺ祈求安拉使他们遭受旱灾，就像优素福先知时代发生的旱灾一样。他们因此而遭受了痛苦和饥饿，甚至吃了尸骨和死物，他们举目望天时，只能看到烟雾弥漫。[(1)]另据传述：“……人们疲惫不堪，当一个人去看天空时，似乎看到烟雾弥漫天际，什么也看不到。”[(2)]

“**那日天空弥漫着明显的烟雾，它将包围众人，这是一项痛苦的惩罚**。”安拉的使者ﷺ到来后，有人说：“安拉的使者啊！请为穆作勒（部落的）人祈雨吧！他们遭受着旱灾！”使者祈祷之后，安拉将雨露降给穆作勒人，因此安拉降谕道：“**我要暂时解除惩罚，的确，你们一定会继续放肆**。”[(3)]伊本·麦斯欧迪说：“你认为他们（多神教徒）怎能在复生日获得缓刑呢？他们（在今世）苦尽甘来后就故态复萌，我行我素。”安拉因此降谕道：“**我进行最大突袭的那天，确实是惩恶的**”，即在白德尔战役中，我要给你们报应。[(4)]伊本·麦斯欧迪说：“五件事情已经发生了：它们是烟雾、罗马人失败、月亮分裂、突袭以及折磨。”两圣训实录、《艾哈麦德按序圣训集》《提尔密济》《奈萨伊》等圣训集和经注载录。这些记录都和伊本·麦斯欧迪的解释相符。穆佳黑德、艾布·阿林等一批先贤都认为，烟雾事件已经发生了。[(5)]

胡宰法·本·吾赛德说，我们在探讨复生日的时候，安拉的使者ﷺ来到我们中间，他说：“复活时来临之前，你们将看到十项迹象（它们是）：太阳从西面升起，丹扎里出世，地兽出世，雅朱者和马朱者出世，麦尔彦之子尔撒再次出世，三次沦陷：阿拉伯半岛沦陷、西方沦陷和东方沦陷，烈火从阿德南的谷地出现，它将驱赶（或召集）人们，人们到哪里过夜，它就到哪里，白天人们到哪里午休，它就到哪里。”[(6)]

两圣训实录辑录，安拉的使者ﷺ对伊本·随雅德说：“我让你猜一个谜，它是什么？”他回答说：“是烟雾。”使者说：“去你的吧！你在劫难逃。”圣训传述者说，使者让他猜的是“**你等待吧，那日天空弥漫着明显的烟雾**”。[(7)]从这段记载中可以看出，烟雾事件不久就会发生，而伊本·随雅德则通过那搜肠刮肚地窃取天机的精灵之口，以占卜术了解到了事情的真相。因此，他回答说经文指的是烟雾。使者听了他的话后，当即了解到此人的本质——恶魔本质。所以说：“去你的吧！你在劫难逃。”

上述明确的《古兰》明文和许多（述及和未述及的）圣训都能证明，烟雾事件将在（降谕这节经文）不久之后发生。因为安拉说“**你等待吧，那日天空弥漫着明显的烟雾**”。“**明显的**”指人人都能看到的。但按照伊本·麦斯欧迪的注释来看，经

---

（1）《穆斯林圣训实录》4：2155。
（2）《穆斯林圣训实录》4：2156。
（3）《布哈里圣训实录诠释——造物主的启迪》8：434。
（4）《布哈里圣训实录诠释——造物主的启迪》8：434；《艾哈麦德按序圣训集》1：380；《提尔密济圣训全集诠释》9：133；《圣训大集》6：455；《泰伯里经注》22：13、14。
（5）《泰伯里经注》22：16。
（6）《穆斯林圣训实录》4：2225。
（7）《布哈里圣训实录诠释——造物主的启迪》3：258；《穆斯林圣训实录》4：2240。

文指的是人们在备受苦难和饥饿之后，眼前所产生的幻觉。"**它将包围众人**"也说明了这种情况（即这种烟雾很明显），即人们将被这种"**烟雾**"所笼罩。假若经文所述的仅仅是产生于麦加的多神教徒当中的一种幻觉，经文不会说"**它将包围众人**。"

"**这是一项痛苦的惩罚**"，即他们将听到别人这样告诉他们，以便警告他们。安拉明确的指出：❰ 那天，他们将被推进火狱的火中，这就是你们一贯否认的火！❱（52：13-14）这或许是火狱的居民相互间的谈话。

"**我们的主啊！求你解除我们的刑罚吧！我们现在归信了。**"隐昧者们目睹安拉惩罚的时候，祈求安拉解除惩罚，故有此话。正如其他经文：❰ 如果你能够看到他们站在火上的时候，他们会说："但愿我们能被放回去，我们绝不再否认我们主的迹象，我们一定成为信士。" ❱（6：27）又 ❰ 你当警告世人，那一天惩罚会降临他们，（那时）不义的人们会说："我们的主啊！求你宽延我们一个短暂的期限吧，我们一定会响应你的呼唤，并跟随众使者！""难道你们在这以前不曾发誓（说），你们将永垂不朽吗？❱（14：44）本章经文则说："**劝诫怎能对他们有效呢？一位公开的使者已经到达他们，而他们却避开了他，并且说道：'他是被旁人教唆的，是一个疯子。'**"[1]劝诫对他们有何意义呢？我曾派遣使者，为他们明白地传达使命和警告，尽管如此，他们还是拒绝使者，与之为敌，甚至否认他。他们说使者是"**被旁人教唆的，是一个疯子。**"这恰似安拉在其他章的经文中所述的情况：❰ 那天，火狱被带来，那天，人将会回忆过去，但是那回忆怎会对他有益呢？❱（89：23）又 ❰ 假若你能看见那个时期……他们张皇失措地无处逃避，并在邻近的地方被捉拿。他们将会说："我们归信了它。"但是他们哪能从那样遥远的地方获得信仰呢？❱（34：51-52）等等。

"**我要暂时解除惩罚，的确，你们一定会继续放肆**"，即假若我解除了你们的惩罚，并使你们回归今世，你们一定会故态复萌，继续不信和否认。安拉说：❰ 假若我慈悯他们，并除去他们的灾难，他们仍会固执地在他们的放肆中徘徊。❱（23：75）又 ❰ 不然，他们从前所隐瞒的对他们显现出来了。倘若他们被放回（今世），他们一定重犯那些对他们禁止的事。他们确实是说谎者。❱（6：28）

### 何谓"最大的突袭"

清高伟大的安拉说："**我进行最大突袭的那天，确实是惩恶的。**"伊本·麦斯欧迪认为经文

---

[1] "公开的使者"。——译者注

指白德尔之日。[2]认同伊本·麦斯欧迪对上述烟雾解释的一批学者，都持此观点。据奥夫传述，伊本·阿拔斯也持此观点。[3]虽然白德尔之日也是一个"突袭的日子"，但经文（从其脉络看）显然指复活之日。

伊本·阿拔斯说："伊本·麦斯欧迪说'**最大突袭**'指白德尔之日（的突袭），而我认为经文指复生日。"这句话的传述系统是正确的。哈桑·巴士里和艾克莱麦（学者们对他关于此问题的观点有两种传述，据较可靠的传述说，他认为经文指复生日。）也持此观点。安拉至知。

❰ 17.我确在他们以前考验过法老的臣民。（当时）有一位高贵的使者到达他们，❱

❰ 18.（说道）："你们把安拉的仆人们交给我，我确实是你们可靠的使者。❱

❰ 19.你们不要对安拉傲慢，我给你们带来了明证。❱

❰ 20.我确已祈求我的主和你们的主庇佑我，以

---

[2]《泰伯里经注》22：22。
[3]《泰伯里经注》22：22、23。

免你们谋害我。』

⟪21.如果你们不信我,那就请你们避开我。"⟫

⟪22.后来他呼求他的主:"这些人的确是一个罪恶的群体。"⟫

⟪23.(安拉说:)"你在夜间带领我的仆人们一同出走,你们一定会被追赶的。⟫

⟪24.你让海保持平静,他们确实是要被淹死的军队。"⟫

⟪25.他们留下了许多园圃和泉源,⟫

⟪26.田地及美宅,⟫

⟪27.以及他们曾经享受的福泽。⟫

⟪28.就这样,我使其他群体继承了他们!⟫

⟪29.天地不为他们哭泣,他们也不再被照顾。⟫

⟪30.我确实曾使以色列的后裔摆脱羞辱的刑罚——⟫

⟪31.法老的刑罚。他确实是傲慢的,过分的。⟫

⟪32.我已经本着知识选择他们,使他们在世界上卓尔不群,⟫

⟪33.并赐给他们种种迹象,其中含有明显的考验。⟫

## 穆萨和法老的故事以及以色列后裔的得救

清高伟大的安拉说,在这些(麦加)多神教徒出现之前,我曾考验过法老的族人——埃及的科普特人。"有一位高贵的使者到达他们",这位使者就是安拉与之谈话的人——穆萨先知。

"你们把安拉的仆人们交给我。"当时,穆萨对法老说:⟪请你让以色列的子孙随我们一同出走,你不要折磨他们。我们确已给你带来你的主的迹象!平安在跟随引导的人身上!⟫(20:47)

"我确实是你们可靠的使者",即我传述给你们的信息是可信的。

"你们不要对安拉傲慢",即你们要服从安拉的经文,接受安拉的明证,归信他的证据。如安拉说:⟪那些高傲而不拜我的人,他们必定屈辱地进入火狱。⟫(40:60)

"我给你们带来了明证。""明证"指安拉派穆萨先知带来的迹象和绝对证据。

"我确已祈求我的主和你们的主庇佑我,以免你们谋害我。"伊本·阿拔斯说"谋害"指言语方面的伤害,主要指辱骂;[1]格塔德认为经文指用石头打死[2]。即我祈求创造了我和你们的安拉庇佑我,使我免遭你们言行方面的伤害。

"如果你们不信我,那就请你们避开我",即你们不要伤害我,让我们和平共处,直至安拉在我们之间进行判决。穆萨在他们中生活了一段时间,安拉通过他树立了真理的明证,然而他们却变本加厉地否认和叛逆,所以穆萨祈求安拉毁灭他们。正如安拉所言:⟪穆萨说:"我们的养主啊!你在今世生活中赐给法老和他的臣民们装饰和财产,我们的养主啊!以致他们使人们迷失了你的正道。我们的养主啊!求你毁掉他们的财产,封闭他们的心灵,让他们不要归信,直至他们看到惨痛的惩罚。"他说:"你俩的祈祷被应答了,你俩当坚持(正路)。"⟫(10:88-89)本章经文也如此说道:"后来他呼求他的主:'这些人的确是一个罪恶的群体。'"此时,安拉命令穆萨带领以色列的后裔离开法老的族人,而不须协商或征得法老的许可,说:"你在夜间带领我的仆人们一同出走,你们一定会被追赶的。"又⟪我确曾启示穆萨:"你把我的仆人们在夜间带走吧,并为他们从海里开出一条干路,不要怕被赶上,也不要畏惧!"⟫(20:77)

"你让海保持平静,他们确实是要被淹死的军队。"经文指穆萨和以色列的后裔渡过大海后,穆萨挥起手杖要击打海面,使其恢复原状,形成屏障,阻止法老追赶上来。但安拉命令他不要轻举妄动,并告诉他:"他们确实是要被淹死的军队",不必担心他们追赶上来。

伊本·阿拔斯解释这节经文说:"你让海保持现状后离去。"[3]

穆佳黑德说"平静"指一条原封不动的陆路。[4]安拉命令穆萨说,你不要使海恢复原状,你不要理睬,直至他们全都进入这条海中的通道。艾克莱麦等学者都持这种观点。[5]

然后清高伟大的安拉说:"他们留下了许多园圃和泉源。""园圃"指花园;"泉源"指河流和井。

"美宅"指优美的居所和地方。穆佳黑德和伊本·朱拜尔说,"美宅"指讲台。[6]

"以及他们曾经享受的福泽",即他们所享受的安逸生活,他们曾经锦衣美食,有权有势,显赫一时,但现在这一切都在刹那间消失得无影无踪。他们抛下今世,归向可怕的后世。

"就这样,我使其他群体继承了他们!""其他群体"指以色列的后裔。

---
(1)《泰伯里经注》22:26。
(2)《泰伯里经注》22:27。
(3)《散置的珠宝》7:410。
(4)《泰伯里经注》22:30。
(5)《泰伯里经注》22:30。
(6)《泰伯里经注》22:32。

"**天地不为他们哭泣。**"他们没有做过可以升天的善功,所以天不因为失去他们而哭泣;他们没有在地面上的任何地方叩拜过安拉,从而离开该地。因此,他们理应不被照顾和缓刑。因为他们一贯否认真理,罪恶滔天,蛮横无理。

伊本·赛尔德说,有人来到伊本·阿拔斯跟前说:"伊本·阿拔斯啊!你是否读过'**天地不为他们哭泣,他们也不再被照顾**'这节经文?天地会为一个人而哭泣吗?"伊本·阿拔斯回答说:"是的。每个人在天上都有一道门,其给养从这道门下来,其善功则由这道门上升。当一位穆民归真后,这道门就被关闭了。天就失去了它。所以天空会哭泣。当大地失去了一位曾经在上面叩拜和记念安拉的穆民后,它也会哭泣。法老的民族在大地上没有任何善行,所以没有什么好事迹能上升到安拉那里。所以,天地不会为他们哭泣。"[1]

"**我确实曾使以色列的后裔摆脱羞辱的刑罚——法老的刑罚。他确实是傲慢的,过分的。**"安拉讲述他赐给以色列后裔的另一些恩典:法老曾百般凌辱他们,并役使他们进行卑贱而繁重的劳动,但安拉从这一切中拯救了他们。

"**法老的刑罚。他确实是傲慢的,过分的**",即法老是骄傲的、暴虐的、蛮横的。安拉说:《法老确曾在地上趾高气扬……》(28:4)又《到法老和他的臣民那里去。但是这些人骄傲了,他们是自大的群体。》(23:46)即他们是过分的、轻浮的。

"**我已经本着知识选择他们,使他们在世界上卓尔不群。**""世界上"指与他们共同生活的人们当中。格塔德解释为从他们生活的那个时代中。有人说,每个时代都有其"世界"。[2]譬如安拉说:《他说:"穆萨啊!我已以我的使命和告谕在世人中选拔了你。"》(7:144)"世人"指与穆萨先知同时代的人。又如安拉对麦尔彦所说:《并在全世界的妇女中选中了你。》(3:42)即安拉在当时的妇女中选拔了麦尔彦。赫蒂彻(愿主喜悦之)或许与麦尔彦一样尊贵,或许更加尊贵。法老的妻子阿西叶也是如此。而阿伊莎(愿主喜悦之)比其他妇女优秀,就像羊肉泡馍比其他食物好。

"**并赐给他们种种迹象。**""迹象"指明证、根据和奇迹。

"**其中含有明显的考验**",即对于遵循这些迹象的人,其中确有明确的考验。

《34.的确,这些人誓必要说:》

---
(1)《泰伯里经注》22:34、35。
(2)即每个时代都有一些受选之人。——译者注

《35."我们只有初次的死亡,我们绝不会被复活。"》

《36.如果你们是诚实的,就使我们(死去)的祖先回来吧!"》

《37.是他们比较优越,还是土伯尔和那些在他们之前的人比较优越呢?我毁灭了他们。他们是犯罪的。》

### 驳斥否认复生者

多神教徒否认复生和归宿,妄言人死如灯灭,一了百了,没有复活。他们的理论根据是他们的祖先们死后不再回来,他们说:如果真的有复活,"**如果你们是诚实的,就使我们(死去)的祖先回来吧!**"这种言论荒谬至极,不是正当理由。因为复生只在后世,而不在今世。今世腐朽并消亡之后,安拉将造化一个新世界,使不义者成为火狱的燃料,那天,穆民将为世人作证,使者将为你们作证。然后安拉以一种不可抗拒的惩罚警告了他们,因为和他们一样不信复活的土伯尔人,就遭受了那种惩罚。土伯尔人即赛伯邑人,安拉毁灭了他们的家园,驱逐了他们,使他们四分五裂、颠沛流

离——正如《赛伯邑章》所述,该章以谴责多神教徒否认最终的归宿为开端。本章中也是如此,将这两种人等量齐观,因为《赛伯邑章》叙述的是盖哈坦阿拉伯人(南阿拉伯人),本章叙述的则是阿德南阿拉伯人(北阿拉伯人),希木叶尔人——赛伯邑人国王的称号是"土伯尔",正如波斯国王的称号是"科斯鲁",罗马国王的称号是"恺撒",古埃及非穆斯林国王的称号是法老,阿比西尼亚国王的称号是奈加希(尼古斯)以及各个国家的称号。

学者们一致说,有位土伯尔曾离开也门,四处征讨,最后抵达萨马尔汗,在那里建立了一个强大的国家,并拥有强大的军队。其疆域辽阔,臣民众多。此人还建立了黑莱城。此人在蒙昧时代经过麦地那时,企图杀死城中的百姓,麦地那居民白天与其进行战斗,但夜里却供他食物,使他羞愧难当,从而停止了对那里人民的伤害。当时有两位基督教学者陪同着他,劝他不要侵犯此城。因为它是最后的一位先知的迁徙地。于是土伯尔率军离开了麦地那,后来他侵占麦加,打算破坏城池,这两位学者又劝阻了他。他们告诉他,麦加建于先知伊布拉欣之手,在光阴之末,此城将因最后出世的一位先知而变得相当重要。土伯尔闻言肃然起敬,遂巡游了天房,并在上面挂上了锦衣。

土伯尔回到也门后号召当地人信仰犹太教——当时尔撒先知还未出世,穆萨先知的宗教就是正教——于是大部分也门人随他加入了犹太教。安拉的使者㊗说:"我不知道土伯尔是不是先知。"[1] 阿塔·本·艾布·磊巴哈说:"你们不要骂土伯尔,因为安拉的使者㊗禁止人们骂他。"[2] 安拉至知。

❋ 38.我不是为了嬉戏才造化天地和它们之间的一切。❋

❋ 39.我只以真理造化它们,但是他们大多数不知道。❋

❋ 40.的确,判决的日子就是他们全体的约期。❋

❋ 41.那天,至亲对至亲也无能为力,他们也不被援助,❋

❋ 42.惟安拉慈悯的人则不然。他确实是优胜的、至慈的。❋

## 今世借某种哲理而被造

清高伟大的安拉是公正的,完美无缺和无谬

的。他说:❋ 我没有荒谬地造化天地与其间的一切!那是否认者的猜想。所以,倒霉吧!隐昧的人们!❋(38:27)又❋ 你们以为我只是随意地造化了你们,而你们不会被带回到我这里来吗?赞美安拉——真实的君主清高!除他之外再无应受拜者,他是尊贵阿莱什的主!❋(23:115-116)

然后清高伟大的安拉说:"**的确,判决的日子就是他们全体的约期。**""**判决的日子**"[3]指复生日,那天,安拉将裁决众生的事务,惩罚隐昧者,奖励穆民。"**他们全体的约期**"指他们都要聚集到那一天,任何人都不被遗漏。

"**那天,至亲对至亲也无能为力**",即近亲无益于近亲。安拉说:❋ 当号角被吹响时,他们彼此间将不再有各种关系,也不互相询问了。❋(23:101)又❋ 亲友不问亲友,虽然他们相见。❋(70:10-11)指即使兄弟就在眼前,他们也不能相互问候。

"**他们也不被援助**",即亲属不能帮助亲属,也不能获得外部的其他援助。

"**惟安拉慈悯的人则不然**",即那天,只有安拉的慈悯才有益于人们。

"**他确实是优胜的、至慈的**",即安拉是尊贵的,具有宏恩的。

❋ 43.攒枯木树,❋
❋ 44.确实是犯罪者的食物。❋
❋ 45.像熔化了的铜汁一样,它将在(他们的)腹内沸腾,❋
❋ 46.像沸腾的开水一样。❋
❋ 47.(有声音说,)抓住他,然后把他拖到火狱中去!❋
❋ 48.再在他的头上浇下沸水。❋
❋ 49.尝尝吧!你的确是优秀的,尊贵的。❋
❋ 50.这就是你们曾经怀疑的。❋

## 多神教徒在复生日的情况以及他们所遭受的刑罚

清高伟大的安拉介绍不相信与他相见的隐昧者的情况,说:"**攒枯木树,确实是犯罪者的食物。**""**犯罪者**",即言行方面有罪的人,指隐昧者。不止一位学者说,这个"犯罪者"指艾布·哲海里。毋庸置疑,此人属于经文所讲的那类人。但经文并不是专指他。

据伊本·朱莱杰传述,艾宾·德尔达伊给一个人读了这节经文后,那人说:"经文指孤儿的食物

---

[1]《伯厄威经注》4:154。
[2]《阿卜杜·兰扎格经注》3:209。
[3] 一译"分辨的日子"。——译者注

吗？"他回答说："你说，'欑枯木树'是罪人的食物。"(1)即除此之外，罪人没有其他食物。穆佳黑德说："假若其中的一点掉在大地上，就会破坏大地上所有人的生活。"(2)

"像熔化了的铜汁一样。""铜汁"指油中的沉渣。

"它将在（他们的）腹内沸腾，像沸腾的开水一样。"说明这种液体的高温和暴烈。

"抓住他。""他"指隐昧者。据传述，只要安拉一声令下，就会有七万个监管火狱的天使一拥而上。

"然后把他拖到火狱中去。""拖"指连拽带拉。

穆佳黑德说："抓住他，然后把他拖到……"即你们缉拿他，并驱赶他到"火狱中"，指火狱里面。

"再在他的头上浇下沸水。"另一节经文说：《 滚水将从他们的头上泼下。他们体内的一切和皮肤，都将因此而溶化。》（22：19-20）即天使用铁棒劈开他们的脑袋，然后把沸水倒在他们头上，顷刻间沸水就到了他们腹中，把肠子拽出来，直至穿透踝骨。祈求安拉使我们免于这种惩罚。

"尝尝吧！你的确是优秀的，尊贵的"，即天使们将以这种话揶揄他、羞辱他。伊本·阿拔斯解释说，"你绝不是优秀的，尊贵的。"

"这就是你们曾经怀疑的。"正如安拉所言：《 那天，他们将被推进火狱的火中，这就是你们一贯否认的火！这是魔术呢？还是你们看不见？》（52：13-15）因此，本章的经文说："这就是你们曾经怀疑的。"

《 51.敬畏者们处于一个安全的地方，》
《 52.在乐园和泉源之中，》
《 53.穿着锦绣和绫罗，相对而坐。》
《 54.就是这样的。我使大眼和白皙的美女，做他们的伴侣。》
《 55.他们在那里安全地索取任何果实。》
《 56.除了第一次死亡之外，他们在那里不再死亡。他将保护他们不受火狱的痛苦。》
《 57.那是来自你的主的恩赏，那是伟大的成功。》
《 58.我以你的语言，使它容易，以便他们觉悟。》
《 59.所以，你就等待吧。他们一定也在等待着。》

---
（1）《泰伯里经注》22：43。
（2）《泰伯里经注》22：43。

## 敬畏者在乐园中的情况以及他们在乐园中所享受的恩典

清高伟大的安拉讲述了薄福者的情况后，接着叙述幸福者的情况。因此，《古兰》被称为"相对应的经典"。

"敬畏者们处于一个安全的地方"，即在今世中敬畏安拉的人，在后世中要住在安全的乐园中。那里没有生离死别，没有恐惧忧愁，没有辛苦劳累，没有恶魔及其诡计，不存在麻烦和灾难。

"在乐园和泉源之中。"这种情景和薄福者在火狱中的欑枯木树及沸水形成鲜明的对比。

"穿着锦绣和绫罗。""锦绣"指华贵的丝绸，譬如穿在里面的衬衣等；"绫罗"指有光彩的衣服，一般指华丽的外衣和优美的铺盖。

"相对而坐"，即他们都坐在床上，任何人都不背对着别人。

"就是这样的。我使大眼和白皙的美女，做他们的伴侣"，即除了上述赏赐之外，我还赐给他们眼睛漂亮、肤色白皙的妻子。《 其中，有目光专注的美女，以前没有人或精灵接触过她们。》（55：56）《 她们好像宝石和珍珠一般。》（55：58）《 善行的报酬，除了善报之外，还有什么？》（55：60）

"他们在那里安全地索取任何果实。"无论他们要求什么果实，那些果实就会被送到他们跟前。这种恩典源源不断，他们永远能如愿以偿。

"除了第一次死亡之外，他们在那里不再死亡。"从此以后，他们再也不会死亡。正如两圣训实录辑录，安拉的使者说："死亡（取命的天使）将会以一只杂有白毛的黑羊样子被带来，立于乐园和火狱的中间而被屠宰。有声音说：'乐园的居民啊！你们永生吧！从此没有死亡。''火狱的居民啊！你们永生吧！从此没有死亡。'"(3)《麦尔彦章》注释中已经引述过这段圣训。

安拉的使者说："有声音对乐园的居民说：'你们将永远健康无疾，将永生不死，永甘不苦，并青春永葆，不再老迈。'"(4)

安拉的使者说："谁敬畏安拉，谁就进乐园，他在其中永远享恩，不受伤害，他永生不死，衣服不损，青春永葆。"

"他将保护他们不受火狱的痛苦"，即除了上述永恒的宏恩，安拉还赐给他们平安，使他们远离了在火狱的深渊饱受严刑的痛苦。并使他们心想事成，脱离忧患。

---
（3）《布哈里圣训实录诠释——造物主的启迪》8：282；《穆斯林圣训实录》4：2188。
（4）《穆斯林圣训实录》4：2182。

因此，清高伟大的安拉说："**那是来自你的主的恩赏，那是伟大的成功**"，即这一切都基于安拉对他们的恩赐，正如安拉的使者㊗所说："你们工作并努力奋斗吧！须知，任何人的善功都不能使其进入乐园。"众人问："安拉的使者啊！你也如此吗？"使者㊗回答："我也如此。不过安拉让我沉浸于来自他的慈悯和恩惠之中。"[1]

"**我以你的语言，使它容易，以便他们觉悟**"，即我以你的语言——最标准、最明确、最雄辩和最高尚的语言，使我颁降的这部《古兰》成为简明清晰的，以便人们理解。

虽然这部经典如此明确清晰，但还是有人否认它、反对它，并加以顽抗。安拉为了安慰其使者，许诺他胜利，并以毁灭来警告否认者，说："**所以，你就等待吧。他们一定也在等待着**"，即他们将会知道，到底谁能在今世和后世中赢得襄助和胜利，并美名远扬。穆罕默德啊！这些特赐只属于你，属于你的兄弟——所有的先知和使者们，以及跟随你们的穆民们。正如安拉所述：❮安拉已经规定："我跟我的使者必定胜利。"❯（58：21）又❮的确，我誓必在今世的生活和证人们作证的那天，帮助我的众使者和信士们。那天，不义的人，他们的托辞将对他们无益，他们将受诅咒，他们只有不幸的家园。❯（40：51-52）

《烟雾章》注释完。一切感赞全归安拉。机遇和保护全凭安拉。

---

## 《屈膝章》注释　麦加章

**奉普慈特慈的安拉之尊名**

❮1.哈一、米目。❯

❮2.这部经是由优胜的、睿智的安拉颁降的。❯

❮3.的确，在诸天与大地中，对归信者们确有种种迹象。❯

❮4.在造化你们和散布在大地上的一切动物中，对于笃信的群体确有许多迹象。❯

❮5.在昼夜的循环、安拉由天上降下给养、使大地死后复活、以及风向的转变中，对于理解的群体也有种种迹象。❯

### 安拉引导人类参悟他的种种迹象

清高伟大的安拉引导人类去参悟他的种种恩典，参悟他创造天地万物的大能，他创造了天地间所有的天使、精灵、人类、鸟虫兽禽等数不胜数、种类繁多的物种。安拉还让人类参悟日夜的交替及光明和黑暗循环往复，精确无误。安拉在恰如其分的时候，从云中降下雨水，并将其称为"**给养**"，以之供养生灵，"**使大地死后复活。**"即雨水降落之前，大地一度是僵化的，没有植物，没有任何生命。

"**以及风向的转变中**"，即有东西南北风，有陆地上的风、海洋上的风，白天的风和夜晚的风。风的作用也是不同的，有些风带来雨水，有些用于嫁接；有些给人带来精神上的享受，也有些是为了扫荡大地。安拉在经文中依次提到"**对归信者们确有种种迹象**"、"**对于笃信的群体**"、"**对于理解**

---

[1]《布哈里圣训实录诠释——造物主的启迪》11：300；《穆斯林圣训实录》4：2170。

的群体"，以此表达，引导人循序渐进，依次由尊贵阶段升华到更尊贵和更高的品级。这几段经文和《黄牛章》中的下列经文相似：❋ 天地的造化，夜昼的循环，载着人类的利益在海上航行的船舶，安拉从云中降雨，复活已死的大地，在其中散布各种动物，风向的改变，天地间受制服的云，对于有理解的民众确有种种迹象。❋（2：164）

❋ 6.这些是安拉的迹象，我以真理对你宣读它。那么在（拒绝了）安拉和他的迹象之后，他们归信哪一句话呢？❋

❋ 7.每一个罪恶的说谎者都要遭殃，❋

❋ 8.他听到给他宣读的安拉的迹象，但他仍然固执高傲，好像不曾听到它们一样，所以，你当以一项痛苦的惩罚向他们报喜！❋

❋ 9.当他获悉我的一点启示时，他就把它当作笑柄。这些人将遭受羞辱的惩罚。❋

❋ 10.他们后面是火狱，他们所获得的将对他们毫无益处，他们舍安拉而择取的保护者，也对他们无用；他们被施以重大的刑罚。❋

❋ 11.这就是向导，那些否认他们主的启示的人，将有痛苦的惩罚。❋

### 罪恶的说谎者的特征及其报应

清高伟大的安拉说："**这些是安拉的迹象。**"是指包含明证的《古兰》。

"**我以真理对你宣读它。**"因为这部经文包含着来自安拉的真理。因此如果他们既不相信安拉的经文，也不遵从它们，"**那么在（拒绝了）安拉和他的迹象之后，他们归信哪一句话呢？**"

然后经文说："**每一个罪恶的说谎者都要遭殃**"，即不讲实话、随便发誓、卑贱下流、罪恶累累的和否认安拉经文的人们，都要遭殃。

清高伟大的安拉指出，因为这是"**他听到给他宣读的安拉的迹象，但他仍然固执高傲**"，即当有人给他诵读安拉的经文时，他傲慢地否认它，好像没有听到一样。

"**你当以一项痛苦的惩罚向他们报喜！**"即你告诉他，在复生日，他要在安拉那里遭受痛苦的惩罚。

"**当他获悉我的一点启示时，他就把它当作笑柄**"，即当他（一知半解地）背记了几节经文，就会否认它们，并冷嘲热讽。

"**这些人将遭受羞辱的惩罚。**"这是他们轻视《古兰》，并嘲笑它的报应。因此《穆斯林圣训实录》记载，安拉的使者禁止穆斯林带着《古兰》去敌对地区，以免《古兰》落入敌人之手。[1]

然后安拉讲述这些否认者将在归宿之日遭受的刑罚种类："**他们后面是火狱**"，即在复生日，具备上述特征的人都要进入火狱。

"**他们所获得的将对他们毫无益处**"，即他们的财产和儿女，不能给他们带来丝毫益处。

"**他们舍安拉而择取的保护者，也对他们无用**"，即他们当初舍安拉而崇拜的伪神，也对他们没有益处。

"**他们被施以重大的刑罚。**"然后安拉说："**这就是向导**"，"**这**"指《古兰》。

"**那些否认他们主的启示的人，将有痛苦的惩罚。**""**痛苦的**"指使人痛苦的。安拉至知。

❋ 12.是安拉为你们制服海洋，以便船舶在其中奉他的命令航行，以便你们寻求他的恩典，以便你们感谢。❋

❋ 13.他为你们制服了诸天和大地中的一切，一切都来自他。的确，对于思考的群体，此中确有种种迹象。❋

---

[1]《穆斯林圣训实录》3：1491。

14.你告诉那些归信的人，叫他们宽恕那些不盼望安拉的日子的人，以便他按照他们的作为报偿一个群体。

15.谁行善，他自受其利；谁作恶，他自蒙其害。你们只被召回到你们的主那里。

## 海洋及其他被造物被制服中所蕴涵的一些迹象

清高伟大的安拉讲述他对众仆的恩典：他制服海洋为他们服务，"以便船舶在其中奉他的命令航行"，即清高伟大的安拉命令大海承载船舶。

"以便你们寻求他的恩典"，即你们通过贸易和谋生，寻求安拉的恩赐。

"以便你们感谢"，即你们因为从遥远的各地获得许多益处而感谢安拉。

然后清高伟大的安拉说："他为你们制服了诸天和大地中的一切。"譬如星星，山脉，海洋，河流，以及对你们有益的一切。一切都来自安拉的恩赐。

经文说："一切都来自他"，即一切都来自独一无偶的安拉。因此，清高伟大的安拉在另一节经文中说：你们周围的恩典都来自安拉。当你们遭到不幸时，你们只向他求救。（16：53）

据伊本·哲利尔传述，伊本·阿拔斯解释"他为你们制服了诸天和大地中的一切，一切都来自他"时说，"一切都来自安拉"是安拉的许多尊名中的一个尊名。因为一切都来自安拉是不容争辩的事实。"[1]

"的确，对于思考的群体，此中确有种种迹象。"

## 安拉命令穆民忍受多神教徒的伤害

清高伟大的安拉说："你告诉那些归信的人，叫他们宽恕那些不盼望安拉的日子的人"，即让穆民们宽恕多神教徒，并忍受他们的伤害。这是伊斯兰初期的事情。当时，穆斯林奉命忍受多神教徒和有经人的伤害，以便团结他们。后来多神教徒们变本加厉地迫害穆斯林之际，安拉规定了战争法则。正如伊本·阿拔斯和格塔德所述。[2]

穆佳黑德说"不盼望安拉的日子"指他们不期望安拉的喜悦。[3]

"以便他按照他们的作为报偿一个群体"，即如果多神教徒们在今世中得到信士的原谅，那么安拉将在后世中让多神教徒们遭受其恶行的惩罚。

因此，清高伟大的安拉说："谁行善，他自受其利；谁作恶，他自蒙其害。你们只被召回到你们的主那里"，即在复生日，你们都要归于安拉。届时，你们和你们所做的将被展现在安拉面前，然后根据你们的善恶报偿你们。善有善报，恶有恶报。

16.我确曾赐给以色列的后裔经典、智慧和圣职，我给他们佳美的东西，并使他们优越于其他民族，

17.我也赐给他们有关此事的一些明证。但是在知识来临之后，他们由于相互嫉妒而分裂了。复生日，你的主确实要在他们之间因他们的分歧而加以裁决。

18.然后我置你于此事的法规上，所以你要遵循它，而不要追随那些无知者的欲望。

19.他们丝毫不能助你抗拒安拉。不义者互相为友，而安拉是敬畏者的保护者。

20.这是对世人的开导，也是对确信的群体的向导和慈悯。

## 安拉对以色列后裔的恩典和以色列后裔后来的分歧

清高伟大的安拉在此讲述他对以色列后裔的恩典：他为他们遣圣降经，赐他们国权。因此，经文说："我确曾赐给以色列的后裔经典、智慧和圣职，我给他们佳美的东西。""佳美的东西"，指优良的饮品和食品。

"并使他们优越于其他民族"，即当时，安拉使他们卓越不群。

"我也赐给他们有关此事的一些明证。"我曾赐给他们各种明证，但他们在如山的铁证面前产生了分歧。分歧的原因仅仅出于他们相互间的嫉妒。

穆罕默德啊！"复生日，你的主确实要在他们之间因他们的分歧而加以裁决"，即安拉将公正地判决他们之间的分歧。

## 安拉警告穆圣㊣的民族不要重蹈以色列后裔的覆辙

这节经文中，安拉警告穆圣㊣的民族不要走以色列后裔的老路，也不要抛弃他们的正道，这也是为什么安拉说"然后我置你于此事的法规上，所以你要遵循它"的原因。即你要遵循你从你的养主那里受到的启示——应受拜者，惟有他，并避开多神教徒。（6：106）

"而不要追随那些无知者的欲望。他们丝毫不

---

(1)《泰伯里经注》22：65。
(2)《泰伯里经注》22：66、67。
(3)《泰伯里经注》22：67。

能助你抗拒安拉。不义者互相为友。"安拉是说，他们相互间的盟友关系和盟除了使他们更加亏折和更易于毁灭之外，能给他们带来什么好处呢？

"而安拉是敬畏者的保护者。"安拉将使他们脱离重重黑暗走向光明。而隐昧者的盟友是塔吾特，他们只能使他们脱离光明投入重重黑暗。

清高伟大的安拉说："这是对世人的开导，也是对确信的群体的向导和慈悯。""这"指《古兰》。

❖ 21.那些犯罪累累的人以为我要将他们和那些归信并行善的人等量齐观，而使他们的生与死成为相等的吗？他们的判断太差了。❖

❖ 22.安拉以真理造化诸天与大地，以便每一个人可以获得他所应得的报偿，而不被亏待。❖

❖ 23.你可曾见过把自己的私欲当作神的人吗？安拉彻知而使他迷误，并封闭了他的耳朵和心灵，在他的眼睛上罩上一层帷幕。除安拉之外，谁还能引导他呢？难道你们不觉悟吗？❖

### 穆民和隐昧者的生活与死亡都不相等

清高伟大的安拉在这里强调，穆民和隐昧者永不相等。正如另一节经文说：❖ 火狱的居民和乐园的居民不相等，乐园的居民才是成功的。❖（59：20）

本章的经文说，"那些犯罪累累的人"，指那些干罪的人。

"以为我要将他们和那些归信并行善的人等量齐观，而使他们的生与死成为相等的吗？"即安拉难道要使他们在今世和后世中成为平等的吗？

"他们的判断太差了"，即他们对安拉和他的公正，作了不切实际的猜测。事实上，无论在今世还是在后世，安拉绝不会把虔诚的人和恶人等量齐观。

泰伯里说，麦斯鲁格曾彻夜礼站，不停地诵读这节经文："那些犯罪累累的人以为我要将他们和那些归信并行善的人等量齐观，而使他们的生与死成为相等的吗？"[1]安拉回答前面的经文说："他们的判断太差了。"

清高伟大的安拉说："安拉以真理造化诸天与大地。""真理"指公正。"以便每一个人可以获得他所应得的报偿，而不被亏待。"

然后清高伟大的安拉说："你可曾见过把自己的私欲当作神的人吗？"即此人追随了自己的私欲，作私欲所喜欢的，放弃私欲所不喜欢的。

"安拉彻知而使他迷误。"有两种意思：一、

---

(1)《圣训大典》2：50。

安拉知道这人应该走入迷误，所以安拉使他迷误；二、在此人掌握知识后，安拉使他明知故犯地走向了迷路。第二种意思包含了第一层意思，但不对应。

清高伟大的安拉说："并封闭了他的耳朵和心灵，在他的眼睛上罩上一层帷幕"，所以他听不到什么对他有益。理解不了什么能引领他，他对光辉灿烂的明证熟视无睹。

所以安拉说："除安拉之外，谁还能引导他呢？难道你们不觉悟吗？"安拉在另一相似章节中说：❖ 安拉使之迷误者，是没有引导者的。他任由他们在顽抗中盲目彷徨。❖（7：186）

❖ 24.他们说："除了我们今世的生命之外，没有其他的生命。我们生活并会死去，除了时间之外没有能毁灭我们的。"他们对此一无所知，他们只在猜测。❖

❖ 25.当我的明白的迹象被宣读给他们时，他们的借口仅仅是说："如果你们说的是真话，就请你们把我们的祖先带回来吧！"❖

26.你说:"安拉使你们活,使你们死,然后,他将在无疑的复生日集合你们。但是大多数人不知道。"

## 隐昧者的信仰和证据以及对他们的驳斥

清高伟大的安拉在这里介绍昧真的光阴论者以及和他们臭味相投的阿拉伯多神教徒对最终归宿的否认,经文说:"他们说:'除了我们今世的生命之外,没有其他的生命。我们生活并会死去'。"他们说,只有今世没有后世,一些人死去后,又诞生了一些人,不存在复活日或审判日。这就是否认最终归宿的阿拉伯人所说的话,当然,他们中的无神论哲学家也否认安拉的原造和复活。否认造物主,相信轮回转世的无神论哲学家们,也有这种说法,他们妄称每三万六千年一切都将恢复到原始状态,以此周而复始。认为这种轮回将重复发生,并且是没有止境的,他们不但反驳铁一般的常理,而且否认神圣的启示。

因此他们说:"**除了时间之外没有能毁灭我们的**。"

清高伟大的安拉说:"**他们对此一无所知,他们只在猜测**",即他们只是在臆测和幻想。安拉的使者㘾说:"清高伟大的安拉说:'阿丹的子孙在辱骂我,他在辱骂光阴,而我就是光阴。事务归我掌握,我使日夜轮流交替。'"[1]

另据传述,穆圣㘾说:"你们不要骂光阴,因为安拉就是光阴。"[2]

沙斐仪、艾布·欧拜德等学者在解释这段圣训的意思时说:"蒙昧时代的阿拉伯人遭受到困难、打击或灾难时总会说:'这时光真倒霉!'他们认为这一切都是光阴造成的,所以辱骂光阴。其实这一切都是安拉创造的,他们辱骂光阴无异于在辱骂安拉。坦而言之,是安拉造成了这一切的发生。因为他们所说的'光阴'就是安拉,这个'光阴行为'就是安拉的行为。"这是人们对这节经文所作的最好的注释之一,且恰如其分。安拉至知。我们在这里值得注意的是,伊本·哈兹姆及其追随者们根据这段圣训,把"光阴"说成安拉的至尊名之一,是错误的说法。

"**当我的明白的迹象被宣读给他们时**",即当有人摆出证据,阐明真理,告诉他们安拉能够复活腐朽而分化的尸骨时,"**他们的借口仅仅是说:'如果你们说的是真话,就请你们把我们的祖先带回来吧!'**"即如果你说的是真的,那你们就使已死的先民复活吧。

清高伟大的安拉说:"你说:'安拉使你们活,使你们死'",即这一切都会产生的,正如你们当初目睹安拉使你们从无到有那样。你们怎么可以不信安拉呢?你们原是没有生命的,后来他赐你们生命,然后使你们死亡,然后又使你们(复)生。(2:28)即能够创始造化的安拉,更能够再次造物,是一条不言而喻的道理。是他创始造化,然后复造之。复造对于他是更容易的。(30:27)

"然后,他将在无疑的复生日集合你们",即安拉在复活之日,最终集合你们,但他不会在今世中复活你们。因此,多神教徒的要求毫无根据,根本站不住脚。他们的借口仅仅是说:"如果你们说的是真话,就请你们把我们的祖先带回来吧!" 在那天,他将在集合日召集你们。(64:9) 究竟它被定于何日?于判决之日。(77:12-13) 我只延缓它到预定的期限。(11:104)安拉在此说:"然后,他将在无疑的复生日集合你们。"

"但是大多数人不知道。"这也是为什么他们否认最终的归宿,认为人死不能复活的原因。清高伟大的安拉说:的确,他们看它很遥远。但我看它却很近。(70:6-7)即隐昧者认为复活时刻不会到来,而穆民认为它轻而易举,且就会发生。

27.诸天与大地的权力都属于安拉,那天,复活时刻将来临,那天,追随虚妄的人将要亏折。

28.你将看到每个民族都屈膝跪着,每个民族都将被传唤到它的记录那里,(被告诉道)"今天你们将因你们当初所做的一切受到回报!"

29.这是我的记录,它将对你们据实叙述,我曾记录你们所做的一切。

## 复生日的部分情况以及其中的惊恐

清高伟大的安拉说,无论在今世还是在后世,他都是诸天和大地的掌握者和统治者。

"那天,复活时刻将来临","复活时刻"指复生日。

"追随虚妄的人将要亏折。""追随虚妄的人"指否认安拉、不相信安拉降给众使者的明确经文和证据的人。

"你将看到每个民族都屈膝跪着。"因惧怕巨大的灾难,屈膝而跪着。有学者说,火狱被带来后,发出一声叹息,这时,所有的人都屈膝跪地,安拉的朋友伊布拉欣都不得不跪,他说:"救救我吧,救救我吧,救救我吧!今天我只要求你(指安拉)救救我。"先知尔撒说:"今天我只求你救

---

[1]《布哈里圣训实录诠释——造物主的启迪》8:437;《穆斯林圣训实录》4:1762;《艾布·达乌德圣训集》5:423;《圣训大集》6:457。
[2]《穆斯林圣训实录》4:1763。

救我，我不求你救生养我的麦尔彦，只求你救救我。"

"**每个民族都将被传唤到它的记录那里。**" "记录"指功过簿。安拉说：◆ 文卷陈列了，众先知和证人们都被带到。◆（39：69）

清高伟大的安拉说："**今天你们将因你们当初所做的一切受到回报！**"即你们善得善报，恶遭恶报。安拉在类似的章节中说：◆ 那天，人将被告知他前后所做的一切。其实，人对自身是明察的，即使他抛出他的一切借口。◆（75：13-15）

因此，清高伟大的安拉说："**这是我的记录，它将对你们据实叙述**"，即人们的一切工作无论巨细，都要被带来，不增加也不减少。安拉说：◆ 功过簿已被放好了。你将看到犯罪者们对其中的（所载）怵目惊心。他们将会说："我们好伤心啊！这个功过簿是怎么回事？事无巨细，毫不遗漏，它都记录了下来！"他们发现他们所做过的一切都在现场。你的主绝不会亏待任何人。◆（18：49）

"**我曾记录你们所做的一切**"，即安拉曾命令天使记录你们的一切行为。伊本·阿拔斯等学者说："天使记录人类的行为后，带着记录升到天上，与掌握功过簿的天使们进行对照。掌握功过簿的天使所持的，则是安拉在创造人类之前，早就在天经牌中注定的一切。所以，这些记录都是真实无误的。"然后他读到这节经文："**我曾记录你们所做的一切。**"

◆ 30.至于那些归信并行善的人，他们的主将使他们进入他的慈悯当中，那将是明显的收获。◆

◆ 31.但是那些隐昧的人，（将被告知）"我的启示不曾对你们诵读吗？但是你们高傲了，你们是犯罪的群体！" ◆

◆ 32.当有人说安拉的约言确实是真实的，复活时是毫无疑问的时候，你们却说："我们不知道什么是复活时，我们只是在臆测，我们决不确信。" ◆

◆ 33.他们当初所作的恶行，对他们显露了出来，他们一度所嘲笑的来临于他们。◆

◆ 34.有声音说："我要忘记你们，就像你们当初忘记了今天的相会一样。你们的住处只是火狱，你们没有任何援助者！" ◆

◆ 35.那是因为你们曾将安拉的启示当作玩笑。今世的生活令你们忘乎所以。"今天，他们不能从那里出去，也不被征求同意。◆

◆ 36.赞美安拉，诸天的主，大地的主，众世界的主！◆

◆ 37.天地间的一切伟大都属于他，他是优胜的、睿智的。◆

清高伟大的安拉在此讲述他在复活日对被造物的判决。"**至于那些归信并行善的人**"，即那些心中归信并身体力行的人，虔诚的归信安拉并遵守伊斯兰教法的人。"**行善**"，指符合教法要求，虔诚为安拉而工作。

"**他们的主将使他们进入他的慈悯当中。**" "**慈悯**"指乐园。正如圣训所述："安拉对乐园说：'你是我的慈悯，我用你慈悯我所意欲的人。'"[1]

"**那将是明显的收获**"，即实实在在的成功。

然后经文说："**但是那些隐昧的人，（将被告知）'我的启示不曾对你们诵读吗？但是你们高傲了'**"，即有一种警告和羞辱的声音，传达于这些隐昧者，问他们，当初有人向你们诵读安拉的经文时，你们不是骄傲地不肯听从吗？

"**你们是犯罪的群体！**"即不但你们在内心否认安拉，同时，你们的行为也是犯罪的。

"**当有人说安拉的约言确实是真实的，复活**

---

[1]《布哈里圣训实录诠释——造物主的启迪》8：460。

时是毫无疑问的时候"，即当穆民对你们说这些话时，"你们却说：'我们不知道什么是复活时，我们只是在臆测'"，即他们狡辩说：我们当初没明白你说什么，只很模糊地认为复活也许会来的。

因此说"我们决不确信"，即我们并不能肯定复活时的存在。

清高伟大的安拉说："他们当初所作的恶行，对他们显露了出来"，即他们看到了自己恶行的恶报。

"他们一度所嘲笑的来临于他们"，即他们被自己当初所嘲笑的警告和惩罚所包围。

"有声音说：'我要忘记你们，就像你们当初忘记了今天的相会一样。'"安拉要像已经忘记你们那样把你们投进火狱。你们因为不相信今天的相会，所以没有为它做任何准备。

"你们的住处只是火狱，你们没有任何援助者！"圣训载，安拉在复生日问一个仆人："难道我没有使你结婚？没有使你尊贵？没有为你制服马和骆驼？没有任你居住并管理（这个世界）吗？"仆人回答说："主啊！不是的。"安拉问："你未曾想到将与我相会吗？"仆人回答说："是的。"正如安拉所言："所以今天我要忘记你，正如你当初忘记了我一样。"(1)

"那是因为你们曾将安拉的启示当作玩笑"，即你们当初把安拉赐给你们的明证当成了笑柄，所以今天要让你们遭受这种报应。

"今世的生活令你们忘乎所以。"你们安于今世，因而受骗，成了亏折的人。

"今天，他们不能从那里出去。""那里"指火狱。

"也不被征求同意"，即天使不征求他们的意愿，甚至不对他们加以清算和谴责，就直接把他们投入刑罚之中。与此同时，一部分穆民则直接进入乐园，不受惩罚和清算。

然后安拉讲述他对穆民和隐昧者的判决："赞美安拉，诸天的主，大地的主"，即安拉是天地万物的掌握者。因此说："众世界的主！"

然后安拉又说："天地间的一切伟大都属于他。"穆佳黑德说"伟大"指权力。即安拉是伟大而光荣的，万物都屈服于他，完全需求于他，信赖于他。圣训中说："清高伟大的安拉说，伟大是我的长袍（或礼袍），尊大是我的衣服，谁与我争夺这二者之一，我就使他居住我的火狱。"(2)

"他是优胜的"，即安拉是不可战胜、不可抗拒的。

"睿智的"，即安拉的一切言行、法律和决定都是精确而充满智慧的。安拉是多么伟大和圣洁啊！除他之外，再无应受拜者。

《屈膝章》注释完。一切赞美和恩情，都属于安拉。机遇和成功，只凭安拉。我们只求安拉保佑。

## 《沙丘章》注释　　麦加章

奉普慈特慈的安拉之尊名

❊ 1.哈一、米目。❊

❊ 2.这部经是由优胜的、睿智的安拉颁降的。❊

❊ 3.我以真理和定期造化了诸天与大地及其间的一切。但是那些隐昧的人，却拒绝他们被警告的事情。❊

❊ 4.你说："你们可曾想过，你们在安拉之外祈求的是什么吗？你们让我看看，它们在地上造化了什么，或是它们在诸天中有所参与吗？如果你们说的是实话，你们就给我拿出任何一本在这以前的经典，或是知识的痕迹！"❊

❊ 5.谁比舍安拉而祈求那些直到复生日也不能回答他们，并且对他们的祈求毫无知觉的（伪神）的人们更迷误呢？❊

❊ 6.当人类被集中起来时，它们（伪神）将变成他们的敌人，并否认他们的崇拜。❊

### 《古兰》是安拉颁降的经典，宇宙是安拉以真理创造的被造物

清高伟大的安拉说，他给他的仆人及使者穆罕默德（愿安拉赐他福安，直至复生日）颁降了经典。安拉将他自己描述成无比尊严，在言行中拥有最终智慧。

然后清高伟大的安拉说："我以真理和定期造化了诸天与大地及其间的一切"，即我没有以随意和谬误的态度创造它们。

"定期"，即万物存在到一个精确的期限后不再增加或减少。

---
(1)《穆斯林圣训实录》4：2279。
(2)《艾布·达乌德圣训集》4：350；《穆斯林圣训实录》4：2023。

"但是那些隐昧的人，却拒绝他们被警告的事情"，即对自己的职责疏忽大意。虽然安拉为他们遣圣降经，但他们却背叛了先知和经典。换言之，不久后，他们将知道自己会因此而遇到什么后果。

## 对多神教徒的驳斥

然后清高伟大的安拉说："你说"，即你对崇拜安拉同时还崇拜偶像的人们说："你们可曾想过，你们在安拉之外祈求的是什么吗？你们让我看看，它们在地上造化了什么"，即你们指给我看看，那些伪神在大地上独自创造了什么东西。

"或是它们在诸天中有所参与吗？"即他们在天地中没有任何份额，在其中不掌握丝毫权力。一切所有权和决策权，都属于安拉。既是如此，你们怎能崇拜多神，并以物配主呢？是谁指导或号召你们去这样做的？是安拉命令你们去这样做的呢，还是你们自作主张？

因此，清高伟大的安拉说："**你们就给我拿出任何一本在这以前的经典**"，即你们可否拿出一部降自安拉的经典，那经典规定你们崇拜这些偶像？或你们拿来一个明证，证实你们的这种行为是正确的？

"**如果你们说的是实话**"，指你们在此中既没有理性方面的证据，也没有经典方面的证据。

因此，有些学者将"或是知识的痕迹！"读为"أو أثرة من علم"，意为"或是你们从前人那里继承的正确知识。"穆佳黑德解释说："或是带来一个从前人那里继承了知识的人。"[1]

"**谁比舍安拉而祈求那些直到复生日也不能回答他们，并且对他们的祈求毫无知觉的（伪神）的人们更迷误呢？**"即有人舍安拉而祈祷偶像，要求它们解决直到复生日它们也无法解决的问题，然而这些偶像却对他们的要求毫无知觉，它们既不能视听，也无法行动，它们原本是僵硬的石头。有谁比这些祈祷者更加迷误呢？

"**当人类被集中起来时，它们（伪神）将变成他们的敌人，并否认他们的崇拜**。"正如安拉所言："他们在安拉之外设了一些'神'，以为它们是他们的襄助者。不会的，它们不久将否认他们的崇拜，并变成他们的对头。"（19：81-82）即他们最需要帮助的时刻，它们将背叛他们。安拉的朋友伊布拉欣（祈主赐福之）说："你们在安拉之外择取偶像，只是为了你们之间在今世的相爱。然后在复生日，你们将会互相否认，互相咒骂。你们的居所将是烈火，你们将没有任何援助者。"（29：25）

---
(1)《泰伯里经注》22：99。

⊙ 7.当我的明白的启示对他们诵读时，隐昧的人在真理到达他们时说："这是一项明显的魔术！"

⊙ 8.他们说："他伪造了它。"你说："如果我伪造了它，安拉那里，你们不为我掌握什么。他至知你们所说的话！他足以做你我之间的作证者，他是至恕的、至慈的。"

⊙ 9.你说："我不是诸使者中的另类，我也不知道我和你们将被怎么对待，我只遵从启示给我的那些，我只是一个坦率的警告者。"

清高伟大的安拉在此讲述多神教徒否认真理和顽抗：当有人给他们诵读安拉的明确经文时，他们说："**这是一项明显的魔术！**"即他们说这显然是一项魔术。同时他们还制造谎言和谬论，陷入迷误和不信。

"**他伪造了它**"，即他们说《古兰》是穆圣伪造的。

清高伟大的安拉说，"**你说：'如果我伪造了它，安拉那里，你们不为我掌握什么'**"，即假若我在从中撒了谎，并谎称安拉派我做先知，而事实并非如此，那么，安拉一定会给我降下最严厉的惩罚。大地上的任何人——包括你们，都无法从中拯救我。正如安拉所述：❝ 你说："任何人都不能从安拉那里救助我。我也找不到除他之外的庇佑之处。"只有替安拉传达和（完成）使命。❞（72：22-23）又❝ 如果他借我的名义捏造一些假话，我一定用叶米尼惩治他，然后切断他的大动脉。你们没有人能阻止我对他的惩罚。❞（69：44-47）

因此，安拉在本章说："你说：'如果我伪造了它，安拉那里，你们不为我掌握什么。他至知你们所说的话！他足以做你我之间的作证者'。"这是对他们严厉的威慑和警告。

"他是至恕的、至慈的。"经文鼓励他们作忏悔，并归向安拉。换言之，虽然如此，但如果你们回归安拉，并真心忏悔，安拉会原谅你们、赦宥你们的。这段经文如同下列《准则章》经文：❝ 他们说："（这是）他写下来的古代神话，它是早晚被口授给他的。"你说："知道诸天与大地中的奥秘的安拉降下了它。他确实是至赦的、至慈的。"❞（25：5-6）

"你说：'我不是诸使者中的另类'"，即我不是世上出现的第一位使者，我之前就有使者存在过。所以我的使者身份并不是没有先例的怪事情，而促使你们否认我，不相信我的使者身份。安拉在派遣我之前，已为不同民族派遣了使者。

"我也不知道我和你们将被怎么对待。"伊本·阿拔斯解释这段经文说：❝ 以便安拉为你恕饶你过去和将来的过失，并完成他对你的恩典，为你引导一条正道。❞（48：2）同样，艾克莱麦、哈桑、格塔德等学者认为，这段经文已被84：2节经文所革止。(1)他们说，这段经文降示后，有位穆斯林说："安拉的使者啊！安拉已经说明他将怎么对待你，谁知道安拉将会怎么对待我们？"安拉因此而降谕道：❝ 以便他使归信的男女进入下临诸河的乐园。❞（48：5）有段确凿的圣训记载，穆民们说："安拉使者啊！你真幸福！而我们将会怎样呢？"因此安拉下降了这段经文。(2)

伊玛目艾哈麦德传述，哈磊杰·本·萨比特说，乌姆·阿俩伊——她曾向安拉的使者宣誓效忠，她是辅士中的一位妇女——说，辅士们抓阄接待迁士的时候，奥斯曼·本·麦祖欧尼被分配到他们当中。后来奥斯曼病了，我们便护理他。他归真后我们把他包在他的衣服中，安拉的使者进来时正好听到我说："萨义卜的父亲（奥斯曼）啊！愿安拉慈悯你！我作证安拉已经优待了你。"使者问："你怎么知道安拉已经优待了他？"我回答："我不知道。我的父母愿为你而牺牲！"使者说："他确已面临了他的养主降下的死亡，我为他祝福。以安拉发誓，我虽然是安拉的使者，但我不知道我归真后将面临怎样的结局。"她说："以安拉发誓，从此以后我不再把任何人说成完美无缺的。"此话使我非常忧愁。我睡着后，梦到奥斯曼拥有一道潺潺的泉源。于是我去使者那里，向他讲了这个梦。使者说，那是他的善功。"布哈里载录，穆斯林没有载录这段圣训。(3)

另据传述，使者说："虽然我是安拉的使者，但我不知道，我将被如何对待。"(4)类似的圣训都证明，除了安拉的使者明确指出的人之外，人们不能断定具体哪个人能进乐园。明确指出进乐园的人，是十大圣门弟子(5)、伊本·赛俩目、武麦萨仪、比拉勒、苏拉格、贾比尔的父亲阿卜杜拉·本·阿慕尔·本·哈拉穆以及在麦吾奈的井旁边遇难的七十位诵经家、宰德·本·哈里斯、贾法尔、伊本·磊瓦赫等（愿安拉喜悦他们）。

"我只遵从启示给我的那些"，即我只遵守安拉降下的启示。

"我只是一个坦率的警告者"，即对每个有健全智商的人而言，我的警告是明确的，我的事情是明显的。安拉至知。

❝ 10.你说："你们看到了吗？如果它是来自安拉的，而你们却不信它，以色列后裔中的一位证人已经证实了与它相似的，并且已经归信了，而你们却高傲了……安拉不引导不义的群体。"❞

❝ 11.隐昧的人针对归信者说："如果它是美好的，他们不会领先于我们而获得它！"由于他们没有遵循它的引导，所以他们说："这是一个古老的谎言！"❞

❝ 12.在这以前，有作为向导和慈悯的穆萨的经典。这是一部验证性的阿拉伯文经典，以便它警告作恶的人，并向行善者报喜。❞

❝ 13.那些说"我们的主是安拉"，并从此以后坚定不移的人，他们将没有畏惧，也不会忧虑。❞

❝ 14.这些人将是乐园的居民，永住其中，作为对他们所做过的行为的报偿。❞

## 《古兰》是安拉真实的语言隐昧者和穆斯林对《古兰》的不同态度

清高伟大的安拉说，穆罕默德啊！你对这些

---

(1)《泰伯里经注》22：99、100。
(2)《布哈里圣训实录诠释——造物主的启迪》7：516。
(3)《布哈里圣训实录诠释——造物主的启迪》7：310；《艾哈麦德按序圣训集》6：436。
(4)《布哈里圣训实录诠释——造物主的启迪》3：137。
(5)指艾布·伯克尔、欧麦尔、奥斯曼、阿里、特里哈、祖拜尔、赛尔德·本·艾布·宛葛思、阿卜杜拉赫曼·本·奥夫、艾布·欧拜德、赛尔德·本·栽德。——译者注否认《古兰》的多神教徒说："你们看到了吗？如果它是来自安拉的，而你们却不信它。""它"指《古兰》。即如果我带给你们的这部经典是来自安拉的，那么你们想想，安拉将会怎么对待你们？安拉降给我这部经典，让我将它传达给你们，而你们却不相信它。

"**以色列后裔中的一位证人已经证实了与它相似的。**"安拉降给我之前的先知们的经典，都证明这部经典是正确的。它们所表达的内容和这部《古兰》所表达的内容相似。

"**并且已经归信了。**"这位以色列的后裔，认识到《古兰》是真理后，作证它是真实的。

"**而你们却高傲了**"，即你们出于傲慢而拒绝遵循它。麦斯鲁格说："这位证人归信了他的先知和经典，但你们却不相信你们的先知和经典。'安拉不引导不义的群体。'"[1]这位证人包括类似于阿卜杜拉·本·赛俩目的所有信士。因为这段经文是麦加降示的，当时阿氏还没有加入伊斯兰。这段经文和下列经文相似：❝当它被诵读给他们时，他们说："我们归信它，它确实是来自我们主的真理，的确，我们在这之前就是顺服者（穆斯林）了。"❞（28：53）又❝那些以前被赋予知识的人们，它被读给他们时，他们就伏下去，下巴着地地叩头。他们说："赞我们的主清净，我们主的诺言终究是要实现的。"❞（17：107-108）

赛尔德说："除了针对阿卜杜拉·本·赛俩目之外，我从没有听安拉的使者㊟针对行走于地面上的哪个人说过，他属于乐园的居民。"他说："'**以色列后裔中的一位证人已经证实了与它相似的**'这段经文就是因为阿卜杜拉而降的。"[2]布哈里，穆斯林，奈萨伊等传述。[3]伊本·阿拔斯等学者都持这种观点。他们都认为经文指阿卜杜拉·本·赛俩目。[4]

"**隐昧的人针对归信者说：'如果它是美好的，他们不会领先于我们而获得它！'**"即他们评论归信《古兰》的穆民时说，如果《古兰》是一部优美的经典，他们早就归信了，而不至于让比拉勒、安马尔、苏海卜、罕巴卜等这样的一些弱者和奴隶抢在他们前面去归信它。异教徒如此断言，只是因为他们认为他们在安拉那里享有重要的地位，并颇受安拉的眷顾。其实他们大错特错了，安拉说：❝就这样，我使他们相互考验，以便他们

---

（1）《泰伯里经注》22：103、104。
（2）《泰伯里经注》22：104。
（3）《布哈里圣训实录诠释——造物主的启迪》7：160；《穆斯林圣训实录》4：1930；《圣训大集》5：70。
（4）《泰伯里经注》22：104、105；《格尔特宾教律》16：188。

说："难道这些人就是在我们当中安拉所特慈的人吗？"❞（6：53）即他们感到奇怪：为什么这些人抢在我们前面得到了正道。因此，他们说："如果它是美好的，他们不会领先于我们而获得它！"正统派的观点：如果无法确定某种言行来自圣门弟子，说明"它们是新生异端。如果它们是美好的，圣门弟子们早就在我们之前遵循（说过或做过）了它们，因为他们争先为善，从不落后。"

"**由于他们没有遵循它的引导，所以他们说：'这是一个古老的谎言！'**""它"指《古兰》。即他们说《古兰》是古人留下的谎言。他们以此抨击《古兰》及其归信者。这是明显的傲慢，正如使者㊟所言："傲慢是蔑视真理，轻视人民。"[5]

"**在这以前，有作为向导和慈悯的穆萨的经典**"，即在《古兰》面世之前，安拉给穆萨先知颁降了《讨拉特》。

"**这是一部验证性的阿拉伯文经典**"，即这部经典能证实以前的经典，并且是以明确而优美的阿拉伯语颁降的。

"**以便它警告作恶的人，并向行善者报喜。**"这部经典中，有对隐昧者的警告，也有对穆民的喜讯。

---

（5）《穆斯林圣训实录》1：93。

"那些说'我们的主是安拉',并从此以后坚定不移的人。"类似的经文,已经在《奉绥莱特章》被注释过(参阅41:30)。

"他们将没有畏惧",即他们对未来不担心。

"也不会忧虑。"对过去不忧愁。

"这些人将是乐园的居民,永住其中,作为对他们所做过的行为的报偿",即善功是荣获至仁主慈悯的原因。安拉至知。

☾15.我曾忠告人要孝敬父母,他的母亲辛苦地孕育他,辛苦地生他。从怀胎到给他断奶,需三十个月。直到他成年,活到四十岁时,他说:"我的主啊!求你启示我,以便我能感谢你赐给我和我父母的恩典,使我做你所喜爱的善事,并求你为我而使我的子孙成为清廉的,我的确已归向了你,我也的确是一个顺服者。"☽

☾16.这些人,我将接受他们所做过的最好的,并宽免他们的罪过,他们将是乐园的居民。这是当初给他们所许诺的真实的诺言。☽

## 安拉忠告人孝敬父母

安拉在前面的经文中提到,人们应该具备认主独一信仰,并要专心致志、坚定不移地崇拜安拉,然后,他就如何对待双亲向人们提出要求。《古兰》中不止一段经文,以这种方法接连讲述这件事情的。譬如:☾你的主已经判决:你们只崇拜他,并要善待父母。☽(17:23)☾你要感激我和你的父母,归宿只在我这里。☽(31:14)类似的经文较多。

"我曾忠告人要孝敬父母。"安拉命令人类善待父母,敬爱他们。赛尔德传述,赛尔德的母亲对赛尔德说:"难道安拉未曾命令你顺从父母亲吗?如果你不否认安拉,我就不吃不喝。"此后她果真拒绝饮食,以致他们用棍子撬开她的嘴,强制性地让她饮食。当时安拉降下"我曾忠告人要孝敬父母。"穆斯林等圣训学家传述,惟独伊本·马哲没有收录之。[1]

"他的母亲辛苦地孕育他",即母亲因怀孕而遭受了艰辛,诸如疲劳、呕吐、抑郁、悲痛及孕妇所经历的其他艰辛。

"辛苦地生他。"以至在生他的时候,承受分娩的剧痛。

"从怀胎到给他断奶,需三十个月。"阿里(愿主喜悦之)根据这段经文和下面的两节经文,主张怀孕期最少是六个月。这些经文是《鲁格曼章》中的经文(31:14)和☾母亲们应该喂她们的孩子两整年的乳。☽(2:233)阿里的这种演绎是正确有力的,奥斯曼等一大批圣门弟子都同意他的观点。伊本·易司哈格传述,我们中的一位男子和朱海奈部落的一位妇女结了婚,六个月后,这位妇女生下一个孩子,因此她的丈夫去找奥斯曼,对他讲了情况。奥斯曼遂传唤他的妻子。妻子站起来穿衣服时,她的姐姐哭了,她问姐姐:"你为什么要哭?以安拉发誓,除了他之外,我没有和任何男人接触过。安拉将按他的意志为我判决。"妻子来到奥斯曼处后,奥斯曼命人对其处以石刑。阿里听到消息后跑来(对奥斯曼)说:"你要做什么?"奥斯曼说:"她刚结婚六个月就生下了孩子,哪有这样的事情?"阿里问:"你读过《古兰》吗?"奥斯曼回答:"当然。"阿里问:"你是否听安拉说:'从怀胎到给他断奶,需三十个月。'以及'两整年……'(2:233)吗?在我看来(除了断奶的时间)怀孕期恰好是六个月。"奥斯曼回答说:"以安拉发誓,我当初没有意识到这一点。把那女人带来。"但他们发现她已经被执行了。(这段话的传述者)白耳吉说:"以安拉发誓,这个孩子和他的父亲像极了!"孩子的父亲看到孩子后说:"以安拉发誓,毫无疑问,他就是我的亲生儿子。"不久,(因其对妻子所犯错误)安拉也给了他考验,让其脸上生出一种疮,那疮一直折磨他,直至死去。[2]

伊本·阿拔斯说:"如果妇女怀孕九个月后生下孩子,孩子只需要接受二十一个月的哺乳;如果怀孕七个月后生下孩子,孩子只需接受二十三个月的哺乳;如果怀孕六个月后生下孩子,孩子则需接受整整两年的哺乳。因此安拉说:'**从怀胎到给他断奶,需三十个月。直到他成年。**'"[3]"**成年**",指长大、强壮,获得必须的能力。

"**活到四十岁时**",即智力、理解、涵养都达到成熟。有人说,人到四十岁时,处事才会稳健。

"**他说:'我的主啊!求你启示我,以便我能感谢你赐给我和我父母的恩典,使我做你所喜爱的善事'。**""**启示**"指提醒,启发。"**使我做你所喜爱的善事**",指让我在以后做你所喜爱事情。

"**并求你为我而使我的子孙成为清廉的,我的确已归向了你,我也的确是一个顺服者。**"经文指导那些到四十岁的人,应该在这个关键的年龄重新向安拉忏悔,并一心一意回归安拉。

"这些人,我将接受他们所做过的最好的,并

---

(1)《穆斯林圣训实录》4:1878;《艾布·达乌德圣训集》3:177;《提尔密济圣训全集诠释》9:48;《圣训大集》6:348;《圣训集特亚莱斯》28。

(2)《散置的珠宝》6:9。
(3)《白海根大圣训集》7:442。

宽免他们的罪过，他们将是乐园的居民"，即具备上述特征的人们，如果真心忏悔，一心归主，并通过忏悔和求饶弥补往日的不足，那么"**我将接受他们所做过的最好的，并宽免他们的罪过。**"我还宽恕他们的许多过失，接受他们的善功——哪怕这些善功很微小。

"**他们将是乐园的居民**"，即他们属于居住乐园的群体。这是安拉对他们的判决，也是安拉给那些一心归主，真心忏悔的人的许诺。

因此，经文说："**这是当初给他们所许诺的真实的诺言。**"

**17. 但是有人对他的父母说："呸！你俩在恐吓我，说我会被复活吗？我以前许多代的人都已一逝不返了。"他们俩向安拉求援，说："你要遭殃了！你归信吧！安拉的许约是真实的。"但是他说："这只不过是古代的神话罢了！"**

**18. 那些人，判词已经对他们实现了，他们属于在他们以前已经逝去的精灵和人类群体。他们的确是亏折的。**

**19. 所有的人都将按照他们所做的享有各种品级，以便安拉充分地报偿他们的行为。他们不会被亏负。**

**20. 那天，隐昧的人将被置于火的前面，（有声音说，）"你们在尘世的生活中已经使用了你们的好东西，你们在其间借之享受。所以今天你们将受羞辱的刑罚的报应，由于你们曾在地上无理地傲慢，并且因为你们一贯犯罪。"**

### 劝诫不孝父母的子女 逆子的归宿

清高伟大的安拉说，为父母祈福的孝子们，将来会在安拉那里获得成功和收获。经文接着提到倒霉的逆子的情况。安拉说："**但是有人对他的父母说：'呸！'**"经文针对每一个有这种行为的人。有人妄言这段经文是因阿卜杜拉·本·艾布·伯克尔降示的，但这一说法是脆弱的，没有根据。因为阿氏是在这段经文降示之后才加入伊斯兰的，并且他进教后恪守教义，成为当时最优秀的穆斯林之一。

布哈里传述，穆阿维叶曾任命麦尔旺为希贾兹的长官，麦氏在讲演中多次提到穆阿维叶之子叶齐德，以便在其父之后向其宣誓效忠，因此阿卜杜拉·本·艾布·伯克尔对他讲了一些他不愿意听的话。因此，麦氏下令通缉阿氏，阿氏遂躲进[1]阿伊莎（愿主喜悦之）家中，致使缉拿者无可奈何。于是麦氏说："但是有人对他的父母说：'呸！你俩在恐吓我，说我会被复活吗？我以前许多代的人都已一逝不返了。'"这段经文是因为阿卜杜拉而降的。阿伊莎（愿主喜悦之）在帷幕后说："安拉除了降示证明我无辜的经文之外，再没有专为我们降示任何经文。"[2]

另据传述，穆阿维叶通过宣誓将其子立为哈里发之后，麦尔旺说："你坚持了艾布·伯克尔和欧麦尔的传统。"艾布·伯克尔的儿子阿卜杜拉说："不，这属于（罗马国王）希拉克略和凯斯拉的传统。"麦氏遂说："'**但是有人对他的父母说：'呸！'**——这段经文是因为此人而降的。"阿伊莎（愿主喜悦之）听到麦氏的这句话后说："以安拉发誓，麦尔旺在撒谎！事实并非如此。如果非要我说这段经文是因为谁降示的，我一定能说出来的。安拉的使者曾诅咒过麦尔旺的父亲。麦尔旺作为这种人的后裔，难免受安拉的诅咒的影响。"[3]

"**你俩在恐吓我，说我会被复活吗？**"

"**我以前许多代的人都已一逝不返了**"，即许多世人已经死去，但没有一个能复返今世，叙述后

---

（1）其姐姐。——译者注

（2）《布哈里圣训实录诠释——造物主的启迪》8：439。
（3）《圣训大集》6：458。

世的情况。

"他们俩向安拉求援",即他俩祈求安拉引导这个逆子,并对他说:"'你要遭殃了!你归信吧!安拉的许约是真实的。'但是他说:'这只不过是古代的神话罢了!'"

清高伟大的安拉说:"那些人,判词已经对他们实现了,他们属于在他们以前已经逝去的精灵和人类群体。他们的确是亏折的",即他们已经加入那些与他们相似的人——在末日亏折自己并亏折家人的隐昧者行列。

经文在前面说"有人",后文又说"那些人",说明我们上面所分析的情况是正确的,即经文针对每一个有这种行为的逆子。哈桑和格塔德说:"经文所指的是否认复生、忤逆双亲、罪恶累累的隐昧者。"(1)

"所有的人都将按照他们所做的享有各种品级",即每个人都要根据自己的罪行遭受惩罚。

"以便安拉充分地报偿他们的行为。他们不会被亏负。"他们的行为不被减少一粒芥子或更小的分量。阿卜杜·拉赫曼·本·栽德说:"火狱的品级趋于下贱,乐园的品级趋于崇高。"(2)

"那天,隐昧的人将被置于火的前面,(有声音说)'你们在尘世的生活中已经使用了你们的好东西,你们在其间借之享受。'"他们是在被警告和羞辱的情况下,听到这些话的。信士的长官欧麦尔(愿主喜悦之)拒绝享用许多佳美的饮食,并避而远之。他说:"我担心成为安拉所羞辱和警告的那些人。安拉就这些人说:'你们在尘世的生活中已经使用了你们的好东西,你们在其间借之享受。'"

艾布·穆吉里兹说:"(在后世)许多人将失去他们曾在今世所享受的恩典。他们将被告知:'你们在尘世的生活中已经使用了你们的好东西'。"

"所以今天你们将受羞辱的刑罚的报应,由于你们曾在地上无理地傲慢,并且因为你们一贯犯罪",即他们得到的报应和他们当初的行为同属一类。他们曾花天酒地,目空一切,拒绝真理,作恶多端,所以,安拉使他们遭受凌辱、酷刑和无穷无尽的懊悔,并使他们陷入绝境。祈求安拉使我们免于这一切惩罚!

❊21.你当铭记阿德的兄弟。当时他在沙丘警告他的族人。的确,在他以前和以后,都有警告者逝去。(他说道)"你们莫拜安拉以外的,我的确为

你们害怕重大日子的刑罚。"❊

❊22.他们说:"你是为了阻碍我们信仰我们的神祇而来的吗?如果你是诚实的,那么把你许给我们的拿给我们吧!"❊

❊23.他说:"知识只来自安拉,我只对你们传达我奉派的使命,不过我看你们是一群无知的人!"❊

❊24.后来,当他们看到它——浓云移向他们的峡谷时,他们说:"这是能给我们降雨的云。"不,它是你们所要求早日实现的!它是其中有痛苦惩罚的风!❊

❊25.它奉它的主的命令毁灭一切。所以清晨只能看到他们的住处!我就是这样报应那罪恶的群体。❊

### 阿德人的故事

穆圣❊遭到一些人的否认后,安拉安慰了他。安拉说:"你当铭记阿德的兄弟。"阿德人的兄弟指呼德先知,安拉曾派他去劝导早期的阿德人。据伊本·栽德说,这些人生活在沙丘上。(3)艾克莱麦说,"沙丘"指山和洞。格塔德说:"据说阿德人是也门的一个部落,居住于一个称为谢杰勒的海滨沙丘上。"(4)

伊本·马哲传述,安拉的使者❊说:"愿安拉慈悯我们,慈悯阿德人的兄弟。"(5)

"的确,在他以前和以后,都有警告者逝去",即安拉在他们周围地区,曾派遣许多使者传达警告。譬如另一段经文说:❊于是,我使它成为他们的前人和后辈的教训。以便劝诫敬畏者。❊(2:66)又❊倘若他们避开,你说:"我以霹雳警告你们,它与阿德人和塞姆德人所遭受的霹雳一样!"当时,使者们从他们的前后出现在他们跟前,说:"你们只能崇拜安拉。"❊(41:13-14)

"我的确为你们害怕重大日子的刑罚。"这是呼德对其族人所说的话。族人对呼德的答复是:"你是为了阻碍我们信仰我们的神祇而来的吗?如果你是诚实的,那么把你许给我们的拿给我们吧!"他们要求立即见到安拉的惩罚,以此来表达他们的否认态度。正如安拉所言:❊那些不信它(复活时刻)的人希望它加速实现。❊(42:18)

"他说:'知识只来自安拉'",即安拉至知你们这些人。如果你们真的要求惩罚迅速降临,安拉会使你们如愿以偿的,而我的责任只是向你们传达我所奉派的使命。

---

(1)《泰伯里经注》22:118。
(2)《泰伯里经注》22:119。
(3)《泰伯里经注》22:125。
(4)《泰伯里经注》22:124。
(5)《伊本·马哲圣训集》2:1266。

"**不过我看你们是一群无知的人!**"你们不理智,不理解事理。

清高伟大的安拉说:"**后来,当他们看到它——浓云移向他们的峡谷时**",即他们看到惩罚向他们迎来时,还以为那是一片含雨的云,他们将会久旱逢甘霖,因此欢天喜地、兴高采烈。

清高伟大的安拉说:"**不,它是你们所要求早日实现的!它是其中有痛苦惩罚的风!**"这就是你们不久前要求看到的惩罚,当初你们说:"**如果你是诚实的,那么把你许给我们的拿给我们吧!**"

"**它奉它的主的命令毁灭一切。**"这场风将凭安拉的允许,破坏你们地区的一切。因为它的本能是破坏。正如安拉所言:《凡经风吹过之物,无一不变为腐朽的。》(51:42)即都变成了腐朽的。

因此,清高伟大的安拉说:"**所以清晨只能看到他们的住处!**"即他们全部毁灭,无一幸免。

"**我就是这样报应那罪恶的群体**",即这就是我对待否认我的众使者、并违背我的命令的人们的判决。

阿伊莎(愿主喜悦之)说:"我从未见安拉的使者哈哈大笑,以致露出牙齿。他只微笑。"她接着说:"使者每每看到乌云或风时,脸色就会改变。"所以她问使者:"安拉的使者啊!人们看到云时欢天喜地,希望下雨,而你看到云时为何面色不悦?"使者说:"阿伊莎啊!我怎能安心呢?云中包含着某种惩罚,曾经有些民族就遭受了这种惩罚。那伙人当初看到惩罚后说'**这是能给我们降雨的云**'。"(1)

阿伊莎(愿主喜悦之)说,安拉的使者看到天边的云时,便停止一切工作(包括礼拜),说:"主啊!求你庇佑我,使我免遭其中的不测。"当安拉拨开云后,使者就赞美安拉;如果降了雨,使者则说:"主啊!(这是)有益的雨水!"(2)

又据阿伊莎传述,每当刮风时,安拉的使者就说:"主啊!求你赐给我它的美好的,其中的美好的以及你差遣它的意义的最好的;求你庇佑我,免于它的不好的,其中不好的以及你差遣它的意义的不好的。"她说,每当天有乌云时,使者的脸就改变了,他出出进进,来回走动。下雨后,焦虑就解除了。阿伊莎(愿主喜悦之)见此情景后,问了使者,使者回答说:"阿伊莎啊!也许它(乌云)就是阿德人所说的那种云。他们说:'**当他们看到它——浓云移向他们的峡谷时,他们说,这是能给我们降雨的云。**'"(3)

---

(1)《艾哈麦德按序圣训集》6:66;《布哈里圣训实录诠释——造物主的启迪》8:441;《穆斯林圣训实录》2:616。
(2)《艾哈麦德按序圣训集》6:190。
(3)《穆斯林圣训实录》2:616。

我们已经在注释《高处章》和《呼德章》时叙述了阿德人毁灭的故事,此处不再赘述。一切感赞全归安拉。

《26.我确曾赐给他们我不曾赐给你们的地位。我赐给他们耳朵、眼睛和心灵,但是他们的耳朵、眼睛和心灵对他们无益。因为他们不信安拉的启示,而他们当初所嘲笑的却降临了他们。》

《27.我确曾毁灭了你们周围的市镇,我反复分析种种迹象,以便他们回归。》

《28.那么,为什么他们舍安拉而设伪神,作为接近(安拉之道)的伪神们怎么没有援助他们呢?相反地,它们离他们而去了。这是他们的谎话,是他们当初捏造的。》

清高伟大的安拉说,我确曾使一些民族在今世中得势,使他们获得许多财产和儿女,我赐给他们的恩典,远远超越了我赐给你们的恩典。

此外,"**我赐给他们耳朵、眼睛和心灵,但是他们的耳朵、眼睛和心灵对他们无益。因为他们不信安拉的启示,而他们当初所嘲笑的却降临了他**

们"，即他们当初所不相信的惩罚，将他们包围了起来。所以，人们啊！你们当防备在今世和后世中遭受相似的惩罚。

"我确曾毁灭了你们周围的市镇。""你们"指麦加人。安拉曾毁灭了麦加周围否认众使者的先民，譬如安拉曾在也门毁灭哈达拉毛地区的沙丘居民——阿德人，居住在麦加和沙姆之间的塞姆德人，居住在也门的赛伯邑人以及麦加通往安兹的道路中间的麦德彦人。鲁特的民族毁灭后出现的沼泽地，也是麦加生意人的必经之地。

"我反复分析种种迹象，以便他们回归。""分析"指阐述。

"那么，为什么他们舍安拉而设为神祇，作为接近（安拉之道）的伪神们怎么没有援助他们呢？"即难道在他们需要的时候，这些"神"援助过他们吗？

"相反地，它们离他们而去了"，即在他们最需要它们的时候，它们消失得无影无踪。"这是他们的谎话，是他们当初捏造的。"他们虚构谎言，崇拜偶像，自作主张设立了一些神。他们因为崇拜它们，并依赖它们而自亏了，失望了。安拉至知。

❁29.当时，我遣一群精灵去你跟前聆听《古兰》。当他们出现在他跟前时，他们说："你们肃静吧！"（诵读）完毕时，他们以警告者身份回到他们的族人当中。❁

❁30.他们说："我们的族人啊！我们听到一本在穆萨之后降世的经典，证实它以前的，并导向真理和正道。❁

❁31.我们的族人啊！你们当响应安拉的召唤者，并归信他！他会宽恕你们的一些罪过，并拯救你们脱离痛刑。❁

❁32.谁不响应安拉的召唤者，他绝不能在地上逍遥法外，在安拉之外他也不能有任何保护者，这等人，是在明显的迷误之中。❁

## 精灵聆听《古兰》的故事

祖拜尔在解释"当时，我遣一群精灵去你跟前聆听《古兰》"时说：❁当安拉的仆人站起来祈求他时，他们几乎一起拥向他。❁（72：19）苏富扬说："他们互相依附着，围成一堆。"(1)

伊本·阿拔斯说，安拉的使者ﷺ最初没有给精灵读过经文，也没有看到他们。他和一群圣门弟子去欧卡兹市场，当时，魔鬼们遭受流星追击，听不到天上的消息。偷听启示的魔鬼们回到同伙那里时，同伙问它们："你们怎么了？"它们回答："我们受到流星攻击，听不到天上的消息。"同伙说："必定发生了什么事情，否则你们不会受阻而听不到天上的消息。你们当去世界各地探听，到底是什么阻碍了你们？"去贴哈麦的魔鬼回来说，安拉的使者ﷺ在去欧卡兹市场的路上，带领圣门弟子在奈赫莱进行晨礼，魔鬼们在这里听到《古兰》的声音后说："以安拉发誓，这就是我们听不到天上消息的原因。"他们回到自己的同族那里后说："我们的族众啊！我们已经听到一部奇妙的《古兰》，它导人于正道。所以我们归信了它。我们绝不以任何物举伴我们的养主。"于是安拉降谕穆圣ﷺ道：你说，我曾奉到启示：❁一群精灵已经倾听……❁（72：1）精灵的话是穆圣ﷺ通过启示得知的。——布哈里也传述了相同的圣训。(2)

伊本·麦斯欧迪传述：精灵们降到穆圣ﷺ跟前时，穆圣ﷺ正在奈赫莱谷地诵读《古兰》，他们听到《古兰》的声音，便互相说："你们肃静吧！"当时他们共计九个。其中一个是灶比阿(3)。于是安拉降谕道："当时，我遣一群精灵去你跟前聆听《古兰》。当他们出现在他跟前时，他们说：'你们肃静吧！'（诵读）完毕时，他们以警告者身份回到他们的族人当中。……这等人，是在明显的迷误之中。"(4)这段圣训和上述伊本·阿拔斯所传的圣训说明，安拉的使者ﷺ当时没有意识到精灵在场。精灵们听了穆圣ﷺ诵读《古兰》，回到族人那里后，才成群结队前来探访。

"他们以警告者身份回到他们的族人当中。"精灵们回到同族那里后，为他们讲述从穆圣ﷺ那里听到的经文，并发出警告。如安拉说：❁以便他们精通宗教，以便他们回去后警告他们的族人，好让他们警惕？❁（9：122）这段经文说明，精灵中有警告者而无使者。毫无疑问，安拉在精灵中没有派遣使者。因为安拉说：❁我在你以前，只从诸城的人民当中派遣一些男子，颁降启示。❁（12：109）又❁我在你以前派遣的使者们，都是吃食物并在市集上行走的。❁（25：20）安拉讲述伊布拉欣先知的情况时说：❁并在他的后裔中安排了圣职和经典。❁（29：27）所以，伊布拉欣之后安拉所派遣的先知，都是伊布拉欣的后裔。

至于《牲畜章》经文❁精灵和人类的群体啊！难道来自你们的使者没有到达你们，给你们叙述

---

(1)《艾哈麦德按序圣训集》1：167。

(2)《艾哈麦德按序圣训集》1：252；《圣品的证据》2：225；《布哈里圣训实录》773、4921；《穆斯林圣训实录》1：331；《提尔密济圣训全集诠释》9：168；《圣训大集》6：499。

(3)灶比阿是这九个精灵的头目。——译者注

(4)《哈肯圣训遗补》2：456。

我的迹象……》（6：130）则是一种通过叙述整体（人类和精灵），而强调人类的表达方法。正如安拉所言：《珍珠和珊瑚出自它俩。》（55：22）虽然说"它俩"实指两种不同类型的水。

然后安拉解释了这些向本族精灵传达警告的精灵的情况："**他们说：'我的族人啊！我们听到一本在穆萨之后降世的经典'**。"精灵们没有提到尔撒先知，因为尔撒先知所接受的是《引支勒》，其中主要讲述的是一些劝善戒恶的事情，对合法与非法事物论述不多，其实它是对《讨拉特》律法的一种补充，仍然以《讨拉特》为参照。因此精灵们说："我们听到一本在穆萨之后降世的经典。"穆圣将初次见到吉卜勒伊里的情况告诉（有经人学者）沃勒格·本·脑弗里后，他也是这样说的："太妙了！太妙了！他是当初降临穆萨先知的天使。但愿（你为圣时）我身强力壮，能够辅佐你。"[1]

"**证实它以前的**"，指这部经典，能证实以前的天启经典的正确性。

"**并导向真理**"，即这部经典，能引导人获得正确信仰和真实的（天启）信息。

"**和正道**"，即这部经典，能使人获得正确处理一切事务的各种方法。因为《古兰》包括两个方面：信息和命令。其信息都是真理，其命令都是公正的。正如安拉所言：《你的主的言辞绝对真实和公正。》（6：115）

清高伟大的安拉说：《是他以引导和真教派遣他的使者。》（48：28）其中"引导"指有益的知识。"真教"指正确的善行。精灵也是这样说的："（这部经典）**导向真理和正道**"，即它能导人获得正确的信仰以及正确的行为。

"**我们的族人啊！你们当响应安拉的召唤者。**"经文证明，穆圣是安拉派向人类和精灵的使者。因此经文说："我们的族人啊！你们当响应安拉的召唤者，并归信他！"

"**他会宽恕你们的一些罪过。**"有人说，如果经文中的"مِن"一词是附加词，那么其意义值得研究。因为阿拉伯语中，很少在表示确切之事时使用这样的附加词。也有人说，它的意义是"恕饶部分罪恶。"[2]

"**并拯救你们脱离痛刑**"，即他将保护你们免遭痛苦的刑罚。

然后安拉告诫他们说："**谁不响应安拉的召唤者，他绝不能在地上逍遥法外。**"事实上安拉的能力无所不包，无处不在。

---

[1]《布哈里圣训实录诠释——造物主的启迪》1：30。
[2] 正如正文所译。——译者注

"**在安拉之外他也不能有任何保护者**"，即没有谁能帮他逃离安拉的惩罚。

"**这等人，是在明显的迷误之中。**"这段经文是对他们的威慑和警告。所以，那些精灵对本族动之以情、晓之以理。此后，许多精灵谨慎地、成群结队地访问了使者穆圣。一切感赞全归安拉。安拉至知。

《33.难道他们没有看见造化了诸天与大地，并且不由于造化它们而感到疲倦的安拉，是有能力给死者生命的吗？是的，他确实是全能万事的。》

《34.那天，隐昧的人将被展现于火狱的前面，（他们将被问道）"这不是真的吗？"他们说："凭我们的主发誓，是真的！"他说："你们尝试惩罚吧！因为你们当初不信。"》

《35.所以你要坚韧，像意志坚定的使者们一样面对他们，你也不要因他们而着急。他们看到他们所被许给的惩罚之日，他们好像只停留了一日中的片刻。传达！除了那些犯罪的人群之外，还有谁要遭受毁灭？》

## 死后复活的明证

有人否认审判日的复生，并且否认身体在那日将被复生。清高伟大的安拉说，难道这些人没有看到吗？"**造化了诸天与大地，并且不由于造化它们而感到疲倦的安拉**"，即造化这一切，对安拉不是什么难事，安拉意欲某件事物发生时，只说一声"有"，那事物就服服贴贴地存在了，从不抗拒，毫不迟疑。难道具备这种属性的安拉，不能使死人复活吗？安拉在另一节经文中说：《诚然，造化天地是比造化人类更繁重的，可是大多数人不了解。》（40：57）安拉对上述问题的答复是："是的，他确实是全能万事的。"

然后安拉警告否认者说："**那天，隐昧的人将被展现于火狱的前面，（他们将被问道）这不是真的吗？**"有声音问他们："这到底是真理还是魔术？或是你们有眼无珠？"

"**他们说：'凭我们的主发誓，是真的！'**"即他们不得不承认这是事实。

"**他说：'你们尝试惩罚吧！因为你们当初不信。'**"

## 安拉命令穆圣坚韧不拔

然后清高伟大的安拉命令使者忍受族人的不信，说："所以你要坚韧，像意志坚定的使者们一样面对他们。""意志坚定的使者们"[1]，都曾忍受过族人的不信。"意志坚定的使者们"指努哈、伊布拉欣、穆萨、尔撒以及万圣的封印者——穆圣☪。安拉在《联军章》和《协商章》中，曾专门提到这些使者的名字。"你也不要因他们而着急"，即你不要急于希望他们马上遭受惩罚，正如安拉所言：❮让我对付那些享受恩典的否认者，并对他们稍稍宽容。❯（73：11）又❮因此，你当宽限隐昧者，并对他们略加延缓。❯（86：17）

"他们看到他们所被许给的惩罚之日，他们好像只停留了一日中的片刻。"正如安拉所言：❮当他们看到它的那天，好像（在今世中）只是逗留了一个下午或是一个清晨。❯（79：46）又❮那天，他集合他们时，他们就好像只逗留了一日中的一刻，他们会彼此认识……❯（10：45）

"传达！"即这部《古兰》传播了明确的内容。

"除了那些犯罪的人群之外，还有谁要遭受毁灭？"安拉只会毁灭那些咎由自取的人。安拉的公正之一是，他只惩罚那些理应遭受惩罚的人。安拉至知。

《沙丘章》注释完。一切感赞全归安拉。祈求安拉让我们成功，并保护我们远离错误。

## 《战斗章》注释　麦地那章

**奉普慈特慈的安拉之尊名**

❮1.那些不信并且阻碍主道的人，安拉已经使他们徒劳无酬。❯

❮2.归信并行善，而且归信降给穆罕默德的启示——它是来自他们主的真理——的人们，安拉已经消除了他们的罪过，并改善了他们的情况。❯

❮3.那是因为隐昧的人追随谬误，而归信者们追随来自他们主的真理。安拉就这样为人类举出一些例子。❯

### 隐昧者和穆民的报酬

清高伟大的安拉说："那些不信并且阻碍主道

的人"，即不信安拉的经文、并阻碍别人踏上主道的人，"安拉已经使他们徒劳无酬"，即安拉已经作废了他们的善功，使他们从中得不到奖赏。正如安拉所言：❮我去处理他们所做过的工作，并使它成为浮尘。❯（25：23）

"归信并行善"，即他们心悦诚服地归信了正教，其周身、外表和内心完全服从了安拉的法律。

"而且归信降给穆罕默德的启示。"在上述经文后连接此句，正如给一般的东西增加特殊的含义。这也证明穆圣☪出世后，相信使者也是正信的一个必须条件。

"它是来自他们主的真理"这是一个插句。

因此，清高伟大的安拉说："安拉已经消除了他们的罪过，并改善了他们的情况。"伊本·阿拔斯说"情况"指事情，[2] 穆佳黑德认为指事务，[3] 格塔德等认为指状况。[4] 这些解释大同小异。遇到别人打喷嚏时，圣训指导人们说："愿安拉引导你们！并改善你们的情况。"[5]

---

（1）也译为有决心的大圣。——译者注

（2）《泰伯里经注》22：152。
（3）《泰伯里经注》22：152。
（4）《泰伯里经注》22：152。
（5）《提尔密济圣训全集诠释》8：11。

"那是因为隐昧的人追随谬误"，即我作废了隐昧者的善行，原谅了善人的罪行，并改善了他们的事务，只因为隐昧者追随了谬误。换言之，只因他们弃真求伪。

"而归信者们追随来自他们主的真理。安拉就这样为人类举出一些例子"，即安拉为他们阐明他们的功行的报应以及他们的归宿。安拉至知。

❧ 4.所以当你们遇到隐昧的人时，就砍他们的颈项，你们一旦战胜他们，就立即捆绑他们。此后要么开恩（释放），要么索取赎金，直到战争卸下它的负担。事情就是这样的。倘若安拉愿意，他必定惩罚了他们。但是（他让你去战斗）以便他以部分人来试验你们中的另一部分。那些主道上被杀害的人，他绝不使他们徒劳无酬。❧

❧ 5.他将引导他们，并改善他们的情况，❧

❧ 6.并使他们进入他已向他们介绍过的乐园。❧

❧ 7.有正信的人们啊！如果你们协助安拉，他就襄助你们，并使你们的脚步稳定。❧

❧ 8.那些隐昧的人们，让他们沉沦吧！安拉已经使他们徒劳无酬。❧

❧ 9.那是因为他们厌恶安拉的启示，所以他作废了他们的功行。❧

## 安拉命令穆民斩去敌人的首级或捆绑他们，然后开恩释放或索要赎金

清高伟大的安拉指导穆民获得一条和多神教徒进行战争时所使用的规则："**所以当你们遇到隐昧的人时，就砍他们的颈项**"，即你们一旦投入战斗，就要用宝剑奋勇地砍下其头颅。"**你们一旦战胜他们**"，即你们打败他们后，"**就立即捆绑他们**"，指你们所俘获的战犯。战斗结束后，冲突停止，你们可以自由处置这些战俘：可以开恩释放他们，也可以让他们交纳赎金来换取自由。显然，这段经文降于白德尔战役之后。因为在那次战役中，安拉责怪穆斯林为了获得更多的赎金而尽量活捉，很少杀敌。安拉说：❧ 任何先知都不宜有战俘，除非他在大地上严厉杀敌。你们希求今世的浮利，而安拉愿意你们获得后世的恩泽，安拉是优胜的、明哲的。如果不是因为安拉以前的规定，一项重大的刑罚就会因为你们所获取的而降临你们。❧（8：67—68）

"**直到战争卸下它的负担**。"穆佳黑德解释为："直到麦尔彦之子尔撒降世。"[1]他的根据或许是下列圣训："我的部分教民一直捍卫真理，直到他们中最后的人和丹扎里战斗。"[2]伊玛目艾哈麦德传述，赛莱迈·本·奴弗里说，他去安拉的使者㊐那里说："我已经歇马解甲，刀枪入库，因为战争已经结束了。"先知㊐对他说："现在战争已经来临，我教民中的一部分人将一直超越其他人。安拉将使一些人心背离正道，所以这些教民要和他们战斗，安拉馈赠这些教民战利品，直到他们在这种情况下安拉的命令降临。须知，穆民家园的根基在沙姆，美好的事物就系在战马的额头上，直到末日。"[3]

"**事情就是这样的。倘若安拉愿意，他必定惩罚了他们**。"假若安拉意欲，他就能为隐昧者降下来自他那里的严厉惩罚。

"**但是（他让你去战斗）以便他以部分人来试验你们中的另一部分**"，即安拉规定了战争制度，以便通过与敌人之间的战斗来考验你们，看看你们怎么对待它。

安拉在《仪姆兰的家属章》和《忏悔章》已经为我们介绍了制定战争的哲理。《仪姆兰的家属章》经文是这样说的：❧ 安拉还没有辨明你们当中谁是奋斗者和谁是忍耐者之前，你们就想着进入乐园吗？❧（3：142）《忏悔章》经文则说：❧ 跟他们战斗吧！安拉将用你们的手惩罚他们，凌辱他们，并使你们战胜他们，也将抚慰有正信群体的心灵。他将消除他们心中的愤怒，他将接受所意欲的人的悔过。安拉是全知的，明哲的。❧（9：14—15）

## 烈士的尊贵

战争难免有大量的穆民战死沙场，所以安拉说："**那些主道上被杀害的人，他绝不使他们徒劳无酬**"，即他们的善行不会白白浪费，它会因为安拉的培养而加倍增长。他们在白勒宰赫[4]将源源不断地获得他们的善功的善报。伊玛目艾哈麦德在其圣训集中记载，安拉的使者㊐说："烈士的第一滴鲜血落地时，他将得到六项奖励：一切罪恶被消除；看到自己在乐园中的位置；被聘给美目的乐园之女；在复生日不因恐惧而害怕；免于遭受坟墓之刑；穿正信的衣服。"[5]

安拉的使者㊐说："（在后世）烈士可以为他的七十个家人讲情。"[6]有关烈士尊贵的圣训很多。

"**他将引导他们**"，即引导他们走向乐园。另一段经文说：❧ 那些归信并行善的人，他们的主将由于他们的信仰而引导他们，他们的下面，诸河流

---

(1)《泰伯里经注》22：157。
(2)《艾布·达乌德圣训集》3：11。
(3)《艾哈麦德按序圣训集》4：104。
(4) برزخ，从死亡到复生日到来之间的时间。——译者注
(5)《艾哈麦德按序圣训集》4：200。
(6)《艾布·达乌德圣训集》2522。

淌，他们在幸福的乐园中。》（10：9）

"并改善他们的情况"指他们的事情和状况。

"并使他们进入他已向他们介绍过的乐园"，即安拉不但曾为他们介绍过这座乐园的情况，而且还引导他们通向它。穆佳黑德说："应该住乐园的人，将径直走向他们（在乐园中）的家园和居所。因为安拉早有安排，所以他们不会走错。好像他们生来就是其中的居民，所以不需要向导带领。"[1]

安拉的使者㉕说："穆民们脱离火狱后，被滞留在乐园与火狱之间的一座桥上，将为今世中他们间所发生的不义事情做出补偿。他们纯洁无瑕后，才获准进入乐园。以掌握我生命的安拉发誓，每个人对自己在乐园中家园的认识，超过了对自己在今世中家园的认识。"[2]

### 你们协助安拉，安拉就襄助你们

清高伟大的安拉说："有正信的人们啊！如果你们协助安拉，他就襄助你们，并使你们的脚步稳定。"另一章说：《安拉一定会襄助援助他的人。》（22：40）因为安拉酬报世人的规律是"有什么行为，就有什么结果。"

因此，清高伟大的安拉说："**并使你们的脚步稳定。**"圣训中说："谁帮助一个没有能力的人获得其权利，在末日，安拉就使谁的脚步稳定在天桥上。"

经文接着说："那些隐昧的人们，让他们沉沦吧！"援助安拉及其使者的穆民能够脚步稳定，反对者则要遭受相反的命运——"沉沦"。安拉的使者㉕说："愿金钱的奴隶沉沦！愿银钱的奴隶沉沦！愿绒衣的奴隶沉沦！愿他沉沦并遭受亏折！他若被刺扎伤，愿那些刺不被拔出！"意为，愿安拉不要使他痊愈！[3]

"安拉已经使他们徒劳无酬"，即安拉已经作废了他们的功行。

因此，清高伟大的安拉说："那是因为他们厌恶安拉的启示"，即他们不希望也不喜欢安拉降示《古兰》，"所以他作废了他们的功行。"

《10.难道他们没有在大地上旅行，看看前人是什么结果吗？安拉毁灭了他们。隐昧者都有相似的报应。》

《11.那是因为安拉是归信者的保护者，隐昧的人没有保护者。》

---
（1）《泰伯里经注》22：160。
（2）《布哈里圣训实录》6535。
（3）《布哈里圣训实录诠释——造物主的启迪》6：95；《伊本·马哲圣训集》2：1386。

《12.的确，安拉将使那些归信并行善的人进入下临诸河的乐园，隐昧者也能享受（今世），并像牲畜那样地吃饮。火狱是他们的居处。》

《13.多少城镇，（其居民）比你被从中驱逐的城镇（的居民）更为强大。我已经毁灭了他们，此后他们没有援助者。》

### 火狱属于隐昧者，乐园属于敬畏者

"难道他们没有在大地上旅行。""他们"指举伴安拉、否认穆圣㉕的人。

"看看前人是什么结果吗？安拉毁灭了他们"，即安拉因为他们不信而惩罚了他们，并从中拯救了归信者。

所以说："隐昧者都有相似的报应。"

"那是因为安拉是归信者的保护者，隐昧的人没有保护者。"吾侯德战役之日，当时的多神教徒首领艾布·苏富扬问，穆圣㉕、艾布·伯克尔和欧麦尔在哪里，他见没有人应答就说："这些人都死了。"后来欧麦尔回答道："安拉的敌人啊！你在撒谎。安拉会让你永久地遭受难堪，你提到的人们都活着。"艾布·苏富扬说："今日将报白德尔战役之仇，战果轮流获得，你们将遭受毁尸之刑，我虽然不命令毁尸，但也不会禁止的。"然后他开始吟唱拉吉兹诗："海伯莱[1]！海伯莱！愿你尊荣。"安拉的使者㊗对身边的人说："你们怎么不回答他？"众人问："安拉的使者啊！我们如何作答？"使者说："你们说：'安拉至高至大！'"于是艾布·苏富扬说："我们有欧匝[2]，你们无欧匝。"使者对身边的人说："你们怎么不回答他？"众人问："安拉的使者啊！我们如何作答？"使者说："你们说：'安拉是我们的保护者，你们没有保护者。'"[3]

"的确，安拉将使那些归信并行善的人进入下临诸河的乐园。"经文指后世的情况。

"隐昧者也能享受（今世），并像牲畜那样地吃饮"，即他们享受今世生活，像牲畜一样大吃大喝，再不关心其他。因此，圣训中说："穆民用一个肠子吃，隐昧者用七个肠子吃。"[4]

"火狱是他们的居处"，指报应之日。

"多少城镇，（其居民）比你被从中驱逐的城镇（的居民）更为强大。""你被从中驱逐的城镇"指麦加。

"我已经毁灭了他们，此后他们没有援助者。"这是对否认众先知的领袖、万圣的封印者的麦加居民严厉的警告。虽然前人的力量远远超越了这些麦加人，但他们否认众使者的时候安拉还是毁灭了他们，那么，作为麦加人应该想到，在今后两世中安拉将如何对待他们？如果他们因这位仁慈使者的福分而暂时没有受到惩罚，那么在后世的归宿之日，他们能逃避严惩吗？不会的，正如安拉所言：❝给他们的刑罚将被加倍。他们既不能听，也不能见。❞（11：20）

"你被从中驱逐的城镇"，即将你从城中驱逐的人们。穆圣㊗当年离开麦加来到山洞（避难）后，转身对着麦加说："你是安拉最喜欢的土地，也是我最喜欢的安拉的土地，若不是多神教徒驱逐我，我绝不会离开你。"[5]所以，在安拉的禁地冒犯安拉，杀死无辜者，或进行蒙昧主义仇杀，都是最大的罪恶。因此，安拉降谕其先知道："多少城镇，（其居民）比你被从中驱逐的城镇（的居民）更为强大。"

❝14.一个凭依他的主的明证的人，跟一个其恶行已被粉饰，并且追随了各种私欲的人一样吗？❞

❝15.许给敬畏者的乐园的比喻是：其中有永不污化的水河，滋味不变的奶河，使饮者快乐的酒河以及纯净的蜜河。他们在其中享有各种果实和来自他们主的宽恕。（这些人）跟那些永居火狱，被饮给使他们肠子断裂的沸水的人相似吗？❞

## 拜真主的人和拜私欲的人不一样

清高伟大的安拉说："一个凭依他的主的明证的人"，即有人坚持来自安拉的明证，对安拉的事情充满信心，遵循安拉经典中的知识和指导，以安拉赋予他的端正禀赋执行教义，这种人"跟一个其恶行已被粉饰，并且追随了各种私欲的人一样吗？"即这两者不可同日而语。正如安拉所言：❝一个知道你的主启示给你的是真理的人，跟瞎子一样吗？❞（13：19）又❝火狱的居民和乐园的居民不相等，乐园的居民才是成功的。❞（59：20）

## 乐园及其中河流的特征

"许给敬畏者的乐园的比喻是。"艾克莱麦说"乐园的比喻"指乐园的特征。

"其中有永不污化的水河"，伊本·阿拔斯等学者说"永不污化"指永不变质。[6]格塔德等认为指永不发臭的水。[7]阿拉伯人发现水的气味改变后，就说"水污化了。"

"滋味不变的奶河"，这种奶颜色极白，味道香甜，油脂很多。有一段圣训中说："它并非出自牲畜的乳房。"[8]

"使饮者快乐的酒河"，即今世的酒，无论气味还是滋味，都可能使人感到憎恶。但这种酒，色、香、味俱佳，功效也极其优良。❝其中无令人腹痛的，他们也不因之而沉醉。❞（37：47）又❝他们不会因此头痛，也不会沉醉。❞（56：19）又❝洁白的，使饮者感到美味的。❞（37：46）圣训中说："它不是酿制过程中用脚踏过的。"

"以及纯净的蜜河"，即这种蜜清纯无比，色香味奇佳。圣训中说："它并非出于蜜蜂的体内。"

安拉的使者㊗说："乐园中有奶海、水海、蜜海和酒海。从中还引出了许多旁支河流。"提尔密济曾传述这段圣训，讲述乐园的情况。他说这是一段优美的圣训。[9]

---

[1]他们的最大偶像的名字。——译者注
[2]其第二偶像的名字。——译者注
[3]《布哈里圣训实录诠释——造物主的启迪》6：188。
[4]《布哈里圣训实录诠释——造物主的启迪》9：446。
[5]《泰伯里经注》22：165。
[6]《泰伯里经注》22：166。
[7]《泰伯里经注》22：167。
[8]《散置的珠宝》6：25。
[9]《艾哈麦德按序圣训集》5：5；《提尔密济圣训全集诠释》7：287。

另一段确凿圣训载："如果你们祈求安拉，就向他祈求非勒道斯乐园，因为它是乐园的中心和最高处，乐园的河流从中流出，它上面是至仁主的阿莱什。"[1]

"他们在其中享有各种果实。"正如安拉所言：❰他们在那里安全地索取任何果实。❱（44：55）❰其中有各种成双成对的果子。❱（55：52）

除了上述一切，他们还要获得"来自他们主的宽恕。"

"（这些人）跟那些永居火狱，被饮给使他们肠子断裂的沸水的人相似吗？"即在乐园中拥有上述地位的人和永居火狱者一样吗？他们不一样。享受乐园中优美品级的人和处于火狱低层的人是不一样的。

"被饮给使他们肠子断裂的沸水"，即那些水极度灼热，无法忍受，致使他们腹中的肠子都断裂了。祈求安拉使我们远离这些惩罚！

❰16.他们当中有人听你（宣教），他们从你那里出来时，他们就对被赐给知识的人们说："他刚才说些什么？"这些人，就是安拉封闭了其内心的人，他们只追随他们的各种私欲。❱

❰17.而那些获得引导的人，他增加对他们的引导，并使他们敬畏。❱

❰18.他们只是在等待那突然降临他们的复活时刻。它的一些征兆已经来到了。当它降临于他们时，他们还能够获得劝告吗？❱

❰19.所以你要知道，除安拉之外无应受拜者，你当为你的过失求饶，并为归信的男女们求饶。安拉知道你们往来的地方和你们休息的地方。❱

## 伪信士的情况以及命令人坚持信仰，并向安拉求饶

清高伟大的安拉说，有一些鼠目寸光的伪信士，他们虽然坐在穆圣㊗周围听讲，但对讲话精神一窍不通，他们离开时，"对被赐给知识的人们说：'他刚才说些什么？'"即他们问圣门弟子，穆圣㊗的讲话意义何在？他们虽然听讲，却心不在焉，不知所云。

清高伟大的安拉说："这些人，就是安拉封闭了其内心的人，他们只追随他们的各种私欲"，即他们无法充分理解，不得要领。

"而那些获得引导的人，他增加对他们的引导"，即致力于正道的人们，安拉将赐给他们机遇，并引导他们，使他们坚定于正道，并增加对他们的引导。

"并使他们敬畏"，即安拉赋予他们正道。

"他们只是在等待那突然降临他们的复活时刻"，而他们却对它浑然不知。

"它的一些征兆已经来到了"，即复生日来临前的征兆已经出现了。正如安拉所言：❰这是以前的警告者中的一位警告者。临近的已经临近了。❱（53：56-57）又❰时间已经接近，月亮破碎了。❱（54：1）又❰安拉的命令到来了。你们不要要求它尽早实现。❱（16：1）又❰人类的结算期已临近了，而他们却在昏聩中悖谬。❱（21：1）穆圣㊗的出世，是复生日的征兆之一，因为他是所有使者的封印者，安拉将通过他使宗教完美，为世人树立明证。

安拉的使者㊗已经为人们介绍过复生日即将来临的征兆，阐明了以前任何一位先知都未曾提到过的事情。这些问题，在相应的地方都有所阐述。

赛海里·本·赛尔德说，我看到安拉的使者㊗用两个手指（中指和中指旁边的手指）比画说："我被委以圣职的时间和末日（降临的时间之间的距离），就像这两个（手指之间的距离）。"[2]

---

[1]《布哈里圣训实录诠释——造物主的启迪》6：14。

[2]《布哈里圣训实录诠释——造物主的启迪》8：560。

"**当它降临于他们时,他们还能够获得劝告吗?**"即复生日降临时,劝告对隐昧者失去了意义。正如安拉所言:⁅那天,人将会回忆过去,但是那回忆怎会对他有益呢?⁆(89:23)又⁅他们将会说:"我们归信了它。"但是他们哪能从那样遥远的地方获得信仰呢?⁆(34:52)

"**所以你要知道,除安拉之外无应受拜者。**"这是表述"除安拉之外无应受拜者",而不是简单地命令人获得这一知识。因此,后面接连提道"**你当为你的过失求饶,并为归信的男女求饶。**"圣训中说:"主啊!请为我恕饶我的错误、我的无知、我在我的事务中的过分,请恕饶你比我更清楚的(我的)罪恶。主啊!请恕饶我所做的一切,包括我开的玩笑、我的严肃、我无故的错误、我的疏忽。这一切,都是我所做的。"[1]

穆圣㊗在礼拜完毕后说:"主啊!为我恕饶我以前做的错事和我以后做的错事,我秘密做的错事和我公开做的错事,以及你比我更清楚的错事。你是我真正的应崇拜者,除你外绝无应受拜者。"[2]圣训中说:"众人啊!向你们的主忏悔吧!我每天向安拉求饶和忏悔超过了七十次。"[3]

"**安拉知道你们往来的地方和你们休息的地方**",即安拉知道你们在白天的活动和夜晚的居所。正如安拉所言:⁅他在夜间使你们死亡,他也知道你们在白天所做的一切。⁆(6:60)又⁅大地上没有一个生物不归安拉供养,他知道它的居所和贮藏之处,一切都在一部明确的天经中。⁆(11:6)

⁅20.那些归信的人说:"为什么不降下一章经呢?"但是当一章明确的经文降下,其中提到战争时,你将会看到那些心中有病的人以临死时昏晕者的眼光看着你。对他们更适合的是⁆

⁅21.——服从和好话。事务已被决定时,如果他们忠于安拉,那对他们是更好的。⁆

⁅22.如果你们拒绝,你们或许要在大地上为非作歹、断绝骨肉吗?⁆

⁅23.这些人是安拉所诅咒的人,所以他使他们的耳朵聋了,眼睛瞎了。⁆

### 安拉命令穆民战斗的经文降示后诚实的穆民和心中有病的人的反应

清高伟大的安拉说,穆民们盼望安拉允许他们和敌人战斗,并将战争作为定制。后来安拉将战争定为主命,命令穆民投入战斗时,许多人却退缩了。正如安拉所言:⁅当他们奉命作战时,突然间他们当中的部分人如害怕安拉那样害怕人,甚至更加害怕。他们说:"我们的主啊!为什么你规定我们作战呢?为什么你不让我们拖延到临近的期限?"你说:"今世的享受是微少的。后世对敬畏者是更好的。"你们不会受丝毫亏枉。⁆(4:77)

本章的经文说:"**那些归信的人说:'为什么不降下一章经呢?'**"即安拉为何不降下一章经文命令战斗。

因此经文说:"**但是当一章明确的经文降下,其中提到战争时,你将会看到那些心中有病的人以临死时昏晕者的眼光看着你。**"经文表述的是他们遇到敌人时的害怕、恐惧和胆怯的样子。

经文鼓励他们说:"**对他们更适合的是——服从和好话**",即当时他们最好立即听从安拉的命令。[4]

"**事务已被决定时**",即情况严峻,战争真的来临时,"**如果他们忠于安拉**",即如果他们下定决心,忠于安拉,"**那对他们是更好的。**"

"**如果你们拒绝**",即如果你们拒绝并逃避战斗,"**你们或许要在大地上为非作歹、断绝骨肉吗?**"难道你们回到以前的蒙昧风气中,戕害人命,六亲不认?

因此,清高伟大的安拉说:"**这些人是安拉所诅咒的人,所以他使他们的耳朵聋了,眼睛瞎了。**"经文概略地禁止了在大地上为非作歹,并特意禁止六亲不认。安拉还命人在大地上行善,并团结亲属,在言行方面善待亲属,并为其施舍。有关这方面的圣训很多。据艾布·胡莱赖传述,安拉的使者㊗说:"安拉创造了人类,造化完毕后,骨肉站起来求至仁主保护,至仁主说:'且慢!'它说:'这是求庇佑者祈求你免遭断绝骨肉关系的地方。'至仁主说:'难道你不喜欢吗?谁接恤你,我就接恤谁,谁与你决裂,我就与谁决裂。'它说:'喜欢。'安拉说:'你享受这个权利。'"[5]艾布·胡莱赖说:"你们可以读:'**如果你们拒绝,你们或许要在大地上为非作歹、断绝骨肉吗?**'"另据传述,是安拉的使者㊗说你们读这段经文。[6]

安拉的使者㊗说:"安拉虽然为犯罪者在后世中准备了刑罚,但他在今世中立即要惩罚的罪行莫

---

(1)《布哈里圣训实录诠释——造物主的启迪》11:200。
(2)《布哈里圣训实录诠释——造物主的启迪》13:473。
(3)《布哈里圣训实录诠释——造物主的启迪》11:104。
(4)另据《拜达维古兰经注》注释,"对他们更适合的"可以解释为"他们真没有出息啊"或"他们真可耻啊"。——译者注
(5)《布哈里圣训实录诠释——造物主的启迪》8:443。
(6)《布哈里圣训实录诠释——造物主的启迪》8:443。

过于暴虐和断绝骨肉。"(1)

安拉的使者☪说："谁愿意延年益寿、生活改善，谁就应该接恤骨肉。"(2)

安拉的使者☪说："骨肉确实被悬挂在阿莱什下。接恤骨肉者，不是指礼尚往来者；接恤骨肉指接恤与自己断绝关系的人。"(3)使者又说："复生日，骨肉（关系）将以一个纺锤头的形式出现，它将以犀利的语言讲话。它要与曾经和它断绝关系的人断绝关系，并接恤曾经接恤它的人。"(4)穆圣☪说："仁慈的人，将得到至仁主的慈爱。你们慈爱大地上的生灵，天上的生灵将慈爱你们。骨肉来自至仁主。谁接恤他，他就接恤谁；谁断绝他，他就断绝谁。"(5)类似的圣训很多。

◆ 24.为何他们不参悟《古兰》，难道他们心上有锁吗？◆

◆ 25.引导已经为他们明确之后，背转而叛逆的人，魔鬼在怂恿他们，并使他们陷入幻想。◆

◆ 26.那是因为他们曾对憎恶安拉的启示的人们说："在某些事情上我们会服从你们。"安拉知道他们的秘密。◆

◆ 27.当天使打他们的脸和背，使他们死亡时，（他们的情况）将会如何？◆

◆ 28.这是因为他们追随了引起安拉怒恼的，并且他们憎恶安拉所喜悦的。所以他使他们徒劳无酬。◆

## 安拉命人参悟《古兰》

清高伟大的安拉命令人们参悟《古兰》的意义，禁止人们对其疏忽大意。安拉说："**为何他们不参悟《古兰》，难道他们心上有锁吗？**"意为其实他们的心上有锁，导致他们心灵封闭，不懂得《古兰》的意义。伊本·欧勒沃传述，他的父亲说，安拉的使者☪有一天读了这段经文后，有一位来自也门的青年说："是的，他们的心上有锁，除非安拉打开它们，或解除它们。"此青年给欧麦尔（愿主喜悦之）留下了深刻的印象，欧麦尔出任哈里发后，让他协助自己的工作。

---

(1)《艾布·达乌德圣训集》5：208；《提尔密济圣训全集诠释》7：213；《艾哈麦德按序圣训集》5：38；《伊本·马哲圣训集》2：1408。
(2)《艾哈麦德按序圣训集》5：279。
(3)《艾哈麦德按序圣训集》2：163；《布哈里圣训实录诠释——造物主的启迪》10：437。
(4)《艾哈麦德按序圣训集》2：189。
(5)《艾哈麦德按序圣训集》2：160；《艾布·达乌德圣训集》5：231；《提尔密济圣训全集诠释》6：51。

### 谴责叛教

清高伟大的安拉说："**引导已经为他们明确之后，背转而叛逆的人**"，即真理彰明显著之后，放弃正信，投入隐昧的人。

"**魔鬼在怂恿他们**"，即恶魔为他们装饰和美化丑行。

"**并使他们陷入幻想**"，即恶魔蒙骗了他们。

"**那是因为他们曾对憎恶安拉的启示的人们说：'在某些事情上我们会服从你们。'**"即他们与这些人密谋，勾结他们坚持谬误。这是伪信士的情况，他们表现出来的恰恰与他们的内心相反。

因此，清高伟大的安拉说："**安拉知道他们的秘密**"，即安拉熟知他们的一切密谈和秘密行为。正如另一段经文说：◆安拉将记录他们的夜谈。◆（4：81）

"**当天使打他们的脸和背，使他们死亡时，（他们的情况）将会如何？**"即当天使来取他们的性命，而灵魂躲在他们体内惊恐万状，不肯出来，天使们痛打、逼迫他们，强制性地取出灵魂时，他们的情况将会怎样？正如安拉所言：◆天使使隐昧者死去的时刻，假如你见到的话……打他们的脸和他们的背。》（8:50）又《 如果你能看到不义的人处于临死时的昏迷,天使们伸出手(道):"交出你们的灵魂!由于你们曾为安拉捏造谎话,并藐视他的迹象。"》（6:93）因此,本章的经文说:"这是因为他们追随了引起安拉怒恼的,并且他们憎恶安拉所喜悦的。所以他使他们徒劳无酬。"

《 29.心里有病的人以为安拉不会揭露他们的嫉恨吗?》

《 30.如果我愿意,我会把他们显示给你,你就能通过他们的征兆认出他们。你必定也能从他们的谈吐中认出他们。安拉知道你们的一切行为。》

《 31.的确,我将试验你们,直至我知道你们当中哪些是奋斗者,哪些是坚韧者,以便我核定你们的记录。》

## 揭穿伪信士的底细

清高伟大的安拉说:"**心里有病的人以为安拉不会揭露他们的嫉恨吗?**"即难道伪信士认为安拉不会在穆民面前揭穿他们的底细吗?不,安拉将揭露他们,有心的穆民会看清他们的真面目。安拉曾为此而降下《忏悔章》,揭露了伪信士的丑态,指出了他们各种阳奉阴违的举动。因此,《忏悔章》也被称为《揭发丑态章》。"**嫉恨**"指伪信士们心中对伊斯兰和穆斯林,以及帮助这个宗教的人们的嫉妒和怨恨。

"**如果我愿意,我会把他们显示给你,你就能通过他们的征兆认出他们**",即安拉说,穆罕默德啊!如果我愿意,我就能让你认出谁到底是伪信士。但安拉没有如此对待所有的伪信士,他庇佑他的被造物,使他们的事务依照表面上的纯洁而照常运行,而将其内心秘密交给详知一切的安拉。

"**你必定也能从他们的谈吐中认出他们**",即从证明其真实意图的言语中,可以听出讲话的人到底属于哪个阵营。人们能从其语境和词意中推断出其到底隶属于什么。正如信士的长官奥斯曼(愿主喜悦之)所说:"人所隐藏的一切秘密,安拉都能通过其面部表情,或口头的言谈暴露出来。"

"**的确,我将试验你们**",即我要通过各种命令和禁令来考验你们。

"**直至我知道你们当中哪些是奋斗者,哪些是坚韧者,以便我核定你们的记录。**"安拉知道还未发生的一切,所以这里的"知道"并不含有怀疑或犹豫成分,经文的意思是:直至我知道其发生。因此,伊本•阿拔斯在解释类似经文时说,"只是为了我见证",即为了我显示。

《 32.不归信并阻碍主道,以及在引导已为他们明确之后反对使者的人,他们一点也不能危害安拉。但他要使他们徒劳无酬。》

《 33.有正信的人们啊!你们要服从安拉,并服从使者,你们不要使你们的功行徒劳无酬。》

《 34.不归信并阻碍主道,以及不信而死去的人,安拉绝不恕饶他们。》

《 35.所以你们不要胆怯,也不要求和,你们必占上风,安拉与你们同在,他不会减少对你们善行的报酬。》

## 隐昧者的行为将徒劳无酬,命令天使追击他们

清高伟大的安拉说,在真理昌明之后,那些继续否认安拉、妨碍主道、反对使者、放弃正信的人们,无损于安拉丝毫。这些人,只是在最终的归宿之日自受其害,安拉将使他们的善功无效,所以他们不会因为以前的行为而得到任何回赐。他们的善行,因为他们的丑行而变得就像蚊子一样微不足道,甚至一文不值。正如各种善功能够消除一些罪行那样,他们的背叛抹杀了所有的善行。艾布•阿林说:"圣门弟子们原本认为,一个人只要拥有'应受拜者,惟有安拉'的信仰,那么犯点罪是无所谓的,正如在以物配主的情况下,人的任何善功都是徒劳无酬的那样。后来'**你们要服从安拉,并服从使者,你们不要使你们的功行徒劳无酬**'降示了,此后,他们才开始害怕罪恶损坏善功。"[1]

伊本•欧麦尔说,我们——安拉使者㘸的伙伴们——当初认为一切善功都会被安拉悦纳,后来安拉降示了"**你们要服从安拉,并服从使者,你们不要使你们的功行徒劳无酬。**"于是我们说,什么事情能废除我们的善功呢?后来我们想,它们是各种大罪和丑事。那时安拉降示了:《 确实,安拉不恕饶以物配主的罪恶,但他为他所意欲的人宽恕较轻的罪过。》（4:48）这段经文降示后,我们再也没有谈论过这个问题。我们开始为一些犯大罪和做丑事的人担心,并希望没有犯这些事的人得到安拉的慈悯。[2]

然后安拉命令穆民众仆服从他,服从他的使者。服从,是穆民在今后两世的幸福。安拉还禁止他们叛教,叛教将使他们的一切善功无效。因此,安拉说:"你们不要(因为叛教)使你们的功行徒

---
(1)《礼拜》2:645。
(2)《礼拜》2:646。

劳无酬。"

因此，后面的经文说："不归信并阻碍主道，以及不信而死去的人，安拉绝不恕饶他们。"另一段经文说：※ 确实，安拉不恕饶以物配主的罪恶，但他为他所意欲的人宽恕较轻的罪过。 ※（4：48）

然后，安拉对穆民众仆说："**所以你不要胆怯**"，即你们不要在敌人面前示弱；"**也不要求和**"，即在你们人数众多、准备充分、力量强大的时候，不要和隐昧者停战媾和。

因此说："**所以你不要胆怯，也不要求和，你们必占上风**。"在你们胜过敌人的时候，你们必占上风。只有隐昧者的力量超过了所有穆斯林的力量，并且伊斯兰领袖认为议和对穆斯林有利时，才可以订立和约。穆圣☪曾经也这样做过。当年古莱什多神教徒阻碍穆圣☪去麦加，他们向穆斯林求和，并提议休战十年，使者同意了他们的要求。

"**安拉与你们同在**。"经文预报了穆斯林将获得重大胜利的喜讯。

"**他不会减少对你们善行的报酬**"，即安拉不会使你们的善功无效或剥夺，而要充分地报偿你们。安拉至知。

※ 36.今世的生活只不过是玩乐。如果你们归信并且敬畏，他将给你们回赐。他不向你们索要你们的财富。※

※ 37.如果他向你们要求它，并强迫你们，你们就会吝啬，而他要揭露你们的怨恨。※

※ 38.啊！你们这些人，有人召唤你们，要你们在主道上花费，但是你们当中却有吝啬的。吝啬的人只是对他自己吝啬。安拉是无求的，而你们才是有需求的。如果你们拒绝，他就会让你们之外的一个群体来代替你们，然后，他们不会像你们这样！※

### 表明今世的渺小，鼓励人们多施舍

清高伟大的安拉为了表示今世的渺小，说："**今世的生活只不过是玩乐**"，即归根结底，今世中的大部分追求莫过于此。但属于安拉的不在其列。

因此，清高伟大的安拉说："**如果你们归信并且敬畏，他将给你们回赐。他不向你们索要你们的财富**"，即安拉是无求于你们的，他不向你们提出任何要求，他制定天课制度，以便你们帮助有需求的兄弟，其最终目的是为了让你们受益，奖励你们。

"**如果他向你们要求它，并强迫你们，你们就会吝啬**"，即如果他强制性地要求你们施舍，你们必定会吝啬。

"**而他要揭露你们的怨恨**。"格塔德说："安拉知道，各种怨恨将通过征收财产暴露出来。"格氏所言不假，因为人类生来爱财，并且只愿将财产花费到自己所喜欢的事务方面。[1]

"**啊！你们这些人，有人召唤你们，要你们在主道上花费，但是你们当中却有吝啬的**"，即不响应召唤者。"**吝啬的人只是对他自己吝啬**"，即吝啬者只是减少了自己的报酬，最终自受其害。

"**安拉是无求的**"，安拉无求于除他之外的一切，而万物永远需要安拉。

因此，清高伟大的安拉说："**而你们才是有需求的**"，即你们都是需要安拉的。"**无求**"是安拉的一个必然属性，"**需求**"则是人类永远无法避免的特性。

"**如果你们拒绝**"，即如果你们不愿服从安拉、遵循安拉法律，"**他就会让你们之外的一个群体来代替你们，然后，他们不会像你们这样！**"即他们将服从安拉的一切命令。

《战斗章》注释完。感赞安拉。

---

[1]《阿卜杜·兰扎格经注》3：224。

## 《胜利章》注释 麦地那章

### 《胜利章》的尊贵

伊玛目艾哈麦德传述："解放麦加之年，安拉的使者ﷺ在行程中骑着坐骑，抑扬顿挫地诵读《胜利章》。穆阿维叶说，若不是担心人们聚集到我们周围，我必定（为你们）仿效使者的读法。"(1)

奉普慈特慈的安拉之尊名

**﴾1.的确，我已赐给你一项明白的胜利，﴿**

**﴾2.以便安拉为你恕饶你过去和将来的过失，并完成他对你的恩典，为你引导一条正道，﴿**

**﴾3.以便安拉坚定地帮助你。﴿**

### 《胜利章》降示的原因

尊贵的本章经文降于伊斯兰教历六年十一月，安拉的使者ﷺ刚从侯代比亚返回的时候。当时多神教徒阻碍穆圣ﷺ去禁寺履行副朝，后来他们又提出和谈，要求使者这一年返回麦地那，来年再来举行副朝。虽然欧麦尔等圣门弟子不愿接受多神教徒提出的这些条件，但使者还是和他们签署了和平条约——《侯代比亚和约》。使者在受困期间宰了他要献的牲畜，《胜利章》则降于使者的归途之中，内容涉及穆圣ﷺ和多神教徒之间的和约。如果安拉意欲，我们在注释本章相应经文的时候，将介绍当时的情况。因为从和约的内容及其结果来看，经文认为这次签约本身就是一项胜利。伊本·麦斯欧迪等学者说："你们认为光复麦加是巨大的胜利，而我们认为签署侯代比亚和约，才是真正的胜利。"(2)

贾比尔说："在我们看来，真正的胜利在侯代比亚之日。"

白拉伊说："你们认为光复麦加算是大获全胜，其实光复麦加仅是一次解放。在我们看来，真正的胜利莫过于签署《侯代比亚和约》。当时加上安拉的使者ﷺ共有1400人。侯代比亚是一眼井，我们汲干了井水，滴水不留。使者听到消息后来找我们，他坐到井边，叫人带来一有水的器皿洗小净。使者漱口后作了祈祷，并将水吐到井中。不久，井中涌出的水足以让我们和我们的坐骑随意畅饮。"(3)

欧麦尔说，一次旅行中，我们和安拉的使者ﷺ在一起，我向使者问一件事情，连问了三次，使者没有回答。于是我自言自语道："汗塔卜之子啊！你的母亲为你哭丧吧！你连续不断地向使者问了三次，都没有得到应答。"他说，当下我骑上坐骑，打它向前走。我担心安拉降经谴责我。正在这时，我听到有人喊叫："欧麦尔！"只见使者在喊我。我回头（走向使者）时想，肯定启示因我而降示了。穆圣ﷺ说："昨晚我奉到一章经文，我对它的爱超过了对今世及其中一切的爱。其中有这样的经文：**'的确，我已赐给你一项明白的胜利，以便安拉为你恕饶你过去和将来的过失'**。"(4)

艾奈斯·本·马立克说："**'以便安拉为你恕饶你过去和将来的过失'**这段经文降于先知签署完《侯代比亚和约》之后的归途之中。先知说：'昨晚我奉到一节经文，我对它的爱超过了对大地上的一切的爱。'然后使者给众人读了这节经文。众人说：'安拉的使者啊！祝你健康幸福！安拉已经说明他将怎样对待你。（且问）他将怎样对待我们？'于是后面的经文降示了：**'以便他使归信的男女进入下临诸河的乐园……这是一项伟大的成功！'**"(5)

穆黑勒·本·舒尔宾说："先知长期礼拜，脚都肿了。我们对他说：'安拉不是已经宽恕了你以前和以后的一切罪过吗？'先知ﷺ说：'难道我不做一个感恩的仆人吗？'"(6)

**"的确，我已赐给你一项明白的胜利"**，"**明白的胜利**"指《侯代比亚和约》。因为通过这次和约，穆斯林得到了巨大收获。许多人加入了伊斯兰，人们可以一起聚会，穆民开始向隐昧者宣教，有益的知识和信仰广为流传。

**"以便安拉为你恕饶你过去和将来的过失。"**这是给穆圣ﷺ的特殊优遇，无人能够分享。确凿的圣训中从没有提及穆圣ﷺ之外的任何人能够像他一样，其前前后后的一切罪恶被宽恕，从而说明穆圣ﷺ的尊贵。穆圣ﷺ的一切事务都是顺主的善功，并遵循正确的方法，这是古今任何人无法比拟的。他是无与伦比的最完美的人，并且是人类在今后两世的领袖。他永远是安拉的被造物中最顺服安拉的

---

（1）《艾哈麦德按序圣训集》1：54；《布哈里圣训实录诠释——造物主的启迪》8：447；《穆斯林圣训实录》1：547。
（2）《泰伯里经注》22：201。
（3）《布哈里圣训实录诠释——造物主的启迪》7：505；《艾哈麦德按序圣训集》1：31。
（4）《提尔密济圣训全集诠释》9：147；《布哈里圣训实录诠释——造物主的启迪》8：675；《圣训大集》6：461。
（5）《布哈里圣训实录诠释——造物主的启迪》7：516；《穆斯林圣训实录》3：1413；《布哈里圣训实录》3：197。
（6）《布哈里圣训实录》4：55；《布哈里圣训实录》4836；《穆斯林圣训实录》2819；《提尔密济圣训集》412；《圣训大集》3：219；《伊本·马哲圣训集》1419。

人，对安拉的一切命令执行最完善的人。（在麦加城外）他的母驼卧在地下停止行走时，他说："曾经阻止象军的安拉阻止了它。"然后他说："以掌握我生命的安拉发誓，今天只要他们（多神教徒）出于尊重安拉的禁令，而向我提出任何要求，我必定会满足他们。"[1] 当时使者服从安拉，答应了多神教徒提出的讲和。安拉对他说："**的确，我已赐给你一项明白的胜利，以便安拉为你恕饶你过去和将来的过失，并完成他对你的恩典**"，即在今世和后世中完成对你的恩典。即通过安拉为你而制定的伟大法律和正教，"**为你引导一条正道。**"

"**以便安拉坚定地帮助你**"，即由于你服从安拉，安拉将提高你的品级，并襄助你战胜敌人。正如圣训所述："仆人愈原谅他人，安拉就愈原谅他；谁为安拉而谦虚，安拉就使谁高贵。"[2] 欧麦尔（愿主喜悦之）说："你（穆圣☪）从不因为自己的原因而处罚一个违抗安拉的人，虽然你因为这种人而服从安拉。"

❋ 4. 是他把安宁降在归信者的心中，以便他们在信德之上增加信德。诸天与大地的军队都属于安拉，安拉是全知的、明哲的。❋

❋ 5. 以便他使归信的男女进入下临诸河的乐园，并永居其中，他还要消除他们的各种罪过。在安拉那里，这是一项伟大的成功！❋

❋ 6. 以便他惩罚伪信的男女，信多神的男女——对安拉作恶劣想法的人们。他们要遭受厄运。愿安拉怒恼他们，诅咒他们，为他们预备火狱吧！那归宿真恶劣。❋

❋ 7. 诸天与大地的军队都属于安拉，安拉是优胜的、明哲的。❋

### 安拉在穆民心中降下安宁

"**是他把安宁降在归信者的心中。**""安宁"指宁静。格塔德解释为"安拉使穆民内心沉着"，这里的"**归信者**"指圣门弟子（愿安拉喜悦他们）。侯代比亚之日，他们响应安拉及其使者，服从了安拉和使者的判决，他们的内心因此而获得安宁，安拉给拥有正信的他们增加了信仰。布哈里等学者根据这段经文主张，人们信仰的尊贵程度是不同的。

然后，清高伟大的安拉说，如果他愿意，他就会惩罚隐昧者。因此安拉说："**诸天与大地的军队都属于安拉**"，即安拉即便只派遣一位天使，也能毁灭他们，但安拉为穆民众仆制定战争和战斗。战争确实蕴含着深刻的哲理和绝对的明证。

因此，清高伟大的安拉说："**安拉是全知的、明哲的。**"

"**以便他使归信的男女进入下临诸河的乐园，并永居其中。**"艾奈斯所传的上述圣训提到，圣门弟子们说："安拉的使者啊！祝你健康，你将享受这种恩典，且问我们将面临何种待遇？"因此，安拉降谕道："**以便他使归信的男女进入下临诸河的乐园，并永居其中。**"[3]

"**他还要消除他们的各种罪过**"，即安拉将消除他们的一切罪恶和过失，而不惩罚他们。甚至安拉要庇佑他们，慈爱和奖励他们。

"**在安拉那里，这是一项伟大的成功！**"正如安拉所言：❋ 谁被远离火狱，而被邀入乐园，谁确已成功。❋（3：185）

"**以便他惩罚伪信的男女，信多神的男女——对安拉作恶劣想法的人们。**"他们对安拉的判决提出置疑，认为使者及其弟子们将会全军覆没。

因此，清高伟大的安拉说："**他们要遭受厄运。愿安拉怒恼他们，诅咒他们**"，即安拉使他们

---

(1)《布哈里圣训实录诠释——造物主的启迪》5：388。
(2)《穆斯林圣训实录》4：2001。
(3)《布哈里圣训实录诠释——造物主的启迪》7：516。

远离他的慈悯。"为他们预备火狱吧！那归宿真恶劣。"

然后，安拉为了强调他能够惩罚伊斯兰的敌人——隐昧者和伪信士，说道："诸天与大地的军队都属于安拉，安拉是优胜的、明哲的。"

❮ 8.我确已派你作为证人、报喜者和警告者。❯

❮ 9.以便你们归信安拉及其使者，以便你们尊敬他、崇敬他，并朝朝暮暮赞美他。❯

❮ 10.的确，对你宣誓效忠的人们，只是对安拉宣誓忠诚，安拉的耶迪在他们的手之上。所以，违誓者，只是自受违誓之害；信守和安拉所定誓约的人，安拉将给他巨大的回赐。❯

## 安拉使者的特征

清高伟大的安拉对先知穆罕默德说："**我确已派你作为证人**"，即被造物的证人。同时，你是穆民的"**报喜者**"，隐昧者的"**警告者**"。《联军章》（45—46）已经注释了这段经文。

"**以便你们归信安拉及其使者，以便你们尊敬他。**"伊本·阿拔斯等学者认为"**尊敬**"指尊重、荣耀和尊敬。(1)

"**崇敬他**"，即承认安拉的尊严和伟大。

"**并朝朝暮暮赞美他**"，即在白天的开端和最后时分赞美安拉清净无染。

## 喜悦之约

清高伟大的安拉为了显示其使者的尊贵，说道："**的确，对你宣誓效忠的人们，只是对安拉宣誓忠诚。**"正如安拉所言：❮ 谁服从使者，谁就服从了安拉。❯（4：80）

"**安拉的耶迪在他们的手之上**"，即安拉时刻和他们在一起，听着他们的言论，看着他们的立场，知道他们的内心和外表。所以，安拉通过其使者和穆民们缔约。正如安拉所言：❮ 安拉已买下了众信士的生命和财产，给他们的是乐园。他们在主道上奋斗、杀敌和被杀。这是在《讨拉特》《引支勒》和《古兰》中的许诺。谁比安拉更能履行许约呢？为你们所缔结的盟约而高兴吧，那的确是重大的成功。❯（9：111）

"**信守和安拉所定誓约的人，安拉将给他巨大的回赐。**"经文中的誓约，指签署于侯代比亚橡胶树下的"喜悦之约"。那天，向使者宣誓立约的圣门弟子共有1300人，也有1400或1500人之说。1400人较为准确。

## 相关的圣训

贾比尔说："侯代比亚之日，我们是1400人。"(2)

另据传述，贾比尔说："当日我们是1400人，使者把手放到那水中，水不停地从他的指间流出，直到众人都喝饱了。"(3)

这是一个经过删节的小故事，另据传述，在侯代比亚之日，众人干渴难耐，安拉的使者从箭囊中取出一支箭，交给圣门弟子们，众人把箭放到侯代比亚井中后，水立刻涌了出来，直到众人都饮饱了。有人问贾比尔，当日你们有多少人？他说："我们是1400人，就算我们有十万人，那水也足够我们痛饮。"(4) 两圣训实录辑录，贾比尔说当时他们是1500人。(5)

格塔德传述，"我问赛尔德·本·穆散耶卜：'多少人参加了喜悦之约？'赛氏回答：'1500人。'我说：'贾比尔说他们当时是1400人。'赛氏说：'是他告诉我，他们当时是1500人的。'(6) 白海根认为，这一传述说明贾比尔最先说是1500人，后来想起有误，便纠正说是1400人。"(7)

## 签署盟约的历史背景

伊本·易司哈格在其《先知传》中说，安拉的使者召来欧麦尔，派他出使麦加，给古莱什贵族通报使者来麦加的目的。欧麦尔说："安拉的使者啊！我担心受害，因为在麦加的阿丁伊部落中没人保护我。古莱什人都知道我憎恨并反对他们。但我可以推荐比我更适合此项任务的一个人——奥斯曼。我们派他去告诉艾布·苏富扬及古莱什的权贵们：我们不是来打仗的，而是来探望天房，尊重其神圣的。"于是奥斯曼出使麦加，他刚进入麦加或刚要进麦加时，遇见艾巴尼·本·赛尔德，奥斯曼让艾巴尼走在自己的前面，以便保护他传达使者的使命。奥斯曼顺利进城后，去见艾布·苏富扬及古莱什的首领们，向他们传达了使者的意图。他们听后对奥斯曼说："如果你想巡游天房，那就请便吧！"奥斯曼说："安拉的使者巡游天房之前，

---

(1)《泰伯里经注》22：207。

(2)《布哈里圣训实录诠释——造物主的启迪》8：451；《穆斯林圣训实录》3：1484。
(3)《布哈里圣训实录诠释——造物主的启迪》7：505；《穆斯林圣训实录》3：1484。
(4)《布哈里圣训实录诠释——造物主的启迪》7：405。
(5)《布哈里圣训实录诠释——造物主的启迪》7：507；《穆斯林圣训实录》3：1484。
(6)《布哈里圣训实录诠释——造物主的启迪》7：507。
(7)《圣品的证据》4：97。

我是不会去巡游的。”于是奥斯曼被古莱什人关押起来。安拉的使者ﷺ和穆斯林却听到奥斯曼被杀害了。

伊本·易司哈格写道，阿卜杜拉·本·艾布·伯克尔告诉我，安拉的使者ﷺ听到奥斯曼被杀的消息后，说：“现在除了决战，别无选择。”

据伊本·易司哈格记载，安拉的使者ﷺ号召人们向他宣誓缔约，喜悦之约签于一棵树下。不久，人们说，使者和他们缔结了死亡之约。但贾比尔说，使者没有和他（我）们缔结死亡之约，但要求我们不能临阵脱逃。后来，除了建德·本·盖斯之外，在场的穆斯林都和使者盟誓立约。贾比尔说：“以安拉发誓，我看到建德当时躲避在他的骆驼的腋下，不让人们看到他。”后来使者得知奥斯曼被害的消息是误传。[1]

艾奈斯·本·马立克说，安拉的使者ﷺ命令大家宣誓定立喜悦之约时，安拉的使者ﷺ的使者奥斯曼正在麦加。宣誓完毕后，使者说：“主啊！奥斯曼为主和主的使者办事去了。”然后他用一只手掌击打了另一只手掌。安拉的使者ﷺ替奥斯曼而击打的手掌，强于人们为了自己而击打的手掌。

纳菲尔传述，人们说，欧麦尔的儿子阿卜杜拉在欧麦尔进教之前就进教了，但事实并非如此。侯代比亚之日，欧麦尔派遣他的儿子去一位辅士那里牵回自己的战马，打算骑着这匹马作战。当时安拉的使者ﷺ正和人们在一棵树下宣誓立约，欧麦尔并不知道使者在干什么。阿卜杜拉和使者立完约后，牵回了欧麦尔的战马。欧麦尔当时正整理装备。他听到使者在树下和人宣誓缔约，便过去向使者宣誓。因此，有些人说，欧麦尔进教的时间晚于其子阿卜杜拉。愿主喜悦其父子。[2]

伊本·欧麦尔说，人们围在安拉的使者ﷺ周围，分散地坐在树荫下，突然，人们集中到使者周围，欧麦尔说：“阿卜杜拉！你去看看，人们围在使者周围干什么？”当他（阿卜杜拉）得知人们正向使者宣誓缔约，就和使者缔了约，然后回到欧麦尔跟前告诉了他，欧麦尔也过去和使者缔约。[3]

贾比尔说：“侯代比亚之日，我们是1400人，我们和使者缔了约。当时欧麦尔（愿主喜悦之）在橡胶树下拉着使者的手。我们约定的内容是战时不逃跑。我们并没有缔结死亡之约（生死状）。”[4]

麦尔格里传述：“记得树下缔约之日，穆圣ﷺ和人们立约，我在使者头顶撑起一个树枝（遮阳），当时我们是1400人。”麦尔格里说：“我们没有和使者立生死状，但我们约定的是不临阵脱逃。”[5]

布哈里传述，赛莱迈·本·艾克外尔说：“我曾和安拉的使者ﷺ在树下缔约。”叶齐德问道：“穆斯里麦的父亲[6]啊！当日你们缔结盟约的内容是什么？”赛氏说：“死亡之约。”[7]

另据布哈里传述，赛莱迈说：“侯代比亚之日，我和安拉的使者ﷺ定约后走向一边，使者问：‘赛莱迈啊！你不立约吗？’我说：‘我已经立了约。’使者说：‘你过来，立约吧！’于是我又走近使者，和他立了约。”我（圣训传述者）问：“赛莱迈啊！你和他所立之约的内容是什么？”他回答：“死亡之约。”[8]

赛莱迈说，我们1400人和安拉的使者ﷺ一起来到侯代比亚一口井旁，发现五十多只羊正在饮水，水不够羊饮饱。安拉的使者ﷺ坐到井边，向安拉作了祈祷，或者在井中吐了口水，于是井中水满溢出，我们和我们的牲畜都痛饮了一番。然后使者号召人们到树下缔约，我是第一个缔约者。人们陆续和他缔约，当到了中间，使者喊道：“赛莱迈，你来立约吧！”我说：“安拉的使者啊！我第一个和你立过约了。”使者说：“再来一次。”所以我又立了一次。使者看到我没带盔甲，便送给我一套盔甲，然后接着和人们缔约。到了最后，使者说：“赛莱迈，你来立约吧！”我说：“安拉的使者啊！我第一个和你立过约了，并在中间又立了一次。”使者说：“再来一次。”于是我第三次和使者缔了约。使者问：“赛莱迈啊！我给你的盔甲在哪里？”我说：“安拉的使者啊！我看到阿米尔没有盔甲，就把它送给了他。”使者笑着说：“你就像这样一个古人：他说，主啊！首先请帮助我的朋友吧！我爱他甚于爱自己。”

赛莱迈接着说，麦加的多神教徒们和我们互派信使，要签订和约，于是双方开始相互走动，后来我们签约了。我是特里哈·本·欧拜德（愿主喜悦之）的随从，我给他的马饮水，帮它梳洗，并在他那里吃饭。我离开家人，放弃自己的财产，为安拉及其使者而迁徙。（我们和麦加人和谈，并且双方开始走动的期间）我来到一棵树下，打扫了树下的荆棘，躺在下面乘凉。这时，来了四个麦加多神教徒，他们不停地抨击穆圣ﷺ，我因为恼怒他们而去另一棵树下。这四人把武器挂在树上躺下休息。正在这时，突然听到山谷的下面有人在喊：“迁士们

（1）《穆圣传》3：329、330。
（2）《布哈里圣训实录诠释——造物主的启迪》7：521。
（3）《布哈里圣训实录诠释——造物主的启迪》7：521。
（4）《穆斯林圣训实录》3：1483。
（5）《穆斯林圣训实录》1485。
（6）指赛莱迈。——译者注
（7）《布哈里圣训实录诠释——造物主的启迪》6：136。
（8）《布哈里圣训实录诠释——造物主的启迪》3：136、13：211；《穆斯林圣训实录》3：1486。

啊！伊本·祖奈穆被杀了！"于是我拔出宝剑，奔向那四个人。当时他们正在睡觉。我把他们的武器收到手中，说："以使穆罕默德尊贵的安拉发誓，你们谁要抬起头，我就砍下长着眼睛的那个东西（头颅）。"

赛莱迈说，我赶着他们去见安拉的使者㊀。当时，我叔叔阿米尔也押来一个名叫穆克莱兹的阿白俩特族多神教徒。我们押着七十个多神教徒去见安拉的使者㊀。使者看了看他们说："放了吧！让他们一犯再犯吧！"使者原谅他们后，安拉降谕道：《是他使你们战胜他们之后，在麦加的山谷中制止他们的手伤害你们，他也制止你们的手去伤害他们。》（48：24）(1)

两圣训实录辑录，赛尔德·本·穆赛叶卜说，我父亲曾在树下和安拉的使者㊀缔约。他（父亲）说："来年我们去朝觐时，我记不清那棵树的位置。如果有人把它告诉你们了，那么，你们就是最有知识的。"(2)

贾比尔说，"安拉的使者㊀号召人们去树下宣誓定约时，我们发现我们中一个叫建德的人躲在他的骆驼腋下。"(3)

贾比尔说，侯代比亚之日，我们是1400人。安拉的使者㊀对我们说："今天，你们是大地上最优秀的人。"(4)贾比尔说："如果我看见，我一定会让你们认识树的位置。"(5)

苏富扬说："他们（圣门弟子们）对立约之地具体在哪有不同的看法。"

安拉的使者㊀说："在（侯代比亚）树下定约的任何人，都不会进入火狱。"

穆圣㊀说："谁登上穆拉勒山的赛宁耶路，他就会像以色列人的后裔一样得到赦免。"后来赫兹勒吉部落的骑士最先登了上去，其他人紧跟其后，纷纷登了上去。使者说："除了红骆驼的主人之外，你们都将获得赦宥。"我们（对红骆驼的主人）说："你来让安拉的使者㊀为你求饶吧！"他说："以安拉发誓，对我来说，我丢掉的骆驼比你们的领袖为我求饶更让我喜爱。"那人只专心寻找骆驼。(6)

贾比尔说，乌姆·姆班西尔告诉我：我听安拉的使者㊀在哈芙赛跟前说："如果安拉意欲，在树下定约的任何人都不进火狱。"哈芙赛说："安拉的使者啊！不会吧。"于是使者斥责了她。她说：《你们中没有一个人是不来火狱的，这是你的主绝对注定的。》（19：71）穆圣㊀说："安拉确曾降谕：《然后我将拯救那些敬畏的人，我任不义者跪在其中。》"（19：72）(7)

贾比尔说，哈特卜·本·吾班叶的一个奴隶诉说道："安拉的使者啊！哈特卜一定会进入火狱。"安拉的使者㊀说："你在撒谎！他不进入火狱。因为他参加过白德尔战役和《侯代比亚和约》。"(8)

因此，安拉表扬有些圣门弟子说："**的确，对你宣誓效忠的人们，只是对安拉宣誓忠诚，安拉的耶迪在他们的手之上。所以，违誓者，只是自受违誓之害；信守和安拉所定誓约的人，安拉将给他巨大的回赐。**"清高伟大的安拉在另一段经文中说：《安拉确已喜爱了信士们。当时，他们在树下对你宣布效忠，他知道他们的内心，所以他降给他们安宁，并以临近的胜利回赐他们。》（48：18）

《11.那些落在后面的游牧人将会对你说："我们忙于我们的财产和家属，所以你为（代替）我们求恕饶吧！"他们嘴上说的不是心里的话。你说："如果他要降祸给你们，或是他要降福给你们，谁能够为你们干预安拉？不然，安拉彻知你们的行为。》

《12.不然，你们以为使者和归信者永远不能回到他们的亲人当中。你们的心因此而被粉饰，因而，你们作了邪恶的猜测，你们是一个被毁灭的群体。"》

《13.谁不信安拉及其使者，我已为隐昧者准备了烈焰！》

《14.诸天与大地的权力只属于安拉，他宽恕他所意欲的人，惩罚他所意欲的人。不过安拉是至恕的、至慈的。》

## 拒绝前往侯代比亚的人的托辞以及安拉对他们的警告

清高伟大的安拉告诉他的使者，选择了在家中安逸生活和私人工作的游牧人，寻找各种借口，不和安拉的使者㊀一起出征。虽然如此，他们为了以防万一，假惺惺地要求使者为他们求饶。其实，他们只是嘴上说说而已，并没有考虑信仰问题。安拉告诉了穆圣㊀这些情况。安拉说："那些落在后面的游牧人

---

(1)《穆斯林圣训实录》1807；《圣品的证据》4：138。
(2)《布哈里圣训实录诠释——造物主的启迪》7：521；《穆斯林圣训实录》3：1485。
(3)《穆斯林圣训实录》3：1483；《哈米德圣训集》2：537。
(4)《布哈里圣训实录诠释——造物主的启迪》7：507；《穆斯林圣训实录》3：1483；《哈米德圣训集》2：514。
(5)《艾哈麦德按序圣训集》3：350。
(6)《穆斯林圣训实录》4：2144。
(7)《穆斯林圣训实录》4：1943。
(8)《穆斯林圣训实录》4：1942。

将会对你说：'我们忙于我们的财产和家属，所以你为（代替）我们求恕饶吧！'他们嘴上说的不是心里的话。你说：'如果他要降祸给你们，或是他要降福给你们，谁能够为你们干预安拉？'"即任何人都无法改变安拉意欲在你们中发生的事情。一切赞美都属于安拉。即使他们极力掩饰，阳奉阴违，但安拉知道他们的一切心事和秘密。

因此，清高伟大的安拉说："不然，安拉彻知你们的行为。"

然后说："不然，你们以为使者和归信者永远不能回到他们的亲人当中。"你们的躲避是不可以原谅的行为，也不是一时的犯罪。它所暴露的是你们的阳奉阴违以及你们的痴心妄想——穆斯林们将被杀光，无一幸免。

"因而，你们作了邪恶的猜测，你们是一个被毁灭的群体。"伊本·阿拔斯等学者解释说"被毁灭的"指灭亡的，[1]格塔德认为指坏事的。[2]有人说，这是阿曼人的语言。

"谁不信安拉及其使者"，即谁没有表里如一地为安拉工作，安拉将在火狱中惩罚他。尽管他在别人面前表现出恪守信仰，与他的真正信条相悖。

清高伟大的安拉说，他是天地万物的统治者、掌握者和决策者，"诸天与大地的权力只属于安拉，他宽恕他所意欲的人，惩罚他所意欲的人。不过安拉是至恕的、至慈的"，即对于向安拉忏悔，并一心归主，服从安拉的人而言，安拉永远是至恕的、至慈的。

❧ 15.你们前去收取战利品时，那些落在后面的人说："让我们跟着你们吧。"他们希望改变安拉的言辞。你们说："你们不会跟着我们的。安拉以前就这样说过。"他们将会说："不然，你们嫉妒我们。"不然，他们很少理解。❧

清高伟大的安拉在此讲述侯代比亚副朝中，落在穆斯林后方的贝都因人的情况。他们虽然逃避战斗，但看到安拉的使者❧和圣门弟子们去解放海巴尔，并有望得到战利品时，要求同往，以便获得战利品。因此，安拉命令穆圣❧拒绝他们的请求，好让他们自作自受。因为海巴尔的战利品是安拉专为参加过侯代比亚之约的人许诺的，而那些未参加此约的贝都因人不能分享它。这一点在安拉的法律和定然中已经注定。

因此，清高伟大的安拉说："他们希望改变安拉的言辞。"穆佳黑德等学者说"安拉的言辞"指安拉给参加侯代比亚之约的穆斯林的许诺。伊本·哲利尔选择了这种解释。[3]

"你说：'你们不会跟着我们的。安拉以前就这样说过。'"即你们要求和穆斯林们一起出征之前，安拉已经为参加过侯代比亚之约的穆斯林作出了这个许诺。

"他们将会说：'不然，你们嫉妒我们。'"即你们不愿意我们分享战利品。

"不然，他们很少理解。"事实并非像逃避者所言，而是他们没有（正确的）理解。

❧ 16.你对落在后面的游牧阿拉伯人说："你们将被召去进攻一个强大群体，或者他们服从。如果你们归顺，安拉将赐给你们美好的报酬；倘若你们像以前那样逃避，他就会使你们遭受痛苦的惩罚。"❧

❧ 17.瞎子是无可责备的，瘸子也是无可责备的，病人也无可责备。谁服从安拉及其使者，他就使谁进入下临诸河的乐园。谁逃避，他就会以痛苦的刑罚来惩罚他。❧

---

(1)《泰伯里经注》22：214。
(2)《泰伯里经注》22：214。
(3)《泰伯里经注》22：215。

### 给穆斯林预告战争将继续发生，参战是信士与伪信士之间的分水岭

经注学家们对穆斯林奉命讨伐的这支强大力量有不同解释。各种观点如下：1.海瓦精人。这是传自赛尔德·本·朱拜尔和艾克麦莱的主张。据传述，格塔德也持此主张；(1) 2.赛格夫部落。端哈克持此主张；3.哈尼法族人。朱外毕尔和伊本·易司哈格等学者持此观点；(2) 4.波斯人。据传伊本·阿拔斯等学者持此观点；(3) 凯尔卜·本·马立克认为他们是罗马人；(4) 阿塔、哈桑等认为是波斯人和罗马人；(5) 穆佳黑德认为是拜偶像的人；(6) 另据传述，穆佳黑德认为是"一些强大的人"。但他没有指明他们到底是哪一伙人。伊本·朱莱杰持此主张，伊本·哲利尔选择了后一种解释。

"**你们将被召去进攻一个强大群体，或者他们服从**"，即安拉已经规定你们与其战斗，并当坚持不懈，直到你们获得最终的胜利；或者他们前来归顺，通过非武力手段自由地加入伊斯兰。

"**如果你们归顺**"，即如果你们响应安拉，投入战斗，履行职责，"**安拉将赐给你们美好的报酬；倘若你们像以前那样逃避**"，即如果你们像在侯代比亚之日那样拒绝接受号召，"**他就会使你们遭受痛苦的惩罚。**"

### 命令人们顺主的同时，制定允许不参战的理由

然后安拉提到可以不参战的一些原因，譬如长期原因，如瞎和瘸；又如非长期原因，就像短期的疾病，这种人在痊愈之前，就像有长期原因的人一样，可以不参战。

然后安拉鼓励穆斯林参战，服从安拉及其使者："**谁服从安拉及其使者，他就使谁进入下临诸河的乐园。谁逃避**"，即谁逃避战争，贪图安逸享受，"**他就会以痛苦的刑罚来惩罚他**"，即安拉让他们在今世中受到指责，在后世进入火狱。安拉至知。

❦ 18.安拉确已喜爱了信士们。当时，他们在树下对你宣布效忠，他知道他们的内心，所以他降给他们安宁，并以临近的胜利回赐他们，❧

❦ 19.并且他们还将获得很多战利品。安拉是优胜的、明哲的。❧

---
(1)《泰伯里经注》22：220。
(2)《泰伯里经注》22：220。
(3)《泰伯里经注》22：219；《格尔特宾教律》16：272。
(4)《泰伯里经注》22：221。
(5)《泰伯里经注》22：219。
(6)《散置的珠宝》7：520。

### 对定立喜悦之约的人以安拉的喜悦和战利品报喜

清高伟大的安拉说，他喜爱那些在树下和安拉的使者㊤缔约的穆民。前面已经提到，他们共计1400人。阿卜杜·拉赫曼说，我去朝觐时，中途遇见一伙人，他们正在礼拜，我问："这是什么寺？"人们说："这是安拉的使者㊤缔结喜悦之约的那棵树的所在地。"于是我去赛尔德跟前，给他讲了情况。赛尔德说："我的父亲告诉我，他属于和安拉的使者㊤在树下缔约的人之一，他说：'第二年我们去麦加时，我们忘记了那个地方的具体位置，而没有找到它。'"赛尔德说："穆罕默德㊤的弟子们不知道它，而你们却知道它，你们比他们更有知识。"(7)(8)

"**他知道他们的内心**"，即安拉知道你们心中的诚实守信和恭顺。

"**所以他降给他们安宁。**" "安宁" 亦作 "宁静"。

"**并以临近的胜利回赐他们**"，指安拉通过他们之手达成与他们的敌人之间的和解，从而让他们获得普遍的、长期的益处，以至解放了海巴尔和麦加，后来又解放了许多地区，使你们在今世和后世，获得荣耀和尊严。因此，经文说："**并且他们还将获得很多战利品。安拉是优胜的、明哲的。**"

❦ 20.安拉已为你们许诺，你们将获得很多战利品，并使你们很快获得这个。他为你们制止人们的手，以便这成为归信者的一个迹象，以便他给你们引领正道，❧

❦ 21.和你们还未能获得的其他东西。安拉已周知它，安拉是全能于一切的。❧

❦ 22.如果隐昧者跟你们作战，他们一定会转身逃避，此后他们就找不到保护者和援助者。❧

❦ 23.（这些是）安拉的常道，你不会发现安拉的常道有所改变。❧

❦ 24.是他使你们战胜他们之后，在麦加的山谷中制止他们的手伤害你们，他也制止你们的手去伤害他们，安拉全观你们所做的一切。❧

### 给穆民预报获得许多战利品的喜讯

穆佳黑德在解释"**安拉已为你们许诺，你们将获得很多战利品**"时说："经文指末日来临之前，穆民所能获得的一切战利品。"

---
(7) 这很可能是一句揶揄之辞。——译者注
(8)《布哈里圣训实录诠释——造物主的启迪》7：512。

"并使你们很快获得这个。""这个"指解放海巴尔。(1) 伊本·阿拔斯认为"这个"指《侯代比亚和约》。(2)

"他为你们制止人们的手",即你们没有遭遇敌人秘密为你们准备的战祸,同样,安拉没有使你们遭遇你们让他们和你们的家人一起留在后方的那些人的伤害。

"以便这成为归信者的一个迹象",即以便他们引以为鉴。因为安拉在保护着他们,并襄助他们战胜人数众多的敌军,以便他们知道,这样对待他们的安拉,知道一切事情的结局。安拉为穆民众仆所选择的,总是美好的,虽然在表面上看来,它往往让穆民不喜欢。正如另一段经文所说:《而你们却讨厌它,也许你们憎恨一件事,但它对于你们是更好的。》(2:216)"以便他给你们引领正道。"因为你们服从安拉的命令,并和他的使者保持一致。

### 在末日来临前,穆民所获得的一切胜利的喜讯

"和你们还未能获得的其他东西。安拉已周知它,安拉是全能于一切的",即安拉还给你们许诺了其他的战利品和明确的、你们还没有取得的胜利。安拉已经为你们使它们变得容易获得,并为你们保证了它们。因为安拉要从敬畏者们想不到的地方恩赐他们。经注学家们对经文中所提到的战利品有不同解释,奥夫传述,伊本·阿拔斯说它是海巴尔战役中的战利品。(3) 他是按照解释"并使你们很快获得这个"的基础,来解释这个问题的。因为他认为"这个"指《侯代比亚和约》。端哈克等学者也持这个观点。(4) 格塔德认为经文指解放麦加。(5) 哈桑·巴士里等认为指征服波斯和罗马。(6) 穆佳黑德说,经文指穆民在末日前所取得的一切胜利和赢得的战利品。(7)

艾布·达乌德传述,伊本·阿拔斯认为经文指今日以前的一切胜利。(8)

### 假若麦加的隐昧者在侯代比亚与穆斯林作战,他们会无力抵抗,必遭失败

"如果隐昧者跟你们作战,他们一定会转身逃避,此后他们就找不到保护者和援助者。"安拉给

---

(1)《泰伯里经注》22:230。
(2)《泰伯里经注》22:230。
(3)《泰伯里经注》22:233。
(4)《泰伯里经注》22:233、234。
(5)《泰伯里经注》22:234。
(6)《泰伯里经注》22:233。
(7)《泰伯里经注》22:233。
(8)《泰伯里经注》22:233。

---

穆民众仆报喜道:假若多神教徒发起进攻,安拉一定会襄助使者及穆斯林们,隐昧者的军队必定要败北而逃,没有任何人援助他们。因为他们在向安拉和他的使者以及众穆民宣战。

"(这就是)安拉的常道,你不会发现安拉的常道有所改变",即这是安拉对待被造物的常规和惯例,当正信和隐昧发生冲突时,安拉必定要匡助正信,消灭隐昧,拔高真理,贬低谬误。正如在白德尔战役中那样,那天,安拉襄助了他的盟友——人少势弱的穆斯林,战胜了人多势众的多神教徒。

"是他使你们战胜他们之后,在麦加的山谷中制止他们的手伤害你们,他也制止你们的手去伤害他们,安拉全观你们所做的一切。"安拉在此向穆民众仆介绍他的恩惠,当时,他阻止了多神教徒对穆民的伤害,同样也制止穆斯林打击多神教徒。因此,他们没有在禁寺跟前发生战争。安拉不但保护了他们双方,而且在他们之间产生了和谈,以便使穆民在今后两世中获益和成功。

赛莱迈传述的上述圣训中已经提到,当时穆斯林押着七十名俘虏来见使者,使者看了看他们说:"放了吧!让他们一犯再犯吧!"他说,安拉因此而降谕道:"在麦加的山谷中制止他们的手伤害你们。"

艾奈斯说:"侯代比亚之日,八十个麦加男子携带武器,从台奈伊穆山方向下来,袭击使者及其弟子们。使者祈祷后,他们被(穆斯林)缉拿了。"安法尼说:"后来使者原谅了他们,安拉降谕道:'是他使你们战胜他们之后,在麦加的山谷中制止他们的手伤害你们,他也制止你们的手去伤害他们'。"[1]

❖ 25.他们不归信并阻止你们去禁寺,还阻止被拘禁的牺牲到达它的目的地。如果不是为了你们所不认识的归信的男女(安拉早就允许你们进入麦加,战胜多神教徒),以免你们蹂躏他们,你们就要在不知不觉中因为他们而招致罪责,以便他使他所愿意的人进入他的慈悯。如果他们已经分开,我一定严厉地惩罚他们当中的隐昧者。❖

❖ 26.当时,隐昧者在他们的心中埋下自满——愚昧时期的自满,于是安拉把他的安宁降给使者和归信者们,并使他们坚守敬畏之辞。他们是对它最相宜和有资格的。安拉是全知万物的。❖

## 穆民不但坚持真理,赢得胜利,而且将从《侯代比亚和约》中获益匪浅

清高伟大的安拉在这里介绍隐昧者——来自古莱什的阿拉伯多神教徒和与他们同流合污、对抗使者的人们的情况:"**他们不归信**",经文专指隐昧者。

"**并阻止你们去禁寺**",其实,你们更有权、更适合进入禁寺。

"**还阻止被拘禁的牺牲到达它的目的地。**"充分暴露了他们肆无忌惮和冥顽不化。当时的牺牲是七十峰骆驼,如果安拉意欲,后文将予以叙述。

"**如果不是为了你们所不认识的归信的男女**",即麦加人当中有一些人秘密归信正教,他们因为担心受到族人迫害而不愿暴露身份。若非如此,我一定让你们向他们发起总攻,让你们杀他们一个片甲不留,所以你们不可以在不知不觉的情况下危害秘密归信的穆民。

不然,"**你们就要在不知不觉中因为他们而招致罪责**","罪责"指犯罪、赔偿。

"**以便他使他所愿意的人进入他的慈悯**",即安拉不让隐昧者立即遇难,只为了解放生活在他们中的信士,为了使更多的非穆斯林加入伊斯兰。

"**如果他们已经分开**",即如果穆民脱离隐昧者的队伍。

"**我一定严厉地刑罚他们当中的隐昧者**",即我一定命你们向他们发起进攻,痛杀他们。

"**当时,隐昧者在他们的心中埋下自满——愚昧时期的自满。**"因为,当时他们拒绝写"奉普慈特慈的安拉之尊名",他们拒绝写"这是穆罕默德——安拉的使者㊣作出的判决。"

"**于是安拉把他的安宁降给使者和归信者们,并使他们坚守敬畏之辞。**"穆佳黑德说"敬畏之辞"指一心一意。[2]阿塔认为指"应受拜者,惟有独一无偶的安拉,权力只属于他,赞美只归于他,他是全能万事的。"[3]优努司·本·卜凯勒也持此观点。在解释"并使他们坚守敬畏之辞"时,他说经文指应受拜者,只有独一无偶的安拉。

### 有关侯代比亚事件与和谈事件的一些圣训

布哈里在其《条件书》中说,麦苏尔和麦尔旺(他们的话可以互相印证)说,侯代比亚之年,安拉的使者㊣率领一千多位圣门弟子出城。他们来到则·胡莱法后,给牺牲挂了标记,并受戒举意副朝。使者派胡扎尔部落的探马去侦探消息。使者到额迪尔·艾西塔特时,探马来报:古莱什人屯集大军,决心兵戎相见,阻止你去天房。他们还召集了艾哈比什人[4]。

先知㊣说:"众人啊!请提出你们的看法。我们是否袭击这些阻碍我们去天房的人的家小?"另据传述:"我们是否袭击帮助他们的人的家小?如果他们前来解救,那么安拉就会斩断多神教徒的脖子;如果他们不来(解救),我们也会让他们忧患不安。"另一传述中说:"如果他们坐视不管,那么,将遭受报复,并筋疲力尽,陷入忧患。如果(他们出兵相救)他们得救,那么安拉总是要斩断他们脖子的。或者我们是否直奔天房,谁阻碍我们,我们就与之战斗。"

艾布·伯克尔说:"安拉的使者啊!你是来朝觐天房的,而不是来和任何人作战的。请直奔天房,谁若阻拦,我们就与之战斗。"另据传述,艾布·伯克尔说:"安拉及其使者至知。我们是来副朝的,而不是来和任何人作战的。但谁若阻碍我们去天房,我们就要与之战斗。"

先知说:"那就前进吧!"另据传述,先知说:"那就以伟大安拉的名义行动吧!"行至半路,穆圣㊣说:"哈立德·本·瓦利德作为古莱什的先锋,带一支骑兵正在俄米目地方,请向右边进

---

[1]《艾哈麦德按序圣训集》3:122;《艾布·达乌德圣训集》3:137;《提尔密济圣训全集诠释》9:149;《穆斯林圣训实录》3:1442;《圣训大集》6:464。

[2]《泰伯里经注》22:255。
[3]《泰伯里经注》22:256。
[4]居住在麦加城南部的阿拉伯人。——译者注

发。"以安拉的名义发誓，哈立德没有觉察到穆斯林已经逼近。当行军的灰尘扬起后，他才（注意到不妙）跑回去向古莱什人报告险情。穆圣则一直进发，当到达通向敌营的山间小路后，他的坐骑卧了下来。人们喊叫着："起来！起来！"但那骆驼纹丝不动。于是众人说："格苏瓦⁽¹⁾不动了！"穆圣说："格苏瓦不是不动，它没有这个习惯。是阻止象军前进的安拉，阻止它前进的。"穆圣接着说："以掌握我生命的安拉发誓，为了维护安拉的尊严，今天无论他们向我提出什么条件，我都会答应的。"然后穆圣赶骆驼，骆驼就起来了。（圣训传述者说）后来先知转移了方向，驻扎到位于侯代比亚最远的地方，那里有一口井，其中有少量的水，穆斯林们只能缓慢地从中取水，不一会儿，水就被汲干了。安拉的使者听到消息后，从箭囊中取出一支箭，让人们把它放到井中。以安拉的名义发誓，井中立刻涌满了水，直到众人饮饱为止。正在这时，胡扎尔部落的布岱里率领几个本部落人到来了。他们是贴哈麦人中忠于安拉使者的人⁽²⁾。布岱里说："我来时，看到凯尔卜·本·鲁吾叶和阿米尔·本·鲁吾叶驻扎到了侯代比亚一个水源丰富的地方。他们还带着母骆驼及其幼崽。他们决心与你战斗，并阻碍你去天房。"安拉的使者回答说："我们不是来和任何人作战的，我们来此的目的只是举行副朝。古莱什人已经备受战祸的踩躏和伤痕累累。如果他们愿意，我可以给他们一个缓战期，但他们不得阻止我和其他人来往。（如果别人战胜了我，他们可免于受苦，）如果我获胜，他们可以接受其他人接受的条件。否则，他们必然要养精蓄锐（重新作乱）；如果他们一意孤行，以安拉发誓，为了我的事业，我一定要向他们发起战争，或以身殉教，或安拉执行其命令（让我大功告成）。"布岱里说："我将向他们传达你的话。"布岱里来到古莱什人当中，对他们说，我们去了某某人跟前，听他如此如此说。并说："如果你们愿意，我们就给你们讲一讲他所说的话。"古莱什人中的一些愚人说："我们不需要你给我们讲关于他的任何消息。"而一些有远见的人说："但说无妨。"于是布岱里向他们讲了穆圣的话。欧勒沃·本·麦斯欧迪站起来说："众人啊！你们不是父亲（有子女的）吗？"众人回答："是啊！"他又问："我不是一个孩子吗？"众人回答："是的。"他又问："你们对我（对你们的忠诚）有怀疑吗？"众人说："没有。"他又说："你们不知道吗，我曾鼓动欧卡兹人出征，遭他们拒绝后，我

不是带着妻小和随从来投奔你们的吗？"众人说："有这么回事。"他说："此人（穆圣）已经向你们提出了一个正确方法，请接受吧！并让我去找他吧！"他们说："那你就去找吧！"于是他来找先知，先知跟他讲了对布岱里讲的话后，欧勒沃说："穆罕默德啊！如果你消灭了你的族人（那就不对了），你是否听过你之前有阿拉伯人消灭过他的家人？换一种情况来说⁽³⁾，以安拉发誓，我也不见得有什么好处。我认为人们当中的一批乌合之众将弃你而逃。"艾布·伯克尔说："去咂拉特的阴蒂吧！⁽⁴⁾我们会弃他而逃吗？"欧勒沃问："此人是谁？"众人回答："艾布·伯克尔。"欧氏回答说："以安拉发誓，若不是我还没有报答你当初对我的恩情，我一定要回敬你。"（传述者说）他一直和穆圣谈话，他每谈一句话，都去动先知的胡须。穆黑勒·莱·舒尔宾佩剑戴着头盔站在穆圣跟前，当欧勒沃企图去动先知胡须时，他就用剑刃挡回他的手，并对他说："让你的手离安拉使者的胡须远点！"欧勒沃问："这是谁？"他回答道："（我是）穆黑勒·本·舒尔宾！"欧勒沃说："失信者啊！难道我不曾因为你的失信而奔波吗？"在蒙昧时期，穆黑勒杀死了他所陪同的一些人，拿走他们的财产，来到麦地那加入了伊斯兰。

穆圣说："我接受他（穆黑勒）加入伊斯兰，但我和他的财产毫无关系。"欧勒沃把圣门弟子的举动都看到眼中。欧勒沃回去后说："众人啊！以安拉发誓，我曾出访过许多国王，见过波斯国王、罗马皇帝和阿比西尼亚国王，但是以安拉发誓，任何国王也没有得到过穆罕默德的弟子对穆罕默德的那种尊重。以安拉发誓，他吐的唾沫必定要落到他们中一人的手中，然后他要用它擦他的脸颊；只要他一声令下，他们就立即执行；他做小净时，他们争抢他用过的水；他们在他面前从不大声说话；他们因为尊重他，而不注视他。他已经向你们提出一个正确的方法，请接受吧！"

克那奈族中的一位男子说："让我去会会他！"众人说："你去吧！"当他临近安拉的使者及其弟子时，使者说，这是某人，他们的族人尊崇骆驼，请赶出骆驼吧！于是圣门弟子赶出骆驼，念着欢迎辞迎接他。此人见此情景后说："赞美安拉清净！这些人不应该被阻碍去天房。"他回到族人跟前后说："我看到牲畜佩戴标志，打有牺牲的印记。看来他们不应该被拒于天房之外。"他们中一位叫米克莱兹的人说："让我也去会会他。"他们说："请便！"先知见他走近后说："这是米克

---

（1）穆圣骆驼的名字。——译者注
（2）蒙昧时代，他们的祖先和穆圣家族有互相保护的盟约。——译者注
（3）暗示如果古莱什人获胜。——译者注
（4）这是蒙昧时代的人们骂人的话，拉特是一个偶像的名字。——译者注

莱兹，是个坏人。"米氏和安拉的使者㊣交谈当中苏海尔·本·阿米尔到来了。苏海尔到来后，安拉的使者㊣（对圣门弟子）说："看来你们的事情好办了。"苏海里说："请在你们和我们之间写一份协议吧！"穆圣㊣叫来书记员后说："（你写）奉安拉——至仁者、至慈者的尊名。"苏海里说："我们不知道'至仁者'是什么。你就像以前一样，写'主啊！以你的名义'。"穆斯林们说："以安拉发誓，我们只能写'奉安拉——至仁者、至慈者的尊名'。"先知说："就按'主啊！以你的名义'写吧！"然后穆圣㊣口述道："这是穆罕默德、安拉的使者㊣所定的协议。"苏海里说："以安拉发誓，如果我们承认你是安拉的使者，就不会阻碍你去天房，也不会与你发生战争的。你应该写：'穆罕默德·本·阿卜杜拉'。"穆圣㊣说："以安拉发誓，虽然你们不相信我，但我确实是安拉的使者，你写'穆罕默德·本·阿卜杜拉'。"因为使者此前已经说过："为了维护安拉的尊严，今天无论他们向我提出什么条件，我都会答应的。"先知接着口述："你们不阻碍我们巡游天房。"苏海里说："以安拉发誓，（如果你们今年就朝觐）阿拉伯人会说我们是被迫定此协议的。这一条从明年开始落实吧！"于是书记员写了这句话。苏海里说："（第三是）如果我们中有人跑到你这里，即便他信仰你的宗教，你也要遣返他。"穆斯林们说："赞美安拉！一个以穆斯林身份前来投奔的人，怎么要被拒之门外呢？"众人议论纷纷之际，艾布·建岱里（此人正是苏海里的儿子）拖着脚镣蹒跚而来，他是从麦加的下游跑出来投奔穆斯林的。苏海里说："穆罕默德啊！这是我和你缔结遣返协议之后要遣返的第一人。"穆圣㊣说："我还没有和你完成协议。"苏海里说："以安拉发誓，若是这样，我绝对不和你签订任何协议。"先知说："把他交给我来处理吧。"苏海里说："办不到。"先知说："不行，你想想办法吧！"苏海里说："我不会想办法。"米克莱兹说："我对你很通融了。"艾布·建岱里说："众位穆斯林！我是以穆斯林身份来投奔的，难道要将我遣送给多神教徒吗？"艾氏此前已经因为安拉而遭受了多神教徒的严重迫害。

欧麦尔说，于是我来到安拉的使者㊣跟前，问道："你真是安拉的使者吗？"使者㊣回答："是的！"我问："我们坚持真理，敌人坚持谬误，是吗？"使者回答："是的。"我问："那么，为什么我们要在自己的宗教上作出妥协。"使者回答道："我确实是安拉的使者，我不会违抗安拉，他会襄助我的。"我问："你不是说过，我们将去巡游天房吗？"使者回答："是的。但我对你说过是今年吗？"我说："没有。"使者说："你确实将去巡游它。"

欧麦尔说，于是我去找艾布·伯克尔，我说："艾布·伯克尔啊！他是安拉的使者吗？"艾布·伯克尔回答："是的！"我问："我们坚持真理，敌人坚持谬误，是吗？"艾布·伯克尔："是的。"我问："那么，为什么我们要在自己的宗教上作出妥协？"艾布·伯克尔道："你这人啊！他确实是安拉的使者，他不会违抗他的养主，他的主会襄助他的。请你抓紧他的镫子，以安拉发誓，他确实坚持着真理。"我问："他不是说过我们将去巡游天房吗？"艾布·伯克尔回答："是的。但他对你说过是今年吗？"我说："没有。"他说："你确实将去巡游它。"

欧麦尔说："后来我为此而作出了许多努力。为质问一事做了许多补救工作。"

写完协议书后，安拉的使者㊣对弟子们说："请起来宰牺牲，然后剃头！"以安拉发誓，当时没有一个人站起来，以致使者这样说了三遍。因为无人站起，所以使者进了乌姆·赛莱迈的房间，对她讲了人们对他的态度。乌姆·赛莱迈说："安拉的使者啊！你愿意就这样吗？你出去宰你的骆驼，不要和任何人讲任何话。并且你叫来你的剃头师，让他给你剃头。"于是先知走出来，不和任何人说话，照乌姆·赛莱迈所说的做了。众人见状，便站起来宰牺牲，并互相帮助剃头，他们都恨不得互相杀一仗。后来，穆民妇女们来了，安拉降谕道：﴾有正信的人们啊！当有正信的妇女迁徙而来时……同样不要坚守与不信的妇女们的婚约。﴿（60：10）那天，欧麦尔休了仍在信仰多神的两位妻子。后来穆阿维叶娶了其中的一个，索夫万娶了另一个。

安拉的使者㊣回到麦地那后，艾布·白绥尔（他来自古莱什族，是一位穆斯林）前来投奔，古莱什人便派两个人前来索要，来人说："请执行你为我们定下的协议。"于是使者把艾氏交给了他们。二人带着艾布·白绥尔到了则·胡莱法后，下马吃随身携带的枣，艾氏对其中一人说，某人啊！以安拉发誓，你的这把宝剑太好了！那人抽出宝剑说，是啊！以安拉发誓，真的很好。我曾用这把宝剑驰骋疆场，战功赫赫。艾布·白绥尔说，让我看看！对方把宝剑交给艾氏后，他挥剑将对方杀死，另一人逃回了麦地那，安拉的使者㊣看到那人跑进清真寺，便说道："此人一定见到了可怕的事情。"那人来到使者跟前说："以安拉发誓，我的伙伴被杀了！我正被追杀呢！"艾布·白绥尔到来后说："安拉的使者啊！以安拉发誓，安拉让你实践了你的盟约，你把我交给了他们，但安拉从他们当中拯救了我。"先知说:"真是的,假若他有另一人(帮助),你就是点燃战火的人!"艾氏听到这句话,知道使者还要将他遣返,于是他独自去了海边。

艾布·建岱里也逃离多神教徒,去与艾布·白绥尔会合。从此以后逃离古莱什的穆斯林纷纷前去投奔艾布·白绥尔,不久,他们形成了一股势力。以安拉发誓,他们只要听到古莱什去往沙姆的商队经过,必去拦截,不但杀死客商,而且劫掠财物。于是古莱什人派人来见先知,他们以安拉和亲属的名义请求先知,以后逃到穆斯林当中的人可以安全地生活(不用遣返)。于是先知回信表示同意。因此,安拉降谕道:"**是他使你们战胜他们之后,在麦加的山谷中制止了他们的手去伤害你们,也制止你们的手去伤害他们……当时,隐昧者在他们的心中埋下自满——愚昧时期的自满。**"他们的自满指他们不承认安拉的使者以及他们不承认"奉安拉——至仁者、至慈者的尊名",并且他们阻碍穆斯林去天房。(1)这是布哈里传述的圣训。(2)他在《经注章》《侯代比亚副朝章》《正朝》及其他章节中引用了这段圣训。(3)祈求安拉襄助我们,我们只托靠安拉,(我们)没有办法,也没有力量,除非凭优胜、明哲的安拉。

布哈里传述,哈比卜·本·艾布·萨比特说,我去找艾布·瓦义里请教一个问题,他说,我们在绥芬(4)时有人说:"你没有看到被叫去遵循安拉经典的那些人吗?"阿里(愿主喜悦之)说:"看到了。"赛海里·本·哈尼夫说,你们自我检讨吧!记得在侯代比亚之日(他指先知和多神教徒之间达成了停战协议),如果我们执意作战必定会作战的。欧麦尔(愿主喜悦之)到来说:"难道我们不是坚持真理,他们不是坚持谬误的吗?难道我们中被杀的人不是在乐园中,他们中被杀的人不是在火狱中吗?"先知说:"是的。"欧麦尔问:"那么我们为什么在宗教中作出妥协呢?"先知说:"汗塔卜的儿子啊!我是安拉的使者,安拉绝不放弃我的。"于是欧麦尔怒气冲冲地回去了,后来他怒火难咽,以至去对艾布·伯克尔说:"难道我们不是坚持真理,他们不是坚持谬误的吗?"艾布·伯克尔说:"汗塔卜的儿子啊!他确实是安拉的使者,安拉绝不会放弃他的。"不久,《胜利章》降示了。

另据传述,赛海里说:"人们啊!你们检查

---

(1)《布哈里圣训实录诠释——造物主的启迪》5:388。
(2)《布哈里圣训实录诠释——造物主的启迪》8:451。
(3)《布哈里圣训实录诠释——造物主的启迪》3:634、7:518。
(4)这里发生了伊斯兰史上的第一次内战。圣训传述者是在双方剑拔弩张之际说这番话的。——译者注

一下自己的观点吧!艾布·建岱里要被遣返之日,如果我能够抗拒安拉使者的命令,我一定抗拒了。"另据传述,后来《胜利章》降示,安拉的使者召来欧麦尔,给他读了它。(5)

伊玛目艾哈麦德传述,艾奈斯说,古莱什人和安拉的使者签订了和约,当时苏海里在场,先知对阿里说:"你写'奉安拉——至仁者、至慈者的尊名(6)'。"苏海里说:"我们不知道'至仁者、至慈者'是什么。你就按我们的惯例写'主啊!以你的名义'。"先知说:"你写:'从安拉的使者穆罕默德……'"他们说:"假若我们知道你是安拉的使者,我们一定会追随你的。你以你和你父亲的名字写吧。"先知说:"你写:'从穆罕默德·本·阿卜杜拉……'"他们给先知提出条件:我们不遣返从你们这里逃到我们那里的人,但你们要遣返从我们那里逃跑到这里的人。他(阿里)问:"安拉的使者啊!我们要写上这一条吗?"先知说:"是的。谁逃离我们去投奔他们,就让安拉疏远谁!"(7)

艾哈麦德传述,伊本·阿拔斯说,海鲁莱人出去后,脱离了穆斯林大众(8)。我对他们说,安拉的使者在侯代比亚之日和多神教徒签署了和约,他对阿里说:"阿里啊!你写:'这是穆罕默德、安拉的使者所签署的和约'",多神教徒们说:"如果我们承认你是安拉的使者,我们就不会与你作战。"于是使者说:"阿里啊!(把这一句)擦掉吧。主啊!你确实知道我是你的使者。阿里啊!擦掉吧,你写'这是穆罕默德·本·阿卜杜拉所签署的和约'。"安拉的使者确实要比阿里优秀,他擦掉了自己的名字,但这并没有擦掉他的圣位。我给你们足够的证据了吗?众人回答:"是的。"(9)又据伊本·阿拔斯传述,侯代比亚之日,安拉的使者宰了七十个牲畜,其中有艾布·哲海里的骆驼。它在被人阻拦去天房之时发出一声咆哮,就像见到幼崽时的咆哮那样。(10)

**✦ 27. 安拉已对他的使者落实了真实的梦,如果安拉愿意,你们要平安地进入禁寺,或剃头,或剪**

---

(5)《布哈里圣训实录诠释——造物主的启迪》8:451。
(6)另一译法是:奉普慈特慈的安拉尊名。——译者注
(7)《穆斯林圣训实录》3:1411;《艾哈麦德按序圣训集》3:268。
(8)海鲁莱是一个地名,当时一部分人脱离哈里发阿里的阵营聚集于该地,建立了独立的营地,形成后来的穆尔太齐赖派。——译者注
(9)《艾哈麦德按序圣训集》1:342;《艾布·达乌德圣训集》3:317。
(10)《艾哈麦德按序圣训集》1:314。

发。你们不害怕。他知道你们所不知道的,所以,他在此外备下临近的胜利。》

《28.是他以引导和真教派遣他的使者,以便他使它胜过一切宗教。安拉足为作证者。》

### 穆圣☪的梦就是现实

安拉的使者☪梦见自己进入禁寺巡游天房,便在麦地那把这个消息告诉了圣门弟子们。所以,侯代比亚之年,他们向麦加方面进发时,穆斯林认为穆圣☪的梦在今年会实现。后来穆斯林和多神教徒签订和约,协定这一年返回麦地那,来年再来朝觐,于是部分圣门弟子觉得难以接受这一现实。以致欧麦尔(愿主喜悦之)去问先知,他说:"难道你不曾告诉我们,我们将去朝觐天房吗?"先知反问道:"是啊,但我对你说过是今年吗?"欧麦尔回答:"没有。"先知接着说:"你将会去巡游它的。"后来艾布·伯克尔也对欧麦尔作出了一模一样的回答。(1)

因此,清高伟大的安拉说:"**安拉已对他的使者落实了真实的梦,如果安拉愿意,你们要平安地进入禁寺。**"这里的"如果安拉愿意"起强调和肯定作用,而不表示有第二种可能性。

"**平安地**",即你们进城的时候是平安的。

"**或剃头,或剪发。**"有人剃了头,有人剪短了头发。两圣训实录辑录,安拉的使者☪说:"愿安拉慈悯剃头者!"有人说:"安拉的使者啊!请为剪发者求饶。"使者说:"愿安拉慈悯剃头者!"有人说:"安拉的使者啊!请为剪发者求饶。"(人们一再要求,后来)使者在第三次或第四次才说:"愿安拉慈悯剪发者!"(2)

"**你们不害怕**",即你们进城时,安拉使你们稳获平安,你们住在城中时,他还消除了你们的恐惧,你们不用担心任何人来侵犯你们。以上是伊斯兰教历七年十一月举行副朝时发生的事情。先知于十一月从侯代比亚返回麦地那后,十二月和一月居住在麦地那,二月份出兵海巴尔,安拉使他解放了该地,一半靠是武力,一半靠是靠海巴尔人的投诚。海巴尔地域辽阔,枣树和庄稼苗壮。先知设定一些条件,让犹太人在那里继续耕种,并将海巴尔的土地划分给参加过侯代比亚协议的人。没有参加侯代比亚协议的人中,只有从阿比西尼亚回来的贾法尔·本·艾布·塔利卜及其所有同伴,以及艾布·穆萨及其所有同伴分得了海巴尔的土地。伊本·栽德说,他们中只有艾布·岱佳奈没有分得封地。后文将述及细节。(3)此后,使者返回了麦地那。

伊斯兰教历七年十一月,先知率领参加过侯代比亚协议的人去副朝,先知在则·胡莱法受了戒,并带上牺牲。有人说,牺牲是六十峰骆驼。先知和弟子们念着应召辞前进。快到曼勒·作海兰时,先知派穆罕默德·本·穆斯里麦骑着战马携带武器先行。多神教徒见到后惊恐万状,以为使者撕毁了十年停战协议,前来讨伐他们。于是他们跑回麦加报告消息。安拉的使者☪到达曼勒·作海兰后,驻扎到一个可以看到禁地神像的地方,派人把弓箭、矛等武器运送到叶杰吉山谷。并按照协议,进入麦加时宝剑入鞘。行至途中,古莱什人派米克莱兹前来询问,他说:"穆罕默德啊!我们不知道你已经撕毁了协议。"先知说:"你们何出此言?"来人说:"你全副武装来到了我们的领地。"先知说:"没有这回事。我们已经将武器送到了叶杰吉。"来人说:"从这一点,我们知道你是正直守信的。"

隐昧者的头目们为了避免看到先知及圣门弟子,愤懑地离开了麦加。其余的男女老少坐在路边或房顶上,观看先知及圣门弟子们进城。使者进城时,圣门弟子们走在前面,念着应召辞。当时献牲用的牲畜已经被赶到了则·图挖。先知骑着去年在侯代比亚协议时所骑的骆驼格苏瓦。辅士阿卜杜拉·本·勒瓦赫牵着先知的骆驼,边走边吟诵着下面的诗句:

奉安拉的名义,万教归主!

奉安拉的名义,穆圣是其使者!

隐昧者子孙们为他让道,

今天,我们要打击你们,

落实他的预告,

正如我们曾按他的启示打击你们,

让脑袋搬家,

叫朋友自顾不暇;

至仁主在其启示中,

在被读给其使者的经典中,

降谕道:

最高尚的战斗,

是为主道战斗。

主啊!我确信他的话。

以上是从零散的传述中收集的。伊本·阿拔斯

---

(1)《布哈里圣训实录诠释——造物主的启迪》5:390。
(2)《布哈里圣训实录诠释——造物主的启迪》3:656;《穆斯林圣训实录》2:946。
(3)《泰伯里经注》22:259。

说，安拉的使者和圣门弟子来到麦加时，因为遭受到叶斯里卜[1]的炎热而人困马乏、疲惫不堪。多神教徒散布谎言说，因为叶斯里卜的炎热而人困马乏、疲惫不堪的一伙人到来了。多神教徒们坐在靠近黑石的一方。

安拉让先知觉察到了多神教徒的议论，于是先知命令众弟子在巡游（索法和麦尔外）的三趟中，加速疾行，给多神教徒展示穆斯林的力量。先知命令他们在两个柱子之间慢行，因为多神教徒看不到那个地方。先知出于爱护他们，没有让他们在整个巡游中加速疾行。致使多神教徒们说，难道这些人就是你们所说的疲惫不堪的人吗？他们比某某还要坚强。[2]

另据传述，先知和圣门弟子们于十一月四日的清晨来到了麦加，多神教徒们说，来访者已经因为叶斯里卜的炎热而疲惫不堪。于是先知命令众弟子在巡游的三趟中，加速疾行。先知因为爱护他们，而没有命令在整个巡游中加速疾行。[3]

布哈里传述，先知在和约商定的那年来到麦加，他说："你们加速疾行，向多神教徒们显示你们的力量。多神教徒们在给尔尕尔[4]。"[5]

又据伊本·阿拔斯传述，先知为了向多神教徒显示他的力量，在巡游天房、奔走索法与麦尔外时，都是加速疾行的。[6]

布哈里传述，安拉的使者去副朝时，古莱什的隐昧者们将他阻挡在天房以外，于是先知在侯代比亚宰了牲，剃了头，并和隐昧者们签订协议，约定第二年来完成副朝。届时，穆斯林除了宝剑外不得随身携带任何武器，并且只在他们（麦加多神教徒）所允许的期限内居住麦加。第二年先知去举行副朝时，按照协议进了城，并在城中住了三天，三天后多神教徒要求先知出城，于是先知出了城。[7]

"他知道你们所不知道的，所以，他在此外备下临近的胜利。"虽然你们去年打算进麦加的愿望在今年才得以实现，但安拉知道其中对你们有许多好处，他知道你们不知道的。

"所以，他在此外备下临近的胜利"，即你们根据使者的梦进入麦加之前，安拉就已经为你们预备了临近的胜利。这胜利指穆斯林和多神教徒之间签署的和约。

---

（1）يثرب，麦地那的旧名。——译者注
（2）《艾哈麦德按序圣训集》1：294；《布哈里圣训实录诠释——造物主的启迪》7：581；《穆斯林圣训实录》2：923。
（3）《布哈里圣训实录诠释——造物主的启迪》3：548。
（4）地方名，黑石方向的一个山丘。——译者注
（5）《布哈里圣训实录诠释——造物主的启迪》7：581。
（6）《布哈里圣训实录诠释——造物主的启迪》7：581。
（7）《布哈里圣训实录诠释——造物主的启迪》7：571。

## 穆斯林将征服全世界的喜讯

清高伟大的安拉给穆民们预报了使者将战胜其敌人、征服全球的喜讯："**是他以引导和真教派遣他的使者**"，即安拉以有益的知识和清廉的行为派遣了穆圣，因为安拉的沙里亚法律包括两个方面：知与行。所以，符合沙里亚法律的知识是正确的，符合沙里亚法律的行为是可以被接受的。因此，这个宗教所传述的信息都是真实的，其命令都是正义的。

"**以便他使它胜过一切宗教**"，即伊斯兰将战胜地球上所有人的宗教，无论是阿拉伯人的还是非阿拉伯人的，也无论有一定的思想体系、无神论者或多神崇拜。

"**安拉足为作证者**"，即安拉作证穆罕默德是其使者，并将襄助其获胜。安拉至知。

⁂ 29.穆罕默德是安拉的使者，跟他一道的人们，对隐昧者是严厉的，但在他们相互间是仁爱的。你看到他们鞠躬叩头，寻求来自安拉的恩典和喜悦。在他们的脸上，因为叩头的影响，而留有特

征。这是他们在《讨拉特》中的比喻，也是他们在《引支勒》中的比喻。就像一棵庄稼，抽出枝条，他使它强壮，不断成长，后来挺茎而立，使播种者欣喜。以便他通过他们使隐昧者愤懑。安拉已给他们当中归信并行善的人许诺了恕饶和巨大的回赐。❧

### 穆民的特征

清高伟大的安拉说，毋庸置疑，穆罕默德是他的使者。所以说：**"穆罕默德是安拉的使者"** 这是一个陈述句，它所表达的是：这些特征包括一切优美特征。

安拉也表扬了圣门弟子们，说：**"跟他一道的人们，对隐昧者是严厉的，但在他们相互间是仁爱的。"** 正如安拉所言：❦ 不久安拉就会带来一些他爱他们和他们爱他的人，（他们是）归信者面前谦恭的，隐昧者面前严厉的。❧（5：54）这就是穆民的特征，他们对待隐昧者时非常严厉，但对待好人时却格外温和。他们看到隐昧者时，怒目而视，不苟言笑，见到穆民时温文尔雅，喜上眉梢。正如安拉所言：❦ 有正信的人们啊！你们要跟那些临近你们的隐昧者作战，让他们知道你们的厉害。❧（9：123）先知㊊说："穆民相亲相爱，宛若一个身体，如果其中一个肢体病痛时，身体其他部分就开始发烧和不眠，为之哀叹。"(1) 又先知㊊说："穆民和穆民，就像一个建筑物，不同部分相互加固。"先知还把手指交错起来（作示范）。(2)

**"你看到他们鞠躬叩头，寻求来自安拉的恩典和喜悦。"** 经文指出，信士们的特征是善功多，礼拜多。礼拜是最好的善功。经文指出，他们一心拜主，希求安拉赐给他们巨大的奖励——充满安拉的恩惠的乐园，其中能够获得宽裕的给养和安拉的喜悦，安拉的喜悦是无上的恩泽。正如安拉所言：❦ 更大的是来自安拉的喜悦。❧（9：72）

**"在他们的脸上，因为叩头的影响，而留有特征。"** 伊本·阿拔斯认为他们脸上的**"特征"** 指优雅的外表。(3) 穆佳黑德等认为经文指敬畏和谦虚。(4) 有学者说："一件善行，能给心中带来光明，给脸上增添光彩，使生活更加宽裕，令人胸怀仁爱。"

信士的长官奥斯曼说："人隐藏的一切秘密，安拉都要使之显露到他的脸上，流露到话中。"

穆圣㊊说："恰当的行为，优雅的仪表，中正之道，属于二十五个圣品之一。"(5)

圣门弟子们动机纯洁、善行完美，所以，他们的仪表和行为人见人爱。马立克说："我听说基督徒们看到解放沙姆的圣门弟子们时说：'以安拉发誓，据我们所知，这些人比使徒[6]们更优秀。'"他们说得没有错，因为在以前的天启经典中，这个民族是受到尊重的。这个民族中最伟大、最尊贵的人们是圣门弟子。安拉确实在以前的经典和流传的传述中称赞了他们。

因此，本章的经文说：**"这是他们在《讨拉特》中的比喻。"**

然后说：**"也是他们在《引支勒》中的比喻。就像一棵庄稼，抽出枝条。"** "枝条" 指芽或者枝。

**"他使它强壮"**，即"使其茁壮"。

**"不断成长"**，即长高，长大。

**"后来挺茎而立，使播种者欣喜。"** 圣门弟子就是这样，他们支持和辅佐先知，他在他们中间，就像一棵幼苗茁茁壮成长。**"以便他通过他们使隐昧者愤懑。"**

伊玛目马立克以这段经文为根据，主张把憎恶圣门弟子的拒绝派断为隐昧者。他说："……因为该派愤恨圣门弟子。根据这节经文，谁愤恨圣门弟子，谁就是隐昧者。"部分学者和他持相同观点。

有关圣门弟子的尊贵以及禁止谈论他们过失的圣训不胜枚举。但对圣门弟子们而言，安拉对他们的表扬和喜悦就已经足够了。

清高伟大的安拉说：**"安拉已给他们当中归信并行善的人许诺了恕饶"**，即安拉将赦宥他们的罪恶。

**"和巨大的回赐"**，即巨大的报偿和丰厚的给养。安拉的许诺是真实的，安拉从不违背其诺言。那些坚持圣门弟子路线的人们，在圣门弟子之列，然而圣门弟子品质高强，其卓越和完美在这个民族中无人能比。愿安拉喜悦他们，并让他们获得喜悦，愿安拉使非勒道斯乐园成为他们的家园。安拉会这样做的。

安拉的使者㊊说："你们不要辱骂我的众弟子，以掌握我生命的安拉发誓，即使你们花费吾侯德山那么多的黄金，也比不上他们的一莫德[7]或半莫德。"(8)

《胜利章》注释完。一切感赞全归安拉。

---

(1)《穆斯林圣训实录》4：1999。
(2)《布哈里圣训实录诠释——造物主的启迪》5：119。
(3)《泰伯里经注》22：263。
(4)《泰伯里经注》22：263。
(5)《艾哈麦德按序圣训集》1：296；《艾布·达乌德圣训集》5：136。
(6) 基督十二门徒。——译者注
(7) 容量单位，1莫德约18公升。——译者注
(8)《穆斯林圣训实录》4：1967。

# 《寝室章》注释　麦地那章

### 奉普慈特慈的安拉之尊名

⟪1.有正信的人们啊！你们不要在安拉及其使者面前争先，你们要敬畏安拉，安拉是全听的、全知的。⟫

⟪2.有正信的人们啊！你们不要使你们的声音高过先知的声音，也不要像你们对其他人说话那样对他大喊大叫，以免你们的功行在你们不知不觉中变得无效。⟫

⟪3.确实，在安拉的使者面前降低声音的人，这等人，安拉已经因为敬畏而考验了他们的内心。他们享有恕饶和巨大的报酬。⟫

**禁止在安拉及其使者跟前争先，命令敬重使者**

安拉在这些经文中，给穆民众仆教导与使者相处的礼节。即穆民应该无比谦敬地尊重使者。安拉说："**有正信的人们啊！你们不要在安拉及其使者面前争先**"，即你们无论做什么事情都不要抢先于使者，而要事事跟随使者㊗。

伊本·阿拔斯解释这段经文说："你们不要说违背《古兰》和圣训的话。"[1]

格塔德说："据说，有些人说'但愿因为某事下降经文'、'但愿某事是正确的'，因此招致安拉的憎恶。"[2]

"**你们要敬畏安拉**"，即你们要在他命令的一切事务中敬畏安拉。

"**安拉是全听的**"，他能听到你们的一切言辞。

"**全知的**"，他知道你们心中的意图。

"**有正信的人们啊！你们不要使你们的声音高过先知的声音。**"这是安拉教给穆民的第二个礼节。安拉命令穆民不可高过先知的声音。据传述，这段经文是因为艾布·伯克尔和欧麦尔而降示的。布哈里传述，艾布·伯克尔和欧麦尔这两个好人因为在圣人面前高声讲话而差点儿犯罪。先知接待泰米目族代表团时，他俩一人建议先知让艾格莱尔当官，另一人推荐其他人。（圣训传述者纳菲尔说，我忘记了另外一人的名字）于是艾布·伯克尔对欧麦尔说："就你跟我作对。"欧麦尔说："我没有和你作对啊。"二人越说声音越高。因此，安拉降谕道："有正信的人们啊！你们不要使你们的声音高过先知的声音，也不要像你们对其他人说话那样对他大喊大叫，以免你们的功行在你们不知不觉中变得无效。"伊本·祖拜尔说："这段经文降示之后，欧麦尔（愿主喜悦之）的声音降得太低，以致使者追问他在说什么。"祖拜尔关于他的父亲艾布·伯克尔，没有说什么。[3]

另据布哈里传述，一支泰米目族人来见先知，艾布·伯克尔推荐格尔尕尔为他们的长官。欧麦尔却说："不，请任命艾格莱尔！"[4]

又据布哈里传述，先知有次找不到萨比特·本·盖斯，有人说："安拉的使者啊！我知道他在哪里。"他来到萨比特家时，发现他正垂头丧气。于是问："你怎么了？"他说：他的声音曾高过先知的声音，他的善功无效了，他属于火狱的居民。于是那人到先知跟前，汇报了情况。穆萨（指圣训传述者）说："此后那人回到萨比特跟前，向他报告了一个极大的喜讯。先知说：你去告诉他，你（萨比特）不是火狱的居民，而是乐园的居民。"[5]

艾奈斯传述："**有正信的人们啊！你们不要使你们的声音高过先知的声音……以免你们的功行在你们不知不觉中变得无效**"下降期间，萨比特是一个声音很高的人。他说："我的声音曾高过了安拉使者㊗的声音，我是火狱的居民，我的善功无效了。"他闷闷不乐地坐在家中。先知发现他不在，就派人到他家中去找。去找的人说："安拉的使者㊗发现你不在，你怎么了？"他回答说："我就是那个声音曾高过先知的人，我的工作无效了，我属于火狱的居民。"于是众人来到先知跟前，汇报了他所说的话，先知㊗说："不，他属于乐园的居民。"艾奈斯说："此后，他出现在我们当中，我们都知道他属于乐园的居民。叶麻麦战役当中，我们的部分战士开始败退，萨比特却冲了上来。当时，他身上洒着香料（这是专门给亡人洒的香料），穿着尸衣，（对败退的穆斯林）喊道：'你们给你们的战友养成的毛病太坏了！（以致敌人如此肆无忌惮！）'"经过一番战斗，他牺牲了（愿主喜悦之）。[6]

然后，经文禁止像对待普通的伙伴那样对使者大喊大叫。经典要求人们恭敬地呼唤先知。因此经文说："**也不要像你们对其他人说话那样对他大喊大叫。**"另一章说：⟪你们不要把使者的呼唤当成你们间相互的呼唤。⟫（24：63）

---

(1)《泰伯里经注》22：275。
(2)《泰伯里经注》22：276。
(3)《布哈里圣训实录诠释——造物主的启迪》8：454。
(4)《布哈里圣训实录诠释——造物主的启迪》8：457。
(5)《布哈里圣训实录诠释——造物主的启迪》8：454。
(6)《艾哈麦德按序圣训集》3：137。

"**以免你们的功行在你们不知不觉中变得无效。**"经文禁止你们在先知跟前高声喧哗,担心招致先知的恼怒,最终安拉因先知的恼怒而怒,以致你们的功行在不知不觉中失效。

正如圣训所述:"有人在不经意中讲一句安拉喜悦的话,天使将因此给他记录乐园。有人在不经意中讲一句安拉恼怒的话,他将被投入犹如天地之宽的火狱中。"(1)

然后安拉教导人们在使者面前讲话时降低声音,鼓励说:"**确实,在安拉的使者面前降低声音的人,这等人,安拉已经因为敬畏而考验了他们的内心**",即安拉因为他们敬畏而净化了他们的心灵,使他们有资格进入乐园。

"**他们享有恕饶和巨大的报酬。**"穆佳黑德说,有人致信欧麦尔,问:"信士的长官啊!有人没有罪恶的念头,因而也不犯罪;有人有罪恶的念头,但不犯罪。这二人中哪一个更尊贵?"欧麦尔回信道:"有罪恶的念头但不犯罪的人更尊贵。'**这等人,安拉已经因为敬畏而考验了他们的内心。**'"

◆ 4.确实,那些在诸寝室后边呼叫你的人,他们大多数不理解。◆

◆ 5.如果他们忍耐,等到你出去见他们,那对他们是更好的。而安拉是至恕的、至慈的。◆

### 训诫从寝室的后面呼唤先知的人

安拉谴责了那些像粗俗的贝都因人一样在圣妻的寝室后面呼唤先知的人,说:"**他们大多数不理解。**"

然后安拉指导他们遵循一种礼节,说:"**如果他们忍耐,等到你出去见他们,那对他们是更好的**",即那对他们的今世和后世是更有益的。

安拉鼓励他们向他忏悔,说:"**而安拉是至恕的、至慈的。**"经多位传述者传述,这段经文是因为艾格莱尔而降示的。伊玛目艾哈麦德传述,艾格莱尔曾在寝室的后面呼唤先知:"穆罕默德啊!"另据传述:"安拉的使者啊!"但先知没有回答他。后来他说:"安拉的使者啊!我的赞美是美化,我的谴责是耻辱。"先知说:"那属于伟大的安拉。"(2)

◆ 6.有正信的人们啊!如果坏人带给你们消息,你们要查清楚,以免你们无知地伤害他人,而

---
(1)《布哈里圣训实录诠释——造物主的启迪》11:314。
(2)《艾哈麦德按序圣训集》3:488。

事后因你们的作为而悔恨不已。◆

◆ 7.须知,你们当中有安拉的使者。如果他在许多事情中顺从你们,你们一定会陷于麻烦。但是安拉已使你们热爱正信,并在你们的心中美化它,他也使你们憎恶不信、邪恶和违抗。那等人,是走正道的。◆

◆ 8.来自安拉的恩惠和恩典,安拉是全知的、明哲的。◆

### 命令我们慎重对待坏人带来的消息

清高伟大的安拉命令人们要慎重对待坏人传来的消息,以免根据他们的话作出误断。因为从本质上讲,坏人自身的情况不免下列二者之一:撒谎或错误。所以,根据坏人的消息进行判断的人,无疑是步坏人之后尘。而安拉禁止人们跟随坏人的道路。这也是部分学者不采纳陌生人传述圣训的原因。

讲述这段经文降示原因的圣训很多,伊玛目艾哈麦德所传的下列圣训是其中最优美的圣训之一:哈里斯·本·最拉勒说,我去安拉的使者那里后,在使者的号召下加入了伊斯兰,后来又在使

者的号召下接受了天课制，我说，安拉的使者啊！我要回到族人那里，要求他们归信伊斯兰，并交纳天课。谁若响应我，我就把他的天课收起来。使者啊！你在某某时间派人来收取征收的天课。

后来哈里斯征收了响应者的天课，他和使者约好的时间已经过去后，先知的使节一直没有前来收取这些天课。哈里斯担心因此而遭受安拉和使者的恼怒，所以召来族人中的一些领袖，对他们说："安拉的使者㊣为我规定了一个时间，约好在那里派人来收取我所征收的天课，但使者迟迟未到。我想肯定是先知因为恼怒我而没有派其使节。让我们一起去见安拉的使者吧！"

其时，先知已经派遣瓦利德·本·乌古白去哈里斯那里收取天课。瓦利德行至半路，因为害怕自身安危而回去见先知，说："安拉的使者啊！哈里斯拒绝交纳天课，他还想杀死我呢。"先知听后很气愤，派一支军队去讨伐哈里斯，与此同时，哈里斯也正率领本族元老在去见先知的路上。

军队离开麦地那后碰见了哈里斯，有人说："这就是哈里斯！"哈里斯走近问："你们要去征讨何人？"他们说："征讨你！"哈里斯问："何出此言？"他们说："安拉的使者㊣派瓦利德去收取你那里的天课，但他说你拒绝交纳天课，还想杀死他。"哈里斯（愿主喜悦之）说："凭着以真理派遣了穆罕默德的安拉发誓，我根本没有见到他，他也没有来找我。"

哈里斯来见先知时，先知问："你拒绝交纳天课，还要杀死我的使者吗？"哈里斯说："不！凭着以真理派遣你的安拉发誓，我没有看见他，他也没有来见我。我率众而出，只是因为安拉的使者㊣的使者迟迟未来，我担心受到安拉及其使者的恼怒。"于是安拉降下了《寝室章》，其中说："**有正信的人们啊！如果坏人带给你们消息……安拉是全知的、明哲的。**"

## 先知的判决是最佳的

"须知，你们当中有安拉的使者。"须知，安拉的使者㊣就在你们当中，你们要敬重他，在他面前要彬彬有礼，服从他的命令。因为他比你们更了解对你们有益之事，他对你们的爱超过了你们对自己的爱，他对你们的看法比你们对自己的看法更全面。正如另一段经文说："❝ 如果真理服从了他们的私欲，那么诸天与大地以及其间的万物都将毁坏。不然，我已把对他们的教诲降给了他们，但是他们却对教诲置之不理。❞（23：71）

然后经文指出，人们在对待自己的利益时，所抱的观点往往是肤浅的。说："**如果他在许多事情中顺从你们，你们一定会陷于麻烦**"，即假若他事事按你们的想法办理，必然导致你们陷入困境和苦难之中。正如安拉所言：❝ 如果真理服从了他们的私欲，那么诸天与大地以及其间的万物都将毁坏。不然，我已把对他们的教诲降给了他们。❞（23：71）

"**但是安拉已使你们热爱正信，并在你们的心中美化它**"，即安拉使你们从内心中热爱正信，并感知正信的美好。

## 伊斯兰和伊麻尼之间的区别

"**他也使你们憎恶不信、邪恶和违抗**"，即安拉使你们从内心中恼恨隐昧、大罪和一切违抗安拉的事情。这是一种循序渐进地完善恩典的方法。

安拉接着说："**那等人，是走正道的**"，即具备上述特征的人们，安拉已经给了他们引导和正道。

艾布·勒法尔传述，吾侯德战役中，多神教徒们开始撤退，安拉的使者㊣对穆斯林们说："大家站好！让我来赞美我尊严的养主吧！"于是众人在先知身后排好了队伍，先知说："主啊！一切赞美，都属于你。主啊！没有谁能收缩你所展开的，也没有谁能展开你所收缩的；没有谁能引导你任之迷误的，也没有谁能误导你所引导的；没有谁能拒绝你所给予的，也没有谁能给予你所拒绝的；没有谁能使你所疏远的临近，也没有谁能使你所临近的疏远。主啊！请为我们普降你的福分、慈悯、恩惠和给养吧！主啊！我向你祈求永不消除的恩典。主啊！我向你祈求贫穷之日的恩泽、恐惧之日的安宁。主啊！求你庇佑我，使我免遭你所赐予的不测和你所拒绝的不测。主啊！请让我们热爱正信，并在我们心中美化它吧！请让我们憎恶不信、邪恶和违抗。请你使我们走正道。主啊！请让我们以穆斯林的身份而活，让我们以穆斯林的身份而死，让我们和那些清廉者相聚，而不要使我们出丑或经受磨难。主啊！否认你的众使者和阻碍你的道路的人们的处决者啊！请让他们遭受你的折磨和惩罚！主啊！处决那些曾被赋予经典的隐昧者之主啊！"

"**来自安拉的恩惠和恩典**"，即赐给你们的这一切，都是来自安拉的恩惠和恩典。

"**安拉是全知的、明哲的。**"全知的安拉知道谁有资格得正道，谁应该陷入迷途。睿智的安拉的一切言行、法律和决定，都是精确而富有哲理的。

❝ 9.如果信士中的两派互相争斗，你们要在他们之间调解。倘若其中的一方对另一方过分，那么你们就攻击过分的一方，直到它归顺安拉的命令。如果他们归顺，你们就在它俩之间公平地促进和解，并主持公道，安拉喜爱公平的人。"

10.穆民皆兄弟，所以，你们要在你们的兄弟之间调和，你们要敬畏安拉，以便你们获得慈悯。"

## 命令穆民调解穆民之间的隔阂，并教训过分的一派

清高伟大的安拉命令人们调解穆斯林之间的争斗，说："**如果信士中的两派互相争斗，你们要在他们之间调解**。"虽然他们之间有斗争，但经文还是将战斗双方称为信士。布哈里等学者以这段经文为证，主张犯大罪的人依然拥有正信。而哈瓦里吉派和他们的追随者穆尔太齐赖派等派别认为，犯大罪的人没有正信。

布哈里传述，有一天，安拉的使者⸺在讲台上讲演，哈桑在他的旁边。先知看了看哈桑，又看了看众人，然后说："我的这个孩子是位领袖，或许安拉要通过他调解两大穆斯林群体间的隔阂。"（1）后来事实果真如先知所说，安拉通过哈桑调解了沙姆人和伊拉克人之间的纠纷，此前，这两派之间经历了漫长而艰苦的战争。

清高伟大的安拉说："**倘若其中的一方对另一方过分，那么你们就攻击过分的一方，直到它归顺安拉的命令**"，即直到过分者回到安拉及其使者的命令之下，服从真理。正如布哈里所传述的圣训所述，艾奈斯说，安拉的使者⸺说："帮助你的兄弟，无论他是压迫者还是被压迫者。"我问安拉的使者⸺，我可以帮助被压迫者，但怎么去帮助压迫者呢？使者⸺说："制止他压迫人，就是对他的帮助。"（2）

伊本·朱拜尔说，奥斯和赫兹勒吉两部落之间发生了冲突，人们用枣树枝和鞋子相互殴斗，于是安拉降下了这段尊贵经文，命令穆斯林在他们之间调解。（3）

赛丁伊说，有位辅士名叫仪姆兰，其妻叫乌姆·栽德。其妻想回娘家探亲，但他不让去，他将她锁在一间阁楼中，不让她的家人见她。于是这位女人派人到娘家诉说，娘家人到来后要把她带走。丈夫当时不在，其家人遂叫人帮忙，其堂兄弟们阻拦娘家人带走仪姆兰的妻子。于是双方你推我搡，并发展到用鞋子互相殴斗。后来安拉降下了这段经文。于是先知派人去他们那里，调和了他们间的纠纷，双方都同意遵守安拉的命令。（4）

"**如果他们归顺，你们就在它俩之间公平地促进和解，并主持公道**"，即你们当公正地调解他们间的纠纷，因为"**安拉喜爱公平的人**"。

安拉的使者⸺说："今世中主持公道的人，要站立在至仁主跟前的珍珠讲台上。这是对他们曾主持公道的奖励。"（5）

"**穆民皆兄弟**"，即所有的穆民都是伊斯兰兄弟。正如安拉的使者⸺说："一个穆斯林是另一个穆斯林的兄弟，他不亏他，也不抛弃他。"（6）先知说："只要一个仆人在帮助他的兄弟，安拉就在帮助他。"（7）先知说："当一个穆斯林为其不在场的兄弟而祈祷时，天使说：'主啊！请接受祈祷吧！你（祈祷者）将获得相同的回赐。'"（8）又"穆民相亲相爱，宛若一个身体，如果其中一个肢体病痛时，身体其他部分就开始发烧和不眠，为之哀叹。"（9）先知说："穆民和穆民，就像一个建筑物，其各个部分相互加固。"先知还把手指交错起来（作示范）。（10）

"**所以，你们要在你们的兄弟之间调和**"，即你们要调解斗争双方的纠纷。并且在一切事务中"**要敬畏安拉**"。

"**以便你们获得慈悯**。"经文通过这种方法，强调至仁主必定会慈悯敬畏他的人。

11.有正信的人们啊！一些人莫要嘲笑另一些人，被嘲笑者或许比嘲笑者更好；一些妇女也莫要嘲笑另一些妇女，被嘲笑者或许比嘲笑者更好；你们不要中伤你们自己，也不要彼此叫绰号。在归信之后，邪恶的名字真不好！不忏悔的人，这等人，确实是不义的。"

## 禁止嘲笑和轻视他人

清高伟大的安拉禁止人们嘲讽他人。嘲讽是一种蔑视他人的举动。安拉的使者⸺说："骄傲是蔑视真理，轻视众人。"（11）概言之，这种行为是非法的。因为或许被嘲讽者在安拉那里比嘲讽者地位更高，更受安拉喜爱。因此经文说："**有正信的人**

---

（1）《布哈里圣训实录诠释——造物主的启迪》5：361。
（2）《布哈里圣训实录诠释——造物主的启迪》5：1118。
（3）《散置的珠宝》7：560。
（4）《泰伯里经注》22：294。
（5）《圣训大集》5917。
（6）《布哈里圣训实录诠释——造物主的启迪》5：116。
（7）《穆斯林圣训实录》4：2074。
（8）《穆斯林圣训实录》4：2094。
（9）《穆斯林圣训实录》4：1999。
（10）《布哈里圣训实录诠释——造物主的启迪》5：119。
（11）《穆斯林圣训实录》1：93。

们啊！一些人莫要嘲笑另一些人，被嘲笑者或许比嘲笑者更好；一些妇女也莫要嘲笑另一些妇女，被嘲笑者或许比嘲笑者更好。"经文先向男人发出禁令，紧接着又向女人发出禁令。

"你们不要中伤你们自己"，即你们不要互相诽谤。造谣中伤和背后诽谤，在男人身上是更受诅咒和谴责的。正如安拉所言：❝ 遭殃吧，每个诽谤造谣的人！❞（104：1）"诽谤"指行动方面的行为[1]，"造谣"指言语方面的行为。正如安拉所言：❝ 诽谤者、到处散布谣言者。❞（68：11）即鄙视他人，过分地诽谤他们，并在人们之间拨弄是非。

因此，本章的经文说："你们不要中伤你们自己。"正如安拉所言：❝ 也不要自相残杀。❞（4：29）即你们不要自相残杀。

伊本·阿拔斯等学者将"你们不要中伤你们自己"解释为：你们不要互相诽谤。

"也不要彼此叫绰号"，即不要以诨名相互称呼。"绰号"指人们不喜欢听到的名字。

艾布·杰毕勒说，这段经文是因为我们而降的。安拉的使者☪来麦地那时，我们每个人都有两三个名字，使者若以其中的某个名字喊一个人时，他们说："安拉的使者啊！他不喜欢这个绰号。"于是安拉降谕道："也不要彼此叫绰号。"[2]

"在归信之后，邪恶的名字真不好！"即这种不良形象和名称真恶劣啊！在你们归信并理解之后，仍然要像蒙昧时期的人一样使用绰号，以诨名相互称呼吗？

"不忏悔的人"，即从这种罪行上不忏悔的人，"这等人，确实是不义的"。

❝ 12.有正信的人们啊！你们要避免许多猜疑，因为有些猜疑是罪恶；你们不要互相侦查，不要打听，也不要互相背谈。难道你们当中有人喜欢吃他兄弟的死肉吗？你们当然痛恨它（这种行为）。你们要畏惧安拉，安拉是至恕的、至慈的。❞

### 禁止猜疑

清高伟大的安拉禁止穆民众仆随意猜疑。包括对家人、亲戚和其他人进行不切实际的猜疑和推测。因为部分猜疑是纯粹的犯罪。所以，谨慎起见，必须远离许多猜疑。信士的长官欧麦尔说："对出自穆民兄弟的话不要猜疑。"[3]

安拉的使者☪说："你们要远离猜疑，因为它是最不真实的话。你们不要探查（别人的隐私），不要挑剔他人的瑕疵，不要相互嫉妒，不要相互恼怒，不要相互避开，安拉的仆人们啊！你们当成为兄弟。"[4]

安拉的使者☪说："你们不要相互断交，不要相互背转，不要相互恼怒，不要相互嫉妒，你们当成为安拉的仆人——兄弟。穆斯林不应该远离他的兄弟三天以上。"[5][6]

"你们不要互相侦查"，即不要侦查对方的隐私。"侦查"一词一般用于贬义，如"间谍"一词，就出自它的词根。

"打听"一词则往往用于褒义。正如安拉讲述叶尔孤白先知说的话：❝ 我的儿子们啊！你们去打听优素福和他的兄弟，你们不要对安拉的慈悯绝

---

[1]譬如挤眉弄眼。——译者注
[2]《艾哈麦德按序圣训集》4：460；《艾布·达乌德圣训集》5：246。
[3]《散置的珠宝》6：99。
[4]《穆宛塔》2：907；《布哈里圣训实录诠释——造物主的启迪》10：499。
[5]指三天以上不说话。——译者注
[6]《穆斯林圣训实录》4：1983；《提尔密济圣训全集诠释》6：64。

望。》（12：87）有时这两个词也用于贬义。正如安拉的使者所说："你们不要侦查，不要打听，不要互相恼怒，不要互相背转，安拉的仆人们啊！你们当成为兄弟。"(1)

奥扎伊说，"侦查"指对某一事件的研究；"打听"指探听别人不愿意透露的消息，或者指在别人门口偷听。"背转"指断交。

清高伟大的安拉说：**"也不要互相背谈。"** 穆民的另一礼貌是不背毁他人。立法者（穆圣）曾解释过其内涵。正如艾布·胡莱赖所传的圣训，有人问："安拉的使者啊！什么叫背谈？"先知回答："讲你的兄弟不快的话。"有人说："如果我讲的是事实呢？"先知回答："如果你讲的是事实，说明你在背谈他；如果你无中生有，说明你在诽谤他。"(2)

关于背谈的禁令是非常严肃的，因此安拉将背谈比作吃死人之肉。安拉说：**"难道你们当中有人喜欢吃他兄弟的死肉吗？你们当然痛恨它"**，即你们对吃死人肉有一种与生俱来的憎恶感，因此，根据你们的信仰，你们应以同样的态度憎恶背谈他人。何况背谈人的惩罚比吃死人肉的惩罚更严重。经文通过这种方法，提醒人们远离背谈。正如穆圣谴责向别人追回赠品的人时所说："他就像狗，吐了又吃。"先知曾说："恶劣的例子不宜用在我们身上。"(3)许多圣训集都记载了穆圣在辞朝演说中的下列训词："你们的生命、你们的财产、你们的名誉，就像你们的此城此月此日一样，是有尊严的。"(4)

安拉的使者说："一个穆斯林是另一个穆斯林的兄弟，他的财产、名誉和生命，都是有尊严的。轻视穆斯林兄弟是极度恶劣的。"(5)

艾布·胡莱赖的堂兄传述，马欧兹来到安拉的使者跟前说："安拉的使者啊！我奸淫了。"但使者没有理会他，以致他将此话说了四遍。他说完第五次后，先知问："你奸淫了吗？"他回答："是的。"先知问："你知道什么叫奸淫吗？"他回答："知道。我与她非法地做了她的丈夫能与她合法做的事情。"先知问："那么你讲此话用意何在？"他回答："我想让你使我纯洁。"安拉的使者说："你是否像把眼药棍放进眼药瓶中，把绳子放入井中一样，放入了呢？"他回答："安拉的使者啊！是的。"于是使者命人对他施行了石刑。他被处决后，先知听到两个人互相说："我看这人，安拉已经掩护了他，而他自己却把自己弄得像狗一样，被乱石击死。"后来先知经过一头死驴时，问某某和某某在哪儿？你俩下来吃这驴的死尸吧！他们说："安拉的使者啊！愿安拉宽恕你！这东西能吃吗？"穆圣说："刚才你们对你们兄弟的议论，甚于吃此死尸。以掌握我生命的安拉发誓，他现在正浸润在乐园的河中。"(6)

贾比尔说，（有次）我们和先知在一起时，一股死尸的臭味传了过来，安拉的使者问："你们可知这是何味？这是背谈他人的人身上发出的气味。"(7)

## 背谈者和拨弄事非者忏悔的方法

**"你们要畏惧安拉"**，即你们要在安拉对你们的一切命令和禁止中事事留心，敬畏安拉。

**"安拉是至恕的、至慈的"**，即安拉能恕饶忏悔者，怜悯那些归依他、依赖他的人。

大部分学者说，背谈者的忏悔方法如下：彻底戒绝，决不重犯。关于悔恨是否属于忏悔的条件之一，学者们是有分歧的。另外还要向被背谈者道歉。但也有学者说，道歉不属于条件。因为对方得知这个消息后，可能会受到更大的伤害。按此说法，背谈者应该在其背谈的场合赞扬被背谈者，并尽力杜绝对方再受到背谈，以此补偿对方。

《13. 人们啊！我确由一男一女造化了你们，并使你们成为许多民族和部落，以便你们能彼此认识。的确，在安拉那里，你们当中最尊贵的就是你们当中最敬畏的。安拉是全知的、彻知的。》

## 人类都是阿丹和海娃的子孙

清高伟大的安拉说，他由一个人——阿丹创造了人类，并由阿丹创造了他的妻子。安拉还使人类分为不同的民族。**"民族"**的内涵较**"部落"**广泛。比部落更小的，则是世族、家族、家庭等。有学者说，**"民族"**指非阿拉伯各群体，**"部落"**则指阿拉伯诸群体。正如安拉所言，"支派"指古以色列各派别。笔者曾在艾布·欧麦尔的《克塔卜·艾西巴哈》和《阿拉伯、非阿拉伯人谱系学》中概述过这个问题。此处不再赘述。

因而，就其来源——泥土方面来讲，同属阿丹

---

(1)《布哈里圣训实录诠释——造物主的启迪》10：496。
(2)《艾布·达乌德圣训集》5：191；《提尔密济圣训全集诠释》6：63。
(3)《布哈里圣训实录诠释——造物主的启迪》5：278。
(4)《布哈里圣训实录诠释——造物主的启迪》3：670；《穆斯林圣训实录》3：1306；《提尔密济圣训全集诠释》8：481；《艾哈麦德按序圣训集》1：230。
(5)《艾布·达乌德圣训集》5：195；《提尔密济圣训全集诠释》6：54。
(6)《艾布·耶阿俩按序圣训集》6：524。
(7)《艾哈麦德按序圣训集》3：351。

和海娃的人类，都是一样尊贵的。人的区别只取决于其信仰。即对安拉和先知的服从程度。

因此，安拉禁止了背谈和相互藐视之后，强调在人性（人格）上人类是平等的，安拉说：**"人们啊！我确由一男一女造化了你们，并使你们成为许多民族和部落，以便你们能彼此认识"**，即以便属于不同民族或部落的人们能够相互认识(1)。

穆佳黑德认为**"以便你们能彼此认识"**指：譬如人们说，某某的儿子某某，属于某某部落。(2)

苏富扬·绍利说："希木叶尔族(3)应归属于他们的省，希贾兹的阿拉伯人应该归属于他们的部落。"

## 人以敬畏而贵

清高伟大的安拉说：**"的确，在安拉那里，你们当中最尊贵的就是你们当中最敬畏的"**，即在安拉那里，人们的贵贱取决于对安拉的敬畏，而与门第的高低无关。有关这方面的圣训很多，有人问安拉的使者㊣："哪些人最尊贵？"使者㊣回答："他们中最尊贵的，是他们中最敬畏的。"他们说："我们问的不是这个问题。"先知回答："人们中最尊贵的，是安拉的使者优素福。他父亲、祖父都是安拉的使者，曾祖父是安拉的朋友。"他们说："我们问的也不是这个问题。"先知问道："你们问的是阿拉伯人的血统吗？"他们说："是的。"先知回答说："在蒙昧时代你们中的优秀者，在伊斯兰中也是优秀的，如果他们精通宗教知识。"(4)

圣训：安拉的使者㊣说："安拉不看你们的外表和财富，他看你们的内心和行为。"(5)

圣训：光复麦加之日，安拉的使者㊣骑着格苏瓦骆驼巡游天房，他用手中的手杖庆贺了天房各角。先知在禁寺中没有找到让骆驼跪卧的地方，以致人们用手把先知接了下来。先知骑骆驼到了白特尼·麦西莱（一处山谷）后，才让骆驼卧了下来。然后，安拉的使者㊣在他的骑乘上向众人发表了演说。他恰如其分地赞美了安拉后说："众人啊！尊严的安拉已经消除了你们身上蒙昧主义的傲慢以及门第之见。安拉看来人有两种：正义敬畏尊贵的和邪恶薄福渺小的。清高伟大的安拉的说：'人们

---
（1）这段经文可理解为：以便你们进行文明的对话。——译者注
（2）《泰伯里经注》22：312。
（3）古也门部落名。——译者注
（4）《布哈里圣训实录诠释——造物主的启迪》6：477、481、8：212；《圣训大集》6：467。
（5）《穆斯林圣训实录》4：1987；《伊本·马哲圣训集》2：1388。

啊！我确由一男一女造化了你们，并使你们成为许多民族和部落，以便你们能彼此认识。的确，在安拉那里，你们当中最尊贵的就是你们当中最敬畏的。安拉是全知的、彻知的。'"先知最后说："这是我发表的观点，祈求安拉宽恕我和你们。"(6)

**"安拉是全知的、彻知的"**，即安拉了解你们，全知你们的事情。所以，他将引导他所意欲的人，任他所意欲的人迷误，他将怜悯他所意欲之人，恼怒他意欲恼怒之人。他将提高意欲之人的品级。他是睿智的、全知的、彻知的。有许多学者根据上述《古兰》经文和圣训主张：门当户对（根据社会地位、财富和家庭等）不是婚姻的条件之一，婚姻的条件只是宗教。因为安拉说："的确，在安拉那里，你们当中最尊贵的就是你们当中最敬畏的。"

❖ 14.游牧的阿拉伯人说："我们归信了！"你说："你们没有归信，但你们说：'我们已经归顺了。'可是，正信还没有进入你们的心中。倘若你们服从安拉和他的使者，他绝不会克扣你们丝毫的善功。"安拉是至恕的、至慈的。❖

❖ 15.穆民，只是那些归信安拉及其使者，此后没有怀疑，并以他们的财产和生命为主道奋斗的人。这等人，他们是真诚的。❖

❖ 16.你说："难道你们要给安拉告知你们的宗教吗？而安拉却知道诸天和大地中的一切。安拉是全知万物的。"❖

❖ 17.他们因为归顺而向你示惠，你说："不要因为你们的归顺而对我示惠。不然，安拉的确在给你们施恩，因为他已经为了正信而引导你们，如果你们是诚实的。"❖

❖ 18.确实，安拉知道诸天与大地的秘密，安拉全观你们的行为。❖

## 穆民和穆斯林之间的区别

清高伟大的安拉批评那些刚刚加入伊斯兰、信仰尚未根植在心中就声称拥有正信的人。说："**游牧的阿拉伯人说：'我们归信了！'你说：'你们没有归信，但你们说：我们已经归顺了。可是，正信还没有进入你们的心中。'**"从这段经文可以看出，信仰（伊麻尼，الإيمان）的含义比归顺（伊斯兰，الإسلام）的地位更高。这是正统派的观点。吉卜勒伊里向穆圣㊣分别询问伊斯兰、信仰和行善的圣训，也能证明这一观点。在那次询问中，吉卜勒伊

---
（6）《蒙台何卜》793。

里天使由一般的问题问起，循序渐进，最后问至最细节的问题。

赛尔德·艾布·宛葛思说，安拉的使者☪给了一部分人赏赐，没有给另一部分人赏赐。于是赛尔德问："安拉的使者啊！你给了某人赏赐，但没有给另外的人赏赐，他也是穆民啊！"先知说："或许他是个穆斯林。"赛尔德连问三次，但使者的回答没有改变。后来先知说："我给一些人赏赐，但没有给另一些人赏赐，虽然我更喜爱另一些人。我没有赏赐他们，原因是我担心他们面朝地下扑倒在火狱之中。"[1]因而，穆圣☪将穆民和穆斯林作了区别。从中可以看出，信仰的品级高于归顺的品级。笔者曾根据《布哈里圣训实录》信仰篇的证据，考证过这一论点。一切赞美和恩情，全归养育众世界的安拉。

但从中可以看出，经文中所说的这些游牧人并非伪信士。而是信仰在他们的心中还没有根植，但他们是穆斯林，只不过因为对自己给了更高评价而受到了教训。这也是伊本·阿拔斯、伊布拉欣·奈赫伊等学者的观点。

所以安拉教训这些游牧人道："**你说：'你们没有归信，但你们说，我们已经归顺了。可是，正信还没有进入你们的心中'**"，即你们还没有获得信仰的真谛。

然后经文说："**倘若你们服从安拉和他的使者，他绝不会克扣你们丝毫的善功**"，即安拉不会减少对你们的报偿。正如安拉所言：۞我不会从他们的行为中减少一丝毫。۞（52：21）

"**安拉是至恕的、至慈的**"，即对于那些真心忏悔，并回归安拉的人而言，"**安拉是至恕的、至慈的。**"

"**穆民**"，即拥有完美信仰的人。

"**只是那些归信安拉及其使者，此后没有怀疑**"，即他们始终保持一个立场，对安拉坚信不移。"**并以他们的财产和生命为主道奋斗的人。**"他们为了顺服安拉，博得安拉的喜悦，乐于献出自己的生命和宝贵财富。

"**这等人，他们是真诚的**"，即如果他们说自己是穆民，则与一些只在嘴上显露信仰的游牧人不同。

"**你说：'难道你们要给安拉告知你们的宗教吗？'**"即难道你们要把心中的秘密告诉安拉吗？

"**而安拉却知道诸天和大地中的一切。**"天地中事无巨细，即便是一粒芥子，也在安拉的察觉中。

"**安拉是全知万物的。**"正如安拉所言："他们因为归顺而向你示惠。""他们"指某些游牧人，他们因为接受伊斯兰，以及跟随和帮助先知而自觉劳苦功高，安拉驳斥他们道："你说：'不要因为你们的归顺而对我示惠。'"因为其中的受益者是你们自己，何况你们享受着安拉的恩惠。

"**不然，安拉的确在给你们施恩，因为他已经为了正信而引导你们，如果你们是诚实的**"，即如果你们所说的恰如其分。正如侯奈尼之日穆圣☪对辅士所说："众位辅士啊！难道当初我没有发现你们是迷误的，而安拉借我引导了你们吗？你们不是四分五裂的，而安拉通过我将你们联合起来了吗？你们不是贫穷的，而安拉通过我使你们富裕吗？"使者每问一句，他们就回答："安拉及其使者的恩情是最大的。"[2]

伊本·阿拔斯说，艾赛德人来见安拉的使者☪说："安拉的使者啊！我们归顺了，此前其他阿拉伯人与你战争，而我们没有和你发生过战争。"安拉的使者☪说："他们的理解有限，恶魔操纵了他们的口舌。"于是这段经文下降了："他们因为归顺而向你示惠，你说：'不要因为你们的归顺而对我示惠。不然，安拉的确在给你们施恩，因为他已经为了正信而引导你们，如果你们是诚实的。'"[3]然后经文再次说，安拉全知万物，全观一切被造物。

"**确实，安拉知道诸天与大地的秘密，安拉全观你们的行为。**"

《寝室章》注释完。一切感赞全归安拉，机遇和庇佑全凭安拉。

---

(1)《布哈里圣训实录诠释——造物主的启迪》1：99；《穆斯林圣训实录》1：132；《艾哈麦德按序圣训集》1：176。

(2)《布哈里圣训实录诠释——造物主的启迪》7：644。
(3)《圣训大集》11519。

和植物，令人目不暇接。换言之，那原本不毛的大地，变得生机盎然。死亡之后的"复活就是如此"。安拉用这种方法复活亡者。安拉伟大的可以观察并证明的大能，远比否认复生的人所否认的事情更为伟大。正如下列经文说：《诚然，造化天地是比造化人类更繁重的，可是大多数人不了解。》（40：57）又《难道他们没有看见造化了诸天与大地，并且不由于造化它们而感到疲倦的安拉，是有能力给死者生命的吗？是的，他确实是全能万事的。》（46：33）又《他的迹象之一是，你看大地一片荒芜，但是当我给它降下雨水时，它就膨动了，生长了。的确，给予它生命的安拉，能使各种无生命的复活，他确实是全能万事的。》（41：39）

《12.在他们以前，努哈的族人、兰司的居民和塞姆德就曾不信，》

《13.还有阿德、法老及鲁特的同胞们。》

《14.以及艾凯人和土伯尔的民众，全都曾不信众先知。所以，我的警告落实了。》

《15.难道我已经因为第一次的造化而疲倦吗？不，对于新的造化，他们在怀疑之中。》

### 提醒古莱什人铭记先民的毁灭

清高伟大的安拉警告古莱什人，以前与他们保持同一思想的否认者们，都曾在今世中遭受了惨痛的刑罚。譬如努哈的民族遭受了洪水泛滥，吞噬生灵，兰司的民族也遭受了严厉的惩罚，我们在《准则章》已有讲述。

"在他们以前，努哈的族人、兰司的居民和塞姆德就曾不信，还有阿德、法老及鲁特的同胞们"，即塞督姆人及周围地区。他们否认真理、暴戾恣睢、违背事实，故安拉使他们连同大地一起沦陷，将他们的家乡变成恶臭的沼泽地（湖泊）。

"以及艾凯人"，指舒尔布的民族。

"土伯尔的民众"，指古也门人。《烟雾章》已经讲述了他们的情况，此处无需赘述。一切赞美和感谢全归安拉。

"全都曾不信众先知。"以上各民族及其后代，都曾否认过安拉派给他们的使者。否认一位使者，如同否认所有使者。正如清高伟大的安拉所说：《努哈的族人否认了众使者。》（26：105）虽然派向他们的使者只有一位。事实上，即便所有的使者派给他们，他们也会否认的。

"所以，我的警告落实了"，即安拉对否认者所警告的惩罚降临了他们。听到这节经文的人应该引以为鉴，以免遭受类似的惩罚。因为后来否认其使者的人们正如前人否认他们的使者一样。

### 复造比初造更容易

清高伟大的安拉说："难道我已经因为第一次的造化而疲倦吗？"即难道初次的创造曾使我无奈吗，以致他们对复造产生怀疑？

"不，对于新的造化，他们在怀疑之中。"初造没有使我为难，所以复造是更容易的。另一段经文说：《是他创始造化，然后复造之。复造对于他是更容易的。》（30：27）又《他为我设立譬喻，而忘记了他自己的造化。他说："谁能在尸骨已朽之后，再赋予它生命？"你说："首次造化他们的主将使他们复活！他是深知一切造化的。》（36：78-79）前面圣训已经说过："伟大的安拉说，人类在伤害我，他说：'他不会像初造我那样复造我。'对我而言，初造绝不比复造容易。"

《16.我确曾造化人，我知道他的内心所唆使

的，因为我们比（他的）颈静脉更接近他。❁

❁17.坐在右边和左边的两个记录的天使，记录的时候，❁

❁18.他每说一句话，他身边就有一位预备就绪的监察者。❁

❁19.死亡的昏迷，带来了真理。这就是你一贯所逃避的。❁

❁20.号角被吹响了，那就是被警告的日子。❁

❁21.人人都到来了，驱策者和见证者陪伴着他。❁

❁22.你确曾对此在疏忽之中，后来我对你解除了帷罩，所以，你今天的目光是锐利的。❁

## 安拉周知并记录人类的一切行为

清高伟大的安拉说，他对人类是全能的，作为人类的创造者，他的知识包罗他的一切事务，他洞悉人心中所想的每一善恶念头。安拉的使者❁说："只要我的民族还没有说出来，或还没有做出来，安拉会原谅他们心中所想的一切。"[1]

"**因为我们比（他的）颈静脉更接近他**"，即安拉的天使比人的颈静脉更临近人。有些学者将"我们"一词解释为"我（安拉）的知识"，以免与泛神论或单一论相混淆[2]。而伊斯兰学者一致认为，这两种理论都属于谬论。赞美安拉清高神圣。

因为经文没有说"我比（他的）颈静脉更接近他。"[3]而是说"**我们比（他的）颈静脉更接近他**。"另一段经文说：❁那时我们比你们更接近他，但你们看不见。❁（56：85）经文中的"我们"还是指天使。又❁我确已降下教诲，我确实是它的保护者。❁（15：9）[4]即天使们凭安拉的许可带来了《古兰》。同样，在安拉所赐的能力之下，天使比人自己的颈静脉更接近于人。因为天使能鼓励人，正如恶魔能教唆人。正如真诚无欺的先知所说的那样，恶魔在人体内，能像血液在血管中一样自由流动。

因此，经文说"……**记录的时候**"，即人的一言一行，都被预备就绪的天使完全记录，毫不遗漏。正如安拉所言：❁在你们的上面有一群监护者，尊贵的、记录的，他们知道你们所做的一切。❁（82：10-12）即天使们在记录人类的每一句话，这是哈桑和格塔德的主张。[5]也是经文所明确表达的意义。安拉的使者❁说："一个人要说一句安拉所喜欢的话，他自己并不认为这句话有何高明之处，但安拉会因此而决定喜欢他，直到他觐见安拉之日；一个人要说一句安拉所恼怒的话，他自己并不认为这句话有何等严重，但安拉会因此而决定恼怒他，直到他见到安拉之日。"尔莱格麦曾说："比拉勒·本·哈里斯传述的圣训约束我说太多的话。"[6]

## 提醒人类死亡的昏迷，吹号角以及聚合

清高伟大的安拉说："**死亡的昏迷，带来了真理。这就是你一贯所逃避的。**"清高伟大的安拉说，人啊，死亡为你阐释了你一贯所怀疑的确凿事实。

"**这就是你一贯所逃避的**"，即你一贯所逃避的，已经降临了你，所以逃避是不可能的。

穆圣❁笼罩在归真的阴影中时，不停地擦脸颊上的汗水，说："赞安拉清净，死亡确实要带来昏迷。"

学者们对"**这就是你一贯所逃避的**"有两种解释。一、其中的"ما"一词是关系词。按这种解释，经文的意思是：你一贯逃避的事情，终究发生了。二、其中的"ما"一词是否定词。按这种解释，经文的意思是：这是你终究无法逃避的事情。据传述，安拉的使者❁说："逃避死亡的人，好比欠了大地的债务后被大地所追逐的狐狸。它四处奔逃，筋疲力尽，最后跑进了它的洞穴。而此时大地对它说：'狐狸啊！还我债务！'于是它又飞奔而出，最后筋疲力尽，断颈而亡。"[7]这则譬喻告诉我们，正如狐狸无路可逃一样，任何人都难免一死。

清高伟大的安拉说："**号角被吹响了，那就是被警告的日子。**"前面已经讨论了有关复生日吹号角、恐惧、死亡及复活等情况，所有这一切在复生日都要发生。圣训中说："我怎能宽慰呢？吹号角的天使已经将号角衔到嘴中，皱起眉头，等待对他下达吹号令。"众人问："安拉的使者啊！我们念什么？"使者❁说："你们念：安拉能使我们满足，可托的安拉真优美啊！"于是众人念："安拉能使我们满足，可托的安拉真优美啊！"[8]

"**人人都到来了，驱策者和见证者陪伴着**

---

[1]《布哈里圣训实录诠释——造物主的启迪》11：557。
[2] الحلول，一种哲学派别，认为某种物质在不改变其本身原有特征的情况下，可以与第二种物质相结合，成为另一种物质。"两物相近论"、"互相依存关系论"等哲学概念都与其大相径庭。其实也属于泛神论的一种。——译者注
[3]正文中表达"我"时使用的是复数，但在翻译中，一般都将安拉表达他自己的"我们"译为"我"。——译者注
[4]阿文中这段经文中的"我"，也采用了复数形式。译者采用另一种注释，将其译成了单数。详见15：9。——译者注

[5]《泰伯里经注》22：345。
[6]《艾哈麦德按序圣训集》3：469；《提尔密济圣训全集诠释》6：610；《提尔密济圣训全集诠释》2：555。
[7]《圣训大典》7：222。
[8]《提尔密济圣训全集诠释》7：117。

**他**”，即一位天使将驱赶他到复活地，另一位天使将为他的行为作证。这是本节尊贵经文的表面意思。伊本·哲利尔认同这种解释。[1]

叶哈雅·本·拉菲尔说，我听奥斯曼在讲演中念了“**人人都到来了，驱策者和见证者陪伴着他**”这段经文，并说：“一位天使将驱赶他到复活地，另一位天使将为他的行为作证。”[2]

清高伟大的安拉说：“**你确曾对此在疏忽之中，后来我对你解除了帷罩，所以，你今天的目光是锐利的**”，即指人类。“**对此**”指对这一天。“**锐利的**”指强烈的。因为到了后世，每个人都将变得耳聪目明，甚至今世中的隐昧者也不例外。但在那日拥有视力对隐昧者来说已经失去了意义。安拉说：﴾在他们来到我面前的那天，他们的视觉多么明朗、听觉多么清楚啊！﴿（19：38）又﴾如果你能看见那些有罪的人在他们的主跟前垂下头，说道：“我们的主啊！我们已看见了，也听到了。你让我们回去，我们一定会行善，我们是确信者。”如果你看到这种情况……﴿（32：12）

﴾**23.他的伙伴对他说：“这是在我跟前早已预备好的!”**﴿

﴾**24.你俩把一切忘恩负义者、顽抗者扔进火狱！**﴿

﴾**25.拒绝行善的、过分的、怀疑的。**﴿

﴾**26.舍安拉而设他神者，你俩就把他投入严厉的刑罚之中。**﴿

﴾**27.他的伙伴说：“我的主啊!我不曾使他放肆，是他自己原本在深远的迷误之中。”**﴿

﴾**28.他说：“你俩不要在我跟前互相争论，我已经预先警告过你们了。**﴿

﴾**29.我这里的判词绝不能改变，我也不是亏枉众仆的。”**﴿

## 天使作证 安拉下令将隐昧者扔进火狱

清高伟大的安拉说，负责人类事务的天使，在复生日要为人类的工作作证。天使将说：“**这是在我跟前早已预备好的!**”即早已预备就绪，毫无增减。此时，安拉要公正地审判人类。

清高伟大的安拉说：“**你俩把一切忘恩负义者、顽抗者扔进火狱！**”显然，呼吁的对象是驱策者和见证者这两位天使。驱策者将把隐昧者赶到清算场，作证者完成其任务后，安拉命令他俩把隐昧者扔进火狱中。那归宿真恶劣啊！

“**你俩把一切忘恩负义者、顽抗者扔进火狱！**”即经常辜负恩情和否认安拉，并明知故犯地坚持谬误、抗拒真理的人。

“**拒绝行善的**”，指不履行应尽的义务，不行善，不接恤骨肉，也不施舍的人。

“**过分的**”，指挥霍无度的人。格塔德认为指言行过分的人。

“**怀疑的**”，指怀疑自己行为并对审阅自己行为的人表示怀疑的人。“**舍安拉而设他神者**”，即他举伴安拉，将他物和安拉共同崇拜，你俩就把他投入严厉的刑罚之中。穆圣ﷺ说：“火狱中将出现一个天使，他说：‘今天我奉命对付三种人：一切顽横的强暴者，在安拉之外还设立受拜者的人，无故地杀人者。’此后，他将他们包围起来，投入火狱深处。”

## 人和恶魔在安拉跟前的辩论

清高伟大的安拉说：“**他的伙伴说。**”伊本·阿拔斯、格塔德等学者认为“**他的伙伴**”指专门负责对付他的恶魔。[3]

“**我的主啊!我不曾使他放肆。**”到了后世，恶魔为了和隐昧者划清界限这样说。“**我不曾使他放肆**”指我不曾误导他。

“**是他自己原本在深远的迷误之中**”，即他自己本身就是迷误的，接受谬误的，抗拒真理的。正如安拉所言：﴾当大事被判决时，恶魔说：“安拉确曾给你们许下真实的诺言，我也曾给你们许诺，不过我对你们失信了，我对你们无权力。不过在我呼喊你们时，你们响应了我，所以你们不要责备我，你们责备你们自己。我不能救助你们，你们也不能救助我。我否认你们以前以我举伴安拉（的行为）。不义的人们确实要遭受痛苦的刑罚。”﴿（14：22）

清高伟大的安拉说：“**他说：‘你俩不要在我跟前互相争论’。**”这是安拉对人和人的精灵伙伴说的话。因为他俩将在安拉那里辩论。人说，主啊！正是这厮误导我，使我没有理睬降临我的教诲。而恶魔却说：“**我的主啊!我不曾使他放肆，是他自己原本在深远的迷误之中**”，即他原来就远离了正道。安拉将对他俩说：“**你俩不要在我跟前互相争论。**”

“**我已经预先警告过你们了**”，即我已经通过众使者之口，对你们阐释了正教，我曾降示天经，为你们树立了明证。

“**我这里的判词绝不能改变。**”穆佳黑德解释

（1）《泰伯里经注》22：347。
（2）《泰伯里经注》22：347。
（3）《泰伯里经注》22：357。

说："我已经判决了我要判决的。"⁽¹⁾

"**我也不是亏枉众仆的**"，即我不会仅凭人的罪恶而惩罚他，但我若要惩罚犯罪的人，首先就要树立明证。

⟪ 30.那天我问火狱："你满了吗？"它说："还有增加的吗？" ⟫

⟪ 31.乐园将被带近敬畏的人，不遥远。 ⟫

⟪ 32.这是许给你们的，属于每一个归回者和守护者。 ⟫

⟪ 33.在暗中敬畏至仁主，并怀着归依的心到来者。 ⟫

⟪ 34.你们平安地进入它吧，这是永恒的日子！ ⟫

⟪ 35.其中有他们所意欲的一切，而我这里还有增加的。 ⟫

### 火狱和乐园以及它们的居民的情况

清高伟大的安拉说，在复活之日，他问火狱："**你满了吗？**"因为安拉早就给火狱许诺过，他将用人类和精灵填满它。于是安拉命令天使把该进火狱的人扔到火狱中，但那火狱仍然问：还有要填进来的吗？这是经文表面的意思，许多圣训也能证明之。安拉的使者㉘说："（犯罪者们）被纷纷扔进火狱，而火狱却说：'还有增加的吗？'直到尊严的主将他的格德目⁽²⁾放到其中，于是火狱各角开始收缩，并说：'足够了！足够了！以你的尊严和尊贵发誓。'而乐园的空间宽裕，直到安拉要创造另外一些生命，让他们居住在乐园中宽裕的地方。"

圣训："火狱被问道：'你满了吗？'它回答：'还有没有？'于是养主将他的格德目放到其上，火狱才说：'足够了！足够了！'"⁽³⁾

圣训：安拉的使者㉘说："乐园与火狱之间发生了争论，火狱说：'我被骄傲者和强暴者所青睐。'乐园说：'那我是怎么一回事，只有弱者和卑微的人居住于我当中。'尊严的主对乐园说：'你是我的慈悯，我用你慈悯我所意欲的仆人。'安拉对火狱说：'你是我的惩罚，我要用你惩罚我所意欲的仆人。你俩都将被填满。'火狱无法填满，直至至仁主将其格德目放在其上，它才说：'足够了！足够了！'即它被填满了，并开始收缩。安拉不会亏待任何人。而安拉还要另外造一些生命，让他们居住乐园。"⁽⁴⁾

---
（1）《泰伯里经注》22：359。
（2）字意为脚。安拉至知其意。——译者注
（3）《布哈里圣训实录诠释——造物主的启迪》8：460。
（4）《布哈里圣训实录诠释——造物主的启迪》8：460。

清高伟大的安拉说："**乐园将被带近敬畏的人，不遥远。**"格塔德等学者解释说，经文指乐园与敬畏者的距离被拉近了。⁽⁵⁾

"**不遥远**"，指复生日并不遥远。因为它必定要来临。一切必定要来临的，都是临近的。

"**这是许给你们的，属于每一个归回者。**""归回者"指悔悟者、彻底忏悔者。

"**守护者**"，指守约者，不爽约的人。

"**在暗中敬畏至仁主**"，即在任何人都看不到的地方（只有安拉能看到的地方），秘密地敬畏安拉。圣训中说："独自一人记念至仁主、两眼流泪的人。"⁽⁶⁾

"**并怀着归依的心到来者**"，即在复生日，以回归的、平安的、谦恭的心态，去见安拉之人。

"**你们平安地进入它吧。**""它"指乐园。格塔德说："他们没有遭受安拉的惩罚，众天使向他们道色兰致安。"⁽⁷⁾

"**这是永恒的日子**"，即他们将永居乐园，永远不死，也不离开，更不希望发生其他变化。

---
（5）《泰伯里经注》22：363。
（6）《布哈里圣训实录诠释——造物主的启迪》2：168。
（7）《泰伯里经注》2：366。

清高伟大的安拉说:"其中有他们所意欲的一切",即他们无论想要什么快乐都能得到。

"而我这里还有增加的。"正如另一段经文说:❨ 行善者将得善报,还有增加的。❩(10:26)《穆斯林圣训实录》记载,苏海卜说:"'增加的'指观看尊严安拉的尊容。"

❨ 36.在他们以前,我曾毁灭许多更强悍的世代!他们曾在各地旅行,难道有任何逃避之地吗?❩

❨ 37.此中,对于有心的人,或是专心听取的人,确有一项提示。❩

❨ 38.我的确在六天中造化了诸天与大地以及其间的一切,我没有感到疲劳。❩

❨ 39.所以你要忍受他们所说的一切,并且要在日出和日落之前赞念你的主,❩

❨ 40.在夜间的一部分时间赞念他,在叩拜之后赞念他。❩

## 以将要降临的惩罚警告隐昧者,命令先知坚韧并礼拜

清高伟大的安拉说:"**在他们以前,我曾毁灭许多强悍的世代!**"即在这些否认者之前,我毁灭了许多世代。好多世代的人们,人数比这些否认者更多,力量更强大。他们曾广泛建设大地,留下的遗迹令这些人望尘莫及。

因此,经文说:"**他们曾在各地旅行。**"伊本·阿拔斯认为,"**曾在各地旅行**"指曾在大地上留下遗迹。[1]格塔德认为"他们周游各地,谋求生计,贸易往来,远超今人。"

"**难道有任何逃避之地吗?**"即是否有个避祸之地,免于安拉的定然呢?他们所聚敛的财产,能帮助否认使者的他们抗拒安拉的惩罚吗?不,他们无处可逃,也不能找到避留之地。

清高伟大的安拉说:"**此中,对于有心的人,或是专心听取的人,确有一项提示。**""**提示**"指借鉴。"**对于有心的人**"指有意识的人。穆佳黑德认为,"**心**"指理智。

"**或是专心听取的人**",即聚精会神听讲,用理智去理解,并用心去体悟的人;穆佳黑德认为经文指全心全意听讲,不考虑其他任何问题;[2]端哈克说,这是阿拉伯人表达专心听讲时的惯用法。[3]

绍利等学者持此观点。[4]

"**我的确在六天中造化了诸天与大地以及其间的一切,我没有感到疲劳。**"经文强调了复生。因为能够创造大地并不因之而疲乏的安拉,更应该能够复活亡者。格塔德说,犹太人(愿安拉诅咒他们)说安拉在六天内创造了天地,在第七天休息,所以这一天是休息日,因此他们将这天称为安息日。于是安拉降经驳斥了他们的说法:"**我没有感到疲劳**",指没有休息、疲劳,疲倦不会影响安拉。"**疲劳**"指疲惫、辛苦。[5]正如另一段经文所说:❨ 难道他们没有看见造化了诸天与大地,并且不由于造化它们而感到疲倦的安拉,是有能力给死者生命的吗?是的,他确实是全能万事的。❩(46:33)❨ 诚然,造化天地是比造化人类更繁重的。❩(40:57)又❨ 是创造你们较困难呢?还是他所建的天更难造?❩(79:27)

"**所以你要忍受他们所说的一切**",即你当忍受否认使者之人的谰言,并文雅地离开他们。

"**并且要在日出和日落之前赞念你的主。**"穆圣☪登霄之前,主命拜是两次,一次是日出之前的晨礼,另一次是日落之前的晡礼。夜间拜则是先知和教民一年四季的功修。后来教民的这一义务被革止,在登霄之夜安拉除保留晨礼和晡礼,通过制定五番拜功,革止了上述所有拜功。因为这两次拜功分别在日出前和日落前。

哲利尔·本·阿卜杜拉说,在一个月圆之夜,我们与先知☪同坐,先知看了看月说:"你们将出现在你们养主跟前,就像看这月一样看到他,你们将毫无困难地见到他。所以如果你们能够坚持日出前和日落前的礼拜,你们就要坚持。"先知☪还念道:"并且要在日出和日落之前赞念你的主。"[6]

清高伟大的安拉说:"**在夜间的一部分时间赞念他**",即你当在夜间礼拜。正如另一段经文所说:❨ 在夜间,你要谨守增加的拜功。你的主也许会因此把你复生到被赞美的地位。❩(17:79)

"**在叩拜之后赞念他。**"伊本·阿拔斯认为,"**叩拜之后的赞念**"指拜后念赞词(太斯毕哈)。[7]两圣训实录中的下列圣训能证明之:一些贫穷的迁士来找先知,说:"安拉的使者啊!有财富的人们获得了高贵的品级和永恒的恩典。"先知问:"此话怎讲?"他们说:"我们怎么礼拜,他们就怎么礼拜;我们怎么封斋,他们就怎么封斋;

---

(1)《泰伯里经注》22:371。
(2)《泰伯里经注》22:373。
(3)《泰伯里经注》22:374。
(4)《泰伯里经注》22:374。
(5)《泰伯里经注》22:376。
(6)《艾布·达乌德圣训集》5:97;《提尔密济圣训全集诠释》7:265;《布哈里圣训实录诠释——造物主的启迪》8:462;《穆斯林圣训实录》1:439;《圣训大集》6:469;《伊本·马哲圣训集》1:63。
(7)《泰伯里经注》22:381。

但他们能够施舍,我们却没有施舍的能力;他们能释放奴隶,我们却不能。"先知说:"我教给你们一件事好吗?如果你们做了,你们将超越前人,而后人中,也只有那些照做的人,才有可能超越你们。这就是每次拜功之后,你们分别念三十三次赞美安拉、感赞安拉、赞主伟大。"圣训传述者说,后来他们说:"安拉的使者啊!我们有钱的兄弟们听到我们的行为后,也照做了。"先知说:"那是安拉的恩惠,他将它赐给他意欲之人。"(1)

对"在叩拜之后赞念他"的第二种解释是,它是昏礼之后的两拜礼拜。欧麦尔等圣门弟子都持此观点。穆佳黑德等先贤也持此观点。

❦ 41.你当倾听,那天呼唤者从邻近的地方呼唤。❧

❦ 42.那天,他们听到真切的呐喊声,那就是出现的日子。❧

❦ 43.的确,我赋予生命,带来死亡。归宿只在我这里。❧

❦ 44.那天,大地裂开,他们慌忙奔出。对我而言,那是容易的集会。❧

❦ 45.我至知他们所说的,你绝不是他们上面的强迫者,所以你要以《古兰》劝诫畏惧我的警告的人。❧

### 复生日的某些情况

清高伟大的安拉说,穆罕默德啊!"你当倾听,那天呼唤者从邻近的地方呼唤",即那天有声音呼唤道:你们集合起来,接受裁决吧!

"那天,他们听到真切的呐喊声。"那号角声将带来大部分人所怀疑的真理。

"那就是出现的日子",即从坟墓中出来的日子。

"的确,我赋予生命,带来死亡。归宿只在我这里",即安拉初始创造,并复生人类,而复生对他来说是更容易的。万物的归宿都在他那里。然后他将根据人们的善恶进行奖罚。

清高伟大的安拉说:"那天,大地裂开,他们慌忙奔出。"安拉将从天上降雨,众生的身体在坟墓中开始成长,正如种子在雨水的浇灌下成长那样。当身体成长完善后,安拉命令伊斯拉菲勒吹响号角(第二次)。众生的灵魂都被置于号角的管中,号角吹响后,众灵魂纷纷飞扬到天地间。清高伟大的安拉将宣布:"以我的尊严发誓,每个灵魂都要回到它原来生活的躯体内。"于是躯体开始蠕动,就像毒液在中毒者体内扩散一样返回身体。大地将裂开,人们将起来迅速奔向清算场,仓皇地去服从安拉的命令。❦ 匆匆奔向传召者,隐昧者们说:"这是一个艰苦的日子。"❧(54:8)又❦ 那一天,他将召唤你们,你们将以颂词应答他,你们认为你们只不过逗留了片刻时间。❧(17:52)艾奈斯传述,安拉的使者㊗说:"我是大地为之而裂开的第一人。"(2)

清高伟大的安拉说:"**对我而言,那是容易的集会。**"对安拉而言,使其重获生命是非常轻松的。正如另一段经文说:❦ 我的命令只是在一瞬间。❧(54:50)

清高伟大的安拉说:❦ 造化和复活你们,就和(造化和复活)一个人一样。安拉是全听的、全观的。❧(31:28)

### 安慰穆圣㊗

清高伟大的安拉说:"我至知他们所说的",即我知道多神教徒对你(穆圣㊗)所说的一切谰言,所以不要担心。正如另一段经文说:❦ 我深知你因为他们所说的话而苦闷。你要赞念你的主,并加入那些叩头者的行列。你当崇拜你的主,直到那无疑的消息降临于你。❧(15:97-99)

"你绝不是他们上面的强迫者",即你绝不能强迫他们获得正道,这不属于你的职责。

清高伟大的安拉说:"所以你要以《古兰》劝诫畏惧我的警告的人",即你当传达你的养主赋予你的使命,因为只有敬畏安拉、害怕安拉的警告,希求他的许诺的人,才会觉悟。正如安拉所言:❦ 你的责任只是传达,清算由我掌管。❧(13:40)又❦ 你当劝诫,你只是一位劝诫者,你不是他们的监护者。❧(88:21-22)又❦ 你无法引导他们,但安拉引导他所欲之人。❧(2:272)

因此,本章的经文说:"你绝不是他们上面的强迫者,所以你要以《古兰》劝诫畏惧我的警告的人。"格塔德曾向安拉祈求道:"主啊!请使我们跻身畏惧你的警告、指望你的许诺的那些人的行列。啊!至慈的主!"(3)

《戛弗章》注释完。一切赞美全归安拉,安拉能使我们满足,可托靠的安拉真优美!

---

(1)《布哈里圣训实录诠释——造物主的启迪》2:378。
(2)《穆斯林圣训实录》4:1782。
(3)《格尔特宾教律》17:29。

## 《播种者章》注释  麦加章

奉普慈特慈的安拉之尊名

❀ 1.誓以那些播种者，❀
❀ 2.那些负重者，❀
❀ 3.那些悠然飘流者，❀
❀ 4.那些分配事务者，❀
❀ 5.警告你们的，确实是真的。❀
❀ 6.的确，报应誓必是会实现的。❀
❀ 7.誓以美丽的天，❀
❀ 8.你们众说纷纭。❀
❀ 9.迷误者，将迷失它。❀
❀ 10.愿臆测者们被处死，❀
❀ 11.他们在蛮昧中浑浑噩噩。❀
❀ 12.他们问："报应日在几时？"❀
❀ 13.那天，他们在火中遭受折磨。❀
❀ 14.尝尝你们的刑罚吧！这是你们当初急于要求的。❀

### 强调最后归宿和清算消息的真实性

据传述，信士的长官阿里有天登上库法的讲台说道："只要你们向我询问安拉的经文，或使者的圣训，我必定会告诉你们。"伊本·凯瓦伊应声站起来问道："信士的长官啊！'**誓以那些播种者**'指什么？"阿里回答："风。"问："'**那些负重者**'指什么？"阿里回答："云。"问："'**那些悠然飘流者**'指什么？"阿里回答："船。"问："'**那些分配事务者**'指什么？"阿里回答："天使。"[1]

有学者说"悠然飘流者"指自然地浮行于轨道的行星。经文在此采取的是一种由低到高，由高到更高的循序渐进的表述方法。因为风带动云，星星高于风云，它们上面则有分配事务的天使，奉安拉的命令执行安拉的法律和宇宙事务。安拉用发誓的语句说明这种归宿必定要实现。

经文说："**警告你们的，确实是真的**"，即那是真实的许诺。

"**的确，报应誓必是会实现的**。""报应"指清算；"实现"指发生。

清高伟大的安拉说："**誓以美丽的天**。"伊本·阿拔斯说，"美丽"（الحبك）指漂亮、端庄、美妙、完美。[2] 穆佳黑德等学者也持此观点。[3] 端哈克和米奈哈里说，"الحبك"指在微风的吹拂下，水、沙子和庄稼所形成的波纹的样子。

综上所述，经文指"美丽和优雅。"换言之，它所描绘的是一幅旷达、明亮、整洁、牢固、美妙以及群星灿烂、日月辉煌的景象。

### 多神教徒众说纷纭

"**你们众说纷纭**"，即否认众使者的多神教徒们啊！你们众说纷纭，莫衷一是。

格塔德解释说，你们对《古兰》观点分歧，有人相信，有人否认。[4]

"**迷误者，将迷失它**"，即只有本身迷误的人，才会被一些混乱歧异的观点所误导。实际上，谬误之所以被认可和信奉，并成为被误导和欺骗者的混

---

（1）《阿卜杜·兰扎格经注》3：241；《泰伯里经注》22：389—392。
（2）《泰伯里经注》22：395、396。
（3）《泰伯里经注》22：396、397。
（4）《阿卜杜·兰扎格经注》4：242。

乱之源，是因为愚人们没有健全的理解力。正如安拉所言：◆的确，你们和你们所拜的，不能使人们去反对安拉，除了要进入烈火的人！◆（37：161-163）

伊本·阿拔斯认为经文指只有迷误者，才迷失它[1]。

"愿臆测者们被处死。"穆佳黑德认为"臆测者"指撒谎者。他说，这段经文类似《皱眉章》中的◆愿人遭杀戮！他是多么忘恩负义啊！◆（80：17）"臆测者"指那些声称自己不被复活，因此不归信的人。[2]

伊本·阿拔斯认为，"愿臆测者们被处死"指愿怀疑者们遭受诅咒！[3]穆阿兹也曾在讲演中说："愿怀疑者们遭受毁灭吧！"格塔德认为"臆测者"指那些满腹疑虑之人。[4]

"他们在蛮昧中浑浑噩噩。"伊本·阿拔斯等学者解释为：他们在不信和怀疑中浑浑噩噩。[5]

"他们问：'报应日在几时？'"他们是抱着否认、顽抗和怀疑的态度说这番话的。

清高伟大的安拉说："**那天，他们在火中遭受折磨。**"伊本·阿拔斯等学者说"遭受折磨"指遭受惩罚。[6]穆佳黑德解释说："他们在火中被焚烧，正如黄金在火中被冶炼那样。"[7]另一些学者认为"遭受折磨"指被焚烧。

"尝尝你们的刑罚吧！"穆佳黑德认为"刑罚"指火刑。[8]其他学者认为指处罚。

"这是你们当初急于要求的。"这些话是为了警告、羞辱和鄙视他们。安拉至知。

◆15.敬畏者们，在乐园和泉源当中，◆
◆16.接受他们的主的赏赐。此前，他们确实是行善者。◆
◆17.他们一贯在夜晚少睡，◆
◆18.他们在黎明的时间求饶。◆
◆19.在他们的财产中，有乞求者和被摒弃者的份额。◆
◆20.大地上，对笃信者们有种种的迹象。◆
◆21.在你们自身（也有许多迹象），你们还不观察吗？◆
◆22.在天上有你们的给养，也有你们被许给的。◆
◆23.誓以天地的主，它确实是真理，就如同你们能说话一样（真实）。◆

### 敬畏者的报酬及他们的特征

清高伟大的安拉说，在归宿之日，那些敬畏安拉的人们将在乐园和泉源之中享受幸福，与那些薄福者所受的火刑、桎梏等刑罚形成鲜明对比。

清高伟大的安拉说："**接受他们的主的赏赐。**""赏赐"指敬畏者们在乐园和泉源中时，沐浴他们的主所赐的恩泽和欢欣。

清高伟大的安拉说："**此前，他们确实是行善者。**""此前"指今世中。正如安拉所言：◆由于你们在过去的日子做过的，你们尽兴地吃饮吧！◆（69：24）

然后安拉介绍他们的善行，说："**他们一贯在夜晚少睡，**"经注学家们对这段经文中的"ما"一词有两种解释：一、表示否定。即他们每天夜晚都有一点睡觉的时间。伊本·阿拔斯说："只要夜晚来临，他们或多或少，总会有所收获。"[9]格塔德传述，穆特磊夫·本·阿卜杜拉解释说：◆人们啊！你们要畏惧你们的主！的确那复活时的震撼，是一件大事。◆（22：407）穆佳黑德解释为："他们很少彻夜睡眠，而不做夜功拜。"[10]格塔德也持此观点。[11]艾奈斯·本·马立克和艾布·阿林说："他们经常在昏礼和宵礼期间礼拜。"[12]二、词根。即他们在夜晚很少睡眠。伊本·哲利尔选择了这种解释。

哈桑·巴士里说，经文指他们坚持夜间的礼站，很少睡眠。他们勤于功修，直到黎明，在黎明时分向安拉求饶。[13]阿卜杜拉·本·赛俩目说，安拉的使者㊟光临麦地那时，人们纷纷出来迎接，我也在其列。当我看到他的脸后，我就看出这绝不是一张撒谎者的脸。我听到他所说的第一句话就是："人们啊！你们当提供食物，接恤骨肉，弘扬色兰[14]，并在夜间人们睡觉时礼拜，这样，你们将平安地进入乐园。"[15]

安拉的使者㊟说："乐园中有一座楼，从里面可以看到外面，从外面能看到里面。"艾布·穆萨问："安拉的使者啊！它属于谁？"使者㊟回答："属于言语柔和、提供食物，并在人们睡觉时为安

---

[1]"它"指真理。见《杰俩莱尼经注》。——译者注
[2]《泰伯里经注》22：400。
[3]《泰伯里经注》22：99。
[4]《泰伯里经注》22：400。
[5]《泰伯里经注》22：400、401。
[6]《泰伯里经注》22：402。
[7]《泰伯里经注》22：402。
[8]《泰伯里经注》22：403。
[9]《泰伯里经注》22：407。
[10]《泰伯里经注》22：408。
[11]《泰伯里经注》22：408。
[12]《泰伯里经注》22：407、408。
[13]《泰伯里经注》22：408、409。
[14]指高声道色兰问候，也指弘扬伊斯兰。——译者注
[15]《提尔密济圣训全集诠释》7：187。

拉而礼拜过夜的人。"(1)

"他们在黎明的时间求饶。"穆佳黑德等学者认为"**求饶**"指礼拜。(2)另一些学者认为指夜间礼拜，到了黎明时向安拉求饶。正如另一段经文说：《一些坚忍的、真诚的、顺从的、施舍的和黎明前的时刻求饶的。》（3：17）因为礼拜中的求饶是最好的。安拉的使者㉝说："每当夜的后三分之一到来时，安拉降于最近的天，说：'若有忏悔者，我就准其忏悔；若有求饶者，我就宽恕之；若有祈求者，我就赏赐之。'直到晨曦显露。"(3)

许多经注学家在注释叶尔孤白对他的儿子们所说的话：《我会为你们求我的主恕饶》（12：98）时说，叶尔孤白先知等到黎明时分，才向安拉求饶。

清高伟大的安拉说："**在他们的财产中，有乞求者和被摒弃者的份额。**"经文讲述了他们的特征之一——礼拜后，开始讲述他们的另一些特征——纳天课、行善和接恤骨肉。经文说他们从自己的财产中，为乞求者和被摒弃者划分了一部分。"**乞求者**"的意义众所周知，指首先向别人讨要的人。他应该得到应有的周济。"**被摒弃者**"，伊本·阿拔斯和穆佳黑德认为指在伊斯兰中没有其份额的不幸者，(4)或曰无权在穆斯林国库中获得补贴，也没有谋生手段或职业维持生活的人。信士的母亲阿伊莎（愿主喜悦之）说，"**被摒弃者**"指艰难度日的人；格塔德等认为指不向人祈求的人。(5)

安拉的使者㉝说："赤贫者不是为了一两口食物或一两个枣而四处碰壁的人，赤贫者指本身不富裕、也得不到别人的理解，从而不能获得施舍的人。"(6)

## 大地和人体中安拉的迹象

清高伟大的安拉说："**大地上，对笃信者们有种种的迹象**"，即大地中有许多迹象证明其创造者的伟大和大能，这些迹象包括安拉在大地上创造的各种各样的动植物、山谷、高山、沙漠、江河，还有语言、肤色、追求、能力、智商、活动各异的人类，这些人，有些幸福，有些不幸；安拉将他们的

---

（1）《艾哈麦德按序圣训集》2：173。
（2）《泰伯里经注》22：413。
（3）《艾布·达乌德圣训集》2：77、5：101；《提尔密济圣训全集诠释》9：471；《布哈里圣训实录诠释——造物主的启迪》3：35、11：133、13：473；《穆斯林圣训实录》1：521-523；《圣训大集》4：24；《伊本·马哲圣训集》1：435。
（4）《泰伯里经注》22：414。
（5）《泰伯里经注》22：416。
（6）《圣训大集》5：85；《布哈里圣训实录诠释——造物主的启迪》3：399；《穆斯林圣训实录》2：719。

结构造化得完美无瑕，周身每个器官，都被安置在恰到好处的位置。

因此，清高伟大的安拉说："**在你们自身（也有许多迹象），你们还不观察吗？**"格塔德说："谁若参悟自己，他就会发现其本身和周身各个部位柔韧地联系在一起，发现它们都是因为崇拜安拉而被造的。"(7)

"**在天上有你们的给养。**""给养"指雨水。

"**也有你们被许给的。**"伊本·阿拔斯等说，经文指乐园。

"**誓以天地的主，它确实是真理，就如同你们能说话一样（真实）。**"安拉以其尊贵的本然发誓，他的有关起立、复活、清算等许诺都是不容怀疑的事实，所以你们不要怀疑，正如你们在谈话时对自己的谈话不怀疑那样。穆阿兹（愿主慈悯之）经常对其伙伴说："这确实是真的，正如你确实在这里一样。"

《24.伊布拉欣的客人的消息可曾到达你？》
《25.当时，他们走近他的面前，说："平安！"他也说："平安！"（他想这是）一伙陌生的人。》
《26.然后他悄悄去家属那里，拿来一头肥牛犊，》
《27.将它放在他们前面，说道："你们怎么不吃呢？"》
《28.他从他们身上感觉了一种恐惧。他们说："你不要怕。"他们以一个博学的儿子给他报喜。》
《29.那时，他的妻子喊着走向前来，拍打着自己的脸说："（我是）一个不孕的老妇！"》
《30.他们说："你的主就是这样说的，他确实是明哲的、全知的。"》

## 伊布拉欣的客人

这则故事，在《呼德章》和《石谷章》中已经有所叙述。

"**伊布拉欣的客人的消息可曾到达你？**""消息"指伊布拉欣热情款待宾客的消息。

"**当时，他们走近他的面前，说：'平安！'他也说：'平安！'**"用主格来表达，比用宾格表达的意义更强烈、更确定(8)。所以，伊布拉欣以更优美

---

（7）《格尔特宾教律》17：40。
（8）贵客所说的"平安"，在阿拉伯语中使用的宾格，而伊布拉欣所回答的"平安"，则使用的是主格。其意思是一样的，但语气不同。——译者注

的方式回答了他们。

"（他想这是）一伙陌生的人。"那是由于吉卜勒伊里、米卡伊里、伊斯拉菲勒天使来见他时，以英俊威武的少年面目出现。因此，他想他们是"一伙陌生的人"。

清高伟大的安拉说："**然后他悄悄去家属那里**"，即他迅速地、悄悄地去家属跟前。

"**拿来一头肥牛犊。**"这属于他的最好财产。另一段经文说：◆并立即拿出烤牛犊款待他们。◆（11：69）即在灼热的石块上烤熟的小肥牛。

"**将它放在他们前面**"，即伊布拉欣将小肥牛摆放到贵客跟前。

"**说道：'你们怎么不吃呢？'**"伊布拉欣委婉地询问贵宾。这段经文指出了一些待客的礼节，譬如在客人不知不觉中迅速带来食物。伊布拉欣也没有提前向客人示惠，说"我们将给你们提供食物"之类的话，而是不动声色地、飞快地带来食物，为客人准备了最好的食物——一头烧烤小肥牛，并将它放到客人面前；他没有将食物放到远处招呼客人走近享用，而是放到客人跟前便于他们食用。他以委婉的语气问道："你们怎么不吃呢？"正如当今人们说的"请！请赏光！"等。

清高伟大的安拉说："**他从他们身上感觉了一种恐惧。**"本句在另一节经文中有解释：◆当他看到他们的手不伸向它时，对他们感到疑惑，并有一点畏惧他们。他们说："你不要怕，我们是被派遣到鲁特部族的。"他的妻子就站在那儿，她笑了……◆（11：70）他得知鲁特的族人因为顽抗安拉，而要遭受毁灭时，高兴地笑了。此时，天使们又以易司哈格以及易司哈格之后的叶尔孤白向她报喜：◆她说："哎呀！我一个老妇还会生子吗？这是我年迈的丈夫。那真是一件奇事了。"他们说："你对安拉的命令感到惊奇吗？家中的人啊！愿安拉赐给你们他的慈悯和吉庆。他确实是可赞的主，光荣的主。"◆（11：72-73）

安拉在此处说："**他们以一个博学的儿子给他报喜。**"丈夫的喜讯，就是妻子的喜讯，因为孩子是他们共同的，他们都因为孩子而欢喜。

清高伟大的安拉说："**那时，他的妻子喊着走向前来**"，即她大喊大叫着走来。这是伊本·阿拔斯等学者的观点。[1]她所叫喊的话是"哎呀！"

"**拍打着自己的脸**"，穆佳黑德等学者说，她用手拍打着自己的额头。[2]伊本·阿拔斯说，她就像妇女遇到惊奇的事情时那样用手拍着脸。[3]

---

(1)《泰伯里经注》22：426；《格尔特宾教律》17：46。
(2)《泰伯里经注》22：428。
(3)《泰伯里经注》22：427。

"**说：'（我是）一个不孕的老妇。'**"即我已经老了，怎么能生孩子呢？何况我在年轻时就有不育症。

"**他们说：'你的主就是这样说的，他确实是明哲的、全知的。'**"即安拉至知你们中谁应该获得尊严，安拉的一切言行都是富有智慧和哲理的。

◆31.他说道："诸位使者啊！你们的事情是什么？"◆

◆32.他们说："我们被派往一个有罪的群体，◆

◆33.以便我们给他们降下黏泥石，◆

◆34.——来自你的主的，带有记号的（石块），打击那些过分者。"◆

◆35.我已撤出其中的归信者。◆

◆36.我在城中只发现一家归顺者。◆

◆37.我为那些畏惧严刑的人在那里留下一种迹象。◆

**天使被派去消灭鲁特的民族**

清高伟大的安拉讲述了伊布拉欣的情况，说：

❮当恐惧离开伊布拉欣，喜讯降临到他的时候，他为鲁特的族人而与我辩论。伊布拉欣确实是克制的、谦卑的、忏悔的。伊布拉欣啊！你不要管这件事。你的主的命令确已来临了，他们誓必遭受不可抗拒的惩罚！❯（11：74-76）本章的经文说，伊布拉欣问道："诸位使者啊！你们的事情是什么？"即你们因何而来？所奉的使命是什么？

"他们说：'我们被派往一个罪恶的群体'。"指鲁特的民族。

"以便我们给他们降下黏泥石——来自你的主的，带有记号的（石块），打击那些过分者。""带有记号的"指有标志的。即每个石头上都写着它应该打击的对象的姓名。《蜘蛛章》的经文说：❮他（伊布拉欣）说："鲁特确在其中。"他们说："我们非常清楚谁在其中。除了他的妻子之外，我们一定会拯救他和他的家人，她属于留待毁灭之人。"❯（29：32）本章的经文说："我已撤出其中的归信者。""归信者"指鲁特及除他的妻子之外他的全部家人。"我在城中只发现一家归顺者。"

"我为那些畏惧严刑的人在那里留下一种迹象"，即我将惩罚他们，给他们降下石头，使他们的故居变成恶臭的沼泽——作为"那些畏惧严刑的"穆民的借鉴。

❮38.在穆萨的故事中也有一种迹象。那时，我派他带了显赫的权力去法老那里。❯

❮39.但是他因为有势力而拒绝了，说道："（这是）一个魔术师或疯子！"❯

❮40.所以我就突袭了他和他的军队，把他们掷入海中，他是应受谴责的。❯

❮41.在阿德族人中也有一种迹象，当时，我降给他们毁灭性的风。❯

❮42.凡经风吹过之物，无一不变为腐朽的。❯

❮43.在塞姆德人中也有一种迹象，当时，他们被告知："你们暂时享受吧！"❯

❮44.但是他们抗拒了他们主的命令，所以，在他们目睹之下，一声巨响袭击了他们。❯

❮45.所以他们站不起来，他们不能自救。❯

❮46.以前，努哈的族人也是如此。他们是坏事的群体。❯

## 法老、阿德人、塞姆德人和努哈族人的故事给人的启发

清高伟大的安拉说："在穆萨的故事中也有一种迹象。那时，我派他带了显赫的权力去法老那里。""显赫的权力"指显然的证据和绝对的理由。

"但是他因为有势力而拒绝了"，即法老傲慢地拒绝了穆萨带来的明确真理。正如另一段经文所说：❮（他）傲慢地转开，以便使人迷失主道。❯（22：9）即法老傲慢地拒绝了真理。

"（这是）一个魔术师或疯子！"是法老对穆萨说的话。即从你带给我的这些中可以看出，你要么是个魔术师，要么是个疯子。

清高伟大的安拉说："所以我就突袭了他和他的军队，把他们掷入海中，他是应受谴责的。""掷入海"指抛进大海。"应受谴责的"指应受斥责的、否认的、昧真的、邪恶的、顽抗的。

然后清高伟大的安拉说："在阿德族人中也有一种迹象，当时，我降给他们毁灭性的风。"端哈克等人说"毁灭性的"指有破坏性的、不能带来生产效果的。[1]

因此，后文说"凡经风吹过之物，无一不变为腐朽的"，即万物若遭受这种风的侵袭，就会腐朽、毁灭。

赛尔德·本·穆散耶卜等学者解释"当时，我降给他们毁灭性的风"时说，经文指南风。[2]

两圣训实录辑录，安拉的使者㊗说："我以东风受到襄助，阿德人则毁于西风。"[3]

"在塞姆德人中也有一种迹象，当时，他们被告知：'你们暂时享受吧！'"另一段经文说：❮至于塞姆德人，我曾引导他们，但是他们宁愿盲目，不顾引导，因此羞辱的惩罚——霹雳因他们的行为而袭击了他们。❯（41：17）

同样，本章的经文说："在塞姆德人中也有一种迹象，当时，他们被告知：'你们暂时享受吧！'但是他们抗拒了他们主的命令，所以，在他们目睹之下，一声巨响袭击了他们"，即安拉给了他们三天时间，三天中他们等待惩罚降临，第四天的早晨，惩罚在一声巨响中降临了他们。

"所以他们站不起来"，即他们无法起身逃跑。

"他们不能自救"，即他们不能从痛苦中解救自己。

"以前，努哈的族人也是如此"，即在惩罚这些人之前，我曾惩罚了努哈的族人。

"他们是坏事的群体。"前面的几个章节中，已经分别详述过这些人的故事。安拉至知。

---
（1）《泰伯里经注》22：434。
（2）《泰伯里经注》22：433。
（3）《布哈里圣训实录诠释——造物主的启迪》2：604；《穆斯林圣训实录》2：617。

⧼47.天，我确曾以大能建造它，我确实是拓展者。⧽

⧼48.地，我展开了它，铺展者是多么卓越啊!⧽

⧼49.每一物，我都将它造化一对，以便你们觉悟。⧽

⧼50.所以你们应当投奔安拉，我是来自他那里的针对你们的一位坦率的警告者。⧽

⧼51.你们不要设置任何其他的神与安拉同在，我是来自他那里的针对你们的一位坦率的警告者。⧽

### 在诸天和大地的创造以及安拉将万物都造成配偶之中，都蕴含着安拉独一的证据

清高伟大的安拉强调说，他创造了高级和低级世界："**天，我确曾以大能建造它**"，即我使天成为巍峨的、受到保护的穹隆。"**大能**"指力量。这是伊本·阿拔斯等学者的主张。[1]

"**我确实是拓展者**"，即我使天虽无支柱，但高大开阔，悬空而就。因此，天空一直是独立的。

"**地，我展开了它**"，即我使之成为万物的栖息之地。

"**铺展者是多么卓越啊!**"即我使之成为万物的摇篮。

"**每一物，我都将它造化一对**"，即万物都是成双成对的，譬如天与地、昼与夜、日与月、海与陆、光明与黑暗、正信与昧真、死亡与生命、幸福与不幸、水与火，此外，动植物也是如此。

因此，清高伟大的安拉说："**以便你们觉悟**"，即以便你们知道造物主是独一无偶的。

"**所以你们应当投奔安拉**"，即你们当托靠安拉，把一切事情都交付给安拉。

"**我是来自他那里的针对你们的一位坦率的警告者。你们不要设置任何其他的神与安拉同在，我是来自他那里的针对你们的一位坦率的警告者。**"你们不要设置任何其他的神与安拉同在，指你们不要以物配主。

⧼52.同样，只要有使者到达他们以前的那些人，他们就会说："这是一个魔术师或疯子。"⧽

⧼53.他们以它互相嘱咐了吗？不然，他们是过分的群体。⧽

⧼54.所以，你避开他们吧，你是不受谴责的。⧽

⧼55.你要劝诫，因为劝诫有益于信士们。⧽

⧼56.我造化了精灵和人类，只为了他们崇拜我。⧽

⧼57.我不向他们要求生计，我也不要求他们供我食物。⧽

⧼58.安拉确实是赐给生计的，是有能力的，是坚定的。⧽

⧼59.不义的人们，有他们同类一样的罪责，所以他们莫要催促我!⧽

⧼60.悲哉不义的人们!在他们被警告的那一天!⧽

### 各民族无一例外地否认过派给他们的使者

清高伟大的安拉安慰其使者：否认你的多神教徒所说的话，与否认历代众使者的人们所说的话别无二致："**同样，只要有使者到达他们以前的那些人，他们就会说：'这是一个魔术师或疯子。'**"

清高伟大的安拉说："**他们以它互相嘱咐了吗**"，即他们曾互相立下遗嘱，要说这样的话吗？

"**不然，他们是过分的群体**"，即但他们是过分的人，他们的心是相近的。因此，这些人和古人的话如出一辙。

---

[1]《泰伯里经注》22：438。

清高伟大的安拉说:"所以,你避开他们吧",即穆罕默德啊!你不要理睬他们。

"你是不受谴责的",即我不会因此而谴责你。

"你要劝诫,因为劝诫有益于信士们",即只有那些有正信的心,才会听取劝诫。

### 安拉造化精灵和人类,只是为了崇拜他

清高伟大的安拉说:"我造化了精灵和人类,只为了他们崇拜我",即我创造他们,只是为了命令他们拜我,而不是我需要崇拜。伊本·阿拔斯解释"只为了他们崇拜我"说,只是为了让他们崇拜我——无论他们情愿还是不情愿。(1)

"我不向他们要求生计,我也不要求他们供我食物。安拉确实是赐给生计的,是有能力的,是坚定的。"伊本·麦斯欧迪说,安拉的使者给我读道:"我确实是赐给生计的,是有能力的,是坚定的"(2)这段经文的意思是:安拉创造了众仆,以便他们只崇拜独一无偶的他。此后,谁若服从,安拉就给予他最美好的奖励;谁若违抗,安拉就加以他最严厉的惩罚。安拉还指出,他不需要他们,而他们在任何时候都是有求于他的。他是他们惟一的创造者和给予者。安拉的使者说:"清高伟大的安拉说,阿丹的子孙啊!你专心拜我,我要使你的内心充满富裕,并消除你的贫穷。否则,我要使你的内心陷于操劳,不解除你的贫穷。"(3)

"不义的人们,有他们同类一样的罪责",即他们将像他们的同类一样,遭受同样的惩罚。

"所以他们莫要催促我!"即你不要祈求我立即降下惩罚,因为惩罚在所难免。

"悲哉不义的人们!在他们被警告的那一天",即复活之日。

《播种者章》注释完。一切感赞全归安拉。

---

(1)《泰伯里经注》22:444。
(2)《艾哈麦德按序圣训集》1:418;《艾布·达乌德圣训集》4:290;《提尔密济圣训全集诠释》8:261;《圣训大集》6:469。
(3)《伊本·马哲圣训集》2:1376;《布哈里圣训实录》2:358 《提尔密济圣训全集诠释》7:166。

---

### 《山岳章》注释 麦加章

### 《山岳章》的尊贵

朱拜尔·本·穆推尔穆说,我曾听到先知在昏礼中诵读《山岳章》,我还没有听过谁的声音比他的声音更优美,或比他读得更好。(4)

乌姆·赛莱迈说,我向安拉的使者诉说了我的病痛,先知听后说:"你当骑乘着在人们后面巡游。"后来我巡游时,安拉的使者朝着天房一侧礼拜,当时他诵读的是:"以这山盟誓,以这录写的天经盟誓……"(5)

**奉普慈特慈的安拉之尊名**

❲ 1.以这山盟誓, ❳
❲ 2.以这录写的天经盟誓, ❳

---

(4)《布哈里圣训实录诠释——造物主的启迪》2:289;《穆斯林圣训实录》1:338;《穆宛塔》1:78。
(5)《布哈里圣训实录诠释——造物主的启迪》8:468。

❄ 3.在展开的卷轴之中，❄
❄ 4.以这建设的房盟誓，❄
❄ 5.以这高耸的穹隆盟誓，❄
❄ 6.以这燃烧的大海盟誓，❄
❄ 7.你的主的惩罚，确实是要实现的，❄
❄ 8.这是不可抗拒的。❄
❄ 9.那天，天将翻腾起伏，❄
❄ 10.山将移动。❄
❄ 11.所以，在那天，哀哉隐昧的人们，❄
❄ 12.在妄言中消遣的人们。❄
❄ 13.那天，他们将被推进火狱的火中，❄
❄ 14.这就是你们一贯否认的火！❄
❄ 15.这是魔术呢？还是你们看不见？❄
❄ 16.你们进入它吧！无论你们忍耐与否，对你们都是一样的。你们只被报以你们当初所做过的。❄

## 安拉发誓惩罚一定降临

清高伟大的安拉以证明他的大能的各种被造物发誓：他誓必要惩罚他的敌人们，而他们无法抗拒惩罚。"**山岳**"（الطور，图勒）指其中有许多树的山。就像安拉和先知穆萨交谈时穆萨所在的山岳，或安拉从中派遣尔撒的山岳。没有树的山，不能称为图勒，而仅能称之为杰伯里（جبل）。

"**以这录写的天经盟誓**。"有学者说，"**录写的天经**"指被保护的天经牌。也有人说，经文指一切被公开读给世人的、被书写的天启经典。

因此，经文说："**在展开的卷轴之中，以这建设的房盟誓**。"两圣训实录辑录，安拉的使者🕌在讲述登霄经过第七层天的情况时说："后来，我被带到被建设的房，只见每日有七万名天使进入其中，但他们永远不能再次光临这里。"（1）即天使们在巡游、拜主。正如人类围绕天房进行崇拜功课那样，第七层的天使们，则将这被建设的房作为他们的天房。登霄之夜，穆圣🕌在被建设的房跟前发现伊布拉欣靠在上面。他是地球上的天房的建设者。种瓜得瓜。而他所"栽种"的则是地球上的天房。其实，每一层天上都有一座"天房"，该天的居民在那里干功拜主，最近的天上这座天房的名字是尊严之房（بيت العزة）。安拉至知。

"**以这高耸的穹隆盟誓**。"苏富扬·绍利等人传述，阿里说，经文指天空。苏氏说，阿里当时还读道：❄ 我已使天空成为受保护的穹窿，可是他们仍然回避它的种种迹象。❄（21：32）（2）穆佳黑德等学者都持此观点。（3）

"**以这燃烧的大海盟誓**。"大部分学者说，经文指地球上的海，"**燃烧的**"指复生日大海将被点燃。另一章说：❄ 当海洋被点燃时，❄（81：6）即大海将被点燃成为火海，将周围的人们包围起来。（4）伊本·阿拔斯也持相同观点。赛尔德·本·朱拜尔等学者也持此观点。

格塔德说，"**燃烧的**"指填满的。伊本·哲利尔选择了这种解释。他说，现在大海还不是燃烧的，而是填满的。

"**你的主的惩罚，确实是要实现的**。"这是前面的誓言所要表述的内容。即安拉的惩罚誓必降临于隐昧者。正如后面的经文所说："**这是不可抗拒的**"，即如果安拉要惩罚他们，什么力量都不能阻止惩罚或使他们免受惩罚。贾法尔·本·栽德说，某夜，欧麦尔视察麦地那时听到一位穆斯林在立站拜功，他在拜中读道："**以这山盟誓……这是不可抗拒的**。"欧麦尔说："以天房的养主发誓，这誓言确实是真实的。"于是欧麦尔从他的驴上下来，依墙倾听片刻后才返回家中。欧麦尔回家后一月生病不起，人们纷纷前来探望，但他们不知道他因何生病。愿主喜悦之。（5）

## 惩罚之日——复生日的特征

"**那天，天将翻腾起伏**。"伊本·阿拔斯和格塔德解释：天将剧烈震动。另据传述，伊本·阿拔斯说，天几近崩裂。穆佳黑德解释为天剧烈运转。（6）端哈克解释为天体奉安拉之命剧烈转动，并翻腾起伏。（7）伊本·哲利尔所选择的解释是"天体剧烈转动。"

"**山将移动**"，即山经过移动之后，将变成飞扬的尘灰。

"**所以，在那天，哀哉隐昧的人们**"，即他们真可悲啊！他们要在那日遭受安拉的严惩。

"**在妄言中消遣的人们**"，他们在今世时沉溺于谬论之中，而将自己的宗教当作游戏和娱乐。

"**那天，他们将被推进火狱的火中**。""**推**"指推、赶。穆佳黑德等学者说，他们将被推进火狱。（8）

"**这就是你们一贯否认的火！**"管理火狱的天使将对他们说这番话，以示警告和严惩。

"**这是魔术呢？还是你们看不见？你们进入它**

---

（1）《布哈里圣训实录诠释——造物主的启迪》6：349；《穆斯林圣训实录》1：150。
（2）《泰伯里经注》22：257、258。
（3）《泰伯里经注》22：458。
（4）《泰伯里经注》22：458。
（5）《欧麦尔圣训集》2：608。
（6）《泰伯里经注》22：426。
（7）《泰伯里经注》22：462。
（8）《泰伯里经注》22：464；《散置的珠宝》7：631。

吧”，即你们进入火海，并浸泡其中吧！

“无论你们忍耐与否，对你们都是一样的。”无论你们是否忍受刑罚，都是在劫难逃，并无法解脱。

**“你们只被报以你们当初所做过的。”**安拉不亏任何人，他只以人的行为报酬人。

**﴾17.敬畏的人，在诸乐园和恩典中，﴿**

**﴾18.由于他们的主赐给他们的而欢欣，他们的主使他们免遭火狱的刑罚。﴿**

**﴾19.你们由于你们所曾做过的，尽兴地吃喝吧。﴿**

**﴾20.他们靠在对列的高床上，我以美目而白皙的美女做他们的伴侣。﴿**

## 幸福者的归宿的特征

安拉讲述了幸福者的情况：**“敬畏的人，在诸乐园和恩典中。”**这与不幸者的情况形成鲜明的对比。

**“由于他们的主赐给他们的而欢欣”**，即他们因为安拉所赐的各种饮食、服饰、居所、骑乘等恩典而沉浸于幸福之中。

**“他们的主使他们免遭火狱的刑罚”**，即安拉从火刑中保护了他们。除了进入乐园，享受任何眼睛没有见过、任何耳朵没听过、任何人的心没想过的恩典之外，免于火刑则是一件独立的恩典。

**“你们由于你们所曾做过的，尽兴地吃喝吧。”**另一段经文说：﴾由于你们在过去的日子做过的，你们尽兴地吃饮吧！﴿（69：24）即此恩是彼行的报酬，是来自安拉的恩惠。

**“他们靠在对列的高床上。”**伊本·阿拔斯说，**“高床”**指有帏幕的床塌。**“对列的”**指他们大家面对面。另一段经文说：﴾相对地（坐）在床上。﴿（37：44）

**“我以美目而白皙的美女做他们的伴侣”**，即我使美目白皙的女子，做他们的伴侣和贤妻。穆佳黑德解释：我把美目白皙的女子嫁给了他们。前面已经叙述过这些美女的情况，此处不再赘述。

**﴾21.那些归信，子孙也随同他们归信的人们，我将使他们的子孙与他们相聚，我不会从他们的行为中减少一丝毫。每个人，都是因其行为而受到抵押的。﴿**

**﴾22.我给他们供给他们所向往的果品和肉食。﴿**

**﴾23.他们将在其中传递杯盏。其中没有恶言，也没有罪恶。﴿**

**﴾24.像珍藏的明珠一样的童子，在他们周围来来往往（为其服务）。﴿**

**﴾25.他们将彼此向前问询。﴿**

**﴾26.他们说：“以前，我们为我们的家人而焦虑，﴿**

**﴾27.后来安拉施恩于我们，保护我们免遭毒刑。﴿**

**﴾28.我们以前确实在祈求他，他的确是仁爱的、至慈的!”﴿**

## 清廉信士的后代将和他们团聚在乐园

清高伟大的安拉讲述他对被造物的宏恩和仁慈说，穆民的后辈若跟他们的前辈坚持正信，安拉将提升后者，使其达到前者在乐园中的品级。即便这些后辈的功行不及他们的祖先。这样，他们的祖先们将因他们而赏心悦目。他们将以最好的形式相聚，他们残缺的功行，将以完美功行的形式被安拉悦纳，致使他们获得相等的品级，而这对他们祖先的功行无损丝毫。

因此，经文说：**“我将使他们的子孙与他们相聚，我不会从他们的行为中减少一丝毫。”**伊本·阿拔斯说，即便穆民后代的功行不及他们，安拉也会让他们欢聚一堂，好让他们获得慰藉。他还读道：**“那些归信，子孙也随同他们归信的人们，我将使他们的子孙与他们相聚，我不会从他们的行为中减少一丝毫。”**（1）

伊本·哈亭传述，伊本·阿拔斯在解释这段经文时说：“经文指死于正信的穆民子孙。如果他们祖先的品级比他们的品级高，他们都将跻身于祖先的品级，但对祖先的功行不造成影响。”

阿里说，赫蒂彻曾关于她在蒙昧时代死去的两个孩子问先知ﷺ，他回答说：“他俩在火狱中。”当先知看到她脸上的悲伤之情时，便说：“假若你看到了他俩的位置，你一定会厌恶他俩的。”她又问：“安拉的使者啊！我为你生的孩子呢？”先知回答：“乐园中。”先知接着说：“穆民和他们的孩子在乐园中，多神教徒和他们的孩子在火狱中。”然后使者读道：**“那些归信，子孙也随同他们归信的人们……”**（2）这是安拉因为先辈的功德对子孙的赐福，他也因为子女的祈祷而施恩于父母。安拉的使者ﷺ说：“安拉将为清廉的仆人升高乐园中的品级，仆人问：‘主啊！我因何得之？’安拉

（1）《泰伯里经注》22：467；《绍利经注》283。

（2）《艾哈麦德按序圣训集》1：135。

说：'因为你的孩子为你求饶。'"[1] 安拉的使者说："人归真后，除三方面外其善功都中断了。（这三方面是）川流不息的施舍，益人的知识，为之祈祷的清廉孩子。"[2]

### 安拉对犯罪者的公正

清高伟大的安拉说："每个人，都是因其行为而受到抵押的。"安拉讲述了他的恩赐——使功行不及祖先的子孙达到他们祖先的品级，然后讲述公正，即安拉不因别人的罪恶而惩罚一个人。安拉说："每个人，都是因其行为而受到抵押的"，即他只负自己行为之责，而不承担任何别人的罪责，即便对方是他的父母或后代。正如安拉所言：《 每一个人都因他的行为而被抵押。幸福的人则不然，在乐园中，他们互相询问有关那些犯罪者（的情况）。》（74：38-41）

### 乐园的酒的特征以及乐园居民所受的恩典

"我给他们供给他们所向往的果品和肉食"，即我将他们喜爱的各种果品和肉食供给他们。

"他们将在其中传递杯盏。"他们在乐园中互相传递酒杯。

"其中没有恶言，也没有罪恶"，即他们在其中不会像今世的饮酒者那样讲谵语，说猥琐之词。

伊本·阿拔斯说，"恶言"指谬论，"罪恶"指谎言。[3] 穆佳黑德说，他们不骂人，不犯罪。格塔德说，这些都是人们在今世和恶魔一起时的丑行，安拉使乐园之酒不具备今世酒的各种污秽和伤害特征。如前所述，乐园的酒不会致人头痛、腹绞痛，也不会使人丧失理智。经文指出，乐园的酒不会致使人们讲恶言丑语，讲一些没有意义的话。同时指出，这种酒极其美观，色香味俱佳。经文说：《 洁白的，使饮者感到美味的，其中无令人腹痛的，他们也不因之而沉醉。》（37：46-47）又《 他们不会因此头痛，也不会沉醉。》（56：19）本章的经文说："他们将在其中传递杯盏。其中没有恶言，也没有罪恶。"

"像珍藏的明珠一样的童子，在他们周围来来往往。"[4] 经文所表述的是童仆们伴随他们，服侍他们的情景。那些童仆俊秀纯洁、服饰华美，好像被珍藏的光鲜珍珠一般。另一段经文说：《 永不衰老的少年将在他们周围往返侍候，拿着盏和壶以及

---
(1)《艾哈麦德按序圣训集》2：509。
(2)《穆斯林圣训实录》3：1255。
(3)《泰伯里经注》22：474。
(4) 这节经文的另一种译法是："童子们在他们周围来来往往，把他们看作珍藏的明珠，侍奉他们。"——译者注

满杯的醴泉；》（56：17-18）

"他们将彼此向前问询"，即他们相互走向前来，询问和谈论他们在今世时的行为和情况。正如饮酒者在酒后吐露真话那样。

乐园的居民们说："以前，我们为我们的家人而焦虑"，即在今世我们和家人在一起时，敬畏安拉，惧怕他的刑罚。

"后来安拉施恩于我们，保护我们免遭毒刑"，即安拉赐恩予我们，从恐惧中拯救了我们。

"我们以前确实在祈求他"，即我们当初恳求安拉，安拉也答应了我们，并把我们所要求的赐给我们。"他的确是仁爱的、至慈的！"

《 29. 所以你要劝诫，凭安拉的恩典，你既不是一个巫师，也不是一个疯子。》

《 30. 或许他们说："他是一个诗人！我们等待他遭受厄运。"》

《 31. 你说："你们等吧！我和你们在一起，属于一个等待者！"》

《 32. 是他们的理智这样命令他们吗？或者，他们是一个放肆的群体。》

**《33. 或许他们说："他捏造了它。" 不！是他们不信。"》**

**《34. 如果他们是诚实的，那就让他们拿来类似的辞章。》**

## 使者和多神教徒对他的诋毁无关，对多神教徒的警告和挑战

清高伟大的安拉命令使者ﷺ将他的信息传达给众仆，并为他们叙述安拉的启示。然后安拉指出，使者是清白的，诽谤者和歹徒对他的诬赖没有任何根据。

经文说："**所以你要劝诫，凭安拉的恩典，你既不是一个巫师，也不是一个疯子**"，即凭着对安拉的赞美，你绝不像古莱什隐昧者中的愚人所诬赖的那样，是一个巫师。"**巫师**"指从精灵的只言片语中获取天上消息的占卜者；"**疯子**"指中了魔的人。

然后安拉批驳了他们对使者的谰言："**或许他们说：'他是一个诗人！我们等待他遭受厄运。'**""**厄运**"指不幸的时运。"منون"指灭亡。他们说，我们将耐心等他死去，等他的事业消亡，以此消解心头之恨。

清高伟大的安拉说："**你说：'你们等吧！我和你们在一起，属于一个等待者！'**"即你们等待吧，我也和你们一起在等待，不久你们就会明白，谁能在今生后世中获得最终的胜利，迎来美好的结局。

伊本·易司哈格传述，伊本·阿拔斯说，古莱什人会集在议事厅，协商如何对付穆圣ﷺ。有人说，应该把他束缚起来，等待死亡的厄运来临，正如他之前的诗人祖海里和纳毕尔死去的那样。他和他们是一样的。安拉因此而降谕道："**或许他们说：'他是一个诗人！我们等待他遭受厄运。'**"[(1)]

"**是他们的理智这样命令他们吗**"，即是他们的理智促使他们明知故犯地对你大肆污蔑和诽谤吗？

"**或者，他们是一个放肆的群体**"，即但他们本身是过分的、迷误的顽抗之徒。这就是促使他们信口诬赖的原因。

"**或许他们说：'他捏造了它。'**"即他们妄言穆圣ﷺ擅自伪造了《古兰》。

清高伟大的安拉说："**不！是他们不信**"，即是他们的隐昧促使他们说起谰言。

"**如果他们是诚实的，那就让他们拿来类似的辞章**"，即假设事实正如你们所说，穆罕默德真的伪造了《古兰》，那么，请你们也像穆罕默德那样，带来一部类似的经典。事实上，即便他们群策群力，并召集地球上所有的人类和精灵，他们也只能对《古兰》自叹弗如，他们不能造出类似《古兰》经文的十个章节，甚至不能带来类似的一章。

（1）《泰伯里经注》22：479。

**《35.他们是从无到有中被造化的，还是他们就是造化者呢？》**

**《36.难道他们造化过诸天和大地吗？不然，他们不确信。》**

**《37.难道他们那里有你的主的宝藏吗？还是他们是管理者？》**

**《38.或者他们有个梯子，可以攀登上去听取？那么，让他们的偷听者拿出明证来吧。》**

**《39.难道女儿属于他，而儿子却属于你们吗？》**

**《40.难道你向他们要求过任何报偿，所以他们由于纳款而负担过重？》**

**《41.难道他们拥有幽玄，所以他们在记录吗？》**

**《42.难道他们想用计谋吗？否认者，将自中其计。》**

**《43.难道他们有安拉之外的任何神吗？赞安拉清净！他超绝于他们所举伴的。》**

## 有关确定安拉独一、否定多神教徒的诡计的一些问题

此处经文所确定的是安拉养育性（الربوبية）以及安拉受拜性（الألوهية）的独一。经文说："**他们是从无到有中被造化的，还是他们就是造化者呢？**"他们是在没有创造者的情况下被造的吗？或者说，他们自己造就了自己。即这两种情况都是不可能的。事实上，从无到有创造他们的是安拉。

布哈里传述，朱拜尔·本·穆推尔穆说，我听穆圣ﷺ在昏礼中诵读《山岳章》，当他读到这段经文"**他们是从无到有中被造化的，还是他们就是造化者呢？难道他们造化过诸天和大地吗？不然，他们不确信。难道他们那里有你的主的宝藏吗？还是他们是管理者**"时，我感到心几乎要飞起来了。[(2)]朱拜尔·本·穆推尔穆曾为赎取白德尔战役中被穆斯林俘虏的多神教徒而去穆圣ﷺ跟前，当时他还是多神教徒，这段经文是促使他加入伊斯兰的主要原因之一。

"**难道他们造化过诸天和大地吗？不然，他们**

（2）《布哈里圣训实录诠释——造物主的启迪》8：469、2：289、6：194、7：375；《穆斯林圣训实录》3：338、339。

不确信",即诸天和大地是他们创造的吗?经文以此诘问并谴责他们明知故犯地以物配主。他们虽然清楚创造者只有一个,但他们的不确信,促使他们以物配主。

"难道他们那里有你的主的宝藏吗",即他们拥有支配的权力,并掌握着宝库的钥匙吗?

"还是他们是管理者?"即他们是众生的监管者吗?事实并非如此。事实上,只有安拉是掌权者、支配者和自由行为者。

"或者他们有个梯子,可以攀登上去听取",即他们可以用之攀登到上界去偷听吗?

"那么,让他们的偷听者拿出明证来吧",即让偷听者为他们拿来证据,证明他们的言行是正确的。他们是毫无理由的。他们的言行既无依据,也无道理。

然后安拉谴责多神教徒,他们把女儿归属给安拉,妄称天使是女性,而他们自己却不愿拥有女儿,只愿拥有儿子。当他们听说妻子生了女儿时,愤懑之情,溢于言表。虽然如此,他们妄言女儿属于安拉,儿子属于他们。并将这些天使和安拉一起加以崇拜。

清高伟大的安拉说:"难道女儿属于他,而儿子却属于你们吗?"这是对他们最严厉的警告。

"难道你向他们要求过任何报偿","报偿"指传达使命的酬报。即你不会因此而向他们索要酬报。

"所以他们由于纳款而负担过重?"即他们是否因此而承受到任何烦恼或压力?

"难道他们拥有幽玄,所以他们在记录吗?"事实并非如此,除安拉之外,天地中谁都不知道幽玄。

"难道他们想用计谋吗?否认者,将自中其计。"安拉说,这些人污蔑使者,诽谤正教,他们想以此蒙骗世人,愚弄先知及圣门弟子吗?其实,他们机关算尽,终究自受其害。否认者,只是在自欺欺人。

"难道他们有安拉之外的任何神吗?赞安拉清净!他超绝于他们所举伴的。"这是对那些将伪神与安拉同等看待,并同等崇拜的多神教徒最严厉的警告。然后安拉指出,其尊贵的本然,无染于他们的谰言和举伴。安拉说:"赞安拉清净!他超绝于他们所举伴的。"

❧ 44.他们如果看到一块天掉下来,他们会说:"这只是一堆浓云。"❧

❧ 45.你任随他们,直到他们遭遇昏晕的日子。❧

❧ 46.那天,他们的计谋丝毫无益于他们,他们也不被援助。❧

❧ 47.不义者们,还要遭受惩罚,但他们中的大多数人不知道。❧

❧ 48.你当耐心地等待你的主的裁决。你确实在我的眷顾之下,所以,你在起身时,要以颂词赞美你的主,❧

❧ 49.和在夜间以及在星辰寥落时,赞美他。❧

## 多神教徒的顽固以及他们将遭受惩罚

清高伟大的安拉说,多神教徒冥顽不化,死守仅可感知的事情不放。"他们如果看到一块天掉下来"意为:他们即便遭受这种打击,也不会归信的,他们一定要说,这不过是一堆厚厚的云罢了。另一段经文说:❧ 假若我为他们从天上开一道门,他们就在其中不断上升。他们誓必说:"我们眼花缭乱了,不然,我们是中魔的群体。"❧ (15:14-15)

清高伟大的安拉说:"你任随他们",即穆罕默德啊!你让他们自便!

"直到他们遭遇昏晕的日子",即复活之日。

"那天,他们的计谋丝毫无益于他们",即他们在今世中施展的阴谋诡计,在复活之日对他们毫无益处,"他们也不被援助"。

"不义者们,还要遭受惩罚",即此前,他们还要在今世中遭受惩罚。另一章说:❧ 我一定会使他们在受到更大的惩罚之前使他们尝试较近的刑罚,以便他们回归。❧ (32:21)

清高伟大的安拉说:"但他们中的大多数人不知道",即我将在今世中惩罚他们,以各种艰难困苦磨练他们,以便他们回归、忏悔。但他们并不明白发生了什么或是为什么,他们甚至认清当初的错误后,还要变本加厉。有段哲言中说:"(仆人说)我一贯违抗你,但你怎么不惩罚我?安拉说:'我的仆人啊!我一直在惩罚你,但你怎么不知晓?'"

## 安拉命令使者☞坚韧,并赞美安拉

清高伟大的安拉说:"你当耐心地等待你的主的裁决。你确实在我的眷顾之下",即你当忍受他们对你的伤害,不要和他们一般见识。因为你在我的眷顾和保护之下,我将保护你免于人们的伤害。

"所以,你在起身时,要以颂词赞美你的主。"端哈克说,经文指起身礼拜时,应该念:"主啊!赞你清净!以诵词赞美你,你的尊名真吉庆,你的尊严好伟大,除你之外,别无应受拜的。"[1]《穆斯林圣训实录》记载,欧麦尔在开始

---

[1]《泰伯里经注》22:489。

礼拜时，念此诵词。(1)艾哈麦德等圣训学家传述，穆圣也同样念此诵词。(2)

艾布·焦杂艾说，经文指你起床时，应当赞美安拉。(3)伊本·哲利尔选择了这种解释。(4)下列圣训可证明这种观点：安拉的使者说："谁梦中惊醒，念了：'应受拜的，惟有独一无偶的安拉。权力归主，赞美归主。他全能万事。赞安拉清净！一切赞美全归安拉。应受拜的，惟有安拉。安拉至大。（我们）没有办法，也没有力量，唯凭安拉。'然后他为我祈福（或曰'祈祷'），那么，他将被准承。如果他决心做小净，并礼拜，那么，他的拜功也将被接受。"(5)

穆佳黑德认为，经文指从每个座位起身的时候赞美安拉。绍利传述，艾布·艾哈外苏说，一个人从其座位起身时，应该念："主啊！赞你清净！赞美你！"(6)

穆圣说："聚礼时，谁在某个位置说了无益的话，他在起身时应该念：'主啊！赞你清净！赞美你！我作证：应受拜的惟有你。我向你求饶，向你忏悔。'若是这样，安拉将会宽恕他在这个位置的错误。"(7)

"和在夜间以及在星辰寥落时，赞美他"，即你当在夜晚中，诵读《古兰》、做礼拜、记念和崇拜安拉。另一段经文中说：❲在夜间，你要谨守增加的拜功。你的主也许会因此把你复生到被赞美的地位。❳（17：79）

"在星辰寥落时"，伊本·阿拔斯说，经文指晨礼前的两拜。因为这两拜的法定时间在星宿隐落的时候。(8)两圣训实录辑录，阿伊莎（愿主喜悦之）说："安拉的使者最关心的副功拜，莫过于晨礼时的两拜。"(9)另据穆斯林传述："晨礼时的两拜，优于今世及其中的一切。"(10)

《山岳章》注释完。一切感赞全归安拉。

(1)《穆斯林圣训实录》1：299。
(2)《艾哈麦德按序圣训集》3：50；《艾布·达乌德圣训集》1：490；《提尔密济圣训全集诠释》2：47；《圣训大集》2：132；《伊本·马哲圣训集》1：264、265。
(3)《格尔特宾教律》17：79。
(4)《泰伯里经注》22：488。
(5)《艾哈麦德按序圣训集》5：313；《艾布·达乌德圣训集》5：305；《提尔密济圣训全集诠释》9：359；《布哈里圣训实录诠释——造物主的启迪》3：47；《圣训大集》6：215；《伊本·马哲圣训集》2：1276。
(6)《格尔特宾教律》17：78。
(7)《提尔密济圣训全集诠释》9：392；《圣训大集》6：105；《哈肯圣训遗补》1：536。
(8)《泰伯里经注》22：379。
(9)《布哈里圣训实录诠释——造物主的启迪》3：55；《穆斯林圣训实录》1：501。
(10)《穆斯林圣训实录》1：501。

---

### 《星辰章》注释　　麦加章

### 最先降示的含有叩头命令的章节

布哈里传述，阿卜杜拉说："最先降示的含有叩头命令的章节是《星辰章》。"他说："穆圣先叩了头，穆圣后面的人们纷纷叩了头。当时只有一个人没有叩头，我看到他拿起一把土，在上面叩了头。此后，我看到他以隐昧者身份被杀。此人便是吾麦叶·本·赫里夫。"(11)

### 奉普慈特慈的安拉之尊名

❲1.凭这没落时的星辰发誓，❳
❲2.你们的伙伴既没有迷误，也未迷信。❳
❲3.他也不由私欲谈话。❳
❲4.这只是所受的启示。❳

(11)《布哈里圣训实录诠释——造物主的启迪》2：641、7：202、348、8：480；《穆斯林圣训实录》1：405；《艾布·达乌德圣训集》2：122；《圣训大集》2：160。

## 安拉发誓使者身份的真实性
## 使者只凭启示说话

舒尔宾等学者说，造物主可以他所意欲的任何被造物发誓，而被造物只能以造物主发誓。

"凭这没落时的星辰发誓。"穆佳黑德说，即以伴随着黎明消逝的昴宿发誓。[1]端哈克认为经文指：以打击恶魔时的星星发誓。与这段经文相似的是下面的经文：❇我以群星的位置发誓。如果你们知道，那的确是一个重大的誓言。它确实是尊贵的《古兰》。在被珍藏的天经中。只有洁净者才能触摸它。它是来自众世界的主的启示。❇（56：75-80）

"你们的伙伴既没有迷误，也未迷信。"这是包括了誓言的主题。即经文为使者作证，他是遵循正道的，坚持真理的，而不是迷误的，所以不会无知地脱离正道，投入歧途。因此安拉已经从基督徒、犹太教之类的各派迷误者的谬论中，使使者和他的法律纯洁无染。那些迷误者们，明知故犯地隐瞒真理，并逆正道而行。穆圣和他带来的讯息，则是极其正确、端正和公正的。

## 慈悯普世的使者不凭私欲说话

因此，清高伟大的安拉说："**他也不由私欲谈话**"，即他不带着自己的私欲或个人意愿说话。

"**这只是所受的启示**"，即使者只是完整无缺、原封不动地传达奉命传达的使命。正如伊玛目艾哈麦德传述，艾布·欧麦麦听安拉的使者说："确实，像莱毕尔和穆左勒这样的两个部落的人（或两个部落之一），要在一个不是先知的男子的说情下进入乐园。"有人问："安拉的使者啊！莱毕尔不是穆左勒的分支部落吗？"使者说："我只说我应该说的。"[2]

阿卜杜拉·本·阿慕尔传述，我曾记录从安拉的使者那里听到的一切，以便保护起来。后来古莱什人阻碍我，他们说："你在记录从安拉的使者那里听到的一切，即使他只是一个凡人，或是他在恼怒时说的（气）话吗？"于是我停止了记录。我将这件事情告诉先知后，先知说："你记录吧！凭掌握我生命的安拉发誓，出自我的，都是真理。"[3]

❇5.强有力者，教授了他。❇
❇6.有能力的，此后他逐渐升起。❇
❇7.当时他在最高的天际。❇
❇8.然后他接近，下降，❇
❇9.后来达到两弓之遥，或更近。❇
❇10.于是他给他的仆人启示了所要启示的。❇
❇11.这颗心没有否认他所见的。❇
❇12.难道你们要跟他争论他所看见的吗？❇
❇13.他（穆圣）的确再一次见到了他下降。❇
❇14.在极界之地的酸枣树旁。❇
❇15.它那里是安居的乐园。❇
❇16.当遮盖的东西遮盖酸枣树时，❇
❇17.目不转睛，也未过分。❇
❇18.他的确看到了他的主最伟大的一些迹象。❇

## 忠诚的天使给忠诚的使者带来安拉的启示

清高伟大的安拉说，他的仆人兼使者穆罕默德获得知识的老师，是给人类带来真知的"**强有力者**"——吉卜勒伊里天使。正如安拉所言：❇的确，它是尊贵的使者的话。在拥有阿莱什的主跟前，是有力的，有地位的。在那里，是被服从的，并且忠诚的。❇（81：19-21）

本章的经文说"有能力的"，即拥有力量的。这是穆佳黑德等学者的主张。[4]艾布·胡莱赖传述，穆圣说："富人和有能力的人不能接受施舍。"[5]

"**此后他逐渐升起**。""他"指吉卜勒伊里。这是哈桑、穆佳黑德等学者的主张。[6]

"**当时他在最高的天际**"，即吉卜勒伊里出现在最高的天边。这是艾克莱麦等学者的主张。艾克莱麦说"**最高的天际**"指晨曦出现的地方。穆佳黑德认为指太阳升起的地方。[7]格塔德说，指白天出现的地方。[8]伊本·栽德等人也持此观点。

伊玛目艾哈麦德传述，伊本·麦斯欧迪说："安拉的使者曾见过吉卜勒伊里的原形，他有六百个翅膀。每个翅膀都足以挡住天际，五光十色的珍珠和宝石从他的翅膀上不断落下，只有安拉知道其数量。"[9]

伊本·阿拔斯说，穆圣曾要求吉卜勒伊里为他显现原形，后者说："你向你的养主祈求。"穆圣祈求了他的伟大养主后，从东方升起一个黑

---

（1）《泰伯里经注》22：495。
（2）《艾哈麦德按序圣训集》5：257。
（3）《艾哈麦德按序圣训集》2：162；《艾布·达乌德圣训集》4：60。
（4）《泰伯里经注》22：499；《格尔特宾教律》17：85。
（5）《艾布·达乌德圣训集》2：286；《圣训大集》5：99。
（6）《泰伯里经注》22：501。
（7）《格尔特宾教律》17：88。
（8）《泰伯里经注》22：501。
（9）《艾哈麦德按序圣训集》1：395。

影，愈升愈高大，铺天盖地。穆圣㊣看到吉卜勒伊里后晕倒了。吉卜勒伊里到来使他苏醒，并擦去他嘴角的唾沫。(1)

## "两弓之遥或更近"的意思

"后来达到两弓之遥"，即吉卜勒伊里降到地面上后，靠近穆圣㊣，直到他和穆圣㊣之间的距离仅有拉开的两个弓那么远。这是穆佳黑德和格塔德的主张。(2)有人说经文指从弓弦到弓背之间的距离。

"或更近"前文已述，这种词型一般用于确定上文的意义，否定超过它的意义(3)。正如安拉所言：❨此后，你们的心变硬了，变得就像岩石，甚至比岩石还硬。❩（2∶74）即他们的心绝不比石头软，而是像石头一样硬或比石头更硬。另一段经文说：❨突然间他们当中的部分人如害怕安拉那样害怕人，甚至更加害怕。❩（4∶77）又❨我派遣他到十万人或有更多人的地方去。❩（37∶147）即他们的人数绝不少于十万，而是更多。因此经文通过这种表达方法，强调前文所述的内容不是被怀疑或犹豫的。这段经文"**后来达到两弓之遥，或更近**"也是同样。我们说——接近穆圣㊣的正是吉卜勒伊里，这也是信士之母阿伊莎（愿主喜悦之）、伊本·麦斯欧迪、艾布·则尔和艾布·胡莱赖的主张。我们将在下文引述相关的一些圣训。(4)

伊本·麦斯欧迪解释这段经文时说，安拉的使者㊣说："我看见了吉卜勒伊里，他有六百个翅膀。"(5)

西巴尼说："我关于这段'**后来达到两弓之遥，或更近。于是他给他的仆人启示了所要启示的。**'经文请教了赞勒，他说，阿卜杜拉说：'穆罕默德㊣看到吉卜勒伊里有六百个翅膀。'"(6)

"**于是他给他的仆人启示了所要启示的**"，即吉卜勒伊里向安拉的仆人——穆罕默德㊣启示了所要启示的，或曰：安拉通过吉卜勒伊里向他的仆人穆罕默德启示了他要启示的。两种意义都是正确的。

据传述，赛尔德·本·朱拜尔解释这段经文时说，安拉给他（穆圣㊣）启示道：❨难道他不曾发觉你是孤儿，而提供住宿？❩（93∶6）又❨我已为你提高你的声望。❩（94∶4）(7)其他学者说，安拉启示道："在你进入乐园之前，任何先知都不得进入乐园；在你的民族进入乐园之前，任何民族都不得进入乐园。"

## 穆圣㊣在登霄之夜是否见到他的养主

"这颗心没有否认他所见的。难道你们要跟他争论他所看见的吗？"伊本·阿拔斯在解释这段经文"**他（穆圣）的确再一次见到了他下降**"时说："他用他的心看到了两次。"(8)赛麻克有相同传述。(9)艾布·萨里赫和赛丁伊也有相同见解。(10)

麦斯鲁格说，我去阿伊莎（愿主喜悦之）那里，问："穆罕默德看见过他的养主吗？"她说："我的头发因为你所说的话要竖起来了。"我说："且慢！"然后我读道："**他的确看到了他的主最伟大的一些迹象。**"她说："你想到哪里去了？经文指的是吉卜勒伊里。谁要告诉你，穆罕默德见到过他的养主，或是他隐瞒过奉命传达的经文，或他知道下列经文中的只有安拉知道的五件事：❨末日的知识只在安拉那里，他下降及时雨；他知道在子宫中的是什么；没有人会知道明天他将做些什么，也没有人知道自己将死于何处。安拉确实是全知的、彻知的。❩（31∶34）——谁就给安拉撒了重大的谎言。但穆圣看见过吉卜勒伊里，他只两次见过他的原形。一次在极界之地的酸枣树跟前，另一次在艾吉雅德。吉卜勒伊里有六百个翅膀，当时他挡住了天际。"(11)

《穆斯林圣训实录》记载，艾布·则尔说，我问安拉的使者㊣："你见过你的养主吗？"他说："那里只有光，我怎能看见呢？"另据传述，先知说："我只能看到光。"(12)

"**他（穆圣）的确再一次见到了他下降。在极界之地的酸枣树旁。它那里是安居的乐园。**"这是安拉的使者㊣第二次见到吉卜勒伊里的原形，当时是登霄之夜。我们在注释《夜行章》前面的经文时，已经引述了相关的许多圣训，此处不再赘述。

伊本·麦斯欧迪在解释"**他（穆圣）的确再一次见到了他下降。在极界之地的酸枣树旁**"时说，安拉的使者㊣说："我看到了吉卜勒伊里，他有六百个翅膀，五彩缤纷的珍珠和宝石从他的羽毛上纷纷洒落。"(13)阿卜杜拉说："安拉的使者㊣看到了吉卜勒伊里的原形，他有六百个翅膀。每个翅膀都足以遮挡天际，五彩缤纷的珍珠和宝石从他的翅

---

(1)《艾哈麦德按序圣训集》1∶322。
(2)《泰伯里经注》22∶503；《阿卜杜·兰扎格经注》3∶250。
(3) 即加强前文的语气。——译者注
(4)《泰伯里经注》22∶504。
(5)《泰伯里经注》22∶503。
(6)《布哈里圣训实录诠释——造物主的启迪》8∶476。
(7)《格尔特宾教律》17∶52。
(8)《穆斯林圣训实录》1∶158。
(9)《泰伯里经注》22∶507。
(10)《泰伯里经注》22∶508。
(11)《提尔密济圣训全集诠释》9∶167。
(12)《穆斯林圣训实录》1∶161。
(13)《艾哈麦德按序圣训集》1∶460。

膀上纷纷洒落,只有安拉知道它们的数目。"(1)

伊本·麦斯欧迪说,安拉的使者说:"我在极界之地的酸枣树旁看到了吉卜勒伊里,他有六百个翅膀。"我(伊本·麦斯欧迪)关于吉卜勒伊里的翅膀情况问了阿斯木,但他没有告诉我。后来他的一些同伴告诉我:"每个翅膀有(世界的)东方到西方那么长。"(2)

伊本·麦斯欧迪说,安拉的使者说:"吉卜勒伊里穿着挂满珍珠的绿色(大衣)来临于我。"(3)

麦斯鲁格来到阿伊莎跟前,问:"信士的母亲啊!穆罕默德见过他的养主吗?"她回答道:"赞美安拉!你的话使我们的头发都立了起来,无论谁告诉你下面三件事情,他都在撒谎。谁要告诉你穆罕默德见到了他的养主,谁就在撒谎。然后她读道:《 众眼睛看不到他,而他却能看见一切眼睛。》(6:103)《 除了启示,或是从幕后,或是派遣使者奉安拉的命令启示他所意欲的之外,任何人不能跟安拉说话。》(42:51)《 末日的知识只在安拉那里,他下降及时雨;他知道在子宫中的是什么;没有人会知道明天他将做些什么,也没有人知道自己将死于何处。安拉确实是全知的、彻知的。》(31:34)谁要告诉你,穆罕默德隐瞒了使命,谁确在撒谎。然后她读道:《 使者啊!你当传达从你的主降临的。》(5:67)无论如何,他两次看到了吉卜勒伊里的原形。"(4)

伊玛目艾哈麦德传述,麦斯鲁格说,我曾在阿伊莎(愿主喜悦之)跟前,我问她:"难道安拉不曾说《 的确,他在明晰的天际看见了他。》(81:23)'他(穆圣)的确再一次见到了他下降'吗?"她说:"我是本民族中第一个向安拉的使者请教这个问题的人。使者回答说,那是吉卜勒伊里。"使者只两次见过安拉所创造的吉卜勒伊里原形。(其中一次)他看到吉卜勒伊里从天上降临大地,其形象高大,遮蔽了天地间的一切。(5)

### 天使、光和各种颜色笼罩酸枣树

"当遮盖的东西遮盖酸枣树时",上述登霄圣训已经讲道:"天使像乌鸦一般将它(酸枣树)包围起来,养主的光和我说不上名字的各种颜色笼罩了它。"伊本·麦斯欧迪说:"安拉的使者登霄夜行时,来到极界之地的酸枣树跟前,那棵树在

(1)《艾哈麦德按序圣训集》1:355。
(2)《艾哈麦德按序圣训集》1:407。
(3)《艾哈麦德按序圣训集》1:407。
(4)《艾哈麦德按序圣训集》6:49。
(5)《艾哈麦德按序圣训集》6:241;《布哈里圣训实录诠释——造物主的启迪》8:472;《穆斯林圣训实录》1:359。

第七层天上。地上的功行升至这里后被接纳,上面的功行下到这里被接纳。"传述者说:"(遮蔽的东西)指一群金蝴蝶。安拉的使者接受了三件事情。接受了五番拜功;接受了《黄牛章》结尾的一些经文;安拉恕饶了穆圣的民族中不以任何物举伴安拉的一些犯大罪者。"(6)

"目不转睛,也未过分。"伊本·阿拔斯说:"他没有左顾右盼。"(7)

"也未过分",即除了奉命观看的地方之外,使者没有看其他地方。体现了一种极其服从和恭顺的良好品德。因为他只奉命行事,并且从不奢求。"

"他的确看到了他的主最伟大的一些迹象。"另一段经文说:《 赞美安拉。他在夜间把他的仆人由禁寺带到我曾赐福其四邻的远寺,以便我让他看到我的一些迹象。》(17:1)即证明我的能力和伟大的迹象。圣训派中的一些人根据这两段经文主张,那夜穆圣并没有看到安拉,因为经文说:"他的确看到了他的主最伟大的一些迹象。"假若穆圣看到了安拉,安拉会传达这个讯息,并且穆圣也一定会告诉世人的。

《 19.你们可曾见到拉特和欧萨?》
《 20.和最后一个——第三者默那?》
《 21.难道男性都归你们,而女性只归他吗?》
《 22.这确实是不公的分配!》
《 23.它们只是你们和你们的祖先所叫出的名字,安拉不曾赋予它们任何权力。他们追随的只是臆测和他们的私愿。然而,引导确由他们的主到达了他们。》
《 24.是否人想得到什么都能得到?》
《 25.以后与以前,都属于安拉。》
《 26.诸天中的许多天使,他们的求情无益于他们丝毫,除非安拉为他所意欲、所喜欢的人允许之后。》

### 驳斥拜偶像者以及拉特、欧萨和默那的本质

清高伟大的安拉驳斥了偶像崇拜和以物配主。多神教徒们崇拜偶像等伪神,并像伊布拉欣先知建设天房那样,为这些伪神建筑庙宇。"你们可曾见到拉特","拉特"是座雕刻而成的白色石像,位于塔伊夫的一座庙宇中,石像上挂有帷幕,并有专人侍奉,其周围是塔伊夫人的一座大广场。当地居

(6)《穆斯林圣训实录》1:157;《艾哈麦德按序圣训集》1:422。
(7)《泰伯里经注》22:521。

民是赛格夫部落及其追随者。塔伊夫人因为拥有这座雕像，而在除古莱什人之外的其他阿拉伯人跟前引以为荣。伊本·哲利尔说："拉特这一名字，是他们从'安拉'一词中派生的。他们的意思是，拉特是一个女神，由安拉一词派生。赞美安拉清高伟大！他和他们的谬论无关。"

据传述，伊本·阿拔斯、穆佳黑德等学者将这个词读为"懒特[1]"，他们解释说，蒙昧时代，曾有个人为朝觐者和杂面[2]，此人死后，多神教徒们驻在他的坟墓周围，崇拜他（将他当作了神）。[3]

伊本·阿拔斯在解释"**拉特和欧萨**"时说，"拉特是一个为朝觐者和杂面的人。"[4]伊本·哲利尔说，他们从安拉的尊名"العزيز"中派生了偶像欧萨的名字。这座偶像的上面搭建着木制建筑，其帷幕是用椰枣树制成的。位于麦加和塔伊夫之间。受到古莱什人尊崇。[5]苏富扬在吾侯德之日说，"我们有欧萨，你们没有欧萨！"安拉的使者☪对圣门弟子们说："你们说，安拉是我们的保佑者，你们没有保佑者。"[6]

另一个偶像默那则位于麦加和麦地那之间的（格迪德区）穆显莱莱。蒙昧时代受胡杂尔、奥斯、赫兹勒吉部落尊崇，他们朝觐天房时，曾在这里受戒。布哈里传述，阿伊莎（愿主喜悦之）有相同的言论。[7]除了上述三个偶像外，当时在阿拉伯半岛和其他地区还有许多塔吾特[8]，阿拉伯人像尊崇天房那样尊崇它们。经文只提到这三个偶像，因为它们较有名气。

奈萨伊传述，安拉的使者☪解放麦加之后，派哈立德·本·瓦利德去奈赫莱，欧萨正位于那里，哈立德到那里时，这座偶像建立在三棵橡胶树的上面，哈立德砍断橡胶树后，位于树周围的寺庙倒塌了。哈立德遂回到使者跟前汇报了情况。使者说："回去完成你的任务吧！你还没有完成它。"庙里的守卫者见哈立德回来了，就用计高喊："欧萨啊！欧萨啊！"哈立德追赶到庙宇跟前时，见一个女人披头散发，赤身裸体，在自己的头上扬沙土。哈立德一剑刺死了她，回到使者跟前汇报了情况。使者说："那就是欧萨。"[9]

伊本·易司哈格说："拉特属于居住塔伊夫的赛格夫部落。它的守卫者和朝觐者是穆尔泰卜族。"[10]笔者说，安拉的使者☪曾派穆黑勒·本·舒尔宾和艾布·苏富扬去塔伊夫摧毁它，并在原址建起一座清真寺。

伊本·易司哈格说："默那是奥斯和赫兹勒吉以及叶斯里卜多神教徒的偶像，其信仰区域限于靠近位于格迪德穆显莱莱的沿海地区。安拉的使者☪派艾布·苏富扬摧毁了它。有人说，阿里摧毁了它。"

他（伊本·易司哈格）说，祖·赫里索是岛斯、赫斯尔姆和白吉莱部落以及泰巴莱地区阿拉伯人的偶像。[11]笔者说，这座偶像被称为"也门的天房"（亦作"南部的天房"），麦加的天房则被称为"沙姆的天房"（亦作"北部的天房"），安拉的使者☪派哲利尔·本·阿卜杜拉摧毁了它。

伊本·易司哈格说："弗勒斯是团义（部落）及与团义山脉接壤地区的部落偶像，譬如赛里麻及艾佳部落。伊本·希沙姆说："有位学者告诉我，安拉的使者☪派阿里摧毁了这座偶像，并在其财产中发现了两把宝剑，一把叫勒苏白，另一把叫穆赫则穆。使者将它们赏给了阿里，这就是阿里的双剑。"

伊本·易司哈格说，希木叶尔人和也门人在萨那有座叫亚哈穆的庙宇。他说，庙中有只黑狗，和土伯同行的两位学者将其拉出庙宇杀死，还摧毁了这座庙宇。

伊本·易司哈格说，磊左是莱毕尔氏族的庙宇。莱毕尔氏族的谱系是：莱毕尔·本·凯尔卜·本·赛尔德·本·栽德·默那·本·泰米目。[12]在伊斯兰时期，这座庙宇被毁时，莱毕尔的儿子穆斯涛赫莱曾吟过如下诗句："我重创磊左，将其夷为荒原上的平地。"

## 驳斥以物配主的多神教徒——他们声称天使是女性

伊本·易司哈格说，毕克勒和泰俄莱卜这两个部族以及散达德地区的伊亚德部族，都拥有类似天房的许多庙宇。艾尔夏·本·盖斯曾就这些庙宇吟诗道："在赫莱奈格、苏带尔和巴勒格[13]之间，散达德人的朝天房星罗棋布。"

因此，清高伟大的安拉说："**你们可曾见到拉特和欧萨？和最后一个——第三者默那？**"后文说："**难道男性都归你们，而女性只归他吗**"，即难道你们为安拉选择女性后代，而却为自己选择男

---

（1）اللات，该词词根的意思是"和面"。——译者注
（2）用大麦和小麦和成的一种面粉。——译者注
（3）《泰伯里经注》22：523。
（4）《布哈里圣训实录诠释——造物主的启迪》8：478。
（5）《泰伯里经注》22：523。
（6）《布哈里圣训实录诠释——造物主的启迪》6：188。
（7）《布哈里圣训实录诠释——造物主的启迪》8：479。
（8）指除安拉之外的一切受拜者。——译者注
（9）《圣训大集》6：474。
（10）《穆圣传》1：87。
（11）《穆圣传》1：87。
（12）《穆圣传》1：89。
（13）赫莱奈格，位于伊拉克的一个地方。苏带尔，位于今沙特西北部。巴勒格，地名。——译者注

性后代。假若这种分配对你们和像你们的被造物是"不公的分配",即那的确是不公平,愚蠢的,那么,你们怎能这样为你们的养主去做这种决定呢?

然后安拉驳斥他们自创的谬论、谎言和否认——崇拜偶像和呼唤神灵。"它们只是你们和你们的祖先所叫出的名字,安拉不曾赋予它们任何权力。"他们追随的只是臆测和私欲,都是他们自行编造的名字,安拉未曾为这种邪说提供任何证据。换言之,他们无据可循,只不过在坚持走祖先的错路,以祖先的威望和荣耀为荣,抱着美好的猜测,遵循陋俗罢了。

"然而,引导确由他们的主到达了他们",即安拉确曾派遣许多使者给他们带来明确的真理和绝对的明证,但他们还是背弃了使者们。

### 幸福不能仅凭梦想获得

"是否人想得到什么都能得到",即不是谁想得到幸福就能美梦成真,◆ 不是借你们的妄想和有经人的妄想(就可以获得成功)。◆(4:123)一个自称遵循正道的人,并不一定就真的处于正道,任何人也不会想什么就能得到什么。安拉的使者说:"如果你们有所盼望,就得研究一下所盼望的是什么。因为人不知道通过他的想法,(天使)将给他记录什么。"(1)

"以后与以前,都属于安拉",即一切事情都属于安拉,安拉是今世和后世的掌管者、支配者。安拉所意欲的一切都会存在,安拉不意欲的一切,都不可能存在。

### 说情必须得到安拉的许可

"诸天中的许多天使,他们的求情无益于他们丝毫,除非安拉为他所意欲、所喜欢的人允许之后。"另一段经文说:◆ 除非他许可,谁能在他跟前说情? ◆(2:255)又◆ 除了他所特许者外,(其余的人)在他那里求情是没有用途的。◆(34:23)如果近主的天使要在安拉跟前获得说情权,都是这种情况的话,无知的人们啊!你们怎能对这些伪神在安拉跟前说情抱有希望呢?何况安拉不但没有规定或允许人们去崇拜这些伪神,而且还通过所有的使者之口和所有的天启经典,禁止人们这种错误的崇拜。

◆ 27.那些不信后世的人,必以女性的名字称呼众天使。◆

---
(1)《艾哈麦德按序圣训集》2:357。

◆ 28.但是他们对此没有知识,他们只不过追随臆测,而臆测于真理无助丝毫。◆

◆ 29.所以你要离开那避开我的提示并只向往今世的人。◆

◆ 30.这是他们的认识程度,你的主至知谁迷失他的道路,谁获得了引导。◆

### 驳斥多神教徒妄称天使是安拉的女儿

安拉谴责多神教徒以女性的名字称呼天使,并把天使们当成安拉的女儿。安拉超绝于他们的谬论。正如下面的经文所说:◆ 他们把崇拜至仁主的天使们当成女性。他们可曾见证过他们的造化吗?他们的证词将被记录,他们也将被质询。◆(43:19)

因此,清高伟大的安拉说:"**但是他们对此没有知识**",即他们对自己的言论,无法提供正确的理论根据。因为他们的谬论本身就是丑恶的谎言和隐昧。

"**他们只不过追随臆测,而臆测于真理无助丝毫**",即臆测是没有益处的,它永远不能像真理一样堂堂正正,或取代真理。安拉的使者说:"你

## 远离持谬论者的必要性

"所以你要离开那避开我的提示……的人"，即你当远离背弃真理的人。

"并只向往今世"，即他的最高理想和知识的极限，就是今世。这是极其不幸的事情。

因此，清高伟大的安拉说：**"这是他们的认识程度"**，即他们所要达到的极限，就是追求今世，为之拼搏。圣训中说："主啊！不要使今世成为我最大的理想和我的认知程度。"[2]

"你的主至知谁迷失他的道路，谁获得了引导"，即安拉创造万物，知道有益于众仆的一切，安拉将引导他所意欲之人，并任他所意欲之人迷误。这一切都出自安拉的大能、知识和哲理。安拉是永不偏私的公正者，他的法律和决定，莫不如是。

❀ 31.天地间的一切，都属于安拉，他依照他们的行为还报那些作恶的人，并以善果还报行善的人。❀

❀ 32.那些避免犯大罪和丑行而只犯了小罪的人，你的主确实是宽恕的。当他用泥土创造你们，当你们还是母腹中的胎儿时，他至知你们。所以你们不要自命纯洁，他至知谁是虔敬的人。❀

### 安拉知道一切大小的事情，他论功报偿每个人

清高伟大的安拉说，他是天地的掌权者，他无求于除他之外的一切，他公正地统治着他的被造物，他以真理创造了万物。"他依照他们的行为还报那些作恶的人，并以善果还报行善的人"，即安拉将论功行赏，善给善报，恶予恶报。

### 行善者的特征，宽恕除大罪之外的小罪

然后经文为行善者作了如下定义：他们远离大罪和丑事。换言之，他们即便有一些小罪过，但他们从不触犯被禁止的大罪。安拉将宽恕他们，掩盖他们的小罪。另一段经文说：❀ 如果你们远离你们所受禁的大罪，我就恕饶你们的一些罪过，并且准许你们进入优美的处所。❀（4：31）

本章的经文说："那些避免犯大罪和丑行而只犯了小罪的人"，经文的意思是：犯小罪者另当别论。伊本·阿拔斯说，我所见到的对小罪最形象的叙述，是艾布·胡莱赖所传的圣训。圣训中说："安拉注定每个人都要必不可少地犯一份淫罪。眼睛的淫罪是看，舌头的淫罪是说，内心的淫罪是欲念，性器官则落实或否定它。"[3]

伊本·麦斯欧迪说："两眼的奸淫是看，两唇的奸淫是吻，两手的奸淫是拿，两脚的奸淫是行，性器官则肯定它或否定它。如果他用性器官去触犯，那他就是奸淫者。否则，他犯了小罪。"[4] 麦斯鲁格等人也有此说。[5] 据传述，伊本·鲁巴白说："我关于'只犯了小罪的人'这段经文询问过艾布·胡莱赖，他回答说，经文指接吻、眉来眼去和拥抱。如果两个性器官接触到一起，那就必须要洗大净，这就是奸淫。"[6]

### 鼓励忏悔，禁止自命纯洁

"你的主确实是宽恕的"，即安拉的慈悯宽过了万物，他的赦宥能包容一切向他忏悔的人的罪恶。正如安拉所述：❀ 你说："我的对自己过分的众仆啊！你们不要对安拉的慈悯绝望，的确安拉将恕饶一切罪过。他是至赦的、至慈的。"❀（39：53）

"当他用泥土创造你们，当你们还是母腹中的胎儿时，他至知你们"，即他从泥土创造了你们的祖先阿丹，并从中创造他的子孙的时候，他就知道你们的一切情况和言行。他使人类分为两部分：一部分应该进乐园，另一部分要入火狱。他所委派的天使还记录了腹中胎儿一生的给养、寿命、行为以及幸福或不幸。

"所以你们不要自命纯洁"，即你们不要因为做过一些事情，就自吹自擂，自命不凡。

"他至知谁是虔敬的人。"正如安拉所言：❀ 你难道不曾注意那些自命清白的人吗？不然，只有安拉净化他所意欲的人，他们一点也不会被亏待。❀（4：49）《穆斯林圣训实录》记载，栽娜卜传述，安拉的使者㊤禁止使用"纯洁无疵"这个名字。使者㊤说："你们不要自命冰清玉洁，安拉至知你们中谁是纯洁无疵的。"众人问："那么我们给她起什么名字？"使者说："你们叫她栽娜卜。"[7]

艾布·白克莱传自他的父亲，他说，有人在使者跟前赞美另一人，使者说："你真不幸！你砍

---

(1)《布哈里圣训实录诠释——造物主的启迪》5：441。
(2)《提尔密济圣训全集诠释》9：476。
(3)《艾哈麦德按序圣训集》2：276；《布哈里圣训实录诠释——造物主的启迪》11：28；《穆斯林圣训实录》4：2046。
(4)《泰伯里经注》22：537。
(5)《泰伯里经注》22：537。
(6)《泰伯里经注》22：538。
(7)《穆斯林圣训实录》3：1678。

断了你伙伴的脖子。"——使者将这句话说了好几遍——使者接着说："如果你们一定要赞扬你们的伙伴，就说'我认为某人如何如何，但安拉至知其情况'，在安拉跟前，我认为没有人清白无疵。如果他知道情况，他就这样说好了。"(1)

伊玛目艾哈麦德传述，有个人来到奥斯曼跟前，当面赞扬了他，在场的米格达德当即拿起土撒到那人脸上，说："安拉的使者命令我们遇到吹捧别人的人时，在他们的脸上撒土。"(2)

❧ 33.你可曾见到那回避者，❧
❧ 34.他付出一点，就停止了。❧
❧ 35.难道他拥有幽玄的知识，所以他能看见？❧
❧ 36.或是，他未被告知穆萨的经典的内容，❧
❧ 37.和尽忠的伊布拉欣的经典的内容吗？❧
❧ 38.任何一个担负重担者，都不会担负他人的担子。❧
❧ 39.人只能得到他所努力的。❧
❧ 40.他的努力将会被看到。❧
❧ 41.然后，他就会得到最完全的报偿。❧

## 谴责拒不服从的人，吝惜财产的人对这种人的驳斥

安拉批驳不服从他的人，说：❧ 因为他既没有正信，也没有礼拜。但他否认了，并且躲避。❧（75：31-32）伊本·阿拔斯说："他付出一丁点，就停止了。"伊本·阿拔斯解释说："他施舍了一丁点，就停止了。"(3)穆佳黑德等学者都有此观点。(4)艾克莱麦等人说："他们就像这样一群人，他们在挖井，中途遇到一块大石头就停工不干了，并说'我们已经完成了'。"

"难道他拥有幽玄的知识，所以他能看见"，即难道这悭吝不舍，不做善行的人能够未卜而知，知道他手中的财产将会耗尽，因此他不再行善吗？他目睹了幽玄吗？事实并非如此。他不行善和不周济亲人的原因，在于他的吝啬和贪婪，害怕贫穷。因此，圣训中说："比拉勒啊，你花费吧，不要担心拥有阿莱什的安拉使人贫穷。"(5)安拉确已说过：❧ 你说："的确，我的主能使他所意欲的仆人给养宽裕，也能使之窘迫，不论你们花费什么，他都会补还。他是最好的供应者。"❧（34：39）

## 穆萨和伊布拉欣的经典

"或是，他未被告知穆萨的经典的内容，和尽忠的伊布拉欣的经典的内容吗？"赛尔德·本·朱拜尔和绍利说："（经文指）伊布拉欣传达了奉命传达的一切。"(6)

伊本·阿拔斯说，"尽忠的"指伊布拉欣忠诚为主，传达使命。(7)伊本·朱拜尔认为经文指完全传达所奉的命令。(8)格塔德认为经文指顺从安拉，向人们传达主的使命。伊本·哲利尔选择了最后一种解释。这种解释概括了前面的几种解释，其根据是这段经文：❧ 当时，他的养主用一些言辞考验了伊布拉欣，他便完成了它们。他（主）说："我将使你成为人类的领袖。"❧（2：124）后来伊布拉欣履行了安拉的一切命令，放弃了安拉禁止他做的一切事情，并完整无误地向人们传达了使命。因此，他理应成为世人的表率，他的一切言行都值得世人学习。安拉说：❧ 后来我启示你："你要追随伊布拉欣的纯正宗教，他不是多神教徒。"❧（16：123）

安拉的使者说，安拉说："阿丹的子孙啊！每天清晨你为我礼四拜，我就为你解决你的后世。"(9)

## 复生日任何人不承担别人的担子

然后安拉开始阐述他在伊布拉欣和穆萨的经典中的启示，安拉说：**"任何一个担负重担者，都不会担负他人的担子"**，即每个因为隐昧或某种罪行自亏的人，都将自作自受，别人不能替他承担罪责。安拉说：❧ 负重的人不会负担他人的担子，如果一个肩负重担者要求旁人来承担他的重担，旁人也不能承担丝毫，即使是他的近亲。❧（35：18）

"人只能得到他所努力的。"正如他犯罪后自受其害那样，行善后也将自获其益。

《穆斯林圣训实录》记载，安拉的使者说："人归真后，除三方面外，其善功都停止了。为其祈祷的清廉子女；川流不息的施舍；有益于人的知识。"(10)事实上圣训中所提到的这三方面，都是

---

（1）《艾哈麦德按序圣训集》5：41-46；《布哈里圣训实录诠释——造物主的启迪》5：324、10：491、567；《穆斯林圣训实录》4：2296；《艾布·达乌德圣训集》5：154；《伊本·马哲圣训集》2：1232。
（2）《艾布·达乌德圣训集》5：153；《穆斯林圣训实录》4：2297；《艾哈麦德按序圣训集》6：5。
（3）《泰伯里经注》22：541。
（4）《泰伯里经注》22：542。
（5）《圣训大典》10：191。
（6）《泰伯里经注》22：544。
（7）《泰伯里经注》22：543。
（8）《泰伯里经注》22：544。
（9）《提尔密济圣训全集诠释》2：585。
（10）《穆斯林圣训实录》3：1255。

这个亡者生前所努力的结果,正如下列圣训所说:"人所享用的最佳美的食品,是他劳动所得的,他的孩子也来自他劳动所得。"[1]川流不息的施舍,譬如宗教不动基金等,也包括亡者生前的努力。安拉说:◊是我给无生物赋予生命,我要写下他们以前做过的事和他们的遗迹。◊(36:12)亡者生前传播的知识,若被后人遵循,也属于他的努力和工作。圣训中说:"引导人走向正道的人,将获得跟随者的报酬,但不对跟随者的报酬有丝毫影响。"[2]

"他的努力将会被看到。"经文指复生日。正如下面的经文说:◊你说:"你们工作吧!安拉及其使者以及信士们将看到你们的工作,你们将被带到知道可见物与不可见物的安拉那里,然后他会把你们当初的所作所为告诉你们。"◊(9:105)即安拉将告诉你们所作的一切,并给予完全的报酬,善有善报,恶有恶报。本章的经文说:"**然后,他就会得到最完全的报偿。**""最完全"指最充分。

◊ 42.终极的归宿,只在你的主那里。◊
◊ 43.他使人笑,也使人哭。◊
◊ 44.他使人死,也使人生。◊
◊ 45.他造化配偶——雄性和雌性的——◊
◊ 46.是由一滴射出时的精子。◊
◊ 47.他负责再次的造化。◊
◊ 48.他使人富裕,令人满足。◊
◊ 49.他是天狼星的养育者。◊
◊ 50.他曾毁灭了古代的阿德人,◊
◊ 51.和塞姆德人,他不留一人。◊
◊ 52.以前,他毁灭了努哈的族人。他们确实是最不义的,最过分的。◊
◊ 53.他也使穆尔太克夫坍塌。◊
◊ 54.于是那覆盖的东西覆盖了它。◊
◊ 55.那么,你怀疑你主的哪项恩典呢?◊

**安拉的一些属性,他将原模原样地复造人类以及安拉对仆人的一些行为**

清高伟大的安拉说:"**终极的归宿,只在你的主那里。**""终极的归宿"指末日的归宿。阿慕尔·本·麦穆奈说,穆阿兹有一天在我们中间站起说:"奥德人啊!我是安拉的使者㊗派向你们的使者,须知,归宿只在安拉那里,要么在乐园中,要么在火狱中。"[3]

"**他使人笑,也使人哭**",即安拉给人创造了笑和哭的能力,并且创造了这两个反面特征的起因。

"**他使人死,也使人生。**"另一章说:◊他创造了死和生。◊(67:2)

"**他造化配偶——雄性和雌性的——是由一滴射出时的精子。**"正如下面的经文说:◊难道人以为他就此被放纵?他不曾是一滴被射出的精液吗?然后,他成为血块;然后他(安拉)造化(他)并使之健全,他使他成为两性——雄性和雌性。难道这样的创造者不能使死者复活吗?◊(75:36-40)

"**他负责再次的造化。**"正如安拉初次造化那样,在复生日,他要再次造化。

"**他使人富裕,令人满足**",即安拉使仆人们获得许多固定的财富,而他们不用购买它们。这确实是安拉对他们全面的恩赐。许多经注学家离不开这一主题,譬如艾布·萨里赫和伊本·哲利尔。[4]

据传述,穆佳黑德认为"**使人富裕**"指赏赐人财富,"**令人满足**"指让人使用工具(或役使奴仆)。格塔德也持此观点。

---
(1)《圣训大集》7:241。
(2)《穆斯林圣训实录》4:2060。
(3)《哈肯圣训遗补》1:83。

(4)《泰伯里经注》22:548、549。

伊本·阿拔斯等学者认为"**使人富裕**"指给人赏赐,"**令人满足**"指使人满意。

"**他是天狼星的养育者。**"伊本·阿拔斯等学者说,"**天狼星**"指一颗璀璨的星星,被称为"麦尔宰穆·焦杂伊",有些阿拉伯人奉之为神明崇拜。(1)

"**他曾毁灭了古代的阿德人**",他们是呼德的族人。有学者认为经文指阿德·本·伊莱姆·本·萨米·本·努哈。正如下面的经文说:❁ 难道你没有看到,你的主如何对待阿德人,拥有高柱的伊莱姆人⋯⋯❁(89:6-8)即他们是最强大的民族,对于安拉及使者也是最敢违抗的,因此,安拉毁灭了他们,安拉说:❁ 阿德人,则毁于猛烈的寒风。他制服它,使它持续地向他们吹了七夜八天。❁(69:6-7)

"**和塞姆德人,他不留一人**",即安拉还毁灭塞姆德人,没有留下一个活口。

"**以前,他毁灭了努哈的族人。**""以前"指在这些民族之前。

"**他们确实是最不义的,最过分的。**"即他们比他们后面的民族更加顽抗。

"**他也使穆尔太克夫坍塌**",即此前,安拉还毁灭了鲁特民族的许多城市,使这座城市天翻地覆,倒扣下来,并降下像石头一样的硬泥打击他们。

因此说,"**于是那覆盖的东西覆盖了它**",即他们被天上降下的石头所掩埋。❁ 我向他们降下雨,给被警告者的雨真恶劣啊!❁(26:173)

"**那么,你怀疑你主的哪项恩典呢**",即人啊!你究竟对安拉赐给你的哪一件恩典有所怀疑呢?这是格塔德的观点。(2) 伊本·朱莱杰认为,经文的意思是:穆罕默德啊⋯⋯

第一种解释更加贴切。这也是伊本·哲利尔的选择。(3)

❁ 56.这是以前的警告者中的一位警告者。❁
❁ 57.临近的已经临近了。❁
❁ 58.除了安拉,没有谁能揭示它。❁
❁ 59.你们为这言辞而惊奇吗?❁
❁ 60.你们笑而不哭吗?❁
❁ 61.你们是疏忽的。❁
❁ 62.你们向安拉叩头,并崇拜他吧。❁

### 警告、提醒并命令叩头和谦恭

"**这是以前的警告者中的一位警告者**",即穆罕默德和以前的众位警告者,都是一脉相传的使者。正如安拉所言:❁ 你说:"我不是诸使者中的另类,我也不知道我和你们将被怎么对待,我只遵从启示给我的那些,我只是一个坦率的警告者。"❁(46:9)

"**临近的已经临近了**",即"临近的"指末日。

"**除了安拉,没有谁能揭示它**",即除安拉之外,任何人都不能阻止它的到来,也不知它何时到来。"**警告者**",指目睹危险,害怕他人误入其中而提出警告的人。正如下面的经文所说:❁ 他只是在严厉刑罚降临前的警告者。❁(34:46)圣训中说:"我是一位赤裸裸的警告者",即他目睹邪恶的严峻,来不及穿衣,就迅速地跑向他们,发出警告,以免他们受到伤害。这种解释符合这段经文"**临近的已经临近了**",即临近的——复生日临近了。

正如后面一章的开头说:❁ 时间已经接近,月亮破碎了。❁(54:1)

安拉的使者 说:"你们不要轻视小罪,小罪的情形如这样一群人:他们驻扎某一山谷,人们陆续将柴火放到一起,以致烧焦了他们的饼子。犯小罪的人若受到清算,誓必为其所毁。"(4)

然后安拉谴责多神教徒偷听《古兰》,但对其熟视无睹,拒绝遵循之。"**你们为这言辞而惊奇吗**",即你们对其正确性表示怀疑,并嘲笑它。但你们不像确信它的人那样哭泣,《古兰》叙述他们时说:❁ 他们痛哭着倒地,下巴着地地叩头,它使他们更加敬畏。❁(17:109)

"**你们是疏忽的。**"伊本·阿拔斯说,"疏忽的"一词是也门方言,意为:为我们歌唱。艾克莱麦持相同观点。(5) 另据传述,伊本·阿拔斯解释说,经文指拒绝的。(6) 穆佳黑德等学者也持相同观点。

然后安拉命令众仆为他叩头,跟随其使者的方式,坚持传达安拉命其传达的一切。布哈里传述:"穆圣 读到《星辰章》后叩了头,当时和他一起

---

(1)《泰伯里经注》22:551。
(2)《泰伯里经注:22:556》《布哈里圣训实录诠释——造物主的启迪》11:323。
(3)沃海布的《穆尼勒经注》解释:"临近的已经临近了"指复活时愈来愈近,几乎马上成立。经文通过这种叙述,依次强调三个根本问题的真实性,第一个是"那么,你怀疑你主的哪项恩典呢?"中所说的"安拉及其独一性",第二个是"这是以前的警告者中的一位警告者"中所说的使者其及其使命,第三个是"临近的已经临近了"中所说的后世的复生。——译者注
(4)《艾哈麦德按序圣训集》5:331。
(5)《泰伯里经注》22:559。
(6)《阿卜杜·兰扎格经注》3:255。

叩头的有穆斯林、多神教徒、精灵和人类。"(1)仅穆斯林传述了这段圣训。伊玛目艾哈麦德传述，穆特里卜·卧达尔说："安拉的使者㊣在麦加读了《星辰章》后叩了头，他身边的人们也叩了头，但我抬起头，没有叩头。"因为当时穆特里卜还没有加入伊斯兰，他成为穆斯林后只要听到有人诵读这段经文，就因此而叩头。奈萨伊传述。(2)

《星辰章》注释完。一切感赞全归安拉。

## 《月亮章》注释  麦加章

上述艾布·瓦格德的圣训中提到，安拉的使者㊣在宰牲节和开斋节会礼中诵读《戛弗章》和《月亮章》。使者通常还在一些重大聚会中诵读这两个章节，因为它们所叙述的是许约和警告、初造和复造、安拉独一和圣职的确切性等重大问题。

*奉普慈特慈的安拉之尊名*

《1.时间已经接近，月亮破碎了。》
《2.如果他们看见一个迹象，他们就避开，而且说道："这只是消逝的魔术。"》
《3.他们否认了（真理），并跟随私欲。可是，每一件事都是要归结的。》
《4.包含警戒的一些消息已经到达他们。》
《5.（其中有）深刻的哲理。但警告确将无益（于他们）。》

### 复活时刻的临近及月亮破裂

清高伟大的安拉说，复活时刻已经临近，今世即将消逝，正如下面经文所述：《安拉的命令到来了。你们不要要求它尽早实现。》（16：1）又《人类的结算期已临近了，而他们却在昏聩中悖谬。》（21：1）相关的圣训不胜枚举。艾奈斯传述，有一天安拉的使者㊣给圣门弟子们作演讲，当时日薄西山，即将隐去。使者㊣说："以掌握我生命的安拉发誓，今世的时光已经所剩无几，正如今日已经日薄西山，所剩无几。"(3)

另一段圣训支持和解释上述观点：伊本·欧麦尔说，晡礼后我们坐在安拉的使者㊣跟前，太阳已经落到给尔尕尔山头，使者说："你们的寿命与逝者的寿命相比，就像今天剩余的时间和已经过去的时间相比。"(4)赛海里·本·赛尔德说，我听安拉的使者㊣说："我和末日就像这两个（手指）一样的时候，我被派来了。"穆圣㊣说话时用他的食指和中指进行比画。(5)

伊玛目艾哈麦德传述，安拉的使者㊣说："当我和末日就像这个与这个一样时，我被派来了。它（末日）几乎要赶上我。"（圣训传述者）说话时将其食指和中指合到一起。(6)

伊玛目艾哈麦德传述，艾奈斯·本·马立克去瓦利德·本·阿卜杜·麦利克跟前，阿氏问他："你听到安拉的使者㊣关于末日说了些什么？"他说，我听使者说："你们和末日就像这两个（手指）。"(7)《布哈里圣训实录》中，在叙述安拉使者㊣的名称时，有类似的圣训证明这段圣训。该圣训中说："穆圣㊣是位召集者，他将把世人召集到他跟前。"(8)

"**月亮破碎了**"，安拉的使者㊣在世时，就发生过月亮裂开的事件，相关的许多圣训，都有记载。穆斯林学者们一致公认，穆圣㊣时期确实发生过月亮裂开的事件。它属于穆圣㊣辉煌的奇迹（证明先知身份的奇迹）之一。

### 相关的圣训

艾奈斯·本·马立克传述的圣训：他说，麦加人要求穆圣㊣显示一件奇迹，于是月亮在麦加破裂成两半。他还读道："时间已经接近，月亮破碎了。"(9)(10)

布哈里传述，麦加人要求安拉的使者㊣给他们显示一件奇迹，于是使者让他们看到了分成两半的月亮。他们还看到它们之间的空隙。(11)

---

(1)《布哈里圣训实录诠释——造物主的启迪》8：480。
(2)《艾哈麦德按序圣训集》6：399；《圣训大集》2：160。
(3)《圣训补充汇集》10：311。
(4)《艾哈麦德按序圣训集》2：115。
(5)《布哈里圣训实录诠释——造物主的启迪》11：355；《穆斯林圣训实录》4：2268；《艾哈麦德按序圣训集》5：338。
(6)《艾哈麦德按序圣训集》4：309。
(7)《艾哈麦德按序圣训集》3：223。
(8)《布哈里圣训实录诠释——造物主的启迪》6：641。
(9)《艾哈麦德按序圣训集》3：165。
(10)《穆斯林圣训实录》4：2159。
(11)《布哈里圣训实录诠释——造物主的启迪》7：221、8：484；《穆斯林圣训实录》4：2159。

朱拜尔·本·穆推尔穆传述的圣训：他说，安拉的使者❋时代月亮分裂成了两部分，一部分在这个山头，另一部分在那个山头。于是麦加人说："穆罕默德在给我们施展魔术。"有人说："就算他给我们施展魔术，也不可能给所有的人施展魔术。"(1)

伊本·阿拔斯传述的圣训：他说："安拉的使者❋时代月亮破碎了。"(2) 他在解释"**时间已经接近，月亮破碎了。如果他们看见一个迹象，他们就避开，而且说道：'这只是消逝的魔术。'**"时说，"那是过去发生的事情，迁徙之前月亮破裂了，人们看到它分成了两部分。"(3)

伊本·欧麦尔传述的圣训：他在解释"**时间已经接近，月亮破碎了**"时说，"那是安拉的使者❋时代发生的事情，当时它分成了两部分，一部分在山前，另一部分在山背后。"穆圣❋说："主啊！你作证吧！"(4)

伊本·麦斯欧迪传述的圣训：他说："安拉的使者❋时代月亮分成了两部分，后来人们都看到了它。"安拉的使者❋说："你们作证吧！"(5) 他说："月亮破裂时，他从月亮的间隙中看到了山。"(6) 又"安拉的使者❋时期，月亮破裂了，我在月亮的两条间隙中看到了山"。(7)

### 多神教徒的顽固和邪恶立场

"**如果他们看见一个迹象，他们就避开**"，"**迹象**"指证据、根据和理由。换言之，他们不接受它们，而将它们抛之脑后。

"**而且说道：'这只是消逝的魔术。'**"他们说，我们看到的这些证据，都是魔术。"**消逝的**"，穆佳黑德和格塔德认为指流逝的。(8) 其他人认为指虚假的，稍纵即逝的。古莱什人说，月亮裂开是假的，不久将消失。

"**他们否认了（真理），并跟随私欲**"，即他们否认了来临的真理，无知轻浮地追随自己的欲望。

"**每一件事都是要归结的。**"格塔德解释为：

---

（1）《艾哈麦德按序圣训集》4：81；《圣品的证据》2：268。
（2）《布哈里圣训实录诠释——造物主的启迪》7：221、8：484；《穆斯林圣训实录》4：2159。
（3）《泰伯里经注》22：569。
（4）《圣品的证据》2：267；《提尔密济圣训全集诠释》9：175；《穆斯林圣训实录》4：2159。
（5）《艾哈麦德按序圣训集》1：377。
（6）《泰伯里经注》22：567。
（7）《艾哈麦德按序圣训集》1：413。
（8）《泰伯里经注》22：572。

善有善报，恶有恶报。(9) 伊本·朱莱杰解释为：人人都要适得其所。(10) 穆佳黑德解释说，经文说的是复生日的情况。

"**包含警戒的一些消息已经到达他们。**"在读给他们的《古兰》中，确实已经叙述了否认众使者的前人的故事以及他们遭受惩罚的情况。

"**包含警戒的**"，即这部经劝诫他们远离以物配主，改变顽固的昧真态度。

"**深刻的哲理**"，即安拉引导意欲引导的人，任随迷误者迷误，其中确有深刻的哲理。

"**但警告确将无益（于他们）**"，即对那些安拉注定他们走黑路，并且安拉已经封闭其内心的人来说，警告是徒劳无益的。除了安拉，谁能引导人呢？这段经文如同下面的经文：❋你说："完美的证据属于安拉。如果他意欲，他就会引导你们全体。"❋（6：149）又❋但是种种迹象和警告者都对不信的群体没有裨益。❋（10：101）

❋ 6.所以，你避开他们吧。那天，传召者将召

---

（9）《泰伯里经注》22：572。
（10）《散置的珠宝》7：673。

人于可怕的事情。﴾

﴿7.他们目光卑贱，由坟墓中出来，就像四散的蝗虫，﴾

﴿8.匆匆奔向传召者，隐昧者们说："这是一个艰苦的日子。"﴾

## 在末日他们可怕的结局

清高伟大的安拉说，穆罕默德啊！你当离开这些每次见到安拉的迹象就回避的人，他们说，这是稍纵即逝的魔术；你当离开他们，并等待他们。

"那天，传召者将召人于可怕的事情。""可怕的"指严重的。经文讲述的是清算之地的情况以及其中的磨难。他们将在其中遇到重大的震撼和恐惧。

"他们目光卑贱"，"卑贱"指低贱。

"就像四散的蝗虫"，他们听到召唤后，从四处匆匆奔向清算场，情形就像铺天盖地的蝗虫。

因此，经文说："匆匆奔向传召者"，即急忙奔向召唤者，不犹豫，也不拖延。

"隐昧者们说：'这是一个艰苦的日子。'"即极其恐惧、艰难和严厉的日子。﴿那天将是一个艰难的日子，对于隐昧者不容易。﴾（74：9-10）

﴿9.在他们以前，努哈的族人曾经否认。他们否认我的仆人，并说："（他是）一个疯子！"他还受到呵斥。﴾

﴿10.于是他祈求他的主，说："我被挫败了，求你援助吧！"﴾

﴿11.因此，我以倾注的雨水打开天门。﴾

﴿12.我也使大地涌出泉水，以便两种水汇合于一项预定的事情。﴾

﴿13.我使他乘上一艘用板和钉子制造的船。﴾

﴿14.它在我的眷顾下漂流，以便酬报遭到否认的人。﴾

﴿15.我确已将它留作迹象，有接受劝导的人吗？﴾

﴿16.我的惩罚和警告是怎样的？﴾

﴿17.的确我已使《古兰》易于记忆，有接受劝导的人吗？﴾

## 努哈族人的故事以及这则故事中的教训

清高伟大的安拉说："在他们以前，努哈的族人曾经否认。他们否认我的仆人"，即穆罕默德啊！你的民族否认你之前，努哈的族人曾公然否认努哈，并指责他是一个疯子。"并说：'（他是）一个疯子！'他还受到呵斥。"

"他还受到呵斥。"穆佳黑德认为经文指他被控患疯病而被驱逐。[1]有人解释为：他们呵斥了他，并警告和恐吓他。﴿他们说："努哈啊！如果你不停止，你一定会成为一个被石头击死的人。"﴾（26：116）这是伊本·栽德的主张。[2]这种解释非常贴切。

"于是他祈求他的主，说：'我被挫败了，求你援助吧！'"即我没有能力对付这些人，请你襄助你的宗教吧。

"因此，我以倾注的雨水打开天门。"赛丁伊说，"倾注的"指非常多的。[3]

"我也使大地涌出泉水"，即大地的各方涌出许多源泉，甚至生火的炉子里，也涌出了泉水。

"以便两种水汇合于一项预定的事情。""两种水"指天上的雨水和地下的流水；"预定的事情"指被注定的事情。

伊本·阿拔斯说，"因此，我以倾注的雨水，打开天门。"天空中降下的这场大雨空前绝后，一般降雨要通过云，而在这一天，安拉没有通过云，直接从天上降下了雨水。于是两种水汇合起来，实现了已经预定的一件事情。[4]

"我使他乘上一艘用板和钉子制造的船。"伊本·阿拔斯等学者说，"钉子"(دسر)指许多钉子。[5]伊本·哲利尔选择了这种解释。他说，这是一个复数单词。

"它在我的眷顾下漂流"，即奉我的命令，在我的照看和保护下航行。

"以便酬报遭到否认的人"，即以便支持努哈，惩罚否认安拉的人。

"我确已将它留作迹象"，格塔德说："安拉让努哈的船存在很长时间，这个民族的先民曾看到过它。"[6]毋庸置疑，经文指通常的船。正如安拉所言：﴿给他们的一个迹象是，我在满载的船中运载着他们的后代。我也为他们创造了类似它（船）的承载物。﴾（36：41-42）又﴿当洪水泛滥时，我把你们载在船上，以便我将它作为你们的教训，以便记事的耳朵记住它。﴾（69：11-12）

因此，本章的经文说："有接受劝导的人吗"，即有引以为鉴者吗？伊玛目艾哈麦德传述，伊本·麦斯欧迪说："安拉的使者㊚让我诵读了'有接受劝导的人吗？'"布哈里传述，阿卜杜拉说：我对穆圣㊚读了"有接受劝导的人吗？"穆圣㊚说：

---

（1）《泰伯里经注》22：576。
（2）《泰伯里经注》22：577。
（3）《格尔特宾教律》17：131。
（4）《散置的珠宝》7：675。
（5）《泰伯里经注》22：580；《格尔特宾教律》17：132。
（6）《泰伯里经注》22：582。

"有接受劝导者吗？"[1]

"**我的惩罚和警告是怎样的**"，即对于否认我、不信我的众使者、不从我的警告者带来的启示中汲取教训的人而言，我的惩罚是怎样的？我是怎么惩罚他们，并使他们遭受报应的？

"**的确我已使《古兰》易于记忆**"，即对于致力背记《古兰》，理解《古兰》，警示世人的人而言，我已经使《古兰》容易了。另一章节说：◆（这是）我降给你的吉庆的经典，以便他们参悟它的节文，以便有理智的人去思索。◆（38：29）◆我已用你的语言，使它（古兰）成为容易的，以便你以它向敬畏者报喜，并警告悖逆的群体。◆（19：97）

"**有接受劝导的人吗？**"安拉已使这部《古兰》易于背记和理解，有人记住了它吗？穆罕默德·本·凯尔卜解释为："有戒除种种罪恶的人吗？"[2]

◆ 18.阿德人否认了，那么，我的警告和惩罚是怎样的？◆

◆ 19.我在连续的倒霉之日，对他们降下了凛冽的寒风。◆

◆ 20.它把人们像枣树枝一样地连根拔起。◆

◆ 21.至此，我的警告和惩罚是怎样的？◆

◆ 22.的确我已使《古兰》易于记忆，有接受劝导的人吗？◆

## 阿德人的故事

清高伟大的安拉说，和努哈的族人一样，呼德先知的族人——阿德人，也否认了他们的使者。所以，安拉差遣"凛冽的寒风"去惩罚他们。"**倒霉之日**"指他们遭受灾难的日子。[3]"**连续的**"，指他们在该日连续遭受灾难、痛苦和毁灭，因为那一日，是他们今世中遭受的惩罚和后世中遭受的惩罚连到一起的日子。"凛冽的寒风"指非常寒冷的风。

"**它把人们像枣树枝一样地连根拔起**"，即那风将他们卷起，带到令人无法看到的高空，然后又将他们从天空中倒栽到地上，于是他们的头颅被砸碎，成为无头僵尸。因此，经文说："它把人们像枣树枝一样地连根拔起。那么，我的警告和惩罚是怎样的？的确我已使《古兰》易于记忆，有接受劝导的人吗？"

---

（1）《布哈里圣训实录诠释——造物主的启迪》8：484-485。
（2）《散置的珠宝》7：676。
（3）《泰伯里经注》22：587。

◆ 23.塞姆德人也否认了。◆

◆ 24.他们说："我们当中的一个凡人！我们追随他吗？如是那样，我们的确在迷误和疯痴之中。◆

◆ 25.那启示在我们当中偏偏只降给了他吗？不是的，他是一个傲慢的说谎者。"◆

◆ 26.他们明天就会知道谁是傲慢的说谎者。◆

◆ 27.我将遣送一峰母驼试验他们，所以，你当注意他们，并保持忍耐。◆

◆ 28.并告诉他们，水是他们之间要分配的。每一份饮品都是现成的。◆

◆ 29.他们喊他们的同伙，他拿起（武器），刺杀了它。◆

◆ 30.那么，我的惩罚和警告是怎样的？◆

◆ 31.我降给他们一声霹雳，他们变得就像牧场的枯枝一样。◆

◆ 32.的确我已使《古兰》易于记忆，有接受劝导的人吗？◆

## 塞姆德人的故事

经文在此讲述的是塞姆德人的情况，他们否认了他们的使者撒立哈。"他们说：'我们当中的一个凡人！我们追随他吗？如是那样，我们的确在迷误和疯痴之中。'"即他们说，如果我们服从我们中一个凡人的引导，那我们就亏折了。他们因为启示专降于这位使者，而没有降给他们而感到诧异。并因此否认使者，说："不是的，他是一个傲慢的说谎者"，即他是一个大言不惭的说谎者。

清高伟大的安拉说："他们明天就会知道谁是傲慢的说谎者。"这是对他们最严厉的警告。

"我将遣送一峰母驼试验他们"，即考验他们。在他们的要求之下，安拉从一块坚硬的岩石中取出一峰怀胎十月的母驼，作为安拉的明证，证明撒立哈先知带给他们的信息。

然后安拉命令其仆人及使者撒立哈，说："**所以，你当注意他们，并保持忍耐**"，即你等着他们最后的结局，并忍耐吧，最终的胜利属于你。无论今世还是后世，你都能获得安拉的援助。

"**并告诉他们，水是他们之间要分配的**"，即一天水归他们，另一天归母驼。正如另一段经文说：⁂这是一峰母驼，它有权饮水，你们也有权在指定的日子饮水。⁂（26：155）

"**每一份饮品都是现成的。**"穆佳黑德解释为：母驼不饮水时，他们去饮水，母驼饮水时，他们去喝驼奶。[1]

"他们喊他们的同伙。"经注学家们说，弑驼者名叫格达尔·本·萨里夫。他是他们中最邪恶的人。正如另一段经文所说：⁂当时，他们中最薄命者跳了起来。⁂（91：12）

"他拿起（武器），刺杀了它"，"拿起"指伤害。

"那么，我的惩罚和警告是怎样的"，即我惩罚了他们。他们因否认我、不相信我的使者而遭受的惩罚是怎样的？

"**我降给他们一声霹雳，他们变得就像牧场的枯枝一样**"，他们全部被消灭，变得就像枯萎的干草一样，悄无生息。这是许多经注学家的解释。

"**牧场**"，赛丁伊认为指沙漠中枯萎的、被燃烧的、被风化的牧场。伊本·栽德说："阿拉伯人通常用干荆棘为骆驼等家畜建围栏。这就是下列经文所说的'牧场的枯枝'。"

⁂33.鲁特的族人也否认警告。⁂

⁂34.我降给他们飞沙走石的暴风，只有鲁特的家人例外，我在黎明时拯救了他们。⁂

⁂35.那是我的恩典。我就是这样回赐那感谢的人。⁂

⁂36.他确曾以我的惩罚警告过他们，但是他们却对警告怀疑。⁂

⁂37.他们诱惑他，让他不要保护他的宾客，所以，我涂抹了他们的眼睛。你们尝尝我的惩罚和警告吧！⁂

⁂38.一种确定的刑罚，在清晨时袭击了他们。⁂

⁂39.你们尝尝我的惩罚和警告吧！⁂

⁂40.的确我已使《古兰》易于记忆，有接受劝导的人吗？⁂

### 鲁特民族的故事

清高伟大的安拉讲述了鲁特的民族是怎么否认和违背他们的使者的，他们犯下滔天大罪——男子与男子性交，这是史无前例的丑行。因此，安拉给他们的毁灭也是空前的。当时安拉命令吉卜勒伊里天使把他们的各城市带入云天，然后倒扣下来，并降下石块打击他们。因此，经文说："我降给他们飞沙走石的暴风。"

"只有鲁特的家人例外，我在黎明时拯救了他们"，即他们在夜晚即将消失时离开城市，没有受到族人所受到的打击。鲁特的族人中遭受打击的人，都不信仰他，甚至他的妻子也否认了他，所以她像族人一样，遭受了打击。鲁特先知和他的女儿们则平安地离开了他们。

因此，经文说："我就是这样回赐那感谢的人。他确曾以我的惩罚警告过他们"，即在这场惩罚来临之前，鲁特确已对他们发出了警告，但他们置若罔闻，毫不在意。他们甚至对安拉的惩罚表示怀疑。

"他们诱惑他，让他不要保护他的宾客"，即吉卜勒伊里、米卡伊里和伊斯拉菲里天使，以英俊少年的形象来考验他们时，鲁特招待这些客人，但他的恶妻向族人通风报信，传达消息。于是族人从四面八方拥来，企图调戏客人。鲁特关闭大门，他们却要破门而入。那是傍晚时分，鲁特先知奋力保护他的客人们，对他们说：⁂这些是我的女儿们，如果你们一定要做些什么的话。⁂（15：71）"**我的女儿们**"指你们的妻子们。他们却说：⁂你明知我们对你的女儿们没有丝毫权利。⁂（11：79）"**权利**"指欲望。他们大言不惭地说：⁂你深知我们想要的是什么！⁂（11：79）形势越来越严峻，就在这万般无奈之下，吉卜勒伊里天使出去用翅膀一端打瞎了他们的眼睛，于是他们扶着墙，灰溜溜地回去了。他们恐吓鲁特先知，声称天亮后还会再来。安拉说："一种确定的刑罚，在清晨时袭击了他们。""确定的"指无法避免和逃脱的。

"你们尝尝我的惩罚和警告吧！的确我已使《古兰》易于记忆，有接受劝导的人吗？"

---

[1]《泰伯里经注》22：592。

❁ 41.警告确已降临法老的族人。❁

❁ 42.他们否认了我的一切启示,所以我以优胜者、全能者的惩罚惩治了他们。❁

❁ 43.你们中的隐昧者比他们更好吗? 或是经典中有你们的赦条?❁

❁ 44.或是他们说:"我们是常胜的群体。"❁

❁ 45.不久这个团体就会战败,他们必定要转身逃脱。❁

❁ 46.不然,复活时是他们的约期,那时间是更艰难、更痛苦的。❁

### 法老的族人的故事

清高伟大的安拉在此讲述法老及其族人的故事。安拉的使者穆萨及穆萨的兄长哈伦来告诉他们:如果他们归信安拉,他们将得到喜讯;如果他们否认,他们要遭受惩罚。安拉还以许多重大的奇迹支持了这两位先知,但他们一概予以否认,因此,安拉严厉地惩罚了他们,使他们彻底灭绝,没有给后人留下任何影响。

### 忠告和警告古莱什人

清高伟大的安拉说:"你们中的隐昧者比他们更好吗?"古莱什的多神教徒啊! 难道你们比上述因为否认众使者,不信诸经典而遭受毁灭的前人更优秀吗?

"或是经典中有你们的赦条?"即你们是否得到过安拉所给的豁免权,而不遭受惩罚?

他叙述道:"或是他们说:'我们是常胜的群体'",即他们认定只要抱成一团,就能对付一切对他们不利的人。

"不久这个团体就会战败,他们必定要转身逃脱",即不久之后他们将分散并被打得落花流水。

布哈里传述,白德尔之日,穆圣㊚在他的一个圆顶帐篷中说:"主啊! 我恳求你让你的许诺变成现实,如果你意欲,今天之后,大地上再也无人崇拜你了。"艾布·伯克尔拉住他的手说:"安拉的使者啊,够了! 你向你的主强求了。"于是使者穿上他的铠甲冲了出去,嘴里念道:"不久这个团体就会战败,他们必定要转身逃脱。不然,复活时是他们的约期,那时间是更艰难、更痛苦的。"(1)

优素福·本·马黑克传述,我在阿伊莎(愿主喜悦之)跟前时,她对我说:"'不然,复活时是他们的约期,那时间是更艰难、更痛苦的。'这段经文在麦加降于穆罕默德时,我还是一个小姑娘,在玩耍。"(2)

───────
(1)《布哈里圣训实录诠释——造物主的启迪》8:485。
(2)《布哈里圣训实录诠释——造物主的启迪》8:486。

❁ 47.的确,罪人们在迷误和疯痴之中。❁

❁ 48.那天,他们将被面部拖地拽入烈火。"你们试试火刑的触摸吧!"❁

❁ 49.我确已按定然造化万物。❁

❁ 50.我的命令只是在一瞬间。❁

❁ 51.我确实已毁灭了你们的同类,有接受劝导的人吗?❁

❁ 52.他们所做的一切,都载在天经之中。❁

❁ 53.事无巨细,都被记录。❁

❁ 54.那些敬畏的人,在乐园和河流之中,❁

❁ 55.在掌权的、大能的主那里,享有一个安稳的位置。❁

### 罪人的结局

清高伟大的安拉说,犯罪者们迷失了真理,在众说纷纭和疑虑重重的癫狂之中。经文讲述的是一切具备这种特征的隐昧者和形形色色的异端派。

然后经文说:"那天,他们将被面部拖地拽入烈火",即正如他们在癫狂、怀疑和犹豫中的那样,他们坠入火狱之中。正如他们当初迷失正道那样,他们被面部挨地地拖入火狱,不知将被带到何方？有声音警告和羞辱他们道："你们试试火刑的触摸吧！"

## 万事万物都依定然而存在

"**我确已按定然造化万物**。"正如安拉所言：❮ 诸天与大地的权力都属于他，他没有子嗣，也没有伙伴分享权力。他造化了万物，并对它们加以注定。❯（25：2）又 ❮ 赞美你至高无上的主之尊名清净！他造化，随后加以协调。他预定并加以引导。❯（87：1-3）即安拉为万物注定分量，并引导它们与之吻合。

因此，圣训派学者们根据这段经文求证说，安拉首先注定万物，然后再加以造化。换言之，他在万物存在之前，就已经知道它们存在后的一切情况，并在一切事情发生之前，注定了它们后来的一切。相关的《古兰》经文和圣训不胜枚举，它们都能驳斥在圣门弟子的后期出现的格得里耶派[1]。我们已经详述过《布哈里圣训实录》信仰篇中的相关圣训。我们在此引述与这段经文相关的圣训。

艾布·胡莱赖说，古莱什多神教徒们来到安拉的使者跟前，关于定然与使者争辩。于是"**那天，他们将被面部拖地拽入烈火。'你们试试火刑的触摸吧！'我确已按定然造化万物**"这节经文下降了。[2]

阿慕尔·本·舒尔布的爷爷说，下面的经文只是关于定然而降的："**的确，罪人们在迷误和疯癫之中。那天，他们将被面部拖地拽入烈火。'你们试试火刑的触摸吧！'我确已按定然造化万物**。"[3]

宰拉勒传自他的父亲，穆圣读了这段经文后说："它是因为出现在光阴之末的一些教民而降示的，他们将因拒绝定然（问题）而遭受惩罚。"[4]

艾布·勒巴哈说，我去伊本·阿拔斯跟前时，他正汲取渗渗泉水，他衣服下面都湿了。我对他说："请给我讲讲关于定然的问题。"他问："人们在谈论它吗？"我回答："是的。"他说："以安拉发誓，这段经文（**你们试试火刑的触摸吧！我确已按定然造化万物**）就是因为他们而降示的。这些人是本民族中的坏人。你们不要探望他们中的病人，也不要去看他们的亡者，如果你看到他们中的一人，你就用这两个指头挖出他的两眼。"[5]

伊玛目艾哈麦德传述，伊本·欧麦尔有位沙姆朋友，他们互相通信联系。伊本·欧麦尔曾致信给他："我听说你谈论过有关定然的一个问题。从此你不要给我写信了，因为我听安拉的使者说：'我的民族中将有一些人，他们要因为（否认）定然而遭受惩罚。'"[6]

伊本·欧麦尔说，安拉的使者说："万事都凭定然，无能和聪明莫不如是。"[7]

圣训中说："你当向安拉求助，不要软弱，如果你遭遇一件事情，你就说：'这是安拉已经注定的，安拉意欲什么，就做什么。'你不要说，假若当初我如此如此去做，也不致有此遭遇。因为'假若'能打开恶魔之门。"[8]

另据传述，使者对伊本·阿拔斯说："须知，如果这个民族群策群力要给你带来某件益处，但安拉没有这样注定时，他们只能爱莫能助；如果这个民族沆瀣一气要给你带来某件害处，但安拉没有这样注定时，他们也只能望洋兴叹。笔已经干了，诸册子已经被卷起[9]。"[10]

伊本·瓦利德·欧拜德说，我的父亲告诉我，我去（我的父亲）欧拜德跟前，当时他正处于临终前的大病中，我说："父亲啊！请你严肃地忠告我吧！"他说："先让我坐起来。"众人让他坐起后，他说："我的爱子啊！如果你不能认识定然——其中的好与歹，你就无法尝到正信的滋味，也无法获得对安拉的真知。"我问："父亲啊！我怎样才能认识定然——其中的好与歹呢？"他说："须知，你所错过的，都不会到于你，你所遭遇的，也不会错过你。我的爱子啊！我听安拉的使者说：'安拉最初创造的是笔，他对笔说，写！于是在那一时刻，笔写下了末日来临前要存在的一切事情。'我的爱子啊！如果你没有信仰它而归真了，那你必定要进入火狱。"[11]

《穆斯林圣训实录》记载，安拉的使者说："安拉在创造天地前的五万年，就注定了万物的一切。"伊本·沃海布补充说：❮ 他的阿莱什在水上。❯（11：7）[12]

---

（1）不相信定然的一个哲学派别。——译者注
（2）《艾哈麦德按序圣训集》1：444；《穆斯林圣训实录》4：2046；《提尔密济圣训全集诠释》9：176；《伊本·马哲圣训集》1：32。
（3）《揭秘》3：72。
（4）《圣训大典》5：276。
（5）"جزء الحسن بن عرفة" 46。
（6）《艾哈麦德按序圣训集》2：90；《艾布·达乌德圣训集》5：20。
（7）《艾哈麦德按序圣训集》2：110；《穆斯林圣训实录》4：2045。
（8）《穆斯林圣训实录》4：2052。
（9）意思是这已成定局。——译者注
（10）《提尔密济圣训全集诠释》7：219。
（11）《提尔密济圣训全集诠释》6：368；《艾哈麦德按序圣训集》5：317。
（12）《提尔密济圣训全集诠释》6：370；《穆斯林圣训实录》4：2044。

### 警告多神教徒，安拉的命令将在他们中实施

"我的命令只是在一瞬间"，指出安拉的意欲在被造物中畅行无阻，正如安拉的定然在他们中畅行无阻。所以说"在一瞬间"，即我只须发出一声命令，不需要第二声命令，我所意欲的事情就会毫不拖延地在一瞬间中发生。

"我确实已毁灭了你们的同类"，"同类"指和你们相同的否认众先知的先民。

"有接受劝导的人吗？"安拉已经凌辱了这些人，并注定他们遭受惩罚，是否有人从中引以为鉴？安拉说：《他们与他们的希望之间被隔开了，就好像以前他们的同类所遭遇的一样。》（34：54）

"他们所做的一切，都载在天经之中"，即天使们已经将他们的一切行为记录在册。

"事无巨细，都被记录。"他们所做的事情，无论大小，均被记录在册，没有任何遗漏。阿伊莎（愿主喜悦之）传述，安拉的使者说："阿伊莎啊！你当远离各种小罪，因为在安拉那里，它们都是要被追究的。（安拉将派天使记录它们。）"[1]

### 敬畏者的美好结局

"那些敬畏的人，在乐园和河流之中"，即他们的情况和薄福者们不同。因为薄福者处于迷误、癫狂之中，并且面容挨地地被拖进火狱，与此同时，还要遭受羞辱和警告。

"在掌权的、大能的主那里，享有一个安稳的位置。""掌权的、大能的主"指有权力的、万物的伟大创造者，无论他们要求什么，他都能够解决。"安稳的位置"指安拉的贵宾处，其中的贵客将沐浴安拉的喜悦和恩泽。

伊玛目艾哈麦德传述，安拉的使者说："公正者们在至仁主右侧用光明制成的讲台上，至仁主的两个耶迪[2]都是右。即那些公正执政，公正对待家人和手下的人。"[3]

《月亮章》注释完。一切赞美和恩情，全归安拉。求主赐我们机遇，并护佑我们。

## 《至仁主章》注释   麦地那章

### 绪 论

伊玛目艾哈麦德传述，赞勒说，有人问："你怎么读这个单词，应该读（ماء غير آسن）还是应该读（أسن）？"赞勒问："你精通《古兰》吗？"那人说："我在一拜中读穆番索里。"[4]赞勒说："你真悲哀！你就像读诗一样心不在焉地读《古兰》吗？我确实知道安拉使者的一些相连的章节，他从穆番索里的开头起，两个两个地将这些相对的章节连起来，伊本·麦斯欧迪认为穆番索里的开头是《至仁主章》。"[5]

贾比尔传述，安拉的使者来到圣门弟子跟前，对他们通读了《至仁主章》后众人哑口无声，穆圣说："在精灵（来访）之夜，我给精灵读了这个章节，他们的反应要比你们的反应好。我每读到'**你们要否认你们主的哪一项恩典呢**'时，他们就说：'我们的主啊！我们不否认你的任何一项恩典，一切赞美都属于你。'"[6]

伊本·欧麦尔传述，安拉的使者读了《至仁主章》（或我在使者跟前读了《至仁主章》），使者说："为什么我听到精灵的反应比你们的反应要好？"众人问："安拉的使者啊！精灵是如何反应的？"使者说："我每读到'**你们要否认你们主的哪一项恩典呢**'时，他们就说：'我们的主啊！我们不会否认你的任何一项恩典。'"[7]

**奉普慈特慈的安拉之尊名**

《1.至仁主，》
《2.他曾教授《古兰》，》
《3.他曾造化人，》
《4.他曾教人辞令，》
《5.日月凭依计算，》
《6.草木都在崇拜，》
《7.他曾升高天，并制定准则，》

---

（1）《艾哈麦德按序圣训集》6：151；《提尔密济圣训全集诠释》12：250；《伊本·马哲圣训集》2：1417。
（2）安拉说："任何物都不似像他。"——译者注
（3）《穆斯林圣训实录》3：1458；《艾哈麦德按序圣训集》2：160；《圣训大集》8：221。

（4）穆番索里，指《古兰》最后的七分之一。从《戛弗章》到《世人章》。一说从《寝室章》到《世人章》。也可译为古兰短章。——译者注
（5）《艾哈麦德按序圣训集》1：412。
（6）《提尔密济圣训全集诠释》9：177；《哈肯圣训遗补》2：473。
（7）《泰伯里经注》23：23；《揭秘》3：74。

❋8.以便你们不要在准则上过分，❋
❋9.你们要公平衡量，不要短少斤两。❋
❋10.是他为众生布置大地。❋
❋11.其中有水果和长有花萼的枣树，❋
❋12.和有秆的谷类与叶子。❋
❋13.你们要否认你们主的哪一项恩典呢？❋

### 《古兰》是至仁主所降示并教授的

清高伟大的安拉说，他对人类是有宏恩的，他给他们降下《古兰》，并使他所爱的人易于理解和背记《古兰》。安拉说："**至仁主，他曾教授《古兰》，他曾造化人，他曾教人辞令**。"哈桑说，"辞令"指雄辩的语言。因为经文的脉络所讲述的是"安拉给人类教授《古兰》。"即教人诵读《古兰》。这种教授主要体现在安拉使人们能够轻松发音，并准确地诵读发音部位不同的经文。

### 在日月和天地中安拉的迹象

清高伟大的安拉说："**日月凭依计算**"，即日月根据精确的数据交替运行，并且毫无紊乱。❋太阳不能越过月亮，黑夜也不能赶上白昼。一切都在轨道上浮行。❋（36：40）❋他使天破晓，他以夜供人休息，以计时设置日月。这就是优胜的、全知的主的定律。❋（6：96）

"**草木都在崇拜**"，伊本·哲利尔说，经注学家们关于"草"（النجم）一词有不同的解释，但他们一致认定"木"指有主干的植物。[1]伊本·阿拔斯等人说"草"指分布在地面上的植物。[2]伊本·哲利尔选择了这种解释。穆佳黑德、哈桑等人认为"النجم"指天上的星辰。[3]这种解释更明确。安拉至知。因为安拉说：❋你没看见在诸天与大地之间的万物以及日月星辰、山丘、树木、动物和许多人，都向安拉叩拜吗？❋（22：18）

"**他曾升高天，并制定准则。**""准则"指公道，正如安拉所言：❋我确曾以明证派遣我的众使者，并跟他们一起降下经典和准则，以便人们遵守公道。❋（57：25）

本章经文同样也提到："**以便你们不要在准则上过分**"，即安拉以真理和公道创造了诸天和大地，以便万物都藉真理和公道而存在。

因此，清高伟大的安拉说："**你们要公平衡量，不要短少斤两**"，即你们不要克扣分量，而要实事求是地、公道（公平）地称量。正如安拉所言：❋你们要用准确的秤衡量。❋（26：182）

"**是他为众生布置大地**"，即安拉升起了天，同样也铺展了地，并且以巍峨的群山使之稳定，以便让地球上语言和肤色、形状和种类千差万异、数不胜数的各种生灵安稳地生活。

伊本·阿拔斯等人认为，"**众生**"指被造物。[4]

"**水果**"指颜色、味道和气味不同的各种水果。

"**长有花萼的枣树**"，经文专门提到它，说明它的贵重以及它的许多益处，无论干枣还是鲜枣。"**花萼**"，伊本·阿拔斯等学者认为指花苞的花盘。[5]即托着花苞的花盘，呈聚花序，随着成长，花序与之脱落，形成生枣，此后逐渐成熟。

"**和有秆的谷类与叶子。**"伊本·阿拔斯说"**秆**"指秆。

据奥夫传述，伊本·阿拔斯认为"العصف"指其枝头被折断的绿色植物的叶子，这种叶子干枯后，被称为"**秆**"（العصف）。[6]格塔德等学者也认为经文指禾秆。[7]哈桑认为经文指香花。[8]

伊本·阿拔斯等认为"**叶子**"指绿叶。[9]其意义是——安拉至知——大麦和小麦等植物，在成长过程中有带孕穗的叶鞘和枝干的叶子。

有人说，"العصف"指植物的幼芽，"**叶子**"指孕育谷物时的绿叶。

### 人类沐浴在安拉的恩泽之中

"**你们要否认你们主的哪一项恩典呢？**""你们"指人类和精灵的群体。这是穆佳黑德等学者的主张，后文的脉络，能证明这种主张的正确性。即主恩显著，而你们正沉浸其中，无法否认。所以我们应该像有正信的精灵一样说："我们的主啊！我们不否认你的任何一项恩典，一切赞美都归于你。"

伊本·阿拔斯每每读到这段经文，就说："主啊！我们不否认其中的任何一项。"[10]

❋14.他用像做陶器一样的干泥造化人。❋
❋15.他用火焰造化精灵。❋
❋16.你们要否认你们主的哪一项恩典呢？❋
❋17.他是两个东方和两个西方的主，❋
❋18.你们要否认你们主的哪一项恩典呢？❋

---

（1）《泰伯里经注》23：11。
（2）《泰伯里经注》23：11。
（3）《泰伯里经注》23：12。
（4）《泰伯里经注》23：15、16。
（5）《散置的珠宝》7：693。
（6）《泰伯里经注》23：18。
（7）《泰伯里经注》23：18、19。
（8）《伯厄威经注》4：268。
（9）《泰伯里经注》23：21。
（10）《泰伯里经注》23：23。

❦ 19.他使两海各自流动，互不交汇。❦
❦ 20.它俩之间有一个二者互不逾越的界限。❦
❦ 21.你们要否认你们主的哪一项恩典呢？❦
❦ 22.珍珠和珊瑚出自它俩，❦
❦ 23.你们要否认你们主的哪一项恩典呢？❦
❦ 24.他有海上如山的船舶，❦
❦ 25.你们要否认你们主的哪一项恩典呢？❦

### 创造阿丹和精灵

清高伟大的安拉说，他用可制陶器的那种干泥创造了人，用火焰创造了精灵。这是伊本·阿拔斯的主张。(1)艾克莱麦等学者也持此观点。(2)

伊本·阿拔斯说"**火焰**"指最好的火焰。(3)

阿伊莎（愿主喜悦之）传述，安拉的使者㊟说："天使是用光创造的，精灵是用火焰创造的，人是用为你们所叙述的东西创造的。"(4)

"你们要否认你们主的哪一项恩典呢？"注释如前。

### 经文以"他是两个东方和两个西方的主"表述安拉的宏恩

"**他是两个东方和两个西方的主**"，即冬夏太阳升起的地方（时间），与冬夏太阳落下的地方（时间）。另一段经文说：❦不然，我以东西方的主发誓，我是全能的。❦（70：40）因为（对人类）每天的日出、日照和日落地方都不一样。另一章节说：❦他是东西方的主，除他之外没有应受拜的。所以你要以他作为你的监护者。❦（73：9）这里的"东西方"指种类，即"一切东方和西方。"日出、日照和日落之地的不同，对人类和精灵有许多裨益。"你们要否认你们主的哪一项恩典呢？"

### 经文以"海和船舶"表述安拉的宏恩

"**他使两海各自流动，互不交汇**。"伊本·阿拔斯说："他任两海自由流动。"(5) "**互不交汇**"，伊本·栽德说，他在两海间设了一道界限，使它们无法汇合。(6)

"**两海**"，指咸水和淡水。淡水指人们周围流淌的江河。我们在注释《准则章》经文❦是他使两海之水自由流动，这是甜而可口的，那是咸而苦涩

---
（1）《泰伯里经注》23：26。
（2）《泰伯里经注》23：27。
（3）《泰伯里经注》23：26。
（4）《穆斯林圣训实录》4：2294；《艾哈麦德按序圣训集》6：168。
（5）《泰伯里经注》23：29。
（6）《泰伯里经注》23：31。

的，他在它们两者之间安置了一个屏障和一条不可侵越的界限。❦（25：53）时，已经说明了这个问题。

"**它俩之间有一个二者互不逾越的界限**"，即他在两水间设了屏障——间隔各水的大地，因此各水互不侵犯，互不污染，互不影响其原有的性质。(7)

"**珍珠和珊瑚出自它俩**"，"**珍珠**"是众所周知的。"**珊瑚**"穆佳黑德等学者认为指小珍珠(8)，而据伊本·哲利尔传述，部分先贤认为指优质的大珍珠。(9)

伊本·阿拔斯说，天上下雨时，海里的蚌张开嘴，落入嘴中的雨点就会变成珍珠。(10)用这种珍珠作饰品，是人类的一种享受，所以安拉为他们叙述了它，并说："你们要否认你们主的哪一项恩典呢？"

"**他有海上如山的船舶**"，"**船舶**"，穆佳黑

---
（7）近代科学证实，淡水和咸水之间有一道无形的屏障，将它们分隔开，互不侵犯。参见《穆尼勒经注》。——译者注
（8）《泰伯里经注》23：33。
（9）《泰伯里经注》23：34。
（10）《泰伯里经注》23：35。

德说，这个词仅指桅杆高树的船，否则，不能使用；(1) 格塔德认为经文指一些被造物；(2) 还有学者认为指明显的。"**如山**"，即其形状巨大，就像山一样。人们也在其中进行贸易和工作，用其周游世界各地，运输各种所需物品。船给人们提供各种便利，包括运输各种物品。因此说："**你们要否认你们主的哪一项恩典呢？**"

❝26.其中的一切都将消毁，❞
❝27.只有你的主伟大的尊容永存。❞
❝28.你们要否认你们主的哪一项恩典呢？❞
❝29.诸天与地上的一切都向他祈求，每天，他都在处理事务。❞
❝30.你们要否认你们主的哪一项恩典呢？❞

### 安拉是永存和无需的

清高伟大的安拉说，除非安拉意欲存在的东西之外，天地中的一切生灵都要死去，但安拉的尊容将会永存。因为神圣的主宰是永生不灭的。格塔德说，安拉讲述了他的造化，然后谈到这一切都将消失。传自先贤的祷词中说："永生的主啊！维护万物的主啊！天地的初创者啊！尊严的主啊！除你之外无应受拜者，我们以你的慈悯求救，请为我们完善我们的一切事务吧！即便是在一眨眼的时间内，你也不要让我们自理事务，也不要让你的某一个被造物处理我们的事务。"(3)

舒尔宾说："当你读了'**其中的一切都将消毁**'后，不要马上停顿，而应该接着读'**只有你的主的伟大的尊容永存**。'"这段经文与下面的经文相似：❝除了他的尊容之外的一切都将消灭。❞（28：88）安拉在这段经文中用"伟大的、尊贵的"来形容他的尊容。即安拉是应该被尊重和服从，而不能被违抗的。正如安拉所言：❝你要耐心地同那些朝夕祈求安拉、寻求主的喜悦的人在一起。❞（18：28）又如安拉讲述施舍者时说：❝我们供你们饮食，只是为了安拉喜悦。❞（76：9）伊本·阿拔斯说，"伟大的、尊贵的"指尊大的、尊严的。(4) 安拉指出天地万物都要毁灭，并且都将归于他那里，接受他的公正判决。

"**你们要否认你们主的哪一项恩典呢？**"

"**诸天与地上的一切都向他祈求，每天，他都在处理事务。**"经文指安拉无求于万物，而万物则每时每刻需求于安拉——无论在何种状态或条件下，或是情愿与否，都祈求安拉的襄助，而安拉每日都在处理各种事务。

"**每天，他都在处理事务。**"伊本·欧麦勒解释说，安拉的事务是：应答祈祷者，给予祈求者，或者解救危难者，治愈病人……(5)

❝31.两大群体啊！我将专门处置你们，❞
❝32.你们要否认你们主的哪一项恩典呢？❞
❝33.精灵和人类的群体啊！如果你们有力量穿过诸天与大地的各区域，那么，你们就穿过吧！除非凭一种权力，否则你们不能穿过。❞
❝34.你们要否认你们主的哪一项恩典呢？❞
❝35.火焰和熔铜将被降给你们，但你们不能自救。❞
❝36.你们要否认你们主的哪一项恩典呢？❞

### 警告人类和精灵，说明他们即将遭受的恐惧

"**我将专门处置你们。**"伊本·朱莱杰解释说，我将判决你们。布哈里解释说："我将清算你们，但我不会顾此失彼。"(6)

在阿拉伯语中，这是个典型的句子。譬如人们说："我将集中精力地对付你"、"我将出其不意地教训你"。

"**两大群体**"指人类和精灵。正如圣训所说："……除了两大群体，万物都能听到这个声音。"(7) 另据传述："除了人类和精灵……"在叙述号角声的圣训中说："两大群体，指人类和精灵。"(8)

"**你们要否认你们主的哪一项恩典呢？**"

然后经文说："**精灵和人类的群体啊！如果你们有力量穿过诸天与大地的各区域，那么，你们就穿过吧！除非凭一种权力，否则你们不能穿过**"，即你们不能逃脱安拉的命令和定然，因为你们始终在安拉的权力之内。你们也不能逃避和改变安拉对你们的判决，天网恢恢，疏而不漏。在众生被召集之日，天使们从四面八方将人类围七圈，任何人都无法逃离。

"**除非凭一种权力**"，即除非凭安拉的命令。正如安拉所言：❝那天，人将说："逃避之处在哪里？"绝不然！没有避难之地！那天，定所只在你的养主那里。❞（75：10-12）❝而那些作恶的人

---

(1)《泰伯里经注》23：37。
(2)《格尔特宾教律》17：164。
(3)《散置的珠宝》7：697。
(4)《泰伯里经注》23：86。

(5)《泰伯里经注》23：39。
(6)《布哈里圣训实录诠释——造物主的启迪》8：487。
(7)《布哈里圣训实录诠释——造物主的启迪》3：244。
(8)《圣训大典》273。

会得到与其恶行相等的恶报，羞辱将遮盖他们，没有保护者保护他们免于安拉（的惩罚）。他们的脸好像被黑夜深处的黑暗所遮盖，这些人是火狱的居民，他们将永居其中。》（10：27）因此，清高伟大的安拉说："火焰和熔铜将被降给你们，但你们不能自救。"

"火焰"（شواظ），伊本·阿拔斯解释为火焰。[1]艾布·撒立哈解释为火上面没有烟的火焰。端哈克解释为洪流一样的火。

"熔铜"（نحاس），伊本·阿拔斯、艾布·撒立哈等学者解释为烟雾。[2]伊本·哲利尔说："阿拉伯人把烟称为'نحاس'。"[3]穆佳黑德解释为熔化的铜液，它将被倒在罪人的头上。[4]格塔德也有相同见解。[5]端哈克解释为洪流一样的铜液。[6]

简言之，经文的意思是，倘若在复生日你们想逃跑，众天使，特别是宰巴尼（管理火狱的天使）将把火焰和熔铜倒在你们身上，使你们又跑回来。因此，经文说："火焰和熔铜将被降给你们，但你们不能自救。"

《37.当天体破碎时，就会变得像红皮革般的玫瑰色。》

《38.你们要否认你们主的哪一项恩典呢？》

《39.在那天，不论人类或精灵，都不再被问及他的罪过。》

《40.你们要否认你们主的哪一项恩典呢？》

《41.罪人将由他们的标志而被认出，他们的前额和脚将被抓住。》

《42.你们要否认你们主的哪一项恩典呢？》

《43.这就是犯罪者们所否认的火狱。》

《44.他们将往来于它和极热的液体当中。》

《45.你们要否认你们主的哪一项恩典呢？》

## 复生日的惊恐 犯罪者的情况

"当天体破碎时"，经文讲述的是复生日的情况。正如类似的经文所述：《天破裂了，那天，它是脆弱的。》（69：16）《那天，天和云一起粉碎，众天使被遣降。》（25：25）《当天破裂，并听从它的主，也理应听从……》（84：1-2）

"就会变得像红皮革般的玫瑰色"，即天体将熔化，正如沉渣和银子在提炼中熔化那样。它的

---

（1）《泰伯里经注》23：45。
（2）《泰伯里经注》23：47。
（3）《泰伯里经注》23：48。
（4）《泰伯里经注》23：48。
（5）《泰伯里经注》23：48。
（6）《泰伯里经注》23：48。

色彩不停地变换，正如被染皮革的颜色改变那样，有时呈红色，有时呈黄色，有时呈蓝色，有时呈绿色。天体发生如此变化，说明复生日恐怖的程度。

赛丁伊说，天变得就像玫瑰色和脏油的颜色。穆佳黑德说"像红皮革"指就像红皮革的颜色。[7]

"在那天，不论人类或精灵，都不再被问及他的罪过。"这节经文和下面的经文相似：《这是他们不能说话的日子，他们不得许可，焉能提出借口？》（77：35-36）经文在此叙述的是一种情况，另一种情况是：众生都将因为他们的一切行为而受到审问。安拉说：《凭你的主发誓，我一定会审问他们全体，——关于他们所做过的一切行为。》（15：92-93）

因此，格塔德在解释"**在那天，不论人类或精灵，都不再被问及他的罪过**"时说："被问及当初所犯的罪恶之后，他们的嘴将被封闭，手和脚将叙述他们当初的行为。"[8]

"**罪人将由他们的标志而被认出**"，"标志"指他们的表现。哈桑和格塔德说："他们因为脸色

---

（7）《泰伯里经注》23：50。
（8）《泰伯里经注》23：52。

呈蓝，眼睛发黑而被认出。"(1)笔者说，他们的情况和穆民的情况截然不同，穆民因为做小净而面部发光，肢体发亮而被认出。

"**他们的前额和脚将被抓住**"，即宰巴尼天使将把他们的前额和两脚一并抓起，然后把他们扔进火狱。伊本·阿拔斯说，犯罪者的额发和两脚被（天使）抓住后，他将被折断，正如柴被折断扔进火炉中。(2)

"**这就是犯罪者们所否认的火狱**"，即这就是你们当初认为不会存在的火狱。看啊！它就在眼前，你们正在目睹它！他们是在受到警告、羞辱和践踏的情况下，听到上述话的。

"**他们将往来于它和极热的液体当中。**"他们时而在烈火中遭受刑罚，时而被迫饮用"**极热的液体**"。"**极热的液体**"指被熔化的铜液，他们饮下它后肝肠寸断。另一段经文说：❀ 当时，枷锁和链子绕在他们的脖子上，他们被拖动着，——拖进沸腾的液体中，然后被拖进火狱中焚烧。❀（40：71-72）"**极热的**"，指达到了高温的极限，人类无法接受它。

伊本·阿拔斯在解释这段经文时说："其温度达到极限，并且剧烈沸腾。"(3)穆佳黑德等学者都有相同的主张。(4)格塔德则解释说："自从安拉创造天地的时间开始，它就开始沸腾。"(5)

穆罕默德·本·凯尔卜（盖勒最）说，（天使）抓着仆人的额发，将他在这种极热的液体中搅动，直至他的肉都被熔化，只有骨头和头颅上的两眼保留下来。这段经文如同下面的经文：❀ ——拖进沸腾的液体中，然后被拖进火狱中焚烧。❀（40：72）"沸腾的"指炎热的。

另据传述，盖勒最说："**极热的**"（ عال ）指准备就绪的。这也是伊本·栽德的主张。(6)这两种解释并不矛盾，它们都能说明这种液体的极热性质。正如另一段经文说：❀ 饮极热的泉水，❀（88：5）即令人无法承受的高温。又 ❀ 你们不要等候饭熟。❀（33：53）即饭成为现成的、熟的。(7)

经文叙述了犯罪者所遭受的刑罚以及敬畏者所享受的宏恩、慈悯、公正，并向以物配主者和各种犯罪发出警告之后，开始讲述安拉给被造物的再次宏恩。"**你们要否认你们主的哪一项恩典呢？**"

---

(1)《泰伯里经注》23：52。
(2)《散置的珠宝》7：704。
(3)《泰伯里经注》23：54。
(4)《泰伯里经注》23：54、55；《格尔特宾教律》17：175。
(5)《泰伯里经注》23：54。
(6)《泰伯里经注》23：55。
(7)经文中的"熟"和"极热"是同一个单词。

❀ 46.**害怕站在他的主跟前的人，都将获得两座乐园。**❀
❀ 47.**你们要否认你们主的哪一项恩典呢？**❀
❀ 48.**这两座乐园，都果木扶疏。**❀
❀ 49.**你们要否认你们主的哪一项恩典呢？**❀
❀ 50.**两座园中，两口泉涌流着，**❀
❀ 51.**你们要否认你们主的哪一项恩典呢？**❀
❀ 52.**其中有各种成双成对的果子。**❀
❀ 53.**你们要否认你们主的哪一项恩典呢？**❀

### 敬畏者在乐园中的情况和他们所享受的恩典

"**害怕站在他的主跟前的人**"，即在复生日，害怕站在安拉前面，❀ 并从私欲方面克制自己的人。❀（79：40）他不过分，不偏爱今世，知道后世更美好、更永久，并且还完成了安拉命令的天职，远离了安拉的警戒，在复生日，这等人将在安拉那里享有两座乐园。正如圣训所述："两座乐园，其中的器具和一切都是银子；另两座乐园，其中的器具和一切都是金子。一些人观看他们的伟大养主时，他们将没有间隔，他们间只有永居的乐园中他的外吉海上伟大的大衣。"除艾布·达乌德之外的圣训学宗师都载录了这段圣训。(8)

这段经文泛指人类和精灵，有些人以这段经文为根据，指出精灵如果归信正教并敬畏安拉，也会进入乐园。因为，安拉对人类和精灵表述了这项优遇："**害怕站在他的主跟前的人，都将获得两座乐园。你们要否认你们主的哪一项恩典呢？**"

然后，经文介经这两座乐园的情况："**这两座乐园，都果木扶疏**"，即其中郁郁葱葱的嫩枝，支撑并生产出优质而成熟的果实。"**你们要否认你们主的哪一项恩典呢？**"阿塔和一些学者认为："**果木扶疏**"指层层叠叠的树枝。

"**两座园中，两口泉涌流着。**"这两口泉涌出的水，浇灌着园中的树木，使其结出各种果实。

"**你们要否认你们主的哪一项恩典呢？**"哈桑·巴士里说："这两眼泉，一眼叫台斯尼穆，另一眼叫赛里赛毕里。"(9)阿彤叶说："其中一眼流着不停滞的水，另一眼流着酒。都是沁人心脾的饮品。"(10)

因此，后文说："**其中有各种成双成对的果子**"，即每种水果，都有两样，都是他们所知道的最优美的品种，是以前任何眼睛没有见过，任何耳

---

(8)《提尔密济圣训全集诠释》7：232；《布哈里圣训实录诠释——造物主的启迪》8：491；《穆斯林圣训实录》1：163；《圣训大集》4：419；《伊本·马哲圣训集》1：66。
(9)《格尔特宾教律》17：178。
(10)《格尔特宾教律》17：178。

朵没有听过，任何人心里都没有想过的。

"你们要否认你们主的哪一项恩典呢？"据传述，伊本·阿拔斯说："今世中一切甜的和苦的果实，都能在乐园中找到，甚至苦西瓜也不例外。"[1]伊本·阿拔斯又说："今世中所有的（果实），与后世中所有的（果实）只是名字相同"，即除了名称相同外，它们的味道和价值千差万异，不可同日而语。

❦ 54.他们躺在其里子是锦绣的坐褥上，两个园子（的水果）都近在手边。❧

❦ 55.你们要否认你们主的哪一项恩典呢？❧

❦ 56.其中，有目光专注的美女，以前没有人或精灵接触过她们。❧

❦ 57.你们要否认你们主的哪一项恩典呢？❧

❦ 58.她们好像宝石和珍珠一般。❧

❦ 59.你们要否认你们主的哪一项恩典呢？❧

❦ 60.善行的报酬，除了善报之外，还有什么？❧

❦ 61.你们要否认你们主的哪一项恩典呢？❧

"他们躺在其里子是锦绣的坐褥上。""他们"指乐园的居民。"躺"指侧卧。有人说"盘双腿而坐"；"锦绣"指粗丝。这是艾克莱麦等学者的主张。[2]

艾布·仪姆兰说"锦绣"指镀金的丝绸。他还强调，这种里子更加说明座褥的优美。这是一种以点带面的叙述方法。

伊本·麦斯欧迪说："其里子如此上乘，其外面就不言而喻了。"[3]

"两个园子（的水果）都近在手边"，即两座园中的果实都唾手可得，任他取用。正如安拉所言：❦ 果实近在手边。❧（69：23）又❦ 乐园的翠荫靠近他们，成串的果实低垂着。❧（76：14）即其浓郁的枝叶并不妨碍人们采撷树上的果实，因为那果实从叶子中低垂下来。"你们要否认你们主的哪一项恩典呢？"

经文描述了优美的坐褥之后，说道："其中"指坐褥上。"有目光专注的美女"，即她们全神贯注地看着自己的丈夫，在她们眼中，乐园中的任何东西，都比不上她们的丈夫。这是伊本·阿拔斯等学者的主张。[4]据传述，乐园的女子将对其丈夫说："以安拉发誓，我在乐园中没有发现比你更美好的，你是我在乐园中的至爱。一切赞美属于安拉，他使你属于我，使我属于你。"

"以前没有人或精灵接触过她们。"她们都是童贞女，且年龄相仿，在与她们的丈夫相会之前，任何人或精灵都没有接触过她们。这段经文也说明，精灵中的归信者将入住乐园。有人问朵穆勒·本·胡拜卜："精灵能进乐园吗？"他说："是的，他们还要被聘给妻子，精灵被聘给精灵的妻子，人类被聘给人类的妻子。"[5]那就是安拉所说的"以前没有人或精灵接触过她们。你们要否认你们主的哪一项恩典呢？"

然后经文给准丈夫们叙述这些美女的情况："她们好像宝石和珍珠一般。"穆佳黑德等学者说，她们清纯如宝石，洁白似珍珠。他们认为这里的"珍珠"指珍珠。[6]

伊本·西林说，人们争论（或探讨），乐园中男人多还是女人多。艾布·胡莱赖说，难道卡西姆的父亲（穆圣☪）不曾说过"第一部分进入乐园的人，情形就像圆月之夜的月亮。次于他们的人，就像天上最璀璨的星星。乐园中的每个人都有两个妻子，从她们肌肉的外部，可以看到小腿内部的骨髓。乐园中没有单身汉。"[7]

安拉的使者☪说："为主道早上出征，或晚上出征，都强于今世及其中的一切。乐园中小到半弓之距或鞭子所占的地方（鞭子所能打到的地方），也优于今世及其中的一切。假若乐园的一个女子看一眼大地，天地间一定会弥漫馨香，且变得宜人洁美。她的头上的盖头强于今世及今世中的一切。"[8]

"善行的报酬，除了善报之外，还有什么"，即今世中行善的人，在后世中只会得到善报。正如另一段经文说：❦ 行善者将得善报，还有增加的。❧（10：26）安拉讲述了他赐给人类的宏恩，并指出人类即便穷其功行，也不可能换来这等报酬，其实这一切都来自安拉对人类的恩赐。

经文在讲述了上述情况后，说道："你们要否认你们主的哪一项恩典呢？"

❦ 62.次于那两座乐园的，还有两座乐园。❧

---

（1）《格尔特宾教律》17：179。
（2）《泰伯里经注》23：61；《格尔特宾教律》17：179。
（3）《泰伯里经注》23：62。
（4）《泰伯里经注》23：63、21：41。
（5）《泰伯里经注》23：65。
（6）《泰伯里经注》23：66、67。
（7）《布哈里圣训实录诠释——造物主的启迪》6：367、417；《穆斯林圣训实录》4：2178、2179、2180。
（8）《布哈里圣训实录诠释——造物主的启迪》6：19；《艾哈麦德按序圣训集》3：141。

❀ 63. 你们要否认你们主的哪一项恩典呢？❀
❀ 64. 那是两个葱翠茂密的乐园。❀
❀ 65. 你们要否认你们主的哪一项恩典呢？❀
❀ 66. 其中有两口潺潺的流泉。❀
❀ 67. 你们要否认你们主的哪一项恩典呢？❀
❀ 68. 其中有水果，枣子和石榴。❀
❀ 69. 你们要否认你们主的哪一项恩典呢？❀
❀ 70. 其中有美好的女子。❀
❀ 71. 你们要否认你们主的哪一项恩典呢？❀
❀ 72. 她们是白皙的，蛰居于帐幕之中。❀
❀ 73. 你们要否认你们主的哪一项恩典呢？❀
❀ 74. 以前没有人或精灵接触过她们。❀
❀ 75. 你们要否认你们主的哪一项恩典呢？❀
❀ 76. 他们躺在绿色的床垫和美丽的花毯上。❀
❀ 77. 你们要否认你们主的哪一项恩典呢？❀
❀ 78. 赞美你的主——伟大而尊贵安拉的尊名真吉庆！❀

通过经文可以看出，在层次和优越方面，这两座乐园不及前面的两座乐园。安拉说："**次于那两座乐园的，还有两座乐园。**"上述圣训已经讲到，两座乐园及其中的一切，都是黄金，另两座乐园及其中一切，都是银子。前两座属于近主的忠仆（المقربين），后两座属于幸福的人（أصحاب اليمين）。[1]

前两座乐园比后两座优越的原因如下：经文首先讲述了前者，说明前者的重要性。然后才说"**次于那两座乐园的，还有两座乐园。**"从这个角度来说，其尊贵性和优越性是不言而喻的。

经文在描述前两座乐园时说："**这两座乐园，都果木扶疏**"，即那两座乐园中果木苍翠，品种繁多，令人赏心悦目。在叙述后两座乐园时说："**那是两个葱翠茂密的乐园**"，即这两座乐园，得到涌泉的浇灌之后，叶子呈墨色。

伊本·阿拔斯在解释"**两个葱翠茂密**"时说："它们得到泉水浇灌之后，绿叶呈墨色。"[2] 伊本·凯尔卜解释说，其中绿意盎然。毫无疑问，此处所说的这两座花园是更好的，其枝叶盘枝错节，娇艳光鲜。"

经文在叙述前者时说："**两座园中，两口泉涌流着**"，在叙述后者时说："**其中有两口潺潺的流泉。**"伊本·阿拔斯说，这段经文的意思是：**涌流**比**潺潺**的语气更加强烈。[3] 端哈克说，**潺潺**指泉水饱满而不中断。[4]

---

(1)《布哈里圣训实录诠释——造物主的启迪》8：491。
(2)《散置的珠宝》7：715。
(3)《散置的珠宝》7：716。
(4)《泰伯里经注》23：75。

经文在叙述前者时说"**其中有各种成双成对的果子**"，在叙述后者时说："**其中有水果，枣子和石榴。**"显然，前两座乐园中的水果花色品种更多，经文在叙述它们时使用的是泛指，不带有局限性。因此，正如布哈里等学者所强调，"**枣子和石榴**"并不属于将确指连续在泛指后面的一种表达方法。经文单独提到枣子和石榴，只因为它们比较贵重。

"**其中有美好的女子。**"乐园中有令人赏心悦目的许多美好事物。这是格塔德的主张；有人说"**美好的女子**"指贤惠的美女。这是大部分学者的观点。[5]

圣训中说，乐园的美女们吟唱道："我们是美丽的贤妻，为尊贵的丈夫而被造。"

另外，经文叙述后者时说："**她们是白皙的，蛰居于帐幕之中。**"在叙述前者时说："**其中，有目光专注的美女。**"无疑，全神贯注观看其丈夫的妻子是更好的，虽然她们都是深居闺阁的女子。

"**帐幕之中**"，布哈里传述，安拉的使者说："乐园中有一座空心珍珠制造的帐篷，其宽是

---

(5)《泰伯里经注》23：75。

六十里，其中的每一角落都居住妻室。穆民将访问所有人，但她们看不到来访者。"(1) 另据传述："穆民在乐园中有一座帐篷，它是由一颗（巨大的）空心珍珠制成的。其长度是六十里，穆民的妻室居住其中，穆民将访问所有人，但她们互相看不到。"(2)

"以前没有人或精灵接触过她们。"前文已经注释了类似的经文。但经文在叙述前两座乐园的女子时，接着又说道："**她们好像宝石和珍珠一般。你们要否认你们主的哪一项恩典呢？**"

"**他们躺在绿色的床垫和美丽的花毯上。**"伊本·阿拔斯说，"床垫"指软垫。(3) 穆佳黑德等学者有相同的主张；(4) 阿俩伊说："盖在床上的软垫。"

"**美丽的花毯**"，伊本·阿拔斯等认为指豪华的花地毯。(5)

"**赞美你的主——伟大而尊贵的安拉的尊名真吉庆**"，即安拉应该受到尊敬、崇拜、感谢和记念，而不应被违抗、否认、辜负和遗忘。伊本·阿拔斯说，"伟大而尊贵"指尊大的。(6) 圣训中说："尊重有白发的、有权力的、通背《古兰》的穆斯林属于尊敬安拉——只要这位通背者不是过分的，或疏远《古兰》的人。"(7)

莱毕尔·本·阿米尔说，我听安拉的使者说："你们当紧紧追求伟大而尊贵的安拉。"(8) 伊本·麦斯欧迪说"紧紧追求"指坚持。有人认为圣训的意思是"你们当向伟大而尊贵的安拉连绵不断地要求。"笔者认为，这两种解释大同小异。安拉至知。

《穆斯林圣训实录》等圣训集记载，阿伊莎（愿主喜悦之）说，安拉的使者每每礼完拜就要坐一会儿，其长度是念下面祷词的时间："主啊！你是平安之主，平安只来自你，伟大而尊贵的主啊！你真喜庆！"(9)

《至仁主章》注释完。一切感赞全归安拉。

---

(1)《布哈里圣训实录诠释——造物主的启迪》6：366。
(2)《穆斯林圣训实录》4：2182。
(3)《泰伯里经注》23：83。
(4)《泰伯里经注》23：84。
(5)《泰伯里经注》23：85。
(6)《泰伯里经注》23：86。
(7)《艾布·达乌德圣训集》5：174。
(8)《艾哈麦德按序圣训集》4：177；《圣训大集》6：479。
(9)《提尔密济圣训全集诠释》2：192；《穆斯林圣训实录》1：414；《艾布·达乌德圣训集》2：179；《圣训大集》3：69；《伊本·马哲圣训集》1：298。

---

## 《大事章》注释　麦加章

### 《大事章》的尊贵

伊本·阿拔斯说，艾布·伯克尔问："安拉的使者啊！你长出了白发？"使者说："《呼德章》《大事章》《消息章》《被派遣者章》和《卷起章》，使我白了头发。"(10)

贾比尔·本·赛姆勒说，安拉的使者礼拜的样子和你们今天的礼拜一样，但他的礼拜一贯较轻快，所以他的礼拜比你们的礼拜更轻松。他在晨礼中读《大事章》和类似的章节。

**奉普慈特慈的安拉之尊名**

❀ 1. 当要发生的大事发生时，❀
❀ 2. 没有人否认它的发生。❀
❀ 3. 它将降低人，也将提高人。❀
❀ 4. 当大地被猛烈摇撼，❀
❀ 5. 山峦崩溃粉碎，❀
❀ 6. 变成四散的尘土，❀
❀ 7. 而你们被分成三个等级时，❀
❀ 8. 幸福者，幸福者是何等人？❀
❀ 9. 薄福者，薄福者是何等人？❀
❀ 10. 那些领先者，终将是领先者，❀
❀ 11. 这等人，确实是能近主的，❀
❀ 12. 在幸福的乐园中。❀

### 复生日的情况

"**大事**"(11)，是复生日的诸多名称中的一个名称。如此命名，说明那天确实要来临。正如安所言：❀ 那天，要发生的事情发生了。❀（69：15）

"**没有人否认它的发生**"，即如果安拉意欲它来临，就没有任何力量能阻碍它的来临。正如安拉所言：❀ 在安拉降临不可抗拒的日子之前，你们要响应你们的主。❀（42：47）又❀ 当要求者要求必定降临的惩罚。那是降给隐昧者的，无人能够抗拒它，❀（70：1-2）❀ 那天，他说："有！"它就有了。他的话就是真理，在号角被吹起的那天，权力只归于他。他知道目不能见的和可以看见的（事物）。他是明哲的、彻知的。❀（6：73）

"**没有人否认它的发生**"，穆罕默德·本·凯

---

(10)《提尔密济圣训全集诠释》9：184。
(11) 根据词型，"大事"可译为"必定发生之事"。——译者注

尔卜解释为它必将来临。格塔德解释为它将毫不迟疑地到来，不会有任何回旋的余地。[1]伊本·哲利尔解释为不能否认它的发生。[2]

"**它将降低人，也将提高人**"，即它将使一些人沦落到火狱的最低处，即使他们在今世是有权势的；它还将把另一些人拔高到永恒的乐园中最高的品级，即使他们在今世是一些弱小的人。这是哈桑等学者的主张。[3]伊本·阿拔斯解释说："它能使远近的人都能听到。"艾克莱麦说："当它降低时，它能使最底层的人听到；当它提高时，它能使最远处的人听到。"端哈克等学者持此观点。

"**当大地被猛烈摇撼**"，即当这浩瀚的大地剧烈动荡时。因此，伊本·阿拔斯等学者解释这段经文说，当大地发生地震时。[4]

莱毕尔·本·艾奈斯解释说，大地将像鼓一样剧烈震动。这段经文如下面的经文：《当大地以其震动摇动，》（99：1）安拉说：《人们啊！你们要畏惧你们的主！的确那复活时的震撼，是一件大事。》（22：1）

"**山峦崩溃粉碎**"，即群山将土崩瓦解。这是伊本·阿拔斯等学者的主张。[5]伊本·栽德说："群山变得就像安拉所说的《散沙》（73：14）那样。"[6]

"**变成四散的尘土**"，阿里解释说："它就像灰尘一样飞扬，最终消失得无影无踪。"伊本·阿拔斯解释说："飞扬的火星一旦落地，就化为乌有。"[7]艾克莱麦说，经文指刮风后飘扬的尘土。格塔德解释说，它就像被风化的朽木。这些经文和类似的经文，都证明群山将在末日移动、粉碎，并变得就像分散的飞蛾。

## 复生日，人们将分为三等

"**而你们被分成三个等级时**"，即在复生日，人们将分为三个等级。他们是阿莱什右边的人[8]。他们是出自阿丹右侧的人[9]，他们的功过簿将被交给他们的右手，并被带到右面。赛丁伊说，他们是乐园的大部分居民。另一些人则在阿莱什的左边，他们是出自阿丹左侧的人，他们的功过簿将被交给他们的左手，并被带到左面。他们是火狱的大部分居民。祈求安拉使我们远离他们的丑行！第三等人，则是至仁主御前争先为善的人。他们比幸福者更幸运，更得到安拉宠幸，是右边的人。因为众使者和众先知、虔信者和烈士们，都包括在这些人当中，但他们的人数比幸福者少。

因此，清高伟大的安拉说："**幸福者，幸福者是何等人？薄福者，薄福者是何等人？那些领先者，终将是领先者。**"正如经文的结尾所述，这三种人临终时，安拉将他们分为三等。下列经文就是这样叙述的：《然后，我使我所选择的众仆继承了经典。此后，他们当中有自亏的，有中和的，也有奉安拉的命令而争先行善的，那是伟大的恩典。》（35：32）

穆罕默德·本·凯尔卜等学者认为"**领先者**"指众先知，[10]赛丁伊认为指最高尚的人。

"**领先者**"的意思是奉到命令后，积极行善的人。正如安拉所言：《你们当竞相争取你们主的恕饶和那与天地同宽的、已为敬畏者预备的乐园。》（3：133）又《你们当竞相争取你们主的恕饶和为归信安拉及其使者的人们准备的乐园，它的宽跟天

---
(1)《泰伯里经注》23：89。
(2)《泰伯里经注》23：89。
(3)《泰伯里经注》23：90。
(4)《泰伯里经注》23：91。
(5)《泰伯里经注》23：92、93。
(6)《泰伯里经注》23：93。
(7)《泰伯里经注》23：94。
(8) 在阿拉伯伯语中，右边代表幸福。故"幸福者"，也可译为"在右边的人"。——译者注
(9) 即他们的起源是阿丹的右侧，下文也是如此。——译者注

(10)《格尔特宾教律》17：199。

地一样。》（57：21）

在今世争先行善的人，在后世也会首先获得荣誉。因为有什么行为，就有什么报应。因此安拉说："薄福者，薄福者是何等人？那些领先者，终将是领先者。"

《13.前人中的大部分，》
《14.后人中的少部分，》
《15.在被点缀的高床上，》
《16.面对面靠在上面。》
《17.永不衰老的少年将在他们周围往返侍候，》
《18.拿着盏和壶以及满杯的醴泉；》
《19.他们不会因此头痛，也不会沉醉。》
《20.各种鲜果，任他们选择，》
《21.带来他们所向往的飞禽肉，》
《22.有白皙的、美目的妻子，》
《23.好像珍藏的珍珠一样。》
《24.以便报偿他们的行为。》
《25.他们在其中将听不到浮言，也没有罪恶。》
《26.只是说道："平安，平安。"》

### 领先者及他们的报酬

清高伟大的安拉说，近主的领先者们，是前人中的一大部分，"后人中的少部分"。

学者们对"前人"和"后人"的解释不同，有人认为前人指以前的民族，后人指这个民族。这是穆佳黑德和哈桑·巴士里的主张。伊本·哲利尔选择了这种解释。[1] 他的证据是下列圣训："我们是后来人，但在末日则是领先的。"[2] 但其他学者并没有提到类似的主张，伊本·哲利尔也没有指明他的观点出自何人。下列圣训或许能佐证他的这种观点：艾布·胡莱赖传述：**"前人中的大部分，后人中的少部分"** 降示后，圣门弟子觉得难以接受，于是《前人中的许多人，后人中的许多人。》（56：39-40）降示了。穆圣当时说："我希望你们是乐园居民的四分之一、三分之一或一半。同时，你们和他们平分另一半。"[3]

但伊本·哲利尔的这种选择是值得商榷的，甚至可以说，这种观点非常脆弱。因为《古兰》明文告诉我们，这个民族是最优秀的民族。如是这样，其他民族中的近主者不可能多于这个民族。因此，这个民族中的近主者多于其他民族中的近主者是不言而喻的。安拉至知。从这个角度来看，第二种观点——即前人指穆圣民族中的前辈，后人指穆圣民族的后辈——是更加可信的。

赛勒伊·本·叶哈雅传述，哈桑读了**"那些领先者，终将是领先者，这等人，确实是能近主的，在幸福的乐园中。前人中的大部分"**后说，"大部分"指这个民族的先驱。

伊本·西林在解释这段经文时说，圣门弟子们曾说（或希望）这两种人指的就是他们，即指这个民族的人。换言之，哈桑和伊本·西林认为，经文中所指的都属于穆圣的民族。毋庸置疑，穆圣民族的先驱，比其后辈更加优越。所以，这种解释是有可能的。

因为安拉的使者曾说："最优秀的一代，是我的这一代，然后是下一代，然后是下下一代……"[4] 先知说："我的民族中一伙人将援助真理，抛弃他们的人和反对他们的人，直到末日也对他们无可奈何。"[5] 另据传述："……直到在这个状态下，安拉的命令到来。"概言之，穆圣的民族比其他任何民族都尊贵，他们中的近主者，比其他任何民族中的近主者都要多，并且品级更高，因为他们的宗教和先知最为伟大和尊贵。因此，许多圣训曾提到，穆圣的民族中，将有七万人在不受清算的情况下进入乐园。另据传述："同每一千人另有七万人……"或"同每一人另有七万人"。

**"在被点缀的高床上"**，伊本·阿拔斯说，这些床是由黄金装饰的。[6] 穆佳黑德等都持相同观点。[7] 伊本·哲利尔说："因此，绑在母驼腹下的带子被称为'被点缀的'。"同样，乐园的床上，也点缀着黄金和珠宝。

**"面对面靠在上面"**，即他们彼此面对，而不望对方后背。

**"永不衰老的少年将在他们周围往返侍候"**，即这些童仆永远保持这种特征，他们永远不老迈，也不改变。

**"拿着盏和壶以及满杯的醴泉。"** "盏"指没有把儿（或提梁）和嘴儿的容器，"壶"则具备上述两种特征。"盏"指酒杯。它们都盛装着晶莹酒泉中的佳酿。这些佳酿川流不息，永不停止或中断。

**"他们不会因此头痛，也不会沉醉"**，即他们不会头痛，也不会失去理智。虽然他们非常兴奋和

---

（1）《泰伯里经注》23：98。
（2）《布哈里圣训实录诠释——造物主的启迪》11：526。
（3）《艾哈麦德按序圣训集》2：391。
（4）《布哈里圣训实录》3651。
（5）《布哈里圣训实录》71、3116、3640、3641、7311、7459、7460。
（6）《泰伯里经注》23：99。
（7）《泰伯里经注》23：99、100。

惬意，但他们的头脑始终能保持清醒。伊本·阿拔斯说："酒一般会导致四种情况：麻醉、头痛、呕吐和小便失禁。"他提到乐园的酒后说，安拉使它们不具备这些特征。[1]

穆佳黑德等学者解释说，他们在其中不会感到头痛，也不会失去理智。[2]

"各种鲜果，任他们选择。"，即童仆往返于他们之间，给他们带来他们所选择的水果。这段经文证明，吃水果时可以选择自己喜欢的。

艾奈斯说，安拉的使者㊣喜欢听别人讲梦，所以有时人们梦到不知道的事情时去问他，如果此人听到赞美，他就因此而感到高兴。有一次，有个妇女到来说，安拉的使者啊！我作了一个梦，梦见离开麦地那，进入乐园。我在乐园中听到一个响声，只看到某某人、某某人……她说出了十二个人的名字。此前安拉的使者㊣曾派遣一支小分队。（她接着说）这些人被天使带来时，衣衫褴褛，伤口仍在流血。有声音说："你们（天使）带他们去永生河吧！"于是他们浸入其中，他们出来时，面容就像月圆之夜的月亮。有人给他们带来金盘子，其中盛着鲜枣。他们不用转动盘子，就能在其一角吃到想吃的水果。我和他们一起吃了这些水果……后来使者派出的那支分队差人来报捷，来人说一些人在战役中殉教了，殉教者共十二人，他们的名字正是那位妇女所述的名字。于是使者叫来那位妇女，对她说："你讲讲你的梦。"于是她讲道，被（天使）带来的是某某人、某某人。[3]

"带来他们所向往的飞禽肉"，安拉的使者㊣说："乐园中的鸟儿，就像长脖子的骆驼，牧放于乐园的树木丛中。"艾布·伯克尔问："安拉的使者啊！那肯定是佳美的鸟。"使者㊣说："吃它的人更美！"使者说了三次。又说："我希望你属于饱享口福者之一。"[4]

"好像珍藏的珍珠一样"，即乐园的美女洁白晶莹，宛如鲜艳的珍珠。正如安拉所言：❰ 她们就像被珍藏的鸟卵。❱（37：49）《至仁主章》已经叙述了这些美女的特征。

因此说，"以便报偿他们的行为"，即我是按他们最美好的行为，给他们赏赐这些恩典的。

"他们在其中将听不到浮言，也没有罪恶。只是说道：'平安，平安。'"即他们在乐园中听不到空洞的游戏言辞，或卑微的言辞。正如经文所述：❰ 其中听不到妄言。❱（88：11）"浮言"指丑话。

"只是说道：'平安，平安。'"即乐园的人将互相致色兰问候。正如安拉所言：❰ 他们在其中的贺词是"平安"。❱（10：10）他们的言语中，也不会有过分或犯罪的成分。

❰ 27.幸福者，幸福者是何等人？❱
❰ 28.在无刺的酸枣树下，❱
❰ 29.在果实累累的香蕉树下，❱
❰ 30.在展开的阴凉下，❱
❰ 31.在不息的水边，❱
❰ 32.在丰富的鲜果当中，❱
❰ 33.既不中断，也不被拒绝，❱
❰ 34.（他们）在高高的床上。❱
❰ 35.我使她们成为新的被造。❱
❰ 36.使她们成为童贞女。❱
❰ 37.她们依恋丈夫，年龄相若。❱
❰ 38.属于幸福者。❱
❰ 39.前人中的许多人，❱
❰ 40.后人中的许多人。❱

## 幸福者及他们的报酬

清高伟大的安拉讲述了领先者——近主者的归宿后，接着讲述幸福的人，即善人。正如麦穆奈·本·麦海兰所说："幸福者的品级次于近主者的品级。"

"幸福者，幸福者是何等人"，即谁是幸福者？他们的情况如何？结局怎样？

经文在后面讲述道："**在无刺的酸枣树下。**""在无刺的"伊本·阿拔斯、艾克莱麦等学者认为经文指没有荆棘的。[5]另据传述，伊本·阿拔斯认为经文指果实累累的。格塔德也说："我们曾谈到它是没有刺的、果实累累的枣树。"显然，经文指具备这两种特征的枣树。因为今世的酸枣树多刺少果，后世的酸枣则与之恰恰相反。欧体白·本·阿卜杜·赛里麻说，我坐在安拉的使者㊣跟前时，来了一位游牧人，他说："安拉的使者啊！我听你讲过'乐园中有棵树，我没有发现过比它刺更多的树——羊角蕉树。'"使者说："安拉在这棵树的每个刺的位置，都以像被阉割的健壮公羊那样的果实代替，每个果实，有七十种各不相同的滋味。"[6]

"**在果实果累累的香蕉树下**"，"香蕉树"（الطلح）指希贾兹地区的一种山楂树[7]，是复数

---
(1)《格尔特宾教律》17：203。
(2)《泰伯里经注》23：103、104、105。
(3)《艾哈麦德按序圣训集》3：135；《艾布·耶阿俩按序圣训集》6：44。
(4)《艾哈麦德按序圣训集》3：221。

(5)《泰伯里经注》23：110。
(6)《白尔苏》59。
(7)有刺的树。正文是按另一种解释翻译的，请看后面的解释。——译者注

词型，其单数词型是"الطلحة"，它是一种刺很多的树。

**"果实累累的"**，穆佳黑德解释为"果实层层叠叠的"。这段经文主要针对的是古莱什人，他们曾因拥有山楂树和酸枣树及其果实和荫凉而沾沾自喜。[1]

艾布·赛尔德认为经文指香蕉树。他说，伊本·阿拔斯、艾布·胡莱赖等圣门弟子，都持此观点。[2] 穆佳黑德也持此观点。他还补充说，也门人将香蕉称为"الطلح"。[3] 伊本·哲利尔则对这段经文只作了这一种解释。

**"在展开的阴凉下。"** 布哈里传述，安拉的使者㊣说："乐园中有一棵树，骑乘者行进一百年，也不能走出这棵树的影子，你们可以读'**在展开的阴凉下……**'"[4]

伊玛目艾哈麦德传述，安拉的使者㊣说："乐园中有一棵树，骑乘者行进一百年，也不能走出这棵树的影子，你们可以读'**在展开的阴凉下……**'。"穆斯林等学者都有相同的载录。[5]

**"在丰富的鲜果当中，既不中断，也不被拒绝"**，即他们身边有各种各样、数不胜数的水果，是任何眼睛没有见过，任何耳朵没有听过，任何人的心上都没有想过的。正如下面经文所述：҉每当他们在其中被赐果品时，他们就说："这是我们以前被赐过的。"其实他们曾被赐的与之名同质异。҉（2：25）即形状一样，味道却不一样。

两圣训实录在讲述极界之地的酸枣树时说："猛然间（我看到），其叶子就像大象的耳朵，果实就像海吉尔的罐子。"[6] 伊本·阿拔斯说："有次发生了日食，安拉的使者㊣和人们一起礼了拜……"他提到了礼拜的事情。他接着说："人们问：安拉的使者啊！我们刚才看到你站在这里时，好像向前拿某种东西，后来又看到你退了回来。这到底是怎么回事？"使者说："我看到了乐园，所以去拿其中的一串葡萄，假若我真的拿过来，你们必将永世享用。"[7]

伊玛目艾哈麦德传述，有位游牧人来到安拉的使者㊣跟前，向使者询问关于天池和乐园的问题。游牧人问："乐园中有水果吗？"使者回答："有。其中有一种树，名叫图巴。"先知又说了一件事，可是我记不起来了。但我不知道它是什么树。游牧人问："我们这里有类似的树吗？"使者说："它和你们那里的任何树都不一样。"先知转而问道："你去过沙姆吗？"游牧人回答："没有。"使者说："它像沙姆的一种叫焦兹的树，它从一个主杆上长起来，树上面是平的。"游牧人问："它的根有多大？"先知回答："如果你家五岁的骆驼围绕它的根行走，就算走断它的锁子骨，也走不完。"游牧人问："其中有葡萄吗？"先知回答："有。"游牧人问："一串有多大？"先知回答："白腹的乌鸦不停地飞一月的行程[8]。"问："一粒葡萄有多大？"先知反问："你父亲宰过一只健壮的羊吗？"游牧人回答说："宰过。"先知问："他是否剥下羊皮后对你的母亲说：'你用它给我做一个水袋[9]？'"游牧人说："这粒葡萄能让我和我的家人吃饱吗？"先知说："能，它能让你的整个家族饱餐一顿。"[10]

**"既不中断，也不被拒绝"**，即这些果实四季不断，任何时候都能享用，随要随有，凭安拉的大能，他们从来不会遭到拒绝。格塔德说："他们不会因为碍于树枝、荆棘或遥远而采撷不到果实。"[11] 上述圣训已经讲道，当人们采撷一个果子之后，那个位置会长出另一个果子。

**"（他们）在高高的床上。"** 他们在舒适松软的高床上。

**"我使她们成为新的被造。使她们成为童贞女。她们依恋丈夫，年龄相若。属于幸福者。"** 经文没有直接提到什么属于幸福者，但从经文的脉络可以看出，所指的是侧卧于床上的这些美女，属于幸福者。正如安拉所言：҉当时，在傍晚时分，一群轻蹄的快马被展现给他。他说："的确我由于爱好今世美好的东西，而疏忽了记念我的主，以致它隐没在帷幕之后！"҉（38：31-32）经注学家们对"它"公认的解释是"太阳"。

艾赫法西说，**"我使她们成为新的被造"**中，经文使用人称代词，而此前，也没有提到她们（具体是谁）。[12] 但艾布·欧拜德说，在"有白皙的、美目的妻子，好像珍藏的珍珠一样"中已经提到了她们。[13]

---

（1）《泰伯里经注》23：114。
（2）《泰伯里经注》23：112、113。
（3）《泰伯里经注》23：113。
（4）《布哈里圣训实录诠释——造物主的启迪》8：495；《穆斯林圣训实录》4：2175。
（5）《布哈里圣训实录诠释——造物主的启迪》6：368；《穆斯林圣训实录》4：2175；《阿卜杜·兰扎格经注》11：417；《艾哈麦德按序圣训集》2：482。
（6）《布哈里圣训实录诠释——造物主的启迪》6：349；《穆斯林圣训实录》1：146。
（7）《布哈里圣训实录诠释——造物主的启迪》2：267；《穆斯林圣训实录》2：626。
（8）这一串葡萄的直径，就是这只乌鸦一月的行程。译者注
（9）其中一粒和这个水袋一样大。——译者注
（10）《艾哈麦德按序圣训集》4：183。
（11）《泰伯里经注》23：118。
（12）《泰伯里经注》23：118。
（13）《泰伯里经注》23：118。

"**我使她们成为新的被造**"，指我使那些老态龙钟的妇女变成依恋丈夫的年轻女子，使她们重新成为窈窕淑女。

安拉的使者㊊说，穆民在乐园中会得到如此如此的性能力。有人问："安拉的使者啊！他有如此大的能力吗？"使者说："他会拥有一百人的能力。"(1) 艾布·胡莱赖传述，有人问："安拉的使者啊！在乐园中，我们能否和我们的妻子交接？"使者回答说："一个人能在一天之内和一百个处女交接。"安拉至知。(2)

"**依恋丈夫**"，伊本·阿拔斯说："她们看自己的丈夫。你是否见过发情的母骆驼？她们就会那样；端哈克传述，伊本·阿拔斯认为经文指她们爱慕她们的丈夫，丈夫也爱慕她们。(3) 穆佳黑德等学者也持此说。(4)

"**年龄相若**"，伊本·阿拔斯说，她们年龄相仿，都是三十三岁；(5) 穆佳黑德说："她们都是平等的"；(6) 另据传述："她们都是相似的"；阿彤叶说："她们都是同一代人。"

"**属于幸福者**"，即她是为幸福者而被造的。显然，这段经文连接的是"**我使她们成为新的被造。使她们成为童贞女。她们依恋丈夫，年龄相若。属于幸福者**"，即我为幸福者而使她们重新成长。这是伊本·哲利尔的解释。(7)

笔者认为，"**属于幸福者**"可能连接前面的"**年龄相若。属于幸福者**"。正如圣训所说："第一伙进入乐园的人，宛若月圆之夜的月亮；他们后面的人，就像天上最灿烂的星星。他们不大小便，不吐唾沫和痰，他们的梳子是金质的，他们的汗是麝香味，他们的香炉是珠宝制成的，他们的妻子是白皙、俊目的美女，他们的形象像一个人的形象——他们的始祖阿丹的形象。高六十腕尺，直入云天。"(8)

"**前人中的许多人，后人中的许多人**"，即一部分来自前人，另一部分来自后人。

伊本·麦斯欧迪说，他们（圣门弟子们）曾互相探讨：有天晚上，我们在安拉的使者㊊跟前讲了很多话，早上我们又去使者跟前，使者说："列圣及他们的追随者都呈现在了我的面前，有位先知出现时，带着一小伙人；有位先知经过时，带着三个人；有位先知经过时，没有人陪同。"格塔德遂读了这段经文：《难道你们当中连一个正直的人也没有吗？》（11:78）穆圣㊊接着说："后来穆萨带领一队人马经过了我。我问：'我的主啊！我的民族在哪里？'主说：'你看你右边的山谷！'只见满山谷都是人。主问：'你满意吗？'我回答：'我的主啊！我满意了。'主说：'你看你左边的天际！'只见到处都是人。主问：'你满意吗？'我回答：'我的主啊！我满意了。'主说：'和这些人一起，还有七万人，他们将在不受清算的情况下进入乐园。'"圣训传述者说，这时欧卡什（他是参加了白德尔战役的老战士）站起来说："安拉的使者啊！请祈求安拉使我成为他们中的一员！"使者说："主啊！让他成为他们中的一员吧！"另一人也站起来说："安拉的使者啊！请祈求安拉使我成为他们中的一员吧！"使者说："欧卡什已经领先于你了。"安拉的使者㊊接着说："愿我的父母为你们捐躯(9)，请努力跻身于这七万人，或者成为右边的人（幸福者），或者成为覆盖天际的一员。因为我确已看到许多人集结在那里。"使者说："我确实希望你们成为乐园居民的四分之一。"于是我们高呼"安拉至大！"使者又说："我确实希望你们成为乐园居民的三分之一。"于是我们高呼"安拉至大！"使者又说："我确实希望你们成为乐园居民的一半。"于是我们高呼"安拉至大！"传述者说，使者还读道："**前人中的许多人，后人中的许多人**。"就在这种情况下，我们问使者："这七万人是什么人？"我们被告知："他们是那些不用火疗法，不占卜，不相信'霉气'的人，他们只托靠他们的养主。"(10)

《41.薄福者，薄福者是何人？》

《42.在毒风和滚烫的液体当中，》

《43.在黑烟的阴影下，》

《44.既不凉爽，也不美观。》

《45.以前他们确实是奢侈的，》

《46.他们曾坚持大罪，》

《47.他们当初说："当我们死了并化为尘土与枯骨时，我们那时还能被复活吗？》

《48.连我们的先人也会复活吗？"》

《49.你说："真的，那些前人和后人，》

---

(1)《提尔密济圣训全集诠释》7:241；《特亚莱斯圣训集》269。
(2)《泰伯里小辞海》2:68。
(3)《散置的珠宝》8:16。
(4)《泰伯里经注》23:121、122、123。
(5)《散置的珠宝》8:16。
(6)《泰伯里经注》23:24。
(7)《泰伯里经注》23:125。
(8)《布哈里圣训实录诠释——造物主的启迪》6:417；《穆斯林圣训实录》4:2179。

(9) 这是阿拉伯人表示进忠时所说的一句口头语。——译者注
(10)《布哈里圣训实录诠释——造物主的启迪》10:164、224、11:312、413；《穆斯林圣训实录》1:198、199；《艾哈麦德按序圣训集》1:401；《提尔密济圣训全集诠释》7:139。

❋ 50.全都会被集中在一个明确的时间。❋
❋ 51.然后你们这些否认的迷误者们啊！❋
❋ 52.你们一定会食用攒枯木树的恶果，❋
❋ 53.并将以它填满你们的肚子，❋
❋ 54.你们要饮滚烫的液体。❋
❋ 55.像口渴的骆驼一样暴饮！❋
❋ 56.这就是在还报日对你们的招待。"❋

### 不幸者以及他们的情况和报应

清高伟大的安拉讲述了幸福者的情况后，后面接着讲述不幸的人，说："**薄福者，薄福者是何人**"，即不幸者的情况是怎样的。然后经文介绍他们的情况，

"**在毒风和滚烫的液体当中。**""**毒风**"指猛烈的热风。"**滚烫的液体**"指滚烫的水。

"**在黑烟的阴影下**"，伊本·阿拔斯认为经文指烟的影子之下。[1] 穆佳黑德等学者也持此观点。[2] 这段经文如同下面的经文：❋ 你们奔向你们曾经不信的事实吧！你们奔向有三个枝的阴影吧！它既不能遮荫取凉，也不能遮挡烈焰。它爆出像宫殿般的火花，好像黑色的骆驼。那天，否认者们真倒霉啊！❋（77：29-34）

因此，本章的经文说："**在黑烟的阴影下**"，即他们在黑烟之中。

"**既不凉爽，也不美观**"，即它不是柔和、凉爽的微风，也没有美丽的外观。[3] 端哈克说："所有不新鲜的饮料，都不是美观的（كريم）。"[4]

然后经文指出，这一切都是他们咎由自取，说："**以前他们确实是奢侈的**"，即他们当初在今世时，穷奢极侈，花天酒地，而将众使者带给他们的信息抛之脑后。

"**他们曾坚持大罪**"，即他们怙恶不悛。"**大罪**"指否认安拉，相信偶像等；伊本·阿拔斯认为"**大罪**"指以物配主。[5] 穆佳黑德等学者持此观点。

"**他们当初说：'当我们死了并化为尘土与枯骨时，我们那时还能被复活吗？连我们的先人也会复活吗'**"，即他们抱着否认复生的态度，说了这番话。安拉说："你说：'真的，那些前人和后人，全都会被集中在一个明确的时间'"，即穆罕默德啊！你告诉他们，自从阿丹先知的那时起，存在世间的人，都将被召集到复生日的清算场中，任何人都不会逃脱。正如安拉所言：❋ 那就是人类为此而集中的日子，那就是被见证的日子。我只延缓它到预定的期限。当那一天到来时，除了他（主）的准许之外，将没有人说话，他们当中有不幸的，也有幸福的。❋（11：103-105）因此，本章的经文说："**全都会被集中在一个明确的时间**"，即其期限已经确定，片刻不能提前，片刻不能推后，不能增加，也不能减少。

"**然后你们这些否认的迷误者们啊！你们一定会食用攒枯木树的恶果，并将以它填满你们的肚子**"，即他们被惩罚时，被迫食用攒枯木树，直至填满肚子。

"**你们要饮滚烫的液体。像口渴的骆驼一样暴饮！**""**口渴的骆驼**"指一些非常渴的骆驼。伊本·阿拔斯解释为"极其干渴的骆驼"。[6] 赛丁伊说，经文指骆驼所患的一种口渴病，无论饮多少水，它都觉得无法满足，最终干渴而暴死。火狱居民的情况就是这样。

"**这就是在还报日对你们的招待**"，即我为你们所叙述的这一切，是在清算之日，你们将在你们的主那里遇到的"款待"。正如安拉在讲述穆民时说：❋ 的确，那些归信而又行善的人，他们将获得

---

[1]《泰伯里经注》23：129。
[2]《泰伯里经注》23：129、130。
[3]《泰伯里经注》23：131。
[4]《泰伯里经注》23：131。
[5]《泰伯里经注》23：132。
[6]《泰伯里经注》23：136。

非勒道斯乐园的招待。》（18：107）

❰ 57.是我曾造化你们，为什么你们不相信呢？❱
❰ 58.你们可曾看到射出的精液？❱
❰ 59.是你们造化了它，或者惟独我是造化者？❱
❰ 60.我已在你们当中注定死亡，我是绝不会被超越的，❱
❰ 61.我能改变你们的形态，以你们所不知道的来创造你们。❱
❰ 62.你们确已知道初次的造化，那么，为什么你们还不觉悟呢？❱

### 复生日到来的证据

安拉强调了最终归宿的真实无疑，驳斥了否认它的邪教徒，那些邪教徒说：❰ 当我们死了并化为尘土与枯骨时，我们那时还能被复活吗？❱（56：47）这番话，道出了他们内心的否认和不信。安拉说："是我曾造化你们"，即你们原本并不存在，但我创造了你们。第一次创造你们的安拉不是更应该能复造你们吗？因此，经文说"为什么你们不相信呢"，即你们为什么不相信复活呢？然后经文给他们提到复活的证据，说："你们可曾看到射出的精液？是你们造化了它，或者惟独我是造化者？"，即是你们创造了它，并让它在子宫中存在，还是安拉创造了它？然后经文说："我已在你们当中注定死亡"，即我在你们中规定了死亡。端哈克说："天地间的生物，都要平等地遭遇死亡。"[1]

"我是绝不会被超越的"，即我不是无能的，
"我能改变你们的形态"，即我将在复生日改变你们的形态。
"以你们所不知道的来创造你们"，即我将以你们不知道的形态和特征创造你们。

然后说："你们确已知道初次的造化，为什么你们还不觉悟呢"，即你们应该知道，在你们并不存在的情况下，安拉创造了你们，给你们赋予感官，但你们怎么不理解并牢记初次创造你们的安拉，更应该能够再次创造你们呢？正如安拉所言：❰ 是他创始造化，然后复造之。复造对于他是更容易的。》（30：27）❰ 难道人记不得我从前造化了他吗？而那时他什么都不是。》（19：67）又❰ 难道人们没有看到我由精液造化了他们吗？但是突然间他们却变成了公开的对头。他为我设立譬喻，而忘记了他自己的造化。他说："谁能在尸骨已朽之后，再赋予它生命？"你说："首次造化他们的主将使他们复活！他是深知一切造化的。》（36：77-79）又❰ 难道人以为他就此被放纵？他不曾是一滴被射出的精液吗？然后，他成为血块；然后他（安拉）造化（他）并使之健全，他使他成为两性——雄性和雌性。难道这样的创造者不能使死者复活吗？》（75：36-40）

❰ 63.你们可曾看到你们所耕种的吗？❱
❰ 64.是你们使它生长呢？或是我使它生长？❱
❰ 65.如果我愿意，我一定能使它成为枯碎的，你们将不停地惊叹。❱
❰ 66.（你们说）"我们的确被摧毁了。❱
❰ 67.不然，我们是被剥夺了。"❱
❰ 68.你们可曾看到你们所饮的水吗？❱
❰ 69.是你们由云中降下它，还是我是降下者呢？❱
❰ 70.如果我愿意，我就使它变成苦咸的，而你们为什么不感谢呢？❱
❰ 71.你们可曾看到你们点燃的火吗？❱
❰ 72.是你们生长了其树木，还是我使之生长呢？❱
❰ 73.我已使它成为提醒和荒野中旅客的用品。❱
❰ 74.所以，你要赞美你伟大养主的尊名！❱

### 强调庄稼成长、降雨、造火——这些人类的最基本需求，都是安拉完成的

"你们可曾看到你们所耕种的吗？""耕种"指耕地、播种。

"是你们使它生长呢？"即你们能使它从地下长出吗？"或是我使它生长？"即只有我，才能使之生根、发芽、成长。艾布·胡莱赖传述，安拉的使者㊤说："你一定不要说'我耕种出了庄稼'，但你可以说：'我栽种了。'"艾布·胡莱赖说："难道你不曾听安拉说：'你们可曾看到你们所耕种的吗？是你们使它生长呢？或是我使它生长？'"[2]

"如果我愿意，我一定能使它成为枯碎的"，即凭着我的仁慈使之成长，并为了慈悯你们而使你们收获它。如果我使它在成熟和收获之前干枯了，"你们将不停地惊叹"。

然后经文介绍了他们的感叹："**我们的确被摧毁了，不然，我们是被剥夺了**"，即假若我使庄

---
（1）《格尔特宾教律》17：216。
（2）《泰伯里经注》23：139。

稼在收割之前凋零，你们必将有很多感言，你们或许会说："**我们的确被摧毁了**"，即我们被抛弃了（或我们倒霉了）。[1]格塔德解释为"我们受到了惩罚"。[2]你们也许要说："**我们是被剥夺了。**"

格塔德认为"**你们将不停地惊叹**"指你们将后悔莫及。[3]即你们将因为以前的花费或以前的罪行而后悔莫及。克洒伊说，"**惊叹**"（تفكّه）是一个歧义词，阿拉伯人有时用这个词表达"愉快"，有时用它表达"忧愁"。

"**你们可曾看到你们所饮的水吗？是你们由云中降下它**"，"المزن"，伊本·阿拔斯解释为"云"。[4]

"**还是我是降下者呢**"，即只有我才能降下雨。

"**如果我愿意，我就使它变成苦咸的。**"这样，既不能饮用，也不能浇灌庄稼。

"**而你们为什么不感谢呢**"，即安拉为你们降下甘甜的淡水，你们为什么不感谢呢？《其中有你们的饮料，植物因之而生长，以便你们畜牧。他用它为你们生产谷类、橄榄、枣树、葡萄和各种果子。此中，对于参悟的群体确有一种迹象。》（16：10-11）

然后经文说："**你们可曾看到你们点燃的火吗**"，即你们用火石生火。

"**是你们生长了其树木，还是我使之生长的呢**"，即我使生火成为可能。阿拉伯人有两种树，一种是麦勒赫（مرخ），另一种叫尔法勒（عفار），这两种树的树枝相互摩擦后，都能产生火星。

"**我已使它成为提醒**"，穆佳黑德等学者说，经文指它提醒人们不要忘记最大的火——火狱之火。[5]格塔德说，安拉的使者㊣为我们讲道："你们所点燃的这火，是火狱之火的七十分之一。"众人说："安拉的使者啊！这种火就够人受的了。"使者说："这种火曾用水降过两次温，以便人们能够使用它，接近它。"[6]伊玛目艾哈麦德传述，先知说："你们的这火，是火狱之火的七十分之一，曾被大海降过两次温，否则任何人都别想从中得到益处。"[7]

艾布·胡莱赖传述，安拉的使者㊣说："人类所点燃的火，是火狱之火的七十分之一。"众人说："安拉的使者啊！这种火就够人受的了。"使者说："它比它热六十九倍[8]。"[9]

"**荒野中旅客的用品。**"伊本·阿拔斯、穆佳黑德等学者说，"**荒野中旅客**"指旅客。[10]伊本·哲利尔选择了这种解释。他说，阿拉伯人用这种词表达搬家；[11]阿卜杜·拉赫曼认为经文指饥饿者；穆佳黑德说："无论居家者还是旅客，都需要生火造饭"；另据传述，穆佳黑德认为经文指全人类中的享受者。[12]艾克莱麦也持此观点。这种解释较前面的解释全面。因为无论居家者还是旅行者，穷人还是富人，都需要生火做饭，都离不开使用火。安拉出于对人类的慈爱，使石头（打火石）等具备生火的功能，无论旅行者还是居家者，都可以通过他们随身携带的取火工具生火、烹饪、烧烤、做饭、取暖……因此，经文专门提到旅客，虽然它的益处遍及每个人。

"**所以，你要赞美你伟大养主的尊名！**"你的主凭其大能造出相对的、不同的各种物质。他使雨水成为甘甜而凉爽的，如果他意欲，他可能使之成为像海水一样又苦又咸的，他也创造了熊熊的烈火，使人类从中获益，适宜于他们在今世生活。安拉还使之在人类的生活中给他们带来益处，并且用烈火时刻提醒人类提防末日的惩罚。

《75.我以群星的位置发誓。》
《76.如果你们知道，那的确是一个重大的誓言。》
《77.它确实是尊贵的《古兰》。》
《78.在被珍藏的天经中。》
《79.只有洁净者才能触摸它。》
《80.它是来自众世界的主的启示。》
《81.对这言辞，你们是掉以轻心的吗？》
《82.你们把你们的否认当成生计吗？》

**安拉发誓说明《古兰》的伟大**

正如部分经注家所说，经文前面的"لا"，是专用于发誓的，而不表示否定。事实上，这个词一般用于否定句前面，并通过发誓强调所述内容。正如阿伊莎（愿主喜悦之）所说："以安拉发誓，安拉使者的手从没有抚摸过一个女人（非直系亲属的女子）的手。"[13]此处也是一样。意思是我以群

---

(1)《泰伯里经注》23：141。
(2)《泰伯里经注》23：141。
(3)《泰伯里经注》23：140。
(4)《泰伯里经注》23：143。
(5)《泰伯里经注》23：144。
(6)《泰伯里经注》23：144。
(7)《艾哈麦德按序圣训集》2：244。
(8) 即其温度是后世之火的七十分之一。——译者注
(9)《穆宛塔》2：994；《布哈里圣训实录诠释——造物主的启迪》6：380；《穆斯林圣训实录》4：2184。
(10)《泰伯里经注》23：145。
(11)《泰伯里经注》23：146。
(12)《泰伯里经注》23：145。
(13)《布哈里圣训实录诠释——造物主的启迪》8：504。

星的位置发誓,你们说《古兰》是魔术或巫术,但事实并非如此。事实上,它是尊贵的《古兰》。伊本·哲利尔说:"有些阿拉伯语语言学家说:'我以……发誓'的意思是:'事情并非如同你们所说,我以……发誓。'"也有人认为经文的意思是:"我以……发誓。"穆佳黑德认为"**群星的位置**"指群星出现和照耀的地方。哈桑和格塔德也持此说,并且伊卜·哲利尔也选择了这种解释。另据传述,格塔德认为"**群星的位置**"指群星的处所。

"如果你们知道,那的确是一个重大的誓言。"经文的意思是:我所发的这些誓言,确实是重大的,如果你们知道它的严重性,你们一定会重视誓言的内容。"它确实是尊贵的《古兰》",即降给穆罕默德的《古兰》,确实是一部伟大的经典。

"**在被珍藏的天经中**",即它在受尊重、受保护、受敬重的经典中。

伊本·阿拔斯解释"**只有洁净者才能触摸它**"时说,"它"指天上的经典。(1)另据传述,伊本·阿拔斯认为"**洁净者**"指众天使。(2)艾奈斯、穆佳黑德等人都持此观点。(3)

伊本·哲利尔传述,格塔德解释说:"只在安拉看来纯洁者,才能触摸到它。而在今世中,肮脏的拜火教徒和龌龊的伪信士,都可能触摸它。"(4)艾布·阿林说:"你们不能触摸它,你们是犯罪之人。"(5)

伊本·栽德说,古莱什多神教徒妄言《古兰》是魔鬼带来的,因此,安拉说只有纯洁的人才能触摸它。正如安拉所言:《魔鬼不曾带同它下降。这既不适于它们,它们也做不到。它们的确是被驱逐的,以致无缘听闻。》(26:210-212)(6)这种解释非常贴切,同时和前面的解释没有矛盾。

"**它是来自众世界的主的启示**",即这部《古兰》,是由众世界的主宰那里降示的,而不是他们所说的魔法、巫术或诗文,而是确凿无疑的真理,在它之外,不会存在益人的真理。

"**对这言辞,你们是掉以轻心的吗?**"伊本·阿拔斯等学者认为,"**掉以轻心**"指否认。(7)穆佳黑德认为,是指你们想附和并依赖于他们吗?(8)

"**你们把你们的否认当成生计吗?**"有学者

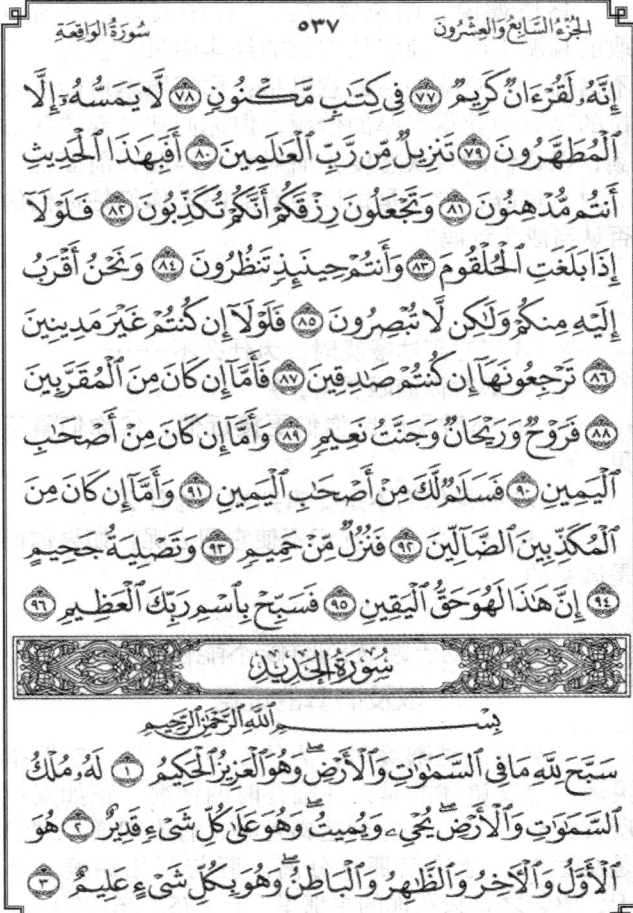

说,经文指你们非但不感谢,而且还要否认吗?(你们要恩将仇报吗?)据传述,伊本·阿拔斯曾把这段经文读为:"你们把你们的忘恩负义当成生计吗(9)?"(10)

伊本·阿拔斯说,每当下雨后,一些人中就会出现否认者。他们说某某星星给我们降了雨。伊本·阿拔斯还读道:"你们用否认来表达对我的感激吗?"(11)

马立克在其《穆宛塔》载录:栽德·本·哈立克说,侯代比亚的清晨,安拉的使者㊥带领我们进行晨礼,拜后使者面向大家说:"你们知道你们的主说了什么吗?"众人说:"安拉及其使者至知。"使者㊥说:"(安拉说,)我的众仆中,早上有人归信我,有人否认我。如果谁说,我们凭安拉的恩惠和慈悯遇到了雨水,谁就是归信我的人,不信仰星星的人;如果谁说,某某星星给我们降了雨,谁就是否认我的人,信仰星星的人。"(12)

---

(1)《泰伯里经注》23:149。
(2)《泰伯里经注》23:150。
(3)《泰伯里经注》23:150、151。
(4)《格尔特宾教律》17:235。
(5)《泰伯里经注》23:151。
(6)《泰伯里经注》23:149。
(7)《泰伯里经注》23:153。
(8)《泰伯里经注》23:153。
(9)意思是你们用否认安拉来表达你们的感激吗?——译者注
(10)《泰伯里经注》23:154、153。
(11)《泰伯里经注》23:154。
(12)《布哈里圣训实录诠释——造物主的启迪》2:388;《穆斯林圣训实录》1:83;《艾布·达乌德圣训集》4:227;《圣训大集》3:165;《穆宛塔》1:192。

格塔德说，哈桑曾说："有些人为自己所争取的真恶劣啊！他们从安拉的经典中只'获得'了不信仰。"哈桑的话的意思是：你们原本可能从安拉的经典中获得丰厚的份额，但你们却舍弃这些份额，以你们的否认态度去面对它。因此，前面说："对这言辞，你们是掉以轻心的吗？你们把你们的否认当成生计吗？"

❰ 83.当它到达喉咙时，为什么不⋯⋯❱
❰ 84.那时你们眼看着，❱
❰ 85.那时我们比你们更接近他，但你们看不见。❱
❰ 86.如果你们不是受审判的，为什么不❱
❰ 87.——为什么你们不使它回去呢？如果你们是诚实的。❱

### 当灵魂到于喉咙的时候不能恢复原位以及清算的证据

"当它到达喉咙时，为什么不⋯⋯""它"指灵魂。经文讲述的是人在临终时的情况。正如安拉所言：❰ 不然，当它到达锁骨时，有人问道："谁是巫医？"他确信那是分离。胫与胫相纠缠。那天，驱赶之处只在你的主那里。❱（75：26—30）

因此，本章的经文说："那时你们眼看着"，即你们眼看着临终者遭受死亡的种种折磨。

"那时我们比你们更接近他"，即我凭我的天使，而比你们更临近他[1]。

"但你们看不见"，但你们看不见众天使。正如安拉所言：❰ 他是众仆之上的统治者。他为你们派遣保护的天使，直到你们中的一人临终时，我的使者们就会使他死亡。他们从不失职。然后他们被集合到安拉——他们的真主那里。须知，权力只属于他。他是清算最迅速的。❱（6：61—62）

"如果你们不是受审判的，为什么不——为什么你们不使它回去呢？"如果你们不是受审判的，你们为什么不使到于咽喉的灵魂回到原位——体内呢？

伊本·朱拜尔和哈桑·巴士里解释说，如果你们不相信清算、报偿、复生和惩罚，你们就召回这即将出窍的灵魂吧！穆佳黑德认为"你们不是受审判的"，指你们不是相信的。

❰ 88.如果他属于近主者，❱
❰ 89.那就是舒适、香花和幸福的乐园。❱
❰ 90.如果他属于幸福者，❱
❰ 91.那么，来自幸福者的平安属于你！❱
❰ 92.如果他属于迷误的否认者，❱
❰ 93.那就是滚烫的液体的款待，❱
❰ 94.和进入火狱。❱
❰ 95.这确实是确凿的真理。❱
❰ 96.所以，你要赞美你伟大的主的尊名！❱

### 人们在临终时的情况以及各等人的归宿

这三种情况，是人们临终时的情况。那时，他们或许是近主者，或许是次于近主者的幸福者，或许是否认真理、迷失正道、无知安拉命令的人。

因此，清高伟大的安拉说："**如果他属于近主者。**""他"指临终者。"近主者"，指履行各种义务[2]、做各种可嘉的事情、放弃了各种非法的和可憎的、甚至许可的（穆巴哈）事情的人。

"**那就是舒适、香花和幸福的乐园**"，即他将获得这些优遇。在他临终时，天使们将以它们给他报喜。正如白拉伊传述的圣训中所说："慈悯的天使们说：'纯洁的灵魂啊！请你从所居住的纯洁身体中出来吧。你出去接受舒适、香花和幸福的乐园吧，觐见不是恼怒的养主吧。'"[3]

伊本·阿拔斯认为"**舒适**"和"**香花**"都指休息；[4]穆佳黑德认为"**舒适**"指休息，[5]艾布·海兹勒说："经文指从今世中解脱"；伊本·朱拜尔和赛丁伊认为"**舒适**"指欢乐；穆佳黑德认为"**舒适**"和"**香花**"指乐园和幸福；格塔德认为"**舒适**"指慈悯；另据传述，伊本·朱拜尔认为"**舒适**"指给养。上述解释都是正确的，并且相差无几。因为在接近安拉的情况下死去的人，将会得到上述一切恩典——慈悯、舒畅、安息、欢乐、欣喜以及美好的给养。

"**幸福的乐园**"，艾布·阿林说："每个近主者临终前，都会有天使给他带来乐园中的一束香花，用之取走他的灵魂。"[6]穆罕默德·本·凯尔卜说："每个人在即将死亡的时候，都会知道自己是属于乐园的人还是火狱的人。"

安拉的使者说："烈士们的灵魂，在自由飞翔于乐园的花园中绿色鸟的嗉囊中，它们将住在悬挂于阿莱什之下的灯笼上。"[7]

---

（1）按这样的解释，经文中的"我们"应该译为"我"。中文常规译法中将这个词译为"我"，而英译本则根据原文文字译为"我们"。这样，分别可理解为"我（安拉）比你们更接近他。"或"我们（众天使）比你们更接近他。"——译者注

（2）当然的宗教功课，或直译为瓦直卜。——译者注
（3）《拖瓦里》25。
（4）《泰伯里经注》23：159。
（5）《泰伯里经注》23：160。
（6）《泰伯里经注》23：160。
（7）《穆斯林圣训实录》3：1502。

阿塔·本·萨义卜说，我认识阿卜杜·拉赫曼·本·艾布·莱俩的第一天，我看到一个白发白须的老者，骑在驴上为一亡者送葬。我听他说，某某人告诉我，他听安拉的使者说："谁喜欢见到安拉，安拉就喜欢见到他；谁不愿意见到安拉，安拉也不愿意见到他。"于是众人开始哭泣。老者问："你们为何哭泣？"众人回答："我们都憎恶死亡。"老者回答："我说的不是这回事，而是说，当一个人临终时：**'如果他属于近主者，那就是舒适、香花和幸福的乐园。'**所以当他听到死亡的消息后，他喜欢见到安拉，安拉也喜欢见到他。**'如果他属于迷误的否认者，那就是滚烫的液体的款待，和进入火狱。'**所以当他听到死亡的消息时，他不愿见到安拉，安拉也不愿意见到他。"伊玛目艾哈麦德传述。(1)

"**如果他属于幸福者**"，"他"指临终者。

"**来自幸福者的平安属于你**"，这是天使们对他报喜时所说的话。即他们将对他说，祝你平安！你没事了，你当获得平安。你属于幸福的人。正如艾克莱麦所说，天使将给他道色兰致安，告诉他：你属于幸福的人。这也是哈桑（在解释这段经文时所说的话）的意思。这段经文与下面的经文相似：《那些说"我们的主是安拉"，并从此以后坚定不移的人，天使们降临于他们，说道："你们不要害怕，也不要忧虑，而要为你们曾被许诺的乐园而欣喜！"我们是你们在今世与后世的保护者。其中，你们享有你们所想要的一切，其中，你们将获得你们所要求的！这是至恕的、至慈的主的款待！》（41：30-32）

布哈里在解释"**平安属于你**"时说："你将平安地跻身于幸福者的行列！"譬如你对一个将旅行的人说："你将成为旅行者。"有时，这种词也表示祝愿，但这种情况下，"平安"一词一般要处于主格状态。这是伊本·哲利尔根据一些阿拉伯语言学家的观点作出的解释。安拉至知。(2)

"**如果他属于迷误的否认者，那就是滚烫的液体的款待，和进入火狱**"，即如果临终者是一个否认真理、迷失正道的人，那么对他的"**款待**"就是"**滚烫的液体**"，它将熔化他体内的一切，包括皮肤和内脏。"**进入火狱**"，他们将被重重包围在火狱的中心。

然后清高伟大的安拉说："**这确实是确凿的真理**"，即这则消息确实是不容置疑的，人们都将无一例外地面临这些情况之一。

"**所以，你要赞美你伟大的主的尊名！**"贾比尔说，安拉的使者说："谁念了'赞美伟大的安拉清净(3)！'乐园中就会为他栽下一棵枣树。"(4)布哈里传述，使者说："这两句话，口头上轻松，天秤上沉重，至仁主喜欢（这两句话是）：'赞美安拉！赞美伟大的安拉清净(5)！'"(6)

《大事章》注释完。一切赞美和恩情，都归安拉。

## 《铁章》注释　麦地那章

### 《铁章》的尊贵

伊玛目艾哈麦德传述，伊勒巴朵告诉他们：安拉的使者经常在睡觉前诵读赞美章(7)，使者说："它们中有一节经文，比普通的一千节经文更尊贵。"(8)圣训中所指的这一节经文——安拉至知——指下面的经文："**他是最先的和最后的，明显的和隐秘的，他是全知万事的。**"如果安拉意欲，下文将对这节经文进行解释。我们只信赖安拉，并只托靠他。安拉足为我们的供养者，应该托靠的安拉真优美啊！

奉普慈特慈的安拉之尊名

《1.诸天和大地中的一切，都赞美安拉清净无染，他确实是优胜的、明哲的。》

《2.诸天与大地的权都属于他，他赋予生命，造成死亡，他是全能于万事的。》

《3.他是最先的和最后的，明显的和隐秘的，他是全知万事的。》

---

（1）《布哈里圣训实录诠释——造物主的启迪》11：364；《穆斯林圣训实录》4：2065；《艾哈麦德按序圣训集》4：259。
（2）《泰伯里经注》23：163。
（3）原文：سبحان الله العظيم وبحمده。
（4）《提尔密济圣训全集诠释》9：434；《圣训大集》6：207。
（5）原文：سبحان الله العظيم وبحمده سبحان الله العظيم。
（6）《提尔密济圣训全集诠释》9：434；《圣训大集》6：207；《布哈里圣训实录诠释——造物主的启迪》13：547；《穆斯林圣训实录》4：2072；《伊本·马哲圣训集》2：1251。
（7）指以赞美安拉清净无染为开端的章节，共计七个章节。——译者注
（8）《艾哈麦德按序圣训集》4：128；《艾布·达乌德圣训集》5：304；《提尔密济圣训全集诠释》8：238，9：351。

## 整个宇宙都在赞美安拉以及安拉的一些属性

清高伟大的安拉说，诸天与大地中的一切——无论动物还是植物，都在赞美他。正如安拉所言：《七重天与大地以及其中的万物，都赞颂他清净。没有一物不赞颂他，但是你们却不了解它们的赞颂。他确实是宽仁的、至恕的。》（17：44）

"优胜的"，即万物都是屈服于安拉的。

"明哲的"，即安拉的创造、命令和法律，都是充满哲理和智慧的。

"诸天与大地的权都属于他，他赋予生命，造成死亡"，即只有他是被造物的掌权者和支配者，他使他们生，也使他们死，他对他所意欲的人给予他所意欲的一切。

"他是全能于万事的。"他意欲存在的一切，都会存在；他不意欲存在的一切，都不会存在。

"他是最先的和最后的，明显的和隐秘的。"这节经文，就是伊勒巴朵所说的比一千节经文更贵的那节经文。艾布·达乌德传述，艾布·祖麦里说，我问伊本·阿拔斯："我心中有一种想法，这是怎么一回事？"他问："是何想法？"我说："以安拉发誓，我不能说。"他问："是（对宗教的）怀疑吗？"（他见我没有吱声）于是笑了，并说：《如果你怀疑我所降示给你的，那么你去问那些以前读过经典的人。的确，真理已由你的主降给你。》（10：94）伊本·阿拔斯接着对我说："如果你（对宗教）产生不好的想法，你就读：'他是最先的和最后的，明显的和隐秘的，他是全知万事的。'"[1] 经注学家对这节经文有不同的读法。他们的主张将近有十几种。

布哈里说，叶哈雅说："（经文的意思是）全知、彻知万物。"[2] 据我们的老师哈菲兹说，这位叶哈雅有部著作，名叫《古兰的意义》，其中引用了许多圣训，譬如安拉的使者☪经常在睡觉前祈祷道："主啊！七层天的主啊！伟大阿莱什的主啊！我们的主啊！万物的主啊！《讨拉特》《引支勒》和《准则》的降示者，使种子和果核绽开的主啊！应受拜者，惟有你。求你使我免遭你掌握其命脉的事物的恶劣。你是最先的，你之前没有任何物。你是最后的，你之后没有任何物。你是明显的，你之上没有任何物。你是隐秘的，你前面没有任何物。请替我们解决我们的债务吧！使我们脱离贫穷吧！"[3]

赛海里说，艾布·撒立哈命令我们睡觉面向右侧，并念："主啊！诸天的主啊！大地的主啊！伟大阿莱什的主啊！我们的主啊！万物的主啊！《讨拉特》《引支勒》和《准则》的降示者，使种子和果核绽开的主啊！应受拜者，惟有你。求你使我免遭你掌握其命脉的事物的恶劣。你是最先的，你之前没有任何物。你是最后的，你之后没有任何物。你是明显的，你之上没有任何物。你是隐秘的，你前面没有任何物。请替我们解决我们的债务吧！使我们脱离贫穷吧！"这是他从艾布·胡莱赖那里传述的。后者则直接传自先知。[4]

《4. 他在六天当中造化了诸天和大地，然后升上阿莱什，他知道进入地中的一切和由其中出来的一切，由天上降下来的一切和升入其中的一切。无论你们在哪里，他都与你们同在，安拉是看得见你们行为的。》

《5. 诸天与大地的主权属于他，一切事务都要回到他那里。》

《6. 他使夜隐没在昼中，他也使昼隐没在夜里，他知道一切心事。》

---

(1)《艾布·达乌德圣训集》5：335。
(2)《布哈里圣训实录诠释——造物主的启迪》13：374。
(3)《艾哈麦德按序圣训集》2：404。

(4)《穆斯林圣训实录》4：2084。

## 安拉的知识、能力和权力是无限的

清高伟大的安拉说,他在六天之内创造了天地万物,造完它们之后,升上阿莱什[1]。《高处章》已经注释了类似的经文,此处无需赘述。

"**他知道进入地中的一切**",即他知道进入大地的种子和雨滴的数目。

"**由其中出来的一切**",他也知道从地下长出的庄稼、树木等所有的植物。正如安拉所言:《安拉那里有未见(事务)的钥匙,除他之外无人知道它。他也知道陆地和海洋中的一切。只要一片叶子落下,他就知道它。大地深处的每一粒谷子,一切新鲜的或是干枯的,都(被记载)在明白的天经中。》(6:59)

"**由天上降下来的一切**",即安拉知道天上降下的雨滴、雪花、冰雹以及天使们带来的定然和法律。

"**和升入其中的一切**",即他知道升上天的天使和人们的功行。圣训中说:"夜晚的功行,在白天来临之前被提升到他那里;白天的功行,在夜晚来临之前,被提升到他那里。"[2]

"**无论你们在哪里,他都与你们同在,安拉是看得见你们行为的**",即安拉监督着你们,并在任何情况下见证你们的功行。无论你们在海上,还是在陆地,在白天还是在黑夜,在屋中还是在旷野或是沙漠,对他而言都是一样的,都在他的知、观、听之下。他能听到你们的一切言语,看到你们所处的位置,知道你们的密谈和喧哗。正如安拉所言:《注意,他们蜷曲胸部,以便隐瞒安拉。注意,他们以他们的衣服遮掩自己的时候,他知道他们所隐藏的和公开的。他确实是全知心事的主。》(11:5)

清高伟大的安拉说:《无论谁在暗中说话或是大声说话,无论谁在夜间隐伏或是白天外出,(在他看来)都是一样的。》(13:10)因为除他之外再无应受拜者,他是惟一的养育者。吉卜勒伊里向安拉的使者**ﷺ**问行善的时候,使者告诉他:"你拜安拉,好像你能看到他一样。当然你不能见他,但他却在看着你。"[3]

"**诸天与大地的主权属于他,一切事务都要回到他那里**",即他是今世和后世的掌管者,正如他所说:《后世与今世誓必属于我。》(92:13)安拉因此而受到赞美。正如他所说:《他是安拉,除他以外无应受拜的。在最初和最后,一切赞颂都属于他。》(28:70)又《赞美安拉,诸天与大地中的一切都属于他,后世的赞美也只属于他,他是明哲的、彻知的。》(34:1)即天地中的一切,都属于他,都是对他必恭必敬的奴仆。正如安拉所言:《天地间没有一物不以仆人身份到至仁主跟前。他确已记录了他们,并计算过他们。他们每一个都将在复生日单独地来到他跟前。》(19:93-95)

因此,经文说,"**一切事务都要回到他那里**",即在末日,归宿只在他那里。他将任意地在被造物中判决,他是公正无私的,他不会亏人一丝毫,甚至当人们干了一件善功时,他要以十几倍来报偿,《并赐给他来自他(安拉)的重大报酬。》(4:40)又《我将在复生日设置一些公平的天秤,任何人不被亏待丝毫。即使是一粒芥子的重量,我也要拿出它来。我是最佳的计算者。》(21:47)

"**他使夜隐没在昼中,他也使昼隐没在夜里**",即他是被造物的支配者,他改变日夜,以他的哲理任意规定它们,所以,有时夜长昼短,有时夜短昼长,有时昼夜相等。他还制定了冬春夏秋,这一切,都是他根据他的哲理和意志,为他的被造物而制定的。"**他知道一切心事**",即他知道一切秘密,无论它们多么隐微。

《7.你们要归信安拉及其使者,并花费他让你们代管的财产。你们当中那些归信并花费的人,他们将获得巨大的报偿。》

《8.你们怎能不归信安拉呢?使者在召唤你们归信你们的主,而他也曾和你们缔约,如果你们是归信的人的话。》

《9.他给他的仆人降下许多明确的迹象,以便他将他们从重重黑暗引向光明,安拉对你们是至爱的、至慈的。》

《10.你们怎么不在主道上花费呢?诸天和大地的遗产都属于安拉。在胜利以前,那些花费并作战的人是(和其他人)不相同的。这等人,比事后花费和作战的人品级更高。不过安拉对他们每一个都许诺了至善。安拉是彻知你们行为的。》

《11.谁贷给安拉美好的贷款,安拉将为他使它成倍增长,他还将获得优厚的报偿。》

## 命令人们归信 并鼓励人们施舍

清高伟大的安拉命令人们以最美好的方式归信他和他的使者,并持之以恒。他还鼓励人们施舍,"**并花费他让你们代管的财产**",即你们当以借贷的方式,施舍你们拥有的财产。因为这些财产原本

---

(1)经文中所述的"升",是指符合清净无染的安拉的"升",而与任何被造物的行为不同。因为安拉说,任何物都不似像他。——译者注
(2)《穆斯林圣训实录》1:162。
(3)《布哈里圣训实录诠释——造物主的启迪》1:140。

在前人手中，后来它才归你们所有。所以安拉指导人们使用他让他们代管的财产，以此方法顺从他。如果他们拒绝施舍，安拉将清算和惩罚他们，因为他们抛弃了应该履行的义务。

"并花费他让你们代管的财产。"这段经文指出，安拉将让别人代管你的财产。而你的继承者或许将用此钱服从安拉，并因为安拉的恩赐而成为比你更幸福的人；或许他以这些钱违抗安拉，那么你是在为他的犯罪和过分推波助澜。阿卜杜拉·本·谢赫尔说，我去见安拉的使者㊗时，他正在读《竞富争多已经使你们疏忽。》（102：1）使者说："阿丹的子孙说，我的财产啊，我的财产！其实只有你吃了并用完的，或你穿了并破旧的，或你施舍了并落实的，是属于你的财产。"[1] 穆斯林还补充说："除此之外的一切，不是将失去，就是要留给他人。"[2]

"你们当中那些归信并花费的人，他们将获得巨大的报偿。"经文鼓励人们归信正教并花费财产，支持正义事业。

然后经文说："你们怎能不归信安拉呢？使者在召唤你们归信你们的主"，即你们中间的使者号召你们接受正信。他为你们讲明各种证据和道理，证明他带来的信息的正确性，在此情况下，还有什么原因阻碍你们归信呢？前面我们已经引述《布哈里圣训实录》信仰篇中的有关圣训，譬如安拉的使者㊗有一天对弟子们说："哪种信仰者的信仰令你们敬佩？"他们说："天使。"使者说："他们就在他们养主御前，怎么会不归信呢？"众人说："众先知。"使者说："启示降临他们，他们怎么不会归信呢？"他们说："我们。"使者说："我在你们当中，你们怎么不会归信呢？其实最值得敬佩的归信者是你们之后将出现的一些人。他们见到经典后，归信其中的一切。"我们在注释《黄牛章》经文《他们归信目不能见的（或译为：他们未见而归信）》（2：3）时曾经提到过这段圣训中的一部分。[3]

"而他也曾和你们缔约"，正如安拉所言：《你们当记念安拉对你们的恩典和他与你们所缔结的盟约。当时你们说："我们听，并且服从。"你们当敬畏安拉。安拉是深知心事的。》（5：7）经文指人们向使者的宣誓效忠。伊本·哲利尔声称经文指人们（没有出生）还在阿丹的脊背时，安拉和他们所定的约。这是穆佳黑德的主张。安拉至知。[4]

"他给他的仆人降下许多明确的迹象。""明确的迹象"指明确而绝对的根据、证据和理由。

"以便他将他们从重重黑暗引向光明"，即以便把你们从愚昧、否认和众说纷纭的黑暗中解救出来，引向正道、信念和正信的光明。

"安拉对你们是至爱的、至慈的。"因为安拉已经遣圣降经，引导世人，根除谬论，驱除疑虑。安拉首先命令人们接受正信并花费财产，后来又鼓励他们接受正信，并指出他已经消除了信仰方面的阻碍，此后，他又鼓励他们花费财产。他说，"你们怎么不在主道上花费呢？诸天和大地的遗产都属于安拉"，即你们花费吧！不要担心贫穷和窘迫，因为你们为安拉而花费。安拉是诸天和大地的掌握者，他掌握天地的钥匙，他那里有天地的宝库。他也是整个阿莱什的掌握者。他曾说：《不论你们花费什么，他都会补还。他是最好的供应者。》（34：39）又《你们所有的终将消失，安拉所有的却是永存的。》（16：96）托靠安拉的人们，将会花费他们的财产，他们不会担心拥有阿莱什的安拉会使人窘迫，他们知道，安拉将会给他们另行补偿。

### 解放麦加之前花费财产和战斗的尊贵

"在胜利以前，那些花费并作战的人是（和其他人）不相同的"，即没有这样做的人和这样做的人不相同。因为解放麦加之前局势非常恶劣，那时，接受正信的只是一些虔信者。而在麦加解放之后，伊斯兰迅速繁荣昌盛，入教者成群结队。因此，安拉说："这等人，比事后花费和作战的人品级更高。不过安拉对他们每一个都许诺了至善。"众所周知，经文中的胜利指解放麦加。但舒尔宾等人认为经文指侯代比亚协议。[5] 舒氏的证据或许是下面的传述，哈立德·本·瓦利德曾和阿卜杜·拉赫曼·本·奥夫之间进行过如下对话：哈立德说："你们因为领先于我们（归信）的那些日子而在我们跟前逞强！据我们所知，穆圣㊗听到这种说法后说：'不要谈论我的众弟子！以掌握我生命的安拉发誓，你们就算花费了吾侯德山（或群山）一样多的黄金，也达不到他们的功行。'"[6] 众所周知，这位哈立德是在侯代比亚协议之后，解放麦加之前入教的。他俩所发生的这场争执，是因胡宰默人而起，安拉的使者㊗在解放麦加后派遣哈立德去征服他们，但他们因为不会说"我们归信"，而说"我们改教了"，因此哈立德下令斩杀他们，并杀死了这个部落的俘虏。为此遭到阿卜杜·拉赫曼和伊本·欧麦尔的反对。圣训中说："你们不要骂我

---

[1]《艾哈麦德按序圣训集》4：24。
[2]《穆斯林圣训实录》4：2273。
[3]《圣训补充汇集》10：65。
[4]《泰伯里经注》23：172。
[5]《泰伯里经注》23：175。
[6]《艾哈麦德按序圣训集》3：266。

的众弟子，以掌握我生命的安拉发誓，你们就算花费过吾侯德山一样多的黄金，也比不上他们的一莫德[1]或半莫德。"[2]

"**不过安拉对他们每一个都许诺了至善**"，即无论解放麦加之前花费财产的人，还是在此之后花费财产的人，都将根据自己的行为得到善报。虽然在他们之间存在优越程度上的不同。正如安拉所言：⟪ 没有残疾而坐在家中的信士与以他们的财产和生命而为主道奋斗的信士彼此不相同。以他们的财产和生命奋斗的人，安拉已使他们比坐在家中的人优越一个品级。安拉为每一伙人都预许了善报。但安拉确以重大的报偿使奋斗者优越于坐家者。⟫（4：95）有段圣训也是说："在安拉看来，强穆民比弱穆民更好，更受喜欢，但他们都是好样的。"[3] 经文又强调了第二种人的功行，以便他们不要因为经文对第一种人的赞美而觉得自己失去了价值，并且避免人们猜测第二种人受到了安拉的谴责。因此，经文在表扬第一种人的同时，也表扬了他们。

因此说，"**安拉是彻知你们行为的**"，即安拉因其彻知，而使解放麦加前花费并战斗的人和解放麦加后花费并战斗的人，拥有不同的报酬。那是因为他非常清楚在苦难和窘迫的年代，前者的理想、虔诚和慷慨。圣训中说："一个迪尔汗强于一万迪尔汗。"[4] 毋庸置疑，在有正信的人们看来，虔信者艾布·伯克尔将因为这段经文而获得重大份额，因为在这一方面，他在列圣的教民中卓尔不群，他曾为了博得安拉的喜悦，花费了所有财产，而他不欠任何人值得报答的恩情。

### 鼓励人们为主道花费财产

"**谁贷给安拉美好的贷款**"，欧麦尔说，经文指为主道花费财产；有人认为经文指为家属花费。正确地说，经文包括上述两种花费。因为怀着虔诚的举意，坚定的决心而花费（财产或生命）的人，都在这段经文之列。因此，安拉说："**谁贷给安拉美好的贷款，安拉将为他使它成倍增长**。"正如另一段经文说：⟪ 谁愿意贷给安拉一笔美好的债务，安拉就使它成倍增长。⟫（2：245）即在复生日，他将获得美好的报偿和辉煌的给养——乐园。

伊本·麦斯欧迪说，"**谁贷给安拉美好的贷款，安拉将为他使它成倍增长**"这段经文降示后，辅士艾布·岱合达赫问："安拉的使者啊！安拉要我们给他借贷吗？"使者回答："是的。艾布·岱合达赫！"他说："安拉的使者啊！让我看看你的手。"使者将手伸过去后，他说："我将我的园子借贷给了安拉。"他的这个园子中有六百棵枣树，乌姆·岱合达赫（他的妻子）和孩子们都住在其中。传述者说，艾布·岱合达赫来到园子跟前喊道："乌姆·岱合达赫啊！"妻子回答："在呀！"他说："请你离开园子！我已经把它借贷给了我的伟大养主。"另据传述，她回答道："艾布·岱合达赫啊！你的这笔交易准会获益。"于是她从园中搬出了家具，带着孩子们离开了那里。安拉的使者㊚说："乐园中许多果实累累的参天枣树，属于艾布·岱合达赫。"另据传述："许多果实累累的椰枣树，挂满珍珠和宝石般的水珠，它们属于艾布·岱合达赫。"[5]

⟪ 12. 那天，你将看见归信的男女们，他们的光在他们前面奔驰，他们右手持功过簿，有声音对他们说："今天你们的喜讯是下临诸河的乐园，你们将永居其中，这的确是一项伟大的成功。"⟫

⟪ 13. 那天，伪信的男女将会对归信者们说：

---

(1) 容积单位，约等于18升。——译者注
(2) 《穆斯林圣训实录》4：25。
(3) 《穆斯林圣训实录》4：2052。
(4) 《圣训大集》5：59。
(5) 《جزء الحسن بن عرفة》92。

"请照顾一下！让我们借一点你们的光吧！"有声音说："你们转回去寻求你们的光吧！"于是在他们之间筑起一道有门的墙，门里是慈悯，门外则是惩罚。❁

❁ 14.他们呼喊他们："我们以前不是跟你们在一起吗？"他们回答说："是啊！但是你们自己害了自己，你们等待并怀疑，并且幻想欺骗了你们，最后安拉的命令降临了，欺骗者以安拉（的名义）欺骗了你们。❁

❁ 15.今天，你们和那些否认者的赎金不被接受。你们的住处是火狱，只有它对你们是相宜的，那归宿真恶劣啊！"❁

### 在复生日，穆民将根据自己的功行获得光明

清高伟大的安拉介绍那些归信者和施舍者：在复生日的复生场上，他们的光明将在他们前面奔驰。这些光明的强弱程度取决于他们的功行。正如伊本·麦斯欧迪在解释"**他们的光在他们前面奔驰**"时说："他们将根据自己的功行经过天桥，有人的光像山一样，有人的光像枣树一样，有人的光像一个站立的人一样，光最微弱的人，其光时暗时明。"(1)

端哈克说："在复生日，每个人都将获得光明，当他们来到天桥前面时，伪信士的光熄灭了，穆民见状非常害怕，担心他们的光也会熄灭，所以说：'我们的养主啊！请为我们全美我们的光吧！'"

"**他们右手持**"端哈克解释为，"他们右手握着他们的功过簿。"(2)正如安拉所言：❁ 那时，谁的功过簿被递给右手…… ❁（17：71）

"今天你们的喜讯是下临诸河的乐园"，即有声音对他们说，"你们将永居其中，这的确是一项伟大的成功。"

### 在复生日伪信士的情况

"那天，伪信的男女将会对归信者们说：'请照顾一下！让我们借一点你们的光吧！'"经文在此讲述清算场上发生的惊恐、震撼和一些重大的事件。那天，只有那些当初归信安拉及其使者，并履行了安拉的命令，放弃了安拉所禁止的事情的人，才能得救。伊本·阿拔斯说："人们正在黑暗中时，安拉派下光明，穆民见到后纷纷向光聚拢，安拉要用光引导人们走向乐园。伪信士见状，便跟在穆民后面，于是安拉熄灭了伪信士的光。在此情况下，他们说：'请照顾一下！让我们借一点你们的光吧！'当初在今世时我们和你们一样。穆民回答他们说：'你们转回去寻求你们的光吧！'即你们原路返回到黑暗中去吧！你们应当在那里寻找光明。"(3)

"**于是在他们之间筑起一道有门的墙，门里是慈悯，门外则是惩罚。**"哈桑和格塔德说，经文指乐园和火狱之间的一道墙。(4) 阿卜杜·拉赫曼认为经文指下面经文所述的"帷幔"：❁ 在它俩之间有一重帷幔。❁（7：46）(5) 穆佳黑德等学者也持此观点。(6) 格塔德等人认为"惩罚"指火狱。(7)

"**他们呼喊他们：'我们以前不是跟你们在一起吗？'**"即伪信士告诉穆民，难道我们当初不是和你们在一起吗？我们一起完成聚礼，一起参加集体拜功，一起驻阿拉法特平原，一起参战，一起完成各种宗教功课。

"**他们回答说：'是啊！'**"即穆民回答伪信士，说你们当初确实和我们在一起，"**但是你们自己害了自己，你们等待并怀疑，并且幻想欺骗了你们。**"格塔德认为"**等待**"指你们曾期待真理和持真理的人毁灭。"**并怀疑**"指你们怀疑死后的复活。"**幻想欺骗了你们**"，指你们曾说，我们将被宽恕。有人说，"幻想"指今世。

"**最后安拉的命令降临了**"，即你们一直如此顽固，直至死亡降临。

"**欺骗者以安拉（的名义）欺骗了你们。**""**欺骗者**"指恶魔。(8) 格塔德说，他们一直在恶魔的蒙骗之下。以安拉发誓，他一直如此，直到安拉把他们扔进了火中。(9)

穆民对伪信士所说的话的意思是：当初你们虽然和我们在一起，但你们人在心不在。你们只是在怀疑中沽名钓誉，很少记念安拉。穆佳黑德说，伪信士们活着时和穆民通婚，来往，死后也和他们在一起，在复生日，他们都会获得光明。但到于墙跟前时，伪信士的光就要熄灭，从此他们将和穆民彻底分开。(10)

"**你们的住处是火狱**"，即火狱是你们的归宿。

"**只有它对你们是相宜的**"，即对否认和怀疑的你们来说，它比一切家园更适合。这归宿真恶劣啊！

---

（1）《泰伯里经注》23：179。
（2）《泰伯里经注》23：179。
（3）《泰伯里经注》23：182。
（4）《泰伯里经注》23：182；《伊本·艾布·西白》13：175。
（5）《泰伯里经注》23：183。
（6）《泰伯里经注》23：182。
（7）《泰伯里经注》23：182。
（8）《泰伯里经注》23：185。
（9）《泰伯里经注》23：185。
（10）《泰伯里经注》23：184。

⁙ 16.信士们的这一时刻还未到来吗？他们的内心因为记念安拉和他所降示的真理而谦恭，他们不要像从前获得经典的那些人：时间长久之后，他们的心变硬了。他们当中的很多人是坏事的。⁘

⁙ 17.你们要知道，安拉给死后的大地赋予生命！我确已为你们阐释了种种迹象，以便你们理解。⁘

## 鼓励人谦恭 禁止仿效有经人

清高伟大的安拉说，对穆民而言这样的时刻已经到了：他们的心在记念安拉、受到劝谏，听到并理解《古兰》的时候是谦逊的，以便理解、听从和服从。伊本·麦斯欧迪说，"我们（指我）归信后的第四年，安拉以这节经文责备了我们：'信士们的这一时刻还未到来吗？他们的内心因为记念安拉和他所降示的真理而谦恭……'"[1]奈萨伊在注释这节经文时，也引用了这段圣训。[2]

"**他们不要像从前获得经典的那些人：时间长久之后，他们的心变硬了**"，即安拉禁止穆民仿效以前曾接受经典的犹太人和基督教徒，在天长日久之后，他们篡改了所拥有的天启经典，用于换取微薄的代价，而把真经抛之脑后，陷入众说纷纭和歪理邪说之中。他们打着宗教的旗子，紧跟一些人的学说，把一些学者和修士当成安拉之外的神。在这种情况下，他们的心变硬了，不再接受劝导，无论善劝还是警告，都对他们无济于事。

"**他们当中的很多人是坏事的**"，即他们的行为是腐败的，他们的内心是腐败的，他们的功行是无效的。正如安拉所言：⁙ 因此由于他们破坏了他们的约定，我诅咒了他们，并使得他们的心变硬。他们篡改经典中的字句，并抛弃了一部分对他们的诫命。⁘（5：13）即他们的心变硬了，坏了，篡改经典成了他们的习性，他们抛弃所奉的命令，并触犯禁令。因此，安拉命令穆民，无论在原则问题还是在枝节问题上，不能仿效他们。

"**你们要知道，安拉给死后的大地赋予生命！我确已为你们阐释了种种迹象，以便你们理解。**"经文指出安拉能使坚硬的心变软，能使迷误者走向坦途，能把艰难化为容易。正如他用暴雨复活已死的干枯大地那样，他能通过《古兰》的明证的道理，引导坚硬的内心，并把光明投入其中，虽然此前它一度封闭不化。安拉能使他意欲的人在达到完美之后又走向迷误，他能做他所意欲的一切。他的一切行为，都是智慧而精确的，不偏不倚的。他是至爱的，彻知的，伟大的，高尚的。

---
（1）《穆斯林圣训实录》4：2319。
（2）《圣训大集》6：481。

⁙ 18.那些贷给安拉一项美好的借贷而施舍的男女，他一定会加倍给他们偿还，他们还将获得一项优厚的报偿。⁘

⁙ 19.那些归信安拉及其使者的人们，这等人，确实是虔信者。烈士们，他们将在安拉那里获得他们的报偿和他们的光亮。那些不归信并否认我的迹象的人们，这等人，是火狱的居民。⁘

## 施舍者、虔信者和烈士的报偿 以及隐昧者的归宿

关于那些为需求者、穷人和可怜的人们施舍的男女，清高伟大的安拉说，"**那些贷给安拉一项美好的借贷**"，即他们为了博得安拉的喜悦，怀着虔诚的举意施舍财产，并且他们不希望从受惠者那里得到回报或感激。

因此，经文说，"**他一定会加倍给他们偿还**"，即他们将因为一件善行，而得到十倍乃至七百倍的回报。

"**他们还将获得一项优厚的报偿**"，即他们将获得优厚的报酬和美好的归宿。

"那些归信安拉及其使者的人们，这等人，确

**实是虔信者。**"这是这段经文的结尾。经文以"**虔信者**"来形容那些归信安拉及其使者的人们。据伊本·阿拔斯传述,这节经文应该和后面的经文(**烈士们,他们将获得他们的报偿和他们的光亮**)分开。(1) 艾布·督哈在读到"**这等人,确实是虔信者**"时停顿下来,然后才开始读道:"**烈士们,他们将在安拉那里获得……**"(2) 麦斯鲁格等人也持此观点。

伊本·麦斯欧迪在解释"**那些归信安拉及其使者的人们,这等人,确实是虔信者。烈士们,他们将在安拉那里获得他们的报偿和他们的光亮**"时说,经文叙述了三种人,即施舍者、虔信者和烈士。正如另一段经文所说:⟨ **服从安拉和使者的人,将和安拉所施恩的列圣、虔信者、烈士、清廉之士在一起。**⟩(4:69)经文将虔信者和烈士分别叙述,说明他们是两种人。无疑,虔信者的品级要高于烈士。正如伊玛目马立克在《穆宛塔》中载录的圣训所说:"乐园的人们,仰望着他们上面高楼上的人,正如你们仰望东方或西方天际璀璨的流星那样,因为他们之间的优越程度不同。"艾布·赛尔德(这段圣训的传述者)问:"安拉的使者啊!那大概是列圣的品级,其他人不可企及?"使者说:"不,以掌握我生命的安拉发誓,它属于一些归信安拉、相信众使者的人。"(3)

"**烈士们,他们将在安拉那里获得他们的报偿和他们的光亮**",即他们在享恩的乐园之中。圣训中说:"烈士们的灵魂,在自由飞翔于乐园的花园中绿色鸟的嗉囊中,它们将住在悬挂于阿莱什之下的灯笼上。至仁主眷顾了他们后说:'你们有何要求?'他们说:'我们渴望你让我们重返今世,为你战斗,牺牲生命,正如我们第一次牺牲那样。'安拉说:'但我已经判定:你们不能重返今世。'"(4)

"**他们将在安拉那里获得他们的报偿和他们的光亮**",即他们将在安拉那里有巨大的报酬,他们的光明在他们前面奔驰,那时,他们的情况因为今世时的功行不同而不同。欧麦尔(愿主喜悦之)说,我听安拉的使者㊗说:"烈士有四种:一、信仰坚定,遇到敌人后为主尽忠,舍身就义的人。这种人,人们将这样仰望他。(他抬起头来示范,直到帽子掉了下来。欧麦尔传述圣训时也比画了一下,他的帽子也掉了下来。)二、遇到敌人后,被暗箭所害,其背部好像遭到山楂树枝的打击。这种人在第二品。三、其功行善恶搀杂,遇到敌人后为主尽忠,献出了生命,这种人在第三品。四、犯了过分的罪恶,遇到敌人后为主尽忠,直到牺牲。这种人在第四品。"(5)

"**那些不归信并否认我的迹象的人们,这等人,是火狱的居民。**"安拉提到幸福者及他们的归宿后,讲述了薄福者及他们的情况。

⟨ 20.**你们要知道,今世的生活只不过是玩乐、消遣、装饰和你们当中互相争荣以及在财富和子女方面竞富。就像时雨,它的植物使耕种者愉快;后来它开始枯萎,你看它变黄,然后它成枯碎的。在后世,有严厉的惩罚,也有安拉的恕饶和他的喜悦。而今世的生活,只不过是骗人的享受。**⟩

⟨ 21.**你们当竞相争取你们主的恕饶和为归信安拉及其使者的人们准备的乐园,它的宽跟天地一样;那是安拉的恩典,他把它赐给他所意欲的人。安拉是有宏恩的主。**⟩

### 今世生活不过是飞逝的玩乐和消遣

清高伟大的安拉阐释今世的渺小,说:"**今世的生活只不过是玩乐、消遣、装饰和你们当中互相争荣以及在财富和子女方面竞富**",即对今世的人而言,今世的情况仅此而已。正如安拉所言:⟨ **人们所迷恋的是女人、子嗣、无数的财宝和有烙印的马以及牲畜和良田。这些都是今世生活的享受。而最佳的归宿在安拉那里。**⟩(3:14)

然后安拉举例说,今世生活不过是明日黄花或镜花水月,"**就像时雨**"指人们已经绝望之际降下的雨水。正如另一段经文说:⟨ **是他在他们绝望之际降下及时雨。**⟩(42:28)

"**它的植物使耕种者愉快**",即农夫看到这久旱的大地适逢甘霖长出庄稼,因而万分欣喜。今世的生活就是这样,它常常令隐昧者欣喜,因为他们把自己最大的理想和爱好都投入其中。"**后来它开始枯萎,你看它变黄,然后它成枯碎的。**"比如这绿色、鲜嫩的庄稼枯萎、发黄、并变成碎末那样,今世生活也是如此,它要经历年少、成人,然后变老。人也是一样,在少年和青年时期,清纯活泼,身体灵便,精神焕发,等进入中年之后,逐渐发生改变,某些能力开始丧失,到了老年之后,体衰力微,某些小事,也会让他无可奈何。正如安拉所言:⟨ **是安拉造化你们于羸弱之中,然后在羸弱之后赋予你们力量,然后在力量之后设定衰弱和白**

---

(1)《泰伯里经注》23:191。
(2)《泰伯里经注》23:191。
(3)《布哈里圣训实录诠释——造物主的启迪》6:368;《穆斯林圣训实录》4:2177。
(4)《穆斯林圣训实录》3:1502。

(5)《艾哈麦德按序圣训集》1:23;《提尔密济圣训全集诠释》5:274;《安利里》1:349。

发。他随意造化，他是全知的、大能的。》（30：54）这个例子说明，今世是终结的、腐朽的，它必然要消失，而后世一定要来临。所以，经文鼓励人们追求后世之福祉，同时警劝人们舍今世之糟粕，说："**在后世，有严厉的惩罚，也有安拉的恕饶和他的喜悦**"，即不久来临的后世中，人们要面临两种现实之———或遭受严惩，或享受安拉的宽恕和喜悦。

"**而今世的生活，只不过是骗人的享受**"，即对于那些一心向往今世的人来说，今世不啻镜花水月，被它迷惑的人们坚信今世是惟一的家园和归宿。事实上，比较后世而言，今世确实微不足道。安拉的使者☪说："乐园比你们的鞋带更接近你们，火狱也是如此。"[1] 本段圣训说明，善恶离人们都很近。因此，安拉鼓励人们积极行善，放弃非法。放弃非法能减除人的罪恶，使他们获得回赐和品级。因此，安拉说："**你们当竞相争取你们主的恕饶和为归信安拉及其使者的人们准备的乐园，它的宽跟天地一样。**"经文指一般的天地。正如另一段经文所说：《你们当竞相争取你们主的恕饶和那与天地同宽的、已为敬畏者预备的乐园。》（3：133）

"**和为归信安拉及其使者的人们准备的乐园，它的宽跟天地一样；那是安拉的恩典，他把它赐给他所意欲的人。安拉是有宏恩的主**"，即安拉为他们准备的这座乐园，是安拉给他的恩赐，正如上述的圣训所述，一些贫穷的迁士来找先知，说："安拉的使者啊！有财富的人们将获得高贵的品级和永恒的恩典。"先知问："此话怎讲？"他们说："我们怎么礼拜，他们就怎么礼拜，我们怎么封斋，他们就怎么封斋。但他们能够施舍，我们却没有施舍的能力，他们释放奴隶，我们却没有释放的奴隶。"先知说："我教给你们一件事，好吗？如果你们做了，你们将超越前人，而后人中，也只有那些照做的人，才有可能超越你们。每次拜功之后，你们各念三十三次赞美安拉、感赞安拉、赞主伟大。"后来他们再次来找先知，说："安拉的使者啊！我们有钱的兄弟们听到我们这样做后，也照做了。"先知说："那是安拉的恩典，他把它赐给他所意欲的人。"[2]

《22.**降在大地上或是你们身上的任何遭遇，我使它实现以前，都已经记录在一部天经中，那对安拉确实是容易的。**》

《23.**以免你们因失去而悲伤，因获赏赐而狂欢。安拉不喜欢一切矜夸者、傲慢者。**》

《24.**他们自己吝啬，还劝人吝啬。谁回避（正道），那么安拉确实是无求的，可赞的。**》

## 人所遭受的一切都是早已注定的

清高伟大的安拉说，他在创造众生之前，早就对他们的事情有所注定。"**降在大地上或是你们身上的任何遭遇**"，即在宇宙各方发生的事情和你们身上发生的一切事情，"**我使它实现以前，都已经记录在一部天经中**"，即这一切，在我创造人类之前，早就注定好了。

格塔德解释说"降在大地上的"指饥荒，"降在你们身上的"指疾病。他说，我们听说人不论遭受树枝的擦伤，还是脚部出血，或经脉紊乱，都是因其罪恶所致。而他的大部分罪恶都被安拉赦宥过了。

这段伟大而尊贵的经文，有力地驳斥了那些否认安拉拥有超前知识的格得里耶派[3]（愿安拉凌辱他们）。安拉的使者☪说："安拉在注定万物后过了五万年，才开始创造天地。"[4]《穆斯林圣训实录》还补充说："他的阿莱什在水上。"[5]

"**那对安拉确实是容易的**"，即安拉能轻而易举地知道还没有出现的万物，并能按其将来的实际情况注定它们。因为他知道已经存在的和即将存在的。即便那些还不存在的事情，安拉也知道如果它们要出现，将以何种方式出现。

## 命令人忍耐和感谢

"**以免你们因失去而悲伤，因获赏赐而狂欢**"，即我已经告诉他们，我的知识是超前的，我对事物的注定也是超前的，我已经在事物存在之前对它们加以注定。这是为了你们知道：你们所遭受的，不会错过；你们所错过的，也不会到于你们；你们也不要因为失去而忧伤，因为如果安拉早有注定，你们不会遭受这些损失。

"……**因获赏赐而狂欢**"，你们不要因为某事降临你们（另一种解释是：不要因为安拉给予你们的）而沾沾自喜，忘乎所以。因为那不是凭你们的努力，那只是安拉的定然和恩赐。所以你们不要辜负安拉的恩典而傲慢自得，目空一切。因此，安拉说："**安拉不喜欢一切矜夸者、傲慢者。**""矜夸者"指洋洋自得的人；"傲慢者"指在他人面前骄

---

（1）《艾哈麦德按序圣训集》1：387；《布哈里圣训实录诠释——造物主的启迪》11：328。
（2）《穆斯林圣训实录》1：416。
（3）不相信定然的一个哲学派别。——译者注。
（4）《艾哈麦德按序圣训集》2：169。
（5）《提尔密济圣训全集诠释》6：370；《穆斯林圣训实录》4：2044。

傲狂妄的人。艾克莱麦说："每个人都有悲欢，但你们当化欢乐为感谢，化悲伤为坚忍。"

### 谴责守财奴

"**他们自己吝啬，还劝人吝啬**"，即他们自己作恶，并叫人作恶。

"**谁回避**"，即谁不服从安拉的命令，"**那么安拉确实是无求的，可赞的。**"正如穆萨先知说：⟪如果你们和大地上的人都忘恩负义，那么，安拉确实是无求的，可赞的。⟫（14：8）[1]

⟪25.我确曾以明证派遣我的众使者，并跟他们一起降下经典和准则，以便人们遵守公道。我还降下铁，它有强大的力量，并对人类有许多益处，以便安拉知道那些在暗中协助他和他的使者的人。安拉是强大的、优胜的。⟫

### 列圣是以奇迹、公正和真理被派遣的

清高伟大的安拉说："**我确曾以明证派遣我的众使者。**""**明证**"指奇迹、明证和绝对的理由。

"**并跟他们一起降下经典和准则。**""**经典**"指真实的传述。"**准则**"（也指公平）指公道。这是穆佳黑德等学者的主张。[2] 其实，经文在此所指的是健全的、端正的、与病态的观点对立的理智所证实的真理。正如安拉所言：⟪难道信赖他们的主的明证——来自安拉的见证继那明证来临……⟫（11：17）又⟪你要自然地倾向正教，那是安拉赋予人类的天性。⟫（30：30）又⟪他曾升高天，并制定准则。⟫（55：7）

因此，本章的经文说："**以便人们遵守公道**"，即以便人们实事求是，履行公正。即紧跟列圣，服从他们的命令。因为列圣所带来的，就是无与伦比的真理。正如安拉所言：⟪你的主的言辞绝对真实和公正。⟫（6：115）即他的叙述是真实的，他的一切命令和禁止都是公正的。因此，穆民们住到乐园的高楼上，享受高贵的品级和排列的高床时，会说：⟪赞美安拉，他为此而引导了我们。如果安拉不引导我们，我们绝不能得正道。我们主的使者们确实带来了真理。⟫（7：43）

### 铁的益处

"**我还降下铁，它有强大的力量**"，即创造铁，用于警戒那些抗拒明确真理的人。穆圣为圣后在麦加居住的十三年中，所奉到的麦加章经文，对多神教徒进行了批驳，并阐明了安拉独一，昭示了许多明证。后来明证降临，禁止反对使者，此后安拉允许他们迁徙，并命令他们与那些否认和对抗《古兰》的人进行战斗。安拉的使者说："我是在末日来临之前持剑受派的（使者）。以便人们崇拜独一无偶的安拉，我的生计在铁长矛的影子之下；屈辱和卑贱，是针对拒绝我所带来的（信息之）人而创造的。谁学习那一伙人，谁就属于那一伙人。"[3] 因此，经文说，"**它有强大的力量**"，即铁可以制造各种武器，譬如宝剑、短矛、枪头、匕首、盔甲等。

"**并对人类有许多益处**"，即在人类生活中，铁的用途也很多。譬如（造币）模具、斧头、刨子、锔子、凿子、铲子等用于农业、纺织业、烹饪和烧烤等方面的各种工具，这些工具都是人类生活中必不可少的。

"**以便安拉知道那些在暗中协助他和他的使者的人**"，即以便安拉鉴别谁携带武器的目的是服务主道。

---

（1）《泰伯里经注》23：198。
（2）《泰伯里经注》23：200。
（3）《艾哈麦德按序圣训集》2：50；《艾布·达乌德圣训集》4：314。

"安拉是强大的、优胜的"，即安拉是强大的，优胜的，虽然他无求于人类，但他还是援助他要援助的人。他制定战争，只是为了考验你们。

❦ 26.我确曾派遣努哈和伊布拉欣，并在他俩的后裔中设置圣职和经典。他们当中有得道者，但他们大多数是坏事的。❧

❦ 27.然后，我派遣我的众使者继他们的后尘，我又续派麦尔彦之子尔撒，并赐给他《引支勒》。我在那些追随他的人心中置入了仁慈与怜悯。他们却自创了修道制度，他们自创了它，我没有规定它，除非寻求安拉的喜悦。而他们却没有遵守他们所应遵守的。所以我把报偿赐给他们当中的归信者们。不过他们当中很多人是坏事的。❧

## 列圣民族中大多数人的离经叛道

清高伟大的安拉说，他派遣努哈之后，所派遣的使者和先知，都属于努哈的后裔。先知伊布拉欣也是如此。伊卜拉欣之后安拉派遣的使者和奉到启示的先知，都是他的后裔。正如另一段经文所说：❦ 并在他的后裔中安排了圣职和经典。❧（29：27）属于以色列后裔的最后一位先知尔撒，也是他的后裔，他曾预报过穆圣☪出世的喜讯。

因此，清高伟大的安拉说："然后，我派遣我的众使者继他们的后尘，我又续派麦尔彦之子尔撒，并赐给他《引支勒》。"《引支勒》是安拉降给尔撒先知的经典。

"我在那些追随他的人心中置入了仁慈与怜悯。""追随他的人"指信徒；"仁慈"指慈悲，温顺；"怜悯"指对人类的爱。

"他们却自创了修道制度"，即基督教徒自己创制了修道制度。

"我没有规定它"，即我没有为他们制定这种制度，他们只是自作主张遵循它罢了。

"除非寻求安拉的喜悦。"有两种解释方法。一、他们创立这种制度，是为了追求安拉的喜悦。这是赛尔德·本·朱拜尔和格塔德的主张。(1) 二、我没有制定这种制度，我（安拉）只制定他们追求我的喜悦。

"而他们却没有遵守他们所应遵守的"，即他们没有履行他们真正应该履行的。这段经文从两方面谴责了他们：一、未经安拉允许而在安拉的宗教中创造异端学说。二、他们自称在履行一种接近安拉的功课，实则废弛了本应履行的功课。

伊本·阿拔斯说，尔撒之后的统治者们大肆篡改《讨拉特》和《引支勒》，最初他们中还有一些信仰者读这两部经典。于是有人对统治者进谗道："我们发现有人在谴责我们，他们在读：❦ 不依安拉的启示去判断的人，他们就是隐昧者。❧（5：44）他们不但这样读，还对我们的行为横加指责。请召来他们，让他们像我们一样读（经过修改的经典），并和我们保持同样的信仰。"于是统治者召来这些信仰者，他们被召集到一起，被告知要么被砍头，要么从此不能原原本本地读《讨拉特》和《引支勒》，而要读经过修改的经典。信仰者们说："你们为什么让我们那样做呢？请放了我们吧！"他们中的一部分人说："请为我们修建一座画廊，让我们住进其中，赐给我们一件工具，把食物运送到上面，你们将永远不会听到我们说什么了。(2)"另一部分人说："请放我们浪迹天涯，像野兽那样饮用。如果在你们的地区我们被逮捕，你们就处死我们。"还有一部分人说："请到旷野中为我们修一些修道院，我们自己挖井种菜，永远不来到你们这里，也不经过你们。"鉴于这些信仰者在各个部落中都有支持者，各部落答应了他们的请求。安拉因此而降谕道："**他们却自创了修道制度，他们自创了它，我没有规定它，除非寻求安拉的喜悦。而他们却没有遵守他们所应遵守的。**"(3)

穆圣☪说："每位先知都有一种修道制，而这个民族的修道制则为主道吉哈德。"另据传述，"每个民族都有一种修道制，而这个民族的修道制则为主道进行吉哈德。"(4)

艾布·赛尔德·胡德里说，有人来到他跟前说："请忠告我！"他说："你向我提到这个要求之前，我曾向先知提过类似的要求。先知说：'我忠告你敬畏安拉，因为它是万事之首；你当坚持吉哈德，因为他是伊斯兰的修道制；你当坚持记安拉和读《古兰》，因为它是你在天上的地位和地上的名望。'"(5)

❦ 28.有正信的人们啊！你们敬畏安拉，归信他的使者，他就会赐给你们双份的慈悯和你们靠之行走的光明，并将宽恕你们。安拉是至赦的、至慈的。❧

❦ 29.以便有经人知道，对于安拉的恩典，他们没有任何能力，安拉的恩典只在他的掌握中，他要把它赐给他所意欲的人，安拉是有宏恩的。❧

---

(1)《泰伯里经注》23：203。

(2) 后来的斯多葛派，亦译"画廊派"，就是从此基础上发展起来的。属于禁欲派别。——译者注

(3)《泰伯里经注》23：203；《圣训大集》8：231。

(4)《艾哈麦德按序圣训集》3：266。

(5)《艾哈麦德按序圣训集》3：82。

### 有经人若归信正教，将得到双倍的报酬

伊本·阿拔斯的上述圣训指出，这段经文指有经人中的归信者将得到双倍的报酬，正如《故事章》和艾布·穆萨传述的圣训所述，安拉的使者㕮说："三种人将得到双倍报酬。一种人是有经人，他归信自己的先知，然后归信我；另一种人是奴隶，他履行安拉的义务，也履行主人的义务；还有一种人是对女奴进行了良好的教育，并释放她，然后和她结婚的人。"[1]伊本·阿拔斯、端哈克等人认同这种解释。[2]

这段经文像下面的经文：《有正信的人们啊！如果你们敬畏安拉，他就会赐给你们准则，并替你们消除你们的罪过，还会宽恕你们。安拉是有重大恩赏的。》（8：29）赛尔德·本·阿卜杜·阿齐兹说，欧麦尔（愿主喜悦之）曾经问一位犹太学者："你们若行一善事，最多能得到多少倍的回赐？"那学者回答："一份等于三百五十件善功。"于是欧麦尔赞美了安拉，因为他给我们穆斯林给了双份。然后赛尔德讲到"**他就会赐给你们双份的慈悯**"这段经文。他说："主麻中的双份也就是这样的。"[3]下列圣训可以证明这种解释，安拉的使者㕮说："你和犹太人、基督教徒之间的譬喻如下：有人雇了一些工人后说："谁从晨礼时分为我工作到中午，将一个一个地获得基拉特。"所以，犹太人在这段时间内开始了工作。然后主人说："谁从中午为我工作到晡礼时分，将一个一个地获得基拉特。"所以，基督教徒在这段时间内开始了工作。主人又说："谁从晡礼时分为我工作到日落，将两个两个地获得基拉特。"所以，你们在这段时间进行了工作。于是犹太教徒和基督教徒生气了，他们说："我们多劳少得！"主人问："我对你们的工价不公平吗？"他们回答："没有。"主人说："那是我的恩典，我把它赐给我所意欲的人。"[4]

穆圣㕮说："穆斯林、犹太人和基督教徒的例子如下：有人雇用一些人为他劳动一整天，承诺给他们明确数额的报酬。他们劳动到中午后说：'我们不需要你给我们说好的报酬，我们算是白干了。'但主人对他们说：'不要这样，你们应该干完这一天，然后拿走全额酬金。'但他们不听劝阻，扬长而去。于是主人又雇用了另一些人，对他们说'你们干完这一天的工作，这样就会得到我为前面那伙人承诺的报酬。'但他们干到晡礼时分后说：'我们算是白干了，我们不要你所承诺的酬金了。'主人说：'你们应该干完这一天，因为白天已经所剩无几。'但他们还是拒绝了。此后主人又雇用了一伙人，条件是他们干完这天的工作。这伙人一直干到日落时分，他们因此而得到了前两伙人的全额报酬。那就是他们的例子和他们接受这光明的例子。"[5]

因此清高伟大的安拉说，"**以便有经人知道，对于安拉的恩典，他们没有任何能力**"，即以便他们明白，他们不能阻碍安拉给人的赏赐，也不能给人给予安拉所拒绝的。"**安拉的恩典只在他的掌握中，他要把它赐给他所意欲的人，安拉是有宏恩的。**"

*《铁章》注释完。一切赞美和恩情，全归安拉。*

## 《辩诉者章》注释  麦地那章

**奉普慈特慈的安拉之尊名**

《1.安拉确已听到为了其丈夫而和你争辩，并向安拉申诉的那名妇女的陈词，安拉听着你俩的辩论。安拉确实是全听的、全观的。》

### 降示原因

阿伊莎（愿主喜悦之）说："赞美安拉，他能听到一切声音。辩诉的妇女来到穆圣㕮跟前和他谈话时，我就在房子一角，但听不到她说了什么。安拉降谕道：'**安拉确已听到为了其丈夫而和你争辩……**'"[6]

另据传述，阿伊莎（愿主喜悦之）说："通听一切的真主真吉庆啊！赛尔莱卜的女儿豪莱在安拉的使者㕮跟前状诉其丈夫时，我时隐时现地听到了她的陈词。她说：'安拉的使者啊！他用了我的财产，毁了我的青春，而我为他生了很多子女，当我年老不能生育时，他却将我比作母亲[7]。主啊！

---

(1)《布哈里圣训实录诠释——造物主的启迪》1：229；《穆斯林圣训实录》1：134。
(2)《泰伯里经注》23：208、210。
(3)《泰伯里经注》23：210。
(4)《艾哈麦德按序圣训集》2：6、111；《布哈里圣训实录诠释——造物主的启迪》4：521，6：571。

(5)《布哈里圣训实录诠释——造物主的启迪》4：523。
(6)《布哈里圣训实录诠释——造物主的启迪》13：384；《艾哈麦德按序圣训集》6：46；《泰伯里经注》23：225；《圣训大集》6：168；《伊本·马哲圣训集》1：67。
(7)这是蒙昧时代阿拉伯人休妻的一种方法。——译者注

我向你诉冤！'"阿伊莎接着说："就在她诉说的时候，吉卜勒伊里带着这段经文降临了。'安拉确已听到为了其丈夫而和你争辩……'她的丈夫是奥斯·本·萨米特。"(1)

❀ 2.你们当中那些将妻比母的人，（要知道）她们不是他们的母亲，除了生育他们的人外，没有人是他们的母亲。他们确实在说恶言和谎话。安拉确实是至恕的、至赦的。❀

❀ 3.那些将妻比母，事后因为自己所言而回头的人，在他俩接触之前，要释放一名奴隶。这是对你们的忠告。安拉彻知你们的行为。❀

❀ 4.没有（奴隶）的人，在他俩接触之前，他应当连续封斋两个月。倘若他没有能力斋戒，就应当供给六十名贫穷的人饮食。这是为了你们归信安拉及其使者。那是安拉的法度。隐昧者将遭受惨痛的刑罚。❀

### 将妻比母及其罚赎

伊玛目艾哈麦德传述，赛尔莱卜的女儿豪莱说："以安拉发誓，安拉因为我和奥斯·本·萨米特，降示了《辩诉者章》开头的经文。"她说："他是我丈夫，并且已经老迈，脾气暴躁。有一天，他到我跟前，因为一件事情和我争吵起来，他怒发冲冠地说：'对我来说，你就像我母亲的脊背。'"(2)她说："他出去和族人坐了一会儿后，来到我跟前，突然要和我发生关系。我说：'以掌握豪莱性命的安拉发誓，你不能碰我，你已经说了你说过的话。除非安拉及其使者用安拉的法律为我们判决。'"她说："但他扑向我，我拒绝了他的要求，我用女人对付老丈夫的方法将他推开，扔下他离去了……我出去后在一位女邻居那里借了衣服，来到安拉的使者跟前，并坐到他面前，为他诉说了我的遭遇，并提到他的坏脾气对我造成的伤害……安拉的使者说：'豪莱啊！你的堂兄（指其丈夫）已经年老，你应该敬畏安拉，体谅他。'"豪莱说："以安拉发誓，就在我谈话的时候，《古兰》因为我而降示了。安拉的使者当时被一种（受到启示时的）现象所笼罩。当这种现象解除后，他对我说：'豪莱啊！安拉为你和你的丈夫而降示了经文。'然后使者读道：'安拉确已听到为了其丈夫而和你争辩，并向安拉申诉的那名妇女的陈词，安拉听着你俩的辩论。安拉确实是全听的、全观的……隐昧者将遭受惨痛的刑罚。'"她

———
(1)《泰伯里经注》23：226。
(2) 这是蒙昧时代的阿拉伯人休妻的一种方法。——译者注

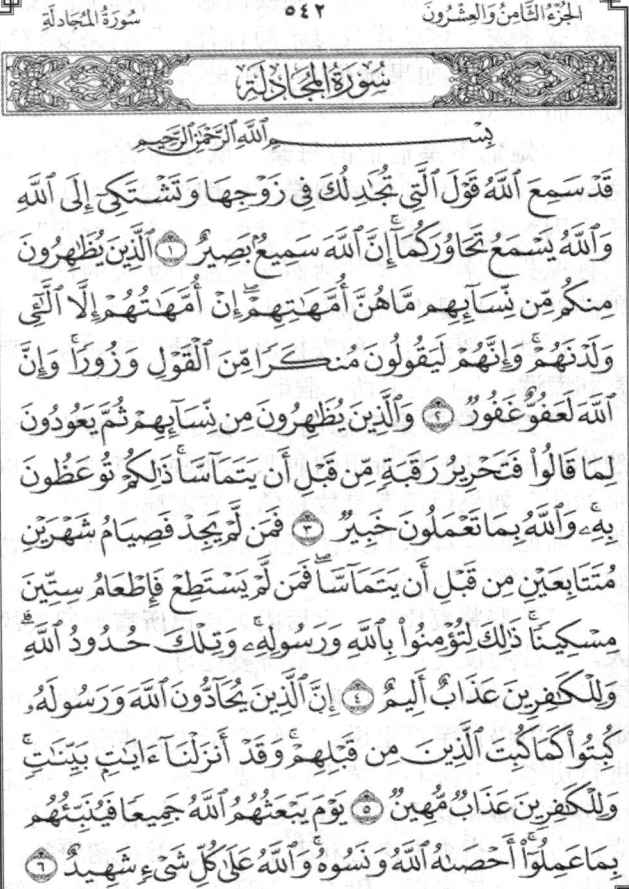

说："使者对我说：'你让他释放一个奴隶。'我说：'安拉的使者啊！他没有可以释放的奴隶。'使者说：'让他连续封两月的斋。'我说：'以安拉发誓，他已经老迈，没有能力封斋。'使者说：'那就让他给六十个穷人提供一瓦斯格(3)枣。'我说：'安拉的使者啊！他没有枣。'使者说：'我们将给他援助一篮子枣。'我说：'安拉的使者啊！我给他援助另一篮子。'使者说：'你做得对，做得好，你去替他施舍吧！以后你要照顾好你的堂兄。'"她说："于是我照做了。"(4)

《艾布·达乌德圣训集》载录："赛尔莱卜的女儿豪莱"应该是"马立克·本·赛尔莱卜的女儿豪莱。"这一名称有时被指小化，即胡外莱(5)。但其中的传述都是没有分歧的，它们所述的情况也是相差无几。安拉至知。它们都正确地记载了本章降示的原因。(6)

"你们当中那些将妻比母的人。""将妻比母"一词，来源于"脊背"，在蒙昧时代，人们只

———
(3) 重量单位，等于320磅。——译者注
(4)《艾哈麦德按序圣训集》6：410。
(5) 意为"小豪莱"。——译者注
(6)《艾布·达乌德圣训集——离婚篇》2：662、664。

要将妻子比作母亲，就必须要离婚。譬如他们说："对我来说，你就像我母亲的脊背。"后来安拉特许这个民族，如果他们将妻比母，则只需完成罚赎，而不必离婚。

"**她们不是他们的母亲，除了生育他们的人之外，没有人是他们的母亲**"，即任何一个妻子，不会因为其丈夫说"你对我就像我母亲的脊背"或"你像我母亲"之类的话而变成那个丈夫的母亲。他的母亲，只是生他的那位妇女。

因此，清高伟大的安拉说："**他们确实在说恶言和谎话。**"在说丑话、假话。

"**安拉确实是至恕的、至赦的。**"安拉能宽恕你们在蒙昧时代所犯的罪恶。那些无意的失言也是如此，如果说话者是故意的，它就属于非法。因为正确地说，母亲和其他直系亲属，譬如姐妹、姑姑、姨妈等，都是一样的。

"**那些将妻比母，事后因为自己所言而回头的人。**"沙斐仪说："经文指将妻比母后，丈夫挽留妻子一段时间，这段时间应该足够离婚，但他不离婚。"伊玛目罕百里说："经文指丈夫重新与妻子进行房事，并决心继续维持夫妻关系。但在丈夫完成罚赎之前和妻子交接是非法的。"据传述，马立克认为经文指丈夫决心和妻子交接，并挽留妻子。他认为主要指房事。伊本·朱拜尔认为指他们打算重新与妻子交接，而放弃自己对自己所规定的限制。

哈桑巴士里认为经文指（丈夫的）性器官进入妻子的性器官内。他认为丈夫在完成罚赎之前可以和妻子进行性活动，但不能把性器官送入妻子的性器官之内。

"**在他俩接触之前。**"伊本·阿拔斯认为"**接触**"指房事。[1]阿塔等学者都持此观点。祖海里认为，在完成罚赎之前，丈夫不能吻妻子，也不能抚摸她。

伊本·阿拔斯说，有人问："安拉的使者啊！我将妻子比作了母亲，然后在完成罚赎之前又和她进行了房事。"使者说："你为什么要这么做？愿安拉慈悯你！"那人说："我在月光下看到了她的脚镯。"使者说："你不能接近她，除非你履行安拉对你的命令。"[2]

"**要释放一名奴隶**"，即在夫妻接触之前，丈夫必须要给一位奴隶完全的自由。此处的奴隶，不受信仰的限制，但杀人者进行罚赎时，必须要释放一位有正信的奴隶。

"**这是对你们的忠告**"，即你们以此而受到警戒。

"**安拉彻知你们的行为。**"安拉彻知什么事情对你们有益，并知道你们的一切情况。

"**没有（奴隶）的人，在他俩接触之前，他应当连续封斋两个月。倘若他没有能力斋戒，就应当供给六十名贫穷的人饮食。**"上述圣训已经按次序解释了罚赎。正如两圣训实录辑录的在莱麦丹月与妻子交接的男人的事情。[3]

"**这是为了你们归信安拉及其使者**"，即我因此而制定了它。

"**那是安拉的法度**"，法度指禁界，你们不要逾越它们。

"**隐昧者将遭受惨痛的刑罚**"，即你们不要认为那些不归信正教，也不履行安拉法律的人能幸免于难，不会的，事实上，他们要在今世和后世遭受惨痛的惩罚。

> 5.的确，那些反对安拉及其使者的人必受凌辱，正如他们以前的人们被凌辱那样。我已经降下明确的迹象，隐昧者将遭受羞辱的刑罚。
> 6.那天，安拉要他们全体复活，然后他将告诉他们所做过的一切。安拉统计了它，但他们却忘记了。安拉是见证万事的。
> 7.你难道没有看到，安拉知道诸天与大地中的一切？只要有三个人在密谈，他就是他们当中的第四位，要是五个人，他就是其中的第六位。凡比这更少的，或更多的，无论他们在哪里，他都和他们在一起。然后在复生日，他将把他们的行为告诉他们。安拉是深知一切的。

## 正教敌人的结局

清高伟大的安拉说，那些对抗安拉及其使者，抗衡其法律的人，"**必受凌辱，正如他们以前的人们被凌辱那样**"，即他们将遭受羞辱和诅咒，正如以前他们的同党所遭受的那样。

"**我已经降下明确的迹象**"，只有邪恶、顽固的隐昧者，才会顽抗明确的迹象。

"**隐昧者将遭受羞辱的刑罚**"，这是因为他们骄傲地抗拒安拉的法律，不服从安拉的报应。

"**那天，安拉要他们全体复活**"，即在复生日，安拉要在一个地方集合一切前人和后人，"**然后他将告诉他们所做过的一切**"，即安拉将把他们

---

（1）《泰伯里经注》23：231。
（2）《艾布·达乌德圣训集》2：666；《提尔密济圣训全集诠释》4：380；《圣训大集》6：167；《伊本·马哲圣训集》1：666。
（3）《布哈里圣训实录诠释——造物主的启迪》4：193；《穆斯林圣训实录》2：781。

当初所作的一切善恶告诉他们。"**安拉统计了它，但他们却忘记了。**"虽然他们早就忘记了这些行为，但安拉精确地记录了它们。

"**安拉是见证万事的**"，即在安拉那里，任何物都不会消失、隐藏或被遗忘。

### 安拉的知识包罗一切被造物

清高伟大的安拉说，他的知识包罗一切被造物，他洞悉他们，能听到他们的一切言语，能看到他们的位置，无论他们在哪里，在做什么。他说，"**你难道没有看到，安拉知道诸天与大地中的一切？只要有三个人在密谈**"，即安拉在观察他们，听着他们出声的话和窃窃私语，与此同时，安拉的众天使们也在记录仆人当中发生的一切。正如安拉所言：❮ 难道他们不知道安拉知道他们的隐秘和密谈吗？安拉是深知一切幽玄的主。❯（9：78）又 ❮ 难道他们以为我不能察觉他们的秘密和私议吗？不，我的使者们就在他们旁边记录。❯（43：80）

因此，不止一位学者传述说，学者们一致公认：这段经文的意思是安拉的知识无处不在。无疑，安拉的意欲也是如此的。他的听也时刻伴随着他对人类的知，他的观也在人类中畅通无阻。因为安拉时刻能发现仆人，仆人的任何事物都不能逃脱于安拉。

然后经文说："**然后在复生日，他将把他们的行为告诉他们。安拉是深知一切的。**"伊玛目艾哈麦德说，经文以安拉的知为开端，又以安拉的知为结尾。

❮ 8.你难道没有看到那些人？他们被禁止密谈，而事后仍然重犯他们所被禁止的。他们的密谈，涉及的是犯罪、作恶和违抗使者。当他们到你那里时，他们用安拉未向你祝贺过的致词向你祝贺。他们自言自语："为什么安拉不因为我们说的话处罚我们呢？"火狱对他们是足够了，他们将进入其中，那真是不幸的归宿。❯

❮ 9.有正信的人们啊！当你们密谈时，不要涉及到犯罪、作恶和违抗使者，你们要为了正义和敬畏而密谈。你们要敬畏你们将被集合到他那里的安拉。❯

❮ 10.密谋只来自魔鬼，以便他使归信者忧伤。但是除非安拉准许，它绝不能伤害到他们。所以让归信者只托靠安拉吧！❯

### 犹太人的邪恶

穆佳黑德说："你难道没有看到那些人？他们被禁止密谈，而事后仍然重犯他们所被禁止的。"经文指犹太人。[1] 穆尕提里·本·罕雅尼也持此观点，他补充说："一度时期，穆圣㊣和犹太人定约和平共处，有位圣门弟子经过犹太人时，看到他们在秘密协商事情，以致使这位穆民怀疑他们是否阴谋杀害他。此后穆民见此情景，因为担心而选择其他道路。因此，穆圣㊣禁止密谈，但犹太人不听劝阻，依然我行我素。于是安拉降谕道：'你难道没有看到那些人？他们被禁止密谈，而事后仍然重犯他们所被禁止的。'"[2]

"**他们的密谈，涉及的是犯罪、作恶和违抗使者**"，即他们之间的密谈内容，不外乎"犯罪"（自己犯罪），或"作恶"（侵犯别人），或"违抗使者"。他们怙恶不悛，并以此相互怂恿。

"**当他们到你那里时，他们用安拉未向你祝贺过的致词向你祝贺。**"阿伊莎（愿主喜悦之）说：有个犹太人来到安拉的使者㊣跟前说："卡西姆的父亲啊！萨米阿莱空[3]！"于是阿伊莎回敬道：

---

(1)《泰伯里经注》23：236。
(2)《散置的珠宝》8：80。
(3) السام عليك，这句话听起来和穆斯林的"色兰"祝安词一样，如果不详细听，会认为在道色兰呢。其实它的意思是："你们去死吧！"——译者注

"你们也去死吧！"安拉的使者则说："阿伊莎啊！安拉不喜欢丑话和脏话。"我（阿伊莎）说："难道你没有听到他们在说'你们去死'吗？"使者说："你没听到我已经说了'你们也一样'吗？"于是安拉降谕道："当他们到你那里时，他们用安拉未向你祝贺过的致词向你祝贺。"(1)另据传述，阿伊莎（愿主喜悦之）当时对犹太人回答道："你们去死吧！并当遭受谴责和诅咒！"而安拉的使者却说："我们为他们的诅咒会被（安拉）接受，而他们为我们的希望不会落实。"(2)

艾奈斯·本·马立克传述，安拉的使者正和弟子们同坐时，有位犹太人到来（好像）向众人道色兰问候，于是众人回答了他。安拉的使者说："你们知道他刚才是怎么说的吗？"众人说："安拉的使者啊！他在道'色兰'问候。"先知说："不。他说'你们去死吧！'"这是他们辱骂你们宗教的言辞。安拉的使者说："你们当回敬他！"于是众人回敬了他。先知说："当有经人给你们道'色兰'时，你们回答'你也如此。'"即你对别人怎么想，你就会得到什么。(3)

"他们自言自语：'为什么安拉不因为我们说的话处罚我们呢？'"即他们我行我素，篡改经文，混淆视听，使人误认为在道"色兰"致安。他们在暗中辱骂先知的同时，心里在想：假若这人真是先知，安拉一定会因为我们的话而惩罚我们。因为安拉知道我们的窃窃私语。假若这人真是先知，安拉就会在今世中惩罚我们。

清高伟大的安拉说，"火狱对他们是足够了"，即在后世中，火狱足以惩罚他们。

"他们将进入其中，那真是不幸的归宿。"伊玛目艾哈麦德传述，犹太人对安拉的使者说："萨米阿莱空！"然后心里想，安拉为什么不因我们的话而惩罚我们呢？于是安拉降谕道："当他们到你那里时，他们用安拉未向你祝贺过的致词向你祝贺。他们自言自语：'为什么安拉不因为我们说的话处罚我们呢？'火狱对他们是足够了，他们将进入其中，那真是不幸的归宿。"(4)

### 密谈的礼节

清高伟大的安拉教育穆民众仆不要学习隐昧者和伪信士，说："有正信的人们啊！当你们密谈时，不要涉及到犯罪、作恶和违抗使者"，即不要像有经人中的愚人以及与他们一样迷误的伪信士密谈的那样。

"你们要为了正义和敬畏而密谈。你们要敬畏你们将被集合到他那里的安拉"，即安拉已经将你们的一切言行记录在案，他将那些记录的内容告诉给你们，并将借此酬报你们。

"密谋只来自魔鬼，以便他使归信者忧伤。但是除非安拉准许，它绝不能伤害到他们。所以让归信者只托靠安拉吧！"即不利于穆民的一切秘密推测，只来自恶魔。

"以便他使归信者忧伤"，即出自密谈者的这些话，是恶魔所教唆和粉饰的，它能使穆民感到难堪。其实若非安拉意欲，它们不会对穆民造成伤害。穆斯林觉察到这种密谋时，应该求安拉庇佑，并托靠安拉。凭安拉允许，它不会造成伤害。

因为密谈可能对穆民造成伤害，所以圣训禁止人们密谈。正如伊玛目艾哈麦德传述，安拉的使者说："如果你们共有三人，那么两个人不要避开他们的伙伴（第三人）密谈。因为这会使他忧愁。"(5)安拉的使者又说："如果你们是三个人，两个人不要避开第三人密谈，因为那会使他忧愁。"(6)

❖ 11.有正信的人们啊！在集会中，如果有人对你们说："你们让开一点！"你们就让开，这样，安拉会使你们宽裕的。如果有人说："你们起来吧！"你们就当起来，安拉将提升你们当中那些归信的人和被赐给知识的人若干品级。安拉是彻知你们所做的一切的。❖

### 座位上的礼节

清高伟大的安拉教育并命令穆民众仆，让他们在同坐的地方相互善待。"有正信的人们啊！在集会中，如果有人对你们说：'你们让开一点！'你们就让开，这样，安拉会使你们宽裕的。"这基于同态报酬。正如圣训中所说："谁为安拉修建一座清真寺，安拉就在乐园中为他建筑一座宫殿。"(7)另据传述："谁为困难者提供方便，安拉就在今世和后世为他提供方便。只要仆人在帮助他的兄弟，安拉就在帮助他。"(8)类似的例子不胜枚举。

因此，清高伟大的安拉说："你们就让开，这

---

(1)《泰伯里经注》23：236、237。
(2)《布哈里圣训实录诠释——造物主的启迪》10：466。
(3)《泰伯里经注》23：240；《布哈里圣训实录诠释——造物主的启迪》10：463。
(4)《艾哈麦德按序圣训集》2：170。
(5)《艾哈麦德按序圣训集》1：425、431；《布哈里圣训实录诠释——造物主的启迪》11：58；《穆斯林圣训实录》4：1718。
(6)《穆斯林圣训实录》11：26；《阿卜杜·兰扎格经注》4：1717。
(7)《穆斯林圣训实录》1：648。
(8)《穆斯林圣训实录》4：2074。

样，安拉会使你们宽裕的。"格塔德说，这段经文是为记主的场合而降示的。因为当他们看到一人走来时，他们舍不得让出使者跟前的位置，于是安拉命令他们分散开，相互让位。[1]

伊本·欧麦尔传述，安拉的使者㊗说："一个人不要让另一个人从其位置上站起来，然后自己坐到其中。相反，你们应该散开，腾出地方来。"[2]

艾布·胡莱赖传述，安拉的使者㊗说："一个人不要让另一个人从他坐的位置上离开，然后自己坐到其中。但你们当让开，这样，安拉会给你们宽裕的。"[3]另据传述："一个人不能因为另一个人而从自己的座位上站起来，但你们当让位置，这样，安拉会使你们宽裕的。"[4]

另据伊本·阿拔斯、哈桑·巴士里等人传述，这段经文是因为战争的场合而降示的。他们说"**如果有人说：'你们起来吧！'你们就当起来**"指你们当奋起而战斗！[5]

格塔德认为，"**如果有人说：'你们起来吧！'你们就当起来**"指当有人号召你们行善时，你们应当响应。[6]

### 知识和有知者的尊贵

清高伟大的安拉说，"**安拉将提升你们当中那些归信的人和被赐给知识的人若干品级。安拉是彻知你们所做的一切的**"，即你们如果对一位走过来的兄弟让了座，或在被要求离开的情况下离开，都不会对你们的权益造成损害，不但如此，这种行为将提高你们在安拉那里的品级。安拉不会让你们的这点善行徒劳无酬，他将在今世和后世奖励你们。因为谁谦虚地服从安拉的命令，安拉就会升高谁的品级，提高谁的名望。因此，安拉说，"**安拉将提升你们当中那些归信的人和被赐给知识的人若干品级。安拉是彻知你们所做的一切的**"，即安拉熟知你们中谁应该得到这些品级，谁不应该得到这些品级。

据伊玛目艾哈麦德传述，纳菲尔·本·阿卜杜哈里斯在阿斯凡遇见了欧麦尔，他是欧麦尔委任的麦加长官，欧麦尔问他："你让谁代治谷地的居民？"纳氏回答："我让我的奴隶伊本·艾卜兹代治。"欧麦尔问："你让一个奴隶代治（麦加）吗？"纳氏回答说："信士的长官啊！他熟读安拉的经典，了解天命，是位有经验的法官。"欧麦尔说："真的，你们的先知确曾说过：'安拉要用这部经典使一些人高贵，使另一些人低贱。'"[7]

❦ 12.有正信的人们啊！当你们要咨询先知时，在你们举行商谈以前要施舍，这对于你们是更好的，更纯洁的。倘若你们没有，那么安拉是至恕的、至慈的。❦

❦ 13.难道你们害怕在你们密谈之前有所施舍吗？如果你们没施舍，而安拉已恕饶你们，那么你们就应当力行拜功、完纳天课，并服从安拉及其使者。安拉是彻知你们所做的一切的。❦

### 命令人们在和使者私下交谈之前交纳施舍品

清高伟大的安拉命令穆民众仆，如果他们中有人想和使者进行单独谈话，他就应该在谈话前提供

---
(1)《泰伯里经注》23：244。
(2)《布哈里圣训实录诠释——造物主的启迪》1：64；《穆斯林圣训实录》4：1714；《艾哈麦德按序圣训集》2：162；《圣训的阶梯》2：186。
(3)《艾哈麦德按序圣训集》2：523。
(4)《艾哈麦德按序圣训集》2：538。
(5)《泰伯里经注》23：244；《格尔特宾教律》17：299；《散置的珠宝》8：82。
(6)《泰伯里经注》23：245。
(7)《穆斯林圣训实录》1：559；《艾哈麦德按序圣训集》1：35。

一些施舍品，用于净化自我，使自己获得密谈的资格。因此，安拉说："这对于你们是更好的，更纯洁的。"

然后清高伟大的安拉说："倘若你们没有"，即你们因为贫穷而没有施舍的能力，"那么安拉是至恕的、至慈的"，即安拉只命令有能力的人这样做。

经文接着说："难道你们害怕在你们密谈之前有所施舍吗？"你们担忧和使者密谈前施舍会成为一种长期的任务吗？"如果你们没施舍，而安拉已恕饶你们，那么你们就应当力行拜功、完纳天课，并服从安拉及其使者。安拉是彻知你们所做的一切的。"后来安拉革止了这一义务。有人说，在革止之前，只有阿里一人遵循了这段经文。

伊本·阿拔斯在解释"**在你们举行商谈以前要施舍**"时说："当时咨询使者的穆斯林很多，以致对使者造成了困难，所以安拉以此方法减轻使者的负担。之后，许多穆斯林担心需要施舍，不再向先知咨询问题（或要求施舍）。此后安拉降谕道：'难道你们害怕在你们密谈之前有所施舍吗？如果你们没施舍，而安拉已恕饶你们，那么你们就应当力行拜功、完纳天课……'后来安拉使穆斯林生活宽裕，衣食无忧。"(1)

艾克莱麦和哈桑·巴士里在解释"**在你们举行商谈以前要施舍**"时说，"后来，这段经文被革止了。革止它的经文是：'难道你们害怕在你们密谈之前有所施舍吗……'"(2)

格塔德传述："人们向使者提出资助的要求达到了苛刻的地步，于是安拉通过这段经文禁止他们继续要求。这对有些想找先知解决问题，但又拿不出施舍品的人造成了困难。于是安拉降经特许他们可以不提供施舍品。所降的经文是：'倘若你们没有，那么安拉是至恕的、至慈的。'"(3)

麦尔麦勒传自格塔德，他说，"在你们举行商谈以前要施舍"这段经文已被革止。它的有效期只延续了白天中的一会儿。穆佳黑德传述，阿里说："除我之外，谁都没有来得及遵循这段经文，它被革止了。"阿里当时好像说："我想，这段经文在被革止前只有我一人遵行了。"(4)

❴ 14.难道你没有看见那些人，他们交结安拉所怒恼的人？他们既不属于你们，也不属于他们，他们明知故犯地以谎言发誓。❵

---
(1)《泰伯里经注》23：249。
(2)《泰伯里经注》23：250。
(3)《泰伯里经注》23：248。
(4)《阿卜杜·兰扎格经注》3：280。

❴ 15.安拉已为他们准备了严刑，他们的行为太邪恶了。❵

❴ 16.他们将他们的誓言作为挡箭牌，因而阻碍主道，所以，他们将获得羞辱的刑罚。❵

❴ 17.他们的财富和子嗣丝毫无助于他们对安拉的抗拒，他们将是火狱的居民，他们将永居其中。❵

❴ 18.那天，安拉使他们全体复活，他们就像对你们发誓一样地对他发誓。他们自以为他们有所凭依。真的，他们确实是撒谎者。❵

❴ 19.魔鬼已经控制了他们，使他们忘记了记念安拉。这等人是魔鬼的党羽。须知，魔鬼的党羽只是亏折的。❵

## 谴责伪信士

清高伟大的安拉谴责了那些伪信士，他们暗中和隐昧者结盟为友，事实上他们既不属于穆民一方，也不属于隐昧者一方。正如下文所述：❴ 他们在这与那之间犹豫不决，不归于这等人，也不归于那等人。安拉使之迷误者，你绝不会替他发现一条出路。❵（4：143）

本章的经文说："难道你没有看见那些人，他们交结安拉所怒恼的人？"经文指和犹太人暗中勾结的伪信士。

"他们既不属于你们，也不属于他们"，即穆民们啊！事实上这些伪信士既不属于穆民一方，也不属于与他们狼狈为奸的犹太人一方。

"他们明知故犯地以谎言发誓"，即伪信士睁着眼睛在发假誓，尤其在干他们的一些卑鄙勾当时，更是如此。他们见到穆民时说"我们归信了"，来到使者跟前时发誓说他们是穆民，事实上他们非常清楚，他们的誓言与事实不符。因为他们不认为自己所言是正确的，虽然它符合事实。因此，安拉证明他们发誓和作证时在撒谎。

"**安拉已为他们准备了严刑，他们的行为太邪恶了！**"安拉因为报应他们的这些丑行——与隐昧者结盟为友，忠于隐昧者，与穆民为敌，并欺骗他们——而为他们预备了惨痛的刑罚。

因此，清高伟大的安拉说，"**他们将他们的誓言作为挡箭牌，因而阻碍主道**"，即他们表现出信仰的样子，而骨子里却深藏不信，他们还通过发假誓来自我掩饰，不了解他们真相的人还以为他们很诚恳，因而上当受骗，从而阻碍部分人走向安拉的正道。

"**所以，他们将获得羞辱的刑罚。**"这是对他们随心所欲地以安拉名义发假誓的报应。

经文接着说，"**他们的财富和子嗣丝毫无助于**

**他们对安拉的抗拒”**，即当安拉的惩罚到来时，这一切都无济于事。**“他们将是火狱的居民，他们将永居其中。”**

然后说，**“那天，安拉使他们全体复活”**，即在复生日，安拉要复活全人类，任何人都不能遗漏。

**“他们就像对你们发誓一样地对他发誓。”**他们将向安拉发誓，说他们坚持着正道，正如他们在今世时对人们发誓那样。因为一个人活着时经常做什么，他就会在这种情况下死去，并要在这种状态下被复活。他们认为在安拉面前说谎是有用的，正如在人们跟前说谎有用那样。所以他们将被彻底揭穿。因此说，**“他们自以为他们有所凭依”**，即他们认为自己对安拉所发的伪誓是有作用的。

安拉驳斥他们的痴心妄想，说，**“真的，他们确实是撒谎者”**，即经文强调了他们的本质。

**“魔鬼已经控制了他们，使他们忘记了记念安拉”**，即恶魔已经操纵了他们的内心，以致他们忘记了记念安拉。被恶魔操纵的人就是这样。因此，安拉的使者ﷺ说：“只要在村镇或沙漠中有三个人，而他们又不履行（拜功）恶魔就会操纵他们。所以，你们当常守集体，因为狼只吃离群之羊。”萨义卜说，圣训中的“拜功”指集体礼拜。[1]

然后经文说，**“这等人是魔鬼的党羽”**，即被恶魔操纵，以致忘记记念安拉的人们，属于魔鬼的党羽。**“须知，魔鬼的党羽只是亏折的。”**

**﴾20.违抗安拉和他的使者的人，这等人，确实在最低贱者之列。﴿**

**﴾21.安拉已经规定：“我跟我的使者必定胜利。”安拉确实是至强的、优胜的。﴿**

**﴾22.你不会看到归信安拉和末日的人，会喜爱那些反对安拉和他的使者的人，即使他们是他们的父亲或儿子，或是他们的兄弟和亲属。这等人，安拉已把正信写在他们的心中，并以来自他的鲁哈增援了他们，他还将使他们进入下临诸河的乐园，他们将永居其中。安拉喜悦了他们，他们也喜悦了他。这等人是安拉的追随者。真的，安拉的追随者确实是成功的。﴿**

## 安拉和使者ﷺ的敌人必败　安拉及使者必胜

清高伟大的安拉说，敌视安拉及其使者的隐昧者在一个阵营，而教法在另一个阵营。换言之，敌视者们是疏远并抗衡教法的，他们和正道无缘。

**“这等人，确实在最低贱者之列”**，即在今世和后世中，他们在那些远离真理的、薄福的卑贱者行列中。

**“安拉已经规定：‘我跟我的使者必定胜利。’”**即安拉已经在他的第一部天经和他的不可抗拒的定然中，规定并记录道：在今生和后世，胜利属于他，属于他的经典、使者、他的穆民众仆。好结局属于敬畏的人。正如安拉所言：﴾的确，我誓必在今世的生活和证人们作证的那天，帮助我的众使者和信士们。那天，不义的人，他们的托辞将对他们无益，他们将受诅咒，他们只有不幸的家园。﴿（40：51-52）

本章的经文说，**“安拉已经规定：‘我跟我的使者必定胜利。’安拉确实是至强的、优胜的”**，即强大、优胜的安拉已经规定：他必定战胜他的敌人。这已经是精确的定然和绝对的事情。在今世和后世中，好结局和胜利终究要归于归信者们。

## 穆民不和隐昧者相亲相爱

清高伟大的安拉说，**“你不会看到归信安拉和末日的人，会喜爱那些反对安拉和他的使者的人，即使他们是他们的父亲或儿子，或是他们的兄弟和亲**

---

الجزء الثامن والعشرون　٥٤٥　سورة الحشر

لا تجد قوما يؤمنون بالله واليوم الآخر يوادون من حاد
الله ورسوله ولو كانوا آباءهم أو أبناءهم أو إخوانهم
أو عشيرتهم أولئك كتب في قلوبهم الإيمان وأيدهم
بروح منه ويدخلهم جنات تجري من تحتها الأنهار
خالدين فيها رضي الله عنهم ورضوا عنه أولئك حزب
الله ألا إن حزب الله هم المفلحون ٢٢

سورة الحشر

بسم الله الرحمن الرحيم

سبح لله ما في السماوات وما في الأرض وهو العزيز الحكيم
١ هو الذي أخرج الذين كفروا من أهل الكتاب من ديارهم
لأول الحشر ما ظننتم أن يخرجوا وظنوا أنهم مانعتهم
حصونهم من الله فأتاهم الله من حيث لم يحتسبوا وقذف
في قلوبهم الرعب يخربون بيوتهم بأيديهم وأيدي المؤمنين
فاعتبروا يا أولي الأبصار ٢ ولولا أن كتب الله عليهم
الجلاء لعذبهم في الدنيا ولهم في الآخرة عذاب النار ٣

---

（1）《艾布·达乌德圣训集》1：371。

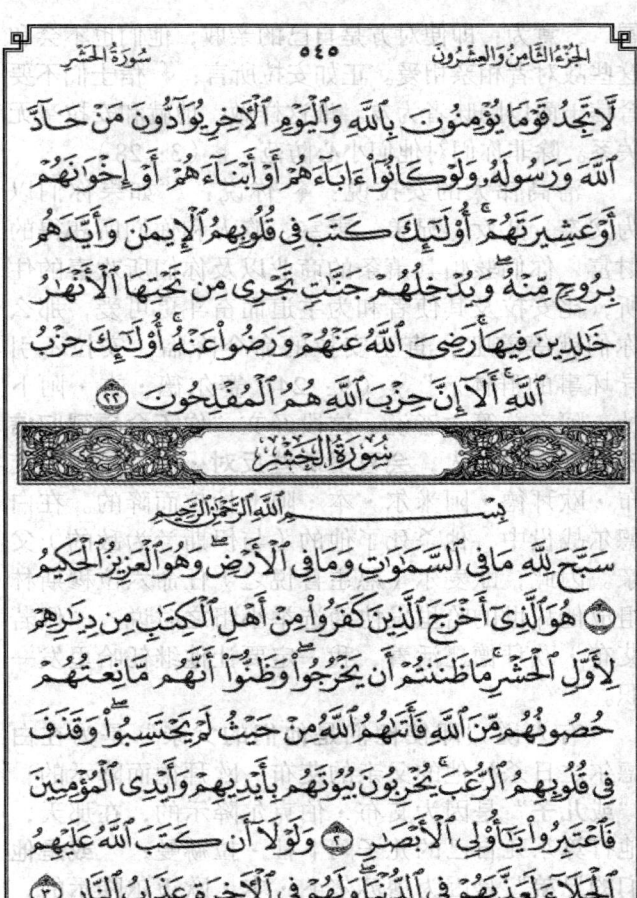

属"，意为：即便对方是自己的亲戚，他们也不会和这些敌对者相亲相爱。正如安拉所言：《信士们不要舍信士而以隐昧者为友。谁这样做，他就和安拉毫无关系。除非你们对他们小心防范。》（3：28）

清高伟大的安拉说：《你说："如果你们以为父亲、儿女、兄弟、妻室、族人和你们所获得的财富，你们骇怕其萧条的商业以及你们所欢喜的住所，比安拉及其使者和为主道而奋斗更可爱，那么你们就等着吧，直至安拉的命令降临，安拉不引导坏事的群体。"》（9：24）赛尔德·本·阿卜杜·阿齐兹等学者说，这段经文"**你不会看到归信安拉和末日的人，会喜爱那些反对……**"是因为艾布·欧拜德·阿米尔·本·阿卜杜拉而降的。在白德尔战役中，他杀死了他的（与伊斯兰为敌的）父亲。因此，欧麦尔（愿主喜悦之）任命六位穆斯林组成他辞世的哈里发协商选举小组之时说："假若艾布·欧拜德还活着，我一定要让他继任哈里发一职。"

有人说"**即使他们是他们的父亲**"是为在白德尔之日杀死他的父亲的艾布·欧拜德而降示的；"**或儿子**"是因为艾布·伯克尔降示的，在那天，他打算杀死自己的儿子阿卜杜·拉赫曼；"**或是他们的兄弟**"是因为穆苏尔卜·本·欧迈尔降示的，他在那日杀死了他的兄弟欧拜德·本·欧迈尔；"**和亲属**"是因为欧麦尔而降示的，他在那日杀死了自己的一位亲戚。这段经文同时还是因为海穆宰、阿里、欧拜德·本·哈里斯而降示的，他们在那日杀死了（他们的亲戚）欧特白、西白、瓦利德·本·欧特白。安拉至知。

笔者认为，安拉的使者℗向穆斯林们征求对待白德尔战役的战俘问题时的情况也是如此。当时艾布·伯克尔建议（放他们一条生路）接受赎金，用这笔赎金壮大穆斯林的力量。因为对方不是姑表，就是亲戚。安拉或许会引导他们走向正道。欧麦尔则说："安拉的使者啊！我不这么认为，你是否能允许我杀死某人（这人是欧麦尔的亲戚）？允许处决欧盖里？允许某某处决某某？以便安拉甄别，我们穆斯林对多神教徒是毫不留情的……"

"**这等人，安拉已把正信写在他们的心中，并以来自他的鲁哈增援了他们**"，即具备上述素质——即便对方是自己的父亲或兄弟，只要他们敌视安拉和使者，就是不与他们相亲相爱的人，安拉已经注定他们是幸福的，并将正信根植在他们的心中，美化在他们的眼中。赛丁伊说，"**安拉已把正信写在他们的心中**"指安拉在他们的心中注入了正信。伊本·阿拔斯说"**增援**"指强化。

"**他还将使他们进入下临诸河的乐园，他们将永居其中。安拉喜悦了他们，他们也喜悦了他。**"这些经文前面已经有过多次注释。

"**安拉喜悦了他们，他们也喜悦了他。**"这段经文中巧妙地蕴涵某种哲理，即他们因为安拉而恼怒自己的近亲和家族，因此，安拉以对他们的喜悦而补偿他们。安拉还通过赐给他们永恒的恩典、最终的成功以及普遍的宏恩，使他们喜欢他。

"**这等人是安拉的追随者。真的，安拉的追随者确实是成功的**"，即这些人是安拉的追随者之派——安拉的仆人，他们有资格获得尊严人。

"**真的，安拉的追随者确实是成功的。**"这段经文所强调的是穆民在今后两世的成功、幸福和胜利。与那些党羽——恶魔的党羽的情况，形成鲜明的对比。经文在叙述他们时说："须知，魔鬼的党羽只是亏折的。"

《辨诉者章》注释完。一切感赞全归安拉。

## 《放逐章》注释　麦地那章

伊本·阿拔斯将本章称为《奈最尔族章》。[1] 赛尔德·本·朱拜尔说，我对伊本·阿拔斯提到《放逐章》时，他说它是因为奈最尔族人而降示的。[2] 布哈里和穆斯林从另一方面传述了本章降示的原因。布哈里传述，赛尔德·本·朱拜尔说："我问伊本·阿拔斯，（这章叫）《放逐章》吗？"伊本·阿拔斯回答说："叫《奈最尔族章》。"[3]

奉普慈特慈的安拉之尊名

《1.诸天与大地中的一切，都赞美安拉清净。他是优胜的、睿智的。》

《2.在第一次的放逐中，他把有经人中的隐昧者驱逐出他们的家园。你们没有想到他们会离去，他们也以为他们的堡垒可以防御安拉，但是安拉却由他们所想不到的地方到达了他们，并把恐怖投入他们的心中。他们用自己的手和归信者的手毁灭了

---
（1）《布哈里圣训实录诠释——造物主的启迪》8：497。
（2）《布哈里圣训实录诠释——造物主的启迪》8：497；《穆斯林圣训实录》4：2322。
（3）《布哈里圣训实录诠释——造物主的启迪》8：497。

他们的房屋。所以有眼的人们啊!你们引以为鉴吧!》

《 3.如果不是安拉曾经为他们规定放逐,他一定在今世中惩罚了他们,他们在后世还要遭受火的刑罚。》

《 4.那是因为他们反抗安拉及其使者。谁反抗安拉,那么安拉是惩罚严厉的。》

《 5.凡砍倒的枣树,或是你们留其继续存在,都凭着安拉的允许。以便他羞辱坏事者。》

## 万物赞美安拉

清高伟大的安拉说,诸天和大地中的一切,都在赞美安拉清净无染、光荣神圣。正如安拉所言:《七重天与大地以及其中的万物,都赞颂他清净。没有一物不赞颂他,但是你们却不了解它们的赞颂。》(17:44)

"他是优胜的",即他是神圣不可侵犯的。

"睿智的"即他的定然和法律都是富有哲理和智慧的。

## 奈最尔人的结局

清高伟大的安拉说:"**他把有经人中的隐昧者驱逐出他们的家园。**"经文指奈最尔族的犹太人。这是伊本·阿拔斯、穆佳黑德等学者的主张。[1] 安拉的使者㊚来到麦地那后和当地的犹太人缔结和平共处盟约,条件是他们不互相发起战争。后来奈最尔族人撕毁盟约,因此遭受了安拉的不可抗拒的打击。使者将他们赶出坚固的堡垒,而此前穆斯林一直对攻克这座堡垒不报希望。犹太人自己也认为他们的堡垒能替他们阻挡安拉的惩罚。然而,它终究没有给他们带来任何作用,他们遭到来自安拉的、从未想过的打击,即将他们驱逐出麦地那。此后,他们中的一部分人迁徙到沙姆上游的艾孜拉阿特,那是一个移民地。部分人迁徙到了海巴尔。他们居住海巴尔的条件是尽骆驼之力,带走凡能带走的全部财产,毁掉了带不走的东西。

因此,清高伟大的安拉说:"**他们用自己的手和归信者的手毁灭了他们的房屋。所以有眼的人们啊!你们引以为鉴吧!**"即你们当思考违背安拉的命令,敌视使者,不相信经典的人的后果,他们在今世是怎么遭受羞辱的惩罚的?虽然安拉还为他们在后世预备了惨痛的惩罚。

艾布·达乌德传述,有位圣门弟子说,白德尔战役之后,安拉的使者㊚住在麦地那。古莱什的隐昧者致信伊本·吾班叶及像他一样崇拜偶像的奥斯和赫兹勒吉人:你们接纳了我们的冤家(穆罕默德),以安拉发誓,你们要么和他战争,要么驱逐他,否则我们将向你们发起总攻,杀死你们的男子,占有你们的妇女。伊本·吾班叶和多神教徒们听到消息后召集大军准备向穆圣㊚发起战争。穆圣㊚闻讯前去迎战,说:"古莱什人的威胁使你们太忧虑了,古莱什人对你们的伤害绝不比你们自己的行为对自己的伤害大。你们想向你们的子女与兄弟发起战争!"他们听到先知的话后解散了军队。消息遂传到古莱什的隐昧者那里。白德尔战役后,他们再次致信犹太人:你们有武器有堡垒,你们要么与我们的冤家进行战争,要么就等着我们做出不利于你们的事情来罢。对我们来说,占有你们的妇女就像摘个脚镯那么简单。先知听到消息时,奈最尔(犹太人)人决心撕毁与先知和平共处协约。犹太人派人告诉先知说:"请你带领三十位弟子,我们派三十位学者,让他们在路中汇合,让我们的学者们听听你的言论,如果他们相信你,并归信你,我们就归信你。"第二天清晨,穆圣㊚带领一支大军前往约好的地方,将犹太人包围起来。先知对他们说:"以安拉发誓,你们若想在我这里得到平安,就必须和我缔结和平协约。"但他们拒绝缔约,那

---
[1]《泰伯里经注》23:262。

日穆圣和他们进行了一场战斗。次日清晨，穆圣出兵格磊作部落，要求他们缔结和平契约，他们同意缔约。穆圣离开他们后，于次日清晨出兵奈最尔人，经过一番战斗后，奈最尔人以接受被驱逐为条件停止战争。于是奈最尔人尽骆驼之力，带着他们的货物、门窗和门板离境而去。奈最尔人的椰枣树专属于安拉的使者，这是安拉对他的特赐。安拉说：《安拉赏给他的使者的敌产，你们并没有为了它策马驱驼。》（59：6）传述者说，经文中的敌产，指通过非战斗手段得来的敌方财产[1]。穆圣将这次缴获的大部分敌产分给了迁士，辅士中只有两个人得到封赏，因为这俩人较为困难。其中属于使者的那一份留在法图麦的子女手中。让我们简要叙述一下奈最尔之役吧。求安拉襄助。[2]

## 奈最尔之役的起因

据军事学家和史学家传述，麦吾奈井事件中，牺牲了七十位圣门弟子，当时只有阿慕尔·本·吾麦叶一人幸免于难。他在返回麦地那途中，杀死了两个阿米尔族人。而这二人与安拉的使者有和平共处协议，当时阿慕尔对此并不知情。他回去后向使者通报了这件事情。使者说："你杀的这二人，是需要交纳命价（赎金）的。"奈最尔人和阿米尔人之间也有和平盟约。因此使者去奈最尔人那里，要求他们协助筹集这两个被杀者的命价金额。奈最尔人居住在麦地那以东的几里路之外。[3]

伊本·易司哈格在其《先知传》中说，据叶齐德·本·鲁曼说，安拉的使者去毗邻的奈最尔人那里，要求他们协助筹集资金，交纳被阿慕尔所杀的两位阿米尔人的命价。当时，使者和奈最尔人结有和平共处约，奈最尔人和阿米尔人结有相同条约。使者来到时，他们说："卡西姆的父亲啊！我们将根据你的意愿，向你提供援助。"此后他们又私下协商，他们说："这是一个杀死他的千载难逢的机会，谁愿上到房顶，推下石头砸死他？"因为使者当时正坐在墙边。一位名叫阿慕尔·本·杰哈氏的男子应声而起，说："我去。"于是他上到房上，打算用巨石砸击先知。当时，陪同使者的是艾布·伯克尔、欧麦尔、阿里等圣门弟子。使者根据启示的消息，了解了他们的阴谋后，起身返回麦地那。

等待先知的圣门弟子久久不见先知归来，便起身寻找，他们看到有人走向麦地那，便向前打听消息。那人说我刚才见他在麦地那城内。于是圣门弟子们来到了麦地那。于是先知告诉他们，犹太人企图背信弃义，并命令众人准备战斗。先知带兵到来时，犹太人躲进堡垒不出。先知命令砍伐并烧毁枣树，犹太人喊道："穆罕默德啊！你一贯禁止在大地上为非作歹，并谴责这种人，但你为何砍树烧毁呢？"当时赫兹勒吉部落奥夫氏族中的一伙人，譬如阿卜杜拉·本·吾班耶·本·赛鲁莱、卧迪尔、马立克·本·吾班叶等致信奈最尔人："你们当坚持到底！我们不会抛弃你们，如果你们遭受战斗，我们一定会和你们并肩作战。如果你们出走，我们就和你们一道出走。"于是犹太人等着他们出手支援，但对方并没有信守诺言。安拉在犹太人心中投入了恐惧，他们要求先知留他们一条生路，并驱逐他们作为条件，他们只带走骆驼能驮走的东西，带走一切能够带走的东西。但他们不能带走武器。于是先知接受了他们的请求。他们便让骆驼驮着东西离境而去。他们中有人关闭家门，摧毁自己的房屋，让骆驼驮走木材。一些人去了海巴尔，还有一些人去了沙姆。他们把财产留给了安拉的使者，由使者自由支配。使者把它分配给了最早的迁士，辅士中只有赛海里·本·哈尼法和艾布·岱佳奈得到了封赏。他俩当时向使者反映了自己的困难。奈最尔人中没有被驱逐的也仅有二人，他们是亚明·本·欧迈尔和艾布·赛尔德，他俩归信了伊斯兰，保全了自己的财产。

伊本·易司哈格说，亚明的一位亲属告诉我，安拉的使者对亚明说："你是否见到你的堂兄对我的伤害和他对我的阴谋？"后来亚明给一个男子一些赏赐，让对方杀死阿慕尔·本·杰哈氏。[4]据说，后来那人杀死了阿慕尔。

伊本·易司哈格说整个《放逐章》，都是因为奈最尔人而降示的。[5]优努司·本·卜凯尔也有相同的传述。

**"他把有经人中的隐昧者驱逐出他们的家园"** 中的隐昧者，指奈最尔人。

**"你们没有想到他们会离去"**，即他们躲进坚固的堡垒中拒不出来，你们虽然将他们只包围了六天，但你们那时没有想到他们会弃堡垒而去。

因此，清高伟大的安拉说，**"他们也以为他们的堡垒可以防御安拉，但是安拉却由他们所想不到的地方到达了他们"**，即安拉那里，他们始所未料的情况来临了他们。正如另一段经文所说：《他们的前人们曾经使用阴谋，但是安拉连同他们的基础摧毁了他们的建筑，屋顶由他们的头上塌了下来，惩罚在他们不知不觉的时候降至他们。》（16：26）

---

[1] 它和战利品有所不同。——译者注
[2] 《艾布·达乌德圣训集》3：404。
[3] 《穆圣传》3：195。
[4] 前文已述，此人曾企图用石砸死先知。——译者注
[5] 《穆圣传》3：199-202。

"**并把恐怖投入他们的心中**",即安拉使他们感到害怕、惊慌和焦虑。他们怎么会不遭受这种考验呢?包围他们的,是在一月行程之外令敌人闻风丧胆的使者㊣。

"**他们用自己的手和归信者的手毁灭了他们的房屋。**"上文已经引述伊本·易司哈格的传述,注释了这段经文。即他们亲自破坏自己苦心营造的家园,拆毁屋顶和门窗,将它驮到骆驼身上。欧勒沃·本·祖拜尔和阿卜杜·拉赫曼的解释与此相同。(1)

"**如果不是安拉曾经为他们规定放逐,他一定在今世中惩罚了他们**",即若不是安拉规定可以驱逐他们(即弃财离家,投奔他乡),安拉一定会用另一种惩罚来打击他们,使他们遭受杀戮或将他们俘虏。这是祖海里的观点。因此安拉规定:他不但为他们准备了后世的严惩,在今世,他们也要遭受惩罚。(2)

"**他们在后世还要遭受火的刑罚**",即这是绝对不可更改的。

"**那是因为他们反抗安拉及其使者。**"安拉这样对待他们,为使者和信士们征服他们,其根本原因在于他们反对安拉及其使者,不归信安拉降给列圣的经典中的预报——穆罕默德将出世为圣。虽然他们对穆圣㊣的认识,不比对自己子女的认识更少。然后安拉说:"**谁反抗安拉,那么安拉的惩罚是严厉的。**"

## 凭着安拉的允许砍伐犹太人的枣树

"**凡砍倒的枣树,或是你们留其继续存在,都凭着安拉的允许。以便他羞辱坏事者。**""枣树"指一种优质枣。艾布·欧拜德说:"这种枣和欧吉沃枣或白勒尼枣不同。"(3)(4)许多经注学家说,经文中指除欧吉沃枣之后的其他所有枣;伊本·哲利尔认为指一切椰枣。(5)据穆佳黑德传述,经文中指破坏这种枣树,指的是使者包围奈最尔人期间,命人砍伐他们的枣树,羞辱他们,并威慑他们。据伊本·易司哈格传述,奈最尔人派人对先知说:"你一贯止人作恶,为何现在要砍伐枣树?"此时,安拉降下这段尊贵的经文,指出你们所砍伐或保留的一切枣树,都是凭着安拉的允许、意志、定然和喜悦。经文用此方法羞辱敌人,让他们自讨没趣,从而灰心丧气。(6)

---

(1)《格尔特宾教律》18:4。
(2)《拉齐经注大全》29:245。
(3)这两种都是上乘的枣。——译者注
(4)《拉齐经注大全》29:246。
(5)《泰伯里经注》23:268。
(6)《泰伯里经注》23:271。

穆佳黑德说,有一些迁士劝另一些迁士不要砍伐枣树,他们说:"它们必将成为穆斯林的战利品。"于是安拉降示经文,指出禁止砍伐的人或保留不砍的人,都是有道理的,他们都没有犯罪。因为无论怎样,都是凭着安拉的允许。(7)

伊本·阿拔斯在解释"**凡砍倒的枣树,或是你们留其继续存在,都凭着安拉的允许。以便他羞辱坏事者**"时说:"穆斯林让犹太人放弃城堡(犹太人弃堡而走已成定局),因此他们奉命砍伐枣树时,心里觉得不是滋味,有些穆斯林说:'我们砍了一部分,留下了一部分。让我们问问使者,我们中的砍伐者是否有奖励,保留枣树不砍者是否有罪过?'于是安拉降谕道:'凡砍倒的枣树,或是你们留其继续存在……'"(8)

伊玛目艾哈麦德传述:"安拉的使者㊣曾砍伐和焚烧奈最尔人的枣树。"(9)两圣训实录也载有相似的圣训。布哈里载,伊本·欧麦尔说:"奈最尔人和格磊作人进行了战斗(10),使者驱逐了奈最尔人,施恩于格磊作人,让其居住原地。后来格磊作人挑起战争,于是先知杀了他们中的一些男子,他把他们的妇女、儿童和财产分给了穆斯林。但此前投奔先知的人除外,先知保障了他们的安全,他们也归信了正教。先知驱逐了麦地那的所有给奈最尔族犹太人,他们属于阿卜杜·赛俩目的部落。使者还驱逐了哈里斯族的犹太人和麦地那的所有犹太人。"(11)另据伊本·欧麦尔传述,安拉的使者㊣曾焚烧和砍伐奈最尔人的枣树。"砍伐"指摧毁。安拉因此而降谕道:"凡砍倒的枣树,或是你们留其继续存在,都凭着安拉的允许。以便他羞辱坏事者。"(12)

伊本·易司哈格说:"奈最尔人的战役发生于白德尔战役与麦吾奈井事件之后。"

❦ 6.安拉赏给他的使者的敌产,你们并没有为了它策马驱驼。但是安拉却使他的使者征服他所意欲的人。安拉是全能于万事的。❧

❦ 7.安拉从各城镇的人中赏给他的使者的敌产,属于安拉、使者、近亲、孤儿、赤贫者和旅客,以免它成为你们当中富人的专利。使者给予你们的,你们当接受;使者所禁止的,你们当戒绝。

---

(7)《泰伯里经注》23:271。
(8)《圣训大集》6:483。
(9)《穆斯林圣训实录》3:1365;《艾哈麦德按序圣训集》2:7。
(10)上文中说,使者曾分别和他们进行战争。——译者注
(11)《布哈里圣训实录诠释——造物主的启迪》7:383。
(12)《布哈里圣训实录诠释——造物主的启迪》7:383;《穆斯林圣训实录》3:1365。

**你们要敬畏安拉。安拉是惩罚严厉的。**

## 敌产及其用途

清高伟大的安拉在此阐明了敌产、敌产的特征和断法。"敌产",指通过非战斗手段(没有通过策马驱驼),从隐昧者那里缴获的一切财产。上文所述的奈最尔人的财产,就属于敌产。因为穆斯林没有策马驱驼,就获得了这些财产。换言之,穆斯林没有和敌人进行直接战斗。而这些人被安拉赋予使者的威慑力所震撼,自愿放弃财产。因此,使者可以任意支配这笔财产。使者把它们主要花费在下列经文所述的一些公益事业中。安拉说:"**安拉赏给他的使者的敌产,你们并没有为了它策马驱驼。**"经文中的"敌产",指奈最尔人的财产。

"**但是安拉却使他的使者征服他所意欲的人。安拉是全能于万事的**",即安拉是大能的,不可能抗拒的,万物都在他的控制之下。

"**安拉从各城镇的人中赏给他的使者的敌产。**""**各城镇**"指像奈最尔地区一样,通过非战斗手段解放的一切地区。这些地区的断法,跟奈最尔地区的断法一样。因此,经文说,"**属于安拉、使者、近亲、孤儿、赤贫者和旅客。**"欧麦尔说:"奈最尔人的财产,属于安拉对使者的特别封赏,穆斯林们没有为此而策马驱驼。所以,它专属于使者。他为他的家人从中拿出一年的生活花费(另据传述,一年的生活资料)。使者将其他财产用于(购买)主道的战马和武器方面。"(1)

马立克·本·奥斯说,正午时候,欧麦尔派人来叫我,我来时,他正坐在床上,床上只铺着一件织品(2)。他见我进门,就说:"马立克啊!你族人中的有些家庭因为饥荒找我了,我已经命人给他们一点封赏,请你在他们中分配它吧!"我说:"最好你命令别人去办理。"欧麦尔说:"你办理吧!"此后叶勒法来到欧麦尔跟前说:"信士的长官啊!你能让奥斯曼、阿卜杜·拉赫曼、祖拜尔·本·尔瓦穆、赛尔德·本·艾布·宛葛思进来吗?"欧麦尔说:"可以。"经过允许后,他们都进来了。然后叶勒法到来说:"信士的长官啊!你能让阿拔斯和阿里进来吗?"欧麦尔说:"可以。"经过允许后,二人进来了。阿拔斯说:"信士的长官啊!请在我和此人(指阿里)之间判决吧!"有的人说:"信士的长官啊!是的。请在他俩间判决!请让他们都心服口服吧!"马立克·本·奥斯说,我想,这些人都是他们俩叫来的。欧麦尔对二人说:"且慢!"然后他面向进来的这群人说:"我以天地凭其允许而成立的安拉名义问你们,你们是否知道安拉的使者曾说:'我们不能被继承,我们留下的都是施舍品'?"众人回答:"知道。"然后欧麦尔面向阿里和阿拔斯说:"我以天地凭其允许而成立的安拉的名义问你俩,你俩是否知道安拉的使者曾说:'我们不能被继承,我们留下的都是施舍品'?"二人回答:"知道。"欧麦尔说:"安拉曾给使者赏赐不同于其他任何人的特权,安拉说:'**安拉赏给他的使者的敌产,你们并没有为了它策马驱驼。但是安拉却使他的使者征服他所意欲的人。安拉是全能于万事的。**'安拉曾将奈最尔人的财产特赐给使者,以安拉发誓,他没有将它赏赐你们,也没有独自占有它。他从中拿了一年的家庭生活花费后,将其余的作为了公产。"

然后欧麦尔面向众人问:"我以天地凭其允许而成立的安拉的名义问你们,你们知道这一点吗?"众人回答:"知道。"他又面向阿里和阿拔斯问:"我以天地凭其允许而成立的安拉的名义问你俩,你俩知道这一点吗?"俩人回答:"知道。"(欧麦尔对阿拔斯说)安拉的使者归真后,艾布·伯克尔说:"我是使者的全权委托人。"于是你和这人去艾布·伯克尔跟前,你要求你侄子留给你的遗产,这人要求他妻子的父亲留给女儿的财产,艾布·伯克尔说,安拉的使者曾说:"我们不能被继承,我们留下的都是施舍品。"安拉知道,艾布·伯克尔确实是诚实的、正义的、正直的、坚持真理的,此后艾布·伯克尔掌管着穆圣的遗产。艾布·伯克尔归真后,我说,我是安拉的使者和艾布·伯克尔的全权委托人,于是安拉让我掌管了它。这时,你和这人来我跟前,你俩还是老生常谈。你俩向我要求把那笔财产交给你们。我说,如果你们愿意,我会把它交给你们。但我有个条件,你俩要以安拉的使者掌握它的方法掌握它。于是你们按照这个条件,从我手中掌握了那些财产。然后你俩又来了,居然要求我用另外一种方法加以判决。以安拉发誓,我不会用另一种方法给你俩判决的,直到末日到来。如果你俩无能力掌管,那就把它交给我吧!(3)

"**以免它成为你们当中富人的专利**",即我规定了敌产的这些用途,以免富人们垄断它,并以自己的私欲和主见支配它,而穷人不能从中受益。

---

(1)《布哈里圣训实录诠释——造物主的启迪》8:498;《穆斯林圣训实录》3:1376;《艾布·达乌德圣训集》3:371;《提尔密济圣训全集诠释》5:381;

(2)这里讲述的是欧麦尔任哈里发期间的事情。——译者注

(3)《艾布·达乌德圣训集》365;《布哈里圣训实录诠释——造物主的启迪》13:290;《穆斯林圣训实录》3:1377;《提尔密济圣训全集诠释》5:233;《圣训大集》7:136。

## 命人服从使者的一切命令和禁令

清高伟大的安拉说:"使者给予你们的,你们当接受;使者所禁止的,你们当戒绝。"即无论使者给你们命令什么,你们都要服从,无论他禁止你们做什么,你们都不能触犯他的禁令。因为他只命人行善,只止人作恶。

伊本·麦斯欧迪说:"愿安拉诅咒黥墨的妇女和要求人黥墨的妇女、开脸的妇女[1]和为了美容而分开牙齿的妇女,以及改变安拉的原造的妇女。"他说,有位艾赛德族的妇女(她在家中被称为乌姆·叶尔孤白)听到这句话后来找他,她说:"听说你说了这些话,是吗?"他说:"我为什么不能诅咒安拉的使者和安拉的经典所诅咒的人呢?"她说:"我通读了《古兰》,但我没有发现你所说的这些事情。"他说:"如果你详细去读,你会发现的。你是否读过'使者给予你们的,你们当接受;使者所禁止的,你们当戒绝'?"她说:"读过。"他说:"安拉的使者禁止过那种行为。"她说:"我想,你的妻子也在这样做。"他说:"请你去看看吧!"她去看后没有看到那种情况。于是她回来说:"我没看到。"他说:"如果真是那样,我不会和她同床的。"[2] 两圣训实录辑录,安拉的使者说:"我命令你们做一件事情时,你们当尽力去做。当我禁止你们做一件事情时,你们当戒绝。"[3]

"你们要敬畏安拉。安拉是惩罚严厉的",即你们当通过服从安拉的一切命令,放弃他所禁止的一切事情来敬畏他,因为对于违抗他,违反他的命令、触犯他的禁令的人而言,他的惩罚是非常严厉的。

❦ 8.(敌产)属于那些寻求安拉的恩典和欢喜、相助安拉及其使者,而被逐出家园,离开孩子的贫困迁士。这等人,确实是忠诚的。❦

❦ 9.那些在他们以前已建立家园并已坚定信仰的人们,他们爱护那些移居到他们那儿的人们,并且,对迁士所获得的,在他们的心中没有怨恨,他们即便自己有特需,也要舍己让人。自身的贪念被戒除的人,这等人,确实是成功的。❦

❦ 10.那些在他们之后到来的人说:"我们的主啊!求你恕饶我们和在我们以前归信的弟兄们,求你不要在我们的心中置入对归信者的怨恨。我们的

---
(1) 开脸,指剃净脸上的毛和眉毛。——译者注
(2)《艾哈麦德按序圣训集》1:433;《布哈里圣训实录诠释——造物主的启迪》8:498;《穆斯林圣训实录》3:1678。
(3)《布哈里圣训实录诠释——造物主的启迪》8:498;《穆斯林圣训实录》2:975。

---

主啊!你的确是至爱的、至慈的。"❦

## 可以接受敌产的人 迁士和辅士的尊贵

清高伟大的安拉在这里介绍可以接受敌产的穷人的情况,说,"属于那些寻求安拉的恩典和欢喜,相助安拉及其使者,而被逐出家园,离开孩子的贫困迁士",即他们为了追求安拉的喜悦,离开家乡和亲人。

"这等人,确实是忠诚的",即他们是言行可信之人,这些人是一些迁士的领袖。

然后安拉表扬那些辅士,并指出了他们的尊贵,这些人心胸开阔(不嫉妒他人),舍己助人。安拉说,"那些在他们以前已建立家园并已坚定信仰的人们",即他们在大批迁士到来之前就已定居此地,早在许多人归信之前就已经接受了正信。欧麦尔说:"我要忠告继任我的下一任哈里发善待早期的迁士,应该认识他们的权益,维护他们的尊严;我还要忠告他善待辅士们,他们以前就已建立家园,并坚守信仰。他应该接纳他们中的行善者,宽待他们中的作恶者。"[4]

---
(4)《布哈里圣训实录诠释——造物主的启迪》8:499。

"**他们爱护那些移居到他们那儿的人们**"，即他们的尊贵品性之一是，他们喜爱那些迁士们，与他们同甘共苦。艾奈斯说："迁士们说：'安拉的使者啊！我们从没有见过这样一些人，我们去他们那里后，他们与我们同甘共苦。他们负担了我们的劳苦，并和我们同享收成。以致我们担心他们将获得所有的报酬（而我们从中无份）。'使者说：'不会的。只要你们一直赞美他们，并祈求安拉赐福于他们。'"(1)

布哈里传述，穆圣曾叫来辅士们，要把巴林划分给他们，但他们说："不行，除非你给予我们的迁士兄弟们予同等的封赏。"先知说："如是这样，你们就忍耐吧，以至你们与我（在后世）相会。因为我之后将会出现自私自利现象。"(2)

艾布·胡莱赖说："辅士们（对穆圣）说：'请把枣树园划分给我们和我们的兄弟吧！'使者说：'不行。'他们（辅士对迁士）说：'你们可以解决我们的劳动，我们和你们共享果实，行吗？'迁士们说：'我们听从。'"(3)

### 辅士绝不嫉妒迁士

"**并且，对迁士所获得的，在他们的心中没有怨恨**"，即辅士们不会因为安拉恩赐迁士地位、尊严、名誉和品级而嫉妒他们。

"**他们被给予的。**"格塔德认为指他们的兄弟所获得的。伊本·栽德也持这种观点。

### 辅士的礼让

"**他们即便自己有特需，也要舍己让人**"，即他们把别人的需求放到自己的需求前面。即便在自己有需求的时候，他们也愿意把容易让给别人。

安拉的使者说："最贵的施舍是贫穷者的施舍。"(4) 这段经文所述的品级，高于下列经文所述的品级：《他们在爱他的情况下，把食物供给赤贫者、孤儿和俘虏。》（76：8）和《并在喜爱它的情况下，将财产施舍给亲属……》（2：177）后两处经文中所说的是，这些人在自己爱财产的情况下把财产施舍给别人，而他们自己或许对这些财产并不急需或特需。而本章经文所述的是，在自己有特需和急需的情况下，把财产让给了别人。虔信者艾布·伯克尔就获得了这一品级。他曾把自己的所有财产贡献给了主道。当使者问"你为家人留下了什么"时，他回答："我为他们留下了安拉及其使者。"(5) 艾克莱麦及其二位战友也是如此，在叶尔姆克战役中，他们三人在急需水的情况下，把仅有的一点水让来让去，最后三人干渴而死，但谁都没有喝一口水。愿安拉喜悦他们！

艾布·胡莱赖说，有人来见安拉的使者，说："安拉的使者啊！我遭受了困难。"使者派人到妻子们跟前后没有发现任何东西。于是使者问："今夜谁愿招待这人？愿安拉慈悯他！"有位辅士站起来说："安拉的使者啊！我招待。"这位辅士回到家后问妻子："这是安拉使者的客人，请把所有的食物都拿出来，不要存放。"妻子说："家里只有小孩的食物。"辅士说："小孩晚上要吃饭时，你让他们睡觉，并熄灭灯。这夜我们要收紧自己的肚子。"于是妻子照办。早上辅士见到使者后，使者说，安拉因为某男某女的行为而惊喜！(6) 安拉还降谕道："**他们即便自己有特需，也要舍己让人。**"(7)

"**自身的贪念被戒除的人，这等人，确实是成功的**"，即谁不受自私影响，谁确已成功了。

安拉的使者说："你们当防备亏枉，因为亏枉是复生日的重重黑暗。你们当防备吝啬，因为吝啬毁灭了你们的前人，它促使他们流血冲突，视非法为合法。"(8)

伊本·西俩里传述，有人来见阿卜杜拉，说："阿卜杜·拉赫曼啊！我担心自己毁灭。"阿卜杜拉问："怎么回事？"那人说："我听安拉说：'自身的贪念被戒除的人，这等人，确实是成功的。'我却是一个吝啬的人，我几乎一毛不拔。"阿卜杜拉说："这不是安拉在《古兰》中所说的吝啬。安拉在《古兰》中所说的吝啬指你侵吞你兄弟的财产，那就是吝啬。它真卑鄙啊！"(9)

"**那些在他们之后到来的人说：'我们的主啊！求你恕饶我们和在我们以前归信的弟兄们，求你不要在我们的心中置入对归信者的怨恨。我们的主啊！你的确是至爱的、至慈的。'**"这是可以接受敌产的第三种穷人。他们首先是迁士，然后是辅士，然后是继承他们行善的再传弟子。正如《忏悔章》所述：《迁士和辅士中的先驱，以及那些追随他们行善的人，安拉喜悦了他们，他们也喜爱安拉。》（9：100）"**追随他们行善的人**"指追随前人的良好作风和品性，并且公开和秘密地为他们向

---

(1)《艾哈麦德按序圣训集》3：200。
(2)《布哈里圣训实录诠释——造物主的启迪》7：146。
(3)《布哈里圣训实录诠释——造物主的启迪》5：11。
(4)《艾布·达乌德圣训集》2：146。
(5)《提尔密济圣训全集诠释》10：161。
(6)《布哈里圣训实录诠释——造物主的启迪》8：500。
(7)《布哈里圣训实录诠释——造物主的启迪》7：149；《穆斯林圣训实录》3：1624、1625；《提尔密济圣训全集诠释》9：197；《圣训大集》3：323。
(8)《穆斯林圣训实录》4：1996；《艾哈麦德按序圣训集》3：323。
(9)《泰伯里经注》28：29。

安拉祈求的人。

因此，本章的经文说："那些在他们之后到来的人说：'我们的主啊！求你恕饶我们和在我们以前归信的弟兄们，求你不要在我们的心中置入对归信者的怨恨。我们的主啊！你的确是至爱的、至慈的。'""怨恨"指恼怒、嫉妒。伊玛目马立克从这段经文中剖析的下列断法太精彩了，他说辱骂圣门弟子的拒绝派不能获得敌产。因为他们不具备可接受敌产的那些人的优良品质，安拉引述他们的话说："我们的主啊！求你恕饶我们和在我们以前归信的弟兄们，求你不要在我们的心中置入对归信者的怨恨。我们的主啊！你的确是至爱的、至慈的。"

阿伊莎（愿主喜悦之）说："他们（拒绝派）奉命为圣门弟子们求饶，但他们却辱骂圣门弟子。"她接着读道："那些在他们之后到来的人说：'我们的主啊！求你恕饶我们和在我们以前归信的弟兄们……'"[1]

◈ 11.你可曾见到那些伪信士吗？他们对有经人中不信的弟兄们说："如果你们被驱逐，我们一定会跟你们一同出走，我们也决不听从任何人而对抗你们，如果你们被攻击，我们一定会援助你们。"安拉见证他们确实是说谎的人。◈

◈ 12.如果他们被逐出，他们（伪信士）绝对不会跟他们一同出走。如果他们被攻击，他们（伪信士）也绝不会援助他们。即使他们援助他们，他们也会背转而逃，最终他们得不到援助。◈

◈ 13.他们的心中，你们比安拉更可怕，这是因为他们是一个不参悟的群体。◈

◈ 14.他们不会全体和你们作战，除非在被加固的城镇中，或是从墙的后面。他们彼此之间的敌意是严重的。你会认为他们是一个整体，其实他们的心却是分裂的，这是因为他们是一个不参悟的群体。◈

◈ 15.（他们）就像那些在他们以前逝去不久的人，他们已经尝试到他们事情的恶果。他们还将遭受痛苦的刑罚。◈

◈ 16.（伪信士）就像魔鬼，当时它对人说："你要否认！"但是当他否认时它却说："我与你无关，我畏惧安拉，众世界的主！"◈

◈ 17.他俩的后果都是进入火狱，永居其中。那就是不义者的报应。◈

### 伪信士对奈最尔人的空口承诺

清高伟大的安拉说，阿卜杜拉·本·吾班叶等伪信士们致信奈最尔族犹太人，承诺将为他们提供协助。安拉说："你可曾见到那些伪信士吗？他们对有经人中不信的弟兄们说：'如果你们被驱逐，我们一定会跟你们一同出走，我们也决不听从任何人而对抗你们，如果你们被攻击，我们一定会援助你们。'"

清高伟大的安拉说，"**安拉见证他们确实是说谎的人**"，即这些伪信士对犹太人的承诺是靠不住的。伪信士们或者只是嘴上说说而已，心里根本没有履行承诺的念头；或者他们根本做不到所作的承诺。

因此，清高伟大的安拉说，"**如果他们被攻击，他们也绝不会援助他们**"，即伪信士不会和犹太人并肩作战。

"**即使他们援助他们，他们也会背转而逃**"，意为，即便伪信士和犹太人并肩作战，这些伪信士"也会背转而逃，最终他们得不到援助。"这段经文对穆民则是一个喜讯。正如安拉所言：◈ 突然间他们当中的部分人如害怕安拉那样害怕人，甚至更加害怕。◈（4：77）

因此，清高伟大的安拉说："这是因为他们是一个不参悟的群体。"

---

（1）《穆斯林圣训实录》4：2317。

然后清高伟大的安拉说，"他们不会全体和你们作战，除非在被加固的城镇中，或是从墙的后面"，即他们因为胆怯和懦弱，没有能力和伊斯兰军正面交锋。他们要么被包围在城堡中，要么蜷缩在城墙后面，万般无奈地抵御进攻。

"他们彼此之间的敌意是严重的。""敌意"指仇恨。正如安拉所言：❦或使你们尝试彼此的伤害。❧（6：65）

因此，清高伟大的安拉说，"你会认为他们是一个整体，其实他们的心却是分裂的"，即你看起来他们很团结，很统一，其实他们已经达到分裂的边缘。伊布拉欣·奈赫伊说，经文指有经人和伪信士。

"这是因为他们是一个不参悟的群体。"

然后清高伟大的安拉说："（他们）就像那些在他们以前逝去不久的人，他们已经尝试到他们事情的恶果，他们还将遭受痛苦的刑罚。"伊本·阿拔斯说"他们以前逝去不久的人"指奈最尔的犹太人。[1] 格塔德等人也持此观点。[2]

## 在这件事情中伪信士和犹太人的例子

清高伟大的安拉说，"（伪信士）就像魔鬼，当时它对人说：'你要否认！'但是当他否认时它却说：'我与你无关'"，即这些伪信士欺骗犹太人，谎称将给他们提供援助。然而事情真的到了节骨眼，犹太人被包围，并遭受战争的时候，他们却置之不理。他们无异于那些唆使人否认安拉的恶魔，而当人听命于它们时，它们却和人脱离关系，划清界限，它们说："我畏惧安拉，众世界的主！"求安拉庇佑我们免遭恶魔的蛊惑。

"他俩的后果都是进入火狱，永居其中"，即无论是命人否认安拉的恶魔，还是听命于它的人，他们永久的归宿都是火狱的烈火。

"那就是不义者的报应"，即这是所有不义者的下场。

❦18.有正信的人们啊！你们要敬畏安拉，人应该看一看，他为明天做了些什么？你们要敬畏安拉，安拉彻知你们所做的一切。❧

❦19.你们不要像那些忘记了安拉，因而他使他们忘记了他们自己的人。这些人确实是叛逆的。❧

❦20.火狱的居民和乐园的居民不相等，乐园的居民才是成功的。❧

## 命人敬畏安拉，并为复活之日做准备

伊玛目马立克传述，孟则尔·本·哲利尔的父亲说，有一天上午，我们和安拉的使者☪在一起，这时来了一群赤脚赤身、披着花纹斗篷的佩剑者，他们中的大部分是（也可能全部都是）穆左勒人。安拉的使者☪从他们身上看到贫穷的迹象后，面色都改变了。圣训传述者说，使者因此而进进出出（坐立不安），他命令比拉勒念宣礼。礼拜完毕后，使者站起来讲道：❦世人啊！你们要敬畏你们的主，他由一个人造化了你们……❧（4：1）使者还读了《放逐章》中的下列经文："人应该看一看，他为明天做了些什么？"于是人们纷纷施舍他们的一个金币、一个银币、一升麦子、一升枣……穆圣☪当时甚至说："哪怕施舍半个枣。"这时一位辅士带来一个袋子，他的手几乎提不起它。人们陆续到来，最后我看到了两堆食物和衣服。我看到使者的脸上像镀金一样泛着光彩。使者说："谁在伊斯兰中创了一个好的先例，他将因为这项先例而受到奖赏，并能得到除他之外遵循这项先例的人的奖赏，但他得到的奖赏不会对那些遵循者的奖赏造成任何损失；谁在伊斯兰中创了一个坏的先例，他将因为这项先例而受到惩罚，并要遭受除他之外遵循这项先例的人的惩罚，但他遭受的惩罚不会对那些遵循者的惩罚有任何减轻。"[3] "有正信的人们啊！你们要敬畏安拉。"经文命令人们坚守敬畏，敬畏包括执行安拉的一切命令，放弃他所禁止做的一切事情。

"人应该看一看，他为明天做了些什么？"即你们在受到清算之前，应该自我检讨，你们应该看看，你们为归宿之日和谒见安拉之日而为自己储备了多少善功？

"你们要敬畏安拉"，这是对前文的强调。

"安拉彻知你们所做的一切"，即你们要知道，安拉知道你们的一切功行和状况，你们的任何行为——无论巨细，都无法隐瞒他。

"你们不要像那些忘记了安拉，因而他使他们忘记了他们自己的人"，即你们不要忘了记念安拉，否则安拉会使你们忘记做一些对你们的归宿有益的事情。因为人干什么，就会得到什么报应。

因此，清高伟大的安拉说，"这些人确实是叛逆的"，即他们是不服从安拉的人，在复生日毁灭的人，在归宿日亏折的人。正如安拉所言：❦有正信的人们啊！不要让你们的财富和子嗣使你们贻误了对安拉的记念。谁那样做，他们确实是亏折的。❧（63：9）

---

[1]《泰伯里经注》23：293。
[2]《泰伯里经注》23：293。
[3]《穆斯林圣训实录》2：704；《艾哈麦德按序圣训集》4：358。

## 乐园的人和火狱的人不相等

"火狱的居民和乐园的居民不相等"，即在复生日安拉的判决中，这两种人是不相等的。安拉说：❮那些犯罪累累的人以为我要将他们和那些归信并行善的人等量齐观，而使他们的生与死成为相等的吗？他们的判断太差了。❯（45：21）又❮瞎子和有眼光的人不同，那些归信并行善的人和那作恶的人也不同，你们很少觉悟。❯（40：58）又❮难道我要使归信并行善的人，像在大地上为非作歹的人一样吗？或者我要使敬畏的人和邪恶的人一样吗?❯（38：28）还有另一些经文，证明安拉将使善人尊贵，使恶人卑贱。

因此，本章的经文说，"乐园的居民才是成功的"，即他们将脱离安拉的惩罚，不受惩罚影响。

❮21.我如果把这《古兰》降在一座山上，你一定会看到它由于畏惧安拉而成为恐惧的，崩溃的。这些例子，我为人类举出它，以便他们思考。❯

❮22.他是安拉，除他外没有应受拜的，他知道一切可见物与幽玄，他是普慈的、特慈的。❯

❮23.他是安拉，除他外没有应受拜的。他是君主、神圣的、全美的、赐安宁的、监护万物、优胜的、尊大的、至上的。赞美安拉清净，他超绝于他们为他所举伴的；❯

❮24.他是安拉，创造者，造化者，是赋予形象的主。一切最美的名字都属于他。在诸天与大地中的一切都赞美他清净无染，他是优胜的、智慧的。❯

## 《古兰》的伟大

清高伟大的安拉说，《古兰》是一部伟大的经典，它地位高洁，人们听到它后，应该感到敬畏并被震撼。因为其中包括许多真实的许诺和严厉的警告。

"我如果把这《古兰》降在一座山上，你一定会看到它由于畏惧安拉而成为恐惧的，崩溃的"，即倘若这部《古兰》被降给粗犷、坚硬的山陵，那么它在理解并进一步深刻参悟它的意义之后，一定会因为害怕安拉而必恭必敬，并崩溃瓦解。人啊！你们确实已经理解安拉的命令，并研究了他的经典，而你们的内心因何不因为害怕安拉而柔顺、谦恭和恐惧呢？

因此，清高伟大的安拉说："这些例子，我为人类举出它，以便他们思考。"

据一段多渠道传述的圣训载录，安拉的使者让人造了一座讲台。此前使者演讲时总站在清真寺内的一棵枣树枝旁边。讲台被安置好后，使者离开枣树枝第一次向讲台方向走去时，那枣树枝发出悲鸣声，并开始像一个受到安慰的小孩一样呻吟，因为它曾经听到使者讲述许多教诲和启示。据有些传述载，"哈桑·巴士里曾经就此说，你们比这棵枣树更应该想念安拉的使者！"[1] 即便是那默默无言的大山，听到安拉的言语，理解它的意义后，也要必恭必敬，因为害怕安拉而崩裂，而你们听到了它，并理解了它之后，又将如何面对呢？安拉确曾说过：❮如果曾有本古兰，可以用来移动山岳、分裂大地、使死者说话……❯（13：31）前文已述，经文指如是这样，那么这部《古兰》更应该做到这一切。安拉也曾说过：❮的确，有些岩石，一些溪流从中流出；有些岩石破裂后，有水从中流出；还有另外一些岩石由于畏惧安拉而坠落。❯（2：74）

## 以安拉的尊名和属性赞美安拉光荣

"他是安拉，除他外没有应受拜的，他知道一切可见物与幽玄，他是普慈的、特慈的。"清高伟大的安拉说，应受拜的，只有他；他是惟一的调养者；是宇宙的惟一主宰；除他之外的一切受拜者，都是虚假的；他知道幽玄和可见之物，换言之，他了解我们能看见的一切事物和不能看见的一切事物。因为天地间大大小小的任何物都不能隐瞒他，哪怕它是重重黑暗中的一粒芥子。

"他是普慈的、特慈的。"前文已经注释了这节经文，此处不再赘述。概言之，安拉的慈悯包罗万物，他普慈今世，特慈后世。安拉确曾说过：❮但我的怜悯包罗万物。❯（7：156）❮你们的主已规定以慈悯为己任。❯（6：54）又❮你说："凭着安拉的恩惠和仁慈，让他们因此而欢乐吧，这比他们所聚敛的要好。"❯（10：58）

然后经文说："他是安拉，除他外没有应受拜的。他是君主。"他掌握并支配着万物，而不受任何阻力或影响。

"神圣的"，沃海布·本·穆南毕哈解释为纯洁的；穆佳黑德等人解释为吉庆的。[2] 伊本·朱莱杰解释为尊贵的天使们赞美他圣洁。[3]

"全美的"，即他没有任何缺点或瑕疵，因为他的本然、属性和行为，都是完美的。

"赐安宁的"，伊本·阿拔斯解释为他赐给被造物安宁，因为他不会亏待他们；[4] 格塔德解

---

（1）《布哈里圣训实录诠释——造物主的启迪》6：696；《达勒密圣训集》1：34、35。
（2）《泰伯里经注》23：302。
（3）《散置的珠宝》8：123。
（4）《散置的珠宝》8：123。

释说，他通过说他是真的而赐给人类安宁；[1]伊本·栽德认为他通过穆民众仆对他的归信，肯定了他们。[2]

"监护万物的"，伊本·阿拔斯等学者解释为："安拉是被造物的一切行为的见证者。"[3]正如下列节文所述：《安拉是万物的见证者。》（85：9）又《安拉是见证他们的行为的。》（10：46）《监护着每个性灵的行为的安拉（和那些伪神们一样吗）？》（13：33）

"优胜的"，即安拉优于万物，并征服了它们，他是不可侵犯的，因为他尊贵、伟大、强胜和高洁。

因此说："尊大的、至上的。"尊大只适合他，至上也只属于他。正如圣训所说："（安拉说）伟大是我的衣服，尊大是我的大衣，谁和我争夺其中任何一个，我就惩罚谁。"[4]

"赞美安拉清净，他超绝于他们为他所举伴的。"

"他是安拉，创造者，造化者，是赋予形象的主。""创造"指定夺，"造化"指初次创造，指安拉把他的决定变成现实。因为只有安拉能够决定和安排一切事情，并能把它们全都变为现实。

"创造者，造化者，是赋予形象的主"，即如果安拉要让某物存在，只需说一声"有"，那物就会按安拉所意欲的特征和形式存在。正如安拉所言：《他依他所意欲的任何形象构造你。》（82：8）

因此说："是赋予形象的主。"他所意欲的一切，都将按他所意欲的特征实现。

## 最美的名字

清高伟大的安拉说："一切最美的名字都属于他。"《高处章》已经注释了相似的经文。安拉的使者㊐说："安拉有九十九个尊名，谁掌握了它们[5]，他就会进入乐园。安拉是独一的，他喜欢单数。"[6]

## 万物赞美安拉

清高伟大的安拉说："**在诸天与大地中的一切都赞美他清净无染。**"另一节经文说：《七重天与大地以及其中的万物，都赞颂他清净。没有一物不赞颂他，但是你们却不了解它们的赞颂。他确实是宽仁的、至恕的。》（17：44）

"他是优胜的"，即他是神圣不可侵犯的。

"智慧的"，即安拉的法律和决定，都是富有哲理的、智慧的、精确的。

*《放逐章》注释完。一切感赞全归安拉。*

---

# 《受考验的妇女章》注释 麦地那章

### 奉普慈特慈的安拉之尊名

《1.有正信的人们啊！你们不要把我的敌人和你们的敌人当作朋友，而对他们表示友爱。他们确已否认了降给你们的真理。他们驱逐使者和你们，只因你们归信安拉——你们的主。如果你们为了在我的道路上奋斗和寻求我的喜悦而出动（你们就不要和他们为友）。你们暗中对他们表示友爱，而我却熟知你们所隐藏的和公开的一切。你们当中谁这样做，他确已迷失了正道。》

《2.如果他们发现你们，他们就会成为你们的敌人，并将邪恶地把他们的手和舌头伸向你们，他们希望你们不信。》

《3.你们的亲属和你们的子女将对你们无益，在复生日他要把你们分开。安拉全观你们的行为。》

## 《受考验的妇女章》降示的原因

这一尊贵章节的前几节经文的降示，与哈特卜的事迹有关。哈特卜是一位迁士，参加过白德尔战役，他的儿女和财产都在麦加，而他本人并不属于古莱什族。但他是奥斯曼的结盟者。麦加人撕毁了和安拉使者㊐的协约后，使者决定解放麦加。于是使者命令穆斯林作好战斗准备。使者说："主啊！不要让他们听到我们的消息。"哈特卜则写了一封信，托一位古莱什妇女向麦加人通风报信，告诉使者的决定。他想以此在古莱什人那里落一个人情。安拉应答了使者的祈祷，使他知道了这件事情，于是使者派人前去追赶那个妇女，并从她手中缴获了

---

[1]《泰伯里经注》23：303。
[2]《泰伯里经注》23：303。
[3]《伯尔威经注》4：326。
[4]《穆斯林圣训实录》4：2023。
[5]指背记这些尊名，用它们祈祷，并遵循其中要求。——译者注
[6]《布哈里圣训实录诠释——造物主的启迪》11：218；《穆斯林圣训实录》4：2063。

秘信。确凿的圣训对这件事情有明确记录。

阿里说，安拉的使者㊐派遣了我、祖拜尔和米格达德。使者说："你们去哈赫园子，那里有个妇女携带一封信，从她手中缴获信。"于是我们快马来到园子，发现有位坐驼轿的妇女，我们说："拿出信来！"她回答："我没有带什么信。"我们说："你要么交了信，要么被脱去衣服。"后来她从辫子中拿来一封信。我们拿着信来见使者。这封信居然是哈特卜写给一些麦加多神教徒的。信中向他们通报使者的一些情况。安拉的使者㊐问："哈特卜！这是怎么回事？"哈特卜说："请不要急于处理我，我是古莱什人的结盟者，但不属于古莱什族。和你在一起的迁士们，都在麦加有亲属，这些亲属可以保护他们在麦加的亲人。而我和麦加人却没有这层关系，所以我想在他们中落个人情。我做的这一切，绝不是出于否认或背叛正教，也不是出于归信伊斯兰之后对隐昧的情愿。"使者（对圣众弟子）说："他给你们讲了实话。"

欧麦尔说："请让我砍了这个伪信士的脑袋！"使者说："他参加过白德尔战役，你怎能知道，安拉曾眷顾参加白德尔战役的人，然后说：'你们想做什么就做吧！我已经宽恕了你们。'"除伊本·马哲之外的圣训学泰斗，都传述过这段圣训。布哈里在其《战争卷》中补充说："于是安拉降下这章经文：'**有正信的人们啊！你们不要把我的敌人和你们的敌人当作朋友……**'"布哈里说，有人对苏富扬说："'**你们不要把我的敌人和你们的敌人当作朋友……**'就是因此而降示的吗？"苏富扬说："人们就在这么说，我从阿慕尔那里背记了它，我没有弃掉其中一个字母，但我不知道除我之外还有谁背记了它。"[1]

## 命人与隐昧者为敌，不援助他们

清高伟大的安拉说："**有正信的人们啊！你们不要把我的敌人和你们的敌人当作朋友，而对他们表示友爱。他们确已否认了降给你们的真理。**""他们"指敌视安拉、使者和穆民的多神教徒和隐昧者。安拉要穆斯林和他们断绝关系，并敌对他们，禁止穆斯林和他们结盟为友。正如安拉所言：《有正信的人们啊！你们不要将犹太人和基督教徒作为盟友。他们彼此是盟友。你们当中找他们作盟友的人就是他们的人。》（5：51）经文因此而发出严厉的警告。又《有正信的人们啊！你们不要跟那些嘲笑或玩弄你们宗教的人做朋友，不论他

们是在你们以前获得经典的人，或是一些隐昧者。你们要敬畏安拉，如果你们是穆民。》（5：57）《有正信的人们啊！你们不要舍众信士而以隐昧者为盟友，难道你们欲为安拉立一个不利于你们的明证吗？》（4：144）《信士们不要舍信士而以隐昧者为友。谁这样做，他就和安拉毫无关系。除非你们对他们小心防范。安拉叫你们留意他自己。》（3：28）因此，当哈特卜向安拉的使者㊐说明原因之后，使者原谅了他。

"**他们驱逐使者和你们。**"经文在指出隐昧者的这一罪行之前，鼓励穆民应该与隐昧者们为敌，不要和他们结盟为友。他们因为不愿意相信安拉独一，不愿虔诚只拜安拉，而将使者和你们驱逐到他乡。因此，安拉说，"**只因你们归信安拉——你们的主**"，即你们并没有冒犯他们，他们对你们的恨只产生于你们对安拉的归信。正如安拉所述：《他们（隐昧者）愤恨他们，只是因为他们归信了优胜的、可赞的安拉。》（85：8）又《那些被无理地从他们的家园赶出来的人，只因为他们说："我们的主是安拉。"》（22：40）

"**如果你们为了在我的道路上奋斗和寻求我的喜悦而出动**"，即如果你们是这样的，你们就不要

---

[1]《布哈里圣训实录诠释——造物主的启迪》6：166、7：592、8：502；《穆斯林圣训实录》4：1941；《艾布·达乌德圣训集》3：108；《提尔密济圣训全集诠释》9：198；《圣训大集》6：487。

和他们为友。

如果你们为了寻求安拉的喜悦，出于主道作战，你们就不要和我的敌人与你们的敌人为友。他们当初因为嫉恨你们，而使你们背井离乡，丧失财产。

"你们暗中对他们表示友爱，而我却熟知你们所隐藏的和公开的一切。"你们在做这些事情，然而我知道一切秘密和内心想法，并且知道一切明显的事情。

"你们当中谁这样做，他确已迷失了正道。如果他们发现你们，他们就会成为你们的敌人，并将邪恶地把他们的手和舌头伸向你们"，即如果他们能办到，他们一定会不遗余力地用言行伤害你们。

"他们希望你们不信。"他们希望你们不得幸福，并且他们对你们的仇恨不是溢于言表，就是深藏心底。你们怎能和这种人结盟为友呢？经文鼓励穆斯林与他们为敌。

"你们的亲属和你们的子女将对你们无益，在复生日他要把你们分开。安拉全观你们的行为"，即如果安拉要你们遭受不测，你们的亲属关系在安拉那里对你们没有益处；如果你们要以安拉恼怒的方法取悦于他们，他们的益处也不会达到你们。谁为了取悦于否认者而和他同流合污，谁必会失望并折本，他的功行徒劳无益，在安拉那里，他与任何人的亲属关系都无济于事，哪怕他是某一位先知的亲属。伊玛目艾哈麦德传述，有人问："安拉的使者啊！我的父亲在哪？"穆圣 ﷺ 回答："在火狱中。"那人转身离开之际，穆圣 ﷺ 叫回他说："我的父亲和你的父亲都在火狱中。"[1]

۞ 4.伊布拉欣和跟他一道的人，确实是你们的好榜样。当时他们对他们的族人说："我们跟你们和你们在安拉之外所拜的无关。我们不信你们，在我们和你们之间，永久的仇恨已经明显了，直到你们信仰独一的安拉。"除非伊布拉欣对他父亲所说的话，他说："我一定要为你祈求恕饶，但是在安拉那里我不为你掌握什么。"他们说："我们的主啊！我们只托靠你，只归向你，归宿只在你那里。۞

۞ 5.我们的主啊！不要使我们遭受隐昧者的迫害。我们的主啊！求你恕饶我们，你确实是优胜的、明哲的。" ۞

۞ 6.他们对于向往安拉和末日的你们，确实是好榜样。谁背叛，安拉确实是富裕的、受赞美的。۞

---

(1)《穆斯林圣训实录》1：191；《艾哈麦德按序圣训集》3：268；《艾布·达乌德圣训集》5：90。

## 伊布拉欣及其同道与隐昧者划清界限

清高伟大的安拉命令穆民众仆疏远隐昧者，与他们断绝关系，并敌对他们。"伊布拉欣和跟他一道的人，确实是你们的好榜样。""跟他一道的人"指和他一起归信的人。

"当时他们对他们的族人说：'我们跟你们和你们在安拉之外所拜的无关。我们不信你们'。"我们和你们无干，我们不相信你们的宗教和方法。

"在我们和你们之间，永久的仇恨已经明显了"，即从现在起，只要你们坚持隐昧，我们就和你们永远仇恨、敌对。我们将永远和你们划清界限，并恼怒你们。

"直到你们信仰独一的安拉"，即直到你们归信安拉独一，并惟独拜他，彻底放弃你们所崇拜的各种偶像。

"除非伊布拉欣对他父亲所说的话，他说：'我一定要为你祈求恕饶'"，即伊布拉欣及其同道是你们的好榜样，你们处处应该学习他们。但你们惟独不能学习伊布拉欣对其父亲求饶。因为那是他对父亲所允诺过的。后来当他明白他的父亲是安拉的敌人后，伊布拉欣便同他划清了界限。因为当时有些穆民为他们已故的多神教徒祖先祈祷、求饶。他们说伊布拉欣曾为他的父亲求饶。于是安拉降谕道：۞ 伊布拉欣为他的父亲祈求恕饶，是因为他（安拉）曾经答应过他。但是当他（伊布拉欣）明白了他（他父亲）是安拉的敌人时，他就和他断绝了关系。伊布拉欣确实是勤于祈求的，宽容的。۞（9：113-114）

"伊布拉欣和跟他一道的人，确实是你们的好榜样。当时他们对他们的族人说：'我们跟你们和你们在安拉之外所拜的无关。'……他说：'我一定要为你祈求恕饶，但是在安拉那里我不为你掌握什么。'"即但你们不能学习他们为多神教徒求饶。这是伊本·阿拔斯、穆佳黑德等人的主张。[2]

伊布拉欣及其同道们离开了族人，并与他们划清了界限，投奔向安拉，向安拉恳求道，"我们的主啊！我们只托靠你，只归向你，归宿只在你那里"，即我们在一切事务中只托靠你，把我们的事情只交付给你，我们只依赖你。

"归宿只在你那里。"后世的归宿只在你那里。

"我们的主啊！不要使我们遭受隐昧者的迫害。"穆佳黑德说，经文指：请你不要让他们折磨我们，你也不要以来自你的惩罚打击我们。否则他们会说，假若这些人坚持的是真理，他们就不会

---

(2)《泰伯里经注》23：318。

遭受这些打击。(1) 端哈克也有相同见解。格塔德认为经文的意思是：请你不要让他们在我们面前占上风，否则他们会迫害我们。他们会认为自己坚持了真理，才战胜了我们。伊本·哲利尔选择了这种解释。伊本·阿拔斯解释：请你不要让他们征服我们，否则他们要迫害我们。

"我们的主啊！求你恕饶我们，你确实是优胜的、明哲的"，即主啊！请你在别人面前掩盖我们的罪行，你也不要惩罚我们。"你确实是优胜的"，即谁向你求庇佑，谁就不会遭受压迫。

"明哲的"，即你的一切言行、法律和定然，都是富有哲理的、智慧的、精确的。

"他们对于向往安拉和末日的你们，确实是好榜样。"这是对前文的强调和重复。因为这里所强调的榜样，与前文完全一样。

"对于向往安拉和末日的"，经文鼓励每个归信安拉和归宿的人，要以此为榜样。

"谁背叛"，即谁抗拒安拉的命令……

"安拉确实是富裕的、受赞美的。"正如安拉所言：﴿穆萨说："如果你们和大地上的人都忘恩负义，那么，安拉确实是无求的，可赞的。"﴾（14：8）

伊本·阿拔斯解释"安拉确实是富裕的"时说，安拉在富裕方面达到了完美。这种属性只应属于安拉，安拉没有匹配者，任何物都不似像他，安拉真清净啊！他是独一的，强大的。

"受赞美的"，即安拉应该受到被造物的赞美。换言之，安拉的一切言行都是应该受到赞美的。他是独一的受拜者和主宰。

﴿7. 也许安拉要在你们和你们所仇视的人之间置入友爱。安拉是大能的，安拉是至恕的、特慈的。﴾

﴿8. 那些在你们的宗教中不跟你们作战，也不曾把你们逐出你们家园的人，安拉不禁止你们善待他们，且公平对待他们。安拉喜爱公平的人。﴾

﴿9. 安拉只禁止你们跟那些因你们的归信对你们作战，把你们赶出家园，并帮助别人驱逐你们的人结友。谁和他们结友，谁就是不义的。﴾

### 也许安拉会让穆民和他们的敌人互相友爱

安拉命令穆民众仆敌对隐昧者后说："也许安拉要在你们和你们所仇视的人之间置入友爱。"安拉将化恼怒为喜爱，化反感为友情，化分裂为团结。

"安拉是大能的"，即安拉能够把相互冲突、矛盾和不同的事物联系到一起。他将使那些仇恨和残酷的内心团结起来，使它们成为统一的整体。正如安拉讲述他对辅士的恩典时所说：﴿并且要铭记安拉对你们的恩典，你们原是仇敌，后来他团结了你们的心灵，由于他的恩典，你们变成了兄弟。你们原在火的边缘，是他从中拯救了你们。﴾（3：103）穆圣也曾对他们说："你们可否原在迷误之中，后来安拉通过我引导了你们？原在分裂中，安拉通过我团结了你们？原在贫穷中，安拉通过我使你们富裕？"(2) 安拉说：﴿他以他的援助和信士们来支持你。他已使他们万众一心。你即使付出大地上的一切，也不能使他们的心团结起来。但是安拉使他们相互团结了。他是优胜的、明哲的。﴾（8：62-63）圣训中说："你要适度地爱一个人或恨一个人，或许某天你所恨的人将成为你的朋友。你所爱的人将成为你的仇敌。"(3)

"安拉是至恕的、特慈的"，即如果隐昧者归向安拉、服从安拉并真心忏悔，安拉将宽恕他们当初的昧真罪。对于每个向安拉忏悔的人来说，无论

---

(1)《泰伯里经注》23：319。

(2)《布哈里圣训实录诠释——造物主的启迪》7：644。

(3)《提尔密济圣训全集诠释》6：133。

他曾犯过什么罪，安拉都是至赦的，至慈的。

## 可以善待那些不向你们发起宗教斗争的隐昧者

"那些在你们的宗教中不跟你们作战，也不曾把你们逐出你们家园的人"，即不帮助敌人驱逐你们出境，不向你发起宗教斗争的人，譬如妇女和弱者，"安拉不禁止你们善待他们，且公平对待他们。安拉喜爱公平的人。"

伊玛目艾哈麦德传述，艾布·伯克尔的女儿艾斯玛说："古莱什人控制麦加，并与穆斯林缔结和约的时候，我的母亲以一个多神教徒身份来找我。我去穆圣跟前问：'安拉的使者啊！我的背弃正信的母亲来见我，我能接济她吗？'穆圣回答：'可以，你接济你的母亲吧！'"(1)

伊玛目艾哈麦德传述，格蒂莱以一个多神教徒身份，带着礼物——黄油、奶酪和奶油来见她和艾布·伯克尔的女儿艾斯玛，而艾斯玛拒绝接受她的礼物，也不让她进门。阿伊莎（愿主喜悦之）向先知问及这件事后，安拉降谕道："**那些在你们的宗教中不跟你们作战，也不曾把你们逐出你们家园的人，安拉不禁止你们善待他们……**"穆圣遂命令艾斯玛接受礼物，并让她母亲进门。(2)

"安拉喜爱公平的人。"我们在《寝室章》已经注释相同的经文。圣训中说："公正持法、公平对待家人和下属的人们，在阿莱什右侧光明的讲台上。"(3)

## 禁止穆斯林和与之交战的多神教徒为友

清高伟大的安拉说，"**安拉只禁止你们跟那些因你们的归信对你们作战，把你们赶出家园，并帮助别人驱逐你们的人结友**"，即安拉只禁止你们和这种人结友，因为他们与你们为敌，与你们战争，并曾直接或间接驱逐你们离开家乡。安拉不但命令人们不要和他们交友，而且还命令与他们为敌。后面的经文再次强调了安拉的这一警告。正如安拉所言：*有正信的人们啊！你们不要将犹太人和基督教徒作为盟友。他们彼此是盟友。你们当中找他们作盟友的人就是他们的人。的确，安拉绝不引导不义的人。*（5：51）

*10.有正信的人们啊！当有正信的妇女迁徙而来时，你们要考验她们。安拉至知她们的信仰，如果你们知道了她们是归信者，就不要把她们遣回给隐昧者。她们对他们不合法，他们对于她们也不合法。但你们要把他们所花费的付给他们。如果你们付给她们聘金，你们就可以和她们结婚。同样不要坚守与不信的妇女们的婚约。你们当要回所花费的，让他们也要回他们所花费的。这是安拉的裁决，他将在你们之间裁判，安拉是全知的、明哲的。*

*11.如果你们的妻室中有逃离你们而到隐昧者那边的，那么当你们在赢得报偿时，你们就要付给那些其妻逃跑的人相当于他们所花费的。你们要敬畏你们所归信的安拉。*

## 《侯代比亚和约》之后，迁徙而来的穆斯林妇女不被遣返到隐昧者那里

《胜利章》开头已经讲述了安拉的使者和古莱什的隐昧者之间缔结的《侯代比亚和约》，其中说："我们的人若到你（穆圣）这里，哪怕他信仰你的宗教，你也要将他遣返。"另一种传述中说："只要我们中的一人跑到你这里，哪怕他信仰你的宗教，你也要把他遣送到我们那里。"这是欧勒沃、端哈克等学者的主张。按照这种传述，本章的上述经文，是对圣训的详细解释(4)。如是这样，这就是《古兰》经文详细解释圣训的最好范例。按照部分先贤的观点，这节《古兰》经文，革止了上述圣训。因此安拉命令穆民众仆考验那些迁徙而来的妇女，如果查明她们确实是有正信的，就不能把她们遣送到隐昧者那里，她们对隐昧者男子不合法，隐昧者男子对她们也不合法。我们在简介阿卜杜拉·本·艾布·艾哈麦德时已经讲到：吾格白的女儿乌姆·库里苏穆迁徙后，她的两个兄弟安马尔和瓦利德来到安拉的使者跟前要求遣返她，于是安拉专门废除了先知和多神教徒签订的协约中有关妇女的条款。因此安拉禁止把迁徙而来的妇女交给多神教徒。安拉还降示了考验（这些女迁士）的经文。(5)

伊本·阿拔斯在解释"**有正信的人们啊！当有正信的妇女迁徙而来时，你们要考验她们**"时说，对她们的考验指她们作证应受拜者，惟有安拉，穆罕默德是安拉的奴仆和使者。穆佳黑德认为经文指询问她们因何而迁徙。如果她们因为对丈夫不满或生气等原因而来，并且她们没有归信正教，就应该把她们遣送回她们丈夫那里。(6)

---

(1)《布哈里圣训实录诠释——造物主的启迪》5：275；《穆斯林圣训实录》2：696；《艾哈麦德按序圣训集》6：344。
(2)《艾哈麦德按序圣训集》4：4。
(3)《穆斯林圣训实录》3：1458。
(4) 但有些史学家说，从文字上看和约中只提到男人，而没有提及妇女。——译者注
(5)《圣训大集》7：243。
(6)《泰伯里经注》23：326。

"如果你们知道了她们是归信者，就不要把她们遣回给隐昧者。"这节经文说明，人能够确切地看出一个人是否拥有正信。

## 穆斯林妇女嫁给多神教徒是非法的，多神教徒妇女嫁给穆斯林男子也是非法的

"她们对他们不合法，他们对于她们也不合法。"这段经文禁止穆斯林妇女和多神教徒男子结婚。在伊斯兰初期，多神教徒男子可以和穆民女子结婚，因此，艾布·阿斯和穆圣㊗的女儿栽娜卜结婚时，栽娜卜归信了伊斯兰，而艾氏当时还和其族人一样是多神教徒。在白德尔战役中，艾氏被穆斯林俘虏之后，栽娜卜派人带着她母亲赫蒂彻留给她的项链前来赎取他，安拉的使者㊗见到项链后感慨万千，对穆斯林们说："如果你们想释放她的俘虏，你们就放了他吧！"众人同意后，使者释放了艾氏，条件是他把使者的女儿送到使者跟前。艾氏回去后如约把栽娜卜交由栽德·本·哈里斯送到使者跟前。[1]因此，白德尔战役之后，栽娜卜一直居住麦地那，那是从（迁徙）第二年起，直到迁徙后第八年，艾氏归信伊斯兰后，使者让她因为当初的婚姻关系而回到艾氏跟前，艾氏没有再次为她赠送聘礼。

"但你们要把他们所花费的付给他们。""他们"指女迁士的多神教徒丈夫。经文指你们要把多神教徒当初付给他们妻子的聘金退给他们。这是伊本·阿拔斯、穆佳黑德等学者的主张。[2]

"如果你们付给她们聘金，你们就可以和她们结婚"，即如果你们给这些迁徙而来的妇女送了聘礼，你们就可以聘娶她们为妻。换言之，你们和她们结婚前，要遵守相关规定，譬如她们须度过待婚期，要有合法婚姻的监护人等。

"同样不要坚守与不信的妇女们的婚约。"安拉禁止穆民众仆和多神教徒妇女结婚或维持婚姻关系。

据正确传述载，安拉的使者㊗与古莱什隐昧者签署《侯代比亚和约》后，一些穆民妇女来找使者，于是安拉降谕道："有正信的人们啊！当有正信的妇女迁徙而来时……同样不要坚守与不信的妇女们的婚约。"于是欧麦尔（愿主喜悦之）在那日休了他的两个信仰多神的妻子。后来其中一个嫁给穆阿维叶，另一个嫁给了苏夫万。[3]祖海里说，这段经文降给使者时，使者正在侯代比亚腹地，当时他正和多神教徒签署了《侯代比亚和约》。和约中说，使者要遣返他们中来投奔使者的人。穆民妇女们到来后，这段经文降示了，经文命令穆民把这种妇女的聘礼退还给他们的丈夫，对多神教徒男子也作出相同的规定：如果一位妇女离开穆斯林去他们那里，他们应当把她的聘礼退还给她的丈夫。他还读道："同样不要坚守与不信的妇女们的婚约。"[4]

"你们当要回所花费的，让他们也要回他们所花费的"，即如果你们的妻子离开你们，去隐昧者那里，你们应当索回你们当初为她们所花费的财产；同样，如果多神教徒的妻子离开他们，去穆斯林跟前，多神教徒也可以索回他们为这些妻子当初所花费的。

"这是安拉的裁决，他将在你们之间裁判"，即安拉对协约的裁决，并对妇女作专门的裁决。这一切命令，都是安拉的断法，他将以之在人类中裁决。

"安拉是全知的、明哲的"，即安拉知道对众仆有益的一切，此中安拉确实是睿智的。

然后经文说："如果你们的妻室中有逃离你们而到隐昧者那边的，那么当你们在赢得报偿时，你们就要付给那些其妻逃跑的人相当于他们所花费的。"穆佳黑德和格塔德说，这节经文是为这样的隐昧者而降示的：他们和穆斯林没有缔约，如果有位妇女（从穆斯林中叛逃）跑到他们那里，他们不给妇女的丈夫交纳任何报偿。那么她们中的一位妇女如果来到穆斯林当中，穆斯林也不给妇女的丈夫提供任何报偿。除非他们归还那位穆斯林当初为其妻付出的花费。[5]祖海里说，穆民承认安拉的法律，奉命把多神教徒当初为他们的妻子所花费的财产交给了他们，而多神教徒拒绝接受安拉法律，不给穆斯林男子交纳他们当初为妻子所花费财产。所以安拉对归信者们说："如果你们的妻室中有逃离你们而到隐昧者那边的，那么当你们在赢得报偿时，你们就要付给那些其妻逃跑的人相当于他们所花费的。"穆佳黑德和格塔德说："这节经文指和穆斯林没有约的这样一些隐昧者：如果一个妇女（穆斯林的妻子）跑到他们那里，他们不给其丈夫交纳任何东西。如果他们的一个妇女来投奔穆斯林，其丈夫也不被给予任何东西，除非跑到他们那里的妇女的丈夫被给予他曾为这位妻子所花费的所有财产。"伊本·哲利尔传自祖海里："多神教徒拒绝承认安拉的法律，拒绝给穆斯林归还他们所花费的财产，因此，安拉对归信他的人们说：'如果你们的妻室中有逃离你们而到隐昧者那边的，那么当你们在赢得报偿时，你们就要付给那些其妻逃跑的人相当于他们所花费的。你们要敬畏你们所归信

---

（1）《艾布·达乌德圣训集》3：140。
（2）《泰伯里经注》23：328、329。
（3）《布哈里圣训实录诠释——造物主的启迪》5：391。
（4）《泰伯里经注》23：329。
（5）《泰伯里经注》23：338。

的安拉。'"

这段经文降示之后，假若穆斯林的妻子叛逃到多神教徒那里，穆民们就（自己）给这位妻子的丈夫提供他当初为妻子花费的财产。这笔财产来自那些归信并迁徙的妇女的嫁妆中剩余的财产。穆斯林还要归还那些归信并迁徙到穆斯林当中的妇女的（非穆斯林）丈夫提供当初为妻子所花费的财产。如果他们还欠多神教徒什么，仍要归还。[1]

◆ 12.先知啊！当归信的妇女们到你的面前对你宣誓，说她们不以任何物举伴安拉，她们不偷窃，不犯淫，不杀害她们的子女，不在她们手足之间拿来她们所编造的诽谤，不在好事中违背你，那么，你就接受她们宣誓，并求安拉恕饶她们。安拉是至恕的、特慈的。◆

### 穆斯林妇女的宣誓内容

布哈里传述，阿伊莎（愿主喜悦之）说，穆斯林妇女们迁徙到使者跟前后，使者考验她们的经文是："**先知啊！当归信的妇女们到你的面前对你宣誓……安拉是至恕的、特慈的。**"

欧勒沃说："穆民妇女接受这个条件后，使者对她说：'我已经和你缔约。'以安拉发誓，在宣誓时使者只说话，他的手从来没有接触过一个妇女的手。他在宣誓时只说：'我已经在这一方面和你缔约。'"[2]

勒给格的女儿艾米麦说："我们一些妇女去向安拉的使者㊗宣誓效忠，使者让我们遵守《古兰》中的经文：**我们不能以任何物举伴安拉……**"接着使者说："你们当尽力遵循！"我们当时说："安拉及其使者对我们的慈爱超过了我们自己对自己的慈爱。"我们问："安拉的使者啊！你为何不和我们握手？"使者说："我不和妇女握手，我对一个妇女的话，就像对一百个妇女的话。"[3]

布哈里传述，乌姆·阿彤叶说：我们向使者宣誓后，使者给我们读道"**她们不以任何物举伴安拉**"使者禁止我们（为死者）号哭。有位妇女握住自己的手说："某位妇女使我获得了幸福。我要报答她。"使者没有对她说什么，她离开不久后回来向使者宣了誓。[4]

---
(1)《布哈里圣训实录诠释——造物主的启迪》23：337。
(2)《布哈里圣训实录诠释——造物主的启迪》8：504。
(3)《艾哈麦德按序圣训集》6：367；《提尔密济圣训全集诠释》5：220；《奈萨伊圣训集》7：149；《伊本·马哲圣训集》6：488；《圣训大集》2：959《伊本·马哲圣训集》。
(4)《布哈里圣训实录诠释——造物主的启迪》8：506；《穆斯林圣训实录》2：646。

---

欧拜德·本·萨米特说，我们和安拉的使者㊗同坐时，使者说："你们要向我宣誓缔约：你们不以任何物举伴安拉，不偷盗，不犯淫，不杀自己孩子……"使者还给我们读了他和妇女们缔约时宣读的经文："**先知啊！当归信的妇女们到你的面前对你宣誓……**"并说："你们中谁践约，谁就会在安拉那里得到报偿；谁触犯其中一条后遭受惩罚，那就是对谁的罚赎；谁触犯了其中一条后蒙安拉遮蔽，那就看安拉怎么对待他：如果安拉意欲宽恕，就宽恕他，如果安拉意欲惩罚，就惩罚他。"[5]

"**先知啊！当归信的妇女们到你的面前对你宣誓**"，即她们中谁若愿意接受下列条件，而和你宣誓缔约，你就和她缔约。

"**她们不以任何物举伴安拉，她们不偷窃**"，即她们不盗窃他人的财产。如果丈夫没有负责任地为她负担生活花费，她可以像其他人一样，正常、合理地享用他的财产，哪怕丈夫不知情。可以遵循欧特白的女儿杏德传述的圣训，她说："安拉的使者啊！艾布·苏富扬是一个很吝啬的人，他给的

---
(5)《布哈里圣训实录诠释——造物主的启迪》8：506；《穆斯林圣训实录》3：1333；《艾哈麦德按序圣训集》5：314。

生活费不够我和我的孩子们花费。我能否在他不知情的情况下偷偷使用他的财产？"安拉的使者说："你可以合情合理地拿取够你和你的孩子使用的。"(1)

"不犯淫"，另一章说：《你们也不要接近奸淫，它的确是可耻的。这种行径真恶劣啊！》（17：32）赛穆勒传述的圣训说："奸淫者要进入火狱，遭受酷刑。"(2)

阿伊莎（愿主喜悦之）说，欧特白的女儿法图麦来向使者宣誓，使者给她的条件是："**她们不以任何物举伴安拉，她们不偷窃，不犯淫。**"当时，她害羞地把手放到头上，使者喜欢她的举动。阿伊莎（对法图麦）说："这位妇女啊！接受这种宣誓吧，以安拉发誓，我们就是这样和使者缔约的。"她说："那就好吧。"于是她向使者宣誓效忠。(3)

"**不杀害她们的子女。**"经文包括有了孩子之后杀害他。蒙昧时代的人们因为担心贫困而常常杀害自己的骨肉。经文也包括胎儿。有些人这样做，其意图是可恶的。

"**不在她们手足之间拿来她们所编造的诽谤。**"伊本·阿拔斯解释说，她们不以别人的孩子冒充丈夫的。(4)穆尔提里也持此观点。

"**不在好事中违背你**"，即她们不违背你的合理命令，不触犯你的禁令。布哈里传述，伊本·阿拔斯在解释这段经文时说："这是安拉为妇女提出的一个条件。"(5)麦穆奈·本·麦海兰说："安拉所规定的只是在好事中服从使者。'好事'指善功。"(6)伊本·栽德说："安拉命人在好事上服从使者，而使者是人类的精华。"(7)

乌姆·阿彤叶说："我们向使者宣誓时，在好事方面他对我们的命令是：我们不嚎哭。某部落的一位妇女说，某某家族对我有恩，（曾为我死去的亲属嚎哭）我要用同样的方式报答他们。她去报答他们之后，回来向使者宣誓缔约。"她说："她们中只有她和乌姆·苏来米做过这些。"(8)

布哈里也从西林的女儿哈芙赛的传述渠道传述过类似圣训。(9)

有一位曾经向使者宣誓的妇女说："安拉的使者当初和我们缔约的内容是：在合理的事情中我们不违背他，也就是我们不撕脸，不在忧伤时披头散发，不敞开领口，也不嚎哭。"

《13.有正信的人们啊！你们不要与安拉所怒恼的人结友，他们已对后世绝望，就好像隐昧的人对那些坟墓中的人绝望一样。》

清高伟大的安拉在本章经文末又禁止人们与隐昧者结友，正如在本章开头所禁止那样。安拉说："有正信的人们啊！你们不要与安拉所怒恼的人结友。""安拉所怒恼的人"，指犹太人、基督教徒以及安拉所恼怒、所诅咒的隐昧者，这些人应该被安拉弃绝。你们怎能和他们结友做知己呢？他们已经对后世绝望，换言之，在安拉的决断中，他们已经对后世的报偿和恩典不能抱任何希望。

"**就好像隐昧的人对那些坟墓中的人绝望一样。**"这节经文有两种解释：一、活着的隐昧者对于他们和坟墓中的亲人重逢相聚已经绝望，因为他们不信仰复生日及自己被复活。所以按照他们的信条，他们对此不抱希望。二、坟墓中的隐昧者对一切美好的事情都绝望了。伊本·阿拔斯在解释这节经文时说："就像这些隐昧者死后目睹后世的报偿时绝望的那样。"这也是穆佳黑德、艾克莱麦等学者的主张。(10)伊本·哲利勒也选择这种解释。(11)

《受考验的妇女章》注释完。一切感赞全归安拉。

## 《列阵章》注释　麦地那章

### 《列阵章》的尊贵

伊玛目艾哈麦德传述，阿卜杜·赛俩目说："我们在探讨，谁去安拉的使者跟前，问一问安拉最喜爱哪件善功。但我们中没有一人（自愿）站起来。后来使者派人来叫我们，他把我们召集起来后，给我们诵读了这个章节。也就是《列阵章》全文。"(12)

---

(1)《布哈里圣训实录诠释——造物主的启迪》13：183；《穆斯林圣训实录》3：1338。
(2)《艾哈麦德按序圣训集》5：9。
(3)《艾哈麦德按序圣训集》6：151。
(4)《泰伯里经注》23：340。
(5)《布哈里圣训实录诠释——造物主的启迪》8：506。
(6)《格尔特宾教律》18：73。
(7)《泰伯里经注》23：345。
(8)《泰伯里经注》23：346。
(9)《布哈里圣训实录》4892。

(10)《泰伯里经注》23：348。
(11)《泰伯里经注》23：348。
(12)《艾哈麦德按序圣训集》5：452。

### 奉普慈特慈的安拉之尊名

❴ 1.诸天与大地中的一切,都赞美安拉清净无染。他是优胜的、睿智的。❵

❴ 2.有正信的人们啊!你们为什么说你们不去做呢?❵

❴ 3.你们说你们所不做的事,在安拉看来非常可恨。❵

❴ 4.安拉的确喜爱那些在他的道上列队作战的人,他们好像坚固的壁垒。❵

## 谴责只说不做的人

"诸天与大地中的一切,都赞美安拉清净无染。他是优胜的、睿智的。"这段经文已经注释过好几次,故不再赘述。

"有正信的人们啊!你们为什么说你们不去做呢?"经文谴责一些人,空口许诺或说空话,而不去实践。因此,部分先贤以这节经文为根据,主张必须履行任何诺言。下列圣训,也是他们的证据:"伪信士的标志有三:许诺后违约;说话时撒谎;受托后失信。"(1)先知☪说:"谁具备四个特征,他就是十足的伪信士,他若沾染其中一个特征,说明他身上就有伪信士的特征,除非他摈弃它。"(2)先知说违背约言属于这四个特征之一。《布哈里注释圣训实录》的书首,已经详述了这两段圣训。一切感赞全归安拉。因此,安拉强调对这等人的谴责,说:"你们说你们所不做的事,在安拉看来非常可恨。"

伊玛目艾哈麦德和艾布•达乌德传述,阿卜杜拉•本•阿米尔说:"安拉的使者☪来到我们那里时,我还是一个孩子,我想出去玩,但我的母亲说:'阿卜杜拉,你过来,我给你个东西!'安拉的使者☪问她:'你要给他什么?'母亲说:'枣。'使者说:'如果你没有真的给他,你将被记录一次说谎(天使要为你记录一件说谎罪)。'"(3)

穆尔提里•本•海雅尼说:"穆民们在商议,如果我们知道安拉最喜爱哪件工作,我们一定会去做它。"安拉因此对他们说:"安拉的确喜爱那些在他的道上列队作战的人。"于是他们知道了答案。后来在吾侯德战役中,他们经受了考验,他们扔下先知背转而逃。于是安拉降谕道:"有正信的人们啊!你们为什么说你们不去做呢?"安拉说,你们中我最喜爱的人是为我的事业战斗的人。(4)

有学者说,这段经文是因为战争而降的。当时,有些人没有参战而自称曾经参战,没有冲刺而自称冲刺,没有打斗而自称打斗,没有忍耐而自称忍耐。格塔德和端哈克说:"这节经文的降示,是为了谴责那些空口说'我们战斗了','我们打斗了','我们冲刺了',而没有实际行动的人。"

赛尔德•本•朱拜尔在解释"安拉的确喜爱那些在他的道上列队作战的人"时说:"安拉的使者☪每次在战斗前,都要让穆斯林整队列班。这是安拉教给穆民的战斗方法。"(5)他说"他们好像坚固的壁垒"中的"坚固的"指排队时互相密切靠近。穆尔提里认为经文指互相紧挨着。伊本•阿拔斯解释认为指坚定不移,互相紧挨。(6)

❴ 5.当时,穆萨对其族人说:"我的族人啊!为什么你们要伤害我?而你们明明知道我是安拉派遣给你们的使者。"后来当他们偏离时,安拉就使他们的心偏离了,安拉不引导坏事的群体。❵

❴ 6.当时,麦尔彦之子尔撒说:"以色列的子孙啊!我是安拉派给你们的一位使者,以便证实在我以前的《讨拉特》,并以我以后降临的一位名叫艾哈麦德的使者报喜讯。"但是当他给他们带来明证时,他们说:"这只是明显的巫术。"❵

## 穆萨在经受族人的伤害时,对他们的呼唤以及安拉扭曲以色列后裔的心灵

清高伟大的安拉说,他的仆人、使者、曾经和他对话的人——穆萨•本•仪姆兰对其族人说,"我的族人啊!为什么你们要伤害我?而你们明明知道我是安拉派遣给你们的使者",即你们明知我带给你们的信息是真实的,为什么还要加害于我?这段经文是对穆圣☪的安慰,此前,他遭受到昧真的族人及其他人的伤害。经文命令穆圣☪要坚忍克制。因此,穆圣☪曾说:"愿安拉慈悯穆萨,他曾遭受比这更多的伤害,但他忍耐了。"经文也禁止直接或间接地伤害穆圣☪,正如安拉所言:❴ 有正信的人们啊!你们不要像那些诽谤穆萨的人一样。安拉已从他们对他所说的话中澄清了他,他在安拉那里是有面份的。❵(33:69)

"后来当他们偏离时,安拉就使他们的心偏离了",即当他们明知故犯地脱离真理之后,安拉使他们的心偏离了正道,使之经常处于怀疑、忧郁

---

(1)《布哈里圣训实录诠释——造物主的启迪》1:111;《穆斯林圣训实录》1:78。
(2)《布哈里圣训实录诠释——造物主的启迪》1:111。
(3)《艾哈麦德按序圣训集》3:447;《艾布•达乌德圣训集》5:265。
(4)《散置的珠宝》8:146。
(5)《格尔特宾教律》18:81。
(6)《散置的珠宝》8:147。

和麻木不仁的状态之中。另一段经文说："我也将翻转他们的心和眼，就像最初他们不信一样。我将任由他们在过分当中彷徨。"（6：110）又"谁在正道明确之后反对使者，并跟随非信士的道路，我将把他弃置于他所选择的道上，并把他掷于火狱之中。那是一个多么恶劣的归宿啊！"（4：115）

因此，安拉在本章经文中说："**安拉不引导坏事的群体。**"

### 尔撒预报一位叫艾哈麦德的先知——穆罕默德出世

清高伟大的安拉说："当时，麦尔彦之子尔撒说：'以色列的子孙啊！我是安拉派给你们的一位使者，以便证实在我以前的《讨拉特》，并以我以后降临的一位名叫艾哈麦德的使者报喜讯。'"即《讨拉特》曾预报我（尔撒）出世的消息，我本身就已经验证了《讨拉特》关于我的预报，我也要预报我之后即将出世的一位先知。他是一位阿拉伯麦加的不识字的先知、使者。尔撒是以色列后裔的所有先知的封印者。有一天，他站在以色列后裔中间向他们宣布了穆罕默德即将出世的喜讯。穆罕默德，也叫艾哈麦德，是所有先知和使者的封印者，他之后既无先知，也无使者。布哈里在这一方面有非常优美的记载，朱拜尔·本·穆推尔穆说，我听安拉的使者说："我有许多名字，如穆罕默德、艾哈麦德。我叫马黑（意为消灭者），安拉要让我消灭不信仰的状态；我还叫哈希尔（意为召集者），我将把人类召集到我跟前；我还叫阿格卜（意为终结者，我之后再无先知）。"[1]

伊本·易司哈格传述，圣门弟子们说："安拉的使者啊！请告诉我们关于你个人的情况。"使者说："（我降世的起因是）我的祖先伊布拉欣的祈祷，尔撒的喜讯，我的母亲怀我的时候，梦见一束光明从她腹中发出，照亮了沙姆地区布斯拉的各宫殿。"类似的传述都能证明这一记载。[2] 伊玛目艾哈麦德传述，安拉的使者说："在安拉那里，我确实是一切先知的封印者（安拉注定这件事情的时候），阿丹被摔倒在他的泥土中，我将告诉你们这一切的（我出世的）缘由：我的祖先伊布拉欣的祈祷，尔撒预报我出世的喜讯，我母亲的梦境和列圣的母亲的梦境相同。"[3]

艾布·欧麻麦说："我问：安拉的使者啊！你的事情（你成为先知的）起源是什么？"先知回答："是我的祖先伊布拉欣的祈祷，尔撒的报喜，我的母亲看到一束光从我腹中发出，照亮了沙姆各宫殿。"[4]

伊本·麦斯欧迪说，安拉的使者派我们去（阿比西尼亚国王）奈加希那里，我们共计八十个男子。他们中有阿卜杜拉·本·麦斯欧迪、贾法尔、阿卜杜拉·本·欧鲁法特、奥斯曼、艾布·穆萨等。当时，古莱什人也派阿慕尔·本·阿斯和安马勒·本·瓦利德带着礼物来见奈加希。这二人见到奈加希后叩头行礼，然后匆忙站立于他的左右。他俩说："我们族的个别男子离开我们，住在您的国土上。他们背叛了我们和我们的宗教。"奈加希问："他们在哪？"他俩说："他们在你的国土上，请你派人叫来他们。"于是奈加希派人去叫这些穆斯林。贾法尔说："今天让我替你们发表演讲吧！"于是众人跟随他来见奈加希。贾法尔见了奈加希，致安问候，没有叩头。国王的左右问："你为何不给国王叩头？"贾法尔回答："我们只给安拉叩头。"奈加希问："为什么？"贾法尔回答："安拉给我们派遣了一位使者，使者命令我们除了安拉不能给任何人叩头，他还命令我们礼拜和施舍。"

阿慕尔·本·阿斯（对国王）说："他们关于尔撒·本·麦尔彦的看法与您相悖。"国王问："你们是怎么看待尔撒·本·麦尔彦的？"贾法尔回答："我们对他的看法正如安拉所言，他是安拉的一句言辞，是安拉投入一个从未与男人接触过、也没有生育过的童贞女的鲁哈（精神）。"国王听后从地上立起他的手杖，说："诸位阿比西尼亚臣民、牧师和修士们！以安拉发誓，他们的观点与我们的观点不偏不倚，分毫不差。（诸位穆斯林啊！）欢迎你们！欢迎派遣你们的那位（先知）。我作证，他是安拉的使者，他就是我们在《引支勒》中所读到的那个人，即尔撒·本·麦尔彦预报即将降世的那位先知。（诸位穆斯林！）你们想住哪就住吧！以安拉发誓，我若不是正掌握着国家大事，我必去为他拿鞋和送沐浴水。"于是国王命人把两个古莱什人的礼物退还他俩。后来阿卜杜拉·本·麦斯欧迪匆匆回去（见先知），并参加了白德尔战役。他说，先知听到奈加希归真的消息后，曾为他求饶。[5]

"**但是当他给他们带来明证时，他们说：'这只是明显的巫术'。**"伊本·朱莱杰和伊本·哲利尔说，经文中的"他"指艾哈麦德。即历史上的各时代中所预报、并广为流传即将出世的先知。当这位先知出世，并且带来明证时，隐昧者和反对者们

---

（1）《布哈里圣训实录诠释——造物主的启迪》8：509；《穆斯林圣训实录》4：1828。
（2）《穆圣传》1：175。
（3）《艾哈麦德按序圣训集》4：127。
（4）《艾哈麦德按序圣训集》5：262。
（5）《艾哈麦德按序圣训集》1：461。

说:"这只是明显的巫术。"

❧ 7. 别人号召他走向伊斯兰,而他却捏造谎言,反对安拉,这种人,有谁比他更不义呢?安拉不引导不义的群体。❧

❧ 8. 他们企图用他们的嘴吹熄安拉的光明。但安拉则使其光明完美,即使隐昧者厌恶。❧

❧ 9. 他曾以正道和真教派遣他的使者,以便他使它胜过一切宗教,即使多神教徒厌恶。❧

### 最不义的人以及伊斯兰的光明即将全美的喜讯 伊斯兰将战胜万教

"别人号召他走向伊斯兰,而他却捏造谎言,反对安拉,这种人,有谁比他更不义呢?"即最不义的人,是别人号召他信主独一、一心为主,而他却假借安拉名义撒谎,为安拉设立伙伴和匹敌。

因此,清高伟大的安拉说:"**安拉不引导不义的群体。**"

然后经文说,"**他们企图用他们的嘴吹熄安拉的光明**",即他们企图用谬误驳斥真理,其实他们就像一个企图用自己的嘴巴吹灭阳光的人。如果嘴巴不能吹灭阳光,那么更不可能吹灭真理的光明。因此安拉说:"但安拉则使其光明完美,即使隐昧者厌恶。他曾以正道和真教派遣他的使者,以便他使它胜过一切宗教,即使多神教徒厌恶。"《忏悔章》注释中已经注释了类似的经文,此处不再赘述。一切感赞全归安拉。

❧ 10. 有正信的人们啊!我指点你们一项交易好吗?它从惨痛的刑罚中拯救你们。❧

❧ 11. 你们归信安拉及其使者,你们以你们的财产和生命在主道上奋斗。如果你们知道的话,那对你们是最好的!❧

❧ 12. 他要恕饶你们的罪过,使你们进入下临诸河的乐园和永居的乐园中洁美的住所。那的确是伟大的成功。❧

❧ 13. 还有你们所喜爱的另外一些佳音——来自安拉的援助和临近的胜利。你给信士们报喜讯吧。❧

### 使人免于酷刑的交易

上述阿卜杜拉·本·赛俩目的圣训中已经提到,圣门弟子们想问问安拉的使者㊣,安拉最喜爱哪件善功,以便他们遵循之。于是安拉降下这章经文,其中说道:"有正信的人们啊!我指点你们一项交易好吗?它从惨痛的刑罚中拯救你们。"这一交易确实巨大无比,并且永不亏折,它能成就人的终极理想,消除一切隐患。经文介绍这一交易说:"**你们归信安拉及其使者,你们以你们的财产和生命在主道上奋斗。如果你们知道的话,那对你们是最好的!**"即对你们而言,这笔交易优于纯粹的今世交易、劳动和努力。

经文接着说,"**他要恕饶你们的罪过**",即如果你们听从我的指导,执行我的命令,我将宽恕你们的错误,使你们住进乐园,进入美宅,享受高品。

因此,清高伟大的安拉说:"**使你们进入下临诸河的乐园和永居的乐园中洁美的住所。那的确是伟大的成功。**"

然后说,"**还有你们所喜爱的另外一些佳音**",即除此之外,我还要给你们赏赐你们所喜爱的恩赐。它就是"**来自安拉的援助和临近的胜利**",即如果你们为主道战斗,相助主的宗教,安拉保证让你们获胜。安拉说:❧ 有正信的人们啊!如果你们协助安拉,他就襄助你们,并使你们的脚步稳定。❧(47:7)❧ 安拉一定会襄助援助他的人。安拉确实是强胜的、优胜的。❧(22:40)

"临近的胜利"指马上到来的胜利。另外恩赐的这些恩典，是今世的福泽，对于顺从安拉及其使者，援助安拉及其宗教的人来说，这福泽将从今世延续到后世。

因此，清高伟大的安拉说："你给信士们报喜讯吧。"

❋ 14.有正信的人们啊！你们要做安拉的援助者，就像麦尔彦之子尔撒对门徒所说的一样："谁在主道上做我的助手？"众门徒说："我们是安拉的援助者！"所以以色列的后裔中，部分人归信了，另一部分人否认了。我则援助归信者征服他们的敌人，故而他们变成显要的。❋

### 在任何情况下，穆斯林都是正教的援助者

清高伟大的安拉命令穆民众仆在任何情况下，以他们的言论、行为、生命和财产成为援助安拉的人，并学习尔撒的门徒响应安拉和安拉的使者㊚。当初尔撒问："谁在主道上做我的助手？"即谁愿援助我，成为主道上的宣传者？

"众门徒"指尔撒的追随者，他们说："我们是安拉的援助者！"即我们将助你完成使命。

因此，尔撒派遣他们去沙姆各地，向以色列的后裔和希腊人宣传正教。在（蒙昧时期）朝觐之日，安拉的使者㊚也这样说："谁愿给我提供住处，以便我宣传我的主的信息？因为古莱什人确已禁止我宣传我的主的信息。"[1]安拉注定来自麦地那的奥斯和赫兹勒吉人支持他，他们向他宣誓缔约后，保证只要他迁徙到他们那里，他们就保护他，不受黑种人和红种人的欺辱。后来先知携圣门弟子们迁徙麦地那后，他们果真实践了和安拉缔结的盟约。因此安拉及其使者称他们为"辅士"。这一名字成了他们的专用名称。愿安拉喜悦他们，并让他们喜悦。

### 以色列的部分后裔归信尔撒，另一部分后裔否认了他

清高伟大的安拉说："所以以色列的后裔中，部分人归信了，另一部分人否认了。"尔撒向其族人宣传了安拉的信息，并得到门徒的援助后，部分以色列人归信了他带来的信息，另一部分则执迷不悟。后者不但不信他带来的信息和他的先知身份，而且还以种种恶劣的谎言诽谤他和他母亲。这些否认者就是犹太教徒。愿安拉诅咒他们，直到复生日！

最初信仰尔撒的人当中的一些人，后来也步入歧途，他们使尔撒超越了安拉所设定的先知地位。这些人后来分门别派，有人说尔撒是安拉的儿子，有人说他是三位——圣父、圣母和圣灵中的一位，有人说尔撒就是安拉。《妇女章》对这些邪说有明确分析。

### 安拉襄助归信的群体

"我则援助归信者征服他们的敌人"，即我襄助他们战胜了他们的敌对者——基督教各派别。

"故而他们变成显要的"，即我使他们成为胜利者。那是派遣穆圣㊚之后的事情。正如伊玛目艾布·贾法尔传述，伊本·阿拔斯说，安拉欲将尔撒升到天上时，他在房中接见十二位忠心耿耿的门徒。当时他的头上滴着水珠（他在房中的井里沐浴后接见了他们）。他对他们说："你们中有人归信我后将背叛我十二次。"然后说："你们中谁愿意装扮成我的样子替我就义，他将在乐园中和我享受同等品级？"群众中一位最年青的人站了起来，尔撒对他说："你暂且坐下！"尔撒重复了刚才的话后，那位青年又站了起来。尔撒又让他坐下，尔撒重复刚才的话，又是这位青年站了起来。这次尔撒说："看来就是你了。"于是青年装扮成尔撒，尔撒则从天窗升上了天。

伊本·阿拔斯说，追杀尔撒的犹太人到来后，缉拿了那位扮成尔撒的青年，将他杀死后钉在十字架上。后来，部分基督教徒归信尔撒后果然背叛他十二次之多。他们就此分成了三大派。一派说："主（尔撒）在我们中间呆了若干年，后来他升上了天。"这些人是后来的雅格派。一派说："天主让他的儿子在我们当中呆了若干年，后来让他升上了天。"他们是后来的聂斯托利派。第三派则说："他是安拉的仆人和使者，安拉让他在我们当中生活了若干年。后来将他擢升到他那里。"这些人是归顺者。后来不信的两派狼狈为奸，对后一派（归顺者）斩尽杀绝。所以，安拉派遣穆圣㊚之前，伊斯兰一直处于地下状态。

"所以以色列的后裔中，部分人归信了，另一部分人否认了。"经文指尔撒时代否认正教的以色列人和当时归信的人。

"我则援助归信者征服他们的敌人，故而他们变成显要的"，即我通过穆罕默德出世，使他们的宗教征服了隐昧者的宗教。[2]以上是伊本·哲利尔对这节尊贵经文的注释。奈萨伊也有相同的传

---

(1)《艾哈麦德按序圣训集》3：322；《哈肯圣训遗补》2：624；《白海根大圣训集》8：146。

(2)《泰伯里经注》23：366。

述。(1) 从此，穆圣㊣的教民将一直捍卫真理，直到在这种情况下安拉的命令到来。最后，他们中的一部分要和麦西哈·尔撒·本·麦尔彦并肩作战，抵制丹扎里，正如确凿圣训所载。(2) 安拉至知。

《列阵章》注释完。一切感赞全归安拉。

## 《聚礼章》注释　麦地那章

### 《聚礼章》的尊贵

伊本·阿拔斯和艾布·胡莱赖传述，安拉的使者㊣曾在聚礼中诵读《聚礼章》和《伪信士章》。(3)

*奉普慈特慈的安拉之尊名*

❴ 1．诸天与大地中的一切，都赞美安拉——权威者、至洁者、优胜者、睿智者。❵

❴ 2．他在不识字的人中，派遣一位来自他们的使者，向他们诵读他的迹象，净化他们，并教导他们经典和智慧，虽然他们以前曾在明显的迷误中。❵

❴ 3．和（教化）他们当中尚未加入他们的另一些人。他是优胜者、睿智者。❵

❴ 4．这就是安拉的恩典，他将它赐给他所意欲的人，安拉是有宏恩的。❵

### 万物赞美安拉清净无染

清高伟大的安拉说，诸天与大地中的一切，换言之，一切被造物——有生命的和无生命的，都赞美他清净无染。正如另一节经文所说：❴ 没有一物不赞颂他。❵（17：44）

"权威者、至洁者"，即安拉是天地万物的掌握者，并精确地支配着它们。"至洁者"指他和一切残缺毫无关系，他永远具备完美的特征。

"优胜者、睿智者。" 前文已不止一次注释过这段经文。

---
（1）《圣训大集》6：489。
（2）《布哈里圣训实录诠释——造物主的启迪》13：306；《穆斯林圣训实录》3：1524。
（3）《穆斯林圣训实录》2：597、599。

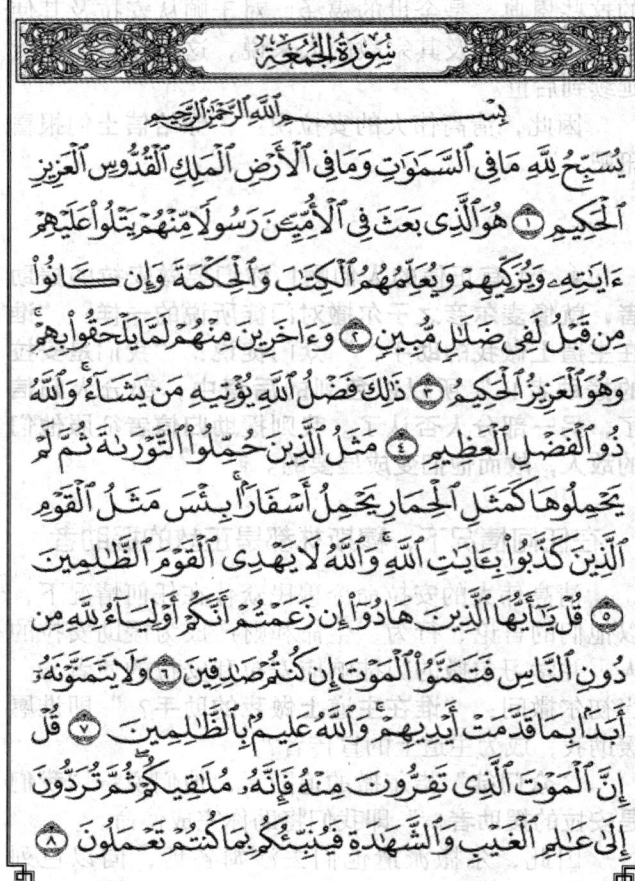

### 安拉派遣使者，是对人类的一大恩典

清高伟大的安拉说："他在不识字的人中，派遣一位来自他们的使者。""不识字的人"指阿拉伯人。正如安拉所述：❴ 你对有经的人和无经的人说："你们顺从吗？"如果他们顺从，他们就走上了正道；倘若他们背弃，你只负责传达，安拉是全观众仆的。❵（3：20）此处只提到不识字的人，并不说明其他人不在其内。其实其他人所受的恩泽更深、更多。正如另一处经文所说：❴ 它确实是对你和你族人的一项教诲。❵（43：44）它也能使其他人引以为鉴。又如❴ 你当警告你的近亲。❵（26：214）类似的这些经文，都和下列经文不矛盾：❴ 你说："世人啊！我是被派遣给你们全体的安拉的使者。"❵（7：158）❴ 以便我警告你们和一切它所到达的人。❵（6：19）安拉讲述《古兰》说：❴ 而各宗派中不信它的人们，火狱就是给他们许诺的地方。❵（11：17）类似的经文很多，都证明穆圣㊣的使命普及全人类，无论红种人还是黑种人。我们在注释《牲畜章》时引用相关的《古兰》经文和确凿圣训，阐释了这一问题。一切感赞全归安拉。

这段经文能印证安拉应答了他的朋友伊布拉欣

的祈祷，他曾祈求安拉在麦加人中派遣一位使者，给他们宣读安拉的经文，并净化他们，给他们教导经典和智慧。后来，在使者中断⑴，正道泯灭的时候，安拉派遣了穆圣㊗。一切感赞全归安拉。那时，世界迫切需要先知，大地上除了少数坚持尔撒先知所带来的天启正教的人之外，其他人都遭到安拉的恼怒。因此，安拉说："**他在不识字的人中，派遣一位来自他们的使者，向他们诵读他的迹象，净化他们，并教导他们经典和智慧，虽然他们以前曾在明显的迷误中。**"这是因为古代阿拉伯人曾遵循先知伊布拉欣的宗教，后来他们篡改并曲解了它，他们将"安拉独一"信仰改为多神信仰，将信念变为怀疑，他们还自创了许多未经安拉许可的东西。有经人也是如此，他们篡改了自己的经典，并任意注释它们，因此，安拉派遣穆圣㊗，带来一部适合人类和精灵的伟大法典，它引导他们并阐明他们在今世事务和后世事务中所需的一切，使他们走向接近乐园、获得安拉喜悦的道路，防止他们踏上接近火狱、遭受安拉恼怒的道路。这部法典，对一切含糊和怀疑的观念，从根本到枝节，作出了明确的决断。安拉将一切前人和古人未曾获得的所有优美的东西，都集中在其中。赐给穆圣㊗列圣的所有优秀品质。愿安拉赐福安于穆圣㊗，直到报应之日。

### 穆罕默德是阿拉伯人和非阿拉伯人的使者

"**和（教化）他们当中尚未加入他们的另一些人。**"艾布·胡莱赖说，我们坐在穆圣㊗跟前时，《聚礼章》经文降示了，其中说："**和（教化）他们当中尚未加入他们的另一些人。**"众人问："安拉的使者啊！他们是谁？"穆圣㊗当时没有回答，直到别人问了三次。当时波斯人赛勒曼在我们当中。使者把手放到赛勒曼身上说："正信即便在昂宿星那里，这些人当中的一些人（或说'一个人'）也会获得它。"⑵

上述圣训证明，这段经文降于麦地那，同时证明穆圣㊗的使命普及全人类。因为先知将"**另一些人**"解释为波斯人。因此，先知曾致信波斯、罗马等国，号召那里的人民归信安拉，接受他的教义。因此，穆佳黑德等学者说，"**另一些人**"指非阿拉伯人，以及非阿拉伯人中所有信仰穆圣㊗的人。

"**他是优胜者、睿智者**"，即安拉是尊严的主，他的法律和定然，是智慧而精确的。

―――――――
（1）指安拉没有给人类派遣使者的时候。——译者注
（2）《布哈里圣训实录诠释——造物主的启迪》8：510；《穆斯林圣训实录》4：1972；《提尔密济圣训全集诠释》9：209，10：433；《泰伯里经注》23：375；《圣训大集》5：75，6：490。

"**这就是安拉的恩典，他将它赐给他所意欲的人，安拉是有宏恩的。**"经文指安拉赐给穆圣㊗的伟大圣职和专赐给其教民的恩典——将穆罕默德派为他们的使者。

❆ 5.那些曾被托付承担《讨拉特》而不遵行的人，其比喻就好像是一头驮经之驴。否认安拉迹象的人的比喻真恶劣啊！安拉不引导不义的群体。❆

❆ 6.你说："信奉犹太教的人们啊！如果你们妄言人类当中只有你们是安拉所宠爱的，如果你们是诚实的，那么你们就希望死亡吧！"❆

❆ 7.但是由于他们亲手所做的，他们决不祈求死亡，安拉至知不义者。❆

❆ 8.你说："你们所逃避的死亡，确将是与你们相逢的。此后你们将被召回到知道幽玄与可见事物的主那里，他将把你们以前的行为告诉你们。"❆

### 谴责犹太人 通过赌誓号召他们祈求死亡

清高伟大的安拉谴责那些犹太人，他们被赐给《讨拉特》，被要求承担它，遵守它，但他们却没有遵守它。他们就像驮经之驴，不知自己所驮何物。它们只是感性地带着经典，而对它没有理性的认知。这些承担经典的人也是如此，他们能读经典的文字，但没有理解它的意义，更没有去遵循它的要求。他们甚至篡改经典，歪曲它的意义。其实他们比驴子更可恶。因为驴子没有理解能力，而他们虽然有理解能力，但不去遵循经典。因此，安拉在另一节经文中说：❆ 这等人，他们和畜牲一样，不然，他们比畜牲更迷误。这等人，他们是昏聩的。❆（7：179）

本章的经文说："**否认安拉迹象的人的比喻真恶劣啊！安拉不引导不义的群体。**"

然后又说："你说：'**信奉犹太教的人们啊！如果你们妄言人类当中只有你们是安拉所宠爱的，如果你们是诚实的，那么你们就希望死亡吧！**'"即你们自称坚持真理，穆罕默德及其同道都陷入迷途，如果你们所言不假，并且你们是真诚的，你们就祈求安拉让迷误者死掉吧！——无论迷误者是你们还是他们。

"**但是由于他们亲手所做的，他们决不祈求死亡。**"他们因为亲自所犯的昧真罪、不义罪和邪恶罪行，决不希望自己去死。我们已经在《黄牛章》中讲述了穆斯林和犹太人赌誓的情况。当时，安拉说：❆ 你说："如果你们在安拉那里，有特殊于其他人的后世住所，那么，你们希望早死吧，如果

你们是诚实的。"他们因为他们的所作所为，绝不会希望（祈求）死亡，安拉深知不义的人。你一定会发现他们是所有的人中最贪恋生活的——甚至比那些以物配主者更贪恋。他们每一个人都希望享寿千年，他的长寿无法使他远离火狱。安拉是全观他们的作为的。》（2：94-96）这一情况，前文已有详述。我们已经阐明，经文的意思是祈求迷误者去死——无论迷误者是他们，还是他们的敌人。《仪姆兰的家属章》也叙述了穆斯林和基督教徒赌誓的情节。经文说：《 谁在知识到达之后在其中和你发生争论，你说："你们来吧！让我们叫来我们的孩子和你们的孩子，我们的妇女和你们的妇女，我们自己和你们自己，然后让我们赌咒，求安拉诅咒撒谎的人。"》（3：61）《麦尔彦章》记载了穆斯林和多神教徒赌誓的情况，文中说：《 你说："迷误中的人，愿至仁主宽限他！"》（19：75）

伊本·阿拔斯说，艾布·哲海里（愿安拉诅咒他）说："我要看到穆罕默德在天房跟前，一定前去践踏他的脖子。"安拉的使者说："假若他这样做，天使们会在众目睽睽之下惩罚他。假若犹太人想死，他们一定会死去的，并将看到自己在火狱中的座位。假若有人和安拉的使者赌誓，他们回去时一定看不到自己的亲人和财产。"[1]

"你说：'你们所逃避的死亡，确将是与你们相逢的。此后你们将被召回到知道幽玄与可见事物的主那里，他将把你们以前的行为告诉你们。'"《妇女章》经文与这段经文相似：《 无论你们在哪里，死亡也会追及你们，即使你们在坚固的堡垒里。》（4：78）

《 9.有正信的人们啊！当聚礼日你们被召唤去礼拜时，你们应当奔忙去记主，并放下买卖。如果你们知道的话，那对你们是更好的。》

《 10.当礼拜完毕时，你们就散布到大地上，去寻求安拉的恩惠，你们要多多记念安拉，以便你们成功。》

## 聚礼及聚礼日的一些事情和礼节

聚礼的命名缘由是，这个单词派生于"集合"这一词根。因为伊斯兰人每周要在一些大型崇拜场所举行一次聚礼。在聚礼日，万物都完美了。因为它是安拉创造天地的第六天。这一天，阿丹被造并进入乐园，而后又在这一天离开乐园。这一天，复生日将来临。这一天有一时刻，有正信的奴仆祈求安拉赐福时，若恰巧遇上了它，安拉一定要让他如愿以偿。这一点，许多确凿圣训都有记载。

在古代语言中，"聚礼日"（主麻）被称为"阿鲁白日"。据可靠记载，以前的许多民族曾奉命尊崇这一日，但他们却偏离了它。犹太人选择了阿丹还没有被造的星期六。基督教徒选择了开始创造人类的星期天。而安拉为穆圣的民族所选择的这一天，安拉完美了对万物的创造。安拉的使者说："我们出世在后，但在复生日是领先者。他们只不过在我们之前接受了天经而已。他们关于安拉为他们所规定的这一天众说纷纭，后来安拉引导我们尊崇它。其中，其他人都要跟随我们（在我们之后）犹太人选择了明天，基督教徒选择了后天。"[2][3] 另据穆斯林传述："安拉使我们之前的人失掉了主麻，因此星期六属于犹太人，星期天属于基督教徒。安拉让我们出世后，引导我们接受了星期五。因此，他规定了星期五、星期六和星期天（为各教的礼拜日）。同样，在复生日人们都要跟随我们。虽然在今世中我们是最后出世的，而在

---

[1]《艾哈麦德按序圣训集》1：248；《布哈里圣训实录诠释——造物主的启迪》8：595；《提尔密济圣训全集诠释》9：277；《圣训大集》6：518、308。

[2]《布哈里圣训实录诠释——造物主的启迪》11：526。
[3]《穆斯林圣训实录》2：586。

复生日则是领先的，并将先于众生得到奖励。"⁽¹⁾

## 命令人们奔忙记念安拉

清高伟大的安拉命令穆民众仆在聚礼日聚众礼拜，说："**有正信的人们啊！当聚礼日你们被召唤去礼拜时，你们应当奔忙去记主**"，即你们当趋向礼拜，并重视礼拜。经文中的"**奔忙**"并不指快速跑向……它的意思只是重视。正如另一章所说："谁希望后世，并且为它尽力奋斗，只要他是有正信之人，这等人的努力将受到奖励。"（17：19）

欧麦尔在读这段经文时，将"**你们应当奔忙去记主**"读为"你们去记念安拉"。⁽²⁾

但快速跑向礼拜是被禁止的。据两圣训实录辑录，安拉的使者说："当你们听到成拜辞时，应该庄重、安静地走向礼拜，而不要奔跑。你们赶上多少就礼多少，赶不上的应该还补。"⁽³⁾另据艾布·格塔德传述，我们和安拉的使者一起礼拜时，忽然听到一些男子的嘈杂声，拜后先知问："你们在干什么？"他们回答："我们赶着来做礼拜。"先知说："你们不要这样，你们应当安静地去做礼拜，你们赶上多少就礼多少，赶不上的应该还补。"哈桑说："真的，以安拉发誓：'**奔忙**'并不指快走，因为他们只奉命庄严肃穆地去做礼拜，并且要聚精会神，虔诚举意，必恭必敬。"⁽⁴⁾

格塔德在解释"**你们应当奔忙去记主**"时说："你应该用你的心和行为急忙去礼拜，这就是'**奔忙去记主**'。"⁽⁵⁾他在注释：然后当他长到能跟他一起奔忙时，他说："我的儿啊！我确实梦见我将宰你作牺牲，你的意见如何？"他说："我的父亲啊！做你被命令的事情吧，如果安拉愿意，你会发现我是一个坚韧的人！"（37：102）时说，经文中的"**奔忙**"指一起行走。⁽⁶⁾

教法提倡参加聚礼的人首先洗大净。据两圣训实录辑录，安拉的使者说："你们中有人去参加聚礼时，应该洗大净。"⁽⁷⁾使者说："主麻的大净，对每个成人是必须的。""每个穆斯林应该为安拉在每七天中洗其头和身体（一次）。"⁽⁸⁾"每个穆斯林男子，都应该在每七日中的一日洗一次大净。这一日就是主麻日。"⁽⁹⁾

## 聚礼的尊贵

伊玛目艾哈麦德传述，安拉的使者说："谁在主麻日洗大净，并让人洗大净，早早去清真寺，并让别人早早去清真寺，他步行而不骑乘，并接近伊玛目静听而不说无意义的话，那么，他每走一步，就会得到一年的报酬。并且这相当于一直封斋并立站拜功的一年。"⁽¹⁰⁾安拉的使者说："谁在主麻日像因为无大净时清洗那样洗了大净，并在第一刻去清真寺，他等于贡献了一峰骆驼；他若在第二刻去清真寺，就等于贡献了一头牛；他若在第三刻去清真寺，就等于贡献了一只有角的羯羊；他若在第四刻去清真寺，就等于贡献了一只鸡；他若在第五刻去清真寺，就等于贡献了一个蛋。当伊玛目出来时，天使们来聆听教诲。"⁽¹¹⁾

教法还提倡参加聚礼的人穿最美好的衣服，擦香水（料），刷牙，洁身。圣训中说："主麻日每个人应该洗大净、刷牙、擦家属的香料。"⁽¹²⁾安拉的使者说："谁在主麻日洗大净、擦家属的香料（如果香料在他跟前）、穿最好的衣服，然后出门去清真寺，并在寺中礼拜——如果他意欲——如果他没有伤害别人，并在伊玛目出来时保持肃静，直到做完礼拜，那么，对这个人而言，这个主麻与另一主麻之间的一切（罪恶）都被消除了。"⁽¹³⁾阿卜杜拉·本·赛俩目听到安拉的使者在讲台上说："除了两件职业装之外，你们应该另外拥有两件服装，专用于主麻。"⁽¹⁴⁾阿伊莎（愿主喜悦之）说："安拉的使者在主麻日发表演讲，当时他穿着一件花纹大衣，他说：'如果有能力的话，你们在拥有两件职业装之外，还应该拥有另外两件衣服用于主麻。'"⁽¹⁵⁾

## "召唤"指讲演（呼图白）时的宣礼

"**当聚礼日你们被召唤去礼拜时。**"这次召唤指安拉的使者出现在礼拜场所，坐到讲台上时的宣礼（第二次宣礼）。第一次宣礼则是奥斯曼（愿主喜悦之）因为后来人数增多而增加的。正如布哈里传述，萨义卜·本·栽德说："在安拉的使

---

（1）《穆斯林圣训实录》2：586。
（2）《泰伯里经注》23：381。
（3）《布哈里圣训实录诠释——造物主的启迪》2：138；《穆斯林圣训实录》1：402。
（4）《布哈里圣训实录诠释——造物主的启迪》2：137。
（5）《泰伯里经注》23：380。
（6）《泰伯里经注》23：383；《散置的珠宝》8：162。
（7）《布哈里圣训实录诠释——造物主的启迪》2：415。
（8）《穆斯林圣训实录》2：582。
（9）《艾哈麦德按序圣训集》3：304。

（10）《艾哈麦德按序圣训集》4：9；《圣训大集》3：95、97；《伊本·马哲圣训集》1：246；《艾布·达乌德圣训集》1：246，247；《提尔密济圣训全集诠释》3：3。
（11）《布哈里圣训实录诠释——造物主的启迪》2：425；《穆斯林圣训实录》2：582。
（12）《布哈里圣训实录诠释——造物主的启迪》2：423
（13）《艾哈麦德按序圣训集》5：420。
（14）《艾布·达乌德圣训集》1：650；《伊本·马哲圣训集》1：348。
（15）《伊本·马哲圣训集》1：349。

者㊣、艾布·伯克尔和欧麦尔时代，聚礼日（聚礼前）第一次宣礼的时间，是伊玛目坐到讲台上的时间。后来过了一段时间，因为人数增多，奥斯曼在早拉伊上面增加了一次宣礼。"(1) "早拉伊"是当时麦地那圣寺旁的最高建筑物。

## 禁止在聚礼的宣礼之后进行买卖
## 鼓励聚礼后寻求生计

"并放下买卖"，即在宣礼的时候，你们当奔向记主，放弃生意。因此，学者们一致认为第二次宣礼之后的生意是非法的。

"如果你们知道的话，那对你们是更好的"，即如果你们知道，你们放弃生意记念安拉，在今世与后世中对你们更好。

"当礼拜完毕时。""完毕"指结束。

"你们就散布到大地上，去寻求安拉的恩惠。"经文禁止人们在宣礼后进行一切活动，并命令他们参加聚礼；在礼拜结束后，又命令他们散布大地，寻求安拉的恩惠。尔拉克·本·马立克礼完聚礼后转身站到寺门口，说："主啊！我响应你的号召，礼了你的主命，并奉命散布到了大地上。请赐给我你的恩惠，你是最好的供给者。"(2)

"你们要多多记念安拉，以便你们成功"，即你们在进行交易、付出和给予的时候，都要多记念安拉。你们不要忙于今世，而疏忽了有益于你们的后世家园。因此，圣训中说："谁进入一个市场后念：'应受拜者，惟有独一无偶的安拉，权力只属于他，赞美只属于他，他是全能万事的。'安拉就为他记录一百万件善功，并替他消除一百万件罪恶。"(3)

穆佳黑德说："仆人若要成为一个多多记主的人，就得站着、坐着和躺着记念安拉。"

◆11.当他们见到贸易或娱乐时，他们就散开而趋向它，并且丢下站着的你。你说："来自安拉的，比娱乐和贸易更好！安拉是最好的供给者。"◆

## 禁止在伊玛目讲演时离开清真寺

安拉批评了聚礼日离开伊玛目的演讲，前去观看前来的商队的行为。安拉说："当他们见到贸易或娱乐时，他们就散开而趋向它，并且丢下站着的你"，即当时你正站在讲台上演讲。包括艾布·阿

林、哈桑等人在内的再传弟子们，都提到过这件事情。

穆尔提里·本·罕雅尼说："那个商队是属于迪黑叶·本·赫里夫的，当时他还没有进教。商队敲锣打鼓，除了个别人外，人们纷纷离开先知，拥向商队，而先知当时正站在讲台上演讲。"这一传述是真实的。伊玛目艾哈麦德传述，贾比尔说："有次商队来到麦地那，安拉的使者㊣正在演讲。人们纷纷拥向商队，只剩下十二个人听先知演讲。当时安拉降谕道：'当他们见到贸易或娱乐时，他们就散开而趋向它……'"(4)

"并且丢下站着的你。"经文证明，聚礼日伊玛目要站着演讲。《穆斯林圣训实录》记载，贾比尔·本·赛穆勒说："穆圣㊣有两次演讲，其间他坐下来，讲演中诵读《古兰》，并劝诫人们。"

"你说：'来自安拉的'"，即在后世的家园中，安拉那里的回赐，对于托靠安拉、并在恰当的时间寻求生计的人来讲，"比娱乐和贸易更好！安拉是最好的供给者。"

《聚礼章》注释完。一切感赞统归安拉。我们只托靠安拉，只求安拉护佑。

## 《伪信士章》注释　麦地那章

### 奉普慈特慈的安拉之尊名

◆1.当伪信的人到达你那里时，他们说："我们作证，你确实是安拉的使者。"安拉知道你确实是他的使者，安拉也见证伪信士确实是说谎的。◆

◆2.他们将他们的盟誓作为挡箭牌，阻碍主道。他们一贯的作为真邪恶啊！◆

◆3.那是因为他们归信了，然后又不信。因此他们的心被封闭了，所以他们不理解。◆

◆4.当你看到他们时，他们的身体将使你惊叹，当他们说话时，你就听到他们说话。他们就像堆着的木头。他们以为每一声呐喊都是针对他们的。他们是敌人，所以你要防范他们。愿安拉诛灭他们！他们究竟转变到哪里？◆

---
(1)《布哈里圣训实录诠释——造物主的启迪》2：457。
(2)《格尔特宾教律》18：108。
(3)《提尔密济圣训全集诠释》9：386。

(4)《布哈里圣训实录诠释——造物主的启迪》8：511；《穆斯林圣训实录》2：590；《艾哈麦德按序圣训集》3：313。

## 伪信士的情况和他们的行为

清高伟大的安拉说，伪信士们来见先知时，嘴上归信伊斯兰，而内心并非如此，甚至与嘴上所说的截然相反。因此，安拉说："**当伪信的人到达你那里时，他们说：'我们作证，你确实是安拉的使者。'**"即当他们来到你跟前，与你面对面时，他们是这样表现的，其实他们是口是心非。因此，后文插入一节陈述句，说，"**安拉知道你确实是他的使者**"。又说，"**安拉也见证伪信士确实是说谎的**"，即他们关于使者的表述即便是事实，他们的内心也不相信自己所说的话。因此，经文从他们的信仰角度出发，将他们的话定为谎言。

"**他们将他们的盟誓作为挡箭牌，阻碍主道**"，即他们以虚假的誓愿和罪恶的盟约与人们交往，以便别人相信他们。不了解他们真相的人被他们所欺骗，认为他们是穆斯林，有时还学习他们的行为。而这些伪信士的真正意图，是想不遗余力地消灭伊斯兰。这就是为什么相信他们能使许多人遭受巨大的伤害。因此，安拉说："**阻碍主道。他们一贯的作为真邪恶啊！**"[1]

"**那是因为他们归信了，然后又不信。因此他们的心被封闭了，所以他们不理解。**"他们因为放弃正信接受否认，以正道换取迷误而注定成为伪信士，因此安拉封闭了他们的内心，所以他们不能理解。换言之，引导不能到达他们的内心，一切美好的事物也不能进入他们的心中，所以这些人无法理解，不获正道。

"**当你看到他们时，他们的身体将使你惊叹，当他们说话时，你就听到他们说话**"，即他们仪表堂堂，巧言善辩，颇具吸引力。其实他们外强中干，弱不禁风，焦虑胆小。

因此，清高伟大的安拉说："**他们以为每一声呐喊都是针对他们的。**"每发生一件事情（不测），怯弱的他们都认为它将会降临到他们头上。正如安拉所言："**（他们）对你们是吝啬的。倘若恐惧降临，你将会看到他们眼看着你，他们就像笼罩在死亡中的人一样转动着眼睛。但是当恐惧逝去时，他们就用尖刻的话来对待你，他们在好事方面是吝啬的。这些人不曾归信，所以安拉废除了他们的行为，那对于安拉是容易的。**"（33：19）所以说，他们（的信仰）徒具形式而没有内容。因此，安拉说："**他们是敌人，所以你要防范他们。愿安拉诛灭他们！他们究竟转变到哪里？**"即他们是怎么被调离正道，走向迷误的呢？穆圣㊥说："伪信士有一些可以识别的标志，他们的祝贺是诅咒词，他们的食物是偷窃的，他们的战利品是贪污的，他

们避开清真寺，只在最后（指礼拜快要结束的时候）来礼拜。他们傲慢无礼，不轻易和人联系，他人也很难和他们联系。他们在夜间似木头，白天像噪音。"另据传述："他们在白天喧闹。"[2]

❅ **5.每当有人对他们说："来吧，安拉的使者将为你们求饶。"他们就掉转他们的头，你将会看到他们高傲地抗拒。**❅

❅ **6.无论你为他们求恕饶，或者不为他们求恕饶，安拉都是不会恕饶他们的。的确安拉不引导坏事的群体。**❅

❅ **7.他们是这样一些人：他们说："不要在安拉的使者周围的人身上花费，直到他们散开。"诸天与大地的宝藏只属于安拉，可是伪信士却不理解。**❅

❅ **8.他们说："如果我们返回麦地那，尊贵者一定会从这里驱逐卑贱者。"而尊严只属于安拉和他的使者以及归信者们，但是伪信士却不知道。**❅

## 伪信士不愿使者为他们向安拉求饶，也不愿为使者跟前的人花费财产

清高伟大的安拉在此讲述伪信士（愿安拉永远诅咒他们）的情况，"**每当有人对他们说：'来吧，安拉的使者将为你们求饶。'他们就掉转他们的头**"，即他们蔑视别人对他们所说的话，因此拒绝听从。因此，安拉说："**你将会看到他们高傲地抗拒。**"然后安拉指出他们的这种行为所要遭受的报应："**无论你为他们求恕饶，或者不为他们求恕饶，安拉都是不会恕饶他们的。的确安拉不引导坏事的群体。**"正如《忏悔章》所述。该章注释中已经引用相关圣训，介绍了这一情况。

不止一位先贤说，这些经文是因为阿卜杜拉·本·吾班叶而降的。如果安拉意欲，下面将详述其中情节。我们只信任安拉并只托靠他。伊本·易司哈格在其《先知传》中说，安拉的使者㊥从吾侯德战场回到了麦地那。正如伊本·西哈卜所述，每次聚礼，阿卜杜拉·本·吾班叶都拥有一个专门的位置，这是因为尊重他和他的族人。而他原本是他们中的贵族。每逢安拉的使者㊥在聚礼日坐下来演讲时，他站起来说："人们啊！你们中间的这人是安拉的使者，安拉通过他使你们获得了尊贵，请你们协助他，听命于他！"然后他才坐下。在吾侯德战役中，他做了那件事（指吾侯德战役前他带领三分之一人马退出了使者的队伍），带领一些人回来后，他还是站起来，想故技重演。这时一

---

(1)《泰伯里经注》23：394。

(2)《艾哈麦德按序圣训集》2：293。

些穆斯林揪住他的衣服，说："安拉的敌人！你坐下吧！你没有这些资格！你已经做出了不该做的事情。"于是阿卜杜拉·本·吾班叶跨过人们的肩膀向外走去，他边走边说："以安拉发誓，我只是支持他（先知）的话，好像我犯了什么见不得人的罪似的。"他在寺门口见到一些辅士，他们问他："你真该死！你怎么了？"他说："我站起来要讲支持他的话，但他的一些伙伴站起来对我又推又扯，蛮横对待。我只是强调一下他（先知）的话，好像我犯了什么见不得人的罪似的。"他们说："真该死！你回去让安拉的使者为你求饶吧！"他说："我不希望他为我求饶！"[1]

格塔德和赛丁伊说，这段经文是因为阿卜杜拉·本·吾班叶而降的。事情的起因是他的一个亲属小孩去安拉的使者跟前，向使者讲了他讲的一些坏话以及他做的坏事。于是使者将他召来（质问），但他以安拉发誓，说自己是清白的。辅士们则埋怨那个小孩，并赶走了他。于是安拉降谕了你们所听到的经文。有人对安拉的这个敌人说："但愿你去使者跟前（道歉）。"但他把头转了过去。没有去使者跟前。[2]

伊本·易司哈格说，（事情发生在穆苏特莱格人事件中）安拉的使者在那里驻扎时，欧麦尔的雇工杰海佳黑和西那尼因为争夺水而发生了冲突。西那尼遂喊道："辅士们啊！"杰海佳黑则喊道："迁士们啊！"当时栽德·本·艾勒格穆和一些辅士在阿卜杜拉·本·吾班叶跟前，他听到声音后说："他们竟敢在我们的地方欺负我们！以安拉发誓，我们和这些古莱什外地人之间的情况正如人们所说：'养肥狗后被狗吃。'以安拉发誓，我们回到麦地那后，最尊贵的人一定要从中逐出最卑贱的人。"然后他转身对旁边的人说："你们是怎么对待自己的？你们让他们居住你们的家乡，和他们平分自己的财产。真的，以安拉发誓，如果你们不帮助他们，他们一定会离开你们，投奔他乡。"于是栽德回到使者跟前，汇报了阿卜杜拉说的话。当时栽德还是一个小孩。使者旁边的欧麦尔听到这话后说："安拉的使者啊！请你命令欧拜德·本·毕西尔砍下他的首级！"安拉的使者说："欧麦尔啊！如果人们说穆罕默德在杀他的伙伴，将会怎么办呢？不！欧麦尔！你宣布启程吧！"阿卜杜拉听说穆圣听到了他的话，便前来道歉。他以安拉发誓，说他没有讲栽德所汇报的那些话。他在族人跟前有一定地位，因此族人们说，安拉的使者啊！也许这小孩听错了，他没有搞清楚此人到底说了什么。

安拉的使者在一个他不经常行动的时间赶路期间，碰见了吾赛德·本·胡泽里。他以问候先知的祝词向先知问安后说："安拉的使者啊！你在一个你所不习惯出发的陌生时刻赶路。"使者说："你听到了你的伙伴吾班叶之子所说的话吗？他说，当回到麦地那后，其中尊贵的人要驱逐卑贱的人。"吾赛德说："安拉的使者啊！你是尊贵的人，卑贱的人则是他。"他又说："安拉的使者啊！请你宽待他，以安拉发誓，安拉让你来临了，否则我们早已经串好珠子，打算为他加冕呢。他认为是你夺取了他的王位。"此后使者带领众人继续行走，整整走了一夜。第二天清晨继续行进，一直走到巳时才驻扎下来。使者这样做，是为了让人们忘记那件事情。众人倒地后全都睡着了。当时安拉降下《伪信士章》。[3]

贾比尔说，一次战役中我们和安拉的使者在一起，有位迁士打了一下一位辅士的屁股。辅士喊道："辅士们啊！"那位迁士则喊道："迁士们啊！"安拉的使者说："蒙昧主义者的呼唤是怎么回事？你们当放弃它，它太具有挑衅性了！"阿卜杜拉·本·吾班叶说："他们（迁士们）做得不

---

[1]《穆圣传》3：111。
[2]《泰伯里经注》23：399。
[3]《穆圣传》2：290-292。

对。以安拉发誓，我们回到麦地那后，其中高贵的人一定要驱逐卑贱的人。"贾比尔说，安拉的使者㊺刚到麦地那时，辅士的人数多于迁士，后来迁士的人数多了起来。欧麦尔说："请让我砍下这个伪信士的首级！"穆圣㊺说："不要理他，否则人们会说穆罕默德在杀他的伙伴。"(1)

艾克莱麦、伊本·栽德等人说，他们回到麦地那时，阿卜杜拉·本·吾班叶的儿子阿卜杜拉站在城门口，他抽出宝剑，看着人们从面前经过。他的父亲过来时，这位儿子对父亲说："站住！"父亲问："真该死！你要干什么？"儿子说："以安拉发誓，今天若得不到安拉使者㊺的许可，你不能进这道门。使者是尊贵的，而你是卑贱的。"使者通常走在军队的最后，使者走过时，阿卜杜拉向使者状诉他的儿子。他的儿子阿卜杜拉说："安拉的使者啊！以安拉发誓，若不得你的许可，他不能进入此门。"于是使者允许让阿卜杜拉进门。他的儿子说："安拉的使者㊺允许了，那你就进去吧！"(2)

艾布·哈伦说，阿卜杜拉·本·阿卜杜拉·本·吾班叶对他的父亲说："如果你不说'安拉的使者是最尊贵的，我是最卑贱的'，你永远不能进入此门。"先知到来后他说："安拉的使者啊！我听说你要杀死我父亲，指以真理派遣你的安拉发誓，我因为尊敬他而从来没有注视过他的脸，如果你要我现在拿来他的人头，我会立即照办。因为我不愿意看到杀父之人（即我不愿看到别人杀了我的父亲）。"(3)

❨ 9.有正信的人们啊！不要让你们的财富和子嗣使你们贻误了对安拉的记念。谁那样做，他们确实是亏折的。❩

❨ 10.你们要在死亡降临你们当中任何人之前，从我赐给你们的当中花费。以免他说："我的主啊！为什么你没有把我延长到一个临近的期限，以便我施舍，并且成为一个行善者？" ❩

❨ 11.但是当其大限到来时，安拉绝不延长任何生命，安拉是彻知你们行为的。❩

### 鼓励人不要只忙于今世 归真前施舍

清高伟大的安拉命令穆民众仆多多记念他，禁止他们只忙于财产和儿女而不记念他。他还告诉他们，那些沉沦于今世享受及其浮华，而不注重其人生目的——顺主、记主的人，是在复生日亏折了

---
(1)《布哈里圣训实录》4907；《穆斯林圣训实录》2584；《艾哈麦德按序圣训集》3：392；《圣品的证据》4：53。
(2)《泰伯里经注》23：403、405。
(3)《哈米德圣训集》2：520。

---

自己和家人的人。然后经文又鼓励人们在主道上花费财产。安拉说："你们要在死亡降临你们当中任何人之前，从我赐给你们的当中花费。以免他说：'我的主啊！为什么你没有把我延长到一个临近的期限，以便我施舍，并且成为一个行善者？'"每个过分者都要在临死的时候后悔莫及，并要求暂缓寿命，哪怕暂缓片刻时间，以便弥补当初失去的花费机会。然而这绝不可能！因为发生的事情已经发生，到来的必将到来。每个人都将因为其过错而受到清算。隐昧者的情况正如安拉所述：❨你当警告世人，那一天惩罚会降临他们，（那时）不义的人们会说："我们的主啊！求你宽延我们一个短暂的期限吧，我们一定会响应你的呼唤，并追随众使者！"难道你们在这以前不曾发誓（说），你们将永垂不朽吗？❩（14:44）又❨直到死亡降临到他们当中的一人时，他才说：'我的主啊！求你使我回去吧。以便我能够在我所遗留的中行善，不！那只不过是一句说出的话。在他们后面有个屏障，直到他们被复活的那天。❩（23:99-100）

"**但是当其大限到来时，安拉绝不延长任何生命，安拉是彻知你们行为的**"，即寿限到期时，安拉不会暂缓任何人。安拉至知。谁说的话和提出的要求是诚实的，谁又是撒谎的——假若这种人能如愿以偿，他会变得比以前更恶劣。因此，安拉说："**安拉是彻知你们行为的。**"

《伪信士章》注释完。一切感赞全归安拉，一切机遇和护佑全来自安拉。

### 《自欺章》注释　麦地那章

**奉普慈特慈的安拉之尊名**

❨ 1.诸天与大地中的一切，都赞美安拉清净无染。权力只属于他，赞颂全归他，他是全能于万事的。❩

❨ 2.是他曾造化你们，然后你们当中就有隐昧者和归信者，安拉是全观你们行为的。❩

❨ 3.他曾以真理造化诸天和大地，他曾赋予你们形象，并使你们的形象优美。归宿只在他那里。❩

❨ 4.他知道在诸天和大地的一切，他也知道你

们隐藏的和公开的。安拉尽知一切心事。♦

## 赞美只归安拉 安拉的创造和知识

本章是《古兰》中以"赞美安拉清净无染"为章节开头的最后一章。前文已对万物赞美其创造者、掌握者清净无染多有论述。

"权力只属于他，赞颂全归他"，即安拉是万有的支配者，应该受到他所创造并预定的一切赞美。

"他是全能于万事的。"无论安拉意欲什么存在，它们都会毫不受阻挠地存在。安拉不意欲存在的任何事物，都不会存在。

"是他曾造化你们，然后你们当中就有隐昧者和归信者"，即安拉以这种特征创造了你们，并意欲这一属性发生在你们当中。所以，世间必然存在归信者和隐昧者。安拉能洞察谁应该获得正道，谁应该陷入迷误。安拉还见证众仆的一切行为，他将根据这些行为，给予他们最充分的酬报。

因此，清高伟大的安拉说："**安拉是全观你们行为的。**"

"他曾以真理造化诸天和大地。""真理"指公正和哲理。

"他曾赋予你们形象，并使你们的形象优美"，即他赋予你们优美的形态。安拉说：♦人啊！是什么蒙骗你如此对待你慷慨的养主？是他造化了你，然后使你协调，然后使你均衡。他依他所意欲的任何形象构造你。♦（82：6-8）又♦是安拉为你们将大地设为居所，将天空设为建筑，并赋予你们形象，使你们的形体完美，还供给你们一些佳美的东西。那就是安拉，你们的养主。所以，安拉——众世界的主真吉庆啊！♦（40：64）

"归宿只在他那里"，即回归之地只在他那里。

然后清高伟大的安拉说，他知道天地万物和（被造物的）一切心理活动。说："他知道在诸天和大地的一切，他也知道你们隐藏的和公开的。安拉尽知一切心事。"

♦ 5.从前那些隐昧者的消息不曾到达你们吗？他们尝受了他们行为的恶果，他们将遭受惨痛的刑罚。♦

♦ 6.那是因为使者们曾给他们带来明证，而他们说："难道凡人能引导我们吗？"因此他们不信而避开。其实安拉原本无求，安拉是富裕的、受赞美的。♦

## 通过介绍古代隐昧者的灭亡警告世人

清高伟大的安拉在这里介绍古代各民族以及他们违背众使者、否认真理后所遭受的惩罚和打击。安拉说："从前那些隐昧者的消息不曾到达你们吗？""消息"指当时发生的事情。

"他们尝受了他们行为的恶果。""他们行为的恶果"指他们可恶的否认和丑恶的行为。"恶果"指他们在今世中所遭受的惩罚和耻辱。

"他们将遭受惨痛的刑罚。"除了今世的惩罚，他们还要在后世遭受严惩。

然后经文说明其中的原因，"那是因为使者们曾给他们带来明证"，"明证"指明确的证据、理由和道理。

"而他们说：'难道凡人能引导我们吗？'"他们认为人类不可能承担天启使命，并且像他们一样的人不能够引导他们。

"因此他们不信而避开"，即他们否认真理，并拒绝干善事。

"其实安拉原本无求"，即安拉无求于他们。

"安拉是富裕的、受赞美的。"

◆7.否认者妄称他们绝不被复活。你说："不然，凭我的主发誓，你们一定会被复活。然后你们一定会被告诉你们所做过的，这对于安拉是容易的。"◆

◆8.所以，你们要归信安拉及其使者以及我所降下的光亮。安拉是彻知你们行为的。◆

◆9.在那天，他将在集合日召集你们。那是一个自欺的日子。谁归信安拉并行善，他将抹去他的罪行，他也将使他进入下临诸河的乐园，而永居其中。那的确是伟大的收获。◆

◆10.那些不信并否认我的迹象的人们，他们将是火狱的居民，而永居其中。那归宿真邪恶啊！◆

## 死后的复活是真实的

清高伟大的安拉说，那些隐昧者、多神教徒、叛教者们妄言他们绝不被复活。"你说：'不然，凭我的主发誓，你们一定会被复活。然后你们一定会被告诉你们所做过的'"，即你们的一切行为，无论大小明暗，都将被告知你们。

"这对于安拉是容易的"，即复活你们、还报你们是真实的。这是安拉命令使者以安拉的名义通过发誓宣告归宿必将实现的第三节经文。第一节在《优努司章》，其中说：◆他们向你询问："那是真的吗？"你说："是的，以我的主发誓，那的确是真实的。你们绝不能逍遥法外。"◆（10：53）第二节在《赛伯邑章》，其中说：◆隐昧的人们说："复活之时绝不会降临于我们。"你说："不！凭我的主——全知未见事物的主发誓，它一定会降临于你们。"◆（34：3）第三节是本章的下列经文："否认者妄称他们绝不被复活。你说：'不然，凭我的主发誓，你们一定会被复活。然后你们一定会被告诉你们所做过的，这对于安拉是容易的。'"

然后清高伟大的安拉说："所以，你们要归信安拉及其使者以及我所降下的光亮。""光亮"指《古兰》。

"安拉是彻知你们行为的"，即你们的任何一项工作都对安拉不能隐瞒。

## 自欺之日

"在那天，他将在集合日召集你们。""集合日"指复生日。这一日被称为集合，是因为一切前人和后人都将在那日集合于一块平地，那里，任何声音都能被人们听到，并且一目了然。正如安拉所述：◆对于畏惧后世惩罚的人，那就是人类为此而集中的日子，那就是被见证的日子。◆（11：103）又◆你说："真的，那些前人和后人，全都会被集中在一个明确的时间。"◆（56：49-50）

"那是一个自欺的日子。"伊本·阿拔斯说，这是复生日诸多名称中的一个名称。因为火狱的居民将因为乐园的居民而自欺。[1] 格塔德和穆佳黑德也持此观点。[2]

穆尔提里说："最大的欺骗莫过于一些人进入乐园，而另一些人被带到火狱。"笔者认为，下面的经文，就是对"自欺"的最佳注释："谁归信安拉并行善，他将抹去他的罪行，他也将使他进入下临诸河的乐园，而永居其中。那的确是伟大的收获。那些不信并否认我的迹象的人们，他们将是火狱的居民，而永居其中。那归宿真邪恶啊！"前面已经不止一次注释过类似经文。

◆11.凡发生的一切遭遇，都是凭着安拉的准许。谁归信安拉，他就引导谁的心。安拉是全知万事的。◆

◆12.你们当服从安拉，服从使者。倘若你们拒绝，我的使者只负责明白的传达。◆

◆13.安拉，除他之外没有应受拜者。让归信者只托靠安拉吧。◆

## 人类的一切遭遇都是凭安拉的允许而发生的

清高伟大的安拉在《铁章》中说：◆降在大地上或是你们身上的任何遭遇，我使它实现以前，都已经记录在一部天经中，那对安拉确实是容易的。◆（57：22）在本章说："**凡发生的一切遭遇，都是凭着安拉的准许。**"伊本·阿拔斯说"准许"指命令，即指决定（定然）和意志。

"**谁归信安拉，他就引导谁的心。安拉是全知万事的。**"一个人若遭受打击，并知道它是凭安拉的判决和定然而发生的，然后忍耐、追求安拉的报酬，并接受安拉的判决，安拉就会引导他的内心，在今世生活中另赐恩典替代之，给予他心灵的启迪和真实的信念。有时，还会以类似于所损失的或更好的来补偿他。伊本·阿拔斯解释这段经文时说："安拉将引导他的内心获得信念。因他知道此人所要遭受的是不可能逃避的；与他交错而去的不可能到于他。"[3]

圣训中说："穆民真奇妙！安拉为他作出的判

---
（1）《泰伯里经注》23：420。
（2）《泰伯里经注》23：419，420。
（3）《泰伯里经注》23：421。

## 命令人们服从安拉和使者

"你们当服从安拉，服从使者。"安拉命令人们服从安拉和使者，执行他所规定的法规，做他命令做的事，放弃他所禁止的事情。然后说："**倘若你们拒绝，我的使者只负责明白的传达**"，即如果你们拒绝执行我的命令，使者只负传达之责，而你们负有拒绝听从之责。祖海里说："天启使命来自安拉，使者负责传达，我们负责服从。"(2)

## 认主独一

清高伟大的安拉说，他是独一的，无求的，除他之外没有应受拜者。"**安拉，除他之外没有应受拜者。让归信者只托靠安拉吧。**"前面部分经文以陈述句形式表达安拉独一问题，但其意义则是命令，即"你们应当只承认安拉拥有受拜性，并对他全心全意，还要托靠于他。"正如安拉所言：《他是东西方的主，除他之外没有应受拜的。所以你要以他作为你的监护者。》（73：9）

《14.有正信的人们啊！的确，在你们的妻室和儿女中有你们的敌人，你们要防备他们！倘若你们能体谅，并原谅与宽恕，安拉确实是至恕的、至慈的。》

《15.你们的财富和你们的子女只是考验。安拉那里有巨大的报偿。》

《16.所以，你们要尽其可能地敬畏安拉。你们要恭听和服从，并要施舍，那对你们是更好的。自身的贪念被戒除的人，这等人，确实是成功的。》

《17.如果你们贷给安拉一笔美好的贷款，他就为你们使它加倍，并恕饶你们。安拉是奖励的、宽容的。》

《18.他是知道幽玄与可见之物的主，是优胜者、睿智者。》

## 提防因为妻子和儿女而失足

清高伟大的安拉说，人类的妻子和儿女中，有一些是他们的敌人，经文的意思是：人们往往以她（他）们为乐，而忘记作善功。安拉说：《有正信的人们啊！不要让你们的财富和子嗣使你们贻误了对安拉的记念。谁那样做，他们确实是亏折的。》（63：9）因此，经文在此说："你们要防备他们！"伊本·栽德说："在你们的宗教方面，你们要提防他们。"穆佳黑德解释这段经文说："他们可能导致人们断绝骨肉或违抗安拉。因为人往往无法违背他所酷爱的人的意愿。"另据传述，有人向伊本·阿拔斯询问这段经文时，他回答说："这些是在麦加加入伊斯兰的人，他们想跟随穆圣☪迁徙，但他们的妻子和儿女不让他们走，后来他们（在麦地那）去见安拉的使者☪时，看到人们已经对教义非常精通，当那些人打算惩罚他们时，安拉降谕道：'倘若你们能体谅，并原谅与宽恕，安拉确实是至恕的、至慈的。'"(3)

"**你们的财富和你们的子女只是考验。**"清高伟大的安拉说，财富和子女只是安拉对人类的试验，以便甄别顺主者与逆主者。

在复生日，"**安拉那里有巨大的报偿**"。正如安拉所言：《人们所迷恋的是女人、子嗣、无数的财宝和有烙印的马以及牲畜和良田。这些都是今世

---

(1)《穆斯林圣训实录》4：2295。
(2)《布哈里圣训实录》46。

(3)《提尔密济圣训全集诠释》9：222。

生活的享受。而最佳的归宿在安拉那里。》（3：14）伊玛目艾哈麦德传述，有次安拉的使者演讲的时候（先知的孙子）哈桑和侯赛因跑来了，二人穿着红色的衬衣，走路时不时摔倒。使者（见状）走下讲台抱起二人，把他们放到自己前面。然后说："安拉及其使者说得对，你们的财富和子女只是一种考验。当我看到这两个孩子走路不稳时，就禁不住停止讲话，抱起他们。"[1]

## 命令人们尽己所能地敬畏安拉

清高伟大的安拉说："所以，你们要尽其可能地敬畏安拉"，即你们当付出最大的努力和能力。两圣训实录辑录，安拉的使者说："我命令你们做一件事情时，你们当尽己所能地去做；我禁止你们一件事情时，你们当戒绝。"[2]

"你们要恭听和服从"，即你们要成为服从安拉和使者的命令的人，并当不折不扣地执行这些命令。你们不要做超越安拉及其使者命令的事情，对于安拉先知的命令，万万不可怠慢，对于主圣的禁令，绝对不可触及。

## 鼓励人们施舍

清高伟大的安拉说，"并要施舍，那对你们是更好的"，即你们当把安拉赐给你们的恩典，花费给亲属、穷人、赤贫者和有需求的人。你们当善待安拉的被造物，正如安拉善待你们那样。你们这样做，在今世和后世对你们是更好的，否则，在今世和后世，都对你们不好。

"自身的贪念被戒除的人，这等人，确实是成功的。"《放逐章》已经注释了相同的经文，并引用了相关圣训，故不再赘述。一切感赞全归安拉。

"如果你们贷给安拉一笔美好的贷款，他就为你们使它加倍，并恕饶你们"，即无论你们花费什么，安拉都会给予你们补偿；无论你们施舍什么，都会得到报酬。经文将这种花费和施舍比作贷款，正如圣训所述："伟大的安拉说，谁愿意给不行亏者和非贫穷者贷款？"[3]

因此，清高伟大的安拉说，他就为你们使它加倍。正如《黄牛章》所述：《谁愿意贷给安拉一笔美好的债务，安拉就使它成倍增长。》（2：245）

"并恕饶你们"，即安拉将消除你们的罪恶。

因此，后面说："安拉是奖励的"，即安拉将以许多恩典奖励人的少量善行。

"宽容的"，即安拉将宽恕人的各种失误、错误和罪恶，而不使他们出丑。

"他是知道幽玄与可见之物的主，是优胜者、睿智者。"前面已经对类似的经文注释过数次。

《自欺章》注释完。一切感赞全归安拉。

## 《离婚章》注释　麦地那章

奉普慈特慈的安拉之尊名

《 1.先知啊！当你们休妻时，你们要依照她们的待婚期离异，并计算待婚期。你们要畏惧安拉——你们的养主。你们不要使她们从她们的屋子中出去，她们也不应自己出去，除非她们犯了明显的丑事。这是安拉的法度。谁超越安拉的法度，谁确实亏了自己。你不知道，安拉也许会在此后让一件事情发生。》

### 妇女在完满待婚期后才可以离婚，她不能被赶出她的房子，以及计算待婚期

经文首先呼吁穆圣，从而说明他的尊贵，然后呼吁他的民族[4]。紧接着呼吁他的民族，说："当你们休妻时，你们要依照她们的待婚期离异。"

布哈里传述，伊本·欧麦尔休了他的妻子，当时她正在月经期。欧麦尔将此事告诉安拉的使者后，使者生气了，说："让他归回她，并留住她，直至经净，然后再行经，然后再净。然后他若愿意休她，在他接触她之前休纯洁的她。那是安拉命令休妻的待婚期。"[5]穆斯林传述说："那是安拉命令的与妇女离婚的待婚期。"[6]与此最接近的是《穆斯林圣训实录》所载的下列圣训：阿卜杜·拉

---

[1]《艾哈麦德按序圣训集》5：354；《艾布·达乌德圣训集》1：663；《提尔密济圣训全集诠释》10：278；《圣训大集》3：108；《伊本·马哲圣训集》2：1190。
[2]《布哈里圣训实录诠释——造物主的启迪》13：264；《穆斯林圣训实录》2：975。
[3]《穆斯林圣训实录》1：522。
[4] 经文中所用的"先知"是一个单数单词，指穆圣。——译者注
[5]《布哈里圣训实录诠释——造物主的启迪》8：521。
[6]《布哈里圣训实录诠释——造物主的启迪》9：258、393；《穆斯林圣训实录》2：1094、1095。

赫曼询问伊本·欧麦尔时，艾布·祖拜尔在旁听。他问道："你是怎么看待一个男人与行经的妇女离婚一事的？"他回答说："在安拉的使者㊤时代，伊本·欧麦尔休了行经的妻子，使者说：'让他回归她。当她纯洁后他再离婚，或挽留。'"伊本·欧麦尔说，当时使者读道："**先知啊！当你们休妻时，你们要依照她们的待婚期离异。**"[1] 他说，直到纯洁，即不交媾。阿塔、穆佳黑德、哈桑等有相同传述。[2]

阿里·本·艾布·特里哈传述，伊本·阿拔斯在解释"**你们要依照她们的待婚期离异**"时说："她行经时，或在他与她交媾后的那次纯洁期，他不能休她。而是等她来月经并纯洁之后，他对她进行一休。"[3]

艾克莱麦解释这段经文时说，"**待婚期**"（العدة）指纯洁一次，"**القرء**"（古鲁伊）指来一次月经。以免休掉明确怀孕的妇女。他与她交媾之后，如果不知她是否怀孕时，也不能休她。

教法学家们就是根据上述经训决定离婚事宜的。他们将离婚分为"圣行的离婚"和"异端的离婚"。圣行的离婚，指在未交媾的情况下，休掉纯洁的她，或在她明确怀孕的情况下休掉怀孕的她。异端的离婚，指在她行经时，或在他与她交媾的纯洁期，在不知道她是否怀孕的情况下休掉她。

第三种离婚，既不属于圣行的离婚，也不属于异端的离婚，是指与未成年的妇女、绝经的妇女以及未入洞房的妇女离婚。

"**并计算待婚期**"，即你们当记住它，了解它的开始和结束的时间，以免妇女被过期的待婚期所耽误，而无法另外择夫而嫁。

此中，"**你们要畏惧安拉——你们的养主**"。

### 在可能复婚的待婚期，丈夫应该承担妻子的住所和生活花费

"**你们不要使她们从她们的屋子中出去，她们也不应自己出去。**"经文指待婚期内的事情。只要妻子还在待婚期内，她就有权从丈夫那里得到住处。丈夫不应驱逐她出门，妻子也不应该自己出去，因为她同时也要受到丈夫的权益制约。

"**除非她们犯了明显的丑事**"，即若非做了明显的丑事，妻子不得被逐出家门。正如伊本·麦斯欧迪、伊本·阿拔斯等人说，"**明显的丑事**"包括淫乱。[4] 另外，它还包括妻子虐待丈夫的家人或说下流话以及在言行方面对他们的伤害。正如吾班叶·本·凯尔卜和伊本·阿拔斯等人所说。[5]

"**这是安拉的法度**"，"**法度**"指法规和禁令。

"**谁超越安拉的法度**"，指不受其限制，另择其他规定，不遵守之。

"**谁确实亏了自己**"，即他确实在以这种行为自欺欺人。

### 在丈夫家中守待婚期的益处

"**你不知道，安拉也许会在此后让一件事情发生。**"我（安拉）让守待婚期的妇女继续住在丈夫家中，这样，或许丈夫后悔，并且安拉在他心中产生复婚的念头，这样，对（双方来说）更容易，更轻松。

祖海里传述，盖斯的女儿法图麦解释关于"**你不知道，安拉也许会在此后让一件事情发生**"时

---

（1）《穆斯林圣训实录》2：1098。
（2）《泰伯里经注》23：432-434。
（3）《泰伯里经注》23：435。
（4）《泰伯里经注》23：438；《格尔特宾教律》1：156；《散置的珠宝》8：194。
（5）《泰伯里经注》23：438。

说："这件事情指复婚。"(1) 舒尔宾、阿塔等都持此观点。(2)

## 绝对被休的妇女无权要求丈夫提供食宿

先贤和他们的追随者，根据上述经训主张，（已经离婚的丈夫）不必为绝对被休的妻子提供住处。他们的依据是盖斯的女儿法图麦所传述的圣训。她的丈夫阿慕尔·本·哈芙赛在三休的最后一次，通过发誓休了她，当时她不在他跟前，他是派人将这一消息告诉她的。后来他派代理人给她送去大麦（生活花费），但她显得非常生气，于是他说："以安拉发誓，我本来没有为你提供生活花费的义务。"她去见安拉的使者㊋时，使者也对她说："他没有义务为你提供生活花费。"穆斯林传述说"……也没有提供住处的义务。"使者当时命令她在乌姆·谢磊克家中守待婚期，然后使者又说："我的弟子们经常去访问这位妇女，你还是在乌姆·麦克图姆的儿子那里度过待婚期吧，他是一位盲人，你可以自由脱衣。"(3)

另据传述，安拉的使者㊋说："盖斯家族的女儿啊！如果夫妻还可能复婚，那么丈夫有义务为妻子提供食宿，如果他们之间不再复婚，那他就没有提供食宿的义务了。请你离开（他）那里，住到某某妇女那里吧。"传述者说，后来她被告知："你住到乌姆·麦克图姆的儿子那里吧，他是位盲人，看不见你……"(4)

阿米尔·舒尔宾说，他去盖斯的女儿法图麦那里，她的丈夫是艾布·阿慕尔。她说："艾布·阿慕尔和我离婚后行军去了也门，我要求他的亲人为我提供食宿，但他们说他没有给他们通报这方面的任何消息。"安拉的使者㊋说："食宿只针对夫妻可以复婚的情况而言，如果妻子不再对丈夫合法，除非妻子另嫁他人，则她再无权享受食宿。"(5)

❲ 2.当她们到达预定的期限时，你们应善意地挽留她们，或是善意地跟她们分手，并要让你们中两个公正的人作证，你们当为安拉而力行见证。这是用来劝诫归信安拉与末日的人的。谁敬畏安拉，安拉就会给他一条出路，❳

❲ 3.并从他意想不到的方面供应他。谁托靠安拉，安拉就使他满足。安拉是胜任其事的。安拉已

为万物规定了尺度。❳

## 命令丈夫善待待婚的妻子，无论他们是否打算复婚

清高伟大的安拉说，当待婚的妇女到期限，换言之，待婚期即将结束，还未完全结束时，丈夫可以决定善意地挽留妻子，即他们回到过去的婚约中，维持婚姻。"**善意地**"指在与她共同生活中善待她；丈夫也可以决定善意地与她离婚。这里的"**善意**"指不相互丑化、辱骂或粗俗对待，而是体面地、以一种美好的方法离婚。

## 命令人们在复婚、结婚时找人作证

清高伟大的安拉，"**并要让你们中两个公正的人作证**"，即当你们决定复婚时，应该找人证明复婚。正如艾布·达乌德和伊本·马哲传述，有人向仪姆兰·本·侯赛因询问这样一个男子：在没有证人证明离婚和复婚的情况下，他离婚后又与妻子发生了关系。伊氏回答："你（他）没有按圣行离婚，也没有按圣行复婚。你应当让人作证休她或与她复婚。你要下不为例。"(6) 伊本·哲利尔说，阿塔在解释"**并要让你们中两个公正的人作证**"时说："正如安拉所言，只有在存在两个公正的证人情况下，才可以结婚、离婚和复婚。因故例外。"

"**这是用来劝诫归信安拉与末日的人的**"，即只有那些归信安拉和后世，相信安拉的这项法令，并害怕安拉规定的后世惩罚的人，才会服从我的命令，寻找证人，力行见证。

## 安拉为敬畏者设置出路，并从他们意想不到的角度恩赐他们

"**谁敬畏安拉，安拉就会给他一条出路，并从他意想不到方面供应他**"，即谁敬畏安拉，做安拉所命之事，弃安拉所禁之事，安拉将为谁设置其事业上的出路，并从其想象不到的角度恩赐他。

伊本·麦斯欧迪说，《古兰》中最具概括性的经文是❲ 安拉命令人公平、行善……❳（16:90）《古兰》中叙述最大出路的经文是"**谁敬畏安拉，安拉就会给他一条出路……**"艾克莱麦说："谁按照安拉命令的方式离婚，安拉就给谁一条出路。"伊本·阿拔斯、端哈克等学者也有相同见解。(7)

伊本·麦斯欧迪和麦斯鲁格在注释"**谁敬畏安拉，安拉就会给他一条出路**"时说："他应该知

---

(1)《泰伯里经注》23:441)。
(2)《泰伯里经注》23:442；《格尔特宾教律》18:157；《散置的珠宝》8:194。
(3)《穆斯林圣训实录》1480。
(4)《艾哈麦德按序圣训集》6:373。
(5)《圣训大典》24:382；《圣训大集》6:144。

(6)《艾布·达乌德圣训集》2:637；《伊本·马哲圣训集》1:652。
(7)《艾哈麦德按序圣训集》5:178。

道，如果安拉意欲，他就会给予，如果他不意欲，他就会拒绝。"

"他意想不到的方面"，即从他不知道的角度。[1]

格塔德在解释"谁敬畏安拉，安拉就会给他一条出路"时说："在他临终时，安拉将给他一条出路，摆脱各种含混不清的事情的干扰和艰难。"他认为"他意想不到方面"指他不希望也不盼望的角度。[2]

"谁托靠安拉，安拉就使他满足。"伊本·阿拔斯说，有天安拉的使者骑乘时将他捎在后面，使者对他说："孩子啊！我教给你一些言辞：你留意安拉，安拉就会保佑你；你常记安拉，你会发现安拉就在你面前；你祈求时，就向安拉祈求；你求助时，就向安拉求助。须知，假若一个群体群策群力，要给你带来某种益处，而安拉没有规定时，他们只能爱莫能助；如果一个群体共守同谋，要给你带来某种伤害，而安拉没有规定时，他们也只能望洋兴叹。笔已收起，册子已干。"[3][4]

"安拉是胜任其事的"，即安拉将根据其意志和意愿，在其被造物中执行其法律法规。

"安拉已为万物规定了尺度。"另一章说：❨一切事物在他那里都有度量。❩（13：8）

❨4.你们的妇女中，已经对行经绝望的人，如果你们有所怀疑，她们的待婚期是三个月。那些还没有月经的也是一样。那些有孕的妇女，她们的期限是等到她们分娩。谁敬畏安拉，他将使他的事情容易。❩

❨5.那是安拉降给你们的法令。谁敬畏安拉，他就消除谁的罪恶，并为谁扩大回赐。❩

## 绝经的妇女和还未行经的少女

安拉在此阐明绝经的妇女的待婚期问题。绝经的妇女，指因为年老而停止行经的妇女。她们的待婚期是三个月。它等于正常行经妇女的三次古鲁伊，正如《黄牛章》经文所述。还没有到行经年龄的少女，其待婚期也是三个月。因此，安拉说："那些还没有月经的也是一样。"

"如果你们有所怀疑"一句有两种解释：一是部分先贤，像穆佳黑德、祖海里和伊本·栽德的解释，他们解释说，如果她们看到了血，而你们对它是经血还是病血产生了怀疑……[5]二是如果你们在她们的待婚期的断法中产生了怀疑，而不能了解它时，就以三个月来论断。据传述，这是赛尔德·本·朱拜尔的观点，伊本·哲利尔也选择这种解释。[6]从意义上说，这种解释更加明确。其证据是吾班叶·本·凯尔卜所传的圣训，他问："安拉的使者啊！经典中没有提到几种妇女的待婚期。譬如（未成年）少女、老太太和孕妇的待婚期。"他说："后来安拉降谕道：'你们的妇女中，已经对行经绝望的人，如果你们有所怀疑，她们的待婚期是三个月。那些还没有月经的也是一样。那些有孕的妇女，她们的期限是等到她们分娩。'"[7]另据伊本·艾布·哈亭以更简略的语句传述，吾班叶·本·凯尔卜说，《黄牛章》中关于妇女待婚期的经文降示后，我对安拉的使者说："一些麦地那人说，《古兰》中没有提到几种妇女的待婚期，她们是（未成年）少女、已经停止行经的老太太和孕妇。"后来安拉降谕了《小妇女章》（即本章）中的下列经文："你们的妇女中，已经对行经绝望的人，如果你们有所怀疑，她们的待婚期是三个月。那些还没有月经的也是一样。"[8]

## 孕妇的待婚期

清高伟大的安拉说，"那些有孕的妇女，她们的期限是等到她们分娩"，即孕妇的待婚期到其分娩为止。即使她在离婚之后或丈夫死亡之后立刻分娩了，这是先贤及其后辈大部分学者的主张，也是这段尊贵的经文所明确指出的，并且圣训也是如此叙述的。布哈里传述，艾布·赛莱迈说，有人来见伊本·阿拔斯时，艾布·胡莱赖正坐着，那人说："请告诉我关于这样一位妇女的问题：她在丈夫归真四十天后分娩了。"伊本·阿拔斯回答："两个期限的后一个期限。"当时我念道："那些有孕的妇女，她们的期限是等到她们分娩。"艾布·胡莱赖说，我和我侄子（艾布·赛莱迈）在一起，伊本·阿拔斯派他的童仆凯磊白去乌姆·赛莱迈跟前，向她请教。她说："赛毕尔的丈夫被杀时，她正在怀孕，他归真四十天之后她分娩了，后来别人向她求亲时，安拉的使者将她嫁了出去。"艾布·赛纳毕尔也是当时的求亲者之一。[9]

伊玛目艾哈麦德传述，赛毕尔的丈夫归真时，她正在怀孕，几天之后她就分娩了。当她的产血干

---

（1）《泰伯里经注》23：446。
（2）《泰伯里经注》23：445、446。
（3）意思是已成定局，不可改变。——译者注
（4）《泰伯里经注》23：448；《艾哈麦德按序圣训集》1：293。
（5）《提尔密济圣训全集诠释》7：219。
（6）《泰伯里经注》23：450。
（7）《泰伯里经注》23：452。
（8）《泰伯里经注》23：451。
（9）《布哈里圣训实录诠释——造物主的启迪》8：521、9：379；《穆斯林圣训实录》2：1123；《提尔密济圣训全集诠释》4：375；《圣训大集》6：192。

后，有人向她提亲，她向先知征得同意后嫁了出去。布哈里、穆斯林等圣训学家，都有类似的传述。[1]

欧拜杜拉·本·阿卜杜拉说，他的父亲曾致信欧麦尔·本·阿卜杜拉·本·艾勒格穆，命他去哈里斯的女儿赛毕尔处，问问她当时离婚的情况以及她询问安拉的使者ﷺ时使者是怎么回答的。欧氏回信说，赛毕尔说："她曾是赛尔德·本·豪莱（他曾参加过白德尔战役）的妻子，后来他在辞朝时归真了，而当时她怀有身孕。不久之后她就分娩了，当她的产血停止后，她打扮起来，等待别人来提亲。艾布·赛纳毕尔到她那里后说：'我怎么看到你精心打扮了起来？你是想再婚吗？以安拉发誓，你必须度过四个月零十日才能再婚。'"赛毕尔说，他对我说了那番话后，我晚上把衣服收了起来，去问安拉的使者ﷺ。使者却告诉我，在我分娩的时候，我就已经度过了待婚期。使者还提到我可以再婚。穆斯林、布哈里传述。[2]

**"谁敬畏安拉，他将使他的事情容易"**，即安拉将为他而使他的事情轻松容易，并会给他临近的出路和及时的解决方法。

**"那是安拉降给你们的法令"**，即那是安拉通过其使者，降给你们的法律法规。

**"谁敬畏安拉，他就消除谁的罪恶，并为谁扩大回赐"**，即安拉将消除仆人所防备的忧患，并给他巨大的回赐，虽然他的善行很微小。

الجزء الثامن والعشرون ٥٥٩ سورة الطلاق

أَسْكِنُوهُنَّ مِنْ حَيْثُ سَكَنتُم مِّن وُجْدِكُمْ وَلَا تُضَآرُّوهُنَّ لِتُضَيِّقُوا۟
عَلَيْهِنَّ ۚ وَإِن كُنَّ أُو۟لَٰتِ حَمْلٍ فَأَنفِقُوا۟ عَلَيْهِنَّ حَتَّىٰ يَضَعْنَ حَمْلَهُنَّ ۚ فَإِنْ
أَرْضَعْنَ لَكُمْ فَـَٔاتُوهُنَّ أُجُورَهُنَّ ۖ وَأْتَمِرُوا۟ بَيْنَكُم بِمَعْرُوفٍ ۖ وَإِن
تَعَاسَرْتُمْ فَسَتُرْضِعُ لَهُۥٓ أُخْرَىٰ ٦ لِيُنفِقْ ذُو سَعَةٍ مِّن سَعَتِهِۦ ۖ وَمَن
قُدِرَ عَلَيْهِ رِزْقُهُۥ فَلْيُنفِقْ مِمَّآ ءَاتَىٰهُ ٱللَّهُ ۚ لَا يُكَلِّفُ ٱللَّهُ نَفْسًا إِلَّا
مَآ ءَاتَىٰهَا ۚ سَيَجْعَلُ ٱللَّهُ بَعْدَ عُسْرٍ يُسْرًا ٧ وَكَأَيِّن مِّن قَرْيَةٍ عَتَتْ
عَنْ أَمْرِ رَبِّهَا وَرُسُلِهِۦ فَحَاسَبْنَٰهَا حِسَابًا شَدِيدًا وَعَذَّبْنَٰهَا عَذَابًا
نُّكْرًا ٨ فَذَاقَتْ وَبَالَ أَمْرِهَا وَكَانَ عَٰقِبَةُ أَمْرِهَا خُسْرًا ٩ أَعَدَّ ٱللَّهُ
لَهُمْ عَذَابًا شَدِيدًا ۖ فَٱتَّقُوا۟ ٱللَّهَ يَٰٓأُو۟لِى ٱلْأَلْبَٰبِ ٱلَّذِينَ ءَامَنُوا۟ ۚ قَدْ أَنزَلَ
ٱللَّهُ إِلَيْكُمْ ذِكْرًا ١٠ رَّسُولًا يَتْلُوا۟ عَلَيْكُمْ ءَايَٰتِ ٱللَّهِ مُبَيِّنَٰتٍ لِّيُخْرِجَ
ٱلَّذِينَ ءَامَنُوا۟ وَعَمِلُوا۟ ٱلصَّٰلِحَٰتِ مِنَ ٱلظُّلُمَٰتِ إِلَى ٱلنُّورِ ۚ وَمَن يُؤْمِنۢ
بِٱللَّهِ وَيَعْمَلْ صَٰلِحًا يُدْخِلْهُ جَنَّٰتٍ تَجْرِى مِن تَحْتِهَا ٱلْأَنْهَٰرُ خَٰلِدِينَ
فِيهَآ أَبَدًا ۖ قَدْ أَحْسَنَ ٱللَّهُ لَهُۥ رِزْقًا ١١ ٱللَّهُ ٱلَّذِى خَلَقَ سَبْعَ سَمَٰوَٰتٍ
وَمِنَ ٱلْأَرْضِ مِثْلَهُنَّ يَتَنَزَّلُ ٱلْأَمْرُ بَيْنَهُنَّ لِتَعْلَمُوٓا۟ أَنَّ ٱللَّهَ عَلَىٰ
كُلِّ شَىْءٍ قَدِيرٌ وَأَنَّ ٱللَّهَ قَدْ أَحَاطَ بِكُلِّ شَىْءٍ عِلْمًۢا ١٢

**﴾6.你们要按照自身的能力让妇女们住在你们所住的房屋中，你们不要伤害她们，以致使她们感到窘困。如果她们有孕，你们就要供给她们花费，直到她们分娩。如果她们助你们（为你们的孩子）哺乳，你们就要给她们报酬，并要公平地互相磋商。如果你们彼此为难，那就让其他的妇人替他（孩子的父亲）喂乳。﴿**

**﴾7.让有能力的人照他们的能力去花费。而生活窘迫的人，就让他从安拉赐给他的当中去花费。安拉给任何人只责成他所赏赐的。在困难之后，安拉就会赐给容易。﴿**

## 被休的妇女可根据丈夫的能力得到住处

清高伟大的安拉命令穆民众仆，当他们休了妻子时，要让妻子继续住在家中，以便度过待婚期。安拉说：**"你们要按照自身的能力让妇女们住在你们所住的房屋中。"****"你们所住的房屋"**指你们所拥有的房屋。

伊本·阿拔斯、穆佳黑德等学者说**"能力"**指能够。[3]格塔德说："如果只有偏房[4]，也要让她住进去。"[5]

## 禁止苛待被休的妇女

"你们不要伤害她们，以致使她们感到窘困。"穆尕提里认为经文的意思是，他不要干扰她，以便她用自己的财产赎自己的人生自由，或她自己离开家。艾布·督哈解释说这段经文指："他休她，当剩下两天时，他又和她复婚。"

## 妻子分娩之前，丈夫应该负担被休孕妇的生活费

**"如果她们有孕，你们就要供给她们花费，直**

（1）《艾哈麦德按序圣训集》4：327；《布哈里圣训实录诠释——造物主的启迪》9：379，7：360；《艾布·达乌德圣训集》2：728；《圣训大集》6：190，196；《伊本·马哲圣训集》1：654。

（2）《布哈里圣训实录诠释——造物主的启迪》9：379；《穆斯林圣训实录》1122。

（3）《散置的珠宝》8：207。

（4）指正房角的小房间，一说同一房子中的一角。

（5）《格尔特宾教律》18：168。

到她们分娩。"经文在此叙述被休妇女的律例。如果她怀有身孕,在分娩之前,他应该为他提供生活花费。证据是:可以复婚的妇女,无论是怀孕的,还是不怀孕的,其丈夫都必须为她提供生活花费。

## 孩子的母亲被休后若继续给孩子喂奶,她可以收取喂奶工钱

"如果她们助你们(为你们的孩子)哺乳",即她们若在被休的情况下分娩,后来随着她们的待婚期的结束,离婚正式生效,这时,她们可以给自己的孩子喂奶,也可以拒绝喂奶。但此前她们必须为孩子喂初乳。一般婴儿没有初乳将无法生活。如果她们给孩子喂奶,她有权索取喂奶的工钱,工钱价值以与她相仿的妇女可能获得的工钱为准。她也可以和孩子的父亲或代理人协商决定工钱。

因此,清高伟大的安拉说:"如果她们助你们(为你们的孩子)哺乳,你们就要给她们报酬。"

"并要公平地互相磋商",即你们之间的事情,应该合理解决,而不能对任何人造成伤害。正如安拉在《黄牛章》所述:❝母亲不能因为孩子而伤害(丈夫),父亲也是如此。❞(2:233)

"如果你们彼此为难,那就让其他的妇人替他喂乳",即如果男女双方有分歧,妇女要求的工钱太高,男人可以不同意她的要求。或者男人付的工钱太低,女人觉得不能接受,男方可以雇佣其他奶妈。如果孩子的母亲同意以能雇佣到别的妇女的工钱给自己的孩子喂奶,那么母亲更有权给自己的孩子喂奶。

"让有能力的人照他们的能力去花费",即孩子的父亲或监护人,应该尽己所能地为孩子花费。

"而生活窘迫的人,就让他从安拉赐给他的当中去花费。安拉给任何人只责成他所赏赐的。"另一节经文说:❝安拉只责成人力所能及的。他享有他所干的。❞(2:286)

## 清廉妇女的故事

"在困难之后,安拉就会赐给容易。"安拉的许约和警告都是真实的,安拉绝不违背承诺。另一章说:❝诚然,艰难伴随着容易,然后,诚然,艰难伴随着容易。❞(94:5-6)伊玛目艾哈麦德传述,从前有一对夫妻,他们没有任何劳动能力。有次男人出门回来,见到妻子已经饥饿难耐,他问妻子:"有点吃的吗?"妻子说:"有啊!你高兴吧,安拉的给养来临了我们。"于是丈夫催促妻子快将它拿出来,说:"你真是的,如果真有吃的,就找找吧。"妻子则说:"一会儿就好。"说话间她祈盼安拉的恩赐。丈夫又饿了一会了,说:"你真是的,如果真有吃的,就快快拿出来吧,我已经快受不了啦。"妻子回答:"好啊!现在我就打开烤炉。你别着急。"于是丈夫又静静地等待了一会,她没有给他说话的机会。但她自言自语:"你为什么不站起来看看烤炉呢?"当她站起来看烤炉时,发现里面盛满了羊排,同时发现她的两个磨正在转动,于是她站到磨跟前,摇了摇它,并拿出烤炉中的羊排。艾布·胡莱赖说:"以掌握艾布·卡西姆(穆圣㊚)生命的安拉发誓,穆圣㊚曾说的:'假若她拿出磨中的东西,而没有摇动它,它一定会(为她)磨面,直到复生日。'"[1]

❝8.许多城市曾抗拒它的主和众使者的命令,因此我严格地清算了它,并严厉地惩罚了它。❞

❝9.所以它尝到了它的行为的恶果,它的行为的后果就是亏折。❞

❝10.安拉为他们准备了严厉的刑罚,所以,有理智的归信者们啊!你们要敬畏安拉。安拉确已为你们降谕教诲。❞

❝11.一位使者,他向你们诵读安拉的明确迹象,以便他使那些归信并行善的人们离开重重黑暗投入光明。谁归信安拉并行善,他将使谁进入下临诸河的乐园,而永居其中。安拉已为他而美化了给养。❞

## 抗拒安拉之人的报应

安拉警告那些违背其命令,否认其使者,拒绝走他所指明的道路的人,并讲述先民遭受惩罚的原因,说道,"许多城市曾抗拒它的主和众使者的命令",即他们曾抗拒安拉的命令,拒绝追随安拉的众使者。"因此我严格地清算了它,并严厉地惩罚了它。""严厉地"指可怕的。

"所以它尝到了它的行为的恶果。""恶果"指离经叛道的后果。城中的居民懊悔莫及,但为时已晚。

"它的事情的后果就是亏折。安拉为他们准备了严厉的刑罚。"他们不但在今世中遭受了惩罚,而且在后世中还要遭受严惩。

安拉讲述了这些人的消息后说:"所以,有理智的归信者们啊!你们要敬畏安拉",即有健全思维能力的人们啊!你们不要学习他们的样子,否则你们会遭受他们曾遭受的惩罚。

"归信者们",指笃信安拉及安拉的众使者的

---

(1)《艾哈麦德按序圣训集》2:421。

人们。

"安拉确已为你们降谕教诲。""教诲"指《古兰》。安拉说：❲我确已降下教诲，我确实是它的保护者。❳（15：9）

### 使者㊤的属性

"一位使者，他向你们诵读安拉的明确迹象。"有学者说："一位使者"一词因为是前面的"教诲"一词的完全同位语，因此处于宾格位置。因为使者是教诲的传达者。伊本·哲利尔说："正确地说：'一位使者'是'教诲'的解释。"[1]因此，安拉说："一位使者，他向你们诵读安拉的明确迹象"，即他将安拉明白无误的经文诵读给你们。

"以便他使那些归信并行善的人们离开重重黑暗投入光明。"正如安拉所言：❲（这是）一部我所降给你的经典，以便你凭他们主的允许，将人类从重重黑暗引入光明。❳（14：1）又❲安拉是那些归信的人的保护者，他将引导他们由重重黑暗进入光明。❳（2：257）即从昧真和愚昧的重重黑暗，引向正信和知识的光明。安拉将他所降谕的启示称为光明，因为它能使人获得正道，正如他曾将它称为精神（或灵魂），因为它能使人类的心灵获得生命。安拉说：❲我就这样把来自我的命令的精神降给你，你原来不知道什么是天经，什么是信仰。但是我使它成为光亮，用之引导我所愿意的仆人。你确实是指导人于正道的。❳（42：52）

"谁归信安拉并行善，他将使谁进入下临诸河的乐园，而永居其中。安拉已为他而美化了给养。"前文已对相同经文注释多次，故此处不再赘述。一切赞美和恩情全归安拉。

❲12. 安拉造化了七重天和类似于它们的地，天命从它们当中下达，以便你们知道安拉是全能于万事的，安拉确实是周知万有的。❳

### 安拉的完美大能

清高伟大的安拉说，他的能力是完美的，权力是巨大的，所以，人们必须要遵守他所制定的正教。

"安拉造化了七重天。"安拉讲述努哈对其族人所说的话，说：❲你们不曾看到安拉怎样造化了七重天。❳（71：15）又❲七重天与大地以及其中的万物，都赞颂他清净。❳（17：44）

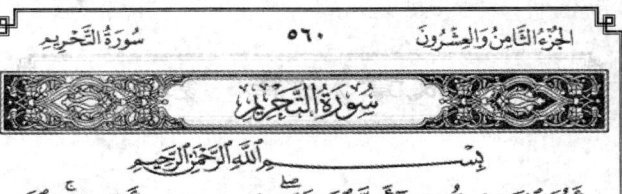

"类似于它们的地"，指大地也是七层。正如两圣训实录辑录："谁贪污了一拃土地，他将被套上七层大地。"[2][3]《布哈里圣训实录》记载："他将被沦陷到七层地下。"[4]《始末录》在叙述创造天地时，曾引述过许多相关圣训。[5]一切感赞全归安拉。谁认为经文指七个地区，他确实作了风马牛不相及的论断，并毫无依据地违背了《古兰》和圣训。

《离婚章》注释完。一切赞美和恩情，全归安拉。

---

(1)《泰伯里经注》23：468。

(2) 即七层地将被套到他的脖子上。——译者注
(3)《布哈里圣训实录诠释——造物主的启迪》5：124；《穆斯林圣训实录》3：1232。
(4)《布哈里圣训实录诠释——造物主的启迪》5：124。
(5)《始末录》1：19-20。

# 《禁戒章》注释 麦地那章

奉普慈特慈的安拉之尊名

❦ 1.先知啊！你为什么希望妻室们的欢喜，而将安拉为你规定的合法定为非法？安拉是至恕的、特慈的。❧

❦ 2.安拉已经为你们规定解除誓约的法则。安拉是你们的保护者。他是全知的、明哲的。❧

❦ 3.当时，先知向他的一位妻室秘密透露了一句话，而她泄漏了它，安拉使他知道它时，他就使她知道了一部分，而没有提另一部分。当他将它告诉她时，她说："谁告诉你这件事的？"他说："全知的、彻知的主告诉了我。"❧

❦ 4.如果你俩向他忏悔，（这是你俩应该去做的），因为你俩的心已经偏离。倘若你俩相助而对付他，那么，安拉确实是他的保护者，吉卜勒伊里和清廉的归信者们，此外，天使们都将是他的支援者。❧

❦ 5.如果他休了你们，安拉或许换给他比你们更好的妻室，她们是顺从的、归信的、服从的、忏悔的、拜主的、斋戒的、再醮的和处女。❧

## 安拉指责先知将他所制定的合法改为非法，这种行为的罚赎，训示圣妻们不要为难先知

布哈里在《誓约卷》中载录，欧拜德·本·欧麦伊勒说，我听阿伊莎（愿主喜悦之）说："安拉的使者☪曾在杰哈氏的女儿栽娜卜那里逗留，期间他还饮用蜂蜜。我和哈芙赛商量好使者无论回到我们俩哪一个的家里时都要问使者：'我们嗅到你身上有树胶味，你吃了树胶吗？'"后来先知回到其中一个的家里时她问及此事，先知回答说："没有。我在栽娜卜家里饮了蜂蜜，从此我决不再饮蜜。"于是安拉降谕道："先知啊！你为什么希望妻室们的欢喜，而将安拉为你规定的合法定为非法？……如果你俩向他忏悔，（这是你俩应该去做的），因为你俩的心已经偏离。""你俩"指阿伊莎和哈芙赛。

"当时，先知向他的一位妻室秘密透露了一句话"，指穆圣☪说："我饮了蜂蜜。"希沙姆认为指穆圣☪所说的"从此我决不再饮蜜，我已经发誓了，但你不要将此消息告诉任何人。"[1]《离婚篇》中也有近似的传述。[2] 他说："树胶"是一种类似于树脂的物质，可在里木斯[3]中提取，味甜。阿拉伯人通常用这种句子表达"流出树脂"。这是焦海里的主张。他说"树胶"（المغفور）一词，有时也表达"牛角瓜"、"稗"、"亚拉昆护漠树"和"橡胶树"。

正如布哈里《誓约卷》所录，《穆斯林圣训实录》离婚卷也载录了这段圣训。[4]布哈里《离婚卷》载，阿伊莎（愿主喜悦之）说，安拉的使者☪喜欢甜食和蜂蜜，他通常在晡礼之后去妻室那里，并住到其中一人跟前。有次他在哈芙赛那里居住的时间超过了已往习惯的时间，我因此心生嫉意，并打听其中原因。有人告诉我，她（哈芙赛）的一位族人给她送了一袋蜂蜜，她让穆圣☪饮用它。我说："以安拉发誓，我一定要给他想想办法。"我对萨乌黛说："他（先知）要来你那儿，当他到来后你说：'你吃了树胶吧？'他一定会回答：'没有吃。'然后你问他：'那么你身上怎么有股异味？'这样，他将回答哈芙赛让他喝了蜂蜜。你则对他说他的蜜蜂在欧勒法特树[5]上采了蜜。我也会这样去说的。"（阿伊莎接着说，）"索菲娅，你也这样说。"她说："萨乌黛过后对我说，以安拉发誓，他一到门口，我因为害怕你而只想按你的吩咐高声对他说这番话。"先知到萨乌黛跟前后，她问："安拉的使者啊！你吃了树胶吧？"先知回答："没有。"萨乌黛又问："那我怎么发现你身上有异味？"先知回答："哈芙赛给我喝了蜂蜜。"她说："蜜蜂在欧勒法特树上采了蜜。"后来先知到我和哈芙赛跟前时，我们也对他说了类似的话。[6] 后来他回到哈芙赛跟前时，哈芙赛说："安拉的使者啊！我让你饮蜂蜜好吗？"使者回答："我不需要它。"她说："萨乌黛说，以安拉发誓，我们已经把它定为了非法。"我对她说："住嘴！"

穆斯林传述："安拉的使者☪非常不愿意别人从他身上嗅到异味。"[7] "异味"指可憎的气味。因此圣妻们问他"你吃了树胶吗？"因为树胶是有异味的。当先知回答"我饮了蜂蜜"时，她们又说他的蜜蜂在欧勒法特树上采了蜜。因为这种蜂蜜是有异味的。"[8]

---

[1]《布哈里圣训实录诠释——造物主的启迪》11：582。
[2]《布哈里圣训实录诠释——造物主的启迪》9：287。
[3] 一种如柽柳的酸性野生植物，多见于沙漠地区。——译者注
[4]《穆斯林圣训实录》2：1100。
[5] 一种可能分泌树胶的树，有异味。——译者注
[6]《布哈里圣训实录诠释——造物主的启迪》9：287；《穆斯林圣训实录》2：1101、1102。
[7]《穆斯林圣训实录》2：1102。
[8]《圣训补充汇集》1：320。

概言之，圣训中指哈芙赛让先知饮了蜂蜜。另据传述，当时让先知饮蜂蜜的人是杰哈氏的女儿栽娜卜。共同设计与先知交涉的是阿伊莎和哈芙赛。安拉至知。能证明设计者是阿伊莎和哈芙赛的是伊玛目艾哈麦德所传述的圣训，伊本·阿拔斯说，我一直希望问问欧麦尔，安拉的经文"**如果你俩向他忏悔，因为你俩的心已经偏离**"中的"**你俩**"，指穆圣㘞的那两位妻子。后来欧麦尔和我一起去朝觐，途中他到路边上厕所时，我带着一袋水跟了过去，我给他倒水，他洗完小净之后，我问道："信士的长官啊！安拉的经文'**如果你俩向他忏悔，因为你俩的心已经偏离**'中的那两位妇女是谁？"欧麦尔说："伊本·阿拔斯啊！你问的好奇怪，是阿伊莎和哈芙赛。"祖海里说："欧麦尔对此问题感到不满，但他没有隐瞒真相。"

然后欧麦尔接着说，我们古莱什人能管理自己的女人，但我们到麦地那后发现这里的女人征服了男人，于是我们的妇女开始向当地妇女学习……我家在（麦地那）郊区吾麦叶·本·栽德的院子里。……有天，我的妻子向我顶嘴时我生气了，因为我讨厌自己的女人和我顶嘴。但她说："你为什么讨厌我向你顶嘴呢？以安拉发誓，圣妻们也向先知顶嘴呢，有些圣妻还一天一夜不理睬先知呢。"

欧麦尔说，于是我去哈芙赛家中，问道："你向安拉的使者㘞顶嘴吗？"她回答："是的。"我说："你们中谁这样做，谁就亏折了。难道你们中顶嘴的人就不怕安拉因为他的使者的恼怒而恼怒她吗？若是那样，她就完了。你不要跟安拉的使者㘞顶嘴，也不要向他提任何要求，至于我的财产，你想要多少就要吧。你不要以你的更漂亮、更能博得使者欢心的邻居（指阿伊莎）而耽误了自己！"欧麦尔接着说："我有一位辅士邻居，我们轮流住到使者跟前，一天我去，另一天他去。他给我带来启示消息和其他信息。我也如此对待他。"

欧麦尔接着说，我们曾谈论安萨尼人正在给马钉铁掌，准备进攻我们的事情。有天，我的这位伙伴去使者跟前，晚上回来时他敲我的门，（见没有动静）他又喊我，我出来后他说："发生了一件重大的事情。"我问："什么事？安萨尼人犯事了吗？"他说："比这更严重。安拉的使者㘞休了他的妻子们。"我说："哈芙赛亏折了！我当初就担心发生这件事。"礼完晨礼后，我匆忙穿了衣服，去哈芙赛处。当时她正在哭泣，我问："安拉的使者㘞休了你们吗？"她回答："我不知道，但他正独自坐在阁楼里。"于是我去先知的一个黑人童仆跟前，说："请为欧麦尔求见（先知）！"童仆进门后出来说："我提到了你的请求，但他没有说话。"于是我走到讲台跟前，发现那里正坐着一些人，有人还在哭泣呢。我在那人旁边坐了片刻，没有克制住自己的冲动，又去童仆跟前，说："请为欧麦尔求见！"童仆进门后出来说："我提到了你的请求，但他没有说话。"我正准备转身离去时，突然听到童仆在喊："请进吧！你已获准。"于是我进门向使者道了安，使者正靠在一张席子上，他的肋部印出了席子的痕迹。我问："安拉的使者啊！你休了你的妻子们吗？"他抬头看着我回答道："没有。"我说："安拉至大！安拉的使者啊！我们古莱什人一贯是征服妇女的，但我们到麦地那后，发现这里的男人被妇女征服了。我们的妇女们还向他们的妇女学习呢。有天我的妻子向我顶嘴时我生气了。我讨厌她向我顶嘴。但她说：'你为什么讨厌我向你顶嘴呢？以安拉发誓，圣妻们也向先知顶嘴呢，有些圣妻还一天一夜不理睬先知。'我说：'你们中谁这样做，谁就亏折了。难道你们中顶嘴的人就不怕安拉因为他的使者的恼怒而恼怒她吗？若是那样，她就完了。'"

安拉的使者㘞听到这里后微微笑了，我说："安拉的使者啊！我去哈芙赛家中说，你不要因为你的更漂亮、更能博得使者欢心的女邻居而受骗。使者听后又笑了。我说："安拉的使者啊！我能坐下吗？"使者说："可以。"我坐下后抬起头看了看房子，以安拉发誓，映入眼帘的，只是三张生皮子，没有其他任何东西。我说："安拉的使者啊！请祈求安拉，使你的民族富裕吧！罗马人和波斯人都不拜安拉，但安拉赐给了他们富裕的生活。"听到这里，先知坐端了，说："罕塔卜的儿子啊！你（对安拉）有怀疑吗？这些人，在今世中就早早得到了美好的生活。"我说："安拉的使者啊！请为我求饶吧！"先知因为对妻子们非常恼怒，而发誓一月不去她们跟前，以致安拉责怪了先知。

《布哈里圣训实录》记载，伊本·阿拔斯说，在一年期间，我想向欧麦尔问一段经文，但慑于他的威严一直没有问他。直到他去朝觐时我也去朝觐。回到半路时，他去一棵牙刷树跟前解手。我在一旁站着，他解完手和我一起走路时我问："信士的长官啊！那两个联手对付先知的女人是谁？"《穆斯林圣训实录》记载，安拉说："**倘若你俩相助而对付他。**"这俩人到底是谁？欧麦尔回答："是阿伊莎和哈芙赛。"[1]

又据穆斯林传述，伊本·阿拔斯说，欧麦尔告诉我说，安拉的使者㘞与他的妻子们分居后我去清真寺，只见人们在扔沙子[2]，他们说穆圣㘞休了他

---

(1)《穆斯林圣训实录》2：1108。
(2) 阿拉伯人在忧愁并思考问题时，不停地捡起沙子，又将它扔到地上。——译者注

的妻子们。那是在命令设置帷幕之前。[1]我说，我今天一定要弄清事实……直到欧麦尔见到了阿伊莎和哈芙赛，并劝告了她们。……当我进去见先知时，看到先知的童仆磊巴哈正坐在阁楼的门槛上，于是我高声对他说："磊巴哈啊！请到安拉的使者跟前，请他允许我进去。"……我说："安拉的使者啊！你不要因为女人的事情而烦恼，如果你休了她们，安拉还是和你在一起，众天使、吉卜勒伊里和米卡伊里以及我和艾布·伯克尔、众信士们都和你在一起。"我说的话不多，但每说一句——赞美安拉——我都希望安拉证实我的话。于是安拉降下这节经文，让穆圣作出选择："如果他休了你们，安拉或许换给他比你们更好的妻室。"又"倘若你俩相助而对付他，那么，安拉确实是他的保护者，吉卜勒伊里和清廉的归信者们，此外，天使们都将是他的支援者。"我问："你休了她们吗？"他说："没有。"于是我站到寺门跟前，以我最高的声音呼唤道："他没有休他的妻子们！"安拉又降谕道：❧每当一些有关安宁和恐惧的消息到达他们时，他们就四处传播，如果他们把它交付使者或他们中的执事者，他们中能推理的人必定知道它。若不是安拉赐予你们恩惠和慈悯，除少数人外，你们一定跟随恶魔了。❧（4：83）我就是推理了这件事的那个人。[2]伊本·朱拜尔、艾克莱麦等学者也持此主张。[3]

"**清廉的归信者们**"，指艾布·伯克尔和欧麦尔。哈桑·巴士里、奥斯曼等人补充说，阿里也在其内。

布哈里传述，欧麦尔说，圣妻们都在先知跟前争风吃醋，我对她们说："**如果他休了你们，安拉或许换给他比你们更好的妻室。**"后来经文就这样颁降了。[4]前文已述，欧麦尔的观点和《古兰》的几处经文是相互吻合的，比如帷幕事件，处理白德尔战役的俘虏事件，又如他曾（对先知）说："但愿你在伊布拉欣的立足处选择礼拜点。"后来安拉降谕道：❧你们要把伊布拉欣的立足处作为礼拜的地方。❧（2：125）

艾奈斯传述，欧麦尔说，我听说圣妻们和先知在闹别扭，于是我逐一寻访了她们。我说，或者你们停止和使者闹别扭，或者安拉给他替换比你们更好的妻子。我来到一位圣妻那里时，她说："欧麦尔啊，安拉的使者足以劝谏她的妻子们，何劳你劝谏呢？"于是我停止了劝谏。安拉则降谕道：

"**如果他休了你们，安拉或许换给他比你们更好的妻室，她们是顺从的、归信的、服从的、忏悔的、拜主的、斋戒的、再醮的和处女。**"[5]制止欧麦尔劝谏圣妻的人是乌姆·赛莱迈，正如《布哈里圣训实录》所载。[6]

"**顺从的、归信的、服从的、忏悔的、拜主的、斋戒的。**"意义都非常明确。艾布·胡莱赖、阿伊莎等认为"**斋戒的**"指封斋的。[7]

"**再醮的和处女**"，即她们中的一些是结过婚的，另一些是处女，以便更加吸引人的欲望。因为种类的繁多更能使人赏心悦目。因此说"**再醮的和处女**"。

❧6.有正信的人们啊！你们当使你们自己和你们的家属远离火狱，它的燃料是人和石头，它的上面是残酷的、严厉的天使，他们不违背安拉命令他们的，他们奉命行事。❧

❧7.隐昧的人们啊！你们今天不要找借口！你们只被报以你们当初所做的。❧

❧8.有正信的人们啊！你们要向安拉诚恳地忏悔，你们的主也许会消除你们的罪恶，并使你们进入下临诸河的乐园。那天，安拉不会使先知和随他一道的归信者们受辱。他们的光奔驰在他们前面。他们右手持（功过簿）。他们说："我们的主啊，求你为我们使我们的光亮完美，并恕饶我们！你确实是全能万事的。"❧

## 教导家属礼貌和教义

"**你们当使你们自己和你们的家属远离火狱。**"伊本·阿拔斯解释说："你们当服从安拉，不要违背安拉，你们要命令家人记念安拉，这样，安拉将从火狱中拯救你们。"[8]

穆佳黑德解释说："你们当敬畏安拉，忠告家人敬畏安拉。"[9]格塔德说："你命令他们顺从安拉，禁止他们违抗安拉，你在他们中履行安拉的命令，命令他们执行安拉的命令，并帮助他们履行它，当你看到违背安拉的现象后，你当制止他们。"[10]端哈克和穆尔提里也说："穆斯林有义务给家人——亲属、女奴、男仆教导安拉规定和禁止

---

（1）此后，妇女们才开始戴头巾，妇女不得和非直系亲属随便见面。——译者注
（2）《穆斯林圣训实录》2：1105。
（3）《泰伯里经注》23：486。
（4）《布哈里圣训实录诠释——造物主的启迪》8：528。
（5）《泰伯里经注》23：488。
（6）《布哈里圣训实录诠释——造物主的启迪》8：16。
（7）《泰伯里经注》23：490；《散置的珠宝》8：224；《格尔特宾教律》18：193。
（8）《泰伯里经注》23：491。
（9）《泰伯里经注》23：492。
（10）《泰伯里经注》23：492。

的事情。"(1)

这段经文包括下列圣训的意义：安拉的使者🕌说："孩子到七岁时，你们当命令他们礼拜；到十岁时，当打他们礼拜。"(2)

### 火狱的燃料和管理火狱的天使

"它的燃料是人"，即扔进其中的燃料是人类的身体。

"石头"，有人认为指当初受人崇拜的偶像。因为安拉说：✧你们和你们在安拉之外崇拜的，确实是火狱的柴，你们必将到达那里。✧（21：98）伊本·麦斯欧迪等认为经文指硫磺石。穆佳黑德补充说："它比尸体还臭。"(3)

"它的上面是残酷的、严厉的天使"，即这些天使生性严酷，安拉从他们的心中消除了对隐昧者的爱心。

"严厉的"，他们的形象极其冷酷、粗暴，阴森恐怖。

"他们不违背安拉命令他们的，他们奉命行事"，无论安拉命令他们做什么，他们都会毫不迟疑地去做。他们都能胜任安拉的命令，对此没有无能的表现。他们是宰巴尼天使。祈求安拉使我们远离他们。

### 复生日隐昧者的托辞不被接受

"隐昧的人们啊！你们今天不要找借口！你们只被报以你们当初所做的"，即复生日隐昧者将被告知：你们不要借口托辞了，因为那是徒劳无益的。他们干了什么，就会得到什么报应。今天你们只会按照当初的行为受到报酬。

### 鼓励人诚恳地忏悔

"有正信的人们啊！你们要向安拉诚恳地忏悔。""诚恳"指真诚、坚决。它能消除以前的罪恶，集中人的精力，制止人犯低级错误。

"你们的主也许会消除你们的罪恶，并使你们进入下临诸河的乐园。"表达安拉行为的"也许"指必定。

"那天，安拉不会使先知和随他一道的归信者们受辱"，即在复生日，安拉不会羞辱那些和先知在一起的归信者。

"他们的光奔驰在他们前面。他们右手持（功

---

(1)《格尔特宾教律》18：196。
(2)《艾哈麦德按序圣训集》3：404；《艾布·达乌德圣训集》1：332；《提尔密济圣训全集诠释》2：445。
(3)《泰伯里经注》1：381。

过簿）。"《铁章》已经注释了相同的经文。

"他们说：'我们的主啊，求你为我们使我们的光亮完美，并恕饶我们！你确实是全能万事的。'"穆佳黑德、端哈克等人说："这是穆民在复生日看到伪信士的光明熄灭后所说的话。"(4)伊玛目艾哈麦德传述，有位克那奈族的男子说："解放（麦加）之年，我在安拉的使者🕌后面，听他说：'主啊！在复生日不要让我现丑！'"(5)

✧ 9.先知啊！你要跟隐昧者和伪信士们斗争，并要对他们严厉。他们的住处是火狱。那的确是恶劣的归宿。✧

✧ 10.安拉为隐昧的人举出一个例子——努哈的妻子和鲁特的妻子，他俩属于我的两个清廉的仆人，而她俩却背叛了他俩，安拉那里，他俩未能给她俩带来丝毫益处。她俩被告知："你俩跟（注定）进去的人一起进入火狱！"✧

---

(4)《泰伯里经注》23：396。
(5)《艾哈麦德按序圣训集》4：234。

## 命令使者㉜讨伐隐昧者和伪信士

安拉命令使者向隐昧者和伪信士发起斗争，用武力和隐昧者战斗，通过执行法度和伪信士斗争。

"并要对他们严厉"，指在今世中。

"他们的住处是火狱。那的确是恶劣的归宿"，指后世。

## 安拉那里穆民不能给隐昧者带来丝毫益处，哪怕他们有亲属关系

"安拉为隐昧的人举出一个例子"，即虽然他们共同生活和互相交往，但如果隐昧者没有获得信仰，在安拉这里他们的这种关系对隐昧者没有丝毫益处。经文提及例子说："努哈的妻子和鲁特的妻子，他俩属于我的两个清廉的仆人"，即努哈与鲁特虽然都是我的使者和先知，他们的妻子和他们日日夜夜在一起，同吃共住，其关系应该是最彻底和深刻的，"而她俩却背叛了他俩"，即在信仰方面这两位妻子没有和丈夫保持一致，她们没有相信丈夫所带来的天启信息。所以说，上述一切，对她们没有意义，没有消除她们陷入火狱之难。

因此，清高伟大的安拉说："**安拉那里，他俩未能给她俩带来丝毫益处。**"因为她俩否认安拉。

"**她俩被告知**"，即这两位妻子分别被告知。

"**你俩跟（注定）进去的人一起进入火狱！**"

"**而她俩却背叛了他俩**"并不指淫乱，而是指宗教方面。先知的妻子们因为先知的尊严，而不可能触犯淫乱罪，正如《光明章》所述。

伊本·阿拔斯："经文指这两位妻子没有信仰她们丈夫的宗教。努哈的妻子窥测着他的一举一动，每当发现有人信仰他，便为族人中的坏人透露风声；鲁特的妻子每见到鲁特招待客人，她便把消息传递给族人中干丑事的人。"(1)端哈克传述，伊本·阿拔斯说："任何先知的妻子都没有犯过淫罪，她俩的'**背叛**'指宗教而言。"(2)艾克莱麦、伊本·朱拜尔等人也持此观点。(3)

§ 11.安拉也为那些归信者举出一个例子——法老的妻子，当时她说："我的主啊！求你为我在乐园里，在你那里建造一个家，并救我摆脱法老和他的行为，使我脱离那不义的群体！" §

§ 12.以及仪姆兰的女儿麦尔彦，她保持贞洁，所以我把我的鲁哈吹入她的体内，她诚信了众世界的主的言辞和他的一切经典，她一直是一位顺服的人。§

## 在安拉那里隐昧者不能伤及穆民

这是安拉给穆民所举的例子，在需要的情况下穆民和隐昧者的互相交往，对穆民是没有伤害的。正如安拉所述：§ 信士们不要舍信士而以隐昧者为友。谁这样做，他就和安拉毫无关系。除非你们对他们小心防范。安拉叫你们留意他自己。归宿只在安拉那里。§（3：28）格塔德说："法老是地球上最叛逆、最否认的人。以安拉发誓，妻子服从安拉的时候，其丈夫虽然否认安拉，但他不能伤及她。以便人们知道安拉是公正的裁决者，他只因人的罪恶惩罚人。"(4)赛勒曼说："法老的妻子在太阳下受刑，当法老离开后，天使们用翅膀为她遮阳，她还看到了乐园中她的房子。"(5)艾布·布兹说，法老的妻子问："谁获胜了？"有人说："穆萨和哈伦。"她说："我归信了穆萨和哈伦的养主。"于是法老派人到她那里，说："你们看，哪个石头最大，如果她坚持她的话（正信），你们就用石头砸她。如果她回心转意，她仍然是我的女人。"爪牙们到她那里后，她抬头看看天空，看到了她在乐园中的宫殿。于是她坚持自己所说过的话。她的灵魂遂离开了身体，石头只被砸在她没有灵魂的躯壳上。(6)

"我的主啊！求你为我在乐园里，在你那里建造一个家。"

"并救我摆脱法老和他的行为"，即求你使我脱离法老，我向你表白，我和他的作为无关。

"使我脱离那不义的群体！"这位妇女就是穆扎黑穆的女儿阿西叶（愿安拉喜悦之）。

"以及仪姆兰的女儿麦尔彦，她保持贞洁"，即她保护了自己的贞操，安分守己，是一位自由妇女。

"所以我把我的鲁哈吹入她的体内"，即通过吉卜勒伊里天使将灵魂注入她体内。当时天使以人形出现，安拉命令他用嘴在她领口吹一口气，这口气一直下到她的阴部，她因此而怀上了尔撒。

因此，清高伟大的安拉说："所以我把我的鲁哈吹入她的体内，她诚信了众世界的主的言辞和他的一切经典"，即她归信了安拉的定然和法规。

伊玛目艾哈麦德传述，伊本·阿拔斯说，安拉的使者㉜在地上划了四条线，问："你们知道它们代表什么吗？"众人回答："安拉及其使者至知。"安拉的使者㉜说："乐园中最优秀的妇女

---

（1）《泰伯里经注》23：498。
（2）《泰伯里经注》23：498。
（3）《泰伯里经注》23：498。
（4）《泰伯里经注》23：500。
（5）《泰伯里经注》23：500。
（6）《泰伯里经注》23：500。

是胡瓦利德的女儿赫蒂彻，穆罕默德的女儿法图麦，仪姆兰的女儿麦尔彦和穆扎黑穆的女儿阿西叶。"(1) 两圣训实录辑录，穆圣说："达到完美的男人很多，达到完美的妇女只是法老之妻阿西叶、仪姆兰的女儿麦尔彦、胡瓦利德的女儿赫蒂彻，阿伊莎（愿主喜悦之）比其他妇女优秀，就像羊肉泡馍比其他食物好。"(2) 前面讲述尔撒的故事时，已经引述相关的许多圣训。(3)

《禁戒章》注释完。一切感赞全归安拉。

## 《实权章》注释　麦加章

### 《实权章》的尊贵

伊玛目艾哈麦德辑录，艾布·胡莱赖传述，安拉的使者说："的确，《古兰》中有包含三十节经文的一章，它将为诵读它的人说情，直到此人被宽恕。这一章是：'吉庆归于掌握实权者。'"（即《实权章》）这段圣训是由提尔密济及四位圣训汇编者收集的。提尔密济说："它是确凿的圣训。"(4)

艾奈斯传述，安拉的使者说："《古兰》中有一章，它将为诵读它的人辩护，直到这人因诵读它而进入乐园。它是'吉庆归于掌握实权者'。"(5)

奉普慈特慈的安拉之尊名

§ 1.吉庆归于掌握实权者，他是全能万事的。§

§ 2.他创造了死和生，以便他考验你们，看谁的行为最好。他是全能的、至恕的。§

§ 3.他造化了七重天，你绝看不出至仁主的造化有任何不协调。你再看一次，你能看出任何缺陷吗？§

---

(1)《艾哈麦德按序圣训集》1：293。
(2)《布哈里圣训实录诠释——造物主的启迪》6：514。
(3)《始末录》2：61。
(4)《艾哈麦德按序圣训集》2：321；《艾布·达乌德圣训集》2：119；《提尔密济圣训全集诠释》8：200；《圣训大集》6：496；《伊本·马哲圣训集》2：1244。
(5)《圣训大典》4：391。

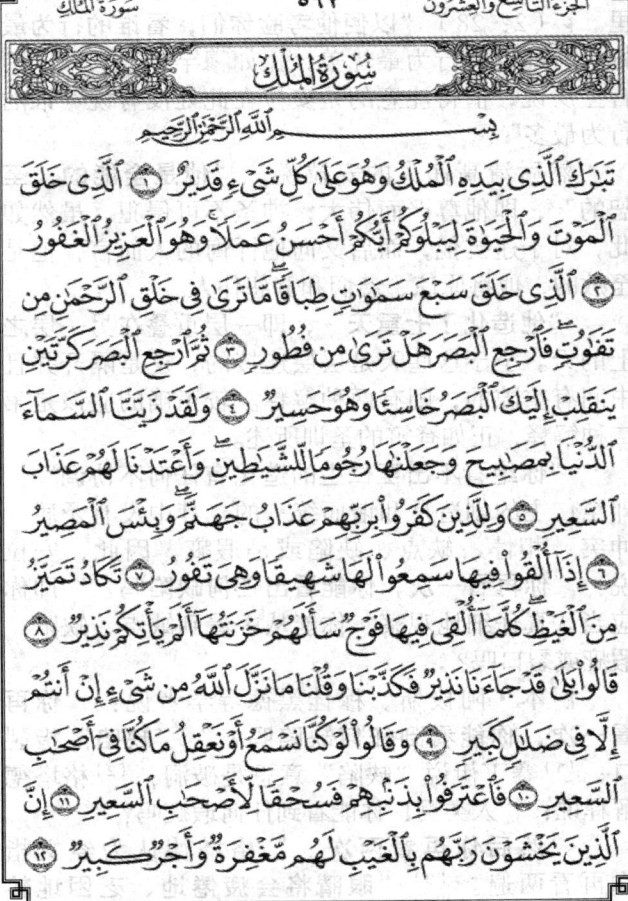

§ 4.然后你再看两次，眼睛将会疲倦地、乏困地转回。§

§ 5.我确以灯盏装饰了最近的一层天，并使它们成为（驱逐）魔鬼的带火的箭，我还为它们准备了火狱的刑罚。§

### 赞颂安拉，他创造死、生、诸天及群星

安拉尊贵荣耀，本然高尚，他晓谕我们：权力只归他掌握，即他自由地支配着万物，任何人无权指责他的判决，因他特有的力量、智慧以及绝对公正，他的行为不容置疑。因此安拉说："他是全能万事的。"

然后清高伟大的安拉说："他创造了死和生。"一些人以这段经文作为死亡存在的证据，因为它是被造的。这节经文的意思是：安拉从无创造了万物，以便考验众生，看谁的工作最优美。正如安拉所述：§ 你们怎么可以不信安拉呢？你们原是没有生命的，后来他赐你们生命。§（2：28）在这节经文中，安拉把第一阶段也就是不存在称之为"死"，把存在称为"生"。

因此清高伟大的安拉说：§ 然后使你们死亡，

然后又使你们（复）生，最后，你们终将回到他那里。》（2：28）"**以便他考验你们，看谁的行为最好**"，即谁的行为最优美，正如穆罕默德·本·阿吉兰所说，值得注意的是安拉在此处没有说"谁的行为最多"。

然后清高伟大的安拉说，"**他是全能的、至恕的**"，即他尊严而伟大，神圣不可侵犯。虽然如此，对于违抗他，而后又向他忏悔的人而言，他是至赦的，他将原谅、慈悯和宽恕仆人。

"**他造化了七重天**"，即一层重叠在另一层之上的天。至于这些天是层层连接的，还是隔开并且中间有空隙的，则有两种解释。较正确的应该是第二种解释，正如登霄的圣训所述。

"**你绝看不出至仁主的造化有任何不协调**"，即至仁主的创造是和谐而统一的，其中没有矛盾、冲突、相悖、缺点、缺陷或是瑕疵。因此，安拉说："**你再看一次，你能看出任何缺陷吗？**"即你应当认真仔细地观察，你能从中看到缺点、缺陷、瑕疵或裂口吗？

伊本·阿拔斯、穆佳黑德等学者说："**你再看一次，你能看到任何缺陷吗？**" "缺陷"指裂口；[1] 赛丁伊说"缺陷"意思是破洞；[2] 格塔德解释说："人类啊！你能看到任何瑕疵吗？"

"**然后你再看两次。**"格塔德认为经文指你再看两遍。[3] "**眼睛将会疲倦地、乏困地转回。**" "**疲倦地**"，伊本·阿拔斯认为指卑贱地；[4] 穆佳黑德认为指渺小地；[5] "**乏困**"，伊本·阿拔斯认为指疲惫；[6] 穆佳黑德、格塔德、赛丁伊等人认为指因为疲惫而作罢。所以这一节经文的意思是，即便你不断地看，无论看多少遍，目光都会由于看不到安拉的创造中存在缺陷或缺点而转回。

"**疲倦**"，指由于多次观看却不能发现任何瑕疵而导致视觉疲劳和衰弱。

安拉阐明他的创造中没有缺点后，指出他的创造是完美而经过装饰的，他说："**我确以灯盏装饰了最近的一层天。**" "灯盏"指天空中星罗棋布的行星和恒星。

"**并使它们成为（驱逐）魔鬼的带火的箭。**"这里的代词"**它们**"与前面经文所说的"**灯盏**"属同一种使用方法，并不确指所有星星。因为射击恶魔的，不是天上的所有星星，而是它们以外的流星，或许流星是从星体上剥离下来的。安拉至知。

"**我还为它们准备了火狱的刑罚**"，即今世中我以此羞辱恶魔，在后世中我为他们还准备了火狱。正如《列班者章》所述：《我确以群星装饰最近的天，从所有叛逆的魔鬼上加以防范。它们不能够窃听最高层（的谈话），它们从方方面面被射击，被驱逐。它们要受永久的刑罚。但窃听一次的，就会被闪亮的火焰所追逐。》（37：6-10）格塔德说，安拉创造这些星星有三种用途：一、装饰天空；二、射击恶魔的带火的箭；三、引路的标志。此外做出的任何解释，均为自作主张，解释者因对其无知而自我行亏。伊本·哲利尔与伊本·艾布·哈亭均如此声明。[7]

《6.那些否认他们主的人，将遭受火狱的惩罚，那归宿真恶劣啊！》

《7.当他们被投进其中时，他们将听到它沸腾着的吼声。》

《8.它几乎因为愤怒而炸开，每当一群人被投入其中时，它的管理者们就会问："警告者不曾降临过你们吗？"》

《9.他们回答说："来过，有一位警告者的确曾到达我们，但是我们不相信他"，并说："安拉从来没有降下过任何东西，你们只是在严重的迷误当中。"》

《10.他们说："如果我们曾经听从或是理解，我们就不会沦落到烈焰的居民当中！"》

《11.于是他们供认了他们的罪恶。愿火狱的居民们远离（安拉的慈悯）吧！》

## 对火狱和其居民的描述

"**那些否认他们主的人，将遭受火狱的惩罚，那归宿真恶劣啊**"，即它将是最糟糕的结局和归宿。"**当他们被投进其中时，他们将听到它沸腾着的吼声。**"伊本·哲利尔说"吼声"指喊声。[8]

绍利说"**沸腾**"指它将沸腾，犯罪者们犹如少量的谷物在大量的沸水中那样翻滚，沸腾。

"**它几乎因为愤怒而炸开**"，即火狱因为恼怒其中的居民而几乎崩裂。

"**每当一群人被投入其中时，它的管理者们就会问：'警告者不曾降临过你们吗？'他们回答说：'来过，有一位警告者的确曾到达我们，但是我们不相信他'，并说：'安拉从来没有降下过任何东西，你们只是在严重的迷误当中。'**"

---

(1)《泰伯里经注》23：507；《散置的珠宝》8：235；《格尔特宾教律》1：209。
(2)《格尔特宾教律》1：209。
(3)《泰伯里经注》23：507。
(4)《泰伯里经注》23：507。
(5)《泰伯里经注》23：507。
(6)《散置的珠宝》8：235。
(7)《泰伯里经注》23：508。
(8)《泰伯里经注》23：508。

安拉在此阐述了对被造物的公正,他只在派遣使者树立明证之后惩罚人。正如另一节经文所说:《我不是惩罚者,直到我派遣一位使者。》(17:15)《等到他们到达那里,它的门就会被启开,它的管理者会对他们说:"你们中的使者们不曾到达你们,向你们诵读你们主的启示并警告你们今日的相会吗?"他们答道:"不然,(他们的确到达了)但惩罚的判词已对隐昧者落实了。"》(39:71)他们就这样自我埋怨,追悔莫及。因此,他们说:"**如果我们曾经听从或是理解,我们就不会沦落到烈焰的居民当中!**"即他们狡辩说,假若我们当初有理智思考,或者听听安拉降下的真理,我们也不致于否认安拉,自欺欺人。但我们没有理解力可以领悟众使者带来的信息,也没有能够引导我们追随众使者的那种智商。安拉说:"**于是他们供认了他们的罪恶。愿火狱的居民们远离(安拉的慈悯)吧!**"伊玛目艾哈麦德传述,安拉的使者说:"人在毁灭前,将会从自身寻找原因。"(1)

《12.那些暗中畏惧他们主的人,给他们的是恕饶和巨大的回赐。》

《13.无论你们隐瞒你们的话或是公开它,他的确是知晓一切心事的。》

《14.难道造化万物的主不知道吗?他是玄妙的、彻知的。》

《15.是他为你们而使大地成为温顺的,所以你们当在它的各方行走,并吃他的给养。复活只归他。》

### 秘密敬畏安拉的人的报酬

清高伟大的安拉说,有些人在只有安拉看到而任何人看不到的地方秘密地敬畏安拉,戒绝各种罪恶,这种人将获得"**恕饶和巨大的回赐**",即他们的一切罪恶都将被消除,并将获得巨大的报酬。正如两段圣训所证实的:"在除了尊贵安拉的荫凉外再无荫凉的日子,七种人将在安拉的阿莱什之下乘凉……"其中一种是:"一位美貌而有地位的妇女引诱他,但他说:我是惧怕安拉的人;另一种则是秘密地施舍,以至于其左手不知右手施舍了何物的人。"(2)

然后经文强调,安拉知道一切心事和秘密。"**无论你们隐瞒你们的话或是公开它,他的确是知晓一切心事的**",即安拉知悉、洞晓人们的一切内心活动(念头或是想法)。

"**难道造化万物的主不知道吗?他是玄妙的、彻知的。**"

### 安拉为众仆提供大地所蕴含的恩典

然后安拉提到他对被造物的另一恩典——制服大地,使其成为人类稳固的居所和家园。他在其中安置群山,涌出泉水,形成道路,为人类提供各种便利,同时为生长果蔬而安置了肥沃的土地。

清高伟大的安拉说,"**是他为你们而使大地成为温顺的,所以你们当在它的各方行走**",即你们想去哪里,就可以去哪里,可以进行各种工作,也可以进行各种贸易。要知道,如果不是安拉为你们提供方便,你们的努力将是徒劳无获的。

安拉继续说:"**并吃他的给养。**"努力谋生与托靠安拉不矛盾,正如伊玛目艾哈麦德辑录的一段圣训所述,安拉的使者说:"假若你们真切地托靠安拉,安拉就会像供养鸟儿那样供养你们,它们空腹早出,果腹晚归。"(3)提尔密济、奈萨伊和伊本·马

---

(1)《艾哈麦德按序圣训集》5:293。
(2)《布哈里圣训实录诠释——造物主的启迪》2:168;《穆斯林圣训实录》2:715。
(3)《提尔密济圣训全集诠释》8:8;《艾哈麦德按序圣训集》1:52;《圣训大集》8:79;《伊本·马哲圣训集》2:1394。

哲都辑录了这段圣训。提尔密济说："这是一段确凿的圣训。"证实鸟儿早出晚归觅食的时候托靠安拉。因为他是万物的制服者、掌管者及成事者。

"复活只归他"，"复活"指复生日的归宿。伊本·阿拔斯等学者认为："所以你们当在它的各方行走"，其中的"各方"指各个角落、道路和地区。[1]

⟪16.你们是否已经安心，天上的主宰不会在使大地震动的时候吞没你们？⟫

⟪17.或是你们已经安心，天上的主宰不降给你们飞沙走石？你们将会知道我的警告是怎样的。⟫

⟪18.他们以前的人们确曾否认了，我的怒恼是如何的。⟫

⟪19.他们没有观察在他们上面伸缩羽翼的飞鸟吗？除了至仁主，谁能够维持它们？他确实是全观万物的。⟫

### 安拉能够以他所意欲的任何方法惩罚你们，你们怎能在平安时高枕无忧

这是安拉对他的被造物慈悯的另一暗示。安拉能够惩罚否认他和举伴他的逆徒，但他并未急于惩罚，而是一直宽容、宽恕他们，直到约定的日子来临。正如安拉所言：⟪如果安拉依照人们的行为去审问他们，他就不会在其（大地）表面上留下任何动物，不过他宽容他们直到一个言明的时期。当他们的期限到达时，安拉的确是尽观众仆的。⟫（35：45）

清高伟大的安拉说："你们是否已经安心，天上的主宰不会在使大地震动的时候吞没你们？"即大地摇晃和断裂。

"或是你们已经安心，天上的主宰不降给你们飞沙走石？"即夹杂着沙石的飓风将毁灭他们。正如安拉所言：⟪难道你们不担心他使大地吞没你们，或降给你们石雨，然后你们找不到保护者吗？⟫（17：68）同样，经文在此警告他们说，"你们将会知道我的警告是怎样的"，即我对反对者和否认者的警告和惩罚是怎样的。"他们以前的人们确曾否认了"指以前的民族。

"我的怒恼是如何的"，即我对他们的谴责和惩罚是怎样的，换言之，他们将遭受痛苦而严厉的惩罚。

### 鸟类凭安拉的大能而飞翔，证明安拉全观一切巨大的和渺小的事物

"他们没有观察在他们上面伸缩羽翼的飞鸟吗？"空中飞翔的鸟儿，有时合拢翅膀，有时展开翅膀。

"除了至仁主，谁能够维持它们？"即由于安拉慈悯而制服空气，让鸟儿在空中飞行。

"他确实是全观万物的"，即安拉能观看到有益于万物的一切。正如另一章经文所述：⟪他们没有看到被制服于空中的鸟类吗？除了安拉之外，没有谁能支持它们。对于有正信的群体，此中确有种种迹象。⟫（16：79）

⟪20.除了至仁主，谁是你们的援助者呢？隐昧的人只在自欺之中。⟫

⟪21.如果他停止了他的供应，谁还能供养你们呢？不然，他们在高傲和叛逆中顽抗。⟫

⟪22.一个面部伏在地上而行的人更得正道呢，还是一个在正道上端正走路的人更得正道？⟫

⟪23.你说："是他创造了你们，并授予你们听觉、视觉和心灵，可是你们却很少感谢。"⟫

⟪24.你说："是他使你们在大地上繁衍，你们也将被集合到他那里！"⟫

⟪25.他们问："这个承诺何时实现？如果你们是诚实的。"⟫

⟪26.你说："知识只属于安拉，我只是一位坦率的警告者。"⟫

⟪27.当他们看到它接近时，隐昧者的脸就难堪了。他们被告知："这就是你们所要求的！"⟫

### 除了安拉谁都不能襄助和供养你们

多神教徒们舍安拉而崇拜他物，在它们那里寻求相助和供养。安拉谴责他们的错误信仰，并告诉他们，他们的希望不会实现。安拉说："除了至仁主，谁是你们的援助者呢？"即除了安拉，你们没有任何相助者、支持者和保护者。

因此，清高伟大的安拉说："隐昧的人只在自欺之中。如果他停止了他的供应，谁还能供养你们呢？"即如果安拉不再供养你们，你们再也没有供养者，给予你们者或拒绝你们者。只有独一无偶的安拉能够创造、供养和襄助人类。概言之，他们明知这些道理，还在崇拜他物。

因此说，"顽抗"（العتو）指怙恶不悛、迷不知返、固守荒谬。

"高傲和叛逆"指冥顽不化、自以为是、叛逆真理，不听也不走向真理。

### 隐昧者和穆民的比喻

清高伟大的安拉说："一个面部伏在地上而

---

[1]《泰伯里经注》23：512；《格尔特宾教律》18：215。

行的人更得正道呢，还是一个在正道上端正走路的人更得正道？"这是安拉为穆民和隐昧者所举的例子。隐昧者的情形如下：他的脸贴在地上走路。换言之，他歪曲地、不和面部保持一致地行走。也就是说，他不知道将走向何方，不知道应该怎么走。而是迷失方向，不知所向，犹豫不决。是这种人更得道，还是"在正道上端正走路的人更得正道"？"端正"指挺直腰板。"正道"指在光明的道路上。即正人走在正道上。这是他们在今世中的写照，在后世也是如此。穆民被复活时，"在正道上端正走路"，直达宽敞的乐园。而隐昧者在复活时则面部匍匐在地上进入火狱。§ 你们把犯罪的人跟他们的伙伴们以及他们所崇拜的一起带来，——除安拉外（所崇拜的一起带来）。并将他们引向火狱之路。§（37：22-23）"他们的伙伴们"指像他们一样的人。伊玛目艾哈麦德辑录，有人问："安拉的使者啊！一些人被复活时，是面部匍匐在地上被召集的吗？"使者回答："能够让人用脚走路的安拉，也能够让他们用脸走路。"这段圣训同样也辑录在两圣训实录中。[1]

## 安拉造物的能力，可以证明审判日必将到来

清高伟大的安拉说，"你说：'是他创造了你们'"，即在你们什么也不是，不为人知的情况下，安拉初创了你们。"**并授予你们听觉、视觉和心灵。**""心灵"指思维能力和推理能力。

"**可是你们却很少感谢**"，即你们很少使用安拉赋予的这些能力去行善，干安拉命令之事，远安拉所禁之事。

"**你说：'是他使你们在大地上繁衍'**"，即他让你们遍布世界各地，虽然你们语言不同，肤色各异，形象有别。

"**你们也将被集中到他那里**"，即虽然你们分布各地，差异巨大，但他还是能够像当初使你们分散那样集合你们，像初造你们那样复造你们。

然后谈到那些否认归宿、不信它的人们，说："**他们问：'这个承诺何时实现？如果你们是诚实的。'**"即你所说的这种大分散之后的大汇聚何时能够实现。

"**你说：'知识只属于安拉……'**"即只有安拉知道末日的具体时间，我只奉命告诉你们，它必定会发生，你们要谨防它的到来。

"**我只是一位坦率的警告者**"，即我只负责传达，何况我已经如实地对你们传达了。

然后清高伟大的安拉说，"当他们看到它接近时，隐昧者的脸就难堪了"，即当审判日到来，隐昧者目睹了它们当初所否认的事情变为现实……因为注定到来的事情一定会到来，无论时过多久——当他们所否认的事情变为现实时，他们难受极了，因为他们知道等待他们的将是恶劣的结局。换言之，他们将陷入危难之中，并从安拉那里，面临从未预料的事情。§ 而他们不曾料到的，在安拉那里，对他们显现了。他们当初所做过的罪恶，为他们而显现了，他们过去所嘲笑的，已将他们包围。§（39：47-48）因此，他们被羞辱地警告道，"**这就是你们所要求的**"，即这就是你们当初急于看到的情况。

§ 28.你说："你们可曾看到，如果安拉要消灭我和那些跟我同道的人，或是他要慈悯我们，那么，谁会在痛苦的惩罚中拯救隐昧者呢？"§

§ 29.你说："他是至仁主，我们归信他，并托靠他。所以你们将会知道谁在明显的错误当中。"§

§ 30.你说："你们可曾看到，如果你们的水在清晨渗漏，谁会供应你们一条流水呢？"§

---

[1]《艾哈麦德按序圣训集》3：167；《布哈里圣训实录诠释——造物主的启迪》6：350。

### 穆民的死亡救不了隐昧者，所以隐昧者应当考虑自己如何得救

清高伟大的安拉说，穆罕默德啊！你对这些举伴安拉、对安拉忘恩负义的人说："你们可曾看到，如果安拉要消灭我和那些跟我同道的人，或是他要慈悯我们，那么，谁会在痛苦的惩罚中拯救隐昧者呢？"即你们救救自己吧！因为除了真心忏悔和回归正道之外，安拉那里谁都不会拯救你们。你们一直希望惩罚降临我们，但即便我们遭难，也不能给你们带来任何益处。无论安拉惩罚我们还是慈悯我们，你们都无法脱离安拉的必定到来的严惩。

然后清高伟大的安拉说，"你说：'他是至仁主，我们归信他，并托靠他'"，即我们归信了普慈特慈的众世界养育者，我们在一切事务中只托靠他，正如安拉所言：❮ 所以你要崇拜他，托靠他。❯ （11：123）

安拉继续说："所以你们将会知道谁在明显的错误当中。"你们将知道，获得正道的是我们还是你们？今生和后世的最终成功到底属于谁？

### 流水的涌出显示安拉的恩典，警告水源有可能消失

安拉证明他对被造物的慈悯说，"你说：'你们可曾看到，如果你们的水在清晨渗漏'"，即如果地下的水渗到（地球的）最里面，人类无论使用多么锋利的工具，或依靠无比有力的臂膀，都不能复得它。"渗漏"的反义词是"涌流"。

因此，清高伟大的安拉说："谁会供应你们一条流水呢？"指涌流的，在地表上流动的。只有安拉能做到这一切。出于安拉的恩惠和慷慨，根据人类的需求量，使江海流淌在大地各方。

《实权章》注释完。一切感赞全归安拉。

## 《努奈章》注释 麦加章

**奉普慈特慈的安拉之尊名**

❮ 1.努奈，以笔及他们所写下的（言辞）盟誓。❯
❮ 2.凭你的主的恩典，你绝不是疯子。❯
❮ 3.你的确会获得不断的回赐。❯
❮ 4.你确实具备伟大的品德。❯
❮ 5.你将看到，他们也将会看到，❯
❮ 6.你们当中谁是受蛊惑的。❯
❮ 7.的确，你的主至知谁迷失了他的道，他也知道遵循正道的人。❯

《黄牛章》开头已经研究了出现在某些章节开头的单独字母，本章开头的"**努奈**"好比其他章开头的"**萨德**"（ص）、"**戛弗**"（ق）等，故此处不再赘述。

### 笔

"以笔……盟誓"，显然，经文所指的是广义的笔。正如安拉所言：❮ 你读，你的主是最慷慨的。他教人用笔，教人不曾知道的。❯（96：3-5）这是来自安拉的誓言，安拉提醒人类认识他赐给他们的恩典——教人书写，而书写是获得知识的必然途径。

因此清高伟大的安拉说："**及他们所写下的（言辞）。**"伊本·阿拔斯等学者解释说，"写"（يسطرون）指书写（يكتبون）。[1]

赛丁伊解释为"天使所书写的一切，特别以（他们所记录的）仆人的行为发誓"。

其他学者解释，"**笔**"在此指在安拉创造天地五万年前，在判定万物时通过定然使之行动的某物。

学者们曾提及有关"**笔**"的许多圣训。譬如吾巴岱·本·萨米特说，我的父亲临终时把我叫到跟前，对我说："我听安拉的使者㊟说，的确，安拉最初创造的是笔，安拉对它说：'写！'笔问：'我的主啊！我写什么？'安拉说：'写定然和存在的事物，直到永远。'"[2]

---

（1）《泰伯里经注》23：527、528。
（2）《泰伯里经注》23：526；《艾哈麦德按序圣训集》5：317；《提尔密济圣训全集诠释》9：232。

## 以笔发誓指出先知的伟大

"凭你的主的恩典,你绝不是疯子",即一切赞美归于安拉,你不像你的无知的族人所说的疯子,他们否认你所带来的正道和明确的真理,因此将你说成疯子。

"你确将获得不断的回赐",即你将因为向人类传达你的主的信息,忍受人们的伤害,而获得巨大的回赐和连绵不绝的奖赏。"不断的"指不停止的。正如另外的经文所说:《那是不断的恩赏。》(11:108)《他们享有不断的回赐。》(95:6)即源源不断的回赐。

穆佳黑德解释说,"不断的"指不加计算的。(1)

## "你确实具备伟大的品德"的注释

"你确实具备伟大的品德",伊本·阿拔斯解释为:你确实坚持着一个伟大的事业——伊斯兰。(2)穆佳黑德、艾布·马立克、端哈克等学者也持此观点。(3)

格塔德解释说,赛尔德·本·希沙姆曾向阿伊莎(愿主喜悦之)问及安拉使者的品德,她反问道:"你读《古兰》吗?"赛尔德回答:"读啊!"她回答道:"安拉的使者的品德就是《古兰》。"(4)

阿伊莎(愿主喜悦之)的意思是,穆圣以《古兰》中的命令和禁戒为其行为准则,他的性情和品德都是按照古兰形成的;无论《古兰》命令他作什么或禁止他作什么,他都会严格去执行。不但如此,安拉还赋予他伟大的品德,譬如腼腆、慷慨、勇敢、宽容、大度、温和及其他所有美德。正如两圣训实录辑录,他具备一切优秀的品质。艾奈斯说:"我曾侍奉先知十年,他从没有对我说过'呸!'我做过的事情,他从没有说过:'你为什么要这样做?'我没有做的事情,他从没有说过:'你为什么没有去做?'他品德高尚,我从未触摸过比使者的手更柔软的丝毛混合织品和丝绸,我嗅过的任何麝香和香料,都没有使者的汗水馨香。"(5)伊玛目布哈里辑录,白拉伊说:"安拉的使者是面容最英俊、品德最高尚的人,他个子不高不矮。"(6)类似的圣训很多,艾布·尔撒·提尔密济撰有这方面的专著《美德书》。

阿伊莎(愿主喜悦之)说:"安拉的使者从没有用手打过他的下人和女人,他只为主道而斗争。如果要他在两件事物之间作出选择,他喜欢选择对他人更容易的,只要它不涉及罪恶。他是人们中最远离罪恶的人。他从来不报私仇,但如果有人触犯了安拉的尊严,他必定会义无反顾挺身而出。"(7)伊玛目艾哈麦德辑录,安拉的使者说:"派遣我只是为了完成高尚的道德建设。"(8)

"你将看到,他们也将会看到",即穆罕默德啊!你将知道,反对和否认你的人也将会知道,你们中到底谁是被蛊惑的、迷误的。与之相似的经文中说:《他们明天就会知道谁是傲慢的说谎者。》(54:26)又说:《的确,我们或你们若不是在正确的引导之下,就是在明显的错误当中。》(34:24)伊本·阿拔斯在解释这段经文时说,在复生日,你和他们将会知道……(9)

伊本·阿拔斯解释"你们当中谁是受蛊惑的"时说,"看你们当中到底谁是疯子。"(10)穆佳黑德等人也持此观点。(11)其实"受蛊惑的"一词的意义非常明确,即指受到蛊惑而偏离和迷失真理的人。经文的意思是:你和他们将被告知,到底谁是受蛊惑的。安拉至知。

"的确,你的主至知谁迷失了他的道,他也知道遵循正道的人",即安拉知道两伙人——你们和他们中,到底谁在遵循正道,谁迷失了真理。

《8.所以你不要顺从否认者。》

《9.他们希望你得过且过,随后他们也得过且过。》

《10.你也不要顺从一切轻易盟誓者、卑贱者、》

《11.诽谤者、到处散布谣言者、》

《12.妨碍善事者、过分者、罪恶者、》

《13.龌龊者,此外还是私生者,》

《14.因为他拥有财富和子女。》

《15.当我的迹象被读给他时,他说:"这只是前人的神话!"》

《16.我将在他的鼻子上烙上记号。》

---

(1)《泰伯里经注》23:528。
(2)《泰伯里经注》23:529。
(3)《泰伯里经注》23:529、530;《散置的珠宝》8:243。
(4)《泰伯里经注》23:529;《穆斯林圣训实录》1:513;《阿卜杜·兰扎格经注》3:307。
(5)《布哈里圣训实录诠释——造物主的启迪》10:471;《穆斯林圣训实录》4:1814。
(6)《布哈里圣训实录诠释——造物主的启迪》6:652。
(7)《艾哈麦德按序圣训集》6:232。
(8)《艾哈麦德按序圣训集》2:381。
(9)《格尔特宾教律》18:229。
(10)《泰伯里经注》23:531。
(11)《泰伯里经注》23:530。

## 禁止屈服于否认者的压迫，他们梦想让信和不信殊途同归

清高伟大的安拉说，既然我赐给你恩典，给你正确的律令和崇高的品德，"**所以你不要顺从否认者。他们希望你得过且过，随后他们也得过且过。**"伊本·阿拔斯解释："他们希望你妥协（承认他们的神），他们也允许你（去实践你的信仰）。"[1] 穆佳黑德解释："你趋向他们的伪神，并放弃你所坚持的真理。"[2]

然后清高伟大的安拉说："**你也不要顺从一切轻易盟誓者、卑贱者、诽谤者、到处散布谣言者……**"撒谎者为了给其懦弱和可耻的行为寻求保护，胆大妄为地以安拉的名义发伪誓，在不应该使用安拉尊名的场合使用它们。伊本·阿拔斯说"**卑贱者**"指撒谎者。[3] 伊本·阿拔斯和格塔德认为"**诽谤者**"指背谈者。[4] "**到处散布谣言者**"，指在人们之间来回走动，散布谣言，挑拨离间，拨弄是非的人。两圣训实录辑录："安拉的使者㊤经过两座坟墓时说：'他俩，另一人在人们中散布谣言。'"[5]

胡宰法说，我听安拉的使者㊤说："拨弄是非者不得进入乐园。"[6]

"**妨碍善事者、过分者、罪恶者。**" "**妨碍善事者**"指不履行应尽的义务，对自己所拥有的美好东西吝啬不舍的人；"**过分者**"指在使用安拉所赐的合法事物时，超越法定限度的人；"**罪恶者**"，指干被禁行为的人。

"**龌龊者，此外还是私生者**"，"**龌龊者**"指残酷、粗暴、强硬、贪婪、聚敛财富的、吝啬的。哈里斯传述，安拉的使者㊤说："我告诉你们乐园的居民好吗？是一切弱者，假若他以安拉发誓，他必实践其誓言。我告诉你们火狱的居民好吗？是一切龌龊者、守财奴、傲慢者。"[7] 沃凯尔说："是一切粗暴的、骄傲的守财奴。"[8] 除艾布·达乌德之外的各圣训学家，都传述了这段圣训。

阿拉伯语语言学家说，圣训中的"粗暴的"指残酷无情的；"守财奴"指贪婪的、吝啬的。

"**私生者。**" 布哈里辑录，伊本·阿拔斯解释说："（经文指）一个古莱什人，他只有半个耳朵，在人群中就像缺耳羊那样明显。"[9] 意思是他臭名昭著，正如羊群中的缺耳羊很容易被辨认一样。阿拉伯语中的"私生者"指被一个群体所收养，不属于这个群体的外来者。这是伊本·哲利尔等学者的主张。

"**因为他拥有财富和子女。当我的迹象被读给他时，他说：'这只是前人的神话！'**"即安拉赋予他财产和儿女，但他的反应却是：否认并背叛安拉的迹象，妄言这一切都是古老的传说。另一段经文说：❲ 让我独自处理我所造化的吧。我赐给他丰富的财富，和在身边的子女。我给他们完全铺展，然而他却奢望我再增加。不然！因为他一直反对我的迹象，我将对他施加困难，他确已思考和谋划。愿他被杀，他是怎么谋划的！愿他被杀，他是怎么谋划的！然后，他观看，然后，他蹙额，皱眉，然后，他傲慢地掉头而去。并说："这只不过是流传的魔法，这只是一个凡人的话！"我将把他投入火狱。你怎能知道，什么是火狱呢？不遗留，也不放过。它烤焦皮肤，其上是十九（名天使）。❳（74：11－30）

"**我将在他的鼻子上烙上记号。**" 伊本·哲利尔解释说，我将明确地说明他的事情，以便他们清楚地认识他。正如人们能够一眼看清动物鼻子上的烙印那样。[10]

另一些学者解释：我将给他打上火狱居民的标记。换言之，在复生日，我将使他们的面容变黑。本章节中的"鼻子"指脸。

❲ 17. 我已像考验庄园的主人一样考验他们，当时他们发誓要在清晨采集它，❳

❲ 18. 而未念"如果安拉意欲"。❳

❲ 19. 因此，当他们还在沉睡时，来自你的主的灾难降临了那个庄园。❳

❲ 20. 因此，在清晨时，它变得像焦土一般。❳

❲ 21. 他们清晨相互呼唤：❳

❲ 22. "如果你们想采集，清晨你们就去庄园。"❳

❲ 23. 此后他们走了，并窃窃私语道：❳

❲ 24. "不要让一个穷人在今天进入其中。"❳

---

(1)《泰伯里经注》23：532。
(2)《泰伯里经注》23：533。
(3)《泰伯里经注》23：533。
(4)《泰伯里经注》23：534。
(5)《艾布·达乌德圣训集》1：25；《提尔密济圣训全集诠释》1：232；《布哈里圣训实录诠释——造物主的启迪》1：358；《穆斯林圣训实录》1：240；《圣训大集》1：28、4：412；《圣训大集》6：496；《伊本·马哲圣训集》1：125。
(6)《艾哈麦德按序圣训集》5：382；《艾布·达乌德圣训集》5：190；《提尔密济圣训全集诠释》6：172；《布哈里圣训实录诠释——造物主的启迪》10：487；《穆斯林圣训实录》1：101；《圣训大集》6：496。
(7)《艾哈麦德按序圣训集》4：306。
(8)《布哈里圣训实录诠释——造物主的启迪》8：530；《穆斯林圣训实录》4：2195。
(9)《布哈里圣训实录》4917。
(10)《泰伯里经注》23：541。

⟨25.他们认定有能力在清晨前往，⟩

⟨26.但是当他们看到它时，他们说："我们确实是迷路了！"⟩

⟨27.不，我们已被剥夺。"⟩

⟨28.他们当中最持中的人说道："我不曾对你们说过'你们为什么不赞美安拉呢？'"⟩

⟨29.他们说："赞美我们的主清净无染。我们的确是不义的！"⟩

⟨30.然后他们当中的一些人走近另一些人，互相指责，⟩

⟨31.他们说："我们真伤悲啊！我们确实是过分的。⟩

⟨32.我们的主也许会给我们换一个比它更好的！我们渴望我们的主。"⟩

⟨33.惩罚就是这样的，但后世的惩罚更大，如果他们知道的话。⟩

## 隐昧者徒劳无功的例子

这是安拉为古莱什隐昧者所举的例子，安拉赐给他们巨大的慈悯和恩典——将先知派向他们，但他们却否认、拒绝和反对他。

因此，清高伟大的安拉说，"**我已像考验庄园的主人一样考验他们**"，即我像考验果园居民那样考验了他们。

"**当时他们发誓要在清晨采集它**"，即晚上他们互相发誓，一定要在清晨采摘园中的果实（以免穷人得到他们的消息），好让他们独占果实，而不作任何施舍。

"**而未念'如果安拉意欲'**。"他们发誓一定能做到，然而安拉使他们事与愿违。安拉说，"**因此，当他们还在沉睡时，来自你的主的灾难降临了那个庄园**"，即他们遭受了天灾。

"**因此，在清晨时，它变得像焦土一般。**"伊本·阿拔斯认为"焦土"指漆黑如夜。[1]绍利认为指收割时干枯的庄稼。

"**他们清晨相互呼唤**"，即清晨到来时，他们互相呼唤，去采集果子吧！

清高伟大的安拉说，"**如果你们想采集，你们清晨就去庄园**"，即假若你们想采摘你们所栽种的果实。

"**此后他们走了，并窃窃私语道……**"即他们秘密协商，不让任何别人听到。知道一切秘密的安拉解释了他们的秘密交谈的内容："**不要让一个穷人在今天进入其中。**"即他们中的一部分对另一部分说，今天你们不要让任何一个穷人有机会进入你们的园子。

清高伟大的安拉说，"**他们认定有能力在清晨前往**"，即他们按照自己的想法和企图，自认为有能力（制止穷人进入园子，独霸果实）。

"**但是当他们看到它时，他们说：'我们确实是迷路了'**"，即当他们到园子跟前，目睹里面的情景——那些曾经青翠、美丽、硕果累累的园子，已经变得一片焦黑，毫无用处。所以他们认为走错了路。

因此，他们说，"**我们确实是迷路了**"，即我们走错了路。当他们弄清真相，回过神来才明白，这就是他们要去的园子，于是说："**不，我们已被剥夺**"，即这就是那个园子，但没有我们的份额。

"**他们当中最持中的人说道**"。"最持中的人"，伊本·阿拔斯、穆佳黑德等学者认为指最公正、最好的人。[2]

"**我不曾对你们说过：'你们为什么不赞美安拉呢？'**"即为什么你们不说"如果安拉意欲"呢？[3]赛丁伊说："当时他们以赞美安拉来表达'如果安拉意欲'。"伊本·哲利尔说："经文指一个人念'如果安拉意欲'。"还有人说，其意义

---
（1）《泰伯里经注》23：544。

（2）《泰伯里经注》23：550；《散置的珠宝》8：252。

（3）《泰伯里经注》23：551；《散置的珠宝》8：253。

是他们中最好的人对他们说"我不是告诉你们，要赞美安拉，并因他赐予你们的而感恩吗？"[1]

"他们说：'赞美我们的主清净无染。我们的**确是不义的！**'"他们追悔不已，听从了安拉的命令，承认了自己的罪恶，但为时已晚。

因此，"他们说：'我们的确是不义的！'然后他们当中的一些人走近另一些人，互相指责。"他们因为当初坚持不给穷人尽到一点点义务而相互埋怨。他们互相之间除了承认错误和罪恶，无言以对。

他们说，"**我们真伤悲啊！我们确实是过分的**"，即我们过分了，超越了限度，以致遭受了这等打击。

"**我们的主也许会给我们换一个比它更好的！我们渴望我们的主。**"有人解释说，他们希望在今世中又得到这个园子；另一些人解释说，他们希望因为失去这个园子而在后世中得到报酬。安拉至知。

有些先贤说，经文所说的是也门人。伊本·朱拜尔说，他们来自一个叫作勒万的村镇，距离萨那六里远。有人说他们是阿比西尼亚人，属于有经人，他们的父亲为他们留下这个园子，他生前曾经很好地经营它。他将园子的收入用于它的发展，为家属储存一年的生活资料，将其余的施舍给穷人。他死后继承园子的儿子们说："我们的父亲真是个傻瓜，竟将园子的收入送给穷人。如果我们不给穷人施舍，我们会更富裕。"他们决定这样去做时，却事与愿违，受到了惩罚。安拉收走了他们手中的一切，他们血本无归，更谈不上可用作施舍的东西。从此变得一无所有。

清高伟大的安拉说，"**惩罚就是这样的**"，即那些违背安拉的命令，获得安拉的恩典后吝啬不舍，不为赤贫者、穷人和有需求者尽应尽的义务，并且对安拉忘恩负义的人们，将遭受这样的惩罚。

"**但后世的惩罚更大，如果他们知道的话**"，即正如你们所听到的，这就是今世的惩罚，而后世的惩罚是更严厉的。

❧ 34.敬畏者们，确实在他们的主那里享有幸福的乐园。❧
❧ 35.试问，我会把顺服者当成犯罪者吗？❧
❧ 36.你们怎么啦？你们是怎么判断的？❧
❧ 37.难道你们有一本可供学习的经典，❧
❧ 38.你们真能从中获得你们所选择的吗？❧
❧ 39.难道你们曾跟我订立过直到复生日才满期的誓约，你们确有你们所判断的吗？❧

---
(1)《泰伯里经注》23：550。

❧ 40.你问问他们，他们谁能保证它？❧
❧ 41.或是他们有一些伙伴？如果他们是诚实的，那么让他们带来他们的伙伴吧！❧

### 敬畏者的报酬，他们不会遭受犯罪者那样的报应

清高伟大的安拉昭示了拥有今世庄园之人的情形和他们因违抗安拉而遭受的惩罚，然后讲述敬畏他、服从他的人们将在后世进入永享恩泽的乐园。

"**试问，我会把顺服者当成犯罪者吗？**"即难道我要将这两种人同等对待吗？不，以掌握天地的安拉发誓，绝对不会。

因此，经文说：❧ 你们是怎么了？你们怎样判断呢？❧（37：154）即你们是怎么认为的？

"**难道你们有一本可供学习的经典，你们真能从中获得你们所选择的吗？**"即你们是否手持一部天经，在学习它，研究它，背诵它，并代代流传它，从中获得你们所妄称的那些永久的法规吗？

"**你们真能从中获得你们所选择的吗？难道你们曾跟我订立过直到复生日才满期的誓约，你们确有你们所判断的吗？**"即难道你们和我订立过坚定

的盟约吗？

"你们确有你们所判断的吗？"即你们会心想事成、万事如意吗？

"你问问他们，他们谁能保证它？"即你问他们，谁能担保这一点。伊本·阿拔斯解释为，你问他们，谁能保障它。(1)

"或是他们有一些伙伴？""伙伴"指偶像、伪神。

"如果他们是诚实的，那么让他们带来他们的伙伴吧！"

❮42.那天小腿将显露，他们被召于叩头，而他们却无能为力。❯

❮43.他们的目光是恐惧的，耻辱将笼罩着他们。而他们健全时，他们确曾被召去叩头。❯

❮44.让我来对付那不信这言辞的人吧！我将在他们不知不觉中逐步使他们明升暗降，❯

❮45.我将容忍他们，但我的计划确实是可靠的。❯

❮46.你可曾向他们要求过花费，致使他们负担过重吗？❯

❮47.或是他们有幽玄（的知识），他们能记录吗？❯

### 复生日的惊恐

清高伟大的安拉提到"**敬畏者们，确实在他们的主那里享有幸福的乐园**"时，阐明了它将几时发生和发生的必然性。安拉说，"**那天小腿将显露，他们被召于叩头，而他们却无能为力**"，即指复生日的情况。那天，将有巨大惊恐、地震、审判、灾难、考验和许多重大事情发生。先知说："我们的养主将露出萨格(2)，每个穆民男女都去叩头，在今世中沽名钓誉的人们将被留下来，他们去叩头时，背部变得就像一块板子。"(3)

"**他们的目光是恐惧的，耻辱将笼罩着他们**"，即他们曾在今世中犯罪和傲慢，在后世中遭受与他们当初的愿望恰恰相反的惩罚。在今世中当别人号召他们去叩头时，他们虽然身强力壮，却绝对拒绝。所以，在后世中他们要遭受失去这些能力的惩罚。当主宰显现，穆民叩拜时，任何一个隐昧者和伪信士都不能叩头，他们的脊背变得就像平板一样。当他们试图去叩头时，身体却朝向反方向仰面倒下（他们身体僵硬，无法弯曲），其情形犹如

今世时穆民行善，而他们趾高气扬那样。

### 对否认《古兰》的人严厉的警告

清高伟大的安拉说："**让我来对付那不信这言辞的人吧！**""这言辞"指《古兰》。这是对他们严厉的警告。意思是让我来专门对付这人吧，我对他太清楚了，我曾是如何使他逐步趋于灭亡的，如何容他执迷不悟，并宽限他，然后当我惩罚他时，则以优胜的、大能的主的方式去惩罚他。

因此说，"**我将在他们不知不觉中逐步使他们明升暗降**"，即事实上这是安拉对他们的羞辱，而他们不但感觉不出，反而认为这就是安拉赐给他们的尊严。正如安拉所言：❮ 他们可曾想过，我以财产和子嗣襄助他们。（是为了）我使他们立即得到一切美好的东西吗？不，他们不了解。❯（23：55-56）又说❮当他们忘记了所受的劝诫时，我为他们打开诸事之门，当他们因为他们的收获欣喜若狂时，我突然间惩罚了他们。他们一时间成为绝望的。❯（6：44）

因此，清高伟大的安拉说，"**我将容忍他们，但我的计划确实是可靠的**"，即安拉延缓他们，宽限他们，任他们为所欲为。其实这是安拉的计划和妙策。

清高伟大的安拉说："**但我的计划确实是可靠的**。"对于违背我的命令，否认我的众使者，胆敢不服从我的人，我的计划是周密的。

两圣训实录辑录，安拉的使者说："伟大的安拉将宽限不义者，但等到他惩罚他时，就会毫不留情。"然后使者读道：❮ 当你的主惩罚不义的城市（居民）时，他的惩罚就是这样的。他的惩罚确实是痛苦的，严厉的。❯（11：102）(4)

"**你可曾向他们要求过花费，致使他们负担过重吗？或是他们有幽玄（的知识），他们能记录吗？**"我们已经在《山岳章》注释了类似的经文。意思是：穆罕默德啊！你号召他们走向安拉，而不索要任何报酬，你只希望得到安拉的报酬，而他们却仅凭愚昧、不信和顽固否认你带来的真理。

❮48.所以，你要忍受你的主的判断，而不要像那鱼儿的伙伴，当时他满腔悲痛地呼吁。❯

❮49.如果不是他主的恩典达到了他，他一定会遭受谴责地被抛在荒野。❯

❮50.后来他的主选拔了他，并将他列入清廉者当中。❯

---

(1)《泰伯里经注》23：554。
(2) الساق，意为小腿。安拉至知此处意义。——译者注
(3)《布哈里圣训实录诠释——造物主的启迪》8：531、532；《穆斯林圣训实录》1：167。

(4)《布哈里圣训实录诠释——造物主的启迪》8：205；《穆斯林圣训实录》4：1997。

⟨ 51.当隐昧的人们听到教诲时，他们恨不得用他们的眼光使你跌倒。他们说："他确实是疯子！"⟩

⟨ 52.其实它只是对众世界的教诲。⟩

## 命令使者㕷坚韧，不要像优努司先知一样急于求成

清高伟大的安拉说，"**所以，你要忍受**"，即穆罕默德啊！你要忍受族人对你的伤害和否认。因为安拉将替你判决他们，并使你和你的追随者们获得今后两世的成功。

"**而不要像那鱼儿的伙伴**"，即先知左农——优努司先知。他曾因恼怒他的族人而拂袖离去，后来乘船渡海，进入鱼腹。在鱼腹中遨游大海，经历海底的重重黑暗，听到大海对至高、大能的主的赞美。安拉的判决畅通无阻。经历这些之后，他在重重黑暗中呼唤道：⟨ 应受拜者，惟有你，赞你清净，我确实成了一个不义者。⟩（21：87）安拉说：⟨ 此后我回应了他，并把他由艰难中拯救出来。我就这样拯救信士们。⟩（21：88）⟨ 倘若他不曾是一个赞美安拉的人，他誓必会留在鱼腹中直到复生日。⟩（37：143-144）

在此清高伟大的安拉说："**当时他满腔悲痛地呼吁**。"伊本·阿拔斯等学者认为"满腔悲痛"指哀伤。

因此，清高伟大的安拉说："**后来他的主选拔了他，并将他列入清廉者当中**。"

伊玛目艾哈麦德辑录，安拉的使者㕷说："任何人都不应该说'我比优努司·本·麦塔更优秀。'"(1)

## 毒眼能够伤人

"**当隐昧的人们听到教诲时，他们恨不得用他们的眼光使你跌倒**。"伊本·阿拔斯、穆佳黑德等学者认为，"**使你跌倒**"指施加不可思议的影响。(2)即用他们的眼光注视你。意思是他们因为恼恨你而嫉妒你。但安拉保护着你，没有使你遭受他们的伤害。

这段经文证明，在安拉的允许下，毒眼能够伤害人或能影响人，正如许多圣训所述。

## 拜磊德传述的圣训

安拉的使者㕷说："护符只能对毒眼和热病有效。"(3)

先知㕷说："毒眼是真实的，倘若某物能够比定然早，那么毒眼也一定会提前的。如果你们被要求洗浴，你们就洗浴吧。"(4)

伊本·阿拔斯说，安拉的使者㕷经常为哈桑和侯赛因读求佑词，使者㕷读道："我以安拉的完美的一些言辞，从一切恶魔和毒物以及从一切毒眼中，求安拉庇佑你俩。"先知说："伊布拉欣曾经这样为伊斯玛仪和易司哈格求庇佑。"(5)

## 艾布·欧麻麦传述的圣训

阿米尔·本·莱毕阿经过正在洗澡的赛海里·本·海尼法时，说："我从来没有像今天这样看到过深闺秀女般的皮肤。"话音刚落，赛海里便摔倒在地。有人带他来到安拉的使者㕷跟前说，请你救救摔坏了的赛海里！使者说："你们怀疑谁（谁对此负责）呢？"他们说："是阿米尔·本·莱毕阿。"使者说："你们中有人要故意伤害他的兄弟吗？当你们从自己兄弟身上看到令人喜欢的情况时，应该为他祈福。"然后使者要来水，命令阿米尔用水洗小净——洗脸、洗两手至肘部、两膝盖，以及裤子里面。然后使者命令他把水倒在赛海里身上。苏富扬·绍利传述说："使者还命他将器皿翻过来，将里面的水全部倒在他（赛海里）身上。"(6)

## 艾布·赛尔德·胡德里传述的圣训

安拉的使者㕷曾从精灵的毒眼、人们的毒眼上向安拉求庇佑，两个求护章（《曙光章》和《世人章》）降示后，使者只念这两章，放弃了其他祷词。(7)

另一圣训：吉卜勒伊里来见先知㕷，问："穆罕默德啊！你病了吗？"先知回答："是的。"于是吉卜勒伊里读道："以安拉的名义，我从能伤害你的一切以及从让你出丑的所有生灵和目光上求安

---

(1)《艾哈麦德按序圣训集》1：390；《布哈里圣训实录诠释——造物主的启迪》6：519，8：144；《穆斯林圣训实录》4：1846。
(2)《泰伯里经注》23：564、565。
(3)《艾布·达乌德圣训集》4：213；《提尔密济圣训全集诠释》6：217；《布哈里圣训实录诠释——造物主的启迪》10：163；《穆斯林圣训实录》1：199；《伊本·马哲圣训集》2：1161。
(4)《穆斯林圣训实录》4：1719。
(5)《布哈里圣训实录诠释——造物主的启迪》6：470；《艾布·达乌德圣训集》5：104；《提尔密济圣训全集诠释》6：220；《圣训大集》6：250；《伊本·马哲圣训集》2：1163。
(6)《圣训大集》7617-7619；《伊本·马哲圣训集》3509。
(7)《伊本·马哲圣训集》2：1161；《圣训大集》8：271；《提尔密济圣训全集诠释》6：218。

拉庇佑,安拉将使你痊愈,我以安拉的尊名为你治病。"(1)

### 艾布·胡莱赖传述的圣训

安拉的使者说:"确实,毒眼是真实的。"另据传述:"毒眼是真实的。"(2)

### 乌麦斯的女儿艾斯玛仪传述的圣训

艾斯玛仪问:"安拉的使者啊！贾法尔的儿子们有时遭受毒眼,你能为他们念庇佑词吗？"使者回答:"可以,如果某物能够提前于前定,那它必定是毒眼了。"(3)

### 阿伊莎（愿主喜悦之）传述的圣训

阿伊莎（愿主喜悦之）说,安拉的使者曾命她从毒眼上求庇佑。(4)

### 赛海里·本·海尼法传述的圣训

赛海里·本·海尼法的儿子说,他的父亲告诉他,安拉的使者曾与他们一同走向麦地那。当他们到达杰哈法地区的赫拉兹山路时停了下来,赛海里·本·海尼法洗了大净。赛海里皮肤白皙,仪表堂堂。阿米尔·本·莱毕阿看到他洗大净的情景后说:"我从来没有像今天那样看到过深闺秀女般的皮肤。"说完赛氏便摔倒在地,有人带他来到安拉的使者跟前说:"安拉的使者啊！请为赛海里作主。以安拉发誓,他一动不动,昏迷不醒。"使者问:"你们怀疑是谁害了他？"众人说:"阿米尔·本·莱毕阿看了他一眼。"于是使者叫来阿米尔,对他发了火,说:"你们中为什么有人要杀害他的兄弟。当他从兄弟身上看到令他爱慕的事情时,为什么不为他祈福呢？"然后使者对阿米尔说:"你为他沐浴！"于是阿米尔用一个器皿洗了他的面部、两手、两肘、两膝盖、脚趾和裤子里面,让人将那水倒在赛海里身上。有人将水倒在赛海里头部和背部,并将器皿在他的面前翻转过来,清空里面所有的水。一会儿赛海里恢复过来,与众人一起无疾而行。(5)

### 阿米尔·本·莱毕阿传述的圣训

阿米尔的儿子欧拜杜拉说,阿米尔和赛海里决定去洗大净,于是他们遮住了羞体开始洗。阿米尔拿走了一件赛海里遮挡身体的毛斗篷。他（阿米尔）说,我看着他（赛海里）,并用目光紧盯着他,而他正往头上倒水沐浴。不久从他那里听到扑通一声,我上前喊了三次,但他没有应声。于是我来到先知跟前,讲明情况。先知到来后,潜入水中,我现在还记得他洁白的小腿。使者用手拍了拍他的胸膛,然后念道:"主啊！请消除它的炎热、寒冷和疾病。"一会儿（赛海里）站了起来。安拉的使者说:"当你们中有人从其兄弟,或从自己身上或从财产中看到令他爱慕的情况时,他应当祈福。因为毒眼是真实的。"(6)

### 隐昧者的诽谤及对他们的答复

"**他们说:'他确实是疯子！'**"他们不但轻视先知,而且诋毁他,因为他带来《古兰》,而说他是一个疯子。安拉说:"**其实它只是对众世界的教诲。**"

《努奈章》注释完。一切感赞全归安拉。

---

## 《实现者章》注释 麦加章

### 奉普慈特慈的安拉之尊名

**1. 实现者!**
**2. 什么是实现者?**
**3. 你怎能知道,什么是实现者呢?**
**4. 塞姆德和阿德族人否认打击者,**
**5. 塞姆德人,毁于霹雳。**
**6. 阿德人,则毁于猛烈的寒风。**
**7. 他制服它,使它持续地向他们吹了七夜八**

---

(1)《艾哈麦德按序圣训集》3:28、56、58、75;《提尔密济圣训全集诠释》4:46;《穆斯林圣训实录》4:1718;《圣训大集》6:249;《伊本·马哲圣训集》2:1164。
(2)《艾哈麦德按序圣训集》2:319;《伊本·马哲圣训集》2:1159;《布哈里圣训实录诠释——造物主的启迪》10:213;《穆斯林圣训实录》4:1719。
(3)《艾哈麦德按序圣训集》6:438;《圣训大集》4:365;《伊本·马哲圣训集》2:1160;《提尔密济圣训全集诠释》6:220。
(4)《布哈里圣训实录诠释——造物主的启迪》10:210;《穆斯林圣训实录》4:1725;《伊本·马哲圣训集》2:1161。

(5)《艾哈麦德按序圣训集》3:486。
(6)《艾哈麦德按序圣训集》3:447。

天。所以你看到这群人倒于其中，他们就像是空朽的枣树干。☾

☽ 8.你能看到他们还有任何痕迹吗？☾

☽ 9.法老和他以前的人们以及穆尔太克夫都曾触犯罪恶，☾

☽ 10.因为他们违抗了他们主的使者，所以他用严厉的刑罚惩罚了他们。☾

☽ 11.当洪水泛滥时，我把你们载在船上，☾

☽ 12.以便我将它作为你们的教训，以便记事的耳朵记住它。☾

### 复生日的伟大

"实现者"，是复生日的诸多名称中的一个名称。因为许诺和警告都将在那天实现。因此，安拉提到它的严重性，说："你怎能知道，什么是实现者呢？"

### 各民族的毁灭

然后清高伟大的安拉说，他曾毁灭一些否认复生日的民族，他说："塞姆德人，毁于霹雳。"

"霹雳"指怒吼声和地震，它们使否认者们悄无声息，化为僵尸；格塔德也认为指怒吼声；[1] 穆佳黑德认为它指罪恶；莱毕阿·本·艾奈斯和伊本·栽德认为指过分。他们说其意为犯罪。提到此，伊本·栽德还读道：☽ 塞姆德人因其过分而否认了。☾（91：11）

"阿德人，则毁于猛烈的寒风"，即凛冽的寒风。格塔德说，猛烈的风刺穿他们的心脏；[2] 端哈克解释说，那是毫无慈爱和好兆头的寒风；[3] 阿里等解释说，风猛烈地刮向他们聚敛的财产，造成无数财产流失。[4]

"他制服它"，即安拉制服寒风，使它袭击他们。

"使它持续地向他们吹了七夜八天。""持续地"指整整地、连续地、不吉利地。伊本·麦斯欧迪、伊本·阿拔斯等学者认为指连续地；[5] 艾克莱麦等解释为不吉利地。正如另一节经文所述：☽ 因此我就在连续的日子里降给他们暴风。☾（41：16）有人说，人们将这种风称为"枣树干"，这一名称好像是他们从下面的经文中得到的。"所以你看到这群人倒于其中，他们就好像是空虚的枣树干。"

---

(1)《泰伯里经注》23：571。
(2)《泰伯里经注》23：573。
(3)《泰伯里经注》23：572。
(4)《泰伯里经注》23：572。
(5)《泰伯里经注》23：573、574。

伊本·阿拔斯认为"空虚的"指被毁坏的。其他学者解释为腐朽的。即风将他们刮倒在地，他们就跌倒而死，脑浆涂地，成为僵尸，就像轰然倒地的枣树躯干。安拉的使者㊥说："我受到东风援助，阿德人则毁于西风。"[6]

"你能看到他们还有任何痕迹吗？"你能找到他们中的幸存者或他们的后裔吗？事实上他们全部毁灭了，安拉没有让他们留下任何后裔。

"法老和他以前的人们以及穆尔太克夫都曾触犯罪恶。"有人将"以前"（قبله）读为启齿符，按这种读法，经文的意思是："法老和他的手下们……"另一些人读为开口符，按这种读法，经文的意思是："在法老之前和他一样的人……"

"穆尔太克夫"指以前否认众使者的一切民族。

"罪恶"（الخاطئة）指否认安拉的启示；莱毕阿认为指背逆；穆佳黑德解释为错误。[7]

因此，清高伟大的安拉说，"因为他们违抗了他们主的使者"，即他们都一样，都否认安拉派向他们的使者。正如安拉所言：☽ 全都曾不信众先知。所

---

(6)《穆斯林圣训实录》2：617。
(7)《泰伯里经注》23：576。

以，我的警告落实了。》（50：14）因为否认一位使者，等于否认了所有的使者。正如安拉所言：《努哈的族人否认了众使者。》（26：105）《阿德人否认了众使者。》（26：123）《塞姆德人否认了众使者。》（26：141）其实安拉在每个民族中只派遣了一位使者。

"所以他用严厉的刑罚惩罚了他们。""严厉的"指惨痛的、严重的。穆佳黑德解释为"严厉的"。[1] 赛丁伊解释为"毁灭性的"。

## 船舶的恩典

然后清高伟大的安拉说，"当洪水泛滥时"，即大水凭安拉的允许超越了限度，淹没了大地。

伊本·阿拔斯等解释为："大水泛滥了。"[2] 那是由于努哈的族人一贯否认和反对他，并舍弃安拉而崇拜别的，因此遭到努哈的诅咒。安拉应答了努哈的祈求，使洪水漫布大地，除了和努哈一道乘船的人之外，其余的人都被淹死。因此，以后的人都是努哈（和他的追随者）的后裔。

"当洪水泛滥时，我把你们载在船上。""الجارية"指水面上航行的船舶。

"以便我将它作为你们的教训。""它"指普通的船。即我为了你们而让同类的船舶留在世上，你们可以用它乘风破浪。正如安拉所言：《是他创造一切种类，并为你们造化供你们乘的船和牲畜，以便你们稳坐上面。当你们坐好后，就要记念你们主的恩典。》（43：12-13）

《给他们的一个迹象是，我在满载的船中运载着他们的后代。我也为他们创造了类似它（船）的承载物。》（36：41-42）格塔德解释说："安拉把这艘船保存了下来，这个民族的先辈们曾见过它。"[3] 第一种观点（"它"指普通的船）更明了。

因此，清高伟大的安拉说，"**以便记事的耳朵记住它**"，即以便聪慧的耳朵理解这一恩典，并记住它。伊本·阿拔斯解释为"记忆的"、"倾听的"。[4]

"**记事的耳朵**"，即安拉赐予人智慧的耳朵，他们利用它听安拉的启示，从中获益。

端哈克解释"**以便记事的耳朵记住它**"时说："听到它并记住它的耳朵"，即有健全听觉和正常智商的人，都能记住它。经文指一切有智慧和意识的人。

---

(1)《泰伯里经注》23：577。
(2)《泰伯里经注》23：577。
(3)《泰伯里经注》23：578。
(4)《泰伯里经注》23：579。

《13.当号角一声响起，》
《14.大地和山岳都将被抬起，被击碎，》
《15.那天，要发生的事情发生了。》
《16.天破裂了，那天，它是脆弱的。》
《17.天使在它的各方，那天，在他们之上有八个（天使）抬着你的主的阿莱什。》
《18.那天你们将被展现。来自你们的任何隐藏之物，都不能隐藏。》

## 复生日的惊恐

清高伟大的安拉在此讲述复生日的惊恐，那天最大的惊恐莫过于"**恐惧的号角声**"。然后是"**昏厥的号角声**"，除安拉所意欲的人外，天地万物都将昏厥。其次是起身观见众世界的养主以及众生复活的号角声。经文在此强调，它只需要一声号角，因为安拉的命令不可抗拒，无需三令五申。所以说，"**大地和山岳都将被抬起，被击碎**"，即它们就像欧卡兹的皮革一样被扯长，大地不再是这个大地。

"**那天，要发生的事情发生了**"，即复生日降临了。

"**天破裂了，那天，它是脆弱的。**"伊本·哲利尔说，这段经文如同下列经文：《天被打开，变成许多门户。》（78：19）伊本·阿拔斯解释说，天将破裂，阿莱什将临近它。

"**天使在它的各方**"，即众天使在天的各个方向。莱毕尔·本·艾奈斯说："天使们被置于被挤压成粉末的天体上，观看地面上的众生。"

"**那天，在他们之上有八个（天使）抬着你的主的阿莱什**"，即复生日将有八位天使担负安拉的阿莱什。安拉的使者㊟说："我获准谈论安拉的担负阿莱什的一位天使，这位天使的耳垂到肩膀之间的距离，是七百年的行程。"[5]

## 人类被呈现在安拉跟前

"**那天你们将被展现。来自你们的任何隐藏之物，都不能隐藏**"，即你们将出现在全知一切秘密和心事的主那里，你们的任何事情都不能隐瞒他。他不但知道一切明显的事情，而且知道一切秘密。

因此，清高伟大的安拉说："**来自你们的任何隐藏之物，都不能隐藏。**"安拉的使者㊟说："复生日，人们将被展现三次，前两次是辩论和托辞，到第三次功过簿将落到手中，于是有人用右手接过它，有人用左手接过它。"[6]

---

(5)《艾布·达乌德圣训集》5：96。
(6)《艾哈麦德按序圣训集》4：414；《伊本·马哲圣训集》2：1430；《提尔密济圣训全集诠释》7：111。

《 19.其功过簿被递到右手的人将说："喂！请你们读我的功过簿吧！"》

《 20.我确已猜想到会面对我的账目。"》

《 21.因为他在快乐的生活中。》

《 22.在崇高的乐园中。》

《 23.果实近在手边。》

《 24.由于你们在过去的日子做过的，你们尽兴地吃饮吧！》

## 右手接到功过簿之人的欢乐及其优美的境遇

清高伟大的安拉说，复生日用右手接到功过簿的人，将沉浸于欢乐和幸福之中。他因极度欢乐而对遇见的每个人说："**喂！请你们读我的功过簿吧**"，即你们拿去读一读吧。因为他知道其中有极其美好的记录，因为他属于那些安拉用他们的善功代替恶行的人。

阿卜杜拉·本·阿卜杜拉说，复生日，安拉要让仆人站起，他们功过簿中记录的罪行要显现出来。安拉问这仆人："这是你做的吗？"他回答："我的养主啊！我做了。"安拉对他说："我没有因此而羞辱你，我已经宽恕了你。"这时，仆人说："**喂！请你们读我的功过簿吧！我确已猜想到会面对我的账目。**"经文指复生日仆人免于现丑时的情况。

安拉的使者说："复生日，安拉让仆人靠近，让他承认一切罪行，在他认为自己要遭受惩罚的时候，安拉说：'我在今世中掩护了你，现在我要宽恕你。'然后他的善功簿将被放到他的右手。至于隐昧者和伪信士，见证者们将说：'这等人他们否认他们的养主。真的，安拉将诅咒不义的人。'"[1]

"**我确已猜想到会面对我的账目**"，即在今世时，我就确信这一天必定来临。正如安拉所言：《 他们坚信他们将见到他们的养主，并只回归于他。》（2：46）

"**因为他在快乐的生活中。**""**快乐的**"指令人愉快的。

"**在崇高的乐园中**"，即乐园中，宫殿巍峨，美女俊俏，林园舒适，欢乐不尽。圣训说："乐园中有一百个品级，每两个品级之间如天地那么遥远。"[2]

"**果实近在手边。**"白拉伊·本·阿兹卜说，经文指果实非常近，躺在床上的人可以伸手采摘。[3]

"**由于你们在过去的日子做过的，你们尽兴地吃饮吧！**"告诉他们这一点，以显示对他们的恩惠和优遇。否则，就不会用这种句子表达，因为安拉的使者曾说："你们工作吧！你们要谨守中正，不偏不倚。你们工作吧！你们任何人都不能因其功行而进入乐园。"圣门弟子们问："安拉的使者啊！你也如此吗？"使者回答："我亦如此，但我的主以他的慈悯和恩惠护佑着我。"[4]

《 25.功过簿被递到左手的人将说："但愿我的记录不曾交给我！》

《 26.而且我不曾知道我的账目如何！》

《 27.啊！但愿它（死）是终结！》

《 28.我的财富对我无益！》

《 29.我的权力也对我失效了！"》

《 30.你们逮捕他，给他戴上枷锁！》

《 31.然后把他投进火狱之中。》

《 32.然后把他穿在七十腕尺长的锁链上。》

《 33.这是由于他当初不归信伟大的安拉，》

《 34.而且不积极供给穷人饮食。》

《 35.所以今天他在这里没有亲友。》

《 36.除了脓汁，没有任何食物。》

《 37.除了有罪的人，没有人吃它。》

## 左手接到功过簿的人的恶劣情况

经文在此叙述薄福者的情况。在清算场上，当功过簿被递到他的左手时，他悔恨至极，他说："**但愿我的记录不曾交给我！而且我不曾知道我的账目如何！啊！但愿它（死）是终结！**"端哈克解释说，经文指罪人认为死亡之后再无生活。穆罕默德·本·凯尔卜、莱毕尔等都持此观点。格塔德解释说："于是他盼望一死了之，虽然在他看来今世中最恨的事莫过于死亡。"[5]

"**我的财富对我无益！我的权力也对我失效了**"，即我的财产和地位没有替我阻挡安拉的惩罚，我只有独自面对这一切，没有谁能拯救或帮助我。

在此，清高伟大的安拉说："**你们逮捕他，给他戴上枷锁！然后把他投进火狱之中**"，即安拉命令宰巴尼天使（管理火狱的天使）从复生场将其强行缉捕，在其脖子上套上枷锁，推入火狱深处。

"**然后把他穿在七十腕尺长的锁链上。**"凯尔

---

(1)《布哈里圣训实录》4685；《穆斯林圣训实录》1768；《艾哈麦德按序圣训集》2：74。
(2)《布哈里圣训实录》2790。
(3)《泰伯里经注》23：586。
(4)《布哈里圣训实录诠释——造物主的启迪》11：300。
(5)《泰伯里经注》23：587。

卜·艾哈巴尔说："这锁链上的每个环子相当于今世的所有铁那样（众多）。"伊本·阿拔斯等说："每一腕尺是一个天使的前臂长度。"(1)

伊本·阿拔斯解释"**把他穿在……**"说，那锁链从他的后窍穿进去，从嘴中出来。然后把他们串起来，就像烧烤蚂蚱时将它们用火棍串起那样。

伊本·阿拔斯说："那锁链从其后窍中进去，从两个鼻孔中出来，使得犯罪者无法站起来。"(2)

安拉的使者㊥说："假若就像这个——说话间他指了头颅——一样的一块铅从天上掉到地下，其行程需要五百年，那么它会在夜晚之前到达大地；假若它从锁链的头上被放开，到于底部时，则需要四十年的日日夜夜。"(3)

"**这是由于他当初不归信伟大的安拉，而且不积极供给穷人饮食**"，即他不为安拉尽应尽的义务——服从和崇拜，他也不为安拉的被造物做有意义的事情，不为他们尽义务。因为仆人为安拉应尽的义务是：他们崇拜他，不用任何物举伴他。仆人相互间的义务是：善待对方，并在正义和敬主守法方面互相协助。因此，安拉命人做礼拜、纳天课，安拉的使者㊥归真时一再说："你们当坚持拜功，善待所管辖的人。"(4)

"**所以今天他在这里没有亲友。除了脓汁，没有任何食物。除了有罪的人，没有人吃它**"，即今天谁也不能从安拉的惩罚中解救他，无论是亲人还是受人拥戴的讲情者，都爱莫能助。他的食物只是脓汁。格塔德说，这是火狱居民的最恶劣的食物；(5) 莱毕尔和端哈克说，它是火狱中的一种树；伊本·阿拔斯说，它是从火狱的居民身上流出的血和水；阿里·本·艾布·特里哈说，它是火狱居民的脓汁。

◈ 38.不然，我以你们所看见的发誓，◈
◈ 39.以你们所看不见的发誓，◈
◈ 40.这确实是一位尊贵的使者的话。◈
◈ 41.它不是诗人的辞章，你们很少相信；◈
◈ 42.也不是预言家的话，你们很少觉悟；◈
◈ 43.是众世界的主的启示。◈

## 《古兰》是安拉的言语

安拉以证明其尊名和属性完美的种种迹象——

---
(1)《泰伯里经注》23：589。
(2)《泰伯里经注》23：589。
(3)《提尔密济圣训全集诠释》7：313；《艾哈麦德按序圣训集》2：197。
(4)《圣训大集》4：258。
(5)《泰伯里经注》23：591。

---

有些迹象为人类所共知，有些为人类所未知——发誓：《古兰》是他的言语和启示。他把它降给他所选拔的仆人和使者（穆罕默德），以便他传达它，履行信托。安拉说："**不然，我以你们所看见的发誓，以你们所看不见的发誓，这确实是一位尊贵的使者的话。**"这位使者就是穆罕默德，安拉授予他《古兰》的同时，授意他传达之职。因为使者的任务是替派遣者传达。因此，安拉也如此描述天使中的使者。《卷起章》的经文说：◈ 的确，它是尊贵的使者的话。在拥有阿莱什的主跟前，是有力的，有地位的。在那里，是被服从的，并且忠诚的。◈（81：19-21）这位使者指吉卜勒伊里。然后安拉说：◈ 你们的同伴不是疯子。◈（81：22）"同伴"指穆罕默德。（ 的确，他在明晰的天际看见了他。◈（81：23）即穆罕默德见到了安拉所创造的吉卜勒伊里的真实模样。◈ 他对幽玄绝不是吝啬的。◈（81：24）吝啬的（ضنین）指怀疑的。

◈ 这也不是遭受弃绝的魔鬼的话。◈（81：25）本章则说："**它不是诗人的辞章，你们很少相信；也不是预言家的话，你们很少觉悟。**"有时，安拉把传达《古兰》的重任交给天使中的使者，有时把它交给人类中的使者。因为他们都是奉主命传达启示和言语的使者。

因此，清高伟大的安拉说："是众世界主的启示。"

❪44.如果他借我的名义捏造一些假话，❫
❪45.我一定用叶米尼惩治他，❫
❪46.然后切断他的大动脉。❫
❪47.你们没有人能阻止我对他的惩罚。❫
❪48.它确实是给敬畏者的教诲。❫
❪49.我确实知道你们当中有一些隐昧者。❫
❪50.它确实是隐昧者的懊悔。❫
❪51.它确实是确切的真理。❫
❪52.所以，你要赞美你伟大养主的尊名。❫

## 假若先知假借安拉的名义撒谎，安拉一定会严惩他

"如果他借我的名义捏造一些假话"，即穆罕默德不会像你们所说的那样以我的名义撒谎，也不会在使命中添枝加叶，或有所减少，或发表个人观点，然后将它说成来自我的启示。不会的，否则，我一定会严惩他。

因此说："我一定用叶米尼[1]惩治他。"有人说，意思是我一定给他最严厉的惩罚。

"然后切断他的大动脉。"伊本·阿拔斯及其他一些学者认为，"大动脉"和心脏的动脉有关，它是心脏上的血管。[2]伊本·克尔白认为经文指心脏和心脏的血液，以及心脏附近的器官。[3]

"你们没有人能阻止我对他的惩罚"，即如果我要对他做某件事情，你们中任何人没有能力阻止我。换言之，他（穆罕默德）是值得信赖的，正义的，走正道的。因为安拉能决定他所传达的一切，并以各种光辉灿烂的奇迹和明证支持他。

"它确实是给敬畏者的教诲。""它"指《古兰》。正如安拉所言：❪你说："它是对信士们的引导和治疗。至于那些隐昧的人，他们的耳已失聪，在他们看来，它是盲目的。"❫（41：44）

"我确实知道你们当中有一些隐昧者。"虽然经义如此明确，但你们中还是有人否认它。

"它确实是隐昧者的懊悔。"伊本·哲利尔说，"在复生日，（当初在今世中的）否认则是隐昧者的悔恨。"[4]格塔德持相同观点。[5]"它"

---
(1) 叶米尼，字意为右手，经文指我一定严厉地惩罚他。——译者注
(2)《泰伯里经注》23：593、594；《散置的珠宝》8：276。
(3)《格尔特宾教律》18：276。
(4)《泰伯里经注》23：595
(5)《泰伯里经注》23：595

也可以指《古兰》。经义是：事实上《古兰》及对它的信仰，则是导致隐昧者悔恨的原因。正如安拉所言：❪就这样，我使它进入犯罪者的心中，非到他们看到痛苦的刑罚，他们不会信它。❫（26：200-201）❪他们与他们的希望之间被隔开了。❫（34：54）

因此，清高伟大的安拉说："它确实是确切的真理"，即它确实是千真万确的消息，其中没有任何疑问和疑惑。

然后说："所以，你要赞美你伟大养主的尊名"，即你要赞美降下这部伟大《古兰》的安拉。

《实现者章》注释完。一切赞美和恩情，全归养育众世界的安拉。

---

## 《要求章》注释　　麦加章

奉普慈特慈的安拉之尊名

❪1.当要求者要求必定降临的惩罚。❫
❪2.那是降给隐昧者的，无人能够抗拒它，❫
❪3.来自安拉——掌管天梯的主宰。❫
❪4.众天使和鲁哈在其长度是五万年的一天之内升到他那里。❫
❪5.所以你要好好忍耐。❫
❪6.的确，他们看它很遥远。❫
❪7.但我看它却很近。❫

## 隐昧者要求复生日早日来临

"当要求者要求必定降临的惩罚。"其中的虚词"بِ"说明，前面隐藏了动词。其意义是：要求者要求必定降临的惩罚立即降临。正如安拉所言：❪他们要求你使惩罚早点实现，而安拉却不会违背他的诺言。❫（22：47）即安拉的惩罚誓必要降临。

伊本·阿拔斯解释这段经文说："安拉的惩罚必定要降临隐昧者，而他们却要求他立即实现。"[6]穆佳黑德解释说：祈求者祈求看到将在后世实现的惩罚。《古兰》记载了他们的话：❪当时他们说："我们的主啊！如果这是来自你的真理，

---
(6)《泰伯里经注》23：599。

那么就给我们从天上降下石雨，或给我们带来惨痛的惩罚吧！"（8：32）[1]

"那是降给隐昧者的"，指这种惩罚已经为隐昧者预备好了。

伊本·阿拔斯解释说，"必定降临的"指必定到来的。

"无人能够抗拒它"，即如果安拉意欲这惩罚降临，没有谁能阻挡它。

因此，清高伟大的安拉说："来自安拉——掌管天梯的主宰。"

### "掌管天梯的主宰"的意义

伊本·阿拔斯认为"天梯"指崇高、博大。[2] 穆佳黑德认为经文指天的梯子。[3]

"众天使和鲁哈在其长度是五万年的一天之内升到他那里。"格塔德认为"升"指上升。至于"鲁哈"，艾布·撒立哈认为经文指安拉的一种被造物，类似于人类，但不是人类。

笔者认为，一、可能指吉卜勒伊里，这是一种以确指连接泛指（其他天使）的修辞方法。二、可能指人类的灵魂。当人死亡时灵魂被收取后就升到天上。正如白拉伊传述的圣训所述。[4]

### 其长度是五万年的日子

清高伟大的安拉说："其长度是五万年。"经文指复生日。这是伊本·阿拔斯的主张。艾克莱麦等学者也持此观点。又据传述，伊本·阿拔斯说："这是复活之日，安拉因为隐昧者而将它变为五万年。"[5]

伊玛目艾哈麦德辑录，俄达尼族的艾布·欧麦尔说，我曾在艾布·胡莱赖跟前，这时，阿米尔族的一个人从他身边走过，据说他是阿米尔族中最富有的人。艾布·胡莱赖说："请把他叫来。"众人叫来那人后，艾氏说："听说你很富有。"这位阿米尔人回答说："是的，以安拉发誓。我有一百峰红的和一百峰褐色的骆驼。"此外他还详细介绍了他所拥有的各种骆驼、奴隶和战马。艾布·胡莱赖说："你应该远离骆驼和牲畜（指牛和羊）的蹄子。"并将这句话重复了多次，以致这人的脸色都变了，他问道："艾布·胡莱赖啊！这到底是什么意思？"艾氏说，我听安拉的使者㊗说："谁有骆驼在困境和逆境中履行其义务……"我们问："安拉的使者啊！困境和逆境指什么？"使者回答："指困难和艰苦。谁拥有骆驼而不交纳天课，复生日，他拥有过的这些骆驼将以当初的最迅速、最多、最壮和最精神的状态到来，一个宽敞的平地将为它们而展开，他趴倒在它们的面前，任它们用蹄子踩蹦，在一个其长度相当于五万年的一天里周而复始，后面的牲畜刚经过，前面的牲畜折返后再次跟上来踩蹦，直到人们被审判完毕时，他才看到自己的归宿（乐园或火狱之路）。有牛而在困境和逆境中不履行其天课者，复生日，它们将以当初的最迅速、最多、最健壮和最精神的状态到来，一个宽敞的平地将为它们而展开，他趴倒在它们的面前，任一切有蹄子的牲畜用蹄子践踏，任一切有角的牲畜用角来抵撞，畜群中没有任何一个畜生是两角弯曲的，或角被折断的。在其长度相当于五万年的一天里，后面的牲畜刚刚经过，前面的牲畜立即回过来践踏他，直到人们被审判完毕时，他才看到自己的归宿（乐园或火狱之路）。有羊而在困境和逆境中不履行其义务者，复生日，它们将以当初的最迅速、最多、最健壮和最精神的状态到来，一个宽敞的平地将为它们而展开，他趴倒在它们的面前，任一切有蹄子的牲畜用蹄子践踏，任一切有角的牲畜用角来抵撞，畜群中没有任何一个畜生是两角贴耳朵而弯曲的，或角被折断的。在其长度相当于五万年的一天里，后面的牲畜刚刚经过，前面的牲畜立即回过来践踏他，直到人们被审判完毕时，他才看到自己的归宿（乐园或火狱之路）。"阿米尔人问："艾布·胡莱赖啊！骆驼的义务是什么？"艾氏回答："你馈赠昂贵的，赏赐多奶的，供人能骑的，让骆驼喝水，允许（自己的）雄性牲畜（和别人的牲畜）交配。"[6]

### 相关的圣训

安拉的使者㊗说："拥有财富而不纳天课者，有（其财富溶成的）火板在等候他，在火狱中他将被送到上面，烙他的额部、腹部和背部。直到其长度相当于你们所统计的五万年的一天里安拉在众仆间裁决。然后他才能看到他的出路——乐园或火狱之路。"[7] 然后他继续叙述这段圣训中提到的关于牛、羊和骆驼，正如前面所述。在这段圣训中先知还提到："马有三种用途：对一种人的酬劳，对一种人的保护，对另一种人则是负担。"然后先知继续说："直到安拉在长度为五万年的一天中，在他

---

(1)《泰伯里经注》23：599。
(2)《泰伯里经注》23：600。
(3)《泰伯里经注》23：600。
(4)《圣训大典》238。
(5)《泰伯里经注》23：601、603。
(6)《艾哈麦德按序圣训集》2：489；《艾布·达乌德圣训集》2：304；《圣训大集》5：12。
(7)《艾哈麦德按序圣训集》2：262；《穆斯林圣训实录》2：682。

### 安拉提示先知要坚韧

"**所以你要好好忍耐**",即穆罕默德啊!你当忍受族人对你的否认和要求惩罚早日降临的态度。正如安拉所言:❨ 那些不信它(复活时刻)的人希望它加速实现。归信的人却是怕它的,并知道它就是真理。❩(42:18)

因此清高伟大的安拉说:"**的确,他们看它很遥远**",即否认者认为审判和惩罚的时间遥不可及。"遥远"在此指不可能。"**但我看它却很近**",即穆民们认为它非常接近。虽然只有安拉知道它具体何时发生,但注定来临的事情一定会来临。

❨ 8.那天,天似熔铜汁。❩
❨ 9.山如绒毛,❩
❨ 10.亲友不问亲友,❩
❨ 11.虽然他们相见。罪人希望从那日的惩罚中赎出,即使舍弃他的孩子❩
❨ 12.他的妻室及他的兄弟,❩
❨ 13.和给他居住的近亲,❩
❨ 14.以及地上的一切,从而拯救他。❩
❨ 15.决不然!它确实是熊熊烈火,❩
❨ 16.可剥去皮肤。❩
❨ 17.它召唤那转身逃避的人,❩
❨ 18.和敛财以后守财的人。❩

### 复生日的惊恐

清高伟大的安拉说,惩罚将要降临于隐昧者。"**那天,天似熔铜汁。**"伊本·阿拔斯等认为"熔铜汁"指油的沉渣。

"**山如绒毛**",穆佳黑德等认为"绒毛"指疏松的毛绒。[2]正如安拉所言:❨ 山岳像松散的毛绒。❩(101:5)"**亲友不问亲友,虽然他们相见**",即亲人看到亲人处于极度悲惨的境地,但由于自顾不暇而不去过问。伊本·阿拔斯说:他们相互认识,相互熟知,但却相互逃避。安拉说:❨ 那天,人人有事,自顾不暇。❩(80:37)[3]这段经文如同下列经文:❨ 人类啊!你们要敬畏你们的主,要畏惧那父亲不能对儿子有任何益处,儿子也不能对父亲有任何裨益的日子。的确,安拉的诺

言是真实的。❩(31:33)又说❨ 负重的人不会负担他人的担子,如果一个肩负重担者要求旁人来承担他的重担,旁人也不能承担丝毫,即使是他的近亲。❩(35:18)又说❨ 当号角被吹响时,他们彼此间将不再有各种关系,也不互相询问了。❩(23:101)❨ 那天,人将逃避他的兄弟,他的父母,以及他的妻室和子女。那天,人人有事,自顾不暇。❩(80:34-37)

"**虽然他们相见。罪人希望从那日的惩罚中赎出,即使舍弃他的孩子,他的妻室及他的兄弟,和给他居住的近亲,以及地上的一切,从而拯救他**",即罪人的赎金不被接受,即便他带来大地上所有的人,带来他所拥有的最好财富,带来充满大地的黄金,或带来他的心肝宝贝——他的儿子,用他们赎换安拉的惩罚,但这些都不被接受。

"**亲人**"(فصيلة)穆佳黑德和赛丁伊认为指宗族和亲属;[4]艾克莱麦认为指宗族中来自他的那一支系;马立克认为经文指母亲。

"**它确实是熊熊烈火**",经文在此形容火狱极其炎热。[5]

---

(1)《艾哈麦德按序圣训集》2:262;《穆斯林圣训实录》2:682。
(2)《泰伯里经注》23:604。
(3)《泰伯里经注》23:605。
(4)《泰伯里经注》23:606。
(5)《泰伯里经注》23:608。

"可剥去皮肤"，伊本·阿拔斯认为"皮肤"指头皮；哈桑等人认为指脸上的光彩；赛丁伊认为指脸上体面的部分；格塔德认为指剥去他的重要器官、脸上的体面部分，以及其形象和四肢。(1) 端哈克认为指烈火将使肌肉和皮肤完全剥离骨骼，使其成为光秃秃的。(2) 伊本·栽德认为指骨髓。"可剥去皮肤"指它削砍犯罪者的骨骼，使其断裂，并改变他们的皮肤和形象。

"它召唤那转身逃避的人，和敛财以后守财的人"，即火狱号召安拉所创造的应该入火狱的人进入火狱，安拉注定这些人在今世干进火狱的人的罪行。所以火狱用它犀利的舌头召唤他们，从复生场上把他们吞下去，正如鸟儿啄食谷物一样。

那是因为他们属于安拉所形容的下列人："转身逃避的人"，即他们心里否认（安拉和他的迹象），身体从不践行善功。

"敛财以后守财的人"，即他们聚敛财产，而且吝啬不舍，不为安拉履行财产方面的义务，不纳天课。圣训中说："你不要吝啬不舍，否则安拉会舍不得恩赐你（停止恩赐你）。"(3)

❦19.人确实是被造成急躁的，❧
❦20.遇到恶劣时是焦虑的，❧
❦21.遇到好事时是吝啬的。❧
❦22.礼拜者则不然。❧
❦23.他们是持续礼拜的，❧
❦24.在他们的财产中有明确的权益，❧
❦25.是给乞求者和无份者的；❧
❦26.他们相信报应日，❧
❦27.畏惧他们主的惩罚；❧
❦28.的确，他们主的惩罚不能令人高枕无忧；❧
❦29.他们保护羞体，❧
❦30.除非他们的妻室和他们右手所管辖的。因为他们是不受谴责的。❧
❦31.此外，谁另有所求，他们就是过分的人；❧
❦32.他们忠于信托和契约，❧
❦33.他们履行见证，❧
❦34.他们还谨守拜功，❧
❦35.这等人，是在乐园中受尊敬的。❧

## 人类是焦虑的

清高伟大的安拉在这里介绍人类及其卑贱的秉性，说："人确实是被造成急躁的"，然后注释道"遇到恶劣时是焦虑的"，即当人受到伤害时焦躁不安，诚惶诚恐，或心灰意懒，认为此后不可能再获得福泽。

"遇到好事时是吝啬的"，当他获得安拉的一项恩典时，舍不得与别人分享，不愿为安拉履行义务。安拉的使者㊣说："人所具备的最恶劣品性是吝啬、焦虑、胆小和怯懦。"(4)

## 礼拜者与上述各种人不同，礼拜者的功行和礼拜

清高伟大的安拉说："礼拜者则不然。"具备恶德的人们的情况虽然如此，但那些礼拜者则不然，他们受安拉保护，得安拉所赐的机遇，安拉引导他们行善，为他们开启一切善行的通道。

"他们是持续礼拜的"，伊本·麦斯欧迪等人认为，经文指他们按时礼拜，遵守拜中的各项要求。欧格白·本·阿米尔等人认为经文指他们在拜中安静、谦恭、专注。正如安拉所述：❦信士们的确成功了。他们是在礼拜中谦恭的。❧（23：1-2）因此人们说"静若止水"，说明礼拜中要稳重。在拜中鞠躬和叩头时不稳重的人，绝对称不上坚持拜功的人。因为他既没有在其中保持安静和稳定，其拜如同乌鸦啄食一般，所以他的拜是不成功的。(5)

有人说，经文指那些坚持不懈、持之以恒地做一件善行的人。正如安拉的使者㊣所说："安拉最喜欢的功行，是最持久的，哪怕它很少。"(6)

"在他们的财产中有明确的权益，是给乞求者和无份者的"，即在他们的财产中，有需求者的明确份额。(7)

"他们相信报应日"，即他们确信后世的归宿、清算和报应，所以，他们的行为是希望回赐并害怕惩罚之人的功行。

因此，清高伟大的安拉说："畏惧他们主的惩罚"，即他们因安拉的惩罚而诚惶诚恐，胆战心惊。

"的确，他们主的惩罚不能令人高枕无忧"，即任何一个理解了安拉命令的人，若没有得到安拉的安全保障，都不会有安全感。

"他们保护羞体"，即他们制止羞体违犯法律，不将它放到安拉未允许的地方。

因此说："除非他们的妻室和他们右手所管辖

---

(1)《泰伯里经注》23：609。
(2)《泰伯里经注》23：609。
(3)《穆斯林圣训实录》2：713。
(4)《艾哈麦德按序圣训集》2：302；《艾布·达乌德圣训集》3：26。
(5)《泰伯里经注》23：612。
(6)《穆斯林圣训实录》1：541。
(7)"无份者"亦指家道败落者。——译者注

的。""所管辖的"指女奴。

"因为他们是不受谴责的。此外，谁另有所求，他们就是过分的人。"《信士章》开头已经注释了相同的经文，此处不再重复。

"他们忠于信托和契约"，即他们若受到委托，不会有所隐瞒；若与人定约，则不会爽约。这些都是穆民的特征。伪信士的特征恰恰相反，正如下列圣训所述："伪信士的特征有三个：说话就撒谎，定约必毁约，受托即隐瞒。"[1]另据传述："说话时撒谎，定约后失信，争吵必作恶。"[2]

"他们履行见证"，即他们坚持证词，不增不减，也不隐瞒。◇谁隐瞒证据，谁的心是犯罪的。◇（2：283）

"他们还谨守拜功"，即他们遵守礼拜时间、拜中要素、要求以及拜中所提倡的事项。经文以拜功开始，并以拜功结束，说明礼拜的重要和尊贵，正如《信士章》所述。

因此，该章经文说：◇这些人就是继承者，他们将继承非勒道斯，并将永居其中。◇（23：10-11）本章的经文说："这等人，是在乐园中受尊敬的"，即他们将受到款待，享受各种欢乐。

◇36.隐昧者是怎么回事？匆忙地奔向你的方向，◇

◇37.在右边和左边三五成群？◇

◇38.他们中每个人都渴望进入乐园吗？◇

◇39.绝不能！我从他们所知道的物质中造化了他们！◇

◇40.不然，我以东西方的主发誓，我是全能的◇

◇41.——能以比他们更好的人来取代他们，我绝不是被超越的。◇

◇42.所以，任他们空谈和嬉戏吧，直到他们遭遇为他们曾警告过的日子。◇

◇43.那天，他们将从坟墓中迅速出来，犹如奔向旗帜一般。◇

◇44.他们目光恐惧，耻辱将笼罩他们！这就是曾给他们警告过的日子。◇

## 对隐昧者的谴责和警告

清高伟大的安拉谴责先知时代的隐昧者，他们亲眼见到了先知，看到安拉派先知带来的正道以及安拉援助他的光辉奇迹，然而，他们还是避开先知，并疏远他，结成形形色色的小团体，总是与他保持距离。正如下文所述：◇他们怎么了，总是避开教诲？好像一群受惊的驴子，逃离了狮子。◇（74：49-51）

他们的例子就是如此，因此后文说，"隐昧者是怎么回事？匆忙地奔向你的方向"，即穆罕默德啊！你跟前的这些隐昧者到底怎么了？为何匆匆逃避你？哈桑·巴士里认为"奔向"指离开。

"在右边和左边三五成群？""三五成群"指四分五裂。[3]

伊本·阿拔斯解释说："他们向你的方向观望。"他说"在右边和左边三五成群"指有一些人逃避你，在半边指手画脚，讽刺调侃。

贾比尔·本·赛穆勒说，安拉的使者出现在他们（圣门弟子）中间时，发现他们三五成群地分开坐着，于是说："我怎么看到你们三五成群？"[4]

"他们中每个人都渴望进入乐园吗？"即这些人在逃避使者，拒绝真理的情况下，难道还想着进入乐园吗？

---

[1]《布哈里圣训实录诠释——造物主的启迪》1：111。
[2]《布哈里圣训实录诠释——造物主的启迪》1：111。
[3]《泰伯里经注》23：620。
[4]《艾哈麦德按序圣训集》5：93；《泰伯里经注》23：620；《艾布·达乌德圣训集》1：561；《圣训大集》3：4。

"绝不能！"他们的住处是火狱。

然后安拉强调后世的归宿和隐昧者所否认的惩罚，安拉用比复造更难的初造作为证据——这是他们所承认的——说道："我从他们所知道的物质中造化了他们"，即我用一点点精液创造了他们。正如安拉所言：《难道我不曾由卑微的液体造化你们吗？》（77：20）《所以让人去看看（想想），他是由什么造就的！是由射出的液体，它出自脊梁与肋骨。他确能恢复他。那天，一切秘密都被揭露，他将没有任何力量，也没有援助者。》（86：5-10）

然后清高伟大的安拉说："不然，我以东西方的主发誓。"这位主宰，创造了诸天和大地，东方和西方，驾驭群星，令其从东方出现，在西方隐没。概言之，隐昧者妄称没有归宿、清算、复活和集合，事实并非如此，事实上，这一切都必然会发生，不可回避。因此，经文通过发誓，否定了他们关于复生日的谬论。其实，他们已经通过目睹万能真主的迹象看到了比复生日的来临更深刻的一些迹象。那就是创造诸天和大地，并驾驭其中的一切被造物——数不胜数的动植物和无生物。因此，安拉说：《诚然，造化天地是比造化人类更繁重的，可是大多数人不了解。》（40：57）《难道他们没有看见造化了诸天与大地，并且不由于造化它们而感到疲倦的安拉，是有能力给死者生命的吗？是的，他确实是全能万事的。》（46：33）又说：《难道造化诸天与大地的主不能造化和他们相似的吗？不然，他是善造的、全知的。的确，当他有意要做一件事时，他只要说"有"，它就有了。》（36：81-82）

然后清高伟大的安拉说，"我是全能的——能以比他们更好的人来取代他们，我绝不是被超越的"，即复生日，我将用更好的体格来复造他们，因为安拉的能力可以这样做。

"我绝不是被超越的"，即我不是无能的。正如安拉所言：《难道人以为我不能集合他的骨骼吗？不然，我完全能使他的手指整齐。》（75：3-4）《我已在你们当中注定死亡，我绝不会被超越，我能改变你们的形态，以你们所不知道的来创造你们。》（56：60-61）伊本•哲利尔所选择的注释是：我能让另一个民族替换他们，这个民族将服从我，不违抗我。他认为这段经义与下列经义相符：《如果你们拒绝，他就会让你们之外的一个群体来代替你们，然后，他不会像你们这样！》（47：38）但第一种解释更加明确，因为有其他的经文为证。安拉至知。

"所以，任他们空谈和嬉戏吧"，即穆罕默德啊！你不要理睬他们，让他们去否认、愚昧和顽抗

吧。

"直到他们遭遇为他们曾经警告过的日子。"他们即将看到这一切的结局，并品尝其苦果。

"那天，他们将从坟墓中迅速出来"，即当安拉召唤他们起来接受审判时，他们迅速从坟墓中站起来。

"犹如奔向旗帜一般"，伊本•阿拔斯解释为："他们飞奔向一面旗帜。"艾布•阿林等解释为"他们奔向一个目标"。大部分学者以开口符读"علم"。根据哈桑•巴士里的读法，经文指他们奔向偶像。即他们奔向立站之地（审判之地），就像在今世中见到偶像时趋之若鹜一般。"奔向"指他们奔向偶像，看看谁能第一个达到，并庆贺它。这是穆佳黑德等学者的主张。

"他们目光恐惧"，"恐惧"指谦恭。

"耻辱将笼罩他们"，这种情况与他们在今世时骄傲自大、拒绝行善的情况形成鲜明对比。"这就是曾给他们警告过的日子。"

《要求章》注释完。一切感赞全归安拉。

## 《努哈章》注释　麦加章

### 奉普慈特慈的安拉之尊名

《1. 我派遣努哈到他的族人中，（我对他说道）"你要在惨痛的刑罚降临你的族人之前，警告他们。"》

《2. 他说："我的族人啊！我对你们是一位坦率的警告者。》

《3. 你们要崇拜安拉，敬畏他，并服从我，》

《4. 他就恕饶你们的罪过，并宽限你们到一个被言明的时间。的确，安拉的期限到达时不能迟延，如果你们知道。"》

### 努哈对其族人的号召

清高伟大的安拉说，他派遣努哈到他的族人中间，命令他在安拉的惩罚降临之前，警告他们，告诉他们，如果他们悔过自新，向安拉求助，安拉将撤销惩罚。因此安拉说："我派遣努哈到他的族人中，（我对他说道）'你要在惨痛的刑罚降临你的

族人之前，警告他们。'他说：'我的族人啊！我对你们是一位坦率的警告者。'""坦率的"指警告明确的、事情鲜明的。

"你们要崇拜安拉，敬畏他"，即你们当放弃他所禁止的，远离各种罪恶。

"并服从我"，即服从我的命令，远离我禁止你们做的事情。

"他就恕饶你们的罪过"，即如果你们执行我的命令，相信我所带来的，安拉将宽恕你们的罪恶。

"并宽限你们到一个被言明的时间"，即安拉将延长你们的寿命，消除你们本应承受的惩罚——如果你们不远离他禁止的，他就把惩罚降临到你们头上。有人根据这段经文主张，顺主、义举、接恤骨肉，都能延长人的寿命。正如圣训所述："接恤骨肉能增加人的寿命。"[1]

"的确，安拉的期限到达时不能迟延，如果你们知道"，即在惩罚降临之前，你们应当积极行善，因为安拉的命令是不可抗拒的。安拉是伟大的、征服万物的主宰，优胜的，万物为之屈服的万能之主。

◆ 5.他说："我的主啊！我已日以继夜地召唤我的族人。"
◆ 6.但是我的呼唤只增加了他们的逃避。
◆ 7.每当我召唤他们，以便你恕饶他们时，他们就把他们的手指插进他们的耳朵，并用他们的衣服裹住他们自己，他们固执而高傲。
◆ 8.我曾大声号召他们，
◆ 9.我也曾对他们公开宣布和私下恳谈。
◆ 10.我说：'你们向你们的主求饶吧，他确实是至赦的。
◆ 11.他会给你们降下丰富的雨水，
◆ 12.用财富和子嗣援助你们，并为你们设置田园，设置河流。
◆ 13.你们是怎么回事！怎么不恭敬地祈求安拉？
◆ 14.而他确曾用不同的阶段造化你们。
◆ 15.你们不曾看到安拉怎样造化了七重天，
◆ 16.并在它们中间使月亮发光、使太阳成为明灯吗？
◆ 17.安拉使你们在大地上生长。
◆ 18.然后，他又让你们回到大地，并从中取出你们。
◆ 19.安拉为了你们让大地成为毯子，
◆ 20.以便你们在其中行进在宽阔的道路

────────
（1）《伊本·西哈布》1：93。

上。'"

## 努哈诉说因为劝告族人而遭遇伤害

清高伟大的安拉说，他的仆人兼使者努哈向他控诉族人对他的伤害以及在长达九百五十年的漫长岁月里，他是如何忍受他们的伤害的。努哈还说，他已经对族人阐明真理，并号召他们靠近引导和正道。他说，"我的主啊！我已日以继夜地召唤我的族人"，即我不分昼夜地号召他们，让他们遵行你的命令，并服从你。

"但是我的呼唤只增加了他们的逃避"，即我越是号召他们靠近真理，他们就越逃避它，偏离它。

"每当我召唤他们，以便你恕饶他们时，他们就把他们的手指插进他们的耳朵，并用他们的衣服裹住他们自己"，即他们堵塞了自己的耳朵，以免听到我的宣传。其情况正如安拉叙述古莱什隐昧者话：◆ 你们不要听这《古兰》，而要在其中加以干扰，以便你们获胜。 ◆（41∶26）

"并用他们的衣服裹住他们自己。"伊本·阿拔斯说，他们假装不认识努哈，以免他认出他们。

伊本·朱拜尔和赛丁伊说："他们盖住头，担心听到努哈的话。"

"**他们固执**"，即他们本性难改，坚持以物配主、否认安拉。

"**他们固执而高傲。**"他们不屑于服从真理。

"**我曾大声号召他们**"，即我曾在人们间公开宣传。

"**我也曾对他们公开宣布**"，即我曾高声对他们行进了公开演讲。

"**私下恳谈**"，即我还和他们单独谈话，采取不同的宣传方法，以便对他们更有益。

### 努哈号召族人走向安拉时所说的话

"**我说：'你们向你们的主求饶吧，他确实是至赦的'**"，即你们当归顺安拉，放弃过去的行为，并立即向安拉忏悔。谁向安拉忏悔，安拉就宽恕谁。即使他的罪恶罄竹难书，哪怕他是否认安拉或以物配主的人。

因此，"**我说：'你们向你们的主求饶吧，他确实是至赦的。他会给你们降下丰富的雨水'**。""丰富的"指连绵不断的。因此，在祈雨拜中提倡读本章经文。

据传述，信士的长官欧麦尔登上讲台祈雨时，只求恕饶，并读有关求饶的一些经文，其中包括这节经文："**我说：'你们向你们的主求饶吧，他确实是至赦的。他会给你们降下丰富的雨水'。**"然后说，我依靠导致降雨的秘诀要求安拉降雨。伊本·阿拔斯说：（丰富的）指相互接连而至。"

"**用财富和子嗣援助你们，并为你们设置田园，设置河流**"，即如果你们向安拉忏悔，向他求饶，服从他，他就给你们增加给养，使你们饮用天降的甘霖，让你们在大地上丰收，使乳汁丰富，并赐给你们儿女和财产，赏给你们各种果园，使河流流淌其中。

上面经文通过鼓励进行号召，然后通过警告进行号召，说："**你们是怎么回事！怎么不恭敬地祈求安拉？**"伊本·阿拔斯等学者说"恭敬"指尊重。[1]又传述，伊本·阿拔斯说："你们没有正确、礼貌地赞美安拉。"[2]换言之，你们当畏惧他的惩罚。

"**而他确曾用不同的阶段造化你们。**"有人说，经文指安拉依次从一点精液、一块血和一块肉创造你们。这是伊本·阿拔斯等学者的主张。

"**你们不曾看到安拉怎样造化了七重天**"，即相对独立的七重天。这仅仅是通过听闻得知的，还是通过感官观察天体的运行和日食、月食理解的，都不重要（学者们对此众说纷纭，我们在此不讨论这一问题）。总而言之，"**安拉怎样造化了七重天，并在它们中间使月亮发光、使太阳成为明灯**"，即安拉使太阳和月亮的光不一样，使它们以不同的形式具备不同的特征，以便人们通过日出和日落区别白天和黑夜。安拉为月亮制定一些轨道和宫，使其光明不断变化，逐渐增加，并达到极限，然后开始减少，直至隐没，由此显示岁月的更替。正如安拉所言：٭他使日成为发光的，使月为光亮，并且规划了它的轨道，以便你们能够知道年数和计算。安拉只以真理造化这一切，并对有知识的群体阐明它。٭（10：5）

"**安拉使你们在大地上生长**"，"نبات"是词根，此用法非常精妙。

"**然后，他又让你们回到大地**"，即你们死后，使你们回到泥土中。

"**并从中取出你们**"，即复生日，他将像初造你们一样，复造你们。

"**安拉为了你们让大地成为毯子**"，即安拉铺展了大地，并用高大巍峨的群山使其稳定。

"**以便你们在其中行进在宽阔的道路上**"，即安拉为你们创造大地，以便你们在上面稳定，并任意去世界各地。

努哈通过上述这一切，提醒族人认识安拉的能力和伟大——创造诸天和大地，并在其中为他们设置各种恩典，有天上的恩典，也有地下的享受。所以，人们必须崇拜他，信他独一，不以任何物举伴他，因为他是无与伦比的，任何物都不与他相等、相似或匹配，他没有妻子儿女，没有宰辅和导师，他是清高的、伟大的。

٭21.努哈说："我的主啊！他们已违抗我，他们只追随那些因财产和子女而更加亏折的人。"٭

٭22.他们曾设计了重大阴谋。"٭

٭23.他们说："你们千万不要放弃你们的神，不要放弃旺德、苏瓦尔、叶巫斯、叶欧格、乃斯拉。"٭

٭24.他们已经致使很多人迷误，求你使不义者们更加迷误。٭

### 努哈得到族人的回应后向养主的陈诉

清高伟大的安拉说，努哈曾向他倾诉——他是全知者，任何事情都不在他的知识之外——虽然他清晰明了地进行了宣传，运用了警告、鼓励等宣传方法，但他们还是违抗他，否认他，跟随那些一味

---
（1）《泰伯里经注》23：634。
（2）《泰伯里经注》23：634。

追求今世而疏忽主命的人，有了儿女和财产而忘乎所以的人。其实，世间的这些利益往往是一种明升暗降的考验和一种宽容，并不表示地位高贵。

因此，努哈说："他们只追随那些因财产和子女而更加亏折的人。"

"他们曾设计了重大阴谋。"穆佳黑德说"重大"指严重（很具有诱惑性的）。[1]经文的意思是：犯罪者们使自己的追随者误认为自己坚持着真理和正道，在复生日这些追随者将对他们说：❮不然，那是夜晚和白天的阴谋，那时你们命令我们否认安拉，并为他设立一些对等者。❯（34：33）

### 努哈族人的偶像和崇拜偶像的缘由

因此说，"他们曾设计了重大阴谋。他们说：'你们千万不要放弃你们的神，不要放弃旺德、苏瓦尔、叶巫斯、叶欧格、乃斯拉。'"这是他们除安拉外还崇拜的偶像的名称。

据布哈里辑录，伊本·阿拔斯说，以后的阿拉伯人从努哈的族人那里承袭的偶像如下："旺德"成了督麦·建德里的凯里卜族的偶像；"苏瓦尔"成了胡宰里族的偶像；"叶巫斯"成了穆拉德族和俄退法族的偶像；"叶欧格"成了海穆丹族的偶像；"乃斯拉"成了希木叶尔族的偶像。以上偶像名称原是努哈族人中的一些清廉者的名字。他们死后，恶魔来到他们的族人跟前，怂恿他们在这些人曾经坐过的地方树碑刻像，并以他们名字为这些雕像冠名，但当时的人们并不崇拜它们。这些人死后，后人不了解石像的起源，遂开始崇拜。[2]

艾克莱麦等学者也持上述观点。[3]据传述，伊本·阿拔斯说："这（经文中提到的）是在努哈时代的人们所崇拜的偶像。"穆罕默德·本·盖斯说："叶巫斯、叶欧格和乃斯拉是从阿丹到努哈期间的一些清廉者。他们有一些追随者，他们死后，追随者们说：'如果我们为他们塑像，当我们想起他们时，会使我们更加向往功修。'于是他们为这些清廉者塑了像。这一代人死后，恶魔来怂恿他们的后人，对他们说：'前人就曾经在崇拜它们，并通过它们祈雨。'于是后人开始崇拜他们。"

### 努哈对族人的诅咒及对归信者的祝愿

"他们已经致使很多人迷误，求你使不义者们更加迷误"，即他们通过崇拜这些人为的伪神，使许多人坠入迷误。因为从那时起，世世代代的人们一直崇拜它们，直到今天，无论阿拉伯人还是非阿拉伯人。先知伊布拉欣曾经祈祷说：❮并让我和我的子孙远离偶像崇拜。我的主啊！它们（偶像）确已使许多人迷误了。❯（14：35–36）

"求你使不义者们更加迷误。"这是在努哈的族人否认真理、坚持作恶，不思悔改的情况下，努哈对他们的诅咒。正如穆萨诅咒法老及其臣民时所说：❮我们的养主啊！求你毁掉他们的财产，封闭他们的心灵，让他们不要归信，直至他们看到惨痛的惩罚。❯（10：88）安拉应答了每位先知对其族人的诅咒，毁灭了否认先知的民族。[4]

❮25.由于他们的罪恶，他们被淹没，然后，他们被打入火狱。除了安拉，他们不能发现自己有救助者。❯

❮26.努哈说："我的主啊！隐昧者中，求你不要留下一个活动者！❯

❮27.因为，如果你留下他们，他们就会误导你的仆人，他们将只会生下邪恶者、忘恩负义者。❯

❮28.我的主啊！求你恕饶我，我的父母和一切以归信者身份进入我房屋的人以及一切归信的男女，并求你给不义者只增加毁灭。"❯

清高伟大的安拉说，"由于他们的罪恶，他们被淹没"，即由于他们罪恶太多、冥顽不化、顽固不信、反对使者，而被淹没。

"然后，他们被打入火狱"，即他们从汹涌的大海中被转送到灼热的火狱。

"除了安拉，他们不能发现自己有救助者"，即没有任何援助者和救济者能从安拉的惩罚中拯救他们。正如安拉所言：❮今天除了安拉慈悯的人之外，无人能保护人免于安拉的天命。❯（11：43）

"努哈说：'我的主啊！隐昧者中，求你不要留下一个活动者'"，即求你不要在地面上留下任何一个隐昧的人。这是一种强调语气的方法。

端哈克认为"活动者"指任何一人。赛丁伊认为指居家者。于是安拉应答了努哈的祈求，毁灭了地面上所有的隐昧者，包括努哈的亲生儿子，他与父亲分道扬镳，他（努哈的儿子）说：❮他的儿子回答说："我即将上山避水。"他说："今天除了安拉慈悯的人之外，无人能保护人免于安拉的天命。"巨浪隔开了他俩，他成为了被淹没的人。❯（11：43）安拉拯救了和努哈同舟共济的归信者——努哈奉命载入船的人们。

"因为，如果你留下他们，他们就会误导你的仆人"，即如果让他们中任何一个人存留下来，他

---

(1)《泰伯里经注》23：638。
(2)《布哈里圣训实录诠释——造物主的启迪》8：535。
(3)《泰伯里经注》23：640。

(4) 这里的"族人"包括一切听到先知带来信息的人。——译者注

必然要导致以后的人否认真理。

"他们将只会生下邪恶者、忘恩负义者",即他们的后代,也会是行为邪恶、内心昧真的人。这是努哈通过在他们中九百五十年的亲身经验所得知的。

"我的主啊!求你恕饶我,我的父母和一切以归信者身份进入我房屋的人。"端哈克认为"房屋"指清真寺。而按照字面意义理解也无妨,即努哈为每个以归信者身份进入他房屋的人祝福。

"以及一切归信的男女",即努哈为所有的男女信士祈祷,包括一切活人和归真的人。因此,学者们提倡学习努哈先知,念这个祷词以及法定的一些著名祷词和箴言中的祷词。

"并求你给不义者只增加毁灭。"赛丁伊认为"毁灭"指灭亡;穆佳黑德认为指亏折;即今世和后世的损失。

《努哈章》注释完。一切感赞全归安拉。

## 《精灵章》注释　麦加章

奉普慈特慈的安拉之尊名

❪ 1.你说:"我曾奉启示:一群精灵已经倾听,他们说:'我们确实听到了神奇的《古兰》。❫

❪ 2.它导向正道,所以我们已经相信了它,我们不把任何物用来举伴我们的主。❫

❪ 3.我们的主太伟大了,他既没有择取配偶,也没有儿子'。"❫

❪ 4.的确,我们中的愚蠢者,悖谬地借安拉之名撒谎。❫

❪ 5.我们曾经以为人和精灵绝不会就安拉说谎。❫

❪ 6.的确,人类中有一些人向精灵中的一些男子寻求庇佑,以致增加了它们的狂傲。❫

❪ 7.他们和你们一样,认为安拉不会派遣任何人(为使者)。❫

### 精灵聆听并归信《古兰》

清高伟大的安拉命令先知告诉他的民族:精灵聆听《古兰》后,确信其真实性,并归信和服从了它。安拉说:"你说:'我曾奉启示:一群精灵已经倾听,他们说:'我们确实听到了神奇的《古兰》。它导向正道'。"它把人引向正路和成功。

"所以我们已经相信了它,我们不把任何物来举伴我们的主。"与之相似的经文说:❪当时,我遣一群精灵去你跟前聆听《古兰》。❫(46:29)我们已经引述相关圣训注释了这段经文,此处不再赘述。

"我们的主太伟大了",伊本·阿拔斯解释:安拉的行为、命令和能力太伟大了;[1]另据传述,伊本·阿拔斯解释为安拉对被造物的恩典和能力太伟大了;穆佳黑德和艾克莱麦解释为我们的主太伟大了。格塔德解释为安拉和他的事业太伟大了;赛丁伊解释为我们养主的命令太伟大了;艾宾·德尔达伊等解释为安拉的名声太伟大了。

### 精灵承认安拉没有配偶和儿女

清高伟大的安拉说,"他既没有择取配偶,也没有儿子",即安拉超绝万物,不可能有配偶和儿女。即精灵在服从并归信《古兰》的时候说,伟大

---
(1)《泰伯里经注》23:648。

的主宰超绝无染，没有配偶和儿女。"**的确，我们中的愚蠢者，悖谬地借安拉之名撒谎。**"穆佳黑德等认为，"**愚蠢者**"指伊卜厉斯。

"**悖谬**"，赛丁伊认为指道德沦丧。伊本·栽德认为指严重违反道义。

"**愚蠢者**"也可能指类名词，泛指妄言安拉有配偶和儿女的任何一个人。

因此说，在信教之前，"**的确，我们中的愚蠢者，悖谬地借安拉之名撒谎**"，即常发表谎言和谬论。

因此说，"**我们曾经以为人和精灵绝不会就安拉说谎**"，即我们原来不认为人类和精灵能够串通一气，谎称安拉有配偶和儿女。当我们听到这部《古兰》并归信它之后，我们知道他们曾经是撒谎的。

## 人类向精灵求保护，是精灵走向过分之路的原因之一

"**的确，人类中有一些人向精灵中一些男子寻求庇佑，以致增加了它们的狂傲**"，即它们曾认为自己比人类尊贵，因为人们只要身处旷野和山谷就会求它们给予庇佑。蒙昧时代的阿拉伯人就是如此，他们祈求当地大精灵庇佑他们，使他们免于遭受灾害。正如他们在一位大人物的陪同和担保下进入敌境时的情况一样。当精灵看到人类因为害怕它们而向它们寻求庇佑时，便加剧了对人类的迫害和恐吓，以致他们更加害怕精灵，更加趋向（精灵），寻求庇佑。正如格塔德所说，"**狂傲**"指犯罪。精灵因此而变得在人类面前更加胆大。绍利说："精灵在人类面前更加胆大。"(1)

赛丁伊说：过去，有人带家人住到某地后会说："求这个谷地的精灵首领庇佑我，使我和我的财产、我的子女和牲畜免于伤害。"格塔德说："当他们舍安拉而寻求精灵庇佑时，精灵就会伤及他们。"

艾克莱麦说，精灵曾经害怕人，正如人类害怕它们那样，甚至它们更害怕人类。当人驻扎某地后，那里的精灵就吓跑了。但这些人的头目说："求这个谷地的居住者（精灵）的头目庇佑我们。"精灵们说："看来他们也害怕我们，就像我们害怕他们那样。"于是精灵接近人类，使他们精神失常、神经错乱。

这就是安拉所说的："**的确，人类中有一些人向精灵中一些男子寻求庇佑，以致增加了它们的狂傲。**""**狂傲**"指犯罪。艾布·阿林等学者认为"**狂傲**"指害怕。穆佳黑德说，它使隐昧者更加过

分。

"**他们和你们一样，认为安拉不会派遣任何人**"，即在这之后的很长一段期限，安拉绝不派任何使者。这是凯里宾和伊本·哲利尔的主张。

◆ 8.我们曾探究天，发现它被威严的卫士和火焰所布满。◆
◆ 9.我们曾坐在可窃听的位置；但是现在谁去窃听，谁就会发觉星星预备就绪。◆
◆ 10.我们不知道地上的居民要受难，还是他们的主对他们有意引导？◆

## 派遣使者之前，精灵曾偷听天上的消息，派圣之后他们遭受流星追击

清高伟大的安拉在此讲述精灵的情况：安拉派遣穆罕默德为使者，为他降下《古兰》，安拉为了保护《古兰》，在天上布满威严的卫士，从方方面面保护《古兰》。驱逐此前偷听天机的恶魔，以免它们听到《古兰》，再将它传授给占卜者，而后者从中添枝加叶，混淆视听，使人们真假难辨。这是安拉对人类的慈悯和对其经典的保护。

因此，精灵说，"**我们曾探究天，发现它被威严的卫士和火焰所布满。我们曾坐在可窃听的位置；但是现在谁去窃听，谁就会发觉星星预备就绪**"，即无论谁想偷听，他就会发现预备就绪的流星正等着打击他，所以他不能靠近一步，否则将遭受毁灭性的打击。

"**我们不知道地上的居民要受难，还是他们的主对他们有意引导？**"即我们不知道天上发生的这件事情预示着什么。他们出于礼貌，将歹（受难）说成来于其他，而将好（引导）说成来自安拉。

圣训中说："恶不归于你。"(2)此前，虽然有流星打击恶魔，但次数不多，甚至微乎其微。正如伊本·阿拔斯所说，我们和安拉的使者㊧同坐时，有流星飞过，发出一道火光。使者问："关于这种情况，你们以前是怎么说的？"我们回答："我们曾说，将有一位伟人出世，另一位伟人去世。"使者说："事实并非如此。它说明安拉在天上判决了一件事情……"(3)我们在注释《赛白邑章》时，详述了这段圣训。正是这个原因，促使精灵到世界各地，侦探天上频频出现流星的原因。后来他们发现安拉的使者㊧正在带领圣门弟子礼拜，并诵读《古兰》。于是他们认识到《古兰》就是天空被保护起来的原因。此后一部分精灵归信了它，另一部分则

---
(1)《泰伯里经注》23：655。
(2)《穆斯林圣训实录》1：535。
(3)《穆斯林圣训实录》4：1750。

执迷不悟。正如注释《沙丘章》经文《当时，我遣一群精灵去你跟前聆听《古兰》。》（46：29）时，我们所引用的伊本·阿拔斯传述的圣训所述。

显然，天上的流星增多时，人类和精灵都曾感到了恐惧和焦虑。他们认为这是世界毁灭的预兆。正如赛丁伊所说，只有一位先知或安拉的宗教出现在大地上时，天空才被保护起来。先知出世之前，魔鬼们在最近的天上找了一些位置，偷听天上发生的事情，安拉派遣先知后的某个夜晚，魔鬼们突然遭到流星打击，塔伊夫人因此而惊恐万状，他们认为天上的居民毁灭了，他们因为看到天空中火光炽烈，流星交错而诚惶诚恐，于是释放了大量的奴隶，放生了许多牲畜。亚里里·本·阿慕尔的仆人对他们说："塔伊夫人啊！你们真该死，请保留你们的财产吧，你们当看看星象，如果它们固定不动，说明天上的居民不会毁灭。这只是因为艾布·凯卜什的儿子（先知穆罕默德☪）而发生的。如果你们没有看到星星，说明天上的居民将毁灭。"他们看到星星依然如故，因而停止施舍财产。那夜恶魔也同样惊恐万状，它们来到伊卜厉斯跟前诉说情况，它说："你们从各地拿来一把土，让我嗅嗅。"它们带来土，它嗅了嗅后说："你们的冤家在麦加。"于是它派遣七个努赛宾[1]去麦加，它们来到麦加时，先知☪正站在禁寺中诵读《古兰》，做礼拜。它们被《古兰》所吸引，向先知靠近，以致他们的胸部几乎挨到先知身上，此后他们归信了[2]。于是安拉将他们的消息告谕先知。在《先知传·为圣初期篇》中详述了这些情节。安拉至知。一切感赞全归安拉。

《11.在我们当中有清廉的，也有不及此的，我们有不同的宗派。》

《12.我们也知道我们绝不可能在地上使安拉无奈，我们也不能逃脱。》

《13.我们听到引导时，我们就归信了它。谁归信了他的主，谁就不害怕损失和压迫。》

《14.我们中有顺从者，也有悖谬者。顺从者，他们就是致力于正道的。》

《15.至于悖谬者，他们将成为火狱的燃料。》

《16.如果他们遵守道路，我就给他们饮充足的水。》

《17.以便我在其中试验他们。谁拒绝记念他的主，他就将谁投进艰难的痛苦。》

---

（1）精灵。——译者注
（2）阿拉伯文中："他"和"它"是同一词，译者在不同地方翻译精灵时，因为注释不同，分别用了"他"和"它"。——译者注

## 精灵承认他们中也分不同群体——
### 有归信者也有隐昧者，有迷误者也有得道者，以及他们对他们中每个群体的归宿的认识

清高伟大的安拉说，精灵自我介绍说："在我们当中有清廉的，也有不及此的。""不及此的"指不清廉的。

"我们有不同的宗派"，即我们中也是派别林立，观点纷纭。

伊本·阿拔斯等解释"我们有不同的宗派"说，我们中有穆民，也有隐昧者。[3]

艾尔麦什说：一位精灵夜晚来访，我问他："你们最爱吃什么？"他说："米饭。"于是我们给精灵端来米饭，我们只看到食物被拿起，而看不到任何人。我问："你们中是否也存在我们中所存在的过分者？"他回答："是的。"我又问："你们中的拒绝者[4]代表什么？"他回答："代表我们中最邪恶的。"艾哈麦德·苏莱曼说这一传述正确无误。

---

（3）《泰伯里经注》23：659。
（4）الرافضة，诽谤者，后来专指诽谤圣门弟子的一个派别。——译者注

### 精灵也承认安拉的完美大能

清高伟大的安拉说，"**我们也知道我们绝不可能在地上使安拉无奈，我们也不能逃脱**"，即我们知道安拉的大能统治着我们，我们在大地上不会使安拉无可奈何。无论我们怎么奔跑，安拉都能够任意处置我们，安拉对我们中任何一个都是有办法的。

"**我们听到引导时，我们就归信了它。**"精灵们以此为荣，这就是他们的荣耀、尊严和美好的品质所在。

"**谁归信了他的主，谁就不害怕损失和压迫。**"伊本·阿拔斯等学者解释：他不必担心他的善功被减少，或让他承担别人的罪责。正如安拉所言：*将不用害怕不公平或被克扣。*（20：112）[1]

"**我们中有顺从者，也有悖谬者**"，即我们中有穆斯林，也有离经叛道者。"**悖谬者**"一词指不公正地对待真理，悖离真理的人。是"公正者"的反义词。

"**顺从者，他们就是致力于正道的**"，即他们为自己寻求了成功。

"**至于悖谬者，他们将成为火狱的燃料。**"火狱将用他们点燃。

"**如果他们遵守道路，我就给他们饮充足的水。以便我在其中试验他们。**"经注学家们对这段经文有两种解释：一、假若悖谬者坚持走伊斯兰正道，"**我就给他们饮充足的水**"。即我将赏赐他们宽裕的给养，按照这种解释，"**以便我在其中试验他们**"指以便我考验他们。正如栽德·本·艾斯莱姆说，"以便我考验他们，看谁坚持正道，谁坠入迷误。"伊本·阿拔斯、穆佳黑德等学者都持此观点。穆尕提里说："这是古莱什人七年没有见到雨水的时期被告谕的经文。"

二、"**如果他们遵守道路**"中的"**道路**"指迷道（即如果他们执迷不悟），"**我就给他们饮充足的水**"，从而让他们在不知不觉中陷入迷误，不可自拔。正如安拉所言：*当他们忘记了所受的劝诫时，我为他们打开诸事之门，当他们因为他们的收获欣喜若狂时，我突然间惩罚他们。他们一时间成为绝望的。*（6：44）又*他们可曾想过，我以财产和子嗣襄助他们。（是为了）我使他们立即得到一切美好的东西吗？不，他们不了解。*（23：55-56）这是艾布·穆吉里兹的主张。因为他解释说，"**如果他们遵守道路**"指他们坚持迷道。伊本·哲利尔等学者都持此观点，他们的证据是下面的经文："**以便我在其中试验他们。**"[2]

"**谁拒绝记念他的主，他就将谁投进艰难的痛苦。**""**艰难的痛苦**"指严酷而痛苦的刑罚。伊本·阿拔斯等学者认为经文指严重的、丝毫不舒畅的痛苦。[3]另据传述，伊本·阿拔斯说"**艰难的痛苦**"指火狱中的一座山。[4]伊本·朱拜尔认为经文指火狱中的一口井。

*18.一切清真寺都属于安拉，所以不能将任何人与安拉共同祈求。*

*19.当安拉的仆人站起来祈求他时，他们几乎一起拥向他。*

*20.你说："我只祈祷我的主，我不以任何人举伴他。"*

*21.你说："我不为你们掌管伤害和正道。"*

*22.你说："任何人都不能从安拉那里救助我。我也找不到除他之外的庇佑之处。"*

*23.只有替安拉传达和（完成）使命；谁违抗安拉及其使者，火狱的火属于谁，并将永居其中，*

*24.直到他们看见他们被警告的，他们将知道谁的援助者更弱，数目更少。*

### 命人坚信安拉独一，远离以物配主

清高伟大的安拉命令众仆只崇拜独一的他，不要将任何人或事物与他同等祈求，或以物配主。格塔德在解释"**一切清真寺都属于安拉，所以不能将任何人与安拉共同祈求**"时说："犹太教徒和基督教徒进入他们的教堂时总是举伴安拉，所以安拉命令先知要认主独一。"[5]

伊本·朱拜尔在解释这段经文时说："精灵对安拉的使者说，我们离你很远，怎么能来清真寺，参加礼拜呢？于是安拉降谕道：'**一切清真寺都属于安拉，所以不能将任何人与安拉共同祈求。**'"[6]

### 精灵簇拥在一起倾听《古兰》

"**当安拉的仆人站起来祈求他时，他们几乎一起拥向他。**"伊本·阿拔斯解释说，精灵接近先知倾听《古兰》期间，被经文深深打动，几乎扑到

---

（1）《泰伯里经注》23：660。
（2）《泰伯里经注》23：663；《伯厄威经注》4：404。
（3）《泰伯里经注》23：664。
（4）《泰伯里经注》23：664。
（5）《泰伯里经注》23：665。
（6）《泰伯里经注》23：665。

先知身上去聆听。但使者并没有感觉到他们的来临。后来天使到来后，给他读道："你说：'我曾奉启示：一群精灵已经倾听……'"即他们倾听《古兰》。这是一种主张，传自祖拜尔·本·尔瓦穆。

伊本·阿拔斯说，精灵对他们的同类说："**当安拉的仆人站起来祈求他时，他们几乎一起拥向他**"，即精灵看到先知率众礼拜时，众人的鞠躬叩头等动作都与先知的动作保持一致，他们因为圣门弟子对使者的绝对服从而震惊，于是对同类说："**当安拉的仆人站起来祈求他时，他们几乎一起拥向他**。"这是第二种主张，也传自伊本·朱拜尔。[1]

哈桑说，安拉的使者念着"应受拜者，惟有安拉"，站起来号召阿拉伯人走向安拉时，他们几乎一起拥向他。[2]

格塔德解释说，人类和精灵因此集结起来，企图消灭先知的事业。但安拉支持先知，襄助他，使他战胜了一切反对者。[3]这是第三种解释。传自伊本·阿拔斯等学者。伊本·哲利尔选择了这种解释。[4]

相比之下第三种解释的意思更为明确。因为后文说："你说：'我只祈祷我的主，我不以任何人举伴他……'"当他们否认、反对和伤害使者，并狼狈为奸，企图消灭真理，共同反对使者时，使者就对他们说，"我只祈祷我的主"，即我只拜独一无二的安拉，只向他求救，只托靠他，我不以任何物举伴他。

### 使者不掌握福祸

"你说：'我不为你们掌管伤害和正道……'"，即我只是像你们一样的人，不过我奉到了（安拉的）启示，我只是安拉的众仆中的一员。关于你们得道或迷误，我在其中没有丝毫权力。这一切只归安拉掌握。

然后使者自我介绍说，假若我违抗了安拉，谁都不能拯救我脱离安拉的惩罚。"**我也找不到除他之外的庇佑之处**"，穆佳黑德等学者认为"庇佑之处"指逃避之地。[5]

### 使者的责任只是传达

清高伟大的安拉说，"只有替安拉传达和（完成）使命"，即我只有传达我所肩负的使命才能拯救自己，使自己成功。正如安拉所言："使者啊！你当传达从你的主降临的。如果你不去做，你就没有传达他的信息。安拉将从世人那里保护你……"（5：67）

"谁违抗安拉及其使者，火狱的火属于谁，并将永居其中"，即我要向你们传达安拉的信息，此后谁违抗真理，他将因此而遭受火狱的惩罚，并永居火狱，无法解脱，不能逃避。

"直到他们看见他们被警告的，他们将知道谁的援助者更弱，数目更少"，即直到精灵和人类中的这些多神崇拜者在复生日看到给他们在审判前预告的事情。那天，他们将知道援助者更弱、更少的是他们呢，还是那些归信安拉独一的信士们。概言之，多神崇拜者根本没有援助者，他们自己的人数，也不能与安拉的军队人数相比较。

※ 25.你说："我不知道给你们的警告是接近的，还是我的主将为它规定一个期限。"

※ 26.他是全知幽玄的。他不对任何人透露他的秘密，

※ 27.除非是他所喜悦的使者。因为他让警卫在他的前后行走。

※ 28.以便他知道他们确已传达了他们主的使命。他周知他们那里的一切，他统计了万物的数目。"

### 使者也不知道复生日的时间

清高伟大的安拉命令使者对人们说，他不知道复生日发生的时间，不知道它是近还是远。

"你说：'我不知道给你们的警告是接近的，还是我的主将为它规定一个期限……'""一个期限"指一个遥远的期限。这节经文证明一些无知者的下列传言是没有根据的谎言：使者在地下的时间不会超过一千年。[6]我们在任何一部经典中（主要指圣训中）没有看到这方面的记录。一次有人关于复活的时间问安拉的使者，但使者没有回答。另一次，吉卜勒伊里扮成一个游牧人的形象出现，向他提到一些问题，其中问道："穆罕默德啊！请告诉我复活的消息。"使者说："关于这个问题，被问者绝不比询问者更了解。"有个游牧人曾高声问他："穆罕默德啊！复生日何时到来？"他回答说："你真是的！它必定存在。但你为它准备了些什么？"那人回答："我没有准备多少礼拜和斋戒，但我喜爱安拉及其使者。"使者说："你将和

---

(1)《泰伯里经注》23：667。
(2)《泰伯里经注》23：668。
(3)《泰伯里经注》23：667。
(4)《泰伯里经注》23：668。
(5)《泰伯里经注》23：669。

(6) 即他们认为穆圣归真一千年之内今世就会终结。——译者注

你喜爱的人在一起。"[1] 艾奈斯说:"穆斯林们听到这句话后从来没有这样高兴过。"

"他是全知幽玄的。他不对任何人透露他的秘密,除非是他所喜悦的使者。"与之相似的经文是:⟪ 除非他许可,他们不能掌握他的知识。⟫(2:255)同样,安拉在此说,安拉知道一切明显的和隐微的事物,若非他允许,任何人都不能掌握他的知识。因此安拉说:"**他是全知幽玄的。他不对任何人透露他的秘密,除非是他所喜悦的使者。**"经文中的使者包括人类中的使者,也包括天使中的使者。

然后清高伟大的安拉说:"**因为他让警卫在他的前后行走。**"安拉让一些天使奉命轮流专职保护先知,在先知携带安拉的启示时,这些警卫与他同行。

因此清高伟大的安拉说:"**以便他知道他们确已传达他们主的使命。他周知他们那里的一切,他统计了万物的数目。**""他知道"中的"他"指先知。伊本·哲利尔传述,赛尔德·伊本·朱拜尔认为这段经文中的"警卫"指和吉卜勒伊里在一起的四位保护(或记录事物)的天使,以便先知穆罕默德知道:"**他们确已传达他们主的使命。他周知他们那里的一切,他统计了万物的数目。**"[2] 伊本·艾布·哈亭传述。端哈克、赛丁伊、叶齐德·本·艾布·哈比卜也有相同传述。

格塔德解释说:"以便安拉的使者知道,众使者已经替主传达使命,众天使确曾保护那启示的信息。"[3] 伊本·哲利尔选择了这种解释。[4]

伯厄威说,叶尔孤白将这段经文读为:"以便人知道……"即以便人们知道,众使者已经传达了使命。[5]

"他知道"中的"他"也可能指安拉。这是伊本·焦兹在《行者的川资》中所引用的话。按这种解释,经文的意思是:安拉通过他的众天使保护众使者,以便他们传达他的信息,但安拉保护着他降给众使者的启示,以便他知道他们确已传达了他们养主的使命。类似的经文说:⟪ 我设置了你曾经向往的方向,只是为了分清谁是跟随使者的,谁是扭转脚跟的。⟫(2:143)又如:⟪ 安拉的确知道那些归信者,他也的确知道伪信士。⟫(29:11)类似的例子很多,都说明安拉无疑知道还没有发生的一切事情。

因此,清高伟大的安拉说:"**他周知他们那里**

---

(1)《布哈里圣训实录诠释——造物主的启迪》1:140。
(2)《泰伯里经注》23:673。
(3)《阿卜杜·兰扎格经注》3:323。
(4)《泰伯里经注》23:673。
(5)《伯厄威经注》4:406。

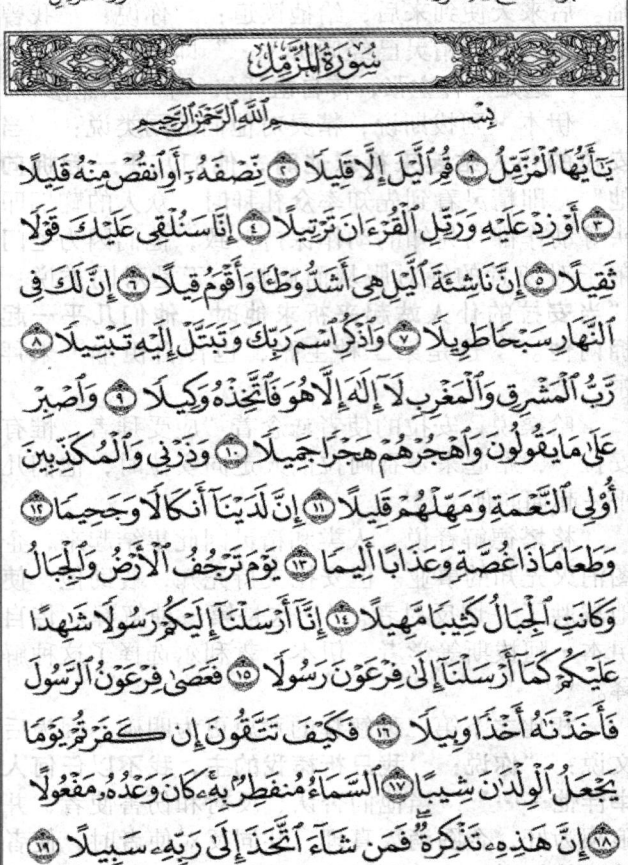

**的一切,他统计了万物的数目。**"

《精灵章》注释完。一切感赞全归安拉。

---

## 《裹衣人章》注释  麦加章

### 《裹衣人章》和《盖被的人章》降示的原因

贾比尔说,古莱什人聚集在议事厅说:"你们要给这人起个诨名,从而阻止人们接近他。"有人提议叫占卜者,另一些人说,他不是占卜者;有人提议叫疯子,但另一些人说事实上他不是疯子;还有人提议叫魔术师,另一些人说,实际上他不是魔术师。多神教徒们（莫衷一是）就此散会了。先知听到消息后，将自己裹在衣服里，并盖上被子。后来吉卜勒伊里天使来到他跟前，读道，"裹衣的人啊"、"盖被的人啊"。(1)

### 奉普慈特慈的安拉之尊名

❴1.裹衣的人啊！❵
❴2.夜晚你当礼站——除了少许时间。❵
❴3.它的一半或者比一半稍微少一点，❵
❴4.或是多一点。你要抑扬顿挫地诵读《古兰》。❵
❴5.我将授予你庄严的言辞。❵
❴6.的确，夜间的觉醒更加踏实，言语更加端正。❵
❴7.的确，你在白天有更多的活动。❵
❴8.所以你要记念你的主的尊名，而且应当完全趋向于他。❵
❴9.他是东西方的主，除他之外没有应受拜的。所以你要以他作为你的监护者。❵

### 命令先知㉘在夜间礼拜（礼赞安拉）

清高伟大的安拉命令使者不要在夜间把自己裹起来，而应当站起，礼拜安拉。正如安拉所言：❴他们肋不近床，畏惧、希望地祈求他们的主，他们花费我赐给他们的一部分。❵（32：16）从此，先知服从安拉的命令，经常在夜间起床礼拜。对先知而言，夜间的拜功是必须的。正如安拉所言：❴在夜间，你要谨守增加的拜功。你的主也许会因此把你复生到被赞美的地位。❵（17：79）

经文在此阐明礼站的时间说："**裹衣的人啊！夜晚你当礼站——除了少许时间。**"

"**裹衣的人啊**"，伊本·阿拔斯、端哈克等学者解释为"睡觉的人"；格塔德解释为"裹在衣服中的人"。(2)

"**它的一半**"是"**夜晚**"的同位语。

"**或者比一半稍微少一点，或是多一点**"，即我命令你利用半个夜晚的时间礼拜，但具体时间可以比半个夜晚略长，也可以略短。

### 诵读《古兰》的方法

"**你要抑扬顿挫地诵读《古兰》**"，即你应当从容不迫地读《古兰》，因为这种读法，能够帮助你参悟和理解其意义。先知㉘就是这样诵读《古兰》的。阿伊莎（愿主喜悦之）说："安拉的使者㉘曾读一章节，后来又抑扬顿挫地读它，以致后面读得比前面读的时间更长。"(3)

《布哈里圣训实录》记载，有人关于先知诵读《古兰》的方法询问艾奈斯，艾氏回答："语调很长。譬如他读'奉安拉——普慈者特慈者的尊名'他读'奉尊名'时拉长声音，读'普慈者'时拉长声音，读'特慈者'时也拉长声音。(4)" (5)

有人曾向乌姆·赛莱迈询问使者的读法，她回答说："他一句一句地读，（譬如读）❴奉普慈特慈的安拉之尊名，一切赞美全归养育众世界的安拉，至仁至慈的主，执掌报应日的主。❵"（1：1-4）(6)

我们已经在经注的前面引用许多圣训，证明教法提倡抑扬顿挫地诵读《古兰》，并用优美的声音讽诵。正如圣训所说："你们当用你们的声音装饰《古兰》。"(7) "不以优美的语调诵读《古兰》的人不属于我们。"(8) "此人已被赋予达乌德家族的笛子中的一支笛子。"(9) "此人"指圣门弟子艾布·穆萨。艾布·穆萨说："如果我知道你（先知）在听我诵读，我必定为你而尽兴诵读。"伊本·麦斯欧迪说："你们不要像扬沙子一样无节奏地乱读，也不要像读诗一样心不在焉地读，当读到奇异的地方时应当停顿，并应当用心思考，不要急着一气读完。"(10)

布哈里辑录，有人来到伊本·麦斯欧迪跟前说："我在晚上的一拜中读一个穆番索里(11)。"伊本·麦斯欧迪说："你就像读诗一样心不在焉地读《古兰》吗？我确实知道安拉的使者㉘（在礼拜中）所诵读地相对的章节，他从穆番索里的开头起，两个两个地将这些相对的章节连起来。他还提到穆番索里中的二十个章节，他在每拜读两个章节。"(12)

### 《古兰》的伟大

---
(1)《揭秘》3：77。
(2)《泰伯里经注》23：677。
(3)《穆斯林圣训实录》1：507。
(4) 按照阿文语序，"奉安拉"跟后一个字是连在一起的，一般将这节经文译为"奉普慈特慈的安拉之尊名"。为便于不懂阿拉伯语的人理解，此处用此译法。——译者注
(5)《布哈里圣训实录诠释——造物主的启迪》8：709。
(6)《艾布·达乌德圣训集》4：294；《提尔密济圣训全集诠释》8：241；《艾哈麦德按序圣训集》6：302。
(7)《布哈里圣训实录诠释——造物主的启迪》13：527。
(8)《布哈里圣训实录诠释——造物主的启迪》13：510。
(9)《布哈里圣训实录诠释——造物主的启迪》8：710。
(10)《麦阿里穆》8：215。
(11) 穆番索里，指《古兰》最后的七分之一。也可译为"古兰短章"，指从《夏弗章》到《世人章》的每个章节。一说从《寝室章》到《世人章》，请阅本经注第二十七部。——译者注
(12) 布哈里圣训实录诠释——造物主的启迪》2：298。

"**我将授予你庄严的言辞。**"哈桑和格塔德认为"**庄严的言辞**"指对经文的遵循。有人认为指因为《古兰》非常伟大，所以在启示降临的时刻非常庄重。正如栽德·本·萨比特所说："安拉的使者㊥接受启示时，他的大腿正好在我的大腿上，当时他的大腿差点压碎我的大腿。"(1)

阿卜杜拉·本·欧麦尔说，我问先知："安拉的使者啊！你能感觉到启示的降临吗？"使者回答："我听到一个铃声后保持安静，每一次启示降临时，我都觉得几乎要丧失生命。"(2)

《布哈里圣训实录》记载，哈里斯·本·希沙姆曾问使者："启示如何降临给你？"使者回答说："有时，它在一种类似铃子的声响中到来，这是让我最难受的。此后，我记下他（天使）所说的话，才得到解脱；有时，天使以人形出现在我眼前和我说话，我记下他的话。"阿伊莎（愿主喜悦之）说："我曾看到启示在一个严寒之日降临，启示停止后我看到他（先知）的额头在流汗。"(3)

伊玛目艾哈麦德辑录，阿伊莎（愿主喜悦之）说："安拉的使者㊥在骑乘期间接受过启示，那坐骑的脖颈下部（因为不堪重负而）抖动。"(4)

伊本·哲利尔认为"**庄严**"指两方面，正如它在今世是沉重的，在复生日的天秤中也是沉重的。

## 夜晚礼赞的尊贵

清高伟大的安拉说："**的确，夜间的觉醒更加踏实，言语更加端正。**"

"**觉醒**"（الناشئة），欧麦尔、伊本·阿拔斯等学者认为经文指整个夜晚；(5)穆佳黑德等学者也持此观点。(6)有人认为"**觉醒**"指夜间礼赞；另据传述，穆佳黑德认为指宵礼之后。(7)艾布·穆吉里兹、格塔德等学者持此观点。(8)

概言之，"**夜间的觉醒**"指夜晚的所有时间或夜间的任何时间。经文的意思是：夜晚礼拜更能使人聚精会神、吐字清晰、易于理解和背诵。

因此，清高伟大的安拉说，"**夜间的觉醒更加踏实，言语更加端正**"，即夜间诵读《古兰》比白天诵读，更能使人聚精会神，读得标准，并理解经文意义。因为白天是人们四处奔波、人声鼎沸及谋生的时间。据传述，艾奈斯·本·马立克读了这段经文后有人问他"**言语更加端正**"指的是什么更多。他回答说，指（读得）最准确、最端正、最适宜……(9)

因此，清高伟大的安拉说："**的确，你在白天有更多的活动。**"

伊本·阿拔斯等学者认为"**更多的活动**"指空闲、睡眠；(10)艾布·阿林等认为指长时间的空闲；格塔德认为指空闲、需求或活动。

阿卜杜·拉赫曼在解释这段经文时说："白天你要解决各种需求，夜晚你要专心于宗教事务。"他说，当时夜功拜是主命，后来安拉施恩于众仆，减轻了拜功，并赦免了夜间拜。他还读道："**夜晚你当礼站——除了少许时间……的确，你的主知道你在礼站，少于夜的三分之二，或者半夜，或是夜的三分之一……**"(11)又说："在夜间，你要谨守增加的拜功。你的主也许会因此把你复生到被赞美的地位。"(17：79)这是他所说的原话。证据是伊玛目艾哈麦德在其圣训集中所载的圣训：赛尔德·本·希沙姆休了他的妻子后去了麦地那，打算出售他在那里的一处房产，用于以后出征罗马的行军开支，并准备在那里牺牲。后来他碰到几位族人，他们告诉他，他的同族中的六个人在安拉的使者㊥时代也有这个打算，但先知说："难道我不是你们的好榜样吗？"当时先知禁止他们那样做，并让他们作证与妻子复婚。此后他（赛尔德回到我们中间）说，他到伊本·阿拔斯那里去请教奇数拜。伊本·阿拔斯说："我告诉你大地上最了解安拉使者㊥的奇数拜的人，好吗？"他说："好的。"伊本·阿拔斯说："你去阿伊莎（愿主喜悦之）那里，向她问这个问题，然后你回到我跟前，给我讲一讲她的答复。"他说，于是我去哈克穆·本·艾夫莱哈那里，要求他陪我去见阿伊莎。他说："我不能去她跟前，因为我曾让她不要就这两伙人(12)发表任何言论，但她仍然坚持己见，卷入其中（这场风波）。"于是我通过发誓要求哈克穆与我同行，他（推托不过便）同我一起去见阿伊莎。我们到阿伊莎（愿主喜悦之）那里后她问："是哈克穆吗？我认识他。"我回答："是的。"她问（哈克穆）："和你一起来的是谁？"他回答："是赛尔德·本·希沙姆。"她问："是哪个希沙姆？"他回答："是阿米尔的儿子。"

传述者说，于是阿伊莎（愿主喜悦之）对阿米尔表示同情，说："阿米尔真是一个好人。"我（赛尔德·本·希沙姆）问："信士的母亲啊！

---

(1)《布哈里圣训实录诠释——造物主的启迪》8：108。
(2)《艾哈麦德按序圣训集》2：222。
(3)《布哈里圣训实录诠释——造物主的启迪》1：25。
(4)《艾哈麦德按序圣训集》6：118。
(5)《泰伯里经注》23：683。
(6)《泰伯里经注》23：682。
(7)《泰伯里经注》23：682。
(8)《泰伯里经注》23：683。
(9)《艾布·耶阿俩按序圣训集》7：88。
(10)《泰伯里经注》23：686；《格尔特宾教律》19：42。
(11)《泰伯里经注》23：686。
(12)指阿里和穆阿维叶两派。——译者注请告诉我们，安拉的使者㕷的品德是什么？"她反问："你读《古兰》吗？"我回答："读。"她说："安拉的使者㕷的品德就是《古兰》。"我想站起来告辞，但又想起使者的礼站，于是问："信士的母亲啊！请告诉我关于使者的礼站方面的情况。"她反问："你不曾读过《裹衣人章》吗？"我回答："读过。"她说："这一章的前面，安拉规定夜间的礼站是主命，安拉的使者㕷及其弟子们礼站了一年，以致他们的腿都肿了。安拉使这一章的结尾在天上停留了十二个月。后来安拉在这个章的结尾降示了减轻负担的经文，这样原属于主命的夜间礼站就成为了副功。"

在我打算起身告辞的时候，我又想到了使者的奇数拜，于是我问道："信士的母亲啊！请告诉我关于使者奇数拜方面的情况。"她说："我们曾经为使者准备牙刷和洗小净的水，晚上使者在安拉所意欲的时间起床，然后刷牙、做小净，并做八拜礼拜，他在礼拜中不坐，直到第八拜时才坐下来。然后他记念安拉，并祈祷，然后站起来，但他不出赛俩目（不出拜）。然后他站起来礼第九拜，然后坐下来记念独一的安拉，并向安拉祈祷，然后出赛俩目，我们能听到他出赛俩目的声音。出赛俩目后他坐着礼两拜。我的孩子啊！这是十一拜。安拉的使者㕷年老身体发胖后，以七拜礼奇数拜，礼毕，在出赛俩目后坐礼两拜。我的爱子啊！这是九拜。安拉的使者㕷如果礼一种礼拜，他就喜欢坚持它。如果因为睡觉或病痛而耽误了夜功拜，他就在白天礼十二拜。据我所知，先知不曾在一整夜（从夜晚直到清晨）通读整部《古兰》，并且除了莱麦丹月之外，他也没有在某个月中整月封斋。"此后我到伊本·阿拔斯那里，给他转告了阿伊莎所说的话。他说："她说得对。如果我想去她跟前，就会去的，她也会亲口告诉我这些事情。"[1]

伊本·阿卜杜·拉赫曼说，《裹衣人章》降示后，他们（圣门弟子们）礼站了一年，以致他们的脚和小腿都肿了。后来安拉降谕道：❲因此你们要诵读《古兰》中对你们容易的经文。❳（73：20）此后人们感到轻松了许多。[2]

阿里·本·艾布·特里哈传述，伊本·阿拔斯在解释"**夜晚你当礼站——除了少许时间。它的一半或者比一半稍微少一点**"时说："这对众穆民造成了困难，后来安拉为他们减轻负担，慈悯了他们，降谕道：❲他知道你们不能完成它，所以他恕饶了你们。因此你们要诵读其中容易的经文。他知道你们当中将会有病人，和其他在大地上寻求安拉的恩典而奔波的人……因此你们要诵读《古兰》中对你们容易的经文。❳（73：20）后来安拉给人们宽大。一切赞美归于安拉，他没有给人困难。"[3]

"**所以你要记念你的主的尊名，而且应当完全趋向于他**"，即当你有空闲，或处理完今世事务时，你要多多记念安拉，并专心致志地崇拜他。正如安拉所言：❲当你空闲时，你要努力。❳（94：7）即你完成各项工作之后应当起身行善、拜安拉，这样才能有一些空闲时间，愉悦身心。伊本·栽德的解释与此相近。[4]

伊本·阿拔斯等学者认为经文指："你当一心一意地拜主。"[5]哈桑解释："你应当努力，并全身心地投向安拉。"[6]伊本·哲利尔说，修士被称为"完全趋向于功修的人（متبتل）"，又如圣训中说，先知禁止"完全趋向于功修的人"，即只行善，不结婚的人。[7]

"**他是东西方的主，除他之外没有应受拜的。所以你要以他作为你的监护者**"，即他是一切东方和西方的掌握者、支配者，除他之外没有应受拜者。正如你惟独拜主那样，你当惟独托靠安拉，并将他作为监护者。正如安拉所言：❲所以你要崇拜他，托靠他。❳（11：123）又❲我们只崇拜你，只向你求助。❳（1：5）类似的经文很多，它们都命令人们惟独拜主、顺主、托靠主。

❲10.你要忍耐他们所说的话，并要优雅地离开他们。❳

❲11.让我对付那些享受恩典的否认者，并对他们稍稍宽容。❳

❲12.我这里有镣铐、火刑，❳

❲13.和噎人的食物，惨痛的刑罚。❳

❲14.那天，大地和群山将要摇动，群山变得就像散沙。❳

❲15.我已派给你们一位使者作你们的见证，就如同我派遣过一位使者到法老那里一样。❳

❲16.但是法老违抗了使者，因此我严厉打击了他们。❳

❲17.如果你们否认，那么，你们怎能防备那使儿童白头的日子？❳

❲18.天将因它而崩裂，他的许诺必定要兑现。❳

---

(1)《穆斯林圣训实录》1：512；《艾哈麦德按序圣训集》2：53。
(2)《泰伯里经注》23：679、680。
(3)《泰伯里经注》23：679。
(4)《泰伯里经注》23：679。
(5)《泰伯里经注》23：688。
(6)《泰伯里经注》23：688。
(7)《泰伯里经注》23：687。

## 命令先知㊗️忍受隐昧者的伤害，忍耐所带来的益处

清高伟大的安拉命令使者忍受族人中愚蠢的否认者所说的谰言，并优雅地离开他们，即对他们不加指责的情况下离开他们。然后安拉警告使者族人中的隐昧者——安拉是伟大的，任何人都无法抗衡安拉的恼怒——对先知说，"**让我对付那些享受恩典的否认者**"，即你让我处置那穷奢极侈、拥有巨额财富的否认者，他们比别人更有能力行善，他们拥有别人不曾拥有的。

"**并对他们稍稍宽容**"，即暂时宽容。正如安拉所言：❝ 我赐给他们片刻的享受，然后我将迫使他们去受重刑。❞（31:24）

然后，清高伟大的安拉说："**我这里有镣铐、火刑。**" "**镣铐**"指脚镣和手铐。这是伊本·阿拔斯等学者的观点。[1] "**火刑**"指燃烧的烈火。

"**噎人的食物**"，伊本·阿拔斯说，"噎到喉咙后，咽不下去也吐不出来的食物。"[2]

"**惨痛的刑罚。那天，大地和群山将要摇动。**" "**摇动**"指地震。

"**群山变得就像散沙。**"原来像顽石一般的山丘，变得就像沙丘，然后彻底粉碎，荡然无存，大地变成平地，没有丘陵，没有山谷，也不见凹凸。

## 你们的使者就像法老时期的使者，你们知道法老的归宿

然后清高伟大的安拉告谕古莱什的隐昧者——实指人类中所有隐昧者——说，"**我已派给你们一位使者作你们的见证**"，即见证你们的行为。"**就如同我派遣过一位使者到法老那里一样。但是法老违抗了使者，因此我严厉打击了他们。**"伊本·阿拔斯等学者说，"**严厉**"（وبيلا）指严重。[3] 即你们千万不要否认这位使者，否则你们将像法老的族人一样遭受打击。因为安拉确要以其优胜者、大能者的身份惩罚他们。正如安拉所言：❝ 所以安拉用后世和今世的刑罚惩罚了他。❞（79:25）如果你们否认了你们的使者，你们就更应该遭受毁灭，因为你们的使者穆罕默德比他们的使者穆萨更尊贵。

## 以复生日的严厉惩罚警告世人

清高伟大的安拉说："**如果你们否认，那么，你们怎能防备那使儿童白头的日子？**" "**日子**"可能是"**防备**"的宾语，伊本·麦斯欧迪所读[4]。即人们啊！如果你们不归信安拉，你们就得防备那使儿童变成白头老人的日子；也可能是"**否认**"的宾词。按这一种解释，经文指如果你们不归信，你们怎能在那巨大的恐惧之日获得安宁？[5] 按照第二种解释，经文指如果你们不归信复生日，你们怎能做到对安拉的敬畏？这两种解释的意义都非常好。但第一种更贴切，安拉至知。

"**使儿童白头**"，即这是因为极度的恐惧、震撼和焦虑所造成的。经文指下面的时间：那时，安拉对阿丹说："你派出应入火狱的部分吧！"阿丹问："比例是多少？"安拉说："每一千人中，九百九十九人进火狱，一人进乐园。"

"**天将因它而崩裂**"，哈桑和格塔德说："天将因为那日的恐惧和严厉而破裂。"

"**他的许诺必定要兑现**"，即这一天的约言一定会发生，不可避免。

❝ 19.这确实是一项教诲，所以谁愿意，就让谁

---
（1）《泰伯里经注》23:690、691;《散置的珠宝》8:319。
（2）《泰伯里经注》23:691。
（3）《泰伯里经注》23:693。
（4）正文就是按这种解释翻译的。——译者注
（5）《泰伯里经注》23:694。

选择一条朝向他主的道路吧。◈

◈20.的确，你的主知道你在礼站——少于夜的三分之二，或者半夜，或是夜的三分之一。一部分跟你在一起的人也是如此。安拉预定昼夜，他知道你们不能完成它，所以他恕饶了你们。因此你们要诵读其中容易的经文。他知道你们当中将会有病人，和其他在大地上寻求安拉的恩典而奔波的人，还有另一些在主道上战斗的人。因此你们要诵读《古兰》中对你们容易的经文，并立站拜功，完纳天课，以及借给安拉美好的贷款。不论你们为自己作下什么善行，你们都会在安拉那里发现它，在报酬方面，它是更好的，更重大的。你们要向安拉求饶。安拉确实是至恕的、至慈的。◈

### 本章是给理智健全者的教诲

"这确实是"，即本章确实是"一项教诲"，有心人能够从中吸取教训。

因此说，"所以谁愿意，就让谁选择一条朝向他主的道路吧"，即谁愿意追求引导，他就会成为安拉意欲引导的人之一，正如安拉所言：◈ 但是，除安拉意欲，你们绝不遂意，安拉是全知的、睿智的。◈（76：30）

### 取消夜间礼站的义务以及其中的缘由

清高伟大的安拉说，"的确，你的主知道你在礼站——少于夜的三分之二，或者半夜，或是夜的三分之一。一部分跟你在一起的人也是如此"，即有时礼拜时间长，有时礼拜时间短，但这一切都不是你们刻意的安排，而是你们没有能力长期坚持安拉命令你们的夜功拜，它对你们太困难了。

因此清高伟大的安拉说，"**安拉预定昼夜**"，即有时夜与昼时间相等，有时夜长昼短，有时昼长夜短。

"他知道你们不能完成它。""它"指安拉为你们所制定的职责。

"**因此你们要诵读其中容易的经文**"，即你可以在夜晚任何容易的时间起来礼拜。经文以"**读经**"表达"礼拜"，正如《夜行章》中所述：◈ 你既不要在礼拜时大声，也不要低声。◈（17：110）经文以"礼拜"表达"诵读"。

"**他知道你们当中将会有病人，和其他在大地上寻求安拉的恩典而奔波的人，还有另一些在主道上战斗的人**"，即安拉知道这个民族中将会出现有原因而不能够夜间礼站之人，他们是一些病人和为了谋生而四处奔波追求安拉的恩惠之人以及一些从事更重要事情——为主道作战的人。虽然本章经文都降于麦加，当时吉哈德还没有被立法。这是为圣的最大证据之一，它向人们预报了未来即将发生的一些事情。

因此，清高伟大的安拉说，"**因此你们要诵读《古兰》中对你们容易的经文**"，即你们做对你们容易的善功。

"**并立站拜功，完纳天课**"，即你们当完成必须的拜功，并交纳天课。有些人根据这段经文主张，天课制度降于麦加，不过天课的交纳者和接受对象，则是在麦地那被制定的。安拉至知。伊本·阿拔斯等学者说，这段经文取消了安拉为穆斯林早期所规定的夜间礼赞的义务。[1]两圣训实录辑录，安拉的使者㸃回答一个询问拜功者时说："你当在一天一夜中礼五番拜功。"那人问："我还应该礼其他拜功吗？"使者回答说："不用。除非你礼副功拜。"[2]

### 命人施舍和行善

"**借给安拉美好的贷款**"，即你们当为安拉而行善。因为安拉将赐给人更好、更充分的回报。正如安拉所言：◈ 谁愿意贷给安拉一笔美好的债务，安拉就使它成倍增长。◈（2：245）

"**不论你们为自己作下什么善行，你们都会在安拉那里发现它，在报酬方面，它是更好的，更重大的**"，即你们以前做的一切善事，都将获得相应的报酬，它比你们在今世中为自己所储藏的一切都好。安拉的使者㸃说："你们中谁喜爱自己的财产，超过喜爱继承者的财产？"众人说："安拉的使者啊！我们的每个人，对自己财产的喜爱，都超过对继承者财产的喜爱。"使者说："你们要知道你们在说什么吗？"众人回答："安拉的使者啊！除此之外我们还知道什么？"使者说："你们的财产只是使之向前的（即自己使用和施舍的），继承者的财产是使之向后的（即遗留下来的）。"[3]

"**你们要向安拉求饶。安拉确实是至恕的、至慈的。**"你们要在一切事务中多多记主，向主求饶。的确，对于向主求饶的人，安拉确实是至赦的、至慈的。

《裹衣人章》注释完。一切感赞全归安拉。

---

（1）《泰伯里经注》23：679、680；《散置的珠宝》8：322。

（2）《布哈里圣训实录诠释——造物主的启迪》1：130；《穆斯林圣训实录》1：41。

（3）《布哈里圣训实录诠释——造物主的启迪》11：264；《圣训大集》6：237；《艾布·耶阿俩按序圣训集》9：97。

# 《盖被的人章》注释 麦加章

奉普慈特慈的安拉之尊名

《 1.盖被的人啊！》
《 2.起来警告！》
《 3.你的主，你要赞颂！》
《 4.你的衣服，你要清洁！》
《 5.至于污秽，则要避开！》
《 6.你不要施恩以求厚报。》
《 7.为你的主，你要坚韧。》
《 8.当号角吹响时，》
《 9.那天将是一个艰难的日子，》
《 10.对于隐昧者不容易。》

## 《血块章》降示之后最先降示的经文

《布哈里圣训实录》和《穆斯林圣训实录》记载，贾比尔·本·阿卜杜拉说，他曾听使者谈论启示中断的情况，其中说道："我在路上走着，突然听到空中有声音，于是我举目仰望，看到曾在希拉山洞中降临于我的那位天使坐在天地之间的一个座位上。于是我（惊恐万状地）摔倒在地上，我跑回家中对家人说：'请给我裹上衣服！请给我裹上衣服！'安拉遂降示了如下经文：'盖被的人啊！起来警告……至于污秽，则要避开！'"——艾布·赛莱迈说："'污秽'指偶像。"——"此后启示接踵而至，多起来了。"[1]

从上述文字中可以看出，此前启示已经降临过先知㊗。因为他说："看到曾在希拉山洞中降临于我的那位天使……"在那次，天使降给他的经文是：《你当奉你的造化主的尊名宣读：他由血块造化人。你读，你的主是最慷慨的。他教人用笔，教人不曾知道的。》（96：1-5）这段经文降示后，启示一度中断，后来又恢复下降。

贾比尔传述，安拉的使者㊗说："启示一度中断，后来我正在路上时，突然听到空中有声音，于是我举目仰望，发现曾在希拉山洞中降临于我的那位天使坐在天地之间的一个座位上。于是我（惊恐万状地）摔倒在地上，我跑回家对家人说：'请给我裹上衣服！请给我裹上衣服！'安拉遂降示了如下经文：'盖被的人啊！起来警告！你的主，你要赞颂……至于污秽，则要避开！'此后启示接踵而至，多了起来。"[2]

伊本·阿拔斯说，瓦利德·本·穆黑莱做了一顿饭，邀请一些古莱什人参加。吃过饭后，瓦利德问："关于此人（穆罕默德）你们有何说法？"于是有人说他是术士，有人说他是占卜者，有人说他是诗人，有人说他施展的是流传的魔法，但每种说法都无法让另一些人信服。最后他们决定一致声称穆圣㊗施展的是一种流传的魔法，穆圣㊗闻讯非常伤心，便蒙头盖被。后来安拉降谕道："盖被的人啊……为你的主，你要坚韧。"[3]

"起来警告"指你当下定决心，警告世人。通过这次启示，穆罕默德获得了使者身份，而第一次启示的降临，使其获得先知身份。

"你要赞颂"指你要赞美安拉伟大。

"你的衣服，你要清洁"，伊本·阿拔斯解释为：你所穿的衣服，不能是非法所得；有人解释为：你不要穿非法的衣服；[4]穆罕默德·本·西林解释为：你要用水清洗衣服；[5]伊本·栽德说，多神教徒们曾不清洁他们自己，于是安拉命令先知清洁自身并清洁衣服。[6]伊本·哲利尔选择这种解释。[7]伊本·朱拜尔解释为：你应当纯洁内心，端正目的。穆罕默德·本·凯尔卜、哈桑·巴士里等解释为：你当美化你的品德。

"至于污秽，则要避开！"伊本·阿拔斯认为，"污秽"指偶像。[8]穆佳黑德、伊本·栽德等人都持此观点。[9]正如安拉所言：《 先知啊！你要敬畏安拉，你不要服从隐昧者和伪信士们。》（33：1）又《 穆萨对他的兄长哈伦说："在我的族人中你代替我，你当行善，不要跟随坏事者的道路。"》（7：142）

"你不要施恩以求厚报。"你不要希望得到更多的回报而施恩于人。穆佳黑德解释说，在寻求更多的福祉方面，你不要示弱。他说，在阿拉伯语中 تَمْنُن 指变弱。[10]

"为你的主，你要坚韧"，即你要为你主的喜悦而忍受他们的伤害。这是穆佳黑德的主张。[11]伊布拉欣·奈赫伊说："为了尊严而伟大的安拉，你

---

(1)《布哈里圣训实录诠释——造物主的启迪》6：361；《穆斯林圣训实录》1：143。
(2)《布哈里圣训实录诠释——造物主的启迪》1：37；《穆斯林圣训实录》1：143；《艾哈麦德按序圣训集》3：325。
(3)《圣训大典》11：125。
(4)《泰伯里经注》24：11。
(5)《泰伯里经注》24：12。
(6)《泰伯里经注》24：12。
(7)《泰伯里经注》24：12。
(8)《泰伯里经注》24：13。
(9)《泰伯里经注》24：13。
(10)《泰伯里经注》24：16。
(11)《泰伯里经注》24：16。

要不厌其烦地付出和施舍。"[1]

## 提醒人注意审判日

"当号角吹响时，那天将是一个艰难的日子，对于隐昧者不容易。"伊本·阿拔斯等学者说，"الصور"（喇叭）指"الناقور"。[2]

穆佳黑德说，它的形状就像（牛羊的）角。[3]

伊本·阿拔斯在解释这段经文时说，安拉的使者㊣说："我怎能感觉轻松自在呢？吹号角的天使已经将号角置于唇边，皱起眉头，等待奉命吹号。"众人问："安拉的使者啊！你命令我们做什么？"使者说："你们念：安拉能使我们满足，可托的安拉真优美啊！我们只托靠安拉。"[4]

"那天将是一个艰难的日子。""艰难的"指严厉的。

"对于隐昧者不容易"，即不轻松。正如安拉所言：《隐昧者们说："这是一个艰苦的日子。"》（54：8）前面我们已经提到，巴士里法官兹拉勒·本·奥法曾带领众人礼晨礼，其中读了这个章节，当读到"当号角吹响时，那天将是一个艰难的日子，对于隐昧者不容易"时他低吟一声，倒地而亡。祈求安拉怜悯他。[5]

《11.让我独自处理我所造化的吧。》
《12.我赐给他丰富的财富，》
《13.和在身边的子女。》
《14.我给他们完全铺展，》
《15.然而他却奢望我再增加。》
《16.不然！因为他一直反对我的迹象，》
《17.我将对他施加困难，》
《18.他确已思考和谋划。》
《19.愿他被杀，他是怎么谋划的！》
《20.愿他被杀，他是怎么谋划的！》
《21.然后，他观看，》
《22.然后，他蹙额，皱眉，》
《23.然后，他傲慢地掉头而去。》
《24.并说："这只不过是流传的魔法，》
《25.这只是一个凡人的话！"》
《26.我将把他投入火狱。》
《27.你怎能知道，什么是火狱呢？》
《28.不遗留，也不放过。》
《29.它烤焦皮肤，》

---
(1)《伯厄威经注》4：414。
(2)《泰伯里经注》24：18。
(3)《泰伯里经注》24：18。
(4)《艾哈麦德按序圣训集》1：326。
(5)《哈肯圣训遗补》2：206。

《30.其上是十九（名天使）。》

## 对妄言《古兰》是魔术之人的警告

清高伟大的安拉警告这样一些可耻之人：安拉在今世赐给他种种恩典，但他忘恩负义，拒绝安拉的经文，并假借安拉名义撒谎，信口雌黄，把安拉的经文说成人的话。安拉说，"**让我独自处理我所造化的吧**"，即他从母腹中出来时，没有财产和子女，但安拉"**赐给他丰富的财富**"，并给了他"**在身边的子女**"。穆佳黑德认为经文指不离开（父母）的子女。[6]即他们在他跟前，无须因生意而远行，他们的奴隶和员工，替他们出门工作。他们则和父亲生活在一起，使其尽享天伦之乐。据赛丁伊、艾布·马立克等人统计，他们共十三个人。[7]伊本·阿拔斯等人说他们是十人。[8]子女在身边，对父母而言是更大的恩典。

"**我给他们完全铺展**"，即我使他有能力获得各种财富，拥有各种居家用品和其他享受。

"**然而他却奢望我再增加。不然！因为他一直**

---
(6)《伯厄威经注》4：414。
(7)《散置的珠宝》8：329。
(8)《泰伯里经注》24：21。

反对我的迹象。""反对"指顽固。即他明知故犯地忘恩负义。

清高伟大的安拉说："我将对他施加困难……"

"困难"（صعود）是火狱中的一块石头，隐昧者在面部挨地的情况下被拖到上面；[1]赛丁伊认为经文指火狱的一个光滑的石头，隐昧者将被迫登到上面。穆佳黑德解释说，"困难"指火狱中的一种困难。[2]格塔德认为指一种毫无缓解机会的酷刑。[3]

"他确已思考和谋划"，即我因为他远离正信而迫使他接受严厉的惩罚，他曾思量过，当有人问及《古兰》时，他要说些什么谎话。

"谋划"，指他思考谋划。

"愿他被杀，他是怎么谋划的！愿他被杀，他是怎么谋划的！"这是对他的诅咒。

"然后，他观看"，即他再次考虑并思谋。

"然后，他蹙额"，即他紧锁眉头。

"皱眉"指愁眉苦脸。

"然后，他傲慢地掉头而去"，即他悖离真理，拒绝服从《古兰》。

"并说：'这只不过是流传的魔法'"，即这是穆罕默德从前人那里学来的魔法。"这只是一个凡人的话"，即它不是安拉的言语。经文在此所叙述的，是古莱什的一个名叫瓦利德·本·穆黑勒的头目（愿安拉诅咒他）。据伊本·阿拔斯传述，瓦利德曾去艾布·伯克尔跟前询问《古兰》的情况，他听了艾布·伯克尔的介绍后，来到古莱什人当中说："艾布·凯卜什的儿子（艾布·伯克尔）所说的话真奇怪！他说它不是诗文，不是魔法，也不是神经错乱者的呓语。他的话是安拉的言辞。"一些古莱什人听到这些话后，秘密商议对策。他们说："以安拉发誓，如果瓦利德出了教（指他们原来信奉的宗教），那么古莱什人都会出教的。"艾布·哲海里闻之站起说："以安拉发誓，我将为你们解决这个问题。"于是他去瓦利德家找他，对他说："你没有听说你的族人为你准备了救济品吗？"瓦利德说："难道我的财产和儿女不比他们的多吗？"艾布·哲海里说："人们都在议论，说你去艾布·古哈弗的儿子（指艾布·伯克尔）那里，只想讨口饭吃。"瓦利德说："他们真的这样说吗？不，以安拉发誓，我从此再也不接近艾布·古哈弗的儿子、欧麦尔和艾布·凯卜什的儿子了。他的话只是流传的古咒语。"于是安拉给使者

---

(1)《散置的珠宝》8：331。
(2)《泰伯里经注》24：23。
(3)《泰伯里经注》24：23。

降谕了下列经文："让我独自处理我所造化的人吧……不遗留，也不放过。"[4]

格塔德说，据说瓦利德（见过艾布·伯克尔后）曾说："以安拉发誓，我研究了此人所说的话（指先知所读的经文），它绝不可能是诗文，虽然它甜美而雅致，并卓越而不可战胜。我不会怀疑它是魔法。"[5]于是安拉降谕道，"愿他被杀，他怎么谋划的！……然后，他蹙额，皱眉"，即他又眉头紧锁，面露不悦。

"我将把他投入火狱"，即我将使他完全淹没在火海之中。

"你怎能知道，什么是火狱呢？"说明火狱的恐怖和严酷性。

然后安拉解释火狱，说，"不遗留，也不放过"，即它将吞噬他们的肉、血脉、神经和皮肤。然后他们的身体重新复原，并继续受刑，他们在这种情况下反复不断地遭受惩罚，求生不得，求死不能。这是伊本·白磊岱等学者的主张。[6]

"它烤焦皮肤"，穆佳黑德等人认为经文指人的皮肤。格塔德解释说，它将烧灼皮肤。[7]伊本·阿拔斯说，它将烧灼人的皮肤。[8]

"其上是十九（名天使）"，指火狱中主要的监管者，他们形象威严，执法严厉。

❲31.我只以天使做火狱的监管者。我只为了考验隐昧者才规定他们的数目，以便有经的人明白，归信者加强信仰，那些被授予经典的人和归信者不怀疑，以致那些心中有病的人和隐昧者说："安拉以此作比喻意欲什么？"就这样，安拉任他所意欲者迷误，并引导他所意欲者。除他之外，没有谁能知道他的军队。这只是对人类的教诲。❳

❲32.不！以月亮发誓，❳
❲33.以逝去时的夜晚发誓，❳
❲34.以显亮时的黎明发誓。❳
❲35.的确，它是大事之一，❳
❲36.作为对人类的警告，❳
❲37.针对你们当中希望前进或落后的人。❳

## 火狱监管者的数目以及隐昧者关于这方面的言论

清高伟大的安拉说："我只以天使做火狱的

---

(4)《泰伯里经注》24：24。
(5)《泰伯里经注》24：25。
(6)《散置的珠宝》8：332。
(7)《泰伯里经注》24：27。
(8)《泰伯里经注》24：28。

监管者。""监管者"指火狱的管理者,是性情暴戾,形象骇人的宰巴尼天使。经文提到火狱监管者的数目时,驳斥了古莱什多神教徒。艾布·哲海里说:"古莱什人啊,你们中的十人不能对付一个监管者吗?"所以安拉说:"**我只以天使做火狱的监管者**",即这些天使厉害无比,无人能征服或战胜他们。据传述,艾布·艾西丁当时自命不凡地说:"诸位古莱什人!你们替我解决他们(天使)中的两个,我给你们解决十七个。"据说此人力大无穷,他站在一块牛皮上,命十个人用力从其脚下拽牛皮,后来牛皮被扯裂了,但他站在原地纹丝不动。

"**我只为了考验隐昧者才规定他们的数目**",即我提到监管火狱的天使是十九位,以便考验人们。"**以便有经的人明白**",即以便他们知道,这位使者的身份是真实的,他的言论与降给古代使者的天启经典内容是相符合的。

"**归信者加强信仰**",即以便在目睹他们的先知穆罕默德所预报的消息真实无误后,坚定他们的信仰。

"**那些被授予经典的人和归信者不怀疑,以致那些心中有病的人和隐昧者说:'安拉以此作比喻意欲什么?'**" "心中有病的人"指伪信士。即他们说,这里提到这个例子用意何在?

清高伟大的安拉说:"**就这样,安拉任他所意欲者迷误,并引导他所意欲者。**"通过这些例子,一些人心中的信仰坚定了,另一些人心中的信仰则会动摇。其中有深刻的哲理和确凿的证据。

## 只有安拉知道其军队的数目

"**除他之外,没有谁能知道他的军队**",即只有安拉知道这些众多天使的数目,以免幻想者误以为火狱的监管者只有十九位。两圣训实录等圣训,叙述先知登霄中在第七层天看到"被建筑的房子"时说:"每天有七万位天使进入其中,他们从中出来后,永远不再返回。"[1]

"**这只是对人类的教诲。**"穆佳黑德认为,"这"指为你们所描述过的火狱。[2]

"**不!以月亮发誓,以逝去时的夜晚发誓**","逝去"指退去。

"**以显亮时的黎明发誓**",其中的"显亮"指照耀。

"**的确,它是大事之一**",即火狱确实是重大的事。这是伊本·阿拔斯等学者的主张。[3]

"**作为对人类的警告,针对你们当中希望前进或落后的人**",即它针对那些愿意接受警告并接受真理的人,也针对背离和拒绝它的人。

❮38.每一个人都因他的行为而被抵押。❯
❮39.幸福的人则不然,❯
❮40.在乐园中,他们互相询问❯
❮41.有关那些犯罪者(的情况):❯
❮42.是什么导致你们进了火狱?❯
❮43.他们说:"我们不曾属于礼拜者;❯
❮44.我们不曾供穷人吃饭,❯
❮45.我们曾和妄谈的人一道妄谈,❯
❮46.我们也曾不信报应之日,❯
❮47.直到叶给尼降临我们。"❯
❮48.求情者的求情,将无益于他们。❯
❮49.他们怎么了,总是避开教诲?❯
❮50.好像一群受惊的驴子,❯
❮51.逃离了狮子。❯
❮52.不,他们每一个人都希望被赐给展开的册簿。❯
❮53.不!他们不怕后世。❯
❮54.不!这确实是一项教诲!❯
❮55.因此,谁愿意,谁就记着它。❯
❮56.不过,除非安拉意欲,他们决不能遂意。他是应受敬畏的,掌握恕饶的。❯

## 乐园居民和火狱居民之间的对话

清高伟大的安拉说,"**每一个人都因他的行为而被抵押**",即复生日,人人都受其行为的制约。这是伊本·阿拔斯等学者的观点。[4]

"**幸福的人则不然,在乐园中,他们互相询问有关那些犯罪者(的情况)**",即他们在乐园的高堂中,询问那些在火狱的水深火热中犯罪者的情况。

"**是什么导致你们进了火狱?他们说:'我们不曾属于礼拜者;我们不曾供穷人吃饭'**",即我们没有崇拜我们的养主,没有善待安拉的被造物中我们的同类。

"**我们曾和妄谈的人一道妄谈**",即我们曾对我们所不知道的事情大谈特谈。格塔德解释:"当有人误入歧途时,我们也步其后尘。"[5]

"**我们也曾不信报应之日,直到叶给尼降临我们。**""叶给尼"指死亡。正如安拉所言:❮你

---

(1)《布哈里圣训实录诠释——造物主的启迪》6:438;《穆斯林圣训实录》1:146。
(2)《泰伯里经注》24:32。
(3)《泰伯里经注》24:33。
(4)《泰伯里经注》24:35。
(5)《泰伯里经注》24:37。

当崇拜你的主，直到那无疑的消息（叶给尼）降临于你。》（15:99）安拉的使者☪说："至于此人——指奥斯曼·本·麦祖吾尼——来自他的养主的叶给尼已经来临他。"[1]

"求情者的求情，将无益于他们"，即具备这些特征的人，在审判日谁的求情都对他没有用途，因为求情只在适当的情况下有用。在复生日以隐昧者身份去见安拉的人，将永居火狱，永不获救。

### 谴责隐昧者的背弃和立场

"他们怎么了，总是避开教诲？"即这些隐昧者怎么总是拒绝你的号召和劝告？

"好像一群受惊的驴子，逃离了狮子。"他们回避真理的情况，就像逃避狮子追捕的野驴。这是艾布·胡莱赖的主张。[2]

据传述，伊本·阿拔斯说，狮子在阿拉伯语中被称为"艾赛德"（الأسد），在阿比西尼亚语中称为"格斯外勒"（قسورة）[3] 在波斯语中称为"西勒"（شير），在奈伯特语中称为"欧巴"。[4]

"不，他们每一个人都希望被赐给展开的册簿"，即这些多神教徒中的每个人，都期望像先知☪那样，被授予一部天经。这是穆佳黑德等学者的解释。[5] 正如安拉所言：《当一个迹象到达他们时，他们说："我们绝不信仰，除非我们获得安拉的使者所获得的。"安拉至知把他的使命置于何处。犯罪的人即将由于他们的诡计而遭受来自安拉的鄙视和严刑。》（6:124）

另据传述，格塔德解释说，他们想在不干任何功行的情况下被授予免罪符。[6]

"不！他们不怕后世"，即他们败坏的原因，是他们对后世的否认和不信仰。

### 《古兰》就是教诲

"不！这确实是一项教诲"，即真的，这《古兰》确实是一部教诲。

"因此，谁愿意，谁就记着它。不过，除非安拉意欲，他们决不能遂意。"正如安拉所言：《当火狱被点燃时。》（81:12）

"他是应受敬畏的，掌握恕饶的"，即安拉是应该被畏惧的，他能够宽恕那些向他忏悔、向他回归的人的罪恶。这是格塔德的解释。[7]

《盖被的人章》注释完。一切感赞全归安拉。

---

### 《复活章》注释　麦加章

**奉普慈特慈的安拉之尊名**

《1. 不，我以复生日发誓，》
《2. 不，我以深刻自责的灵魂发誓。》
《3. 难道人以为我不能集合他的骨骸吗？》
《4. 不然，我完全能使他的手指整齐。》
《5. 但是，人总是要在其前面放荡。》
《6. 他询问复生日的时间。》

---

[1]《白海根大圣训集》3:406。
[2]《泰伯里经注》24:42。
[3] 本章中的"狮子"，就是这个单词。——译者注
[4]《泰伯里经注》24:42。
[5]《格尔特宾教律》19:90。
[6]《泰伯里经注》24:43。

[7]《泰伯里经注》24:44。

《7.当眼光缭乱，》
《8.月亮黯淡，》
《9.日月相合时，》
《10.那天，人将说："逃避之处在哪里？"》
《11.绝不然！没有避难之地！》
《12.那天，定所只在你的养主那里。》
《13.那天，人将被告知他前后所做的一切。》
《14.不然，人对自身是明察的，》
《15.即使他抛出他的一切借口。》

## 有关复生日的归宿必将实现的起誓以及对阴谋者的驳斥

前面不止一次提到，这种出现在句首的"不"，是为了强调后文的内容。本章的"不"，所强调的是后世的复活必定实现，同时驳斥一些无知者的谬说——他们认为只有灵魂的复活，而没有肉体的复活。

因此，清高伟大的安拉说："**不，我以复生日发誓，不，我以深刻自责的灵魂发誓。**"格塔德解释：安拉以这两件事同时发誓。[1]这也是伊本·阿拔斯等学者的主张。[2]

"**复生日**"的意义不言而喻。

"**深刻自责的灵魂。**"哈桑·巴士里解释："以安拉发誓，在我们看来，穆民总是在自问，常常自问'我因何开口说话？''我因何吃饭？''我自问是为了什么？'恶人则我行我素，从不反省。"[3]

伊本·朱拜尔解释说，他对善恶都要进行埋怨。穆佳黑德解释说：他对失去的（善功）感到后悔，因此经常抱怨自己。[4]

"**难道人以为我不能集合他的骨骼吗？**"难道他认为在复生日我不能复原他的骨骼，并从不同的地方集合它们吗？

"**不然，我完全能使他的手指整齐。**"难道人认为我不能集合他的骨骼吗？不，我能集合它。我的能力适合做这一切事情。如果我意欲，我在集合它时，还能增加一些原来不曾有的创造。我能使他的十指一样长。

"**但是人总是要在其前面放荡。**"伊本·阿拔斯解释为继续向前；穆佳黑德解释为人总是我行我素，并本末倒置。另据传述，伊本·阿拔斯解释说，经文指否认清算之日的隐昧者。[5]伊本·栽德也持此说。[6]

"**他询问复生日的时间**"，即他问复生日何时到来。他是抱着不认可和否认的态度询问的。正如安拉所言：《他们说："如果你是诚实的，那么这个约期什么时候将会实现？"你说："你们有某日的约期，你们不能使它延缓一刻，也不能使它提前。"》（34：29-30）

"**当眼光缭乱。**"艾布·阿慕尔以启齿符读"缭乱"（بَرِقَ）一词，即"目光惶惑"。这种读法的意思跟下列经文相似：《他们的眼睛一动也不动。》（14：43）即他们因为过分恐惧而四处观望，无法注视一个地方。另一些人以开口符读这个单词，但两种读法的意义相差无几。即在复生日，他们将因为目睹各种惊恐和重大事件而眼花缭乱，惊慌失措，忧郁自卑。

"**月亮黯淡**"，指月光消逝。

"**日月相合时。**"穆佳黑德解释说，当日月卷起的时候。[7]伊本·栽德解释这段经文时读道：《当太阳被卷起时，当群星坠落时。》（81：1-2）

据传述，伊本·麦斯欧迪曾读道："当日月彼此相合一起的时候。"

"**那天，人将说：'逃避之处在哪里？'**"即复生日人类目睹这些惊骇的现象时想逃避，故而问："哪里有避难之处？"

清高伟大的安拉说："**绝不然！没有避难之地！那天，定所只在你的养主那里。**"伊本·阿拔斯等学者说，"**没有避难之地**"指不能（脱离火狱而）得救。正如安拉所言：《那天，你们没有托庇之所，也不能抵赖。》（42：47）据一些经注学家解释，"也不能抵赖"指别人对你们一目了然。本章的经文说，"**没有避难之地**"，指你们没有避难之地。

因此清高伟大的安拉说："**那天，定所只在你的养主那里。**""**定所**"指最终的归宿。

## 人的所作所为都将在复生日展现在他的面前

"**那天，人将被告知他前后所做的一切**"，即他一生的一切行为，无论大小和前后，都将被告诉他。正如安拉所言：《他们发现他们所做过的一切都在现场。你的主绝不会亏待任何人。》（18：49）

同样，安拉在此说，"**不然，人对自身是明察的，即使他抛出他的一切借口**"，即他将做自己的反证，深知自己的所作所为，即使他找任何借口并矢口否认。正如安拉所言：《你读你的册簿吧！今

---

(1)《泰伯里经注》24：48。
(2)《散置的珠宝》8：47；《格尔特宾教律》19：93。
(3)《格尔特宾教律》19：91。
(4)《泰伯里经注》24：50。
(5)《泰伯里经注》24：54。
(6)《泰伯里经注》24：54。
(7)《泰伯里经注》24：57。

天你足以作自己的审计人。》（17：14）

伊本·阿拔斯解释"人对自身是明察的"时说，他的耳朵、眼睛、两手、两脚和周身的肢体（都明察他的行为）。[1] 格塔德解释：他将为自己的恶行作证。另据传述，格塔德还说："以安拉发誓，如果你注意他，你会看到他总是在看别人的缺点，而对自己的缺点熟视无睹。人们常说《引支勒》中写着下面的经文：阿丹的子孙啊！你对兄弟眼中的灰尘一目了然，但对自己眼中的树枝却熟视无睹。

"即使他抛出他的一切借口。"穆佳黑德说："虽然他极力为自己辩护，但结果是自己做自己的反证。"[2] 格塔德解释：在那天，他们妄图制造虚假的理由，但它不被接受。[3] 赛丁伊解释说"借口"指辩论。正如安拉所言：《 那时，他们的托词仅仅是："以安拉——我们的主发誓！我们不是崇拜多神的人。"》（6：23）《那天，安拉使他们全体复活，他们就像对你们发誓一样地对他发誓。他们自以为他们有所凭依。真的，他们确实是撒谎者。》（58：18）奥夫传述，伊本·阿拔斯解释说，经文指辩白。难道你不曾听安拉说：《他们的托词将对他们无益。》（40：52）《那天，它们将会向安拉表示顺从。》（16：87）《他们表示顺从。》（16：28）又如他们所说：《指安拉——我们的主发誓！我们不是崇拜多神的人。》（6：23）[4]

《 16. 你不要为了匆匆对待它，而动你的舌头。》

《 17. 我负责汇集它和诵读它。》

《 18. 所以当我诵读它时，你就跟着读它，》

《 19. 然后，我负责解释它。》

《 20. 不！你们喜爱现世，》

《 21. 你们放弃后世。》

《 22. 那天，一些面孔娇艳鲜亮，》

《 23. 仰视他们的主。》

《 24. 那天，还有一些面孔愁苦凄酸，》

《 25. 确信大灾难将降临他们。》

### 教导先知接受启示

安拉在此教导先知，应该怎么从天使那里接受启示。因为先知曾急忙接受之，并与天使争着诵

---

(1)《泰伯里经注》24：62。
(2)《泰伯里经注》24：64。
(3)《泰伯里经注》24：65。
(4)《泰伯里经注》24：64。

---

读。安拉在此命令他，当天使带来启示时，他应该静听，安拉为他保障把天使带来的启示收集在他的胸中，并使之容易，以便先知原封不动地传达它。安拉还将为先知阐明和注释它。第一是将启示收集在先知胸中；第二是诵读启示；第三是阐释它的意义。因此安拉说："**你不要为了匆匆对待它，而动你的舌头。**""它"指《古兰》。正如安拉所言：《对你的启示结束之前，你不要急忙诵读。你说："我的主啊！求你增加我的知识吧！"》（20：114）

"**我负责汇集它和诵读它**"，即我负责将启示集中到你的心中，并让你正确诵读它。

"**所以当我诵读它时**"，即当天使替安拉为你诵读启示时。

"**你就跟着读它**"，即你首先静听，然后按照天使的吩咐诵读它。

"**然后，我负责解释它。**"在你记下它，并诵读它之后，我将为你阐释它，使你明白它的正确意义。

伊玛目艾哈麦德辑录，（赛尔德·本·朱拜尔说）伊本·阿拔斯说："安拉的使者㊚因为接受

启示而受了不少苦，因此他总是动他的两唇（匆匆诵读）。"他（赛氏）说，伊本·阿拔斯告诉我："我也动我的嘴唇，正如安拉的使者动他的嘴唇那样。"赛尔德告诉我："我也动我的嘴唇，正如伊本·阿拔斯动他的嘴唇那样。安拉当时降谕道：'我负责汇集它和诵读它。'"他说，安拉将启示集中在你的胸中，然后你诵读它。"**所以当我诵读它时，你就跟着读它**"，即你当静听："**然后，我负责解释它。**"吉卜勒伊里离开之后，先知就按照他的读法诵读启示。[1]另据传述，吉卜勒伊里到来时先知保持沉默，他离开之后，先知开始按照安拉的教诲诵读启示。[2]

### 否认复生日的原因是喜爱今世，疏忽后世

清高伟大的安拉说，"不！**你们喜爱现世，你们放弃后世**"，即他们否认复生日，违背安拉降给使者的真实启示和伟大《古兰》，其原因是他们一心贪恋现世，对后世不闻不问。

### 后世能看见安拉

"**那天，一些面孔娇艳鲜亮**"，即他们容光焕发，喜形于色。

"**仰视他们的主。**"那天他们将亲眼看到安拉。正如《布哈里圣训实录》所载："你们将亲眼看到你们的养主。"[3]穆民在后世能看到安拉的消息在各大圣训集中都有明确、正确的记载，是不容否认的。譬如两圣训实录辑录，有些人问："安拉的使者啊！复生日我们能见到我们的养主吗？"先知说："在晴空下观看日月能对你们造成伤害吗？"众人回答："不会。"使者说："你们就会这样看到你们的养主。"[4]两圣训实录辑录，贾比尔说，安拉的使者看着月圆之夜的月亮，说道："你们会像看这月亮一样看到你们的养主。如果你们能够在日升和日落之前礼拜，你们就礼吧。"[5]先知说："乐园的居民进入乐园后，安拉问：'你们需要增加点什么吗？'他们回答：'难道你没有让我们的面容变白了吗？难道你没有从火狱中拯救我们，并让我们进入乐园吗？'"传述者说："于是安拉揭起帷幕。乐园居民最爱的，莫过于观看他们的养主。这就是'增加的'。"然后他读道："◆行善者将得善报，还有增加的。◆"（10：26）[6]贾比尔传述："安拉将笑着为众穆民而显现。"[7]这将发生在复生日的清算场上。一些圣训中还提到，穆民将在清算场和乐园中看到他们的养主。我们原想引用更多的相关圣训，但为了防止文章赘臃，故零星引用。求安拉赐我们机遇和顺利。

赞美安拉，穆民后世见主是圣门弟子、再传弟子以及这个民族的先贤所共识的，同样，伊斯兰的学者和贤达，都对此没有异议。

### 复生日犯罪者的面容将变黑

"**那天，还有一些面孔愁苦凄酸，确信大灾难将降临他们。**"这是恶人的面孔，他们复生日愁眉苦脸。这是格塔德的解释。赛丁伊解释："这些面孔将改变颜色。""**大灾难**"，穆佳黑德认为指灾难；格塔德认为指恶劣；[8]赛丁伊解释为他们确信自己将被毁灭。[9]伊本·栽德解释为他们确信自己将进火狱。相似的经文如：◆在那天，有些脸将会变白，而有些脸将会变黑。◆（3：106）又◆那天，有些面容是光彩的，欢笑的和愉悦的。那天，有些面容，则是有尘垢的，黑暗笼罩着它。这等人，是否认的，邪恶的。◆（80：38-42）又◆劳动的、辛苦的。它将进入烈火，饮极热的泉水，除了荆棘，他们没有食物，它既不肥人，也不解饿。在那天，有些面容是愉悦的。为它的努力而欢欣的。在崇高的乐园中，◆（88：3-10）等等。

◆26.不然，当它到达锁骨时，◆
◆27.有人问道："谁是巫医？"◆
◆28.他确信那是分离。◆
◆29.胫与胫相纠缠。◆
◆30.那天，驱赶之处只在你的主那里。◆
◆31.因为他既没有正信，也没有礼拜。◆
◆32.但他否认了，并且躲避。◆
◆33.然后，他自满地去了他的家里。◆
◆34.你真了不得！你真了不得！◆
◆35.然后，你真了不得！你真了不得！◆
◆36.难道人以为他就此被放纵？◆
◆37.他不曾是一滴被射出的精液吗？◆
◆38.然后，他成为血块；然后他（安拉）造化（他）并使之健全，◆
◆39.他使他成为两性——雄性和雌性。◆

---

(1)《艾哈麦德按序圣训集》1：343。
(2)《布哈里圣训实录诠释——造物主的启迪》1：39，8：547、549、550、707，13：508；《穆斯林圣训实录》1：330。
(3)《布哈里圣训实录诠释——造物主的启迪》13：430。
(4)《布哈里圣训实录诠释——造物主的启迪》13：430、431；《穆斯林圣训实录》1：163、167。
(5)《布哈里圣训实录诠释——造物主的启迪》13：429；《穆斯林圣训实录》1：439。
(6)《穆斯林圣训实录》1：163。
(7)《穆斯林圣训实录》1：178。
(8)《泰伯里经注》24：74。
(9)《格尔特宾教律》19：110；《泰伯里经注》24：74。

❦ **40.难道这样的创造者不能使死者复活吗？** ❧

## 人在临终时发生的事情

清高伟大的安拉在此讲述人类临终时的情况，那的确是一个充满恐惧的时刻，愿安拉在那时以其坚定的言语使我们坚定。安拉说，"**不然，当它到达锁骨时**"，如果以否定词对待"**不然**"，那么经文的意思是：阿丹的子孙啊！那时，你将不能否认你曾被告知的一切。我当初告诉你的一切，都将明确地展现在你眼前；如果将"**不然**"解释为"真的"（以肯定句对待），那么意义则非常明显。即真的，当灵魂逐渐脱离身体，到于锁骨的时候。"**锁骨**"指人体胸口与肩膀之间的部分。另一段经文说：❦ 当它到达喉咙时，为什么不……那时你们眼看着，那时我们比你们更接近他，但你们看不见。如果你们不是受审判的，为什么不——为什么你们不使它回去呢？如果你们是诚实的。❧（56：83—87）

本章的经文说："**不然，当它到达锁骨时，有人问道：'谁是巫医？'**"伊本·阿拔斯解释为："谁是念咒符驱病的人？"[1] 同样，艾布·格俩白解释为：谁是妙手回春的大夫？[2] 格塔德、端哈克等人也是如此解释的。[3]

"**胫与胫相纠缠。**"伊本·阿拔斯解释说，这是今世的最后一天，后世的第一日，因此，除了安拉特慈的人之外，那将是困难交加的日子；[4] 艾克莱麦解释：重大的事情将与重大的事情纠缠而来；穆佳黑德解释：灾难接踵而至；哈桑·巴士里说："经文指纠缠到一起的两个胫骨。"另据传述，哈桑·巴士里说："他的两腿已经坏死，因此，他曾经赖以周游各地的两脚，此时不能支撑他。"[5]

"**那天，驱赶之处只在你的主那里。**""**驱赶之处**"指归宿、目的地。因为灵魂升到天上后，安拉对众天使说："你们让我的仆人回到大地上！因为我从中创造了他们，要将他们回归到它当中，后来还要再次使他们出来。"正如白拉伊传述的圣训所详述的。[6] 安拉确曾说过：❦ 他是众仆之上的统治者。他为你们派遣保护的天使，直到你们中的一人临终时，我的使者们就会使他死亡。他们从不失职。然后他们被集合到安拉——他们的真主那里。须知，权力只属于他。他是清算最迅速的。❧（6：61—62）

## 否认者的情况

清高伟大的安拉说："**因为他既没有正信，也没有礼拜。但他否认了，并且躲避。**"经文叙述的是那些在今世生活中一心否认真理，拒绝用身心履行善功的隐昧者，（他们）表里都是邪恶的。因此说："**因为他既没有正信，也没有礼拜。但他否认了，并且躲避。然后，他自满地去他的家里。**""**自满**"指嘻嘻哈哈、趾高气扬、目空一切或眼高手低。正如安拉所言：❦ 当他们回到他们家人当中时，就嬉笑着回去。❧（83：31）又❦ 他确曾在家中是欢乐的，他确信他不会回归，不！他的主永远观看着他。❧（84：13—15）端哈克传述，伊本·阿拔斯说，"**然后，他自满地去了他的家里**"中的"**自满**"指狂妄自大；[7] 格塔德认为指趾高气扬。[8]

"**你真了不得！你真了不得！**"这是安拉对否认并趾高气扬地走路的隐昧者的严厉警告。即你连创造你的安拉都否认了，所以你应该这样走路。人们在揶揄和嘲讽别人时，就以这种口吻和他们说话。正如安拉所言：❦ 尝尝吧！你的确是优秀的，尊贵的。❧（44：49）又❦ 你们吃吧，并享受片刻吧，你们确实是有罪之人。❧（77：46）又❦ 那么你们舍他而崇拜你们所喜欢的吧。❧（39：15）❦ 你们做你们想做的吧。❧（41：40）

伊本·朱拜尔说，我向伊本·阿拔斯询问"**你真了不得！你真了不得！然后，你真了不得！你真了不得**"是怎么回事？他说："安拉的使者㊢曾对艾布·哲海里说了这句话（后来安拉也如是降谕穆圣㊢启示）。"[9] 格塔德说："这是接二连三的警告，正如你们所听到的那样。"据传述，有次安拉的敌人艾布·哲海里揪住先知㊢的衣服，先知对他说："你真了不得！你真了不得！然后，你真了不得！你真了不得！"艾布·哲海里说："穆罕默德啊！你在恐吓我吗？以安拉发誓，你和你的养主能奈我何？我是走在两山[10]之间最尊贵的人。"

## 人不会被放任自流

"**难道人以为他就此被放纵？**""**他就此被放纵**"，赛丁伊解释为他不被复生；穆佳黑德等解释为，他不被责成命令或被约束。显然经文包括以上两层意义，即在今世中他被责成执行任何命令或禁止，在坟墓中他会被复生。实际上，他在今世有责任履行安拉的命令和禁止，在后世中他将被集合到

---

(1)《泰伯里经注》24：75。
(2)《泰伯里经注》24：75。
(3)《泰伯里经注》24：75。
(4)《泰伯里经注》24：75。
(5)《泰伯里经注》24：78；《格尔特宾教律》19：112。
(6)《圣训大典》238。
(7)《散置的珠宝》8：363。
(8)《泰伯里经注》24：81。
(9)《圣训大集》6：504。
(10)指麦加城两面的山。安拉至知。——译者注

安拉那里。

概言之，经文在此肯定了最终归宿的真实性，并驳斥了那些否认者——愚蠢、顽固的邪教徒。

因此安拉以初造证明复造说："他不曾是一滴被射出的精液吗？"即人原本是脆弱、卑贱的精液，来自男性体内，射向女性的子宫。

"然后，他成为血块；然后他（安拉）造化（他）并使之健全"，即此后他依次成为一块血、一块肉、人形，此后被注入灵魂，而后凭安拉的许可和定然，成为另一个被造物——一个协调而健全的男人或女人。

因此清高伟大的安拉说："他使他成为两性——雄性和雌性。"

"难道这样的创造者不能使死者复活吗？"从微弱的精液创造健全人类的安拉，难道不能复造人吗？事实上，比较初造，复造是更容易的，或和初造一样容易。正如安拉所言：《是他创始造化，然后复造之。复造对于他是更容易的。》（30：27）第一种解释更加明确，正如《罗马章》所述。安拉至知。

### 章末的祈祷

艾布·达乌德传述，有人曾在房顶礼拜，当他读到"难道这样的创造者不能使死者复活吗？"时念道："赞你清净！你能够。"于是人们问他为什么要这么做，他回答说："这是我从安拉的使者那里听来的。"[1] 只有艾布·达乌德记载了这段圣训，却没有提到这位圣门弟子的名字，但这并不重要。

《复活章》注释完。一切感赞全归安拉。

### 《人类章》注释　麦地那章

### 聚礼日晨礼中诵读《叩头章》和《人类章》

《穆斯林圣训实录》记载，安拉的使者经常在星期五的晨礼中诵读《艾立甫，俩目，米目。这部毫无疑义的经典，是由众世界的养主颁降的。》（32：1-2）——《叩头章》和《人类章》。[2]

---

奉普慈特慈的安拉之尊名

《1.难道人不曾经历他曾是不值一提的东西——这样一段时期吗？》

《2.我确由混合的精液造化了人。我将试验他，所以我使他成为能听、能观的。》

《3.我确已引导他一条道路，他要么是知感的，要么是辜恩的。》

### 安拉从无到有创造人类

清高伟大的安拉说，人类原本不存在，因其卑贱渺小而不值一提。后来安拉创造了他们。因此说："难道人不曾经历他曾是不值一提的东西——这样一段时期吗？"

然后安拉介绍人类存在的过程，说："**我确由混合的精液造化了人。**""混合的"指一些物质相互混合。伊本·阿拔斯解释为男人的液体与女人的液体相配合。[3] 此后，人由一个阶段、一种状况和一个种类向另一个阶段、另一种状况和另一个种类转变。艾克莱麦等学者也认为"混合的"指男性的液体与女性的液体相混合。[4]

"我将试验他"，即我将考验他。正如安拉所言：《以便他考验你们，看谁的行为最好。》（67：2）

然后清高伟大的安拉说，"**所以我使他成为能听、能观的**"，即我赋予他听觉和视觉，以便他凭借它们服从或违抗。

### 安拉为人类指引了一条道路，因此人要么是感恩的，要么是忘恩负义的

"我确已引导他一条道路"，即我已经为他阐明了它，并使他看清了它，将它展示给了他。正如安拉所言：《至于塞姆德人，我曾引导他们，但是他们宁愿盲目，不顾引导。》（41：17）《我给他引导了两条道路。》（90：10）即我已经为他们阐明了正道和邪路。这是艾克莱麦等学者的主张。

然后清高伟大的安拉说，"**他要么是知感的，要么是辜恩的**"，即对待我的引导，他们要么是薄福的，要么是幸福的。正如安拉的使者所说："人们清晨都在兜售自己，有人毁了自己，有人释放了自己。"[5]

《4.我为隐昧者准备了锁链、桎梏和烈火。》

---

[1]《艾布·达乌德圣训集》1：549。
[2]《穆斯林圣训实录》2：599。
[3]《泰伯里经注》24：89。
[4]《泰伯里经注》24：89、90。
[5]《穆斯林圣训实录》1：203。

❧ 5.善人们，他们将饮一杯含有樟脑的饮料。❧

❧ 6.即安拉的众仆在那里饮用的泉水，他们使它大量流出。❧

❧ 7.他们实践誓愿，他们畏惧灾难遍布的那一天。❧

❧ 8.他们在爱他的情况下，把食物供给赤贫者、孤儿和俘虏。❧

❧ 9.我们供你们饮食，只是为了安拉喜悦。我们不要你们还报或感谢。❧

❧ 10.我们害怕来自我们主的窘迫的、艰难的日子。❧

❧ 11.因此安拉使他们避免了那天的灾难，并使他们光彩和愉快。❧

❧ 12.他由于他们当初的坚韧，而赏给他们乐园和丝绸。❧

### 隐昧者和善人的报酬

清高伟大的安拉说，他为他的被造物中的隐昧者准备了锁链、桎梏和火狱中熊熊燃烧的烈火。正如安拉所言：❧ 当时，枷锁和链子绕在他们的脖子上，他们被拖动着——拖进沸腾的液体中，然后被拖进火狱中焚烧。❧（40：71-72）

安拉讲述为薄福者准备的火狱之后，紧接着提到为幸福者准备的恩典，"**善人们，他们将饮一杯含有樟脑的饮料**"。众所周知，樟脑清凉芬芳，除此之外乐园中它的滋味更是美妙无比。哈桑说："清凉的樟脑将溶于纯美的鲜姜中。"

清高伟大的安拉说，"**即安拉的众仆在那里饮用的泉水，他们使它大量流出**"，即为这些善人而制的含有樟脑的饮料，来自近主的仆人痛饮的一口酿泉，其质地纯洁，没有杂质。"يشرب"（饮用）一词为"يروى"（痛饮）的意思。

"**他们使它大量流出**"，即他们在其中任意控制其流量和流出的地点，可以在他们的宫殿、家园和住处等任何地方取饮。"**大量流出**"指涌出。正如安拉所言：❧ 他们说："除非你能为我们使一股泉水由地底涌出来，否则，我们决不信你；❧（17：90）❧ 我使一些河流在它们中间流过。❧（18：33）

穆佳黑德解释"**他们使它大量流出**"说："他们可以将水引到任何地方。"[1] 艾克莱麦和格塔德也持此观点。[2] 绍利解释说："他们可以任意支配这些水流通的方向。"[3]

### 善人的功行

"**他们实践誓愿，他们畏惧灾难遍布的那一天**"，即他们侍奉安拉，既履行法定的宗教义务，又遵守誓愿，自愿行善。

阿伊莎（愿主喜悦之）传述，安拉的使者☪说："谁许愿要服从安拉，他就应该服从；谁许愿要违抗安拉，他就不能违抗。"[4] 他们害怕清算之日恶行的清算，而不触犯安拉的禁令。那天，除了安拉特慈的人之外，人们都要遭受不可幸免的惩罚。

伊本·阿拔斯认为"**遍布的**"指蔓延的；格塔德认为指飞扬的，即那日的灾难将铺天盖地。[5]

"**他们在爱他的情况下。**"有人说，经文指爱安拉的情况下。他们根据前后文认为"**他**"指安拉。但解释为"**它**"（ه）的时候意义更为明确，即他们在自己爱这些食物，并向往吃它的情况下，将它供给别人。穆佳黑德持后一种观点。[6] 正如安拉所言：❧ 并在喜爱它的情况下，将财产施舍给亲

---

（1）《泰伯里经注》24：94。
（2）《散置的珠宝》8：369。
（3）《泰伯里经注》24：95。
（4）《布哈里圣训实录诠释——造物主的启迪》11：589；《穆究塔》2：476。
（5）《泰伯里经注》24：96。
（6）《泰伯里经注》24：96。

属……》（2：177）又《除非你们献出你们所喜爱的，你们绝不会达到正义。无论你们献出什么，安拉都是知道它的。》（3：92）

圣训中说："最佳的施舍，是你在健康的、难以割舍的情况下作出的施舍，那时你希望富裕，害怕贫穷。"[1] 即在你自己喜爱这些财产，并需要它们的时候，将它们施舍给需求者。因此说："**他们在爱他的情况下，把食物供给赤贫者、孤儿和俘虏。**" 前面已经注释过"**赤贫者、孤儿**"。但学者们对"**俘虏**"（أسير）一词有不同的解释，伊本·朱拜尔、哈桑等解释说："朝向正向的人中的俘虏。"[2] 伊本·阿拔斯解释说："当时的俘虏都是多神教徒。"[3] 其证据是安拉的使者曾命令圣门弟子们善待白德尔战役中俘获的多神教徒，因此，在吃饭时，穆斯林让这些俘虏先吃。艾克莱麦说："他们是奴隶。"[4] 伊本·哲利尔认为这一节是泛指，包括穆斯林和多神教徒。[5] 同样，伊本·朱拜尔等学者说："安拉的使者曾不止一次忠告人们善待奴隶，最重要的忠告发表于临终前（辞朝演说），其中说你们当坚持拜功，并善待奴隶。"[6] 穆佳黑德认为指被监禁的人。[7] 即他们在自己喜爱这些食品的情况下，将它们供给上述需求者，并用实际行动告诉他们，"**我们供你们饮食，只是为了安拉喜悦**"，即我们只希望安拉喜悦，"**我们不要你们还报或感谢**"，即我们不要求你们报答我们，也不需要你们在众人面前感激我们。穆佳黑德和伊本·朱拜尔说："以安拉发誓，他们并没有亲口说出上述话，但安拉知道它在他们心里。因此安拉表扬了他们，以便鼓励他人仿效。"[8]

"**我们害怕来自我们主的窘迫的、艰难的日子**"，即我们做这些事，或许安拉会因此慈悯我们，并在那令人愁眉苦脸的艰难之日爱护我们。伊本·阿拔斯说"**窘迫的**"（عبوسا）指颠沛的，"**艰难的**"（قمطرير）指漫长的；[9] 艾克莱麦等人说，那日隐昧者将紧锁眉头，他们的两眼之间会流下柏油般的汗水；[10] 穆佳黑德认为"**窘迫的**"指紧绷两嘴唇的，"**艰难的**"指愁眉苦脸的；伊本·朱拜尔等学者说："那天，一些人因为惊恐而满面凄愁。""**艰难的**"指因为惊恐而蹙额皱眉；伊本·栽德说，"**窘迫的**"指邪恶的，"**艰难的**"指严厉的。

## 善人在乐园中获得报酬的一些细节
## 乐园的恩典

"**因此安拉使他们避免了那天的灾难，并使他们光彩和愉快。**"这是一种惯用的修辞方法。即安拉使他们免于恐惧。在他们的脸上添加"**光彩**"，在心中赋予"**愉快**"。这是哈桑·巴士里等学者的观点。[11] 下面的经文与之接近：《那天，有些面容是光彩的，欢笑的和愉悦的。》（80：38-39）因为人们心中愉快时，脸上就会产生光彩（喜形于色）。凯尔卜·本·马立克说："安拉的使者高兴时就会容光焕发，宛如明月。"[12] 阿伊莎（愿主喜悦之）说："安拉的使者高兴地、容光焕发地来到我跟前……"[13]

"**他由于他们当初的坚韧**"，即安拉由于他们的忍耐而赐给他们宽敞的乐园和优美的衣服。伊本·尔撒克尔在《希沙姆·本·苏莱曼·达尔尼生平简介》中说：有人为希沙姆·本·苏莱曼诵读《人类章》，当读到"**他由于他们当初的坚韧，而赏给他们乐园和丝绸**"时，希氏说：因为他们在今世中克制私欲。

《13.躺在园中的高床上，看不到骄阳，也不觉严寒。》

《14.乐园的翠荫靠近他们，成串的果实低垂着。》

《15.他们将轮流传递银樽和水晶杯，》

《16.——水晶银杯，他们恰如其分地斟酌它。》

《17.他们将被赐给一杯含有姜汁的饮品，》

《18.那是名叫赛里赛毕里的泉水。》

《19.一群青春永驻的少年，将穿行于他们中间，如果你看到他们，你一定会以为他们是散置的明珠。》

《20.当你观看时，你将在那里看到幸福和巨大的权力。》

《21.他们身着绿色丝衣和金缕，戴着银手镯，他们的主供给他们纯净的饮品。》

《22.这确实是给你们的回赐，你们的努力要被奖励。》

---

(1)《布哈里圣训实录诠释——造物主的启迪》3：334。
(2)《泰伯里经注》24：97。
(3)《阿卜杜·兰扎格经注》3：337。
(4)《格尔特宾教律》19：129。
(5)《泰伯里经注》24：98。
(6)《圣训大集》4：258。
(7)《泰伯里经注》24：98。
(8)《泰伯里经注》24：98。
(9)《泰伯里经注》24：100。
(10)《泰伯里经注》24：99。
(11)《泰伯里经注》24：101。
(12)《布哈里圣训实录诠释——造物主的启迪》6：653。
(13)《布哈里圣训实录诠释——造物主的启迪》6：653。

## 高床以及乐园中没有炎热和寒冷

清高伟大的安拉在此讲述乐园及其中永恒的恩典和巨大的福泽,说:"**躺在园中的高床上。**"前面注释《列班者章》时已经注释了相同的经文。该章还列举了"**躺**"的不同解释,大体如下:侧卧、倚肘而坐、盘腿而坐以及端坐。"**高床**"指帷幔下面的床。

"**看不到骄阳,也不觉严寒**",即他们感觉不到酷暑和严寒,温度恒定宜人,居民乐不思变。

## 树荫和果实垂手可得

"**乐园的翠荫靠近他们。**""**翠荫**"指枝叶。

"**成串的果实低垂着**",即每当人想食用果子时,那成串的果实从树头垂下靠近他们,好像毕恭毕敬的童仆。正如安拉所言:❴ **两个园子(的水果)都近在手边。**❵(55:54)❴ **果实近在手边。**❵(69:23)

穆佳黑德解释"**成串的果实低垂着**"时说:"当他站起来时,那果实便与他一般高低;他坐下时,果实也随他低垂;他躺下时,仍然可以信手采撷果实。这就是安拉所说的'**成串的果实低垂着**。'"[1] 格塔德解释说:"他们不因为有刺或遥远而无法伸手采撷果实。"[2]

## 银制的器皿和杯盏

清高伟大的安拉说:"**他们将轮流传递银樽和水晶杯**",即童仆们将带着盛有食品的器皿前来为他们服务。那是银制餐具和没有嘴和把儿的杯盏。

"**他们将轮流传递银樽和水晶杯,——水晶银杯。**"伊本·阿拔斯等人解释说,晶莹的水晶中洁白的银器。[3]"**水晶**"(قوارير)是一种玻璃,而这里则指一种银制的晶莹剔透的杯盏,在今世中没有与之相近的参照物。

"**他们恰如其分地斟酌它**",即他们按照需求,恰如其分地取用,不多也不少。那些饮品都按照他们的所需,为他们预备就绪了。这是伊本·阿拔斯、穆佳黑德等学者的解释。[4] 这种表达,更加突出了对他们的重视以及他们所获得的尊贵和款待。

## 姜汁和赛里赛毕里

"**他们将被赐给一杯含有姜汁的饮品**",即善人们将使用这些杯盏饮用佳酿。

"**含有姜汁的饮品。**"有时饮料中含有樟脑,他们享用冷饮;有时其中含有姜汁,他们可享用热饮,从而达到合理的调剂。即这是这些人的饮料。

至于近主者,他们饮用的,则是纯粹的琼浆玉液(不掺和其他物质),正如格塔德等学者所说。[5]

前面清高伟大的安拉说:"**即安拉的众仆在那里饮用的泉水。**"经文在此说:"**那是名叫赛里赛毕里的泉水**",即樟脑(السلسبيل)是乐园的一口被称为赛里赛毕里的泉;艾克莱麦说"**赛里赛毕里**"是乐园中一眼泉的名称;穆佳黑德说:"如此命名,是因为它连续不断地激流。"[6]

## 童仆和服务

"**一群青春永驻的少年,将穿行于他们中间,如果你看到他们,你一定会以为他们是散置的明珠**",即乐园的童仆来来往往,侍奉乐园的居民。

"**青春永驻的**",指这些童仆永远处于一种状况,他们的年龄不会改变。有人解释说这些童仆的耳朵上戴着耳坠,而这只能用一种方法解释其意,因为只有小孩适合这种装扮。

"**如果你看到他们,你一定会以为他们是散置的明珠**",即这些童仆人数众多,四处奔走,解决主人的需求,他们面貌俊秀,装束优雅,放眼看去,简直就像满地散置的珠宝。优美的地方优美的景象,真是无与伦比,美不胜收。

"**当你观看时**",即穆罕默德啊!如果你去看乐园——其中的恩泽、宏伟、欢乐和幸福时,"**你将在那里看到幸福和巨大的权力**",即我将看到那里有属于安拉伟大的领域和至高无上的权力。圣训中说:"安拉对最后出火狱,并最后进入乐园的人说:'你将获得像整个今世以及其基础之上的十倍。'"[7] 如果这是对乐园中一个最平凡人的赏赐,那么在安拉那里品位更高,赏赐更丰的人,你又作何感想呢?

## 服 饰

"**他们身着绿色丝衣和金缕。**""**丝衣**"指乐园居民的衣服是上乘丝绸和金缕,这些衣服一般是衬衣或贴身内衣。"**金缕**"指有光彩的天鹅绒,一般指作为外套,正如我们常见的那样。

"**戴着银手镯。**"这是善人的特征。近主者如下文所述:❴ **佩戴黄金和珍珠手镯,他们在其中的**

---
(1)《泰伯里经注》23:103。
(2)《泰伯里经注》24:103。
(3)《泰伯里经注》24:105、106。
(4)《泰伯里经注》24:106:107。
(5)《泰伯里经注》24:107。
(6)《泰伯里经注》24:108。
(7)《穆斯林圣训实录》1:173。

衣服是绫罗。》（35：33）

安拉讲述了他们外表的装束——丝衣美饰之后，在后面说道："**他们的主供给他们纯净的饮品**"，即它净化了他们的内心，使其不再具备嫉妒、怀恨、愤懑、伤害等恶德，正如信士的长官阿里所说："乐园的居民来到乐园跟前时，发现那里有两眼泉，他们好像通过灵感知道如何应用它，于是在一眼泉中饮水，此后，安拉祛除了他们心中的恶劣。他们在另一眼泉中饮水后，幸福和愉悦流遍全身。如此，安拉讲述了他们外表的情况和内在的优美。"（1）

"**这确实是给你们的回赐，你们的努力要被奖励。**"这是为了使他们荣耀和款待他们而被告知他们的话。正如安拉所言：《 由于你们在过去的日子做过的，你们尽兴地吃饮吧！》（69：24）《 他们被呼吁道："那是乐园，你们已因为你们的行为而继承了它。"》（7：43）

"**你们的努力要被奖励**"，即安拉以巨大的恩典奖励他们少量的善行。

《 23.我曾为你庄严地颁降《古兰》。》
《 24.所以你要忍受你的主的判断，不要顺从他们中的罪人或隐昧者，》
《 25.你当在晨昏时记念你的主的尊名。》
《 26.夜间，你当向他叩头，并在漫长的夜间赞美他。》
《 27.确实，这些人喜爱现世，而把庄重的日子置于脑后。》
《 28.我造化了他们，曾使他们体格强健。当我愿意时，我将以类似的代替他们。》
《 29.这确实是一项教诲，谁愿意，就让谁选择一条通往他的主的道路吧。》
《 30.但是，除安拉意欲，你们绝不遂意，安拉是全知的、睿智的。》
《 31.他使他所意欲的人进入他的慈悯。至于不义者，他已为他们准备了痛苦的刑罚。》

## 《古兰》的降示 安拉命令使者 忍耐并且铭记安拉

清高伟大的安拉在此为使者讲述他的恩典——降示伟大《古兰》之恩，"**所以你要忍受你的主的判断**"，即我降给你启示以便使你尊贵，因此你要忍受安拉的判决和定然，你要知道，安拉将为你作出恰当的安排。

"**不要顺从他们中的罪人或隐昧者**"，即如果罪人和隐昧者们想在你所奉的启示中为你制造障碍，那么，你不要服从他们，你应该托靠安拉，传达安拉降下的启示，安拉确实将保护你免于人们的伤害。"罪人"指胡作非为者。此外还有"忘恩负义者"，即内心否认安拉的人。

"**你当在晨昏时记念你的主的尊名。**""晨昏"指一天的最早和最后时刻。

"**夜间，你当向他叩头，并在漫长的夜间赞美他。**"正如安拉所言：《 在夜间，你要谨守增加的拜功。你的主也许会因此把你复生到被赞美的地位。》（17：79）又《 裹衣的人啊！夜晚你当礼站——除了少许时间。它的一半或者比一半稍微少一点，或是多一点。你要抑扬顿挫地诵读《古兰》。》（73：1-4）

### 贬斥贪恋今世之徒，告诫人认识归宿之日

然后安拉谴责了隐昧者和像隐昧者一样只顾贪爱今世、对后世不闻不问的人，说："**确实，这些人喜爱现世，而把庄重的日子置于脑后。**""庄重的日子"指审判之日。

然后清高伟大的安拉说："**我造化了他们，**

---
（1）《格尔特宾教律》19：47。

曾使他们体格强健。"伊本·阿拔斯等学者说"体格"指创造。(1)

"当我愿意时，我将以类似的代替他们"，即如果我意欲，在复生日我复活他们时，我将更换他们，并赋予他们新的形象。经文在此通过初造证明复造。

伊本·栽德和伊本·哲利尔在解释"当我愿意时，我将以类似的代替他们"时说，如果我意欲，我就带来他们之外的另一群体。正如安拉所言：《如果安拉意欲，他就毁灭你们，而让其他人来代替你们。安拉对此是全能的。》（4：133）(2) 又《如果他愿意，他会带去你们，并带来新的造化。这对安拉并非难事。》（14：19-20）

### 《古兰》是教诲，奉安拉恩赐机遇者能通过它获得引导

然后清高伟大的安拉说，"**这确实是一项教诲**"，即这章经文是一项教诲。

"**谁愿意，就让谁选择一条通往他的主的道路吧**"，即谁愿意，就让谁去遵循《古兰》吧。正如安拉所言：《如果他们相信安拉和末日，并花费安拉所赐予他们的（财物），那么，他们还怕什么呢？》（4：39）

"**但是，除安拉意欲，你们绝不遂意**"，即若非安拉意欲，任何人都不能引导自己走正道，或使自己获得正信，从而有益于自己。

"**安拉是全知的、睿智的**"，即安拉知道谁应该获得引导，所以他就为谁提供方便，并为他创造一系列条件；安拉也知道谁应该陷于迷途，因此任他远离正道。此中确有深刻的哲理和绝对的理由。因此说："**安拉是全知的、睿智的**。"

最后清高伟大的安拉说，"**他使他所意欲的人进入他的慈悯。至于不义者，他已为他们准备了痛苦的刑罚**"，即安拉引导他所意欲之人，也任他所意欲之人迷误。蒙安拉引导的人，没有任何力量能误导他；安拉使其迷误者，则无人可以引领他。

《人类章》注释完。一切感赞全归安拉。

---

## 《被派遣者章》注释　麦加章

### 本章的降示以及在昏礼中诵读本章

布哈里辑录，伊本·麦斯欧迪说，我们和安拉的使者㊗一起在米那的山洞中行走期间，"**以接连被派遣者盟誓……**"突然降示了(3)。使者一边诵读本章节，我一边从他口中直接学习。使者㊗正在诵读本章节时，突然有一条蛇窜向我们。使者喊道："杀死它！"我们冲过去后那蛇溜走了。事后先知说："它免遭了你们的伤害，正如你们免遭了它的伤害。"(4)

伊本·阿拔斯听他母亲说："先知㊗曾在昏礼中诵读'以接连被派遣者盟誓……'"(5)

另据传述，法耳里的母亲曾听伊本·阿拔斯诵读"以接连被派遣者盟誓……"便说："我的爱子啊！你的诵读使我想起，它是我最后一次从安拉的使者㊗那里听到的一章，当时他在昏礼中诵读它。"(6)

### 奉普慈特慈的安拉之尊名

《1.以接连被派遣者盟誓，》
《2.以那剧烈的吹动者盟誓，》
《3.以那传播者盟誓，》
《4.以那区分者盟誓，》
《5.以传达教诲者盟誓，》
《6.以便宽恕或警告。》
《7.警告你们的，誓必发生，》
《8.所以，当星辰变暗时，》
《9.当天体崩裂时，》
《10.当山岳摧毁时，》
《11.当众使者如期到达时。》
《12.究竟它被定于何日？》
《13.于判决之日。》
《14.你怎能知道，何为判决之日？》
《15.那天，否认者们真倒霉啊！》

### 安拉以不同的被造物发誓，说明归宿之日一定来临

"**以接连被派遣者盟誓**"，据传述，艾布·胡

---

(1)《泰伯里经注》21：118。
(2)《泰伯里经注》24：118、119。
(3) 即《被派遣者章》降示了。——译者注
(4)《布哈里圣训实录诠释——造物主的启迪》4：42；《穆斯林圣训实录》4：1755。
(5)《艾哈麦德按序圣训集》6：338。
(6)《布哈里圣训实录诠释——造物主的启迪》2：287

莱赖认为经文指众天使。据传述，麦斯鲁格、穆佳黑德等学者也持此观点；艾布·撒立哈认为经文指众使者；另据传述，艾氏认为经文指众天使。艾布·撒立哈认为"剧烈的吹动者"、"传播者"、"区分者"、"传达教诲者"都指天使。

据绍利传述，伊本·麦斯欧迪认为"**被派遣者**"指风。[1]伊本·阿拔斯、穆佳黑德等学者也有相同的观点。[2]

伊本·哲利尔认为"**剧烈的吹动者**"只指风，正如伊本·麦斯欧迪及其追随者所说。但伊本·哲利尔对"**传播者**"没有作出解释，他没有像前面那样，指出它是风还是天使。

据传述，艾布·撒立哈认为"**传播者**"指雨水。

最明确的解释正如安拉所述：《我也降下各种湿润的风。》（15：22）《是他遣风在他的怜悯之前传报佳音。》（7：57）同样，"**剧烈的吹动者**"也指风。有人说经文指带着声响的风。

"**传播者**"指按照安拉的意欲，在天空中驱使云的风。

然后清高伟大的安拉说，"**以那区分者盟誓，以传达教诲者盟誓，以便宽恕或警告**"，上述都是天使。这是伊本·麦斯欧迪等学者的解释。[3]学者们认为经文指天使，其中没有歧异。因为众天使把安拉的命令传达给众使者，以便辨别真理和谬误、正道和迷途、合法和非法。他们通过给使者们传述启示，宣示安拉对人类的宽恕以及对反对者的警告。

"**警告你们的，誓必发生。**"这是以上誓言的主题。即给你们所警告的事情——复生日的来临、吹响号角、复活朽骨、在一块平地上复活一切前人和后人以及给每个人论功奖罚……这一切都将不可避免地发生。

## 复活之日将发生的一些事情

清高伟大的安拉说，"**所以，当星辰变暗时**"，即群星失去光辉时。正如安拉所言：《当群星坠落时。》（81：2）又《当群星殒落时。》（82：2）

"**当天体崩裂时**"，即当天体破裂，各方脆弱、坍塌时。

"**当山岳摧毁时**"，即当山岳消失得无影无踪，没有任何痕迹和残存时。正如安拉所言：《他们关于山问你，你说："我的主将粉碎它们。"》

（20：105）又《那天，我要将山岳移开，你会看到大地空旷无物。我集合了他们。我不会遗漏他们当中的任何一个。》（18：47）

"**当众使者如期到达时。**" "如期到达"，伊本·阿拔斯解释为被集合。[4]栽德说，这段经文与下列经文相近：《那天，安拉集合众使者……》（5：109）[5]穆佳黑德解释为被规定时间。[6]伊布拉欣解释为被许诺，[7]好像他认为这段经文与下列经文相似：《大地因它的主的光辉而亮了，文卷陈列了，众先知和证人们都被带到，他们之间（的纠纷）以真理被裁判。他们不被亏待。》（39：69）

"**究竟它被定于何日？于判决之日。你怎能知道，何为判决之日？那天，否认者们真倒霉啊！**"安拉说，众使者将被定期召集于哪一天，那天将被延至复活之日。正如安拉所言：《你一定不要以为安拉会对他的使者们爽约。安拉是优胜的主，掌管报应的主。当大地与诸天行将变成另一个大地与诸天的那天，他们（所有被造物）将出现在独一的、强大的安拉跟前。》（14：47-48）安拉说："**于判决之日。**"然后为了表明这一日的重大，紧接着说："**你怎能知道，何为判决之日？那天，否认者们真倒霉啊！**"哀哉！将来他们要遭受惩罚。

《16. 我不曾毁灭前人吗？》
《17. 然后，我使后人重蹈覆辙，》
《18. 我就那样对待众犯罪者。》
《19. 那天，否认者们真倒霉啊！》
《20. 难道我不曾由卑微的液体造化你们吗？》
《21. 我把它放在一个可靠的定所，》
《22. 到已知的程度。》
《23. 我曾策定，策定者多么卓越啊！》
《24. 那天，否认者们真倒霉啊！》
《25. 难道我没有使大地成为容器，》
《26. 尽纳一切活的和死的吗？》
《27. 我在其中安置高山，并给你们饮用甘甜的水。》
《28. 那天，否认者们真倒霉啊！》

## 号召人参悟安拉的种种大能

清高伟大的安拉说："**我不曾毁灭前人吗？**" "前人"指否认众使者、反对使者带来的信

---

[1]《泰伯里经注》24：124、125。
[2]《泰伯里经注》24：123、125、126。
[3]《泰伯里经注》24：128、129。
[4]《泰伯里经注》24：129。
[5]《泰伯里经注》24：130。
[6]《泰伯里经注》24：130。
[7]《泰伯里经注》24：130。

息的人。

"然后，我使后人重蹈覆辙。""后人"指那些与他们相似的人。

因此，清高伟大的安拉说："**我就那样对待众犯罪者。那天，否认者们真倒霉啊！**"这是伊本·哲利尔的观点。[1]

然后安拉为被造物讲述对他们的恩典，并通过初造证明复造的真实性。他说："**难道我不曾由卑微的液体造化你们吗？**"即较造物主的大能而言，人类的起源太渺小和卑贱了。正如白斯勒的圣训所述："（安拉说）阿丹的子孙啊！我从像这样的物质中创造了你们，你们能奈我何呢？"[2]

"**我把它放在一个可靠的定所**"，即我将它收集在子宫中，那是男女液体的"**定所**"——一个预备就绪、安全寄放液体的地方。

"**到已知的程度**"，即到一固定的时期——六个月到九个月。

因此，清高伟大的安拉说："**我曾策定，策定者多么卓越啊！那天，否认者们真倒霉啊！**"

然后说："**难道我没有使大地成为容器，尽纳一切活的和死的吗？**""容器"指隐藏之处。[3] 穆佳黑德解释说："它将亡者掩盖起来，使人看不到任何踪迹。"[4] 舒尔宾说："它的下面掩埋死者，上面是活人。"[5] 穆佳黑德和格塔德也持此观点。[6]

"**我在其中安置高山**"，即我用群山稳固大地，以免它摇晃。

"**并给你们饮用甘甜的水**"，即我从云中降雨，从地下涌泉，供他们饮用清凉甘甜的水。

"**那天，否认者们真倒霉啊！**"伤哉！这样一些人：他们参悟了证明造物主伟大的被造物，但仍然执迷不悟，否认真理。

❴ 29.你们奔向你们曾经不信的事实吧！❵
❴ 30.你们奔向有三个枝的阴影吧！❵
❴ 31.它既不能遮阴取凉，也不能遮挡烈焰。❵
❴ 32.它爆出像宫殿般的火花，❵
❴ 33.好像黑色的骆驼。❵
❴ 34.那天，否认者们真倒霉啊！❵
❴ 35.这是他们不能说话的日子，❵
❴ 36.他们不得许可，焉能提出借口？❵

---

(1)《泰伯里经注》24：131。
(2)《艾哈麦德按序圣训集》4：210。
(3)《泰伯里经注》24：134。
(4)《泰伯里经注》24：134。
(5)《泰伯里经注》24：134。
(6)《泰伯里经注》24：134、135。

❴ 37.那天，否认者们真倒霉啊！❵
❴ 38.这是裁决的日子，我把你们和前人集合在一起。❵
❴ 39.如果你们有任何诡计，就对我施用吧！❵
❴ 40.那天，否认者们真倒霉啊！❵

## 犯罪者们被押解到火狱中的住处火狱一瞥

清高伟大的安拉说，那些否认归宿、报应、乐园和火狱的人们，在复生日将被告知："**你们奔向你们曾经不信的事实吧！你们奔向有三个枝的阴影吧！**""阴影"指火焰熊熊燃烧，热浪逼人，火头升起的滚滚浓烟，有三个枝杈。

"**它既不能遮阴取凉，也不能遮挡烈焰。**"它是来自烈焰的烟影，其本身不可纳凉。它也不能消解火焰中发出的灼热。即它不能保护他们免遭烈火的炙烤。

"**它爆出像宫殿般的火花**"，即从这火焰中飞溅出宫殿一般大小的火星。"**宫殿**"，伊本·麦斯欧迪解释为"堡垒"；[7] 伊本·阿拔斯、穆佳黑德

---

(7)《泰伯里经注》24：163。

等解释为"树干"。[1]

"好像黑色的骆驼。"穆佳黑德等学者认为"黑色的骆驼"指黑骆驼；[2]伊本·阿拔斯等解释为指缆绳。

伊本·阿拔斯在解释"它爆出像宫殿般的火花"时说："我们曾用一块三尺多长的木板建房，将它称为'宫殿'；'好像黑色的骆驼'指缆绳，将它捆扎起来，就像人们的腰。"[3] "那天，否认者们真倒霉啊！"

## 复生日，犯罪者们不能说话、致歉或越过审判日

然后清高伟大的安拉说，"**这是他们不能说话的日子**"，即他们不能讲话。

"**他们不得许可，焉能提出借口？**"即他们不能讲话，也不获准为自己开口辩解。铁证已经摆在他们面前，他们因为当初的不义行径而被判重刑，所以他们无话可说。复生日审判场上的情况是不同的，安拉有时为我们介绍一种情况，有时介绍另一种情况，以便说明那日极度的恐惧和震撼力。因此，本章经文每隔几段，就出现下列经文："**那天，否认者们真倒霉啊！**"

然后清高伟大的安拉说："**这是裁决的日子，我把你们和前人集合在一起。如果你们有任何诡计，就对我施用吧！**"这是造物主对被造物的呼吁。造物主说，"**这是裁决的日子，我把你们和前人集合在一起**"，即他以他的大能，在一个平坦的地方集合所有的人。那地方能听到任何人的声音，能看到任何人的行为。然后安拉说："**如果你们有任何诡计，就对我施用吧！**"这是安拉的威慑和严厉的警告。即如果你们能逃脱我的惩罚，不受我的判决制裁，你们就做吧！事实上你们做不到。正如安拉所述：《 精灵和人类的群体啊！如果你们有力量穿过诸天与大地的各区域，那么，你们就穿过吧！除非凭一种权力，否则你们不能穿过。》（55：33）又《 而你们不能对他有损丝毫。》（11：57）圣训中（安拉）说："我的众仆啊！你们绝达不到有益于我的程度，又怎能有益于我呢？你们也绝达不到有害于我的程度，又怎能有害于我呢？"[4]

《 41. 敬畏者们，在荫凉和泉水当中。》

---
(1)《泰伯里经注》24：138。
(2)《泰伯里经注》24：139-141。
(3)《布哈里圣训实录诠释——造物主的启迪》8：556。
(4)《穆斯林圣训实录》4：1994。

《 42.享受他们爱吃的各种果品。》
《 43.由于你们当初的作为，你们尽兴地吃喝吧！》
《 44.我就这样回赐行善之人。》
《 45.那天，否认者们真倒霉啊！》
《 46.你们吃吧，并享受片刻吧，你们确实是有罪之人。》
《 47.那天，否认者们真倒霉啊！》
《 48.当有人对他们说"你们鞠躬"时，他们不鞠躬。》
《 49.那天，否认者们真倒霉啊！》
《 50.那么在这之后，他们究竟信仰什么言辞呢？》

## 敬畏者的归宿

清高伟大的安拉说，在复生日，那些履行义务、不触犯禁令的敬畏者们，将享受乐园和甘泉。他们的情况与那些薄福者的情况形成鲜明的对比，因为后者浸于腐臭和黑烟中。

"**享受他们爱吃的各种果品**"，即他们无论想吃什么果实，都能得到它。

"**由于你们当初的作为，你们尽兴地吃喝吧！**"告知他们这些话，是为了显示对他们的仁慈。

然后经文说道，"**我就这样回赐行善之人**"，即这是我对行善者的报酬。

"**那天，否认者们真倒霉啊！**"

## 警告那些否认复生日的人

清高伟大的安拉说："**你们吃吧，并享受片刻吧，你们确实是有罪之人。**"这是对否认报应日的人的警告。安拉向他们发出严厉的警告。安拉说，"**你们吃吧，并享受片刻吧**"，即你们在短期内享受片刻吧。

"**你们确实是有罪之人**"，即你们将被驱赶至上述火狱的烈焰当中。"**那天，否认者们真倒霉啊！**"正如安拉所言：《 我赐给他们片刻的享受，然后我将迫使他们去受重刑。》（31：24）又《 "那些对安拉捏造谎言的人不会成功。"（那是）今世的享受。然后他们的归宿在我这里。然后，我将因他们曾经隐昧使他们尝试严峻的惩罚。》（10：69-70）

然后清高伟大的安拉说，"**当有人对他们说'你们鞠躬'时，他们不鞠躬**"，即当这些愚蠢的隐昧者被命令和众人一起礼拜时，他们傲慢地拒绝了。

因此清高伟大的安拉说："**那天，否认者们真**

倒霉啊！"

清高伟大的安拉又说："**那么在这之后，他们究竟信仰什么言辞呢？**"即如果他们不归信《古兰》，那么，他们还能相信什么样的言辞呢？正如安拉所言：⟪那么在（拒绝了）安拉和他的迹象之后，他们归信哪一句话呢？⟫（45：6）

《被派遣者章》注释完。一切感赞全归安拉。求主赐给我们机遇，并保护我们。

## 《消息章》注释　麦加章

### 奉普慈特慈的安拉之尊名

⟪1.关于什么，他们相问？⟫
⟪2.关于那重大的消息。⟫
⟪3.他们在其中众说纷纭的那消息。⟫
⟪4.不，他们将会知道的！⟫
⟪5.不，他们必将知道的！⟫
⟪6.难道我不曾使大地成毯？⟫
⟪7.不曾使山岳如钉吗？⟫
⟪8.我将你们造成成双成对的，⟫
⟪9.我以睡眠供你们休息；⟫
⟪10.我使夜成为帷幕，⟫
⟪11.我以昼供你们谋生。⟫
⟪12.我在你们上面建造了坚固的七（层天），⟫
⟪13.并安置了璀璨的灯。⟫
⟪14.我从云中降下大量的雨水，⟫
⟪15.以便我用它生产五谷和百草，⟫
⟪16.以及鳞次栉比的林园。⟫

### 驳斥否认审判日的多神教徒

清高伟大的安拉驳斥否认审判日的多神教徒说："**关于什么，他们相问？**"意思是他们关于什么事互相询问？他们在询问有关复生日的事，关于那重大、恐怖并且令人炫目的消息。

"**他们在其中众说纷纭的那消息**"，即人们对复生日抱有两种观点，一部分人坚信，一部分人否认。然后安拉警告否认者，说："**不，他们将会知道的！不，他们必将知道的！**"这是严厉、直接的警告。

### 安拉的大能以及安拉能复活死者的证据

然后安拉开始解释他创造奇特事物和惊人迹象的大能，以此作为他为所欲为、创造诸如后世和其他事项的明证。安拉说，"**难道我不曾使大地成毯**"，即可供万物休憩的稳定、坚固和安宁的场所。

"**不曾使山岳如钉吗？**"即安拉用山岳稳固大地，使其静止不动，以便生活在其中的生灵不会感到恐慌。

"**我将你们造成成双成对的**"，即安拉将人类创造成阴阳两性，他们互相怜爱，繁衍生息。这正如安拉所述：⟪他的迹象之一，是由你们当中为你们造化了你们的配偶，以便你们与她们相依，他在你们之间设定了爱和怜。⟫（30：21）

"**我以睡眠供你们休息**"，即安拉以睡眠停止人们白昼的谋生劳作，使他们得享休息。《准则章》中已出现过类似经文："我以夜作为帷幕。"意即夜的阴影和黑暗遮盖着人们。这正如安拉所言：⟪以笼罩它时的黑夜盟誓。⟫（91：4）

格塔德在解释"我使夜成为帷幕"时说：经文指安静。

"我以昼供你们谋生"，我使白天成为光明的，以便人们在其中自由活动，来往谋生，获取报酬，从事经营等。[1]

"我在你们上面建造了坚固的七（层天）"，即七层天巨大、高远、完美、坚固，其上点缀着许多行星和恒星。因此，安拉说："并安置了璀璨的灯"，即安拉创造了发光（散热）的太阳，普照着地球上的万物。

"我从云中降下大量的雨水。""云"，伊本·阿拔斯说指云。[2]艾克莱麦等学者也持此观点；[3]范拉仪认为指即将下雨但还没有下雨的云。正如人们把即将来潮但还未来潮的妇女被称为"云"。[4]正如安拉所述：❋是安拉遣风兴云，随意使它散布在天空，并使它成为碎片，然后，你们看见雨点从其中落下。❋（30：48）

"大量的雨水"，穆佳黑德解释为倾注的雨水；[5]绍利解释为连绵不断的雨；[6]伊本·栽德解释为大量的雨水。[7]圣训中曾经叙述这样一位有病血的妇女，安拉的使者㊗对她说："我给你开个处方——棉花。"言下之意是，你应该用棉花堵住。她说："安拉的使者啊！它（月经）太多了，不停地涌出。"[8]通过研究圣训中的词汇，可以看出"不停地涌出"所表达的是连续不断的、许许多多的倾注。安拉至知。

"以便我用它生产五谷和百草，以及鳞次栉比的林园"，即安拉通过丰沛、纯洁、有益、吉祥之水，（使大地）长出可供储藏的谷物，供应人类和牲畜；长出新鲜蔬菜，供他们食用；使园圃果木繁多，色彩缤纷，滋味各异，气味不同。换言之，使它们可能产自同一块地方。因此安拉说，"鳞次栉比的林园"，伊本·阿拔斯等学者说"鳞次栉比"指紧密排列，[9]正如安拉所述：❋大地上有许多比邻的广袤土地、葡萄园、禾田，由同一种水所灌溉的连生的或独生的枣树。我使它们的一部分比另一部分更加可口。此中对能够理解的人确有许多迹象。❋（13：4）

---

(1)《泰伯里经注》24：152。
(2)《泰伯里经注》24：154。
(3)《泰伯里经注》24：153、154；《伯厄威经注》4：437。
(4)《伯厄威经注》4：437。
(5)《泰伯里经注》24：155。
(6)《泰伯里经注》24：155。
(7)《泰伯里经注》24：155。
(8)《艾布·达乌德圣训集》1：199。
(9)《泰伯里经注》24：156。

❋17.的确，裁决的日子是有定期的。❋
❋18.那天号角将被吹响，而你们成群地到来。❋
❋19.天被打开，变成许多门户。❋
❋20.群山被移动，变成幻影。❋
❋21.的确，火狱就是陷阱。❋
❋22.它是过分者的归宿。❋
❋23.他们将在其中世代滞留。❋
❋24.他们在其中尝不到凉爽和饮料。❋
❋25.除非沸水和脓汁。❋
❋26.那是恰如其分的报偿。❋
❋27.他们当初不希望清算。❋
❋28.他们还否认了我的迹象。❋
❋29.我已将一切记录在册。❋
❋30.那么，你们就尝试吧，我给你们只增加刑罚。❋

### 裁决之日以及那日的裁决

清高伟大的安拉在此讲述裁决之日——清算日。那日将在一个极其精确的时间到来，但除了安拉，没有人知道它的具体时间。正如安拉所述：❋我只延缓它到预定的期限。❋（11：104）

"那天号角将被吹响，而你们成群地到来。"穆佳黑德说，"成群地"指一群一群地；[10]伊本·哲利尔说："每个民族，都将同其使者一起到来。正如安拉所言：❋那天，我将召唤每一个民族和他们的伊玛目。❋（17：71）"[11]布哈里在解释这节经文时，引用艾布·胡莱赖所传述的圣训说，安拉的使者㊗说："（号角）两次响声之间有四十。"众人问："是四十日吗？"他（艾布·胡莱赖）说："我不评论。"众人问："是四十月吗？"他说："我不评论。"众人又问："是四十年吗？"他回答说："我不评论。"艾布·胡莱赖补充道：使者接着说："安拉将从天上降下雨水，此后他们（尸体）就像绿色植物一样成长。人体中除尾椎之外，其他部位都将腐朽毁灭，复生日，人们从这根骨头上被重新配合。"[12]

"天被打开，变成许多门户。""门户"指道路，以便安拉从中派下天使。

"群山被移动，变成幻影"，正如安拉所述：❋你看山而以为它们是僵固的，但是它们将像云烟一样地消失。❋（27：88）又❋山岳像松散的毛绒。❋（101：5）

本章经文在此说"变成幻影"，即观看者以

---

(10)《泰伯里经注》24：158。
(11)《泰伯里经注》24：158。
(12)《布哈里圣训实录诠释——造物主的启迪》8：558。

为它是存在的实物,其实它什么也不是。不但如此,它还要消失得无影无踪。正如安拉所述:"他们关于山问你,你说:'我的主将粉碎它们。'他将使它成为空旷的荒原。你在其中看不到曲折或坎坷。"(20:105—107)"那天,我要将山岳移开,你会看到大地空旷无物。"(18:47)

"的确,火狱就是陷阱。""陷阱"指准备就绪的地方。

"它是过分者的归宿。""过分者"指反对众使者的顽抗者;"归宿"指家、最终的归宿、下场、栖身之处。

"他们将在其中世代滞留",即他们将在其中永世居留。这里的"世代"是一个复数词,其单数指一段时间。哈立德·本·麦尔丹说:"这节经文和'除非你的主意欲……'(11:107)均指信主独一的人。"[1]

伊本·哲利尔传述,撒林说,我听有人向哈桑请教"他们将在其中世代滞留"的意义,哈桑回答说,"世代"指永远。但据说一个"世代"指七十年,其中的每一日如同今世计算的日子中的一千年。[2]格塔德解释说:"经文指永不中断的居住,当一个世代到了尽头,另一个世代就接踵而来。我们还听说一个世代指八十年。"[3]莱毕尔·本·艾奈斯解释说:"只有安拉知道这些'世代'的长度。我们听说一个'世代'是八十年,每一年是三百六十天。其中的每一天,就像你们所数的一千年。"[4]

"他们在其中尝不到凉爽和饮料",即在火狱中,他们的心灵不会舒畅,也不可以从中获取有营养的、清洁的饮料。

因此,清高伟大的安拉说:"除非沸水和脓汁。"艾布·阿林说,"沸水"相对的是凉爽,"脓汁"相对的是饮料。[5]莱毕尔·本·艾奈斯也持此说。"沸水"指温度达到极限并继续在加热的液体;"脓汁"是火狱居民的脓水、汗水、眼泪和疮素的混合物,寒冷无比,恶臭至极。愿慷慨仁慈的安拉使我们免遭此刑。

然后安拉继续说,"那是恰如其分的报偿",即他们所要遭受的这种惩罚,完全与他们今世的恶行相符相称。穆佳黑德等学者都持此说。[6]

"他们当初不希望清算",即他们当初不相信还有这样一个地方,他们要在其中遭受清算,遭受报应。

"他们还否认了我的迹象",即他们不相信安拉的明证,不相信安拉通过使者颁降给人类的真理,而以否认和抗拒的态度对待它们。

"我已将一切记录在册",即我知道众仆的一切功行,并将它们统统记录下来,我将根据它施行奖罚。

"那么,你们就尝试吧,我给你们只增加刑罚",即火狱的居民将被告知:你们尝试你们处身于其中的痛苦吧!我将给你们增加类似的刑罚以及由同类的刑罚衍生出的各种刑罚。

格塔德传述,阿卜杜拉·本·阿慕尔说:"降给火狱居民的经文中,下列经文最为严厉:'那么,你们就尝试吧,我给你们只增加刑罚。'"他说:"他们永远遭受着不断出现的刑罚。"[7]

"31.的确,敬畏者们确有收获。"
"32.诸多园圃和葡萄。"
"33.年龄相若、乳房圆润的美女,"
"34.漫溢的杯盏。"

---
(1)《泰伯里经注》24:163。
(2)《泰伯里经注》24:162。
(3)《泰伯里经注》24:162。
(4)《泰伯里经注》24:162。
(5)《泰伯里经注》24:165。
(6)《泰伯里经注》24:167。
(7)《泰伯里经注》24:169。

❦ 35.他们在其中听不到空谈和谎话。❧
❦ 36.这是来自你的主的充足报偿。❧

## 敬畏者的伟大收获

清高伟大的安拉在此讲述敬畏者以及安拉为他们所预备的尊严和永恒的恩典,说:"的确,敬畏者们确有收获。""收获",伊本·阿拔斯和端哈克解释为快乐的地方。[1] 穆佳黑德和格塔德解释为他们成功了,并脱离了火狱之刑。[2] 伊本·阿拔斯的解释更为明确,因此后文说:"诸多园圃"指枣树园等园子。

"年龄相若、乳房圆润的美女",即眼睛大、乳房挺秀的女子。她们的双乳挺拔而不松弛,她们都是处于同一年龄的少女,正如《大事章》所述。[3]

"漫溢的杯盏","漫溢的",伊本·阿拔斯解释为被盛满的、连续的。[4] 艾克莱麦解释为清纯的。穆佳黑德等学者解释为充满的。[5]

"他们在其中听不到空谈和谎话。"正如安拉所述:❦ 其中没有恶言,也没有罪恶。❧(52:23)即乐园中没有无意义的空谈,也没有罪恶的谎话,事实上它是平安的家园,其中的一切,都是完美无缺的。

"这是来自你的主的充足报偿。"即安拉赐给他们的上述报酬,是充分的、充足的、全面的。阿拉伯人在表达"某人赏赐了我,并使我足够"时就用这种表达方法。又如"安拉能使我满足"。

❦ 37.——诸天与大地以及其间万物的主,至仁的主。他们无权跟他交谈。❧
❦ 38.那天,鲁哈和众天使排列成班,除了至仁主特许说话,并说真理的人之外,全都静默肃立,不敢发言。❧
❦ 39.那是真实的日子,所以谁愿意,谁就择取一个向他的主的归宿。❧
❦ 40.我确已警告你们临近的惩罚,那天,人将看见他亲手所做的,隐昧者要说:"呜呼!但愿我是尘土。"❧

## 在获得安拉许可之前,谁都不敢在安拉面前说话

清高伟大的安拉说,他是伟大的,是诸天与大地以及其中万物的主宰,他也是至仁者,他的仁慈包罗万物。

"他们无权跟他交谈",即除非安拉许可,任何人不敢在安拉跟前首先开口。安拉说:❦ 除非他许可,谁能在他跟前说情?❧(2:255)又❦ 当那一天到来时,除了他(主)的准许之外,将没有人说话。❧(11:105)

"那天,鲁哈和众天使排列成班,除了至仁主特许说话,并说真理的人之外,全都静默肃立,不敢发言。"此处的"鲁哈"指吉卜勒伊里。这是舒尔宾等学者的主张。正如安拉所述:❦ 忠实的鲁哈带它降临,降到你的心中,以便你成为一个警告者。❧(26:193-194)穆尔提里·本·罕雅尼说:"'鲁哈'指最高贵、最接近安拉并且传递启示的天使。"[6]

清高伟大的安拉说:"除了至仁主特许……的人。"又如下列经文所说:❦ 当那一天到来时,除了他(主)的准许之外,将没有人说话。❧(11:105)正如圣训所述:"那日只有众使者才能说话。"[7]

"并说真理","صوابا"指真理。譬如念"除了安拉,没有应受拜者"。这是艾布·撒立哈和艾克莱麦的主张。[8]

"那是真实的日子",即这是必将到来的日子。

"所以谁愿意,谁就择取一个向他的主的归宿。""归宿"指最终落脚之处、被引向安拉的道路。

## 复生日是临近的

清高伟大的安拉说,"我确已警告你们临近的惩罚",即复生日因其必定发生而成为临近的。因为注定来临的一切,最终都会来临。

"那天,人将看见他亲手所做的",即他的一切功行,一切新旧的善恶,都将展现在他的眼前。正如安拉所言:❦ 他们发现他们所做过的一切都在现场。❧(18:49)又❦ 那天,人将被告知他前后所做的一切。❧(75:13)

"隐昧者要说:'呜呼!但愿我是尘土。'"即那天,隐昧者希望他在今世时就是尘土,而没被造化成人。这是他目睹安拉的惩罚,看到记录功过的天使记录了自己的罪行时所说的话;有人说,这是安拉在动物间裁决公断的时候隐昧者所说的话。他看到安拉的裁决公正至极,即使一只有角的羊和

---

(1)《泰伯里经注》24:170;《伯厄威经注》4:439。
(2)《泰伯里经注》24:169、170。
(3)《泰伯里经注》24:170;《散置的珠宝》8:398。
(4)《泰伯里经注》24:173。
(5)《泰伯里经注》24:172。
(6)《散置的珠宝》8:400。
(7)《布哈里圣训实录诠释——造物主的启迪》13:430。
(8)《泰伯里经注》24:178。

一只无角的羊在今世有所冲突,安拉也要公正判决。当安拉判决完毕时,对这些牲畜说:"你变成土!"于是它们就变成土。此时,**隐昧者要说:"呜呼!但愿我是尘土"**,即但愿我当初是个牲畜,那样我现在可以变成土。圣训中确已提到相近的意义,艾布·胡莱赖、阿卜杜拉·本·阿慕尔等学者,也有相关的言论。

《消息章》注释完。一切感赞全归安拉。求安拉赐给我们机遇,并保护我们。

## 《猛烈收取灵魂者章》注释  麦加章

### 奉普慈特慈的安拉之尊名

《 1.以猛烈收取灵魂者发誓,》
《 2.以轻易提取者发誓,》
《 3.以轻快滑翔者发誓,》
《 4.以竞先领头者发誓,》
《 5.以计划事务者发誓,》
《 6.那天,震动者将会震动。》
《 7.继续者随之而来。》
《 8.那天,心灵战栗。》
《 9.目光恭敬。》
《 10.他们说:"在奈赫莱中,我们会被复原吗?》
《 11.难道我们成为朽骨之后……"》
《 12.他们说:"如是那样,那的确是亏折的复原。"》
《 13.的确,那只是一次吼声,》
《 14.突然间,他们都出现于地面。》

### 以五种典型发誓复生日必定来临

"**以猛烈收取灵魂者发誓**",伊本·麦斯欧迪、伊本·阿拔斯等学者解释说,他们是提取人类灵魂的天使。[1]一些人的灵魂被猛烈地提取,以致他感到溺水一般;有些人的灵魂被轻松地提取,使其感觉释然。正如安拉所述:"**以轻易提取者发**

──────────
(1)《泰伯里经注》24:185;《格尔特宾教律》19:190;《散置的珠宝》8:404。

**誓。**"这是伊本·阿拔斯的主张。[2]

"**以轻快滑翔者发誓。**"伊本·麦斯欧迪认为经文指天使。[3]阿里、穆佳黑德都持相同观点。[4]

"**以竞先领头者发誓**",麦斯鲁格、穆佳黑德等人解释说经文指天使。[5]

"**以计划事务者发誓**",阿里、穆佳黑德等人认为经文指天使。[6]哈桑补充说他们奉安拉的命令,管理从天到地的一切事务。

### 复生日的特征,人们的特征以及人们在复生日所说的话

清高伟大的安拉说:"**那天,震动者将会震动。继续者随之而来。**"伊本·阿拔斯认为经文指号角的两次声响——第一次和第二次。[7]穆佳黑德

──────────
(2)《泰伯里经注》24:178。
(3)《散置的珠宝》8:404。
(4)《泰伯里经注》24:190;《格尔特宾教律》19:193。
(5)《格尔特宾教律》19:194;《散置的珠宝》8:404。
(6)《泰伯里经注》24:190;《格尔特宾教律》19:194;《散置的珠宝》8:403-405。
(7)《泰伯里经注》24:191、192。

等学者也持此观点。

穆佳黑德说："第一声指安拉所说：'那天，震动者将会震动。'又如：❮那天，大地和群山将要摇动。❯（73：14）第二声指'继续者'，指下列经文所叙述的情况：❮大地和山岳都将被抬起，被击碎时……❯（69：14）"[1]

"那天，心灵战栗。""战栗"，伊本·阿拔斯认为指诚惶诚恐。[2]穆佳黑德等学者也持此观点。

"目光恭敬"，即身临其境者的目光，因为目睹各种恐惧而显得卑贱、屈服。

"他们说：'在奈赫莱中，我们会被复原吗？'"即古莱什多神教徒以及像他们一样否认最终归宿的人们，不相信奈赫莱——坟墓中的人能被复活。这是穆佳黑德的主张。[3]即他们不相信身体四分五裂、骨骼粉碎腐朽的人还能被复活。

因此他们说："在奈赫莱中，我们会被复原吗？"伊本·阿拔斯等学者将"奈赫莱"(نخرة)读为"纳赫莱"(ناخرة)并解释说，纳赫莱指腐朽的。[4]伊本·阿拔斯说："经文指被风化腐朽的尸骨。"

"如是那样，那的确是亏折的复原。"伊本·凯尔卜解释为：古莱什人说，如果安拉让我们死后复活，那我们就亏折了。[5]

清高伟大的安拉说，"的确，那只是一次吼声，突然间，他们都出现于地面"，即只要安拉一声令下——无需三令五申——人们就会站起来，面面相觑。当时安拉命令伊斯拉菲勒吹响复活的号角，前人和后人都迅速站在养主跟前，目瞪口呆。正如安拉所述：❮那一天，他将召唤你们，你们将以颂词应答他，你们认为你们只不过逗留了片刻时间。❯（17：52）❮我的命令只是在一瞬间。❯（54：50）❮复活时只像一瞬间，或是更快。❯（16：77）

"突然间，他们都出现于地面。""地面"，伊本·阿拔斯认为指整个大地；[6]伊本·朱拜尔、格塔德等学者认为指大地表面；[7]穆佳黑德说："人们曾在地的下面，后来被提出到地面上。"他认为"地面"指平坦的地方。[8]

莱毕尔·本·艾奈斯在解释这节经文时说，安拉说：❮当大地与诸天行将变成另一个大地与诸天的那天，他们（所有被造物）将出现在独一

---

(1)《泰伯里经注》24：192。
(2)《泰伯里经注》24：193；《伯尔威经注》4：443。
(3)《泰伯里经注》24：195。
(4)《泰伯里经注》24：195。
(5)《格尔特宾教律》19：198。
(6)《泰伯里经注》24：198。
(7)《泰伯里经注》24：198。
(8)《泰伯里经注》24：198；《散置的珠宝》8：408。

的、强大的安拉跟前。❯（14：48）又❮他们关于山问你，你说："我的主将粉碎它们。"他将使它成为空旷的荒原。你在其中看不到曲折或坎坷。❯（20：105-107）❮那天，我要将山岳移开，你会看到大地空旷无物。❯（18：47）即布满群山的大地，变得平坦清晰，它不再是那个人类犯过罪或流过血的大地。

❮15.穆萨的故事可曾到达于你？❯
❮16.当时，他的主在圣洁的谷地——图瓦呼唤他：❯
❮17."你到法老那里去吧，他已经悖逆。"❯
❮18.你说：'你愿意纯洁吗？'❯
❮19.我将引导你到你的主，以便你畏惧他。'❯
❮20.后来他让他看到更大的迹象。❯
❮21.但他不信，并且违抗。❯
❮22.然后他匆忙地转身离开，❯
❮23.然后集合了（民众），并宣布：❯
❮24."我是你们最高主宰。"❯
❮25.所以安拉用后世和今世的刑罚惩罚了他。❯
❮26.对于畏惧的人，其中确有一种教训。❯

**穆萨的故事，它是敬畏者的教训**

清高伟大的安拉给其使者穆罕默德讲述他的另一仆人与使者穆萨的事，安拉曾派这位使者去劝导法老，并以各种奇迹支持他。但法老执迷不悟，桀骜不驯，以致遭到安拉严厉的惩罚。一切违背你穆罕默德，并否认你所带来信息的人的下场都是同样的。因此，故事最后说："对于畏惧的人，其中确有一种教训。"

"穆萨的故事可曾到达于你？"即你曾听说过关于他的消息吗？

"当时，他的主在圣洁的谷地——图瓦呼唤他。""圣洁"指纯洁。正如《塔哈章》所述："图瓦"的正确解释应该是山谷的名称。即当时，安拉通过呼唤和穆萨交谈。

安拉对他说："你到法老那里去吧，他已经悖逆"，即他已经桀骜不驯，妄自尊大。

"你说：'你愿意纯洁吗？'"即你对他说，你愿意响应我，走一条使你纯洁的道路吗？换言之，你愿意归顺吗？

"我将引导你到你的主"，即我将指导你崇拜安拉。

"以便你畏惧他"，从而使你的心灵成为谦恭

的、顺从的，而此前，它一直是残酷的、龌龊的、绝福的。

"后来他让他看到更大的迹象"，穆萨进行正确号召的同时，还向他显示了有力的证据，证明他从安拉那里带来的一切都是真实的。

"但他不信，并且违抗。"然而法老不相信真理，并抗命不服。概言之，法老的内心否认了真理，对穆萨的劝导无动于衷。虽然他知道穆萨带着真理而来，但这并没有使他因此而归信真理，因为"真知"是心灵的知，而正信则是心灵的行。归信是遵循真理，并服从于真理。

"然后他匆忙地转身离开。"他召集魔术师们，企图以假驳真，反对穆萨带来的辉煌奇迹。

"然后集合了（民众），并宣布"，法老在臣民中宣布："我是你们最高主宰。"伊本·阿拔斯、穆佳黑德等人说，这是法老说：《诸位！我不知除我以外，你们还有神。》（28：38）之后过了四十年才说的话。[1]

"所以安拉用后世和今世的刑罚惩罚了他。"安拉严厉惩罚了他，从而教训和警戒今世中与他相似的顽抗者。正如安拉所言：《今世与复生日，诅咒将跟随他们，被赐给的赏赐真恶劣。》（11：99）《我使他们成为召人进入火狱的头目。审判日，他们将不被援助。》（28：41）

"对于畏惧的人，其中确有一种教训。""畏惧的人"指能够引以为鉴者、能够汲取教训者。

《27.是创造你们较困难呢？还是他所建的天更难造？》
《28.他提升了它的高度，并使它协调。》
《29.他使它夜晚黑暗，并显出其晨光。》
《30.此后，他展开了大地。》
《31.他从那里产生出水和牧草。》
《32.他使山岳稳固，》
《33.以便供养你们和你们的牲畜。》

## 创造天地比重造人类更困难

清高伟大的安拉驳斥那些否认初造后的再造，进而否认复活的人，说，人们啊！"是创造你们较困难呢？还是他所建的天更难造？"意思是造天比造你们更难。正如安拉所述：《诚然，造化天地是比造化人类更繁重的。》（40：57）《难道造化诸天与大地的主不能造化和他们相似的吗？不然，他是善造的、全知的。》（36：81）

后文解释"建"："他提升了它的高度，并使它协调"，即安拉使天成为高大的建筑，浩瀚无垠，平坦均衡，黑夜中点缀着明星。

此后清高伟大的安拉说，"他使它夜晚黑暗，并显出其晨光"，即安拉使夜成为漆黑的，使昼成为光明的。伊本·阿拔斯解释"他使它夜晚黑暗"说，他使之变得黑暗。[2]穆佳黑德等学者也持此观点。"并显出其晨光"指安拉使白天明亮。

然后清高伟大的安拉说："此后，他展开了大地。"下文注释这节经文说："他从那里产生出水和牧草。"《叩头章》中已经讲道：安拉在造天前就造了地，但在造天之后才铺平了地。换言之，安拉通过一种力量，开发出隐藏于天的能量，使之发挥作用。这是根据伊本·阿拔斯等学者的观点作出的注释。伊本·哲利尔选择了这种注释。[3]

"他使山岳稳固"，即安拉使大地稳固不动，因为安拉是智慧的、全知的、仁爱的、特慈的。

"以便供养你们和你们的牲畜"，即安拉平整大地之后，使其泉水涌出，宝藏出世，河流纵横，庄稼和果木成长。大地上的山岳屹立不动，使大地得以稳固，以便让生活在上面的生灵感觉安稳。这一切都是为了供应人类以及人类在今世生活中需要（骑乘和食用）的各种牲畜。直到大限来临，今世生活结束。

《34.但是，当最大的淹没来临时，》
《35.那天，人将想起他当初的奔波。》
《36.火狱呈现在观看者面前。》
《37.至于那悖逆，》
《38.并选择今世的人，》
《39.火狱就是他们的归宿。》
《40.那些畏惧站在他们的主跟前，并从私欲方面克制自己的人，》
《41.乐园就是他们的家。》
《42.他们关于复活之时问你："它在何时实现？"》
《43.提及它与你何干？》
《44.它的究竟只属于你的主。》
《45.你只是那些畏惧它的人的警告者。》
《46.当他们看到它的那天，好像（在今世中）只是逗留了一个下午或是一个清晨。》

## 复生日的恩典和火刑，人类不知道复生日到来的时间

清高伟大的安拉说："但是，当最大的淹没来临时。""最大的淹没"指复生日。这是伊本·阿

---
[1]《格尔特宾教律》19：202。

[2]《泰伯里经注》24：206，207；《散置的珠宝》8：411。
[3]《泰伯里经注》24：208。

拔斯的解释。[1] 因为复生日（的恐惧）将覆盖（淹没）一切巨大的恐惧事情。正如安拉所言：❮ 那时间（复活时）是更艰难，更痛苦的。❯（54：46）

"那天，人将想起他当初的奔波。"在那天，人将记起他当初的一切善恶行为。正如安拉所述：❮ 那天，火狱被带来，那天，人将会回忆过去，但是那回忆怎会对他有益呢？❯（89：23）

"火狱呈现在观看者面前。"火狱出现在人们面前，他们目睹了它。

"至于那悖逆"，即桀骜不驯，违背真理，叛逆真主。

"并选择今世的人"，他对今世的重视超过了对主的信仰和对后世的重视。

"火狱就是他们的归宿"，他必将归于火狱，他的食品将是攒枯木，饮料是沸水。

"那些畏惧站在他们的主跟前，并从私欲方面克制自己的人……"害怕站在安拉跟前受审，从而抑制自己的心灵追随私欲，并使其服从于安拉的人。

"乐园就是他们的家。"他们最终的归宿就是宽阔的乐园，"他们关于复活之时问你：'它在何时实现？'提及它与你何干？它的究竟只属于你的主。"你不知道复生日究竟何时发生，任何一个被造物不知道它何时来临。它的最终解释，只归于安拉。因为他是知道复生日具体时间的主宰。❮ 它在天地之间是重大的，它将突然来临。他们问你，你好像对此深有研究，你说："它的知识只在安拉那里。"❯（7：187）安拉在此说："它的究竟只属于你的主。"因此，当吉卜勒伊里问安拉的使者㊊复活的时间时，使者㊊回答道："关于这个问题，被问者绝不比询问者更有知识。"[2]

清高伟大的安拉说，"你只是那些畏惧它的人的警告者"，即我派遣你去警告世人，让他们防备安拉的惩罚。因此，那些敬畏安拉，并害怕站在安拉跟前面对安拉的人将会追随你，并将因此而取得成功。至于不信并反对你的人，他们将蒙受亏折并遭受失败。

"当他们看到它的那天，好像（在今世中）只是逗留了一个下午或是一个清晨。"当他们从坟墓中站起，来到复生场时，觉得今世的生活太短暂了，以致它好像是一天中的一个清晨或者傍晚。伊本·阿拔斯解释这节经文时说"一个下午"指中午到日落。"一个清晨"指日出到正午。[3] 格塔德说："人们亲历后世的时候，觉得整个今世的时间就是如此（一个下午或是一个清晨）。"

《猛烈收取灵魂者章》注释完。一切感赞全归安拉。

(1)《泰伯里经注》24：211。
(2)《布哈里圣训实录诠释——造物主的启迪》1：140。
(3)《散置的珠宝》8：413。

## 《皱眉章》注释　麦加章

### 奉普慈特慈的安拉之尊名

❮ 1. 他曾皱眉，并转过身去，❯

❮ 2. 因为那盲人来到他那里。❯

❮ 3. 你怎能知道，他也许会纯洁，❯

❮ 4. 他或许能听取忠告，而这忠告有益于他吗？❯

❮ 5. 至于自以为富裕无求的人，❯

❮ 6. 你却对他关注。❯

❮ 7. 他不纯洁，与你无关。❯

❮ 8. 至于奔忙来到你那里，❯

❮ 9. 并且心怀畏惧者，❯

❮ 10. 你却疏忽他。❯

❮ 11. 绝不然！它确实是教诲。❯

❮ 12. 所以，谁愿意，就让他记念他。❯

❮ 13. 在尊贵的册页中，❯

❮ 14 崇高的、圣洁的。❯

❮ 15. 在诸位记录者手中。❯

❮ 16（那些记录者是）尊贵的，善良的。❯

## 责备穆圣㊤在弱者——伊本·乌姆·麦克图姆面前皱眉

不止一位经注学家提到，一天，安拉的使者㊤正和一位著名的古莱什首领谈话，希望对方归信伊斯兰。这时，早期信教的伊本·乌姆·麦克图姆来到使者跟前，关于一件事情向使者强问不休。当时使者希望那个首领接受引导，要求伊本·乌姆·麦克图姆少等片刻，以便完成谈话。使者当时皱了皱眉头，转过身去继续和那人谈话。安拉因此而降谕道，"**他曾皱眉，并转过身去，因为那盲人来到他那里。你怎能知道，他也许会纯洁**"，即他会受到熏陶，纯洁心灵。"**他或许能听取忠告，而这忠告有益于他吗？**"即他会受到劝谏，从而不再接触非法事物。

"**至于自以为富裕无求的人，你却对他关注**"，即你关注着富人，希望他能得道。

"**他不纯洁，与你无关。**"这个首领是否受到纯洁，都没有你的责任。

"**至于奔忙来到你那里，并且心怀畏惧者。**"至于投奔你，以便遵循你的教诲的人，"**你却疏忽他**"，即你不理睬他。在此，安拉命令使者㊤在宣教时不能厚此薄彼，无论对权贵还是弱者、贫民还是富豪、主人还是奴隶、男人还是妇女、儿童还是成人，都要一视同仁。安拉将引导他意欲引导之人，并任由他所意欲之人迷误。安拉确有深刻的哲理和绝对的理由。

阿伊莎（愿主喜悦之）说："'**他曾皱眉，并转过身去**'是专门因为盲人伊本·乌姆·麦克图姆而降示的。他曾来到使者跟前，无休止地说：'请引导我吧！'当时使者跟前有一位古莱什首领，先知没有理睬他，而继续劝导那人。"使者问："你看我的话有问题吗？"那人回答："没有问题。"安拉因此而降谕下列经文："**他曾皱眉，并转过身去。**"[1]

## 《古兰》的特征

清高伟大的安拉说："**绝不然！它确实是教诲。**""它"指本章，或指传达知识时，要对人们——无论弱者还是贵族——一视同仁。格塔德和赛丁伊认为"它"指《古兰》。

"**所以，谁愿意，就让他记念他**"，即谁愿意在一切事务中记念安拉，他就去记念。"**就让他记念他**"中的第二个"他"也可以指启示，因为后面的经文间接提到了它。

"**在尊贵的册页中，崇高的、圣洁的**"，即本章或这项教诲，或它们二者，甚至整部《古兰》都记录在受到尊重的册页中。"崇高的"指那册页具有崇高的价值；"圣洁的"，那册页不会被玷污、增加或删减。

"**在诸位记录者手中**"，伊本·阿拔斯等学者认为"记录者"指天使。[2]

布哈里说："'记录者'指天使。这些天使奉命调解人们之间的事务。当天使们下来传达启示时，他们也像使节一样处理人们之间的事务。"[3]

"**尊贵的，善良的。**"他们形象尊贵俊美，品行高尚纯洁。因此，持有《古兰》的人们，应该使自己的言行趋于正道和真理。阿伊莎（愿主喜悦之）传述，安拉的使者㊤说："能够熟读《古兰》的人，与尊贵、善良的记事天使们在一起；很困难地诵读《古兰》的人，将获得双份报偿。"[4]

《 **17.愿人遭杀戮！他是多么忘恩负义啊！** 》
《 **18.他由什么东西创造了他？** 》
《 **19.由一滴精液创造了他，并给他作了预定。** 》
《 **20.然后，他使道路对人容易。** 》
《 **21.然后，他使人死亡，并使人进入坟墓。** 》
《 **22.然后，当他意欲时，他就使他复活。** 》
《 **23.不，他没有奉行他给他的命令。** 》
《 **24.所以，让人看看他的食物。** 》
《 **25.我使雨水倾注。** 》
《 **26.我使大地裂开，** 》
《 **27.我在其中长出谷类，** 》
《 **28.葡萄，苜蓿，** 》
《 **29.橄榄及枣子，** 》
《 **30.茂密的园林，** 》
《 **31.以及水果和饲料，** 》
《 **32.以便你们和你们的牲畜享用。** 》

## 驳斥否认死后复活的人

清高伟大的安拉谴责那些否认复活之人，说："愿人遭杀戮！"伊本·阿拔斯说"愿人遭杀戮"指愿（这些）人遭受诅咒。[5]艾布·马立克也持此观点。"人"泛指一切毫无根据、只凭疑心和无知

---

(1)《泰伯里经注》24：217；《提尔密济圣训全集诠释》9：250；《穆究塔》1：203。

(2)《泰伯里经注》24：211；《散置的珠宝》8：418。
(3)《布哈里圣训实录诠释——造物主的启迪》8：561。
(4)《艾哈麦德按序圣训集》6：48；《艾布·达乌德圣训集》2：148；《提尔密济圣训全集诠释》8：215；《布哈里圣训实录诠释——造物主的启迪》8：560；《穆斯林圣训实录》1：549；《圣训大集》6：506；《伊本·马哲圣训集》2：1242。
(5)《格尔特宾教律》19：217。

而否认真理的人。

伊本·朱莱杰说："他是多么忘恩负义啊！"指他们的否认是多么严重啊！(1) 格塔德解释说："他是多么应该遭受诅咒啊！"

然后安拉阐明他是怎么用一种卑贱的物质创造人，像初造他们一样复活他们的。安拉说，"**他由什么东西创造了他？由一滴精液创造了他，并给他作了预定**"，即安拉预定了人的寿限、给养、功行、幸福和不幸。

"**然后，他使道路对人容易**"，伊本·阿拔斯说："安拉使人轻松地从母腹中出世。"(2) 艾克莱麦等学者也持此观点。(3) 穆佳黑德说，这节经文如同下列经文：《 我确已引导他一条道路，他要么是知感的，要么是辜恩的。 》（76：3）即我已经为他阐明正道，并使他能够从善如流（如果他愿意从善）。这是哈桑和伊本·栽德的观点。(4) 也是比较贴切的解释。安拉至知。

"**然后，他使人死亡，并使人进入坟墓**"，即安拉创造人之后又使人死亡，并让他居住坟墓。

"**然后，当他意欲时，他就使他复活**"，即人死亡之后，安拉又使他们复活。因此人们说"复生、复活"。《 他的迹象之一，就是他由土造化了你们。然后你们就成为广布的人类！ 》（30：20）《 你看骨头，我怎么配合它，怎么给它套上肉。 》（2：259）两圣训实录辑录，艾布·胡莱赖传述："人体中除了尾椎外，其他部位都将腐朽毁灭，人类是由这块骨头造的，他还要由它重新配合。"(5)

"**不，他没有奉行他给他的命令。**"伊本·哲利尔说，安拉说，隐昧者说他已经在其自身和财产中，完成了安拉规定的义务。然而，事情并非如同他所说那样。事实上，他没有履行安拉为他制定的主命。

我认为上文的解释可以引申出下列意义——安拉至知——"**然后，当他意欲时，他就使他复活**"，指当安拉意欲时，他就复活人类。(6) "**不，他没有奉行他给他的命令**"，即现在安拉还不这样做(7)。安拉确曾就这一切的发生下达了命令，并已有预定。当一切在安拉那里结束时，他就复活众生，像初造他们那样再造他们。

## 谷物等植物的成长，是死后复活的证据

"**所以，让人看看他的食物。**"这节经文有表述安拉的恩典之意。同时以沉寂的大地能够生长鲜活的植物这一事实，证明腐朽粉碎的人体能够被重新赋予生命。

"**我使雨水倾注。**"我使雨水从天上降到地下。

"**我使大地裂开。**"我在地下储存雨水，滋润土壤中的种子，使其发芽、生长、破土而出。

"**我在其中长出谷类，葡萄，苜蓿。**""谷类"指一切颗粒状的粮食。"葡萄"的意义众所周知。"苜蓿"指动物可以食用的新鲜紫花苜蓿，它的另一名称是"甘图"。这是伊本·阿拔斯等学者的主张。(8)

哈桑·巴士里说，"苜蓿"指草料。

"橄榄"众所周知，可以榨油，其油可以点灯、护肤。

"枣子"有多种食用方法，无论成熟与否都能食用，可以鲜食，也可以储藏，还可以烹饪，甚至可以酿汁。

"**茂密的园林**"，"园林"指园圃。哈桑和格塔德认为"茂密的"指粗壮而优质的枣树。(9) 伊本·阿拔斯和穆佳黑德认为"茂密的"指一切茂密的、盘根错节的。(10)

"**以及水果和饲料**"，"水果"指一切可口的果品。伊本·阿拔斯说："'水果'指一切新鲜食品。'饲料'指只能供动物食用，而人类不食用的植物。"(11) 另据传述，"饲料"指牲畜吃的草料。(12)

有人关于"**以及水果和饲料**"询问艾布·伯克尔，后者回答说："在安拉的经典中，如果我在不了解的领域发表观点，哪块天空遮盖我，哪块大地承载着我？"(13)

艾奈斯说，欧麦尔曾读"**他曾皱眉，并转过身去**"，当他读到"**以及水果和饲料**"时间道："我们知道什么是'水果'。但'饲料'（أبّ）指的是什么？"（艾氏）回答说："罕塔卜的儿子啊！它指的是饲料。"(14) 欧麦尔当初可能想详细了解"**饲料**"的形态及其种类，否则读过这节经文的人都会知道，它指的是大地上的一种植物。因此安拉说："**我在其中长出谷类，葡萄，苜蓿，橄榄及枣子，**

---

(1)《伯厄威经注》4：448。
(2)《泰伯里经注》24：223。
(3)《散置的珠宝》8：419、223、224。
(4)《泰伯里经注》24：224。
(5)《布哈里圣训实录诠释——造物主的启迪》8：414；《穆斯林圣训实录》4：2270。
(6)《泰伯里经注》24：225。
(7) 还不复活人类，直到大限结束，定然到期，安拉判定应该出世的人出世。——译者注

(8)《泰伯里经注》24：226。
(9)《泰伯里经注》24：228、229。
(10)《泰伯里经注》24：227。
(11)《泰伯里经注》24：230、231。
(12)《散置的珠宝》8：421。
(13)《伯厄威经注》4：449。
(14)《泰伯里经注》；24：229。

茂密的园林，以及水果和饲料。"

"以便你们和你们的牲畜享用"，即以便你们和你们的牲畜在今世享用，直到复生日。

❰ 33.但是，当撼声降临时， ❱
❰ 34.那天，人将逃避他的兄弟， ❱
❰ 35.他的父母， ❱
❰ 36.以及他的妻室和子女。 ❱
❰ 37.那天，人人有事，自顾不暇。 ❱
❰ 38.那天，有些面容是光彩的， ❱
❰ 39.欢笑的和愉悦的。 ❱
❰ 40.那天，有些面容，则是有尘垢的， ❱
❰ 41.黑暗笼罩着它。 ❱
❰ 42.这等人，是否认的，邪恶的。 ❱

### 复生日以及人们在那日逃避自己的亲属

伊本·阿拔斯说，"**撼声**"是复生日的一个名称，安拉提到它的严重性，并提醒众仆预防它。[1] 伊本·哲利尔说："它或许是号角的响声。"[2] 伯厄威说："'**撼声**'指复生日的震撼声。如此命名的原因是，它将发出震耳欲聋的响声。"[3]

"**那天，人将逃避他的兄弟，他的父母，以及他的妻室和子女**"，即亲人相见不相认，反而互相躲避，因为惊恐实在巨大，事情太严重。

讲述讲情的圣训中说，当人们要求那些有决心的大先知为人类向安拉求情时，这些先知都说："我自顾不暇，我自顾不暇。今天我只求你（安拉）宽恕我本人。"甚至麦尔彦的儿子尔撒说："今天我只求他宽恕我本人，我无暇求他宽恕生养了我的麦尔彦。"[4]

因此，清高伟大的安拉说："**那天，人将逃避他的兄弟，他的父母，以及他的妻室和子女。**"格塔德说："因为那日的恐惧，人们将逐个逃避他最爱的人，最亲的人。"

"**那天，人人有事，自顾不暇。**"每个人都忙于自己的事情，而无法顾及别人。

伊本·阿拔斯传述，安拉的使者㊕说："你们被复活时，赤脚、赤身、步行，且没有割包皮。"有位圣妻问："安拉的使者啊！我们能看到别人的羞体吗？"使者说："**那天，人人有事，自顾不暇。**"（或者使者当时说："他那么忙，还有时间观看吗？"）[5]

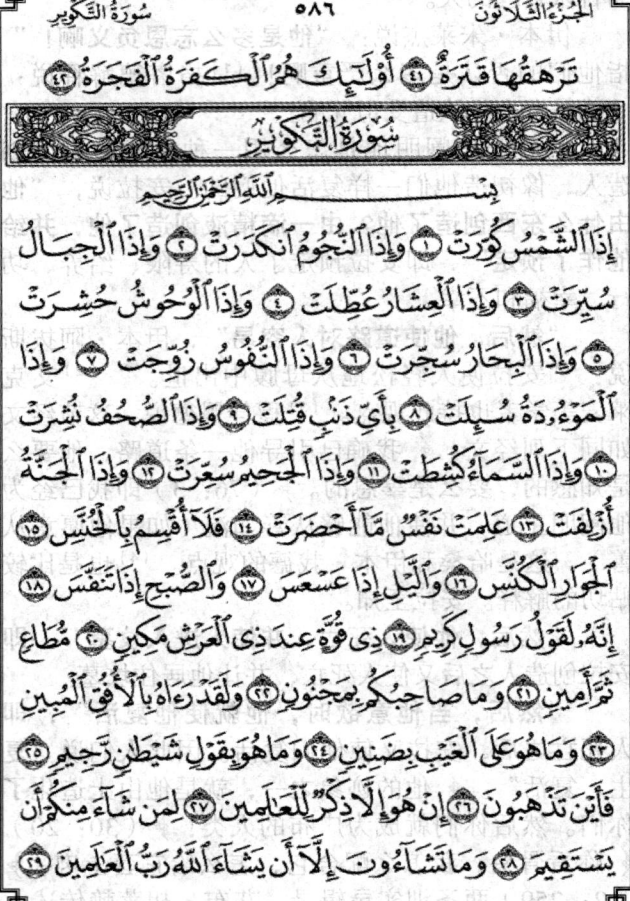

穆圣㊕说："你们被复活时，赤脚、赤身，且没有割包皮。"有个妇女问："我们能否互相看到羞体？"先知㊕说："这个女人啊！那天，人人有事，自顾不暇。"[6]

### 复生日乐园的人和火狱的人的面容

"**那天，有些面容是光彩的，欢笑的和愉悦的。**"在复生日，人们将分成两部分：一部分人脸放光彩，喜形于色。这些人是乐园的居民。

"**那天，有些面容，则是有尘垢的，黑暗笼罩着它。**"他们的脸被黑暗遮盖。[7]

"**这等人，是否认的，邪恶的。**"这类人的内心是否认的，行为是邪恶的。正如安拉所言：❰ 他们将只会生下邪恶者、忘恩负义者。 ❱（71：27）

《皱眉章》注释完。一切感赞全归安拉。

---

（1）《泰伯里经注》24：232。
（2）《泰伯里经注》24：231。
（3）《泰伯里经注》24：449。
（4）《穆斯林圣训实录》1：182。
（5）《哈肯圣训遗补》2：251。

（6）《提尔密济圣训全集诠释》9：251。
（7）《散置的珠宝》8：424。

## 《卷起章》注释 麦加章

### 与本章有关的圣训

伊玛目艾哈麦德传述，安拉的使者ﷺ说：“谁想像目睹那样看到复生之日，谁就应该读《卷起章》《裂开章》和《破裂章》。”[1]

奉普慈特慈的安拉之尊名

﴾1.当太阳被卷起时，﴿
﴾2.当群星坠落时，﴿
﴾3.当群山移动时，﴿
﴾4.当怀孕的母驼被弃时，﴿
﴾5.当野兽被集合时，﴿
﴾6.当海洋被点燃时，﴿
﴾7.当生灵被配合时，﴿
﴾8.当被活埋的女婴被询问﴿
﴾9.她因何罪而被杀死时，﴿
﴾10.当册簿被展开时，﴿
﴾11.当天（幕）被揭起时，﴿
﴾12.当火狱被点燃时，﴿
﴾13.当乐园被带近时，﴿
﴾14.人人都知道了他所预备就绪的。﴿

### 发生在复生日的事情

**“当太阳被卷起时”**，**“被卷起”**，伊本·阿拔斯解释为黑暗。[2]奥夫解释为消失；格塔德解释为失去光彩。[3]伊本·朱拜尔解释为没落。[4]艾布·撒立哈解释为被抛出。（从词源学上讲）**“被卷起”**指把某物折叠（卷起）起来。譬如（在头上）缠头巾、叠衣服。本章中的“卷起”指一部分被折叠到另外一部分后扔掉，因而失去光辉。

穆圣ﷺ说：“在复生日，太阳和月亮都将被卷起。”[5]

### 群星坠落

**“当群星坠落时。”“坠落”**指殒落，正如安拉所言：﴾当群星殒落时。﴿（82：2）在语源学中，**“坠落”**指倾泄。艾布·阿林传述，艾布·伊本·凯尔卜说：“复生日之前将发生六种迹象：人们在市场上行走时太阳突然黯然失色，这时，群星突然纷纷殒落；其间，群山坍塌于地面上，大地在混乱中开始剧烈震动，精灵惊恐地奔向人类，人类惊恐地奔向精灵，各种动物（包括飞鸟和野兽）混合到一起，在这混乱中沉浮。”他（艾布·伊本·凯尔卜）解释说，**“当野兽被集合时”**中的**“集合”**指混合。他认为**“当怀孕的母驼被弃时”**指当孕驼被主人疏忽时。**“当海洋被点燃时”**，他解释说：“一些精灵（对同类）说‘我们去给你们打探消息。’当他们来到海边时，发现大海正在燃烧，大地突然炸裂，那裂口一直延伸到最下面的第七层地和上面的第七层天。这时，突然吹来一阵风，他们都在风中死去。”[6]

### 山岳移动 母驼被遗弃 野兽被集合

清高伟大的安拉说，**“当群山移动时”**，即山离开原来的位置，被粉碎，大地变成光秃秃的平原时。

**“当怀孕的母驼被弃时。”**艾克莱麦等学者说，**“怀孕的母驼”**指怀胎十月的母驼。[7]穆佳黑德解释说：“它被人抛弃，任意游荡。”[8]端哈克解释为它被主人所疏忽。[9]莱毕尔解释说：“没人挤它的奶，主人任其四处乱跑。”[10]端哈克解释说：“它被人抛弃，无人牧放。”[11]上述解释大同小异。概言之，那日惊恐巨大，以致无人理睬和照料骆驼中的极品——怀孕十月的母驼，虽然以前它是人们最爱慕的财产。这是复生日的一种征兆。

**“当野兽被集合时。”**正如安拉所述：﴾地上的兽类和用翅膀飞行的鸟类，都是像你们一样的群体。在这部经典中我不曾遗漏任何事物。他们全体都将被集中到他们的养主那里。﴿（6：38）伊本·阿拔斯说：“万物都将被集合，海洋被点燃，苍蝇也不例外。”正如安拉所言：﴾并使群鸟集中起来，全都服从他。﴿（38：19）[12]

### 点燃海洋

**“当海洋被点燃时。”**阿里曾问一位犹太人：“火狱在哪里？”那人回答：“在海中。”阿里

（1）《艾哈麦德按序圣训集》2：27；《提尔密济圣训全集诠释》9：252。
（2）《泰伯里经注》24：237。
（3）《泰伯里经注》24：238。
（4）《泰伯里经注》24：238。
（5）《布哈里圣训实录诠释——造物主的启迪》6：343。
（6）《泰伯里经注》24：237。
（7）《泰伯里经注》24：240。
（8）《泰伯里经注》24：240。
（9）《泰伯里经注》24：240。
（10）《泰伯里经注》24：240。
（11）《泰伯里经注》24：240。
（12）《格尔特宾教律》19：229。

说："看来此人没有说错。因为海洋将被点燃，'当海洋被点燃时'。"前面在注释《以这燃烧的大海盟誓》（52：6）时已经讨论了这节经文的注释。

### 生灵的配合

清高伟大的安拉说，"**当生灵被配合时**"，即万物都按类别相聚合的时候。正如安拉所述：《你们把犯罪的人跟他们的伙伴们……》（37：22）安拉的使者㊣说："伙伴（阶层）指每个群体中的每一个人，他们干伙伴们的工作。因为安拉说：《而你们被分成三个等级时，幸福者，幸福者是何等人？薄福者，薄福者是何等人？那些领先者，终将是领先者。》（56：7-10）"他说："他们就是不同的伙伴（阶层）。"[1]

### 质问被活埋的女婴

"**当被活埋的女婴被询问她因何罪而被杀死时。**"这是公认的读法。"被活埋的女婴"指蒙昧主义者憎恶女儿，因此将她们活埋到土里。复生日，被活埋的女婴将被问及，她是因何罪恶而被杀害的？以便威慑杀人者。如果被亏者要遭受审问，那么亏人者作何感想呢？伊本·阿拔斯却解释说："当活埋的女婴询问（她因何罪遭受活埋）时？"[2] 艾布·都哈、赛丁伊等学者也持此观点。即她要求血债血还。

圣训中也有关于被活埋的女婴的记载，沃海布的女儿朱杂麦说，我曾和一些人去见安拉的使者㊣，他说："我曾打算禁止和哺乳期的妇女性交，后来我得知罗马人和波斯人在妻子哺乳期时任意与之性交，但对孩子没有造成伤害。"后来人们关于避孕询问了使者，使者说："那是秘密的活埋。（其情况）无异于被审问的女婴。"[3]

### 活埋女婴的罚赎

欧麦尔（愿主喜悦之）关于"**当被活埋的女婴被询问**"说，盖斯·本·阿斯穆来见安拉的使者㊣时说："我在蒙昧时代活埋了女婴（现在我该怎么办？）"使者对他说："你埋葬了几人，就替她们释放几个奴隶。"他说："安拉的使者啊！我有骆驼。"使者说："你埋葬了几人，就替她们屠宰几

峰骆驼。"[4]

### 功过簿被展开

"**当册簿被展开时**"，端哈克解释为：每个人的功过簿被交给其右手或左手时。格塔德解释说："人啊！在复生日，你的行为已被录入你的功过簿中，然后功过簿被卷起，然后被展现在你的眼前。人们应该看看他的功过簿中记录了些什么。"[5]

### 天被揭起，火狱点燃，乐园临近

"**当天（幕）被揭起时**"，"**被揭起**"，穆佳黑德认为指被拉长；[6] 赛丁伊解释为（天幕）被揭起。

"**当火狱被点燃时**"，赛丁伊解释为当火狱被加温时。

"**当乐园被带近时**"，端哈克等学者解释为当乐园接近其居民时。

### 复生日，人人都将知道他为自己做了些什么

"**人人都知道了他所预备就绪的。**"这是上述疑问句的结句。即当上述事情发生时，每个人都将知道他曾经干了些什么，并为自己预备了些什么。正如安拉所述：《那天，每一个人都会发现他曾做的一切善行都在面前。至于他曾经犯过的罪恶，他则希望他与它遥不可及。》（3：30）又《那天，人将被告知他前后所做的一切。》（75：13）

《15.我以那行星，》
《16.隐没的行星发誓，》
《17.以消逝时的夜发誓，》
《18.以吐露晨曦的黎明发誓。》
《19.的确，它是尊贵的使者的话。》
《20.在拥有阿莱什的主跟前，是有力的，有地位的。》
《21.在那里，是被服从的，并且忠诚的。》
《22.你们的同伴不是疯子。》
《23.的确，他在明晰的天际看见了他。》
《24.他对幽玄绝不是吝啬的，》
《25.这也不是遭受弃绝的魔鬼的话。》
《26.那么你们要去何方？》
《27.它只是对众世界的提示，》
《28.针对你们当中愿意走正道者。》

---
（1）《泰伯里经注》24：245。
（2）《泰伯里经注》24：246。
（3）《艾哈麦德按序圣训集》6：434；《穆斯林圣训实录》2：1066；《伊本·马哲圣训集》1：648；《艾布·达乌德圣训集》3：211；《提尔密济圣训全集诠释》6：249；《圣训大集》6：106。
（4）《阿卜杜·兰扎格经注》3：351。
（5）《泰伯里经注》24：249。
（6）《泰伯里经注》24：249。

《29.除非安拉——众世界的主意欲，你们不能遂意。》

## 行星和隐没的行星

《穆斯林圣训实录》《奈萨伊圣训集》载，阿慕尔·本·哈里斯说，我曾在穆圣㊙️后面礼晨礼，我听他读道："**我以那行星，隐没的行星发誓，以消逝时的夜发誓，以吐露晨曦的黎明发誓。**"(1)

有人关于"**我以那行星，隐没的行星发誓**"询问阿里，他回答说："它们是在白天隐藏的星和在晚上掠过天空（显现）的星。"(2)

"**以消逝时的夜发誓**"，这节经文有两种解释。一、黑夜来临。穆佳黑德说："天变黑了"；伊本·朱拜尔说："夜晚产生了"；哈桑·巴士里解释说："人们被笼罩了。"(3) 阿彤叶也持此观点。伊本·阿拔斯认为"消逝"指离开。栽德·本·艾斯莱姆和他儿子说："其意是当它离开，转过。"(4) 二、笔者认为"消逝"指来临。虽然这个词也指离开，但在这里解释为"来临"更为贴切。(5) 好像安拉以来临时的夜晚及其黑暗，日出时的黎明及其曙光发誓。正如安拉所述：《**以笼罩时的夜发誓，以显著时的昼发誓。**》（92：1-2）又如：《**以巳时发誓，以宁静时的夜晚发誓。**》（93：1-2）《**他使天破晓，他以夜供人休息。**》（6：96）等等。许多语源学学者说，"消逝"是一词两意，可以指"离开"也可以指"来临"。按照这种观点，对这节经文作出两种解释都是可以的。安拉至知。

"**以吐露晨曦的黎明发誓。**" "吐露晨曦"，端哈克解释为升起；格塔德解释为来临并发光。

## 《古兰》是吉卜勒伊里所带来的经典，它不是疯癫的产物

"**的确，它是尊贵的使者的话。**" "它"指尊贵的使者——品德高尚、形象优美的天使吉卜勒伊里所传达的《古兰》。这是伊本·阿拔斯、舒尔宾等学者的主张。(6)

"**是有力的**"，正如安拉所述：《**强有力者，教授了他。有能力的，此后他逐渐升起。**》（53：5-6）指性情严厉的，惩处（等行为）强盛的。

"**有地位的**"，即在安拉那里享有高贵的地位和品级。

"**在那里，是被服从的**"，即他是有情面的，而且他的话能被接受，在上界受到拥戴。

格塔德解释说，"**在那里，是被服从的**"中"那里"指诸天中。换言之，吉卜勒伊里不是一位平凡的天使，而是天使中的领袖，他众望所归，安拉优选他承担这一伟大使命。

"**并且忠诚的**"，这是吉卜勒伊里的另一属性。这太了不起了！清高伟大的安拉赞美他的来自天使的仆人兼使者吉卜勒伊里，正如他赞美他的来自人类的仆人兼使者穆罕默德那样。他说："**你们的同伴不是疯子。**"舒尔宾等学者说，"你们的同伴"指穆罕默德。(7)

"**的确，他在明晰的天际看见了他**"，即穆罕默德看到了给他带来安拉信息的这位天使的原形，他有六百只翅膀。此处指的是他们在白拖哈伊（大漠石河道）的第一次相逢，正如以下经文所述：《**强有力者，教授了他。有能力的，此后他逐渐升起。当时他在最高的天际。然后他接近，下降，后来达到两弓之遥，或更近。于是他给他的仆人启示了所要启示的。**》（53：5-10）这节经文前面已经注释过。从中可以看出经文所指的是吉卜勒伊里。显然——安拉至知——这一章是在登霄夜行之前降示的，因为其中只提到这次（穆圣㊙️与大天使的）相见，即第一次相见。至于第二次相见，则记录在下列经文中：《**他（穆圣）的确再一次见到了他下降。在极界之地的酸枣树旁。它那里是安居的乐园。当遮盖的东西遮盖酸枣树时。**》（53：13-16）这些情节载录于《星辰章》，该章降于《夜行章》之后。

## 在传达启示中穆圣㊙️绝无保留

"**他对幽玄绝不是吝啬的**"，即穆罕默德正确地传达了安拉的启示，这是不容置疑的。根据"吝啬"的不同读法，这节经文有不同解释。一、穆圣㊙️毫无保留地将《古兰》传达给每一个（能够传达的）人。二、苏富扬·欧叶奈解释为穆罕默德不是撒谎者，不是坏人，亦不是涉嫌（隐瞒经文）者或保守之人。(8) 三、格塔德解释为《古兰》原本是隐匿的，后来安拉将它降于穆罕默德，穆罕默德没有将其据为己有，他传播它，将它传达给他所要传达的每一个人。(9) 艾克莱麦和伊本·栽德等学者也持此观点。伊本·哲利尔选择的读法可解释为"吝

---

(1)《穆斯林圣训实录》1：336；《圣训大集》6：507。
(2)《泰伯里经注》24：251。
(3)《泰伯里经注》24：256。
(4)《泰伯里经注》24：255。
(5)《泰伯里经注》24：256。
(6)《格尔特宾教律》19：240；《散置的珠宝》8：433。
(7)《泰伯里经注》24：259；《散置的珠宝》8：434。
(8)《泰伯里经注》24：261。
(9)《泰伯里经注》24、261。

音"。(1) 总之，笔者认为：上述两种读法都是经多渠道传述而来的，所表达的意义都是正确的。

## 《古兰》是对众世界的教诲，它不是恶魔的启示

清高伟大的安拉说："**这也不是遭受弃绝的魔鬼的话**"，即这部《古兰》绝对不是被驱逐的恶魔的话，因为恶魔没有能力承载《古兰》，也无意做这些事，并且《古兰》对它不适宜，正如安拉所述：*魔鬼不曾带同它下降。这既不适于它们，它们也做不到。*》（26：210-212）

然后清高伟大的安拉说："**那么你们要去何方？**"即这部《古兰》来自安拉，确凿无误，彰明昭著，你们怎么想着去否认它呢？哈尼法族人前来归顺虔信者艾布·伯克尔时，他命令他们读一读他们过去所读的经典，于是他们读了伪先知穆赛利迈杜撰的文体拙劣几近胡言乱语的伪经，艾布·伯克尔听后说："你们真差劲！你们的理智去了哪里？以安拉发誓，你们读的这言语绝不是来自神明。"

格塔德解释这节经文说："你们为何离经叛道呢？"

"**它只是对众世界的提示**"，即这《古兰》是能够使全世界人觉悟的教诲。

"**针对你们当中愿意走正道者**"，即谁想走正道，谁就应该坚持这部经典，因为它是他的绝无仅有的指南和拯救者。

"**除非安拉——众世界的主意欲，你们不能遂意。**"你们并没有心想事成的权力，此后谁想得道就得道，谁想迷误就迷误。事实上，一切都取决于众世界的养育者安拉的意愿。苏莱曼·本·穆萨说，这节经文降示后，艾布·哲海里说："事情掌握在我们手中，我们中谁愿意得道谁就得道，谁愿意迷误谁就迷误。于是安拉降谕了下列经文：'除非安拉——众世界的主意欲，你们不能遂意。'"(2)

《卷起章》注释完。一切感赞全归安拉。

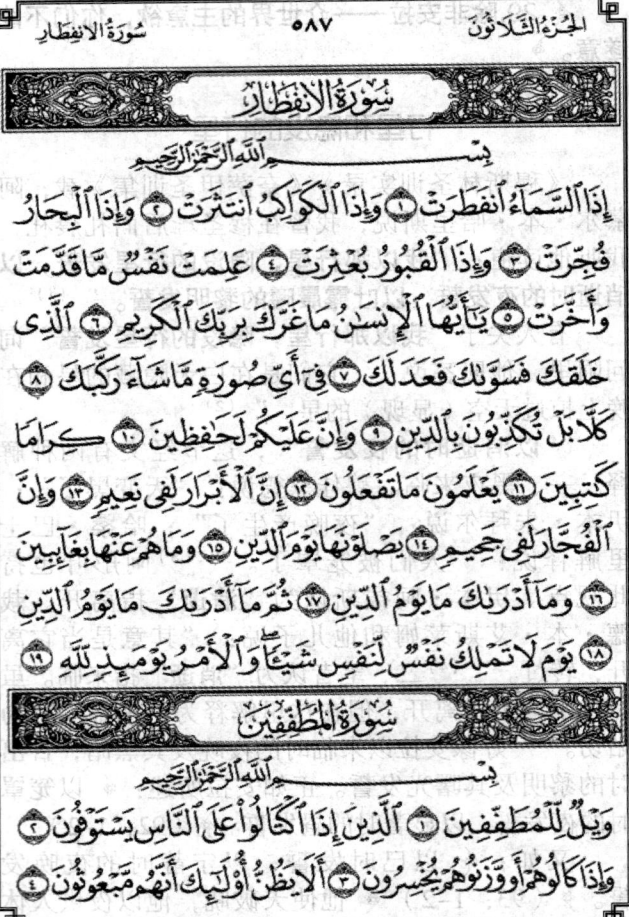

## 《裂开章》注释　麦加章

### 《裂开章》的尊贵

奈萨伊传述，穆阿兹（率众）礼了宵礼，（其中诵读）时间较长。穆圣说："穆阿兹啊！你是个滋事之人吗？你刚才为什么不读《至高章》《已时章》和《裂开章》？"(3)

穆圣说："谁愿意像目睹那样看看复生日，他就应该诵读《卷起章》《裂开章》和《破裂章》。"(4)

奉普慈特慈的安拉之尊名

**《1.当天破裂时，》**

---

（1）《泰伯里经注》24：260、261。
（2）《泰伯里经注》24：264。
（3）《布哈里圣训实录诠释——造物主的启迪》10：532；《穆斯林圣训实录》1：339；《圣训大集》6：508。
（4）《提尔密济圣训全集诠释》9：252。

❲2.当群星殒落时，❳
❲3.当海洋泛滥时，❳
❲4.当坟墓被翻开时，❳
❲5.每一个人都知道了他前前后后的一切作为。❳
❲6.人啊！是什么蒙骗你如此对待你慷慨的养主？❳
❲7.是他造化了你，然后使你协调，然后使你均衡。❳
❲8.他依他所意欲的任何形象构造你。❳
❲9.不然，但你们不信报应。❳
❲10.在你们的上面有一群监护者，❳
❲11.尊贵的、记录的，❳
❲12.他们知道你们所做的一切。❳

## 复生日发生的事情

"当天破裂时"中的"破裂"指崩裂。正如安拉所述：❲天将因它而崩裂。❳（73：18）

"当群星殒落时"中的"殒落"指纷纷坠落。

"当海洋泛滥时"，伊本·阿拔斯解释为当海洋泛滥时。(1)哈桑解释为，安拉使大海互相涌流，并带走海洋中的水。(2)格塔德解释为，淡水和咸水相混合时。(3)

"当坟墓被翻开时"中的"翻开"，伊本·阿拔斯解释为被搜寻；(4)赛丁伊解释为震动并将其中的人抛出来。

"每一个人都知道了他前前后后的一切作为"，即上述情况发生时，人们就会对自己当初的一切行为一目了然。

## 人不应该忘记安拉

"人啊！是什么蒙骗你如此对待你慷慨的养主？"这是安拉的警告。有些人认为它要求作出回答，他们的理解是："安拉的慷慨蒙骗了世人（或曰：世人因为安拉仁慈而忘乎所以）。"这是错误的理解。事实上，经文的意思是：人啊！你被什么冲昏头脑，以致胆敢冒犯伟大无比的安拉，以不适宜的态度去对待他？正如圣训所说："安拉在复生日要说，人啊！是什么蒙骗了你，以致你如此待我？人啊！你是如何响应众使者的？"凯立拜和穆尕提里认为这节经文是因为艾斯沃德·本·谢里夫而降示的，他打过先知后，当时没有受到惩罚，后来安拉降谕了这节经文。(5)

"是他造化了你，然后使你协调，然后使你均衡"，即人啊！是什么蒙骗你如此对待你的养主？你的主使你成为一个健全的、端正的、协调而优美的人。安拉的使者有一日在手掌上吐了一口唾沫，把指尖放到上面说："清高伟大的安拉说，我从类似的东西中创造了你，你能奈我如何？当我使你协调、均衡之后，你穿着两件大衣（趾高气扬地）走路，大地上有你践踏的声响。你聚敛财帛并吝啬不舍，直到你即将死亡时，你说：'我要施舍。'那是施舍的时间吗？"(6)

关于"他依他所意欲的任何形象构造你"，穆佳黑德说："他将你造成像父亲、母亲、舅舅或叔叔的样子。"(7)两圣训实录辑录，有人问："安拉的使者啊！我妻子生了个黑孩子。"先知问："你有骆驼吗？"那人回答："有。"先知问："它是什么颜色？"那人回答："红色。"先知问："它能不能生下土灰色的骆驼？"那人回答："能。"先知问："这种颜色是怎么回事？"那人说："也许是遗传所致。"先知说："这孩子（的肤色）也许也是遗传所致。"(8)

## 人类自欺的原因，提醒人类注意天使在记录他们的行为

"不然，但你们不信报应"，即促使你们以罪恶面对仁慈安拉的原因是：你们的内心否认最终的归宿、清算和报应。

"在你们的上面有一群监护者，尊贵的、记录的，他们知道你们所做的一切"，即有许多尊贵的天使监护着你们，所以你们不要以丑行面对他们，因为他们在记录你们的一切行为。

❲13.善人们确在恩典之中，❳
❲14.邪恶者确在火狱之中，❳
❲15.他们将在报应日进入其中。❳
❲16.他们不能离开它。❳
❲17.你怎能知道，什么是报应日呢？❳
❲18.然后，你怎能知道，什么是报应日呢？❳
❲19.那天，任何人不能对任何别人掌管任何事情。那天，命令只归安拉。❳

---
（1）《泰伯里经注》24：267。
（2）《泰伯里经注》24：267。
（3）《泰伯里经注》24：267。
（4）《提尔密济圣训全集诠释》7：70。
（5）《伯厄威经注》4：455。
（6）《艾哈麦德按序圣训集》4：210；《伊本·马哲圣训集》2：903。
（7）《泰伯里经注》24：270。
（8）《布哈里圣训实录诠释——造物主的启迪》9：351。

## 善人和恶人的报应

清高伟大的安拉在此讲述善人最终所获得的恩典。"**善人**",是那些服从安拉,不以罪恶面对他的人。然后安拉讲述恶人所遭受的火狱和永恒的刑罚。安拉说:"**他们将在报应日进入其中。**""**报应日**",指复活、清算和奖罚之日。

"**他们不能离开它**",即他们片刻都不能脱离刑罚,也不会被减刑,更不被获准求得一死,或者得到一段时间的舒畅,哪怕一天时间。

"**你怎能知道,什么是报应日呢?**"经文通过这种叙述方法,指出复生日的严重性。然后又强调道:"**然后,你怎能知道,什么是报应日呢?**"并解释"**报应日**"说:"**那天,任何人不能对任何别人掌管任何事情**",即若不是安拉对他所意欲和喜悦的人许可,那天,任何人不能有益于任何人,也不能使对方摆脱困境。[1]《众诗人章》末尾已经注释过类似经文。

"**那天,命令只归安拉。**"正如安拉所述:《今天权力归谁?归于独一而强大的安拉!》(40:16)《那天,真实的权力属于至仁主。》(25:26)《执掌报应日的主。》(1:4)格塔德在解释本章的这节经文时说:"以安拉发誓,那日命令只归安拉,那天,任何力量都不能和他争夺权力。"

《裂开章》注释完。一切感赞全归安拉。求安拉赐给我们机遇,并保护我们。

## 《称量不公章》注释  麦加章

### 奉普慈特慈的安拉之尊名

《1.毁灭吧!那些称量不公的人们。》
《2.当他们由旁人量取东西时,贪多求足,》
《3.但是当他们要量称东西给人时,就开始亏欠。》
《4.难道这些人想不到他们要被复活》
《5.在重大的日子吗?》
《6.那天,人类将为众世界的主而肃立。》

### 在称量中增加或减少能导致毁灭和亏折

奈萨伊和伊本·马哲传述:"穆圣☆来麦地那时,当地人在称量方面龌龊至极,于是安拉降示:'毁灭吧!那些称量不公的人们。'此后他们开始公平称量。"[2]

"**称量不公**"指在给别人称量的时候缺斤少两,把别人的东西称给自己时虚增分量。因此,安拉介绍那些称量不公者——安拉警告他们要遭受亏折和毁灭——说,"**当他们由旁人量取东西时,贪多求足**",即他们购入别人的东西时往往超额索取。

"**但是当他们要量称东西给人时,就开始亏欠。**"(即如果他们是卖方,他们就减少分量)。

安拉命令人们在称量时要公平,说:《当你们量时要量满,也要公平地秤称。这是更好的,结局更优美的。》(17:35)《你们要公平地给足秤量,我不使任何人负担他能力以外的。》(6:152)《你们要公平衡量,不要短少斤两。》(55:9)安拉毁灭舒尔布先知的民族,是因为他们在称量时短斤少两。

---

(1)《穆斯林圣训实录》1:193。

(2)《圣训大集》6:508;《伊本·马哲圣训集》2:748。

## 警告称量不公者，复生日他们将立于众世界的养主跟前

安拉警告他们说："难道这些人想不到他们要被复活在重大的日子吗？"即难道这些人不怕在一个极其恐惧和严峻的日子站在知道一切秘密的安拉跟前吗？那日的亏折者，将进入灼热的火狱。

"那天，人类将为众世界的主而肃立"，即他们将在赤脚、赤身、未割包皮的情况下，站立于一个非常狭窄的地方——那地方对犯罪者极其狭窄，并且笼罩在安拉的不可抗拒、无法防备的命令之下。

穆圣说："那天，人们将为众世界的养主肃立，他们中有人浸泡在身上渗出的东西（汗水等）中，只露出半个耳朵。"(1)

安拉的使者说："复生日来临时，太阳离人很近，其距仅一两里。太阳炙烤着人们，他们的汗水与功行有关。有人汗水及于两踝骨部位，有人汗水到达两膝，有人汗水没至腰部，有人汗水淹到嘴边。"(2)

《艾布·达乌德圣训集》载，安拉的使者曾求安拉使他免遭复生日狭窄的站立处之苦。(3) 伊本·麦斯欧迪说："他们将站立四十年，其间抬头仰望天空，谁都不和他们说话，因为汗水漫到了他们中好人和坏人的嘴边。"(4) 伊本·欧麦尔说："他们将站立一百年。"(5)

《艾布·达乌德圣训集》《奈萨伊圣训集》和《伊本·马哲圣训集》载，安拉的使者开始夜间的礼站时，念十次"安拉至大"，念十次"一切赞美全归安拉"，念十次"赞美安拉清净无染"，并念十次求饶词。使者还说："主啊！求你恕饶我，引导我，恩赐我，给我安康。"同时祈求安拉使其免受复生日狭窄处的站立之苦。(6)

❀ 7. 不！恶徒的册簿确在森吉尼之中。❀
❀ 8. 你如何能知道，森吉尼是什么？❀
❀ 9. 一部被铭记的册簿。❀
❀ 10. 那天，那些隐昧的人要毁灭。❀
❀ 11. 他们不信报应日。❀
❀ 12. 除了一切作恶的放肆者之外，没有人不信它。❀
❀ 13. 当我的迹象被读给他时，他说："这是前人的神话。"❀
❀ 14. 不！他们的作为，已在他们心上生锈。❀
❀ 15. 不！那天他们是被隔离于他们主的。❀
❀ 16. 然后他们必进入火狱。❀
❀ 17. 然后，有声音说："这就是你们当初所否认的。"❀

## 恶人的册簿和他们的一些情况

清高伟大的安拉说："不！恶徒的册簿确在森吉尼之中"，即他们的归宿在狭窄的监狱之中，因此，事情就变得严峻了。安拉接着说："你如何能知道，森吉尼是什么？"那是严重的事情，是永恒的监狱，是惨痛的刑罚。有人说，它在第七层地之下。白拉伊的长篇圣训中说，伟大的安拉针对隐昧者的灵魂（对天使们）说："你们将它的功过簿写在森吉尼当中，森吉尼在第七层地之下。"(7)

恶人的归宿则在火狱中，那是最卑贱的地方，正如安拉所述：❀ 然后我把他贬降到卑贱中最卑贱的，那些归信且行善的人则不然。❀（95：5-6）本章的经文说："不！恶徒的册簿确在森吉尼之中。你如何能知道，森吉尼是什么？"它不但狭窄，而且卑贱，正如下文所述：❀ 当被锁在一起的他们，被扔进其中一个狭隘的地方时，他们在那里祈求毁灭！❀（25：13）

"一部被铭记的册簿。"这节经文不是前面的"森吉尼"的注释，这节经文注释的是他们的记录归向狭窄的监狱。即他们的记录已被确定，不能有丝毫增删。这是伊本·凯尔卜的解释。

然后清高伟大的安拉说，"那天，那些隐昧的人要毁灭"，即在复生日，他们面临安拉的警告，进入火狱，遭受严刑。前面已经注释了"毁灭"，此处不再赘述，它指毁灭、覆灭。正如人们通常说："去死吧！某某人。"安拉的使者说："毁灭吧！那个为了搞笑他人而张口撒谎的人。愿他毁灭吧！愿他毁灭吧！"(8)

然后安拉注释这些邪恶的否认者，说："他们不信报应日。"即他们不相信报应日能够来到，否认它的真实性。安拉说，"除了一切作恶的放肆者之外，没有人不信它"，即他们行为放肆，触犯禁令，使用合法事物时总超越限度。在言论上是罪恶的：张口撒谎，轻诺寡信，出口伤人。

清高伟大的安拉说："当我的迹象被读给他

---

(1)《布哈里圣训实录诠释——造物主的启迪》8：565；《穆斯林圣训实录》4：2195、2196。
(2)《穆斯林圣训实录》2864；《提尔密济圣训全集诠释》7：89。
(3)《艾布·达乌德圣训集》1：487。
(4)《泰伯里经注》24：281。
(5)《艾布·达乌德圣训集》1：486；《圣训大集》3：299；《伊本·马哲圣训集》1：431。
(6)《圣训大典》238。
(7)《散置的珠宝》8：444。
(8)《圣训大集》6：509。

时，他说：'这是前人的神话。'"即当他从使者那里听到安拉的经文时，就否认它，并对它作出邪恶的猜测，于是认定它是被杜撰的，是从古籍中搜集来的寓言。正如安拉所述：《 当有人问他们"你们的主曾经降下了什么"时，他们说："古代的传说。"》（16：24）《 他们说："（这是）他写下来的古代神话，它是早晚被口授给他的。"》（25：5）

安拉接着说，"不！他们的作为，已在他们心上生锈"，即他们的妄言与事实不符，这《古兰》不是一部他们所说的古人传说。事实上，它是安拉的言语和启示，安拉把它降给他的先知穆罕默德。他们罪恶累累、错误重重，因而内心生锈，无缘归信它。因此，安拉说："不！他们的作为，已在他们心上生锈。"

隐昧者的心会生"锈"，善人的心上会生"霾"，而近主者的心上则会出现"云"。穆圣㊎说："仆人犯一罪恶时，他的心上就出现了一个黑点，当他从这个罪恶上忏悔后，心就被擦亮了。倘若他继续犯罪，则黑点就增加了。那就是安拉所说的：'不！他们的作为，已在他们心上生锈。'"(1)

"不！那天他们是被隔离于他们主的"，即复生日，他们将住进火狱，同时，他们将无法面见创造他们、并养育了他们的安拉。伊玛目沙斐仪说："这节经文说明穆民在复生日将看见安拉。"

"然后他们必进入火狱。"他们不但见不到至仁主，而且还要沦为火狱的居民。

"然后，有声音说：'这就是你们当初所否认的。'"即有一个声音以警告、羞辱、鄙视、轻蔑的形式告诉他们这一切。

《 18.不，善人的册簿在恩林伊中。》
《 19.你怎能知道，恩林伊是什么？》
《 20.一部被铭记的册簿，》
《 21.近主者们将见证它。》
《 22.善人们确在恩泽中。》
《 23.在床上观赏。》
《 24.在他们的脸上，你能看出恩泽的光华。》
《 25.他们被饮给受封的佳醇，》
《 26.它的封口是麝香，在此中，让竞争者们去争取吧！》
《 27.它的含料来自太斯尼穆。》
《 28.近主者在那里所饮的泉水。》

---

(1)《泰伯里经注》24：287；《圣训大集》6：509；《伊本·马哲圣训集》2：1418；《提尔密济圣训全集诠释》9：253。

## 善人的册簿（功过簿）以及他们的报酬

清高伟大的安拉说："不，善人的册簿在恩林伊中。"他们的情况与恶人的情况截然不同。他们与隐昧者的归宿——森吉尼也有天壤之别。黑俩里·本·叶萨夫说，伊本·阿拔斯曾向凯尔卜提出此问题时，我正在旁边。凯尔卜回答说："它（森吉尼）指第七层地，隐昧者的灵魂就在其中。"然后伊本·阿拔斯向凯尔卜询问了恩林伊，对方回答说："它是第七层天，穆民的灵魂就在那里。"(2)

阿里·本·艾布·特尔哈传述，伊本·阿拔斯认为"恩林伊"指乐园。(3) 其他学者认为它在"极界的酸枣树"那里。(4) 不言而喻，"恩林伊"一词派生于"崇高"，当某物升高时，它就会变宽变大。因此，安拉介绍"恩林伊"的重大，说道："你怎能知道，恩林伊是什么？"然后经文强调对他们的记录，说："一部被铭记的册簿，近主者们将见证它。"格塔德说，"近主者"指天使。(5) 伊本·阿拔斯解释说："来自每个天体的近主者，都

---

(2)《泰伯里经注》24：290、291。
(3)《泰伯里经注》24：292。
(4)《泰伯里经注》24：292。
(5)《泰伯里经注》24：294。

要见证它。[1][2]"

"**善人们确在恩泽中**",在复生日,善人沐浴在永恒的恩泽中,享受着恩宠不尽的乐园。

"**在床上观赏**","床"指帷幔下的高床。

"**观赏**",指他们观赏他们的权利以及安拉赐给他们的无穷无尽的福泽。有人说,经文指他们仰视伟大的安拉。这与恶人的情况形成对比,恶人的情况是:"不!那天他们是被隔离于他们主的。"而这些善人,他们获准在高床上观看他们的养主。

"**在他们的脸上,你能看出恩泽的光华**",即当你看他们时,你能在他们的脸上看到恩泽,他们的表现是:享恩、欢喜、幸福和礼遇。

"**他们被饮给受封的佳醇**",即他们饮用着乐园的美酒。"佳醇"(رحيق)是乐园的一种美酒的名字。这是伊本·麦斯欧迪、伊本·阿拔斯等学者的观点。

穆圣㊗说:"谁给干渴的穆民提供一次水,安拉在复生日给他饮陈年佳醇;谁给饥饿的穆民提供一餐饭,安拉将让他们品尝乐园的果实;谁给赤身的穆民提供衣服,安拉将给他穿乐园的绿袍。"[3]

关于"**它的封口是麝香**",伊本·麦斯欧迪注释说:"其中的含料是麝香。"[4] 伊本·阿拔斯说:"安拉为乐园居民使这酒纯洁,最后置入酒中的是麝香,安拉以麝香给酒上封。"[5]

"**在此中,让竞争者们去争取吧**",即争荣竞富者们应该为此而展开竞争、奔波。正如安拉所述:❴ 所以让工作者为了像这样的(结局)而工作吧。❵(37:61)

"**它的含料来自太斯尼穆**",即上述佳醇来自名叫太斯尼穆的饮料。这是乐园居民的最尊贵的饮料。这是艾布·撒立哈和端哈克的主张。[6]

因此,清高伟大的安拉说,"**近主者在那里所饮的泉水**",即近主者将饮纯佳酿,而幸福者也饮含有其他美味的美酒。这是伊本·麦斯欧迪、伊本·阿拔斯等学者的观点。[7]

❴ 29.真的,犯罪者们曾经嘲笑那些归信者,❵
❴ 30.每当他们经过他们(归信者)时,他们就互相挤眉弄眼。❵
❴ 31.当他们回到他们家人当中时,就嘻笑着回去。❵

---

(1)《泰伯里经注》294。
(2)按这种解释:"近主者"应该译为临近的天使。——译者注
(3)《艾哈麦德按序圣训集》3:13。
(4)《泰伯里经注》24:297。
(5)《泰伯里经注》24:297、298。
(6)《泰伯里经注》24:301。
(7)《泰伯里经注》24:300、301。

❴ 32.每当他们看到他们(归信者)时,他们就说:"这些人就是迷误者。"❵
❴ 33.我不曾派他们(否认者)去做他们(归信者)的监护者。❵
❴ 34.所以,这天归信者将会嘲笑隐昧者。❵
❴ 35.他们在高床上观赏。❵
❴ 36.隐昧者被还报了他们当初的作为吗?❵

### 犯罪者的恶行以及他们对穆民的嘲讽

清高伟大的安拉说,那些犯罪者们在今世对穆民冷嘲热讽,经过穆民身边时挤眉弄眼,以示鄙视。"**当他们回到他们家人当中时,就嘻笑着回去**",即当这些犯罪者回家时,得意洋洋,虽然得到了所求的一切,但还是不感谢安拉的恩典,而是处心积虑地嘲讽穆民。"**每当他们看到他们(归信者)时,他们就说:'这些人就是迷误者。'**"隐昧者说此话,是因为穆民与他们信仰不同。

"**我不曾派他们(否认者)去做他们(归信者)的监护者**",即这些否认者的职责并不是监督穆民的言行。他们并没有责任这样去做。那么,这些犯罪者们为什么要处心积虑地对付穆民,视他们为眼中钉呢?正如安拉所述:❴ 他说:"你们可耻地进去吧!不要向我说话。"我的仆人中曾经有一些人说:"我们的主啊!我们归信了,所以求你宽恕我们,并慈悯我们,你是最好的慈悯者。"但是你们却把他们当作笑柄,直到他们使你们忘了记念我,而你们仍然嘲笑他们。我确因他们的坚忍,而在这天回赐了他们,他们确实是成功的。❵(23:108-111)

因此,安拉在此说,"**所以,这天归信者将会嘲笑隐昧者**",即复生日,让穆民以相同的方法去对付那些曾经嘲笑他们的隐昧者吧!

"**他们在高床上观赏**",即他们在床上观看安拉。他们的情况和那些将他们妄称为迷误者的隐昧者形成鲜明对比。其实他们不但不是迷误者,反而是受安拉宠信的奴仆,他们在尊贵的家园中观看着安拉。

"**隐昧者被还报了他们当初的作为吗?**"即这些曾经嘲笑和指责穆民的隐昧者,是否遭受了自己行为的报应呢?换言之,他们确实遭受了最全面、最充分的报应。

《称量不公章》注释完。一切感赞全归安拉。

## 《破裂章》注释　麦加章

### 《破裂章》中叩头的经文

艾布·赛莱迈传述，艾布·胡莱赖带领他们（礼拜时）读了"当天破裂……"并在读这章经文时叩头。拜后他告诉他们，安拉的使者曾在读这一章节时叩头。(1)

艾布·纳菲尔说，我曾和艾布·胡莱赖一起礼夜间的礼拜，他读了"**当天破裂……**"并在其中叩头。我问他时他回答说："我曾跟在艾布·卡西姆（穆圣）的后面（因为本章中的一节经文而）叩过头。因此，每读这节经文我必叩头，直到我（在后世中）遇见他。"(2)

#### 奉普慈特慈的安拉之尊名

⟨ 1.当天破裂，⟩
⟨ 2.并听从它的主，也理应听从，⟩
⟨ 3.当大地被展开，⟩
⟨ 4.抛出其中的一切，变得空虚，⟩
⟨ 5.并听从它的主，也理应听从时，⟩
⟨ 6.人啊！你总是辛劳向主的，此后，确实是会见他的。⟩
⟨ 7.至于其功过簿被交到右手的人，⟩
⟨ 8.他将获得轻松的结算。⟩
⟨ 9.并将欢乐地回到他的家中。⟩
⟨ 10.至于功过簿从其背后被递过来的人，⟩
⟨ 11.他将祈求毁灭，⟩
⟨ 12.并将进入火狱。⟩
⟨ 13.他确曾在家中是欢乐的，⟩
⟨ 14.他确信他不会回归，⟩
⟨ 15.不！他的主永远观看着他。⟩

### 复生日天将破裂，地将展开

清高伟大的安拉说"**当天破裂**"，经文指复生日的情况。

"**并听从它的主**"，即在复生日，天奉其养主的命令而破裂。

"**也理应听从**"，即天应该听从安拉的命令，因为他的命令是伟大而不可抗拒的，他征服了万物，万物都恭顺于他。

然后清高伟大的安拉说，"**当大地被展开**"，即大地被铺展，被拓宽。

清高伟大的安拉说，"**抛出其中的一切，变得空虚**"，即大地将其内部的一切死者都抛到外面，将自己腾空。这是穆佳黑德等学者的主张。

"**并听从它的主，也理应听从时**"，前文已述。(3)

### 行为的报应是真实的

清高伟大的安拉说，"**人啊！你总是辛劳向主的**"，即你一直在为安拉而拼搏、劳动。

"**此后，确实是会见他的。**"然后你将碰到你的善行或恶为。下列圣训可证明这种解释："吉卜勒伊里说，穆罕默德啊！只要你愿意，你就活着吧，但你终将死去；爱你所爱吧，你终将与其分离；做你所愿之事吧，因为你终将与其相逢。"(4) 有人认为经文指你将会见安拉。其意是：此后你的主将因为你的行为和奔波而奖励你，报答你。按这种观点，两种解释都是必然的。

伊本·阿拔斯在解释"**人啊！你总是辛劳向主的**"时说："你做你凭借它们与安拉相会的工作吧，或行善，或作恶。"(5)

### 展现　细算

清高伟大的安拉说，"**至于其功过簿被交到右手的人，他将获得轻松的结算**"，即他将受到轻松的清算，他的所有工作的细节不被过问，否则，他必然要毁灭。阿伊莎（愿主喜悦之）传述，安拉的使者说："被细算的人，必然遭受惩罚。"阿伊莎说，于是我问："难道安拉不曾说'**他将获得轻松的结算**'吗？"使者说："那绝不算细算，那叫展现。复生日被细算的人，必然遭受惩罚。"(6)

"**并将欢乐地回到他的家中**"，即他将到乐园中，与那里的亲人相会。这是格塔德和端哈克的主张。

"**欢乐地**"，即满意地，因为安拉所赏赐的恩典而喜气洋洋地。(7)

"**至于功过簿从其背后被递过来的人**"，即他的功过簿从他的身后被递过来，交给他弯曲过来的

---

(1)《穆斯林圣训实录》1：406；《圣训大集》6：510。
(2)《泰伯里经注》24：310。
(3)《泰伯里经注》24：310。
(4)《特亚莱斯圣训集》242。
(5)《泰伯里经注》24：312。
(6)《艾哈麦德按序圣训集》6：47；《布哈里圣训实录诠释——造物主的启迪》8：566；《穆斯林圣训实录》4：2204；《提尔密济圣训全集诠释》9：256；《圣训大集》6：510；《泰伯里经注》24：313。
(7)《泰伯里经注》24：315。

左手。

"他将祈求毁灭","毁灭"指灭亡、亏折。

"并将进入火狱。他确曾在家中是欢乐的",即他曾经兴高采烈,没有后顾之忧,不为将来打算。这一时的欢乐,将招致漫长的忧愁。

"他确信他不会回归",即他曾坚信自己不会被召回到安拉那里,也不会死而复生。这是伊本·阿拔斯的主张。(1)

"不!他的主永远观看着他",即安拉将重新造他,正如他初次造他那样。并将因为他的功行而给予奖罚。对于他,安拉是全观的、彻知的。

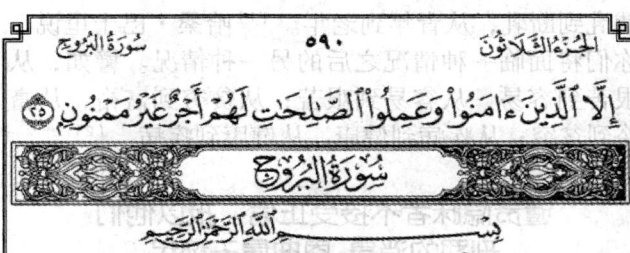

◆ 16.所以我以霞光盟誓,◆
◆ 17.以夜晚和它所包罗的盟誓,◆
◆ 18.以满圆时的月亮盟誓,◆
◆ 19.你们誓必经历种种阶段。◆
◆ 20.那么,他们为什么不信呢?◆
◆ 21.当《古兰》被读给他们时,他们不叩头。◆
◆ 22.不然,隐昧的人们将否认它。◆
◆ 23.安拉至知他们所隐藏的。◆
◆ 24.所以,你以惨痛的刑罚向他们"报喜"吧,◆
◆ 25.除非那些归信并行善的人,他们享有不断的报酬。◆

### 安拉发誓人类将遭遇各种情况

"霞光",伊本·阿拔斯、欧拜德·本·萨米特等学者认为经文指红色;(2)艾布·胡莱赖认为指白色。(3)

其实"霞光"指天际的红光。要么如穆佳黑德所说,出现在日升前;(4)要么如语源学家的一致看法,出现在日落之前。赫利里·本·艾哈麦德说,"霞光"指日落至宵礼之间天际出现的红光,当它消失时,人们说:"晚霞消失了。"(5)

焦海里说,"霞光"指太阳的余辉,其红光从夕阳西下至余辉散尽。艾克莱麦也持此观点,他说"霞光"出现在昏礼至宵礼之间。

《穆斯林圣训实录》记载,安拉的使者㊣说:"只要'霞光'还没有消失,昏礼的时间仍然存在。"(6)综上所述,"霞光"的定义应该是焦海里和赫利里的解释。

伊本·阿拔斯等学者说,"它所包罗的"指它所包括的。(7)格塔德说:"它所包罗的"指星星和动物。(8)

"以夜晚和它所包罗的盟誓。"艾克莱麦解释说:"当夜幕降临,万物各归其所时,以夜及它所驱策的黑暗发誓。"(9)

"以满圆时的月亮盟誓。""满圆",伊本·阿拔斯解释为团聚并上升。(10)哈桑说:"团聚并变圆。"(11)格塔德说:"月圆"。(12)上述学者的意思是:当月光完满,月形圆满之际,与"**以夜晚和它所包罗的**"形成对应。

"你们誓必经历种种阶段。"布哈里传述,伊本·阿拔斯解释说:"你们必将经历种种状况。你们的先知㊣就是这么说的。"(13)

艾克莱麦解释为你们将经历许多状况,譬如从

---

(1)《泰伯里经注》24:317。
(2)《格尔特宾教律》19:274。
(3)《阿卜杜·兰扎格经注》3:358。
(4)《泰伯里经注》24:318。
(5)《格尔特宾教律》19:275。
(6)《穆斯林圣训实录》1:426。
(7)《泰伯里经注》24:319。
(8)《泰伯里经注》24:320。
(9)《泰伯里经注》24:321。
(10)《泰伯里经注》24:321。
(11)《泰伯里经注》24:321。
(12)《泰伯里经注》24:322。
(13)《布哈里圣训实录诠释——造物主的启迪》8:567。

## 谴责隐昧者不接受正信，报以他们刑罚的消息　恩典属于穆民

清高伟大的安拉说："那么，他们为什么不信呢？当《古兰》被读给他们时，他们不叩头。"是什么阻碍他们归信安拉、使者及后世呢？他们又是怎么回事，当有人给他们宣读安拉的经文——这部伟大的《古兰》时，他们不叩头以示尊敬？

清高伟大的安拉说，"不然，隐昧的人们将否认它"，即否认真理，冥顽不化是他们的本质。

"安拉至知他们所隐藏的"，穆佳黑德和格塔德说，安拉至知他们隐藏于心底的秘密。[3]

"所以，你以惨痛的刑罚向他们'报喜'吧""，即穆罕默德啊！告诉他们，安拉已经为他们准备了惨痛的刑罚[4]

然后清高伟大的安拉说，"除非那些归信并行善的人"，经文将这种人另当别论。即那些虔心归信，身体力行功善的人，在后世中"享有不断的报酬"。"不断的"，伊本·阿拔斯解释为不欠缺的；[5]穆佳黑德和端哈克解释为不被计算的。[6]两种解释都表示"不中断"。正如下文所述：❮那是不断的恩赏。❯（11：108）赛丁伊说，"有些学者认为：'不断的'指不被减损的。"

《破裂章》注释完。一切感赞全归安拉。求安拉赐给我们机遇，并保护我们。

---

# 《星宫章》注释　麦加章

### 奉普慈特慈的安拉之尊名

❮ 1.以那有诸宫的天盟誓，❯
❮ 2.以那被约许的日子盟誓，❯
❮ 3.以见证者和被见证者盟誓，❯
❮ 4.愿坑的所有者被杀戮！❯
❮ 5.拥有燃料的火坑。❯
❮ 6.那时他们坐在它的旁边，❯
❮ 7.见证他们对归信者所做的一切。❯
❮ 8.他们（隐昧者）愤恨他们，只是因为他们归信了优胜的、可赞的安拉。❯
❮ 9.诸天和大地的权力都属于他！安拉是万物的见证者。❯
❮ 10.的确，那些迫害男女归信者，而不忏悔的人们，他们将要遭受火狱的刑罚和燃烧的刑罚。❯

### "宫"的意义

清高伟大的安拉以天和天上的"宫"发誓。宫指一些巨大的星球。正如安拉所述：❮赞安拉多福！他在天空设置一些宫，并在其中安置了明灯和灿烂的月亮。❯（25：61）伊本·阿拔斯、穆佳黑德等学者说，"宫"指星星。[7]米奈哈里·本·阿慕尔解释"以那有诸宫的天盟誓"时说，"有诸宫的"指有优美被造物的。[8]伊本·哲利尔认为经文指太阳和月亮等星宿，它们是十二宫座。太阳在其中每一宫座运行一个月，月亮则在每个宫座运行两天又三分之一，计二十八宿，月亮在月末隐没两天。[9]

### 约许的日子、见证者和被见证者的注释

"以那被约许的日子盟誓，以见证者和被见证者盟誓。"艾布·胡莱赖传述，安拉的使者㊗说："'被约许的日子'指复生日，'见证者'指主麻日。太阳升起和西落的日子中，最贵的日子莫过于主麻日。那日有一时刻，穆斯林仆人祈祷或求庇佑的时间只要偶遇那一刻，安拉必定会有求必应，或保护祈求者。'被见证者'指（朝觐中的）阿拉法

---

(1)《泰伯里经注》24：323。
(2)《泰伯里经注》24：323。
(3)《泰伯里经注》24：327。
(4) 经文中使用"报喜"是一种修辞方法，意在羞辱隐昧者。
(5)《泰伯里经注》24：327。
(6)《泰伯里经注》24：327。

(7)《格尔特宾教律》19：200。
(8)《格尔特宾教律》19：283。
(9)《泰伯里经注》24：332。

之日。"(1)艾布·胡莱赖、伊本·阿拔斯等人传述"**被见证者**"指复生日。

伯尔威说："大部分学者认为'**见证者**'指主麻日，'**被见证者**'指阿拉法之日。"(2)

## 掘坑者迫害穆斯林

清高伟大的安拉说，"**愿坑的所有者被杀戮**"，即愿坑的主人遭受诅咒。"坑"指地下的壕坑。本章讲述的是一些隐昧者迫害穆斯林的事情。他们压迫穆斯林，企图使他们改宗叛教，遭到穆斯林拒绝之后，他们在地上挖掘一个大坑，在其中点燃烈火，并备下燃料，让火焰猛烈燃烧，然后再次逼迫穆斯林们改宗，但仍旧遭到拒绝。于是他们将穆斯林扔进坑中。针对此，清高伟大的安拉说，"**愿坑的所有者被杀戮！拥有燃料的火坑。那时他们坐在它的旁边，见证他们对归信者所做的一切**"，即他们目睹这些穆民遭受迫害。

"**他们（隐昧者）愤恨他们，只是因为他们归信了优胜的、可赞的安拉**"，即穆民并没有触犯这些隐昧者，穆民的"罪过"仅仅是归信了强大而不可侵犯的，其一切言行、法律和定然都应该受赞美的安拉。虽然安拉预定穆民遭受这些隐昧者的迫害，但安拉永远是优胜的，可赞美的，即使许多人并不明白这预定的原因。

然后清高伟大的安拉说："**诸天和大地的权力都属于他！**"安拉的属性是完美的，譬如他是天地万物的拥有者。

"**安拉是万物的见证者**"，天地中的任何事物都离不开安拉，任何隐秘之物都瞒不过他。

## 术士、修士、少年以及进火坑者

苏海卜传述，安拉的使者㊖说：从前有个国王，他有一个术士。术士老迈后对国王说："我老了，请派一个少年，我要传授方术给他。"于是国王就派来一个少年，学习方术。一天，少年在路上遇到一位修士，便跟他坐下攀谈。聆听了修士的一席话后，少年十分敬佩修士。此后，每当他去术士那里学习，都路过修士处，并和他坐一坐。由于迟到，少年挨了术士的打，他把自己的遭遇讲给修士听。修士说，如果你怕术士打，就说家里人让你来迟了；如果你怕家里人打，就说术士让你来迟了，就这样过了一段时间。有一天，他发现一个巨大的动物挡住道路，使人们不能通行。他想："今天我将知道术士伟大，还是修士伟大。"于是他捡起一块石头说："主啊！如果修士在你看来比术士更受喜悦，那么你杀死这个动物，让人们过去吧！"他将石头投向那个动物，动物被杀死了，人们过去了。他来到修士跟前，向修士叙述了这件事。修士说："我的爱子啊！今天你已经贵过了我，你会遭遇官司，如果那样，别说出我来。"少年经常为人们治疗天然盲、麻风等疾病。国王身边的一位盲臣听说，便携带重礼来找少年，对他说，如果你治好我的病，这些礼物全归你。少年说，治病的不是我，而是安拉。如果你归信安拉，并向安拉祈求，他会治愈你的病。于是，盲臣归信了清高伟大的安拉，并向安拉祈祷，安拉治愈了他的病。盲臣回到国王跟前，坐在原来的位置。国王惊奇地问："是谁让你双眼复明？"他回答："我的主。"国王问："除我以外，你还有主吗？"他说："我和你的主都是安拉。"于是国王逮捕了他，对他进行残酷的折磨，直到他说出了少年。于是少年被带到国王跟前。国王对他说："啊，孩子！你的本领太高超了，竟然可以治愈盲眼、麻风等疾病，你真能干。"少年说："治病的不是我，是安拉。"于是国王逮捕了少年，用酷刑折磨他，直到他说出了修士。于是修士被带来，有人对他说："放弃你的信仰吧！"他拒绝了。于是国王让人拿来锯子，放在他的头顶，他被锯成两半并向两边倒下。盲臣也被带来，有人对他说："放弃你的信仰吧！"他拒绝了，锯子又放在他的头顶，他也被锯成两半，向两边倒了下去。然后少年又被带上来，有人对他说："放弃你的信仰吧！"他拒绝了。于是国王把他交给爪牙，嘱咐他们：你们押他到某某山上，到达山顶后，如果他放弃信仰就罢，不然的话，把他扔下山去。少年被带到了山上，少年说："我的主啊！如果你意欲，请替我解决他们吧。"于是山震动了，国王的人都从山上滚落。少年步行来到国王面前。国王惊奇地问："我的手下呢？"少年说："伟大的安拉替我解决了他们。"国王又把他交给另一部分手下，嘱咐他们："这次你们用大船载他到大海中间，如果他放弃他的信仰就算了，否则将他投入大海。"手下人带他出去了。少年说："我的主啊！如果你意欲，你就保佑我免遭他们的伤害。"于是船翻了，爪牙们统统被淹死。少年再次来到国王面前。国王惊奇地问："我的手下呢？"少年说："伟大的安拉替我解决了他们。"他接着对国王说："你绝对杀不了我，除非你按我的吩咐去做。"国王问："怎么做？"少年说："你将人们召集在一个广场，将我钉在树桩上，然后从我的箭囊中取出一支箭来，搭在弓的弦上，再念奉这个少年的养主之名，然后向我射箭。如果你这样做了，你就能杀死我了。"于是国王下令将人们召集在一个广场上，把少年钉在树桩上，然后从少年的

---
(1)《泰伯里经注》24：333、334。
(2)《伯尔威经注》4：466。

箭囊中取出一支箭，拉弓上弦，说道："奉这个少年的养主之名！"随即向少年射去。箭中太阳穴，少年用手捂住伤口，从容归真。人们见此情景，高呼："我们已归信少年的养主了！"有人对国王说："以安拉发誓，你已经看到了，你担心的事已经出现了，人们确已归信了。"国王命人立即在各路口掘坑，然后燃起大火。同时下令："谁不改宗叛教，就把他投入火中。"人们一个一个被投入火中。轮到一个带着哺乳期婴儿的妇女时，她好像犹豫了一下。婴儿说话了："妈妈忍耐吧！你在坚持真理。"[1]

伊本·易司哈格说，少年罹难后，纳季兰（一译那基伦）人纷纷改宗少年的宗教——正统的基督教。后来祖·那瓦司率领军队来到他们中间，要求他们信仰犹太教。他让他们选择：要么同意改宗，要么遭受杀戮。纳季兰人则选择舍身取义。于是这暴君挖掘坑壕，点燃烈火，大开杀戒，并凌辱尸体，以致近两万人被杀。安拉针对祖·那瓦司及其军队（的暴行）而降谕穆圣："愿坑的所有者被杀戮！拥有燃料的火坑。那时他们坐在它的旁边，见证他们对归信者所做的一切。他们（隐昧者）愤恨他们，只是因为他们归信了优胜的、可赞的安拉。诸天和大地的权力都属于他！安拉是万物的见证者。"伊本·易司哈格在《先知传》中说，杀害并将穆民扔进火坑的罪魁是祖·那瓦司，他的另一名号是宰勒尔，他从政期间被称为优素福（他是泰班·艾斯尔德·艾布·凯勒卜的儿子）。其父泰班是一位土伯尔[2]，曾经攻打麦地那，给克尔白挂上帷帐，他要求麦地那的两位犹太学者与他同行，后来一些也门人因为这二人而信仰了犹太教。

祖·那瓦司一天早晨杀死了约两万人，并将尸体扔进坑中，只有一个名叫岛司的人幸免于难。此人骑马逃脱，没有被追兵俘获。他去找沙姆王凯斯拉搬救兵，凯斯拉致信阿比西尼亚国王奈加希，后者遂派一支大军，由艾勒亚特和艾卜莱海统率，从犹太人手中解救出也门人。祖·那瓦司逃到海上，葬身鱼腹。此后，阿比西尼亚的政权在基督教徒手中延续了七十年之久。后来希木叶尔国王祖·叶兹尼的儿子赛夫向波斯国王借兵，国王给他派去七百多名囚犯组成的一支部队。赛夫收复也门后，政权又回到希木叶尔人手中。如果安拉意欲，我们将在注释《象军章》时叙述其中的情况。[3]

### 掘坑者的报应

"的确，那些迫害男女归信者"，即他们焚烧

归信者。这是伊本·阿拔斯等学者的解释。[4]

"而不忏悔的人们"，即他们不停止自己的所作所为，也不感到后悔。

"他们将要遭受火狱的刑罚和燃烧的刑罚。"有什么行为，就有什么报应。哈桑·巴士里说："你们看看安拉的这种仁慈和慷慨！他们屠杀了安拉的盟友，而他却号召他们忏悔、求饶。"

❖ 11.那些归信并行善的人，将获得下临诸河的乐园，那是伟大的收获。❖
❖ 12.你的主的惩罚是严峻的。❖
❖ 13.是他初造，然后复造。❖
❖ 14.他是至恕的、博爱的，❖
❖ 15.拥有尊荣的阿莱什的主，❖
❖ 16.为所欲为的主。❖
❖ 17.军队的消息曾来临于你吗？❖
❖ 18.法老和塞姆德人的消息。❖
❖ 19.不然，隐昧的人却在否认之中。❖
❖ 20.安拉确从他们后面包围着。❖
❖ 21.不然，这是一部光荣的《古兰》，❖
❖ 22.在被保护的天牌中。❖

### 清廉者的报酬 对否认安拉的隐昧者严厉的惩罚

清高伟大的安拉说，那些有正信的众仆"**将获得下临诸河的乐园**"，其情形和安拉的敌人形成鲜明对比，而那些隐昧者将进入火狱，遭受火刑。因此安拉说："**那是伟大的收获。**"

然后清高伟大的安拉说，"**你的主的惩罚是严峻的**"，即对那些否认众使者，违背主命的人，安拉的惩罚是严厉而强大的。因为安拉是强胜不可侵犯的，安拉所意欲的一切，都会在一眨眼之间或更快的时间内变为现实。

因此清高伟大的安拉说，"**是他初造，然后复造**"，即安拉的能力是完美的，他不但能初次创造，而且也能像初造一样复造之，且不存在任何阻碍。

"**他是至恕的、博爱的**"，即谁向他忏悔并恭顺于他，他就宽恕谁的罪恶，无论那是何等罪恶。伊本·阿拔斯等学者说，"**博爱的**"指友爱的。[5]

"**拥有尊荣的阿莱什的主**"，即他是高过万物的阿莱什的主宰。"**尊荣的**"根据其两种读法，分别可做"**阿莱什**"或"**主**"的定语[6]，两种读法都

---
(1)《穆斯林圣训实录》4：2299。
(2) 古代也门国王的称号。——译者注
(3)《穆圣传》1：36。

(4)《泰伯里经注》24：343、344。
(5)《泰伯里经注》24：346。
(6) 一种读法如正文所译，另一种读法是："他是阿莱什的尊荣之主。"——译者注

是正确的。

"为所欲为的主",安拉为所欲为,没有谁能提出挑战。他以他的伟大、权力、智慧和公正而做的一切,无可置疑。艾布·伯克尔的故事正好说明了这个道理。艾布·伯克尔临终前,有人问他:"你看大夫了吗?"他回答:"是的。"他们问:"大夫是怎么说的?"他回答:"大夫对我说:'我是为所欲为的。'"(1)(2)

"军队的消息曾来临于你吗?法老和塞姆德人的消息",即你可曾听到安拉降给他们的惩罚以及任何人无法抗拒的灾难?这节经文强调了前面的经文"你的主的惩罚是严峻的"。即当他惩罚不义者时,他对他施以严厉、痛苦的刑罚,以优胜之主、全能之主的惩罚打击他们。

"不然,隐昧的人却在否认之中",即他们在怀疑、犹豫、否认和顽抗之中。

"安拉确从他们后面包围着。"安拉对他们是全能的、强大的,他们不能躲开安拉,也不能奈何于他。

"不然,这是一部光荣的《古兰》。""光荣的"指伟大的、尊贵的。

"在被保护的天牌中",即这部《古兰》在上界,并且受到保护,不会有丝毫增删或篡改。

《星宫章》注释完。一切感赞全归安拉。

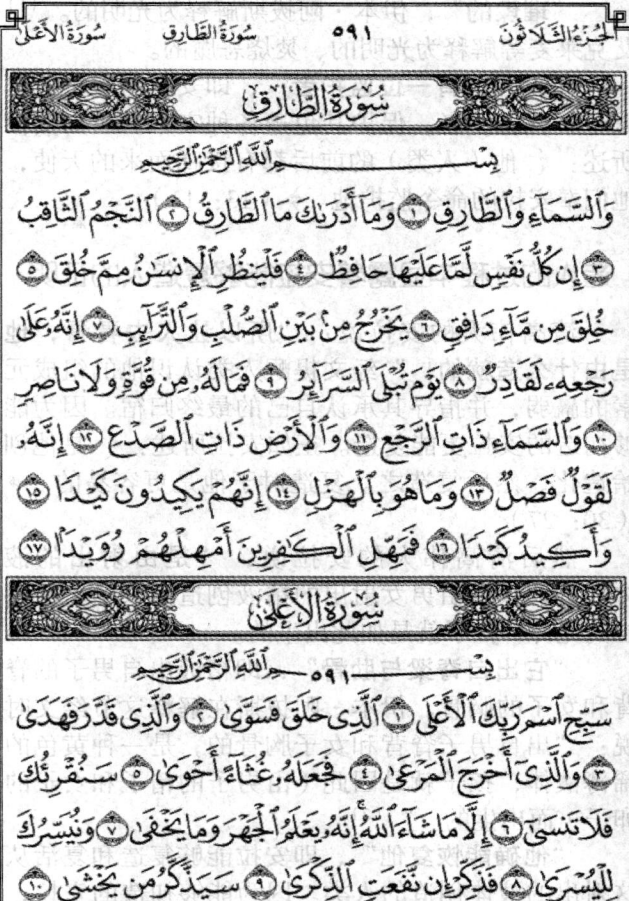

### 《启明星章》注释　　麦加章

#### 《启明星章》的尊贵

贾比尔传述,穆阿兹率众礼昏礼,其间读了《黄牛章》和《妇女章》。穆圣说:"穆阿兹啊!你是个滋事之人吗?你念《启明星章》《太阳章》《巳时章》等章,还不够吗?"(3)

奉普慈特慈的安拉之尊名

《 1.以天和启明星盟誓,》
《 2.你怎能知道,启明星是什么?》
《 3.是一颗璀璨的星。》
《 4.人人都有一位监护者。》
《 5.所以让人去看看(想想),他是由什么造就的!》
《 6.是由射出的液体,》
《 7.它出自脊梁与肋骨。》
《 8.他确能恢复他。》
《 9.那天,一切秘密都被揭露,》
《 10.他将没有任何力量,也没有援助者。》

#### 安拉发誓人类受制于他的制度

清高伟大的安拉以天和璀璨的明星发誓,说:"以天和启明星盟誓。"然后说:"你怎能知道,启明星是什么?"接着解释"启明星",说它"是一颗璀璨的星"。格塔德等学者说:"星星被称为夜访者。因为它出现在夜晚,白天隐藏起来。"(4)下列圣训可以证明这种观点:穆圣曾禁止男人在夜间突然回到家中(5)。(6)

---

(1)艾布·伯克尔所说的"大夫"指安拉。——译者注
(2)《格尔特宾教律》19:297。
(3)《圣训大集》6:512。
(4)《泰伯里经注》24:351。
(5)圣训中的"突然回",即"夜访"。——译者注
(6)《布哈里圣训实录诠释——造物主的启迪》9:251。

"**璀璨的**",伊本·阿拔斯解释为光明的。[1]艾克莱麦等解释为光明的、焚烧恶魔的。

"**人人都有一位监护者**",即安拉给每个人都派了一位保护者,保护其免遭各种灾害。正如安拉所述:《他(人类)的前后都有接踵而来的天使,他们奉安拉的命令监护他。》(13:11)

### 造人的过程中显露着安拉能够复造人的证明

清高伟大的安拉说,"**所以让人去看看,他是由什么造就的!**"经文提醒人类认识他的组成元素的羸弱,并指导其承认自己的最终归宿。因为能够初造的安拉更能复造。正如安拉所述:《是他创始造化,然后复造之。复造对于他是更容易的。》(30:27)

然后清高伟大的安拉说,"**是由射出的液体**",即人是由男女射出的精液创造而来的。凭安拉的允许,孩子就是如此出生的。

"**它出自脊梁与肋骨**",即精液出自男子的脊背和女子的胸骨。伊本·阿拔斯在解释这节经文时说:"出自男子脊背和女子胸骨的,是一种黄色的稀薄液体,孩子就是因此(由男子的精子和女子的卵子)而出生的。"[2]

"**他确能恢复他**",即安拉能够复造和复活从这射出的液体创造的人类。因为能够初造的安拉,更能够复造。安拉在《古兰》中多处提到这方面的证据。

### 复生日,人没有丝毫能力,也得不到襄助

因此,清高伟大的安拉说,"**那天,一切秘密都被揭露**",即复活时,秘密将被公开,鲜为人知的事物将成为众所周知的。两圣训实录辑录,安拉的使者㊗说:"每个背信弃义者的屁股跟前将树起一杆旗帜,有声音说:'这是背信弃义者某某。'"[3]

"**他将没有任何力量,也没有援助者。**"复生日,人自身没有任何能力,也得不到任何外部援助。换言之,他自己不能拯救自己,任何人也不能救助他。

《11.以含有甘霖的天盟誓,》
《12.以裂开的地盟誓。》
《13.这确实是明确的话。》
《14.它非戏言。》

《15.他们确在酝计。》
《16.我也在设计。》
《17.因此,你当宽限隐昧者,并对他们略加延缓。》

### 安拉发誓《古兰》是真理,反对《古兰》的人将遭受失败

"**含有甘霖**",伊本·阿拔斯认为"甘霖"指雨水。[4]另据传述,他认为指饱含雨水的云。又据传述,伊本·阿拔斯将"以含有甘霖的天盟誓"解释为降雨,然后再降雨……格塔德解释为它每年降下人类的给养,否则人类和牲畜都会灭亡。[5]

"**以裂开的地盟誓。**"伊本·阿拔斯解释,经文指大地裂开,长出植物。[6]伊本·朱拜尔、艾克莱麦等学者也持此说。[7]

"**这确实是明确的话。**"伊本·阿拔斯认为"明确的"指真实的。[8]格塔德也持此说。另一些学者解释为精确智慧的、公正无误的。

"**它非戏言。**"它是严肃的真理。然后安拉说,那些隐昧者否认真理,阻碍主道。

"**他们确在酝计**",即他们处心积虑地施展阴谋诡计,来诱导人们与《古兰》背道而驰。

"**因此,你当宽限隐昧者**",即你当等待,不要急于惩罚他们。

"**并对他们略加延缓**",即稍等一小段时间,你将看到他们遭受教训、惩罚和毁灭。正如安拉所言:《我赐给他们片刻的享受,然后我将迫使他们去受重刑。》(31:24)

《启明星章》注释完。一切感赞全归安拉。

---
(1)《泰伯里经注》24:352。
(2)《散置的珠宝》8:475。
(3)《布哈里圣训实录》2177、2178。
(4)《泰伯里经注》24:360。
(5)《泰伯里经注》24:360。
(6)《泰伯里经注》24:361。
(7)《散置的珠宝》8:477。
(8)《泰伯里经注》24:361。

# 《至高章》注释 麦加章

## 《至高章》的尊贵

本章于迁徙前降于麦加。因为白拉伊·本·阿兹卜说："最早来到我们那里的圣门弟子是穆苏阿卜·本·欧麦伊勒和伊本·乌姆·麦克图姆。他俩经常给我们诵读《古兰》，后来安马尔、比拉勒和赛尔德到来了。此后，欧麦尔和二十人一起到来。再往后，穆圣来了。我从没有看到过麦地那人如此欢呼雀跃。我看到少男少女们说：'这是安拉的使者，他终于来了。'使者刚到来，我就读到了'赞美你至高无上的主之尊名清净！'及类似的章节。"(1)

两圣训实录辑录，安拉的使者对穆阿兹说："你为什么不读'赞美你至高无上的主之尊名清净！'《以太阳及其光辉盟誓》（91：1）《以笼罩时的夜发誓》（92：1）(2)？"(3)

伊本·艾哈麦德传述，安拉的使者在两会礼中诵读"赞美你至高无上的主之尊名清净！"和《笼罩者的消息曾来临于你吗？》（88：1）如果会礼和聚礼遇在同一天，他就在它们中都念这两章（87、88章）。(4)

《穆斯林圣训实录》《艾布·达乌德圣训集》《提尔密济圣训集》《奈萨伊圣训集》《伊本·马哲圣训集》各大圣训集传述，安拉的使者曾在两会礼和聚礼中念"赞美你至高无上的主之尊名清净！"和《笼罩者的消息曾来临于你吗？》（88：1）如果会礼和聚礼碰到同一天，他都会读这两章（87、88章）。

吾班叶·本·凯尔卜、阿卜杜拉·本·阿拔斯、阿卜杜·拉赫曼·阿拜兹、信士之母阿伊莎（愿主喜悦之）等人传述，安拉的使者曾在奇数拜中读"赞美你至高无上的主之尊名清净！"《你说，隐昧者们啊！》（109：1）《你说，安拉是独一的。》（112：1）阿伊莎补充说，使者还读两个求庇章（113、114章）。(5)

---

(1)《布哈里圣训实录诠释——造物主的启迪》8：569。
(2) 即为何不读87、91、92这三章。——译者注
(3)《布哈里圣训实录诠释——造物主的启迪》2：234；《穆斯林圣训实录》1：340。
(4)《艾哈麦德按序圣训集》4：271。
(5)《艾哈麦德按序圣训集》5：123，1：299，3：406，6：227。

---

奉普慈特慈的安拉之尊名

《 1.赞美你至高无上的主之尊名清净！ 》
《 2.他造化，随后加以协调。 》
《 3.他预定并加以引导。 》
《 4.他造出牧草， 》
《 5.然后，使它变成黑色的枯草。 》
《 6.我将使你诵读，此后你不会忘记。 》
《 7.除非安拉意欲。他确实知道明显的和隐秘的。 》
《 8.为了轻松的，我将使你轻松。 》
《 9.所以你劝谏吧，如果劝谏有益（于人）。 》
《 10.敬畏者将会受劝。 》
《 11.最薄福者，将疏远它。 》
《 12.他将坠入最大的烈火。 》
《 13.然后，他在其中既不死，也不生。 》

## 命人赞美安拉以及对命令的响应

伊本·阿拔斯说，安拉的使者每当诵读《至高章》，就会说："赞美我的至高无上的主清净无染。"(6)

伊本·哲利尔传述，伊本·阿拔斯每当诵读"赞美你至高无上的主之尊名清净！"就会说："赞美我的至高无上的主清净无染。"当他读到，《不，我以复生日发誓。》（75：1）并读到这一章之末的经文《难道这样的创造者不能使死者复活吗？》（75：40）时说："赞你清净！能够！（即你能够复活死者）"(7)

格塔德读了"赞美你至高无上的主之尊名清净……"后对我们说："安拉的使者每当读到这节经文时就说：'赞美我的至高的养主清净无染！'"(8)

## 创造 定然 植物生长

"他造化，随后加以协调"，即安拉创造了被造物，然后给他们赋予最优美的形态。

"他预定并加以引导"，穆佳黑德解释为：他引导人或走向正道，或陷于迷途。他引导牲畜趋向牧场。(9) 这节经文如同穆萨先知曾对法老所说的话：《我们的主就是赋予万物形态，并给予引导的主。》（20：50）即安拉规定了定然，并引导万物趋向它。正如《穆斯林圣训实录》所载，安拉的使者说："安拉在创造天地的五万年以前，就决定

---

(6)《艾哈麦德按序圣训集》1：232。
(7)《泰伯里经注》24：367。
(8)《泰伯里经注》24：368。
(9)《泰伯里经注》24：367。

"他造出牧草"，"牧草"指各种庄稼、植物。

"然后，使它变成黑色的枯草。"伊本·阿拔斯、穆佳黑德、格塔德、伊本·栽德等学者认为"枯草"指被改变的干枯、粉碎的树枝。[2]

## 穆圣不会忘记启示

清高伟大的安拉说，穆罕默德啊！"**我将使你诵读，此后你不会忘记。**"这是安拉的表述和对穆圣的许诺，即安拉将把《古兰》读给穆圣，这种诵读使人不能忘记。

"**除非安拉意欲**"，格塔德说："除非安拉意欲，否则，安拉的使者不会忘记任何一件事情。"

有人解释说"**此后你不会忘记**"是警诫语。按照这种解释，经文的意思是："你不要忘记我读给你的经文，除非安拉意欲删除的经文。不读被取消的经文，你可以记得它。"

"**他确实知道明显的和隐秘的**"，即安拉知道众仆公开的和隐藏的一切言行，对安拉而言，没有秘密。

"**为了轻松的，我将使你轻松**"，即我将使你从善如流，易于善言善行，我将为你制定宽大轻松、不偏不倚的法规。

## 命令人劝谏他人

"**所以你劝谏吧，如果劝谏有益（于人）**"，即你当在劝谏有益的地方劝谏。因此，在传播知识时，我们不应该在不适合或不值得传授知识的人身上浪费时间。正如信士的长官阿里说："你不要给人们讲他们的理智无法达到的问题，否则会给他们带来麻烦。"他说："你应当给人们讲一些他们的理智能够接受的问题，难道你们想让人否认安拉及其使者吗？"

安拉说，"**敬畏者将会受劝**"，即穆罕默德啊！在你的宣传下，那些从心底敬畏安拉，确信自己将遇见安拉的人将受到劝谏。

"**最薄福者，将疏远它。他将坠入最大的烈火。然后，他在其中既不死，也不生**"，即他不会死亡，又怎能一死而后快？他的生活有害无益，因为通过它，他将感觉到他将面临的惨痛刑罚和惩罚。安拉的使者说："那些应该永居火狱的人，不死也不活。至于安拉欲慈悯的那些（进了火狱）人，安拉要他们在火狱中死去。然后，安拉允许说

---

(1)《穆斯林圣训实录》4：2044。
(2)《泰伯里经注》24：369、370。

情者们来到他们中间，每个说情者将带出自己的追随者，将他们种在生命之河（或乐园之河）中。然后他们成长，就像种子在河岸边的淤泥中成长那样。"先知又说："难道你们不曾看到，树原本是绿色的，然后是黄色的，然后又是绿色的？"一些在场者说："穆圣就像曾经在乡村生活过一样了解植物的生长。"[3]

安拉的使者说："那些应该永居火狱的人，在火狱中不死不活，但还有一些人（他们拥有正信，但因为犯罪而进入火狱）将暂时死去。当他们变成火炭之后，才被获准讲情，于是他们被一群一群地带出，被撒播到乐园的河中，有声音说：'乐园的居民们啊！在他们身上浇水吧！'此后他们开始在河岸边的淤泥中成长。"本段圣训的传述者说，当时在场的一个人说："安拉的使者好像一直生活在牧场。"[4]

### 14.纯洁者确已成功，

---

(3)《艾哈麦德按序圣训集》3：5。
(4)《艾哈麦德按序圣训集》3：11；《穆斯林圣训实录》1：172。

《15.他赞主尊名，履行拜功。》
《16.不然，你们却选择今生，》
《17.然而后世是更好更持久的。》
《18.这确实记在以前的经典中，》
《19.在伊布拉欣和穆萨的经典中。》

## 成功的人

清高伟大的安拉说："纯洁者确已成功。""纯洁"，指从一切恶德中纯洁自己，并遵循安拉降给使者的启示。

"他赞主尊名，履行拜功"，即他按时礼拜，以便追求安拉的喜悦，服从安拉的命令，遵循安拉的法律。据传述，信士的长官欧麦尔·本·阿卜杜·阿齐兹曾命令人们交纳开斋捐，他当时所读的就是下列经文："纯洁者确已成功，他赞主尊名，履行拜功。"

艾布·艾哈外苏说："如果你们去礼拜（指尔德会礼）前遇见讨要者，那么应该礼拜前先交则卡特（这里指开斋捐），因为安拉说：'纯洁者确已成功，他赞主尊名，履行拜功。'"(1) 格塔德在解释这两节经文时说："他纯洁他的财产，并取悦于造他的主。"(2)

## 和后世相比，今世没有任何价值

然后清高伟大的安拉说，"不然，你们却选择今生"，即你们对今世的重视超过对后世的重视，你们选择了今世，而疏忽了含有你们今生和最终归宿利益的后世。

"然而后世是更好更持久的"，即安拉在后世的家园中对穆民的回赐，比今世更好更永恒。因为今世是卑贱的、腐朽的，而后世是尊贵的、恒久的。既然如此，一个有理智的人怎能舍本逐末，选择行将消失的事物，而放弃永恒的事物呢？

安拉的使者㊢说："酷爱今世的人，必在后世遭受痛苦；酷爱后世的人，必在今世遭受磨难。你们应该选择永恒，放弃腐朽。"(3)

## 伊布拉欣和穆萨的经典

清高伟大的安拉说："这确实记在以前的经典中，在伊布拉欣和穆萨的经典中。"这节经文如同《星辰章》中的下列经文：《或是，他未被告知穆萨的经典的内容，和尽忠的伊布拉欣的经典的内容吗？任何一个担负重担者，都不会担负他人的担子。人只能得到他所努力的。他的努力将会被看到。然后，他就会得到最完全的报偿。终极的归宿，只在你的主那里。》(53:36-42) 艾布·阿林说："本章的叙述，记载在以前的经典中。"(4)

伊本·哲利尔说，经文中的"这"指"纯洁者确已成功，他赞主尊名，履行拜功。不然，你们却选择今生，然而后世是更好更持久的"，即这些经文的内容，确实已经记载在"伊布拉欣和穆萨的经典中"。(5) 这种解释非常贴切。据传述，格塔德、伊本·栽德等学者的解释与此相同。(6) 安拉至知。

《至高章》注释完。一切感赞全归安拉。求安拉赐我们机遇，并保护我们。

### 《笼罩者章》注释 麦加章

## 聚礼中诵读《至高章》和《笼罩者章》

如前所述，努尔曼·本·毕西尔说，安拉的使者㊢曾经在会礼和聚礼中诵读《至高章》和《笼罩者章》（87、88章）。(7) 伊玛目马立克传述，端哈克曾问努尔曼："安拉的使者㊢在聚礼中除了诵读《聚礼章》，还读哪一章？"努尔曼回答说："《笼罩者章》。"（88章）(8)

### 奉普慈特慈的安拉之尊名

《1.笼罩者的消息曾来临于你吗？》
《2.那天，有些面孔是恐惧的、》
《3.劳动的、辛苦的。》
《4.它将进入烈火，》
《5.饮极热的泉水，》
《6.除了荆棘，他们没有食物，》
《7.它既不肥人，也不解饿。》

---
(1)《泰伯里经注》24:374。
(2)《泰伯里经注》24:374。
(3)《艾哈麦德按序圣训集》4:412。
(4)《泰伯里经注》24:376。
(5)《泰伯里经注》24:377。
(6)《泰伯里经注》24:376。
(7)《穆斯林圣训实录》2:598。
(8)《穆宛塔》1:111；《艾布·达乌德圣训集》1:670；《圣训大集》3:112；《伊本·马哲圣训集》1:355；《穆斯林圣训实录》2:598。

### 复生日及火狱居民在那日的一些情况

笼罩者（الغاشية），是复生日的诸多名称之一。这是伊本·阿拔斯、格塔德等学者的主张。[1] 如此命名是因为那一日将笼罩人类，覆盖每一个人。[2]

然后清高伟大的安拉说："**那天，有些面孔是恐惧的。**""**恐惧的**"，格塔德解释为卑贱的。伊本·阿拔斯说："他们诚惶诚恐，但这对他们毫无益处。"

"**劳动的、辛苦的**"，虽然他们曾经做过许多事情，并很辛苦，但复生日他们将进入炙热的火狱。据传述，欧麦尔经过一个修士的道堂时高声喊道："啊！修士！"那修士走过来后，欧麦尔注视着他，哭了起来。有人对欧麦尔说："信士的长官啊！你怎么因为这种人而哭泣？"欧麦尔说："我想起安拉在其经典中的下列经文：'**劳动的、辛苦的。它将进入烈火……**'这就是我哭泣的原因。"[3]

布哈里说："伊本·阿拔斯说'**劳动的、辛苦的**'指基督教徒。"[4] 艾克莱麦、赛丁伊等人说："他们在今世中作恶（劳动），在后世中遭受惩罚和毁灭而处境悲惨（辛苦）。"

伊本·阿拔斯、哈桑、格塔德等认为，"**烈火**"指灼热的火。

"**饮极热的泉水**"，即高温、沸腾的，达到极限的水。这是伊本·阿拔斯等人的主张。[5]

"**除了荆棘，他们没有食物**"，据阿里·本·艾布·特里哈传述，伊本·阿拔斯认为"**荆棘**"（ضريع）指火狱中的一种树。[6] 伊本·阿拔斯、穆佳黑德等认为指西卜磊格。[7] 格塔德说："古莱什人在春天将它称为西卜磊格，夏天称为'**荆棘**'。"艾克莱麦说："它是一种粘附在地面上的带刺植物。"[8] 布哈里说："穆佳黑德说：'**荆棘**'是一种植物，当它干枯时，希贾兹人称之为'作磊尔'，有毒性。"[9] 麦尔麦勒传述，格塔德解释这段经文时说，它是西卜磊格，干枯后被称为"作磊尔"（ضريع）。[10] 另据传述，格塔德说："它属于最恶劣、最丑陋、最龌龊的食物。"[11]

---

(1)《泰伯里经注》24：381。
(2)《泰伯里经注》24：382。
(3)《阿卜杜·兰扎格经注》2：299；《哈肯圣训遗补》2：522。
(4)《布哈里圣训实录诠释——造物主的启迪》8：570。
(5)《泰伯里经注》24：383。
(6)《泰伯里经注》24：385。
(7)一种芒柄花属植物。——译者注
(8)《泰伯里经注》24：384。
(9)《布哈里圣训实录诠释——造物主的启迪》8：570。
(10)《泰伯里经注》24：384。
(11)《泰伯里经注》24：384。

"**它既不肥人，也不解饿**"，即它不能使（饥饿的）人如愿以偿，也不能使（未饥饿的）人防患于未然。

- 8.在那天，有些面容是愉悦的。
- 9.为它的努力而欢欣的。
- 10.在崇高的乐园中，
- 11.他在其中听不到妄言，
- 12.其中有潺潺的泉，
- 13.其中有高高的床，
- 14.陈放的杯，
- 15.排列的垫，
- 16.和展开的毯。

### 复生日乐园居民的情况

清高伟大的安拉讲述了薄福者的情况后，开始讲述幸福者的情况，说："**在那天，有些面容是愉悦的。**"即复生日，有些面容上可以看到幸福的迹象，那是因为他们的努力而出现的。

苏富扬解释"**为它的努力而欢欣的**"时说：

"每个人都对自己所干的感到高兴。"

"**在崇高的乐园中**",即他们在美丽、高洁的乐园宫殿中安逸享受。

"**他在其中听不到妄言**",即他们居住在乐园中,听不到无聊的话,就如下列经文所述:❦他们在其中不听无聊的话,只听"平安"。❧(19:62)❦其中没有恶言,也没有罪恶。❧(52:23)❦他们在其中将听不到浮言,也没有罪恶。只是说道:"平安,平安。"❧(56:25-26)

"**其中有潺潺的泉**","**潺潺的**"指自行奔放的。经文以泛指形式表达"泉",说明它不是一眼泉,而是许多流动的泉。安拉的使者㊗说:"乐园的诸河,是从许多麝香小丘下(另据传述,许多麝香山下)流出的。"(1)

然后安拉说,"**其中有高高的床**",即乐园中有许多高大而舒适的床铺,床铺的上面,是大眼睛的美女。学者们说:"如果安拉的某个朋友想坐到那些高床上,那些床就自动为他而降下。"

"**陈放的杯**",即其中各种饮器均为它的主人预备就绪。

关于"**排列的垫**",伊本·阿拔斯说"**垫**"指靠枕。(2)艾克莱麦、端哈克等学者也持此观点。

关于"**和展开的毯**",伊本·阿拔斯、端哈克等人说"**毯**"指地毯;"**展开的**"指人们想坐在哪里,就会发现哪里已经铺好了地毯。

❦17.难道他们不看看吗?骆驼是怎样被造的?❧
❦18.天是如何被升高的?❧
❦19.山是如何被立起的?❧
❦20.地是如何被展开的?❧
❦21.你当劝诫,你只是一位劝诫者,❧
❦22.你不是他们的监护者。❧
❦23.但避开并且隐昧的人,❧
❦24.安拉将以最严厉的刑罚来惩罚他。❧
❦25.他们将回到我这里。❧
❦26.然后,他们的结算在我这里。❧

## 鼓励人观察骆驼、天、山和地的创造

清高伟大的安拉命令众仆观察证明他的伟大和能力的被造物,说:"**难道他们不看看吗?骆驼是怎样被造的?**"它确实是一种奇妙的被造物,其构造非常奇特、强壮有力,同时又很温顺,适合承载重负;它服从弱小的主人,人们食它的肉,用它的毛绒,饮它的乳。经文提醒人们去思考这些问题,因为阿拉伯人所拥有的大部分牲畜就是骆驼。谢磊赫·尕最说:"请和我们一起出去看看!那骆驼是怎么被造的?天空是怎么被升起的?"换言之,安拉是怎么使它高高悬立于大地之上的?另一节经文中说:❦他们没有看他们上面的天,我是如何建造它、装饰它的吗?它没有一点裂缝。❧(50:6)

"**山是如何被立起的?**"即山被造成立起的,巍然屹立,稳定大地,以免大地和上面的万物一起晃动。安拉还在山中设置各种有益之物和宝藏。

"**地是如何被展开的?**"即大地是怎么被铺展、延伸和平坦的?

经文提醒游牧人思考他所骑乘的骆驼、他头顶上的天空、他眼前的山脉以及他脚下的大地,以此来认识这一切的创造者的大能。这位创造者,确实是伟大的、掌管万物的、支配万物的主宰。他是惟一应该接受崇拜的。

## 最麻穆·本·赛尔莱卜的故事

最麻穆·本·赛尔莱卜曾经在询问使者时,就是这样发誓的。艾奈斯传述,我们曾被禁止向先知询问任何问题,所以我们希望来一位智慧的游牧人,向先知提问题,而我们能够旁听。后来来了一位游牧人,他说:"穆罕默德啊!你的使者来告诉我们,安拉已经委派你为先知,有这么一回事吗?"先知回答:"他说的是事实。"游牧人问:"谁创造了天?"先知回答:"安拉。"游牧人问:"谁创造了地?"先知答:"安拉。"游牧人问:"谁立起了山并在其中安置了这些东西?"先知答:"安拉。"游牧人问:"以创造天地、树立群山的安拉发誓,安拉真的派遣了你吗?"先知答:"是的。"

游牧人接着问:"你的使者声称我们应该在每一天一夜礼拜五次,是有这回事吗?"先知答:"他说的是事实。"游牧人问:"以派遣你的安拉发誓,安拉就是这样命令你的吗?"先知答:"是的。"游牧人又问:"你的使者声称,我们必须在财产中抽纳天课,有这回事吗?"使者答:"他说的是事实。"游牧人问:"凭派遣你的安拉发誓,安拉就是这样命令你的吗?"先知答:"是的。"游牧人问:"你的使者声称,我们要在一年中的莱麦丹月封斋,是有这回事吗?"先知答:"是的,他说的是事实。"游牧人问:"你的使者声称,我们中路途方面有条件的人要朝觐天房,是有这回事吗?"使者答:"他说的是事实。"然后游牧人转身离去,边走边说:"以凭真理派遣你的安拉发誓,我将在此基础上不作丝毫的增加或减少。"安

---
(1)《伊本·罕巴尼圣训实录》2622。
(2)《泰伯里经注》24:387。

拉的使者说："如果他说到做到，他一定会进入乐园的。"(1)

## 使者的职责只是传达

清高伟大的安拉说，"**你当劝诫，你只是一位劝诫者，你不是他们的监护者**"，即穆罕默德啊！你当向他们传达你所带来的信息，以此劝谏他们。《你的责任只是传达，清算由我掌管。》（13：40）所以："**你不是他们的监护者。**"伊本·阿拔斯等学者解释为你不是他们的强迫者。(2) 换言之，你不能在他们的心中制造信仰。伊本·栽德认为："你决不能强迫他们真心信仰。"(3) 安拉的使者说："我奉命和人们战争，直至他们念'应受拜者，惟有安拉'。如果他们这样念了，他们的生命和财产就在我这里得到保护，除了他们应该履行的义务。他们的清算在安拉那里。"然后使者读道："**你当劝诫，你只是一位劝诫者，你不是他们的监护者。**"(4)

## 对拒绝真理的人的警告

"**但避开并且隐昧的人**"，即拒绝履行伊斯兰的基本义务，并从内心和口头都否认真理的人。正如安拉所述：《因为他既没有正信，也没有礼拜。但他否认了，并且躲避。》（75：31-32）

因此清高伟大的安拉说："**安拉将以最严厉的刑罚来惩罚他。**"

"**他们将回到我这里。**"他们最终的归宿只在我那里。

"**然后，他们的结算在我这里**"，即我将根据他们的功行报酬他们，奖罚分明。

《笼罩者章》注释完。一切赞美和恩情，全归安拉。

---

（1）《艾哈麦德按序圣训集》3：143；《布哈里圣训实录》63；《穆斯林圣训实录》1：41；《艾布·达乌德圣训集》486。
（2）《泰伯里经注》24：390。
（3）《泰伯里经注》24：390。
（4）《艾哈麦德按序圣训集》3：300；《穆斯林圣训实录》1：52、53；《提尔密济圣训全集诠释》9：260；《布哈里圣训实录诠释——造物主的启迪》3：95。

---

《黎明章》注释　麦加章

## 礼拜中诵读《黎明章》

贾比尔说，穆阿兹带领人们礼拜时，有个青年人加入进来，穆阿兹当时读得时间较长，于是那人（离开穆阿兹）单独在清真寺的角落礼了拜，然后离去。穆阿兹得知此事后说："那人是个伪信士。"后来有人将此事告诉穆圣，穆圣质问那位青年，青年说："安拉的使者啊！我来跟他（穆阿兹）礼拜，但他读得太长，于是我离开他，自己在清真寺的角落礼了拜，然后给我的骆驼喂了草料。"使者说："穆阿兹啊！你是个滋事生非者吗？你怎么不读《至高章》《太阳章》《黎明章》和《黑夜章》？"(5)

奉普慈特慈的安拉之尊名

《1.以黎明盟誓，》
《2.以十夜盟誓，》
《3.以奇数和偶数盟誓，》
《4.以消逝的夜盟誓，》
《5.对于有智者，其中有一项盟誓吗？》
《6.难道你没有看到，你的主如何对待阿德人，》
《7.——拥有高柱的伊莱姆人，》
《8.地方上，还没有创造过类似的。》
《9.以及（如何对待）在山谷中凿石的塞姆德人，》
《10.和拥有大军的法老？》
《11.他们曾在地上肆无忌惮，》
《12.作恶多端，》
《13.因此，你的主对他们倾下如鞭的灾难。》
《14.你的主的确在预备着。》

## 黎明及黎明之后的

众所周知，"黎明"指清晨。这也是阿里、伊本·阿拔斯等学者的主张；(6) 麦斯鲁格和伊本·凯卜认为，经文专指宰牲日（忠孝节）的黎明，这是十日的最后一日。(7)

---

（5）《圣训大集》6：55。
（6）《泰伯里经注》24：395；《伯厄威经注》4：481。
（7）《格尔特宾教律》20：39。

"十夜"，指朝觐月（伊斯兰教历十二月）的前十个夜晚。这是伊本·阿拔斯、伊本·祖拜尔、穆佳黑德等先贤及其后辈学者的主张。《布哈里圣训实录》记载："在安拉看来，任何日子中的善功，都不比这几日中的善功更受喜爱。"圣训指朝觐月中的十夜。圣门弟子们问："安拉的使者啊！主道上的吉哈德也比不上吗？"使者回答："主道上的吉哈德也比不上这十夜的善功，除非有人以生命和财产而出征，然后全然未归。"(1) 穆圣说："'十夜'，指宰牲月的十夜。'奇数'，指驻阿拉法之日。'偶数'，指宰牲日。"(2)

"以奇数和偶数盟誓"，如前所述，'奇数'指阿拉法之日，因为它是伊斯兰教历十二月九日。'偶数'指宰牲日，因为它是伊斯兰教历十二月十日。这是伊本·阿拔斯、艾克莱麦等学者的主张。关于这两个单词，还有其他解释。(3)

## 夜

"以消逝的夜盟誓"，"消逝"，伊本·阿拔斯解释为离去。(4) 伊本·祖拜尔解释为直到它的一部分带走另一部分（即夜的部分消逝）。(5) 穆佳黑德等解释为消逝。(6)

"对于有智者，其中有一项盟誓吗？" "有智者"指有理智、有才华，并且信仰虔诚的人。理智被称为"智"，因为它能制止人的不合理言行。譬如天房前的一堵墙被称为"哈吉勒"，因为它能阻止巡游天房的人紧靠沙姆墙（避免损害天房）。又如，叶麻麦角的哈吉勒(7)。再比如，法官对某人作出哈吉勒，意为法官限制某人自由活动的权利（包括冻结财产等）。还比如*当他们看到众天使的那一天，对犯罪者们没有好消息。他们（天使们将会）说："被严禁的。"*（25：22）等等。上述解释都是大同小异。经文在此以崇拜主的时间和功修来发誓。这些功修如下：朝觐、礼拜以及敬主顺主的忠仆用于接近安拉的各种善功。

## 阿德人的毁灭

安拉讲述了这些人的功修和善功之后，说："**难道你没有看到，你的主如何对待阿德人。**"阿德人曾经桀骜不驯、不可一世、冥顽不化，他们不顺从安拉，不相信众使者和所有的天经。所以安拉讲述了他怎样毁灭这些人，并使他们成为后人的话题和戒鉴。安拉说："**难道你没有看到，你的主如何对待阿德人，——拥有高柱的伊莱姆人。**"他们是早期的阿德人。据伊本·易司哈格说，他们的谱系是：阿德·本·伊莱姆·本·奥苏·本·萨米·本·努哈(8)。安拉曾派呼德先知去劝谏他们，但他们否认他，反对他，后来安拉从他们中间拯救了呼德和他的追随者，以剧烈的寒风毁灭了其他人。安拉说：*他制服它，使它持续地向他们吹了七夜八天。所以你看到这群人倒于其中，他们就像是空朽的枣树干。你能看到他们还有任何痕迹吗？*（69：7-8）《古兰》多处叙述阿德人的遭遇，以便信士们引以为鉴。"**拥有高柱的伊莱姆人**"是对前面的经文的注释，以便进一步介绍阿德人的情况。

"**拥有高柱**"，因为他们曾经居住在用坚固的柱子建筑的栅栏房中，他们是当时最强大勇武的群体。呼德提醒他们认识安拉的这些恩典，并指导他们将自己的能力用于顺从创造他们的安拉方面。他说：*他在努哈的族人之后，使你们成为代理者（一代接一代），并赐给你们魁梧的身材。你们要铭念安拉的恩典，以便你们成功。*（7：69）安拉说：*至于阿德人，他们在大地上无理傲慢，并且说道："谁比我们更强大？"他们难道不曾看到造化他们的安拉比他们更强大吗？*（41：15）

安拉在此说，"**地方上，还没有创造过类似的**"，即在他们的地区，安拉没有创造过像他们一样强大有力、体格健壮的部落。穆佳黑德说"**伊莱姆**"指一个远古民族，即早期的阿德人。格塔德和赛丁伊说，"**伊莱姆**"指阿德王国的宫殿。这种解释非常贴切有力。

伊本·栽德认为，"**类似的**"指高柱。他说："阿德人在沙丘上建筑的高柱，在那些地区还是首创。"(9) 格塔德和伊本·哲利尔认为"**类似的**"指部落，他们说："在那个时代，安拉没有创造像他们一样的部落。"(10) 这种解释是正确的。伊本·栽德和那些与他持相同观点的人们的解释较弱，因为假若经义如同他们所说，经文一定是："城镇中没有干过类似的工作。"但经文是："**地方上，还没有创造过类似的。**"

然后清高伟大的安拉说："**以及（如何对待）在山谷中凿石的塞姆德人**"，他们曾在山谷中开凿石头。伊本·阿拔斯说："他们曾雕刻石头，

---

(1)《布哈里圣训实录诠释——造物主的启迪》2：530。
(2)《艾哈麦德按序圣训集》3：327；《圣训大集》6：514。
(3)《泰伯里经注》24：397、398。
(4)《泰伯里经注》24：401。
(5)《泰伯里经注》24：401。
(6)《泰伯里经注》24：402。
(7) 其作用也是阻挡巡游天房的人危及天房。——译者注
(8)《泰伯里经注》24：404。
(9)《泰伯里经注》24：406。
(10)《泰伯里经注》24：406。

并穿凿之。"⁽¹⁾穆佳黑德、格塔德等人也持此观点。⁽²⁾因此，人们在表达"穿有条纹的大衣"、"开领口"等概念时，都由这个单词的派生词来表达。安拉说：《你们精巧地凿筑房。》（26：149）

## 法 老

清高伟大的安拉说："和拥有大军的法老。"伊本·阿拔斯说："大军"⁽³⁾指恭顺不违的军队。⁽⁴⁾有人说，法老曾用铁钉钉住反对者的手脚，将他们悬挂起来。穆佳黑德也持此观点，他说："法老曾用铁钉钉人们的手脚。"⁽⁵⁾伊本·朱拜尔、哈桑和赛丁伊也持此观点。⁽⁶⁾

"他们曾在地上肆无忌惮，作恶多端"，即他们桀骜不驯，在大地上为非作歹，危害他人。

"因此，你的主对他们倾下如鞭的灾难。"安拉给他们降下不可抗拒的天灾和惩罚。⁽⁷⁾

## 安拉在预备着

"你的主的确在预备着"，伊本·阿拔斯解释为安拉听着并看着。⁽⁸⁾换言之，安拉注视着众仆的行为，将在今世和后世按照他们的努力报酬他们。万物被呈现在他跟前的日子，他将公正地审判他们，使每个人得到应得的待遇。安拉清净无染，绝不会不公不义。

《15.至于人，每当他的主试验他，赐给他光荣和恩典时，他就说："我的主已经使我尊贵。"》
《16.但是当他试验他，使他的生计窘迫时，他就说："我的主已羞辱我了。"》
《17.不是的，那是因为你们不礼遇孤儿！》
《18.你们也不互相鼓励给穷人供食！》
《19.并且你们侵吞遗产，》
《20.你们酷爱财富。》

### 富裕和贫穷都是考验，它们不表示安拉对仆人的礼遇或鄙视

清高伟大的安拉驳斥这样一些人：当安拉赐给他们宽裕的财富，以便考验他们时，他们认为安拉使他们尊贵了。事实并非如此，其实那只是安拉的考验和试验。正如安拉所言：《他们可曾想过，我以财产和子嗣襄助他们。（是为了）我使他们立即得到一切美好的东西吗？不，他们不了解。》（23：55-56）反之，当安拉用磨难、生活窘迫考验他们时，他们认为那是安拉对他们的凌辱。安拉说，"不是的"，即事实并非如同他们所妄言（和所想）。贫穷或富裕并不代表荣辱。因为安拉会把财富给予他喜爱的人或不喜爱的人，安拉也会使他喜爱的人窘迫或宽裕。安拉主要看人们是否在任何情况下都顺从安拉。换言之，是看富裕者是否感谢安拉，贫穷者是否克己忍耐。

### 仆人在财产方面的恶行

安拉的使者㕙说："我和抚养孤儿的人在乐园中就像这两个。"使者边说边将中指和食指并到一起（演示）。⁽⁹⁾

"你们也不互相鼓励给穷人供食"，即他们不

---

（1）《泰伯里经注》24：408。
（2）《泰伯里经注》24：408。
（3）这个词的词根是"钉"。——译者注
（4）《泰伯里经注》24：409。
（5）《泰伯里经注》24：409。
（6）《泰伯里经注》24：409。
（7）"如鞭的灾难"，即如同鞭笞一样的惩罚。参阅《拜达维古兰经注》。——译者注
（8）《泰伯里经注》24：411。
（9）《艾布·达乌德圣训集》5：356。

鼓励别人善待贫穷者。

"并且你们侵吞遗产","遗产"指（孤儿和寡妇应该继承的）遗产。即他们不择手段地聚敛财物，不管合法还是非法。

"你们酷爱财富。"他们嗜财如命。有学者补充说："他们无耻地酷爱财产（贪得无厌）。"

❝ 21.不！当大地被剧烈震动，被震碎，❞
❝ 22.你的主来临，众天使排班降临。❞
❝ 23.那天，火狱被带来，那天，人将会回忆过去，但是那回忆怎会对他有益呢？❞
❝ 24.他说："啊！但愿我曾对我的生命有所预备。"❞
❝ 25.那天，任何人不会像他那样施行惩罚。❞
❝ 26.没有谁能像他那样捆绑。❞
❝ 27."啊！安静的心灵！❞
❝ 28.你当喜悦地、被喜悦地回到你的主那里。❞
❝ 29.你当跻身我的众仆之中！❞
❝ 30.并进入我的乐园！"❞

## 复生日每个人都将根据自己的行为得到善恶的报酬

清高伟大的安拉在此讲述复生日的恐怖之状，说："**不！当大地被剧烈震动，被震碎。**"即真的，当大地被践踏，被铺展，山与地一样平坦，众生从坟墓中出来觐见安拉。

"**你的主来临**"，即安拉开始审判众生。此事发生在人们要求阿丹最优秀的子孙穆罕默德出面向安拉求情之后。此前，他们曾逐个请其他著名的使者替他们说情，但使者们都将说："我难以胜任。"最后他们去找穆圣，穆圣说："我有义务，我有义务。"于是穆圣到安拉那里，祈求安拉从轻审判众生，安拉将接受穆圣的祈求。(1)

这是首次讲情，这个场合叫"受赞美的场合"。前面《夜行章》已经讲述过。此后安拉根据他的意欲审判众生。众天使也来到安拉跟前，排班肃立。

"**那天，火狱被带来。**"安拉的使者说："那天，火狱将被带来，它有七万条缰绳，每条缰绳有七万个天使牵引。"(2)

然后清高伟大的安拉说，"**那天，人将会回忆过去**"，即他将想起他曾经做过的一切事情。

"**但是那回忆怎会对他有益呢？**"即这时的回忆毫无益处。

"**他说：'啊！但愿我曾对我的生命有所预备。'**"即悖逆者将因自己犯过的罪行而悔恨不已，顺从者则希望自己当初做的好事更多。这正如下列圣训所讲：安拉的使者说："仆人即便自出生之日起服从安拉，鞠躬尽瘁，死而后已，在复生日他仍会认为自己的功行微不足道，他必定会想着被召回今世（多行善），以便得到更多报酬和奖励。"(3)

清高伟大的安拉说："**那天，任何人不会像他那样施行惩罚。**"对于违抗安拉的人，安拉的惩罚是难以比拟的。

"**没有谁能像他那样捆绑**"，即对于否认安拉的人，宰巴尼天使的缉拿和束缚是无以复加的。

上面讲述的是犯罪者和不义者的情况，至于那纯洁、安静、终生追求真理的心灵，有声音将对它说："**啊！安静的心灵！你当喜悦地、被喜悦地回到你的主那里。**"即你当去与安拉为邻，享受他的赏赐，进入他为众仆准备的乐园。欣喜的人，他已经喜悦了安拉，安拉也喜悦了他，并赐他喜悦。

"**你当跻身我的众仆之中**"，即你加入他们的队伍吧。

"**并进入我的乐园。**"纯洁的生灵，在临终的时候和复生日将会听到这些声音。正如穆民在临终的时候以及在从坟墓中复生站起的时候，天使向他们道喜那样。

伊本·阿拔斯在解释这两节经文时说："这节经文降示时，艾布·伯克尔正坐在穆圣旁边，他说：'安拉的使者啊！这经文多么美妙啊！'使者说：'须知，你将听到这言辞。'"(4)

《黎明章》注释完。一切感赞全归安拉。

---

(1)《艾哈麦德按序圣训集》1：282。
(2)《穆斯林圣训实录》4：2184；《提尔密济圣训全集诠释》7：294。
(3)《艾哈麦德按序圣训集》4：185。
(4)《散置的珠宝》8：517。

# 《地方章》注释　麦加章

### 奉普慈特慈的安拉之尊名

⟪ 1. 不，我以此地盟誓， ⟫
⟪ 2. 你在其中确实是自由的。 ⟫
⟪ 3. 以父亲和他所生养的盟誓， ⟫
⟪ 4. 我确曾造化人于困苦之中。 ⟫
⟪ 5. 难道他以为谁都不能对付他吗？ ⟫
⟪ 6. 他说："我曾消耗了许多钱财！" ⟫
⟪ 7. 难道他以为谁都不会看见他吗？ ⟫
⟪ 8. 我没有为他造化一双眼睛， ⟫
⟪ 9. 一条舌头和两片嘴唇吗？ ⟫
⟪ 10. 我给他引导了两条道路。 ⟫

### 以麦加的尊严和其他物发誓，说明人类被造于艰辛之中

清高伟大的安拉以麦加——众城的中心发誓，其中的居民是自由的——以便让人们认识禁地的崇高地位。

穆佳黑德解释说，"**不**"是对否认者的驳斥。安拉以此城发誓。(1)

伊本·阿拔斯说"**此地**"指麦加。

"**你在其中确实是自由的**"，即穆罕默德啊！你在此城中可以进行战斗。(2)伊本·朱拜尔、艾布·撒立哈等学者都持此观点。

哈桑·巴士里说："安拉曾准许穆圣㊤在某个白天的某一时候在此城进行战斗。"(3)上述解释符合下列圣训精神：安拉的使者㊤说："安拉在创造诸天和大地的那一天将麦加划为禁地，而不是人类使之成为禁地。归信安拉和后世的任何人，不得在其中流血（杀人），不得砍伐树木。安拉只为我准许了白天中的一刻。今天，它的尊严回归了，犹如昨天那样。让在场者给不在场者传达吧！"(4)另据传述："如果有人因为使者在其中进行过战争而妄图触犯禁令，你们就对他说：'安拉为使者特许了，对你们则没有。'"(5)

"**以父亲和他所生养的盟誓。**"穆佳黑德等学者说，"**父亲**"指阿丹。他所生养的，指阿丹的子孙。这种见解有力而准确。因为安拉以众城之母——居住地发誓之后，又以居住者——人祖阿丹及其子孙发誓。(6)伊本·仪姆兰认为经文指伊布拉欣及其子孙。伊本·哲利尔选择了这种解释。伊本·哲利尔还认为经文泛指一切父亲及其子孙。(7)这种解释也是有可能的。

然后清高伟大的安拉说："**我确曾造化人于困苦之中。**"伊本·阿拔斯说："经文指安拉将人类造于艰难之中，难道你没有看到，安拉提到了人的出生和他的牙齿的生长？"(8)

穆佳黑德认为，"**困苦**"指精液、血块、肉团逐步发育成人的过程。穆佳黑德接着说，正如安拉所言：⟪ 他的母亲辛苦地孕育他，辛苦地生他。 ⟫（46：15）即母亲含辛茹苦地给婴儿喂奶，而婴儿将来在成长的过程中还要承受生活的艰辛。伊本·朱拜尔解释说："安拉造人于艰难之中，人类要承受谋生之煎熬。"艾克莱麦说："安拉造人于困难和煎熬之中。"(9)格塔德解释说："安拉造人于困难之中。"(10)哈桑说："人要承受今世的窘迫和后世的艰难。"

### 人类永远在安拉的知识之中，并沉浸在安拉的恩典里

清高伟大的安拉说："**难道他以为谁都不能对付他吗？**"哈桑·巴士里解释"**不能对付他**"时说："他的财产不会被剥夺。"格塔德解释说："人类认为他不会因为财产而受审——这些财产来自哪里？花费到了哪里？"(11)

"**他说：'我曾消耗了许多钱财！'**"即人类说："我花费了许多财产。"这是穆佳黑德、哈桑等学者的主张。(12)

"**难道他以为谁都不会看见他吗？**"穆佳黑德说，难道人认为尊大的安拉看不到他吗？其他先贤也持此观点。

清高伟大的安拉说："**为他造化一双眼睛**"，以便他用之观察，"**一条舌头**"，以便他用它说话，表达内心的思想，"**两片嘴唇**"，以便他用它说话、吃饭，并起到美化嘴和面容的作用。

### 辨别正邪的能力是一种恩典

"**我给他引导了两条道路**"，指两条路。据传

---

（1）《散置的珠宝》8：517。
（2）《散置的珠宝》8：518；《格尔特宾教律》20：60。
（3）《散置的珠宝》8：518。
（4）《布哈里圣训实录诠释——造物主的启迪》4：56。
（5）《布哈里圣训实录诠释——造物主的启迪》1：238。
（6）《散置的珠宝》8：519；《格尔特宾教律》20：61。
（7）《泰伯里经注》24：433。
（8）《泰伯里经注》24：434。
（9）《散置的珠宝》8：520。
（10）《泰伯里经注》24：433。
（11）《泰伯里经注》24：436。
（12）《泰伯里经注》24：436。

述，伊本·阿拔斯认为经文指正义和邪恶。[1] 阿里等圣门弟子也持此观点。[2] 类似的经文如：❮ 我确由混合的精液造化了人。我将试验他，所以我使他成为能听、能观的。我确已引导他一条道路，他要么是知感的，要么是辜恩的。❯（76：2—3）

❮ 11.但是，他未曾冲过山坡。❯
❮ 12.你怎能知道，什么是山坡？❯
❮ 13.是释放奴隶，❯
❮ 14.或是在灾荒日提供食物，❯
❮ 15.给有亲属关系的孤儿，❯
❮ 16.或是困苦的穷人，❯
❮ 17.然后，他属于归信并以忍耐互相劝勉，以怜悯互相劝勉的人。❯
❮ 18.这些人，都是幸福者。❯
❮ 19.那些不信我的启示的人，他们是不幸者。❯
❮ 20.他们的上面，是被封闭的烈火。❯

### 鼓励人走正义的道路

"但是，他未曾冲过山坡。"伊本·栽德解释为难道他没有踏上成功和正义之路吗？

然后经文解释"山坡"，说："**你怎能知道，什么是山坡？是释放奴隶，或是在灾荒日提供食物**。"[3] 赛尔德曾听艾布·胡莱赖说，安拉的使者说："谁释放了一个有正信的奴隶，安拉会根据这个奴隶身上的每部分肢体（的数量，从火狱中）释放他身上的肢体。甚至安拉会因为那个奴隶的手释放他的手，因为对方的脚释放他的脚，因为对方的羞体释放他的羞体。"阿里·本·侯赛因问（赛尔德）："这是你亲自从艾布·胡莱赖那里听到的吗？"赛尔德回答："是的。"阿里对他的一个最聪明伶俐的童仆说："请把穆特磊夫叫来。"童仆将那人叫来后，他对童仆说："你走吧！你因为安拉的喜悦而自由了。"[4]

伊玛目艾哈麦德传述，赛里麦说，我对阿慕尔·本·阿白赛说："请给我讲一段你亲自从安拉的使者那里听到的圣训，要忠实可靠。"他说："我听先知说，如果有人在归信伊斯兰后生了三个孩子，后来孩子们在成人之前都夭折了，那么，安

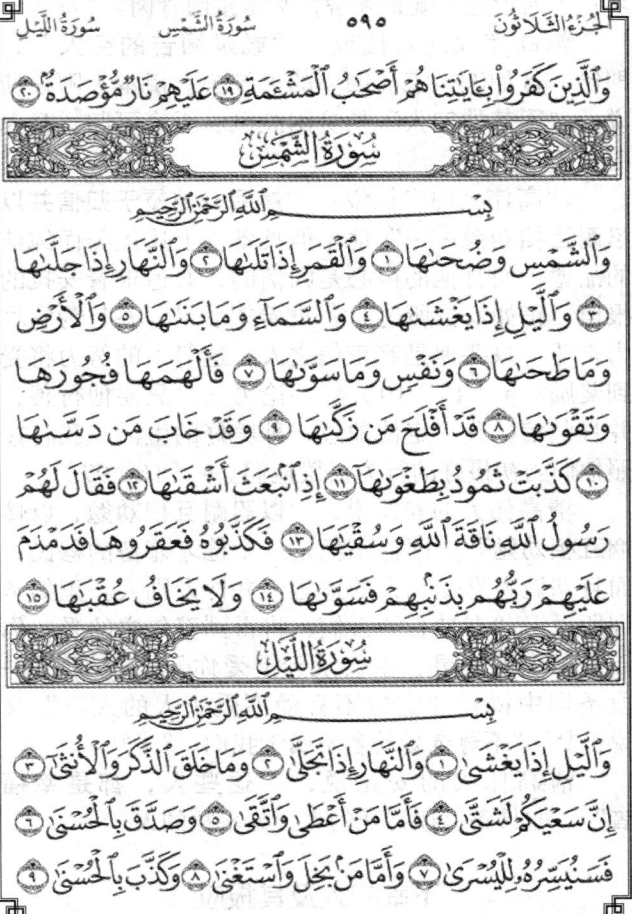

拉将会因为怜爱孩子们的原因，而使他进入乐园；如果有人在坚持主道时长出一根白发，在复生日它将是他的光明；如果有人为主道而射出一支箭，无论射中与否，都等于释放了一个奴隶；如果有人释放了一个有正信的奴隶，安拉将根据奴隶身上的每个肢体，从火狱中释放释奴者身上相应的肢体；如果有人为主道而花费两份财产，那么，乐园有八座门，他想从哪座进去，安拉就让他从哪座进去。"[5]

清高伟大的安拉说："**或是在灾荒日提供食物**。"伊本·阿拔斯解释说"**灾荒日**"指饥饿的日子。[6] 艾克莱麦等学者也持此观点。[7] "**灾荒**"原指饥饿。

"**给有亲属关系的孤儿**"，伊本·阿拔斯等学者认为，经文指在这样的日子中，他给自己亲属中的孤儿供食。[8] 正如圣训中说："给穷人施舍，等于一份施舍（善功）；给亲戚施舍，等于两份善

---

（1）《泰伯里经注》24：437。
（2）《泰伯里经注》24：437、438；《散置的珠宝》8：521、522。
（3）《泰伯里经注》24：440。
（4）《艾哈麦德按序圣训集》2：422；《布哈里圣训实录诠释——造物主的启迪》5：174；《穆斯林圣训实录》11：607；《提尔密济圣训全集诠释》5：144。

（5）《艾哈麦德按序圣训集》4：386。
（6）《泰伯里经注》24：442。
（7）《泰伯里经注》24：442、443。
（8）《散置的珠宝》8：525。

功：（因为这）既是施舍，又是接恤骨肉。"[1]

清高伟大的安拉说，"**或是困苦的穷人**"，即给一贫如洗、家徒四壁的人施舍。伊本·阿拔斯说："困苦的穷人"指贫困潦倒、无家可归、身无分文的人。[2]

清高伟大的安拉说："**然后，他属于归信并以忍耐互相劝勉……**"他不但具备了上述优美而纯洁的品德，而且他的内心是归信的，并追求着安拉的报偿，正如安拉所述：《谁希望后世，并且为它尽力奋斗，只要他是有正信之人，这等人的努力将受到奖励。》（17：19）《不论男女，只要他行善，并且归信，我一定使他过一种美好的生活，我将按照他们当初最好的行为报偿他们。》（16：97）

清高伟大的安拉说，"**以忍耐互相劝勉，以怜悯互相劝勉**"，即他不但是一个德才兼备的穆民，而且劝勉人忍受别人的迫害，并怜爱别人。正如圣训所说："有爱心的人们，将得到至仁主的爱，你们爱地上的生灵，主会从天上爱你们。"[3] 另一段圣训中说："安拉不喜爱不爱别人的人。"又说：[4] "不尊老爱幼者不属于我们。"[5]

清高伟大的安拉说，"**这些人，都是幸福者**"，即具备上述特征的人，是幸福的人。

## 不幸的人及其报应

然后清高伟大的安拉说："**那些不信我的启示的人，他们是不幸者。**"

"**他们的上面，是被封闭的烈火**"，即火墙将他们封闭起来，他们无处可逃，无法脱离。艾布·胡莱赖、伊本·阿拔斯等人说，"**被封闭的**"指被关闭的。[6] 另据传述，伊本·阿拔斯认为经文指诸门被关闭的。[7] 端哈克认为经文指他们的上面有一堵没有门的火墙。格塔德说："（经文指）被封闭的火狱，其中没有光线和空隙，他们永远不能脱离它。"[8]

《地方章》注释完。一切感赞全归安拉。

---

(1)《艾哈麦德按序圣训集》4：214；《提尔密济圣训全集诠释》3：324；《圣训大集》5：92。
(2)《泰伯里经注》24：444。
(3)《艾布·达乌德圣训集》5：231。
(4)《穆斯林圣训实录》4：1809。
(5)《艾布·达乌德圣训集》5：232。
(6)《泰伯里经注》24：447；《散置的珠宝》8：526。
(7)《散置的珠宝》8：526。
(8)《泰伯里经注》24：447。

---

### 《太阳章》注释　麦加章

## 在宵礼中诵读《太阳章》

如前所述，两圣训实录辑录，安拉的使者☪对穆阿兹说："你为什么不读《赞美你至高无上的主之尊名清净》、《以笼罩时的夜发誓》（92：1）、《以已时发誓》（93：1）？"[9]

**奉普慈特慈的安拉之尊名**

《1.以太阳及其光辉盟誓。》
《2.以追随它时的月亮盟誓。》
《3.以显示它时的白昼盟誓。》
《4.以笼罩它时的黑夜盟誓。》
《5.以天及建造它的主盟誓。》
《6.以大地及展开它的主盟誓。》
《7.以性灵及使它协调的主盟誓。》
《8.他曾给它启示它的邪恶和它的敬畏。》
《9.净化它的人已经成功，》
《10.玷污它的人已经失败。》

## 安拉以他的一些被造物发誓，纯洁自我者能够成功，玷污自我者将要失败

"**以太阳及其光辉盟誓。**" "光辉"，穆佳黑德认为指光明。[10] 格塔德认为指整个白天。[11] 伊本·哲利尔说："正确的解释是：安拉以太阳及其白天发誓，因为白天阳光显现。"

"**以追随它时的月亮盟誓。**" 穆佳黑德说，"追随它"指跟随它（太阳）。[12] 伊本·阿拔斯认为，经文指它追随白天。[13] 格塔德说："它指新月之夜，日落时分显现的新月。"[14] 另据传述，穆佳黑德认为经文指以发光时的月亮盟誓。[15]

因此，穆佳黑德认为"**以显示它时的白昼盟誓**"，如同下列经文：《以显著时的昼发誓。》（92：2）

---

(9)《布哈里圣训实录诠释——造物主的启迪》2：234；《穆斯林圣训实录》1：340。
(10)《泰伯里经注》；24：451。
(11)《泰伯里经注》24：451。
(12)《泰伯里经注》24：452。
(13)《泰伯里经注》24：452。
(14)《泰伯里经注》24：453。
(15)《泰伯里经注》24：529。

学者们解释"以笼罩它时的黑夜盟誓"说："日落时，夜幕降临，地平线模糊，夜取代了白昼。"

"**以天及建造它的主盟誓**"，这节经文中的"و"有两种解释：一、它可能是词根。按这种解释，经文的意思是：以天及它的建筑发誓。这是格塔德的主张。二、它是关系名词。那么，经文的意思则是：以天及其建造者发誓。[1] 这两种解释是相互联系的，"建造"，意为升高。正如安拉所述：❝天，我确曾以大能建造它，我确实是拓展者。地，我展开了它，铺展者是多么卓越啊!❞（51：47-48）"以大地及展开它的主盟誓"也是同样（即另一种翻译方法是：以大地及其创造（展开）发誓）。

"**展开它**"，穆佳黑德认为指使它平坦。[2] 伊本·阿拔斯认为指其中的造化。[3] 另据传述，伊本·阿拔斯解释为规划它。[4] 格塔德、端哈克解释为将它铺平。[5]

清高伟大的安拉说，"**以性灵及使它协调的主盟誓**"，即安拉将人创造成协调的，端正的，符合天性的，正如安拉所述：❝你要自然地倾向正教，那是安拉赋予人类的天性。安拉的造化不容改变。❞（30：30）安拉的使者ﷺ说："每个婴儿都是天然（向主）的，但他的父母亲可能使他成为犹太教徒，或成为基督教徒，或使他成为拜火教徒。如同牲畜生下的幼崽都是完整的，你们在它们身上看到过残缺现象吗？"[6] 使者又说："我将众仆造成天然（向主）的，后来恶魔唆使他们叛离了自己的宗教。"[7]

"**他曾给它启示它的邪恶和它的敬畏**"，即安拉赋予人性邪恶和正义。换言之，安拉首先为人类阐明这两个方面，然后将每个人引向为他所预定的一方面。伊本·阿拔斯解释说："安拉为人的灵魂阐明善恶。"[8] 穆佳黑德、格塔德等学者也持此观点。[9] 伊本·朱拜尔解释说："安拉赋予人辨别善恶的本性。"伊本·栽德说："安拉在人的本性中赋予了邪恶和正义。"[10]

伊本·哲利尔传述，艾布·艾斯沃德说，仪姆兰·本·侯赛因问我："请告诉我，人人都在刻苦努力（或为今世，或为后世），他们的行为早就注定好了呢？还是因使者到来、明证确立后才注定的？"我说："当然早有前定。"他说："那岂不是不公平吗？"我闻言大惊，对他说："一切都是安拉所造，归安拉掌握，安拉的行为不受人的置疑，而人类的行为要受安拉的审问。"他说："愿安拉使你坚守正道，我这么问，只是为了考验你的智商。曾经有位麦兹尼或朱海奈部落的人来见安拉的使者ﷺ，他问：'安拉的使者啊！请告诉我，人人都在刻苦努力，他们的行为早就注定好了呢？还是使者到来、明证确立之后才注定的？'使者回答说：'当然早就注定好了。'那人问：'那么我们怎么做？'使者说：'安拉为两个场所（乐园或火狱）中的任意一个创造一人，就要为那人提供通向该场所的便利。安拉的下列经文能证实这一点：'以性灵及使它协调的主盟誓，他曾给它启示它的邪恶和它的敬畏。'"[11]

"**净化它的人已经成功，玷污它的人已经失败。**"经文的意思可能是：一、通过服从安拉而纯洁自我的人已经成功。正如格塔德所说："他戒除各种恶德和卑劣的品性，使内心得到纯洁。"据传述，穆佳黑德、艾克莱麦等学者也持此观点。"**玷污它的人已经失败。**"伊本·朱拜尔解释说："泯灭性灵，脱离正轨，违抗安拉，为非作歹的人已经失败。"二、经文的意思也可能是：安拉纯洁其内心的人已经成功，安拉使其内心玷污的人已经失败。这是奥夫等人传自伊本·阿拔斯的观点。[12]

伊本·阿拔斯说，安拉的使者ﷺ每念到下列经文"**净化它的人已经成功，玷污它的人已经失败**"时就停下来，然后说："主啊！请赋予我的内心以敬畏，你是心灵的保护者和主宰，你最善于净化它。"[13]

伊玛目艾哈麦德传述，栽德说安拉的使者ﷺ曾说："主啊！求你庇佑我，使我免于无能、懒惰、老迈、胆怯、吝啬以及坟墓中的惩罚。主啊！请赋予我的内心以敬畏，请纯洁它，你最善于净化它，你是心灵的保护者和主宰。主啊！求你庇佑我，使我远离缺乏敬畏的心灵、没有满足的欲望、无用的知识以及不被应答的祈求。"栽德说："安拉的使者ﷺ曾将它教给我们，我们则将它教给你们。"[14]

---

(1)《泰伯里经注》24：453。
(2)《泰伯里经注》24：454。
(3)《泰伯里经注》24：453。
(4)《泰伯里经注》24：454。
(5)《泰伯里经注》24：454；《散置的珠宝》8：529、530。
(6)《布哈里圣训实录诠释——造物主的启迪》3：290；《穆斯林圣训实录》4：2048。
(7)《穆斯林圣训实录》4：2197。
(8)《泰伯里经注》24：454。
(9)《泰伯里经注》24：455。
(10)《泰伯里经注》24：455。

(11)《泰伯里经注》24：455；《穆斯林圣训实录》4：2041；《艾哈麦德按序圣训集》4：438。
(12)《泰伯里经注》24：457。
(13)《圣训大典》11：106。
(14)《穆斯林圣训实录》4：2088；《艾哈麦德按序圣训集》4：371。

❀11.塞姆德人因其过分而否认了,❀

❀12.当时,他们中最薄命者跳了起来。❀

❀13.所以,安拉的使者就说:"莫干涉安拉的母驼自由饮水!"❀

❀14.然而他们不信他,并且杀戮了它,于是他们的养主由于他们的罪恶而毁灭了他们,并使他们普遍受难。❀

❀15.他不怕它的后果。❀

## 塞姆德人的否认以及他们的毁灭

清高伟大的安拉说,塞姆德人桀骜不驯、肆无忌惮,最终否认了安拉派给他们的使者。穆佳黑德、格塔德等学者都这么说过。[1]正因如此,他们从心底里拒绝引导,拒绝服从派来的使者。**"当时,他们中最薄命者跳了起来"**,即部落中最薄福的人——屠杀母驼的米格达尔·本·萨里夫,他是塞姆德人中的害群之马。他就是安拉在下面经文中所说的人:❀他们喊他们的同伙,他拿起(武器),刺杀了它。❀(54:29)此人曾是贵族,在族人中很有威望,受人尊重。正如伊玛目艾哈麦德传述,阿卜杜拉·本·祖麦里说,某次演讲中,安拉的使者☪提到了母驼和屠杀它的人,使者说:"'当时,他们中最薄命者跳了起来。'当时,一个强壮有势,横行乡里的人冲向母驼,就像艾布·泽目尔一样。"[2]

## 撒立哈的母驼

**"安拉的使者就说"**,即先知撒立哈说:"**莫干涉安拉的母驼自由饮水!**"意思是你们应谨慎对待安拉的母驼,避免它遭受伤害。你们也不要干涉它饮水。因为那水一天属于你们,另一天属于母驼。

清高伟大的安拉说,"**然而他们不信他,并且杀戮了它**",即他们否认了使者带来的信息,屠宰了安拉从岩石中为他们造出、作为迹象和明证的母驼。

"**于是他们的养主由于他们的罪恶而毁灭了他们**",即安拉恼怒并毁灭了他们。

"**并使他们普遍受难**",即安拉一并给他们降下灾难。格塔德说:"听说塞姆德人的害群之马是在他们中男女老幼的支持下砍杀母驼的,所以安拉一并惩罚了他们。"[3]

"**他不怕它的后果。**"伊本·阿拔斯解释说:"安拉不担心任何人的指责。"穆佳黑德、哈桑等学者也持此观点。[4]

《太阳章》注释完。一切感赞全归安拉。

## 《黑夜章》注释　麦加章

### 在宵礼中诵读《黑夜章》

如前所述,安拉的使者☪对穆阿兹说:"你为什么不读《至高章》《黑夜章》和《巳时章》?"[5]

**奉普慈特慈的安拉之尊名**

❀1.以笼罩时的夜发誓,❀

❀2.以显著时的昼发誓,❀

❀3.以造化雌雄的主发誓,❀

❀4.你们的努力,确实是不同的。❀

❀5.至于施舍和敬畏,❀

❀6.并且归信至善的人,❀

❀7.我一定会因为容易的而给他提供方便。❀

❀8.至于那吝啬而自以为无求,❀

❀9.并且不信至善的人,❀

❀10.我一定会因为困难的而给他提供方便。❀

❀11.当他沦亡时,他的财富对他无用。❀

### 发誓说明人的努力结果,因其努力方向不同而不同

安拉"**以笼罩时的夜发誓**",意指当夜以其黑暗笼罩万物。

并"**以显著时的昼发誓**",即以昼的光亮发誓。

"**以造化雌雄的主发誓。**"正如安拉所言:❀我

---

(1)《泰伯里经注》24:458。
(2)《艾哈麦德按序圣训集》4:17;《提尔密济圣训全集诠释》9:268;《圣训大集》6:515;《布哈里圣训实录诠释——造物主的启迪》8:575;《穆斯林圣训实录》4:2191。
(3)《泰伯里经注》24:460。
(4)《泰伯里经注》24:461。
(5)《布哈里圣训实录诠释——造物主的启迪》2:234;《穆斯林圣训实录》1:340。

将你们造成成双成对的，◆（78：8）◆每一物，我都将它造化一对。◆（51：49）因为誓言立于相对的事物，因此，所说明的也是一些相对的问题。

清高伟大的安拉说，"**你们的努力，确实是不同的**"，即仆人所干的事情是不同的、相对的，有人干好，有人作恶。

清高伟大的安拉说，"**至于施舍和敬畏**"，即他奉命抽取财产，施舍给穷人，凡事敬畏安拉。

"**并且归信至善的人。**"格塔德认为，"**至善**"指报偿。赫随夫认为指回赐。

"**我一定会因为容易的而给他提供方便。**"伊本·阿拔斯说："我会使之从善如流。"[1]

接着，清高伟大的安拉说："**至于那吝啬而自以为无求。**""**吝啬**"指舍不得自己所拥有的东西。伊本·阿拔斯解释为他舍不得自己的财富，并且不向他的养主表示需求。[2]

"**并且不信至善的人**"，即他不相信后世的报偿。

"**我一定会因为困难的而给他提供方便**"，即我会使他轻松地踏上邪恶的道路。正如安拉所述：◆我也将翻转他们的心和眼，就像最初他们不信一样。我将任由他们在过分当中彷徨。◆（6：110）意义相近的经文很多，它们说明安拉将赐给致力于行善的人以机遇，同时抛弃那些心怀不轨者。一切都凭定然。许多圣训也证明了这一点。

### 艾布·伯克尔的传述

艾布·伯克尔说，我对安拉的使者㊟说："安拉的使者啊！我们的功行是早已被注定的，还是新创的（即随着功行被注定）？"使者说："按照早已注定的法则。"他问："安拉的使者啊！那么，我们应该怎么做？"使者回答："人人都会因为被注定的结局而轻松前进。"[3]

### 阿里的传述

阿里说，我们曾在白格尔坟地时，安拉的使者㊟来到我们中间。使者坐下来后，我们坐在他的周围。他低着头，用一根细木棍不停地戳地，说："你们中每个人（或者说每个生灵）在乐园和火狱的位置早已定好，或者是幸福的，或者是薄福的。"有人问："安拉的使者啊！那我们为什么不依赖自己的前定，而放弃功行？因为我们中的幸福者，终将成为幸福者；我们中的不幸者，终将成为不幸者。"使者说："至于幸福者，他们将轻松地

---

(1)《泰伯里经注》24：460。
(2)《散置的珠宝》8：535。
(3)《艾哈麦德按序圣训集》1：5。

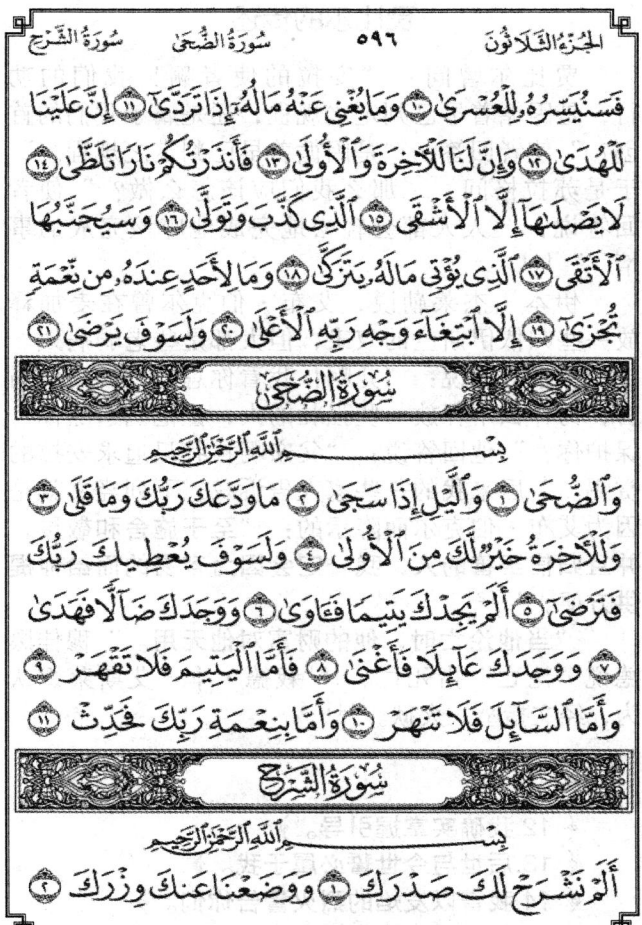

完成幸福者应该做的事情；至于不幸者，也将轻松地去做不幸者应该做的事情。"然后使者读道："**至于施舍和敬畏，并且归信至善的人，我一定会因为容易的而给他提供方便。至于那吝啬而自以为无求，并且不信至善的人，我一定会因为困难的而给他提供方便。**"[4]

### 伊本·欧麦尔的传述

欧麦尔曾问："安拉的使者啊！请告诉我，我们所做的事情，是因循着早已判定的规程，还是一个新的起点，或是一种首创（即先前没有预定好）？"使者回答："是因循着早已判定之规程。罕塔卜的儿子啊！你要努力！因为人人都会轻易地达到相应的定局，譬如幸福者，将去做幸福者应该做的事情，不幸者，将会去做不幸者应该去做的事情。"[5]

---

(4)《艾布·达乌德圣训集》5：68；《提尔密济圣训全集诠释》6：340、9：270；《圣训大集》6：516、517；《布哈里圣训实录诠释——造物主的启迪》8：579；《穆斯林圣训实录》4：2039、2040；《伊本·马哲圣训集》1：30。
(5)《艾哈麦德按序圣训集》2：52；《提尔密济圣训全集诠释》6：339。

## 贾比尔的传述

贾比尔曾问:"安拉的使者啊!我们的功行,是因循着早已判定之规程,还是属于我们的首创?"使者回答:"是因循着早已判定之规程。"于是苏拉格问:"那么我们应该怎么做?"使者回答说:"人人都会轻松地完成他应该完成的事情。"(1)

伊本·杰莱勒说,艾布·伯克尔曾在麦加释放一些归依伊斯兰的奴隶,但大都是些老弱病残。他的父亲对他说:"儿啊!我看你总是释放一些弱者,为什么不释放一些强壮的人,让他们追随你,保护你?"他回答说:"父亲啊!我只追求安拉的赏赐。"后来我的一些家人告诉我,下列经文就是因为艾布·伯克尔而降示的:"**至于施舍和敬畏,并且归信至善的人,我一定会因为容易的而给他提供方便。**"(2)

"**当他沦亡时,他的财富对他无用。**"穆佳黑德说"**沦亡**"指死亡。(3) 栽德·本·艾斯莱姆认为,经文指坠入火狱。(4)

❮ 12.我确实掌握引导。❯
❮ 13.后世与今世誓必属于我。❯
❮ 14.我曾以发焰的烈火警告你们。❯
❮ 15.只有最不幸的人才进入它。❯
❮ 16.他不信真理并背离它。❯
❮ 17.敬畏的人,得以避开它。❯
❮ 18.他施舍财富,追求纯洁。❯
❮ 19.任何人在他那里没有要还报的恩惠,❯
❮ 20.(他)只求他的至高的主的喜悦。❯
❮ 21.他将会喜悦。❯

### 引导由安拉掌握

"**我确实掌握引导**",格塔德解释说:"我将阐明合法与非法。"(5) 其他学者说:"走正道的人,将达到安拉(的喜悦)。"他认为这节经文的意义如同下列经文:❮ 安拉负责指引正路。❯(16:9)(6)

"**后世与今世誓必属于我**",即一切都是我的权力,我是它们的支配者。

"**我曾以发焰的烈火警告你们。**"穆佳黑德说,"**发焰**"指发光。(7) 伊玛目艾哈麦德传述,努尔曼·本·毕西尔在一次演讲中说:"我听安拉的使者㕥在演讲中读道:'我曾以发焰的烈火警告你们。'(他的声音很大)甚至当时站在街上的人也能听到从我这里传出去的声音……当时,披在他肩上的花格单子都掉在他的脚下。"(8)

伊玛目艾哈麦德传述,努尔曼·本·毕西尔在演讲中说:"我听安拉的使者㕥在演讲中讲道:'复生日,火狱中受刑最轻的人,是这样的:他的两脚心放着两块燃烧的火炭,他的脑汁因此而沸腾。'"(9)

穆斯林传述,努尔曼·本·毕西尔说,安拉的使者㕥说:"火狱中受刑罚最轻的人,穿着一双火鞋,系着两条火鞋带,他的脑汁因此而沸腾,就像水锅沸腾那样。他以为任何人的刑罚都没有他的刑罚重,其实他的刑罚是最轻的。"(10)

"**只有最不幸的人才进入它**",即只有最薄福的人,才会完全陷入火窟。接着经文解释这"**最不幸的人**"说:"**他不信真理并背离它**",即他的内心没有信仰,他周身的肢体拒绝实践信仰。

伊玛目艾哈麦德传述,安拉的使者㕥说:"我的教民中,除了拒绝者之外,人人都将进入乐园。"众人问:"安拉的使者啊!还有拒绝进入乐园的人吗?"使者回答:"服从我的人要进乐园,违抗我等于拒绝进入乐园。"(11)

"**敬畏的人,得以避开它**",即虔敬的、纯洁的、敬畏者将远离火狱。经文注释"**敬畏的人**"说:"**他施舍财富,追求纯洁**",即他将自己的财产用于主道上,以便纯洁自己的内心、财产以及安拉在信仰和今世中赏赐他的一切。

"**任何人在他那里没有要还报的恩惠**",即他花费财产的目的,不是为了博取别人的回报,他花费财产"**只求他的至高的主的喜悦**"。他只希望在后世的乐园中,看到至仁的安拉。

清高伟大的安拉说:"**他将会喜悦。**"具备上述品质的人,将心满意足。

### 上述经文降示的原因以及艾布·伯克尔的尊贵

许多经注学家和学者一致认为,上述经文是因为虔信者艾布·伯克尔而降示的。毋庸置疑,这些

---

(1)《穆斯林圣训实录》4:2041;《泰伯里经注》24:475。
(2)《泰伯里经注》24:473。
(3)《泰伯里经注》24:476。
(4)《泰伯里经注》24:476;《格尔特宾教律》20:85。
(5)《泰伯里经注》24:477。
(6)《泰伯里经注》24:477。
(7)《泰伯里经注》24:477。
(8)《艾哈麦德按序圣训集》4:272。
(9)《艾哈麦德按序圣训集》4:274;《布哈里圣训实录诠释——造物主的启迪》11:424。
(10)《穆斯林圣训实录》1:196。
(11)《布哈里圣训实录诠释——造物主的启迪》13:263;《艾哈麦德按序圣训集》2:361。

经文虽然是泛指的，但艾布·伯克尔首当其指。作为这个稳麦的先驱，艾布·伯克尔确实具备了上述一切美德，而且卓越超群。因为他的确诚实虔敬，尊贵慷慨，疏财仗义，顺主助圣；为了追求安拉的喜悦，他曾奉献出无数财富，而不计任何报酬，他的慷慨大方甚至惠及其他部落的首领头目。在侯代比亚之日，赛格夫族的首领欧勒沃说："真的，以安拉发誓，若不是我还没有偿还你借我的债务，我一定会响应你（加入伊斯兰）。"(1)但艾布·伯克尔因对方提及此事而非常生气。他如此对待阿拉伯各部落的首领，对其他人的义举就更是不言而喻。因此安拉说："**任何人在他那里没有要还报的恩惠，（他）只求他的至高的主的喜悦。他将会喜悦。**"两圣训实录辑录，安拉的使者☪说："谁为主道花费了一双（两件）财产，乐园的管理者们都会呼唤他：安拉的仆人啊！这道门是最好的。"艾布·伯克尔说："安拉的使者啊！难道一个人同时要从这么多门受到邀请吗？"使者回答："是的，我希望你是他们中的一员。"(2)

《黑夜章》注释完。一切感赞全归安拉。

## 《巴时章》注释　麦加章

奉普慈特慈的安拉之尊名

❧ 1.以巴时发誓，❧
❧ 2.以宁静时的夜晚发誓，❧
❧ 3.你的主不曾抛弃你，也不曾厌恶你。❧
❧ 4.对于你，以后比以前更好。❧
❧ 5.不久，你的主誓必会赏赐你，于是你会喜悦。❧
❧ 6.难道他不曾发觉你是孤儿，而提供住宿？❧
❧ 7.他曾发觉你迷惘彷徨，便加以引导；❧
❧ 8.他曾发觉你贫穷潦倒，而恩赐富裕。❧
❧ 9.对于孤儿，你不要苛待，❧
❧ 10.对于求教者，你不要呵斥，❧
❧ 11.至于你主的恩典，你要宣扬！❧

### 《巴时章》降示的原因

伊玛目艾哈麦德传述，安拉的使者☪生病了，一两个夜晚没有起床。有个女人来对他说："穆罕默德啊！看来你的魔鬼抛弃了你。"于是安拉降示了下列经文："**以巴时发誓，以宁静时的夜晚发誓，你的主不曾抛弃你，也不曾厌恶你。**"(3)

另据传述，君岱卜说："（有一时期）吉卜勒伊里迟迟不来见安拉的使者☪，于是多神教徒们说穆罕默德被他的主抛弃了。后来安拉降示了下列经文：'**以巴时发誓，以宁静时的夜晚发誓，你的主不曾抛弃你，也不曾厌恶你。**'"

伊本·阿拔斯说，有一段时间，吉卜勒伊里迟迟不给穆圣☪降谕《古兰》，使者的脸色因此而很阴郁，于是多神教徒们说，穆罕默德的主抛弃他，并厌恶他了。于是安拉降示了下列经文："**以巴时发誓，以宁静时的夜晚发誓……**"这节经文中，安拉通过巴时和其中的光辉发誓。(4)

"**以宁静时的夜晚发誓**"，即以宁静然后漆黑的夜发誓。这是穆佳黑德等学者的主张。这些现象说明安拉有能力创造各种事物。正如安拉所述：❧ **以笼罩时的夜发誓，以显著时的昼发誓。** ❧（92：1-2） ❧ **他使天破晓，他以夜供人休息，以计时设置日月。** ❧（6：96）

"**你的主不曾抛弃你**"，"抛弃"指遗弃。(5) "**也不曾厌恶你**"，"厌恶"指恼怒。

### 后世优于今世

"**对于你，以后比以前更好**"，即后世的家园对于你，比今世更好。因此，众所周知，安拉的使者☪淡泊今世，对其不屑一顾。这一点，读读先知传记即可明晰。他在世的最后几年，安拉曾让他选择，要么与世共存，待今世毁灭后进入乐园；要么直接回归安拉。使者选择安拉那里的报偿，放弃了渺小的今世。伊玛目艾哈麦德传述，伊本·麦斯欧迪说：安拉的使者☪曾因躺在一块席子上，而在身体一侧留下压痕，他醒来后我边给他搓腰，边说："安拉的使者啊！你为什么不通知我们，好让我们

---

(1) 欧勒沃的意思或许是，如果我现在加入伊斯兰，恐怕有为了报答艾布·伯克尔之恩才入教之嫌。如果要信教，我只能真心实意地信教。——译者注
(2) 《布哈里圣训实录诠释——造物主的启迪》7：23；《穆斯林圣训实录》2：712。
(3) 《布哈里圣训实录诠释——造物主的启迪》3：11、8：580、581、619；《穆斯林圣训实录》3：1421；《提尔密济圣训全集诠释》9：272；《圣训大集》6：517；《艾哈麦德按序圣训集》4：312；《泰伯里经注》24：485、486。
(4) 《泰伯里经注》24：486。
(5) 《泰伯里经注》24：284；《格尔特宾教律》20：91。

在席子上铺点东西？"使者说："我与这个今世有何关系？我与它，就像树阴下小栖的骑乘者，最终离它而去。"(1)

### 后世的许多恩典等待着穆圣

"**你的主誓必赏赐你，于是你会喜悦。**"在后世中，安拉将赏赐你，使你因你的民族而获得赏赐，赐给你尊严直到你满足。譬如，安拉赐给他考赛尔河，河两岸是用空心珍珠建筑的圆顶小帐篷，其中的淤泥是芬芳的麝香。伊本·阿拔斯说："安拉的使者见到在他归真之后他的民族将得到的宝藏被逐个展现在眼前，感到非常高兴。安拉因此降示了下列经文：'**你的主誓必赏赐你，于是你会喜悦。**'安拉在乐园中赐给他一百万个宫殿，每个宫殿中都预备了相应的妻子和仆人。"(2)

### 安拉施予使者的恩典一瞥

然后，安拉历数赐给他的仆人及使者穆罕默德的恩典，安拉说："**难道他不曾发觉你是孤儿，而提供住宿？**"穆圣还在母腹的时候，他的父亲就去世了。六岁时，母亲阿米娜辞世。此后，他由爷爷阿卜杜勒·穆塔里布抚养。当他八岁时，爷爷也去世了。从此，只有伯父艾布·塔利卜抚养他，关照他。从他四十岁那年受命为圣起，直到迁徙前不久，伯父一直在保护他，提携他，使他不受族人的迫害，尽管伯父艾布·塔利卜一直坚持族人的多神教信仰。这一切都是安拉的定然和优美的安排。艾布·塔利卜逝世后，古莱什的一些愚蠢之辈企图迫害穆圣，安拉因此允许他离开他们，迁徙到辅士——奥斯和赫兹勒吉人的地方。这一切的实现，都遵循着安拉最完美的定然。穆圣抵达辅士那里后，他们给他提供住宿，辅助他，保护他，与他并肩作战。愿安拉喜悦他们每一个人。这一切，都是安拉对他的保护和关照。

"**他曾发觉你迷惘彷徨，便加以引导。**"类似的经文中有：《我就这样把来自我的命令的精神降给你，你原来不知道什么是天经，什么是信仰。但是我使它成为光亮，用之引导我所愿意的仆人。》（42：52）

"**他曾发觉你贫穷潦倒，而恩赐富裕**"，即你曾经拖家带口，非常贫困，然而安拉并没有让你去乞求别人，他集两种身份于你一人之身：你既是一个坚韧的穷人，又是一个感恩的富有者。两圣训实录辑录，安拉的使者说："富裕不看财富的丰

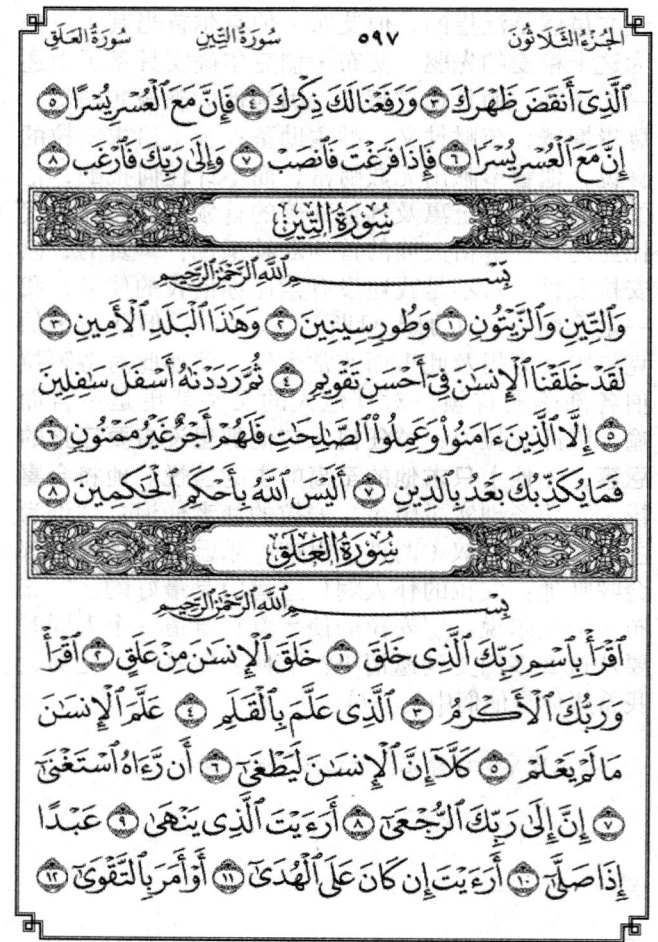

裕，而在于内心的充实。"(3)《穆斯林圣训实录》记载，使者说："如果一个人获得了正信，拥有足够的生活资料，并且安拉使他满足于赐给他的一切，那么他就成功了。"(4)

### 如何对待这些恩典

然后清高伟大的安拉说："**对于孤儿，你不要苛待。**"既然你当初也是一个孤儿，安拉曾使你安居，那么你就不要呵斥或鄙视其他孤儿，你应该善待他们。格塔德说："对于孤儿，你要像一位仁慈的父亲。"(5)

"**对于求教者，你不要呵斥。**"既然你当初也曾迷茫彷徨，是安拉引导了你，那么你不要呵斥那些求教的人们。伊本·阿拔斯说："在安拉的弱仆面前，你不要刚愎自用，骄傲自大，俗粗戾暴。"格塔德说："你当仁慈、温和地对待穷

---

（1）《提尔密济圣训全集诠释》7：48；《艾哈麦德按序圣训集》1：391；《伊本·马哲圣训集》2：1376。
（2）《泰伯里经注》24：487。
（3）《布哈里圣训实录诠释——造物主的启迪》11：276；《穆斯林圣训实录》2：726；《艾哈麦德按序圣训集》2：315。
（4）《穆斯林圣训实录》2：730。
（5）《格尔特宾教律》20：100。

人。"(1)(2)

"至于你主的恩典，你要宣扬！"正如安拉使曾经贫穷的你富裕那样，你要宣扬你的主的恩典。

艾布·胡莱赖传述，穆圣说："不感谢他人的人，不会感谢安拉。"(3)

穆圣又说："经历考验后叙述考验的人，确已知感了安拉；隐瞒它（考验）的人确已否认。"(4)

《巳时章》注释完。一切感赞全归安拉。

## 《开放章》注释 麦加章

奉普慈特慈的安拉之尊名

1. 难道我不曾使你的胸襟开放？
2. 我已替你释免你的重担，
3. 它曾重压你的脊背。
4. 我已为你提高你的声望。
5. 诚然，艰难伴随着容易，
6. 然后，诚然，艰难伴随着容易。
7. 当你空闲时，你要努力。
8. 向着你的主，你要渴求。

### "胸襟开放"的意义

"难道我不曾使你的胸襟开放？"即我已经开启你的胸襟，换言之，我已经使之充满光明，使之宽广、豁达、坦荡。正如安拉所述："安拉意欲引导谁，他就让谁的心胸因伊斯兰而豁然开朗。"（6：125）正如安拉使你的心胸宽广豁达那样，他使他的法律成为宽大豁达的，平易轻松的，其中没有任何桎梏或窘迫。

### 安拉对使者的恩典

"我已替你释免你的重担"，以便安拉为你恕饶你过去和将来的过失。"（48：2）

"它曾重压你的脊背。""重压"指（使）发出声响。其他先贤解释说："它曾使你的肩背担负重担。"

### "提高声望"的意义

"我已为你提高你的声望。"穆佳黑德说："每次记主的时候，我就记起下列证词：我作证，应受拜者，惟有安拉；我又作证，穆罕默德是安拉的使者。"(5) 格塔德说："安拉在今后两世中提高了穆圣的声望，无论是演讲的人（念呼图白者），念作证词的人，还是礼拜的人，都在呼唤：我作证，应受拜者，惟有安拉；我又作证，穆罕默德是安拉的使者。"(6)

### 困难之后是容易

清高伟大的安拉说："**诚然，艰难伴随着容易，然后，诚然，艰难伴随着容易。**"清高伟大的安拉说，存在困难的时候，就存在容易。然后安拉又强调了这一点。

### 命令人在空闲的时候记念安拉

清高伟大的安拉说："**当你空闲时，你要努力。向着你的主，你要渴求**"，即当你完成今世事务和工作，了却了今世的各种干扰之后，你当神清气爽地站起来，聚精会神、全心全意地崇拜你的主。下列圣训表达了这层意义："食物已摆好时或大小便紧张时，不能礼拜。"(7) 穆圣又说："如果念成拜辞的时候恰巧晚饭好了，那么你们应该先吃晚饭。"(8) 穆佳黑德解释这节经文说："当你完成今世事务的时候，你要起身礼拜，为你的主而奋斗。"(9)

《开放章》注释完。一切感赞全归安拉。

---

(1) 按这种解释，"求救者"应该解释为乞丐。——译者注
(2) 《伯厄威经注》4：500。
(3) 《艾布·达乌德圣训集》5：157；《提尔密济圣训全集诠释》6：87。
(4) 《艾布·达乌德圣训集》5：159。

(5) 《泰伯里经注》24：493。
(6) 《泰伯里经注》24：494。
(7) 《穆斯林圣训实录》1：393。
(8) 《布哈里圣训实录诠释——造物主的启迪》9：4980。
(9) 《泰伯里经注》24：497。

# 《体尼章》注释　麦加章

## 在旅行拜中读《体尼章》

白拉伊·本·阿兹卜说："安拉的使者曾在旅行的两拜礼拜中诵读了《体尼章》。我没有听到过比他声音更优美的人。"[1]

奉普慈特慈的安拉之尊名

❲ 1.以体尼和榨橄发誓，❳
❲ 2.以西奈山发誓，❳
❲ 3.以这安宁之地发誓。❳
❲ 4.我确以最优美的形态造化了人，❳
❲ 5.然后我把他贬降到卑贱中最卑贱的。❳
❲ 6.那些归信且行善的人则不然，他们享有不断的回赐。❳
❲ 7.此后，是什么使你否认报应呢？❳
❲ 8.难道安拉不是最明智的审判者吗？❳

## "体尼"及其他

"**体尼**"，奥夫传述，伊本·阿拔斯认为"**体尼**"指朱迪山上努哈先知的清真寺。穆佳黑德认为指人们熟知的无花果。[2]

"**榨橄**"，凯尔卜·本·艾哈巴尔、格塔德等学者认为指远寺。穆佳黑德认为指你们用来榨油的橄榄。[3]

"**以西奈山发誓**"，凯尔卜·本·艾哈巴尔等学者认为，经文指安拉曾和穆萨谈话的那座山。[4]

"**以这安宁之地发誓。**"经文指麦加。这是伊本·阿拔斯、穆佳黑德等学者的解释。[5]其中没有歧义。有学者说，安拉曾在这三个地方派遣了三位杰出使者，他们都带来了伟大的法典。

一、体尼（无花果）和榨橄之地——圣城固都斯。安拉曾在那里委任尔撒为圣。二、西奈山是安拉曾和穆萨谈话的地方。三、麦加——安宁之城，进入其中的人都会获得安宁。安拉在那里委任穆罕默德为圣。学者们说《讨拉特》的最后部分记录着这三个地方："安拉从西奈山来临（即安拉曾在西奈山和穆萨交谈），从西尔勒山（位于固督斯，安拉在这座山上委任尔撒为圣）出现，在法兰山显现（法兰山位于麦加，安拉在那里委任穆罕默德为圣）。经文根据这几位先知出世的时间，表述了这些地方。经文首先以较尊贵的地方发誓，然后以更尊贵的地方发誓，最后以最尊贵的（比前两个地方更尊贵的）地方发誓。

## 虽然人曾被赋予最优美的形态，但他将沦入最卑贱的状态之中，以及其中的结果

清高伟大的安拉说："**我确以最优美的形态造化了人。**"这是通过上述誓言所要表达的问题。即安拉以最优美的形态——使其体魄端庄、均匀、协调——创造了人。

"**然后我把他贬降到卑贱中最卑贱的**"，即我使之进入火狱。这是穆佳黑德、艾布·阿林等学者的观点。[6]换言之，虽然人曾经英俊潇洒，但如果他不服从安拉和使者，他最终的归宿却是火狱。因此后面说："**那些归信且行善的人则不然。**"

也有学者认为："**然后我把他贬降到卑贱中最卑贱的**"，指我使之到了最卑贱的年龄。据传述，伊本·阿拔斯和艾克莱麦持此观点。甚至艾克莱麦说："收集（指背记）《古兰》的人不会遭遇最卑贱的年龄。"[7]伊本·哲利尔选择了这种解释。[8]如果经文指这层意思，就不应该把"**归信且行善的人**"排除在外，因为穆民往往也会活到高龄。经文的意义应该是第一种解释。正如安拉所述：❲ 以时光发誓。人确实在亏折之中。除非那些归信、行善，并互相以真理功勉，相互以坚忍鼓励的人。❳（103：1-3）

"**他们享有不断的回赐**"，即不被停止的回赐，正如前文所述。

然后清高伟大的安拉说："**此后，是什么使你否认报应呢？**"即人类啊！你已经知道了安拉的初造，知道能够初造的安拉更能够复造，那么你为什么要否认最终的报应呢？这究竟是为什么？

接着，清高伟大的安拉说："**难道安拉不是最明智的审判者吗？**"安拉是最公正的判决者，他不会亏待任何人，复生日的来临就是他公正的体现。那天，被亏者将从行亏者那里讨回公道。上述圣训中已经说道："如果读'以体尼和榨橄发誓……难

---

(1)《艾布·达乌德圣训集》2：19；《提尔密济圣训全集诠释》2：226；《布哈里圣训实录诠释——造物主的启迪》8：583；《穆斯林圣训实录》1：339；《圣训大集》6：518；《伊本·马哲圣训集》1：273。
(2)《泰伯里经注》24：502。
(3)《泰伯里经注》24：503。
(4)《泰伯里经注》24：503。
(5)《泰伯里经注》24：505、506。

(6)《泰伯里经注》24：509、511。
(7)《泰伯里经注》24：508。
(8)《泰伯里经注》24：511。

道安拉不是最明智的审判者吗'时，你们应该说：'是的。我是它（"安拉是最明智的审判者"这句经文）'的一名作证者。"[1]

《体尼章》注释完。一切感赞全归安拉。

## 《血块章》注释 麦加章

**它是最早降示的《古兰》经文**

**奉普慈特慈的安拉之尊名**

❮ 1.你当奉你的造化主的尊名宣读： ❯
❮ 2.他由血块造化人。 ❯
❮ 3.你读，你的主是最慷慨的。 ❯
❮ 4.他教人用笔， ❯
❮ 5.教人不曾知道的。 ❯

### 使者为圣初期 《古兰》开始降示

阿伊莎（愿主喜悦之）说，"最先发生在安拉的使者身上的启示是梦，他睡梦中所见的后来均变为了现实，就像黎明一样清晰地实现。后来使者开始喜欢幽居，他带足干粮，到希拉山干功数夜。然后回到赫蒂彻处取干粮，继续静修，直到天使降临希拉山洞。天使对他说："你读吧！"使者说："我不会读。"使者曾经说："于是天使抱紧我，使我感到非常难受。然后他松开我，说：'你读吧！'我说：'我不会读。'于是天使第二次抱紧我，使我感到非常难受。然后他松开我，对我说：'你读吧。'我说：'我不会读。'此后天使第三次抱紧我，使我感到非常难受。然后他松开我说：**'你当奉你的造化主的尊名宣读……教人不曾知道的。'**"使者十分害怕，他来到赫蒂彻处，喊道：'给我裹衣服！给我裹衣服！'于是家人把衣服裹在他身上。待心神安定后，使者说道："赫蒂彻啊！我怎么了？"并把发生的事告诉了赫蒂彻。使者说："我担心自己会遭遇不测。"

赫蒂彻却说："不会的。你应当高兴，以安拉发誓，安拉永远不会使你现丑。因为你接恤骨肉，诚实守信，忍辱负重，款待宾客，伸张正义。"然后赫蒂彻带他去见她的堂兄卧勒格。卧勒格在蒙昧时代信仰了基督教，他用阿拉伯语著作书籍，根据安拉的意欲将《引支勒》中的一些经文翻译成阿拉伯文。这时他已经是一位双目失明的老人。赫蒂彻对她说："堂兄啊！你听听你侄儿在讲些什么？"卧勒格问："侄儿啊！你见到了什么？"于是使者把所见的一切告诉了他。卧勒格说："这是安拉曾降示穆萨先知的启示！但愿其时（指你宣教时）我是一位年轻力壮之人，但愿你的族人驱逐你的时候我还活着。"使者问："他们会驱逐我吗？"卧勒格回答："是的。只要有人带来你所带来的信息，他就会遭到敌对。如果你的日子（即你为圣的日子）我还活着，我一定会竭力辅佐你。"

但不久卧勒格就去世了，启示也中断了。据我们所知，使者当时非常伤心，以致多次早早出门，想从那些山巅跳下去。每当他来到山顶，欲纵身而跳时，吉卜勒伊里就出现在他眼前，对他说："穆罕默德啊！你确实是安拉的使者。"此后他心神宁定地回去。此后很长时间启示又中断了。而当他又怀着相同的心思登上山顶时，又发现了吉卜勒伊里。[2]

关于这段圣训的原文及其含义在《布哈里圣训实录详解》[3]中有详细的记述，因此谁想了解可以在那里查看。一切赞颂全归安拉！所以，这段尊贵的经文是最先下降的，是安拉慈悯世人的一个开端，是安拉恩赐给人类的第一个恩典。

### 人类因为知识而尊贵

这段经文强调，人最初是用血块造成的。安拉教给人们所不知道的知识，这是安拉提升人类地位的一种表现。所以说，人类的尊贵在于知识。知识是使人类比天使优越的一种能力。知识有时隐藏在思想中，有时表现在口头上，有时则记载在书本，而书本上的记忆不可缺少思想与口头两种记忆。反之则不然。因此，安拉说：**"你读，你的主是最慷慨的。他教人用笔，教人不曾知道的。"** 箴言："你们当通过书写巩固知识。"其中还说："谁遵循所掌握的知识，安拉就使他掌握他所不知道的知识。"

❮ 6.不然！人类的确在过分， ❯

---
(1)《艾布·达乌德圣训集》1：550。
(2)《艾哈麦德按序圣训集》6：232；《布哈里圣训实录诠释——造物主的启迪》23：368；《穆斯林圣训实录》1：139。
(3)这是作者的另一部巨著。——译者注

❋ 7.因为他以为自己已无需求。❋
❋ 8.回归只在你的主那里。❋
❋ 9.你可曾看到,那禁止❋
❋ 10.仆人起来礼拜的人。❋
❋ 11.你可曾看到,如果他遵循着正道,❋
❋ 12.或劝人敬畏;❋
❋ 13.你可曾看到,如果他不信而背弃,❋
❋ 14.难道他不曾知道安拉在观看吗?❋
❋ 15.不然,如果他不停止,我就使他的额头乌黑——
❋ 16.那个说谎而有罪者的额头!❋
❋ 17.让他呼求他的会众吧。❋
❋ 18.我将召集宰巴尼。❋
❋ 19.不然,你不要顺从他,而要叩头和接近(安拉)!❋

### 警告人类不要在拥有财产后肆无忌惮

清高伟大的安拉说,人类如果自认为财富丰厚,自足无求,必会沾沾自喜,骄傲自满,肆无忌惮。因此,安拉警告他,并规劝他,说:"**回归只在你的主那里**",即最终的归宿只在安拉那里,安拉将清算每个曾经拥有财富的人,将问他:你从哪里聚集了这些财产,又将它们花费到了何处?

### 谴责艾布·哲海里,并以惩罚警告之

清高伟大的安拉说:"**你可曾看到,那禁止仆人起来礼拜的人。**"这节经文是因为艾布·哲海里(愿安拉诅咒他)而降的,穆圣☪在天房跟前礼拜时,此人曾出来恐吓,安拉以更优美的方式劝导他。安拉说,"**你可曾看到,如果他遵循着正道**",即难道你不认为你干扰的这个人,他的一言一行是在走正道吗?而你却因为他礼拜而谩骂他、恐吓他。

因此,清高伟大的安拉说:"**难道他不曾知道安拉在观看吗?**"难道禁止他人走正道的人,不知道安拉在看着他、听着他说的话,并将给他最充分的报应吗?

接着,安拉警告道,"**不然,如果他不停止**",即如果他不迷途知返,顺从真理,"**我就使他的额头乌黑**",即我一定要在他的额头上打上黑色的记号[1]。

然后清高伟大的安拉说,"**那个说谎而有罪者的额头**",即那个言辞荒谬、劣迹斑斑的艾布·哲海里的额头。

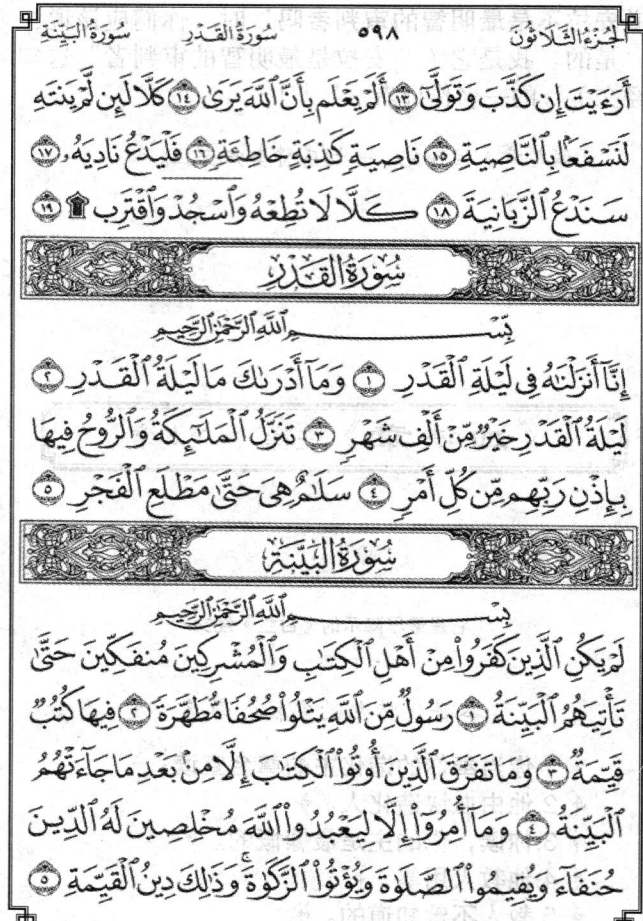

"**让他呼求他的会众吧。**""会众"指族人、家族。即让他向他们求助吧。

"**我将召集宰巴尼。**""宰巴尼"是惩罚罪人的天使。这样,大家就会明白,我的追随者要获胜,还是他的党派会获胜。

布哈里传述,艾布·哲海里曾说:"如果我看到穆罕默德在天房跟前礼拜,我就踩踏他的脖子。"穆圣☪听到这话后说:"如果他这样做,天使们会惩罚他。"[2]

艾哈麦德、提尔密济等圣训学家传述,伊本·阿拔斯说,安拉的使者☪曾在麦尕穆(禁寺中伊布拉欣的立足处)跟前礼拜,艾布·哲海里走过来说:"穆罕默德!我不曾禁止你这样做吗?"当时使者也严厉地警告和呵斥了他,艾布·哲海里说:"你凭什么威胁我?以安拉发誓,在这谷地中,我的亲信是最多的。于是安拉降示了下列经文:'**让他呼求他的会众吧。我将召集宰巴尼。**'"伊本·阿拔斯说:"倘若他真的叫了他的

---
(1)另据《拜达维古兰经注》《穆尼勒经注》等经注,经文的意思是:"我将抓住他的额头",把他扔进火狱。——译者注

(2)《布哈里圣训实录诠释——造物主的启迪》8:595;《提尔密济圣训全集诠释》9:277;《圣训大集》6:518;《泰伯里经注》12:649。

会众，天使就会当即惩罚他。"（1）

艾布·胡莱赖传述，艾布·哲海里曾说："穆罕默德在你们中间礼拜时面部挨着地面吗？"人们回答说："是的。"他说："以拉特和欧匝发誓，如果我看到他这样做，我一定要践踏他的脖子，我一定要把他的脸踩进泥土。"后来穆圣礼拜时他去踩踏穆圣的脖子，他没有走几步，就突然向后退缩，并同时伸出双手保护自己。有人问他："你怎么了？"他回答说："我和他之间隔着一道火坑，极为怕人，还有许多庞然大物和（天使的）翅膀。"安拉的使者说："倘若他那时候靠近我，天使一定会把他的肢体卸成碎片。"圣训传述者（2）说，因此安拉降了下列经文："不然！人类的确在过分……"（3）

### 安慰穆圣

清高伟大的安拉说，"不然，你不要顺从他"，即穆罕默德啊！他禁止你坚持不懈地敬拜安拉，而你不能让他如愿以偿。你可以在任何地方任何时候礼拜，不要有所顾虑。因为安拉是你的保护者和襄助者，他会保护你免遭人们的伤害。

"而要叩头和接近（安拉）！"正如安拉的使者所说："仆人离主最近的时候，是叩头的时候。所以叩头中你们当多多祈祷。"（4）前文已述，安拉的使者曾在读《破裂章》和《血块章》时伏地叩头。"（5）

《血块章》注释完。一切感赞全归安拉。求安拉赐我机遇，并保护我。

---

（1）《艾哈麦德按序圣训集》1：329；《提尔密济圣训集》3349；《圣训大集》11684；《泰伯里经注》12：649。
（2）笔者说，这位传述人是艾布·胡莱赖还是另一位，无从知晓。——译者注
（3）《穆斯林圣训实录》2797；《艾哈麦德按序圣训集》2：370；《泰伯里经注》12：649；《圣训大集》11683。
（4）《穆斯林圣训实录》1：350。
（5）《穆斯林圣训实录》1：406。

---

## 《尊贵章》注释  麦加章

**奉普慈特慈的安拉之尊名**

❧ 1.我确在尊贵夜降下它。❧
❧ 2.你怎能知道，什么是尊贵夜？❧
❧ 3.尊贵夜，优于一千个月。❧
❧ 4.其间，众天使和鲁哈奉安拉的允许，因各种事务而降临。❧
❧ 5.那是平安！直到黎明升起。❧

### 尊贵夜的尊贵

清高伟大的安拉说，他在尊贵夜降示了《古兰》。"尊贵夜"，即安拉在下列经文讲述的夜晚：❧ 我确实在一个吉庆的夜晚降下它。❧（44：3）这里所讲述的是莱麦丹月中的尊贵夜。正如安拉所述：❧ 莱麦丹月，《古兰》颁降。❧（2：185）伊本·阿拔斯等学者说，安拉一次性从被保护的天经牌将《古兰》降到最近的天上的尊贵之房，然后在二十三年中，根据发生的事情，将它零星地降给了穆圣。安拉讲述专门降下《古兰》的尊贵夜之伟大，说："你怎能知道，什么是尊贵夜？尊贵夜，优于一千个月。"（6）

艾布·胡莱赖传述，莱麦丹月来临时，安拉的使者说："莱麦丹月确已降临了你们，那是一个吉庆的月份。安拉在其中为你们规定封斋。其间，乐园门全部打开，火狱门被关闭，恶魔被绳捆索绑。其中有一夜晚，优于一千个月。谁与此夜的福祉无缘，便与此（月的福祉）无缘。"（7）

因为尊贵夜的功修等于一千个月的功修，所以两圣训实录辑录，安拉的使者说："谁为落实信仰、追求报酬而礼站尊贵夜，其以前的罪恶都会被宽恕。"（8）

### 尊贵夜天使的下降以及判定一切好事

清高伟大的安拉说，"其间，众天使和鲁哈奉安拉的允许，因各种事务而降临"，即众天使因为此夜的福祉而纷纷降临，祥瑞和慈悯也和天使们一

---

（6）《泰伯里经注》24：531、532；《格尔特宾教律》20：130。
（7）《艾哈麦德按序圣训集》2：230；《圣训大集》4：129。
（8）《布哈里圣训实录诠释——造物主的启迪》4：294；《穆斯林圣训实录》1：523。

起降临。正当人们诵读《古兰》时，天使下降，把记主的场合团团围住，他们为真心求知的人们垂下翅膀，表示尊敬。"**鲁哈**"，有人认为指吉卜勒伊里。将"**鲁哈**"排列在"**天使**"后面，是一种泛指之后，叙述确指的表达方法。

"**因各种事务。**"穆佳黑德解释为，一切事务，都是平安。(1)

"**那是平安。**"穆佳黑德说："那是平安的，恶魔无法在那夜作恶或害人。"格塔德等学者说："那夜，一切事情都将被判定，人的寿命和给养也要被判定。正如安拉所述：❋其间，一切明智的事情都被判断。❋（44：4）

然后清高伟大的安拉说："**那是平安！直到黎明升起。**"舒尔宾在解释这节经文时说："在尊贵夜，天使们给清真寺里的人们道色兰问候，直到黎明时分。"格塔德和伊本·栽德解释"**那是平安**"时说："那完全是福祉，其中没有任何恶劣，直到黎明时分。"

### 尊贵夜的具体时间以及它的征兆

伊玛目艾哈麦德传述的下列圣训能证明这一主张，安拉的使者☪说："尊贵夜在（莱麦丹月的）后十夜中。其间，追求报偿而立站拜功的人，安拉将宽恕他前前后后的罪恶。它在单数夜：在九、七、五、三或最后一夜。"安拉的使者☪说："尊贵夜的标志是，它是一个晴朗的夜晚，好像皓月当空，宁静祥和，不冷不热。这一夜，任何一个星星都不应该被射出（即那夜没有流星），直到黎明。它的另一标志是，第二天早晨，太阳缓缓升起，柔和，有光，无芒光，就像团月之夜的月亮。那天，恶魔不会出现。"(2)

艾布·达乌德在其圣训集中讲述了这一问题，他在《论尊贵夜在莱麦丹月之中》引述了传自伊本·欧麦尔的圣训，他说：有人向安拉的使者☪问及尊贵夜时，我听使者说："它在莱麦丹月。"(3) 艾布·赛尔德·勒德里说："安拉的使者☪在莱麦丹月的前十日坐静，我们和他一起坐静。后来吉卜勒伊里来见他，说：'你所追求的在前面。'后来使者又在中十日坐静，我们也随他一块儿坐静。后来吉卜勒伊里又来见他，说：'你所追求的在前面。'莱麦丹月的第二十日清晨，使者出来向大家发表演说，其中讲道：'凡和我一起坐静的人都回来吧！（即让他们继续坐静）因为我见到了尊贵

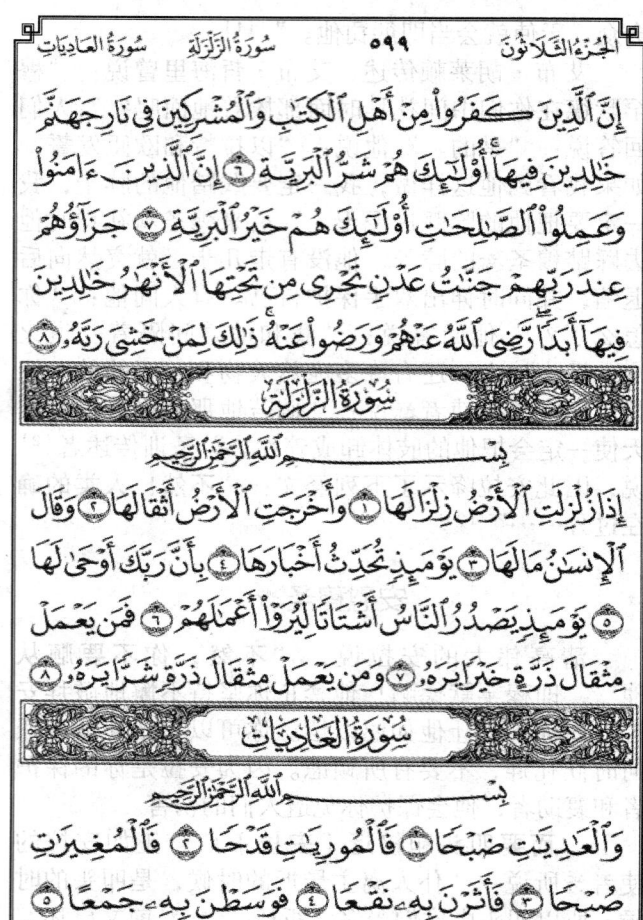

夜，但我无意中忘记了它。它在后十夜的单日中。我见到自己好像在泥水里叩头。'"当时，清真寺的屋顶是用枣椰枝搭建的，天空中看不到一点乌云。突然，出现了一片阴云，下起雨来。这时使者正带领我们礼拜，我在使者的额头上看到了泥水的痕迹。使者的梦境应验了。另据传述："那是在第二十一日的清晨。"(4) 沙斐仪说："这段圣训的传述系统是所有相关圣训中最可信的。"有人根据《穆斯林圣训实录》所载的阿卜杜拉·本·吾奈斯所传的圣训，认为那是在第二十三个夜晚。(5)

也有人认为尊贵夜在第二十五个夜晚，因为布哈里传述，伊本·阿拔斯说："安拉的使者☪曾说：'你们当在莱麦丹月的后十日：所剩的第九日、第七日和第五日感悟它（尊贵夜）。'"(6) 许多学者认为圣训指单日的夜晚。这种解释更明确和广为人知。有人认为尊贵夜在第二十七夜，因为据《穆斯林圣训实录》记载，吾班叶·本·凯尔卜

---

（1）如果按照这种解释，第4—5节经文应该译为："其间，众天使和鲁哈奉他们主的允许降临，事事平安！直至黎明。"——译者注
（2）《艾哈麦德按序圣训集》5：3240。
（3）《艾布·达乌德圣训集》2：111。
（4）《布哈里圣训实录诠释——造物主的启迪》3：318、329；《穆斯林圣训实录》2：824。
（5）《穆斯林圣训实录》2：827。
（6）《布哈里圣训实录诠释——造物主的启迪》4：306。

说，安拉的使者曾说过，它就在第二十七夜。(1)

伊玛目艾哈麦德传述，宰勒说，我曾问吾班叶·本·凯尔卜："艾布·孟则尔啊！你的兄弟伊本·麦斯欧迪说，全年礼站的人就会碰到尊贵夜。"他回答说："愿安拉慈悯他。他知道它在莱麦丹月中，并且知道它就在第二十七夜。"然后他发誓证明自己所言。我又问："你们是如何知道它的具体时间的？"他回答说："通过我们获悉的标志和迹象。那日太阳出现时没有光线。"(2) 即太阳没有直射光。(3)

有人认为尊贵夜在第二十九夜，伊玛目艾哈麦德传述，欧拜德·本·萨米特曾就尊贵夜询问安拉的使者，使者回答说："你们当在后十夜中寻找它。它在单日，即二十一、二十三、二十五、二十七或二十九，或者月末。"(4)

艾布·胡莱赖说，安拉的使者关于尊贵夜说："它在第二十七或二十九夜，那夜大地上的天使比沙砾的数目还多。"(5)

提尔密济传述，艾布·格俩白说："尊贵夜（每年）在后十日中转移。"伊本·格俩白所传述的这个观点，曾得到马立克、绍利、艾哈麦德·罕百里、易司哈格·本·拉胡威、艾布·绍利、穆兹尼、艾布·伯克尔·本·胡宰麦等人的确定。据尕最传述，沙斐仪也持此观点。安拉至知。

## 尊贵夜的祈祷

虽然教法提倡在任何时候多祈祷，但在莱麦丹月祈祷是尤为提倡的，特别在该月的后十日，在其单数夜。教法提倡在这些日子多念下列祷词："主啊！你是至恕的，你喜欢宽恕。请恕饶我吧！"伊玛目艾哈麦德传述，阿伊莎（愿主喜悦之）曾问："安拉的使者啊！如果我碰见了尊贵夜，我应该怎么祈祷？"使者说："你念：主啊！你是至恕的，你喜欢宽恕。请恕饶我吧！"(6)

《尊贵章》注释完。一切感赞全归安拉。

---

（1）《穆斯林圣训实录》2：828。
（2）《艾哈麦德按序圣训集》5：130。
（3）《穆斯林圣训实录》2：828。
（4）《艾哈麦德按序圣训集》2：519。
（5）《艾哈麦德按序圣训集》6：182。
（6）《艾哈麦德按序圣训集》6：182；《提尔密济圣训全集诠释》9：495；《圣训大集》6：218、219；《伊本·马哲圣训集》2：1265；《哈肯圣训遗补》1：530。

# 《明证章》注释  麦地那章

## 安拉的使者给吾班叶·本·凯尔卜诵读本章

安拉的使者曾对吾班叶·本·凯尔卜说："安拉曾经命令我给你诵读'有经的人和多神教徒中的隐昧者。'"吾班叶问："安拉向你提到了我的名字吗？"使者回答说："是的。"于是吾班叶哭了。(7)

**奉普慈特慈的安拉之尊名**

❖1.有经的人和多神教徒中的隐昧者，是不会离开的，直到明证降临他们。❖

❖2.一位来自安拉的使者，诵读纯洁的篇章，❖

❖3.其中有正确的经典。❖

❖4.有经人只是在明证到达他们之后分裂的。❖

❖5.他们奉命的只是：崇拜安拉、虔诚奉教、天然无邪、谨守拜功、交纳天课。这就是正教。❖

## 有经人和多神教徒中的否认者的情况

有经人指犹太教徒和基督教徒。多神教徒指崇拜偶像和崇拜火的阿拉伯人及非阿拉伯人。

穆佳黑德解释"不会离开"时说，他们非到真理为他们而显著（一译：他们非到目睹对他们的明确审判），否则不会悬崖勒马。(8) 格塔德也持此观点。(9)

"直到明证降临他们"，即直到《古兰》降临他们。

所以清高伟大的安拉说："有经的人和多神教徒中的隐昧者，是不会离开的，直到明证降临他们。"接着后文进一步解释"明证"说："一位来自安拉的使者，诵读纯洁的篇章。"使者指穆罕默德。篇章指穆罕默德所诵读的伟大《古兰》，它曾被记录在上界的一些纯洁经简中。正如安拉所述：❖在尊贵的册页中，崇高的、圣洁的。在诸

---

（7）《艾哈麦德按序圣训集》3：130；《提尔密济圣训全集诠释》10：294；《布哈里圣训实录诠释——造物主的启迪》8：597；《穆斯林圣训实录》1：550；《圣训大集》6：520。
（8）《泰伯里经注》24：539。
（9）《泰伯里经注》24：539。

位记录者手中。（那些记录者是）尊贵的，善良的。》（80：13-16）

然后清高伟大的安拉说："**其中有正确的经典。**"伊本·哲利尔说："在纯洁的篇章中，有来自安拉的公正无误的一切经典。因为它来自安拉。"[1]

## 分裂只发生于知识降临之后

"**有经人只是在明证到达他们之后分裂的。**"正如安拉所言：《你们不要像那些在获得明证后，相互分裂，并陷于争论的人。》（3：105）即我们之前的有经之人，在安拉为他们降示明证之后，陷入分歧和分裂。他们对自己的经典众口纷纭（这一切都在安拉的意欲之中）。正如圣训中说："犹太教徒分成了七十一派，基督教徒分成了七十二派。这个民族将分成七十三派，除了一派之外，其他派别都在火狱之中。"众人问："安拉的使者啊！这一派是哪些人？"使者回答："是坚持我和我的弟子路线的人。"[2]

## 安拉命令人虔诚奉教

"**他们奉命的只是：崇拜安拉、虔诚奉教。**"正如安拉所言：《我在你以前每派遣一位使者，就对他启示道："除我之外无应受拜的，所以你们应当惟独崇拜我。"》（21：25）

因此说"**天然无邪**"，即远离多神崇拜，彻底信主独一。正如安拉所言：《我的确在每一个民族中派遣一位使者。他说，你们要崇拜安拉，远离塔吾特。》（16：36）《牲畜章》已经注释了"**天然无邪**"[3]的意义，此处不再赘述。

"**谨守拜功**"，拜功是身体的最贵功修。

"**交纳天课**"，天课旨在善待穷人和有所需求者。

"**这就是正教**"，即端正的宗教或中正的民族。

《6.有经人当中和多神教徒中的否认者，要永居火狱。这等人，是最恶劣的人。》

《7.那些归信并行善的人，这等人，则是最优秀的人。》

《8.他们的回赐在他们的主那里，是下临诸河的乐园。他们将永居其中。安拉喜爱他们，他们也喜爱安拉。这是给敬畏他的主的人的（报赏）。》

### 最恶劣的人和最优秀的人以及他们的报酬

清高伟大的安拉在此讲述那些恶人——违背天启经典和安拉的使者的有经人及多神教徒的归宿：复生日，他们将永居火狱，不得脱离。

"**这等人，是最恶劣的人**"，即他们是安拉所创造的最坏的人。

然后安拉介绍那些用心归信，以身体行善的人，说他们是最优秀的人。艾布·胡莱赖和一些学者根据这节经文主张，人类中的归信者，比天使中的归信者尊贵。因为安拉说："**这等人，则是最优秀的人。**"

安拉还说，在复生日，"**他们的回赐在他们的主那里，是下临诸河的乐园。他们将永居其中。**"没有分离，没有终结，也没有中断。

"**安拉喜爱他们，他们也喜爱安拉。**"对于他们，得到安拉的喜悦，比获得永恒之恩更为可贵。

"**他们也喜爱安拉**"，指他们已经因为安拉所赐的宏恩而满足了。

然后清高伟大的安拉说，"**这是给敬畏他的主的人的（报赏）**"，即这些报酬属于那些害怕安拉，并真正畏惧安拉的人。安拉的使者说："我告诉你们最优秀的人，好吗？"众人说："安拉的使者啊！好！"使者说："在主道上有所提供的人，每当出现危机，他就跨马出征。"使者又说："我告诉你们仅次于他们的人，好吗？"众人说："安拉的使者啊！好！"使者回答："赶着自己的羊群，谨守拜功，交纳天课的人。我告诉你们最恶劣的人，好吗？"众人回答："好！"使者回答："别人以安拉名义请求他，而他不以安拉名义赏赐他人的人。"[4]

《明证章》注释完。一切感赞全归安拉。

---

(1)《泰伯里经注》24：540。
(2)《格尔特宾教律》4：159，160。
(3) 这个词也可译为"天然向主"、"自然向主"、"纯正"等。——译者注
(4)《艾哈麦德按序圣训集》2：396。

## 《地震章》注释   麦地那章

### 《地震章》的尊贵

伊玛目艾哈麦德传述，阿卜杜拉·本·阿慕尔说，有人来到安拉的使者跟前说："安拉的使者啊！请教我读一章经文吧！"使者说："你读以'艾立甫，俩目，拉仪'开头的三章经文。"那人说："我年纪大了，记忆衰退，口舌不灵。"使者说："你读以'哈一、米目'开头的。"那人又提出相同的理由。使者说："那么你就读以'赞美安拉清净无染'为开头的三章经文。"那人还是提出同样的理由，并说："安拉的使者啊！请教我读一章综合性的经文。"于是使者给他读道："**当大地以其震动摇动……**"使者读毕后，此人说："我凭以真理委你以圣职的安拉发誓，我将对此恪守不渝。"说完转身离去。安拉的使者说："这个小男人成功了！这个小男人成功了！"然后又说："给我把他叫来。"于是那人又来到先知跟前，先知说："我奉命庆祝宰牲日，安拉将它设为这一民族的节日。"此人说："请告诉我，如果我只有一只借来的奶羊，我该用之宰牲吗？"使者说："如是那样，你就不用献牲，但你当剪短头发，剪指甲，剪短髭，剃阴毛。在安拉那里，这如同完整的牺牲。"(1)

**奉普慈特慈的安拉之尊名**

❰ 1.当大地以其震动摇动，❱
❰ 2.并抛出了它的负担，❱
❰ 3.人说道："它怎么了！"❱
❰ 4.那天，它将宣布它的消息。❱
❰ 5.因为你的主启发了它。❱
❰ 6.那天，人类将分批出现，以便展示他们的行为。❱
❰ 7.谁曾经做过微尘重的善事，他会看见它；❱
❰ 8.谁曾经做过微尘重的坏事，他也会看见它。❱

### 复生日以及其中大地和人类的情况

伊本·阿拔斯说："**当大地以其震动摇动**"指

---

(1)《艾哈麦德按序圣训集》2：169；《艾布·达乌德圣训集》2：119；《圣训大集》5：16。

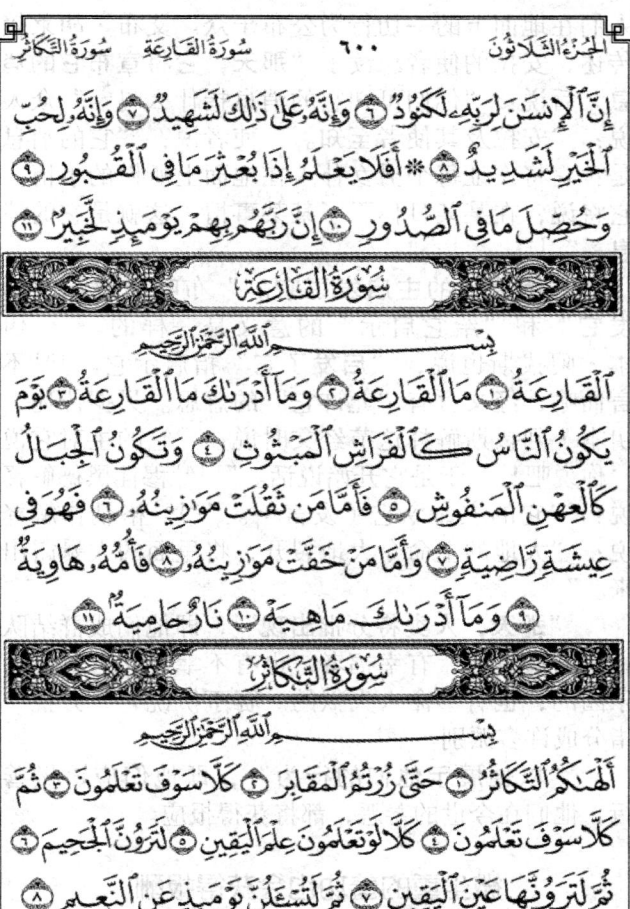

大地从其底层震动。(2)

"**并抛出了它的负担**"，即大地把所有的死者都抛了出来。这是一些先贤的主张。如是这样，就和下列经文十分相似：❰ 人们啊！你们要畏惧你们的主！的确那复活时的震撼，是一件大事。❱（22：1）❰ 当大地被展开，抛出其中的一切，变得空虚。❱（84：3-4）安拉的使者说："大地将一件一件抛出它所蕴藏的各种东西。金银像柱子一般涌出。杀人者过来，说：'我曾因为这而杀人？'断绝骨肉亲情者说：'我曾因为这而六亲不认？'盗窃者说：'我曾因为这而双手被砍？'然而他们任由金银留在原地，没人愿意带走一丁点。"(3)

清高伟大的安拉说："**人说道：'它怎么了！'**"即人突然间对这个曾经纹丝不动的大地感到非常陌生，它怎么开始剧烈震动？其实，它是奉安拉之命，开始那早已注定的动摇，把埋葬其中的一切前人和后人都抛掷出来。大地不再是原来的大地，诸天不再是原来的诸天。人们都出现在独一的、强大的安拉跟前。

"**那天，它将宣布它的消息**"，即大地将把

---

(2)《散置的珠宝》8：592。
(3)《穆斯林圣训实录》1013。

人们在地面上的一切行为公布于众。艾布·胡莱赖传述，安拉的使者读了"那天，它将宣布它的消息"后说："你们可知它的消息指什么吗？"众人说："安拉及其使者至知。"使者说："它的消息是：它将作证每个男女仆人在地面上所做的事情。它将说，在某某日你干了某某事情。这就是它的消息。"(1)

"因为你的主启发了它。"布哈里说："启发它"和"给它启示"的意义是一样的。(2)伊本·阿拔斯也说，"启发了它"指启示它。(3)不言而喻，经文含有"允许它"的意思。另据传述，伊本·阿拔斯解释这节经文时说："它的主对它说'你说吧！'于是它开始说话。"(4)穆佳黑德解释说："它的主命令它（发言）。"(5)格勒作解释说："大地的主命令大地裂开，将里面的人暴露出来。"

"那天，人类将分批出现"，即他们成群结队地离开清算场，有幸福者，也有不幸者，有奉命去乐园的，也有奉命入火狱的。赛丁伊说，"分批"指分成许多派别。(6)

"以便展示他们的行为"，即他们应该做善行，他们在今世的善恶，都将获得报应。

## 微尘重的善功也会获得报酬

安拉说："谁曾经做过微尘重的善事，他会看见它；谁曾经做过微尘重的坏事，他也会看见它。"

布哈里传述，艾布·胡莱赖说："马分为三种情况：对主人有回赐作用的马，对主人起保护作用的马，主人因之而负罪的马。"对主人有回赐作用的马，指一个人为主道而拴在牧场或草地上的马，只要马在牧场或草地上吃草，它在其缰绳限定范围内吃多少草，就为主人记下多少数额的善功。以它的粪便的数量为他的主人记下善功。如果它去参加一次或两次正义的战斗，安拉就以它的足迹和粪便的数量为它的主人记下善功。只要主人骑它过河，它饮了水（即使主人未打算给它饮水），安拉就为它的主人记下同等数量的善功。这种马，属于对主人有回赐的马；有人拴了一匹马，目的是自食其力和安分守己，他不忘记用它的脖子和背部来完成安拉的义务，这种马对主人是一种保护；另一人拴了一匹马，目的只是炫耀和敌对（伊斯兰）。主人将因这种马而担负罪责。有人关于驴子请教安拉的使者，使者回答说："关于驴子我没有接到任何启示，但是下列经文别具一格，并具有概括性。安拉说：'谁曾经做过微尘重的善事，他会看见它；谁曾经做过微尘重的坏事，他也会看见它。'"(7)

《布哈里圣训实录》记载："你们当防备火狱，哪怕用半个枣（施舍），哪怕一句清真言（或善言）。"(8)"你千万不要轻视任何善事，哪怕将你桶中的水倒在求水的人桶中，哪怕你微笑着面对你的兄弟。"(9)"诸位女信士啊！一位女邻居千万不要轻视她的女邻居，哪怕为她送一个羊蹄。"(10)"你们要打发讨要者，哪怕用一只烤（羊或牛）蹄。"(11)

据传述，阿伊莎（愿主喜悦之）曾施舍了一个葡萄，然后说："其重量是多少个微尘啊！"(12)伊玛目艾哈麦德传述，阿伊莎（愿主喜悦之）告诉他："穆圣曾说：'阿伊莎啊！你当远离各种小罪，因为在安拉那里，它们都有追究者（都要受到清算）。'"(13)伊本·麦斯欧迪传述，安拉使者说："你们当远离小罪，因为小罪汇集在一个人身上时会毁灭他。"安拉的使者为他们打比方说："就像一伙人在沙漠中安营扎寨，后来炊事员到了，众人纷纷带来柴禾，堆集成堆，点燃后烧熟了投进的一切。"(14)

《地震章》注释完。一切感赞全归安拉。

---

(1)《艾哈麦德按序圣训集》2：373；《提尔密济圣训全集诠释》9：285；《圣训大集》11693。
(2)《布哈里圣训实录诠释——造物主的启迪》8：598。
(3)《泰伯里经注》24：549。
(4)《散置的珠宝》8：592。
(5)《泰伯里经注》24：548。
(6)《散置的珠宝》8：593。
(7)《布哈里圣训实录诠释——造物主的启迪》8：598；《穆斯林圣训实录》2：680。
(8)《布哈里圣训实录诠释——造物主的启迪》3：332。
(9)《穆斯林圣训实录》4：2026。
(10)《布哈里圣训实录诠释——造物主的启迪》10：459。
(11)《艾哈麦德按序圣训集》5：381。
(12)《穆宛塔》2：997。
(13)《艾哈麦德按序圣训集》6：151；《伊本·马哲圣训集》4243。
(14)《艾哈麦德按序圣训集》18402。

## 《喘息奔驰的马队章》注释 麦加章

**奉普慈特慈的安拉之尊名**

❊ 1.以那喘息奔驰的马队盟誓，❊
❊ 2.以那蹄击火花的马队盟誓，❊
❊ 3.以那黎明时的突击者盟誓，❊
❊ 4.它们因此卷起尘埃，❊
❊ 5.顷刻攻入敌部中心。❊
❊ 6.人对他的主，确实是忘恩负义的。❊
❊ 7.而他对此就是见证。❊
❊ 8.他酷爱财富。❊
❊ 9.他难道不知道？当墓中的一切被翻出，❊
❊ 10.当胸中的秘密被揭晓时，❊
❊ 11.那天，他们的主确实是彻知他们的。❊

### 以战马发誓，说明人类的忘恩负义和贪婪

清高伟大的安拉以奔驰时发出喘气声的战马发誓。

"**以那蹄击火花的马队盟誓**"，即马蹄撞击岩石，火花迸溅。

"**以那黎明时的突击者盟誓**"，即清晨时袭击敌军。安拉的使者㊊曾在清晨发动过袭击，行动前，他首先要听听那里有无宣礼声，如果有，就按兵不动，否则，就领兵出击。

然后清高伟大的安拉说，"**它们因此卷起尘埃**"，即战场上奔驰的战马扬起了灰尘。

"**顷刻攻入敌部中心**"，即战马直冲敌阵中心。

伊本•阿拔斯、穆佳黑德等人说，"**以那黎明时的突击者盟誓**"指清晨时马队为主道而突击敌军。"**它们因此卷起尘埃**"指战马所到之处，尘埃飞扬。

"**顷刻攻入敌部中心。**"伊本•阿拔斯、阿塔认为指攻入"不归信安拉的敌军"。[1]

"**人对他的主，确实是忘恩负义的。**"这是上述誓言的主题。即人确实是辜负他主的恩惠的。伊本•阿拔斯等学者说，"**忘恩负义**"指辜负。[2] 哈桑解释说，"**忘恩负义**"指对遭受的灾难刻骨铭心，把安拉的恩典忘到九霄云外。[3]

"**而他对此就是见证。**"格塔德等学者解释为：安拉是见证这一切的。[4] 代词"他"也有可能指人。这是伊本•凯尔卜的主张。经文的意思是：人是忘恩负义的，对于这一点，他的实际言行就是见证。正如安拉所言：❊ 供认自己不信的多神教徒不应该建造安拉的清真寺。❊ （9：17）

清高伟大的安拉说，"**他酷爱财富**"，即人是非常贪财的。这节经文有两种解释：一、人酷爱财富。二、人是贪婪的，因为爱财而吝啬。两种解释都是正确的。

### 警告人注意归宿

安拉要人们淡泊今世，追求后世，提醒人们注意以后将面临的处境和惊恐，说："**他难道不知道？当墓中的一切被翻出**"，即大地将抛出埋葬在其中的死尸。[5]

"**当胸中的秘密被揭晓时。**"伊本•阿拔斯等学者说："当人们的心事被显示时。"

"**那天，他们的主确实是彻知他们的**"，即安拉知道人们所做的一切，并将给予最充分的报酬，安拉不会亏人丝毫。

《喘息奔驰的马队章》注释完。一切感赞全归安拉。

## 《击打者章》注释 麦加章

**奉普慈特慈的安拉之尊名**

❊ 1.击打者。❊
❊ 2.何谓击打者？❊
❊ 3.你怎能知晓，何谓击打者？❊
❊ 4.那天，人们像四散的飞蛾。❊
❊ 5.山岳像松散的毛绒。❊
❊ 6.至于天秤重的人，❊
❊ 7.将在愉快的生活中。❊
❊ 8.至于天秤轻的人，❊
❊ 9.他的根在深渊。❊
❊ 10.你怎能知晓，何谓深渊？❊

---
[1]《泰伯里经注》24：564、565。
[2]《泰伯里经注》24：566。
[3]《泰伯里经注》24：566。
[4]《泰伯里经注》24：576。
[5]《泰伯里经注》24：569。

### 11. 是灼热的烈火！

"**击打者**"，是复生日的诸多名称中的一个名称，譬如"实现者（الحاقة）"、"淹没"（الطامة）、"撼声"（الصاخة）、"笼罩者"（الغاشية）等。

安拉为了说明复生日的重大和惊恐，说："**你怎能知晓，何谓击打者？**"并在后文解释道："**那天，人们像四散的飞蛾**"，即人们因为环境使然，四处分散，来来往往，不知所措，好像铺天盖地的飞蛾。如同安拉说的：《 就像四散的蝗虫。》（54：7）

"**山岳像松散的毛绒。**"群山就好像毛绒一样崩裂、粉碎。

穆佳黑德等学者解释"**像松散**"时说："就像羊毛。"(1)

接着，安拉讲述人们行为的后果以及他们因为善行和恶行而将遭受的优遇或凌辱。安拉说："**至于天秤重的人**"，即其善功重于罪恶的人，"**将在愉快的生活中**"，即他要进入乐园。

"**至于天秤轻的人**"，即其罪恶重于善功的人，"**他的根在深渊**"，即他将倒栽进火狱之中。伊本·阿拔斯等学者说"**根**"指脑浆。(2) 格塔德说："他将头部栽地坠入火狱。"(3) 艾布·撒立哈也持此观点。(4) 有人说"**他的根**"指他的最终归宿——深渊。深渊是火狱的一个名称。伊本·哲利尔说："深渊被称为'**根**'，原因是犯罪者惟一的归宿就是它。"(5)

他还读了下面的经文：《 他们的归宿是火狱。》（3：151）(6) 另据传述，格塔德说，"**深渊**"指火狱，即他们的归宿是火狱。

安拉解释道："**你怎能知晓，何谓深渊？是灼热的烈火！**""**灼热的烈火**"指极度炽热，火焰和火舌非常剧烈的火。

穆圣说："你们所点燃的人间烈火，是火狱之火的七十分之一。"众人说："安拉的使者啊！今世的火就够人受的了。"使者说："后世之火比之热六十九倍。"(7) 另据传述："后世之火比之热六十九倍，其中每一份都与现实之火（温度）相似。"(8)

艾布·胡莱赖传述，穆圣说："火狱中受刑

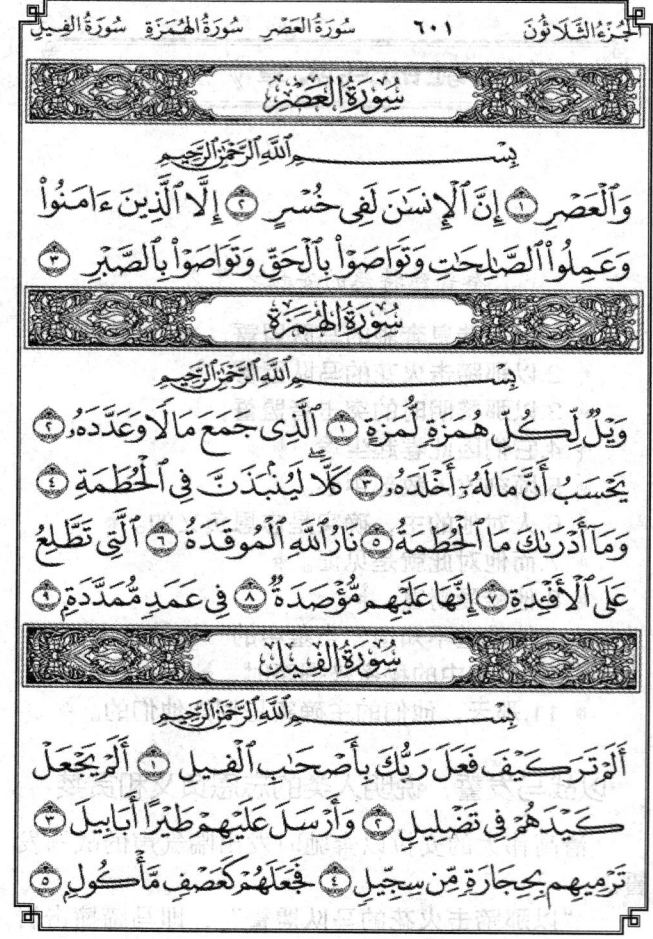

最轻的人，也是脚穿火鞋，脑浆因之而沸腾。"两圣训实录辑录："火狱向它的主诉苦，说道：'我的主啊！我开始自我吞噬。'于是安拉允许它吐两口气，一口气在冬天，另一口气在夏天。你们冬天碰到的最剧烈的寒冷，就来自火狱之冷；你们夏天碰到的最严厉的高温，就来自火狱的热量。"(9) 两圣训实录辑录："高温加剧时，你们应当把礼拜时间退后一点，因为炎热来自火狱的喘息。"(10)

《击打者章》注释完。一切感赞全归安拉。

---

（1）《泰伯里经注》24：574。
（2）《泰伯里经注》24：575。
（3）《泰伯里经注》24：575、576。
（4）《泰伯里经注》24：575。
（5）《泰伯里经注》24：575。
（6）《泰伯里经注》24：576。
（7）《布哈里圣训实录诠释——造物主的启迪》6：380；《穆斯林圣训实录》4：2184。
（8）《艾哈麦德按序圣训集》2：342，3：13。
（9）《布哈里圣训实录诠释——造物主的启迪》6：380；《穆斯林圣训实录》1：431。
（10）《布哈里圣训实录诠释——造物主的启迪》2：20；《穆斯林圣训实录》1：430。

## 《竞富争多章》注释　麦加章

**奉普慈特慈的安拉之尊名**

1. 竞富争多已经使你们疏忽，
2. 直到你们去坟墓。
3. 不然，你们将会知道！
4. 不然，你们将会知道！
5. 不然，如果你们确实知道，
6. 你们定会看见火狱。
7. 然后，你们将亲眼明确见它！
8. 然后，在那天，关于恩泽你们将受审问。

### 酷爱今世导致疏忽后世

清高伟大的安拉说，你们因为酷爱今世、贪图享受和留恋浮华，而疏忽了对后世的追求，你们冥顽不化，直至死亡降临，走向坟墓，成为坑坟的居民。

《布哈里圣训实录》载，吾班叶·本·凯尔卜说："我们曾经认为《古兰》会有这方面的教导，后来果然下列经文降示了'竞富争多已经使你们疏忽'。"他当时引用一段圣训说："阿丹的子孙如果拥有一山谷黄金，他必将希望拥有更多……"[1]

阿卜杜拉·本·谢赫尔说：我去见安拉的使者，当时使者正在读"**竞富争多已经使你们疏忽……**"他说："人总是说'我的财产啊！我的财产！'其实，你的财产只是你吃后消化的和你穿后破旧的，或你施舍及花费掉的。"[2]

《穆斯林圣训实录》记载，安拉的使者说："仆人说：'我的财产，我的财产'，其实，他只能从财产中得到三样：他吃掉的，穿破的，或施舍出去被人花掉的。其余的不是一去不返，就是留给他人。"[3]

安拉的使者说："有三样东西伴随亡人，其中两样要返回，另一样继续跟随亡人。这三样是他的家人、财产和行为。他的家人和财产将返回，他的行为要留下。"[4]

穆圣说："人将会老去，但两样东西常青不老：贪婪和渴望。"[5]

### 警告人将看到火狱以及人将因为当初享受的恩典而遭受审问

清高伟大的安拉说："不然，你们将会知道！不然，你们将会知道！"

哈桑·巴士里说："这是警告再警告。"[6]端哈克解释说，经文意思是，隐昧者们啊，"不然，你们将会知道！"穆民啊！"不然，你们将会知道！"[7]

然后清高伟大的安拉说，"不然，如果你们确实知道"，即假若你们真的知道，你们就不会在今世竞富赛阔而疏忽后世，直至你们最终走向坟墓。

"然后，你们将亲眼明确见它！然后，在那天，关于恩泽你们将受审问。"这是对上述警告的注释。上述警告是"不然，你们将会知道！不然，你们将会知道！"经文以火狱居民将见到的情形来警告他们。当火狱发出一声吼叫时，每位近主的天使和负有使命的先知，因为惧怕而跪倒在地。以上是相关圣训中提到的情况。

"然后，在那天，关于恩泽你们将受审问"，即在那天，你们要被询问是否曾经感谢安拉所赐的恩典：健康、安宁、生计等。

伊本·哲利尔说，艾布·胡莱赖说：一次，艾布·伯克尔和欧麦尔同坐时，先知来到他们中间，先知问："你们坐在这里干什么？"二人回答："凭着以真理派遣你的安拉发誓，我们因为饥饿而从家中出来坐在这里。"先知说："凭着以真理派遣我的安拉发誓，我出来的原因和你们一样。"于是他们到一位辅士家去，辅士的妻子出来迎接。穆圣问她，某某去哪了？她说，他去给我们找淡水了。过了一会，男主人背着一个皮囊回来了，他说："欢迎！（安拉的）仆人遇到的任何好事都比不上今天先知莅临我家。"于是他在附近一棵枣树上挂好皮囊，爬上树，带回来一串枣。先知说："你何不摘取一些？"他说："我想让你们自己选择。"然后他拿起刀子（准备宰羊）。先知说："不要宰奶羊。"那天，主人给他们宰了一只羊，他们饱餐一顿。最后先知对主人说："在复生日，你们一定要被问及这些恩典。你们因为饥饿而离开家门，直到享受了这顿美餐才返回。这是（来自主的）恩典。"[8]

---

(1)《布哈里圣训实录诠释——造物主的启迪》11：258。
(2)《穆斯林圣训实录》4：2273；《艾哈麦德按序圣训集》4：24；《提尔密济圣训全集诠释》9：286；《圣训大集》6：521。
(3)《穆斯林圣训实录》4：2273。
(4)《布哈里圣训实录诠释——造物主的启迪》11：369；《穆斯林圣训实录》4：2273；《提尔密济圣训全集诠释》7：50；《圣训大集》6：631。
(5)《布哈里圣训实录》6421；《穆斯林圣训实录》1047；《艾哈麦德按序圣训集》3：115。
(6)《伯厄威经注》4：520。
(7)《泰伯里经注》24：581。
(8)《泰伯里经注》24：583。

《布哈里圣训实录》等圣训集记载，安拉的使者☾说："许多人在两种恩典方面总在自欺，（它们是）：健康和空闲。"(1)圣训的意思是，人们都对这两种恩典有所怠慢，没有履行应该履行的义务。不履行义务的人，是自欺的。穆圣☾说："安拉在复生日说，人类啊！我曾供骏马和骆驼为你骑乘，使女人做你的配偶，我让你居住并管理这个世界。但你的感谢在哪里？"(2)

《竞富争多章》注释完。一切感赞全归安拉。

## 《时光章》注释　麦加章

### 阿慕尔·本·阿斯通过本章认识到《古兰》的无可比拟性

据传述，穆圣☾为圣之后，还未加入伊斯兰的阿慕尔前去访问伪先知穆赛利迈。穆赛利迈问："这段时间你们的冤家（指穆圣☾）受到了什么启示？"阿慕尔说："他奉到一章言简意赅的经文。"穆赛利迈说："读来听听！"阿慕尔读道："**以时光发誓。人确实在亏折之中。除非那些归信、行善，并且相互以真理劝勉，相互以坚忍鼓励的人。**"穆赛利迈考虑片刻后说，我也奉到了类似的经文。阿慕尔说："请读！"于是穆赛利迈读道："兔子啊，兔子！两只耳朵，一片胸，别处都是大小洞。"读完后说："阿慕尔，你看如何？"阿慕尔说："以安拉发誓，你确实知道我能识破你的谎言。"(3)

（笔者说）我曾见到艾布·伯克尔·赫拉伊特在其名著《恶德录》第二卷对此略有叙述。这里的"兔子"是一种像猫一样的小动物，耳朵和身躯大，其余部分很难看。伪先知穆赛利迈企图用一些荒诞无聊的话来对抗《古兰》，但他的谰言甚至没有得到当时偶像崇拜者的认同。泰伯拉尼传述，阿卜杜拉·本·哈芙赛说："当初，如果两位圣门弟子相遇，分手前其中的一位必定要对另一位诵读《时光章》。然后才互道色兰致安。"沙斐仪说："倘若人们能参悟本章节，这就对他们足够了。"

### 奉普慈特慈的安拉之尊名

❧ 1.以时光发誓。❧
❧ 2.人确实在亏折之中。❧
❧ 3.除非那些归信、行善，并且相互以真理劝勉，相互以坚忍鼓励的人。❧

"时光"，指人类的活动——善恶发生于其间的时间。栽德·本·艾斯莱姆认为经文指傍晚。但第一种解释更有影响。安拉以此发誓，人类都在亏折和毁灭之中，"**除非那些归信、行善……的人。**"即人类中不亏折的是下列人：他们用心去归信正教，用身体去履行善功。

"**并且相互以真理劝勉**"，"真理"指履行各种义务，放弃一切非法事物。

"**相互以坚忍鼓励**"，即忍受各种灾祸、相信定然、命人行善，止人作恶的人们，要经受人们的迫害。

《时光章》注释完。一切感赞全归安拉。

## 《诽谤造谣章》注释　麦加章

### 奉普慈特慈的安拉之尊名

❧ 1.遭殃吧，每个诽谤造谣的人！❧
❧ 2.他聚财并加以盘算。❧
❧ 3.他以为他的钱财已经使他永生。❧
❧ 4.绝不然！他一定要被投入粉碎之中。❧
❧ 5.你怎能知道，何谓粉碎？❧
❧ 6.是安拉的点燃的火。❧
❧ 7.它将窜上心头，❧
❧ 8.它笼罩他们，❧
❧ 9.在伸长的高柱中。❧

---

(1)《提尔密济圣训全集诠释》6：589；《布哈里圣训实录诠释——造物主的启迪》11：233；《提尔密济圣训全集诠释》4：465；《伊本·马哲圣训集》2：1396。
(2)《艾哈麦德按序圣训集》2：492。
(3)《始末录》6：320。

"**诽谤**"指口舌的伤害。"**造谣**"指行为的伤害。指挑剔他人缺点，蔑视和贬低他人。前面在注释《诽谤者、到处散布谣言者》（68：11）时，对此做过注释。

伊本·阿拔斯说，"**诽谤造谣的人**"指诅咒他人者和玷污他人人格者。[1]

穆佳黑德说，"**诽谤**"指手和眼睛的行为。"**造谣**"指口舌的行为。

"**他聚财并加以盘算**"，即他聚敛财富，打着各种如意算盘。正如安拉所言：《和敛财以后守财的人。》（70：18）这是赛丁伊和伊本·哲利尔的主张。[2]

伊本·凯尔卜注释"**他聚财并加以盘算**"时说："白天他因为理财而忙得不可开交，到了晚上睡得就像一具死尸。"

"**他以为他的钱财已经使他永生。**"他以为聚敛的财富能使他在现世永生不死。

"**绝不然！**"事情并非如他所言所想。

"**他一定要被投入粉碎之中**"，即这位聚财并加以盘算的人，将被投入令人粉身碎骨的火狱之中。"**粉碎**"是火狱的一个名称，因为它将粉碎投入其中的一切。

于是，就有了后文："**你怎能知道，何谓粉碎？是安拉的点燃的火。它将窜上心头。**"萨比特·白纳尼说："他们活生生地被烈火焚烧至心头。"他又说："他们受够了惩罚。"于是他痛哭起来。伊本·凯尔卜说："火将吞噬犯罪者身体的每个部位，当火烧到他的心脏并到达喉咙时，又回到体内。"[3]

"**它笼罩他们**"，即他们被烈火封闭起来，就像《地方章》释文所述的那样。

"**在伸长的高柱中。**"阿彤叶认为经文指铁柱；赛丁伊认为指火柱；奥夫传述，伊本·阿拔斯认为：他使他们进入高柱中，那些柱子下面又连接着其他柱子。他们的脖子上戴着枷锁，火狱的门被高柱堵死了。[4]

《诽谤造谣章》注释完。一切感赞全归安拉。

---

(1)《泰伯里经注》24：596。
(2)《泰伯里经注》24：598；《格尔特宾教律》20：138。
(3)《格尔特宾教律》20：185。
(4)《泰伯里经注》24：600。

## 《象军章》注释　麦加章

**奉普慈特慈的安拉之尊名**

《1.难道你不知道你的主曾经如何对付象的主人？》
《2.难道他不曾使他们阴谋落空？》
《3.他对他们降下成群飞禽，》
《4.用黏土石攻击他们，》
《5.使他们变得就像被啃蚀的枯梗。》

本章讲述的是安拉曾经赐给古莱什人的恩典，主要讲述象军事件。这支军队曾经企图摧毁克尔白，使其彻底毁灭。安拉挫败了他们的阴谋，使他们枉费心机，灰溜溜地逃回原地。象军的成员信仰基督教，但当时他们的宗教思想与崇拜偶像的古莱什人非常接近。象军事件是穆圣出世的前奏和铺垫。据最著名的传述讲，穆圣就诞生于这一年。安拉的定然以其事实告诉人们：古莱什人啊！虽然我襄助你们战胜了阿比西尼亚人，但那并不意味着你们比他们更优越。这只是为了保护这座古老的天房，我将通过我所派遣的文盲先知穆罕默德使其尊贵。愿安拉赐列圣的封印者以福安！

### 象军事件梗概

以下是象军事件梗概。前面在《星宫章》注释中已经讲到，希木叶尔的末代国王祖·那瓦司（他是一个多神教徒）曾经大肆坑杀不同信仰的人——基督教徒。罹难者将近两万人，只有一个名叫岛司的人幸免于难。此人逃往沙姆，向信仰基督教的沙姆王凯斯拉求救。凯斯拉向与其距离最近的阿比西尼亚国国王奈加希（尼古斯）致信，后者遂派遣一支大军，由艾勒亚特和艾卜莱海统率，攻入也门。他们侵入民宅，夺取了希木叶尔人的政权。祖·那瓦司则逃到海上，葬身鱼腹。阿比西尼亚人把持也门的政权，于是，也门就出现了两个统治者：艾勒亚特和艾卜莱海。后来，这二人之间产生不和，矛盾不断激化。其中一人对另一人说："我们的斗争没必要让军队卷入，不妨我们二人单独来一场角斗，胜者掌握政权。"达成协议后，二人各自卸下随身携带的长矛。艾勒亚特扑向艾卜莱海，一剑刺中对方，割掉对方的鼻尖，并刺破对方的嘴和面部。艾卜莱海的奴仆阿图岱却冲上去，杀死了艾勒亚特。艾卜莱海负伤而归，疗养身体，并控制了整个也门的军权。

奈加希闻讯后致信艾卜莱海，谴责他背信弃义，发誓将踏平他的国土，打碎他的额头。艾卜莱海便派人携带大量奇珍异宝，前去求情，同时还带去一只皮囊，内装也门的土壤和他自己的额发。他在信中写道："请国王踏上这块土，以便实现誓愿。同时，我将我的额发呈送给您。"奈加希见信后非常惊奇，原谅了艾氏，让他继续统治也门。艾氏又派信使告诉奈加希："我将为陛下在也门修筑一座教堂，它将是一座史无前例的巨大建筑。"于是，艾氏着手在萨那建筑教堂。这座教堂高大雄伟，金碧辉煌。阿拉伯人因其高大而称之为"格兰耶斯（意为望之掉帽）。"因为人们仰望它时，头上的帽子就会掉下来。艾氏还企图把阿拉伯人的朝觐地迁到这里，让人们像朝觐天房那样朝拜它。他因此向全国发出呼吁，但遭到了南北阿拉伯人的一致反对。古莱什人更是怒火中烧。有个古莱什人趁夜潜入教堂，在其中大小便后逃之夭夭。教堂管理人员禀报国王艾氏说："这是古莱什人干的，为的是发泄对这座教堂的不满。因为它与他们的天房太相似了。"于是，艾氏发誓进攻麦加的天房，要一块一块地拆下建筑天房的石头（片瓦不留）。

穆尕提里·本·苏莱曼则说，是几个古莱什青年冲进教堂，纵火焚烧。那天凑巧刮大风，教堂在大火中轰然坍塌。于是，艾卜莱海发动大军，浩浩荡荡开往麦加。他还带着一头巨象，象名麦哈木岱，是奈加希特意送的礼物。有学者说，当时他还有八头象。另一说有十二头象。安拉至知。艾氏企图在天房拴上铁锁链，用大象拉扯天房，使之轰然倒地。

敌军的消息引起了阿拉伯人的极大震撼，他们认为捍卫天房，人人有责，必须粉碎敌人的阴谋。有位名叫祖·奈法勒的也门贵族（他是一个部落酋长）召集族人和一些阿拉伯人前去迎击艾卜莱海，保护天房于危难之中。经过一番较量，他们被艾氏击败。这其中确有安拉意欲的哲理——天房是尊严的，不需要这些蒙昧主义者的保护。祖·奈法勒被敌军俘虏，随军押解。当敌军到达赫斯尔姆时，奴法里率领其族人谢赫兰和纳黑斯部落前去抵挡，仍被艾氏击溃。艾氏本想杀死奴法里，后来予以赦免，留在军中，让他为象军在希贾兹地区带路。

军队接近塔伊夫时，当地居民赛格夫部落出来迎接。他们担心自己的拉特神庙被毁而向艾氏大献殷勤，热情款待士兵，并派一个叫艾布·勒阿利的男子充当向导。艾氏抵达麦俄麦斯（距麦加很近的一个地方）后驻扎下来。他的军队偷袭掠夺了麦加人的畜群。畜群中有阿卜杜勒·穆塔里布的两百峰骆驼。这种偷袭是在艾氏的命令下由其先锋艾斯沃德进行的。据伊本·易司哈格说，有一些阿拉伯人谴责了他的行径。后来艾卜莱海派遣希木叶尔人海纳拖进入麦加，让他带来城中最尊贵的古莱什人。同时让他转告城里的人，他们只是冲天房来的，无意开战。海纳拖进城后，被带到阿卜杜勒·穆塔里布跟前，向他通报了艾氏的旨意。阿卜杜勒·穆塔里布说："以安拉发誓，我们也不想打仗，我们没有那种能力。这是安拉的禁房，是安拉的朋友伊卜拉欣的房。如果它是安拉的房和尊严，安拉会保护它。如果安拉任凭事情就此发展，以安拉发誓，我们是无能为力的。"海纳拖说："请你随我去见国王。"于是阿卜杜勒·穆塔里布随他去见艾氏。

艾卜莱海见到阿卜杜勒·穆塔里布后肃然起敬，因为阿卜杜勒·穆塔里布身体高大，相貌堂堂。艾卜莱海走下王座，与阿卜杜勒·穆塔里布一起坐到毯子上。艾氏对翻译说："你问他有何需求？"阿卜杜勒·穆塔里布说："我的需求是请国王把我的二百峰骆驼还给我。"艾氏对翻译说："你告诉他，刚见面时我对他肃然起敬，但他一张口说话，他在我心目中的地位便一落千丈。你对被没收的二百峰骆驼念念不忘，对代表你和你祖先宗教的天房却不闻不问。我前来拆毁天房，你为何不为天房求情？"阿卜杜勒·穆塔里布回答："我是骆驼的主人，天房自有它的主人，他会保护它的。"艾氏说："它逃不出我的手心。"阿卜杜勒·穆塔里布说："那就请便吧！"有学者说，当时和阿卜杜勒·穆塔里布一起去见艾氏的还有一些阿拉伯贵族，他们建议把贴哈麦地区的三分之一财产让给艾氏，让他留下天房。艾氏拒绝了他们的请求，只交还了阿卜杜勒·穆塔里布的骆驼。阿卜杜勒·穆塔里布回到古莱什人那里后，命令他们离开麦加，踞守山头。他担心族人遭受入侵者的凌辱。临行前，阿卜杜勒·穆塔里布抓住天房的门环，一些古莱什人站在他的旁边，一起祈祷，他们祈求安拉赐予胜利，挫败艾卜莱海及其军队。阿卜杜勒·穆塔里布抓住天房的门环说："安拉啊！人都要保护他的财物，请你保护你的尊严！翌晨，莫让十字军及其诡计对抗你的妙计！"伊本·易司哈格说，然后阿卜杜勒·穆塔里布松开门环，指挥古莱什人登上山顶。

穆尕提里说，当时，他们在天房旁边留下一些挂着牌子的骆驼[1]，好让军队侵占之，从而遭到安拉的报应。艾卜莱海则整饬军队，准备进城。他还特意装备了自己的大象麦哈木岱。他们牵着大象向天房进军，这时，奴法里跑过来站在大象一侧，拉

---

[1] 挂牌子的牲畜，是专门奉献给安拉的牺牲。——译者注

住大象的耳朵说："麦哈木岱！跪下吧！或者你从哪里来，就端直回到哪里去！因为你已经进入安拉的禁地。"奴法里放开象耳朵后，大象跪了下来，奴法里则飞奔而去，逃到山顶。无论艾卜莱海的手下怎么抽打大象，大象始终卧地不起。他们甚至用两把战斧打它的头部，把带钩的手杖塞到大象鼻子里面，以致大象的鼻子破裂，流了很多血，但大象还是卧着不动。后来他们把大象的头拉向也门方向，这时，大象迅速站了起来。朝向东方时仍然如此。而当朝向天房方向时，大象就会卧地不起。后来安拉从大海（方向）派来像燕子和欧椋鸟一样的飞禽，每只飞禽带着三块扁豆大小的石头：一块衔在嘴中，另两块分别握在爪中。被石头击中者，无一幸免于难。但当时敌人没有全军覆没，他们慌不择路，四处逃窜。纷纷打听他们的"向导"奴法里的下落，以便给他们带路。而此时，奴法里正在山顶和古莱什人、希贾兹的阿拉伯人观看这惊心动魄的一幕。这是安拉降给象军的报应。奴法里当时吟诗道：

"何处可逃？神在追究，艾西兰（指艾卜莱海）一败涂地。"

伊本·易司哈格传述，当时奴法里即兴吟诗道：

> 哦！鲁德娜（1）！不必为我们羞愧！
> 翌晨，目睹敌军，我们已赏心悦目。
> 鲁德娜，虽然你看不到，
> 但如果你看一看——
> 在穆军索卜（2）旁边，
> 你将看到我们所看到的一切，
> 那时，你将原谅我，甚至赞美我，
> 你不会因为我们的放弃而遗憾，
> 赞美安拉！我看到了飞禽。
> 我担心石头掉到我们头上，
> 敌人都在问，奴法里何在？
> 好像我欠有阿比西尼亚人的债。

阿塔等学者说，当时敌人并没有全军覆没，他们中有人当场死去，有人在逃跑中身上的肢体一件一件地掉下来。艾卜莱海属于后者，他在赫斯尔姆死亡之前，身上的肢体一件一件直往下掉。

伊本·易司哈格说，逃出的敌人在路上死伤无数，许多人死在路边的饮水处。艾卜莱海身上遭受打击，如惊弓之鸟，带伤随士兵们逃跑，在到达萨那之前，他的手指一个一个地掉了下来。据说，他死的时候，胸口炸裂，心暴露了出来。

伊本·易司哈格说，安拉派遣穆圣之后，穆圣向古莱什人悉数安拉对他们的恩典，其中讲

---

（1）古代以制造武器而闻名的一位奇女子。——译者注
（2）位于米那山的一个地方。——译者注

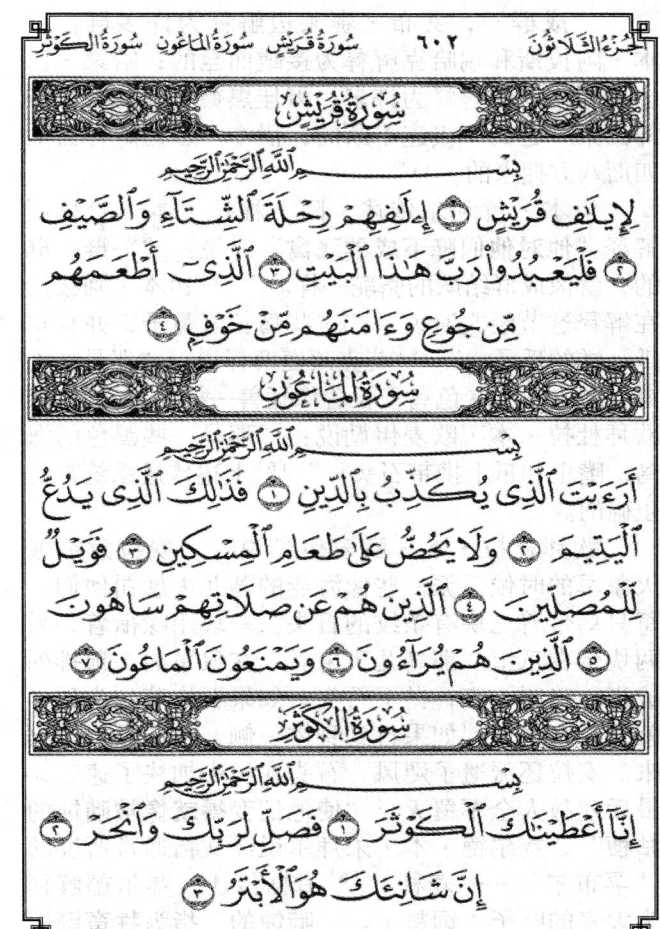

到安拉曾替他们阻挡阿比西尼亚大军，从而维护了他们的声名，并使他们能够继续生存。安拉说："**难道你不知道你的主曾经如何对付象的主人？难道他不曾使他们阴谋落空？他对他们降下成群飞禽，用黏土石攻击他们，使他们变得就像被啃蚀的枯梗。**"为了古莱什的团聚——将他们团聚在冬夏的旅行，所以，让他们崇拜这天房的主吧。他曾给饥饿的他们供食，并曾使他们从恐惧中获得安宁。"（106：1-4）（穆圣劝他们感谢安拉的恩典，以免安拉改变他们的这种优越富裕现状。假若他们接受伊斯兰，安拉会使他们幸福美满。）

伊本·希沙姆说，"**成群**"指一群一群。这个单词在阿拉伯语中没有单数。他在解释"**黏土**"时说："语法学家优努司和艾布·欧拜德告诉我，这个词指坚硬的。"他说，有的经注学家说，这个词（السجيل）在波斯语中是两个单词，阿拉伯人将它们读成一个词。前部分（سنج）指石头，后部分（جيل）指泥。他说，经文指用这两种物质——石头和黏土合成的石头。

伊本·希沙姆在解释"**枯梗**"时说，"经文指没有被收割的庄稼的叶子。"[3]

---

（3）《穆圣传》1：51-52。

"**成群**",艾布·赛莱迈解释为许多群;伊本·阿拔斯和端哈克解释为接踵而至的;哈桑·巴士里和格塔德解释为许多;穆佳黑德解释为各种各样团聚一起的、接连不断的;伊本·栽德解释为从四面八方拥来的。[1]

伊本·哲利尔传述,阿卜杜拉·本·哈里斯解释"**他对他们降下成群飞禽**"时说:"一群一群的,就像成群结队的骆驼一样。"[2] 伊本·阿拔斯在解释这节经文时说:"这些鸟长着鼻子,并有狗爪一样的爪子。"[3] 艾克莱麦解释说:"那是从大海方向飞来的绿色鸟,长着像猛兽一样的头。"[4] 欧拜杜拉·本·欧麦伊勒说:"那是一些黑色的海鸟,嘴里和爪上携带石头。"[5] 上述传述系统都是正确的。

欧拜杜拉·本·欧麦伊勒说:"安拉意欲毁灭象军的时候,派一些像海燕的鸟儿去惩罚他们。每只鸟带着三块有条纹的石头,一块用喙衔着,另两块带在爪上。那鸟儿飞来后,在象军的头顶排列成班,鸣叫一声,抛下石头。如果石头落到头顶,就从后窍出来,如果打到身体一侧,就从另一侧出来。安拉还派遣了飓风,石头在风中加快了速度,最后使敌人全军覆灭。"**使他们变得就像被啃蚀的枯梗**",赛尔德·本·朱拜尔说经文指通常所说的"罕布尔"——麦秆。[6] 另据传述,赛尔德解释为大麦的叶子(饲料)。"**啃蚀的**"指为牲畜铡剪的青饲料。哈桑·巴士里也持此观点。伊本·阿拔斯认为"**枯梗**"指谷物的壳,譬如麦子表层的麦糠。[7]

伊本·栽德认为,"**枯梗**"指牲畜吃了庄稼或蔬菜的叶子后所排的粪便。[8] 意思是:安拉毁灭了他们,使他们诡计破灭,阴谋无法得逞。当时,他们中只有个别人和国王艾卜莱海一样负伤逃脱,讲述了发生的事。艾卜莱海逃到萨那后,心脏从胸口迸出。死前还向人们讲述了发生的事。其子叶克苏穆随即登基掌权。叶氏死后,其弟麦斯鲁格继承王位。后来,希木叶尔人的后裔赛夫向凯斯拉求救,凯斯拉遂出兵征服阿比西尼亚人,将国权交还给希木叶尔人。阿拉伯人还派人前去祝贺。[9]

我们前面在《胜利章》注释中讲道,侯代比亚之日,安拉的使者㊥来到一个通向古莱什人的山坎时,他的母驼格苏瓦突然跪倒在地,无论如何催赶,都纹丝不动。众人说:"格苏瓦不动了!"穆圣㊥说:"格苏瓦不是不动,它没有这个习惯。是禁止象军前进的安拉,禁止它前进的。"穆圣㊥接着说:"以掌握我生命的安拉发誓,只要他们维护安拉的尊严,今天无论他们提出什么条件,我都会答应。"然后穆圣㊥驱赶骆驼,骆驼站起来了。[10]

两圣训实录辑录,安拉的使者㊥在光复麦加之日站起来说:"安拉曾制止了入侵麦加的象军,授权给他的使者和信士们统治此城。今天,此城恢复了它的神圣尊严,就像昨天一样。那么,请在场者(将此)传达给不在场者吧!"[11]

《象军章》注释完。一切感赞全归安拉。

## 《古莱什章》注释 麦加章

**奉普慈特慈的安拉之尊名**

❖ 1.为了古莱什的团聚❖
❖ 2.——将他们团聚在冬夏的旅行,❖
❖ 3.所以,让他们崇拜这天房的主吧!❖
❖ 4.他曾给饥饿的他们供食,并曾使他们从恐惧中获得安宁。❖

在原始典籍中,本章与前面的章节是分开的,他们(圣门弟子们)在两章中间写了"奉普慈特慈的安拉之尊名"。但根据伊本·易司哈格、阿卜杜·拉赫曼·本·栽德的观点,这两章之间有密切的关系。因为两者间所表达的都是"我制止象军入侵麦加,并毁灭了象军",即为了使他们在自己的地区平安相聚。

有人说,经文的意思是:为了古莱什人习以为常的冬夏旅行,因为当时他们冬天去也门,夏天去沙姆,进行贸易等事务,然后又从旅途平安返回。他们因为是安拉禁地的居民而受人尊敬,与他们真诚相处或与他们结伴同行者,也因他们而得到安全

---

(1)《泰伯里经注》24:605、606。
(2)《泰伯里经注》24:606。
(3)《泰伯里经注》24:607。
(4)《泰伯里经注》24:607。
(5)《泰伯里经注》24:607。
(6)《散置的珠宝》8:633。
(7)《伯厄威经注》4:529。
(8)《泰伯里经注》24:699。
(9)《穆圣传》1:96-103。
(10)《布哈里圣训实录诠释——造物主的启迪》5:388。
(11)《布哈里圣训实录诠释——造物主的启迪》1:248;《穆斯林圣训实录》2:988。

保障。这便是在冬夏两季旅行的古莱什人的情况。他们在该地的居住情况,正如安拉所述:"他们没看到吗?我已设置平安的禁地,而其周围的人们却饱受劫掠。"(29:67)

因此,清高伟大的安拉说:"**为了古莱什的团聚——将他们团聚在冬夏的旅行。**"后一节经文(第2节)是第一节经文的同位语和注释。伊本·哲利尔说:"正确地说,其中的'俩目'(لا)表示惊奇。经文好像在说,人们应该感到惊奇:在这种情况下,古莱什人仍然能够平安相聚,沐浴着安拉的恩泽。"伊本·哲利尔说:"这是因为穆斯林一致认为,这是两章独立并分开的经文。"

然后安拉指导他们要感谢他的宏恩,说:"**所以,让他们崇拜这天房的主吧!**"即让他们惟独崇拜安拉,因为安拉为他们设置了平安的禁地和禁房。正如安拉所述:"我已奉命崇拜这个城市的养主,他已使这个城市成为禁地,一切都属于他。我已受命成为归顺的人(穆斯林)。"(27:91)

然后清高伟大的安拉说,"**他曾给饥饿的他们供食,并曾使他们从恐惧中获得安宁**",即他是天房的主,是他在他们饥饿时供他们吃,在他们恐惧的时候赐他们安宁。所以,他们应该只崇拜独一无偶的安拉,而不应该舍安拉去崇拜假神。

因此,谁如果响应这个命令,安拉就使谁获得两世安宁。违背者,则会得到相反的下场。正如安拉所言:"安拉打了一个比喻:一个和平而安静的城市,它的粮食大量地来自各地,但是它否认了安拉的恩典,因此,安拉由于他们过去所做的,使它尝受饥荒和恐惧。确有一位使者已由他们的本族降临他们,但他们否认了他,因此,当他们不义时,惩罚降临了他们。"(16:112-113)

《古莱什章》注释完。一切感赞全归安拉。

---

**《家具章》注释** 麦加章

### 奉普慈特慈的安拉之尊名

1. 你可曾看到那不信迪尼之人?
2. 是那斥逐孤儿的人,
3. 他不鼓励给穷人供食。
4. 让这些礼拜者遭殃吧!
5. 他们对于礼拜是疏忽的,
6. 他们沽名钓誉。
7. 他们拒借家具。

### 否认复生日的人们的特征

清高伟大的安拉说,穆罕默德啊!你是否见过不信迪尼——归宿、报应和回赐的人?

"**是那斥逐孤儿的人**",即他呵斥孤儿,剥削他,不给他吃,更不善待他。

"**他不鼓励给穷人供食。**"正如安拉所言:"不是的,那是因为你们不礼遇孤儿!你们也不互相鼓励给穷人供食!"(89:17-18)即他不资助或抚养一贫如洗的人。

然后清高伟大的安拉说:"**让这些礼拜者遭殃吧!他们对于礼拜是疏忽的。**"伊本·阿拔斯说经文指那些在公众场合礼拜,私下不礼拜的伪信士。[1]因此,安拉说:"**这些礼拜者**",即他们经常礼拜,然而对于礼拜却是疏忽的。或者完全疏忽礼拜,正如伊本·阿拔斯所述;或者不在法定的时间礼拜,正如麦斯鲁格和艾布·督哈所述。[2]

阿塔说:"赞美安拉,他说'**他们对于礼拜是疏忽的**',而没有说'他们是在礼拜中疏忽的'。"[3]这种"**疏忽**"或者表现在时间方面,即他们不在第一时间礼拜,而一般或大多推迟到最后的时间礼拜;或者表现在不按法定的程序履行拜中的各项要素和条件;或者他们的礼拜缺乏谦恭,而且他们不参悟所念经文的意义。凡是有上述现象之一的人,就已涉嫌"**疏忽**",如果他具有上述全部特征,则说明他已经被经文完全言中,成了一个十足的伪信士。正如两圣训实录辑录,安拉的使者㕷说:"那是伪信士的礼拜!那是伪信士的礼拜!那是伪信士的礼拜!他坐等太阳落山,当太阳处于恶

---

(1)《泰伯里经注》24:632。
(2)《泰伯里经注》24:631。
(3)《格尔特宾教律》20:212。

魔两角的位置时，才站起来，（像乌鸦啄食一般）啄四拜礼拜，其间，他很少记念安拉。"(1)圣训指的是持中的礼拜——晡礼结束的时候。圣训明文提到属于可憎的时间。这种人往往在这个时候站起来，像乌鸦啄食一般完成四拜礼拜，动作慌乱，没有谦恭。因此先知☪说："其间，他很少记念安拉。"他的动机往往为沽名钓誉，而不是追求安拉的喜悦。因此，他和不礼拜的人没有两样。安拉说：《伪信士企图欺骗安拉，但安拉是以他们的欺骗还击他们的，他们礼站时，懒洋洋地站起来。他们沽名钓誉，并很少记念安拉。》（4：142）安拉说："他们沽名钓誉。"

伊玛目艾哈麦德传述，阿慕尔·本·孟勒说，我们曾坐在艾布·阿比岱跟前谈论沽名钓誉，有个叫艾布·叶齐德的人说，我听阿卜杜拉·本·阿慕尔说，安拉的使者☪说："谁想让人们听到自己的工作，安拉就让被造物工作的倾听者听到他的行为，并鄙视它，蔑视它。"(2)这节经文还可以引申出下列意义：为安拉奉献的功行被别人发现后感到高兴，不属于沽名钓誉。

清高伟大的安拉说，"他们拒借家具"，即他们不尽心尽力地拜主，也不善待安拉的被造物，他们甚至不借给别人工具，虽然别人使用后会完好如初地归还。这种人，更可能拒缴天课和各项近主的善功。有人就"家具"一词请教伊本·麦斯欧迪，他回答说，经文指人们所使用的一些常用工具，譬如斧头、碗、桶等等。(3)

《家具章》注释完。一切感赞全归安拉。

### 《考赛尔章》注释　麦加章

奉普慈特慈的安拉之尊名

《1.我确已赐你考赛尔，》
《2.所以你要对你的主礼拜，并宰牺牲。》
《3.真的，恨你的人是绝后的。》

穆斯林、艾布·达乌德和奈萨伊传述，艾奈

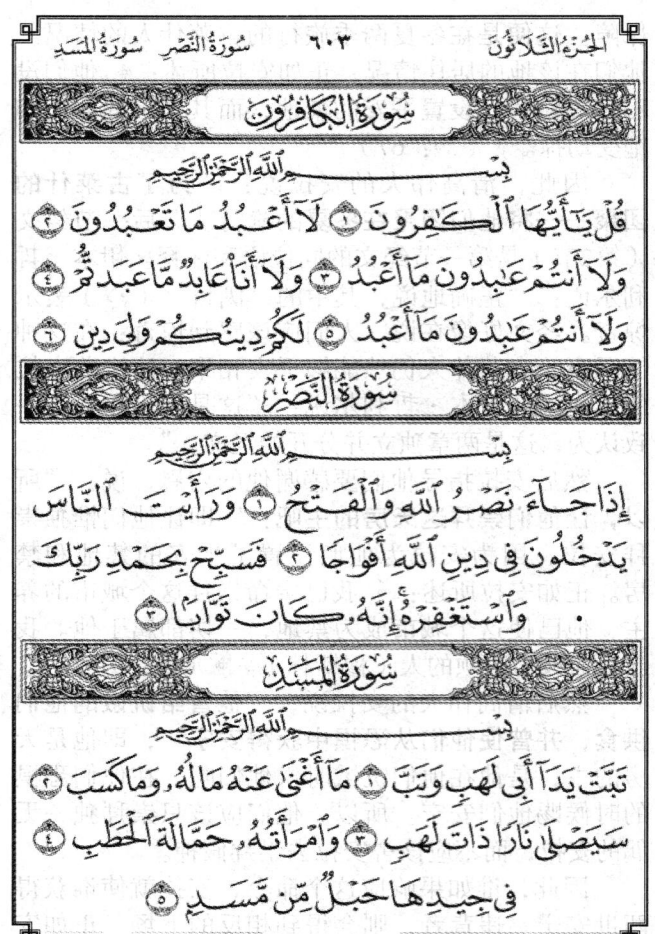

斯(4)说，我们和安拉的使者☪一起在清真寺时，使者小睡了一会，然后微笑着抬起了头。我们问："安拉的使者啊！你为何微笑？"使者☪回答："刚才我奉到一章经文。"于是使者读道："**奉普慈特慈的安拉之尊名，我确已赐你考赛尔，所以你要对你的主礼拜，并宰牺牲。真的，恨你的人是绝后的。**"使者问："你们可知'考赛尔'是什么吗？"我们回答："安拉及其使者至知。"使者说："它是我的主为我承诺的一条河，其中有许多福分；它是复生日我的民族要进入的一个池子。其器皿如天上的繁星。后来我的民族中的一个人被剔除出来，我说：'主啊！他属于我的民族。'安拉说：'你不知道在你之后他做了什么。'"(5)

安拉的使者☪还说："我进入乐园后突然看到一条河，其两岸是珍珠制造的帐篷。我用手拍了拍水面，发现它是气味绝佳的麝香。我问道：'吉卜勒伊里啊，这是什么？'他回答说：'它是安拉赐给你的考赛尔。'"(6)布哈里等圣训学家传述，穆圣☪谈登霄事件说："我来到一条河畔，河的两

---

（1）《布哈里圣训实录诠释——造物主的启迪》6：386；《穆斯林圣训实录》1：434。
（2）《艾哈麦德按序圣训集》2：212。
（3）《泰伯里经注》24：639。

（4）《穆斯林圣训实录》1：300；《圣训大集》6：533。
（5）《穆斯林圣训实录》1：300。
（6）《艾哈麦德按序圣训集》3：103。

岸是空心珍珠搭的帐篷。我问：'吉卜勒伊里啊！这是什么？'他回答说：'它是安拉赐给你的考赛尔。'"(1)

伊玛目艾哈麦德传述，有人问："安拉的使者啊！考赛尔是什么？"使者回答说："是乐园中我的主赐予我的一条河，它比奶更白，比蜜更甜，其中有一些鸟儿，它们的脖子就像骆驼的脖子。"欧麦尔问："安拉的使者啊！它们太幸福了。"使者说："欧麦尔，食其肉者更幸福。"(2)

伊本·阿拔斯关于"**考赛尔**"说："它是安拉赐给使者的一种福利。"

艾布·毕西尔说，我问伊本·朱拜尔："有些人说考赛尔是乐园中的一条河，对吗？"他回答说："是安拉赐穆圣㊟以福分的乐园中的一条河，是安拉赐予先知的福利的一部分。"(3)另据传述，伊本·阿拔斯解释说，"**考赛尔**"是多福。(4)这种解释包括了"乐园中的河"等解释，因为"**考赛尔**"的词源就是"多福"，河仅是其中一项。安拉的使者㊟说："考赛尔是乐园中的一条河，两岸是金，水流于珍珠之上，比奶更白，比蜜更甜。"

然后清高伟大的安拉说："**所以你要对你的主礼拜，并宰牲。**"既然我已经在今生后世赐你考赛尔，包括上述的那条河，所以，你当一心一意地履行主命拜和副功拜，并忠诚献牲。你当惟独拜主，奉独一无偶的安拉之尊名宰牲。就像安拉说的：《你说："我的礼拜，我的宰牲，我的生，我的死，的确完全是为了安拉，众世界的养主。他没有伙伴。我就是这样被命令的，我是首先顺服的人。"》（6：162-163）伊本·阿拔斯、阿塔等学者说，这节经文便是用骆驼等牲畜宰牲的依据。(5)格塔德、伊本·凯尔卜等先贤也持此说。这与多神教徒的情况形成了对比，他们为安拉之外的叩头，不以安拉的名义宰牲。安拉说：《你们不要吃未念安拉的尊名所屠宰的，那确实是坏事。》（6：121）

### 敌视穆圣㊟的人是绝后的

"**真的，恨你的人是绝后的**"，即穆罕默德啊！愤恨你，愤恨你所带来的引导、真理、明证和光明的人，是绝后的，卑微的，死后无名的。伊本·阿拔斯等学者说，这节经文是因为阿斯·本·瓦伊里而降示的。(6)

叶齐德·本·鲁曼说，当有人提到穆圣㊟时，阿斯·本·瓦伊里就说："算了吧！他是一个无后之人，他若死了就没有人再记得他。"于是安拉降示了本章。(7)

谢穆勒·本·阿彤叶说，本章是因为欧格白·本·艾布·穆尔特降示的。

另据传述，伊本·阿拔斯等人说，本章是因为驳斥凯尔卜·本·艾西莱夫和一些古莱什的隐昧者而降示的。(8)据说，凯尔卜来到麦加后，当地人对他说："你是人们的领袖，你怎么不看看群众中这个一无是处的绝后之人？他自称比我们更优秀，而我们主持朝觐事务，给朝觐者提供服务和水源。"凯尔卜说："你们比他更优秀。"于是安拉降示道："**真的，恨你的人是绝后的。**"

阿塔说，这节经文是因为艾布·莱海卜而降示的。安拉使者㊟的儿子归真后，艾布·莱海卜跑去对多神教徒说："今夜穆罕默德绝后了。"于是安拉降示了"**真的，恨你的人是绝后的。**"

赛丁伊说，当时如果一个人的儿子亡故，人们就说某某绝后了。使者的儿子们归真后，他们说穆罕默德㊟绝后了。因此安拉降示了"**真的，恨你的人是绝后的。**"这些愚蠢的人认为穆圣㊟的儿子归真后，穆圣㊟的美名就中断了。其实绝非如此。安拉将使穆圣㊟名垂千古，将使人类永远遵循穆圣㊟的法律，直至复活之日。愿安拉永远赐福穆圣㊟，直至集合之日！

*《考赛尔章》注释完。一切感赞全归安拉。*

### 《隐昧者章》注释　麦加章

### 在各种副功拜中诵读本章

《穆斯林圣训实录》记载，安拉的使者㊟曾在巡游天房的两拜礼拜中诵读本章和《忠诚章》。(9)该圣训实录又载，安拉的使者㊟曾在晨礼的两拜中诵读这两章。(10)伊玛目艾哈麦德传述，安拉的使者㊟经常在晨礼前和昏礼后的两拜中诵读二十几次或

---
(1)《布哈里圣训实录》4946。
(2)《布哈里圣训实录诠释——造物主的启迪》8：603。
(3)《布哈里圣训实录诠释——造物主的启迪》8：603。
(4)《泰伯里经注》24：647。
(5)《泰伯里经注》24：653。
(6)《泰伯里经注》24：656、657。

(7)《穆圣传》2：7；《泰伯里经注》24：657。
(8)《泰伯里经注》24：657。
(9)《穆斯林圣训实录》2：888。
(10)《穆斯林圣训实录》1：502。

十几次《隐昧者章》和《忠诚章》。(1)

又据艾哈麦德传述，伊本·欧麦尔说，我曾二十四五次看到使者在晨礼前和昏礼后的两拜中诵读《隐昧者章》和《忠诚章》。(2)

又据艾哈麦德传述，伊本·欧麦尔说："我注意了先知一个月，发现他在晨礼前的两拜中诵读《隐昧者章》和《忠诚章》。"(3) 提尔密济、伊本·马哲等圣训学家，都传述了这段圣训。(4) 上述圣训还讲到，本章（的意义）相当于整部《古兰》的四分之一。《地震章》也是如此。

#### 奉普慈特慈的安拉之尊名

❲ 1.你说，隐昧者们啊！❳
❲ 2.我不拜你们所拜的，❳
❲ 3.你们也不拜我所拜的，❳
❲ 4.我不会拜你们所拜的，❳
❲ 5.你们也不会拜我所拜的，❳
❲ 6.你们有你们的宗教，我有我的宗教。❳

### 与多神崇拜划清界限

这是一篇向多神教徒的秽行发出的决裂宣言，它命令人们专心拜主，并与多神崇拜彻底划清界限。安拉说："你说，隐昧者们啊！"这里呼唤的对象虽然是古莱什隐昧者，但也泛指大地上的一切隐昧者。有学者说，这些愚蠢的古莱什人曾经企图和穆圣达成如下协议：穆圣崇拜古莱什人的偶像一年，（作为交换）则他们崇拜安拉一年。于是安拉降示本章，命令穆圣与多神教徒的崇拜完全划清界限。

清高伟大的安拉说，"**我不拜你们所拜的**"，即偶像、伪神等（包括除安拉之外的一切）。

"**你们也不拜我所拜的**"，指独一无偶的安拉。

然后清高伟大的安拉说，"**我不会拜你们所拜的，你们也不会拜我所拜的**"，即我不会崇拜你们的"神"，我只按照安拉喜悦的方式崇拜安拉。你们也不会遵循安拉的命令和法律去崇拜。你们的崇拜出自你们的自行杜撰。正如安拉所言：❲ 他们追随的只是臆测和他们的私愿。然而，引导确由他们的主到达了他们。❳（53：23）

因此，应该和多神教徒断绝一切关系。每个崇拜者都有一个崇拜对象以及相应的崇拜方式。因此使者及其追随者们，按照安拉规定的方式崇拜安拉。这就是为什么伊斯兰的口号是"应受拜者，惟有安拉；穆罕默德，是安拉的使者"，即应受拜者只是安拉，通向安拉的方法只是使者所带来的方法。多神教徒们则以安拉禁止的方式，崇拜安拉以外的（一切）。安拉的使者因此告诉他们："**你们有你们的宗教，我有我的宗教。**"这正如其他章经文所说：❲ 如果他们不信你，你说："我有我的工作，你们有你们的工作。你们和我所做的无关，我也与你们所做的无关。"❳（10：41）❲ 我们有我们的行为，你们有你们的行为。我们是对他虔诚的。❳（2：139）

布哈里解释说，"**你们的宗教**"指隐昧（昧真），"**我的宗教**"指伊斯兰。"**我的宗教**"中的"我"，（在原文中）根据使用习惯被删除了。下列经文在表达"我"时，也是如此：❲ 他造化了我，他也引导我。❳（26：78）❲ 当我生病时，他使我痊愈。❳（26：80）(5)

《隐昧者章》注释完。一切感赞全归安拉。

### 《襄助章》注释　麦地那章

### 《襄助章》的尊贵

前文已述，本章相当于整部《古兰》的四分之一。《地震章》也相当于整部《古兰》的四分之一。欧拜杜拉·本·阿卜杜拉·本·欧特白说，伊本·阿拔斯对我说："欧特白的儿子啊！你可知《古兰》中最后降示的经文？"我回答："知道，是'**当安拉的襄助和胜利降临**'。"他说："你说得对。"(6)

#### 奉普慈特慈的安拉之尊名

❲ 1.当安拉的襄助和胜利降临，❳
❲ 2.当你看到成群的人进入安拉的宗教，❳
❲ 3.那时你要赞念你的主，并求他恕饶。他确实是多恕的。❳

---

（1）《艾哈麦德按序圣训集》2：24、58。
（2）《艾哈麦德按序圣训集》2：99。
（3）《艾哈麦德按序圣训集》2：93。
（4）《圣训大集》2：170；《伊本·马哲圣训集》1：363。
（5）《布哈里圣训实录诠释——造物主的启迪》8：604。
（6）《圣训大集》6：525。

### 本章指出使者即将归真

伊本·阿拔斯传述，他说，欧麦尔曾经让我跟参加过白德尔战役的元老一起商议要事，有人好像对此有意见，说他怎么能跟我们一起商议？我们的子女都跟他一般大。欧麦尔说："他的情况你们应该知道！"一天，欧麦尔又召我跟他们一起议事。显然，那天他是为了让他们了解我而召见我的。欧麦尔问："你们关于下列经文作何解释'**当安拉的襄助和胜利降临**'？"有人回答："安拉命令我们，当他襄助我们获胜时，我们应该赞颂他，向他求饶。"有人则一言不发。于是欧麦尔问我："伊本·阿拔斯！你也是这样解释的吗？我说："不。"他说："那你怎么解释？"我说："这节经文中，安拉向使者预告了使者的寿限，说'**当安拉的襄助和胜利降临**'，表示你将归真。'**那时你要赞念你的主，并求他恕饶。他确实是多恕的。**'"欧麦尔听后说："据我所知，这节经文没有其他解释。"(1)

伊本·阿拔斯说，"**当安拉的襄助和胜利降临**"降示后，安拉的使者说："我已经获悉归真的消息。"那年先知归真了。(2)

阿伊莎（愿主喜悦之）传述，安拉的使者经常在鞠躬和叩头中念："主啊！赞美你清净无染！我们的主啊！赞美你！请宽恕我吧！"(3)

阿伊莎（愿主喜悦之）说，安拉的使者晚年常念："赞美安拉清净无染，赞美安拉。我向安拉求饶，向他忏悔。"使者还说："我的养主告诉我，我将在我的教民中看到一种迹象。他命令我看见它时，应该赞美安拉清净无染，并向安拉求饶。安拉是至恕的。我确已看到了它，它是：'**当安拉的襄助和胜利降临，当你看到成群的人进入安拉的宗教，那时你要赞念你的主，并求他恕饶。他确实是多恕的。**'"(4)学者们一致认为，经文中的"胜利"指解放麦加。因为阿拉伯各部落曾观望麦加人，他们说，如果他（穆圣）战胜了族人（麦加人接受了伊斯兰），则说明穆罕默德是真先知。安拉使穆圣光复麦加后，他们便成群结队地加入了伊斯兰。不到两年，阿拉伯半岛全部接受了正信；所有阿拉伯部落，宣布加入了伊斯兰。一切赞美和佑助全归安拉。

《布哈里圣训实录》记载，麦加解放后，人们

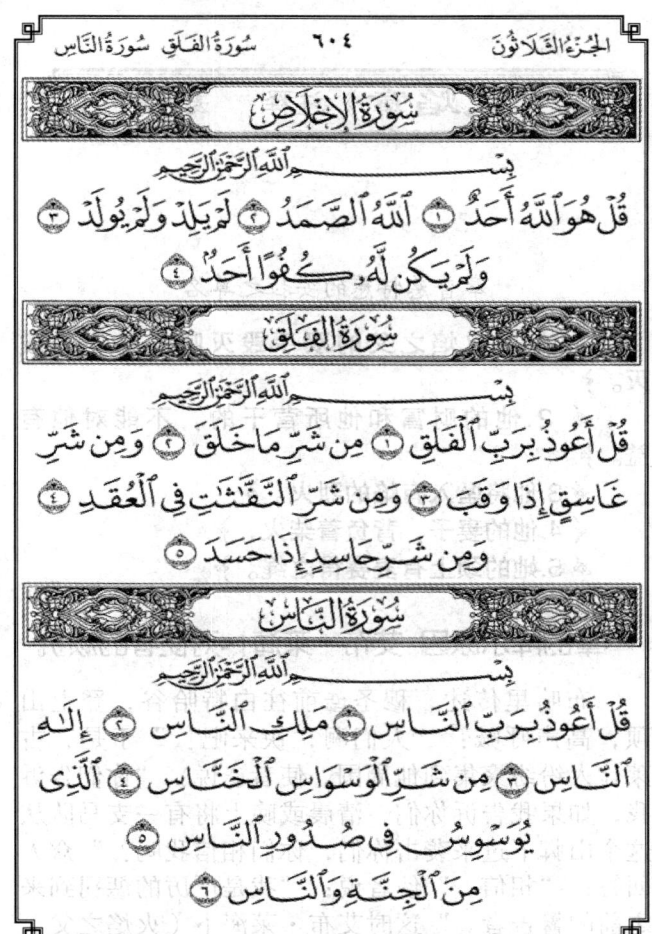

纷纷投奔使者，宣布加入伊斯兰。此前，他们一直观望麦加的情况，他们说："且看他族人的反映，如果他征服了他们，说明他就是先知。"(5)我已经在《先知传》(6)中记载了解放麦加之役的经过。感兴趣的读者可以参阅该书。一切赞美和恩情全归安拉。

伊玛目艾哈麦德传述，艾布·安马尔说，贾比尔·本·阿卜杜拉的一位邻居告诉我："我从旅途归来后贾比尔来找我，他对我道了色兰后，我给他讲到人们的分裂和一些不良风气。贾比尔开始哭泣，他说，我听安拉的使者说：'人们加入伊斯兰时成群结队，离开伊斯兰时也是成群结队。'"(7)

《襄助章》注释完。一切感赞全归安拉。

---

(1)《布哈里圣训实录诠释——造物主的启迪》8：606
(2)《艾哈麦德按序圣训集》1：217。
(3)《布哈里圣训实录诠释——造物主的启迪》8：605；《穆斯林圣训实录》1：350；《艾布·达乌德圣训集》1：436；《圣训大集》6：525；《伊本·马哲圣训集》1：287。
(4)《穆斯林圣训实录》1：351；《艾哈麦德按序圣训集》6：35。
(5)《布哈里圣训实录诠释——造物主的启迪》7：616。
(6)这是指作者所著的《先知传》；本书脚注中所述的《先知传》则是希沙姆所著。——译者注
(7)《艾哈麦德按序圣训集》3：343。

## 《火焰章》注释 麦加章

**奉普慈特慈的安拉之尊名**

❉ 1.愿火焰之父的双手毁灭吧！他已经毁灭。❉
❉ 2.他的财富和他所营干的，不能对他有益。❉
❉ 3.他将坠入有焰的烈火。❉
❉ 4.他的妻子，背负着柴火，❉
❉ 5.她的颈上有麦赛得之绳。❉

### 本章的降示原因 艾布·莱海卜对使者的顽抗

布哈里传述，穆圣前往白特哈谷，登上山顶，高声呼喊："人们啊，快来吧！"于是，古莱什人纷纷聚集到他周围。使者说："你们告诉我，如果我告诉你们，清晨或晚上将有一支马队从这个山脚下过来袭击你们，你们相信我吗？"众人回答："相信。"使者说："我是严厉的惩罚到来之前的警告者。"这时艾布·莱海卜（火焰之父）说："你召集我们就为了这？你毁灭吧！"安拉因此而降谕道："**愿火焰之父的双手毁灭吧！他已经毁灭……**"直到本章结束。(1)

另据传述，当时，艾布·莱海卜拍着手站起来，说："后半日你去毁灭吧，你召集我们就为这事吗？"于是安拉降示了"**愿火焰之父的双手毁灭吧！他已经毁灭……**"这节经文的前部分"**愿火焰之父的双手毁灭吧！**"是对火焰之父——艾布·莱海卜的诅咒，后部分是对他的情况的叙述。艾布·莱海卜是穆圣的一位叔叔，名叫阿卜杜·欧匝，号艾布·阿提白。他的面部通红发光，因此人称"**火焰之父**"。(2)此人常常伤害穆圣，诽谤和鄙视穆圣及其信仰。

据伊玛目艾哈麦德传述，艾布·兹那德说，有个叫莱毕尔·本·欧巴德——他曾坚持蒙昧主义，后来改奉伊斯兰——的人告诉我：在蒙昧时期，我在祖·麦佳兹市场看到穆圣，穆圣说："人们啊！你们当念：'应受拜者，惟有安拉。'这样你们才会成功。"当时人们聚集在他的周围，他身后站着一个满面红光、梳着两条辫子的斜眼人，那人说："他是叛教者，说谎者。"先知走到哪儿，这人就跟到哪儿。经打听得知，此人就是穆圣的叔叔——火焰之父。(3)艾布·兹那德问莱毕尔："当时你还很小吧？"他回答说："不，以安拉发誓，那时我很聪明，长笛吹得很棒。"(4)

"**他的财富和他所营干的，不能对他有益。**"伊本·阿拔斯等学者说"**他所营干的**"指他的子女。(5)阿伊莎、穆佳黑德等人也持此观点。(6)伊本·麦斯欧迪说，安拉的使者号召族人归信安拉时，火焰之父说："如果我侄子说得对，在复生日，我将以我的财产和儿女作为赎金，换取那惨痛的刑罚。"于是，安拉降示了"**他的财富和他所营干的，不能对他有益**"这句经文。

清高伟大的安拉说，"**他将坠入有焰的烈火**"，即那火带着火星，烈焰熊熊。

### 火焰之父的妻子的归宿

"**他的妻子，背负着柴火。**"他的妻子乌姆·杰米莱，是一位出名的古莱什妇女。她的原名叫艾勒瓦，是艾布·苏富扬的妹妹。她积极支持否认穆圣并顽抗真理的丈夫。因此，复生日丈夫在火狱中受刑时，她同样也是添柴加火方面的助手。所以安拉说，"**他的妻子，背负着柴火**"，即她背着柴，把它扔到丈夫身上，以增加火势。

"**她的颈上有麦赛得之绳。**"穆佳黑德和欧勒沃认为经文指燃烧的棕纤。(7)

奥夫传述，伊本·阿拔斯、端哈克等人说，她经常把荆棘置于安拉的使者要经过的路上。

焦海里说，"麦塞得"指麻，也指用纤维和棕制成的绳子；还指用骆驼的皮革或绒毛制成的绳子。在阿拉伯语中麦赛得及相关派生词指紧紧地搓捻在一起的（绳子）。

穆佳黑德认为，"**她的颈上有麦赛得之绳**"中的"**绳**"指铁项圈。(8)阿拉伯人用这个单词指称滑轮链。

### 火焰之父的妻子伤害穆圣的故事

艾布·伯克尔的女儿艾斯玛仪说："愿火焰

---

(1)《布哈里圣训实录诠释——造物主的启迪》8：609。
(2)这是一种较通用的译法，阿拉伯人在表达一个人有某方面的特长或特殊情况时，称之为"某某之父"，譬如，他们将有大胡子的人称为"胡子之父"。火焰之父，应该指面部通红发光的人，也可能预示他在后世遭受火刑。安拉至知。参见《拜达威古兰经注》"التفسير المنير"。——译者注

(3)《艾哈麦德按序圣训集》4：341。
(4)《艾哈麦德按序圣训集》4：341。
(5)《泰伯里经注》24：677。
(6)《泰伯里经注》24：677。
(7)《散置的珠宝》8：667。
(8)《泰伯里经注》24：681。

之父的双手毁灭吧！他已经毁灭"降示后，独眼人（乌姆·杰米莱）拿着一块石头，怒气冲冲地来找先知。她边走边说："我们拒绝受贬之人，拒绝他的宗教，违抗他的命令。"安拉的使者当时正和艾布·伯克尔坐在清真寺里。艾布·伯克尔看到她走过来，便对使者说："安拉的使者啊！她来了，我担心她看见你。"使者说："她不可能看见我。"使者当时诵读了一些求庇佑的经文，正如安拉所述：《当你诵读《古兰》时，我在你与那些不信后世的人之间放置了一重被遮蔽的帐幕。》（17：45）圣训传述者说，所以独眼人当时没有看见先知。她径直走到艾布·伯克尔跟前说："我听说你的朋友（穆罕默德）在作诗诋毁我。"艾布·伯克尔说："不，以养育天房的安拉发誓，他没有诋毁过你。"独眼人听后转身离去，并自言自语："古莱什人确实知道我是他们首领的女儿。"

瓦利德说，后来穿着毛衫的乌姆·杰米莱在巡游天房时摔了一跤，她说："愿受贬的人摔倒吧！"这时乌姆·哈克穆（她是先知的姑姑）说："我可是有教养的女人，不能胡言乱语；我是高贵的，所以也不知道说这样的话。我俩都是同宗之后。毕竟，古莱什人知道什么最好。"(1)

《火焰章》注释完。一切感赞全归安拉。

## 《忠诚章》注释　麦加章

### 本章的降示原因和尊贵

伊玛目艾哈麦德传述，多神教徒们曾对穆圣说："穆罕默德，你为我们叙述一下你养主的谱系。"于是安拉降谕道："**你说，安拉是独一的，安拉是无求的，他未生，也未被生。任何一个都不和他对等。**"(2) 伊本·哲利尔和提尔密济补充说"无求的"指他未生，也未被生，因为被生的都将死亡，死亡的都将被继承。而安拉是永生不灭的。

"任何一个都不和他对等"，即谁都不似像他，或对等于他。任何物都不像他。(3)

### 表示本章尊贵的一些圣训

布哈里传述，阿伊莎（愿主喜悦之）说，穆圣曾派一个人领导一支小分队，此人在率众礼拜时，最后总要念《忠诚章》。众人回去后向先知反映了这一情况，先知说："你们问他为什么要这么做？"众人问后那人回答："因为它是至仁主的属性。我爱诵读它。"先知说："告诉他，安拉也喜爱他。"(4)

### 圣　训

布哈里在其《礼拜书》中载录，艾奈斯说，一位辅士在库巴清真寺给大家领拜，拜中他总是先念《忠诚章》，然后再念其他章节。每次礼拜皆如此，毫无二致。他的同伴们就向他建议说："你领拜老是先念这一章，而且还嫌不够，又念其他章节。你要么只念这一章或者干脆放弃这一章而念其他章，行吗？"那位辅士说："如果你们愿意，我就给你们领拜，如不愿意就请自便吧！让我放弃念《忠诚章》绝对做不到。"那些人不愿另择伊玛目，因为他们认为除了他，再没有更合适的伊玛目人选。当使者到来后，他们向使者反映了这事。使者就问那位辅士："你为何不采纳同伴们的建议，而每拜都要念《忠诚章》呢？"那位辅士回答道："我太喜欢这章了。"使者就对那位辅士说："你对这一章的喜欢将会使你进入乐园。"(5)

### 有关本章等同于整部《古兰》三分之一的圣训

布哈里传述，有人听到一个男子总反复诵读《忠诚章》，于是大清早去找先知反映这事，他认为那男子读得太少了。（他认为此男子读这章，而不读其他章，而本章只是《古兰》中的一少部分。）先知却说："以掌握我生命的安拉发誓，这一章等于《古兰》的三分之一。"(6)

### 圣　训

布哈里传述，安拉的使者对弟子们说："你们能在夜间诵读《古兰》的三分之一吗？"众人听后觉得做不到，便问道："安拉的使者啊！我们中谁能读这么多呢？"使者说："'**安拉是独一的，是无求的**'是《古兰》的三分之一。"(7)

---

(1)《布哈里圣训实录诠释——造物主的启迪》8：610。
(2)《艾哈麦德按序圣训集》5：133。
(3)《泰伯里经注》24：691；《提尔密济圣训全集诠释》9：301、399。

(4)《布哈里圣训实录诠释——造物主的启迪》8：610；《穆斯林圣训实录》1：557；《圣训大集》6：177。
(5)《布哈里圣训实录诠释——造物主的启迪》2：297。
(6)《布哈里圣训实录诠释——造物主的启迪》8：676；《艾布·达乌德圣训集》2：152；《圣训大集》5：16。
(7)《布哈里圣训实录诠释——造物主的启迪》8：676。

## 有关诵读本章能使人进入乐园的圣训

伊玛目马立克传述，欧拜杜拉·本·侯奈尼说，我听艾布·胡莱赖说：我同先知走路时，听到有人在诵读《忠诚章》，使者㊣说："必定了。"我问使者："什么必定了？"使者说："乐园对他必定了。"(1) 上述圣训中说："你对这一章的喜欢将会使你进入乐园。"(2)

## 多次诵读本章的圣训

穆阿兹·本·阿卜杜拉传自他的父亲，有次我们碰到了一场小雨，天暗了下来，我们等待使者带领我们礼拜，使者出来后拉着我的手说："你说！"我不知从何说起。使者㊣又说："你说！"于是我问我应该说些什么。使者说："当你过夜和到达清晨的时候：'你说，安拉是独一的(3)'，并读两庇佑章（113、114章），各读三次。这样，每天它能使你得到两次的满足。"(4) 另据传述，这样，它就保护你抵御一切。(5)

## 有关以本章提到的安拉尊名祈祷的圣训

奈萨伊在其《古兰注释篇》中载录，阿卜杜拉·本·拜磊德传自他的父亲：他曾和先知一起进入清真寺，看到有人在作祈祷，那人说："主啊！我向你祈求。同时我作证：应受拜者，惟有你——**独一的、无求的，他未生，也未被生，任何一个都不和他对等**。"先知说："以掌握我生命的安拉发誓，他确以安拉的至尊名祈求了安拉——以至尊名祈求安拉，必会获准。以之祈祷者，必获应答。"(6)

## 有关以本章治病的圣训

布哈里传述，阿伊莎（愿主喜悦之）说，穆圣㊣每夜躺到床上时就合拢两手，向其中吹口气后，对它们读《忠诚章》《黎明章》和《人类章》。然后用两手擦身上能擦到的地方，从头和脸部以及身体的前面开始。先知这样做三次。(7)

### 奉普慈特慈的安拉之尊名

❴ 1.你说，安拉是独一的，❵
❴ 2.安拉是无求的，❵
❴ 3.他未生，也未被生。❵
❴ 4.任何一个都不和他对等。❵

前面已经讲述了本章的降示原因。艾克莱麦说："犹太人说，我们崇拜安拉的儿子欧宰尔。基督教徒说，我们崇拜安拉的儿子麦西哈；袄教徒说，我们崇拜太阳和月亮；多神教徒说，我们崇拜偶像。后来安拉启示穆圣㊣下列经文：'你说，安拉是独一的……'"安拉是单独独一的，任何物都不类似他，他没有助手，没有对等者、相似者和匹配者。经文中的"独一"（أحد）只能用于安拉，因为他的一切属性和行为都完美无缺。

"**无求的**"，伊本·阿拔斯说，被造物的一切需求，都要仰赖独一的安拉。伊本·阿拔斯还说："安拉是完美的掌权者，完美的最尊贵者，完美的伟大者，完美的宽容者，完全的睿智者。他的尊贵权威完美绝伦。他是安拉，荣耀都归于他。这些美德只和他相称。他没有对等物，任何物不像他。荣耀全归安拉，独一的、不可抗拒的主。"(8) 艾布·瓦伊里说，"**无求的**"指权力达到极致的领导者。(9)

## 安拉绝对没有子女、父母、伴侣和对等者

"**他未生，也未被生。任何一个都不和他对等**"，即他没有子女、父母和配偶。穆佳黑德解释说，"任何一个都不和他对等"指他没有配偶。正如安拉所述：❴ 他是天地的初创者，他没有配偶，怎么会有子女呢？他造化了万物，并对万物是全知的。❵（6：101）即他拥有万物，创造万物。那么，他的被造物中怎么会有和他一般高贵的对等者，或与他相似的亲属呢？赞美安拉清高、圣洁和清净！安拉说：❴ 他们说："至仁主有儿子！"你们的确犯下了一件最严重的罪行！因此，天几乎破，地几乎崩，山几乎塌。因为你们妄称至仁主有子嗣，而至仁主却不屑有子嗣。天地间没有一物不以仆人身份到至仁主跟前。他确已记录了他们，并

---

(1)《穆宛塔》1：208；《提尔密济圣训全集诠释》8：209；《圣训大集》6：177）。
(2)《布哈里圣训实录诠释——造物主的启迪》2：298。
(3) 即你念《忠诚章》。——译者注
(4)《艾哈麦德按序圣训集》5：312；《艾布·达乌德圣训集》5：320；《提尔密济圣训全集诠释》10：28；《圣训大集》8：250。
(5)《圣训大集》8：251。
(6)《圣训大集》2：90；《艾布·达乌德圣训集》1493；《提尔密济圣训集》3475；《伊本·马哲圣训集》3858
(7)《艾布·达乌德圣训集》5：303《提尔密济圣训全集诠释》9：347；《布哈里圣训实录诠释——造物主的启迪》8：679；《圣训大集》6：197；《伊本·马哲圣训集》2：1275。
(8)《泰伯里经注》24：692。
(9)《泰伯里经注》24：692。

计算过他们。他们每一个都将在复生日单独地来到他跟前。》（19：88-95）《他们又说："至仁主有了子嗣。"赞美安拉！不然，（他们）是受优待的奴仆。他们不僭越他说话，他们奉他的命令行事。》（21：26-27）又《他们也捏造他与精灵之间的亲属关系，而精灵们却知道他们一定会被传唤！——赞美安拉超绝于他们所举伴的——》（37：158-159）[1]

《布哈里圣训实录》记载："在听到伤害后，谁都不会比安拉更能忍耐。安拉赐人们衣食和安康，但他们却给他设立儿女。"布哈里传述，穆圣说："伟大的安拉说：人否认我，虽然他不应否认；人辱骂了我，虽然他不该辱骂。他否认我说：'安拉绝不能像初造我一样复造我。'其实对我来说，复造比初造更容易；他辱骂我说，安拉有儿子。其实我是独一的、无求的，我未生，也未被生，任何物不是我的对等者。"[2]

《忠诚章》注释完。一切感赞全归安拉。

## 《黎明章》《人类章》注释　麦加章

### 伊本·麦斯欧迪对这两章的观点

伊玛目艾哈麦德传述，宰勒·本·哈毕西曾对伊本·凯尔卜说，伊本·麦斯欧迪在其《古兰》抄本中不写两庇佑章。伊本·凯尔卜说："我作证安拉的使者曾告诉我，吉卜勒伊里曾对他读了'你说，我祈求黎明的主庇佑……'于是我（先知。下同）照读了它；他（吉卜勒伊里）读了'你说，我求庇于人类的主……'于是我也照读了它。所以我们应该像先知那样诵读它们。"[3]

### 两庇佑章的尊贵

《穆斯林圣训实录》记载，安拉的使者说："难道你没有发现今晚降示的经文是前所未有的吗？它们是：'你说，我祈求黎明的主庇佑'（113章）和'你说，我求庇于人类的主'（114章）。"[4]

另据传述，欧格白·本·阿米尔说，我为使者牵驼走在路上，使者突然问我："欧格白，你因何不骑？"我害怕抗命不遵属于犯罪（便答应骑乘），于是使者下来后我骑了一会儿。然后使者又骑上去，说："欧格白，我教你两个章节好吗？人们没有读过比它们更优美的经文。"我回答："安拉的使者啊！好的。"于是，使者给我读了《黎明章》和《人类章》。有人念成拜辞后，使者向前领拜，拜中就读了这两章。拜后，使者经过我时问："欧格白，你觉得怎样？你应该在睡觉和起床的时候读它们。"[5]

另据传述，欧格白说安拉的使者说："我们念求庇的经文时，从没有念过类似于下面的两章经文：'你说，我祈求黎明的主庇佑'（113章）和'你说，我求庇于人类的主'（114章）。"

另据传述，欧格白说，我曾与使者同行。使者说："欧格白啊！你说！"我问："说什么？"使者没有回答。过了一会又说："你说！"我问："安拉的使者啊！我说什么？"他说："**你说，我祈求黎明的主庇佑。**"于是，我读完了这章经文。过了一会使者又说："你说！"我问："安拉的使者啊！我说什么？"他说："**你说，我求庇于人类的主。**"（114章）于是我读完了该章。读完后使者说："任何祈求者没有以类似的经文祈求过，任何求庇者没有以类似的经文求庇过。"[6]

另据伊本·阿毕斯·杰海尼传述，穆圣曾对他说："伊本·阿毕斯啊！我教给你求庇者所读的最好经文，好吗？"我说："安拉的使者啊！好！"使者说："'你说，我祈求黎明的主庇佑'和'你说，我求庇于人类的主'这两章。"[7]

阿伊莎（愿主喜悦之）说，先知一旦患病，就对自己念两庇佑章，并向自身吹气。当先知病重时，我就给他读，用他自己的手擦他，期待这两章经文的福分。

艾布·赛尔德传述，安拉的使者曾因精灵和人类的毒眼而念求护词。两庇佑章降示后，他只念这两章，放弃了其他祷词。[8]

*奉普慈特慈的安拉之尊名*

》**1.你说，我祈求黎明的主庇佑，**》

---

（1）《布哈里圣训实录诠释——造物主的启迪》13：372。
（2）《布哈里圣训实录诠释——造物主的启迪》8：611。
（3）《艾哈麦德按序圣训集》5：129。
（4）《穆斯林圣训实录》1：558。
（5）《艾哈麦德按序圣训集》4：144；《艾布·达乌德圣训集》2：152；《圣训大集》252、253。
（6）《圣训大集》8：253。
（7）《圣训大集》8：251。
（8）《提尔密济圣训全集诠释》2：218；《圣训大集》8：271；《伊本·马哲圣训集》2：1161。

❴2.免于他所造化之物的恶劣，❵
❴3.免于黑暗弥漫时的恶劣，❵
❴4.免于吹结者的恶劣，❵
❴5.免于嫉妒者嫉妒时的恶劣。❵

贾比尔说"**黎明**"指清晨。(1)伊本·阿拔斯、穆佳黑德、伊本·朱拜尔等持此观点。(2)格勒最、伊本·栽德和伊本·哲利尔说，它如同下列经文：❴他使天破晓。❵（6：96）(3)

"**免于他所造化之物的恶劣**"，即一切被造物的恶劣。萨比特·班纳奈和哈桑·巴士里说，经文指安拉的被造物中的火狱、伊卜厉斯及其子孙的恶劣。

"**免于黑暗弥漫时的恶劣**"，穆佳黑德说，"**黑暗**"指黑夜，经文指太阳西落、黑暗弥漫时的夜晚。(4)伊本·阿拔斯也持此观点。格塔德等学者说，经文指夜幕开始笼罩时的夜晚。(5)

据传述，艾布·胡莱赖解释说经文指星星（即星星隐没时的恶劣）。(6)伊本·栽德说："古阿拉伯人说，'阿西格'（正文译为"黑暗"）指昴宿星的没落。发生这种情况时，各种疾病和瘟疫将会频频出现。昴宿星升起后，疫情才会消失。"

伊本·哲利尔说："一些学者认为经文指月亮。"笔者以为，这种观点的依据出自下列圣训：阿伊莎（愿主喜悦之）说，安拉的使者曾拉着我的手，让我看月出，使者说："你当求主庇佑，免遭这没落的'阿西格'的恶劣。"(7)

"**免于吹结者的恶劣**。"穆佳黑德、艾克莱麦等学者说，"**吹结者**"指女巫。(8)穆佳黑德解释说："当女巫念咒符，并在绳结中吹气的时候。"

另有圣训说，吉卜勒伊里曾问穆圣："穆罕默德啊！你病了吗？"先知回答："是的。"吉卜勒伊里说："我以安拉的名义给你读读护佑词，让你免遭一切疾病、嫉妒者和毒眼的伤害。愿安拉使你痊愈。"(9)

## 穆圣受到邪术影响

据阿伊莎说，先知曾受邪术，致使他误以为自己经常和妻室交接，其实并非如此。苏富扬认为："邪术达到这种程度的是最厉害的。"于是，先知说："阿伊莎，你知道，凡是我请求安拉的事，安拉都教导我了。有两个男子来见我，一个坐在我的头前，另一个坐在我的脚旁。前者对后者说：'此人怎么了？'后者说：'受了邪术！'前者问：'受了谁的邪术？'后者答：'受了莱比德·本·艾尔索穆的邪术。莱比德属于与犹太人结盟的祖莱格族，是个伪信士。'前者又问：'他用了什么邪术？'后者答：'用一把木梳和一些梳落的头发。'前者又问：'现放于何处？'后者说：'放在宰勒万井底岩石下的一个雄性花托内。'"阿伊莎接着说：于是先知去井边取那东西。先知说："我见到的那口井，井水好像用海纳（阿拉伯人用于涂染指甲和头发的一种植物）染红了，井旁的椰枣树好像恶魔之首。"先知命人取出梳子和头发。我便问先知："你不打算把这事公布于众吗？"先知说："安拉已使我痊愈，我讨厌将这种恶毒的消息传播给任何人。"(10)

**奉普慈特慈的安拉之尊名**

❴1.你说，我求庇于人类的主，❵
❴2.人类的君主，❵
❴3.人类的真主，❵
❴4.使我免于潜伏的教唆者的恶劣。❵
❴5.它在人类的胸中教唆。❵
❴6.它来自精灵和人类。❵

以上是至仁主的诸多属性中的三个属性：养育性、绝对的权力和受崇拜性。因为安拉是万物的养育者、掌管者和惟一应受崇拜者，万物都由他创造，都崇拜他，归他掌管，所以，安拉命令人们在祈求保佑时，应该祈求具备这些属性的安拉，使他们免遭潜伏的恶魔伤害。这种恶魔，专门对付人类。每个人都有一个伙伴（精灵），为他粉饰丑行，想方设法使他迷惑。受保护者，则是受安拉保护之人。

圣训对此加以证实，先知说："你们每个人，都被指派了一个伙伴。"众人问："安拉的使者啊！你也如此吗？"使者说："是的，但安拉帮助我战胜了它，它归信了伊斯兰，所以它只让我干好事。"(11)

两圣训实录辑录，穆圣坐静时，（圣妻）索菲娅前去探望。晚上，先知送她回家，路上遇见两位辅士，二人看到先知后欲快步离去。先知喊："请慢走！她是胡燕叶的女儿索菲娅。"二人说：

---

(1)《泰伯里经注》24：700、701。
(2)《泰伯里经注》24：700、701。
(3)《泰伯里经注》24：701。
(4)《布哈里圣训实录诠释——造物主的启迪》8：613。
(5)《泰伯里经注》12：747、749。
(6)《泰伯里经注》12：149。
(7)《提尔密济圣训集》3366；《艾哈麦德按序圣训集》6：61。
(8)《泰伯里经注》12：750、751。
(9)《穆斯林圣训实录》2186。

(10)《布哈里圣训实录诠释——造物主的启迪》10：243。
(11)《穆斯林圣训实录》4：2167。

"安拉的使者啊！赞美安拉！"[1] 先知说："人体内血液所到之处，恶魔都能到达。我担心它使你们产生一些想法。"[2]

伊本·阿拔斯在解释"**潜伏的教唆者**"时说："恶魔伏卧在人的心上，当人疏忽时，它开始教唆；当人记主时，它就潜伏起来。"[3] 穆佳黑德和格塔德也持此观点。穆尔泰米莱传自他的父亲，有人对我说："当人们欢乐和忧愁时，潜伏的教唆者就在人心中吹气；当人记念安拉时，它就潜伏起来。"[4] 奥夫传自伊本·阿拔斯：他说"**教唆者**"指教唆人作恶的恶魔，当人顺服它时，它就潜伏起来。[5]

"**它在人类的胸中教唆。**"如同明文所示，这节经文是特指人类，还是泛指人类和精灵，学者们对此持两种观点。这是因为大多数情况下，"**人类**"一词也包含精灵在内。伊本·哲利尔说："经文中确已出现过'精灵中男子'的字句，所以将人类列入其中，并非异端学说。"[6]

接着清高伟大的安拉说："**它来自精灵和人类。**"这节经文是否是在解释上一节经文"**它在人类的胸中教唆**"呢？经文解释说，这些人来自精灵和人类。这种解释能够帮助第二种观点。也有人认为，安拉说"**它来自精灵和人类**"是解释到底是精灵和人类中的谁在教唆人类。这种说法接近于安拉的下列话：❨ 因此我为每一位先知设了一些敌人，他们是人类与精灵中的魔鬼，他们以花言巧语互相讽喻，进行欺骗。❩（6：112）

伊本·阿拔斯说，有人来找穆圣❀，说："安拉的使者啊！我有时想到一些问题，我宁愿从天上摔下，也不愿讲出那些话。"先知说："安拉至大！安拉至大！一切赞美归于安拉，他瓦解了教唆者的阴谋。"

经注完。一切赞美，全归养育众世界的安拉。一切感赞全归安拉。

---

[1] 意思是我们怎么会对你产生误会呢？——译者注
[2]《布哈里圣训实录诠释——造物主的启迪》4：326。
[3]《泰伯里经注》24：709。
[4]《泰伯里经注》24：710。
[5]《泰伯里经注》24：710。
[6]《泰伯里经注》24：711。

# 附 录

## 先知篇

### 阿丹(آدم)
人类始祖,安拉用泥土造化的第一个男人。

### 伊德里斯(إدريس)
是阿丹之后、努哈之前的早期先知。

### 努哈(نوح)
古代著名先知之一,安拉派遣到大地上的第一位使者。

### 呼德(هود)
《古兰》中提到的古代先知之一。

### 撒立哈(صالح)
《古兰》中提到的古代先知之一。

### 伊布拉欣(إبراهيم)
《古兰》中提到的著名先知之一,伊布拉欣因对安拉的无限忠诚而享有"安拉的朋友"之美称。其长子伊斯玛仪是阿拉伯人的祖先;次子易司哈格是以色列人的祖先。

### 鲁特(لوط)
《古兰》中提到的古代先知之一。其族人骄奢淫逸,拦路抢劫,无恶不作,尤为严重的是纵欲男色,后来其中所有不信者都被暴雨般的飞石击毙。

### 伊斯玛仪(إسماعيل)
《古兰》中提到的古代先知之一,先知伊布拉欣之长子,是哈哲尔所生。

### 易司哈格(إسحاق)
《古兰》中提到的古代先知之一。先知伊布拉欣之次子,伊斯玛仪之弟。

### 叶尔孤白(يعقوب)
《古兰》中提到古代先知之一,先知优素福之父。

### 优素福(يوسف)
《古兰》中提到的古代先知之一,先知叶尔孤白之子。自幼聪明、英俊,深得其父钟爱,遭到同父异母哥哥嫉妒,被推入井中,后被过路客商从井中捞出,廉价卖到埃及权贵葛图斐尔府中当仆人。及长,被国王任命为主管粮食的大臣。

### 艾优卜(أيوب)

《古兰》中提到的古代先知之一。《古兰》中主要提到他面对磨难坚贞不屈的精神品格。

### 舒尔布(شعيب)

《古兰》中提到的先知之一，相传系红海岸西奈山附近的麦德彦部落人。该族人经商中缺斤少两、称量不公，真主派舒尔布去教化他们，遭到拒绝，舒尔布及其追随者亦被逐出家乡。麦德彦人执迷不悟，终于遭到真主的惩罚。

### 穆萨(موسى)

《古兰》中提到的著名古代先知和使者，安拉曾颁降给他《讨拉特》。

### 哈伦(هارون)

《古兰》中提到的古代先知之一，先知穆萨之兄和宣教助手。

### 助勒基福勒(ذو الكفل)

《古兰》中提到的古代先知之一。

### 达乌德(داود)

《古兰》中提到的先知之一，是承领安拉降给人类四大部天经之一《宰哺尔》的先知。他曾随国王塔鲁特与伽鲁特作战，杀死伽鲁特，从而得到了安拉赏赐的国权和智慧。

### 苏莱曼(سليمان)

《古兰》中提到的古代先知之一。古代先知达乌德之子，继承父业，享有国权。

### 易勒雅斯(إلياس)

《古兰》中提到的古代先知之一。

### 艾勒叶赛尔(اليسع)

《古兰》中提到的古代先知之一。

### 优努斯(يونس)

《古兰》中提到的古代先知之一。曾乘船出走，遇风暴跳入大海，进入鱼腹。在鱼腹拜主、忏悔，赞美安拉。

### 宰凯里雅(زكريا)

《古兰》中提到的古代先知之一。先知叶尔孤白的后裔，叶哈雅之父。

### 叶哈雅(يحيى)

《古兰》中提到的古代先知之一。先知宰凯里雅之子。

### 尔撒(عيسى)

《古兰》中提到的著名古代先知，是纯贞女麦尔彦之子，安拉曾赐予他《引支勒》经典，并奉命去教化以色列人。伊斯兰认为尔撒决不是主，也未被钉死在十字架上。

### 穆罕默德ﷺ(محمّد)

公元570-632年。安拉派遣给人类的最后一位先知和使者，万圣的封印者，他之后，安拉不再派遣先知。

## 四大哈里发篇

### 艾布·伯克尔(أبوبكر)

第一任正统哈里发，著名圣门弟子。在先知传教初期首先信教，是先知的挚友和得力助手。632年先知归真后，被选为第一任哈里发，平息了内忧外患，稳定了先知奠定的伊斯兰大业。执政期间，主持了《古兰》的首次汇集工作。634年因病在麦地那归真。

### 欧麦尔(عمر بن الخطاب)

第二任正统哈里发，著名圣门弟子，先知最得力的助手之一，在他执政期，整个阿拉伯半岛实现伊斯兰化。对外则征服了属于当时最强大的两大帝国——波斯帝国和拜占庭帝国。从635-642年内先后征服叙利亚、耶路撒冷、伊拉克、波斯和埃及等地区。

### 奥斯曼(عثمان)

第三代正统哈里发，著名圣门弟子。先知得力助手之一。公元644年被推选为第三任哈里发。649-650年，他派大将阿斯攻克了伊斯泰赫尔，派巴士拉地方长官阿卜杜拉·本·阿慕尔占领呼罗王国。652年征服了阿塞拜疆和亚美尼亚的部分地区，649-650年，命穆阿维叶率海军夺取拜占庭海军基地塞浦路斯岛和艾尔瓦德岛。653年，组织专人汇编《古兰》，确定正式文本。656年4月被暴徒杀害宅邸。

### 阿里(علي)

第四任正统哈里发，著名圣门弟子。出身于古莱什部落哈希姆家族，幼年丧父后由先知抚养。担任录事，记载启示和先知的训示。656年6月，奥斯曼被害后，阿里被推举为第四任哈里发，为整顿内部和维护疆土，把首都从麦地那迁至库法城。

## 圣妻篇

### 阿伊莎(عائشة)

先知穆罕默德的妻子，是艾布·伯克尔的幼女，圣训的主要传述人之一，毕生传述圣训2210段，涉及宗教信仰、制度、礼仪以及日常生活。

### 哈芙赛(حفصة)

先知穆罕默德的妻子，第二任哈里发欧麦尔之女。

### 乌姆·赛莱迈(أم سلمة)

先知穆罕默德的妻子，哈立德·本·瓦利德的侄女，圣训传述人。她曾传述圣训378段。

## 圣门弟子篇

### 艾布·胡莱赖(أبو هريرة)

著名的圣门弟子，圣训背诵家和传述家。因其喜爱小猫，故以艾布·胡莱勒（小猫之父）的绰号著称。也门道斯部落人，跟随先知宣教多年，曾任先知寺教师。先知归真后，曾担任过巴林、麦地那长官，主持麦加的司法工作。一生背记、传述圣训5374段。辑有《穆斯奈德》圣训集一稿，由艾布·易司哈格·本·伊布拉欣整理成书。

### 伊本·阿拔斯(ابن عباس)

经注家，圣训传述家，先知的堂弟和弟子，出身于麦加阿拔斯家族，精于伊斯兰教法，尤擅长注释《古兰》，被先知誉为"《古兰》的解释者"，曾被第四任哈里发阿里委任为巴士拉总督。晚年双目失明，留居塔伊夫。他一生传述圣训1660段。

### 伊本·欧麦尔(ابن عمر)

圣门弟子，圣训传述家，生于麦加，是第二任哈里发欧麦尔的长子，早期麦地那的知名学者之一，幼年随父入教并迁徙麦地那，656年奥斯曼遭害后，他拒绝部分圣门弟子拥戴他为哈里发的请求。一生作出过许多教法判例，由于他与艾奈斯·本·马力克的共同努力，有关圣训传述的研究在麦地那发展成为专门的学科，他背记、传述圣训1630段。

### 艾奈斯·本·马立克(أنس بن مالك)

圣门弟子，圣训传述家，麦地那人，10岁由其母乌姆·赛莱迈送交先知培养，622-632年间作先知的侍从，故对先知的思想主张和懿德贤操有很深的了解。632年先知归真后，他在麦地那致力于圣训的传述和研究。后迁居大马士革，继又定居巴士拉，从事宣教和讲座。一生传述圣训2286段。

### 伊本·麦斯欧迪(ابن مسعود)

圣门弟子，圣训传述家，是先知的仆从，生于麦加，曾迁徙埃塞俄比亚，后迁徙到麦地那，精通《古兰》和伊斯兰教法。

### 艾布·穆萨·艾什尔里(أبو موسى الاشعري)

圣门弟子，著名军政长官之一，诵经家，生于也门扎比德，出身于盖哈坦部落，少年时在麦加信奉伊斯兰教，曾奉先知之命迁徙埃塞俄比亚避难，后被派往家乡宣教，第二任哈里发欧麦尔执政时期被任命为巴士拉军政长官，后任库法军政长官，曾应库法穆斯林的请求，作为阿里一方的代表，出席绥芬战役后的裁决会议，擅长《古兰》读法。毕生传述圣训355段。

### 贾比尔(جابر)

圣门弟子，圣训传述人之一，出生于麦地那赫兹勒吉部落，620年信奉伊斯兰教，成为麦地那最早的6名穆斯林之一，参加过19次战役，毕生传述圣训1540段，晚年在麦地那圣寺设讲座，传授圣训。

### 瓦利德(الوليد بن عقبة)

圣门弟子，是哈里发奥斯曼的同母兄弟。解放麦加的那一天接受信仰，曾一度受命负责天课事务，在奥斯曼执政时期，被任命为库法长官。

### 武洒麦·本·栽德(أسامة بن زيد)

圣门弟子，著名军事家。先知归真后，虽然当时他还很年轻，但艾布·伯克尔还是遵照先知遗旨，授其军权，派出第一支军队平息了内乱，树立了穆斯林的信心。

### 艾布·则尔(أبو ذر)

圣门弟子，少数最先进教者之一，以虔诚、敬畏和节俭朴素著称，传述很多圣训。先知归主后，他移居叙利亚，结交很多穷苦人和无家可归者。

### 艾布·欧拜德(أبو عبيدة بن الجراح)

圣门弟子，军事将领。生于麦加，出身于古莱什部落的菲赫尔家族，少数最早信教者之一。曾奉命迁徙埃塞俄比亚避难，吾侯德战役中，他曾拼死护卫先知，曾被派到纳季兰地区传教，艾布·伯克尔执政时期，成为军事将领，曾率军前往叙利亚的霍姆斯，欧麦尔执政后被任命为北征叙利亚的总指挥，曾率军先后占领大马士革、太巴列、巴勒贝克、霍姆斯等地，他还协助欧麦尔向各地派驻军，任命官员，判定管理新征服领土的各项规章条例，639年在耶路撒冷附近染瘟疫归真。

### 赛尔德·本·栽德(سعيد بن زيد)

圣门弟子，古莱什部落人，早期入伊斯兰教者之一，曾迁往埃塞俄比亚避难，参加过使者参加的所有战役，也参加了征服叙利亚的战斗，逝于麦地那。

### 罕萨尼·本·萨比特(حسان بن ثابت)

诗人，圣门弟子，麦地那人，蒙昧时代曾到叙利亚基督教加萨尼王国和希拉王国，任宫廷诗人。伊斯兰时代，接受信仰一直追随先知。擅于讽刺和辩驳，晚年双目失明，留有《诗集》传世。

### 吾班叶·本·凯尔卜(أبي بن كعب)

圣门弟子，精通《古兰》及其记录，伊斯兰教历22年卒于麦地那。

### 栽德·本·萨比特(زيد بن ثابت)

圣门弟子，《古兰》主要记录者之一，生于麦地那，出身赫兹勒吉部落族的达哈克家族，曾照先知的指示攻读并掌握了古叙利亚语和希伯来语，能诵读全部《古兰》，谙熟伊斯兰教法和《古兰》诵读法，传述有近百段圣训，于665年病故于麦地那，终年54岁。

### 凯尔卜·本·马立克 (كعب بن مالك)

圣门弟子，诗人，麦地那人。安拉曾降示古兰，接受其忏悔，晚年双目失明，终年77岁。

### 仪姆兰·本·侯塞因 (عمران بن حصين)

圣门弟子，曾奉欧麦尔委派主持过巴士拉的司法工作。

### 君岱卜 (جندب بن الازدي)

圣门弟子，绥芬战役中阵亡。

### 阿丁伊·本·哈亭 (عدي بن حاتم)

圣门弟子，原是基督教徒，伊斯兰教历7年见到使者，并接受信仰，伊斯兰教历66年卒于库法，终年120岁。

### 阿卜杜拉·本·赛俩目 (عبد الله بن سلام)

圣门弟子，辅士，在接受伊斯兰之前是犹太教徒。

### 艾格莱尔·本·哈毕斯 (الأقرع بن حابس)

圣门弟子，解放麦加那一年信奉伊斯兰，在征服呼罗珊时阵亡。

### 胡宰法 (حذيفة)

圣门弟子，他和父亲一起参加吾侯德战役时，其父被穆斯林军误伤而亡，他曾被欧麦尔委派为麦达因的长官，在奥斯曼遇害的40天后归真。

### 毕西尔·本·白拉伊 (بشر بن البراء)

圣门弟子，赛莱麦家族的贵族，他在与先知一道食用毒羊时，中毒身亡。

### 赛尔德·艾布·宛葛思 (سعيد بن أبي وقاص)

著名圣门弟子，军事将领，生于麦加。610年，17岁的赛尔德成为第五位最先信教者。曾奉先知之命迁往埃塞俄比亚避难。637年欧麦尔执政时期，他出任进军波斯的总指挥。在卡迪西亚打败波斯帝国军队，一举攻克波斯帝国首都泰西封。欧麦尔遇害后，他避开纷争，隐居在麦地那郊外阿基格村。毕生传述圣训270余段。晚年双目失明。675年病故。

### 穆阿维叶 (معاوية)

圣门弟子，伍麦叶家族，是艾布·苏富扬的次子。曾任先知的文书。艾布·伯克尔担任哈里发时，仍担任录事。在参加征讨"里达"叛乱的战斗中，初显军事才华。634年欧麦尔任命其为征服叙利亚的主将之一。639年接替其兄叶齐德任大马士革总督。649-650年他率军夺取塞浦路斯岛和罗德岛。661年，穆阿维叶在叙利亚和埃及阿拉伯贵族的支持下，自称哈里发，建立伍麦叶王朝，定都大马士革。679年，他指定其子叶齐德为哈里发的继任者。

### 阿米尔·本·莱毕尔 (عامر بن ربيعة)

少数最先接受信仰的圣门弟子之一，曾奉命迁往埃塞俄比亚避难，迁徙麦地那后参加了白德尔战役。曾接受先知及欧麦尔等圣门弟子传述的圣训。卒于伊斯兰教历35年。

### 阿卜杜拉·本·阿慕尔(عبد الله بن عمرو)

圣门弟子，先于其父阿慕尔接受信仰，在绥芬之战中，作为穆阿维叶的左翼军事成员参战。伊斯兰教历63年卒于叙利亚。

### 阿慕尔·本·赛尔德(عمرو بن سعيد)

圣门弟子，出身伍麦叶家族，曾奉命迁往埃塞俄比亚避难，在征服叶尔姆克时阵亡。

### 萨比特·本·盖斯(ثابت بن قيس)

圣门弟子，善于劝善演说，麦地那赫兹勒吉部落人，在征讨叶麻麦时阵亡。

### 索菲娅·宾特·西白(صفية بنت شيبة)

圣门女弟子，曾接受阿伊莎、乌姆·哈比白等圣妻传述的圣训。

### 谷赛姆(قثم)

圣门弟子，先知的堂弟，他母亲是继赫蒂彻之后第二位信奉伊斯兰的女性。据传述，阿里执政时，曾委派他为麦加长官，在征讨萨马尔罕时阵亡。

### 艾布·欧麻麦·巴黑里(أبو إمامة الباهلي)

圣门弟子，圣训传述人，据说他曾参加了向先知宣誓效忠的协定。卒于伊斯兰教历80年左右。

### 栽德·本·哈里斯(زيد بن الحارثة)

先知最心爱的圣门弟子之一。最早信奉伊斯兰教者之一。曾被先知收为义子。是惟一在《古兰》中被提到名字的圣门弟子，先知亲率穆斯林军远征台卜克时曾命他镇守麦地那。629年他奉命率军出征拜占庭帝国属地叙利亚，在穆乌泰战役中阵亡。

### 赛勒曼·法里西(سلمان الفارسي)

圣门弟子。伊斯兰早期学者、军事家。生于波斯伊斯法罕，原信奉琐罗亚斯德教，后改奉基督教。曾离家到叙利亚、摩苏尔、奈绥比、阿姆利亚游学，研究基督教教义，后转到阿拉伯半岛中部地区的城市研究伊斯兰教。途经瓦底古拉商道时受骗，被卖为奴隶。后又流落到麦地那沦为犹太人的奴隶，受先知资助赎身，不久信奉伊斯兰教。因其学识渊博，担任圣门弟子的教师。

### 穆阿兹·本·杰伯里(معاذ بن جبل)

圣门弟子，麦地那赫兹勒吉部落人，18岁时信奉伊斯兰教，曾被先知派往也门宣教。

### 白拉伊·本·马立克(البراء بن مالك)

圣门弟子，麦地那赫兹勒吉部落人，参加过吾侯德战役及其以后的战役，在征服波斯时牺牲。

### 白拉伊·本·麦尔鲁勒(البراء بن معرور)

圣门弟子，辅士，在迁徙之前，曾作为赛莱麦家族的首领与先知结约宣誓效忠，并朝向天房礼拜。

### 白拉伊·本·阿兹卜 (البراء بن عازب)

圣门弟子，麦地那赫兹勒吉部落人，先知曾因其年龄小而不让他参加白德尔战役。曾参加了阿里指挥的数次战役，也参加了对波斯的征服战。

### 赛尔德·本·马立克 (سعد بن مالك) （艾布·赛尔德·胡德里）

圣门弟子，曾担任过麦地那教法说明官，先知曾因其年龄小，未让参加吾侯德战役。约在伊斯兰教历64年卒于麦地那，享年74岁。

## 再传弟子篇

### 哈桑·巴士里 (الحسن البصري)

再传弟子，圣训学家，教法学家。生于麦地那，后迁至巴士拉，其著作未保留下来，其思想主张散见于后辈学者的著作当中，由于他信仰虔诚和学术上的声誉，赢得了苏菲派、穆尔泰齐赖派和逊尼派的尊敬。

### 沃海布·本·穆南毕哈 (وهب بن منبه)

再传弟子，谙熟祖先、先知和帝王的历史传记，祖籍波斯，生于沙纳，曾跟随阿布杜拉·本·阿拔斯学习古兰。被欧麦尔·本·阿布杜勒·阿齐兹任命为沙纳的长官，卒于该地。著作有《希木叶尔人帝王史》《先知传》《前定论》《以色列传述》。

### 穆罕默德·本·西林 (محمد بن سيرين)

再传弟子，艾奈斯·本·马力克的释奴，法学家，圣训学家，经注学者，据传擅于圆梦，生于巴士拉，冶炼金属铸锻造兵器出身。

### 伊本·哈乃斐叶 (ابن الحنفية)

再传弟子，出生并卒于麦地那，是第四任哈里发阿里的第三子，因其生母豪莱是贾法尔·哈乃斐叶之女，故称伊本·哈乃斐叶。什叶派凯桑尼支派尊他为伊玛目。

### 伊布拉欣·奈赫伊 (إبراهيم النخعي)

再传弟子，伊拉克法学家，经注背记者，也门人，后迁居库法，曾跟随和求教于伊本·麦斯欧迪等圣门弟子。

### 伊本·朱莱哈 (ابن جريج)

再传弟子，圣训学家，经训背记家，法学家，经注学者，生于麦加，迁居伊拉克，遗著有《圣训集》《朝觐功课》和《古兰经注》。

### 伊本·穆黑莱兹 (ابن محيريز)

再传弟子，法学家。

### 穆特磊夫 (مطرف)

圣训学家，第四级再传弟子，曾接受爱舍尔比等人传述的圣训，卒于伊斯兰教历142年。

## 孟勒(مرة الطيب)

再传弟子,先知在世时已出生,曾接受艾布·伯克尔、欧麦尔、艾布·则尔、伊本·麦斯欧迪传述的圣训,伊斯兰教历80年左右卒于库法。

## 谢海里·本·胡叔卜(شهر بن حوشب)

再传弟子,圣门女弟子艾斯玛仪·宾特·叶齐德的释奴,曾跟随和求教过伊本·阿拔斯,并多次由其检查他对《古兰》的背记。

## 舒尔宾(الشعبي)

再传弟子,圣训学家,圣训传述人,法学家,诗人,出生于库法,欧麦尔·本·阿布杜勒·阿齐兹曾委任他为法官。

## 舒莱海(شريح)

再传弟子,法学家,曾一度担任库法法官。

## 哈贾吉·本·优素福(الحجاج بن يوسف)

再传弟子,伍麦叶王朝著名军事将领,生于塔伊夫。692年奉阿布杜勒·麦利克·本·麦尔旺之命率兵攻击麦加,杀死阿布杜·本·祖拜尔,灭其军队及家属,因此被任命为希贾兹总督,后在两年之中又平定了也门和叶麻麦各部落的反叛,重新实现了阿拉伯半岛统一,694年被委派为伊拉克总督,曾先后镇压了伊拉克、库法什叶派和巴士拉哈瓦里吉的反抗。705—712年派其部将先后征服了喀布布、中亚和印度西北部落地区。

## 端哈克(ضحاك)

再传弟子,经注学家,圣训学家,有经注方面的著作。

## 凯尔卜·本·艾哈巴尔(كعب الأحبار)

再传弟子,他曾是也门的一个基督徒,在欧麦尔执政期间接受伊斯兰,并迁居麦地那,在那里和圣门弟子住在一起,向他们学习圣道和讲述以色列经典中的故事,后来去了叙利亚。

## 栽德·本·艾斯莱姆(زيد بن أسلم)

再传弟子,经注家,有经注方面的著作。

## 祖海里(الزهري)

再传弟子,圣训学家,经注背记者,法学家,史学家,生于麦地那,迁居叙利亚,著有《使者的旨意》和《古兰经的降示》。

## 塔吾斯(طاؤوس)

再传弟子,法学家,祖籍波斯,迁居也门,跟随和求教过50多位圣门弟子,朝觐过40多次,伊斯兰教历106年12月10日卒于麦加天房。

## 凯里宾(الكلبي)

再传弟子,家谱学者,圣训传述人,语言学家,库法人,曾一度在库法学习研究语言和历史,并在巴士拉住过一段时间。

### 穆罕默德·本·凯尔卜(محمد بن كعب)

再传弟子,圣训学家,曾居住库法,后迁居麦地那。

### 希沙姆·本·欧莱沃(هشام بن عروة)

后期再传弟子,伊斯兰学者,生于伊斯兰教历61年,伊斯兰教历146年卒于巴格达,传述圣训近千段。

### 阿慕尔·本·舒尔布(عمرو بن شعيب)

伊斯兰教历128年卒于塔伊夫。

### 欧拜德·本·阿布杜拉(عبد الله بن عبيد)

早期再传弟子,曾接受阿依莎、伊本·阿拔斯、伊本·欧麦尔传述的圣训,伊斯兰教历113年卒于麦加。

### 伊布杜拉·本·祖拜尔(عبد الله بن الزبير)

再传弟子,曾参与征服波斯、埃及和北非,反对穆阿维叶立儿子叶齐德为哈里发,反对伍麦叶管理希贾兹。

### 阿布杜拉·本·凯西尔(عبد الله بن كثير)

再传弟子,麦加《古兰》领诵家,伊斯兰教历48年生于麦加,卒于伊斯兰教历120年。

### 赛尔德·本·穆散耶卜(سعيد بن المسيب)

麦地那七大法学家之一,享有"再传弟子之首"之称,生于欧麦尔执政初期,与欧麦尔、奥斯曼、阿里等著名圣门弟子见过面。

### 穆佳黑德(مجاهد)

再传弟子,经注学家,麦加古莱什部落人。

### 阿塔·本·艾布·磊巴哈(عطاء بن أبي رباح)

再传弟子,法学家,经注家,生于也门,在麦加长大,曾任麦加穆夫提。

### 艾克莱麦(عكرمة)

再传弟子,经注家,伊本·阿拔斯的学生。原系柏柏人,遗著有《古兰经注》。

### 欧拜杜拉·本·阿卜杜拉(عبيد الله بن عبد الله)

再传弟子,法学家,圣训学家奥尼的兄弟。

### 阿卜杜勒·麦利克·本·麦尔旺(عبدالملك بن مروان)

再传弟子,伍麦叶王朝第五任哈里发,生于麦地那,通晓伊斯兰经籍、教义和教法。爱好诗歌,683年随父由麦地那迁往大马士革,685年其父归真后继任哈里发。

### 阿塔·呼罗珊(عطاء الخرساني)

再传弟子,圣训学家,劝善家,祖籍呼罗珊,定居大马士革。

### 欧拜德·赛勒曼尼(عبيدة السلماني)

再传弟子，也门人，解放麦加的那年信奉伊斯兰，谙熟法学，曾求教伊本·麦斯欧迪等圣门弟子，卒于伊斯兰教历72年。

### 阿慕尔·本·迪纳尔(عمرو بن دينار)

再传弟子，经训背记家，麦加人，生于伊斯兰教历45年，逝于伊斯兰教历126年初。曾从伊本·阿拔斯、贾比尔、伊本·欧麦尔、艾奈斯·本·马立克等圣门弟子传述搜集过圣训400多段，曾在麦加从事教法判例30年。

### 阿布杜·拉赫曼·本·叶齐德(عبد الرحمن بن يزيد)

再传弟子，经训背记家，沙姆地区法学家，生于阿卜杜勒·麦利克·麦尔旺执政时期，卒于伊斯兰教历153年（或154年）。

### 穆罕默德·本·易斯哈格(محمد بن إسحاق)

圣训学家，再传弟子，史学家，生于麦地那，因与正统派发生分歧，被教法学家马立克指责为什叶派及"伪造圣训者"，被迫出走，后由阿拔斯王朝曼苏尔邀至巴格达，从事搜集圣训和著述。他是最早撰述先知穆罕默德传记的作者。辑录有3卷关于先知的传记材料《先知传》，保存下来的是由伊本·希沙姆整理的记录。另有《哈里发们》《原则》等著作传世。

## 学者篇

### 穆尕提里(مقاتل)

经注家，凯俩目学家，兼对《古兰》读法和语言学有所研究，原籍伯利恒，迁居巴士拉，遗著有《古兰经注》《驳斥宿命论》《象征性经文》《〈古兰〉读法》等。

### 艾布·哈尼法(أبو حنيفة)

逊尼派四大法学派创始人之一，教法学家，被尊为"大伊玛目"。生于伊拉克库法。其法学思想及主张主要通过其弟子几十部著作保留和传布至今，其中有《非格亥艾克拜尔》和《穆斯奈德·艾布·哈尼法》。

### 艾布·欧拜德(أبو عبيد)

圣训学家，法学家，《古兰》学家，圣训背记家。生于阿富汗西北部。著述颇多，主要有《前车之鉴》《革止和被革止的经文》《信仰与许愿》《家禽、飞禽走兽和昆虫书》《古兰历史事件集》《古兰的优越》《信仰及其标志》。

### 马立克·本·艾奈斯(مالك بن أنس)

出生于麦地那，逊尼派马立克法学派创始人，著名教法学家，马立克的基本出发点是以《古兰》律例和麦地那穆斯林公社的传统习惯来核审伍麦叶王朝时期行政惯例及法律实践和民俗习惯，他流传至今的著作是《穆宛塔圣训集》。

### 沙斐仪(الشافعي)

逊尼派四大法学派创始人之一，教法学理论奠基人，生于巴勒斯坦的加沙，曾

### 赫利里·本·艾哈迈德(الخليل بن أحمد)

语言学家，语法学家，是第一位把韵律学划分为独立的学科的学者。对阿拉伯文学，尤其是诗歌散文的发展与弘扬作出了功不可没的奉献，著作有《العروض الشواهد》《الايقاع》《فعل الحروف》《标点符号》和《句子》等。

### 苏富扬·扫力(سفيان الثوري)

圣训学家，法学家，生于库法，归真于巴士拉。著有《الجامع الكبير》《الجامع الصغير》和《遗嘱》等。

### 赛丁伊(السدي)

经注家，定居于库法，遗著有《古兰经注》。

### 安萨里(الغزالي)

伊斯兰教权威教义学家、复兴家、哲学家、法学家、教育家。生于波斯呼罗珊的图斯。安萨里一生撰有教义学、教法学、哲学、伦理学、教育学等方面的著作约400种，大多已散失。其中最重要的有《圣学复苏》《哲学家的矛盾》《哲学家的宗旨》《光的壁龛》《迷途指津》《古兰精神实质》《心灵的发现》《幸福之道》《致孩子们》《四十书》等。

### 阿布杜·兰扎格(عبد الرزاق)

圣训学家，经训背记者，法学家，著有《古兰经注》《圣训集》《净化灵魂、警惕感官的快乐》《法学与圣行》等。

### 泰伯里(طبري)（穆罕默德·伊本·哲利尔·艾布·贾法尔）

著名经注学家，圣训学家，史学家，法学家，教义学家，演绎家，生于里海南岸的泰波利斯坦，谙熟犹太教、基督教和索洛亚斯德教经典教义，精通伊斯兰教各门学科和各教派的学说。他的著述宏富，第一部名著是《古兰经解总汇》，另一部名著是《历代先知和帝王史》，在教法方面的著作有《法学家的风气》《法官守则》等。

### 艾布·易司哈格(أبو إسحاق)

语言学家，语法学家，经注学家，生于巴格达，主要著作有《古兰的精神要义》《语法简述》《人类的道德品质》。

### 西拜韦(سيبويه)

著名阿拉伯语语法学家，祖籍波斯摄拉兹，12岁时随母亲移居伊拉克巴士拉。编写了第一部阿拉伯语语法著作《西拜韦书》。

### 宰迈赫舍里(الزمخشري)

经注学家，教法学家和文学家。祖籍波斯。出生于花剌子模的宰迈赫舍尔，曾到布哈拉、巴格达和麦加游学。119年开始，用三年时间完成了《阿拉伯语法详解》一书，并为语法学家西拜韦的古诗和典雅的阿拉伯成语、格言做过很多注疏。此外，在辞书编纂学上，创立了用阿拉伯字母排列词条的新方法。他最主要的学术成果是《卡沙夫古兰经注》，另外还有《圣训冷僻辞解》《文学绪论》。

## 努哈斯(النحاس)

经注家，语法学家。注有《古兰经注》《革止与被革止的经文》《西拜韦诗解》《悬诗解读》。

## 苏尤蒂(الإمام السيوطي)（哲玛伦丁·阿布杜·拉赫曼）

经注学家，史学家，语言学家。生于埃及。他的著作传世的有100多种。最著名的是《哲俩莱尼古兰经注》，还有《古兰学通论》《哈里发列传》。

## 拉齐(الرازي)

波斯逊尼派经注学权威，教义学家和哲学家。生于德黑兰附近的腊季。拉齐青年时代随父学习，后游花剌子模、中亚、河外地及呼罗珊等地学习，在呼罗珊写出了《伊本·西那〈指要与提示〉形而上学诠释》一书。在故乡讲学之余写成了《幽玄之钥》经注共12册，其哲学著作《古今科学家、哲学家和凯俩目学家思想成就》也是同一时期完成的。另外有《医学大全》《凯俩目学五十问题》《宗教原理四十题》《东方论题》《科学凡例》《几何书》《非难哲学家》等传世。卒于阿富汗的赫拉特。

## 格尔特宾(القرطبي)

经注学家，安德卢斯科尔多人。卒于埃及。著作有《古兰经教法集》《富尔嘎尼的经文》《真主尊名解》《用灵修和知足常乐抑制贪欲》《常记死亡和后世》。

## 哈肯(الحاكم)

圣训学家，经训背记家，史学家。生于奈萨布尔。曾到各地游学搜集圣训，先后追随请教过2000多位学者。著作有《补遗与修正》《奈萨布尔史》《谢赫简介》《了解圣训学》《圣训学入门》《圣训中的花冠》等。

## 伊本·哈兹姆(ابن حزم)

法学家、哲学家、史学家、凯俩目学家、诗人，生于科尔多瓦，著有《鸽子的项圈》和《关于教派和异端的批判》，其余著作被烧毁。

## 伊本·艾布·哈亭(ابن أبي حاتم)

圣训学家，谙熟传述人，法学家，教义学家，经注家，著有《驳斥延缓派》《缺陷》《古兰经注》《辩误与考证》，伊斯兰教历327年卒于拉因城。

## 范拉仪(الفراء)

文学家、语法学家、语言学家，对法学、医学、阿拉伯征战史、阿拉伯诗歌皆有研究。生于库法，迁居巴格达，遗著有《固定法》《古兰经大意》《减尾与延尾》《库法人、巴士拉人和沙姆人的读写分歧》《古兰经的价值》《白昼与黑夜》。

## 布哈里(البخاري)

著名圣训学家，圣训辑录家。因生于中亚布哈拉，故而得此名。他的著作有《布哈里圣训实录》《圣门弟子和再传弟子的例传判例》《孝顺父母》《大史》《小史》。

### 穆斯林(مسلم)

著名圣训学家，《古兰》背诵家。出生于呼罗珊奈萨布尔，曾游学各地。也一度在伊本·罕百里门下专攻圣训和圣训学。从学初期兼营成衣生意，后依靠祖传家业维持学术活动和个人生活需要。嗣后，周游各省，遍访圣训传述家和背记家，采集圣训30万段，传述系统1万多条，经核证和筛选，从中精选37275段，分门别类，历经15载汇编成书，定名为《穆斯林圣训实录》。穆斯林很敬仰布哈里，二人在学术上多有交往，但他辑录圣训有自己的原则和标准。他的传世著作还有《圣训学家的幻想》《再传弟子的等级》《名号》《缺陷》《区别》等。

### 艾布·达乌德(أبو داود)

伊拉克著名圣训家，"六大圣训集"的汇编者之一，原籍西吉斯坦。曾到埃及、叙利亚、杰吉拉、伊拉克、呼罗珊等地广求学识，搜集圣训。曾师从伊本·罕百里等几位硕学名宿学习圣训和圣训学，并同布哈里、穆斯林和古太白交往密切。后在巴格达讲学，开展圣训与教法关系的研究。他治学严谨，一生搜集圣训50万段。从中精选出有关教法的圣训4800段。辑录成书定名为《艾布·达乌德圣训集》。另有《前定书》《革止与被革止的经文》《隐修篇》《赫瓦利吉史》等，著述大都散失。

### 伊本·马哲(ابن ماجه)

圣训学家，经注学家，六大部圣训集的汇编者之一。出生于波斯加滋温，早期在家乡各地清真寺学习，后又辗转伊拉克、叙利亚、希贾兹、埃及等地求学，并搜集和研究圣训，后期在库法和巴士拉定居，从事讲学和整理，考订圣训，把自己精选的4341段圣训分为37章1515节，予以辑录定本，命名为《伊本·马哲圣训集》，他还著有《古兰经通注》和《历史》等。

### 伊本·罕巴尼(ابن حبان)

圣训学家，经训背记家，史学家，法学家，语言学家，劝善演说家，兼对医学、星相学也有研究，生于中亚，曾到呼罗珊、伊拉克、希贾兹、叙利亚、埃及等地求学。后来到马木汗传授法学并主持司法工作，最终回到故乡，著作有《智者和贤者的园地》《忠实可靠的传述人名字号》《各地著名学者》《敬畏者的层次》《认识朝向》等。

### 提尔密济(الترمذي)

著名圣训学家，逊尼派六大圣训集辑录者之一，出生于中亚阿姆河流域的提尔米兹村。青年时期在家乡及各地求学。曾师从圣训学家布哈里，在教法思想上深受其影响。后游历呼罗珊、希贾兹、伊拉克等地，寻访圣训收藏家和背记家，记录大量圣训集。他将各地资料依据其自定的标准，即真实、符合伊斯兰精神和理性原则，传述人公正无私等，进行分析、研究和比较并加以整理、分类，从中精选出5000余段被确认为可靠的圣训，分门别类，汇集成书《提尔密济圣训集》。此外他还有论述传述系统和传述人的《缺陷》及《先知的品德》等著作传世。

### 孟则尔·本·赛尔德(منذر بن سعيد البلوطي)

文学家、语法学家、诗人、法学家、演讲家、凯俩目学家。生于安德鲁斯。曾在当地游学，又到麦地那、埃及求学。先后在马尔丁、素乌尔等地从事司法工作。遗著有《从古兰中演绎法律的指导》《书信演说集》《革止与被革止经文》《宗教学的实质》。

### 伊玛目艾哈迈德(الإمام أحمد)（伊本·罕百里）

圣训学家、教法学家、文学家、罕百里教法学派的创始人。生于巴格达，父亲是穆斯林军官，早逝。伊本·罕百里由母亲抚养长大。他为了学习和搜集圣训，曾到过麦加、麦地那、库法、巴士拉、叙利亚、摩洛哥等地。他还曾在巴格达向沙斐仪教长学过教法原理。他较少使用"类比"，否认个人意见在释法当中的作用，反对使用"公议"，特别反对穆尔太泰齐莱学派的"意志自由论"和"《古兰》受造说"，为此被当地政府鞭打，关押两年零四个月之久。伊本·罕百里的主要著作有《穆斯奈德圣训集》《拜功与规则》《古兰经注》《圣门弟子的美德》等

### 奈萨仪(النساني)

圣训学家，"六大部圣训集"汇编者之一，生于呼罗珊的耐斯镇。精通圣训教法和伊斯兰法理学。他将所搜集的大量圣训经过了筛选、考订，按教法实体的门类加以编排定本，命名为《乃萨伊圣训集》，此外，还有《阿里的穆斯纳德》《圣门弟子的美德》和《功课》等著述传世。

### 达尔固特尼(الدارقطني)

古兰经传诵家、圣训学家、经训背记者、法学家、语言学家。曾在巴格达、库法、巴士拉等地拜访游学，搜集了圣训。后迁居叙利亚、埃及。卒于巴格达。著作有《圣训书》《生僻词》《各法学派简介》《圣门弟子的优异之处》《传述人名号疑问导读》等。

### 奥夫(العوفي)

经注学家，遗著有《古兰经注》，卒于公元889年。

## 补充

### 朱韦尼(الجويني)

教义学家，艾什阿里派的主要代表之一，生于波斯奈萨布尔。早年随父学习经训、教法。1046年其父去世后继承教职，在当地清真寺讲授教法。他一边教学，一边跟随艾什阿里派教师学习该派思想，遂成为该派学者。1057年，在麦加和麦地那宣传艾什阿里思想的正统性，推崇沙斐仪教法学说，成为麦加、麦地那两圣地的伊玛目，一生有大量著作，但大多失散。

### 艾布·赛尔德(أبو سعيد الاصطخري)

沙斐仪教法学派法学家，在巴格达担任稽查工作，主持司法工作，著有《案例》等。

### 艾布·哈贾吉(أبو الحجاج المزي)

圣训学家，经训背记家，对教义学、语法、司法、语言均有研究和涉猎，生于叙利亚，在米扎长大，曾主管圣训院23年半，著有《长老辞典》《传述人名号简介》等。

### 艾布·阿塔希叶(أبو العتاهية)（伊布·易司哈格）

诗人、文学家，定居巴格达，被冠以艾布·阿塔希耶（狂人）是因他言行古怪，

喜欢游荡，曾为穆罕默德·本·曼苏尔及之后的哈里发们歌功颂德，他与哈里发麦海迪的女儿欧特白的恋爱广为人知。卒于伊斯兰教历211年，终年83岁。

**艾布·贾法尔·拉齐**(أبو جعفر الرازي)

法学家、法理学家，定居摩苏尔并卒于此地，遗著有《遗产学》《哈乃斐派法学细则》等。

**伊斯玛仪·本·艾布·哈立德**(إسماعيل بن أبي خالد)

经训背记家、圣训传述人，库法人，卒于伊斯兰教历146年。

**艾布·艾斯沃德**(أبو الأسود)

再传弟子，生于先知时代，曾担任巴格达法官，是第一位对阿拉伯语语法进行研究的人。

**阿卜杜·拉赫曼·本·哈里斯**(عبد الرحمن بن الحارث)

再传弟子，麦地那七大法学家之一，生于欧麦尔执政时期，卒于伊斯兰教历94年。

**莱司·本·赛尔德**(الليث بن سعد)

经训背记家、学者，伊斯兰教历94年生于埃及，曾是埃及的法学家、圣训学者，因而当地的执政者、法官都听取他的意见和看法，卒于伊斯兰教历175年。

**艾布·伯克尔**(أبو بكر)（艾哈迈德·本·阿里）

圣训学家，法学家，著述颇丰。其中主要有《圣训大集》《沙斐仪派法律条文》《信仰的分支》等。

**艾布·努瓦斯**(أبو نواس)

文学家、诗人，生于户兹斯坦（今伊朗南部）阿瓦斯，在巴士拉长大，迁往巴格达后与阿拔斯王朝的哈里发来往密切，为其歌功颂德，由于政局突变，出走大马士革，从那里到了埃及，30岁时辗转返回巴格达，遗留的诗篇经10世纪文学家伊斯法罕尼收集整理，传世的有12000多句。

**艾布·易司哈格**(أبو إسحاق)

沙斐仪教法学家，凯俩目学家，法理学家。生于伊斯拉伊，卒于奈萨布尔。著有《宗教原理宝典》《驳无神论者》《法学原理评论》。

**艾布·达乌德·特亚莱斯**(أبو داود الطيالسي)

圣训学家，经训背记家，著有《穆斯奈德》一书。

**艾布·阿慕尔·本·阿俩伊**(أبو عمرو بن العلاء)

精通阿拉伯语的读写法则和诗歌，与著名学者艾斯万伊同时代且互相交流。

**哈比卜·本·艾布·萨比特**(حبيب بن أبي ثابت)

再传弟子，经训背记家，库法法学家，其父是盖斯·本·迪纳尔。曾接受伊本·欧麦尔、伊本·阿拔斯等圣门弟子传述的圣训，卒于伊斯兰教历119年。

**阿布杜·本·哈米德**(عبد بن حميد)

  圣训学家，经训背记家，辩论家，经注家。卒于大马士革，遗著有《古兰经注》和《大穆斯奈德》。

**赛尔德·本·曼苏尔**(سعيد بن منصور)

  圣训学家，经训背记家，经注家，生于今阿富汗境内，曾周游各地，最后定居麦加，著有《圣行》和《古兰经注》。

**赛尼德**(سنيد)（哈桑·本·达乌德）

  经训背记家，圣训学家，著有《古兰经注》，卒于伊斯兰教历226年。

**欧勒沃**(عروة بن رويم)

  法学家，圣训学家，卒于伊斯兰教历146年。

**格塔德**(قتادة)

  再传弟子，经训背记家，经注学家，圣训学家，记忆力超群，双目弱视，生于伊斯兰教历60年，卒于伊斯兰教历117年。

**尕最·伊雅兹**(القاضى عياض)

  圣训学家，法学家，史学家，生于摩洛哥，祖籍安德鲁斯，曾从事司法工作35年之多，著述有《穆斯林圣训实录全解》《六部圣训实录中的生僻词》《法庭秩序》等。

**贾比尔·本·栽德**(أبو الشعشاء)(جابر بن زيد)

  再传弟子，巴士拉学者，与哈桑、伊本·西林并称为伊本·阿拔斯三大弟子，卒于伊斯兰教历93年。

**艾斯玛仪·宾特·叶齐德**(أسماء بنت يزيد)

  圣门女弟子，辅士，曾参加了向先知宣誓效忠的结约活动，穆阿兹·本·哲伯里的表妹。

**赛尔莱卜·本·哈克穆**(ثعلبة بن الحكم)

  圣门弟子，随穆圣一起参加候奈尼战役，后定居巴士拉，继又迁居库法。

**伊亚斯·本·穆阿维叶**(إياس بن معاوية)

  晚期再传弟子，法学家，曾主持过巴士拉司法工作，卒于伊斯兰教历122年。

**阿塔·本·叶齐德**(عطاء بن يزيد السكسكى)

  再传弟子，原籍麦地那，迁居叙利亚，卒于伊斯兰教历107年，终年82岁。

**艾布·阿布杜拉**(أبو عبد الله بن بطة)（哈马达尼）

  法学家，圣训学家，凯俩目学家，著述颇丰，主要有《圣行》《礼仪》《驳异教徒》《正道与邪派》。

### 艾布·德尔达伊 (أبو الدرداء)

圣门弟子，出身于麦地那赫兹勒吉部落，后迁居叙利亚，吾侯德战役后接受信仰，使者让他和赛勒曼·法里西结成兄弟，曾受欧麦尔之命被穆阿维叶委任为大马士革的法官。

### 伊本·胡威兹 (ابن خويز)

马立克派法学家，教义学家，伊拉克人，著有《分歧大全》《法学原理》。

### 伊本·孟则尔 (ابن المنذر) （哈桑·本·哈桑）

法官，著名学者，巴格达人，卒于伊斯兰教历411年，终年80岁。

### 伊本·孟则尔 (ابن المنذر) （穆罕默德·本·伊布拉欣）

经训背记家，学者，原籍奈萨布尔，定居麦加，生于9世纪中叶，逝于伊斯兰教历318年，著有《学者之间的分歧之导论》《公决》《买卜素突》。

### 艾苏麦尔 (الأصمعي)

语言学家，文集编著家，精通古典阿拉伯语语法、辞典编撰学和古籍校勘整理，偏爱哀歌和祷诗，成为巴士拉语言学派的著名学者，他的著作《艾苏麦尔诗文集》收有他关于《古兰》语法结构、宗教祷文、语法理论、辞书编撰原则方面的诗文和文章，现存15篇有关动植物和语法形式的专题论文。

### 祖拜尔·本·孟特里卜 (الزبير بن عبدالمطلب)

先知的十个叔父当中最大的一个，古莱什部落的诗人。

### 穆泰纳比 (المتنبي)

阿拔斯王朝著名诗人，生于库法城，早年辗转于伊拉克和叙利亚一带，曾想以诗歌求功名，未能遂愿，因而在伊拉克萨玛瓦地区自称"先知先觉者"，故被称"穆泰纳比"，后来为很多王公贵族奉作颂诗。他的诗中反映了诗人的清高、自负、尚武和要求个性解放的精神，在诗歌的艺术形式上敢于创新，在一次由波斯返回的途中被抢劫者杀害。

### 穆拜赖德 (المبرد) （穆罕默德·本·叶齐德）

文学家，语法学家，语言学家，家谱世系学者，同时代巴士拉语法学家的权威。

### 伊本·穆尔塔兹 (ابن المعتز)

文学家，诗人，修辞学家，生于巴格达的阿拔斯王族家庭，当了一天的哈里发就被杀害，他的著作有《修辞学》《诗人阶层》。

### 伊本·沃海卜 (ابن وهب)

法学家，经注学家，圣训学家，《古兰》诵读家，生于埃及，跟随马立克·本·艾奈斯20年，著有《古兰经注》《大穆宛塔》《小穆宛塔》《圣训集》。

### 勒佳伊 (رجاء بن حيوة)

再传弟子，法学家，巴勒斯坦人，曾跟随过贾比尔·本·阿卜杜拉等圣门弟子，卒于伊斯兰教历112年。

### 莱毕尔·本·哈瑟穆 (الربيع بن خثيم)

再传弟子，库法人，曾跟随过伊本·麦斯欧迪等圣门弟子，与先知同时代过。

### 沃凯尔 (وكيع)

经训背记家，伊拉克圣训学家。

### 吾海卜·本·沃莱德 (وهيب بن الورد)

圣训传述人，卒于伊斯兰教历153年。

### 哲磊勒 (جرير بن عطية)

阿拉伯伍麦叶王朝诗人，生于阿拉伯半岛纳吉德附近的叶麻麦。因父母爱诗，他从小就能吟诗，15岁时能作出矜夸诗。青年时期在伊拉克各地谋生并向宗教学者和诗人求教，后定居巴士拉，因在赛诗会上与著名诗人法拉兹达格对阵，表现出丰富的想象力和讽刺才能，被引荐到大马士革充当哈里发宫廷诗人，其讽刺诗和辩驳诗被认为是阿拉伯讽刺艺术的佳品。

### 盖斯·本·欧巴德 (قيس بن عباد)

再传弟子，巴士拉人，欧麦尔执政时期迁到麦地那。

### 马沃尔迪 (الماوردى)

法学家，教义学家，经注学家，政治家。巴士拉人，曾在巴士拉、巴格达游学。在很多地方主持过司法工作。著有《古兰经注》。

### 穆罕默德·本·艾卜·穆罕默德 (محمد بن أبي محمد)（艾布·阿布·阿布杜拉）

学者，在麦加长大。家境贫寒。伊斯兰教历565年卒于哈马。著有《人类的幸福》。

### 艾布·本·穆罕默德·穆阿里 (أبو محمد بن أبي المعالي)

古兰经诵读家，生于伊斯兰教历510年。传述多段圣训。从事古兰经读法规则事业60年之久。

### 穆罕默德·阿里·萨布尼 (محمد علي الصابوني)

圣训学家，经训背记家。曾任圣训学院长老领导。著有《四十位长老的四十段精选圣训》等。

### 瓦利德·穆黑莱 (الوليد بن المغيرة)

麦加古莱什部落贵族。蒙昧时代古莱什法官。反对伊斯兰，是哈立德·本·瓦利德的父亲。

### 盖斯·本·赫推穆 (قيس بن الخطيم)

蒙昧时代诗人，奥斯部落人，没有信奉伊斯兰，遗有《诗集》。

### 穆塞利迈 (مسيلمة الكذاب)

伪先知。出自于也麻麦地区。信奉基督教的哈尼法部落。在代表团年，他扬言入教的目的是为了继承圣位。并在自己的部落中自诩"先知"，遭到穆罕默德的谴责。632年先知归真后,他与北方具有实力的泰米姆部落女首领赛贾赫结婚,不久即在也麻麦地区发动了当时规模最大的、持续时间最长的部落叛乱,与艾布·伯克尔派去的军队多次交锋。于633年阿克拉巴激战中,为哈立德统帅的穆斯林军队击败,死于战场。

## 艾布·哲海里(أبو جهل)

古莱什部落麦赫祖姆家族的首领。敌视伊斯兰。632年死于白德尔战役。

# 译者后记

一切赞颂，全归安拉，众世界的养育者和受拜者。祈求安拉赐福先知穆罕默德及其眷属、圣门弟子和一切追随圣人道路的人们，直至复生日。

伊斯兰著名经注学家、历史学家伊本·凯西尔所著的《古兰经注》，在阿拉伯世界闻名遐迩，被誉为伊斯兰世界最权威的经注之一，也是其后所有经注学家的必备参考书。该经注有以下几个特点：

首先，以经注经，大量引证《古兰》明文对《古兰》逐节进行注释。

其次，以圣训注释，引证了世界穆斯林公认的几大部圣训集，尤其重视《布哈里圣训实录》和《穆斯林圣训实录》两部圣训实录，而且比较详细地列出了圣训的传述系统。引证圣训的来源确凿。

第三，观点公允。注释罗列诸说，纳众家之长，对于教义和教法问题不作个人评价，便于读者从总体上把握经文精神，便于学习和理解。

第四，贴近现实。经注对穆斯林最关切的问题作了比较深入的推理和分析，往往以先知时代的史实为例，借古喻今。譬如对《古兰》中提及的穆萨先知及其民族的情况作了大量叙述，对今天人们的信仰具有指导意义。

迄今为止，国内学术界在《古兰经注》翻译方面所做的工作相当有限。作为一名中国本土的阿訇，在参考资料极其匮乏、翻译条件相当艰苦的情况下，译者以强烈的责任感和使命感毅然挑起了这副翻译的担子。由于水平有限，对古兰博大精深内涵的理解尚未达到应有的高度，因此在翻译与整理出版的过程中诚惶诚恐。托靠全能安拉的襄助，这部经注译本如期与广大读者见面了，由衷地感赞安拉！

《古兰经注》中文版的翻译，是在一种美好的举意下完成的。这次翻译是我人生中的一个重要里程碑，其中度过的每个日日夜夜，历经的每一个细节，始终充满着幸福和吉庆。经注翻译自始至终得到了各地友人各方面的支持与帮助，可以说，它是国内众多清真寺阿訇和国内外诸多穆斯林专家学者精诚合作的结晶。各位学者通过阿文、英文版《古兰经注》对这个译本进行了多次校对，并对提交出版的中文版本进行了多次润色。为了保持经注的原有体例，经全体校对人员特别要求，不一一列出参与校对者的姓名，在此一并致谢，祈求安拉回赐大家的辛勤付出。

中国人学习古兰，需要适合自身阅读习惯的经注，译者所做的工作只是一个开端，愿这部译作能起到抛砖引玉的效果。惟愿国内外学者对本译本提出宝贵意见，使之在再版时得到进一步完善，更加契合中国人之阅读习惯。

由于译者水平所限，错讹之处在所难免，敬请专家学者和广大读者不吝赐教，以便将来再版时得到完善。

祈求安拉回赐参与这项工作的每一位兄弟姐妹，回赐我的所有老师和亲人，使他们两世幸福、吉庆。

阿敏！

译　者
2009年12月1日